［内部资料　注意保管］

中国工商银行年鉴

ALMANAC OF ICBC

2018

中国工商银行年鉴编辑委员会　编

中国金融出版社

责任编辑：张翠华
责任校对：刘　明
责任印制：程　颖

图书在版编目（CIP）数据

中国工商银行年鉴．2018/中国工商银行年鉴编辑委员会编．—北京：中国金融出版社，2019．4
ISBN 978－7－5049－9952－8

Ⅰ．①中…　Ⅱ．①中…　Ⅲ．①工商银行—中国—2018—年鉴　Ⅳ．①F832．33－54

中国版本图书馆 CIP 数据核字（2019）第 008239 号

中国工商银行年鉴．2018
Zhongguo Gongshang Yinhang Nianjian. 2018
出版
发行　中国金融出版社
社址　北京市丰台区益泽路 2 号
市场开发部　（010）63266347，63805472，63439533（传真）
网 上 书 店　http：//www.chinafph.com
（010）63286832，63365686（传真）
读者服务部　（010）66070833，62568380
邮编　100071
经销　新华书店
印刷　北京联合互通彩色印刷有限公司
尺寸　205 毫米×280 毫米
印张　65．5
插页　12
字数　2430 千
版次　2019 年 4 月第 1 版
印次　2019 年 4 月第 1 次印刷
定价　285．00 元
ISBN 978－7－5049－9952－8
如出现印装错误本社负责调换　联系电话（010）63263947

中国工商银行年鉴编辑委员会

中国工商银行年鉴编辑部

分行组稿负责人

曲兵林　付　郁　裴杭生　赵建平　崔建峰　王　旭　高云龙
韩　宇　洪晓岚　钱　晓　章晓仑　吉道勇　尹冠强　曾继武
高洪涛　张元再　陈安健　蒋　勤　刘大会　刘欣然　高　涛
张　军　刘天勇　罗　涛　罗　敏　邢计划　强永辉　温陇秦
谭学军　刘康康　姚泽宇　郑立华　舒　强　王维东　周志晖
方一亮　王介林　张　俊

组　稿　人　员

刘振华　高　珅　刘　鹏　闫洁琼　鲍宏图　陈永昌　刘　越
王子岩　陈伟强　张赫然　洪欣怡　姚　君　郑津津　王　丹
王其端　张　淼　陈文辉　莫交林　翁文扬　李万金　蒋才武
潘汉忠　潘　捷　左莹莹　王图川　赵晨林　付春涛　于　群
顾晓雅　欧阳昀　吴振京　刘震键　曹旭阳　李　皓　吴　娟
曾　雯　宋　毓　陈　琢　路修光　朱　昆　孙梦羽　张　鹏
蒋　林　邹　晟　李金博　张团瑜　郭　帅　张文萍　王浩娇
滕永乐　孙　琳　郑伶俐　刘冀云　赵静思　肖亮亮　张真真
赵　阳　范宇航　王　强　陈　立　袁　鹏　王思瑶　黄洺慧
邬　雨　孙　涛　高　婷　丁　岺　杨锡忠　魏　宏　张　颖
赵利杰　徐　颖　齐　瑶　孟　静　郭　明　温军建　樊一鸣
李　华　汪　洋　郑　良　刘　立　邓青松　虞旌辉　张　玮
许　婷

董事长　易会满

董事长致辞

时间是最忠实的记录者。刚刚过去的2017年，党的十九大树立了新的里程碑，习近平新时代中国特色社会主义思想凝聚起改变中国的力量，新时代开启了新征程。2017年，对工商银行来说，也是不寻常、不容易、不简单的一年，是新班子成立后的第一个完整年度。面对利率市场化深化、各类风险多发、金融脱媒加快、同业和跨界竞争加剧等叠加影响，我们用大局明晰方向，用创新指导方法，用管理守住底线，用奋斗结出成果，交出了一份精彩的“工行答卷”。

时间本无重量。但这一年，因我们爬坡过坎的努力和尽锐出战的拼搏，让这段时间有了沉甸甸的重量。

一年来，我们在服务实体经济中履行了大行责任。牢固树立与实体经济共生共荣理念，将自身经营有效融入国家战略，围绕支持实体经济和供给侧结构性改革大局，做好金融服务的大文章。对接“四大板块”“三个支撑带”，加大对重点项目和重大工程的支持力度。成立普惠金融事业部，在支持小微、“三农”“双创”和扶贫等领域主动作为。围绕“三去”聚力发力，减少低效率洼地对金融资源的占用。全年信贷和非信贷融资（含地方债投资）增量双破万亿元，更好地以金融活水浇灌实体经济。

一年来，我们在防控金融风险中展现了大行担当。树立国家总体安全观，聚焦表内表外“两张资产负债表”，加强源头管控和靶向施治，在维护经济金融安全中发挥大行基石作用。坚持铁腕治贷和专家治贷，实现资产质量核心指标全面改善、逐季向好。其中，不良率较上年下降0.07个百分点至1.55%，拨备覆盖率较上年大幅提升17.38个百分点至154.07%。我们高度重视交叉性风险防控，坚持简单透明可控原则，守牢跨市场业务的创新边界和合规底线。

一年来，我们在创新转型中彰显了大行风范。积极探索和实践商业银行经营规律，因势利导推进改革创新和经营转型，靠服务创造价值，靠竞争力吃饭。持续发力大零售、大资管、大投行战略，稳步推进国际化、综合化发展，打造混合动力与多重引擎。统筹抓好利率市场化定价、重点城市行竞争力提升、渠道布局优化、人员结构调整等改革，加快金融科技落子布局，有效激发了经营活力与价值创造力。集团实现净利润2 875亿元，保持全球银行业最好水平。2017年本行市值涨幅超过40%，连续十年保持A股年度现金分红总额最高的上市公司地位，品牌价值居全球金融业首位。

2017年，为本行这一轮三年规划画上圆满句号，也标志着经过30多年的砥砺奋进尤其是股改上市10余年的创新实践，本行完成了第一次艰苦卓绝的长征路。从小到大，从本土到全球，从技术性破产边缘到世界金融舞台中央，从国际竞争赛场上的追赶者到并行者甚至某些领域的领跑者，从经营发展和公司治理方面的学习者到创造者和弄潮者，工商银行实现了“五个历史性跨越”，以全球最大银行的地位，以充满生机与活力的姿态，昂首步入新时期。

时间本无色彩。但我们立足新起点，对发展新蓝图的擘画，让新时期的奋斗年华有了绚烂色彩。

站在新的历史方位和时间坐标下，我们总结提炼了十大治行理念与治行方略，以此来引领新时期的创新实践。即坚持党建统领与科学治理一以贯之，坚持以战略指引方向，坚持按商业银行规律办事，坚持以客户为中心，坚持以改革促发展，坚持传承与创新的统一，坚持集中统一和分类指导相结合，坚持以信息技术变革引领银行再造，坚持与时俱进管控风险和从严治行，坚持把以人为本贯穿于经营发展和队伍建设之中。

站在新的历史方位和时间坐标下，我们提出要实现从传统大行向现代化强行的关键跨越，打造“价值卓越、坚守本源、客户首选、创新领跑、安全稳健、以人为本”具有全球竞争力的世界一流现代金融企业。这是我们新时期的愿景。在此基础上，我们还憧憬着打造基业长青百年老店的更高远目标。即经历市场变化、技术变革以及经济周期性考验，经历各种风吹雨打后，工商银行依然能屹立不倒，以令人尊重的方式，赢得长盛不衰的国际名声。

站在新的历史方位和时间坐标下，我们将重整行装再出发，以新的三年规划为抓手，以提升价值创造力为统领，以实施服务本源、全量客户、转型升级、创新领跑、风控提升五大战略工程为主线，奋力走好新时期的长征路。

不经一番寒彻骨，怎得梅花扑鼻香。没有等出来的辉煌，只有干出来的精彩。百年基业，中期愿景，不会像四季变换一样自然而来，需要我们赓续精神血脉，以“奋斗+落实”的文化，以“改革+创新”的气质，久久为功，步步为营，闯出一片新天地。这是我们对工行成立30多年峥嵘岁月最好的致敬，是对改革开放40周年最好的纪念，也是我们呈献给这个伟大的时代、给所有投资者最好的答卷。

未来已来。让我们一起用奋斗为之定义。

董事长：

二〇一八年三月二十七日

行长　谷　澍

行长致辞

春潮涌动，万象更新。我们欣喜地向各位报告本行上一年度的经营业绩。2017年实现净利润2 875亿元，比上年增长3.0%，增速较上年上升2.5个百分点，净利润总量保持全球银行业最好水平。反映经营成长性的拨备前利润达到4 924亿元，增长9.1%。

盈利是经营管理的最终成果和综合体现，其改善主要源自三方面效应。一是转型创新效应。新动能快速崛起，成为拉动盈利增长的主动力。如境内大零售和金融市场业务营业贡献持续增长；境外和控股机构净利润增长12.6%。二是质量改善效应。不良贷款率较上年末下降0.07个百分点至1.55%，是自2013年不良“双升”以来首次实现“单降”。三是成本控制效应。净利息收益率（NIM）较上年上升6个基点至2.22%，存款结构改善有效降低了付息成本。成本收入比24.46%，保持在同业较好水平。

在诸多矛盾交织、风险挑战增多的形势下，本行能取得好于计划、好于同期、好于预期的经营业绩，保持稳中有进、稳中向好的发展态势，得益于始终保持清醒头脑与战略定力，观大势、干实事，统筹抓好强实体、控风险、促改革等工作。

一是注重提升服务实体经济质效。紧紧围绕实体经济发展和供给侧结构性改革，完善投融资一体化服务机制和业务布局，提高金融服务供给水平，促进实体经济“体量”壮大、“体型”改善和“体质”强健，促进实体经济与经营发展的良性循环。全年实际投放人民币贷款2.8万亿元，其中收回移位再贷1.87万亿元；非信贷融资增量也超过万亿元。服务于“十三五”规划、“四大板块”“三个支撑带”及雄安新区建设，加大对重点项目和重大工程的支持力度，境内项目贷款累放1.14万亿元，同比多放1 930亿元。新支持“走出去”项目123个，承贷金额339亿美元，成功发行“一带一路”绿色债券，牵头推动“一带一路”银行间常态化合作机制的建立。组建普惠金融事业部，在支持小微、“三农”“双创”和扶贫等领域展现大行担当，小微贷款增长9%，完成“三个不低于”的监管目标，精准扶贫贷款余额突破千亿元。稳妥有序支持去产能，因城施策支持去库存，多措并举支持去杠杆，服务好供给侧结构性改革这个基本任务。

二是注重严守风险底线和安全防线。始终将风险防控作为一场输不起的战役来打，坚持从严治行和专家治行，统筹抓好信用风险与交叉性风险、表内与表外、境内与境外、增量与存量的风险管控，把“高发期”和“深水区”的风险管理做实做强。信贷资产质量全面改善，逾期贷款和不良贷款的“剪刀差”下降超过50%，逾期率下降0.64个百分点，拨备覆盖率大幅提升至154.07%。完善全链条、全品种、全覆盖的风险管理体系，把好交叉性风险防控总闸门，明确和落实新的管理要求。扎实开展各类风险综合整治工作，强化清雷排险和整改问责，基本实现“案件总量同比下降、无重大恶性案件和风险事件发生”的管控目标。

三是注重通过经营转型强劲增长动能。坚持传统动能改造提升与新动能培育壮大双管齐下，巩固多源动力、多点支撑的盈利增长格局。得益于扎实的客户基础和积极的服务改进策略，在全社会流动性趋紧的情况下，境内人民币各项存款增加1.35万亿元，为十年来最好的可比业界纪录。大零售战略持续推进，个人客户净增近3 800万，为近年来之最，其中信用卡客户增至8 859万，成为国内客户总量最大的信用卡发卡行。大资管和大投行业务顺应监管要求和环境变化，保持规范稳健发展。其中，资产管理业务收入持续增长，品牌类投行项目完成近1 500个，参与并购交易数量连续四年蝉联亚太区第一。稳步推进国际化经营和综合化发展，境外服务网络延伸至45个国家和地区的419家机构。

四是注重通过改革创新激发经营活力。改革呈现全面发力、纵深推进、多点突破的局面。尤其是在利率市场化定价、困难行解困、重点城市行竞争力提升、人员结构调整、网点布局优化等方面的改革落地，以及在资源配置、业务授权、考核评价、风险管控、制度流程等方面的创新深化，进一步增强了各层级、各领域的活力和创造力。坚持互联网发展规律和金融服务本质相结合，聚焦建设“智慧银行”，加快金融科技创新，组建了网络金融部，实施了e-ICBC 3.0战略升级，建立了“七大创新实验室”，展现了互联网金融发展的新气象。

2017年，本行多项核心指标继续保持全球第一，连续五年位居英国《银行家》全球银行1 000强、美国《福布斯》全球企业2 000强、《财富》500强商业银行子榜单榜首，蝉联Brand Finance全球最有价值银行品牌。

站在时间勾勒的新年轮上展望，2018年，注定是一个充满挑战之年，同时又是一个奋进之年、希望之年。无论形势怎么变化，唯有不忘初心、秉持匠心的奋斗者，才能在时代洪流中立于潮头、在格局转换中保持基业长青。本行将树立新理念，聚焦新目标，落实新部署，以“奋斗+落实”的精神，走好新时期的长征路，巩固和发展稳中向好的经营局面，持续为广大投资者和客户创造卓越价值！

行长：谷澍

二〇一八年三月二十七日

2017年1月16日，工商银行服务文化发布暨服务改进成果展示会在北京召开，易会满董事长、谷澍行长、钱文挥监事长与中消协、中银协负责人共同启动服务文化发布。

2017年4月13日至14日，工商银行第一届职工代表大会第一次会议在北京召开，总行党委全体成员、高管作为职工代表出席会议。

2017年5月15日，工商银行举办“一带一路”银行家圆桌会，探讨建立“一带一路”银行常态化合作机制，易会满董事长代表工商银行在会上致欢迎词。

2017年6月20日至23日，易会满董事长赴四川万源、南江开展精准扶贫调研，并组织召开定点扶贫座谈会。

2017年7月14日至15日，全国金融工作会议在北京举行。易会满董事长作为银行业唯一代表作大会发言。

2017年9月5日，易会满董事长在厦门分行调研期间走访慰问基层员工。

2017年9月26日，工商银行与江苏省人民政府战略合作协议签署仪式暨工银金融资产投资有限公司成立大会在南京举行。易会满董事长在大会上致辞。

2017年10月26日，工商银行学习宣传贯彻党的十九大精神动员部署会议在北京召开。党委书记、董事长易会满传达了十九大精神，并结合实际对学习宣传贯彻十九大精神作出部署。

2017年11月29日，易会满董事长在北京主持召开2017年第一次临时股东大会。谷澍行长、钱文挥监事长和张红力、王敬东、李云泽副行长及董事会、监事会成员出席会议，董事会秘书官学清参加会议。

2017年12月11日，工商银行“寻找我身边的合规标兵”颁奖典礼在北京举行，易会满董事长在典礼上致辞，谷澍行长宣读表彰决定，钱文挥监事长、王林纪委书记出席典礼，并先后为合规标兵颁奖。

2017年9月12日，谷澍行长在捷克布拉格出席布拉格分行开业庆典。

2017年11月7日，谷澍行长、王敬东副行长赴山西分行调研印章综合改革试点情况。

2017年12月12日，谷澍行长在北京出席2017央视财经论坛暨中国上市公司峰会，代表工商银行领取“2017CCTV中国十佳上市公司奖”。

2017年1月6日，钱文挥监事长在上海分行调研企业文化建设情况。

2017年5月16日，钱文挥监事长出席中央企业国创投资引导基金创立大会并致辞。

2017年6月30日，钱文挥监事长主持召开监事会会议。

2017年9月5日，张红力副行长出席绿色金融国际研讨会并发表主旨演讲，介绍工商银行积极践行绿色金融战略情况。

2017年11月2日，王敬东副行长出席全行员工产品创新创意竞赛总决赛并致辞。

2017年4月19日，王林纪委书记为二级分行党委书记、纪委书记落实“两个从严”专题培训班授课。

2017年12月19日，胡浩副行长走访西安某精铸有限公司，调研小微和普惠金融服务情况。

2017年1月18日，李云泽副行长在远程银行中心（北京）调研服务痛点专项治理情况。

2017年10月31日，谭炯副行长出席工商银行与山东城商行合作联盟融安e信暨全面业务合作签约仪式。

工商银行智能柜员机作为金融业唯一实物成果参加“砥砺奋进的五年”大型成就展。图为2017年10月12日，两位小学生在参展智能柜员机上写下“祝祖国繁荣昌盛”的留言。

2017年7月3日，“债券通”业务正式启动，工商银行顺利达成市场首批“债券通”做市交易，其中一级承销金额、二级做市交易量均居市场首位。

2017年，全行按照国际化4.0部署，进一步完善网络布局、提升全球服务能力，推动国际化发展提质增效。图为2017年4月15日，工银阿根廷员工参加当地食品银行基金会的公益活动。

2017年，全行积极采用新技术、优化管理，进一步降低能耗，用实际行动践行绿色发展理念。图为数据中心（上海）的技术人员正在监控各项设备的运行情况。

2017年，全行聚焦精准扶贫、精准脱贫，重点从信贷投放、产品创新、服务供给等方面突破，努力提高贫困地区普惠金融服务的覆盖面和可得性。图为2017年5月5日，西藏分行林芝支行客户经理为牧民办理该行自主创新设计的产品——“藏宿贷”业务。

2017年，工商银行成立普惠金融事业部，加快完善普惠金融组织架构，加大小微金融创新，进一步提升对小微客户的服务水平。图为宁波余姚分行客户经理到某净水器企业了解生产经营情况和融资需求。

2017年，全行积极参与社保改革，优化改进金融服务，在全方位满足社保部门、参保单位和参保人员服务需求的同时，自身也在争取社保养老、职业年金各类账户及合作资格中取得显著成绩。图为2017年2月24日，青海格尔木支行的客户经理上门为村民发放社会保障卡。

2017年，全行积极落实e-ICBC3.0战略，因地制宜创新线上线下一体化场景应用，加大获客、活客、黏客力度。图为广东分行依托“融e联”平台推出的共享雨伞服务。

2017年，全行持续加大流程改造，提升服务效率。图为2017年12月5日，北京分行客户经理指导客户使用双屏办理业务。

2017年，全行各级机构围绕人民币防伪、个人征信、电信网络诈骗防范等重点金融知识，开展了一系列形式多样、贴近客户的宣传教育活动。图为2017年9月9日，江苏镇江分行员工走进社区向居民普及金融知识。

2017年，全行各级机构志愿者积极投身服务社会民生和公益事业，展现工商银行良好社会形象和大行责任担当。图为2017年8月30日，珠海分行青年员工参与全市强台风救灾复产工作。

天津分行以总部融资方式支持的天津某汽车模具股份有限公司。

河北分行积极支持塞罕坝林场林业建设及经济全面发展。

吉林分行通过“农机贷”为当地农业产业主体提供融资支持。

上海分行支持的重大工程——国产大飞机C919项目。

广西分行支持的广西某畜牧集团现代化养猪场项目。

贵州分行支持建设的国家重大科技基础设施——“中国天眼”FAST项目。

陕西分行支持建设的西成铁路客运专线项目。

青海分行支持建设的龙羊峡水光互补发电项目。

宁波分行支持的宁波港鸟瞰。

目 录

第一部分 改革创新与业务发展

第二部分 国际化发展与综合化经营

第三部分　公司治理与风险管理

第四部分　党建工作与队伍建设

第五部分　境内分行成就

第六部分　重要文献

第七部分　大事记

第八部分　附　录

Contents

Part 1 Innovation & Development

Part 2 Global Development & Comprehensive Operation

Part 3 Corporate Governance & Risk Control

Part 4 Party & Staff Building

Part 5 Achievement by Domestic Branches

Part 6 Material Document

Part 7　Chronicles of ICBC in 2017

Part 8　Appendix

第一部分

改革创新与业务发展

责任编辑：盘为龙

张骜宇

服务实体经济和供给侧结构性改革

2017年，世界经济总体复苏，但不稳定不确定性逐渐增加；我国经济延续稳中向好态势，但下行压力仍然较大。面对复杂多变的宏观经济金融形势，工商银行认真贯彻党中央、国务院决策部署，聚焦国民经济发展重点领域和薄弱环节，做好创新和改进金融服务的大文章，促进国民经济稳定增长和转型升级发展。

一、完善融资布局，创新改进金融服务

（一）通过信贷增量与存量并轨管理、信贷与非信贷一体化服务，促进经济“体量”壮大。截至2017年末，集团口径各项贷款余额142 334.48亿元，较年初增加11 766.02亿元，增长9.01%。其中，境内人民币贷款124 313.26亿元，增加9 883.85亿元，增长8.64%。加上存量到期收回移位再贷1.87万亿元，全年实际新投放人民币信贷总量2.86万亿元。非信贷融资与地方债投资合计新增超过1万亿元。

（二）服务好新动能培育壮大，促进经济“体型”改善。探索新市场服务方式创新，在北京等新经济资源集聚的地区选择十家特色支行，组建首批特色专营机构，专司科技型企业金融服务工作。加强行业营销指导，下发锂电新能源汽车、轨道交通等系列行业指导意见，谋划幸福产业拓展，深度对接国家发改委、卫计委、旅游局，制订医教养等产业综合金融服务方案。深化与科技部、科研院所、交易所、知名创投机构在客户及项目资源共享、科技风险评估等多方面合作，搭建科技风险评估体系，开展轻资产客户评级模型建设，打通知识产权和未上市股权的估值和流通，引入政府风险补偿机制、加强与科技保险及担保机构合作，进一步打通“政产学研”链条，缓释风险。2017年，新市场贷款新增781亿，占全行公司贷款增量的12.4%。

（三）针对实体经济薄弱环节精准发力，促进经济“体质”强健。强化顶层设计。在总行层面成立普惠金融委员会部，组建普惠金融事业部，统筹小微、精准扶贫、“三农”“双创”金融服务发展。构建“数字普惠”金融服务新模式，创新运用互联网思维，重构普惠产品体系，加快“标准化、场景化、平台化”线上小微产品体系建设，不断提升小微融资便利性和可获得率。抓好线下专营落地，做实小微专营机构，组建小微信贷专家队伍，实现小微金融业务的一站式服务。坚持保本微利原则，在定价上进一步降低小微企业融资成本，并通过内部转移价格提高分支机构发展小微业务的积极性。截至2017年末，实现小微贷款增长1 830亿元，较上年增长9%，完成“三个不低于”目标。涉农贷款增速加快，精准扶贫贷款余额超过千亿元。

（四）加强与经济社会发展重点领域的对接，促进经济“体能”充沛。优先满足“四大板块”“三个支撑带”、雄安新区建设等重大战略和项目的资金需求，项目贷款余额较年初增加3 713.34亿元，增幅9.82%。牵头建立“一带一路”银行间常态化合作机制，充分发挥全行420余家境外机构的规模优势和经营特点，加强基础设施和产能领域合作，累计支持“走出去”项目358个，承贷金额945亿美元。其中，2017年全行新承贷项目123个，涉及金额339亿美元。

二、围绕“三去”发力，提升资源配置效率

（一）平稳有序支持去产能。坚持“有扶有控”的方针，对钢铁等5个产能严重过剩行业、煤炭产业链等板块的全口径投融资进行调控。加大支持行业龙头企业骨干企业兼并重组、技术改造、节能减排等合理资金需求。支持产能过剩行业企业存量重组、增量优化、动能转换、坚决退出“僵尸”企业。煤炭、钢铁产业链贷款余额2 985亿元，较年初减少324亿元，降幅9.8%。加快退出连续亏损、产品不具备竞争力、发展前景不佳等劣势企业存量融资。不良贷款余额168亿元，较年初下降39亿元，不良贷款率较年初下降63个基点，资产质量进一步优化。

（二）因城施策促进去库存。根据国家宏观调控要求，坚持因城施策、分类管理的房地产信贷政策，优先支持政府购买服务的棚户区改造等融资业务，合理满足首套和改善型住房需求，审慎把握三四线城市及中小开发商融资和投机性需求。截至2017年末，全行政府购买服务棚改等领域房地产贷款增长875亿元，个人住房贷款余额38 952亿元，较年初增加6 920亿元，其他领域房地产贷款下降54亿元。

（三）积极审慎推进去杠杆。2017年，为防范化解金融风险，有效支持实体经济去杠杆，工商银行成立工银金融资产投资有限公司，推进市场化债转股落地实施，帮助经营前景良好但暂时遇到经营困难的企业降本增效，渡过难关。截至2017年末，已与32家企业签署总金额3 785亿元债转股合作框架协议，推进13家企

业293亿元债转股项目实施落地。

（总行信贷与投资管理部）

全面深化改革推进情况

一、加强战略统筹，全面构建深改工作体系

一是确定年度改革方案。明确“六大战略、十大关键领域和四项基础性建设”共计20项重点改革项目，覆盖境内分行、利润中心、境外机构、子公司四大盈利单元，贯穿公司、个人、机构、同业四大客群，涵盖“信贷、资管、投行、互联网金融”业务转型板块，以及渠道建设、信息化与大数据等软硬件建设领域。二是推进重点改革战略解码，编制年度《战略解码与改革任务书》，将改革任务逐项明确、分解到部门和责任人。三是实施重点改革督办制度，按季督办。四是健全战略风险管理制度，按照监管要求制定战略风险管理办法，完成战略风险识别、评估和压力测试，推动战略风险管理制度化、规范化。

二、前瞻谋划，圆满完成三年规划方案编制

一是科学研判未来三年经营机遇与挑战，找准新时期历史坐标、发展变量和需要兼顾的业务要求。二是充分调研论证，明确战略主线和方向，围绕未来三年战略蓝图设计，分板块、分条线组织开展专题调研和战略研讨，确立和充实未来发展战略思路；组织近200家样本机构编制各条线和区域子规划，为集团战略设计夯实基础；结合专题调研成果以及各条线（机构）子规划，形成新三年规划。三是统筹兼顾，完成方略提炼、愿景与战略制定，构建未来三年主要发展战略体系，明确战略指标，细化规划措施。新三年规划经董事会战略研讨会、党委（扩大）会、全行改革发展研讨会广泛讨论后，由董事会战略委员会和董事会审议通过。

三、创新实干，持续推进关键领域改革突破

一是制定平台型工作团队建设方案，确定试点项目。二是研究物理网点装修改造建议，出台方案，推进授权、流程、网络规划等突破。三是出台私人银行经营管理改革方案，明晰职能，进一步构建风险可控、有效制衡的管理架构，理顺客户维护、产品转型、考核评价、队伍建设等业务运营体系。四是围绕全行业务运营模式、组织架构、人员队伍结构、绩效评价体系和IT技术架构，广泛征集专业部门及分行意见，制订重点领域体制机制改革方案。五是深化利润中心等重点条线改革，研究制订利润中心深化改革方案及实施细则。

四、强化落实，高效搭建服务雄安新区建设体系

一是加强顶层设计与组织领导，成立服务雄安新区建设领导小组，实现与河北省政府、雄安新区管委会多次高层互访，全面对接新区金融服务需求。二是创新服务模式，发起重大股权项目；建立雄安新区信息共享联系机制，积极服务营销决策。三是推进与雄安新区全面战略合作，签订全面战略合作协议。

（总行深化改革领导小组办公室）

普惠金融发展

2017年，工商银行认真贯彻党中央、国务院推进普惠金融发展的决策部署，加快完善普惠金融组织架构、全力落实“五专”经营机制，稳步推进小微专营机构建设，不断优化小微金融产品体系，进一步提升对小微客户的服务水平。截至年末，全行监管口径小微贷款余额2.22万亿元，较年初增加1 830亿元，增长9%；小微客户23.39万户，较年初增加9 672户，完成监管目标。人民银行定向降准口径普惠贷款余额2 007亿元，占全行人民币各项贷款余额的1.58%，达到第一档标准。

一、提高站位，加强顶层设计

（一）完成普惠金融事业部组建。按照国务院部署要求，工行在2017年6月9日率先成立普惠金融事业部，同年在总行设立了普惠金融业务推进委员会，由行长担任主任委员，指导推动全行普惠金融业务发展和经营管理。截至年末，38家一级（直属）分行中，除西藏分行外均已设立普惠金融事业部，搭建起多层次、广覆盖的普惠金融服务体系。

（二）加强市场规划等基础性工作。一是编写《2018—2020年普惠条线发展战略规划》，开展“重点突破、梯度发展”区域布局策略研究。二是对全行小微集群融资情况进行摸底梳理，从集群类型、行业区域、产品类别、担保等维度建立了标签化管理机制，拟定制造业等重点客户集群的细分市场规划策略，推动组建市场规划柔性团队。三是深化小微目标客户库建设与应用，细化内容要求，提高应用实效。四是强化系统支撑和数据模型支持，上线相关数据查询和分析模板，为全行小微中心专业人员批量开通相关系统权限，并选取部分分行开展数据提取、建库分层、客户识别等方面应用试点。

（三）做好小微专营模式推广。一是加快推进专营机构组建。截至2017年末，全行共批复组建小微中心234个，顺利完成年初预定的230家的组建计划，其中220家已挂牌运营。全年新批复16家分行、共37个小微中心组建方案，省行营业部和重点城市行小微中心覆盖率分别达到100%和95%。二是持续做好样板中心建设。结合第一批样板建设经验，选择上海金山等五家机构开展第二批小微中心样板建设，逐一进行现场调研对接，协调解决业务开展中的突出问题，因地制宜确定建设方向和工作重点，确保样板建设取得实效。三是着力加强小微中心管理。在“公司与法人客户营销系统”投产“小微中心业务管理”和“小微中心人员管理”功能模块，实现对各小微中心业务发展、资产质量和人员队伍等多维度线上逐日监测分析。持续做好小微中心建设情况考核评价，并根据年审结果对小微中心运行情况进行深入跟踪，对考评不合格的逐一进行整改督导，持续推动专营机构建设规范化。四是不断优化小微中心专营模式。结合小微中心试点情况，从直辖市分行集约效能发挥、县支行层级中心架构、中心与辖属支行柔性团队等方面对专营模式进行优化探索。

（四）切实推动“五专”经营机制落地。一是贯彻落实《关于印发大中型商业银行设立普惠金融事业部实施方案的通知》有关要求，制定《普惠金融事业部“五专”经营机制建设的基本规定》，对“五专”经营机制涉及的综合服务、统计核算、风险管理、资源配置和考核评价等各方面工作进行细化分解，明确落实时间表，成为落实“五专”经营机制，推动普惠金融业务发展的基础性、纲领性文件。二是积极应对政策变化，根据人民银行《关于对普惠金融实施定向降准的紧急通知》和银监会新的“普惠金融重点领域贷款统计口径”，分别建立相应的普惠贷款统计规则，并初步完成监管口径和内部口径小微企业贷款核算报表的系统功能开发，形成了较完备的测算和跟踪体系。

二、加快创新，优化普惠金融产品服务

（一）打造小微信贷专属产品体系。按照既便于客户理解与市场推广，又易于客户经理掌握的原则，对各类小微信贷产品进行了系统梳理，进一步规范了小微专属信贷产品的命名规则与宣传口径。持续做好重点产品研发工作，推动现有线下产品线上化改造，完成微型客户小额担保贷款优化项目需求开发。面向法人客户推出基于小微企业结算信息、客户线上自助办理的小微企业信用贷款产品——经营快贷，以其无须抵押担保、随贷随还、便利快捷、节约成本的特点，深受小微企业欢迎。

（二）推进区域产品创新。修订《小微客户信贷产品创新管理办法》及配套融资模式创新指引，对分行产品创新权限进行适度调整优化，积极支持分行研发区域性创新产品。批复厦门、河南、苏州、海南、湖北等5家分行区域性创新方案，复核创新试点分行14项创新方案备案报告，并在官网建立小微区域特色产品专区，为分行区域特色产品提供展示平台。

（三）加强产品动态管理。对产品创新方案进行动态管理，按月监测方案实施情况及风险状况，梳理小微信贷产品核心风险点、风险类型及控制措施，实地开展创新产品风险情况调研，在防控风险的基础上保证分行业务正常开展。做好个人经营性贷款的日常管理工作，推动新产品系统功能落地和存量产品的功能优化。

三、探索业务拓展新模式，扩大普惠面

（一）积极开展“线上普惠”工程。针对小微企业客户业务量大而分散的特点，在进一步优化县域网点布局的基础上，更有效利用线上渠道，按照以网络银行为主，以实体网点为辅的思路，整合线上线下多渠道服务能力，为县域客户群体，尤其是扶贫和“三农”领域的小微客户提供结算、理财、融资等全方位普惠金融服务，实现普惠金融对县城、乡镇等末梢的渗透覆盖。

（二）打通批量化外部获客渠道。与全国农担联盟合作，截至年末已与正式运营的33家省级农担公司中的24家完成签约，较年初增加21家，8家分行已经发放农担贷款，贷款余额达1.79亿元。作为唯一试点合作银行，深度参与发展改革委信易贷项目中的企业评价模型构建工作，为破解银企信息不对称提供信息支持。与国家工商总局在全国范围开展“银商合作”，探索建立支持小微企业发展的信息互联互通机制。加强对第三

方信息平台对接，与用友集团下属专门服务小微客户的畅捷通公司建立实质性合作，并于12月中旬开通线上融资信息申请界面并正式运作，实现调用企业账本财务信息和报税信息，对客户融资申请进行分析验证。

（三）推动小微金融精准扶贫。在金融扶贫领域加大资源投入，认真编制精准扶贫贷款、涉农贷款经营计划，落实好保障和改善民生的要求。一是印发《中国工商银行扶贫小额贷款业务管理办法》，为分行开展小微金融精准扶贫工作提供产品支持。二是印发《关于分解扶贫小额贷款任务的通知》，明确扶贫小额贷款发展目标，提出具体工作要求。三是召开重点分行扶贫工作推动会，对扶贫小额贷款、"两权"抵押贷款和农担联盟合作业务提出具体要求。至2017年末，本行精准扶贫贷款余额突破千亿元。

（四）着力降低普惠金融服务价格。坚持"量""价"统筹，对普惠金融业务实行"保本微利"的定价原则，控制小微信贷利率，严格执行监管收费规定，并将金融科技运用带来的成本下降更多让利于民、让利于企。工商银行还运用自身"融e购"电商平台，帮助小微商户特别是贫困地区商户扩大销路、拓展市场，提升经营能力。

四、强化风险管理，促进商业可持续

（一）推动潜在风险管理和贷款防劣变工作。印发《关于做好小企业贷款防劣变工作的通知》，每季度对小微条线劣变控制目标进行分解，对小企业潜在风险贷款、缓释类贷款、关注类贷款的地域分布、客户群特点、风险特点进行分析摸排，提出分地区管控措施。赴湖北、山东、河北、云南等分行进行现场检查、督导风险防控，通过"扶帮带"的方式提高分行风险管理意识，提升管理能力。

（二）做好风险变化趋势和风险因素动态分析。每月对全行38家分行小微贷款不良、逾期、剪刀差、劣变情况进行数据统计，分析各地区贷款质量动态变化。每季度末从区域、行业、产品、担保方式、客户结构等多维度对小微贷款风险情况进行深入分析，做好趋势判断，以便于采取针对性的风控措施。对出现贷款质量变化较大、风险暴露的地区、客户群、产品进行专题分析，挖掘并核实致险因素，提出管理措施。

（三）完善管理体系建设和信息系统布局。启动小企业非现场管理大数据应用项目和小企业风险视图项目修订开发，引入小企业日常（水电税）信息、企业融资总量信息批量采集等功能，探索大数据在小微风控中的应用。

（总行普惠金融事业部）

成立工银投资

一、工银投资基本情况

（一）基本信息。工银金融资产投资有限公司（以下简称"工银投资"）是经监管部门批准设立的全国首批试点银行债转股实施机构，成立于2017年9月26日，注册资本120亿元，设北京、南京两个总部。工银投资是目前注册资本金最大的商业银行债转股实施机构之一，负责统筹推进工银集团债转股业务，主要经营范围为开展债转股及配套支持业务，依法依规面向合格社会投资者募集资金用于实施债转股，发行金融债券，专项用于债转股，以及经监管部门批准的其他业务。2017年末，工银投资总资产122.27亿元，净资产121.93亿元，全年实现净利润8 570万元。

（二）公司治理与组织架构。工银投资依照《公司法》《商业银行公司治理指引》及有关公司治理规则，作为法人独立运作。董事会下设风险控制与关联交易委员会、战略发展与薪酬委员会。公司管理层下设业务决策委员会、财务审查委员会、集中采购审查委员会。公司按照前中后台分工共设六个部门，分别为投资业务一部、投资业务二部、资产经营部、风险审批部、资金财务部和人力行政部。

二、2017年工银投资业务发展情况

（一）业务发展总体情况。作为工商银行债转股实施机构，工银投资自成立以来，认真贯彻落实《国务院关于积极稳妥降低企业杠杆率的意见》（国发〔2016〕54号）及其附件《关于市场化银行债权转股权的指导意见》的文件要求，充分发挥自身特色和牌照优势，牢牢抓住市场化法治化债转股带来的市场机遇，主要面向发展前景良好但遇到暂时困难的优质企业开展市场化债转股，帮助企业降低杠杆率，改善公司治理，促进企业降本增效、深化改革。工银投资坚持在集团统

一战略引导下，全面加强行司联动，探索创新业务发展模式，增强筹融资能力，建立健全全面风险管理体系，积极稳妥地推进债转股项目实施落地，提升集团综合服务能力，助力集团转型发展。

2017年，工银投资坚持国家政策导向，把服务实体经济作为公司发展的出发点和落脚点，坚持“抓大、选优、做强”，与国家电力投资集团、中国交通建设集团、中国铝业集团、中国中铁集团、华电集团、山西太钢集团等多家中央企业和地方国有企业开展债转股合作。截至年末，已与32家企业签署总金额3 785亿元债转股合作框架协议，推进13家企业293亿元债转股项目实施落地，广泛覆盖北京、天津、江苏、浙江、山西、山东、内蒙古、贵州、云南等省市，涉及制造业、采矿业、公共设施管理业、批发和零售业、建筑业、电力业、交通运输业、租赁和商务服务业等多个行业，为推动供给侧结构性改革和工银集团转型发展发挥了积极作用。

（二）业务模式。市场化债转股作为跨界股权和债权的全新业务领域，工银投资目前主要以自有资本、募集理财资金，通过资管计划、私募股权基金等方式增资入股非上市标的企业，企业获得投资资金后按约定偿还企业债务。同时，工银投资积极探索创新业务模式，已落地的债转股项目创下本轮市场化债转股业务多项“第一”。例如，太原钢铁项目为以增资扩股方式持有企业股权并参与企业管理的第一单，国家电投项目为自有资金投资央企非上市股权模式第一单，中交集团项目为央企可交债模式第一单，社会和市场反响良好，并被《人民日报》、中央电视台等国内主流媒体深入报道和广泛转载，为推动市场化法治化债转股提供了新的实践经验，树立了良好的品牌形象。

（三）全面风险管理。工银投资在积极拓展业务的同时，同步加强债转股业务风险控制模式的研究，以及全面风险管理体系的建设，旨在保障全行债转股业务的高质量发展。在业务层面，注重从股、债不同风险特点入手，研究保障退出类业务、市场化退出类业务，以及有保障的市场化退出等不同类型债转股业务的风险特点，研究央企、地方国企、龙头民营企业、拟上市公司、上市公司等不同类型企业的风险特点，初步形成有针对性的业务风险控制策略体系。同时，工银投资结合集团管理要求、自身业务定位以及发展战略规划，制定了契合债转股业务发展特点的风险偏好策略、风险限额管理方案，初步构建了涵盖投资风险、信用风险、操作风险、市场风险、流动性风险管理的全面风险管理体系，为业务发展提供目标指引和安全保障。

（工银投资）

信贷体制机制改革

2017年，本行结合信贷业务发展需要，在总结第一批8家分行信贷经营架构调整试点经验的基础上，筛选辽宁、青海、山东、北京、天津、广西、黑龙江、陕西等8家分行作为第二批试点机构，从机构设置、审查审批体系、业务流程、职责划分等方面作出具体安排。

经过一年的深化推进，信贷体制机制改革取得良好效果。一是初步搭建起“分层经营、分类授权、责任清晰、监控有效”的信贷经营管理新架构。各试点行在省行、二级分行层面设立大客户中心（团队），采用直接营销、直接经营管理模式管理辖内法人客户，建立新增客户准入审核机制，扎实推进审查审批体系建设，配备与业务规模相匹配的审查人员，实施差异化的授权安排，并初步构建起三级联动的监控核查体系。二是启动二级分行信贷经营能力提升工作，从统筹各项改革措施、落实责任到人、建立健全信贷经营流程、把牢关键环节等方面对二级分行信贷工作提出明确要求。强化二级分行审查审批职能统筹运行，进一步规范审查审批人员派驻管理。信贷经营模式正在从“三级管理，一级经营”向“更好发挥一二级分行信贷经营主体作用”转变。

（总行信贷与投资管理部）

困难行解困情况

2017 年，河北、内蒙古、福建、山东和云南五家重点困难分行认真贯彻落实总行关于“三年脱困”的决策部署，紧紧围绕“两提升、双下降”的目标，抓好各项任务分解和责任落实，总体脱困情况良好。从经营效益来看，五家分行均实现了净利润和拨备前利润同比正增长的管理目标，扭转了亏损或负增长的态势；从信贷资产质量来看，五家分行不良贷款率、逾期率、剪刀差率及劣变额等核心指标均较年初或上年同期有所下降，资产质量正在逐步改善；从业务发展及市场竞争力来看，五家分行存款增幅高于全行平均水平，同业排名总体较上年有所上升，但中间业务收入总量及增量与同业相比不占优势。

一、总体经营效益情况

2017 年，五家分行净利润和拨备前利润同比均实现正增长，且净利润在系统内排名较上年均有不同程度的上升，盈利能力有所增强。

解困行总体经营效益情况表

单位：亿元

标名	净利润			拨备前利润					中间业务收入	
		同比增减	同比增幅		同比增减	同比增幅	年初预算完成率		同比增减	同比增幅
河北	61.30	11.80	23.9%	142.90	13.70	10.6%	104.0%	48.90	-2.46	-4.8%
内蒙古	7.10	40.80	—	32.90	5.70	21.0%	111.0%	10.78	0.03	0.3%
福建	8.10	7.00	682.8%	69.60	11.80	20.5%	106.0%	31.30	1.65	5.65%
山东	38.10	3.30	9.4%	177.70	4.90	2.9%	96.0%	67.10	-7.73	-10.3%
云南	19.40	6.50	50.4%	57.70	4.40	8.2%	101.0%	16.54	-1.02	-5.8%

注：内蒙古分行同期净利润为负。

二、资产质量情况

（一）不良和逾期贷款情况。2017 年，五家困难行不良率、逾期贷款和剪刀差余额均较年初有所下降，资产质量总体呈现好转势头。其中，福建分行不良贷款率下降最多，为 1.52 个百分点；山东分行逾期贷款和剪刀差下降最多，较年初下降 130 余亿元。

（二）劣变和清收处置情况。2017 年以来，五家困难行贷款劣变情况总体有所好转。福建、河北、内蒙古、山东及云南分行分别较同期少劣变 48 亿元、46 亿元、39 亿元、23 亿元和 4 亿元。山东、福建分行全年清收处置总额超百亿元，分别为 221 亿元和 116 亿元。

三、存贷款增长情况

存款方面，截至 2017 年末，五家分行本外币各项存款（含同业）余额为 21 819 亿元，较年初增加 1 332 亿元，增长 6.5%，高于全行平均增幅 1.4 个百分点。其中，云南、内蒙古分行存款增幅超过 10%。

贷款方面，截至 2017 年末，五家分行本外币各项贷款（含贴现）余额为 19 064 亿元，较年初增加 1 197 亿元，增长 6.7%。其中，河北分行增幅最大，各项贷款（含贴现）较年初增加 530 亿元，增幅 11.5%；山东分行增幅最小，较年初增加 232 亿元，增幅 3.7%。剔除票据压降因素后，云南（17.6%）、河北（12.9%）、福建（12.8%）、山东（11.0%）各项贷款（不含贴现）较年初增幅均在 10% 以上。

四、市场竞争力提升情况

（一）存款市场竞争力情况。从存款总量情况看，截至 2017 年末，除山东分行存款余额排名同业第 2 外，其余四家分行均排名同业第 3，与上年末一致；从存款增量情况看，内蒙古、福建和山东增量排名同业第 2，其余两家行均排名同业第 3，其中除河北外，排名均较上年有所上升。总体来看，五家困难行存款市场竞争力有所提升。

（二）中间业务市场竞争力情况。2017 年，五家困难行中收总量同业排名基本与上年末持平，仅云南行下降1位。从增量角度看，除福建排名第1外，其余四家分行均排名同业后两位。其中，河北、山东分行中间业务收入总量排名第1，但增量均排名第4；福建分行总量落后于主要可比同业，排名第2，但增量排名第1；内蒙古、云南总量排名第3，增量分别排名第4和第3，竞争力仍有待提高。

（总行财务会计部）

重点城市行竞争力提升

一、扩选总行级重点城市行

配合国家重大区域战略，综合评估区域经济发展情况，将总行级重点城市行由51家扩展至80家，包括5家直属行、苏州分行、23家省会城市行（含5家一类省会城市行）和51家二级分行，实现重点区域全覆盖、层次多样化，进一步优化了重点城市行竞争力提升整体布局。

二、持续完善重点城市行管理机制

一是做好重点城市行竞争力监测。持续推进重点城市行评价系统建设，按季度公布重点城市行综合经营能力评价结果，并完成相应分析报告，为合理评价重点城市行经营管理和竞争发展能力，分析经营短板和查找存在问题提供依据，督促重点城市行尽快研究完善竞争和经营策略，加快提升竞争力，推进经营转型。

二是建立重点城市行核心指标管理机制。印发《关于强化重点城市行综合经营能力核心指标管理的通知》，对存款等指标进行重点管理，推动相关考核评价结果应用，促进重点城市行领导班子进一步强化底线思维和竞争意识。

三是制订重点城市行人格化授权方案。印发《关于重点城市行人格化授权的意见》，推动经营授权模式由单维“机构授权”向“人＋机构”新型复合授权转变，首批11家人格化授权试点行主要业务指标总体优于重点城市行整体水平。

三、分层分类推动重点城市行竞争力提升

一是定期对北京、上海、天津、重庆4家直辖市分行的经营效益、市场竞争状况以及大零售、大投行、大资管战略落地实施情况进行监测通报，加快推动竞争力提升措施在分行落地。按照“更大的格局、更高的站位”要求，制订加快天津、重庆分行发展的方案，抢抓区域市场发展机遇，探索重点城市行发展的内部改革路径。

二是因地制宜，研究制定加快深圳分行发展的指导意见，相继出台宁波、大连、厦门、青岛分行竞争力提升方案，实现对直属行一行一策、分类指导，破解直属分行总体竞争力不强、发展后劲不足的症结。

三是督导“5＋1”分行落实改革要求。推动杭州等4家省会城市行成立审查审批中心，推进制度和团队建设，落实权限和资源配置调整。针对“5＋1”分行管理模式与系统、授权、制度不匹配的问题，梳理分行提出的67项政策请求并协调解决。

四是选取郑州等8家市场空间大、战略意义强、经营潜力大的省会城市行，制定竞争力提升政策框架，出台差异化业务授权、优化资源配置、加强业务推动和指导、强化竞争力提升评价约束等一揽子政策。

（总行深化改革领导小组办公室）

大零售战略

2017年，全行零售板块积极应对内外部形势的复杂变化，既立足当下、又谋划长远，既重视基础、又强调创新，既加强顶层规划、又激发基层活力，努力把握新时期零售业务经营规律，积极探索基于金融科技的智慧零售转型发展新思路、新理念和新实践。

一、零售金融业务实现经营新跨越

（一）核心业务发展强劲。一是保持同业第一大个人金融资产管理行地位。年末全行个人客户金融资产总量近13万亿元，较年初增长7 814亿元。其中，人民币储蓄存款余额达8.11万亿元，增长2 731亿元；私人银行客户资产达到1.33万亿元，增长1 265亿元。二是个人贷款业务积极发展，个贷余额在各项贷款中占比达近三分之二。2017年，全行个人贷款增长6 321亿元。其中，个人住房贷款增长6 920亿元，5年来首次位居同业之首。信用类贷款增长1 239亿元，增幅达26.9%，其中融e借余额455亿元，增幅超过4倍。

（二）收入贡献再创新高。2017年，零售业务营业贡献突破2 100亿元大关，同比增长10.27%，在全行营业贡献中的占比达42.38%。实现零售中间业务收入720.7亿元，在全行中间业务收入占比48.5%，可比口径个人金融中间业务收入始终保持同业第一。

（三）客户发展积极推进。2017年，全行个人客户发展全面好于预期、好于计划、好于同期。一是客户总量持续攀升。全行在线上线下双维获客、全量客户维护、高端客户精耕、活客黏客等方面综合发力，客户总量持续攀升。全年个人客户净增3 762.72万户，同比多增461.04万户，增幅13.96%；个人有效客户突破4亿户，个人客户总量超过5.6亿户。二是客户结构不断优化。日均金融资产1万元以上客户达9 348.8万户，100万元以上财富客户158.9万户，私人银行日均客户量达6.4万户。荣登中国客户总量最大的信用卡发卡行，信用卡客户数8 859万户，净增1 041万户，是近六年平均增量的近2倍。近六个月信用卡动户率达52.2%，信用卡新拓客户平均年龄仅33岁，较存量客户下降6岁。金融社保客户突破1亿户，代发工资客户近1亿户。

（四）风险质量管控得力。综合运用资产证券化、核销等手段加快个人不良贷款的清收处置，个贷资产质量得到明显改善。年末个人不良贷款余额236.3亿元，较上年减少38.2亿元，不良率0.56%，下降20个基点，实现“双降”目标。信用卡不良率2.53%，下降35个基点，融e借不良率0.38%。全行连续第三年保持了“零飞单”和未发生重大风险事件的良好态势。私人银行“三道防线”的风险体系建设进一步强化。

二、大零售战略形成创新发展局面

（一）探索智慧零售战略转型思路。一是零售业务未来转型思路基本成型。认真思考新形势下大零售向智慧零售的转变之路，提出了智慧零售转型的总体思路，印发了《关于推进智慧零售经营转型的意见》，初步形成了未来零售转型发展的框架。二是形成零售业务发展的新理念。将“全量客户”理念作为新时期全面、立体、长期认识客户的经营逻辑，加快构建全客户拓展、全产品营销、全渠道协同的全量客户维护新体系。守正出新，提出了在线下获客的同时，将传统商业银行开到互联网企业、制造企业乃至更多合作企业的“家门口”，全力打造开放共享的互联网金融生态圈。聚焦客户体验，从影响客户体验的因子入手打造极“智”体验工程，形成《“极智体验”战略项目三年规划（2018—2020年）》。信用卡专业将互联网思维运用到产品设计、业务运营、市场营销、服务管理、风险管理和队伍建设等各个方面，搭建线上线下一体化的互联网消费金融生态圈。

（二）构建零售业务创新发展常态。一是经营模式创新，开拓行业格局。首创新型线上场景融入式数字银行，联合京东金融推出“工银小白”数字银行，仅一个多月累计访问量就达500万次，开立电子Ⅱ类账户12万户，账户充值金额超过1.2亿元。制订基于电子Ⅱ类账户的分场景方案，将零售金融服务封装嵌入到各类合作企业平台上，持续优化开户、账户出入金、房地产诚意金缴纳流程，成功实现企业端APP线上开立账户及工资发放，与大型房地产企业合作应用项目也已在楼盘开发销售中投产使用。构建信用卡线上获客新模式，建立信用卡互联网平台引流、合伙人计划、重点客群批量获客等多源动力、多点支撑的获客格局，与446家互联网平台合作开展信用卡引客，实现线上获客677万户，线上获客占比达52.5%。形成渠道经营转型新局面，智能化网点数达1.5万家，净增3 900家，占网点总数的92.6%；投产便携智能柜员机、存折ATM等新型设备和功能，智能设备功能已覆盖9个条线、229项业务。网点WiFi、“码上赢”、“工行服务”小程序、位置服务等新渠道入口建设取得积极成效。

二是零售产品创新，打造市场亮点。上线智能投顾服务“AI投”，使客户能以较低的门槛获得专业化的投资顾问服务，享受金融科技创新成果。“AI投”自2017年11月6日上线至2017年底，15个组合区间收益为-0.24%至0.38%，跑赢同期上证综指2个百分点以上，控制了市场下行风险，赢得了客户的认可。年末“AI投”余额达7.7亿元，客户数6.6万户。推出“工银智能卫士”账户安全服务，客户可依风险偏好、交易习惯及不同场景，自主进行账户安全检测并使用“地区锁”“境外锁”“夜间锁”三项账户安全锁功能，首创性地将风控融入场景，打造了客户参与银行账户安全管理的全新体验。与中证指数公司联合发布全市场首个银行定制基金指数——“中证工银财富基金指数”。指数发布以来，中证工银财富股票混合基金指数累计收益率10.33%，在全市场股票型、混合型基金中排名前30%。同期，中证工银财富动态配置基金指数累计收益率2.16%，年化收益率4.64%，实现了绝对收益的运作目标，推动指数的投资者认可度和市场影响力不断提高，有力促进了重点基金的销售，并与券商合作发行两只挂钩指数的结构化集合计划，首批募集资金就达3.2亿元。信用卡新产品亮点纷呈，信用贷款服务持续升级。针对特定客户群体，研发推出了宇宙星座卡、World奋斗卡、爱车Plus卡等特色信用卡产品，迎合不同客群在身份认同、专享权益上的差异需求。World奋斗卡发卡量创当年银行业信用卡新产品发行量之最。创新发展多元化分期产品，推出定制分期卡和现金分期业务，分期付款余额达3 022亿元，增长20.3%。投产融e借"秒授信""秒贷款"功能，累放贷款1 164亿元。加强私人银行产品创新与服务升级，发行私人银行福袋产品组合、稳盈系列产品，首发私人银行黑金卡。智能柜员机作为金融业唯一实物成果亮相喜迎十九大"砥砺奋进的五年"大型成就展，获得广泛肯定和赞誉。

三是营销手段创新，丰富服务内涵。2017年，零售板块不断创新营销理念，打造出一系列综合营销的市场爆点。8月28日，成功举办了以"理财汇、会理财"为主题的首届"工银理财节"活动，当天举办投资者教育及理财讲座、网点微沙龙等活动4万余场，营销宣传受众达千万，直接服务客户上百万人次，打响了品牌和口碑。截至12月末，每月理财节期间共计销售各类理财产品2 230亿元，培养了客户每逢28日都要来工行体验产品和服务的习惯。本着"优先、优质、优惠"的拥军服务理念，面向部队官兵推出了包含"专享拥军服务、专属产品配置、专有精彩活动"的金融服务方案，使我行"服务随军 安享随心"的形象深植客户心中，获得各界广泛好评。"e起燃"开学季主题营销引爆校园金融。打造开学锦囊、工行理单、新家地图等特色服务，与京东校园、网易游戏、文都教育等合作机构共同宣传开学季活动，活动覆盖大学生客群近140万人，累计新发卡82.5万张。信用卡"爱购"系列促销全面铺开，先后举办"爱购周末"两季活动，"爱购周末"微信指数升至行业第一；"爱购全球"专题促销延伸至出境游热门地区，同时围绕节假日推出"爱购"专项促销，组织"爱购扫码"百万商户促销活动。

（三）夯实零售业务长效发展基础。一是启动企业级零售业务架构工程。集合全行资源打造以客户为中心、以金融科技为指导的新型IT架构，致力于形成"全方位实时了解客户、互联互通开放合作、快速响应市场和客户需求，跨部门、跨产品、跨渠道、跨机构高效协作"的核心能力。组建零售业务架构工程柔性团队，有序推进智慧零售信息系统转型。

二是全面推进零售信贷经营管理体制改革。推动个贷经营模式优化和流程优化，推进新一代个贷系统研发、个贷业务处理中心建设、贷后管理新体系构建工作。成立信用卡授信审批中心，出台全新个人客户信用授信政策。

三是提高零售业务大数据应用能力。升级个人客户营销画像，持续完善客户标签，在整合零售条线各部门客户标签内容的同时，新增加投资行为偏好、大额资金流向特征等多项标签，使个人客户标签总数达到88项，持续提升客户画像信息的完整性、多样性。同时，丰富画像应用场景，投产业务人员手持PAD联动展示画像、营销日历、业绩提醒、商友会员活动维护、营销效果优化、风险提示等功能。开发个人客户资金流向监测体系，实现对跨行汇款、第三方支付等五类大额资金流动的"准实时展现、直通式查询、个性化筛选"，为各级行零售管理者和一线营销人员掌握资金动向、制订留客方案、稳存增存等提供了高时效性的大数据支撑。

四是加强营销队伍建设和管理。强化理财经理队伍配备和管理，明确理财经理管户规范。组建专兼职外拓团队1 000余支，开展了"行有智、拓无疆"外拓营销大赛。组建私人银行专业团队245支，覆盖30家一级（直属）分行，成功举办了第二届私人银行专业服务技能比赛。

五是持续优化战略传导机制和协同联动机制。优化零售条线考核体系，强化责任传导。印发网点负责人、个人客户经理和客服经理考核评价工作指引，加快推动"最后一公里"落地。密切公私联动，提升代发工资、社保卡、"随军行"军人服务综合营销能力。实施私私联动十大项目，建立零售条线多部门联席工作机制。加强行司联动，与工银瑞信开展添益快线货币基金以及T+0项目合作，与工银安盛联合举办"工商银行-工银安盛·保险嘉年华"活动。

（总行个人金融业务部）

大资管战略

2017年，面临经营形势复杂、监管政策严峻、改革任务艰巨的环境，大资管板块紧紧围绕全行转型发展中心任务，攻坚克难、砥砺奋进，持续推进大资管战略，努力提高经营业绩，进一步巩固了行业领先的优势地位。同时，全面加强大资管板块战略顶层设计和统筹协调机制建设，以战略统筹协调机制40项重点工作为着力点，持续推进“五统一”平台建设，提升大资管板块考核管理水平和经营协同力度，在制定业务办法、拓展投资市场、整合研究资源、强化风险管理、拓展资金来源、加强系统改进、打造专业队伍等方面成效显著，取得了多项改革创新成果。

一、努力提高经营业绩，确保理财第一大行地位

2017年，受到监管趋严等因素影响，银行理财整体发展增速放缓，同业竞争更加激烈。在严峻复杂的市场环境下，全行大资管板块迎难而上、主动作为，多措并举推动理财产品规模增长，理财第一大行的市场地位得到进一步巩固。

（一）大资管业务（AUM+托管）规模情况。截至2017年末，全行大资管业务整体规模达到200 751亿元，较2016年末增长19 981亿元，增幅11.05%。其中，银行理财业务整体规模30 092亿元，较2016年末增长3 064亿元，增幅11.34%；AUM规模45 178亿元，较2016年末增长5 024亿元，增幅12.51%；托管规模155 573亿元，较2016年末增长14 957亿元，增幅10.64%。

（二）大资管业务（AUM+托管）收入情况。截至2017年末，大资管业务整体收入为480.12亿元，较2016年减少2.0亿元，微降0.41%。其中银行理财业务收入301.48亿元，较2016年减少7.64亿元，降幅2.47%；AUM整体收入415.62亿元，较2016年增加0.2亿元，增幅0.05%；托管业务收入64.5亿元，较2016年减少2.2亿元，降幅3.30%。

（三）大资管业务同业对比情况。截至2017年末，全行业AUM规模为122.44万亿元，较2016年末增长6.97%，本行AUM规模4.52万亿元，同比增长12.51%，高于行业增速5.55个百分点。其中，全行业银行理财规模29.54万亿元，较2016年末增长1.68%，本行银行理财3.01万亿元，同比增长11.34%，高于行业增速9.65个百分点，继续排名市场第一。

基金行业规模为34.97万亿元，较年初增长3.03%，工银瑞信管理资产规模1.30万亿元，较年初增长14.93%，高于行业增速11.9个百分点。保险行业资金运用余额14.92万亿元，较年初增长11.42%，工银安盛保险投资规模1 000亿元，较年初增长13.00%，高于行业增速1.58个百分点。

二、积极推进大资管战略统筹协调机制建设

2017年，本行以资产管理业务推进委员会为依托，推动大资管战略统筹协调机制建设取得了明显成效。

一是战略引领。出台《关于全面深化大资管战略的意见》（工银发［2017］21号），形成集团大资管战略发展制度化的顶层设计。

二是管理协同。发挥资产管理业务推进委员会作用，分解并推动2017年度大资管战略统筹协调机制40项重点工作有序开展，定期形成报告。前中后台协同层面，形成了存款与理财非关键时点考核协同、资管部与私银部非标投资归口管理、法人产品销售流程、开放私银、瑞信和代销重要数据等一系列机制安排，积极推进大资管与大零售、大投行战略协同。总分行协同层面，组织召开分行资产管理业务推进会，并建立分行大资管业务考核评价体系。境内外协同层面，在香港设立工银资管（全球），建立全球资管平台联席工作机制，推动资产管理业务全球化发展开启新篇章。

三是经营协同。将资管板块经营督导工作纳入资产管理业务推进委员会职能，按季度召开经营督导会议，不断加强业务经营的销售与投资协同，汇聚集团合力，进一步巩固了在银行理财、资产托管、养老金、公募基金等细分市场的领先地位。

四是系统管理。各牵头部门及相关机构多次召开部门沟通会、业务讨论会、系统开发需求编写会等，着力推进大资管综合管理平台（AVA）建设工作。截至2017年末，AVA系统一期已开发投产。

五是培训管理。举办三期“大资管讲堂”全行轮训，参训学员共计144人，基本实现了对一级（直属）分行、重点城市行资产管理业务分管行长全覆盖，增强了资产管理条线管理人员的专业素养和专业能力。

六是考核评价。印发《大资管业务综合评价管理办法》（工银规章［2017］146号），形成对分行大资管业务的考评管理体系，按季度监测、年度考评。同时，推动将“大资管营业贡献”调节项纳入监测指标，探索向总行部门横向战略传导的考评机制。

七是行业研究。逐步搭建相关行业对标分析体系，建立大资管业务月报机制，不断加强内外研究资源整合，实现研究资源共享的制度化与规范化。

三、整合集团管理资源，推动业务合规发展

（一）形成统一的投资市场拓展和集团研究合力。一是搭建集团研究资源共享平台，打通信息交流和优势互补的路径。印发《中国工商银行大资管战略研究资源共享管理办法（试行）》。联合相关部门推出“资管研报”资讯平台，共上传报告近三百份。相关部门与子公司对投资策略进行共享，开展多次投资策略会、工银资管论坛、行业联合实地调研、公司（项目）实地调研、合作机构遴选尽调及交流研讨等。制定《关于集团表内外债券投资策略和制度统一管理办法》，牵头推动债券研究资源共享相关工作。二是出台进一步参与

产业基金的营销指导意见。印发《关于进一步规范组合式基金业务发展的指导意见》，规范了政府主导类、企业主导类和市场化基金三种组合式基金业务。三是对于第三方推荐项目、私人银行相关融资项目等，提出由投资管理部门受理尽调并提交授信审批的方式，并出台了相关业务操作规程。

（二）统一风险管理，依法合规经营。一是完善资产管理业务风险管理体系，建立独立风险中台。资产管理部风险中台于2017年5月正式运作，包括投资审查、信用评级、投后管理、风险监测、合规交易、合作机构管理、业务综合七个团队，制定了嵌入风险中台各团队的投资运作流程，实现对代理投资的投前、投中、投后的全流程管理，对信用风险、市场风险、操作风险、流动性风险全覆盖。二是持续完善非标项目投资全流程闭环管理和差异化的非标项目投资准入政策。修订下发了代理债权、股权和组合式基金业务风险管理办法，完善差异化的非标项目投资准入政策，并研究提出系统功能改造方案。三是加强对非标项目风险集中区域的现场督导。约谈了非标风险项目规模相对较大、数量相对较多的7家分行制订处置方案，强化化解措施。截至2017年末，共化解风险项目22笔，涉及余额30.39亿元。四是专题研究通过投行手段化解表内外风险资产，加快研究理财与债转股的业务对接。推动工银万科企业转型升级基金等多个项目取得明显进展。五是对理财风险项目通过内部管理手段强化对分行的压力传导。制定对表外非标代理投资业务计提模拟拨备、扣减推荐分行考核利润的管理方案。在2017年境内分行经营绩效考评办法中突出实质风险管理，强化对理财风险项目的考核。六是加强监管政策研究。持续跟踪监管新政动态，积极研究新规环境下的业务转型发展，做好符合新规要求的产品布局准备。七是加强委托投资管理。印发《资产管理业务委托投资管理办法》（工银规章［2017］211号），强调风险控制和系统管理。八是推进合作机构系统化建设与管理。印发《资产管理业务合作机构管理规程》，加强合作机构整体风险管理。

（三）加强业务管理，打造专业队伍。一是强化资产管理业务条线管理职能。做好制度体系建设，加强授权管理和监督检查，防止分行资产管理业务出现风险。起草《关于分行资管业务评估情况的报告》，分别对三个梯队分行和重点城市行提出管理要求，加强资产管理业务的系统管理和经营考核，加大资产管理专业人员的培养。二是加强重点地区团队建设与能力建设。推动上海分行设立资产管理部。三是推进大资管人才队伍建设规划，形成大资管人才规划方案，从薪酬激励、团队建设、交流锻炼等方面，积极推进大资管人才队伍建设。

（总行资产管理部）

大投行战略

2017年，全行投行条线深入贯彻落实大投行战略，齐心协力、攻坚克难，在制度建设、产品创新、项目运作及队伍建设等方面取得良好成效，为全行经营目标实现做出了应有的贡献。

一、完善顶层设计，促进业务发展和经营贡献提升

（一）建立健全“大投行”战略实施框架。召开总行投资银行业务推进委员会会议，加强“大投行”与“大公司”“大资管”战略的协同，与相关部门共同优化考核分润机制、资金定价机制、联动营销机制和同业合作机制，完成理财推荐费科目下的子账户设置工作，提升了联动营销效果，完成总对总项目联动11次，召开同业合作研讨会2次，新设区域FOF母基金3只。加强“大投行”制度建设，共制定各类规章办法39个，涵盖了产品创新、投后管理、内外联动、合规管理等方面，业务架构和运作机制进一步完善。加强投行文化培育，倡导“一个做大、两个扭转、三个摆脱、四个创新”转型新理念，为全行投行业务发展营造了良好氛围。

（二）改造业务系统，完善系统管控。搭建“大投行”统筹管理平台，第一次实现了投行业务从储备、审批到投资的全流程管理，为大投行统筹规划与统一管理提供数据基础。升级“大投行”研究服务平台，整合金融市场部、城市金融研究所、工银国际、工银瑞信等单位的研究成果，通过财务顾问专区向客户发布。完善“大投行”交易撮合平台，为合作机构与客户提供了涵盖业务、项目、产品等信息的发布和交易网络平台。

（三）加强内外联动、商投互动，推动集团投融资一体化发展。在内外联动方面，印发了一系列制度文件，明确内外联动业务范畴，为业务开展奠定制度和组织基础。组织召开了投行业务内外联动工作推进会，促进工银国际、工银亚洲、南非标准银行以及境内分行的

内外协同。统筹牌照管理，推动新加坡分行恢复股本证券保荐承销牌照，协助工银国际融资申领香港证监会第四类牌照。在投贷联动方面，初步建立了投贷联动基本制度和机制，明确了全行投贷联动业务的定义、业务模式、部门分工、业务流程等内容。推动以投促贷，筛选了81家市场化股权基金投资企业作为第一批投贷联动企业，推荐分行从中选择开展信贷类业务。

（四）做大业务流量，加强收入管理。一是提升了投行业务对集团的贡献度。积极支持“大资管”“大公司”“大零售”业务发展，全年累计完成非标项目996笔，实现资金投放合计4 694.70亿元，同比增长67.95%；完成境内外并购类项目374笔，其中境内并购贷款投放1 144.42亿元，同比增长超34%，并购贷款余额2 195.46亿元，代理并购与投资累计发放金额279.78亿元，实现了飞跃式增长。二是扭转了投行收入大幅下滑的趋势。2017年，境内机构合计实现“大投行”业务收入（含银团贷款等）268.65亿元人民币，同比下降6.34%；境外机构“大投行”业务收入约合43.40亿元人民币，较2016年增长26%。投行部负责的7个科目实现收入151.31亿元，剔除营改增影响同比下降12亿元，降幅7.35%，较2016年收窄近5个百分点。

二、加强产品创新，提升项目运作

（一）抢抓资本市场和“一带一路”机遇，塑造工银投行并购品牌。境内并购方面，紧盯优质房地产企业区域扩张和行业整合，完成万科551亿元收购广国投资产包等一批具有较大市场影响力的项目；紧盯国企混改领域，完成金砖一期基金20亿元增资北京路桥并购项目，成为北京市属国企混改的典型案例；围绕资本市场深耕细作，完成牧原股份31亿元定向增发并购贷款等项目。跨境并购业务方面，通过跨境并购推动高端制造业升级，完成安徽中鼎收购欧洲第二大发动机流体密封件厂商——德国 Tristone Flowtech 等项目；推动科技创新，完成深圳海能达收购英国赛普勒等项目；推动“一带一路”国际产能合作，完成上海电力收购巴基斯坦卡拉奇市的最大电力公司等项目。

（二）加大力度拓展债务融资市场。创新推出流动性债务融资、过桥融资、结构化融资产品，审批通过流动性债务融资业务93笔，涉及户数90户、金额1 077亿元，已有46笔、419亿元完成投资。拓宽资金来源，与北京金融资产交易所合作试点开展债权融资计划业务，预计实现投资10亿元；与信贷资产交易所合作，成功实现了5亿个人按揭贷款证券化出表；加强资产证券化财务顾问业务营销指导，推动了广惠高速东延线、贵阳公交、遵义公交等一系列涉及民生的资产证券化项目。

（三）聚焦产业基金和市场化方式退出基金项目，推动股权业务由融资型向“融资＋投资”型稳步转型。支持政府产业基金和PPP项目，完成京津冀铁路基金、雄安建设基金等项目；帮助企业降杠杆，综合运用类永续债、债转股等产品为甘肃公航旅、酒钢集团、美的置业等提供降杠杆服务。加强与产业资本合作，完成中国互联网基金、航天科技国创基金、航天科工长江基金等有市场影响力的重大基金项目；拓展与金融资本合作领域，完成国开开元母基金、中金并购基金等项目。

（四）构建“顾问＋投融资”财务重组模式，提供投行化解风险“良方”。总行牵头开展项目14笔，累计化解风险资产93.89亿元，其中9笔项目的本金受偿率达到100%，全部项目本金受偿率93%，远远高于正常处置水平。成功与万科集团合作设立100亿元规模的“工银万科企业转型升级基金”，以组合式基金方式参与风险客户名下不动产盘活，在化解了风险资产的同时，增加了投资收益。

（五）探索直接投资业务，搭建“总行直投基金＋部分分行直投基金＋私银FOF基金”的三级运作模式。组织全行开展国企改革降杠杆业务经验交流，统筹推动投行条线与工银国际、工银投资、工银瑞投等专业子公司的联动。通过股权投资、债务置换等投行综合服务手段提升国有资产运营效率，牵头运作了北京金隅冀东集团、云南能投集团、山西大同煤业、潞安集团等一批具有重大市场影响力的重点债转股和降杠杆项目。在成功运作股权投资FOF基金30亿元投资的基础上，完成了总行直投基金（一期）200亿元审批工作，并开始接受项目推荐尽调，进一步推动了投贷联动。

（六）拓展同业合作业务。全行共完成投行同业合作业务200余项，投资金额超过1 300亿元，显示出良好的业务发展势头。在总结全行投行同业合作业务开展的基础上，归纳提炼了包括单一项目推荐投资、同业资产包投资、同业本部融资、资本市场业务、非投资类同业合作在内的五大类业务合作模式，同业合作范围由证券、信托公司扩展到私募、基金、保险公司，同业合作生态圈初步形成。

（七）推动基础投行转型升级。积极推广融安e信业务，加快信息服务产品迭代升级，扩大产品服务范围。稳步推进政府财务顾问业务，主攻国家级新区和园区，构建银政企生态圈。研发“融智e信”系列标准化产品，开发投融资顾问业务行业报告模板，加大对分行的服务力度。

三、强化保障体系建设，助推投行业务持续发展

（一）深化投行研究，加强集团互动，初步建立价值型投研互动新模式。探索矩阵式投研互动服务模式，直接参与总分行债权、股权、并购重组等投行项目，形成了专题合作、联合调研、项目跟踪等多种投研支持项

目运作的业务模式。与工银国际、行内研究部门等开展研究互动，打造“大投行”研究联动体系。2017年，仅总行投资银行部研究中心就撰写了报告1 223篇，字数总计931.91万字。

（二）加强风险管控，完善投后管理，建立内控合规新体系。积极贯彻监管机构关于金融市场乱象治理的一系列规定要求，认真开展总行“十大重点领域和关键环节”自查工作，严格落实检查发现问题整改工作。印发《关于加强投资银行业务合规经营及声誉管理的通知》，对全行合规经营进行警示。搭建投后管理制度体系，推动投后管理信息系统开发，重点加强风险高、管理难度大的市场化退出代理股权投资业务的风险控制。

（三）加强队伍建设，注重架构优化，全行投行战线增添新活力。优化投行条线机构设置，梳理调整总行投行部处室职能，健全配齐省分行和重点城市行投行团队，搭建“总行+一级分行+城市行”三级联动的运作机制。充实投行团队人员，全行专职投行人员由2016年末的600多人增加到1 000人左右。构建全员培训体系，组织实施了7个培训项目、22期培训班；举办了六期总行“投行讲坛”，邀请同业机构知名专家进行授课；开展“双百”案例学习竞赛活动，加强先进经验交流。

（总行投资银行部）

金融科技创新及IT建设

2017年，信息科技条线紧密围绕全行整体经营发展目标和“十三五”信息科技发展规划，以“服务客户、服务业务、服务基层”为宗旨，坚持“安全生产运营第一”原则，以“一个转型、两个突破、三个体系完善”为主线，全力推进金融科技时代下的信息化银行建设。全行信息系统运行安全平稳，新技术研究成果加快落地，IT架构转型优化取得新突破，为经营转型和业务发展提供了坚实有力的科技保障。

一、信息系统安全运行创历年最好水平

2017年，全行业务量持续攀升，峰值交易屡创历史新高，信息系统面临持续性综合压力。信息科技条线通过不断优化生产运行全集团一体化管理、狠抓事件问题管理、推进生产运行智能化等基础性工作，全行信息系统可用率达到99.994%，四级（含）以上生产事件数量较上年大幅度下降，并圆满完成党的十九大、“一带一路”高峰论坛、春节、国庆、“双十一”等重要时点的系统保障，信息系统安全运行创历年最好水平。

二、把握金融科技发展方向，探索推进IT架构转型

2017年，全行加快新技术领域的研究与应用，建立总分行联动创新保障机制，全面布局金融科技各前沿技术领域。先后成立了数字化银行、互联网金融、大数据及人工智能、区块链与生物识别、云计算、主机平台网络、设备及机房基础设施等7大创新实验室，建设了业界首个基于区块链技术的扶贫资金精准管理平台，探索推出基于区块链技术的账户贵金属转账服务；利用人工智能技术，上线智能投顾“AI投”，通过智能投资模型为客户推荐投资组合方案；构建“工银物联网服务平台”，试点投产“汽车专项分期业务车辆押品”监控定位追踪功能。深入开展IT蓝图规划设计，为全行新一代智慧银行信息系统（ECOS）建设工程奠定基础。投产推广基础设施云、应用平台云，加大分布式应用，加快向PC服务器、MySQL数据库转型，完成开放平台个人Ⅱ、Ⅲ类账户体系建设，实施主机应用架构优化提升项目，实现主机资源累计压降14 321MIPS。

三、以互联网金融、大数据应用为重点突破，持续推进信息化银行建设

积极推动互联网金融战略从e-ICBC 2.0向3.0智慧银行升级，成功推广新一代企业网银，统一“工银e支付”品牌，加快互联网金融生态圈建设，完成统一APP（云闪付）建设项目，推出“工银智能卫士”账户安全服务，创新“工银小白”数字银行，完成手机银行与东方财富合作项目等。

积极构建大数据云，建立面向贴源数据的数据湖，从个人、法人、机构等维度深化大数据应用，持续完善大数据服务体系，形成企业级服务能力。丰富融安e信数据，成为业界首家使用国家发展改革委黑名单数据的风险信息服务产品。积极保障信贷管理、金融市场等领域的重点创新任务落地，成功投产全行印章综合改革项目、新一代客户联络中心、新一代资产托管系统，有力支持大零售、大资管、大投行战略实施和国际化综合化发展。支持分行加强特色业务研发与推广，共立项研发创新项目1 505个。

四、持续完善生产运营、信息安全和科技治理体系

持续优化生产运行全集团管理，推进业务系统监控和智能运维平台建设，在全行范围内推广系统环境自动化部署等变更自动化运维工具和数据库切换等应急自动化切换工具。针对互联网安全威胁持续升级，建立信息安全监控和处置平台（SOC），提升风险感知预警和应急处理能力。建立全行网络与信息安全通报机制，组织完成境内分行和集团子公司外部入侵安全风险排查，组织信息安全团队开展攻防竞赛和“红蓝对抗”攻防演练。探索多种方式提升市场响应效率，建立专职柔性工作团队，集中优势资源投入全行战略性创新项目，加强科技与业务的融合。建立信息科技骨干人才激励机制，有效调动科技人员主动性和创造性；在全行开展科技岗位能力评估，从机构和人员两个维度全面提升科技队伍综合实力。

五、行外评级评奖成绩优异，持续保持业界领先

2017 年，我行连续四年在银监会信息科技监管评级中排名全行业第一。信息安全通报工作得到公安部认可，成为唯一一家受表彰的商业银行。全年获得专利授权 50 项，累计获得专利授权 506 项，其中《加密装置、利用该加密专职加密、认证的系统与方法》（二代 U 盾）专利获得第十九届中国专利优秀奖。4 项研究成果获得银监会信息科技风险管理课题奖，其中《智能数据分析在信息安全领域的应用与实践》《商业银行黑名单信息整合与风险防控应用体系研究》获一类课题；8 项科技成果获得人民银行银行科技发展奖，其中“互联网金融 e - ICBC 建设项目”获一等奖，获奖数量与等级持续保持业界领先。“工商银行基础设施云”荣获中国云计算开源优秀案例奖评选活动特等奖。

（总行信息科技部）

互联网金融创新与发展

2017 年，网络金融专业紧紧围绕 e - ICBC 3.0 战略，以量质并举、创新发展为指导思想，坚持唯客户、唯市场、唯服务，统筹推进战略解码落地，全面建设“三融”平台，加快打造特色场景，持续推出创新产品，在高起点实现了新突破。“三融”平台分别荣获新浪财经“2017 最受欢迎手机银行”、中国普惠金融大会“普惠金融优秀品牌”、CFCA 最佳个人网上银行和手机银行等十余项国内外权威大奖，融 e 购荣获农业部唯一授牌的绿色有机食品示范电商。

一、高站位高起点，网络金融发展再创历史新纪录

（一）客户规模、业务规模再创历史新高。“三融”平台客户总规模超过 3.43 亿户，占全行个人客户数的 57.5%。其中，融 e 行客户达到 2.82 亿户，融 e 联客户达到 1.14 亿户，融 e 购客户达到 8 696 万户，客户规模创下历史新高。全年实现网络金融交易额 646 万亿元，占据五大行 44% 的市场份额。融 e 购实现总交易额 7 489 亿元（不含工银聚），其中非金融交易额 6 816 亿元（不含工银聚），同比大幅增长 125.7%。

（二）线上获客、活客能力显著增强。线上获客成效显著，全年“三融”平台新增客户中 53.9% 源于线上。“三融”平台活跃客户数超过 1.09 亿户，占全行 2.47 亿活跃客户数的 44.5%。融 e 行移动端日活客户突破 1 000 万、月活客户突破 5 000 万、年活客户突破 1 亿，全面领跑同业移动金融市场，实现了客户规模、客户黏性和客户活跃度“三个第一”。

（三）业务结构、价值贡献持续提升。“三融”平台移动端业务量占全行主机业务量的 11.5%，业务持续由 PC 端向移动端迁移。其中融 e 行移动端交易额占比达到 43%，同比提升 16 个百分点；融 e 购移动端订单占比达到 65%，大幅增长 27.4 个百分点。“三融”平台四星级以上客户占比、金融资产 5 万元以上客户占比和 40 岁以下年轻客群占比均高于全行平均水平，网络金融业务综合价值贡献不断增强。

二、观大势谋全局，互联网金融战略引领新航向

认真谋划业务长远发展，经过广泛调研征求意见、多次酝酿讨论和反复修改，正式发布 e - ICBC 3.0 智慧银行战略，实现互联网金融战略升级。制订并实施 e - ICBC 3.0 战略实施“百日计划”，成立了网络金融业务推进委员会，推动全行网络金融条线完成机构重组，确立战略实施九大项目，在最短的时间里实现了重点突破，形成了凝心聚力、上下同欲、锐意进取的工作推进氛围。

三、内联外合共享，场景建设开启新征程

（一）以内部联动推动全行互联网场景建设快速启动。横向专业联动、纵向立体推进、多维组织推动的场景共建工作机制初步建成。截至2017年底，全行拟建和在建场景项目687个，322个场景已经投产并持续优化，信息、出行、生活等重点领域场景达到293个。

（二）以外部合作推动互联网场景共建共享。一是TOP 20互联网企业合作取得阶段成效，先后与联通、爱奇艺、京东、360、东方财富等18家目标企业形成了直播、收单、支付、品牌营销活动等30项合作内容，借助互联网企业资源为全行带来新的、可持续的线上获客渠道。二是融e联场景建设亮点纷呈，投产了党建工作、后勤服务等2 550个场景服务公众号，推出了交通罚款缴款、ETC出行扣费通知、社保缴费、校园卡充值、线下自助售货机扫码支付、神州专车、ofo共享单车等多场景应用的便民生活服务，涌现出了广东共享平台、山东泰安社保、江苏校园服务号等一批可复制、可推广的优秀示范场景。

（三）依托平台持续打造“商业＋金融”特色场景。融e购坚持“金融为本、以商促融、商融结合”的发展策略，打造特色商融场景，成功营销格力、美的、宝马、中铁、联通、东方财富等商户入驻，累计签约商户达到2.1万家，知名品牌覆盖率提升至91%，商户直营率62%，保持业界领先水平。融e行品牌活动综合效应更加凸显，举办了贯穿全年的“我的百万梦想”主题营销活动，深耕第三届“11·18粉丝节”，持续运营“工银融e行”公众号，深入推进“小象”IP运营，通过“线上传播＋线下活动＋社会化营销＋粉丝运营”的营销叠加模式，吸引亿级用户共同参与。

四、坚持创新引领，打造互联网金融平台新优势

（一）厘清平台定位，“三融”平台创新转型势头强劲。一是打造融e行专业化的线上智能金融交易服务平台。全面推进智能化、专业化创新，加快实施精装修工程，推出了指纹、刷脸登录和支付功能、一键转账、统一通行证、AI投、安全中心等系列亮点产品和服务。其中，一键快速转账和免登录查询实现同业首创；新增证券交易服务，提供从证券开户、第三方存管签约、银证转账到新股申购、股票交易、资讯行情等一站式服务。二是打造融e联信息平台、开放平台和服务平台。上线“我在工行”与年度账单对客大数据画像产品，投产了群发助手、全渠道服务评价等客户经理端重要功能。三是打造融e购品质领先、特色鲜明的知名电商金融平台。在微信、融e行、融e联、e生活等行内外应用中内嵌融e购触屏版商城，大幅提升行内客户流量的交叉营销效率；上线资产交易（含拍卖）平台、大宗商品撮合平台、旅游商城、加油充值、汽车商城、财富集市等系列特色平台，不断打造聚集人气和流量的新利器。

（二）完善系统架构，互联网创新研发体系重塑优化。完成融e购系统迁移工程，实施B2C商城与融e联持续高可用架构改造工程，初步完成数据库双园区拆库，真正实现生产系统同城双活。部署云计算架构，提升应用服务器弹性伸缩能力。探索聚富通互联网基础技术架构，打造开放、共享的生态体系。

五、探索数据驱动，构筑互联网金融运营新模式

一是强化数据驱动的精准营销应用。全年组织开展了代发工资、第三方支付、转账汇款等六大重点客群目标客户的精准营销以及融e联纪念币预约等500余场特色行业（品牌）活动，实现营销效率和效果的双提升。二是拓展数据驱动的智能服务领域。在与雄安新区全面战略合作框架下，制订了雄安公共信息数据服务公司组建方案，进一步明晰了服务雄安智慧城市建设的重点领域。全年四中心各渠道业务总量（含电话IVR）达10.5亿笔、日均288.6万笔，接听率达93%；基于智能机器人“工小智”的业务量合计1.7亿笔，同比增长86.7%，智能识别率超过98%，智能化服务水平持续提升。三是打造数据驱动的智能风控防线。适应新形势下网络金融风险防控需要，不断加强制度和业务管理体系建设，实施互联网风险联防联控机制，推进互联网金融风险监控系统建设和运营，持续完善工银e支付保险补偿机制，初步建立了事前业务制度规范与新产品风险评估、事中交易安全认证与监控及事后保险补偿有机结合的互联网风险防护体系。全行网络金融专业未发生重大内部案件，外部欺诈风险事件数量同比减少81%；互联网金融风险监控系统累计成功拦截欺诈交易10.64万笔，避免客户资金损失2.65亿元。

六、加快全球布局，境外拓展呈现新亮点

持续开展境外机构网络金融产品、营销和服务创新，推动工银亚洲和工银澳门等机构向互联网金融转型升级。截至2017年末，44家境外机构建立了门户网站，37家机构推广了企业网银，28家机构推广了个人网银，21家机构推广了手机银行。个人网络金融客户达到65.3万户，渗透率达到60.2%；企业网络金融客户达4.4万户，渗透率达到60.7%；境外网络金融业务占比72.8%，提升3.5个百分点。跨境电商综合服务已成功触达全球六大洲，服务全球26个国家和地区的200余家企业客户、近5万个人客户，年订单量达到58.3万笔，交易额达到6 620万元。

七、深化改革发展，互联网金融体制机制酝酿新变革

围绕网络金融部新职责新定位，完成总行网络金融部本部及下设用户发展中心、运营支持中心和创新研发中心的组建，以及职能、人员调整和业务交接。将业务发展与体制机制变革紧密结合，整合优化工作机制和业务流程，促进业务运转更为科学高效。进一步完善了考核评价、绩效激励机制，形成了全方位、多维度的互联网金融考核评价新体系。

（总行网络金融部）

产品创新管理

2017年，产品创新专业认真贯彻总行战略部署，大力加强产品创新统筹管理，突出做好跨专业协调整合，积极促进业务与科技的融合发展，不断增强创新价值创造能力。

一、发挥牵头推动作用，启动智慧银行信息系统建设

为积极应对金融与科技融合创新发展的新形势，巩固工商银行信息系统领先优势，助力智慧银行战略实施，集中力量开展智慧银行信息系统建设工作。一是制订工程建设总体方案。会同相关业务和科技部门，制订了《构建企业级业务架构　深化IT架构转型　推动智慧银行信息系统转型》工作方案，明确了以企业级业务架构为依托（一个依托），以松耦合、分布式IT架构和标准化、智能化数据体系为基础（两个基础），提升灵活创新、智能应用、开放融合能力（三大能力），努力保持新时期信息系统领先优势的总体思路。二是统筹推进工程建设实施。明确了智慧银行信息系统建设工程的总体目标、基本原则、核心内容和推动机制等，并围绕重点领域抓紧开展业务架构建设工作，构建跨部门工作团队和常态化运作机制。

二、深化重点领域创新，提升竞争能力

紧密围绕全行改革发展战略，积极推进各重点领域的创新研发，推出了一批具有竞争力的产品和服务。在零售业务领域，积极打造智慧、普惠、安全的大零售产品体系。结合人民银行账户新规，推进实施个人账户体系重构，推出“工银智能卫士”账户安全服务，构筑账户智能防控体系；与京东金融共同推出新型线上场景融入式数字银行“工银小白”，对外输出本行优势产品，拓展互联网获客渠道；研发新型无卡收单业务，满足了合作商户的线上无卡支付需求，实现了对合作商户机构的规范化支付管理。在公司业务领域，满足客户一站式服务需求，更好支持实体经济发展。推出小微企业综合金融服务平台，创新“一触即贷”的网上小额信用贷款和对公客户全流程离柜的智能化服务，丰富全球现金管理产品体系，扩展工银e缴费应用场景。在机构业务领域，探索运用金融科技促进精准扶贫和雄安新区建设。推出了贵州脱贫攻坚基金区块链管理平台，首次将区块链技术应用于精准扶贫领域，实现扶贫资金从审批到拨付的全流程精准投放和高效管理。以建设“数字雄安”为契机，以新区拆迁和绿化为突破，探索运用区块链技术推进雄安新区建设资金的透明管理。在互联网平台建设领域，强化三大平台建设，推进e－ICBC 3.0智慧银行战略实施。大力实施融e行智能化升级改造，先后推出指纹登录支付、语音导航、智能安全卫士等，同时持续提升平台操作体验，打造移动端流量主入口。优化融e购界面功能布局，丰富平台服务种类，完善商品分类管理，提升交易便捷性，积极促进客户、商户、平台良性互动。持续丰富融e联缴费、社交等场景，创新推出客户画像和基于大数据的产品推荐。有效提升大资管业务统筹管理和协调发展水平，完成大资管“五统一”平台（一期）建设，实现了投研数据、研究成果共享和资产规模、资产配置的灵活查询。推出新一代资产托管系统，基于分布式技术改造和系统全功能升级，大幅提升了资产托管业务全流程系统自动化处理效率和风险防控水平。在跨境业务领域，着力促进境内外联动创新。持续推进与标准银行集团在直连汇款等方面的产品合作，研发见证开户功能，推出跨境电商综合金融服务平台外币支付场景相关功能，加强境外新版手机银行推广。上述产品创新有效提升了全行市场竞争力，得到了社会各界的普遍认可。2017年度，本行蝉联了《银行家》杂志“最佳金融创新奖”。

三、加强整合创新，打造极致产品

发挥整合创新优势，围绕“集中力量打造客户体验和市场口碑好的极致产品”创新目标，整合优化全

功能支付、网络化融资、智能化投资三大重点产品线。一是推出统一的工银e支付产品，实现大小额支付全适用、本他行客户全覆盖、支付场景多样化、线上线下流程标准化、风险监控实时化、商户对接高效化的支付产品整合升级。该产品荣获中国支付清算协会评选的2017年客户体验优秀案例奖。二是发布工银融e借产品，整合打造清晰统一的个人消费信贷产品体系，利用大数据提升授信能力和风控水平，不断丰富秒级授信、容时还款、指纹密码等功能，并与纯消费金融平台、综合型互联网平台和垂直电商平台进行场景对接，满足客户在各类消费场景“快、易、简”的融资需求。该产品荣获《银行家》杂志“十佳互联网金融产品创新奖”。三是创新推出智能投顾－AI投产品，应用人工智能、大数据技术和量化投资模型，面向客户综合提供基金投资组合推荐、动态调仓等服务，打造智能化财富管理服务。

四、加强规划与管理，发挥创新统筹协调优势

一是围绕智能化，研究提出人工智能应用规划。编制《关于报送人工智能应用规划和重点实施领域的报告》，优先在智能营销、智能客服、智能投顾、智能风控四大领域中应用实施。截至2017年末，指纹识别支付、语音业务办理、刷脸验证身份、AI投等已初步完成。与此同时，根据全行改革发展重点研究课题整体安排，研究起草《关于构建我行人工智能应用蓝图　抢占新一轮战略竞争制高点的研究报告》，完善了全行人工智能应用创新的顶层设计。二是围绕场景化，推进落实互联网金融场景化服务规划。制订互联网金融场景化服务建设规划方案，面向用户聚集度和活跃度高、金融需求旺盛、市场推广价值大的外部互联网场景合作方，快速开放和输出本行优势产品服务。目前已经实现工银e支付、积存金、实名签、Ⅱ类账户、工银e缴费等产品的场景化服务改造。全面加强合作机构支付业务的规范化管理，逐步构建起了业务规范、系统控制、风险监测等多位一体、集中管控的管理体系。

五、完善产品创新机制，提升创新质量效率

一是加强业务与科技的融合。适应技术创新驱动业务创新的新趋势，在个人支付、消费贷款、个人账户互联互通等科技与业务高度融合的重要业务领域，建立跨专业柔性工作团队研发模式，提升决策和执行效率。二是完善项目研发管理机制。印发《产品与业务研发管理办法（2017年版）》《新产品研发风险管理办法（2017年版）》和《迭代研发管理实施细则》，进一步提升创新研发的效率和质量。三是提升客户体验专业水平。加大社会化客户体验力度，基于互联网方式扩大行外客户体验员参与力度；提升UI设计专业水平，对互联网金融强交互产品开展专业化视觉设计；积极加强业务与科技的体验联动，研究制定了测试阶段客户体验的工作流程、方法、范围及职责分工，确保产品在投产后到达预期效果。

六、丰富创新创意，营造浓厚产品创新氛围

一是组织开展行内员工产品创新创意竞赛。竞赛以“创意创造价值”为主题，引导行内员工围绕金融科技、大零售、大资管、支付、融资、年轻客户群等板块，从客户需求痛点、市场前沿动态、业界创新亮点等角度出发，提出富有时代感的创意方案。竞赛最终收集作品1 800余份，参与网络投票的员工达到18.7万人，充分营造了全行重视创新、鼓励创新的良好氛围。二是继续举办“工商银行杯”全国大学生金融创意设计大赛。大赛积极响应“大众创业、万众创新”国家号召，由共青团中央支持指导，全国财经类高校共青团工作联盟和千余所高校共同参与，围绕“金融创意”主题在大学校园中持续推动，营造了社会各界携手创新的良好氛围。大赛最终收集创意作品5 058份，涵盖个人信用消费贷款、银行大数据应用、区块链、人工智能等领域，有效激发了大学生创新精神，提升了大学生社会实践能力，密切了银校合作关系，是工商银行践行了社会责任的一个生动体现。

（总行产品创新管理部）

渠道转型和服务创新

2017年，渠道管理专业认真贯彻总行工作部署，注重以新思维、新技术、新举措，统筹推进客户服务改进、网点优化调整、渠道转型等重点工作，圆满完成了各项目标任务。

一、以建设客户满意银行为目标，持续改善服务品质

（一）推动服务口碑持续向好提升。2017年，全行

客户服务工作始终围绕“建设客户满意银行”这一总目标，以“一年服务口碑明显改善”为指导，通过完善机制、强化管理、解决问题等具体举措，抓重点、治痛点、创亮点，脚踏实地，一步一个脚印促进客户满意度提升和体验优化，服务面貌持续改善，客户口碑不断向好。全行超时等候客户数同比降低26.4%，超时等候网点同比下降66.3%，第三方客户满意度评价较上年上升4.6%，“客户之声”系统的服务类表扬工单同比增长5倍，国内主流媒体对工行服务的正面评价大幅提升，服务口碑类舆情事件同比减少40%。2017年1月16日，在业内首家发布“客户为尊，服务如意；员工为本，诚信如一”的服务文化体系，领行业风气之先。

（二）构建全渠道评价监测体系。2017年9月，在全行推广“线上线下交互、多维标签收集”的全渠道服务评价监测体系，实现线上评价和智能设备评价功能，共收集超过1 800万条评价，其中柜面和线上客户满意度89.4%，智能设备客户满意度95.2%。投产对目标客户群的精准问卷调查功能，进一步锁定客户服务体验痛点。

二、以网点优化建设为抓手，稳步提升网点经营效能

（一）着力推进网点区域布局与业态结构优化。一是有效将网点向资源富集区域、客户需求前端、市场竞争前沿迁移，全年实施网点布局优化586家，进一步优化了网点资源的跨区域配置。二是编制完成《2018—2020年网点布局优化规划》，围绕重点分行、重点城市、重点网点，明确了未来三年全行网点布局优化的总体要求、原则和目标。三是加快探索构建网点群落管理体系，在做小、做精、做活轻型网点的同时，做大、做优、做强核心网点。全年新改建理财便利店541家，实现495家网点人员、柜口双下降20%，累计释放人员2 530人、柜口783个，以理财便利店和财富管理中心为标志的轻型网点、旗舰网点占比分别提升至10.9%和12.5%，有效促进了网点人员合理精减和经营效能稳步提升。

（二）不断增强自助渠道管理和创新能力。一是综合考虑现金支付环境变化等因素，在保障全行服务供给的前提下，稳步推进自助银行建设和结构优化调整。截至2017年末，全行投入运营的广义自助银行41 394家，其中自助银行27 196家，较去年减少558家。二是实行自助渠道控总量、提效能工程。截至2017年末，全行投产在用ATM 95 043台，较年初减少5 040台，台日均业务量保持在209笔。在线上支付快速增长和人民银行延迟到账新规的影响下，自助机具存取款交易额均保持正增长，取款总金额5.46万亿元，同比增长2.95%；存款总金额4.39万亿元，同比增长5.22%。对照可比同业，本行现金类设备实现了总量控制最早、净减总数最多、效能运行最佳的目标。

（三）全面推动网点标准化建设。一是发布并持续完善物理渠道装修设计标准，正式发布《物理渠道装修设计标准手册》以及补充配套材料《物理渠道装修设计材料样本》。新标准顺应网点轻型化、智能化、一体化的转型发展趋势，突出网点服务营销转型、客户分层服务、员工人文关怀，坚持统一色调、统一材质、统一设施、统一形状，深植工商银行的文化元素，向客户传递了体验一致、感受一致的“One ICBC”品牌形象。新标准的发布实施，是全行启动物理渠道标准化建设的标志，也是今后全行物理渠道形象和品牌建设的依据和准绳，对改善客户服务体验、强化客户识别、统一视觉形象、推动网点转型升级，对外打造一个更加鲜明、高效和有活力的全新公众形象具有积极意义。二是有序推进网点标准化装修和网点装修流程优化。2017年是网点标准化建设的开局之年，总行渠道管理部通过强化组织领导、明确目标责任、优化管理流程、定期通报督导等举措，积极推动网点标准化装修改造工作，并组织各分行发布辖内网点建设流程优化及实施方案，有力促进了网点装修改造效率的提升。截至年末，全行共完成网点装修1 455家。

三、以深化渠道转型为主线，优化服务功能，创新网点质态

（一）稳步推进网点智能化改造。截至2017年底，全行1.6万家线下网点中有1.5万家完成了智能化改造，区域分布覆盖全部省级区域，从最东端的黑龙江抚远县东极支行到最西端的新疆喀什疏附县人民北路支行，从最北端的黑龙江漠河县北极支行到最南端的海南省永兴岛的三沙支行。2017年全行智能设备共为6 300万位客户提供4.5亿人次金融服务，已接近柜面服务客户人次。

（二）不断提升智能服务客户体验和影响力。一是通过投产人脸识别辅助功能，有效打击不法分子冒办借记卡。试点存折ATM和乱序发卡版产品领取机，推进智能设备刷折验密、ATM凭码取现功能研发，大幅提升业务处理效率。截至2017年末，智能服务业务功能已达229项，替代柜面高耗时的审核类业务达30项；个人非现金业务量与柜面渠道之比提升至79:21，网均客户排队合计时间由1 989分钟/天压降到1 493分钟/天，减少达25%。二是随着智能服务模式影响力不断提升，本行智能柜员机在同业参展竞争中脱颖而出，作为金融业唯一成果参加喜迎十九大“砥砺奋进的五年”大型成就展，接受了党和国家领导人、十九大代表和全国人民的检阅，得到了社会各界广泛赞誉。

（三）积极推动新型渠道入口建设和场景拓展。一是将“码上赢”基本覆盖到全行零售金融主要产品线

和重点APP，同时投产了基于“三融”平台和微信渠道的客对客二维码推荐功能。2017年全行共有23万员工通过“码上赢”开展营销。二是上线“工行服务”微信小程序，为客户提供网点和自助渠道位置等信息查询、网点排队情况查询和网点预约取号等服务，全年小程序累计访问量达到1 780.6万次，排号及预约网点覆盖率超过75%，在金融类小程序中排名第一。三是发挥网点WiFi的客户引流价值和广告宣传阵地价值。2017年全行网点WiFi总用户突破5 000万，总客流量突破2亿，带动行内APP下载超过4 600万次，客户渗透率较上年增长7.8%，营销点击率增长15.4%。四是投产网点及自助渠道布局展示功能，为全行开展网点布局优化及物理渠道效能提升工作提供管理支持；大力推动网点位置服务和预约工作，各线上渠道位置服务相关功能访问量过亿次。

四、扎实推进渠道管理升级，不断提升精细管理水平

（一）做好对网点业务支持和直通服务。大力提升面向网点的直通式服务能力和直通车品牌影响力，采编播发了12期主题突出、各有侧重的晨会直通车及2期服务直通车节目，通过充分发挥形式多样、精确传导的平台优势，积极助力全行营业网点的业务发展与服务改善。2017年初谷澍行长出席录制晨会直通车新年特辑节目，鼓舞了员工士气，提振了员工信心，基层员工反响热烈，成为连接行领导与基层员工的重要纽带和载体。

（二）深化应用渠道经营支持体系建设。一是充分运用网点服务营销支持系统，促进重点零售产品和服务资料在基层网点落地，有效提升了网点营销热情、服务专业性和经营管理水平，助力网点向服务营销转型发展。二是在网点五级分类管理和“一点一策”竞争力诊断工具已平稳运行三年的基础上，组织开展管理办法修订工作，进一步强化关键绩效指标的核心导向作用、突出以客户为中心的理念并适度精简指标，更好地对全行网点进行竞争力“体检”，促进网点提质增效。三是推动网点援助保障机制高效运作，将网点从烦琐的后勤保障事项中解放出来。2017年为基层网点切实解决各类事项11.1万件，使其更专注于优质服务和竞争力提升。

五、稳步推进远程银行中心转型，促进线上线下渠道协同

认真落实总行党委关于组建远程银行中心的决策部署，根据《关于组建中国工商银行远程银行中心的通知》（工银发〔2017〕123号），成立由渠道管理部、网络金融部、银行卡业务部等部门组成的联合工作团队，制订了远程银行中心转型初步规划和实施方案，稳步推进电子银行中心和信用卡电话服务中心整合转型。坚持以构建统一、集约的组织管理体系为基础，把做好客户服务、改善客户体验放在中心转型的首要位置。加快制定核心系统建设规划，大力发展机器人客服，创新微信微博等新媒体平台。发挥远程银行中心远程营销、客群维护功能，建立完善的财务管理模式，从转授权、公文、印章、机要等角度研究构建科学的运营管理机制。

（总行渠道管理部）

公司金融

2017年，公司金融专业认真贯彻落实总行统一部署，以解决公司客户需求为立足点、深入推进“五全一联动”全公司金融发展战略，不断提升公司客户金融服务及经营管理能力，全面完成了年初各项任务目标，实现了专业贡献度、同业竞争力和客户满意度的持续提升。2017年，本行连续第8年荣获《环球金融》“最佳公司银行”奖项，并首次荣获“可再生能源最佳银行”奖项。

一、加大公司客户拓展

（一）整体规划优化获客机制。编制新市场新客户拓展三年规划，明确“优选行业、谋划地区、畅通渠道、夯实基础、系统推动”新市场拓展整体思路，设立业务规模、客户基础、营业贡献、产品覆盖和发展质量五方面新市场新客户拓展指标，提高对全行公司条线客户拓展的统筹规划。强化数据应用，搭建全方位、立体化的大数据应用平台，建设完整统一的“全球客户统一视图”，利用大数据加强对重点客户、重要指标数据的定期监测和分析，为客户拓展提供数据支撑，做到客户拓展有的放矢，精准施策。加强协同联动，围绕客户服务，持续抓好存款结现联动、存款贷款联动、公司机构联动和公司个人联动等公司客户负债业务“四联

动”；联动投资银行、资产管理、金融租赁、基金等产品服务，积极满足公司客户全口径融资服务需求。组建特色专营机构，在北京等新经济资源集聚的地区选择10家特色支行探索新市场服务方式创新，不断加强对重点行业、重点区域的营销指导。

（二）多措并举提升获客能力。强化产品获客，加大公司金融产品创新力度，牵头建立公司产品竞争力动态监测分析制度，提升产品及服务的市场竞争力。强化场景获客，充分挖掘利用政务场景、交易场景、链块场景，加深与第三方平台合作，实现批量获客。强化平台获客，依托核心企业实现供应链、产业链、区块链拓户，加强与优质核心企业和大型供应链平台客户拓展，坚持线上优先、线上线下一体化推动，择优批量拓展产业链上下游优质客户，延伸全链条客户全产品服务。

（三）强化合作拓宽获客渠道。畅通外部合作渠道，与发展改革委、科技部、工信部等政府机构就共同推进新经济企业服务加强沟通与交流，与中信产业基金等外部投资机构、中科院等科研院所、深交所等共同探索新市场拓展合作新模式，为新经济企业客户的拓展打下坚实基础。积极拓展科创类企业，与国家科技评估中心合作搭建科技风险评估体系，与知识产权局等合作，打通知识产权和未上市公司股权的估值和流通，引入政府风险补偿机制，加强与科技保险及担保机构合作，在做好客户拓展的同时控制好风险。截至2017年末，全行公司客户营业贡献1 915亿元，同比增长25%。公司客户总数达539万户，较年初增长9.2%；其中日均金融资产5万以上客户数130万户，较年初增加7.6万户，完成计划380%。

二、深化公司金融业务创新发展

（一）确立“五全一联动”发展机制。推进全市场布局，做好“存量+新兴”两大市场、“大+小”两个领域、“境内+境外”两个区域的市场顶层设计、信贷布局及营销指导等工作，全面加强重点区域、重点行业、重点客户、重点项目的拓展。推进全融资服务，强化“商投互动”营销模式，提供“贷” + “债” + “股” + “代” + “租” + “顾”的全公司金融服务，积极满足客户全口径融资服务需求。推进全产品协同，加强与个金、机构条线联动，构建多赢格局。推进全渠道管理，形成总分支、“线上+线下”矩阵式综合金融服务渠道，完善分层营销机制，丰富线上线下产品，持续提升客户综合服务水平和满意度。推进全队伍建设，做好信贷客户经理队伍建设，打造综合客户经理队伍，不断提升客户经理的专业水平；强化“客户经理+产品经理”的服务团队建设，切实做好客户综合服务。推进强联动营销，优化全球营销网络建设，做好全球公司金融服务，强化境内外联动营销。构建覆盖全部境内外机构公司条线超过300人的基础工作层，以及由部分重点境外机构业务骨干专家组成的跨境全球联动营销服务柔性团队，为总行级公司客户大型跨境事项提供了优质金融服务。

（二）持续推进产品和服务创新。开展年度十大创新项目评选，总部融资、雄安新区全面金融服务推动、军品银团保理、创设新经济特色支行、公司金融APP、美的并购库卡项目、基于大数据的全产品分析及重点产品精准营销、银团贷款业务管理提升工程、公司信贷业务布局监测评价体系、锂电—新能源汽车产业链营销方案入选。其中，“基于大数据的全产品分析及重点产品精准营销”获得第二届“大数据智胜”优秀奖，是大数据指导具体营销工作的一次有益尝试，通过分析交叉销售规律，提取出3.8万户目标客户清单，并配以组合营销产品目录，指导分行开展交叉销售，成效良好。“公司信贷业务布局监测评价体系”首次从总体布局、“四抓”布局、品种布局、行业布局、区域布局、资产质量、收益水平、竞争力等多个维度，对公司贷款布局落实情况进行了全面的分析及监测，是首次对分行公司信贷业务发展情况进行综合评价。“锂电—新能源汽车产业链营销方案”是首份从产业链角度创新切入的整体营销方案，实现了把控产业链发展动向、批量营销重点客户、择优支持防控业务风险和为客户提供综合化金融服务方案有机统一。“公司金融APP”的推出，则标志着公司金融业务从业人员从此可以真正在“互联网+”的时代随时、随地、随身获取各类与经营、管理、营销、服务相关的信息，并与相关人员进行及时沟通与交流，有效增强了对营销一线的专业支撑能力。“银团贷款业务管理提升工程”的实施有力促进了全行银团贷款业务的拓展，截至2017年末，全行银团贷款余额突破8 000亿元，中间业务收入超过27亿元，实现了银团贷款余额和中间业务收入四行占比双第一；获银行业协会2017年银团贷款业务“最佳业绩奖”“行业贡献奖”“最佳管理奖”，“广佛环线佛山西站至广州南站段项目”“迪拜哈翔清洁燃煤电站项目”“约旦阿塔拉特油页岩电厂项目”三个项目获得“最佳项目奖”。

（总行公司金融业务部）

机构金融

2017年，机构金融专业认真学习贯彻党的十九大和全国金融工作会议精神，积极落实全行改革发展研讨会和工作会议要求，坚持“以客户为中心”，深入实施全机构发展战略，主要业务继续保持良好发展势头。

一、敢于担当，锐意进取，业务发展勇攀高峰

（一）经营指标业绩突出，存款增长再创新高。一是考核指标超额完成。2017年，机构金融业务主要经营指标均超额完成理想目标值。机构金融业务营业贡献、营业利润分别为768亿元、678亿元，完成理想目标值的109.9%、116.5%；日均金融资产5万元以上机构客户增加5 480户，完成理想目标值的283.3%；金融债承销发行额1 206亿元，完成理想目标值的109.7%。二是存款量价协调发展。2017年，全行机构存款时点和日均增量分别达到7 020亿元和6 119亿元，均创历史最高水平，较2016年同比多增1 635亿元和1 886亿元；机构存款在全行一般性存款时点和日均增量中的占比分别达到52%、44%，发挥了存款增长“压舱石”的作用。机构存款余额和增量稳居四行首位，市场份额分别领先第二名8个和19个百分点，较上年扩大1个和8个百分点。同时，机构存款付息成本比全行一般性存款付息成本多下降7个基点，实现了量价协调发展。同业存款日均余额达到10 968亿元，在付息率最低的情况下仍保持四行第一的地位。

（二）客户拓展领跑同业，市场地位不断巩固。2017年，机构金融条线在营销拓展方面出实招，求实效。一是社保改革竞争有力。在已启动改革的38个中央和省（区/市）中，26个地区在本行开立了省级账户，覆盖率达68%；合计开立各类机关养老及职业年金归集账户1 613个，市场占比达到26.7%，同业排名第一，领先第二名6.2个百分点。成功中标全国首家启动招标的新疆自治区职业年金法人受托资格。二是政府服务市场领先。代理财政收支业务量同业第一，跨省异地缴罚业务覆盖面最广、业务量最大，地方债投资金额连续排名市场第一；法院客户存款增长107%，银法业务拓展取得历史突破；牵头创建业内首个服务于精准扶贫的区块链平台，成功实现173亿元脱贫攻坚极贫乡镇投资基金审批落地。

二、强化营销，创新驱动，市场拓展持续深入

（一）高层营销推动有力。总行党委高度重视机构金融业务发展，行领导多次走访财政部、人社部等部委，紧抓财政、社保源头客户；多次开展同业金融机构总部营销，有效深化同业合作关系。各分行认真落实机构客户营销“一把手”责任制，分行负责人积极参与推进重点机构客户营销维护工作，取得了良好营销效果。

（二）牵头作用有效发挥。优化顶层设计，加强市场规划和营销指导，将大政府板块34万客户按照行业梳理出50小类，明确医疗、教育等六大关键领域，选取目标产品重点突破。充分发挥客户部门的牵头作用，统筹全行资源，链式拓展上中下游各类客户群体，对全行业务的辐射带动作用进一步增强。联动个金专业推进客户代发工资业务，机构客户签约代发工资人数全年增加357万人，位居各类客户首位；金融社保卡发卡量新增1 202万张，新增500余万个人客户；加强行司联动，联合养老金、托管、工银瑞信共同营销社保各类合作资格。

（三）产品服务不断创新。坚持以客户需求为导向，以优质服务为保障，以创新产品为抓手，努力提升机构客户满意度。民生领域，积极配合财政部国库集中支付电子化改革和非税收入电子化改革进程，不断密切客户关系；立项开发“工银e社保”综合服务平台，拓展了社保手机端信息服务，抢占市场先机。

（四）发展机制持续完善。一是以系统为载体，打造先进平台。稳步推进政府客户统一视图建设，启动政府机构客户产品梳理与贡献调研；加强机构客户营销系统推广与优化，建立系统应用服务常态化机制，促进应用水平提升。二是以人员为基础，完善队伍建设。起草完善《机构客户经理管理办法》，为机构金融业务未来发展提供强有力的人才队伍支撑和保障；采取“分层+分类”的形式，共举办14期机构金融条线面授培训班，培训班优良率达到79%。

（总行机构金融业务部）

负债业务

2017 年，本行认真贯彻落实国家宏观经济政策和金融监管要求，主动应对复杂多变的国际国内经济金融形势，坚持多条线联动配合，统筹协调，精耕细作，共同发力，不断巩固负债业务改革发展的政策基础、产品基础和客户基础，推进负债管理再上新台阶，实现资金来源总量稳健增长，结构不断优化，有效提升服务实体经济的能力。截至年末，境内人民币各项存款（含同业）余额 189 945 亿元，比年初增加 10 264 亿元，增幅 5.71%。其中储蓄存款余额 83 072 亿元，比年初增加 3 012亿元，增幅 3.76%；公司存款余额 40 588 亿元，比年初增加 3 469 亿元，增幅 9.35%；机构存款余额 56 732亿元，比年初增加 7 020 亿元，增幅 14.12%；同业存款余额 9 552 亿元，比年初减少 3 238 亿元。

一、个人负债业务创新发展情况

坚持创新驱动，不断优化储蓄存款产品结构，突出效益贡献，取得良好成效。截至 2017 年末，储蓄存款创新产品余额达到 1.4 万亿元。一是不断优化个人大额存单产品。推出 1 000 万元起存个人大额存单产品和三年期个人大额存单产品，实现了大额存单产品的多样化，满足不同客户资产配置需求。二是为更好地满足中老年客户、县域客户等储蓄存款偏好型客户群体的需求，根据市场调研情况，在不同区域推出利率上浮定期存款产品，并根据不同起点金额设置不同档次的利率优惠，实现定期存款产品定价的差异化。三是完善节节高 2 号存款产品，增加部分提前支取功能，同时推出存单介质和定期一本通介质的纸质产品，丰富了节节高 2 号产品的功能和形式，满足不同客户的产品需求。推出天天惠存款创新产品，吸引支付结算沉淀资金和理财间歇性资金。

二、公司负债业务创新发展情况

（一）抓联动，构建多赢格局。一是强化一般存款与主动负债联动，充分利用差别化定价和大额存单、保本理财、结构性存款等主动负债产品创新，有效满足重点大客户需求，带动日均存款增长，实现量价协调发展。二是强化存款与贷款联动，有效解决总部融资、重大项目融资等客户需求，持续推进“裸贷”客户治理，不断提升客户资金沉淀规模。三是强化一级行与城市行联动，在抓好公司存款第一梯队大行的同时，将存款业务发展要求穿透到重点城市行。2017 年，4 家直辖市分行和 80 家重点城市行公司存款增量 2 896 亿元，占全行的 83%。

（二）抓客户，夯实存款增长基础。一是拓展新开户市场，以银政合作、信息互通为契机，疏通新设立企业开户渠道，在服务实体经济的同时从源头上挖掘公司存款增长潜力。全年增加公司客户 51.6 万户，促进了公司存款的稳定增长。二是开展存量客户挖潜和链式拓户。立足支付结算创新，巩固本行在对公支付结算领域的市场份额。加强公司客户资金流转监测，精准定位优质客户，以创新型存款、大额存单以及优质法人理财产品为抓手，做好交易对手的资金承接和行内留存。三是抓资金沉淀，围绕企业的交易行为、管理行为和信息服务过程，以交易银行思维，完善交易链上中下游企业的现金管理综合服务方案，满足企业全方位的资金管理需求，进一步加大链条资金的沉淀率。

（三）抓渠道，提升网点对公服务能力。推动客户分包管理和分层营销策略的落地，进一步落实管户责任，理顺网点对公营销考核机制，夯实公司存款增长的渠道之基。

三、机构和同业负债业务创新发展情况

机构存款量价协调发展成效显著。2017 年，全行机构存款时点和日均增量分别达到 7 020 亿元和 6 119 亿元，较 2016 年分别多增 1 635 亿元和 1 886 亿元，均创历史同期最高水平；机构存款在全行一般性存款时点和日均增量中的占比分别达到 52%、44%。机构存款余额和增量牢牢位居四行首位，分别领先第二名 8 个和 19 个百分点，较 2016 年又分别扩大了 1 个和 8 个百分点。同时，机构存款付息成本比全行一般性存款付息成本多下降 7 个基点。同业存款时点余额 9 552 亿元，其中结算性同业存款余额 8 533 亿元，继续保持行业领先优势。

（总行资产与负债管理部）

信贷业务

2017 年，信贷与投资管理专业认真贯彻落实总行党委部署，优化信贷政策，完善制度体系，强化统筹管理，积极支持优质市场拓展，不断提升服务实体经济和供给侧结构性改革的能力，严格管控信用风险及各类交叉风险，加快优化管理模式和运营机制，实现了信贷与投资业务稳健有序发展。

一、信贷业务发展情况

一是信贷规模增长有度。截至 2017 年末，集团口径各项贷款余额 142 334 亿元，较年初增加 11 766 亿元，增长 9.01%。其中，境内人民币贷款 124 313 亿元，较年初增加 9 884 亿元，增长 8.64%。既适度加大了对实体经济的支持力度，又保持了审慎稳健的经营导向。二是信贷结构持续优化。不断加强存量移位和新增贷款并轨管理工作，主动推进信贷资源向个人贷款、优质项目贷款、高信用等级客户和低不良率行业板块移位，全年共实现贷款移位管理 1.87 万亿元。三是信贷资产质量逐季改善。集团不良率、逾期率、剪刀差贷款占比等各项指标均较年初全面下降，新发生逾期和劣变速度连续放缓，信贷资产质量逐季改善、持续向好。截至年末，集团贷款不良率 1.55%，较年初下降 0.07 个百分点；逾期贷款较年初下降 601 亿元，逾期贷款率 2.01%，较年初下降 0.54 个百分点。

二、主要工作措施

（一）优化信贷政策。适应经济周期和市场需求变化，适时调整优化行业政策体系，适度放宽部分基础设施、公共服务、保障性住房等领域融资期限和准入标准，加大对新兴制造业及传统制造业转型升级的支持力度，积极支持政府购买服务棚户区改造融资，稳妥推进商业性租赁住房贷款业务发展。强化信用风险业务授权动态管理，扩大公共设施、交通运输等重点领域授权，积极推进人格化授权。

（二）健全信贷制度体系。持续完善全球统一授信管理，严格把控客户融资风险总量；根据市场形势变化和新的风险特征修订信贷产品制度办法，进一步加强并购类投融资、项目营运期贷款、固定资产支持融资等产品的风险控制；夯实担保和押品管理，进一步规范押品管理制度，优化完善抵质押操作流程，强化押品的实质风险缓释能力。

（三）强化“新增、潜在、逾期、不良”四位一体的统筹管理。进一步完善准入监控事项体系，推进全流程全口径新增融资准入监控。加强新增融资质量管控，按时段设定新增融资质量控制红线。加强潜在风险贷款的精准化管理，强化精准催收和新增逾期目标管控。增强不良资产经营意识，将不良贷款作为“资源”，通过资产证券化、“政银企”合作等创新处置等方式，提高不良贷款回收率。

（四）推动信贷文化建设。印发《关于加强信贷文化建设的意见》，成为全行第一个发布的专业文化，明确“经济本源、审慎稳健、诚信合规、客户优选、专家治贷、责任落实”24 字为全行信贷文化的核心理念。牢固树立从严治贷理念，组织全行开展以“严守制度、严明纪律、严治队伍、严护信誉”为主旨的“四严”主题活动，作为推进信贷文化建设的重要抓手，重点解决信贷人员“有章不循、有规不依”问题，进一步增强信贷人员的责任意识、风险意识和合规意识。

（总行信贷与投资管理部）

专项融资业务

2017 年，专项融资条线深入推进改革创新，经营能力和风险管控水平持续提升，圆满完成了各项工作任务。在足额提取拨备的前提下，营业贡献、净利润均实现 15% 左右的增长。全球融资产品线累计承贷额达到 945 亿美元，其中 2017 年新增承贷额超过 1/3。全球资产交易量突破 600 亿美元大关，位列亚太区同业首位。

与12个国家签订合作或顾问协议，融资委任突破200亿美元。成功化解14笔历史遗留的潜在风险，不良率控制在0.2%的低水平。“一带一路”银行间常态化合作机制作为唯一商业成果列入“一带一路”国际合作高峰论坛官方成果清单，在服务“一带一路”建设及“走出去”重点领域，展现出全球最大银行实力。

一、统筹推进，大项目竞争力持续提升

2017年，专项融资新承贷项目123个，涉及金额339亿美元；累计支持“走出去”项目达到358个，合计承贷金额945亿美元。项目创新性大幅提升，荣获《欧洲货币》（*Euromoney*）新丝路三项金融奖、汤森路透“亚太区年度最佳银行”等11个国际和业内奖项，为历年最多。例如，中巴经济走廊首个项目竣工，并推动中巴政府达成免除预提税协定；成功竞争道达尔东非管道项目40亿美元财务顾问业务，实现首次在外方大型项目中担任纯财务顾问；莫桑比克浮式液化天然气项目、约旦油页岩电站项目、埃及光伏电站项目分获汤森路透“最佳单项奖”，约旦油页岩项目还和迪拜哈翔项目一道，获中国银行业协会“最佳项目奖”；牵头万科联合体116亿美元收购新加坡普洛斯项目，成为亚洲规模最大的并购交易；牵头中投120亿欧元收购logicor物流地产项目，是中投最大单笔海外投资；与中国路桥、中港湾、中投、道达尔集团、南非国铁公司、亚投行、南非标准银行等客户实现首次“走出去”合作，等等。

二、开放合作，倡导建立银行间常态化合作机制

把握“一带一路”国际合作高峰论坛机遇，举办银行家圆桌会，提出“一带一路”银行间常态化合作机制，并作为唯一的商业性成果纳入峰会官方成果清单，并迅速组织落实。一是积极推动合作机制成员扩容，参与银行已达53家，并完成与伦敦、加拿大、安哥拉、韩国等国银行的一对一交流。二是加强银行间中后台交流，重点解决信贷文化、风险偏好、监管合规等问题。三是搭建跨境融资信息交流平台，通过平台共享融资项目超过25亿美元。四是发挥智库作用，协助有关国家部委完成“一带一路”相关专项课题，并与中国人民银行、联合国环境署等单位联合主办“绿色金融国际研讨会”，召开“‘一带一路’金融合作与中国金融市场开放论坛”等。

三、前端驱动，国别项目源头开发效果凸显

一是机制建设方面，配合相关部门共同推进主权限额管理，完善主权限额的核定调整、动态管理、持续监测等工作。二是合作创新方面，与南非标准银行签署《两行项目合作创新行动计划（2018—2020）》，展开联席经理、产品创新、互换融资、政策对接和风险防控的五维合作，互换融资首笔合作已审批通过；举办中捷金融与企业界高峰论坛、第14届中国—东盟博览会等系列活动。三是市场开拓方面，在希腊、文莱、哥伦比亚、尼日尔、马里、毛里塔尼亚、赤道几内亚等国实现首笔项目融资，获泰国东部经济走廊（EEC）顾问委托并举办产业招商路演，作为主承销商之一发行斯里兰卡10亿美元主权债券，马尔代夫两岛连接线项目在两国领导人见证下签署贷款协议。

四、创新推进，全球资产交易业务稳健发展

一是平台交易量稳定增长。2017年实现交易量606.17亿美元，同比增长127.99%；交易笔数864笔，同比增长167.43%；用户数达10 021户，较年初增长80.82%。二是国际银团牵头及分销能力不断提升。加入美国LSTA银团会员，参加APLMA银团交易协会，拓展平台分销渠道，成功安排阿曼、斯里兰卡、巴基斯坦等国的主权银团筹组和二级市场分销。三是平台对外拓展及交易规则不断完善。制定《全球资产交易平台行内工作规则》，探索与境外重点机构联动机制，投产对外线上平台1.0版本。

五、注重可持续，跨境融资风控能力不断增强

坚持“专业化、集约化”方向，强化“走出去”业务风险的防范、监控和化解工作。一是对潜在风险资产足额计提拨备，全面夯实长期的风险应对准备，不片面追求短期效益。二是加强风险管理体系与机制建设，完成全行跨境融资业务专项排查，强化对簿记、风参业务的梳理，重点解决风险归属、贷后职责等问题。三是全面夯实信贷基础管理质量，强化尽职调查、信贷档案、存续期、贷款形态等方面的专业管理，夯实内控要求。四是强化系统平台的风控作用，在全球项目组织管理系统中投产意向文本、涉敏审核、报价管理等功能模块。

六、调动全行，强化专业管理与团队建设

一是强化专业管理。明确团队设置、工作协同、项目组织、专业管控有关要求，加强对分行专融团队的指导和培训。二是加强专业人员管理。加大对集团跨境人才的输送力度，全年累计向境外输送17名干部员工，接收境外雇员近20人。不断优化柔性团队模式，加大人员动态调整，实现岗位能上能下，建立与业绩挂钩的薪酬激励机制。三是探索实施OKR（Objectives and Key Results）目标与关键成果评价法，强化对年度重点工作任务的跟踪监测。完善“零基考核”方案，科学计量各团队的增量利润贡献。

（总行专项融资部）

金融市场业务

2017年，金融市场条线积极应对复杂严峻的市场形势，以服务实体经济、防控金融风险、深化金融改革为出发点和落脚点，紧密围绕创收增效目标，多措并举提高盈利能力，取得优异经营业绩。总行金融市场部实现净利润528.93亿元，同比增加139.59亿元，增幅35.85%，远高于同期7.50%的资产规模增速。实现营业贡献791.37亿元，同比增加172.10亿元，增幅27.79%。实现中间业务收入102.70亿元，同比增加1.31亿元，增幅1.29%。超计划完成债券投资收益率指标，不良资产率和操作风险损失率保持为零。

一、主要工作亮点

（一）服务实体经济能力进一步提升。一是新增地方债投资7 945.42亿元，占市场发行总规模18.62%，其中新增公开债投资7 247.21亿元，占市场发行总规模22.32%。稳妥开展信用债投资，为实体经济提供资金支持。二是在保障自身流动性安全基础上，累计向市场融出本外币资金23.92万亿元，对稳定市场信心起到突出作用。三是大力推广"一带一路"新兴市场货币外汇买卖业务，涵盖80个币种，为"走出去"企业客户提供一揽子汇率、利率避险方案。四是践行普惠金融理念，为广大客户提供柜台债券创新品种、账户交易产品等准入门槛低、结构简单、安全便捷的投资交易产品。五是围绕国家重点项目、民生工程、小微企业发展等重点领域和薄弱环节提供债务融资工具承销发行服务，积极推动绿色金融发展。2017年债券承销规模市场第一，其中承销各类绿色债券643亿元，银行同业第一。

（二）投资盈利水平不断提高。一是抢抓年初收益率高点，加大特定目的载体（SPV）等同业投资创新品种投资力度，为全年盈利增长打下坚实基础。二是把握时机适度扩大投资规模，增创更多收益。三是灵活合理调整投资策略，提高资金周转效率。2017年银行账户人民币债券投资进度达0.52，高于2009—2016年0.46的平均投资进度；实现新增投资收益率3.95%，同比提高99个基点，税后还原收益率5.32%，较5年期贷款基准利率（4.75%）高57个基点。

（三）同业专营业务经营效益良好。坚持合规稳健经营，按照净利润贡献最大化原则统筹线上线下业务发展，加强同业投融资主动管理，增创收益。非结算性同业存款、同业借款、分行推荐非银同业拆借等融资业务覆盖除西藏分行以外全部35家一级（直属）分行，较2016年增加3家。SPV投资业务覆盖19家分行，较2016年增加7家。金融市场同业专营业务客户数达到2 958户，同比增长18.20%。2017年，全行同业专营业务合计实现净利润187.52亿元，同比增加54.25亿元，增幅40.71%。其中，线上业务实现净利润115.02亿元，完成全年任务目标的123.02%；线下业务实现净利润72.50亿元，完成全年任务目标的154.25%。

（四）助力工银标准扭亏为盈。一是积极发挥牵头联动作用，不断加大业务合作支持力度。外汇汇率、利率及商品等交易业务继续在市场化原则下优先与工银标准平盘，并给予二次报价权，2017年累计开展各类交易816亿美元，同比增长11.47%。二是大力推动工银标准贵金属清算业务国内营销，民生银行已正式将清算行变更为工银标准。三是加快推动工银标准与总行合作开发金融市场同业交易平台，研究将工银标准外汇等业务报价直接引进金融市场内部询价及交易系统（MMTA），整合集团业务优势支持其做大代客、做强做市。通过集团内联动合作，全年共为工银标准带来客户端收入7 711.70万美元，同比增加2 416.70万美元，占其全部客户端收入的约四分之一。

（五）金融市场业务全球布局、重点产品线境外延伸成效显著。建立分工明确、24小时高效运转的集中运作机制，探索启动亚洲时段金融市场业务全球布局备份机制，境外机构业务风险防控能力和集约化水平大幅提升。集中运作机制实施以来，外币债券集中交易为境外机构节约成本约1 331万美元。全球金融市场交易规模显著增长。离岸人民币汇率做市交易量9 368.70亿美元，在国际主流电子交易平台的交易规模首次位居中资行第一。境外机构对公商品交易387.56亿元，同比增长338%。与36个国家和地区127户境外机构客户确立代理交易业务关系，同比新增38户，增幅42.70%，中资行第一。代理境外机构利率交易6 620亿元，同比增长220%，市场第一。累计承销境外客户熊猫债113.50亿元，同比增长15.35%，市场占比19.14%。

（六）二级资本债和证券化项目顺利发行。克服年末债券市场利率大幅上行的不利形势，加大营销力度，圆满完成880亿元二级资本债发行工作，票面利率为4.45%，市场同期同品种最优，对优化资本结构起到积极作用。成功发行3单个人住房抵押贷款、2单信用卡不良、2单个人抵押贷款不良证券化项目，出表金额累计621.59亿元，同比增长144%，为缓解个贷规模紧张、化解不良资产和优化个贷结构做出贡献。

（七）风险防控能力不断提高。严控信用风险，把好投前准入关，加强存量信用债组合风险排查，强化投后风险管理；持续监测高风险债券并有序减持60.07亿元；落实同业业务名单制管理要求，实施穿透式授信占用。不断强化操作风险控制“护城河”，动态更新“四位一体”制度体系，持续完善系统控制功能，定期开展制度系统有效性评估。全面加强道德风险管控和案防工作，加强关键岗位轮换和强制休假管理，按季度排查业务案件风险及员工异常行为，加强交易检查和交易价格偏离度管理。2017年，全行金融市场条线未发生一起案件，不良资产及操作风险损失保持为零。

二、各业务板块经营成效明显

（一）投资收益水平稳步提高。以净利润为导向统筹安排债券投资规模。新增投资地方债平均中标利率3.95%，税后还原收益率5.62%，其中3年期、5年期、7年期、10年期税后还原收益率分别高于同期限贷款基准利率69个、83个、79个、85个基点。非优质流动性资产下降2 050亿元，超额完成2017年压降2 000亿元目标。科学制定外币债券投资策略，继续加大相对价值较高的优质中资机构信用债投资力度，其在投资组合中占比超过八成，外币债券整体投资收益率达到3.23%，优于目标值33个基点。

（二）融资业务收益不断提高。2017年日均超额备付金率优于四行平均水平25个基点。同业借款、非结算性同业存款分别融出资金2 002.40亿元和6 219.67亿元，实现税后利润19.20亿元和9.58亿元，同比分别增长67.58%和598%。境内非银同业外币拆借累计融出资金54.30亿美元，拆放利率较国内银行同业高31个基点。

（三）交易业务盈利贡献明显提升。代客结售汇业务量3 925.23亿美元，同比增长9%，实现中间业务收入54.68亿元人民币，同比增长3%。账户交易业务量4 109.89亿元，实现中间业务收入10.31亿元，同比增长27.16%。对公商品交易业务量629.89亿元，同比增长155%，实现产品线收入1 079.09万元。代客外汇买卖和风险管理业务量分别达到781.31亿美元和17.70亿美元，合计实现中间业务收入12.13亿元人民币，同比增长31.15%。代客人民币利率衍生业务平稳快速发展，分行产品线收入3 613万元，同比增长60.20%。代理交易与柜台债券业务实现收入3 964.64万元，同比增长45.35%；实现中间业务收入3 665.15万元，同比增长93.77%。

（四）承销发行业务继续领先同业。主承销债务融资工具合计1.19万亿元，四行占比32.40%，市场第一。其中，金融债1 206.33亿元，地方债7 247.21亿元，均排名首位。

三、支持保障能力不断增强

（一）业务管理水平持续提升。强化制度体系建设，结合监管政策变化和市场发展形势，动态更新“四位一体”金融市场业务制度体系，及时补充修订有关内容并不断优化体例。组织对重点境外机构金融市场业务、境内分行代客衍生产品保证金管理和对外交易进行现场检查，定期开展合规风险和操作风险检查，防范违规事件。

（二）系统建设推广卓有成效。支持同业专营业务线上线下独立高效运营，提升总分行联动效率。领先国内同业建成同业交易平台并逐步向生产力转化，完善银银合作平台产品体系，持续扩大客户和交易规模。在42家境内分行和46家境外机构推广金融市场业务交易管理平台（FMBM）。

（三）研究分析能力持续增强。研究提出金融市场业务未来三年“巩固四大、做优四强”战略发展目标。不断完善业务策略管理体系。累计编发“工银市场研究”系列研究报告133篇，指导支持业务发展。

（四）市场营销工作成绩显著。科学制定产品线发展思路，印发金融市场业务工作要点、营销方案、产品线策略。积极运用微信公众号、融e联等互联网渠道提高营销效率，2017年累计投放重点产品介绍及营销活动广告37 111次，累计点击量1 825.43万次。金融市场客户规模达3 420.53万户，同比增长11.45%。其中个人客户3 396.75万户，同比增长11.48%；对公客户23.78万户，同比增长7.45%。

（总行金融市场部）

同业业务

2017年，本行深入推进“大同业”战略实施，坚持稳健合规经营，统筹线上线下业务发展，积极推动合作创新，业务发展迈上新台阶。

一、利润贡献稳步提升，市场拓展不断深入

截至2017年末，同业业务利润199亿元，其中线上、线下业务利润分别达到115亿元和84亿元，均超额完成年初既定目标。非结算性同业存款、同业借款、分行推荐非银同业拆借等融资业务覆盖除西藏分行以外的全部一级（直属）分行，较2016年增加3家；SPV投资业务覆盖19家分行，较2016年增加7家。

同业客户营销力度持续增强，同业合作多点开花。积极开展同业金融机构总部营销，走访营销近百家同业客户，有效深化了在资产管理、交易结算、投融资、市值管理等领域的合作关系，与金砖银行、国寿集团、平安集团、太平集团、华泰证券等同业机构签订相关合作协议，推动"大同业"业务实现全面突破。2017年，全行新增7家代理行、13家银银平台合作银行，与14家银行签订委托理财销售合作协议，年末金融市场同业专营业务客户数达到2 958户，增长18.20%。

二、体制机制日趋完善，内生发展动力进一步增强

（一）完善顶层设计，优化组织架构。起草印发《关于进一步优化同业业务管理模式的通知》等一系列制度办法，不断完善同业业务组织架构、统一客户管理、优化考核评价。细化客户管理，做好分层分类。

（二）完善信息系统，提高服务效能。一是投产"委托理财销售系统"，与中小商业银行开展理财产品代销业务合作；持续优化第三方存管系统功能，提升券商客户体验；投产对公保险业务管理系统、"团保通"系统，推动与多家重点保险公司的系统对接；成功上线上清所信用违约互换业务，在试点分行实现"期货开户+银期签约"等银期创新业务服务，为客户提供一站式开户服务。二是实现"同业业务综合管理平台"成功上线，推动56项产品数据入库，初步实现同业客户统一视图、标准化限额管控、交易对手名单管控等功能。

（三）完善风险管理，筑牢安全防线。认真落实监管要求，严把客户准入关，修订完善同业客户管理办法，健全客户综合评价指标体系，做好投融资性存放同业结算账户审批工作，防止"病从口入"。把牢限额和授信闸口，落实总行级客户集团授信管理，完成380家中资金融机构客户的授信申报，推动合作机构限额核定，并对限额使用情况进行定期统计监测，及时发送风险提示，落实防控措施，有力保障了同业业务的稳健发展。

（总行机构金融业务部）

票据业务

2017年，票据业务条线积极应对票据融资规模大幅缩减、资金占用日均余额不断下降的挑战，深化票据业务管理体系改革，加快经营转型和产品线建设，强化风险防控，取得了积极的工作进展。

一、票据融资业务总体经营情况

2017年，票据融资业务在规模下降超过50%、资金占用日均余额下降15%的情况下，实现营业贡献87.52亿元，同比增长40.38%；业务收入233.20亿元，同比下降13.88%，降幅远低于票据规模的降幅。票据营业部本部实现净利润6.52亿元，同比增长12.20%；票据业务累计交易量26 320亿元，其中贴现业务量8 061亿元，四行占比50.22%，近年来首次超过招行跃居全市场第一。同业专营线下业务利润9.72亿元，同比增长30.02%。贴现业务平均执行利率4.95%，同比提升190个基点。全行票据存管率92.55%，同比提高17.65个百分点；票据资产不良率0.08%，余额下降7 200万元，托收逾期率0.33%，假票收进率保持为零。

二、票据业务管理体系改革进展情况

（一）全力推进产品线建设，完善系统管理机制。一是加强产品线系统管理，明确了深化改革的总体目标、思路与措施，制定条线新三年发展规划，落实管理工作要求。修订票据资产质量分类管理、商业汇票转贴现和票据实物管理等10余项制度办法及实施细则，形成层级分明、系统完善的全行性票据融资业务规章制度体系。开展业务条线印章改革对接，全面停用分行票据融资业务自设印章，确定了电子签约系统的合同模板，促进了条线规范化管理。二是构建新的经营格局，推动基层业务开展。将票据营业分部和分行作为统一的经营主体，实行了经营一体化预算管理和绩效评价，形成了"分部+对口分行"的经营新格局。开展票据融资业务百日劳动竞赛，促进分行加快经营进度。召开重点分行

业务推进会，全面调研分行经营状况，发送《分行票据业务诊断书》，加强条线工作沟通与业务指导。三是强化经营机构管理，加强队伍建设。明确票据融资业务经营机构组织架构及管理模式，统一准入标准，开展机构梳理，取消了121家低业务、零业务存量机构经营资质，引导分行从严把控经营机构准入关。在山东分行、浙江分行和票据营业部设立首批总行级票据融资业务专业培训实习基地，建立了双向派驻或交流专业人才的机制。实施票据融资业务专业人才培训项目，通过组织“票据讲堂”、举办一级（直属）分行行长培训班、开展业务技能竞赛等方式，促进了队伍专业素质的提升。

（二）深入挖掘业务源头，促进贴现业务发展。一是深化“99520”工程实施效果，对重点分行、重点客户进行调整，以灵活营销报价权支持重点城市行拓展票据贴现业务，并对“零交易”重点客户向分行加强督导提示，动态调整未达标客户名单，加快推动分行贴现业务发展。全年重点客户累计贴现2 173亿元，占全行贴现量的26.95%；30家分行贴现业务量在当地可比同业中排名第一。二是发挥集团优势，在全行试行贴现业务资源共享机制，上海、山东、北京等分行累计发起175亿元卖出申请，17家分行成功参与并确定买入交易114亿元，盘活了规模资源，维护了优质客户，激发了贴现业务活力。三是进一步优化贴现业务结构，引导分行加大小微企业支持力度，积极营销高收益的商票贴现业务，全年买入量突破100亿元，年末余额提升到37亿元，较年初增长37.03%。小微企业票据贴现余额达到1 695亿元，占比较年初提高18个百分点。

（三）高效运作经营资源，提升创收增效能力。一是探索构建票据集中与配置管理机制，以系统内票据转移价格（BTP）为手段，对全行票据实施统一调度与运作，全年集中6 449亿元、配置4 273亿元，有效协调了地区间业务发展和规模平衡的关系，提高了票据业务一体化经营水平。二是优化经营机构规模资源配置，将分部买断类票据规模配置与区域分行年度票据余额计划、直贴票据买入量及分部买断类票据买入量挂钩，促进了规模资源的高效利用。及时调整指导利率，加强交易策略引导，促进业务量价协调发展和库存结构持续优化。三是深化与“总对总”同业机构的良好合作关系，把握总行流动性时间窗口，全力做大买入返售业务体量，年末余额突破2 000亿元，位列主要同业第一。全年办理买入返售业务9 624亿元，与交通银行、农业银行办理了卖出回购业务78亿元，向人民银行积极争取资源办理再贴现回购业务381亿元，为全行资金筹措拓宽了源头，扩大了业务贡献。

（四）扎实推进票交所对接，拓宽转型发展路径。一是推动票交所客户端模式在全行应用推广，通过线下业务指导和线上技术支持，完成票交所纸电融合基础工作。全行10 982家纸电票据经营机构成为票交所市场参与者，纸票承兑、贴现信息登记率达到100%。联动开展了票据承兑、贴现等业务需求设计，积极推进与票交所系统直连项目建设，加快票交所业务和系统在全行的落地与对接应用，实现了年内版本的投产。二是进一步规范经营机构的票交所票据发出实物验证和退票管理，推动制定票交所直连对接后的实物管理操作规范，并围绕票交所业务规则，加强研究分析，强化条线间协同合作，共同应对票交所下业务经营新变化。

（五）持续强化风险防控，夯实稳健经营基础。一是密切关注监管政策和市场风险情况，完善全面风险管理办法和业务交易审查等细则，通过编制风险提示与操作手册，发布公示控制、风险信息等，强化业务风险提示与预警。完善票交所环境下的存管机制，进一步规范全行贴现纸质票据集中保管操作，强化票据实物管理，并对全产品线买入未到期、库存票据进行风险排查，及时处置隐患，严防外部风险。二是优化票据综合管理系统刚控功能，积极推进全行票据业务风险监督工作系统化建设，开发并运行“异地小企业办理贴现”“小企业办理大贴现”等12个非现场监测模型，投产了票据业务风险管控系统，对全行贴现业务进行T+1系统监督，增强了风险防控实效。在分行试点使用票据内部管理系统、公示控制系统，探索向全行推广票据业务信用风险管理手段。三是以新制度执行情况为重点，持续开展专业检查，推动落实“三道防线”职能作用。严格落实监管要求，结合“十大重点领域和关键环节”治理活动，开展综合整治，配合国家审计署开展现场审计，通过深入查摆问题，深刻分析原因，认真落实整改与问责，切实扎牢防控风险的“篱笆”。

（总行票据营业部）

中间业务

一、中间业务总体发展情况

2017 年，面对保险监管新政实施、收费监管政策调整、互联网金融竞争加剧以及“营改增”等一系列因素的叠加影响，全行坚持大力发展中间业务战略不动摇，深化实施大零售、大资管、大投行和智慧银行战略，认真谋划中间业务创新发展、转型发展的策略措施，持续推动经营转型和结构调整，加大市场拓展和组织推动力度。全年实现手续费及佣金收入 1 587 亿元，继续保持同业第一。

大零售板块实现中间业务收入 720.7 亿元，可比口径个人金融中收始终保持同业第一。大资管板块稳收增收贡献明显。资产管理实现收入 222 亿元，增长 8.6%，其中个人理财收入 111.4 亿元，同比增长 22.7%。即期结售汇和外汇买卖收入 66.76 亿元，同比增长 6.78%。线上线下融合发展取得新成效，实现电子商务收入 42.6 亿元，同比增长 77%。通过促消费、抓分期、创新工银聚合支付等多措并举，实现信用卡收入 326.03 亿元，同比增长 13.74%。大投行战略转型加快，股权融资、债务融资、并购重组等品牌类投行业务发展势头良好，项目流量和质量同比大幅提升，全年共完成品牌类投行项目 1 448 个，增长 8.6%，实现并购重组顾问收入 28.3 亿元，增长 3.8%。基础类投行业务实现在规范基础上创新发展，融安 e 信收入 6.99 亿元，增长 77.9%。成功抢抓担保承诺等公司类产品增收机遇，实现收入 87.47 亿元，增长 5.85%。

二、中间业务组织推动情况

一是坚持目标导向，通过制定年度目标和阶段性目标，强化过程管理、缺口管理，准确传递经营意图，引导各经营单元努力多增中间业务收入。二是持续做好中间业务收入分析，强化与可比同业的对比分析，及时发现增收过程中存在的问题和薄弱环节，提出政策建议。三是按季度制定《中间业务组织推动工作措施》，明确增收重点和推动措施，累计向分行推广 13 个部门和分行中收组织推动和增收典型案例，帮助分行共同推动任务目标实现。四是制定并落实《一级（直属）分行市场竞争力评估方案》，对各分行同业竞争力情况及时进行诊断和分析，加强对竞争力评估的压力传导，引导中收任务完成较好的分行自我加压，提高贡献度，督促有缺口的分行挖潜增收，弥补缺口，确保同业占比稳中有升。五是对相关部门、利润中心及分行开展中间业务收入下划规则执行情况自查与调查，针对主要问题，优化下划规则并推动落实整改意见。六是调整理财项目推荐及管理费、电子商务，资产证券化、柜台记账式债券业务收入模拟分账比例，建立 5 个账户交易类产品模拟分账机制，完善部门、利润中心间协调机制，引导各分行建立“谁营销、谁受益”机制。七是重点围绕促进基础类产品增收、加快大零售大资管大投行和互联网金融战略落地、规范中间业务收费减免、切实防范声誉和监管风险四方面，开展中间业务培训，提升中间业务预算、协调和推动能力。

三、中间业务规范管理情况

一是加强中间业务合规管理。积极配合发展改革委、银保监会、国家审计署对银行服务收费的调查工作，持续跟踪监管动态，及时传递监管部门最新监管要求。开展全行中间业务收费自查整改，落实“四不当”“三违反”“三套利”专项治理相关要求，及时督促分行整改自查发现问题。二是持续优化服务价目表。严格落实《关于取消和暂停商业银行部分基础金融服务收费的通知》要求，优化调整相关服务项目和收费标准，更新《“17 版”价目表》，并按照“依法合规、谨慎稳妥”的原则，推动落实并持续跟踪价目表实施情况。严格规范中间业务定价管理，调整信用卡分期付款、个人 ATM 跨行取款、信用卡本地取现、信用卡 300 元以下的余额变动提醒收费标准，清理规范全行结算套餐的数量，取消无效、低效套餐，积极减费让利支持实体经济发展。

（总行财务会计部）

结算与现金管理业务

2017 年，结算与现金管理专业认真贯彻总行党委决策部署，以助推全行转型发展为方向，以增加中间业务收入、公司存款和优质客户为目标，深化客户拓展和现金管理两项核心工作，抓好对公理财、贵金属和对公支付结算三条中收业务线，强化网点对公服务能力提升和产品经理队伍建设，全力提升专业价值贡献。

一、主要经营指标情况

2017 年，结算与现金管理专业实现中间业务收入 151.11 亿元，任务完成率 108.6%；营业贡献 498.53 亿元，同比增加 35.64 亿元，增幅为 7.7%。公司客户存款日均余额较年初增加 4 169 亿元，其中新增对公账户存款日均余额 2 604 亿元。对公客户规模和质量持续提升，全年累计新开有效对公结算账户 79.5 万户；日均金融资产 5 万元以上公司客户较年初增加 7.6 万户，完成全年计划的 380.19%；有效现金管理客户较 2016 年末净增 2.3 万户，全球现金管理客户新增 624 户，完成全年计划的 124.8%。法人理财业务稳中有升，日均存量规模达到 6 046 亿元。商品交易业务取得新成绩，账户商品交易客户数达到 2 311 万户。2017 年，现金管理业务获得了《亚洲银行家》《财资中国》《贸易金融》等机构颁发的“中国最佳现金管理银行”“中国最佳交易银行”“最佳全球现金管理银行”“最佳财资创新奖”等多个奖项。

二、主要业务发展情况

（一）抓实平台应用，推进客户账户拓展。一是利用大额资金监控平台拓展客户。对重点客户和重点分行开展资金监控和客户挖转营销，全行累计拓展大额资金监控平台目标客户 10 122 户，超额完成全年拓展 8 000 户的目标任务。二是全力推广“企业通”业务。积极推动与各地工商注册信息的系统对接，企业通平台已覆盖全国 33 个省市，累计服务客户 79.30 万户，其中 13.51 万户已在工行开户。三是重点营销小微金融服务平台。借助重点项目加强营销，与国家旅游局合作小微平台资金存管服务；与用友集团开展全面战略合作，借助外部资源拓展对公客户。四是大力推广工银 e 缴费。加强工银 e 缴费场景建设，覆盖水电燃气、供暖、社保等 54 类缴费场景，收费企业 14 876 户，存款时点余额 1 404.26 亿元；持续提升缴费客户活跃度，缴费个人客户数达到 4 302 万户，同比增长 97%；缴费笔数 1.2 亿笔，同比增长 77%；缴费金额 4 426 亿元，同比增长 107%。

（二）强化创新发展，做深全球现金管理业务。一是多措并举，合力营销境内外客户。做好业务部署与组织，为全行提供目标客户清单、海关数据、银企互联客户信息等，挖掘更多潜在客户资源，提高营销成功率。创新海外机构业务管理模式，指导海外区域中心开展重点客户项目营销动态管理，形成定期报送重点客户营销进展管理机制。积极营销海内外客户，共参加各类全球现金管理营销活动 18 场，全方位介绍工行涵盖账户管理、收付款管理、流动性管理、投资理财、贸易融资、风险管理六大产品线的全球现金管理综合服务。二是持续发力，做好海外中心建设。帮助各中心建立名单制管理，从“走出去”中资客户、“走进来”外资客户以及本地客户中筛选出一批重点客户建立营销名单，制订针对性营销服务方案，集中力量突破重点客户。通过内外联动、外外联动，统一部署重点优质客户的营销进程，切实发挥境外主办行作用，持续做好本地服务配合与日常沟通衔接。三是创新为先，以优质产品提升核心竞争力。拓展增强产品功能，优化 FOVA 账户定向收支、跨境资金池额度控制和记账模式、支付指令跨境审批、中非直联平台全球发薪、见证开户等功能，不断满足客户需求，提升产品功能性和易用性。第一时间解决跨境资金池调拨、POS 收单、SWIFT 报文等产品落地及投产过程中所遇各类问题，加速业务落地上线。四是推进重大业务转型。开展交易银行重点课题研究，制定交易银行落地策略，落实交易银行中心组建相关事宜，就职能定位、人员管理、考核评价、本地化、技术支持、发展思路等方面梳理改进完善措施，推动交易银行中心平稳运行。工银聚平台新上线 35 家集团客户，累计上线客户数达到 129 家，订单突破 180 万笔，订单金额3 500 亿元。

（三）注重风险防范，精细法人理财营销管理。一是理财销售风险治理初见成效。加强法人理财销售的统筹管理、筑牢风险防控“一道防线”。统一销售平台建设逐步落地，法人理财用印电子化改造项目顺利投产，并在山西和浙江分行实现全辖应用，柜面二维码扫码购买理财及验证功能投产应用，正式发布《法人理财业务营销管理规定（2017 年版）》，为在当前条件下防范和治理违规销售风险提供了制度依据，有效遏制了销售环节违规担保承诺等风险的新发。二是积极推进法人理财营销。在严控销售风险的同时，通过总行团队上门营销、区域推介会、“营销月”专题活动等多种形式，积极组织分行有序推动法人理财营销工作。较低成本的“法人 e 灵通”等现金管理类产品持续增长，截至 2017 年末总规模已突破 500 亿元，新拓理财客户近 1.8 万户。同时，稳步推进结构性存款和大额存单业务，在有效控制成本的基础上，促进了公司存款的增长，稳定了优质客户金融资产规模。

（四）围绕客户需求，开拓商品交易和贵金属业务。一是多措并举，有效促进避险及交易类业务发展。充分发挥现金管理服务的平台作用及客户群体优势，将交易避险服务有机嵌入企业资金管理全流程中，通过综合服务和交叉销售，促进业务推广，重点针对“走出去”企业大力推广 NDF 货币对套期保值服务等，实现业务常态化开展。强化宣传营销，坚持每日向各分行提供报价信息、市场行情、收益测算及案例分析等资料，并先后在 10 余家分行开展客户推介，拜访 60 余家重点客户，推动交易落地；充分利用互联网媒体为客户提供账户交易资讯，提升业务关注度，并举办账户交易营销劳动竞赛，配套相关奖励政策，提升营销效率。狠抓队伍建设，利用组织专业集中培训、赴分行送训上门等活动，加强交易避险业务人才培养。二是加强联动，合力推进贵金属业务发展。积极开展旺季营销，发挥公私联动优势，以网点为单位，组织贵金属实物集中展销活动。将优质个人客户的零售业务和法人客户的批发业务相结合，开展“批量”销售。充分利用融 e 购、融 e 联、微信宣传平台等新兴推介渠道，结合贵金属市场价格波动机会，积极做好客户的跟踪营销。

（五）夯实业务基础，推进保障体系建设。一是抓网点综合化建设，提升网点对公服务竞争能力。加强人员配备，着力增强两类网点能力提升。通过推动落实网点对公客户经理配备、实施客户分包管理、完善考核激励机制、加强客户经理业务培训、加大标杆网点建设力度等，着力增强网点总量占比超过 70% 的财富管理中心和理财中心对公业务竞争力，辐射带动全行网点对公服务能力全面提升。二是全力推进产品营销经理队伍建设。建立和推广产品营销经理外拓营销模式，积极挖掘目标客户，建立清单开展精准营销，并做好营销跟踪和定期通报。扩充产品营销经理队伍，下发产品经理指导工作意见，对不同层级机构产品营销经理配备作出明确要求。举办产品营销经理面授培训，全面提升产品营销经理专业能力。

（总行结算与现金管理部）

信用卡业务

2017 年，银行卡专业主动适应我国消费型经济快速发展之势，深入贯彻落实总行“全方位拥抱互联网”的重大战略部署，全面开启互联网化转型发展之路，将互联网理念、思维、工具、方法深度融入信用卡全业务流程之中，市场拓展、产品创新、品牌建设、风险管控等各项工作展现出新作为新气象，实现了新突破新跨越。

一、信用卡业务经营发展情况

（一）经营贡献再创新高。2017 年，信用卡专业实现总收入 435 亿元，同比增加 61 亿元，增幅 16.2%，其中中间业务收入 326 亿元，同比增加 39 亿元，增幅 13.7%。信用卡中收贡献逐季提升，占全行中收的比重达到 22%，占大零售板块中收的比重达 39.2%。

（二）获客活客成效突出。2017 年，全行信用卡客户净增 1 041 万户，客户总数达 8 859 万户，荣登中国客户总量最大的信用卡发卡行。信用卡有效客户数达 4 620万户，较年初增长 793 万户，近六个月动户率达 52.2%，较年初提升 3.2 个百分点。新拓客户平均年龄仅 33 岁，较存量客户下降 6 岁，其中 30 岁以下客户的占比大幅提升至 46%，较年初提升 23 个百分点。新拓年轻客户交易活跃、需求旺盛，为信用卡业务发展注入了新活力。

（三）商户市场拓展得力。截至 2017 年末，全行商户总量达 488 万户，较年初净增 228 万户，增幅达 88%。其中线下 POS 商户 124 万户，较年初净增 23 万户；二维码新型商户 260 万户，较年初净增 103 万户；线上 POS 商户 104 万户，较年初激增 62 倍。消费额和收单额增势向好，全年实现收单交易额 12.5 万亿元，同比增长 31%；信用卡消费额达 24 352 亿元，同比增长 2.1%。

（四）资产业务稳健发展。截至 2017 年末，全行信用类贷款余额 5 844 亿元，较年初增长 1 239 亿元。从产品结构来看，信用卡贷款余额达 5 389 亿元，较年初净增872亿元，其中分期付款余额达3 022亿元，较年初净增510亿元；融e借余额达455亿元，较年初增长367亿元。从资产质量来看，不良率自年初以来逐季下降，年末控制在2.36%，较年初下降0.46个百分点。其中，信用卡不良率2.53%，较年初下降0.35个百分点；融e借不良率0.38%，资产质量优良。全年信用卡贷款劣变率为0.21%，保持行业较优水平。

二、信用卡业务互联网化转型发展情况

（一）获客互联网化取得重大突破。一是秉承“开放、合作、共赢”的理念，广开互联网获客渠道。与社交、购物、商旅、娱乐等客流量大、场景丰富的446家互联网平台开展深度合作，积极引流信用卡新客户。深度应用大数据技术，对房贷等重点客群开展批量渗透营销。2017年通过线上渠道拓展信用卡新客户共计677万户，占同期信用卡新增客户总量的52.5%。二是精心打造信用卡产品体系。针对年轻客群更加关注个性、强调体验、渴望互动的特点，推出定位精准、权益丰富且充满正能量的新产品，包括奋斗卡、宇宙星座卡等。其中World奋斗信用卡契合时代主旋律，短短半年多发卡量近500万张，创2017年银行业信用卡新产品发行量之最，并作为唯一金融产品参加了“砥砺奋进的五年”成就展。三是全新打造“爱购”促销品牌。“爱购全球”荣获中国企业海外形象联盟“突出贡献奖”。此外，紧抓消费旺季开展有条件提额和绑卡消费促销活动，引导客户将工行信用卡作为主流互联网支付平台的首选卡、默认卡；批量开展低额卡额度调增工作，授信结构更趋合理，有效激发客户用卡意愿。四是优化线上线下办卡流程。大幅缩减线上办卡流程和开户时长，践行了互联网“步骤不超三”的极简原则；智能终端办卡实现了“秒开现领”的重要突破，从申请到领卡最快10分钟即可完成，并在长隆景区实现了场景化应用，以即时可享的优惠权益和极致客户体验树立了同业获客模式新标杆。

（二）支付互联网化取得显著成效。加大e支付产品升级与推广，以支付为入口获取客户、搭建场景、变现流量，努力构建集消费、金融、生活于一体的互联网金融生态圈。目前e支付支持微信、支付宝、银联支付等超过10亿用户的扫码支付，成为中国规模最大的聚合支付平台。大力拓展e支付应用领域和消费场景，由餐饮、购物等传统领域延伸至快递、公共出行等更多小额高频场景，与北京、武汉地铁集团达成了移动支付合作，成为全国首家支持手机二维码乘车的商业银行。截至2017年末，通过e支付推广新增法人客户107万户，占全行新增法人客户的39%；新增法人客户存款余额461亿元、贷款余额350亿元，户均贷款3 778万元。集团商户拓展得力，总对总集团商户达362户，较年初增加40户，合作门店突破9万家，收单额超过2 140亿元，回佣收入近7亿元；线上商户增势迅猛，锁定总行TOP20项目名单，强化知名独立电商合作，推动线上POS商户实现几何式增长。

（三）融资互联网化迈出坚实步伐。一是2017年初将个人信用消费贷款产品全新升级为“融e借”，成为全行首款真正意义上的互联网融资产品。全面优化融e借页面展示、业务功能和办理流程，投产“秒授信”“秒贷款”功能，为客户提供了简洁高效的贷款流程。面向军队武警、大学生客群分别开展“献礼90周年优质服务惠官兵”“e起燃”开学季主题营销活动，为特定客群提供消费融资一揽子金融服务。截至2017年末，融e借白名单客户总量达1.57亿户，累放金额达1 164亿元，余额达455亿元，为近150万人提供了高效便捷的融资服务，并荣膺《银行家》“十佳互联网金融产品创新奖”、《经济观察报》“年度卓越创新信用卡银行”称号。二是坚持回归服务实体经济的本源，推进分期付款业务健康快速发展。创新汽车分期合作模式，形成了合作机构间客式、经销商直客式、汽车厂商总对总合作、互联网汽车金融平台合作、厂商金融合作多元化发展模式，实现客户共享、场景共建、互利共赢。优化分期外呼营销目标客户筛选模型，提升外呼营销精确度，做大做强账单分期业务。截至2017年末，全行外呼营销消费转分期交易金额156.1亿元，交易笔数89.8万笔，实现中间业务收入7.5亿元。创新推出定制分期卡，筛选行内优质房贷客户开展精准营销，实现发卡22万张，分期交易额16.3亿元。新推现金分期业务，为存量信用卡客户全面开通现金分期功能，累计放款54.5亿元。三是建章立制、规范管理，重新梳理制定分期付款、融e借管理办法及制度流程，投产了汽车专项分期系统一期工程，并派出专项工作组赴风险高发地区开展督导检查，为业务行稳致远打好基础。

（四）服务互联网化取得良好口碑。一是围绕信用卡的互联网金融属性，初步构建“微信订阅号、服务号、专属APP”三位一体的信用卡移动互联服务体系，增强吸引客户、服务客户、营销客户的能力。“工银信用卡微讯”订阅号粉丝数超过350万，“我要办卡”栏目上线仅6个月访问量达1 500万。“工银信用卡”服务号为客户提供基础业务查询、智能客服等互动服务，粉丝数超过100万，阅读量近1 000万，服务互动近300万次。全新推出的信用卡APP“工银e生活”，整合了支付、融资、信息中介功能，为客户提供全方位、场景化、便捷化的衣食住行娱消费体验，上线仅4个月注册用户超过845万户，月活客户201万户。二是本着“客户至上，体验为王”理念，倾力打造工银信用卡“爱享”（I Enjoy）权益品牌。对上百项信用卡权益进行全面梳理、整合和升级，形成了爱享旅行、爱享购物等八大权益体系以及爱享流量、爱享卡券、爱享里程三大权益银行，覆盖各大生活消费场景，提升了客户对工

银信用卡的权益认知度和满意度。三是电话服务水平优质高效。成都、石家庄两大电话中心共接听客户来电6 301万通，主动开展催收、监控、精准营销等电话外呼2 154万通，客户满意度高达99.9%，同时综合运用工小智、短信回复、微信服务、自动语音等智能化渠道提升信用卡服务效率。2017年，信用卡智能化服务业务总量达1.5亿笔，是人工电话接听量的2.3倍，电话中心智能化率达70%，同比提升7个百分点。

（五）管理互联网化布局深入展开。一是建设工银信用卡大数据决策平台，设计了贷前申请违约模型、贷中风险监控模型、贷后催收管理模型、精准营销、客户画像、生命周期等十类大数据模型，充分发挥数据和模型在营销、授信、催收、风控中的关键性作用。二是按照“规则向模型转变、低维向高维转变、普适向精细转变”的思路，出台全新的个人客户信用授信政策，根据行业细分六大客群，建立客群化的授信体系。拓宽数据库与营销视野，积极引入人行征信、百融金服、FICO等外部数据，实现“行内金融信息+行外第三方机构信息”的全量化应用，由过去根据按规则人工授信，转变为系统根据计量模型自动输出授信额度，有效提升了授信管理的精准度。三是成立授信审批中心，陆续实现10家不良率较高分行个人信用类授信以及4家分行20万以上大额授信的集中审批，并开展全行互联网获客集中审批。四是加强贷后风险管控，持续化解不良贷款。通过逐行制定清收目标、加大逾期催收力度、呆账核销与不良资产证券化双管齐下，稳定并改善信用类资产质量。2017年信用卡专业实现清收处置117.93亿元，同比增长41.10亿元；发行两期信用卡不良资产证券化项目，合计实现本金出表62.89亿元，有效改善了信用卡资产质量。

三、工银信用卡中心（国际）业务发展和经营管理情况

（一）核心业务指标完成情况。截至2017年末，境外发卡机构达到27家，其中信用卡发卡机构24家，借记卡发卡机构27家。境外银行卡发卡量332.3万张，其中信用卡总发卡量达186.4万张，净增16.76万张，超额完成全年目标；境外借记卡（含预付卡）总发卡量145.9万张，全年累计新发卡39.36万张，较上年增加19%。境外银行卡（含信用卡、借记卡、预付卡）本年累计消费额283.2亿元，较上年增加7.4 %。境外信用卡透支余额为77.2亿元，较年初增加24.7亿元，逾期90天以上的不良率为1.61%，较上年减少0.33%。境外信用卡分期付款余额27亿元，较年初增加23.4亿元。境外收单机构10家，收单商户7 373户，累计收单额806.5亿元。

（二）经营管理主要成效和措施。一是发挥集团优势，开展联动营销。其中，工银亚洲、工银澳门联合金沙中国及Mastercard隆重推出“工银金沙时尚万事达信用卡”。港澳机构借助香港特区成立20周年契机开展“爱购港澳”促销活动，首次将境内发卡消费促销与境外商户资源对接，并推出“即时发卡”智能服务，缩短办理流程，优化客户体验。工银阿根廷借助妇女节、儿童节等节日全年不间断推出各类优惠活动，并通过电子邮件、子行网站等多种方式进行活动宣传，进一步提升工银卡品牌影响力。新加坡分行不定期推出信用卡消费返现、购机票优惠等促销活动，积极开展“爱购新加坡·金沙”优惠活动。工银泰国深入研究不同客户群体的需求，推出迎新卡启消费返现、餐饮酒店优惠、购房立减及返现等专项促销活动，实现动户率及消费额双提升。二是发挥互联网转型优势，统筹线上线下渠道发展。截至年末，12家已投产系统的境外机构累计在线办卡申请22 994笔，占全渠道申请28%。线上渠道应用推广进一步铺开，境外机构互联网渠道营销水平和线上获客活客能力持续提升。例如，工银澳门与澳门知名美食优惠电商平台“澳觅”开展全方位合作，线上收单额增长明显。三是提高运营效能，打造精品服务。推进境外信用卡快速发卡项目，简化处理步骤。提升自助业务占比，提高运营效率，全年完成申请表录入、制卡、电话呼入等中后台业务120余万笔。电话银行总处理率达到95.07%。大力推进外呼营销业务，全年累计办理信用卡分期7 766万元，累计外呼发卡11 448张。

（总行银行卡业务部）

资产托管业务

2017年，资产托管专业深入贯彻“托管业务全行办”的发展思路，积极应对“营改增”和理财托管费率大幅下调的不利影响，创新产品服务，提升专业能力，资产托管规模、收入、存款再上新台阶，为全行经营转型和稳健发展做出积极贡献。

一、托管业务平稳增长，价值贡献持续提升

截至2017年末，全行托管资产规模15.5万亿元，四行占比35%，全市场占比12%，领先第二名4万亿元，亚洲第一大托管银行领先地位进一步巩固。实现资产托管收入64.5亿元，保持基本稳定。托管沉淀存款日均余额超过3 000亿元，存款付息率控制在0.99%的较低水平，较上年下降近11个基点，减少利息支出3.6亿元，实现净息差收入46.7亿元，对创收形成了有效推动。2015年以来，工行连续蝉联《亚洲银行家》“亚洲最佳托管银行”大奖，国际品牌影响力显著提升。

二、业务创新加速推进，竞争优势进一步巩固

（一）托管全市场首只公募FOF基金。2017年，本行托管第一只公募FOF基金—南方全天候策略FOF基金。FOF基金在估值原则、信息披露等方面与一般公募基金存在较大差别，对管理人、托管人运营和系统提出较高要求。工商银行作为基金业协会估值小组组长单位，发挥专业和系统优势，与南方基金合作推出南方全天候策略混合型FOF基金，募集规模33亿元，市场反响强烈。FOF基金的推出，意味着国内公募基金行业步入资产配置新时代，有利于壮大机构投资者队伍，稳定市场，优化行业生态，发展长期绩优基金。同时，作为养老金配置的重要载体，FOF基金的推出有助于基金行业更好地服务养老金资金配置和个人养老储蓄投资需求，具有积极的社会效益。

（二）开展职业年金归集账户托管业务。2017年8月，人社部、财政部印发《职业年金基金归集账户管理暂行办法》（人社厅发〔2017〕110号），规范职业年金基金归集账户的设立与管理，要求对归集账户管理引入托管机制，并对归集方式、参与机构职责等做出具体规定。针对监管部门要求，工商银行从客户安全性、准确性、及时性需求入手，设计开发了职业年金基金归集账户托管业务，承担安全保管资金、开立账户、接收缴费、资金汇划、账务核对等职责，提供账户开立与管理、缴费归集与划转、账务核对、定期报告、重要资料保管等托管服务内容。此项业务的开展，从第三方托管角度规范了职业年金基金归集账户的设立和管理，确保了职业年金基金归集财产的独立性，增强了职业年金基金归集财产的安全性。

（三）投产第六代托管业务系统。2017年8月，工商银行第六代托管业务系统全面投产上线。该系统研发工作于2016年启动，着重从提升系统效率、提高自动化水平、提高客户体验、提高风控水平四个方面，对托管系统进行全面提升和突破，具有4个突出特点：一是采用分布式计算架构，显著提升了处理效率。第六代托管系统采用先进的分布式技术，对数据接收、数据集中计算、核算、指令、清算等核心模块进行重构，彻底解决不断增加的业务量所带来的系统效率问题，为后续业务量持续增长做好了系统准备。系统功能上线后，运行稳定，核心功能效率提升显著，全行托管数据集中计算时间由投产前单次25～40分钟缩减控制在10分钟以内；核算处理时间由投产前一个组合平均5分钟，缩减至1分钟；每日全部业务处理结束时间总体提前近1小时。二是系统自动化率高。各业务模块的处理自动化率由投产前的平均60%大幅提高到投产后的近90%。三是进一步以客户为中心，优化提升客户体验。在广泛调研的基础上，第六代系统对客户关注的托管网银平台、电子传真、邮件自动发送等功能进行了优化，重点对托管网银进行全面优化升级，并依托融e联平台，建立“工银托管”公众号，推出移动服务模式。四是大幅降低操作风险。第六代系统新增营运风险后督管理模块、业务向导及待办模块、实物券管理子系统，有效增强了风险管控能力。

（四）开展外商独资机构私募基金（WFOE）托管和外包服务。抓住金融业加快对外开放机遇，积极开展外商独资机构基金外包服务，与景顺纵横投资管理（上海）有限公司（以下简称“景顺纵横”）签署基金合同和基金服务协议，作为景顺纵横的基金托管人及基金行政管理人，为其发行的私募投资基金提供基金托管、份额登记、估值核算、信息披露等基金服务。该协议的达成，有利于拓宽与外商金融机构的合作范围，促进外包、托管及相关资管业务的持续发展。

（五）业内率先推出实物券管理系统。首家推出实物券管理系统，在业内率先实现了实物券单据电子化管理。实物券管理系统通过与托管业务账务管理系统中的相关实物券业务指令直连对接，涵盖了实物券的保管地跨区域授权、基本信息维护与查询、出入库管理、账务查询与核对、报表管理、数据分析与统计、业务提示等多项功能。在存单大量增长的背景下，通过改变过去手工记录盘点模式，在实物券管理系统中维护实物券基本信息，建立实物证券影印库，对实物券保管地进行统一标准化管理，有效降低了实物券业务操作风险，确保了实物券管理的安全和高效，方便了管理人与托管行进行实物券出入库交接、账务查询与核对。该系统的投产极大提升了托管服务水平和质量，强化了工银托管品牌优势，增强了同业竞争力和市场影响力。

（六）全面完成全球托管业务运营流程改革。改变原有的按组合全流程的营运组织模式，将全球托管业务营运流程按不同业务环节进行重构，划分为客户服务、指令处理、公司行动、会计核算估值四个业务模块。通过对各业务环节的模块化管理、专业化运营，达到提升营运效率、客户服务水平和风险防控能力的目的。改革完成后，业务模块之间的衔接与制约有效防控业务风

险，同质业务集中处理模式有利于发挥同领域的专业优势，在提高营运效率的同时，降低了对固定人员的依赖，进一步提升了托管专业的承载能力。通过改革，工商银行在业内率先实现专业团队流程化全球托管营运，为客户提供一站式全球托管营运服务，进一步提升了客户体验，为实现“强管理、防风险、增效率、升服务”的全球托管营运目标打下了坚实基础。

（总行资产托管部）

养老金业务

2017 年，面对复杂多变的市场环境，养老金专业认真贯彻落实总行改革发展研讨会和年度工作会议精神，把握新形势，适应新变化，打造新优势，推动业务实现健康发展。年末受托管理养老金基金余额 1 079 亿元，新增 122 亿元；管理养老金个人账户 1 730 万户，新增 63 万户；企业年金受托管理、账户管理规模银行同业占比分别为 55% 和 49%，牢牢占据同业领军地位，并荣获中国银行业协会“养老金业务行业贡献奖”和“养老金业务最佳业绩奖”。

一、收入结构有所改善，创收基础更加稳固

2017 年，全行实现养老金业务收入 17.2 亿元，在四大行养老金业务收入中占比 92.7%。在全部业务收入中，标准年金业务收入占比较上年提高 10.5 个百分点，收入结构更趋合理，业务基础更趋稳固。同时，养老金业务综合贡献持续提升，助推存款、贷款、银行卡、电子银行、资产管理等多项业务发展。据不完全统计，近年来全行以养老金业务为抓手，与 9 700 多家没有业务关系的客户签订养老金业务合同，开拓代发工资客户 879 户，开拓贷款客户 837 户，新发银行卡 297 万张，开立企业网上银行 1.3 万户，开立个人网上银行 120 万户。

二、市场营销持续推进，业务拓展成效显著

2017 年，工商银行以银行组第一名的成绩中标全国职业年金第一单——新疆自治区职业年金基金受托人，实现职业年金市场营销“开门红”，为后续争取其他地区职业年金受托业务以及托管与投管业务奠定了良好开端。同时，还成功中标华泰证券、国网山东省电力公司、齐鲁交通发展集团等客户的 181 个企业年金基金管理人资格，成功与中石油、中钞造币、神华集团、邮储银行、中航集团等重点客户续签企业年金业务合同，巩固了养老金市场地位，提升了竞争优势。

三、运营效率不断提升，服务水平显著提高

2017 年，养老金业务运营自动化、自助化、精细化、标准化水平和客户满意度进一步提高。“工银如意养老”系列企业年金集合计划投资管理业绩优异，如意养老 1 号和如意养老 3 号年度投资收益率在全市场 55 个集合计划中分别位居第 1、第 2 名。在铁路系统企业年金管理机构考核中排名第 1，较上年度提升两个名次；在中国电信、中国移动、中钞造币、国家电网、邮政集团等 35 家重点客户的企业年金基金管理考核中，获得“满分”或“优秀”；获得广东韶关钢铁公司授予的“最优企业年金受托人”奖项，获得中石油授予的“企业年金优秀账管人”“优秀账管服务行”奖项。

四、创新研究持续开展，专业能力不断提升

持续加强沟通与研究工作，参与银行业协会《商业银行参与第三支柱养老金管理与服务》课题研究，完成全行年度重点课题《养老金个人权益信息管理服务研究》，探索拓展服务半径和业务发展空间。强化支持保障功能，完成养老金综合管理系统版本升级 12 次，完成职业年金核心系统、托管人接口和代理人核心接口的研发测试，浙江、宁夏等 12 家分行实现与当地社保中心系统对接联测。强化合规与风险管理，开展综合整治工作，完善合规检查与风险监测制度，夯实业务发展基础。

（总行养老金业务部）

私人银行业务

2017年，私人银行专业主动适应错综复杂的经济形势、多变的市场环境和高位整固的压力，科学把握市场拓展与风险防控的关系，稳定了业务发展基本盘，保持了同业领先的市场地位。

一、各项业务发展平稳

2017年，全行私人银行客户与管理资产实现稳步增长。截至2017年末，私人银行时点客户达到7.55万户，比年初增加5 431户，增幅7.75%；客户资产达到1.33万亿元，比年初增加1 265亿元，增幅10.7%；实现中间业务收入76.18亿元。客户结构持续优化，日均客户量稳步提升，达6.36万户，客户保留率66%，较年初提高3%，客户稳定性和黏性逐步增强。同时，资产2 000万元以上超高净值客户创历史新高，达到1.49万户，较年初增长1 885户，增幅14%。产品规模逐步企稳。全年私人银行产品配置规模超1.1万亿元，基本与去年持平，其中私人银行产品（不含代理T+0）余额达到7 992亿元，较年初增长94亿元，实现了私行产品余额及私行资管余额均较年初正增长的既定目标。综合贡献进一步显现。年末私人银行客户储蓄存款较年初增加732亿元至3 868亿元，私人银行客户储蓄存款的总量和增量分别占全行储蓄存款的4.58%和25.8%，较年初分别提升0.74个和15.8个百分点。

二、经营转型与创新发展持续推进

（一）多措并举，增强竞争发展能力。创新私人银行客户线上服务模式，以e－ICBC战略为依托，结合工银“三融平台”，为高净值客户提供线上线下一体化服务方案。开展线上跨部门联动营销，覆盖近20万签约用户。提升服务品质，首发工银私人银行黑金卡，全行共计发卡1 300余张；在北京、上海、成都、珠海等地举办高层级财经巡回论坛，总计覆盖全国36家分行重点超高净值客户达2 000人。2017年，工商银行先后获得《财资》《环球金融》《亚洲银行家》《证券时报》、中国银行业协会等媒体和机构评选的“中国最佳私人银行”“中国最佳大型私人银行”等大奖，首次推出《中国家族财富管理与传承报告》，得到同业机构及客户一致好评。

（二）锐意创新，增强业务发展动力。一是加快理财产品创新发展。以客户需求为中心，研究发行元宵福袋、春雨福袋、九九组合系列福袋等组合型产品，促进客户资产配置合理分散，降低投资收益波动。改进并开发新的现金管理类产品，缓解现金类产品大额赎回带来的流动性压力以及大额申购带来的投资压力。推出稳盈系列产品（周周盈、月月盈、季季盈），满足客户不同久期的投资需求。理财产品加权发行期限由2016年末的270天提升至2017年末的349天，远超同业平均水平。二是推进新兴业务快速发展。加大金融资产质押代理投资、薪酬收益权、全球投资账户与家族财富管理基金等创新业务试点与推广力度，建立项目制的管理机制，成立柔性工作团队，落实目标、进度、分工与责任。截至2017年末，薪酬收益权业务成功营销上市公司27户，实现华为、万科、当代集团等重大项目落地，新增理财投资48.88亿元，带动私人银行签约客户增长3 000人。4家分行开展了金融资产质押代理投资业务，投资额度达2.05亿元。家族基金规模较2016年末增长41%，家族基金客户数增长69%，实现了规模与客户数的同步快速增长。三是持续推进境外业务创新发展。制定《私人银行境外业务2018—2020年发展规划》，初步形成香港全球产品研发平台、新加坡离岸信托业务平台建设方案，启动华商银行私人银行业务，为大湾区跨境投融资服务平台奠定基础。持续完善私人银行境外产品服务体系，推出全球投资账户服务，推出人民币与美元对冲策略产品、掉期存款及类固定收益理财产品，实现全球理财基金规模和运行效率的稳步提高。

（三）筑牢防线，增强风险控制能力。一是强化“三道防线”风险体系建设。推动私人银行业务风险管理全面融入全行风险管理体系，认真落实私人银行标准化理财投资业务风险管理方案，制订《私人银行业务风险防控“三道防线”实施方案》，将全局工作细化为具体内容，明确任务书、时间表，各项工作得到全面落实。二是打造独立业务风控中台。根据《私人银行标准化理财投资业务风险管理方案》和《私人银行业务市场风险限额管理方案》，建立独立的风险管理团队，实现风险管理前置，建立并完善限额管理、投资策略管理、合作机构管理、风险监测指标体系、投资交易管理等工作机制，构建涵盖组织保障、业务自控、内控合规、风险监测、系统平台“五位一体”的私人银行业务风险防控架构，形成前中后台各负其责、相互制约、高效闭环的风控体系。三是持续推进系统平台建设。着重加强风险系统建设、互联网理念推广和产品创新、大数据分析利用等方面建设，先后完成私人银行移动服务平台二期、私人银行金融资产质押投资系统、MOM 投资策略及组合流动性项目等平台优化和建设。截至 2017 年末，私人银行客户网银开通率 98%，手机银行开通率 89%，融 e 联开通率 59%，客户通过网银和手机银行渠道购买私人银行产品占比达 99.2%。

（四）强化队伍建设，实现规模素质双提升。一是积极推动财富顾问子序列试点工作。截至 2017 年末，8 家子序列试点行已经全部实现在人力资源系统中的岗位平移，纳入系统管理的财富顾问共 634 人，其中 A、B 级财富顾问占五级分类的比例达 71.3%，较年初提升 23.7 个百分点，带动了队伍业绩的显著提升。二是加大投资顾问队伍建设力度。根据私人银行业务特点和行业标准，强化投资顾问队伍的专业化发展，并结合分行、客户、市场的定制需求，形成有效联动，提升私行业务专业性。三是加强柔性团队组建和机制建设。在全行组建私人银行专业团队 245 个，覆盖 30 家一级（直属）分行。67% 的团队跨机构层级，涵盖从一级分行到支行网点各层级机构、从行长到客户经理各层级人员；75% 的团队跨业务线，涉及个金、公司、投行、信贷、网络金融、银行卡等多个专业。在山西和河南分行，面对核心客户试点设立总分行联动柔性团队——“区域家族办公室”。在总行层面，围绕重点项目、重大创新领域建立跨部门柔性团队，有力推动了业务创新和团队效能的提升。

（总行私人银行部）

贵金属业务

2017 年，贵金属专业积极应对严峻的经营形势，加快推动“贵金属 + 互联网”创新，努力提高管理能力，完善专业团队和联动机制建设，提升重点业务盈利能力，整体保持了稳健发展态势。全年创造营业贡献 69.77 亿元，实现《欧洲货币》“中国最佳贵金属交易银行”六连冠并荣获《财资》“中国最佳商品衍生品交易银行”称号。

一、全力提升重点业务竞争发展能力

一是实物零售业务上，在国内实物黄金需求依然疲软的情况下，以重点产品销售和线上线下全渠道推进为突破口，着力稳定收入来源。“大吉年”和“小苹果”销量创实物单品销售纪录。充分发挥“码上赢”联动营销作用，融 e 购工银金行家旗舰店实物中收同比增长超过 100%。二是交易业务上，全年代理交易量超过 13 万吨，保持上海黄金交易所场内银行同业排名第一的地位。大力发展代理对公客户市场，狠抓高端客户维护，落实高端客户认领制并加强跟踪督导，主动实施费率分档优惠及差异化保证金比例，引入视频直播解盘等新型服务模式。广东、上海、深圳以及福建分行启动程序化交易试点，成功拓展了一批私募基金、资产管理公司客户。三是融货业务上，黄金租赁业务客户结构显著改善，新投放客户中优质企业占比 95% 以上，在中金、招金、山金、周大福等重点客户中的市场份额稳中有升。及时抓住同业客户对实物黄金流动性需求，在做大规模的同时提升议价能力，推动同业租借业务发展。四是资管业务上，在继续做大安享回报理财产品规模的基础上，在北京、浙江和重庆分行开展区域理财业务，年末理财余额同比增长 141%。五是自营业务上，及时抓住跨市场、跨品种交易机会获取稳健收益，自营业务收入同比提升 18%。不断积累做市交易经验，参与 ICE 黄金定盘 500 场、上海金黄金定盘 488 场。参与银行间询价市场（CFETS）做市交易，交易量同比增长 101%；加强与集团境外机构合作，与工银澳门开展基于国际板的离岸远期交易试点，与工银迪拜完成首笔国际板掉期展期业务。

二、推进“贵金属 + 互联网”业务创新

一是以夯实合规基础和提升客户体验为重点，试点“微黄金”业务，并不断完善反洗钱控制和实物兑换等功能。二是在京东商城开设“工银金行家旗舰店”，首次以直营模式入驻行外电商平台，基本实现与京东运维模式的衔接，逐步提升人气。截至年末，店铺关注人数达 6 000 人。三是率先上线代理业务 API 系统，陆续启动广清所和文华财经项目。

三、逐步强化系统建设和管理职能

加快建立纵贯一级分行、二级分行的贵金属专业团队。印发《深化贵金属专业团队建设的指导意见》，完善人员选配和考核机制，并召开分行团队建设座谈会，明确团队建设目标以及工作要求。2017 年，应建团队的 12 家分行全部印发团队建设方案，部分分行团队人

员陆续到位。专题评估已建团队的10家分行的机制建设和运行情况，逐一提出改进建议。建立由总经理室成员担任首席渠道经理的工作机制，分工负责分行的业务指导和推动，在广东、河南等24家重点分行开展旺季营销现场督导。组织面授培训班11期，培训超过1 000人次，参训学员覆盖各层级经营管理和业务骨干人员。强化联动机制建设，建立贵金属与个金专业联动营销考核机制，将实物贵金属销售规模、客户发展等要求纳入个金条线年度重点工作中，并印发《2017年下半年零售贵金属业务重点工作联动方案》，将贵金属纳入个人客户经理考核指标体系。落实《关于完善实物贵金属业务推进机制的通知》（工银办发［2016］686号），加快联动营销考核机制建设，17家分行初步形成贵金属联动考核办法，并推出POS购金、“码上赢”项目等。

四、不断夯实风险管控和精细化管理基础

一是着力提升租赁资产质量管理水平，参照信贷资产管理模式，提高次级及关注类资产减值准备计提比例，进一步增强风险抵补能力；修订完善租赁业务操作规程，逐步将租赁业务纳入全行统一信用风险管理体系，指导分行加快不良资产清收处置工作，完成两笔不良核销。二是完善交易业务事前控制、事中监测机制，优化代理业务强平机制和出入金规则，提高风险处置能力。三是根据监管机构专项检查及总行综合整治工作要求，开展本部自查及分行现场检查，积极推进落实整改。四是强化基础管理。推进行内区域中心直配、行外多家第三方企业直配的现代物流体系建设，投产贵金属实物仓储及物流管理提升项目，提升物流效率。统筹全行贵金属来源和运用，打通重炼原料入上金所库到出库加工的流程，提升实物流动性管理水平。投产新增和优化系统功能项目36个，实现贵金属经营管理系统项目（一期）上线，提升了经营管理效率。

（总行贵金属业务部）

第二部分

国际化发展与综合化经营

责任编辑：缪　磊

境外机构拓展与业务发展情况

2017 年，面对复杂变化、持续分化的全球经济金融形势和国内经济新常态，全行加快推动海外业务经营转型发展，强化境外合规与风险管理，着力提升境内外、本外币相结合的跨境与跨界金融服务能力，把握阶段性、结构性、差异性的业务机遇，利润快速增长，经营质量持续优化，对集团贡献进一步提升。

一、全球网络布局稳步推进

坚持新兴与成熟市场并举策略，在实践中抓住历史机遇，全球服务网络建设取得新成绩。布拉格分行、蒙古代表处正式开业，苏黎世分行获颁牌照，全球服务网络日趋完善。工银莫斯科圣彼得堡分行、工银美国休斯敦机构先后开业，境外本地服务网络进一步增强。工银奥地利、菲律宾马尼拉分行已在年内获得银监会批复，正加紧推进境外监管审批。截至 2017 年末，本行全球网络已延伸至 45 个国家和地区，机构总数达到 419 家，较上年增加 7 家，成为覆盖国家和地区范围最广的中资金融机构之一。特别是在“一带一路”沿线，本行已在 20 个国家和地区拥有 129 家分支机构。

二、境外盈利贡献持续提升

2017 年，境外机构经受复杂环境考验，保持稳健发展态势，经营价值贡献持续稳步提升。截至 2017 年末，境外机构（含境外分行、境外子公司及对标准银行投资）总资产 3 585.97 亿美元，比上年末增加 521.47 亿美元，增长 17.0%，占集团总资产的 9.0%，同比提高 0.2 个百分点。报告期税前利润 39.18 亿美元，比上年末增加 6.71 亿美元，增长 20.7%，占集团税前利润的 7.0%，提高 0.8 个百分点。各项贷款 2 163.60亿美元，增加 404.89 亿美元，增长 23.0%；客户存款 1 204.24 亿美元，增加 232.01 亿美元，增长 23.9%。

三、全球产品线建设向纵深推进

借助全球融资、投资银行、金融租赁等投融资产品线的发展，在服务“一带一路”建设、国际产能合作、优势产能输出等领域支持中资企业“走出去”。推进代理业务、债券承销、现金管理、资产托管等高价值业务向纵深发展，逐步提升各产品线在国际市场的竞争力和影响力。全年支持“走出去”项目 123 个，承贷 339 亿美元，推进 94 个跨国集团 162 家企业 226 项跨境业务，金额达 2 403 亿美元，完成跨境并购交易 28 笔，累计交易金额超过 772 亿美元，代理境外客户债券交易 6 620亿元，居市场第一。把握境外发债机遇，承销中资发行人境外债券 1 010 亿美元，市场排名第三。集中交易金额 6 158.66 亿美元，集团交易集约水平明显提升。外汇业务产品线不断丰富，大力推广我行首创的“一带一路”80 个新兴市场国家币种外汇买卖业务，为“走出去”企业客户提供一揽子汇率、利率避险方案，有效帮助企业管理汇率、利率波动风险。在 30 个国家和地区开办零售业务，境外零售客户 251.84 万户，存款 440.97 亿美元，贷款 200.36 亿美元。境外银行卡发卡量 332.3 万张，累计消费额 283.2 亿元，全年累计新发信用卡 40.16 万张。托管全球各类产品 6 112.16 亿元，QDII 托管业务连续 11 年保持市场第一，境外机构托管资产 583.45 亿美元。新增全球现金管理客户 624 户，跨境双向人民币资金池和外汇资金集中运营分别累计签约 465 户和 228 户，同业持续领先。

四、国际化管理体制不断完善

2017 年，总行不断加大顶层设计优化力度，深入研究新时期国际化发展方向、改革重点和运行机制，成效显著。一是制定 2018—2020 年境外发展战略规划，努力做好国际化“蓝图设计”，围绕坚守“合规与风险底线”，以“差异化”“本地化”“一体化”“集约化”运营为主线，着力优化境外经营管理体制机制，加大境外发展的资源投入，推动国际化由外延式增长转向内涵式发展，显著提升国际化经营对集团的价值贡献。二是发挥国际化联席会议机制，加强总行部门横向协调，通过定期召集会议，一手抓工作机制建设，一手抓部门责任落实，研究解决制约海外业务发展的关键问题，推动境外合规经营与盈利的可持续提升。三是加强境外精细化管理，依托境外机构非财务考核、总行部门国际化考核制度安排，促进境外机构合规经营和价值贡献；制定《关于加强地区经理统筹管理职责的意见》，充分发挥地区经理对单个机构的统筹管理作用，切实提高总行对境外机构的统筹管理水平；出台《境外机构开业验收管理办法》，进一步加强境外机构筹备组管理及开业运营实质风险防控；研究工银亚洲战略定位和转型策略，指导工银亚洲做好顶层设计，加快推进工银亚洲合理发展诉求解决；加强对欧美重点机构统筹指导力度，印发《关于推进落实工银欧洲机构业务发展战略有关工作的通知》，指导其理顺业务结构并充分发挥区域管理总部作用。四是加强合规与反洗钱管理，审慎做好战略定位、业务准入和区位选择，坚持有所为有所不为，有进有退，确保业务发展与合规风险管理能力相匹配。成立总行反洗钱中心，进一步强化集团总部对境外机构反洗钱工作的管理力度，推动集团反洗钱工作纵深化、精细化发展；探索推进境外区域合规管理建设，研究形成境外区域合规管理建设思路和工作方案，加强集团对境外合规工作的统筹管理力度。五是加强集约化运营系统建设，前台受理、后台处理的集中处理模式成功试点，集团一体的资金清算、金融市场后台运营系统及运行机制逐步完善，境外集约化运营的基础设施平台初步构建。六是深化资金和资本管理，完善境外资产负债管理体系，推进境外资产负债精细化管理，印发《关于加强境外机构资产负债管理的指导意见》，并督导落实；创新流动性支持手段，督导境外机构满足流动性监管要求；灵活运用汇率风险管理工具应对汇率波动，做好境外机构资本金保值增值；深化资本管理改革，强化境外机构经济资本考核约束，提高境外子行考核回报率指标中经济资本的权重占比；统筹支持境外机构资本工具发行，协助境外机构满足属地资本监管要求。七是完善系统建设，FOVA 系统、金融市场交易管理平台（FMBM）和全球信贷与代理投资系统（GCMS）在42家境外机构推广。八是提升人力资源管理，明确境外机构等级分类，规范境外机构班子职数及专业化分工，优化境外机构管理层成员考核机制；继续用好公开遴选等竞争性选拔方式，选派了22名管理人员充实到境外机构班子；稳步推进本地员工人力资源管理深化项目，境外员工总数达1.5万人，其中当地员工近93%。

中国—中东欧金融控股有限公司

2017年是中国—中东欧金融控股有限公司（简称金融公司）成立后的首个完整运营年度。在总行的大力支持下，切实履行中国—中东欧基金发起人和基金有限合伙人出资职责。作为世福资本管理有限公司（简称世福资本）的重要股东和中国—中东欧基金（简称基金）的重要有限合伙人，按照公司治理程序，通过派驻董事、参加董事会或股东会、行使股东权等方式参与世福资本公司治理。世福资本紧扣“建机构、组团队、稳运营、开好局”的工作主线，搭建组织架构、配强投资团队、布局募资投资、完善治理体系、抓好风险控制，实现了经营平稳开局。全年已顺利完成基金首期资金募集30亿欧元，营销和储备了一批重点投资项目，拓宽了市场化投融资渠道，取得了各方的积极反馈。

一、金融公司的主要工作进展

一是发起设立中东欧基金，如期完成基金在卢森堡的注册程序，并与基金签署约10亿欧元额度认购协议，成为中东欧基金初始有限合伙人。二是牵头完成了世福资本的增资扩股工作，通过引入其他三方社会股东，将世福资本打造成一家“多元不控股”的合资基金管理公司，确保中东欧基金市场化、商业化运营。“世福资本”前身是我行全资子公司“工银亚洲资产管理有限公司”，拥有证券基金类的4号和9号牌照，具有基金投资和管理资质。按照总行指示，我行将该公司更名为“世福资本”并进行增资扩股作为中东欧基金的管理公司，充分利用了工行集团既有牌照资源，有利于提高基金管理公司设立效率。此外，金融公司还多渠道开展中东欧交流合作，与中欧国际工商学院联合发起设立中东欧经济研究所，并创办《中东欧视界》刊物，作为中国企业了解、投资中东欧市场的信息窗口。

二、世福资本及中东欧基金的工作开展情况

世福资本与中东欧基金成立以来，克服人手短缺的困难，一手抓基础夯实，整章建制，完善机构，配备人员，一手抓募资投资两端，高层营销、全司联动，取得可喜进展。

一是稳健开局见成效。从成立伊始，为保证中东欧基金业务的顺利开展，公司积极做好与政府部门及监管机构的沟通联系，先后取得了香港、大陆及欧洲各地监管的认可和支持。牵头设立中国—中东欧基金，为方便欧洲资金使用，将基金设在卢森堡；前台按照靠近目标市场和项目原则，分别在德国和上海设立子公司，成立两个投资团队，对接国内外投资者和项目标的市场。香港总部作为风控、财务、治理等后台管理中心，履行集团管理职能。公司治理体系不断完善，建立起公司执行委员会、管理委员会、薪酬委员会、风险管理委员会等专业议事机构的运行规则及程序，明确议事规则并制度

化，全年召开各类委员会会议18次。先后出台《投资政策及项目管理制度》、《风险管理办法》《基金投后管理办法》等二十余个重要制度办法，完善议事决策和业务处理流程，公司内部管理制度和体系不断完善。

二是募资投资齐发力。在募资领域，加强投资者关系管理，积极回应和解决中东欧政府及其金融机构、外资及国内大型国企、民营机构以及中东国家主权基金等潜在投资者关注的各种问题。目前除公司股东投资者之外，先后有13家中外资企业和机构与基金签署了出资承诺/意向。基金计划募集规模100亿欧元，首期募资30亿欧元。其中，中东欧国家如波兰、捷克等国的投资机构已与中东欧基金签署投资意向，匈牙利政府累计认购1亿欧元。已完成基金《有限合伙协议》（LPA）和《认购协议》（SA）的签署工作；完成基金首期LP的KYC和反洗钱尽职调查工作，确保基金合规稳健运营。在投资领域，关注基础设施建设、高新技术制造业和大众消费领域三大板块，积极推进项目寻揽和承做工作。目前，基金已同超过五十家中东欧当地和全球知名中介机构，以及众多中资企业和产业、财务投资机构建立起项目合作关系。基金已获取超过200个潜在投资项目的相关信息，并针对性进行了大量、细致的分析和筛选工作，形成了数量庞大的项目储备库。全年进入投委会立项的项目5个，主要涉及高端设备制造、基础设施、汽车及零部件、特殊材料等领域，合计金额18亿欧元。

三是管理运营上轨道。组织架构和团队管理上，公司设立投资管理部、项目运营部、风险合规部、财务管理部、人力综合部5个部门，实行“总量严控、市场为主、扁平管理”基本原则。2017年末公司42人，其中常驻上海办公25人、香港6人、欧洲团队11人。根据监管合规要求，做好关键人员包括RO、持牌代表、MIC等的人选配置和申报工作。优化三地的人力资源结构，实施柔性化管理和灵活按需组队，并建立外围服务支持体系，设计和完善日常管理制度和工作流程，最大限度地提高人员、财务、客户等各类资源效用。内部风险及运营管理上，建立完善公司各项风险、运营、财务审批管理制度，严格按照外部监管及审计机构要求，理顺内部管理机制流程，履行合规申报义务，定期组织管理培训，制定文件制度汇编，对员工开展行为规范和宣传培训，并重点围绕基金业务需要，持续改进并摸索内部管理机制优化，保证对前台业务的支持效率和风控力度。品牌宣传和公共关系上，成立首年注重对中东欧基金及世福公司的市场宣传，积极参与或牵头策划了中国—中东欧领导人会晤、中东欧经济论坛、中东欧基金投资人大会、国际顾问委员会等一系列有国际影响力的重要会议及活动，系统性规划和提升公司及基金的品牌影响力，同时设立中东欧经济研究所，以研究促业务，加大在中东欧经济研究领域的影响力，同时加强与外交部、商委和股东等的沟通汇报，使中东欧基金的市场知名度得到认可和提升。

（中国—中东欧金融控股公司）

国际业务综述

一、境内国际结算与融资业务总体情况

2017年，境内分行累计完成国际结算量16 634亿美元，同比增长4.05%。累计发放国际贸易融资1 091亿美元，同比增长1.84%。表内国际贸易融资余额538亿美元，较上年末下降0.26%。累计开出对外担保174亿美元，同比下降16.90%，对外担保余额361亿美元，同比下降1.78%。境内分行实现国际结算与融资业务中收51.40亿元，同比增长2.11%，中收四行占比与去年同期相比增加0.9个百分点。

二、主要工作措施和成效

（一）狠抓中收拓展，顺利完成全年国际业务中间业务收入目标

围绕全年国际业务中间业务收入目标多措并举，狠抓落实，实现了近三年来中收同比首次正增长，并超额完成全年收入任务。一是从同业先进经验入手，详细与可比同业中收数据对比分析、查找差距形成原因并形成下一步工作建议。二是从先进分行入手，召开境内外18家重点分行国际业务座谈会，推广业务拓展先进经验，加强境内外业务联动，做好增收经验的总结传播和复制推广。三是从重点客户入手，通过“拓户和提质”，提升核心业务量促中收增长。四是从部门协调入手，引导分行加强部门间联动，共享客户资源实现集团利益最大化。

（二）强化产品创新，加大成熟产品覆盖和创新产品推广

在做好现有成熟产品推广的基础上，不断加强产品创新，持续升级产品适用度，拓宽业务开展范围。一是下发了《关于当前形势下做好国际业务拓展的指导意

见》（工银国际〔2017〕96 号），指导各分行顺应当前监管趋势，抢抓机遇，做好国际结算贸易融资业务的提质增效、转型升级，进一步提升国际业务的市场竞争力。二是下发《关于推进全口径跨境融资业务办理的相关提示》，鼓励分行利用人行全口径跨境融资宏观审慎管理和外债结汇等利好政策，进一步加强境内外机构联动与合作，加大跨境投融资核心产品创新力度，进一步拓宽中收渠道。三是启动《境外承包工程项下出口保理业务管理办法》制定，并对《福费廷管理办法》《出口订单融资管理办法》《风险参贷业务管理办法》进行修订，在顶层制度上为分行提供业务办理依据。

（三）开展靶向营销，提质增量推动国际业务客户拓展

从“拓户”和“提质”两个层面开展国际业务目标客户拓展工作，超额完成全年新增国际业务大中型客户 3 000 户的目标。一是根据境内分行客户拓展需求，共批复 63 户新增总行级贸易融资重点客户名单，全行总行级贸易融资重点客户增加至当前的 274 户，通过重点客户政策配套优惠措施，大幅促进了分行对国际业务重点客户的营销力度。二是针对海关系统入库企业组织开展“拓户和提质”为重点的专项营销活动，按季度对营销活动效果进行总结分析，及时推广成功营销经验。三是做好优质进出口企业的提质增量工作。四是从重点客户拓展、同业代理客户拓展、提高单证效率和组织业务培训等角度指导分行加强单证客户营销。

（四）加快线上化转型创新，推进国际业务与“互联网 +”的深度融合

为进一步丰富互联网 + 国际业务服务提升项目的内容和功能，持续加快国际业务电子化系统建设。一是成功推进了企业网银跨境汇款项目的开发投产，打造具有我行优势的国际结算电子化产品。企业网银跨境汇款项目投产后，极大提升了客户办理跨境汇款业务的体验。二是开发投产一达通等客户银企直联异地交单业务创新模式，借助我行先进的技术平台优势，解决客户异地交单手续烦琐、流程复杂等诸多不便利，极大提升了客户集约化处理的效率，进一步提升了我行对重点客户个性化服务能力。三是配套企业网银单证业务功能优化的投产，修订《企业网上银行国际结算单证业务操作规程》。2017 年在中国银行业协会贸易金融专业委员会组织的贸易金融卓越奖评选中，我行在众多中资同业的竞争下，一举获得“中国银行业最佳互联网金融创新奖”。

（总行国际业务部）

跨境人民币业务综述

2017 年，全行以“巩固市场优势、提升市场占比”为核心工作目标，克服跨境人民币政策收紧、跨境资金流动管控等市场因素影响，积极开拓、主动创新，把握新形势下新机遇，实现了全行跨境人民币业务逆势增长，增速明显高于全国水平及主要同业，四行占比创五年来新高，保持大幅领先。同时，境内外机构加强联动加快推动境外主权客户营销、跨境电商业务发展、清算行竞争力提升与自贸区金融改革创新，各项重点工作均保持健康发展态势。

一、跨境人民币业务主要数据

2017 年，境内外机构共完成跨境人民币业务量（含跨境人民币结算、贸易融资及跨境人民币购售业务）3.81 万亿元。其中，结算业务量 3.1 万亿元，贸易融资发生额 6 845.28 亿元，跨境购售业务量 256.82 亿元。境内分行跨境人民币结算业务量 1.75 万亿元，同比增长 7.71%，四行占比达 28.18%，为 2012 年来最高水平，较上年末提升 2.75 个百分点；贸易融资发生额 4 507.57 亿元，同比增长 18.63%。截至 2017 年末，我行境内外机构开立跨境人民币账户合计 876 户，较年初净增 109 户，其中，银行类机构开户 591 户，本行机构 248 户，为央行类机构开户 37 户，覆盖 87 个国家和地区。

二、莫斯科清算行顺利开业，持续提升清算行服务竞争能力

2017 年 3 月 22 日，俄罗斯人民币清算行正式启动，进一步助推我行全球跨境人民币服务能力提升，跨境人民币清算网络拓展至全球 88 个国家和地区。目前，我行分别在新加坡、卢森堡、卡塔尔、泰国、加拿大、阿根廷、俄罗斯 7 个国家担任人民币清算行，加上 1 500 余家代理行，已建立布局完善、业内领先的全球人民币业务服务网络。截至 2017 年末，新加坡、卢森堡、多伦多、多哈和曼谷五家清算行存量清算账户 224 户，累计办理清算业务 196.71 万亿元。

三、紧抓境内金融市场开放契机，加速推进境外主权客户营销拓展

截至2017年末，储备境外主权类客户近350家，已与50家客户建立了“总对总”代理行关系，先后为27家客户共开立37个境内及离岸人民币账户，目前有近40个项目正在持续跟进中，全年营销多家境外主权类客户选择我行开展债券结算代理、外汇代理交易、资产管理和资产托管业务。成功营销澳大利亚昆士兰州政府、阿联酋沙迦酋长国政府、非洲进出口银行选择我行为其熊猫债联席主承销商，国际金融公司选择我行为其木兰债联席主承销商；泰国央行选择我行为债券结算代理人与外汇代理交易人；土耳其央行选择北京分行、工银亚洲、工银伦敦开立人民币结算账户，我行成为其人民币外汇储备投资、交易、结算清算主办行。启动并推进境外主权类客户统一视图及价值贡献计量项目，不断完善境外主权类客户信息治理、梳理及产品价值贡献调研；启动境外主权客户信用风险限额管理工作。

四、加快自贸区经验复制与推广，推动自贸区业务联动创新发展

密切关注监管政策动向，在政策沟通、客户储备、业务授权等方面提前着手，特别是用好上海、天津、福建、广东自贸区及深圳前海、新疆霍尔果斯、云南、广西、苏州等境内跨境人民币试验区政策红利，着力打造跨境人民币业务特色平台，推动与境内外机构和项目的联动发展。对第二批自贸区下发资金交易相关授权批复，支持自贸区分行在符合现行监管调控的形势下把握市场机遇，寻找业务机会。密切关注第三批自贸区金融政策落地动向，第一时间向九家分行部署相关工作，及时输送前期自贸区业务发展经验，第三批自贸区分行在自贸区挂牌第一时间均成功完成当地多笔市场首单业务。汇总全国11个自贸区金融政策，编写我行自贸区产品手册，形成了涵盖结算、融资、投资、交易等在内的自贸区全产品体系。

五、抢抓互联网金融发展契机，全力推动跨境电商业务取得快速增长

制定《跨境电子商务（支付机构）跨境支付业务管理办法》，为后续市场营销和系统规模开发打好基础。继续完善跨境电商综合金融服务平台功能，完成平台跨境人民币支付和本外币收款功能立项，并推进平台支付机构跨境人民币付汇建设项目。做好重点项目落地，与支付宝完成系统对接，与腾讯合作实现微信支付港中（香港至中国大陆）个人汇款项目投产，与唯品会支付实现跨境人民币支付业务合作。加强业务创新，跨境电商金融服务公司—汇元通（Geoswift）成功落地深圳分行，办理了首笔境外电商平台的出口收款业务，实现了境外跨境电商金融服务商由主要依托境内第三方支付机构间连境内银行模式向直连境内银行模式的突破；上海分行与上海跨境电商公共服务平台合作，推出出口B2C收款业务。

（总行国际业务部）

国际结算单证业务

2017年，国际结算单证中心深入贯彻落实“四个倍加”要求和“五个紧紧抓住”战略部署，坚持党建引领，深化集约化改革，持续推动业务创新，严控风险，加强队伍建设，实现单证业务金额同比增长，业务处理效率保持高位运行，连续十二年安全平稳运营。

一、国际结算单证业务情况

单证结算业务方面，共为境内外81家机构办理业务443 151笔，下降1.6%，超额完成核心业务指标；金额2 757亿美元，增长1.3%。其中国际结算单证业务411 090笔，与去年基本持平，金额2 500亿美元，增长3.2%；国内结算单证业务32 061笔，下降18.1%，金额257亿美元，下降17.4%。

贸易融资业务方面，共为境内外81家机构办理贸易融资业务108 237笔，下降8.2%；金额2 910亿美元，增长6.6%。其中国际贸易融资业务93 965笔，下降8.2%，金额2 800亿美元，增长6.7%；国内贸易融资业务14 272笔，下降8.3%，金额110亿美元，下降0.2%。

全年单证中心保持业务处理高位运行，日均人均工作量64笔，比上年增长1笔，增幅1.59%。全年处理境内外涉敏业务1 871笔，其中经分行尽职调查决定不予办理的占25.2%，同比上升10.5%，涉敏业务风险得到有效管控。

二、2017年主要工作

（一）推动全行电子化创新，互联网渠道改造取得

阶段性成果

1. 投产新版网银信用证系统，重塑国际业务网银架构。新网银系统完成了现有功能的全面整合，并拓展线上业务服务场景，增加网银端办理的业务品种，实现线上产品组合联动、线上贸易融资等服务模式创新，显著提升客户体验。

2. 推出银企互联优势产品。为阿里巴巴集团“一达通”公司量身定制银企互联服务，并抓住中小外贸企业平台中的客户机遇积极开展营销，将专业服务延伸至众多微型出口外贸企业，实现了单证中心专业化优势和服务向小微出口外贸企业的延伸。推出银企 SWIFT 直连业务，为华为公司实现了以 SWIFT 报文替代申请书提交对外保函开立业务，是我行、也是国内同业首次利用 SWIFT 系统实现单证业务银企互联，实现了我行国际业务互联网服务模式的又一创新。

3. 持续推动电子化创新，开立首笔通过 ESSDOCS 平台电子交单信用证，实现该项业务零的突破。设计与开展国内信用证包买他行福费廷、NRA 美元存款 + 福费廷、进口信用证集团账户付汇等创新业务，实现集团内各机构互联互通的一体化局面。启动单证网融线上化项目，加强与总行网络金融部的沟通与合作，探讨在融 e 购跨境 B2B 平台上实现国际结算业务线上化处理，提升客户体验。

（二）基本完成全行保函技术审查集中，打造保函权威

1. 完成广东分行、广州分行、总行专项融资部和工银伦敦、伦敦分行、工银墨西哥等12家境内外机构的保函技审集中；在香港分行投产全球单证管理系统同时完成保函技审集中；目前已基本完成全行保函技术审查集中。

2. 开展“保函技审服务质量提升工程”。成功试点“境内外保函技审一体化”，制订下发技审服务提升方案，减少境外分行转开保函技审环节，提高集团内保函业务效率，改善客户体验。法语保函业务常态化，小语种业务处理水平显著提升，提升了我行保函业务竞争力。

（三）完成国内信用证融资业务集中投户

1. 分三批次完成全行全部 37 家分行的国内信用证议付、买方融资及中介型福费廷业务的集中投产，带动全行专业提升和业务创新，使我行成为四大国有商业银行中第一家完成国内信用证结算及融资业务集约化改革的银行，单证中心内外贸、本外币一体化的综合性贸易金融服务平台建设再上新台阶。

2. 加强专业培训和制度建设，开展同业交流和业务创新。举办全行首届国内信用证收单点培训班；制定国内证福费廷业务管理办法规范全行业务；研究开展区块链下国内证业务流程优化；积极参加支付清算协会业务研讨，提出解决意见与建议，提升我行行业影响力。

（四）牢牢守住风险底线，实现连续十二年安全平稳运营

时刻将合规和涉敏反洗钱风险放在首位，做好风险管控工作，荣获全行“合规标兵”称号。强化操作风险管理，严格执行季度业务自查与交叉检查制度，加强薄弱环节，杜绝风险隐患；密切跟踪国际制裁政策变化，为境内外机构提供咨询建议；协助四川、山东、福建、宁波、江西等分行解决保函、信用证领域多项业务纠纷，保障客户合法权益，维护工行的对外声誉；试点开展 GDMS 与全球特别控制平台联动审核模式，提升审核效率，完善风险防控流程。

（五）加强与分行沟通互动，打造良好服务形象

1. 持之以恒为前台提供业务培训与营销支持，促进全行业务发展。全年为全行境内外分行共举办三期境内外收单点培训班，培训分行人员达 200 人次。为工银加拿大、悉尼分行、深圳分行、广东分行等境内外机构提供视频业务培训及现场营销支持，协助分行对大客户提供培训和协同营销服务。

2. 坚持开展分行回访调研，及时了解分行意见建议。年内回访了 18 家境内外机构，为回访机构带去了丰富翔实的业务信息，现场解答和解决了分行提出的问题，并开展送教上门为当地员工提供专业培训，现场座谈也有效促进了前后台沟通，为单证中心针对前台需求开展服务提升和业务创新打下良好基础。

3. 节假日期间坚守工作岗位，为境外机构提供优质高效服务，荣获中央国家机关“共青团先锋岗（队）”称号。公共假期期间，坚持“7 × 24”小时工作，坚守岗位，认真履职，确保假期期间全行业务平稳运行。

（六）扎实专业研究，提升专业影响力和话语权

1. 发挥专家工作组在专业工作中的引领作用，不断提升我行国际影响力。积极参加国内外专业会议，带队出席 ICC 及 ICC CHINA 工作会议、业务研讨会。单证中心专家多次应邀主持或参加国内专业会议研讨，参加《银行付款责任统一规则》《供应链金融技术标准定义》等最新国际惯例的翻译引进。

2. 开展“学习与研究”活动，加强业务创新专题研究。公开发表专业研究文章 11 篇，发布案例 54 篇，编发《贸易金融信息》电子期刊 3 期，编著《学习与研究成果汇编（第二册）》《国际结算与保函业务案例汇编》。

（七）发挥党委引领作用，打造积极向上、团结奋进的专业化团队

2017 年是单证中心党委成立后第一年，单证中心认真落实中央全面从严管党治党要求和总行党委的工作部署，坚持党建引领业务发展，不断夯实基层党建工作基础，理顺了工会和团组织管理模式，重点加强队伍建设和人才培养，有效发挥了基层党组织的战斗堡垒作用，在党的建设和转型发展中取得明显成效。持续强化基层党组织建设，开展丰富多彩的团队建设活动，理顺工会和团组织管理模式。

（总行国际结算单证中心）

与标准银行的战略合作

2017年，我行继续依照“以股权管理推动战略合作，以战略合作强化股权管理”双轮驱动的工作思路，积极推进标银集团经营业绩稳步提升，维护我行股权收益实现长期增长，进一步完善全方位、多元化、深层次的战略合作体系。

一、对标准银行投资收益情况

截至2017年末，我行持有标银集团股份324 963 464股，股比20.08%。按权益法核算，2017年标银集团归属我行利润约27.9亿元人民币。自入股以来，我行累计收到标银集团宣告现金分红约147.52亿兰特，股票分红约1 995万股。

二、对标准银行的投资管理

2017年，我行继续通过派出董事履职、现场调研及日常股权监测相结合的方式，全面加强标银集团股权管理，确保我行投资的安全和收益。我行派驻董事通过现场和电话会议方式参加标银集团董事会及各委员会会议20余场，密切跟进标银集团重大经营管理事项，促进其经营管理的提升，确保了我行投资的安全和收益。

三、业务合作开展情况

2017年，我行和标银集团通过高层互访、合作会议、业务交流、联动营销等方式，分层次、多渠道、有重点地持续推进以股权为纽带的全面战略合作。

战略合作及人员交流。两行聚焦双方合作的重要领域和项目选拔业务骨干参与人员交流项目，首批10余名交流人员已顺利到岗，建立了两行定期交流反馈及沟通机制，并在见证开户、风险管理、非洲国别开发、集团管理研究等多个方面合作取得初步成效。

业务项目合作。截至2017年末，两行累计成功合作项目88个。2017年两行共同跟进包括能源、矿产、基建等领域的国际重大融资项目；联合上门推介，全年中非现金管理平台新签约客户15家，当年新增开户近百个；成功投产中国—肯尼亚直连汇款产品，配合“一带一路”及新兴市场国家货币对公外汇买卖业务在标准银行多家子行开立清算账户；开展“爱购全球第4季”暨“爱购南非”“爱购中国”跨国消费促销活动；标行与我行签署了“融安e信”合作协议，成为首家选用我行“融安e信”产品的非洲银行。

（总行战略管理与投资者关系部）

工银瑞信

2017年，工银瑞信紧抓业务发展机遇，强化与集团协同联动，全力开拓业务，持续提升核心竞争力，全力加强风险管控，各项业务继续保持了良好和稳健的发展态势。获得“金牛奖”等多项权威奖项，品牌影响力不断提升。

一、管理总规模突破万亿元，超额完成全年利润指标

2017年，公司深挖公募、专户、养老金业务、专项业务以及国际业务开拓潜力，以深化集团协同和加强行外业务开拓并举，管理规模继续保持良好增长态势，并通过加强全方位开源节流，超额完成了集团下达的全年净利润目标。截至2017年末，实现营业收入43.10亿元，同比增长12.98%；实现净利润18.4亿元，同比增长12.38%，超额完成全年利润目标。公司资产管理总规模近1.3万亿元，较上年末增长14.93%，其中：公募业务规模5 463亿元，较年初增长18.69%，各项业务均继续保持同业前列地位。

二、深挖与集团合作潜力，协同创新成效突出

2017 年，进一步深化与工行集团协同合作，不断创新合作类型和模式，协同发展进一步深化。一是结合货币基金收益率较高的契机以及客户理财线上化趋势，全力加强货币基金线上营销合作，并积极推进各类绩优基金持营合作。二是积极推进与集团资管、私银、安盛等开展委托投资管理的产品和模式创新，通过资产配置策略、对冲策略、港股投资、FOF 等创新产品，全面对接集团资金境内外投资需求。三是加快科技金融创新合作，积极推进与集团开展智能投顾业务合作，投产上线 AI 投项目；全力配合集团开展“财富集市”项目建设，项目一期已投产上线。四是积极推进专项创新业务协同，重点加强与集团在债券资产包重整业务、债转股业务、产业基金业务方面的合作力度；积极推进股权投资业务合作，工银瑞投成为行内首批获得遴选通过的基金管理人，并积极向集团内推荐市场化项目。

三、投研改革持续深化，投资研究能力巩固提升

2017 年，公司深化投研管理体系改革，公募及非公募业务继续保持良好的投资业绩表现。一是不断变革完善投研管理体系。公司设立了 FOF 投资部，提早布局 FOF 业务；成立了养老金投资中心和指数投资中心，加强投研销售一体化管理体系建设。全面推进各类产品和投资组合的业绩归因分析，提升投资业绩加强投研人员任职能力分析，强化投研人员优势聚焦和分工合作。推行全员研究，狠抓研究质量控制，强化集体决策执行和组合精细化管理。二是继续保持良好投资业绩。权益基金方面，17 只权益基金超过 20%，新蓝筹、沪港深股票、深红利 ETF 及联接等超过 30%，7 只位居同类前 10；沪港深股票、全球股票、香港中小盘 3 只境外投资基金业绩均超过 30%，2 只 QDII 位居前 10。固定收益基金方面，恒享纯债、产业债、月月薪等债基收益率位于同类前 1/4；货币基金和短期理财基金平均超基准 2.4 个百分点。专户、年金、社保等非公募组合整体上继续保持良好投资业绩。

四、全面强化风险管控，实现平稳经营发展

2017 年，在金融行业不断加强监管的背景下，与基金公司经营相关的监管新规逾 20 项，工银瑞信强化全面风险管控，继续保持良好风险管理记录，保障公司稳健发展。一是强化监管政策执行和全力防范合规风险。加强对各类监管新规政策的解读和传导，严格执行新规要求，修订完善各项制度流程；强化全员培训，全力提升合规风险防控能力。二是全力提升各类风险主动防控能力。加强对市场风险、流动性风险和信用风险的监测分析以及交易对手管理，进一步加强非标业务全流程管理和事前防控；通过全面梳理和优化运作交易等环节的流程，通过系统开发实现自动复核检验和控制，提升风控自动化水平；全面加强舆情监测以及与媒体合作，有效化解声誉风险。三是持续完善母子公司风险管理体系。构建了专项子公司净资本管理下的风控体系；香港子公司顺利完成香港证监会现场检查，并已按监管要求进一步完善了内部制度流程；进一步强化母公司对子公司的垂直管理。

五、持续优化内部管理，发展基础进一步夯实

2017 年，重点在考核激励机制和集团化管理方面加强和优化内部管理。一是不断优化考核激励机制。优化投资、销售等考核指标体系，增设部门内设一级团队考核，实现目标层层分解和压力层层传导，增加部门年度述职答辩程序；完善优化公司岗位薪酬体系；增加了“全面从严治党主体责任”考核和合规专项考核。二是持续加强集团化管理。制定了《集团化管理制度》，进一步完善子公司治理架构和机制，构建覆盖集团整体的风险管理与内控体系；加强子公司战略规划指导、经营监测和评估 。完成对工银瑞投 10 亿元增资（业内首家）以及由工银瑞投参股持有的浙江海港大宗商品交易中心和上海票据交易所的股权转让至工银瑞信母公司；推进销售子公司申设与筹建工作。

六、加大科技建设力度，提升发展支持保障力

2017 年，工银瑞信进一步加大科技建设力度，发展基础进一步夯实。一是优化组织架构和管理机制。成立了信息技术治理委员会，构建了两级授权的 IT 项目审批机制，加强统筹规划协调，提升 IT 建设与业务发展融合度。二是加强系统研发和运维管理。启动了因子研究平台及投研因子库、投资风险分析系统、产品管理系统、数据治理及企业级数据中心建设等一批事关公司未来核心竞争力的系统建设项目；完成“两地三中心”规划设计及主生产中心基础设施建设，全面强化运维管理和信息安全防护升级，确保安全生产。

七、推进全面从严治党，党组织核心优势得到充分发挥

2017 年，以“两学一做”学习教育常态化制度化为契机，不断夯实党建工作基础，推进全面从严治党向纵深发展，充分发挥好党的领导核心作用，为公司经营发展提供了坚实的组织保障。一是夯实组织领导，履行主体责任。制定了《公司党委落实全面从严治党主体责任清单》，全面签订《全面从严治党责任书》；编制了《2017 年党建工作要点》，细化落实全面从严治党的

工作计划和具体措施；组织召开年度党建工作座谈会，各党支部积极交流基层党建工作的经验做法。二是规范组织生活，强化队伍建设。组织了年度党委民主生活会和各支部组织生活会，严格执行党委领导班子双重组织生活制度，定期督办各党支部“三会一课”开展情况；同时，做好党员发展工作，组织开展入党积极分子培训班并进行考试考核；坚持党管干部原则，选拔聘免干部40余人次。三是强化理论武装，抓好思想凝聚。编制了《认真学习贯彻党的十九大精神工作方案》，安排部署学习贯彻落实工作；制订了《“两学一做”学习教育常态化制度化实施方案》《党委中心组学习计划》《党支部学习教育指导意见》，组织召开党支部学习教育工作部署会，全面开展公司学习教育工作；组织公司全体党员专题党课，廉洁从业专题党课，党委班子成员工作联系点专题党课。四是狠抓纪律建设，确保风清气。开展中央八项规定和“四风”问题、违规公款购买消费高档白酒集中排查、违规经商办企业“回头看”等专项整治工作；全年分四批次对新聘任副总监以上（党员）领导干部任前廉洁谈话。

（工银瑞信）

工银租赁

2017年，工银租赁在总行党委和公司董事会的正确领导下，面对严峻经营形势，全力推进转型发展，有效控制不良资产，大幅提升内控管理水平，取得了较好的经营业绩。截至2017年末，公司合并报表后的境内外总资产规模达3 075亿元，其中租赁资产2 884亿元；实现拨备前利润51.40亿元，净利润35.68亿元；不良资产额和不良率实现“双降”。租赁业务全年对集团收入综合贡献达到37.15亿元。

一、推进航空航运专业化，服务国家战略实现新突破

航空业务方面，全年实现新增投放164亿元，新增交付商用飞机46架，交付运营飞机（含公务机）总数达354架，飞机资产租赁余额总计1 100亿元。积极支持国产大飞机发展，推动飞机研制支持、共建营销机制、航空金融解决方案等合作内容落地，并加大国产飞机的订购，成为国产飞机最大客户；响应“一带一路”倡议，在沿线国家投放8架飞机，累计达72架；积极开拓市场，共营销自有订单飞机37架，创历史新高；在中美两国元首见证下签署11亿美元的发动机采购协议。

航运业务方面，积极支持“国轮国造、国货国运”，通过金融渗透，积极引导境外船东选择国内船厂订造高技术、高附加值船舶产品，引领国内航运企业参与国际竞争，支持中国船舶工业转型升级，共同打造航运发展的全球领先品牌。目前公司共有236艘船舶及海工资产在国内制造，占比近80%，十年来累计帮助国内船厂获取新建出口订单超65亿美元；完成航运部门内部体系架构调整，加强专业化分工，优化审批机制，专业化风险控制能力有效提升，项目推进处理效率和评估质量显著提高。

二、加快设备业务转型发展，与母行协同联动成效显著

2017年，公司设备类业务实现新增投放408亿元，较上年增长183亿元，增幅达82%，租赁资产余额总计1 124亿元。积极打造清洁能源租赁品牌，大力发展风电、光伏业务。助力“中国制造2025”战略，加大高端装备制造、人工智能等领域的拓展力度，完成了首笔智能机器人租赁业务。

进一步加强与母行联动，初步打开了租赁“专业办、全行办”的良好局面。创新行司联动业务品种，推动发布《项目融资联动直接租赁业务管理办法》；积极与分行开展卖断型保理业务，提升集团优质金融资产同业占比；优化行司联动机制，协助出台《租赁业务行司联动考核方案》，调整工银租赁与分行办理应收租赁款保理业务相关规定，提升分行业务合作积极性；有效发挥区域管理中心业务联动作用，管理中心推荐业务的投放量和推荐占比显著提高，全年投放259亿元，占境内设备类投放总额的69%，为管理中心所在分行直接或间接创造中间业务收入共计3.1亿元。

三、夯实全面风险管理基础，风险防范化解能力提高

一是梳理修订全面风险管理规定、内部控制规定等18项制度，系统评估并完善了公司全面风险管理及内控管理构架；二是落实全面风险管理报告制度，对公司信用风险、市场风险、流动性风险等领域的风险现状及措施进行全面分析，提出风险管理建议要求，夯实资产质量基础；三是提升风险识别和控制能力，在重大复杂

创新项目上，采用柔性团队工作机制将风险关口前移，增强前中后台对实质风险判断和防控的共识；四是执行与集团统一的风险偏好，对接总行行业信贷政策，制定实施公司《年度租赁资产投资指导意见》，落实集团统一授信的刚控要求，进一步把好入口关。

四、着力强化内部管理，战略执行与协作效率持续提升

2017年，公司持续夯实内部管理基础，精细化管理水平不断提高。一是首次启动战略解码行动，围绕三年发展规划，提出了五场“必须打赢的仗”，公司领导班子成员分别挂帅，层层分解任务，落实目标责任，基本实现了当年任务目标的有效落地；二是强化合规管理，探索构建符合租赁业务特点和公司实际的内控案防体制机制，重点加强道德风险和操作风险防控，成功实施多项检查整改，合规文化深入人心，作风建设成效显著；三是完善全球项目公司管理，搭建全球税务管理架构，提升了SPV管理和税务风险的管控水平；四是推进公司数据质量治理和信息系统建设，完成存量数据清理排查，实现全业务流程集中管理，提升业务运行效率和风险防控能力；五是实现境内、境外资金池业务及会计核算的一体化联动，与行内全球现金管理系统对接，提升了资金运用效率和业务处理效率。

五、狠抓党工团及员工队伍建设，凝聚转型发展正能量

一是完善党建工作组织领导，落实主体责任。成立党建工作领导小组，明确各层级主体责任清单，年内共召开党委会36次，组织党委中心组学习16次；二是认真学习宣传十九大精神，持续推进“两学一做”常态化制度化，组织“微党课大家讲”“红色七月”等系列学习教育活动；三是加强党风廉政建设与案件防控，深入开展员工异常行为排查工作和违反八项规定精神、“四风”问题专项整治，构建正面有规范、反面有禁止、违规有处理的“三位一体”制度体系；四是严格规范干部选聘管理，完成了11名副主管竞聘，发布《推进管理人员能上能下实施细则》；五是深化人力资源提升项目，职级晋升、薪酬福利、岗位职责等体系陆续落地，建立青年员工培养机制等；六是扎实开展工会团委群众工作，成功召开第一届职工代表大会，创新开展知识竞赛、踏青公益活动和首届职工运动会等，组织评选“三八红旗手”“五一劳动奖章”“大行工匠”等，营造了崇尚先进、学习先进、争当先进的良好氛围，激发员工干事创业的激情与活力。值得一提的是，2017年是工银租赁成立十周年，公司通过“工银租赁发展汇报展”《中国城市金融》专题增刊等系列活动，对外成功展示了十年来辉煌的经营业绩，对内有力提振了员工队伍的士气，获得了方方面面的肯定和赞誉，行业影响力及品牌形象不断提升。

（工银租赁）

工银安盛

2017年是工银安盛第一个五年发展的收官之年，在寿险市场增速整体放缓的考验与挑战下，公司围绕“转型、创新、管理”的总体发展思路，攻坚克难，各项业务保持了成立以来良好的发展态势。

一、实现经营发展的稳步提升，巩固市场地位

2017年末，实现保费收入396.51亿元，同比增长16%，再创新高，保费收入排名保持了合资和银行系寿险公司的领先地位。实现投资收益52.03亿元，同比增长21%。大力推动业务结构调整，实现新业务价值17.46亿元，同比增长3%。实现净利润6.24亿元，同比增长24%，超额完成股东下达的目标，净资产收益率达到6%，同比增加0.6个百分点。总资产达1 161.87亿元，同比增长11%，巩固了千亿级资产平台。

二、加快业务结构转型，打造增长新动力

大力发展复杂期交业务，全年实现期交保费收入55.14亿元，保持领先优势。10年期以上期交产品销量达11.73亿元，占比提高至21%，实现翻番。尤其高兴的是，得益于近年来狠抓期交业务，去年实现续期保费收入90.06亿元，同比增长87%，高于行业增速，续期保费收入占比提高至23%，正逐步成为公司保费收入增长的新引擎。截至2017年底，公司内含价值227亿元，同比增长79%，实现了股东投资的保值增值。

三、积极探索经营模式转型，推动转型发展

一是推动“大健康”项目。确立以重疾险为核心的健康险经营思路，初步搭建健康产品体系，明确健康管理服务、运营科技体系、健康风险管理等策略及工作落实举措。2017 年，公司健康保障类产品销量达 16.59 亿元，同比增长 88%，其中重疾险产品销量达 9.25 亿元，同比增长 204%，实现了健康险业务倍速增长。

二是提升多元渠道销售能力。积极推动个险、团险及中介等销售渠道发展，探索银保业务模式创新。通过推广理财顾问经营标准化模式、整合团险及中介渠道、推出契合渠道特点的爆款产品、开展各类营销活动等措施，实现了多元渠道的经营好转。2017 年，多元渠道新业务价值贡献占比显著提升，为公司实现全年新业务价值正增长做出了重要的贡献。

三是发展了互联网保险。通过完善“满 e 保”服务功能，实现产品服务在公司“满 e 保”、工行互联网金融平台等渠道的融合互通。自建远程服务团队，辅助期交销售。推出了首款适合互联网方式的热销产品。网销、电销专属产品销量大幅增长，纯线上业务占比快速提升，保障了新渠道规模健康发展，巩固了公司在互联网保险领域行业领先地位。

四是实施科技运营创新。全年围绕营销支持、运营保障、客户服务、内部管理，开发了一系列的新系统、新工具。引入规则引擎，强化运营风险控制。创新自动理赔程序，通过自主研发理赔理算引擎，提升理赔自动通过率至 30%。投产了 e 办公、银保销售管理 APP 等移动工具，上线了微信回访功能，推动了公司营销、服务、管理的移动互联化，支持了业务发展。

四、发挥保险保障功能，支持实体经济发展

“保险姓保”既是公司的初心，也是公司的使命。2017 年公司完善优化理赔服务，提高理赔时效，践行“保险姓保”的理念。当年新增风险保额超过 1 万亿元，同比增长 34%；新增保单 48 万件，同比增长 43%，保单存量达到 132 万件；全年理赔 35.16 万件，同比增长 39%，理赔金额 5.75 亿元，同比增长 33%，均创公司成立以来的新高。发挥了保险的保障功能，体现了对社会的贡献，践行了“保险姓保”的理念。积极服务支持实体经济，支持环保节能及新兴产业项目，2017 年累计投向实体经济领域资金 132.5 亿元。参与中保投设立的保险业扶贫公益基金，承担企业社会责任。

五、强化风控合规管理，确保稳健经营

贯彻落实“强监管、补短板、治乱象、防风险”的监管要求，端正经营理念，制定了统一完整的自查方案，开展了以“内控合规大检查”为主要内容的多项检查。针对检查中发现的个别分支机构违规违纪行为，依照制度规定，对相关责任人和当事人进行了严肃的处理。加强资产负债管理，成立资产负债管理委员会，保障了业务经营的安全性、流动性和盈利性。持续完善偿二代体系建设，截至 2017 年底，偿付能力充足率达到 237%，平稳度过公司成立以来第一个满期给付高峰，没有发生因客户权益受损引发的投诉和声誉风险。

六、完善管理机制和资源配置，加强党建和企业文化建设

2017 年，公司持续完善管理机制和资源配置。加强产品研发，健全产品回溯机制，提高了产品开发的科学性和有效性。健全财务预算编制，优化考核评价体系，保障了经营效率。加强人力资源管理，完善了公司岗位职级体系，拓宽了员工发展空间。广西分公司以及 7 家中心支公司成功开业，优化了公司机构布局。

认真组织学习贯彻党的十九大精神，深化“两学一做”学习教育常态化、制度化。配合做好工商银行总行第二轮巡视检查的各项工作，认真查找问题和不足，落实整改措施。2017 年是公司成立五周年，召开了五周年荣誉表彰大会，弘扬优秀的企业文化，表彰先进集体和个人，举办五周年经营发展巡回展，组织编写了公司《五周年纪念册》《五年经营发展史》及《员工回忆录》。进一步总结回顾公司发展历程，激发广大干部员工荣誉感和自豪感。

（工银安盛）

工银亚洲（含香港分行）

2017 年，全球经济复苏力度逐渐走强，资本市场交投更加活跃，但各区域间发展差距依旧较大，金融监管更趋严格，同业竞争更加激烈。面对错综复杂的外部经营环境，工银亚洲（含香港分行，下同）始终坚持“立足香港，联通内地，辐射亚太，面向全球”的发展战略，在母行的战略指引和大力支持下，把握市场机

遇，克服市场波动带来的不利影响，积极拓展全面的人民币业务及跨境银行服务，进一步加快推进经营转型，实现平稳增长。

一、克服不利因素经营业绩创历史新高

（一）拨备后利润突破百亿港元大关，净利润超额完成预算目标。积极加强市场、政策及客户需求预判，不断加大业务拓展力度，在上年较高水平上又取得良好经营业绩。截至2017年末，工银亚洲总资产余额和拨备后利润再创新高，分别突破1.1万亿港元和100亿港元大关。

（二）存款实现较快增长，贷款增量又创新高。抢抓机遇积极开拓市场，资产负债规模稳健增长。客户存款总额、贷款总额及增量均创历史新高。资产负债结构不断转型优化，高息资产占比增加，负债来源日趋多元，同业资产负债占比降低。

（三）中间业务发展良好，转型业务增速加快。积极探索美元加息通道下的经营新策略，不断加大新客户拓展力度、强化存量客户价值深挖，在各项业务总体保持平稳增长的态势下，积极推进经营转型并取得显著成效，中间业务净收入增幅强劲，收入结构不断优化。其中，资产管理、交易银行、投资银行及互联网金融四大转型业务中间业务净收入同比增幅高于平均增速。

二、主要经营亮点与工作措施

（一）公司业务方面，紧抓资本市场互通政策契机，成功完成多笔重量级债券交易；首次牵头完成多项创新承销项目，银团贷款及结构性融资市场规模与地位稳步上升；确立以交易银行为重要转型方向，围绕客户交易行为开展综合营销，现金管理客户数及存款大幅增长。亚太区域业务发展方面，积极响应“一带一路”倡议，进一步加强与工银集团亚太区域相关机构的联动与合作，持续推进亚太业务发展战略，业务规模与经营利润均实现较快增长。年内成功落地多笔重要融资项目，赢得客户的高度肯定与业界的广泛赞誉。

（二）零售业务方面，不断优化零售业务，加大按揭贷款、个人消费贷款、财富管理等重点业务拓展；创新优化重点产品，全面丰富财富管理业务，产品竞争力与市场份额同步提升；着力打造“跨境金融　首选银行”品牌，与母行集团境内机构联动合作，共同服务优质跨境客户，年内零售业务与客户规模均实现了快速增长；积极调整私人银行业务的经营思路，加强与母行境内及海外分行联动，管理资产规模同比显著增长，客户资产结构更加优化。

（三）金融科技发展方面，紧抓金融科技发展契机，不断优化网上银行、手机银行等多项新产品和新功能，实现“工银亚洲账户绑定 WeChat Pay HK”“工银跨境 e 缴费”等多项市场创新。在港首推外部风险信息查询服务，并利用“融 e 购”香港馆跨境电商平台和“惠生活”本地电商平台，进一步打响市场知名度，有力提升平台交易量和用户体验，全力促进对客业务创新发展，以智能化创新形象为亮点，提升竞争优势。

（四）金融市场业务方面，积极抢抓美国国债收益率波动的机会，加强债券组合主动管理，相关业务收益贡献明显提升；不断提升金融市场交易能力，保持CNH主要做市商的地位，并成为香港首家在路透FX-ALL平台实现24小时外汇做市的中资银行。荣获母行授权成为全功能的境外交易中心，为未来金融市场业务大发展奠定了良好基础。

（五）全球资本融资方面，延续债券承销类业务良好发展态势，继续活跃于中资企业境外债券市场，为多家大型中央企业及地方国有企业完成首次境外债券发行；金融机构债券承销业务量显著增长，项目数量占比大幅提高，债券发行品种实现突破创新，于债券承销业务中担任全球协调人角色的比重大幅增加，成为极具市场影响力的承销行之一。继续深耕银团贷款业务，年内银团贷款总量大幅增长，并作为牵头行为一众客户成功筹组银团贷款。

（六）机构业务方面，在资产业务转型和结构调整、央行及主权机构蓝海负债发展战略实施、非银优质资产业务拓展、中资机构同业及自贸区业务创新等重点领域均取得重大进展。积极发挥自身产品及渠道优势，借助市场发展机遇及政策优势，全面发展各类型客户的负债业务，并成功推广多项交易银行产品，机构业务客户基础得到全面拓展。

（七）资产管理业务方面，在母行“大资管”战略部署下，工银亚投正式更名为“工银资管（全球）有限公司”，成为集团全球资产管理业务的统一运营平台，并实现了业务跨越式的增长。通过发挥香港联通海内外的有利条件与自身多牌照优势，丰富资管产品体系，促进资产管理与托管、私银、机构等多业务线协同发展，并成功推出债券通托管服务，资产管理及资产托管规模大幅提升。

（八）现金管理业务方面，作为工商银行集团内设立的首个区域现金管理中心，持续做好中国内地、香港、亚太地区的现金管理客户市场，积极拓展客户，大力提升现金管理同业竞争优势。主动把握香港财资中心税改优惠政策、自贸区跨境双向资金流动相关政策及中资“走出去”的业务机遇，成功为多个大型集团企业开展全球现金管理业务。

（九）管理提升方面，进一步完善信贷与合规管理职能，成立市场风险管理委员会，不断完善风险治理体系架构；坚持以实质风险可控为导向，管好新增融资质量，加快存量不良贷款吸收转化，资产质量得以持续有效改善。积极践行以人为本、和谐共进的文化理念，重

视人才投入与培养、不断优化员工结构，强化企业文化建设，进一步增强员工队伍稳定性与凝聚力。

（工银亚洲）

工银国际

2017 年，面对国际投行经营模式升级换代的竞争压力，面对中资投行迅速崛起的历史机遇，面对集团综合化、国际化战略实施对工银国际提出的新期待、新要求，工银国际牢牢把握“一线三点六中心”的集团内定位，一手抓集团内部联动、一手抓外部市场拓展，苦练内功，扎实执行，交出了一份符合预期、好于计划、好于同期的成绩单。公司净利润首次突破 10 亿港元、ROE 首次突破 10%、管理资产规模首次突破千亿港元、房地产基金首次跨入清科榜单前十。具体来讲，呈现出“业绩亮丽、活力增强、品牌提升、基础夯实、士气旺盛”五方面特点。

一、“业绩亮丽”主要表现在各项经营指标均超额完成任务目标，经营业绩和股东回报创历史最好水平

截至 2017 年末，实现营业净收入 29 亿港元，同比增长 39%；实现净利润 13.98 亿港元，同比增长 122%，完成总行预算任务的 198.8%。这是自工银国际成立 10 年来，净利润首次突破 10 亿港元大关。公司 ROE 首次超过 10%，达到 17.4%，同比大幅增加 8.7 个百分点，有力提升股东回报。资产规模稳定增长，成为支撑公司可持续发展的重要基石。2017 年末，表内资产余额达到 535.6 亿港元，较年初增长 48%；管理资产规模（认缴）达到 1 186 亿港元，较年初增长 167%，是集团内管理资产规模最大的海外机构。

二、“活力增强”主要表现在四大业务板块齐头并进，新旧动能加速转换

结合总行“大公司、大投行、大资管、大零售”战略布局，形成“四轮驱动”的业务模式，投资银行、投资管理、销售交易、资产管理四大板块齐头并进，通过新经济、新客户及新的业绩增长点，促使新旧动能加速转换。2017 年，投行业务板块完成 IPO 项目 10 个、后续发行项目 2 个、财务顾问项目 2 个，排名中资投行全球股本市场承销规模第一；完成境外债券承销项目 47 个，承销规模 580 亿美元，集团内占比 64%，稳居集团内海外债券承销首位，荣获《金融时报》“年度最佳债券市场创新机构”奖项；打造一站式资本市场交易平台，股票、债券、期货交易覆盖全球主要市场，实现了一点切入、全产品交易、全市场覆盖的 24 小时便捷服务。做大做强两大新兴业务，投资管理业务投放余额、营业收入分别同比增长 48.6% 和 59.2%；资产管理规模较年初增长 167%，其中 PE 基金规模（认缴）较年初增长 185%、公开市场管理规模较年初增长 55%。公司荣获 2017 清科集团中国私募股权投资机构 100 强第 23 位和房地产投资基金 10 强机构，彰显了公司的投资和资管业务实力。

三、“品牌提升”主要表现在集团内联动和国际化业务加快突破，境内境外两个市场影响力大幅提升

以集团内联动为抓手，不断增加对集团的反哺贡献和公司的业务影响力。2017 年，公司与总行投行部召开了全行联动工作会议，将投行业务收入纳入到总行投行部整体考核，增加了对集团投行条线的贡献；与总行资管部签订业务合作备忘录，正式启动 5 亿元人民币港股通投资项目，并为总行私人银行客户设立 IPO 打新基金；与总行公司部、专融部和中东机构联合承办中沙论坛，牵头筹建国家级中沙基金，增强了集团对大型能源客户的营销能力；与总行投行部、信管部、风险部共同完成多个能源企业大型债转股项目，为集团稳定资产质量、维护核心客户作出了贡献。主动发挥投贷联动、商投互动优势，以投资业务带动集团内商业银行业务的发展，实现三个重点项目为北京市分行、天津市分行、浙江省分行等分别累计带来 33 亿元、2.55 亿美元存款和 30 亿元、2 亿美元贷款。主动顺应海外机构本地化、专业化的发展要求，发挥公司持牌投行产品线优势，加强与海外机构合作，展现了工商银行投行业务的一体化经营实力。与工银标准合作，作为唯一中资投行完成了德意志银行 80 亿欧元供股项目和 SMCP 法国上市项目，工商银行投资银行品牌首次亮相法国资本市场；与工银泰国合作获得了某东南亚国家级财务顾问项目；与卡拉奇分行合作完成巴基斯坦 15 亿美元主权债承销项目。业务的国际化促进了收入的国际化，截至 2017 年末，公司境内外收入比例从上年的 9:1 调整优化至 7:3。另外，公司还通过增加行业研究人员、建立品牌公关团

队、开通微信公众号和融e联公众号、举办狮子山下大讲堂和各类投资论坛等活动，扩大市场知名度。

四、"基础夯实"主要表现在扎紧扎牢资产质量和内控案防篱笆，内部管理水平得到提升

牢固树立资产质量就是生命线的意识。严格落实总行"专家治贷"要求，对投委会进行人员改组，提高了业务审查的专业性和前瞻性。严格落实全面风险管理要求，建立健全前中后台三道防线，强化了前台部门的第一责任人责任，2017年新增业务没有风险项目发生。成立了投后管理部，出台投后管理办法，加强存量不良资产处置和增量资产风险监测，资产质量保持"双降"势头，截至2017年末，资产不良率由年初的3.26%下降至1.71%，达到近年来最好水平。高度重视内控合规建设，接受了银监会合规检查，管理层带头落实核心业务负责人制度，带头参加合规培训，开展合规标兵评选、合规知识竞赛，营造了合规文化氛围。从严从紧整改上一年审计中发现的问题，2017年审计项目中没有发现高风险问题。有序开展科技系统、安全保卫、清算操作等工作，全面风险管理稳步提升，全年无重大风险事件发生。

五、"士气旺盛"主要表现在高度重视基层党建和队伍建设，员工凝聚力、向心力得到增强

牢固树立政治意识、大局意识、核心意识、看齐意识，落实总行党委和香港中联办要求，持续加强基层党组织建设和党员干部教育，将组织生活和"两学一做"学习教育常态化，发挥了党组织在公司经营中的战斗堡垒作用和党员同志的先锋模范作用。将学习贯彻党的十九大会议精神作为首要政治任务，第一时间召开学习动员会，组织在京员工参加"砥砺奋进的五年"大型成就展，增强了道路自信、理论自信、制度自信、文化自信。制定员工队伍建设三年规划，形成了系统完善的社会招聘、外派员工招聘、应届大学生招聘机制，2017年从集团新引入外派员工35名，外派员工占比达到15%，是集团内外派员工比例最高的境外机构之一，真正成为工商银行投行业务人才培训中心。传承与发扬工商银行的企业文化内涵，提炼形成"融合、担当、奉献、进取"的公司文化，重点强调中西文化融合和管理人员担当。连续开展六期"了解中国、爱我工行"主题培训，207名香港本地员工赴总行、数据中心等地参观学习，亲身体会工商银行的强大，增强了本地雇员对工商银行的认知和集体荣誉感。

（工银国际）

工银澳门

2017年，工银澳门资产总额2 312亿元（单位：澳门元，下同），较年初增长10.44%，各项贷款余额1 644亿元，较年初增长21.22%，各项存款余额1 773亿元，较年初增长10.20%；实现税后利润23.13亿元，较上年增长2.60%；不良贷款率继续控制在0.12%低位，同2016年持平。连续第九年被权威财经杂志《环球金融》《银行家》和《世界金融》评为年度"澳门地区最佳银行"；连续三年进入《亚洲银行家》"亚太区500银行'最稳健银行'榜单前三位"，得到业界的广泛认可。

一、不断深化本地化经营，夯实业务发展基础

（一）将零售作为全行可持续发展的重要基础和前提，通过完善渠道布局，细分客户市场，推动客户规模快速增长和服务领域有效拓展。个人客户规模突破36万户，超过澳门本地人口半数；零售存款达到480亿元，零售贷款达到500亿元，利润贡献度达到25%；发卡及收单市场占比稳定在50%以上，成为澳门最大的信用卡发卡行。

（二）深挖本地优质信贷资源，本地信贷资产占比继续稳定在六成以上。成功办理新濠国际12亿美元股权融资、南光集团8亿美元保函融资、中国港湾35亿澳门元项目融资等一批重点项目，并独家牵头筹组了上葡京250亿港元银团贷款，成为近年来澳门最大的银团贷款项目，在澳门银行界树立起多项历史性标杆。

二、不断加快多元化布局，抢占了业务发展先机

深刻把握澳门"一个中心，一个平台"的功能定位，抢抓"国家需要、澳门所长、澳门需要、工银所长"的历史机遇，服务集团战略。一是紧抓澳门"特

色金融”施政契机，建立完善了“投行+资管+托管”全流程产品线，拓展了本澳大型机构客户，资产托管规模突破600亿元，成为本地最大的托管银行。二是聚焦本地和跨境两个市场，布局私人银行增值产品线，在资产投资与配置等方面进行了积极拓展，私人银行客户规模突破1 000户，成为集团内第二家私银客户突破千户的境外机构，跻身私人银行千户行行列。三是协同集团在中葡平台、融资租赁、资产合作、机构申设等领域深入布局，抢占了业务发展的制高点。

三、大力推进转型创新，优化了业务发展结构

（一）实施e-ICBC本地化发展战略。建成首家智能银行，首家实现KYC ATM项目落地，首家打通跨境实物电商通道，首家推出微信支付服务。“融e购”澳门馆上线两年已成为澳门本地最大的跨境电商，2017年全年交易量突破50万件、直接成交额逾2 000万元，成为本地化经营的重要抓手。

（二）积极布局新兴潜力产品线。退休金、代客经纪等收入增幅保持在30%以上；贵金属业务种类已涵盖实物、交易及融资等多个类别，经营范围涵盖代客、经纪等各个方面，成为唯一开办全量业务的海外机构。

（三）积极对接粤港澳大湾区发展规划。依托集团平台拓展区域信贷市场，有力地支持了国家经济建设，维护了澳门的长期繁荣和稳定。

四、积极践行社会责任，树立了良好品牌形象

一如既往地践行社会责任，奉献社会；在“天鸽”强风袭击、灾后重建等重大事件中，成为澳门第一家捐款银行、第一家全面恢复营业银行、第一家赈灾贷款发放银行，彰显了大行担当，得到特区政府、中联办及社会各界的肯定。积极倡导以“归属感、责任感、使命感”为核心的家园文化，加强企业文化建设，培育员工“爱国、爱澳、爱行”的家国情怀；积极践行“共创、共建、共享”的经营理念，树立了良好的企业形象。2017年初，在共青团中央等22大部委联合开展的“全国青年文明号”评选中，工银澳门荣膺我国境外金融系统首个全国青年文明号殊荣，更成为港澳地区唯一入选该名单的青年团体，得到业界及港澳主流社会的广泛赞誉。

五、着力加强风险防控，经受住了复杂环境的考验

始终坚持依法合规、审慎稳健的经营原则。将内控合规及风险防控作为重中之重，努力构建监督有效、运行稳健的管控机制。通过制度先行和有效授权夯实了全行合规管理基础，得到澳门金管局的肯定；通过风险控制前移维护资产质量及安全，避免了出现大额不良的危机。同时，着力加强资产负债管理、流动性风险、汇率风险管控，完善资金运作策略，有效应对了金融市场波动。

（工银澳门）

新加坡分行

2017年，新加坡分行认真贯彻总行国际化经营各项战略部署，全面落实当地金融监管各项工作要求，以精细化管理为抓手，加快经营转型，各项业务稳健发展。

一、总体情况

（一）经营效益

2017年，实现净利润6 380万美元，较同期增加674万美元，增幅11.8%，总行年初利润计划完成率112%。中间业务收入2 932万美元，较同期增加403万美元，增幅16%。

（二）资产负债

截至2017年末，资产余额211.3亿美元，较年初增加21亿美元。其中，信贷资产余额109.74亿美元，较年初增加15亿美元，增幅16%。客户存款余额58亿美元，较年初增加33.14亿美元，增幅133.3%。发行债券余额43.22亿美元，较年初增加10.36亿美元，增幅31.5%。

（三）经营结构

信贷资产占总资产的比例51.5%，较年初提高2.5个百分点。客户存款占总负债的比例28%，较年初提高14.6个百分点。中间业务收入占比达到23.2%，较

上年提高6个百分点。非利息收入占营业净收入的比重达到29.2%，较上年提高2个百分点。

二、经营措施

（一）以精细化管理为抓手，促进资产负债业务协同发展

统一思想，积极贯彻资产负债协同发展经营理念。一是强化资产负债缺口管理。开发了“资产负债（按日明细）报表”，逐日监测预警资金缺口，逐月召开分析会，对未来一段时期资金来源及运用做出具体部署。二是强化利率管理。制定存贷款定价管理办法，优化定价机制，完善定价流程。根据市场利率变化，适时调整存贷款资金价格。加强对客户报价的引导，扩大净息差水平。三是高度重视资金来源管理。明确经营方向，将客户存款、央行资金等作为2017年资金来源的主要努力方向。在总行资产负债部及国际业务部组织推动及大力支持下，成功发行20亿美元中期票据，在降低集团整体境外融资成本的同时，提供了部分中长期资金来源。四是重点加大人民币资金流动性管控。面对2017年初离岸市场人民币利率巨幅波动对分行经营业绩的冲击，分行采取措施管好控好人民币资金。加大对到期人民币贷款的重定价和资金期限匹配管理，对于无法满足盈利和流动性管控目标的予以压缩，通过货币掉期对高成本人民币资金进行置换，抓住市场机遇期加大人民币资金拆借及同业存单投资等。全年资产负债协同发展取得积极成效，人民币、美元等主要币种资金缺口得以有效控制。客户存款增长显著快于贷款增长。至2017年末，客户存款占信贷资产的比例达到52.9%，较年初提高27个百分点。

（二）以全球现金管理为载体，增强公司客户黏性

梳理世界500强及大型跨国公司在新机构、本地大型企业、走出来中资企业等重点目标客户，逐户拜访营销，公司客户实现量质齐增长。加强与新加坡金融管理局、国际企业发展局、新加坡交易所等机构联系，增进互信，为分行业务拓展创造良好的外部环境。截至2017年末，公司客户数量较年初增加152户。公司存款余额达到42.7亿美元，较年初增长27亿美元，增幅170%。发挥现金管理产品优势，实现重点优质客户的营销突破。成功组织了“狮城启航，融汇全球财富”全球现金及财资管理研讨活动，超过170位跨国企业集团管理人员参加。加强现金管理与公司部门的业务联动，成功新签约盛裕、京东等全球现金管理主办行项目13个，并成功推动现金管理客户在集团内其他机构新开立账户88户。

（三）以高效的人民币清算服务为纽带，密切同业合作

加强与人民银行以及本地监管的联系沟通，为清算行发展争取有利条件。加快清算支付系统建设创新，全面提升清算支付能力，在工行境外机构中率先成功投产SWIFT GPI。积极拓展人民币现钞业务，完善人民币现钞供应和回流渠道。截至2017年末，新加坡人民币清算行共为44个国家和地区的参加行开立人民币同业往来账户117户，其中工行集团内机构账户47户，同业代理行账户70户（包括新加坡金管局、柬埔寨央行、印尼央行三家中央银行）。累计完成人民币清算量超过189万亿元，参加行人民币存款峰值突破150亿元。

依托东南亚金融机构营销中心职能优势，加强与本地以及东南亚区域央行、银行、非银行金融机构的业务合作，2017年8月在新加坡举办了以“分享 合作 共赢”为主题的“一带一路”同业合作研讨会，吸引了来自银行、保险、证券、资产管理公司等金融机构240余客户参会。东南亚金融机构营销中心的业务模式也从单一的贸易融资向双边借款、银行间银团等多种业务模式延伸，客户营销从代理行向保险公司、租赁公司等非银金融机构拓展。

（四）以提升金融服务能力为宗旨，做大做强金融市场业务

积极打造金融市场交易团队，创新交易品种，优化系统建设，不断增强金融市场交易能力。一是离岸人民币做市交易量集团内首次排名第1。2017年分行离岸人民币做市交易量4 356亿美元，在离岸人民币市场整体萎缩情况下，交易量较上年增长18.7%，在集团内三家离岸人民币做市机构中排名第1。二是在货币市场、债券市场积极开展各类主动投资、代客资金交易，资金外汇交易收入实现约1 200万美元，为非利息收入的重要来源。在境内银行间债券市场投资方面表现优异，荣获中央国债登记结算公司评选的“优秀境外机构投资者奖”。三是做好产品创新与系统建设。完成首笔代客利率互换交易业务，扩大代客交易服务产品范围；对重点客户首次采用FXall等电子交易平台进行报价，启用EBS平台开展外汇期货交易，增加了进入SGX开展场内期货市场的渠道等。

（五）以科技创新为引领，促进零售服务提质增效

2017年，零售业务坚持“完善基础设施服务、培育客户经理队伍、提升客户服务体验”的发展主线，投产了小额实时支付（FAST）系统，实现了小额资金跨行支付的实时到账；推动新版手机银行的投产应用，电子银行业务稳步发展；培育组建个人客户经理团队，建立完善了个人客户经理及网点考核机制，不断提升网点效能。截至2017年末，分行个人客户数达到5.5万户，比年初增加1.5万户；储蓄存款余额15.25亿美元，比年初增加6.3亿美元，增幅70.6%；零售板块中间业务收入达到160万美元，较同期增加65万美元。

（六）以多元产品线为支撑，加快经营转型

债券承销业务方面，2017年共参与债券发行总量约142亿美元，较同期增长138%。在四大行新加坡机

构中，债券承销排名处于同业第一。与境内分行合作举办“2017 年债券融资及宏观经济研讨会”，着力推荐新加坡分行债券承销业务及新加坡政府债券优惠政策，80 多家大型企业参加会议。全球托管网络建设方面，与明讯银行、布朗兄弟哈里曼银行（BBH）及工银亚洲建立主次托管关系，实现了对中国、中国香港、欧洲、美国以及东盟等主要市场的覆盖。截至 2017 年末分行资产托管账户达到 20 个，托管规模 11 亿美元，较上年增长近 2 倍。资产管理业务方面，完成分行第一只 REITS 基金产品的发行准备，发行全权委托私行客户专户投资产品，投产了 GPPM 全球投资管理系统。私人银行业务方面，完成私人银行杠杆融资、专属产品融资产品建设，落地办理首单私人银行全球投资账户业务。私人银行客户数量达到 433 户，较年初增加 44 户。信用卡业务方面，以总行“爱购”品牌和境内资源为依托，与新加坡滨海湾正式签约开展合作。相继推出了工银可派双币银联信用卡、万事达环球旅行卡，丰富了产品品种。

（七）以合规经营为基石，保障业务稳健开展

从部门设置、制度建立、人员增设等方面增强内控合规工作。率先投产工行反洗钱 Brains 系统和 Compass 系统，推进可疑交易和客户识别的自动化进程。2017 年以来，先后接受了总行内审局经营发展和合规管理审计、总行金融市场部专项检查，分行内审部审计了信贷业务部、贸易融资部、零售业务部、私人银行部等。新加坡金管局目前也在对零售板块、金融市场以及支付电子转账等业务进行为期 8 周的现场检查。以各项检查和审计为契机，对前中后台各项工作进行全面梳理，查漏补缺，优化流程。保持与新加坡金管局的良好沟通，2017 年就未来发展计划向 MAS 做当面汇报；承办总行亚太片区合规官现场会议，学习沟通境外机构所面临的合规监管要求，均得到新加坡金管局的肯定和认同

（新加坡分行）

东京分行

东京分行认真落实总行决策部署，紧紧围绕总行国际化发展战略，坚持以党建促经营，将奋斗目标和落实措施有机结合，切实把握稳中求进的工作基调，大力推进经营转型，突出集约化、本地化、特色化发展，走出了一条自筹资金、严控风险、内外联动、特色经营的发展道路。截至 2017 年末，总资产 147 亿美元，近四年复合增长率为 31.05%；成本收入比为 14.29%，连续多年保持较低水平，境外机构中排名第二；营业净收入和账面利润分别为 9 021 万美元和 7 550 万美元，同比增长 28.5% 和 34.6%；净利润 4 211 万美元，近四年复合增长率 16.53%；不良贷款率和不良贷款余额保持为零。本地市场地位稳步提升，各项经营指标在日本 54 家外资银行中排名前列。

一、坚持以风险管控为根基，全力确保安全运营

一是合规先行。把防控合规风险作为首要工作，重点防范洗钱风险、恐怖融资、涉敏业务与反社会势力。实时关注和准确把握本地监管法规变化，及时更新行内规定，保证制度体系的时效性和可靠性。坚持强化合规资源投入，连续引进投产总行及本地的多个系统，通过有效的人机结合策略，实现了反洗钱工作精度、速度、自动化水平的持续提升。树立全员合规底线思维，通过各类培训提高人员合规意识和素养，做到“心有高压线，绷紧合规弦”。

二是集体决策。构建了较为完备的集体决策制度，成立了包括经营管理委员会（兼全面风险管理委员会）、合规与反洗钱委员会、资产负债管理委员会（兼市场风险管理委员会）、信贷管理委员会、财务审查委员会等在内的不同层次的风险管理议事和审查机制，围绕战略发展、财务监督、风险管理等重点课题开展工作，为科学决策提供专业意见和建议。

三是强化内控。不断加强内部控制体系建设，积极组织开展业务流程改造和流程优化，健全理顺机构人员设置，合理确定职能分工，设置系统刚性控制。加强行内协同，有效构建三道防线，无缝衔接，融为一体。有效利用外部专业力量，聘请外部会计顾问和法律顾问，保障依法合规经营。

四是主动应对监管。坚持内部管理与外部沟通并重，在加强合规建设、练好内功的基础上，与金融厅、日本央行等建立常态化沟通汇报机制。成立专门小组，研究跟进监管政策的变化和走向，坚持主动拜访监管机构，就合规经营等情况保持有效沟通，在监管态势从严趋紧的形势下积极寻求监管机构的理解与认可。

二、扎实打牢对公客户基础，夯实境外发展根基

将客户拓展视为境外经营的基础和核心，力求建立

起客户导向下的特色化和本地化经营模式。2017 年末，公司客户数为 571 户，同比增长 27.8%，其中 85% 为本地客户。

一是依托中国市场拓展本地客户。以跨境人民币、联动产品等“中国元素”特色业务为抓手开展本地拓户工程，采取“盯好日企中国市场发展，依靠集团整体优势，内外联动，以点带面”的发展方略，逐步摸索出“以外促内、反向推动”的本地化发展模式，收效显著。

二是以特色产品拓展本地金融机构客户。把做好金融机构业务作为经营转型、实现本土化发展的重要抓手，加强代理行及非银机构客户营销，成效显著。在代理行方面，在与日资三大行保持密切关系的同时，也积极拓展本地大中型银行。2017 年与分行建立代理行关系的日本金融机构共 84 家，分行作为授信主办行的代理行共 50 家，在各境外机构中居首位。在非银行金融机构方面，积极营销野村证券、三菱日联信托银行、日本交易所等当地有影响力的非银机构，推动其与总行在证券、保险、信托租赁等方面的全方位业务合作，为扩大分行在本地市场知名度、提高盈利能力奠定了良好基础。

三是集团联动助力“走出去”中资企业。采取“源头发掘、集团联动、综合化服务”等措施，依托集团机构网络，合理组合存款、银团贷款、贸易结算、资金产品等基础业务，助力三峡集团、首旅、广发证券等一大批“走出去”中资企业开拓境外市场。

四是合力营销离岸外资企业。与总行、境内外兄弟机构积极联动，合力拓展优质外资客户的业务需求。如与总行及法兰克福分行合作，为大众汽车发放了欧元循环贷款；与工银亚洲合作，为南标银行发放银团贷款；与四川分行密切合作，成功中标世界第二大晶圆生产商格罗方德的境内综合金融服务方案等。

三、把握盈利核心，提升转型创新综合能力

一是促进融资产品线创新与多元化发展。在本地市场方面，以与中国的贸易及投资往来为切入点，抓好单证、保函等基础结算与融资产品，重点发展资本占用低、收益稳定的国际结算和贸易融资组合产品。充分发挥地区优势，把日式飞机租赁融资作为本土化特色信贷产品，近十年间为 80 余架飞机提供融资，余额超过 10 亿美元，打造成为特色专业融资品牌。在海外市场方面，积极参与中资企业“走出去”及“一带一路”相关业务，与集团境外机构开展多种形式的资产业务联动，以能源、航空和基础设施三大行业为中心，努力开拓全球市场，目前已成功参与欧美、非洲、中东、东南亚、香港等数十个大型多币种融资项目，累放金额近 40 亿美元。积极落实总行“共建、共享、共赢”的亚太机构业务联动一体化战略，与工银亚洲积极联动，成功完成多笔银团贷款合作。2017 年实现公司类贷款投放 27.6 亿美元，余额 39.58 亿美元，同比分别增长 61.4% 和 84.18%，在全行境外机构公司条线排名中获得 A 类评价。

二是持续推进金融市场、日元清算等特色产品线发展。在金融市场方面，深入研究日本低利率、负利率环境下的筹资策略，主动加强中长期筹资工具发行力度，成功发行三年期 150 亿日元和三年期 5 亿元人民币债券，成为首家在东京证券交易所 PRO－BOND 市场上市日元债券和首家在日发行人民币债券的中资机构。2017 年实现累计拆入金额 1 513.21 亿美元，发行各类筹资工具 38 笔，面值合计 22.71 亿美元，资金自筹率达 91%。在日元清算方面，充分发挥全行日元清算中心职能，积极做好面向全集团的价值型业务后台支持。2017 年末，清算账户达 67 户，完成清算业务量 9.6 万笔，清算总金额达 8.1 万亿日元。

三是深挖跨境人民币业务潜力。在境内外两个市场已初步形成人民币清算、国际结算、贸易融资、货币市场、债券投资等全方位人民币产品线，通过强化业务创新力度，有效服务中外资客户群体的多维度人民币业务需求。2017 年完成跨境人民币结算量 1 381 亿元，人民币贸易融资量 515 亿元，连续多年在全行境外机构跨境人民币业务排名中名列前茅。

四、着力加强零售业务精细化、特色化发展

围绕银联卡、汇款、存款等零售业务重点产品积极开展市场营销，实现零售客户数量和电子银行业务稳步提升。2017 年末分行零售客户达 14 418 户，近四年复合增长率为 32.89%，网银客户同比增长 28.99%，网银渗透率达 62.62%。在银行卡业务方面，以产品创新推动服务升级，成为集团内首家实现双币银联卡与本地网银功能自由绑定的海外机构，以及首家在日本推出 VISA 联名借记卡的中资银行，并在 2017 年成为系统内首家完成柜员管理提升项目（指纹认证）全面推广的海外机构。同时以联动策略带动业务突破，对接本地具有较强实力的服务提供商与境内规模巨大的高端卡客户群体，依托雄厚的集团一体化优势，开展交叉营销，满足双向金融服务需求。与日本当地发卡组织以及金融机构密切合作，研究探索二维码支付、无卡取现等业务在日落地可行性。在跨境电商方面，积极把握市场机会，采取绕行策略，实现业务突破。在日本馆开馆的基础上，积极营销本地商户入驻融 e 购，带动本地、跨境机构，以及个人客户营销的全面提升，推动零售业务创新与转型。

五、践行人本理念，培育和谐企业文化

始终坚持将“以人为本、科学务实”的员工队伍建设理念落到实处，形成一支由外派员工、本地华人员

工、日本员工构成的专业员工团队。外派人员和本地员工发挥各自优势，在业务拓展和内部管理方面相互支持，形成了一支凝聚力强、业务素质高的整体团队。一是积极建设和谐银行，增强员工归属感。如邀请资深员工、退休老同事和各业务部门举办恳谈会；听取员工心声，解决员工生活工作中遇到的实际困难；组织全体员工开展文化交流活动等，有效营造了和谐温馨的工作环境。二是积极建设学习型银行，通过组织新员工培训交流会，强化新员工的合规经营和安全防范意识，提高队伍的整体责任意识；通过组织中文和日语学习班，致力推动本地员工和中方员工加强交流，相互取长补短，共同进步。三是积极参加社会公益活动，主动履行社会责任，致力于中日民间友好交流。经过多年耕耘，分行在日本当地已树立起负责任的、积极向上的中资机构和金融机构形象，在搭建金融桥梁支持中日经贸往来等方面做出的贡献也得到了社会各界的高度认可，并在2017年受到中国驻日大使馆的专门表彰。

（东京分行）

首尔分行

2017年，首尔分行积极贯彻落实总行年初工作会议和国际化会议精神，以“专业化、本土化、特色化、精细化”为指导思想，面对激烈的同业市场竞争、人民币汇率波动加剧、利差大幅收窄以及更加严格的监管形势，切实管控各类风险，及时调整经营策略，开拓新的收益来源，各项经营指标均超额完成总行下达的目标任务，取得了较显著的工作成效。

一、主要经营概况

2017年末，效益水平大幅提高，实现净利润6 296万美元，同比增幅59%，超额完成总行年初和年终下达的净利润指标。资产规模快速增长，总资产达183亿美元，较年初增加76亿美元，增幅72%。负债结构持续优化，各项存款（不含CD）余额达23.8亿美元，较年初增长73%，其中公司存款、机构存款和个人存款分别达14亿美元、9.2亿美元和0.6亿美元，较年初分别增加4.3亿美元、5.6亿美元和0.16亿美元。存款证（CD）余额达25亿美元，较年初增加8.9亿美元，同比增长55%，超额完成总行下达的新增1亿美元计划。中间业务收入增势迅猛，实现中间业务净收入4 651万美元，同比增长63%。其中，贸易融资手续费收入2 566万美元，同比增长178%；承诺手续费收入557万美元，同比增长46%。客户基础不断巩固，对公客户共计2 115户，同比增长12%，个人客户35 162户，同比增长22%。不良贷款率继续保持为零。

二、主要工作措施

（一）狠抓本地客户营销，以全球服务为支撑，全面推动本土化战略落地。一是优化资产结构，积极参与本地银团及结构化融资等投行类项目，提高中长期贷款占比。2017年，投行类资产余额17.2亿美元，其中3年以上贷款占比达89.0%，较年初增长33.6%。二是转换营销思路，积极服务韩资大型客户“走出去”。三是扩大合作范围，积极推进与韩国本地金融机构的战略合作。以同业存款、外汇交易、资金拆借、资产转让、资产托管、转汇款等业务为突破口，以协同合作为抓手，进一步扩展了韩国本地金融机构的合作广度。四是抓住机遇，积极营销韩国主权类金融机构。抓住人民银行批准境外央行类机构进入中国银行间市场的利好政策，成功营销韩国央行与总行进行债券交易，并促使韩国央行与总行签署中国银行间市场债券回购交易补充协议。五是深挖客户需求，加大对韩国核心公司类客户的营销力度。联合总行和北京分行，先后针对三星等跨国集团开展联合营销，重点推介全球现金管理服务、外汇交易、走出去服务等高附加值业务，为下一步深化合作开启新窗口。六是以产品为依托，提升网点综合竞争力，力促本地零售业务转型。2017年末，新增个人客户6 358户、新发借记卡4 430张。网点存款余额6.38亿美元、贷款余额3 791万美元、企业网银客户426户、交易额9 862万美元，分别较年初增长351%和697%、48%和105%，呈现出较快的发展速度。特别是新推出的个人住房公积金贷款，2017年累计发放958笔，金额2 941万美元，实现了分行个人资产类业务新的突破。

（二）狠抓联动业务营销，以集团协同优势为支撑，提升跨境服务能力。一是加强与总行专项融资部的业务联动，开拓“走出去”市场。二是加强与境内外机构的联动，在风险可控的前提下拓展内保外贷、跨境直贷和银团参贷等业务。三是加强与境内分行的联动，共同做好对在韩中资企业的营销服务。四是加强与自贸区机构的联动，大力发展联动项下贸易融资业务。抓住自贸区人民币政策的窗口期机会，大力拓展跨境人民币贸易融资业务。

（三）狠抓产品建设，以创新引领为支撑，着力打造特色产品线。一是围绕并购、银团、基础设施项目融资等业务，打造本地结构融资产品线。2017年末，结构化融资产品金额较大成为分行重要的盈利增长点。银团等相关手续费收入236万美元，同比增长108.2%。二是围绕人民币韩元做市交易，打造资金交易特色产品线。2017年首尔分行人民币韩元直接交易量在全体做市商中稳居前三位，并荣获韩国央行总裁奖。三是围绕跨境人民币和自贸区，打造联动类贸易融资特色产品线。借势自贸区政策便利，以附加代客外汇买卖的结构化贸易融资产品为抓手，大力发展贸易融资业务。

（四）狠抓负债类产品营销，以主动负债为支撑，为资产业务扩张提供坚实保障。一是引入FTP定价机制，从机制上引导负债类产品营销。二是以KPI考核为手段，提高负债类产品营销的积极性和能动性。通过KPI指标的引导，鼓励各前台部门和各网点积极吸收大企业和金融机构存款。2017年末，公司存款、机构存款余额分别较年初增长43%和156%。三是加强与海外市场的联系，确保与海外同业的拆借额度。四是提升LCR管理水平，防范流动性风险。2017年末，分行LCR达到90%，在韩国当地外资银行处于较好水平。

（五）狠抓基础管理，以安全稳健为支撑，确保各项业务健康经营发展。一是建立责权清晰的管理架构，进一步完善基础管理框架。二是全面规范财务管理和集中采购流程，进一步提升财务管理有效性。修订多项管理制度，做到有规可依、有规必依。三是加强信贷制度和系统建设，进一步提高信贷基础管理水平。四是着重抓好内控合规管理，提升全面风险管理水平。加强与监管机构沟通，持续修订完善内控相关制度，强化全员合规意识。2017年未发生重大信用风险、市场风险、流动性风险和操作风险，未发现任何重大违规问题。在反洗钱管理方面，重点关注涉敏、贸易融资等风险防控，推进可疑交易识别的自动化进程。2017年在韩国金融信息分析院对首尔分行实施的“反洗钱制度履行评估”中，首尔分行评估得分44.01分，超过韩国银行业平均水平。

（首尔分行）

工银泰国

2017年，工银泰国认真贯彻落实总行党委的决策部署，解放思想，坚定信心，沉着应对外部环境的变化与挑战，保持了规模、效益、质量的协调发展，向着“成为工行扎根于泰国、成长于泰国，具有本地特色的海外机构”的目标阔步前进。

一、稳健经营，增长态势良好

（一）经营效益逐年提升，资产息差NIM同比扩大

实现净利润5 405万美元，同比增长19.58%。年化资产收益率（ROA）0.89%，资本收益率（ROE）6.68%，分别较上年提高0.08个和0.50个百分点。净息差（NIS）和净利息收益率（NIM）分别为2.19%和2.49%，分别较上年提高0.06个和0.05个百分点。

（二）资产规模持续稳步增长，本地贷款拉动总量增长

2017年末，资产总量65亿美元，比年初增加9.40亿美元，增幅16.78%。贷款总量45亿美元，较年初增长9.77%，其中：本地贷款36亿美元，较年初增长9.3%；贸易融资余额1.02亿美元，较年初增长15.3%；簿记业务余额2.1亿美元，较年初减少47%。贷款规模位列泰国外资银行第9位。

（三）资产质量优于同业水平且准备金充足

2017年末，不良贷款余额19.40亿泰铢，较年初减少0.66亿泰铢，下降3.3%，不良贷款率1.34%，显著优于泰国银行业平均水平。拨备余额2.28亿美元，贷款拨备覆盖率为382%，较年初增长88个百分点。

二、加快落实经营转型，推进重点业务突破发展

（一）零售业务保持快速发展态势。在渠道建设方面，2017年先后在曼谷SHOW DC商场和芭堤雅分别开设一家分行，分行数量达到22家，基本实现了对泰国主要经济活跃区域的全覆盖。新增ATM 8台，新增POS机具153台，新增收单商户72户，大大提升了服务客户能力和工银品牌影响力。在营销工作方面，全年零售客户数量6.8万户，较年初增长23.8%；借记卡总发卡量5.7万张，较年初净增1.3万张；信用卡发卡量1.8万张，较年初净增0.33万张；个人和企业电子银行客户数量为4.4万户和2 098户，分别较年初增长1.2万户和546户。

（二）稳步推进租赁业务经营转型。大力发展具有高附加值和高流动性的飞机租赁融资业务。充分发挥集

团协同效应，积极联络东南亚各兄弟行，共同拓展飞机租赁业务。以“售后回租＋回购担保”的融资方式和“保理＋国内母公司担保”方式支持中资企业“走出去”。同时不断强化风险控制和风险管理，工银泰租资产质量进一步提升，2017 年末，不良贷款额 1 468 万美元，较年初下降 22.4%，不良贷款率进一步下降至 1.22%。

（三）紧抓机遇，实现机构和金融市场业务发展。关注优质中资机构在离岸市场发行的高收益本外币债券，紧抓境内外利率、汇率差价机遇，大力推动债券投资创新，促进业务健康快速发展。积极拓展外汇交易等业务，实现了可观的外汇买卖收入。2017 年末，债券投资余额 19.15 亿美元，较年初增长 5.15 亿美元，实现债券投资利息收入 5 118 万美元，同比增长 35.4%。

三、大力提升综合服务能力，树立更有竞争力市场形象

（一）着力于产品创新工作，力争产品种类跨越式发展。开发双币种信用证和代开信用证业务等贸易融资新产品，满足跨境贸易客户对不同币种国际结算产品的需求。全年累计贸易结算量新增 4.5 亿美元，同比增长 23.6%。曼谷人民币清算行参加行的总数达到 15 家，当年累计清算笔数同比增加 98%，清算金额达人民币 761 亿元。外国人住房贷款余额 1.4 亿元人民币，当年实现放款 84 户，同比增长 37.7%，放款额同比增长 64.32%。代发工资企业达到 158 户，代发工资人数达到 7 954 人，当年累计发放金额达到 6.86 亿元人民币，同比增加 2.18 亿元人民币。在零售业务交叉销售产品方面，推出“Smart Combo”，提供购买指定银保产品获得优惠定期利率的打包产品，同步提高中间业务收入。

（二）整合业务运营，实施流程优化，提高业务效率。持续推动业务流程优化项目，年内完成柜面开户流程优化、清算流程优化、贸易融资流程优化等在内的 8 个项目，形成了业务受理、处理和清算业务处理全流程的前中后台分离的业务运行机制。

四、加强队伍建设，严抓思想建设，促进文化融合

（一）优化部门机构设置，合理配置人力资源。一是稳步实施部门机构优化调整，按照打造公司、零售、机构、金融市场、租赁五大支柱业务的目标，以加强前台市场营销部门为重点，重新整合了全球金融市场业务条线部门设置，新增中国业务中心部门国际融资团队，将原偏重中后台的存款部门调整到前台的公司金融业务部和分行业务部，并对各部门岗位职责进行了重新明确划分。二是探索推行中国员工招聘本地化机制。三是加大了对合规、信贷等重点部门和条线人员配备。

（二）创新工作举措，党建工作取得长足进展。坚持以贯彻执行党的基本路线和各项方针为重点，定期组织召开党支部扩大会议（全体外派员工会议），学习贯彻习近平总书记系列重要讲话以及党的十八大、十九大会议精神，组织集中学习总行纪检监察、内控合规等重要会议和行领导讲话精神，确保总行党委在党建和廉政建设方面的决策部署传达到每一名员工。我行党建工作获得了驻泰使馆党委的肯定和赞许。

（三）以企业文化融合促进中泰员工协作，树立社会责任形象。一是在新员工招聘时增加业绩任务指标，以压力促动力，培育员工的责任感。二是注重发挥好绩效激励机制作用，加大 KPI 指标的实际应用。三是营造高效的沟通和执行文化，通过举行年度本部全体员工交流会议、年会等统一思想，凝心聚力，激发员工的工作热情，推动各项工作顺利开展。四是对待本地泰籍员工，一视同仁，实施人性化管理。五是积极履行企业社会责任，发挥广大员工积极性，建立志愿者团队，积极参加为泰国北部地区抗洪救灾捐赠活动，体现了勇于担当的良好社会责任形象。

（工银泰国）

工银印尼

在总行的正确领导、支持和推动下，工银印尼经过十年耕耘奋斗，已成为一家初具规模、拥有良好盈利能力的海外子行。2017 年末共有 19 家分支机构，分布在雅加达、泗水、万隆、棉兰、巴淡、巴厘巴板、望加锡七个主要城市。

一、2017 年主要指标

2017 年末，总资产达到 45.7 亿美元（含香港簿记中心资产 5.4 亿美元），较上年增加 4.6 亿美元，增幅 11.2%。贷款余额 31.9 亿美元，较上年增加 1.0 亿美元，增幅 3.2%。总负债达到 41.0 亿美元，较上年增加

3.3 亿美元，增幅8.7%。各项存款（含同业）25.2 亿美元，较上年增加6.3 亿美元，增幅33.4%。自主筹资比例为78.32%，增幅11.4%。个人客户38 719 户，较上年增加3 684 户，增幅10.52%；对公客户2 043 户，较上年增加164 户，增幅8.7%。

二、2017 年主要工作成绩和举措

（一）调整信贷投向，优化客户结构和信贷结构。结合当地实际，逐步把业务重点转移到印尼大型骨干基础设施项目、关键核心国企、行业龙头企业和中资国企央企业务为主线在印尼的优质重点项目，发展优质安全资产业务，实现客户结构全面优化提升。担任“中国高铁走出来第一单”雅万高铁项目贷款的资本金账户行和担保代理行。该项目贷款蕴含长期、广泛、丰富的业务和客户资源，为子行长远、健康、有序的发展奠定了坚实基础。同时在子行坚持不懈营销下，印尼央行正式推出人民币兑卢比直接掉期交易，确定了人民币在印尼良好的发展预期。

（二）推进大零售业务运营改革，加快网点效能提升和加强零售产品创新。实施运营管理体系改革，建立起内控严密、管理到位、处理高效的一站式服务体系。一是调整个金、信用卡部架构，实施销售团队与分支机构结对组合营销。二是围绕主要量化指标制定了网点分级制度。三是优化分支机构布局，完成两家低效网点撤并，并获得巴厘岛及三宝垄分行新设批复。四是确定数字化智能网点的发展方向。五是提高网点房屋抵押贷款业务能力。六是丰富理财产品线，开售投资联结险产品、国债二级市场代理交易业务。七是积极推进信用卡新功能，投产 ATM VISA 收单等。八是加大信用卡营销力度，发展特惠商户，挖掘企业合作深度，开展全面营销活动。

（三）坚持科技兴行，持续推动科技建设。以系统本地化部署为契机，重新制定科技发展战略。加强运营管理和控制，为业务发展提供更加有力的支持和保障。重点应用相继投产，核心竞争力获得提升。

（四）夯实管理基础，提升风险管理水平。构建起兼顾母行和印尼当地监管的全面风险管理框架，以防范信用风险、市场风险、流动性风险、操作风险、法律风险、合规风险、声誉风险和战略风险八大风险为目标，对各类风险实行动态管理，确立与发展战略相适应的全面风险管理战略。

（工银印尼）

河内分行

2017 年，河内分行落实总行“国际化4.0”阶段发展要求，秉承“稳中求进，提质增效”的经营思路，全面推进经营转型工作，因地制宜紧抓市场机遇，不断夯实本土化发展基础。

一、主要经营指标保持较好

截至2017 年末，实现还原后净利润2 007.54 万美元；总资产17.4 亿美元，同比增长39.18%，公司贷款余额2.11 亿美元，同比增长31.94%；各项存款（含同业）5.46 亿美元，同比增长19.27%；实现中间业务收入 675.1 万美元，同比增长 44.54%。ROA 为1.61%，税前权益口径 ROE 为20.98%；成本收入比为21.21%。不良贷款为零、无案件和重大差错事故发生。

二、主要工作特点

（一）坚持效益优先，保持同业领先地位。累计实现净利润9 780 万美元，接近于开业时总行拨付营运资金的两倍，本年上缴利润3 500 万美元，以实际效益回报总行。在本地中资商业银行中连续六年保持资产、利润排名第一，利润总额超过中、建、交其他三家银行的总和。

（二）坚持科学发展，本土化经营转型成绩斐然。实现了客户99%本土化，主要产品本土化，收入本土化为100%，员工80.25%本土化，资金91.45%系统外自筹的突出成果。

（三）坚持协同发展，突出大局意识联动集团内机构多做贡献。与工银亚洲联动项目贷款总计7.02 亿美元通过审批；向境外资产中心主动发起15 笔簿记业务，4.97 亿美元通过审批；与区域机构业务发生额5.73 亿美元；推荐越南外行、军队银行与广西、云南分行签订边贸协议。

（四）坚持创新发展，产品、客户、管理创新取得新突破。在产品创新方面，一是与越南四大国有行之一的外贸银行成功签订协议，实现“融安 e 信”产品在湄公河区域零突破；二是发放首笔双币种银团贷款；三是实现境外首家现金管理收款管家业务办理；四是上线融 e 购越南馆。在客户创新方面，抓住越南政府出台鼓励新能源发电政策机会，全年出具13 个融资兴趣和意

向函，储备光伏风电项目 20 余个。在管理创新方面，一是推行内部转移计价考核，根据业务和环境变动情况动态调整定价策略。二是制定 8 个常用合同模板，规范流程和提高时效。三是从考核、技能提升、痛点专项治理三方面入手，破除信贷业务“中梗阻”和“最后一公里”执行问题。

（五）统筹发展与风险合规关系，建设长期经营的牢固基础。在从严治贷、反洗钱、信贷文化建设等方面严格执行总行各项部署，提高全员合规意识；执行合规专项等 7 项内审自查，大幅提升了工作规范性。在总行内控内审和本地的金融监管检查中，均达到合规标准。

（六）坚持共享发展，将以人为本和企业文化建设贯穿于经营管理始终。不断完善适合当地的薪酬激励体系，始终坚持“尊重人员、尊重劳动、尊重差异”的氛围塑造，通过职业生涯规划、培训、交流、工会活动等方面培养员工的归属感。

（河内分行）

金边分行

2017 年，金边分行认真贯彻落实总行年度工作会议及国际化工作会议精神，以“多元化、综合化、精细化”为目标，积极拓展本土市场，加强零售业务发展力度，开展与中资企业全面合作，大力发展中间业务，全面提升盈利能力，完成全年目标。

一、2017 年基本经营情况

2017 年末，本地监管口径资产 9.58 亿美元，负债 8.88 亿美元，各项存款（含同业）3.04 亿美元，拨备余额 544 万美元。账面净利润 2 029 万美元，同比增长 18%；考核利润 2 050 万美元，超额完成全年目标；中间业务收入 903 万美元，较上年净增长 107%。成本收入比为 18%；不良资产率继续保持为零。

二、2017 年主要经营措施

（一）坚持推进业务本土化，经营转型卓见成效。积极拓展本土市场，加大对优质本土客户信贷投放，扩大对本地小型金融机构及银行融资支持，稳步推进个人抵押贷款业务增长，本土业务增长迅速，资产结构不断优化，经营转型效果显著。2017 年末，本地个人客户占比达 70%，本土信贷客户同比增长 74%，本土信贷业务余额同比增长 131%。

（二）多措并举，实现中间业务收入大幅增长。通过积极拓展资产业务类中间业务，营销大型中资机构汇入款增加点差收入，开拓外汇 SWAP 交易收入来源，扩大银行卡发卡业务及交易量，努力拓宽中收渠道。2017 年实现中间业务收入 903 万美元，同比增长 117%，中间业务收入贡献大幅增长。

（三）实施重点营销，大型集团及企业客户拓展实现突破。加大对集团核心客户、优质项目、本土行业龙头企业、新兴行业客户营销力度，发掘优质客户。一是实现本土龙头企业、集团大型客户营销突破，并拥有一定的客户储备；二是通过与云南分行联动营销，争取到云投暹粒机场项目银团贷款份额及代理行资格。

（四）加强重点产品线建设，以产品创新提升金融服务水平。一是为加华银行办理银行承兑汇票转贴现业务，开创柬金融票据业务先河；二是新增银团贷款 2 250万美元，银团参贷费收入 35 万美元；三是实现手机银行全球版、全球清算查询管理等系统投产，增强结算业务效率及账户安全性，提升客户服务体验。

（五）加强风险控制，依法合规经营。强化干部员工风险经营意识，持续改进和完善风险控制机制，提高风险排查、外部欺诈风险防范及处置能力。严格内部控制，全面梳理业务流程，规范业务操作程序，组织监督检查，降低操作风险发生概率。

（六）树立大行形象，扩大 ICBC 品牌知名度。一是顺利完成新址搬迁，营业环境升级；二是与央行联手举办“‘一带一路’促进人民币与瑞尔在双边贸易与投资的应用”论坛，凸显大行地位和影响力；三是守法经营模范纳税获柬埔寨国家税务总局表彰，并颁发依法合规“金牌”纳税人荣誉称号。

（金边分行）

万象分行

2017年，万象分行开拓进取，转型突破，经营管理再创佳绩，继续稳居老挝主流银行行列，连续5年总资产规模名列老挝外资银行第一位、所有银行第二位。

一、财务指标日趋优化

截至2017年末，实现账面拨备前利润4 522.43万美元，较上年增加2 349.77万美元，增幅为108.15%；实现账面净利润2 639.79万美元，较上年增加1 081.18万美元，增幅为69.37%；税前资产回报率（ROA）为1.28%；税前资本回报率（ROE）为55.18%；成本收入比14.79%，同比下降12.48个百分点。已连续第三年向总行上缴留存利润，累计金额达3 064万美元，是集团内首家累计上缴利润超过总行注入资本金的境外机构。

二、内部管理成效明显

把2017年作为分行管理回头看活动年，建立和补充完善基础制度，完成48项制度制定及修订；对部门岗位，劳动组合调整及业务流程进行梳理。全年无安全事件、声誉风险事件、合规事件发生，资产不良率继续保持为零。

三、文化建设促进本土化经营

常态化开展多维度文化传播与渗透，修建万象分行行史馆，创建员工阅览室，拍摄员工才艺展示微电影，组织中老文化交流，实施员工关爱工程，践行企业社会责任，提升本地雇员的荣誉感和使命感，为机构发展注入持久活力。充分利用参加外事活动、国际组织及会议论坛等活动，宣传ICBC品牌形象，提升品牌美誉度。

四、加快落实经营转型，推进重点业务突破发展

（一）本地化项目取得突破。完成老挝电力股份有限公司4 000万美元流动资金贷款审批，该笔业务是老挝最大的国有上市公司首次与中资商业银行合作融资业务；东扎伦公司（DDC）国家战略公路项目2 200万美元项目贷款审批，该笔业务是分行首笔获得老挝主权担保且自主评估审议通过的项目贷款；完成老挝国家电力公司500kV Seno－Saravan输电线路项目35 000万美元出口买方信贷审批；南帝一水电站3 646.50万美元项目贷款审批；完成老挝外贸银行、老中银行、NTP和吉达蓬集团等公司2017年度授信方案审批。

（二）配合工银租赁完成分行首例融资租赁业务审批。老挝南公一水电站项目总投资2.883亿美元，分行通过联动总行专融部和工银租赁成功为客户办理我行首笔融资租赁业务，后续将加紧推动“租赁＋保理”融资模式落地。

（三）狠抓公司业务拓户工程。通过拓户营销，中电建四、五标段指挥部，水电三、十、十四及十五局4个分部，以及20多家中资分包商和6家老挝分包商先后在分行开立账户，中铁二局、中铁国际也于年底在分行开户。

（四）进一步拓展ESCROW托管业务。截至2017年末，累计为老挝国家电力公司、南方电网、老中铁路等9个客户12个项目办理资金托管，总金额达到39.89亿美元，有效带动了分行存款、结算、电子银行等业务发展。

（五）发展跨境人民币业务。分行通过风参业务与资产转卖业务的有机结合继续推动人民币跨境和融资业务的发展，全年实现跨境人民币业务结算量205.4亿元。发挥人民币清算行优势，推动代理同业人民币清算业务、与人民币相关的货币兑换业务向纵深发展，2017年办理人民币汇路补输业务1 377笔、金额14.49亿元，代理同业清算98笔、金额1.5亿元。

（六）积极拓展主权类业务，完成3 000万美元央票和800亿基普财政部国债续投工作。走访老挝央行和财政部，积极营销熊猫债，目前老挝财政部已对熊猫债发行表示了极大兴趣，分行正在营销老挝财政部确定工商银行为唯一承销机构。

（七）继续夯实零售业务发展基础，拓展服务渠道，统筹线上线下一体化运营服务，匹配客户全渠道服务需求。分行今年加入老挝中央银行LAPS系统，目前已与7家本地银行实现互联互通，在老挝境内可以受理ICBC银行卡的ATM总量达到500多台，遍布老挝全国18个省市。

（万象分行）

仰光分行

2017年，仰光分行面对缅甸社会经济发展落后实际，坚持机构建设与业务拓展两手抓，发展与风控并重的原则，克服重重困难，圆满完成了全年各项工作。

一、主要经营指标情况

2017年，实现拨备后利润523万美元，净利润426万美元，完成区域年初下达利润目标。利息净收入745万美元，营业净收入863万美元，分别较同期增长67%和36%。总资产7.21亿美元，同比增长12%，各项贷款余额3.23亿美元，资产结构不断调整；总负债7.17亿美元，同比增长12%，其中各类公司存款（含保证金）3.30亿美元，同业存款2.19亿美元，均较年初大幅增长，系统内拆入大幅下降，资金来源多样化，对集团内资金依赖显著下降。新增有效公司客户120户。

二、主要工作举措

一是跨境人民币业务推动和主权账户开立取得重大突破。与云南分行成功合作开展了中缅两国间首笔跨境人民币清算业务，标志着中缅跨境人民币清算通道的初步建成，以该操作模式为框架向缅甸央行备案了人民币过渡期操作方案并获得央行批准，为后续人民币在缅甸合法化地位奠定了坚实基础。

二是跨境联动成效显著，银团、簿记业务大项目成功落地。成功发放一笔5 000万美元银团项目贷款，在我行单一客户敞口限额1 500万美元的背景下成功牵头办理首笔银团贷款，不仅为分行带来了显著收益，更为分行信贷业务发展积累了宝贵经验。在总行公司部、香港境外资产中心以及上海分行内外联动下，成功发放一笔2 950万美元流动资金贷款，通过结构化设计同时满足了缅甸当地金融监管要求和客户的融资需求，实现了簿记业务零突破。

三是精准营销效果良好，拓户和存款工作取得重大成绩。利用多种渠道拓展优质客户，成功营销中信集团、中国能建等数十家优质企业开户，2017年末对公客户数量达到327户，较上年增长42%。与此同时，紧抓核心重点客户，深度挖掘核心客户的存款潜力，对公客户存款增势喜人，2017年末余额比上年同期增长1.9亿美元，增幅153%；月均余额2.27亿美元，增长1.65亿美元，增幅264%，客户存款在我行资金来源中的占比显著提高。

四是积极支持政府公共服务项目融资，银政合作进一步深化。2017年内通过外外、内外联动成功为仰光省政府从中国进口1 000辆燃气公交车项目提供了融资支持，促成了中缅两国开展民生合作的又一新成果。该融资方案不仅解决了出口方贸易项下应收账款回收问题和缅甸本地银行国际授信额度不足的问题，实现了进出口方、当地银行、工行境内外分行的合作共赢，更进一步深化了银政关系，为仰光分行后续参与政府项目奠定了坚实基础。

五是贸易融资及非银机构等多项业务取得重大突破。与厦门分行内外联动，成功办理了系统内首笔缅甸福费廷业务，拓宽了分行产品线；成功为一家优质本地非银机构发放了30亿元缅币贷款，实现了非银机构信贷业务和缅币贷款业务双突破。

六是不断强化风险内控管理。一方面，在业务全面发展的同时严格管控风险，继续保持稳健经营。另一方面，加强内控管理，进一步促进财务规范、科技实力优化、完善安保体系、严格后勤保障。全年未发生反洗钱风险事件、涉敏风险事件和监管处罚事件。

七是加大品牌宣传力度，开展企业文化建设，提升团队战斗力。成功召开“一带一路、金色缅甸”金融服务峰会，有效提升分行在缅甸社会和金融行业美誉度。大力开展企业文化建设，营造“激情工作，快乐生活”的良好氛围。进一步促进人员结构调整和素质提升，本地员占比达到73%，大力开展培训工作，促进员工业务素质和技能提升。

（仰光分行）

工银马来西亚

2017 年，工银马来西亚在总行党委和董事会的正确领导下，认真落实年初国际化会议精神，坚持发展与管理同步，效益与风险并重，积极通过推进多元发展、夯实客户基础、加强精细管理、坚持合规经营等措施，切实做好各项经营管理工作。

一、2017 年经营业绩概况

2017 年，实现净利润 7 704 万林吉特（约合 1 903 万美元），完成全年计划的 146.38%。税后 ROA 和 ROE 分别达 1.64% 和 7.86%，分别较上年末提升 0.78% 和 1.73%。实现营业收入 19 605 万林吉特（约合 4 844 万美元），其中：中间业务收入 7 455 万林吉特，占比 38%，较上年末提升 3.64 个百分比。成本收入比达到 39.19%，较上年大幅下降 21.75%。总资产达 48.66 亿林吉特（约合 12.02 亿美元），较上年末增长 8.03 亿林吉特，增幅 19.75%，其中：各项贷款余额 32.06 亿林吉特，较上年末增长 5.74 亿林吉特，增幅 21.8%；总负债 38.4 亿林吉特（约合 9.49 亿美元），较上年末增长 7.26 亿林吉特，增幅 23.33%，其中：各项存款（不含同业）余额 29.88 亿林吉特，较上年末增长 1.51 亿林吉特，增幅 5.34%。不良贷款余额 112.64 万林吉特，不良贷款率为 0.04%，分别较上年末下降 95.36 万林吉特和 0.04 个百分点。

二、2017 年重点工作开展情况

（一）推动业务多元发展，提升整体盈利能力

一是借助内外联动，夯实业务基础。与总行、山东、广东等境内分行合作，完成山东恒源石化收购项目、富力地产等重大项目融资落地，实现融资金额 2 亿美元；联动总行、厦门大学马来西亚分校及其 20 家境内招生所在地分行，以“开学季、e 起燃”主题活动为契机，利用互联网工具共同开展新生金融服务营销，有效实现境内外客户一体化。二是深化区域联动，拓宽业务范围。与亚太区域机构建立联动机制，先后完成首笔瑞安 1 500 万美元地产项目、华润置地 3 亿港元项目；助力工银国际成功中标中广核 IPO 项目；依托优质本地客户国际化战略，与马来西亚进出口银行、金边分行联合组建银团支持本地客户在柬项目。三是面向全球联动，扩大收入渠道。与集团内工银泰国、工银加拿大、工银阿根廷 3 家境外机构建立合作关系，全年共计资金业务收入约 8 278 万林吉特，约占子行营业收入的 42%，其中：资金拆借净利息 2 777 万林吉特，外汇交易收入 5 501 万林吉特。

（二）坚持夯实客户基础，增强持续发展能力

公司客户实施核心基石客户战略。实现与华为马来西亚公司业务合作的突破：成功叙做了外汇远期交易，成为其规避汇率风险的主要银行之一。组建资金与公司业务部门柔性团队，以中马贸易往来客户清单为抓手，明确 73 家大型本地贸易客户，不断扩大贸易融资基础客户。作为集团境外首家在中国债券一级市场认购债券的机构，成功认购马来亚银行“熊猫债”5 000 万元人民币。围绕中国中车等 4 户重点客户，借助全球现金管理产品优势，顺利完成协议签订，以及 SWIFT 对账、集中收付款服务等产品落地。

零售客户坚持本地华人客户和中资企业员工并重发展，用跨境汇款和境外理财吸引中资员工，通过代发工资沉淀客户群；通过联动各类商会，利用银联信用卡优势拓展本地华人客户。利用政府和合作机构平台，开展多样品牌宣传活动，扩大品牌影响力。通过优化电子银行渠道功能，全面提升客户服务水平，2017 年共成功投产和优化近 20 项业务功能，为提升零售客户获客能力提供了较好的营销手段。2017 年末个人客户总量达到 2.2 万户，同比增幅 23%。

（三）加强内部精细管理，提升业务支持能力

着眼于管理规范化、操作流程化、沟通高效化，持续加强内部管理，提升管理精细化程度。一是优化内部管理架构。对内设部门架构和职能进行了全面梳理，将营销部门从 9 个整合为 4 个，优化资源配置，形成营销合力。二是提升经营管理效率。通过加强经营成本预算控制，成本收入比实现历史最好水平；积极开展新增资本金套保交易，有效管理资本金汇率风险敞口；实施辖属分行提质增效工程，网点经营效益提升明显；加强分析研究资金来源和运用，增强资产负债精细管理，流动性风险控制成效良好。三是提升内部沟通效率。改革子行审贷会、业务转授权等机制，建立重大项目预沟通机制，全面梳理个人贷款整体流程，提升了业务审批效率。四是以集约化运营管理为工作重心，完成柜员管理提升、综合账户开户平台、全球查询管理等集约化运营重点项目的投产落地工作，实施了央行结算类交易监管报送的集中管理。五是制定营销部门和分行经营绩效考

核办法。从效益、存贷款、中间业务、客户增长和风险合规五大方面综合考量，首次引入人均指标，并结合目标值和贡献度、时点值和日均值进行考核，为经营转型指明了较为明确的方向。

（四）严守监管合规底线，强化风险把控能力

积极从公司治理、反洗钱及反恐怖主义融资、监管报表和外汇管制等方面强化合规风险把控能力。一是按照新出台监管政策要求逐步完善健全公司治理机制；二是加强合规管理及反洗钱工作；三是成立监管报表团队，提高报表质量；四是确定合规专项工作季，重点培训马央行监管新规。

（工银马来西亚）

卡拉奇分行

2017 年，卡拉奇分行紧紧围绕总行国际化发展战略，抓走廊项目、抓主权融资，控业务风险，拓收入来源，实现了历史最高总收入及中间业务收入，促进各项业务指标平稳快速增长。

一、主要业务指标情况

截至 2017 年末，总资产 47.60 亿美元，同比增加 25.82 亿美元，增幅 84.3%，无不良资产；各项存款余额 5.2 亿美元，同比增加 1 612 万美元，增幅 3.2%；日均存款 4.88 亿美元，同比增加 1.24 亿美元，增幅 34%；各项贷款（含簿记）9.99 亿美元，同比增加 8.34 亿美元，增幅 508%；营业收入 7 984 万美元，同比增加 4 217 万美元，增幅 112%；利息净收入 1.33 亿美元，同比增长 66%；中间业务收入 1 749 万美元，同比增长 79%；实现拨备后利润 6 520 万美元，同比增长 2 716 万美元，增幅 140%；实现净利润 4 635 万美元，同比增长 2 864 万美元，增幅 162%，完成总行下达任务的 258%。

二、主要工作措施

（一）抓走廊项目，深挖客户潜力，全面促进各项业务发展

抓住走廊项目接连落地契机，紧盯走廊项目的上下游企业业务机会。在存款方面，积极发挥中资企业协会的平台作用，成功争揽华能如意、中电国际胡布电站项目等多笔亿元大额存款，并且通过长期跟踪，实现了巴基斯坦 ML1 铁路升级改造项目技术咨询服务合同的资金归集业务，系我行开业以来最大的单笔服务合同项下资金归集业务。在簿记贷款方面，成功为达沃风电项目发放 2 882 万美元融资、塔尔煤田二区块发放 2 372 万美元、SK 水电项目发放首笔 6 200 万美元融资。截至 2017 年末，共获得走廊项下资产簿记规模 3.19 亿美元，已实现簿记 1.54 亿美元（含迪拜分润部分）。

（二）抓主权融资业务，创新资产业务增长点

分行深刻研判，认识到主权贷款相对风险较低，且收益较为可观，多举措成功拿下巴基斯坦财政部主权贷款大单，先后通过境外资产中心（迪拜）以簿记方式发放 3 亿美元和 5 亿美元主权双边贷款。2017 年，主权贷款余额合计 9 亿美元，其中双边贷款余额 8 亿美元，专融簿记 1 亿美元，分润后还原资产 8.18 亿美元，实现净利息收入 667 万美元，年内实现中收 199 万美元。

（三）拓收入来源，做强做大代理行业务、同业业务，加强区域联动，打造工商银行品牌

不断拓展收入来源，在代理行、同业业务上做文章，坚持收入来源的多样化和可持续性。信用证、保函、保兑业务收入 600 万美元，较同期增长 38%；融资安排费、代理费 342 万美元，较同期增长 63%。在同业业务上，2017 年分行共有当地同业客户 17 户，涵盖了当地排名前十的主要商业银行，夯实了同业客户基础。突破性地为中石油旗下某客户办理工程项下信用证保兑业务，成功收取保兑费 26 万美元，打响了我行在信用证保兑这一细分业务领域的市场品牌。在代理行业务上，再次成功取得中电胡布项目担保受托行资格，获得了每年 7 万美元，连续 14 年，共计 98 万美元的担保受托费收入。联动工银国际首次成功承销巴基斯坦主权债及伊斯兰债券，成为唯一中标的中资金融机构。

（四）成功获得央行豁免，突破制度限制，利用滚拆资金错配债券投资，有效降低资金成本扩大债券投资收益

成功获得巴央行关于央票掉期投资组合中资金拆借的期限豁免。通过使用 1 个月的滚拆资金支持 3 个月的央票掉期投资组合项目，有效降低债券投资资金成本。提前制订资金拆借计划，关注货币市场资金流动性情况和价格走势，持续拓展新交易对手，提升议价能力，顺利完成了大额美元资金的按月滚拆，既确保了分行资金有充足的流动性，又进一步降低了资金吸纳成本。根据估算，按月滚拆资金可降低债券投资资金成本约 50 个

基点，预计全年可节省资金成本约980万美元，这一举措有效提升了我行债券投资净收益，进一步拓展了债券投资收益空间。

（五）抓风险控制、抓内部管理，实现业务运营零风险

在信贷工作方面，完成总行下发的信贷管理工作的全年任务，也顺利完成了非财务指标考核中与全面风险管理相关的事项，无不良资产。同时严格按照央行规定的单一客户敞口限额标准执行客户总体风险敞口控制，满足央行各类监管条例。

在市场风险管理方面，完善FMBM系统架构，实现外汇损益结转敞口与交易业务的分离。对于分行下半年大额外汇交易业务频发的情况，落实大额交易报备管理制度，加强大额交易平盘管理，同时在合理分析确定分行实际业务需求的基础上，兼顾好风险控制要求和业务发展的合理平衡。

在流动性风险管理上，确保分行在吸收本外币存款时符合流动性监管要求，按日监测CRR；从期限结构和币种结构方面对资金来源和运用进行分析，按照剩余期限的不同对资产负债进行流动性期限缺口分析。借助巴基斯坦央行新发布的商业银行流动性监管要求，对我行高质量流动资产（HQLA）、净稳定资金源（NSF）、流动性覆盖率（LCR）等指标做详细测算，审慎判断我行未来期间流动性状况和筹资能力。制订了流动性应急计划，从监测办法、应对程序和人员职责等方面规定了流动性危机下我行应采取的各种措施。

在内控合规管理上，充分利用合规管理委员会平台，传导和落实各项合规要求，按期开展操作风险窗口监测。一是认真执行操作风险限额指标上限控制，按季度对适用于我行的操作风险损失率、监管处罚率、千人发案率、案件风险率、操作风险败诉率和操作风险经济资本率指标进行监测和验证，紧盯预警线避免超限事件发生；二是坚持以零损失为目标的操作风险偏好，建立损失事件管理专人，准确理解产品和损失归口科目的映射关系，严格要求分类负责部门准确进行基础数据采集，并通过ILD系统进行完整性验证，充分保证了分行依法依规运营。

（卡拉奇分行）

孟买分行

一、主要经营情况

2017年末，孟买分行实现营业收入2 094万美元，拨备前利润1 435万美元，净利润520万美元，完成总行任务的57.7%。资产总额11.61亿美元，较年初增加3.98亿美元。其中，本地贷款余额1.24亿美元，较年初增长411万美元，本地债券投资余额2.58亿美元，较年初增长1.4亿美元，簿记业务资产余额7.28亿美元，较年初增长2.17亿美元。负债总额11.59亿美元，较年初增加3.88亿美元。其中，各项存款较年初增加3 013万美元。存款、贷款、债券投资等各项指标均完成总行下达任务。

二、2017年主要经营管理特点

（一）发挥集团整体联动优势，加强全面服务国家战略能力。一是在结算和贸易融资类业务方面，办理国际结算7.61亿美元，较同期增加2.29亿美元，增幅42.77%；支持中资企业“走出去”保函业务金额1.17亿美元，办理贸易融资业务金额1.74亿美元。二是在项目融资方面，与总行专项融资部、总行境外簿记中心等加强联动，成功组织并参与印度斯坦—米塔尔炼油、Sanghi水泥、Adani电力、斯里兰卡财政部主权融资、阿联酋迪拜投资公司等贷款投放，离岸贷款业务新增2.44亿美元。

（二）结合市场环境，重点推进投资银行和黄金业务两条特色业务线发展。2017年投行纯顾问收入16.4万美元，签署买方和卖方财务顾问委托协议2份，向中资企业提供各种并购标的数十个。在获批实物贵金属牌照后，快速推进市场营销，2017年实现黄金代理销售2.05吨，白银代理销售17吨，实现收入约7.26万美元。

（三）防控信用风险，强化内部经营管理体制和“三道防线”建设。一是正视发展中的最大瓶颈障碍，推进不良贷款处置稳步向前。对存量不良贷款全额计提拨备，争取主动。推动本地债务重组进程，向违约企业发起人追偿所欠贷款，最大限度保全资产。二是将2017年确定为“内部管理提升年”，全面梳理优化内部经营管理制度、方法、流程，为业务拓展设定风险边界，有效保障了合规经营。有效构建合规管理“三道防线”，在整体风险控制和内部管理方面得到监管机构的认可。

（四）加强基层党组织建设，提升团队建设能力和

水平，营造“透明、沟通、信任”分行文化。全面坚持党的领导、提升党建质量，以提升组织力为重点，突出基层组织政治功能。尤其在印军非法越境期间，组织党员坚守岗位、勇于担当，稳定印方本地员工情绪，顺利保障分行正常经营，同时承担使领馆安全联络工作，在保障我行中方员工安全的基础上，为其他中资企业提供了大量信息和服务。在非法越境事件期间大力营销中资企业在我行开户，总计开立账户 19 个，新增存款 2 930万美元。以“透明、沟通、信任”为主题的分行文化，努力减少中印双方员工因文化、宗教、语言等方面存在的较大差异而造成的沟通和信任障碍。通过加大考核力度等方式着力加强团队建设，全员总体素质有所提升。

（孟买分行）

工银阿拉木图

2017 年，工银阿拉木图紧紧围绕年初全行国际化工作会议要求，努力克服经营环境复杂多变、监管政策持续趋严等不利因素，大力开拓信贷市场，积极储备公司客户，夯实内部管理基础，强化市场风险管控，各项业务快速健康发展。

一、主要经营指标情况

2017 年，实现拨备后利润 1 098.03 万美元（含考核还原利润 132.25 万美元），同比增长 13.69%；实现净利润 913.21 万美元（含考核还原利润 132.25 万美元），同比增长 18.24%。投资回报率持续提升，其中 ROA（税前）为 3.90%，ROE（税前）为 17.42%　。资产质量继续保持零不良。

二、主要工作举措

（一）资产业务稳步发展，规模创历史新高。加大对重要公司客户的营销力度，扩大资产业务比重，并以资产业务引领带动结算、代理等其他业务的发展。信贷项目营销实现重大突破，在中资同业竞争中取得压倒性优势，发展后劲显著增强。紧紧围绕以中石油、中信为代表的大型中资企业及中哈重大产能合作项目做文章，取得了显著成果。2017 年已审批核定授信额度并签订贷款协议的项目 9 亿美元，已提款 3.62 亿美元。2017 年末，资产规模达到 6.33 亿美元（含资产交易中心簿记资产），较年初增长 137.32%，较 2014 年末增长 2.6 倍，创历史新高。

（二）委托代理异军突起，业务前景广阔。大力支持“走出来”中资企业重大项目建设，发挥在哈萨克斯坦的网点优势，与国开行、进出口银行等政策性金融机构联动，以委托代理的方式，为中资企业提供配套金融服务。截至 2017 年末，成功委托代理中国进出口银行向吉尔吉斯斯坦中金黄金凯奇恰拉特铜金矿项目 1.19 亿美元贷款业务、中国国家开发银行向哈萨克斯坦化学工业公司天然气化工项目 19 亿美元贷款业务。两笔委托代理业务 2017 年实现阶段性美元无息存款 1.2 亿美元、日均美元无息存款 0.46 亿美元，汇兑、手续费、委托代理费等收入超过 20 万美元。

（三）负债能力显著提升，来源不断丰富。多措并举提升主动筹资能力，积极推动负债业务指标实现稳步增长。2017 年末，负债规模达到 5.76 亿美元（含簿记 3.15 亿美元），同比增长 167.52%。客户存款余额达到 2.61 亿美元，同比增长 152.34%。存款结构更趋合理：对公存款增长 430.72%，个人存款增长 128.48%。

（四）首度实现股东分红，提升经营价值贡献。积极主动采取汇率风险管理措施，2017 年顺利完成部分留存利润上缴工作，实现子行成立以来第一次向股东分红。本次分红金额为 8.32 亿坚戈，以分红当日汇率计折美元金额较年初升值 2.10%。

（五）电子银行功能完善，服务能力显著增强。积极开展广泛的市场调研，深入了解同业网银情况，研究客户需求和监管要求，向总行提出企业网银优化创新需求。年内成功开通了代发工资、缴纳养老金、社保、医保等本地特色服务，大幅提升了子行的服务能力和市场竞争力，分流了柜面压力，降低了操作风险，同时通过网上银行业务服务范围可覆盖哈萨克斯坦全境，并逐步向其他中亚国家延伸。

（六）清算代理实现突破，与银联合作迈上新台阶。组建营销团队，积极营销银联国际以及当地银行，探索代理银联国际为其成员提供银联卡清算业务。在充分评估经营风险、遵循当地法律、确保合规的前提下，子行积极推进与银联国际及其成员的业务合作谈判。成功争取到了中国银联将其在中亚地区的清算银行指定为工银阿拉木图，并成功营销了包括哈萨克斯坦以及中亚其他国家的代理行到子行开立清算账户，标志着子行在争取成为中亚地区银联卡清算代理行方面取得新的成果。

（七）科技建设步伐加快，实现跨越式发展。在总行的支持下，加快 FOVA 系统优化步伐，2017 年先后投产了会计核算自动化、本地清算自动入账、清算平台自动入账、自动收费等项目，同时持续攻坚监管报表自动化工程，自动化率逐步提高；顺利完成了机房 UPS 系统改造工程，消除了多年来机房的供电安全隐患，确保了主机房生产设备的不间断供电，有力地支撑了业务的正常开展；积极稳妥地推进灾备环境建设，克服自身网点单一、合适场地资源供应有限等诸多困难，选择当地排名前三的电信运营商 Transtelecom 作为服务商，租用其位于阿拉木图市的总部机房作为新灾备中心。

（八）合规建设持续发力，内控水平提升。严格按照总行统一部署，开展以夯实内部管控基础为目的的系列活动，在监管政策落实、关键风险专项治理、业务培训等方面多措并举，全体员工共同参与，取得了积极成效。一是加强对监管政策的研究学习和贯彻落实。按照哈萨克斯坦监管要求，全面梳理监管红线，及时根据属地监管法规、集团政策变化以及子行业务发展情况制定和持续优化各项内控管理制度。二是加强“重点业务和关键环节”风险管理。对行内现金、公司、反洗钱、会计报表、IT 等重点业务进行专项检查，对于检查发现的问题进行风险提示并提出整改建议，严格落实整改。三是加强对主要风险的监测分析。有针对性地对操作风险、IT 风险、清算风险、信用风险等主要风险开展自我评估和监测。对发现的问题，及时形成监测分析报告和风险提示，堵塞风险漏洞。四是加强反洗钱管理。结合 BRAINS 系统操作，组织对反洗钱方面的规章制度、操作流程等进行修订、完善，提升反洗钱业务水平。

（工银阿拉木图）

迪拜国际金融中心分行

一、基本经营情况

2017 年，中东机构强化区域协调及风险管理，努力开创在中东北非地区经营发展新局面，实现了各项业务的快速稳定健康发展，经营业绩再上新台阶。全年实现净利润 1.1 亿美元，同比增幅 38%；年末资产规模达 224 亿美元，同比增加 38 亿美元，增幅 20%，资产质量保持良好。所辖五家分行经营指标如下：

2017 年中东机构经营数据

指标 \ 分行	迪拜	多哈	阿布扎比	科威特	利雅得
净利润（万美元）	7 714	1 684	550	484	804
资产总额（亿美元）	137	58	12	6	15

二、主要工作措施

（一）持续拓展优质客户，推动业务经营转型

一是加强本地化经营，大力拓展本土客户。以政府、主权类机构、大型国有企业和重点行业客户为切入点，在客户数量增加、质量提升、产业分布多元化、业务种类丰富化等方面多管齐下，新老客户结构持续优化，客户贡献度不断提高，中资大行地位进一步夯实。在积极扩大业务规模的同时，关注和强化本地客户风险防控，主动做好航空业新增融资审核，面对一系列政治外交风波，主动减小对卡塔尔的风险敞口，并复核我行在沙特业务的安全性，提前收回部分潜在风险贷款。

二是服务“一带一路”建设，支持“走出去”中资企业进入中东、非洲市场。针对近年来中东区域及部分非洲国家的电力项目建设投入逐步扩大的情况，中东机构积极服务“走出去”中资企业，不但提供传统信贷支持，而且争取为整体项目充当协调管理人角色，提供项目咨询、融资安排、贷后管理等一系列全方位服务。在努力拓展业务的同时，全力搭建中国—中东金融桥梁，承办中国—沙特投资论坛，挖掘和储备了一批本地优质潜在大项目。截至 2017 年末，保函、信用证业务余额达 16.7 亿美元。

三是拓展金融同业客户，推动资产结构优化和筹资渠道的多元化。已经同覆盖中东、欧美、东亚等全球主要金融市场近 200 家同业交易对手建立合作关系，构建起多元、开放的资金运作平台，金融同业业务呈现多元化发展态势。以此为依托，我机构积极增持优质外资金融机构资产业务，2017 年对外资金融机构优质资产投放余额达 113 亿美元。

四是研究探索联动业务，开拓贸易融资市场。加强联动业务产品创新，密切同境内外兄弟机构、自贸区金融机构、境外资产业务中心和重点公司客户的合作交流，进一步提升国际贸易融资业务市场竞争力，截至

2017年末，贸易融资相关业务资产规模增长至近60亿美元。

（二）加强资产负债管理，完善海外筹资中心建设。不断提升资产流动性管理水平，各项指标优于监管要求。打造集团海外筹资中心，拓宽融资渠道。迪拜国际金融中心分行作为集团海外筹资中心之一，不断丰富筹资工具品种，补充集团外汇资金流动性。2017年成功发行3年期中期票据3亿美元、5年期中期票据4亿美元，并在集团内首次发行3年期欧元中期票据5亿欧元，发行成本低于当期可比同业。年末，我机构在迪拜交易所挂牌的公开发行的筹资工具余额占当地中资同业的55%，无论发行量还是市场影响力均处于领先地位。鉴于多年来在债券发行领域的优秀表现，迪拜国际金融中心分行荣获CFI 2017年度欧洲、中东、非洲地区“最佳国际债券发行人”奖项，地区同业影响力进一步提升。

（三）推动簿记业务和外外联动业务的发展与创新，实现与集团成员利益共赢。积极发挥集团海外簿记平台作用，协助兄弟行突破业务瓶颈。在对各类风险严格把控的基础上，为卡拉奇分行、工银阿根廷、工银土耳其等10家境外兄弟行办理簿记业务48笔，累计金额46.4亿美元，其中，跨境簿记贷款46笔，金额约39.8亿美元，占集团整体跨境簿记贷款总额约73%；通过迪拜簿记平台为集团实现净利润4 625万美元，占集团整体跨境簿记贷款净利润总额的62%。积极开展债券簿记业务创新，帮助兄弟行解决离岸债券投资限制和高税负顾虑，实现集团利益最大化，并着力打造集团海外债券簿记平台。全年为卡拉奇分行、孟买分行、土耳其子行、阿根廷子行等兄弟行办理簿记债券投资、簿记债券逆回购金额合计6.6亿美元。

（四）围绕人民币清算行建设，扎实推进跨境人民币业务开展。克服卡塔尔“断交”风波不利影响，围绕多哈清算行打造多元化人民币产品线，努力实现清算行客户数量和业务量的平稳增长。2017年，多哈清算行充分利用集团全球清算网络优势，实现人民币清算行跨时区连续运作机制，累计办理收付业务2 949笔，金额超过3 299亿元，同比上升近18%，清算业务量在集团内稳居第三。在沙特办理首笔人民币汇兑业务，实现了跨境人民币业务新的突破。

（五）深化全面风险管理，推进区域信贷集中管理。积极关注各类风险防控工作，通过完善公司治理框架、优化全风险管理流程、加强区域信贷集中管理监控等途径，提升全面风险管理水平，为业务平稳有序开展保驾护航。2017年，累计召开区域贷审会共72次，审议中东区域表内外信贷业务112笔，涉及业务金额达149.6亿美元。牵头筹备组建区域作业监督和信用风险监控团队，统一开展风险排查、预警和监控。

（六）加强合规反洗钱管理，将控制措施落到实处。在加强合规、内审人员配备和培训的同时，搭建营销准入、合规风控、审计监督三道防线，根据客户、产品、媒介、管辖地四个维度进行反洗钱分析，强化系统自动化监控，全方位开展合规反洗钱工作。高度重视与各驻地金融监管机构的日常沟通和定期汇报，并建立起良好的关系。积极构建区域合规领域综合协调管理框架，推动合规业务经验交流，集中区域智慧力量完善各驻地合规制度。2017年，各分行在接受当地监管检查过程中均未发现明显的合规问题。

（迪拜国际金融中心分行）

工银土耳其

2017年，工银土耳其认真贯彻落实总行党委的国际化战略部署，按照“立足本地，辐射周边，联通欧亚”的战略定位，有效发挥工商银行集团的客户、资金、管理及服务网络优势，完善公司治理体系，积极支持中资企业“走出去”及“一带一路”重大项目，深入推进本地化经营，实现了“稳中向上”的经营管理目标，规模、质量、效益协调发展。

一、主要经营业绩

截至2017年末，总资产（含簿记）46.68亿美元，较年初增长105%，其中账面贷款余额20.57亿美元，含簿记后贷款总额31.70亿美元，较年初增长121.07%。存款余额8.65亿美元，较年初增长7.42%。净利润（含簿记）1 677万美元，同比增长1 127万美元。利息净收入9 372万美元，同比增长54.81%，中间业务净收入2 659万美元，同比增长118.31%。不良贷款余额和不良贷款率（含簿记）分别为2 557.46万美元和0.75%，较年初分别下降816.36万美元和1.43个百分点，不良贷款率优于当地同业2.35个百分点。

二、主要工作措施

（一）公司客户结构显著优化。在信贷战略布局上，提高信贷准入标准，不断压缩、退出高风险行业、财务评级差的中小企业融资，增加对大型优质客户信贷投放，对存量贷款移位再贷严格把关，把好客户准入关。高风险的小企业客户由3 700户压降至近700户；高信用等级客户信贷占比已达33.7%，大客户信贷占比已达75%，大客户资产和业务贡献度达到78%。

坚持“一带一路”项目先行、精耕细作本土化市场发展方向。支持中资最大投资项目KUMPORT港口，支持中资企业参与的土耳其能源、交通等领域大型基础设施项目招投标。成功与本地前100强客户中的70家建立业务联系，与土耳其唯一的一家世界500强客户——KOC集团建立信贷关系。为土耳其进出口银行等当地政策性银行和主要大型商业银行累计发放同业融资10.55亿美元。

（二）个金业务在发展中不断夯实基础。通过“公私联动”等有效提升客户及业务规模。截至2017年末，个人客户共19.82万户，较年初增加8 529户，增幅4.5%；个人存款余额5.48亿美元，同比增幅11.63%；个人住房贷款余额1.70亿美元，同比增幅38.59%。银行卡发卡量达到38 190张。对电子银行服务渠道进行了改造，先后增加了网上银行、ATM机具英文服务，投产了个人贷款在线申请业务，提高了零售业务的便利性。目前已有近70家中资企业客户、当地使领馆在工银土耳其办理个人金融业务。零售银行业务贡献度大幅提升。

（三）金融机构业务实现跨越发展。坚决压降低效金融机构客户，集中力量营销本地优质大型金融机构。2017年末，工银土耳其代理行客户从交割前1 654户压降到436户，压降73.6%，同时与土耳其进出口银行、实业银行等前10大金融机构客户建立起了良好的合作关系，金融机构客户资产规模达到20.2亿美元，同比增加16.6亿美元，增幅461.1%；金融机构业务年收入贡献为3 607万美元，是2016年的9.1倍。

（四）投行业务取得新突破。坚持投行思维引领商行业务，通过将投融资顾问、担保承诺和银团贷款管理等综合服务方案嵌入银团、风险参贷、簿记等资产业务，为大型客户、大型项目提供商投一体化服务，中间业务收入快速提高。同时与工银标准建立了稳定的联动合作模式，为当地四个重点项目提供资金掉期服务，实现外汇掉期收入672万美元。2017年，工银土耳其实现投行及证券经纪中间业务净收入2 488万美元，同比增长132%。

（五）人民币业务产品体系逐步建立。建立起涵盖存款、融资、清算、结算、外汇交易五大类22种产品的服务体系，开立各类人民币账户379个，同业清算账户10个，并与伊斯坦布尔证交所、工银标准合作推出了人民币—里拉远期合约做市业务，成为土耳其唯一具备人民币业务公司、个人、同业全客户服务能力的银行。土耳其中央银行也在我行开户并正式指定我行成为其唯一的人民币账户行，人民币业务实现了突破性进展。

（六）分行经营状况整体改善。对分行进行分层、分类管理，实施“一行一策”、建立管理层“联系行”制度，督促网点完成经营目标。目前，工银土耳其44家分行和20家证券营业机构已实现由交割时全面亏损向全部盈利的转变。

（七）牢固树立合规意识，严格管理各类风险。优化调整风险管理架构，强化风险管理“三道防线”建设，完成了新反洗钱监控系统的更新工作。理顺信贷管理职责，初步建立了全流程信贷风险管控体系，落实信贷管理责任。采用自主研发加外购的方式，全面优化业务系统，对重要风险点建立了系统硬控制。加强与监管的定期沟通，管理层每季度拜访土耳其银行监理署、中央银行等监管部门。建立检查监督责任追究机制，将责任落实到人。

（八）积极参与公共外交，推动中土两国经贸文化交流。积极参与使领馆组织的重要高访活动接待任务，体现了工银土耳其的大局意识、责任意识和服务意识，得到各方的充分肯定。与土耳其政府机构开展对话，增进双方的了解和互信。定期拜访中国驻土耳其大使馆、驻伊斯坦布尔总领事馆，向使领馆汇报工银土耳其工作，参加驻地领馆举行的党建活动，落实使领馆对工银土耳其经营管理、党建、安全管理工作要求。

（工银土耳其）

悉尼分行

一、基本经营情况

2017年，悉尼分行紧紧围绕总行国际化发展战略，稳中求进，扬长补短，突出经营重点与特色，不断提升经营效益。全年实现拨备后利润11 951万美元，呈现较好经营态势。ROA为0.53%，同比提升0.14个百分点。ROE为9.28%，同比提升3.32个百分点；成本收入比降至15.6%，居境外机构最优行列。

二、主要工作措施和成果

（一）客户拓展卓有成效

截至2017年末，客户总数增至753户，同比增加16%。其中本地客户约占六成，占比逐年提高，与澳洲过半的百强企业建立起良好的业务关系。年末本地资产余额64亿美元，同比增长12%，本地贷款余额46亿美元，同比增长16%。本地信贷业务收入占比超过70%，本地业务贡献进一步提高。

（二）跨境人民币业务欣欣向荣

紧抓澳洲人民币市场契机，2017年当年新拓展22家公司客户开立人民币账户，年末开户总数达303家，全年累计办理跨境人民币融资380亿元（含贸易融资和跨境人民币结算量），超额完成全年计划；累计人民币资产余额达到53亿元。同时人民币产品线日益丰富，形成较为完善的产品体系。

（三）成功打造多条优势品牌和业务

围绕“打造优势品牌和业务”开展了一系列工作，成功打造多条特色产品线，以品牌产品为载体竞争优质业务，助力拓展重点目标市场。

一是基建金融进入当地市场第一梯队。致力于打造专业团队，与当地主流基建公司、财团及政府机构建立密切关系，主攻PPP和私有化项目，年内成功中标墨尔本城铁PPP、Cross Yarra PPP、西区主干道升级改造等多个本地重大基建项目，PPP融资专业能力及品牌认可度领先本地中资同业。

二是资源银行业务逆流稳进。主打中国牌、专家牌，紧盯矿业下行期新型资源银行业务契机，积极拓展风电等新兴能源市场。年内成功参与多个并购及再融资项目，实现与其他在澳中资行、本土行的差异化竞争，成为本地主流财团首选中资合作行。在澳最大风电项目Stockyard项目中，作为唯一中资行，牵头6.8亿澳元项目融资。年末，贷款承诺额36.1亿澳元，稳中有增，贷款余额27.4亿澳元，增长12%。

三是金融市场业务贡献增大。全年实现全行代客交易收入564万澳元，同比增长16%。实现净利息收入5 810万澳元，同比增长41%。成功营销昆士兰州财政公司，取得其熊猫债联席主承销商资格。与当地同业合作更加密切，成功与澳新银行签署了全面合作谅解备忘录，顺利签署单边8 500万美元资金支持协议。与西太平洋银行签署融安e信合作意向书。新增NCD投资人和回购交易对手，进一步拓宽我行低成本资金来源。

四是澳元清算业务稳步发展。加快推进澳元清算中心建设，不断加强清算业务创新，培育汇款业务持续发展力。2017年累计代理澳元转汇清算204 615笔，同比增长14%；转汇清算金额为36.52亿美元。全年境内分行澳元清算来委比例达到99.34%。办理汇出汇款2 206笔，金额为68.93亿美元；解付汇入汇款5 191笔，金额为42.29亿美元。汇款业务实现中间业务收入313.74万美元，同比增长23%。

五是融e购澳大利亚馆销售额显著提升。截至2017年末，融e购澳洲馆实现交易4 281笔，本年累计销售额78万元人民币。新签约商户两家，商品种类从上年的61种增长至400多种，业务模式从单一的保税备货模式扩展到跨境直邮。与此同时，分行企业电子银行服务在交易量、客户渗透率、交易替代率等核心数据方面位居境外最好行列。

六是私人银行业务再获进展。积极维护与现有资产管理公司、律师事务所、移民中介等各方的合作关系，成功推动私人客户拓展的本地化。同时，与德勤成功签署合作协议书，将在投资移民签证服务方面展开全面合作。目前，私人银行业务管理资产达1.43亿澳元，客户数达98户，拥有5只财富管理产品。

七是信贷资产保持较快增长。表内信贷资产增长23%，达到116亿澳元，超额完成总行所设增长目标。信贷资产分布多元化。交通基础设施、房地产和电力能源行业增长较快，矿业占比下降为第四大投放行业，行业分布多元化。

（四）严控风险，不断提升风险管理水平

不断加强与完善全面风险管理体系建设，强化各类风险的统一、集中管理，维持了稳定的监管评级，确保了零监管处罚率、零案件风险率、零反洗钱处罚事件、零重大损失事件。

一是全面落实CPS220的新监管要求。顺利完成制度办法的全面更新，并聘请KPMG对分行风险管理框架体系的有效性开展独立的专项审计，确保符合CPS220的监管规定，继续完善以“三道防线”为核心的风险管理框架，确保独立性，实现各类风险管理的集中化、专业化分工。

二是各项流动性指标达到监管要求。密切监测各币种流动性敞口，全币种流动性覆盖率（LCR）为93%，澳元、美元与人民币LCR分别为65%、75%和168%，均达到本地监管LCR要求，分行自筹率继续保持95%的水平，流动性风险可控。

三是市场风险管理取得成效。金融市场系统数据完成治理，能够监控交易账户外汇敞口，产品控制工作在全行境外机构排名提升至第4位。

四是监管评级获上调。2017年，APRA上调分行监管评级至最高级的“正常级”，充分体现了监管对分行风险管理的认可。

顺利通过内外部审计和现场检查。通过AUSTRAC代理行反洗钱风险检查。通过了总行内审局开展的2017年境外机构经营发展与合规管理专项审计，总体情况良好，未发现高和较高风险等级问题。

（悉尼分行）

工银新西兰

2017 年，工银新西兰积极谋划、准确定位，全面贯彻总行海外发展战略，深入落实子行经营发展规划，深耕本地市场，不断强化中资企业和中新贸易投资服务，各项业务和财务指标持续向好，公司治理和全面风险管理水平进一步提升。

一、2017 年经营发展情况

截至 2017 年末，资产规模达 11.93 亿美元，较上年末增长 90%，负债规模达 10.89 亿美元，较上年末增长 105%；各项贷款余额 9.21 亿美元，较上年末增长 86.23%，各项存款余额 2.98 亿美元，较上年末增长 186.85%；实现营业收入 1 538 万美元，同比增长 44.12%；实现税前利润 412 万美元，同比增长 224%，规模效益初步显现；资本回报率（ROE）4.18%、资产回报率（ROA）0.46%、成本收入比 60.86%、资本充足率 12.32%。

二、2017 年子行主要工作举措

（一）把握市场机遇，实现资产规模和效益双增长

公司业务方面，一是以“行业龙头 + 基建地产”为核心，抓住澳资银行流动性收紧和基础设施建设加速的机遇，进一步深耕本地市场，在基础设施建设、制造业、房地产开发等行业积累了丰富经验，实现公司贷款规模的持续稳步增长。2017 年末，公司贷款余额 8.2 亿新西兰元（含香港簿记中心资产），较上年末增长 82%；实现公司业务收入 3 000 万新西兰元，较上年末增长 76%。二是抓住“一带一路”倡议带来的历史机遇，为中资企业走出来提供融资支持，通过本地并购业务机会联动营销国内潜力客户。储备了一批基础设施行业的优秀客户，为公司业务的可持续发展奠定了坚实基础。三是深入开展集团联动，实现客户与我行的多赢。

贸易融资业务方面，凭借我行代理行网络优势，多渠道全方位营销我行业务产品，共计实现贸易融资额 3.1 亿美元，增幅 91%。单证项下结算量达到 3.01 亿美元，较上年同期增长 198%。一是发挥部门合力开拓本地市场，客户本地化初见成效。二是深化与本地中介平台合作，与本地同业密切联络，多渠道开拓市场。

零售业务方面，通过不断完善产品和服务挖掘客户潜力，继续保持业务高速增长。一是狠抓个贷产品。推出个人房屋贷款中介渠道模式，运用中介公司的信息优势拓展客户来源，实现业务大幅增长，新增个人贷款 390 笔，同比增长 131%，个人贷款余额 4.3 亿新西兰元，同比增长 148%。二是定位高端客户。深度挖掘客户潜在价值，积极开拓本地职业客户及中资企业客户，成功实现对中国驻新西兰使领馆对公和个人服务全覆盖。截至 2017 年末，个人客户达到 3 250 户，增幅 53%；银联双币借记卡保有量 2 800 张，增幅 46.5%；个人网上银行客户 2 345 户，增幅 58.7%。四是强化渠道建设和服务管理。对网点柜面业务、分级授权、要素凭证等方面的管理流程进行了优化规范，通过网点的窗口效应提升子行的形象。

（二）立足本地市场，提高自我融资能力

大力吸收存款、拓展本地发债渠道，实现资金来源多样化。一是全行前台部门发挥合力，全力吸收存款，增强负债能力。推出个人协议存款和“惠储蓄”高息储蓄存款产品，有效提升负债类产品贡献度。2017 年实现个人存款 7 500 万新西兰元，同比增幅 71%。大力发展金融机构业务，2017 年累计获得机构存款 4.3 亿新西兰元，余额 1.2 亿新西兰元，其中主权类金融机构 3 家。二是积极推进本地筹资工具的发行，累计发行中期票据 3.32 亿新西兰元，短期 CD1.8 亿新西兰元，成为本地市场上筹资工具发行规模最大的中资银行。其中 2 800 万新西兰元私募发行实现了 QDII 项下筹资工具发行的新突破；1.4 亿新西兰元中期票据私募发行实现了全集团对汇丰银行债券融资的首次合作。三是不断推出代客业务新产品。率先开办代客衍生交易产品，包括汇率、利率和商品三大类，积极开展客户营销工作，累计办理代客衍生交易 8 600 万新西兰元。

（三）推进系统建设，以创新助推业务发展

一是深化融 e 购平台建设。2017 年，新增实物商品入驻商户 7 家，线上销售额超过 300 万元人民币。成功营销新西兰中旅入驻融 e 购平台，实现融 e 购平台旅游板块产品零的突破，线上消费场景进一步丰富升级。二是优化子行借记卡的用卡环境。成为首家加入新西兰本地卡清算系统的中资银行，实现本地绝大多数的 POS 机可受理我行发行的借记卡，客户服务能力进一步提升。

（四）深化风险管理，打造合规文化

一是建立健全信贷业务制度体系。修订个人住房按揭贷款管理办法等，为业务发展和风险防控提供制度保

障。二是不断提升信用风险管理工作质效，增加拥有本地丰富从业经验的专业人员负责公司及个人贷款审查，进一步提升信贷审查工作质量。三是规范信贷业务贷后管理机制，进一步加大贷后管理工作力度。四是完善风险管理架构，提升全面风险管理水平。明确风险管理三道防线机制，不断完善风险管理制度、流程。五是深化对市场风险、国别风险的密切监控，提高前瞻性预测分析能力。六是深化合规和反洗钱管理，接受了外部审计机构 KPMG 和新西兰储备银行进行的反洗钱现场检查，并得到了上述机构良好的评价。七是强化运行管理，提升集约化管理水平。积极推进集约化运营项目实施，先后投产了核算要素管理系统等项目，强化系统硬控制和事后运营监控分析，进一步提升了运营风险控制和集约化管理水平。

（五）加强队伍建设，打造多元化团队

一是围绕子行经营发展战略，优化团队结构。在重点领域和关键岗位及时补充了部分人员，员工队伍结构进一步优化。二是全面开展员工培训。组织多次面向全员的企业文化、业务产品、合规反洗钱、安全保卫等方面的培训，全面提升员工的职业技能和专业能力。逐步提升员工本地化率，促进子行内部员工的文化融合，在尊重当地惯例的基础上，大力宣传工行企业文化，提升团队凝聚力和归属感。

（工银新西兰）

工银欧洲（卢森堡分行）

一、主要经营业绩

2017 年，工银欧洲（含卢森堡分行）实现净利润 9 698 万美元，超额完成了总行年末下达的经营目标，较同期增加 332 万美元，增幅 3.54%。总资产规模达 288 亿美元，较年初增加约 25 亿美元，增幅约 9.49%。其中，信贷资产规模达到 182 亿美元，较年初增加约 14 亿美元，增幅 8.33%。总负债规模达到 277 亿美元，增幅 9.21%。各负债产品中，市场融资和存款证对业务发展支撑作用明显，其中市场融资规模约 75 亿美元，存款证约为 118 亿美元，合计约占总负债的 70%。

二、主要工作措施

（一）积极参与本地化经营，市场影响力不断增强

一是积极响应国家“一带一路”倡议，坚决投入“走出去”客户欧洲并购大潮，在当地树立良好口碑。绿债发行业务方面，以卢森堡分行名义圆满完成了首笔绿色债券发行工作，取得了良好的市场影响。成功发行“一带一路”绿色债券引起了国际市场的广泛关注，得到了全球投资者的高度认可和超额认购，最终发行量 21.5 亿美元。并购融资业务方面，完成多个市场影响力较大的并购项目，充分挖掘并购标的公司融资、项目再融资以及债券发行等业务机会，打造了并购全生命周期产品线。卢森堡分行作为牵头行之一，完成了中化工并购先正达项目欧洲区银团，总交易对价 430 亿美元，是迄今中国企业最大金额海外并购项目。并购顾问业务方面，工银欧洲本部发动全辖寻找当地优质标的，以路演方式向国内客户进行推荐，取得良好效果。成功协助碧桂园、成都兴城等国内客户赴欧洲考察我行推荐项目。债券承销业务方面，工银欧洲投行中心 DCM 团队大力开展债券承销业务，全年累计为 6 个发行人发行 9 只债券，发行总金额 55 亿欧元。投行信息服务方面，工银欧洲投行中心在辖属分行、总行、境内分行间建立了信息交流机制，并牵头支持分行跟进的重点项目。2017 年组织全辖向总行、境内分行、中东欧金融公司、境外兄弟行推荐标的超过 41 个。现金管理服务方面，研究确立面向在欧投资中资企业的优势服务模式，积极挖掘与中资“走出去”企业的深度现金管理合作。成功为海航财务公司搭建完成欧洲区域资金池，成功帮助海航强化在欧资金管理，提高资金使用效率。

二是稳步推进本地业务发展，成功案例不断涌现。截至 2017 年末，工银欧洲全辖共办理了包括汉莎、拉法基等当地跨国企业、龙头企业的德式债券型贷款（SSD）业务 13 笔，总金额 3.5 亿欧元，利用极具欧洲当地市场特色的标准化产品，有效地快速优化了欧元资产在整体信贷资产中占比。卢森堡分行作为主要牵头行之一，与花旗银行、高盛等十家全球知名银行，成功为跨国电信运营商 Millicom 筹组了 6 亿美元 RCF 银团。

（二）鼓励创新，全方位寻找利润增长点

一是在新产品开发方面，机构认真研究最新外管政策，在确保业务操作合规的前提下，完成新产品准入流程，推进资金不出境模式下的人民币反向融资业务，2017 年共操作近 8 亿元人民币。卢森堡分行成功与欧洲复兴开发银行首次合作，通过 A/B Loan 贷款结构，与其余 9 家当地同业，同组银团为希腊最大运营商 OTE 子公司 Cosmote 提供 1.5 亿欧元融资支持。阿姆斯特丹

分行与工银欧洲总部成功协助建广资产以27.5亿美元成功交割并购恩智浦半导体集团标准件业务板块。

二是在新盈利来源方面，工银欧洲机构全辖债券持有面值折合39.89亿美元。由于结构优化，较上年末略增2.5亿美元。共出售债券56笔，折合9.16亿美元，累计收益约677万美元；累计购买债券83笔，折合15.55亿美元。

三是在新客户拓展方面，负债业务积极拓展代理行网络，有效支持扩展资金来源，降低子行集团负债依存度。资产业务适度扩展金融机构类客户信贷资产规模。主权类机构营销卢森堡央行进入银行间债券市场和外汇市场，并举办面向金融机构的小型客户营销活动对推介国内市场。马德里分行积极与工银标准、工银欧洲一同营销西班牙官方信贷署ICO发行熊猫债事项并取得积极进展。

（三）新兴业务持续发展

一是2017年末，我行UCITS基金旗下“中国机遇RQFII债券基金”的管理资产规模为2 361万欧元。SIF基金旗下“稳收益基金”“增强型全球动力基金”和“绝对收益基金”的管理资产规模分别为2 533万美元、2 083万美元和2 111万美元。二是截至年末已将私人银行中心（欧洲）从巴黎迁至卢森堡。三是2017年新增12户现金管理客户，存量客户已覆盖46个大中型集团客户与金融机构客户，现金管理客户中间业务收入达到6万欧元，存款沉淀超过2亿欧元，客户拓展成效显著。

（四）发挥区域运营中心作用

工银欧洲总部充分发挥区域管理职能，通过运营集约化等管理手段，全面提升对全辖清算业务和FOVA主机核心参数的管理水平。从开业至2017年底，卢森堡人民币清算行累计处理清算业务笔数56 329笔，清算金额5.6万亿元，在工商银行目前的七家人民币清算行中排名第二，在欧洲区的同业人民币清算行中排名第二。在清算质量方面，卢森堡人民币清算行始终保持清算差错率为零，清算直通率为92%的优异成绩。

（五）开展内部管理提升，着力提升工商银行在欧同业竞争力

一是多措并举完善公司治理架构。尊重本地实践，提升决策机制，完善会议制度。设立董事会专门委员会，增补独立董事，积极加强董事会秘书处职能，完善董事会年度履职评价体系，强化董事会的独立性。加强集中管理，对董事会、管理层、各部门、各专业委员会等的职能和定位进行了进一步明确，对内控条线的汇报路线进行了明确的规定。。

二是多管齐下全面提升内控合规反洗钱水平。在董事会层面建立合规反洗钱委员会，负责全行合规、反洗钱工作机制建设、组织架构搭建和重大事项决策。各辖属分行同步搭建了合规反洗钱委员会，负责本地重大合规事项的研究决策，有效增强了各分行合规反洗钱职能的开展。

三是加强信息自动化建设，提升管理层科学化决策能力。2017年完成了CRS报表、监管报表中间文件、合规监管要求等多张报表开发投产工作，启动了Mifid II监管报表开发工作。同时将历史数据导入到本地新搭建的数据查询平台，提供灵活快速的历史数据查询功能，进一步提升了科技管理水平。进一步加强信息安全管理工作，建立信息安全委员会，对全行信息安全工作进行审议。

（工银欧洲）

巴黎分行

2017年，巴黎分行以“客户本地化、产品多元化、管理精细化、合规标准化”为目标，加快经营转型，聚焦本地化业务发展，强化内部管理，全力以赴提高巴黎分行对工银欧洲和总行的利润贡献。

一、经营概况

截至2017年末，分行营业收入3 253.47万美元，还原后净利润1 019.36万美元，分别较上年下降32%和53%。主要受同业拆放影响及现金等低息资产规模下降影响，总资产（含联动）较上年末减少5.47亿美元。客户存款规模16.82亿美元，较2016年末增长61%。

二、主要工作措施及成效

（一）以本地化业务为突破口，加强信贷资产投放。本地业务大幅增加，开办的业务品种和服务的客户都有扩展。2017年末，本地化资产业务余额29.91亿美元（含19.63亿美元备用银团，下同），占所有信贷资产业务余额的75%以上。新参贷德式债6笔，合计金额1.18亿欧元，固融1笔，金额4 000万欧元。目前

巴黎分行正在为法资气体制造业龙头——法液空集团（AIR LIQUIDE SA）牵头安排100亿元人民币熊猫债，已经报送中国银行间市场交易商协会。

（二）继续加强内外联动，在推动内保外贷业务新增的基础上，积极开展总分合作，维护存量续贷。2017年末，新投放内保外贷2.78亿欧元，风险参贷2.11亿美元，总行簿记业务1.14亿美元，通过总行审批银团贷款2.9亿欧元。参与多个境外大型项目，如美的并购库卡（KUKA）项目，道达尔澳洲LNG项目，首钢秘鲁铁矿项目等为后续业务发展开拓渠道。

（三）大力拓展存款业务，有效增强自身筹资能力。积极拓展当地企业及同业客户存款，存款规模达16.82亿美元，较上年末增长61%，集团负债依存度不到15%，为工银欧洲满足银监会集团依存度指标做出了积极的贡献。同业负债依存度由上年的70%大幅降至31%。首次吸收主权机构人民币存款资金，西非国家中央银行在其开立账户存入2 000万元人民币活期资金。

（四）始终贯彻精品商户，服务优先，做强收单业务。在扩展商户方面，营销LVMH集团全欧收单，肖邦手表欧盟跨境收单及退税业务，兰步婷全欧收单业务。2017年末，已有特约商户26家，门店96家，POS机464台，实现年度收单业务额4 406万欧元，同比增长63%。

（五）加强制度建设和系统建设，提升内控管理水平。组织分行制度流程更新和梳理，正式发布实施47项制度流程；开发内控检查系统工具，提升了内控检查的质量和效率，减少了操作风险；制作了覆盖分行16条产品线、31个业务流程，共涵盖107个风险点的风险映射图，为分行获得监管机构认同奠定了良好的基础。

（六）健全合规体系，全面打造合规经营的企业文化。大幅增加合规岗位从业人员数量，分行法律合规人员配备占到全行人数的12%。新成立KYC团队，集中负责处理客户相关信息的审核和跟踪。先后投产SIRON反洗钱监控系统和COMPASS黑名单扫描系统，降低了之前因分散审批带来的操作风险和合规风险。对全体员工进行反洗钱培训考核，组织各类合规专题培训，邀请总部合规官来分行现场培训，全面提升员工的反洗钱和合规意识。

（七）提升管理精细化水平，圆满完成了税务检查工作。一是实行业务分析周例会制度，加强各部门间的协调作战能力。二是在工银欧洲辖内首家推出分行网讯平台，提高信息沟通效率、降低沟通成本。三是积极面对税务检查，认真分析整理数据、研究辩护策略，对检查部门提出的问题准备充分、答复及时、沟通到位，最终几乎没有需要纠正的问题，尤其是在转移定价问题上取得了零调整的结果。

（八）精心处理，化解信贷资产风险。化解了某国有企业和某民营企业内保外贷的潜在风险，两笔业务均安全收回了贷款本息。

（巴黎分行）

阿姆斯特丹分行

一、业务经营情况

2017年，分行账面资产总额11.73亿美元，联动还原后资产17.3亿美元。实现账面净利润545万美元，联动还原后净利润1 015万美元，完成了总部下达的利润指标。实现还原后手续费及佣金净收入679万美元，联动还原后手续费收入占比31%。

二、主要工作开展情况

（一）本地化经营转型实现新突破

一方面，通过办理H&M银团贷款、与飞利浦等新客户建立合作，新拓客户取得实效。另一方面，与托克、彪马集团等存量客户的合作持续深化。目前，分行全口径公司客户共计303户，与10家世界500强企业建立合作关系。按照信贷辖区口径，分行公司客户中本地客户268户，占公司客户总数的88%。

（二）紧跟“一带一路”步伐支持中资企业“走出来”

一是助力中资企业海外发展。参与中国半导体行业最大海外并购，建广资产并购荷兰恩智浦半导体集团标准件业务。为中船集团、北京四维图新、东方精工等多家中资企业提供服务；二是金融服务多元化。为中船、厦航、海康威视等中资企业定制方案，满足企业跨境并购、贸易融资、现金管理金融需求。截至2017年末，分行中资企业客户考核还原后资产规模共计3.58亿美元，表内资产规模3.28亿美元，在全口径资产规模中占比55.5%。

（三）存款业务发展成为新亮点

2017年，分行多渠道拓展存款业务，取得了良好的效果。截至年末，存款时点余额8.69亿美元，较年初新增2.82亿美元，存款日均余额7.7亿美元，较年初新增1.83亿美元。存款时点数、日均数均在工银欧洲排名第二。通过大力发展存款业务，有效降低了分行的资金成本，缓解了流动性压力，降低了集团依存度。

（四）精品优势业务持续发力

一是本地贸易融资发展迅猛。2017年，共发放贸易融资181笔，总金额2.87亿美元，其中人民币贸易融资1.23亿元。手续费收入19万美元，同比增长30%，利息收入254万美元，同比增长75%，涵盖了贸易融资主要的业务和币种。二是现金管理进一步发展。为海航、厦航、Booking等大型企业提供现金管理业务。成功举办中欧现金管理论坛，有效扩大了我行现金管理产品在欧的知名度。三是积极拓展投行业务。与境内分行联动，参与本地一级市场银团贷款，紧盯二级市场机会。

（五）金融机构、主权机构营销取得进展

2017年，分行金融机构贷款余额1.73亿美元（含转让卢森堡业务），实现利息收入约300万美元，手续费收入7.5万美元。新增金融机构贷款资产7 630万美元，其中，本地业务6 130万美元，占比80.34%。拜访荷兰、瑞典、丹麦央行和财政部，介绍人民币国际化、营销熊猫债、银行间债券市场投资等业务。

（六）做优资金业务压降零售业务

2017年，通过增持HQLA债券改善LCR，为短期存款腾挪空间，2017年全年，分行存款占负债比升至77%。准确预判美元走势，活用掉期工具，保持负债成本的基本稳定；资金业务实现净利润150万美元。按照总行总部统一部署，控制零售客户增量，压降存量，为退出零售市场做好准备。

（七）坚守依法合规经营底线不动摇

一是全年发布、修订合规类制度办法15项。举办各类培训20场，提升员工的合规反洗钱意识。二是配合内外部检查和交流。先后接受了毕马威的反洗钱现场评估，总部的现场检查2次，各方均对分行的合规管理表示认可。向荷兰央行汇报了合规经营情况，监管部门对分行整体情况表示满意。三是业务部门全面落实合规管理要求。加强对资金来源的审核，及时反馈Compass和SIRON系统交易报告，定期完成反洗钱报告，建立客户不良信息汇报机制。推进年审、FOVA项目、CRS填报工作。及时更新业务办理流程。四是加强系统管理。优化了COMPASS、Siron AML等系统功能，实现了清算业务分类。

（八）全面风险管理能力不断加强

一是信贷资产质量良好，不良贷款余额为零，妥善化解了国际胜利、舍凡钻井的潜在风险。二是按照总行总部的统一要求，做好全面风险管理日常工作，年末LCR指标为300.72%，符合监管和总部要求。三是做好RWA监测预测，指导业务部门根据RWA筛选、处理业务。加强单一客户大额风险敞口管理，逐步落实信贷档案整改要求，开展一系列风险排查。四是做好贷前贷后风险管理。做好纸质、电子档案整理，贷后检查常态化。

（九）加强员工工作、推动对外交流

一是系统修订劳动合同，梳理全员岗位职责，优化合规考核内容和方式，使人力资源工作更加规范、透明；强化安全工作，创新安全培训内容，编制安全手册，为员工人身安全提供更加有力的保障；二是建立与孔子学院、荷兰乒乓球队的战略合作关系，扩大对外宣传平台；接待鹿特丹市长来访，深化双方合作；接受中央电视台采访，宣传分行在经营发展、文化融合方面取得的成绩，收到了良好的效果。

（阿姆斯特丹分行）

布鲁塞尔分行

一、主要经营情况

截至2017年末，分行实现账面税前利润42.86万美元，同比减少116万美元。账面净利润-203万美元，同比减少325万美元，主要影响因素为年度资本弱化税务检查要求分行补缴税金200万欧元。账面资产总额8.66亿美元，同比增加1.9亿美元。账面负债总额8.49亿美元，同比增加1.9亿美元。其中客户存款7 867万美元，同比增加3 188万美元。实现考核口径净利润163万美元，实现年度考核目标的32%。

二、2017年主要工作举措

（一）加强内外联动、优势互补，共同服务优质客户

一是密切与境内分行联系，营销贸易融资业务。针对境内分行信贷规模有限的情况，积极营销贸易融资、保理、福费廷、代付等业务，先后联动厦门、江苏及深圳分行，办理663万美元福费廷业务以及2.5亿美元风

险参贷业务。二是依托代理行渠道，争取中资优质客户境外融资业务。重点营销境内央企、地方国企、上市公司等优质客户内保外贷、内保直贷业务，全年成功发放了长江润发、天津航空等境内企业的1.06亿美元内保直贷业务，成功发放潍柴北美和晨鸣纸业7 600万美元内保外贷业务。三是加强对重大项目的营销，增加联动簿记项目。实现中石油天然气国际的银团贷款1 900万美元簿记卢行、瑞士先正达银团贷款5 000万美元簿记卢行及首钢秘鲁银团1亿美元簿记卢行。

（二）深化欧洲本地业务拓展，提高本地化业务比重

一是积极营销本地行业龙头企业。实现比利时建安龙头企业Besix、环保龙头企业Umicore集团银团贷款发放。二是推进重点客户的现金管理工作。协助上海分行完成Carrefour Finance SA现金管理银企直连；成功营销Tessenderlo全球现金管理业务，目前已进入搭建账户结构阶段。

（三）强化资产负债管理，拓展同业合作领域

积极拓展当地同业融资渠道，首次与比利时联合银行开展同业拆借，累计拆入金额超过1亿欧元；陪同总行拜访比利时央行和比利时国债署，营销熊猫债业务；成功参与欧洲清算银行备用信用证银团项目6 300万美元，实现收入4万美元。

（四）强化内控合规建设，严格控制风险

跟踪落实总行上年度对分行进行内控与反洗钱现场检查的整改工作，根据工银欧洲内审发现的问题，积极落实反馈及整改；推进不良贷款管理，在收集比利时本地在不良贷款本息减免及核销方面涉及的法律、监管、税务、会计等方面要求的基础上，向总部提交对不良贷款采取法律措施的请示；推进信贷业务实质性风险审查。一方面加强借款人第一还款来源分析，另一方面严格把关贷款用途，提高对尽职调查与尽职审查材料的要求，严控放款核准环节。

（五）接受本地税务检查，有效化解转移定价税务风险

2017年分行接受了比利时税务的非现场检查，检查的内容为分行及所属母公司转移定价事项以及涉及的资本弱化税情况。分行与安永税务师密切配合，认真研究应对措施，精心准备税务局所需材料，多方解释分行成立以来一贯严格落实比利时相关税务规定的实际情况，最大限度化解了分行的税务风险，最终确认资本弱化税方面分行在2014年1－9月间支付给卢森堡分行的拆借利息不进行税前抵扣，需补缴税款约200万欧元，转移定价补缴税款从128万欧元商谈降至6万欧元。

（六）关注当地安全局势，深入开展安全管理

继布鲁塞尔2016年恐怖袭击事件后，比利时后续多次发生街头骚乱以及聚会引发的袭警事件，安全局势始终令人担忧。为保证人员和财产安全，确保稳定运营，分行密切关注当地动态，不定期发布《布鲁塞尔分行安全管理工作简刊》，向全体员工提示风险；组织急救知识培训，提升全体员工的安全意识和安全急救技能；制订了分行防抢、防暴、防冲击应急预案演练方案，保证员工具备过硬的防恐应急能力；按照使馆对中资企业安全巡视的要求为办公区沿街玻璃都安装了防爆膜；顺利接受了总行保卫部的现场检查。

（布鲁塞尔分行）

米兰分行

2017年以来，在面临前所未有的内外部困难形势下，米兰分行迎难而上、多措并举，深入贯彻落实总行本地化发展战略，扎实推进分行本地化业务发展。

一、创新业务模式，积极拓展业务发展

一是利用总行推出“其他形式跨境担保簿记卢行＋考核还原业务”模式，共推荐5笔业务金额合计9亿欧元，顺利落地两笔簿记业务金额合计1.6亿欧元。二是全流程跟踪挖掘资产拆借合作机会，创新推出“卢森堡分行资金拆放他行＋考核还原”业务模式。累计实现拆借金额4.07亿欧元。三是作为唯一一家中资参贷行，率先完成COOP公司4亿欧元俱乐部贷款业务审批并递交贷款承诺函，首次进军意大利超市零售行业。

二、深入市场，持续提升本地影响力

成功为倍耐力再融资以及倍力风神工业轮胎产业重组提供配套融资支持，新签约协议金额合计3.06亿欧元。成功与FCA菲亚特克莱斯勒汽车公司全面合作。先后拜访本土建筑行业龙头企业以及全球排名第一的白水泥生产商CEMENTIR公司，截至目前完成三户企业贷款审批，贷款余额4 800万欧元，待提款金额4 000万欧元，进一步丰富了分行信贷投资结构。加强高层互访，促进业务发展。年内促成集团高层前往意大利参加中意金融论坛，以及意大利存贷款公司主席前往总行拜

访集团领导。充分利用工行集团全球机构网络和本地化经营优势，为意优质企业与其他国家的经贸往来合作提供重要的桥梁和纽带。加强与本地知名律师事务所、会计师事务所等中介机构联系，将合作网络拓展至18家，2017年米兰分行向中资企业推荐项目16个，接受中资企业委托寻找标的项目8个。

三、金融市场、同业开户业务稳步发展

2017年，分行同本地8家同业机构客户开展了资金拆借业务，本地银行拆入的资金12.6亿美元，6个月以上的资金占比达80%，本地机构已成为我行资金拆借的稳定来源和有效补充。不断加强同业合作，截至2017年末，共营销18家意大利银行在工行系统内开户，其中9家本地银行米兰分行开立人民币、欧元清算户，为分行进一步在本地力争做人民币清算户奠定了基础。与44家系统内、外金融机构搭建起交易网络，拓展新的同业代理行业务源头，积极挖掘一手、二手银团业务机会；同时开展资产转让业务合作，盘活资产并分散风险集中度。截至2017年12月末，新增广发银行、Natixis、Citibank、工行首尔分行等5家合作渠道，新增交易量5.38亿美元。

四、零售业务全面退出

根据总行和工银欧洲零售业务“一行一策”的战略调整规划和分行业务转型发展要求，分行2017年零售业务工作重点为加强零售客户反洗钱管理及零售业务退出计划，实现平稳有序完成全量零售客户账户关闭工作，全年未接到零售客户正式投诉。

五、进一步加强风险合规管理

按照业务发展和合规管理坚持两手抓、两手硬的思路，分行将合规内控管理作为工作重点，狠下功夫、大力提高内控合规水平和风险管理能力。通过切实加强各类风险预警及管理，确保各项风险监管指标达标，全年无重大风险或损失事件发生。

六、人力资源管理工作稳步开展

深入贯彻落实总行2017年组织人事工作会议精神，以全面加强员工工作为重点，统筹抓好外派员工与本地员工管理、薪酬福利、教育培训、党建工作及自身建设，各项工作稳步发展，在建设富有工商银行特色的人力资源管理体系上迈出了新步伐。

（米兰分行）

马德里分行

2017年，马德里分行持续受反洗钱调查事件影响，经营形势异常艰难。面对严峻复杂的经营局面，分行班子团结一致，全行员工凝聚一心，顶住压力、紧紧围绕“合规稳健、管理高效、团结进取、追求卓越”十六字经营理念，一方面积极配合事件处理，工作应对稳中有序；同时加快推进业务转型，经营发展实现了稳中有进。

一、主要经营情况

2017年，实现还原后净利润502.6万美元，同比增加96.6万美元，增长23.8%。其中：分行实现账面净利润4.72万美元，同比增加153.72万美元，实现了扭亏为盈；还原后利息净收入1 083万美元，非息收入588万美元。实现还原后中间业务收入527.5万美元，同比增加201万美元，增幅62%；辖属巴塞罗那分行开业5年后首次实现盈利，全年实现账面净利润24.72万美元。资产总额12.9亿美元（含联动资产），同比下降30%。各项存款0.71亿美元，同比下降54%。

二、主要工作措施

（一）在经营策略上，围绕“本土”两个字，抓好“转型工程”。一是抓好公司业务本土化转型。从2016年下半年开始，终止了离岸类客户的内保外贷业务，将公司业务经营重心全面转移到本地客户和本地业务，强化客户转型和产品转型，优化资产管理模式，不断提升分行在本地公司金融市场的地位和影响力。截至2017年末，本地信贷客户占比和表内本地信贷业务占比已分别达到83%和78%。二是抓好零售业务的稳步退出。严格新客户准入，除对我国驻西班牙使领馆继续提供个人金融服务外，暂停受理其他个人客户的新开户申请，终止了个人客户的远程业务；加快无效户退出，有序推进存量不动户的销户工作。截至2017年末，分行个人

客户总数1 557户，较上年下降780户。三是抓好巴塞罗那分行的经营扭亏。巴塞罗那分行逐步压缩个人业务，立足本地化经营发展，将目标客户定位于加泰罗尼亚地区本地企业客户，积极运用多种产品开展组合营销，着力拓宽利润来源，开业5年来首次实现盈利。全年共新增有效企业客户7户，压减个人客户129户，客户结构持续优化；截至2017年末，总资产7 103万美元，较年初增加800万美元。

（二）在业务拓展上，围绕“创新”两个字，抓好“亮点工程”。一是首次作为牵头行为西班牙本地客户筹组银团贷款。作为唯一一家中资银行，以联合牵头行身份为西班牙安保巨头保赛固（Prosegur）牵头筹组总额11亿欧元的银团融资项目，并成功参贷3 200万欧元，有效提升了分行在当地银团一级市场的地位和影响力。二是首次为欧洲公司客户在欧洲本土承销发行债券。通过分行的主动营销和积极支持，工银欧洲和工银标准被成功任命为马德里天然气公司新发6亿欧元债券的活跃簿记管理人。标志着工商银行在欧洲公司债券资本市场业务上实现了零的突破。三是欧元区主权机构熊猫债承销取得积极进展。分行在获悉西班牙官方信贷署发行熊猫债意向后，立即通过欧洲总部联合工银标准开展营销。目前该公司正等待人行确认其主权发债人身份。四是外外联动成功办理单笔金额8.095亿欧元保函业务。与法兰克福分行和卢森堡分行积极开展外外联动，由卢森堡分行及总行专融部提供反担保，向西班牙证监会CNMV出具了单笔金额为8.095亿欧元的履约保函，在当地市场影响重大。

（三）在基础管理上，围绕“强化”两个字，抓好“主题工程”。一是强化合规基础，持续推进合规文化建设。全面启动了“合规基础强化年”主题活动，并专门成立主题活动领导小组和工作小组，制订活动组织方案，加快夯实合规基础管理。持续推进合规文化建设，通过多种渠道宣传和学习合规文化，使合规文化理念渗透到分行经营管理的各个方面；开展重点领域专项提升工程，提取梳理了合规、风险、运营、财会、办公室等五个专业需重点提升的关键领域共22大类、93个专项任务，有序推进，到年底，各项专项任务已基本完成，分行的合规管理基础提升到了一个新的高度。二是强化机制建设，进一步优化分行管理机制。按照卢森堡监管法规和西班牙本地监管法规，构建了新的反洗钱与合规管理委员会，并梳理优化了其管理职能和工作机制。建立分行风险管理委员会，将其作为分行全面风险管理的最高决策机制，对其职能、组成、工作流程、工作机制等进行了界定，进一步提升了分行全面风险管理水平。由总部对风险专业和合规专业的垂直管理，将原合规法务部的合规与法务职能进行分立，设立了专职内控岗取代了原内审岗位，显著提升了管理效率。

（四）在成本控制上，围绕“压降”两个字，抓好“瘦身工程”。一是全面完成本地员工的人力资源深化项目，将外派员工和本地员工的差别化体系进行了整合，实现集团体系与本地体系的实际对应，建立了统一的分行员工岗位职级体系。优化岗位设置和编制，压降部分不符合业务发展需要的岗位。启动巴塞罗那分行办公场所搬迁工作。搬迁后巴塞罗那分行办公室租赁成本大幅下降，同时，新办公场所地处巴塞罗那核心商业街区，分行整体对外形象和客户服务能力得到了进一步提升。

（五）在宣传推广上，围绕“系列”两个字，抓好“亮剑工程”。专门成立宣传工作组，利用西班牙中国商会主席身份，依托西班牙中国商会平台，组织开展了一系列商务活动，在宣传推广上频频“亮剑”，进一步发挥工商银行在西宣传的桥头堡作用。积极集中宣传西班牙中国商会和分行在支持中西经贸交流方面所作的贡献。新华社马德里分社发布新闻通稿，西班牙主要本地媒体进行了转载，取得了较好的反响。积极配合“‘一带一路’北京峰会”及后续高访活动，主办“‘一带一路’下的西班牙企业商机”论坛。协助总行与西班牙对外贸易与投资署共同举办“中资企业在西班牙的投资与发展”论坛。总行行领导亲自带队率领十余家全球财富500强中资企业高管出席了本次论坛。

（马德里分行）

华沙分行

2017年，华沙分行面对严峻复杂的内外部经营环境，认真贯彻落实总行党委和工银欧洲的各项决策部署，秉持“四三二一”经营管理思路，即在日常经营中坚持“明方向、带队伍、控风险、拓市场”四项重点指导思想，落实“资产负债平台、两道防线平台和前中后支持平台”三项运行机制，紧握“强化党员意识和打造五好支部”队伍建设两个抓手，践行“PERFECT臻于至善”企业文化一个标准，不断提高经营管理水平，推动各项业务健康、快速发展。

一、主要经营情况

截至2017年末，资产和净利润的总量及增幅均居工银欧洲首位，主要生息资产32.84亿美元，较年初增长12.44亿美元，增幅61%；实现净利润1 141万美元，同比增长319万美元，增幅38.69%，超额完成年度目标。

二、主要工作措施

（一）优化结构，增强发展能力

一是优化资产业务结构。大力拓展本地业务，截至2017年末，本地贷款余额达到9.5亿美元，较上年末增加3.5亿美元，增幅达59.76%。积极服务“走出来”中资企业，为“走出来”中资企业开立保函18份，赢得客户充分信任，成为客户在中东欧地区首选中资银行。深挖国际银团市场机遇，截至12月末，累计新发放内保外贷融资13.13亿美元，余额16亿美元，较年初增长7.43亿美元。其中与境内代理行合作的业务11.46亿美元，占全部内保外贷资产的71.63%。

二是丰富产品线建设，发挥金融市场业务职能。2017年，继续深化与同业代理行合作，成功营销了BGK、BOS、HSBC等同业机构，新增代理行额度近10亿兹罗提，同时继续推进CD项目发行；成功开立人民币清算户1户；加强本行资金管理业务，兼顾安全性、流动性及收益性，为本行债券、贷款等资产业务妥善安排资金；把握国际利率走势，有节奏地发展本行债券投资，打造新的盈利增长点。

三是提前完成个人业务退出计划，为零售业务转型奠定基础。根据总行及总部的要求，秉承优化客户结构、改进业务流程、加强风险管理，加快经营转型经营理念，在依法合规前提下，华沙分行审慎推进零售业务转型。2017年底，个人客户由年初的507户压降至零户，将两年计划提前完成。坚持零售业务退出与业务品种拓展同步，不断丰富特色业务产品线，以个性化服务为手段，满足重点公司客户账户管理、结算、推介结算与现金管理服务。国际结算方面，转开及直开的保函18份，实现中间业务收入20万兹罗提，打造新的收入增长点。

（二）防控风险，确保稳健运营

一是建设第二道风险防线，为经营发展保驾护航。全面建设第二道风险防线，成立领导小组，旨在发挥合规、风险、财务管理等后台部门作用，突出反洗钱、业务合规、涉税风险、操作风险的管控，加强内部控制和监督管理，推进和监督前台运营部门实施有效风险管理。

二是积极推进全面风险管理，坚决防范各类风险隐患。高度重视法律合规工作，及时修订和完善分行反洗钱方面的政策规定及其合规委员会章程等合规政策规定，进一步规范分行的合规工作。坚决防范税务风险、监管风险。通过业务和系统不断创新，增强与同业的交流，全面提高财务管理水平；2017年初，分行对资产税、资产转让合同进行全面分析，与PWC沟通，努力化解资本弱化风险，圆满完成税局资产税检查。顺利通过波兰金融监管局KNF反洗钱和马佐夫省税局税务专项检查，实现合规稳健运营。

（三）完善机制，提升管理品质

进一步完善组织管理架构。将会计电脑部分设为财务会计部和信息科技部，进一步加强与总部管理对接。将前后台支持平台作为日常经营管理机制的重要部分，由总经理室靠前指挥，协调各项流程，合规与风险管理部门对公司投行业务提前介入，形成全行二线支持一线，中后台支持前台的良好氛围。增设内控专管员岗，负责制定分行内部控制职能相关的管理办法和议事流程，建立分行内部控制体系。

（四）全面实现人力资源管理深化项目本地及外派员工一体化

围绕落实总行人力资源管理深化项目，重塑和优化分行岗位职级、薪酬绩效晋升体系，推动人力资源项目全面落地，不断增强员工队伍的凝聚力、向心力和战斗力。规范统一员工工资核算和晋升体系，2017年分行工资等级档次和职级晋升已实现本地员工和外派员工同办法、同考核、同晋升，人力资源项目完成落地。完善绩效分配方案。制订了人力资源提升及绩效分配2×2方案，以公开透明和鼓励先进为导向，实现两个统一、两个区分、两个增加。不断完善人员选聘及流动机制，提高人员业务能力。

（五）加强党建、文化引路，融合助推发展

一是加强党风廉政建设。华沙分行始终将把党的政治纪律放在首位，定期开展党员学习活动，组织全体党员认真学习党的十九大精神和习近平新时代中国特色社会主义思想，始终在中央大政方针、国家宏观大局、总行党委大思路下谋划和推动海外分支机构经营管理各项工作。2017年，发展一名预备党员。

二是以文化带队伍，以融合促发展。以“责任、融合、热忱、勇气、团队”为核心理念，形成了富有特色的“PERFECT臻于至善”的企业文化精神。通过举办马拉松慈善跑、与当地大学合作关注教育、慈善义卖等积极回馈社会，在当地社会引起热烈反响，被赞为在波中资企业典范。举办5周年行庆，时任中国驻波大使、波兰参议员 、华沙大学管理学院院长、波兰银行业协会会长等200余名嘉宾出席活动，波兰金融监管局专门致信，中、波媒体相继报道，在当地社会引起巨大反响。

（华沙分行）

工银标准

一、主要经营概况

2017 年是工银标准收购交割的第三年，在总行党委的正确领导下，按照“开源、节流、整合”的总体思路，努力实现增收节支，积极推进集团整合，不断完善公司治理。2017 年营业收入显著增长，营运成本同比下降，实现净利润 2 971 万美元，比上年增加 1.29 亿美元，实现了自 2009 年以来的首次盈利，为进一步深化集团战略整合、提升集团战略贡献打下良好基础。

二、主要业务亮点

（一）理顺治理机制，提升执行效率

一是统一思想聚人心。强调工商银行不仅是工银标准的交易对手与合作伙伴，更是工银标准的控股股东与集团总部，要求管理层与全体员工牢固树立 One ICBC 集团意识，在业务发展上充分发挥集团优势，在内部管理上坚决贯彻集团要求，在战略方向上坚定推进集团整合。二是理顺机制抓落实，通过加强董事长对公司运营的管理监督、明确董事长作为控股股东的授权代表、成立董事会整合委员会、调整优化董事会构成、建立高管考核问责制等改革举措，将集团整合工作制度化、常态化和具体化，提升战略传导速度和贯彻落实力度。三是立足长远谋发展，从优化全球金融市场业务布局、丰富全行金融市场产品体系的高度来规划工银标准的长远发展，按照“全行境外金融市场交易中心、大宗商品业务中心和衍生产品集约化经营中心”的战略定位，把工银标准建设成为符合股东战略需要的领先大宗商品和金融市场业务平台。

（二）发挥特色优势，坚持创新引领

依托“专业化、差异化、集中化”特色优势，坚持创新引领，着力打造“金融市场、大宗商品、投资银行”三大业务主线。在金融市场领域，支持总行推出“一带一路”及新兴市场国家 80 多个币种外汇买卖业务，首创发布“一带一路”宏观经济系列指数；发挥在复杂衍生品和结构性风险解决方案方面的专业优势，完成了尼日利亚央行货币互换及衍生品交易、阿根廷项目融资利率掉期等多个重大项目，在满足客户汇率风险管理需求的同时实现了交易整体收益水平的提升。2017 年与总行合计交易 816 亿美元，占全部可比交易的比例达到 41.84%。在商品业务领域，发挥大宗商品独有牌照资质和专业优势，稳步拓展在贵金属、基本金属、能源及大宗散货领域产品优化和创新，提升对全行的功能性贡献。贵金属仓储和清算业务取得突破，2017 年贵金属存储量达 69 亿美元；贵金属清算交易 48 000 笔，其中工行集团内清算 33 000 笔，占比 68%；全年清算交易额达 2 200 亿美元，与总行累计交易额达 437 亿美元。成功营销民生银行贵金属清算行，打开了国内同业机构贵金属清算行业务新渠道。在投资银行领域，依托大而强的集团客户基础、小而精的专业服务团队、多而广的交易投资群体，积极开展债券承销与咨询服务，2017 年工银标准债券承销金额 25 亿美元，承销收入 800 万美元。

（三）坚持集团联动，实现协作共赢

不断深化与集团联动范围和协同力度，积极跟踪重点客户与重点项目，及时提供配套服务方案，改进优化利润分成机制，联动营销工作取得一定进展。2017 年来自工行的客户端收入累计达 7 700 万美元，占子行全部客户端收入的 25%；其中工行带来的商品业务收入 950 万美元，FICE 业务收入 6 400 万美元，投资银行业务收入 350 万美元。与总行签署了集团内外汇交易净额清算协议，2017 年累计释放资金占用超 345 亿美元，显著缓解了子行与总行的双边流动性压力。完成了我行与南标集团在英机构合并纳税筹划申报工作，增加集团合并报表利润 2 100 万美元，显著节约了集团税收成本，实现了集团整体效益提升。

（四）坚守风险底线，确保监管合规

为满足日趋严格的监管要求，工银标准从管理框架、制度建设、系统建设和人员配备等各个方面加大投入，不断加强监管合规培训，及时调整业务策略和内部流程，提高对监管政策变动的敏感性。2017 年配合总行和境内外监管机构完成了一系列监管合规检查，检查结果正面向好，整体保持了较高的风险管控标准，并在不断变化的国际监管环境中走在了合规前沿。

（工银标准）

工银伦敦（伦敦分行）

一、主要经营业绩

2017年末，伦敦机构资产规模同比增长75%，其中贷款余额接近100亿美元，同比增长73%；债券投资余额同比增长90.8%。全年利息净收入首次突破1亿美元大关，同比增长19.4%；中间业务净收入同比增长37.7%；实现净利润6 500万美元，同比增长27.2%。2017年末总资产较上年翻一番。其中，银团贷款增量接近21亿美元，占资产总额总增长的36%；另外，以贸易融资（含代付）和债券投资的增幅较为明显，分别较上年增长680%和154%，助推税前利润较上年增长38%。

二、主要工作措施

（一）坚持本地化发展战略，重点拓展大客户、大项目及大宗商品优质客户融资业务，各专业板块稳步发展，成果丰硕

始终坚持本地化发展道路，信贷业务客户及贷款本地化率一直保持在90%以上。在金融机构领域，实现资产和效益双翻番，贸易融资表内资产较上年翻两番。非银行金融机构客户业务实现突破，牵头筹组了某国财政部10亿美元银团、成功赢得该财政部50亿美元债券主承销角色，牵头筹组了某大型银行20亿美元银团贷款等一批具有重大市场影响力的项目。在大宗商品领域，对数家大型跨国集团客户取得关键突破，为进一步巩固和发展与其全面合作关系奠定了良好的基础。在商业地产领域，英国脱欧公投后，更加审慎把握可能受到影响的办公楼、零售等子行业，积极拓展仓储、物流、学生公寓等发展前景较好的细分市场。在基础设施领域，先后参与本地大型海上风电项目、机场项目以及火车车辆购置贷款等数个颇具市场影响力的大型基础设施项目银团贷款，进一步提升了市场形象和地位。

（二）EMEA区域银团贷款中心成效显著

银团贷款筹组与分销能力不断提高，银团贷款项目数量创历史新高，助推集团在EMEA区域银团贷款簿记行和牵头行排名首次进入前40名。2017年伦敦机构在EMEA区域参与筹组的银团贷款项目共60个，较上年增长53.85%，其中三分之二的项目获核心牵头行地位，四成以上项目承担活跃簿记行角色，担任核心牵头行和活跃簿记行数量较上年均翻一番。2017年EMEA区域前20大并购银团贷款，我行参与率超过30%。

（三）欧洲筹资中心作用凸显，多渠道市场化资金筹措能力不断增强

充分依托伦敦金融市场资源优势，成功开拓了俱乐部贷款、EMTN、CD等多种筹资渠道，丰富资金来源，控制筹资成本。2017年俱乐部贷款成功再融资，筹资规模增长73.5%，首次实现双币种、双主体融资，该笔俱乐部贷款成为2017年度全球金融机构贷款市场第10大金融机构贷款。成功逆市发行9亿美元欧洲中期票据（EMTN），本次发行的三年期品种分配给欧洲投资者额度占比高达58%，同时最终发行价格较近期同类大行可比债券低3个基点。作为区域筹资中心，在保持自身经营稳健发展的同时，积极为集团其他机构业务发展提供优惠资金支持，节约全行融资成本。2017年伦敦机构与系统内资金拆借、拆放业务累计交易金额达472亿美元，为亚洲、中东和欧洲等多个海外机构提供资金支持，降低了集团融资成本。

（四）与集团内机构联动活跃，成绩斐然

2017年伦敦机构继续加强集团内的内外联动和外外联动，联动总行参与国企海外并购地产等项目10笔，涉及项目金额超过200亿美元；与其他分行联动项目13笔，涉及项目金额超过120亿美元；2017年伦敦交易中心代理总行交易业务总体发展良好，全年完成交易金额同比增长6%。

（五）全面风险管理能力不断提升

2017年伦敦机构连续经历了当地监管对流动性风险和全面风险管理等重点领域的检查，整体反馈正面，评价良好。在合规及反洗钱方面，伦敦机构投入大量人力、物力高效完成多个合规项目，有效应对了合规及反洗钱政策的变化。在流动性风险方面，自主研发的流动性风险量化模型，充分发挥资产转移定价（FTP）的导向作用，为全系统首创，为其他境外机构提供了流动性风险管理的范本。

（六）后台支持保障体系不断完善

同步投产了清算业务管理系统、清算查询管理系统、COMPASS等三个清算和反洗钱核心系统，首次在欧美国际金融中心实现集团内部系统替代当地主流的清算系统，使得伦敦机构正式纳入集团统一支付清算业务管理和涉敏报警审核监控。

（工银伦敦）

法兰克福分行

2017 年，法兰克福分行认真贯彻总行“提质增效”和“四个强化”的工作要求，制定“五个三”发展策略，即坚持合规、风险、廉政三条底线，强化风险合规、市场拓展、运营保障团队三支队伍，着力拓展中资在德企业、德国跨国公司和行业龙头企业、发行 SSD 银团的欧元区企业三类客户，做好公司投行、清算、金融市场三项业务，全力推进分行本地化、特色化、多元化发展，最终实现对集团贡献的不断提升。

一、主要经营业绩

截至 2017 年末，资产总额 37.39 亿美元，负债总额 36.57 亿美元。实现净利润 1 144 万美元，较上年增长 79%；拨备前利润 2 330 万美元，较上年增长 56%；拨备后利润 1 889 万美元，较上年增长 42%。

二、主要工作措施

（一）明确发展策略不动摇

一是将本地拓展和资本集约作为核心发展思路，集中精力发展公司投行业务和清算特色业务。二是以银团贷款、并购融资、总行簿记等作为未来一个阶段主要业务形式，逐步进入双边贷款市场。三是推进内保外贷、贸易融资等联动业务，发挥好集团一体化营销过程中的重要节点功能。四是拓宽外部咨询渠道，积极探索资产管理业务、金融市场业务的发展条件和监管要求。

（二）狠抓党建队伍不放松

严格落实中央及总行关于党风廉洁建设的各项要求，狠抓外派员工党建和员工队伍建设。一是因地制宜开展党建工作。党支部划分两个党小组，通过班子集中学习、组织干部员工会议、开展学习研讨等多种方式，确保总行党委要求及时落地。二是优化提升队伍结构素质。通过选派新外派员工、补充招聘本地员工、实施青年员工轮岗锻炼等手段，加强关键岗位人员配备。三是持续深化人力资源管理。推进人力资源深化项目方案落地实施，实现了外派和本地员工岗位层级和工资等级档次一体化套改。

（三）加快业务转型调结构

一是信贷资产投放和客户拓展本地化趋势良好。2017 年末，欧盟内公司客户占比达 96%，欧元区内信贷资产投放占比达 74%。信贷业务本地化率为 44%，较年初提升 35 个百分点。二是信贷品种结构调整成效显著。2017 年末，贷款规模较年初增加 11.58 亿美元，贷款占总资产规模达 40.51%，较年初提高 9.93 个百分点，贸易融资占比较年初下降，生息资产结构实现明显优化。三是优化贷款币种结构。2017 年末，欧元贷款规模增幅达 126%，有利于更好地发挥分行“总行欧元清算中心”“总行欧洲时段资金拆放中心”优势。

（四）聚焦本地拓展取成效

分行加大目标客户拓展力度，取得了突出成效。一是分行重点关注中资企业在德在欧设立或并购公司，发挥内外联动优势，全方位提供并购咨询、并购融资、营运资金贷款、保函等多种金融服务，全力支持“走出去”中资企业金融服务需求。二是分行与多家德国世界 500 强企业保持密切沟通联系，并成功参与了多笔当地大型企业银团贷款。2017 年末，分行德式银团贷款余额为 4.49 亿美元，借款人均为欧盟内各行业龙头企业。

（五）深耕欧元清算保特色

分行作为集团欧元清算中心，持续强化欧元清算业务的代理行客户拓展和合规管理。在保持安全生产、稳健运营基础上，以合规经营、价值创造为工作核心理念，主动适应当地支付清算法律和制度的变革，优化产品和客户结构。2017 年分行办理清算总笔数达到 58.16 万笔，同比增长 5.69%；清算总额为 6 473.89 亿欧元，同比增长 18.07%；实现清算业务中间业务收入 693.90 万欧元，同比增长 8.64%。

（六）坚守风控合规固底线

坚持制度先行，切实加强风险防控规范管理。一是强化合规理念，强调合规优先、全员合规理念，组织学习总行合规标兵表彰会。二是完善制度体系，高度重视监管及审计意见，聘请本地咨询公司进行诊断并提出整改建议，梳理完善各项制度办法、业务流程和法律文本。三是依据总行和监管要求，大力推动存量低效户、睡眠户的清理工作，为分行后续发展“减负”。四是加强人员配置，为风险管理、反洗钱、合规等岗位增配了有经验的本地和外派员工，增强实际风控合规管理能力。

（法兰克福分行）

工银莫斯科

一、主要经营业绩

2017 年俄罗斯经济探底回升，通货膨胀率得到控制，汇率波动收窄，但制裁加剧、利率进入下行通道，资产和收入增长难度很大。年末，工银莫斯科资产总额 8.43 亿美元，同比增长 2.65%；贷款（含贸易融资）总额 3.71 亿美元，同比增长 62.98%，客户存款余额 3.53 亿美元，同比下降 12.10%；实现营业净收入 3 849.17 万美元，同比下降 4.79%；利息净收入 2 806.68万美元，同比下降 14.31 %；净利润 1 900.58 万美元，同比下降 15.61%。ROA（税后）1.48% ，同比下降 0.82 个百分点；ROE（税后）8.64 %，同比下降 19.78% 个百分点。顺利实现人民币清算中心、CFT 一期、债券承销经纪业务、个人业务投产和彼得堡分行正式开业。圣彼得堡分行年内拓户 52 户，基本覆盖区域内大中型中资客户。年末存款余额 6.7 亿卢布，日均 2.9 亿卢布。

二、主要经营亮点

一是有效风险防控保安全。继续严密排查防控存量客户和业务风险，对几家发生“黑天鹅”事件的大银行都提前预判风险，冻结并加速授信到期，保障我行贷款安全。加强优质客户名单制营销扩户。年内新批新建授信关系客户 17 家，有融资余额客户净增 6 户。存贷款公司大客户数均有一定增长，集中度风险得到一定缓和。市场流动性风险较好控制在容忍限额内。操作风险事件数有效压降。年内完成 85 亿卢布增资事项。完成子行成立以来首次分红，向股东分配（含税）15.96 亿卢布。保持零不良贷款。经受住彼得堡恐怖袭击，实现全年安全生产。

二是“制度先行，合规优先”，较好管控住涉敏反洗钱合规风险。优先保证内审内控反洗钱的资源投入和机制建设。将外汇监管团队从营业部转到反洗钱部，提高了外汇监管工作的独立性，确保其严格按照内外部规定进行业务监管。定期监测监管政策变化，努力实现与内部制度修订同步，夯实合规管理基础。加强部门合作，统筹内部检查。密切关注美国对俄罗斯的制裁政策变化情况，高度重视涉敏风险，新增跨境涉敏客户和业务合规准入审查。年内投产了总行 COMPASS 系统和本地 CFT 反洗钱模块，持续推进本地系统建设，提升反洗钱系统自动化水平；优化内部业务流程，严防洗钱风险。完成网络架构升级改造。申请并获得 FSB 俄罗斯联邦安全局的安全认证，信息安全按 382 - P 法规自评合格。稳步推进 CFT 二期建设，IC 系统和无纸化办公，启动本部备用发电机、彼得堡备份系统建设，提升业务连续性能力。

三是重点市场优质客户拓展实现预期目标。净增公司客户 76 户，增幅 13% 。新客户不少是子行重点营销结算往来和贸易融资大客户，如华为、中兴以及俄行业龙头企业运动健将、ILIM 纸浆等。除贷款和债券投资增长较好外，如还原总行投资款由同业存款转所有者权益因素后，实际有一定增长；公司存款方面，最大存款客户 TPS 美元存款不断支用导致存款持续下降，除该客户外其他公司客户总存款保持增长。年末授信客户总数、有授信余额客户数、大额存款客户数均较年初显著增加，一定程度上缓解了存贷款高度集中几个大户的集中度风险。彼得堡分行实现了对辖区内大中型中资客户全覆盖，为来年努力实现盈利打下基础。顺利完成了人民币清算行和清算服务平台投产。新开代理行人民币清算户 6 户，人民币结算量、清算量均超额完成任务，子行跨境和人民币服务能力继续提升。

四是经营转型压力大，业务发展无法达到预期。部分需求面广、贡献度高的重点客户遭受制裁，例如俄主要金融企业、油气能源企业。子行传统主力的美元业务、同业业务严重受冲击。债券承销经纪、托管、个人等新业务尚无法形成营业贡献，贸易融资从面向同业转向俄籍和中资公司客户群需要时间营销积累客户群形成业务量和贡献，导致子行收入和利润指标较大落后于增资计划。

五是收益管理难度持续增大。2017 年美国最新 CAATSA 法案扩大了对俄罗斯行业制裁范围，而且对非美国人开展与俄罗斯有关的部分业务进行次级制裁。持续地对俄制裁限制子行资产投放能力。俄罗斯央行关键利率处于快速下降通道，2017 年 6 次降息，关键利率由 2016 年的 11% 下降至目前的 7.75% 。预计 2018 年还有降息空间。子行卢布资产收益率大幅下降。为适应监管要求提升自动化水平，子行大力加强科技信息系统投入，年内实施 CFT、IC、机房搬迁和网络改造等多个项目，营业支出刚性增长，导致收入和净利润同比下降，未能完成总行和董事会年初下达的任务目标。

（工银莫斯科）

布拉格分行

2017年，布拉格分行在总行党委的关心支持下，建立多层次的监管沟通机制，顺利取得捷克首例非欧盟银行分行牌照。对外加强优质客户储备，实现捷克龙头企业信贷业务突破，对内夯实合规基础，持续完善相关制度流程，成为首家通过总行对标验收的境外机构。

一、主要经营情况

总行于2017年12月14日批准布拉格分行正式开业。作为新设机构，布拉格分行实现税前营业收入129.16万美元（含营运资金汇兑损益影响），营业费用支出123.21万美元（2017年9月1日全部人员正式到岗，营业办公用房起租），2017年含簿记还原亏损约为3.05万美元。

二、主要工作措施

一是克服外部困难，高效获取牌照。非欧盟外资银行分行牌照在捷克央行尚属首例，面对复杂局面，筹备组重点与捷克央行建立良好沟通机制，逐步增进了捷方理解与信任。在高层对接上，通过筹备组负责人主动定期与央行高层见面，积极联系使馆等外交途径，有效促进了尽快发牌。在工作层面对接上，筹备组会同牌照申设咨询公司保持每日沟通，及时跟进申设进展，在央行规定时间内反馈审查修改意见2轮并完成捷克语翻译，在反馈质量和速度上均得到高度评价。2017年4月，分行收到捷克央行颁牌批复，并于次月由泽曼总统见证，捷克央行行长鲁斯诺克在总行亲自颁发牌照。根据捷克央行官方统计，为期278天的申设时间，创造了其建立以来的外资银行分行的纪录。筹备期间，高效完成办公场所选址装修、本地员工招聘培训、平台核心系统投产测试、开业典礼筹备实施等工作，顺利保障分行按时开业。

二是迅速打开局面，做好业务储备。根据捷克经济结构及行业特点，优先选择中国元素以及捷克本地制造业、汽车及上下游、基础设施等重点行业，实地拜访考察多家企业，储备丰富的客户资源。成功参与多笔国际银团业务。与汇丰等外资银行作为牵头行成功为捷克知名企业筹组银团。与6家本土重量级企业签订合作备忘录，已与2家企业签订银团参贷协议，与1家企业交换NDA，其余3家企业进入尽职调查阶段。启动主权类机构人民币投资，营销主权机构投资人民币产品。推动银行同业全面合作，走访包括花旗、汇丰、安智、德商等国际银行及捷克本土大型金融机构等10余家，积极促进代理行授信、资金清算、资金拆借、个人服务等合作，目前已成功争取本地同业授信额度近2亿欧元。

三是夯实合规基础，完成对标验收。组建制度学习小组，定期研究捷克及欧盟相关制度法规19个，包括捷克法律法规15个，欧盟法规指令4个。申请牌照期间，形成央行书面批复认可的59项制度。顺利通过对标验收，依次完成了制度对标、非现场验收、现场验收工作。在验收中，得到了总行的高度认可。

（布拉格分行）

组约分行

2017年，纽约分行持续推进本地化、高端化、专业化和综合化经营，不断丰富产品线、拓宽收入来源，提升市场竞争能力，狠抓合规风控建设，保证稳健可持续经营。

一、主要经营情况

2017年末，资产总额283.93亿美元，同比增长16.9%；贷款余额117.33亿美元，由于处置内保外贷和簿记业务，较上年末略有下降；客户存款余额80.5亿美元，同比增长28.6%。实现营业收入3.9亿美元；

其中，利息净收入和佣金手续费净收入分别为2.7亿美元和1.09亿美元，分别增长33%和4.7%；实现拨备后利润2.86亿美元、净利润1.7亿美元，分别较去年同期增长27.98%和28.32%。经营效率持续提高，成本收入比降至14%；资产质量保持良好，不良率为0.7%。

二、主要工作措施

（一）重点业务线

1. 公司金融业务。以世界及美国500强企业等大型龙头企业为目标客户，深耕本土市场，加强交叉营销、集团联动、区域协同和多元化服务，增强客户黏性，提高综合服务收益；2017年，新增公司客户79个，进一步扩大了对500强客户的覆盖。目前，美国本地客户占比和收入贡献占比均已超过80%，成为主要的收入来源。年内对簿记和内保外贷业务进行了处置和清理，共计发生还款及回购23.98亿美元。

2. 金融机构业务。重点拓展外资大型私募基金、对冲基金、资产管理公司非银行金融机构业务，并加强大学捐赠基金、央行、主权基金及政策性银行的营销力度。目前此类业务已成为分行主要收入来源之一。

3. 资金业务。2017年是美国机构进入强化审慎监管后，分行的流动性缓冲资产比率分阶段达标的关键一年。分行持续增强流动性管理能力和自主本地融资能力，成功发行三个期限总计15亿美元MTN，并向总行提交联储账户日间透支额度方案。开拓人民币、欧元等非美元币种融资渠道，支持非美元贷款、错币种结构性贸易融资等资产业务。顺利完成在中国银行间债券市场开立债券专户和托管专户工作。

4. 清算业务。及时关闭高风险账户，转向服务中资银行客户和集团内客户，并加快清算系统更新换代和优化改造。2017年，共关闭了11个代理行美元账户，主要分布在中东、俄罗斯、非洲等合规风险高地区。2017年，美元清算业务量达161.47万笔，同比增长14.63%；清算总额为8.68万亿美元，同比增长14.84%。

（二）特色产品线

1. 项目融资。抓住美国发电等基础设施建设的热潮，大力发展项目融资，成为市场领先银行。2017年，在北美项目融资领域排名第三，在北美电力项目融资领域排名第二。电力项目融资主要牵头了两笔绿地项目贷款和五笔收购项目贷款；此外，还积极开拓铜矿、码头和铁路等领域的融资业务，以及拉丁美洲市场。

2. 商业地产金融。2017年底，纽约分行地产贷款余额27.4亿美元，同比增长21%；年内独立牵头为Greenland USA、Brookfield、Greystar等知名地产商项目提供融资服务，并联合牵头几笔大型银团贷款，在美国市场知名度不断提升。目前，我行已成为亚洲排名第一的美国商业地产银行。积极拓展市政融资、贸易融资和并购等业务。纽约分行在中资同业中率先进入市政融资市场，2017年主要完成了包括华盛顿特区机场管理局、加州大学等在内的6个市政融资项目。全年发放贸易融资贷款26亿美元，余额14亿美元；贸易结算量达22亿美元。

（三）着力加强风控合规管理，以尽快满足监管要求

纽联储检查重点关注基础设施（胜任的员工和系统）是否与日益增长的资产负债表及风险偏好相匹配。分行针对整改要求逐项拟定详细的整改措施，并成立专门的督导保障团队，牵头跟踪推进整改工作。强化合规风险管理，加强制度、团队和系统建设，以及全员合规文化培训，提升总体合规经营水平。加大关键合规岗位胜任人员配备力度和系统、资源投入；完善规章制度，强化合规管理治理；加大合规反洗钱资源投入，聘请外部咨询机构检验合规监测系统、审查反洗钱和涉敏风险评估方法和流程等。持续加强风险管理制度和团队建设，优化信贷管理机制，加强信贷风险管控。积极推进EPS合规事宜；启动DFS 500项目，并在2017年8月28日前完成了第一阶段的全部合规项目，不断强化信息安全管理；完成内保外贷业务的重新评级与处置，完成全部簿记贷款的回购。

（四）加大基础设施投入，强化后台支持保障

加大员工招聘力度，满足业务发展和监管合规需要。2017年共新录用40名员工，其中约有一半充实到了合规、信贷管理和风险管理等关键岗位，增强了合规风险防控力量。加快系统升级和投产，以满足更严格的监管要求。为满足纽约金管局NYDFS Part 504的监管要求，年内完成了清算反洗钱（EDD）及查询查复（IC-SWEB）的系统升级，并聘请第三方公司对清算系统eGifts（含黑名单检测）及EDD反洗钱系统进行有效性评估；启动了DFS Part 500项目，对全行的系统和网络安全进行了全面梳理。完成eGifts美元清算系统的两次升级和新美元清算系统的三轮测试；投产外购的贷后管理系统SGP DOX；实现流动性监管报表FR2052a的成功报送。

（五）全面提升品牌形象促进业务发展

积极开展国际交流合作，通过举办和参与不同主题的论坛、研讨会等各项社会活动，提升工商银行在美国市场的品牌形象。比如“重建美国基础设施：中国合作伙伴的机遇与挑战”论坛、“绿地投资跨国并购论坛及投资美国招待会”“中国资本市场的展望与机遇”论坛；以“One ICBC”的统一品牌形象参与“JP Morgan Corporate Challenge”跑步活动；举办工行之夜音乐会和招待酒会等。

（纽约分行）

工银美国

一、主要经营业绩

截至2017年末，工银美国净利息收入6 634万美元，较上年增长24.91%；手续费及佣金收入1 400万美元，较上年增长17.45%；净利润12 16万美元，较上年增长72.97%。净息差（NIM）3.08%，较上年提高36个基点；ROA和ROE分别为0.55%和3.69%，分别较上年提高20个和147个基点。总资产为23.49亿美元，较年初增长5.38%；贷款余额20.21亿美元，较年初增长18.26%；总存款余额19.82亿美元，较年初增长5.54%。2017年，累计投放贷款2.5亿美元、1 500余笔，集中度风险控制有效。商业房地产贷款占比55%（不包括建筑贷款），工商企业贷款占比21%，与年初持平；不良贷款率0.02%，显著低于集团不良贷款率平均水平。

二、主要经营发展情况

（一）调整经营策略，提升经营效率

收入方面，一是优化调整贷款定价体系，更快速、灵活地适应市场竞争环境。2017年底平均贷款收益率4.27%，较上年提高35个基点。二是优化资产负债管理。对资金来源和运用进行精确化管理，并开辟新的同业拆借业务。2017年共做资金同业拆借业务7笔，累计金额1.1亿美元，实现利息收入37万美元。

成本方面，一是压降资金成本。研究制定内部资金转移价格，对各个产品线、各个区域、各个部门进行精确考核；改善激励机制，采取专项奖励等措施加强网点营销能力，调动网点主动吸收低成本存款；压降批发存单业务量。二是控制人力资源成本增速。2017年底总员工数292，较去年底净减少1人。

（二）加强重点业务营销推广

零售业务方面，多次开展留学、跨境个人金融服务等主题的客户推广，收效明显。新增学生账户382户，涨幅17%，存款余额760万美元；保险代理业务实现手续费收入35万美元；新增信用卡2 123张，累计授信945万美元；新增住房贷款150笔，累计金额8 097万美元。

公司业务方面，重点发展收益率较高同时风险相对可控的商业房地产贷款、银团贷款、联动公司业务，并在筹备中小企业双边运营资金贷款的新业务形式。

（三）促进美国机构资源整合，机构网络布局延伸工作取得重要成果

利用全牌照和地域延展优势，于西部西雅图和南部休斯敦设立营销中心，拓展美国区域营销网络。积极推进美国机构营销体系整合，组建了跨境联动营销团队、房地产团队、贸易融资专业营销团队，营销成效显著。2017年以来成功营销万向清洁能源，上海力鸿，中化探勘，湖南电广等客户，新增贷款数十笔，合计金额约13.2亿美元，带来利息及费用收入约2 600万美元，实现业务推介费收入近230万美元。贸易融资团队向纽行推荐业务47笔，合计9.86亿美元，为子行实现业务推荐费211万美元。发挥中后台运营系统、人员及管理优势，承接部分美国区域中后台运营管理职能，并积极推进与纽约分行在信贷审批、信息科技、人力资源等方面整合，以集约化经营提高资源利用效率。

（四）坚持安全稳健经营，监管评价明显改善

一是根据《企业风险管理政策》，推进各项风险评估和系统测试。二是不断强化反洗钱及合规部门力量。2017年OCC对工银美国进行年度全面检查，反馈结果为“满意”，获得了近10年来最好的检查结果。

（工银美国）

工银金融

一、工银金融基本情况

工银金融是我行 2010 年在美国收购后注册设立的一级子公司。目前公司员工 98 人。作为 NYSE、NASDAQ、OCC、DTCC、FICC、MBSCC 和 Euroclear 等各主要交易所和清算所的注册会员单位，业务范围包括美股交易代理执行、股票和固定收益产品质押融资、证券借贷、清算交割和证券托管等多个美国证券业主流业务领域；覆盖的证券产品包括美国国债、两房机构债、市政债、公司债、国际债券、主权债、股票、股票期权、美国存托凭证（ADRs）和可转债等；商业模式也从清算类券商逐步向机构经纪商（Prime Broker）模式升级。

二、主要工作措施

（一）积极优化客户结构和业务结构，经营能力持续向好。在有效调控总资产规模的同时，抓住市场格局调整机遇，稳步优化客户结构、业务结构和收入结构，2017 年新引入 17 家清算融资客户和 20 家交易对手，同时，审慎退出 34 家资本金偏小、合规成本较高、收益贡献较低的客户。截至 2017 年末，公司资产总额 319.24 亿美元，较 2016 年末下降 43.36 亿美元，降幅 11.96%。

（二）大力完善公司治理，有效加强人力资源管理。立足总行战略和公司实际，进一步优化经营管理流程，修订完善了《公司章程》，还在管理层领导下，增设完善了合规管理、风险管理、财务管理、运营管理和新客户审批等各专业委员会。在人力资源管理方面，绩效管理和激励约束机制更加规范；立足本地化战略，择优增补专业人才，稳步优化队伍结构；加强企业文化建设，大力倡导 One ICBC 理念。与此同时，在总行支持下，有效反制外部恶意竞争。针对在美某同业恶意竞争的监管仲裁工作取得最终胜利，团队士气为之振奋，总体呈现出人人有压力，人人有动力，人人要尽责的积极面貌。

（三）狠抓合规管理，高度重视监管沟通。坚持较低风险偏好，只做机构业务，不做零售类证券经纪，并进一步强化客户尽调评估。在集团合规文化指引下，工银金融逐步确立了“审慎合规、全面覆盖、持续监督、支持发展”的合规管理理念，并在合规制度建设、团队建设和文化建设方面积极作为。此外，严格遵守本地金融从业操守，规范管理从业人员资格考试、指膜报备、在职教育、在外兼职、收受礼品、个人股票交易等行为。成立至今，员工保持廉洁从业无内部欺诈记录。合规文化建设中通过加强形式多样的合规培训，让全体员工理解和认同合规经营不仅是合规团队的工作，也是公司每一名员工的分内职责，不断保持职业操守、自觉提升合规经营水平。监管沟通方面，高度重视监管检查，对于监管问题或意见及时回复，认真整改。FINRA 在 2017 年度监管检查中，没有发现任何问题，检查结果令人鼓舞。

（四）重视网络安全工作，稳步推进核心业务系统重构项目。为不断加强互联网安全管理，工银金融采用了美国业内先进的网络防火墙，并采购了第三方公司的渗透性测试服务；同时积极配合总行数据中心定期开展各类安全检查和互联网安全培训。在业务运营系统建设方面，在确保业务稳定运营的同时，通过广泛调研、审慎比对和艰苦谈判，在成本可控和相关条款优于可比同业的基础上，经总行和公司董事会批准，选定行业领先的证券清算业务平台并稳步推进系统转换有关工作。

（工银金融）

工银加拿大

一、主要业务经营情况

2017年，工银加拿大实现净利润1 789万美元，同比增盈532万美元，增长42.32%，超额完成总行和董事会下达的任务目标。实现净利息收入3 181.59万美元，同比增加765.77万美元，增幅31.70%；实现手续费和佣金净收入693.07万美元，同比增加130.36万美元，增幅23.17%。总资产14.24亿美元，比年初新增1.75亿美元，增长14.01%；其中，贷款余额11.98亿美元，比年初新增1.74亿美元，增长17.00%。总负债12.28亿美元，比年初新增1.45亿美元，增长13.39%。其中，存款余额7.96亿美元。

二、业务发展主要举措

（一）确保资产业务稳定向上发展

积极应对大额还款形成的缺口，加强营销，确保了资产业务增长的良好势头。2017年末，公司贷款余额13.25亿加元，较年初增加1.08亿加元。参与多笔主流银团贷款项目，其中作为集团内牵头行，与工银澳门和工银首尔两家兄弟行组建银团，为某公司发放2亿加元“内保外贷”项下银团并购贷款项目。

（二）外汇及投融资业务稳中有进

在国内外人民币流动性收紧的大环境下，实现了外汇交易利润的稳步提升。2017年实现外汇交易利润186.78万加元，同比增长32.82%；金融市场代客与做市业务累计交易173.43亿美元，同比增长28.68%。同时，子行通过提高资金收益率，有效提高了投融资业务收入，全年实现收入折合532.89万加元，累计交易笔数636笔，各币种债券投资指标均达到总行要求。

（三）着力做好同业机构营销工作

在2016年取得加拿大国民银行的熊猫债主承销及簿记管理人资格的基础上，2017年子行先后拜访了多家政府、同业机构等，取得了积极成果。GIC业务发展势头强劲，吸收存款量屡创新高，已成为子行稳定的资金来源。2017年末，子行通过该产品吸收存款余额为1.10亿加元，较去年增长213.92%。

（四）代理行及清算行业务实现突破

目前已与114家境内外金融机构建立了代理行关系。商业银行167地区新增代理行加元Vostro账户6个，人民币清算行188地区新增代理行人民币账户2个。充分发挥联动优势，推动人民币清算行业务发展。2017年末，多伦多人民币清算行存量清算账户18户，自开业以来累计办理收付业务4 402笔、约704亿元，办理人民币购售累计达2.28亿元。

（五）深化零售业务转型发展

逐步推进零售业务发展转型，取得积极成果。2017年实现信用卡发卡436张，完成率109%；借记卡预付卡发卡21 494张，完成率330%；个人网银渗透率52.87%，公司网银渗透率87.78%，均超额完成了总行下达的考核任务。在宣传推广零售业务过程中，举行回国现场路演，与境内分行无缝对接，有效提升了跨境金融服务质量。作为重点业务的留学担保GIC见证开户业务和普通见证开户业务，也在激烈的市场竞争环境中有所发展。2017年共办理见证开户业务674笔，带来个人存款700万加元，中间业务收入5万加元，信用卡开卡120张。

（六）实现服务渠道拓展优化

按照支票影像项目、单证测试平台及合规要求，对手机银行系统做了数次升级。开拓融易购和POS收单业务也取得成效。2017年末，共发展银联卡收单商户32家，布设POS机具57台，年累计消费金额1 816万加元，较去年同期增长10%；收单交易额累计达到1 659万加元，实现中间业务收入8万加元。将原安大略省Scarborough分行转型改造为运营业务处理中心，将原卑诗省Vancouver City分行撤并，与Vancouver Richmond分行实施业务整合。

（七）深入落实合规风险管理要求

保持综合风险“温和”的监管评级，系当地业务活跃银行所能取得的最好评级。对监管政策调整作出及时反应，确保最新要求贯彻到具体业务和制度中。强化流动性管理、市场风险管理及全面风险管理，进一步做好操作风险与安防管理工作。

（八）切实提升信贷管理水平

发挥信贷审批职能作用，推进信贷区域、行业、产品、客户集中度等方面结构调整；高度重视信贷风险全过程管理，加大风险监控力度，坚决退出潜在风险客户。截至2017年末，子行不良贷款余额145万加元，不良率0.10%，全年无新增不良贷款，不良率达到收购以来最低水平。

（工银加拿大）

工银墨西哥

2017 年为工银墨西哥第一个完整经营年度，子行落实战略规划，超额完成预期业绩，成功增资并实现筹资多元化，积极开拓市场，继续强化风控运营保障，在墨品牌建设进一步提升。

一、超额完成预期业绩，业务拓展卓有成效

2017 年实现经营净利润 -369 万美元，较去年同期减亏 121 万美元。资产总额 2.53 亿美元，是年初的 5.5 倍。贷款余额 1.59 亿美元，增幅530%。公司客户总数增幅 390%，其中有贷户增幅 300%。贸易融资、人民币存款和汇款均实现突破。信贷区域扩大至 13 个中美洲及加勒比海国家。

二、成功增资并实现筹资多元化

一是年内完成了 5 000 万美元增资，同日兑换为 9.33055 亿比索。二是成功完成两期共 1 000 万美元的总行定向次级债发行，有效补充二级资本。三是获得惠誉 AAA（mex）和标普 mxAAA 评级，为墨西哥银行业最高评级。四是新增 11 家代理行，争取到中国银行筹备组 5 亿比索稳定存款，并获桑坦德银行 8 亿比索融资，圆满完成母行负债依存度指标；成功取得一年期内筹资工具发行资格，可在当地市场择机发行相应筹资工具，60 亿比索的 3 年期中期债券发行顺利推进。

三、强化风控运营保障

建立全面风险管理体系，实现零监管合规事故。本年墨西哥央行和存款保险局对子行进行两次检查，均无发现需强制整改的问题。央行官员评价“大大优于对一家新银行的预期”。执行贷前调查、审查分离，完善集体审议等机制，强化信贷风险控制，保持贷款零不良率。

四、品牌建设进一步提升

借金砖峰会之机与墨外交部直接联系，促成 2017 年 9 月 5 日易董事长与墨西哥总统在厦门的正式会晤，引起媒体广泛报道。向“坚强墨西哥”基金地震赈灾捐款 10 万美元，获得了政府、同业和公众的尊敬；受邀在拉美企业家峰会主题演讲，有效提升了子行品牌形象。担任中资企业协会会长单位，陪同大使与 5 个州的州长及企业家举行会谈，组织活动超过 11 次，强化了在中资企业中的龙头地位。组织团建活动、家庭日、中墨传统节日活动、中墨语言文化培训等，促进文化融合，全行氛围和士气得到大幅提升。

（工银墨西哥）

工银阿根廷

2017 年，工银阿根廷继续深入落实总行国际化经营发展战略，持续围绕“融合、传承、创新、发展”的可持续经营发展思路，努力克服阿根廷汇率窄幅波动、利率水平下行等不利因素影响，加大信贷投放力度，提高核心金融产品销售，强化对优质目标市场的拓展力度，经营效益达到预期效果。

一、主要经营情况

截至 2017 年末，总资产 56.30 亿美元，比年初增加 7.55 亿美元。总负债 49.88 亿美元，比年初增加 7.08 亿美元。净资产 6.42 亿美元，比年初增加 0.46 亿美元。几年来，利润的增长成功弥补了货币贬值带来的不利影响，持续实现资本保值增值目标。2017 年子行累计实现税后净利润 16 750 万美元。其中：本地实现 14 893 万美元，簿记业务实现 1 857 万美元），较上年同期减少 2 256 万美元，降幅 11.88%；完成总行任务目标。

二、主要工作措施

（一）客户基础持续壮大。一是大零售客户。个人

客户净增5.61万户，达110.85万户；中小企业客户净增5 448户达4.55万户。二是核心客群。代发工资客户20.44万户，增长4.61%，代发工资企业7 159户，增加685户，户均代发额增长28.6%；私人银行客户95户，增加17户，管理资产增长16%。财富客户净增2.55万户达10.62万户，资产增长66.46%。三是数字化偏好客群。个人网银客户增长15.8%，手机银行客户增长41%，中小企业网银客户增长7.8%，企业手机银行客户增加208户。四是公司投行客户。大型客户新增43户，达1 171户，目标市场渗透率73.8%。金融市场业务客户：金融市场中小企业和大型客户数量达2 520户和345户，个人结售汇、央票买卖等客户增长10%。五是中国业务客户。保持在阿中资企业活跃账户覆盖率100%和中阿重大融资项目全覆盖，跟踪中资新客户及潜力客户27户，新增10户，包括中阿首个进出口银行优贷项目（Jujuy项目）等。

（二）本土业务优势持续增强。一是大零售业务本地化发展持续深化。信用卡净增10.02万张，达121.79万张；借记卡净增9.87万张，达72.81万张；银行卡累计消费额达553.04亿比索，增长34%。基金公司管理资产263.65亿比索，税后利润增长63%。新车和二手车汽车贷款市场占比处于领先行列。二是公司与投行业务持续深耕本地市场。资产托管总额突破200亿美元，获得阿根廷国家社保基金股权投资资产托管业务（超过100亿美元），保险资产托管业务市场占比稳居第一。投产Cash Cycle Management、Corporate Go.系统，现金管理中间业务收入增长11%；叙做贸易融资9.26亿美元（本地美元融资总额增长80%），保持同业贸易融资大行地位；国际结算业务量达163亿美元，市场份额提升至8.14%，排名升至第五。安排发行25笔债券共计430亿比索，发行笔数和金额保持同业领先。三是金融市场业务本地外汇做市商地位进一步强化。交易量达1 100亿美元，增长47%。实现外汇交易收益11.24亿比索，保持银行间外汇市场交易量第一，近15年来首次在官方外汇即期和外汇远期市场份额均实现第一。

（三）转型升级稳步推进。一是获客及客户服务水平提升。新开6家物理网点，优化网点布局；更新自助设备400台，提升网点自助化服务水平，非人工渠道交易笔数占比96.47%。优化个人网银消费贷款、汽车贷款等线上销售等功能。转型领域投产项目共计19个，包括门户网站重构、线上开户、移动银行人脸识别等，加强API平台建设工作。二是运营效率提升。开展阿根廷资本市场重组、国际会计准则改革、精益管理、网点无纸化流程再造等项目，开展产能动态管理与客户体验为基础的数据和信息管理，提升以金融市场、国际单证、资产托管等业务为核心业务领域客户服务能力，精减人员、流程和作业空间，重构集约化运营模式。三是人员效能提升。全面优化IT组织架构；优化人员岗位结构，压降人力费用，实现了人员总量的有效控制和人员结构的优化调整。四是财务资源管理效能提升。强化战略规则管理；完善优化平衡计分卡，推动绩效考评变革；统筹财务资源，支持精益、数字化银行等战略性项目；启动EPMO项目，提升资源配置精细化管理水平。

（四）集团联动取得新进展。一是跨境贸易融资。叙做探戈通业务411笔共计18.7亿美元。二是跨境银团。簿记贷款余额10.02亿美元，增长181%，为集团创造净利润累计超过4 000万美元。三是跨境资金拆借。完成32笔合计14.86亿美元资金拆借。与迪拜分行直接参与阿根廷政府境外融资，完成1笔5亿美元回购交易。四是借助集团优势推动金融科技水平提升。引入总行CTPX技术框架建设移动平台和生产运维技术；探索引入总行区块链、智能网点平台、融e联、生物识别技术等。

（五）风险与合规能力不断提升。全面做好宏观与微观管理的有机结合。针对监管机构要求，实施142项合规任务。调整可疑交易风险识别参数，加强业务系统与反洗钱数据库接口整合，实现涉敏筛查的系统刚性控制，提高可疑交易报警准确性。继续保持内审的高度独立性，完善审计工作流程和质量控制，对审计发现的整改情况跟进与确认。结合市场及宏观经济形势变化，适时调整政策与风险偏好，在合理控制风险的前提下积极支持业务发展。多维度控制和化解潜在风险，压降不良贷款。

（六）推进党建、人才队伍建设和企业文化塑造。强化外派领导班子和队伍建设，锻造一支责任意识、专业能力和执行力强的外派队伍。开展组织氛围调查，营造积极向上、团结协作、融合发展的氛围，提高员工满意度。大力开展各类培训，鼓励集团内学习交流合作，推进专业领域的文化融合。持续构筑中外方管理层的互信协同，夯实文化融合的基础。

（工银阿根廷）

工银巴西

一、主要经营情况

截至2017年末，考核还原后工银巴西全口径总资产6.68亿美元，增长84%；总负债5.98亿美元，增长105%；实现全口径净利润390万美元，超额完成总行下达全年经营目标；如剔除央行大幅降息导致债券投资收益快速下降的不可抗力因素，实现全口径净利润555万美元，增长2.02%。实现全口径中间业务收入233万美元，增长87万美元，增幅60%。全口径资本回报率达5.60%，资产回报率为0.83%。不良贷款率保持为零。

二、主要工作措施

（一）优化客户结构，公司业务快速增长。2017年，子行公司客户总数91个，其中贷款户22个，同比增长近50%。全年贷款累计发放4.05亿美元，全口径表内贷款余额（考核还原后）4.15亿美元，增长75%。通过双边和银团的方式，在石油、电力、航空等领域为当地企业和政府办理约2亿美元信贷业务。支持中资企业方面，为奇瑞巴西公司办理3 000万雷亚尔流动资金贷款和90万雷亚尔保函；为中烟巴西公司办理1 500万美元出口预结汇和5 300万美元出口预融资业务。

（二）创新发展路径，完成多项业务突破。一是成功参与渣打银行筹组的巴西石油10亿美元国际银团项目并成功发放6 000万美元；二是为Santa Catarina州政府提供贷款5 000万美元；三是首次通过上海自贸区簿记中心为Jalles Machado发放1 500万美元融资，为该平台首笔簿记业务；四是在融资中创新使用CDA/WA仓单抵押，丰富信贷产品；五是购买4 000万雷亚尔Light公司发行的商业本票，为子行首次办理本票类信贷业务。此外，发挥集团合力优势，联合总行部门或兄弟行积极推进相关重大项目。

（三）推动设立拉美区域簿记平台，弥补现有平台不足。2017年，积极推动总行和香港资产中心，成功通过上海自贸区簿记平台发放首笔离岸贷款，解决了因现有簿记平台属于避税天堂导致部分业务无法落地的问题。同时配合总行推进拉美区域离岸簿记平台。

（四）强化信贷业务管理，全力化解风险危机。完成客户评级54户，审结信贷业务（暨授信方案）34笔，金额9.41亿美元；核定代理行授信方案13个，核定授信14.95亿美元。审批通过低风险业务6笔。研究制定《工银巴西法人客户信贷业务准入管理办法》和《工银巴西法人客户信用及担保贷款管理办法》等制度。及时采取有力措施成功化解最大贷款客户JBS事件所导致的风险。

（五）进一步扩大同业联系，拓展筹资渠道。银行类金融机构方面，共与30家银行建立代理行关系，较上年新增6家；非银行金融机构方面，与9家机构建立合作关系，较上年增加4家；同业授信方面，共完成14家代理行授信核定和年审工作，较上年增加5家，整体授信规模较上年增长64%，达15.2亿美元。同业资产业务合作方面，同业拆出余额1.4亿雷亚尔，同比增长1亿雷亚尔。筹资方面，从交通银行总行取得授信额度并拆入首笔美元资金；在美银美林的资金拆借额度提升至8 000万美元，拆借价格较2016年下降超过50个基点；从富国银行和蒙特利尔银行取得资金拆借额度，持续提升筹资能力。

（六）积极发展外汇交易业务，提升中间业务收入。继续优化与美银美林、Votorantim等主要交易对手的合作，同时发掘东京三菱等新交易对手，降低交易对手集中度，实现外汇交易点差收入增长。2017年，共办理外汇交易业务989笔，交易金额27.76亿美元，其中包括离岸人民币交易3 400万元，共实现点差收入229万雷亚尔（约69万美元），同比增长24%。

（七）强化内部管理，确保业务平稳运行。按时完成53个规章制度的更新修订，实现业务办理和内部管理的制度化和流程化。全年严格执行审计计划，共实施13个内部审计项目。召开了4次股东会和5次董事会，顺利完成高管任职以及董事更换系列手续。发挥各类专业委员会职能，增强经营管理决策的准确性、科学性和合理性。出台一系列风险相关制度办法，完善了全面风险管理体系，加强了流程和系统控制。确保主要业务时银行系统可用率在99.9%之上，保证各项业务正常开展。

（八）积极融入当地社会，参与慈善活动。践行“源于社会、回馈社会、服务社会”的宗旨，对收留癌症病童的圣保罗CAJEC中心进行了捐助，履行社会责任，提升本地员工对子行的认同度和归属感。

（工银巴西）

工银秘鲁

2017 年，工银秘鲁面对资本金小、监管特殊、政策制约、沟通不畅及文化差异等诸多不利影响，不断探索创新，首次实现本地报表盈利，在当地市场的影响力显著增强，团队士气不断高涨，战斗力不断增强。

一、总体经营情况

截至 2017 年末，子行资产（含簿记和考核还原）54 036 万美元，同比增长 193%；负债（含簿记和考核还原）50 841 万美元，同比增长 227%；实现中间业务收入（含簿记和考核还原）515.17 万美元，同比增幅 39%；本地报表净利润 143.56 万美元，净利润 112.27 万美元，同比增长 173.7%；不良贷款率为零。

二、主要经营措施

（一）提供综合金融服务，持续优化收入结构。在总行大力支持下，子行单笔业务授权金额提升至 5 000 万美元，信贷区域扩展到智利和哥伦比亚，实现多项业务突破。2017 年共实现中间业务收入 515.17 万美元，占营业收入的 52%，其中投资顾问类 448.83 万美元，银团及贷款类 44.11 万美元，贸易融资类 12.23 万美元，金融市场类 8.18 万美元，结算及其他 1.82 万美元。2017 年共完成出口信用证通知 36 笔，金额 12 564.56万美元，完成出口信用证议付 54 笔，金额 11 750.21万美元，实现中间业务收入 10.70 万美元。累计吸收包括国家税务局、证监局等在内的政府机构、保险公司、金融公司的本外币定期存款近 5 亿美元。累计投资秘鲁政府债券和央行票据折合约 4 907 万美元，累计卖出可供出售类债券投资折合约 7 160 万美元，累计实现投资收益折合约 53 万美元。2017 年累计办理代客外汇买卖业务 4 837 万美元，累计办理同业间外汇买卖业务 8 300 万美元。

（二）发挥集团优势，促进深度协同发展。以与专项融资部共同打造拉美资源融资平台为契机，为在拉美大型中资企业提供优质的金融服务。目前，拉美资源融资平台融资余额为：首钢 5 亿美元，中铝 6 500 万美元，金兆（铜矿）290 万美元，庄胜（煤矿）140 万美元和中技开（油气开发）130 万美元。营销秘鲁央行在纽约分行基本保持每周 4 亿 –8 亿美元存量资金不间断滚动存放，先后办理 7 笔期限在 1 –2 月的较长期限存款，存款余额最高时达 11 亿美元，工银集团成为其管理外汇储备的又一重要平台。

（三）深耕秘鲁、辐射周边，业务储备大幅增加。坚持立足中资，融入本地的发展策略，不断深化与客户的联系。积极跟进中国铝业秘鲁公司特罗莫克铜矿二期扩建工程、中石油秘鲁分公司南部天然气管道项目等。扩大信贷区域，辐射周边国家。通过拜访客户、参与银团、考察项目等多种形式，参与跟踪了多个项目，主要包括中国港湾哥伦比亚 4G 公路项目、迪拜世界厄瓜多尔港口开发项目和智利太平洋铁矿预付款融资项目。

（四）提升运营水平，服务能力大幅提升。为客户提供成本低、效率高的单证业务服务，以首钢秘鲁铁矿出口信用证议付业务蓬勃发展为契机，奠定子行在秘鲁同业的单证业务优势。完成首笔跨境人民币汇款业务。子行的网银系统功能进一步优化，投产 CCE 批量付款功能；融 e 购平台上实现了零的突破——开立了秘鲁国家馆。

（五）加强风险管理，保持资产质量。全年无不良贷款，未出现逾期欠息贷款。修改了信用审查委员会的章程，进一步提升了效率。制定了多项信贷产品准入和管理要求，完成了对保理产品的风险评估。首次对信贷资产进行了压力测试。

（六）合规反洗钱基础进一步夯实。严格按照当地监管规定以及总行相关要求，制定并完善了管理手册、流程等内部规章制度；加强对当地监管规则的跟踪、落实工作，强化监管检查问题整改，截至 2017 年末，已完成问题整改 10 个，还有 1 个问题正在整改中，均在 SBS 确定的整改期限内。

（七）加强公司治理，提升精细化管理水平。2017 年累计召开四次股东大会，审议批准更换董事、独立董事、批准 2016 年度报告等议案；召开董事会、风险委员会、审计委员会、财审会等加强精细化管理。

（八）加强党建和队伍建设，促进企业文化融合。坚持“外派员工起带头作用，党员同志起表率作用”，充分发挥外派员工特别是党员同志在子行经营中的巨大作用。加强员工培训，组织多彩活动，促进文化融合。

（工银秘鲁）

非洲代表处

2017 年，在总行的正确领导下，非洲代表处（以下简称代表处）持续加强对标准银行集团（以下简称标行）的投资管理，切实落实两行人员交流项目，重点推动完善两行战略合作机制，拓展战略合作领域，加强内外联动，扎实开展贷后管理，强化中资客户营销，持续开发重点非洲市场，积极研究推动非洲人民币国际化，开创了各项工作新局面。

一、深入细致，标行公司治理和经营业绩取得双提升

代表处通过多种方式发挥积极影响力，一是切实履行董事责任，积极参与重大决策，二是加强标准银行公司治理，定期提供监测报告，三是调研标行经营管理状况，监测和分析经营数据。通过上述举措，两行的互信和理解进一步增强，推动标行公司治理和经营业绩取得了新提升。2017 年，标准银行集团全年核心净利润 258 亿兰特，同比增长 12%。股本回报率为 16.7%，较上年提高 1.4 个百分点。

二、再接再厉，两行战略合作和业务拓展再上新台阶

一是迅速建立起两行人员交流项目日常协调机制，加强交流项目管理并做好相关服务，人员交流取得了良好成效。二是进一步完善两行多业务条线的合作机制，为代表处联动总行和标行有效推进各类合作提供有力抓手。三是重点发力专项融资业务、公司金融业务、结算与现金管理业务，通过在中非两个市场开展联动营销和联合研讨，进一步提升两行市场影响力和品牌形象。四是两行成功投产中国—肯尼亚直连汇款产品，并积极推进开展见证开户、BPO（Bank Payment Obligation）、海外代付、风险参贷、中非经贸走廊等产品和服务创新，以创新带动业务发展。此外，代表处还通过促成标行与华为南非公司的战略合作，实现了两行 PBB 业务合作的历史性突破。

三、发挥优势，国别开发和贷后管理能力持续增强

一是通过与总行建立国别开发月度电话会议机制和非洲国别开发经理队伍，代表处的国别开发机制进一步健全。二是在代表处引入我行全球信贷管理系统，代表处贷后管理能力进一步增强。三是与总行共同研究建立由代表处负责总行全部在非项目贷后管理的工作机制。2017 年高质量完成了 7 个在非项目的贷后管理，较好地履行了贷后管理职能。

四、抢抓机遇，积极推进非洲人民币国际化

一是加强了与标行人民币国际化政策信息的共享联动，并积极推动人民币代发工资，预结汇等跨境人民币业务产品创新。二是利用全国“两会”和金砖峰会的契机，积极接受中央媒体专访，积极扩大两行跨境人民币业务在非洲的影响力和知名度。三是稳步推进标行熊猫债发行工作。四是促成两家非洲央行与我行开展了人民币业务。五是积极营销非洲主权类机构和投资者的人民币投资需求，努力把握业务先机。撰写了《创新方式　发挥优势　把南非打造成人民币走进非洲的先行先试国家》研究报告，提出促进人民币在非洲使用流通的方式、路径及政策建议。

五、加强学习，专业化调查研究水平进一步提升

一是持续编报《非洲快报》，截至本年末已累计完成 243 期，非洲快报已成为代表处对外宣传，提升在非洲影响力的重要窗口。二是《非洲国别商务指引》已由总行出版印刷。

六、外塑形象，我行在非洲的影响力持续扩大

一是作为我行辐射整个非洲的桥头堡，积极做好集团内机构的各项联动工作。二是积极配合驻南使馆相关工作，全方位展示两行战略合作以及在中非金融合作中取得的重要成果。三是积极配合国家战略的系列宣传和“‘一带一路’世界品牌行”宣传，积极扩大两行在中非两地的美誉度和影响力。

七、内强素质，持续加强代表处团队建设

一是按照“双线管理”的要求，在总行党委和大使馆党委的领导下，积极开展形式多样的党建活动，提高员工队伍党性修养。二是妥善组织员工离岗和新员工

入职，顺利完成管理层交接及员工交替工作，确保代表处各项工作稳妥推进。三是加大轮岗力度、做好内部项目制、持续加强队伍建设；四是持续加强安全管理，确保员工人身安全。五是悉心做好行政、物业、财务、审计等综合管理，确保业务正常运转。

（非洲代表处）

浙江平湖和重庆璧山工银村镇银行

一、浙江平湖村镇银行

截至2017年末，平湖村镇银行各项存款余额14.73亿元，其中：对公存款余额10.91亿元，较年初增加1.79亿元；个人存款余额3.82亿元，较年初增加6 779万元；保证金存款余额1.97亿元，较年初增加7 166万元。贷款余额17.04亿元，较年初增加1.93亿元；新增信贷客户2 026户，户均贷款由年初的97万元下降至48万元。不良贷款余额8 377.90万元，较年初下降1 984.19万元，不良率4.92%，较年初下降1.94个百分点。资本充足率为17.57%，核心资本充足率为17.32%，分别比上年下降了3.02%和2.17%，拨备覆盖率105.63%，同比下降30.71个百分点。全年实现各项利息收入1.15亿元，提取各项贷款损失准备5 161万元，上缴各项税费1 128.66万元。实现拨备前利润5 518.6万元，同比减少860.15万元，净利润209万元，同比减少403万元。

（一）多措并举化解风险，风险处置成绩显著。紧紧围绕“一户一策、逐一化解、专人负责、定期报告”的风险化解主方针，切实开展风险资产化解处置工作。全年不良贷款累计清收处置额16 379万元，其中：重组转化4 504万元、呆账核销10 849.76万元、现金清收1 025.24万元；潜在风险融资退转额13 380万元，包括融资压降5 857万元、担保优化7 523万元。全年不良贷款清收处置以及潜在风险退转额总计接近3亿元，风险资产总额显著下降且不良资产情况明显好转。

（二）产融结合促进发展，结构改善初见成效。一是存款工作取得成效。围绕重点存款客户群，通过抓存款日均、抓信贷客户存款留存、抓新存款客户拓展，抓老客户存款挖潜，2017年存款增幅超过20%，增幅位列平湖辖内所有银行机构第二。困扰全行多年的存贷倒挂、流动性风险隐患大的问题基本得到解决。二是贷款结构不断调整。围绕“产融结合”战略部署，以农户光伏得利贷、个人住房贷款等个人批量贷款业务为主要抓手，全年发放对公贷款324笔、金额12.43亿元；承兑208笔、金额6.5亿元，个人贷款2 842笔、金额5.8亿元，其中个人贷款占比由年初的25%提升到36%，提升了11个百分点。三是客户结构得到改善。通过做优、做小、做实客户，客户结构得到了有效调整。总客户数达到34 641户，其中个人33 698户、企业943户，分别比年初增加了6 315户和1户；优质储蓄客户大幅增加，20万元以上储蓄客户增幅达49%；信贷客户达到3 560户，个人信贷3 374户，企业信贷客户186户，个人贷款客户增幅达150%。

（三）整章建制优化管理，合规意识逐步增强。一是规范公司法人治理。进一步完善了“三会一层”的工作机制，定期召开股东大会、董事会和监事会，对全行法人治理和经营管理提供全面指导。二是调整信贷管理模式。通过对信贷从业人员进行上岗资格考试、风险意识教育、法律法规培训，督促和提高各信贷岗位人员的履职意识和执行力。2017年制定和修订了信贷类制度17项。改造信贷流程，建立和完善前中后台三方联动、层层把控的信贷管理机制，深化“三岗分离”。新设信用风险管理委员会，定期召开重点风险客户分析会，建立了重要客户分析机制和风险客户会诊机制。三是健全财务管理机制。修订完善了财务管理制度，规范财审会工作规则和费用的计划安排、审批、支付流程。四是提升运行管理水平。制定和完善相关运行管理制度办法，规范批量业务操作流程、托管账户操作流程、修订临柜操作手册。上线全省电子同城清算系统和现金冠字号码同步流转系统。

（四）凝心聚力提升队伍，团队建设丰富多样。以“全行凝聚力工程”为抓手，结合“党、团、工、妇”各条线工作，主要从构建员工职业生涯规划、提升员工综合素质、多种途径开展员工业务培训、营造村镇银行大家庭氛围多个方面开展团队建设工作，提升队伍凝聚力。

二、重庆璧山工银村镇银行

2017年，重庆璧山工银村镇银行在总市行的指导帮助下，全行员工齐心协力，经营稳健发展，内控管理不断加强，无案件、无重大差错、无监管处罚。截至2017年末，各项存款余额6.71亿元，比年初增加1.04亿元，增幅18%。剔除同业存款后，自有存款余额

4.61亿元，比年初增加1.34亿元，增幅41%。其中储蓄存款1.73亿元，较年初增加776万元，增幅5%；公司存款2.05亿元，较年初增加1.73亿元，增幅547%；保证金存款8 084万元，较年初减少4 090万元，降幅34%；同业存款2 100万元，较年初减少3 000万元，降幅14%。各项贷款7.3亿元（含垫款999万元），较年初下降4 519万元，降幅6%。其中公司贷款4.52亿元，较年初下降830万元，降幅2%；个人贷款2.68亿元，较年初下降3 690万元，降幅12%。逾期90天以上贷款余额1.22亿元，占总贷款余额的16.7%，较年初增长7 884万元，增幅183%。净利润亏损5 884万元，当年计提贷款减值损失6 819万元，较2016年同期增加6 741万元。

（一）存款稳步增长，逐步摆脱了对保证金存款的依赖。通过"走街串巷""扫楼"等存款宣传活动，提高知名度，在储蓄存款的组织上取得实效。努力做好代发工资业务的营销。对开办代发工资的企业和个人，确定专人做好对口服务，主动深入企业，认真做好联系沟通和宣传工作。2017年累计发放工资额4 145万元，月代发工资人数近2 000余人。个人定期存款余额1.51亿元，较年初增长1 340万元，增幅10%。以抓公司存款为突破口，做大做强对公存款。建立行领导、部门经理、客户经理三级营销体制，落实责任制，将名单客户划分到具体的责任人，及时提高服务主动性、有效性。加大对璧山区域外重点客户存款的营销引进，取得实效。公司存款比年初增加6 017万元，增幅190%。同时减少付息率较高的同业存款3 000万元。结构逐步优化，存款趋于稳定。

（二）坚持支农支小，稳健发展信贷业务。一是量身定制"三农"融资产品。打造"阳光计划"融资品牌——"金色阳光""丰收计划""幸福工程"三大系列，涉及农户、种养殖大户、农副产品采购、农村基础设施建设等内容，树立工行良好社会形象。截至2017年末，为236户肉鸡、蛋鸡专业养殖户、2个畜禽养殖专业合作社、26户蔬菜水果种植户、18户花卉苗木种植户和5户园林种植企业共提供5.11亿元融资，"三农"贷款余额占比达70%。二是探索创新支农贷款模式。按照总行提出的"做好新农村金融业务试验田"角色的要求，推出了重庆渝西片区第一笔"公司+农户"特色支农产品。与璧山某养殖业龙头企业合作，公司向养殖专业户提供鸡苗、技术、成鸡销售公司、为农户贷款提供保证担保。向农户发放"公司+农户"贷款，有效地解决了产业龙头与农户之间代垫养殖成本资金问题，解决了农户市场信息把握不准、病灾难控、成品销售不畅等困难，支持了农业龙头企业发展。2017年，向236户农户发放"公司+农户"贷款4 400万元，《重庆晨报》以"村镇银行推特色信贷惠农"为题进行了专题报道。开办渝西片区第一笔林权抵押贷款业务，让"沉睡"的资产"活"起来。2017年末林权抵押贷款余额2 391万元，得到了政府和监管部门的肯定。三是扶植小微企业发展。制定并推出了"成长动力"融资品牌——"创业贷""贸易通""存货通"等10多个融资产品，积极解决小微企业发展中资金短缺问题。截至2017年末，小微企业贷款占比90%，贷款余额6.80亿元，小微企业贷款客户209户、较上年增加10户，全面实现"三个不低于"的监管目标。

（三）全面开展内控案防工作。一是完善内控、案防管控机制。成立全面风险管理委员会、内控管理委员会、案件防控领导小组以及反洗钱工作领导小组等，从组织上保证了内控机制的建立。二是不断健全完善管理制度。至2017年末，建立了覆盖全部业务范围的规章制度210个，为业务经营稳健发展提供了有力的制度保障。三是强化监督检查，突出问题整改。2017年累计组织开展各类风险排查近40项次，涉及业务1 300笔、金额7亿元，共发现问题200个、金额0.5亿元，建立整改台账、制定整改措施，整改率达100%。四是严肃执纪问责，保持案防高压态势。对内外部审计检查提出的问题，坚持打早灭小，发现一起查处一起。

（四）坚持党的领导，扎实开展党建工作。一是始终坚持党建引领经营管理，强化党委主体责任。认真学习贯彻落实党的十九大精神和习近平新时代中国特色社会主义思想，引导全体党员干部牢固树立"四个意识"，把"四个意识"落实到本职岗位和具体工作中，充分发挥党组织的战斗堡垒作用；严格压实"一岗双责"，落实分工包项责任，将党风廉洁建设与业务工作同布置、同检查、同考核。二是聚焦主责主业，强化纪委监督责任。全面贯彻落实市行党委、纪委从严治党、从严治行的各项工作部署，始终把纪律和规矩挺在前面，全力维护党纪行规的严肃性；始终坚持教育为先、预防为先，组织全行员工到重庆市铁山坪廉洁教育基地，开展警示教育，把管人和管事结合起来，把行为和规定对照起来，强化干部员工行为管控。

（浙江分行、重庆分行）

第三部分

公司治理与风险管理

责任编辑：王近思

公司治理机制建设

2017年，本行认真贯彻境内外监管要求，持续完善集团公司治理，沉着应对复杂多变的经济金融形势，进一步推动经营转型和改革创新，不断强化风险管理与内部控制，积极担当大行责任，使本行保持了平稳发展的态势，获得了监管机构、资本市场和社会公众的高度评价。2017年，本行荣获香港《财资》杂志“全优公司白金奖”《21世纪经济报道》中国上市公司卓越董事会“最佳公司治理奖”等多项境内外公司治理重要奖项。

一、确保“三会一层”高效运作，支持全行健康可持续发展

（一）有序完成董事会成员调整。本行严格遵照相关法律法规的规定，认真评估董事会及其专门委员会的组织架构与人员构成，依照公司治理程序，合规有序推进董事换届工作。2017年，本行新聘、续聘部分董事，实现了董事会成员的新老接替和平稳过渡。及时调整董事会专门委员会人员构成，持续完善董事会架构，进一步发挥董事会各专门委员会的辅助决策职能。

（二）积极维护股东各项权益。2017年，本行共召开2次股东大会，审议15项议案，听取3项汇报，会议的召集、召开、通知、公告、提案、表决等均严格遵守相关程序，充分保障了沪港两地投资者的权益。2017年，本行坚持稳定的现金分红机制，连续10年位列A股年度现金分红总额最高的上市公司，持续为投资者实现价值回报。积极回应国际投资者诉求，以人民币、美元、欧元三个币种同步派发优先股股息，顺利完成境外优先股派息各项工作，充分维护本行投资者关系和资本市场声誉。

（三）充分发挥董事会职能，科学决策能力不断提高。2017年，面对利率市场化深化、各类风险多发、金融脱媒加快、同业和跨界竞争加剧等叠加影响，本行董事会贯彻落实全国金融工作会议和中央经济工作会议精神，遵守境内外金融监管要求，执行股东大会决议，加强对经营环境的分析和银行业热点问题的研究，发挥战略管理作用，有效完善公司治理，加强集团资本管理、全面风险管理和内控合规管理，强化信息披露和投资者关系管理，践行大行责任，保持了稳中有进的发展态势。2017年，本行共召开董事会会议9次，审议议案64项，听取汇报26项。共召开董事会专门委员会会议25次，审议议案44项，听取汇报33项。坚持战略指引，召开董事会战略研讨会，积极参与2018—2020年发展规划专题调研，谋划新时期的愿景、方略和奋斗目标及战略措施，为制定本行2018—2020年三年发展规划贡献了重要智慧和思想。

（四）监事会深入开展监督工作。一是持续开展履职监督。对董事会和高级管理层及其成员遵守法律法规及本行章程制度情况，以及执行股东大会、董事会决议和监管意见等情况进行监督，重点关注董事会和高级管理层在公司治理、发展战略和经营管理等方面履职尽责情况。做好履职评价工作，逐一访谈董事会和高级管理层成员、总行有关部门和利润中心总经理，结合日常履职监督情况，形成对董事会、高级管理层及其成员履职评价意见。做好战略评估工作，对本行发展战略的科学性、合理性和有效性进行评估，调研了解发展战略目标和任务完成情况，以及战略执行过程中存在的问题，提出有关意见和建议，促进进一步增强战略管理能力。二是加强财务监督。重点关注本行财务活动以及重要财务事项的决策和执行情况。认真审核定期报告，定期听取经营情况和审阅结果汇报，抽查重大会计核算事项，核实财务信息的真实性，客观、公正地发表独立意见。加强财务监督检查，定期分析财务数据变化情况，组织开展有关分行财务检查，督促做好整改工作，促进加强财务管理，规范财务行为。开展财务资源配置情况调研，重点关注经营计划制订、考评目标传导、考评结果与财务资源挂钩等情况，提高财务资源配置机制有效性。加强集中采购监督，对部分分行集中采购情况进行抽查，进一步规范采购行为，对“融e购”电商采购平台的建设、发展和应用情况进行调研，促进完善电商平台集中采购运行机制。三是加强风险管理监督。重点关注集团风险管理机制有效性和管理架构完善性，促进提高风险管理水平。强化全面风险管理监督，持续关注全面风险管理体制机制建立和完善情况、并表机构风险管理、交叉性输入性风险管理、监管政策规则调整及其对我行业务影响等情况。加强主要实质性风险监督，开展贷款存量移位与增量并轨管理情况、不良资产管理情况、受托资产管理和处置情况等调研，持续监督信用风险、市场风险和流动性风险管理情况。关注重点业务风险管理情况，分析研究同业业务、私人银行、理财和普惠金融等重点业务风险管理情况，开展小微金融业务调研，促

进进一步完善小微业务顶层设计和风险管理模式。加强资本管理情况监督，关注国际资本监管改革动向，开展风险加权资产管理情况调研，促进提升资本管理水平。四是加强内部控制监督。重点关注内部控制管理体制机制，加强重点机构和重要业务领域内部控制情况监督，促进依法合规经营管理。加强内部控制体系监督，持续关注内部控制体系建立健全情况、业务制度和管理制度梳理与完善情况、“三道防线”履职情况，以及境外机构合规管理体系建设和完善等情况。加强重要业务内控监督，重点关注新业务和新产品制度流程及关键环节内部控制等重点领域内部控制情况，开展票据业务管理情况调研，关注票据业务管理模式、流程控制等情况。加强问题整改工作监督，开展监督检查整改落实情况调研，了解整改工作管理机制、控制流程、信息沟通以及问题整改落实等情况，促进完善问题整改工作机制。审核内部控制评价报告，关注内控评价工作组织实施和质量控制情况，重点监督内部控制缺陷认定、报告、纠正和问责情况，出具有关审核意见。五是加强监事会自身建设。严格按照监管要求和公司治理规定组织开展对监事的年度履职评价工作。注重加强理论学习和实践总结，与多家金融机构监事会进行座谈和交流，学习借鉴同业有关工作经验。进一步规范日常监督和管理工作，提高监督效能。

（五）管理层统筹抓好各项工作，实现好于预期的经营业绩。面对严峻的外部经营环境，管理层坚持以服务实体经济为立足点，深化经营转型提升活力，严格风险控制，实现总量、结构和质量良性互动，资产负债规模稳步增长，利差企稳回升，风险抵补水平提高。2017年，本行取得了优秀的经营成果，实现了好于计划、好于预期、好于同期的经营业绩，净利润人民币 2 875 亿元，比上年增长 3.0%。积极探索和实践商业银行经营规律，因势利导推进改革创新和经营转型，持续发力大零售、大资管、大投行战略，稳步推进国际化、综合化发展，打造混合动力与多重引擎。统筹抓好利率市场化定价、重点城市行竞争力提升、渠道布局优化、人员结构调整等改革，加快金融科技落子布局，有效激发了经营活力与价值创造力。

二、不断完善公司治理制度，进一步健全“决策科学、监督有效、运行稳健”的公司治理机制

（一）进一步完善公司治理制度。根据《公司法》《商业银行公司治理指引》等法律、监管规定和将党建工作写入公司章程的总体要求，2017 年，本行修订了《公司章程》，在治理制度层面明确党的领导核心作用、职责权限、决策程序、保障机制，及其与“三会一层”公司治理体系的关系，并将职工代表大会、战略风险管理、境内外投资者互联互通等内容纳入《公司章程》条款。结合本行实际，完成《股东大会议事规则》《董事会议事规则》以及《战略委员会工作规则》《风险管理委员会工作规则》《薪酬委员会工作规则》《关联交易控制委员会工作规则》等六项公司治理细则的修订工作，进一步完善了公司治理制度体系。

（二）加强全面风险管理。持续完善全面风险管理制度体系，多措并举提高集团风险管理水平。坚持从严治行和专家治行，统筹抓好信用风险和交叉性风险、表内与表外、境内与境外、增量与存量的风险管控，把“高发期”和“深水区”的风险管理做实做强。完善全链条、全品种、全覆盖的风险管理体系，把好交叉性风险防控总阀门，明确和落实新的管理要求。强化对境外机构、控股公司、表外业务及风险高发重点领域的风险管控。加快建立起覆盖信用风险、市场风险、操作风险的限额管理体系，加强集团并表及国别风险管控力度。

（三）提升内部审计水平。本行围绕发展战略和中心任务，落实行业监督要求，实施以风险为导向的审计活动。主动适应风险管理形势需要，推进职能优化和专业创新，完善集团审计管理架构，改进审计方法程序，丰富升级产品体系，优化审计资源配置，推进信息化审计建设，持续提升审计服务能力和专业化水平。审计成果得到充分重视和利用，推动了各领域管理机制的完善，在支持本行改革发展、有效防控风险方面发挥作用。

（四）持续优化内部控制环境。积极发挥董事会、监事会、高级管理层职能，加强集团口径公司治理建设。组织开展内控合规“强化执行年”主题活动，通过“合规为本，全员有责，风险可控，稳健高效”合规文化理念宣导，推进内控合规重点治理执行和机制建设落地。

（五）持续提升信息披露管理质效。修订《重大信息内部报告管理办法》，继续推进集团信息披露制度建设。严格落实监管新规，统筹推进各项信息披露工作，继续保持披露“零差错”记录。积极谋划自愿性信息披露发展新路径，讲好新时期“工行故事”，更好地助力我行价值增长。进一步优化信息披露流程，持续强化内幕信息及知情人管理相关工作，规范信息报送时限和方式。开展多层次信息披露合规培训和宣传，全程强化合规提示和工作督导，持续提升集团信息披露管理水平。

（六）积极践行社会责任。本行以“提供卓越金融服务——服务客户、回报股东、成就员工、奉献社会”为社会责任工作目标，始终立足经济社会发展的普遍诉求，服务于经济社会可持续发展大局，坚持“诚信、人本、稳健、创新、卓越”的基本价值取向，致力于实现经济、环境、社会的综合价值最大化。本行在履行社会责任方面的良好表现赢得了社会各界广泛认可，荣获香港《财资》杂志“企业社会责任最佳卓越奖”、中

国银行业协会“年度最具社会责任金融机构”等多个奖项。

（总行董事会办公室、监事会办公室）

投资者关系管理

2017年，本行总市值从2 234亿美元上涨至3 268亿美元，增长了1 034亿美元，增幅46.3%。与国内可比同业的市值领先优势从308亿美元扩大至939亿美元，提升了631亿美元。本行A股、H股复权股价均于10月创出历史新高，自上市以来累计为股东创造8 158亿元人民币现金分红，较好地实现了年初制定的投资者关系管理奋斗目标，“主动、精准、协同、有效”的投资者关系管理新模式成效显著。

一、以投资者为客户，创新投资者关系管理模式，市值领先屡创新高

一是通过主动管理、主动回应、主动发声、主动沟通，以多形式、高频密集开展全方位的主动沟通交流。除成功召开年度、中期和季度业绩发布会外，主动开展境内外路演、反向路演，参加知名投行举办的投资者论坛，高密度会见投资者，年内合计会见投资机构超过300家，沟通投资者超过6 500人次。以投资者为客户，将股东大会、产品发布活动等转变为投资者关系管理的重要阵地。借事件驱动，主动与我行大股东开展一对一沟通，赴6个境外国家和地区会见40余家机构投资者，在境内拜访了50余家不同类型的机构投资者。二是创新技术分析手段，对投资者精准画像，及时回应市场关切。通过自主研发智慧投资者关系管理系统，对今年以来进入A股前100大股东名册的16大类、149个股东账户，进行了真实背景、投资行为和盈亏水平的精准穿透分析。对潜在投资者精准发力，促使其向现实投资者转化，优化投资者的类型结构。精准应对市场疑问，调动全行各业务条线专业优势进行解答。三是协同集团优势，统一渠道资源高效开展投资者关系管理工作。董事会、高管层积极参与我行业绩发布会、路演和反向路演活动，并且在日常高层会见中嵌入投资者关系管理，对大客户既做客户营销，又做投资者关系管理，既谈战略合作，又谈股票投资。总行各部门相互协同，共同参与投资者关系管理工作，为巩固现有投资者、接触潜在投资者提供了广阔的平台。境内外机构协同，积极协助投资者关系管理工作，对重点投资者进行价值营销。

二、深度开展资本市场和资本工具研究，创新探索新型资本工具发行的可行路径，支持股东单位战略决策

一是以务实、针对、有效为导向，打造“全球市场与战略研究系列报告”。围绕资本市场、市值管理、战略发展三大主题进行深入研究，完成10余篇深度研究报告。二是积极推进国际资本监管动态、新型资本工具前沿研究。梳理了国际资本监管由巴塞尔协议Ⅲ到TLAC再到巴塞尔协议Ⅳ的更新迭代及所带来的创新动力，探索在国内现有法律框架和市场环境下，发行各类新型资本工具的可行路径，完成改革发展重点课题《商业银行资本工具创新研究》。三是组建了专门的研究团队，就TLAC的实施背景、具体要求、工具类型、各国实施情况等做了详细研究，完成《中国工商银行关于TLAC实施相关建议》，持续关注研究提前触发条件相关情况，完成《TLAC提前实施触发条件研究》。

三、持续加强股价日常监测和市值异动分析，完善重点分析师管户到人制度，全力维护我行市值稳定

一是加强每日市值监测与管理。每日监测我行及可比银行股价和市值变动情况，持续关注摩根大通、美国银行、富国银行、建设银行与我行市值变化和差距，编制“资本市场监测日报”及我行股价市值变动信息，通过融e联快报，及时反馈给管理层。二是提升市值监测的敏锐度和前瞻性。设立全新的市值预警阈值，触发时及时启动市值预警流程，分析变化原因，以快报形式报送管理层。扩大市场监测范围，在出现监管政策、资金流向、投资风向异动时，提前预判股价走势，做好主动预警管理。三是定期全面监测经济金融、股市及国际同业情况，定期制作相关图表，供管理层决策参考。四是完善重点分析师全覆盖、主流分析师管户到人制度。开拓买方分析师关系维护这一新领域，系统性跟进二级市场趋势性变化，有效传递我行信息，引导市场预期，全力维护我行市值稳定。

（总行战略管理与投资者关系部）

履行社会责任

2017 年本行在履行社会责任方面的良好表现赢得了社会各界广泛认可，先后荣获《财资》杂志“企业社会责任最佳卓越奖”、中国银行业协会“年度最具社会责任金融机构奖”、新华社《半月谈》杂志“最值得百姓信赖的银行机构”《南方周末》“国有上市企业社会责任榜最佳责任企业”和“2017 年度最佳责任报告”等多个奖项，入选财新传媒“2017 年度融绿—财新 ESG 美好 50 指数企业”，并继续入选恒生可持续发展指数系列全部指数。

一、扎根实体经济

本行坚守银行本源，主动适应供给侧结构性改革要求。成立债转股专营机构——工银金融资产投资有限公司，支持“三去一降一补”，支持产业结构优化。成立服务雄安新区建设领导小组，促进区域协调发展。服务“一带一路”倡议，累计支持“走出去”项目 358 个，合计承贷金额 945 亿美元，基本实现了对“一带一路”重点行业的全覆盖。践行绿色金融，成功发行首笔“一带一路”绿色债券，绿色债券承销总规模居境内银行类机构同业第一，绿色经济领域贷款余额 10 991.99 亿元，高于同期公司贷款余额增速约 3.5 个百分点。完成总行及各一级（直属）分行普惠金融事业部组建，做实做活普惠金融，在支持小微、“三农”“双创”、扶贫等领域展现大行担当，截至 2017 年末，小微贷款余额 2.22 万亿元，小微客户 242 660 户，共批复组建小微中心 234 个，其中 220 家已挂牌运营。推动“三农”领域金融服务创新，着力解决金融服务短板和薄弱环节，积极探索金融惠农新模式，年内累计发放新农村建设领域贷款 172 亿元。

二、提升服务质效

本行牢固树立并践行“以客户为中心”的经营理念，积极构建线上 + 线下、人工 + 智能、推送 + 互动的立体服务体系，实现全渠道识别、全渠道响应、全渠道贯通，提供无差别、一致性的服务体验。2017 年末，境内网点合计 16 092 家，其中中西部网点 7 202 家，占比 44.76%；县域网点 4 986 家，其中服务于国家级贫困县域的网点 1 051 家，覆盖了大多数国家级贫困县域。稳步推进网点智能化改造及自助银行建设工作，智能化有效网点覆盖率达 94%，智能服务业务功能覆盖个人金融、对公结算、电子银行等 9 个条线的 229 项业务。以互联网业务为主的电子银行业务占全部业务量比重达 94.86%，融 e 行客户达到 2.82 亿户，增长率为 13.4%；融 e 联客户突破 1 亿户，增长率为 71.4%；融 e 购 B2C 客户达到 8 696 万户，增长率为 54.4%，客户规模创历史新高。在全球 45 个国家和地区设立 419 家机构，通过参股南非标准银行集团间接覆盖撒哈拉以南 20 个非洲国家，与 143 个国家和地区的 1 545 家境外机构建立了代理行关系，覆盖六大洲和全球重要国际金融中心，形成了层次分明、定位合理、渠道多样、运营高效的全球化金融网络服务平台。

三、强化风险防控

本行持续完善规章制度，加强人员培训，优化内部审计，落实风险防控主体责任，严守风险底线和安全底线。积极履行商业银行反洗钱责任，年内累计开展各类反洗钱培训 2 258 次，累计参训人次超过 22 万，反洗钱岗位人员培训覆盖率达到 100%。累计组织廉洁合规教育培训 15 607 场，覆盖 740 320 人次。认真贯彻落实消费者权益保护相关法律法规和监管要求，致力于维护客户资金安全，荣获银监会“2017 年‘金融知识进万家’活动先进单位”、银行业协会“2017 年度中国银行业普及金融知识万里行活动最佳成效奖”。加快构建与新常态相适应的信贷管理新机制，通过进一步增强信贷主动管理能力和不良资产处置能力，推动资产质量的“量”和“质”全面改善。

四、践行以人为本

本行积极创建人尽其才的用人环境，切实维护员工合法权益，关爱员工成长，完善职业发展体系，形成凝人心、聚人气、集众智、促发展的生动局面和良性循环。秉承平等、开放、尊重、共融的理念，致力于推动不同国籍员工之间的多元文化交流，形成了境外机构优秀当地雇员到境内机构交流学习机制，组织开展“荣誉全球雇员”评选表彰、中外文化交流等活动，不断提升文化融合度，截至 2017 年末，海外机构员工总数 15 012人，本地化比例达 92.3%。

五、参与公益事业

聚焦精准扶贫、精准脱贫，紧紧围绕贫困地区的金融需求，深入推进扶贫工作，努力在脱贫攻坚中发挥国有大型银行应有作用。积极参与各类公益活动，并支持和鼓励员工通过多种形式为社会奉献爱心，2017 年共对外捐赠 7 792 万元。

（总行战略管理与投资者关系部）

金融扶贫工作

2017 年，本行主动对接国家脱贫攻坚战略规划，紧扣建档立卡贫困群众“两不愁、三保障”脱贫目标，牢牢把握“六个精准”要求，锚定脱贫攻坚重点领域凝心聚力，积极履行国有大行的社会责任，不断提升服务脱贫攻坚战略的综合金融服务能力。2017 年末，金融精准扶贫贷款余额达 1 270 亿元，较年初增加 37%，增速显著高于各项贷款平均增速，圆满完成监管要求。

一、完善顶层设计

为解决好“扶持谁”“谁来扶”“怎么扶”等关键问题，完善金融精准扶贫的顶层规划及配套工作机制，制订《关于全面做好金融支持扶贫工作的意见》《金融精准扶贫工作方案》和《金融支持深度贫困地区工作方案》等纲领性文件，确定了本行金融扶贫的总体目标、基本原则和工作职责，引导全行更加有效履行社会责任。

二、倾斜信贷政策和资源

强化对扶贫重点领域重点区域的差异化政策保障。调整 2017 年度行业信贷政策，加大对城建、新农村、棚户区改造等扶贫相关领域的支持力度，加大支持扶贫领域重点项目建设，重点支持贫困地区基础设施、公共服务等领域建设，优先保证扶贫领域资金需求。汇编金融精准扶贫典型案例，推广先进经验做法。

三、创新金融服务

创新扶贫小额信贷产品，在全行范围内推广运用，激励贫困群众自力更生、勤劳致富。独家发起设立贵州极贫乡镇子基金，创立首个服务于精准扶贫的区块链平台，促成全国首单贫困县资产证券化项目交易，在扶贫领域形成较强的示范效应。

四、搭建联动统计机制

为全面反映本行金融扶贫成效，并以精准扶贫贷款投放为抓手强化跟踪督导，建立金融精准扶贫贷款定期统计制度。根据监管要求，充分发挥本行技术和平台优势，在信贷系统建立扶贫标识，支持批量提取个人扶贫贷款数据，提升扶贫贷款自动化统计水平；及时修订扶贫贷款统计方案和系统支持架构，按时完成各季度数据报送工作，实现扶贫贷款统计的平稳过渡。

五、精准实施智力扶贫

选派年富力强的优秀干部赴定点扶贫地区帮扶，挖掘经济增长潜力，盘活当地资源，调动民众脱贫热情。组建“政府财务顾问”团队，帮助当地政府规划经济发展路径、招商引资和产业发展。招聘贫困地区大学生，切实改善贫困家庭收入状况，破除贫困的代际传递。

（总行信贷与投资管理部）

子公司公司治理及股权投资管理

2017 年，本行贯彻落实全行发展战略规划，加强综合化子公司公司治理机制建设，夯实股权管理基础，持续做好子公司的战略指导和经营监测，稳妥推进新增股权投资审核准入，推动子公司不断增强市场竞争力，提升股东回报，实现合规、健康、可持续发展。工银瑞信、工银租赁、工银安盛、工银国际、工银投资五家综合化子公司实现净利润73亿元，同比增长19%，集团贡献占比2.5%，总体发展状况良好，增长潜力大，对集团贡献度不断提升。

一、完善集团子公司管理框架，加强对综合化子公司战略指导，推动集团综合化协同发展

一是研究提出“四梁八柱”集团子公司管理框架，初步形成总行各部门分工协作、以公司治理和股权管理为核心的集团子公司治理模式。通过集团对子公司指导，规范各级子公司法人治理体系，健全逐级委托代理的基本制度。二是以股权管理为纽带，编制综合化子公司2018—2020年发展战略，明确了四家综合化子公司阶段性发展定位，并根据集团发展方向制定了与其经营资源和自身能力相匹配的经营目标和发展策略，确保子公司经营管理和业务发展与集团治理要求和战略导向相衔接、相协调，提升子公司股权投资效益。三是系统总结前期集团与子公司综合化协同发展经验，分析存在的问题和不足，完成“打造母子公司一体化优势”发展战略编制，完成《母子公司协同一体化发展战略规划》，作为下阶段综合化协同的顶层设计和统筹规划，为进一步健全完善集团母子公司一体化发展体制机制奠定基础。

二、加强日常股权管理，持续做好综合化子公司的经营监测，推动子公司健康可持续发展

扎实做好综合化子公司股东审议事项报批工作，保障子公司稳健合规发展。审议工银投资公司章程、董事会议事规则等议案，推动创立工银投资。重点推进工银安盛的公司治理谈判，全力推动工银安盛完善公司治理机制、三年战略规划及总裁选聘各项工作，并取得重要进展。各综合化子公司经营发展态势良好，盈利能力显著提升。截至2017年末，工银瑞信资产管理总规模近1.3万亿元，较年初增长14.9%。其中，公募基金管理规模为5 463亿元，较年初增长18.7%，非货币基金月均规模行业排名第1。公司全年实现净利润18.4亿元，同比增长12.1%，ROE达到34.2%。工银安盛总资产规模达1 161.87亿元，较年初增长10.8%；全年实现保费收入396.51亿元，同比增长16%，保费收入排名外资合资寿险公司第1位，所有寿险公司第15位。公司全年实现净利润6.24亿元，同比增长24%。工银租赁总资产规模3 149亿元，同比增长4.8%；全年实现净利润35.68亿元，同比增长4.3%。资产规模、利润等关键指标在同业中继续保持领先。工银国际总资产规模达到68.52亿美元，同比增长46.7%，实现净利润1.77亿美元，同比增长124%。工银投资2017年9月成立，截至2017年末，工银投资总资产122.27亿元，净资产121.93亿元，年度实现净利润0.857亿元。

三、审慎把握子公司战略性股权投资准入和退出

完成5笔新增子公司战略投资、2笔存量投资的增资以及2笔存量股权调整的论证和行内审批，持续跟踪推进多个潜在子公司股权投资项目。新增股权投资包括：完成设立集团统一的产业基金投资管理平台工银瑞信资本投资管理有限公司的行内审批；完成设立工银瑞信财富管理有限公司的行内审批；完成设立工银航空金融租赁有限公司的行内审批，该公司于2018年3月在香港成功挂牌；完成工银国际入股金融云公司的行内审批；完成工银亚洲入股人民银行牵头的跨境银行间支付清算（上海）有限责任公司行内审批。存量股权的增资及调整包括：完成工银瑞信向工银瑞投增资10亿元人民币；完成工银土耳其向工银土耳其证券增资4 000万里拉；根据监管要求完成工银瑞信变更海港交易中心和票交所股权关系调整事宜。

四、风险防范机制日益完善，研究探索子公司股权投资管理模式优化

一是完善子公司股权投资授权，加强流程规范和管理基础。根据子公司自有资金股权投资业务发展需求和集团风险管控要求，在年度授权方案中，对非上市非金融企业股权投资新引入按照客户实力等级细化单笔投资授权，额度向有较强实力的优质客户适度倾斜，对SPV投资新引入股权投资层级，新增SPV层级不超过5级的授权控制，进一步加大风险管控力度。二是建立定期监测和总行部门沟通协调机制，通过母子联动、部门联动，共同防范子公司股权投资风险。按季度对各子公司股权投资情况进行监测分析；建立了总行部室间通报响应机制，支持子公司解决股权投资业务发展中面临的产品、人才及资金等方面的瓶颈。三是密切跟踪行业变化和监管动态，持续加强子公司股权投资的战略和政策研究。聚焦重点城市行提升市场竞争力、信贷体制改革等重大问题，加强战略和政策研究，完成《关于深化优化集团子公司管理模式的对策研究》《关于证监会两项新规对集团战略投资布局的影响分析》等研究成果，为发挥和完善集团战略投资平台功能提供政策支持。

（总行战略管理与投资者关系部）

全面风险管理

2017 年，集团全面风险管理工作有序推进，集团市场风险管理稳步加强，风险计量体系应用更加深入，全集团风险管理水平进一步提升。

一、探索研究交叉性风险管理

将交叉性风险纳入全面风险管理体系，研究同业、资管、互联网、票据等业务全市场情况及我行业务、交叉性风险情况，分析风险传染路径。建立市场信息数据库，尝试开展市场层面的交叉性风险监测分析，按季度完成市场层面交叉性风险监测分析。搭建标准化投资风险监控与预警平台，对接 7 个内外部系统，纳入 150 余张源表，实现“债 + 股 + 贷 + 租 + 代 + 票”等跨市场跨业务跨机构的数据连通。

二、夯实全面风险管理基础

加强制度建设。印发《全面风险管理规定》《风险偏好管理办法》，制定《2018—2020 年风险管理规划》，确定未来三年风险管理目标和任务。

推进有效风险数据加总和风险报告原则监管合规。印发《有效风险数据加总和风险报告管理规定》《风险报告管理办法》，完善制度框架和管理流程，加强风险数据加总和风险报告能力建设，推动完善风险数据信息标准。组织开展自评估，向董事会报告工作进展。

更新恢复处置计划。加强危机管理，根据最新国内外监管要求完成恢复处置计划年度更新，改进压力测试方法。

做好风险报告和风险管理委员会工作。认真履行向董事会和高管层风险报告职责，落实董事会要求，加强重点业务和新业务、新风险分析。召开六次风险委员会，加强重要制度、监管重点、策略规划和重点业务风险审议。

三、加强并表与国别风险管理

制定境外资产中心簿记业务管理提升方案，覆盖管理交叉点与空白点，厘清各方职责，规范资本、税务、合规、流动性、法务管理，明确全流程管理要求。

提升非银行子公司风险管理能力。制订工银租赁、工银安盛等 6 家非银行子公司全面风险管理提升方案，针对薄弱环节，一司一策提出优化风险管理框架、偏好传导、改进流程、完善制度、风险报告、数据治理和系统建设等内容。

加强华商银行等二级子公司风险管理。落实董事会要求，调查 26 家二级子公司公司治理、业务牌照、资产负债、风险管理等情况。调研华商银行，分析其业务定位、风险防控、监管要求等，确定管理措施。

推进美国机构“强化审慎标准（EPS）”达标。美国监管要求美国机构 2018 年 6 月底前达标，已按计划完成风险治理、风险框架与风险偏好、集团资本压力测试等 24 项任务。

做好国别风险管理。印发 2017—2018 年度国别风险评级和限额管理方案，国别风险集中度限额经董事会审批。及时更新 110 个国家的国别风险跟踪评级及报告，跟踪全球重大风险事件，完成季度集团国别风险报告及风险综述、风险事件观察。加强国别风险敞口分析和限额管理，强化中高风险国家限额管理，深化集团内外联动，推进主权信用风险限额试点，加强主权偿债能力研究，做好国别敞口数据治理。

四、深化理财业务风险管理

将理财委外投资纳入全面风险管理体系，印发《理财委外投资业务风险管理办法》，从制度上规范管理，设立委外投资敞口限额并开展月度监测。推进理财信用债投资风险管理方案落地，规范发行人内部评级及限额审批流程。

做好理财业务市场风险限额管理。开展全行存量理财业务市场风险限额监测预警，向资管、私银部和超限分行发送监测月报，督促处置，优化资产管理业务系统限额管理模块。

对 2016 年以来资产管理、私人银行理财投资品交易逐笔排查异常交易，分析成因并反馈工作建议。

督促分行标准化理财投资风险管理方案落实，跟踪授权分行机制、限额、监测、报告等方面工作进展。

五、推进内评体系建设应用和监管整改

完善非零售评级体系。提高评级模型区分能力，开发融 e 购线上评级、线上小微客户模型，优化债项评级模型。完善评级监控机制，建立债项模型检验机制，及时向分行发布风险提示重评信息。修订内部评级办法细则，推动金融机构、境外客户评级模型覆盖。开展专项压力测试，参考美国强化审慎监管标准，优化资本压力

测试。

加强零售评级管理应用。完善制度，印发零售信贷资产内部评级办法（2017年版）。完善新业态零售客户评分方案，引入人行征信、互联网等数据，提升互联网客群及长尾客群风险识别水平。优化押品计量系统，系统重评率达到74%。

抓好资本高级方法评估整改。落实各部门整改责任，跟踪进度。在拨备计提、经济资本、信用卡等方面深化应用。根据银监会要求，针对工银标准模型复杂、系统分散等特点，完成数据、模型、资本独立验证。

加强RWA计量管理与应用，健全风险偏好传导机制。完善监测报告体系，从规模、风险和结构变化方面分解原因，提出建议。做好银监会资本管理高级方法报表报送和审计支持。

做好风险计量验证，有效管理模型风险，提高模型预测能力。按季度开展信用风险内部评级模型监控分析和报告，监测市场风险估值和风险价值模型。

六、强化集团市场风险防范

加强集团市场风险管理。加强集团市场风险限额管理，印发年度市场风险限额方案，做好限额监控和管理，将工银标准、工银亚洲等46家境外机构纳入交易账户限额管理，完善新产品、新业务限额核定方法。做好市场风险监测报告，分析集团汇率风险及管理成效，将债券投资报告扩展至全部标准化债券投资，做好热点、突发事件和应急报告。完善集团市场风险管理制度，修订、制定《市场风险压力测试管理办法》《市场风险验证管理办法》《重大市场风险应急预案》等。推进全球市场风险管理系统延伸和应用，完成华商银行及布拉格分行等新设机构延伸，提高境外机构应用能力。

全面落实产品控制。全年审查审批事前风险控制参数809个，监控触限交易7 590笔，非现场检查4家境外机构11个外购交易系统，加强交易员授权管理和超授权交易审批。规范开展复核监督，复核金融市场部45万笔交易，自动化率92%，监督212笔债券承销，非现场检查42家境外机构交易簿记和复核及时性，保障资金安全和操作规范。按日对50家机构、600多个风险监控点实施集中监控，覆盖372名活跃交易员、2 900余万笔交易和头寸，完成42家境外机构前后台外汇余额核对，做到按日监控、有异必查、有险必究、按日报告。首次建立产品控制对接机制，将工银标准、工银亚洲等6家机构纳入集团统一产品控制框架。

七、推进企业级数据应用体系建设

投产个人客户画像一至三期，实现“客户能画像”。整合了资产负债、支付交易、内部评级等120余项行内营销、风险数据，及征信、工商注册、P2P平台等30余项行外数据，完成互联网数据分析与交叉验证。

推进画像在信用卡、融e借等领域应用。支持5亿个人客户中1.5亿户融e借白名单与信用卡预审批额度的自动化更新，实现贷前、贷后风险监控的统一。

推进企业级反欺诈平台建设应用。整合集团反欺诈名单库、事件库和特征库，引入外部信息，实现反欺诈信息集中管理和共享，引入人工智能技术研发反欺诈模型，毫秒级识别高风险交易。建立反欺诈即时布控机制，覆盖信用卡申请及交易、电子银行、第三方支付、借记卡和融e购业务。

（总行风险管理部）

不良贷款管理与处置

2017年，本行紧紧围绕稳定资产质量的总体要求，统筹兼顾表内不良贷款、表外账销案存资产和受托资产等处置工作，不良贷款、受托资产处置均超额完成全年的工作目标。全年清收处置不良贷款1 927.42亿元，使用核销资源722.01亿元。不良贷款管理和回拨利润、账销案存清收、抵扣拨备费用等对全行完成经营目标做出重要贡献。

一是加快不良贷款处置队伍建设。在摸底调查基础上，引进一批资产估值、法律诉讼方面的专业人员。通过组织现场培训、视频培训、送教上门、政策宣讲、以工代训、转培训等方式，提高处置能力，促进人岗匹配。

二是抓好计划制订与执行。按照全年核销资源，科学测算清收处置计划，精准分解到各分行，序时分解到各季度、月。根据计划执行情况，动态调整、滚动执行计划。实施缺口管理，开展跟踪监测报告及督办，充分调度全行处置资源，确保完成工作目标。

三是加强业务管理。加强抵押物管理，合理估值定价。重点审查不良资产处置时与贷款发放时抵押物估值数据差异较大的项目。加强诉讼催收和尽职追索工作，切实做到应追尽追、应诉尽诉，引导分行加大诉讼催收等常规方式处置力度，减少对批量转让的依赖性。

四是缓释和化解风险。支持并配合发挥债委会职能，介入中介机构推荐与选聘、重组方案商谈等工作，做好债委会框架下债务重组（整）工作，最大限度地维护本行权益。

五是拓宽个人不良资产证券化处置渠道。全年分别开展了一期个贷和一期信用卡不良资产证券化项目，其中，个人客户不良贷款 126.1 亿元，本金受偿率 47.5%；信用卡不良贷款 62.9 亿元，本金受偿率 14.6%。发行期数、基础资产和债券发行规模在 16 家试点行中均为最大。

（总行信贷与投资管理部）

内部审计

本行持续关注金融风险变化情况及其影响，有序开展各项审计活动，积极推进专业管理升级，在全行有效防范风险、实现经营目标的过程中发挥了保障增值作用。

一、认真履行审计监督职责

2017 年，内部审计坚持风险导向，认真履行审计职责，持续关注金融风险变化情况及其影响，对集团部分机构和主要业务领域落实监管要求、执行全行重大战略、风险管理及内部控制的有效性进行了监督评价，完成了年度审计计划项目及相关审计任务。

（一）支持全行改革发展。内部审计秉持独立的专业风险判断，从治理的高度，开展了多层次、多形式的监督评价活动，全年完成董事会批准的 23 项年度审计计划项目，覆盖信贷业务、财务效益、客户服务、大零售战略、大资管战略、信息化战略、国际化战略、信息科技、资本管理、内部控制、高管经济责任等经营和管理领域，涉及 36 家境内一级（直属）分行、16 家境外机构、4 家直属机构、3 家境内主要控股子公司、总行 29 个业务管理部门和 11 个利润中心。审计及时报告了全行经营发展过程中，各类风险的管理和控制情况，提交内部审计工作报告 4 期，《内部审计情况专报》26 项，主动向各机构提供大量客观、有建设性的审计建议，向全行传导规范经营与合规管理的要求，推动各领域不断完善风险管控机制，对全行在复杂环境下预判和防范风险起到了支持作用。

（二）加强区域监督服务。内部审计探索强化区域审计监督服务的模式和方法，推动各内审分局建立了审计区域监督、检查、报告、整改全流程工作机制，加强对区域风险的审计监督和监测分析，全年完成区域性专项审计 176 项和持续性监测 180 项，对所有境内一级（直属）分行、部分境外分行、境内外附属机构及利润中心进行了监测分析，覆盖银行卡收单业务、跨境融资、NIM 情况、积存金业务、受托资产处置、票据业务改革等领域，作为对年度审计计划项目的有效补充和延伸。同时，组织分局建立与区域行、监管机构的信息交流机制，及时提示风险、沟通信息、提出建议，为各审计区域机构改进经营和风险管理提供了有力支持。

（三）督促发现问题整改。在审计活动中着重强调项目运作闭环管理，强化日常动态管理，加大审计发现问题跟踪督促整改力度，修订发布《审计发现整改督促工作实施细则（2017 年版）》，加强对各类风险管控信息的整合以及对各类审计发现问题的深层次、关联性分析，加大问题整改跟踪督促力度，有效推动了相关制度流程和管理机制的优化，持续提升了整改跟踪效果和审计成果转化运用能力。整改工作得到了各被审计机构的充分重视和认真落实，各机构积极反馈整改报告，报送整改过程及结果，并对问题未整改的原因、下一步解决措施和进度安排进行了详细说明。截至 2017 年底，审计发现问题 477 项，已整改 184 项，剔除未到整改时限的 251 项问题，整改率为 81.42%。

二、积极开展外部审计协调

2017 年，内部审计积极适应强监管、严监管形势要求，将协调落实监管检查工作放在推动全行加强风险防控的大局下来把握，积极拓宽监审联动的路径和范围，深层次推动落实监管要求，牵头协调配合审计署、银监会、外部审计师等审计检查机构，完成了各类专项检查和监管工作，在传导国家监管要求，督促落实监管事项，促进我行各项业务依法合规经营，营造和谐的外部监管环境等方面发挥了积极作用。

（一）服务国家审计。配合审计署对原董事长姜建清同志经济责任审计，政策落实和风险防控专项审计，资产负债损益审计三项审计，期间完成大量沟通协调工作，充分体现了内部审计的协调增值作用。

（二）加强监管配合。作为银监会“三三四”、整治金融乱象等系列治理工作和“两会一层”风控责任落实情况自查的牵头部门，内部审计高度重视、积极沟通、抓好落实、做好督导，圆满完成检查任务，及时提炼归纳和分析报告监管检查发现的问题，有效推动全行落实监审意见，依法合规经营。

（三）开展外审履职评价。组织开展对毕马威年度履职情况评价工作，全面客观地评价了毕马威近两年的履职情况，持续规范我行的外审质量评价机制，合理选取和覆盖评价对象，督促外部审计师进一步提升审计质量和服务水平。

三、持续加强专业能力建设

为适应新形势下的新要求，内部审计进一步加强了自身建设，谋划未来工作，创新审计模式，更新审计技术，强化审计管理，进一步提升了审计的履职能力。

（一）推动信息化审计建设。在制度建设方面，出台《境内分行审计服务管理办法》《持续监测工作手册》《内部审计分析师管理办法》和《内部审计模型库管理办法》等系列制度，为信息化审计的规范化发展提供了保障。在信息系统建设方面，完成了基础数据层、中间应用层、上层展示层三个层面的审计信息系统建设。在模型库建设方面，组建了10支模型专家团队，搭建了各业务条线的模型库框架体系，优化、整理、完善了300余个优质高效模型。在持续监测方面，将日常全面扫描与重点风险监测结合起来，分局对区域分行整体风险的持续关注与重点风险的监测能力进一步提高，实现了持续监测报告质量和价值的有效提升。

（二）规范境外审计基础管理。在机制建设方面，出台《关于加强境外机构审计管理的实施方案》《关于加强境外机构内部审计管理的工作意见》《境外机构内部审计工作手册》等17项境外机构审计管理制度，就构建集团境外机构审计体系框架提出了总体思路，并从管理制度、激励考核、技术方法、队伍建设、区域管理模式等多方面进行了整体设计。在系统开发方面，开展了境外审计系统开发优化工作，更新优化了审计分析系统数据源和指标功能，提高数据质量，强化境外机构内审人员对系统的应用，进一步利用系统抓手提升对境外审计的管理。在方法技术方面，优化审计技术和方法，绘制境外机构风险地图和审计地图，通过现场与非现场相结合，机构与专项审计相结合的方式，实现一次进场、多项产出、多份报告，进一步提升了审计效能。

（三）推进经责审计提质增效。在机制流程方面，印发《关于进一步提升经济责任审计质效的工作意见》，明确了经济责任审计的工作目标、措施和要求，进一步组织优化审计实施流程。在方法技术方面，搭建了经济责任审计信息平台，建立经责审计数据信息获取、审计成果调用、被审计对象所在机构经营管理情况归集的重要载体。在标准规范方面，编写《经济责任审计手册》，从审计内容和重点、数据获取和运用、报告模板和范例等方面进行规范，为审计组提供具体翔实的操作指导。

（总行内部审计局）

内控体系建设

一、内控机制和制度建设

推进“三道防线”的全维一体，增强内控合规系统整体合力；抓实内控评价闭环管理，持续提高全行内部控制水平。

（一）持续推进内控体系建设。全面推动境内外机构贯彻落实新版《内部控制基本规定》，持续优化科学有效的职责分工和制衡机制，将新时期集团统一的内部控制框架新体系落地深植；以推动完成内控体系建设“三年规划”年度工作任务为抓手，组织各机构、各专业加强自身内部控制体系建设，推动内控工作目标的层层分解与落实，强化“三道防线”履职与联动。

（二）以《内部控制手册》编制为抓手推动一道防线制度建设。试点编制银行卡和个人消费贷款条线《内部控制手册》，探索梳理分专业条线的控制事项清单和风险控制矩阵表，形成标准统一的业务流程和管理流程，确定风险控制点及控制措施，并实现与规章制度、系统控制相对接，将内部控制融入专业条线运营管理，以强化“一道防线”履职建设。

（三）优化评价指标框架体系，提高内控评价质量。修订印发新版《境内分支行内部控制评价办法》，按照内部控制建设与评价体系相统一的构建思路，重构评价指标体系，优化抽样指标和监测指标框架，综合运用现场抽样、异地集中、问题归集和数据监测等评价方式，丰富和优化了过程评价的实现形式，进一步提升了评价组织效率和公平公正性。以提高大数据运用及评价能力为突破口，建立了包括评价办法、操作指引和操作手册在内的“三位一体”的数据监测评价体系，实现按季度开展数据监测评价通报，持续强化对境内分支机构日常内控管理的监测提示，推动境内分支机构面向过程持续改进控制缺陷，并组织完成“大评价年”现场评价工作，持续发挥评价访谈的效应，确保了内控评价价值最大化。

（四）夯实集团制度管理基础，提升传导落地能力。修订《制度管理基本规定》，投产上线“制度一体化”项目及制度标签化管理模块，进一步明确了制度的内涵范畴及体系框架，完善了制度全生命周期管理；开展制度梳理评估，编制并印发了《总行有效制度清单2016年及废止清单（2017年第一批）》及总行2017年第二批废止制度清单，编制并印发了《总行2017年度制度立项计划》，提出规定类和办法类制度立项计划343项，夯实制度管理基础；做好各类规章制度审查发布，对670个制度进行了制度体例规范性审查，提出审查意见609条，确保了制度的体例规范性和制度体系一致性；不断推动境外机构制度翻译工作，积极推动专业部门及各级机构做好新制度的培训和解读。同时将制度制定、传导、维护等情况作为重要内容纳入日常监督和评价，并对各类制度执行不严、变通绕道的情况和行为进行有效提示、通报和处理。

二、开展综合治理大检查

我行按照“整合高效、严肃务实”的原则，将银监会部署的系列检查治理项目与我行开展的“十大重点领域和关键环节”检查工作有机地结合起来，在全行开展了贯穿全年的综合整治工作。

（一）加强领导，落实整治工作主体责任。总行成立了由谷澍行长任组长，钱文挥监事长、王林纪委书记任副组长，总行各相关部室主要负责人为成员的综合整治工作领导小组。领导小组下设办公室，由内控合规部、内部审计局联合牵头，统筹调度和协调内审、内控条线及各专业部室的检查资源，统一组织、共同推进综合整治的各项工作；形成了从总行部室到基层一线，从各级管理人员到前台柜员，三道防线分工明晰、各负其责，共同参与的综合整治格局。

（二）高效整合，强化重点业务领域的整治。按照“整合高效、严肃务实”的原则，将专项治理与我行开展的“十大重点领域和关键环节”及年度相关检查项目相整合，同部署、同安排、同落实；对系列检查项目的检查要点进行整合归并，剔除重复内容，并有针对性地开展检查，提高检查质效；按照全行“一盘棋”的思路，组织全行各机构、各专业调度检查资源，充分发挥专业条线“一道防线”履职的作用。本次整治力求通过对重点领域和关键环节存在的违法、违规、违章行为的深入检查和治理，及时排除大的风险隐患。

（三）严控质量，确保综合整治取得实效。总行统一制订了系列治理工作的检查方案，编写了检查手册，深入进行了查前培训，提升参检人员的检查能力，组织召开综合整治现场检查联席会，专题部署总行综合整治现场检查工作，并深入开展非现场排查的基础上，统筹协调检查资源，调配320余名业务骨干，组成17个检查小组对总行36个部门、8家一级分行、1家附属机构开展了现场重点检查。

（四）狠抓整改，促进整治成果转化落地。对综合整治检查发现的问题，总行在全行组织开展了深入整改和问责活动，按照从严治行的要求，坚决落实整改，严肃问责。对违规责任人坚持“违规必究、究必从严”的原则，杜绝“失之于软”；对屡查屡犯、恶意违规等痼疾，从重问责，并追究管理者的责任。在整改问责活动期间，总行开展了“回头看”整改问责后续评价工作，从组织推动、制度执行、规范管理、措施落实、责任追究和整改效果等方面综合评估整改问责的效果。

本次综合整治全行共发现各类问题19 771个，涉及金额4 928.42亿元。通过整改，累计处理违规机构253个，问责人员24 711人次，各级机构累计建立和完善各类制度、流程、规则等357个，开发和优化系统功能7项。有效地揭示了我行存在的薄弱环节和不足，及时处置和化解了存在的重大风险隐患，缓释和压降了风险敞口，查处了一批违规责任人，教育了员工，对违法违规行为起到了震慑效果，达到了整治各类违规行为、防范金融风险的目的，在弥补内部管控缺陷、健全内控合规管理体系、清除风险隐患、增强员工合规意识等方面取得了积极成效。

三、“执行强化年”主题活动

以《2016—2020年合规文化建设规划》为指引，按照“一年一个主题，一年一个台阶”的思路，在全行组织开展了内控合规“执行强化年”主题活动，持续深化全员合规意识，引导全员积极践行合规。在理念宣导上，开发了合规文化核心理念及新时期“十大禁令”宣讲的标准课件，集中培训了52名合规文化宣讲师资，组建了总行、省行宣讲团开展直通式巡讲。全行各层级宣讲4 500余场，覆盖绝大部分二级分行机构，30余万人接受了宣讲教育。同时，开展了“熟知禁令承诺执行”大讨论活动，全面推进合规文化核心理念及新时期“十大禁令”的传播，营造了浓厚的合规文化宣导氛围。在载体搭建上，搭建了“合规文化大讲堂”活动平台，全行37名一级（直属）分行行长，600余名二级分行行长在各自机构讲授了合规文化专题课。印发了《员工合规手册》，全行18万名员工参加并完成了网络大学合规教育课程自学及测试；搭建了“践行合规”主题竞赛平台，22万名员工参加了网络知识竞赛，并成功举办了形式新颖、别开生面的“践行合规、明责有为”内控合规情景模拟大赛，生动展现了全行一年来借助“执行强化年”主题活动载体深入推进合规文化核心理念内化于心、外化于行的良好面貌，充分体现了全体干部员工积极弘扬和践行合规的精气神。在正向激励上，组织开展了“寻找我身边的合规标兵”评选，着力将评选活动打造成为一个全行性的合规理念宣导和合规典型推广的平台。逐级开展了寻找、挖掘、评选、宣传、学习“合规标兵”的系列活动，并在总行成功举办了“寻找我身边的合规标兵”颁奖典礼，对总行级“合规标兵”集体、“合规标兵”“合规先锋”个人进行了表彰，评选具有广泛的参与性和较强的公信力，在发现先进、学习先进、争当先进的过程中，传播了遵规守矩、昂扬向上的正能量，取得了热烈的反响。

四、加强操作风险管理

（一）提升操作风险统筹管理能力。制定并印发2017年操作风险管理委员会工作计划。组织召开操作风险管理委员会现场会议3次、非现场会议2次，共计17个部门提交35项议题，印发会议纪要及《2017年集团操作风险管理情况通报》。围绕当前风险突出的理财产品销售、代理投资、同业业务等领域和新产品风险评估等环节，推动“一道防线”部门加强风险管控，并向委员会汇报相关情况。

（二）强化操作风险限额管理。对标监管监测指标要求，制订印发《操作风险限额管理方案》，并首次将操作风险损失率上限转化为损失绝对额，向各一级分行下达，进一步明晰了全年控制目标。组织全行操作风险限额指标计算及相关数据分析工作，将操作风险损失超限情况纳入非财务指标绩效考核要素，并在操作风险管理报告中予以通报。针对操作风险损失率、监管处罚率超限或超预警的分行开展操作风险损失集体约谈，并结合损失事件发生原因，研究压降损失额、避免大额损失的措施，有针对性地强化管理。2017年全行案件风险率、千人发案率较上年同期大幅下降，信息可用率保持较高水平，操作风险损失率、案件风险率均控制在监管及我行限额目标值以内。

（三）夯实操作风险管理基础。组织集团操作风险并表范围内各机构按季度开展操作风险损失事件录入、审批和验证工作和关键指标监测工作，加强对大额操作风险损失的预估与统计，对异动监测指标进行风险提示。推动操作风险关键指标修订工作，会同17个业务部门修订完成操作风险关键指标2.0版本，并主动与中行、建行、农行、民生银行等同业机构沟通，进行监测指标及工作模式的比较分析，形成13大板块、45个核心指标、45个一级指标的总行级指标体系，提交操作风险管理委员会审议。开展年度操作风险与控制自我评估工作，会同20个部门，识别信贷、贵金属、票据、资产管理等11个业务领域，272个风险点，编制评估方案，组织总行部门、11家境外及控股机构和全部境内二级分行以上机构开展自评估工作。

（四）加强集团操作风险管理。完成集团季度、中期操作风险管理报告。加强境外机构操作风险管理，审阅布拉格分行开业资料，就操作风险相关部分提出初步验收评价和验收结论；对工银秘鲁、工银阿根廷等机构涉及操作风险的董事会议案提出意见。对子公司风险管理方案进行审议，促进子公司操作风险管理提升，工银安盛操作风险管理工作获得监管认可，在保监会评估中取得行业第四、并获得2017年免检资格。

（五）强化操作风险系统建设与培训工作。推进操作风险损失事件管理系统、关键指标监测模块系统优化需求，促进系统优化升级。组织“内控合规核心人才培训项目（操作风险管理及案防方向）”第三学年培训，提高各级机构操作风险管理岗位人员的理论水平和业务能力。

（总行内控合规部）

声誉风险管理

2017年，本行深入开展正面宣传和声誉风险管理，结合舆论热点组织主题宣传，加大新媒体等传播创新，不断健全舆情工作制度体系，及时稳妥开展舆情处置，为全行改革发展和经营转型营造了相对平稳的舆论环境，声誉风险总体可控。获评国家外文局颁发的“中国企业最佳海外形象奖”、国资委新闻中心颁发的“年度中国企业最具影响力新媒体账号”等奖项。

一、主题宣传有声有色，受到行内外广泛点赞

围绕总行党委决策部署和全行中心工作，结合舆论热点，全年接力式组织开展了“一带一路”“大行工匠”“砥砺奋进的五年”“价值银行”等四大主题宣传，较好地实现了宣传密度与热度、“高原”与“高峰”的统一，在行内外都产生了积极影响。其中，总行官方微信、官方微博关于“大行工匠”的报道得到行内外粉

丝10多万人次点赞，新浪微博#大行工匠#话题阅读量超过7 000万。以“1+N”宣传工具包为代表的宣传创新创意赢得受众高度评价，如以吉林分行员工刘铁峰为客户兑换残币事迹为原型制作的嘻哈音乐MV，播放量达1 700多万，网友给予“一改我心目中工行的形象”“厉害了我的ICBC”等好评。据统计，2017年总行共撰写发布新闻通稿近200篇，境内外媒体刊发全行正面报道20余万篇次，其中《人民日报》（42篇）《光明日报》《经济日报》《金融时报》、新华社、中央人民广播电台、中央电视台（72条）、新华网、人民网等权威媒体刊发我行正面报道920余篇。

二、官方微信粉丝突破1 000万，达到亿级传播能力

2017年，本行官方微信号“中国工商银行”的粉丝数实现翻番，突破1 100万，位居银行业官方微信订阅号之首，新增粉丝相当于过去3年的累积量。同时，以官方微信、官方微博为代表的新媒体影响力持续领跑同业，连续10个月位居人民网发布的“中国银行业新媒体排行榜”榜首，连续3年获评国资委颁发的“年度中国企业最具影响力新媒体账号”等奖项。全年官方微信推送信息600余条，阅读人次5 000余万；官方微博推送图文信息1 200余条，阅读人次8 000多万。微信、微博充分发挥了业务营销和舆论引导的双重功能，成为支撑品牌形象宣传和业务推广的重要渠道。

三、强化分级管理与源头治理，保持舆情整体平稳

制定《中国工商银行声誉风险管理办法》（修订版），及时将监管最新要求和舆情管理实践经验落实到集团各个层面。扎实做好重点时段舆情管理，在十九大、“两会”“3·15”“双十一”等时段实行零报告制度，强化实时监测预警、快速响应，确保舆情平稳可控。深入开展源头治理，排查各类声誉风险隐患150余起，逐件落实责任，全年向各单位提示各类负面舆情600余次，妥善处置客户网络投诉、督促各单位改进工作300余项，消除了大量风险隐患。如对全行文物建筑进行清查摸底，制定下发了加强建筑文物保护和管理的工作要求。加强对恶意中伤和失实造谣类负面舆情的管控，协调各类媒体删除此类信息400余条，组织了5万多人次的网评工作，及时有效地引导了社会舆论。

（总行办公室）

消费者权益保护

2017年，本行注重全面履行消费者权益保护主体责任和社会义务，认真落实消费者权益保护相关法律法规和监管要求，持续提升消费者权益保护工作力度，不断完善更加高效务实的工作体系，进一步加强客户投诉管理，注重消费者宣教与内部培训，推动业务经营与消费者保护协调发展。

一、完善消费者权益保护工作机制

积极谋划未来三年消保工作，将消费者权益保护工作纳入本行2018—2020年发展战略规划，明确未来三年消保工作战略发展目标、基本任务和主要措施。修订完善消保条线考评指标并开展经营绩效和业务发展考评，充分发挥考核指挥棒作用。总行组织重点分行召开消费者权益保护工作推进会，围绕重点问题进行专题研讨，随后通过印发会议纪要、推广工作经验、逐项解决分行存在问题等一系列措施，着力破解管理难题。建立投诉处理与法律风险防控联动工作机制，把握被诉风险化解主动权，最大限度将客户不满和争议化解在投诉处理阶段。

二、持续加强客户投诉精细化管理

始终坚持“以客户为中心”，持续健全完善客户投诉管理制度和长效机制，提升投诉精细化信息化管理水平。不断畅通投诉受理渠道，优化完善投诉处理流程，及时妥善处理客户诉求。高度重视客户意见，大力推动投诉问题源头治理，为客户提供更加高效优质的金融产品和服务。制定印发落实支行投诉管理责任的意见，推动将投诉管理主体责任直接落实到支行，形成各级机构权责对等、协同一体的投诉管理格局。深化重点投诉问题专项分析机制，深入分析相关投诉风险形成机理与传导路径，多角度审视我行服务流程、制度安排和业务操作等环节的不足，及时识别防控潜在的系统性风险。强化数据分析在客户投诉管理领域的应用，建立完善日监测、周报告、月分析、季通报的多频率常态化监测分析体系。

三、不断夯实服务收费依法合规基础

强化分支机构规范服务收费督导力度，按季度监测

全行服务收费外部检查情况，有效防控监管处罚、投诉、声誉等风险。及时、充分、全面披露我行服务收费标准、服务内容等信息，充分保障消费者知情权，避免损害消费者合法权益。不断强化服务收费规范力度，深入分析我行服务收费规范管理存在的问题，有针对性地加以改进完善。进一步强化分支机构规范服务收费督导力度，组织开展服务收费自查，及时总结、深入分析存在的问题并督导落实整改。

四、加强产品和服务消保事前审查

强化消费者权益保护事前、事中管理，认真落实产品和服务准入前的消费者权益保护审查程序，在审查工作中加强对消费者合法权益保护。将消保理念有机融入产品设计、研发、推广、销售等各环节，在制定管理制度、设计业务流程、制定合同文本、监督业务操作等方面，有效贯彻落实各项监管要求，确保业务经营在监管框架下依法合规开展。高度关注客户意见建议和分支机构信息反馈，从消费者视角体验我行产品和服务，主动发现并积极优化改进存在的可能侵害消费者合法权益的风险隐患。

五、深入开展消费者金融知识宣教活动

在全行范围内组织开展为期三个月的“金融知识进万家”“金融知识普及月”“金融知识万里行”集中式宣教，并贯穿全年开展“送金融知识进校园”活动，各级机构因地制宜、因行施策、创新方式、注重质效，在充分做好网点宣传的基础上，进农村、赴军营、去海岛、到牧区积极开展深入基层走出去宣传。同时，注重加强媒体宣传提升活动影响力，充分利用微博、微信等自媒体扩大宣教覆盖面，积极向银监会、人民银行、银行业协会报送活动简报，充分展示我行工作风貌。

2017 年全行通过微博、微信、融 e 联、营业网点 WiFi 等互联网新媒体发布电子宣教材料 1 298 篇，点击阅读量 1 828 万余次。累计开展各类宣教活动 10. 54 万余次，参与网点 1. 61 万余个，参与员工 64 万余人次，发放纸质宣传资料 2 375 万余份，短信发送数量达1 173 万余条，受教育消费者达 3 亿余人次。荣获银监会“2017 年‘金融知识进万家’活动先进单位”（得分名列银行业金融机构第一）、银行业协会“2017 年度中国银行业普及金融知识万里行活动最佳成效奖”。

六、扎实推动员工消保意识与技能培训

将消费者权益保护作为企业文化重要组成部分，在全行范围内组织开展消保专业网上知识竞赛，以赛促学，推动促进各级机构员工不断提高消费者保护知识水平和工作能力。举办两期客户投诉管理专题视频培训，培训对象覆盖全行各级机构投诉管理人员和一线业务操作人员，有效增强了全行员工的消保意识，提升了全行投诉管理、处理水平。总行赴多家分行开展现场培训，理论与实践相结合指导分支机构不断提高客户投诉管理水平与处理技能。在全行范围内组织开展银行业消费者权益保护调研课题征文评选，从各级机构报送的 207 篇文章中优选 19 篇发送分行学习参考，另将优中选优的 5 篇文章报银监会和银行业协会参加评选；最终 1 篇获一等奖、1 篇获优秀奖，荣获“银行业消费者权益保护调研课题征文活动优秀组织奖”。

（总行法律事务部）

财务会计管理

2017 年，本行牢固树立“战略财会、开放财会、专业财会、合规财会”四个财会意识，坚持统筹兼顾、把握规律、服务基层、循序渐进，顺利推动全年经营目标和改革任务的圆满完成，集团实现净利润 2 875 亿元，同比增长 3%，总量继续保持全球银行业首位。

一、提质增效，抓好收入增长和盈利能力建设

（一）全力以赴抓好收入增长。一是加强净息差管理。预算管理上，引入了存贷款的“全流量管理”和“争先进位”预算编制理念。经营分析上，强化动因管理和同业对标分析，结合分行实际，开展分类指导。资源配置上，进一步加大营销费用与拨备前利润的挂钩力度。绩效考核上，继续实施量价协调考核。2017 年，全行 NIM 较上年提升 6 个基点至 2. 22%，走势优于可比同业。二是保持中收同业第一。建立了“收入目标、同业占比、业务规模、实际费率”全口径缺口管理模式。预算管理上，按照“同业定目标、市场定任务”原则，编制全年中间业务收入预算并按季度制定阶段性目标，同时，做细收入缺口的预测管理。定价管理上，落实“四不当”“三套利”专项治理要求，调整收费标准，做好清理规范。转型发展上，进一步引导分行重视

结算、代理、理财类等基础类中收发展，扩大资产管理、私人银行、金融市场等收入总量和增量贡献。资源配置上，继续将中间业务收入与营销费用紧密挂钩。绩效考评上，完善中间业务收入同业比较计分方法，适度提高存量排名及市场份额变动考核权重。三是全力支持金融市场业务发展。预算管理上，根据市场利率走势和资金规模变动情况，按季度下达净利润沟通目标。费用支持上，为金融市场重点产品配置专项营销费用，充分保障外购信息终端费用增长需求。条线业绩管理上，对金融市场业务产生的免税效益进行营业贡献考核还原。

（二）加强各利润单元盈利建设。一是推动境内分行盈利可持续增长。预算管理上，对“5＋1”分行以其中数的形式下达计划，并首次将80家重点城市行纳入分条预算管理体系。资源配置上，继续加大对重点城市行的支持。财务授权上，对“5＋1”分行进一步优化授权标准和超授权报批流程。绩效考评上，将重点城市行的综合竞争力评价结果纳入所在一级分行评价，加大对重点困难分行帮扶力度。预算管理上，引导强化业务基础，消化不良资产包袱。资源配置上，通过实行差异化的财务资源配置，充分保障、支持业务改革创新和转型升级。绩效考核上，设置不良贷款清收处置额、拨备前利润等差异化调节指标，增强分行发展信心，同时将三年规划执行情况纳入分行主要负责人干部考核中。二是引导境外及控股机构进一步提升盈利贡献。预算管理上，针对各机构经营差异完善预算编制方案，加强对重点机构、重点区域、重点财务项目及重大事件的分析，强化预算控制。资源配置上，引导机构存量挖潜和增量提效，充分发挥资源配置的杠杆作用，同时结合综合化子公司经营特点有针对性地制订费用配置方案，有效激发综合化板块的经营效能。绩效考评上，强化效益管理考核，引导境外机构调整资产结构，强化跨境联动考核和风险内控考核，完善境外机构汇率风险考核还原机制，引导各机构强化汇率风险管理。全年境外及境内控股机构实现集团盈利占比8.3%，较上年提升0.6个百分点。三是引导利润中心不断提升创新创利能力。理顺体制机制方面，印发《财会专业深化利润中心改革实施细则》，突出产品线业绩为核心，充分调动起各方协同发展的积极性。加强产品线收入管理方面，引导利润中心强化同业对标，开展实物贵金属、信用卡、票据等重点产品线专题分析，“一部一策”提出管理建议。资源配置与考核评价方面，以做大做强产品线为核心，优化利润中心费用配置方式，加大激励费用与产品线业绩挂钩比重，加大利润中心产品线业绩考核力度，淡化本部净利润考核。

三、创新优化，完善财务资源配置和考评体系

（一）优化财务资源配置。一是总量上，坚持业务本源，通过营收增长带动财务资源供给增加，固定资产投入较上年增加30亿元、增幅33%，营业费用投入较上年增加16.6亿元，还原营改增因素同比增加21.6亿元。二是投向上，坚持战略引领，全力支持重要领域和重点项目改革发展。加大对IT和互联网金融的投入支持，结合金融科技创新和“七大创新实验室”需要，合理规划资源配置，积极研究创新e－ICBC 3.0及远程银行中心财务资源配置机制。加大对网点布局优化的投入支持，坚持“控制总量、优化结构”，全年启动网点装修改造项目1 832个、优化布局项目302个，网点装修投入及优化布局投入45.3亿元、同比增幅104%。加大对行业合作的投入支持，坚持“效益优先、分步实施、统筹兼顾”的原则，全年行业合作投入5亿元、同比增幅67%。加大营销费用投入力度，积极优化费用结构，支持客户拓展，营销费用（含积分兑换费用）投入同比增加20亿元，增长42.8%，直达客户的积分兑换费用大幅增加。三是结构上，坚持有保有压，压降闲置、低效占用腾出资源支持业务发展。全年清理闲置资产获得处置收入14亿元，加强设备零库存管理，盘活清理ATM设备库存1.2万台。通过压降低效、无效投入，带来折旧、租赁、水电等物化费用同比下降9.9亿元，占经营费用比重下降2.9个百分点。四是管理模式上，坚持创新驱动，不断提升资源投入产出效能。实施“保障费用＋营销费用”的经营费用配置模式，保障费用按需核定，营销费用坚持价值创造导向，优化激励挂钩指标。优化财务授权管理，深化落实重点城市行竞争力提升战略部署，进一步优化“5＋1”分行授权标准和超授权报批流程，并制定首批重点城市行人格化财务授权标准，有效激发重点城市行经营活力；印发《关于加强行业合作类项目管理的通知》，通过下放审批权限，优化审批流程，促进源头性业务竞争力提升。推进财务开支全流程闭环管理，目前已成功投产使用面广、发生频率高、业务处理量大的差旅费模块，切实提高全行差旅费事项的财务处理效率和效果。强化财务合规管理，开展全行财务印章改革，通过专项清理共销毁财务类印章1 060枚，占全部存量印章的45.9%。

（二）统筹完善各维度绩效考评体系。一是围绕战略完善绩效考评办法。突出客户导向，进一步提高客户结构优化板块指标权重。突出竞争力提升导向，调整结算理财代理类收入、存款同业比较指标权重配置，增设大中城市行竞争力评价加分项指标。突出产品交叉销售考核，强化客户产品渗透率指标考核，分别设置个人及对公客户产品渗透率指标。突出转型发展导向，围绕“三平台、一中心”架构，调整互联网金融相关指标。突出业务协同导向，增设跨境联动指标，设定理财产品期末余额下降容忍度，推动存款和理财产品协调发展。突出资金体内循环导向，设置全量资金内部循环率指标。二是引导一级（直属）分行提升市场竞争力。印

发《一级（直属）分行市场竞争力评估方案》，从静态和动态两个角度，评估各行市场竞争力状况，对分行实现“事后评价”向“事前引导、过程管理”模式转变。三是加强考核传导机制建设。统筹规范部门专业考核，严格控制指标数量，对境内分行考评办法进行审批，确保总行经营战略和考评导向完整、一致地向基层行传导。四是推进“最后一公里”绩效考核落地。制定《网点绩效考核工作指引》，突出“以客户为中心、以效益为导向”的经营理念；按季度对全行营业网点及重点城市行下辖营业网点效益指标排名情况进行监测与通报，引导分行加强经营利润在网点预算、绩效考核等领域中的应用。

三、严控风险，全面加强实质风险和税务风险管理

（一）全面加强实质风险管理。一是实行更加严格的拨备政策。对表内业务，给分行下达拨备覆盖率指标，调整拨备计提标准，将正常类贷款组合拨备提取比例由1.4%调整为1.0%，将次级拨备计提起点由2%调增至40%，增加信贷资产劣变成本，激发分行控制资产质量的主动性。对表外业务，根据新金融工具准则下的风险分类结果，对二阶段、三阶段表外信贷业务，分别按资产余额的一定比例计提模拟拨备，扣减考核利润，引导分行加强表外信贷业务的风险管控。2017年末不良贷款率降至1.55%，逾期率降至2.0%，拨备覆盖率上升至154.07%，受托资产清收收回现金410亿元。二是加大核销资源支持力度。2017年，在全行经营发展持续向好，财务回旋余地增加的情况下，全行核销耗用拨备资源711亿元，较年初计划多60亿元，有效带动全行不良贷款清收处置近2 000亿元。三是减少受托资产风险隐患。进一步完善考核激励约束，对未完成受托不良资产清收序时进度的分行，按照序时进度差额的50%扣减考核利润；对超额完成受托资产清收序时进度的分行，按超出部分的50%增加考核利润。四是完善全面风险管控的绩效考评导向。结合风险情况相应扣减考核利润，增设法人客户不良资产常规处置占比指标，引导分行增强全面风险管理和成本控制意识。

（二）加强税务风险与成本管控。一是提升增值税管理效率，做好后续政策落地。继续强化进项抵扣管理，截至12月末，全行进项抵扣率为7.5%，较2017年初提升了1.7个百分点，处于业内领先水平。协调推动全流程电子化项目，提高增值税抵扣管理的便利性和有效性。快速应对资管产品“营改增”新政，及时组织相关机构和部门对资管产品的交易结构、业务流程、系统功能等进行重新梳理和规范，为2018年政策顺利落地做好充足准备。二是妥善应对税务稽查，保障我行合法权益。密切跟踪全行税务稽查进展，做好各项组织、沟通汇报等。严格税额补缴审批，做到应缴尽缴，对于税法存在争议、金额较大的问题，统一协调，竭尽全力压降涉税风险点和补缴税款。做好问题整改，加强制度、业务、风险管理在涉税风险防控机制上的联动协作，切实防范管理流程不充分形成的税务风险。三是加强集团税务管理，严控境外税收风险。落实集团BEPS项目合规申报工作，顺利完成首年国别报告、主体文档和本地文档等各项文档准备，并协调国家税务总局解决国别报告境外报送问题，切实履行我行合规申报义务。加强对境外机构税务风险管理的非现场监控与现场检查，发布《境外及控股机构税务信息报告管理办法》，指导境外机构妥善处理税收争议。建立健全集团转让定价管理体系，协调各部门梳理跨境业务环节，加强涉税风险管控。

四、夯实基础，提升财会管理水平

（一）确保新金融工具准则顺利切换实施。一是调整信贷资产拨备的涵盖范围和计算规则，全面分析预期损失模型转换对全集团的财务影响，持续组织推进拨备数据提取分析、审计验证、系统优化等一系列工作。二是修订相关配套制度。印发《金融资产分类与计量管理办法》等制度办法，为我行新金融工具准则转换及实施落地提供了有力的制度支持。三是做好准则切换投产准备。印发《关于做好新金融工具准则相关系统投产及实施落地工作的通知》，就准则切换前后相关工作进行部署，做好组织、培训等相关工作，确保新准则顺利实施。

（二）加强集中采购效益与效率双提升。一是创新集中采购电商化管理模式。制定印发了《“融e购”电商平台采购管理办法（2017年版）》，推出了商圈采购模式，将定点供应项目和控股子公司纳入线上采购，开放了商城选购，优化了采购平台，简化了集采供应商入驻流程，网上询价、网上竞价和电子反拍等工具顺利投产并得到应用，实现了在线寻商寻价零的突破。二是加快推进集中采购信息化建设。投产实施“管理到人”项目，集中采购业务管理系统和集审会表决系统扩大应用至二级分行，有效加强了集中采购系统性风险控制。三是持续加强集中采购规范化管理。深化中央巡视整改，继续扩大公开招标，严控全行单一来源采购2017年单一来源项目占比9.02%，较2016年下降4.11%，集中采购方式比例结构明显优化。先后印发《集中采购管理规定（2017年版）》和《集中采购专家管理办法》，进一步规范采购行为。突出采购实质风险把控，强化供应商推荐管理，强化集审会及专家管理。四是继续加强集中采购集约化管理。进一步优化二级分行集中采购评审权上收工作，推动分行采购结果相互认同；落实重点城市行战略，优化全行集中采购资源配置；狠抓重点项目管理，提高营业网点装修改造项目集中采购工作效率；推进集中采购项目计划管理，强化项目评审，

加强价格动态管理，及时维护我行经济利益。五是不断推动集中采购集团化管理，强化境内控股机构采购制度建设及采购管理，进一步优化集中采购授权；研究提出《境外机构纳入集团集中采购管理的建议》。

（总行财务会计部）

资产负债管理

2017 年，全行资产负债业务保持平稳较快增长，有效传导落实国家宏观经济政策，持续提升服务实体经济能力，内外部定价能力不断增强，资金使用效率保持同业领先优势，资本充足水平和资本使用效率稳步提升，利率、汇率、流动性风险实现有效管控。

一、2017 年资产负债管理各项指标总体良好

（一）资产负债总量平稳增长，结构配置效率持续提升

2017 年末，集团总资产为 26.1 万亿元，比上年增加 1.9 万亿元，增长 8.1%，其中各项贷款比上年增加 1.1 万亿元，增长 8.8%。集团总负债为 23.9 万亿元，比上年增加 1.8 万亿元，增长 8.1%，其中客户存款余额 19.2 万亿元，比上年增加 1.4 万亿元，增长 7.9%。

存款竞争力多维度提升。2017 年，集团各项存款增加 1.4 万亿元，其中境内人民币一般性存款增加 1.35 万亿元，增量连续两年超过 1.3 万亿元，为 2010 年以来最高值。对公存款增量首次超过万亿元，活期存款占比保持高位，存款稳定性增强，存款均衡性达到近年来较高水平。

服务实体经济能力增强。2017 年，集团各项贷款增加 1.18 万亿元，增幅为 8.8%，充分发挥了在服务实体经济发展中的大行引领作用。落实信贷结构转型战略和重点区域发展战略，加大对普惠金融的保障力度，涉农贷款增速加快。优化 MPA 行内协调管理机制，加强对各项评估指标的监测和预警管理。2017 年，我行 MPA 执行结果良好。

（二）资本充足水平整体情况良好，资本使用效率不断提升

资本充足水平同业领先。根据英国《银行家》排名，我行一级资本净额连续六年稳居全球第一。2017 年末，高级方法下集团口径资本充足率为 15.14%，处于国内同业领先地位。

资本使用效率不断提升。持续修订完善资本管理制度体系，对境内分行、利润中心、境外及控股机构“三大板块”实施差异化的经济资本管理和考核。2017 年，境内分行调整后 RWA 和经济资本占用增幅均为 7.2%，低于本外币信贷资产增幅。

积极应对全球资本监管。2017 年，G－SIBs 得分上升势头得到有效控制，实现了不升组的阶段性目标。张红力副行长带队拜访金融稳定理事会和巴塞尔委员会，提出我行对 G－SIBs 评估框架、TLAC 实施方案和巴塞尔协议Ⅲ改革方案的意见建议，得到相关机构高度重视，部分建议获得采纳。

（三）人民币存贷利差企稳回升，NIM 管理优于预期和可比同业

存贷款市场化定价能力明显增强。在服务实体经济发展、落实供给侧结构性改革要求的基础上，积极适应市场形势变化，提高风险定价能力，2017 年，全行新发放人民币贷款利率 4.72%，同比提升 9 个基点。2017 年末，境内分行贷款收益率 4.25%，比年初下降 11 个基点。境内分行存款付息率（不含结构性存款和保本理财）1.44%，比上年下降 12 个基点，付息成本进一步降低。

存贷利差企稳回升，NIM 优于同业。2017 年，前期降息、营改增等因素的影响基本结束，境内分行人民币存贷利差为 2.81%，较上年末回升 1 个基点。2017 年，集团本外币 NIM 为 2.22%，较上年末回升 6 个基点。我行 NIM 明显优于国内商业银行平均水平，在上市银行中率先企稳回升。

（四）资金管理效率领先同业，资金营运收益稳步提升

紧跟市场变化及政策动向，加强大额资金往来及头寸变化监测，灵活主动安排资金，全力对冲内外部因素的扰动。2017 年，全行头寸平稳适度，资金管理效率领先同业，中长期资产投资保持较快节奏，资金营运力度及回报持续提升。全年同业资金运作利息收入同比增加 149 亿元，同业资金运作净利差同比扩大 73 亿元。

（五）境内外汇存贷款均衡发展，境外资产负债保持稳健增长

境内外汇存贷款均衡发展。2017 年末，全行境内外汇存贷比 57.11%，继续维持良好均衡发展趋势。境外机构资产负债保持稳健增长。2017 年，境外机构总

资产较年初增长17.0%。主动筹资能力有所提升，发行存款证等筹资工具余额771亿美元，较年初增长42%。

（六）集团利率、汇率及流动性风险总体可控

利率风险方面，利率风险敏感度全年均保持在监管要求内，全行主要资产品种久期均较年初有所下降。汇率风险方面，集团外汇敞口保持稳定，总体风险控制在目标范围内。流动性风险方面，各项流动性管理指标均满足监管及行内管理要求，境内本外币存款偏离度各季度均符合监管要求。

二、2017年资产负债管理各项工作开展情况

（一）综合运用多种调控手段，合理把握资产负债的总量、结构和运行节奏

一是加强贷款计划管理，持续推动全行贷款平稳有序增长；核定集团外汇资产增速计划和资产负债主要项目、分地区增量计划；对境外机构实施差别化管理，促进境外资源区域布局、资产负债结构持续优化。二是贯彻落实人行MPA政策导向，保持各项业务平稳均衡发展及广义信贷合理适度增长。宏观审慎评估结果稳定处于同业可比机构领先水平。三是持续加大资源倾斜，并加强跟踪监测，提升重点城市行、5+1分行同业竞争力，推进困难行转型发展。

（二）强化集约型管理，拓宽资本补充渠道，深化资本管理改革

一是完善经济资本管理。制订普惠金融经济资本计量优惠政策，调整经济资本限额计算公式中的利润留存比例，上调资本限额交易价格，引导分行把握好盈利增长和风险资产扩张之间的关系。二是积极实施外源性资本补充，成功获批并发行880亿元二级资本工具。三是通过实施拨备计提结构优化减少无效资本占用，努力化解资本消耗增大的不利因素，保证资本充足率稳定运行。四是对我国TLAC实施时间和TLAC缺口进行了测算，前瞻做好我行TLAC实施准备工作。

（三）完善本外币内外部定价管理机制，提高市场化定价管理水平

一是完善存款利率上浮总量管理方案，组织推进存款利率精细化管理和分层定价管理。二是组织做好定价模型试点工作，加强试点推广的跟踪、评价、督导反馈工作，提升试点工作效果。三是积极履行市场利率定价自律机制和银行业协会利率工作委员会主任单位职责，营造公平有序的业务发展环境。四是完善FTP定价机制，修订利差池激励机制，统筹平衡流动资金贷款与票据贴现业务之间的FTP比价关系。五是推进境内分行差别化利率授权机制和美元储蓄存款竞争力提升机制建设，持续优化总行外汇备付金账户管理方案，提升集团外汇资金的运作效率。

（四）全力统筹资金支持资产投资，加大资金运作及结构优化力度

一是加强对关键时点、重点业务、重点客户的大额资金监测，做好规律把控和预测研判，主动灵活调整流动性管理策略，确保资金管理安全、高效。二是支持中长期资产增长，不断优化投融资品种、期限结构，稳步提升资金营运收益。三是多措并举、积极筹集稳定且低成本的资金，支撑资产业务增长和平抑头寸波动。

（五）加强集团外汇资金统筹管理，稳步提高境外机构资产负债管理水平

一是完成首笔“一带一路”绿色债券发行，债券同时满足国际和国内最新绿色债券标准，获得国际气候与环境研究中心（CICERO）出具评级最高的“深绿”评价意见和气候债券倡议组织（CBI）的“气候债券”认证。二是统筹境外筹资中心全年7次完成筹资工具集中发行，成本为可比同业最低，集团主动负债管理能力持续增强。三是通过向境外机构拆借资金、出具流动性支持承诺和美元国债转让等措施，有效降低境外机构流动性监管指标达标成本。四是对工银阿根廷、工银巴西、工银标准、美国机构和工银加拿大就资产负债管理进行现场检查，赴苏黎世分行进行业务支持。

（六）稳步增强市场风险防控能力，提升流动性风险管理水平

一是在银行账户利率风险限额指标中设置三级限额体系，将风险分解到集团各层级，提高境内外分支机构和业务部门的利率风险管理意识。二是修订集团汇率风险管理办法，制定2017年集团和境外机构汇率风险管理策略，做好境外机构资本金及留存利润的保值增值。三是加大流动性风险监测力度和频度，确保集团并表流动性平稳安全。2017年，附属机构集团负债依存度均符合监管要求。

（七）深入分析资产负债运行状况，积极发挥参谋助手作用

一是认真履行资产负债管理委员会秘书处职责，推进委员会持续有效运作。2017年，以现场和非现场形式分别召开7次总行资产负债管理委员会会议，内容涵盖全行资产负债管理、流动性风险管理、资本管理等。二是深入研究分析美联储加息、缩表对全球流动性的影响等问题，并向行领导报送相关材料。三是完成2017年改革发展重点课题《市场化内部资金转移定价体系建设研究》。

（总行资产负债管理部）

授信审批

2017年，在总行党委的正确领导下，各级授信审批部门积极贯彻国家宏观政策和监管要求，认真落实总行战略部署和工作安排，发挥授信审批把关作用，防范和控制实质风险，推进信贷体制机制改革，改进系统管理，提升服务质效，加强党风廉政建设，打造过硬团队，促进全行信贷稳健经营。全年共完成法人客户年度授信方案3.24万个，核定授信额度25.98万亿元；完成审批各类单笔融资225.63万笔、16.21万亿元；完成项目贷款评估4 531个，涉及融资申请3.58万亿元；总行和各一级（直属）分行共组织召开集体审议会议4 827次，审议事项2.99万笔。

一、不断加强年度授信管理

（一）认真做好部署，切实加强指导。一是印发《关于开展年度授信核定工作的相关注意事项》，对授信报送流程、网上信用贷款业务、“明股实债”类业务授信占用规则等进行提示。二是印发《关于进一步规范授信初审工作的通知》，指导和督促分行切实承担授信初审职责，增强对辖内客户授信总量的全面把握。三是梳理总结广东、江苏、深圳等分行做实做细授信的经验做法，编发6期《授信审批动态》供全行授信审批部门参考借鉴。

（二）优化授信流程，提升核定效率。一是印发《关于规范法人客户授信报送和调整流程的通知》，优化和规范法人客户各类授信业务核定和调整流程。二是印发《关于授权分行核定部分重点客户2017年度授信方案的通知》，适度扩大重点客户授信授权。三是明确对48户总行授信权限及28户分行授信权限内的优质客户可采用简易流程核定年度授信。四是印发《关于进一步规范和加强工银亚洲及工银澳门统一授信管理的通知》，加快推进港澳机构统一授信工作。

（三）把好总量风险，优化授信结构。一是统筹考虑客户实际融资需求与偿债能力，把握好客户融资总量的适度性。总行核定年度授信方案中，压缩授信客户占比12%，维持授信客户占比69%，增加授信客户仅占19%。二是推动全行公司客户授信结构持续优化。从行业结构看，2017年公司客户核定授信额度排名前十位的行业核定授信额度10.2万亿元，占全部公司客户核定授信的57%；从区域分布看，增幅较大的地区是长三角、西部地区，分别较上年增加5 519亿元、4 359亿元，东北地区授信额度下降269亿元；从集团客户授信层级看，进一步推动集团授信层级上移与优化，积极支持集团总部及其下属核心企业、重点建设项目的融资需求。

（四）持续加强授信后风险排查。一是对潜在风险因素保持高度警惕。如针对中城建集团实际控制人频繁变更、本部出现债券违约等情况，逐户对其成员企业授信进行调整。二是对突发风险事件及时反应。如针对浦发银行成都分行涉嫌被壳公司骗取融资1 600亿元，及时开展风险筛查，采取风险管控措施。三是印发《关于对境内同业客户2016年度授信进行动态调整的通知》，组织分行对同业客户授信开展“回头看”和集中动态调整，调整62户同业客户授信，关闭低风险授信额度开关17户。

二、切实把控重点领域风险

（一）从严控制“三去”领域融资风险。一是严控产能过剩行业新增融资。对煤电、钢铁、有色、工程机械等行业客户，总行否决授信调整11笔、共22亿元，否决各类融资15笔、共408亿元。二是严控房地产企业融资风险，实施差别化授信管理及授信总量与融资总量双线控制。2017年总行受理49个房地产集团授信中，有24个集团压缩及维持授信，授信压降幅度达22%。在177笔、1 022亿元房地产授信调整和报备业务中，未通过58笔、354亿元，比例分别达32.7%和34.6%。

（二）积极防范非信贷融资风险。一是高度重视债券市场风险，严格把控承销和投资业务风险。否决了中国平煤神马能源化工集团10亿元私募债主承销、长沙金洲新城开发建设投资公司10亿元私募债主承销等业务。二是加强代理投资业务风险把关。按笔数和金额计算，2017年总行审结代理投资业务的未通过比例分别为47.7%和64.4%。

（三）严控跨境业务融资风险。从严审批境外项目投资，突出交易真实性、业务合规性审核。防范内保外贷业务风险，加强对境外借款人生产经营状况、偿债能力、交易和资金用途真实性的审查。加强对境外投资并购业务的审查，对超出自身能力、与主业无关、涉嫌转移资产的并购业务坚决说不，切实防范跨国并购融资风险。

（四）严控政府融资合规风险。财政部50号、87号、92号文印发后，严格执行最新政策要求，及时对政府购买服务手续是否完备，协议文本是否合理，PPP项目交易结构及合同文本中是否存在政府担保、承诺固定回报或在股东协议中约定政府回购社会资本方股权等情况进行了甄别排查，严防合规性风险。

三、大力支持经营发展创新

（一）协同推动出台多项创新融资产品。一是加快表内外业务创新。起草《备用并购贷款业务管理办法》《流动性债务融资业务管理办法》《投贷联动业务管理办法》等制度。二是进一步优化部分信贷产品管理规定。起草《关于加强内保外贷业务风险管理的通知》《跨境担保信贷业务管理办法》《风险参贷管理办法》。

（二）积极支持营销工作。积极支持雄安新区建设发展，高效审查审批，在同业中率先审批雄安新区备用贷款20亿元、首笔棚户区改造贷款700亿元、首笔建设发展基金20亿元理财投资业务。授权分行自行审批招商局、深投控备用并购贷款。大力支持国内企业"走出去"，及时审批中投收购Logicor融资业务等具有较大影响力项目。

（三）优化融资方案。积极支持我行市场化债转股业务的开展，如在青海黄河水电和云南城投等重点国企债转股业务中没有采用传统的无条件回购股权模式，通过创新采取优选标的公司、委派董事、约定不回购情况下标的公司控制权转移以及强制随售权等风控手段，同时结合优化融资用途、控制融资总量等措施，既满足了客户需求，又确保业务实质风险可控。

对于市场化退出基金，主要是择优支持部分具备行业龙头地位、旗下上市资源较多、退出路径较为明确的央企改革基金项目，如及时审批通过了航天科技集团中央企业国创投资引导基金等理财投资业务。

（四）创新授信核定思路。2017年总行首次受理了国内互联网龙头企业阿里巴巴和腾讯集团的年度授信方案。我部根据互联网企业的运行和盈利模式，摆脱传统行业以成本和净资产为基础的授信测算思路，尝试采用收入覆盖能力测算承债空间，有针对性地设计了风险控制措施。

（五）多措并举提高项目评估效率。优化工作调度和劳动组合，采取"一周双评"的方式合理安排行程，提高评估效率。继续加强经济技术指标数据积累，细化高速公路项目评估参数体系，不断提升评估专业度。同时努力提高对新市场、新业态以及投贷联动等新型业务的评估分析能力。优先保证我行积极支持的重大项目、竞争性项目评估，做到随到随评。

四、着力提升授信审批技术

（一）开发法人客户过度融资识别模型。探索构建我行公司法人客户过度融资识别体系。在充分挖掘我行一般公司法人客户信贷大数据的基础上，通过建模和数据分析，研究识别企业过度融资的关键财务指标，运用实证手段交叉验证模型适用性，并通过细化行业、增加经营规模指标，建立了16个行业过度融资定量识别模型。

（二）梳理审查审批指导意见。一是加强专题研究，提升对重点行业或领域的分析能力。撰写光伏发电、海上风电、动力电池、旅游景区等行业研究报告，出台政府投资类融资业务、重点房地产客户授信业务、证券公司同业业务分析及审查掌握意见。二是梳理总结《"三去"重点领域授信和融资审查审批掌握意见》。三是修订印发了代理股权投资、代理债权投资、小微企业、个人贷款等业务审查要点，有力指导分行对重点、难点和新型业务的审查审批。

（三）推动大数据技术在审查审批中的应用。研究推进GCMS系统客户信用风险统一视图的优化完善，帮助审查审批人员获得更多信息。推广法人客户网上信用贷业务。开展大数据应用平台专题讲座，拓宽审查人员对大数据的认识和应用。

五、规范完善系统管理工作

（一）进一步健全授信审批系统指导与管理机制。一是制定《关于加强授信审批专业系统指导和管理的意见》，推进全行授信审批专业系统指导与管理工作的制度化、规范化和系统化。二是制定《一级（直属）分行授信审批部总经理专业考核评分表》，持续推进"专家治贷"。三是制定《一级（直属）分行派驻审查审批人员管理办法》，进一步加强和规范对小微企业和个贷审查审批职能下沉后派驻审查审批人员的管理。四是搭建全行授信审批专业"贷中"监测平台，对于确实存在重大风险或隐患的客户或业务，将向分行进行风险提示，要求分行采取相应的风险防控措施。

（二）开展多层次业务培训交流。举办杭州授信审批主管行长及总经理培训班、香港授信审批高级研修班。圆满完成为期两年的"授信审批专业人才项目"培训计划，培训近300名授信审批条线业务骨干。面向境内外机构评估人员举办了项目评估高级培训班。举办首期境外机构当地雇员审查审批人员培训班，采用全英文授课。支持分支机构开展培训，先后安排57人次赴分行、工银租赁、工银亚洲、工银国际现场授课。利用视频会议系统对纽约分行和中东五行开展一对一远程培训交流。

（三）深入境内外分支机构进行调研检查。赴福建、云南、内蒙古等分行开展现场检查帮扶工作，了解分行在信贷审查把握、信贷投向与布局、信贷体制机制改革等方面存在问题并给予现场指导。赴港澳、中东、澳新等境外机构开展了工作调研和检查，对分行在重大项目审查审批中遇到的困难进行现场指导。组织开展授信项下授权审批业务专项检查，赴8家一级分行进行现场检查，针对检查中发现的问题，督导相关分行总结原因、立即整改。

（四）稳步推进全行法人客户信贷体制机制改革。一是制订《信贷体制机制改革细化方案》。二是持续跟踪第一批八家试点行改革试点推进进度，并确定第二批改革试点行。三是积极参与人格化授权政策讨论，配合修订人格化授权管理规定。

（五）积极推进小微与个人信贷业务审查审批体制改革。一是确定个人贷款审查审批下沉品种范围、专职审批人权限范围。二是修订《个人信贷业务操作规程》。三是跟踪全行小微、个人信贷业务审查审批职能下沉进展情况，指导分行做好相关配套改革工作。

（总行授信审批部）

授权管理

2017年，本行授权管理工作不断加强，授权管理机制和模式进一步优化，授权精细化管理水平持续提升，对授权管理工作的监督和指导有效强化，授权管理各项工作顺利开展，切实发挥了授权管理的政策传导和风险防控作用。

一、总行年度基本授权工作

根据公司章程及有关文件规定，及时研究编制印发2017年度总行基本授权方案，包括对总行副行长等高级管理人员、部门总经理、利润中心总经理、直属机构负责人、境内外分行及附属机构的基本授权文件。一是调整利润中心授权事宜。根据总行深化利润中心改革有关要求，调整优化利润中心制定和报送基本授权方案管理流程，提高利润中心授权管理质效。二是优化“5+1”分行授权事宜。深化落实重点城市行竞争力提升战略部署，及时将各专业条线对“5+1”分行授权政策调整意见纳入2017年度基本授权，同时明确“5+1”分行超授权业务的请示和审批流程，确保改革意图顺利落地执行。

二、分行转授权工作

指导督促分行根据总行基本授权文件和授权管理相关规定及时开展转授权工作，加强转授权文件备案和审查管理，确保转授权工作按时顺利完成。对分支机构授权执行情况开展监督检查，及时纠正不规范行为，严查越权违规行为，确保授权管理的严肃性和规范性。

三、日常授权管理工作

及时指导各分行妥善解决日常授权管理中遇到的各类问题，规范、修改、完善特别授权工作流程及所需授权文件，认真做好特别授权的咨询审查和登记备案工作，保障年度基本授权的贯彻落实和全行授权管理工作的顺利开展。

（总行法律事务部）

运行管理

2017年，运行管理紧紧围绕全行改革发展战略部署，精益求精抓管理、多措并举保安全、积极创新谋变革，全行运营质量效率大幅提升，运营管理基础不断夯实，运营服务能力明显增强，为全行改革发展做出了积极贡献。

一、网点运营管理创新取得重要进展

2017年，全行运行管理深入贯彻服务导向理念，着力开展网点岗位体系重构、业务流程优化和服务模式创新，有力推动了全行网点功能转型和竞争能力提升。

（一）网点全新岗位体系初步构建。立足于网点转型和客户服务需要，全行按照“岗位兼容、人员通用、服务综合、运行安全”的原则，构建了由网点负责人、运营主管、客户经理、客服经理、柜员五大岗位分工协同、有机融合的网点全新岗位体系，实行“按岗定主要职责、按能赋通岗权限”，打通网点柜台内外的岗位壁垒，有效解决网点岗位分工过细、人员难以综合利用等问题。研发投产业务权限管理系统，实现了网点人员业务权限的规范管理和互斥权限的刚性控制。印发网点岗位设置与劳动组合管理基本规定，为网点人员通岗履职提供了制度依据。各行按照总行部署要求，有力有序开展试点实施，基于网点业务特点、人员权限和客流峰谷规律，加快推进柜员与客服经理柜内柜外动态补位、网点负责人与运营主管有机协同的劳动组合模式。截至2017年末，新岗位体系已推广至37家分行、7 432个网点，全行通岗人员占比达48%，智能服务审核人员增加了近一倍，网点人力资源利用效能和客户综合服务营销能力大幅提升。

（二）网点运营流程改革协调推进。组合服务流程改革全面完成，全新的交易并行处理机制，大幅减少了客户输密、签字次数，客户体验明显改善；网页式设计、菜单式导航和购物车处理方式，减轻柜员记忆交易代码的负担，简化了柜员操作，提高了网点服务效率。双屏交互运营服务模式有效构建，截至2017年末已在1.4万多家网点、5万多个柜口推广应用，通过面向客户回显业务信息、引导客户参与业务过程、电子签名确认业务结果，增强网点业务处理透明度和客户意愿真实性管理，提升输密、U盾交接、签字等关键环节的风险防控能力。应用柜面双屏交互和电子手写签名技术，柜面运营服务无纸化改革扎实推进，并在四川、广州等13家分行成功试点，优先实施个人业务服务无纸化、业务档案电子化改造，实现了业务从申请、交互、输出到档案留存的全程电子化，精简了近三分之一的凭证使用量，减轻了基层员工轧账、扫描、凭证档案管理等工作负荷，受到基层行的一致好评。

（三）业务流程综合改造有序实施。为有效解决当前严重影响客户和基层服务体验的流程方面突出问题，按照客户至上、问题导向的原则，全行上下联动，广泛开展业务调研、问题收集和论证分析，梳理出热点、痛点、难点三类共219条问题。遵循“优先解决热点、着重攻克痛点、合力根治难点”的思路，涉及对公贷款发放和归还、个人账户调整等37个基层反映强烈的热点痛点问题得到迅速解决，涉及跨渠道、跨专业、跨系统的难点问题正在加紧推动优化改造。创新中小微企业便捷开户新模式，综合采取二维码扫描、人脸识别、工商信息自动比对等技术手段，实现客户线上自助申请、账号发放与线下资料审核、基础结算产品办理的一体化服务，减少近80%的开户信息录入量，业务办理时间降至半小时以内，企业开户效率大幅提升。截至2017年末，全新开户模式已在河北、重庆等11家分行试点，成功开立账户2万余户，受到客户和行内员工的普遍欢迎。

二、运营风险管理基础得到持续夯实

（一）全行印章综合改革成效显现。为解决全行印章种类数量多、用印事项多、用印流程缺乏刚性控制等问题，按照用印可追溯、精简印章与用印事项、提高用印效率的原则，全面启动全行印章综合改革。建立了全行统一的印章分类和应用标准，明确各类印章的归口管理部门，印章规范化管理水平明显提高；构建了以电子印章为主、系统驱动实物用印为辅的全新用印模式，研发电子签约系统实现合同签约的电子化流转、用印场景和用印行为的直连直驱，有效替代近80%的行政印章用印量，用印操作大幅简化，用印效率显著提升；实现了业务合同用印的系统控制和岗位制衡，有效降低了合同违规用印风险；设计了基于合同全文加密生成的用印验证码，实现用印文本的可追溯和可查验，印章防伪效力有效增强。2017年，印章综合改革在山西、浙江分行成功试点后已经推广至23家分行，在管控用印风险、提高用印时效、改善服务体验等方面均达到了预期效果。

（二）重点环节风险控制持续加强。坚持问题导向和风险导向，内部账户挂账监控管理扎实推进，2017年构建起集规则制约、流程管控、模型监测于一体的内部账户挂账监控管理体系，建立销账管理等事中管控机制，范围扩展至资产划转、基金清算等15个业务场景，确保资金流转清晰、可追溯；部署5大类100个挂账风险监控模型，累计识别出长期挂账、违规垫款、账户混用等各类核算风险事件1.6万笔、涉及金额905亿元；组织分行清理存量挂账1 200亿元，不合理挂账降至55亿元；建立内部账户自动销户机制，清销内部长期不动户60余万户。现金营运风险防控进一步强化，总分行采取多项有力措施，全面规范金库、网点、自动柜员机等关键环节管理，综合运用总行直通巡查、一级分行抽查和二级分行交叉检查相结合的全新方式，加大检查力度，及时揭示风险隐患；在全行3.2万台自动柜员机推广一键式远程清点查库，自动柜员机安全管理水平进一步提高。会计档案库房管理持续加强，截至2017年末，安徽、深圳等8家分行全面完成库房视频监控、火灾消防装置的升级改造，上海、辽宁等12家分行有序实施会计档案集中上收和到期档案销毁工作，会计档案综合治理成效初步显现。切实履行我国关于金融账户涉税信息交换的国际承诺，启动非居民涉税信息采集工作，累计识别非居民客户近200万名，采集涉税信息1 917万条，组织完成了8万余名存量高净值个人客户的尽职调查工作，得到监管部门的充分认可。

（三）运营风险日常管理不断强化。适应全行改革发展变化，动态完善制度体系，制定或修订涵盖账户管理、交易管理、支付清算、参数管理等领域的16项专项管理制度，为规范核算行为、强化风险管理提供了科学完备的制度保障。加强客户身份认证管理，在智能终端个人开户、柜面联网核查等业务场景中辅助应用人脸识别技术，成功防堵个人冒名开户业务5 000余笔。深化网点运营风险分级管理，强化高风险网点的整改治理和转化提升，2017年末高风险网点数量较年初减少21%，全行网点风险意识和内部管理水平明显提升。加强异地、异动、同业等高风险账户对账管理，月均2万多重点对账账户实现100%有效对账，电子对账占比由80%提高至90%，实现了银企对账工作的提质增效。加强运营风险监控体系建设，投产开放式模型工具化平台，全行具备了业务运营风险模型灵活定制、快速部署的能力，风险识别的精准度明显提升；全行对1.5万余个高风险账户及时采取主动管控措施，较好地把控了实质性风险。

三、业务集约运营质量效率明显提升

（一）集约运营体系建设持续深化。业务集中精益管理不断加强，综合采取分析通报、专项治理、培训指导等措施，提高业务标准化、规范化程度，2017年末全行网点业务退回率下降了35%、业务直通率提高至90%；业务事中检查机制有效建立，通过集中处理平台与外部欺诈、运营风险监控等系统信息的共享共用，实现了高风险客户和可疑行为的事中风险提示和增强型审核，集约运营风险控制能力显著增强，经集中处理风险事件下降了55%。云南、内蒙古等10家分行基于辖内机构、业务、人员实际，组织实施分行或跨地区集中远程授权，人日均授权量提升了49%，人员释放率达45%，授权规模效应充分发挥。现金集约运营扎实推进，2017年，全行622座金库有力保障了36.6万亿元的现金收付、18.6吨贵金属的统一保管调度、9.3万台自动柜员机的集中运营；建立了面向全渠道的纪念币预约兑换平台，广东、吉林等9家分行累计兑换纪念币2.5亿枚。

（二）资金清算竞争能力继续提升。高效推进清算业务通用平台境外部署推广和本地清算系统对接工作，为我行实施全球跨境支付集约化运作奠定了基础。业内率先在境内外机构推广全球支付创新服务（SWIFTGPI）项目，建立起支付迅捷、进程可视、费用透明的跨境支付服务机制。着力开展线上跨境支付清算机制建设，设计了企业客户电子渠道跨境支付的统一入口、统一标准、统一流程；围绕融e购进出口交易，建立起全场景覆盖、全流程线上处理、7×24小时不间断的支付清算保障。充分发挥我行与标准银行集团的战略合作优势，将“中国—南非直连跨境汇款”产品推广至肯尼亚标准银行，进一步扩大了产品服务覆盖范围。

（三）金融市场后台建设不断加强。加快金融市场交易后台运营体系集团布局，完成金融市场后台运营管理平台（GMO）在境内分行和新加坡分行推广应用；打通内港两地“债券通”业务清算渠道，首批对接外汇交易中心人民币对卢布同步交收机制，有力地支撑我行金融市场业务拓展。外币资金业务处理系统（SUMMIT）和金融市场后台运营管理平台（GMO）的新会计准则IFRS9实施工作圆满收官，为启用新准则开展金融市场业务披露提供了坚强保障。金融资产服务业务支持能力不断增强，遵循监管要求率先实施资管产品增值税改造、启动资管“SPV”核算平台建设，提升我行资管业务精细化管理水平。

四、业务运营支持能力得到显著增强

（一）参数管理效能充分发挥。实施参数分级评价管理，全行参数安全管理、质量效率、支持创新能力持续加强，参数精细化管理水平稳步提升。补息业务全面纳入系统审批管理，实现对计息交易的刚性控制，参数应用效能不断强化。参数生产管理和版本参数投产全年实现安全、高效运营，为全行业务发展和产品创新提供有力支撑。境外参数电子化审批流程全面推广，参数服务保障能力持续增强。圆满完成年终决算参数管理、账务核查、损益利润结转、报表反映等工作。

（二）系统支持水平持续提高。全行按照人民银行支付系统建设规划，通过实施票据影像交换与小额支付系统整合、建立支票交换即时清算机制，推进电子商业汇票系统向上海票据交易所迁移等项目，有力地支持了全国统一票据市场建设。围绕人民银行超级网银功能提升，全行具备了不依赖第三方支付机构，通过央行清算网络开展移动支付跨行结算的能力。开展数字货币、人工智能的前瞻性研究，率先完成了人民银行法定数字货币发行回笼实验，以及支付清算、金融市场后台等领域机器学习技术应用的原型设计。

（三）境外运营能力不断增强。在总行统一组织推动下，境外机构运营基础建设扎实有效开展。工银澳门成功投产前后台分离处理系统，业务运营效率和风险控制水平明显提升；柜员电子化管理和指纹认证功能在东京、马来西亚等5家机构全面应用，境外柜员权限管理更加安全规范；会计档案影像管理系统稳步推广，实现影像信息灵活采集、交易要素精确索引和会计档案综合查询，推动境外机构纸质档案向电子化管理转变。境外核心系统建设持续推进，有力地支持了布拉格等新设机构开业运营。

（总行运行管理部）

法律事务

2017 年，本行深入贯彻落实防范化解金融风险工作要求，以狠抓风险资产法律清收支持资产质量稳定，以巩固被诉风险管控防线护航经营安全，以提升法律咨询审查质效服务经营转型和改革创新，以夯实消费者权益保护基础改善客户服务体验，各项工作取得良好成效。

（一）狠抓风险资产法律清收，效益贡献大幅提升。2017 年，全行法律部门将法律清收确定为全年工作的重中之重，集中优势力量攻克清收难关，在复杂环境下实现了风险资产法律清收“一个突破、三个提升和一个倍增”：“一个突破”，2017 年全年法律清收各类资产总额高达 582.23 亿元，创历史最高水平，甚至超过前三年法律专业收回各类资产的总和。“三个提升”，是指不良资产法律清收额、胜诉案件执行率和法律清收贡献度的三个明显提升：全年办理法律清收起诉案件22 787件，总金额 663.72 亿元；运用法律手段收回不良资产 185.94 亿元，同比增加 14.23 亿元，增幅 8.29%；其中现金收回 170.47 亿元，现金收回占比 91.68%，同比提升 0.77 个百分点；胜诉案件执行率 26.97%，同比提升 0.37 个百分点；不良资产清收贡献度达到 73.85%，同比提升 13.68 个百分点。“一个倍增”，是受托资产法律清收额实现 8 倍增幅，运用法律手段收回受托资产 375.46 亿元，同比增加 335.05 亿元，增幅 829.13%；受托资产清收贡献度达到 91.68%，同比提升 37.72 个百分点。此外，运用法律手段收回账销案存资产 20.82 亿元，同比增加 2.39 亿元，增幅 12.97%；账销案存资产清收贡献度达到 77.15%，同比提升 1.28 个百分点。

一是系统性组织推动力度进一步加大。紧紧围绕全行清收处置任务目标，建立涵盖表内不良资产、受托处置资产和账销案存资产的全口径法律清收管理机制。加大系统性组织推动力度，通过召开法律清收现场推进会、优化法律清收评价指标、调整起诉案件授权方案等多种方式，推动分行加大法律清收资源投入和工作力度。抢抓年底法院集中结案有利时机，组织开展“攻坚克难 70 日　法律清收大会战”专项活动，打好年末清收收官战。二是着力提升对基层行督导、指导和帮扶力度。通过定期通报、远程及现场督办等方式，督促指导清收进度落后分行赶追法律清收序时进度。赴河南、浙江、上海等 10 余家分行及部分重点二级行现场调研，了解基层行法律清收实际情况，针对性提供帮扶与指导。建立系统内协调联动机制，帮助分行协调处理涉异地抵押、异地查封、异地执行案件。通过提炼分享分行典型案例、法律清收经验通报等形式，为分行搭建共享化平台，借鉴创新经验，拓展依法清收思路。三是法律清收障碍难题得到有效破解。坚持问题导向，针对受托资产诉讼清收、债务人尽职追索与资产扣收、银行破产债权保护、外聘律师代理清收、失信惩戒制度应用等法律清收工作中的重点疑难问题，制定工作制度和法律指引，帮助基层行有效化解制约法律清收成效的现实障碍。密切关注财产保全、资产调查、诉讼费申退等民事审判执行新动态，积极创新清收手段，灵活运用金融仲裁、电子送达、强制执行公证等司法程序，切实提升清收效率。四是银法沟通协调更加密切。全力配合最高法院开展执行积案清理专项活动，积极协调将 17 件重点执行积案（合计 27.88 亿元）纳入最高法院督办范围，协同推动 7 件完成处置并收回 8.5 亿元，4 件（涉及金额 4.08 亿元）排除执行障碍，进入正常处置流程。敏锐捕捉法院系统执行案款管理改革契机，第一时间联合机构部组织推动“一案一账号”案款归集管理营销工作，取得积极成效。五是联动清收成效显著增强。构建总分行诉讼案件联动工作机制，首批选取北京分行部分清收案件作为试点，总分行共同派员参与诉讼应对工作，通过实战了解、解决基层法律清收实际问题，打造业务精通、擅长实战的专业人才队伍。加大不良资产批量转让支持保障力度，高效协助总行信管部对 308 批次资产包（涉及 3 606 户不良资产）批量转让事项进行全面、细致的法律审查，贯彻落实应诉尽诉、尽职追索等工作要求，协助提高债权追偿效果和资产估值的科学性。

（二）巩固被诉案件风险管控防线，护航全行经营安全。

一是一批重大疑难被诉案件得到妥善化解。提前介入风险处置，精心组织应诉，在民间借贷、违规担保、同业投资等多个领域化解了一批重大疑难被诉案件，避免了大量经济损失，有效维护了我行合法权益和声誉形象。2017 年，直接处理以总行为被告案件 46 件，被诉金额 1.5 亿元；结案 37 件，结案金额 9 033.79 万元，其中胜诉 36 件，避免经济损失 7 953.52 万元，避免损失率达88.04%；直接协助分行处理重大敏感被诉案件27件，被诉金额17.45亿元；结案13件，避免经济损失9亿元。

二是重点领域被诉案件防控能力不断提升。推动“十大重点领域和关键环节”有关被诉案件防控化解，强化操作风险引发被诉案件的应对处理。2017年全行共处理被诉案件5 307件，涉及金额73.53亿元；被诉案件结案2 477件，结案金额27.39亿元；其中，胜诉1 760件，避免经济损失22.4亿元，避免损失率为81.81%。经持续严格治理，我行被诉风险水平（未决被诉案件金额与总资产比值）仅为0.2‰，低于可比同业水平。

三是被诉风险源头治理持续深化。主动识别被诉案件反映出的业务风险问题，尽职提示各级行经营管理或业务操作中潜在的被诉风险隐患，与相关部门研究制定源头治理方案。加强对业务部门特别是基层机构员工的警示教育，提升全员的依法合规意识，从根源防控被诉风险。2017年发布被诉风险分析报告和典型案例通报3期；编发典型被诉案例手册，涉及13类、48件案例；向业务部门和管理层提示风险6次；为法律专业和业务部门提供培训7次。

四是诉讼案件联动工作机制建立初见成效。积极推动探索跨团队、跨部门、跨机构之间的横纵协作联动，提高对基层行的管理效能和服务水平，增强案件处理效果。不断拓展联动空间，推动我行与中国银联建立银行卡退单案件联动机制，妥善解决客户合理诉求，避免我行赔付责任。2017年共联动处理各类被诉案件10件，被诉金额1 128.68万元。经妥善联动处置，结案5件，我行全部胜诉。

五是协助执行工作信息化建设树立行业标杆地位。2017年网络查控建设取得多项新突破，率先投产最高人民检察院、证监会网络查控系统，巩固了我行同业领先地位，受到监管机构和多个有权机关的表扬和感谢。优化升级最高人民法院、公安部、电信诈骗网络查控系统，有效满足有权机关查控新需要。高效办理总行本部线下协查事项182笔，涉及账户6 472个；办理网络查冻扣事项共1 167万笔，涉及账户249万个；指导分行办理电信诈骗冻结资金返还881笔，返还金额7 114万元。

（三）提升法律咨询审查质效，服务全行改革转型。2017年，全行各级法律部门紧密围绕全行战略布局，紧跟改革发展步伐，为业务创新发展提供“精、快、专”的法律服务，共处理法律咨询审查事项36.8万项，审查各类书面法律文件87.9万份；出具书面法律意见19.1万份，揭示各类风险点及关注问题39.2万个；参加各类会议及业务谈判2万余次，累计时间4.7万小时。

一是法律专业支持保障力度不断强化。探索完善法律咨询审查机制流程、优化法律和业务知识结构等，有效提升法律咨询审查质效，及时满足各项法律服务需求。积极协助业务部门优化产品改造流程，提升法律支持广度。以全行印章综合改革为契机，持续完善法律咨询审查系统，探索利用系统大数据资源优化工作流程。加强重点市场拓展、重点客户营销、创新产品设计、管理模式升级等所涉法律咨询审查工作。围绕全行转型发展战略部署，建立健全部门间沟通协调机制，及时了解并快速响应业务需求，提前介入、全程参与重大项目。

二是识别和防范疑难复杂法律风险能力明显提升。注重提高解决法律疑难问题和新型问题的能力，强化模糊领域和边界地带所涉前沿法律问题的研究，突出对跨市场、跨行业、跨国界等新业务法律风险的识别和防控。完成民法总则述评、加强债权批量转让中债务人财产尽职调查相关工作意见等多项制度成果，有效协助业务部门和分行识别并防范新型法律风险。加强法律审查与诉讼管理、客户投诉管理工作的有机结合，持续加强对服务全局、竞争市场和提高收益的法律支持和专业保障，提高法律支持的精度。

三是跨境法律风险管控力度日益增强。支持全行落实国家“一带一路”“走出去”等重大战略，统筹协调指导境内外机构，协同防控集团法律风险。为总行与多家境外机构跨境业务领域合作提供法律支持，为境外机构业务发展贡献法律智慧。强化集团法律风险并表管理，研究制定做好境外机构法律风险防控工作相关意见。成立专门工作团队，及时防控和化解境外法律风险事件，赴境外为新加坡分行、河内分行、工银亚洲、工银欧洲等多家境外机构提供现场法律支持与业务指导，为高效应对域外法律风险提供了有力支持。

（总行法律事务部）

反洗钱工作

一、完善集团反洗钱管理体系

（一）优化组织架构。在总行内控合规部成立反洗钱中心，下设业务管理处、境外反洗钱处、境内反洗钱处和监测分析处。总行反洗钱中心的成立，是我行提升集团反洗钱合规管理水平，提升经营管理核心竞争力的战略举措，受到监管机构的高度肯定。至此，总行、一级（直属）分行、二级分行都成立了反洗钱中心，形成了一体化、专业化、集约化的反洗钱合规管理新格局新架构。

（二）统筹规划设计。制定了集团2018—2020年反洗钱发展三年规划，结合总行反洗钱中心的成立，高起点、高站位，准确把握境内外反洗钱监管动向和发展趋势，对未来三年全行反洗钱工作的总体目标、主要任务、实现路径和步骤措施进行统筹规划和安排。

（三）完善制度体系。根据监管要求及业务发展需要，修订印发《大额交易和可疑交易报告管理办法》《反洗钱非现场监督管理办法》《反洗钱监管考核评级工作指引》《境外机构反洗钱工作考核办法》《关于加强境外机构管理人员反洗钱履职留痕的意见》等一系列制度办法，集团反洗钱制度体系更加健全完备。

（四）完善运行机制。制定了《总行反洗钱领导小组工作规程》《关于完善境内分行反洗钱工作机制的意见》，进一步明确了总分行反洗钱领导小组机构设置及职能分工，形成了“议事有规则、过程有规范、落实有跟踪”的闭环管理工作机制，稳健有序推动反洗钱工作落地实施。

二、夯实境外反洗钱合规基础

（一）完成境外反洗钱集中处理改革。全面完成了境外可疑及涉敏合规审核机制改革，实现境外涉敏合规审核系统（COMPASS）在35家机构的成功投产，将可疑及涉敏报警信息甄别工作由前台部门集中到合规部门统一处理，将可疑分析研判及涉敏信息甄别工作由前台部门集中到合规部门统一处理，持续提升境外机构反洗钱合规水平和管控成效。

（二）抓好洗钱风险源头管控。试点开展了反洗钱监管规则梳理和对标分析，探索境外机构制度梳理实现路径和方法。制定了《境外机构开业验收办法》《关于加强跨境担保境外信贷业务反洗钱管理的意见》《关于加强外资代理行客户美元清算账户跨境业务合规风险管理的通知》等制度，从严把控新设机构和反洗钱官准入，加强重点业务领域洗钱风险防控。

（三）加大审计检查及问题整改力度。对境外机构先后进行23次审计、检查或调研，对发现的薄弱环节及风险隐患及时督促整改，建立了监管检查问题清单核销机制，跟踪督导整改进度，确保整改取得实效，进一步发挥洗钱风险三道防线防控作用。

三、深化境内反洗钱工作机制改革

（一）风险评估有效性持续提升。洗钱风险评估机制运行顺畅有效，组织开展境内分行洗钱风险自评估工作，自评估等级总体稳定向好，全年完成608个全新产品类项目洗钱风险评估及审查，持续强化洗钱风险的源头控制。强化新客户风险等级评定、高风险客户风险等级复评，以及代理行洗钱风险分类评估等重点工作。

（二）反洗钱监督检查更加深入。组织实施客户身份识别专项检查、反洗钱领导小组会运行及人员配备情况非现场检查，督导境内机构持续加强反洗钱履职管理。建立健全监管检查项目和检查问题跟踪管理机制，提升内部统筹管理水平，有效规避合规风险。

（三）反洗钱调查配合成效显著。积极履行反洗钱法律义务，配合监管机构和有权机关有效实施反洗钱及反恐怖融资、网络查冻扣、电信诈骗冻结资金返还等工作，为国家打击恐怖融资、电信诈骗及其他犯罪活动提供了有力支持和证据素材。

四、加快反洗钱信息系统建设

（一）圆满完成境外反洗钱监控系统推广。全面完成BRAINS系统在23家境外机构的推广应用，全年共处理系统预警7.78万条、报送可疑报告3 200份、处理大额交易19.23万份，完成9.13万个新客户KYC、24.69万个存量客户的持续调查以及11.57万客户的风险复评，从根本上解决境外机构反洗钱工作“手工做”现状。

（二）改造升级境内反洗钱监控系统。一是按照人民银行3号令要求，按时完成大额交易新标准系统改造。二是优化可疑库、跟踪库管理功能，实现对可疑客户的持续监控及连续报告。三是同步调整3家村镇银行反洗钱系统的大额标准数据切换，全面落实3号令新标准新要求。

（三）持续优化反洗钱监控指标模型。结合监管关注重点、形势变化及业务发展，持续优化指标模型，现有监控模型44个、监测指标166个。2017年共向中国反洗钱监测分析中心报送可疑报告2.59万份，同比增长287.97%，人民银行评估认为我行可疑报告情报价值高达53%，在国内同业处于领先水平。

（四）建立健全反洗钱非现场监测机制。印发了《反洗钱非现场监督管理办法》，建立非现场监督标准和定期通报机制。在定期对境内机构反洗钱工作进行质量抽检的同时，着手对境外机构反洗钱工作实施非现场监督，及时发现问题、控制风险、制止违规。

五、强化一道防线反洗钱履职管理

一是制定或修订了人民币单位结算账户、个人结算账户、电子银行等专业管理办法或操作规程，将反洗钱要求与业务流程有效对接，把反洗钱要求深度嵌入业务流程，发挥洗钱风险作用。二是持续开展客户信息治理，大幅提升客户信息质量。三是完善集团涉敏业务制度体系和操作流程，从严把控涉敏业务合规风险。四是持续加强高风险客户业务控制，推进洗钱风险管理成果在电子银行、银行卡、私人银行等业务领域的信息共享和综合利用，洗钱风险防控成效明显。

六、广泛开展反洗钱培训交流

一是通过网络、视频和现场等方式，组织开展了《管理人员反洗钱读本》培训，突出对境内外高级管理人员等关键少数的反洗钱履职能力提升。二是通过三年持续滚动培训，培养240名可疑研判和涉敏甄别专业型人才，进一步推动反洗钱专业化人才队伍的建设。组织第六期国际公认反洗钱师资格（CAMS）认证培训，截至2017年末共有540人获得CAMS资格认证。三是因地制宜组织开展各类反洗钱培训，实现反洗钱岗位人员培训覆盖面达到100%。积极组织反洗钱人员（专兼职）参加人民银行反洗钱培训及岗位考试，累计超过3万人通过了人民银行的反洗钱岗位培训考试“持证上岗”，突出全员履职能力增强。

2017年，全行主动应对反洗钱严峻形势，深入贯彻“风险为本”监管要求，在总行层面组建了反洗钱中心，优化集团反洗钱管理架构，继续发挥“集中做、专家做、系统做”优势，统筹推进境内境外反洗钱管理，着力加强重点领域和关键环节洗钱风险防控，不断提高反洗钱制度执行力、机制有效性及措施针对性。集团反洗钱工作在人民银行考核评级中继续保持同业领先水平，受到国家安全部、人民银行、公安机关的通报表彰或表扬，进一步彰显我行认真履行反洗钱法定义务和社会责任的大行形象。

（总行内控合规部）

管理信息

2017年，本行围绕“标准能统一、信息全入库、客户能画像、营销能使用、风险能识别、考核能应用、信息能共享”工作要求，全力推进数据管理与应用工作，提升统计管理与资讯信息服务水平，为全行经营转型积极提供信息支持与服务。

一、数据管理与应用工作取得突破性成果

围绕数据管理与应用工作重点任务，在客户标签建设、建立和实施客户基础信息主数据管理机制、推动数据应用落地、优化客户贡献模型方面取得突破性成果。

（一）客户标签正式发布并在客户画像等领域应用。投产客户标签管理系统，首批推出全行客户标签119项，其中个人客户标签88项，法人客户标签31项，实现在PBMS、CBMS、GCMS、融e联等平台客户画像应用，支持“智能投顾”等项目投产应用。

（二）一批大数据分析项目落地应用。基于海关数据挖掘成果联合开展进出口优质企业获客和提质活动；依托咨询项目成果部署资金回流、积存金、账户外汇产品响应模型；支持融e联“我在工行”建设和触点改造；实现工银e支付客户行为路径分析成果在反欺诈平台部署应用；应用网络小额贷款风险预测模型为线上小企业贷款筛选白名单客户提供支持；投产EBM 2.0一期项目；联合开展十大客群系列营销活动、行外高端客户精耕项目全行性精准营销活动，全年全行依托EBM系统部署营销活动3 100项，为1.6亿个人和法人客户提供针对性营销服务，营销效率提升2－3倍。总行数据分析师完成客户经理结构等领域的45篇定期和专题分析报告。

（三）客户基础信息主数据在“免填单”业务场景落地应用。建立了客户基础信息主数据管理机制，投产客户基础信息主数据管理项目，在柜面渠道8个常用交易中实现了“免填单”服务。拓展客户基础信息主数据应用范围，实现在法人客户企业划型、境外数据治理等领域的应用。

（四）客户贡献模型优化取得显著进展。重构个人客户存款贡献和贷款贡献模型，建立了客户贡献各项因子与核算科目匹配关系，PCRM客户维度与MOVA产品维度存款贡献计量结果基本一致；确定中间业务收入还原到个人客户的业务规则。完善机构客户视图信息，推进机构客户及外资同业和境外主权类客户贡献精准计量项目开发。制定同业客户识别规则，优化同业客户贡献模型并纳入46项产品指标。继续推动客户视图与客户贡献成果在客户评价、客户经理绩效考核、存款定价、市场营销等领域的应用。

二、数据基础管理工作稳步推进

数据入库、贯标、质量、安全及分析师培训等基础工作顺利推进。

（一）扩展大数据资源，推广应用“融e慧”。引入同业业务、新设境外机构业务等行内数据和海关进出口、征信评分、债券违约等外部数据，全行大数据资源扩展至1.45个基点。向全行推广应用大数据应用与服务系统（融e慧），结合重点城市行需求推送20个高价值通用数据查询（DAS）模板，在13家境内分行投产分布式挖掘环境。制定发布大数据应用合作项目管理办法，规范、整合大数据应用对外合作项目。

（二）“贯标”机制常态化，客户信息质量稳步提升。制定发布四批19 448项集团信息标准，将信息标准管控嵌入到业务系统立项和需求审批流程，强化新系统“不合标不研发”。联合推动数据治理，2017年末境内个人客户、法人客户信息完整率达到99.27%和99.07%；境内个人客户、法人客户同客户多客编问题较年初分别下降19.17%和36.89%；法人企业、金融企业划型信息完整率分别提升至97.10%和98.81%。

（三）对外提供客户信息管理更加严格。修订对外商业合作提供客户信息管理办法，落实管理责任，加强事中监测、事后审计和“客户信息统一出口”管控。投产对外提供客户信息登记管理系统，实现线上审核流程控制、集中登记和外发数据进行统一加密和统一出口。

（四）圆满完成分析师3年期培训项目。按十大专业人才培训规划，圆满完成分析师3年期培训项目，累计培训分析师1 039人次。举办2期“大数据智胜竞赛”，竞赛范围延伸至二级分行，部分优秀成果落地应用取得了良好成效。截至2017年末，全行分析师队伍达到2 147人，其中数据分析师238人、专业分析师1 909人。

三、统计管理与服务水平持续提升

（一）实现31家境外机构总账数据统计自动化。重点推进41家境外机构数据加总能力建设，31家境外机构总账数据统计实现自动化。其中，21家境外机构手工报送被取代，10家仍存在数据质量问题的境外机构开展问题整改，按照“一行一策”原则推动尚未投产FOVA或未实质性覆盖的10家境外机构总账数据自动对接GSIS系统。

（二）高质量完成监管统计报送任务。开展新金融工具准则（IFRS9）对我行综合统计制度的影响评估分析，及时根据IFRS9、普惠金融、绿色信贷等政策调整系统参数，严把统计数据质量关口，联合相关业务部门高效完成绿色信贷、小微企业贷款、创业担保、涉农贷款、精准扶贫等专题统计任务。投产金审平台2.0项目。全年累计向银监会报送日报、旬报425期，1104报表554张，向人民银行报送各频次报表586套、存贷款利率标准化数据1.9亿条，向统计局报送报表136张。

（三）国际监管统计工作顺利推进。制定印发集团有效风险数据加总和风险报告独立验证管理办法，明确验证规则和标准。组织开展GSIFI报表试填报，完成FSB三个阶段8套通用数据模板共计16套报表的GSIFI统计报送，境内自动化率达74.5%。

（四）聚焦重点城市行提升统计信息服务能力。新增“管理层驾驶舱”对重点城市行等全行重点工作的统计监测内容，及时提供重点城市行日报、月报及重点城市行同业监测季报；新增普惠金融4张监测月报、雄安新区8张监测月报；新增个人客户结构月报分析表、法人客户月报分析表、同业比较月报或季报。向普惠金融等新业务提供大量及时准确的数据，支持全行普惠金融业务开展和定向降准工作。

四、新版集团网讯投产运行，特色信息服务成效显著

（一）集团网讯2017版投产。优化了首页搜索中心区、信息展示区、导航区布局，策划推出“重点城市行”“走进普惠金融”等一批主题栏目，提高了信息查询效率和信息互动效果。推动17家子站点信息纳入全行搜索中心，实现总分行信息互联互通。实施网讯栏目“生命周期管理”，引导各分行实现站点资源集中共享。

围绕全行中心工作改版集团网讯“情况反映”栏目，强化“有提问、必答复”的信息反馈机制，各部室按期答疑，信息答复率达到100%；在“客户满意银行建设”栏目中增设了展示客户投诉的“客户说工行”栏目，畅通了总行和基层行信息交流渠道。网讯平台全

年发布信息28万余条。

（二）资讯平台特色信息加快应用。投产了海关数据应用系统，提供进出口企业评级分析、新企业查询、交易对手信息挖掘等功能，截至年末访问量超过52万余次，在客户营销、授信审批、监测分析等方面应用成效显著。实现工商注册信息接入对公客户营销管理系统（CBMS）、全球客户信用管理系统（GCCM）等业务系统，支持全行拓户营销和风险防控。加强内外联动营销信息收集与共享，发布跨省、跨境营销线索1.7万条。每日通过Notes邮箱、融e联、资讯平台等多渠道推送《每日资讯摘要》《今日关注》等资讯信息产品。完成2017年全行信息服务采购工作，共采购信息项目56项。

五、深化征信信息安全管理与应用

（一）征信信息查询刚性控制再次升级。对CIIS系统个人客户信用报告以及通过CIIS系统向我行相关业务系统传输的个人客户信用报告实施加密，禁止打印、复制、修改和分发。增加CIIS系统刚控功能，对个人、法人客户信息单笔查询所有业务场景刚性控制上传客户征信授权资料扫描件；对以“贷后管理”为由进行个人客户信息单笔查询但被查询人在我行无未结清贷款、未销户信用卡或非我行个人信贷业务担保人、共同还款人的，进行实时阻断；实现离职离岗用户自动停用、严重违规用户禁入，对用户通过非绑定计算机发起的个人客户信息单笔查询进行实时阻断；对单日查询数量、非工时查询、非工作日查询、跨地域查询实施阈值阻断、超阈值授权及超阈值查询监测预警。对不经CIIS直接登录人民银行征信系统的分行用户进行清理，更新CIIS用户准入测试题库，组织全行用户参加考试。组织分行全面开展征信合规管理自查，对7家分行进行现场检查，重点检查征信信息合规应用及用户管理情况，查找管理漏洞并推动整改完善。

（二）进一步推进征信信息在风险防控领域的应用。在CIIS整合报告中引入个人征信评分、企业债权违约信息，完成增值税发票信息集中采购商务谈判。升级CIIS预警系统功能，投产银监会风险统计信息主要财务指标三项预警查询功能。继续推进前置验证应用，实现小微企业定级CIIS前置验证参数规则与风险评级系统对接，优化小微企业授信；推进卡审核系统对接使用CIIS系统前置验证功能。优化扣收工作，建立债项真实有效性管控机制及“免抵扣”白名单维护机制。与人民银行正式签订“网银联动查询个人征信报告项目”合作协议。

六、评优评级取得优秀成果

（一）高质量完成定期信息披露。密切跟踪监管动态，落实监管新增要求，高效完成2016年定期报告和资本充足率报告及2017年三期季度报告的编制，突出业绩亮点，积极宣传我行经营转型成就。及时收集国际国内同业披露信息，完成同业比较专题报告6篇、国内外同业业绩快讯58篇。

（二）评级评优工作成绩突出。在2017年标普和穆迪下调中国主权评级的不利条件下，主动加强与穆迪、标普等国际评级机构沟通，穆迪对我行评级水平维持不变并将展望从负面调整为稳定，标普维持我行长期评级水平不变。2017年，我行获得33项国际媒体奖项，连续五年在英国《银行家》“1 000家大银行”、美国《福布斯》“全球企业2 000强”、美国《财富》500强商业银行子榜单等三项全球顶级榜单中位列首位，并蝉联美国《环球金融》杂志“全球新兴市场最佳银行”奖项；首次在英国Brand Finance全球银行业品牌价值500强榜单中位列榜首。在中国银行业协会陀螺综合评价排名，我行再夺第一。

（总行管理信息部）

安全保卫

2017年，本行坚持“视野国际化、管理集团化、服务专业化、风险预警化”的全面安全管理理念，狠抓各级安保履职监督，积极推进“三大系统”优化应用，主动防控外部欺诈风险，确保安全生产运行。全行外部案件发案率、外部案件损失率均为零，未发生生产安全事故，连续10年未发生抢劫既遂案件，连续13年保持员工零伤亡。获得“2017年度中央国家机关社会治安综合治理优秀单位”等荣誉称号，实现了抓安全、保经营、促发展的总体目标。

一、外部欺诈风险防范体系建设不断深化，预警防控风险更加准确有效

（一）外部欺诈风险信息系统管理应用不断强化。一是安全信息数据库建设更加精细。继续深化与公安、司法、工商、税务等国家部委风险信息共享合作，指导10余家境外机构收集所在地区风险信息近亿条，外部

欺诈系统数据库容量突破 18 亿条，较去年增加 6.67 倍，进一步扩充了集团安全信息数据应用领域。与最高法、最高检等部委开展信息共享合作，进一步推动司法大数据在金融领域风险防控中的应用，对维护公平竞争的金融秩序、推动融资诚信、防控金融风险发挥积极作用；与发改委共享联合奖惩信息，成为首家“信易贷”项目试点单位，有力践行了普惠金融政策，树立金融行业运用信用信息落实联合奖惩的标杆。二是外部欺诈系统风险预警防控更加广泛有效。2017 年系统累计预警本行各类业务风险 126.87 万次，涉及资金共计 50.58 亿元。其中，信贷领域拦截风险客户新增贷款申请 280 余笔，私人银行领域退出或拒绝开户 15 496 户，信用卡业务拒办存疑申请 88 万余笔。本行以外部欺诈系统（融安 e 信）为核心的商业银行黑名单信息整合与风险防控应用体系研究，荣获银监会信息科技风险管理课题一等奖。

（二）融安 e 信反欺诈业务品牌影响更加深远。一是产品优化与宣传推广取得新进展。持续完善产品功能、服务客户所需，树立了后台支持前台、安全创造价值的典范。与山东城商行联盟等百余家金融机构，以及近八千家企业客户完成合作签约，较 2016 年同期增长 228.25%，全年实现中间业务收入 6.72 亿元，同比增长 119.44%。二是境外业务实现新突破。2017 年分别与日本瑞穗银行、南非标准银行、加拿大蒙特利尔皇家银行等 12 家境外机构签署服务合作协议或意向函，实现了产品应用在五大洲的全面覆盖。

（三）深入推进反欺诈工作，践行社会责任。一是广泛开展突发事件应急演练。及时预警和综合部署外部欺诈风险防控工作，强化重点时段、重点领域和重点部位的安全防范举措，全行年内开展防抢、防盗、防火、防暴、反恐等应急演练 2.7 万次，累计 42 万人次参与，不断增强员工应对突发事件的处置能力，全力保障客户人身、财产安全。二是有力防控打击电信诈骗。2017 年累计帮助客户堵截电信诈骗 6.51 万笔，避免资金损失 17.55 亿元，较 2016 年拦截金额同比上升 82%。同时，与公安部合作开发国内首款防电信诈骗公益查询软件——工银融安 e 信公益版，可以随时查询被列为高法失信被执行人的个人和企业，提高了公众防范电信诈骗的意识和能力，软件投产以来已实现 1.1 亿客户下载应用，点击量 1 600 余万次。本行运用大数据技术防范打击电信诈骗、履行社会责任的做法赢得了社会公众广泛赞誉与好评，中央电视台、东方卫视、人民网、新华网、凤凰网、《四川日报》等多家主流媒体多次进行了正面宣传报道。谭炯副行长在今年国际刑警组织举办的打击跨国网络金融犯罪高峰论坛上，全面介绍了本行在警银合作以及大数据反欺诈领域的经验成效，获得与会各方高度评价。

（四）外部欺诈风险评估管理更加专业有序。一是利用风险大数据对全行 27.2 万人次进行排查，预警风险 5 256 人次，为强化全行内部管理、促进员工合规守纪、防范内部案件与风险事件发生提供了有力支持。二是探索完善员工外部风险监测预警机制，得到行领导的充分肯定，并荣获总行“大数据智胜”竞赛优秀奖。三是组织全行重点围绕营业场所安全防范、智能终端冒名开卡、金库安全管理等 7 大业务领域、12 类金融产品广泛开展评估，形成个人客户智能终端冒名开户风险、自助设备加装非法装置风险等专业评估报告 86 篇，提出并落实风险评估意见 300 余项，为完善风险管理手段、提升业务风控能力发挥了积极作用。

二、报警监控联网平台功效不断增强，安防体系科技化水平稳步提升

（一）全行报警平台管理进一步优化。一是印发《报警监控联网中心管理办法（试行）》，编制省级平台操作手册和全行平台运行管理情况简报，明确报警监控中心职能、岗位职责和管理要求。二是平台应用操作技能不断提升。组织开展全行平台功能演示和外欺风险预警处置演练，平台操作运行日益规范，日常管理和值守人员职业技能显著提升。三是组织完成总行应急指挥中心平台系统运行数据分析模块测试，并联合河南、天津、山东等分行利用省级监控中心开展报警平台视频转换、安防智能运维监测等试点，持续完善平台功能，保障系统运行安全。

（二）平台综合应用效能进一步显现。一是有效预警处置外部风险攻击。全行依托平台及时处置抢盗、破坏、ATM 欺诈等涉嫌刑事犯罪和治安违法事件 68 起，处理自助银行留宿、滋事等扰序事件 2 921 起，督促纠改行内外违反安全管理制度和外包履约违规问题 4 800 余件，有效控制了营业场所安全风险，维护了环境秩序，为客户提供了安全稳定的服务环境，树立了最安全银行的品牌形象，获得了客户和社会的广泛认同。二是全面支持多专业应用需求。各二级分行平台为客户远程提供风险提示与业务咨询 66.3 万余次，内控、渠道、科技等部门利用平台进行非现场检查累计调阅监控视频 1 588万次，总时长 45.05 万小时，为操作风险核查集约化管理提供了有力支持。

（三）安全技防规范化水平进一步提升。一是全行营业网点安防达标稳步推进。落实国家新修订《银行业金融机构安全评估标准》，组织全行开展营业网点安防达标改造与自助渠道安防设施建设情况自查，先后对辽宁、甘肃等 5 个分行进行专项督导检查，推动全行营业网点安防达标进程。按照三年推动完成营业网点安防改造计划，2017 年是实施改造第二年，全行达标率已实现 91.2%。二是严格监测安防固定资产列支。制定年度安防固定资产预算审核标准，建立“一项一报”申请审批机制，持续监测分析全行固定资产预算执行情

况，全年投入6.32亿元专款专用，确保了全行安防建设计划有序推进。三是规范安防设备集采管理。组织对400余家总、分行集采设备供应商、安防工程（维护）商和平台集成商开展集采服务评价，反馈并解决实际问题59项，进一步提升了履约服务水平与集采设备质量。

三、安全保卫管理基础不断夯实，安全发展环境持续巩固

（一）强化专业管理，优化推广安保业务管理系统。一是完善系统模块功能。利用互联网技术与大数据分析应用，先后分三批建立起集日常履责、监督检查、应急演练、考核评价等9个模块功能于一体的安保业务管理系统，并组织试点投产和推广应用，实现了境内各级机构基础安防数据自动归集与实时监测、安全管理履责事项流程化操作与督办提示、安全服务外包和安防设施建设的动态管理。二是充实系统数据信息。随着系统建设逐步完善，相应优化报表明细统计、工作流程审批、规章制度嵌入等134项模块功能，完成全行2 085名安保从业人员和10余万处重点部位安全数据信息的录入维护，全行安全专业管理数据库进一步丰富。三是加强系统推广应用。通过制定系统管理办法，组织开展现场调研、培训授课、集中办公等方式，助推系统基层落地应用。利用系统发布日常履责事项，按月跟踪履职情况，指导分支机构推动各项工作有序开展，提高了安保专业工作效率。2017年全行运用系统立项应急演练2.7万个，累计42万人次参与演练；立项安保日常检查7 042次，累计发现问题整改率达91.7%。

（二）规范安保业务外包管理。一是规范外包项目合同签订。印发新版《安全服务外包格式合同》，统一规范全行守库、押运、驻点保安等外包服务项目合同签署工作，通过“主合同+附件”的方式将各类外包项目纳入统一管理，提升了合同签署效率和规范化水平。二是加强外包数据集中管理。统筹部署境内机构对2014年以来安保业务外包数据进行核实维护，实现对历史数据的集中管理，为提升精准化业务外包管理效能、开展全行外包管理量化分析奠定了坚实基础。三是有序推进远程异地守库改革。充分发挥平台远程异地值守优势，按照“成熟一个实施一个”的原则，积极推进远程守库改革。全行已有259座实行平台异地值守或达到远程守库标准，累计减少金库外包值守806人，压降值守外包费用3 806万元。四是强化外包服务风险应急管理。“10.30”河北保定安保公司突发罢运事件后，及时启动应急处置预案，指导积极协调地方资源，成为当地率先恢复正常营业的金融机构，有力维护了本行权益和社会形象。此后组织专题调研，总结分析处置经验，指导全行修订完善应急处置预案，加强对外包业务风险的有效应对。

（三）提升安全监督检查工作效能。一是强化安全管理制度基础。修订印发安全监督检查管理办法、境内机构安全保卫工作考评制度和安保工作职责实施细则，编写《集团安全管理手册》，明确并督促分支机构落实安全管理责任，强化安全保卫制度传导执行，不断提升安全保卫工作质量。同时，编制非现场检查管理规程与操作指南，明确非现场检查的统一标准，规范指导各级机构提升检查效能。二是依托“三大系统”建立全行安保业务履约监督、报警平台管理应用非现场检查常态工作机制，重点围绕安保业务系统推广应用、安保业务外包规范立项、安全保卫专业岗位履职等内容，按季度组织开展非现场抽查。全年累计抽查105家二级分行（含一级分行营业部）、202个营业网点、50个报警监控中心和13座金库，对发现的155项问题进行建档登记，并督促受检机构逐一核实整改。

（四）保障全行经营环境安全稳定。一是加强社会综合治理工作管理。加大重要会议、重大活动期间安保措施和巡查值守力度，组织总行本部、在京机构和相关分行开展专项安全检查，督促落实营业、办公区域安防设施配置、安防措施执行和突发事件应急处置演练，及时编发安全工作提示，全力保障党的十九大、“一带一路”峰会、中捷金融企业高峰论坛，以及本行股东大会、职工代表大会等期间全行经营环境稳定，实现无重大突发安全事故发生。二是强化国家安全管理责任落实。牵头召开年度领导小组会议，制定工作规则，细化分解外事管理、网络安全等工作任务，并将境外机构纳入总行国家安全工作范畴，完善了国家安全管理工作机制。加强对领导干部、涉密人员和外派员工有关《国家安全法》《反间谍法》等法律法规教育，组织境内外近1.3万名干部员工参加国家安全知识网上答题，有效提升了全员国家安全意识。

四、安全生产管理长效机制不断完善，安全发展理念深入人心

（一）安全生产管理机制进一步健全。一是加强安全生产组织领导。完成总行各部室、各一级（直属）分行和各直属机构主要负责人《安全生产责任书》签订工作，明确各级机构安全生产主体责任，统一领导、分级负责的安全生产工作体系不断巩固和增强。二是规范安全生产工作制度。印发安全生产责任制管理办法和年度工作要点，指导各机构分解细化目标任务，建立起年初有安排、执行有标准、年终有评价的安全管理长效机制。三是开展安全生产专项检查。组建6个检查组先后赴8家机构开展现场检查，累计检查112个营业、办公场所和金库、机房等重点部位，共发现各类问题隐患168项，督促受检机构落实整改109项。

（二）消防安全管理责任落实持续推进。一是完善消防安全管理制度。制定印发《境内机构消防安全管理办法》，明确各级机构消防安全责任和管理要求，针

对电气火灾隐患、消防设备故障等问题，组织全行全面彻底排查，开展消防专题培训和火灾疏散逃生演练，提高全员消防安全意识和自救能力。二是落实国家和属地安全监管要求。指导全行落实“六个严查”“九个一律”等工作要求，加大对人员密集场所、会议或节假日等重要时段的排查防控，重点组织总行本部和在京机构开展高层建筑消防安全综合治理、安全隐患排查清理整治等工作，共发现纠改问题隐患159项。三是首次开展重大危险源排查建档。组织全行对存放具有易燃、易爆、有毒、有害等特性的危险化学品开展全面排查，共发现重大危险源3 428处、易燃油气等危险物质1 198吨，另有抵质押白酒数千吨。通过对重大危险源逐一排查建档，全面掌握本行危险化学品重大危险源的数量、状况及分布情况，对重大危险源实行动态监控管理，有效预防和减少各类生产安全事故发生。

（三）安全生产系列活动成效显现。组织开展以“落实主体责任，坚持安全发展”为主题的安全生产警示教育、安全生产专题培训、身边隐患随手拍、安全生产应急救援演练等系列活动。一年来全行共举办安全警示教育活动1.7余万场次，组织安全生产专题培训9 700余次，开展各类应急演练1.9余万次，各项活动累计参加人次逾95万；近4万名员工积极参与身边隐患随手拍，发现并及时整改问题隐患7 500余项；发放安全宣传资料110余万册，行内外媒体发布相关报道6 300余次。通过系统活动的开展，进一步提高了全行员工安全生产观念，强化了各级管理人员红线意识和底线思维，提升了全员应急处置能力。

五、集团一体化建设稳步推进，境外机构安全管理日趋专业精细

（一）加强安全责任落实和机制建设。一是细化分解安全责任。首次组织700名各级境外机构内设部门及分支机构负责人，完成《安全管理责任书》签订工作，进一步明确了安全第一责任人的安全职责事项。二是规范安全管理制度。修订印发《境外机构安全管理办法》，规范安全服务外包合同管理，以及节假日安全值班与突发事件报送流程，制定新设机构开业安保验收标准，保障境外人员、财产和业务运营安全。制定《境外机构安全防范建设管理办法》，按季度组织开展安防设施巡检，每半年开展安全服务外包商综合履约评价，不断提升境外机构安防建设运行和安全服务外包规范化水平。

（二）强化安全教育培训和专业支持。一是加强安全培训与应急演练。全年面向外派人员开展行前安全培训4期，累计参训200余人，涉及30余家境外机构，持续强化外派员工保护人身、财产和国家安全意识。组织开展美洲区域机构安全管理现场培训与处突应急演练，通过近三年持续分区域推进，实现对所有境外机构安全管理人员现场培训全覆盖，确保集团安全管理要求准确解读传导，提高了境外机构风险防控应对能力。指导境外机构有针对性地开展防抢、防暴、防恐、消防、炸弹威胁防范和个人防身技巧等安全培训和应急演练，累计5万余人次参与培训和演练，增强了境外机构员工的风险处置能力和安全意识。二是加强安全管理专业指导。指导工银澳门、金边分行等11家机构完善新建/改建安防建设方案，落实安全防范措施；指导工银莫斯科等多个机构完成合同本地化修订，维护本行外包服务权益；指导迪拜、利雅得分行和工银土耳其等完成16项安全管理问题整改；督促工银秘鲁、工银欧洲开展安全与外部欺诈风险管理工作自查，消除安全问题隐患；指导工银亚洲初步完成报警监控中心建设，境外机构安全专业指导更加细化。三是完善集团安全风险预警通报机制。编制2017年度境外安全风险地图和“一带一路”沿线国家安全风险地图，不定期发布全球重大安全事件信息，指导相关机构有效应对恐怖袭击风险提升、边境冲突等安全风险。全年编发200余条全球安全风险信息，提出安全防范建议近700条。每周发布《全球差旅安全风险提示》，实时更新工作区域和差旅目的地整体风险状况，为全行员工了解相关业务所在地安全风险形势、合理安排出行计划提供了全面的安全资讯参考。

（三）推进安全服务整合与统筹管理。一是提升集团安全服务合作项目品质。与集团全球安全服务战略合作商G4S和Prosegur公司定期召开沟通会议，反馈安全服务外包评价情况，敦促解决驻点保安流动性大、加班服务计价标准不一等问题。二是实现总行安防设备集采结果境外落地应用，推进安防设备采购集约化管理。指导金边分行、工银澳门等8家机构结合自身需求，开展总行集采入围产品境外选型和设备采购工作，在确保设备质量的前提下降低采购成本。其中布拉格分行办公场所安防设备集采价格较捷克当地报价下幅30%，金边分行、工银阿拉木图等机构较实施集采前节约60%以上。三是加强境外安全管理互动交流。加拿大蒙特利尔银行、瑞士宝盛、瑞银集团等境外机构查堵欺诈汇款，涉及金额1.7亿元人民币，致力维护金融服务环境安全，彰显大行风范。加强与监管部门合作，受邀作为公安部《“一带一路”沿线中资机构安全防范设施建设指引》课题组唯一银行机构代表，与相关机构共同研究编制《境外中资企业机构安全防范系统建设指南》，提出专业意见，获得监管部门肯定，为推动构建安全金融秩序、防控外部风险作出积极贡献。

（总行安全保卫部）

案件查防

2017 年，全行案防工作基本实现了“案件总量同比下降、无重大恶性案件和风险事件发生”的管控目标。全年案件及案件风险事件较上年减少一半多；涉案金额下降，为四大行最低，较上年下降近四分之三；案件风险率为百万分之 4.1，较 2016 年下降 56.34%，低于银监会核定的百万分之 23.4 的监管上限。

一、高度重视，认真贯彻案防监管要求

根据切实做好案件防控工作、坚决守住不发生系统性风险底线的有关监管要求，2017 年初制定了年度案件防范和操作风险管理工作要点，确定了全年案防工作重点，通过建立“下沉一级”参加和指导案防形势分析会机制和“一案一闭环”管理机制，规范了分支机构案防形势分析会规程，加强了现场案件调查及后续整改、问责、通报的闭环管理，夯实了内控案防管理基础。

二、强化履职，全面落实案防主体责任

（一）强化一把手负责制。制定《分支机构案防形势分析会议规程（试行）》，要求主题定得准、会议开得好、措施落得实；督导各级机构一把手亲自主持召开案防形势分析会，各级机构案防工作主管领导“下沉一级”参加和指导案防形势分析会。要求各二级分行深入开展合规文化核心理念、新时期“十大禁令”宣讲活动，一把手在“执行强化年”合规文化主题活动中为本行员工讲合规文化课，引导员工强化、提升合规理念、案防意识。

（二）强化“一道防线”建设。充分运用总行部门联席会议、各级机构操作风险管理委员会等议事平台，聚焦案件风险，明确了各级营销与业务部门“一道防线”日常监督管理重点领域和关键环节，进一步压实专业部门案防工作职责，风险防范能力进一步增强。

（三）强化案防考核机制。加大了案件和风险事件考核力度，案防工作作为分值扣减项，纳入分行经营绩效和业务发展考评体系及经济责任审计、干部考核评价中。

（四）强化案防系统建设。在集团内控合规管理平台（GICC）上建设“案防管理系统模块”，按照“案防牵头管理与主体责任相结合、案件事后分析与事前控制相结合、风险全面管理与重点防控相结合”的总体思路，构建信息平台、案件风险评估、案防分析工具、管理路径、交流园地等“五个体系”。

三、持续排查，前移案件风险防控关口

（一）统筹部署案件风险排查与整改。首次将案件风险排查工作同年度操作风险与控制自我评估有机结合，印发工作通知、排查手册，明确了排查事项的范围、数量和方法；组织各境内一级（直属）分行、二级分行及以下经营机构和票据营业部分部开展排查，涉及 10 个业务领域以及 34 项排查内容。全行共排查各类业务 5 956 383 笔，并根据问题性质和违规情节给予了问责处理，纠正了违规行为，为全行健康持续发展创造了良好的内控案防环境。作为全行性案件风险排查工作的有益补充，结合业务特点，针对自身及行业典型案件风险领域开展了风险评估与排查，涉及票据、押品、同业、理财、现金等业务。

（二）多维度加强员工行为管理。2017 年，全行员工异常行为排查工作不断深化，排查手段及内容不断丰富。总行安全保卫部依托外部欺诈风险信息系统（融安 e 信），对部分分行员工进行异常行为与外部风险排查。持续完善关键岗位和轮岗管理要求，开发了人力资源管理系统关键岗位模块功能。

（三）加强风险预警和提示。及时将票据、信用卡、理财、单位结算账户、代发工资、现金业务等领域案防风险，提示给总行相关部门、各分行，推动制度健全、流程改进、系统控制优化和“关键少数”管理。

四、夯实管理，主动防控重点领域风险

（一）纵深推进“十大重点领域和关键环节”风险治理。组织开展“十大重点领域和关键环节”专项检查，有效揭示了潜在风险，检验 2016 年治理效果；印发《关于纵深推进“十大重点领域和关键环节”风险治理工作的意见》，确定了 186 项治理措施，并对各条线、各层面 4 000 多人培训宣导；编印了《“十大重点领域和关键环节”风险治理手册》，细化措施 270 项，指导分支机构开展常态化治理、日常管理。

（二）科学组织全行印章综合改革。为降低违规用印风险，落实推行电子印章的监管要求，本行成立了印章综合改革领导小组，总行内控合规部、运行管理部联合牵头，办公室、法律事务部、信息科技部以及各主要

业务部门为成员，组织实施印章综合改革，制定了《印章综合改革实施方案》。按照“统一管理、分类控制、业务驱动、风控优先”的总体思路，通过精简整合用印事项，统一印章分类标准，构建便捷、高效、安全的用印模式，建立印章全生命周期管理和用印监测分析机制，强化系统流程刚性控制等方法，全面构建“管理有标准、系统有控制、使用有记录、检查有手段”的印章管理新格局。截至2017年底，试点机构改革成效初步显现，投产运行了电子签约系统，实现了部分业务用印全程可追溯、文本可验证，大幅提升了用印风险管控能力及用印效率，显著领先同业。

五、严肃纪律，加大重大案件处理力度

（一）严厉追究。针对“两个加强、两个遏制”回头看之后出现的18起案件及风险事件，累计问责492人次，其中涉案人均移送司法机关，已判刑，给予作案人行政开除处理；对202名相关责任人追究领导责任、管理责任、监督责任及直接责任。全行对问责情况印发通报予以警示。

（二）严肃问责。针对近年来黑龙江、河南分行发生的重大违规经营事件，以及陕西、河南分行发生的非标准实物黄金质押贷款外部诈骗案件，对相关责任人进行了严肃问责：对上述三家分行党委书记、行长分别给予党内警告、诫勉处分；对负有领导责任的6名一级分行副行长、1名行长助理分别给予行政记过、行政警告处分、告诫处理；对143名省行业务部门、二级分行、支行负责人以及相关人员分别给予开除、留用察看、撤职、降级、记大过、记过、警告等行政处分和开除党籍、党内警告等党纪处分。

六、加强宣教，不断夯实内控案防根基

以“执行强化年”主题活动为载体，在全行范围内开展了合规文化理念和新时期“十大禁令”直通式巡讲、合规文化课堂、合规标兵评选表彰等活动。同时，对照刑法规定，在国内银行业首创《商业银行案件风险列表》，列示了业务、管理、员工行为等领域案件风险，主动识别、评估、控制风险，明确防控责任，并在总分行层面组织学习，营造“依法合规、内控案防”人人有责的良好氛围。

（总行内控合规部）

第四部分
党建工作与队伍建设

责任编辑：孙清华　张　洋

学习宣传贯彻党的十九大精神

根据中央部署，从2017年11月开始，全行以多种形式组织各级党组织和党员领导干部认真学习宣传贯彻党的十九大精神，着力在学懂弄通做实上下功夫，引导全行切实把思想和行动统一到十九大精神上来，自觉用习近平新时代中国特色社会主义思想武装头脑、指导实践、推动全行改革和经营发展取得新成效。

一、迅速研究部署，掀起学习宣传贯彻党的十九大精神的热潮

党的十九大胜利闭幕后，总行党委在第一时间召开了党委扩大会议和全行动员部署会议，传达学习党的十九大精神，对全行学习宣传贯彻十九大精神作出部署。2017年12月22日至23日，组织召开改革发展研讨会，深入学习贯彻党的十九大、全国金融工作会议和中央经济工作会议精神，研究谋划新时期的发展蓝图和发展战略。印发《中国工商银行认真学习宣传贯彻党的十九大精神的总体方案》及《关于做好处级以上干部学习贯彻党的十九大精神集中轮训工作的通知》《关于认真做好党的十九大精神宣讲工作的方案》，落实学习宣传贯彻党的十九大精神各项工作安排。

二、加强系统规划，推动党的十九大精神学习全面覆盖

（一）领导干部率先垂范。总行党委中心组围绕学习宣传贯彻十九大精神，组织四次专题集中学习研讨，总行党委委员和高管做主题发言。“紫光阁”和“中国金融思想战线”网站、杂志等，对学习情况进行了报道。全行各级党组织把十九大精神的学习，作为党委中心组学习重点内容，增加集中学习的时间和次数。

（二）抓好党员干部集中轮训。以学习贯彻党的十九大精神为首要政治任务，制订“学习党的十九大精神专题培训工作方案”。在总行党校举办党的十九大精神专题学习班，总行党委委员全程参加学习，党委书记易会满作主题发言，各党委成员作专题发言，境内机构正职98人参加学习，拉开了全行学习宣传贯彻十九大精神轮训工作序幕。

（三）带动全员跟进学习。在总行本部层面，印发《关于总行本部认真学习宣传贯彻党的十九大精神的通知》，通过举办专题辅导讲座，配发学习资料，组织主题征文、读书演讲等活动，面向全体党员开展了多形式、分层次、全覆盖的学习培训。在基层党组织层面，各基层党组织立足全行改革发展、党的建设实际，发挥支部主体作用，利用“三会一课”、主题党日活动、组织生活会等形式，组织开展十九大精神专题学习、撰写学习心得体会、专题组织生活会、讲授党课或微党课等四项活动，把多种形式的集中学习做实做细。用好网络大学、网讯、融e联等平台，在“网络大学”上载中央权威理论解读课件20余条，投放统一学习资料，增强学习贯彻党的十九大精神的针对性实效性。

（四）开展理论研究。结合工作实际，从不同角度入手，对党建理论进行了系统的分析，形成了较完善、成体系的理论成果。组织召开学习贯彻党的十九大精神党建研究工作交流座谈会，深入开展学习研讨。向全国党建研究会报送课题12篇，其中4篇获全国党建研究会表彰。

三、压实各级责任，推动党的十九大精神宣讲工作做实做细

全行各级党组织迅速成立宣讲团，党委书记易会满赴党建工作联系点和上海分行宣讲党的十九大精神，与基层党员代表交流学习体会。总行党委委员、高管作为总行宣讲团成员，赴27个分支机构开展面对面、互动式的宣讲。来自基层的十九大代表金颖颖、朱捷、李鹏开展了百余场面向基层员工的宣讲活动。金颖颖还受邀通过“互联网+”方式，向海外传播官宣讲十九大精神。各分支机构也在辖内不同层面开展了十九大精神宣讲，切实把十九大精神讲透彻、讲清楚、讲明白，让党员和干部员工听得懂、能领会、可落实。将学习贯彻党的十九大精神纳入党建工作责任清单，各级党委班子成员在年度党建工作述职时，对自身学习贯彻情况进行报告。

四、丰富方式载体，推动党的十九大精神学习宣传有声有色有气势

依托总行网讯“学习宣传贯彻党的十九大精神”专栏、融e联“党建之声”服务号、工商银行官方微信号发布十九大专报，编发“学习贯彻十九大精神简报”，宣传报道各级行学习贯彻十九大精神情况。充分借助“五网联合”（党建网、人民网、新华网、共产党员网、紫光阁网）等平台，在主流媒体登载全行学习

宣传贯彻十九大精神情况报道近20篇。各级行在分行网讯开设专栏，利用网讯、简报、电子期刊等载体，抓好学习宣传。

（总行党委组织部、党委宣传部）

党建工作

2017年，全行各级党组织深入贯彻落实中央全面从严治党各项要求，聚焦主责主业，扎实推进党的建设，为改革发展提供坚强的政治保障和组织保障。

一、深入开展党内重大活动

（一）组织党的十九大代表选举。根据中央统一安排部署，按照“自下而上、上下结合、反复酝酿、逐级遴选”的方法，充分发扬民主、广泛组织发动，严格考察遴选、确保人选的先进性和代表性，注重突出基层一线、优化代表人选结构，体现出“广、严、实”三个方面的特点。2017年6月15日，组织召开中国工商银行党代表会议，顺利选举产生5名出席党的十九大代表。

（二）深入推动学习宣传贯彻党的十九大精神。一是迅速动员部署。党的十九大胜利召开后，工商银行迅速行动起来，总行党委第一时间召开党委扩大会议和全行动员部署会议，传达学习党的十九大精神。印发《中国工商银行认真学习宣传贯彻党的十九大精神的总体方案》，对全行学习宣传贯彻十九大精神作出部署。二是开展学习宣讲。制订“学习党的十九大精神专题培训工作方案”，印发《关于认真做好党的十九大精神宣讲工作的通知》。面向各层级党员干部组织专题培训，针对总行各部室（利润中心）主要负责人和境内一级机构正职、境外机构主要负责人、一级机构副职、二级分行党委书记和纪委书记分别举办培训班。2017年11月30日至12月2日，组织“十九大精神专题学习班”，总行党委委员全程参加学习，党委书记易会满作主题发言，每一位党委成员均作专题发言。三是抓好落实落地。各基层党组织立足全行改革发展、党的建设实际，发挥支部主体作用，把多种形式的集中学习做细做实，增强学习贯彻党的十九大精神的针对性实效性，把党的十九大精神落实到经营发展工作各方面，转化为深化改革、促进发展的强大动力。

（三）深入推进“两学一做”学习教育常态化制度化。一是扎实组织推动。2017年4月，总行党委召开全行“两学一做”学习教育常态化制度化动员部署会，印发《关于推进“两学一做”学习教育常态化制度化的实施方案》和《关于推进“两学一做”学习教育常态化制度化重点工作的通知》，扎实推进学习教育常态化制度化。7月26日，总行召开“两学一做”学习教育协调小组会议，总结学习教育进展情况，研究提出进一步推动措施，持续推进“两学一做”学习教育常态化制度化深入基层。二是抓好学习教育。各级党委带头开展学习教育，认真开展“三个一”，即组织一次党章党规系列讲话培训，开好一次党建工作座谈会或党建工作会，党委书记讲好一次党课，切实发挥表率作用。全行明确7个主题，即“增强‘四个意识’”“旗帜鲜明讲政治”“强化党性修养”“严格自律”“担当负责”“践行新发展理念”“保持干事创业精气神”，党委每月围绕一个主题开展一次集中学习研讨。各级党组织也围绕七大主题，组织全体党员每月开展一次集中学习讨论。三是突出特色活动。积极推广支部主题党日活动制度，指导各党支部制订主题党日活动计划，定期开展党日活动。广泛开展“微党课大家讲”活动，围绕学习内容开展讨论，畅谈学习体会，力求学深学透。开展“服务口碑新变化　喜迎党的十九大”活动，逐季接力式开展争做“党员服务先锋岗”“优质服务先锋队”“优质服务榜样店”活动，以党建促服务提升，以服务提升检验党建成果。开展基层党建实践经验优秀案例征集评选活动，共征集各单位案例209篇。开展选树宣传先进典型活动，面向全行共征集先进典型132名，为广大党员树立可比、可学、可赶、可超的榜样。四是强化问题导向。在基层党支部中开展“一问一改”（找一个问题、改一个问题）活动。总行、各一级（直属）分行本部重点围绕加强作风建设，各二级分行及以下经营机构重点围绕提升客户服务水平，各直属机构重点围绕强化专业管理，各境内控股子公司重点围绕加强基层党建工作，结合实际找准问题，集中力量解决问题。五是加强督促指导。总行“两学一做”协调小组定期统计通报学习教育进展情况、集中学习讨论情况、党委“三个一”要求完成情况，并组成7个督导组，到分支机构开展现场督导检查，书面听取了49家单位的汇报，列席了7家境内机构和5家境外机构的中心组学习。

二、持续推进全面从严治党

（一）将党的领导和党的建设写入《公司章程》。按照全国国有企业党建工作会议精神以及中组部、财政部文件要求，经过深入研究反复论证，2017 年 6 月 27 日，工商银行把党的领导和党的建设纳入《公司章程》的议案在 2016 年度股东年会上以 93.4% 的高票顺利通过。2017 年 9 月 25 日，经银监会核准修订后的《公司章程》正式生效，在大型银行中率先完成将党的领导和党建工作写入《公司章程》工作，并获得境内外资本市场的有效认可，为党建入章工作提供了工行方案和工行智慧。党建入章进一步完善了国有大型上市银行的公司治理机制，促进了党发挥作用的组织化、制度化、具体化，提高了党组织把方向、管大局、保落实的能力、定力和效力，强化了党的领导和公司治理的双重优势。

（二）召开"七一"党建工作座谈会。会议结合纪念建党 96 周年，以迎接党的十九大胜利召开为主题，8 家单位介绍落实管党治党责任的经验做法、党组织书记履行"第一责任人"职责的措施成果。党委书记、董事长易会满作重要讲话，对加强和改进党的建设，发挥党组织核心作用、党员领导干部表率作用、党员先锋模范作用、总行本部带头示范作用，提出了明确的要求。

（三）组织推动开好年度民主生活会。切实把压实责任与全覆盖督导结合起来，重点突出集中学习和查摆问题两个关键点，明确征求意见建议、谈心谈话等八个环节工作，对深入查找突出问题、撰写对照检查材料和个人发言提纲、全覆盖督导等做出具体安排。各级党组织切实承担主体责任、抓好方法步骤、严格落实要求，层层压实责任，确保抓到位、见实效。党委成员分别选择 1－2 家分支机构现场参加民主生活会，从严把关、认真点评。总行组成督导组，对各一级（直属）分行、直属机构、境内控股子公司民主生活会进行全覆盖督促检查和指导。

（四）开展党组织书记抓基层党建工作述职评议考核工作。实抓基层党建工作述职评议考核制度，5 家单位党组织书记向总行党委现场述职，10 488 名党员和群众通过网上测评系统对本单位党委书记抓基层党建工作情况进行评议，推动形成一级抓一级，层层抓落实的基层党建工作格局。

三、不断夯实基层党建工作基础

（一）开展党员领导干部党建工作联系点调研指导。总行党委成员分别深入到联系的一级分行和二级分行进行党建工作专题调研，发挥党委班子以上率下的示范带头作用。各级党组织班子贯彻落实党建联系点制度，推动党员领导干部联系基层、联系群众工作经常化、制度化、规范化。

（二）组织召开全行统战人士代表主题座谈会和统战工作主题座谈会，全行统战人士代表、部分分行组织部门负责人、工银亚洲和工银澳门人事部门负责人、二级分行代表参加座谈，对学习贯彻中央统战工作会议精神、进一步做好全行统战工作和发挥好统战人士作用提出了意见建议。

（三）进一步加强党费管理。通过制订工作方案，举办专项培训班，单设科目管理，定期跟踪分行使用情况等方式，顺利完成清理收缴党费的上缴和使用。

（四）组织基层党支部书记集中轮训。印发《关于进一步加强基层党支部书记集中轮训工作的通知》，对集中轮训常态化工作作出安排，明确集中轮训的重点内容、主要方式和要求，对加强集中轮训工作的组织领导提出要求。举办基层党支部书记集中轮训示范培训班，为全行进一步做好基层党支部书记集中轮训工作起到了示范作用。

（五）抓好分行本部和境外机构党建工作。印发《关于进一步加强分行本部党建工作的意见》，创新总行直属党委直接指导分支机构本部党建工作的机制，努力提高分支机构本部党建工作的能力水平。推动督促境外机构落实《关于加强境外机构党建工作的指导意见》，组织境外机构员工参加境内分行入党积极分子培训班。

（六）推动基层党建规范化。组织编写《党支部工作手册》和《砥砺前行——基层党建优秀案例》，为基层党支部工作开展提供制度依据。加强组织系统建设，开展党员及党组织信息专项核查工作，提高全行党员及党组织信息的完整性、准确性，进一步推动全行党建信息化发展。《聚焦组织系统建设　推动党建工作信息化》案例获中央国家机关工委优秀案例奖。落实基层党建工作重点任务，完成党费收缴工作专项检查、党代会代表和党员违纪违法未给予相应处理情况排查清理以及基层党组织按期换届专项检查，抓紧抓实各项重点任务。

四、加强总行机关党建工作

总行直属党委以落实全面从严治党要求为主线，履职担当、主动发力、积极作为，以党的政治建设为统领，不断增强总行本部党建工作的能力和水平，为改革发展提供坚强保证。

（一）深入学习宣传贯彻党的十九大精神，切实把思想和行动统一到十九大精神上来。总行本部各级党组织通过"三会一课"、专题讲座、座谈研讨、读书演讲、主题征文等方式，开展了 70 余项丰富多彩的学习宣传贯彻活动，认真贯彻落实党的十九大各项战略部署，切实做好服务实体经济、防控金融风险、深化金融改革的各项工作，引导党员干部把思想和行动统一到十九大精神上来。

（二）以政治建设为统领，加强政治理论和理想信念教育。将学习党章党规、学习习近平总书记系列讲话作为必学课程，举办总行本部组织、宣传、纪检委员培训班和两期处级干部培训班，进一步提高了党员干部的理论水平和履职能力。推进“两学一做”学习教育常态化制度化，支部书记累计培训325天，支部委员累计培训492人次，党员参训18 000余人次，支部发布学习信息700余篇。创新活动载体，通过“党课宣讲”活动、党建课题研究、征集党员教育电视片、案例评选等多种形式，激发党员干部学习的主动性和积极性。向工委报送党课10余篇，其中易会满董事长题为《努力掌握科学的思维方法和工作方法》的党课入选中央国家机关精品党课，并在工委、紫光阁联合主办的《党课》杂志上刊发；办公室党总支部在“党课月”活动中荣获中央国家机关优秀党课奖。通过定期组织总行本部大讲堂等活动，不断强化理想信念教育，引导广大党员干部牢固树立“四个意识”。

（三）抓基层打基础，着力强化本部基层党组织功能。总行党委委员以身作则，以普通党员身份参加了双重组织生活，发挥以上率下作用。建立了《党支部学习教育工作台账》和《基层党组织建设“灯下黑”问题清单》，推动本部各级党组织严格落实“三会一课”、党员领导干部民主生活会、党建述职评议等制度要求。累计召开党员大会452次、支委会690次、党小组会1 635次、组织生活会396次，讲党课225次，实现了全覆盖。印发《总行机关贯彻落实全面从严治党要求实施意见》《总行机关党支部工作细则》等制度办法，引导本部各级党组织切实履行职责，认真研究部署党建工作，进一步激发支部建设活力。指导11个基层党组织换届选举，20余个基层党组织增选补选委员。制定党员发展中长期规划和年度计划，做好入党积极分子的培养、考察和发展工作，2017年总行本部新发展党员59名，预备党员转正95名，为党组织增添了新的力量。

（四）立足改革发展工作实际，锲而不舍加强作风建设。开展“管理效率提升年回头看”活动，总行本部在部门横向联动协调、业务审查审批效率、制度建设、精简文件会议等方面的管理效率得到了有效提升。以“重服务、重协作、重效率，以优异成绩迎接十九大”为主题，开展主题党日活动。总行本部各级党组织累计开展主题党日活动306次，参加活动人员累计2.4万人次。加强爱国主义教育，连续8年开展“回乡见闻”征文活动，收到征文1 156篇。持续开展党员到社区报到活动，组织5个支部与社区对接，着力完善联建共建机制，为居民讲授防范金融欺诈风险等知识，得到了社区和群众的一致好评。

（五）加强党风廉政教育，营造良好的政治生态。开展了“以案释纪明纪　严守纪律规矩”主题警示教育月活动，通过参观廉政教育基地、观看警示教育片和开展主题征文等多种方式，将警示教育月活动与职业道德教育有机结合，做到支部全覆盖、党员全参与。制定《关于落实〈关于2017年员工异常行为排查工作安排的意见〉的通知》，引导各支部落实好主体责任和监督责任，层层抓好落实。密切关注“四风”新动向、新表现，充分发挥总行本部纪委委员和支部纪检委员作用，“全时段、立体化、高质量”地开展节日期间的监督检查工作。对总行本部6个部门在深化廉政教育、推进廉洁从业等方面的情况作了考评，强化支部书记“一岗双责”意识，推动党风廉政建设深入开展。

（六）坚持以人为本，持续推进精神文明创建工作。持续开展文明处室评选工作，通报表扬了159个“文明处室”。按照中央国家机关精神文明办要求，做好创建首都文明单位相关工作。开展“一张纸献爱心救助贫困患病儿童”等公益活动，进一步推动干部员工以简便易行的方式传递爱心。元旦、春节期间走访慰问离退休老党员、病困党员和在职生活困难党员，充分体现了组织关怀。

（总行党委组织部、直属党委）

领导班子建设

2017年，全行认真学习贯彻党的十九大对于干部工作的新要求，在选好干部、配优班子上精准发力，积极加强领导班子建设，取得了良好的成效。

一、加强领导班子配备

着眼未来3－5年全行干部有序更替和战略发展需要，加强对各机构领导班子的专业结构、年龄结构、考核评价、岗位流动等情况的深入分析，研究确定未来一段时期干部数量缺口和结构需求，按照“缺什么干部，补什么干部”的要求，前瞻性地补充配备干部，充实分行领导班子。按照领导班子专业分工指导意见的要求，进一步规范各级行班子的专业分工，探索建立分行副职专业分工和考核指引，保障干部专业化配备的实际效果。

二、持续加大竞争性选人用人力度

继续完善选人用人机制，在坚持组织选拔与竞争性选拔“两条腿走路”的同时，不断总结和推广公开遴选的好做法、好经验，强化党委把关作用，切实把组织满意、干部服气、群众公认的干部选出来、用起来。开展包括总行部门、一级（直属）分行、境外机构在内的两轮公开遴选，进一步扩大选人用人视野，使一大批优秀年轻干部脱颖而出。

三、开展后备干部动态补充调整，持续落实“311”干部培养规划

开展后备干部和“311”高级培养对象集中调研工作，选拔产生了一批政治素质好、业务能力强、工作业绩好、发展潜力大的干部。对于选拔出来的人选，及时纳入“311”干部信息库中，实行名单制管理，制订个性化培养方案，针对专业能力、任职经历和管理经验短板，分层分类开展实践锻炼和教育培训，努力培养和提高干部的能力素质。

四、加强对各级班子建设的督导力度

按照干部管理权限，压实各机构各部门加强所辖班子建设的主体责任，分层落实工作任务，并将班子建设和干部培养纳入组织人事工作考核体系，按年度进行考核评价。利用干部考察、人力资源信息系统等渠道，加强对辖属机构干部队伍建设情况的监测，定期统计汇总、分析反馈，引导各机构有针对性地开展工作，进一步主动优化班子结构。

五、坚持从严管理监督干部，规范选人用人工作

积极宣传领导干部个人有关事项报告两项法规，严格执行“凡提必核”制度。综合运用提醒函询诫勉等手段，加强对领导干部的日常监督。结合行内巡视，分3批对14家总行直管机构开展选人用人现场检查。狠抓整改落实和责任追究，对问题整改工作实行“销号式”管理，整改完成一个，销号一个。加大通报力度，强化责任追究，对明显违反组织人事纪律的问题，一律从严问责。推进干部监督信息化建设，将干部职数控制、任职回避等管理要求嵌入系统流程实施硬控制，并借助系统有针对性地开展非现场检查。

（总行党委组织部）

纪检监察工作

2017年，全行各级纪检监察机构全面贯彻党的十八届六中全会、十八届中央纪委七次全会精神，深入学习宣传贯彻党的十九大精神，密切围绕全行改革发展中心工作，忠诚履职、勇于担当，不断推进全面从严治党、从严治行向纵深发展，纪检监察各项工作取得新成效。

一、强化政治自觉，压实管党治行责任

紧抓“牛鼻子”，督促各级党委和党员领导干部切实把责任抓在手里、落到行动。一是以定责促担责。各级党委围绕“两个责任”细化内容、实化举措。特别是以400余个二级分行为重点，在“两个责任”培训基础上，又连续举办三期近900名二级分行党委书记、纪委书记“两个从严”专题轮训，不断提高其思想认识和履职能力。二是以督责促尽责。选择6家一级机构党委书记向总行党委、组织45家一级机构纪委书记向总行纪委述职述廉，促使领导干部更加主动尽责；各级纪委书记对9 558名新提拔或调整领导干部任前廉政谈话，提出履责要求；总行纪委对21家一级机构和总行部室，各级纪检监察机构对4 175家分支机构和3 439个本级部室进行责任制考评，将考评结果与干部选任、评优评先、绩效考核等挂钩，促使责任落实由“软指标”变成“硬任务”。三是以问责促履责。综合运用警示通报、组织处理、纪律处分等方式，对党的领导弱化、党的建设缺失、全面从严治党不力等问题及时追责、严肃问责。

二、筑牢理想信念，提升遵纪守规意识

结合推动“两学一做”学习教育常态化制度化，积极探索提升干部员工遵纪守规意识的宣教路径。一是坚持纪在法前和教在纪前。将党性教育、廉洁教育纳入各级各类培训、党校轮训计划，作为党委中心组、党支

部学习的重要内容。充分利用“明纪守规树新风”网讯专栏，面向全行40余万名干部员工同步推送提示信息，努力形成“明纪守规树新风、知畏笃行促发展”的良好氛围。二是发挥廉洁文化引领作用。以“五个一”活动为重点，组织开展廉洁银行微视频和海报征集评选活动，并在全行展播优秀作品。各级纪检监察机构组织开展各类廉洁文化教育活动1.5万余场，覆盖74万人次。三是开展“学规定、守纪律、防风险、保安全、促发展”学习教育活动。紧扣“学”的内容、“做”的标准、“改”的要求，各级机构自查自纠发现并整改问题1.24万个。

三、注重持之以恒，巩固作风建设成效

始终从政治的高度抓好中央八项规定精神落实，在坚持中深化、在深化中发展。一是经常抓、抓经常。组织开展违反中央八项规定精神问题专项整治和违规公款购买消费高档白酒问题整治工作。通过巡视巡察、信访核查等对违规公款吃喝、超标准接待、变相公款旅游等老问题紧盯不放，同时关注和纠正形式主义、官僚主义方面的新问题。二是加强制度建设。根据《中共中央政治局贯彻落实中央八项规定实施细则》新精神，修订《切实改进总行工作作风　密切联系群众的规定》，明确了26条纪律规矩底线。印发《加强对扶贫领域腐败和作风问题监督的通知》，有效预防扶贫工作中的腐败和作风问题。三是坚持从严执纪。对执纪审查对象存在“四风”问题的，先于其他问题查处和通报，召开2次全行警示教育大会，曝光典型问题，起到“问责一个，警醒一片”的效果。

四、加强党内监督，当好政治生态“护林员”

进一步突出纪检监察党内监督专责机关的职能定位，围绕中心找准监督执纪的切入点。一是提高政治站位，纵深推进巡视监督。进一步深化政治巡视，总行完成第二轮3个批次对15家单位的巡视，发现违反“六大纪律”问题78个，分别向被巡视单位和总行相关部门提出整改建议95条。积极探索推进巡察工作，有12家一级（直属）分行对辖内机构开展了巡察，发现违反“六大纪律”问题1 160个、干部违规违纪问题线索73件，有效推动全面从严治党、从严治行向基层延伸。二是发挥“探头”作用，稳步推进派驻监督。印发《加强总行纪委派驻纪检组建设的意见》，在向工银瑞信和工银租赁综合派驻纪检组取得良好成效基础上，向数据中心（北京）、数据中心（上海）和私人银行部三家直属机构综合派驻了第二纪检组，并将新成立的工银投资纳入第一派驻组监督范围，不仅扩大了派驻范围，也探索了异地派驻监督的模式。三是紧盯关键领域，延伸推进集团监督。加大境外机构党员干部廉洁履职监督力度，对16家境外机构进行了廉洁从业调研和检查；加强廉情大数据管理，组织5万余名管理人员、高级经理以上业务类人员和纪检监察干部填报廉洁从业信息。改进集中采购监督方式，修订《集中采购监督办法》，规范实施禁入机制管理，新确定不良供应商12家。

五、严肃监督执纪，积极实践“四种形态”

坚持把纪律和规矩挺在前面，将“四种形态”贯穿于日常监督执纪全过程。一是注重抓早抓小。运用“四种形态”，第一种形态批评教育、谈话函询占70.19%；第二种形态纪律轻处分、组织调整占28.08%；第三种形态纪律重处分、重大职务调整占1.47%；第四种形态严重违纪涉嫌违法被开除党籍、行政开除占0.26%，实现由“惩处极少数”向“管住大多数”延伸拓展。二是深化线索处置。严格落实中央纪委要求，首次全面开展函询采信了结反馈工作，总、省行纪委共对函询采信了结的直管干部进行了反馈回访，体现了组织的严管厚爱和函询工作的严谨细致。把好党风廉政意见回复关，全行各级纪检监察机构回复党风廉政意见9 500多人次，有效防止“带病提拔”“带病上岗”“带病评先”。三是提升执纪质效。修订《员工违规行为处理规定》，建立党政纪处分审理委员会审议机制，明确党政纪处分的把握原则，规范核减绩效收入的处理流程，健全重点联系行制度，不断规范提升全行惩戒审理工作，执纪审理的惩戒警示作用进一步得到发挥。

六、坚持查防并举，突出重点深化实效

立足党内监督，聚焦案件防控，为实现管控目标发挥重要作用。一是严肃查处，以查促防。通过审理查处向总行部室和案发机构提出整改意见，力争从源头强化治理防控。二是加强排查，关口前移。重点围绕违规担保、飞单、参与非法集资和民间借贷等方面，深化员工异常行为排查，总行牵头开展信用卡逾期和融安e信两项专项排查，有效前移案防关口。三是强化帮扶，提高实效。加强重点监控机构管理，总行对6家一二级分行进行重点监控帮扶，其中有5家行2017年未新发生重大案件和风险事件，合规经营意识和风险防控能力明显提高。组织对总行直接审理的大案要案及风险事件问责情况开展后评价，回访4家分行被处理人员，体现了监督执纪问责的人性化关怀。

七、严格教育管理监督，不断加强自身队伍建设

坚持培养严实深细作风，建设忠诚干净担当的纪检监察队伍。一是以深学提高政治觉悟。全行纪检监察机构及时深入学习宣传贯彻党的十九大精神，以习近平新时代中国特色社会主义思想武装头脑。总行纪委先后召

开8次会议，专题学习总书记关于巡视巡察、作风建设等重要讲话精神，据此研究重要议题24项，真正使学习成果落实到具体工作中。二是以机制强化管理监督。按照“一强化和两为主”要求，全面落地施行纪检监察负责人提名考察、任职谈话、述职报告、绩效考核等7项制度，2017年总行新任命调整2名一级机构纪委书记，考察核准26名一级机构监察室正副主任的任免，各机构新任命纪委书记、监察室主任160人。通过纪委书记现场述职，建立纪检监察条线领导干部外出报备工作制度等措施，加强对纪检监察负责人的日常动态管理。进一步发挥纪委委员职能作用，规范直属机构和利润中心纪委委员配备标准和原则。不断强化自我监督，处理了违纪违规的专兼职纪检监察干部。三是以培训提升履职担当能力。针对不同对象强化政治和业务培训，总行举办1期一级机构纪委书记、监察室主任培训班，组织2期一级机构纪委委员集中培训，完成“纪检监察专业人才培训项目”，380名纪检监察负责人和骨干实现了系统学习。全行组织各类专业培训1 956场，培训各级纪检干部6.9万人次，有效提升了队伍的精神风貌和能力素质。四是以调研促进求真务实。总行纪委开展境内外不同层级、不同内容的各种调研22次，2项课题报告荣获中国监察学会金融分会理论研究成果一等奖。

（总行纪委　监察室）

宣传思想文化建设

2017年，全行宣传思想文化工作围绕中心、服务大局，认真学习传达贯彻党的十九大精神，全面加强精神文明创建工作，为建设全球化大型银行集团提供了坚实的精神动力、思想保障和文化支撑。

一、用党的十八大以来历次全会精神和十九大精神武装领导干部、教育广大员工

（一）加强党委中心组学习。制定《2017年总行党委中心组重点专题学习安排》和《2017年下半年总行党委中心组学习安排》，组织开展总行党委中心组学习17次。制作《学习贯彻全国金融工作会议精神培训课件》，作为各级行党委中心组学习的重要内容，并有机融入三级党校培训和各层级管理人员培训。制定下发《中国工商银行党委贯彻落实〈中国共产党党委（党组）理论学习中心组学习规则〉实施细则》，推动中心组学习督导和问责的机制化长效化，进一步压严压实领导班子思想建设主体责任。按照“每年分批查，三年查一遍”的部署，通过远程检查、查阅资料、座谈走访相结合的方式，先后对江苏、河南、广西等11家分行党委2016年度中心组学习情况进行检查，逐一反馈书面意见。各分行党委认真落实学习制度，主动创新学习管理，进行了许多有益探索。如江苏分行党委自主开发“干部在线学习管理系统”，甘肃分行党委创新开展了“银税联学”，河南、贵州分行党委建立了班子按季度调研制度、工作联系点制度等，推动班子在学习中进一步坚定理想信念、提升党性修养、强化使命担当。

（二）紧抓员工思想教育。持续做好“两学一做”常态化制度化宣传，全年刊发稿件780余篇，为各级基层党组织和广大党员提供了理论学习服务与支持，促进理论教育“抓在日常、严在经常”。开展“砥砺奋进的五年——我们的故事”主题征文活动，组织员工以“小故事”反映十八大以来全行转型发展的可喜成绩和涌现出的先进事迹，使党内教育从“关键少数”向全体党员拓展、从集中性教育活动向经常性教育延伸。搭建“六个一”宣传体系（“宣传思想文化工作信息管理系统”、“网讯”专栏、网络大学“理论学习专区”、融e联“党建之声”、官微“文化工行”周刊、《宣传工作信息》），开展“身边的工匠——做匠人，修匠心”主题活动，协同发挥传统载体主阵地作用和新媒体的互动优势，促进学习内容和成果共享。在全国金融系统中，工行连续六年获得全国金融系统思想政治工作和企业文化建设课题研究“优秀组织奖”，有10家单位和个人荣获“全国金融系统思想政治工作先进单位和先进工作者”称号。在中国企业文化研究会“互联网+时代企业文化传媒融合创新媒体”评选中，工行官方微信《文化周刊》和融e联“文化工行”服务号荣获一等奖。各分行积极创设宣传“微平台”，不断增强吸引力、感染力。如北京分行“文化工行”微信公众号专栏、贵州分行“最黔言”微信公众号、浙江分行“浙江教育宣传”融e联服务号、四川分行“四川博阅”融e联专栏等。

二、持续推进精神文明创建工作

（一）开展文明单位双评选。做好第五届“全国文明单位”申报和往届文明单位复查，实现优化格局与严控质量有机统一，新增“全国文明单位”25家。组

织第十届总行级文明单位评选，从严从实把关审核，将总行党委全面从严治行、强基础抓管理的要求落到实处，新增总行级文明单位113家。

（二）推动学雷锋常态化。持续开展“学雷锋活动集中宣传月”活动，首次分阶段、分主题宣传提升窗口服务水平、树立文明新风的先进事迹。湖北丹江口支行“学雷锋　我行动”主题志愿活动、江苏邳州支行“党员妈妈”团队7年爱心助孤、黑龙江分行营业部“学雷锋　爱心传承”义务献血、江西都司前支行16年坚持“春蕾计划”等事迹走进大众视野，得到广泛赞誉。结合银监会“银行业最美人物”评选，引导员工发现“身边雷锋”和“最美员工”，甘肃分行杨荣成为全行第三位获评“银行业最美人物”的员工。

三、深入构建“一个核心、四个支撑、两个延伸”企业文化建设体系

（一）凝聚价值观“一个核心”。聚焦“工于至诚行以致远”价值观，丰富价值理念内涵，融入工匠精神，使集团文化更体现时代精神、符合全行改革实践。建立企业文化报告制度，各分行因地制宜，突出关爱员工的“民生指标”，其中，北京分行编制《企业文化大事》电子书，设置了“实施员工关爱工程”等专题；上海分行编印《传承激扬——年度品牌文化报告》，将“凝聚”作为关键词进行生动诠释；浙江分行以报告综述的形式利用网讯向全辖通报全年办实事、解难题取得的成效，推动价值理念落细、落小、落实。

（二）筑牢子文化“四个支撑”。紧扣转型发展大局，着力推进子文化建设，探索出一条富有工行特色集团文化落地的有效路径。持续推进廉洁文化、合规文化、服务文化建设，以廉洁文化“五个一”和内控合规“执行强化年”主题活动为抓手，在全行营造了崇廉尚实、稳健合规的良好风气；发布服务文化并印发《服务文化建设纲要》，同步编发《服务文化手册》和《服务文化故事集》，组织服务文化宣讲并开展“服务面貌新变化，喜迎党的十九大”主题活动，多措并举引导员工自觉践行服务文化理念。同时，选树一批子文化建设的典型案例，推出湖北恩施分行、四川眉山分行、北京朝阳分行、贵阳分行等优秀单位，以点带面促进子文化落地深植。牵头开展创新文化建设，形成《关于加强创新文化建设的意见》《关于我行创新文化建设调研情况的报告》，推出了深圳前海分行等创新典型案例，并汇编创新文化案例和故事，用文化引领新时代全面深化改革和转型发展。

（三）拓展专业文化与特色文化“两个延伸”。一是推进专业文化建设。结合当前信贷管理与风险防控的现实需要，贯彻落实银行业“新三铁”精神，重塑信贷文化，印发《关于加强信贷文化建设的意见》，开展“四严”从严治贷主题活动，引导员工理解践行“24字理念”。二是深化特色文化建设。持续完善基层特色文化梯次培育长效机制，推出了北京海西支行“硅谷DNA银行”、上海黄浦支行“放心银行”、浙江解放路支行“家园文化”等一批基层特色文化建设典型，引导各级行将特色文化实践与重点城市行竞争力提升、困难行解困、增强盈利能力、强化风险防控等难题破解有机融合。建立子公司文化协同机制，通过加大集团文化传导力度、延伸集团党工团荣誉表彰、强化集团总部与子公司间在品牌推广和社会责任方面的合作等措施，助力集团综合化发展。三是推动境外机构企业文化建设。印发《境外机构企业文化建设的意见》，开展“ONE ICBC，ONE FAMILY”文化宣传月活动，制作推送中华节日文化微课、“行史行情微展”海报，增进境外员工对中华文化、集团发展历程、工行文化的了解。举办境外机构企业文化宣传专题展，展现了全球40余家境外机构文化建设情况和员工精神风貌。实现“文化工行·中国书架”项目全球落地，开创了国有企业积极承担政治责任、社会责任推动中华文化“走出去”的新模式，得到了中宣部的高度肯定。

（四）持续推进两项文化活动。深入开展“凝聚工行”企业文化建设十大先进集体评选工作，围绕“文化特色鲜明、队伍凝聚力强、经营管理优良”等维度，创新采取“微视频”讲故事的方式展示基层行文化风貌，从20家入选二级分行中推举出10家先进集体。推动“五年文化兴行　十件大事聚力”活动向基层延伸，依托网讯平台对北京、上海、江苏、四川等第一批13家分行“十件文化大事”进行集中展示介绍，用事实、成就和数字说话，引导员工从看得见摸得着的成果中，提升文化认同感。

（总行党委宣传部）

品牌建设

2017年，全行持续加强品牌建设，不断夯实品牌管理基础，创新传播推广手段，有效提升客户的品牌接触体验，注重培育品牌特色和市场竞争力。2017年工商银行连续五年蝉联英国《银行家》全球银行1 000强、美国《福布斯》全球企业2 000强及美国《财富》500强商业银行子榜单榜首，以591.89亿美元的品牌价值蝉联英国Brand Finance全球银行品牌价值500强榜单榜首。

一、打造形象亮点

2017年，全行依托全新的战略发展愿景，抓住品牌宣传的良好契机，出台一系列品牌传播新举措，全力打造“新时期、新面貌、新形象”。

（一）抓住重要时点。跟随全行战略和业务发展节奏，统筹策划一系列传播活动，创意制作了“一带一路”“精准扶贫”电视广告，成为全年广告传播的亮点。制作《工行印记》《砥砺五年路》《做坚定的价值创造银行》等多部宣传片，《业绩发布》《厉害了我的行》《一带一路筑梦之路》《喜迎十九大　工行看变化》等多款H5和长图文，素材制作总量创新高，较好地满足了各类宣传需求。整合策划了节日营销系列方案，全年可统计曝光人次总量达500万，可统计参与人数近160万，实现了以小博大的传播效果。

（二）突出业务热点。根据全行业务发展重点及营销需求，组织策划营销传播活动，更好地服务全行业务发展。如树立“智慧银行”品牌，支持“三融平台”、工银e支付、融e借、幸福贷款、工银牡丹卡等零售金融品牌发展；持续强化“大资管、大投行”和普惠金融战略，塑造“为实体经济创造价值”“综合金融服务提供商”“小微金融服务首选品牌”等形象。

二、夯实管理基础

着力夯实品牌管理基础，从制度层面进一步规范品牌管理行为，使品牌建设更加制度化、长效化。

（一）强化制度建设。在进一步优化宣传费管理流程的基础上强化了宣传费预算的统筹规划和额度动态管理，科学编制预算结构，合理安排执行进度，较好提升了费用使用效率和效果。

（二）做好品牌梳理基础工作。全面开展了品牌调研和品牌架构研究工作，深入各部门进行访谈，在完成前期调研的基础上，总结分析了全行重点业务发展难点与痛点，形成阶段性研究报告。

（三）加强广告投放监测与评估。定期监测广告发布时间和投放内容，实行事前预估、事中监测、事后评估的评价机制，着重提升广告投放传播效果。针对互联网金融营销活动，组织实施第三方监测项目，动态跟踪活动效果。

三、优化资源结构

面对新媒体崛起、媒体碎片化等传播媒介发展新趋势，结合自身特点，逐步优化广告资源结构，加强互联网金融营销精细化管理，强化自有渠道管理，使资源投入策略更加科学合理，进一步提升了传播效率。

（一）强化精细化资源管理。费用审核遵循“合规适度、强化统筹、注重效果”原则，实行价值管理；优化媒体库、广告设计和落地页面，配合重点业务的营销活动，合理安排投放进程，进一步挖掘大数据价值，深入评估对营销的引导拉动作用，CPM（千人曝光成本）、CPC（点击成本）均创新低。

（二）调整传统广告投放结构，优化投放内容。尝试影院传播渠道，策划“映前+贴片”横纵双线推广，实行“卖座影片+热门档期+优秀影院”强强组合，传播效果优异；挖掘传统广告新价值，创新首都机场广告形式，提升视觉效果。

（三）启动了网点营销传播系统调研工作，梳理统筹总行管理需要和分行使用需求，对该系统操作平台的功能优化进行整体规划，进一步提升了网点的品牌传播能力和营销阵地作用。

（总行办公室）

人力资源管理

2017 年，全行人力资源管理工作坚持党建引领促发展、强基固本激活力，推进各项工作取得了新的成效。

一、着眼经营转型发展需要，加快各类人才队伍建设

（一）推进全行人员结构调整。制订 2017 年全行人员结构调整工作方案，组织召开人员结构调整经验交流会，印发全行人员结构调整专项考核办法。全年共计调整各类人员约 2.4 万人，完成全年任务的 104.3%，人员结构调整取得了初步成效。

（二）编制全行三年人员规划。编制《全行 2018—2020 三年人员规划》，深入剖析与同业的人员结构差异，合理测算未来集团人员总量和分板块分区域的结构分布，提前谋划退休高峰期人员的新老交替安排。统筹做好集团各类人员的流量管理，确保经营发展的可持续性。

（三）全面加强员工招聘管理。统筹全年人员需求，做好春秋季校园招聘、贫困大学生定向招聘和暑期实习生项目。全方位加强招聘宣传，2017 年春秋季校园招聘合计报名人数超过 24 万人，总行本部校招报名人数同比增幅达 91%。贫困大学生定向招聘项目获得中国银行业协会“2016 年度公益慈善优秀项目奖”。

（四）加强境内外员工队伍建设。推动总行本部青年员工队伍建设方案执行落地，针对应届毕业生、青年骨干、副职后备、正职后备等重点人群，完善复合化培养模式。将境外机构纳入总行干部赴基层任职、新入行大学生短期培养机构范围。加强全球雇员管理，实施与标准银行集团人员交流项目。开展“荣誉全球雇员”评选表彰和当地雇员才艺展示，促进文化融合。

二、完善薪酬福利保障体系，强化激励约束机制

（一）完善工资总额核定机制。积极向大股东和国家有关部门提出优化完善工资总额决定机制的具体建议。对境内分行引入存贷款点差变化挂钩指标，经营困难机构工资基数核定上采取平滑调整机制。对境外机构和利润中心加大当期业绩挂钩力度，提高利润中心产品线挂钩权重。在长杭两院实施“增人不增资、减人不减资”的工资总额核定机制。

（二）强化管理人员和骨干人才考核激励。建立并实施总行管理干部延期绩效机制。构建与市场竞争力挂钩的境内分行班子绩效奖惩机制，实现绩效管理由“事后评价”向“事前引导、过程管理”模式转变。构建与增资后盈利承诺挂钩的境外机构班子绩效奖惩机制，引导境外机构加强投入产出责任意识。落实总行本部青年员工队伍建设的薪酬福利工作方案，加强对绩优青年员工的激励。

（三）完善员工绩效考核管理体系。实施网点员工考核“最后一公里”项目，调研剖析当前网点员工考核激励的主要模式、存在问题及深层次原因，印发网点员工绩效考核指导意见和管理案例。按照“先试点后推广”“成熟一个落地一个”的总体思路，推进境外机构本地员工深化项目。加强薪酬管理大数据分析，指导和监督分行兼顾收入分配公平与保障性。

（四）构建非工资性人力费用配置体系。按照“保障刚性、适度激励、总量控制、预算管理”原则，重构非工资性人力费用配置体系及核定机制，实现对费用资源由科目到总额的全面管理。制订全行医疗保障体系优化方案，统一建立涵盖轻症责任的全行性重疾保障，试点推动医疗保障第三支柱建设。

（五）提升两项基金精细化管理水平。强化企业年金基金和统筹外福利负债基金资产的风险缓冲和稳健收益属性，2017 年两项基金共实现收益约 53.4 亿元，收益率均超同期业绩基准，处于同业领先地位。

三、探索组织管理新模式，全面提升机构竞争力

（一）推进组织架构优化调整。组建网络金融部，加快智慧银行建设，并组建 7 个信息科技创新实验室，为创新转型奠定技术基础。推动总分行建立普惠金融事业部，组建总行同业业务部、总行反洗钱中心，助推相关业务发展及内部监管。整合多家机构组建远程银行中心，提升电话客服的管理服务效能。组建交易银行中心，推动“工银聚”产品由浙江地区向全行辐射。

（二）推动分支机构建设和编制调整。紧跟中央政策，快速反应行动，第一时间申请设立雄安分行。调整完善各级机构干部人员编制，进一步控制机构和人员膨胀。指导分行去除柔性团队部门化、行政化倾向，提高灵活性和创新力。

（三）推进利润中心管理改革。完善利润中心经营管理模式，分类推进新兴业务条线向分支机构的差异化延伸。按照市场化方向和“责权利”匹配的原则，出台相关制度办法，加快推进利润中心人力资源管理改革创新。

四、加强组织人事队伍和信息化建设，提升工作效能

（一）开展调查研究。组织召开5场片区座谈会，广泛听取一级机构人力资源和业务部门、二级分行对组织人事工作的意见建议，研究破解重点难点问题。以问题为导向，加强条线管理和监测分析，持续提升全行人力资源管理水平。

（二）加强队伍建设。调研全行组织人事队伍建设情况，分层分类针对一级分行和二级分行组织部长、直线管理者、总行各部门综合处长组织培训，提升人力资源管理能力。开设人力资源网络培训专区，开展全行性常态化专业培训。

（三）推进信息化建设。面向高管推出“移动版人力资源系统”和“在线党委会”。完善系统硬控制功能，优化升级人力资源系统。在融e联和工银e办公推出电子工资单等新功能，年访问量超过300万人次。建立员工因私出境在线申请审批、线下自助存取证服务新模式。适应金融科技形势需要，研究人力资源信息化工作整体升级思路。

（总行人力资源部）

工会工作

2017年，全行各级工会积极践行以人民为中心的发展思想，着力推进以职代会为基本形式的民主管理建设，完善评选表彰、劳动竞赛等工作机制，加强员工权益保障和人文关怀，丰富员工文化体育活动，凝心聚力，鼓舞士气，有力助推了全行转型发展。

一、召开第一届职工代表大会第一次会议，全行民主管理建设迈出新步伐

2017年4月13－14日，中国工商银行第一届职工代表大会第一次会议在北京召开。来自境内各级机构的380余名代表和26名列席代表参加了会议。总行党委全体成员、高管作为职工代表和部分老领导、总监作为特邀代表出席会议。会议分为预备会议、主席团会议和正式会议三个阶段进行。党委书记、董事长易会满在会上作了题为《办好职代会　凝聚正能量　书写现代金融企业建设新篇章》的讲话。会议听取并审议通过总行党委副书记、行长谷澍所作的《全行经营管理和财务工作报告》，听取并审议通过《关于全行第一届职代会第一次会议代表提案征集与接办工作报告》，审议通过《中国工商银行第一届职工代表大会第一次会议决议（草案）》，圆满完成各项既定议程。本次职代会围绕经营管理、业务创新、队伍建设、党群和企业文化建设、员工关爱和权益保障5个方面，共征集职工代表提案258件，归并整理提案129项，其中立案提案29项、意见建议类提案100项。会议结束后，对129项提案逐项提出了办理方案和答复意见。印发《关于为基层员工办好十件实事的意见》，推出包括全面加强基层党建工作、完善青年员工长效培养和激励机制、改善网点工作环境、完善员工关爱服务工作体系等十件实事共26条举措。

二、大力开展评选表彰，弘扬劳模工匠精神

组织开展首届“大行工匠”评选活动，历时4个月，采取各机构推荐、全行员工网络投票、总行评审委员会评审、社会关注度评价等多维度评选方式，面向全集团在职员工评选表彰100名优秀“大行工匠”，大力弘扬以追求精湛高超的专业技能、严谨专注的工作态度、精益求精的工作作风、高度的职业认同感与责任感为主要内涵的“工匠精神”。完善荣誉激励机制，将荣誉激励与奖励、疗休养、晋升等激励方式相结合，综合发挥激励效果，进一步在全行营造爱岗敬业、甘于奉献、奋发有为、干事创业的浓厚氛围。修订《中国工商银行五一劳动奖状、五一劳动奖章及工银先锋号评选管理办法》。组织开展全国级和金融系统劳模先进评选推荐工作，2017年共有21个基层单位和66名员工获得全国级和金融系统荣誉表彰。全年安排6 000名劳模先进参加疗休养活动。2017年，在世界产权组织和国家知识产权局共同举办的第十届中国专利奖评选中，工行经由全国总工会推荐申报的《加密装置、利用该加密装置加密、认证的系统与方法》（即第二代U盾的技术专利）获发明专利优秀奖，是金融系统中唯一获奖单位。

三、完善劳动竞赛机制，助力业务发展

建立劳动竞赛统筹规划机制，印发《2017—2019年劳动竞赛规划》，推动劳动竞赛围绕全行中心工作和业务发展需求有序开展。举办全行产品创新创意大赛，开展了16个专业条线网上业务知识竞赛以及优质小微客户群拓展技能竞赛等11项智能型及技能型主题竞赛。完善竞赛激励机制，加大竞赛成绩与评先评优挂钩力度，对重点竞赛项目优胜选手即时授予工商银行五一劳动奖章以及推荐申报全国金融五一劳动奖章。通过开展各类劳动竞赛活动，鼓励和引导员工主动提高业务素质和技能，为员工成才发展搭建了平台，促使优秀人才脱颖而出。

四、推动职工之家建设，增强员工的归属感和幸福感

分片区在江苏、新疆、湖北组织召开职工之家专题调研交流活动，推动职工之家建设向精细化、多功能、线上线下有机融合方向发展。截至2017年末，境内已有16 160个机构建成了职工之家（小家）场所，覆盖率达99.8%，全行应建职工食堂的县级支行及以上机构已建食堂4 409个，占比81.2%，显著改善了员工工作环境和生活条件，有效解决了广大员工尤其是基层一线员工吃饭、喝水不便和更衣、休息、活动无场所等突出问题，增强了员工的归属感、凝聚力和向心力。

五、落实精准扶贫精神，深入开展困难员工帮扶和送温暖活动

充分发挥救助资金作用，全年共开展了两批困难员工救助工作，总行发放救助资金8 000万元。进一步提高救助金额标准，从1 000元至15 000元七个档次，调整为5 000元至20 000元四个档次，减少低档次救助，使真正困难员工得到救助。认真做好2018年元旦、春节送温暖工作，重点慰问了边疆地区和困难行员工。加强对老少边穷地区基层行职工之家建设的扶持力度，支持河北来源县支行等10个基层单位建成“职工电子书屋”示范点。

六、创新女职工工作，发挥半边天作用

加强女职工组织建设和女工干部学习培训，提升各级工会女职工组织依法维护女员工权益和推动女职工工作创新的能力。开展“岗位建新功　巾帼展风采”主题竞赛活动，引导和激励广大女员工为全行转型发展作出积极贡献。因地制宜推动“爱心妈妈小屋”建设，截至2017年末，全行建成“爱心妈妈小屋”878家，为孕期和哺乳期女员工提供了良好的休息场所和服务设施。开展“最美家庭”评选表彰以及家庭文明建设箴言和典型事迹编辑出版等活动，弘扬中华民族优秀传统文化，促进和谐家庭、和谐社会建设。关心关爱单亲困难女员工，推动开展女劳模先进、女工干部与单亲困难女员工一对一结对子帮扶活动，截至2017年末，全行共结成帮扶对子2 125对。携手中国妇女发展基金会，开展向贫困地区留守儿童捐赠安全书包活动，荣获全国妇联颁发的“中国妇女儿童慈善奖”。

七、丰富员工文化体育活动，促进员工身心健康

举办全行员工第一届篮球大赛、第四届乒乓球比赛。组队参加全国金融系统第三届职工运动会，获得团体总成绩第2名。抓好书法、美术、摄影等协会建设和各类文艺人才队伍建设，开展为基层员工和客户写春联送“福”字活动。组织参加中央国家机关喜迎党的十九大文艺展演活动，选送舞蹈、乐器、戏剧等优秀节目20余个，获得二等奖1个、三等奖2个、优秀奖16个，获奖总数位居中央国家机关各部门之首，并荣获中央国家机关工委颁发的组织奖。各级工会定期举办健康知识讲座，积极发展各类文体协会和兴趣小组，开展各类体育健身活动以及员工文艺演出、歌咏比赛等，缓解员工工作压力。

八、不断强化工会自身建设，固本强基提升工作质效

各级工会持续深入改进工作作风，完善工会工作机制，坚持去机关化、行政化、娱乐化，增强工会组织和工会工作的政治性、先进性、群众性。在队伍建设方面，积极吸收新鲜力量和各专业人才，充实专职和兼职工会干部队伍，加强工会干部选拔任用交流，开展优秀工会干部评选表彰，进一步激发工会干部队伍潜能和创造活力。在经费使用管理和监督方面，完善工会财务和经费审查制度，建立了工会财务集体审查机制，重视发挥工会经费审查委员会职能，加强对本级及下级机构工会经费使用管理情况审查审计，2017年全行各级工会经审组织共完成审计项目2 437个，进一步强化了经费合规使用管理。在考核评价方面，修订工会工作目标管理考核办法，强化对本专业条线工会工作的考核评价和结果反馈，促使全行工会工作水平不断提升。

（总行工会工作委员会）

共青团工作

2017年，全行团组织认真学习宣传贯彻党的十九大精神，全面落实总行党委的决策部署和团中央、金融团工委各项工作要求，以服务全行改革发展和青年成长为工作主线，对标共青团改革，按照“抓好引导、提升价值、服务青年、从严治团”的基本思路，开展了以下几个方面的工作。

一、以思想引导为中心，为全行青年精神领航

（一）组织各级团组织深入学习贯彻党的十九大精神。根据《中共中央关于认真学习宣传贯彻党的十九大精神的决定》要求和总行党委、金融团工委的工作部署，第一时间组织全行共青团对党的十九大精神开展扎实深入、内容丰富的学习，引导全行青年员工将思想和行动统一到十九大精神上来。

（二）举办主题文化和主题教育活动。2017年5月4日，组织开展中国工商银行“青春@初心”五四青年主题文化活动，易会满董事长为活动致辞。各级党委领导、团干部和青年代表共1万多人现场或视频参加了活动。自2017年4月起在全行共青团开展了“学习总书记讲话　做合格共青团员”教育实践活动。8－11月，在全行范围内开展了“践行工匠精神、争当发展先锋”主题活动，各二级分行以上团委开展主题活动160余次。

（三）以评优评先鼓励争先、鼓舞士气。启动2017—2018年度全国青年文明号创建及报备工作，开展“青年文明号开放周”活动；启动第十届“杰出青年”评选活动，确定本届杰出（优秀）青年候选人61人；开展四优评选活动，面向全行表彰了122名总行级优秀共青团员，129名优秀共青团干部等；开展青年岗位明星评选，评选表彰总行级青年岗位明星223人，并推荐全国金融青年岗位能手7人、全国金融青年服务明星7人。

二、以实事求是为准绳，深入开展基层调研

（一）调研形成工行青年发展指数。在“青春@初心”五四青年主题文化活动上，发布了工行青年发展指数。该指数是团委在对全集团青年开展细致调查的基础上产生的，调查涵盖111家分支机构，并最终形成《2017年青年发展指数调研报告》。

（二）深入走访基层，倾听青年之声。总行团委于1月和6月赴6省市分行分别开展为期一周的驻点调研工作。在“走进基层，青春共建”主题活动中，完成与3家机构的共建，参加活动6场，与150余名青年进行了对话。团委在工作中持续保持与基层的深度接触，2017年度共赴60多家机构，参加活动40余场次，调研网点20家，召开座谈会33场，与600余名青年进行了对话。

（三）完成“工人党员数量与质量”调研。开展“一线党员数量与质量调研”，赴8省15地市开展基层实地调研，形成《国有商业银行工人党员数量与质量问题调查研究——以中国工商银行为例》课题报告。

三、以联动协同拓舞台，激发各条线青年业务热情

（一）开展第五届“岗位大练兵　争做服务明星”活动。结合中央金融团工委相关工作要求，团委于5月启动活动，紧扣“练兵争星”主题，联合牡丹卡中心、产品创新管理部、管理信息部、个人金融业务部等业务部门立足转型发展，开展了一系列全行性竞赛活动，全行二级团委以上单位共开展各类主题活动292次，征集到1 100余条“金点子”。

（二）举办全球工行青年文化交流活动。一是与人力资源部、国际业务部、战略管理与投资者关系部联合举办“饮水思源　青春共建”总行本部与境外机构青年交流活动，胡浩副行长出席了活动的座谈会。二是与人力资源部、企业文化部、办公室、国际业务部、工会工作委员会和直属党委联合筹办2018年初的“工行之光 闪耀全球”境外机构荣誉全球雇员表彰暨中外文化才艺展示活动。

（三）开展“青年先锋队　百日大会战”二维码支付营销（第二季）活动。继2016年第一季活动开展取得圆满成功后，团委与牡丹卡中心密切配合，于4月1日至6月30日开展了二维码支付营销第二季活动。

（四）联动管理信息部开展“大数据智胜”竞赛活动。竞赛以“营销精准、风控有效、管理科学”为主题，分两期举行，在锻炼和培养优秀年轻分析师人才的同时，也有力地推动了数据分析成果对全行战略转型的支持。

（五）协助产品创新管理部，开展创意竞赛相关活动。一是协助开展“全行产品创意竞赛”活动，创意作品涵盖支付结算、投资理财、贷款融资、渠道建设、互联网金融和场景拓展等领域，极大地活跃了产品创新氛围。二是协助开展“工商银行杯”全国大学生金融创意设计大赛，为大学生开展社会实践、参与金融创新提供了广阔平台。

四、以多维度服务建平台，彰显大行的正气与朝气

（一）引领全行青年志愿者工作。一是在深入调研的基础上制订了协会志愿者注册方案，使管理机制更加规范化。二是积极组织本部所有团支部和下属团组织进行志愿者信息采集，并于9月在“志愿中国”平台全量完成了信息导入。三是依托“微爱·益起捐”平台在贵州省毕节市金沙民族中学捐建快乐美术教室一间。四是联合青基会、北京儿童医院集团等7家机构持续开展“爱目行动”爱的承诺主题活动，认捐500套《儿童爱眼护眼读本》。五是在第四届中国青年志愿服务项目大赛暨志愿服务交流会中，组织志愿者对“爱目行动”公益项目进行路演并参与了答辩，项目获全国青年志愿服务示范项目创建提名奖。

（二）拓展与社会公益平台的合作模式。99公益日期间，团委联合中国青少年发展基金会在腾讯公益平台发起了“爱心助学　‘工’益有你”希望工程1+1助学项目募款，共募集善款47.23万元。

（三）开展青年论坛征文征集活动。于5月开展金融青年论坛征集活动，共征集论文222篇，通过行内专家评审，向中央金融团工委择优进行了论文推报，其中6篇论文在中国金融青年论坛中获奖，并获评2017年中国金融青年论坛组织奖。

（四）多途径服务单身青年交友联谊需求。一是于植树节当天开展“三生三世·一树一生”单身青年植树联谊活动；二是应中央金融团工委号召，建立在京机构单身青年库，提供有针对性的活动推送服务；三是组织20余人次参加金融系统及同业组织的单身青年联谊活动；四是联合牡丹卡中心举办“缘聚工行　爱尚你”单身联谊活动；五是举办“红叶漫山，不如你”单身青年公益赏秋联谊活动。

（五）安排先进青年代表疗休养。8月，组织全国青年文明号号长、全国金融青年岗位能手、服务明星、全国金融优秀共青团员、优秀共青团干部等20名优秀青年代表赴内蒙古阿尔山进行疗休养。

五、以从严治团立根基，实现自身建设进化提升

（一）召开共青团创新工作研讨会及团委委员会。于3月在北京召开共青团创新工作研讨会暨团委委员会2017年第一次会议。5月在贵州召开团委委员会2017年第二次会议。

（二）加强团组织自身建设。一是完成2016年度各单位共青团工作考核；二是于5月在贵州金融培训学校举办2017年全行团委书记岗位能力暨新任团委书记培训班；三是于11月在长春金融研修学院举办全行青年文明号负责人培训班；四是充分利用总行网讯“青春在线”、微信公众号“青春进行时”《才智青年》杂志等平台，加大对全行共青团和青年工作的宣传力度。截至2017年12月，网讯“青春在线”栏目共发布青年工作网讯402篇，“青春进行时”微信公众平台共发布信息131篇，阅读人次65 967，转发分享4 241次。

（系统团委）

离退休人员服务和管理

2017年，全行离退休人员工作牢牢把握为党的事业和工行改革发展增添正能量的价值取向，围绕中心，服务大局，真抓实干，推动各项工作取得了新的进展。

一、大力开展为党的事业和全行改革发展增添正能量活动

牢牢把握“展示阳光心态、体验美好生活、畅谈发展变化”活动主题，在全行开展了内容丰富、形式新颖、针对性强的系列活动。如总行本部开展“体验工行创新发展，我为工行点赞加油”“老同志回娘家”等活动，引导老同志为推动改革发展帮智出力、点赞加油。开展“传承传诵好家风”正能量活动，引导广大老同志以“家风”促“作风”，以“家风”建“新风”，展现了离退休人员良好的道德风尚。在做好总行“规定动作”的同时，各行紧密结合本行实际和老同志的特点，大力开展了各具特色的主题活动，较好凝聚和传递了老同志的正能量。开展了“畅谈十八大以来变化、展望十九大胜利召开”和“建言十九大”活动。

组织离退休人员座谈会 1 700 余场，8.2 万人次老同志参加了活动，形成"畅谈"成果近 6 000 件、"建言"成果 2 200 余件。

二、着力加强离退休人员思想政治建设和党组织建设

结合"两学一做"学习教育活动，灵活采取支部学习、座谈讨论、送学上门等多种形式，着重抓好对党的十八大、十九大和习近平总书记系列重要讲话精神的学习，引导广大老同志切实增强"四个自信"、树牢"四个意识"，严守党的政治纪律和政治规矩，自觉在思想上政治上行动上同以习近平同志为核心的党中央保持高度一致。不断加强离退休人员党组织建设。有的行从选好支部书记入手，借助发挥党支部书记威望高、经验丰富的优势，协助离退休人员工作部门解决了许多老同志思想问题；有的行离退休人员党支部主动做好内退人员党员思想工作，把矛盾化解在萌芽状态；有的行在离退休人员党员居住比较集中的异地设立党小组，定期组织党员开展活动，有效确保了离退休人员党员"流动不流失"。到 2017 年末，全行共有 8.79 万名离退休人员党员设立党支部 2 984 个，较好地形成了"哪里有党员，哪里就有党组织"的党建格局。

三、坚持用心用情搞好服务

召开全行离退休人员工作"双先"表彰大会，为全行离退休人员工作找准了定位、明确了目标、增添了动力。赴青海、贵州、湖北等 5 家分行开展现场调研和督察，全面抓好《关于进一步加强和改进离退休干部工作的意见》（中办发［2016］3 号）的贯彻落实。努力研究解决老同志反映的突出问题，针对总行本部离退休老同志反映较多的自主活动中的就餐、报销一定金额的药店购药费用等问题进行研究协调，最终确定了分类解决的总体思路。创新完善服务方式，积极探索"互联网 + 服务"新模式，建立了融 e 联"工行离退休"公众号、微信群等，有效促进了服务管理质量和效率的提升。举办 4 期涉老法律知识讲座和 4 场集中咨询活动，得到老同志积极响应和欢迎。进一步做好困难离退休人员帮扶工作，全年组织慰问困难离退休人员10 290 人（次），发放帮困慰问金 3 500 多万元。同时，加强离退休人员学习活动阵地建设。到 2017 年末，全行自办老年大学已达 34 所，在读老同志学员 2 581 人，已投入使用的老干部活动中心（室、站）1 711 个，总建筑面积达 23.86 万平方米。

（总行离退休人员管理部）

教育培训

2017 年，全行教育培训工作聚焦"学习型"银行建设，坚持"紧跟业务发展、紧随员工需求、紧贴教学实践"，形成境内与境外、线上与线下、专业胜任力与适应性培训相结合的人才培养体系，全行共完成各类培训 4.9 万期，培训 567 万人次，人均受训 9.9 天。

一、统筹抓好境内与境外、线上与线下各类培训

（一）圆满完成"十大专业型人才培训工程"既定目标。着眼全行专业人才高地建设，围绕大资管、大零售、大投行"三大战略"和国际化、综合化、信息化建设等改革发展重点领域，持续开展"十大专业型人才培训工程"，总行顺利完成"三年培训 3 万名核心人才"的目标，分行也积极开展了"贵金属投资顾问""千名青年人才优化提升"等一批契合发展需要的标杆项目。

（二）统筹实施各类适应性培训。加强对各类新产品、新业务、新流程的学习传导，重点面向一线员工开展持续性、针对性培训，强化"按需施训、以岗定训"，通过组织网点负责人和大堂经理示范性培训，萃取开发涵盖网点经营管理、营销拓展、风险控制等内容的核心课程和典型案例在全行推广，促进网点一线员工标准化、规范化学习；围绕个人理财、公司负债等专业领域，"公私联动、模块组合"实施客户经理培训，切实提升基层营销人员的岗位履职能力。组建 3 个总行级"票据融资业务专业实习基地"，采取"专题培训 + 岗位实践"方式开展应用技能培训，有效提高了票据融资业务骨干的市场营销能力和风险防控能力。统筹推进"信息安全""网络互联""IT 服务管理"等信息科技与互联网领域的培训，采取"训战结合、训用衔接、实效检验"的方式，培养储备了一批信息技术前沿领域的紧缺人才。持续推进"全员阅读"活动，创新活动推广模式，定期组织读书心得评比和《观书有物》优秀作品集编发，将活动逐步由总行本部引向基层，营

造了“多读书、读好书”的浓厚文化氛围。江苏、陕西、江西等分行将读书学习与业务开展紧密结合，搭建起员工自主阅读、畅谈心得的平台，形成了“以学习推动工作，以工作促进学习”的良性循环。

（三）与时俱进做好党校培训。落实重点培训任务，举办党的十九大精神专题学习班，完成对总行直管机构领导班子和二级分行党委书记、纪委书记落实“两个从严”的千人轮训。深入推进“三级党校”培训，按照“党校姓党”原则，聚焦党校“主课主业”，着力提升各级领导干部党性修养、专业素养和管理能力，全年累计举办各类培训班41期、培训2 869人，基本实现了对各级领导干部党校培训的全覆盖。首次针对一级（直属）分行和控股子公司中层干部、基层党支部书记开展示范培训，进一步将党校培训触角向基层延伸。加强研究性学习建设，引导学员将理论与实际相结合，形成调研报告9篇。总行党委高度重视党校培训在战略传导和决策部署中的前瞻性、引领性作用，党委成员先后26次赴各级党校授课、交流，进一步使党校成为战略政策研讨、论证、传导、反馈与汇聚的重要平台和渠道。

（四）实施境内外联动培训。按照境内外培训“一盘棋”思路，采取“走出去”与“请进来”相结合的方式，多元化融合、一体化运作实施培训，进一步将境外培训纳入集团统一管理框架。加快国际化人才培养，着眼高级管理人员的国际思维和全球视野培养，举办“大资管”“大零售”“大投行”“重点城市行竞争力提升”等高管境外短期培训6期、培训171人；依托香港培训中心等行内外培训机构，举办专业人才境外班3期、中级管理人员香港班18期、初级管理人员“深港联动”班23期、培训922人。持续推进“国际化人才培训项目”，按照“明确定位、严选学员、优化课程、全面考评”的方式，全年培训学员62名。深化境外送训工作，围绕“公司投行与信贷风险”“跨境资本流动与‘一带一路’展望”“人力财务与资金运营”等5个主题，分别组建跨部门、跨专业的讲师团赴境外，并尝试在公司投行、财务会计等专业中采取英文授课，扎实做好境外员工集团战略解读、业务操作指导和企业文化传播。统筹境外员工境内参训，围绕风险管理、国际业务产品线、人力资源管理等内容，针对境外员工开展培训28期、1 708人。强化境外培训配套资源建设，根据集团全球业务线布局和境内外业务联动发展需要，实施“全球雇员网络培训”“重点专题网络培训”项目，配套开发推广《全球雇员培训教材》《境外机构高级管理人员合规管理读本》，举办“全球雇员网上知识竞赛”活动，增进境外员工对集团战略、文化和业务制度的了解。

（五）持续推进专业资质考试认证体系优化。构建常态化的考试认证机制，根据“按需考试、即时认证”的思路，优化考试组织模式，全年组织各类考试136期，累计参试31.3万人次，全行业务类员工持证率达83%，促进“人岗匹配”“证岗相适”。深化信贷从业人员资质认证工作，落实“专家治贷”理念，推进“先持证、后上岗”，全年新增持证人员4.1万人，基本实现了信贷前中后台资质全覆盖，山西、江苏、山东、厦门等11家分行的持证率接近100%。抓好信贷资质应用，完成证书系统与GCMS等信贷业务系统的数据自动交互，推动建立信贷专业资质与员工业务授权、岗位聘任的挂钩机制。推进考试题库建设，着眼于提升考试认证与岗位任职契合度，规范专业资质考试题库开发管理机制，全年新增、更新、调整试题1.2万道，占题库总规模的16%。

二、全面提升各类培训资源统筹保障能力

（一）加强移动学习平台的应用推广。适应员工移动化、碎片化学习需求，逐步推动网络学习向移动学习转型。加快移动学习平台向基层延伸，围绕党建、大零售、票据等重点领域，实施“网络+移动”双轮驱动培训项目，参训101万人次；推动“网络课程转型提升精品化工程”，开发学习课程820门，助力员工“随时随地”便捷、高效开展学习。通过投产移动学习（分行版），搭建涵盖分行首页、课件管理、培训实施等功能的应用模块，制定统一培训管理流程，形成了总分行分级管理、移动与网络数据集中共享的运行机制。2017年，全行37家一级（直属）分行均已开展移动学习平台个性化应用，逐步实现学习模式向“源于基层、用于基层”发展。推进一线员工知识共享平台建设，打造“柜员终端+PC终端+移动平台”的多终端载体，向一线员工推送操作规程、业务指引、产品信息等实用知识2万余条，较好地解决了一线员工获取最新业务信息受限的问题。截至2017年末，平台知识总量达16.3万条、日均访问量达3.12万次。

（二）积极推进院校建设与发展。开展金融培训学校分类达标工作，首批评审确定北京、天津、上海、江苏、湖北和四川6家分行学校为A类院校，以其为标杆，引导各院校更好提升管理水平、挖掘服务潜力。探索建立院校标准化培训课程“教研室”，围绕“名师、名课、名校”建设，采取柔性团队形式，充分利用其课程“孵化器”功能，全面打造师资、课程、院校三者聚合共建的运作模式，推动院校职能从培训保障向专业服务转型。优化直属学院承接委托办班的组织模式，通过发挥长、杭两院的专业研发优势，采取“送教送课送项目”的方式，将以往“学院策划、学院实施”调整为“学院策划、当地实施”，推动总行优质培训资源与服务能力向基层行延伸。

（三）加强内训师队伍的培养与使用。持续推进内训师“去行政化”建设，按照“先聘后评”原则，在

“三级聘任”架构基础上，抓好全行内训师选聘和能力等级评定工作，截至2017年末，全行各级内训师已达8 514名，其中特/高级内训师564名。推广“工行内训师标准化培养体系”，强化对师资队伍的经常性、规范性培养，使其在推动业务发展、提升员工专业能力、传播企业文化和推进学习型银行建设等方面更好发挥作用，截至2017年底，全行已培养认证讲师313人次，培训内训师8 925人次；师资授课率明显提升，其中，河北、青岛、深圳等7家分行的授课率达到90%以上。加强优秀师资跨区域、跨机构共享利用，依托“工银大学”投产“师资共享平台”，按照“人课合一”标准，累计梳理课程8万余门，促进培训资源的集约共享。

三、香港培训中心全面完成各项培训任务

香港培训中心紧紧围绕全行改革发展重点工作，充分借助地处国际金融中心的区位和资源优势，发挥好境外培训主渠道和国际交流合作的重要平台作用，开展中高级管理和专业人才金融前沿业务专题培训。全年共举办培训班18期，培训591人，组织赴外资银行考察10次，召开学员与在港机构内外联动座谈会21次，进一步强化了金融前沿培训及内外联动交流平台的办学特色。

（总行企业文化部）

长春金融研修学院教育培训

2017年，长春金融研修学院按照“服务全行转型发展战略、服务全行经营管理创新、服务全行员工成长成才”目标定位，坚持“党建为纲、服务为本、人才为先、管理为基、执行为要”工作方针，突出“严以治院、严以治教、严以治学”工作要求，在党的建设、巡视整改、服务保障、创新转型等方面取得了新进展、新成果，教育培训事业实现了新突破、新跨越，为全行发展转型做出了积极贡献。全年举办各类现场培训班180期，培训学员1.27万人次；完成网络培训41期，累计学习人数13.6万人；承办初、中、高级各类考试420万人次，各类知识竞赛330万人次；制作各类课件998个；编审各类教材44部；发行《现代商业银行》（共一刊三版，包括《管理智慧》《才智青年》《财富生活》）杂志36.3万册。全年培训班整体满意率99.00%，学员满意率97.32%，院校满意率99.39%，班主任满意率99.57%。

一、实施研发驱动，加快创新转型

一是出台创新转型指导意见。制定《关于加快培训创新转型的意见》，以服务总行培训项目为主阵地，线上线下同步发展，提高自主项目、委托项目的专业性，深化项目经理全面负责制，从组织、体制、机制、资源等各个方面给予保障。二是积极开展创新转型探索。研发“学习资源工作坊”，交付成果表现形式包括绩效支持工具、课件、微课、微教材、考试大纲、案例，成为对绩效形成有力支持的学习资源。研发游戏化测试工具——《战国》沙盘模拟课程，并在部分基层后备管理者选拔中应用。三是加强创新转型督导考核。实施“每周工作报告”制度，按周对重点工作特别是创新性工作进行安排，明确项目内容、工作要求、责任主体、完成时限等主要事项，一一跟进落实。按周总结，按月汇总分析，对“完成情况”和“计划安排”进行比对，作为月度考评依据，起到了有效的激励和约束作用。

二、贯彻严以治教理念，提升服务品质

一是优化调整部门职能。在保留培训部统一的资源调配职能和两个研发部门研发职能的基础上，增加各部门教学研发职能，按照业务条线进行专业分工，对接总行相关业务板块培训需求调研、项目研发和实施。二是强化“三个服务”理念。按照“归口管理，业务对接”的要求，加强与总行专业部室和分行的工作衔接，做到培训与业务深度融合。通过行动学习、世界咖啡、情景演练、经验萃取、翻转课堂等培训工具，在培训项目中运用和实施。三是实施项目经理全面负责制。制定《项目经理管理办法》，明确工作职责，包括培训需求调研、项目设计、现场运行与服务、课件开发与审核、教材编写等，由项目经理实施全流程、一体化、专业化服务。对一些重点研发项目和培训项目，通过组织项目经理柔性团队予以落实。加强内训师的培养选拔，目前学院拥有内训师18名，总行内训师10名。四是提升杂志办刊质量。制定《关于进一步加强对〈现代商业银行〉杂志社管理提高办刊质量的意见》，发挥党委会、编辑指导委员会、社务委员会作用，对杂志社党建和经营情况进行严格考核，主要突出发行量、营业收入总额和净利润等关键指标，考核结果与管理类员工绩效挂钩。

（长春金融研修学院）

杭州金融研修学院教育培训

2017年，杭州金融研修学院坚持以党建为引领，深入落实从严治党、从严治院的各项部署，通过抓思想建设凝聚发展合力，抓“关键少数”强化队伍建设，抓组织建设打造坚强堡垒，推动党建工作和业务工作齐头并进，“双满意”企业大学建设再上新台阶。全年共举办现场培训197期，培训1.47万人次，9.2万人天；实施网络培训项目136个，举办网络培训414期，培训学员179万人次；承办各类考试448期，服务考生79万人次；新开发培训项目26个，编审完成教材22本，开发制作各类课件477个，开发课程12门、案例211个、试题628道；撰写完成总行和学院课题18个。全年培训班院校满意率99.35%，班主任满意率99.40%，服务综合满意率99.32%。学院荣获了“2017年中国最具价值企业大学奖”“中国E－learning行业创新奖”。

一、“十大专业型人才培养工程”培训实施任务顺利完成

全年举办总行十大专业型人才培训项目35个、98期，培训7 780人次。坚持《项目分析报告》《项目实施表》一月一报工作制度，注重线上线下（O2O）混合式培训项目设计与实施质量。

二、培训研发成效进一步显现

领导力培训项目研发方面，对“大中城市行行长培训项目”和“各级管理者员工管理工作能力专题培训项目”进行内容迭代，提升项目效果。聚焦关键机构、关键人群研发“重点城市行管理人员”系列培训项目，实施“部分重点城市行分管零售副行长培训项目”和“一类营业部中层管理人员培训项目”，助推了重点城市行竞争力提升战略落地。专业力培训项目研发方面，全年重点打造零售板块专业处级干部培训、零售专业支行行长培训、个贷系列培训、个人客户经理培训，实施大零售条线培训31期。持续打造杭院网点负责人培训品牌，推动实施“行动学习催化师培训”“行动学习训练营”“案例开发工作坊”等项目。

三、培训咨询服务取得一定成效

全年共承担12家分行14个委托项目开发任务。注重结合分行实际，准确把握需求，为各分行量身定制策划培训解决方案，形成从学员选拔—培训—能力评估评价等一揽子人才培养方案。

四、培训资源建设成果丰富

一是人才测评中心建设取得突破性进展。由总行人力资源部牵头、学院提供业务需求、上海研发中心负责开发的“中国工商银行人才测评中心”系统框架于2017年11月顺利投产上线。二是教学方式方法持续创新。在部分培训班中设计“与总行面对面”，实现了战略传导沟通和执行反馈的目的；组织实施“实践＋分享＋反馈”的学习闭环，沉淀实践案例。引入翻转课堂技术，提升培训实效。三是案例课程开发规范化、体系化。联合广东省分行营业部开发了汽车供应链融资案例。完成了“行动学习圆桌会议”“行动学习的价值及实践”“结构化研讨”等课程开发。四是课件开发突出精品化、标准化。在2017年中国企业学习技术应用论坛暨第三届中国企业微课大赛上，学院被授予“创新应用奖”，微课作品《个人客户全景营销画像》荣获优秀作品奖。

五、培训实施提质增效明显

现场培训管理方面，探索推行“智能化”班级管理、“趣味化”互动交流、“一体化”学员管理，通过开展班级破冰、团建拓展、培训沙龙等创新活动，提升了学员培训满意度。以培训服务文化为指引，推进精细化、个性化培训服务，进一步打造了“杭院服务”金字招牌。网络大学运营方面，通过创建PA类型网络培训班，实现培训班的在线课程在网络大学PC端、APP端同时同步学习。持续发挥“融e学”社群学习优势，打造学习型银行。网络考试方面，协助业务部门梳理考试大纲，组织了私人银行、信贷和营销等专业的考试大纲编写；开发试题编辑器，提高了考试组织效率。

六、科技和综合服务保障有效提升

组织完成云办公平台建设等科技项目3个，完成“书香杭院”24小时自助图书馆建设工程等调增项目10个；“杭院通”“杭院云办公”的升级优化提升了学员、员工对科技服务的满意率。

（杭州金融研修学院）

金融理论研究和学术交流

2017 年，全行围绕总行改革创新和转型发展战略部署，针对经营管理形势和业务发展遇到的问题深入开展研究，理论研究和学术交流活动取得了丰硕成果，有力地发挥了服务决策、完善政策、引领创新、支持业务、促进交流的重要作用。

一、聚焦改革创新和业务发展实际，提升研究实际应用效果和决策支持水平

（一）围绕改革发展的关键问题，推动六个方面 38 项重大课题研究。本着“篇幅短、内容实、能应用、可落地”的原则，对当前经营和改革发展重大问题进行深入研究，完成 38 项重点课题研究成果。每个课题均聚焦重点问题，注重应用和落地，大多数课题严格控制在 5 000 字以内，较往年课题大幅压缩 2/3 篇幅。课题成果成为服务领导决策和指引业务发展的重要参考材料。

（二）定期跟踪研究宏观经济金融形势。围绕特朗普新政、美联储加息缩表、朝核危机、国际外汇市场、金融科技、房地产市场、金融去杠杆强监管、雄安新区建设、数字货币发行等国际国内经济金融热点、焦点问题，及时分析、研判和预测。深入辨析中国经济金融新周期、中国银行业信贷资产质量、商业银行债转股等金融界热议的重点问题，在人民日报、金融时报等重要媒体发表文章或宣讲观点。

（三）强化研究支持业务发展和深化改革。开展“走出去”“一带一路”、全球区域风险及对工行国际化的影响研究，提出国际化发展策略建议。搭建战略资源共享平台，整合优秀研究成果，编发《决策研究参考》8 期。全年完成研究报告和研究信息 100 余篇，向重要客户外送研究成果 70 余篇。服务深改工作需要，筛选 29 项研究课题，持续推进条块联动机制建设、信贷政策、客户战略、服务提升、军民融合、交易银行、集团组织架构等方面的专题调研和研究。

（四）提升研究转换为支持保障的能力。积极配合国家发改委、银监会、外汇局、人社部等部门和监管机构，针对“美国金融监管”“实体企业投资金融业”“经济金融领域的重点热点问题”“特朗普经济学”“养老保险发展”等报送材料 10 余篇，表达观点、提供建议。积极参与银行业协会年度重点课题，高质量完成承担课题任务；组织全行参与银行业协会 2017 年成果评选，共向协会报送参评作品 130 份，获得优秀组织奖。建立健全研究产品向客户报送机制，研究报告发送客户范围已覆盖全国各省委、省政府和金融条线政府部门的主要党政领导，以及行内 10 个业务部门的近 1 000 家客户，以维护良好的客户关系。

二、持续打造“绿色金融”研究品牌

（一）持续开展绿色金融研究，并取得新突破。一是构建绿色评级指标体系并建立工银 ESG 绿色指数，研究成果在 2017 年 7 月环境风险分析国际讨论会正式发布。二是深化环境风险压力测试研究，保持在该领域的国际领先地位。开展钢铁、电解铝、水风险、碳价因素等多项压力测试，并陆续发布。牵头人民银行绿金委风险量化研究小组，编撰完成环境风险案例研究书籍《金融机构环境风险分析与管理案例研究》。编撰出版《2017 中国绿色金融发展报告》《绿色金融国际经验与案例研究》，后者被中国银行业发展论坛评为“2017 年度十大金融图书”。

（二）积极推动环境信息披露试点工作。代表银行业开展环境信息披露试点工作，牵头成立工行环境信息披露工作团队，启动对金融机构环境信息披露的目标、原则、框架、测算方法和行动步骤的研究分析。

（三）成功举办绿金委年会及环境风险分析国际讨论会。2017 年 4 月、7 月，分别成功主办绿金委年会及环境风险分析国际讨论会，来自人民银行、银监会、英格兰银行、瑞银等 20 多位中外专家共同探讨了环境风险分析的最新工具及未来发展，提升了工行美誉度和国际影响力，也为最新研究成果提供了国际发布平台。

三、积极开展交流活动，提升工行品牌影响力

（一）圆满完成参加重大国际会议任务。参加 2017 年金砖国家工商论坛。与中国国际贸易促进委员会密切合作，开展了一系列组织、协调和研究工作。易会满董事长在 2017 年金砖国家工商论坛“金融合作与发展”专题研讨中，发表对中资银行积极服务金砖国家经贸合作的看法。参加商务部中美企业家经济对话会吹风会，就工行在美机构经营状况及关注问题深入研究。易会满董事长受邀参加中美企业家经济对话会，并在习近平主席和特朗普总统见证下，与美国通用电气签署采购协

议。积极参与B20中国工商理事会筹备工作，多次对理事会发展方向提出建设性意见。

（二）常态化开展各层级学术交流活动。紧扣时代热点焦点，组织开展小型论坛和专题讲座，邀请高校、金融同业及研究机构专家就金融市场、量化研究等主题进行专题讲授和探讨持续打造“创新沙龙”学术交流精品，成功举办创新沙龙7期。邀请国务院发展研究中心、中国人民大学、广发证券、国防大学、麦肯锡等机构知名专家，围绕经济、金融、国防建设、国家战略等热点焦点问题进行学术交流。

（三）积极参与外事交流，展示智库研究实力。与20余家国际金融机构开展经济形势交流，展示工行对外学术交流窗口的风采，更为双方开展合作奠定了良好基础。

四、加强智库建设，提升智库品牌软实力

（一）发挥中国城市金融学会重要作用。召开中国城市金融学会常务理事会会议暨工商银行发展战略咨询会议，邀请行外专家向工商银行提出战略咨询建议。召开学会重点课题座谈会，编辑整理优秀课题要点荟萃，提供给各级机构参考，提升课题成果应用效果。

（二）扎实推进博士后科研工作站建设。完善博士后招聘和录用流程，严格规范筛选优秀人才，提升人才引进的质量和效率。完善考核导向机制，引导博士后人员平衡科研、业务和课题三者之间的关系，博士后团队取得丰硕的科研成绩。

（三）推进行史和红色金融编史册著工作。完成行史六分册出版发行工作，加快推进行史（电子版）的拍摄和制作。研究制订行史七分册计划，积极开展前期调研，积极收集素材，为编修做好准备。完成《红色金融与人民军队》大型历史画册编著并成功出版。面向各行大规模征集整理文献资料、口述史资料等，为完成红色金融史图书写作提供素材。

（四）稳固《中国城市金融》行刊宣传阵地。围绕总行党委战略部署和全行重点工作开展宣传报道，深化行内外读者对工商银行发展战略、业务改革及重点工作的全面了解，不断巩固行刊作为全行干部员工工作指南和读者了解工行权威渠道的宣传阵地作用。依托“特别策划”“经营管理”“品牌建设”“企业文化”“海外视界”等栏目，大力宣传各分支机构经营管理工作的最新成效与经验，为系统内各单位经营发展提供借鉴。

（五）提升《金融论坛》学术期刊地位和影响力。走出去主动联系名家约稿，拓展高质量稿件来源。扩充评审专家队伍，并根据履职情况对专家队伍进行动态管理，严格落实双向匿名审稿制度，不断提升稿件质量。据中国知网发布的统计数据，《金融论坛》12项影响因子数值较2016年上升27%，在全国59种金融期刊中，《金融论坛》复合影响因子排名由第4位上升为第3位，影响力指数排名由第5位上升为第4位。

（六）完善微信公众号和融e联英文服务号新媒体建设。提高主题策划和议程设置意识，对重点专题提前策划和预判，加大稿件储备，引导读者关注点，增强智库平台运营的主动性，增强内容的可读性和影响力。从“两刊”优秀稿件和全行优秀研究成果中选稿用稿，稳步提升原创稿件比例。以中国城市金融学会学术委员会为依托，对学术委员见诸媒体文章和言论进行监测，精心选取发布，保证发布稿件的权威性和时效性。继续推行微信、融e联、纸质媒体稿源共用互享机制，打通稿件界限，实现同一内容的多平台传播，实现不同平台文章互动共享的目标。全年通过“金融论坛”微信公众号和“工银金融评论”融e联服务号推送发布文章近200篇。

（总行城市金融研究所）

第五部分

境内分行成就

责任编辑：文诚公

北京分行

【主要业务指标完成情况】

2017年，北京分行实现拨备前利润525.76亿元、净利润389.56亿元，成为国内首家拨备前利润突破500亿元大关的商业银行一级分支机构。拨备前利润、净利润同比分别多实现67.44亿元和51.63亿元，同比分别增幅14.71%和15.28%，分别完成总行追加计划的103.09%和103.79%。拨备前利润增量、增幅在北京五大行和系统内六大行中均排名第一。本外币全部存款余额3.62万亿元，较年初增加1 246亿元，系统内和北京同业均排名首位。本外币贷款余额突破7 000亿元大关，达到7 598亿元（不含卡透支177亿元），较年初增加784亿元（不含卡透支83亿元），北京五大行排名第一和第二。实现中间业务收入121.65亿元，同比多实现1 880万元，增幅0.15%。收入总量北京五大行占比41.86%，排名第一，系统内排名第三，完成总行年度计划（调整后）的103.6%。零售、资管、国际、同业等各条线业务全面发展，市场领先优势持续巩固。资产质量继续保持稳定，不良贷款额17.96亿元，不良贷款率为0.24%，较年初分别压降0.58亿元和0.03个百分点，实现了“双下降”，发展质量进一步提高。客户基础不断夯实，个人客户总量2 720万户、净增118万户，其中财富客户25.46万户、净增1.54万户；私人银行客户8 426户，净增542户。对公客户总量27.3万户、净增1.27万户。信用卡客户900万户、净增59万户。融e购签约商户1 301户，净增102户；融e行、融e联、一键支付注册客户总量分别达到1 338万户、510万户、144万户，分别净增159万户、269万户、117万户。

【主要工作措施】

一、坚持量价协同，着力推动存款业务均衡高效发展

按照“重日均、稳时点、求实效”的工作原则，持续不断地扩大客户基础，改进产品服务，狠抓定价管理，有效推动了存款业务量价协调发展。一是抓住客户这个核心，持续推进从做负债向做客户转型。主动适应市场环境和竞争形势变化，坚持客户分层、公私联动，在加强存量客户精耕细作、巩固扩大核心客户既有优势的同时，持续加强对优质客户、潜力客户的营销拓展，切实推进从做负债向做客户转型。二是抓住产品与服务这个重点，持续提高客户资金沉淀留存比例。个人客户方面，重点强化新产品推广和全产品组合营销渗透，促进客户资金闭环循环。对公客户方面，切实以更优质的综合金融服务引流客户资金，增强客户黏性，扩大领先优势。截至年末，人民币全部存款较年初增加1 678亿元，北京同业均排名首位。其中，储蓄存款、对公存款（含同业）增量分别为155亿元和1 523亿元，均排名五大行第一。人民币全部存款日均余额3.5万亿元，较去年全年日均增加2 352亿元，均排名北京五大行首位。三是抓住定价管理这个关键，持续提升存款量价协同水平。积极用好存款综合定价和负债利率敏感性分析模型，不断提升存款定价管理能力和组合营销能力。持续强化上浮存款比例控制、限额管理，不断优化负债品种和期限结构。在业绩考核、绩效分配时，结合存款规模及定价因素综合考虑存款贡献，积极引导全行进一步优化存款结构，控制存款成本。年末利率上浮存款占比59.51%，较年初下降了1.44个百分点；存款付息率1.54%，同比下降15个基点。

二、坚持服务本源，深入推进融资业务发展提质增效

坚持金融服务实体经济的本源属性，按照“抓大、抓小、抓新、抓优”的总体策略安排，深入落实“全融资”理念，积极推动融资业务上台阶、增质效、可持续。一是做透京津冀协同发展市场，抓住政策机遇打造市场竞争新优势。围绕交通一体化、基础设施建设、非首都核心功能疏解和行政副中心建设“四大板块”，狠抓存量项目攻坚突破和新项目竞争储备。积极抢抓北京棚户区改造高峰的有利时机，加强与有关政府机构信息沟通，确保项目营销全覆盖。全年审批疏解及城市更新类贷款3 830亿元，累计发放1 062亿元，净增315亿元。二是做深央企总部融资市场，打造表内表外融资领先行。深入做好央企市场拓展的大文章，重点以“股权+债权+债券”联合驱动，不断扩大信贷份额和非信贷融资领先优势。大力挖潜北京市属国有企业，强化核心企业分类管理和直营服务，有效满足客户日常经营和国资改革中的多元化资金需求。截至年末，公司贷款余额迈上5 000亿元新台阶，达到5 232亿元，北京同业排名首位，较年初增加544亿元；非信贷融资余额7 176亿元，较年初增加813亿元，均排名系统内和北京同业首位。三是做强小微金融和新兴行业市场，打造支持信贷可持续发展的“蓄水池”。认真践行普惠金融

理念，小微企业贷款余额达到1 079亿元（监管口径），较年初增加123亿元，均排名北京五大行第一，实现了“三个不低于”的监管目标。牢牢把握上市公司、科技文化以及医疗、教育、养老等领域的新机遇，上市公司表内外融资余额550亿元，科技文化企业融资余额1 506亿元，分别较年初净增180亿元和329亿元。认真落实差别化住房信贷政策，加快推进个贷业务转型，积极发展个人消费类贷款，年末个人贷款余额达到1 821亿元，较年初增加189亿元，继续保持“首都第一个贷银行”和“首都第一按揭银行”地位。

三、坚持转型创新，全面挖掘各产品线增收潜力

坚定不移地推进经营转型和产品服务创新，实现了营业贡献和竞争能力的持续提升。零售业务方面，坚持实施“高端引领”和“全量客户发展”策略，有效整合全行资源，不断加快零售业务转型发展步伐。个人金融资产余额净增410亿元；信用卡发卡量净增133万张，同业排名第一；信用卡收单额、分期付款余额分别达到2 964亿元和25亿元，同比分别增长6.8%和48.4%；融e借累放52亿元，余额24亿元；私人银行管理资产规模净增115亿元；融e购交易额732亿元，其中非金融交易额472亿元，同比分别增长81%和742%。资管业务方面，大力提升投资管理和资产配置能力，加快由资产持有大行向资产管理大行转变。年末法人理财（不含养老金）日均余额1 286亿元，个人理财日均余额1 573亿元，同比分别增长12.7%和15.7%；推荐理财投资项目余额2 057亿元，同比增长56%，均排名系统内第一。承销非金融企业债1 877亿元，北京同业排名第一；完成投行类投资480亿元，其中产业基金投资128亿元；发放并购贷款94.2亿元。资产托管规模3.65万亿元、净增1 805亿元，系统内和北京同业均排名第一。养老金客户5 693户、净增760户；管理养老金个人账户335.7万户、净增20.8万户。国际业务方面，积极把握“一带一路”、人民币国际化、“走出去”战略推进中的机遇，推动国际业务跨越式升级发展。外币全部存款余额177亿美元，系统内排名第一。外币贷款余额68.68亿美元，较年初增加13.84亿美元，系统内和北京五大行均排名第一。国际结算量2 615亿美元，跨境人民币结算量4 924亿元，均排名同业第一。结售汇业务量1 278亿美元，其中个人结售汇业务量68.5亿美元，均排名同业首位。同业业务方面，转型创新发展初见成效，成为系统内首家银证合作产品全覆盖的分行，三方存管资金规模、客户规模及手续费收入稳居同业第一，银保资管合作持续深化，银银合作也迈入了新阶段。

四、坚持效能优先和体验改善，持续提升网点竞争能力与服务水平

紧紧围绕打造“价值创造阵地”和“服务满意窗口”，总结经验，找准不足，突出亮点，巩固成果，进一步提升了网点渠道效能和服务质态。一方面深入推进渠道优化转型。统筹优化中心区、新兴区和网点群落的分层布局，扎实推进网点渠道智能化、轻型化转型和自助渠道盘活优化，依托五级分类评价体系推动网点升级进位，加强“一点一策”诊断分析和网点经营援助体系建设，进一步提升了网点效能。截至年末，实现有条件网点智能化100%全覆盖，完成轻型化网点建设80家，全行四五级网点占比11.85%，较年初压降3.82个百分点，网点渠道整体效能得到新的提升。另一方面持续抓好服务改进提升。不断加大定点督导力度，全面推广预约服务，有效盘活厅堂服务资源，进一步提高了服务效率。积极做好客户“惊喜服务”和员工“暖心服务”，改进客户体验，激发员工热情，有效提升了服务“温度”。着力加强评优争创、文化引领和口碑宣传，打造了与分行地位相称的大行优质服务形象。年末客户平均排队时间同比压降3.9分钟，超时等候客户数同比减少231万户，分别降低25.5%和50.2%；NPS（净推荐值）和客户体验指数分别达到86.2和89，同比提升5.1个和1.4个百分点；客户满意度和服务规范度保持优秀水平；广安门支行营业室以同业第一的成绩获评中银协“百佳”网点；22家网点获评银协“星级”网点、北京银协“特色”网点，同业排名第一；11家网点获评总行五星级单位，系统内排名首位。

五、坚持从严治行，确保全行安全平稳运行

本着“质量优先、预防优先”的原则，牢固树立“三个意识”，切实筑牢“三道防线”，全面落实风险管控主体责任，统筹抓好全口径风险防控化解，全力维护安全稳定发展大局。一是突出加强信用风险防控。认真践行24字信贷理念，持续强化信用风险全流程治理，严格控制新增融资质量，切实抓好重点领域风险监测管理，不断加大潜风险贷款清收和不良资产处置力度，进一步夯实资产质量基础。年末不良贷款额17.96亿元，不良贷款率0.24%，分别较年初压降0.58亿元和0.03个百分点，实现了“双下降”。二是突出加强操作风险及其他风险防控。有效提升重点运营环节风险防控水平，盯紧抓好业务外包、外部欺诈、信息安全、声誉、法律、印章、保密等各类风险防控工作。全行可控风险暴露水平万分之1.38，操作风险损失率万分之1.72，均保持在较低水平。三是突出加强案件风险防控。坚持标本兼治原则，完善内控案防责任体系，强化三道防线履职，层层压实案防责任，尤其注重强化第一道防线的责任，切实把好“入口关”。深入开展“三违反”“三套利”“四不当”“市场乱象”综合整治和“十大重点领域和关键环节”风险治理工作，高度关注新型风险的隐蔽性、传染性和突发性特征，切实防范交叉性、输入性金融风险。持续加强员工异常行为日常管理，深入开展员工违规投资经商办企业专项排查。持续强化案防查处问责，始终对违规违纪行为保持“零容忍”的案

防高压态势，坚决遏制案件、风险事件和违规事件的发生。

六、坚持全面从严治党，不断提高党建工作水平

积极适应新的形势任务要求，认真学习宣传贯彻党的十九大精神，切实用习近平新时代中国特色社会主义思想武装头脑、指导实践，更好地把党建优势转化为经营发展优势。坚持将“两学一做”学习教育常态化制度化与加快转型发展紧密结合，与防范金融风险紧密结合，不断增强可持续发展能力。坚定不移地抓好领导班子建设，按照习近平总书记“20字”标准选对用好领导人员，进一步加大干部队伍选拔培养力度。坚持不懈地强化基层党建工作，严格落实党委书记、党支部书记责任，推动基层党组织成为坚强的战斗堡垒。一以贯之地严守政治纪律和政治规矩，认真贯彻落实中纪委“四个统一”和“六个要”的新要求，用好“四种形态”，尤其是第一种形态，使党员干部习惯在有约束的环境中行为处事。持续深入地加强人才队伍建设，积极搭建干事创业平台，推动人员结构持续优化，完善人才培养激励机制，充分发挥工会、共青团、统战等组织的职能，激发人才活力，形成了组织和人才保障的新优势。

天津分行

【主要业务指标完成情况】

2017年，天津分行实现拨备前利润67.44亿元，较2016年增加5.35亿元，增长8.6%；实现净利润40.26亿元，较2016年增加3.21亿元，增长8.7%。实现中间业务收入16.74亿元。截至2017年末，分行本外币各项存款余额为2 877.35亿元，较2016年末增加110.32亿元；分行本外币日均各项存款余额为2 935.08亿元，较2016年增加168.06亿元。本外币各项贷款余额为2 861.78亿元，较2016年末增加235.38亿元。截至2017年末，考核口径不良贷款余额为47.82亿元，较2016年末减少0.69亿元；不良贷款率为1.67%，较2016年末下降0.18个百分点。继续保持了无重大事故和案件的良好纪录。

【主要工作措施】

2017年，天津分行认真贯彻落实总行各项工作部署，以“一个目标”追逐梦想，以“三大理念”解放思想，以“四种方法”实现理想，坚持稳中求进工作总基调，励精图治、革故鼎新，创新发展机制、夯实管理基础，全行的经营质态得到明显改善，取得了好于计划、好于同期、好于预期的经营业绩。在总行经营绩效和业务发展考评中名列第16位，较2016年提升2个位次；绩效等级为B级，较2016年提升了8个级次。

一、市场同业竞争能力明显提升

天津分行建立了市场规划机制，出台了《市场规划工作管理办法》，成立了分、支行两级市场推动委员会，八大前台营销部门制定了市场规划，解决了“市场在哪里”“目标客户是谁”“谁来做”等问题。在规划的引领下，全行市场竞争能力明显提升。截至2017年末，人民币公司贷款较2016年末增加187.81亿元，公司贷款增量市场地位较2016年末提升了3个位次；个人贷款较2016年末增加201.08亿元，个人贷款余额市场地位较2016年末提升了1个位次。对公存款稳存增存能力提升明显，截至2017年末，人民币对公存款较2016年末增加84.45亿元，增量市场地位较2016年末提升了1个位次，而且，对公日均存款较2016年增加131.37亿元，为全行效益的提升作出了贡献；储蓄存款增长势头良好，截至2017年末，人民币储蓄存款较2016年末增加55.40亿元，增量市场地位较2016年末提升了2个位次。投资银行实现长足发展，投资金额达到216亿元，是2016年的2.4倍；国际业务结算量达到402.39亿美元，较2016年增长4.74%。

二、有效客户拓展能力明显提升

天津分行积极推进实施存量客户维护和增量客户拓展等长效工作机制，加快夯实客户基础。建立了存量客户分层维护机制，清晰客户分层、明确工作职责、优化分层服务。建立了增量客户拓展机制，实施挂牌营销、联动营销、精准营销、网格化营销等模式，制定了《挂牌营销管理办法》《公私联动营销管理办法》。成立了联动营销领导小组，构建了分行、支行、网点三级联动，对公、零售各专业协同的营销模式。积极加强了客户经理队伍建设，认真开展客户经理的分行、支行和专业条线的三方认定工作，制订《天津分行客户经理队伍建设实施方案》。截至2017年末，纳入名单进行准入退出管理并且具备岗位对应专业资格的客户经理共1 639人，较2017年6月末第一批客户经理三方认定时增加了310人。截至2017年末，分行个人有效客户738.02万户，较2016年末增加16.68万户；金融资产20万元以上客户22.65万户，较2016年末增加0.78万

户；日均金融资产5万元以上公司客户较2016年末净增633户，完成全年任务的158.25%。

三、资产质量管控能力明显提升

天津分行牢固树立“24字”信贷经营理念，坚持从严治贷、铁腕治贷，重塑信贷文化，强化队伍培训。严格控制新增融资质量，坚决止住新的“出血点”，2013年以来新增融资不良率仅为1.16%，在总行系统排名第16名，较2016年提升6个位次。按照“突出把握重点、抓住实质风险”原则，严格做好贷款的间隔期检查工作。建立了风险评估监测机制，全力把好逾期率和劣变率两道闸门，加快缩减剪刀差。截至2017年末，分行潜在风险贷款余额78.47亿元，较2016年末下降43.17亿元；逾期贷款剪刀差15.82亿元，较2016年末下降3.57亿元。加大不良资产处置力度，充实强化处置团队力量，实施集中管理、专业化经营，积极推进不良贷款挂牌清收处置工作，以高溢价完成了不良贷款资产包的批量转让工作，探索实施了个人客户不良贷款的证券化。2017年全年累计清收处置不良贷款16.17亿元。加快受托资产清收处置进度，2017年全年清收6.56亿元。

四、内控案防管理能力明显提升

天津分行认真落实案防责任，逐级签订了责任书，明确了各级管理人员的案防主体责任和工作目标。认真开展“执行强化年”主题活动，开展“寻找我身边的合规标兵”活动，组织了合规文化及新时期十大禁令宣讲，推动合规文化核心理念落地深植。不断深化“十大重点领域和关键环节”风险治理，制订了《分行“十大重点领域和关键环节”专项治理方案》；积极做好“两加强、两遏制”回头看检查，深入开展“三违反”“三套利”“四不当”“市场乱象”综合整治工作以及案件风险排查工作，开展“三严”专题治理活动，通过对现金业务、非法集资和民间融资、违规销售理财等领域案件风险排查，风险隐患得到进一步防范。认真配合审计署、内审南京分局等开展专项审计工作，积极做好问题整改，不断提升全行的经营管理水平。全行继续保持了未发生总行定性的安保及重大内控案防事件的良好态势，在总行2017年对天津分行的内控评价中，分行最终得分在36家一级（直属）分行中进入前10名，评价等级为二级2档，较2016年提升一个档次。

五、体制机制改革取得实质突破

天津分行坚持客户导向、市场导向、基层导向和问题导向，统筹推进实施了信贷、零售、渠道等一系列体制机制改革。在信贷体制机制改革方面，筹组了大客户经营中心、个人贷款业务处理中心、信用风险监控中心，建立了普惠金融事业部，形成了“法人分层、小微专营、零售下沉”的框架。在零售业务体制机制改革方面，改组成立了网络金融部，整合资源成立了远程营销中心，强化了私人银行中心建设，组建了财富顾问团队，剥离信用卡中心后台运营职能，强化充实了零售各专业部门的营销职能和人员。在渠道竞争力提升方面，注重科学规划，启动实施了“营业机构布局优化三年规划”，清晰了网点竞争力提升的科学路径，探索在滨海新区开展了“网点精细管理精准营销行动学习项目”，组建了远程服务监控团队，实施了全覆盖、全过程、全景式的专项监测与督导，促进了客户服务体验的提升。截至2017年末，分行智能化网点覆盖率为90%，较2016年末提升52个百分点；离行式自助银行达161家，较2016年末增加21家；全行客户超时等候占比为7.98%，较2016年末下降3.05个百分点；客户满意度为99%，较2016年末提升了0.09个百分点。

六、转型发展创新步伐有所加快

天津分行努力推进经营转型，在多项业务上实现了新的突破。积极参与天津海河产业基金的设立，成为出资最大的商业银行。积极开展债转股，率先与物产集团签署债转股合作协议。成功作为主承销商完成城投集团非金融企业债务融资工具统一注册（DFI）工作，并取得交易商协会注册通知书，在天津首开先河。在两批地方政府债券发行中，承销份额均获得同业第一；在天津市国库现金管理项目竞标中，获得15.7亿元、额度同业第一的定期存款。实现了首笔同业法人理财销售的突破，成功销售渤海银行136亿元法人理财产品。成功完成首笔非结算性同业存款存出业务。积极推进融资租赁形成“1+3+N”的业务发展模式，截至2017年末，融资业务余额达到160.35亿元，是2016年的2.7倍。积极发展贵金属业务，同业贵金属拆借余额达到近170亿元，是2016年的4.5倍。大零售战略落地深植，截至2017年末，营业贡献28.2亿元，较2016年末增长7.02亿元；营业贡献占比41.09%，较2016年末提升13.2个百分点。成功中标并成为天津市体育惠民卡唯一代理发行单位；创新开展分期付款业务，全年分期交易额达到9.8亿元，较2016年增长66%。启动“场景共建百日行动计划”，先后搭建三融平台交通违法缴罚特色业务等多个场景，并与天津市一卡通公司达成了线下线上全面合作协议。

七、全面绩效管理得以构建实施

天津分行创新构建了全面绩效管理体系，将目标管理到机构和部门，将绩效管理到岗位和人员，并通过穿透式考核解决“中梗阻”、以绩效合约和“一人一表”的方式实现了“最后一公里”的有效落地。重构全面绩效管理，制定了《关于推行全面绩效管理的若干意见》，将总、分行的发展战略分解为各部室、各支行、各网点的关键性指标，确保各单位工作聚焦于总、分行的战略目标，上下形成合力。重构全员考核体系，制定了《员工绩效考核指导意见》等规范，以绩效合约“一人一表”的形式，将单位关键性指标分解落实为岗位履职量化内容，统一全行柜员业务量计价，搭建了

“以绩效合约为主，产品积分为辅，专项激励为补充”的全员穿透式量化考核平台。重构资源配置体系，坚持以总行经营绩效考评为导向，以突出市场竞争力考核为核心，按照区域、条线对辖属支行和分行部室高管人员进行竞争力量化评价，并加大考核结果与资源配置的挂钩力度。实现考核闭环管理。按月对各单位绩效完成情况进行通报，按季度对绩效考核情况进行分析，切实把绩效辅导、沟通贯穿于绩效管理的全过程。制定了《高级管理人员问责办法》，对因不履行管理职责或履行不力的，追究管理人员的责任，并进行有针对性的绩效辅导。

八、全面从严治党取得明显进步

天津分行党委把坚持党的领导、加强党的建设作为国有企业的“根”和“魂”，全面落实从严治党的主体责任和监督责任的“两个责任”。制定《党建工作主体责任清单》，将党建工作主体责任细化为七大类23项具体要求；配齐配强纪委书记，加强纪检队伍建设，全力支持纪委履行监督责任。同时，注重加强基层党建工作，制定《关于进一步加强基层党建工作的意见》、规范基层党建工作，并制定《天津分行党建工作联系点管理办法》，以强化对基层党建的工作指导。坚持高标准、严要求，扎实推进“两学一做”学习教育常态化制度化。积极做好学习宣传贯彻党的十九大精神工作，组织收看开幕盛况，制订《学习宣传贯彻党的十九大精神的实施方案》，切实在学懂弄通做实上下功夫。加强党风廉政建设，扎实开展违反中央八项规定精神和“四风”问题专项整治工作，积极开展“学规定、守纪律、防风险、保安全、促发展”学习教育活动。积极加强干部队伍建设，制订《关于规范一级支行领导班子专业化分工的实施方案》，对班子成员分工进行规范，并配齐班子成员，确保专业分工清晰整齐。启动“513”干部培养工程，为分行的经营发展储备、培养高素质的经营管理人才。积极优化人力资源配置，聘请外部咨询机构，统一推进分、支行本部的定岗定编工作，深度优化分支行岗位设置。

河 北 分 行

【主要业务指标完成情况】

2017 年，河北分行实现拨备前利润 142.93 亿元，增长 10.59%，同业首位、系统第 8 位，完成总行年末目标的 101.26%。净利润 61.29 亿元，增长 23.88%，系统第 8 位，较 2016 年前进 2 个位次，完成总行年末目标的 102.03%。人民币全部存款余额 6 214.12 亿元，较 2016 年日均余额增加 479.08 亿元，排一级分行第 5 位。人民币各项贷款余额（含信用卡贷款）5 381.96亿元，较年初增加 549.76 亿元，同业首位、系统第 5 位。实现中间业务收入 48.9 亿元，系统第 9 位。

【主要工作措施】

一、突出质量解困，资产质量呈现阶段性企稳

把资产质量管控作为解困发展的核心和关键，强力推进“两防控、两清转”，即防控逾期、防控劣变；清转不良贷款、清转受托资产，不良率、逾期率、剪刀差、新增融资质量等关键指标全面改善。加强新增融资质量管控，完善客户准入、优质项目预沟通等多项机制，成立信贷市场规划委员会，加强新增客户准入和新增融资管理，前移风险管控关口。2013 年以来新增融资不良率较年初下降 0.03 个百分点。严把逾期和劣变两道闸门，突出法人客户融资风险滚动排查和风险预警核查机制，强化风险大户分析会诊，累计压降潜在风险贷款 75 亿元。抓好不良贷款和受托资产清转，坚持常规清收、批量转让和创新处置手段，累计清收处置不良资产 131.8 亿元；处置受托资产 35.5 亿元，受托资产问题基本解决。强化信贷管理基础，突出落实专家治贷、从严治贷，压实二级分行信贷经营主体责任，在 10 家行成立审查审核团队，完善信贷客户经理管理考核机制，扎实开展“四严”主题活动，进一步夯实了信贷管理基础。

二、突出优质市场拓展，信贷结构得到持续优化

落实总行“大小新优”信贷布局要求，紧紧抓住京津冀、雄安新区建设、冬奥会三大机遇，持续加快优质市场拓展和结构优化，各项贷款余额在同业中（不含农信社）率先突破 5 000 亿元大关。大项目大客户拓展取得积极成效，完善直营客户营销管理机制，与省国资委、省供销社、省国开行等多家机构签订全面战略合作协议，加强交通一体化、产业承接平台、公共服务疏解等项目营销跟进，公司贷款剔除政府债置换和不良核销因素实际增加 203.15 亿元。项目贷款投放 328.63 亿元，连续两年超过 300 亿元。牵头筹组河北交投沿海高速、石衡沧港城际铁路等项目银团，实现了近年来牵头行的突破。成立雄安新区金融服务领导小组和雄安分行筹备组，成功营销雄安建投基本户和保本理财 15 亿元。

个贷精品亮点2.0工程效果初显，按照“规模质量利率同业领先、质量系统优秀”的新目标，组织实施“十百千”工程，个人贷款增加524.24亿元，其中按揭贷款增加542.4亿元，均排同业首位、系统第2位；按揭质量排系统第2位，创历史最好水平。小微金融坚持做精做专做稳，全面完成“三个不低于”监管指标。金融扶贫通过强化系统组织推动，创新产业扶贫、电商扶贫等渠道，扶贫贷款增加66.3亿元，增幅237%；对驻村帮扶的丰宁县投放光伏项目贷款4 000万元，全面完成河北省委下达的年度“五包一”各项任务。

三、突出存款基础地位，各项存款实现均衡较快增长

强化存款竞争力和日均考核导向，紧盯同业，抓客户、抓日均，推动各项存款稳定增长。存款实现收益87.75亿元，同比增加9.3亿元，占主营业务收益比重提高1.38个百分点，成为效益增长的有力支撑。机构存款系统同业领先，紧紧抓住军改和政府换届关键节点，加强高层走访和日常维护，日均增加228.12亿元，排同业首位、一级分行第6位。师级以下军改单位在原有账户一户未丢的情况下，新增账户开户率达90%，部队存款增加55亿元。储蓄存款系统进位，强化代发工资争揽、项目批量获客、农村市场等源头拓展，日均存款较2016年日均余额增加231.17亿元，排一级分行第3位，同比前进2个位次。公司存款强化客户拓展等基础工作，省内首家与省工商局合作实施“工商企业通”项目，净增有效对公账户2.2万户、同比多增1.4万户。

四、突出经营转型，新的增长动能不断积聚

保持战略定力，持续实施三大战略，加快从规模依赖向创新驱动发展转变，着力培育新的发展动能。推动大零售业务贡献提升。组织实施零售转型“411”工程，加快营业部、唐山、保定和廊坊分行4家行零售转型，打造100家城区和100家县域零售业务样板行，实现大零售营业贡献100亿元，同比增长22%。卡分期、收单、私银等品牌产品线建设取得新进展，信用卡实现收入15.05亿元，占全行中收比重31%，提高5.17个百分点；私银管理资产546.4亿元，实现收入2.61亿元。推动大资管业务梯队式发展。资管业务获得区域理财授权，实现收入1亿元，增幅10%；账户贵金属、个人理财收入增幅均在20%以上。养老金业务收入1.15亿元，排同业首位、系统第3位。推动大投行集约化精细化发展。加强项目统一管理，通过以量补价克服收益下行困难，新增融资额175.97亿元，是2016年的2倍多，投行业务实现收入8.16亿元，同业首位、系统第6位；其中品牌投行收入6.37亿元，系统第3位。

五、突出改革创新，经营发展活力有效激发

加快重点城市行竞争力提升，围绕5家总行级、1家省行级重点城市行逐行研究制订竞争力提升方案，在考核激励、资源配置、联动营销等方面制定针对性措施；制订印发二级分行市场竞争力评估方案，加大与干部管理和绩效分配挂钩力度，充分调动各行加快发展的积极性。加快线上获客活客能力提升，紧跟总行e－ICBC 3.0智慧银行战略，深入实施“互联网金融生态圈建设深化年”活动，突出加强场景建设，扩大月活客群规模，提升线上获客能力，新增融e行客户167万，其中拓展他行客户98万，占比59%，系统第4位。新增融e联客户325万，月均动户161万，均排系统第3位。新增融e购活跃商户2 852户，系统首位。加快线下服务能力提升，以“控总量、调结构、优业态”为重点，推动网点转型和业态创新，推进客服经理岗位设置及网点劳务组合深化试点，完成网点总量优化及迁址优化59家、装修改造97家，建设智能化网点358家、总量占全部网点的96%，均超额完成总行计划。深入推进服务提升六大工程，开展“喜迎十九大服务护航行动”，通过环境治理、温馨大堂等一系列改进措施，推动了服务口碑的改善。

六、突出从严治行，内控案防管理持续加强

坚持把内控案防提升到讲政治的高度，围绕“严防案件、严防重大风险事件”目标，严格落实从严治行要求，保持了案件和风险防范的高压态势。强化内控案防管理，统筹推进“十大重点领域和关键环节”专项检查以及“三三四、市场乱象、弥补监管短板、风险防控”综合整治，系统做好内外部审计检查问题整改，营造了从严治行、从严管理的经营氛围。建立员工异常行为按月报告制度，对排查确定的异常行为人员，逐人确定整改措施。强化合规文化建设，扎实开展内控合规“执行强化年”活动，组织合规文化及新时期“十大禁令”宣导百日行，巡回宣讲11场、参听近2万人次；开展“寻找我身边的合规标兵”活动，保定长城支行、唐山分行王丽艳同志荣获总行级合规标兵集体和合规先锋称号，合规经营氛围更加浓厚。7家分支机构荣获河北银监局“案防合规文化建设先进单位”。强化安全生产管理，落实各级机构主体责任，扎实做好声誉安全、信息科技安全、业务运营安全、消防安全等重点工作，确保了十九大期间的安全稳定。成功防范撬盗自助设备事件3起、外部欺诈风险事件197起，连续19年无重大安全责任事故。

七、突出主体责任落实，党建和队伍建设成效明显

坚持把党建作为凝心聚力、攻坚制胜的法宝，持续抓党建带队伍、抓作风聚合力，为应对严峻复杂形势、加快转型发展提供有力保证。强化全面从严治党，研究制定党建工作主体责任清单，压实各级党组织主体责任。落实党建和党风廉政建设工作联系点制度，省行和二级分行党委班子成员带队到联系点开展十九大精神宣讲，到联系点调研150余次，探索开展各级党组织书记抓党建工作述职评议考核，有效促进了从严治党向基层

延伸压实。强化执纪监督，开展违反中央八项规定精神和“四风”问题专项整治，有效防止“四风”问题反弹。探索实施省行党委巡察工作制度，完成第一轮第一批次巡察工作。加强队伍梯次化建设，先后开展三次管理干部公开遴选，深入推进“535 工程”，将实践锻炼、交流轮岗和针对性培训等有机结合，促进了班子年龄结构和专业结构优化。持续深化作风建设，在总结上年经验的基础上，继续开展贯穿全年的深化作风整顿活动，对重点问题进行集中整治，促进了作风建设的常态化、长效化。省行本部、各二级分行分别开展值守大堂服务体验活动，全行上下重服务、讲效率、抓落实的意识进一步增强。

山 西 分 行

【主要业务指标完成情况】

2017 年，山西分行实现拨备前利润 58.24 亿元，较同期增加 3.25 亿元，增幅 5.93%；实现净利润 35.63 亿元，较同期增加 6.23 亿元，增幅 21.26%。截至 2017 年末，本外币各项贷款（含贴现）余额 2 297 亿元，较年初增加 66.87 亿元。其中公司贷款净增 50.85 亿元，四行排名第一。个人贷款净增 72.51 亿元，是上年同期的 8.78 倍，创历史新高，四行占比由去年的末位上升至第 2 位。小企业贷款（监管口径）净增 44.95 亿元，全面完成监管部门“三个不低于”要求；票据贴现 451 亿元，同比净增 102.7 亿元，增量位列系统内第 1 名。本外币全部存款余额 4 128 亿元，时点增量 62.49 亿元。其中：储蓄存款增量 94.42 亿元，四行占比 30%，比年初提升 10.20 个百分点，近四年来首次重夺同业双第一。对公存款增量 17.73 亿元，四行占比 44.83%。全年实现中间业务收入（未含银行卡还原收入）18.72 亿元，四行占比 34.45%。截至 2017 年末，贷款劣变较 2016 年同期少劣变 25.83 亿元。清收处置不良贷款 16.57 亿元。信用卡贷款质量明显改善，不良额较年初下降 1.56 亿元、不良率较年初下降 3.41 个百分点，实现“双降”。

【主要工作措施】

一、强化公司信贷业务

抓住“大客户、大项目”稳固存量，锁定“教、医、旅”等新市场及低风险业务调整结构，筛选确定核心领域重点项目，坚持总量做大和结构优化并举，一手抓公路、电力、铁路等传统“大行业”；一手抓现代农业、文化旅游、现代物流、医院、教育、医药制造、高端装备制造、政府主导市场领域等新型行业，构建行稳致远的信贷格局。贷大，在“债转股”“转型综改”等重点领域取得良好效果，全年实现太钢、潞安、同煤、阳煤等省属国有企业债转股项目 106 亿元的成功落地；成功投放 20 亿元理财直投资金。在传统行业领域，对煤炭、钢铁等行业的先进产能代表即优势龙头企业，继续采取“存量 + 增量”的信贷策略，对省属重点企业存量贷款保证不抽贷、不压贷、不断贷，并适度增加优质企业融资，确保企业正常运营需要。全年煤炭、钢铁行业累放贷款 305.56 亿元，占全部公司贷款的 40.46%。继续将公路、电力、铁路、煤层气等山西支柱产业作为支撑全年贷款规模的压舱石和主引擎，全年累计为全省电力、公路、铁路等基础设施领域项目投放贷款 223.66 亿元，满足了重点企业资金需求。贷新，在稳定煤、电、路等传统产业的基础上，聚力开拓城市基础设施、城市公共事业、产业聚集区、教育、医院、文化旅游板块金融服务领域，扭转“以煤为大”的传统信贷结构布局，实现公司信贷投向“贷新”，全年累计投放新兴行业贷款 68.6 亿元，煤炭行业贷款余额和占比实现双下降，分别较年初减少 38 亿元和下降 3.3 个百分点。贷低，持续做大票据直贴业务，积极开展网上票据池质押融资、存单质押、理财产品质押等低风险业务，全年发放质押融资贷款 51.8 亿元，营销客户 180 户。

二、拓展普惠金融业务

坚定履行大行普惠金融责任担当，以成立普惠金融事业部为契机，全力做好客户集群式拓展，持续推进“一行一群一链”工程，灵活运用“银政通”“医保贷”、网上小额贷款等产品开拓市场，提高小微金融的专业水平和放贷效率。全年实现小微企业贷款（监管口径）356 亿元，较年初净增 45 亿元，增幅 14.65%，高出各项贷款平均增速 11.46 个百分点；有贷户 973 户，同比净增 32 户；申贷获得率 98.8%，同比提升 1.22 个百分点，全面完成监管部门“三个不低于”要求。投放首笔融资性担保贷款 200 万元及“国有企业医保贷”500 万元，树立了行业样板。快速推动金融精准扶贫工作落地，着力解决好基层行“不愿贷、不敢贷、不会贷”的问题，全年累计投放扶贫小额贷款 1.28 亿元，超额完成投放任务。围绕个人贷款拓展增量，继续保持个贷良好发展势头，2017 年个人贷款净增 69.29

亿元，是上年同期的8.78倍，创历史新高。

三、开展拓户工程

将拓户图新作为业务拓展的主攻方向和结构优化的重要抓手，依托大数据分析和市场深度梳理，发挥线上线下一体化优势，形成线上快速拓户和线下精准维护的营销格局，实现客户扩容提质和存款稳步增长。全年新增有效对公结算账户1.7万户，成功营销他行优质目标客户243户，创历史最好水平；截至2017年末，日均资产5万元以上客户达1 569户。以“十大客群”两全两一营销服务方案为标杆，指导基层行开展标准化营销，全年星级有效客户净增64.83万户，同比多增13.34万户，同比增幅25.91%；资产100万元以上财富客户净增4 269户，同比多增2 464户，同比增幅136%；私银客户净增1 860户，达标客户留存率达73%，高于全国平均水平7个百分点，稳居全国首位。借力机关事业单位养老金代理发放，全年新增10人以上代发工资单位5 517户，新增代发工资个人客户36.68万户，净增代发金额126.89亿元。以网格化营销管理为抓手，在夯实“财政、社保、住房、军队”四大核心板块的同时，将行政事业单位、教育、医疗、公检法、社团、工会组织等传统类客户群体以及住宅维修资金、公共资源等新市场纳入营销视图，全年新增机构客户1 737户，同比多增582户。银证合作再创历史最好成绩，截至2017年末三方存管客户规模达到140万户，新增三方存管客户24万户，客户规模、新增客户、存管资金等均列同业首位，新增客户同业占比系统内排名第一位。

四、着力推进存款业务发展

围绕代发工资、大学生、普通商户、重点对公客户四大目标市场，突出薪金溢、节节高、存管通、大额存单等创新性产品优势，拉动储蓄存款稳健增长，储蓄存款较年初净增94.42亿元，储蓄存款增量同业占比达30.04%，比年初提升10.20个百分点，首次重夺同业双第一。公司存款紧盯传统大户和贷款客户，综合运用大额资金监控平台等系统，上下联动多维实施策略，最大限度实现派生存款体内循环，公司存款时点余额较年初净增13亿元，日均余额较年初净增29.3亿元，近五年首次实现正增长。机构存款在继续发力财政、社保、军队、公积金等传统市场的同时，积极拓展公检法、公共资源、工会社团、教育院校、医疗结构、城乡医保、住宅维修基金等新增长点，新兴领域存款达70.5亿元，时点净增17.3亿元，新增客户800余户；与山西财大、山西师大等地方高校签署全面战略合作协议，教育院校存款规模突破20亿元，时点净增1.06亿元；住宅维修基金营销面覆盖到9市26个机构，存款贡献5亿元；以地方总工会和企事业单位工会组织为重点目标实施网格化营销，客户规模突破2 000户，存款规模突破20亿元；把握城乡医保整合有利时机，积极竞争地方专户，先后取得运城、晋城城乡医保整合财政专户，竞争存款近10亿元；中标省级机关事业单位养老保险收支专户开户行资格、两期省级国库现金管理招投标获得103.3亿元资金存放；与法院系统一案一账户签署合作协议、与异地交警罚没代理取得合作资格；实现社保项目合作破局，成为补换卡和新发卡一体化项目独家开办行，线上场景应用APP唯一支付合作行，机关事业单位养老金统一代理发放行。“大同业”合作创新突破，与山西信托、大同证券开展外汇同业存放业务1 000万美元，实现总行专营业务新突破；与山西证券开办同业拆借业务104亿元，实现同业线上业务新突破。

五、力促中间业务发展

以提升中间业务组织收入能力为重点，加快重点产品线转型，明确目标定位，多措并举狠抓措施落地，努力打造基础产品支撑、重点领域拉动、新型业务创收的收入格局。坚决做强、做大投行业务，全年实现中间业务收入2.75亿元，落地项目数达到14个。举办投行同业合作业务座谈会，建立沟通联系机制，相继完成24.64亿元同业结构化业务、结构化证券投资业务、美克家居员工持股计划证券投资业务。创新运用投行手段，先后对综改示范区、晋商信用增进投资股份、国有资本投资运营公司提供20亿元、4亿元和5亿元理财直投。全年向总行推荐资管项目195.64亿元，同比增加96亿元，投资地方债150.7亿元，实现债券投资收益1.76亿元；累计销售养老金理财51.82亿元，日均余额125.78亿元；托管业务实现营业贡献1.16亿元。组建贵金属业务专业营销团队，新增贵金属有效客户8.5万户，实物贵金属销量2 190公斤。全年个人金融资产实际净增280.45亿元，同比多增195.72亿元，净增额达上年全年的2.3倍，同比净增和增幅创近5年新高。加强场景营销和精准营销，提升创新服务能力，全年实现私银中收1.78亿元，达标客户留存率达73%，连续10个月位居系统首位；实现私银产品配置564.1亿元，较年初增加16.3亿元；私人银行客户资产393.5亿元，实现五年翻番。成立全国首家区域家族办公室，家族基金规模突破9 000万元，实现首单2 000万元三年期专属产品，排名全国首位。以三大平台为核心，不断丰富场景设计，提升运营水平，全年新增融e联客户157万户、新增融e行客户93.7万户，融e购B2C交易额实现9亿元，B2B交易额实现76.6亿元。全年实现信用卡业务中间业务收入4.26亿元，较同期增加1.02亿元。在实现零风险运营的同时，全年实现票据业务收入7.28亿元。

六、强化资产质量管控

将资产质量管控工作锁定为全年工作头等大事，认真履行风险防范的主体责任，以持续不懈的高压态势坚决守住资产质量红线。在省行组建不良资产管理处置中心，完善清收处置工作机制，实现信贷营销、监测、处置全流程的专业化、专职化管理。2017年累计清收处置不良贷款16.57亿元。统筹用好现金清收、债务重组、推动兼并、以物抵贷、打包处置、呆账核销等手段，尽可能以更少的财务成本撬动更多的不良资产化解，运用重组转化方式实现2.74亿元不良贷款的转化。紧抓部分行业回暖的有利时机，对预计劣变的大额剪刀差客户实施重点监控，加强与前中后台联动协调，通过合同要素调整、展期等风险缓释措施，有效化解重点客户贷款劣变，2017年累计化解剪刀差56户贷款24.28亿元，年末全行剪刀差贷款压降到3.03亿元，达到历史最好水平。全年压降潜在风险贷款余额86.78亿元，较年初减少94.65亿元。

七、加强内控案防

围绕内控合规“执行强化年”主题活动，扎实开展现金实物安全管理检查、“两加强、两遏制”回头看、“十大重点领域和关键环节”“三违反、三套利、四不当、市场乱象”等专项治理工作，滚动推进风险排查和问题整改，核查准风险事件6.28万笔，确认风险事件2.65万笔，整改风险事件2.65万笔，整改率99.96%，责任追究2 869人次。组织开展合规文化宣讲、“熟知禁令、承诺执行”“践行合规 明责有为”“寻找我身边的合规标兵”等形式多样的内控合规专题活动，以文化的力量促进全行内控合规意识的提升。严格执行案防“三个办法”，准确划分“责任区”，狠抓案防责任落实，强化各级机构案防主体责任，确保三道防线履职到位。2017年，全行全年未发生案件和重大风险事件。

八、着力优化机制

进一步强化省行的经营职能，成立票据中心、个贷中心、资产处置中心和普惠金融部。创立金融产品和渠道应用实验室，已启动的“智汇通”金融SaaS项目、山西分行外拓宝项目、线上医保支付系统项目等均为全国首创，具备了未来向全国范围内垂直行业领域的龙头平台公司输出金融SaaS服务的能力，在互联网批量获客、资金清算沉淀、大数据积累、投融资及理财类金融服务嵌入方面具有良好前景。整合多种考核办法，构建“关键绩效指标（KPI）考核机制”，导入“引领性指标”新理念，实施“比赛记分表”式公开通报，在全行形成了“比学赶超”的良好氛围。

九、优化人才队伍建设

把教育培训工作提升到人才发展的高度，全面启动结构化在岗培训2.0绩效改进项目，全年举办各类培训班3 464期，累计培训135 641人次，培训覆盖全行13 992人，覆盖率达97.1%。启动精益六西格玛管理工作，根植学新知、用新法、做新人的理念，全覆盖省分行本部全部办公场所5S改善，培养颁发68名黄带资格认证精益管理骨干，通过全面运用各类精益工具，推动全行工作效率提升。

十、大力推进改革创新

全面实施关键领域重点改革，圆满完成印章综合改革试点任务，依托印章综合改革应用成果，实现结算与现金管理、个人信贷、银行卡等多专业多领域92种合同签约流程的线上闭环管理，风险防控水平、客户服务效率大幅提升，印章改革经验做法获得总行高度肯定，并作为宣讲案例在全国范围推广，截至2017年末累计办理业务5 462笔，打印电子印章1.7万枚，行政印章替代率达到84%。加强渠道优化建设和网点精益化管理，分层推进网点经营效能提升，全年完成轻型化网点建设16家，网点布局优化75家。在全行304个网点投产人脸识别技术，建立“联网核查 + 人脸识别 + 柜员人工”柜面增强型客户身份认证机制，同时配套实施双屏交互运营服务模式，实现业务申请信息与相应处理结果的同步展示，增强柜面客户识别和风险控制能力，提升客户服务体验。

十一、持续加强作风建设

认真贯彻总行党建工作会议精神，扎实推进“两学一做”学习教育常态化制度化工作，将党委中心组学习同研究解决当前重点问题有机结合，把学习成果转化为落实新发展理念，取得实际成效。持续开展党风廉洁建设和反腐败工作，全力支持和配合总行巡视工作，对巡视发现的问题立行立改、严查快处，形成执纪必严、违纪必究的强大震慑力。2017年共受理审理违规违纪问题75件，落实党纪政纪处分186人。按照“明责、放权、严管”的原则，推动管理行简政放权，提高对营销一线的响应效率。坚持党管干部的原则，加强年轻干部培养选拔，推行管理人员竞聘上岗，完善干部退出转任机制，优化各级领导班子的年龄结构、知识结构，提高干部队伍的战斗力。全年选拔副处以上管理人员29人，转任、提任业务序列干部21人，平级调整59人。全面加强干部制度建设，以建立“任前明确目标、任内落实绩效兑现、期满自动解除职务、完成任务方可续聘”的任期制管理为核心，制定《山西分行管理人员GPA评价管理办法》，全面评价干部任期综合表现。将发展党员工作作为推进党员队伍建设，增强党组织凝聚力的有力抓手，党员队伍结构进一步优化，2017年共发展党员128名。

十二、积极投身公益事业

继续秉承“回馈社会、服务社会”的宗旨，积极投身社会公益事业，在扶贫、助学、助残、环保等方面发挥金融表率作用。2017年省分行对两个扶贫点各捐赠10万元，用于改善两个扶贫点的环境卫生等基础设施。在果品采收的关键阶段，帮助两个扶贫点销售当季水果2 000余箱，价值27万余元。利用春节、国庆等重大节日，积极开展送温暖活动，将总行拨付资金226万元、分行配套资金146万元用于困难救助，共计救助困难员工639名，通过小额度多频次特困救助活动，及时传递组织关爱，解决员工实际困难。

内蒙古分行

【主要业务指标完成情况】

2017年，内蒙古分行实现拨备前利润32.9亿元，较2016年增加5.72亿元，增长21.03%，增幅系统内排名首位。实现净利润7.11亿元，较2016年减亏增盈40.81亿元，完成总行年初预算目标和调增后目标。实现中间业务收入10.78亿元，完成总行年末收入目标的104.1%，扭转了自2014年以来连续三年负增长的不利局面。各项存款余额2 201.13亿元，较年初增加201.65亿元，增长10.08%，为近七年同期最好增长水平，完成总行下达全年计划的105.03%；增量同业占比较年初提升49.64个百分点，同业排名第二位。各项贷款余额1 777.63亿元，较年初增加100.85亿元，增长6.01%，增量同业占比较年初提升30.5个百分点，同业排名第三位。2017年末，不良贷款余额72.9亿元，较年初减少10.2亿元，下降12.27%；不良贷款率4.28%，较年初下降0.88个百分点，不良贷款实现"双降"，是四家国有商业银行中唯一"双降"的银行。处置受托资产394户、债权总额103.9亿元，实现处置收入46.79亿元，本金受偿率48.72%，百亿元受托资产基本出清。

【主要工作措施】

一、深入贯彻落实董事长调研指示精神，切实用讲话精神统一思想和行动

2017年3月23日至24日，易会满董事长到内蒙古分行开展工作调研，为全面深入贯彻落实好董事长调研期间的各项工作要求，多次集中研究部署，制订了详细的贯彻落实方案，全面推进各项目标措施的落地执行。

一是广泛动员部署。在召开党委会统一班子思想的基础上，3月29日召开传达贯彻董事长调研讲话精神专题会议，明确了贯彻思路和落实要求，要求各级行在15天内完成全员学习传达，推动董事长调研讲话精神深入基层、走进员工，把学习贯彻工作不断引向深入。

二是开展学习研讨。制定《关于学习研讨董事长调研讲话精神的通知》，组织全行利用党委中心组学习会、党支部"三会一课"、部务会、网点晨会夕会周例会等方式，不断深化对董事长调研讲话思想内涵、精神实质、实践要求的理解和把握。在分行网讯开设"学习贯彻董事长调研讲话精神"专栏，通过微信"工行内蒙古"、融e联"内蒙古宣教"等传播媒介，加大宣传学习力度，营造浓厚贯彻氛围。

三是制订落实方案。制订《分解落实董事长调研讲话要求的方案》，通过战略解码方式把董事长调研讲话精神分解为涉及各专业、各二级分行的具体工作项目，形成了可落地操作、可开展成效评估、可进行督导考核的10专题、50项具体工作任务，明确了各项任务的牵头行领导、责任单位和完成时限。

四是狠抓落地执行。下派党委督察组深入分行营业部、鄂尔多斯、赤峰、通辽、兴安盟、呼伦贝尔和满洲里等7家二级分行，对440项《督查任务清单》开展现场督察，逐条逐项了解相关工作的牵头行领导、责任部门、组织推动情况、落实进度、存在问题以及执行中的困难。总体上看全辖上下高度重视区分行党委的决策部署，系统开展学习董事长调研讲话精神，各二级分行、各专业部门将贯彻落实方案因式分解，形成了目标明确、细节鲜明、责任清晰的战略解码任务。

二、通过因势利导推进转型发展，实现了市场竞争力稳步提升

一是统筹布局信贷市场。在"抓大"和"抓优"上，突出重点区域、重点城市、重点客户、重大项目。加强顶层设计，印发《2018—2020年公司金融业务发展战略规划》《公司信贷业务布局实施方案》，促成总行与内蒙古自治区政府，区分行与7家盟市政府签署了《全面战略合作协议》，择优支持PPP优质项目，重点投放了内蒙古电力集团城网改造项目、中天合创煤炭深加工项目等一批优质项目，年末大中型企业客户贷款余额1 300.36亿元，较年初增加100亿元。在"抓新"上，注重运用创新手段支持产能过剩行业企业存量重组、增量优化、动能转换。成功投放10亿元直投式市场化债转股，开创了自治区首单市场化债转股业务的经典范例，也是全国范围内首单债转股"直投式"运作的成功探索，中央电视台财经频道进行了专题报道；实现乌海君正科技有限责任公司2亿元股票质押式回购；内蒙古包钢钢联股份有限公司办理的20亿元理财直投业务已通过总行审批。创新互联网金融营销模式，年末网络融资余额25.37亿元。在"抓小"上，10月组建普惠金融事业部，通过批量化营销模式、专业化管理和有效把控风险三个核心措施，针对普惠金融业务特点，逐步建立综合服务、统计核算、风险管理、资源配置、

考核评价“五专”机制。全年累计发放小企业贷款25.52亿元，同比增加3.43亿元，小企业贷款余额35.70亿元；年末人行定向降准普惠贷款较9月末增量为1.64亿元，完成总分行1亿元增长计划的164.15%。在个贷发展上，通过调整优化个人贷款经营管理模式，配备专业团队，加大考核激励、配置专项费用资源，开展个人贷款百日营销竞赛活动、“金九银十·再战百日”个人贷款营销升级赛等措施，累计投放个人贷款60亿元，累放额市场占比由7.74%提高至20%；个人贷款较年初增加20.78亿元，其中个人住房贷款增加36.6亿元，推动个贷业务扭转了连续三年负增长的被动局面。在票据业务上，充分发挥票据业务质量好、流动性强的优势，将票据业务作为产品线进行经营，全年累计票据直贴量52.17亿元，较同期增加20.25亿元；贴现平均利率4.76%，较同期上升152个基点；实现票据业务收入2.98亿元；票据不良资产为零。

二是着力提升存款市场竞争力。在储蓄存款方面，围绕总行全量客户转型思路，强化零售条线内部协同和公私联动，开展棚改个人客户定向营销和“随军行”“e起燃”等营销活动，从获客、维客、活客入手，紧抓批量客户源头，实现了个人客户量质双升。开展代发工资“深耕行动”，代发工资个人客户数净增4.46万人，增幅系统排名第2位。年末个人有效客户797万户，较年初净增万户，增长6.2%；储蓄存款余额1 268.31亿元，全年增加73.09亿元，增长5.89%。在对公存款方面，召开网点对公服务能力提升推动会，开展对公业务营销竞赛，以客户分包为切入点，统筹安排网点对公客户经理配备计划，精准落实对公客户维护和营销责任，建立网点对公客户经理业绩考评体系和机制。开发投产“民兵信息管理系统”，《解放军报》、《中国国防报》、《法制日报》均在头版进行了专题报道，受到中央军委的高度关注。圆满完成朱日和基地阅兵金融服务保障工作，得到了部队首长和官兵的充分肯定和高度评价。成功竞标中国PPP子基金托管业务，成为全行唯一中标的一级分行。年末公司存款319.58亿元，全年增加58.7亿元，增长22.5%；机构存款514.14亿元，全年增加67.64亿元，增长15.15%；同业存款53.47亿元，全年增加2.22亿元，增长4.33%。

三是拓宽中间业务增收渠道。信用卡业务：推动信用卡市场战略由发卡向获客、活客转型，通过线上、线下双轮驱动，积极开展“爱购周末”等促销活动和“积分兑换”宣传，迅速扩大信用卡有效客户规模。与移动公司合作通过信用卡绑定记账卡方式开发推广4G智能ETC项目。全年信用卡客户增加20.6万户，增幅21.54%，系统排名第5位；实现信用卡收入5.3亿元，同比增长16.59%；收入贡献占比37.11%，专业排名第1位。个人金融业务：积极调整理财产品、基金、贵金属等销售结构和产品策略，全年累计销售个人理财产品853亿元，同比多销143亿元，增长22.4%；实现个人金融中间收入3.6亿元。投资银行业务：深入分析市场资金面、政策面的各种变化，强化投行业务品牌建设，实现投行收入6 885万元。私人银行业务：做大做优私人银行客户规模与资产结构，年末私人银行客户664户，全年增加92户，实现收入5 878万元。结算与现金管理业务：推动全球现金管理、工银e缴费等产品渗透，提升现金管理服务水平。成功与内蒙古小尾羊牧业科技股份有限公司签订《全球现金管理合作协议》和《现金管理服务协议》。全年新增“工银e缴费”项目63个，累计上线项目103个，累计交易量4 553万元，实现结现业务中间业务收入9 898万元。国际业务：持续扩充国际业务客户群体，开展国际业务增收“百日竞赛”活动、国际业务技能大赛，加大对伊利、包钢、鄂绒、中环光伏等重点客户的挖潜力度，实现国际结算量34.98亿美元、跨境人民币业务量66.45亿元，分别增长63.28%和152.8%，国际结算量增幅连续11个月系统内排名第一；实现国际业务收入888万元。

四是推动互联网金融提速发展。加快打造出“客户+商圈、本行平台+社会场景、坐商+行商”互联网金融生态圈，形成了商户市场融合跨界、客户领域渗透联动的活跃局面。启动“第一届融e购草原羊肉节”和“融e联工资信息推送”2个场景建设项目。全年融e行净增客户47.24万户，融e联净增客户数92.02万户，融e购活跃商户89户。

五是强化成本管控和量价协调水平。强化资本、利率管理意识，制定定价管理指导意见，建立存贷款定价协调管理机制，努力使“好钢用在刀刃上”，大限度压降新发放利率下浮贷款占比，增强存款量价协调竞争力。存款付息率1.12%，较上年末下降9个基点，系统内排名第5；新发放贷款加权平均利率4.66%，较上年末提高5个基点。

三、通过标本兼治加大风险防范化解力度，实现了资产质量趋稳向好和各类风险总体可控

一是严格管控资产质量。创新不良资产处置方式，突出抓好大户不良清收处置，全年清收处置不良资产74.4亿元，法人受托资产债权（105.5亿元）实现基本出清，综合受偿率48.5%，高于地区商业包平均受偿水平10%，节约了时间和资金成本，防止产生“冰棍效应”，并释放一批专职清收人员，为加强清收处置腾出更多资源和精力。前瞻性做好防控逾期劣变，通过建立专题汇报和约谈机制，有效控制了剪刀差的迁徙节奏，年末逾期贷款剪刀差20.33亿元，较年初下降49.20亿元。积极化解潜在风险，通过建立“先横后直、归口管理”网格化管理模式，分层分类管理、细化职责分工、压实管控责任等，潜在风险贷款余额从228亿元降至145亿元，净减83亿元。

二是完善内控案防管理体系。开展内控合规“执行强化年”主题活动，对“三违反、三套利”“四不当”“市场乱象”、信用风险、消费者权益保护等各类检查发现问题进行“双线整改”，按照整改闭环管理要求，举一反三，深入查找在内部控制、系统流程等方面存在的缺陷，从源头及时堵塞漏洞。认真学习宣传贯彻党的十九大精神，全力支持配合总行巡视，突出“真认账，全接受，真反思，全承担，真整改，全见底，真负责，全落实”24字要求，持续抓好巡视整改工作。

四、通过全面深化体制机制改革，有效激发了经营活力和发展动力

一是调整完善考核评价体系。加强穿透式考核和直通式管理，全面推行绩效合约制，制定贵金属、投资银行等专业团队绩效考核办法，兑现零售条线及对公条线重点产品奖励费用5 133万元，努力让“壮劳力”先吃饱。推进人力资源管理深化项目，完成4 308人工资等级档次晋升。

二是全面加强干部队伍建设与管理。制定《“2437”干部培养规划》，举办首期青年干部培训班。组织推荐二级分行行长助理1人，公开遴选助理15人，公开选聘资深经理5人、高级经理10人。选拔二级分行副职后备48名、中长期培养对象22名，选拔区分行部门副职后备51名、中长期培养对象22名。开展在编不在岗问题综合治理，完善管理职务转任人员日常管理和绩效考核制度，规范长期病休审批流程。

三是全面推进重点城市行竞争力提升改革。完善各项保障机制与配套措施，被列为总行级重点城市行的分行营业部竞争力指标稳中有进，各项存款同业占比提升1.12个百分点，各项贷款同业占比提升0.52个百分点。

四是优化经营管理架构。区分行恢复设立结算与现金管理部，成立网络金融部、普惠金融事业部，风险资产处置中心纳入一类部室管理，实现了个人信贷业务中心的相对独立。调整优化支行机构设置，明晰机构设置及人员编制，细化专职纪检员配备和强化基层党组织建设等要求。

五是深入推进信贷管理模式改革。授予13家二级分行大客户中心、小企业中心相应经营资质，授予分行营业部等10家二级分行个贷中心经营资质。落实“专家治贷”要求，全行信贷从业人员持证上岗率85.73%，较年初上升2.23个百分点，其中管理人员持证率提高到90.1%。

六是启动支行管理模式及组织架构调整工作，在机构管理系统中对7家二级分行辖属的60家二级支行组织架构隶属关系进行调整。

七是实施“营业网点岗位设置与劳动组合优化改革”试点工作。试点改革后，7家试点行智能设备迁移率为46.02%，较改革初期提高11.52个百分点；网点超时等候客户占比为7.41%，较改革初期降低4.4个百分点；客户平均排队等候时间由改革初期的11.76秒降为9.26秒；弃号率为4.03%，较改革初期降低1.62个百分点。

五、通过提高创新服务能力，实现了客户满意度和美誉度显著好转

一是统筹推进网点总量优化、布局调整和效能提升。完成8家营业网点整合优化，网点总量由372家减少至364家。启动布局迁址优化10家网点。启动装修改造（含微改造）项目56个，其中已开业3家、验收5家。整合优化低效自助银行43家，调整低效ATM设备117台。

二是开展轻型化、智能化及群落化建设探索。建设轻型化网点16家，其中新建理财便利店5家、实现网点轻型化11家。

三是努力提升服务水平。在前三季度总行服务考核中，内蒙古分行的三方市场满意度调查指标始终保持在全行前2位，服务态度类工单较同期下降81%，客户表扬类工单较同期提升4.7倍，员工痛点平均解决率达到90%以上。被总行评定五星级网点4家、四星级网点11家，“优质服务百佳网点”2家、“优质服务千佳明星”20人、“党员服务先锋岗”优秀员工20人。中银协各项评比中，6家网点获得中银协星级网点荣誉，2人荣获“中银协明星大堂经理”称号。

六、通过全面加强党建和队伍建设，推动党建引领转型脱困

召开全区党代表会议，严格履行党代表推荐选举程序，选举产生2名出席总行党代会会议代表。推进“两学一做”学习教育常态化制度化，按月督导工作进度，通报落实情况。召开全行党建工作会议，成立区分行党校，设立直属党委，举办第一期基层党支部书记培训班，开展形式多样的党日活动，增强了党建对改革发展的引领作用。编制2018—2020三年人员规划，全年释放柜员和各类中后台与综合管理人员679人，充实新兴业务、互联网金融、客户经理和不良资产团队454人。加快员工关怀体系建设，扩大员工关爱工程帮扶范围，对40名特困员工进行帮扶救助。健全“职工之家”和金融培训学校“心理健康维护中心”各项设施，针对性地开展员工心理咨询和压力疏导。召开人力资源效能提升先进事迹报告会，开展“双先表彰”暨员工文艺汇演、“十佳劳动竞赛”“大行工匠”评选表彰等活动，激发广大员工工作热情和创造活力。

辽宁分行

【主要业务指标完成情况】

2017年，辽宁分行实现拨备前利润55.20亿元，同比增加9.60亿元，增幅21.10%，实现净利润26.70亿元，同比增加5.50亿元，增幅25.70%，两项利润增量和增幅均列四行首位，实现中间业务收入16.33亿元。本外币全部存款时点余额增加111亿元，日均余额增加157亿元、同业排名第一。人民币各项贷款余额2 639亿元，增加147亿元，其中实体贷款增加212.20亿元，同比多增115.10亿元，增幅9.40%，公司贷款余额四行第一，个人贷款余额四行第二。剔除大户风险因素后，不良贷款余额35.60亿元，同比增加2.60亿元，不良率1.33%，仅比年初增加0.02个百分点。

【主要工作措施】

一、坚持核心目标不放松，抓好竞争力“四个提升”

始终把市场竞争力作为发展的核心目标，全面布局，持续推动，重点城市行、大零售、存款和县域支行等竞争力提升效果显著。一是把重点城市行竞争力提升作为解决经营痛点的关键所在。构筑了“2+3”总省行两级重点城市行竞争力发展格局，重点城市行支撑作用明显增强，年末五家重点行拨备前利润、中收占比达到78%和57%，同比分别提升7个和2个百分点。省行营业部盈利能力连续三年保持增长，两项利润增量均居同业第1位，四行占比显著提升；存贷款业务一年一个台阶，增量四行占比跃升至第1位。同时本溪、阜新两家经营困难行在消化了近6亿元历史包袱的情况下，均超额完成拨备前利润必保计划，为提前脱困打下了坚实基础。二是把大零售竞争力提升作为转型发展的重中之重。在市场拓展、客户发展、体制机制等方面取得众多突破，探索出更为稳健的发展道路，大零售营业贡献度达到48.40%。个贷增量同业排名升至第2位，银行卡风控能力不断增强，业务实现恢复性增长，正蓄势待发。零售信贷资产质量逐渐改善，个贷和银行卡不良均实现“双降”。私人银行中心组建后，产品规模迅速成长到近百亿，资产增量同业排名由第3位升至第2位。三是把存款竞争力提升作为市场地位和影响力的标志。各项存款增量从四行末位跃升至首位，存款市场份额提升至26.70%。其中对公存款增量四行占比显著提升，从末位升至首位，机构存款增速超过10%，增量稳居同业第1位，储蓄存款日均增长75亿元，市场份额达到三年最高值，同业存款增量总行排名达到第2位。存款定价管理水平大幅提升，付息率三年下降12个基点达到1.63%，四行最优。四是把县域支行竞争力提升作为发展新方向。启动竞争力提升项目以来，在队伍、渠道和机制上加大投入，助推县支行存贷款发力增长，零售业务表现明显，储蓄存款提速，个贷增量翻番，特别是占辽宁分行18%的县支行网点，贡献了58%的储蓄存款增量份额，成为重要支撑。

二、坚持强基固本不冒进，结构调整进行“四个优化”

把准市场脉搏，坚持稳中有进，围绕基础业务、基础客户、基础管理进行优化调整，发展的根基更为坚实。一是优化信贷结构。面对区域经营环境变化挑战，辽宁分行忍受市场份额阶段性下降的痛苦，下决心调整信贷投向。公司信贷坚持向重点行业、产品、客户和区域倾斜，信贷结构更加优化合理。装备制造、能源等八大重点行业贷款占比提升至71.70%，项目贷款占比提升至51%，国企贷款占比提升至73%，沈阳地区法人贷款在辽宁分行占比提升至39%。审时度势把个人贷款作为结构调整的主攻方向，年末个贷总量突破700亿元大关，在贷款总量中占比提高至26.40%，增量占比连续两年超过50%。二是优化客户结构。针对客户基础薄弱的现实，2017年下半年我们全面实施客户发展战略，虽然开展时间较短，但仍然取得一定成效，尤其是优质客户数量明显上升，公司日均5万元以上客户开始快速增长，达到2万户；机构日均5万元以上客户增加130户，突破6 000户；个人资产20万元以上客户净增2.6万户，增幅88%。新增法人代发工资客户324户、9.9万人，新增三方存管个人客户9.6万户，增幅12%。三是优化渠道结构。线下网点布局持续优化，迁建网点8家，撤并低效网点23家，完成网点标准化装修61个，建成理财便利店22家；推动智能化改造，智能网点覆盖率达到88%；加快轻型化建设，累计释放438人充实到营销服务岗位。线上场景建设取得突破，获客与维护渠道更为丰富，融e行拓展他行客户39万户，融e购非金融交易翻番增长超过40亿元，融e联净增124万户；22个场景项目顺利落地，超过50个项目正在建设，场景建设跻身全国先进行列。四是优化人员结构。在推动网点布局优化、劳动组合优化、岗位职能融合过程中，同步优化人员结构，统筹好新招聘员工和存量移位人员布局，加强金融科技等新兴业务条线及客户经理等关键岗位人员配置，有序压降柜员、各类运营中后台及综合管理人员数量，推进信贷前中后台人员结构调整，持续优化人员结构布局。

三、坚持转型创新不摇摆，经营管理推进“四项改革”

推动了一系列重要改革，有效增强了信贷经营能力、主动发展能力和市场适应能力。一是改革信贷体制机制。基于信贷基础薄弱的现实，比照总行试点行提前实施改革。省行成立信贷经营指导委员会，推动信贷市场规划、结构调整和体制机制等重大核心问题的突破，信贷顶层设计能力得到增强；成立省行和营业部两级大客户中心实施分层直营，大客户营销服务能力得到提升；按照扁平化、专业化、集约化原则推进了个贷流程优化改革；创新建立客户贷前准入、换手管理、专家治贷等管理制度和机制，并利用四类自主研发模型等监控手段，全面提升了信贷风控能力；通过“三中心”“两团队”建设，下放审批权限，以及出台信贷经营管理责任12条具体措施，夯实二级分行信贷经营基础。二是改革考核体系。围绕辽宁分行发展攻坚任务，建立完善二级分行、省行部室和专业条线的横向、纵向考评体系，用绩效考评的“指挥棒”引导二级分行和省行部室推动重点工作。创新建立优秀良好领导班子建设考评机制，对二级分行一把手建立市场竞争力评估和目标责任考核机制，并强化二级分行副职分管专业核心指标的考核，突出经营压力传导。三是改革机构职能。从转型发展的角度重新梳理组织机构框架，我们成立了大客户中心、网络金融部、贵金属团队，调整了公司存款职能归属，优化调整同业业务经营管理体系。机构和职能调整后成效快速显现，同业业务发展速度加快，多项业务填补空白，同业存款增量、专营业务收入、同业投资收入等指标排名一跃进入总行前5位；公司存款、贵金属等业务机制更加完善，发展后劲十足。同时组建了8家小微中心，普惠金融连续三年完成“三个不低于”监管目标。四是创新营销模式。我们创新柔性化团队、远程维护、线上营销3种营销服务模式，组建互联网金融场景建设、银行卡外呼等8个营销团队，营销服务能力显著提升。在70家支行配备外拓人员394人，组建外拓团队“走出去”拓展市场，远维团队营销融e借1.21亿元，新拓5星以上客户1.34万户。外呼团队组建4个月即实现分期8 000万元。

四、坚持党建引领不懈怠，治党治行实施“四项建设”

始终坚持党的领导，担负起全面从严治党、从严治行的主体责任和监督责任。一是突出抓好党的建设。深入学习党的十九大精神，认真开展“两学一做”学习教育。通过党委书记、基层党组织书记抓党建述职评议，抓实党建联系点调研，加强了基层党建工作。通过深化总行巡视反馈问题整改，深入开展“四风”整治及“回头看”活动，加强了党员干部作风建设。建立巡察制度，共对7家分行开展巡察或专项巡察，并配齐配强二级分行纪委书记，增强了执纪力量。二是突出抓好干部队伍建设。强化干部队伍的整体布局和建设，创新干部公开遴选机制，着重优化班子结构，重点选好“一把手”，配齐配强对私对公两条线的副职。为抓好干部梯队建设的源头和根本，前瞻做好各级管理人员的力量储备，制定并实施“325”优秀年轻干部培养规划，同步推进一级支行领导班子和支行中层干部的配备。三是突出抓好人才队伍建设。建立信贷骨干人才库和信贷专业人才储备库，探索出以核心人才库方式加强队伍建设的新路子。为增强网点负责人岗位吸引力，出台网点负责人选聘储备、考核管理、激励约束政策，增强了网点负责人履职能力。持续充实客户经理队伍力量，配备信贷客户经理450人，客户经理占比由20%提升至26.40%。建立员工常态化晋升发展和交流培养机制，实现员工“双通道”晋升。科学编制三年人员规划，强化新员工招聘管理，为人才队伍发展提供保障。四是突出抓好企业文化建设。倡导执行文化，建立调研和督办机制，强化重要事项限时办结，推动省行部门提升履职效率。倡导合规文化，开展“十大重点领域和关键环节”风险治理，组织合规标兵评选、合规文化巡讲等系列活动，让核心理念及“十大禁令”深入人心。倡导和谐文化，对优秀人才创新实施荣誉激励、个性化培训、休假疗养等多元激励；关心关爱基层员工，在改善工作环境、完善健康保障等方面扎实办好十件实事，并通过劳动竞赛、运动会及企业文化情景剧汇演等活动提振员工士气，增强了企业凝聚力。

吉林分行

【主要业务指标完成情况】

2017年，吉林分行实现拨备前利润38.5亿元，创历史最好水平，同比增幅9.8%，净利润25.3亿元，位列同业第一，同比增幅33.2%，全国排名第9位，内外部利差水平同比提升7个基点，扭转了内外部利差连续三年下降的不利局面；不良贷款余额20.8亿元，较年初下降0.27亿元，不良率1.23%，下降0.07个百分点，“剪刀差”余额8.91亿元，下降2.72亿元，各项经营工作继续保持了健康可持续的良好发展态势。在总行全国30家一级分行行长经营绩效考核排名中名列第14位，较2016年提升8个位次，实现了历史性的突破。

【主要工作措施】

一、始终坚持稳中求进总基调，核心业务市场竞争力不断提升

截至2017年末，各项存款余额2 477亿元，较年初增加100亿元，增幅4.2%。强化资金流向管理，协调推动金融资产和储蓄存款共同发展，个人金融资产余额2 255亿元，较年初增加114亿元，增幅5.4%，储蓄存款余额1 556亿元，较年初增加59亿元。通过加强存量公司客户挖潜、存贷联动、信贷资金封闭管理等基础管理手段，公司存款余额达430亿元，较年初增加51.8亿元，增量创5年来新高。抓住军改和职业年金改革契机，成功争揽新设旅级军队客户3户，职业年金开户数量稳居同业第一，机构存款余额432亿元，军队存款余额突破100亿元。同业存款余额达57亿元，较年初增加12.6亿元，增量列同业首位，同业业务荣获总行“2017年度同业优秀奖”。截至2017年末，各项贷款余额1 760亿元，较年初增加106亿元，增幅6.4%。全行围绕政府购买服务类项目、基础设施工程等成功营销了伊通河水系治理、铁路、公路、机场等一大批重点工程，公司贷款余额达980亿元，较年初增加138亿元，增量列同业首位。积极拓展优质个人信贷市场，紧紧围绕“重点开发商、重点区域、重点楼盘”，做大做强个人住房按揭贷款业务，个人贷款余额达581亿元，较年初增加68亿元，其中住房贷款余额突破500亿元大关，同业领先，增幅16.3%，为近三年最好水平。票据业务调剂信贷规模的作用显著增强，综合创利能力明显提升，票据贷款余额124亿元，全年释放规模130亿元，全部用于新增贷款投放，票据业务利息收入6.2亿元、列系统内第9位。

二、始终坚定不移推进经营转型，各项发展战略不断深化

一是大零售战略转型全面提速。着力构建起零售业务发展状况评价体系，加快推进客户经理直通式管理和穿透式考核，落实客户经理管户分包制度，拓客、留客意识显著增强。截至2017年末，全行个人有效客户达904万户、增幅6.09%，日均万元以上客户180万户、增幅2.5%；全行深化大零售板块化运营机制和公私联动机制，“十万代发工资客户拓展”活动成效显著，代发工资单位较年初净增2 261户、增幅26.3%，列系统内第2位，代发个人客户数净增12.1万户、增幅8.1%，列系统内第3位；社保卡成功制卡147万张，较年初净增100万张、增幅213%；信用卡客户净增17.5万户，发卡净增41.9万张，存量特约商户达到7.35万户，信用卡客户增量、发卡增量、商户增量、商户存量历时五年重夺同业第一；更加注重产品交叉渗透和客户增值服务能力提升，私人银行产品余额157亿元，较年初增长28.6亿元、增幅22.3%，增量和增幅均列系统内第3位，私人银行黑金卡发卡量列系统第8位，任务完成率列系统内首位。二是大资管大投行战略转型持续推进。与东北证券、国泰君安等15家券商联合下发合作方案，开启“银证”合作新局面，三方存管客户存量、增量均列同业首位；连续三年获得省政府地方债主承销商资格和唯一簿记管理人资格，公开承销金额同业第一；全行强化投行项目营销和组织运作，首次成功承销发行境外债券业务，为长发集团成功募集4 000万美元，营销了长春城投30亿元设备融资租赁等一批金额较大、市场效应显著的项目，预期收益可观；联动土耳其子行为长客集团提供投标保函及境外业务咨询服务，顺利完成通化山东步长制药公司股权收购4.15亿美元汇款，外汇管理年度考核被评定为A级。三是互联网金融战略转型迈向深入。按照总行e－ICBC 3.0战略要求，全行主动适应互联网科技发展和客户消费习惯变化，成立互联网金融场景共建领导小组，完善互联网金融场景共建机制，新市场发展潜力有效释放。全年融e行结存客户数521万户，列同业首位，融e联客户净增87万户，月均动户数达45万户，电子银行交易额年累计达6.1万亿元，列同业首位。信用卡互联网获客渠道得到有效推广，全行通过互联网渠道新增客户22.8万户，占全部新增信用卡客户的53%。

三、始终锲而不舍深化改革创新，体制机制活力不断释放

一是薪酬考核体系得到完善。按照总行战略导向和竞争力提升关键环节，不断调整优化考核方案。利用行务（扩大）会议，专题分析经营绩效考评中的问题和短板，考核导向更为突出、经营重点更加明确；进一步完善了“以市场为导向，以业绩为核心”的绩效工资考核挂钩分配机制，奖优罚劣、争先进位的驱动作用充分显现。在创收乏力和资产质量的双重压力下，逆势实现了人均工资的稳步提升，工资费用同比增加了4 800万元，增幅4.3%。二是体制机制改革顺利推进。全行紧紧围绕中央、监管部门和总行要求，大力发展普惠金融，将“小企业金融业务部”更名为“普惠金融事业部”，持续完成“三个不低于”和人行降准口径贷款投放任务目标，成功投放了“银政通”“税务贷”“网上小额贷款”等新业务，新拓展内部口径小微客户156户；“惠农贷款”已累计支持各类农业经营主体超百户，余额达21亿元，近两年来无一笔贷款劣变。其中：“雏鹰贷”余额在单一创新产品排名中列系统内第1位；“农担贷”余额列系统内第2位，户数列系统内第

1位。全行坚持提升对公服务能力，成立结算与现金管理部，有效契合发展实际和市场需求，新增有效结算账户1.13万户，同比增长888户，日均金融资产5万元以上公司客户净增615户，完成全年计划的178%。创建了同业融资柔性团队，同业融资收入同比增加6.5倍，存款偏离度始终保持系统内前3名，新发放贷款下浮占比系统内最低。成立了反洗钱中心，构建了反洗钱“集中做、系统做、专家做”工作机制，建立起集大额交易和可疑交易、集中甄别、反洗钱检查协查等工作于一体的反洗钱集中处理工作机制，2017年分行反洗钱工作被人民银行评为A级。

四、始终全力以赴强化管理基础，风险防控能力不断夯实

一是资产质量持续改善。2013年以来新增融资不良率仅为0.71%，比年初下降0.16个百分点，贷款劣变和逾期贷款全部控制在总行计划范围内；不良资产处置力度进一步增强，通过传统清收方式，累计处置不良贷款13亿元；在阿里巴巴网站发布本金4.2亿元受托资产包，并成功拍卖，迈出了“互联网+不良资产经营”的历史性一步。二是内控案防持续从严。按照监管要求，组织开展了“三违反”“三套利”“四不当”一系列专项治理活动，全年共开展了涉及27个专业条线的118个案防专项排查和日常排查，问题整改率达到99.95%；开展各类合规文化巡讲150余场，评选表彰“合规标兵”，不断激活合规文化的内生动力。三是风险控制持续加压。组织开展了“亮剑180天”安全运营主题活动，内部风险暴露水平控制在万分之1.72，低于系统内平均水平，高风险网点占比压降至5.51%；成功启动了组合服务流程、双屏互动、远程授权集中、现金中心库改造及业务集约运营等一系列改革，工作效率、服务效率和操作风险防控能力进一步增强；切实加强信息科技系统、保密印章系统等关键部位管理，通过各类渠道累计堵截风险业务78笔，防堵金额3 000万元，防堵成功率100%；完成了各二级分行及省级报警监控联网综合管理平台项目建设，常态化开展消防、安全生产检查，安全意识和物防、技防、人防能力逐步提升。

五、始终毫不动摇强化党建、队伍和文化建设，激发了攻坚克难、奋勇拼搏的不竭动力

一是党建工作更加完善。牢牢把握压实主体责任这个根本，持续推动全面从严治党向纵深发展。开展了“十九大精神进机关”等主题活动，机关党建科学化水平有所提升；通过推动党建联系点工作，各级党委深入基层，发现并解决基层的实际困难，增强了基层发展的信心；开展“服务口碑新变化　喜迎党的十九大”“我身边的党员之星”等活动，充分发挥党支部战斗堡垒作用和党员先锋模范作用，形成了党的思想、组织、作风和制度建设齐头并进的党建新格局。二是作风建设更加扎实。深入落实中央八项规定精神，密切关注“四风”新动向，组织开展了5起典型案例集中通报和专项整治违反中央八项规定精神问题工作，进行了违规购买消费高档白酒问题集中排查整治工作，推进党风行风进一步好转，使铁的纪律转化为党员干部的日常习惯和自觉遵循。三是廉政建设更加牢固。重新修订了《党风廉政建设责任制考评办法》，首次将责任制考评结果纳入了行长经营绩效考核方案，并与干部选拔任用、评优评先挂钩；组织开展了廉洁文化建设“十个一”活动，有效提升了各级管理人员的政治意识和纪律观念。对4家二级分行和4个内设部室进行了党风廉政建设责任制现场考评，推动主体责任向基层延伸。四是队伍建设更加坚实。加大优秀年轻干部的选拔力度，累计提拔副处级（含）以上管理人员34人，二级分行行长和省行部门总经理助理18人；省行本部和二级分行班子成员中70后管理人员占比分别达到65%和60%，年轻干部占比高于全国平均水平6.4个百分点，系统内排名第6位。干部年龄结构更趋合理，干部队伍更富生机与活力。五是文化建设更加丰富。分行被新文化报评选为2017年度“最受信赖银行”称号，辽源分行和通化新华支行分别通过地方推荐和总行推荐获得全国文明单位称号，有3家网点获得银协五星级网点称号，有4家网点获得总行服务五星级网点称号，社会影响力不断增强。有3名员工获得总行“大行工匠”称号，评选出180名“十佳”标兵，榜样的力量更加凸显。持续加强对员工的关心爱护，制定并明确了“四必访”制度，救助全行特困员工922人，发放救助金255万元。全行呈现出员工精神面貌与经营绩效水平和谐发展、共同繁荣的良好局面。

黑龙江分行

【主要经营指标完成情况】

2017年，黑龙江分行实现拨备前利润43亿元，净利润29.2亿元，同比增盈1.28亿元，增幅4.58%，计划完成率100.62%。全部存款余额3 095亿元，比年初

增加 196.7 亿元。各项贷款余额（含银行卡透支）1 866亿元，比年初增加 95 亿元，实现中间业务收入 15.4 亿元，计划完成率 103.18%。不良贷款余额 28.3 亿元，比年初增加 2.72 亿元，不良率 1.57%，比年初上升 0.09 个百分点。从市场竞争力来看，全部存款余额（增量）、各项贷款余额占比居可比同业第一，其中存款余额占比同比提高 1.19 个百分点；税前利润、中间业务收入居可比同业第一；不良贷款率在可比同业最低，低于四行平均水平 2.53 个百分点。

【主要工作措施】

一、强力夯实存贷款基础业务，经营贡献度显著提升

在存款业务上，狠抓基础客户、基础业务，各项存款稳定增长。储蓄存款时点、日均实现双增，其中日均存款余额和增量近 4 年首夺可比同业“双第一”，日均增量高于时点增量，同比增长 25%，创近 5 年来最好水平。对公存款连续 7 个月余额、增量居可比同业首位，自 2015 年 8 月起，时隔 22 个月再次夺回对公存款余额、增量可比同业“双第一”，呈现出储蓄、公司、机构存款“三驾马车”齐头并进、全部实现正增长的良好局面。存款付息率 1.48%，同比下降 12 个基点，推动存款利息净收入同比增加 4.34 亿元。在贷款业务上，落实总行“抓大、抓小、抓优、抓新”工作要求，实现了规模和效益同步发展。公司贷款总额历史性登上 1 000亿元台阶，贷款余额、增量连续 13 个月领先可比同业，贷款增量占比 49.76%。个人贷款余额、个人住房贷款余额、个人住房贷款投放额保持可比同业第一，其中个人住房贷款余额年中突破 500 亿元大关，净增 67.57 亿元，计划完成率 168%。小微企业贷款余额 199.79 亿元，计划完成率 212%，较年初增加 23.37 亿元，贷款增速高于各项贷款增速 8.95 个百分点，连续 4 年完成“三个不低于”的工作目标。信用卡透支较年初增加 21.82 亿元，增幅 49.5%，在总行排名第 5 位，计划完成率 218.24%。国际业务稳步发展，“走出去”业务相关表内外融资余额 10.54 亿美元，其中发放外汇贷款 3.69 亿美元，融资性保函 6.47 亿美元。2017 年新发放贷款收益率 4.56%，同比提高 11 个基点；新发放贷款利率平均浮动幅度 1.34%，高于总行计划 5 个百分点，同比提高 2.3 个百分点。2017 年 1 月，结束了连续 22 个月存贷利息净收入同比负增长的局面，实现同比正增长。

二、客户拓展与市场营销取得新的进展和突破

一是竞争财政和社保领域客户取得新突破。争揽财政国库资金存款 24.68 亿元，位居入围银行榜首；新建机关事业单位基本养老保险业务财政专户、收入户、支出户、职业年金归集户等 85 户。2017 年竞争来财政社保客户存款 305 亿元大单，推动对公存款一举赶超可比同业，重新夺回时点余额和增量同业领先地位。二是营销军队系统客户取得全面突破。竞争军队客户及存款居同业首位，年末军队客户存款余额 92 亿元，增幅 52.4%。三是法院系统客户营销取得重大突破。成功获得全省法院费款管理合作银行资格，打破了农行多年独家垄断局面，取得了全省涉案费款半壁江山的存款份额。截至 2017 年末，法院客户存款余额 11.28 亿元，同比增加 2.7 倍。四是拓展高校、医院等民生领域金融市场效果显著。已拓展 20 所高校校园一卡通（2017 年新增 7 所）、11 家医院银医服务项目（2017 年新增 5 家），新增代发工资客户 2.5 万人，新增大学生客户 16 万人，全年实现营业贡献 5 000 余万元。五是成功竞争到业内最大的国有粮食收储企业——黑龙江中储粮公司项目，使其粮食收储资金落户我行。仅在年末旺季一个月，中储粮收储资金流转额就达 400 亿元，截至年末，沉淀储蓄存款 22 亿元、对公存款 33 亿元。同步拓展经纪人与种粮大户 1.3 万人，办理信用卡 500 余张，开通手机银行 2 500 余户。六是密集开展重点行业客户系列营销及联谊活动。与黑龙江省女企业家协会和晋商联盟签订《战略合作协议》，与黑龙江省铁道学会共同承办“高寒地区高速铁路技术研讨会”，举办工商银行黑龙江分行民营企业家支持龙江经济发展论坛活动，举行工商银行黑龙江分行与中央企业、省属集团 1 000 亿元授信签约仪式，展示大行形象，得到了省委省政府主要领导的表扬。

三、加快经营转型步伐，激活经营发展内生动力

在信贷体制机制改革方面，一是实施“3 + 3 + 1”信贷改革。第一个“3”是在省行公司金融业务部和二级分行成立大客户营销中心，在所有二级分行成立小微金融中心，在所有二级分行成立个人信贷业务部，下设业务处理中心。第二个“3”是在省行和二级分行成立风险监测中心，在省行和二级分行成立不良资产处置中心，在二级分行成立审查审批中心。“1”就是推进个贷线下渠道建设，打造个贷业务专业营销渠道。截至 2017 年末，省行本部和 9 家二级分行成立了大客户中心，13 家分行全部设立了小微金融业务中心和个人信贷业务部。二是突出抓好人员结构调整及对公服务能力提升工作。分别在伊春、七台河分行召开全省网点对公服务能力提升暨推进人员结构调整工作现场会，推动两项工作在各行延伸落地。完成了总行下达的人员结构调整计划，全省日均金融资产 5 万元以上公司客户转负为正，比年初净增 862 户，计划完成率 287%。三是加快推进渠道优化与网点转型。迁建 16 家网点，计划完成率 200%；在桦川县、杜尔伯特县和肇源县新建营业网点，填补了县域空白区域的营业机构。全行投产智能网点 506 家，营业网点覆盖率 96.38%，实现了智能服务在具备条件网点的全覆盖。四是加快处置和盘活闲置资产。公开拍卖处置闲置房产 3 处，实现处置净收益 7 513万元；实现闲置房产出租收入 619 万元，计划完

成率255%。

在业务创新与拓展方面，一是为哈尔滨誉衡药业股份有限公司办理5亿元黄金租赁业务，实现黄金租赁业务新的突破。成功投放政府购买服务贷款5亿元、PPP项目贷款5 000万元，实现了政府购买服务、PPP项目融资业务零的突破。二是成功推荐总行理财资金投资5亿元股票质押项目，填补了在资本市场标准化投资领域的业务空白；向总行成功推荐投资一笔银行同业资产转让项目24.4亿元，刷新了该类项目单笔投资金额的最高纪录。三是积极落实国家支持"三农"、发展普惠金融业务的指示，推出面向农垦系统职工的"农创贷"融资方案，投放"农创贷"贷款1 839.8万元。积极拓展森工领域新市场，"林创贷"融资服务方案已在伊春分行试点。积极响应国家金融扶贫号召，主动与地方政府对接，已实现精准扶贫贷款零的突破。四是通过信用方式，创新为总行级国际贸易融资重点客户办理1年期进口T/T贸易融资8 000万美元业务。成功办理黑龙江省首笔网上银行进口代收业务，实现新的业务突破；积极与广东横琴和新疆霍尔果斯自贸区开展跨境人民币融资联动，为总行级国际贸易融资重点客户办理了3.05亿元跨境人民币反向风险参贷业务。此外，还成功办理两笔挂钩芝加哥商品交易所玉米合约远期业务，实现以人民币报价商品远期业务零的突破。五是积极参加业务营销活动，以收款管家产品为营销切入点，为全省法院系统开立账户156个，累计开立收款管家卡15万张，日均存款沉淀5.76亿元。六是抓好融e行、融e联平台营销，先后开展"月登录月有礼""米香中国3.0""11·18"粉丝节等营销活动，进一步提升了获客、活客、黏客能力。

四、强化内控案防管理，确保经营安全稳健运行

一是以抓好内控合规"执行强化年"主题活动为基点，突出抓好"合规大讲堂"警示教育，纵深推进"十大重点领域和关键环节"风险治理，进一步压实内控案防管理责任。连续4年获得执行人民银行政策和管理规定A类评级，连续10年实现反洗钱监管"零处罚"。二是着力压降潜在风险和逾期贷款。截至年末，贷款劣变率1.34%，较总行平均值低0.15个百分点；逾期贷款剪刀差6.47亿元，较总行计划多压降1.63亿元；2013年以来新增融资不良率1.03%，低于总行控制计划0.09个百分点，连续三年完成总行新增贷款不良控制目标；潜在风险客户融资余额45.69亿元，较总行控制计划多压降8.31亿元。三是多措并举做好不良贷款清收处置工作。全年累计清收处置不良贷款21.2亿元，计划完成率117.78%，其中：现金清收1.83亿元，呆账核销1.39亿元，转化12.67亿元，证券化5.31亿元。四是业务运营管理水平持续提升。全口径内部可控风险暴露水平为万分之3.52，外部风险暴露水平万分之32.24，同比下降31.7%。

五、抓好党建及作风建设，构建更加和谐发展环境

一是认真学习宣传贯彻党的十九大精神，建立"两学一做"学习教育常态化制度化机制，进一步树立"四个意识"，坚定"四个自信"。二是坚持全面从严管党治党。开展廉洁文化创建活动，压实廉政案防主体责任，用好"四种形态"，加强对"关键少数"监督管理。深入落实中央八项规定及实施细则，驰而不息查处纠正"四风"问题。三是将党建工作联系点与行领导重点联系行制度和精准帮扶制度紧密结合，推动全行各级党员领导干部进一步转变工作作风，上下协同，抓好基层党建及经营工作。四是抓好帮扶救助及员工工作。全年慰问生活困难党员、老党员及困难群众1 801人次，全年下拨困难救助资金411万元，救助员工731人；积极落实为基层员工办好十件实事，提高补充医疗保险保障水平，加大福利费用投入，抓好员工食堂建设，丰富员工的文化娱乐生活。五是精神文明建设取得新成果。有3名员工分获"全国金融五一奖章"及总行"五一劳动奖章"，2家单位获总行"五一劳动奖状"。1个支行营业室获得"巾帼文明示范岗"称号，1名员工获得"巾帼岗位标兵"称号。同时，1家网点获评中国银行业"百佳网点"称号，5家网点获评中国银行业"千佳网点"称号。

上海分行

【主要业务指标完成情况】

2017年，上海分行实现拨备前利润279.7亿元，同比增加30.4亿元，增幅12.2%；实现净利润217.5亿元，同比增加37.2亿元，增幅20.6%，为集团盈利做出贡献。实现中间业务收入116.4亿元，增量3.5亿元，增幅3.1%，系统排名第二，总量、增量、增幅继续保持市场领先。存贷款业务保持竞争力。本外币三项存款时点余额1.45万亿元，其中人民币三项存款余额1.35万亿元，对公存款余额6 303亿元，同业存款余额2 132亿元，人民币储蓄存款时点余额5 081.4亿元，增

量80.9亿元，均实现同业领先。本外币各项贷款时点余额6 662.8亿元，增量495.6亿元，总量保持同业领先；其中公司贷款时点余额4 002亿元，增量363亿元，市场领先优势明显。资产质量实现近年最优。不良贷款余额30.4亿元，较年初减少17.3亿元，不良率0.46%，较年初下降0.33个百分点，优于上海同业水平。拨备覆盖率312%，拨备保有率94%，拨备充足率104%，保持在较高水平，风险抵补能力显著增强。

【主要工作措施】

一、坚定不移推进传统主力业务

以巩固提升竞争优势为核心，强化同业和系统对标，进一步深化“集成、融合、协同”理念，守牢基本盘，突出新市场、新客户拓展，加快新模式、新机制运用，实现“量、价、质、效”的合理匹配和良性循环。强化大零售全行办。围绕总行“深化大零售战略”的部署和要求，全方位调动资源，突出“用批发性的手段办大零售”，强化公私联动、私私联动机制，优化大零售业务考核模式，对相关部门下达考核指标，把大零售“全行办”落到实处。强化对公业务集成办。围绕构建“商行+投行+资产管理”的大服务格局，深入整合各类产业资源和金融资源，强化专业协同、综合营销、网点推进和产品整合，完善柔性团队、商投联动、全产品营销、供应链融资、小微客户融资、境内外联动等机制模式，着力为客户提供“全融资、全链条”的集成金融服务。强化竞争发展基础。从业务、客户、产品、区域竞争力等方面着手，协同解决业务发展中存在的突出问题和薄弱环节，消除经营管理短板，保障业务快速发展。

二、创新转型业务做实“三张表”

在私人银行、资产管理、同业金融、资产托管、互联网金融、跨境业务、投行业务、消费信贷、科创服务、票据业务等领域，加快体制机制改革，强化专项考核评价，推动战略落地，打造新的盈利增长点。加快推进体制机制改革和部门职能整合优化。明确和落实“改革时间表”，对部分新兴业务领域实施专业化改造和功能深化。架构调整后的新部门要加强“以客户为中心”的市场、业务、产品和流程再梳理、再优化，明确经营目标和重点业务方向，加快创新突破，实现新一轮快速发展。提升重点产品线专项贡献。对照总行利润中心和重点产品线，如贵金属、私行、票据、托管、养老金、金融市场、互联网金融等，建立“专门贡献表”，对相关指标进行全方位分析评价。强化支行创新发展评价。针对资管、投行、私行、同业业务、互联网金融、跨境业务等新业务领域，建立“支行创新转型评价表”，对新业务新市场拓展、新产品指标贡献、重点项目突破等情况，进行综合评价。各行部结合自身实际，选择2-3个重点创新转型业务，做大、做优、做强，形成自身经营特色优势。

三、全面深化渠道运营和服务体系建设

持续推进智能服务模式。智能网点达到447家，配置智能设备1 466台，70%的个人非现金业务通过自助类设备处理。大力推进新渠道推广，开展了“自动柜员机跨行交易有好礼”活动、节节高、薪金溢等存款类WiFi抽奖互动营销活动，推进了“码上赢”营销，以及“工行服务”小程序。渠道运营协同成效显著。远程授权业务平均排队等候时间压降了22.85%；推广了中小微企业便捷开户项目，客户往返银行的次数与业务办理时间缩减一半，前台柜员信息录入量减少近80%；完成了“客服经理”岗位设置与权限优化，实现了客服经理在厅堂服务、柜面操作、客户营销等岗位之间的快速转换。

四、坚持抓好各类风险防控

加强信贷基础和质量管理，创新不良贷款处置方式，突出潜在风险管理和重点领域风险监测，加强监测模型运用和自主研发，保持资产质量稳定局面。持续抓好内控案防，聚焦监管部门“八大重点领域/233项风险点”和总行“十大重点领域和关键环节”，特别是总行提示的现金业务、账户管理、违法放贷、信用卡、违规销售等领域，落实好总行关于现金实物安全管理检查的部署，严防现金类案件和风险事件。狠抓整改和问责，认真落实监管部门三三四和金融乱象治理、总行综合整治的整改要求，全力做好国家审计署经济责任审计的配合工作，并以此促进提高内控和风险管理水平。严防跨市场交叉风险，持续关注金融资产服务业务风险，完善了表外业务风险监测平台，实现预警提示到风险化解的闭环管理。

五、聚焦重点打造人才强行工程

坚持需求导向，做实做细人力资源“两张表”，实现各类人才数量、结构和能力的统筹平衡，为加快创新发展和转型突破提供扎实的人才支撑。深化柔性团队机制。组建“特种部队”模式的专业团队，对有前景、有潜力、看准了的市场，集中力量打歼灭战。对公司新兴市场和板块、私人银行、投资银行、同业金融、互联网金融、贵金属、票据、科创、跨境等重点业务条线，聚焦重点客户和重点板块需求，依托“核心客户经理+若干产品经理”的1+N柔性化团队机制，围绕“集成、融合、协同”理念，加快包括结算清算、现金管理、信贷融资、债券承销、资产管理、投贷联动、同业合作等在内的“一站式综合金融服务商”战略落地。充实专业人才队伍。精准有效地推进人员结构调整工作，加大各类中后台人员的优化调整力度，切实提升工作饱和度和工作效率，积极推进富余人员优化转岗，科学有序推进专业人才队伍建设，实现“压总量、优结构、提效能”的目标。加强干部队伍建设。坚持“党管人才”原则，落实好“大人才观”要求，改进竞争性选用机制，不拘一格、更加精准地选好人才、用好人才，为更多年轻化、专业化人才创造平台，打造一支素质过硬、堪当重任的干部队伍。

六、高标定位抓好党建和基础管理工作

扎实推进“两学一做”学习教育常态化制度化，深入学习贯彻党的十九大精神，落实好中央和总行党委各项相关工作部署，扎实做好典型挖掘、成果宣传和精神解读，积极提升党员在中层干部和骨干员工中的比例。坚定不移推进全面从严治党，把全面从严治党与从严治行结合起来，推动新时期企业文化建设的创新深化，形成党建文化促发展的集群优势。坚持党风廉政和经营工作一起抓，加强员工动态行为管理，切实做好员工违规经商办企业、员工各类融资异常等情况的自查、整改和处理，强化执法监察和监督问责。多措并举打造强有力的干部员工队伍。积极推进干部能上能下、跨机构跨专业人才交流，助力机构改革深化，加强大行工匠典型宣传。持之以恒改进机关作风，不断强化调查研究和重点工作督办制度，提升抓落实、基层服务和协同联动的意识和能力。

江苏分行

【主要业务指标完成情况】

2017年，江苏分行实现拨备前利润297.8亿元，增幅6.1%，净利润185.1亿元，增幅14.6%，保持了对集团较大的盈利贡献。在系统内可比六家分行中，拨备前利润排名第三，增幅第四；净利润排名第四，增幅第五。人民币各项存款新增612亿元，列四行第二。实现中间业务收入120.9亿元，完成了调整后的总行计划，四行占比30.8%，保持第一。提取减值准备48.6亿元，拨备覆盖率165.3%。列支营业费用91.1亿元，增长1.4%，其中人力费用列支64.2亿元，增长3%，广大干部员工的切身利益得到有效保障。

【主要工作措施】

一、存贷款业务发展态势良好

机构存款在财政、社保、部队等重点板块的竞争优势进一步扩大，新增517.8亿元，列四行第一，年末余额突破3 000亿元；公司存款以实施营业网点“千亩良田”计划和推广工商企业通2.0为抓手，新增100亿元，列四行第一，对公客户新增8.51万户；储蓄存款继续抓好客户扩容提质、源头资金竞争等关键环节，日均新增60.2亿元，同比多增25.8亿元，个人有效客户新增128.9万户。以“四抓”为主线，大力拓展优质信贷市场，人民币各项贷款新增831.2亿元，列系统第二，同比多增112.6亿元。其中，项目贷款新增283.6亿元，累放990.6亿元；制造业有贷户净增116户，贷款新增81.1亿元；监管口径小微贷款新增193.4亿元，列四行第一、系统第二，达成“三个不低于”的监管要求，完成人行普惠贷款目标任务；个人贷款牢牢抓住住房按揭市场，个人住房贷款新增545亿元，列四行第二、系统第二；票据贴现加强流转和议价，收益率4.52%，列系统第三，同比提高98个基点，贴现量价保持四行第一。

二、经营转型取得新的成效

根据总行对经营转型的部署要求，持之以恒抓好大零售、大资管、大投行和互联网金融等战略落地。个人金融资产新增557.1亿元，大零售中间业务收入达到41.9亿元；私人银行达标客户6 020户，新增391户，私银中收6.1亿元，列系统第三；信用卡新发卡195万张，有效客户净增30.6万户，分期付款业务收入7.7亿元；远程维护工作不断深化，通过精准营销带来中收1.07亿元。抓住市场机遇，完成理财推荐投资超过10亿元的项目15个；理财产品日均余额1 506.1亿元，增长7.6%；实现资产管理业务收入19.8亿元，占全部中收的16.4%，提高2.1个百分点。围绕并购重组、股权融资、债务融资、投贷联动四大产品线，完成品牌投行项目111单，融资金额758.2亿元，增长63.6%；投行业务收入24.3亿元，保持系统和同业双第一。成立省分行网络金融部，推动重点业务量质并举、创新发展，融e购活跃商户2 542户，融e行移动端客户新增211万户，融e联注册用户新增347万户，均列系统第二。

三、风险防控工作扎实有效

一是坚持把资产质量管控作为生命线。从信贷基础管理和风险贷款压降两端发力，通过信贷合规文化教育、重点领域风险防控、早处置快处置等措施，全行资产质量稳步提升。年末，不良贷款余额89.1亿元、不良率0.94%，分别比年初下降3亿元和0.13个百分点，实现“双降”。“剪刀差”贷款余额23.8亿元，比年初下降46.3亿元，降幅66%；潜在风险贷款客户1 201户、余额308.9亿元，分别比年初减少486户和164.9亿元。2013年以来新增融资不良率0.32%，比年初下降0.01个百分点。累计处置不良贷款99.39亿元，其中现金清收45.6亿元，占比45.9%。受托资产处置57.3亿元，超额完成总行任务，增加考核利润6亿元。

二是持续深化内控案防管理。突出抓好主体责任的落实，及时提示提醒，强化警示震慑，加大查处力度，全行内控案防形势总体比较平稳。精心组织“深化管理年”活动，营造了依法合规、稳健经营的氛围。推进合规文化建设，持续抓好“十大禁令”教育，积极选树“合规标兵”典型。开展十大重点领域风险治理，累计检查业务 20.59 万笔，发现问题 3 352 个，已整改问题 3 139 个，处罚相关责任人 1 531 人次。认真执行外汇管理规定，在外汇局专项考评中保持 A 级。组织网点直通式突击检查、信贷业务合规检查、重要业务及机构专项检查等，抓好新业务、重要业务、发展较快业务的风险排查，对发现的问题，逐项分解、抓好整改。三是高度重视运营风险防控。实施网点运营风险分级管理，开展高风险网点综合治理，49 家网点退出高风险级别，退出率 88%。推广电子验印、支付密码、自助对账等技防手段，加强合规检查和违规处罚，全行内部风险暴露水平下降 32%，外部风险暴露水平下降 7%，员工不良行为类风险事件下降 39%。相关法律审查和司法协助有序开展，信息系统运行保持平稳，声誉风险管理和信访维稳工作扎实有效。

四、内部管理得到改进和加强

及时调整完善经营绩效考核办法，引导全行突出抓好经营效益等核心指标，加快推进客户、收入等方面的转型发展。加强定价管理，推动降本增效，存款付息率 1.46%，新发放贷款加权平均利率 4.8%，均为四行最优；净利息收益率 2.39%，比上年提高 9 个基点，比系统平均水平高 20 个基点。眼睛向内、挖掘潜力，经济资本占用增量比限额节约 28.8 亿元，向总行出售经济资本 26 亿元，增加 EVA 7 050 万元。抓好网点建设，95 家低效网点效能提升，51 家低效自助银行效能提升；178 家网点完成智能化改造，智能化网点覆盖率达到 93.7%。高度重视网点服务，推进“标杆”网点和“星级”网点创建，4 家网点被评为中银协全国“百佳”网点。

五、党建工作和人本管理不断深化

一是全方位加强党建工作。各级领导班子认真履行“一岗双责”，把党建工作与经营管理工作同部署、同落实。推动“两学一做”学习教育常态化制度化，抓好各级党委中心组学习，班子成员带头学习、带头讲党课、带头明规守纪。专题部署动员，细化工作方案，举办省分行管理干部读书班，组织主题党日活动，迅速掀起学习宣传贯彻党的十九大精神的高潮。开展基层党组织负责人集中轮训，规范和加强基层党建工作。坚持从严治党、从严治行，通过开展廉洁文化教育、抓好中央八项规定执行、强化执纪问责等措施，持续深化全行作风建设。高度重视总行巡视反馈意见，对相关问题逐项分解、落实责任、立行立改。二是抓好干部队伍建设。坚持党管干部原则，选好配强管理干部。加快干部梯队建设，组织省分行部室管理岗位公开遴选，做好二级分行“N+1”年轻干部考核与提任工作，加强二级分行后备干部队伍培养，多层次开展干部交流锻炼，年内对 11 家二级分行的领导班子和 16 个省分行部室的负责人进行了调整充实。对二级分行领导班子规范专业分工，加强考核管理。三是推进员工队伍建设。常态化开展业务序列聘任工作，进一步打开员工的职业发展通道。高度重视教育培训，同步抓好现场培训和网络培训，全年举办各类培训班 1 538 期，培训 12.35 万人次。广泛开展岗位练兵和劳动竞赛，提高员工的业务技能和综合素质。加强专业资格认证管理，业务类员工持证率 82.2%，比年初提高 20 个百分点；信贷从业人员持证率 98.4%，网点负责人持证率 100%。做好校园招聘和社会化招聘工作，新录用大学生 525 名，全行人员总量保持稳定。四是营造奋发进取的发展氛围。深化争先创优和文明创建活动，南通、宿迁两家分行荣获全国金融五一劳动奖状，营业部孙晓平荣获全国金融五一劳动奖章；扬州分行、苏州吴中支行、镇江句容支行被评为“全国文明单位”，省分行本部、宿迁分行、苏州相城支行继续保留“全国文明单位”荣誉称号。组织“感动工行”员工和“大行工匠”学习活动，引导全行员工立足本职、精益求精、干事创业。五是加强民主管理和员工关爱。落实好职代会制度，做好代表提案的办理和回复，保障广大员工的知情权、参与权和监督权。发挥党政工团的作用，组织“书香工行”、演讲主持、运动健身、健康讲座等丰富多彩的文体活动，使员工展示才华、释放压力。走访慰问劳动模范和困难员工，关心离退休和内部退养人员的生活，营造稳定和谐的发展氛围。

浙 江 分 行

【业务指标完成情况】

2017 年，浙江分行实现拨备前利润 253.1 亿元，同比增加 12.42 亿元，增长 5.16%，一改 2012 年以来拨备前利润在 240 亿元左右徘徊不前的局面；净利润

147.23 亿元，同比增加 41.36 亿元，增长 39.07%，创近 5 年新高；年末各项存款余额 11 000 亿元，新增 930 亿元、同比多增 69 亿元；贷款余额 8610 亿元，新增 592 亿元、同比多增 534 亿元；实现中收 132.59 亿元、列系统内第二；不良贷款连续六个季度实现“双降”，其中不良额 117.16 亿元、比年初下降 30.2 亿元，不良率 1.51%、比年初下降 0.51 个百分点。

【主要工作措施】

一、狠抓客户战略落地根植，客户发展实现新成效

始终把有效客户增长放在首位，把客户品质提升和结构调整作为一项基础工作，抓紧抓实抓出成效。在客户拓展上，坚持大中小客户一起抓，在做大客户总量上下功夫。坚持拓展新客户与维护老客户并举、坚持客户提质与阻击流失并举“两个并举”，实施客户回归、截流、倍增三大工程。在工作机制上，在落实好个人客户分层服务的同时，建立起覆盖市分行、支行、网点、个人的对公客户分层分包营销管理体系，改变客户营销维护缺位局面。在考核导向上，着力打通最后一公里中梗阻，对支行、网点，推动标准化、穿透式的统一模板，并强化考核办法落地的跟踪督导；对营销人员，实施“客户、存款、贷款、资产、中收”五位一体的考核评价，强化客户拓展意识。全年除了个人有效客户外，其他各类客户基本实现倍增。其中总对公客户数、机构客户、日均金融资产 5 万元以上对公客户分别新增 9 787户、1 882 户和 5 074 户，分别同比多增 6 001 户、1 727户和 2 756 户；日均金融资产 5 万元以上个人客户新增 5.79 万户，同比多增 2.99 万户。个人和对公客户流失情况全面好转，总客户和中高端客户流失率均较 2016 年实现了下降。在客户发展的有效支撑下，存款增长明显加快且质量趋好，新增各项存款与农行差距明显缩小，从 2015 年、2016 年分别相差 434 亿元和 460 亿元，缩小至 2017 年的 162 亿元。其中，储蓄存款增量差距从 2015 年的 363 亿元、2016 年的 244 亿元缩小至 166 亿元。日均各项存款增长良好，新增 989 亿元，同比多增 246 亿元。四行占比 31.33%，较年初提升 0.2 个百分点。其中，日均储蓄存款新增与农行差距也实现缩小，从 2015 年的 300 亿元缩小至 2017 年的 172 亿元。

二、加快调整优化信贷结构，资产业务实现新布局

紧紧围绕总行“抓大、抓小、抓新、抓优”信贷战略导向，结合实际制定新一轮三年信贷规划，在顶层设计上进一步完善信贷业务总体组织架构，明确信贷业务区域布局、客户结构和产品结构。其中，在整体布局上，加大个贷和项目贷款拓展，压降流动性贷款，全年新增贷款 592 亿元，其中个贷新增 272 亿元，项目贷款新增 392 亿元，流动性贷款下降 72 亿元，2017 年末基本形成个贷（含卡透）、项目、流贷 4:3:3（41:26:33）的信贷格局。在重点投向上，将个人按揭贷款、基础设施和弱周期领域贷款作为资产业务两大压舱石。个人按揭贷款方面，加大优质市场拓展，全面推广个人信贷运营中心建设，余额达到 2 221 亿元，新增 486 亿元，时隔四年重夺省内“第一按揭银行”地位；同时贷款平均利率 4.72%，跃升四行最高，不良率 0.18%，保持同业最优。基础设施和弱周期领域贷款方面，抢抓省政府打造交通强省、筹备亚运会、自贸区建设等重大战略机遇，积极拓展“七个一批”弱周期市场。全年基础设施领域贷款投放 145 亿元，弱周期贷款投放 93.23 亿元。在区域摆布上，根据区域资源禀赋、融资饱和度以及分行信贷经营管理水平，制定分行信贷业务发展的体量、结构和质量规划，统筹信贷规模等资源配置，推进差异化经营，形成二级分行梯次梯度发展格局。省分行营业部、温州、嘉兴、台州四家信贷重点投放分行全年新增贷款（不含卡透）314 亿元，占到全省的 70%。

三、创新推进业务转型，经营效益实现新增长

紧紧抓住新趋势、新业态和新模式中的发展机遇，加快业务和服务创新，推动形成多元动力、多点支撑的盈利增长格局。大零售业务，更加聚焦客户发展，加强平台化场景化营销，加快资产配置水平和能力建设，全年零售营业贡献 136.57 亿元，占到全行的 48.12%。大资管业务，坚持标准与非标同步协调发展，重视资管业务的优质投资品配置，严格遵循监管要求，实现资产管理中收 13.17 亿元、同比增长 12.65%。大投行业务，突出抓好股权并购、债权交易、资产重组等市场机遇，薪酬收益权业务取得较大突破，全年完成 10 单共 6.2 亿元，完成投融资业务 780.49 亿元，投行中收 13 亿元，同比增长 4.38%。推进特色产品线建设，票据业务创新推广票据池 2.0 版，以电票业务为突破口，结合大数据精准锁定目标客户，新增入池量 451 亿元，实现票据收入 9.22 亿元、列系统内第二；同业业务完善营销管理机制，深化专营和非专营业务合作，同业客户全年收入贡献 20.6 亿元；电商成体系在商户服务、公共事业服务、中介服务和跨境支付等四大平台取得突破，建成 B2C 存管清算服务集成平台，整合微信、支付宝、银联等主流支付通道，集成支付、清算、清分等功能；成为浙江政务服务网首家合作银行，与我爱我家等房产中介对接系统并落地运行，为总行 e－ICBC3.0 战略提供更多鲜活实践。

四、深入推进体制机制改革，经营活力实现新释放

积极顺应经营形势变化，创新内部经营管理的手段和方法，经营活力加快释放。一是全面推进布局优化和经营转型。在战略布局上，开展以迁为主的“一行一策”渠道三年规划，全年网点迁址优化 42 家；在智能化建设上，将其作为一项系统工程，全年完成网点智能化建设 781 家，可核验类业务迁移率 84.79%，释放柜员 789 名，同时对公业务智能服务开始试点推进；在经营架构改革上，对全行网点进行分类，在此基础上重构

网点岗位体系、推行网点人员配置模型、优化劳动组合。二是进一步深化信贷体制改革，通过稳步推进省市分行直接经营、健全二级分行审查审批体系、加快信贷监控体系建设，推动改革在全省全面推广，并根据推进成效，启动下一轮优化工作。三是推进县域支行改革，突出可持续发展，更加注重长期经营的考量；突出差异化发展，明确“宜存则存、宜贷则贷、宜转（型）则转（型）”的特色发展之路；突出主体责任落实，压实二级分行是主要承担者和组织者；突出优化资源配置，省市分行建立专项奖金池；搭建信息平台，加强上下沟通协调。

五、全面加强风险防控，资产质量实现新提升

认真汲取经验教训，痛定思痛，通过切实抓好新增融资资产质量、化解潜在风险和不良贷款处置三项重点工作，全面完成资产质量管控目标。一是坚决止住新的出血点，着眼于通过管理治本，落实二级分行信贷经营的主体责任，进一步加强信贷精细化管理和专家治贷，解决资产质量的源头问题。二是着力化解潜在风险，将潜在风险贷款总量占比、压降计划纳入二级分行经营绩效考核；明确各二级分行安排一名副行级干部专职或主抓潜在风险化解，潜在风险集中的分行成立潜在风险化解专职团队；实施分层会诊机制，省分行负责5亿元以上及直营客户，全年集中会诊了12次，二级分行负责3 000万元以上客户，一级支行负责所有法人客户，提升前瞻性研判以及解决信用风险的能力。三是全力做好清收处置，深化领导挂帅、重点督办和集中处置等机制，创新受托资产处置，提升清收处置力度和效益，累计清收处置不良145.13亿元，全年受偿率达到55%，同比提升10个百分点。年末，实现了风险贷款“七个明显下降”，其中劣变额114.1亿元，同比减少86.9亿元；不良额（不含卡透）117.2亿元，下降30.2亿元；不良率1.51%，降低0.51个百分点；剪刀差（按借据）38.7亿元，减少31亿元；关注贷款239亿元，减少77.1亿元；潜在风险贷款398亿元，减少272亿元；2013年以来新增融资累计劣变率1.47%，降低0.2个百分点。

六、坚持全面从严治党、从严治行，党建工作实现新突破

以更高标准、更严要求推进管党治党，进一步把党建优势转化为经营发展优势。加强思想建设，扎实推进“两学一做”学习教育常态化制度化，开展“一问一改”活动，查找问题552个，进行销号式管理，促进了党员干部“四个意识”的增强。强化组织建设，认真组织开展党的十九大代表选举工作，制定党建责任制量化考核办法，在全行开展党员领导干部争做管理履职模范、党员争做岗位尽职模范的“双争”活动，进一步推动全面从严治党主体责任的落实。抓好党风廉政建设和内控案防，开展“违反八项规定”“四风问题”回头看活动，加强内部巡察和执法监察，全年对6家分行进行了巡察；加强领导干部常规考察，对全省12家二级分行、34个部室实地开展班子考察工作，抓好“关键少数”；严格落实监管要求，以推进综合整治工作为契机，深入开展金融乱象专项整治，坚持边查边改，发挥了清雷排险的积极作用，实现安全稳定经营。抓好人才队伍建设，向总行推荐后备干部和“311”高级培养对象初步人选20人，对接总行“311”干部培养规划，启动“双英”核心管理人才培养工程，确定“双英”培养人才224名；优化各级领导班子结构，突出专业化和年轻化导向，全年提任省分行部室总助、二级分行行助及以上职务35人，其中40周岁以下占比为34.29%；加快人员释放，在全年人员总量净减249人的同时，实现销售类净增710人，新兴业务净增106人。

安徽分行

【主要业务指标完成情况】

2017年，安徽分行实现拨备前利润81.3亿元，居全国第13位，同比增加6.9亿元；实现净利润50.14亿元，居全国第12位，完成全年计划的101%，同比增加9.6亿元，居全国第10位。本外币各项存款增加280.43亿元，居全国一级分行第9位，日均存款增加220.77亿元，居全国第7位；各项贷款增加222.91亿元，剔除压降票据规模因素，贷款增加417.49亿元，其中个人住房贷款增加297.68亿元。实现中间业务收入21.61亿元，居全国第16位。资产质量保持稳定并得到提升，不良贷款余额和占比分别下降5.58亿元和0.27个百分点。

【主要工作措施】

一、坚持党建为纲，增强引领推动作用

坚持以更高标准、更严要求推进管党治党，以党建工作来引领推动经营发展，以发展成效来检验党建工作。一是认真学习宣传贯彻党的十九大精神。把学习宣传贯彻十九大精神作为首要政治任务，摆上重要议事日

程，制定细化措施和工作方案，就学习宣传贯彻工作进行安排和推动，迅速在全行掀起了学习宣传和贯彻落实十九大精神的热潮。二是完善党建工作机制。制定领导干部党建工作主体责任清单，压实了“关键少数”党建工作责任。扎实组织开展“两学一做”学习教育，积极推进学习教育常态化制度化建设。完善党建联系点制度，密切了与基层的联系。三是严格落实党风廉政建设责任。认真落实党风廉政建设主体责任，进一步明确了责任清单。紧盯“四风”的新形式、新动向，抓早抓小，动辄则咎，切实推动了作风改进。开展“学规定、守纪律、防风险、保安全、促发展”主题教育活动，加大深植廉洁文化理念的力度。坚持抓早抓小，严肃查处各类违规违纪问题，释放了从严治党、从严治行强烈信号。四是加强人才队伍建设。大力推进领导班子结构优化，同时建立了对二级分行领导班子定期考核机制。加强干部队伍建设，进一步配齐配强了二级分行领导班子。召开新任职年轻干部座谈会、主要负责人党建座谈会和工作座谈会，开展集中廉洁谈话，切实加强党员干部管理。五是认真做好巡视配合与整改工作。积极配合总行党委第四巡视组对分行党委的巡视工作，对巡视组发现的问题及反馈的意见，虚心接受，深刻反思，扎实推动问题的整改落实。

二、抢抓市场机遇，促进稳健可持续发展

按照突出营业贡献、突出市场占比、突出重点指标，以及突出把好投入产出的原则，加强综合营销竞赛活动的精细化管理，让有限的资源真正发挥好作用，促进竞争力的提升。一是着力优化客户基础。按照客户拓展“15 个关键词”的要求，推动全量客户拓展，同时注重完善获客、黏客机制，在做大客户规模的同时，提升优质客户和中高端客户占比。全年新增日均金融资产 5 万元以上公司客户 1 603 户，完成总行下达计划的 348.5%。净增个人有效客户 70.39 万户，其中日均资产 50 万元以上客户 8 248 户。净增机构客户 799 户；净增私人银行客户 113 户，增长 12%，增幅居全国第 13 位。二是保持存款稳定增长。始终坚持把存款工作作为业务发展的基础来抓，坚持平时抓、抓平时，从产品创新、客户服务、考核评价等多个方面着手，努力促进各项存款稳定增长。储蓄存款增加 109.02 亿元，居全国第 7 位；公司存款增加 115.43 亿元，居全国第 5 位；机构存款增加 111.67 亿元，居全国第 13 位。三是大力发展中间业务。注重依靠做大优质客户规模、加强产品渗透，深挖传统中间业务增收潜力，同时积极抢抓新兴业务市场，努力扩大中间业务收入来源。尤其是对在全国系统排名、同业占比落后的产品，以及同比负增长的科目，逐月逐品种深入分析，针对性强化措施，努力加快赶超步伐。

三、强化战略导向，突出业务转型升级

把业务转型升级作为拉动当前增长与实现长远发展的根本举措，持续发力、深入推动，打开更大的发展和盈利空间。一是深化大零售战略。坚定不移地抓好大零售战略这个“吃饭工程”，以远维客户经理、理财专家、薪金管家品牌专员、卓越店长、零售信贷融资专家和零售大数据营销柔性团队这“6 + 1”专业团队建设为抓手，积极做大做强零售规模，实现大零售营业贡献 60.4 亿元，占全部营业贡献的 49.94%，同比提高 1.28 个百分点。二是深化大投行战略。充分发挥投行业务转型创新“发动机”的作用，积极竞争政府类客户、机构同业客户、高净值私银客户和上市拟上市公司客户投行业务机会，实现品牌投行业务收入 1.4 亿元；奇瑞债转股等重点项目正在积极推进中。三是突出抓好重点城市行竞争力提升。通过在考核机制、资源配套等方面的改革，实施差异化管理和考核，激发内涵式发展活力，总省行确定五家重点城市行拨备前利润合计占全行的 65.23%；不良贷款余额合计 19.05 亿元，比年初下降 3.69 亿元。四是推动互联网金融加快发展。融合互通、综合运用三融平台，打造线上线下一体化新型发展模式，推动渠道简单协同向全面融合的转变，构建线上获客、活客、黏客和增收的新模式。融 e 行移动端动户数达 286.17 万户，融 e 联客户达 459.95 万户。

四、加强信贷经营，积极优化信贷布局

聚焦重点领域和薄弱环节，优化信贷投向和布局，同时积极推进信贷经营体制机制改革，保持了信贷业务持续稳健发展。各项贷款比年初增加 222.91 亿元，同比多增加 98.31 亿元。在“抓大”方面，加大铁路、公路、电力等传统领域重点客户营销和关系维护力度，扩大规模、提升占比、加深融合。对照安徽省政府重点工程、调结构补短板重点项目清单，积极竞争承东启西枢纽、江淮海贯通等重大基础设施项目，以及“一带一路”、长江经济带等领域重大项目。密切关注政策变化和项目进展，全年审批 PPP 项目 6 个、金额 40 亿元。在“抓小”方面，以市场规划和批量化融资方案为引领，以政银担、税融通、劝耕贷等产品为抓手，以小微中心建设为保障，全力拓展优质小微信贷市场，新拓展小微企业客户 435 户，监管口径小微贷款余额 429.56 亿元，较年初增加 41.97 亿元，实现了“三个不低于”目标。新增普惠贷款 48.9 亿元，居全国第 7 位，完成总行下达计划。积极拓展个人信贷业务市场，实现了个人贷款余额和增量、按揭贷款余额和增量“四个同业第一”，个人贷款增加 287.8 亿元，居全国第 7 位。在“抓优、抓新”方面，制定了先进制造业重点领域营销指导意见、旅游行业市场营销的意见，完善针对性营销竞争方案，制造业公司贷款增加 11.41 亿元，上市公司贷款增加 13.31 亿元。高度重视新市场拓展，着重培育医疗、教育、养老、现代物流等领域未来业务增长极。在薄弱环节方面，重点推动完善金融精准扶贫机制，全面推进扶贫工作，累计向 1 973 贫困户发放个人贷款

8.34亿元；投放扶贫项目贷款5.5亿元；向15个扶贫龙头企业发放贷款1.25亿元。在信贷经营体制机制改革方面，按照总行“法人分层、小微专营、零售下沉”的总体要求，本着“先个贷、再小微、最后法人”的思路，一行一策有序推进改革。将个贷审查职能全部下放至16家二级分行，在7家二级分行组建小微中心，稳步推进了授信项下授权审批制。

五、全力管控风险，确保资产质量稳定

坚持稳健审慎、从严治贷的信贷理念，深化细化信用风险管控措施，根据贷款风险状况，建立了潜在风险客户、违约贷款客户、不良贷款客户三类名单库，同时建立资产质量调度会制度，按月对重点风险项目实施调度，明确责任、强化举措。各季度资产质量持续实现“双降”目标，年末不良贷款低于总行下达控制计划0.67亿元，不良额和不良率由好到差排名居全国第14位和第11位，比上年末分别上升1个和5个位次。一是思想高度重视。将质量计划分解到二级分行，同步将计划落实到省行信贷各专业条线，及时明确稳控重点和措施，坚决守住阵地。省行班子成员根据分工，一把手按季度组织召开全行资产质量调度会、分管行长按月组织公司、小企业和个贷等专业召开资产质量调度会，调整细化风险化解预案，促进加快风险化解进度。全年将214户重点项目纳入调度，共化解了82亿元风险贷款。二是加强潜在风险贷款管理。持续对存量贷款分产品维度、客户维度进行分析排查，逐户制定信贷掌握意见和管控措施，明确风险化解责任和时限要求，因企施策提前化解风险，全年压降法人客户潜在风险融资26.08亿元。加强对违约贷款的管理，按周对违约贷款化解进展情况进行通报，最大限度地防止违约贷款劣变，全年化解法人违约贷款风险80.14亿元。三是加快不良资产清收处置。加强不良资产全口径管理，充分运用重组转化等清收政策，借力政府资源和社会资本，积极运用投行等多种手段，加大清收处置力度，累计清收处置不良贷款28.62亿元，其中常规方式清收处置15.55亿元。突出抓好受托资产处置，对78户受托资产逐户明确清收方案，全力加快处置进度，累计处置9.24亿元。四是加强基础管理。通过抓优质客户来解决“病从口入”问题，确保新增贷款质量，止住新的“出血点”。认真研究思考董事长提出的关于信贷经营管理“十个问题”，在建机制、强基础上下功夫，夯实了信用风险管理基础。加强机构准入管理，大力推进专家治贷，强化了信贷人员资质管理。

六、持续加强管理，努力保障经营发展

坚持从严治行、从严管理，同时加快管理增效步伐，通过持续提升内部管理能力，严防各类风险，保障和支持业务发展和生产运营。一是持续完善内控案防机制。强化两道防线建设，突出重点风险管控，并组织召开参会范围到基层网点的从严治党从严治行警示教育大会，通报典型案例和处理措施。积极打造铁的决心、铁的作风、铁的措施新“三铁”文化。认真落实安全责任制，尤其是组织各级机构一把手定期带队开展安全检查，确保了全行安全运营。二是认真抓好两项排查。深化员工异常行为排查，进一步加强“从人到事”和“以事找人”两项排查，力戒形式主义、力戒官僚主义、力戒好人主义，持之以恒地推进案防网络建设。省行和各二级分行党委坚持按季度听取两项排查工作情况报告。省行通过两项排查共处理违规责任人204人次。三是突出案防排查重点。扎实推进“十大重点领域和关键环节”治理工作，认真开展内控合规“基础强化年”主题活动。密切关注治理同业、理财、资管等创新领域的风险，对违规问题进行专项排查整治，坚决守住新时期“十大禁令”红线，对于越线者从严、从重问责。

福建分行

【业务指标完成情况】

2017年，福建分行实现拨备前利润69.58亿元，实现净利润8.06亿元。各项贷款余额3 306.9亿元，较年初增加196.67亿元。其中：公司、个人贷款分别较年初增加138.55亿元和229.44亿元。全部存款余额2 956.7亿元，较年初增加208.27亿元。其中：储蓄、公司、机构同业存款分别较年初增加45.76亿元、58.71亿元和103.8亿元。实现中间业务收入31.3亿元。不良贷款余额118.62亿元，不良贷款率3.59%。

【主要工作措施】

一、坚持服务实体，发挥大行作用

一是突出抓大抓重点，做大优质市场份额。始终坚持发挥工商银行在重点区域、重点客户、重点项目上的综合金融服务优势，抢占优质信贷市场，切实做好信贷布局工作。至2017年末，新增人民币项目贷款286.71亿元，余额较年初增加160.72亿元，增幅82.68%。其中，共对51个省政府公布的省级重点项目发放贷款，贷款余额377.04亿元，较上年投放总数增加86.05亿元，增幅145.80%。

二是坚持抓小做稳，促进普惠金融发展。在个人贷款方面，始终坚持抢抓一手房市场、巩固二手房市场，至2017年末个人住房贷款余额较年初增加251.76亿元，增幅28.72%，增量创近年新高；大力推广“融e借”，至2017年末融e借余额较年初新增16.21亿元。在小微金融方面，全力推进小微企业金融服务，至2017年末实现监管口径小微企业贷款余额522.39亿元，较年初增加41.23亿元，完成总行及监管计划的121.26%，实现“三个不低于”目标。

三是持续抓新抓优，加快实现新突破。加大对先进制造业支持力度，至2017年末全分行先进制造业融资共61户，余额140亿元，较年初新增8亿元。持续布局“幸福产业”领域，积极探索适合“科教医养”行业特点的新型产品和服务模式。进一步强化全金融服务，不断加强非信贷融资服务。成功组建了行外银团12户，银团贷款合同总金额58.12亿元，我分行份额20.76亿元。承销福建省政府公开债233亿元，市场占比24.09%，同业第一，并收到福建省财政厅的感谢信。

二、坚持存款立行，夯实经营基石

一是储蓄存款稳步提升。狠抓新增客户增存、代发工资留存、综合理财引存、拆迁批量转存、创新产品稳存，突出个人存款优势产品在大客户储蓄存款业务中的核心地位和抓手作用，持续加强客户黏性、提高客户活跃率、降低客户流失率。至2017年末，储蓄存款时点、日均增量分别为45.76亿元和50.13亿元。

二是公司存款大幅提升。全面推进分层营销，按季度、月制定公司存款重点客户名单，及时通报大额资金变动情况，明确各层面管理人员维护营销管理责任，同时加强存款量价协调精细化管理，有效促进了公司存款重点客户的稳存与增存。至2017年末，公司存款时点、日均余额分别增加58.71亿元和52.4亿元。

三是机构存款再创新高。持续介入公共资源交易服务市场，在机关社保领域改革取得突破性成果，进一步巩固军队客户优势地位。至2017年末，机构存款时点、日均余额分别增加106.74亿元和43.5亿元，连续五年保持机构存款存量增量四行占比第一。

三、坚持客户为本，深化拓户增容

在个人客户拓展上，加强队伍和渠道建设，完善理财团队和财富顾问团队直通式考核评价办法，逐步形成了“线上+线下”“远维+直营”“标准+个性”的营销服务模式，有效提升了全客户、全产品、全渠道营销服务水平。至2017年末，新增个人有效客户45.55万户，个人金融资产较年初增长186.67亿元。私人银行时点客户达1 300户，管理资产283.77亿元；户均资产2 183万元，排名系统第2位。新增信用卡客户24.57万户，新发卡73.52万张，同比多增客户10.5万户、增发卡28.25万张，创八年来历史最高水平。融e行、融e联（实名）、一键支付客户分别增加79.89万户、80.35万户和68.27万户，均超额完成全年任务。二维码商户数累计新增3.1万户。

在对公客户拓展上，坚持客户分层，在巩固扩大对核心客户既有优势的同时，持续加强对优质客户、潜力客户的营销拓展，积极转变营销模式，由坐商变行商，以链式、集群式营销全面推动拓户工作有效落地。至2017年末，新增有效对公结算账户2.17万户，完成全年计划任务的115.57%。日均金融资产5万元以上客户净增1 089户，完成全年计划任务的286.58%；新增日均金融资产5万元以上机构同业客户143户、养老金客户154户、国际业务大中型客户132户。

四、坚持经营转型，提升盈利动能

持续深挖大零售增收潜力、抢占大资管、大投行等新兴市场份额，努力开辟中收业务增收新渠道，盈利动能持续发力。

一是大零售贡献持续提升。2017年，大零售营业贡献达51.78亿元，同比增长14.06亿元，营业贡献占比106.99%。实现大零售中间业务收入22.15亿元，中间业务收入占比70.28%。信用卡中间业务收入14.92亿元，系统排名第6位。

二是大资管开辟中收新增长点。实现养老金业务收入2 373万元，同比增加642.3万元，增幅37%，市场占比90%；实现同业融资业务返还收益9 763.41亿元，收益居系统第1。贵金属业务实现中间业务收入5 165.7万元，其中全分行营销“童心”系列小苹果40 776套、完成率130.5%，位列系统第3名。

三是大投行业务稳中有进，投贷联动初见成效。全年实现中间业务收入1.3亿元，其中投放并购融资60.53亿元，较2015年增长799%，创收中间业务收入4 316.98万元。

四是国际业务条线中收大幅提升。全年实现中间业务收入3.14亿元，同比增加1.11亿元，增幅54.71%，系统排名第9位，较上年大幅前进了7个位次。其中，累计办理跨境人民币反向风险参贷130亿元。

五、坚持风控思维，助力稳健发展

一方面，坚守质量底线，持续强化风险管控。一是抓紧不良贷款清收处置。全年累计清收处置不良贷款112.71亿元，处置额位列系统第4，其中现金清收40.44亿元，重组转化16.36亿元，以物抵债2.77亿元，呆账核销53.14亿元。清收处置受托资产13.95亿元和账销案存资产0.5亿元。二是抓好风险贷款超前管控。坚持总量把控和结构监测原则，主动推进存量移位管理工作，全年实现贷款存量移位467.87亿元，完成总行全年计划的110.61%。持续完善“三道防线”机制，进一步规范潜在风险和剪刀差贷款管理，有效滞缓了贷款劣变势头。全年累计劣变同比下降51.29亿元，下降幅度达41.53%，远低于总行劣变额控制额。三是抓牢信贷管理机制建设。制定了《中国工商银行福建省分行剪刀差贷款管理实施细则》等多项指导性文件，宣导解读政策，规范信贷管理。深化了领导大户挂帅制度和省行风险分析月会制度，实现对大额风险资产的名单制管理。四是抓实信贷管理队伍建设。围绕经营理念、信贷文化、制度执行、工作作风等四个方面抓好信贷队伍的建设，通过组织多期以新时期信贷为主题的培训活动，切实加强辖内信贷人员的业务操作水平和履职规范教育。

另一方面，坚持从严治行，加强内控合规和案防管理。一是强化内控案防管理。深入推进从严治行，持续推动内控评价上等级，开展包含“三违反”“三套利”“四不当”“市场乱象”“十大重点领域和关键环节”“回头看”整改问责等多个项目的综合整治工作，排查风险隐患问题，完善制度建设，员工制度意识和案防意识得到增强。二是深入开展内控合规“执行强化年”活动。将主题活动与业务发展相结合，响应金融监管新要求，开展了“寻找我心目中的合规标兵”“合规文化大讲堂”等系列活动，持续推进合规文化建设。三是强化安全保卫工作。完成融安e信签约客户200余户。成功堵截电信诈骗转账汇款交易达3 209起，避免客户资金损失1.03亿元。

六、坚持深化改革，激发经营活力

一是推进信贷体制机制改革。在小微信贷改革方面，在省分行、泉州分行均成立了普惠金融事业部，在省分行营业部、泉州、漳州、南平、莆田和龙岩分行设立小微金融业务中心，在三明、宁德分行组建小微团队，并按相关要求积极推进“五专”经营机制落地。在个贷改革方面，持续推进个贷处理中心建设，进一步探索中心在个贷业务营销、管理、风控上的应有核心作用，更好地提升个贷业务市场竞争力。

二是完善各类绩效考评体系。在二级分行考核上，完善“一总四分”考核方案，突出竞争力提升、突出客户为中心、突出效益导向，切实将经营绩效考评与分行三年规划任务完成情况直接挂钩。在团队考核上，按照“统一视图展示、科学分配任务、简洁明了考核、打破平均主义”的原则，进一步完善财富顾问、理财经理、大客户中心等营销团队的直通式管理和穿透式考核评价体系。

三是细化渠道服务管理。持续优化网点布局和功能改造。实现撤并低效网点5家，迁址16家，装修并投入运营网点34家；新增智能化网点198家，累计完成网点智能化改造412家，智能网点覆盖率已达90.15%；建成50家理财便利店，13家O2O线下体验店、画社银行、军队银行等新业态网点。持续推进以“同业领先、系统先进”为目标的优质服务战略，深化落实服务主体责任和一把手工程，严格执行谈话问责机制，持续提升网点服务效率，三季度服务工作考评系统第5名，全辖超时等候客户占比7.76%、位居系统中上水平；网点柜面评价满意度和柜面业务评价率长期稳定保持在99%以上；2017年有1家网点荣获中银协百佳网点称号、4家网点荣获中银协五星级网点称号，数量居同业第一；总行级服务五星级网点创建成功率100%。

七、坚持党建引领，筑牢管理基础

一是党建工作扎实推进。深入贯彻学习党的十九大精神，结合自身实际，研究编制了全分行学习贯彻党的十九大精神的工作方案、任务书和时间表，明确了全分行5个方面22项学习任务，把党的十九大精神落实到经营发展工作各方面。深入推进“两学一做”学习教育常态化制度化，进一步把学习贯彻党章、习近平总书记系列重要讲话精神和十九大精神等引向深入。健全党建工作管理机制，构建“省行党委部门统领+群团组织共推+基层支部直通”的柔性化管理团队，完善“大党建”管理模式。根据总行党委建立巡察制度的意见，制定了省分行党委巡察工作规则，并完成了对2家二级分行的巡察工作。

二是深入抓好干部员工队伍建设。创新性推动运用人力资源“两张表”，将调整出的近600人优先投向一线业务以及关键领域。完善干部选拔任用制度，通过公开遴选的方式，完成了正副处级、总助、团委正副书记等干部遴选工作，已提拔任用27人，并配合总行完成分行2017年后备干部及“311”培养对象调研工作。狠抓干部执行力建设，对签订三年振兴发展责任状的各部室、各行部领导干部予以序时考核，与评优评先、绩效工资、岗位调整等措施挂钩，推进干部能上能下。

三是营造和谐共融的企业文化。开展“大行工匠”评选活动，选树了一批有作为有担当、敢于攻坚克难、甘于无私奉献的优秀典型，为全分行转型创新发展提供示范和启迪。完善评优评先工作，开展首届福建分行“五一劳动奖状（奖章）”等评选表彰活动，让受表彰员工充分体会到自身价值实现的自豪感和奉献工行的成就感。成功举办全分行第一届员工综合运动会，充分展现了分行的凝聚力和团队精神，激发了全员不断奋进的昂扬斗志。

江 西 分 行

【主要业务指标完成情况】

2017 年，江西分行实现拨备前利润 64.9 亿元，同比增长 12%；受拨备增提等的影响，实现净利润 24 亿元，同比下降 17%；实现中间业务收入 25.75 亿元，列同业第一。各项存款余额 3 111.67 亿元，较年初增长 302.51 亿元，增量创历史新高。其中：储蓄存款较年初增加 149.3 亿元，日均增量 151.06 亿元，同比多增 29.73 亿元，创历史最好水平。各项贷款余额 2 384.57 亿元，较年初增长 281.79 亿元，增幅 13.4%。其中：公司大中型贷款较年初增长 137.24 亿元，同比多增 21.38 亿元，再创历史新高。个人贷款较年初增加 246.53 亿元，增量四行占比 36.31%，居同业第一。个人住房贷款取得突破发展，较年初增加 266.24 亿元。年末不良贷款余额 45.54 亿元，不良贷款率 1.90%。

【主要工作措施】

一、坚持服务实体经济，促进信贷业务提质增效

一是围绕核心客户，全力拓展优质法人信贷市场。始终围绕政府主导领域，积极推动政府购买服务、棚户区改造、PPP 以及重大民生工程等一系列重大项目落地。牵头对接赣江新区和社保资金池融资，扩展市场营销空间。2017 年累计投放政府购买服务项目贷款 254.84 亿元，投放棚户区改造项目贷款 11.8 亿元，并成功推动南昌、赣州等一批 PPP 项目落地。着力拓展重点板块市场，公共设施、交通能源、文化旅游、先进装备等七大重点板块贷款净增 160.63 亿元，公司贷款结构持续优化。突出创新引领，实现新兴业务良性发展。我行作为牵头行实现银团贷款签约 44.8 亿元、银团收入首次突破亿元大关。积极尝试政府背景发债主体客户和公司私募债券业务（PPN），首次办理网信通业务，并成功创新生物制药行业首个线上供应链融资方案，填补了江西分行电子供应链业务空白。

二是突出重点产品，着力推动小微业务持续发展。深化专营改革，推动小微中心建设。至 2017 年 12 月末，已有五家分行小微中心落地运营；大力发展“财园信贷通”和政府担保贷款，2017 年末“财园信贷通”余额 24.64 亿元，较年初增长 9.31%；创新推出“快易贷”“惠农贷”等融资新产品，年内共发放“快易贷”547 笔、金额 3.13 亿元；积极响应省政府“降成本、优环境”挂点园区活动，对全省 104 家园区进行走访拓户，拓宽小微客户服务半径。截至 2017 年 12 月末，小企业有贷户较年初增加 686 户。

三是紧盯源头营销，大力支持个人信贷业务提速发展。坚持个人住房按揭业务重点推进，按照“重点区域、重点项目、重点客户”的原则，加强与总行级优质项目合作，紧抓优质一手房、二手房营销拓展，个人住房贷款重塑同业优势，较同业多增 105.43 亿元，增量居同业第一。同时，以金融资产自助质押及房屋抵押综合消费贷款为抓手，夯实客户基础，促进消费贷款有序发展，至 12 月末，两项贷款增量分列系统内第 7 位、第 10 位。

二、着力强化三基工作，推动负债业务提速发展

一是加大储蓄存款稳存增存力度。强化组织推动，完善机制保障。组建远程运维团队，覆盖全省 9 个地市，依托大数据开展精准营销，管户金融资产达 163 亿元，提增资产 23 亿元，增存 16 亿元。实行外拓营销机制，组建专兼职外拓团队开展营销活动近 5 000 次，大力开展代发单位外拓服务，累计走访代发单位 2 868 家，开展路演活动 1 337 场。强化业务引导，加大营销力度。扎实推进中储粮夏粮、秋粮收购结算代理项目，共发行中储粮惠农卡 28 万张，累计新增售粮大户 2.3 万户，卡内存款余额达 24.6 亿元；积极推动存管通、薪金溢、节节高等重点新产品，增存超过 100 亿元；创新推出薪享惠通卡，发卡近 20 万张，新拓户率 53.6%，动卡率 96.8%，增存 16.6 亿元；有效推进储蓄存款与金融资产的协同增长，个人金融资产净增 260.88 亿元，居系统第 10 位，增幅 12.3%，完成年度计划 130.6%，增幅和完成率均列系统第 1 位。

二是努力提升对公存款市场份额。公司存款方面，紧盯“大额资金”源头，狠抓大额目标客户延伸营销、信贷资金流向客户营销，成功归集各类代理留存资金近百亿元；深挖公司存款增长潜力，强化存款精细化监测管理，夯实日均存款发展基础，有效推动公司存款扭转发展颓势。至 2017 年 12 月末，公司存款余额 726.95 亿元，同业第一，较年初净增 95.37 亿元，增幅 14.62%，公司日均存款净增 80 亿元，增幅 15.7%。机构存款方面，紧抓源头性客户和民生项目营销，加强与政策性银行合作，以棚户区改造项目农村基础设施项目促进对公存款增长 8 亿元；与江西省工商管理局签订全面合作协议，在前期试点基础上全面推广“企业通”业务；组织参与烟草公司周转资金虚拟集中招标工作并

勇夺第一；上线国税、公积金监管、法院一案一账户、公共资源交易等系统平台，稳定基础客户关系。至2017年12月末，全行日均存款5万元以上对公客户净增2 562户，机构存款较年初增加78.56亿元，增幅13%。

三、持续整固信贷基础，为可持续发展提供质量保障

一是加大潜在风险贷款防控力度。强化资产质量基础管理。对全辖3 175户法人客户逐户进行风险排查，摸清风险底数。对排查出来的不良贷款和潜在风险贷款分类施策，精准管理，逐户对接落实风险化解和处置措施，压实信贷资产质量。加强存量移位和增量并轨管理。设立全行重点移位客户池，推动信贷资源向优质客户迁徙，重点客户池移位工作列系统单项第一。加强潜在风险融资化解缓释工作。综合采取展期、再融资、重组以及本息催收等有效措施，全年有效化解缓释各项风险贷款96户、18.93亿元，累计收回逾期贷款利息1.13亿元，潜在风险贷款余额控制在40.49亿元，较总行控制计划多降26.51亿元。

二是加大不良资产清收处置力度。向提高处置回收率要效益。突出经营理念，精细成本计算，2017年成交的8个资产包商业化转让受偿率创江西同业最高水平。积极创新渠道化解不良贷款。抓住政策窗口期，通过批量转让+资产证券化等方式清收处置不良贷款达40.52亿元，占处置总额的68.3%，增强了全行可持续发展的质量保障。在常规处置上下功夫。抓住银政、法银合作契机，多措并举降额清户，实现不良贷款快速压降。全年常规处置不良贷款达18.8亿元，计划完成率142.33%。

四、精耕细作市场挖潜，扩大盈利增收来源

一是推动传统优势业务挖潜。积极发挥个金、银行卡、国际业务、电子银行、结算等专业的多点支撑带动作用，减轻政策因素对基础类中收的影响，全年实现基础类中收15.71亿元，占中收比重61%，同比提升0.17个百分点。加快信用卡业务多元化发展，实现信用卡中收5.93亿元。融e借融资净增6.05亿元，增幅229.76%。互联网金融持续发力，融e行他行客户净增44.96万户，同比增长26%，计划完成率161%，重点抓好了融e购井冈“红色旅游文化节”和第二届“赣南脐橙节”项目，开设了全省首家融e购线上线下体验店，获得了总行的高度评价，有效扩大了“三融”平台的影响力。大力推广二维码支付，全年新增二维码商户2.93万户，当年商户动户率达79.92%，列系统内第5位，高于全行平均水平18.8个百分点。二是着力推动公司中收新发展。重点加大承诺类、银团手续费以及承销手续费等总行重点公司中收科目拓展力度。截至2017年末，公司中收累计实现5.47亿元，对全行中收贡献权重达21.78%。实现总行口径公司中收系统内排名第7位，同比上升3位，计划完成率排名第4。

二是紧盯新兴业务条线增收。投资银行、私人银行、资产管理等新兴业务条线收入呈快速增长态势，增幅分别为19.6%、14.2%和8.6%，对经营效益的保障和拉动作用进一步增强。一是积极对接政府基础设施融资需求，通过组合式基金模式，嵌入政府信用，进一步拓宽与政府的合作渠道，高位推动南昌市滕王阁城市发展基金（80亿元）首期投资35亿元落地。创新发展债务融资业务，通过委托债权、理财直投、融资租赁等多种模式，完成债务融资项目投资共计16.76亿元。二是成功创新完成我行首单私银薪酬收益权业务，为营销上市公司高管打开对接通道。2017年末实现私银达标客户1 007户、管理客户资产177.47亿元，分别较年初增长33.91%和39.27%，增幅均列系统内第2位。三是成功推出17款享利系列区域理财产品，募集资金22.45亿元，实现创收翻番、且产品运营实现零风险。至2017年12月末，资产管理规模首次突破300亿元大关，余额达到313亿元，增幅108%。

五、持续加强党建和内部管理，保障全行持续稳健经营

一是压实责任抓党建。扎实推进“两学一做”学习教育常态化制度化，开展“微党课大家讲”活动，并通过“我为党旗添光彩——先锋榜”和创先争优活动进行表彰激励。围绕基层党建制度化、规范化、科学化，大力推进“一个意见、三个办法”的实施，逐步形成我行党建工作特色。制定党建工作年度目标纳入责任制考核，明确抓党建工作责任清单，坚持党建工作同业务发展同谋划、同部署、同考核；建立健全党建工作联系点制度，落实行领导对挂点党建联系点的调研指导。围绕党的十九大精神抓好学习宣传贯彻，有序开展基层党支部书记轮训，由省行党委书记讲授学习宣传贯彻十九大精神专题党课，推动全行不断增强“四个意识”，促进管党治党主体责任的层层落实。

二是从严管理夯基础。积极开展内控合规“执行强化年”活动，开展“合规标兵”评选。开展合规案防教育网络培训，进行“合规文化及新时期‘十大禁令’”巡讲，推动合规文化核心理念在全行的传播、根植和践行。全面开展综合整治检查工作，纵深推进“十大重点领域和关键环节”风险治理，提出96条治理措施，扎实推进治理工作。扎实做好案件风险排查，开展案防履职情况专项检查，推进“双线整改”主体责任落实，狠抓对案件和风险事件的责任追究和整改落实。全面深化网点运营风险分级管理，强化跟踪督导，对高风险网点实行“一点一策”对症治理，从第三季度开始实现全行无E类网点，AB类优良网点增加13家，进一步推动了基层网点运营风险管理水平的提升。

三是优化结构强队伍。持续推动人员结构优化，实现销售类、新兴业务条线人员调整868人，完成总行计

划150. 69%，销售类和前台人员占比分别增加5. 13%和3. 21%。持续推进干部队伍建设，充实调整各级领导班子结构，积极配合总行完成2017年度后备干部动态调整。持续开展优秀干部交流锻炼，并举办全行第四期“青干班”培训，做好青年后备干部选拔培养，全年新提任35岁以下科级管理人数占比32. 69%。持续强化干部监督管理，结合总行选人用人专项治理工作存在的问题抓好整改落实。

山东分行

【主要业务指标完成情况】

2017年，山东分行拨备前利润、净利润3年来首次双增，实现拨备前利润177. 48亿元，同比增加4. 76亿元，增幅2. 41%，总行计划完成率102%；实现净利润37. 94亿元，同比增加3. 12亿元，增幅8. 97%，总行计划完成率105%。存款日均增量创3年来最好水平，时点增量重回四行领先位置。坚持存款立行的工作理念，完善管理机制，制定底线目标，强化组织推动，推动存款增长再创新高。本外币各项存款较年初增加435亿元，四行排名第2。其中，储蓄存款较年初增加193亿元，四行排名第2；对公存款较年初增加287亿元，四行排名第1。从日均情况看，全部存款日均增加334亿元，创近3年最好水平，系统排名第8，较上年提升12个位次。其中，储蓄存款增加169亿元，机构存款增加97亿元，公司存款增加104亿元。贷款增量创历史新高，并且结构持续优化。人民币贷款（不含票据）净增703. 6亿元，创近年来最高水平。公司贷款新增206亿元，其中七家重点城市行公司贷款净增250. 6亿元，占比122%；82户省行级大客户净增258亿元，占比125%。个人贷款（含银行卡分期）新增498亿元，个人住房贷款新增454亿元，均排名四行第1，均创历史新高。

【主要工作措施】

一、坚持改革创新，为全行恢复经营活力释放充沛动能

改革是发展的根本动力，也是新时代的鲜明特征。在机制体制改革方面，坚持“讲方法、讲策略”，将顶层设计与基层探索相结合，将重点突破与整体推动相结合，将单兵突进与协调配套相结合，将治本与治标相结合，确保改革有所进、有所成；坚持“谋大局、抓重点”，在全盘统筹的基础上，注重集中力量解决制约发展的关键问题，战略上积极进取，战术上稳扎稳打，确保改革取得实效；坚持“有力度、有温度”，增强担当意识，完善容错机制，为改革者担当，给实干者实惠，营造出改革进取、创新突破的良好氛围。为从根本上解决发展难题、增强经营活力，全行确定了14项改革措施，涉及业务营销、信贷体制、人员渠道、内控案防、竞争力提升等多个方面，这些改革事项既是解决当前经营面临困难和矛盾的根本性举措，也是强化全行基础管理、支撑长远发展的机制性安排。通过落实责任、明确进度、统筹推进，各项改革措施均取得了不同程度的积极进展。比如，实施信贷体制改革，在营销端建立大客户营销服务体系，在审批端下放审查审批权限，进一步压实二级分行的信贷主体责任，提高信贷经营能力。完善二级分行个贷经营体系建设，在二级分行成立个人贷款业务处理中心，在支行试点组建个人贷款营销中心。再如，立足山东分行资产业务发展实际和区域区域，强化潜在风险管理，推进风险关口前移，明确公司前台部门风险管理的主体责任，推进信用风险监控中心建设。又如，建立了二级分行三年评价考核机制，对各二级分行实施分类管理，按年度开展评价，三年为一个评价周期，将考核结果与管理人员的岗位变动、个人绩效挂钩，引导二级分行更加注重合规经营和长远发展。

二、自觉对接区域重大发展战略，引导金融活水更好地浇灌实体经济

当前，山东省正在加快推进新旧动能转换综合试验区建设，《山东新旧动能转换综合试验区建设总体方案》是党的十九大以后国务院批复的首个区域性国家发展战略，也是全国第一个以新旧动能为主题的区域发展战略。认真贯彻全省新旧动能转换重大工程部署，聚焦本源精准发力，盘活信贷存量，优化信贷增量。全年累计发放各项贷款3 902亿元，投向实体经济的公司和个人贷款合计新增697亿元，创历史新高。一是积极支持新旧动能转换重大工程，与山东省经信委、潍坊、淄博等地方政府及重点企业签订战略合作协议，进一步明确信贷支持的重点领域，未来三年专项配套不低于1 000亿元的意向性信用支持。二是推进重点项目加快落地。突出工作重点，优先支持重大项目和标志性工程，把信贷资金投放到实体经济最需要的领域。2017年，累计发放项目贷款501. 1亿元，年末项目贷款较年初增加146. 5亿元，同比多增108. 4亿元。三是助力新旧动能加快转换。细化信贷政策，既帮助传统产业转型

升级，也支持高端装备制造、高端化工、信息产业、海洋经济、文化教育、医疗健康、旅游产业等新兴行业发展壮大，为经济转型发展提供更强动力。2017 年，向传统制造业发放贷款 1 521 亿元，向新兴行业发放贷款 1 542亿元。

三、创新金融服务方式，助推供给侧结构性改革深入实施

落实供给侧结构性改革要求，创新金融服务，增强供给能力，推动“三去一降一补”深入实施，助推山东产业结构优化升级。一是支持企业“去杠杆”。创新开展市场化债转股业务，与山钢集团、山东黄金、兖矿集团、水发集团、招金集团等龙头企业达成了合作协议，意向金额超过 600 亿元，有效减轻了企业债务负担。其中，山东黄金项目是工商银行的第一笔市场化债转股业务。同时，帮助企业增加直接融资，2017 年累计承销非金融企业债务融资工具 181.5 亿元。二是支持企业“走出去”。依托工商银行的全球服务网络，借力“一带一路”东风，为重汽集团、山东黄金、山东电建等省内企业走出去提供“本币 + 外币”“境内 + 境外”的一揽子金融服务。2017 年发放跨境融资 307 亿元，跨境人民币结算量达 432 亿元。三是支持企业“去产能”。按照政府统一部署，发挥金融服务保障作用，帮助重点企业稳妥有序“去产能”。比如，在山钢集团产能调整过程中，为山钢集团发放搭桥贷款 165 亿元，牵头发放银团贷款 100 亿元，办理债转股 10 亿元，为企业转型提供了有力支持。四是支持企业兼并重组。为浪潮集团、胜利股份、科达集团等重点企业办理股权并购贷款 14 亿元，支持优势企业做大做强。五是支持重点产业发展。积极开展基金业务，统筹多方面资金，加大对重点产业的支持力度。2017 年参与组建山东铁路建设投资发展基金、淄博汉裕企业重组发展基金、日照棚户区改造基金等，基金金额合计超过 130 亿元。

四、履行社会责任，加大普惠金融发展力度

成立普惠金融事业部，在支持小微、“三农”“双创”、精准扶贫等领域体现大行担当，落实好保障和改善民生的要求。一是做大小微金融业务。在所有二级分行成立小微金融中心，为小企业提供专属化、一站式金融服务。2017 年末，小企业贷款余额 841 亿元，是省内最大的小微贷款银行；较年初增加 63.4 亿元，同比多增 41 亿元，增速高于全部贷款增速 4.3 个百分点，全面完成了“三个不低于”的监管目标。二是做强消费融资服务。适应经济结构转型需要，加大产品创新力度，努力为省内居民提供广覆盖、全场景、便捷化的消费金融服务。2017 年个人贷款（含银行卡分期）余额突破 2 572 亿元，较年初增加 498 亿元，创历史新高。三是做精金融扶贫工作。贯彻精准扶贫导向，把资源重点投向县域乡镇和涉农领域。2017 年累计发放县域贷款 1 274 亿元。创新扶贫手段，在融 e 购电商平台建立“山东扶贫专区”，已入住贫困地区商户 100 余户，并且持续开展专项促销活动，累计实现交易额 7 400 万元。

五、坚守风险底线，推动信贷资产质量平稳向好

面对较为严峻的风险防控形势，坚守风险底线，强化信贷管理，不断提升风险识别、防范和化解能力，推动资产质量企稳向好，有力维护了区域金融稳定大局。按照总行考核口径，年末不良贷款余额 183.83 亿元，较年初减少 4.71 亿元，不良贷款率 2.81%，较年初下降 19 个百分点，6 年来首次实现“双降”。一是提高风险识别能力。对新增融资，把好客户准入关口，建立项目预审制度，防止“病从口入”。2016 年以来新增融资不良率仅为 0.05%；对存量融资，建立大户分析评价制度，成立信用风险监控中心，充分运用大数据技术，提高对风险的识别、预警能力。二是加大风险化解力度。政策层面，建立由省行行长主持召开的信贷分析会制度，研究确定风险化解原则和具体方案。执行层面，在省行和二级分行组建潜在风险化解团队，专职负责潜在风险化解工作。协调层面，积极依靠政府，广泛联系同业，发挥债权人委员会的重要作用，维护重点企业的融资稳定，帮助企业近期解危、远期解困。今年以来成功化解潜在风险贷款 360 亿元，年末潜在风险贷款较年初下降 645 亿元。三是加快不良贷款处置。建立不良资产清收处置团队，完善配档表管理、定期报告、实地勘察、集体会诊等管理机制，综合采取常规处置、批量转让、银政司合作基金等多种方式，加大不良贷款处置力度。今年以来累计处置不良贷款 206.38 亿元，同比增加 3.98 亿元。四是夯实资产质量基础。组织开展“从严治贷”主题活动，强化基础管理，提升人员素质，重塑审慎稳健的信贷文化；专项治理过度融资和保证类贷款，进一步消除风险因子，打牢信贷资产质量基础。年末担保圈融资较年初下降 212.35 亿元。

六、内控案防扎实有效，党建和队伍建设取得新的成绩

面对严峻的经营形势，坚持全面从严治行，坚持内控、外防并重，加强内控体系建设，理顺了全面风险管理职能，加大问题整改和问责力度，进一步端正了经营理念，重塑了合规文化。一是扎紧内控案防制度藩篱。组织实施“合规制度建设年”“合规执行强化年”活动，深入开展监管机构“3341”专项治理、“十大重点领域和关键环节”风险治理以及“安全稳定隐患排查治理”，进一步扎紧制度藩篱，消除风险隐患。全年没有发生案件及重大风险事件。二是加大巡察监督力度。贯彻全面从严治党、从严治行要求，加强对重点机构、专业和人员的监督管理，实现了对辖内二级分行的巡察全覆盖，并且加大执纪问责力度，增强了干部员工遵规守纪的自觉性和主动性。三是做好安全生产工作。加强

安防基础设施建设，组织开展“安全生产月”、消防安全隐患整治等专项活动。全辖未发生安全责任事故，连续多年实现员工伤亡和资金损失的“双零”安全目标。四是坚持党建统领。系统推进“两学一做”常态化制度化，深化总行党委巡视整改，加大省行巡察和执法监察力度，保障了管党治党主体责任的层层落实，党风行风持续改善。五是改进选人用人机制，加强干部专业化、常态化、系统化培养，强化员工队伍建设，推动了结构优化、梯队传承和素质提升。

七、提升服务水平，打造客户首选银行

坚持以客户为中心，持续推动服务改进，打造客户信得过、靠得住、用得好的首选银行。截至年末，服务的个人客户超过 3 500 万户、法人客户超过 25 万户。一是线上与线下同步。在线下，根据区域发展和客户要求，持续推进网点布局优化和功能提升，装修网点 100 家，优化网点 100 家，服务供给能力显著增强。在线上，紧跟互联网发展趋势，以 e－ICBC 3.0 战略为指引，以融 e 行、融 e 联、融 e 购三大平台为依托，积极拓展线上场景，延伸服务触角。目前已投产线上项目 1 340个，为省内居民提供生活缴费、社保查询、出行购票、工商注册等多种服务。二是质量与效率兼顾。贯彻市场导向，大力推行信贷体制改革，积极优化柜面业务流程，不断提升业务办理效率，有效改善了客户体验。经过优化，个人业务办理时长压缩了 30%，并且在二级分行成立授信审批部，缩短业务流程，减少了审批时间。在提升效率的同时，坚持质量第一，充分运用大数据技术，加强非现场监测，提高事前预防和事中干预能力，进一步筑牢了风险屏障。三是硬件与服务并重。推动网点智能化转型，累计投产智能化设备4 383台，网点智能化覆盖率达 100%，90% 的个人业务可自助办理，网点硬件水平得到大幅提升。在此基础上，把服务作为网点竞争力的核心内涵，严格管理、持续优化，全方位增强客户的获得感和满足感。14 家网点被中国银行业协会评为星级服务网点，排名同业前列。

河 南 分 行

【主要业务指标完成情况】

2017 年，河南分行实现拨备前利润 117.22 亿元，排系统第 10，同比增幅 8.4%、创近三年新高；实现净利润 50.38 亿元，排系统第 11。各项存款余额 5 272.37 亿元，排系统第 10，较年初增加 243.84 亿元。各项贷款余额 4 124.95 亿元（不含银行卡透支 226.6 亿元），较年初增加 422.04 亿元，增幅 11.4%，余额、增量、增幅分列系统第 10 位、第 8 位、第 8 位。实现中间业务收入 50.25 亿元，排系统第 8，同比提升 6 个位次，增幅优于全国 2 个百分点，连续七年排名同业第一。逾期贷款剪刀差下降 9.8 亿元至 29.6 亿元；2013 年以来新增融资不良率 1.29%，低于总行控制目标；清收处置不良贷款 74 亿元，不良贷款余额 68.45 亿元，不良率 1.66%，控制在总行目标以内。

【主要工作措施】

一、坚持服务本源，支持实体经济

坚守服务实体经济本源，聚焦河南“三区一群”重大战略和供给侧结构性改革，各项贷款累放 1 713 亿元，余额 4 125 亿元，比年初增加 422 亿元，排系统第 8 位，增长 11.4%，高于全国 2.8 个百分点；其中法人贷款新增 140 亿元、排第 9 位。跟踪营销“走出去”项目 15.5 亿美元，为自贸区企业累计办理本外币贷款 62.5 亿元。成立普惠金融事业部，在支持小微、“三农”“双创”、扶贫等领域展现大行担当，监管口径小微贷款增加 50.7 亿元，完成总行计划的 158%，增长 10.2%，高于系统 1.5 个百分点，累计投放精准扶贫贷款超百亿元，惠及全省建档立卡贫困人口 21 706 人。在系统率先成立省行个人信贷业务部，14 家二级分行组建了个人信贷业务部或个贷业务处理中心，个人贷款新增 282 亿元，排第 8 位，特别是个人住房按揭贷款新增 325 亿元，占各项贷款增量 77%，重夺第一按揭银行地位。

二、坚持结构优化，改善经营质态

客户方面，客户营销活动贯穿全年，加快提质扩容。个人有效客户新增 127 万户、排系统第 7，日均金融资产 1 万元以上客户新增 9.3 万户、排第 6，5 万元以上客户新增 10.1 万户、排第 5；私行超高净值客户增加 65 户，私行客户总量 2 326 户。代发工资净增 423 户、8.6 万人，是上年的两倍。优质法人客户数量与综合贡献不断提升，日均金融资产 50 万元以上公司客户增加 616 户，总量达到 1.2 万户。机构客户新增 1 673 户，总量达到 1.23 万户，辖内军队客户无一流失，被总行授予军队客户营销突出贡献奖。新开对公结算账户 4 万户，投产各类现金管理项目 300 多个；贵金属客户净增 16.3 万户、排第6，总量 147.5 万户、排第 5。电子银行加快场景建设，融 e 行移动端、融 e 联、融 e 购客户分别新增157万户、297万户和101万户。国际业务客户新增369户，跨境人民币客户新增109户。信用卡客户净增50.6万户，是上年的2.5倍；发卡新增114万张，是前三年历史均值的2.9倍，发卡量稳居同业第一；POS商户、二维码支付功能商户分别净增2.1万户、6.98万户，分列第1和第2位。养老金新增对公客户733户、个人客户8.8万户，同比分别增长83.3%和166.7%。收益方面，即期结售汇及外汇买卖、投行顾问咨询、国际结算、代理对公证券、信用卡收入增幅超过20%，其中信用卡收入13.4亿元，占全行中收的27.2%。大零售营业贡献82.8亿元，同比增加11.1亿元，排第9，营业贡献占比68.4%，提升12.3个百分点，高于全国26个百分点，排第4。效率方面，活期存款占比58.9%，提升0.39个百分点。存款付息率1.27%，优于系统17个基点，四行排名第2；贷款收益率4.87%，高于系统49个基点，四行排名第2。人均拨备前利润、中收、存款、贷款同比分别增加59.8万元、6万元、189万元和263万元。渠道方面，线上线下融合优势正在形成。迁址改建开业网点90家，排系统首位。新建智能化网点226家，总量达到697家，智能化网点覆盖率95.2%。组建网络金融部，实现B2B、B2C非金融商品交易额130亿元和43亿元。

三、坚持改革创新，激发经营活力

坚持合规先行，加快业务创新。表外融资余额1840亿元；同业资产投资规模147.3亿元，排系统首位，实现大资管业务收入9.2亿元，中部六省第一。私人银行推荐并完成投放42.65亿元，实现中收4.2亿元，同比增幅43.8%。国际结算量313亿美元，连续5年领跑同业。融安e信创造收入1 385万元。市场化债转股和产业基金实现重大突破。加强银政企合作，先后与省住建厅、省水投集团，以及安阳、南阳、信阳、永城市政府和友嘉实业等企业签约，达成融资意向1 690亿元；为省国土资源开发中心、小浪底水利枢纽管理中心、郑州大学等一批重点客户制订了综合金融服务方案。坚持差异化导向，加快管理创新。推进重点城市行竞争力提升，营业部在全国29家直属行和营业部竞争力评估中排第10，平顶山、洛阳、南阳在51家重点二级分行中分列第5、第21和第32位；加快困难行解困，鹤壁、三门峡、许昌、濮阳分行竞争能力和盈利能力逐步恢复和增强；探索零售业务差异化管理，打造100家零售业务重点发展支行；探索二级分行差异化管理，对总量较少、半径较小的鹤壁分行实施集约化、扁平化改革，成果初步显现。坚持动能培育，加快机制创新。制定实施分支机构市场竞争力、客户经理、网点负责人考核评价办法，绩效考评创新迈出关键一步。营销团队建设进一步加强，团队实现中收19.1亿元，同比增加1.6亿元，占全部中收的38%，提升3.4个百分点。

四、坚持从严治行，严守风险底线

以省市两级行市场规划委员会为抓手，细分市场，提高层级，着力攻坚，保持了资产质量稳定。以“三套责任体系”为抓手，干部履职过程管理进一步加强；深入开展“十大重点领域和关键环节”“看似正常但不合理现象”等各类风险整治、“三三四”专项治理，硬起手腕深查重责、落实整改，发挥了警示震慑作用。内部可控风险事件同比下降22.9%，防堵外部欺诈风险事件769起，涉及资金5 635万元。推进服务提升六大工程，开展服务面貌专项整治季活动，外部监管机构转办投诉数量由上年69件降至15件，降幅78%，客户满意度持续提高。加强声誉风险管控，妥善应对舆情事件36起，开展“金融消费者权益保护”“砥砺奋进的五年”“大行工匠”等大型系列宣传，发布正面新闻信息2 000余篇，社会形象不断提升。加强信访维稳工作，进京集访人次下降64%，未发生大规模赴省进京上访和极端恶性事件，十九大期间保持“零进京”，实现全年安全运营。

五、坚持党建引领，加强队伍建设

加强基层党组织建设，党（总）支部数量增长44%，结成党员帮扶对子6 542对，领导干部联系支行解决问题近700个。以党建促脱贫攻坚，派出驻村第一书记40名，对全省116个贫困村开展精准帮扶。推进干部梯队建设，公开遴选21名二级分行班子和省行部室副职，启动“1234”后备人才培养规划，实施二级分行、一级支行领导班子“N+1”配备。加强管理人员领导力培训，各级管理人员面授人数3 190人、参训率98.3%。着力专业人才培养，实施培训项目17个，举办各类培训1 408期、10.7万人次，覆盖率92.6%。优化员工岗位结构，销售类员工总数达到6 040人，占比30.2%，其中客户经理3 857名。优化专业资质考试认证体系，网点负责人持证上岗率100%，信贷从业人员实现持证全覆盖。关心关爱基层，办好实事好事，对25家破旧支行改造提升，下拨职工之家改造资金50多万元。评选表彰40名“大行工匠”，提振了员工奋发向上的精气神。

湖 北 分 行

【主要业务指标完成情况】

2017 年，湖北分行实现拨备前利润 121.68 亿元，比上年增加 9.03 亿元；净利润 69.48 亿元，比上年增加 0.23 亿元。中间业务收入 48.11 亿元，继续保持同业第一。各项存款比年初增加 450.89 亿元，其中储蓄存款同比净增 218.63 亿元，对公存款同比净增 232.27 亿元。各项贷款比年初增加 470.36 亿元，其中公司贷款增加 226.40 亿元，个人贷款增加 290.73 亿元。清收处置不良贷款 69.8 亿元，同比多处置 19.6 亿元；不良贷款率 1.15%，比年初下降 0.04 个百分点。日均金融资产 1 万元以上个人客户新增 13.48 万户，日均金融资产 5 万元以上公司客户新增 3 921 户。

【主要工作措施】

一、强化本源责任，鼎力服务实体经济

加强信贷布局顶层规划，紧密结合湖北经济发展战略，着力拓展优质信贷市场。按照“抓大、抓小、抓新、抓优”原则，制定了信贷营销布局指导意见和重点业务及创新发展领域营销指导意见。积极拓展先进制造业、现代服务业、现代农业及生态产业三大新兴潜力市场和上市及拟上市公司、投贷联动、国企混改、PPP、私募基金、国际化六大发展新领域。对重点客户、重点项目成立营销专班，明确营销目标和责任人，持续开展营销工作。积极抢占“走出去”市场，主动服务对接“一带一路”国家战略相关重点企业、重点项目，重点营销内保外贷、境外发债、并购贷款、境外咨询等创新类业务。探索普惠金融业务发展新路径，持续推进普惠金融零售化、小额化、线上营销发展新模式，积极推广网上小额贷、纳税信用贷、购建贷等业务。全年监管口径小微企业贷款净增 92.8 亿元，增幅达 13.6%，实现“三个不低于”目标。

二、强化客户拓展，筑牢业务发展根基

深入开展管理人员代发工资拓户活动，着力优质客户代发工资市场拓展。开展“助农安薪”“中储粮、烟草访销户”等重点项目专项营销活动，营销“助农安薪”项目 985 个，实现代发农民工工资 9 万余人。持续大力推进社保卡项目营销工作，社保卡总量达到 495.8 万张，四行同业占比 30.45%，比上年末提升 0.08 个百分点。实施对公拓户提质工程，全力推进社保账户招投标工作，参与 13 个市州本级社保账户招标，中标 10 个市州社保账户；参与县区级投标 92 家，中标 55 个，中标率同业第一。推进线上线下一体化营销。稳步推进智慧零售转型，提升获客、活客、黏客能力。着力培育和发展富有潜力的年轻客户群体，创新推出面向 18 岁以下青少年儿童的“小象成长训练营”和面向大学生群体的“大象校园计划品牌”两个年轻客群服务品牌。加快信用卡互联网化转型发展，全年信用卡线上获客 25 万户，商户总量达 29.9 万户，同业排名第一。

三、强化负债赶超，提升市场竞争能力

坚持储蓄存款基础性地位不动摇，紧盯储蓄存款同业赶超目标，围绕“客群拓展、价值产品、团队管理”三大主题，增强市场拓展主动性和竞争发展能力。强化“有效客户、金融资产、零售贡献”考核导向，强化日均管理，加强储蓄存款每日流动性监测和分析。加强存款新产品监测和营销督导，积极营销竞争新客户、争揽新资金、增加新存款，提升储蓄存款市场份额。储蓄存款增量四行占比 33.27%，八年以来首次夺回同业第一。强化日常管理和系统推动力度，建立对公存款日预测机制和大额跨行支付逐级审批制，由事后监测统计向事前营销转变。狠抓资源协同、产品协同、区域协同，强化军队、社保、公积金、院校、卫生、保险等板块重点领域、重点客户攻坚突破。全年新拓公司客户 3 万余户，实现增存 106 亿元；深化“银政、银校合作”，全年成功营销 50 多个政府机构、预算单位资源类项目，新增资金约 135 亿元。

四、强化业务转型，培育增长新动能

开展以“百千万、理财汇”为主题的工银理财节宣传营销活动，组织百场进单位宣讲、百篇新产品微课、千场厅堂微沙龙、千名理财师出单、万名客户享配置，首期理财节湖北区域客户累计购买理财类产品 47.3 亿元。紧紧围绕总行“e－ICBC 3.0”战略部署，按照“丰富场景、优化体验、强化平台”的工作思路，强化三大平台互联互通互补。以“量质并举”“移动优先”为重点，深化互联网式运营，促进“三融”平台客户规模、客户活跃度同步提升。全行实现电子银行交易额 93 596 亿元，比上年增加 21 499 亿元；融 e 购 B2C 非金融交易额 37.13 亿元，完成率 123.76%；融 e 联注册客户数 582.45 万户，完成率 114.59%；融 e 行月均动户数 156.7 万户，完成率 111.93%。

大力发展信用卡线上发卡、聚合支付、分期付款业务。2017 年，发卡总量突破 500 万张；分期付款净增 17 亿元。

五、强化风险防控，严守资产质量底线

扎实推进从严治贷“四严”主题活动，开展“从严治贷大讲堂”活动，全面强化风险防控意识。始终坚持资产质量行长督办工作机制，逐户研究制订风险防控方案，逐户落实主体责任，逐户跟踪督办落实，全年组织专题督办会 9 次，层层传导压力，形成全行信贷风险防控的良好氛围。完善信用风险监控体系，扎紧逾期贷款和潜在风险贷款“两个笼子”，防止贷款质量劣变、前清后溢。各项剪刀差贷款余额 13.64 亿元，较年初下降 21.36 亿元。按照“锁定目标、分类处置、效益优先、优选路径”思路，一户一策，限时限量处置不良贷款，责任到行、到人，强化分类处置和目标考核，不良资产清收处置成效显著。全年清收处置不良贷款 69.75 亿元、同比多处置 19.56 亿元，完成总行下达计划的 139.50%。其中现金清收 22 亿元、核销 18.74 亿元、重组转化 20.14 亿元、个贷证券化 8.87 亿元。现金收回账销案存资产 6 762 万元，同比多收 4147 万元。

六、强化内控案防，营造良好发展环境

突出抓好“十大案件易发风险点”排查工作，横向到边、纵向到底、责任到人。组织开展违规担保及其涉印风险专项治理检查、十大重点领域和关键环节检查、“两个加强，两个遏制”回头看整改问责及后续评价、综合治理等 4 项重点检查。严格落实党纪政纪处分、专人帮教转化等处置措施，全年党纪政纪处分 43 人次。严格执行核减绩效集中管理机制，在省分行本部开立绩效核减专门账户，集中统一管理各级分支行扣减绩效，2017 年共归集管理扣减绩效 313 万元。持之以恒强化反洗钱工作，被人行武汉分行评为“湖北省金融业反洗钱先进集体”，连续 8 年实现反洗钱监管零处罚。着力夯实安全防范基础，强化报警监控联网平台管理，深化外欺系统和安保业务管理系统应用，筑牢安保科技化、信息化防线。深化外包欺诈信息系统应用，有效防范电信诈骗 687 件，避免客户直接资金损失 1 621.04万元。

七、强化精细管理，不断增强经营质效

积极有效发挥资源配置和绩效考评指挥棒作用，统筹推进利润、中间业务收入，不良贷款率、拨备覆盖率等关键指标。严格落实中央八项规定和总行财务管理规范要求，健全费用开支、公务用车、办公用房等长效管理机制。持续强化现金库存管理，日均现金备付率 0.43%，同比降低 0.03 个百分点，创历史最好成绩。多措并举完善体制机制，优化调整重点城市行授权和资源配置机制，在系统内率先启动省分行营业部信用风险业务授权优化调整工作。按照能授尽授、要授全授的原则，全力支持省分行营业部提升竞争能力。与时俱进推进网点建设，全年共实施网点智能化改造 128 家，完成总行年计划的 156%，年末累计达 675 家，覆盖率达 95%。锲而不舍改进优质服务，成功创建中银协百佳网点 1 家、五星网点 4 家，总行服务星级网点 90 家。武汉十九街支行成功创建中银协百佳网点，成为四大行唯一一家连续三届成功创建中银协百佳的银行。

八、强化党建引领，凝聚全行发展合力

站位讲党性、讲政治、讲纪律、讲作风、讲忠诚、讲责任的高度，全面落实从严治党要求。扎实推进“两学一做”学习教育常态化制度化，召开党建工作座谈会，开展党支部书记轮训，强化党建意识，促进党组织战斗堡垒和党员先锋模范作用的发挥。持续强化党风廉政建设和反腐败工作，全年排查发现违反中央八项规定精神和“四风”问题线索 10 例，处理责任人 37 人。持续强化各级领导班子和干部队伍建设，全面开展“311”干部培养规划，提升干部培养的针对性和实效性。强化核心专业人才素质能力提升，切实增强团队凝聚力与战斗力。加强企业文化建设和文明创建，包括省分行本部在内的 8 家机构荣获全国文明单位称号。强化典型宣传，组织第三届“感动湖北工行”员工评选颁奖活动。积极开展困难员工救助帮扶工作，建立特困爱心资助基金，党员干部带头捐赠，募集资金 238.47 万元，全年救助慰问困难职工 3 940 人次，金额 1 012.4 万元。

湖南分行

【业务指标完成情况】

2017 年，湖南分行锐意进取，攻坚克难，不断夯实基础，传统业务平稳推进，创新业务有所突破，资产质量总体可控，业务发展基础得到夯实，取得了好于预期的经营成果。实现拨备前利润 65.87 亿元，同比增长 10.66%。本外币全部存款增加 305.38 亿元，增长 8.2%；人民币全部存款增加 309.06 亿元，增长 8.37%。本外币各项贷款增加 272.95 亿元，增长

9.65%；人民币各项贷款增加277.85亿元。其中，公司贷款增加279.34亿元，增量排四大行第1位。个人住房贷款增加127.63亿元，创历史最好水平。小微企业贷款增加80.41亿元，增长17.69%，实现“三个不低于”目标。不良贷款余额、“剪刀差”贷款余额均控制在总行下达管控目标以内。

【主要工作措施】

一、积极拓展优质信贷市场

注重把发展机遇放到全省战略发展规划中去谋划，主动与全省重大优质项目对接联系，积极以新理念、新服务、新作为，支持供给侧结构性改革和实体经济振兴。具体工作中，按照“抓大、抓小、抓新、抓优”的布局安排，积极营销优质信贷市场，努力在服务地方实体经济中发挥大行作用。“抓大”方面。坚持在全省重点区域、重点城市、重点客户、重大项目上实现突破，重点支持了省高速公路、电力、沪昆铁路客运专线等一批省内重大项目。2017年，公司贷款增加279.34亿元，增量排四大行第1位；贷款增量和投放额均创历史最好水平。“抓小”方面。进一步规范已建成的8家小微中心，配齐专业人才，提升专营能力。2017年监管口径小微企业贷款增加80.41亿元，增长17.69%，实现“三个不低于”监管目标；人行定向降准普惠金融贷款比9月末增长4.14亿元。个人贷款方面，重点支持总行直营房地产开发企业、省级重点房地产开发企业，碧桂园、恒大等大型房地产公司开发项目在湖南分行按揭贷款占比30%以上。2017年发放个人贷款102.32亿元，其中个人住房贷款增加127.63亿元。“抓新”方面。加快拓展先进制造业、战略性新兴产业领域市场。“抓优”方面。按照“不唯行业、不唯大小、不唯期限、只唯优劣”经营准则，紧盯竞争性优质上市公司客户信贷市场。2017年，90%的新增贷款投向AA-（含）级以上优质客户。在抓好信贷市场拓展的同时，积极引导各行牢固树立正确的存款发展观，调整抓存思路，强调抓日均、抓占比，既突出存款的效益性，又兼顾了存款的增长性，促进了各项存款的稳定增长。

二、加快业务创新转型发展

一是实施和深化大零售战略。坚持以提高零售贡献度为纲，以客户资产总额、优质客户规模增长为主线，狠抓个人存款、个人贷款业务增长。2017年，全行实现大零售业务营业贡献40.71亿元，个人金融业务实现营业贡献49.2亿元，营业贡献度67.14%。二是实施和深化大资管战略。先后成立投资银行、特殊资产处置、票据融资、债券承销、贵金属与商品交易、互联网金融营销、商户发展、私人银行、个人客户远程维护、资产托管及养老金业务等10余个转型创新业务团队。全行围绕大资管7大业务线加快推进，部分业务实现新突破。特别是成功中标省本级财政国库集中收付业务代理银行资格；地方政府债券承销额市场占比排四大行第1位；社保卡营销取得实质进展，部分二级分行实现个人养老金正式代发。三是实施和深化大投行战略。成立投行专业团队，着力解决人才短板问题。2017年，投行业务融资投放138.66亿元，同比增长521.52%；其中工银租赁资金投放36亿元。重大投行项目取得阶段性成果，为蓝思科技办理20亿股票质押式回购业务，是全国工行单笔最大的股票质押式回购业务；为华夏银行办理同业结构化业务50.1亿元。

三、狠抓信贷资产质量攻坚

认真贯彻落实总行“24字”信贷文化核心理念，强化资产质量底线思维，狠抓资产质量攻坚。一方面，积极推动信贷结构调整。加强客户行业分类准入管理，扎实推进贷款移位管理，锁定严重过剩行业以及谨慎类和退出类客户融资余额。突出重点领域风险管控，加强融资潜在风险动态排查预警，深入开展亿元大户风险会诊分析，2017年共召开12次贷款大户风险会诊会议，制定风控措施91条，及时化解、压降大户风险融资2.13亿元。至2017年末全面完成总行下达资产质量管控目标。另一方面，多措并举清收处置不良。充分发挥特殊资产处置团队的专业优势，加强对不良大行的重点督导和指导，加快不良清收处置进度，重点加大受托资产清收处置力度。2017年累计清收处置不良贷款49.41亿元，其中累计清收处置受托资产12亿元，创近两年最好水平。

四、重点推动省会城市行竞争力提升

按照关于重点城市行竞争力提升的战略部署，始终将长沙分行作为龙头行给予重点支持，加大资源倾斜力度。信贷资源上，成立授信审批分中心，给予更大的经营自主权，2017年贷款净投放达到158.96亿元，占全省贷款净投放的58.24%；人力资源上，省行近2年新招入行大学生均向长沙分行倾斜，其中2017年分配大学生占全部新招大学生48%，并将其他地区优秀大学生调整到长沙分行；费用资源上，2017年，工资总额同比增长0.3%，福利费同比增长6.03%。2017年，长沙分行存款增量四大行占比50.86%，排同业第1位；贷款增量在四大行占比41.26%，连续4年排同业第1位。

五、深入推进内控案防管理

积极推进内控合规“执行强化年”主题活动，认真开展合规文化宣传引导，切实推进合规经营理念落地深植。根据总行、监管部门工作部署，开展全面整治和专项核查检查，开展“两加强、两遏制”回头看专项检查、“四不当”“三违反”“三套利”“市场乱象”自查，推进“十大重点领域和关键环节”风险治理与防范，继续开展员工异常行为监测排查，强化违规违纪行为的问责和处理，内控案防管理基础进一步夯实。特别是今年以来，全行内控案防工作持续加强，组织开展的思想道德教育、合规文化培育、制度执行检查、专项整治行动、违规问题查处等发挥了应有的作用，取得了良好成效，特别是对全行上下依法合规意识的形成与强化，起到了潜移默化的作用。

六、切实加强党建和队伍建设

围绕党要管党、从严治党，全面加强和夯实党建工作，创新和完善党的思想建设、组织建设、作风建设、队伍建设、廉政建设，将党建和业务发展、经营转型、选人用人、风险管理更加有机结合起来。具体工作中，注重抓好十九大、习近平总书记系列讲话和中央系列重要会议精神的学习传达，深入推进“两学一做”学习教育常态化制度化。认真落实党建工作主体责任，组织召开全行党代会，推荐出席十九大代表候选人，省行和二级分行都建立了党建工作联系点制度，切实加强基层党组织建设，努力发挥党组织的战斗堡垒作用和党员先锋模范作用。认真接受总行党委的政治巡视，基本完成总行巡视问题整改，切实加强和改进全行党建工作。开展了“四风”问题专项整治，注意运用好“四种形态”。针对干部队伍结构不尽合理、年龄老化、活力不足的问题，一是进一步加大优秀年轻干部公开选拔力度。今年在去年基础上，再次启动二级分行行长、行长助理和省行部分部室管理职位的公开选聘，全年共有16名优秀干部走上管理岗位。二是突出对青年员工队伍的关心培养。公开选拔二级分行行长、行长助理，重点向40岁以下青年优秀干部倾斜。同时，还启动了近40名青年员工的上下交流，为青年员工积淀基层工作经验和增加不同岗位磨炼创造了条件。

广东分行

【业务指标完成情况】

2017年，广东分行实现拨备前利润403亿元，同比增幅为13%；实现净利润249亿元，同比增幅19.6%；利润总额居同业第一，人均拨备前利润133万元，同比增幅14.65%。本外币全部存款余额17 286亿元，比年初增加1 763亿元 日均余额15 764亿元，日均增量1 021亿元。本外币贷款余额10 304亿元，比年初增加1 045亿元。全年实现中间业务收入161亿元，同比下降1.4%，稳居同业系统双第一。资产质量总体稳定，不良率低于系统平均水平，不良贷款余额131.01亿元，比年初增加34.8亿元；不良率1.27%，比年初提高0.16个百分点。

【主要工作措施】

一、坚持全面从严治党，着力加强党建和队伍建设

一是加强党建工作，把握好发展方向。紧紧围绕深入学习宣传贯彻十九大精神的主题主线，组织开展好各项党组织生活，深入推进“两学一做”学习教育常态化制度化，不断增强“四个意识”，认真贯彻落实党中央和总行的各项决策部署，使党的建设成为保持正确发展方向的有力指引。二是把党建工作与业务工作更加紧密地结合起来，推动经营发展取得新突破。广东分行着力强化各行班子特别是一把手的责任担当，提出“五个第一责任人”的责任要求，不断压实各级党委的主体责任，努力实现党建工作和经营发展“两手抓、两手硬”，不断推动党建工作向纵深发展。三是加强作风建设。在全行倡导问题导向的工作方法，深入开展过程管理和精细化管理，持续改进工作作风，提振队伍的精气神。

二、坚持存款市场领先战略，着力提升存款市场竞争力

广东分行坚持存款市场领先战略不动摇。按照“功在平时、贵在坚持”的要求，强化存款市场领先战略传导落地，进一步明确各项存款的牵头管理部门，发挥牵头管理部门的统筹作用，加强对总省行级重点城市行存款竞争力状况的督导，加强以日均增长为支撑的系统组织推动，从机制、考核、产品供应、队伍建设等多个方面入手，狠抓存款基础性工作，千方百计的拓展存款资金源头，连续打赢社保领域省级社保统筹账户、医保在线支付、社保基本清算平台三大项目营销攻坚战，市场占比有效提升，确立广东最大存款银行的领先地位。

储蓄存款方面，坚持储蓄存款在个人金融资产中的主体地位，推动储蓄与金融资产的协同增长，抓牢代发工资和缴费等源头性批发业务，逐级压实揽存责任。截至年末，储蓄存款余额8 569亿元，净增319亿元，增量四行占比42%、居同业第2，余额增量系统排名第1，个人客户金融资产总额14 225亿元，净增894亿元，居系统首位。公司存款方面，充分利用市场资金较为紧张的环境，加强对公司存款的营销维护，深化客户关系，通过线下抓好网点对公服务能力的提升、线上抓好小微金融服务平台的营销推广，全力竞争新开对公结算账户。截至年末，公司存款余额3 999亿元，净增40.3

亿元，稳固了同业第一的优势。机构存款方面，加大对机构存款源头客户的投入，巩固好军队、财政等重点客户关系，坚持不懈地攻坚社保领域，通过高层营销与常态化维护相结合、系统推动与分板块精准营销相结合、负债业务与全面金融资产服务相结合。2017 年末机构存款余额 4 152 亿元、净增 1 567 亿元，四行占比分别为 40.63% 和 78.63%，余额、增量居同业第 1。

三、坚持围绕服务实体经济，着力提升信贷经营水平

一是充分发挥整体优势，抓好“流量 + 增量”统筹管理，通过投商一体化经营，有效解决客户需求旺盛与信贷规模稀缺之间的矛盾，加强对实体经济服务质效。在“抓小”方面继续巩固优势，加大普惠金融力度。小微企业方面，深化小微业务专营模式，不断推进小微中心建设，积极探索科创企业投贷联动服务新模式，小微企业贷款余额（监管口径）2 418.7 亿元，净增 245.8 亿元，完成“三个不低于”监管指标。个人贷款业务方面，扎实推进个贷竞争力提升方案落地实施，进一步加强存量贷款收回移位再贷管理，突出抓好个人住房贷款的发展。截至年末，广东分行个人贷款规模达 4 948 亿元，占各项贷款比重达 48%，比年初净增 651 亿元。在“抓大”方面坚决突破。进一步强化省行、分行直营客户的营销管理职能，加大对全省重点项目的营销力度，综合运用投商联动、投贷结合、资产证券化等手段，通过营销一批、储备一批、投行一批，做大公司信贷业务蓄水池，带动信贷业务平稳发展。同时努力推动抓“新”、抓“优”落地见效，把上市公司类客户、重点进出口企业、优质纳税大户作为 3 大方向，优选目标大户，建立动态优质客户目标库，积极做好目标客户储备。截至年末，人民币公司贷款余额 5 150 亿元、净增 383.6 亿元，大中法人贷款（不含房贷）余额 3 544 亿元，增长 287 亿元。

二是守土有责，把控好风险关口，确保资产质量持续向好。坚持培育稳健审慎的信贷文化理念，加强对过去信贷教训的反思和案例总结，按照“增量防逾期、逾期防劣变、不良快处置”的策略，进一步落实风险管控措施，抓好专家治贷、信贷资质管理、客户经理队伍和不良资产处置团队建设等基础工作，推进从严治贷落地生根。同时稳妥推进信贷经营体制机制改革，真正压实分行信贷经营管理的主体责任。2017 年末，法人客户单边劣化 52.33 亿元，较去年同期下降 89.8 亿元。广东分行 2013 年以来新增不良率持续保持 0.4% 的较低水平。

三是加强定价管理，促进量价齐升。广东分行紧跟形势变化，坚持抓好存贷款定价的分层管理，加大各品种指导利率调整力度，强化房贷规模与定价水平挂钩的分配机制，制定个人贷款分品种指导利率；进一步完善利率定价支持系统，在利率上行期引导分行缩短贷款重定价周期，加强利率风险管理，存贷定价保持系统同业优势。本外币存贷利差 3.25%，同业第 1。其中各项存款付息率 1.17%，比年初下降 13 个基点，居同业第 2；贷款收益率 4.42%，比年初下降 14 个基点，居同业第 1；新发放人民币贷款利率 4.94%，同业排名第 1。

四、坚持规范与创新并重，着力打造中间业务多点增长格局

贯彻落实易董事长提出的“坚持依靠转型与创新引领发展”的要求，坚定“办法总比困难多”的信念，把创新转型作为推动增收的重要手段，积极促进可持续发展。一方面，增强创新意识，把创新作为推动有效执行的重要手段，在产品、服务、制度、管理、流程优化、新产品研发推广等方面打破常规，激发创新活力，积极培育新的中间业务增长点。广东分行投产近三年自有新产品实现中间业务收入 38.5 亿元，同比增 3.1 亿元，占中间业务收入 24%，同比增 1.58 个百分点。另一方面，坚持目标导向、问题导向和责任导向，强化缺口管理和对标管理，加强中间业务收入进度的监测督导，集中攻坚，补齐短板，有效扭转部分专业持续下滑的局面。个金、结现、银行卡、国际、资负、公司、机构、国际等专业中间收入对总行贡献度均有所提升。

五、坚持以客户为中心，着力抓好客户的维护与拓展

广东分行始终围绕和聚焦客户这个核心，认真落实总行从以中高端客户为主向全量客户发展的战略转变。一方面，维护好存量客户的关系，减少客户流失。另一方面，从产品、价格、渠道和推广 4 个方面着手，不断加大新客户的拓展力度。在产品方面，重点关注产品如何适应和满足客户的需求，进一步提高产品的创新能力，提高产品的吸引力，着力提升主要产品在客户中的渗透率。在价格方面，主动适应利率市场化的要求，结合同业竞争情况，提高定价管理的科学性和灵活性，积极促进量价协调发展。在渠道方面，守住和发挥好线下传统渠道的优势，优化网点布局，聚焦对公客户服务痛点，着力改善综合性网点的对公客户体验，推进网点智能化与轻型化改造，提升网点的获客能力；同时主动适应形势变化，通过电子银行、外呼中心等手段工具，按照总行 e - ICBC 3.0 的工作部署，抓好智慧银行战略的落地实施，做实内容、做优场景，打造线上线下一体化的金融服务模式，增强线上线下的获客、活客、黏客能力。线上拓客明显加快，信用卡线上获客占新增客户总量的 74%；融 e 行、融 e 联和融 e 购客户数分别为 2 900万、1 006 万和 837 万户，净增 358 万、427 万和 250 万户，其中融 e 行客户量占个金客户总量的 63.8%，企业网银客户 59.4 万户，占公司客户总量的 90.7%。在推广方面，围绕衣食住行等需求，通过营造、打造各种场景来提高营销的有效性，积极探索与微信、大型房地产商、物流、大型地产中介、医院、学校等覆盖范围广、个人客户众多的企业和渠道联手，共同

合作拓展客户。

六、坚持创新驱动，着力深化各项改革

深化顺德区域支行综合改革，有序推进信贷体制机制改革，在省行本部、二级分行设立大客户中心，并在原有小企业金融业务部的基础上成立了普惠金融事业部。进一步强化市场竞争力提升和系统贡献，完善考核管理办法，不断提升全行资源配置作用。稳步推进双屏交互等运营改革项目，试点实施远程授权跨区域集中等集约化管理，成功试点柜面业务人脸识别技术，不断提高业务运营质效。同时，推进落实网点轻型化、智能化、标准化相关工作，抓好模范党员和模范网点等窗口单位，带动全行服务质量提升。在创新转型方面，今年以来广东分行重点围绕“大投行”“大资管”“大数据”以及“互联网＋”“自贸区＋”等新领域的新政策、新发展和新动向，在产品创新、管理创新和场景建设等方面加强工作推动力度。

七、坚持突出审慎稳健，着力加强内控案防建设

全面抓好落实中央八项规定精神和“四风”问题专项整治，落实党风廉政建设和反腐败责任制，抓整改、强督导、深排查、促转变，进一步强化了全行党员干部党性宗旨意识、党纪行规意识和廉洁从业意识。深入推进“执行强化年”主题活动，做好“三违反”“三套利”“四不当”“市场乱象”“十大重点领域和关键环节”等整改问责及后续评价工作，加强闭环整改管理，不断夯实管理基础，各项内控合规风险管控指标持续保持良好态势。强化安全生产全过程管理，在客户服务投诉、信息系统、信访维稳、声誉风险、保密管理、安全保卫、外部欺诈和反洗钱等多个方面落实措施，确保了稳定良好的经营秩序，实现零案件、零重大责任事故，实现安全运营。

海南分行

【主要业务指标完成情况】

2017年，海南分行实现净利润15.34亿元，同比增加3.78亿元，增长32.66%；各项存款余额1 289亿元，较年初增加114.98亿元，增长9.8%。其中储蓄存款余额586.54亿元，较年初增加36.74亿元，增长6.68%，存增量均保持同业双第一；各项贷款余额782.3亿元，较年初增加63.64亿元，增长8.86%。其中，个贷占比大幅提升，尤其是个人住房贷款较年初增加92.94亿元，增幅58.13%；中间业务收入8.99亿元。不良贷款余额3.52亿元，不良率0.48%，同比分别下降1.47亿元和0.25个百分点，低于系统平均水平，总体风险可控。在2017年一级分行经营绩效考评中，排名第10位。

【主要工作措施】

一、持续调整经营结构，各项业务发展更加均衡

一是在信贷结构调整上下功夫，个贷占比增幅明显。通过统筹规划，提前布局，优化流程，创新营销模式等方式，不断加快个贷投放，大力推进个人信贷业务发展。截至2017年末，个人贷款在各项贷款中的占比由年初的28.51%提升至38.29%，其中个人住房贷款较年初增长92.94亿元，增幅58.13%，个人透支、融e借、分期付款等信用消费贷款规模进一步扩大。二是在调整业务结构上作文章，零售业务贡献度大幅提升。以总行大零售工作试点为契机，以旺季营销为切入点，以总行的存款产品和海南的“乐享海南、乡村APP”等创新产品为抓手，以三亚、洋浦等零售业务试点行为样板，有效开创大零售业务发展新格局。全年零售营业贡献占比53%，总量突破16亿元，同比增加2.8亿元，增幅20.3%，增长稳定器作用进一步凸显。三是在收益结构调整上费思量，努力实现效益最大化。在存款定价上，建立了逐笔核查审批机制，严控上浮利率存款。年末，本外币存款定活比45.85%，比去年下降7.89个百分点，存款成本明显降低。在贷款定价上，注重贷款综合效益，对下浮利率贷款实施重新定价、限额安排等经济资本管理。中间业务收入虽出现下滑，但也有一些新的亮点，其中担保承诺增长65%，委托贷款增长58%，信用卡增长33%，电子银行增长26%。

二、全面从严把控风险，经营管理保持稳定向好

一是持续强化信贷风险管控。坚持传统与创新双管齐下，积极防控潜在风险显性化，推进不良贷款清收转化，通过司法追收和积极寻找实力客户重组等手段加快清收受托处置资产。截至12月末，累计清收转化不良贷款17.78亿元，不良贷款率0.48%，比年初下降0.26个百分点，远低于系统平均水平。累计压降潜在风险贷款18.4亿元，降幅32.6%。逾期贷款剪刀差从年初的17.6亿元，降到年末的3.18亿元，降幅达81.9%。累计收回受托处置资产5.42亿元，超额完成了总行下达的任务。二是积极抓好内控合规管理。牢固树立“合规为本，全员有责，风险可控，稳健高效”的理念，不断深化合规文化建设，严格业务监督检查和

运营风险核查，扎实开展内控合规“执行强化年”主题活动，积极推进“十大重点领域和关键环节”治理工作，持续强化操作风险管理和反洗钱工作，实现了全行内控合规和案防形势的总体稳定。三是不断提升运营风险管理水平。通过发布风险预警信息，积极参与风险模型研发，开展专题调研分析，加强部门联动等方式充分揭示风险，突出了风险治理的导向作用，内部风险冲击持续下降。建立高风险网点帮扶治理常态化机制，加大对高风险网点的问责督导力度，2017 年第四季度高风险网点相比第一季度退出率达 85.7%。

三、不断加强渠道建设，服务面貌焕然一新

在渠道建设上，一是结合实际制订了《海南分行网点布局优化和装修改造优化方案》，进一步完善了渠道建设管理体系，通过优化现有装修改造流程，加强部门协调，渠道建设进度明显加快。二是对低效网点进行筛选，采取“一点一策”，有效促进了低效网点综合竞争力的提升。2017 年末，低效网点占比由去年的 34% 压降至 26%。三是开展智能网点劳动组合深化试点工作和客服经理营销模式试点改革，进行物理网点“一变三”模式改革，极大地优化了全省网点的劳动组合，增强了网点的线上线下及外拓获客、活客和黏客能力。在服务提升上，实施了“一级战略、一把手工程、一票否决制”的“三个一”管理策略，将服务工作指标纳入省行专业部门、分支行“一把手”的问责指标，强化了对服务工作的重视程度。采取标识管理统一、设施管理统一、动线管理统一、物品摆放统一及宣传载体统一的“五统一”，对服务环境标准进行了规范。同时加大对痛点难点问题整治，推行“六个一”尊客服务及主动服务“四步曲”，极大地改善了客户体验。2017 年国贸支行营业部被中银协评为“百佳”示范网点、三亚分行营业部被中银协评为“五星”示范网点及总行五星级网点、秀英支行营业部被中银协评为“四星”示范网点，全行服务水平再上新台阶。

四、在稳健中寻求突破，改革创新成果丰硕

一方面，对海口、三亚、县域进行分类，将海口地区竞争力提升作为重点，推行省行机关员工到城区行网点共建的服务一体化活动，切实发挥整体合力。进一步深化细化痕迹管理，制定了客户经理痕迹管理实施细则，加强全行客户经理的过程管理和考核评价，并逐步向全员全岗位辐射。另一方面，率先推出了贴息个人住房贷款、贴息红木家具、家电、装修、爱购分期信用卡及线上零息分期商城等分期付款，分期付款业务市场影响力进一步扩大；创新推出了“乐居溢、乐无忧”等产品，乐居卡的累计发卡量达 42 万张，最大限度地满足客户在存款、贷款、结算等方面的金融需求。此外，参与了海口市政府公共服务平台“椰城市民云”的建设，成功嵌入我行产品。创新与天涯社区等第三方门户网站合作，创新水平显著提升。

五、深化党建和队伍建设，队伍凝聚力和战斗力明显增强

一是深入学习，思想认识得到极大提升。通过观看视频，召开专题会议，制订具体实施方案，举办专题培训，将学习贯彻十九大精神纳入党建工作责任清单等方式，不断加强对十九大精神的学习贯彻。制订“两学一做”专项教育活动实施方案，通过多种方式抓好“两学一做”学习教育常态化制度化，切实强化了广大党员的宗旨意识和责任意识。二是加强整改，严格落实总行巡视反馈意见。总行反馈巡视意见后，及时将反馈问题列表分解到相关单位，明确分管领导、责任部门和整改时限，各责任单位按照省行部署要求，深入研究分析，细化整改措施，认真落实整改。三是强化监督，反腐倡廉取得实效。在深入学习贯彻《中国共产党党内监督条例》和总行纪检监察会议精神的基础上，结合分行实际，明确各层级监督主体和责任内容，切实规范党内政治生活，不断完善党内监督体系，为反腐倡廉建设提供了有力保障。四是严格管理，队伍建设更加完善。制订了《“311”干部选拔培养工作实施方案》，系统规划干部培养，形成合理梯队。通过民主推荐与公开遴选方式，提拔聘任省行直管干部 11 人。积极推动全行各层级机构柔性团队组建，有效提升了人力资源效能和人员使用效率。

广西分行

【主要业务指标完成情况】

2017 年，广西分行实现拨备前利润 63.79 亿元，系统排 18 位；实现净利润 37.40 亿元，系统排 14 位；实现中间业务收入 20.81 亿元，系统排 17 位。截至 2017 年末，本外币全部存款余额 2 810.33 亿元，较年初增加 266.31 亿元，增量居可比同业首位；各项贷款余额（含信用卡透支）2 558.71 亿元，较年初增加 208.78 亿元，贷款余额继续保持同业第一；不良贷款

余额 27.09 亿元、不良率 1.11%，较年初分别下降 0.35 亿元、0.1 个百分点，不良贷款持续实现“双降”。经营绩效考评在一级分行排名第 11 位，同比提升 4 位，达到近十年来最好水平。年度内控评价二级 2 档，系统排名第 7 位，同比提升 1 位。

【主要工作措施】

2017 年，按照总行改革发展的总体要求，围绕总行党委“五个紧紧抓住”和谋划推进解决“六个重大问题”的战略部署，把握稳中求进的总基调，坚持全面从严治党、从严治行，加快经营转型和改革创新，实现持续稳健发展。

一、坚持突出党建工作统领，建设奋发有为的干部员工队伍

坚持以党的建设统领全局、引领发展，以更高标准、更严要求推进管党治党，将党建优势转化为推动业务发展的强大动能。一是加强思想政治建设。认真学习宣传贯彻党的十九大精神，深入贯彻全面从严治党要求，进一步强化党的领导核心和政治核心作用。积极配合总行党委巡视工作，针对巡视反馈问题，认真研究落实整改措施，把巡视整改成果转化为经营发展动力。扎实推进“两学一做”学习教育常态化制度化。认真落实党中央及总行党委关于十九大代表选举的相关部署，圆满完成选举广西分行出席总行党代表会议代表工作。持续抓好基层党建，促进党支部书记认真履行主体责任。二是加强班子队伍建设。持续推进各级领导班子建设，优化领导班子结构，加强干部队伍监督，通过公开遴选、民主推荐选拔等方式提任处级管理人员 18 人、二级分行行长助理 7 人，调整 13 家二级分行领导班子结构，提任专家 1 人、资深经理 3 人、高级经理 12 人。三是加强党风廉政建设。认真落实专项整治违反中央八项规定精神和“四风”问题相关要求，加强党廉工作情况监督，组织全辖员工对全行 1 225 名管理人员 2016 年度落实党风廉政建设和反腐败工作情况进行网上考评。

二、坚持聚焦质量效益核心，强化风险管控能力

持续推进“三坚持一完善”（坚持以顶层设计为主导，严把新增融资质量关；坚持以风险缓释为抓手，严防贷款进一步集中劣变；坚持以分类处置为对策，把握质量与效益的平衡关系；完善问责和激励政策，积聚队伍正能量）信贷质量管控策略，统筹把握好质量与效益的关系，坚决闯过资产质量关。一是严把新增融资质量关。压实信贷经营主体责任，优化信贷投向和信贷资产结构。推进信贷体制机制改革试点和“三中心三团队”建设，落实差异化经营和授权管理，有序推进公司信贷客户经理、综合客户经理分设与管理，深入落实专家治贷。抓好潜在风险融资排查、管控和化解，切实管住新增融资出血点。2013 年、2014 年、2015 年以来新增融资不良率分别为 0.52%、0.32% 和 0.05%，均优于系统平均水平。二是加强风险贷款缓释化解。强化潜在风险贷款管理，严防贷款进一步集中劣变。发挥好广西分行信用风险监控中心职能，密切关注地方政府债务排查整改情况，落实法人客户融资风险滚动排查、大户分析会和预警核查等工作机制，打好风险缓释化解的提前量，持续抓好风险贷款缓释化解。全年对 3 651 户预警风险客户进行筛查核查，对可能劣变的 257 户、64.2 亿元法人贷款制订了风险缓释方案，其中成功缓释风险贷款 229 户、60.21 亿元法人贷款。三是加快全口径不良资产清收处置。实施“一户一策”，提升处置的主动性与实效性。加大常规手段清收力度，提高处置效能；加大创新处置力度，创新处置不良贷款 7.91 亿元；加快受托处置资产回收，年末受托资产余额 15.42 亿元，比年初下降 9.98 亿元；加大重点项目清收力度，批量转让处置亿元以上大额集群客户 6.61 亿元，成功回收账销案存资产 0.55 亿元。完成 1 051 户 4.17 亿元个贷不良资产证券化。

三、坚持落实服务本源战略，提高服务实体经济水平

积极落实总行“抓大、抓小、抓新、抓优”信贷战略布局要求，深入实施广西分行“三积极一稳健”（积极发展项目贷款，积极发展个人贷款，积极发展优质短期融资业务，稳健发展小微企业贷款业务）信贷发展策略，大力拓展优质信贷市场，不断提高金融支持实体经济的质量和水平。一是支持重点领域建设。围绕高速公路、铁路、港口、电力、机场、轨道交通等重大基础设施项目，全年投放项目贷款 253.25 亿元，同比多投放 47.24 亿元。聚焦城市功能提升领域，累计发放政府购买项目贷款 97.7 亿元。围绕自治区“广西制造 2025”和产业转型升级战略，向装备制造、制糖、文旅科教等行业分别发放贷款 31.02 亿元、35.87 亿元和 27.01 亿元。拓宽服务地方经济的宽度和厚度，年末地方政府债券投资余额 762.25 亿元，比年初增加 354.54 亿元，余额和增量市场占比同业第一。积极拓展跨境业务，全年完成国际贸易融资 9.04 亿美元。二是支持居民金融消费升级。积极满足居民购房、家装、购车等消费金融需求，年末个人贷款余额 1 037.18 亿元，同业市场占比第一，比年初增加 134.63 亿元，其中个人住房贷款余额 892.53 亿元，比年初增 160.60 亿元，存量和增量实现同业占比“双第一”。信用卡透支规模比年初净增 23.54 亿元，个人信用消费贷款（融 e 借）累放 8.96 亿元。三是支持优质客户短期融资需求。以央企和区属大型国企作为重点目标，积极支持广西支柱产业和特色经济的持续发展，全年累计为联通、大唐、中石油等央企提供贷款 63.41 亿元，累计对区属大型优质企业发放贷款 66.89 亿元。推广网络化融资业务，全年一般法人（不含小企业）网络化融资累计发放 99.84 亿元。四是扩大普惠金融服务供给。在区分行层面成立普

惠金融业务推进委员会和普惠金融事业部，坚持“做实、做精、做专、做稳”原则，立足实际，稳步推进“医保贷”“渔船贷”“正大贷”“蔗担贷”“再担贷”“农担贷”等特色融资方案和业务模式落地。年末监管口径小微贷款余额 297.05 亿元，比年初增加 26.73 亿元，全面完成“三个不低于”监管指标。

四、坚持狠抓系列措施落地，推动各项存款营销拓展

一是做深市场拓展，促进公司存款快速增长。加大重点板块和潜力市场的营销力度，向重点领域要市场，提升大客户市场竞争能力。向同业联动要市场，扩大增存来源，成功取得政策性银行 15 个项目贷款的代理资格，实现日均存款 6.2 亿元。向跨境业务要市场，挖掘外汇存款潜力。年末公司存款余额 584.28 亿元，较年初增加 76.98 亿元。二是做强业务合作，促进机构存款持续增长。紧密跟进财政体制改革，抓好财政资金链式营销，积极参与财政系统电子化等项目。全年累计获分配国库现金存款 152.7 亿元，比年初增加 37.35 亿元，广西本级财政存款增量市场占比第一。巩固和提升社保存款市场份额。抓好军队“脖子以下”单位的跟进营销，提升军队存款同业占比，年末全行军队存款比年初增加 80 亿元，继续保持同业领先优势。年末机构存款余额 760.63 亿元，较年初增加 134.64 亿元。三是做大金融资产，促进储蓄存款加速增长。把储蓄存款增长建立在扩大有效客户数量、做大金融资产总量和做优金融资产结构的基础上，推动有效客户、金融资产和储蓄存款的协同增长。年末，个人有效客户 991 万户，较年初增加 60.70 万户；个人金融资产余额 1 896.20 亿元，较年初增加 110.20 亿元；储蓄存款余额 1 427.08 亿元，较年初增加 58.70 亿元。

五、坚持加大转型创新力度，增强持续发展新动力

扎实推进总分行重点发展战略落地，促进经营转型和创新用新，积极培育新的业务增长点。一是努力做大做强中间业务。完善重点产品增收工作方案，及时调整营销策略。激发基础板块业务创收活力，抓好结算、理财、代理等产品增收，全年实现收入 8.97 亿元。提升大零售业务创收能力，围绕效益贡献度、市场竞争力和客户满意度三大目标，提升大零售业务综合效益，全年实现收入 11.70 亿元。深挖大资管业务创收潜力，抓住政策和市场机遇，积极培育业务新增长点。全年实现收入 2.54 亿元。增强大投行业务创收动力，强化“公司 + 投行”一体化经营，推进“顾问 + 融资”“股权 + 债权”等综合化服务，在产业基金、理财直投、并购融资、股票质押融资等方面取得突破，全年实现收入 3.08 亿元。二是积极落实重点城市行发展战略。贯彻落实总行重点城市行战略部署，坚持一城一策，统筹协调推进广西分行“四市一区”重点城市行（南宁、柳州、桂林、玉林 + 北部湾经济区钦州、北海、防城港分行）发展。全年“四市一区”重点城市行拨备前利润、净利润、中收、存款余额、贷款余额分别占全辖总量的 78.74%、84.48%、79.28%、78% 和 78.37%，比上年分别提升 0.79 个、11.96 个、0.97 个、0.44 个和 1.89 个百分点，对全行盈利贡献拉动作用增强。三是实施质量效益专项解困工程。对百色、崇左、钦州 3 家困难二级分行逐行制定专项解困计划，并进行一对一帮扶。3 家分行全年拨备前利润分别同比增长 16.72%、14.04% 和 9.18%，其中崇左分行财务包袱消化完毕，百色分行预期风险损失基本覆盖、大额不良处置逐步推进，钦州分行不良贷款比年初下降 0.37 亿元，专项解困计划取得阶段性成效。

六、坚持严守合规经营底线，巩固内控案防稳定局面

积极应对复杂多变的经营环境，坚持多措并举，持续夯实管理基础，提升内部管理效能。一是抓实合规管理，提升内部控制水平。以内控评价上等级为抓手，认真开展“执行强化年”主题活动和“合规标兵”树典推优工作。完善内部控制机制，提高全行内部控制水平。严防各类输入性风险，提高风险防控水平。二是抓牢案件防范，深入推进从严治行。全面落实新时期“十大禁令”要求，推动全面从严治行向纵深发展。坚持标本兼治，认真贯彻落实总行案防“三个办法一个评价”的要求，层层压实案防责任。深入开展十大重点领域和关键环节的风险治理，坚持精准排查，着重加强对“飞单”、非法集资和违规民间融资、基础核算和介质管理、代理投资、信贷管理等领域的风险深度排查和治理工作，全面堵截风险漏洞。三是抓实安全管理，为全行经营发展提供稳定环境。加强业务运营、保卫等安全管理，为全行发展提供安全保障。加强信访维稳与舆情管理，全年无非正常集体进京进邕上访和恶性群体性事件发生，及时响应客户投诉、回应社会关切，稳妥处置网络舆情 6 起，有效控制负面影响，没有发生重大声誉事件。

重庆分行

【主要业务指标完成情况】

2017年，重庆分行实现拨备前利润86.63亿元，同比多增5.79亿元，增幅7.16%；实现净利润55.7亿元，同比多增2.95亿元，增幅5.59%；实现中间业务收入37.28亿元，四行占比稳居第一。各项贷款余额达到3 354.94亿元，新增377.78亿元，四行占比38.16%，高出余额占比6.42个百分点，均排名第一；全部存款余额达到3 791.36亿元，新增248.99亿元，四行占比37.45%，高出余额占比4.45个百分点，均排名第一。不良贷款余额21.74亿元，不良贷款率0.65%，较年初下降0.07个百分点，排名四行第一、系统第四（不含西藏）。

【主要工作举措】

一、坚持做大规模、优化结构，核心业务基础持续夯实

重庆分行进一步明晰经营定位，统筹抓好规模增长与结构优化，核心业务市场地位和竞争实力得到有效提升。

一是资产业务方面，在个人贷款上，纵深推进“大楼盘战略”，对重点按揭项目建立以分行为主导、上下联动的营销管理体系，并建立常态化利率定价机制。2017年投放个人住房按揭贷款429.37亿元，较年初新增276.01亿元，排名四行第一，新增占比37%。在公司贷款上，按照“早投放、早收益”的原则，抢抓重点市场拓展、重点项目落地，并通过规模配置引导贷款定价，投放贷款800亿元，完成年度计划的135%，新投放贷款收益率高于系统平均水平，余额较年初增长175.39亿元。在小企业贷款上，监管口径小微企业贷款新增89.42亿元，完成年度计划的175.33%；小微客户较年初新增351户，完成年度计划的468%；网上小额贷款投放额排名系统第三；网络融资较年初新增49.34亿元，完成年度计划的224.27%；创新推出商票通及科信贷等多个区域特色产品；全面推进47家小微企业票据贴现分中心建设，办理小微企业票据贴现240亿元，22家县支行实现全面突破。

二是负债业务方面，在储蓄存款上，持续推进代发工资、建筑农民工工资和拆迁赔付等“三驾马车”源头营销，抓好个人客户及存款资金批量拓展，四行占比达到34.4%，同比提升7.5个百分点；通过“行外吸金”等精准营销项目拓展私人银行客户83户、财富客户71户，并带动金融资产提升3.28亿元。在公司存款上，日均增量首次突破100亿元，达到138亿元，系统排名较2016年提升14位至第8位；对公结算账户13.24万户，净增17 495户，完成年度计划的117%，并实现“企业通”源头拓户模式突破；日均金融资产5万元以上对公客户净增2 024户；积极开展对公账户提质增效专题活动，注册资本50万元以上新企业拓户率达到15.36%；工银e缴费实现缴费额82亿元，完成年度计划的1 072%，排名系统第三。在机构存款上，积极抢抓军改机遇，成功争取陆军某旅装备账户、通信某旅装备账户落户我行，机构存款时点余额1 310亿元，新增127亿元，均排名四行第一。

二、坚持创新驱动、全行发力，经营转型步伐不断加快

在强基固本抓好基础业务的同时，重庆分行积极转变发展思路和经营模式，不断提升改革创新步伐和经营发展活力。

一是加快业务转型。大零售：积极推动理财、代理保险、基金等产品销售，进一步强化营销队伍和专业队伍建设。信用卡净增有效客户30.58万户，完成年度计划的152.90%；POS活跃率、二维码商户动户率分别排名系统第七和第八；配备69名专兼职财富顾问，私银客户金融资产突破170亿元，增幅20%，排名系统第七。大投行：实现中收3.84亿元，同比增长50%；积极推动重庆FOF基金、医疗产业基金及教育产业基金设立，搭建产业投资基金平台；成功完成首笔证券公司两融收益权投资业务、普惠金融股权融资创新业务、投行土地整治类过桥融资业务，以及发债资金流动性债务融资业务；通过“并购贷款+开发贷款”方式完成金科并购天津滨耀项目，实现表内表外联动。大资管：新增项目投资额263.53亿元，增幅53%；推荐同业结构化项目117.13亿元，排名系统第一。金融市场交易与承销业务实现收入4.42亿元，同比增长17.55%；成功推荐总行投资地方债239.37亿元；成功营销首单银行信贷资产证券化承销业务。国际业务：实现中收5.36亿元、同比增长45.7%；累计办理国际贸易融资682.95亿元，同比增长106.47%；成功开立重庆首笔铁路提单信用证，突破中新（重庆）项目项下首笔直贷通业务，并创新开办境内外三方联动跨境人民币融资业务。

二是优化综合管理。加快渠道建设优化，在9家网点开展“三中心、两小站”建设业态创新试点；深入推进“流动便民服务车”外出开展营销活动70余次。在线上成功试点融e联“工银重庆对公客户信息平台”公众号，吸引七千余户企业关注。推出“重庆工行薪管家”“重庆社保公积金”等公众号丰富融e联场景。加快考评机制优化，制定总体绩效考核方案及各类员工考核指导意见，深化MOVA应用推广，加快解决战略传导“中梗阻”和“最后一公里”的问题。加快利率定价优化，存贷款量价协调成效初显，各项指标均完成总行下达计划。

三、坚持标本兼治、责任落实，风险防控能力切实强化

重庆分行着力强化底线思维、博弈思维、平衡思维和战略思维的分析管理思路，有效提升了金融风险防控能力。

一是严防信贷风险。累计实现不良贷款清收处置32.18亿元，受托资产清收4.05亿元，同比分别多收3.89亿元和3.62亿元；法人不良商业包批量转让13.23亿元，实现拨备回拨2.53亿元，本金受偿率达到68.86%，同比提升近20个百分点；信用卡不良资产清收处置6.84亿元。存量融资风险持续化解，建立前中后台分工协作化解机制，强化对潜在风险贷款的识别判断、责任落实和过程管控；建立到期贷款台账管理制度，加大对逾期贷款的监控力度，遏制逾期风险上升势头；加快推进强制执行公证办理，落实率达到52%。逾期贷款占比同比下降3个基点至1.18%；贷款劣变率同比下降0.07个百分点；2013年以来新增不良额和不良率分别为10.4亿元、0.38%，同比分别减少5.94亿元、0.42个百分点。新增融资风险有效遏制，通过核定流程管理、企业隐性关系深挖等措施，压降授信155户、98亿元，过度融资风险得到有效控制；创新提出“四个价值”抵押物管理方式，转变对评估价值的过度依赖，实现法人客户抵押信贷业务全覆盖；稳步推进信贷经营体制改革，建立授信审批按季巡查制度，巡查问题笔数和金额同比均大幅下降；积极开展从严治贷“四严”主题活动，以及信贷夜校专题培训，专业队伍素质进一步提升。

二是狠抓内控案防。围绕银监会“两加强、两遏制”回头看、金融乱象治理和总行“十大重点领域和关键环节”风险排查等重点工作，重庆分行全面推进案防排查工作，发现各类问题1 803个，并已全部落实整改；深入开展了合规文化核心理念及新时期“十大禁令”宣讲活动，营造了良好的合规经营氛围；组织开展了票据业务“回头看”检查、银行卡汽车分期专项检查等工作，完成对前十大民营企业存量融资及房地产固融业务的抵质押、担保落实情况的全面核查，有效防范实质风险的蔓延。同时，反洗钱工作积极有效，继续保持同业先进。2017年重庆分行获评总行内控评价一级行，并获得总行内控合规工作先进单位称号。

四、坚持党建引领、效能提升，队伍建设更加坚强有力

重庆分行始终坚持加强党的全面领导，并以队伍建设为核心，以机制建设为保障，有效激发干部员工干事创业的激情和活力，为经营转型和业务发展提供了强劲的内生动力。

一是全面加强党的建设。重庆分行始终不断强化党的领导，切实将加强党的建设作为经营发展的根本保障。一是突出政治建设，坚定政治方向。全行干部员工坚决贯彻“党是领导一切的”这个重大原则，严格遵守政治纪律和政治规矩，坚决维护习近平总书记在全党的核心地位，将“四个意识”落实到本职岗位和具体工作中，坚持深学笃用习近平新时代中国特色社会主义思想，谋划实施好全行经营发展。二是狠抓思想建设，增强政治定力。先后组织召开学习宣传贯彻党的十九大精神动员部署会议，以及多次党委中心组（扩大）学习，制订并落实了全行学习宣传贯彻党的十九大精神实施方案；市行班子成员紧密联系全行经营实际，多次为全辖党员干部讲授专题党课，并深入基层宣讲十九大精神，在全行掀起了学习热潮，主要做法和成效被《重庆日报》集中宣传报道四次。各级党组织扎实推进“两学一做”学习教育常态化制度化，持续强化“三会一课”、组织生活会和民主评议等各项组织生活制度的落地执行，引导广大党员提升思想政治素养，提振干事创业精气神。三是扎实推进全面从严治党。签订了党风廉洁建设主体责任书和监督责任书，明确各级党组织及领导干部落实从严治党主体责任。组织学习《准则》和《条例》等党内规章，并以专项整治为抓手，深挖隐形变异“四风”问题，持续推进作风建设。着力运用好监督执纪四种形态，有效防止重大案件事故和风险隐患发生。组织了基层党支部书记集中轮训，开展了党支部“一问一改”活动，充分发挥党组织的战斗堡垒作用和党员的先锋模范作用。

二是持续强化干部队伍建设。围绕“年轻化、动态化、规范化”建设要求，对12家分支行和11个市行部门的领导班子进行了调整，通过社会招聘方式引进8名专业人才，选派23名信贷业务骨干到县行继续进行对口帮扶。实施专业型人才重点培训项目8个，严格落实“持证上岗”要求，全辖业务类员工持证率达到92%，较2016年提升10个百分点。同时，深入推进干部能上能下机制落实，通过免职、降职、改任业务类职务等方式，对6名总经理级干部和10余名经理级干部进行岗位调整，被总行以《人力资源管理工作动态》方式进行宣传推广。

三是不断加强人文关怀。累计慰问困难员工1 195人次，送去救助金324万元；积极开展“‘准妈妈’关

爱计划”“暖春助学”活动、困难女员工一对一结对帮扶活动、“让爱心传递　与温暖同行”爱心公益活动和特教中心视障盲童手工作品义卖活动；组织开展了“爱我工行　从身边做起”价值创造活动、“理想与信念、成长与成就”员工大讨论及“新长征　新征程”员工健步走等活动；成功举办第三届员工趣味运动会，开展了“小小银行家　逐梦在工行”“家在心上　爱在工行”等100余场主题鲜明、内容丰富、形式多样的家庭日活动。

四川分行

【主要业务指标完成情况】

2017年，四川分行实现拨备前利润176.65亿元，同比增长8.47%，实现净利润110.46亿元，同比增长11.67%。各项存款余额8 600余亿元，时点增长1 000.27亿元，同比增幅64.28%；各项贷款余额5 600余亿元，新增贷款506.23亿元，同比增长24%，继续保持了全省金融机构贷款第一大行地位，同时通过多种渠道、多种金融工具向实体经济注入表外融资近1 000亿元，全年合计提供表内外融资超过1 400亿元，领先金融同业。实现中间业务收入59.01亿元，同业排名第一。信贷资产质量稳定可控，年末不良贷款余额60.84亿元，较年初减少1.43亿元，不良贷款率1.12%，较年初下降0.12个百分点，实现了双降。

【主要工作措施】

一、充分发挥资金持续保障优势，全力支持重点项目建设和产业转型升级

认真落实省委省政府“项目年”和“双七双五”发展战略规划，全年实现重点项目投放500余个，金额超过900亿元。

二、扎实抓好脱贫攻坚头等大事，下足“绣花”功夫推进精准扶贫精准脱贫

聚焦“两不愁、三保障”和“四个好”，全力做好“四大片区”尤其是藏区彝区等深度贫困地区金融扶贫工作，进一步加强通江、南江、万源、金阳四县（市）以及老洼坪村的定点扶贫。

三、认真贯彻新发展理念，不断提升服务实体经济质效

扎实推进“三去一降一补”，助力供给侧结构性改革释放发展动力活力。有效推进信贷资源从产能严重过剩行业向重点支持领域、从低质低效企业向优质高效企业移位，分类稳妥推进企业去杠杆。积极运用信贷工具化解房地产库存，全年投放个人住房贷款近500亿元，净增200余亿元，同业第一，年末余额近2 000亿元，继续保持同业第一。努力降低实体经济企业融资成本，对全省重点建设项目普遍采取了优惠利率安排，实行基准利率和下浮利率的公司类贷款占到全部公司贷款的60%，全年公司贷款平均发生利率4.78%，低于全省银行业公司贷款平均利率0.77个百分点。

四、积极优化小微金融服务，有效缓解融资难融资贵问题

稳步推进小微金融中心建设，在已建成绵阳、广安、泸州、德阳、遂宁5家小微金融中心的基础上，2017年又新建了营业部和南充两家小微金融中心，进一步优化了小微金融服务的组织架构、体制机制、审批流程，对小微企业的专业化服务能力进一步增强。强化小微金融业务创新，大力推广银政通、税务贷、网上小额贷、银商小额贷、商票小额贷、供应链融资等金融产品，努力探索构建银政、银税、银保、银银、银企合作新模式。

五、有效满足美好生活需要，践行普惠金融切实增强群众金融服务获得感幸福感安全感

充分运用个人信贷产品，积极响应个人购车、装修、教育、旅游及日常消费升级需求，全年投放个人贷款500余亿元，年末个人贷款余额超过2 000亿元，保持同业第一。深入推进民生工程，累计建成社银一体化网点13家，与政府社保部门开展社保e缴费合作。积极支持医院基础设施工程及信息化建设，累计投放贷款12亿元，重点支持了县一级医院医疗条件改善，与华西附二院共同打造了线上微信智慧医院综合医疗服务平台，成为全国在线诊疗经典案例。通过线上线下代收等方式为师生提供缴费便利，与四川大学、西南交通大学等高校全面合作，有力地支持了学校的“双一流”建设。大力传承和弘扬大行“工匠”精神，着力打造了3家劳模服务工作室，在业内起到了很好的示范带动效应。扎实推进消费者权益保护工作，加强组织体系和工作机制建设，累计开展宣教活动2 000余场，受众突破200余万人次。积极利用工行融e购电商平台加大对川酒、川菜、川茶、川果等名优商品向川外的推广力度，在融e购平台实现销售超过100亿元，进一步拓宽了川货出川的渠道和层面。

六、紧跟对外开放战略部署，大力支持四川外向型经济发展

依托工商银行综合化、国际化的经营格局，认真落实“走出去”战略、“一带一路”建设等重大战略，为四川“走出去”和“引进来”企业提供全球现金管理、利率汇率管理、国际结算、跨境人民币、信息咨询等全方位金融服务。积极对接四川自贸区需求，率先建立“专属支行+自贸区金融服务柔性团队”服务模式和银政金融协作机制，确保了自贸区服务对接全覆盖，银政金融合作纵深推进。精心打造自贸区跨境金融创新平台，实现了多笔全省首单业务落地。

七、坚持开放共享，引领同业共推西部金融中心建设

充分利用总行信用卡（成都）电话银行中心、国际结算单证中心等服务平台，持续扩大工行后台服务中心功能，有效增强区域内金融服务保障能力和区域外辐射能力。与工银租赁、工银瑞信等工行集团综合化子公司的区域服务团队有力协作，根据四川金融发展需求在省行层面组建了普惠金融事业部、投行资管部和网络金融部等，积极促进区域金融服务水平提升。全面加强与省内银行、证券、保险及非银等机构的合作，特别是为四川当地地方性商业银行、农村信用合作社架设起为其客户提供国际结算服务的平台，解决了四川地区中小银行没有专业机构、资信不被国际银行接受的障碍，带动了区域金融机构协同发展。

八、众志成城，全力以赴做好“8·8”九寨沟地震抗震救灾及灾后恢复重建金融服务工作

地震发生后，我行第一时间启动了应急金融服务。紧急调拨了50万元现金，积极做好救灾部队应急现金保障工作，在绵阳平武、阿坝等机构的相关网点开设了抗震救灾绿色通道和专柜，确保应急金融服务迅速办理，安排救灾沿线工行网点全力做好协同保障和前线应急金融保障，向灾区疏散人员提供必要的帮助。紧急制定下发《九寨沟地震抗震救灾工作中个人金融特殊业务应急处理规定》，特事特办，切实满足受灾群众应急金融业务需求。派遣工作组运送救灾物资和设备赶赴灾区，连夜搭建起帐篷银行展开应急金融服务。

云南分行

【主要业务指标完成情况】

2017年，云南分行实现拨备前利润57.7亿元，同口径同比增加4亿元，增长8%，完成总行年度计划的101%；净利润19.4亿元，同比增加7亿元，增长51%，完成总行年度计划的103%；实现中间业务收入16.5亿元。人民币全部存款比年初净增293亿元，同比多增379亿元，增幅12%，完成总行目标的138%，日均存款增加309亿元，同比多增193亿元。人民币全口径各项贷款净增154亿元，增长7%，比上年多增56亿元，完成总行目标的166%。

【主要工作措施】

一、有力支持实体经济

认真落实全国金融工作会议要求，构建“贷+债+股+代+租+顾”六位一体的全口径投融资体系，2017年，通过多种融资工具共投放各类资金1 903.7亿元，其中：投放贷款1 163亿元（其中，公司贷款投放989亿元、个人贷款投放174亿元）；票据贴现融资84亿元；租赁融资24亿元（其中，融资租赁17亿元、黄金租赁7亿元）；表外融资183亿元（其中，总行理财资金投资170亿元、分行区域理财投资10亿元，标准化代理投资3亿元）；购买地方政府债券413亿元（其中，公开债券6期304亿元、定向债券2期109亿元）；企业债券承销35亿元（其中，短融10亿元、超短融25亿元）；国际贸易融资1.7亿元，还原地方债和政府专项资金置换贷款119亿元、清收处置不良贷款68亿元、贷款到期收回628亿元，实现贷款净增348亿元，四行同业排名第1位。有力地支持了云南省实体经济的发展。

二、资产质量有效管控

2017年，全口径清收处置转化不良资产175亿元，同比多处置90亿元，其中清收处置表内不良贷款68亿元（含个人不良资产证券化4亿元），清收处置受托资产46亿元，清收处置账销案存资产1亿元，清收处置表外风险项目19亿元，通过展期、并购、重组等方式化解贷款风险41亿元。2017年末不良贷款余额49亿元，较上年末增加7亿元，不良率2.05%，较上年末下降0.08个百分点。尤其是在受托资产处置方面，2017年累计处置法人客户受托资产46亿元，清户218户，实现现金收回26亿元，本金受偿率达57%，提前一年完成总行下达的受托资产清收处置任务，在全国率先实现了受托资产清零。在法人客户受托资产取得骄人战绩的同时，个人不良贷款证券化资产的清收工作也同

步取得良好效果，截至年末，两期产品累计现金清收0.66亿元，完成全年计划的228%。

三、经营转型初见成效

2017年，票据业务实现收入5.56亿元，同比增幅16.81%。票据业务营业贡献达到3.29亿元，同比增加4.81亿元。票据融资余额71.73亿元，为公司贷款投放让渡规模197亿元。票据融资不良率继续保持零的优良纪录。投资银行业务新增投融资共235亿元，全部投向AA－级及以上省属国有企业，完成总行全年投放任务的261%，为去年同期的20倍；新增总分行获批项目22个，为去年同期的4倍；存量项目余额合计230亿元，为去年同期的4倍。同步带动辖内公司存款、托管、结现等业务的发展，派生公司日均存款54亿元，新增托管规模197亿元，新增对公结算账户31户，投行综合贡献显著提升。资产管理业务实现中间业务收入3.3亿元，增幅29.84%，资产管理业务收入占全行中间业务收入的20.17%，同比提升5.78个百分点。理财产品规模快速增长，全行理财产品销售日均余额达483亿元，较年初增加193亿元，增幅66.55%。养老金业务新增管理个人账户数5 449人，完成全年计划目标的109%；受托管理养老金规模达44亿元，完成全年计划目标的604%；养老金理财产品日均余额175亿元，完成全年计划目标的350%，在总行排名第一；新增企业年金客户141家，完成全年计划目标的141%。资产托管业务新增资产托管客户74户，新增托管规模295亿元，中标托管业务规模达380亿元，实现中间业务收入1 759万元，营业贡献2 769.66万元。国际业务完成国际结算量27.44亿美元，同比增长38.3%，增幅系统排名第一，同比提升36个位次；跨境人民币业务量67.49亿元，同比增长41.59%，四行占比18.04%，较上年提升7.03个百分点；投放国际贸易融资1.7亿元，国际业务大中型客户拓户22户，同比增加7户，增幅48%。信用卡业务实现总收入6.7亿元，同比增加0.9亿元，信用卡专业对全行的贡献持续提升。信用卡客户数达19万户，较年初增加9万户。私人银行时点客户达到584户，较年初增长105户，增幅21%，高于全国平均增速13个百分点。管理资产规模达到90亿元，较年初增长16亿元，增幅21%，高于全国平均增速10个百分点。专属产品时点余额达到65亿元，较年初增加6.7亿元，增幅12%，高于全国平均增幅11个百分点。

四、信贷经营能力持续提升

制定印发了《关于进一步提升二级分行信贷经营能力的意见》，明确了提升二级分行信贷经营能力的总体思路和目标任务及46条工作措施，统筹推进“法人分层、小微专营、零售下沉”的信贷经营架构调整，进一步理顺信贷业务流程，压实二级分行信贷经营主体责任。深入开展从严治贷“四严”主题活动，建立了信贷经营能力会诊、融资客户准入预审等制度，实施“专家治贷”队伍建设工程，提高准入层级，严防“病从口入”。2017年全行公司贷款移出346亿元，完成总行下达移位计划的146%，公司贷款移入额的90%投向了云南省“五网”“八大产业”等重点行业和重点客户，80%的贷款投向了AA－级及以上客户，存量移位成效凸显。

五、经营体制得到健全

在省分行管理层面，按综合管理、财务运营、纪检监察、大公司、大同业、大零售、风险控制七大板块对行领导分管工作进行调整划分，专业化、集约化经营因素得到强化。省分行增设了养老金业务部、资产管理部和普惠金融事业部，成立了票据业务、国际业务、资产托管、不良资产处置中心、大客户中心五个一级团队，组建了金融市场、贵金属两个二级团队，全产品、全市场的经营架构初步形成。在二级分行层面，推动了除省分行营业部外的二级分行全面开展深化扁平化改革，建立“二级分行——网点支行”两级经营架构，不断强化二级分行的直营职能，突出网点的营销和服务职能，充分激发基层经营活力。

六、管理机制得到完善

一是围绕省分行“1＋4”重点城市行和11家精品特色行的发展目标、思路和路径，探索差异化考评体系，研究差异化资源配置方案，着力构建“雁阵式”发展格局。二是强化考核激励约束，修订完善了《二级分行经营绩效和业务发展考评办法》《工资总额管理办法》，细化专业考核，充分调动了全行干部员工想干事、能干事、干成事的积极性。三是提升精细化管理水平，制订、修订了《云南分行推进管理人员能上能下实施细则》《团队管理办法》《督查督办工作规则》等91项规章制度办法，狠抓工作流程梳理优化，着力提升各级管理人员的专业素养和管理能力，形成了精细做事、精细管理的意识和严谨细致的工作作风。

七、人员结构得到优化

按照“精简高效、突出主业、管控有力”的原则和市场化方向调整省分行本部人员结构，核定内设部门正副主管职数122人、直属机构正副主管职数23人，共计145人，比原有正、副科长职数减少17人，减幅达10.49%。实施了以“岗位兼容、人员通用、服务综合、运行安全”为主旨的网点岗位整合优化工作，将人力资源优先投向新的盈利增长点和高价值创造、高贡献回报的条线、板块与岗位，全行柜员和服务支持岗转营销服务岗524人，对公及个人客户经理净增189人，信贷客户经理增配220人，不良资产处置及新兴业务条线净增156人，网点营销人员占比由实施前的38.22%提升至54.41%，人员结构调整指标全面超额完成总行下达的任务，网点营销服务力量得到最大限度的充实和调动。

八、员工士气得到提升

一是进一步优化调整干部结构，省行管理干部的平均年龄较年初下降了0.66岁，“70后”干部占比从38.22%提高到46.34%，上升了8.12个百分点，“75后”干部占到46.34%，干部队伍结构进一步优化。二是扎实做好干部梯队培养，着眼于未来3－5年的发展需要，不断拓宽选人用人视野，开展了对二级分行的新一轮后备干部集中选拔调研，建立“534”储备人才库，拟定中长期培养方案，帮助优秀年轻干部脱颖而出。三是搭建员工干事创业平台，2017年全行先后组织开展了“客户发展与产品营销”“争创业绩　赢在中秋”“冲刺中收　争创效益”主题劳动竞赛，全行干部员工积极参与，在收获成绩的同时，培育了荣辱与共的思想共识。四是以人为本、关爱员工，全行党政工青齐抓共管，深入开展员工思想教育引导，不断提升员工福利待遇，2017年全行工资总额和非工资性费用分别较上年增加了8.7%和14.6%，实现了员工价值和企业价值的同提升、共发展。

九、党建工作得到加强

一是突出“两学一做”学习教育常态化制度化的“细”和“实”，细化制定《“两学一做”学习教育2017年基础任务清单》，明确了对党委、支部、协调小组、党组织书记、成员、党员的具体要求。二是认真组织学习宣传贯彻十九大精神，以《云南省分行认真学习宣传贯彻党的十九大精神实施方案》为指引，启动了学习贯彻党的十九大精神集中轮训工作，省分行全体党委成员深入基层党建工作联系点开展了十九大精神专题宣讲，迅速掀起了学习宣传贯彻十九大精神的热潮。三是坚持全面强化从严治党和从严治行，以省分行《关于贯彻落实全面从严治党要求的实施意见》《党建工作主体责任清单》为依托，以签订年度党风廉政建设责任书为抓手，细化明确“两个责任”界限和目标任务，形成层层有目标、级级抓落实的工作格局。四是强化执纪监督，完成了16家二级分行第一轮巡察工作全覆盖，进一步强化对二级分行党委领导班子及其成员的监督，督促落实从严治党、从严治行要求，促进二级分行党委加强班子自身建设和党风廉政建设。

贵州分行

【主要业务指标完成情况】

2017年，贵州分行实现拨备前利润、净利润、中间业务收入分别为93.62亿元、58.3亿元和29.7亿元，增幅分别为12.06%、20.29%和5.22%。存贷款双超3 000亿元。本外币各项存款、各项贷款总量分别达3 031亿元和3 035亿元，保持同业第一。其中，人民币各项存款时点增量134亿元，储蓄存款时点增量47亿元，时点、日均、网均增量均保持同业第一，对公存款时点增量97亿元。人民币各项贷款新增300亿元，公司、个人贷款分别新增202亿元和85.8亿元，银行卡透支新增50.8亿元。不良贷款实现“双降”，不良额25.86亿元、不良率0.91%，分别较年初下降2 907万元和0.1个百分点，近四年来首次实现“双降”，资产质量在总行及可比同业保持较好水平。累计清收处置不良贷款44.39亿元，其中清收受托处置资产3.39亿元、现金清收账销案存资产0.3亿元，均超额完成总行计划。

【主要工作措施】

一、助力脱贫攻坚，服务本源更加有效

统筹抓好贵州脱贫攻坚春、夏、秋季三大攻势机遇，拓展八大扶贫领域，易地扶贫搬迁项目、农村公路项目、两权抵押贷款等实现突破。推动实施“白名单”营销，围绕“四抓”加强系统拓展，成为龙洞堡国际机场三期扩建工程项目唯一银团牵头行及代理行，文化旅游、医疗、教育、水利、农业等领域营销成效显著，当年累计投放各类贷款1 200亿元。组建普惠金融事业部，创新探索安顺“银行＋政府”风险补偿模式，审批投放“中小企业创业贷”9 650万元。继续发挥个人住房贷款主力军作用，个人贷款余额增量市场“双第一”，公转商贷款模式得到总行推广，创新扶贫安居住房贷款等业务。通过“贷款＋”统筹运用好各项产品及业务满足客户融资需求，非信贷融资量超过300亿元，签约行外银团13个697亿元，“引资入黔”115亿元，发行124只区域理财产品募集资金72亿元。此外，2017年11月14－15日，贵州分行党委班子带队到黔西南州普安县开展结对帮扶实地扶贫工作，分组调研项目，签署贷款协议，现场捐款捐物206万元。开展了医疗、教育、基础设施、党建等一系列捐赠帮扶工作。

二、夯实发展基础，竞争能力得到提升

围绕“强基稳存、大户争存、项目增存、机制促存”做好稳存增存，通过“周计划、周通报、月考核、季兑现”强化日均增量考核，实施储蓄存款专项激励考核，对公存款、储蓄存款日均增量分别达154亿元、47.5亿元。拓户提质成效良好，日均金融资产5万元以上公司客户、机构客户分别新增2 391户、240户，1万元以上个人客户新增5.5万户。持续抓源头，投资地方债460亿元并承接资金236亿元，中标六期160亿元省级国库现金管理并贡献日均存款34亿元。发挥“一团队两平台”作用，远维团队人均创收335万元，“工商企业通”新开户11 869户，大额资金平台拓展他行客户406户，排名总行前列。构建公司无贷户营销维护体系，实行客户分包管理，无贷户存款新增176亿元。预算单位国库集中支付电子化系统、贵州高院“一案一账号”诉讼费系统等成功上线。实现282所各类院校春、秋两季学费代收。实施静态、动态市场竞争力评估，逐步推进营业部、遵义和安顺分行“一行一策”配套支持政策，将贵安支行升格为二级分行，强化重点区域市场拓展。开展县域支行竞争力提升专题调研，围绕26条实施意见加强挂钩考核。

三、加快转型创新，发展活力不断释放

坚持大零售战略方向，明确十项重点工作，推进“八个不低于”目标落地，探索实施“穿透式”考核评价，持续推动旺季营销，零售业务营业贡献37.3亿元，同比增加4.7亿元。强化资管、投行条线人员配备，加快项目落地，同步推进区域理财业务产品发行、项目端、销售端、风控等工作，投行项目投资39个近173亿元，实现收入7.5亿元，年末最后一周销售25.5亿元总行理财产品，确保了42.6亿元极贫乡镇子基金的投资落地。主动调整收入结构，进一步规范对公融资相关收入，提升基础业务贡献，年末10项重点产品增收8 540万元。坚持成熟一家、推进一家，稳步推进信贷经营体制改革，在营业部、遵义、安顺分行成立信贷审查审核中心，对营业部试点人格化授权，在安顺分行试点法人客户直接经营管理，积极推进小微中心、大客户中心、特殊资产经营中心、个贷中心建设。加快全行网点智能化改造，实现网点智能化全覆盖，打造了14个新型互联网体验型网点。

四、突出强基固本，风险管控成效良好

进一步加大了逾期贷款剪刀差和各类不良资产处置的挂钩考核力度，对各行资产质量逐一过堂会诊，大力压降化解逾期贷款和潜在风险贷款，坚持“一户多策”加快不良资产处置，积极探索创新处置方式，亿元大户不良贷款处置效果明显，实施个人不良贷款资产证券化、债转股等。接受了人行重大事项报告专项检查、各级银监部门“三三四十”检查以及总行内控现场评价、内审昆明分局内部检查等，组织开展了“十大重点领域和关键环节”风险治理及各类专业检查，突出运用“飞行检查”手段，做到“每月有检查、每季有重点”，加大督促整改落实力度。突出发挥全行合力，切实加强“三道防线”建设，启动了内控合规“执行强化年”主题活动，全面开展综合整治，坚决彻查各类风险隐患。完善反洗钱管理机制，充实反洗钱中心人员，开展反洗钱重点审计，全年未发生洗钱风险事件和案件。夯实基础管理，完成年度“保三争四”档案集中管理目标，各类印章清理整治成效初显。加强行政推动和督导，确保监管工作要求得到有效落实，其中在人行、银监局消保专项考评中分别获评A等、一级。持续强化安全生产运营，扩展外部欺诈、报警监控、综合管理三大平台在业务领域的应用，实现全年安全运营目标。

五、加强党的建设，落实全面从严治党扎实推进

结合实际抓好十九大精神的学习宣传贯彻，掀起了多层面组织学习宣讲的热潮。多措并举结对帮扶普安县脱贫攻坚，并进行实地扶贫，取得良好效果。接受了总行党委第三巡视组为期一个月的现场巡视，针对反馈的13个方面34个具体问题，研究制定了80条整改措施，目前已全部完成。细化党建工作主体责任，扎实推进“两学一做”学习教育常态化制度化，开展党建联系点工作调研，通过组织开展重走长征路、重温入党志愿书、百名入党积极分子集中培训等活动，进一步激发了党建工作活力。对辖属党委班子及领导干部实施了党风廉政建设全覆盖考评，确保“两个责任”落实到位。组织实施首轮巡察，推动“两个从严”向基层延伸。实现“基层党组织党员全覆盖”目标。重新规划设置两级行机关党支部，加强两级行本部党建工作。严格落实中央八项规定精神和反“四风”各项要求，坚决贯彻执行贵州省公务活动全面禁酒规定，开展专项整治。组织开展省分行本部“强化五个意识，做好五个表率”主题作风建设活动。

六、坚持以人为本，队伍和文化建设凝心聚力

坚持正确的选人用人导向，完成了总行后备干部推荐、助理级干部公开遴选、省行机关副主管公开竞聘等。坚持规范的选人用人程序，开展选人用人专项巡查整治。发挥人力资源“两张表”作用，清理盘活“在编不在岗”人员，组织开展校园招聘、社会招聘，加大优秀人才跟踪培养，强化各类专业团队建设。优化整合工资发放，提高薪酬管理透明度和员工获得感。继续举办处级干部读书班、“月末大讲堂”培训，“走出去”开展县域和城区支行行长能力提升培训班，进一步开阔了基层管理人员视野。统筹推进中年员工职业振兴和青年员工技能提升两大工程，举办运营中后台中年员工示范培训班。倡导各级干部要围绕“六个用心”，通过各种渠道关心、关爱员工。组织开展了一系列劳动竞赛和技能比赛，举行十大工匠先进事迹巡回报告会，成功举办年度职工运动会、职工歌咏比赛，有声有色开展家园文化建设主题活动，做好各类困难员工的帮扶、救助及慰问，同步强化离退休人员服务管理，进一步增强员工凝聚力和归属感。

陕西分行

【主要业务指标完成情况】

2017年，陕西分行实现拨备前利润62.96亿元，实现净利润37.37亿元。全部存款余额3 948亿元，较上年增加283亿元，增幅7.6%。各项贷款余额2 366亿元，较上年增加148亿元，同比增长54.17%。实现中间业务收入17.57亿元（含银行卡还原收入0.35亿元），超额完成年度任务。不良贷款余额54.52亿元，不良贷款率2.3%，分别较年初下降0.93亿元和0.2个百分点，实现“双降”。各项业务总体保持持续向好、稳中有进的发展态势。

【主要工作措施】

2017年，陕西分行认真贯彻党中央、国务院和总行决策部署，紧紧围绕“解困振兴、追赶超越”工作总基调，以学习的姿态、创新的姿态、务实的姿态、追赶的姿态做好各项工作，努力开创发展有亮点、质量有改善、效益有提高、市场有拓展、创新有突破、管理有加强、服务有提升、队伍有士气；无案件、无重大违规违纪、无重大安全事故、无恶性服务事件的“八有四无”新局面。

一、加大拓户增存力度，客户数量稳步提升，存款实现倍增式增长

着重完善拓户增存考核激励与联动服务机制，组织省市县联动、公私联动，按板块、行业、客户组织纵横结合、上下贯通、公私联动的大兵团联合作战，突出在社保、税务、医院、学校、军工等领域和板块，集中拓户、批量展业，组织开展“走万家　拓千户”公司客户专项营销和网点对公业务营销活动，发动全行员工参与私人银行客户拓展活动。同时，构建客户流失问责机制。全年机构、公司、个人客户分别增加289户、1.31万户和83万户，均呈现较好增长态势。达标私人银行客户数1 348户，较年初增加225户，增长20.03%，创历史新高。强化存款增长均衡性考核，增存稳存效果逐步显现。全部存款余额3 948亿元，时点增长283亿元，同比增长135.8%，增幅7.6%，高于系统平均2.22个百分点。其中，机构存款增加108亿元，同比多增120亿元；公司存款增加53亿元，同比增长780.3%；储蓄存款增加130亿元，增量列系统第7。全部存款日均增长217亿元，同比增长125%，存款稳定性逐渐增强。

二、积极抢抓陕西重大发展机遇，服务实体经济质效显著提升，贷款投放创历史最好水平

进一步贯彻落实总行“抓大、抓小、抓新、抓优”战略部署，努力实现信贷资产在客户、行业、产品、区域等结构方面的持续优化。各项贷款余额2 366亿元，增加148亿元，同比增长54.17%。一般性贷款净增297亿元，增量创近10年新高，增幅15.11%，高于系统2.97个百分点，列第11位。压降票据融资余额152亿元，办理票据直贴131亿元，同比增长35%，任务完成率列系统第2位。紧紧把握陕西安全、高效、智慧、绿色等现代基础设施和“大交通、大枢纽、大物流”体系建设中的重大机遇，切实抓好总部融资、PPP项目等大客户、大项目营销推动工作，公司贷款净增232亿元，同比多增276亿元，在上一年度负增长情况下实现跃升式增长。以个人住房按揭贷款业务发展为重点，深入推进个贷经营模式优化和竞争力提升，坚持合作机构和楼盘双名单准入制，大力支持总行级和省内优质大型房地产企业在西安、咸阳、宝鸡等重点区域的优质住房项目，个人住房按揭贷款净增85亿元，仅营业部个人住房按揭贷款净增89.4亿元，均为上年增量2倍。成立普惠金融事业部，加快构建小微金融新模式，推动小微金融业务稳健发展，监管口径小微贷款净增32.9亿元，增量连续四年位居四行之首，实现“三个不低于”监管要求。

三、深入推进经营转型，加强重点新业务条线拓展，中间业务收入超额完成年度任务

着力强化传统业务升级与新业务突破的混合动力，坚持促进中间业务规范化、可持续发展。通过恢复设立投行中心，充实资产托管、贵金属、同业、养老金、私人银行团队力量，完善资产管理、金融市场业务发展模式，加快拉起和努力做强一批新兴业务条线，投资银行、担保承诺、投资交易分别同比增长84%、155%和35%。实现中间业务收入17.57亿元（含银行卡还原收入0.35亿元），完成总行调整后任务计划的102.7%。抢抓陕西自贸区挂牌成立的重大机遇，全面拓展自贸区金融市场，自贸区揭牌当日同步揭牌成立2家自贸区专营机构，并办理了自贸区成立后全省首笔自贸金融创新业务。把积极推荐认购地方债作为支持实体经济的重要举措，累计认购地方政府债216亿元，占比23.27%，投资额居省内23家承销机构之首。加强融安e信业务推介，实现收入3 377万元、拓展客户210户，分列系统第6位和第8位。

四、全面加强信贷风险管理，加大不良贷款清收处置力度，资产质量持续改善

一方面，坚持把防控风险放在更加突出的位置，加快构建与新常态相适应的信贷管理新机制，充分发挥资产质量“双线管控”、月例会和关键管理人制度作用，严控新增融资质量，不断强化防逾控劣工作力度。另一方面，强化不良资产处置力量配备，将省行不良贷款处置中心由最初的3人扩充到10人，各二级分行直接负责处置大额、复杂不良贷款。全年累计清收处置不良贷款48亿元，其中常规清收处置36.47亿元，完成总行年度计划的135.1%。年末，不良贷款余额54.52亿元，不良贷款率2.3%，分别较年初下降0.93亿元和0.2个百分点；逾期贷款余额65.95亿元，较年初下降19.54亿元；剪刀差占比0.48%，较年初下降0.87个百分点，实现不良贷款、逾期贷款、贷款劣变3个“双降”。拨备覆盖率112.8%，同比提升10.9个百分点，风险抵补能力不断提升。此外，通过市场竞价转让受托资产16.05亿元，取得历史性突破。

五、认真学习宣传贯彻十九大精神，坚持以党建为统领，全面从严治党、从严治行取得新成效

把学习宣传贯彻十九大精神作为首要政治任务，坚持党员领导干部带头学、各级机构广泛学、立足岗位深入学、营造氛围持续学，掀起了学习贯彻党的十九大精神热潮。十九大开幕当天，组织省行、二级分行党委和本部党员集中收看直播，认真聆听习近平总书记的报告。党委中心组分专题开展学习讨论，还邀请陕西省委讲师团副团长做专题辅导，分行党委书记以《认真学习贯彻落实十九大精神　汇聚实干担当　追赶超越的磅礴力量》为题，对全体党员宣讲十九大精神并集体重温入党誓词。党委班子成员深入党建联系单位宣讲党的十九大精神，与基层党员代表座谈交流。各基层党支部依托“三会一课”，通过召开中心组学习会、专题学习会、党课、宣讲会、座谈会、研讨会等各种形式组织党员学习十九大精神。坚持学做结合，先后组织了14次党委中心组学习和7次集中学习研讨，扎实推进“两学一做”学习教育常态化制度化。

进一步加强和改进党的领导，结合总行《“311”干部培养规划纲要》制订了《“136”干部培养方案》，通过组织推荐、公开遴选等方式，合理使用各年龄段干部。全面加强转任人员管理，2017年初400余名转任人员基本回行上班并充实到业务营销、风险控制、服务检查辅导等重要领域，充分调动和激发全行党员工作热情和积极性。投产考勤和工作写实系统，进一步严肃劳动纪律和日常工作考核，改进工作作风。把每周五下午最后两个小时定为本部学习时间，切实通过学习提高队伍综合业务能力。

以全面从严治党促进从严治行，促进依法合规经营。严格落实责任，积极构建网格化案防管理机制，在全行深入开展了“打扫房间、清雷排险”专项检查，启动了“打假防假”专项治理行动，旗帜鲜明地向信贷、银行卡领域各种造假欺诈行为宣战，切实以猛药去疴、刮骨疗毒的气概，对案件和风险隐患进行了全面扫雷，及时发现并化解了一些风险隐患。

甘肃分行

【主要业务指标完成情况】

2017年，甘肃分行拨备前利润、净利润、中间业务收入三项指标同比实现正增长。其中，拨备前利润31.05亿元，同比增长6%；净利润17.39亿元，同比增长35.7%，增幅系统排名第5；中间业务收入12.15亿元，同比增长1.6%，系统排名第12。争市场能力明显增强。各项贷款净增110亿元，四行占比33.29%，继续保持余额增量“双第一”。全部存款净增89.54亿元，四行唯一正增长，而且高于省内银行业金融机构全部存款增量总和。中间业务收入总量四行占比33.52%，同比提升1.94个百分点。在总行竞争力提升考核中，是唯一实现全部存款、中间业务收入“双进步”的一级分行。补短板能力明显增强。创新产品、夯实基础，全力应对大零售发展中客户数量等“五下降”被动局面，净增个人有效客户35.17万户，净增个人金融资产77.63亿元，个人贷款四行占比同比提升0.78个百分点，大零售营业贡献同比增加4.16亿元，在总行的大零售综合评价排名同比提升6个位次，取得初步进展。控风险能力明显增强。累计清收处置不良贷款18.26亿元，不良贷款率1.61%，低于全省银行业金融机构平均水平1.95个百分点。逾期贷款剪刀差较年初减少5.34亿元。全年未发生重大风险事件，实现安全运营。

【主要工作措施】

一、坚持党建引领

认真学习宣传贯彻党的十九大精神，省行党委班子

成员带头深入基层，开展多层面宣讲活动，促进党员干部牢固树立“四个意识”。扎实推进“两学一做”学习教育常态化制度化，突出加强基层党支部和本部机关党委建设，组织两期党支部书记培训，严格落实“三会一课”制度。完善省分行党委班子党建联系点制度，党委成员带头联系偏远地区基层党支部。建立二级分行党委班子述职制度，隆重表彰党建工作先进单位，推动党的建设与经营发展深度融合。强化党内监督，完成两家分行巡察，进一步落实基层行全面从严治党主体责任。加强干部队伍建设，调整加强二级分行领导班子28人，公开遴选管理干部31人，有10名80后年轻干部走上领导岗位，干部队伍知识结构、梯次结构得到优化。实施省分行本部经理三级以下职务层级晋升选聘工作，142名员工得到晋升。组织全行首届技能大比武活动，17支代表队365名选手参加了7个专业的竞赛项目；开展大零售等专业劳动竞赛，涌现了284位营销明星，激发了昂扬向上的正能量，树立了干事创业的新风气。认真组织落实总行党委为“基层员工办十件实事”要求，努力为员工办好事解难事，在全行营造了服务员工、关爱员工的好氛围。

二、坚持服务本源

围绕全省经济建设目标和实体发展需求，持续加大信贷投放力度，全年实际净增贷款（含压缩票据）147.37亿元，增量是同期的1倍。累计投放公司贷款492.48亿元，有力支持了省内重点项目、基础设施、民生工程建设。成立普惠金融事业部，聚焦小微企业、绿色产业发展加大扶持力度，累计投放小微企业贷款68.59亿元，累计向节能环保、循环经济、低碳经济、新能源等绿色环保企业和项目发放贷款45.99亿元，增幅15.3%。全面加强与各级地方党委、政府的汇报沟通，围绕戈壁农业、兰州新区建设等课题积极出谋划策，甘肃省政府唐仁健省长批示：“工商银行甘肃省分行积极参与戈壁农业建设，服务地方实体经济值得肯定，所提建议很有价值”。坚持把金融扶贫作为全行光荣的政治任务，开展结对帮扶，选派39名干部驻村帮扶，以产业扶贫为方向，从基础设施建设扶贫、健康扶贫、文化扶贫、爱心扶贫入手，全年共实施帮扶项目140个，有675户贫困户实现脱贫，85个帮扶村平均贫困发生率持续下降。创新推出以“政府+银行+保险+核心企业+合作社+农户”六位一体的“蓝天贷”模式，既解决了涉农企业发展资金问题，又依托核心企业解决了农户资金和市场问题，丰富了金融精准扶贫渠道和手段。进一步拓展金融扶贫渠道，全年累计投放金融精准扶贫贷款9.05亿元。

三、坚持作风改进

开展服务基层、服务客户“双服务”活动，省分行党委班子成员带头走访地方政府、走访重点客户、走访基层网点。对重点系统和重点客户实施“名单制、预审制”，建立信贷“预选库、目标库、现实库、风险库、退出库”五库和公司、机构、个人客户三张“明白纸”，提升市场反应速度和营销效率。建立省分行业务部门与营业部挂钩考核机制，形成省分行和营业部的服务营销合力。加大公司存款攻坚，全年日均5万元以上公司客户较年初增加317户，公司存款增加27.70亿元，同比多增58.66亿元。扎实开展“586”机构客户拓展行动，全年新增各类机构客户201户，与各级政府签订职业年金基金归集协议57份，占全省各县区的66.28%。全年机构存款增加64.26亿元，同比多增13.19亿元，机构存款日均增加40.54亿元。制定《本部部室作风建设考核评价实施细则》，组织落实中央八项规定和“四风”专项整治工作，持续营造风清气正的氛围。加强本部机关管理，严格领导干部和员工考勤管理，工作作风明显改进。

四、坚持创新驱动

以问题为导向，加快体制机制和产品创新，进一步激发经营活力和市场竞争力。制定二级分行市场竞争力考评办法，压实二级分行班子责任，17家分行中有7家行全部存款增量四行排名第一，有8家行中间业务收入总量四行排名第一。改进工资总额分配办法，绩效收入与拨备前利润增量等七项主要指标挂钩，进一步体现收入与贡献匹配原则。成立投行业务团队，实行市场化考核，投行业务收入同比增长52.8%，增幅系统排名第5。成立大客户中心，增强重点客户直营能力，公司贷款较年初增加82.97亿元，四行排名第1。深入实施大零售战略，制订并组织落实16项个人客户营销方案，全年净增个人客户58.03万户，个人客户金融资产增加97亿元，完成总行任务计划170%，计划完成率系统排名第1。丰富获客方式，通过跨界合作、场景建设、信息服务、远程维护等渠道，增强获客、活客、黏客能力，净增融e行客户51.79万户，融e行拓展他行客户数34.23万户，移动端月均动户数52.27万户，净增融e联客户104.88万户，四项指标均超额完成总行任务计划。更加注重因地制宜和因行施策，实行县域支行、城区支行分类管理，隆重表彰竞争力提升十强县支行和城区支行等各类先进集体，激发基层行内生发展动力，加快产品创新，工银聚富、工商企业通、蓝天模式、银税互动等产品和平台成为市场竞争的利器。

五、坚持守住风险底线和安全防线

恢复设立二级分行信贷与投资管理部，落实信贷管理主体责任，建立疑难业务会商制，强化信贷风险监控“预警、核查、整改、反馈”闭环管理，做实做细风险贷款化解工作，提前制订“一户一策”风险化解方案，全面提升清收处置能力，累计清收处置不良贷款18.26亿元，潜在风险贷款和不良贷款余额均控制在总行计划以内。积极组织从严治贷“四严”活动，细化活动三个阶段任务措施，加大突出问题专项整治，促进了信贷精细化管理，增强了信贷专业队伍践行“24 字”信贷文化理念行为自觉。扎实开展“三三四十”和“十大重点领域和关键环节”风险专项治理，加强员工异常行为排查，严格落实新时期“十大禁令”，对违反禁令、触碰“高压线”、违规违纪的实行“零容忍”。强化三道防线履职，发挥各级合规经理的作用，形成线上与线下、现场与非现场相结合的综合化、立体化案防体系。加强声誉风险防控和信访稳定工作，层层落实安全保卫责任，深化“三大平台”应用，守住了不发生重大群体性事件、不发生重大安全生产事件、不发生各类风险事件、不发生重大声誉风险事件“四个底线”，实现了安全稳健运营。

宁夏分行

【主要业务指标完成情况】

2017 年，宁夏分行实现拨备前利润 14.67 亿元，同口径同比增长 5.25%。实现中间业务收入 4.87 亿元，同比增长 0.6%，增幅高于全国系统内分行平均水平 3.41 个百分点。各项贷款（含卡透支）余额 703.30 亿元，较年初增加 45.44 亿元，增长 6.91%，各项存款时点余额 544.21 亿元，较年初增加 28.33 亿元，增长 5.49%，增量四行同业占比 23.85%，排名第三，较上年末提升一个位次。不良贷款余额 8.95 亿元，与年初基本持平，控制在总行计划 10.2 亿元之内。不良贷款率 1.32%，较年初下降 0.07 个百分点。拨备覆盖率 135.63%，较年初上升 3.92 个百分点。

【主要工作措施】

一、强化了服务实体经济的针对性

紧紧盯住自治区经济结构转型升级导向，全面落实“抓大、抓小、抓优、抓新”战略布局，通过与吴忠、固原、石嘴山、中卫、宁东签署银政全面战略合作协议，加大授信支持实体经济发展等方式来有效改善全行的信贷经营质态。2017 年，全行累计发放贷款 718.57 亿元，较上年增加 139.21 亿元，重点支持了吴忠至中卫城际铁路、宁东风电场八期、国龙医疗健康园、建华教育培训等一批涵盖公路、铁路、新能源、节能环保、高端装备制造、幸福产业在内的大项目和新兴领域，这些项目和领域共计发放贷款 64.15 亿元。进一步完善信贷经营管理体制，通过在符合条件的支行设立小微及个贷中心，下放部分审批权限，实施权限内业务分行派驻人员独立审查 + 业务申报机构自主审批模式，建构形成了小微和个贷业务集约化、专营化运营模式。2017 年末，全行个人贷款较年初增加 3.34 亿元，增长 3.3%。通过成立普惠金融事业部，与自治区扶贫办签订“宁夏扶贫产业投资基金合作协议”等多项举措，进一步加大精准扶贫领域信贷支持。全年累计发放精准扶贫贷款 33.12 亿元，较上年增加 23.32 亿元，增长 237.95%。其中支持建档立卡 1 011 户，发放贷款5 028 万元，完成总行年度计划的 628.5%。通过实行一体化经营等多种方式，提升了票据业务的市场竞争力。2017 年末，全行累计办理票据直贴 51.22 亿元，其中小企业直贴 14.64 亿元，较好地完成了小微企业“三个不低于”目标。票据交易量、直贴量、票据余额四行同业排名第一。

二、强化了经营转型向纵深发展

通过组建投资银行、金融市场、资产托管、私人银行等新兴业务团队，制定新兴业务发展实施意见，定期召开中间业务收入组织推动会，成立网络金融部、持续做好零售业务旺季营销和对公精品产品营销及爱购周末促销活动等措施，进一步拓宽了中间业务收入增收渠道。2017 年 12 月末，全年中间业务净收入占营业收入 19.29%，同比提升 0.87 个百分点。从各业务板块来看，银行卡专业实现了由过去偏重追求发卡向发卡与发展客户、扩大交易并重的经营理念转变，取得了较好的成效。银行卡中间业务收入同比增长 21.34%，高于系统内分行银行卡平均增幅 7.6 个百分点。贵金属业务在逆境中实现了突破，收入同比增长 28.55%。公司金融投行业务持续发力成效显现，收入同比增长 8.21%。从各专业产品来看，担保承诺、企业年金、即期结售汇及外汇买卖、第三方存管四类产品收入提速明显，分别较上年同期增长 69.97%、58.18%、28.43% 和 27.82%。企业年金、即期结售汇及外汇买卖、第三方存管、投行顾问咨询、代理收付、代销基金、资产管理及私人银行八类产品收入四行同业占比排名第一。

三、强化了精益管理和服务提升工作

全行对照目标找差距，对照差距找问题，对照问题找原因，对照原因定措施，对照措施一项一项抓落实，对照差距一步一个脚印抓提高“六点论”工作方法，促使全行上下经营管理水平有了较为明显的提升。通过制定下发《宁夏分行经济资本优化管理实施意见》，全行经济资本占用较年初减少 8.2 亿元，从而增加经济增加值 1.14 亿元。强化预算管理和统筹调度，加强财务资源配置，完善福利费管理办法，健全利率定价管理机制等一系列工作，逐步提高了全行经营管理效能。2017年，全行激励费用占经营性费用比重达40%，较上年提升了16个百分点。新发放贷款平均浮动幅度为7.74%，同比提升2.18个百分点。通过制定下发《宁夏分行市场竞争力评估办法》《网点竞争力评估办法》《网点负责人考核评价工作指引》，在提升支行网点竞争力的同时，有效增强了分行党委的战略传导力度。深化内部账户管理，认真做好参数维护和分级评价，稳步推进柜面服务流程优化，全行运营管理体系根基更加扎实。秉承科技“三服务”宗旨，同步抓好安全生产运营和业务创新支持两大要务，强化信息保障基础管理，加快科技与业务融合共进，促使业务转型发展的后台支持能力更趋强劲。以开展“服务口碑新变化喜迎党的十九大”主题活动为抓手，通过加快推进网点智能化改造全覆盖，强化网点五级分类管理，完善客户投诉应急服务响应体系，健全服务长效管理机制等多项工作举措，促使全行服务供给水平不断提升，服务面貌明显改善。在自治区消费者协会等多家单位联合举办的2017年“诚信于行　宁夏榜样”3·15活动中，荣获“宁夏消费诚信示范单位”殊荣。统筹推进各类渠道建设，全年撤并优化网点2家，打造轻型化网点2家，迁址优化网点6家，建成离行式自助银行7家，全年离行式自助银行与营业网点比例由年初的0.86∶1提升至0.91∶1。

四、强化了质量管理和内控案防工作

认真践行“24字”信贷经营文化和“交通警察”信贷经营管理理念，通过加强信贷业务前、中、后台部门和相关支行通力协作，实施“堵、疏、处”同步推进等夯基固本的有效措施，促使全行资产质量保持了稳定。全年共计压降退出潜在风险贷款8.68亿元，累计清收转化不良贷款9.84亿元。认真落实风险防控主体责任，开展“强化执行年”和“内控案防整治年”活动，明确提出了合规为本、全员有责、风险可控、稳健高效“16字”合规文化核心理念，并通过加强源头管控，筑牢三道防线、加大内控案防专项整治和反洗钱工作力度，提高非现场监测和风险核查频次，深入开展“两加强、两遏制”回头看以及“金融乱象”专项治理等活动，全面排查和梳理各业务领域潜在风险隐患，及时揭示并纠正存在的问题，为全行健康发展提供了有力的合规保障。在总行开展的“寻找我身边的合规标兵”评选活动中，紫荆花支行荣获“合规标兵（集体）”荣誉称号。

五、强化了党建和员工队伍建设

牢牢把握党建这个统领和人这个根本，坚持党领导一切，坚持人决定成败。组织开展违反中央八项规定精神和四风整治，扎实推进“两学一做”学习教育常态化制度化，掀起学习宣传贯彻党的十九大精神的热潮，促进了“四个意识”的增强和全面从严治党主体责任的落实。积极配合总行巡视工作，认真抓好巡视问题整改。深入推进“1555”人才选拔培养工程，加强支行班子建设。全年202名核心人才入库培养，共计提拔、交流轮岗干部50人次，退出6人。依托两张表，实现人员结构调整394人。顺利完成分行本部“定责、定岗、定编”改革，通过开展各类专业技能劳动竞赛，推动为基层员工办好十件实事，帮扶救助困难员工等多种方式，激发昂扬向上的正能量，推进和谐银行建设，营造团结奋进的文化氛围。

青海分行

【主要业务指标完成情况】

2017年，青海分行实现拨备前利润12.87亿元，同比增加1.40亿元，增长12%，完成总行下达计划的106%；实现净利润6.52亿元，同比减少1 863万元，下降2.78%，完成总行调整目标的109%；实现中间业务收入2.97亿元，同比减少4 533万元，下降13.26%，完成总行调整目标的100.2%。截至2017年末，青海分行各项存款余额638.48亿元，较年初净增51亿元；各项贷款余额652.70，较年初净增63亿元。不良贷款余额12.63亿元，较年初增加7.7亿元，不良率1.94%，较年初上升1.1个百分点。全年累计清收处置不良贷款0.32亿元。潜在风险贷款余额5.41亿元，比年初下降3.5亿元，控制在总行下达的目标以内。

【主要工作措施】

一、遵循发展规律，强三基，固根本，传统业务市场竞争力有了新提升

坚持把市场竞争的焦点聚集到强化“三基”（基础客户、基础业务、基础管理），拓展“三新”（新客户、新业务、新市场）上，做大做强传统业务，把力所能及的业务抓实、抓好、抓出成效，创造了新的增长动能和收入来源。一是坚持协同作战，推动存款稳定增长。加强各条线、各板块的协同，严格落实“重日均、重

网均、重人均”的增存原则，形成了各条线合力攻坚、齐抓共管的稳存增存格局。二是坚持回归本源，保持信贷业务合理增长。紧紧扣住“金融服务实体经济”的主题，遵循“抓大、抓小、抓优、抓新”的总体策略，增强了金融支持实体经济发展的供给能力。三是坚持客户为本，夯实发展根基。突出落实好总行易会满董事长关于客户拓展的15个关键词，大力推进“客户+”战略的落地，持续扩大客户规模。

二、重视结构调整，推转型，促发展，盈利模式持续优化

面对利差收窄，增收压力增大的不利局面，持续推进大零售、大资管、大投行战略转型，千方百计挖潜增收潜力，坚持理财与存款齐头并进，基础性中间业务与创新性中间业务同步推进，着力拓展多元增收渠道。一是推动零售业务加快转型。紧紧围绕提升零售业务经营贡献这一核心，完善“一评价两考核”制度，持续加强个人客户经理的穿透式考核和直通式管理，把大零售率先发展理念传导到“最后一公里”。二是打造大资管业务新的增长极。推动贵金属业务模式创新，实现证券客户同业合作新跃升，加大专项资金、交易资金划拨及监管资金安心账户托管业务营销力度，大力推动“工银e养老”业务拓展。三是推动大投行业务稳健发展。成立了投资银行业务推进委员会，进一步深化投行业务直营直办的管理模式，在并购重组方、股权融资、债务融资等方面取得了新突破。

三、完善经营机制，谋改革，图发展，扁平化管理成效不断显现

始终保持改革定力，结合扁平化管理模式，继续深化信贷经营、渠道建设、机构设置、服务创新、绩效考核等领域的改革措施，进一步激发了经营活力和发展动力。一是信贷体制机制改革不断深化。结合各区域信贷管理水平、风险控制能力及信贷资源状况，按照基本稳定、适度调整、完善整合的原则，构建分层经营管理体系，提升客户准入层级，进一步明确了审批职责，激发了分、支行两级信贷经营主体的经营活力，提高了业务办结效率。优化个贷业务流程，实现了个贷业务集中放款、分别核算的经营模式。二是绩效考核导向作用有效发挥。积极构建与扁平化管理体制相适应的考核机制，制定了部门、一级支行、网点三个层面的绩效考核办法，遵循“横向到边、纵向到底”的原则，明晰考核主体责任，合理分配调整省分行部室与各支行之间的指标权重，创新实施了差异考核、分类考核，率先在系统内实施个人客户经理的穿透式考核，提升个人客户经理管理考核的科学性。三是内设机构和渠道建设亮点纷呈。根据监管要求、业务发展和渠道转型实际，组建了普惠金融事业部和网络金融部，调整了个人贷款管理部室，进一步理顺工作职能，强化了市场专营能力。四是智慧银行建设取得新进展。积极响应总行e－ICBC3.0智慧银行战略的部署和要求，理顺业务发展机制，网络金融业务呈现出客户规模增长、产品渗透率提升，客户活跃度提高、交易额再创历史新高、融e购电商平台取得突破性进展“五大亮点”。

四、坚持稳健经营，强内控，防风险，保障安全平稳运行

牢固树立合规产生效益，内控创造价值的经营理念，时刻反省去年信用卡大额风险事件和信贷欺诈案件中的经验教训，引以为戒，毫不动摇地抓好内控案防和风险控制工作。一是加强信贷基础管理。做好存量移位管理，加强信贷文化教育建设，全力提升信贷经营能力，细化全面风险管理，加大不良贷款清收处置力度。二是持续加强内控合规管理。纵深推进“十大重点领域和关键环节”风险治理，深入开展综合整治工作，落实“执行强化年”工作要求，持续推动“一道防线”履职，层层分解专业条线内控工作目标，健全了制度管理体系，加强了部门和专业条线的指导和督导。形成了案防责任体系横向到部门、纵向到网点的新格局。

五、夯实党建基础，转作风，聚合力，落实全面从严治党要求

坚持以党的十九大精神为指导，认真贯彻落实总行党委关于加强党建工作的整体部署，发挥新时期党建工作的政治优势，坚持党建工作引领和促进转型发展，不断增强抓好党建工作的主角意识和主动精神，形成了基层党建和经营管理互助并进的良好格局。一是认真学习宣传贯彻党的十九大精神。把学习宣传贯彻党的十九大精神作为当前及今后一个时期的首要政治任务，召开了学习宣传贯彻十九大精神动员部署会议，确保规定动作做到位，自选动作有特色，自觉运用党的十九大精神加强和改进党建及经营管理工作。二是全面落实两个“主体责任”。加强党建工作机制和制度建设，进一步明确工作目标，落实工作责任，传导工作压力，推动党建工作科学化、规范化开展。完善党员教育管理机制，在省分行本部、各支行党支部设置党小组，明确党小组设置原则、职能任务及具体要求，进一步完善“三会一课”等党内生活制度，持续筑牢党建工作基础。扎实开展“两学一做”学习教育常态化制度化，进一步丰富内容、明确任务，压实责任。成立了党建工作目标管理考核工作组，以目标管理推动党建工作迈上新台阶。持续抓好党风廉政建设，将党风廉政建设和反腐败工作纳入全行经营管理总体工作统筹谋划推进，健全了“一把手负总责，分管领导各负其责，班子成员齐抓共管、纪委协调督察”的领导体制和工作机制。高度重视党员发展工作，注重质量，严格把关，坚持流程，新发展党员继续向业务骨干、业务一线青年员工和新入行大学生中的优秀分子倾斜，党员队伍结构进一步得到优化。三是强化执纪监督。成立了省分行纪委、监察室党纪政纪处分审理委员会，规范集体审议和决策程序，提

高审理工作质量。在7个经营规模较大、党员人数较多的一级支行成立了纪委，选拔配备纪委书记，配齐纪委委员，建立了纪检监察人员统一调配、协调联动的管理机制。进一步规范了支行纪委书记（纪检委员）和纪检监察员分工与兼职要求，保证了纪检监察人员聚焦主业，监督执纪。制订总行党委巡视反馈问题整改方案，建立问题清单和整改进度台账，加强跟踪督导，推动了整改任务的落实。开展了“学规定、守纪律、防风险、保安全、促发展”学习教育活动，注重文化引领，持续强化了廉洁从业理念。紧盯中央八项规定精神落地生根，扭住“四风”问题不放，制度笼子越扎越紧，作风建设进入新常态。四是加强干部队伍建设。认真做好支行领导班子调整和管理人员选拔聘用工作，加快干部队伍的新老更替、梯级发展。认真做好推荐补充领导班子副职后备干部和“311”高级培养对象初步人选工作，加快优秀年轻干部的储备、培养和选拔步伐，为转型发展提供人才保障。制定了《青海分行人员结构调整方案》及“人员优化两张表”，全面完成总行下达的人员结构调整计划。积极开展精准扶贫工作，选派政治强、素质好、作风实的干部进村入户，驻点扶贫。开展结对认亲“双帮”工作，把物力扶贫与智力扶贫紧密结合起来，落实扶贫工作措施，增强了帮扶对象的“造血”功能。深化基层民主管理，发展和谐稳定的劳动关系，落实总行给予艰苦地区政策，提高员工在岗津贴。积极开展困难员工、困难党员救助工作和送温暖活动，尽最大努力解决好员工的实际困难，创建和谐银行。加强全行职工食堂规范化管理，下大力气解决员工中午就餐难题，建立员工医疗服务绿色通道，凝聚发展合力，增强了员工的荣誉感、幸福感、获得感。

新疆分行

【主要业务指标完成情况】

2017年，新疆分行经营效益稳步提升，实现拨备前利润48.52亿元，同比增长16.95%，完成总行全年预算的106.6%；实现净利润31.37亿元，同比增加2.07亿元、增长7.06%，完成总行全年预算的104%。拨备前利润和净利润任务完成率分别居系统第4位和第10位。成本收入比34.55%，同比下降2.3个百分点。客户规模快速增长，个人有效客户总数784万户，较年初净增54万户、增幅7.4%，客户增量、增幅创近年最好水平，增幅居系统第6位。新开有效对公结算账户13 868户，完成总行计划的114%；公司客户总数8.6万户，较年初净增1.1万户，增幅14.6%，其中有融资关系大中型信贷客户588户，较年初净增32户。存款增量创历史新高，人民币全部存款余额2 784.9亿元，较年初净增349.3亿元、增长14.3%，同比多增145.9亿元，完成总行全年预算的150.7%，各项存款增量居同业第一。其中，储蓄存款增加85.6亿元；公司存款增加50.25亿元，完成总行全年预算的167.5%；机构存款增加213.6亿元，完成总行全年预算的267%。外币存款余额4.68亿美元，较年初增加1.54亿美元、增长49%。贷款业务发展稳中提速，人民币各项贷款余额1 540.6亿元，较年初净增149.3亿元、增长10.7%，同比多增142亿元，完成总行调整预算的100%，剔除票据实际新增190亿元、增长14.1%，创历史新高，各项贷款增量居同业第一。其中，公司贷款净增182.4亿元、增幅19.9%，同比多增205.3亿元，主要投向基础设施建设和政府购买、棚户区改造项目；个人贷款净增8.3亿元，同比多增12.6亿元。中间业务实现正增长，实现中间业务收入15.39亿元、同比增长1.66%，任务完成率居系统第3位。其中，信用卡、结现、公司、投资银行、机构5个专业同比正增长；收入超建行1 000万元以上项目有个人理财、私人银行、借记卡、代客资金交易、理财项目推介、资产托管、养老金等业务。资产质量控制良好，累计清收处置不良贷款8.91亿元，潜在风险融资较年初下降58.6%；不良贷款余额13.51亿元，较年初下降0.53亿元，不良贷款率0.87%，较年初下降0.13个百分点，实现了“双降”。

【主要工作措施】

一、着力加强经营理念引领

根据总行战略导向结合新疆实际，提出了建设“五个一流”精品一级分行理念（一流党建、一流队伍、一流管理、一流风控、一流效益）；“八争三保”核心是“三争三保”卓越贡献理念（市场争客户、发展争速度、同业争占比、系统争位次、结构争优化、创新争转型、经营争效益、社会争形象，服务保品质、管理保安全、稳健保质量）和班子建设“六句方针”理念（政治过硬、团结协作、担当务实、学习创新、清正廉洁、贡献卓越）。

二、着力提升市场拓展能力

不断加强与地方各级党政交流沟通、组织开展政府购买服务和军队客户服务提级等各类营销活动、增强信贷整体经营能力、完善业务营销推动机制、支持推动资源富集的重点城市行加快创新发展。新投放信贷总量1 326亿元，认购政府债券246.1亿元，居第一位（占19家承销团认购总量的22.8%），成功争揽了疆内同业最大单政府购买服务贷款——乌鲁木齐市棚户区改造项目；并结合新疆实际，明确抓"大小新优"的重点领域、重点客户、重点项目，加快信贷客户经理分设进程，为信贷业务健康持续发展打下了较好基础。发挥了国有大型商业银行主力军和示范引领作用，得到了地方党政及监管部门的高度认可。

三、着力推动转型创新发展

加快零售业务转型发展、提升网点统筹管理能力、推进e-ICBC 3.0战略落地。2017年，新疆分行确立全量个人客户发展战略，创新个人客户服务营销模式，修订零售业务"一评价三考核"办法，突出零售业务核心指标市场同业份额占比与排名，实施个人客户经理直通式考核，打通考核"最后一公里"。新增网点2家，撤并低效网点2家，迁址网点5家；25家网点实施轻型化改造，其中理财便利店21家；85家完成网点智能化改造，智能网点覆盖率达87.4%。采取网点业态和布局优化、智能化改造、劳动组合科学化等"组合拳"，网点竞争力及服务水平明显提升。超时等候客户数同比下降24%，客户平均满意度达到99.27%。并成立网络金融推进委员会，实施智慧银行行动计划，扎实做好线上、线下结合的基础性工作，跨专业联动推进场景建设工作落地。

四、着力强化资产质量管控

建立风险客户分类管理制度、资产质量调度会制度、实行大额风险贷款行领导挂帅清收制度、加强重点行业分析和重点业务品种风险管控。2017年，全面排查风险融资客户，分门别类做出清收处置安排，明确相应管理流程、管理机制，以及各级行和信贷业务前中后台具体职责；定期研究重点风险客户融资风险化解方案及存在的问题困难和风险防控目标等，明确清收计划和进度表，逐户、逐级落实责任人，严防贷款劣变，坚决竖起资产质量管控"高压线"；1亿元以上风险贷款由区分行行领导负责，5 000万-1亿元风险贷款由二级分行行领导负责；开展电力行业市场分析，对电力消纳趋势及相关政策提前做出预判，为后续融资策略的制定提供依据；严控对个人商用房贷款和以商用房抵押方式办理的贷款业务，将个人商用房贷款审批权限上收至分行。

五、保持内控案防高压态势

加强合规文化建设、构建"抓排查、抓考核、抓典型"案防工作机制、坚持问题导向加大监督检查和整改力度、夯实业务运营风险管理基础。2017年，新疆分行组织开展合规文化核心理念及新时期"十大禁令"宣讲，持续开展"正面有规范、反面有禁止、违反有处罚""三位一体"员工行为规范教育，突出加强教育引导、问责警示和文化引领、夯实业务运营风险管理基础等方面；制定实施《"从人到事、以事找人"员工异常行为排查实施办法》《"以事找人"风险排查工作操作规程》《内控案防考核办法》《抓典型管理办法》等，抓住管理者履职和制度执行两个关键，以点促面，警示、惩戒、震慑和教育全员敬畏规则，坚守制度，守住底线，遏制案件、风险事件的发生；组织开展"十大重点领域和关键环节"专项检查自查、"两个加强、两个遏制"回头看整改问责，以及"三违反""三套利""四不当""市场乱象"专项治理工作，全年综合整治自查检查累计发现问题174个，对责任人问责1 000人次，举一反三落实整改；聚焦印章、现金、票据、理财及同业、账户管理等重点领域，定期开展风险排查精准施策，管住实质防控。对网点运营风险分级考核，对高风险网点逐一诊断，落实整改问责，促进D、E类网点转化升级。

六、着力加强党建和队伍建设

落实管党治党责任、扎实学习宣传贯彻十九大精神、深入推进"两学一做"学习教育常态化制度化、抓好干部人才队伍建设、加强员工队伍建设。2017年，新疆分行不断健全党建工作机制，落实党建工作联系点制度，制定实施党建工作主体责任清单，完善党建工作考核评价等，推动全行党建工作重点任务落实。领导干部带头学、带头讲，深入基层党建工作联系点、驻村点宣讲十九大精神；李鹏代表以自己的亲身经历和感受共宣讲36场，参加人数一万多人次；全行组织开展学习培训，形成了良好氛围。通过集中培训、专题讲座、党课、知识竞赛等形式，牢固树立"四个意识"、增强"四个自信"。完善选人用人机制，组织在全行公开遴选中层干部，储备了一批素质好、能力强的优秀干部。加强年轻干部培养锻炼，调整优化干部队伍结构，共选拔推荐12名干部员工分别赴总行、地方政府、二级分行交流锻炼。加强岗位和人员管理与控制，前瞻性规划员工结构优化；注重培养和培训，构建完善绩效管理考核和约束机制，实施"快乐工作，健康生活"工程，改善异地交流及新入行员工宿舍条件等，进一步聚人心、凝合力，激发广大员工干事创业的热情。

西藏分行

【主要业务指标完成情况】

2017 年，西藏分行盈利能力大幅提升，实现拨备前利润 4.67 亿元、净利润 3.27 亿元，较上年分别增长 44.08% 和 38.27%；实现经济增加值 1.52 亿元，较上年增长 107.15%；实现中间业务收入 2 423 万元，同比增长 13.3%，连续三年保持两位数增长。资产业务提速发展，年末本外币各项贷款余额 259 亿元，净增 33 亿元，增长 14.7%，其中，公司贷款余额 222.6 亿元，净增 50 亿元，增长 30%，高于当地四家行平均增幅 8.9 个百分点，居第一位；个人贷款余额 3.28 亿元，净增 2.9 亿元，增长 7.4 倍，增幅居当地四家行第一位。负债业务转型增长，年末本外币全部存款余额 45.38 亿元，较年初减少 21.03 亿元，负增长 31.67%，其中，公司存款（含保证金）余额 24.13 亿元，净增 12.12 亿元，较年初增长 100.9%；机构存款余额 13.59 亿元，较年初减少 34.36 亿元，负增长 71.66%；储蓄存款余额 7.65 亿元，较年初净增 1.25 亿元，增长 19.59%，高于当地同业四家平均增幅 9.2%。客户发展质效提升，年末对公客户总量 2 369 户，较年初净增 698 户，增长 41.77%，其中日均金融资产 5 万元以上对公客户总量 733 户，净增 257 户，增长 53.99%；全年累计销售法人理财 18.48 亿元，同比增加 14.45 亿元，增长 3.6 倍。个人客户总量 57 881 户，较年初增加 13 360户，增长 30%，其中日均金融资产 1 万元以上个人客户总量 5 716 户，较年初增加 1 031 户，增长 22%，并带动信用卡客户增长 56%、融 e 行客户增长 94%、个人理财销售增长 93%，个人金融资产余额 11 亿元、增长 42%，收单交易额增长 60%。

【主要工作措施】

一、谋划年度工作主题，为全年工作提供方向引领

2017 年，中央对经济金融工作提出了许多新判断、新要求，区情行情也出现了很多新情况、新变化，经过认真的研究分析，结合实际确定了“坚持服务为本、强化创新驱动、抓牢从严管理”年度工作主题，并在年初年度工作会上动员全行以服务为本推进转型提质，创新驱动打造局部领先，从严管理激发团队活力，抓住重点、打造亮点、攻克难点，努力开创分行转型提质和精品强行建设新局面。在年中工作会议上，围绕学习贯彻全国金融工作会议和总行年中工作会议精神，从维稳安保要抓紧抓牢、信贷投放要持续发力、客户发展要提质增效、创新驱动要深化成效、风险防控要加大力度和队伍建设要深入推进六个方面，动员全行保持状态，乘势而上，确保完成全年各项目标任务。一年来的实践证明，这一工作主题和接续配套的工作安排不仅很好地呼应了中央和总行的政策精神，切合了形势情况的发展变化，也及时有效地引导了工作开展。

二、完善各项机制办法，保障工作安排有效推动落实

坚持问题导向、客户导向、市场导向，从实际出发，不断完善工作机制、优化业务流程、变革管理模式。一是在分行班子内部建立起了分管与协管相结合的分工机制，协管领导从年初开始就参与协管专业工作的谋划和重大问题研究，加强工作的接续管理和对重点工作的组织推动，进一步发挥了分行班子成员的作用，也有效地解决了班子成员休假出差期间分管工作的衔接管理问题。二是在绩效考核上进一步完善了指标的设置和权重分配，特别是在目标的设置上增设了确保、力争、奋斗三级目标，增加了二线对一线服务的考核和市场占比调节系数，激发了全行积极向上的拼搏进取精神和齐心协力抓发展的大局意识。三是进一步完善了公司业务直营模式，充实加强业务骨干和管理力量，优化了公司业务部柔性团队管理，明晰公司部和支行的营销管理职责，充分发挥了直营的优势，从而为全年公司业务的快速发展提供了强大支撑。四是在分行层面设立了个人贷款中心，变革原有的营销模式和处理流程，大大提高了工作效率和市场反应速度，增强了对个贷业务优质市场的竞争力。

三、抓住业务发展重点，推动经营转型成效不断深化

紧盯三大业务板块转型的关键指标，抓重点保成效。一是在公司信贷业务发展上，强力拓展交通、电力、能源和旅游等优质行业市场，着力发展项目贷款和属地化客户，推进公司信贷客户结构和贷款品种结构的优化调整，不断提高贷款收益水平。同时贴近市场和客户需求加强业务创新和填补业务空白，陆续实现了“保证金贷”“藏宿贷”以及网贷通、股票质押贷款等业务的落地，提升了贷款业务的整体竞争能力。二是在零售业务发展上，明确以中高端客户为目标，以融 e 借产品为切入点，以批量化拓展为主要方式，开展精准营销，有力带动了客户获取和业务拓展，实现了零售条线

储蓄存款、个人贷款、信用卡、中收等各项业务前所未有的强劲发展和不断突破。三是在对公存款发展上，针对近年来财政资金清理给存款造成的极大影响，提出要着力开辟公司存款新市场和军队等机构存款新市场，从客户基础入手优化存款结构，不断增强对公存款的稳定性，提升价值贡献。去年公司存款余额从不到10亿元增加到22亿元，军队存款从3亿元增加到6亿元。在抓业务发展重点的过程中，坚持发展上重点研究、营销上重点发力、业务上重点突破，在强化业务部门职能的同时，突出发挥行领导高层营销、与内地行联动营销和创新营销作用，确保既抓住了重点、攻克了难点，又打造了亮点。

四、发展客户量质并重，夯实各项业务持续发展基础

针对优质客户占比低的实际，提出发展客户要量质并重，着力提高产品渗透率和客户贡献度，优化客户结构，夯实发展基础。一是坚持拓展新客户和挖潜存量客户并重。全年新开对公结算账户942户，净增716户，新增客户带来存款余额12亿元，同时积极开展对公客户长期不动户激活和清理工作，共销户283户、激活190户。二是注重对个人中高端客户的批量化拓展。突出对公私联动和新产品的应用，全年通过融e借就发展白名单个人优质客户1 231户，通过营销某军队客户的代发工资带动增加个人优质客户4 300余户。三是运用新系统、新平台提升客户营销水平。如陆续投产的公积金代理业务系统、企业财务贵宾室、账户管家、工商企业通、党费缴费平台等，推动了获客能力和服务效率的提升。

五、落实从严管理举措，确保全行上下安全稳健运营

一是严格规范经营管理行为。根据经营管理变化和业务发展需要，在信贷风险管理等关键领域先后制定了20多项管理制度和实施细则，为规范管理提供了依据。特别是对照财政两补政策和制度要求，果断提前清理退出相关贷款，并把财政“两补”政策检查纳入贷款经营管理的全过程，2017年是自治区财政两项补贴专项检查中扣减补贴金额最少的金融机构。二是严格干部员工履职管理。党委班子以身作则，带头严格遵守党纪行规，通过党委会进一步明确了党委成员在休假、出差、值班等方面的细节要求，为全行做好表率。对中层干部履职考核不合格的分别给予降级、降职直至退回原行等处理。从严管理员工，特别是严把员工入口关，严格执行适岗期管理办法，期满考核不合格的坚决退回。三是严格落实“一岗双责”和日常教育。在逐级签订维稳、安保、廉政、安防等各类责任书的基础上，将相应目标责任纳入绩效考核和全员360度考评，通过加强考核落实责任。同时坚持制度学习和警示教育两手抓、常态化，组织分行科级以上干部到自治区监狱参观，邀请自治区纪委对中层管理人员进行廉政专题教育等，以案说纪、以案说法，让大家心存敬畏、警钟长鸣。

六、深化活力团队建设，促进特色企业文化深入人心

一是抓支部和党员队伍建设。扎实推进“两学一做”学习教育常态化制度化落地，深入组织十九大精神学习宣传，对本部党支部进行改建，规范了支部建设和党员组织生活，发挥了支部的战斗堡垒和党员的模范带头作用。二是抓学习型银行建设。通过完善任职资格管理和教育培训考核，启动第二期51对师徒结对薪火计划，截至年末全行业务类员工持证率65%，较上年提高9%。全年组织行内专业资格考试53场次，参加493人次，分别较上年提高35%和28%，广大员工主动学习考证的积极性大大提高。三是抓职业发展建设。将干部员工一直关注的业务类职级聘任晋升工作纳入规范化、正常化轨道，同时通过优化本部科室设置、选聘副科级干部和推荐正科级干部等举措，畅通并拓宽了员工晋升发展通道。四是抓文化活动建设。持续开展了元旦迎新联欢会、客户经理营销技能大赛、迎七一歌咏比赛和秋季趣味运动会四个全行性文化活动，丰富了员工的业余生活，增进了团队的活力和凝聚力。四是员工参与民主管理的制度更加健全。完善制定了工会各项工作制度，完成了职工代表的选举，召开了分行第一届第一次职代会。

大连分行

【主要业务指标完成情况】

2017年，大连分行实现拨备前利润27.5亿元、净利润12.8亿元，分别完成总行计划任务的104%和101.2%，继续保持了区域最盈利银行的地位；年末全部不良贷款余额32.1亿元、不良率2.57%，完成总行下达的控制计划，并且较年初实现双降，分别减少2.4亿元、下降0.27个百分点，在地区四大行中处于最低水平。

【主要工作措施】

一、全力保证风险管理稳定

着眼未来可持续发展，坚持从根本上解决一批基础性、长期性、规制性问题入手，结合贯彻落实总行信贷体制机制改革的有关要求，根据不同信贷业务产品特点，积极探索差异化经营管理模式，构建并强化由分行层面主导对全辖信贷市场投放布局进行统一规划与顶层设计，进一步厘清分行相关业务部门之间、与支行之间的职能边界。同时在支行层面，按照“一行一策”与资源和能力相匹配的原则，在7家队伍和管理基础较为完备、落实“专家治贷”较好的重点支行成立了信贷管理部，在其余支行设立了信贷管理岗，辅以配套机制的完善，推动形成了分工明确、权责统一的信贷经营管理格局。针对全行资产质量管理压力不断增大、逾期贷款规模较前期扩大的不利情况，突出加强对潜在风险的排查会诊与加固缓释，严格落实名单制预案管理，因户制宜、分类施策，夯实责任、掌握主动。2017年，分行新纳入总行潜在风险15户、金额39亿元，调出14户、金额41.1亿元，实现了风险客户的动态调整；全年累计清收转化潜在风险贷款24.2亿元，完成年度计划的155.1%；累计清收处置不良贷款26亿元，其中现金清收3.9亿元。针对各类案件和风险事件高发的环境形势，全面落实总行从严治行、从严管理工作要求，持续推进内控管理体系建设，深入开展内控合规“执行强化年”暨“知底线，守规矩”案例巡讲活动，全面推进案件防范工作，强化各经营环节的风险控制，深入推进反洗钱工作扎实有序开展，始终保持内控案防高压态势，全行未发生重大操作风险事件及案件。

二、全力保证业务经营稳定

全力推进存贷款业务稳健发展。面对有效需求趋缓以及整体风险形势趋紧的大环境，坚持信贷服务实体经济的基本逻辑，坚持以实质风险为导向的优选原则，紧贴地区经济发展阶段和产业特点来把握目标市场。2017年末，分行本外币各项贷款余额1 251.9亿元，较年初增加36.5亿元，继续保持了总量第一的同业位次，其中个人贷款增量达到49.5亿元、同比多增30.9亿元，并且在PPP、黄金租赁、线上供应链等创新业务领域取得了突破，圆满完成人行口径普惠贷款新增投放任务。坚持以科学发展观为统领，从客户基础夯实入手狠抓稳存增存，加大在全行范围以及各业务战线的全面发动，积极改善存款业务发展质态。2017年末，全行对公及个人客户总量已突破4.4万户和575万户，分别比上年增长6.5%和4.8%，其中个人客户在全地区15周岁以上常住人口的覆盖率已经超过90%；军改营销服务落地扎实，面对激烈的同业竞争，在保持原有格局的基础上，成功营销了大连地区两户新建旅级部队开户；民生金融领域再结硕果，成功竞投大连地区跨省异地就医唯一结算行资格，成功实现社保卡代发大连市机关事业单位离退休人员养老金及采暖费，成功自主研发公转商贴息贷款管理系统并先于同业达到试运营能力。2017年末全部存款（含同业）余额1 462.3亿元、继续保持同业首位，各项存款日均余额1 531.6亿元、四行占比31%，达到总行提出的“存款同业排名第一，且市场份额不得低于2016年水平”的重点城市行存款业务竞争力标准。有效推动存贷款量价协调发展，NIM较上年同期提升6个基点。一方面，借助综合定价模型和负债利率敏感性模型，进一步完善差别化分层定价策略，使存款付息成本得到有效控制，新发生人民币定期存款加权利率较上年下降12个基点；另一方面，紧跟市场资金形势，加强贷款定价议价管理，新发放公司贷款、个人贷款加权利率分别较上半年提高14个基点和69个基点。

全力压实大零售稳定器作用。聚焦零售业务发展，深入开展基层调查和市场调研，在此基础上对客户、产品、渠道、队伍做出了新的定位调整和相机配置，努力将传统优势与转型创新相结合，切实在稳定盈利的关键节点上有效发挥零售金融的压舱石作用。全年大零售实现营业贡献18.4亿元，占全行营业贡献的比重达到58.3%、同比提高10个百分点；零售板块中间业务在一系列不利因素冲击下仍实现收入6亿元，对全行中收贡献占比达到69.2%；个人客户金融资产总规模1 391亿元、较年初增加85.2亿元，继续保持同业首位，其中金融资产2 000万元以上私人银行超高净值客户数达到122户、管理资产突破52.9亿元，创历史新高；储蓄存款余额和日均增量始终位列四大行之首，为确保全行存款趋势稳定发挥了积极的主力支撑作用；信用卡获客渠道转型取得初步成效，通过互联网新营销客户占比超过38%，收单商户规模突破4.3万户，其中二维码及线上新型商户占比超过74%，以分期业务为突破，信用卡融资业务发展取得进步，年末余额29.5亿元，较年初增长17.4%。

全力挖掘中间业务增收来源。更加注重发挥主观能动性，一方面深挖传统项目增收潜力，确保颗粒归仓，与抓客户同步，注重基础业务夯实；另一方面，从机制建设和考核引导上突出抓新增长点突破，努力为盈利增长提供多点支撑。2017年，全行累计实现中间业务收入8.9亿元、完成总行计划任务的102.7%，虽然受各种减收因素影响同比有所下降，但收入总量依然是地区同业最好水平。其中人民币对公结算、即期结售汇及外汇买卖、借记卡、贵金属、第三方存管、养老金收入同比增幅高于总行平均水平，代理保险、资管及私人银行、资产托管业务收入继续保持同业第一。

全力推进全渠道建设纵深发展。全年完成15家网点标准化建设改造、7家网点轻型化转型、4家网点布局优化调整；锁定低效，通过调整设备类型以及布放区域，推动自助渠道运营效能提高，全年撤销11家低效自助银行、调整低效设备215台，台日均交易量达到177笔、增幅4%；加大新渠道推广应用，提升线上线下全渠道获客能力，全年通过渠道二维码累计实现销售6.6万笔、金额突破8.8亿元，“网点预约”微信小程序客户访问量超过4.9万次。落实总行e－ICBC 3.0智慧银行发展战略，将分行电子银行部更名为网络金融业务部，重塑理念、重建机制、拓宽思路，加快向互联网化创新发展转型。2017年末，“融e购”“融e联”“融e行”三大互联网金融服务平台个人端用户数分别突破72万户、108万户和272万户，上线商户数突破119户，融e购非金融商品交易总额累计实现34.5亿元。以客户为中心，多措并举提高服务管理精细化水平，全辖网点服务面貌和服务效率得以明显改观，全年共创建五星网点2家、四星网点4家，在2017年银行业协会服务管理工作评价中取得第一。

三、全力保证队伍建设稳定

持续推动人员结构优化和人才队伍建设。坚持把“带好一批人、成就一代人”作为人事工作的头等大事来抓，着眼于未来三年人员规划，在推动完成全年人员结构优化指标的基础上，把重点放在人才使用和人才质量上，将释放盘活的人力资源重点投入到销售类、新兴业务以及人员紧缺的关键领域，积极推动网点柜员技能综合化工作，进一步优化柜面劳动组合，提升网点资源配置和业务运营效率。2017年，全行网点人员净减88人，完成总行计划131%，实现柜员向销售类转岗108人，网点销售类人员占比已提升至28%；全年向投行、私人银行、国际业务等新兴业务条线输送人才34人，并分别组建了143人的信贷客户经理队伍和106人的不良资产处置团队。持续跟踪转岗人员适岗情况，做好转岗人员培训，提升转岗人员岗位胜任力。

加强人才梯队建设，夯实专业人才队伍根基。围绕全行战略和改革发展重点，持续完善人才储备和培养机制，制订“储备库人员培养方案”和“师徒制”管理办法，加速提升储备人员和新到岗员工专业能力。创新人才培养思路，搭建“全面覆盖、效果显著、实战结合”的专业人才培养体系和机制，分层分类提高员工队伍整体素质。2017年，大连分行共实施培训项目17个，举办各类面授培训114期，参训达6 818人次，成功在5家支行开展信贷业务条线师徒制试点，顺利完成国际业务人才储备库的培训与岗位实践，有效提升了分行专业人才队伍的素质与能力。

加强干部选拔和培养工作，保持干部队伍活力。紧密围绕中央以及总分行党委对干部队伍建设提出的新要求，加强干部的选拔和储备，拓宽选人用人视野。创新完善竞争性选人用人机制，将组织选拔与竞争性选拔有机结合，并根据干部的个人特点、专业背景、任职经历对相关支行的班子进行合理搭配，实现了基层行领导班子老中青梯次配备和专业结构的不断优化；加强干部横纵向岗位交流机制，并积极输送干部到总行、兄弟行、境外机构、政府机关进行交流锻炼，开阔视野。推进干部能上能下机制建设，实行管理人员业绩公示制度客观评价管理人员经营业绩，进一步完善激励约束机制，充分调动和发挥全行干部的工作积极性和主动性，推动责任意识和履职能力提升。

四、全面加强党的建设

聚集主业、强化措施，全力抓好基层党建工作。深入推进“两学一做”学习教育常态化、制度化，通过开展书记讲党课、党员“亮身份、做表率”活动、设置“党员先锋岗”“党员示范区”等形式引导基层党组织多渠道、多形式开展党员教育。重点落实党建工作责任制，成立了党建工作领导小组并制定工作规则，创新党建工作管理模式，选配片区党建工作专职负责人负责推动、指导并监督片区基层党建工作。突出党委在转型发展中的核心作用，健全党务工作责任制和考核评价机制，把促进改革发展作为检验党组织工作成效的重要标准，把党组织书记抓基层党建工作情况评价结果作为评优评先的重要依据，增强基层党组织负责人抓党建的意识和能力。以创新驱动党建与企业文化一体化建设，有效促进了党建和企业文化的协同发展，为分行经营发展提供了强大的精神支撑。

全面从严治党、从严治行，驰而不息改进工作作风。深化全面从严治党，把纪律挺在前面，扎实推进党风廉政建设和反腐败工作。认真开展违反中央八项规定精神和“四风”问题专项整治工作，稳步推进对分支行的政治巡察，着力发现问题，突出整改问责，引导党员干部紧盯不正之风新动向、新表现，认真查摆、深刻反思自身存在的各类问题，自觉把问题意识、问题导向贯穿业务经营管理全过程，并切实抓好整改，推动全行实现作风大转变、效能大提升。

青 岛 分 行

【主要业务指标完成情况】

2017 年，青岛分行实现净利润 19.84 亿元，同比增加 2.34 亿元，增幅 13.35%。实现中间业务收入 10.63 亿元，实现额四行排名第 1。本外币各项存款（含同业）余额 1 372.81 亿元，较年初增加 81.9 亿元，其中对公存款余额 681.45 亿元，较年初增加 79.35 亿元，储蓄存款余额 671.79 亿元，较年初增加 14.69 亿元，对公存款和储蓄存款增量四行排名均第 1。本外币各项贷款余额 1 475.15 亿元，较年初增加 150.35 亿元，其中个人贷款余额 616.07 亿元，较年初增加 113.48 亿元，增量四行排名第 1。不良贷款实现“双降”，不良贷款余额 28.67 亿元，较年初减少 6.13 亿元，不良率 1.99%，较年初下降 0.69 个百分点。

【主要工作措施】

一、聚焦 KPI 考核机制，搭建起立体式的考核体系

一是在原有分支机构综合经营绩效的基础上，建立 KPI 考核机制，聚焦存款、中收、个贷、拓户等当期核心经营指标，重点考核各核心发展类指标的贡献占比变化，并辅以复合增长率和同业竞争力提升情况进行调节，层层压实责任，强化压力传导。二是在资源配置方面，分行对支行取消了产品计价奖励，将绩效工资直接与支行的综合经营绩效考评以及 KPI 考核结果挂钩，强化价值创造理念，实现薪酬资源在各专业、各部门间的横向打通。三是创新干部考核评价模式，改变以往线性考核模式，从定性和定量两个维度进行矩阵式考核，以“九宫格”形式展现干部的业绩贡献和履职表现，清晰地为干部“画像”。建立一对一的定期考评结果反馈机制，突出过程管理，由组织部门按季度将干部的考核评价情况向其本人进行反馈，使绩效管理由关注结果向关注过程转变。四是强化穿透式考核，激发各层级人员的活力。一方面，建立网点负责人、大堂主管、公司信贷客户经理穿透式考核评价体系，统一制定考核框架、考核指标、评价标准和考核结果运用方案，并将考核评价结果作为年度考核、职务晋升等的重要参考。另一方面，加强顶层设计，自上而下制定统一的考核评价体系，规范分支机构的员工考核评价工作。将员工按业务条线划分，分别从定量和定性两个维度进行矩阵式考评。

二、实施“四抓”战略，信贷结构进一步优化

抓大、抓优方面：从顶层设计入手，由分行制定下发专项营销指导意见和目标客户清单，引导支行有的放矢地开拓优质信贷市场。大型优质客户贷款余额 460.12 亿元，较年初增长 88.5 亿元，同比多增 19.9 亿元，优质客户贷款占比 58.82%，较年初提高了 7.06 个百分点。抓新方面：贯彻落实银行业支持经济发展新旧动能转换的政策要求，积极支持先进制造业、现代生产型服务、新技术、新型能源、节能环保等新市场客户的融资需求。新市场领域贷款余额 108.55 亿元，较年初增长 31.46 亿元，增幅达 40.81%，占全部公司贷款增量的比例达 48.88%。抓小方面：小微贷款余额 226.2 亿元，较年初增加 30.5 亿元，全面完成了“三个不低于”的监管目标。新增小微贷款户均额 418 万元，较年初全部小微企业贷款户均额下降 647 万元，朝着“小额化”“实体化”方向稳步发展。制订了“医保贷”业务融资方案，为实现小微客户集群式发展提供了样板。个人住房贷款通过开展“扫楼盘”专项精准营销活动，累放额和增量均居四行首位，实现“量价齐升”。同时，信贷客户经理队伍建设方面：实行名单制管理和分级认证，并根据认证等级确定不同的业务范围。每月按照分行制定的模板开展贷后管理，规范化水平进一步提高。

三、大零售业务创新步伐加快，转型效果初显

一是构建客户分层维护机制，提升到店客户体验。建立“一点接入，全行响应”的私人银行客户服务机制和“一键触发，多岗联动”的到店要客分层维护标准化服务，理顺和规范服务流程，形成网点大堂经理、客户经理、网点负责人及支行分管行长分工协作、共同维护的模式。二是实施 e - ICBC 3.0 战略，拓展线上获客渠道。投产了交通罚款 e 缴费项目，成为青岛首家开通手机银行缴纳交通罚款的银行，线上分流率提升至 50%；投产了工银瞬付项目，为有车一族停车缴费提供便利；投产了公共事业 e 缴费项目，实现民生类缴费项目全覆盖；以大数据为依托进行信用卡客户批量式精准营销，信用卡客户数净增 9.6 万户，其中线上获客占比 50% 以上。三是发挥安心账户托管体系优势，成功为检察院上线“一案一号”系统，实现系统内首创。四是强化联动营销，形成以公带私、以私促公的工作机制。通过强化公私联动，开展“薪火传递”代发工资主题营销活动，代发工资客户净增 5.92 万户。通过开展个贷客户“4 + N”产品联动营销活动，提高客户贡献度。

四、加强中收组织推动，发挥分支行两个层面的积极性

一是强化中收压力传导，激发支行内在动力。在支行KPI考核和工资总额管理办法中，加大中收的考核权重和奖励挂钩力度，强化压力传导，充分调动支行创收增收的积极性。同时，把产品销售种类和定价标准的权限下放给各一级支行，引导支行以客户为中心，通过参考中间业务各类产品的创收方式、收益水平，合理平衡客户需求与产品销售的关系，选择适合自身发展的业务，实现中间业务精益发展。二是各专业条线精准指挥，加强核心产品营销。制定产品收益指引和渠道获客建议表，逐产品做好梳理分析，在核心产品的营销推广上做到精准指挥，为基层行提供“作战武器”。三是加强中收缺口管理，积极拓展新的增长点。一方面，强化精细化管理，定期编制中收分析表，将中收细化落实到每项产品，找准差距，明确下一步中收的新增长点及增收措施；另一方面，突出基础类业务精细化经营，把功夫用在平时，积少成多，减轻对资产业务的依赖，持续优化收入结构。

五、风控能力增强，资产质量进一步改善

一是实施法人“两类客户”分类管理。根据风险危机程度及后续转化难度，排查筛选107户存量法人客户，其中预处置类29户，管控类78户，实施分类管理与区别对待，逐户制订风控预案，并配套制定相应考评奖罚措施，增强各层级信贷管理人员的责任担当意识。二是压实支行资产质量管控的主体责任和支行行长、分管行长的管理责任。突出强化各层级管理人员的主动作为意识，进一步加强压力传导，避免不良贷款前清后溢。三是综合运用多种方式加快不良清收处置。在创新处置方式方面，与海尔金控等相关上市公司制订了结构化基金创新处置方案，通过与大型国企实施合作基金方式实现创新处置0.55亿元，为后续创新处置积累成功经验。

六、压实各级管理责任，内部管理基础进一步夯实

一是深化内控管理体系改革，突出管理行、管理岗和专业部门作为风险防控两道防线的主体责任。完善支行行长、网点负责人考核机制，在支行行长绩效考核的定性评价中增加内控评价指标，对网点负责人从营销业绩和内控管理两个维度进行评价。明确各专业部门承担内控合规管理的第一责任，实行案件一票否决制。二是实行合规经理派驻制度，“让专业的人做专业的事”。分别向个金部、银行卡部、公司部、机构部4专业部门派驻首批合规经理，负责开展合规风险管理、履行监督检查和风险防控职责，工作保持相对独立性。派驻合规经理实行双线汇报、双线管理机制，其履职考核由被派驻部门与内控合规部门共同负责。三是创新员工异常行为排查机制，推进案防关口前移。开展违规参与经商办企业、泄露客户信息、涉案被诉等专项排查工作，并将52种员工异常行为纳入“违规违纪监督举报系统”和融e联，进一步拓展异常行为排查方式。四是在全辖集中开展案防形势警示教育活动。通过选取辖内发生的案例和风险事件，结合十大禁令规定，统一组织编写《案防形势警示》材料，由分行成立联合督导组对各支行警示教育活动进行督导。

七、发挥党建“红色引擎”作用，加强干部和人才队伍建设

一是抓好分行本部、支行、网点三级党组织建设，扎实推进“两学一做”学习教育常态化制度化，掀起学习宣传贯彻党的十九大精神的热潮，促进“四个意识”的增强和全面从严治党主体责任的落实。坚持以党建带团建，发挥团组织和青年员工的生力军作用。坚持以党建保障经营，以经营检验党建，实现党建工作与经营发展同频共振。二是突出抓好干部和专业人才队伍建设。加强干部队伍梯队建设，采取公开遴选和组织推荐的方式选拔后备干部。组建信贷客户经理、大堂主管等专业人才队伍，加强信贷管理和厅堂现场管理。三是关心关爱员工，营造共创共享的家园文化。在全行弘扬“大行工匠”精神，引导员工立足岗位成长成才。全年分行共拨付工会经费103.2万元，用于缓解一线员工的压力，并按季度开展优秀活动案例评选。四是实施新员工导师制。建立全行导师库，指导帮助新员工规范地掌握业务技能和履职要领，增强其职业稳定性和归属感。

宁 波 分 行

【主要业务指标完成情况】

2017年，宁波分行实现拨备前利润56.20亿元，较上年增加7.20亿元，同比增幅14.70%；实现净利润22.79亿元，较上年增加5.73亿元，同比增幅33.56%。存款总量、增量同业双第一，各项存款余额2 027.50亿元，较年初新增172.51亿元，增量四行占比60.83%；日均存款余额1 941.91亿元，较上年增加144.52亿元。贷款总量、增量同业双第一，各项贷款

余额（含信用卡透支）2 415.04 亿元，较年初新增160.77 亿元，增量四行占比 40.79%。中间业务收入总量、增量同业双第一，实现中收（含总行卡还原收入）27.35 亿元，四行占比 47.22%，账面同比增长 3.43 亿元，还原“营改增”同比增长 3.98 亿元。不良贷款额32.45 亿元，比年初下降 22.67 亿元；不良率 1.34%，比年初下降 1.11 个百分点。

【主要工作措施】

一、优化资负结构，持续抓好稳存增存

一是全面提升公司存款。加强系统监测，提高公司客户结算业务量和销货款归行率；强化业务联动，拓宽表内外、境内外、本外币融资渠道和资金归集渠道，抓好客户资金流和资金营销承接回流；强化目标客户营销，大力拓展募集资金账户及表外资金托管专户，全年新增公司客户募集资金账户 31 个、营销募集资金存款29.51 亿元；强化项目竞标，中标宁波市供排水集团有限公司资金存放服务项目、宁波市金融控股有限公司首批战略合作银行等。年末，公司存款较年初时点增量114.21 亿元、居四行首位。二是储蓄存款保持领先。抓产品，对定期存款客户主推“节节高 2 号”、大额存单等，对代发工资客户主推“薪金溢 1 号”，对证券客户主推“存管通”产品，年末节节高、大额存单等定期创新产品余额 70.67 亿元、较年初增加 33.12 亿元、增幅 88.20%，薪金溢签约客户 13.67 万户、较年初增加 8.96 万户、增幅 190.23%；抓源头，将代发工资嵌入企业贷款审批和基本结算账户开立流程，并作为标配产品向所有新增法人客户开展营销，代发工资年累发额388.07 亿元、同比增加 10.37 亿元，代发工资个人客户99.07 万户、较年初增加 6.7 万户；抓管理，加强旬末、周末等关键节点督导。年末，储蓄存款较年初增加2.75 亿元、列四行首位。三是机构存款稳中有升。抓牢直营机构客户，深化军银、银政合作，完成宁波市全年地方政府债券承销服务、承销量四行第一，成功中标宁波市本级住房公积金定期存款竞争性存放银行招标项目；抓好项目竞标，相继中标财政、国库、政府、教育、医疗等多个重大客户领域和重点机构项目，实现稳存增存超过 50 亿元；抓紧重点系统推进，首家完成奉化、镇海等机关事业社保系统及宁海、镇海区域平台非税 POS 渠道上线，抢先上线鄞州国土资源网上交易系统，投产交通违法行为一站式处理项目并成为在宁波区域内交通违法一站式处理罚没款收入收缴业务独家代理银行。年末，机构存款较年初增长 55.55 亿元、列四行首位。

二、加强投贷联动，构建多元融资格局

一是抓大，强化大项目大客户市场拓展。大项目方面：组建“中国制造 2025”专项行动领导小组，围绕上百户制造业企业、59 项亿元级以上技改项目、23 项智能经济重点建设项目开展金融需求对接，全年投放项目贷款 237.11 亿元、同比增长 48.2%。大客户方面：围绕项目建设、募集资金账户、产业整合和资本扩张、公私联动等综合施策，上市公司业务合作覆盖率 87%、贷款客户占比 45%，全年新增上市公司募集资金账户22 个。二是抓小，强化小微个贷市场拓展。小微信贷方面：加快网络融资新产品新业务拓展，票据池质押融资实现零的突破，网上质押贷款取得实质性突破，网上小额贷款取得良好开展；持续推动创新产品发展，小微企业续贷、小微企业固定资产购建贷款和税务贷、银政通、业务、银担合作等业务稳步推进。小微企业贷款较年初增加 24.29 亿元，全面完成小微信贷业务“三个不低于”的监管要求。个人信贷方面：优化经营模式，筹建分行个贷业务处理中心，建立个贷业务“分散受理、集中处理”的集约化运营模式；开展住房抵押综合消费贷款的外部合作营销联动，深化房地产价格评估咨询系统（RPS）应用，着力做大住房按揭、消费抵押贷款，年末个人贷款余额 618.22 亿元，较年初增加84.87 亿元。三是抓新，强化新型融资业务拓展。树立“股权 + 债权 + 贷款 + 代理 + 顾问”五位一体金融服务理念，成功承销分行首单银行间市场永续中票、成功运作首单县级政府平台债券，通过首笔“并购贷款 + 代理并购与投资”完成首单 TMT 行业收购项目、通过“有限合伙 + 并购贷款”方式完成首单影视类轻资产行业项目，实现分行同业结构化和同业资本债承销双突破。全年完成各类表内外品牌投行融资 39 笔、240 亿元，较去年同期增长 36.66 亿元、增幅 18.03%；完成投行创新项目 12 笔、175.91 亿元。

三、加快创新突破，推动中间业务内涵发展

一是零售板块。个人金融业务方面：抓好增利尊利稳利三利产品、随心 e 系列、灵通快线、期次理财等理财产品销售和理财型保险销售，实现期交保险新突破，全年实现个人中间业务收入 3.78 亿元，同比增幅19.7%。私银业务方面：成功签约宁波中心首单家族管理基金，成功落地两单全球理财基金 IPO 绝对收益子基金销售，首次为公司客户提供境内外联动开户服务，全年实现私银中间业务收入 1.78 亿元。银行卡业务方面：全面投产分行特色分期付款业务系统，稳步拓展二手车分期、房贷客户定制分期、消费转分期等业务品种，全年实现信用卡业务总收入 9.74 亿元，信用卡“发卡量、消费额、贷款余额、中间业务收入”四大核心指标继续保持四大行第一。二是对公板块。公司业务方面：夯实资产关联型业务中收，积极发展银团、养老金、融安 e 信等创新业务，实现公司口中收 3.94 亿元，同比增幅 14%。投行业务方面：着重拓展并购重组、股权投资、债务融资、债券承销等业务，全年实现品牌投行及理财推荐收入 3.56 亿元、增幅 11.52%。国际业务方面：实现网银对公外汇买卖、lme 镍远期交易、双币两得外汇存款、累计终止型外汇远期等业务的突破，推出理财质押型付汇理财通和收汇理财通等组合产品，全年实现外汇中间业务收入2.62亿元。金融市场方面：办理分行首笔同业投资业务、首笔同业外币存出业务和系统内首笔同业代付业务，完成首笔应收租赁款保理业务并在同业资管项目上实现突破，实现自行独立运营年金业务突破、他行理财产品规模化发展并办理首笔证券公司集合计划托管业务；全面实现与票交所业务对接。全年共实现业务收入3.09亿元、同比增长15.71%。结现专业方面：结现条线完成中间业务收入1.57亿元，贵金属条线实现中间业务收入5 709.63万元。三是网络金融。立足互联网金融三大平台建设，组织开展各类特色营销活动及各类场景式营销宣传，实现分行跨境电商业务零的突破；加快分行特色平台及重点场景建设步伐，围绕信息、生活、出行三类场景成功实现银校通学校缴费业务、宁波交罚缴费处理、宁波公积金查询服务等特色服务场景建设。融e联存量客户达108万户；融e购B2C交易额达6.62亿元，融e购B2B交易额49.75亿元。同时，组织开展企网不动户激活，全年净增企业网银证书客户3 437户、企业网银证书版动户增加2 267户，实现电子银行交易额49 905.5亿元。

四、降旧控新并举，巩固夯实资产质量

一是加快不良清收处置。加大常规处置力度，实现现金清收5.12亿元，完成87笔、本金18.71亿元的呆账核销账务处理，同时及时审查以物抵债抵入和处置业务，压降不良2亿元；加快推进不良贷款批量转让，全年完成11个不良资产包转让工作，处置156户不良资产56.91万元；推动受托资产和账销案存资产处置，全年实现法人受托资产处置21.17亿元、账销案存资产处置1.51亿元；健全不良处置工作机制，制定大额风险资产行领导挂帅化解处置以及前中后台联动化解处置工作制度，提升亿元以上大额风险管理层级，由分行领导为第一责任人直接推动。二是抓好风险化解监控。加强潜在风险贷款管理，对存在经营异常、担保风险、交叉违约等显性风险特征及1年内可能逾期劣变的客户进行重点筛查；对亿元以上客户逐户制定风险化解措施，逐月跟踪监测风险变化和化解措施落实情况；进一步规范潜在风险客户调入调出流程。加强法人客户逾期贷款管理，全年审核整理风险客户化解方案近130个。落实信用风险监控，持续推进分行层面自主风险监测，有序开展亿元以上融资大户会诊，加强准入环节客户风险监控。三是扎实信贷基础管理。做好信贷制度完善和修订工作，加强存量贷款移位与增量并轨管理和信贷客户属地化管理、基层机构信贷业务经营资质管理。

五、深化经营改革，统筹推进基础工作

一是加强渠道整合转型和服务管理。探索适宜轻型网点的“核心网点+卫星网点”式群落化管理模式，完成轻型化网点改建9家；加强智能服务模式推广，完成网点智能化改造18家，实现智能服务模式全网点覆盖；实施“主+副”、探索“1+N”网点组团管理模式，对144家网点试点劳动组合优化；深入推进服务提升六大工程，4家网点获评中国银行业文明规范服务星级网点，2家网点获评银行服务网点“金口碑奖”，2家网点获评总行优质服务“百佳网点”。二是完善组织架构和营销机制。内设机构方面：成立普惠金融事业部为分行一级部室，在电子银行部基础上组建成立网络金融部。营销机制方面：优选30家重点公司客户实施分行牵头营销，完成“分行直营客户、分行准直营客户、支行营销重点客户”三个层次客户营销体系建设；推进线上线下一体化营销，积极探索互联网金融场景共建等路径。三是抓好内控案防和安全保卫。深入开展“执行强化年”主题活动，扎实推进“十大重点领域和关键环节”专项整治和“三违反”“三套利”“四不当”“金融乱象”等综合治理，对票据贴现、违规担保及涉印风险等重点领域开展专项合规检查，加大业务运营屡查屡犯风险治理，全年无案件和重大风险事件发生。

六、提升发展动力，强化党建队伍建设

一是加强党建工作。强化政治思想引领，认真组织开展党的十九大代表选举工作，掀起学习宣传贯彻党的十九大精神的热潮，扎实推进“两学一做”学习教育常态化制度化，深入学习党章党规；强化主体责任落实，组织推动年度民主生活会、组织生活会、民主评议党员、党组织书记抓基层党建工作述职评议考核工作；强化组织建设，成立分行党校和分行直属党委、直属纪委，以分行部室为单位设置32个党支部，预备党员转正35人、党员发展35人；强化党风廉政建设，开展落实“两个从严”专题培训，建立分行党委委员和纪委委员党风廉政建设联系点制度，分两批对12家支行和18个部室开展党风廉政建设责任制考评，开展落实中央八项规定和纠正“四风”专项整治、市级机关第九轮民主评议反馈问题整改等工作。二是加强队伍建设。优化各级领导班子结构，对10个部室（中心）一把手、6家支行一把手进行了调整，对12个部室（中心）、14家支行的班子力量进行了充实；加强专业人才和优秀骨干培养，公开选拔充实分行公司金融业务部牵头营销团队、投资银行中心资产管理团队、外拓营销团队成员等，组织开展第三期“新星+”人才培训。三是加强企业文化建设。部署开展为基层员工办好“十件实事”“全员阅读　书香工行”员工读书月等活动，丰富员工精神文化生活。

厦门分行

【主要业务指标完成情况】

2017年，厦门分行实现拨备前利润28.59亿元，同比增加1.52亿元，增长5.61%，完成总行年末目标的103.95%；实现净利润17.31亿元，同比增加0.36亿元，增长2.11%，完成总行年末目标的101.82%；拨备前利润、拨备后利润的同比增量和增幅均居四行第1，主要效益指标同比均实现正增长，并均创历史新高。本外币全部存款余额1 077亿元，较年初增加111.18亿元，增长11.51%，实现增量和增幅四行双第一。本外币各项贷款余额1 088亿元，人民币各项贷款较年初增加83.42亿元。全年实现考核中间业务收入10.16亿元，同比增加0.05亿元，增长0.51%，中收四行占比28.49%，同比提升0.47个百分点。年末不良贷款余额14.72亿元，不良贷款率1.35%，分别较年初下降1.13亿元和0.21个百分点，不良贷款实现“双降”。

【主要工作措施】

一、突出竞争力提升这一核心，提升存款竞争能力

按照“机构存款巩固优势、公司存款强化增长、储蓄存款缩小差距”的要求，一行一策，逐月对标，持续督导，落实责任，全力抓好各类存款的持续增长。机构存款，聚焦财政、社保、军队、教育等领域，紧紧抓住财政存款这一存款源头，不断加大营销力度；积极参与国库现金管理和社保增量资金竞争，全力做好财政社保存款稳存增存；全力推进军改营销攻坚，不断巩固军改营销工作成果，稳定并提升我分行军队业务市场份额；深入推进学校客户产品对接，提高我分行教育领域的品牌效应。全年财政资金增存45.3亿元，中标市级国库现金管理资金和社保增量资金累计46.8亿元，实现机构日均存款增长50.70亿元，机构存款余额稳居四行首位。公司存款，着力寻找公司存款突破，密切跟踪财政资金拨付到公司存款流向，2017年争取市财政资金拨付轨道集团、土总及交通委等单位资金共计60多亿元；聚焦提升十五大市属国有集团存款和结算市场份额，加强重要时点重要客户存款的营销调度，实现十五大国企集团日均存款提升3.8亿元，公司日均存款增长17.9亿元。储蓄存款，推动储蓄存款全员营销，持续强化督导帮扶力度，持续开展“行外吸金”活动，抢抓代发工资、交易结算、投资理财等源头资金，利用薪金溢、节节高等存款创新产品大力争揽行外资金，实现储蓄日均存款增长14.82亿元。

二、突出抓好客户发展，夯实客户基础

一是按照总行“四抓”要求，加大优质信贷市场拓展。在抓住厦门城市整体功能提升和基础设施建设全面推开带来的大项目方面“抓大”，持续推进轨道交通2号线、厦成高速公路、抽水蓄能电站等重大项目；在坚持个人住房按揭“主战场”定位不摇摆，推动一手房和二手房贷款协调发展方面“抓小”，个人贷款余额581.32亿元，占分行各项贷款的52.26%，结构占比系统内分行排名第一，不良率0.24%，资产质量系统内排名第二；在半导体与集成电路、软件信息服务、生物医药等新市场领域“抓新”，实现软件园三期、厦门大学国家大学科技园、联芯集成等项目的拓展落地；在加强对大型央企、市属国企、上市公司、产业龙头持续营销方面“抓优”，推动中央汇金银团、华电能源光伏发电、邮轮母港、华润中心等重点项目落地。二是加大对财政、医疗、教育等民生金融领域客户的捆绑渗透。助力地方政府债券成功发行，促进银政合作升级，配合完成2017年厦门市政府债券承销14.4亿元，累计承销88.55亿元，承销总量位列同业前列；依托我行银医平台，为医院客户提供一揽子金融服务，先后与第一医院、中山医院、一七四医院等重点医疗单位开展银医项目合作，不断提高我分行在医疗领域的业务份额。三是多措并举发展小微企业融资。重点拓展500万元以下小微客户，新增500万元以下小微企业贷款175户，其中第四季度新增人行降准普惠口径小微企业贷款1.57亿元，完成总行考核任务的314%。四是坚持以客户为中心，树立全产品配置理念，提升个人金融资产规模。利用薪金溢、存管通、节节高等创新产品吸揽储蓄存款，积极为客户提供包括理财、保险、基金、债券、本外币配置等一揽子综合化资产配置方案。个人金融资产总额达666.38亿元，较上年末增加34.94亿元，全年实现个人有效客户总量净增16.02万户，财富客户净增1 026户，净增亿元级私人银行客户1户。

三、突出加强业务转型创新，优化经营结构

深入推动大零售战略落地，全力提升零售竞争力。个金专业，利用“28工银理财节”活动影响，提升个人理财的集中营销，均衡推动“灵通快线”、“步步为营”等传统理财产品及指数挂钩高中收型理财产品销售，实现个人理财业务收入6 587.91万元；推进“新发+持营+定投”三位一体的销售方式，实现代销基

金收入4 091.9万元。信用卡，持续推动发卡、刷卡、特约商户、工银融e借等业务，实现信用卡板块业务全面提升，信用卡客户数净增4.8万户，信用卡中收23 960万元，增幅25%，信用卡贷款余额56.45亿元，增量18.3亿元。私人银行，积极调整资产配置策略，引导客户配置长期限的产品，优化客户产品配置结构，私银产品余额60.57亿元，较年初增长2.46亿元，私银客户一年以上期限产品配置占比由25%提升到40%。互联网金融，深化移动优先发展策略，积极打造支付消费场景和移动金融生态圈，增强线上获客、活客、黏客能力，净增融e行20.43万户、融e联29.91万户，电子银行交易额达3.48万亿元，融e购B2C非金融交易额达19.01亿元。大零售业务营业贡献19.23亿元，贡献占比59.24%，同比提升5.54个百分点。

完善各业务板块创新联动机制，大力推动投资银行、国际业务、贵金属、资产托管、养老金、同业业务等领域创新发展。投资银行，根据经济发展趋势、金融市场特点与监管制度导向，以并购、债务融资、债券承销、资本市场业务等品种为重点，实现各类投行收入16 669.6万元，其中品牌类投行收入13 788.3万元，占投行总收入的82.7%。成功办理世茂股份代理并购与投资业务、禾山建设薛岭片区二期旧村改造项目等重大项目，其中上海世茂股份代理并购与投资业务金额28亿元，实现分行代理并购与投资业务零突破。国际业务，依托自贸试验区平台，借助自贸试验区资金进出通道，加强内外联动，大力发展反向风参业务，实现中间业务收入4 000多万元；聚焦核心客户，保持良好互动，提升重点客户市场份额，建发系、国贸系国际结算量分别达到13.45亿美元和13.05亿美元，同比增长95.27%和172.89%；借助商品交易业务发展的良好势头，跟进客户业务需求做好营销推动，全年累计办理对公商品交易9.67亿美元，交易额位居系统第三。贵金属，紧抓岁末年初营销旺季及暑期档两个重点时段，以明星产品为抓手，做好实物业务的组织推动工作，其中《金砖五国金银纪念币》共销售金银币套装797套，占总行发行量的66.4%；做大交易类业务规模，提升融资类业务的贡献度，全年实现贵金属业务收入11 134.98万元。资产托管，积极挖掘资产托管业务机会，办理启融基金、安心账户、委外信托计划、资管计划等托管业务，新增资产托管规模321.48亿元，实现资产托管业务收入2 921.32万元。养老金，推动养老金理财业务发展，养老金理财产品日均余额4.79亿元，推进综合养老保障市场拓展，新增管理养老金个人账户8 819户，累计实现养老金业务收入887.48万元。同业业务，加快转型发展新突破，与厦门光大、厦门兴业和厦门交行办理9笔存放同业业务，存出规模达到65亿元人民币，总计实现利润约320万元。

四、突出加强各类风险管控，推进业务稳健发展

一是加强潜在风险化解和存量移位管理。强化大额潜风及大额剪刀差客户风险化解的督导，缓释化解剪刀差风险贷款7.47亿元；加强存量贷款移位管理，移出流动资金贷款A－级及以下客户贷款2.27亿元，移入AA－级及以上客户贷款101.15亿元。二是加快推进不良资产清收处置。组建不良资产处置中心，按照“职责清晰、任务明确、集中精力、攻坚克难”的原则，排好时间表和责任人，加快对存量法人大额不良贷款的清收进度，全年实现不良清收处置9.20亿元，其中：现金清收3.81亿元、呆账核销3.69亿元、转化1.70亿元。累计清收受托处置资产2 007万元。三是实施“双周讲堂”和“蓝青工程”，提升信贷队伍专业素养。启动“双周讲堂”培训，由分行行长带头每两周对一个信贷案例进行剖析评价，分支行各级信贷人员参与互动讨论，促进信贷管理者和从业人员信贷能力双提升；实施“蓝青工程”项目，采取师徒结对帮教，以老带新、以新促老、共同提高，力争打造一支厚基础、宽专业、强能力、高素质的信贷队伍。四是不断夯实内控案防和运营管理基础。深入开展综合整治，统筹推进“三违反”“三套利”“四不当”“市场乱象”专项治理以及“十大检查”，坚决彻查各类风险隐患，严格遵守总行关于理财销售的“十大禁令”和“七条纪律”，确保不发生恶性案件和重大风险事件；以总行内控评价为契机，做好业务整改、提升，不断提升内控管理水平。五是开展营业网点岗位设置与劳动组合优化，深入推进网点运营资源融合；强化一级支行对二级支行的运营管理和指导，构建网点现场运营新格局。

五、突出强化党建引领，加强作风和队伍建设

一是深入开展党的十九大精神学习宣传贯彻工作。按照中央、总行学习宣传贯彻党的十九大精神的要求，迅速推动分行学习宣传贯彻党的十九大工作，召开部署推动会，营造学习教育良好氛围，把党的十九大精神真正转化为推动分行竞争发展的强大精神力量。二是不断强化基层党组织建设，深入推进“两学一做”学习教育常态化制度化，落实党建工作挂点联系制度，发挥好基层党组织的战斗堡垒作用。三是不断深化廉政案防管理。严格执行中央八项规定精神，严格遵守各项规章制度，坚持教育先行、教在纪前，持续开展“学规定”学习教育和“五个一”廉洁文化活动，深植廉洁文化，划清公与私的界限，端正思想认识，校正惯性做法，筑牢思想防线。四是进一步转变部门职能作风。牢固树立市场意识、竞争意识、创新意识和领先意识，按照主动性、及时性、前瞻性、服务性、协同性和有效性六个方面要求，不断提升专业推动能力。五是集中力量抓好“关键少数”，重点是抓好中层以上干部和支行领导班子建设，强化党支部书记落实党建工作的主体责任，推动各支行纪检书记聚焦执纪监督责任。

深圳分行

【主要业务指标完成情况】

2017年，深圳分行实现拨备前利润169.2亿元，同比增加40.8亿元，增长31.7%；净利润108.4亿元，首次突破100亿元大关，同比增加29.0亿元，增长36.5%；中间业务收入70.0亿元，同比增加14.9亿元，增幅27.1%；实现本外币总存款7 394亿元，较年初增加596亿元，增长8.8%；实现本外币各项贷款4 455亿元，较年初增加369亿元，增长9.0%；实现存款利差收入、贷款利差收入、中间业务收入占营业收入比重4:3:3的转型目标，中间业务收入占比提升1.7个百分点，贷款利差收入下降0.8个百分点，经营结构持续优化实；年末不良贷款余额43.99亿元，不良贷款率1.03%，剪刀差3.11亿元，拨备覆盖率189%，资产质量保持稳定。

【主要工作措施】

一、全面推行标杆管理，市场竞争力稳步提升

引入区域竞争力评价指标、标杆管理分类排名指标，引导各单位强化竞争意识。制定下发了《分行经营业绩标杆管理办法》，形成在工资预算考核、目标管理考核之外对分支机构经营导向。考核办法对一级支行、二级支行核心业务指标进行了分类、排序，让支行清楚自己的位次，方便支行立标、对标。按月发布标杆管理监测报告，并通过培训、通报和网讯等进行持续性的宣传，推动各机构不断“比、学、赶、超”，进一步激活支行间、条线间的创优争先氛围。通过对标努力，2017年深圳分行拨备前利润、中收增量均保持第一名良好势头，截至12月末，本外币总存款、人民币总存款、储蓄存款、对公存款和人民币各项贷款市场占比分别为28.4%、29.0%、26.5%、29.6%和25.3%，较2015年分别提升2.3%、3.5%、1.3%、4.5%和0.1%。

二、坚持经营转型方向，转型成效进一步显现

加快构建零售特征突出，各业务板块竞争领先、协同发展的经营新格局。零售业务方面，2017年实现营业贡献76.9亿元，较年初增加10.1亿元，增长15%。信用卡中收首次突破10亿元大关，积极拓展线上获客平台，获得总行“四项第一”殊荣。成功落地线上汽车分期，透支余额突破百亿元大关。私人银行系统首创FOF母基金业投资、薪酬收益权业务，实现金融资产800万元以上私人银行客户2 442户，较年初增加70户。公司业务方面，营业收入首次突破百亿元，达115.1亿元，较年初增加31.8亿元，增长38%。持续推进负债与重大项目两轮驱动，取得多个重点客户、重大项目营销突破。全面构建大投行格局，实现投行中间业务收入5.3亿元，同业占比第一。大客户中心组建完成，核心客户服务能力进一步提升，首创200亿元无标的并购贷款、发行“一带一路”建设熊猫债券、创新美元境外备用贷款。设立普惠金融事业部，顺利完成银监局“三个不低于”要求。机构和同业业务方面，政府民生领域合作成效显著，单位零余额账户市场占比达到50%以上；上线全国首创税款代缴联网系统；与深多个进驻深圳知名高校签署合作服务框架协议，实现重点高校深圳校区营销全覆盖。实现证券公司、登记公司、基金公司和托管存款均排名第一。成立托管与养老金中心，有力推动平安集团等重大项目合作，实现托管规模1.16万亿元，增量系统内第一，实现跨越发展；养老金理财余额达到108亿元，规模、收入四大行排名第一。

三、突出创新引领作用，新兴业务板块亮点纷呈

紧紧围绕“系统、网络、平台、联盟”八字创新方针，大力推进新兴领域创新突破，新产品中收贡献稳步提升，三年内新产品中间业务收入贡献占比超过1/3。互联网金融业务方面，电子银行成为首个中收突破10亿元的产品线。第三方支付业务引领市场，共拓展合作机构57家，备付金时点余额保持同业绝对领先优势；Ⅱ类账户合作不断突破，“零钱通”“超级账户”陆续上线；拓展新兴业务合作领域，与TOP20互联网垂直分类龙头中的9家签署战略合作协议。跨境业务方面，创新国际组合理财产品，推动国际结算、跨境人民币、中间业务收入三大板块市场竞争力大幅提升，实现跨境人民币和国际业务中收同业第一、国际结算量增幅同业第一；以跨境第三方支付为抓手，成功与全球性金融科技公司PayPal合作，打造境内外多层次支付产品体系，跨境人民币支付市场占比领先。资管业务方面，实现理财日均规模808亿元，时点规模首次排名系统第一；实现理财非标债权项目余额442亿元，全年新增293亿元。贵金属业务方面，全年实现中收4.5亿元，系统排名首位，实现系统内“非产业链优质企业的黄金租赁业务”首笔突破。“微黄金”项目创新效益显著，上线不到一年时间用户突破280万，打造了贵金属线上获客的新模式。智能化服务方面，围绕“三层六面”，不断

丰富业务功能，完善智能运营支持平台，全面推进智能化运营模式建设，同步实施网点6S环境优化，扎实开展服务提升“六大工程”，客户服务体验持续改善、服务口碑持续提升。

四、坚持风控为本理念，实现安全稳定运营

适应新形势下的资产质量管理要求，完成信贷经营管理体制改革。抓住信用风险防控这个关键，持续完善风险防控和处置“三大机制”，在2015年以来表内外融资增长近两千亿元的前提下，资产质量总体保持稳定。加大不良资产清收处置工作力度，完成清收处置不良贷款38.2亿元，年末全部贷款不良率控制在1%左右的目标值，其中个人住房按揭贷款不良额、不良率连续8年实现“双降”。在强监管的形势下，共接受外部机构多次审计检查和现场内控评价，检查工作获得肯定。通过全面落实安全生产主体责任，保持安全生产运营。深圳分行也成为自2005年总行开展一级（直属）分行内控评价以来，唯一一家连续十二年被评为内控一级行的分行。

五、加强党建和队伍建设，经营发展活力不断增强

全面落实从严治党各项要求，扎实开展“两学一做”学习教育常态化制度化等活动，干部员工理想信念更加坚定。适应人才队伍管理新趋势，持续推进管理人员“361计划”、市场营销队伍“961计划”和关键领域专业人才“双百计划”，完成新一轮副总经理级以上管理人员公开竞聘、民主推荐和选拔工作，中层管理力量更加充实。通过集中面授、个性化课程选修等形式，开展各层级员工素质提升轮训，启动重点业务条线及新兴业务板块分支行岗位交流，打造专业化员工队伍。召开第十三届团员代表大会，加强青年团干队伍建设。组建各类员工兴趣小组、青年研究小组等柔性组织，推动员工个人综合全面发展。持续开展“悦生活行致远”健步行活动，成功举办第七届职工运动会、青春杯篮球赛等大型体育活动，展示了员工积极向上的精神风貌，进一步激发了团队精神和进取意识。

苏州分行

【主要业务指标完成情况】

2017年，苏州分行经营效益创历史新高，实现拨备前利润74.73亿元，创历史新高，同比增加6.23亿元，增幅9.09%，总行计划完成率103.08%；实现净利润45.79亿元，同比增加4.57亿元，同比实现两位数增长，增幅11.09%，总行计划完成率101.76%。实现中间业务收入30.72亿元，创历史新高，同比增加1.76亿元，增幅6.06%。中收总量列同业第二，增量列同业第一。总量份额占比28.72%，同比提高1.81个百分点。实现EVA 23.66亿元，同比增加3.9亿元，增幅19.74%。存贷款业务平稳发展，年末全行人民币全部存款余额2 195.53亿元，比年初增加40亿元。外币全部存款余额35.20亿美元。全行人民币各项贷款余额2 598.46亿元，比年初增加226.79亿元。外币各项贷款余额5.64亿美元。资产质量企稳向好，年末全行不良贷款余额28.44亿元，比年初减少0.58亿元，不良率1.08%，比年初下降0.13%，资产质量持续向好，呈现“双降”态势。

【主要工作措施】

一、加快客户拓展，夯实巩固存款业务根基

坚定不移地推进拓户增容战略，通过不断壮大客户规模，有力带动存款业务的增长。

一是加快对公客户拓展。充分运用工商企业通、大额资金监控平台等创新平台工具，加大对源头客户的争抢拓展，对公客户数量成功突破10万户。年末全行对公客户达10.87万户，比年初增加1.74万户，增幅19.12%，其中日均5 000万元以上客户增幅达21.58%。新开有效结算账户1.64万户，同比增幅45%，在直属分行和一级分行营业部中排名第三，创历史最好位次。新增客户存款余额46.15亿元，同比增幅39.41%，新增客户日均存款余额21.76亿元，同比增幅15.42%。年末全行对公存款余额1 225.61亿元，比年初增加77.4亿元，增量同业占比23.75%，比年初提升2.88个百分点。

二是加快个人客户拓展。加强大数据分析对营销拓展客户的支撑应用，从线上线下合作获客，客群策略活客，联动合作黏客，激活长尾等多端发力，稳步推进客户发展战略。年末全行个人客户总量为1 023.84万户，比年初增加58.72万户，增幅6.08%，是全国第六家个人客户总数突破千万的城市行。私行客户1 474户，比年初增加64户，同比多增189户。持续抓好代发工资、拆迁分红等批量资金归集，年末个人存款余额920.2亿元，日均存款比上年增长6亿元。

三是加快国际业务客户拓展。加强源头营销，大力开拓新进客户市场。累计新增资本金账户107户，同比增加8户，其中新增注册资本1 000万美元以上账户23

户，同比增加12户。外汇日均存款增长较大，比上年日均新增7.31亿美元。成功办理首笔异地同业10亿美元非结算同业存入业务，是总行系统内有史以来第二大单。

二、科学谋篇布局，努力提升信贷经营水平

扎实推进总行信贷市场拓展“抓大、抓小、抓新、抓优”的战略部署，结合区域市场环境，前瞻谋划布局投向，努力开辟优质信贷市场，做大做强资产业务。

一是抓好信贷市场“大小新优”项目。在“抓大”方面，充分利用好政府购买服务等运作模式，大力拓展纳入政府购买服务范围的城建类和产业集聚区重大项目，全年实现投放43.75亿元。利用项目运营期贷款和固定资产融资产品支持优质国资企业融资需求，全年实现投放71.87亿元。在“抓新、抓优”方面，组织开展了“优质生产服务型企业拓户扩融”等专项营销活动，全年新拓生产服务型企业人民币贷款户76户，共新增生产服务型企业贷款153.05亿元。建立了近4 000户公司信贷营销“白名单”，制订差异化综合营销服务方案，全年新拓“白名单”贷款客户151户，在新拓户中占比为22%。积极营销苏州地区“独角兽”企业并取得突破，完成贷款审批5.8亿元。在“抓小”方面，在小微金融业务专业化经营的基础上，组建了六家符合总行要求的小微专营试点机构及分行小微审批团队，初步实现模式优化、责权统一，有效提升了业务处理效率，全年新拓小微客户433户，同比增加95户，完成总行全年目标任务的117%。监管小微贷款余额542.87亿元，比年初增加26.18亿元，完成总行全年目标任务的114%。以个人住房贷款为核心，加快个人贷市场拓展。个人贷款余额1 058.22亿元，比年初增加114.24亿元。

二是更加注重信贷经营的精细化管理。实行信贷存量与增量并轨管理机制，更加注重存量资源的盘活利用，全年贷款存量移位483.25亿元，信贷资源的利用率和贡献度进一步提高。树立“早投入，早收益”的经营理念，不断提高信贷资产效能，贷款投放均衡率达80.54%。重视量价协调发展，全行全部新发放各项贷款加权利率4.83%，较上年提升13个个基点，平均浮动幅度6.46%，较上年提升321个基点。

三是重点业务和产品取得突破。年末捷豹路虎品牌汽车供应链融资余额40.23亿元，比年初增加22亿元，同比增幅121%。在不到三年的时间内，成长为总行系统排名第一的供应链条。网络融资余额159亿元，在全国各一级分行中排名第八。全年新增电子供应链融资16亿元，增量在全国各一级分行中排名第三。

三、突出创新驱动，培育壮大新的发展动能

全面加快创新转型步伐，在保持传统优势项目的同时，加快培育新的增长点、增长极，努力形成多元发展、多点支撑的可持续发展局面。

一是凸显投行引领作用。全年投行业务实现收入7.26亿元，同比增幅36.23%，总收入在总行系统占比4.80%，同比提升1.63个百分点；当地四行占比51%，稳居第一位。投行自营收入4.82亿元，同比增幅41.42%。投行业务考核保持总行系统第二，创历史最佳成绩。二是国际业务平稳发展。实现外汇中间业务收入3.37亿元，同比增加2 997.05万元，增幅9.75%。累计完成国际结算1 227.22亿美元，同比增加8 482万美元，增幅0.07%。三是组建网络金融部，加快互联网金融发展。实现电子银行交易额8万亿元，完成总行任务118%。融e行月均动户数63万户，完成总行任务105%；融e联月均动户数27万户，完成总行任务84%；融e购月均活跃客户1.2万户，完成总行任务133%；融e购活跃商户920户，完成总行任务307%。四是消费金融高速发展。推出以融e借为品牌的个人信用消费贷款，以全线上、更灵活、纯信用为产品亮点，深耕“小额、多笔、高频”的个人消费贷款市场，全年完成投放16.3亿元。信用卡分期投放额35.02亿元，同比增加2亿元；分期余额30.34亿元，同比增加4.08亿元。五是票据业务保持领先。累计贴现179.12亿元，贴现量省内第一，当地同业五行第一，占比40.36%，同比提高2.7个百分点。实现票据业务收入2.24亿元，完成总行计划的103.25%。

四、注重风险防控，保持稳健高效的经营局面

面对错综复杂的经营环境和严峻的内控案防形势，始终将风险防控摆在突出位置，营造全员关心合规工作的良好氛围，全年未出现重大风险事件。

一是维护资产质量稳定。加快存量不良资产的清收处置。加强资产处置团队建设，综合施策，多管齐下，全年累计清收处置不良贷款24.57亿元，其中现金清收不良贷款12.89亿元，不良贷款现金清收率52.46%。严控新增融资劣变。建立前中后台各司其职、协作联动的工作机制，切实把好新增客户准入关，严防“病从口入”。持续加强潜在风险融资管理。实行大户融资风险会诊制度，加大对重点领域融资风险的排摸力度，及时发现苗头隐患，有效制定风险化解预案，牢牢把握工作的主动权。年末，逾期欠息违约贷款41.72亿元，比年初减少16.96亿元。剪刀差余额13.29亿元，比年初减少16.38亿元。

二是完善内控合规管理体系。制定《苏州分行案防工作管理手册（2017年版）》，细化了各层级管理人员案防工作责任内容，压实合规管理的主体责任。持续深化重点领域专项治理，制订《十大重点领域和关键环节专项治理工作方案》，确定88项治理措施，认真做好整改工作。组织开展了“寻找我身边的合规标兵”及合规文化宣讲等活动，授予10家机构30名个人年度“合规标兵”称号。组成合规文化宣讲团，在全辖讲解合规文化核心理念和新时期十大禁令。累计宣讲17场，

覆盖全辖所有机构，全员合规意识有效增强，2017 年各项检查发现的中风险以上问题同比减少 72 个，降幅 69%，各类中高风险事件和严重违规行为得到持续压降。

三是推进安全廉洁智能银行建设。建立纪检委员、监察联络员制度。全行各支部设纪检委员，网点设监察联络员，将监督工作进一步向基层延伸，有力保障员工队伍的廉洁自律。反欺诈工作成效显著，全年查询涉案账户 1 522 户，冻结账户 176 户，冻结诈骗账户资金 2 815万元，受到了社会群众的广泛好评。编制《苏州分行 2018—2020 年网点布局调整规划报告》，不断优化网点布局和业态。持续深化智能服务模式创建，开展网点劳动组合深化试点工作，探索提升网点岗位兼容性和人力资源通用性，加快构建协同补位强、处理效率高、客户体验好的新型网点服务模式。

五、加强党的建设，持续激发内生动力和活力

以党建工作为统领，以队伍建设为主线，推进全面从严治党各项任务，为全行改革发展提供坚强的组织保障和人才支持。

一是深入学习党的十九大精神，推动“两学一做”学习教育常态化制度化。举办纪念建党 96 周年表彰大会暨“两学一做”学习教育常态化制度化动员部署大会，在“两学一做”学习教育常态化制度化中开展“一问一改”和“微党课大家讲”活动，通过活动的开展整改了 84 条年度亟待解决的问题和产生了一批优秀“微党课”，促使党建工作与经营管理结合得更加紧密。组织 82 名党支部书记参加十九大精神学习培训，不断提高基层党支部书记的政治理论水平。

二是持续加强基层党建工作，发挥基层党组织的战斗堡垒作用。制定了《党建工作主体责任清单》《辖属机构党委党建基础工作菜单式管理列表》和《基层党支部党建基础工作菜单式管理列表》，全面落实从严治党主体责任，有力促进基层党建工作条理化、规范化。组织开展好分支行两级专题民主生活会，认真完成发现问题的整改落实。积极开展评先评优工作，有效激发党员创先争优的热情。

三是加强人才队伍建设，为全行转型发展提供坚实保障。注重年龄梯度分布和专业互补，选优配强各级领导班子，为全行经营管理提供政治保证和组织保证。持续加快人员结构调整，全年客户经理净增 38 人，新兴业务条线净增 28 人，互联网金融条线净增 16 人，网点大堂服务人员净增 50 人，人力资源效用得到充分发挥。着眼于全行创新转型和竞争力提升的现实需要，科学制定《苏州分行 2018—2020 全量人才建设实施意见》，开创人人皆可成才、人人皆尽其才的局面，构建人才发展与业务发展齐头并进、相辅相成的新格局。

四是扎实推进文明创建活动，辖内吴中支行荣获了“全国文明单位”称号，相城支行继续保留“全国文明单位”称号。

广东分行营业部

【主要业务指标完成情况】

2017 年，广东分行营业部利润增速创近五年新高，实现拨备前利润 192. 39 亿元，同比增加 25. 82 亿元，增幅 15. 50% 。拨备前利润总量和增量均居四行第一，总量占比 44. 70% ，同比提升 2. 37 个百分点；实现净利润 131. 67 亿元，同比增加 31. 07 亿元，增幅 30. 88% 。2015—2017 年累计实现拨备前利润 519. 55 亿元，圆满完成“三年创利 500 亿元”的规划目标。存款增长创历史新高，各项存款余额 7 814. 97 亿元，净增 1 413. 85 亿元，四行占比分别为 39. 49% 和 75. 12% ，同比分别提升了 3. 77 个和 41. 40 个百分点，均居同业首位。各项存款日均余额 6 812. 76 亿元，同比增加 720. 91 亿元。各项贷款快速增长，年末贷款余额 4 665. 17 亿元（含信用卡贷款 157. 52 亿元），净增 444. 34 亿元。从品种看，公司贷款余额 2 855. 69 亿元，净增 275. 80 亿元；个人贷款余额 1 612. 17 亿元，净增 240. 82 亿元；小企业贷款余额（监管口径）净增 114. 00 亿元，实现“三个不低于”监管目标；办理票据直贴 87. 32 亿元，实现收入 2. 48 亿元。中间业务收入贡献继续提升，实现中间业务收入 72. 61 亿元，考虑营改增因素，同口径增加 1. 92 亿元，增幅 2. 72% 。总量四行占比 41. 96% 、居首位，对总省行的贡献分别为 4. 85% 、46. 11% ，同比分别提升 0. 18 个和 1. 11 个百分点。其中，资产托管、代理基金、人民币对公结算、个人理财、信用卡、资产管理、投行、担保承诺、国际结算等业务收入增量超过 3 000万元。资产质量创近三年最优水平，实现安全运营，不良贷款和不良率实现双下降，不良贷款余额 48. 22 亿元，比年初减少 0. 44 亿元，不良率 1. 07% ，比年初下降 0. 11 个百分点。逾期率、劣变率、剪刀差等指标比年初均有所好转。累计清收不良贷款 35. 65 亿

元；处置受托资产32.11亿元，现金收回18.35亿元；现金收回账销案存资产1.93亿元。拨备覆盖率189.40%，比年初提高9.25个百分点。

【主要工作措施】

一、夯实经营基础，发展后劲进一步增强

一是客户拓展取得新成效。个人有效客户1 543.17万户，净增68.33万户；日均金融资产1万元以上个人客户347.67万户，净增9.60万户；私人银行客户3 601户，净增300户。信用卡客户227.30万户，净增35.41万户。有效对公结算账户新增5.75万户，同比多增1.14万户；法人有贷户4 900户，净增261户，其中大中客户1 879户，净增123户，小企业客户3 021户，净增138户。日均金融资产5万、50万元以上公司客户分别净增8 548户、1 827户，日均金融资产5万元以上机构客户净增635户。

二是渠道建设稳步推进。优化物理渠道总量和布局，24家网点实施布局优化，智能化网点覆盖率100%；分行辖属广州华南大石支行荣获“全国百佳网点”称号；加快整治排长队问题，年末客户平均排队时间12.50分钟，同比下降28.16%。积极探索线上获客，融e行、融e联客户分别为988.60万户和314.53万户，分别净增118.26万户和130.19万户，月均动户分别为160.28万户和73.09万户；融e购客户319.60万户，新增90.34万户。

三是着力抓好人才队伍建设。将“激情、责任、实力”作为衡量优秀人才的标准公开、公平、公正选配干部，启动了副处级（助理级）以上干部公开遴选；首次举办全行对公业务技能大赛，对对公条线干部员工的精神面貌和专业能力进行了一次大检阅；建立“人人皆可成才”的成长机制，为全行培养更多的优秀人才。

二、强化党建和价值观文化引领，全行精神面貌焕然一新

一是党的领导得到全面加强。坚持党领导一切，认真落实全面从严治党主体责任，不断增强“四个意识”；顺利完成十九大党代表选举工作；深入推进“两学一做”学习教育常态化制度化，在全行掀起学习贯彻党的十九大精神的热潮；探索“打开门”办党建、“走出去”强党建，与103家国有企事业单位开展党建交流，促进党建、业务双丰收。

二是精神文明建设喜获丰收。深化“共创、共建、共享”家园文化建设，为员工办好事、办实事，启动员工光荣退休“四个一工程”（一个纪念册；一个保温杯；一个纪念牌；一份关爱），推进“员工成长记录、网点员工午餐配送”工作，全行员工幸福指数有效提升，获得感进一步增强。强化精神文明建设，2017年分行各级机构、员工累计获得分行级以上荣誉121个、207人次，分行首获“全国金融系统思想政治工作标兵单位”、再获“全国企业文化建设优秀单位”，新塘支行成为分行辖内首家“全国文明单位”、并获“总行合规标兵”称号。

第六部分

重要文献

责任编辑：黄　唯
　　　　　李　放

在中国工商银行2017年工作会议上的讲话

易会满

（2017年1月19日）

这次会议的主要任务是，深入贯彻党的十八届六中全会、全国国有企业党的建设工作会议和中央经济工作会议精神，落实改革发展研讨会部署，总结2016年工作，安排2017年任务。下面，我讲四点意见。

一、2016年成绩来之不易

2016年是不平凡的一年，我们经历的大事多、要事多、新事多。面对中央对加强国有企业党的建设和金融服务实体经济提出的新要求，面对利率市场化加快、金融脱媒深化、资本监管趋严、同业跨业竞争加剧、各类风险交织多发带来的叠加影响，我们坚持以服务实体经济为己任，坚持稳中求进主基调，坚持传承与创新，在攻坚克难中实现了好于计划、好于预期的经营业绩，交出了一份党建工作与业务发展融合共进、亮点纷呈的“成绩单”。概括起来，主要特点是“平稳、提质、改善、激活”。

（一）“平稳”主要表现在盈利增长稳、资产质量稳、风险控制稳。面对信贷成本增加、利差收窄、减费让利三大增支减收因素，我们坚持开源节流并举，实现净利润××亿元，同比增长××%，净利润总量保持全球银行业最好水平。面对融资风险多点多发态势，我们综合施策打好资产质量攻坚战，贷款劣变率同比下降××个基点，剪刀差比年初缩小××亿元，不良额同比少增××亿元，××%的不良率较上年少上升××个百分点，××%的拨备覆盖率比第三季度末略有提升。面对原发性交叉性输入性风险高发蔓延势头，打好全面风险管控保卫战，不仅筑牢了自身风险防控堤坝，还发挥了大行市场稳定器作用。

（二）“提质”主要表现在提高了服务实体经济和供给侧结构性改革的质效。全年实际新投放信贷总量3.05万亿元，其中新增本外币贷款8 700亿元，同比增长7.7%；收回移位再贷2.18万亿元，促进了结构和质量优化。非信贷融资与地方债投资合计新增9 898亿元，超过贷款增量，成为支持实体经济的重要资金来源。从投向看，加大对国家重点建设项目支持力度，项目贷款累放9 388亿元，同比多放1 265亿元。创新推广小微金融服务模式，小微企业贷款实现“三个不低于”目标。支持消费扩大与升级，个人按揭和消费贷款余额占各项贷款的比重提升了3.7个百分点。积极支持企业兼并重组和债转股，并购贷款余额占全部金融机构的32%，债转股合作框架协议金额550亿元。当年支持“走出去”项目106个、承贷金额380亿美元。创新设立全国首只脱贫攻坚投资基金，全行精准扶贫贷款余额近900亿元。

（三）“改善”主要表现在经营转型取得新成效、改革创新取得新进展。本外币一般性存款增加1.48万亿元，实现近三年最好增长水平。同时，存款结构优化、稳定性增强，活期增量占比超过80%，日均增量占时点比重超过50%，为近年来较高水平。实现手续费及佣金收入1 451亿元，可比口径增长5%，收入总量保持同业第一。其中，“大资管”板块成为增收新动能，资产托管、资产管理、养老金等业务收入增幅超过或接近10%；“大零售”板块营收贡献同比提升1.17个百分点至40%；投行业务收入继续保持同业领先。金融市场业务积极作为，净利润增幅7.6%。信用卡发卡量达1.2亿张，跃升全球第一大信用卡发卡行。境外及控股机构净利润同比增长9.3%，对盈利拉动作用进一步增强。做实深改办，推动改革深化。信贷体制机制改革在8家分行试点推开，更加突出了风险导向与责权利统一。票据业务和同业业务专营改革取得新进展，全力参与并助推上海票据交易所建设。服务提升六大工程启动实施，服务面貌呈现新变化。互联网金融保持较快发展，“融e购”总交易额1.27万亿元，“融e联”客户6 649万户，“融e行”客户2.53亿户。

（四）“激活”主要表现在党建和队伍建设成果丰硕，进一步激活了经营发展。在学习贯彻中央会议精神、扎实开展“两学一做”学习教育中，进一步增强了“四个意识”，推动了全面从严治党主体责任的层层落实。召开了党建工作会议，出台了全面从严治党实施意见、党建工作主体责任清单等制度。完成了近千名党委书记、纪委书记“两个责任”专题轮训，在子公司、直属机构设立了党委、派驻了纪检组。深化了中央巡视整改，加强了廉洁从业教育，发布了合规文化核心理念及新时期“十大禁令”。实施“311干部培养规划”，完成了三批公开遴选，重点加强了对青年员工、核心人才的培养和激励，完善了管理人员能上能下、容错免责等机制。

2016 年，我行连续第四年蝉联英国《银行家》“全球 1 000 家大银行”、美国《福布斯》“全球企业 2 000 强”、美国《财富》“500 强商业银行子榜单”三个权威排行榜榜首，全行市场形象和国际竞争力进一步确立。

可以说，2016 年是我们股改上市以来较为艰难的一年。在错综复杂形势下，取得这样的成绩殊为不易，既回应了各方关切，稳定了市场预期，也提振了全行士气。这是党中央国务院正确领导、科学决策的结果，是国家有关部门加强监管、支持帮助的结果，是全行员工加倍努力、艰苦奋斗的结果。在此，我代表总行党委和董事会，向关心支持工商银行改革发展的国家有关部门、监管机构和股东单位，向全行干部员工，表示衷心的感谢和敬意！

实践是最好的教科书。审视一年来的经营实践，我们进一步深化了对新常态下经营管理方略的认识。

第一，必须坚持站位大局、服务全局。大局是政治和方向，是责任和形象，也是市场大势和机遇。作为国有大型银行，我们必须自觉站在党和国家大局上想问题、办事情，在服从和服务大局中思考全行工作定位和经营思路，不断增强观大势、谋大局、抓大事的能力。只有与大局合拍共振，才能把握机遇，顺势而为，借势而为，不断改善自身经营质态。

第二，必须坚持商业银行经营规律。谁遵循规律，谁就获得奖赏、实现行稳致远；谁违背规律，谁就要受到惩罚，即使博得短期繁荣，也早晚会为之付出代价。无论是金融市场的风云变幻、银行业的兴衰起伏，还是全行当前经营绩效的分化，都充分验证了遵循规律的重要性。

第三，必须坚持依靠转型与创新引领发展。作为全球最大银行和市场先行者，我们在新的长征路上可能会遇到许多难以预见的风险和挑战，面临越来越多同业和跨界竞争对手的追赶，传统盈利模式也面临瓶颈制约。在传统老路已经很难走的情况下，只有做好创新和转型这篇大文章，以新理念打造新优势，才能杀出重围，带动经营发展走出一片新天地。谁变得快，谁就主动，一步主动，步步主动，落后只能挨打。

第四，必须坚持把经营着力点放在利润创造单元的能力建设上。境内分行、境外机构、综合化子公司和利润中心这 90 来家单位，是全行利润创造的主体。我们必须坚持利润导向、问题导向、基层导向，一切经营决策、改革创新、资源投入等都要重点围绕利润创造单元这个中心来开展，绝对不能本末倒置。要通过“抓两头，带中间”，进一步把各板块业务竞争力、价值创造力、盈利贡献度提上去。

第五，必须坚持依靠经营思路、工作作风、员工士气这三大法宝。在新常态下谋发展，在攻坚期抓改革，必须用好这三大法宝，锻造一支人心齐、士气盛、作风硬、善作为的队伍。这既是当前拉开行与行之间差距的共性原因，也是对新时期干部能力和担当的重大考验和直接检验，是各级行抓经营工作、抓党建和队伍建设的落脚点。我们需要的是良性循环、自我超越。

二、2017 年工作总体目标和任务要求

2017 年是党和国家事业发展中具有重大意义的一年，也是全行第四个三年发展规划的收官之年，做好今年工作至关重要。2017 年工作总的指导思想是：全面贯彻党的十八届六中全会、全国国有企业党的建设工作会议、中央纪委七次全会和中央经济工作会议精神，坚持稳中求进工作总基调，改进和加强党对改革发展工作的领导，坚持以质量和效益为中心，进一步把风险防控摆在突出位置，加快经营转型和结构调整，全面深化改革创新，着力加强各利润单元能力建设，不断提升服务实体经济发展的能力，以优异成绩迎接党的十九大胜利召开。2017 年全行核心经营目标是：尽最大努力实现盈利正增长；不良率控制在××% 以内，贷款劣变额低于上年；资本充足率保持在××% 左右，拨备覆盖率保持在××% 以上。

关于今年的经营目标，要统一四点基本认识。第一，实现这一目标是必需的。大型银行是党执政兴国的重要基础和依靠力量，工商银行是国内银行业的领头羊，在国际金融市场上也有较大影响力。我们的经营状况，不仅关系自身市场形象、市值稳定和队伍士气，还是一个关系政治、经济、金融和社会的全局问题。我们要从这一高度，充分认识实现今年经营目标、做好改革发展工作的重要性，切实维护好党执政兴国的基础和经济金融稳定的大局，履行好第一大行服务实体经济的政治责任，引导好市场预期和信心，发出好声音，传递正能量。

第二，实现这一目标面临较大困难和挑战。我们在改革发展研讨会上对当前经济金融形势作了深入分析，应当看到，外部经营环境的复杂多变与我们自身经营发展中存在的深层次矛盾和结构性问题交织在一起，给我们实现全年经营目标带来了较大压力和挑战，最突出的影响落在风险管控和效益实现上。从风险管控看，实体经济运行中的各种矛盾和压力还在持续向银行传导，资产质量还会持续承压，各类原发性交叉性输入性风险还在蔓延扩散，突发性事件较难掌控，这些风险冲击时刻考验着我们的防范和处置能力。从盈利增长看，对我们最有杀伤力的还是净息差。NIM 每下降 1 个基点，一年 20 多亿元利息净收入就没有了。今年由于利率市场化加深、债券市场利率处于相对低位、存量平台贷款加速置换等因素，NIM 进一步收窄压力较大。此外，全行区域经营分化加剧、一些重要利润单元盈利持续增长能力面临变局考验、一些领域基础客户基础管理还不牢固

等，都会对经营目标的实现带来较大变数。

第三，实现这一目标存在许多有利条件。如国内经济运行总体平稳，供给侧结构性改革深入推进，创新驱动战略加快实施，将催生大量金融服务需求，创造新的业务增长和盈利空间；监管的加强以及对一批重点领域风险整治工作的部署推进，将创造更为有利的经营环境。全行传统业务的优化升级、新盈利动能的较快成长、金融科技先发优势的不断积聚，都为我们做好经营工作奠定了基础。更重要的是，经过2016年这不平凡一年的大考，全行干部员工精神状态好、士气旺，信心进一步增强，这是我们克服各种困难的核心保证。总的来看，机遇大于挑战，需要我们进一步发挥好主观能动性。

第四，实现这一目标要靠担当进取精神和改革创新办法。经营发展如同逆水行舟，一篙松劲退千寻。尤其是在当前变数多、压力大、困难重的情况下，需要强化事不避难的担当，拿出攻坚克难的锐气，对照目标"撸起袖子加油干"，努力争先进位。同时要注意在加强总行战略目标传导的过程中，不能简单地把逐级落实责任变成层层任务加码，而是要在任务传导中同步指方向、教方法。要坚持以新理念打开发展新空间，走好改革创新的"先手棋"，下好转型突破的"胜负手"，千方百计实现一个更好的经营成果，努力在复杂局面下和新的起点上走好我们这代银行人自己的长征路。

三、今年的几项重点工作

在去年的年中工作会议和改革发展研讨会上，总行已对当前及今后一个时期集团发展方向、经营要求和战略重点作出全面安排部署，关键是要持之以恒抓好落实。去年年中工作会议安排的67项重点任务，目前有38项已完成或基本完成，未完成的要继续推动，直至办结。这次会议和改革发展研讨会的重点任务也要一并分解落实，一项一项盯牢抓住，确保件件有着落，事事见成效。许多工作我就不再重复讲了，重点强调以下五个方面的工作。

（一）着力提升服务实体经济和供给侧结构性改革的能力。今年集团贷款预计投放3万亿元左右，其中境内人民币贷款新增8 500亿元，存量移位再贷1.8万亿元；非信贷融资新增8 500亿元。要统筹全流量、全口径、全品种融资管理，聚焦重点领域和薄弱环节，在服务实体经济和供给侧结构性改革中促进融资业务优化发展。

一是统筹信贷布局，把好信贷投向。深入落实"抓大、抓小、抓新、抓优"战略布局，平衡好投向和投量、节奏和结构、收益和风险，着力提升服务实体经济质效。"抓大"要坚决突破。信贷无大不强，我们要始终谨记这一点。"大"的目标和市场是清楚的，存在的主要问题是客户不够多、市场份额不够大、与客户融合不够深。今年要在重点区域、重点城市、重点客户、重大项目上扩大规模、提升占比、加深融合，寻求新的进展和突破。

"抓小"要真正突围。一方面，要坚定不移地发展小微业务。当前小微信贷存在的突出问题是认识不深、动能不足、队伍不专，重点要解决好"做不做""怎么做"和"谁来做"。"做不做"指方向和认识。当前大企业融资逐步走向市场，大项目也总有逐步完成的那一天。不做小微信贷，发展就不可持续，也不稳定，这是长远，是战略。目前全国各类市场主体超过8 000万户，有着巨大的业务发展空间，我们不能因为前些年小微信贷出了风险、处理了人，就模糊了认识，动摇了方向，"一朝被蛇咬，十年怕井绳"，消极躲避，惜贷惧贷。小微有市场，这一点有共识；这个领域应该重点支持，成为转型发展方向，也无疑义。既然有市场，方向又对，就要毫不动摇地坚持并加以推进。"怎么做"指动能和机制。总省行要吸取不顾经济环境和队伍专业能力、大家"齐步走"的教训，选择重点区域、重点城市来做，确保总体风险可控。要借鉴先进行做法，做实市场规划，在细分市场基础上确定进入企业名单。要抓好去年专项蹲点调研措施的落实，加快推广样板小微中心建设经验，通过专营机构、专业化运行机制进一步做精做专做稳。要针对小微企业经营特点，大力开发适用性金融产品，积极创新金融服务模式。必须突出抓好责权利匹配的机制建设，完善内部资金计价、考核激励和尽职免责办法，让基层行做小微信贷有甜头、有赚头，从机制上保障对基层机构、对做小微信贷的人员正向激励。"谁来做"指专家治贷。要让懂市场、明风险、有能力的人做，让小微信贷专家做。要通过努力，确保完成"三个不低于"监管要求。

另一方面，要大力发展个人贷款业务。要全面推进个贷业务经营管理模式优化调整，启动个贷中心建设试点，逐步铺开专业化、集约化、扁平化业务处理模式，提升市场响应效率和竞争能力。个人住房按揭是主战场，要积极进取。要坚持分类调控、因城因楼施策，立足做大一二线重点城市按揭贷款业务基础上，加快房价稳定、成交量放大、去库存明显的三四线城市按揭业务的发展。对重点进入区域，要积极与大型优质房地产开发企业合作，从源头上抢占按揭资源，对其开发的优质楼盘要努力争取更多份额，以求事半功倍的效果。分散做、一把抓，风险既大，效率又低。各行对按揭业务政策要明确到区域、精准到楼盘、完善到品种、管理到比例。同时要进一步创新和丰富按揭品种，满足客户多样化需求。要坚决杜绝"首付贷"等行为，切实抑制热点城市房地产泡沫。个人消费贷款是短板，必须有所突破。目前全社会消费品零售总额已突破30万亿元，服务消费和中高端产品消费需求旺盛，发展消费信贷大有可为。要充分运用大数据技术实施精准营销，加快拓展收入较高、信用较好、消费活跃的优质客户群体，加大信用消费贷款、抵质押消费贷款等产品在购车家装、休闲旅游、医疗教育等领域的应用，促进居民消费结构升级。

“抓新”要落地见效。相对而言，这是一个我们不太熟悉的领域，需要深入分析哪些规模较大的新市场我行尚未介入或介入程度较低，亟待挖掘布局；哪些新经济条件下发展起来的新兴市场，需要培育进入；需要破解制造业是否“先进”、服务业是否“现代”的判断难题，构建新的评价体系。目前，这项工作已经破题，总行已出台并还将出台一系列新市场新产业新业态规划和拓展意见，各行要认真推动落实。要强化对“三新”的认识研究和顶层设计，整体规划，配套政策，把好风控，对“三新”客户实行白名单制管理，做好项目和客户储备。北上广深等10家分行要落实科创企业投贷联动试点，为全行支持“三新”探索路子、积累经验。对“中国制造2025”确定的新一代信息技术等十大重点领域，要主动与有关企业对接合作。

“抓优”要一以贯之。客户结构和质量从根本上决定着信贷经营的成果，必须优选客户。各行要通过深入调研，全面掌握本区域大型央企、龙头企业、纳税和进出口大户、上市公司等目标客户名单，在摸清底数的基础上制订针对性营销竞争方案，核心是要实现优质客户进入和同业份额双上升。特别要在上市公司和拟上市公司领域取得突破，目前沪深两市主板上市的3 000多家企业中，我行贷款客户不足三成，融资余额占比仅为2.8%，较公司贷款同业占比低10个百分点。差距就是潜力，要加大营销力度，深入挖掘客户需求，年末力争将融资同业占比提高到10%。

二是统筹全流量管理，促进供给质量改善。要统筹存量和增量并轨管理，实现资源的优化配置。去产能领域，要认真执行“有扶有控、有保有压”差别化信贷政策，对国民经济关键行业和领域、有发展前景、技术先进的企业，要继续给予信贷支持。对长期亏损、失去清偿力和竞争力的企业，要制订清晰可行的资产保全计划，稳妥有序推动企业重组整合或退出市场，特别是对按政策需要退出的“僵尸企业”，要逐户制订周详、可操作的退出方案，争取主动。要加强与地方政府的协作，充分发挥债委会作用，切实做到增贷有度、稳贷有力、减贷有理。房地产领域，坚持“房子是用来住的、不是用来炒的”定位，把握重点城市增加市场供应中的机会，支持大型优质房企的发展。区别对待三四线城市房地产贷款，继续压降商用房开发贷款。去杠杆领域，继续稳妥开展债转股业务，已签约项目要抓紧落地。充分用好工银资管平台和投行专业团队，在帮促企业降低财务杠杆的同时，有效降低我行债权风险。此外，要聚焦经济发展薄弱领域，深化涉农信贷、金融精准扶贫、绿色信贷、普惠金融等政策措施，彰显大行的责任担当。去年全行移位管理总体情况较好，今年要继续强化。要加强顶层布局，制订区域、行业、客户、品种移位计划，把握好进与退、多与少、快与慢的关系，进要坚决，退要果断。要进一步落实分行移位管理主体责任，优化移位考核办法，完善监测考核平台，健全纠偏督察机制，严防逆向调整，实现精准移位。

三是统筹全口径融资，打造综合金融服务商。当前实体经济融资需求正在发生深刻变化，客户多元化、个性化融资需求增加。面对金融脱媒加速和竞争主体增多的环境，面对金融市场需求的深度变化，哪家银行适应得早、转得快，哪家银行就会赢得客户，占据主动。今年将是市场格局划分调整的关键年份，全行必须因势而变，因需而变，加快推动信贷与非信贷融资一体化服务，完善金融服务链条，扩展金融服务范围，优化提升投行顾问、资源整合和交易撮合等金融服务功能，进一步加快从贷款供应商向综合金融服务商的转型。同时也要看到，当前这个市场存在诸多发展不规范的问题，风险隐患不少。我们要保持战略定力，坚持在规范中发展、在提升投研能力和风险管控能力、在加强产品创新性适用性改造的基础上发展，着力强化集团各单位之间的联动协作，充分发挥整体竞争优势，努力把步子走稳，确立起市场优势地位。

四是统筹基础管理和质量管理，提升融资经营能力。要抓好两个结合：第一，责任落实和能力建设的结合。信贷业务是一项复杂性、风险性较高的业务，也是一项实践工作，其经营好坏关键在人，如果人的能力跟不上，再好的政策措施和体制机制也不过是镜花水月。要深入落实专家治贷，加快推进信贷客户经理和综合客户经理分设与管理，严格实施信贷人员持证上岗制度，真正把队伍建设好，能力提上去。要全面实施信贷体制机制改革，进一步明确并压实一级、二级分行的信贷经营主体责任。第二，信贷政策和信贷制度的结合。信贷政策要与时俱进、灵活管用，信贷制度要不打折扣、严格执行。既要适当增强行业、区域、产品等信贷政策的掌握弹性，加强分类指导，有序扩大授权，以提高对市场的反应效率；也要强化信贷制度执行的刚性，坚持标准和底线，在授权下放的同时监测要跟上，真正把握好“活”营销和“严”风控的有效平衡。

（二）深化经营转型和结构调整。要坚定不移地推进经营转型和结构调整，这是根本出路。要扭住这个“牛鼻子”，发扬“钉钉子”的精神，明确目标，讲究方法，落实主体。总体来讲，转型和调整的目的在增收，推动在总行，落脚在分行。

目的在增收，转型的根本目标是稳定净息差、增加中间业务收入、创造新的利润来源，进一步巩固形成多元动力、多点支撑的增长格局。要建立“收入目标、同业占比、业务规模、实际费率”全口径管理模式，确保中收增量同业第一。

推动在总行，就是要发挥好总行各业务推进委员会、各专业部门尤其是战略牵头部门的系统推动作用。我们是总分行的管理体制，总行部门在组织架构中的角色定位，在政策制度把握、市场规划细分、产品研发应用、风控技术手段上的优势，决定了转型和调整要由专业部门来统一谋划、推动。要落实在业务线的顶层设计上，针对市场机遇和挑战、同业竞争态势和风险状况，因时因势规划好本专业的发展规模、节奏、重点，给分行以明确的指向。要坚持目标的聚焦和一致性，不能造成基层无所适从。要落实在支持市场拓展上，尤其在资管、投行、大零售、支付结算、国际业务等当前竞争中吃力要劲的关键领域，总行部门要提供有深度的市场分析、增加高质量的产品供给，为分行拓展业务、竞争客户提供抓手和“武器”。要落实在指导重点区域率先突破上，明确哪些区域要重点发展、投放哪类产品、拓展什么客户，实现区域、客户、产品的有效匹配。对投行等高度专业化的业务，要拉出重点行名单，将分类管理明确到省，落地到重点市。要落实在风险的统一管控上，加强对偏好、准入、限额、敞口、止损、集中度、久期、流程等关键要素的管理，把握好发展和风险的平衡，强化第一道防线的责任，严防“病从口入”。

落脚在分行，就是要发挥好分行更贴近客户、贴近市场一线的优势，把总行的政策、制度、产品与本地的市场环境、客户群体、资源禀赋更好地结合起来，实现战略的有效落地承接。一级分行是工商银行的“腰”，是上下贯通的关键、经营运转的中枢。省分行对二级分行要增强针对性、突出差异化。不能吃“一锅饭”、搞“齐步走”。哪些该全面综合发展，哪些要打造特色精品；哪些要放开步子加快发展，哪些要以调整稳固为主，要有清晰的指导。特别要突出加大对核心区域、重点城市的投入和指导，支持其更快地做强做大。而对那些对公资源匮乏的二级分行，要建立差异化的考评体系和资源配置机制，督导其沉下心来，集中精力把零售做好。要发挥专业团队在落地见效中的抓手作用。实践证明，这种建立“特种部队”的模式是行之有效的，要坚持发扬并不断改进。对有前景、有潜力、看准了的市场，要集中力量打歼灭战。要解决团队建设在各行参差不齐的问题，对私银、贵金属、票据等重点条线，要明确团队组建的时间表和人员要求，业务必须要有人干、有合适的人干。要突出团队的直接经营职能，明确团队的首要任务就是攻城拔寨，直接在市场上拼杀，直接面对客户，直接创造效益，决不能行政化、部门化。对团队成员的选配、考核机制和任务目标的确定，总行也要适度介入，加强过程管理。

在推动转型发展的过程中，要注重解决好两个问题：

一是条线间、条块间、战略间协同的问题，健全客户统一营销和分润机制，避免内部消耗和无序竞争，以致丢掉市场和客户，不能因为条线管理牺牲专域市场，弱化整体利益。在客户统一营销上，客户部门要承担牵头营销及管理责任，产品部门要有全局观念，主动挖掘客户多元需求，主动思考自己能为其他条线提供哪些协助，以主动赢得互动。在收入分润上，要有全局观念、大气胸怀，先进大筐，再算细账。对一些亟须突破的战略领域，可以探索双边计价、影子考核，以最大限度调动起各方面的积极性，做大优质市场蛋糕、做强竞争领域影响。这里特别强调两点：第一是三大战略协同发展问题。大资管、大零售、大投行是推动全行经营转型和盈利提升的重要力量，合则共美，分则多伤。必须齐心协力，在为客户创造价值的同时，争取银行效益的最大化。资管业务的重点是抓好产品定价、投资品选择和投后管理三个关键环节，在控制好发行成本、提高投资收益、防控住风险的基础上，为个金和公司投行等部门竞争客户、引留存款、创新业务提供更多抓手。公司投行条线则要充分发挥客户营销、尽职调查、产品结构设计和估值等方面的优势，积极向资管条线推荐优质投资项目。这样，三大战略的综合效应才能充分发挥出来。第二是社保改革和职业年金营销工作。要抓住当前民生领域的改革机遇，整合集团资源，加强整体营销，全力竞争社保改革新开户以及相关合作资格。职业年金的竞争对未来整个养老金市场格局有着举足轻重的影响，要立足把住源头业务，首争受托人资格，继而带动托管和投管业务发展，确保市场份额最大化。

二是加快转型与稳固存款的关系问题。存款是转型发展的基础和主要资金来源。今年的资金面总体上可能处于紧平衡，保持存款稳定增长的重要性更加凸显。各行各部门都要牢固树立守土尽责的意识，把存款余额和增量排名不下降作为底线。全行存款增长要确保 1.5 万亿元，增量力争重回同业首位，坚决守住存款第一大行的市场地位。储蓄存款要抓牢各类优质代发项目，打造综合化资产配置方案，形成客户资金吸纳、承接和内部流转的闭环。公司存款要全力拓展新户，增强基层网点对公服务能力，拓展结算与现金管理重点产品的应用。机构存款要紧跟财政、社保、军队资金管理改革进程和资金流向，加强账户源头竞争，在新一轮市场洗牌中全力巩固和扩大份额。同业存款要结合同业业务改革，扩大客户覆盖面，加强结算、托管、存管等基础业务的营销，吸纳资金、沉淀存款。要转变存款经营理念，决不能将竞争存款单纯归结于价格手段，将稳定客户简单化为利率“一浮到顶”。通过完善存款定价差别化授权、利率上浮总量管理和按贡献折算考核机制，把价的要求贯穿到量的目标上，把成本的压力传导到前台营销中，促使各级行细化客群、精准营销，主动增强成本收益意识、主动控制上浮占比，优化存款期限、品种结构，实现量价协调增长。当前，利率市场化影响加剧势不可当，要特别增强适应这种态势的敏感性和针对性，今年要在强化存款综合定价模型对基层营销议价的指导上取得实质性突破，在深化利率敏感性模型对推动主动负债与被动负债协调发展上取得新进展，提高分层定价和精细化管理水平，千方百计确保NIM的基本稳定。

（三）聚焦利润单元建设，增强各机构和业务板块的盈利能力。前面提到的90来家经营单位是工商银行的“四梁八柱”。要强化其盈利能力建设，把长板做强，短板接长，共撑大局。

一是盈利大行要主动担当，发挥标杆引领作用。去年，北京、上海、浙江、广东、江苏、深圳6家分行超额完成净利润计划120亿元，基本弥补了内蒙古、山东、河北、云南等困难分行的计划缺口，有力支撑起集团利润目标的实现。在当前全行盈利增长维艰的情势下，这些“顶梁柱”分行更要保持这种领跑优势，不攀左右，以冠军姿态、舍我其谁气势为集团做出更大贡献。四川、贵州、湖北、重庆等盈利增长快、潜力大的分行，要不唯计划、不唯基数，多做贡献。那些处于正负增长“临界点”的分行则要克服困难，向上突围，努力把利润计划完成得更好一些。

二是重点城市行要凸显核心作用，贡献更多利润。要按计划将总行级重点城市行扩展到80家左右，并逐一制订具体的竞争力提升方案。要在完善分城指导策略和落实保障资源的同时，增加这些行的利润计划。重点城市行竞争力提升的方向目标措施已经明确，要紧抓落地实施。跟踪“5+1”机构综合业务授权和信用风险人格化授权试点进展情况，及时总结经验，解决问题。重点城市行要以争当同业老大为己任，目前综合竞争力不是首位的，要逐项业务紧盯快赶，及早夺回第一位置。要强化对重点城市行的综合考核评价，按季度公布综合经营能力、班子及主要负责人的评价结果。与此同时，要突出抓好服务改进。重点城市是我们对外服务的窗口，既关系口碑形象，也能够带来客户和效益。要以服务文化发布为契机，聚焦服务痛点，推进六大工程，不断改善客户体验。要一城一策落地服务改进措施，突出责任考核，强化质量评价，不断提升客户满意度。服务工作牵涉面广，各方关注，事关全行商誉，稍有松懈就有可能造成大的影响。各级行一把手要真正重视，加强统筹协调，持之以恒推进，久久为功，确保“服务口碑一年内明显改善”。

三是困难分行要迎难而上，尽早解困，少拖全行后腿。综合解困行和专题解困行都必须守住拨备前利润同口径正增长这个底线，围绕“两提升、双下降”目标，抓好各项任务分解和责任落实。要坚持眼睛向内向下，解决实质障碍问题，尽快扭转经营局面。总行有关部门要加强指导，在政策措施等方面多给予扶持，帮促这些行尽快走出困境。五家分行要认真落实解困责任书，严肃跟踪问效，三年解困期内，每季度要向总行报告解困工作进展情况。对未完成年度计划或重点工作落实不力的，要对主要负责人进行约谈问责。

四是境外机构和子公司要勇挑重担，提升对集团的贡献度。这些机构要制定更加进取的利润目标，全年盈利增长总体要力争10%以上。要深化一行一策、一司一策，真正发挥跨境跨市场经营分散风险、多元盈利的作用，这是重要的经营责任。要加紧推动境外机构管理架构优化方案的落地，推进区域协同和后台整合，加快优势产品线在境外延伸，促进境外机构本地化、特色化、集约化发展。对已安排的重点措施，要细化责任清单和时间表。要以股权管理为抓手，加强子公司治理，建立常态化的行司联动机制，帮促子公司在各自领域争先进位。对工银瑞投、工银亚投等功能牌照具有全局性价值的附属机构，探索突破子公司股权和行政管理层级，提升集团内部联动与合作层次，释放发展动能。

五是利润中心与产品线要增强创新创利能力，培育和打造新的盈利增长极。各专业要增强进取意识、收益意识和风险意识。大零售要牢固树立营业贡献的战略导向，紧紧围绕扩大目标客户群这个核心，统筹存贷中收三大业务协调发展，尤其要适应全量金融资产的经营格局，建立起储蓄、金融资产、个贷等业务产品的效益贡献度统一视图，引导基层做好分产品、分业务的成本收益分析，围绕效益做零售。今年零售专业中收面临更大考验，要及早谋划创造一批新的增长点，弥补硬缺口，避免被动。大资管要以“倍增发展、转型发展”为目标，以“五统一”实施为着力点，以提升投研和风控能力为主线，加强投研力量整合，按照资产类别，建立投资策略牵头部门和信息分享机制，把好各类投资品的规模、区域结构，这是我们在持续“资产荒”下能否在市场上立得住的关键。大投行要顺应社会融资结构的转型，将投行服务从企业负债端向权益端、资产端延伸，加大市场化股权类业务及投贷联动、直接投资的推动力度，促进主动管理和组合投资产品发展。要更多关注政府类客户、机构同业客户、高净值私银客户和上市拟上市公司客户的投行业务机会，开发投放一批标杆性新产品，特别要选好配强10家左右重点分行和若干家重点城市行的投行专业团队，突破对传统市场、传统客户和类信贷经营模式的依赖。同业和票据业务要按照有利于效益贡献提升、能管控住实质风险的原则，理顺业务发展机制，稳妥推进线下同业业务单独切块管理和票据业务全产品经营，实现有效益、有质量的发展。线下同业业务利润要超过30亿元、力争50亿元；票据业务要做大流量，营业贡献要增长10%以上。专融业务要紧紧围绕国际产能合作、我国企业“走出去”，发挥专业化集约化经营优势，推进重点产品线建设，力争全年营业贡献增长超过20%。

（四）以改革创新增活力、添动力。今年在三个方面要有大的突破：一是金融科技和互联网金融创新。在IT架构转型上，按照集中式与分布式相结合的原则，突出业务系统之间的松耦合，年内要完成整体架构的规划，明确目标、步骤、责任和时限，分步实施、稳步推进，进一步支持大数据深度和系统应用于经营管理，真正使金融科技成为助推发展的利器。同时要做实七大创新实验室，争取区块链技术在数字货币及数字票据、金融产品交易的实践应用上占据优势、形成先手。在互联网金融创新上，我们是银行中走得最早、最快的，目前也应该是走得最好的，但要真正在市场突围中闯出一条新路，必须做大的变革，认真谋划并实施 e－ICBC 从 2.0 向 3.0 智慧银行战略的升级。新的战略务必紧紧抓住用户需求导向、服务体验导向和工行优势导向，秉承开放、合作、共赢理念，以“资本＋技术＋金融”的融合方式，加快传统银行服务的智能化改造，加快线上生态圈布局，提供平台化、场景化的金融服务，形成全新的“智慧银行”体系。在新战略的推进中，要更加重视产品极致，聚焦支付、融资领域，拓展理财领域，深度整合提升产品，不能简单叠加、物理拼接，要拿出来可以打市场、创口碑的撒手锏产品。要更加重视场景创造，加强与线上用户聚集、金融需求旺盛场景的合作，加大跨界合作，扩大与第三方合作，构建丰富的金融服务生态圈。要更加重视体制配套，建立有别于传统银行的业务运营模式和科技运作模式，更加体现互联网金融的特性。在管理体制上，要加强顶层设计，重组相关部门职能，厘清各产品线边界，强化重要产品和场景集中营销，发挥线上线下一体化优势，统一后台一体化运营，探索市场化的用人和激励约束机制。在产品开发体制上，要整合业务、产品和科技三方力量形成统一团队，真正实现快速迭代开发。

二是人员结构和网点渠道优化。这两项工作要统筹考虑、同步推进。今年全行将至少再调减 500 家网点，这个目标不算高，我担心的是步子还不够快，如果不及早调整，实体商业的今天很可能就是我们的明天。要看清未来发展的趋势、摸清亏损微利网点的底数，该撤的撤，该并的并，该改的改，向着智能化、轻型化、小型化方向转型，要持续加大财务资源的投入，使存量网点软硬件水平进一步提升。在推进网点转型的同时，人力资源调整一定要跟上。如果网点的形态变了，而人的结构、能力、服务仍停留在过去，网点转型就事倍功半。经大体匡算，包括网点调整人员，全行今年约有 2.3 万人的盘活空间，是不小的，关键是调好、用对，实现人岗适配，真正释放出人力资源效能。要对全行人员调整进行详细测算，“从哪里调、调整谁、调到哪里去”，不能“一填表”了事，不能一调了之，更不能谁容易调整就调谁，要把工作做细致、做主动、做实在，避免出现人员虚调、逆调、人岗不匹配等现象。调整出来的人员，要记录在档、一一盯对，经过对口专业的辅导培训，优先投向客户经理队伍、网点大堂服务、新兴业务条线、重点城市行、不良资产处置团队等人员急需的地方。力争经过持续努力，使全行人员结构、能力，更好地满足网点转型和业务快速创新的需要。

三是绩效考核“最后一公里”落地。这是激发员工积极性和主动性，将总行经营战略贯通到底的重要手段，也是多年未解决好的难题。要紧盯“如何看得见、算得准”“考核主体是谁”“考核什么”等关键，依托 MOVA 系统，实现考核特别是储蓄存款考核落地。在市场营销上，要建立健全客户分层营销责任制、重点产品渗透责任制，落实公私联动、集团联动。在业绩计量上，要以有效价值创造为导向，建立业绩分成机制，解决好客户账户落地行与服务行的业绩分配问题。在绩效分配上，推广对客户经理的穿透式考核和直通式管理，提高员工绩效与收入挂钩力度。力争用两到三年时间，使这一问题得到较好解决。

（五）强化风险管理全覆盖，把牢经营主动权。风险防控得好、关口把得严，全行经营发展就主动、腾挪空间就大。每个机构、每条业务线都要强化风险意识、底线意识、责任意识，以全局眼光、专业视角审视各类风险的成因、表现和趋势，全市场、全集团、全口径防控，靶向施治，确保守土尽责、确保一方稳定。

一是信用风险防控仍为重中之重。我们总结提炼出的“24 字”信贷经营理念，是全行以血的教训、以每年六七百亿之巨的学费换来的，必须铭记在心、践之于行、一以贯之，这也是我们稳定资产质量的基石和根本。今年全行要实现“三个有所下降”：不良贷款增量有所下降、当年新劣变贷款有所下降、剪刀差有所下降，努力形成新常态下信贷管理的新格局。要严格新增融资质量控制，继续对 2013 年以来新增融资按年度分级设置控制目标，强化红线管理，突出抓好防假反假和防控过度融资，坚持从严治贷、铁腕治贷，坚决止住新的“出血点”。对 2013 年以前的存量贷款，也要按照风险敞口不扩大的原则加强管理，防止人为劣变。要抓好逾期和潜在风险贷款压降化解，把好逾期率和劣变率两道闸门，对我行逾期而他行正常的融资要加强分析，缩减剪刀差。潜在风险贷款要精准定位，分类管好。今年总行将调整法人贷款拨备提取比例，大幅提高劣变为次级和可疑类贷款的信贷成本，同时调减各类正常贷款组合拨备计提比例，各行要深刻领会，精细算账，加强管控，力求自我平衡。要加大不良资产处置力度。目前全行不良贷款、账销案存资产、以物抵债资产、委托处置资产等不良资产超过 5 000 亿元，这些都是待开发的资源，管理和处置好了就能直接创造出效益。首先要摸清底数。总行和各分行都要对不良资产按机构、品种、账龄、押品状况等逐一拉单列表建账，逐户逐笔制定处置方案，落实目标、责任和时限，对年内能够处置的做到心中有数。其次要用对手段。把握处置效率与效益的平衡，切实加大常规手段清收处置力度，尤其是要强化运用法律手段加快不良资产清收处置。积极运用投行、资产证券化以及加强集团内资产管理平台联动、银政企合作、第三方合格中介平台等创新性手段和市场化、社会化力量来推动不良资产处置。要强化平台受托资产清收处置，继续对年末没有完成总行下达计划的分行，按计划差额的50%扣减考核利润。要加强账销案存资产追索，增强追索措施的针对性和操作性。今年总行计划安排650亿元拨备用以消化风险损失，优先支持那些处置收益高的项目。再次要强化团队。各行要认真落实总行要求，配足配强不良资产处置中心和团队力量，特别要把那些具有清收处置经验和法律专业背景的人员充实到队伍中来，进一步明确岗位责任，完善考核管理，推动不良资产处置迈出更大步伐。要落实好新的不良贷款责任认定办法，真正做到“问严、问精、问准”。

目前全行对法人信贷业务风险管控比较重视，措施也比较到位，相比较而言，个贷业务风险防范则显薄弱。去年在公司信贷市场有效需求不足的情况下，个人住房按揭和信用卡贷款增量占到各项贷款增量的85%以上，但经验告诫我们，某项业务发展得越快，越要紧绷防风险这根弦。现在我们一些机构片面认为个贷业务只管发展，没有多大风险，这种倾向是危险的。尽管当前个贷不良率较去年初微降，但这是建立在个贷基数扩张、分母快速增大的基础上的，当前形势下个贷不良额大幅上升是不正常的。认识到位才能行动有力。要主动适应个贷业务特点和发展趋势，探索推进个人信贷业务体制机制改革，建立针对性强的专业化、集约化、流程化的管理和风控体系。个人住房按揭贷款尤其要抓好防假反假工作，同时密切关注房地产市场分化趋势和各地调控政策，加强对价格与成交走势的研究和监测，趋利避害、防控在前。要直面并深入分析信用卡贷款不良率上升较快的原因，加强对重点分行的综合治理，加强对重点客群、重点产品的风险监测和防控，加快构建大数据风险管控体系，适当上收风险集中区域的审批层级，确保信用卡业务的健康发展。需要特别强调的是，信用风险管理不仅仅要管住信贷风险，还要强化全口径融资风险管控，尤其是代理投资等表外业务的风险管控。目前全行非标代理投资超过6 000亿元，其中风险客户98户，涉及金额近170亿元，云南、山东等分行风险相对突出。各行要进一步摸清非标代理投资底数，落实限额管理和差异化管理措施，根据底层资产类型、交易结构来构建差异化的准入、授权和风控管理体系，明确股权、债权、基金等不同业务投资限额和差异化审批。要加强对代理投资业务风险考核，对风险项目要研究计提相应拨备。严控总量风险敞口，防范风险扩散蔓延。

二是坚决遏制案件和风险事件高发势头。去年全行共发生各类案件和风险事件××起，同比增加××起，凸显出部分机构和专业风险管控依然薄弱。其一是风险意识绷得不紧。对风险形势的严峻性、复杂性和紧迫性认识不到位，抓而不力，管而不实。其二是案防基础有所松动。少数机构主体责任悬空，制度执行不力，制衡机制失效，风险信息共享不及时。其三是工作前瞻性不足。对环境变化带来的风险形势变化不敏锐，前瞻预判不充分，预防控制准备不足，总是处在不断“救火”和“亡羊补牢”的被动状态。内控案防是一项严肃的硬任务。各机构要紧盯重点、难点和痛点，找准“病灶”，标本兼治，强化管理，确保不发生重大案件和风险事件。这是底线，要守住。

在“治标”方面。要针对风险高发领域、问题突出环节和新型风险持续开展专项治理，深度治理“十大重点领域和关键环节”，特别是理财、票据、同业等业务领域风险和运营风险，严防大额、恶性和易引发舆论影响的重大案件和风险事件发生。严格管控影子银行、互联网金融、P2P平台等重点领域和类金融新金融风险，此类市场总量大、主体多、链条长、杠杆高、不透明，鱼龙混杂，潜藏活动着不少“害人精”。要高度关注这些新型风险的隐蔽性、传染性和突发性特征，全面掌握底层基础资产和实际风险承担情况，对资金源于我行体系的各类交叉金融业务，按照管控实质风险的原则纳入全面风险管理。要加强安全生产管理，突出抓好信息系统安全、业务运营安全、涉敏信息安全、反欺诈、消防安全等重点工作。要进一步抓好同业、异地、异动等特殊账户的监控和管理，进一步强化智能银行批量运行后集约化可能带来风险的防范。要坚持从严治行、铁腕治行，严格落实新时期“十大禁令”，对违反禁令、触碰“高压线”、违规违纪的要实行“零容忍”，严惩不贷。要抓紧研究行政印章用印的管理强化措施，严格授权控制。在此特别强调，今后再发生以理财为名越权开展投融资业务、线下募资、线下投资、违规出具担保、修改理财文本，以及为上述违规问题擅自用印的，要对授意者、决策者、执行者和查而不报者从严从重追究责任，对决策者、管理者一律撤职。

在“治本”方面，要完善内控案防责任体系，强化三道防线履职，层层压实案防责任，突出强化第一道防线的责任，充分发挥各级合规经理的作用。要强化技防能力建设，形成线上与线下、现场与非现场相结合的综合化、立体化防控体系。要深入实施合规文化建设五年规划，开展内控合规“执行强化年”主题活动，推动合规文化核心理念落地深植，引导全行自觉内化于心，付诸于行。要建立统一领导、分级负责的安全生产责任体系，落实各级机构主体责任，层层签订安全生产责任书。

要切实强化境外机构合规管理。全面提升境外风险管理层级，统筹抓好境外机构合规管理的体制机制、技术系统、队伍建设等工作，开展境外区域合规管理中心试点，加强对境外合规管理的专业支持和服务。境外机构要以近年来我国银行业海外合规风险事件为鉴，加强合规风险排查，健全合规管理体系，增进监管沟通，完善应急预案，努力提升合规管理水平。

三是突出加强流动性、利率汇率及同业业务风险管理。当前市场资金形势不确定性增强，要合理匹配资产负债的期限结构，做好内部资金的统筹调度，适度增加流动性储备，时刻保持警醒和敏锐性，做好市场上流动性事件突发的预防和应对工作，避免出现大的资金敞口。要密切关注利率走势，做好资产负债久期缺口管理，构建更加精细高效、富有弹性的市场化利率管理机制。要密切关注境内外债券市场波动，持续优化债券投资结构，合理控制总体投资规模、进度和组合久期，健全集团债券投资策略灵活调整及共享机制，对持续劣变的高风险债券进行前移处置。目前集团外汇资产超过5 000亿美元，汇率波动对集团财务经营成果的稳定性有着较大影响，要密切关注美联储货币政策变化，以及我行在新兴国家和地区机构的小币种风险，前瞻性调整集团币种结构，用好汇率风险管理工具，整体对冲汇率风险。境外机构要切实承担起资本金和留存利润保值增值的责任。对同业业务，既要强化准入前尽职调查，也要加强投后流动性监测，增强各类突发风险应对能力。

四、紧紧围绕强化“两个基础”、成为“六个力量”，不断加强和改进党的建设

面对新的形势任务，要始终坚持党的领导，担负起全面从严治党的主体责任和监督责任，推动全行党建工作不断迈上新台阶，更好地发挥出党建独特优势对全行改革发展的促进作用。今年将召开全行党代表会议，选举产生出席党的十九大代表，这是全行党建工作的一件大事。各级党委要高度重视，认真做好各项工作，使代表选举产生过程成为推进党建工作的生动实践。

（一）抓好领导班子这个关键。搞好银行，关键在党，关键在人，关键在班子。领导班子肩负着治行兴行的重任，肩负着为全局分忧出力的责任。班子强不强首要体现在思想认识上。思想认识带有根本性，对经营实践的影响最直接、最深远。要毫不放松地抓好班子的理论武装工作，特别是要继续全面深入学习习近平总书记系列重要讲话精神，不断拓展学习广度和思考深度。要按照“20字”标准，选对人、用好人。要着手对总行管理干部进行精细盘点和动态分析，立足各级班子的年龄、专业等实际，着眼全行经营转型和业务发展，顶层设计、长远规划干部的培养使用，持续落实“311干部培养规划”，避免急用现找、降格以求，确保在未来几年干部新老交替高峰区间里，保持各级班子平稳递补接续，实现结构进一步优化。这项工作看似软功夫，如果解决不好，就会对经营发展形成硬约束。班子软了，经营就弱了；班子硬了，经营就强了。各级党委都要对这项工作高度重视起来，对二级分行、支行班子提前有规划、有安排，保证干部培养领先一步、干部储备超前一步，这既是对工商银行事业长远发展负责，也是对干部职业生涯负责。这里要强调，对各级班子和干部要“育、用、管”三者并重，明确责权利，干得好就激励，干不好就调整，特别是对不进取、创新意识差、作风偏弱偏软的，在开展教育的同时，要对极少数断然采取措施，保证关键少数带动最大多数，始终成为全行改革发展信得过、靠得住、顶得上的最重要力量。

（二）抓好基层组织建设这个基础。基层有活力，组织就健康。基层、基础出问题，就会散了人心、乱了队伍。基层抓党建既要问题导向，又要目标导向，最重要的衡量和检验标准有两个，一个是事业红火不红火，服务客户和市场竞争行不行，市场份额提升了没有；一个是士气旺盛不旺盛，班子和干部有没有威望，有没有亲和力，有没有凝聚力，员工愿不愿坚定地在工行干，是不是热切地响应和践行班子的思路措施。说到底，基层党建工作是实践问题，更是人的问题。基层党建工作内容越来越丰富，工作难度也越来越大，对基层党支部书记专业素养要求也越来越高，不仅必须熟悉业务，而且要有威信、有感情、有激情，这样才能带动基层党建工作焕发出活力和生机。要深刻认识基层党建工作的重要性，找准基层党组织发挥作用的切入点，切实解决好党建和业务发展两张皮的问题。基层党支部书记要负起主体责任，增强抓党建的意识和能力，而不是为了完成任务，走个过场，甚至认为是一种“副业”，业务再忙也要抓，而且要抓紧、抓实、抓出活力，真正从党建工作中汲取力量源泉。

（三）抓好严守政治纪律和政治规矩这个根本。大到一个国家，小到一个单位，如果不讲纪律和规矩，就会思想混乱、政治麻痹、坏了方圆、破了底线。作为国民经济的支柱行业和党执政兴国的金融重器，我们要善于从政治上看问题，坚持把纪律建设作为治本之策，增强“四个意识”尤其最终要落脚在看齐上，增强国有大银行的政治和责任担当。对工商银行的党员干部尤其是党员领导干部来说，严守纪律和规矩，现阶段最重要的是体现在攻坚克难、善于担当上，体现在以身许行、决胜沙场上。要按照中央纪委七次全会“四个统一”和“六个要”的新要求，扎实推进党风廉政建设，系统开展《准则》和《条例》轮训，引导党员干部坚定信念、心怀理想、提高觉悟、不忘初心，知敬畏、存戒惧、求进取、守底线。要加强和规范党内政治生活，完善党员领导干部民主生活会制度，让党内政治生活真正严起来，切实把《准则》提出的一系列“必须”“严格”“不准”“不能”等硬约束、铁杠杠入脑入心、落到行动，保持党内良好政治生态。要把从严治党、从严治行落实到从严监督上，使党员干部习惯在有监督、有约束的环境中行为处事，防止出现监督空白，同时发挥好巡视利器作用，力争今明两年内完成全行第二轮巡视全覆盖。要抓好全行实施党内问责条例办法的落地，用好“四种形态”，层层设防、时时提醒，防止小洞不

补、大洞吃苦，使党员干部不犯或少犯错误。要狠抓总行作风建设，拿出针对性措施提高各部门决策效率和执行力，对重大问题、重要事项要提升决策层次，明确责任主体，加强督办通报。要把落实中央八项规定精神作为持久战，紧盯个别基层机构和一些党员干部不正之风的新动向新表现，见事见人、标本兼治，对依然故我甚至顶风违纪的，零容忍，不搞温良恭俭让，从严问责，以警醒一片，坚决把作风建设一抓到底，管出习惯，养成氛围。

（四）抓好人才队伍这个第一资源。强有力的人才队伍，是打硬仗、打胜仗的基础和依赖。一个行的经营发展搞不搞得上去，主要在队伍。各级党委要高度重视人才队伍的建设和稳定，用心培养、耐心爱护、大胆使用各类人才，最大限度地激发人才活力。要靠干事创业吸引人，让想干事、能干事、会干事的人才有认同、有尊严、有担待、有舞台。总行正在着手编制全行新时期人才发展规划，构建有别于管理类干部的企业化人才管理体系，明确专业人才评价标准，建立重点业务条线人才库，为各类人才发挥作用创造更大的空间。要靠激励机制调动人，水不激不跃、人不激不奋。在多创造经营业绩、保持整体薪酬稳定、完善和落实基层员工收入“最低保证线”的同时，要加大对高价值创造岗位和核心骨干人才的激励力度，去年实施的加强青年员工队伍建设的措施收效很好，今年还将加大对各盈利单元的薪酬资源挂钩力度，扩大人才市场化激励机制试点，完善对客户经理队伍、柔性团队的考核，让业绩突出的人才名利双收。同时要坚决防止唯物质激励、唯眼前利益，形成盲目攀比。要靠思想文化凝聚人，组织有没有吸引力，关键在思想有没有力量。要善于将思想政治工作与经营管理、教育培训、企业文化等工作结合起来，方法得当、润物无声、凝心聚力。工会、共青团等群众组织要发挥更大作用，建立健全系统职代会，筹备召开全行第一届第一次职工代表大会，让员工积极、主动参与民主管理，增强员工齐心协力干事创业的家园感、自豪感。

现在，总行已经开始研究编制新三年发展规划（2018—2020年）。未来三年，是外部经营环境复杂、不确定性增多的三年，也是银行在经受金融危机冲击、利率市场化洗礼、经济“三期叠加”考验中，加剧竞争、拉开差距、优劣显现的三年。抓住这三年就是机遇，抓不住就要落后。工商银行必须要有引领同业、弄潮时代的抱负和格局，不仅做到资产规模大，而且做到风险管得好、发展动力强、盈利结构优、业务布局广，成为一家令人尊重、各方面优秀的全球化大型银行集团。各行、各部门要向前展望，研究思考，充分参与新三年规划的编制。总行各位行领导负责分管领域的战略设计，我也会主持召开各层面座谈会，与大家协商讨论。要使新三年规划的编制，成为凝聚共识、统一思想、确立目标、激励斗志、增强信心的过程。

同志们，面对错综复杂的形势和艰巨繁重的任务，面对新情况新任务新要求，全行要坚定信心，振奋精神，知难而进，尽心尽力把各项工作做好，持续提升服务实体经济质效，以优异成绩迎接党的十九大胜利召开！

在2017年第一季度经营情况分析会上的讲话

易会满

（2017年4月14日）

刚才，谷行长通报了第一季度经营情况，对当前一些重点工作作了强调和安排，我都赞同。总的来看，在外部环境十分复杂的情况下，全行第一季度开局良好，稳的基础在积累，好的因素在加强，尤其是主要指标好于同期、好于预期、好于计划，为全年经营计划的实现打下了比较坚实的基础。从财务表现看，拨备前利润增长××%，NIM基本稳定，拨备覆盖率回升××个百分点至××%。从质量情况看，我们对资产质量出现转折曙光的判断是有现实依据的，第一季度实现了不良率、逾期率、劣变率、剪刀差4个关键指标的全面下降。从市场拓展情况看，各项存款增长平稳且均衡性较好，贷款投放进度较快且结构有所优化。从内控案防情况看，我们工作是主动的，局面是稳定的，没有发生重大恶性案件和风险事件。此外，全行一些重点领域的改革创新有序推进，党建和队伍建设得到进一步加强。尤其是通过组织开展党的十九大代表选举工作、推进“两学一做”学习教育常态化制度化、启动第二轮内部巡视工作、召开全行第一届职工代表大会等，对推动全面从严治党主体责任的落实，规范党内政治生活，加强民主管理起到积极促进作用。

尤其值得肯定的是，我们认真贯彻党中央、国务院决策部署，把支持实体经济发展与防控金融风险作为中心任务来抓，围绕推进供给侧结构性改革这条主线，聚焦本源，专注主业，下沉重心；把防控金融风险放在更加突出的位置，确保了资产质量的稳定和各类风险的可控；充分发挥大行影响力，先后就引导金融脱虚向实、提升金融服务实体经济能力、防范过度金融化和交叉性金融风险等问题，为国家建言献策。这些都是我们树立和强化“四个意识”的具体体现。

同时，经营管理中也存在一些值得关注的问题。一是在加强对重点区域的分类指导、推动竞争力提升措施的落地方面还需进一步细化。二是信贷资产质量向好的基础还比较脆弱，容不得有丝毫松懈和闪失。三是中间业务持续发展能力受到多方制约，各经营主体对新增长点和新动能的培育，感觉方向不明确、重点不突出、发展有迷茫。四是对当前货币政策特别是流动性趋势预判的敏感性和前瞻性还需进一步增强，这也是对我们经营管理水平的综合考量和检验。五是一些全行性改革创新进展还不平衡，尤其是重点城市行、信贷体制机制、互联网金融等改革还需加快推进落地。

经营发展中存在的这些问题，背后有一个共性的根源，就是战略落地不够。事实上，相对于战略规划，我们更应把工作重心放在战略传导执行上、在解决“最后一公里”落地上，这方面差距是比较明显的。上个月在业绩发布会上，我们围绕战略、转型、创新、质量等核心问题，讲述了“工行故事”，市场反应积极正面。客观上讲，我们目前市值管理压力还比较大，相较可比同业的领先优势不断缩小。如何完整有效地把总行的战略意图传导下去，把市值管理的压力传导下去，把我们讲的“工行故事”和投资价值变成扎实过硬的经营基本面，是当前迫切需要解决和加强的一项工作。今天的季度会，既是一个经营情况分析会，更是一个战略传导推动会、工作部署推进会。总的是要围绕去年末的改革发展研讨会和年初全行工作会的战略部署，统筹抓好落实。下面，我围绕经营发展中事关战略传导的几个关键问题，再谈几点意见。

一、关于考核传导问题

考核是指挥棒。指挥棒要方向明确，落地管用见效。经过多年实践和完善，我行逐步形成了条块结合、立体多维的绩效考评体系，在不同时期较好地发挥了对经营发展的导向和促进作用。同时也要看到，当前我行在部分重点区域和主要业务市场竞争优势弱化的问题日益凸显，而现有的绩效考核体系侧重于事后评价与激励，对事前引导、事中控制、过程管理重视不够，尤其是对竞争力节节败退的机构，单纯考核排名起不到“伤筋动骨”的效用，没有划出限期争先进位的底线。所以总行决定，要拿出一个针对一级（直属）分行的市场竞争力评价办法，这个办法我们已经在行务会上进行了讨论，这次会上也印发给大家征求意见。办法总的指导思想是，体现底线思维，不能“脚踩西瓜皮，滑到哪里算哪里”，任由增长失速、竞争失位、发展失策、管理失责。体现“简洁、透明、直观”的原则，设立存款、中间业务两大类指标，同时也关注存款与金融资产、中间业务收入与综合收益等指标之间的关联钩稽关系，严禁通过对倒腾挪等手段进行考核套利、导致经营变形。体现静态和动态相结合，既设立三年的完整评价周期，也逐月、逐季度、逐年盘点阶段性进展和成效；既从静态角度评价各行竞争力目前是强是弱，又从动态角度评估各行竞争力是进是退。评价结果直接与班子绩效分配挂钩，更要与一把手进退留转挂钩。对那些德才兼备、治行有方、兴行有为的干部，要树立鲜明的正向激励导向，该褒奖的褒奖，该重用的重用。对那些市场份额持续下滑、竞争力提升长期无起色的机构负责人，要及时予以调整，切实疏通“下”的渠道。通过见真章、动真格的措施，真正把压力传导给经营前线，促其唯市场、不唯任务，尽快把市场竞争力的“短板”补齐补强。各行也要比照总行做法，加强对辖内二级分行的压力传导，激活一池春水。下一步还要探索建立对总行业务条线的竞争力评价考核机制，以此激发各层级、各条线、各单元的经营活力和竞争动力，共同巩固和捍卫工商银行国内第一的市场地位。

在强化对一级分行竞争力考核评价的同时，也要进一步解决好战略传导“最后一公里”落地问题。目前全行境内网点 16 000 余家，占境内机构的 98%；网点员工 22 万人，占境内人员总数的近 50%。如何把总行战略和经营导向及时、完整、准确地传导至基层，充分调动全行员工的积极性和创造性，是我们必须抓紧解决的重大问题。事实上，由于传导链条过长、考核不透明不完善等原因，目前我们在战略落地过程中，还存在传导失真和失效并存、激励过度和不足并存的问题。比如，总行反复强调重视零售客户基础问题，层层下文件，层层提要求，但一到了网点还是以卖产品为导向，以销售论英雄，以计件拿奖励，最后很可能出现产品越卖客户越少，并加剧储蓄存款与其他业务的对立。因此，必须依托 MOVA 系统的支持，抓紧构建网点员工考核激励新模式，实施扁平化考核和穿透式管理，确保基础指标落地、业绩计量落地、考核主体落地、绩效分配落地。先期可选取部分有代表性的二级分行尤其是重点城市行作为试点，解剖麻雀，以点带面，努力实现总行战略与基层实践的同频共振。

二、关于服务实体经济问题

服务实体经济是银行一切经营管理工作的出发点和落脚点，也是防控金融风险的根本举措。全行要紧紧围绕服务供给侧结构性改革这条主线，主动作为，提高专业水准，增强与实体经济的共振能力。下一步要在继续落实好“抓大、抓小、抓新、抓优”战略部署的同时，在几个关键环节上多下功夫。

（一）抓好小微金融、普惠金融的发展。今年的政府工作报告明确提出“国有大型银行要率先设立普惠金融事业部”。鉴于小微经济是国民经济的薄弱环节，小微金融也是全行的短板业务，总行党委研究考虑，将我们发展普惠金融的重点就落在支持小微经济、发展小微金融业务上，计划在现有小企业金融业务部的基础上组建普惠金融事业部，实施专业化经营和差异化考核，以进一步探索更加有效的小微金融业务发展路径。近两年我们积极推进小微中心建设，打造小微金融专营机制，通过小微中心发放的贷款总体上质量较好。下一步，要及时总结小微中心建设经验并加以复制推广，切实解决好部分基层机构仍然存在的惧贷、惜贷问题，通过真正把小微金融做小、做活、做专业，做成线下专营化和线上标准化相结合，努力增强小微业务发展的内生动力。

（二）全力支持雄安新区建设。雄安新区建设是以习近平同志为核心的党中央作出的又一项重大的历史性战略选择，是继深圳经济特区和上海浦东新区之后又一具有全国意义的新区，是千年大计、国家大事，这也为银行发展提供了巨大的市场空间。支持新区建设是我行一项义不容辞的政治责任，也是我们打造新的业务增长极的重大机遇。总行党委决定成立雄安新区建设领导小组，由我牵头、党委统揽，谷澍行长和胡浩副行长负责协调推进；下设工作组，由深改办、公司部牵头。加快筹建雄安新区分行，并从资源配置、业务授权等方面给予倾斜支持。总行有关部门要会同北京、河北等分行，积极对接国家有关部门和新区，了解金融服务需求，努力提供高质量的创新性、综合性金融服务方案，争取早介入、早启动，并在依法合规的基础上坚持特事特办，提升服务效率和市场快速响应能力。

（三）统筹把握投融资业务的量价平衡。当前，货币政策保持稳健中性，价格型工具使用更加频繁，对信贷市场、货币市场、债券市场运行将产生深刻影响。总行相关部门要进一步加强对宏观政策和微观市场的研究预判，做到研判有前瞻性，资金规模与结构摆布有统筹性，投放安排有节奏性，定价策略有主动性，流动性管理有灵活性，避免政策制定出台滞后、被动，保持经营大局的主动、可控。在信贷投放上，目前市场需求比较旺盛，这也为我们好中选优提供了基础。而市场流动性水平整体偏紧，也意味着我们有了更大议价空间。要在平衡好分品种贷款增长的同时，进一步突出客户和市场导向，集中信贷资源对优质客户集聚、具有战略意义的重点城市行进行精准支持、倾斜配置，真正把“好钢用到刀刃上”，切忌“撒胡椒面”。在定价管理上，要根据资金成本走势，及时调整主要贷款品种的定价管理策略，做好优选排序，优先发放综合收益高的贷款，同时以“抓流动资金贷款定价、抓利率下浮贷款、抓贷款结息周期”为重点，提高新发放贷款利率水平。要加强个人住房按揭贷款定价的分类指导，实施房贷利率差异化管理，平衡好市场占比、客户营销和贷款收益的关系。在非信贷资金营运上，相关部门要在保障流动性安全前提下，用活新增和到期再投资，灵活主动安排投资资金，优化投资期限及品种结构，并抢抓市场有利时机用好融入融出左右手，积极开展双向融资业务，努力多创增量收益。此外，要针对目前票据贴现收益率相对较高、资产流动性较好的情况，进一步优化票据贴现业务定价管理，根据贷款规模和票据贴现对外定价情况适时调整内部点差，平衡好与流动资金贷款的比价关系。

（四）完善各战略板块创新联动机制。支持实体经济，需要打好组合拳。比如在当前市场环境下，任何一家银行都不能单纯靠传统信贷业务包打天下，必须依靠公司、投行、资管、零售、结现的一条龙服务，实现业务综合发展能力的提升，以更好地满足实体经济多元化金融服务需求。不管是对公还是对私，传统还是新兴业务，都要善于聚合资源、整合力量，而不能泾渭分明，甚至画地为牢，搞部门本位主义。在联动问题上，各业务推进委员会要发挥更大作用，不能把自己定位为简单通报业务进度的被动议事机构，而是要围绕一些有联动价值的具体项目，促成协同合作的机制性安排，真正把联动工作抓好做实，共同把蛋糕做大。尤其是资产管理业务，要抓住当前有利时机，以拓展有效代理投资为重心，带动理财、投行、公司业务的发展；同时，通过投行、公司客户的拓展，为资产管理业务的发展提供充分的优质资产，真正依靠战略板块的整体联动，把对公和零售客户服务好，把表内表外资产衔接好，实现竞争得势、存款引留、收益提升、实体经济受益的多方共赢。

三、关于大零售战略落地问题

大零售是我们的生命线。大零售战略实施三年多来，取得了一定成绩，同时也显现出一些问题，问题主要出在市场竞争力下降，出在客户基础薄弱，出在战略传导不力。市场竞争力下降表现在，2013 年我行储蓄存款第一的地位被同业赶超后，近几年的增量基本徘徊在三、四位；2011 年和 2015 年相继失去“第一按揭银行”和“第一个贷银行”地位，去年我行个贷余额和按揭新增分别较领先同业少 4 000 亿元和 1 000 亿元。客户基础薄弱表现在，全行金融资产 20 万元以上的客户占比只有 3%，5 万元以上客户仅 4 000 万户，无论是总量还是结构，我行的客户基础都不具备优势。战略传导不力表现在，一方面，我们对新形势下零售发展规律认识不够充分、曾经出现过战略多元和摇摆，另一方面，在考核评价、资源配置、协同联动等方面的战略传导落地也打了折扣。我始终觉得，直到今天，我们对零售业务市场竞争力下降的原因还没有找准找透，没有找到真正的、完全具有说服力的原因。强调客观多、分析主观少，工作部署口号多指标多、真正解决战略落地细节少，关注结果多、但对过程如何实现关注少。这“三多三少”，也从侧面说明各级管理者的理念、思路和作风。零售业务发展是个慢功夫、苦功夫，不是一朝一夕就能解决的。但这并不是说，我们就可以停下来等完全找到原因再行动，下一步要坚持问题导向，立足时代特点，适应新变化，掌握新规律，对那些已经有共识的问题、已经看准的问题，必须抓紧解决、抓紧到位。

一是坚决提升市场竞争力。零售竞争力指标一时下滑并不可怕，可怕的是仍麻木不觉，总以大行自居，或者习惯于关起门来论英雄，满足于系统贡献和所谓的自我进步，习惯于眼睛向外找原因，把市场份额的下降当成“大势所趋”。今年总行已在零售业务“三评价一考核”中提高了市场竞争力指标的权重。各行也要以储蓄存款和个贷业务为核心，提出零售竞争力提升的具体目标和计划，落实好期限和责任。尤其是同业排名靠后的分行，更要以坚韧意志、有力措施，打好失地收复战和经营翻身仗。对全行来说，我们必须保持零售业务与工商银行整体实力和形象相匹配的市场地位。对各行来说，也必须保持零售业务与本行人员和网点规模相称的市场位置，这是我们的底线和尊严。储蓄业务方面，在零售领域，储蓄就意味着客户，就象征着地位，就左右着士气。全行要进一步强化储蓄业务在大零售战略中的核心地位，按照提升储蓄存款竞争力三年规划安排，从考核评价、队伍建设、网点营销、源头揽储、产品创新、客户服务、流程优化、联动机制等方面多管齐下，下大气力解决长期困扰储蓄增长的体制性机制性问题，有效激发全行储蓄存款发展的内生动力。我们希望从今年开始，实现储蓄存款增量占比的稳步提升，并用两至三年的时间，实现增量排名稳定在前两位。个贷业务方面，当前，外部有市场、内部有共识、客户有基础、队伍有能力，我们没有任何理由发展不好个贷业务。要重视完善个贷业务的基础政策制度和管理职能，加强团队建设和系统支持，加快推进个贷业务经营优化和竞争力提升试点工作，真正为全行个贷竞争力提升探索出一条新路。要坚持重点区域、重点企业、重点楼盘的发展策略，有效防范风险。对信贷规模等资源要优先安排，不能有任何的动摇。

二是抓好客户拓展与维护。要因时而变，进一步明确客户定位，适度调整客户战略，从以中高端客户为主向全面发展的客户战略转变。在客户拓展上，要突出加大向对公单位源头客户的资源投入，以代发工资业务为切入点，逐一明确对财政统发、社保、医保项目以及政府机关、军队、医疗养老、教育研究机构、非银同业等各类客户的基础产品渗透方案、金融资产配置方案和个性化增值服务方案，强力实施连锁零售集团及上下游产业链个人客群批量拓展工程。同时高度重视拆迁补偿、企业分红等衍生出的优质个人客户，争取到应有的市场份额。要加快研究与覆盖范围广、个人客户众多的央企，与发展迅猛、口碑较好的物流快递、房屋中介合作，联手做市场、合作拓客户。要在总结经验的基础上，创新构建专职化、常态化、机制化的外拓营销团队，明确目标市场，增强拓户效果。要创新打开互联网获客新渠道，尤其要抓住央行规范账户管理的契机，以个人银行Ⅱ类账户为依托，围绕线上获客、代发工资、产品销售、智能投顾、消费贷款、电商合作、物流配送等领域开展深度合作，打造批量获客和业务发展的新利器。在客户维护上，要完善个人客户分层维护体系，建立包括网点负责人、理财经理、低柜柜员、大堂经理、客服经理、远程维护人员等在内的协同合作维护客户机制，实现对优质客户服务的有效覆盖。

三是聚焦整体合力发挥。零售业务是一项系统工程，涉及方方面面，必须多方聚力，发挥合力，才能形成“人心齐、泰山移”的大零售发展格局。在零售工作机制方面，个金部要牵好头，围绕影响零售业务竞争力的各要素，统筹做好工作谋划。要强化零售业务推进委员会秘书处的作用，深化零售板块的工作联动、信息共享，包括加强公私联动、私私联动、行司联动，落实好以客户为中心。对考核激励机制的改革完善，第二季度要调整到位，切实落实好总行的战略传导。在经营模式方面，零售业务发展既要强调标准化，又要体现本地化。零售业务有鲜明的属地化特征，生硬搞成千篇一律、千人一面，效果不会好。要尊重基层首创精神，对那些符合当地特点和当前发展需要的个性化创新，可以总结经验并在同类型区域复制推广。我们不能靠16 000多个网点各行其是来决定工商银行的竞争力，也不能一味地追求标准化抹杀16 000多个网点的创造力。当前，特别需要强调的是，要切实强化自上而下的市场规划和自下而上的客户拓展相结合，增强我行的客户基础。在渠道方面，既要守住、用好线下工商银行这个最基本的优势，打好网点业态和布局优化、智能化改造、劳动组合科学化等竞争力提升的“组合拳”，更要以积极主动的姿态关注线上、拥抱互联网。目前互联网金融对银行经营冲击最大的领域就是零售，同时也给零售业务变革带来了最大机遇。零售相比其他业务，更有理由、也更应该积极参与到金融科技的浪潮中来，加快与e－ICBC 3.0的融合发展，通过做实内容，做大平台、做优场景、做活客户，积极构建互联网背景下的零售发展新生态、新质态。在产品和流程方面，要花更大精力进一步推进产品创新、流程改进和人力资源结构调整，特别是在优化服务流程、岗位设置和劳动组合方面，运管部、渠道部、人力部、科技部、产创部要会同个金部进一步加强研究、加大力度，促进人力资源使用效率尤其是客户经理队伍建设有一个大幅提升。零售部门要进一步增强客户意识、服务意识，要牵头对不合时宜的制度、流程及时进行梳理、改造和优化，比如近期有客户反映的异地销户等问题，不能抱着旧的制度规定不放，而必须坚持以客户为中心，与时俱进地加以改进。各相关部门要沉下心来把改进服务的细节工作抓牢抓实，推动服务品质和客户口碑的持续改善。

四、关于防范金融风险问题

风险管控是战略成败的根本。要准确把握当前风险底数、趋势和传导路径，突出重点，实化措施，既要态度坚决，又要步子稳妥，守住不发生恶性大额风险的底线，为维护经济金融稳定大局托底压舱。

（一）突出抓好交叉性输入性风险防控。一方面，要专注做好自己的事，守好自己的门。要进一步完善全面风险管理框架，尤其是各代理投资经营与管理部门在业务全链条运营中要始终把握好“简单、透明、可控”六字核心原则，做到产品结构清晰、底层基础资产能穿透、实质风险可把控。要稳妥发展同业和委外业务，加强交易的合规性审查，优选合作对象，严把准入门槛，防止“病从口入”。同时也要坚持在规范中创新发展，及早谋划资管新政的应变对策，按照新的监管导向加快推进资管业务向净值型产品、市场化投资管理和符合代客本质的风险模式转型。近期，监管部门部署了包括“三违（违法、违规、违章）”“三套利（监管套利、空转套利、关联套利）”“四不当（不当创新、不当交易、不当激励、不当收费）”“金融乱象”等一系列专项治理工作，全行要认真组织实施，并同开展“两个加强、两个遏制”回头看整改问责和“十大重点领域和关键环节”专项检查统筹安排，在“清雷排险”的同时，着力打造新时期“铁的信用、铁的制度、铁的纪律”新“三铁”文化。另一方面，要增强应对外部冲击风险能力。近一时期，世界经济复杂性、不稳定性、不确定性进一步凸显，美元走强和美联储加息引发跨境资金流动加剧和汇率风险抬升。去年以来，部分境外机构利润大幅波动或亏损，都与资产币种结构不合理、资金摆布不平衡密切相关，必须引以为戒。总行相关部门和各境外机构要紧密跟踪国际经济金融形势及美联储后续加息进程，控制好集团外汇敞口和资产负债结构，做好压力测试和应急预案，防范由于币种、期限和总量错配引发汇率、流动性和利率风险的交叉传导。同时，要进一步完善人民币资金的流动性风险管理框架，关注政策和市场变化，加强关键时点、重点客户、重点业务的流动性监测，确保流动性运行平稳有序，防范去杠杆过程中可能产生的信用违约与流动性风险的叠加共振。今年境外机构合规尤其是涉敏业务管理压力依然不小，要对照内外部检查暴露的管理漏洞，持续健全合规管理架构和规制建设，做到防火重于救火，不能被风险牵着鼻子走。

（二）要有强大的前台来防范和管控好风险。强大的前台，意味着不仅要有市场意识，还要有风险意识和成本意识。既要知道目标市场在哪里，能够发现市场、规划市场、竞争市场，又要明白风险点是什么，能够准确评估风险、防控风险、平衡收益。去年总行把逾期贷款管理和潜在风险化解的责任落实到前台，明确了前中后台在风险管理上的分工，促进了风险化解效率的提升。前台部门要进一步将自身纳入到全行信贷战略布局和全流程之中，在市场和风险的动态平衡中把握好定位，积极地发挥前台统筹市场拓展和风险管控的作用。当然，管控风险是前中后的共同责任，中台部门也要把好审查关，掌握好授信总量，严防过度融资；后台部门也要做好监测分析，积极抓好职责内的风险管控，着力形成前中后台有效耦合的全链条管理。

（三）持续推进信贷体制机制改革和信贷基础管理的落地。自去年下半年启动以来，8家试点分行信贷体制机制改革有序推进，但由于各行在试点范围、客户管理模式、信贷授权、流程设置、审查岗位设置等方面差异较大，即便同一分行内部采取的模式也不尽相同，改革的难度和复杂程度总体超过预想。前两天，总行召集8家分行对试点情况进行了总结评估，并讨论了《信贷体制机制改革细化方案》，在构建客户分层经营管理、配套审查审批体系建设、明确新的信贷业务流程以及厘清前中后台职责划分等方面进一步达成了共识。各试点行要把握严控准入、分类施策、落实责任、专家治贷这一改革核心，按照细化方案切实履行规定动作，在实践检验中不断向前推进。第二季度，总行将选择第二批分行实施改革。要继续推动24字信贷文化理念的深植，抓好专家治贷、信贷资质管理、客户经理队伍和不良资产处置团队建设等基础工作。要在全行开展以“严守制度、严明纪律、严治队伍、严护信誉”为主题的信贷“四严”活动，进一步增强信贷人员的责任意识、风险意识和合规意识。

（四）加大不良资产创新处置力度。当前，不良资产创新处置的方式、渠道、涉及资产类型日渐丰富，第一季度创新处置风险资产43亿元，其中不良贷款39亿元，本金回收率49.5%。各行要进一步重视，加大创新处置力度，组织合适资产，积极通过投资银行、资产证券化等手段来提高处置收益。不良资产创新处置涉及环节多，外部不确定因素多，要提前谋划，及早落实。现在看，工银金融资产投资公司在第二季度应该可以正式设立，这方面的工作要准备充分，一开业就高效运转起来。

（五）关注地方政府融资风险。当前，政府购买服务、PPP模式和各类产业基金逐渐成为政府投资类项目的主要运作方式，也是各家银行激烈竞争的焦点市场。目前我行在政府购买服务领域的融资总量和已审批项目储备四行占比最高。需要关注的是，当前财政收支矛盾比较突出，国家有关部门正在逐步严格相关融资政策。各行要有正确认识，摒弃“政府业务没有风险”的观念，严守政策红线和合规底线，尤其对财力较差、政府购买服务融资总量较多的地区，必须慎之又慎。可以预见，在政府购买服务政策收紧后，PPP 和各类产业基金将成为下一阶段政府类项目的主战场，要注重实质风险的把控，注重“度”的把握，关注地方政府的财政实力以及购买服务承接主体和社会资本方的资金实力、运作经验、运营能力，在风险可控前提下稳健开展业务。

五、关于 e－ICBC 3.0 战略实施问题

互联网金融是我们致力于打造的战略优势。前几年我们通过 e－ICBC 1.0 和 2.0 战略的实施，构建了“三平台一中心”的发展布局，在同业中确立了启动最早、发展最快、影响最大的阶段性优势。但存在的问题也不容忽视，主要是对标国内知名互联网企业，我行互联网金融业务的认知度和影响力还有较大差距；互联网金融发展对外开放合作不够，对内集成整合不够；业务推动仍沿用传统银行线下层级化、行政化管理模式，尚未形成基于线上的获客方式；产品创新流程长、响应慢，迭代开发能力弱，缺乏极致的用户体验。线上之争是未来之争，而且留给传统银行应变的时间窗口越来越短。我们必须抓紧谋划和实施 e－ICBC 3.0 的战略升级和跨越发展。经过之前广泛调研和征求意见、多次酝酿讨论和反复修改，基本形成了 3.0 的发展思路和战略框架。这一过程也成为解放思想、鼓励创新、凝聚共识的过程。总的设想是遵循互联网发展规律，实现体制机制的创新突破，发挥好矩阵式联动作用和经营合力，打造极致体验的产品，创造多元融合的场景，形成线上线下一体化的发展模式，加快向服务无所不在、创新无所不包、应用无所不能的“智慧银行”转型。在具体实施上，按照整体规划、分步实施、重点突破的原则，以渐进滚动方式推进战略实施。当前重点是搭建好业务布局，梳理好体制机制。

在业务布局上，要重构三大平台，明晰各自发展定位，将融 e 行定位为全行移动端流量主入口，将融 e 购定位为以商促融、以融带商的电商平台，将融 e 联定位为线上线下一体化的服务平台。要聚焦重点业务领域和产品线，打造一批可以攻市场、创口碑的撒手锏产品，一批比肩同业标杆的现象级产品，全面挖宽凿深我们在互联网金融领域的护城河。尤其要全面整合支付业务产品和职能，积极布局线上财富管理市场，抢占消费金融市场，拓展产业金融市场。要抓住场景这个切入点，总分行共同发力，构建开放、合作、共赢的金融生态圈，特别是与具备强流量入口、金融需求旺盛、线上用户集聚的目标企业开展深度合作，增强线上获客、活客、黏客能力。

在体制机制上，要有大的整合安排，体现“全行做、专业干、合作办”的思想，构建有别于传统银行的互联网金融组织架构、用人体制、激励机制和研发方式。准备成立网络金融推进委员会，作为 e－ICBC 3.0 战略实施推进的领导决策机构；组建网络金融部，统筹全行网络金融业务的发展与管理，统筹网络金融平台的运营、研发与风控。要厘清总分行之间、线上线下之间、牵头部门与业务部门之间、创新研发与资源保障板块之间的职责关系，既有利于发挥专业优势，又有利于调动全行合力。组织机构调整工作要在上半年完成。要基于新的 IT 框架，建立适应互联网需求的迭代、容错、敏捷研发机制。要坚持内部培养与高端人才引进相结合，加强网络金融人才建设，并对稀缺人才探索实施更富竞争力的激励机制。总之，要以互联网金融领域的新创造、新实践，引领全行开创经营发展的新境界、新气象。

六、关于数据管理与应用问题

数据是眼睛，是雷达，是战略决策和传导实施的基础。数据管理和应用，必须做到准确、全面、整合、易用。工商银行在数据建设方面，起步较早、基础较好，具备一定的领先优势。同时我们也看到，全行在数据管理和应用方面还存在一些突出问题，主要表现在数据质量还不够高，整合与共享不好，管理和使用存在脱节。全行要坚持问题导向、应用导向、市场导向和基层导向，以企业级数据建设为核心，从应用的角度进一步倒查短板，明确改进方向，实现标准能统一、信息全入库、客户能画像、营销能使用、风险能识别、考核能应用、信息能共享，真正让大数据发出“好声音”。

一是实现标准能统一。要完善客户基础信息主数据管理机制，从源头上把好数据质量。要把握好数据标准化与改进服务之间的关系。采集客户信息基本要素时要尽量做到全面、准确、规范，前台部门要站在客户角度完善流程和方法，同时要注意遴选和突出客户信息中的核心要素，通过 3－4 个核心信息，精准识别客户身份。二是实现信息全入库。要打破数据“部门所有制”和“系统所有制”的狭隘观念和格局，实现业务和产品及时、全部入库，不能有始终游离库外的“信息孤岛”。三是实现客户能画像。要尽快形成完整、准确、动态的客户画像，确保客户画像像客户。方法路径上，要区分缓急难易，渐次展开。个人客户画像要重点加快客户支付、投资、征信等内外部数据的整合，力争年内基本投产建成。对公客户画像要重点从大客户、总省行直营客户入手，先把客户关系树建立起来，然后再逐步形成丰富完善的全客户视图，如果不先重点突破，全球统一授信、客户贡献综合评价等工作就一直下不去手，全面应用更是无从谈起。这项工作力争明年上半年基本完成。四是实现营销能使用。要解决好目前个人、公司、机构客户营销系统使用不够平衡的问题，在系统中对接和匹配好业务、产品与客户的信息，让网点负责人和客户经理等使用主体，明确知道我的客户有多少、我的产品有

哪些，把合适的产品卖给合适的客户。五是实现风险能识别。要坚持风险管控与业务发展同步进行，进一步拓展大数据在信用风险、市场风险、操作风险、欺诈风险等场景应用的广度和深度，提高风险监测、风险预警、风险评估、风险识别、风险处置的前瞻性、针对性和有效性。今年以来，全行个人信用消费贷款融e借发展较快，3月末贷款余额达到174亿元，较年初增加86亿元。要重视强化对这一新业务事前事中事后的全方位风险监控，加强大数据的交叉验证，保证业务稳健发展，把融e借打造成一款客户体验佳、获客能力强、风险管控好的产品。六是实现考核能应用。目前MOVA系统已首次实现个人客户经理储蓄存款贡献的计量，要加快其他系统功能的开发和优化进度，并通过与营销、交易系统的互联互通丰富管理工具，尤其要突出解决好对网点、员工、客户等维度的价值贡献核算问题，做到尽量客观和相对准确，为真正实现考核穿透、有效激励和有的放矢改进经营管理创造条件。七是实现信息能共享。数据管理与应用，涉及前中后台，涉及对公与对私，涉及营销与风控，涉及客户与业务。管理信息部作为总牵头部门，要强化责任落实和督导推动，尤其要重点推进跨部门、跨系统、跨渠道、跨场景客户信息的全面打通与充分共享，解决好数据封闭割裂的问题，防止出现经营管理中的盲人摸象。

七、关于干部队伍能力和作风建设

战略的传导落地关键要靠人。要通过进一步加强对人力资源的统筹规划，加强干部队伍的能力和作风建设，激发活力，增强战略执行力，打开工作新局面。

要突出加强干部队伍建设的顶层设计和系统规划。要着眼于未来3－5年班子有序更替和全行战略发展需要，对各级领导班子状况进行精细盘点和动态分析，有的放矢地制订班子补充和培养计划，解决好“缺什么人、选什么人”和“培养什么人、如何培养”的问题。去年总行搞了三次公开遴选，取得很好反响，要推动这一办法在分行层面的有序实施，为更多优秀年轻干部脱颖而出创造舞台。现代银行发展，需要很高的专业素养、很强的专业化能力，以及关键时刻一锤定音的专业决断。要大力加强各级班子和经营管理人员的专业化培养和配备，让专业的人来干专业的事，让“专业化”和“专家化”成为一种职业追求和风向标。要针对一方面全行人员总量多达46万，另一方面各条线又人手不足、尤其是战略条线和柔性团队人手紧缺的结构性矛盾，进一步加强人力资源的全面梳理和系统规划。每个分行都要对辖内人员总量、结构、分布、流向、缺口等情况做到心中有数，尤其要重点做好客户经理、产品经理、风控人员、网点负责人、柜员五支队伍的分类设计和规划，做好战略转型人才的吸收和培养，明确建设目标与发展潜力，做实基础管理。要依托人力资源两张表，进一步深化人力资源结构优化调整工作，并加强针对性的适岗培训。要针对一些行人员年龄偏大，又逐步进入退休高峰期的现实，前瞻性地做好人员统筹规划和有序衔接。银行是个讲文化积淀和专业品质的行业，而不是单纯讲年龄、拼颜值。要坚决防止在年龄问题上简单化、一刀切的做法，充分调动各年龄段人员的积极性，不断提高抓管理、带队伍的水平。尤其要关注一些经济欠发达地区、偏远地区县域机构的可持续发展问题，及早提出有针对性的人力资源优化管理预案。

要突出加强干部队伍作风建设。战略传导和落地，考验的是执行力，体现的是担当精神，映照的是务实作风。近期习近平总书记在加强中央和国家机关领导班子建设的讲话中，谈到作风建设上存在需要改进的地方，总结了“四不”，即不思进取，不接地气，不抓落实，不敢担当。这些问题在我们一些干部中都不同程度地存在。比如，有的躲避责任不想落实，抱着得过且过的心态混日子，不愿担当担责，对落实上级行要求“挂空挡轰油门”，只喊不动，光说不练。有的慵懒散拖不急落实，对党委要求部署等待观望，推诿扯皮，上面急、下面不急，牵头部门急、配合部门不急。有的打折变通不全落实，于己有利的就“抢滩登陆”，于己无益的就“高高挂起”，在落实上搞变通、打折扣。有的能力不足不会落实，习惯于当传声筒和复印机，以文件落实文件，以会议落实会议，或简单套用上级行政策，不善于结合实际创造性开展工作。战略和政策的生命力就在于执行。要在全行倡导和培养严、实、深、细的作风，抓工作一环紧扣一环，一步紧跟一步，盯住干，马上办，做到位。尤其对重点问题要盯住不放，多打几场攻坚战，多杀几次回马枪，确保打通战略传导的最后一公里。要接地气，多些眼睛向下，少些指手画脚，深入一线，关注细节，解决实际问题。各级领导干部要大兴调查研究之风，既要有调研的意识，更要有调研的能力，善于在调查研究中把握主要矛盾和问题，破除思维定式和路径依赖，把认识和化解主要矛盾作为打开工作局面的突破口；善于在调查研究中把握区域性特点和规律，形成区域的特色优势，防止大而化之地搞“一刀切”“一锅煮”。要在全行弘扬“崇尚实干、狠抓落实”的正能量，激发“锐意创新、善于落实”的创造力，把“撸起袖子抓改革、扑下身子抓落实”作为各级管理人员的“看家本领”练好，以想抓落实的自觉、敢抓落实的担当、会抓落实的能力，保证总行战略部署落地、生根、开花、结果，切实把我们的战略优势转化为竞争发展的胜势。此外，要紧盯“四风”问题新动向，进一步加大落实中央八项规定精神和纠正“四风”工作力度，加大从严监督执纪力度，通报处理一批反面典型，保持高压态势。

同志们，第一季度全行经营发展开局不错，但外部形势变化很快，我们面临的困难和挑战还很多，希望大家保持清醒头脑，以务实高效、脚踏实地的精神，不折不扣地抓好总行战略部署的传导落地，在攻坚克难中实现新突破，更好地肩负起服务实体经济振兴、维护金融安全稳定、推进全行稳健发展的重任。

认真贯彻全国金融工作会议精神 提升服务实体经济质效　坚决守住风险防控底线

——在中国工商银行2017年年中工作会议上的讲话

易会满

（2017年7月20日）

这次会议的主要任务是，认真学习贯彻全国金融工作会议精神，总结上半年工作情况，分析当前面临的形势，部署下半年工作任务。下面，我讲几点意见。

一、深入学习贯彻全国金融工作会议精神

五年一次的全国金融工作会议，每次都是在金融改革发展的重要关头召开，都是研究解决金融领域带有全局性的重大问题。这次全国金融工作会议，是在党的十九大之前召开的一次十分重要的会议，也是在我国全面建成小康社会决胜阶段召开的一次重要会议。会议高度总结了党的十八大以来我国金融改革发展取得的重大成就，深入分析了当前面临的形势任务，研究部署了金融服务实体经济、防范和化解金融风险、深化金融改革等工作，对于适应把握引领经济发展新常态，深化供给侧结构性改革，提高国际核心竞争力，维护国家金融安全，促进经济平稳健康发展，具有重大而深远的意义。习近平总书记的重要讲话，站位高，谋划深，要求实，具有很强的战略性、前瞻性和指导性，为我们做好新形势下的金融工作指明了方向、提供了根本遵循。李克强总理围绕服务实体经济、防控金融风险、深化金融改革提出了明确要求，作出了全面、具体、周密的部署。这两个重要讲话是管总、管长远的纲领性文件。会议结束时，马凯副总理就贯彻落实好会议精神作了具体安排。会上，我行作为金融企业唯一代表作了发言，充分体现了党中央国务院对国有银行的重视以及对我行工作的肯定。会议结束后，总行在第一时间召开党委会议，传达学习了全国金融工作会议精神。当前及今后一个时期，全面深入学习贯彻全国金融工作会议精神，是全行工作中的头等大事。

（一）学习贯彻全国金融工作会议精神，就是要充分认识金融工作的极端重要性。习近平总书记在讲话中开宗明义地指出，金融是国家重要的核心竞争力，金融改革是国家改革发展的重要内容，金融安全是国家安全的重要组成部分。金融制度是经济社会发展中重要的基础性制度，关系经济社会发展大局。同时明确了做好金融工作需要把握好的四个原则，即回归本源，服从服务于经济社会发展；优化结构，完善金融机构、金融市场、金融产品体系；强化监管，提高防范化解金融风险能力；市场导向，发挥市场在金融资源配置中的决定性作用。作为国内资产规模最大和全球系统重要性银行，我们要不断深化对金融地位和作用的再认识，提高站位，自觉站在党和国家的高度，思考自身经营定位，结合实际把握好重要原则要求，进一步增强做好金融工作的责任感和使命感，提升做好金融工作的自觉性和主动性，在实际工作中不走样、不打折扣地落实好中央的决策部署。

（二）学习贯彻全国金融工作会议精神，就是要把服务实体经济作为根本目的。我国经济是靠实体经济起家的，也要靠实体经济走向未来。总书记的重要讲话，用了较大篇幅阐述金融服务实体经济。突出强调，金融和实体经济是共生共荣的关系，实体经济是金融的根基，金融是实体经济的血脉，为实体经济服务是金融的天职，是金融的宗旨，也是防范金融风险的根本举措。金融要把为实体经济服务作为出发点和落脚点，主动适应全面建设小康社会新形势，主动适应深化供给侧结构性改革新要求，全面提升服务效率和水平，把更多金融资源配置到经济社会发展的重点领域和薄弱环节，更好满足人民群众和实体经济多样化的金融需求。我们要不断深化对金融服务实体经济要求的再认识，进一步坚定扎根实体经济的决心，将聚焦主业作为安身立命之本，将强化服务作为发展壮大之道，更好地发挥连接供求的桥梁和有效组织资源的作用。更加注重盘活存量用好增量，规范创新与多层次市场发展相衔接的多元投融资体系，有效增加对实体经济的资金投放。更加注重运作好普惠金融体系，特别是努力走活小微金融这盘棋，促进缓解融资难融资贵问题，支持实体经济补短板。更加注重服务好供给侧结构性改革这个基本任务，突出围绕“三去”聚力发力，稳妥有序支持去产能，因城施策支

持去库存，多措并举支持去杠杆。更加注重加强对重大战略重要领域的金融服务，优先满足国家重点建设项目的资金需求，突出在薄弱环节的金融支持到位，加强对创新驱动发展和新旧动能转换的金融支持。

（三）学习贯彻全国金融工作会议精神，就是要把防控金融风险放在更加重要的位置。总书记对防范金融风险始终高度重视。这次全国金融工作会议上，总书记又拿出两个章节的篇幅突出强调金融风险问题。概括了当前我国面临的8个方面的金融风险，深刻揭示了这些风险的本质是经济周期性、结构性、体制性矛盾叠加的结果，阐述了金融风险隐蔽性、复杂性、突发性、传染性、危害性强的特征，作出了当前金融风险形势不容乐观，还处在风险易发高发期，应对风险挑战必然要付出代价和经历痛苦，但我们有制度优势和条件基础，有足够的智慧和能力战胜风险挑战的重大论断。强调防范化解金融风险，特别是防止发生系统性金融风险，是金融工作的根本性任务，也是金融工作的永恒主题，部署了推动经济去杠杆、整治金融乱象、促进房地产健康发展等重点任务。我们要不断深化对金融风险的再认识，把风险管理作为银行工作的生命线，真正承担起主体责任，以大行担当的态度和专业智慧的能力，扎实做好风险防控工作，管好自己的人，看好自己的门。要重点关注表内和表外“两张资产负债表”。表内核心是管好信贷风险，把控好新增入口、存量管控、不良处置“三道闸口”，充分发挥信贷体制机制改革的治本效用，把“深水区”的信贷管理做优做强做实，努力在经济逐步回暖向好的大背景下，保持资产质量总体稳定且逐步改善。表外重点是针对跨境、跨界、跨市场的新型风险，勾画出清晰的风险图谱，立足于及早发现，着眼于精准打击，着力加强源头管控，着力加强重点领域风险防控，着力加强防火墙和应急处置机制建设，着力加强责任落实和问责追责，切实守好安全防线和风险底线。

（四）学习贯彻全国金融工作会议精神，就是要把深化改革作为金融发展的根本动力。总书记强调指出，解决影响制约金融业发展的难题必须深化改革，改革重点要加强金融监管协调，补齐监管短板。中央决定，设立国务院金融稳定发展委员会，强化人民银行宏观审慎管理和系统性风险防范职责，落实金融监管部门监管职责，并强化监管问责。坚持问题导向，强化综合监管，突出功能监管和行为监管。同时总书记突出强调，不能搞偏离实体经济需要、规避监管的“创新”，要搞为实体经济服务、适应消费者和投资者需要的创新。我们要不断深化对改革创新工作的再认识，真正在改革创新中练好内功，强壮筋骨。要明确功能，端正行为，主动适应金融监管体制新变化、认真落实监管政策新要求。要以完善公司治理为核心，健全现代金融企业制度，深入推进城市行竞争力提升、机构竞争力评价、人格化授权、人员结构调整、网点渠道和服务流程优化等改革举措落地见效，着力构建有利于提升发展质量和效益、提高资源配置效率、激发经营动力活力的新机制。要以实体经济和客户需求为导向，推进经营转型和金融创新，以服务创造价值，靠竞争力吃饭，努力实现速度、规模与结构、质量的协调统一，实现资本、收益、风险的相互匹配和动态平衡。

（五）学习贯彻全国金融工作会议精神，就是要把加强党的领导作为坚强政治保障。总书记突出强调，做好新形势下金融工作，必须坚持党对金融工作集中统一领导，加强金融系统党的领导和党的建设，增强党领导金融工作能力。同时，总书记对建设高素质人才队伍提出殷切希望和迫切要求，指出我们太缺乏能够适应形势发展需要的金融人才了，这个问题必须引起高度重视。我们要不断深化党对金融工作领导的再认识，切实把党对金融工作的领导落到实处，多做实事，少讲空话，在落实中体现核心意识，在工作中体现责任担当。要不断增强党的意识，以强化主体责任落实为抓手，以“两学一做”常态化制度化为促进，以解决实际问题为突破口，抓住关键少数，夯实基层基础，充分发挥国有金融企业党建独特优势。坚持党管干部、党管人才原则，加强干部队伍中长期建设规划，完善人才选用育留机制，以政治过硬、作风优良、业务精通为核心，打造一支跟得上时代要求、德才兼备、堪当重任的高素质人才队伍。

二、上半年成绩来之不易

今年以来，面对依然严峻复杂的经营环境，全行认真贯彻党中央、国务院决策部署，积极化解“难”，努力巩固“稳”，不断推动“进”，交出了一份好于计划、好于同期、好于预期的中场“成绩单”，绝大多数指标实现时间过半、任务过半，年初会议安排的90项重点任务，49项已完成或基本完成。

一是效益质量双改善。实现拨备前利润××亿元，同比增长××%，增幅高于可比同业。实现净利润××亿元，同比增长×%。集团NIM为2.16%，与上年持平，较第一季度上升4个基点；还原“营改增”因素，较上年回升3个基点，企稳特征明显，且近年来首次超过可比同业。拨备覆盖率逐季改善，6月末为×%，较年初上升×个百分点，较第一季度上升×个百分点。资产质量向好曙光进一步显现，不良率、逾期率、劣变率、剪刀差4个关键指标继续全面下降，质量管控回旋余地增加。不良率较年初下降×个百分点至×%。不良贷款新增呈逐季放缓态势，6月末同比少增×亿元。2013年以来新增融资不良率为×%，较年初下降×个百分点。剪刀差余额×亿元，比年初下降×%，近3年首次降至千亿元以内。第二季度新发生逾期和劣变分别同比减少×亿元和×亿元。不良余额和比例“双降”分行比去年末增加×家至×家。

二是服务实体经济取得新成效。上半年实际新投放信贷总量1.67万亿元，其中新增6 309亿元，增长5.4%；收回移位再贷1.04万亿元。非信贷融资与地方债投资合计新增近4 500亿元，为实体经济提供了多渠道、低成本的源头活水。从投向看，加大了对国家重大战略和重点项目的支持力度，项目贷款累放6 707亿元，同比多放1 833亿元。组建普惠金融事业部，稳步推进小微中心建设和产品体系优化。小微贷款同比增加1 572亿元，增幅8%，全面完成"三个不低于"；金融精准扶贫贷款增长9.6%。牵头推动"一带一路"银行间常态化合作机制建立，上半年新支持"走出去"项目71个，承贷金额153亿美元。多措并举帮助企业降杠杆，企业债务重组和市场化债转股签约金额均在2 000亿元左右。积极支持居民合理住房需求和消费升级，个人住房贷款增加3 722亿元。

三是经营活力和市场竞争力得到提升。在全社会流动性较为紧张的情况下，上半年一般性存款较年初增加1.17万亿元，是唯一一家增量破万亿的金融机构，也创下了2010年以来最好水平。各项存款日均增量8 240亿元，同比多增4 951亿元。储蓄、公司及机构各品种存款均实现同比多增，且均排名四大行首位。机构存款在基数高、社保存款上划及军改竞争白热化的情况下，增量四行占比达到42%。91.4%的新增贷款投向直辖市和80家重点城市行。"三大"战略持续推进，大零售营业贡献占比提高近6个百分点，大资管和大投行在急剧变化的市场环境下总体保持稳健成长。金融市场业务把握市场机遇，强化资金运作，实现净利润增幅31.5%，为全行盈利增长作出积极贡献。同业业务稳健发展，较好地落实了监管专营要求。境外及控股机构净利润同比增长21.4%，集团占比提升至7.8%。市场竞争力的增强，得益于改革创新的深化。尤其是完善绩效考评体系和资源配置机制，因应市场变化及时调整FTP，突出重点城市行能力提升，加强各利润单元建设，优化渠道布局和业务流程，加快互联网金融和企业级数据应用体系建设，为经营活力提升和动能成长创造了条件。

四是风险防控得到加强。深入推进资产质量和信贷基础管理"两大工程"，统筹抓好信贷文化落地、体制机制改革试点、产品整合创新与大数据应用三项工作，同步提升了信贷风险把控能力与经营效率。针对各类风险多点多发态势，进一步完善全面排查、快速反应和妥善化解机制。扎实推进综合整治工作，坚持边查边改，发挥了清雷排险的积极作用。强化外部欺诈风险信息系统应用，上半年累计拦截各类风险业务45万余笔，涉及资金23亿元。开展内控合规"执行强化年"主题活动，持续培育良好合规文化。加强法律与业务部门的协作，提高被诉案件和突发事件风险管控水平。继续查处各类违规违纪行为，实现案件和风险事件数量和金额同比下降、无重大风险事件发生的管控目标。

五是党建和队伍建设取得新进展。认真组织开展党的十九大代表选举工作，扎实推进"两学一做"学习教育常态化制度化，股东大会高票通过将党建工作要求写入公司章程，召开纪念建党96周年党建工作座谈会，推动了全面从严治党主体责任的落实，促进了党员干部"四个意识"的增强。深化党内监督工作，同步开展了第二轮内部巡视和专项执法监察。举办"两个从严"专题轮训，实现对二级分行党委书记、纪委书记培训全覆盖。启动后备干部动态调整和补充工作，推进各机构领导班子专业化配备。实现各类人员调整1.36万人，完成全年结构调整任务的59%。召开全行第一届职工代表大会，促进了和谐银行建设。

实践检验认识。上半年来之不易的经营成果，充分印证了我们年初提出的"五个必须"的工作体会符合经营实际，也是需要一以贯之坚持下去的。只要我们按照党中央国务院决策部署，坚持立足服务实体经济，坚持强化基础管理和风险管控，坚持按商业银行规律办事，保持战略定力，不懈怠，不折腾，一步一个脚印扎实前行，就一定能实现良性发展，积小胜为大胜。

同时我们也要清醒地认识到，稳和进中还有隐忧的一面，尚不可盲目乐观。一是资产质量改善和风险防控的基础还不牢固。存量不良贷款和剪刀差余额依然较高，且越往后越是难啃的硬骨头。各类风险隐患依然较多，特别是一些大额突发风险暴露增多，表内外、境内外、原发性和输入性风险相互交织叠加，加大了风险管控压力。二是中收增长面临瓶颈。上半年尽管有外部市场环境变化等客观因素，但中收较大面积、较大幅度的下降仍超出预期，我行中收总量领先可比同业的优势进一步缩小。三是NIM稳定压力依然较大。尽管上半年NIM呈现企稳迹象，但随着我行90%以上的存款已完成重新定价，且存款利率上浮幅度和占比提升，导致存款付息成本控制压力持续增加。此外全行定价管理的精细化水平有待进一步提升。四是经营分化依然突出。部分行盈利下滑，甚至出现拨备前利润负增长。一些重要利润条线持续增长能力面临考验。一些领域基础业务、基础客户、基础管理存在弱化倾向。

下半年，全行要认真落实好全国金融工作会议部署和全行年初工作会议安排，盯住经营发展中这些突出问题及工作中薄弱环节，在抓推动、抓落地、抓强化、抓突破上下功夫，努力完成好全年目标任务。

三、全面提升服务实体经济的效率和水平

要履行好服务实体经济的天职，以供给侧结构性改革为主线，以解决融资难融资贵为抓手，进一步做优主业，做精专业，下沉重心，着力加强对当前经济金融形势、财政货币政策、市场利率走势的分析研判和相机抉择，努力在信贷量价质协调发展中，提升服务实体经济

的质效。

（一）落实好“四抓”战略布局。对照党中央、国务院关于金融服务实体经济新的要求部署，我们“抓大、抓小、抓新、抓优”的布局安排，方向是正确的，重点是突出的，符合将金融资源配置到国民经济重要领域和薄弱环节的要求，关键是要增强执行力。尤其是要在“抓小”“抓新”上下功夫，精准发力补短板。“抓小”要真正突围。这次全国金融工作会议对普惠金融、小微金融作了突出强调部署。从全行情况看，我们在年初提出了“抓小”要真正突围的目标，半年时间过去，各项工作取得一定进展，但离突围还有不小差距。这背后有客观原因和体制机制问题，但更多的还是思想认识和能力方法问题。突出表现在，一些分支机构“恐贷”“惧贷”的思想尚未根除，“吃快餐”“垒大户”的观念根深蒂固，组建专营机构的意愿不强、动力不足；市场规划、审查审批、考核评价等相关办法措施还没有很好落地。全行必须直面并解决好这些突出问题，更多依靠认识转变来推动机制方法的落地，更多依靠能力提升来增强扎根小微的决心。在这方面，总行的态度是坚决的，各行要推动小微金融在基层一线落地，真正把眼睛擦亮、把市场做实、把风险管牢，在坚决完成“三个不低于”监管目标的同时，确保内部口径小微贷款持续增长。一要强化职能。总行普惠金融事业部要切实承担自身建设责任和系统管理职能，在做实“五专”机制的同时，指导和推动分行成立普惠金融专业机构，统筹做好精准扶贫、“三农”“双创”及民生领域等金融服务，蹚出普惠金融发展的新路。二要深化专营。当前专营模式推广进度还不够快，落地效果参差不齐。要继续按照“专营、放权、提效、严管”思路，推动小微中心建设，确保年内重点城市行实现小微中心全覆盖。要以小微中心样板建设为抓手，探索适应不同区域特点，可复制、可持续的小微中心发展模式。各行要认真履行市场规划、小微中心准入等管理职责，强化对小微中心的帮扶指导和考核评价。要真正将“干将”“好手”选配到小微中心，靠专业的人来推动，确保小微中心挂牌后实质有效运营，把小微金融做成大文章、大买卖。三要优化创新。充分发挥线上线下双轮驱动优势，全面提升小微产品的易用性和灵活性。线上，要大力发展标准化场景化产品，依托大数据优选客户、核定授信，拓展小微金融服务的广度和深度。线下，要加大产品整合优化力度，实施小额贷款流程零售化改造，提高服务效率，降低操作成本，为客户创造良好体验。要适当下放部分产品的创新权限，积极打造几个有区域特色和较大影响力的拳头产品。

要抓住个人消费信贷这个大势所趋，落实惠民生调结构要求。个人住房按揭要坚持“主战场”的定位不摇摆，以“房子是用来住的”为原则，坚持规模优先配置并完善规模与定价挂钩分配机制，坚持“重点区域、重点企业、重点楼盘”的拓展策略。对之前已批未放的按揭贷款，要研究提出具体解决措施。个人消费贷款要创新业务发展模式，确保实质风险可控。分期付款业务，要把握好业务真实性这一核心要求，精选合作对象，界定服务区域，总行要加强监控和统筹工作。融e借业务，要坚持“小额、线上、信用、短期”的定位，依托大数据风控手段，加强客户准入、授信、定价、放款、监测和催收全流程管理，在管控住风险的前提下让好品种成长为好品牌。要遴选高校建立白名单，推动融e借进校园，去通道，搞直贷，在履行社会责任中拓展年轻客户群体。

“抓新”要落地见效。上半年全行新市场贷款新增695亿元，占公司贷款增量的11.4%，实现了增量占比不低于10%的目标。但总体来看，“抓新”的发展空间还十分巨大，而我们的探索创新还是以零敲碎打、单兵突进为主，缺乏系统规划和推动。要改变这一状况，必须做到明目标、定主体、优机制三管齐下。明目标，就是要解决“做什么”的问题，不能夸夸其谈，没有靶向目标。总行已出台信息技术、健康养老、新能源等9个新市场板块的营销指导意见，后续还将不断丰富完善。各行要结合区域特点和资源禀赋，优选目标市场，拉单列表跟进。定主体，就是要解决“谁来做”的问题，不能泛泛号召，没有落实主体。“抓新”不能搞齐步走，必须加强在发达区域和大中城市等资源富集区的精准布局。尤其是总行遴选的新市场特色机构，要在专业经营、融资产品和风控模式创新上率先蹚路。优机制，就是要解决“怎么做”的问题。不能只提原则要求，没有办法配套。要搞透新市场，拿出新办法，突出个性化，更多靠投行思维和模式来做新市场。要积极借助国家部委、科研院所、高新园区、互联平台等“外脑”来做新市场。同时，要真正落实好实质风险的把控。

此外，“抓大”仍要坚决突破。继续在积极服务“四大战略布局”“三个支撑带”、雄安新区建设等国家重大战略实施中，拓展一批重要市场和战略客户。近期国家出台一系列严控政府融资和规范管理的政策要求，各行要高度重视，对存量业务特别是已部分放款的项目，要加强与地方政府和财政部门的沟通，落实还款责任，防止埋钉留尾。对已批未提款项目和新业务，要严守合规底线，坚持好中选优，严防PPP、产业基金等业务领域催生隐性债务风险。“抓优”仍要一以贯之。制定实施“3+3+3”（3 000家A股上市公司+3 000家进出口大户+3 000家纳税大户）抓优发展规划，灵活运用“实授信”和“营销授信”，既把控客户融资总量风险，又增强对优质客户的吸引力，努力实现优质客户总量和主要业务份额双提升。下半年要在上市公司和拟上市公司领域取得更大突破，年内将上市公司融资同业占比提高到10%以上。

（二）落实好服务“三去”重点任务。去产能领域，要认真执行“有扶有控”的差别化信贷政策，稳妥有序促进去产能，支持产能过剩行业企业存量重组、增量优化、动能转换，实现我行贷款风险化解与处置。特别是要抓住处置“僵尸企业”这个“牛鼻子”，落实名单制管理，逐户制订风险处置方案，明确责任机构和人员，严禁任何形式的新增融资，并加快存量压退。去库存领域，要严格执行中央及地方政府房地产调控部署，坚持因地制宜、区别对待，完善差别化住房信贷政策，抓好区域结构、客户结构和品种结构调整，重点支持一类城市和总行级房地产客户住房开发融资，适当参与政府购买服务的棚户区改造融资，从严控制商用房开发融资及商业性棚户区改造融资，审慎把握业务背景复杂、管理难度大的房地产并购贷款业务。去杠杆领域，这次会议上，总书记对去杠杆问题讲的分量很重，全行要把支持国有企业和产能过剩行业去杠杆作为重中之重，对有兼并重组和债转股需求的客户进行摸底筛选，总分行联动落实客户储备和项目签约，并抓好项目落地。工银资产要发挥统筹推动作用，引导分行按照“债权有转让、投资有收益、治理有促进、退出有保障”的原则，推动市场化债转股业务健康发展，努力在帮助企业降杠杆、渡难关的过程中，实现新的价值创造。

（三）落实好存量增量并轨管理要求。在市场资金面总体处于紧平衡、经济回暖带来部分行业退出窗口期的情况下，要进一步加强存量移位与增量资源的统筹配置，坚持并轨管理与化解潜在风险的统筹考虑，实现退准投优，真正解决过剩产业大量占用金融资源而新动能领域又供给不足的问题。今年总行针对风险较高客户及贷款建立了重点移位池，上半年实现净移出 738 亿元。接下来要继续依托重点移位池，加强主动移位和精准移位，对移位管理不佳、甚至出现逆向调整的分行，要强化督导并全行通报。

四、推动经营转型和结构调整取得更大突破

关键是要坚定方向，突出重点，处理好基础和转型的关系，通过强化“三基”（基础客户、基础业务、基础管理），拓展“三新”（新客户、新业务、新市场），创造新的增长动能和收入来源。

（一）坚决稳定中收贡献。上半年境内分行中收同比下滑 7.7%，对主要可比同业的领先优势由去年同期的 140 亿元快速缩小至 71 亿元。全部 21 项产品中，有 13 项产品收入同比下降，其中债券承销及代销、代销基金、第三方存管、人民币个人结算、代理保险、养老金、借记卡、私人银行同比降幅超过 20%。基础类业务较为薄弱、结构性矛盾较为突出的问题有所加剧。

增加中收是转型的大方向，尽管节奏、步伐会有快慢，但方向不能变，市场地位不能丢。各产品线要守土尽责，以同业占比不下降、收入总体增长为目标，逐产品、逐科目做好梳理分析，差距较大的要奋起直追，潜力业务要抢抓机遇，增长较好的要力争多做贡献。基础类业务要突出精细化经营，积极消化不利因素的影响。要加快保险期交转型，确保代理保险、基金业务的同业领先位次。结算类业务要强化费率管理，严控减免，以互联网思维加快产品改造提升，拓展客户总量，提高客户活跃度，实现以量补价。信用卡要探索发展新模式，紧紧围绕有效客户增长、消费止跌回升、贷款质量改善三大任务，持续抓出成效。这里要强调的是，消费是信用卡回佣收入的基础，也是优质分期业务的来源，必须要抓牢抓实。作为全球第一大发卡行，刷卡消费额却位于国内第三，这必须扭转。大资管板块尽管今年遇到政策调整，但长期向好的趋势是明朗的，作为经营规范的大行，当前也是具备发展窗口期的。资产管理、私人银行、资产托管、养老金等专业都要努力把握不确定性中的机遇，主动作为，牢牢捍卫资管第一大行地位。下半年要抓好向区域和海外市场的延伸发展，坚持“突出重点、分类管理”的区域理财发展策略，试点总分行产品销售、审批、投资、风控等“六个一体化”的管理新机制，尽快缩小与可比同业在区域理财上的差距；积极推进以工银亚投为基础的全球资管平台建设，以点带面推动海外资管业务布局完善。要深入谋划私人银行业务改革，优化投资模式，加强私银与资管专业在非标投资上的协同，提升投资回报和产品净值表现，带动客户和管理资产规模重回稳定增长通道。大投行板块处于高位整固期，但在实体经济融资需求相对旺盛和去杠杆的双重背景下，投行市场机遇最多，强劲发展的条件最充分，理应成为全行转型和创新的“发动机”。投行业务推进委员会要站位整个板块的发展，增强主动抓统筹、抓协调的意识，加强各业务线投行资源的整合，解决好各自“单打独斗”的问题。同时要在稳固传统大行的基础上，抓好潜力分行的业务覆盖和培育，解决好区域发展不平衡问题，形成更加合理的收入梯队。交易类业务板块市场潜力大，发展空间广，关键在于让汇率、商品、利率交易这些“高大上”的产品更接地气，在基层有效落地。这几年我们持续抓结售汇服务能力的提升，收到很好的效果，结售汇业务保持稳步快速增长。要持续加大资源投入力度，加强重点产品的营销推广，做好对基层的主动服务，进一步提升客户渗透率，夯实业务发展基础。

（二）持续推动零售转型。上半年全行零售营业贡献明显提升，说明我们对零售转型发展的一系列安排部署是有效对路的。下半年要继续围绕效益贡献度、市场竞争力和客户满意度三大目标，持续推动考核、联动等机制的落地，力争今年零售营业贡献占比接近 50%。零售的核心是客户，零售业务转型也要始终围绕和聚焦客户这个核心。我与党校第十三期学员座谈时，围绕客

户战略提了15个关键词，各行、各专业要结合实际，思考如何细化落实。对零售板块来讲，首先，要有明晰的客户定位和战略。我们过去受制于服务成本，主要关注力在中高端客户。但随着当前金融科技手段的快速发展，使银行有能力对长尾客户实现低成本拓展、维护和挖潜。而且实践告诉我们，在我行的低端客户，有可能是他行的高端客户；今天的长尾客户，有可能是明天的贵宾客户。因此要因时而变，从注重中高端向全量客户转变，加快运用大数据等手段，精深洞察客户，精细设计方案，精准选择渠道，解决好“将合适的产品，通过合适的渠道，推送给合适的客户”这三个关键问题，加快构建起全量客户分层服务体系。其次，要有创新的获客手段。上半年全行线下开通借记卡的客户为1 707万户，占全部新增个人客户的86%；信用卡通过互联网渠道新获客突破145万户，占同期新增信用卡客户的近30%，且线上年轻客户多、活跃度高，与传统渠道客户形成了很好的互补。这一方面说明线下仍然是我们获客的主要渠道，另一方面说明线上是我们的未来，潜力巨大。我们要在守住和用好线下这个基础优势的同时，加快与互联网企业的线上合作引流，打造新的金融消费场景，构建线上线下双维获客体系。同时要着力解决好产品、流程、风控等痛点，提升客户体验，有效留客活客。

（三）进一步强化存款基础工作。存款是立行之基。基础牢，才能转型快、效果好。上半年全行存款尽管增势创近年来最好水平，但增长的时点特征仍较为显著，而且地区差异明显，11家分行存款增量排名同业第三或第四位，广东、上海、浙江等大行日均存款增量为负。各行要深入研究新形势下市场发展趋势和存款增长规律，进一步加强各品种存款的组织推动。要坚持储蓄存款在个人金融资产中的主体地位，深入分析个人客户资金流动规律，从资金流向、资产配置、支付结算等多维度构建储蓄存款稳定持续增长的长效机制。要依据效益贡献建立储蓄与其他金融资产的比价关系，逐级完善考核体系，加强战略传导，进一步增强储蓄存款增长的内生动力。要关注并研究解决季末较大规模赎回金融资产提高存款时点增量的情况。这不仅会放大存款波动，也容易造成理财业务资金缺口，引发条线冲突，更有可能伤害客户。要进一步端正存款工作理念，推动储蓄与金融资产的协同增长，让存款真正能当饭吃、当粮食用，让理财真正能发挥竞争他行客户、稳住我行客户的作用。对公存款重点要稳固我行在大公司、大集团、大机构客户领域优势，并确保在中小企业、医教养等传统薄弱领域取得大的突破。要针对日均金融资产5万元、50万元以上公司客户较年初负增长、稳定性不高的突出问题，线上抓好小微金融服务平台的功能完善和营销推广，线下抓好网点对公服务能力的提升，实现从企业设立到发展的全程介入，全力竞争新开对公结算账户尤其是基本账户，把大量的中小微客户真正管起来、维护好。要坚持不懈打好军队、社保、财政改革营销攻坚战。当前这三个领域的改革棋至中盘，正是吃力要劲的关键时刻。军队“脖子”以下改革中各家银行的竞争进入胶着状态；社保存款面临客户议价与同业竞争的双重挑战；各级财政和预算单位的账户清理也对我行机构客户增长产生了较大影响。机构客户源头性、稳定性强，业务带动效应大。全行要进一步强化上下联动、条线联动、区域联动，通过高层营销与常态化维护相结合、系统整体推动与分板块的精准营销相结合、负债业务与全面金融资产服务相结合，坚决巩固住机构存款优势地位。

五、深入推进盈利单元建设

各经营机构是利润创造的主体，决定着工商银行发展的“基本面”。要始终将盈利单元建设放在经营的最中心位置，明确各个板块下半年竞争发展提升的重点，更多发挥总省两级行的作用，投入更多注意力和精力解决实际问题，拓优补差、扶强提弱，进一步激发创利潜力。

（一）切实抓好一级（直属）分行竞争力考评。上半年各境内分行盈利总体改善，其中北京、上海等10家盈利大行拨备前利润增加77亿元，占境内分行拨备前利润增量的73%，较好地发挥了“顶梁柱”作用，支撑了集团盈利目标的实现。5家解困行中内蒙古、河北、福建、云南4家实现盈利增长，且困扰最大的资产质量问题总体呈现好转势头，解困好于预期。但是，分行间发展不平衡的问题仍然存在，黑龙江、大连、山东等分行拨备前利润负增长。说明我们还远没有到可以松口气、歇歇脚的地步。这次会上，我们将上半年一级（直属）分行市场竞争力评价结果发给大家，这其实也是一份对各行竞争发展能力的体检报告。各行要比照结果，对症施策，尤其是不允许出现拨备前利润负增长的情况。总行有关部门要提高监测分析的频度，及时盘点阶段性进展和成效，并在完整评价周期结束后，强化评价结果的应用，使评价真正起到奖优罚劣、揭示问题、传导压力的效果。

（二）分层分类推进重点城市行竞争力提升。上半年，重点城市行初步扭转了连续9个季度储蓄存款、对公存款、个人贷款竞争力下降的局面。截至6月末，直辖市和80家重点城市行拨备前利润四行占比34.3%，各项存款余额占比32.6%，分别比年初提升0.9个和0.7个百分点，增幅四行最大。但是，我们不能用总体向好来掩盖结构分化的问题。分类来看，省行营业部竞争力提升势头比较明显，但直属行和重点二级分行综合优势微弱，各项存款占比甚至落后于主要竞争对手，还分别有12家和6家对公存款、储蓄存款负增长，突破竞争力提升的拐点还需更多努力。要更加重视“一把手”的统领带动作用。我多次讲过，城市行搞得好不好，关键是班子，核心是一把手。今年上半年，我走了部分行，组织召开了9次城市行负责人的座谈会，一个总体看法是，凡是那些竞争力提升、趋势向好或局面稳定的，首先是一把手选得准、班子配得好，善于结合实际创造性落实总省行部署，方法得当、工作对路，反之亦然。所以，在强调对重点城市行资源倾斜支持的同时，更重要的是选好班子、用对人。要分层分类抓好战略督导和落地。重点城市行必须坚持分层分类、一行一策。总行在完善“5+1”分行管理基础上，又选择了8家省行营业部作为试点，要指导其制定针对性的竞争力提升时间表和路线图，并在配套措施上予以重点支持。省行要强化市场意识，进一步树立做大重点城市行就是提升全省竞争力的理念，当好重点城市行的坚强后盾。城市行更要发挥主观能动性，切实担负起主体责任，结合当地市场特色和实际，努力创造与资源投入相匹配的价值贡献。要强化考评约束和动态管理。重点城市行不是一次定终身。事实上，一些非重点城市行的规模、贡献与同区域的重点城市行差距并不大。要明确对重点城市行经营指标和经营能力的底线要求，强化考评结果的应用和奖惩措施的落地，将竞争力长期无起色的机构及时调整出去，并采取必要的措施；同时也要创造条件支持发展较快的机构进入重点行之列。

（三）抓好境外机构盈利贡献提升。上半年境外机构合计实现净利润13.7亿美元，对集团的盈利贡献有新的提升。但工银亚洲完成序时进度有一定差距；新加坡分行、工银阿根廷同比负增长；工银欧洲盈利增长主要来自于衍生品估值浮盈，可持续性有待检验。要突出国际化4.0“提质增效”这个核心目标，进一步明确各境外机构的发展定位和主攻方向，加快推动海外经营架构的优化调整，提升发展质量和效益。这里重点强调一下工银亚洲的发展问题。近两年，可比同业在香港市场集中发力，通过并购扩张、资源投入，在存贷款、客户规模等方面对我行形成赶超之势。在香港这样的战略要地，我们需要考量的是市场地位，是竞争力和影响力。一方面，工银亚洲自身要努力练好内功，明确目标，振奋精神，盯紧市场，做实业务，突破传统路径依靠和大户依赖，增强风险控制能力，夺回领先优势；另一方面，全行要统一认识，加大投入，共同支持，使工银亚洲真正发挥好海外旗舰和龙头作用。总行相关部门要聚焦工银亚洲发展中的业务线延伸、人员投入、风险控制、IT建设、区域联动等重点问题，进一步加大政策支持和资源保障力度，形成集团一体化优势。工银标准上半年实现扭亏为盈，数额虽小，但意义很大。金融市场、公司业务等部门要继续加大对工银标准的指导和营销支持，将全球市场和中国元素更好对接起来，促进工银标准全年实现盈利正增长，打好翻身仗。

（四）帮促综合化子公司发展。上半年，综合化子公司经营分化加剧。工银国际受益于投资收益大幅增加，净利润增长突破50%；工银瑞信、工银安盛受资本市场波动影响，管理费收入、投资收益增长趋缓，但总体保持平稳；工银租赁则面临融资成本上升和资产潜在风险的较大压力，要集中力量进行质量攻坚，取得突破。总行相关部门要在积极帮促子公司释放发展动能的同时，重点帮助工银租赁进一步拓宽融资渠道，控制融资成本，防止利润出现大幅度下滑。

六、加快推动重点改革落地

要按照全国金融工作会议关于深化改革的重大部署，以新三年规划的编制为抓手，对照年初和第一季度部署的各项改革任务，加快推动落地见效，进一步增活力、添动力。

（一）加快推进定价机制改革，努力稳定NIM水平。定价是银行的核心专业。上半年全行定价管理取得一定成效，但类似存款“一浮到顶”这种简单化、一刀切的粗放问题仍很突出。要加强对存款分层定价的指导。进一步统一总分行、前后台、各层级对定价管理的思想认识，要解决当前存在的重量轻价、量价和机构间不平衡的问题。要在控制负债成本基础上，适度扩大定价弹性。总行即将下发存款分层定价管理方案，在全行推广存款综合定价模型和利率敏感性模型。这是我行定价从理论到实践的重大转变。总行定价管理部门要全面牵起头，前台营销部门要积极配合，先选择8-10家二级分行进行深化试点，待取得突破性进展后再全面推广。分行要抓好模型的应用和传导，算好成本收益账，提高定价管理的主动意识和专业水平。在试点推广中，要注重倾听基层意见建议，及时解决突出问题。要做好各项贷款的优选排序。把握优化信贷配置的相对有利时机，抓好贷款定价和结息周期管理，合理运用价格手段疏解信贷供求矛盾，促进量价协调发展和金融资源的更加高效配置。同时也要处理好定价与维护战略客户的关系，统筹考虑客户综合贡献，不能简单价高者得。这里要强调的是，上半年全行票据规模让渡3 530亿元，为贷款投放作出了贡献。实际上目前票据资产收益比较理想，而且质量较好、流动性强，要把握市场时机，将票据余额保持在合理适度水平，努力做大流量，增强票据业务获利能力。要继续保持资金营运收益。上半年全行资金营运收益大幅提升，下半年要继续把握市场利率演化趋势，进一步优化投资结构，提高整体收益，为NIM稳定提升多做贡献。同业业务要主动适应新的监管政策和市场环境，及时调整业务发展策略，完善制度办法和业务流程，充分发挥大行资金雄厚、管理规范的优势，推动业务可持续发展。

（二）加快推动e-ICBC 3.0落地实施。e-ICBC 3.0是全行大战略、大棋局。下半年要做好落子布局，确保有动作、有声势、有影响、有效果，对内形成全员创新、全员拓展的新气象，对外展现我行开放、普惠、共赢的金融科技新形象。首先，要搭好体制机制的平台。要按照“全行做、专业干、合作办”的原则，构建起与智慧银行战略相适应的组织架构。抓紧完成总行网络金融部的组建及职能调整工作，厘清总行与分行、线上与线下、牵头部门与业务部门、创新研发部门与资源保障部门之间的职责边界，推动分行理顺业务发展机制，发挥好合力。其次，要选好人，建好队伍。选出真正有互联网基因，有干事创业激情，有较强学习能力和创新力，有合作精神和高效执行力的人，承担起统筹和推动智慧银行发展的历史使命，在金融科技创新和普惠金融发展的时代浪潮中，发出工行好声音。最后，要尽快在重点项目上取得突破。总行确定的十大重点建设项目，包括融e行、融e购、融e联、零售IT架构重构、财富集市、互联网企业合作、支付产品整合、超级账户、融e借、企业线上融资等，要确保在年底前取得实质性进展。开放合作是互联网金融发展的基本特点，在选择合作对象时，要以保持我行主动地位为原则，互补合作、错位合作，从场景入手，以获客活客为目标，多与生活消费类的企业开展线上合作，对与金融类互联网公司合作要充分评估论证，避免账户资源流失。同时，在合作中要发挥好超级账户的纽带作用，为探索营造账户体系共建、积分资源互换、金融产品互通、线上资源共享的金融生态圈创造条件。

（三）加快推动线下渠道转型。重点把握好三个方面：要加快网点布局的优化调整。目前的问题在于对这项工作的迫切性认识不足，上下前后协力推动的机制不完善，对“进哪里、如何进、何时进”缺乏系统规划和统筹管理。这就造成一方面是网点布局跟不上城市发展和金融资源分布的动态变化，网点老旧、低效问题突出；另一方面是每年的固定资产投资指标用不出去。长此下去，我们线下的竞争力会节节下滑。对这个问题，要从长远和战略考虑，抓紧推动解决。总行要做好顶层设计和资源支持，树立固定资产指标是一种资源的理念，服务前移，下放授权，简化流程，把钱花在刀刃上。省行则要积极主动地加强协调推动。二级行尤其要承担起主体责任，本着功成不必在我的意识，扎实做一些利长远、增后劲的工作。同时，要做好网点布局优化的科学论证和后评价，防止调整后的网点两三年后就变成低效网点，造成浪费。要科学推进网点智能化改造。推进智能化改造要从提高服务质效、改进客户体验的目标出发，坚持因地制宜，实事求是，充分考虑我们的客户结构和发展阶段，尊重不同客户的渠道偏好和习惯，而不能简单地为智能化而智能化。要因时、因需而变，不能在当前网点排队问题已出现趋势性改善的情况下，仍然把分流率、迁徙率作为硬性考核指标，甚至出现人为“分流”和“挤走”客户的情况。要抓紧出台智能化实施后相关岗位、制度、授权等配套办法，提升人员效率，各行要抓好落地执行。要持续抓好服务提升。去年以来服务六大工程的实施，带来了口碑改善。但服务无止境，要持之以恒地抓下去。尤其是要围绕“建设客户满意银行”这一整体目标，定期排查客户体验痛点，在持续抓好服务态度改善的基础上，不断深化服务提升方式和手段，在产品、效率、便捷、增值等方面下真功、做细活，赢得经营发展与客户口碑的双提升。

（四）加快疏通“中梗阻”，打通“最后一公里”。如何把总行战略和经营导向完整顺畅地传导下去，做到“准”和“快”，避免“慢”和“衰”，是我们要时时关注解决的问题。关键是要疏通“中梗阻”，打通“最后一公里”。这里“中梗阻”指的是中间，也就是省行二级行这一层，“最后一公里”指的是基层网点。“中梗阻”要解决的是通天线与接地气相结合，让政策在实际中真正发挥作用。“最后一公里”要通过完善穿透式考核和直通式管理来解决，尤其是依托MOVA系统的支持，确保经营战略落地、经营指标落地、业绩计量落地、绩效分配落地。同时，通过抓好落地，也能对总行顶层设计和战略部署是否符合实际进行验证和完善，实现同频共振。

七、把防控风险放在更加突出位置

下半年将召开党的十九大，维护金融安全稳定至关重要。中央的精神非常明确，就是坚持稳中求进的总基调。这就要求我们各方面工作都要“稳”字当头，决不允许“放卫星”，决不允许出现重大恶性案件和风险事件。这是当前的首要任务，也是我们必须肩负的政治责任。全行上下一定要绷紧安全稳定这根弦，切实履行好风险防控的主体责任，坚决守住底线，守土有责、守土尽责。

（一）巩固资产质量趋稳向好态势。上半年，信贷资产质量向好曙光的进一步显现，表明全行信贷风险管控已经从被动防御开始向主动管理转变，从资产质量保卫战逐步进入拉锯战。越是在这种相持和胶着状态，越不能有麻痹和松懈思想；越是临近转折拐点，越要拿出攻坚毅力和决心，积极推动资产质量逐步改善，力争早日实现不良贷款由“单降”到“双降”的转折。

要控新增，防劣变，快处置。要把当前新增融资质量向好势头保持住，继续强化年度分级控制红线管理，坚决止住新的出血点。对新增融资劣变问题突出的机构，总行要严格采取上收权限等管控措施。要把存量融资防劣变与防逾期结合起来，突出加强对潜在风险融资“硬骨头”的分类施策和精准管理，突出加强对房地产、批发贸易、固融、跨业跨境及亿元以上大户等重点领域风险的排查和预警，前移风险化解关口，加大潜在风险净化力度，力争做到潜在风险客户不逾期、逾期客户不劣变。要努力提升不良资产处置效率和效益，进一步提高常规处置占比，推动现金清收、法律诉讼等工作取得更大成效。要统筹运用商业包批量转让、资产证券化、创新处置等方式，加快处置进度，防止季末年末突击处置、被动处置等情况。上半年，全行受托处置资产收回完成全年计划的31%，与去年比有明显进步，但尚须更加努力。各行要按照总行统一安排，进一步加快推进受托资产处置。对受托资产余额大、处置进展慢的分行，总行将严格控制其新的受托资产规模，原则上不得再采取受托方式处置不良贷款。

要明责任，强基础，优机制。管控信贷风险是前中后台的共同责任。前台部门要抓好客户准入、贷后管理、逾期管理和潜在风险化解，授信审批部门要加强客户总体授信与信用风险审查，信贷与投资管理部则要发挥好“总闸口”的作用，在表内外、境内外等全口径信用风险管控上统筹抓总。法人、小企业、个贷、信用卡等条线在充分把控风险的同时，要实现信息的互通与共享，发挥风险防控合力。要创建与金融科技发展趋势相适应的信贷基础管理新模式，充分利用行内外信息渠道，全面掌握客户关联及通过各类形式办理融资情况。加强全球统一授信管理，统一风险偏好，完善基于客户维度的全口径融资管控。要突出抓好信贷体制机制改革的落地。总行多次强调，信贷体制改革的根本出发点是防控风险，核心是“严控准入、分类施策、落实责任、专家治贷”，但至今仍有一些机构和部门认识不到位。改革中不可避免地会遇到一些矛盾和问题，但不能一味地纠缠和止步于讨论问题，关键是要坚决执行好总行的既定部署，在实践中化解矛盾解决问题。各分行以及总行前中后台都要加深对改革实质意义和初衷的学习领会，积极投身改革，尤其是各信贷大行要坚定实施和推进改革的决心和信心。要加大总分行协同力度，扎实做好首批试点行改革深化和第二批试点行方案制订工作，真正压实一二级分行信贷经营管理的主体责任，尤其要突出强化二级分行队伍建设、市场营销、风险管控、指导监督、支持配合、机构管理六大职能，努力为信贷体制机制改革提供更多的鲜活实践。

（二）坚决守住不发生重大恶性风险的底线。要按照“不忽视一个风险，不放过一个隐患”的要求，深入排查分析各类风险的表现形式、成因和传导规律，有针对性做好应对预案。同时，下半年加强金融监管方面还会出台一系列更加严格具体的措施，全行要有前瞻意识，在业务模式和风险管控上早做准备，保证监管要求的严格落地执行。一是严密防范跨市场业务风险。按照监管要求，把握好业务创新与转型发展的边界，坚持“简单、透明、可控”的核心原则，规范发展资管、同业、票据等业务，严格规范合作准入和限额管理，严控杠杆比率和嵌套投资，简化产品结构和交易链条，实现穿透管理和信息透明，确保实质风险可控，坚决杜绝监管套利、资金空转和脱实向虚。要依托大数据技术加强监测分析，通过管住账户管住人，管控非法集资、金融诈骗等风险。要严把合作、准入、限额、账户四个关键点，严格管控互联网金融跨界输入风险。二是积极应对流动性、利率、汇率等市场风险。加强对国际国内金融市场的研判，增强风险防范的预见性和敏锐性。尤其要坚持审慎稳健的流动性管理策略，加强关键时点、重点业务的流动性监测，确保流动性运行平稳有序，同时积极发挥大行市场稳定器和风险减压阀作用。目前部分境外机构同业资金来源占到总负债的80%以上。总行有关部门要指导境外机构，严控资产负债期限错配风险，减少对同业资金的过度依赖，依托全球资产交易平台加快信贷资产流转，防止发生流动性“黑天鹅”事件。三是有效防控境外合规风险。针对当前全球监管趋严特别是高度关注中资银行合规风险的严峻形势，持续推动境外机构合规管理体系建设，突出强化反洗钱管理，提升监管政策的对标能力和突发事件的应对处置能力。要切实增强税务风险意识，加强税务筹划，降低集团税负，防范财务风险。要重视业务模式风险防控，前期总行已对内保外贷和簿记中心作出管理上的调整和规范，下一步要继续梳理完善相关产品、政策和风控要求。要强化信息保密和法律风险管理工作，严防各类风险事件对我行声誉造成影响。

要突出加强案件风险防控。要继续盯住案件易发高发环节，打“七寸”，出重拳，做实功，确保实现“案件总量有所下降、重大恶性案件和风险事件杜绝发生”的管控目标。一方面，要突出重点，深化治理。特别是对总行提示的现金业务、账户管理、违法放贷、信用卡、违规销售等重点风险领域，各行要抓好风险评估和查缺补漏工作。前期总行专门召开了现金业务安全会议，接下来还要在全行范围组织现金实物安全管理检查，各行要认真落实总行部署，彻底整治金库安全管理中的突出问题，严防现金类案件和风险事件发生。针对近来理财销售领域案件增多的严峻态势，总行在去年出台“十大禁令”的基础上，这里再新强调“七条纪律”：一是必须坚持理财销售与代客投资相分离；二是前台部门要对销售真实性负总责；三是一级分行代客投资必须归口管理；四是二级分行及以下机构只能负责理财产品销售；五是理财销售必须进统一系统；六是不得搞抽屉协议和违规担保；七是不得擅自修改协议文本。总行个金部负责个人客户理财销售的统筹管理推动，结现部负责对公客户理财销售的统筹管理推动。各行要严格遵守纪律和制度红线。下半年，总行还将组织开展内部账户挂账专项调查，揭示风险，强化监控。另一方面，要狠抓整改，强化问责。各行、各部门要对综合整治工作中发现的问题进行“双线整改”，并要举一反三，深入查找在内部控制、系统流程等方面存在的缺陷，及时堵塞漏洞。目前，国家审计署已进驻我行开展全面审计，各级机构和部门要高度重视，积极配合，并以此促进提高内控和风险管理水平。要坚决压实案防责任，尤其是各业务条线要强化“一道防线”的履职，不能将专业的日常监督管理寄希望于“二道防线”和“三道防线”，导致案防关口不强反弱，甚至失守。要重申和强调，没发现风险就是失职，发现了风险不报告、不处理就是渎职。要严肃落实责任追究，提高追责层面和问责效率，有效发挥震慑作用。

八、努力开创党建和队伍建设新局面

做好金融工作，根本上靠加强党的领导，关键在干部队伍。要按照习近平总书记关于加强党对金融工作领导的要求部署，坚持把党的建设放在极端重要的位置，保证党中央的方针政策和决策部署在工商银行不折不扣得到贯彻落实。

（一）加强党的领导和党的建设。各级行党委要牢记为党工作的第一职责，通过把方向、管大局、促落实，充分发挥好党的领导核心和政治核心作用。把方向，就是要不断增强“四个意识”，更加自觉地同以习近平同志为核心的党中央保持高度一致，管住办行方向，尊重办行规律，落实办行责任，不走捷径，不搞形式，不搞违规，切实发挥好定向把关作用。管大局，就是要讲政治，明大局，议大事，抓重点，注重在大局下行动，在全局中考虑问题，切实担负起经济新常态下国有大行的经济责任、政治责任和社会责任，为实体经济振兴和金融安全稳定注入正能量。促落实，就是要抓班子带队伍，抓基层打基础，抓人才激活力，团结和带领广大干部员工，心往一处想，劲往一处使，在目标确定之后，凝心聚力抓落实，不坐而论道，不空喊口号。要坚决把全面从严治党的主体责任扛起来，重点推进全面从严治党实施意见、党建工作责任清单、述职评议考核工作的落地。党委书记要履行好“第一责任”，看护好一片“森林”，当好“护林员”。要把强化思想理论武装放在首位，深入推进“两学一做”常态化制度化，促进党员干部不断增强政治敏锐性以及严守政治纪律和规矩的自觉性，做信念坚定、任事担当的表率。要以党建工作要求写入公司章程为新起点，在发挥党的领导与现代公司治理的双重优势上，努力打造大行标杆。要以开展违反中央八项规定精神和“四风”问题专项整治工作为契机，盯住人，看住事、管住权，坚决防止不良风气反弹回潮，在全行营造风清气正的政治生态和经营环境。要积极做好迎接党的十九大召开和学习贯彻十九大精神工作，以十九大精神为指导，推动全行改革发展再上新台阶。

（二）打造政治过硬、作风优良、业务精通的干部队伍。这三者是统一的，必须兼备。这些年来，我们在干部队伍建设上做了大量卓有成效的工作，得到各方面广泛认可。但与做好新形势下金融工作的更高要求相比，在队伍结构和能力素质等方面还存在一些短板。全行要突出问题导向，推动队伍建设取得新进展。

一是优化人员梯队建设和结构调整。最近总行对几家可比同业人力资源状况作了对比分析，结果显示我行员工平均年龄已成同业最高。近期我到基层行调研，也发现一些二级分行特别是县域机构员工平均年龄在45－47岁，而且三五年之内就会面临一个退休高峰，对业务持续发展形成考验。此外，我们在一些重要条线和岗位也面临梯队接续的问题。全行必须在队伍建设上树立大格局、大视野，增强前瞻性、主动性，着眼未来3－5年的发展需要，对人力资源数量和结构需求做精细盘点，从区域、层级、条线、岗位等多维度，上下结合拿出一个全覆盖、立体化、管长远的整体规划。对一些年龄结构矛盾突出的区域，可探索通过“先进后出”“少进多出”等办法，实现人员的动态平衡。要持续推动“311”干部培养规划的落实，统筹抓好各层级后备干部动态补充调整工作。要进一步通过公开遴选等机制，拓宽视野，选好苗子。目前总行正面向全集团公开遴选境外机构和综合化子公司管理层干部，后续还准备择机公开遴选分行及总行部门管理人员。要择机进行干部结构优化工作。要继续依托人力资源“两张表”，推动全年2.3万人优化调整目标的实现。

二是强化能力素质培养。政治是人才之锚，专业是人才之本。在当前金融复杂矛盾凸显、“服务实体经济、防控金融风险、深化金融改革”三位一体任务繁重的情况下，光有“想干事”的热情是远远不够的，还必须有“会干事”的本领，有坚定的信念、正确的思路和专业的能力。要在进一步加强员工队伍政治素质和职业道德教育的同时，积极推动专业知识培训和专业能力建设，特别是培养一批“尖刀形”的金融高端人才，锻造一批敬业和专业的“大行工匠”，储备一批战略条线和重点领域的“种子选手”。要继续抓好客户经理、产品经理、网点负责人、大堂服务、柜员五支队伍的设计和规划；重视抓好不良资产处置团队建设，补齐缺口，优先配备具有专业经验和能力的人员；重视抓好资产管理、投资银行、金融市场、互联网金融等新兴条线的专业人才库建设，充分发挥柔性团队攻坚克难作用；重视抓好境外人才队伍建设，完善专业条线与境外机构纵横结合的矩阵式人才管理模式，以专业化人才支撑国际化4.0升级发展。

同志们，当前外部形势变化很快，我们面临的困难和挑战还很多。全行上下要认真贯彻党中央、国务院关于金融工作的重大战略部署，积极落实监管要求，坚定信心，勇于担当，主动作为，不断提升服务实体经济能力、防范金融风险能力和自身稳健发展能力，以更好的成绩迎接党的十九大胜利召开。

在中国工商银行2017年年中工作会议上的总结讲话

易会满

（2017年7月21日·根据录音整理）

通过与会代表的共同努力，一天半的会议基本完成既定任务。这次会议是一个既管当前、又管长远的会议，既解决思想问题、又解决战术问题。之所以管长远，是因为全国金融工作会议的大政方针和谋篇布局是着眼长远的，我们的贯彻落实工作才刚刚开始，需要在座同志和全行上下的齐心协力、持续努力才能实现目标任务。之所以管当前，是因为这次会议认真总结了上半年工作，分析了当前存在的问题，安排部署了下半年的重点工作任务，需要我们立足当下，抓紧抓早，全力以赴推动各项既定措施尽快落地见效。

听了大家的发言，我觉得这次会议也是一个进一步统一思想、鼓舞士气、解决问题的会议。我记得年初工作会议材料中曾写过，2016年成绩“来之不易”，这次年中工作会议在总结上半年工作时也讲成绩“来之不易”。我觉得这两个“来之不易”，含义还是有一点差异的。前者更多表达了我们在最艰难的时刻艰苦奋斗、努力稳定住局面的艰辛，而后者还有一层通过坚持不懈和担当奋进，看到全行经营成果持续稳定向好的欣慰。这两个“来之不易”，证明了工商银行新党委班子组建一年多来走的路子是对的，我们制定的一系列策略措施符合全国金融工作会议精神，符合党中央、国务院对我们的要求，也符合实际。正如我们在上半年工作体会中所讲，只要我们按照党中央、国务院决策部署，坚持按商业银行规律办事，保持战略定力，不懈怠，不折腾，一步一个脚印扎实前行，就一定能实现良性发展，积小胜为大胜。

这次会议还是一个提振士气、鼓舞干劲、增强信心的会议。不管是经营情况比较好的行，如北京、广东、上海、深圳、江苏等，还是经营压力暂时还比较大的行，如内蒙古、河北、云南、福建等解困行，我觉得大家士气、状态、精神面貌都不错，对做好下半年工作、完成全年目标任务也表现出较强的信心和把握。这也印证了我们年初提出的“经营思路、工作作风、员工士气”三大法宝，确实对促进经营发展的良性循环具有非常重要的意义。上半年取得的成绩是全行46万员工艰苦努力干出来的，是我们在座的行长、部门总经理共同奋斗干出来的。这里我代表总行党委向大家表示衷心感谢。

这次会议的形式也是一种创新。通过今天上午的分组讨论和下午的集中讨论，有分有合，每个小组的讨论成果充分交流共享，有什么问题各部门都能全面及时了解，有什么想法大家可以面对面地沟通，在较短的时间里收到了更大的效果，起到了激荡思想、凝聚共识的作用。这里，我想对下一步工作尤其是贯彻落实好全国金融工作会议精神，再谈几点意见：

一、要牢固树立回归本源的理念。这次全国金融工作会议上，明确了做好金融工作需要把握好的四条原则，第一条就是要回归本源，服从服务于经济社会发展。我理解，“回归本源”是落实党对金融企业领导的一个具体体现，需要我们商业银行认真贯彻执行。

回归本源就要坚定管住办行方向。作为国有金融企业，讲政治是第一位的，这也是发挥党委“把方向”作用的重要体现。要把回归本源落实到具体经营当中。总书记指出我国经济是靠实体经济起家的，也要靠实体经济走向未来。主动适应供给侧结构性改革新要求，更好地服务经济发展的重点领域和薄弱环节，都是我们回归本源必须要做好的基础性工作。比如，对小微金融我们从思想到认识到实践行动一定要真正重视起来，以成立普惠金融事业部为契机，真正探索出一条更加有效、可持续的发展路径，这是一项难度很大的工作，但也是一项必须完成、必须取得突破的工作。

回归本源就要尊重办行规律。总书记和总理在讲话中都强调要遵循金融发展规律，这是发展的保障。尊重规律，首先要认识规律。要不断深化对商业银行经营规律的认识。我认为，金融的本质是把握好风险和收益的平衡，这就要求我们在业务发展中要处理好快与慢、长与短、多与少、集中与分散等关系。比如说，快与慢上，发展太快了，基础管理跟不上，就要翻车，这是规律；太慢了，竞争力上不去，就要落后挨打，也是规律。多与少也是，房地产开发贷原来我们控得很紧，放得很少，不符合市场实际；但稍一放开，开发贷业务又发展得过快，增得过多，也是存在风险的。因此，要当好“一把手”，核心一条，就是要坚持两点论、辩证法，考虑问题全面客观，不极端、不偏激，坚持按规律办事。其次，要把握规律。要善于从规律中抓住发展的趋势。金融发展史本身也是一部创新史。总书记和总理都强调指出，金融回归本源需要加强创新，总是走老路是行不通的，要走新路，走内涵式发展道路，靠服务创造价值，靠竞争力吃饭。这些都强调了转型创新的重要性。实际上，稳健经营和创新转型是有机的整体。在经济转型升级和结构调整的进程中，金融回归本源就需要紧紧围绕企业生产经营模式和居民生活消费方式的变化，加快转型创新的步伐。要通过我们的努力，在转型创新中实现速度、规模、结构、质量相协调，资本、收益、风险相匹配。

回归本源就要落实好办行责任。国有企业肩负着经济责任、政治责任、社会责任。工商银行是国内银行业的领头羊，在服务实体经济振兴、维护国家金融安全中地位重要、作用突出。落实好发展、风控、班子和队伍建设的主体责任，完成好服务实体经济、防控金融风险、深化改革创新的“三大任务”，把工商银行的事情办好，把25万亿元的资产管好，就是最大的讲政治。很难想象，一个亏损行、一个资产质量差的行、一个没有竞争力的行，是能够讲政治的。所以我们强调在回归本源时，要多做实事，少讲空话，在落实中体现核心意识，在工作中体现责任担当。

二、要坚持稳中求进的总基调。“稳中求进”是经济工作的总基调和方法论，对金融工作尤为重要。我们要认真领会，深刻把握，自觉遵循。作为矛盾的两个方面，稳与进既对立又统一。“稳”是基础、是前提、是大局。具体到工商银行的经营实践中，就是要求我们做牢基础工作，做实基本面，确保全行增长稳、资产质量稳、风险控制稳、干部队伍稳。所以我们在安排下半年工作时，把内控案防、党风廉政建设等放在更加突出位置，要求管好自己的人、看好自己的门，坚决不能“放卫星”；要求高度重视抓好干部队伍建设，促进党员干部不断增强政治意识，严守政治规矩和纪律。工商银行先后在全国国有企业党的建设工作会议和全国金融工作会议上作代表发言，这是中央对我们的信任，是全行干部员工共同努力的结果。如果这个单位干部管理或经营发展上老出问题，老出黑天鹅、灰犀牛事件，还能担当代表吗？“进”是目的、是方向、是取向。稳不是不思进取，无所作为，而是要在稳的基础上审时度势，创造条件奋力前行。实事求是地说，尽管当前全行的经营形势有所好转，但完成全年目标任务的难度仍然不小。每个行都有自己的困难，都面临很大的考验，每个时期有每个时期的长征路。我们既要好好总结成绩，更要对问题和挑战有清醒的认识。自行车停下来只靠两个轮子是稳不住的。我们要靠改革创新来实现稳中有进，在发展中解决更多问题。

三、要深刻领会“靠竞争力吃饭”。这次全国金融工作会议上，中央对金融工作提出了新的更高要求，要求我们要“靠竞争力吃饭”。我们要以此为动力，通过深化转型、加快创新、提升服务，来树立良好形象，提升竞争发展能力。要坚持问题导向。大家在讨论过程当中反映了不少问题，有的是具体政策执行过程中的问题，有的是体制机制性的问题，包括战略传导、客户基础、经营活力、队伍素质，等等。这些问题需要我们持续关注，持续解决。希望各部门、各级行都要抱着积极主动的态度，研究解决问题的治本之策，进一步破除经营发展中的障碍和制约，充分激发全行的经营活力。我经常说，“一把手”的能力和水平，要体现在解决问题上，而不仅是寻找问题，更不是“创造”问题。要坚持需求导向。我们要真正从以自我为中心，转到以市场为中心，以客户为中心。我们面临的很多问题，比如服务，其根源在于产品、流程设计、制度规定还没有真正做到以客户为中心。我们改进服务、提升客户体验的核心也要聚焦需求导向，尊重市场、尊重客户。我们还要同时关注员工的需求，尤其是现在的年轻员工讲究个性、讲究平等、讲究沟通、讲究自我实现。对这些需求，我们作为管理者也要主动适应，这也是以需求为导向的一个重要方面。

四、要坚持树立优良作风。总书记强调要打造政治过硬、作风优良、业务精通的金融人才队伍。这三者是缺一不可的。政治过硬，才能对党忠诚。国有金融企业是党的执政之基，只有旗帜鲜明地坚持党的领导，忠于党的事业，在思想上政治上行动上同以习近平同志为核心的党中央保持高度一致，才能使我们的改革发展始终保持正确的方向。作风优良，才能任事担当。我们看干部主要是看肩膀，看能不能负重。作风不同，往往工作局面迥异。尤其是关键时刻，只有作风硬，才能在困难面前顶得住，在压力面前挺得住，在竞争面前站得住，才能担当任事。业务精通，才能履职有为。当前经济金融领域的新问题新挑战日益增多，银行竞争发展也面临着前所未有的大变局。面对谋发展、防风险、促改革的艰巨繁重任务，只有增强专业能力和专业本领，才能更好地履行使命任务。

就在座的各位而言，我相信大家政治过硬、业务精通是没有问题的，如果说有区别，可能更多地体现在作风方面。行与行之间、部门与部门之间的差距，很大程度上是作风的差距。所以，我们要始终把作风建设作为一项长期性、基础性的工作，一抓到底，养成氛围，切实提高各行、各部门决策效率和执行力，依靠优良作风，推动问题解决。

最后要强调的是，一些分行可能已经召开了年中工作会议，希望大家回去后要再学习、再传达、再贯彻。总行会议材料是做了充分准备的，花了大量时间和心血。各行要上接天线、下接地气，保证总行战略准确及时地传达和落地，绝不允许出现“中梗阻”的问题。要通过认真贯彻全国金融工作会议精神和总行工作部署，不断开创服务实体经济和经营发展的新局面。

在中国工商银行2017年第三季度行务会上的讲话

易会满

（2017年10月16日）

之前看了各部门报送的材料，上午又听了几个部门和业务委员会的发言。总的来看，第三季度经营情况延续了好于计划、好于同期、好于预期的发展态势，经营指标逐季改善，经营质态持续提升，经营活力不断增强，经营作风进一步改进。具体可以用两句话来概括：一是稳中向好的格局更加巩固。主要表现在财务计划执行、利率定价水平、信贷资产质量、风险抵补能力逐季向好。集团净利润同比增长×%，增幅较上半年和第一季度分别提高×个和×个百分点；拨备前利润同比增长×%，增幅较上半年和第一季度分别提高×个和×个百分点。NIM分别比上半年和第一季度提升×个基点和×个基点，继续领先主要可比同业。质量管控弹性和回旋余地进一步增大，信贷主动管理能力和不良资产处置能力进一步增强。不良率、逾期率、劣变率、剪刀差4个关键指标继续全面下降，同时新增不良额也呈连续放缓态势，应该说我们距离“双降”的拐点转折又近了一步。拨备覆盖率较6月末和3月末分别上升×个和×个百分点。这些关键指标的稳步改善和较好平衡，共同撑起了全行经营发展持续向好的基本面。近一个时期以来，工商银行股票市值稳步上扬，也体现了市场对我们经营态势的认可。二是稳中有进的态势更加明显。主要表现在基础业务发展、信贷结构调整、改革创新深化、队伍士气提振几方面齐头并进。存款业务呈现增势稳、波动小、结构优的特点，创历史同期和年内最好水平，且同业领先优势进一步扩大。信贷投放节奏均衡、结构合理，项目贷款、小微贷款、个人住房贷款等品种保持较好增势，特别是个人住房贷款增量和增幅排名同业首位，近九成的新增贷款投向了4家直辖市行和80家重点城市行。适应内外部环境变化，e－ICBC 3.0战略升级、信贷体制机制改革、普惠金融服务体系建设、重点城市行竞争力提升、线下渠道布局优化等工作有序推进，促进了发展动力和经营活力的释放。更加值得肯定的是，面对多种困难和多重挑战，全行上下保持了积极向上的精神状态，大家攻坚克难、推动发展的责任担当意识在增强，思路办法在增多，工作成效在逐步显现。同时也要清醒认识到，一些影响全行发展稳定性、协调性、可持续性的矛盾和问题仍比较尖锐地摆在我们面前。如中间业务收入降幅尚未得到有效遏制，储蓄存款同比少增且波动性较大，行际间、条线间的经营分化问题有所加剧。对这些问题，切不可盲目乐观、掉以轻心。

综合各方面情况看，我们对实现全年经营目标十分有信心，但关键还取决于后两个多月的艰苦努力。第四季度既是业务经营的关键期，也面临重大政治任务。党的十九大召开在即，我们要以高度的政治责任感，贯彻好党的十九大和全国金融工作会议精神，做到党建工作与经营发展两手抓、双肩挑，推动全行各项工作再上新台阶。下面，我再强调四点意见。

一、深化全国金融工作会议精神的再学习、再认识、再落实

全国金融工作会议闭幕后，我们第一时间召开党委会议进行传达学习。之后，相继召开党委扩大会议和全行年中工作会议，进一步研究谋划贯彻落实会议精神的思路措施。应该说，我们在边学边干中，落实全国金融工作会议精神取得积极进展和初步成效。同时也要充分认识到，总书记和总理在全国金融工作会议上的两个重要讲话，是管全局、管长远、管根本的纲领性文件，是做好当前和今后一个时期金融工作的根本遵循和行动指南。党中央、国务院下发的《关于服务实体经济　防控金融风险　深化金融改革的若干意见》（23条《意见》），内涵丰富、专业性强，既是一个“教科书”，也是一个“任务书”。中央领导同志的重要讲话和23条《意见》，需要我们持之以恒地加强学习，持续不懈地抓好落实。这既是我们的经营责任，也是重要的政治责任。

（一）深化学习。要进一步研究制订系统学习全国金融工作会议精神的具体计划。总行本部要做好表率，充分发挥党校和党委理论学习中心组的作用，原原本本学，逐条对照学，反复深入学，确保学深学透讲话的精神实质，真正明晰23条每条的目标指向、内涵意义、覆盖范围和效果标准，以此指导实践、改进工作。要按照文件规定的传达范围要求，通过编制标准版和简易版课件、总行派出宣讲团，以及网络大学等形式，面向不同层面开展学习培训，努力提高全行做好新形势下金融工作的政治站位和行动自觉。

（二）落实责任。前期，办公室已将23条《意见》中涉及我行的任务分解到各相关部门，汇总形成了初步贯彻落实措施。近期，国务院专门召开会议，就贯彻落实全国金融工作会议精神和23条《意见》提出明确要求。总行有关部门要根据国务院专题会议精神，结合对中央领导同志重要讲话和23条《意见》的深化学习成果，进一步细化完善任务分工和贯彻措施。要在全局把握、通盘考虑的基础上，做到条分缕析，进一步明确23条中，哪些是着眼长远的长期性任务，哪些是近期需要尽快完成的紧迫性任务；哪些属于宏观全局性工作，哪些属于市场主体责任；哪些是侧重于监管层面、对我行经营会产生影响的，哪些是与我们自身发展紧密相关的；哪些是总行职能部门需要承担的任务，哪些是分行需要落实的工作。抓落实，既不能只局限于自己专业或辖内的“一亩三分地”，只顾“自扫门前雪”，单纯就分解的任务提出常规落实措施，而必须拓宽思路和视野，结合中央精神实质找方向，结合我们在金融工作总体格局中的角色找定位，结合金融监管改革找趋势，结合市场环境变化找切入点，结合金融规律和我行实际抓落地。同时，也不能分工不明、主体责任不清。对总行职能部门而言，关键是要方向明、指向清，敢于直面问题，善于研究、分析和解决问题，拿得出可执行、可落地的方案和措施，让基层“有路可循”。对分行而言，关键是要结合区域实际和自身发展特点，找准贯彻落实的着力点和落脚点，把中央决策部署和总行政策措施转化为实际落地成果。各部门要将进一步贯彻落实措施于本月20日前反馈办公室，办公室要在充分吸收采纳各部门意见的基础上，形成一个更加系统完备的贯彻落实方案。同时，各部门、各分行对23条《意见》的落实，要拉单列表、台账管理，完成一项、销号一项。办公室不仅要当好“分解员”，也要当好“督办员”，加强跟踪督导，切实防止任务一分了之、落实停留在纸面。

（三）突出重点。我多次讲，抓工作既要讲“两点论”，也要讲“重点论”，不能“眉毛胡子一把抓”。贯彻落实全国金融工作会议精神和23条《意见》，也要在统筹推进的基础上，紧紧围绕三大任务和党的建设这个根本，抓住重点和难点问题，抓紧推动几件牵引和带动作用强的工作，力争实现重点突破和以点带面。比如，在服务实体经济、支持供给侧结构性改革过程中，要重点考虑怎样完善信贷布局和结构调整的顶层设计，怎样建立契合新经济、新市场、新业态特点的投融资模式和服务方式，怎样打造更加健全有效的小微金融和普惠金融服务体系，怎样利用工银投资这个抓手加快债转股项目的落地，等等。在这些方面，既要有明确的方向目标，也要有保障目标实现的措施，还要有对目标效果的跟踪评估。又如，在当前监管政策和市场竞争环境下，我们如何把握防风险与促发展的平衡，如何把握合规与创新的边界，对一些跨市场业务和新兴业务到底做不做、做什么、做多少、怎么做、谁来做，都要有一个清晰的考量，避免因为总行业务指导上的含糊摇摆，而使基层无所适从。特别是总行一些新兴业务委员会要充分发挥职能作用，加强对这些复杂敏感问题的研究，拿规划、出政策、作指导，真正聚合起新兴业务在规范基础上创新发展的合力。再如，如何根据党的十九大精神和全国金融工作会议要求，坚持党的领导，加强党的建设，打造一支政治过硬、作风优良、业务精通的干部队伍，锻造国有金融企业的独特优势和核心竞争力，也是需要我们认真研究和抓紧推动的重大课题。

二、做好三年发展战略规划编制工作

发展战略是经营管理的核心问题，从根本上决定着我们能攀多高、走多远、将抵达何处。编制好战略规划，我们就有了凝聚共识的“定盘星”、汇聚力量的“引力场”、引领发展的“风向标”。尤其是这一轮三年规划的编制，是在党的十九大胜利召开、引领我们实现“两个一百年”奋斗目标、实现中华民族伟大复兴中国梦，是在全国金融工作会议确定了未来几年金融工作的大政方针的宏大背景下展开的，更具有特殊的重要性，更需要我们有把握时代要求、肩负历史使命、高处谋局、长远谋篇的战略考量，而不仅局限于今后三年的规划设计。

我们在年初部署和启动了新一轮三年规划编制工作，建立了总行党委和董事会统筹指导、深改领导小组协调推动、专业部门各司其责、相关机构全面参与的战略设计机制。我和各位行领导、高管都认领了相关战略课题，先后就体制机制改革、客户战略、考核“最后一公里”、业务流程优化、党建和人才、内控和风险管理、金融科技和IT架构、数据管理和应用、经营转型和盈利单元建设等内容开展了不同层面的调研座谈，汇集了各方意见，明确了主要思路和相关要求。各专业各机构也按照任务分工，积极制定自身发展战略规划。目前，各业务和机构板块均已提交了各自子规划，深改办牵头初步形成了三年规划的主体框架。接下来，我们还会组织相关部门，围绕全行战略体系、战略目标和战略措施开展研讨。各部门、各分行也要积极主动地根据党的十九大精神和全国金融工作会议的决策部署，进一步梳理完善各自板块的规划内容。深改办要牵头，力争年底前拿出全行规划初稿，并提交党委会和董事会审议，真正编制出一个立足行情、遵循规律、体现众智、促进发展的好规划。有几个重点我谈谈个人想法。

（一）关于愿景目标。我们这次在三年规划中提出的战略愿景，既是我行成立30多年来发展经验和传统优势的积淀凝聚，也是我们在新常态下对银行经营规律新认识和对发展境界新期许的综合体现，是传承与创新相结合的产物。工商银行的长远目标，或者说几代人坚持不懈的奋斗梦想，就是要打造基业长青的“百年老店”。我们不仅要长久地在市场上活下去，而且要活得有意义、有尊严、有价值、有影响。这是我们的“初心”，也是我们不断开启改革发展新征程的根本出发点。我们要在这样的高远目标和宏大格局下，充分考虑自身和各利益相关者的诉求，从经营发展、客户需求、监管要求、股东关切、社会责任、员工利益等多个维度，提炼和阐述愿景目标。比如，我们要做价值创造卓越的银行。在较高的增长基数和发展平台上，努力保持全球最盈利银行地位，既为实体经济和客户创造价值，也为股东和投资者创造价值，还为员工的成长成才创造价值。我们要做规模领先的银行。没有一定的规模，就没有服务实体经济的能力，就没有合理的效益和结构，就没有应有的市场地位和影响力。当然这种规模是风险可控的规模，是结构优化的规模，是客户基础稳固的规模，是有质量有效益的规模。我们要做客户满意的银行。服务改进永远在路上，必须久久为功，打造与全球最大银行相称的服务形象。我们要做安全稳健的银行。坚持遵循商业银行经营规律，增强平滑周期波动的能力，始终保持资产质量的同业优秀水平，始终保持复杂环境下的各类风险可控，夯实长盛之基。我们要做创新领跑的银行。善于因时而变，因势而变，始终做市场的引领者，以转型创新的突破带动经营发展走出新天地。我们要做以人为本的银行。坚持发展依靠员工、发展成就员工，形成发展汇聚人才、人才推动发展的良性循环，实现员工与企业的共同成长。我们可以从这些维度，进一步加深思考，提炼归纳，形成能凝聚全行思想和共识，激励信心和斗志的愿景目标。

（二）关于编制原则。制定规划的过程本身就是各条线各机构回顾过往、明辨方向、厘清思路、确立目标的过程。在编制中，要坚持和体现以下原则。一是坚持目标导向和问题导向相统一。既从愿景目标倒推，厘清每个年度和各关键时间节点必须完成的任务，又从当前经营中迫切需要解决的问题顺推，提出破解难题、改进工作的途径和办法。二是坚持绝对视角和相对视角相协调。要坚持开门编规划，以大视野、大格局，把脉大背景、大趋势。既要做好对自身发展自变量的考量，也要充分评估经济发展、技术进步、市场演化、同业竞争等因变量带来的影响，防止闭门造车、自说自话。既要有全集团的完整视角，也要有能支撑总体目标实现的分区域、分业务板块的具体视角，确保在各个竞争主战场上，都有与工商银行规模相称的市场地位。在指标设计上，要坚持少而精的原则，主要是设定一些方向性、竞争性、趋势性、结构性的指标。三是坚持战略性和灵活性相结合。既要强调规划的战略性和前瞻性，体现规划的指导力和约束力，又要强调规划的灵活性、务实性和可操作性，能根据外部市场的变化，及时校验、动态调整经营策略和发展目标，确保战略顶层设计与战术落地执行相统一。

（三）关于主攻方向。各条线各机构在完善三年规划编制过程中，一定要从工商银行实际出发，紧紧围绕进一步激发经营活力、增强市场竞争力、提升风险控制力这“三力”目标，确立发展目标和谋划发展措施。比如，要通过优化组织机构设置、明确各层级经营定位、健全以客户和效益为导向的考核机制、完善市场化的资源配置机制等工作，充分释放经营活力。这需要进一步深化分类指导，没有区别也就没有重点，没有结构的优化也就没有全局优化的基础。不能全行一个考核评价办法，统一业务战略和重点，一个标准化授权，一套绩效管理方案。在这方面，明年应该要有突破。要通过加强盈利大行、解困行、重点城市行、利润中心产品线、境外机构、综合化子公司等各利润单元的能力建设，分类制定拓优补差、扶强提弱的措施，来锻造整体竞争优势。要通过从理念、战略、机制、系统、工具等方面多管齐下，实施风险管理改进措施，来坚守风险防控的堤坝。

三、做好当前几项重点工作

第四季度既是完成全年目标任务的“收官期”，也是明年及今后一个时期工作的“谋划期”。要在统筹安排好年前最后两个多月工作的同时，及早研究思考明年经营目标和任务，抓紧既定改革创新举措的落地深植，为来年工作和今后发展创造有利条件。

（一）更好地完成全年经营计划。要坚持问题导向和目标导向，紧盯经营发展中的关键环节和薄弱领域，强化缺口管理，努力将全年计划目标完成得更好一些，进一步鼓舞全行士气，树立良好市场形象。特别是拨备前利润负增长或竞争力下降的分行，更要采取果断和过硬措施，尽快加以恢复。

一要全力实现中收止跌回升。中间业务是今年全行经营发展中最大的“短板”。这不仅体现在收入规模的持续负增长，也体现在同业占比和市场竞争力的下滑。这其中有一定的客观原因，如监管趋严、市场变化、部分产品收费政策调整等，但更多的还是内因，反映了我们业务发展中存在的一些深层次矛盾和问题。比如，在基础类业务领域，我们一些机构和条线还习惯于走捷径、吃快餐，什么容易上规模就做什么，什么短期见效快就做什么，从而导致对一些需要“细工慢活”的基础中收业务长期重视不够、投入不足、推动不力。这其中最明显的就是结算类业务。又如，在创新类业务领域，我们一些机构和条线还满足和寄希望于一招鲜、吃遍天，对监管政策、市场趋势、客户需求和同业发展状况跟进研究不够，持续创新和调整的主动性不强，从而在市场环境发生较大变化时，原有的产品服务体系后劲不足或体量单薄，而新动能又没有成长接续到位，导致无法支撑收入的高位持续增长，甚至原有的创新领先优势被逆转。

各专业、各分行要全面看待中间业务发展，既要看绝对指标，也要看同业情况，看基础工作，看业务结构。要少讲客观，少讲困难，多增强适应性和主观能动性。困难是考验我们能力的试金石。一方面，要强化底线思维，盯住当下，按照第四季度同业占比不降、收入总体增长的目标，逐产品、逐科目梳理分析，提出挖潜增收方案。特别是业务规模较大而又收入下降较多的条线和机构，更要在市场拓展和组织推动上投入更大精力，敏锐把握市场变化中的结构性和确定性机遇，积极消化不利因素影响，努力提升短板、不拖后腿。另一方面，要立足长远，针对上述深层次问题，拿出根本性的改进措施，抓好市场和客户的精耕细作，抓好产品服务的持续创新，抓好转型战略的落地，做到“东方不亮西方亮”，增强发展后劲和韧性。特别是需要作体制性机制性变革的产品线，要加快研究、加快落地。

二要做好资金来源和运用的统筹协调。今年以来，在金融降杠杆和整治金融乱象、信贷需求复苏等因素的综合作用下，市场资金面和信贷规模总体呈现“双紧”局面。从资金来源看，尽管前三季度全行存款增势较好，但为支持资产业务的发展，全行仍融入资金4 058亿元。从资金运用看，按照全年 9 000 亿元的贷款增量目标测算，第四季度剩余贷款增量空间仅 1 109 亿元，约为前三个季度季均增量的 40%。从近期央行货币政策取向和公开市场操作来看，稳健中性的基调短期内不会改变。第四季度，全行资产负债总量掌控、结构摆布和风险收益平衡仍面临较大压力。相关部门要密切关注宏观经济、政策和市场变化，尤其是元旦、春节等重要节点的市场资金波动，优化资产负债配置，对各种不确定性因素做到有准备、有预警、有措施，确保集团流动性安全平稳。

要坚持不懈抓好存款基础工作，努力增加稳定、低成本资金来源，更好支持在四季度利率阶段性高点加大优质资产布局。储蓄存款要着力扭转增速四行排名落后、增量同比少增、稳定性不够、付息率高于主要可比同业的状况，从加强资金流向分析、竞争源头性项目资金、加强分层定价管理、抓好考核机制落地等方面入手，努力推动储蓄存款量价协调发展，力争年末实现储蓄存款增量四行靠前。公司存款要持续抓好工商注册、税务登记、招商引资等企业服务入口，强化依链拓户工作机制，加大对重要融资客户的存款业务营销，增加资金沉淀。机构存款要应对好年末财政集中支付、社保基金集中运营和高敏感性的同业存款大规模流动可能带来的分流影响，持续抓好军队“脖子以下”单位的跟进营销，牢牢巩固优势，更好发挥对全行存款稳定增长的支撑作用。这里我再强调一下定价问题。在目前贷款和投资收益已处于相对高位的情况下，稳定 NIM 的关键还在于控制好负债成本。要持续抓好存款综合定价模型、负债利率敏感性模型等新型定价工具的推广应用，完善差异化存款利率授权体系，引导基层行进一步强化定价理念，提高分层定价、精细化定价能力，既增强市场竞争的弹性，又有效控制存款议价简单“一浮到顶”和高成本负债产品的增长，努力保持付息成本稳定，更好应对利率市场化的挑战。

要切实做好信贷投放总量把握和分品种分区域平衡。密切关注可比同业运营态势及客户实际需求，合理安排第四季度信贷投放总量及月度节奏。统筹平衡分品种贷款增长，通过开展资产证券化、阶段性代理投资等创新手段，适当压降非重点领域、非重点客户的一般流动资金贷款，腾出规模，确保个人住房贷款、小微企业贷款等战略性、长期性业务投入和优质重点项目需求。引导分行围绕支持供给侧结构性改革加大存量移位力度，加快将信贷资金从低效率、高风险“洼地”转移出来。持续做好新发放贷款利率定价监测督导工作，引导分行结合外部市场利率变动，做好贷款优选排队，进一步提高贷款使用效率，并有效增加优质项目资源储备。

三要切实加强各类风险管控。全行上下务必要从维护经济金融稳定大局、确保自身安全稳健运营的高度，充分认识当前做好风险管控工作的极端重要性。

坚决巩固资产质量向好局面。在看到资产质量逐季向好的同时，也要看到质量改善的基础还比较薄弱。从存量来看，目前全行潜在风险融资总额超过×亿元，剪刀差余额还有×亿元，不仅存量规模较大，而且化解难度也在进一步增大。从增量来看，第三季度新发生逾期仍有×亿元，累计劣变×亿元，止住新“出血点”的任务仍然艰巨紧迫。全行要进一步增强质量目标管控的计划性和主动性，强化“新增、潜在、逾期、不良”四位一体统筹管理，努力实现资产质量逐季好转、第四季度剪刀差余额基本稳定的积极目标。要加快不良资产清收处置。要善于把握地方政府在改善区域金融环境、促进地方产业转型升级方面的诉求，把握优质企业在资源整合、拓展投资途径方面的需求，更多运用投行手段、政府资源、社会资本，发掘不良资产潜在价值，拓宽处置渠道。要合理安排批量转让处置工作，加强估值定价合理性审查，加大拟组包不良贷款的尽职追索力度，减少账龄一年以内的不良贷款在资产包中的占比，原则上批量转让的不良贷款诉讼率不得低于 50%。要抓好存量融资风险管控。按照实质风险管控原则，开展动态摸底排查，精准定位潜在风险客户，夯实和净化潜在风险池，防止“不该进的进了”和“该进的没有进”。尤其在钢铁、煤炭、有色等行业去产能加快推进的情况下，要多渠道加强与政府、行业协会等沟通协调，及时全面了解去产能相关政策信息，争取及早介入。对在短期限产措施刺激下暂时反弹的，对缺乏核心竞争力仍然靠天吃饭的企业，要抓住机遇果断退出，不能因一时变化而犹豫反复。要密切关注地方政府债务排查整改情况。根据有关规定，各地政府将在本月底前完成并上报政府购买服务排查和整改情况，清理整改重点是违法违规担保。经过初步梳理，目前在地方政府清理整改中涉及我行融资余额727亿元。对这部分融资，要积极与政府沟通，争取纳入地方政府债券置换范围。对不符合有关规定、确需整改的在建项目，要积极调整为其他商业化运作方式，并重新确定融资方案，确保项目进展顺利。要加强对境外机构和综合化子公司的集团化管理。强化集团统一风险偏好，持续完善境外机构客户统一准入、统一授信等制度办法，对簿记、内保外贷、风险参贷等“低风险项下业务”、跨境跨业联动业务，抓紧开展风险排查和清理完善，进一步规范管理，确保不留“后遗症”。金融租赁等业务也要主动加强与集团的联动，提高客户拓展的层次，更好地融入集团业务发展体系。

坚决防范交叉性输入性风险。要适应新的监管要求，健全交叉性输入性风险管理体系，并进一步明确跨市场业务发展的方向、重点和模式。对同业业务、票据业务、资产管理及互联网金融的市场状况、业务类别、运作模式，以及我行参与的主要方式进行梳理分析，全面厘清风险传染的路径，从产品、客户、合作机构、市场等层面，落实交叉性输入性风险管理的责任分工，构建完备的风险防控体系。全国金融工作会议后，我们率先提出了将同业资产负债占比控制在10%以内、杠杆不超过1.4倍的目标，以及理财业务管理“七条纪律”，这是我们防范跨市场风险的总闸门。要按照这些要求，抓好同业资产负债全口径监测预警、投资杠杆系统硬控制等配套措施的细化落实，确保所承担的实质风险与监管要求相符合，与自身风险管理能力相匹配。要简化产品结构和交易链条，实施理财产品统一集中托管，强化监测分析，尽量做到穿透管理和信息透明，在摸清风险底数的基础上，落实好限额和准入控制。

坚决保证安全稳定运营。当前银行业案件依然呈现高发态势。从我行来看，截至9月末，共发生案件和案件风险事件×件，同比虽大幅下降，但存款业务、现金业务、信贷、信用卡、客户信息安全等领域的案件风险依然突出。全行要紧绷案防这根弦，加强对“十大风险”等重点领域的管控，主动排查、深度治理，持续改进，尤其要突出抓好综合整治发现问题的“双线整改”。整改要到位、动真格，不能走过场、应付了事，一定要从中吸取教训，举一反三，在基础管理和机制上加以完善，彻底解决检查发现问题整改层次低、通报不及时、信息不对称等问题，避免相同的错误重复发生。要持续强化内控合规三道防线建设，尤其是前台机构和业务部门要切实履行好“一道防线”职责，将实质风险“拒之门外”。要深入推进内部账户挂账清理工作。从前期清理揭示的问题看，这其中能藏污纳垢、能美化指标、能掩盖问题，可能还蕴含道德风险。总行要成立专门领导小组，由运管部牵头负责，抓紧推进清理工作，对不合理挂账，财会部要定出计划、限期解决。要建立起正面有制度、反向有约束的规范化管理体系，在系统中设定对内部账户挂账从期限到额度的硬控制，超过规定的要监控要预警要禁入。要借内控合规“执行强化年”活动的开展，持续推动合规文化核心理念和新时期“十大禁令”落地深植。要持续做好审计配合的后续工作，提升沟通协调的层次和专业化水平，充分展现我行经营稳健、管控有效的市场形象，增进理解，赢得支持。要统筹抓好优质服务和安全稳定各项工作，确保运行安全、服务优良、信访稳定、案防有效，为党的十九大胜利召开创造好的氛围，为全行经营发展创造好的条件。

（二）抓好重点改革创新的推进实施。去年年中工作会议以来，我们紧扣全行可持续发展的重大问题，部署和实施了一系列改革创新举措。目前来看，一些已经取得了积极效果，比如困难行解困、利润中心改革等；一些已开始落地实施并取得阶段性进展，如e－ICBC3.0、人员结构调整、信贷体制机制改革、重点城市行竞争力提升、企业级数据应用体系建设等；也有一些已经破题，但配套措施仍需完善，如考核传导机制、专业团队建设、普惠金融发展等。深改办要继续做好重点改革项目的战略解码、督导推动和跟踪评价工作，尤其是对进展不快、效果不佳的项目，要会同责任部门共同分析哪些是决心不够造成的，哪些是资源投入不足造成的，哪些是政策、制度和流程不衔接不配套造成的，在找准症结的基础上，修偏校准，加快推进，确保改革见真章，收实效。第四季度总行深改领导小组要召开一次改革推进会，对之前的重点改革项目作全面梳理评估，对明年的深化改革项目早研究、早安排。这里，我再重点强调四个方面改革创新的推动实施。

一是加快推进e－ICBC 3.0建设。我们已经看到，金融科技的飞速发展，不仅在改变客户的金融行为和消费习惯，也在不断重塑市场生态、金融业态和经营形态。我们面临的最大挑战和不确定性，不再是来自业内的竞争者，而是来自跨界的突袭者。在这场看不见硝烟的战场上，游戏规则可能不再是“大鱼吃小鱼”，而是“快鱼吃慢鱼”。谁转变得快，谁就能奠定优势。目前我们的e－ICBC 3.0战略已经启动实施，组织架构调整和重点项目建设工作在同步推进。下一步要聚焦“有声势、有影响、有效果”这一工作要求，加强统筹协调，加快改革进展。要加紧完成组织架构搭建及职能调整工作。总行网络金融部及下设三大中心要尽快完成组建，确保人员到位，职能到位，各项工作蹄急步稳地开展。要指导各分行做好网络金融部的组建，充实调配网络金融营销推广、运营支持和场景拓展所需要的人员，强化e－ICBC 3.0在分行的落地执行。要实现互联网金融场景建设的实质启动和快速突破。目前全行对场景获客活客的重要性已经有了越来越直观、越来越深刻的感受和认识。基于场景，我们可以改变过去单纯依靠网点和客户经理一对一、面对面的获客方式，既获取开立我行账户的“客户”，也拓展使用我行服务的“用户”，真正实现客户战略向“全量”和“流量”经营的转变。今年是互联网金融场景共建的启动年，全行上下要总分联动、专业协同，以印发《关于互联网金融场景共建的意见》和召开互联网金融场景共建动员大会为标志和抓手，积极推进场景共建工作。我们判断，这个市场窗口期不会太长，抢先进入者会筑起自己的“护城河”。全行要抢抓时机，按照互补合作、错位合作的原则，率先在与信息、生活、出行相关的三类场景建设上取得突破，增强金融服务的输出能力，既快速形成一定的规模效应，也迅速形成良好的第一口碑和市场形象。要强化线上线下的有效联动。我反复强调，线下是银行的根基。实际上，现在一些有代表性的互联网企业也在积极地拓展线下渠道，实现线上线下用户流量的相互转化。我们更要依托好线下的固有优势，以客户需求为出发点和落脚点，进一步拓展线上线下的交互场景，实现客户服务在柜面、线上和智能设备等渠道的无缝对接和无差别体验。同时，要始终站在客户角度来思考和推动渠道转型和流程优化，注重对客户结构和金融消费行为的分析，因地制宜制定渠道和流程优化改造策略，避免脱离实际做表面文章。

二是要做实做活普惠金融体系。我们已经正式成立了普惠金融事业部，来统筹推进小微金融、精准扶贫和“三农”等领域的金融服务，当前重点是加快推进小微金融服务。成立专门机构只是改革的前奏和基础，关键是要完善机制、找准路径、发挥效能、见到效果。以小微金融为例，尽管前三个季度我们完成了“三个不低于”的监管要求，但内部管理口径小微贷款增长乏力，仍较年初下降347亿元，小微贷款风险暴露仍处在相对高位。实事求是地说，我们还没有完全找到一条在风险可控基础上有效激活和发展小微金融的路径。尤其是我们小微贷款余额已突破2万亿元，在这样一个高基数上如何保持良性较快发展，是需要我们认真研究的一个大课题。但我们不能停下来观望等待，守株待兔永远找不到出路。9月27日国务院召开常务会议，部署通过减税、定向降准等手段，激励金融机构进一步加大对小微企业的支持。人民银行随即出台了对普惠金融实施定向降准政策，与原先政策相比，此次定向降准比例保持不变（第一档下调0.5个百分点，第二档下调1.5个百分点），变化在于拓展了纳入定向降准考核的贷款范畴（延伸到脱贫攻坚和“双创”等领域），调整了原有政策标准（聚焦单户授信500万元以下小微企业贷款以及个体工商户和小微企业主经营性贷款）。资产负债、普惠金融等相关部门要做好测算、统计、监测和贷款投放把握等工作，各分行要切实解决好对小微金融“不敢做、不想做”的思想认识问题，积极主动担负起主体责任，确保全行普惠金融贷款余额占比符合定向降准要求，进入第一档。要健全业务经营机制。积极落实银监会“五专”经营机制要求，探索对普惠金融事业部进行独立的经营核算，明确定量考核方案。同时，要指导分行加快普惠金融事业部的组建，相关组建工作要在年底前全部完成，并将普惠金融业务相关监管指标纳入对分行的绩效考核体系。要面上推广和点上深化并举，推进专营机构建设。从人员选配、市场规划、业务授权、流程优化、考核评估等方面加大对小微中心的支持和指导，推动在尚未设立小微中心的重点城市行和“中国制造2025”示范区城市设立小微中心，力争年内完成230家小微中心的组建计划。要完善小微中心审查审批方式。要扎实推进小微中心样板建设，探索不同地区不同特点的小微中心发展模式，在全行范围形成多层次、多样化、可复制的小微金融发展模式。要善于借势用力，创新普惠金融专属产品和服务。小微企业融资问题有其多元性和复杂性，破解小微金融难题也需要汇聚政府、银行、企业各方合力。要主动加强与地市级以上政府设立的担保公司、风险补偿基金、商业保险机构、全国农担联盟、发改委等机构的合作，创新多种增信措施和手段，建立以优质资产抵押贷款为主，银政、银担、银税合作类贷款为辅的小额贷款产品体系。

要按照习总书记在深度贫困地区脱贫攻坚座谈会上的重要讲话精神和相关监管要求，统筹做好定点扶贫、金融精准扶贫和金融支持深度贫困地区脱贫攻坚工作，在政府、社会、市场协同推进的大扶贫格局中准确定位工商银行的角色，突出支持建档立卡贫困人口脱贫和深度贫困地区经济发展两大重点，精准对接信贷需求，提升基础金融服务水平，充分发挥金融助推脱贫攻坚的作用。

三是要增强重点城市行发展原动力。总体来看，重点城市行竞争力提升见到了一定成效。前三个季度，直辖市行和80家重点城市行各项存款占比76%，各项贷款占比74%，拨备前利润占比81%，较上半年又有新的提升。但从结构来看，行际间差异较大，直辖市行、省行营业部竞争力提升较为明显，一些二级分行竞争力不升反降；从内生动力来看，目前改革的抓手仍然主要是优化授权和资源配置，这会起到一些立竿见影的效果，但这种效果在达到一个临界点后就会出现衰减。所以，提升重点城市行竞争力，一方面要细化跟踪分析，加强对竞争力提升不快分行的重点帮扶督导，防止以总体向好掩盖结构性问题；另一方面要督促重点城市行眼睛向内、苦练内功，在充分授权的基础上，更加重视增强自身的造血功能和内源性增长动力，加快由外力拉动向自主发展的良性循环转变，这才是根本、是核心。要立足当地市场，明确重点，做出优势。经济是金融发展的土壤。业务结构是否契合区域经济结构和资源禀赋，是否抓住了本地经济社会发展中的新动能、新亮点，是检验一个行内生发展动力的重要标准。各城市行都要善于从客户、业务、经济和产业结构出发，因地制宜地确定业务特色和发展重点。同时，对重点城市行，尤其是直属分行和省行营业部来说，这个特色不能是小众化的，而是要在主流市场或主流业务领域占据主导地位，形成显著的竞争优势。要成为改革创新的试验田。城市行尤其是发达地区的城市行面对的是更加活跃的客户群体、更加富集的金融资源、更有活力的员工队伍，改革创新既有压力，也有动力和条件。要在完善绩效考核体系和资源配置机制等方面先行先试，在扁平化管理和新型团队建设等方面多做探索实验，在新业务、新产品的研发落地上快人一步，在融资业务创新和线上业务发展上率先突破。

四是启动实施体制机制改革创新。在同业竞争中，我们的战略是有优势的，产品和技术也不落下风，为什么基层却经常反映在拼刺刀的时候拼不过人家。一个重要原因就是，我们组织和授权的弹性和活力不够，效率和柔性不够。相对而言，我们自上而下的集中管理、系统管理比较严格，“大脑”的功能更强大一些，“手脚”的自主性、灵活性相对弱一些。这有时候是优势，有时候是劣势，不能简单地一概而论。我们希望通过体制机制的合理、适度创新，进一步激发全行的经营活力和竞争力。前一阶段，我们相继召开了部分分行和总行部门，以及党校研究班学员参加的座谈会，专题研究讨论体制机制改革问题。总的设想是坚持客户导向、市场导向、基层导向和问题导向，分类推进、分步实施改革，通过优化组织机构及管理效能，释放经营活力，通过优化业务运营模式，提高经营效率，通过优化人力资源结构，增强经营动力，通过优化绩效考评体系，解决战略传导“中梗阻”和“最后一公里”问题。在“最后一公里”落地问题上，现在整体方案已经有了，要抓紧推出可操作、可落地的模板，尤其是零售领域要率先起步、率先落地，分行要限期落实、限期解决，这是一个硬标准、硬要求，不能片面应付、迟而不动。总行深改办要根据这一改革的总体方向和要求，结合三年规划的编制，会同有关部门在第四季度拿出体制机制改革的总体实施方案，明确重点项目、效果目标和进度要求，争取尽快启动实施。相关部门和各机构也要充分发挥主观能动性，主动谋划和探索推动体制机制改革，向改革要红利，向创新要动力，向管理要效益。

四、改进作风，完善机制，更好地推动战略传导落地

我们反复强调，新常态下推进改革发展，经营思路、工作作风和员工士气是三大法宝。工作作风不同，往往经营局面迥异。尤其是总部作风更是关系大局、影响全局的重要因素。从近两年对总行本部作风建设调查情况以及管理效率提升年“回头看”反馈情况来看，总行作风情况总体是好的，对服务实体经济和客户、推进经营转型和创新发展起到了积极促进作用。同时，习总书记谈到的不思进取、不接地气、不抓落实、不敢担当的问题，在我们一些部门和干部中也不同程度地存在。特别是工作抓而不实、抓而不力，以及战略传导不到位的问题较为突出。尽管我们对此也采取了一系列改进措施，但效果还没有充分显现，需要我们扭住问题不放，进一步从理念、作风、机制等方面多管齐下，进一步增强抓落实的责任担当和工作能力，进一步形成崇尚实干、狠抓落实的良好文化和风气。

要在“抓大”上狠下功夫。抓大，就是要抓全局、抓关键、抓重点。尤其是总行作为全行的战略决策中心、管理指挥中心、资源配置中心、风险管控中心、信息汇集中心，各部门更要有大思维、大视野、大局观，增强战略谋划和统筹能力，不能“精于细末、失其大略”。我们看到，有的条线战略要地的优势在不断缩小，甚至龙头地位拱手相让；有的机构基础业务的根基不断被蚕食，与领先同业的差距日益拉大。这说明不善于抓要害、抓重点、抓基础，我们就会逐步失去竞争发展的主动权。因此，总行各部门无论是对外部经济金融形势的研究，对市场变化趋势的理解，对客户需求的洞察和认知，对金融科技发展规律的遵循，还是对全行整体战略的把握，对本部门工作重点和主攻方向的掌控，都要察大势，抓大事。我们也希望总行各部门、各级行在抓落实上，每年都要抓几项重点工作，完成几项重点任务，不断积小胜为大胜，步步为营、久久为功。

要在“抓精”上狠下功夫。抓精，就是要抓精准、抓精品、抓亮点。对总行职能部门而言，要增强专业研究的指导能力，在战略和政策制定上，更加体现出分类指导、因地施策的针对性和有效性，少搞齐步走、一刀切的简单化做法。对分行而言，要增强战略思考、领会和执行能力，善于结合区域特点和自身发展实际，创造性开展工作，抓出创新亮点，做出经营活力，创出发展经验，成为精品和特色分行。

要在“抓实”上狠下功夫。抓实，就是要讲实干、重实际、求实效。抓落实，是一切工作的生命线。不落实，再好的战略也是水中花、镜中月。甚至会出现我们前瞻性谋划提出的战略，因为行动迟、落地慢，反而被同业学习效仿，为竞争对手创造了实绩。因此，要把狠抓落实放到关系战略成败和全行兴衰的高度推动解决。总行部门和各级领导干部要做抓落实的“第一推动力”，既当“指挥员”，又当“主攻手”，形成一级抓一级、一级带一级、层层抓落实的局面。要加强部门间的协同配合，消除“部门墙”，吹好协奏曲，演好大合唱，形成抓落实的合力。各部门各机构要主动承担抓落实的主体责任，对总行召开的重要会议、印发的重要文件、作出的重要部署，以及行领导重要批示和交办事项，主动拉单列表，及时报告办结或进展情况。总行各

部门在年度述职时，要把行领导批示交办事项和基层反馈的重要问题，一并附表说明，确保件件有落实、事事有回音。要进一步建立健全督察督办机制，拓展督办的力度、广度与深度，实行流程式规范管理、无缝式责任分工、目标式跟踪落实，推动督办工作的制度化、系统化和常态化。同时，既要督任务、督进度、督成效，也要查认识、查责任、查作风。要完善问责奖惩机制，褒奖那些埋头苦干、狠抓落实的干部，教育和调整那些只尚空谈、不干实事的干部，严厉问责那些弄虚作假、失职渎职的干部，促进全行真刀真枪抓落实，一心一意谋发展。

同志们，全行上下要以即将召开的党的十九大精神为指引，以贯彻落实全国金融工作会议精神为推动，提神鼓劲，再接再厉，统筹做好年前各项工作，力争将各项目标任务完成得更加出色，也为来年发展奠定更好的基础。

奋力走好新时期的长征路
实现从传统大行向现代化强行的关键跨越

——在中国工商银行改革发展研讨会上的讲话

易会满

（2017 年 12 月 22 日）

这次研讨会的主要任务是，深入学习贯彻党的十九大、全国金融工作会议和中央经济工作会议精神，回顾全行五年发展成就，分析经营形势变化，研究谋划新时期的发展蓝图和发展战略，动员全行牢记使命，强化担当，奋力走好新时期的长征路。我讲以下几方面意见。

一、发展历程与治行理念和治行方略

十八大以来的五年，是党和国家发展进程中极不平凡的五年，也是工商银行改革发展历程中不寻常、不容易、不简单的五年。一路走来，我们爬了坡，过了坎，涉了险，经历了经济金融前所未有的结构性调整和周期性变化，经受了跌宕起伏的风浪考验。在急剧变革的经营环境中，保持了稳中有进的发展态势，保持了大行应有的定力与风范。

这五年，是我们综合实力、价值创造力和国际影响力上升到新高度的五年。全行总资产从 17.5 万亿元增长到 25.7 万亿元，是全球资产规模最大的企业。各项存款、贷款余额分别从 13.6 万亿元、8.8 万亿元增长到 19.3 万亿元和 14.2 万亿元，均居全球首位。净利润从 2 387 亿元预计年底增长到 2 800 亿元，保持全球银行业最好水平。继 2008 年成为全球盈利、存款和品牌价值第一的银行后，这五年又在营业收入、一级资本、总资产、ROA、ROE 等更多指标上确立了全球领先地位，市值长期居于全球上市银行前列，成为全球系统重要性银行，也成为同期全球成长性最佳的金融机构之一。近五年年均分红比例达 33%，通过分红和上缴所得税为国家创造近万亿元的价值回报，实现了国有资产的保值增值。全行从经营业绩到公司治理各方面都得到广泛认可，并成为有史以来第一家来自新兴市场国家的“全球最佳银行”。

这五年，是我们服务实体经济取得新成效的五年。建立了信贷增量与存量并轨管理、信贷与非信贷一体化服务的新机制，引导金融活水更好地浇灌实体经济。主动适应供给侧结构性改革要求，支持“三去一降一补”，支持产业结构优化升级。主动对接“四大板块”“三个支撑带”，五年累计为国家重点项目和重大工程发放项目贷款 4.4 万亿元。牵头筹建中东欧金融公司和推动银行间常态化合作机制落地，为“一带一路”建设提供工行方案。成立普惠金融事业部，在支持小微、“三农”“双创”、精准扶贫等领域展现大行担当。其中全行小微贷款余额 2.2 万亿元，是国内最大的小微贷款银行。

这五年，是我们创新和转型形成新格局的五年。坚持传统动能改造提升和新动能培育壮大并举，启动实施大零售、大资管、大投行“三大战略”，推进国际化、综合化、信息化“三化”建设，深化利润中心改革，构建了多源动力、多点支撑的增长格局。国际化发展迈出新步伐，在全球 45 个国家和地区设有机构 420 家，境外机构资产和利润年复合增长率均超过 20%。稳步推进综合化经营，收购成立工银安盛和工银标准，申设成立工银投资，完善了跨市场的金融服务体系。搭建“两地三中心”的科技运营体系，建立统一数据仓库和集团信息库两大数据平台，发布 e－ICBC 互联网金融品牌并构建起亿级客群。

这五年，是我们风险管理经受住新考验的五年。面对 2013 年以来经济新常态下的不良贷款反弹态势，标

本兼治打好信贷资产质量攻坚战，控新增、防劣变、优处置，加快构建与新常态相适应的信贷管理新机制。今年以来，全行资产质量逐季改善，拨备覆盖率稳定回升。面对各种交叉性输入性风险向银行体系传导蔓延态势，完善全链条、全品种、全覆盖的风险管理体系，持续开展对重点领域风险的排查整治，确保了总体风险可控。

这五年，是我们党建和队伍建设开创新局面的五年。深入开展党的群众路线教育实践活动、“三严三实”专题教育、“两学一做”学习教育常态化制度化，深化中央巡视整改工作，推动全行不断增强“四个意识”，促进管党治党主体责任的层层落实。实施惩防体系建设五年规划，开展第二轮内部巡视，推进作风建设常态化长效化。组织实施多轮公开遴选，改进选人用人机制，加强干部专业化建设，实施“311”干部培养规划，实施人力资源管理深化项目，推动结构优化、梯队传承和素质提升。构建“一个核心、四个支撑、两个延伸”的企业文化体系，激发干事激情与创造活力。

工商银行这五年历史性的进步与发展，是中国经济社会全方位、根本性变革的一个缩影。实践充分证明，十八大以来党中央作出的一系列重大决策部署是完全正确的。站在这些年改革发展奠定的良好基础上，我们要进一步增强中国特色社会主义的道路、理论、制度和文化自信，满怀信心地开创全行改革发展的新境界。

这五年的发展历程，也是我们在国内经济金融发展阶段经历重大转换的背景下，对治行理念和治行方略不断探索、深化认识、统一思想，并且用实践来反复检验的过程。更重要的是，党的十九大、全国金融工作会议和中央经济工作会议提出的一系列新思想、新理念、新要求，为我们深化理论探索和实践创新提供了根本遵循。这些治行理念和治行方略，对指导和引领工商银行在新时期的发展具有重大意义和重要作用。全行上下要在新的实践中坚持运用，并创造性地发展。

一是坚持党建统领与科学治理一以贯之。中国特色社会主义最本质的特征是党的领导，中国特色社会主义制度的最大优势是党的领导。坚持党的领导、加强党的建设是国有企业的“根”和“魂”，必须一以贯之。建立现代企业制度是国有企业改革的方向，也必须一以贯之。公司治理是现代企业制度的核心，企业能否高效创造价值，能否形成有效制衡，取决于公司治理是否科学。党的领导与公司治理在目标上是一致的，在功能上是互补的。我们通过“双向进入、交叉任职”、将党建要求写入公司章程等制度安排，将党的领导融入公司治理各环节，把党组织内嵌到公司治理结构之中，实现了党建与公司治理的充分融合，形成了以党委为核心，“三会一层”协调运转、有效制衡的机制。面向新时期，我们必须坚持和加强党的全面领导，统筹推进党的各项建设，抓住关键少数，夯实基层基础，不断提高党委把方向、谋大局、定政策、抓改革、促落实的能力。必须不断探索党的领导与公司治理有机统一的有效机制和路径，更好地促进党发挥作用的组织化、制度化、具体化，确保现代金融企业建设始终朝着正确的方向前进，在发挥党的领导与公司治理双重优势上打造大行标杆。

二是坚持以战略指引方向。战略决定我们向何处去，是引领发展的“风向标”，是凝聚共识的“定盘星”，是汇聚力量的“引力场”。一家银行的发展状况与战略运筹能力密切相关。能否洞悉趋势变化、顺应监管方向、把握市场脉搏和客户需求，能否战略上判断得准确、谋划得科学，是银行最终拉开差距、呈现优劣的“分水岭”。尤其是对工商银行这样一家大型金融集团来讲，不能走一步看一步，如果没有清晰的战略来统揽大局、统筹全局，就会造成无所适从或各行其是。面向新时期，需要总行进一步加强战略谋划，向前展望，高处谋局，既提出展现共同价值追求的愿景蓝图，又提出具体的奋斗目标，确保形成全行一盘棋，心往一处想，劲往一处使。战略绝不仅仅是总行的分内之事，各级机构尤其是一级分行、重点城市行必须要有相应的战略思考、领会和筹划能力。在全战略、总布局之下，要有清晰的分层战略和分区域战略，上通天线，下接地气，体现特色和亮点。要有强大的战略定力，确保在前行道路上不分心、不走神、不偏离，心无旁骛、一心一意办银行，在专注经营发展中直达目标。战略的生命力在于执行。既要起点高、重谋划，又要落点实、重执行。不落实、不落地，再好的战略也是水中月、镜中花。要消除“部门墙”和“机构壁”，打通“中梗阻”和“最后一公里”，确保战略落地见效、开花结果，与实践形成同频共振。

三是坚持按商业银行规律办事。规律是方法论，决定了我们在发展的道路上，走得对还是错、远还是近、快还是慢。谁遵循规律，谁就能与胜利会师；谁违背规律，谁就会吃苦头、受惩罚。商业银行规律具有普遍性，如要求我们坚持正确的发展观、业绩观和风险观，坚持“三性”原则、“三铁”纪律、“三查”制度、“三分离”安排等。商业银行规律更是具体的，要求我们一切从实际出发，具体问题具体分析，一把钥匙开一把锁，防止经营中的极端化、片面化、绝对化。商业银行规律不是一成不变的，不能墨守成规、刻舟求剑，而要顺其势、行其道，善于应规律而变、顺规律而兴。面向新时期，我们要在经营发展中更好地把握“五个不动摇”，即坚持服务实体经济本源不动摇，坚持稳中求进总基调不动摇，坚持市场化改革方向不动摇，坚持商业化经营原则不动摇，坚持守住风险底线不动摇，努力在经营中实现规模、价格、风险的合理配比，以及收入、成本、资本的最佳组合。

四是坚持以客户为中心。客户是我们的衣食父母，是我们价值创造的深厚源泉，也是我们所有产品和服务的最终归宿。无论时代如何变迁、环境如何变化，“以客户为中心”应该始终成为我们最核心的经营观和文化精髓。任何漠视、侵害客户利益的行为都会最终使客户用脚投票，任何背离“以客户为中心”的做法都会最终导致失去生存和发展的土壤。这是银行经营的大逻辑。同时“客户”的概念和定位会随着时代变化和技术发展，而被赋予全新的内涵。面向新时期，需要我们全面、立体、动态地认知客户和把握客户需求。不能把“以客户为中心”当作一个抽象的、空洞的概念，单纯停留在口头上、止步于思想环节，而是要体现在战略制定、考核评价、资源配置、组织架构、渠道流程、营销风控等各个环节，抓好全面落地渗透。要把“以客户为中心”的导向作为一把标尺。从总行到网点，从前台到中后台，从线上到线下，从境内到境外，每项工作、每个动作都要用这个标尺去衡量和检验。我们经营转型和创新发展的成效也要从客户视角来评价。唯有专业服务才是正道坦途，唯有全方位提升客户的获得感，让客户感到受尊重、被满足甚至有超预期的惊喜，才能赢得客户的深度信赖与支持。要永无止境地推动服务改进，持续打造卓越服务体验和良好口碑形象，通过赢得客户来赢得市场，赢得发展。

五是坚持以改革促发展。发展是现代金融企业建设的第一要务。改革是发展的根本动力，也是新时代的鲜明特征。改革发展的主要目的是解决矛盾累积、动力转换、结构转型三大问题，提升市场竞争力和可持续发展能力。发展前进一步，就需要改革前进一步。不改革，发展就会走入“死胡同”。改革既是经营发展中存在问题的倒逼，也是解决问题的钥匙。要坚持抓重点、补短板、强弱项，找准症结，开实药方。改革要把握好节奏与力度，战略上要积极进取，战术上要稳扎稳打，保证蹄疾而步稳。面向新时期，全行各个区域、各个板块都处在转型发展的关键期，如船至中流，不进则退。谁能积极有为推进改革攻坚，保证改革精准发力和精准落地，谁就能赢得发展主动，创造发展活力。要坚定改革的决心和勇气，敢涉险滩，敢越激流，敢闯难关，敢啃硬骨头。要加大改革落实力度，一环紧扣一环，一步紧跟一步，盯住干、马上办、改到位。尤其要讲究改革方法，做到上下联动、协调统筹，将顶层设计与基层探索相结合，将重点突破与整体推进相结合，将单兵突进与协同配套相结合，将治标与治本相结合，确保改革有所进、有所成。要压茬拓展改革的广度和深度，做到梯次接续，层层推进，次第开花，既下好先手棋，又走活满盘棋。

六是坚持传承与创新的统一。传承与创新是将战略付诸实践的战术执行，是发展的两面。没有传承，就是无根之浮萍。没有创新，就是无源之死水。传承与创新的精神内核是不忘初心。不管我们所处的阶段、环境和具体任务发生了怎样的改变，不管我们在新的征程上走出多远和走到多辉煌的未来，我们都不能忘记“把银行办成真正的银行”这一初心和信念，不能丢掉我们事业启航时艰苦奋斗的精神和创新奋进的气质。这是涵养我们的宝贵精神财富。传承与创新的检验标准是实践。不能为创新而创新，也不能搞超越边界和脱离航道的伪创新。新一届总行党委班子提出的“四个倍加”和“五个紧紧抓住”，就是我们守正出新、传承创新的体现。面向新时期，我们要更加注重传承与创新的融合统一，坚持从解决实际问题出发，激荡敢为天下先、敢为人先的锐气，对发展做新思考、对结构做新调整、对工作做新谋划，以使我们在日新月异的革新浪潮、快速变化的客户需求和日益激烈的市场竞争面前，掌握主动和先机，勇立潮头浪尖。

七是坚持集中统一和分类指导相结合。集中与分散、统一与差异、共性与特色、收权与放权，是一个硬币的正反两面，既对立又统一。工商银行作为一家跨地区、跨市场的大型金融集团，要重视处理好这些关系，既不能各自为战，各搞一摊，也不能简单“一刀切”“齐步走”，采取大而化之、“放之四海而皆准”的管理方式。这是对总分行管理者领导能力、管理艺术和工作方法的重大考验。在这些年的经营管理实践中，我们有成功的经验，也有走弯路的教训。事实反复证明，这些矛盾处理得好，发展就会驶上健康的“快车道”，如果失之偏颇就会处于被动，甚至陷入“一抓就死，一放就乱”的怪圈。面向新时期，我们要继续坚持和完善全行统一管理，在“ONE ICBC”的整体框架下，以统一战略、统一制度、统一文化，来统筹全行的经营理念、发展目标和转型方向，提高决策力和行动力。同时更要强调实事求是、因地制宜、分类指导，根据各区域实际，增强产品研发、业务授权、考核评价、风险管控、制度流程的灵活性和适应性，保证各类资源向战略领域倾斜配置，增强主战场的作战能力和潜力市场的发展后劲，充分激发各经营主体的活力与动力，以百花齐放撑起工商银行的春色满园。

八是坚持以信息技术变革引领银行再造。银行是科技密集型行业。信息科技是发动机和推动器，其发展水平是衡量银行经营管理及服务水平的重要因素，是打造核心竞争力的关键环节。过去五年，我们在高起点上完成了从银行信息化到信息化银行，从PC网银到移动互联，从单个互联网金融产品创新到整体互联网金融架构搭建的重大转型，在因需而变、以变应变中开启了科技兴行的新篇章，在互联网金融发展的棋局中刻下了鲜明的“工行印记”。面向新时期，金融科技浪潮正深刻改变人们生产生活的场景甚至理解世界的方式，不断催生新的产业形态和商业景观。我们要以更加开放的视野和胸怀“拥抱互联网”，运用金融科技的新思维和新手段，在立足传统科技优势的基础上，下更大的决心推进

IT架构转型和智慧银行建设，使金融“正规军”成为金融科技战场上的“主力军”，在同业中重塑科技代际优势，在市场上锻造工商银行开放、普惠、共赢的新形象。

九是坚持与时俱进管控风险和从严治行。风险管理是银行工作的核心要义，也是永恒主题。办银行欣赏的不是百米跑选手，而是马拉松冠军。有效驾驭风险是银行基业长青的关键。风险又是一个实时变化、动态演化的过程，风险管理永远在路上。面向新时期，打好风险防控的攻坚战和持久战，是我们必须越跨的关口，是一场输不起的战役。我们要真正将风险管理作为生命线。前提是要树立“国家总体安全观”，努力将金融稳定因子植入经济社会土壤之中；树立“稳健发展观”，不搞“短平快”，不搞“大跃进”，打造稳健合规经营的“金字招牌”；树立“正确风险观”，勇于直面风险，善于识别风险，精于化解风险，长于抓住危中之机，而不是一味惧怕和回避风险。核心是要落实责任，既落实好各级机构守土有责的第一责任和主体责任，又落实好前中后台和“三道防线”的全流程责任。关键是要做到耳聪目明，对各类风险的表现形式、生成机制和传导路径看得清、看得准，画得出清晰的风险图谱。不仅要心中有数，还要手中有方。要坚持从严治行、铁腕治行和专家治行，树立同风险赛跑的意识，及时优化改进风险管理的制度、机制、文化、技术和策略。要讲究统筹，既管好传统信贷风险，也管好交叉性输入性风险，既管好表内，也管好表外，既管好境内，也管好境外，既管好增量，又管好存量，既抓好预防，又抓好处置，既防“黑天鹅”，又防“灰犀牛”，多管齐下把“高发期”和“深水区”的风险管理做实做强。

十是坚持把以人为本贯穿于经营发展和队伍建设之中。事业成败，关键在人。人是生产力要素中最活跃的因素，也是我们一切工作的动力源泉。得人心、聚人力，方能成大事、行长远。没有全行46万名员工，我们就没有一切。必须解决好为了谁、依靠谁的问题，尊重人的主体地位，尊重人才，尊重劳动，尊重创造。面向新时期，我们要把党管干部、党管人才与建立人力资源管理新体系相结合，把践行以人为本和严管厚爱相结合，把抓好思想政治工作与企业文化建设相结合，进一步优化完善选人、用人、育人、留人的平台和机制。要注重提高各级经营管理人员的战略思维、创新思维、辩证思维、法治思维、底线思维能力，增强出思路、抓落地的本领，增强干对事、干成事的能力。要把经营思路、工作作风、员工士气作为新时期攻坚克难的三大法宝，打造士气高、作风硬、本领强的队伍，实现员工成长成才与经营发展的良性循环。

二、新时期，新蓝图，新征程

党的十九大报告明确指出，从全面建成小康社会到基本实现现代化，再到全面建成社会主义现代化强国，是新时代中国特色社会主义发展的战略安排。中国特色社会主义进入新时代，我国社会主要矛盾已经转化为人民日益增长的美好生活需要和不平衡不充分发展之间的矛盾，中国经济已由高速增长阶段转向高质量发展阶段。这是我们考量各项工作的大格局、大原则、大判断。在这样的历史方位和宏观坐标下，工商银行的经营发展也进入到一个新时期。这一新时期，既与我行成立30多年来波澜壮阔的发展历程一脉相承，又呈现许多新的阶段性特征。需要我们立足世情国情行情，以宽广视野和全新思维，洞察新的趋势变化，谋划新的愿景蓝图，开启新的奋斗征程。

（一）外部经营环境正在发生更深层次的新变化。从宏观经济环境看，当前世界正处于大发展大变革大调整时期，全球宏观政策拐点出现，西方国家政治极化突出，不少国家社会分化严重，安全问题凸显。全球治理体系和国际秩序变革加速推进，经济增长前景有所改善，但深层次结构性矛盾和内生动能不足的问题仍未有效解决，“新平庸”风险尚未彻底摆脱。主要发达经济体财政货币政策走向及外溢效应值得关注，逆全球化思潮、保护主义、民粹主义对世界经济的影响不容低估，我们面临高度复杂多变的国际环境。我国经济正处在转变发展方式、优化经济结构、转换增长动力的攻关期。以供给侧结构性改革为主线，推动经济发展质量变革、效率变革、动力变革，提高全要素生产率，增强我国经济创新力和竞争力，将为金融健康稳定发展创造良好环境和有利条件。同时经济运行的一些突出矛盾和风险尚未消除，产品和服务质量短板仍然突出，新增长动能还不够强大，区域、产业、企业分化现象凸显。这些深层次矛盾和问题，必然会在金融领域反映出来，需要经历一个艰难的调整过程。对国内外经济形势变化，必须密切关注、有效应对。

从金融环境看，一是金融风险点多面广。在周期性、结构性、体制性因素的叠加影响下，今后一个时期金融风险仍将处于易发高发期。风险的生成机制和表现形式更加多元，呈现出传统风险与新型风险共生、线下风险与线上风险并存、单一风险与多市场风险共振的特点。同时，风险的隐蔽性、复杂性、突发性、传染性和危害性增强，对银行风险管控能力形成严峻挑战和重大考验。二是金融监管从严趋紧。国际金融监管标准日益严苛、力度持续加大，尤其是对中资银行合规及反洗钱管理的关注度明显提升。国内监管改革正在有序推进，强化全口径监管统筹协调、强化跨市场跨业态跨区域监管、强化功能性和穿透式监管、加大对金融乱象的治理力度，将是今后监管的主要方向。三是金融市场改革深化。推进利率市场化和人民币汇率形成机制改革，发展多层次资本市场，稳步提高直接融资比重，完善金融基础设施和市场互联互通，不断扩大金融对外开放等一系列措施，将从多个维度重构金融生态环境。四是金融科技飞速发展。以大数据、云计算、区块链、移动互联和人工智能等为代表的金融科技风起云涌，在深刻改变客户金融行为的同时，也对银行固有的经营理念和服务模式，乃至金融生态和竞争格局带来颠覆式冲击。如果我们不主动创新应变，没有一招鲜或几招鲜，那我们的先发优势和金融领头羊的基础地位就会受到严峻挑战。五是金融服务需求显著变化。银行主流客户群体正在发生代际更替，千禧一代逐步成为消费中坚力量，年轻客群更加关注个性、强调体验、渴望互动，金融行为更多向线上迁徙，金融生活化、生活场景化趋势明显。金融需求在总量扩大的同时外溢增加，客户资金在金融和新金融机构之间、在不同大类资产之间的流动转换更加频繁。总的来看，金融环境的深刻复杂变化，将对全行战略执行和经营发展产生重大深远的影响。

（二）全行改革发展站上新起点。站在承前启后、继往开来的历史交汇点，我们不忘从何而来，也知道将去向何处。工商银行33年的发展历程大体分为三个阶段。在国有专业银行时期（1984—1993年），我们积极参与经济体制改革，大力支持国民经济发展，成为服务城市和工商企业的主渠道，确立了在基础业务领域的国内优势地位。在国有独资商业银行时期（1994—2004年），我们按照市场经济要求和商业银行原则加快转轨步伐，不仅扩展了经营领域，也通过大打资产质量攻坚战和经营效益翻身仗，为股份制改革奠定了基础。在股份制商业银行时期（2005年至今），我们成功股改上市，构建了现代金融企业制度和治理体系，在应对国际金融危机的“大考”中实现了新的跃升和发展。经过30多年的砥砺奋进尤其是股改上市10年的创新实践，我们完成了第一次艰苦卓绝的长征路，实现了从小到大、从本土到全球、从技术性破产边缘到世界金融舞台中央、从国际竞争赛场上的追赶者到并行者甚至某些领域的领跑者、从经营发展和公司治理方面的学习者到创造者和弄潮者的“五个历史性跨越”。今天，我们以全球最大银行的地位，以充满生机与活力的姿态，屹立于世界优秀银行之林。这是我们新的起点，也是新的历史方位。

头顶“宇宙行”的光环，我们有理由自豪但不可以自满，应该自信但决不能自负。要清醒看到，作为“宇宙行”，我们的优势更多体现在规模和总量类指标上，当然这些指标也是不可或缺的，是我们综合实力、市场影响力和服务实体经济能力的重要反映和立足基础。但规模最大并不必然等同于质量结构最优、等同于创新和竞争发展能力最强，也不意味着可以始终保持不被撼动的市场领导者地位。实际上，庞大的规模体量是一把双刃剑。相比中小机构，我们拥有更大的回旋余地和发展纵深，但灵活应对市场和转型掉头的难度也更大；我们整体抗风险能力更强、韧性更好、底气更足，但受各种风险侵蚀的几率也更高、触点也更多，同时伴随着巨大的资本补充压力。作为全球最大银行，我们在前行的道路上没有“现成答案”和“标准模式”可遵循套用，身后又面临着同业和跨界竞争者“兵临城下”的追赶和“弯道超车”的逆袭可能。作为先行者和探路人，我们必须更具前瞻性，更具紧迫感，更具行动力。故步自封没有前途，创新奋进才有未来。

实际上，我们最大的对手是自己。在新时期，全行面临着发展不平衡不充分的主要矛盾。突出表现在：我们的客户总量不少，但多而不活、大而不优、广而不深的问题较为明显，以客户为中心的理念仍没有贯穿到组织架构、渠道流程、产品科技和营销服务的全过程中。我们在同业中保持着总体竞争优势，但行际间、条线间的竞争力分化问题有所加剧，尤其是一些战略要地和基础条线的优势地位正逐渐失守甚至拱手让出。我们在严峻复杂的环境中保持了各类风险可控，但适应新常态的风险管理体系、制度、技术、文化的构建还没有完全到位，对实质风险的识别和对关键风险的管控还不够前瞻有效。我们体制机制的优化创新持续推进，但绩效考核、资源配置、授权管理、市场化定价、集团联动等机制还不完善，形成发展短板和瓶颈制约。我们的信息科技水平业界领先，但对新技术变革的适应能力和科技供给能力还不强，产品、业务和IT联动效果还不够好，不能充分适应客户极致体验、迭代敏捷开发等要求。我们的战略谋划和顶层设计能力较强，但战略分层能力和战略执行力、穿透力不足，“最后一公里”问题尚未有效破解。我们人员总量不少，但梯队和分布不合理，新兴和高端人才紧缺等矛盾依然突出。这些问题，必须着力加以解决。

站在承前启后、继往开来的历史交汇点，我们不能被鲜花掌声所陶醉，不能被习惯思维和传统路径所束缚，更不能被困难和风险所吓倒，而是要找准方位，明确目标，把握规律，有效应对。

（三）开启由传统大行向现代化强行跨越的新征程。站在承前启后、继往开来的历史交汇点，我们要乘势而上开启新征程，实现由传统大行向现代化强行的关键跨越。这就是要打造“价值卓越、坚守本源、客户首选、创新领跑、安全稳健、以人为本”的具有全球竞争力的世界一流现代金融企业。这是我们建设现代化强行的标志性特征，也是我们新时期的愿景。我们要用这一新的愿景来统一思想、凝聚共识，用新的目标来昂扬精神、激励斗志。具体来讲，我们要做价值卓越的银行。价值创造是所有优秀企业存在的终极意义。要坚持以市场为导向，以服务创造价值，靠竞争力吃饭。不仅要创造不俗的业绩，保持行业领先地位，还要为所有利益相关者包括股东、客户、员工和社会创造卓越价值。我们要做坚守本源的银行。实体经济是银行的本源。要坚定扎根实体经济的决心，进一步做优主业，做精专业，突出重点，瞄准短板，加快普惠金融、科技金融、绿色金融等创新发展，全面提升服务实体经济的效率和水平，实现与实体经济的良性互动、共生共荣。我们要做客户首选的银行。客户是银行的立业根基。要把握、适应进而引领和创造客户需求，持之以恒地打造效率高、体验佳、口碑好的银行，建设客户信得过、靠得住、用得好的首选银行，成为卓越金融服务供给的集成者。我们要做创新领跑的银行。创新是银行永立潮头、永续发展的不竭动力。要在扎根实体经济和客户需求的基础上，做引领行业变革与创新发展的标杆，做智慧金融生态的主导者和驱动者，做中国乃至全球金融创新版图中的重要一极，以创新突破带动经营发展开辟新天地。我们要做安全稳健的银行。安全稳健是银行长盛之基。要形成更加成熟规范高效的现代治理体系与能力，始终做依法合规和稳健经营的行业表率，始终保持资产质量的同业优秀水平，始终保持复杂环境下的各类风险基本可控，具备较强的平滑周期波动和适应环境变化的能力。我们要做以人为本的银行。以人为本是经营发展的出发点和落脚点。要始终坚持党建统领，推进党的领导与公司治理的有机融合，形成凝人心、聚人气、集众智、促发展的生动局面和良性循环，实现员工与企业的共同成长。

从做大到做强之后，我们还要努力实现做久的更高远目标，即做基业长青的百年老店。经历市场变化、技术变革以及经济周期性考验，经历各种风吹雨打后，工商银行依然能屹立不倒，长久地在市场上活下去，以令人尊重的方式，赢得长盛不衰的国际名声。

百年基业，中期愿景，久久为功，步步为营。我们需要将重要的时间节点，作为阶段性的奋斗目标，一件接着一件做，一年接着一年干，积小胜为大胜，用奋斗赋予时间以意义。到2020年全面建成小康社会之际、也是全行新一轮三年规划收官之时，全行总资产突破30万亿元，净利润突破3 000亿元，不良贷款率降至1.4%以内，资本充足率保持在13.5%以上。在质的大幅提升中实现量的有效增长，利润、存款、中收等竞争性核心指标继续保持市场第一并力争扩大领先优势。发展速度规模和质量效益及市值资本在可比同业中稳居前列，价值创造力、市场竞争力、金融创新力、风险控制力、客户需求捕捉力和金融服务能力有新的跃升，发展不平衡不充分问题得到显著改善，适应新时期发展的体制机制基本确立。到2025年全行成立40周年之际，也是股改上市第二个十年发展纲要完成之时，ROA、ROE、质量及结构等核心指标保持业界先进，创新与竞争发展能力、风险管理能力、跨境跨市场服务能力居于国际一流行列，品牌知名度和美誉度为全球公认，现代金融企业制度更加成熟、更具活力，具有全球竞争力的世界一流现代金融企业建设得到国际国内广泛认可，朝着打造基业长青的百年老店迈出中兴步伐。

实现由大到强的跨越，不会像四季变换一样自然而来、轻松实现。在新征程上，我们面临的环境之多变、挑战之严峻、任务之艰巨，一点也不亚于第一次长征路。全行上下要不负时代重托，以“行百里者半九十”的清醒与定力，以“而今迈步从头越”的自信与豪迈，去创造新的光辉岁月！

三、实施好新时期五大战略工程

在新时期的新征程上，全行要以十九大精神为指引，以三年规划为抓手，以提升价值创造力为统领，以实施服务本源、全量客户、转型升级、创新领跑、风控提升五大战略工程为主线，扎实推进愿景目标的实现。

第一，实施服务本源战略工程。

我们要对标十九大和中央经济工作会议的重大部署，贯彻新发展理念，把握新发展机遇，聚焦本源精准发力，以新机制、新布局、新突破带动服务实体经济能力和水平的全面提升，实现支持经济高质量发展和自身升级发展的深度融合共进。

（一）构建投融资一体化服务新机制。当前，我国经济增长正实现从主要依靠工业带动转为工业和服务业共同带动、从主要依靠投资拉动转为消费和投资一起拉动。企业融资渠道和融资需求日益呈现多元化综合化趋势，尤其是大客户大企业融资更多转向资本市场，而创新型企业在商业模式、金融需求、风险形态等方面与传统经营主体有显著差异。这些趋势性变化，要求我们必须将支持实体经济的着眼点从狭义信贷概念向广义投融资概念转变，构建直接间接融资结合、存量增量统筹、融资融智并举的综合服务架构，形成“贷”+“债”+“股”+“代”+“租”+“顾”六位一体的全口径投融资体系，成为综合金融服务提供商，激发金融全要素的活力与效率。要落实一体化管理机制，建立跨条线、跨产品、跨机构的统一融资总量管理体系，实现政策统一把握、数据统一展现和风险统一视图。要创新一体化营销服务体系，打破前中后台及业务条线分割局面，通过融资政策、资金价格、业务流程、产品设计和组合营销的全贯通，实现价值创造和市场竞争力的显著提升。要积极探索“交易银行”建设，将企业支付结算与票据、贸易融资、现金管理等综合投融资服务通盘考虑，全面嵌入企业供应链、上下游等环节。既突出综合投融资服务的抓手作用，增强对企业基本账户的竞争力；又发挥结算对客户商流、资金流、信息流的贯通作用，促进投融资业务的健康发展。

（二）谋划投融资业务发展新布局。要将全行“大小新优”的投融资布局同实体经济、科技创新、现代金融、人力资源协同发展的产业体系建设更加紧密地结合起来，做好全市场的顶层设计，着力服务质量变革、效率变革、动力变革。新布局要聚焦在支持供给侧结构性改革上，深化“三去一降一补”，推动传统产业优化升级，加强基础设施网络建设，现代服务业发展迈向更高水平，加快发展中高端消费、共享经济、现代供应链等领域，需要我们制定更加差异化、精细化的行业政策，持续推进融资结构调整，竭力促进供给质量提升，加大对新产业、新业态和新模式等新经济的支持力度，促进形成新动能。聚焦在推动创新型国家建设上，建设科技强国、质量强国、航天强国、网络强国、交通强国、数字中国、智慧社会，建立以企业为主体、市场为导向、产学研深度融合的技术创新体系，促进“双创”和科技成果转化，需要我们突出发展科技金融，基于创新创业企业“两高一低”特征，优化授信审批模式，完善风险控制手段，做实科创金融专营机构，创新商投一体、投贷联动等更加丰富的投融资产品服务，走出一条支持科创市场发展的新路径，力争2020年末，新市场融资客户增量占全行融资客户增量的比重不低于30%。聚焦在区域协调发展战略实施上，“四大板块”协调发展新机制的建立，“三个支撑带”发展的纵深推进，雄安新区的高起点规划、高标准建设，粤港澳大湾区城市群规划的出台，实施乡村振兴战略和提高城镇化质量等，需要我们加强投融资政策与区域协调发展战略的衔接配合，围绕重点客户、重大项目、标志性工程，加大营销服务力度，提升金融服务质量。聚焦在社会主义市场经济体制完善上，国有企业改革深化，混合所有制经济发展，需要我们创新运用债券工具、债转股、股权投资、基金投资等一揽子金融服务予以支持。要善加运用债转股手段降杠杆、优化资本结构、重塑银企关系、强化战略客户黏性。聚焦在全面开放新格局形成上，“一带一路”成为各国实现共同发展的合作平台，贸易强国建设持续推进，需要我们抓住人民币国际化和金融市场开放带来的机遇，进一步发挥深耕海外、布局全球的优势，重点推动“一带一路”银行间常态化合作机制落地，推进“一带一路”金融服务创新，在全球金融治理和服务领域发出“中国声音”，贡献“工行力量”。聚焦在建设美丽中国上，加大生态系统保护力度，推动形成人与自然和谐发展现代化建设新格局，打好污染防治攻坚战，需要我们积极发展绿色信贷、绿色投行、绿色消费金融等绿色金融服务，加大对环境保护、污染治理、新能源等重点领域的投融资力度。

（三）实现投融资业务薄弱环节的新突破。提升服务实体经济质效和投融资业务经营能力，既体现在把长板做强，更体现在发力短板，补齐弱项。尤其要在普惠金融、消费融资、制造业三大领域尽快实现突围和破局，探索出良性发展之路。

要做实做活普惠金融。普惠金融是解决金融发展不平衡不充分的重要体现，也是检验我们专业能力和政治担当的重要方面。我们要聚焦小微、“三农”“双创”及扶贫攻坚等群体，积极落实好保障和改善民生的要求，重点是要解决好小微的问题。小微金融不可不为，更大有可为。我们决不能把小微视作雷池和禁区，把方法失当视作方向错误，把阶段性困难视作永久性问题，对发展小微空喊口号，绕着走。这里我重点强调小微金融“谁来做”和“怎么做”的问题。关于“谁来做”，重点要在“专”字上下功夫。一是要抓好专营机构落地。从近几年试点情况看，小微中心的专营模式比较契合工商银行的实际和小微企业的特点，方向是对的。下一步，要在完善机制和规范化运营上下功夫，真正用好小微中心，统筹好业务发展与风险防控，进一步强化小微中心的经营责任和服务能力，真正出业绩、出成果，打通金融活水流向小微企业的“最后一公里”。二是要强化“专家治贷”。把“干将”“好手”选配到小微中心，让最了解市场、最了解客户、最了解风险的小微信贷专业人员来选择市场、授信审批、管控风险。关于“怎么做”，重点要在“真”字上下功夫。一要真做小微业务，实打实投入精力和资源，不能只做表面文章，得过且过。尤其对小微业务的风险，不仅要有清醒的认识，更要有勇气面对、有能力解决。能力都不是天生的，都是在摸爬滚打中、在实践探索中练就的。二要做真的小微业务。在客户选择上要正本清源，立足于真正的小微企业。要善于从产业集群、供应链、商圈等小微企业聚集的场景中寻找客户，形成小微客群的分层分类和梯度开发机制。在产品创新上要坚持小额化方向，走零售化发展道路。这既是政策导向，也是实现小微金融健康发展的市场经验和规律。三要实现真正的转型。要依靠大数据和智能化，开发出一些市场容量更大、品牌效应更强、风控效果更好的线上产品。要明晰各层级的责任，总行要做好数据支持、政策保障和考核评价等工作；一级分行要指导二级分行做好区域市场研究，明确发展重点，上下同心把小微金融做成大文章。

要做强做精消费融资业务。当前消费已成为我国经济增长的第一推动力，消费融资正处于黄金时期。与之相比，我行消费融资业务模式还过于传统，产品不够丰富，对新兴消费群体渗透率低。全行要积极适应消费型经济发展特点，坚持高标引领，努力打造具有强大影响力的第一消费融资银行。要进一步统一思想认识，充分看到文化、娱乐、教育、旅游、培训、医疗、养老等服务消费持续快速增长的市场机遇，加大消费融资投入力度，落实资源保障。要积极推进消费融资产品的互联网化转型，打造消费金融生态圈，以信用卡分期付款、融e借等产品为抓手，为客户提供广覆盖、全场景、便捷化的消费融资服务，实现获客活客能力与收入创造能力的同步提升。要搭建消费融资业务大数据决策与风控平台，通过“机智”与“人智”相结合，全面增强风险管理的前瞻性与有效性，形成业务发展与风险管理的协调并进。

要做大做优制造业市场。制造业是实体经济的

“骨架”，目前500多种工业产品的门类中，我国220多种门类位居世界第一。但目前全行制造业投融资业务遇到的问题也较为突出，增长速度持续低于公司贷款平均增速。长此以往，我们不仅会面临集中度过高的问题，更会弱化了信贷队伍的基础技能。我们不能总是戴着“有色眼镜”去看制造业，只看到传统制造行业风险高、质量差，看不到先进制造业发展快、市场大；只看到制造业企业缺乏抵押资产的短板，看不到企业对股权融资、并购重组、供应链金融、产业基金等综合服务有较强的需求。要坚定不移地把制造业作为投融资发展的基本盘，围绕《中国制造2025》确定的新一代信息技术、高端装备、新材料、生物医药等重点突破发展领域，围绕传统产业转型升级中的优质龙头企业，聚焦各地国家级示范区创建工作，积极提供跨境、跨市场的一体化金融服务，利用好国家发展多层次资本市场的机会，实现金融链、产业链、创新链和人才链的有机贯通，以金融活水助力中国制造向中国创造转变、中国速度向中国质量转变、制造大国向制造强国转变。

第二，实施全新的客户战略工程。

客户工程是基础工程，客户战略是根本战略。工商银行之所以成为“宇宙行”，关键一条就在于我们拥有一个5.6亿个人客户、630万对公客户的庞大客群。但正如之前分析的，互联网时代客户主体、客户分布和客户行为模式正在发生深刻变化，需要我们重新审视和回答“客户在哪里，怎样获取客户，如何服务客户”这三个古老的问题，赋予客户战略以全新内涵和时代生命力。未来三年，全行要力争实现有效个人客户和法人客户总量年均增长10%以上。

（一）培育全新的客户理念。互联网时代，客户已不再是账户、资产等静态化、具象化要素的孤立存在，而是由交易行为、消费偏好、生活轨迹等多元动态信息勾画而成的丰满画像。与此同时，金融科技的发展使银行开始有能力打破客户经营的“二八法则”，实现对所有客户的低成本分析和维护。在这样的全新生态环境下，我们也必须破除传统认识和惯性思维，实现客户概念由狭义向广义、由静态向动态、由存量向流量的转变，构建更加开放、包容、普惠的客群基础。即要树立“全量客户”的经营理念，不仅要拓展中高端客户，也要挖掘长尾客户价值；不仅要关注客户在哪，也要精准把握其需求如何；不仅要看客户即期收益贡献，还要看长远综合价值；不仅要关注客户资产等存量数据，也要捕捉客户动态交易行为；不仅要发展“开立我行账户”的传统意义客户，还要拓展“使用我行服务”的广泛用户；不仅要做好银行渠道的服务，还要把我们的金融服务能力输出和嵌入到相关场景和生态圈中。“全量客户”既是我们建设智慧银行的最大逻辑和核心理念，也是我们破解当前客户经营中的现实问题，增强“途中跑”能力的客观要求，还是我们紧扣社会矛盾重大变化、践行普惠金融的必然选择。

客户理念的转变，要体现和落实到零售、公司、机构三大客群的经营实践中。在零售领域，要将2018年作为智慧零售转型元年，以全量客户经营为核心，以金融科技为支撑，以打造“极智体验”为目标，以产品、流程、渠道、风控、账户五大驱动因素为主线，推进零售业务的模式变革与服务升级，从根本上扭转核心业务市场份额下滑、竞争优势弱化的被动局面，力争3年内零售营业贡献占比达到50%，撑起半壁江山。在对公领域，要全面实施“全公司”“全机构”战略，突出从“大”到“全”、从“产品”到“客户”的转变。不能将眼光仅停留在大企业、大客户身上，仅会以信贷眼光和存款思维来筛选客户。要强化“全市场拓展”，在服务好大企业和集团客户，巩固财政、社保、军队等优势市场的同时，也要发掘小微企业、医教养等民生领域客户的巨大增长潜力，补齐竞争力短板。要实施以客户为中心的“全功能服务”，为全面对接客户综合金融服务需求，真正建立“1+N”的客户营销服务机制打下基础，实现从“营销产品”向“经营客户”的转变。

（二）形成全新的获客模式。重点是实现由线下向线上、由行内向行外的两个延伸。要守住和用好线下基础优势。持续推进存量网点的布局优化和功能提升，加快网点向“轻型化、智能化、一体化”的转型。未来3年，累计完成30%存量网点的整体装修改造，实现1 200家资源匮乏型网点的优化调整。要开辟线上获客、合作获客的新途径，切实转变以自我为中心、“包打天下、包办业务”的思维，树立开放包容的心态，善用外智，善借外力，实现优势互补、互惠共赢。尤其要重视提升场景获客能力。互联网时代，金融服务与生产生活的嵌套日益紧密，谁把握住场景，谁就占据了金融服务的入口，就具备了搭建平台和生态圈的基础。因此要将场景建设作为重要抓手，加强场景共建的统筹管理和专业协同，重点聚焦信息、出行、生活三大领域，围绕高流量入口、特色垂直细分市场等场景，广泛开展服务整合、平台对接、入口互嵌、账户共建，做到融服务于无形，获客户于平常。力争用3年时间场景建设数量达到2 000个，线上获客占全行新增客户的50%以上。要围绕企业交易行为和综合服务需求，搭建获客的整合入口平台，有机嵌入对公金融服务，确保我行对公支付领先优势不动摇。

（三）构建全新的客户服务体系。重获客也要重留客、重维护、重服务。要以产品、流程、渠道为抓手，推动服务品质的根本提升，不仅要做“客户身边的银行”，让金融服务随手可得和随时可得，更要做“客户心中的银行”，让工商银行成为客户心中的第一选择、最终选择、长期选择。产品上，要从“做功能”向“做体验”转变。产品是服务的载体。没有好的产品，服务就会黯然失色。要立足互联网时代客户需求痛点和市场热点，在产品导向上突出客户体验为先，多站在用户的角度考虑问题。尤其要在支付结算、线上融资等领域，加快产品创新与优化改造，以极致的产品体验，打造攻市场、拓客户、创口碑的坚矛利器。流程上，要从银行主导向客户主导转变。包括个人和对公业务、前台和中后台等在内，都要全面梳理优化现有流程，减少冗余，打通断点，平衡好风控和效率，形成简洁、高效、友好的流程体验。要建立动态化的流程评估和改进机制，注重从各个渠道收集需求反馈和客户评价，迭代优化改进。渠道上，要从分而治之向协同一体转变。要进一步延展渠道的概念，构建线上 + 线下、人工 + 智能、推送 + 互动的立体服务体系，全面拓展客户触点。更重要的是，要增强各渠道的联合作战能力，实现全渠道识别、全渠道响应、全渠道贯通，提供无差别、一致性的服务体验。总行决定将电子银行中心和信用卡电话服务中心整合成远程银行中心，这就是我们在加强全渠道建设上的重要一招，要尽快推动见效。

第三，实施转型升级战略工程。

实施转型升级工程，是解决全行发展不平衡不充分问题的重要举措。要通过传统业务与新兴业务的良性互促、境内与境外的有机联动、银行与非银行业务的融合发展，让一切价值创造的源泉充分迸发。

（一）以完善定价机制为主线加快资产负债业务转型升级。在实行稳健中性的货币政策、推进金融降杠杆的背景下，流动性稳中偏紧可能成为一种常态，保持资产负债业务量价协调发展尤为重要。要持续加强定价体系建设，从被动管理向主动管理转变，从粗放管理向精细化管理转变，从单一产品定价向差异化客户定价转变，不断增强市场化定价能力，持续巩固我行 NIM 同业优势地位。要完善和推广客户存款综合定价模型和负债利率敏感性模型，优化利率定价授权体系，提升分行利率管理的主动性和有效性。要重点完善存款分层定价管理，存量和增量并重，切实改变当前存款利率一浮到顶或跟风上浮的简单做法。

（二）推进新兴业务升级发展。要善于在复杂环境下洞悉趋势，在准确判断中把握方向，在转型调整中蓄势发力，根据各新兴业务条线的市场发育程度、监管要求、发展特征，探索新的发展路径，深化利润中心改革，实现新一轮的提质增效发展。

探索监管新规下的大资管发展新模式。资管新规是对银行理财业务的一次“大考”。同时新规将所有资管业务置于统一规则之下，营造了更为公平有序的市场环境。全行要把推进监管新规下的经营模式转型，作为当前及今后一个时期贯穿大资管发展全局的主线。核心是解决好三个问题：一是在产品净值化转型中稳住收益表现和市场形象。回报稳定，是客户对银行理财的基本认知，也是我们的核心竞争力。这要求我们将竞争发展的立足点进一步回归到投研能力建设上，深化大资管统一研究平台建设，做好大类资产的顶层配置，从根本上保证产品的净值表现和市场竞争力。二是在资产转型中找到非标业务发展新模式。非标投资既是稳定资产收益的压舱石，也是资管投行板块联动的结合点。目前全行非标投资余额逾 9 000 亿元，一方面要顺应监管导向，积极推进非标资产转标和资产证券化等工作，另一方面要逐步做大对接非标投资和私募股权投资的中长期理财产品规模，尤其要进一步明确私银产品的差异化定位，充分对接私银客户大额、长期资金配置需求。三是在盈利模式转型中找到增长新动能。立足大资管板块的协同发展，加快推进“五统一”落地，提升全业务链价值创造能力。着力构建以各业务单元为主体、境内分行与全球平台为两翼的“一体两翼”布局。境内要完善分层分类的管理体制，激发区域理财新活力。境外要加快打造以工银资管（全球）为依托的统一运营平台，力争 2020 年境外资管规模突破 3 000 亿元。

推进大投行战略落地见效。投行业务面临的现实挑战大，但市场机遇更多。要在发展直接融资、服务新经济的大背景下，奏好大投行业务统筹、协同、创新三部曲，努力实现规模、收益、市场影响力的大跨越，使投行业务成为全行新兴业务发展“皇冠上的明珠”。要奏好统筹曲。充分发挥投行业务推进委员会的统筹协调作用，做好发展理念、体制机制、平台渠道、信息系统“四个统筹”，加强集团层面投行业务布局的顶层设计，建立统一的工银投行品牌和产品体系。要奏好协同曲。建立全价值链营销体系，与大资管、大同业等板块既厘清边界，又借位互补，打通资金和资产两端，增强协同和共振效应。要奏好创新曲。选择投贷联动的重点区域、重点市场，鼓励靠创新上的“精耕细作”获取超额利润，通过“大数定律”在组合层面上覆盖风险，在纯市场化投行和传统商行之间找到一条具有工行特色的投行发展道路。

推动金融市场和同业业务健康发展。要完善全球金融市场业务布局，推进利率、汇率、商品、账户交易和承销发行等产品线稳健发展，在持续“做大”规模的基础上，进一步“做强”做市能力、创新能力、客户服务能力和风险防控力，提升盈利贡献，打造与工商银行全球地位和影响力相匹配的全球金融市场业务体系。要在同业业务经历表外业务表内化、线下业务线上化、非标业务标准化“三个转变”的结构调整关键期，加快推进大同业战略的实施，深化同业业务改革，优化主动负债投资模式和双边计价考核等机制，开创同业业务规范创新发展新格局。要发挥我行在账户、资金、系统等方面的优势，本着互惠互利原则，加快结算、代理、托管等中间业务发展，努力成为“大型金融机构的合作伙伴、中小金融机构的主办银行”。要继续保持票据业务发展的市场领先地位。

（三）推动国际化、综合化向纵深发展。经过多年发展，全行国际化综合化的航船已经驶出浅海，前方的水域更加宽广，同时也风高浪急。要根据市场环境、监管政策、客户需求的变化，加快实施国际化 4.0 和综合化 2.0 战略，实现提质增效和转型发展，真正打造能够乘风破浪的大洋舰队。力争至 2020 年，境外机构和综合化子公司对集团的盈利贡献达到 10% 以上。

一要实现集团一体化与本地化、专业化发展的有效对接。在集团整体战略导向下，境外机构要根据当地市场特点，以优化海外业务经营管理架构为主线，做好一行一策，在夯实商业银行基础产品线的同时，加快投资银行、金融市场、资产管理、私人银行、全球现金管理、全球资产交易平台等高附加值产品线的延伸发展；在夯实“走出去”和跨国公司客户的基础上，深耕“外资代理行、非银行金融机构、境外主权类和政策性金融机构”客户，努力实现客户、资金、业务的本地化。力争至 2020 年，境外机构客户数超过 300 万户，自主筹资比例明显提升。各综合化子公司要建立起符合监管要求、体现自身专业化、特色化的经营管理体系，不断在各自领域争先进位，提升对集团财务利益和战略利益的双重贡献。要积极争取境内券商、信托牌照，努力形成全牌照经营格局，增强跨市场服务能力。

二要从简单联动发展转向深度协同发展。进一步深化集团协同发展的内涵，以战略协同为引领，以客户和业务协同为重点，以利益协同为动力，以风控协同为前提，以党建、文化和人才协同为保障，推动境内外和母子公司间的客户资源全面共享、产品服务全面整合、营销渠道全面对接，提升“一点接入、全集团响应、全球化服务”能力。要完善协同联动的基础平台，健全国际化联席会议制度，探索建立综合化协同管理机制。

三要坚持稳健合规发展。要加强对境外合规管理的统筹规划，有效构建合规管理“三道防线”，保障必要的资源投入，加强运营、科技、财务、税务等中后台支持，切实解决境外机构“孤岛”问题。各境外机构要主动加强监管沟通，提高沟通层次和频率，做好监管整改工作。要强化集团并表管理，健全防火墙机制，有效传导集团整体风险偏好，防范跨境、跨机构风险转移和交叉传染。境外机构和综合化子公司要坚守底线，看好自己的门，管好自己的人，确保不出现大的风险事故，不遭受大的监管处罚，切实维护好集团品牌形象。

第四，实施创新领跑战略工程。

创新是硬本领、硬能力。要面向竞争发展的主战场、面向市场和客户需求、面向金融科技前沿，大力培育创新文化，以制度创新和科技创新的双轮驱动引领全面创新，为经营发展赋能。

（一）深化体制机制创新。要以增强经营活力为主要目标，以“两优化一提升”为主要内容，分类推进、分步实施体制机制创新。一是优化组织架构。我们“资源权限向上集中、经营职责向下传导”的思维和做法，以及产品与客户部门相对割裂的组织架构，与客户一站式金融需求不相适应、与向综合金融服务商转型的目标不相匹配，必须作出适应性改变。总体思路是，在坚持“ONE ICBC”一体化管理的基础上，进一步厘清各层级经营管理职能，建立传统业务和新兴业务的差异化管理架构，打造更有柔性、活力和战斗力的组织体系，推动新一轮的业务运营升级换代。尤其要打破部门墙、机构壁，整合营销界面，突出板块化运作，增进客户部门与产品部门的协作，增强“集团军”协同作战能力。要加强柔性团队建设，明确职能定位、优化工作机制、完善考核激励，增强“特种兵”专业化作战能力。强化一二级分行本部的直接经营职能，改变目前营销层级低、内部流程长、市场响应慢等弊端，增强贴近“前线”直接作战能力。

二是优化绩效考核评价体系。考核要跟随战略走，支撑和服务战略目标的实现，不能“两张皮”。要着眼于解决考核“一把尺子量到底”的问题，在坚持统一原则的基础上，完善差异化的分类考核办法，促进优化资源配置，推动各机构发挥比较优势和提升区域竞争力。要着眼于解决条线分割、指标过多的问题，探索以板块为单元制定业务发展规划和实施考核，推动业务协同发展。要着眼于破解“中梗阻”和“最后一公里”问题，抓紧落实新的网点员工考核评价体系，加强穿透式考核和直通式管理，纠正单纯以销售产品评定业绩的导向，推动总行战略及时准确传导落地。

三是提升重点城市行竞争力。要把重点城市行作为创新的试验田和发展的排头兵，进一步丰富竞争力提升内涵和层次，加快实现“三个转变”。即从统一管理向分类管理转变。80 家重点城市行是全行重兵集结板块，但内部也有较大差异，不应采取齐步走策略，而应实行更加精准的分类管理。要根据重点城市行所处区域经济环境、资源富集程度、同业竞争态势及队伍素质能力等情况，建立不同梯队和类别，分类制定发展目标和管理措施。如直属分行和省行营业部，就是要在综合竞争力上勇争第一，牢牢占据在战略市场、核心市场上的主导地位。重点二级分行，要找准定位，在优势业务上争做领头羊，在特色业务上打造样板行，形成多点开花、亮点纷呈的发展格局。从主要依靠外部资源投入向依靠内生动力转变。目前重点城市行竞争力提升的主要抓手还是优化授权和资源配置，短期看起到了立竿见影的效果，但长远来看，内因才是事物发展的决定力量。重点城市行必须眼睛向内，苦练内功，做改革的先行者，积极创新集约高效的组织模式，稳妥推进城区管理行改革，在扁平化管理、柔性化团队建设等方面多做探索；做创新的试验田，在新市场、新业务、新产品的拓展和落地上敢为人先，发挥好创新引领和带动作用。从单纯考核评价向重考核结果应用转变。明年总行将加强对重点城市行综合经营能力考核评价的应用，充分体现到差异化授权、绩效评定，以及机构和干部进退的动态管理中，传导好压力和动力。

此外，要进一步加强境内分行盈利单元建设，做实做深做精分类指导，实现拓优补差、扶强提弱。盈利大行要眼睛向外，紧盯市场，紧盯同业，努力提高优质市场份额，巩固和扩大优势地位；潜力行要抓住区域重点市场、特色产业，找准竞争发展的主战场，提升成长性，做大贡献度；困难行要向上突围，不拖后腿，尽快走出经营困境，重回良性发展轨道。

（二）全面推进智慧银行建设。智慧银行是指运用新思维、新技术、新模式，对传统金融服务体系包括产品、流程、渠道、运营、营销、风控等进行智能化改造，实现将合适的产品，通过合适的渠道，配置给合适的用户，重塑银行信息和信用中介的主导地位，构建开放、合作、共赢的金融生态圈。今年总行已启动实施了以 e－ICBC3.0 为主体的智慧银行战略，全行上下要统一认识，聚合力量，协同步调，按照既定的时间表、任务书和路线图，抓紧推动落地，力争尽快取得关键性和实质性成果。

实施 IT 架构转型，是建设智慧银行的基础和战略支撑。与建设智慧银行的目标要求相比，我们的 IT 系统还存在耦合“紧”、控制“硬”、研发“慢”、共享度“低”的突出问题，必须下决心改变。越往后，代价越大；越固守，空间越小。因此，总行党委决定，启动实施智慧银行信息系统（ECOS）转型工程，以企业级业务架构为依托（一个依托），以松耦合、分布式 IT 架构和标准化、智能化数据体系为基础（两个基础），以提升灵活创新、智能应用、开放融合能力（三大能力）为目标，重塑新时期我行科技代际优势，助推智慧银行战略的落地。力争 2018 年发布 ECOS 1.0 版本，用 3 年左右时间基本建成智慧银行信息系统。具体来讲，就是以新方法、新架构、新生态，创造新优势。新方法，是指站在全行视角整合构建跨业务、跨条线、跨渠道的企业级业务架构，逐步淡化产品服务的部门、条线痕迹，不搞各自为战和单兵突进，而是要给客户“ONE ICBC”的一致体验。新架构，是指构建基于核心业务系统与开放式生态系统“双核驱动”的 IT 架构，推进产品组件化改造，以适应大容量、高并发和快速创新的需要。新生态，是指整合行内行外力量，构建账户、产品、场景开放互联和线上线下一体互联的金融服务新生态。

建设智慧银行信息系统，需要处理好传承与创新的关系。我们的 IT 架构转型不是推倒重来，不是平地起高楼，而是充分利用现有的信息系统基础，体现稳中求进。处理好业务、技术与数据融合的关系。要实现业务架构、应用架构和数据架构的深度对接和协同配套。业务部门要发挥好创新源头和需求驱动的作用，以整体面貌、板块化姿态，主动和深度融入到系统建设工作中。要发挥好科技对业务的支撑和推动作用，完善数据基础和提升数据服务能力。要将智慧零售作为 IT 架构转型的突破口和切入点，同时统筹和前瞻考虑对公板块以及智慧运营的前沿科技创新。处理好工程实施与日常科技运营的关系。既要调集精兵强将，保证 IT 架构转型的工程质量，又要确保日常研发同步推进和系统安全稳定运行。

第五，实施风控提升战略工程。

金融风险是当前最突出的重大风险之一。防范化解金融风险，事关国家安全、发展全局和人民福祉，是决胜全面建成小康社会三大攻坚战的首要战役，这场战役打不赢，全面建成小康社会就会失去前提条件。所有的金融经营实践都表明，无论什么时期，无论哪家机构，轻视漠视风险都会付出惨重代价，要吃大亏，甚至翻船。全行必须立足当前风险防控紧要问题，进一步增强做好风险防控工作的责任感和紧迫感，突出审慎稳健，使出看家本领，强化信用风险、新型风险、操作风险、道德风险、合规风险等管理，在致力打造“最安全银行”的进程中，促进金融和实体经济、金融和房地产、金融体系内部的再平衡和良性循环。

（一）增强对实质风险的识别判断能力。金融风险生成机制和表现形式多元，并随经济技术变革和市场结构调整而不断演化，只有透过现象看本质，才能把得准、管得牢。当前风险的成因和实质可以概括为“六不”：一是不真实。金融交易，真实性是前提。金融风险的发生，多与假相关。如融资过程中的假主体、假交易、假流水、假抵押、假关联、假担保、假用途、假调查等。二是不透明。如跨市场业务增长较快，层级多、链条长、杠杆高、嵌套杂，给风险识别和评估带来困难。三是不匹配。如过度融资、过度投资，造成负债与资产规模、期限不匹配，扩张速度与风控能力不匹配。四是不审慎。没有树立正确的发展观、业绩观和风险观，重营销、轻风控，面对市场机会和诱惑头脑发热，习惯于“吃快餐”“垒大户”，经营行为扭曲。五是不专业。风险防控需要相应的技能和经验要求。部分经营管理人员尤其是信贷从业人员没有经历过完整经济周期的磨炼，专业能力建设滞后，缺乏对实质风险的识别和管控能力，导致风险防控失准、失守、失效。六是不负责。风险控制相关环节的责任没有落到实处，管理制度悬空，流于形式。全行要抓住防控实质风险的“命门”，努力练就识破风险的“火眼金睛”和抵御风险的强壮筋骨。

（二）积极防范化解信用风险。要坚持把信用风险防控放在突出位置，适应投融资一体化发展要求，完善全流程、全覆盖的资产质量管控机制，实现客户维度的全口径信用风险统一视图和扎口管理，解决好区域和条线分散经营中客户准入、限额、授权把关不严等问题。继续把好新增入口、存量管控、不良处置“三道闸口”，坚决巩固资产质量稳中向好、逐步改善态势。要重点关注以下两个领域的风险：一是关注地方债务风险。当前一些地方政府存在过度举债、违规举债问题，尤其是隐性债务风险不容忽视。中央对治理地方政府债务特别是隐性债务风险的态度是坚决的，要求是严厉的。全行一方面要加强存量风险摸底排查，分类制定整改办法，稳妥消化存量，确保融资安全。另一方面要坚持按市场规律办事，严格执行关于地方政府债务管理的相关政策和监管要求，加强评估把关，严禁为披着市场化外衣进行违规举债提供便利。二是关注房地产和产能过剩行业风险。继续落实好因城因地施策的房地产调控政策，围绕国家加快建立多主体供给、多渠道保障、租购并举的住房制度，优化住房金融产品体系，突出抓好总量把控，高度关注个人和家庭负债的过快增长，控制新增融资向房地产领域的过度集中。过剩产能特别是“僵尸企业”是要素配置扭曲的集中反映，要充分发挥金融在资源配置中的促进作用，尤其要理性看待这一轮限产措施下钢铁、煤炭、电力、水泥等产能过剩行业价格和盈利反弹的阶段性变化，继续严控融资总量，优化融资结构，促进巩固化解过剩产能的已有成果。

（三）健全交叉性输入性风险管理体系。要树立大局意识，严格落实国家整治金融乱象、坚决打击违法违规金融活动的一系列部署，以及监管政策新要求，坚守资管、同业、票据等跨市场业务的创新边界和合规底线，铲除新业务领域风险滋生的“土壤”，在市场上树立规范发展的大行表率。一要把好限额与准入关，厘清交叉性金融风险的传染机制和作用机理，构建起较为完善的交叉性风险基础数据平台、监测指标体系和管理制度体系，明确管理流程、准入、限额控制要求，实现对交叉性风险的识别、计量、监测、统计、预警和报告。二要建立适应资管新规的风控体系，提升估值能力，降低杠杆率，控制集中度，优化期限结构，落实穿透管理。尤其要落实杠杆率和风险敞口的总额控制，把好交叉性风险防控的总阀门。三要坚持“简单透明可控”的业务发展定位和模式，厘清底层基础资产和风险图谱，解套去链。建立复杂金融产品准入及跟踪评估机制，明确对资金来源、投向、交易结构等的管理要求，杜绝多层嵌套和套娃式包装，不让风险穿上“隐身衣”。要构建同监管新规相适应的合规销售体系，严格执行理财销售及投资管理“七条纪律”。

（四）打造“云内控+人工智能”的内控合规管理新模式。以大数据为基础、人工智能为手段，搭建风险信息共享平台，打造内控合规统一管理视图和风险图谱，提升合规管理的精准化和智能化水平，推动从“事后治理”向“事前甄别、事中干预”转变。要完善重点环节的风险治理和全过程闭环控制，持续抓好“十大重点领域和关键环节”的深度治理，既要发现一起，治理一起，强化问责整改；又要善于举一反三，完善治本之策，厚植合规文化。要强化前台机构和业务部门的“一道防线”履职，将实质风险“拒之门外”。

（五）强化资本管理。要积极适应国际国内资本监管新要求，建立行业领先的资本管理机制，健全资本长效补充机制。要深入实施集团化资本管理，将资本管理压力有效传导至利润中心、境外及控股机构，传导至业务部门和经营一线，稳步提高资本使用效率，强化资本约束机制。

四、全面落实新时代党的建设总要求

坚持党的领导是最高政治原则。我们要准确把握和全面落实新时代党的建设总要求，把坚持党的领导、提升党建质量，同实现从传统大行向现代化强行跨越的目标任务结合起来，为走好新时期的长征路提供坚强保障。

（一）推动全面从严治党向纵深发展。要深刻理解把握十九大提出的新时代党的建设总要求的基本内涵及相互关系，结合全行党建工作实际，统筹落实和协调推进，做到管党有方，治党有力，建党有效。要坚持以党的政治建设为统领，教育引导各级党组织和广大党员干部旗帜鲜明讲政治，牢固树立、全面增强“四个意识”，严格遵守政治纪律和政治规矩，坚决维护习近平总书记的核心地位，在政治立场、政治方向、政治原则、政治道路上自觉地同以习近平同志为核心的党中央保持高度一致，把“四个意识”落实到本职岗位和具体工作中。要坚持用习近平新时代中国特色社会主义思想武装全行党员干部，结合开展“不忘初心、牢记使命”主题教育，促使党员干部全面增强“四个自信”，更加自觉地为实现新时代历史使命和全行新时期愿景目标而不懈奋斗。要深刻认识“四大考验”的长期性和复杂性，认识“四种危险”的尖锐性和严峻性，以永远在路上的恒心，推动全面从严治党主体责任的落实。要进一步抓好坚持党的领导与完善公司治理的结合，发挥好双重优势，在落实好“党是领导一切的”这一重大政治原则上树立大行榜样，充分展现文化自信和治理自信。

党建工作的基础在基层，活力在基层。基层党组织活起来，队伍的创造力和战斗力就强，机构的竞争发展能力就强。要以提升组织力为重点，加强基层带头人队伍建设，创新基层组织设置和活动方式，发挥好全行1.4万个基层党组织的战斗堡垒作用。要注重抓两头，既切实解决好一些基层党组织虚化、弱化、边缘化问题，补齐短板；又注重大力推广先进基层党组织的经验做法，让越来越多的先进“盆景”连成工商银行的整体“风景”。

（二）建设高素质专业化干部队伍。一流的企业需要一流的队伍、一流的人才。要着眼于未来几年战略发展需要，以编制三年人员规划为抓手，综合考量退休高峰期人员的新老交替，形成更加合理的梯次储备，并同步优化人员配置布局，充分体现效益贡献和价值创造导向，形成一个与转型发展相适应、具有行业领先优势、活力竞相迸发的人才队伍格局。

要抓好“关键少数”，强化担当精神。新的征程已经开启，迫切需要与之相匹配、相呼应的责任担当。尤其是各级领导干部必须有一副担当的宽肩膀。我们常看到，在大体相同的市场环境下，一些机构的市场竞争力节节攀升，而另一些机构的市场份额接连丢失、位次节节后退，这其中有能力不足的问题，也有精神状态、士气和担当问题。作为领导干部，就是要守土有责，力保一方，就是要有标杆意识、领跑意识，在本辖区或本条线锻造工商银行应有的竞争力和市场地位，就是要经常想想自己能为工商银行做什么，问问自己能否担当起新时代的责任和使命。同时，领导干部既要有大行担当、大行自信，也要防止以老大自居，满足于既有成绩，市场感觉和进取精神钝化。只有不断学习方能积累底气，只有奋进实干才能保持先进。我们要以时时赶考的心态，以走长征路的状态，以踏石留印、抓铁有痕的作风，一件事情接着一件事情干，一个问题接着一个问题解决，一个目标接着一个目标实现。要以专注认真和精益求精的精神，确保凡经手的工作必代表自己的最高水平，努力提高工作的精品率，在不求“过得去”、但求“过得硬”的境界中，成就事业，开阔人生。

要以专业化为导向，磨炼成事的真本领。有一幅名联“铁肩担道义、妙手著文章”。如果说“铁肩”是责任担当，那“妙手”就是成事能力，就是既要有想干事的自觉，更要有会干事的本领；既要解决好“干与不干”的态度问题，更要解决好“干好干坏”的能力问题。要充分认识到，做好新时期的金融工作，对专业化、精细化提出了越来越高的要求，采取一般化、大呼隆的领导方式和工作方法是完全不能适应的。必须注重专业人才的培养，注重专业知识、专业能力、专业素养的打造。精神贫乏和思想僵化是成事的最大敌人。要推动建设学习型大行，在全行来一个“大学习”，把十九大精神转化为我们的思想武器和最大共识，同时善于用新的发展理念和专业知识充实自己，与时俱进地加强能力建设和本领升级，扎扎实实把本职工作做好，把经营管理做强，防止身体进入新的发展阶段，而头脑和本领还停留在原地。要大兴调查研究之风，紧扣新时期改革发展和全面从严治党面临的现实问题，面向市场，沉到一线，了解实情，推动工作收到实效。要继续推进各级领导班子专业化建设，确保一个机构的班子，专业能力要覆盖区域创新和竞争发展的需要；一个部门的班子，专业能力要适应核心业务和核心职能的需要。要持续打造专业化的人才队伍，培育更多既有锦绣“匠心”又有精湛“匠艺”的大行工匠，培养更多对客户需求有动力、对创新有激情、对工作有思路，并孜孜不倦为之实现的员工。各级管理者要提升做好员工工作的主动意识和管理能力，关心关爱员工，切实增强员工的归属感、自豪感和荣誉感，充分调动各层面、各年龄段员工的积极性和创造性。

要为敢担当和善作为营造有利的环境氛围。要坚持“选”的标准，突出政治标准，注重专业能力，拓宽选人用人视野，坚持以事择人、依事选人，培养选拔那些有信念、有思路、有作为、有担当的“四有”干部。要提升“用”的实效。坚持精准科学用人，坚持严管厚爱结合、激励约束并重，使想干事者有机会，能干事者有舞台，干成事者有位置。要加大“督”的力度。信任不能代替监督，要坚持“有权必有责、有责要担当，用权受监督、失责必追究”，完善党内监督和群众监督机制，督促干部增强纪律意识，深化作风建设，敢于担当作为。要完善“下”的机制。人才没用当其时，是浪费；用错了不调整，是更大的损失。对不担当、不作为干部的容忍，就是对奋斗者、贡献者的不公平。要进一步健全干部考核评价机制和能上能下管理规定，对不思进取、不接地气、不抓落实、不敢担当的“四不”干部，尤其是对不担当、不作为、不胜任的各级机构主要负责人，要敢于“亮剑”，敢动真格，敢见真章，在干部“能上能下”问题上取得进一步突破。

同志们，新时期标注发展方位，新征程描绘愿景蓝图，新目标激荡奋斗精神。让我们在十九大精神的指引下，朝着建设具有全球竞争力的世界一流现代金融企业的愿景目标，奋力前行，不负使命，跑好历史交给我们的这一棒，书写工商银行更加辉煌的新篇章！

在中国工商银行改革发展研讨会上的总结讲话

易会满

（2017年12月23日·根据录音整理）

这次改革发展研讨会就要结束了。会上，我们以党的十九大、全国金融工作会议和中央经济工作会议精神为指引，回顾了全行五年发展成就，分析了经营形势变化，谋划了新时期的愿景蓝图和发展战略。在讨论发言中，大家紧扣会议主题，围绕总行确定的十个专题，谈了很多好思路、好想法，刚才各位行领导和高管根据党委统一安排，结合自己分管工作，也提出了很多好的意见和建议。因为时间关系，还有一些机构没来得及发言，但也都提交了书面交流材料，办公室已结集成册发给了大家，供学习和交流。总行在制订完善明年工作计划和新一轮三年规划时会充分考虑大家的意见建议。

总的来看，这次会议开得很成功，达到了认清形势、统一思想、明确目标、提振信心的目的。下面我就贯彻落实好会议精神再强调几点。

第一，要深入全面地抓好会议精神的贯彻落实。这次研讨会，是贯彻落实党的十九大、全国金融工作会议和中央经济工作会议精神，指导全行今后一个时期发展的重要会议，是一个务实和务虚相结合、当前和长远相结合、战略和战术相结合的会议，也是有别于以往年度改革发展研讨会的一次会议，有很多新理念、新精神、新目标、新要求。各机构和各部门回去后要及早安排传达贯彻。传达贯彻时，要注意把会议精神讲充分，把思想认识讲透彻，把愿景目标和战略意图讲到位，使全行员工深刻领会“十大治行理念和治行方略”，深刻认识全行新时期发展不平衡不充分的主要矛盾，深刻认同新时期由传统大行向现代化强行跨越的愿景，深刻把握“五大战略工程”和坚持党的领导的极端重要性，尽快把思想行动统一到总行党委对未来形势的分析判断上来，统一到实现新时期愿景目标上来，进一步增强贯彻总行战略部署的自觉性和坚定性，增强改革发展的责任感和紧迫感，增强对工商银行的认同感和自豪感，跑好历史交给我们的这一棒。

在传达过程中，我希望大家要层层抓好宣讲，原原本本地把会议精神传达到位。大家在讨论中也指出，尤其要关注各级管理者如何把这次会议精神能原汁原味、真正地传达下去，传达到县支行行长层面。要结合工行实际，把这次会议作为贯彻落实十九大精神的组成部分，作为党校以及其他培训班的重要组成内容。有的分行已经召开了改革发展研讨会，所以希望大家能够结合这次会议，还要重安排、重部署。我以前也说过，不提倡分行的有关大型会议开在总行之前，包括行长会，因为很多精神实际上跟总行脱节了。如果早开了，特别是地市行和县支行不一定很清楚。以前传达贯彻一般是分行开党委会，部门老总参加一下，精神就不一定很全面很准确很认真地贯彻下去，所以尽管近期工作非常繁忙，该补课的还是要进一步补课。

第二，希望大家认真谋划好未来三年的发展战略及落地措施。我在阐述“坚持以战略指引方向”这条治行理念和治行方略时提到，战略绝不仅仅是总行的分内之事，各级机构尤其是一级分行、重点城市行必须要有相应的战略思考、领会和筹划能力。这次会议对未来三年乃至更长一个时期全行改革发展作出了战略谋划。各机构各条线要按总的战略规划和统一愿景目标，紧密联系实际，深入思考和丰富完善本机构、本专业未来三年的发展思路和具体举措，把局部目标与全行全局目标统一起来，把解决当前问题与运筹长远发展结合起来，汇众智、集众力推进全行高质量可持续发展。在解决落地措施的时候，总行办公室要牵头把这次研讨会，包括谷行长和其他行领导、高管提出的一些工作要求，能够列出工作清单，具体落实给总行的相关部门和所有机构。在具体安排谋划的时候，一定要防止穿新鞋走老路，一定要防止惯性思维，传统思维，不能一到开会的时候大家都很激动，觉得讲得很有道理，一回去以后，又走上老路了。在座的尤其是省行和各部门的一把手，包括境内外分行，有几个关键问题一定要持续抓、抓到位。

比如说客户的问题。大家看到今年总行有一个很大的突破，未来三年客户年均增长10%，对公的我觉得还可以，对私的我觉得前几年一直没有增长到10%，能增长到5%就不错了。提出全量客户、线上线下、场景、客户体验，这些工作都是实打实的，如果走传统路子不创新，10%我可以断定地说明年肯定完不成。怎么落地下去，总行部门、境内外分行都要及早地谋划。线上的优势怎么发挥好，线下的具体体验怎么解决好，这主要是总行部门的事。

比如重点城市行战略问题。重点城市行战略有效果有推进，但是政策空转、措施不落地的情况还有一定普遍性。明年一定要有比较大的落地成效。我也考虑是不是80个抓多了，是不是有些考虑不科学，因为有几个城市行包括北京、上海、广州、深圳分行在内，竞争力较强，这些数字掩盖了内部的结构性问题。实际上有将近一半的城市行竞争力一直在下降，可见重点没有起到重点的作用。工商银行在这些重点城市行竞争力继续下降，这是总行、省行工作不到位，作为一个以城市起家立足的银行是不应该的。如果说最大的弱周期区域我们都抓不到，防风险从何谈起。这不是一个简单的竞争力问题，是一个防风险、调结构的问题，是一个大战略问题。所以明年要进一步加大工作力度。此前，关于深圳分行的发展问题总行党委专题作了商量，大家意见都非常一致，现在深圳分行税后利润贡献在100亿元以上，规模也很大，论条件可以考虑机构升级。关键是深圳分行如何自我加压，管住风险，把市场搞上去。此外，我们的资源调配，对重点城市行包括信贷规模、财务费用和人力资源在内，力度要更大一些。上午陕西分行说西安计划5年多投放××亿元贷款，我认为只要风险管得好，加大对省行营业部的支持力度是可行的。杭州说明年棚户区有××亿元的信贷需求，机会过去以后就很难再现，杭州这么高的经济总量，多投放一些也没有问题。我们尊重省行的意见，只要省行赞成，总行没有意见。刚才天津分行提到，现在规模不好平衡，只要天津分行投向合理，我认为潜力是巨大的。因为这几年天津发展慢了，现在要提速，总行应该加大倾斜、加大投入。所以明年规模分配的时候，整个重点区域战略要更加突出。我们在同业中总量是最大的，完全有这个余地来进一步加大重点行、重点城市行尤其是省会城市的投放力度。不久前全行开董事会战略研讨会，很多董事也都非常赞成进一步加大对重点城市行的支持力度。如何进一步加大力度？年初就要真正开始，留出一定信贷规模给重点城市行。我去调研的时候看到有些行垒大户、搞固融，实际上就是规模太多了，没地方去。这方面总行财务会计部要衔接好，做好相应考核办法的修订，对一些发展潜力不大、风险隐患不小的分行，利润计划少下一点。通过给规模、加利润压力、加存贷款压力，让一些资源禀赋好、风险管理实的区域成长快一点，这也是对全局的一个优化。

比如"中梗阻"、"最后一公里"问题。大家做了很多讨论，我非常赞成，有总行的原因、省分行的原因，也有二级分行的原因。有不作为的因素，但更为根本的是我们的意识、手段、工具、大局观存在一些问题，这些问题不能怪基层，只能怪管理行。很多战略落不了地跟总省行有很大关系。举个例子，关于"最后一公里"的考评落地，产品考核在基层占绝大多数，省行无动于衷，我们的储蓄存款上不来与此有很大关系，像这种惯性为什么调整不了？这也是作风问题。说到底是政令畅通问题。板块化发展考核我非常赞成，交易银行涉及面很广，现在是"1+N"的"N"不理想，如果能做到1=N、N=1，就是真正意义上的一个大板块，如果机构没有动，就应该是板块化运作，这是总行要做的，必须加快推进。

比如转型问题。定价为什么现在下面主观能动性不够呢？明年一定要迈出思想解放的步子，把这个压力先试点转嫁给省分行。保利差不是简单地由财会部考核净息差，这是总行下给各分行行长的任务书，一定要保住的，这是省分行行长要给总行行长做承诺的，考核扣分我觉得大家真没什么感觉。凡是下放权力的就容易打价格战，净息差是下降得最快的。有一些兄弟行定价就下放到基层，结果净息差掉得很快。利率市场化几年了，我们的理念、工具、作风都没有建立起来，还是简单基准利率概念。明年可以给一些有积极性的分行试一试，我觉得没有坏处。如果能做得好，我们利率市场化就真正能走出一大步，这是必然要走的，现在按利率管制的路子走，靠这种传统的方法是走不长的。早放开早主动，分行可以积极主动申请，总行也要迫使省分行、二级分行加强这方面的意识。定价在国际上是商业银行很重要也是很难的一门艺术。明年一定要加大转型创新的力度。

最后说一下风险防控问题。中央经济工作会议把金融风险作为第一个大关口，提得非常高，要求大家有过关口的紧迫感和责任感，统筹做好跨越关口的顶层设计。在风险防范上，要全面理解总书记在经济工作会上强调的内容，对内外部风险环境不要过于乐观。明年的监管环境、经济环境、法治环境，对各行行长和各位总经理都是一个极大的考验，我们的风险管理、合规管理要提高站位来考虑，结合工行实际做好风险把控。

第三，做好岁末年初各项工作。现在离年底还有一周时间，各项工作进入收官倒计时，有关要求谷行长在决算会上作了强调，大家要落实好。明年是贯彻党的十九大精神的开局之年，是改革开放40周年，是决胜全面建成小康社会、实施"十三五"规划承上启下的关键一年，也是我行新一轮三年规划的开局之年。大家要再加一把劲，统筹做好增收节支、资产质量控制、旺季营销服务、案件防控和安全稳定运营等工作，把今年最后几天的工作做好，并及早安排和启动明年各项工作，努力开好局、起好步。今年的年终决算日正值元旦假期，各行要统筹安排、加强调度，确保顺利完成。

明年的经营计划，一方面要积极进取，一方面要实事求是，对管理层要提一个积极进取的指标，对董事会建议实事求是，确保完成。带队伍太松了不行，一定要紧运行。这里提醒大家，明年的存款市场竞争将会更加激烈，必须做好充分的思想准备，始终要保持清醒头脑。尤其要稳定好流动性，包括境外机构的流动性。美国加息、税改等带来资金回流，对全球金融市场都是一个极大的挑战。有些变化可能不在我们今天的想象范围之内，各境外机构要很好谋划，不能出任何闪失。境内机构也一样，存款工作要进一步强化，基础工作不能削弱。今后增长方式带来结构性的变化，都需要我们从宏观上多考虑，在编制计划和谋划明年工作时要进一步强化。

元旦、春节马上就要到了，各级领导干部要安排好走访慰问、送温暖等活动，切实帮助困难员工解决一些实际问题，特别要注意关心有困难的老党员、离退休老干部和老员工，营造和谐稳定的良好局面。

最后，在这里提前向大家致以新年的祝福，祝同志们新的一年里身体健康，工作顺利，经营发展再上新台阶。

坚守使命　文化聚力
积极打造“客户满意银行”

——在中国工商银行服务文化发布暨服务改进成果展示会上的讲话

易会满

（2017 年 1 月 16 日）

今天，我们在这里举行中国工商银行服务文化发布暨服务改进成果展示会，这是我行继廉洁文化、合规文化发布后，企业文化建设的又一可喜成果。“客户为尊、服务如意、员工为本、诚信如一”，这 16 字服务文化核心理念的发布，掀开了工商银行推进转型发展、打造客户满意银行进程中具有里程碑意义的新篇章，也是我们向社会大众作出的庄严承诺，向全行 46 万员工发出的动员令。刚才的服务改进成果展示和表彰奖励，正是对 16 字服务理念实践化的解读，是工商银行近年来改革发展成果的缩影和折射。作为业内首家发布服务文化的银行，我们将立足现实、放眼未来，坚持传承与创新，把握 16 字核心理念的内涵，深入持久地推进服务文化建设，有效发挥服务文化在提升全行核心竞争力、引导员工行为养成、锻造优质品牌形象等方面的重要作用，为建设客户满意银行提供强大精神动力和文化支撑。

一、回望前路：工商银行服务文化在实践中传承，在创新中发展

工商银行走过的 30 余年风雨历程，不仅是改革发展和创新转型不断突破、综合实力和国际影响力不断提升的过程，也是包括服务文化在内的优秀企业文化不断积累和传承的过程。我们始终以服务经济社会发展为己任，积极适应宏观环境变化，通过持续优化金融资源配置和加快金融创新，着力在促进经济持续健康发展和经济结构升级调整中发挥大行引领带动作用。同时，着眼于客户日益增长、日趋多元的金融服务需求，积极构建国际化、综合化、信息化的现代服务体系。覆盖全球 42 个国家和地区的海外机构布局，有力地支持了中资企业“走出去”和“一带一路”建设，助推了人民币国际化进程；覆盖基金、金融租赁、牌照类投行、保险、证券经纪等领域的综合化子公司，构建起集团一体化服务体系，增强了综合金融服务功能；e－ICBC 的金融生态系统，使线上线下资源得到充分整合，为客户提供了更专业、更智能、更便捷的金融服务。

服务是金融生存之本、发展之基。工商银行从创业之初秉承人民银行的“三铁精神”，一直到集团文化核心价值观的提出，每个发展时期都有文化核心理念作为强大支撑。不管时代如何变迁、环境如何变化，我们“以客户为中心”“服务创造价值”的精神内核始终是一脉相承的。2016 年以来，总行将服务文化建设进一步提上重要议事日程，在深入基层调研、广泛开展服务文化理念征集的基础上，集众智，汇群策，凝练形成了具有鲜明工行特色和时代特点的 16 字服务文化核心理念，为我行新时期服务改进指明航向、筑牢根基。

客户为尊，是我行服务理念的核心。我们服务的态度是客户至上，按照以客户为中心的原则不断完善组织架构、工作机制与业务流程，构建业务响应全球化、线上线下一体化、7×24 小时全时化的服务网络；我们服务的关注点是始终围绕客户需求，倾听客户心声，了解客户期望，强化以客户为中心的服务队伍、服务能力与服务品质建设，将工商银行打造成“客户首选银行”。

服务如意，是我行服务理念的出发点和落脚点。在当前金融消费行为呈现多元化和个性化的背景下，我们坚持与时俱进，不断创新客户服务模式，增强服务供给能力，解决客户体验的“痛点”，为其提供极致金融服务体验，将工商银行打造成“客户优质体验银行”。

员工为本，是我行服务理念的着力点。“只有满意的员工，才有满意的客户”。我们始终将员工视为最宝贵资源，尊重员工、理解员工、信任员工、关爱员工，充分保障员工权益，拓展员工职业发展通道，实现员工价值提升与客户满意度提升的有机统一，形成“管理者为员工，二线为一线，全员为客户”的大服务格局，将工商银行打造成“员工满意银行”。

诚信如一，是我行服务理念的关键点。信用是银行的生命，信赖是赢得客户的砝码。诚信既是员工自身的一种修养和约束，更是社会对银行的一种期望和要求。我们对待客户要诚信，对待员工要诚信，忠于自己的职业，忠于客户的重托，忠于企业的发展，忠于社会的期望，坚持实事求是，始终如一，将工商银行打造成“客户最信赖银行”。

二、展望未来：以服务文化为引领，加快推进客户满意银行建设

当前，全球经济金融环境深刻变革，互联网企业加速向金融领域渗透，银行业竞争日趋激烈。面对新困难新挑战，我们必须牢牢把握住“服务”这一立行之本，积极践行服务文化核心理念，加快推进“客户满意银行”建设。

（一）深入推进服务观念转变。要以“客户满意”为标准，强化“五种意识”，全面提升我行服务能力。一是强化大局意识，始终坚守支持实体经济这个本源，努力当好贯彻党和国家金融方针政策的“排头兵”、支持经济社会发展的“国家队”。二是强化人本意识，积极践行普惠金融服务，营造员工与企业共成长的良好氛围，致力于为客户提供良好的金融服务体验。三是强化底线意识，牢固树立诚信合规底线，切实做到从严治行、强化内控、牢筑防线，为客户提供“可信赖”的服务，打造“最安全”的银行。四是强化价值意识，全面关注客户特别是“千禧一代”的金融服务需求，深入研究和切实解决客户关注的痛点问题，真正做到以服务“为客户创造价值”。五是强化创新意识，打造鼓励创新的体制机制和平台，平衡好转型发展与创新边界的关系，把握好服务创新与风险防范的关系，使创新成为激发经营发展活力的源泉。

（二）不断推进服务创新实践。要以服务文化发布为号角，着力打造“五大服务优势”，凝聚工行力量。在去年“服务面貌专项整治季”活动取得显著成效的基础上，继续推进“服务提升六大工程”的全面深化。一是坚持优化渠道流程，打造服务网络优势。在巩固网点亮化、温馨厅堂、效率提升等服务改进成果的基础上，加快网点转型，构建以网点为核心的O2O生态系统；做好线上线下资源整合改造，实现各渠道信息共享、流程对接、服务融合，真正做到“一点接入，全程响应、体验一致”。二是坚持拓展产品供给，打造服务结构优势。做强大零售、大资管、大投行，做精保险、基金等综合化业务，做优国际化，精准发力，为客户提供适合的产品和服务。三是坚持培育“金融工匠”，打造专业人才优势。倡导“工匠精神”，狠抓责任落实，重服务、重协作、重效率，通过优化选人用人、调整人员结构、稳定激励人才，进一步把人才的优势汇聚到服务转型升级上来。四是坚持全面风险防控，打造服务安全优势。不断提升与经济新常态相适应的风险管理能力，进一步在防范和化解风险上出实招、出硬招，筑牢风险“防护网”和“安全闸”。五是坚持金融科技创新，打造服务技术优势。积极推动金融科技创新发展，着手创建“七大创新实验室”，构建线上线下一体化的服务新模式，全面打造智慧银行服务体系，让客户体验到全功能、全渠道、全天候的便捷金融新服务。

（三）不断推进服务生态构建。发布服务文化是全行的一件大事，做好服务工作是全行共同的责任。“管理者为员工服务，二线为一线服务，全员为客户服务”是全行一贯的遵循，每个岗位都是服务的岗位，每个专业都有服务的责任。对内，从重构服务管理体系入手，深抓服务文化的落地实施。重点是厘清责任主体，压实目标任务。通过建设横跨专业、纵达分支的矩阵型考核体系，强化专业部门服务管理“牵头责任”与分支机构“主体责任”的目标协同与责任担当，破除服务与业务“两张皮”现象。对外，着力品牌塑造，下功夫解决客户关注的痛点问题。让我们改进服务的努力见到成效，让服务改进的成效惠及客户，让客户的良好体验形成信赖与忠诚。在用文化指导实践、用实践检验文化的过程中，全面提升我行服务形象，打造“客户首选”银行。

同志们，当前正值营销旺季，全行要借服务文化发布之契机，发扬敢打敢拼的作风，打好旺季营销攻坚战。紧紧抓住服务需求的源头、牢牢锁定目标客户群体、积极抢占市场制高点，用产品吸引客户，用体验打动客户，用服务留住客户。在实践中检验服务文化的成效，用服务创造价值的成果丰富服务文化的内涵。

再过10来天就是新春佳节了，借此机会，向一直以来关心、支持工商银行发展的客户和社会各界朋友们表示衷心感谢！向在平凡工作中忠于职守、敬业奉献的全体员工表示衷心感谢！提前向大家致以新春的祝福，祝大家工作顺利、万事如意、阖家安康！

坚定信心　创新模式　强化管理
努力开创国际化发展新局面

——在中国工商银行2017年国际化工作会议上的讲话

易会满

（2017年1月20日）

这次会议的主要任务是，贯彻中央经济工作会议和刚刚召开的全行2017年工作会议精神，总结2016年国际化发展情况，分析当前全球经济金融形势，梳理未来发展机遇与挑战，谋划下一阶段国际化发展的工作思路。下面，我讲三个方面的意见。

一、2016年全行国际化发展取得良好业绩

2016年，全行积极作为、扎实推进国际化发展，经受复杂环境考验，保持稳健发展态势。境外机构经营价值贡献持续稳步提升，实现净利润22.62亿美元，同比增长2.69%，为拉动集团利润正增长作出了贡献。境外总资产达3 817亿美元，较年初增长16.24%，如单独参与排序，在全球千家大银行排第61位，较去年提升13位。境外不良贷款率0.52%，持续保持稳定，处于同业较低水平。境内国际业务克服困难稳中向好，跨境经营不断取得新进展。面对监管政策快速变化和进出口下滑较大的严峻形势，迎难而上，创新产品，强化营销，成效明显。境内实现国际结算量1.59万亿美元，比进出口少下降2个百分点，跑赢大市；跨境人民币业务四行占比达25.43%，为五年来最高水平。抢抓机遇加快发展代理交易、债券承销、资产管理、资产托管、跨境电商等高价值业务，客户群体显著扩大，市场竞争力不断提升，量价并举趋势显现。同时，全球重点产品线建设成效加速提升，网络布局与渠道建设进一步深化。有关全行国际化经营主要任务完成情况，一会儿谷行长会详细总结，我就不再展开分析了。

2016年，总行加大顶层设计优化力度，深入研究新时期国际化发展方向、改革重点和运行机制，成效显著。搭建新的海外业务经营管理顶层架构。着眼于新形势下国际化发展新要求，以全球视野，先整体后条线，梳理了适应集团统筹管理要求的海外业务经营管理架构，明确了六大业务板块、21个国际化部门、70大项海外业务经营管理优化具体工作措施，为实现产品线海外深度延伸和集团一体化管理奠定重要基础。国际化联席会议机制有序运行。国际化联席会议机制是海外业务经营管理顶层架构落地的重要载体。总行通过定期召集会议，一手抓工作机制建设，一手抓部门责任落实，研究解决制约海外业务发展的关键问题，推动深化横向和集团联动。扎实抓好一批精细化管理提升重点项目。梳理境外机构管理基本要求，下发境外机构经营转型和盈利提升工作方案，推动精耕细作；明确管理型、集约型和协调型分层区域管理思路，优化区域管理模式，提升管理效果；开放工银亚洲信贷区域覆盖亚太，建立联动机制，推动工银亚洲走出香港，联动亚太机构挖掘增量资源。

全行各机构、各部门对国际化一盘棋的战略思维进一步深化，对境外市场的研究与管理持续加强，国际化经营管理体制机制不断完善。合规与反洗钱方面，有序、积极应对“马德里事件”的严峻考验，并以此为契机强化集团合规与反洗钱管理，建立适应我行境外业务发展的合规管理体系和工作模式，强化满足属地化要求的合规及反洗钱管理机制，推动境外涉敏系统、反洗钱监控系统、境外合规管理系统投产，在总行层面组建反洗钱中心。一体化运营方面，研究构建境外全渠道运营流程优化和集约化运营体系，持续开展FOVA流程优化和易用性提升，境外运营支持管理平台在全境外机构推广。资金和资本管理方面，完善境外机构资产负债额度管理体系，建立外汇跨境双向融资机制，加强集团内集中发行筹资工具统筹管理；实施差异化经济资本限额激励，完善“调整后RWA与经济资本”双线管理模式及市场化交易机制。经营考核方面，围绕“简约、直观、能推动内外联动”，优化境外机构考评体系，适度强化预算执行情况考核，逐步引入同业比较指标。系统建设方面，FOVA系统、金融市场交易管理平台（FMBM）和全球信贷与代理投资系统（GCMS）在42家境外机构推广。人力资源建设方面，组织境外紧缺岗位干部集团公开遴选，明显激发全行人才参与国际化经营热情，紧缺的信贷管理、内控合规等人才队伍建设得到进一步加强，目前总行24个国际化相关部门都配备了专门分管或支持境外工作的团队和人员。

2016年是国际化升级发展4.0阶段的开局之年，也恰逢股改上市十周年。全行上下紧密围绕转型升级这

条主线，以强烈的责任感和饱满的精神状态积极投身国际化事业，努力克服经营环境复杂多变的不利影响，持续深入推进全行国际化发展，不断开拓新领域，取得新进展。成绩来之不易，在此，我代表总行党委，向全行国际化相关部门和境内外机构表示感谢和慰问。

在肯定成绩的同时，也要清醒看到，当前国际化经营存在的深层次问题也在逐渐暴露，主要体现在：一是境外机构利润增速放缓，分化明显。2014 年、2015 年、2016 年境外整体美元净利润增速分别是 39.41%、4.08% 和 2.69%，增速趋势性放缓，未来动能不足，增长难度明显加大。同时，不同机构分化加剧，除工银亚洲、工银澳门、工银阿根廷、美国机构等大行业绩持续亮丽之外，一些机构利润大起大落，部分机构利润总量徘徊不前。二是国际化经营的集团统筹管理不够深入，一体化经营尚未成型。尽管一直强调境内优势有效延伸境外，集团统筹境内外经营，但总行有些部门对境外深入研究不够、资源投入不足、贡献挖掘不多，境内外产品线延伸和集团协同还更多依赖点对点的自发运转，单点联动、单线联动、多头营销、分散营销的现象还未能有效解决，对客户的全球一体化服务能力还有待提升，在信贷管理、运营、资金、科技、财务等集约化运作方面也还有较大优化空间。三是客户基础不够牢固。相对迅速扩容的跨境业务市场，我行国际化客户总量还比较小，结构也还不够理想。如，我行全部跨境公司客户 8.4 万户，只占全国跨境公司客户总量的 14%，境内“走出去”近 5 万户公司客户中，我行客户覆盖率仅为 13%。不少我行国内大客户“走出去”之后未能在集团内有效锁定。四是业务结构不够合理。目前内保外贷、风险参贷、代付和簿记等简单初级业务占境外机构贷款的 36.08%，投资银行、资产管理等高附加值业务发展速度还不够快，总体来说业务发展基础不够扎实，受监管政策变化影响较大，可持续发展能力不强。五是集团风险把控存在薄弱环节。境外整体合规管理在人员配备、系统优化、监督检查等方面还需强化，汇率风险、流动性风险应对还需要进一步抓实，信用风险在一些区域有所暴露，对风险跨境传导的防控办法还不多，集团一体化风控体系还需要完善。以信用风险为例，2016 年末境外不良贷款率较年初上升 0.06 个百分点，8 家机构超过 1%，1 家超过 2.5%。分析原因，既有市场和客户需求变化、监管政策调整、竞争激烈等客观原因，也有经营环境把握不准、专业能力不强、客户战略定位失当以及工作作风不实、贯彻执行不力等主观原因，需要在下一阶段的工作中深入研究，统筹解决。

二、2017 年全球经济金融复杂分化，机遇与挑战持续演变

2017 年，全球经济金融格局进入新的深度调整期，大分化、大变化、大联动的特点更加明显。以保护主义为代表的“逆全球化”思潮与民粹主义抬头，不同经济体的经济走势和财政、货币政策取向持续分化。美国政府更迭后美国优先的政策倾向可能会产生系列连锁反应，各主要经济体之间的互动博弈关系正在发生深刻变化。总体来看，未来一段时期，全球经济金融形势与过去会有很大不同，“复杂分化、持续变化、连锁互动”的特点将更加突出，国际化经营环境的不确定性会更加明显，变化会更加频繁，不同市场间连锁反应会更加剧烈。形势越复杂，判断越要准确，国际化经营的机遇和挑战需要深入分析。

（一）充分把握国际化发展持续变化的新机遇。

一是中国经济继续深度全球化，为我行国际化发展提供强劲内生动力。中国经济对外开放加速深度推进，日益融入全球。2016 年我国对外直接投资 1 617 亿美元，同比增长 55.3%，继续超过利用外资额；完成海外并购项目 759 个，金额约 2 200 亿美元，同比翻番，成为全球最大跨境并购发起国；与“一带一路”国家贸易额达8 489亿美元，占同期中国对外贸易额的四分之一，中资企业在沿线 20 余国建设经贸合作园区 50 多个，累计投资金额超过 500 亿美元。当前，尽管节奏和力度可能会有所改变和调整，但经济全球化和人民币国际化的大趋势不会改变，未来增量市场巨大，业务内生动能充沛，特别对我行作为市场新进入者来说，机遇总是有的。这是我们的一个基本判断，昨天我们在年度工作会议的分组讨论中也提到，近两年的经营环境和前两年相比确实有很大的差异。但是我们也要看到，大部分境外机构还不是当地的主流银行，规模较小，客户不多，尽管有挑战，但市场空间很大，作为后进入者，更多的是发展机遇。我们对此要有清醒认识，多看机遇，少讲困难，多谈发展。我行已经向境外投入了很多资源，业务发展才刚刚开始。

二是全球经济金融分化，带动众多结构性、差异性、阶段性业务机会。第一，不同国家经济金融走势和货币政策分化，使金融市场波动加大，金融市场业务将迎来更多结构性、差异性机会。这两年，总行和部分境外机构成功抓住一些地区汇率大幅波动的收益机会，未来机会更多。第二，尽管目前全球经济增长整体低迷，但加大制造业和基础设施领域投资力度，在许多国家特别是新兴市场和欧美澳等经济体已成共识。我行优势明显，未来在发达市场加快发展项目融资、银团贷款、融资租赁等业务会有更多机会。第三，各国经济处于不同发展阶段，产业升级与“再工业化”持续推进，产业链在全球加速转移，跨国并购蓬勃增长。2016 年全球跨境并购交易规模达到 3.6 万亿美元，预期未来总量将持续高涨。这将为我行并购融资、财务顾问等业务创造新的空间，我行已连续三年位列亚太区并购交易排行榜第一位，未来增长潜力更大。第四，境内外市场深度连通和持续波动，有更多双向互动业务机会，如跨境人民

币业务随调控资金流向在反复变化，阶段性机会正在增多。

三是客户扩容与产品线延伸加速，为抢抓重点业务提供有力支撑。首先，全球客户群体迅速扩容，高价值业务机会明显增多。我行大量的国内客户正加速进入海外市场、获取海外资源、增加海外资产配置。境外跨国大公司、主权类机构和以往合作较少的同业客户，在境外业务和中国概念业务等领域，正显著扩大与我行合作。其次，产品线加速延伸与相互渗透推动集团业务深度联动。国内金融市场持续开放推动产品线向境外加速延伸，全行金融市场业务的全球发展格局进一步巩固，在代理交易、债券承销、外汇与衍生品交易等方面已可与欧美大型投行抗衡，投资银行、资产管理、资产托管、私人银行等高价值产品线发展速度明显加快。产品线的快速延伸和相互渗透，信息共享，综合营销，为集团一体化深度联动创造了更有利条件。

（二）有效应对国际化发展日益复杂的新挑战。

一是在复杂环境下统筹国际化发展更加不易，必须抓准抓牢重点业务面临的变化。首先，面对复杂分化、持续变化、连锁反应的全球经济金融环境，集团统筹不同机构发展策略难度加大，很难一策对全球，需要有更深入、更有针对性的市场研究和更强管理能力，持续优化“一行一策”的差异化经营。其次，全球大部分地区低利率、更多区域汇率频繁波动的环境将持续，各国促增长、稳汇率的政策差异会更加分化，对银行业的客户选择、业务重点和收益水平等会产生明显影响，差异化分析当地市场环境，准确抓牢高价值业务更加迫切，难度也更大。比如，汇率、利率、大宗商品价格等持续波动对各地金融市场会产生复杂连锁反应，金融市场业务的机会类型和时间窗口变化很快。又如，前期跨境人民币政策持续收紧，一些人民币占比大行盈利下滑明显，未来增长动能需要重新挖掘。再如，主要中资同业海外布局总体加快，由于目标客户相近，服务模式和产品相似，同质化竞争会从境内延伸到境外，需要我们妥善应对。

二是客户需求持续变化，对我行国际化服务能力提出更高要求。第一，随着我行全球客户群体迅速扩大，客户对一点接入获得全球一体化、综合化服务的需求更加迫切，对我行境内外一体化的营销组织、产品设计和资源配置等都提出更高要求。第二，不同经济体分化态势演变，将加剧全球资本跨境流动与国际金融市场频繁波动，客户的投资顾问咨询和金融市场避险需求会明显增加，需要更强的专业服务能力和更高的管理水平。第三，线下服务线上化趋势更加明显，客户对线上服务体验和全天候服务有更高要求。过去线上服务需求主要体现在境内，未来随着全球客户群体扩大和更多类型跨境业务需要，境外机构自身和境内外一体化的线上服务能力需要进一步提升。

三是全球金融监管趋严，境外经营合规管理面临更大压力。2016 年我行境外机构驻地发布或生效监管规则 400 余项，主要集中在反洗钱、网络风险、流动性、涉税管理、金融消费者保护等领域。发达国家纷纷成立金融行为监管机构，监督检查和干预措施更加积极主动。监管机构间信息交流和监管协作显著加强，跨境监管更加全面。监管惩处力度持续加强，美资和欧资银行频频深陷巨额处罚和诉讼。中资银行也受到不同区域监管机构更多关注。持续收紧的全球金融监管政策，使国际化经营的合规压力和成本投入不断增加。

四是复杂形势下国际化经营风险点多面广特点显现，集团一体化风险管控难度加大。未来环境复杂多变，使集团国际化经营需要重点关注的风险种类明显增多，且相互交织叠加，合规和声誉风险防控压力进一步突出，汇率、利率、流动性、信用等风险类别管控难度加大。比如，美元加息和大部分国家降息并存，将引起全球金融市场调整和资源重新配置，风险可能连环累加。相当部分国家和地区汇率波动预期加大，汇率和利率风险管理难度明显加大，部分区域和业务品种信用风险已有暴露苗头。同时，不同国家和市场关联性增强，跨境资本流动加速，风险在境内与境外之间以及境外不同机构之间的跨境传导速度会进一步加快，对集团化风险统筹管理提出更高要求。

面对当前复杂变化、持续分化的国际化经营环境，全行要牢牢坚持国际化发展的大方向，不断深化国际化发展内涵，处理好传承与创新、速度与质量的关系。特别是境外机构要切实增强责任意识和使命意识，始终围绕推动国际化经营价值贡献持续提升这个核心，倍加努力。一是进一步适应环境变化，将国际化经营重心从外延式拓展为主转向内涵式发展为主，更加突出境外机构精耕细作，更加重视跨境经营价值贡献挖掘。渠道方面，我行全球布局已基本完成，未来覆盖 50 个左右的国家和地区已能满足集团国际化发展要求，重点要放在壮大已有机构经营实力和全球服务能力；资本管理方面，要进一步传导资本约束经营、资本要求回报的压力，推进资本差异化配置，更多投向“潜力大、占用少、效益好、风控强”的市场、机构和产品线；人力资源方面，要进一步提升国际化人才队伍的专业水平和经营管理能力，优化配置，挖掘潜能。二是进一步稳定提升对集团贡献度是境外机构的重要责任。尽管当前经营环境挑战不少，但机遇更多，关键看怎么把握。持续提升集团利润占比是总行党委对境外机构班子提出的明确要求。各机构要更加主动作为，深入本地化市场，真正找到适合自己发展的路子。总行要建立更加科学的境外机构和干部考核评价体系，激励先进，鞭策落后，对畏难不前或无所作为的，要采取坚决措施。三是要进一步强化风险和内控管理，确保不出合规和风险方面的重大问题。这是我行国际化经营稳步推进的根本前提。尽管前期工作成效还不错，但薄弱环节也还不少，不能盲目乐观，目前环境下更不能掉以轻心。四是要进一步统筹细化海外业务经营管理架构，在不断优化“一行一策”的基础上，进一步聚焦重点区域、重点客户和重点业务，推动各境外机构多做战略性考虑，找准发展方向，避免平均用力。这是今年国际化发展提出的四点总体要求，也是总行党委征求大家意见时，大家提出的共同想法，这里面包括了发展方式、责任压力传导和干部队伍建设等内容，目的是促进我行国际化战略实施更加持续、健康和平稳。

三、实现2017年经营目标需要重点抓好的四项工作

2017年是我行股改上市新十年的起点，也是国际化发展新阶段承前启后的一年。面对与以往有很大不同、持续变化的新形势和不断提高的新要求，国际化经营要坚持稳中求进的工作总基调，重点抓好四个方面的工作。

（一）努力打造境内外一体化协同发展的经营新格局。推动国际化内涵式发展，重点是发挥好集团优势，聚焦价值创造，打造更强的集团联动能力，提升对客户需求的反应能力和效率，让客户的价值链条更多在集团内部有效锁定。集团联动优势发挥得好，境内境外都能受益。为此，必须转变过去相对初级的内外、外外、横向联动模式，紧紧抓住境内和境外两条主线，境内做强，境外站稳，厚植境内优势，深耕境外市场，打造互联互通、协同发展的境内外一体化经营新格局。

全面提升集团联动广度和深度，实现境内外一体化经营，需要全行共同努力。总行要切实发挥统筹协调作用，在全球一体化客户营销、产品推广、支持保障等方面建立健全体制机制。境外机构要深入研究当地市场，摸清客户和业务资源分布，明确本机构联动重点和策略，积极发起和配合集团联动；境内机构要提升对跨境经营重要性的认识，切实增强跨境经营能力，不断提升我行在境内市场的跨境业务优势。总的来说，就是客户联动是基础，业务联动是根本，支持保障是前提。

客户联动是基础。要统筹全行网络布局、经营牌照、营销队伍等资源，找准境内外一体化联动重点潜力客户群体，精准发力。总行各营销部门要会同境内外机构，逐级建立重点目标客户名单，落实不同层级营销责任。要扩大重点客户全球统一服务方案试点范围，完善重大项目牵头营销机制，对重大跨境项目的发起、派发、受理、跟踪进行全流程管理，努力推进对全球重点客户的“一点接入，全球响应”。公司客户方面，着力抓好境外当地行业龙头、世界500强和内地“进出口、走出去、引进来”客户群，深入拓展一批境外重点客户，抓牢海关“进出口”客户，深挖“走出去”客户资源，紧盯“引进来”客户群体。机构和主权客户方面，抓住中国扩大金融开放、境内市场投融资业务吸引力增加契机，瞄准业务合作潜力大、贡献度高的境外银行同业、非银行金融机构客户和境外央行、财政部、国际金融组织及主权财富基金等高价值主权类客户。个人客户方面，精准营销基础客户、旅游商务、出国留学和境外投融资客户四类群体。

业务联动是根本。要紧跟客户需求变化，不断丰富产品，优化服务，推动适合一体化联动的重点产品线深度延伸。公司信贷业务方面，根据全球经济金融走势、产业转移趋势，结合部分国家大力提升基础设施建设，推动制造业和进出口业务发展的机遇，深入细分全球信贷市场，抢抓基础设施、制造业、科技、能源资源等产业龙头企业和跨境并购业务中的信贷服务机会。跨境人民币业务方面，抢抓人民币加入SDR后业务机会，根据监管导向，加快发展跨境人民币相关代理投资、债券承销、资产管理、资产托管、跨境电商等高价值业务。境外机构和人民币清算行要转变业务模式，加强产品创新，推进离岸人民币业务可持续发展。金融市场业务方面，发挥全球业务布局潜力，完善分层授权和差异化管理，加快汇率、利率、商品交易和承销发行等重点业务营销与拓展，为集团打造更强的全球24小时金融市场交易能力。要用好工银标准平台，充分利用其特长强化集团整体联动，把握当前阶段性、结构性交易机会。投资银行业务方面，启动境外投行业务牌照资源整合，优化投行业务全球布局，建立贯穿交易撮合、财务顾问、并购融资、并购后整合的全流程投行服务体系。现金管理业务方面，抓住中资“走出去”企业、外资企业境外总部、境外本地企业等重要目标客户，深入拓展跨境双向人民币资金池、外汇资金集中运营、跨境电商金融服务等重点业务。资产管理与托管业务方面，以工银亚投为依托打造境外资管业务的统一平台。强化营销，争抢境外主权类客户、金融机构和高净值个人客户等重点业务资源。加强关键海外市场托管能力建设，整合全球托管代理人资源，联动营销持续扩大客户基础，开拓新业务领域。私人银行业务方面，制定差异化业务发展策略，选择部分市场资源丰富、零售业务基础较好的重点机构推动业务发展，做大全球投资账户和全球理财基金服务，创新离岸家族财富管理业务。金融机构业务方面，强化主动营销，提升结算清算、资金合作、承销发行等重点产品覆盖能力，深挖重点代理行价值贡献潜力。

支持保障是前提。集团联动要高效运行，离不开完善的支持保障安排，特别是在授信、审批、簿记、全球资产交易、筹资、联动分润等方面。要完善全球统一授信机制，优化重点客户授信共享安排，提升对信贷重点客户的全球服务能力。要继续推广境外机构信贷区域集中管理，探索区域化审批新模式，在审查人员相对集中、市场环境比较接近、时差响应较为方便的区域，试

行授信审批集中管理，提升信贷审批效率和风控能力。要进一步强化香港境外资产业务中心的成本中心定位，利用簿记业务支持资本、牌照、资金、税收等方面受限的境外机构做大做强优质信贷业务。要进一步强化全球资产交易平台的市场化运作原则，真正发挥交易平台调剂全球资产和资金余缺、支持境外机构发展的作用。要充分发挥境外筹资中心作用，进一步统筹集团境外主动筹资安排，利用集团高等级信用和境外不同区域资金价格等发行条件差异，推动低成本资金筹集，逐步建立总行境外资金池，降低整体资金成本。要完善一体化考核分润机制，细化集团联动业务按场景的分润规则，进一步提高联动分润的可操作性，激发联动各方合作意愿和积极性。要加强宣传，强化工商银行全球品牌和市场形象，进一步突出我行的国际化经营特色，打造“一点接入、全球响应、连通中国与世界”的一站式综合金融服务形象。

昨天我和一些境外机构负责人交流，有些境外机构的资本金不大，人员不多，但当地市场非常有特色，在面对一些全球性大客户时，仅仅依靠这些境外较小的机构单打独斗，业务永远做不大，也不可能获得多少收益。如何解决这个问题，希望总行国际业务部和有关部门做进一步探讨。我想这里面很重要的一点就是我们集团优势如何更好发挥的问题，要围绕重点产品线和重点客户，充分发挥境内外一体化联动的优势。比如，总行专项融资部建立的全球资源、电力等产品线，要进一步加大集团整体联动水平，进一步发挥好境外机构的牌照优势，境外机构作为前台要更好地促进项目落地。不同国家和地区要有不同的重点产品线，并配套融资、投行等金融服务，充分发挥集团的整体服务能力。境外机构除发挥经营牌照优势以外，还要发挥好代表处的职能，真正成为集团在当地的派出代表，更好地服务集团。又如，要发挥好境外资产业务中心、全球资产交易平台服务集团的作用。这两个平台主要是为解决境外机构由于监管限制造成业务瓶颈的问题，在我行内部绝对不能以利润为中心，而是要为全集团提供服务。在我行内部进行交易，不能赚取内部机构的收益，这个定位一定要清晰，否则肯定做不大。这方面后续还可以做一些探讨。再如，如何将我行在全球40多个国家和地区经营网络的作用发挥到极致，是总行各部门需要进一步考虑的问题。不能完全依赖境外机构负责人闷头干，而是要围绕集团战略，围绕大客户战略，发挥好境内外机构的作用，把境内外联动打通。如果能实现这一点，境外机构就不是简单获得三五百万元收益的问题，而是能为集团创造更多价值，这个定位一定要提升，这才是真正的集团联动。总行各部门在这方面要多做一些思考和探索，多考虑通过建立健全机制，充分调动境内外机构的积极性，发挥更大的联动作用。

（二）深耕境外市场，扎实推进本地化、特色化发展。本地化、特色化我们提倡了很多年，但推进得很不平衡。过去，我们不少境外机构习惯于做简单的境内外联动业务，利用境内外市场汇差、利差等要素的变化和对重点客户资源的锁定，通过相对初级的内保外贷、贸易融资等产品或是簿记业务支撑利润增长，“大而全”“小而全”的情况比较多。在全球经济金融大环境好的时候，这种“吃快餐”的方式过得还不错，但在当前复杂环境下，“快餐”供应不上，利润就下滑很明显。在新的环境下，“快餐”该吃还是要吃，但要实现价值可持续增长，必须找到更稳定的业务来源，切实挖掘当地市场潜力，进一步提升本地化、特色化经营水平，加快由外延式扩张向“做深做细、做优做强”的内涵式发展转型。

过去我们强调境外机构本地化经营，着眼点是抓本地客户的落地，现在来看，在复杂分化、持续变化的外部经营环境下，要抓住差异化、结构性、阶段性的业务机遇，更重要的是怎样依托集团优势深耕当地市场，抓住来源于当地市场的优势业务，挖掘集团联动机会，而不是简单看客户是不是在本地。不仅要关注本地注册的重点客户，更要关注来源于本地、能够为集团带来增量服务和联动机会的业务资源。境外机构要加强市场调研，摸清底数，既要明确营销重点，发挥集团优势更好锁定客户和业务机会，也要通过对市场、客户、业务的更深入了解，为找准经营特色定位和强化风控提供依据，夯实价值贡献基础。

一是扎实推进本地化发展。要在客户、业务、人才队伍等方面梳理制定更加明确的本地化发展衡量指标，每年本地化客户、本地化业务比例都要有所提升。要加快拓展本地化客户。各境外机构要通过不同途径贴近本地优质客户，切实推行本地重点客户名单制营销，提升本地客户覆盖率和业务渗透率，尤其要主动承担对所在国世界500强、同业和主权类客户总部的营销职能，加速拓展与中国有较多业务往来的大型跨国公司客户，以及价值贡献潜力大的当地和全球客户。昨天年度工作会议的分组讨论时提到，由于外部形势变化，欧洲机构去年的整体经营效益不太好，利润下降比较多，但是米兰分行近年一直保持较快增长，这与该行80%的效益来源于本地客户和本地业务，抗周期和应对监管政策变化能力较强密切相关。我觉得这个提法是有道理的，境外机构不能完全依靠“吃快餐”，还需要重视对本地客户和本地业务的精耕细作，要舍得投入大量的人力、物力和精力。要深挖本地化业务资源。要依托对当地市场的深入研究，竞争来源于本地“中国元素”、全球市场和所在国重点支持行业的高价值业务来源。要通过内外联动和双向互动，锁定境内重点跨境客户在境外落地的业务机会。要依托集团联动，抢抓全球供应链重点客户资源，通过链式金融牢牢抓住客户价值链延伸的业务机会，通过与客户深度合作获取境内外上下游和交易对手信息，为集团创造更多跨境服务机会。要重点加大境外机构信贷业务本地化的推进力度，逐步降低代付类业务在境外资产中的占比。要加强本地人才队伍建设。本地化发展要凝聚当地人心，抓住业务机会，离不开本地化的人才。要深入借鉴优秀外资企业在中国的发展策略，加大境外机构本地化优秀人才的吸纳和使用力度，以有市场竞争力的岗位和薪酬，争揽能为我行本地化落地生根发展真正发挥支柱作用的本地化人才。总行人力资源部要牵头继续推动，制订明确的工作计划，强化包括管理人员在内的本地化人才的引进和使用。

二是切实突出特色化经营。突出不同机构的经营特色，实现境外机构差异化发展、特色化经营，核心是把握好盈利与风险、市场地位的平衡。要围绕业务来源差异深化“一行一策”内涵，进一步明确各境外机构的市场定位和发展策略，更加重视价值创造和经营特色，进一步打造和深化各重点机构利润引领、潜力机构努力赶超、特色机构各有特点的发展格局。要突出重点机构的价值贡献和引领作用，以工银亚洲为龙头，工银澳门、工银阿根廷、美国机构、工银欧洲、中东等机构紧跟，打造一批价值贡献旗舰和标杆机构。要突出不同区域、不同牌照机构的经营特点，围绕金融市场、投资银行、全球现金管理、资产管理、资产托管、私人银行等高价值产品线，根据各境外机构在当地资源禀赋、服务资质、风控能力、竞争环境等差异，打造一批体现我行集团优势和重点产品线特色的精品机构。要抓好境外零售业务的差异化布局，重点在业务资源丰富、风险控制能力强的地区和机构做大零售业务规模和服务能力，提升市场影响力，适度退出部分业务增长潜力小、监管环境严苛、风控难度大的区域和业务品种。对物理网点难以覆盖或辐射的区域，要深入研究以信用卡、电子银行、直销银行等方式，服务重点零售客户的可行性和方式。

三是夯实本地化、特色化经营的基础。经营资质方面，通过申请经营牌照、丰富已有经营牌照功能、加入当地清算网络和交易所、加强与当地同业合作等方式，拓宽本地化、特色化服务范围。物理渠道方面，在市场资源较多、客户基础较好、监管环境较优的核心和重点市场，积极拓展二、三级网络，扩大机构辐射范围，服务更多客户群体。继续申设与并购并举，审慎拓展目前网络仍为空白的“一带一路”沿线国家和业务潜力较大的欧美成熟市场，探索通过并购做强重点境外机构和资产管理、资产托管等重点产品线。电子渠道方面，不断增强 FOVA 系统对境外监管要求和差异化需求的适应能力，努力提升线上服务能力和客户体验，重点做好手机银行、网上银行、跨境电商产品研发升级和推广，持续完善系统功能。在我行物理网络难以覆盖、当地条件具备的市场积极探索直销银行模式。集约化经营方面，充分考虑监管政策约束、机构布局特点和境外机构各自实际，着眼营销资源集约使用、后台营运集约运行、风险控制集中管理的思路，以集约化支持本地化、特色化发展。探索不同形式的境外区域管理模式，持续完善区域协调联动机制，要着力做好工银亚洲走向亚太的模式探索。建立境外集约化运营体系，构建境外业务前后台分离处理平台，稳妥推进实施业务集中处理，节支增效。

（三）进一步提升境内国际业务发展和跨境经营能力。与同业特别是外资同业相比，我行国际化最大优势是在中国境内拥有庞大的客户群体，可以通过集团联动挖掘丰富的跨境业务资源，推动境内外机构共赢。境内市场是我行国际化发展的根本和源头，把握不住中国概念业务源头，挖掘不好境内外客户双向互联资源，国际化经营就难以行稳致远。随着跨境客户群体快速扩容，跨境业务品种不断丰富，加之监管要求变化日趋频繁，要抓住跨境业务源头，必须切实提升境内机构的跨境经营能力，巩固领先优势。过去我们谈境内国际化能力提升，更多强调国际业务条线本身的产品和服务能力，这几年我们开始强调国际业务的联动枢纽作用，抓横向联动，但与快速发展的跨境业务形势相比，还远远不够。境内机构要从过去“全行办外汇”的业务理念向“提供全球化综合化金融服务，抓牢跨境重点客户，挖掘集团联动价值”的跨境经营意识转变，着力解决在跨境业务联动机制、基础国际业务拓展、跨境产品创新推广、外汇网点和外汇业务人员等方面的突出问题，不断提升我行在境内市场的跨境业务优势。

一是突出抓好跨境业务联动营销机制建设。要改变过去“单打独斗”式分散协调的局面，选好联动营销发力点，凝聚集团合力，建立境内机构不同层级的“跨境经营联席会议”或“跨境业务营销工作组”，并带好团队，形成“1 + N”横向协调和联动营销机制，优化营销信息收集、统一营销协调、产品创新和考核激励安排，形成跨境经营“一点接入、全行响应”的协同营销格局。职能部门要积极发挥好穿针引线和统筹协调牵头作用，跨境经营各产品线部门要进一步增强集团联动意识，主动协同，主动整合业务资源，对重点客户群体逐户形成综合化金融服务方案和营销策略，在集团内努力实现对跨境重点客户自身价值链和上下游产业链的全覆盖。比如，我们总分行都设有首席客户经理，负责联系一些大客户，要研究给予首席客户经理一定的授权和配套政策，切实承担起全球服务方案的全面协调职责。总行公司金融业务部目前负责三四百户全球客户的牵头营销，各省分行也要研究如何建立一批全球客户名单，并和境外机构联动提供好的全球服务。现在境内营销不能仅和客户简单地谈存款谈贷款，这条老路是走不通的，关键是要找到几个兴奋点，比如境外业务、全球现金管理业务、投资银行业务等，这些都是企业一些新的需求。

二是进一步做大做强基础国际业务。要深入扩展国际业务基础客户。坚持客户数量与质量平衡、客户覆盖率和业务渗透率并重，继续紧抓224家总行级国际贸易融资重点客户份额提升和全年新增3 000户以上国际业务大中型客户拓展，努力提升对占全国进出口客户总量85%的中小跨境企业的覆盖率。巩固进口客户业务份额，狠抓出口客户拓展，切实改变“进口强、出口弱”的客户结构。推动传统与新兴行业客户的协同发展，深入拓展跨境投融资、跨境电商、境外主权和金融机构等新兴客户群体。要加快基础国际业务产品推广和创新发展。充分发挥国际结算、贸易融资、对外担保等基础国际业务的“敲门砖”和营销突破作用，抓好基础国际业务对重点客户和潜力客户群体的覆盖。要针对跨境业务客户需求从过去以贸易项下为重点向贸易与资本项下并重的趋势，强化境外放款、境外投资汇款、境外发债、并购贷款、境外咨询和“走出去”风险管理等核心金融服务产品的创新推广。要推动基础国际业务服务模式升级。深入分析客户跨境业务需求，探索“互联网+国际业务”新思路和新模式，统筹运用银企互联、网上银行、手机银行、融e联等各种渠道，依托全行互联网渠道建设，推进跨境业务线上线下一体化转型创新。不断完善网银开证、网银托收、网银汇款等国际结算服务功能，积极拓展线上供应链、跨境电商等国际贸易融资发展，打造从基础国际业务到增值跨境服务的一站式、境内外一体化全流程服务新模式。

三是着力解决跨境经营瓶颈问题，加大配套支持。要对网点跨境经营服务能力和业务开办率提出硬性要求，下大力气解决制约外汇网点增长的关键性问题，确保外汇网点覆盖率分区域逐年提升，在重点区域尽快达到同业领先水平。要梳理重点专业、重点岗位人才情况，加大对专业化、复合型跨境业务人员的培养和补充力度，进一步完善激励约束机制，充分体现岗位专业价值。要针对重点优质跨境客户建立以客户综合贡献度为基础，更为市场化、更加差别化、更具竞争力的定价机制。要进一步优化考核指标的设计，充分体现跨境业务特点、发展潜力和价值贡献，推动境内分行深入开展跨境经营。要充分考虑跨境业务特点和监管导向，以把握客户实质风险为前提，在客户准入、评级授信、行业政策、业务流程等方面，进一步优化对跨境业务特别是跨境重点客户的信贷管理配套支持。

（四）进一步强化国际化经营的合规管理和风险管控。要深刻认识国际化经营面临的更加严峻风险形势，更加清醒地看到各种风险的关联性、交叉性和传染性，务必保持高度敏锐，确保快速反应、妥善应对。要着眼集团境内外一体化的全面风险管理，从制度完善、人员配备、系统建设、监督检查等方面下功夫，进一步细化对境外风险管理的安排。境外机构要守土尽责，加深对当地监管政策和业务发展形势的理解和把握，依法合规开展业务，切实履行风险管理首要职责，针对不同风险类别，跟进管理措施。昨天年度工作会议分组讨论时，有些同事谈得很对，我们在业务推动上可以实行一行一策，但是在基础管理方面不能按照一行一策去做，我们对全球所有机构的基础管理要求都应该是一样的。比如，信贷管理政策可以有些灵活性，但信贷管理制度在全球都应该是一致的。关于风险管控，“马德里事件”使大家接受了一次教育，目前大家整体的风险管控意识还是比较强的，但我还想再强调几点要求。

一要把防控合规和反洗钱风险放在首位。目前监管机构处罚重点正在由关注涉敏业务违规转向关注机构合规与反洗钱基础资源配置及其工作机制有效性，由处罚违规个体机构转向追责集团总部，要紧跟监管机构关注重点变化，持续加强集团合规风险管理能力建设。总行要重视境外管理团队合规意识和能力评价，加强培训和投入，切实增强其合规经营意识和管理能力。要优化境外合规官准入退出、履职监督与考核评价全流程管理，加强合规人员配置，确保团队人数和资质与机构规模、业务类型相匹配。要有序推进反洗钱中心建设，加快两个反洗钱系统和境外合规综合管理系统的推广，发挥监控、检查和支撑功能。这项工作是我们面临的高压线，此前已经对境外机构提出过很多要求，尤其是对一些比较敏感地区的机构。境外机构总经理是第一责任人，要对本机构负责，绝对不能出现第二个“马德里事件”。今天是1月20日，美国总统特朗普今天正式就职，我判断今后的金融监管形势会更加复杂，甚至有可能会成为一种政治工具。所以，我们在考虑问题时，要尽可能周全一些，千万不要给人家抓住把柄。

二要更加重视管好境外信用风险。目前境外信用风险管理能力整体不强，基础管理薄弱，部分机构潜在风险较为明显，个别机构还很突出，信用风险防控压力明显增加。应该说，绝大部分境外机构都是新机构，没有理由在信用风险管理方面出现大的问题。对此，我们要保持清醒，正确研判，通过顶层设计与“一行一策”相结合，推动各境外机构信贷管理基础年内上台阶，有效控制不良贷款，较好解决当前信贷领域突出问题，推动境外整体信贷风险管理水平明显提升。总行要实施境外信贷区域、行业、客户结构的顶层设计，细分全球信贷市场，明确各机构市场定位和发展策略，推动本地优质信贷市场投放，有序退出不符合战略定位特别是有风险苗头的融资，从根本上优化客户结构。要“一行一策”深入开展境外信贷经营管理能力提升，优化评价体系，客观分析各机构信贷管理现状，拿出改进措施，对境外信贷组织架构、岗位设置、人员配备、履职标准、日常管理、监督检查等提出明确要求，建立健全境外信贷基础管理体系，加强境外机构信贷人员配备，深入推进专家治贷。关于信贷问题，总体判断是境外大部分机构的基础管理还比较薄弱，大家对此一定要有清醒认识，不能自我感觉良好。从总行检查的一些境外机构的情况来看，境外信贷管理状况不是太理想，庆幸的是我们的客户还不错，目前还没有出什么大的问题。但是个别境外机构的潜在风险和不良贷款比率已经超过了10%，这非常不应该。要建立“潜在风险贷款识别和化解、逾期贷款压降、不良贷款处置”三阶段的风险管控体系，明确各阶段风险处置措施要求，进一步强化境外机构风险监控责任和职能。要强化重点领域信用风险管理，分类评估“走出去”业务、内外联动跨境担保业务、本地业务、国际银团和备用银团业务、簿记业务等重点业务风险状况，强化针对性风控措施。

三要切实管好汇率利率和流动性风险。汇率风险方面，一些国家和地区汇率大幅波动概率上升和不同金融市场连锁互动，集团汇率风险会进一步凸显。要切实管好汇率敞口类业务，通过对冲、货币掉期、定向购买次级债等方式做好境外机构资本金保值增值安排，并关注外汇业务客户的连带信用风险防范。利率风险方面，针对当前境外机构整体资产负债期限错配问题比较突出的情况，要积极关注美元加息进程，平衡好资产摆布的流动性、收益性和安全性的关系，进一步优化资产负债期限结构，适度缩短资产久期，拉长负债久期，切实防范债券价格下跌风险以及美元负债到期的再融资风险。流动性风险方面，要努力拓展外部资金来源渠道，加大一般性存款吸收力度，适度发行债务型筹资工具，鼓励发行资本性筹资工具，确保LCR等监管指标达标，并从集团层面做好流动性支持安排。

四要强化操作风险管理、安全保卫和保密工作。要强化覆盖境外机构的集团操作风险管控体系，进一步梳理流程，优化系统，通过系统硬控制和制度约束消除潜在风险隐患。要探索境外机构内控风险评级，传导管理压力。要坚决杜绝屡查屡犯问题，增强案防和内控严肃性。面对当前全球安全风险加大、恐怖及暴力侵害压力持续上升的复杂形势，各境外机构要高度重视安全管理工作，严格落实总行各项安全管理要求，强化安全责任落实，抓好防抢防盗、防恐防暴和应急避险演练，通过外部欺诈信息系统全球应用，实现集团一体化风险管控，全面保障机构人员、财产安全。这里，还要强调一下保密工作。跨国经营环境复杂，敌对势力和情报机构针对我国经济金融领域的侦查和窃密活动范围不断扩大，手段不断增加，保密工作面临新的挑战。境内外机构要进一步加强保密教育和纪律约束，坚决杜绝国家秘密和我行核心商业秘密外泄。各机构主要负责人是保密工作的第一责任人，要切实履行职责，担负起维护国家和我行安全及利益的重大政治责任，守住底线、不越红线，使保密成为铁的纪律。

最后，重点讲讲境外机构的党建和队伍建设。习近平总书记强调，要坚持党要管党、从严治党，坚持加强和改进党对国有企业的领导不动摇，充分发挥企业党组织的领导核心和政治核心作用。王岐山同志指出，全党是同一部党章、同一套纪律，坚持党的领导没有例外、没有特殊，管党治党也不分行业，中国共产党内没有特殊党员，没有特殊组织。境外的政治环境、文化环境、工作环境相对复杂。外派党员领导干部更要充分认识党建工作的重要性和必要性，要认真领会和贯彻落实总行《关于加强境外机构党建工作的指导意见》。境外机构主要负责人是党建工作的第一责任人，要增强“四个意识”，带头执行民主集中制，团结带领班子，在驻地使领馆的指导下，建立健全党的组织，强化党员教育管理，通过党建工作聚人心、促发展。在境外开展党建工作，要注重创新方式方法，重实质、不重形式，既要体现党内生活的精神实质，又要因地制宜，不拘泥于活动的名称和形式。总行要加强日常指导，通盘考虑和部署，进一步促进境内外党建工作的互联互动、相互促进。

抓好党建工作，首先要抓好班子建设。有战斗力的境外机构班子是打造更高水平国际化发展格局的重要保证。总行要尽快明确境外机构等级分类，健全境外组织机构体系，规范各机构班子职数和专业化分工，优化班子结构，并同步加强考核评价，提升班子整体效能。要把那些政治素质高、理论水平好、纪律作风硬、党建能力强并且懂专业、能实战、有抓班子带队伍经验的干部，不断选拔充实到境外机构的班子里。要进一步做好当地管理层的选聘、培养、考核、激励等日常管理，促其积极作用发挥。要优化考核机制，加大定量考核力度，强化压力传导，做到干部能上能下，激发境外机构班子创造条件解决问题的动力和潜力。境外机构主要负责人要不断提升党性修养、履职能力和合规意识，要有争先创优的决心、海纳百川的胸怀和聚沙成塔的本领，团结带领班子和中外员工，放眼大局、扎根当地，扎实做好本地化、特色化经营，推动转型升级。其次要重视抓好员工队伍建设。各机构、各部门要主动担当，进一步增强支持国际化人才队伍建设的意识和能力。要着眼境外机构转型发展需要，强化在境外员工规划、配置、考核、监督和培养方面的“五项职责”，形成纵向专业条线、横向境外机构，纵横结合的矩阵式管理模式，分层分类地做好境外专业化人才队伍的培养和储备工作。在用工计划和工资总额方面，要探索建立符合各机构实际、更为市场化的机制，提高管理的针对性，引导境外机构自觉控制成本、盘活存量、用好资源。要逐步完善当地雇员管理机制，稳步提升员工本地化率，加强当地雇员对集团经营理念、企业文化和规章制度的学习和了解，促进文化融合。要继续推进人力资源深化项目在境外机构的落地实施，构建境内外统一的岗位职级体系，拓宽当地雇员职业发展路径。要加大当地雇员到境内机构交流工作力度，促进人才在全集团的合理流动和优化配置，促进境内外机构的理念融合、业务联动发展。

同志们，坚定不移地推进国际化发展，是全行未来经营价值可持续增长的重要基础。面对2017年的复杂经营环境，全行上下要坚定信心，传承国际化发展理念，创新国际化经营模式，强化境内外一体化管理，奋力开创国际化发展新局面。

在中国工商银行纪检监察暨内审内控工作会议上的讲话

易会满

（2017年2月14日）

去年7月我们专门召开党建工作会议，贯彻落实中央精神和要求，提出党要管党、从严治党、从严治行的措施。今天我们又隆重召开全行纪检监察暨内审内控工作会议，主要是认真贯彻党的十八届六中全会、全国国有企业党的建设工作会议以及中央纪委七次全会精神，全面总结我行坚持从严治党、从严治行的经验做法，研究部署做好新形势下的党建和党内监督与业务监督工作。下面我代表总行党委讲几点意见。

一、认真学习贯彻中央会议精神，着重落实好新近召开的中央纪委七次全会精神

前期，我们已经多次召开全行性会议，结合银行实际研究贯彻落实十八届六中全会和国有企业党的建设工作会议精神，细化了责任，明确了措施。全行要坚持高标准与守底线相结合，持之以恒地抓好落实。这次十八届中央纪委七次全会，是在全党全国深入学习贯彻党的十八届六中全会精神、喜迎党的十九大的关键时期，召开的一次极其重要的会议。习近平总书记在会上发表重要讲话，强调全面贯彻落实党的十八届六中全会精神，以新的认识指导新的实践，继续在常和长、严和实、深和细上下功夫，坚持共产党人价值观，依靠文化自信坚定理想信念，严肃党内政治生活，强化党内监督，推进标本兼治，全面加强纪律建设，持之以恒抓好作风建设，把反腐败斗争引向深入。总书记站在时代发展和战略全局的高度，充分肯定了党的十八大以来全面从严治党取得的显著成效，明确了当前及今后一个时期工作的总体要求和主要任务。讲话既直面问题，又充满自信，蕴含着朴素真挚的为民情怀、许党许国的担当精神，为推动全面从严治党向纵深发展提供了思想武器和实践指南。全行上下要把学习贯彻习近平总书记讲话精神作为一项重要政治任务，结合工商银行实际，不断增强全面从严治党的系统性、创造性、实效性，为开创全行改革发展新局面奠定坚实政治基础，以良好精神状态和优异工作成绩迎接党的十九大召开。

（一）深刻领会中央纪委七次全会新精神新部署。要全面、系统、准确地学习领会全会精神，学思践悟，增强贯彻落实的自觉性和坚定性。重点要把握好三个方面：

一是党中央对反腐败斗争新形势的分析判断。从2015年五次全会提出“呈现胶着状态”，到2016年六次全会提出“压倒性态势正在形成”，再到本次全会提出“反腐败斗争压倒性态势已经形成，不敢腐的目标初步实现，不能腐的制度日益完善，不想腐的堤坝正在构筑，党内政治生活呈现新的气象”，这充分反映了党中央持续推进全面从严治党的显著成效，这些变化也为党和国家事业发展积聚了正能量。同时全会警醒指出，党中央对当前反腐败斗争形势依然严峻复杂的判断没有变，全面从严治党仍然任重道远，管党治党从宽松软走向严紧硬需要经历砥砺淬炼的过程。为此，必须在常和长、严和实、深和细上下功夫，保持惩治腐败力度决不减弱、零容忍态度决不改变，不断开创管党治党新境界。

二是党中央对党风廉政建设新经验的深刻总结。习近平总书记在全会上对党的十八大以来党风廉政建设和反腐败斗争的重要启示和经验进行了深刻总结，即坚持高标准和守底线相统一、坚持抓惩治和抓责任相统一、坚持查找问题和深化改革相统一、坚持选人用人和严格管理相统一。王岐山同志代表中央纪委常委会所作的工作报告，也系统总结了这几年的工作体会，包括维护党的团结统一、严肃党内政治生活、厚植党执政的政治基础、信任不能代替监督、全面从严治党永远在路上等五个方面。这“四点启示”和“五方面工作体会”，集中体现了十八大以来党中央思想建党和制度治党的最新理论成果，具有极强的指导性和针对性。

三是党中央对全面从严治党提出的新要求。十八大以来，我们党立足“四个全面”战略布局扎实推进全面从严治党，从提出作风建设永远在路上，到提出党风廉政建设和反腐败斗争永远在路上，再到提出全面从严治党永远在路上；从拔烂树、治病树，到铲除滋生腐败的土壤，再到严肃党内政治生活，强化党内监督，全面

加强纪律建设，推进标本兼治，反映了我们党对执政规律和自身建设规律的认识不断深化，管党治党的方法日渐成熟。全行要深刻领会和自觉把握中央新精神新要求，以新的认识指导新的实践，保持政治定力和恒心韧劲，步步深入推进管党治党，以真抓实干取得全面从严治党新成效。

（二）准确把握全行党风廉政建设面临的新形势新问题。党的十八大以来，总行党委认真贯彻落实中央全面从严治党的要求部署，在深入开展党的群众路线教育实践活动、“三严三实”专题教育、“两学一做”学习教育中，尤其是在接受中央专项巡视后，推动全行党的建设得到全面加强，实现了党建工作与改革发展的融合共进。主要体现在，我们强化了管党治党主体责任的落实，健全了党建工作制度和机制，推动了从严治党要求向基层、向子公司和境外机构的延伸压实。我们严格执行中央八项规定精神，深入推进“四风”问题整治，修订完善了近百项制度办法，促进作风建设规范化、常态化。我们积极推进新的惩防体系建设，发布了廉洁与合规文化，加大了监督执纪问责力度，彰显了总行党委从严治党、从严治行的坚定态度与决心。我们深化干部制度改革，加强人才队伍建设，促进了党管干部、党管人才原则的落实，为转型发展提供了有力支撑。工商银行党建工作的成效，得到了中央肯定。

同时，我们也要清醒看到，与中央全面从严治党的高标准要求相比，与国有大行需要担当的责任与使命相比，全行党风廉政建设工作中还存在一定差距和不足。比如，在主体责任落实方面还有不到位之处，习近平总书记指出的国有企业党的建设弱化、淡化、虚化、边缘化的问题，在我们一些机构仍有不同程度的存在。尤其是部分基层党组织的战斗堡垒作用发挥不充分，去年总行党风廉政建设责任制考评中发现，有些党支部长期不召开支部大会，更谈不上日常工作；一些基层管理者特别是年纪较轻的支部书记对党的基础知识和基本常识了解不深，抓党风廉政建设工作的思路不宽、办法不多。还有部分机构和领导干部“两手抓”不够平衡，抓班子、带队伍的意识和能力不够强，不善于结合实际做好思想政治工作，不善于把党建工作有机融入日常经营管理中。

又如，在作风建设方面，我们对一些干部不善为不担当问题解决得还不够好。在当前严峻复杂的经营环境下，一些干部思路不清、作风不硬的问题较为突出。有的创新意识不强、能力不足，还习惯于穿新鞋走老路；有的状态不佳、消极懈怠，进取精神不足，所在机构市场竞争力下降，工行在当地第一大行的地位丢失；有的又片面追求业绩，不管不顾制度底线，形成巨大的声誉风险和潜在的经济损失；有的经营作风不实，在贯彻执行总行决策部署方面落实不力，对打基础利长远的工作用劲不够，存在打“擦边球”甚至突破纪律和制度底线的问题。最近我们已对湖北、黑龙江、江苏等机构辖内几家二级分行行长进行了撤职等组织处理，就是由于同业业务发展过程中的大额违规问题。在服务基层和客户方面，我们还存在“大企业病”和“部门墙”等问题，存在“以客户为中心”理念没有完全真正落地、服务口碑与大行地位不符等问题。在落实八项规定和反“四风”方面，去年仍发现个别干部存在违规收受礼品礼金、公款吃喝、公车私用、违规操办子女婚宴等问题。针对上述情况，全行必须坚持以问题为导向，把分析和改进问题的过程，作为深入推进全面从严治党、从严治行的过程，努力书写党建工作新的优异答卷。

（三）深入推动中央要求和全会精神在工商银行的全面贯彻落实。要把学习贯彻中央纪委七次全会精神，同贯彻落实党的十八届六中全会和全国国有企业党的建设工作会议精神结合起来，坚持标本兼治，严字当头，实字托底，步步深入，善作善成，推动全行党建工作不断迈上新台阶。

一要抓好思想教育和纪律建设，不断坚定和提高政治觉悟。全行各级党组织必须把加强思想政治建设放在首位，不断深化习近平总书记系列重要讲话精神等内容的学习，教育引导党员干部补足精神之“钙”，筑牢思想之“魂”，在持之以恒的党性修养和党内生活锻炼中不断提高政治觉悟。要坚守理念信念，抵得住某些社会阴暗面客观存在的考验，抵得住亲情友情攻势的考验，抵得住金钱美色等外部诱惑的考验。要严守政治纪律和政治规矩，牢固树立政治意识、大局意识、核心意识、看齐意识，更加自觉同以习近平同志为核心的党中央保持高度一致，坚决做政治上的明白人，做维护党中央权威的忠诚卫士。要加强党内政治文化建设，尤其是领导干部要不忘初心、坚守正道，通过文化熏陶不断提升人文素养和精神境界，以思想自觉和文化自信支撑政治定力。

二要抓好“关键少数”和基层基础，促进全面从严治党主体责任的落实。全面从严治党，必须突出领导干部这个重点，坚持自上而下、以上率下。对工商银行来说，我们县支行以上机构一把手4 000多人，地市分行以上机构一把手400多人，这些干部是“关键少数”中的“关键少数”。这些“关键少数”坚决不允许出问题！要进一步加强对“关键少数”的教育、监督、管理，促其带头树立正确的权力观、地位观、风险观、业绩观，带头遵守党纪行规，带头履行好管党治党的责任，做到敢抓敢管、严抓严管。“关键少数”要时时自觉地站位党和国家的大局，坚持全行的战略导向，经常“对对表”，把党和国家的要求、总行党委的安排与本区域本机构实际有效地结合起来，能攻坚善作为，守一方平安，造一方之福。要牢牢抓住基层党建这个基础，尊重和发扬基层党建好的创造性的经验，在实践中找准基层党组织发挥作用的切入点，增强基层党支部书记抓党建的意识和能力，进一步激发基层党建工作的活力和战斗力。

三要抓好《准则》《条例》的落实，加强和规范党内政治生活。十八届六中全会通过的《准则》《条例》，为深入推进全面从严治党提供了重要制度保障。各级党员干部要不折不扣执行《准则》《条例》，强化制度约束，做严肃党内政治生活的表率，努力营造风清气正的党内政治生态。要加强党内政治生活的政治性、时代性、原则性和战斗性，解决好当前存在的党内政治生活随意化、形式化、平淡化和庸俗化等问题。各级党委要高度重视监督工作，党委书记要有个“婆婆嘴”，常念监督的“经”，敢于较真碰硬，从点滴抓起，发现错误苗头及时谈话提醒，防止小病拖成大病。要不断完善行内监督体系，使党内监督与其他监督力量相互促进，使监督合力与制度优势充分释放出来。要用好问责条例这个利器，对失职失责的典型问题盯住不放，问责一个、警醒一片、促进一方工作。各级党组织和领导干部也要把自己摆进去，“手电筒”对着自己照，在贯彻执行问责条例上下功夫。各级纪委作为党内监督的专责机构，要坚守职责定位，坚持把“挺纪在前”贯穿于监督执纪问责工作全过程。

四要抓好作风建设，展现党风行风新气象。要坚持抓铁有痕、踏石留印的精神，把纠正“四风”往深里抓、实里做，紧盯老问题，关注新动向，继续看住一个个节点，解决一个个具体问题，坚决防止不良风气反弹回潮。要找准作风建设与经营管理和转型发展的契合点，以良好作风凝聚全行人心、汇聚攻坚克难力量。要进一步倡导求真务实、狠抓落实的作风，对简单以会议贯彻会议、以文件落实文件的，对纸上谈兵、光说不练、一项工作刚开展就急于包装粉饰的，要严肃批评纠正；对贯彻党中央精神只喊标语口号、落实总行党委工作变形走样导致严重后果的，要严肃问责。要进一步倡导重服务、重协同、重效率的风气，不断提升对客户、对基层的服务质量。要进一步倡导责任担当精神，做到勤于学习、善于思考、敢于攻坚，做到治行有方、兴行有为、争先进位，在复杂形势下不断提升业务竞争能力和发展优势，在与经营发展的有机结合中不断推进党建工作取得新成效。

二、党内监督与业务监督的有效结合在工商银行发展历程中发挥了重要作用

坚持党的领导、加强党的建设，包括加强党风廉政建设是工商银行发展历程中的独特优势，而严格的监督则是坚持党的领导、加强党的建设的根本保证，包括纪检监察为主的党内监督和内审内控为主的业务监督，在工商银行改革发展历程中发挥了重要作用。党内监督和业务监督有效结合、综合作用，是我们在抓管理、带队伍、搞经营中一直坚持的思路和做法。过去的历程表明，这二者结合得好，我们的经营理念、管理思路在实践中就贯彻得好，我们的队伍作风就好、战斗力就强，我们的业务发展就顺利、改革就有成效。

正如大家所知道的，1984 年工商银行从人民银行分立出来后，就很好地继承了“铁账铁款铁算盘”的“三铁”作风，并根据不同时期的要求，与时俱进完善监督体系。建行之初，我们就根据国有银行职能作用的要求，设立了审计监察部门，逐步形成了以党内纪检监督、业务稽核监督为主的“双线”监督体制，对全行贯彻中央要求、依法合规经营发挥了重要作用。

从 20 世纪 90 年代末到 21 世纪初，根据内外部经济环境变化，特别是经营中不良贷款的巨大压力以及经济案件的多发，总行党委决定将稽核监督部改为稽核监督局，并在全国按区域设立了六个稽核监督专员办，提升了稽核监督的独立性和权威性。

2004 年，为适应现代公司治理和股改上市要求，我们又将稽核监督局分设为内部审计与内控合规两个部门，由此在全行形成了由业务部门、内控合规与风险管理部门、内部审计部门组成的内部控制“三道风险防控体系”。

2010 年，总行党委按照“机构完善、职能全面、人员精干、机制健全、覆盖全辖”的原则要求，进一步健全了全行纪检监察组织体系。党的十八大以来，全行纪检系统加快推进转职能、转方式、转作风，聚焦监督执纪问责，狠抓纪律建设和作风建设，较好发挥了职能作用。

回顾过去三十多年的历程，我们监督体系发生的每一次重大变化，都是在党中央工作重点、全国经济金融形势变化，以及工商银行自身改革深化的情况下，监督工作体系与监督任务要求与时俱进的体现，这其中积淀形成的一些经验做法，值得在今后的经营管理中继续坚持和发扬。

一是坚持把从严治党作为监督工作的根本遵循。作为一家拥有党组织 1.3 万个、党员 18.9 万人的大型国有金融企业，我们始终坚持党要管党、从严治党，把全面从严的要求贯穿到党的建设和经营管理各个方面，确保将国有企业党的政治优势转化为竞争发展优势，努力在服务实体经济中发挥好大银行的作用，确保实现国有资产保值增值，并以此作为工商银行的核心价值观和“老规矩”。

二是坚持把从严治行作为监督工作的基本要求。我们始终将从严治行作为经营基本要求，坚持从严管理、从严监督、从严问责，严守风险底线，使全行内部控制水平得到持续提升，多年来操作风险损失率和案件风险率一直保持在较低水平，在市场和社会上树立了工商银行严谨稳健和依法合规的良好形象。

三是坚持把完善现代公司治理作为监督工作的重要使命。在始终坚持党对国有企业领导这一重大政治原则

的同时，我们自觉将以纪检监察为主的党内监督、以内审为主的治理层监督、以内控为主的业务监督有机融入公司治理中，不断完善公司治理机制，形成了一套具有工商银行特色的监督模式，较好发挥了党的建设与公司治理两个优势。

四是坚持把保障全行改革发展、促进干部员工健康成长作为评价检验监督工作的标尺。全行通过有力有效的监督检查，充分保障了多年来的持续健康发展。同时，对全行40多万干部员工体现严管厚爱与信任监督相结合，牢牢抓住选人用人等关键环节，营造了风清气正的良好氛围。

五是坚持把夯实基础和改革创新作为监督工作的有力支撑。为使全面从严治党、从严治行的各项举措在全行真正落地，我们坚持从组织机构、员工队伍、规章制度做起，在打牢基础、补齐短板上下功夫。探索形成了“下管一级、监控两级”的基本监督体制，构建起以“总行—省行—二级行”为主体、向支行网点适度延伸的监督架构。构建了正面有规范、反面有禁止、违规有处理的“三位一体”监督制度，以“制度+科技”提升监督效能，以廉洁文化和合规文化强化文化引领。与综合化、国际化战略相适应，实现境外机构、综合化子公司监督工作及时跟进、全面覆盖。

这些成绩的取得，是党中央国务院正确领导、科学决策的结果，是国家有关部门加强监管、支持帮助的结果。在此，我代表总行党委和董事会，向关心支持工商银行改革发展的中央纪委、人民银行、银监会、审计署等有关部门和监管机构，向全行干部员工特别是监督战线的干部员工，表示衷心感谢。

三、更加有力有效做好新形势下的监督工作

当前和今后一个时期，全行监督工作的总体要求是：全面贯彻党的十八大和十八届三中、四中、五中、六中全会，全国国有企业党的建设工作会议，中央纪委七次全会精神，以从严治党、从严治行为根本遵循，以促进和保障全行稳健经营和健康发展为根本目标，以有力有效的监督，确保全行在思想上和行动上自觉同以习近平同志为核心的党中央保持高度一致，以强烈的政治意识、大局意识、核心意识、看齐意识，坚决贯彻好党的经济金融方针政策；加强党风廉政建设，严肃六大纪律，确保总行党委各项工作部署得到有效贯彻落实；推动党内监督和业务监督相互支持、相互促进，确保全行依法合规经营，干部员工清正廉洁遵规守纪，把坚守不发生恶性案件和重大风险事件作为政治责任，切实发挥好第一大行服务实体经济发展、维护经济金融安全的带头作用。关于今年监督工作任务安排以及纪检监察工作，谷澍行长和王林书记还要分别做具体布置，这里我就不面面俱到了，主要强调“四个聚焦”。

（一）聚焦案件防控，确保案件总量有所下降，坚决杜绝重大恶性案件和重大风险事件。银行是经营风险的行业，天天与风险打交道，而当前我们面临的风险又“花样百出”。在中央经济工作会议上，习近平总书记专门强调了金融风险面临的形势和发生后造成的危害，对如何防范应对和怎样消弭化解风险作出了重要指示。作为大行，我们要时刻保持政治高站位和专业敏锐性，在防范化解金融风险方面托底压舱，让中央放心，为行业分忧。历史经验表明，在经济出现波动和困难的形势下，往往是银行业案件及各类风险多发的时期。从案发特点看，有外部环境变化和风险冲击的原因，如一些跨界、跨境、跨市场的风险传导加剧，一些类金融、新金融领域的输入性风险高发等。同时也暴露出我们内部管理中还存在漏洞，如少数机构内部管理有所松动，个别从业人员行为异化，有的处心积虑，钻规章制度的空子；有的利欲熏心，放手一搏，不惜铤而走险，以身试法；有的合规意识不强，稀里糊涂，给不法分子留下可乘之机。案件和风险事件的多发态势，不仅造成了资金损失，更损害了工商银行长期以来形成的稳健合规的品牌形象。今年下半年我们党将召开第十九次全国代表大会，这是党和国家政治生活中的一件大事。同时，稳中求进总基调也成为我们治国理政的重要原则。这个“稳”是要求我们各方面工作都要稳，尤其是不出重大案件和风险事件，这是最起码的政治责任和底线要求。全行上下一定要从讲政治的高度来认识稳中求进的总基调，认识案件风险防控工作的极端重要性，确保牢牢守住底线，坚决实现“案件总量有所下降、重大恶性案件和重大风险事件杜绝发生”的管控目标。

一方面，要突出加强重点领域整治。管风险，要打“七寸”。要锁定风险突出的重点板块和关键环节，盯住案件多发领域和新型风险事件领域，盯住银行账户和关键人员，盯住十大风险点的易发多发部位，落实风险防控要点和治理要求。更加突出同业、票据、理财等关键重点业务，出重拳，见实效。要找准症结，深入研究外部风险的输入特征、传导路径和内部诱因，有针对性地完善风险管理体系。要盯紧要害，全面评估风险管控效果，使各项治理真正达到“清雷排险”的预期目标。同时，要进一步强化内审监督效能，突出重点导向，关注经营管理中的主要风险，前瞻性揭示隐患、提出建议、督促整改。

另一方面，要突出加强常态化问责。各级机构一把手是本单位案防管理的第一责任人，要投入足够的精力研究部署案防工作，要时时叩问自己，我面对的风险是什么，我担负的责任是什么，我坚持的操守是什么？要在明晰责任的基础上加大追责力度，消除问责“宽松软”问题。尤其要将各级机构一把手的案防主体责任落实情况，作为经济责任审计和干部考核评价的重要内容。要健全各级机构党委主体责任、纪委监督责任失职追究机制，将案防责任纳入巡视范围。对风险管控不

力、违规屡禁不止、案件多发以及出现重大恶性案件和重大风险事件的机构，要对主要负责人及其领导班子成员严肃问责。今年要切实抓一批反面典型，深查严纠管理漏洞，为全行敲响警钟。

（二）聚焦合规管理，确保在深化落地上取得实效。经过这些年来的改革发展，我们逐步探索形成了稳健有效的集团合规管理架构，既明确了前中后台合规管理职责、工作流程和报告路径，又保障了独立的合规履职与一定的合规资源；既有集团统一的以合规文化为核心的柔性管理方法，又有“制度＋系统”等刚性控制手段。这是工商银行的优势所在、特色所在。同时也要看到，在当前严峻复杂的经济金融形势下，合规风险的管控难度正在持续加大。从境外看，近几年合规管理压力与日俱增，尤其是反洗钱合规要求日益严苛，且与国际政治、经济、军事、外交等相捆绑，复杂性、敏感性明显增强。欧美银行监管巨额处罚事件频出，中资银行也受到不同区域监管机构的更多关注，国际化经营的合规压力和成本投入进一步增加。从境内看，一些机构的合规意识、风险意识与当前严峻的风险形势不相适应，个别领域的制度流程设计与防范新型风险的需要不相适应，合规制度执行不到位与从严治行的要求不相适应，个别从业人员心理失衡、行为失范与全行严谨规范、稳健合规的核心价值不相适应。无规矩不成方圆。合规是银行安身立命的基础，也是价值创造的前提。全行要进一步筑牢合规管理基石，扎好合规防护网，朝着“达到与全球一流现代金融企业相匹配的合规管理水平”的目标迈进。

一是要夯实基础，合力推进“三道防线”建设。第一道防线，要将合规要求主动嵌入到制度流程、日常管理、监测检查、整改问责中，构筑起合规风险防控的“第一道屏障”。总行各部门要有专门人员负责本条线的合规管理工作，前台部门要保持敏锐的风险意识与合规意识，并将之作为营销服务的前提和底线。要自上而下加强合规经理队伍建设，完善管理机制，保证和促进合规管理职能作用的发挥。第二道防线，要强化线上线下监督，落实好“严密监测、严格检查、严肃整改、严厉问责”的“四严”要求，强化对合规风险评估、识别、缓释的闭环管理，推动第一道防线不断健全制度、系统、流程，种好“责任田”。第三道防线，要从集团和全局视角，从公司治理层面，揭示合规管理中体制、机制、系统、流程等方面的问题，评价前两道防线工作的充分性和有效性，支持董事会、监事会和管理层即时准确掌握全行合规风险状况，实施监督，科学决策。“三道防线”要齐心协力，共御风险。

二是要高度关注境外，加快集团合规管理一体化建设。要密切关注并敏锐应对重点领域的监管形势变化，统筹考量合规风险和合规成本，早预判，早处置。要以全面搭建境外机构合规管理体系为主线，加大合规资源投入，加强顶层设计规划，确保合规经营管理能力与机构规模、业务发展相匹配。要密切与当地监管的沟通联系，厘清境外监管标准与合规红线，做好监管规则的对标落地。要有序推进反洗钱中心和相关系统建设，着力提升应急响应和处置能力。各境外机构要确保自身合规过硬，经得起“挑刺”，经得住考验，决不允许再出现重大合规风险事件。

（三）聚焦内部控制，实现风险管控的新转折。从目前全行风险暴露的情况看，主要矛盾和根本问题还在于信贷资产质量。去年第三季度全行不良贷款达到了最高峰，到年底出现了贷款劣变率、剪刀差较年初有所下降，不良额、不良率同比少增，拨备覆盖率实现环比上升等积极变化。我们希望这是一个拐点性变化，在今年的经营目标中也明确提出要实现不良贷款增量、当年新劣变贷款、剪刀差“三个有所下降”。全行要增强信心，看到希望，朝着积极的结果努力，并通过实现资产质量的拐点性变化，带动整个风险控制水平的新转折、新提升。为此，要继续把信用风险防控作为重中之重，突出抓好体制机制改革、专家治贷等措施的落地见效，突出抓好新增融资质量管理、存量风险化解、不良贷款处置等重点工作，努力构筑信用风险防控的新优势。同时，要着眼于进一步增强风险管控与经营发展的相关性、匹配度和支持力，全面优化内部控制。一方面，要增强内部控制的立体化效应。要完善集团制度管理和检查统筹管理机制，优化合规与操作风险管控模式，推进合规文化落地深植，形成适应新时期风控和发展需要的内控管理架构体系。要构建适应综合化经营、国际化发展、集团化管理和公司治理要求的审计框架，进一步完善境内外机构和业务的审计服务机制，开展全方位、全覆盖的内部控制有效性评价。另一方面，要创新提升履职监督的智能化水平。要借助全行科技优势，运用大数据、信息化、非现场等手段，练就一双识别风险、揭示隐患的“火眼金睛”，为风险早介入、早防范、早控制创造条件。

（四）聚焦队伍建设，打造一支忠诚干净担当的监督“铁军”。全行纪检监察、内审、内控三大条线一万多人，是工商银行一支重要的专业队伍。打铁还须自身硬。执纪者必先守纪，律人者必先律己。要树起严格自律的标杆，建设一支让党委放心、让员工信赖的监督队伍，为打赢从严治党、从严治行的持久战，锻造忠诚干净担当的“铁军”。

一要绝对忠诚。“对党绝对忠诚”，是对监督执纪者第一位的政治要求。作为全行监督人员，对党绝对忠诚，要具体体现在忠诚于工商银行的事业，体现在促进和保障国际一流现代金融企业建设的实践中。全行监督干部要坚持知行合一，把纪律规矩见诸工作实际，时刻以党和人民的利益、工商银行的利益为重，把监督执纪作为一项神圣的事业去履职、去奉献。

二要严于自律。牢固树立“监督者更要带头自觉接受监督”的意识，不断健全内部监督机制，自觉用严明的纪律管住自己。各级监督队伍的负责人更要立得住、行得正、过得硬，倍加珍惜组织的信任和干事创业的平台，做守纪律讲规矩的表率。

三要勇于担当。担当有为是对监督检查队伍最基本的工作要求，也是对忠诚最好的诠释。面对艰巨繁重的监督检查任务，是恪尽职守，还是敷衍搪塞；面对违纪违规问题，是勇于揭示、严格执纪、严肃问责，还是看到问题视而不见，处理问题轻描淡写，这是检验每一名监督检查人员的“试金石”。越是担当，越能体现自己的专业价值，越能顺利推动各项工作，越能彰显监督检查的公正性、权威性和专业性。广大监督干部要真正成为既懂业务又会检查、既能够坚持原则又能够准确执纪的合格人才。

同志们，我们的事业充满挑战，我们的事业机遇无限，我们的使命光荣艰巨。全行上下一定要把全面从严要求体现到管党治党的全过程，贯彻到抓经营控风险、抓班子带队伍的全过程，落实到党的建设和国际一流金融企业的建设实践中，为实现工商银行打造“百年老店”的战略目标而努力奋斗。

在公司金融业务部调研时的讲话

易会满

（2017 年 3 月 10 日 · 根据录音整理）

今天来公司金融业务部调研，主要是听取公司部在新的发展阶段有哪些新适应新变化，针对新的经营形势有哪些应对的新考虑新举措。听了汇报后，我总体感觉比较满意。第一，公司部今年的工作安排，较好地贯彻落实了总行党委的决策部署，态度积极，思路清晰，重点明确。第二，尽管当前公司金融板块发展有一些不平衡，主要是投行和商行比，投行不够平衡；存款和贷款比，存款不够平衡；境外和境内比，境外不够平衡；但今年总体开局良好。第三，干部员工展现了良好的精神面貌和工作状态，这是我们做好各项业务的重要基础。关于下一步工作，我提几点想法和要求。

一、管控好风险需要有一个强大的前台

要解决好“病从口入”的问题、把好信贷布局，“优生”比“优育”更重要。从工行这么多年经营发展的实践经验看，要保持良好的信贷结构，必须有一个强大的前台。如何真正把前台做强，公司金融业务部、投资银行部、结算与现金管理部、专项融资部等对公金融板块的前台部门都要认真、系统地思考。这里面核心之核心，还是公司金融业务部，因为你们是客户部门，必须统一牵好头。

第一，要有更高的定位和站位。从去年 7 月在广州召开的信贷工作座谈会到年中工作会，再到去年底的改革发展研讨会和今年初的全行 2017 年度工作会议，我们一直强调，信贷从营销开始，到贷后投后，到不良资产处置是一个全流程的概念。前台部门在拓展市场、营销客户时，站位要更高一些，视野要更宽一些，要考虑信贷全流程各个关键环节的工作，而不能仅仅局限于自己的一亩三分地。比如说信贷经营管理体制机制改革，原来的体制机制下存在管理层级太多、责任不落实的问题，所以这次改革的重点是压实责任、优化流程、做实授信，做好授信项下的授权审批，特别是优质客户的业务审批。现在看，工作推进未及预期，需要进一步明确和协调的问题不少。前台部门要从解决客户需求的角度深入了解、及时反映相关情况，研究解决措施。当然，在推动信贷营销体制机制改革上，公司部等前台部门做了一些探索和努力，比如去年公司金融业务部在大客户营销中心建设以及政策驱动、产品驱动等方面创新开展了一些工作，整体反响较好，成效也比较明显。现在前中后台的协调配合也比较顺畅，大家心往一处想、劲往一处使，公司金融业务发展的整体环境很好，但进一步作为的空间仍比较大。希望公司金融业务部要站位更高，定位更全面，坚决破除前台部门仅囿于营销的思想藩篱，主动把公司金融业务纳入到全行信贷战略布局和信贷全流程之中，从市场和风险的动态平衡中主动寻找和把握前台的定位，更加积极地发挥前台驱动的关键作用。

第二，要强化系统推动。近年来，公司金融业务部在这方面做了非常多的努力，取得了一些成效。总行是全行经营发展的决策中心、参谋本部，总行部门要想本专业条线发展得好，关键是怎么样带领分行、带领系统攻坚克难，这就是系统推动力，是条线发展的最大资源，也是最大的抓手。公司金融业务部是全行公司金融业务的引路者、带路者、驱动者和创新者，在做好市场

拓展和客户营销服务的同时，更要把控全行公司金融业务发展整体和大局，协调各个专业共同服务好客户，充分发挥好集团的整体服务优势。

第三，要强化工作落地。现在我们抓“正面清单”的工作相对深入，我在年度工作会议报告里提出的“四抓”（抓大、抓小、抓新、抓优），公司金融业务部制定了很多具体的工作措施，但是这些措施落实得怎么样，进展如何，要有跟进评价。我感觉，现在全行在信贷融资上有很多的安排，总体上在有序推进，效果在逐步显现，但一定程度上也存在碎片化落实、选择性落实的问题，特别是在工作的主动性、前瞻性、系统性上还不太理想。我多次讲，工商银行不缺战略，但缺执行落地。所以，关键是要把原来提出的那些好的工作部署先真正抓好落实，真正抓到位，然后再提新的战略和安排，而不能够狗熊掰玉米，掰一个丢一个。对总行布置的工作要通过持续抓、长期抓来真正落地见效。希望公司金融业务部要抓好统筹，及时了解工作落地过程中基层行遇到的困难和问题，并指导和帮助基层行妥善加以解决。

以上是我谈的第一个问题，就是要建设强大的前台，这是今天在座每一位同志义不容辞的责任，大家一定要有责任感、使命感和紧迫感，积极投身到新的经营发展实践中，充分发挥好公司金融业务部的牵头和带动作用。

二、要进一步抓好信贷新布局的细化落地

在年初工作会议上，我把信贷新布局放在第一项重点工作来讲，主要提到“抓大要坚决突破、抓小要真正突围、抓新要落地见效、抓优要一以贯之”等。公司金融业务部今天的汇报也主要围绕这“四抓”展开，希望下一步工作措施要更为细化，争取效果更快显现。

第一，要科学判断和把握今年公司信贷市场的总体形势。今年以来，公司信贷市场尽管有政府债务置换分流贷款以及市场利率波动不确定性等因素的影响，但从政府和市场两方面的情况综合来判断，今明两年公司信贷市场总体回暖，偏乐观。从年初各项数据来看，经济发展出现了更多积极变化，固定资产投资包括民间投资增速在回升，政府换届对投资的拉动效应体现得比较明显。中国正在积极推动经济发展动能转换和增长方式转变，在这个过程中，传统动能的改造提升非常重要，这是一个渐进的过程，基础设施建设会有一定的持续性。所以这两年的融资市场需求，特别是基础设施建设市场整体上发展空间较大。

第二，要积极应对风险防控的新挑战。目前，我们的信贷投放主要是“贷大、贷房”，现在不少分行觉得政府类贷款和按揭贷款没有什么风险，把主要资源都投到了这些领域，而对制造业、小微企业等领域投入得比较少。对此，我们要有正确认识。随着国家经济基本面变化和产业结构升级调整，经济增长构成也会发生变化，我们要审时度势做好平衡协调发展，信贷战略布局不能摇摆过大，信贷结构失衡也是大的风险。这也是为什么我们一直强调制造业、小微金融和新市场发展的原因。在把控好风险控制的基础上，积极支持实体经济发展既是服务国家经济战略的大局，也是自身发展的大局。公司金融部门一定要保持清醒头脑，看准发展大势，坚定发展定力。

第三，要在统筹信贷布局方面主动而为、顺势而为、积极而为。在“为”字上要前瞻、要系统。比如对规模问题、市场问题，现阶段融资市场需求较为旺盛，我们自主选择的空间较大。所以，其他银行利率下浮15%、下浮20%的项目，没必要不惜代价去争取，要以不丢掉客户和项目为准则，适度参与即可。我们可以把握主动权，多选择一些效益较好、风险可控的客户和项目，同时也要把握好流动性窗口期，加大资产证券化、代理投资出表的力度。这些工作公司金融业务部要主动把握，整个信贷布局要有宏观思维，最近3－5年是拉开银行经营发展差距的机遇期和关键期，其中利率市场化是一个很重要的诱因，对市场利率的走势判断是否准确、应对是否得力，将是决定我们发展成效的重要因素。

具体来说，在“抓大”方面，公司金融业务部已经作了很多安排，问题不大。现在核心是“抓小”，小微金融怎么走出一条有效的路子，对总行是个难题，对大家也是个难题，但这个难题一定要突破，这是我们的大战略。工商银行不能只维持10万户信贷客户，不能只做基础设施贷款和住房贷款。从经济社会发展大局角度讲，工商银行要有全面支持实体经济发展的政治觉悟和大行的责任担当；从自身发展战略来看，“无大不强、无小不稳”是一个基本规律。我们原来的小微金融业务模式发展后劲不足，关键是今后怎么做。我同意公司金融业务部有关小微企业发展的观点，侧重线上化、标准化。但在中国现在这种信用环境下，线上化、标准化难度较大，至于具体怎么做，希望公司金融业务部能尽快研究拿出一些有效管用的办法来，真正取得一些突破。否则，我们的有贷户上不去，存款和中收也就难以上去，其中的道理是显而易见的，大家必须要有清醒的认识。

“新”和“优”方面公司金融业务部也作了一些安排，希望在某些领域作重点突破。比如上市公司客户，现在仅有0.5%、0.6%的不良率，是很优质的市场。关键是要分析清楚为什么难以进入这个板块，而且即使进入了业务占比也不高？相对来说，上市公司是最好的市场之一，在业务拓展中即使付出一点代价也是值得的，信贷前中后台还有投行等部门要加强研究，主动配合，加大这一板块市场拓展的力度，力争尽快见到成效。

再有就是重点区域方面，我们要真正在几个战略性区域牢固确立工商银行的市场领先地位。现在北京分行打出了工行的影响力、战斗力，同业遥遥领先，南京、武汉、成都、深圳等分行发展得也不错。但我也关注到有一些城市，特别是位于发达地区的省会城市，这两年主要在做个人按揭贷款，公司贷款增长很少，不仅落后于可比同业，而且与当地的经济总量和结构不相匹配。我多次强调，大中城市是最大的弱周期区域，抓住重点城市的融资市场就是最好的风险防控。今年，公司金融业务部要集中力量，牵头抓好几个重点城市，要先把省会城市、中心城市抓好，然后一个一个去推进。去年我们推进的几个城市效果都不错，今年要有新的突破。实际上，抓重点区域也是“抓优”的体现，我们要有较大范围的优势区域来支撑未来的转型发展。

三、要强化客户至上导向，坚持一切以客户为中心

传统客户市场过去讲过很多，这里不再赘述，现在更重要的是如何通过不断拓展新客户来实现信贷客户结构的调整，这是最积极的风险防范手段。一般来讲，商行眼里看到的更多是传统客户，而基金、私募等机构看到的更多是未来客户。当然，不同行业特点各异，我们可以借助一些“外脑”或新型机构来进一步解放思想，开阔工作思路。比如，可以考虑在全国选 50 家最好的私募机构统一签订协议，加强与这些机构的投贷联动，他投我贷，或者他领投我跟投，都可以尝试。传统上我们的信贷经营看重土地抵押、车间生产线等这些看得见、摸得着的资产，对于具有高成长、高风险、轻资产“两高一轻”特征的新经济客户，还没有找到适合其经营特点的融资服务模式。今后，新经济在我国经济中的比重会越来越大，新客户怎么培育，新市场怎么拓展，这方面公司金融业务部要主动引领，主动发起。如果我们还是只在 10 万个信贷客户圈里打转转，工商银行就难言未来，至少信贷没有未来。新客户培育同新市场既有联系、又有区别，但在根源上要都要围绕客户，都要坚持以客户为中心。

四、要注重队伍建设

建设一支敬业、专业、担当的公司信贷队伍，是打硬仗、打胜仗的基础和依赖。公司金融队伍的建设重点要突出抓好两个方面：一是要着力提升各级管理人员的专业能力和水平；二是要建设一支有战斗力的、优秀的客户经理队伍。

公司金融业务部门是综合营销部门，要与各行各业的客户打交道，涉及面很广，对知识和专业能力要求很高。我们要注重加强培训，努力营造认真学习、钻研业务的浓厚氛围，这点非常重要。前台营销绝对不是单纯的一般性客户关系维护，尤其是对各级信贷干部和员工来说，扎实的专业基础和技能是看家本领，专业能力一定要强。

关于客户经理队伍建设，要稳步推进信贷客户经理与综合客户经理两支队伍分设。公司金融业务部要及时总结试点中遇到的问题，提出具体的解决办法。重点是选好人，搞好培训，更重要的是还要有机制配套。对信贷客户经理的考核要聚焦到市场拓展和风险防范这两个方面，如果目标过于多元将使客户经理无所适从。此外，还有客户经理怎么配备、如何建立科学的管户关系、全流程客户经理工作职责如何明确等，希望公司金融业务部要认真地研究，很好地抓下去，真正落实到位。

五、要合力做好潜在风险化解和逾期贷款管理工作

潜在风险化解和逾期贷款管理是强化信贷风险管理的重要环节。总行前中后台要加强合作，主动配合，围绕把控实质风险来考虑信贷工作的出发点和落脚点。对公司业务部门来讲，潜在风险化解和逾期贷款管理既是老职能，也是新任务，这个职能应该放在前台。在分行层面，有的行把这项工作任务落实给前台，有的行落实给中后台，但是在基层行层面，基本都落实在前台。如何真正完成好这项任务，公司金融业务部要主动研究、主动承担、主动部署，带领全行公司条线把工作抓牢、抓细、抓实。

六、要进一步加强基础建设，尤其是公司金融信息系统建设

前几年我分管公司金融业务的时候到广东调研，广东分行反映客户经理营销时缺乏信息系统支持，对企业的很多信息未掌握或者掌握得不够全面。如今五六年过去了，刚才公司金融业务部汇报说公司金融营销系统建设得不错，手机版也已经投产，客户贡献度、各项主要业务、分层营销等方面的信息比较全面，而且有专门的处室在负责这项工作，这是一个很大的进步。公司金融业务部要持续深化信息系统建设，要让管理人员随时能掌握情况，让客户经理随时能看到客户信息。同时，信息要及时更新，要全面准确。今后，在公司客户画像、营销系统建设等方面还要进一步下功夫提升，这是公司金融部门开展工作的基本工具。

最后，谈一下投资银行业务。近年来投行业务收入增长较慢，其中固然有客观原因，但我们更要从主观上找差距，找不足，要更加努力。现在投行业务传统发展模式遇到了障碍，开展的一些新的探索虽有效果，但还不显著，怎么样才能找到一条有效的发展新路径，是当前投资银行部面临的最大挑战和最紧迫任务，希望你们要认真研究突破。近期投资银行部印发的十几个办法都比较好，关键是要尽快落地，见到实效。

在个人金融业务部调研时的讲话

易会满

（2017 年 3 月 20 日 · 根据录音整理）

今天来调研，主要是了解个金部新班子在新的发展阶段的新思路、新变化、新气象，释放总行党委对零售业务发展的高度重视。来之前作了功课，看了近几年个金业务相关会议材料和调研讲话。总的感觉是，这些年个金部在转型发展方面做了大量工作，成绩应该充分肯定。但问题也不小，挑战也不少，关键是如何根据外部经营环境的变化来寻找我们的差距和症结，进一步确立适合工商银行零售业务发展的思路和措施。

一、零售业务面临的挑战

这种挑战体现在以下几个方面：第一，市场竞争力下降。2012—2016 年全行储蓄存款的四行占比下降了 3 个百分点。从分行层面看，2015 年储蓄存款增量排名第四位的分行增加到 22 家，包括北京、上海、广东、深圳等大行全是第四位，只有新疆分行一家是四行第一。去年全行储蓄存款增量是四行第三，而且不仅仅是储蓄存款一项，包括个贷业务也存在市场竞争力下降、同业排名下滑的问题。

第二，零售业务适应外部环境变化的能力还不够强，工作比较传统和被动。如果我们不能因时而变，因势而变，未来工商银行有可能被客户边缘化，这绝不是危言耸听。同时，如果电子银行部把线上业务这块做上去、卡部把互联网这块发展好、渠道部把线下这块管起来，而个金部不能适应新变化，找到新规律，那今后的工作就会越来越被动，路会越走越窄。因此，必须及时根据外部环境的变化，来调整工作思路和节奏，在熟悉和掌控规律中开创工作新天地。

第三，战略上的摇摆给基层造成了工作被动。这几年确实有过战略上的摇摆，如片面把个人资产跟存款对立起来，一会儿要资产总额，一会儿要存款，片面把个人消费贷款、经营贷款跟个人按揭贷款对立起来。还有，在中间业务考核权重加大以后，加剧了储蓄存款跟其他业务的对立。我们的考核之所以出现异化，就在于是以产品为导向而不是以客户为导向。有时基层无所适从，是与总行战略选择和导向有一定关系的。所以，必须从长计议、整体谋划大零售战略，有长远思路和谋划，不能一年一个思路，朝令夕改，来回摇摆。

二、零售业务的至关重要性

第一零售银行是工商银行的金字招牌和最大卖点。零售业务发展对我们来说至关重要。

零售是我们输不起的产品线。过去姜建清董事长曾经说过，零售业务是工商银行的生命线，这个如果丢了，工商银行就改变了。这段话说得非常精辟和到位。全行要更加重视零售业务的竞争力建设，真正把今天调研会提的一些指导思想和工作设想落到实处，而不是停留在纸上。

零售是我们的压舱石。分析师谈投资价值、投资者买股票时，首先考虑和首先会说的就是工商银行零售业务做得好。

零售是我们的发动机。实现可持续的利润增长，实现风险扣除后的收益，必须将大零售作为一个新的增长极。尤其在中国经济转型升级不断深化，更加重视民生领域建设的背景下，零售业务将是盈利增长的强劲引擎。

零售是我们的试金石。零售领域是创新工作最好的试金石。现在互联网金融对银行经营冲击最大领域就体现在零售。一家银行有没有发展的后劲，有没有竞争活力，核心看零售，关键看创新。如果零售没有创新和竞争力，客户是传统的，产品是传统的，人的精神状态也是传统的，那这家银行肯定持续发展能力不强、死水一潭。而零售创新力的强弱与否，责任不在基层，主要取决于总行和省行。

零售是我们的传播器。我们的服务口碑、企业品牌很大程度上是靠零售来传播的。去年我花了较大的精力抓信贷，今年会花比较多的精力来抓零售。零售工作是个苦功夫，也是个硬功夫，不会立竿见影、一蹴而就。促进零售业务发展，也必须依靠中西医相结合、以中医为主的办法，有序调理，循序渐进，夯基固本。

守住零售这条生命线，是我们这一代人的历史担当。其实，零售的挑战主要还不是来自同业，而是来自于跨界经营，来自于千禧一代是否会离我们而去。这才是真正的、更大的挑战。如果我们因循守旧，拒绝变化，那十年后现有的客户渐渐老去，而新一代客户不再来网点、来工行，那我们的立足之基在哪里？所以全行上下决不能自我感觉良好，总有一种大行情结，被外面“宇宙行”的纷繁赞誉所迷惑，而是要保持定力和清醒头脑，认清差距，负起使命，坚定前行。

三、零售业务竞争力下降的原因分析

原因分析准、分析透，措施才能够有的放矢。直到今天，我仍然觉得对零售业务竞争力下降的原因，没有找准找透，不具有完全的说服力。我认为，至少有以下几个共性原因，值得我们好好分析：

一是战略传导的问题。刚才说到了考核评价、财务投入、代发工资、规模分配等问题，这些方面确实有不到位的地方，但首先是要眼睛向内，从自身开始分析，从内部多找原因，从战略传导上寻找症结。

二是客户导向的问题。以客户为中心的理念没有得到很好贯彻落实，不仅是零售领域的问题，也是全行的问题。我记得 2013 年调研时就讲过，感觉我们是单纯卖产品的银行，就是想把产品卖好，结果卖到最后，客户越卖越少。

三是线下经营模式的问题。零售业务一方面要走规范化、标准化、集中化的路子，比如在公私联动和批量拓户工作中；另一方面，零售也是一项具有本地化、属地化特征的业务。如有些村镇银行、信用社就经营得比较有特色，员工穿着有属地色彩，讲方言，和当地老百姓熟络，业务开展得有声有色。所以说，这个度如何把握，全国可以设计很多模式，未必要千篇一律、千人一面。但核心一条，大事有人想，小事要落地。要充分调动各级行和基层的积极性，既不能完全靠 17 000 个网点来决定工商银行的竞争力，也不能为了竞争力把 17 000个网点的创造力全部抹杀了。

四是获客能力的问题。要针对客户为什么进不来的问题，从产品、服务、系统、场景等方面，研究改进措施，缩小差距和短板。

五是客户经理建设问题。现在工商银行 46 万人，但几乎每个条线都强调人员不到位，这就需要业务部门和人力资源部门联合做深度分析，到底人去了哪里？刚才汇报中谈到外拓团队，我担心的是没有目标客户，到处瞎跑，不仅没有效率，还可能蕴藏风险。所以要依托公私平台、私私平台的联动，把大数据建立起来，给客户经理提供有效的工具，围绕资金流、人员流、信息流进一步把工作做深。

总之，要宁可多花一点时间，真正把产生问题的原因分析透。如果需要，总行党委可以再找时间专门听一次零售工作汇报，因为零售工作怎么重视都不为过。

四、零售业务要着重解决六个问题

继续深入分析原因，不影响着手解决问题。对看准了的问题，要抓紧梳理立项、抓紧行动、抓紧解决、抓紧到位。

一是做好战略传导。战略传导问题非常关键。现在对分行只有一个行长经营绩效考核，其市场占比、市场地位是否提升只是个面子问题，对其实际收入和职务升迁关联影响不大。我们考虑要搞一个评价体系，比如以三年时间为一个周期，对一个行的市场地位、资产质量等主要指标变化情况有一个客观评价，并根据评价结果相应采取一些组织和绩效措施。通过一些动真格的措施，切实把压力传导下去。有时光正面讲思想认识还不够，必须要有制衡措施。

在零售条线战略传导方面，主要是发挥好大零售委员会的作用。大零售委员会不是只开会只统计数据的，而是要专注于解决实际问题。大零售的核心部门是个金部，秘书处就在个金部。个金部如何在零售板块从纵向和横向两个维度发挥好牵头协调、评价、推动的作用；如何积极稳妥地推动准事业部改革，解决好发展动力问题；如何让网点和一线员工从“要我做”变成“我要做”，解决好激励机制问题等，都需要个金部门认真谋划，统筹考虑，发出声音，实现突破。习近平总书记谈班子和作风建设存在的问题时，谈了“四不”，即不思进取，不接地气，不抓落实，不敢担当。这些问题在我们一些业务条线和干部中都不同程度地存在。我们要重视问题，挺起担当的肩膀，抓好战略传导和工作推动。

二是逐步提升获客能力。获客能力的提升，更多的是顶层设计问题，是考核机制、流程问题，而不能简单地怪基层网点，简单地怪客户经理。

第一，全行客户战略要进行适度调整。原来是以中高端为主，现在应该是全面发展的客户战略。如果单纯强调中高端，我们 20 万元以上的客户占比才 3.2%，5 万元以上客户才 4 000 万，基础非常不扎实。互联网发展后，长尾客户的价值得到深度挖掘和体现。而且现在我们也没什么条件主动选择客户。记得北京奥运会的时候，网点客户每天排长队，现在不少网点客户寥寥。所以在客户定位上要顺时而变。

第二，要发挥好线下优势。线下是工商银行最基本的优势。互联网企业线上是有优势的，但它最大的薄弱环节在线下。我们不能把这个传统优势给丢掉了。零售部门必须研究线下竞争力和服务能力提升问题。这不仅仅包括线下渠道，还包括线下客户来源。比如在校大学生有几千万，每年毕业生有 700 多万，这样一个未来社会精英人群，我们基本没抓到。以前想做一个 e 校园，做得也不是很成功。怎么样更加清晰准确地把握学生需求，改进加强对整个大学生的金融服务，需要我们作进一步分析和探索。

第三，更重要的是要关注线上。前年的零售会上我们提出要拥抱互联网，现在看拥抱的力度还不够。今后零售离开互联网肯定没有发展前途。目前个金部正在做Ⅱ类账户、支付场景创造等工作，要把这些创新措施落实好。在拥抱互联网过程中，要注意选择好对象，想明白、讲清楚我们能给对方带来什么，或者我们能共同为客户带来什么，这样才有合作的基础。在与第三方合作、批量拓户时，除了与腾讯、支付宝这些公司寻找合作机会外（实际上他们的活跃客户规模比我们还要强），还可以考虑找一些目前金融板块还比较薄弱或者金融利益关系不是很重大的公司，在合作时做到优势互补，互利共赢。

第四，线上线下联动机制要进一步理顺。这其中包括公私联动、公公联动、私私联动，以及个金部门内部联动等。比如代发工资业务，联动的主体应该是个金部。个金部要做“强势部门”，主动发起，主动落实，联合对公部门一起去营销业务，实现源头揽储。这种联动机制，必须顺畅，效果和目标才能实现。此外，在积极拓户、获客的同时，还要注意抓好维护客户、留客的工作。不能抓进来100户，又流失了60户，而且抓进来的是新户，流失走的是大户。要拓户和稳户两手抓。

三是优化产品和服务。需要进一步重视零售基础工作。比如说，目前结算类产品收入减少幅度较大，四行排名第三。这其中有客户基础的原因，也有我们产品和流程设置不够友好、不够便利等原因。我们服务管理的牵头部门是渠道部，但服务是全行性的工作，特别是零售业务，更要靠服务立足，更要主动抓服务，花更多精力考虑客户体验怎样优化、流程和产品怎样优化，尽快实现服务面貌的新变化。再比如，资产管理业务，客户希望高回报，希望提供有竞争力的产品，那个金部和资产管理部怎样协调，怎样提出需求，怎样想方设法把客户共同做大，也要去抓好落实。我们不能光吃老本、吃大户。此外，还有个贷服务流程优化问题，我们很多设想并没有真正有效落地，客户体验还不是太好，下一步要少做无用功，把握住实质风险，创造条件让优化工作和效果落地。

四是探索经营模式新路子。要通过多种渠道实现经营模式转变。比如，考核工作要抓紧落地，能提供服务经营模式转变的基础数据和基础工具，不能一项工作强调了三年，还是悬而未决，“只听楼梯响，不见人下来”。总的来看，推动经营模式转变需要遵循和把握零售发展的规律和特点，工商银行零售业务发展既要强调个人，又要强调团队；既要讲集中，又要讲分散。在研究探索过程中要注意广集众智，多接触实际，多听各方意见，努力拿出一个更加科学完善的思路。

五是加强队伍建设。这其中包括网点负责人、客户经理、大堂经理、柜员等。要防止简单下任务、定目标、提要求，而是要加强顶层规划，探讨加强队伍建设的可行性，以及明确队伍建设的潜力在哪里。比如智能银行这种模式，其好处和存在的问题，零售部门要找不同区域和类型解剖麻雀，提出建议。又如客户经理队伍问题，全行总共46万人，而对公、对私条线都在讲客户经理不足、人手不够，人究竟去了哪里？怎么合理配置和优化人力资源？人力资源部门要联合相关业务部门，再做深入调研分析。

六是发展好个人资产业务。不管外部环境怎么变化，个人资产业务要坚定不移地往前推，保证资源投入，做到久久为功。因为这项业务风险相对比较小、比较分散。要真正推动个贷体制改革的落地，把原来信管部承担的工作担起来。现在个人按揭贷款完全没有风险这个观念，在基层行还比较普遍，必须消除这个错误认识，更加全面、理性地看待市场和风险，必须坚持重点城市行、重点区域发展战略。卡部在风险管控上要寻找新的方法和思路，发展好融e借等产品，这也是我们增加客户的渠道之一。个人经营贷款和个人按揭贷款现在逾期700多亿元，逾期率近2%，同业比较偏高。要拿出有效的压降对策和发展办法。总的感觉，整个个贷这一块力量投入不够，团队建设不够，系统支持不够，希望可以快速加强、快速变化，在新的一轮外部环境变化对个贷产生较大冲击之前，把应对工作做得更充分一些。

总之，希望个金部新班子思想要更解放一些，决策效率和执行力更强一些，以新的思路、新的作风，让大家看到新的变化，而且要变在客户之前；也希望相关部门坚持战略导向、客户导向和基层导向，支持个金部工作，做到一切从客户出发，从有利于大零售发展的角度出发，小道理服从大道理，次要矛盾服从主要矛盾，形成全行经营发展的合力；希望零售部门用一年左右的时间，实现零售体系和板块的真正变化，让大家从思路、机制、战略落地等方面感受到这种积极变化，从而解决好零售工作整体被动、竞争力下降的问题，并以此促进和带动全行经营发展的积极变化。

在中国城市金融学会2017年常务理事会议上的讲话

易会满

（2017年4月11日）

非常高兴有这个机会听取各位常务理事对工商银行下一个三年发展规划的意见，探讨共同关注的问题。今天工商银行高管层全部参会，我们是一个比较新的班子，希望大家一如既往地给予关心和支持，特别是在战略研究和规划方面多提宝贵意见。

今年将要召开党的十九大，也是重大改革酝酿年。从“两会”传达的信息看，国家对于深化经济金融改革的决心很大，这意味着今后一段时期，改革任务还将进一步加重，改革力度还将进一步增大。面对新形势，如何选择出一条正确和最优化的战略道路，将决定金融机构的发展前景。目前，工商银行正在组织全行力量谋划制定新一轮的三年发展规划，在此关键阶段，我们希望通过此次战略咨询会议，得到各位专家的指点，集思广益，帮助我们作出科学的战略决策。

为了更好地倾听各位专家的意见和建议，我先谈一下对于当前经济金融形势的思考，并简要介绍一下工行关于未来三年发展战略的初步构想。下周，工总行党委将正式启动对新三年发展规划的研究。

一、银行业发展改革面临的内外部环境依然复杂

总的来看，无论国际还是国内，都正处在新一轮周期大转换的初始阶段，意味着在相当长一段时期内，全球经济金融格局将持续发生深刻调整，尤其是随着国内改革从浅水域驶入深水区，必将给银行业带来诸多新的挑战与机遇。未来三年，国内外经济仍将处于平衡重构阶段，破旧立新伴随的矛盾冲突将使得经济发展呈现错综复杂态势。

从国际环境看，全球经济复苏趋势未变，但政治经济分化震荡加剧仍是贯穿今后一段时期全球经济金融发展进程的主基调。各种有利的、不利的因素交织，复苏进程曲折。美国和欧洲都有一系列的问题，发展中经济体增速放缓，地缘冲突可能进一步升级，带来国际金融和商品市场大范围、长期性、常态化的剧烈波动，不排除未来一段时期全球经济金融领域新的“黑天鹅”事件发生的可能。不确定性是当前最大的特点。

从国内环境看，中国政府积极推动供给侧结构性改革，政策效应有所显现，但经济全面回暖甚至趋势反转仍需一段时期，阶段转换阵痛可能持续。“去产能”背景下制造业投资短期内可能仍将负增长，房地产去库存与调控趋严决定了未来房地产开发投资增速总体将放缓，投资结构转化和新领域投资动力形成的道路并不平坦。消费动力释放取决于供给侧结构性改革能否打通供需通道，同时也取决于供给质量、安全和品质的提升，显然非一夕之功。此外，各类生产要素价格上升叠加人民币汇率波动，通胀可能回归，制约经济政策施展空间。总之，在探寻未来经济发展机遇的同时，我们更需要看清其中伴生、隐含和交织的挑战，认识到经济转型的长期性、复杂性，确保形势判断上的明晰、稳健。

从工商银行的情况来看，近6个月的经营情况还是不错的。今年第一季度工商银行不良贷款率、劣变率、逾期贷款、剪刀差等关键指标全面下降，这是自新常态以来的三四年里的第一次，说明工商银行整体资产质量形势在好转。虽然外面唱衰的声音很多，但中国银行业经营效益整体上稳健，特别是大型银行的资产负债表总体比较健康。现在我们面对的主要问题是流动性波动非常大。3月份隔夜拆借利率低的时候只有2%多一点，高的时候达到6%－7%甚至8%－9%。这是高杠杆导致的流动性不稳定，如果处理不好，对金融市场会带来很大的冲击。各种新金融、类金融对传统金融的冲击很大，银行业面临的风险形势跟原来完全不一样。我个人感觉，资产负债表风险完全是可控的，不会出现系统性、区域性、大范围的爆发，但是资产负债表之外的一些风险和金融乱象，可能更难治理，这也是我们在研究判断形势时的一大难点。

未来三年，国内金融改革可能进一步提速，市场、风险、技术、监管体系都将发生深度调整，会对银行业经营带来深远影响，我认为尤其需要重视以下几方面的趋势：第一，过度金融化可能加剧金融体系的不稳定性。我在今年的中国发展高层论坛上谈了这一观点。过度金融化主要包括银行表外业务的过度发展，部分实体企业一哄而上办金融，也包括新金融、类金融，有牌照、无牌照的各类创新，以及各种风险的交叉。“脱实向虚”问题在部分领域比较严重，而且还会进一步加剧。银行面临的外部风险和整个环境的不稳定性，向我们提出了非常多的挑战。

第二，资产风险积聚加大银行风控压力。在经济转型以及金融行业资产结构和业务结构均发生深刻变化的情况下，中央经济工作会议和今年的“两会”都把控制化解金融资产风险作为未来一段时期金融工作的重中之重，这是非常明智的、重要的决定。过去三年，银行业面临着21世纪以来最严峻的资产质量考验，目前虽然资产质量改善的曙光初现，但个别区域和行业仍未完全触底，压力还可能持续一段时间。同时，银行业对于资管领域风险的管控仍存在盲区和真空，大量资产委外，由通道机构代理运作，中间还可能存在多手转包或多层嵌套，导致难以对代理资产实施穿透性监测和管理，信息不对称问题突出，加之对代理风险、道德风险缺乏硬约束，未来这一领域可能成为银行业风险的主要策源地，一个小的市场波动就可能带来成百上千亿元的估值变化。以债市为例，信用风险与市场风险叠加，很多企业集中发债，规模很大，债券认购杠杆非常高，一旦债券违约率上升，对债市的打击会很大。今年5月和6月可能会是债券违约的一个高峰期，因为在当前的利率环境下，部分发债企业会面临麻烦。由此形成的资产风险累积会对银行风控产生较大压力。

第三，利差收窄将对盈利增长构成持续压力。存款利率浮动上限放开一年多以来，银行业净息差进一步收窄。去年，银行净息差收窄超过30个基点，影响行业利差收入超过7 000亿元。从工商银行情况看，去年一年我们净利息收益率收窄了31个基点，影响收益600多亿元。尽管去年下半年以来利差收窄放缓，但考虑到利率市场化改革、美联储加息预期、稳健中性的货币政策导向、资产负债端利率调整弹性和期限差异，以及MPA监管强化引起的阶段性流动性趋紧等各种情况，未来国内银行业净息差可能进一步收窄，并且与不良贷款、区域经济分化、部分传统业务收益分流等问题形成共振，构成对银行业盈利增长的重大瓶颈制约。前不久，我在工行2016年经营业绩发布会上提出，今年全行利差状况会局部趋稳，但整体趋稳的基础仍不够牢固。工商银行现在净息差是2.1%多一点。两个月前，前任姜建清董事长问我，两三年后工商银行的净息差会不会降到2%以内？我估计，净息差明年就有可能会降至2%以内。净息差收窄1个基点，将影响工商银行利润22亿元；如果收窄100个基点，净息差降到百分之一点几，跟香港、台湾市场一样，那么工商银行的利润将减少2 200多亿元，降到500亿元以下。若工商银行都出现如此大幅度的利润降幅，估计大量中小银行会从盈利变为亏损。所以，利率市场化对商业银行经营模式、经营结构转换以及成本控制的要求非常高，如果还按传统的路子走下去，是没有前景的。

第四，金融科技发展重塑银行业发展模式。金融科技发展虽不会改变金融的本质，但通过技术手段逐步实现“去中心、去中介、全信息、规则自定”的目标，确实有可能对传统金融模式产生强烈的冲击。从国内金融科技发展态势看，科技对银行业的冲击现在刚刚开始，今后随着4亿“千禧一代”成为金融消费的主流，更大的冲击可能迅速到来。例如，目前第三方支付、区块链、电子货币、人工智能等新技术的研发、应用、推广在为银行业带来新的业务契机的同时，也加速了对银行传统生产要素的替代和信用中介脱媒，倒逼银行业经营管理模式转型。在此过程中，银行如果能抓住机遇、加快创新，今后的发展会更好；如果抓不住机遇，不转变服务模式，可能很快就被时代所淘汰。我判断，今后3－5年是银行业经营分化加速的阶段，哪家银行转型快、风险管得好、科技创新快，今后3－5年会发展得非常好；反之，如果不能因势而变，客户就会离我们而去。

第五，金融监管体系改革重构银行业经营格局。监管改革将是现阶段金融改革的重要任务，通过构建适应金融多层次、多元化发展的新型组织架构，监管重心将转向跨市场、跨区域、功能性、穿透式监管。监管改革对于银行业而言是把双刃剑，加大金融治理、规范市场秩序和竞争环境有利于银行业长远发展，但监管趋严也将进一步加大银行业的运营成本，比如欧美银行业过度监管以后就导致了金融运行成本增加。但从当前行业发展态势看，适度的监管对银行业风险防范是有好处的。今后一系列监管措施将会出台，包括加强监管联动、加强对表外业务的监管、加强对杠杆的穿透式监管等。此外，对金融产品结构也有必要提出进一步简约化的要求。我觉得这些都是治理银行业乱象的正确措施。

以上是对银行业所面临的外部环境的分析，总体来看，我们面对的挑战比较多，当然机遇也不少，比如中国经济发展的大环境以及结构调整的进一步深化，中国巨大的发展回旋余地，新经济新动能的培育壮大，国力的进一步增强等，都给银行业发展创造出新的发展机遇。再加上银行业一直是中国金融业的主渠道，国家对银行业发展会进一步给予重视。此外，股份制改革多年以来，中国银行业改革创新和风险管控能力也得到了进一步的提升，内在基础扎实。

二、工商银行深化转型改革的初步考虑

面对经济金融深度转型带来的考验，工商银行确定了以坚持传承与创新为基础，以稳中求进为基调，以服务实体经济为导向，以全面深化改革为突破口，以质量和效益为核心的战略基本路线图，我们希望通过进一步深化转型和加大改革创新力度，更加积极地应对挑战，把压力转化为新一轮发展的动力。工商银行上市10年来取得了非常好的业绩，积累了许多行之有效的发展经验。我们既要积极传承既有的战略，一张蓝图绘到底，把工商银行良好的发展态势保持好，也要在此基础上，根据外部环境的变化进行战略创新。党中央、国务院对

国有大型银行的要求和期望非常高，我们既要契合外部环境变化态势，又要遵循商业银行、上市公司发展的基本规律。未来三年，我们将重点推进以下几个方面的战略设计与实施落地。

第一，改革融资供给，优化资金配置，在提升服务实体经济能力的基础上深化融资业务转型。中央对大型银行的总体要求可概括为三句话：第一是支持实体经济，第二是防控金融风险，第三是深化金融改革。我们首先要研究如何进一步提升支持服务实体经济的能力。工商银行在这方面要做好以下几方面的工作：一是处理好信贷存量与增量的关系。近年来，工商银行一直在坚持做好存量这篇文章，今年存量移位和信贷增量的比例基本是2:1。二是处理好表内和表外的关系。目前工商银行表内和表外融资资产比例基本达到了1:1。三是解决好对小微企业这一薄弱环节的金融支持问题。国务院要求银行成立专门的普惠金融事业部，聚焦小微企业和“三农”等国民经济薄弱领域，提升服务能力。当前由于产能过剩问题突出，小微企业整体质量不是太好，且全国各地差异巨大，银行业对小微企业的“恐贷症”和“惧贷症”确实存在。工商银行小微企业贷款一直发展得很好，目前小微企业贷款余额超过2万亿元。但是近年来小微企业风险持续暴露，导致部分基层机构对小企业服务的动力和能力下降，迫切需要进一步重塑业务模式。四是研究如何进一步把握新经济、新动能发展机遇，探索发展的新路径。五是探索如何契合区域经济发展特点，深化区域发展战略。

近年来，工商银行每年的信贷增量都保持在8 500亿元左右，平均增速是8% -9%，与全社会融资12%的增速相比，虽然低3个百分点左右，但我们的信贷总量已经足够大，信贷总盘子已经超过13万亿元。在资本约束加剧和风险管控难度加大的大趋势下，信贷高速增长已经难以为继。所以，工商银行下一步重点是要顺应外部环境变化趋势，把我们24万亿元资产总量，特别是13万亿元信贷资产运作管理好。包括通过资产证券化，盘活资产存量，做大资金流量；通过统筹表内和表外业务，依托创新手段，进一步优化资产负债表，合理控制信贷增速，降低信贷资产在资产负债表中的比重。

第二，围绕经营转型，调整盈利结构和经营结构。这是应对资本管理和利率市场化的一项非常重要的工作。未来一段时间，工商银行一是要进一步深化大零售战略。零售是工商银行经营发展的压舱石和稳定器，目前利润贡献度约为40%。中国是人口大国，零售业务的市场潜力很大。今后三年，我们计划将零售业务贡献度每年提高两个百分点。二是进一步强化重点城市行战略。在工商银行400多个城市行中，80个重点城市行贡献了全行92%以上的利润。我认为，重点城市是最大的风险弱周期区域，中国经济区域质态的差异会越来越大，不可能很快缩小，所以有必要聚焦重点城市，坚持因城施策，加大资源投入，落实创利要求，提升服务质量，使重点城市成为未来工商银行最重要的盈利增长极。三是更加重视资产管理和投行业务的协同发展。近几年，大资管、大投行业务对工商银行的盈利贡献度很高。随着金融创新的不断推进，储蓄在居民个人资产中的占比从过去的90%以上，逐步降低到85%、70%，现在已降至65%以下，居民理财意识和资产管理需求越来越强烈。同时，由于对优秀企业贷款业务的竞争日益激烈，银行只能通过综合化、全球化的服务方案来介入，这一趋势越来越明显。我们要积极适应这些变化，进一步推动大资管、大投行业务提速发展。四是深化推进国际化发展。前些年工商银行抓住机遇，积极拓展国际化布局，发展速度很快。今后几年要结合国际化“外延”扩张，更好推进境外机构的本地化发展，突出国际化布局的“内涵”要求，通过把本地化服务做深做实，进一步壮大规模、扩大贡献。五是进一步扩大综合化的贡献。现在工商银行的几家综合化子公司经营状况都非常好，近期我们还计划进一步丰富综合化业务品种，完善业务体系。

我们希望通过上述经营转型、结构调整的措施，使工商银行的业务结构、盈利结构得到进一步转变。2006年工商银行上市的时候，贷款利息收入占营业收入的比重为75%，到2016年降到53%，下降了22个百分点。按照10年前的战略规划，我们提出通过转型实现贷款利息收入、中间业务收入和投资交易收入的比例达到6:2:2，并进一步调整到5:2.5:2.5。截至目前，我们贷款利息收入占53%多一点，中间业务收入和投资交易收入各占23%，基本上达到了预定的战略目标，盈利结构进一步优化。现在工商银行表内资产是24万亿元，表外资产规模也比较大，表内与表外资产之比三年内肯定会达到1:1。所以，我们希望通过结构调整，使工商银行的资产负债表轻一点，盈利单元多一点，对贷款增长的依赖少一点。这种转变不仅对工商银行的资本管理是好事，也会起到强化风险控制的作用。

第三，抓住金融科技这一新的发展趋势，以智慧银行为核心，升级e－ICBC 3.0。在姜建清董事长任内，工商银行推出了e－ICBC 1.0、2.0，互联网金融业务走在了中国银行业的前列。当然，我们的互联网金融发展也存在一些问题：一是在组织体制、运行机制方面还留有很深的传统银行的烙印，是立足线下发展线上的一种体制，这已成为互联网金融业务发展的瓶颈制约。二是产品和客户体验不够极致，与互联网企业的产品和客户体验相比，还存在差距。三是开放、融合不够，还需要加快各个平台的融合，将社会资源、外部资源与银行的优势结合好，进一步完善线上线下的一体化。实际上，银行发展互联网金融有很大的优势，主要是线下优势。纯线上的企业，包括腾讯、阿里，如果没有线下的支撑，要走得很远、做得很大，会遇到很多瓶颈。银行的很多业务、工作都需要在线下来完成，比如抵押、大额贷款尽职调查等，工商银行的1.7万家线下网点是我们巨大的优势。昨天，国务院领导同志开会指出，银行要抓紧推动经营模式转变，如果银行不做改变，未来会面临很大的挑战。事实上，这几年银行业特别是工商银行一直在寻求变革，因为我们所处的环境变化很快，特别是“千禧一代”成长起来以后，不会愿意到银行来排队办业务，而是希望通过互联网随时随地都能办理业务。虽然工商银行目前的服务水平完全能够达到这个要求，但我们关注的是如何能做得更极致、客户体验更好、环境更友好、嵌入的平台更多，以及与客户生活的联系更全面，这是我们业务发展指导思想上的非常巨大的转变，也是今后三年工商银行改革发展的重中之重。

第四，狠抓风险管控，进一步深化全面风险管理体系建设。今后工商银行风险管理的主要任务是要进一步构建和完善新常态下风险管理的新模式、新技术、新手段，包括强化文化、准入、责任、专业能力的要求，以及积极推动表外业务穿透式管理，实现表内表外一体化管理，打造更加透明的产品体系，进一步加强投研能力，进一步优化调整前中后台职责流程等。新形势下，我们面对的风险管控挑战越来越多。一家银行能走多远，能不能成为百年老店，不在于业务发展快慢，关键在于能否管控住风险。工商银行24万亿元的资产总量已经够大，只有把风险管控好了，才能走得更远。关于这一点，工商银行管理层的指导思想是非常统一和明确的，我对此也很有信心，因为目前无论从表内到表外，风险在哪里，我们还是能看得清楚、能管得住。今后要确保做到不论业务如何发展，风险管控都能及时跟进和覆盖。

第五，创新内部管理，优化机制设计，建立稳健规范和运行高效的新型管理体系。

首先，工商银行将进一步加强战略管理、资本管理、人员管理。对于人员问题，我认为有必要廓清一些认识。现在社会舆论在热炒银行网点要关门、人员要减员分流。在2016年业绩发布会时我就作了说明，实际上工商银行去年减员4 500多人，仅占我们46万员工总数的1%；但是去年通过人力资源结构调整，我们调整了2万多人，占人员总量的6%，绝大部分人员从柜台岗位释放出来，转到客户经理、大堂经理、风险管控等岗位，这种人员调整对优化人力资源结构是一件好事。工商银行并不是因为失去业务量而减员，而是通过主动调整人员结构来提升人力资源效率和经营效率。

其次，工商银行将更大程度地运用数据信息来进一步优化改造管理。工商银行的IT技术和大数据运用一直居于同业领先地位。面对信息化时代的要求，我们正在进一步深化大数据建设，积极构建企业级的数据应用体系，确保要在国内同业中做到最好。未来工商银行的营销、风控、绩效考核、信息共享、客户评价都必须建立在大数据支撑基础上，否则不利于竞争发展。例如，如果定价管理缺少客户利率敏感度等数据的支持，我们就只能与他行拼价格，最终可能发展到恶性竞争。工商银行去年的净息差收窄幅度，比某家可比同业少收窄10个基点，比另一家可比同业少收窄8个基点，也就是说少影响利润200多亿元，原因就在于我们实施了精细化管理、数据化管理、信息化管理。在下一个三年规划中，我们要继续做好信息化战略的衔接和深化。

最后，要加强党建和班子、队伍建设。银行经营发展的关键在人，把人管好了，风险才能管好，业务才能发展好。工商银行的党建工作非常扎实，我们积极发挥党建的引领作用，带动和促进了经营发展。我们干部队伍的整体素质和专业化程度高、职业精神好，我们的干部既是党的干部，又是非常好的职业经理人。我们的内部管理也很严格，风清气正，这是工商银行巨大的财富。今后工商银行要把这一良好的风气继续传承下去，继续把干部队伍建设好。

在“两个从严”专题培训班总行级重点城市行学员座谈会上的讲话

易会满

（2017年4月20日·根据录音整理）

非常高兴再次到杭院来，与参加“两个从严”专题培训班的学员座谈。我非常重视总行党校和长杭两院这个平台，特别是接任董事长以后，只要有机会我都要到现场跟大家作个交流，一方面贯彻好中央对我行的要求，传导好总行党委的决策意图和部署；另一方面也更加直接地了解基层，尤其是城市行这级基本经营核算单位管理人员的想法，让总行的工作更接地气。

这三天的培训班办得非常好，时间不长，却内容丰富，重点突出。总行纪委、内控合规部围绕从严治党、从严治行，讲解了大量案例，大家也带来了本单位党建工作的实际案例，做了充分的准备和非常好的交流。这次培训还有一个创新亮点就是党性分析，一般短期班很难有党性分析。当前环境下，城市行经营压力非常大，刚才大家也反映了很多日常经营管理中碰到的问题，尽管困难多、压力大，但是大家想方设法发挥主观能动性，保持了良好的精神状态，这是我们做好一切工作的基础。据了解，培训期间，大家听课和研讨非常认真，提了大量问题和建议，相互取长补短，这种良好的学习状态也是日常工作、生活状态的反映。这是第一期“两个从严”专题培训，今年要实现对二级分行党委书记、纪委书记的全覆盖。相信通过培训，大家进一步深化学习、总结经验，将对全行深入落实“两个从严”发挥不可替代的促进作用。

下面，我围绕培训专题，结合学员谈的意见建议，讲三个方面的内容。

一、深刻领会举办“两个从严”专题培训班的意义

去年，在座的绝大多数同志都参加了“两个责任”专题培训，收到了良好效果，今年总行党委决定进一步对二级分行党委书记、纪委书记进行轮训。之所以连续两年集中时间和力量举办专题培训，既是深入学习贯彻中央去年以来召开的一系列会议精神的客观需要，也是确保全行改革发展顺利推进的形势使然。

大家知道，去年以来中央先后召开了四次重要会议，即党的十八届六中全会、全国国有企业党的建设工作会议、中央经济工作会议、中央纪委七次全会，这四次会议对工商银行党委和纪委开展今后的工作具有非常强的指导意义。十八届六中全会的核心，一是明确了习近平总书记在全党的领导核心地位。二是通过了《准则》《条例》，对进一步推进全面从严治党，作了制度性安排。全国国有企业党的建设工作会议的核心，一是进一步明确了国有企业定位，即国企是我们国家六个重要力量。二是明确了国有企业党建的定位，即党建是国有企业的“根”和“魂”。一个企业没有“根”和“魂”，这个企业就是一盘散沙，就不可能带领广大干部员工去竞争和发展，很多基层行竞争力上不去，表象在业务，核心在党委班子，在于党建工作是不是发挥了应有作用。三是明确了国有企业领导人员的“20字”标准，这个标准对于在座的每个干部都是基本规范。工商银行作为国有大行，在确定自身发展定位、开展各项工作时，要提高站位，把这三点作为党建工作和经营发展的基本遵循和规律，努力把党的建设抓好，把班子功能强化好，把“六个力量”的作用发挥好，真正体现和发挥国有大行的主力军和排头兵作用。中央经济工作会议的核心，一是明确要坚持稳中求进的总基调，坚持以深化供给侧结构性改革为主线，全面做好稳增长、促改革、调结构、惠民生、防风险各项工作。二是重申和强调了党对经济工作的领导，要求各级领导干部把落实党中央经济决策部署作为政治责任，执行党中央的方针政策不能走样，不能打折扣，更不能阳奉阴违，要真真正正把党对经济工作的领导落到实处。中纪委七次全会的核心，一是对当前反腐败斗争的形势作出了基本判断，即“不敢腐”的目标初步实现，“不能腐”的制度日益完善，“不想腐”的堤坝正在构筑，反腐败斗争的压倒性态势已经形成。二是强调要建设长效机制、标本兼治。长效机制如何建立？就是要加强理想信念、文化自信、政治生活、党内监督等方面的制度性安排，这是治本之策。从反“四风”到“八项规定”，都是针对具体现象、突出问题的，力图通过从小抓起，以小见大，以小带大，解决新形势下作风建设抓什么、怎么抓的问题，之后更多要通过强化制度性的安排来抓根本，这也是探索纪检监察工作的规律，进一步提升工作前瞻性、系统性、全局性的办法。

此外，近期我还参加了两个重要会议。第一个是刘云山同志出席并作重要讲话的“两学一做”学习教育常态化制度化工作座谈会。去年开展的“两学一做”学习教育，今后要转向常态化、制度化。一是要按照习总书记的要求长期坚持下去。怎样长期坚持下去？需要我们结合实际，做好规定动作，创新自选动作。我去过基层党建联系点北京海淀西区支行，他们在基层党建工作上有很多新的创造和实践，一个基本经验就是，只有与中心工作结合起来不断创新，“两学一做”学习教育才能长期坚持下去并形成良好效果。二是要形成制度化安排，今后“两学一做”与“三会一课”要固化相容。总行党委决定在本月底以现场加视频的方式召开“两学一做”学习教育常态化制度化动员部署会，希望各二级分行不要把“两学一做”学习教育当成形式或程序，而是要做成有效载体，成为业务与党建工作两手抓的结合点，发挥好我们国有企业巨大的政治优势。第二个会议是中纪委召开的部分中央金融企业党委、纪委主要负责同志座谈会。分管中央金融企业的中纪委副书记传达了中央领导的意见，指出从十八大以来，全党在反“四风”、落实八项规定方面执行得不错，但是国有企业特别是金融企业在执行上差距还比较大。王岐山同志要求进一步加大力度，抓住典型，突出节点，进行集中通报和专项整治。这次座谈会上，也有人反映公务商务接待的问题，目前公务商务接待有标准化的规定，如能认真执行好规定，解决好公私不分、内外不分问题，我们在政策把握上就没有太大问题，能保证正常的业务工作需要。

上述会议一个共同主题就是全面从严治党。为贯彻中央这一系列重要会议精神，总行党委广泛开展了形式多样的学习宣传贯彻活动。今年2月，总行还召开了全

行纪检监察暨内审内控工作会议，将纪检监察与内审内控会议放在一起召开，就是要把全面从严要求体现到管党治党的全过程，贯穿到抓经营控风险、抓班子带队伍的全过程，实现“两个从严”的有机统一、一体推进。因此，“两个从严”将是我行今后长期的管党治行的基本方略。二级分行作为全行的经营主体，处于承上启下的重要层面，既是全行改革发展的主力军，也是把全面从严治党、从严治行要求延伸到基层的先锋队。正是基于这种内在的逻辑关系和基本认识，总行党委决定在去年对二级分行党委书记、纪委书记“两个责任”集中培训的基础上，今年再组织“两个从严”专题轮训，目的就是进一步突出重点、聚焦主题，巩固学习成果。希望大家充分认识这次专题培训的意义，提高政治站位，加强学习研讨，结合本行实际真正把全面从严治党、从严治行的精神理解深、理解透，把中央和总行党委提出的各项要求把握精、把握准，提高管党治行的能力，以“关键少数”的思想到位、行动对标，带动全行贯彻落实“两个从严”，推动“两个从严”转化为每一位党员干部的自觉行动，落实到我行经营管理工作的各个环节。

二、增强“四个意识”、坚定“两个从严”，在深化改革发展中发挥国有金融企业党建的独特优势

当前我行推动改革发展，要始终遵循习近平总书记强调的两个“一以贯之”，将坚持党对国有企业的领导这一重大政治原则与建设现代企业制度的改革方向紧密结合起来，努力把党的政治优势、思想优势和组织优势不断转化为公司治理优势、科学管理优势和市场竞争优势，这是工商银行基业长青的保障。

（一）要增强“四个意识”，始终牢记国有金融企业肩负的政治责任。工商银行作为国有大行，牢固树立和不断增强政治意识、大局意识、核心意识、看齐意识，是我们根本的政治要求、严肃的政治纪律、崇高的政治责任。增强政治意识，就是要把好政治方向、站稳政治立场，牢记工商银行姓“国”，使工商银行成为党和人民最可信赖的依靠力量。增强大局意识，就是要自觉贯彻落实党和国家的方针政策和重大部署，自觉在国家经济社会发展的大格局中寻找“坐标”、瞄准方向、有所作为，在推动供给侧结构性改革和服务实体经济发展中发挥主力军作用。增强核心意识，就是要更加紧密地团结在以习近平同志为核心的党中央周围，做到在政治上绝对忠诚、组织上自觉服从、行动上坚决维护习近平总书记这个核心，确保党的领导更加坚强有力。增强看齐意识，就是要经常主动全面向习近平总书记看齐，向党的理论路线方针政策看齐，向党中央决策部署看齐，做到党中央提倡的坚决响应、党中央决定的坚决执行、党中央禁止的坚决不做，确保工商银行的事业沿着正确方向前进。这里，我再结合工商银行实际，就落实“四个意识”提两方面要求。

一方面，“四个意识”不是简单的口号，而是有实实在在的内容。我认为，国有企业增强“四个意识”的核心内容，就在于如何实现国有企业成为“六个力量”的目标，这是“四个意识”在改革发展中的具体化。很多工作中央反复强调，我们也做了很多研究布置，但在实践上与中央要求还有差距，比如金融对实体经济的支持、对小微企业的扶持、对供给侧结构性改革的促进，等等。中央领导指出，治理金融乱象，如果金融业再不改变，供给侧改革就没有希望。这句话很重。金融是现代经济的血脉，银行的核心是提供现代金融服务，如果再不改变不重视小微企业、体外循环、脱实向虚、过度金融化等问题，供给侧结构性改革是没有希望的。再比如说，李克强总理多次指示，“工商银行一定要带好头，利润不能负增长，要给全球释放正能量，要发出你们的声音”。作为一家国有控股银行，利润不能下降，不简简单单是股东的要求、上市公司的要求，更是政治要求。所以，今年我们制定的也是一个正增长的利润计划。第一季度经营状况不错，拨备覆盖率增加了约4个百分点，恢复到141%左右，净利润增长1.5%，不良率、逾期率、劣变率、剪刀差4个关键指标实现全面下降。总之，增强“四个意识”不是空喊口号，而是要实实在在理解中央经济金融方针政策，并将其更好地推动落地。

另一方面，要紧紧把握商业银行的经营规律，找好结合点，体现一行一策，体现本地特色。中国地域广阔，每个地区都有自身实际情况，我们在解决统一思想认识的同时，落地措施一定要有针对性，要具体化，坚持按照商业银行的规律办事，体现我们的企业属性和经营风险的行业特点。例如，在今年的政府工作报告中，李克强总理谈到鼓励金融系统成立普惠金融事业部，加强对小微企业、涉农贷款、扶贫攻坚等工作的支持，尤其要发挥大型银行的带头作用。我行普惠金融部即将挂牌，但挂牌是一回事，怎么样真正推动这块业务的发展，怎么样体现我们工商银行的经营特点，还需要我们各级行充分发挥主观能动作用，结合自身实际，因地制宜去探索、去完善。现在大家对小微企业有恐贷症，认为小微企业风险大，这表明我们还没有很好地把握住小微企业的金融服务规律。总之，增强“四个意识”一定要体现银行经营规律和特点，把办好商业银行作为落实“四个意识”要求的最根本体现。

（二）将严的要求贯穿党的建设和经营管理全过程。工商银行作为国有大行，全面从严治党、从严治行的任务很重。要做到全面覆盖、务求实效，就必须始终保持永远在路上的恒心和韧劲，全面压实主体责任和监督责任，坚持不懈抓下去。我希望重点城市行要做表率、当标杆，把全面从严治党和从严治行紧密结合起

来，推动党内监督和业务监督相互支持、相互促进，做到真管真严、敢管敢严、长管长严，在全行营造风清气正的政治生态和经营环境。

一是思想从严。要把加强思想理论武装作为“两个从严”的首要任务，补好精神之“钙”，筑牢思想之“魂”，持之以恒地在党性修养和党内生活锻炼中不断提高政治觉悟。要进一步坚定理想信念，严守政治纪律和政治规矩，加强党内政治文化建设。领导干部尤其要做到不忘初心、坚守正道，弘扬我行廉洁文化、合规文化，继承和发扬“三铁”精神，让从严治党、从严治行的文化基因代代相传。

二是履职从严。“两个从严”重在落实责任。各级党组织要树立“抓好党建是本职、不抓党建是失职、抓不好党建是不称职”的理念，不断增强自身管党治党的意识和能力，有力推动全面从严治党各项任务的落地生根。要进一步做好责任的压力传导，根据中央《问责条例》精神和我行具体实施办法，把监督检查、目标考核、责任追究有机结合起来，倒逼工作落实，充分发挥“问责一个、警醒一片”作用，推动形成全行上下认真执行“两个从严”的良好氛围。要加强队伍建设，强化履职保障。这两年全行纪委书记队伍有很大变化，不仅实现了专职，力量更新也很快。要保持这种好的态势，不断加强力量、充实队伍、提高能力。

三是执纪从严。加强纪律建设是“两个从严”的治本之策。必须坚持把纪律挺在前面，强化纪律刚性约束，推动全行尊崇维护党纪行规、学习贯彻党纪行规，把严明的纪律和规矩挺起来、立起来、严起来，做到坚守政治信仰、站稳政治立场、提高政治站位。各级党组织要通过强有力的监督，促使领导干部树立正确的发展观、业绩观、风险观，抓好班子、带好队伍。

四是作风从严。作风问题关系人心向背，具有顽固性、反复性，必须持之以恒，以踏石留印、抓铁有痕的劲头和韧性往深里抓、向实里做。要坚持以上率下，领导干部首先要严格执行中央八项规定和我行作风建设20条要求，从而引导全行党员干部自觉反对“四风”，塑造良好的作风建设氛围。对违反中央八项规定精神的问题，坚持核实到位、处理到位，将典型案例点名道姓进行通报，并严肃追究主体责任，层层传导压力。希望通过全行狠抓贯彻落实，今后在中央和金融系统通报的反面典型中不再出现工商银行的案例，这是我们无论如何都要守住的底线。

五是监督从严。各级党组织要始终牢记“信任不能代替监督”，认真执行党内监督条例，以各级党员领导干部为重点，加强对私底下、无人时、细微处的监督，形成“八小时之内”和“八小时之外”全监督链条。大家作为“一把手”要切实增强主动接受监督的意识，把上级组织的监督看作是对自己的爱护，把同级监督看作是对自己的帮助，把下级监督看作是对自己的信任，切实学会在约束中工作，习惯在监督中干事。要注重整合监督资源，使党内监督和其他监督力量相互促进，使监督合力与制度优势充分释放出来。

六是风险管控从严。要从讲政治的高度认识稳中求进的总基调，认识案件风险防控工作的极端重要性，确保牢牢守住底线，坚决实现“案件总量有所下降、重大恶性案件和重大风险事件杜绝发生”的管控目标，发挥好国有大银行“市场稳定器”的作用。这个目标要求很高，我们一个个排查，一项项落实。第一季度与去年同期相比，案件总量没有增加，也没有发生重大恶性案件和重大风险事件。要聚焦合规管理，确保在深化落地上取得实效；聚焦内部控制，带动全行风险控制水平实现新提升；聚焦队伍建设，增强监督检查的公正性、权威性和专业性。提请各位地市行的书记、行长一定要高度重视风险管控的一些重点领域和关键环节：一是票据，尤其是票据融资背后的掮客；二是同业业务，同业业务虽然是总行部门专营的，但在同业开户、同业核算方面，地市行要多关注和把握风险；三是理财，理财业务的风险环节主要是账外、表外；四是开户，特别是异地开户、大额资金进出；五是所谓的“低风险业务”。大家对以上风险高发的领域和环节要做到心里有数，切实把总行的相关管理规定和风险防控举措抓牢抓实。

（三）突出关键少数，做严肃党内政治生活的表率。业务发展要发挥关键少数的带动作用，从严治党也要依靠关键少数。这个关键少数就是在座的各位书记，就是县支行行长（含）以上的4 000多名管理人员。大家要做到以下几点：一是带头树立选人用人的“风向标”。要坚持习近平总书记提出的“20字”标准和总行党委提出的“四有”干部标准，在内部形成良好的选人用人氛围。这几年，工行的干部队伍整体上是值得信任的，经受住了考验，这是因为我们在选拔干部上做到了风清气正，不掺杂不正当因素。各级党委要树立正气，建立一套好的干部评判标准；要了解基层，解决好干部工作“神秘化”的问题，多了解干部思想状况、多看数据，多掌握一些实际情况，不能完全坐在办公室里听推荐，真正把能干事、干成事的，对工行忠诚的干部用起来。我们讲文凭，但不唯文凭；讲年龄，但不唯年龄；讲资历，但不唯资历，要不拘一格选人才。二是带头构建敢于担当的“正气场”。近期习近平总书记在加强中央和国家机关领导班子建设的讲话中，谈到了当前干部班子存在的“四不”问题，即不思进取、不接地气、不抓落实、不敢担当。这些问题在我们一些干部中都不同程度地存在。要针对这些问题，在全行大力倡导和培养严、实、深、细的作风，努力克服不思进取的惰性、避免不接地气的官僚、杜绝不抓落实的推责、摒弃不敢担当的软弱，营造良好的干事创业氛围。三是带头培育政治文化的“好土壤”。政治文化是政治生活的灵魂。要大力传承工商银行优秀文化基因，坚决反对和抵制“潜规则”“圈子文化”、任人唯亲、团团伙伙等庸俗的政治文化。要严格贯彻民主集中制，作为“一把手”要始终坚持按原则办事、按程序办事。四是带头践行清正廉洁的“座右铭”。这些年，我行出现了一些大的案件和风险事件，比较多地集中在二级分行行长和一级支行行长。所以，核心还是要自己守住底线，组织选好人。人是第一位的，干部是第一位的，把人选好，工作才能做好。

三、强化战略传导落实，加快提升重点城市行竞争力

我已多次与今天在座的重点城市行行长召开座谈会，这体现的是总行大力提升重点城市行竞争力的战略导向。重点城市是经济发展的磁力极，也是最大的经济弱周期区域，更是工商银行的转型主战场、发展命根子。各位重点城市行的“一把手”要充分认识自身的责任担当，以争当同业第一为己任，紧抓综合竞争力提升各项目标措施的落地，进一步凸显重点城市行的“领头羊”作用，为全行做出更大贡献。

（一）重点城市行面临的竞争形势。第一，对重点城市行的总体判断，我们的优势是确定的，尤其是在北京、上海、广州等这几个一线城市具有非常大的优势。第二，竞争形势比较严峻。深改办提供了很多重点城市行的同业比较数据，从中可见形势非常不乐观，基础业务竞争力下降趋势明显，同业领先优势在不断缩小。例如2016年，80家重点城市行储蓄存款增量四行占比为22.8%，分别较农行、建行低8.9个和2.1个百分点，仅有8家分行增量占比第一；对公存款增量四行占比为21.1%，分别较建行、农行低19.3个和1.8个百分点，增量排名第一的仅有11家分行，排名末位的则有24家，其中10家行为负增长。第三，城市行存在的问题是系统性问题，冰冻三尺非一日之寒，因此解决问题也不可能一蹴而就。第四，提升城市行竞争力需要总行、一级分行、二级分行发挥各自作用。对总行来说，主要是解决管理上的大企业病，解决决策效率、整体功能的发挥，以及提升服务基层的专业能力等问题。比如人格化授权，有的分行行长反映，有些人格化授权是做了，但因为总行的一些制度规定又把授权收回去了，条线之间、各种管理规定之间掣肘太多，需要逐步理顺和推动解决。还有，我们要看问题背后的原因究竟是什么，不能简单化，一简单就可能出问题，我们看准了的要放到位，暂时还看不准的要稳妥。比如大家提出的放权给经营行，我觉得很有道理，但把经营权交到哪个层级、交给谁，还需要好好研究。

（二）下一步的工作要求。每次开会都会反映很多问题，我认为有问题是正常的，我们就是要在解决问题中前进。今天大家反映的问题，办公室会牵头落实。这里，我针对大家反映的情况，再强调三点：

第一，要进一步发挥城市行自身的主观能动性，切实担负起主体责任。刚才我已经讲了，城市行的竞争力问题，总行、一级分行、城市行各有各的责任，但同样的环境，造就不同的经营结果，最大的责任还是在城市行自身。实际上，从去年年中工作会，到年底的改革发展研讨会，再到今年初的年度工作会议和一季度经营情况分析会，大家反映的问题从总行的会议文件里都能找得到。我们开座谈会就是验证总行原来提的措施是否落地、如何更好地落地。希望大家再补补课，进一步学习、消化总行的战略，再结合本行实际确定自己的发展方向，拿出管用有效的落地举措。

第二，要全面实施好客户战略。大家反映的一个共同问题就是客户战略。在今年第一季度经营情况分析会上，我对零售板块的客户战略说得比较多。这里再分别讲一讲对公和零售客户的战略问题。首先是对公客户。广东分行营业部的同志对我说，对公客户要重视突出研究新的优质客户，这是非常对的，也是现在困扰总行的问题。刚才从各位的发言来看，对传统市场、传统客户的办法比较多，诸如融资平台、政府项目、政府购买服务、房地产按揭等，但是真正的新市场、优质市场在哪里？总体感觉大家在这方面提的建议还比较少。轻资产和高科技企业的金融服务怎么搞？没有人反映这方面的情况，说明大家对这块市场研究还不够。有的同业这几年在新市场拓展上有很大突破，一个分行就做了上千亿元的高科技企业融资，这是未来的潜力和后劲所在。又如，第三方支付天天在跟银行争夺市场，但是竞争与合作相互交融，腾讯在我行有1 000亿元的存款，支付宝在我行也有两三百亿元存款，一年还带给我行十几亿元的对公结算手续费。可见，在对公板块，这些新客户、新市场的空间是非常广阔的，但我行尚未形成很好的战略。总行公司、投行等部门还要作进一步探讨。相关部门最近也做了一些工作，包括与私募合作等。

其次是零售客户。我觉得，这里面主要解决的是顶层规划设计与基层行客户拓展的具体落实。大家一说到客户，就说要给下面的支行、网点下任务，任务是可以下，但是仅靠层层压指标、下任务，到最后基本上是完不成的。现在零售板块过度下沉，过度地依赖基层行、基层个金条线来自发拓展客户，这是不对的。在客户战略问题上，各级管理行要站得更高一点，看问题更深一点，进一步发挥好主体作用。总行、一级分行、二级分行在客户拓展上重在规划如何批量化拓展市场，这方面对公板块研究得比较多，零售板块还做得不够。比如，线上的批量客户如何导入？这应该由总分行来研究。总行已经在开展一些探索和尝试，如跟百度联合发卡、跟腾讯合作推出微黄金，以及在二维码支付上与腾讯的合作等。作为一级分行，要重点研究解决制约零售业务发展的体制机制性问题。二级分行则有责任研究本地大的

市场板块如何拓展的问题，不能完全放手依靠客户经理。对于进一步完善考核机制的问题，这个权利在城市行，根据总行的政策自行调整即可。所以我希望，在客户战略方面，各级行都要发挥好主体作用，从二级分行、一级分行、总行各层面都做很好的研究，不要简单地批评客户经理和简单地给客户经理下指标。要把客户清单和重点方向交给客户经理，同时创造良好机制，特别是要优化完善考核机制。

第三，总行和一级分行要进一步研究城市行竞争力提升的关键要素，尽量创造条件。一是定价问题。工商银行是银行业市场利率定价自律机制的主任单位，谷澍行长是主任委员，工商银行在利率定价上有公开表态，四家国有大型银行有约定。因此，存款利率上浮超过30%，贷款利率下浮超过10%，我们原则上是不做的。目前，整个市场资金面趋紧，即使贷款利率不下浮，贷款市场的问题应该也不大。但是在存款市场上，竞争将更显激烈，如何在坚持存款利率上浮总量控制等大原则的基础上，探索一些个性化、小范围的突破，总行要做一些研究，给一定的授权。二是信贷规模管理的问题。我们原来是切块分蛋糕，规模限制，后来又放开了，价高者得。现在看来也有问题，为了抢规模，各行凌晨一点钟开始集中发放贷款。到底这个问题怎么解决才好？上次我在第一季度经营情况分析会上已经说了，相关部门要进一步安排好，各行应该有个基本额度。三是人力资源的问题。工商银行有46万名员工，除了考虑总量之外，结构调整怎么做？现在县支行的问题非常突出，过几年会出现员工的集中退休，人员该怎么接续？要不要储备后备干部？招聘什么学历、什么专业背景的人？人力资源配置的区域性特点怎么体现？这些问题非常复杂，需要我们做进一步的细化研究和探索。四是授信的问题。我认为，授信可以区分为营销授信和实际授信两个层面。适度的授信控制是要坚持的，现在企业亏损面大，大部分都是因为过度融资、过度投资拖累的。这里面营销授信给一些变通和灵活性是可以的，例如给企业授信100亿元，但是实际只能用20亿元。五是准入问题。唯企业，不唯其他，这个大原则一定要坚持。这方面如果有问题，有政策障碍，信贷与投资管理部要牵头限期落实好。行业政策是需要的，但它只是在宏观层面支持或控制某行业的指导性政策，微观层面主要从企业个体来判断，这是非常明确的。六是进一步改进总行服务、提高管理效率的问题。包括专业资格考试、培训、利润中心管理等问题，我们回去要研究梳理，尽量尽快解决好。

总体来看，今天座谈会的氛围非常好，大家讲实话说实情，谈了很多问题，同时要进一步增强信心。第一，这么多问题是多年积累而成的，解决问题也非一朝一夕之功，大家更要看到我们解决问题的努力和成效。第二，有的问题也不一定仅仅是问题，而是工商银行的特色做法和探索，与同业相比在某些方面可能有不足，但也有其长处，或者说受各方面局限其效果还未充分体现出来，比如说我们依靠线下与大数据分析相结合的风险管控措施，我认为要有定力，一以贯之。第三，我对工商银行今后的竞争力充满信心。现在有些区域竞争力出现了一些问题，其实这也是我们今后提高和发展的潜力。为什么我这么重视城市行，到哪里都要看一下当地分行的营业部，就是因为我觉得这个区域非常重要，资源比较集中，风险相对比较低，现在我行在这些区域与同业存在差距，抓得好就可以转化为今后的发展潜力。工商银行的品牌是非常好的，是一种宝贵资源和无形力量，我们对自己的队伍、文化、管理要有绝对的自信。我们以工商企业客户为主的特点非常突出，小微企业、贸易融资、流动资金贷款的比重要高一些，传统的银行产品和服务多一些，导致现在资产质量的负担也稍微重一些，但工商银行有实力、有底气逐步来消化解决这个负担。现在的问题是客观存在的，我们寻找问题是为了更好地解决问题。今后在座各位有什么好的建议或者困难可以直接给我发邮件。我会尽量关注城市行，也会尽量安排时间到基层听取大家意见。希望大家一起齐心协力，通过落实好“两个从严”，让全行特别是城市行在党建和经营两方面取得协调共进的发展。

在推进“两学一做”学习教育常态化制度化动员部署会上的讲话

易会满

（2017年4月27日）

这次会议的主要任务是，深入学习贯彻中央对推进“两学一做”学习教育常态化制度化的要求，回顾一年来学习教育开展情况，对我行学习教育常态化制度化相关工作进行动员部署。

过去的一年，按照中央的要求，总行党委把“两学一做”学习教育作为全行党建工作的重大任务，下大力气抓紧抓实，全行1.3万个党组织充分发挥主体作用，组织27万余名党员认真“学”、扎实“做”、切实“改”，推动学习教育取得明显成效。一是“四个意识”明显增强。通过加强党委中心组学习，开展集中轮训，抓好党支部、党小组集体学习，领导干部带头参加所在党支部组织生活、深入基层讲党课，自觉用习近平总书记系列重要讲话精神武装头脑、指导工作，使广大党员干部受到深刻的思想政治教育，进一步增强了政治意识、大局意识、核心意识、看齐意识，更加坚定、自觉地同以习近平同志为核心的党中央保持高度一致。二是党员作用充分发挥。组织开展“三亮、三比、三抓、三评”“亮身份、挂党旗”等活动，推动党员亮明身份，树立形象，对照“四讲四有”标准，践行服务宗旨，提高服务能力，推进改革发展，促进了先锋模范作用的发挥，也展现了全行广大党员干部的良好风貌。三是党内政治生活更加规范。依托“三会一课”、民主生活会、组织生活会、民主评议党员等基本制度，突出党内政治生活的政治性、时代性、原则性，深入查摆问题，加强党性分析，认真开展批评和自我批评，推动组织生活庄重起来、严肃起来、规范起来，锤炼党性的“熔炉”作用进一步彰显。四是突出问题有效解决。将问题整改视为改进工作的推动力、学习教育的“动员令”，坚持问题导向，边学边改，大力改进金融服务，积极支持实体经济发展，有效管控金融风险，持续推进转型和创新，不断增强可持续发展能力，较好地发挥了大行引领和示范作用。这些成效和经验，要认真总结，并运用到今后工作中。

党中央在深入总结“两学一做”学习教育成功实践的基础上，作出了推进“两学一做”学习教育常态化制度化的重大部署。下面，我就贯彻落实习近平总书记重要指示精神和党中央要求，推进全行“两学一做”学习教育常态化制度化，讲几点意见。

一、从政治和全局高度深刻认识推进“两学一做”学习教育常态化制度化的重大意义

推进“两学一做”学习教育常态化制度化，是以习近平同志为核心的党中央作出的重大部署，是持续深入推进党的思想政治建设和作风建设、落实全面从严治党要求的有效途径，是严肃党内政治生活、严明党的政治纪律和政治规矩的重要抓手，也是我行在当前复杂经营形势下贯彻落实好党中央、国务院决策部署，切实履行好大行责任的政治保证。

（一）推进“两学一做”学习教育常态化制度化，是坚定维护以习近平同志为核心的党中央权威和集中统一领导，更好发挥我们政治优势的必然要求。思想政治建设是党的根本性建设，也是工商银行强大的政治优势。全行这些年来始终坚持党的领导，持续加强党的思想、组织、作风、反腐倡廉和制度建设，为在复杂经营环境下保持健康平稳发展奠定了基础。推进“两学一做”学习教育常态化制度化，就是要坚持把思想政治建设放在首位，进一步筑牢同以习近平同志为核心的党中央保持高度一致的思想根基，推动全行广大党员干部把维护核心的要求转化为思想自觉、党性观念、纪律要求和实际行动，确保统一思想、统一行动，在现代金融企业建设新的长征路上不断取得新的胜利。

（二）推进“两学一做”学习教育常态化制度化，是坚持思想建党、组织建党、制度治党紧密结合，深化全面从严治党、从严治行的重要举措。全面从严治党永远在路上，严肃党内政治生活永远在路上，解决自身突出问题也永远在路上。推进“两学一做”学习教育常态化制度化，就是要坚持思想建党、组织建党、制度治党同向发力、同时发力，进一步推动党内教育从“关键少数”向广大党员拓展，从集中性教育向经常性教育延伸，引导各级党组织抓实抓常理想信念教育，树立从严从实的工作作风，以坚定信念筑牢思想之魂，以过硬管理坚守风险底线，在推动从严管党治党和从严治行上不断取得新成效。

（三）推进“两学一做”学习教育常态化制度化，是凝心聚力促进改革发展稳定大局的内在需要。当前，我国经济在保持长期向好势头的同时，也面临诸多矛盾问题叠加、各种风险隐患交汇的挑战。作为国有控股大型商业银行，新的形势与任务要求我们必须始终坚定政治立场，发挥政治优势，不断增强责任意识和担当精神，切实履行维护国家金融安全稳定、确保国有资产保值增值、推动经济社会发展的重任。今年下半年，我们党将召开十九大，需要切实做好政治、思想、组织、作风等各方面的准备。推进“两学一做”学习教育常态化制度化，实际上就是做好统一思想、凝聚力量的工作，使全行各级党组织和广大党员在思想上、政治上、作风上强起来，汇聚起团结奋进的强大正能量。

（四）推进“两学一做”学习教育常态化制度化，是工商银行进一步加强基层组织建设、加快推进转型发展的重要保证。管党治党，重在基层。只有基层党组织坚强有力，党员发挥应有作用，党的根基才能牢固，党才能有战斗力。随着经济新常态的确立，整个银行业包括工商银行经营发展呈现一些新的特征和趋势，全行改革发展任务艰巨，更需要调动和凝聚全行党员干部的力量。推进“两学一做”学习教育常态化制度化，就是要把各级党组织和广大党员干部思想、行动统一到党中央决策部署上来，充分发挥出基层党组织的战斗堡垒作用和党员的先锋模范作用，提振干事创业的精气神，提高争创一流的行动自觉，为实现服务实体经济能力和自身稳健发展水平的“双提升”提供坚强的政治保障。

“两学一做”学习教育常态化制度化的总体目标是：

紧密联系实际，把思想教育作为首要任务，坚持用党章党规规范党组织和党员行为，用习近平总书记系列重要讲话精神武装头脑、指导实践、推动工作，坚持学思践悟、知行合一，坚持全覆盖、常态化、重创新、求实效，不断增强党组织和党员政治意识、大局意识、核心意识、看齐意识，不断增强党内政治生活的政治性、时代性、原则性、战斗性，不断增强党自我净化、自我完善、自我革新、自我提高的能力，确保党的组织充分履行职能、发挥核心作用，确保党员领导干部忠诚干净担当、发挥表率作用，确保广大党员党性坚强、发挥先锋模范作用，为全面落实党中央方针政策、加快创新转型、推动国际一流现代金融企业建设提供坚强组织保证。

二、准确把握“两学一做”学习教育常态化制度化的任务要求

如何实现常态化制度化，习近平总书记反复强调“基础在学，关键在做”。要落实这一基本要求，必须坚持真“学”实“做”，在思想上认清、任务上明确、行动上落实。

（一）推进“两学一做”学习教育常态化制度化，要筑牢“学”这个基础，坚持用党章党规规范言行、用党的创新理论武装头脑。对于我们每一名党员干部来说，党性锤炼和思想改造永无止境，需要持之有常，久久为功。一方面，要深化拓展“学”的内容，注重把党章党规和系列讲话统一起来学习、统一起来领会。党章是管党治党的总章程，是全党必须遵循的根本行为规范。党规党纪是对党章的延伸和具体化，是规范党员行为的具体遵循。我们要联系推进全面从严治党的实践，牢记和践行严格党内政治生活、加强党内监督和廉洁自律等各项规定，切实把尊崇党章、遵守党规的要求落到实处，使之成为规范党员干部言行的硬约束。习近平总书记系列重要讲话，作为中国特色社会主义理论体系最新成果，是新的历史条件下我们党治国理政的行动纲领，是实现“两个一百年”奋斗目标、实现中华民族伟大复兴中国梦的行动指南。我们要充分认识习近平总书记系列重要讲话的重大政治意义、理论意义、实践意义和方法论意义，把深入学习习近平总书记系列重要讲话作为“必修课”，坚持读原著、学原文、悟原理，坚持系统学、深入学、跟进学，坚持学而信、学而思、学而行，切实把思想和行动统一到讲话精神上来，自觉用发展着的马克思主义指导新的实践。尤其要注重联系工作实际，学好习近平总书记关于指导金融领域工作的重要讲话和指示精神，进一步明确工作思路目标和努力方向。另一方面，要在持续学、深入学上下功夫，把学党章党规、学系列讲话作为经常性教育的基本内容，纳入各级党校、学院的主体班次，作为支部学习的必学内容，同时进一步加强分类指导、创新学习方法，以制度化保障常态化。只有激发思想建党静水深流的力量，“两学一做”学习教育常态化制度化才会有坚实的政治文化支撑。

（二）推进“两学一做”学习教育常态化制度化，要抓好“做”这个关键，引导党员干部做到“四个合格”。中央在推进“两学一做”学习教育常态化制度化的意见中，鲜明提出了政治合格、执行纪律合格、品德合格、发挥作用合格的“四个合格”要求，这是着眼党和国家事业的新发展，对广大党员干部行事做人提出的时代标准和行为标尺。总行结合实际，制订了推进“两学一做”学习教育常态化制度化的实施方案，对我行“四个合格”的标准进行了具体化。全行广大党员干部要把“四个合格”的标准“树”起来，让落实“四个合格”的措施“实”起来。一是锤炼党性、坚定信仰，树立政治标准，做到政治合格。要在思想上、政治上、行动上同以习近平同志为核心的党中央保持高度一致，牢固树立政治意识、大局意识、核心意识、看齐意识。要将政治合格落实到认真贯彻落实中央路线方针政策上来，牢记作为中央金融企业、国有企业的政治使命，进一步深化对经济金融辩证关系的认识，坚持聚焦本源、专注主业、主动作为，不断提升支持供给侧结构性改革和实体经济发展的能力，不断开创全行改革发展的新局面。二是心有敬畏、严守规矩，树立纪律标准，做到执行纪律合格。要模范遵守国家法律法规，严格按照各项规章制度和管理要求开展工作，坚决维护法规制度的严肃性，让挺纪立规形成习惯和氛围。要将执行纪律合格落实到认真执行行纪行规、依法合规经营上，把守纪律讲规矩作为从业的生命线，自觉接受监督，切实做到从严治行、强化内控、筑牢防线，确保稳健经营和健康发展。三是传承精神、凝聚力量，树立品德标准，做到品德合格。要明大德、守公德、严私德，弘扬中华传统美德，凝聚奋发有为、积极向上的精神力量，进一步扩大社会美誉度和对外影响力。要将品德合格落实到提升道德品行、践行工商银行企业文化和价值理念上，牢固树立“以人为本、和谐共进”的理念，用企业文化凝聚员工，用事业平台成就员工，用关心关爱温暖员工，充分激发广大员工的积极性和创造性。四是敢于担当、尽责有为，树立工作标准，做到发挥作用合格。要从根本上解决好“想为”“敢为”和“善为”的问题，保持奋发有为、开拓进取的精神，不断提升促发展、控风险、带队伍的能力，切实成为干事创业的示范者和领路人。要将发挥作用合格落实到积极投身改革发展的中心工作中，认真履行岗位职责，在提高业务技能、工作业绩、服务水平、管理能力上奋勇争先，促进经营管理和岗位工作再上新台阶。

三、认真落实推进“两学一做”学习教育常态化制度化的各项举措

推进“两学一做”学习教育常态化制度化，要着

力从基层支部、“关键少数”、问题导向入手，融入日常、抓在经常，做久久之功。

（一）突出基层支部，夯实常态化制度化的组织基础。全行有1.3万个党支部，其中很多分布在基层网点一线，这是工商银行服务工商百业、联系千家万户的桥梁和窗口，是教育管理党员的基本单位。这些党支部越强，就越能促进“两学一做”形成常态、发挥长效。要把加强基层党组织建设作为推进“两学一做”学习教育常态化制度化的重点工作之一，充分发挥基层党支部的组织功能、组织优势、组织力量，使党支部进一步强起来，让党支部吹响“集合号”、当好“小郎中”、用好“处方权”。

要树立党的一切工作到支部的鲜明导向，发挥党支部教育管理党员、团结凝聚群众的主体作用。要在各类基层单位中合理设置党支部，特别是要着力解决基层网点和境内控股子公司、境外机构党建工作相对薄弱的问题，指导党支部健全各项工作制度，持续整顿软弱涣散党支部。要抓好支部班子建设，按期进行换届，选好配强党支部班子；发挥好党校、培训学习的作用，有计划地安排党支部书记的培训。要关注基础工作，把党小组建设作为一项系统工程抓紧抓实，指导党员人数较多的党支部，按照有利于党员教育管理、有利于开展党内活动、有利于联系群众、有利于发挥党员先锋模范作用的原则，科学、规范、合理设置党小组，督促党小组严格落实党的组织生活制度，定期组织党的活动，充分发挥党小组教育管理党员、联系服务群众的“前沿阵地”作用。要充分激发基层活力，探索创新党内教育和组织生活的有效方法，把思想政治工作落到支部，把从严教育管理党员落到支部，把群众工作落到支部，使支部成为团结群众的核心、教育党员的学校、攻坚克难的堡垒。

抓实基层支部，根本在于落实基本制度。要坚持“三会一课”制度，把“两学一做”纳入“三会一课”，作为基本内容固定下来、坚持下去。对那些不经常、不认真、不严肃的支部，要及时批评纠正。要坚持民主生活会、组织生活会制度，严肃认真开展批评和自我批评，经常开展谈心谈话，坦诚交流思想，热忱帮助同志。要坚持每月开展1次支部主题党日活动，紧扣“两学一做”内容，引导党员把思想和工作摆进去，强化政治性、体现庄重感，让党员每次都有感悟、有收获。要通过定期开展活动，让党员养成经常参加组织生活的习惯和自觉，增强对党组织的归属感，使党组织更有凝聚力、影响力。

（二）突出“关键少数”，发挥表率带头作用。这些年我们抓作风建设、抓思想教育、抓管理监督，一条重要经验就是坚持发挥好“关键少数”的作用。推进“两学一做”学习教育常态化制度化，也要继续用好这一经验，确保“关键少数”有更高标准，走在前列、当好表率。

一是领导干部要带头做合格共产党员、合格领导干部。目前，县支行以上各级机构一把手有大约4 000人，地市分行以上各级机构一把手约400人，这是全行的“关键少数”。这些领导干部要提高政治站位，时刻牢记自己的第一身份是党员，带头践行“四个合格”标准，要求别人做到的自己首先做到，要求别人不做的自己首先不做。要带头旗帜鲜明讲政治，主动加强思想政治理论学习，牢固树立“四个意识”，严守政治纪律和政治规矩，自觉同以习近平同志为核心的党中央保持高度一致，坚决维护党中央权威和集中统一领导，真正做到思想认同、政治看齐、行动紧跟。要带头强化党性修养，对照党章党规党纪，对照党内政治生活准则和党内监督条例查找差距、改进提高。要带头严格自律，弘扬良好党内政治文化，认真落实中央八项规定精神、“三严三实”要求，带头做“铁的信用、铁的制度、铁的纪律”新“三铁”文化的践行者，保持好我行风清气正的干事创业氛围。要带头担当负责，树立严、实、深、细的工作作风，把党和国家的要求、总行党委的安排与本机构实际有效地结合起来，在深化经营转型、提升重点城市行竞争力、提高风险管理能力、抓好重点困难分行解困等方面，拿出推动落实的实招、创新转型的新招、攻坚克难的硬招，认真履行好经营管理责任，确保打通贯彻中央精神、服务基层客户、传导总行战略的最后一公里。

二是总分行本部要学在深处、做在前头。总分行本部是系统经营管理的指挥中心，要切实发挥带头示范作用，防止“灯下黑”。要把党章党规、系列讲话作为理论学习的重点内容，明确学习主题、健全学习制度、增强学习效果。分行党委每年要组织一次党章党规系列讲话培训，开好一次党建工作座谈会或党建工作会，党委书记讲好一次党课。总行《实施方案》明确了党委集中学习讨论的主题，还将分3期对全部二级分行党委书记、纪委书记进行“两个从严”的专题轮训。总行各部门、分行本部要认真贯彻落实总行党委要求，提出推进本单位学习教育常态化制度化的具体措施。特别是要结合本部工作特点和实际，组织党员每月开展集中学习，按季组织专题讨论，结合基层调研、结对联系等工作，带头贯彻落实中央的大政方针和总行党委的决策部署。要针对当前经营发展中的重点难点问题，组织党员干部查问题、找症结、补短板、上水平；要注重教育引导党员干部专心工作、专注事业，提高专业水准，更好地服务基层和客户；要切实转变工作作风，以过硬踏实的作风树立良好形象。

（三）突出问题导向，完善查找解决问题的长效机制。学习教育效果如何，归根到底要看有没有解决问题。推进“两学一做”学习教育常态化制度化，必须强化问题导向，坚持以问题为牵引，建立查找解决问题的长效机制。

一要结合实际找准问题。要分层分类、结合全行的实际查找问题，党员领导干部要重点查找分析是否存在安于现状不思进取，观念转变和能力提升跟不上新常态；面对新形势新要求打不开思路，俯不下身子，老脑筋老腔调，调研不深不细，不接地气抓不好落实；困难面前不敢动真碰硬，不担当不作为；抓工作主要靠下指标、发文件，不注意提思路教方法；对员工利益关注不够，服务基层效率不高；片面追求短期业绩，忽视制度底线等方面的问题。党员要重点查找分析是否存在业务发展上没有发挥带头作用，服务客户没有发挥表率作用，不经常参加组织生活，不按要求履行党员义务，纪律规矩意识淡薄，不注重听取群众意见等方面的问题。党委要重点查找分析是否存在党建工作与经营发展不平衡，战略传导执行不力，对市场的研究预判和快速响应不够，重点区域和主要市场竞争力下降，业务板块之间协同联动不足，客户基础薄弱，从严管理落而不实等方面的问题。党支部要重点查找分析是否存在组织生活没有吸引力，教育监督党员缺位，凝聚员工作用发挥不充分，以党建工作推动经营发展用力不准、发声不够等方面的问题。

二要集中力量解决问题。要敢于直面问题，发扬斗争精神，按照查找出来的问题清单，下决心、出重拳、用实招，拿出务实管用的措施，从根本上解决问题。对于那些积弊已久的“老大难”问题和严重制约经营发展的重点问题，要注重运用专项整治的办法，集中力量加以解决。要明确谁来解决、怎么解决、什么时间解决到位，年初要列清单，进行销号式管理，年末要有结果有报告。对于那些苗头性、倾向性问题，要注意听取群众的意见和反映，抓早抓小、防微杜渐，推动各级党组织和党员依靠自身力量修正错误、改进提高。

三要完善机制形成常态。许多问题，特别是思想、作风、纪律方面的问题，往往是松一松就会反弹，放一放就会回头，要根本解决，必须坚持不懈抓好整改，坚持建章立制扎紧笼子，始终保持高压态势。要把党的组织生活作为查找和解决问题的重要途径，建立经常性的“党性体检”机制，进一步完善民主生活会、组织生活会制度，引导党员干部积极参加党的组织生活，用好批评和自我批评的武器，把身上的“病灶”找出来，锲而不舍、驰而不息地解决好。

四、加强“两学一做”学习教育常态化制度化的组织推动

各级党组织要把推进“两学一做”学习教育常态化制度化作为全面从严治党的战略性、基础性工程，高度重视、精心组织，抓常抓细抓长，确保取得实实在在的成效。

一要落实主体责任。各级党委要认真履行主体责任，把推进“两学一做”学习教育常态化制度化纳入党建工作责任清单，每年要专门研究部署，对重点任务、难点问题专题推动解决。主要负责同志要亲自谋划、亲自组织、亲自抓落实，不当“甩手掌柜”。班子成员要认真执行“一岗双责”，经常梳理分管工作中存在的薄弱环节，有针对性地加强督促指导。党委各职能部门要根据分工作出具体工作安排，“两学一做”学习教育协调小组要继续发挥好牵头协调作用，从而在全行形成一级抓一级、层层抓落实的工作格局。对工作落实不力、搞形式走过场的，各级纪委要负起监督责任，严肃批评、追责问责，确保责任真正落地。

二要加强分类指导。我们这么大一个行，情况千差万别。要充分考虑不同层级、不同类型、不同机构党组织和党员的实际状况，提出明确要求，体现具体化、精准化、差异化，不能上下一般粗、左右一个样。要特别鼓励探索、鼓励创造，尊重基层首创精神，让基层党组织在学习教育中有足够的灵活性，发挥广大党员的主体作用，激发基层活力。

三要强化考核评价。要把推进“两学一做”学习教育常态化制度化情况纳入各级党组织党建工作考核，每年结合总结、述职进行检查和评估，把其中硬性要求，作为巡视工作的重要内容。要把督导检查作为一项制度性措施用起来、用到位，通过随机抽查、专项督查、情况通报等多种方式，切实发挥督导检查的作用，更好推动学习教育和发现问题的整改落实。

四要注重宣传引导。要及时总结基层党组织推进“两学一做”学习教育常态化制度化的新鲜经验，交流推广先进做法，以点带面，推动工作深入开展。要结合党的十九大代表选举工作，集中开展选树先进典型活动，引领广大党员干部立足岗位、建功立业。要通过总行网讯、融e联等各种渠道，对“两学一做”学习教育常态化制度化的做法和成效，对涌现出的优秀党员和先进支部，加大宣传力度，在全行上下营造见贤思齐的学习教育氛围。

这里要强调的是，讲政治不能纸上谈兵、空喊口号，而是要落实到经营发展各项工作中去。推进“两学一做”学习教育常态化制度化，必须始终坚持两手抓、两促进。我们要把学习教育与支持实体经济发展紧密结合起来，引导党员干部深刻理解经济金融共生互荣的辩证关系，坚决贯彻落实好中央经济金融各项方针政策，更好地支持实体经济和供给侧结构性改革，积极推进金融创新，不断提高服务广大人民群众金融需求的能力和水平。与加快转型发展紧密结合起来，引导党员干部提高适应经济转型升级和金融监管新变化的主动性，激发创新活力，加快推进重点领域改革，促进竞争发展能力的提升和盈利的可持续增长，确保国有资产保值增值与各项业务稳健发展。与防范金融风险紧密结合起来，引导党员干部充分认识新常态下金融风险隐患增大

的严峻性和防控风险的极端重要性，提升风险管理能力，落实从严治党要求，发挥党内监督和其他形式监督的合力，切实做到从严治行、强化内控、筑牢防线。要切实通过“两学一做”学习教育常态化制度化，推动全行党的建设全面改进、全面加强。这次推进“两学一做”学习教育常态化制度化，要从全行党建工作的新提升上看效果，要从经营发展的新业绩上看效果，要从支部作用发挥的新变化上看效果，要从党员队伍的精气神上看效果。学习教育开展得好不好、到位不到位、成效高不高，最终要让党员群众来评价、来检验。

同志们，面对当前艰巨繁重的改革发展任务，全行各级党组织和广大党员干部要进一步增强使命感和责任感，勇于担当、奋发有为，重实干、办实事、求实效，以推进“两学一做”学习教育常态化制度化的实际成果，以加快转型发展、服务实体经济、维护金融稳定的实际行动，迎接党的十九大胜利召开！

在总行党委第二轮第三批次巡视工作汇报会上的讲话

易会满

（2017 年 5 月 2 日）

2016 年，总行党委全面启动了我行第二轮内部巡视工作，这次第二轮第三批次巡视，总行党委共派出四个巡视组，分别对 5 家单位党委进行了现场巡视。从刚才四个组的汇报情况来看，各组都能够认真按照中央关于巡视工作的新精神和新要求，落实总行党委工作部署，扎实推进全面从严治党、从严治行，取得了较好成效，具体表现在：一是巡视工作的政治定位更加明确。这次巡视发现的问题不少，而且大多数问题更加聚焦党委班子、聚焦领导干部，包括执行“六项纪律”的情况；更加聚焦党的领导、党的建设、从严治党方面存在的问题。巡视期间王林书记和党委巡视办也专门听取了四个巡视组的中期汇报，指导巡视组更准确地把握政治方向。二是巡视工作的方式更加灵活有效。各组在巡视期间除了做好常规动作以外，还列席了被巡视单位党委的民主生活会，责成问题比较突出的被巡视单位党委召开专题组织生活会，认真研究整改措施，将发现的问题及时移交被巡视单位，要求立行立改。三是巡视干部的整体政治素质和工作水平不断提升。参加这次巡视的组长、副组长们都是经总行党委精心挑选的，组员都是从巡视人员库中认真选取的，同时党委巡视办采取先学习、后培训、再实践的方式，使大家在集中学习中提高认识，在业务培训中加深理解，在工作实践中提高能力，为顺利完成各项工作任务打下坚实基础。在此，我代表总行党委对四个巡视组一个多月来的辛勤工作表示衷心感谢！

下面，我根据中央巡视工作的有关精神和要求，以及总行党委今年的工作部署，对做好本批次巡视后续工作和今后一段时期的巡视工作讲三点意见。

一、深入贯彻落实习近平总书记重要讲话和十八届中央第十二轮巡视工作动员部署会精神，发挥好政治巡视监督作用

习近平总书记在 2017 年 2 月 9 日听取中央第十一轮巡视汇报时明确提出，要坚定不移深化政治巡视，以问题为导向，发挥政治“显微镜”、政治“探照灯”作用。王岐山同志在 2017 年 3 月 22 日十八届中央第十二轮巡视工作动员部署会议上强调，巡视要旗帜鲜明讲政治，深入贯彻党的十八届六中全会精神，善于从政治上发现问题，推动巡视工作向纵深发展。讲政治是政治巡视的本质要求，做好巡视工作要牢固树立“四个意识”，校准思想和行动，切实把习总书记重要讲话精神落到实处。

（一）站位要高，突出“四个意识”。总行巡视组是总行党委派出的巡视组，肩负着总行党委的权威和信任，必须提高政治站位和政治觉悟，坚持以“四个意识”为政治标杆，把握好三个关系。一是正确把握好“四个意识”的内在关系。首先，“四个意识”是有机整体，不能简化割裂，不能只讲核心和看齐，不讲政治和大局，要防止把“四个意识”片面化、孤立化。其次，“四个意识”是具体的，不是抽象的，增强“四个意识”不能挂在口头上，关键是看实际行动和实际表现。再次，增强“四个意识”是一个动态的过程，要随着习总书记系列重要讲话精神与时俱进，不断从政治意识和大局意识上找到差距，才能真正做到向核心看齐。二是要正确把握好政治与业务的关系。离开了政治，业务就失去了发展方向，脱离了业务，政治就成了空洞的口号，不能将二者割裂开来。不管是中央巡视还是我行内部巡视，不管巡视对象是机构还是部门，所有

业务都是党领导下的具体工作，都是贯彻党的金融路线方针政策的具体化，这本身就是政治，必须体现党中央的决策部署，必须落实总行党委的工作要求。三是要正确把握好中央巡视工作精神和总行党委巡视工作要求的关系。一方面，中央关于巡视工作的制度规定、讲话精神是我行开展内部巡视工作的根本依据，是把握我行巡视工作方向的总指南，是评价我行巡视工作质量和水平的基本标准。另一方面，我们也要在中央巡视工作原则的框架下，紧密结合大型国有金融机构的行业特点，积极探索富于我行特色的巡视工作路径，更好地服务于国有金融企业党建工作和工商银行改革发展事业。

（二）定位要准，突出坚持党的领导。巡视是党章赋予的重要职责，要突出监督政治导向，坚决贯彻党的十八届六中全会精神，监督检查被巡视单位党委坚持党的领导、加强党的建设、履行管党治党职责以及防控金融风险、推动转型发展等情况。一是重点监督维护党的领导、加强党的建设、从严治党情况。这次巡视的5家单位均发现存在党建工作薄弱的问题，有的主体责任意识不强，有的机关党建工作不到位，有的执行党委会工作规则不规范，有的从严治党、从严治行不力，有的党员模范作用不突出，有的党建基础工作不规范。这些问题的存在再次印证了全面加强党建工作的重要性和必要性。二是重点监督作风建设情况。这里要专门强调的是，中央纪委四室3月31日召开的月度例会指出，党的十八大以来，中央纪委共查处金融机构中管干部违反中央八项规定精神案件7起，近期将再次通报金融机构违反中央八项规定精神的典型案例，对通报后再出现违反行为的，要从重从严查处。从这次巡视情况看，领导干部违反中央八项规定精神的问题依然时有发生，如公款旅游等问题，文件多、会议多、工作作风不实、勤俭意识不强等“四风”问题也普遍存在。总行将对巡视发现的典型问题进行人员处理和全行通报，不处理不通报就起不到震慑作用。三是重点监督贯彻落实总行党委决策部署情况。虽然5家单位在深入推进经营转型、结构调整过程中取得了一定成效，但在提升市场竞争力、加强风险管控、规范内部管理等方面仍存在较多问题，个别单位的问题还比较突出。

二、坚决落实政治巡视要求，强化巡视整改责任

习总书记对巡视整改工作高度重视，多次强调巡视发现了问题，就要解决、要处理，做到件件有着落、条条要整改。从严治党的关键是“治”，光“严”没有“治”，等于没有“严”。巡视是发现问题，整改是解决问题，巡视效果好不好，震慑作用强不强，关键看整改。这次巡视后续工作的重点就是要认真抓好5家被巡视单位的整改工作。

（一）通过整改体现责任担当。中央十八届六中全会审议通过的《党内监督条例》进一步明确了巡视“发现问题、形成震慑，推动改革，促进发展”的要求。政治巡视巡的是党委班子和班子成员，巡视发现的问题，表现在基层行，根子在管理行。要坚持以下看上，突出“关键少数”，透过现象看本质，盯住党委抓整改。巡视反馈时，要督促被巡视单位党委班子及其班子成员特别是主要负责人，真心把自己摆进去，以正视问题的自觉和勇气，主动认领问题，切实担起责任，带头落实整改，坚决防止把层层传导压力变成层层推卸责任；对照巡视组的反馈意见，建立问题清单、任务清单、责任清单；以巡视整改为契机，落实全面从严治党、从严治行主体责任，领好班子，带好队伍，着力解决党的建设缺失、全面从严治党不力，党的观念淡漠、纪律松弛，管党治党宽松软等问题。

（二）通过整改促进标本兼治。巡视是加强党内监督的战略部署，是促进标本兼治的战略举措。巡视整改既要立足治标，落实当下改的举措；也要着眼治本，形成长久立的机制。对巡视移交的问题线索，要坚持把纪律挺在前面，综合运用“四种形态”分类处置，不断提升监督执纪问责效果。要按照总行4月6日召开的集中通报和专项整治违反中央八项规定精神问题工作动员会精神，对违反中央八项规定精神和“四风”方面的问题，做到立行立改，从严从重问责。对普遍性问题，要注重举一反三，找出病灶，加强监管、完善制度、健全机制。特别要注意围绕授权、用权、制权等关键点，强化对关键岗位、重要人员的监督管理，全方位扎紧制度笼子，做到用制度管权管人管事，用规矩履职选人办事，推动管党治党走向标本兼治。

（三）通过整改促进经营发展。巡视工作的职责是发现问题、解决问题，目的是倒逼改革、促进发展。工商银行是国有大型金融企业，是行业标杆，需要用经营业绩来验证党建成效。评判巡视工作的成果最后还是要通过经营成效和业绩来验证。当前全行正面临着复杂多变的外部经营环境，我们自身经营发展也存在着很多深层次矛盾和结构性问题，每家被巡视单位党委都要针对巡视组指出的突出问题，将巡视整改工作方案与自身经营管理措施同研究、同部署、同落实，在整改过程中不断深化改革、调整结构。切实通过巡视整改帮助经营较艰难、盈利压力比较大的分行，克服困难、向上突围，努力完成经营目标。

三、完善巡视工作机制建设，推动巡视工作向纵深发展

我行今后一段时期的巡视工作，要进一步从三个方面发力用劲，推动巡视工作向纵深发展，为从严治党、从严治行提供有力支撑。

（一）深化巡视工作要用实劲。一是要进一步提升监督质量。发现问题是巡视工作的主要任务，也是衡量

巡视质量的根本标准。对前三批已经巡视过的单位，要进一步抓好巡视整改和移交事项办理情况跟踪；对将要接受巡视的单位，要把发现问题的要求体现在巡视监督的各个环节，确保标准不变、质量不降。二是进一步提高政治效果。要善于从政治高度审视问题，发现违反政治纪律、破坏政治规矩的行为；要善于从政治高度审视问题，发现被巡视党委班子及其成员存在的差距与问题。最近，习总书记在关于加强中央和国家机关领导班子建设的讲话中指出当前部分干部“四不”表现，即“不思进取、不接地气、不抓落实、不敢担当”。政治巡视就是要审视我行干部队伍中是否存在“四不”干部，问题是否普遍和严重，对于“四不”干部要及时严肃提示，促其警醒，对仍不见效的，要坚决调整和撤换。要坚持治标不松劲，不断以治标促进治本。既着眼未来，更立足当前，保持政治定力，做到惩治违规违纪力度不减弱、零容忍态度不改变，坚定不移把从严治党引向深入。三是进一步提炼巡视工作经验。全面梳理十八大以来加强和改进巡视工作的做法、经验和取得的成效，着眼巡视工作的长远发展，提出有针对性的改进意见建议。

（二）规范巡视工作要用真劲。一是在落实主体责任上下真功夫。总行党委将进一步深入贯彻党内监督条例，严格落实主体责任，切实加强组织领导，及时听取巡视工作情况汇报，提出相关意见和建议，加强对巡视组的管理和监督，切实发挥巡视利剑作用。二是在提高工作标准上下真功夫。巡视干部特别是巡视组组长、副组长的思想认识要到位，从党的建设和工商银行改革发展事业的政治高度对待巡视、推进巡视；聚焦主责要到位，着力发现和解决党的领导弱化、党的建设缺失、全面从严治党不力等问题；问题解决要到位，从表象问题查找深层次问题，从领导班子问题查找主要负责人的问题，确保整改效果。三是在形成监督合力上下功夫。党委巡视办要加强与内审、内控等其他监督部门的协作配合，做到情况互通、步调协同、成果共用；要继续探索巡视与党风廉政建设责任制考评、专项执法监察、重点信访核查等其他监督工作的结合方式，切实增强巡视监督合力。

（三）加强基础建设要用恒劲。一是持续加强制度建设。今年中央将对《中国共产党巡视工作条例》作出修改和补充，制定《关于加强和规范中央有关部委、中央国家机关部门党组（党委）巡视工作的意见》《关于加强市县党委巡察工作的意见》等。总行党委将根据中央的新精神和新要求，做好现行制度修订工作，不断完善巡视制度体系，为依纪依规开展巡视提供制度保障。教育和引导巡视干部增强法纪意识和制度意识，提高制度执行力，确保各项制度贯彻落实。二是持续加强巡视机构自身建设。加强组织领导，切实发挥党委巡视办统筹协调指导职能。加强巡视干部队伍建设，严格落实监督执纪工作规则，加大培训力度，创新培训方式，丰富培训内容，把关心爱护和强化监管结合起来，逐步建立健全激励约束机制和巡视人员库动态管理机制，使巡视干部的政治素质、业务水平、工作能力不断适应巡视向纵深发展的需要。

在总行党校第十三期领导干部研究班座谈会上的讲话

易会满

（2017 年 5 月 4 日）

刚才听了开班以来学习情况的汇报，感到大家收获颇丰。这次培训紧扣“党校姓党”办学原则，贯彻中央关于干部教育和干部培养的有关精神，进一步促进了党员干部“四个意识”的增强和管党治行能力的提升。通过这次学习，各位学员能够从宏观角度和理论高度，更好地思考全行下一步的发展战略，更好地解决习近平总书记指出的各级班子作风建设上存在的不思进取、不接地气、不抓落实、不敢担当的“四不”问题，更好地落实“两学一做”学习教育常态化制度化的要求。此外，总行党校在安排原有经典课程的基础上，不断拓展学习领域、扩充学习内容，这种与时俱进、持续创新的做法值得肯定。

在去年党校各次座谈会中，我们主要探讨的是战略性问题，当时新一届党委刚刚组建，所以大家从宏观层面思考得比较多。通过去年的改革发展研讨会、今年的年度工作会议以及第一季度经营情况分析会，全行大的战略和工作思路都已明确，下一步关键是抓好落地。因此，这次我提出围绕“客户战略”这一主题让大家有针对性地讨论，与以往无命题、开放式的座谈有所不同，主要想听听大家关于客户工作的意见建议，推动解决当前存在的问题，使客户战略的落地更主动、更积极、更有效。听了大家的发言，感到同志们都做了充分的准备，从零售与公司客户拓展和维护、渠道服务能力提升、城市行经营管理模式优化、深化大数据应用等方面，对加强和改进全行的客户工作谈了很好的学习体会、工作思考和意见建议，我很受启发，其中有不少想法和做法值得我们进一步深入研究思考。下面，我想结合大家的发言，再讲两方面的意见。

一、客户工作现状及存在的问题

工商银行成立30多年来，一直高度重视客户工作，客户发展取得了积极成效，为我行成为全球领先大银行奠定了良好基础。为什么工商银行能够成为第一大行？我认为一个很关键的因素就是我们培养了一大批忠诚度比较高、价值贡献比较大的客户群。目前，我行有5.38亿个人客户，500多万公司客户，还有大量机构客户和同业客户，他们为工商银行的发展做出了非常大的贡献。全行19万亿元人民币存款、24万亿元资产总额、2 700多亿元利润，都是由这些客户共同贡献的。这些年全行围绕客户做了大量工作，对此大家要有基本的自信，对成绩有基本的肯定，对经验有基本的总结，这也是我们做好下一步工作的基本判断。

同时我们也要认识到，如何实现客户总量的再增长、客户结构的再优化，在当前新形势新环境下尤为重要，也尤为紧迫。从近三年情况看，全行客户基础在同业中并不具备优势。从增速看，我行个人客户总量的平均增速是7%，农行是8%，建行和中行的增速也均高于我行。从存款看，我行对公存款增量已经连续两年少于建行，储蓄存款增量已经连续四年少于建行。从地区看，不含北京分行，我行人民币存款总量和增量都低于农行和建行，排在第三位。2016年，我行存款余额落后于建行的分行有20多家，而且客户的结构、质量也不够理想。从未来趋势看，存款余额并不是评价客户质量最主要的指标，关键还是要看客户的活跃程度。目前我行信用卡客户活跃程度48%，低于农行和中行；手机银行客户总量超过2.6亿，而活跃客户只有6 600万；在500万公司客户中，零余额的近70万，还有不少长期不动户，这还是在前些年按照人民银行账户清理工作要求，清理掉60万账户的情况下统计的数据。这些都是总量情结、规模情结带来的负面效应，是好大喜功、粗放经营的表现。

尤其在零售业务方面，按照目前的社会财富水平，把5万元个人金融资产作为衡量标准实际上是很低的，可是我行达到这个标准的只有3 800万户，这种状况对提升零售业务竞争发展能力造成很大困难。客户总量和结构问题值得我们深思，结构比总量更重要，更值得反思，决不能再躺在5亿个人客户和500万对公客户的资本上沾沾自喜。更重要的问题在于，我们的新客户特别是年轻客户群的增长情况不理想，相信大家对此都有很清醒的认识。现在腾讯拥有7.56亿客户，微信支付有4亿客户，其中仅活跃客户就有3.3亿，余额宝也有3亿客户。工商银行的年轻客户数量与这些第三方机构相比差距不小。全行上下必须进一步增强责任感、紧迫感和危机感，加快转变传统观念，认真谋划好工商银行的未来发展。客户工作是一个系统性、长期性工程，需要总行与分行、线上与线下、银行与第三方，全方位进行统筹思考和协同行动。而客户工作方面存在的问题能否真正解决好，关键取决于在座的每一个领导干部，取决于全行4 000个县级支行以上的“关键少数”。我们不能只批评支行层面，不能一味责怪客户经理，因为有很多工作是总分行做得不到位，或是不接地气，或是不思进取，或是不够创新。责任主要在“主席台”、在管理行。所以，通过座谈会的方式进行交流，目的在于向全行传递一个信息，就是客户拓展工作中管理者尤为重要，领导干部要切实担负起责任，认真分析、准确判断、有效解决客户工作中存在的问题。

这段时间总行对客户数据作了很多研究，对各方面数据分析得越多，我的危机感就越强烈。我们的客户在慢慢地老去、慢慢地变少，如果新客户再不进来，未来到底该怎么办？现在年轻人尤其是大学生很少去银行办业务，他们只需要一部手机就能解决所有问题。我和很多心理学、营销学专家交流，这些年轻的客户群体以后是否会大规模地回归银行？得到的回应是不确定，因为届时社会新的服务模式还会不断涌现，进而不断满足一系列新的需求。正像离开了淘宝，还有很多专门细分的垂直型电商平台，都能够满足不同客群的消费需求。这些新平台可能不会放在淘宝，但也肯定不会再回到以前实体店的模式，只会刺激更多新的经营模式迸发出来。虽然我们在互联网金融发展上取得了一些成绩，但更要看到目前与主要竞争对手存在的差距，切实增强危机意识和忧患意识，并且这种危机是整个银行业面临的共性问题。作为第一大行，我们更应该有清醒认识，做到未雨绸缪，做好主动应对。

二、如何做好下一步客户工作

针对下一步的客户工作，结合大家的讨论建议，我的想法是要突出落实好15个关键词，也希望接下来在全行范围作进一步研究讨论，使我们的客户战略更加科学、更趋完备。

（一）理念、认识和机制。这是我们做好客户工作的根本和基础。其中，理念是核心。大家都知道，客户是我们的生存之本、发展之基。但从实际情况看，我们对客户工作重要性的认识还更多停留在口头上，一到具体行动往往就有所忽略。正如刚才有同志分析到的，我们讲客户更多是看存贷款，这样的认识还根深蒂固。实际上，一家银行有什么样的客户就决定了有什么样的竞争力，有多少客户就决定了有多少规模，有怎样的客户结构就决定了整体的风险水平。因此，我们要从战略层面不断深化对客户工作重要性和规律性的认识，注意总结提炼新形势下客户工作的核心理念，并推动落地深植。

认识是核心理念在经营工作中的具体表现和映射。要坚持问题导向，重点抓好五个方面的思想认识问题。一是抓好“以客户为中心”理念在经营管理各个方面、各个环节的落地渗透。什么叫以客户为中心？怎么评价以客户为中心？坦率地说，这恰恰是我们现在所欠缺的，以客户为中心的理念还没有落地，相应的评价机制还没有建立。正像刚才有同志讲的，是否做到以客户为中心要由客户来评价，否则就是自娱自乐。我在今年第一季度会上提到过异地无法销户的问题，虽然这背后有很多历史沿革的原因，但深究起来，则反映出我们并没有以客户为中心。如何真正站在客户的角度考虑问题，与时俱进地改进服务，而不是抱着旧的制度规定不放，是需要我们认真思考和改进的。二是因时而变推动客户战略从以中高端客户为主向全量客户拓展转变。当年我在北京分行工作时，客户排队问题很严重，为此只能放弃一些代发工资、代发养老金等业务，因为客户等候时间长的问题不好解决，服务跟不上去，线上占比还不高。可现在很多网点客户寥寥，接下来到网点办业务的客户还会越来越少。所以，我们的客户战略必须从中高端转变到全量客户拓展，有客户我们才能做业务。而且事物都是动态发展的，今天的长尾客户很可能就是明天的高端客户，今天的非主流客户很可能就是未来的主流客户。对公客户拓展也是同理，必须坚持大中小型企业齐抓。三是努力实现客户存款与理财业务的良性互动。既要重视客户资产，又要重视客户存款，这是一对互惠互利的关系。实际上，总行对这一问题的认识从未摇摆过，没有动摇过存款的基础性地位，只是提高了中间业务的考核权重之后，一些分行把存款给淡化了，导致我们今天存款工作乃至客户工作出现被动。四是重视构建适应互联网金融发展的线上线下一体化服务模式。我赞成刚才有同志讲的“从场景获客”。这几年，我们做的互联网产品业务有成功之处，但最大的不成功就是在场景获客方面没有及时跟上环境的变化。问题的核心不单在产品，更重要的是没有建立与互联网相适应的观念和体制，导致这几年我行在互联网生态构造上不够理想。如果现有经营模式、服务模式不转变，未来仍然难以实现大量获客。五是进一步强化全行整体功能的发挥。客户工作重在问题导向、重在落地、重在行动，不能只是坐而论道。我们不是没有思路和举措，而是执行和落地不够。各部门各级行要分兵把口、协同作战，努力形成专业密切配合、上下协调一致的客户工作新局面。

机制是促进理念、认识在经营中付诸实践、取得实效的保障。当前要重点做好三项工作。一是落实责任机制。不管是就“块”而言，各级机构的主体责任，还是就“条”而言，各专业部门的牵头责任，都要责有所属、任有所担。这里重点强调一下总分行各职能部门如何履行好牵头规划职能，关键要做到“负起责，牵起头，大格局，高眼界，重细节”。负起责是指，零售业务就是由个人金融业务部牵头负责，公司业务就是由公司金融业务部和结算与现金管理部负责，机构业务就是由机构金融业务部负责。牵起头是指，各职能部门不要把自己变得边缘化，不能局限在自己的一亩三分地里打转转，而要把自己作为各业务板块推动委员会秘书处的牵头作用发挥好。大格局是指，眼睛不能只盯着自己部门的考核指标，而是要从全行客户战略角度来确立大格局。现在一些工作推不动的原因主要在于格局不够大，小里小气就牵不起头，格局决定工作作为。高眼界是指，眼界要宽，思路要活跃，敢谋敢想敢创新，敢领风气之先。重细节是指，客户体验存在于细节，细节成就服务品质和工作成效。必须从细处着眼，从小处着手，关注具体业务的细节问题解决得怎么样。二是理顺工作机制。在牵头与协作、集中与分散、标准化与个性化、线上与线下、产品流程与技术创新等关系的处理上，都要形成一个既科学又高效的工作机制。三是优化考核机制。客户工作要在考核权重上予以充分体现，目前“块”上有考核，但对个人的考核还体现得不够。要看到，现有营销模式中，很多还是线下获客并维护。我反复强调，为什么要拓展客户？客户在哪里？如何拓展？谁来拓展？如何传导拓展的动力和压力？这五个方面需要考核机制来解决，考核不落地，战略传导就成了一句空话。

（二）产品、场景和平台。这是我们竞争与获客的主要手段。其中，产品是客户服务的载体。互联网的深入发展令场景、平台愈发重要，但对于工商银行而言，还是要突出产品。有了好产品，场景、平台才能充分发挥作用，才有与第三方开展合作的基础。没有产品，就没有介入载体，获客就失去了可能。对于产品创新，总行相关部门要考虑围绕以下几个重点领域做文章，加快推出更多有市场竞争力、影响力的明星产品。一是支付。支付是银行经营的生命线，这个基础抓不好，竞争力就无从谈起。蚂蚁金服靠支付起家，财付通也是一样。我们在支付方面有一些难处，一方面在多银行模式下有很大阻力，另一方面我行更加注重安全性，不同渠道有不同的安全介质，客户支付时感觉比较复杂。另外各部门推出的支付产品种类也较多，需要进一步整合。二是融资。融资是我们竞争的主战场之一。现在线上融资做得还比较小，做大就可能有风险。蚂蚁金服、京东都只是千万级的客户小额贷款。我行的“融 e 借”推广力度较大、发展较快，但同时关注类贷款也上得较快，反映出我们在运用大数据进行风险校验等方面还需要进一步加强，我们期望打造的是一款客户体验佳、获客能力强、风险管控优的产品。三是交易产品。我行现有交易客户 3 300 万，如果能增加到 1 亿，我相信存款一定能上去，客户结构也会优化，因为交易客户大都是高精尖客户、年轻客户。四是财富管理、理财等产品。这类产品面向的是投资客户，这类客户对我们来说是核心之核心，要在产品优化创新方面持续地完善、跟踪和投入。

场景和平台是获客和黏客的利器。首先要分渠道、分类别地明晰目标客户群。从线下看，一是每年有800万大学毕业生，还有3 500万在校生，这些客户是未来社会的精英人群，针对这些客户，目前我们还没有贴近其需求、“适销对路”的产品，需要加紧创新研发。二是城镇化进程中进城的农民客户，每年有1 000多万，需要我们从拆迁、征地切入，抓住这个机遇扩大客户规模。三是部队的复转军人，体量每年是100万左右，这一市场也十分重要。从线上看，对与第三方合作批量拓户要有更细致的考虑，选择好对象，想明白我们能给对方带来什么，或双方合作能共同为客户带来什么。比如去阿里、腾讯拓展客户，我个人是不抱乐观态度的，因为他们相对更有优势，不能指望他们给我们输送客户，除非我们有更好的产品，能给客户带来更大的回报。因此，我们应该更多从金融功能相对较弱、需要金融服务来配套的企业和场景入手，通过提供支付、融资等金融服务来获客，从而实现优势互补和互利共赢。总行和一级分行都要有这方面的意识。同时，我们需要有合适的产品介入，包括线上和线下的产品、自身和第三方的产品。离开这些拓户的新思维和新产品，仅靠客户经理扫街、摆摊效果有，但不明显。当然，也需要客户经理将存量客户维护好，减少流失，通过好口碑带来新客户。

除零售板块外，对公业务方面也要高度重视互联网化对法人客户的影响，目前在这方面特别是在业务平台和产品方面，我们考虑不多、应对不够。比如很多央企客户之所以能在工行稳定下来，关键是我们的现金管理产品有核心竞争力。如果某天哪家设计出了更好的现金管理升级版，我们的对公客户就可能会面临流失。又如当前受互联网共享经济模式的影响，企业财务这块也开始逐渐共享，待达到一定程度时，财务成本就会变得很低，对这些趋势我们都要加以关注。近期有关部门给我行提出了一个课题，如何利用IT优势提升一个系统的财务管理水平。我们要把这个课题按照相关领域最高科技奖的标准来研究实施，机构金融业务部要集中精力做好这项工作，这是维护好客户重中之重的任务。总之，要以更加开放的思维和视野，做好产品、场景和平台这些要素，拓展好增量客户，维护好存量客户。

（三）账户、流程和渠道。这是我们提高服务品质、改善客户体验的重要方面。同时，细节决定成败，这三个因素很多都体现在细节上。其中，账户是一切金融服务的基础和落脚点，与产品、客户、流程等高度相关。目前在账户管理上还一定程度地存在“管不住”的问题，比如账户管理的负责部门比较分散，缺乏统一的信息接入平台和应用规范，客户体验不是太好。要根据新形势下业务发展需要和监管要求，花更大的力气对账户功能、定位、开放度管理，以及客户体验作全面梳理完善。我之前看了个金部关于账户管理的签报后确实很有同感，其中包括对“超级账户”、Ⅱ类账户的定位比较准确，重点比较明确，这是我们经营客户的基础。要通过搭建与互联网企业互联互通的“超级账户”服务平台，通过服务平台对接和配套产品资源的投入，营造账户体系共建、积分资源互换、金融产品互通、线上资源共享的金融生态圈，实现“一点接入，批量拓展”的集群化获客。

流程与服务效率、客户体验息息相关。我们一些流程设计，更多考虑的还是自身管理和风险控制要求，而不是从客户需要和服务体验出发，这就造成流程还比较烦琐、环节冗余、效率不高等问题。因此，各部门都要注重树立和强化“以客户为中心”的服务理念，包括前台客户部门也要主动关注流程、主动参与流程改进。比如，信贷业务流程应由前台发起，再根据客户体验反馈来改善。零售的流程优化个金部要主动发起，协同运管、渠道、人力等部门联合成立一个专门团队，对现有流程作进一步梳理研究，开展专项治理与优化改造。其中也包括个贷服务流程优化问题，我们原先很多设想还没有真正有效落地，客户体验还有很大的提升空间，下一步要在把握住实质风险的基础上，创造条件让优化工作有效落地。

渠道是营销和服务客户的主阵地。我们在重视线上服务提升的同时，必须守住和用好线下这个工商银行最基本的优势。最近几年全行在渠道建设上做了一些工作，但总体上来看还处在“进行时”，还必须持续发力，进一步提升客户服务能力、效率和安全度，进一步盘活和解放人力资源。此外，要重视推进现有物理网点的持续升级、优化、改造。目前存在城市空心化、老城区空心化的问题，而我行老城区网点占比还比较高，网点分布与区域资源禀赋匹配度还有待提升。大家在提建议时认为今后应多搞小型化、轻型化网点建设，而不是一味讲撤并，这一点我是赞成的，但关键是要根据区域经济发展及金融资源分布变化，不断合理调整布局。渠道管理部、个人金融业务部、财务会计部要抓紧制定新的网点三年改造计划，在这方面值得投入，也要舍得投入。

（四）定价、口碑和安全。提高定价管理能力、建设良好口碑、创建安全银行，是我们致力追求的目标，是打造服务新气象的重要衡量标准。其中，定价能力是银行的核心竞争力，也是引导和吸引客户的有效手段。大家在竞争当中碰到的很多利率上浮、下浮的问题其实都与定价有关。实际经营中，大家拓展市场、维护客户的需求，我认为都是合理的，但对于过程我们要正确看待。我认为，在利率市场化条件下适度加强管控是必要的，目的是为了增强大家 NIM 管理的意识。科学的定价是要根据客户贡献、业务贡献来定价，逐步形成灵活的定价机制。但这里有两个前提，一是对客户和业务的贡献要有客观准确的评价。二是各级管理人员要真正懂经营、善谋划、会算账。我多次提到广东惠州分行，因为这个行从上到下都具备 NIM 管理的意识，不会简单地、恶性地搞价格竞争。这两年我们通过从严管理，使我行 NIM 与建行的差距缩小到 1 个基点，可能再过一个季度，就能够超过建行。而此前我们曾一度落后建行 10 个基点以上。关于利率浮动问题，我们在业界有“君子协定”，工商银行作为主任单位不能先破了“规矩”，但是可以探索一些定价的新模式。比如说，可以探索在一些 NIM 管理不错、观念比较新、竞争比较激烈的分行适当做一些授权等。这一点是有文章可做的。

口碑是招牌，是认同感，是软实力，是服务和竞争优势的综合体现。我们提出了建设客户满意银行的口号，实施了服务六大工程，开展了一系列服务提升专项活动，成效正在逐步显现，社会各界开始感受到工商银行服务的新变化。下一步服务改进和提升工作要持续深入地推进下去，重点围绕服务文化落地、服务督导、标杆网点创建及“党建促服务”百日活动等重点工作持之以恒、抓实抓细，努力实现服务口碑明显改善的目标。同时要健全全覆盖的客户满意度与服务质量评价体系，使各专业部门、各分支机构都能真正承担起服务责任，解决好“服务与业务两张皮”问题，解决好决定客户口碑、影响客户体验的难点和痛点问题。比如，零售条线一再强调大客户要有人服务，但现在还做不到。解决这些问题需要零售专业部门主动作为，推动落实，不能仅限于层层提口号。要真正以改进服务的务实行动，以积极有效的措施补齐短板，带动服务口碑的全面改善，打造与全球最大银行相称的品牌形象，打造客户满意银行和客户首选银行。

安全是客户最基本的需求，也是银行服务的基本职责和维护信誉的重要准则。这两年各类非法集资、金融诈骗活动猖獗，资金安全成为全社会广泛关注的问题。对银行来说，钱放在你这里不能丢了，理财不能是假的，这是最起码的信誉，这也是我们获取口碑的重要保证。近期有些同业虚假理财案件损失惨重，我们要吸取教训，把保障客户信息和资金安全作为客户服务的首要任务，结合当前全行正在开展的综合整治工作，坚决杜绝虚假承诺、误导销售和欺诈营销等侵害客户权益、损害银行信誉的行为，全面提升安全服务水平，打造诚信银行、安全银行的良好形象。

（五）规划、数据和联动。这是我们做好客户工作的方法论和重要支持保障。其中，市场规划是对客户拓展和业务布局的宏观思考和顶层设计，必须前瞻、系统、指向明确。对于规划问题，我之前在公司板块说得多一些，现在“抓大、抓小、抓新、抓优”的战略部署已经非常明确，下一步要在深入落实上多下功夫。零售板块在行长会和第一季度会上提得也比较多，比如要强力实施连锁零售集团及上下游产业链个人客群批量拓展工程、创新打开互联网获客新渠道等，都是拓展零售客群的重要举措。这里再强调一下共性的要求。每一个地区特别是二级分行以上机构都要围绕当地特点和发展需求，对本区域市场进行认真调研分析和系统谋划，将自上而下的市场规划和自下而上的客户拓展有机结合。要发挥好为基层“赋能”的作用，既指方向、明路线，也教方法，让基层真正清楚客户在哪、如何去抓。这些要求对公司、机构、零售板块都是一样的。

数据是眼睛和雷达，是决策传导实施的基础，必须准确、全面、整合、易用。要充分利用平台和大数据开展营销和风控，现在做得还不到位。比如说，目前仅通过一个大额监控平台就可以发现 50 多万户的对公客户信息，而且是可以看到账户的，但是每年通过这些数据实现新增有贷户的并不多。为什么如此多的信息不能落实到客户增长上？原因就是信息获取后没有得到有效的落地和应用。目前结现部正在抓这项工作，开户数有了一定增长，但总体比例还是较低。所以，依托数据可做的文章非常多。下一步要按照季度会的要求，坚持问题导向、应用导向、市场导向和基层导向，加紧解决数据质量不够高、整合与共享不好、管理和使用存在脱节等数据管理和应用方面的突出问题，以企业级数据建设为核心，从应用的角度进一步倒查短板，明确改进方向，真正实现“标准能统一、信息全入库、客户能画像、营销能使用、风险能识别、考核能应用、信息能共享”的工作目标。

业务联动是我们顺应市场发展趋势和客户需求变化的必然选择，也是我们发挥集团整体优势的客观要求，必须主动作为、尽快突破、形成合力。我们虽然在这方面也做了一些工作，但效果还不够明显，突破还不够大。下一步要重点围绕零售、对公、境内外几大板块，着重解决好条线间、条块间、战略间协同的问题，进一步强化联动机制建设，拓展联动方式和渠道，增强联动效果，坚决避免内部消耗和无序竞争丢掉市场和客户，不能因为强调条线管理而牺牲专域市场，弱化整体利益。在客户统一营销上，客户部门要承担牵头营销及管理责任，产品部门要有全局观念，主动挖掘客户多元需求，主动思考自己能为其他条线提供哪些协助，以主动赢得互动。在收入分润上，要有全局观念和大气胸怀，做到先进大筐，再算细账。对一些亟须突破的战略领域，可以探索双边计价、影子考核等方式，以最大限度地调动起各方面的积极性，做大优质市场蛋糕、做强竞争领域影响。

以上是我听了大家的发言，结合下一步客户工作所作的几点思考，共 5 个层面、15 个关键词。各分行各部门可以结合自身实际情况进一步突出工作重点，进一步研究细化思路措施。另外，前段时间我在杭院组织召开“两个从严”专题培训班重点城市行座谈会，会上有同志反映目前信贷部门每月 1 日凌晨一两点放贷款，全行抢额度，这个问题一定要解决。去年是由于贷款放不出去，总行采取了“谁先到谁先放”的办法，目的是为了鼓励大家加大优质市场拓展力度。但现在信贷规模很紧张，再采取这种方式会造成很大的副作用，一个月的信贷额度一下就用完了，信贷的效能大幅度下降，新的优质客户需求无法满足。所以对各行的信贷额度特别是个贷还要有一个基本的控制和保障，资产负债管理部要抓紧解决这个问题，否则全行的信誉、品牌和收益都会受到很大影响。总之，希望大家以这次培训和座谈为契机，进一步加强工作研究和措施改进，切实把总行党委的要求部署落到实处。

在“青春@初心”五四青年主题文化活动上的讲话

易会满

（2017 年 5 月 4 日）

今天是五四青年节，很高兴和大家一起参加今天的主题活动，发布中国工商银行青年发展指数，共同纪念共青团成立 95 周年。刚才，团员青年代表们用新颖的形式，展现了团心向党的“初心至诚”，奋斗无悔的“青春致远”，以及携手工行的“筑融未来”；青年对与工行同成长、共发展的信心与期盼，也通过大数据直观地呈现在我们眼前。从你们身上，我们深刻感受到工行青年的青春跃动、活力绽放；看到了工行事业兴旺发达的潜力所在、希望所在。在此，我代表总行党委，对青年发展指数的发布表示祝贺，向全行的青年朋友们致以节日的问候！

青年兴则国家兴，青年强则国家强。在革命、建设、改革各个历史时期，我们党始终高度重视青年、关怀青年、信任青年，对青年一代寄予殷切期望。党的十八大以来，以习近平同志为核心的党中央十分关心青年成长进步，就在昨天，习近平总书记来到中国政法大学考察，参加学生团支部开展的“不忘初心跟党走”主题团日活动，勉励当代青年要树立与这个时代主题同心同向的理想信念，勇于担当这个时代赋予的历史责任，励志勤学、刻苦磨炼，在激情奋斗中绽放青春光芒、健康成长进步。习近平总书记的深情嘱托，不仅在青年一代心中激起强烈共鸣，也为我们进一步做好新形势下党的青年工作指明了方向。

工商银行自成立以来，各级党委始终高度重视共青团和青年工作，坚持以党建带团建，把团的建设作为重要任务纳入党建工作总体布局。各级团组织始终紧紧围绕全行改革发展大局，在组织青年、引导青年、服务青年和加强自身建设方面，做了大量富有成效的工作。广大青年员工始终能够积极响应党的号召，围绕中心、主动作为、扎实工作，在推动发展中创新创造、甘于奉献，在急难险重任务面前勇挑重担、冲锋在前，为不同时期的改革发展作出了积极贡献。可以说，工商银行今天的业绩、今天的成就，镌刻着一代又一代工行青年的才智荣耀和奉献荣光。

工行的事业，离不开青年员工的青春力量；工行的发展，需要一代又一代有志青年的接续奋斗。在不久前召开的全行第一届职代会上，我们提出工商银行作为全球最大的商业银行，必须保持引领同业、弄潮时代的抱负和格局，不仅要做到资产规模最大，而且要做到风险管得好、发展动力强、盈利结构优、业务布局广，成为一家令人尊重、各方面优秀的全球化大型银行集团。具体来说，就是要做支持实体经济的主力银行，在服务实体经济振兴和供给侧结构性改革中发挥好大行的示范带头作用。要做安全稳健的银行，在复杂多变的环境下保持资产质量稳定和各类风险总体可控。要做改革创新领先的银行，通过体制机制改革增强经营活力，通过技术和产品创新提升发展优势，保证各项战略落地实施，争当创新的领跑者，以改革创新带动经营发展走出新天地。要做客户满意的银行，以客户需求为导向，以客户体验为根本，坚持久久为功，打造与全球最大银行相称的服务能力和口碑。要做以人为本的银行，持续建设和完善员工职业发展通道，形成发展汇聚人才、人才推动发展的良性循环。

这是全行的愿景，也是青年员工肩负的历史责任和使命。广大青年员工一定要珍惜时代赋予的机遇，珍惜工商银行这个能让我们大显身手、展示精彩的大舞台、好平台，“撸起袖子加油干、甩开膀子大步走”，主动加压，自觉奉献，努力实现与工商银行的共同成长、共同进步。借此机会，我结合习近平总书记到中国政法大学考察时对青年的期冀和我的一些感悟，向全行青年员工提几点希望。

第一，希望你们用信念照亮梦想，做不忘初心的前行者。时间之河川流不息，每一代青年都有自己的际遇和机缘。今天的社会，竞争和压力无处不在。青年员工正于人生的爬坡期和工作的上升期，工作生活都承受着不小的压力。青年有理想、有信念、敢担当，但也容易在困难面前、在现实压力面前，感到迷茫甚至迷失。在这个时候，靠什么支撑前行的动力，靠的就是理想信念、靠的就是不忘初心。

习近平总书记指出，共青团是党的助手和后备军，要始终保持先进性，广大团员青年坚定跟党走，就是初心。不忘这个初心，是我国广大青年的政治选择，也是我国广大青年的人生航向。广大工行青年只有把自己的前途命运与国家、与企业的前途命运紧紧联系在一起，前行的动力才会更加强大，舞台才会更加宽广，也才能够在各种艰难险阻面前义无反顾、勇往直前。希望你们不忘初心，坚定信心，自觉把个人理想信念建立在对中国特色社会主义理论的理性认同上，建立在对历史客观规律的准确把握上，建立在对工商银行战略转型的正确认识上，统筹规划个人的职业生涯发展，做到与时代同步伐、与国家共命运、与工行齐奋斗，在努力实现工商银行愿景目标的过程中，创造和书写自己的精彩人生。

第二，希望你们用知行合一创造卓越，做大行工匠的实践者。青年人正处于学习的黄金时期，应该把学习作为首要任务，作为一种责任、一种追求、一种生活方式，既要有专攻，也要有博览；既要多读有字之书，也要多读无字之书，学习人生经验和社会知识。“纸上得来终觉浅，绝知此事要躬行”。所有知识要转化为能力，都必须躬身实践，坚持知行合一，尤其要注重抓细节、抓落实。天下大事必作于细。青年员工基本都是入行不久，不一定一来就想着干大事、挑大任。要坚持从小处做起，从平凡处做起，从打好一个电话、算好一个数据、做好一张报表，起草好一份文件做起，把小事做实做透，一步一个脚印往前走，夯实根基，迈稳步子，细中见精，小中见大。我们经常看到，同一批入行的大学生，刚开始学识能力相差并不大，但几年后明显差别就出来了，关键就在于有的勤学好思，脚踏实地，积小胜为大胜；而有的好高骛远，大事干不好，小事不愿干，最终原地踏步，难有大成。我希望你们发扬求真务实、埋头苦干的精神，真正在学习中培育自己，在实践中锤炼自己，戒骄戒躁、锲而不舍，把小事当作大事干，重执行重实效，抓落实抓细节，以沉心静气、精益求精的精神，培育匠心之魂，努力成为各自条线的“大行工匠”。

第三，希望你们用智慧与活力激活创造，做创新发展的探索者。青年员工，是全行最富活力、最具创造力的群体，党委对你们寄予厚望。当今科技变革和金融创新一日千里，客户的金融服务需求也日趋个性化、小众化，尤其是近4亿的“千禧一代”逐渐成为金融消费市场的主力群体，如何创新满足他们的需求，吸引未来客户，是当前全行经营的重点和难点。你们自身就是80后、90后，熟悉青年客户，懂得青年客户，他们的需求就是你们的需求，他们的思想也是你们的思想。全行改革发展，需要你们活跃的思想、活跃的创新。你们应该有朝气有活力，敢想敢干，不怕失败；敢于做创新的先锋，不当看客，不做过客。我希望你们在变革与创新的时代大潮中，充分发挥青年的创造精神，保持敏锐、保持朝气锐气，并且多接地气，多深入了解经营管理和客户服务中的“痛点”“难点”和“热点”问题，多思考解决问题的办法，多提建设性的意见。各级领导也要鼓励和保护好青年员工的创造力，为他们的创新创造提供有利条件和宽松氛围。如果每个人都奉献一个闪光点、创新点，我们就能众志成城，聚沙成塔，汇聚成全行创新发展的璀璨星河。

第四，希望你们用品行炼就品格，做青春正能量的传播者。优秀的品格，对人的一生至关重要。青年时期可塑性强，是品格培养的关键时期。青年员工一定要把正确的道德认知、自觉的道德养成、积极的道德实践紧密结合起来，加强思想道德修养，保持积极的人生态度和良好的道德品质。古人讲“道自微而生、祸自微而成”。银行很多工作岗位，经受的诱惑多，经受的考验多。无论是在工作岗位上，还是在日常生活里、人际交往中，青年员工要增强政治定力、纪律定力、道德定力，始终做到有原则、有界限、有规矩，经得起诱惑、守得住底线。希望你们保持不畏艰难困苦的精神，敢于到任务重、困难多的地方或岗位去，把艰苦环境的磨炼当成是一种宝贵的人生阅历和财富。希望你们保持不怕挫折失败的勇气和韧劲，敢于在失败挫折中经风雨、见世面、长才干，历练宠辱不惊的心理素质和百折不挠的进取意志。希望你们保持明德廉洁的正气，明大德、守公德、严私德，加强自我约束与管理，学会化解压力，抵御诱惑，始终保持良好的道德品质、健康的生活情趣，主动承担社会责任，多做扶危济困好事，努力成为品德优秀、素质优秀、业绩优秀的青年典范。

各级行党委要热情关心青年，正确引导青年，真心帮助青年，千方百计为青年的成长成才、建功立业创造条件。各级团组织要切实履行好团结青年、组织青年、引导青年、服务青年的职能，不断创新工作思路，丰富活动载体，把广大青年紧紧团结在党的周围。

同志们，青年朋友们，潮起海天阔，扬帆正当时。你们一定要牢记使命，不负重托，不忘初心，让青春年华在为国家、为工行的奉献中焕发出更加绚丽的色彩，留下充实、无悔的青春记忆。最后，祝青年朋友们家庭幸福，工作顺利，事业进步，在今后的工作中取得更大的成绩！

在第13次党委（扩大）会议暨党委中心组学习上的讲话

易会满

（2017年5月5日）

今天既是一次党委（扩大）会议，也是一次党委中心组集体学习，主要内容是传达学习习近平总书记在中央政治局常委会会议、中央政治局第四十次集体学习上有关金融工作的重要讲话，以及国务院应对国际金融危机小组第四十七次会议和国务院第171次常务会议精神。

习近平总书记在中央政治局常委会会议上的讲话，科学分析了国际国内经济形势，系统总结了今年以来经济工作取得的主要成绩，深刻研判了当前经济运行面临的挑战，全面部署了下一阶段经济工作的总体任务，对于当前认清形势、明确方向、落实责任具有重要意义。总书记在中央政治局第四十次集体学习上的重要讲话，从我国经济社会发展全局出发，把金融安全的重要性提高到了前所未有的高度，对做好金融工作作了系统全面阐述，具有很强的思想性、战略性和指导性，为做好当前金融工作、维护金融安全指明了方向，提供了根本遵循。国务院应对国际金融危机小组第四十七次会议，就学习贯彻习近平总书记关于金融工作的重要讲话和李克强总理关于防控金融风险、维护金融市场稳定的指示批示精神，提出了明确要求。国务院第171次常务会议研究审议了大中型商业银行设立普惠金融事业部等事宜。

这里，结合工商银行实际，重点就学习贯彻习近平总书记关于金融工作重要讲话精神、落实好大型银行政治担当和主体责任，谈谈个人体会以及对下一步工作的考虑。

一、进一步提高思想认识和政治站位

党的十八大以来，以习近平同志为核心的党中央把防控金融风险放到更加重要的位置，采取了一系列措施加强金融监管、防范和化解金融风险，要求牢牢守住不发生系统性金融风险的底线。工商银行作为一家国有大型商业银行，在学习上要带头做好“三个融入”，即把习近平总书记关于维护金融安全的重要讲话精神，融入到“两学一做”学习教育常态化制度化，融入到班子和队伍建设相关要求中，融入到各级管理人员和专业人才教育培训中。通过深入学习，引导全行不断深化认识，提高站位，把维护金融安全作为最大的政治责任，作为增强“四个意识”的具体体现，不折不扣落实好党中央、国务院的重要决策部署。

第一，深化对金融在经济工作全局中极端重要性的认识。认真学习领会习近平总书记关于金融是现代经济的核心、金融活经济活、金融稳经济稳等一系列重要论述的深刻内涵，更加清醒地认识国有大型商业银行在维护金融安全中承担的关键责任，主动站在事关国家安全和利益、事关实体经济振兴、事关国际竞争力提升的高度，增强做好金融工作的责任感和紧迫感，确保守土有责、主动担当、不辱使命，积极发挥好大型银行作为国家经济金融安全“压舱石”和“稳定器”作用，努力促进形成一个更加健康、更具活力的经济金融生态环境。

第二，深化对当前金融风险形势的认识。认真学习习近平总书记对当前经济金融形势科学判断的两点论、两分法，既要看到改革开放特别是党的十八大以来我国金融改革发展取得的成绩，看到当前金融形势总体向好、金融风险总体可控，进一步坚定信心、保持定力；又要看到在国际国内多种因素综合影响下，我国金融发展还面临不少风险和挑战，进一步增强忧患意识，坚持底线思维，切实履行好风险防控的主体责任。

第三，深化对金融安全“守”与“改”关系的认识。“守”与“改”的关系，实际上也是“守”与“进”的关系。金融安全是“改”出来的，而不是单纯“守”出来的。我们的风险防控一定要建立在改革的基础之上，依靠主动出击、深化改革来筑牢风险防范的堤坝，真正在改革创新中强壮筋骨，决不被风险牵着鼻子走。比如说，我们要坚持标本兼治，围绕深化信贷体制机制改革来防范和化解信贷风险；我们的资产管理、同业业务、财富管理、私人银行等业务线也要坚持在规范中创新发展，按照新的监管导向，加快推进业务发展方式和风控模式的转型，而不是停滞不前、无所作为。在新规正式出台之前，要按照现有规定，在确保实质风险可控的基础上推进业务正常开展。

二、扎实推进各类风险的综合整治工作

要按照习近平总书记“不忽视一个风险、不放过一个隐患”的指示要求，在继续打好信贷资产质量攻坚战的同时，高度重视抓好交叉性输入性风险的防控，

有效阻断风险传导扩大，防止各类风险叠加共振。

一要精准判断和识别风险。总书记讲话中强调，准确判断风险隐患是保障金融安全的重要前提。我们要进一步提高工作的敏感性、前瞻性和预见性，对各风险点做到心中有数、耳聪目明。总书记提出的“十大领域”金融风险，大致可以分为三类：第一类是传统风险，包括信贷风险、非法集资风险、房地产风险等；第二类是高杠杆风险，包括一些地方政府和企业高杠杆带来的债务违约风险等；第三类是创新型风险，包括互联网金融风险、移动支付风险、金融工具过度利用以及监管真空带来的风险。这几类风险在不同机构、不同领域会有不同的表现形式和特征，需要我们结合实际，认真分析风险规律、成因和传导趋势，有针对性地做好应对预案。

对工商银行来讲，除了稳定信贷资产质量这个重中之重外，需要我们高度关注的主要是全产业链、全金融链带来的交叉性输入性风险。总的来看，我们的资产负债表是健康和透明的，风险是可控的，资金是投向实体经济的。目前集团总资产 24.2 万亿元，其中完全用于实体经济的贷款占 54%，国债、地方政府债、政策性金融债和企业债等债权投资占 20%，存放中央银行准备金 13.5%，都直接或间接投向实体经济。我行表内外合并后整体同业资产占比仅 6% 左右，明显低于可比同业和其他金融机构。我行涉及交叉性输入性风险的业务，主要包括一些具有跨行业跨市场特征的金融投资业务，金融市场部、资产管理部、私人银行部、投资银行部、票据营业部、工银瑞信等相关机构要做好上述业务的具体分析，摸清底数，健全相应的风险识别、评估、监测与控制机制。

二要进一步明确主体责任和治理原则。要按照“谁投资、谁管理”的原则，落实好交叉性风险治理部门及监督部门的相关责任，并强化问责追责机制。要重视做好整章建制工作，并建立跨部门制度验收机制。如代理业务涉及多个部门，私人银行与资产管理业务也有一定的交叉，但是相应的风控制度只能统一制定一个，不能政出多门，这就需要风险管理部牵头整合包括业务统计、准入、授权、限额等在内的全流程管理制度，并监督和推动制度落实，又如，内控合规部要对新的业务运行机制、新的监管制度落实等工作负起监督责任，内部审计局要代表董事会加强对业务的跟踪审计。

在治理过程中，要注意把握好以下原则：一是坚持问题导向，不绕开矛盾，不回避问题，认真梳理排查漏洞，并举一反三，强化整改，补齐短板。二是坚持把握实质，根据风险管控的实质要求，稳妥有序地推进风险治理和化解，避免工作简单化、绝对化。三是坚持守土有责，各部门、各利润中心、各综合化子公司既要各负其责，在防控风险中站好自己的岗；又要加强协调，保证一个声音对外。同时要站位大局，服务从国家调度，对有利于治理金融乱象的意见建议，及时向监管部门汇报沟通。四是坚持主动作为，适应新的监管政策变化，及时研究新业务、新模式，找到新的平衡，确保业务健康平稳发展。

三要有的放矢加强交叉性输入性风险管控。一是根据监管部门一系列专项治理工作安排，做深做实全行综合整治工作，尤其是金融市场、资产管理、私人银行、贵金属、同业业务等主要集中在总行，总行相关部门要认真抓好自查与整改，确保突出重点、立见实效，进一步树立我行审慎、稳健、合规的良好形象。二是从客户准入、授权、限额、系统数据、信息披露等方面，建立起有效的风险管控机制。三是强化对资管业务风险的全面排查分析。重点关注资管和私银的产品杠杆率是否合理、私银业务的久期管理是否科学、投资品的市场流通余额集中度是否偏高、公募基金的定制投资总量是否较大，以及同业和理财资金的流向、合作机构和交易对手的风险管控等问题。此外，要落实穿透管理，厘清底层资产真实信息，防止业务嵌套过多。四是加强移动支付和互联网金融等新型风险的防范。这些方面是我行近年来关注的重点，要继续加强分析研究，及时发现苗头性、倾向性问题，有效做好风险预判和防控。要进一步规范与第三方的合作，加强准入管理和风险监测，严防第三方机构的输入性风险。

四要着力提升服务实体经济的能力和水平。要坚持控风险与促发展两手抓、两促进，在“稳的前提下”分门别类地做好风险点的处置，确保外部风险在我行不感染、不扩散；在增强全口径风险管控能力的基础上，确保全年经营发展目标的平稳实现和全行经营管理的稳中有进。要把服务实体经济作为一切经营管理工作的出发点和落脚点，作为防控金融风险的根本举措。紧紧围绕供给侧结构性改革这条主线，不断完善信贷增量与存量并轨管理机制，完善多元化投融资体系，完善境内境外、线上线下一体化格局，聚焦实体经济重点领域和薄弱环节发力聚力，让金融活水更好地浇灌实体经济。积极推动普惠金融发展，组建普惠金融事业部，探索更加有效的小微金融以及“三农”、精准扶贫等普惠金融发展路径。

三、加强党的领导和干部队伍建设

深刻认识做好金融工作、维护金融安全，根本上靠加强党的领导，关键在干部队伍。认真贯彻党的十八届六中全会和全国国有企业党的建设工作会议精神，以落实全面从严治党为主线，以解决问题为突破口，以规范党内政治生活和加强党内监督为抓手，不断加强和改进新形势下党建工作，保证党和国家方针政策、重大部署在工商银行得到及时全面的贯彻执行。进一步推动全面从严治党主体责任的层层落实，坚持党的领导与现代公司治理相结合，坚持党建工作与经营发展相结合，把党建工作成效转化为做好金融工作的优势和动力。充分认识金融领域干部更需要政治过硬，更需要专业能力突出。以解决好习近平总书记谈作风建设上存在的不思进取、不接地气、不抓落实、不敢担当的“四不”问题为重点，从政治、业务、作风、操守等方面大力加强干部队伍建设，引导广大党员干部牢固树立政治意识、大局意识、核心意识、看齐意识。加强对各级管理人员和从业务人员的金融安全教育，深刻剖析金融乱象，增强维护金融安全的政治责任感和使命感。加强从业人员思想政治建设和职业道德教育，强化合规经营意识，培育良好职业操守。着眼长远蓄好人才池，调动各年龄段、各层面员工的积极性，推动队伍结构优化和梯队传承。大力加强专业能力培养，使干部队伍的专业素养和工作能力跟得上时代要求，熟悉和把握金融规律，不断增强战略思维、创新思维和底线思维能力，提升防控金融风险、服务实体经济的真本领。

在云南分行工作汇报会上的讲话

易会满

（2017 年 5 月 16 日 · 根据录音整理）

刚才敬东行长和总行部门谈了很好的想法，我都赞成。这次到云南，一方面是加强同云南省委、省政府的沟通交流，与省政府签订合作协议，通过深化银政合作更好地把握发展机遇、促进双赢。另一方面也想充分了解云南分行新班子组建以来的工作情况，以及当前经营发展面临的困难和挑战，共同探讨如何进一步通过总分行上下联动，齐心协力促进云南分行实现脱困目标。

听了郭伟行长代表省行党委作的工作汇报，总体有四点感受：一是新班子带来了经营管理的新气象、新变化。云南分行新班子组建 13 个月以来，在总结思考原有工作的基础上，提出了一些新的发展思路，包括坚持党建工作和经营管理“两条主线”，树立“提质增效、争先进位”的理念，围绕管理、效率、质量、安全“四个重点”，以及打好不良资产处置攻坚战和竞争能力提升攻坚战等，都较好地体现和贯彻了总行党委的战略意图，这也是新班子负责任、有担当的表现。我认为云南分行只要按照新的发展思路坚定不移地走下去，必将进一步增强发展脱困的信心，取得更大的工作成效。二是提出了具体务实的工作措施。分行党委围绕三年脱困计划，召开了多次会议，做了大量工作，也与总行反复沟通衔接，形成了较为明确的经营目标和工作举措。从昨晚与几位班子成员的交流情况看，大家对完成三年脱困计划的信心是坚定的、认识是统一的，所采取的工作措施也是得到广泛认可的，充分体现了民主集中和集体智慧。三是资产质量、经营转型、竞争力提升三大重点工作进展良好。我们讲要标本兼治，但治标是治本的前提，标治不好就谈不上治本。我们看到，云南分行在存贷款业务发展、机构客户拓展、新业务新产品培育等方面取得新的进展，一些市场类指标有所好转，这些都表明分行的经营形势、队伍士气正在发生积极变化，为后续实现经营质态的根本改善奠定了基础。虽然当前资产质量仍处于胶着状态，潜在风险还比较大，但云南分行建立了不良贷款处置团队，防止“病从口入”和信贷结构调整的策略措施也已基本明确，下一步要抓好落地见效。四是注重加强班子和队伍建设，较好地发挥了党建优势。云南分行此前发展出现这样或那样的问题，核心是人的问题，也说明党的建设、班子建设、队伍建设不是可有可无的，而是一个行的灵魂与核心。从我们了解的情况看，各方面对新班子的总体评价是正面的，一年多时间的工作效果是明显的。所以，事在人为，关键在各级干部，尤其是一把手。我们的新班子中有新班长，有老班子成员，也有新交流来的同志，尽管经营有压力，但我们有一个团结合作、齐心协力的党委班子，一定能够带领云南分行 8 000 多名干部员工解决问题、战胜困难。

与此同时，云南分行前三年的工作有不少经验教训，大家要认真加以总结反思。一是发展观问题。我多次强调要确立科学的发展观、业绩观、风险观，不能急于求成，忽视现实条件盲目发展，给长远发展留下“后遗症”。银行是经营风险的，我们的业务发展能力根本取决于我们风险控制的专业能力。云南分行目前不良率比较高，潜在风险大，与此前片面强调贷款增量、不顾环境和基础片面强调发展、不重视严把准入和投后管理不无关系。二是发展思路问题。省行党委最重大的责任之一就是要深入领会总行党委的决策部署，结合本地情况抓好贯彻落实。坦率地说，云南分行在结合本地化抓工作落地方面思路还不够清晰，重点还不够突出，体现在经营管理上，就是一些优质客户该进的没进，一些基础业务该增的没增，一些风险案件该控的没控。当然，总行在这方面也有一定责任，但分行还是要更多地从自身找原因，结合实际改进工作。三是队伍建设和基础管理问题。思路确定以后，起决定性作用的是人。包括干部的选拔、培养、使用，以及人才队伍的建设工作，云南分行还都有不小的提升空间。此外，在抓经营、抓市场的同时，还需要进一步强化内控合规、信贷管理、风险防控等基础性管理工作，特别是要倾注更多精力抓好干部员工专业能力和专业素养的提升，持续用力，久久为功，真正静下心来先把干部管好、把队伍带好。这是我们的核心，也是我们的生命线。对这三方面的问题，省行党委成员、各专业部门负责人和二级分行行长都要认真总结经验教训，今后决不允许、也没有资本再犯历史性错误。要通过总结反思，进一步增强危机感、紧迫感和忧患意识，真正认清商业银行经营的本质规律，落实好三年脱困计划这一中心任务，集中精力打好资产质量、经营转型、竞争力提升“三大战役”，力争早日走出发展困境。结合分行的工作汇报，对云南行下一步工作，我再强调几点要求。

一、端正发展理念，明确发展思路

理念是发展的前提，而理念的形成靠的是坚持问题导向。一个阶段有一个阶段的长征路，一个阶段也有一个阶段的风险点。现在云南分行前三年的风险点已经暴露，未来三年可能不会重复，但不排除会出现新的风险点。希望大家在转变发展理念和谋划工作思路的过程中，一定要充分考虑本地区可能面临的新情况新问题，不能再让后人花三年时间总结我们在新的历史时期犯下的新错误。在完善发展思路方面，要充分体现科学的发展观、正确的业绩观、全面的风险观，突出落实好以下五个方面的措施。

一是设计清晰的本地化发展路径。要以有效风控作为前提，紧密结合本地实际，落实好业务的发展规划和风险防控措施，真正把业务发展做实、把风控管到位。尤其对一把手来说，一定要对全局的风险状况以及各项业务的风险点做到耳聪目明、心中有数、把控有方。要做到这一点，必须具备强烈的风险意识，建立一支过硬的风控队伍，还要在平时做大量的调查研究，在明实情、重分析的基础上，为基层出思路、指方向、教方法，只有这样才能推动业务健康发展。

二是体现分类指导，避免齐步走。我昨天看了关于云南省情的资料，各地州差异比较大，发展不太均衡，所以我赞成省行提出的“1 +4”重点行发展战略，这里重中之重是营业部，拨备前利润、存款、贷款等指标都超过省行的半壁江山，“1 +4”以外的二级分行规模确实比较小。在资源有限的情况下，省行的态度要更坚决，进一步集中优势、突出重点，以先走带后走，以先富带后富，从干部、队伍、资源、财务、规模、核销等方面帮助“1 +4”重点行解除后顾之忧，让他们轻装上阵，以此带动全行经营质态的整体改善。

三是继续发挥好扁平化管理和柔性化团队的作用。在这方面，云南行做的不错，在3个二级行实施了城区支行扁平化改革，优化了组织架构，减少了管理层级，释放了一批管理干部和中后台人员；成立了票据业务、国际业务、金融市场、资产托管业务的专业团队，厘清了岗位职责，明确了责任目标，夯实了新兴业务的发展基础。下一步要坚定不移地推进下去，通过体制机制的优化调整推动业务发展，达成事半功倍的效果。

四是增强把握政策的专业化能力。近一时期以来，党中央、国务院对金融工作作出一系列新的重大部署，对防控金融风险、服务实体经济、维护金融稳定提出了明确要求；云南省委、省政府刚刚完成换届，提出了一些新的发展思路。新形势新环境下，如何应对挑战、抓住机遇、实现发展，省行党委要认真考虑，进一步提升对政策的理解力和执行力，尽快拿出落实国家和地方政策要求的具体措施，核心是把握实质风险，在风险可控的前提下，创造条件把握发展机遇。

五是提高定价管理的精细化水平。要根据经济基本面特别是市场资金面的变化情况，进一步加强存贷款定价的精细化管理。现在发债成本已大大超过贷款利率，我们不能再粗放营销，主动下浮利率，而是要引导客户形成合理的成本预期。大家在实际经营中竞争市场、维护客户都与定价息息相关，这一点是可以理解的，但利率市场化条件下增强定价管理意识也是必要的，分行一定要统筹考虑、平衡推进。

二、强化信贷风险防控和不良贷款处置

当前，云南分行资产质量稳控形势依然严峻，省行党委要进一步重视对信贷风险的全流程管控，进一步加大投入、夯实基础，采取过硬措施消化不良，全面提升信贷经营管理能力。

一是统筹谋划信贷工作布局和基础管理。云南分行要在信贷经营管理方面下苦功夫、真功夫、狠功夫，发展必须建立在扎实的管理基础上，不能再错过抓存量优化和布局调整的机会。应该说，云南分行前三年在信贷布局上做得不好，甚至可以说没有布局，做到哪里算哪里。下一步要加紧补课，切实加强区域、品种、客户、队伍等信贷布局的顶层设计。这是做好信贷工作的前提，不能单纯依靠总行“标准版”的信贷政策，必须因地制宜适应本地发展需要。同时，要重塑稳健审慎、合规诚信的信贷文化，落实“24 字”核心理念和从严治贷的工作要求，以强基础管理促质量稳定。

二是加强信贷专业能力建设。信贷业务具有专业性强和风险程度高的特点，没有相当长的经验积累和持续的学习能力，很难领会和把握其精髓和规律。当前形势下，一把手要把更多时间和精力投入到信贷经营管理中，主管行长更要加强对信贷业务的精研深思，培养深厚的专业思维、专业素养和专业方法，同时要大力培养

信贷专业人才，打造一支业务精、素质高、状态好的信贷队伍。现在分行的小微专营机构已经挂牌，但小微企业贷款的劣变势头仍未得到有效控制，分行要认真思考这些小微专营机构的能力行不行，配备人员的素质够不够，不是挂了牌、配几个人就实现专业化了，必须真正具备把控风险、选择客户的水平，真正落实好责任，真正培育出与信贷业务发展规模、速度和质量相匹配，与经济新常态下服务实体经济的新要求和信贷经营的新变化相适应的信贷专业能力。

三是探索实施信贷体制机制改革。关于全行信贷体制机制改革，实际上有些观点是我在2015年云南调研之后形成的。当时我感到，云南分行整体法人信贷客户不多、区域差异较大，需要在信贷工作中更多体现营销层次提升，更多体现机构和人员的扁平化管理，从而把好准入关口，解决“病从口入”的问题。现在，包括客户分层经营管理、配套审查审批体系建设、信贷业务流程优化、前中后台职责划分等工作在总行信贷体制机制改革方案中都有明确体现，8家分行正在试点推进。云南分行也要立足自身实际主动探索实施，把握住严控准入、分类施策、落实责任、专家治贷这几个核心，及早启动信贷体制机制改革。

四是高度重视不良贷款处置。目前云南分行已经实施了不良资产“三集中”管理，成立了处置中心，配备了专职人员。下一步要打好市场化、法治化“两张牌”，依托创新提高处置效率和效益。一方面要按照市场化原则，探索运用投行、不良资产证券化、融资租赁等多种新型清收处置方式，降低财务资源消耗，提升不良资产经营能力。另一方面要走法治化道路，加强与政府、法院等行政司法部门的沟通合作，尤其对一些不良大户，要加大司法诉讼与执行力度，防范一般打包带来的逃废债、道德风险等副作用，切实维护我行权益。

三、坚定不移推进经营转型

从新班子组建以来的经营数据看，云南分行业务转型实现了良好起步。但总体讲，云南分行的经营模式还比较传统，业务转型还相对滞后，需要进一步思考如何加快推进转型创新。关于转型和创新，我已强调过多次，这里针对云南分行的情况，着重提两方面要求。

一要认清转型创新发展的巨大潜力。前期通过建设柔性团队、发展新业务产品线等措施，云南分行的投资银行、国际业务、金融市场、资产管理、资产托管、票据业务、养老金等业务取得了长足进步，其中不少业务发展领先同业。但也要看到，这些业务的收入占整个中间业务的比重不足20%，新兴业务发展还没有形成规模效应，对整体经营发展的支撑拉动作用还没有充分显现。同时更要认识到，随着国家“一带一路”建设等重大战略的深入实施，云南面临多重叠加的发展机遇，后发优势凸显，必将为我行新兴业务的发展带来更加广阔的市场空间。云南分行要继续抢先抓早，在有效拓展业务收入来源方面力争实现更大突破。

二要切实加快经营结构的调整优化。面对转型创新的诸多优势和有利条件，云南分行要突出强化经营结构调整，把更多力量投入到回报较高、但资源相对紧缺的专业和机构，进一步提高边际产出。对人员结构调整，要正视员工数量不可能再大幅增加的现状，下大气力推动人力资源的结构优化。现在云南行有8 000多名员工，总量已经不少，必须眼睛向内，集中资源，盯着存量做文章，更多依靠渠道优化、员工转岗来支撑新兴业务发展。

对经营转型我们要坚定决心，协力推进，不能有丝毫动摇。中间业务收入完成不了就靠息转费，这是经营异化、舍本逐末的典型表现，最后不仅解决不了问题，还破坏了经营风气，无异于染上“毒瘾”。转型发展还是要靠我们实打实的真本事，靠平时的日积月累，真正挖掘和释放出增长潜力。

四、充分发挥政治优势，加强党建和班子建设

坚持党的领导，是国有企业的“根”和“魂”，是工商银行一直以来的光荣传统和最大的政治优势，而班子始终是我们搞好事业的根基。要切实找到党建工作和班子建设的新路子，作为全面从严治党、从严治行的重要基础抓紧抓实。

第一，要继续推进领导班子专业化和干部年轻化建设。坚持小步快跑，采取有效措施优化干部专业结构和年龄梯次，避免出现断档问题。今年总行将继续加大干部多岗位交流培养的力度，加强干部总分行的双向交流。同时尝试选择50个左右的困难二级分行和一级支行，选拔一批有发展潜力、有一定管理能力的年轻干部担任行长，促使他们更好地熟悉基层情况、增强基层感情、提高实践能力，直接在市场的风浪中历练摔打、在艰苦环境中成长成才。

第二，要把领导干部下接“地气”与上通“天线”的要求统一起来。我们的干部既要深刻领会总行党委的决策部署和工作要求，也要深入基层、贴近一线，符合区域实际开展经营管理工作。在省分行层面，干部不接“地气”的问题相对不大突出，关键要上通“天线”，跟上总行战略思路的节拍。现在分行很多工作开展得不尽如人意，实质是对战略信息掌握不够。我们还要进一步强化进取担当和专业务实精神，结合中心工作，把坚持党的领导、加强党建工作的措施具体化，加快形成自身优势。

对云南分行提出的意见建议，总行相关部门要认真研究，主动指导和协调解决，但关键还是分行要靠自身努力改变“命运”。关于信贷规模分配问题，总行要积极给予支持，当然其中一部分要通过表外代理投资的方

式实现。分行要在拓展融资渠道、创新融资方式方面多给政府和客户提建议，不能眼睛只盯着表内信贷，我们自己首先要有全口径的融资概念，关键是解决问题。关于不良核销和工资费用问题，希望分行的净利润能够保持正增长态势，否则脱困目标难以实现。为此，分行要精细算账，采取科学策略，平衡把握风险暴露节奏，有序释放贷款劣变压力，推动质量效益逐年改善，这样也能够实现省行工资总额的持续增长，有利于队伍稳定、鼓舞干劲。关于专业支持问题，我很赞成，刚才敬东行长也表了态，下一步要创造条件从分行特别是中西部分行选择一批优秀干部到总行交流任职，提升他们的宏观战略视野和专业能力。总行有关部门也要采取网讯、简报、培训等多种宣教方式加强针对性指导帮扶，丰富分行工作所需的信息来源，更好地为云南分行把握发展机遇、实现脱困目标“赋能”。

在云南二级分行行长座谈会上的讲话

易会满

（2017 年 5 月 16 日 · 根据录音整理）

今天我们利用下午半天时间，同云南 16 家二级分行的行长进行交流。座谈下来有三点感受：一是云南幅员辽阔，各二级分行所在地区各具特色，大家面对的情况不尽相同，行际间的经营状况差别较大。二是“1 + 4”重点行作用突出，营业部以及曲靖、红河、玉溪、大理 4 家行的拨备前利润、存款、贷款、机构、人员分别占到了省行的 76%、78%、76%、69% 和 64%。三是多数行在资产质量、竞争力方面的压力和困难依然不小，大家为完成脱困计划付出了艰辛努力，而且很多同志都是去年底新到任的，经受的考验也更多、更大，但大家的精神状态都很好，信心饱满，对落实总行的战略部署和省行的工作要求作了认真细致的措施安排，这些都是顺利实现三年脱困的宝贵财富。

当前，云南分行正处在爬坡过坎的关键时期，省行、各二级行能够有针对性地分析现状，谋划下一步发展思路，主动克服诸多困难，做了大量工作，一些经营指标特别是市场竞争力方面的指标出现积极变化，提振和鼓舞了全行的士气和信心。应该说，云南分行在新班子调整后，各方面工作是主动的，局面是稳定的，总行党委也是满意的。大家要按照既定方向，持之以恒地抓下去，进一步转变发展理念，树立科学的发展观、正确的业绩观和全面的风险观。理念是行动的先导，作为一家商业银行，无论是经营问题还是管理问题，基础之基础都是理念问题、认识问题。我们在座的 16 家二级行一定要认真总结前几年发展的经验教训。实事求是地讲，云南分行不应该出现这么大的系统性风险，不少二级行不良率过高，核心是发展观、业绩观、风险观出现了偏差。如何进一步端正发展理念，如何遵循商业银行的经营规律办事，如何更加深刻地认识银行是经营风险的特殊行业，如何培育发现市场的眼光和驾驭风险的能力，希望大家认真思考并回答好这几个问题，只有理念和认识提升了，我们才具备发展的前提。

目前看，云南分行信贷出血点还不少，操作风险防范、内部控制等基础管理还比较薄弱，竞争发展能力还不够强。作为二级分行的一把手，大家要认真落实好省分行关于资产质量、经营转型、竞争力提升“三大战役”的工作部署。要打赢这三大战役，核心是眼睛向下，眼睛向内，苦练内功，抓好基础管理尤其是班子建设，这既是综合性工作，也是全局性要求。对今后工作，结合同志们的发言，我想再讲几个需要关注的要点，供大家参考。

一、狠抓战略传导落地

崇尚实干、狠抓落实是我反复强调的，也是对干部作风和执行力的直接检验。上个月，我在全行一季度经营情况分析会上就经营发展中事关战略传导落地的七个关键问题进行了专门部署。对二级分行来说，你们是工商银行经营的基本核算单位，是全行承上启下的关键一环，总省行的战略都需要包括在座各位在内的二级行一把手来落实执行，作用举足轻重。希望大家在战略传导落地方面发挥更大作用，力争早日完成脱困任务。一要明晰工作落地的方法路径。前期，省行已经制定了三年发展脱困计划，二级分行也提出了具体目标。各行不能满足于层层提口号，要紧密围绕战略目标的实现，制定详尽的发展路线图，解决好优质市场在哪里、风险隐患在哪里、人员潜力在哪里等关键问题。二要突出加强分类指导。云南各二级行的发展阶段不同、资源禀赋各异，如何贯彻分类指导是对省行智慧和能力的考验。要对每一家二级行制定差异化发展的指导意见，一行一策规划工作重点，避免平均用力。三要优化经营绩效考评体系。总行即将出台境内一级（直属）分行市场竞争力评估方案，云南分行要比照总行做法完善考评办法，在狠抓资产质量的同时，突出存款、中间业务两大指标，加强对辖内二级分行的压力传导，形成更有利于总省行战略传导落地的激励约束机制。四要着力抓好直接经营元素培育。直接经营就是要让城市行本级真正成为经营主体，直接进入市场、面对客户，既有助于提升业务竞争力，也有助于增强风险防控力。云南二级分行规模普遍较小，更应该增强本部的直营能力。要在二级分行层面尽快实施去机关化、去行政化改革，加大直营权重，集中有限资源主动选择优质市场，握紧拳头打好歼灭战。

二、强化信贷基础管理和不良资产处置

在风险形势仍然复杂严峻的情况下，云南分行要围绕“拓市场、控风险、建机制、强基础”，打好资产质量攻坚战，确保用不超过三年的时间消化不良，强基固本，走出困境，全面提升信贷经营管理能力。一要严把客户准入关、严控新增贷款质量，切实防止“病从口入”，坚决止住新的出血点。选择好的客户是防范风险的第一道关口。要继续建立健全分层营销体系，完善法人贷款准入管控，加强信贷增量和存量并轨管理，突出加强对本地信贷市场的调研分析，把优质客户最大限度地抓牢抓住，从源头上把好准入关口，努力夯实信贷业务健康发展的基础。二要压实省分行和二级分行信贷经营的主体责任。改变“三级管理、一级经营”的信贷经营模式，更加突出省市分行特别是二级分行对信贷业务的直接经营和管理，形成不同层级机构间分工合理、相互促进的良性互动格局，切实增强云南分行在区域信贷市场的经营能力、管理能力和创新能力。这里要强调，二级行的信贷经营务必要因行施策，具备条件的，要集中发力、重点发展；条件欠缺的，不要面面俱到，重点推进特色化发展；不具备条件或者责任不能落实的，可以先停下来、放一放，等条件具备了再发展，切忌搞平行推进。三要强化不良资产的集中处置。省分行、二级分行要进一步加大直接处置力度，牵头做好难度较大的大额不良贷款的清收处置。在此基础上，要发挥好省行每一位班子成员的作用，建立挂点挂户机制，加强政府和客户的沟通，形成快速处置不良资产的合力。

三、苦练零售业务发展内功

零售业务发展对我们来说至关重要。从经营规律看，零售业务发展得越好，银行的抗脱媒和抗周期能力就越强，我们要实现盈利可持续增长，必须将大零售作为基础引擎。如果把零售业务丢掉了，工商银行的长远发展就无从谈起。这几年云南分行发展不利与不重视零售业务有很大关系，必须持之以恒地练好零售业务发展内功。大家要认识到，云南作为“一带一路”建设的关键节点，在经济转型升级不断深化、民生领域建设步伐加快、居民收入水平持续提升的大背景下，银行零售业务发展的潜力是巨大的，空间是广阔的。希望大家认真贯彻总行关于大零售战略和客户战略的一系列重要部署，扑下身子做分析，逐条逐项抓落实，进一步关注和支持零售业务发展，切实解决好零售工作整体被动、竞争力下降的问题，并以此促进和带动全行经营发展的积极变化。

四、持续推进转型创新发展

不转型没有出路，不创新没有未来。当前外部环境和内部经营的双重压力，使转型创新又处在一个重要关口。从目前情况看，云南分行仍然存在习惯走老路的问题，对新业务、新客户、新产品不够重视，转型创新的措施不够有效。不管是应对当前问题和困难还是着眼于长远发展，大家都要切实增强责任感和紧迫感，加大转型创新力度，改造提升传统动能，培育发展新动能。一要大力发展新兴业务。结合柔性团队建设、机构扁平化改革，切实重视省行重点发展的新业务新产品，完善新兴业务联动和产品创新机制。特别是对一些重点项目要加强与政府沟通，提出具有可行性的措施建议，在实质风险可控前提下以创新手段加快推进。二要进一步提升定价能力。在推进精细管理、从严定价考核、强化成本意识的基础上，对一些发展较好、理性经营的机构，可以考虑适当扩大授权，根据客户贡献、业务贡献来灵活定价，进而逐步形成科学的定价机制。三要多花精力谋划渠道布局。网点仍然是工商银行最基本的优势，必须守住和用好。要紧跟区域经济金融资源摆布和城市建设步伐，不断调整优化网点布局，进一步提升客户服务能力。同时，要加强和改进对网点负责人的考核评价，增强其进取心和责任感。

五、注重加强班子和队伍建设

当前全行干部和员工队伍中年龄结构、专业结构不合理等问题，在云南各二级分行也不同程度地存在，甚至有的岗位出现“无人可用”的情况，很重要的一条原因就在于我们的工作不系统、不主动。要把加强班子和队伍建设放到建设百年老店的大格局下去思考谋划，从根本上改变我们当前干部和员工队伍结构上存在的问题，为未来发展奠定良好的组织保障。一方面要加强班子建设的主动规划和顶层设计。要在对二级行班子深入分析的基础上，着眼未来 3－5 年干部有序更替和战略发展的需要，研究确定未来一段时期干部数量缺口和结构需求，对班子配备加强规划，对后备人才提前培养，进一步增强干部选拔的前瞻性和针对性，避免急用现找、降格以求，确保各级班子的有序更替和梯次发展。另一方面要在人才队伍转型升级上取得新的突破。要深

入实施新时期人才发展规划，加快形成具有自身特色的人才管理体系。要着眼于转型发展的重点领域，创新人才引进机制，推进专业队伍建设，让各类人才留得住、用得好。要针对一些行人员年龄偏大又逐步进入退休高峰期的现实，做好统筹规划和有序衔接。我多次讲过，银行是个讲经验积累和专业积淀的行业，而不是“拼颜值”“吃青春饭”。要科学看待年龄问题，坚决防止简单化、一刀切的做法，注意调动好各年龄段员工的积极性。

总之，相信大家在省行党委的坚强领导下，一定能够齐心协力，砥砺前行，在经营脱困中保持自信心和进取心，以新理念、新举措、新作为，进一步调动和发挥好8 000多名员工的工作积极性，为云南分行重整旗鼓、重振雄风作出更大贡献。

在中国工商银行2017年组织人事工作会议上的讲话

易会满

（2017年5月23日）

这次会议的主要任务是，认真贯彻落实党的十八届六中全会、全国国有企业党的建设工作会议、全国组织部长会议和我行年度工作会议精神，围绕全行改革发展工作大局，深入分析组织人事工作面临的新形势新任务，研究部署当前及今后一个时期的重点工作。下面，我讲七个方面的意见。

一、去年以来全行组织人事工作进展顺利、成效显著

过去一年，各级党委和组织人事部门认真贯彻落实中央和总行党委的各项决策部署，坚持围绕中心、服务大局、从严管理、敦本务实，在复杂多变形势下推动各项工作取得显著成效。一是党的建设工作取得新进展。完善从严治党制度体系，突出抓好主体责任落实。制定印发全面从严治党的贯彻实施意见、党建工作主体责任清单，扎实开展“两学一做”学习教育，不断加强党员干部思想政治建设。优化各类基层党组织设置，推动各内审分局、集约化业务处理中心、综合化子公司设立党委，筑牢基层党建工作基础。我行作为8家发言单位之一，在全国国有企业党的建设工作会议上交流发言，得到了中央及各方面的广泛认可。二是干部队伍建设取得新突破。加大年轻干部培养选拔力度，先后开展三次全集团公开遴选，启动“311”干部培养规划，规范领导班子专业化分工，调整优化班子配备。坚持从严管理干部，完善选人用人制度，围绕“选人用人专项治理年”强化监督检查，历时两年完成干部人事档案专项审核，提升了选人用人规范化水平。根据中组部反馈的2016年度“一报告两评议”情况，我行选人用人工作总体满意率为98.49%，较上年提高5.1个百分点，为近年来最高水平，继续在中管金融企业中保持领先。央视《新闻联播》还以“管好人、管控住风险”为题，对我行干部管理进行了宣传报道。三是人力资源配置取得新成效。全行依托“人力资源两张表”，扎实推进人员结构调整，实现层级、条线、板块间共计2.9万人的优化配置，在集团人员总量下降1%的同时，完成了6%的存量人员调整。其中新兴业务、互联网金融等条线人员净增4 900人，销售类人员净增1.1万人，网点人员、运营中后台和综合管理类人员数量有效压降。强化青年员工培养激励，总行本部先行先试，带动全行大力推进青年员工队伍建设。优化员工绩效考核体系，搭建精准激励模式，建立骨干人才激励机制，实施境外机构人力资源管理深化项目，加强全行保险福利体系建设。研究探索团队管理模式、e－ICBC战略体系等新型组织架构，各级机构和广大员工争创业绩的能动性进一步提高。四是人力资源管理服务水平取得新提升。加强调查研究，分类开展人力资源情况调查分析，坚持以前瞻思维、问题导向谋划工作。加强系统培训，对境内外机构人力资源部门负责人、专业骨干分层分类开展专业培训，启动“员工管理工作能力专题培训项目”，提升各级直线管理者的人力资源管理能力。加强一体化管理，研究制定境外机构等级分类、班子管理、外派员工队伍建设和回国安排等一系列制度办法，健全国际化综合化人力资源管理体系。加强信息化服务，完善组织人事工作管理系统，开展员工个人信息核实，推出“人力资源管理系统移动版”，努力向信息要价值。

一年来，各级组织人事部门在党委领导下，注重激发活力，挖掘潜力，传导压力，凝聚合力，推动各项工作迈上了新台阶，为支持和保障全行改革发展作出了重要贡献，成绩来之不易。借此机会，我代表总行党委向组织人事战线的同志们，表示衷心的感谢和亲切的问候！

二、正确认识当前组织人事工作面临的新形势新要求

2017 年是全行第四个三年发展规划的收官之年，也是巩固扩大管党治党成果、推动全行从严治党向纵深发展的重要一年。下半年，我们将迎来党的十九大，这是全党全国人民政治生活中的一件大事。同时，国内外经济金融形势正在发生深刻变化，银行经营环境更趋严峻复杂，两难甚至多难问题不断显现，一方面要防止单纯为完成任务而无视风险、急功近利的短期行为，另一方面也要避免面对困难束手无策、裹足不前的消极无为。如何在立足全局、统筹平衡的前提下，做到结合实际抓落地、因时而变促转型，努力实现重点突破和稳健发展，既是对组织人事工作提出的要求，更是对全行党员干部尤其是领导干部提出的要求。各级党委和组织人事部门要研判形势，把握大局，清醒认识当前面临的挑战与使命。

从中央要求看，十八届六中全会专题研究部署全面从严治党，开启了加强党的建设的新征程。去年，中央还高规格召开了全国国有企业党的建设工作会议，对坚持党对国有企业的领导、进一步加强新形势下国有企业党的建设提出明确要求。今年初召开的全国组织部长会议，就推进“两学一做”常态化制度化、落实党建和组织工作任务进行了全面部署。“一带一路”倡议等重大国家举措深入实施，需要金融行业对接服务、提供保障。中央的一系列新精神新部署，为我们做好今年的工作指明了方向。作为中管金融企业中的“领头羊”“排头兵”，我们必须深入学习贯彻中央精神，结合实际不折不扣抓好落实，全力履行好国有大行的责任与担当。

从全行发展看，去年以来，新一届总行党委本着传承与创新的原则，针对经济新常态带来的新变化，提出“四个倍加”“五个紧紧抓住”的战略要求和工作部署，引领全行朝着发展新阶段努力奋进。战略确定以后，起决定性作用的是人。外部经营环境和金融竞争态势的变化，以及银行经营模式和发展方式的转变，对全行组织架构、管理模式、干部素质、人才结构、资源配置都提出了新的要求，需要我们积极应对、主动变革。在这个大背景下，充分发挥党建工作优势，激发人力资源活力，更加有效地推动和促进全行改革发展，组织人事部门重任在肩、责无旁贷。

从员工期望看，去年总行启动了“311”干部培养规划，开展干部公开遴选，在青年队伍建设等方面出台了一系列新举措，各机构各部门也开展了大量工作，得到了干部员工的积极响应和充分认可。广大员工是工商银行最宝贵的财富。做好员工工作，增强员工的获得感，是领导干部特别是一把手应当承担的基本职责，是组织人事部门的根本任务。要进一步了解广大员工的各方面需求，把员工的期望当作努力方向，从职业发展、教育培训、考核激励、人文关爱等方面入手，千方百计做好员工工作，充分调动 40 多万员工的积极性、主动性，让广大员工与工商银行同进步、共发展。通过抓好员工工作，培育广大员工的主人翁意识和工匠精神，激发自身潜能，提振队伍士气，为转型发展注入源源不断的内生动力。

从现实挑战看，这些年组织人事工作卓有成效，总体上与全行转型发展需要是适应的，也得到了上级部门的充分肯定，在同业中树立了良好形象。我们既要珍惜荣誉、戒骄戒躁，保持优良传统和作风，更要展望未来、再接再厉，不断提升组织人事工作的质量和水平。要正视当前存在的一些突出问题，特别是习近平总书记提出的作风建设上存在的不思进取、不接地气、不抓落实、不敢担当的“四不”问题，在我们一些干部中还不同程度地存在。比如，一些基层机构负责人在结合经营实际抓战略落地、结合本地状况提升差异化发展能力方面还有一定差距；有的习惯于齐步走、一刀切，习惯于机械式的层级管理，适应市场挑战的灵活性不够；有的创新能力不足与基础管理不牢的问题较为突出，成为影响资产质量稳定、阻碍转型发展步伐、制约竞争力提升的重要原因；还有基层党组织战斗力不强、少数班子结构不合理、有些员工素质不适应等问题，都直接影响着经营发展活力。这些问题需要引起我们的高度重视，提高认识，抓住主要矛盾，逐个研究解决，努力在一些涉及全局性的重点难点问题上取得突破。

当前形势下，做好 2017 年组织人事工作总的要求是：深入学习贯彻习近平总书记系列重要讲话精神，紧紧围绕全行“四个倍加”要求和“五个紧紧抓住”战略部署，以迎接党的十九大胜利召开和学习贯彻十九大精神为主线，坚持党建引领、以人为本，严肃党内政治生活，强化党内监督，扎实推进“两学一做”学习教育常态化制度化，着力加强干部人才队伍建设，优化人力资源配置，提高机构运行效率，将全行组织人事工作推上新的台阶，更好地推动和保障全行转型发展。落实好这个总要求，要着重把握好以下几个方面：

一是增强“四个意识”，把握大局大势。要深入学习贯彻十八届六中全会精神，牢固树立政治意识、大局意识、核心意识、看齐意识，坚定不移地维护党中央权威和党中央集中统一领导。这“四个意识”相互贯通、内在关联，是有机统一的整体，最终要落脚到看齐上，切实做到在思想上、政治上、行动上同以习近平同志为核心的党中央保持高度一致。各级党委和组织人事部门要在增强“四个意识”上更加自觉、作出表率，把“四个意识”作为党员干部教育培训的首要内容，作为考察识别干部的首要标准，作为领导班子思想政治建设的首要任务，推动党员干部把维护核心的要求变为思想自觉、党性观念、纪律要求和实际行动。要善于观大势、明大局，自觉把全行的思想认识统一到中央精神上

来，自觉把中央决策部署落实到建设现代金融企业的实践中，切实发挥好国有大行的表率和带头作用。

二是坚持全面从严，管好“关键少数”。坚持全面从严，是党的十八大以来管党治党的一个鲜明特点，落实到工商银行，就是要始终坚持从严治党、从严治行的经营理念。从严治党是中央一以贯之的要求，从严治行是我们稳健经营的保障，这两者在我行是内在统一、互为促进的。要继续坚持严字当头，从严要求领导班子和党员干部，严格管好基层党组织和广大党员，做到敢管敢严、真管真严、长管长严。我们讲从严管理，既要全面抓、不留死角，也要重点抓、以点带面。特别是要突出中高级管理人员、突出“一把手”，把抓“关键少数”贯穿于组织人事工作方方面面，以关键少数带动最大多数。要在工作环节上无缝连接，把干部教育培训、选拔任用、考核评价、管理监督、激励惩戒有机衔接起来，形成从严管理监督的完整工作链条。

三是突出问题导向，推动改革创新。要进一步增强问题意识，坚持问题导向，紧紧抓住制约改革发展和管理提升的瓶颈问题，有的放矢地开展工作。比如，如何有效推动全面从严治党向基层延伸，如何创新基层党建工作的方式方法，如何破解干部能上不能下的局面，如何解决人员结构性短缺的问题，如何通过改进绩效管理强化战略传导，如何优化资格认证教育培训，等等。要紧盯这些问题，坚持顶层设计和基层首创相结合，上级部门加强规划与引导，基层单位大胆实践与尝试，进一步释放人力资源和经营发展活力。要坚持传承与创新相结合，勇于求变，积极探索，以管理模式、运行机制、科技手段等方面的创新，更好地发挥人力资源管理在全行转型发展中的战略性和基础性作用。

四是注重内涵发展，提升管理效能。在新常态下，全行盈利增长进入到一个相对平缓的“平台期”，随之带来的必将是经营资源特别是机构、人员、薪酬等各项人力资源的阶段性短缺。在增长受限的情况下，我们更要精打细算，通过加强人力资源精细化管理，减少低效资源占用，提高资源配置效率，用好用足现有资源，让有限的资源发挥最大作用。组织人事部门要在资源投放上，坚持“精准滴灌”，把“好钢用在刀刃上”，提高资源投入的回报水平。各机构各部门也要增强成本意识，摒弃过去一说发展业务就要机构、要人员、要资源的传统思维，眼睛向内，主动挖潜，在岗位设置、制度流程、劳动组合上做文章，推动全行实现结构优化、效率提升、资源节约的内涵式发展。

三、深入推进“两学一做”学习教育常态化制度化

前不久，我们对推进“两学一做”学习教育常态化制度化进行了动员部署，印发了实施方案。目前，各项工作平稳推进，进展顺利。这里我再强调三点。

（一）准确把握“两学一做”学习教育常态化制度化的任务要求。要筑牢“学”这个基础，坚持用党章党规规范言行、用党的创新理论武装头脑，深入领会学习习近平总书记系列重要讲话的基本精神、基本内容、基本要求，用其中蕴含的治国理政新理念新思想新战略来指引方向、推动工作、促进发展。要抓好“做”这个关键，引导党员干部做到政治合格、执行纪律合格、品德合格、发挥作用合格，认真贯彻落实党中央、国务院的决策部署，树立务实作风，勇于担当负责，立足本职岗位，投身改革发展，争做模范标兵，为实体经济振兴、金融安全稳定和全行稳健发展做出应有的贡献。要突出基层支部，树立党的一切工作到支部的鲜明导向，充分发挥基层党支部的主体作用，切实加强总分行本部和基层网点党支部建设。同时，要根据中央要求，以高度负责的精神用好管好去年清理收缴的党费，进一步严格规范日常党费的收缴使用管理工作。

（二）着力推动“常态化”。要在坚持中见常态，让“两学一做”成为每一名党员的日常功课、行为习惯。一方面要做到持续学、深入学、跟进学。尤其要及时跟进学习习近平总书记关于经济金融工作的最新讲话精神，深刻理解维护金融安全是关系我国经济社会发展全局的一件带有战略性、根本性的大事。要充分认识金融在经济发展和社会生活中的重要地位和作用，把支持实体经济、防控金融风险、深化转型创新作为贯彻落实习近平总书记系列重要讲话精神的根本途径。另一方面要做到学而信、学而思、学而行。“两学一做”学习教育开展以来，各级党组织在推动基层党建工作方面有很多的探索和实践，一个重要经验就是，要把学习教育与中心工作结合起来不断创新，才能增强学习教育的吸引力。要结合所在机构工作实际和党员干部实际需求，使“两学一做”学习教育成为推动业务发展与党建工作齐头并进的有效载体，推动学习教育长期坚持下去并取得良好效果。

（三）扎实抓好“制度化”。要向制度建设要长效，建立健全“两学一做”学习教育的制度体系。一是健全组织生活制度。要把“两学一做”纳入“三会一课”，把学党章党规、学系列讲话作为党员干部的必修课；健全中心组学习、民主生活会、组织生活会等制度，加强对领导干部参加组织生活的要求和监督，使党员干部在组织约束中锤炼作风、接受监督、百炼成钢。二是健全监督检查制度。要把推进“两学一做”学习教育常态化制度化情况纳入各级党组织党建工作考核、纳入领导干部述职评议内容、纳入巡视检查工作范围，统筹用好定期考核、随机抽查、专项检查、日常监督等手段，形成制度化的监督合力。三是健全群众评议制度。要自觉听取群众意见、接受群众监督，把民主评议党员作为一项长期制度抓紧抓实，督促党员在思想上有新认识、言行上有新气象、工作上有新业绩，真正使党

的组织生活、党员教育管理严起来、实起来。

四、进一步加强和规范党内政治生活

加强和规范党内政治生活，是十八届六中全会提出的明确要求，也是今后一个时期全行党建的重点工作。

（一）要提高党员领导干部“讲政治”的意识和能力。政治是灵魂，是方向，也是格局问题。“讲政治”就是要增强“四个意识”。对于我行的党员干部来说，“四个意识”不是简单的口号，而是有实实在在内容的，核心的一点就是要坚定不移地贯彻中央精神，实现国有企业成为“六个力量”的目标。要把“讲政治”的要求落实到提高政治能力上，使自己的政治能力与担负的领导职责相匹配。同时也要讲专业能力、专业素养、专业作为，离开专业能力谈“讲政治”，也就失去了具体体现和生机活力。因此，必须从政治、业务、作风、操守等方面全方位加强干部队伍建设。一是“顾大局”。要深刻领会习近平总书记系列重要讲话精神的思想内涵和精神实质，坚持高站位、宽视野，主动站在国家经济金融工作大局的高度去研究谋划全行的经营管理工作。总分行本部要突破部门思维局限，坚持战略导向、创新导向、客户导向和基层导向，在服务实体经济、扶持小微企业、支持供给侧改革等方面加大投入，提高决策执行效率，形成发展合力；分支机构要摒弃“以老大自居”的优越感，时刻保持忧患意识和紧迫感，紧跟区域发展战略，积极优化经营结构，强化风险防控，把市场竞争力的“短板”补齐补强。二是“守纪律”。要紧跟中央修规立矩的步伐，按照中央纪委七次全会“四个统一”和“六个要”的新要求，认真贯彻执行《中国共产党廉洁自律准则》和《中国共产党纪律处分条例》，知敬畏、存戒惧、求进取、守底线。三是“敢担当”。要坚持以身作则，率先垂范，矛盾面前敢于迎难而上、危急关头敢于挺身而出、失误面前敢于承担责任，不折不扣地推进各项工作。同时，要不断锤炼服务实体经济、做好银行工作的真本领，努力使自己的专业素养和工作能力跟上时代节拍，熟悉和把握金融规律，增强驾驭复杂局面的能力，提升金融专业水准，扎扎实实把经营管理做优做强。

（二）要进一步推进民主集中制。严肃党内政治生活，最根本的是要认真执行民主集中制。一要加强教育。把民主集中制教育作为必修课，引导党员领导干部熟悉民主集中制的规矩，懂得民主集中制的方法，增强贯彻执行民主集中制的自觉性。二要加强制度建设。按照中央党组工作条例和总行党委工作规则，进一步完善并严格执行议事制度和决策程序，探索建立经常性的检查评估机制，形成以民主集中制为核心的有效运行机制。三要抓住关键人和关键事。贯彻民主集中制，关键看领导班子成员，尤其是一把手，重点要体现在“三重一大”事项的决策和执行上。

（三）要严格党的组织生活。党的组织生活是党内政治生活的重要内容，是党组织对党员进行教育、管理、监督的重要形式，是党员锤炼党性的最主要途径，也是一项抓基层、打基础的工作。一要强化党员意识。“在组织里的人，就要过组织生活”，党员是党的组织生活的主体，党员意识强，组织观念强，执行党章党规才能到位。要把强化党员意识作为着力点，加强对党员的教育管理，引导党员牢记自己的第一身份是党员，在组织生活中认真行使权利、履行义务、落实责任。二要创新组织生活形式。既正本清源、回归党内政治生活的传统，又与时俱进创新党的组织生活的内容形式和途径办法。要善于总结推广基层好的经验做法，增强组织生活的吸引力和感染力。要注重应用新技术手段，探索开展线上组织生活，努力为组织生活开辟新的阵地。开展党的组织生活不能“三天打鱼、两天晒网”，要坚决落实组织生活制度，锲而不舍地把组织生活这项基础工程抓好。

在这里，我还要强调一下十九大代表选举工作。这次中央直接分配给我行5个十九大代表名额，其中要求工作第一线党员3名（其中工人党员1名）、女党员1名，由我行召开党代表会议选举产生。前期我行出席党的十九大代表候选人初步人选已按程序产生，下一步要按照中央部署，精心组织好全行党代表会议，确保选出的代表政治素质好、议事能力强、结构合理，具有先进性和代表性，履行好党代表的各项权利和义务。党的十九大召开后，要迅速组织传达学习，深刻领会十九大精神，结合工作实际，研究提出贯彻落实的意见和措施，切实以十九大精神为指导，进一步抓好全行党的建设和各项经营发展工作。

五、切实加强干部人才队伍建设

队伍建设是决定我们事业成败的关键因素。在严峻复杂经营形势下，要实现总行确定的各项战略目标，必须在队伍建设上有所突破，充分调动和发挥好干部员工的主观能动性、工作积极性。

（一）要在干部梯队建设上取得新的突破。当前全行干部队伍存在的梯次结构、专业结构不合理等问题，甚至有的岗位选拔干部时觉得“无人可选”，其原因很重要的一条就在于干部培养不系统、不主动。抓好干部工作，一方面需要严标准、严规矩，另一方面也需要大格局、大视野，把对干部的培养选拔放到推动未来发展、建设百年老店的大背景下去思考谋划，从根本上改变当前干部队伍结构存在的问题，为长远发展奠定良好的组织保障。要加强主动规划和顶层设计，在对领导班子深入分析的基础上，着眼未来3－5年干部有序更替和全行战略发展需要，研究确定未来一段时期干部数量缺口和结构需求，长远谋划和制定领导班子补充及干部培养规划，增强干部选拔的前瞻性和针对性。要持续落实“311”干部培养规划，选拔一批政治素质好、业务能力强、工作业绩好、发展潜力大的干部，纳入干部培养信息系统，实行名单制管理，制订个性化培养方案，针对专业能力、任职经历和管理经验短板，分层分类开展实践锻炼和理论培训，努力培养能够在未来转型发展中勇挑重担的优秀接班人。总行将重点抓好高级培养对象的培养，各机构各部门要抓好中级、初级培养对象的培养，共同把这项工作组织好、推动好。在年轻干部的培养上，要特别注重思想教育和实践摔打，减少浮躁心态，增强实战能力，防止“拔苗助长”“经历粉饰”“温室培育”。要加强后备干部队伍建设，今年总行将启动后备干部的动态补充和调整，采取各单位领导班子推荐和总行组织调研相结合的方式，将更多优秀干部纳入视野、重点培养。各单位要按照总行要求，认真研究，严格把关，做好人选推荐报送，突出专业化、年轻化，真正把那些可以培养重用、有利于优化班子结构的干部选出来，通过有进有出、动态调整，使后备干部队伍成为“一池活水”。

干部培养是一项系统工程，需要上下联动，形成合力。各机构各部门要根据总行统一部署，按照下管一级、监控两级的要求，加强对下级机构落实班子规划和干部培养工作的督导力度，通过全行的共同努力，进一步抓好干部人才的培养储备，避免急用现找、降格以求，确保各级班子的有序更替和梯次发展。

（二）要在领导班子建设上取得新的突破。一个单位经营得好不好，管理得怎么样，关键是班子，核心是一把手。要着力加强班子建设，把各级班子打造成为引领全行经营发展的坚强核心。

一是强化思想政治建设和能力建设，优化班子结构。理念是行动的先导。要适应当前金融业态多元、跨界跨业竞争加剧、金融改革不断深化的新形势，抓紧培养一批具有正确发展理念、清晰发展思路、善于攻坚克难、勇于创新突破的领导干部，特别是选优配强一把手，以更好地适应新的发展要求。要继续推进领导班子的专业化、年轻化建设，加强对优秀年轻干部的选拔配备，探索和完善按专业选拔、培养和考核干部的管理机制。要继续完善选人用人机制，不断总结和推广公开遴选的好做法、好经验，坚持组织选拔与竞争性选拔“两条腿走路”，拓宽选人用人视野，强化党委把关作用，切实把组织满意、干部服气、群众公认的干部选出来、用起来。

二是加强考核传导，从严管理监督。在考核上，要立足于准，着眼于实。去年我们完善分行副职绩效分配方式，强化副职绩效工资与分管业务表现的关联度，加强总行战略导向和经营压力传导。今年我们出台了分行市场竞争力评估方案，以加强目标管理为导向，建立竞争力指标考评体系，设立三年周期和每个年度的发展目标，以此评价各分行一把手的经营成果。同时，要进一步加强对境外机构负责人的定量考核，建立正职聘期考核机制，并推行与副职签订目标责任书。要通过精准考核，奖优罚劣，用实绩表现决定干部的薪酬收入和进退留转，切实发挥考核指挥棒的作用。在监督上，要立足于早，着眼于小。要抓早抓小，针对巡视、信访举报、选人用人检查、个人有关事项报告查核等工作中发现的问题，综合运用提醒、函询、诫勉、约谈、通报等手段，对苗头性、倾向性问题给予及时处理，防止小毛病拖成大问题。要加强思想引导和教育，让“当干部就要受监督”“要习惯在监督下工作和生活”的理念，进一步深入人心。在强化考核监督的同时，还要注重与正向激励相结合，建立健全容错纠错机制，为敢于担当者担当，为敢于负责者负责，调动和保护好各级干部干事创业的积极性。

三是推动能上能下，提升班子活力。去年，总行印发了《推进管理人员能上能下若干规定》，明确了干部能上能下的标准、条件和操作流程。要抓好这个办法的贯彻落实，对德才兼备、实绩突出、群众公认的干部，要及时发现、选拔重用；对“不思进取、不接地气、不抓落实、不敢担当”的干部，要及时调整、转任退出。要探索建立干部能上能下的常态化机制，通过加强考核考察等工作，及时全面地了解干部履职情况，畅通能上能下的渠道，不断增强干部队伍的生机与活力。要结合干部能上能下，研究制定主动调整优化班子的实施办法，鼓励干部根据个人意愿和专业特长，自主选择任职岗位，实现人尽其才。在这里还要强调一下，在实施干部退出时，决不允许简单以年龄“一刀切”，更不能按职务层级层层递减任职年龄。关于这一问题，总行有明确要求，但仍有机构存在简单搞年龄划线、到龄转任的问题，造成了干部资源的浪费。各机构要对类似这样的情况进行再排查，对总行的政策要求进行再重申，对存在问题的机构组织再整改，合理使用好各年龄段干部。

（三）要在业务类干部管理上取得新的突破。近年来，我行的岗位职级体系和业务类干部管理经历了一个不断调整完善的过程，总的来看，设置业务类岗位在加强专业人才队伍建设，拓宽员工职业发展路径，激发员工干事创业热情等方面，发挥了重要作用。但从各机构的情况来看，也存在一些问题，比如业务类岗位的总体定位不够清晰，与管理类岗位之间的关系没有理顺；业务类干部在本序列内晋升发展的通道还没有真正打通，专业人才持续成长的机制还不完善；岗位职责不明确，业务授权不清晰，作用发挥不充分，一定程度上存在“闲职化、虚职化”的倾向，有的甚至拿着高工资，不来正常上班，员工意见较大。下一步，要继续完善市场化、专业化的业务类干部管理机制，明晰管理类岗位和业务类岗位之间的关系，健全业务类干部的选拔聘用、考核激励和管理监督机制，使他们的作用能够得到充分发挥，岗位价值得到充分体现。一要充分发挥业务类岗位在加强专业人才队伍建设中的作用，畅通业务类干部在本序列内纵向晋升发展通道，打破职业发展“天花板”，调动和激励业务类干部在专业条线内不断提升专业能力、创造工作业绩；二要充分发挥业务类干部的作用，进一步明确业务类干部的岗位职责，授予业务类干部适当的业务管理权限，有必要的可兼任下一级管理职务；三要切实加强对业务类干部的考核监督，明确任务目标和考核标准，完善激励约束机制，不允许出现“转岗不上班”的情况；四要建立健全适合业务类岗位特点的管理机制，对业务类岗位推行以专业评审为主的选聘方式，逐步强化以工作业绩和专业能力为主导的选聘标准，建立完善能上能下、动态调整的选聘机制；五要进一步加强职数管理，从严控制专家层级职务的选聘，在选聘之前要先明确岗位职责、业务授权和汇报关系，职责不清的不能选聘。

（四）要在人才队伍转型升级上取得新的突破。银行的竞争，归根结底是人才的竞争，靠的是经验的积累和专业的沉淀，而不能“拼颜值”“吃青春饭”。要发挥好党管人才作用，加强各级党委对人才工作的组织领导，强化人才为本理念，完善人才发展机制。未来几年是银行经营转型的攻坚期，也是人才培养储备的关键期。要着眼于工商银行的长远发展，编制实施新时期的全行人才发展规划，加快完善涵盖“引进—培养—激励—发展”各环节的全链条人才管理政策，形成具有工行特色的人才管理体系。要着眼于全行转型发展的重点领域，推进专业人才队伍建设，建立重点条线人才库；以提升实际工作能力为导向，优化员工资质认证和教育培训工作；按大业务板块规划资质，贴近业务设置题库，明确资质取得标准，科学整合培训内容，真正体现能力提升，从而打造门类齐全、结构合理、富有竞争力的专业人才队伍。要着眼于全行国际化发展的需要，健全境外人力资源管理机制，进一步加强当地雇员管理，积极开展企业文化宣传、荣誉全球雇员评选表彰，加大当地雇员到总行和境内机构工作交流力度，持续推进文化融合，支持和保障新时期全行国际化战略的纵深推进。要着眼于人才队伍的接续发展，建立青年员工专项培养计划，完善优秀青年员工加速晋升机制，拓宽青年员工晋升发展通道，加快培养步伐。今年将继续加大干部多岗位交流培养的力度，加强干部总分行双向交流力度。尝试选择50个左右的困难二级分行和一级支行，从总行选拔一批有发展潜力、有一定管理能力的年轻干部担任行长，促使他们更好地熟悉基层情况、增强基层感情、提高实践能力，直接在市场的风浪中历练摔打、在艰苦环境中成长成才。同时，从省市分行选择一批优秀干部到总行任职工作，以提升其宏观战略视野和专业能力。要正视全行人员年龄结构的现实，防止在年龄问题上简单化的做法，注意发挥好、调动好50岁左右员工的积极性，在加强适岗培训的同时，更加注重通过创新业务模式、优化劳动组合，提高人岗匹配程度，充分用其所能、尽其所长。各级管理者要提升抓班子、带队伍的能力，做好思想政治工作，加强教育引导，使广大员工能够把自身的发展和工行的事业有机结合起来。

六、不断提升各类资源配置效率

人力资源作为全行经营转型的战略支撑，是宝贵的第一资源。全行上下一定要更加珍惜人员、机构、薪酬等各类资源，把精准投放、用好用活作为资源配置的根本要求，以人力资源优化配置，进一步推动全行发展更加集约、更富效率、更有质量。

（一）优化人力资源配置。当前金融生态的深刻变化，以及更加严格的资源约束和日趋激烈的同业竞争，迫切需要我们转变人力资源总量与结构配置方式，提高集团人力资源配置效能。一方面，要通过“以退定进、多退少进”，实现人员规模逐步压降，今年就要确保完成净减1万人的工作目标；另一方面，在人员总量调控上要体现差异化，分类施策，区别对待，对于一些重点区域和业务条线不仅不应该减人，该增加的还要增加，不能简单搞“平均主义”。要在去年人员结构调整的基础上，继续用好“人力资源两张表”，围绕全行整体战略部署，持续推进人员结构调整工作，将有限的人力资源优先投向新的盈利增长点和高价值创造、高贡献回报的条线、板块与岗位，加快培育一批具有较大增长潜力的新业务条线和利润增长点。要深入分析各条线各岗位的人力资源占用情况，从岗位设计、工作流程、作业内容等方面入手，发现和破解人力资源耗费的制度障碍和瓶颈问题，更加精准高效地配置人员。为适应新环境下提升服务效率和网点转型的需要，总行将专门成立流程优化领导小组，统筹推进业务流程综合改造，同步优化网点岗位设置和劳动组合，提高岗位兼容性和人力资源通用性，提升人力资源使用效能。要立足当前、面向未来，研究编制中长期人力资源规划，统筹考虑城市分行和县域机构、新兴业务条线和基础专业部门、机构本部和经营单元，协调推进员工队伍的有序更替和结构调整，达到各层级总量适度、结构合理、进出有序、素质有升、保障有力的总体目标，下好新形势下人力资源竞争的“先手棋”。要建立人力资源优化调整的后评估机制，重点对新增及存量转岗人员的岗位投向、人力资源供需匹配等情况定期监测，对转岗人员履职和人力资源配置情况及时进行跟踪评价，确保优化调整取得实实在在的效果。

（二）提升组织机构管理效能。一要突出效能提升，优化网点区域布局。适应城市和区域发展的趋势，加大对大型居住社区、城市功能新区、新兴区域市场的网点建设力度。对于网点密度过高、资源内耗严重的老城区，人口外流、功能空心化以及发展衰退的城市片区，以及发展慢、效能低的"小、老、旧"网点进行调整和退出。要结合实际科学规划，增强布局选址的科学性与精准性，提升网点布局与区域发展的匹配度。二要完善管理机制，继续加强柔性化团队建设。我们设立柔性团队，是为了提升新兴业务营销能力和专业化水平，是直接打仗的，是为了灵活配置人力资源、提高资源使用效能，不能把这项改革当作增设机构、扩充编制职数的途径，严禁团队管理部门化、机关化。要针对一些柔性化团队存在的职责不明晰、管理不规范、配套不完善等问题，从团队定位、绩效考核、人员选聘、员工发展等方面，进一步优化团队工作机制，坚持量质并举，强化激励约束，提升团队质量。要继续推进各分行新兴业务团队建设，充分发挥团队在破除机构墙、部门壁、提高工作效率方面的积极作用。要健全团队考核评价机制，定期对团队运作情况进行评价分析，加强动态管理，实现柔性团队可增可撤、可消可长。要探索建立市场化导向的薪酬激励机制，使团队收入与业绩表现紧密挂钩，解决好团队成员的工作评价、职业发展等问题，鼓励和吸引优秀人才向新兴业务流动。三要进一步加强重点业务线建设，优化组织机构体系。要深入推进大投行和大资管战略落地，健全全价值链分工体系，明确职能定位，加强风险防控，为全行经营转型和盈利提升贡献力量。要完善 e－ICBC 3.0 智慧银行组织架构体系，遵循互联网发展规律，推动体制机制的创新突破，发挥好矩阵式联动作用和经营合力，打造极致体验的产品，创造多元融合的场景，形成线上线下一体化的发展模式。四要进一步加强对各级分行本部机构的管理。要推进各级分行本部的职能转变，突出直接经营定位。要分类管理各级分行本部人员，探索新形势下本级人力资源管理实现的新途径。在机构设置和资源配置上，重点向营销管理及专业经营部门、向经营类直属机构、向新兴业务倾斜，严格控制中后台部门膨胀。要强化省分行和二级分行的营销服务主体作用，构建与经营转型相适应的管理体系，提升对战略客户、重点客户的响应效率和服务水平。要严格控制总行本部新增处室，将相近职能整合归并到同一处室，避免分工过细，尽量保持处室数量和管理人员数量基本稳定，以降低内部协调成本。要积极探索"大部门制"，整合营销界面，实施板块化运作，以板块为基础单元研究制定业务发展规划，建立板块统筹协调机制，提高部门之间的协作效率。

（三）强化薪酬激励效果。一要坚持效益贡献导向，要进一步强化"工资增长靠业绩"的发展理念，集团的工资总额增长与集团净利润增长挂钩，各机构的工资总额也要与自身业绩发展紧密相关。各机构要围绕全行经营发展目标，按照总行的考核激励导向，加强对下辖机构的压力传导与经营引导，努力提升整体效益水平，做实关键业绩领域，向效益要增资、向管理要增资。在员工绩效考核方面，要从机构整体发展目标和员工岗位职责出发，建立导向一致、简洁有效的绩效考核体系，将全行员工"拧成一股绳"，发挥合力、共创共进。在网点绩效考核方面，要适应新的要求，构建网点员工考核激励的新模式，推动战略传导真正落地，解决"最后一公里"的问题。二要兼顾公平与保障，在强调正向激励的同时，也要关注各层各类员工的收入变化，特别是基层员工收入，确保对基层机构、基层员工的资源倾斜与保障。三要体现奖勤罚懒，不能把绩效工资固定化，合理拉开不同考核结果员工之间的收入差距，加大对绩优员工的激励力度，真正体现"多劳多得、少劳少得、不劳不得"。强化核心人才的差异化激励，在利润中心和综合化子公司核心业务板块、分行核心盈利团队的市场化激励方面有所突破，探索推行与核心业绩指标紧密挂钩的薪酬激励模式，提升优秀人才创利增效的动力。

七、持续加强组织人事部门自身建设

各级党委要更加重视组织人事队伍建设，组织人事部门的同志要带头传导落实党委战略部署，提高政治站位和全局意识，积极更新理念、提升能力，努力打造讲政治、重公道、业务精、作风好的模范部门。

（一）组织人事工作要有大格局。首先，要胸怀全局。组织人事管理是一个专业，但是要跳出这个专业，站在全行的角度、全局的高度来看待问题，通过组织人事部门的资源配置，实现对全行战略和经营导向的分解传导。人力资源管理要与其他业务部门的管理互融互通，统筹推进，发挥好协同效应。组织人事工作要在贯彻执行中央政策精神的同时，看到业务需要和市场变化，以发展为根本出发点，服务和保障中心工作。其次，要着眼长远。谋划干部工作、班子建设、人员结构调整、人才队伍建设等工作，不仅要解决眼前的问题，还要满足未来三五年甚至更长远的发展需要。政策制定后要形成落地执行、跟踪完善的连续过程，功贵持续、利在长远。再者，要勇于突破。当前各方面困难压力往往集中在人力资源的配置与管理上，做好人的工作是做好一切工作的"牛鼻子"。组织人事部门要争做改革创新的"尖刀营、排头兵"，力戒不合时宜的思维惯性，在一些关键领域和重点环节勇挑重担、率先突破，充分发挥带动作用。最后，要敢于担当。敢于动真碰硬，加大各项政策贯彻落实的检查力度，对不落实政策、不执行制度的行为，该处理的处理，该调整的调整，确保各级机构对全行战略的执行不变形、不走样，政令畅通，令行禁止。

（二）组织人事干部要培养工匠精神。工匠精神就是追求卓越的创造精神、精益求精的品质精神、服务至上的专业精神。工匠精神，讲究严谨耐心、精益求精、专注敬业、淡泊名利。中组部强调组织人事干部要"安专迷"，安心本职、专注工作、迷恋事业，讲的也是这个问题。这里特别强调一个“实”字。一是实事求是。也就是积极面对和研究改革中的鲜活实际，顺应时代需要和基层实际推动组织人事工作实践发展。二是了解实情。要多跑基层、多钻研业务、多倾听员工的心声，摸清家底、掌握实情，对全行及本机构各项资源的数量结构、配置情况做到心中有数，才能够“下笔有方”。三是措施要实。要务实求实，不务虚功，不图虚名；要正视问题，找到症结，精准施策；既要做好由上而下的政策宣传与落实，也要注重用基层实践来校正我们的政策与制度。对于组织人事干部而言，具备工匠精神还要“锲而不舍”，在研究解决问题、工作推动落实、政策制度督导上，都要锲而不舍、一抓到底、抓出实效。

（三）组织人事队伍要提升素质能力。在全行转型发展的历史进程中，组织人事干部要勇立潮头、争做先锋。目前，全行组织人事队伍总体来看是好的，思想素质高，敬业精神强，在全行改革发展中承担了重要职责，发挥了积极作用。但在新的形势任务下，组织人事队伍特别是基层的专业队伍在理念意识、能力素质、工具方法等方面也存在一些不适应、不匹配的问题，人力资源管理的前瞻性、系统性、科学性、创新性有待进一步提高。各级机构要高度重视组织人事队伍建设，加强分析规划，强化选拔配备、专业培训和岗位交流，增强队伍的战斗力和活力。要树立制度意识和流程习惯，使组织人事工作的优良传统和有效措施得到有形的传承。要提升组织人事干部的职业素养，做到坚持原则、公道正派、严于律己、甘于奉献，培养过硬的工作作风，树立守纪律、讲规矩的良好形象。要强化互联网思维，加强信息系统建设，借助移动化、智能化的技术手段，使人力资源工作能够有效“链接”各个机构和广大员工。要以加强组织人事专业队伍建设为突破口，打造具有工行特色的人力资源管理文化，实现人力资源的提质增效，助推全行改革发展。

同志们，做好今年的组织人事工作，使命光荣、责任重大。各级党委和组织人事部门一定要以时不我待的紧迫感和责无旁贷的使命感，奋发有为、扎实工作，全面开创组织人事工作的新局面，为全行转型发展发挥更大的作用，以优异成绩迎接党的十九大胜利召开！

在河南分行工作汇报会上的讲话

易会满

（2017 年 5 月 25 日 · 根据录音整理）

刚才，许杰行长代表河南分行党委作了工作汇报。整个听下来感受到，省分行新一届班子组建两年多以来，较好地领会和贯彻了总行党委的战略部署，能够紧密结合本地实际，紧密依靠全行两万多名干部员工，奋力拼搏，攻坚克难，扎实推进经营管理各项工作，取得了较好的发展成效。尤其值得肯定的是，省行党委自觉做到了“四个坚持”：一是坚持以党建工作为引领。通过加强各级班子建设、实施三位一体干部考评、经常性深入基层联系点以及发挥典型引路作用，推动了管党治党主体责任的层层压实。在年初全行党委书记抓基层党建工作述评会上，河南分行作为 5 家现场述职单位之一，介绍了加强基层党组织建设的经验做法，给总行党委、纪委及党建工作领导小组留下了深刻印象。二是坚持以转型创新为动力。分行在机构差异化管理、做实业务推进委员会、专业团队建设等方面做了不少创新探索，促进了大零售、大资管、大投行战略的落地实施，为市场竞争力提升和盈利可持续增长奠定了基础。三是坚持以结构调整为重点。分行注重强化定价精细化管理，推动客户拓展能力与服务体验建设，推进线上线下一体化协调发展，在收益结构、客户结构、渠道结构的调整优化上取得积极进展，提高了发展质效，增强了发展后劲。四是坚持以从严管理为保障。尽管河南分行在内控合规、风险防控方面面临的挑战不小，但大家能够正视问题、落实整改，制定并实施了从严治行、从严治贷、从严治财三个“35 条”，并下大气力深化信贷体制机制改革、强化内控监察力量，收到了较好效果。正是依靠这“四个坚持”，依靠全行上下的共同努力和辛勤工作，河南分行近年来总体保持了平稳健康的发展态势，没有出现大起大落的状况，每年能够较好地完成总行下达的经营计划，综合考评和经营绩效在系统内始终处于中上游水平。

汇报中也分析到分行在竞争、盈利、风控、作风等方面存在的问题和差距，我认为都是契合实际、客观中肯的。站在总行角度来看，当前及今后一个时期，河南分行要重视解决好两大突出问题。一个是如何夯实经营管理基础特别是加强内控案防工作。河南分行对防控案件不可谓不重视，先后制定了一系列制度办法，采取了一系列监控督导措施，也做到了严肃责任追究。但近年来仍发生了多起重大案件和风险事件，从河大支行非法吸收公众存款案件，到泸州老窖、洋河股份存款丢失案件，再到灵宝支行黄金质押贷款被诈骗风险事件，涉案金额从千万级到亿级，案情触目惊心，教训十分深刻。从河南的整体情况看，昨晚与省行班子交流中有同志谈到，现在民间借贷、P2P、网络理财等各类新金融、准金融、类金融在省内遍地开花，“金融乱象”层出不穷，我们面临的案防形势比以往更加严峻。如何建立全面有效的风险管控体系，强化基础管理，守牢合规底线，是对省行党委班子及在座每一位同志的重大考验。另一个是如何加快提升竞争发展能力。在这方面，省行党委已围绕客户、机构、渠道、机制等作了布置安排，我都赞同。需要强调的是，在加快提升竞争发展能力的过程中，要注意同步调整好经营结构，通过全方位发力实现综合提升，力争取得更大发展。结合分行的工作打算，对河南分行下一步工作，我再讲几点意见。

一、进一步结合实际抓好总行战略落地

综观全行，我们行与行之间的差距，既取决于对总行战略部署的落地执行能力，也取决于对本地实际情况的精准把握能力。我国地大物博、幅员辽阔的国情，决定了不同地区往往存在较大的发展差异和鲜明的地域特色。河南分行要本着全行战略与省情特点相结合、区域经济环境与自身发展阶段相匹配的原则，因地制宜研究抓战略落地的新思路新举措，着力增强经营发展动能和转型创新活力。

一是把握中原崛起河南振兴的发展机遇，落实好总行信贷战略要求。昨天晚上，我与谢伏瞻书记就河南的发展机遇和市场潜力作了深入交流，对河南经济社会的发展前景，我个人是充满信心的。河南省去年 GDP 突破 4 万亿元，“五大国家级战略”相继实施，新一届省委省政府出台了许多政策措施，规划了大量重点项目和重大工程，这些都是河南分行业务发展的重要基础。分行要结合总行“抓大、抓小、抓新、抓优”的战略部署，解放思想，精准施策，创造性地开展工作，尤其要围绕河南省打好“四张牌”、建设“三区一群”、推进“三去一降一补”等重点领域，加强信贷市场的研究分析和顶层规划，统筹安排信贷投向和结构布局，牢牢把握来之不易的大好机遇。

二是把握河南作为人口大省所蕴含的市场机遇，抓好大零售战略的落地深植。从总行的数据分析看，零售业务发展主要取决于两个外部因素，一个是前面谈到的经济总量，另一个就是人口规模，新增个人客户较多的地区往往也是常住人口总量排名靠前的地区。河南总人口超过 1 亿，是名副其实的人口大省，蕴藏着巨大的零售金融需求，特别是随着城镇化进程的加快、城乡居民收入的提高，零售市场的增长潜力还将不断显现。我在总行个金部调研时讲过，零售是工商银行输不起的生命线，对河南分行来说更是如此。现在分行大零售的营业贡献占比接近 60%，大大超过全行平均水平，下一步要继续坚定不移地抓好大零售战略这个“吃饭工程”，深挖潜力，把握机遇，把零售规模做大做强，客户做多做优，发展做快做好，进一步提高零售业务的价值贡献度。

三是把握河南转型发展攻坚带来的变革机遇，下好经营转型和改革创新的“先手棋”。到河南我了解到，不久前省委专门召开了转型发展攻坚推进会议，明确了产业转型的目标任务。可以预见，在河南经济转型升级和结构调整进程中，企业生产经营模式和居民生活消费方式都将呈现新的阶段特征，尤其是企业研发投资、直接融资、兼并重组等相关金融活动将明显增加，个人资产配置和财富管理需求将大量释放。在这种形势下，哪家银行转型得早、创新得快，哪家银行就会赢得客户、占据主动。今后 3－5 年是银行经营分化加速的阶段，如果我们不能因势而变、因需而变，还是沿传统的路子走下去，未来的发展注定会遭遇瓶颈、充满阵痛。还要认识到，转型创新的竞争不再局限于银行同业之间，已扩展到与各类新型金融业态的跨界跨业竞争。未来随着区块链、电子货币、人工智能等新技术的成熟和配套商业模式的建立，所谓的“降维”冲击可能会迅速到来。

面对实体经济金融需求的深刻变化，面对金融脱媒加速和竞争主体增多的严峻环境，河南分行上下务必要前瞻研判省内经济社会发展的新趋势，深入分析经济转型升级和结构调整对金融服务提出的新要求，充分认清金融形态和竞争态势的新变化，在经营理念和工作方法上及早做好转型创新的准备，努力将战略优势和区位优势转化为发展优势和竞争优势。对此，我们应该充满信心，特别是对分行这支两万多人的队伍应该充满信心。我始终认为，工商银行是人才济济的大行，我们员工的素质能力是过硬的，精神状态是良好的，只要思想认识到位，只要广泛动员起来，我们转型创新的“先手棋”就一定能够下好。

二、进一步提升竞争发展能力

竞争能力的提升是可持续发展的基础。近期总行对 30 多家一级分行、直属分行进行了市场竞争力评估。从结果看，一些分行当期竞争力不错，但存在重速度轻质量、重市场轻风控的问题，长远发展的后劲不足；一些行保持了同业领先地位，但竞争异常激烈，不容有丝毫松懈；还有一些行发展不够稳定，起伏波动较大。建议河南分行比照总行做法，加强对本行竞争力的研究分析，通过同业比较揭示经营优势和短板，激发各层级、各条线、各单元的竞争活力和发展动力，齐力捍卫工商银行在河南市场的领先地位。这里再结合河南分行竞争力提升，讲几项重点工作。

一是加快壮大个人客户基础。这是事关零售竞争力

和客户战略落地的根本性工作。如何强化客户基础，要素和方法很多，我在5月初总行党校第十三期领导干部研究班座谈会上，总结提出了“理念、认识、机制”“产品、场景、平台”“账户、流程、渠道”“定价、口碑、安全”“规划、数据、联动”15个关键词，希望接下来河南分行作广泛研究讨论，并结合自身实际突出工作重点，切实增强客户拓展与维护能力。目前，河南分行个人客户基础相对薄弱，1 600万个人客户仅占全省总人口的16%，与全行平均35%左右的占比相比差距不小。我认为，客户规模要达到3 000万，河南分行的零售业务才称得上“大”零售。要围绕这一目标，在省分行和二级分行层面加强客户拓展和业务布局的研究谋划，细化客户工作的思路措施，解决好为什么要拓展客户、客户在哪里、如何拓展、谁来拓展、如何传导拓展的动力和压力等关键问题，努力实现客户规模的显著增长，坚决防止对基层网点和客户经理简单下任务、提要求，否则客户战略就会事与愿违，零售竞争力提升就会成为空话。

二是做大做专公司信贷业务。这是公司金融市场竞争力的核心。我很赞同你们在省市两级设立信贷市场规划委员会的做法，“什么层级的机构做什么层级的事”也是我反复强调的。从历史经验看，越是在基层，盲目拓展市场的可能性越大，尤其是在过度或单纯追求盈利的冲动下，很容易偏离航线、失守风险的底线。河南分行要统筹总行信贷政策要求和区域实际，强化细化信贷市场规划委员会职能，提高经营层级，研究细分市场，实行集体会商，找准重点板块，突出精准营销，在把好客户准入的同时，做好优质客户的信贷储备和投放。

三是注重专业能力建设。这是提升业务竞争力的前提和保障，其中既包括经营能力、管理能力、创新能力，也包括责任意识、风险意识、合规意识，而合规就是守住底线的能力，是前提之前提、保障之保障。比如，一些机构为了发展理财和存款业务，违规签订“抽屉协议”“阴阳合同”，实质就是在搞违背金融规律、规避监督管理的伪创新，根本谈不上专业能力。又如，我们很多同志过去都当过信贷员，那时候每天盯着自己放出去的贷款，生怕出半点差池。但近年来个别机构无视信贷经营风险的本质，无视总行专家治贷、专业治贷的要求，搞起了信贷大跃进，以致出现大量风险。如何坚守商业银行的基本原则和经营底线，引导各级机构平衡把握好创新与合规、发展与风控的关系，让“专业化”和“专家化”真正成为一种职业追求和风向标，希望大家认真思考、提高认识，并以实际行动回答好这个重大问题。

四是狠抓城市行竞争力提升。这是我们竞争发展的主战场，也是必须打好的焦点之战。河南各地市行差异很大，贷款规模从几十亿元到1 000多亿元不等，行际跨度如此之大在全国也不多见。省分行要进一步加强对各二级分行的分类指导，既要抓好两头，也要带好中间，尤其要针对信贷体制机制改革、信贷布局、渠道优化等重点工作，结合区域差异一行一策提出竞争力提升的指导意见。今天河南分行还提出了一个很好的问题，城市行究竟该采取什么样的运营模式和管理体制。此前总行对80家重点城市行竞争力提升思考得比较多，但对一些中小城市行的竞争力问题关注不够，总行深改办要抓紧开展专题研究。今后中小城市行应更多实施扁平化管理，也可以在零售事业部直线管理、组建新兴业务专业团队、信贷客户经理与综合客户经理分离等方面多做一些探索尝试。建议河南分行挑选几家具有代表性的二级分行开展试点，争取为全行中小城市行管理模式创新打造几个示范样板，这也是我们城市行竞争力整体提升的重要组成部分。

三、进一步夯实基础管理

河南分行要把强化基础管理作为重中之重，充分运用“从严治行、从严治贷”的机制力量，促使全行从上到下、从前台到中后台树立正确的发展观、风险观和业绩观，推动我们的内控案防和风险管理水平有一个大的提升。

一是突出落实好各级领导干部从严治行的主体责任。业务发展要发挥“关键少数”的带动作用，从严治行也要依靠“关键少数”。这个关键少数就是在座的各位同志，以及所有县支行行长以上的领导干部。深刻检视起来，河南分行许多问题出在基层，但根子在领导班子、在一把手。我常告诫大家，做任何工作都要讲究辩证法、坚持两点论、学会弹钢琴，但有些干部置若罔闻、我行我素，特别是个别基层行前台部门的负责人风险意识淡漠、规制意识淡漠，缺乏应有的敬畏和戒惧，致使风险防控和内控案防的第一道防线形同虚设，说明我们从严治行还没有严到份上、治到根上。希望各级管理者从落实党中央、国务院决策部署的高度，从守住风险底线、维护金融稳定大局的高度，从维护大行形象、筑牢“百年老店”根基的高度，把从严治行的主体责任扛在肩上、抓在手上，把加强基础管理的工作要求落实到经营发展的每个层面和各个环节。

二是突出解决好强化基础管理的“中梗阻”问题。应该说，河南分行在以案为鉴、举一反三方面是有一定经验的，我看到省行党委就加强基础管理、提高内控案防能力想了很多办法，定了不少制度，包括责任考核、文化培育、专项整治、综合治理、行为排查等，但是这些制度办法有没有在基层一线落地生根？为什么老问题治理后会反弹回潮？新情况新问题又不断出现？我想主要还是一些行存在的“中梗阻”问题影响了基础管理要求的层层传导。对这一问题，省分行党委要认真加以研究，采取更加过硬的措施消除制约基础管理提升的“中梗阻”，尤其要注重发挥好内控监察和专项巡查打通关节、疏通堵点、纠偏正向、提高质量的重要作用，为根治“中梗阻”注入强大推动力，确保在基础管理落地上取得实效。

三是突出把握好从严治贷的工作要求。当前河南分行稳定信贷资产质量的压力依然不小，信贷管理的基础还比较脆弱。此前，分行以从严治贷为遵循，积极推进信贷体制机制改革，在8家试点行中抓的是比较实的。要充分认识到，这次信贷体制机制改革是一次系统性和全局性改革，涵盖机构设置、队伍建设、制度安排、流程设计、职责划分、IT配套等方方面面，下一步要把握严控准入、分类施策、落实责任、专家治贷这一改革核心，按照总行细化方案强化规定动作履职，切实把从严治贷的要求落实到对信贷风险的全流程管控上，体现在信贷经营管理能力的全方位提升上。同时，对个贷业务特别是个人住房贷款的风险防控也不能掉以轻心。现在大家对住房贷款风险的认识过于乐观，在基层行比较普遍地认为按揭风险不大，认为流程是科学的、贷后管理是到位的，必须消除这些错误认识，更加全面、理性地看待市场和风险。就像今天早上在花园路支行看到的，我们与十几家中介合作开展二手房贷款业务，如果没有专业的机构和专业的人来管理，出现问题就是大概率事件。河南分行要抓住个贷经营模式优化改革试点的时机，尽快推进辖内二级分行个贷业务处理中心、支行个贷营销中心建设，推动个人贷款业务持续健康发展。

四、进一步加强作风和能力建设

新形势新环境下，如何应对挑战、抓住机遇、实现发展，靠的是作风务实、能力过硬的各级领导班子和干部队伍。省行党委处在承上启下的重要环节，作用尤为关键。希望河南分行党委以“两学一做”学习教育常态化制度化为契机和促进，不断加强党建工作，注重班子建设；不断转变思想观念，提升专业能力；不断改进工作作风，强化传导落地，努力实现党的建设和业务发展的融合互促、协同共进。当前要重点解决好总行战略传导的“最后一公里”落地问题。这项工作我在第一季度经营形势分析会上作了强调，希望河南分行进一步强化总行战略部署的学习传达，积极探索面向基层员工的考核激励新模式，把战略落地抓得再细一些、实一些，使总行党委的工作思路和经营导向及时、完整、准确地传导到基层。这也是对省行党委作风和能力的实践检验。

对河南分行反映的几个问题，总行相关部门要认真研究。关于信贷规模问题，河南分行每年的信贷新增规模已相当可观，继续增加难度不小。希望分行把表内外业务结合起来统筹考虑，重点围绕地方债、企业债和理财投资等非信贷融资加强创新、多做探索。还要密切关注债券市场和信贷业务利率倒挂现象，统筹考虑各类资产的收益水平，调整定价管理策略，在不同业务品种间做好优选平衡。关于老旧支行改建问题，请总行财务会计部研究，建议会同分行对此类情况作一全面摸底调查，整合优化相关财务管理流程，建立专项费用配套机制，推动渠道优化工作取得实质进展。关于人员问题，核心是如何做到员工选得准、引得进、留得住、育得好，这也是全行存在的共性问题。总行将认真研究，同时省分行党委要从本地实际出发，坚持以需求为导向，明确配置标准，找准和拓宽人员来源渠道，实现人力资源的精准供给。关于财务计划问题，请总行财务会计部妥善考虑分行建议，同时希望河南分行努力保持净利润正增长态势，依靠自身财务实力消化拨备压力和不良包袱，确保实现工资总额增长，保护好干部员工的积极性。

在河南二级分行行长座谈会上的讲话

易会满

（2017年5月25日·根据录音整理）

近些年特别是接任党委书记、董事长一年多来，我利用到分行调研的机会以及总行党校、长杭两院等培训平台，与城市行的同志们做了很多交流。工商银行从诞生之日起就是一家城市银行，一直坚持大中城市行这个战略定位，这么多年下来，城市行始终是我们的经营主战场和发展主阵地。我自己在城市行工作了近20年，对城市行有着深厚的感情。听了7家二级分行的发言，我很受启发，也颇有感触。第一，大家能够较好地贯彻落实总省行的战略部署。包括重点城市行竞争力提升战略的细化落地，也包括对转型创新、结构调整、风险防控的措施安排，7家分行都做了大量行之有效的工作。第二，大家能够保持良好的精神状态。尤其是一些相对比较困难的分行，工作上没有畏难发愁、消极懈怠，而是保持了干事创业的精气神。第三，大家能够结合本地实际抓出亮点、做出特色。如省行营业部注重提升经营管理的精细化水平，业务发展和资产质量在系统内名列前茅不是偶然的，而是长期坚持精细管理和从严要求的结果；洛阳分行能够协调推进促发展、增效益、防风险、强基础各项工作，尤其是保持了连续20年零案件，殊为不易；平顶山分行在全市贷款不良率5.36%的情况下，自身不良率保持在0.15%的水平，特别是能够及时果断地从钢贸、煤贸领域全身而退，这种前瞻性和主动性值得全行学习；三门峡分行新班子积极应对、主动化解“非标金”事件影响，迎难而上，奋起直追，取得了初步成效；濮阳分行新班子到位后紧抓党建和精神文明建设，内树正气、外树形象，实现了良好开局；安阳分行一度是不良贷款的“重灾区”，但班子敢担当、善作为，能够统筹平衡好业务发展和风险防控的关系，四年来绩效等级从省内第17位跃升到第6位；信阳分行围绕分支行融合联动、差异化管理等开展了一系列创新实践，形成了特色亮点，等等。尽管每家行都面临不同的机遇和挑战，但大家都能够结合市情、行情创造性地开展工作，并在各自基础上都取得了新的进步。借此机会，向在座各位同志以及河南分行全体干部员工的辛勤付出表示慰问和感谢。对今后工作，结合大家的发言，我再强调几点要求，供省市两级行参考。

一、更加充分地发挥党建引领作用，以正确理念促科学发展

我参加工作将近33年，经历了所有层级的管理岗位，一条很重要的体会就是，一个行发展好不好、风气正不正、凝聚力强不强，核心之核心在于班子建设，在于党建和队伍建设。对一些困难行而言，以党建为纲凝魂聚力就显得更为重要。刚才几家行谈到的思想建设、组织建设、作风建设，都是党建工作的重要组成部分，大家要深入推进、常抓不懈。我一再强调，讲政治、抓党建不能空对空，而要实打实。这个“实”就是要围绕业务抓党建，抓好党建促发展，体现在牢固树立和增强“四个意识”，自觉同以习近平总书记为核心的党中央保持高度一致，把这个根本政治要求融入到日常各项工作之中，保证党和国家的方针政策、重大部署在工商银行得到及时全面的贯彻落实。尤其在当前，习近平总书记从我国经济社会发展全局出发，作出“金融活经济活，金融稳经济稳”“金融不作为不善为，供给侧结构性改革难有成效”等一系列重要论述，强调了金融在经济发展和社会生活中的重要地位和作用，要求把维护金融安全作为治国理政的一件大事，将金融工作提到了前所未有的高度。我们要进一步提高站位，不断深化对金融在经济工作全局中极端重要性的认识，增强做好金融工作的使命感和责任感，确保守土有责、不辱使命；进一步拓宽视野，在更大的格局下思考自身经营定位，谋划和推动改革发展工作，结合实际接地气地落实好中央决策部署和总省行工作安排；进一步强化专业作为，增强驾驭复杂局面的能力，勇于担当、积极作为，扎扎实实把工商银行办好、把经营管理做强。

党建工作成效好坏、班子队伍过硬与否，最终要由改革发展成果来检验，而能否走上科学的发展道路，有赖于厚植正确的发展理念。我们要坚持两点论、辩证法，一切从实际出发，全面、客观、理性地认识银行的本质属性，遵循商业银行的发展规律，时刻坚守审慎稳健、诚信合规的底线。银行是经营风险的特殊行业，但不能放任风险，而是要监测风险、识别风险、管理风险和处置风险，正确看待市场和风险的关系，做到求发展而不冒进，明底线而不保守，这是我们经营理念的核心。正确的理念不会自然而然形成，需要上通“天线”、下接“地气”，长期淬炼、反复校正，才能落地生根、化为实践。我在云南分行调研时讲过，很多工作事倍功半，或因无意识违规而被问责，或因不了解政策而“夭折”，实质上是对政策、制度等核心本质掌握不够。各级行都要从思想上重视加强对党的路线方针政策、各项监管要求及上级行战略意图的学习把握，努力探索走出既体现总省行战略又符合市场行情的特色发展道路。

二、坚持眼睛向内、眼睛向下、主动作为，着力提升竞争发展能力

总行高度关注城市行竞争力提升工作，18家二级分行的市场竞争力也直接决定着河南分行整体的竞争发展态势。总省行要为城市行的发展多解决问题、多创造条件，基层行有什么困难也要及时向上级行反映，齐心协力把我们的竞争力提升上去。对二级分行来说，外部的支持总是有限的，而内部的潜力则是巨大的，更多还是要坚持眼睛向内、眼睛向下，主动作为。我们有基础、有条件、有优势、有机遇，关键看一把手有没有“想干事”的意识、“会干事”的能力、“真干事”的作为和“干成事”的决心。一要转变工作作风。作风是一种工作状态，体现了形象，代表着能力，是支撑经营发展的基石。要坚持专业务实、进取担当、严谨细致的工作作风，既要提工作原则和任务目标，更要研究细化工作思路和具体措施，不能层层喊口号、层层提要求，最后落地成了落空。比如谈到抓客户，一级行要求二级行强化客户基础，二级行要求支行强化客户基础，支行要求网点强化客户基础，最后都是“客里空”。渠道建设也是如此，一群“二传手”把“宝”最后都押到基层，那也是不行的。所以，要针对不同类型的工作，明确各层级机构的差异化职能定位，让全行上下都动起来，做好分内之事，履行应尽之责，这样我们提升竞争力才有基础。二要注重完善考核机制。这个问题上午我讲到了，刚才很多同志也提出了自己的看法。我们很多战略在“最后一公里”落不了地，主要还是考核

机制、工作机制存在掣肘。希望大家在扁平化考核、穿透式管理方面多做些思考和探索，使总行战略和基层实践同频共振起来。三要加快网点渠道优化进度。这次到河南调研，深切感到物理网点布局调整异常紧迫。一直以来，我们对这项工作的主动研究不够、投入不够，背后的原因很多，需要总分行认真对待并迅速采取措施，共同努力解决。下一步，要在网点布局调整中进一步落实一二级分行的责任，制定以二级分行为主体的布局调整意见。前期可选择一些重点城市行，给予更大的自主规划权和决策权，促其优先突破。总行财务会计部等相关部门要转变观念，服务前移，对网点建设有关职责和流程进行全面系统的梳理优化，加快从“管卡”为主向主动服务、授权服务、授权与制度同步配套转变，切实提升工作效率。同时，二级分行要主动作为、不等不靠，在权限范围内加快工作进度，努力使网点布局跟上城市格局迁移和业务发展节奏。四要处理好当前和长远的关系。作为二级行一把手特别是一些到任时间不长的一把手，要特别注重立足当前、谋长虑远，既要在战术上围绕当期重点工作，集中精力打好攻坚战、歼灭战，鼓舞士气，打造亮点；更要在战略上着眼未来 3－5 年的可持续发展，做好持久战的整体规划，解决一批长期性、基础性、规制性问题，推动发展进入良性循环轨道。所以总行要求人格化授权至少要看三年，这也有助于我们的干部多谋长远之计和固本之举，抑制冒险冲动和短期行为，实现竞争能力发展的持续提升。

三、认真总结经验教训，促进信贷业务稳健可持续发展

在座的 18 家二级分行发展阶段不同、情况各异，有的行经营质态优良，有的行还比较困难，每家行都有经验值得总结、都有教训需要吸取。聚焦到信贷领域，我认为有三方面规律性的认识要进一步廓清并不断深化。一是记牢信贷经营风险这个本质。我一直讲，“成也信贷，败也信贷”，“信贷赢，全盘主动；信贷输，满盘皆输”。尽管信贷不是银行的全部，但敬畏信贷、敬畏风险始终是银行的底色。要高度重视教育和引导各级机构自觉坚持风险导向，尊重信贷工作的客观规律，重塑稳健审慎、合规诚信的信贷文化，决不允许把信贷功能异化为简单追逐利润的工具、增加中间业务收入的来源。尤其是在座的一把手，更要在信贷业务发展上始终保持冷静头脑和沉稳定力。二是牵牢主体责任落实这个“牛鼻子”。这次信贷体制机制改革的一项重点工作就是要突出强化一二级分行信贷经营管理的主体责任，其中二级分行主要是恢复信贷职能。前几年信贷审批集中上收后，二级分行层面对信贷风险的把控能力大幅减弱，长此以往，后患无穷，必须尽快纠正。总行和省行在信贷工作中不可能包打天下，离开二级分行很多具体工作很难落实下去。因此，要有重点地恢复和强化二级分行这支专业信贷队伍，尽管从事信贷专业的员工可能会有些情绪，工作推动可能会遇到些阻力，但再难这步棋也一定要走下去。同时，改革中涉及的架构完善、流程优化、信贷准入、专家治贷等工作，都要从二级分行层面推动入手，站在全局高度来做规划设计，在实践检验中不断把改革推向深入。三是抓牢防假反假这个核心。信贷风险管理成效如何，核心在业务的真实性管理。我们要把诚实守信作为信贷客户选择的先决条件，把防假反假作为信贷尽职调查和审查的重要内容，把信贷经营管理建立在把控风险实质的基础上，坚决杜绝为迎合政策、制度、流程、审批的人为包装、弄虚作假。

四、认清差距和潜力，更加重视零售业务发展

零售业务是发展的稳定器，是经营的基本面，是待开发的“金矿”，怎么强调都不为过。从目前情况看，虽然河南分行零售业务的营业贡献较高，但与先进同业的个人客户规模相比，与河南作为人口大省所蕴含的零售发展潜力相比，与日益激烈的市场竞争形势相比，我们的零售工作还有不小差距，特别是客户基础、服务创新等薄弱环节亟待改进提升。零售工作是个苦功夫，也是个慢功夫，一两年时间不会有立竿见影的效果，至少要三五年的持续投入才能见到一定成效。省分行和各二级行要加强对零售业务的再研究、再部署、再投入，突出增强创新意识，以更加积极主动的姿态关注线上、拥抱互联网，拿出新思路，提出新办法，统筹做好线上线下一体化渠道布局、互联网产品营销推广、客户服务改进等工作；总行个金部也要对像河南这样的零售大行加大指导和支持力度，力争通过 3－5 年的努力，使全行的零售竞争力、客户基础和服务口碑有一个翻天覆地的变化。

五、加快转型创新步伐，更好地适应经济金融新环境

两个会开下来，总体感觉大家谈传统的东西多一些、创新的思路少一点，某种程度上也说明我们还没有完全适应河南经济金融发展的新环境。当前，河南既处于蓄势崛起、跨越发展的重要阶段，也处于爬坡过坎、攻坚转型的紧要关口，省委省政府对经济金融工作提出一系列新部署新要求。在这一关键时期，分行迫切需要提升对政策要求的理解力和执行力，加快转型创新步伐，以针对性、实效性更强的金融服务，支持经济新旧发展动能的接续转换，推动河南经济保持中高速增长，产业迈向中高端水平，实现结构优化升级。尤其要下大气力提高金融服务的专业层次，更多通过直接间接融资结合、本币外币互补、信贷债券搭配、融资融智并举等创新模式，向政府和企业客户提供“让人眼前一亮”的金融服务方案，切实为政府当好参谋、为企业做好顾

问，赢得竞争发展的主动权。当然，转型创新的要求不只局限在公司投行板块，同样适用于零售、资管等各个业务领域，大家要立足突出主要矛盾和短板，分门别类提出推动转型创新的具体措施，依靠创新智慧和转型实践，增强经营活力和发展动能。

六、从现实情况出发，调动好各年龄段员工的积极性

座谈中有同志提到我们员工特别是县域机构的员工平均年龄偏大，就这个问题我前天在全行组织人事工作会上专门谈了意见。首先，要正视全行人员年龄结构的现状。我多次讲，干银行靠的是经验积累和专业沉淀，不能“拼颜值”“吃青春饭”。实际上50岁左右的年龄恰恰是能专心干事的好时候，无论是竞争力提升还是困难行脱困，我们都要依靠这支队伍。大家要从实际情况出发，加强教育引导，创造条件帮助他们提高学习能力、适应岗位要求，用其所能、尽其所长，不要总是把年龄大能力差挂在嘴边，而是要从心底真正信任他们、认可他们，把他们当作年轻人看待，给他们焕发青春、再创佳绩提供广阔舞台。其次，要做好人力资源的中长期规划。在员工队伍的有序更替和结构调整上要赋予分行更大的管理弹性和自主决策权，妥善解决当前面临的年龄断层、人员断档等问题。同时，总行和省行要针对当前县域机构人员老化、年龄结构失衡及部分重点县支行人员相对不足等反映集中的共性问题，拓宽工作思路，创新工作措施，不断丰富县域机构人员补充渠道，持续提升属地化员工占比，增强员工队伍稳定性。

最后，强调一下内控案防工作。今年全行工作的总基调是稳中求进，这个“稳”是要求我们各方面工作都要稳，尤其是决不允许“放卫星”，决不允许出现重大案件和风险事件，这是最起码的政治责任和底线要求。河南分行上下一定要从讲政治的高度来认识案件风险防控工作的极端重要性，深刻汲取历史教训，切实履行好各级机构党委的主体责任和纪委的监督责任，一同努力把风险底线守得更牢、把各项工作做得更好。

在中国工商银行精准扶贫工作座谈会上的讲话

易会满

（2017年6月21日）

刚才何市长、刘书记分别介绍了巴中市、南江县经济社会发展、脱贫攻坚的情况，韩松同志代表四川分行，对开展扶贫工作做了专门汇报，两位扶贫干部代表介绍了我行定点扶贫的情况，谈了一些体会，讲得都很好。踏上巴中这片红土地，我们感受到巴中非常深厚的文化底蕴，感受到作为全国第二大苏区、川陕革命根据地，为中国解放事业做出的丰功伟绩和巨大牺牲，感受到当地人民的热情和友好，也感受到当地良好的生态环境、经济社会发展态势以及基础设施的巨大改善。22年来，工商银行扎实开展帮扶，尽管相对于当地党委政府的需求，相对于当地百姓的期盼，我们做得还很不够，但是经过这么多年的积累和沉淀，我们和当地党委政府已经建立了深厚的感情，帮扶地区就像是工行的一门亲戚，每年行领导都带队来看看，建立了远远超越定点精准扶贫本身的良好银政关系，为今后合作奠定了很好的基础。

这两天，总行扶贫工作组分别在万源市和南江县进行了实地调研考察，一路走下来，很有收获，非常感动，非常受教育。第一，习总书记提出的脱贫攻坚战略布局非常英明，意义非常重大。作为全球第二大经济体，改革开放30多年，我们取得了显著的成绩，但城乡差异较大的不平衡性也广泛存在。总书记提出2020年实现全面小康，任务艰巨，做好脱贫攻坚，对城乡统筹发展具有非常重要的意义。第二，各级党委政府对扶贫工作非常重视，成效非常显著。万源的吴书记、南江的刘书记都在当地工作十来年，对扶贫深有感情，对这里的一山一水，贫困户的实际情况非常熟悉，这种奉献精神，非常值得我们学习。第三，对口定点帮扶对脱贫攻坚起到了较好助推作用。就脱贫攻坚而言，我们虽不是主力军，但是一直紧密围绕当地党委政府的脱贫规划，积极配合推进工作，提供了助力。第四，干部挂职帮扶对推动定点扶贫工作非常重要。一方面，挂职干部是工行和帮扶地区的桥梁和纽带，推动帮扶措施落地见效；另一方面，帮扶地区也为挂职干部提供了广阔的施展才华的舞台，让他们丰富经历，提高阅历，较快成长、成熟，并受益终身。第五，要突出金融扶贫特点。教育扶贫、卫生扶贫、产业扶贫等扶贫措施都很重要，但作为金融企业尤其要突出金融精准扶贫。接着刚才大家的发言，我再谈几点意见。

一、脱贫攻坚工作取得了显著成效

今年3月召开的中央政治局会议上，习总书记充分肯定了党的十八大以来全国脱贫攻坚取得的显著成绩。四川省也取得了重大阶段性成效，2016年实现减贫107.8万人，贫困发生率从2012年的11.5%下降到4.3%，交出了令人振奋的成绩单，国务院扶贫开发领导小组对四川省2016年脱贫成效给予了高度评价。这两天我们所到之处，所见所闻，是今非昔比的新变化、新气象。1995年，工商银行开始定点帮扶通江县和南江县时，时任副行长张庆寿同志曾带队来两县调研，回去后在调研报告中写道，“平时，我们在大城市、沿海看到的是一片繁荣景象，到处是现代化，而那里的老百姓真苦，吃不饱、穿不暖的还不是个别人”。那时两县水、电、路等基础设施严重不足，很多人甚至没有房屋住，仅通江就有200多户1 400多人住在山洞里，贫困人口60万，地区生产总值不足10亿元。20年后的今天，这里发生了翻天覆地的变化。截至2016年底，两县建档立卡贫困人口11.3万人，累计减少近49万人，降幅81%；地区生产总值合计超过217亿元，增长了21倍，人民生产生活条件大为好转，贫困面貌得到了极大改善。这些成绩的取得，既是党中央、国务院正确领导、统筹决策的结果，也是贫困地区党委政府凝聚各方力量，带领人民群众攻坚克难、持续推动自我发展能力提升的结果。

一直以来，工商银行党委高度重视定点扶贫工作，始终视其为光荣的政治任务和社会责任，总行党委每年年初都要对定点扶贫工作进行全面部署安排，对具体工作及时进行专题研究推动。去年，我行老行长杨凯生同志带队在四县市进行了十余天深入调研，拍摄了大量生动的照片，前期在总行大楼展出，反响非常强烈，《人民日报》、新华社等媒体都做了宣传报道。这次扶贫摄影展的题目叫“桥”，源于大家都知道的通江县陈河乡李佐英老师的感人故事。为了让孩子们安全渡过溪水去上学，每逢雨天，她就挨个儿背孩子们过去，虽然身患严重的风湿性关节炎，但多年来从未间断，被评选为“全国最美乡村教师”。2016年，工商银行在陈河乡陈家坝村与村小学之间，捐资修建了“陈家坝爱心溪桥”，从此孩子们上学、乡亲们出行安全方便了。这是一座爱心之桥，更是一座希望之桥，工商银行就是要成为传递温暖和力量的桥梁。这两天的调研走访中，我们看到工商银行在这里留下了许多珍贵的、令人难忘的印记。上午去的凉水希望小学，工商银行自1997年起开始支持学校建设发展，学校的第一块门牌和当时的照片还保存在我们总部大楼的行史馆里，教学楼、宿舍楼、操场上，随处可见工商银行捐建的标记。其实，是否留下这些标记并不重要，重要的是孩子们能够在良好的环境中快乐学习、健康成长，工商银行回报社会、服务民生的绵薄之力能够落地开花，为增加老区人民的福祉付出努力、做出贡献，不辜负党中央交付的光荣任务，不辜负老区人民的热切期盼。

在22年的扶贫工作中，通过不断摸索和实践，我们收获很多，概括起来有几条。第一，依靠政治优势是核心。消除贫困是个全球性问题，然而只用了不到一代人的时间，就有超过7亿人摆脱了贫困，近4年时间全国每年减少1 000多万贫困人口，2016年中国脱贫人口占全世界总数的四分之三，创造了人类减贫史上的中国奇迹。这归根到底得益于党的领导，得益于我们国家的政治优势。多年来我们在扶贫工作最深刻的体会和启示是，只有紧紧围绕党中央的决策部署，向党看齐、听党指挥，才能取得符合民意、经得起检验的成绩。特别是十八大以来，党中央吹响脱贫攻坚战的号角，四县市党委政府把脱贫攻坚作为头等大事和第一民生工程，坚持以脱贫攻坚统揽经济社会发展全局。工商银行按照中央扶贫工作要求和地方党政脱贫规划，积极参与到四县市火热的脱贫工作中，紧紧依靠四县市力量，取得了扶贫工作新成效。第二，增加投入是保障。这些年来，随着自身发展壮大，工商银行不断加大扶贫工作投入力度，累计捐款捐物近1.4亿元，即使在经济下行压力加大、自身盈利动能下降的情况下，也保证了扶贫捐赠资金逐年较快增长态势，年均增幅达15%。今年计划向四县市继续无偿捐赠2 200万元，保持一定的增长幅度。我们还在四县市设立了27家营业网点和离行式自助银行；累计投放贷款80多亿元。到2016年末，全行精准扶贫贷款余额已达930亿元，其中四川分行占到五分之一。第三，“造血”式扶贫是根本。工商银行始终围绕政府关心、群众关注、需求急迫的问题开展帮扶，尤其近年来按照中央精准扶贫精准脱贫要求，因地制宜、量体裁衣，探索出“工行＋政府＋村两委（村党支部委员会和村民委员会）＋企业＋农户”这一产业扶贫模式，变“输血”式扶贫为“造血”式扶贫。在四县市陆续开展了土猪、黄羊、黑鸡养殖、花椒种植等项目，已投放1.5万羽黑鸡鸡苗、2 000只黄羊、3 000多头黑猪、1 000亩花椒苗，支持了40余个集体经济项目。今年我们还将进一步扩大产业帮扶范围，支持更多的村集体经济项目，让贫困户获得实实在在的收益。第四，扶志与扶智是关键。脱贫致富贵在立志。多年来，工行扶贫干部的脚步走遍了帮扶地区的各个乡镇村，他们走村入户，为群众讲党课，向群众传播金融知识，给群众讲述身边的脱贫故事，充分激发贫困群众“自我发展、我要发展”的内生动力。我们在教育扶贫领域倾注了大量心血，这些年近一半扶贫捐赠资金投入到了教育事业中，累计捐建了16所希望小学、12所中小学宿舍楼、教学楼及67所“爱心小厨房”；累计支持了2 481名贫困学生圆了大学梦，四川分行员工还与1 373名贫困学生进行了结对帮扶；连续14年累计表彰优秀山村教师

2 010人次，连续3年累计培训教师850人次。“子女有就业，家庭才有奔头”，去年我们启动了贫困大学生专项招聘，进一步延伸教育扶贫链条，计划五年内招聘1 000名贫困大学生，今年将有322名贫困学生加入工行大家庭，其中26名来自四川，我们希望从一个个孩子开始、从一个个家庭入手，通过一人就业带动全家脱贫，真正斩除穷根，阻断贫困的代际传递。

二、充分认识和深入把握精准扶贫的新要求

今年是脱贫攻坚的第二年，是承上启下的关键时期，对于打赢脱贫攻坚战具有重要意义。2月21日，习近平总书记在中央政治局第三十九次集体学习时发表了重要讲话，深刻总结了脱贫攻坚实践中形成的有益经验，明确提出了打赢脱贫攻坚战的具体要求。3月底，习近平总书记主持召开中央政治局会议，听取了2016年省级党委和政府脱贫攻坚工作成效考核情况汇报，对脱贫攻坚又做了进一步部署。6月1日，汪洋副总理主持召开国务院扶贫开发领导小组第十七次全体会议，强调要做到脱贫工作务实、脱贫过程扎实、脱贫成果真实，确保脱贫攻坚始终沿着正确方向扎实推进。工商银行要深入领会新要求新部署，从“四个全面”战略布局和巩固党的执政基础高度，从促进人民福祉、维护国家长治久安、构建和谐社会大局出发，增强做好精准扶贫工作的责任感、使命感和紧迫感，进一步把精准扶贫工作引向深入，在推进脱贫攻坚上做出大行表率。

一要进一步增强脱贫攻坚的信心和决心。当前脱贫攻坚战在全国如火如荼，但脱贫攻坚越往后难度越大、见效越慢、成本越高，尤其是凉山彝族地区“一步跨千年”，是脱贫攻坚的硬骨头。今后几年，每一年都是攻坚年。总书记讲“要拿出‘敢教日月换新天’的气概，鼓起‘不破楼兰终不还’的劲头”，没有这样的精神头，任务是完不成的。工商银行作为党领导下的国有企业，党对全国人民的庄严承诺，也是我们各级党组织的共同承诺。工商银行要始终把脱贫攻坚作为政治任务不放松，保持恒久的决心和干劲，继续加大工作力度，推动各项措施落地实施，与四县市一起攻坚克难、攻城拔寨。总行党委的态度十分坚定明确，脱贫攻坚期内，贫困县、贫困村、贫困人口退出后，工商银行的帮扶措施仍将在一段时间内保持稳定，确保四县市真正走出贫困、走向新生活。

二要进一步把握好扶贫措施的精准到位。随着脱贫攻坚的深入推进，贫困人口的发展能力、发展需求等都在发生变化，我们要在认真评估前期工作、进一步深入调研的基础上，针对贫困人口精准滴灌、科学帮扶，把握好扶持谁、谁来扶、怎么扶等各个环节，因村施策、因户施策、因人施策。我们参与的各类扶贫项目、各项扶贫工作，都要有助于四县市建档立卡贫困人口的脱贫，都要与带动贫困户脱贫相挂钩，都要以提升当地群众的获得感和满意度作为检验标准，绝不搞形式主义，绝不搞“政绩工程”，这是工商银行定点扶贫工作的一个基本要求。

三要进一步发挥金融扶贫的行业优势。金融支持扶贫，有助于财政扶贫资金撬动资源，发挥滚雪球效应，进而扩大扶贫资金覆盖面，是脱贫攻坚最强有力的支撑。前期，人民银行、银监会、国务院扶贫办等五部委联合出台了《金融精准扶贫政策效果评估指引》，对金融精准扶贫工作提出了明确要求，对政策成效评估明确了标准。工商银行作为国有大型商业银行，充分发挥行业优势、全力做好金融助推脱贫攻坚是我们义不容辞的责任。这次调研请总行相关部门负责人一同随行，就是希望实地了解情况，既按要求做好“规定动作”，又从大型商业银行特点出发，结合业务条线创新发展实际，更有针对性地做好金融扶贫这篇大文章，找到更加适合、更有成效的扶贫路径。

三、深入推进精准扶贫取得新成效新进展

在各方面的共同努力下，这些年工商银行扶贫工作取得了较好成效，但目前四县市还有22.1万建档立卡贫困户，贫困发生率均超过6%，最高的金阳达到22%，远高于全国4.5%的平均水平。通江、南江、万源、金阳的脱贫时间都计划在2019年，也就是说，每年要减贫7.4万人。时间紧迫，任务艰巨。这里，我想对当地党委政府、四川分行、总行相关部门和扶贫干部，讲四句话。

第一句，工商银行一定会紧紧依靠当地党委政府，抓住脱贫攻坚的历史机遇，做出实实在在的成绩。当前，脱贫攻坚已进入攻坚阶段，各方面的决心十分坚定，思路非常清晰，接下来，确实到了下一番“绣花”功夫、有效解决一个个具体问题的时候，到了不仅要出钱出人出力，还要出效果、出成果、出善果的时候。各级党委政府是脱贫攻坚的主体，我们的帮扶工作要帮到点上、帮到根上。今后三年，工商银行将紧紧围绕帮助四县市如期脱贫摘帽、建档立卡贫困人口实现脱贫这一目标，紧紧围绕地方党委政府的脱贫攻坚规划发力助力，找准介入点，加强对接协作，突出强化国有大银行的作用，突出强化金融扶贫的优势，努力帮助贫困群众稳定脱贫、共奔小康。我相信，多年以后再回过头来看，令我们倍感自豪的是，脱贫攻坚的这几年，将会是地方党政成绩最突出的几年，是地区经济、金融快速发展的几年，也是我们商业银行最充分展现担当责任的几年！

第二句，四川分行要努力在脱贫攻坚中发挥更大作用。20多年来，四川分行为定点扶贫工作做出了突出贡献，每一项成绩的背后都有你们的付出和努力，总行党委是满意的。接下来，你们要继续在扶贫工作中充当

先锋军，发挥重要作用。一要重点做好定点扶贫无偿捐赠相关工作。虽然定点扶贫捐赠资金是总行统一划转，但需要省行，尤其是二级分行、县支行帮助扶贫干部与当地政府一起，遴选符合国家政策、满足当地需求的项目，监督扶贫资金的使用，帮助扶贫干部开展工作。各级机构都要有专人负责，与扶贫干部对接，把这项工作做扎实、做到位，保证扶贫资金使用规范、透明和有效，保证扶贫捐赠收到实实在在的成效。二要在金融精准扶贫上先行一步。去年 11 月，钱文挥监事长在四川专门召开了金融精准扶贫会议，总行今年也出台了金融精准扶贫工作方案，四川分行要认真贯彻落实相关要求，指导和推动二级分行、县支行抓好落地执行。总行是后方，你们是前方、是一线，最了解贫困地区、贫困人口的资源禀赋、发展需求，要从当地实际出发积极创新产品，需要总行相应配套政策支持的要及时沟通，争取在金融精准扶贫上率先突破，成为全行的标杆和示范。三要积极参与四川省脱贫攻坚。四县市是总行定点扶贫的责任田，四川各级行按照当地政府要求，也有很多责任田，承担着很重的扶贫任务。要将总行定点扶贫相关工作与自身扶贫工作相结合，将总行的安排部署与当地党政的要求相结合，综合考虑、统筹推动，更好地履行脱贫攻坚责任。

第三句，总行各部门要善于发挥好金融扶贫的合力。总行已经成立了由行领导挂帅的金融扶贫领导小组，各领导小组成员单位要切实发挥作用，加大协调配合，抓住脱贫攻坚期间贫困地区政策最优、发展最快、金融服务需求最旺盛的机遇，共同打造工商银行金融扶贫的亮点。刚才，巴中市和南江县都提出了信贷需求，要进一步加强对接，在充分调研的基础上，完善相关配套的支持政策、产品和风险管控要求，积极尝试通过“信贷 + 非信贷”“商行 + 投行”“融资 + 融智”等多元化路径，支持符合商业原则的融资需求。今年总行已经降低了城建及新农村建设、公共事业、棚户区改造等领域信贷准入条件，要推动落实好。对于信贷风险，要开动脑筋探索双赢模式，加强与政府风险补偿基金、担保公司、保险公司的合作，创新方式方法，解决好增信、担保等问题。明天，我们还将与省政府签署电商扶贫合作协议，这是工行电商平台资源同当地资源很好结合的扶贫模式。目前四县市已经有 11 家企业在融 e 购电商平台上线，累计销售额超过 1 700 万元，春节期间还开展了专题义卖活动，所得善款资助了 450 户贫困家庭。要继续推进电商扶贫模式，以此次协议签署为契机，加大对四川地区特色产品的宣传销售力度，帮助企业和农户进一步拓展增收渠道。另外，从一些脱贫先进典型案例中，我们发现一个共同点，那就是“帮钱帮物不如建个好支部”。四县市都是革命老区，巴中曾是中华苏维埃全国第二大苏区——川陕革命根据地，当年 12 万多人参加红军，4 万多人献出了宝贵的生命，这里有着“智勇坚定、排难创新、团结奋斗、不胜不休”红军精神的积淀。去年，总行办公室党总支与李家沟村党支部开展共建，取得了积极成效。近期，总行机关党委决定使用 50 万专项党费，为金阳县贫困家庭购买洗衣机，帮助他们“过上好日子，养成好习惯”，实现“四个好”目标。今后，希望工行党组织和定点帮扶地区的党组织建立更广泛、更深入的联系，各基层党支部积极参与到共建活动中，通过多种形式的活动，把老区精神、红军精神发扬光大，形成共同推动脱贫攻坚的强大力量。

第四句，扶贫干部要做出无愧于时代、无愧于工行、无愧于自己的贡献。向定点扶贫地区派驻扶贫干部，是中央对定点扶贫单位的明确要求，今年中央办公厅在定点扶贫指导意见中明确，到扶贫县挂职的扶贫干部挂职时间一般 2 至 3 年，驻村第一书记时间一般应干满 2 年，并要将主要精力放在帮扶建档立卡贫困村和贫困户精准脱贫上。中央开展定点扶贫工作以及要求派驻挂职干部的意图，就是要通过中央单位将党和国家各项方针政策更好地落实到基层，把党和国家的温暖传递到贫困群众，而你们就是直接的桥梁和媒介，使命光荣，责任重大。20 多年来，全行先后派出扶贫干部 141 人次，仅总行就达 91 人次。扶贫干部克服了很多困难，做了很多工作，为工行扶贫事业做出了贡献，受到当地党委政府的高度评价，我代表总行党委向你们表示衷心的感谢。今年通江和万源的两位扶贫干部李伟、仇川同志到期了，上个月新任扶贫干部顾欣和文州同志已经接任到位，尽管只有短短一个月，听说两位同志适应工作、进入角色很快。你们和继续留任的南江、金阳的扶贫干部娄可伟、韩建设同志，都是总行精挑细选的优秀干部，代表着工商银行的形象，一定要把任务扛在肩上，带着感情和责任投入到扶贫工作中，当好联络员、宣传员、监督员，不辜负总行党委的信任和期待。这里，我对你们提几点要求：一要发挥优势，多做贡献。你们都是高学历，又在工商银行工作多年，有着良好的知识背景和丰富的专业经验，要发挥特长、开拓思路，把学历优势转化为实际工作优势，把专业特长转化为工作业绩，为当地脱贫摘帽做出贡献，真正在脱贫攻坚战中留下自己人生的浓墨重彩。二要扑下身子，踏实工作。我们直接的帮扶对象是贫困群众，扶贫工作最基本的要求就是要密切联系群众，要接地气。要发扬能吃苦、能战斗、能奉献的优良品格，一心扑在工作中，常去贫困户家里坐一坐，深入了解他们的想法、困难，帮助他们解决实际问题，为他们办好事、办实事。三要严于律己，虚心学习。扶贫是一项非常光荣的事业，是你们非常宝贵的人生经历，一定要倍加珍惜，倍加努力，倍加自律，在艰苦环境中锤炼党性、砥砺品质、增长才干。要虚心向老区人民学习、向当地党委政府学习、向身边的领导和同事学习，多思考、多求教、多总结，不断提升工作能力和水平。也请党委政府对扶贫干部加强教育管理和监督，工作上多支持帮助，生活上多关心关爱，使每个扶贫干部都能在这两年时间里有成长、有进步、有收获！

同志们，巴山蜀水，人杰地灵。四县市风光秀美、政通人和。我们相信，有党中央、国务院精准扶贫政策的指引，有四川省各级党委政府的正确领导和扶贫县市广大干部群众的艰苦奋斗，我们一定能够打赢这场脱贫攻坚战，工商银行始终与奋斗在脱贫攻坚第一线的干部群众在一起！

这里，还要再次感谢巴中市多年来对工商银行工作的大力支持，祝愿早日实现贫困县全部脱贫摘帽、贫困人口全部脱贫的目标！由于时间和交通原因，这次会议没有请通江县、万源市、金阳县党委政府负责人参加，总行各位挂职扶贫干部回去后要第一时间向当地党委专门做个汇报，将工商银行下一步的扶贫工作思路措施，共同攻坚的信心、决心以及良好的祝愿都带回去。

在四川分行工作汇报会上的讲话

易会满

（2017 年 6 月 22 日 · 根据录音整理）

刚才，韩松同志代表四川分行党委作了工作汇报，谭行长和总行几个部门提了很好的意见和想法，我都赞同。四川分行新班子组建从去年 6 月到现在刚好一年时间，整个经营发展做到了平稳过渡，实现了良好开局。主要表现在三个“稳步”：一是主要经营指标特别是增量指标稳步增长。如新增储蓄存款目前系统排名第一、同业排名第一，这是非常不容易的。在我印象中，四川分行零售业务一直是比较强的，但实现“双第一”的时候不是很多，能够取得这样的成绩，表明四川分行的零售基础得到了进一步强化。此外，机构存款、公司存款等业务，与自身相比都有较大程度地提高，值得充分肯定。二是资产质量和风险管控能力稳步提升。尽管这几年四川分行不良贷款率有所上升，但信贷管理力度也在持续加大，尤其是剪刀差和潜在风险贷款的状况处于系统内较好水平。同时，四川分行能够认真汲取去年达州“8 · 30”案件的教训，根据新的形势任务要求，着力增强风险管控的针对性和有效性。昨天与一些同志交流的时候也谈到了这方面的问题，印象较深。三是班子建设和队伍建设稳步推进。一年来，四川分行为总行输送一批干部，内部也做了一些干部的调整优化，实现了新老班子的顺利交替，促进了干部结构的专业化和年轻化。新班子围绕客户战略、互联网金融、科技创新、体制机制、队伍建设等重点，实施了一系列行之有效的改革创新举措，促进了整体经营效益的平稳增长，这也是稳中有进的一个积极表现。总的来说，四川分行新班子组建一年来，工作是主动的，局面是稳定的，成绩是值得肯定的，总行是满意的。

汇报中也分析了一些不足和差距，归纳起来主要有三个方面：一是竞争力问题。历史上四川分行市场占比情况不甚理想，竞争力不强，经过近三届班子的持续努力，目前市场竞争力有所恢复，但总体感觉同业竞争指标的改善基础还比较脆弱，总量指标好一点的排在第二，差一点的排到第三，客户基础、业务基础仍需夯实。二是转型创新问题。主要是中间业务收入增长面临瓶颈，感觉找不到突破的方向和抓手。中间业务每年都有新的减收因素出现，都会面临新的困难，但就如何从困难挑战中寻找新的发展机遇，分行对新路子的探索不多、投入不够，还是习惯于走老路，尤其是到了部分二级行和县支行，习惯于走传统路子的问题更加突出，改革创新和结构调整工作差距还比较大。三是风险防控问题。四川分行是一个资产大行、信贷大行、规模大行，也是一个机构大行，从全国看，二级行数量超过 20 家的只有四川和广东两家分行，同时省内区域差异又非常大。与此相比，分行风险防控的精细化水平还不够高，工作作风还不够实，观念和理念转变还不够快。结合这些主要问题，对四川分行下一阶段工作，我再提三点要求。

一、认真分析新的外部环境和市场机遇，牢牢把握发展主动权

不久前，四川省第十一次党代会刚刚闭幕，省委省政府对未来五年治蜀兴川作出全面系统安排，省行汇报中也分析到当前及未来一个时期面临的新环境。应该说，四川在西部地区的省份中，发展基础是最为扎实的，这个基础包括经济总量基础、产业基础、人才基础等，我们要有这个基本判断。从经济发展规律看，各项资源加速向区域中心积聚是一个全球性趋势。相较东部地区的中心，四川一方面在基础设施建设、现代服务业

发展等方面还需要继续投入，这是巨大的市场机遇；另一方面在理念、创新上有较大的提升潜力，而四川的经济地位和区位优势也决定了四川分行必须要在涵盖西南、西北的整个西部地区发挥龙头作用。在这样的大背景下，四川分行党委要更加深入地分析业务发展所面临的外部环境，站在全国角度看四川，站在全球角度看四川，把握住“一带一路”、长江经济带、成渝城市群建设等新机遇。过去西部地区从地域上讲比较偏，现在在这些新的发展契机推动下，四川和成都上升到了一个在全国乃至全球非常重要的位置，一定要高处站位，高标定位，在现有工作基础上认真制定下一阶段的发展规划，不断创新发展理念，丰富发展内涵，提升发展质效。

一要进一步改进金融服务，提升竞争能力。省行党委已围绕服务实体经济和供给侧结构性改革作了布置安排，下一步要抓好落地实施。银行的服务能力和影响力突出表现为市场竞争能力，无论外部环境怎么变化，都要有主要指标争当同业第一的雄心壮志，牢牢盯住同业占比，牢牢盯住市场潜力，以实力论英雄。

二要进一步加快改革创新步伐，提升可持续发展能力。我们比较熟悉依靠传统的人员和传统的方式，去服务传统客户、从事传统业务、拓展传统领域，但随着经济转型升级的加快，分行必须要有新的业务布局、新的客户研究、新的人力和渠道资源配套，必须要在团队建设和业务调整上有新的理念、新的机制、新的体制，进一步发挥好改革创新对业务发展的牵引和促进作用，真正在西部当好领头羊特别是改革创新的领头羊。

三要进一步保持资产质量稳定和总体风险可控，提升发展质量和水平。现在四川分行信贷总量已不少，今后也将是总行信贷资源配置的重点地区之一，管好资产质量的责任也更加重大，要切实细化相关工作措施，同步强化全面风险和内控案防基础，确保守土有责、守土尽责。

四要进一步克服减收增支因素影响，提升经营效益和利润贡献。四川分行 2015 年净利润达到 106 亿元，2016 年降到 100 亿元以内，今后怎么看？怎么办？分行要对利润问题进行深入分析，提出过硬措施，努力实现实实在在的、可持续的盈利增长。此外，要统筹抓好党建、队伍建设等方面工作，这是我们作为国有金融企业的本质特征，也是核心竞争力的重要组成部分。总之，希望四川分行党委在下一轮发展中进一步提高思想认识和站位高度，认真做好工作的整体规划和实施路径的研究制定，并一以贯之抓好落实。

二、进一步突出重点城市行、零售业务、转型创新三个重点

四川分行对下一步工作的各项安排，我都赞成。在此基础上，要进一步突出三个重点。一是突出重点城市行。四川分行现在是“1 + 3 + N”的机构摆布（营业部 + 绵阳、南充、德阳共 4 个总行重点城市行 + 候补的 N 个城市行）。营业部是四川分行的龙头，是重中之重。成都做好了，全省皆主动；成都做不好，全盘皆被动。现在营业部综合竞争力市场第一，但分项竞争力还有提升空间，特别是存款与领先同业的差距有拉大趋势，需要引起足够重视。省行党委要牢记“重视、支持、调动、传导”这 8 个字，进一步重视营业部的战略地位，支持营业部重点发展，调动好营业部的积极性，传导好总省行对营业部的经营压力和发展动力，让营业部的发展潜力在成都市场得以充分施展，坚决捍卫绝对主导地位。近期尤其要做好营业部班子的新老交接，在保持既有优势的基础上稳步提升市场竞争力，这既是总行对四川分行营业部的期望和要求，也是营业部自身应有的目标和责任。对绵阳、南充、德阳 3 家分行来说，关键要做到市场占比稳中有升，更好地发挥对省行盈利的支撑作用。二是突出零售业务。对零售工作，我在全行性会议、部门和分行调研、党校座谈等不同场合已作过多次强调，这里不再赘述。希望分行在省内新一轮改革发展和结构调整中紧紧抓住零售这个基础，深挖潜力，把握机遇，把零售业务做强、做优、做大。三是突出转型创新。分行要进一步加大对新客户、新业务、新市场“三新”的研究和投入。比如投行业务的发展潜力十分巨大，要利用四川各地市发展速度较快、发展意愿强烈等有利条件，引领客户做一些业务创新，决不能把投行收入简单等同于息转费，要强化综合金融服务商的作用，做到收费收得有基础、收得有内容、收得合理。又如电子银行业务创新空间广阔，这次我们去扶贫点调研发现，通过融 e 购平台开展电商扶贫这种创新模式，对我行的口碑和竞争力提升、客户拓展、业务综合发展都起到了非常好的作用，下一步要在省内学习分享、借鉴推广。

三、疏通“肠梗阻”，打通“最后一公里”，抓实战略落地

这里，“肠梗阻”指的是中层，“最后一公里”指的是基层。工商银行的管理架构是总分行体制、从总行到网点实行五级管理，如果在工作传导上不能完全到位，就可能出现政策衰减的情况。四川分行党委一定要把经营工作做得更细一些，考虑得更周到一些。比如客户工作，四川分行的客户基础是比较好的，特别是在零售业务方面，四川省有 9 000 万人口，四川分行有2 700 万个人客户，客户规模占全省总人口的比重不低。如何进一步挖掘四川零售市场的潜力，强化个人客户基础，5 月初，我在与总行党校第十三期领导干部研究班学员座谈时提出了 15 个关键词，希望四川分行做深入研究，与汇报中提到的场景营销、加强与第三方机构合作、重点领域客群拓展等思路有机结合，更多思考这些措施的

细化落地，切实解决好零售业务相关专业怎么考核、基层网点考核方式如何完善、二级分行怎样落实省行的客户工作规划等关键问题，决不能简单靠层层下任务、下数据、下指标、下计划来做客户工作。又如小微客户拓展，我们可以层层做市场规划，但需要有专门的人员、专门的落地措施。推广小微专营机制以来，各行的工作效果如何？机制抓到位了没有？都需要跟踪问效。有些机构可能就挂了个牌子，安排了两个人搞审批，对当地市场没有进行全面分析。如果是在没有深入分析市场的情况下说没有市场，就是惧贷症、恐贷症、“吃大户”吃惯了的表现，这是我们内在体制的问题，现在如果不做实今后就会失去发展后劲。对于小微客户、也包括对“三新”的把握，必须解决好“肠梗阻”和“最后一公里”的问题，不能简单地号召。再如渠道和人力资源结构问题，“两张表”、人员结构优化、渠道转型、人从哪里来到哪里去等方面工作的落地，都需要省行承上启下把工作做细。总行正在就网点岗位合理设置问题进行认真研究，前期智能化网点投放以后有一些争议，如何既解放基层劳动力又做好内部风险防控，这对矛盾是一个非常复杂的问题，省行党委也要做充分考虑，结合实际提出改进措施，否则智能设备大量投放以后，大堂经理人数大幅增加，一方面业务量没上去，另一方面也制约了客户拓展能力。当前，总行从战略上作出的工作安排很多，省分行、二级行党委如何结合本省、本地实际抓好落实，疏通“肠梗阻”，打通“最后一公里”？必须坚持问题导向，真正转变作风、抓好落实。包括风险防控在内的很多工作都需要更加扎实的作风，需要更加熟悉基层情况，做好顶层设计和具体安排。只有接地气地落实好总行党委要求，才能更好地驾驭全局，把各项工作推向前进。

以上三方面意见，供省行党委在研究下一步工作时思考。希望你们在新的发展阶段进一步贯彻好总行党委的战略部署，把四川分行这支16 000人的队伍带好，把营业部和20家二级行管理好，把经营发展各项任务完成好，在西部地区巩固住龙头地位、发挥好领头羊作用。

在四川重点城市行汇报会暨二级分行行长座谈会上的讲话

易会满

（2017年6月22日·根据录音整理）

这一次到四川分行，前后三天时间，先后到达州万源、巴中南江两个扶贫联系点进行调研，了解精准扶贫工作开展情况，看了以后非常有感触。22年的扶贫工作中，我们总行、省行、二级分行、县支行四级联动，认真贯彻中央扶贫工作部署，特别是习近平总书记精准扶贫精准脱贫战略的思想，做了大量的工作，措施务实，效果显著。地方党委政府对我们的扶贫工作是非常满意的，扶贫对象对我们也是非常满意的。我相信只要我们精诚努力，一定可以在2019年这个计划时间内圆满完成脱贫目标。今天上午我们调研组听取了四川分行党委的工作汇报，这一任省行党委班子是去年6月组建的，一年来省行党委在内部管理、机制完善、业务创新、风险控制、案件防范等方面做了许多工作，整体过渡非常平稳，业务发展态势良好。总行对此是肯定的。省行党委关于下一步工作的整体思考和措施，符合总行战略导向，体现本地实际情况，我上午也提了三个方面的要求。下午请营业部和20家二级分行来参加这个座谈会，刚才4家重点城市行包括省分行营业部在内，作了代表发言。听了以后，我有这么几个判断：

第一个判断，总体来看，在座的二级分行比较好地贯彻了总省行各项战略部署，能结合本行的实际，“一行一策”创造性地开展工作。除了这4个行，我们在达州也有一些交流。达州分行受“8·30”案件的冲击比较大，但是班子调整以后，各项工作在很短的时间里恢复了正常，保持了整体的稳定，这也是难能可贵的。

第二个判断，各行的精神状态和工作作风总体是好的，特别是各二级分行“一把手”，能够抓好班子、带好队伍，积极发挥党建和思想政治工作的优势，进一步转变作风，促进了市场竞争力的不断提升。比如，省行营业部在竞争非常激烈的情况下，始终保持比较高的同业占比和市场龙头地位，为全省贡献了60%的利润，这是非常不容易的，在全国省会城市行里面，也是非常突出的。南充分行对总行零售工作的一些大的安排落实得比较到位，几个关键问题抓得比较准，解决得比较好。大零售战略关键在于落地，比如说考核怎样从原来以产品计价为主转到以客户和价值贡献为主，阵地营销怎么做，公私联动怎么做，全员营销怎么开展，怎么充分调动起员工的积极性等，有很多认识问题需要深化解决。南充分行在这些方面作了很多思考，我赞成你们的一些思路。对南充这么一个人口多，但经济总量不大，相对比较落后的地市来说，把零售抓好，进一步提高零售业务的贡献度，是非常重要的。相信按你们的思路抓下去，会取得很好的效果。建议省分行可以在一段时间以后进一步总结这方面的经验，在一些欠发达地区推广一批比较务实的、能体现出方向性的做法。绵阳是四川经济的一个重镇，整个工业基础很好，科技优势突出。绵阳分行也出了不少干部，背后反映了绵阳分行整体经营状况、风险控制、市场竞争力、客户基础是比较好的。德阳也是四川的重镇，几家大企业都在德阳。在当前比较复杂的外部经济环境下，这些企业竞争压力是很大的，面临着一个去产能、结构调整、技术升级的过程，这对德阳分行也是一个全新的考验。你们结合自己的实际作了针对性的考虑，我都赞成。总之，4家行作为代表，体现出了良好的状态和作风，有清晰的工作思路，比较好地贯彻了总行的经营意图。

第三个判断，对四川分行的资产质量和风险管控是有信心的。这4家行加起来在整个分行的信贷占比不低，如果总体现状是真实的，趋势是稳定的，我判断全省的工作完全有条件赢得主动。

对下一步工作，刚才谭行长提了几条明确要求，希望大家很好地贯彻落实。这里我再简要讲几点意见。

（一）要进一步增强必胜的信心，拿出敢为人先、争创一流的勇气，为工商银行新一轮的发展作出更大贡献。今天我们分析了四川下一轮经济社会发展的一些规划，与成都市委主要领导作了非常全面的交流，之后还会和尹力省长做一些汇报沟通，并签订一系列合作协议。总体来看，随着四川十一届党代会的召开，随着新的五年规划的确定落实，随着国家中心城市建设、“一带一路”建设的进一步推动，以及长江经济带和成渝城市群的进一步发展，四川面临着非常多的市场机遇。而且四川已经有比较好的发展基础，包括物质基础、人才基础，还有区位优势，科技优势，等等。所以四川分行要有更高的格局、更高的定位，做好西部乃至中西部的发展龙头。要在这样一个整体定位下，来思考和确定我们每一个二级分行的发展目标、发展思路、发展途径和实现方式，围绕市场竞争力、风险控制力、业务创新力这三大核心指标来开展工作。各家二级分行的资源禀赋、历史沿革、管理现状有很大差异，我们不一定要求齐步走，但是每一个行都要做出自己的特点、自己的亮点，都要在总省行的统一领导下，根据自身状况来确定发展的重点方向和应该达到的目标，不能简单地看省行下多少任务、多少目标。这是二级分行行长要做的一个最重要的基本判断。我认为，作为一个二级分行行长，传导总省行部署安排是最基本的要求，更重要的是结合本地实际创造性开展工作，找到适合自己的发展路径。这是你们必须具备的素质，也是领导能力、驾驭全局能力和工作艺术的重要体现。

具体来说，可以分为三个层面：第一，要进一步强化省行营业部的龙头地位。对四川分行来说，成都做好了，全省才可能主动；成都输了，全省必输无疑。这是成都的经济地位、区位地位决定的。如何进一步稳定并提高营业部在全省的贡献占比，是营业部领导班子义不容辞的责任。同样，总行、省行对营业部的支持、授权也要充分，对营业部这个战略性区域的投入，就是对全局结构的优化。要充分调动营业部的主动性，发挥营业部的龙头作用，保持营业部在当地竞争发展的绝对主导地位，而且这种地位是不能摇摆反复的，必须是绝对的、持续的主导地位。第二，要进一步突出重点城市行。哪家是重点城市行，要引入竞争机制。除了绵阳分行规模上大一点外，其他二级分行差距都不大，资产规模二三百个亿的行不少。这里面可能有的地方我们判断机会多一些，有的地方机会少一些，所以现在总行从中暂时确定3家重点城市行。但你们不要受总行和省行的束缚，你们可以自己创造条件，努力进入到重点城市行的行列，总行也会给予必要支持。第三，对于非重点城市行，要分类指导，做出特色与亮点。这也是我们每一个二级分行都要思考的问题。一个大行肯定是要综合发展、全面发展的，但是对于一个小行，要全面发展难度很大，关键是要做出特色，保持我们在某些领域的相对优势。这一点应该由在座的“一把手”来引导和把控。

（二）要进一步强化基础工作，强化基础客户、基础业务、基础管理。我们经营管理工作出现的种种问题，创新不足是一方面，很多也与我们基础工作薄弱有很大的关系。概括起来，就是要强化“三基”，即基础客户、基础业务、基础管理。

第一，关于基础客户。我建议大家要下一些真功夫、苦功夫，都说我们客户基础薄弱，客户结构不合理，在争取未来客户、年轻客户上面临挑战，到底怎么应对和改变，每一个二级分行都要拿出落地管用见效的措施来。二级分行是基本的经营核算单位，要以二级分行为基础做好市场规划。我们今天谈得比较多的是对公客户、法人贷款客户的规划，实际上零售也需要规划。靠客户经理去扫街，靠网点去埋头苦干，能取得一定效果，但只有坚持上下结合、良好的顶层设计同基层网点的拼搏精神相结合，苦干加巧干，才能取得成效，才能真正壮大我们的客户基础。当然每个地区情况不一样，在落后地区线下作用可能要大一些，发达地区可能对线上依赖度更高一些，譬如南充的办法在绵阳就未必适用，但基本原理、基本方法是一样的。

第二，关于基础业务。我经常拿资产负债表、利润表与中间业务收入表作分析，与几家可比银行再作对比。实际上很多的中间业务收入，包括基础类业务收入，我们和同业特别是和建行比，情况不太理想。比如信用卡有效客户数量、发卡质量、收单业务等指标与建行差距较大，还有个人结算业务、对公结算业务，这些都是我们传统的优势业务，但现在也开始出现差距。我相信很多的二级分行行长没有真正关注到这些指标落后的背后原因，不清楚应该如何缩小差距，这也是我们基础不牢固的一个综合反映。所以我们现在做业务，关键就是怎样把基础夯实。二级分行行长的任期现在从三年改为四年，真正把一个二级分行做好需要一个四年任期的努力。尤其像零售这种业务，想要一两年马上有改观，难度很大。你们一个任期内，要认准一个方向，盯紧一个目标，一步一个脚印地往前走，积小胜为大胜。

第三，关于基础管理。我们现在内控案防的形势，说简单也简单，说复杂也复杂。分析整个基础管理工作，无非第一个是怎么管好人，第二个是怎么管好业务，业务风险有外部传导的，也有内部原发的。重点在于管住关键环节和关键要素，比如凭证、印章、流程的制衡，等等。总行根据当前全行案防形势，提出“十大”风险治理点，各省行和二级分行要认真加以落实，把人和业务两方面的管理工作结合起来，做扎实，做出成效。

（三）要进一步加快转型和创新，突出“三新”（新客户、新业务、新市场），根据本区域的情况，来寻找业务亮点和新的业务机会。每一项创新面临的环境背景千差万别，总省行只能做一些面上的、齐步走的统一安排，但是到了二级分行，就要学会统筹兼顾，有所选择，有所区分，学会弹钢琴，不能平均用力，眉毛胡子一把抓。平均用力很难出效果。转型创新的指导思想主要是改变“五个过度依赖”：一是尽可能地减少对信贷的过度依赖。过度依赖信贷，这个行今后非出问题不可。二是要减少对大户的过度依赖。我们要抓大户，但如果集中度过高，过度依赖大户，这个行的经营基础是比较脆弱的。三是要减少对基层员工、基层网点的过度依赖。创新只能搞团队制，只能依靠一级分行、二级分行集中团队来做。如果依赖层层号召员工，很难做出成效。因为基层网点、基层员工主要是为客户服务。四是要减少对传统业务的过度依赖。不能眼睛只盯着传统业务这一亩三分地做文章，只会穿旧鞋走老路。五是发达地区机构要改变对线下的过度依赖。必须顺应互联网时代客户需求的变化趋势，努力为客户打造极致体验的产品，创造多元融合的场景，探索形成线上线下一体化的服务模式。只有改变这五个过度依赖的指导思想认识到位，我们的转型创新才有思想基础。

解决好理念问题后，具体创新该怎么做，重点在哪里，就是要抓好“三新”，即新客户、新业务、新市场。抓“三新”的办法很多，关键在于是不是真正沉下心，真正研究透，并能举一反三，触类旁通。银行的经营管理同我们读书一样，先由薄到厚，再由厚到薄。抓任何业务，开始千头万绪，但到最后万变不离其宗。信贷业务、存款业务、新兴业务，任何业务的基本原理都是相通的，本质是相通的。那就是银行是经营风险的，要把握好市场与风险的平衡。大家刚才对“三新”怎么拓展，还有线上线下如何结合，提了很多的建议，总行相关部门要认真研究采纳。

（四）进一步推进渠道和人力资源结构的优化调整，实现适应性调整与前瞻性调整的有机结合。实事求是地说，我们现在的渠道和人力资源结构，与强化“三基”、抓好“三新”的要求相比，还有很多不适应的地方。总行多次强调这两个问题，也作了很多安排，希望大家在渠道和人力资源优化方面，能够迈出实质性步伐。四川分行有1.6万名员工，我如果问大家最缺什么，人肯定是一个，第二是信贷规模，第三是财务费用，这是二级分行最关注的几个问题。但是到我们的网点渠道一看，人又不少，到底怎么办，只能够在现有人员里面做好结构调整的文章。比如新业务的发展，要集中一部分资源。又比如我们网点的结构和布局，要及时优化调整。尤其是营业部现有的271家网点，要做好前瞻布局。按照成都这么大手笔的发展规划，如果不调整，将来70%多的网点都会在老城区里面，那我们的零售将来是没有竞争力的，对公也是没有竞争力的。现在全行渠道结构优化调整推进不理想，甚至固定资产投资的指标都用不出去。讲实在话，在座的“一把手”对这方面的投入考虑不是太多，认为没钱就不考虑了，认为审批难就不考虑了，认为流程太复杂、耗时太长就不考虑了。其实这些问题总行也在改进，目前正在加紧推进流程优化和充分授权。我们要相信一二级分行行长，要把固定资产指标真正当作一个资源来使用，把效用发挥出来。我跟总行财会部也强调，固定资产投资指标控制好是成绩，但如果大部分用不出去，那就是责任。现在城市化进程这么快，如果网点不投入，三五年以后工商银行且不论线上有什么优势，连线下这个传统优势都失去了。还有智能化网点推广以后，我们的整个流程布局是否跟得上，总行也都在研究。我希望一二级分行行长要静下心来，能够多作一些这方面的思考。

关于人力资源结构调整的问题。我想三五年之内，特别是坐第二排的二级分行很可能会面临一个员工退休高峰的问题，平均年龄44岁、45岁，甚至到47岁。集中退休是我行人力资源结构调整的好时机，但对业务持续发展又是一个新考验，我们要及早谋划。总行人力资源部正在做相关规划，一级分行在做各自的人员规划，让各行行长主动来考虑本行的人员规划配置，再到总行进行汇总和通盘考虑。希望通过上下联动，拿出一个全覆盖、立体化、管长远的整体人员规划。当前要重点解决好先进后出、少进多出的问题。如有需要，我们也可以先阶段性地给矛盾比较集中的一、二级分行鼓鼓肚子。这方面不要限制得太死，比如可以以三年为期，弹性掌握，三年之后把人员指标再收回来。二级分行在人员优化调整上也要有前瞻性，要主动思考怎么做规划、怎么为机构的可持续发展提供人力资源保证。这个问题总行近期还要作强调和布置。做银行工作是需要积累的，新员工进来、新大学生进来，没有积累是顶不上去的，勉强顶上去也做不好工作，所以人力资源调整要有前瞻性考量，临时调整、临时救急是来不及的。

最后，要进一步加强党建和队伍建设，锻造过硬作风。我早上也说到要解决好中间"肠梗阻"和基层"最后一公里"两大问题。这两大问题靠谁解决，就靠我们在座的同志。分行和基层的有些意见总行要采纳，但总行设计的一些方案，提出的一些思路，一级分行、二级分行必须结合本地实际真正地贯彻落实下去，这既是考验我们一、二级分行班子能力和水平的问题，也是一个作风问题。这需要我们有一个坚强有力的班子，有好的作风，才能做到有的放矢、事半功倍、富有成效。

时间关系，就讲这么多。这几方面的要求，希望省分行、二级分行结合自己的工作安排，作进一步考虑。总体来讲，四川分行在近三届班子的不懈努力下，各项工作有了很大的进展，扭转了过去的困难局面，发展态势总体是好的。我相信在新一届党委班子的带领下，在座同志们一起齐心协力，四川分行一定会有更美好的明天。

在纪念建党96周年党建工作座谈会上的讲话

易会满

（2017年7月4日）

在中国共产党诞辰96周年之际，我们齐聚一堂，庆祝党的生日，畅谈加强基层党建工作的经验和体会。刚才，6家党组织代表从员工队伍建设、党课形式创新、网点党组织建设、党员量化考评、干部监督管理、干部能上能下等方面进行了发言，介绍了鲜活做法和实践经验，各具特色，体现了全行各级党组织在加强基层党建工作上的探索和创新成果。从这些做法和经验中可以看到，全行各级党组织切实履行基层党建工作主体责任，认真落实全面从严治党要求，坚持党管干部、党管人才，不断严格党内政治生活，深入推动"两学一做"学习教育常态化制度化，取得了显著成效，为全行转型发展提供了坚实的组织基础和政治保障。我们要认真总结基层实践经验、梳理工作规律、形成生动案例，以点带面，进一步提升全行基层党建工作水平。

近一年来，特别是全国国有企业党的建设工作会议召开后，全行各级党组织和广大党员深入学习习近平总书记系列重要讲话精神，认真贯彻落实中央关于加强国有企业党的建设的决策部署，取得了显著的成效，加强党的领导与完善公司治理有机统一得到持续推进，将党建工作要求写入公司章程，明确和落实了党组织在法人治理结构中的法定地位；干部人才队伍建设取得新的突破，开展三次全集团公开遴选，启动"311"干部培养规划，依托"人力资源两张表"，扎实推进人员结构调整，激发了干部员工队伍的内在活力；基层党组织建设不断强化，推动各内审分局、集约化业务处理中心、综合化子公司设立党委，探索向综合化子公司派驻纪检组，制定境外机构党建工作指导意见，筑牢了基层党建工作基础；全面从严治党要求在基层落地落实，深入推进"两学一做"学习教育常态化制度化，认真组织开展学习贯彻十八届六中全会精神专题培训，分三期对全行所有二级分行党委书记、纪委书记进行了落实"两个从严"的专题培训，将严的要求贯穿到全行党的建设和经营管理全过程。不久前，我行党代表会议胜利召开，选举产生了我行出席党的十九大代表。中央对我行加强党建的做法和经验，给予了充分肯定，通过会议发言、新闻报道、刊发经验材料等多种方式进行了宣传推广。这些成绩的取得，是全行各级党组织和广大党员共同努力的结果。在这个光荣的日子里，我代表总行党委，向为全行加强党的建设和转型发展，作出重要贡献的全体党员同志，致以节日的问候和崇高的敬意！

借这个机会，我想谈四个方面的意见。

一、各级党组织要切实履行责任，发挥核心作用

国有企业党组织发挥领导核心和政治核心作用，归结到一点，就是把方向、管大局、保落实。对于工商银行来说，各级党组织发挥核心作用主要落实在以下四个方面。

第一，要确保党和国家方针政策、重大部署在全行的贯彻执行。金融是现代经济的核心，银行是金融业的主体，工商银行作为规模最大的银行，我们的经营发展，关系经济社会发展和稳定的大局。全行各级党组织必须坚定政治立场，增强政治定力，坚决贯彻中央经济金融方针政策，确保中央政令在工行畅通和落实。必须

充分发挥大银行服务实体经济发展的主力军和排头兵作用，服务国家的改革发展战略，贯彻“五大发展理念”，对接国家“十三五规划”“四大板块战略”“三大支撑带建设”，落实好总行“抓大、抓小、抓新、抓优”战略部署，不断开创改革发展新局面。必须坚持为供给侧结构性改革注入正能量，完善信贷存量和增量并轨管理机制，建设多元化的投融资体系，突出加强融资市场拓展的顶层设计和政策指引，加紧完善境内外一体化发展的政策体系，在支持“一带一路”建设、推动企业走出去，扩大国际产能和装备制造合作等方面，进一步发挥我行金融服务优势，实现与实体经济发展的同频共振。同时，要把维护金融安全作为最大的政治责任，落实好维护金融安全六项任务，准确把握金融领域十个风险点，坚守风险防控底线，做到防范金融风险与服务实体经济两不误、两促进。

第二，要坚持服务经营管理不偏离，以改革发展成果检验党组织的工作和战斗力。全行各级党组织，要把提高效益、增强竞争力、实现国有资产保值增值作为工作的出发点和落脚点，带领广大党员员工，把握新的机遇、应对新的挑战。要加快推进经营转型，围绕主要经营目标和转型目标，加快推进大零售、大资管、大投行战略、同业业务和票据业务、国际化经营管理架构落地、重点城市行竞争力提升、重点困难分行解困等重点领域的改革工作，进一步巩固形成多元动力、多点支撑的增长格局。要稳定资产质量，加快推进信贷经营管理体制机制改革，建立适应经济新常态的信贷经营管理的新机制。要提高管理水平，增强复杂环境下内控合规和案件防控能力，加强对重点领域和关键环节的治理，确保全行资产安全和稳健经营。

第三，要坚持党组织对选人用人的领导和把关作用，着力培养一支高素质干部人才队伍。当前经济金融形势复杂严峻，经营管理与转型发展存在较大的挑战，这对干部员工队伍的作风能力、精神面貌提出了更高要求。一方面，要有针对性地抓好干部队伍的作风和能力建设，重点解决干部精神状态不佳、不尽责、不作为的问题。要加强总行战略的宣讲与督导，开展更富有针对性的指导帮助，使广大干部消除困惑点，增强“善为”的实际本领。要进一步发挥好考核评价的导向作用和监督问责的惩戒作用，激发“有为”的内生动力，形成对“不为”的约束倒逼机制。要落实好中央关于从严治党、从严管理干部的要求，对作风不实、落实从严治党责任和抓经营管理不力以及业绩平平的干部要坚决优化调整，切实做到有权必有责、有责必担当、失责必问责。要为不谋私利、甘于奉献、敢于担当的干部创造良好的环境，真正把好干部选上来、用起来。要探索建立干事创业的容错机制，不断激发队伍活力，调动广大干部员工的积极性、主动性、创造性。另一方面，要重视对关键岗位、绩优员工的拴心留人工作，通过健全干部管理机制、完善激励体系等手段来稳定核心人才和骨干队伍。要发挥好大型银行特有的优势，从心底里尊重人才、关心人才，善于做春风化雨的思想政治工作，善于运用政治引领、事迹感召、平台吸引、荣誉表彰等手段，激发各类人才实现价值、奉献工行的成就感和自豪感，写好事业留人、感情留人这篇大文章。薪酬是重要的激励手段，但薪酬资源是有限的。要积极探索改进薪酬总量核定、薪酬结构和薪酬支付方式，合理加大对关键岗位和核心人才特别是最紧缺人才的激励倾斜，使薪酬分配与价值贡献挂钩更加紧密，让广大员工感受到公平公正公开，感受到个人价值实现。

第四，要坚持加强基层党支部建设不放松，为工商银行的改革发展提供坚强组织保证。工商银行有13 000多个基层党支部，这是推动党的金融事业不断向前的重要力量，是全行生产力和战斗力的基础。要认真落实中央关于“树立党的一切工作到支部的鲜明导向”的要求，着力抓好各级机构本部、基层网点的党支部建设工作，充分发挥基层党支部的战斗堡垒作用。一方面，要突出抓好各级机构本部党支部建设。各级机构本部是制定和执行政策的“中枢神经”，全行党员过半数集中在各级机构本部。但机构本部党支部由于业务工作繁忙，组织生活随意化、平淡化现象也不同程度的存在。要提高各级机构本部党支部设置的科学性，对于一级分行、直属分行本部部室正式党员人数较多的，原则上以部室为单位设置党支部；正式党员人数较少的，可以本着支部工作易于开展、党员活动易于组织的原则设立联合党支部。要发挥好党小组的作用，党员人数较多的机构本部党支部要根据职能划分和机构设置成立党小组，严格落实党的组织生活，定期组织党的活动，加强党员教育管理。另一方面，要突出抓好一线网点党支部建设。一线网点是全行经营发展的滩头阵地，客户服务、产品营销等都依托于一线网点。抓好一线网点的党支部建设，对于提升网点竞争力，进而促进全行竞争力的提升，有着重要的推动作用。要本着有利于从严教育管理党员、有利于开展党的活动、有利于推动经营管理的原则，加强一线网点党支部建设。要充分调动一线网点党员的积极性，把业务熟练、具有一定管理能力的党员放到党支部负责人、支委委员、网点负责人的岗位上进行培养锻炼。

二、党员领导干部要忠诚干净担当，发挥表率作用

党员领导干部作为“关键少数”，要不断加强修养，提升能力，扎实工作，切实做到对党忠诚、勇于创新、治企有方、兴企有为、清正廉洁。

第一，要带头学习、强化修养，努力做坚定理想信念的表率。作为全球最大银行和市场先行者，如何正确认识和妥善解决高速发展之后不断出现的新情况、新问

题，是摆在全行干部面前的一个重要课题。要认识好、解决好这些问题，首要一点，就是要坚持不懈地学习习近平总书记系列重要讲话，坚定理想信念，强化党性修养，正确认识改革发展事业的长期性、艰巨性、复杂性，把理想信念建立在科学分析的理性基础之上，增强政治敏锐性和鉴别力，提高工作的科学性、预见性、主动性。其次，要持续不断地优化知识结构，提高专业能力。领导干部加强学习，根本目的是增强工作本领、提高解决实际问题的水平。我们的干部学历普遍较高，但也有相当一部分同志钻研业务不够、实践经验不足，存在“能力不强、本领恐慌”的问题。各级领导干部要把持续学习作为“家常便饭”，对专业领域问题要有独到见解、体现深厚水准，能够为基层行和员工提出破解难题的工作思路和方法。

第二，要脚踏实地、勤政务实，努力做战略传导执行的表率。抓工作，既要有雄心壮志，更要有科学态度；既要抓好顶层设计，也要抓好执行落实。执行落实的情况如何，直接反映出一个领导干部的工作能力和水平，也直接影响到组织决策和目标任务的实现。领导干部要及时传达贯彻总行党委推进改革发展最新精神，积极部署落实改革任务措施，认真研究解决重大经营问题。一是要抓思路。总行的方针政策常常带有宏观指导和原则要求的特点，给不同单位的贯彻落实留有创造性的空间。党员领导干部作为执行总行决策部署的关键环节，尤其要强调抓好落实的方法和意识，在具体落实上下功夫，提出的具体措施一定要有可操作性，结合本部门、本单位实际创造性地开展工作，严禁有令不行、有禁不止，严禁搞上有政策、下有对策。二是要抓调研。坚持眼睛向下、脚步向下，把调研贯穿改革发展的全过程，善于从基层和群众中寻找解决问题的办法，善于在调查研究中把握主要矛盾和问题、把握区域性特点和规律，做到重要情况、矛盾问题、群众期盼心中有数，拿出来的方案有底气、接地气。三是要抓士气。要在正确理解总行党委决策的基础上，把推进改革的道理讲清楚，注意解决执行过程中统一思想的问题，提振员工士气，凝聚发展合力。特别需要强调的是，党员领导干部要下大力气解决好政策传导“最后一公里”的问题，突破“中梗阻”。今年的经营计划目标和年初工作会议确定的重点任务分工已下达各行各部门，大家要按照总行要求，高标准高质量地加以推进和落实。

第三，要履职尽责、担当作为，努力做推动改革发展的表率。担当大小，体现着干部的胸怀、勇气、格调，有多大担当才能干多大事业。要敢于正视和研究发展中的困难和问题，敢于打破常规和思维定式，大胆创新各项工作机制，善于把执行政策的原则性与实际操作的灵活性结合起来，在改革创新中干事创业。一是要有守住风险的底气。要牢固树立安全就是效益、合规创造价值的思想，坚持底线思维，做好应对金融市场各种不利局面和极端情况的思想准备、政策储备和工作准备，深入分析经营环境复杂、金融创新较快的情况下，风险管理的新形势新特征，严格落实内控案防“一岗双责”制度，落实从严治行、从严管理的各项措施，努力保证各自管理的工作、分管的专业不出案件、少出风险，把全行盈利增长稳、资产质量稳、风险控制稳的局面保持住、发展好。二是要有攻坚克难的锐气。面对经营中的困难和压力，需要领导干部迎难而上、挺身而出，从严从实谋划经营发展和推动工作落实，专心工作、专注事业，紧密围绕全行中心工作、重点工作来思考各机构、各部门自身定位，把握和推动自身经营工作，为全行改革发展注入更多奋发进取的正能量。三是要有敢为人先的勇气。要把发展的基点放在创新上，树立“舍我其谁、敢为人先”的创新导向，扎实推动经营管理各个领域的改革创新，为工商银行新常态下的发展培育更多新的增长点和增长动力，使工商银行始终成为同业领跑者。

第四，要严格自律、清正廉洁，努力做弘扬良好作风的表率。事业成败，关键在党，关键在干部，关键在干部的精气神和工作作风。越是在转型和改革的攻坚期，越需要党员领导干部以良好作风凝聚全行力量，激发创造活力。打铁先要自身硬，正人要先正己，党员领导干部带头弘扬良好作风，对全行作风建设起着重要引领示范作用。各级党员领导干部要切实增强纪律意识和规矩意识，始终绷紧从严治行、从严管理这根弦，以铁的纪律、铁的规章、铁的管理，筑牢思想和行为防线。要时刻牢记清正廉洁，自重自律，加强德行修养，形成具有个性特色的人格魅力和处事风格，为人要坦荡，做事要大气，努力使自己成为新时期思路宽、眼界宽、胸襟宽，有魅力、有干劲、有作为的领导者。

三、广大党员要做到“四个合格”，发挥先锋模范作用

中央推进“两学一做”学习教育常态化制度化的《意见》提出了“四个合格”的要求，明确了做合格党员需要重点把握的内容。广大党员一定要认真对照，切实发挥好先锋模范作用，用行动体现信仰信念的力量，为全行改革发展稳定做出应有的贡献。

第一，要锤炼党性、坚定信仰，树立政治标准，做到政治合格。崇高信仰始终是我们党的强大精神支柱，没有理想信念，理想信念不坚定，精神上就会“缺钙”，就会得“软骨病”。当前，信息技术高度发达，社会全面开放，国内国外各种思潮、各种观点甚嚣尘上，理想信念问题对大家的考验越来越直接。全行广大党员要自觉加强理论武装，把对党忠诚作为思想灵魂，始终坚守党的品质、践行党的宗旨，坚守正确的方向，在思想上、政治上、行动上同以习近平同志为核心的党中央保持高度一致，牢固树立“四个意识”。理想信念

联系到工商银行，就是要在各种挑战、纷扰和复杂繁重的工作中，保持昂扬的斗志，把握新方向，践行新理念，激发新状态，勇于新实践，坚决维护好工商银行应有的地位、实力与影响力，建设好现代金融企业，为党的金融事业做出积极的贡献。

第二，要心有敬畏、严守规矩，树立纪律标准，做到执行纪律合格。十八大以来，党中央从战略和全局高度，对加强党的纪律建设、增强全党纪律性作出了一系列新部署新规定。全行广大党员不论在什么条线、在哪个岗位工作，都要深刻领会“把守纪律讲规矩摆在更加重要的位置”的时代内涵及现实意义，牢固树立党章党纪党规意识，用纪律和规矩来规范和约束自己的言行，自觉维护党规党纪的权威性和严肃性。按照中央有关要求，我行围绕廉洁银行建设、作风建设、选人用人、合规经营等方面，制定了一系列制度办法，形成了正面有规范、反面有禁止、违规有问责的行纪行规体系。全行党员要带头尊重行纪行规、认真执行行纪行规，严格按照各项规章制度和管理要求开展工作，持之以恒地自觉遵循、切实践行，决不容许自行其是、纪律散漫，让挺纪立规形成习惯和氛围。

第三，要传承精神、凝聚力量，树立品德标准，做到品德合格。党员要把加强道德修养作为十分重要的人生必修课，自觉从中华优秀传统文化中汲取营养，老老实实向人民群众学习，见贤思齐，以严格标准加强自律、接受他律，努力以道德的力量去赢得人心、赢得事业成就。全行广大党员要继承发扬党的优良传统和作风，明大德、守公德、严私德，大力弘扬忠诚老实、光明坦荡、公道正派、实事求是、艰苦奋斗、清正廉洁等共产党人价值观。要注重培育良好家风，以清正廉洁、尊老爱幼、勤俭持家的良好品德言传身教。进一步弘扬我行文化价值理念，凝聚奋发有为、积极向上的精神力量，推动形成良好的社会美誉度和对外影响力。

第四，要敢于担当、尽责有为，树立工作标准，做到发挥作用合格。广大党员要牢记党的根本宗旨，不断锤炼服务客户、做好工作的真本领，努力使自己的专业素养和工作能力跟得上时代节拍，拿出攻坚克难的硬招，推动落实的实招、创新转型的新招，切实成为干事创业的示范者和领路人。要主动适应互联网发展带来商业模式、消费模式的巨大变革，与时俱进地改进和创新金融服务，尤其要更加有效地利用我行互联网金融创新优势，推进线上线下一体化服务，不断改善客户服务体验，实现服务口碑的快速改善与提升，努力带动广大员工建设服务优良、人民群众满意的银行。

四、总行本部要抓好党建推动发展，发挥带头示范作用

这些年来总行本部作为全集团的战略规划中心、经营决策中心、管理指挥中心和资源配置中心，深入推进了党建工作与中心工作、业务工作的融合，较好地发挥了本部党建在服务中心、建设队伍中的积极作用。下一步，要结合推进“两学一做”学习教育常态化制度化，结合开展“灯下黑”问题专项整治，适应新的形势任务要求，进一步加强总行本部党建工作，努力使总行的党建工作走在全行党的基层组织的前列。

第一，坚持加强思想政治建设，强化理论武装工作。要坚持把思想政治建设放在首位，把创建学习型党组织，作为本部党建的首要政治任务。要把党章党规、习近平总书记系列重要讲话作为理论学习的重点内容，统一起来学习、统一起来领会，进一步筑牢同以习近平同志为核心的党中央保持高度一致的思想根基，推动全行广大党员干部把增强“四个意识”的要求转化为思想自觉、党性观念、纪律要求和实际行动。思想的外在表现在状态，总行在这方面要特别注意做好表率，不断强化理想信念，激发昂扬状态，做奋发向上、干事创业的模范。在学习方法上，要做好“四结合”，即坚持集中学习与分散自学相结合，主讲人领学与讨论相结合，学习业务与学习党建理论相结合，走出去学与请进来学相结合。要引导党员干部把学习党建理论同研究解决经营发展中的实际问题结合起来，把学习引向深入。要继续抓好处级干部理论培训和支部各委员培训，提高他们的政治素养、执行能力和党务工作技能。

第二，坚持加强组织建设，充分发挥党支部教育管理党员、团结凝聚群众的主体作用。按照党的一切工作到支部的鲜明导向，切实加强总行本部党支部建设。要根据总行机构发展的新变化，合理调整基层党组织设置，按期进行换届，选好配强党支部班子，加强党务干部队伍建设，扎实打牢基层党组织建设基础。要科学、规范、合理设置党小组，充分发挥党小组教育管理党员、联系服务群众的“前沿阵地”作用。要把“两学一做”纳入“三会一课”，不断健全和创新部室党员领导干部民主生活会的内容和形式，努力提高党支部民主生活会的质量。要探索创新党内教育和组织生活的有效方法，把主题党日活动同提高党员素质，推动部室服务工作结合起来，把思想政治工作落到支部，把从严教育管理党员落到支部，把群众工作落到支部，使支部成为团结群众的核心、教育党员的学校、攻坚克难的堡垒。要严格执行党员领导干部“一岗双责”制度，做到业务发展和党建工作一肩挑、两手抓、两不误、两促进。同时要加强对领导干部参加组织生活的要求和监督，使党员干部在组织约束中锤炼作风、接受监督、百炼成钢。

第三，坚持加强作风建设，在持续深入转变作风上发挥带头示范作用。作风建设永远在路上。要对照习近平总书记提出的干部“不思进取，不接地气，不抓落实，不敢担当”的问题，坚持更高标准、更严要求，推动总行本部作风建设持续深化，形成重服务、讲效

率、抓落实的浓厚氛围。一是要增强服务意识。做好经营工作，必须上通“天线”，下接“地气”，既要领会和落实好中央精神和决策部署，又要深入了解基层实际，多搞实地调研，少搞“长官意志”和“拍脑袋决策”。比如，定政策、下任务时要多考虑区域特点和基层实际，避免事先定调、先入为主，与市场、一线实际情况脱节。研发产品、设计流程要多听取基层和客户的意见建议，从市场需求出发，避免闭门造车、刻舟求剑、为了创新而创新。在市场竞争、业务推动中出现问题时，要多拿出一些具体指导和解决措施，指方向，教方法，少喊空口号，少提原则性要求，不能只当甩手掌柜和“二传手”。二是要提高各部门决策效率。对重大问题、重要事项要提升决策层次，明确责任主体，强化问责、严格责任追究。对重要工作、重要制度要确保落实到位，明确完成时限和责任人员，完善督察督办机制和手段，加强跟踪反馈，及时修正补漏。对业务审查审批，要在有效控制实质性风险的前提下，最大限度减少流程、减少环节，提高运转效率。三是要加强各部门间协同联动。总行各部门在系统开发、产品创新、制度制定、业务营销、客户拓展等方面，要有大局意识，坚决破除“部门墙”和“机构壁垒”，不能只盯着自己的一亩三分地，不能为了局部利益而损害全局。在遇到重要工作、困难事项和复杂问题时，要主动沟通协调，不能敷衍塞责、推诿扯皮，甚至转移上交矛盾。要对部门间的联动和考核分润机制进行梳理完善，通过科学的机制来调动部门主动协作的积极性。

成绩属于过去，奋斗赢得未来。全行各级党组织和广大党员要再接再厉，以全面加强党建工作的新举措，推动经营发展开创新局面，用新成绩迎接党的十九大胜利召开。

在湖南分行工作汇报会上的讲话

易会满

（2017 年 8 月 2 日・根据录音整理）

刚才，苏国庆同志代表湖南分行党委作了工作汇报，听了以后很有感触。这几年湖南分行面临的内外部经营环境比较复杂，困难和挑战也比较多，但省行党委班子能够团结带领全行 1.4 万名干部员工，眼睛向内、眼睛向下，直面困难，主动应对，经受住了严峻的考验，取得了稳中有升、稳中有进的经营业绩。

两年前来湖南调研时，我曾针对湖南分行的情况，提了一些针对性的要求。新班子组建以来，做了大量工作，取得了一定成绩，很多方面的工作有了积极变化。一是能够认真落实总行党委的各项决策部署，结合湖南实际，寻找适合自身发展的路子。历史上，湖南分行是走了一些偏路的，留下了不少的经营包袱。因此，找准路子、纠偏正形，是这届党委班子一项非常重要的基础性工作。二是实现了竞争力的逐步回升。利润、存款、贷款和中间业务等，总体上市场地位有所提升。上半年存款增长 300 多亿元，贷款增长 200 多亿元，这在湖南分行历史上是不多见的。特别是省行营业部的竞争力状况有了很大的改善和提升，与主要可比同业的差距大幅度缩小，龙头作用凸显。湖南分行确实有自身的一些特点：13 个二级分行中，有一半左右的行受到资产质量或内部案件与风险事件的困扰，对这些行而言，首要的是稳住局面，找准发展的定位和路子，而不是脱离实际去追求发展速度和市场份额，否则风险会更大。客观地说，湖南分行的竞争力问题不是哪一任班子的问题，而是多种因素长期积累、综合影响形成的，要想在一届班子任内完全解决是不现实的，寄希望于一剂猛药，急于求成，反而会为今后的发展带来后遗症。我们要有打持久战的准备，分阶段、有计划、有重点地逐步提升，扎实前行，积小胜为大胜。三是强化了基础管理、基础客户、基础业务，还建立了 10 个专业团队，为新业务发展做了基础性投入。因此，总行党委对湖南分行近年来的工作是肯定的，对分行新一任党委班子是肯定的。

当然，湖南分行在发展过程中仍然存在一些突出问题和困难，刚才在汇报中也有分析。总体来看，基础管理工作比较薄弱，内控案防压力比较大。经营作风还比较粗放，如信用卡业务出现的不良问题就是粗放经营的典型表现，业务发展“先做了再说”，脱离了管理基础，脱离了发展的客观阶段。经营思路还比较传统，对信贷规模等传统资源要素投入强调得多一些，在转型创新上考虑不多、推进力度不够。市场竞争力还需要进一步提升，今年以来公司信贷竞争力总体不错；零售业务竞争力有变化，但还没有得到根本性扭转，还谈不上主动；机构业务基础欠账太多，还需持续努力；投行、资管等新兴业务才刚刚起步。以上几个问题带来的综合性影响就是，整个员工队伍的精神状态不够饱满，部分专业、部分机构的员工士气比较低落，甚至存在一些不遵守基本制度，导致个别业务品种发生系统性风险的情况，伤害了分行的整体形象和干部队伍干事创业的积极性。我在全行年初和年中工作会议上都强调，经营思路、工作作风、员工士气是我们的三大法宝，决定着一个行的长久发展状况。湖南分行在基础管理、经营思路、经营作风、市场竞争力、员工士气等方面的问题是客观存在的，经营发展总体还处于“往上走”和“往回退”的胶着阶段，咬紧牙关、奋发努力就有希望实现一个质的提升；如果稍有懈怠或松劲，可能马上就会往后退。对发展阶段的判断非常重要，这决定着下一步应该采取什么样的发展思路和举措。希望湖南分行党委班子对此要作深入思考，提升对全局的把控能力，继续眼睛向内、眼睛向下，深入挖潜，下更大的功夫，努力使全行尽快走上良性发展的轨道。对湖南分行下一步工作，我讲两个方面的意见。

一、持续巩固理念、信心和队伍这个基础

思想是行动的先导。解决发展问题，首先要统一思想认识，转变理念，坚定信心，调动和发挥好全体干部员工的主动性、积极性。

（一）进一步端正经营理念，转变经营作风。一是要加强对商业银行经营规律的把握。这次全国金融工作会议强调，要遵循金融发展规律，按规律办事。湖南分行这些年来在信贷经营、内控案防、基础管理等方面出现的问题，充分说明一个行的发展速度主要取决于风控能力。现在不良率比较高的行，也往往是前几年信贷大投放的行。湖南分行目前有6个二级分行不良率超过3%，最高的娄底分行达到7.49%；全辖房地产开发贷款不良率达到16.26%，还有5.36亿元剪刀差。所以，任何一项业务发展都要尊重规律，把握好风险和收益的平衡，在讲发展的同时要认真想一想风险点在哪里，能不能控得住。二是要树立底线思维。做银行的底线是什么？就是银行资金这个“本”放出去，要收得回来，要保证干部员工的职业安全，这是底线要求。三是要有科学的绩效管理，避免短期过度激励带来行为扭曲。尤其是各级管理人员和前台部门要树立科学的发展观、业绩观，高度重视基础管理，强化“一道防线”对风险的实质把控能力。在座的各位都是干了几十年的“老银行”，我们交了很多学费，一定要吸取教训，得到历练成长，在业务拓展特别是在信贷经营上要坚持发展速度与管理能力相适应、与风险防控能力相匹配，始终保持理性稳健经营。这里我再强调一点，对不良贷款的处置和历史包袱的解决，要定出明确的时间表，新的“出血点”要坚决止住，目前新增贷款1.29%的不良率太高了，高出全系统平均水平0.46个百分点。还有其他的一些经营问题也要全面梳理，有困难要及时向总行反映。

（二）进一步树立必胜的信心，营造良好发展氛围。信心来自于对未来发展的美好愿景、清晰的发展思路和科学的实施路径。当前新三年发展规划编制已进入关键时期，我们要把未来三年的愿景目标制定好，拿出有针对性的、阶段性的战略实施安排，进行广泛深入的宣传发动，向全行员工交好底，让员工看到希望，看到光明未来，切实感受到个人利益与全行的经营发展息息相关，把大家的积极性充分调动起来，营造和谐的发展环境。上半年内蒙古、云南等五家解困行员工士气在大幅度提升，就是源于经营业绩改善了，员工收入上去了，大家看到前景了，信心士气与经营结果相互作用，逐渐走上了良性发展的态势。我们还要注重做好顶层设计，进一步加大对湖南省情、区情的研究，进一步找准市场，找对方向。比如，目前我们900多亿元的公司信贷项目储备中，八成是政府购买服务，这种结构是不合理的。特别是当前国家正在清理规范政府举债融资行为，变相融资平台和隐性债务负债是不允许的。湖南是经济大省、人口大省，市场在哪里？怎么切入？我们一定要考虑清楚，我觉得湖南分行发展潜力还非常大。我们要注重综合施策，全局谋划，整体推动，不能对信贷过度依赖，否则容易造成信贷功能的异化。

（三）进一步加强队伍建设，强化人力支撑。要实现湖南分行发展的良性循环，取得与湖南经济发展相适应的、系统内应有的地位，干部员工是第一位的因素。要立足当前员工队伍的现状，注重加强对各年龄段干部员工的培养，充分调动各年龄段员工的积极性和创造力。要注重做好人力资源整体规划，推动存量调整，毕竟靠增量调整是有限的。事实上，湖南分行员工45.5岁的平均年龄并不是个问题或负担，这个年龄段属于成熟期，业务经验丰富，银行业务完全可以做得来，关键是要有责任心和学习能力。我在与员工交流中也发现，有的看起来年龄大一些的同志，观念认识并不陈旧，精神状态也很好，所以要因人而异，讲年龄不唯年龄，还要看状态、看学习能力、进取精神和担当意识。要前瞻性做好湖南分行未来3－5年人员规划的编制工作。工行要办“百年老店”，在事业传承上必须后继有人，才能薪火相传，临时抱佛脚、急用现找是来不及的。总行对这项工作非常重视，前几天谷澍行长就此专门组织召开了启动会，希望省分行党委也要静下心来，把这项工作做实做好，以此为契机推动解决当前人力资源总量和结构方面存在的突出问题，形成更为合理的人员总量和梯次结构。

二、提升转型创新和竞争力这个短板

这个问题刚才省分行在汇报中已作了详细的安排，我都赞成。这里再强调几点：

（一）要进一步发挥好省行营业部的龙头带动作用。对湖南分行来说，资源投到省会城市效率比较高、比较安全，把营业部做强是最大的竞争力提升，也是最

好的风险防范安排。这两年省行非常重视，也尝到了甜头。上半年营业部对全省的利润贡献达到55%，存款、贷款、中收增量均位居四行第一，这是非常不容易的。长沙的市场潜力非常大，希望省行能够进一步加大对营业部的综合支持，对营业部提出的人力资源、授权、规模等问题，继续积极地创造条件帮助解决。总行也准备再选择几家省行营业部，给予更好的政策支持。当然，省行也要重视对营业部基础管理和专业能力提升的指导评价，不能够光看贡献指标，否则过度承压会造成新的风险。同时，要选择2－3家基础管理较好、发展势头不错的二级分行重点培育，形成更加合理有序的梯次发展结构，增强发展的后劲。

（二）要进一步夯实和提升大零售的地位。通过近两年的努力，湖南分行零售工作有一些效果，但相对于湖南的人口规模，相对于发展基础和应有的市场地位，潜力还非常大，零售业务的贡献度还需要进一步提升。从上半年情况看，省分行在这方面有动作有思路，但还要进一步加大研究和投入。实际上，大部分的二级分行在县域主要就是做好零售和小微业务，不是所有业务都要在全省铺开。这其中的核心是怎么样夯实我们的零售客户基础，怎么样健全线上线下一体化的获客黏客体系，怎么样发展好储蓄、理财、个人按揭、信用卡等重点业务。这里重点讲一下信用卡业务。湖南消费市场非常活跃，文化旅游业比较发达，信用卡市场应该是很大的。这次部分二级分行发生的分期付款风险事件，关键在于我们脱离了信用卡消费的本质，都去做大额透支，都去不加甄别地与第三方合作，习惯于吃快餐、垒大户，对交易的真实性和客户还款能力把关不力，形成了严重的管理漏洞。省市分行要认真吸取教训，坚决更新业务班子和相关人员，探索新的业务发展模式和路径，尽快消除这次风险事件的负面影响，重回健康发展的轨道。

（三）要进一步推动专业团队建设落地见效。省分行现在有10个专业团队，除不良贷款处置团队外，其他9个团队都是创新型业务团队，这是做好新兴业务的基础，值得肯定。但是总体来看，目前团队建设还处在搭班子、建队伍的阶段，还没有数据来证明团队究竟发挥了多大作用，还要持之以恒地推进，让专业团队真正发挥在市场上“攻城拔寨”的尖刀作用。团队制是一项组织模式创新，在传统总分行体制下，许多工作尤其是创新型业务从总行到支行网点，工作力度和人员力量层层衰减，造成很多新业务基层都不会做。探索新兴业务发展的团队制，就是要通过扁平化、柔性化的方式，集中优势力量推动新业务在基层行的批量化复制落地。要认真理解团队制改革的背景和目的，强化团队的直接经营功能，突出专业化，避免行政化。每一个团队都要有明确的任务目标，有完善的激励约束机制和风控机制，不能让团队异化为只会发文件、下指标、当“二传手”的内设机构。

（四）要进一步深化一行一策、分类指导。省行营业部和13家二级分行，每一家分行的外部经营环境各不相同，规模大小参差不齐，管理基础差异较大，如何准确定位各行业务发展重心，通过分类指导实现差异化发展，避免“齐步走”带来的共性风险，对省行党委来讲非常重要。在总行实施信贷人格化授权的文件上我批了一段话，核心是要求授权不能一放了之，全国几百家城市行的管理基础差异很大，简单放权肯定会出问题。对湖南分行也一样，比如信贷业务就应该集中精力打歼灭战，重点区域率先突破；零售业务则要全辖整体推动，共同发展。这些都需要我们做好顶层设计，这是推动转型发展非常重要的一项基础性工作。

（五）要进一步完善绩效考核。考核是指挥棒，业务发展要通过考核来推动，战略定位需要考核来引导。刚才省分行汇报里面提到了直通式绩效管理的问题，其中的核心是如何在吃透“上情”的基础上做好结合的文章，就是直通式考核要与本地化有机结合起来，否则是很难落地的。同时，需要进一步强调的是，基层行的工作千头万绪，目标很多，但是在考核上必须要保证总行战略落地，考核的实施主体可灵活，但考核的导向、办法要统一。总行反复强调要强化客户基础和存款工作，减少单项产品销售考核，但现在仍有很多基层行还在用老办法考核，要注意及时校正调整。

最后强调一点，总行相关部门对湖南分行要多关心，多支持，多指导和帮助解决发展过程中遇到的一些困难和问题，为湖南分行尽快甩掉包袱、轻装上阵创造条件。关于经营计划目标、费用等问题，湖南分行先算好账，再与总行会商。关于信贷规模的问题，首先是存款工作要抓上去，这是贷款规模配置的基础；其次要把好投向，尤其在中央严控地方政府变相举债的情况下，要少投一点政府平台贷款，多投一些优质个人按揭贷款等业务，统筹做好不同贷款品种之间的调剂平衡。希望通过总分行的共同努力，湖南分行尽快走上持续健康发展的轨道，在新一轮三年规划期进入一个崭新的发展阶段。

在湖南二级分行行长座谈会上的讲话

易会满

（2017 年 8 月 2 日 · 根据录音整理）

刚才听了分行营业部和 9 家二级分行的发言，因为时间关系，还有 4 家二级分行作了书面汇报。总体来看，尽管各行面临不小的经营困难，但都能够根据自身实际创造性地开展工作，这是不容易的。下面，我结合大家的发言，就下一步工作谈几点想法。

一、要做好经营亮点的总结推广

二级分行是我行的基本经营核算单位，二级分行经营得怎么样，决定着全行发展的“基本面”。因此，贯彻落实好总省行各项决策部署、保持好的发展状态，是各二级分行班子的重要责任，既是经营责任，也是政治责任。从大家汇报的情况看，每家行都有一些经营亮点，创造了不少好的经验。比如，湘潭分行 18 年没有出过风险案件，这是非常不容易的；郴州分行每年一步一个脚印前进，竞争力持续提升，考核排名不断前移；岳阳分行信贷准入和市场规划做得比较到位，新发放贷款利率处于较优水平，存贷利差同比提高 69 个基点，高于全省平均水平 47 个基点；益阳分行近年来大零售业务发展得不错，专属理财、“公转商”按揭贷款等一些创新产品取得突破，还是全省唯一一家私人银行客户“破百户”的二级分行；娄底分行尽管在当地复杂的金融生态环境下跌了大跟头，但能够吸取教训、提高认识，对今后的经营发展提出了比较清晰的设想；怀化分行作为一个山区行，却能取得全省第三位的考核排名，而且存贷比控制在 50% 左右，经营非常理性；省行营业部今天谈了对市场的体会，对质量、对队伍等方面的认识，也非常好。省分行要好好总结这些亮点，使每一个二级分行都有成就感，帮促各行进一步树立在困难环境下敢于直面问题，攻坚克难、有所作为的精气神。尤其在当前经营压力比较大的情况下，气可鼓而不可泄，要改变一个行的精神面貌和发展状态，归根结底还是要依靠全体员工的共同努力，总结经验是有效的途径之一。我相信，通过不断总结经验、推广经验、复制经验，可以帮助各行比较快地找到转型发展的新模式，可以进一步提振队伍士气，营造出赶学比超、创新发展的良好氛围，实现良性互动、良性循环。

二、要深化对信贷本质的认识

当前，各家行对信贷的作用认识是充分的，但对信贷风险的认识、对信贷本质的认识还需要进一步增强。湖南部分二级分行出问题主要集中在信贷领域。总行多次讲，风险控制是生命线，是决定一个行能走多久、走多远的关键。实践证明，一个行如果经营得比较好，一定是在信贷等风险的管控上做得比较好的。刚才每家二级分行都谈到了信贷的重要性，但我提醒大家要全面、客观地看待信贷，不仅要看到信贷作为一种资源投入对经营发展的拉动作用，更要看到信贷的本质是风险，信贷经营实际上是风险的经营。大家对信贷十分重视，这很好，但谈到竞争力提升就认为首先要加大信贷投放，这种认识则是片面的。省行党委在这方面要加强把控，不是所有行都可以利用信贷来改变竞争力落后面貌的，一味将信贷作为脱困的手段，可能会造成信贷功能的异化，致使走进更深的泥潭。

三、要加强分类指导

湖南有平原、也有山区，有经济发达地区，也有欠发达地区、贫困地区。每一个地市的资源禀赋不同，发展阶段不同，差距非常大，但我觉得对所有地区都有一个适用的共性要求，就是要重视发展零售业务。零售业务是一项比较重视持续性投入、也对创新要求非常高的业务，尤其在互联网金融背景下，零售业务如果缺乏创新力，发展会非常艰难。刚才大家对创新的东西谈得不多，说明发展理念和方式还比较传统。因此，要突出因地制宜、分类指导，推动发展观念的转变和创新业务的落地。各二级分行在创新转型方面要进一步拓宽视野，结合本地区实际找到自己的亮点，突出自己的特色，创造性地落实总省行在转型创新方面的安排部署，减少对信贷的路径依赖，不断开辟新的业务增长点。上午，省分行介绍已经组建了 9 个新兴业务团队，这是一个很好的开始，要因地制宜推动这些业务在各二级分行的落地。同时，要进一步提升定价管理能力，切实算好成本收益账。

四、要重视做好渠道和队伍建设等基础性工作

在网点渠道建设优化上，总行已经作了非常具体的安排，希望各二级分行要切实担负起主体责任。之前，有分行反映网点调整优化流程长、耗时久、审批难，前不久总行已经正式下文，服务前置、简化流程、明确授权，并且将主导权放到二级分行。要看到，线下渠道是我们一个巨大的优势，不管互联网如何发展，这个传统优势都一定要守住和用好。各二级分行要充分发挥主观能动性，进一步加强对线下网点布局优化和转型的研究。当前城市化进程非常快，网点布局的调整优化一定要跟得上，谋划要早、动作要快、步子要稳，不能够“等靠要”，一定要使我们的网点布局始终与人口的迁移、与区域经济金融资源的动态分布相匹配。在员工队伍建设上，作为国有大行，我们要宣扬和发挥正能量，传导压力，激发动力，尽最大努力把队伍带好。对于员工收入问题，湖南分行这些年确实由于“绩”的问题，导致“效”比较低。解决这个问题、提高员工收入，根本上还是要靠自力更生，丰衣足食。同时，要把有限的绩效费用用足用好，花在刀刃上。现在一些分行激励过度和激励不足的问题并存，有的绩效差距拉得过大，员工最低保障都没有；有的激励不足，吃大锅饭，撒胡椒面，搞平均分配。这两方面的情况都需要很好地研究解决。实际上，提振员工士气，收入是一个方面，但不是唯一途径，我们要把发展愿景规划好，把思想政治工作做到位，把积极性调动好，让大家增强集体荣誉感、归属感、责任感。我跑过很多基层行，我认为工行员工队伍的基础是好的，员工都非常敬业，团队感很强，各级行管理层要和员工多交流，多听他们的心声和想法，这对推动队伍建设是非常有好处的。

大家今天反映了很多意见和建议，对一些共性、全行性的问题我们会带回去研究解决。希望大家团结一致，埋头苦干，抓好每一天的工作，充分调动每一个员工的积极性和主动性，努力为湖南分行乃至全行经营发展做出新的贡献。

在天津分行调研时的讲话

易会满

（2017 年 8 月 28 日·根据录音整理）

这一次到天津来，主要是看望同志们，同分行党委做一个现场交流。刚才，听了蒋伟同志代表天津分行党委作的工作汇报，总体感到内容全面、重点突出、针对性较强，有助于总行进一步了解天津分行的经营情况，更好地推动和支持天津分行转型发展。结合分行的汇报和大家的发言，我讲五个方面的意见，供你们参考。

一、肯定天津分行取得的工作成绩

天津分行新班子组建近一年时间以来，贯彻总行党委决策部署态度坚决，思路清晰，工作进取，在既有基础上做了大量工作，实现了新发展、新进步。特别是在推进经营发展的过程中，注重通过创新营销拓展机制、客户维护机制、绩效考评机制、服务管理机制、党建工作机制等来夯实管理基础，做到治标与治本相统筹、改进经营与强化管理相协调、从严治党与从严治行相结合、解决当前重点难点问题与破解基础性机制性问题相统一，推动分行经营态势稳步向好。从上半年的情况看，天津分行主要经营结果基本符合计划预期，尤其是存款业务竞争力明显改观，信贷投放有所增加，不良实现“双降”且潜在风险贷款和剪刀差的管控情况好于全行。应该说，这些工作成绩的取得，饱含了分行几届班子的共同努力，更凝聚和体现了新班子的新思路、新做法、新作为，值得肯定。

二、正视经营管理中存在的突出问题

坦率地讲，与其他三家直辖市分行相比，天津分行在市场竞争、转型发展、改革创新等方面掉队了。这个总体判断在总行巡视组对天津分行的反馈意见中也有所体现。从核心业务市场占比看，近年来天津分行市场竞争力持续下滑。比如存款业务，2012 年底分行各项存款比天津农行少 15 亿元，到 2016 年底差距急剧扩大到 680 亿元；较天津建行的领先优势也从 2012 年的 364 亿元缩小到 2016 年的 122 亿元。同时还要看到，无论是存款还是贷款，四大行在天津市场的竞争力并不突出，整个市场份额仅占到 35% 左右，显著低于全国大多数地区。天津分行在四行中也无优势可言，整个存贷款市场占比仅为 9.1%，而且是近两年四行中储蓄存款市场占比唯一下降的机构。从转型发展看，天津分行中间业务收入连续两年负增长，同业排名滑落至第三，一些新兴业务发展相对缓慢，这种弱势局面与直辖市的地位、

与天津的经济发展状况不甚吻合。从客户基础看，今年前7个月，个人有效客户增长率低于全行1.8个百分点，私人银行客户负增长；法人存款客户增长率低于全行0.8个百分点，法人贷款客户负增长；加之我们在社保、医院、学校、公积金等传统业务领域几无竞争力，分行客户基础薄弱的问题日渐突出。从资产质量看，还原天津港爆炸案因素，目前天津分行的实际不良率达到2.28%，明显高于全行和全市平均水平。以上这些工作差距，暴露出天津分行在班子建设、队伍建设、作风建设、能力建设等方面，一定程度上存在满足现状、不够进取、因循守旧、能力不足的问题，也正是受这些因素的影响，使分行竞争力的衰弱和下降具有某种必然性。面对经营管理中存在的突出问题，我们没有资格、也没有理由自我感觉良好，希望天津分行能够正视差距，直面现实，切实增强危机感、紧迫感和忧患意识，加快改善整体经营质态，积极打造发展特色和亮点，尽快取得与天津经济社会发展水平相匹配的市场地位与影响力。

三、深入谋划解决问题的思路和出路

要解决上述突出问题，分行党委班子需进一步强化责任担当，坚持眼睛向内、眼睛向下，紧密团结和依靠广大干部员工，拿出更大的勇气、智慧和决心，围绕总行战略部署和分行发展规划，做好各项工作的全局性谋划和深层次考虑。

首先，要全面客观分析分行发展面临的外部环境。天津产业基础雄厚，区位优势明显，近年来经济增速始终处在全国前列，人均GDP去年跃居全国第一，同时还面临京津冀协同发展、建设现代化大都市等一系列发展新机遇，这些禀赋和条件都为支撑银行业务发展创造了内涵丰富、资源富集、需求多元、潜力巨大的良好环境。相信天津分行在年初制定发展规划时，已经对外部环境做了全面分析，下一步要更加注重把诸多机遇转化为工作成果，把工作成果转化为发展自信。除了分析经济环境外，分行还要加强对同业竞争优劣势的主动研究，更多看到自身的差距与不足，以更加广阔的竞争视野和更加开放的心态，多向对手学习，在研究与学习中提出更有针对性的发展策略和工作措施，在改进与提升中锻造核心竞争优势。

其次，要在战略落地与发展实践中处理好四个关系。

一是重点突破与整体谋划的关系。前期，分行党委在工作的整体谋划方面提出了不少创新思路，包括确立“一个目标”、树立“三大理念”、掌握“四种方法”等，我都赞成。与此同时，要注意坚持“两点论”和“重点论”的辩证统一，既要提出整体思路、作出系统安排，也要突出抓好市场竞争力提升、基础管理、队伍建设等重点工作。支行和部门也要既懂战略又懂战术，不同机构需要着力提升的专业能力也不尽相同，有的机构只会“占山头”，那就教他们学会“建沙盘”；有的机构“纸上谈兵”比较多，那就多练他们“统兵打仗”的本事，在分类施策中、在点面结合中提升工作成效。

二是立足当前与谋长虑远的关系。这对关系我在不同场合作过多次强调。对天津分行来说，当前要靠在关键领域多打几仗、多打胜仗来改善精神面貌、提振队伍士气、增强发展自信。一个行要想实现经营发展的良性循环，首先要解决好眼前的现实问题，只有在重点难点工作上明显突破、捷报频传，才表明分行党委的决策安排是务实有效的，才会得到广大干部员工的拥护和信赖，才能为解决好长期性、基础性、机制性问题留出足够的空间和余地。这也是正确发展观的应有之义。

三是强基固本与转型创新的关系。实事求是地讲，天津分行的发展思路和经营模式还比较传统，转型创新的氛围比较沉闷，亟须进一步思考如何转变传统观念，加快改革创新，增强经营活力，这一点我在后面还会讲到。另一方面，分行管理基础不牢的问题也较为突出，近年接连发生的一些风险事件特别是信贷风险事件，用“奇葩”来形容都不为过。比如钢贸的问题，总行半年内连续4次下发钢贸贷款风险提示，天津分行视而不见、听而不闻，仍然搞小企业钢贸贷款“大发展”，结果酿成严重风险，带来的负面影响至今仍未消除。又如渤海钢铁的问题，虽然相较同业我们的融资占比是低的，但在企业子公司出现亏损、付息困难且他行已开始收缩融资的情况下，天津分行仍先后为其增加了10亿元融资，现在全军覆没，吞噬掉苦心经营获得的财务成果，实在不应该。这些风险事件的教训都极其深刻，必须认真反思。同时也从反面印证了强基固本的重要性，基础不牢，在考核压力下就容易动作变形，一着急就会走回老路、走上歪路，出现风险也就在所难免了。

四是队伍建设与业务发展的关系。推动业务发展十分重要，而加强干部队伍建设同等重要。良好的新陈代谢是人肌体健康的标志，对组织、对队伍来说同样如此。干部队伍要成为“一池活水”，有进有出，能上能下，动态调整，这个行才能有生机活力；如果干部总是压在那里不动，就会成为“一潭死水”。天津分行党委要更加重视和关心干部的选拔培养，特别是在选人用人方面，思想要更解放一些，我们讲年龄但不唯年龄，讲学历但不唯学历，讲资历但不唯资历，不能脱离实际搞“一刀切”，关键看状态、看思路、看业绩。有的同志可能不到四十岁，就丧失了活力和进取精神，有的同志快到六十岁，依然宝刀未老。所以希望分行党委在干部队伍建设工作上能够因地制宜、因时制宜，真正选好人用好人，更好地为业务发展积蓄后劲。

四、切实把转型创新作为重中之重

如果说传统是天津分行的一大特征，那我们就要把更多的时间和精力投入到转型创新之中，致力于打造一个更富活力、更具竞争力的天津分行。

一要围绕新客户新业务做好新文章。刚才汇报中讲到，今年分行刚刚完成第一笔汽车分期业务，但有的分行汽车分期业务已开展多年，余额突破百亿元。类似这样的情况可能还有很多，天津分行要深入分析自身与系统内先进分行在新客户新业务拓展方面的差距，努力实现更多“零”的突破。要开拓新市场，发展新业务，分行不能只提要求、下任务，更多的是要出思路、教方法，把各类团队直面市场直接经营的作用发挥好，在创造新的增长动能和收入来源上见实效。作为直辖市分行，发展资产管理、投资银行、私人银行、金融市场等新兴业务的潜力是非常大的，依靠区域理财、区域投资带动零售业务和投行业务发展的机遇是非常多的，大家要借鉴经验，研究规律，把握实质，全力突破。这里我也讲讲把握租赁业务风险实质的问题。应该说，与租赁公司开展业务合作，是天津分行创新转型的一个亮点，但非银行系的租赁公司鱼龙混杂、良莠不齐，尤其在天津这类公司较多，且以注册地为主，搞异地经营，近年出现了不少风险事件。为此，在前不久召开的全国金融工作会议上，专门明确融资租赁公司由中央金融监管部门制定规则、地方金融监管部门实施监管。希望天津分行审慎研判本地租赁市场，务必把眼睛擦亮，把风险驾驭好，在风险可控前提下积极探索创新发展路径。

二要努力在 e－ICBC 3.0 战略实施中走在前列。现在 e－ICBC 3.0 战略的相关文件已经下发，总行成立了网络金融部，目前正在加紧推进配套管理机制完善、互联网金融场景共建、重点项目建设等一系列工作。希望天津分行加强学习领会，注意调动好全行上下特别是年轻同志的创新激情和创造活力，努力跟上时代前进的步伐和总行工作的节拍，掀起推进 e－ICBC 3.0 战略实施的热潮。总行提出 e－ICBC 3.0 战略、向智慧银行转型，核心目的是通过创造多元融合的场景，打造极致体验的产品，增强获客、活客、黏客的能力。在信息时代，依靠线下摆摊设点、扫街扫楼、层层推动来获取客户可能有些成效，但终究是事倍功半。尤其是“千禧一代”客户基本“生活”在互联网上，和传统线下渠道的触点越来越少，如果不拥抱互联网，工商银行就无法拥抱年轻客户、拥抱未来。前期总行在信用卡线上获客方面小试牛刀，收获不小。上半年与 150 多家互联网平台合作开通了在线办卡功能，线上累计获客 168 万户，活跃客户占比明显提升，其中 35 岁以下客户新增占比接近六成。所以在拥抱互联网的问题上，不能等总行的“发令枪”，要拿出时不我待的劲头主动作为，努力在自己的区域市场上做到风生水起、有声有色。特别是在场景创建方面，总行有总行的任务，分行有分行的责任，希望天津分行加快推进与第三方企业在生活、消费、支付等本地场景的共建和拓展，依托场景的创新创造，实现客户和业务的引流互促。

三要坚持信贷布局大中小并举。目前，天津分行 90% 的法人客户是国有企业和集体所有制企业，95% 的贷款集中在亿元以上融资客户。讲实在话，如此之高的集中度是不可能有创新活力的。在促进小微金融发展方面，总行围绕体制机制、授权管理、审查审批、资源配置、考核评价、队伍建设等出台了一系列政策措施，但总体来看，天津分行进展迟缓，收效甚微，钢贸风险遗留下的“惧贷症”“恐贷症”依然比较严重，一定程度上也表明分行对发展小微业务的研究不够、落地不实。天津是全国第一大工业城市，依托雄厚的发展基础，请分行务必加大对客户、对市场的直接研究力度，在直营模式建立、产业链上下游小微客户群拓展等方面多做一些探索尝试，推动小微金融发展尽早破局。

实施小微专营也是信贷体制机制改革的重要组成部分。为了促进天津分行更好地推进信贷改革、优化信贷结构，这里我再重申一下信贷体制机制改革的主要背景和工作要点，希望大家能够很好地掌握。第一，解决病从口入的问题。我们制定信贷市场规划、构建分层营销体系，核心是提升客户准入层级，防止“病从口入”。分层营销不是仅仅做大客户、好客户的集中开发和集中管理，问题客户、疑难客户更需要集中，更需要依靠专业力量攻坚克难。同时要把大客户、新客户直营拓展的压力充分传导给分行的大客户中心，否则大客户中心无忧无虑，悠闲度日，活儿让基层行干了，没责任没风险，这是不允许的。第二，解决责任落实的问题。信贷业务出现风险问题往往由于责任悬空。一笔信贷流程涉及十几个甚至几十个环节，出了风险真正追责的时候，似乎谁都有责任，又似乎谁都不负主要责任。在这种情况下，总行按照“授权充分，权责匹配，审批下放，监管上收”的原则，简化与下放信贷授权管理和信贷控制事项，增强分行的经营决策权与管理责任，并由前台客户部门负责在客户授信项下进行单笔业务审批、控制单笔业务风险，从而更好地分清和落实授信总量控制责任和单笔业务审批责任。这些都是有利于转型创新的基础性制度性安排。第三，解决专家治贷的问题。做好信贷工作，需要重视信息科技手段和大数据技术的应用，同时也离不开“人”的智慧和专业判断。我们提出专家治贷、专业治贷，实际上都是在强调信贷业务发展中不能忽视人的因素。信贷队伍的建设是信贷工作的重中之重，毕竟做好信贷工作最终还是要靠人。第四，解决“近视眼”的问题。在考核压力下，一些机构信贷经营相对短视，容易患上“近视眼”，不能很好地兼顾长远发展。所以我们在改革中要求人格化授权至少看三年，就是引导大家眼光要尽量放长远一点，多谋固本之策，抑制冒险冲动和短期行为。

五、下更大气力狠抓战略落地

蒋伟同志在汇报中着重谈了做什么、怎么做、谁来做的问题，基于战略层面考虑得比较多。如何让好的战略安排落地见效，又是一个非常具体的问题，需要分行党委在接下来的工作中认真加以考虑。

一要不断强化基础管理工作。我在年中工作会议上强调要坚持稳中求进总基调，其中的“稳”具体到经营实践中，就要求我们做牢基础工作，做实基本面，确保盈利增长稳、资产质量稳、风险控制稳、干部队伍稳。所以在安排下半年工作时，总行把风险防控、内控案防、党风廉政建设等放在更加突出位置，要求管好自己的人，看好自己的门，坚决不能“放卫星”。希望天津分行也要把强化基础管理放在更加重要的位置，对照总行要求和工作差距，进一步端正经营理念，始终遵循商业银行发展规律，采取过硬措施加紧改进基础管理工作中存在的薄弱环节。

二要着力提升各级管理者的能力与素质。这是确保战略高效落地的前提。作为城市行，天津分行是“分行—支行—网点”三级管理架构，怎么样抓好部门总经理、支行行长、网点主任三个重要中间环节至关重要。我们的“中梗阻”问题、“最后一公里”问题往往表现在基层行，但根子在管理者，所以出问题不能责怪我们的员工，要怪就怪我们在座的分行党委成员、部门总经理，也包括支行行长，说到底是我们的工作没有干好。近一段时间，我相继到多家一级分行调研，并分别召开了二级分行行长座谈会，发现部分基层行不了解总行的战略举措，比如零售考核机制调整问题，我已反反复复强调了两年多时间，调研座谈时二级行还在把产品计价当成经验谈。总行花费大量时间、集中多方智慧、经过反复推敲才确定的战略意图、作出的战略决策，传导到一级分行还算可以，到二级分行已经是七折八扣，到了基层基本上就不知所以了，相当比例的机构还是囿于根深蒂固的老传统、旧套路。希望天津分行切实抓好三个重要中间环节的理念转变和能力提升，通过培训宣导、考核评价、日常要求等手段，带头抓传导、抓落地，消除“中梗阻”。对能看准、能见效的工作，要小步快跑，一竿子插到底抓出成效；对不切实际、不接地气的部署，要“快刀斩乱麻”，避免无效投入。

三要不断深化分行特色机制的创新与落地。天津分行围绕营销拓展、客户维护、绩效管理等领域作了不少创新探索，考虑得比较全面系统，也比较细致用心。希望分行能够加强改革创新举措在支行、网点层面的培训宣导，做好各项配套衔接，让大家不但知其然，而且知其所以然，消除思想困惑和机制障碍，推动自身的竞争类指标尤其是一些日均指标有一个快的、质的提升。这也是对改革创新成效的最直接检验。我会持续关注天津分行的工作进展，希望你们能够蹚出发展的新路子，为全行创造和贡献经验。

四要不懈抓好客户经理队伍建设。分行从清晰客户经理认定入手，由分行、支行、专业条线三方对各条线客户经理进行统一梳理，把底数摸清了，把数据做实了，为强化客户经理管理打下了一个好的基础。这种三方认定的做法与总行建立人力资源“两张表”目标是相同的，都是为了推动人员结构调整和人才优化配置，走出“人员总量不少，家家都喊缺人”的怪圈。天津分行要把客户经理队伍建设持之以恒地抓下去，进一步完善包括准入、考核、培训在内的全流程管理机制，更好地发挥客户经理的基础性作用。

此外，还要高度关注信贷客户经理和综合客户经理分设后带来的后续管理问题。我们提出客户经理分设，是因为以前客户经理担负的指标任务过多，难以集中精力专注于信贷专业本身，所以我们要打造两支队伍，信贷客户经理回归传统信贷员的传统，发挥专业优势主攻信贷，综合客户经理搞综合营销，通过有效分工增强市场营销拓展和风险把控能力。最近，有些分行反映信贷客户经理没人做，分设前信贷客户经理做一些产品营销还有奖励，现在只负责信贷，干得好只是不扣钱，拿基本工资和基本绩效，收入比不上综合客户经理，一旦出了风险不仅影响收入，还要承担责任。这个问题要引起高度重视，加紧完善绩效考评制度，通过差异化的激励机制增强岗位吸引力。同时，要重点加强对信贷客户经理的专业能力培训和岗位责任教育，提升专业履职水平。过去银行信贷员我们称之为“老法师”，对信贷业务、企业状况是非常熟悉的，经常泡在企业科室、生产现场、车间仓库调查，对购销合同、企业报表了如指掌，加上师傅带徒弟言传身教，这些经验做法能够得到很好的传承。现在一些学生入行一两年就当客户经理，什么都做但什么都做不专，尤其是信贷经验和社会经验不足，有的搞尽职调查往往是客户怎么说他就怎么写，甚至连企业生产经营场所一次都没去过，就放款了，何谈做好信贷业务的防假打假。希望总分行都要注意发挥好工商银行传统信贷员的优势，发挥好“传帮带”优良传统的优势，发挥好管理机制优化应用的优势，共同解决好专业性和积极性的问题，真正把信贷客户经理这支队伍带好。

对天津分行反映的贷款规模、不良处置、人员编制等三方面建议，总行相关部门要认真研究、主动指导和协调解决，分行要在争取总行支持的同时立足自身，着眼内部挖潜，做实内功，更多依靠内生动力和创新活力实现发展。

总之，相信天津分行在分行党委的正确领导下，一定能够齐心协力，同心同德，继续把打造区域内、系统内优秀分行的各项工作推向前进，为天津分行重振雄风作出更大贡献。

在厦门分行调研时的讲话

易会满

（2017 年 9 月 4 日·根据录音整理）

昨天参加了金砖国家工商论坛，现场聆听了习近平主席在论坛开幕式上的重要讲话。习近平主席在讲话中对厦门改革开放以来取得的成绩给予了充分肯定，为厦门作了一个很好的全球推介。确实，我们都能深切感到，厦门是一个经济活力非常强、经济发展有质量、发展预期非常好的地方。在这么一个充满生机的区域里，如何抓住新一轮的发展机遇，是摆在厦门分行面前的一个重要课题。今天听了厦门分行的汇报，我想谈四点意见，供你们参考。

一、今年以来的工作成绩值得肯定

今年以来，厦门分行新班子积极贯彻总行党委的决策部署，紧紧抓住党建这个纲，聚焦竞争力提升这个核心，紧扣经营管理和风险控制这两条主线，围绕资产质量、经营效益、存贷款、中收赶超等工作重点，坚持传承中创新、创新中发展，各项工作有序推进。从上半年的各项指标完成情况看，厦门分行经营态势平稳向好，一些亮点较为突出，尤其是保持了客户的稳定拓展，消化了一些不良贷款，市场竞争力逐步回升。总体来说，厦门分行新班子交接顺利、过渡平稳、开局不错。更值得肯定的是，包括在座的各位总经理和支行行长，全行上下呈现出积极向上的精神状态和不服输的干劲。在厦门这样一座相对比较悠闲安逸的城市，能够调动激活大家的活力、竞争力，是非常难能可贵的。希望厦门分行借助金砖峰会的巨大机遇，把这个良好的精神状态和积极向上的士气保持好，把经营发展继续向前推进。

二、深入谋划新的发展规划和发展路径

当前，厦门分行还存在着一些诸如客户基础薄弱、资产质量不高、竞争力有待提升等问题。破解这些问题，核心在于科学管用的发展战略和落地见效的措施。厦门分行拥有比较好的经营基础，剪刀差不大，不良率低于全行平均水平；拨备覆盖率略低和竞争力差距等问题，是可以通过一段时间努力追上去的；个别重点客户遇到的暂时困难也是预期可以解决的。下一阶段，厦门分行如何定位发展战略，实现又好又快的发展？分行党委要认真研究，做一些深层次、全局性、前瞻性、系统性的思考，规划好未来三年的发展方向。

（一）做有特色的分行。包括厦门在内的几家直属分行，总体上每一个行都有自己的特色。特色不是总行确定的，而是分行立足当地市场，围绕客户需求，提出创新设想并和总行联动开展的。厦门分行一定要立足于区域经济特点、立足于自身发展实际，争做有特色的分行。“有特色”的关键就要做出特点、做出亮点、做出活力。亮点不一定一味求多，哪怕是一两个、两三个创新，能为全行创造出可推广的经验，那也是成功的。希望厦门分行在特色创新方面多做一些思考和探索。一方面，要立足区域市场特点。银行特色经营说到底就是立足经济特色、行业特色、客户特色，这是我们非常重要的外部基础条件。厦门是一座旅游城市，也是海峡两岸对外开放的城市，经济发展环境优越，国有企业实力强，民营企业发展快，服务业占比高，高新企业带动能力强，应该说，区域经济是非常有特色的。分行党委要认真分析区域经济特点，从客户、业务、经济和产业结构寻找未来业务发展的重点。另一方面，要做到总行战略与本地特点相结合。对总行战略和政策，要在认真领会实质的基础上，创造性地开展工作，因地制宜地确定分行的业务特色和发展重点，做到上下结合、融会贯通，确保业务发展既要符合总行的战略导向，又要符合区域特色，提高对总行战略落地的执行能力。比如，过去有些行僵化、机械、简单地推广贸易融资业务，又没管理好，出了不少问题；个人贷款中的经营性贷款、消费贷款都走了不少弯路，交了不少学费。

（二）做有活力的分行。厦门分行辖属 24 家支行，2 300多名员工，1 125 亿元的资产总额，管理幅度适中、规模适中，且域内经济发展均衡，社会环境和谐稳定，具备经营活力提升的良好条件。在这样一个环境下，如何通过进一步改革体制机制，特别是进一步完善绩效考核体系和资源配置机制，来增强经营活力，是厦门分行当前及今后一个时期的工作重点。上周总行组织召开了体制机制改革座谈会，重点讨论了新三年规划中的体制机制创新问题。希望厦门分行可以率先做好相关领域的探索研究。

一要提升组织效率。几年前，厦门分行曾经搞过扁平化改革探索，后来又进行了完善、修正。作为一家直属分行，厦门分行要适应新形势新业务的发展需要，继

续深入研究组织架构改革问题，包括内设机构、团队设置、扁平化管理等，探讨如何通过组织架构的优化调整来提高分行管理效率，增强市场竞争力。

二要完善绩效考核管理。绩效考核科学不科学、合理不合理，是能否增强经营活力的关键。现在我们从顶层设计到“最后一公里”等环节的问题，往往表现在基层行，但根子在管理层，因为绩效考核的指挥棒在管理者、在上级行。现在全行已经建立了一系列的绩效考评办法，但这些办法到了分行，到了支行能不能真正有效贯彻，是不是科学适度？厦门分行要做好分析研究。工商银行作为一家国有大型商业银行，尽管我们提倡团队作战，不搞个人英雄主义，不搞对个人的过度激励，不搞两极分化，但适度的绩效管理还是需要的。

三要优化人力资源结构、渠道布局和业务流程。今年以来，厦门分行通过人员结构优化增加营销人员五六十人，总体效果不错。但从更大更广的视野看，未来三年，线上对线下业务的替代还会加速，特别是在发达地区这个趋势会更加明显。如果我们跟不上市场变化的速度，工商银行将慢慢变为一家落后于时代步伐的银行。厦门分行作为一家经济特区分行，面对更加富有活力的年轻客户群体，面对快速变化的市场，体会应更加深刻，一定要做好相关研究分析，探索创新如何通过优化人力资源结构、渠道布局和服务流程，来增强经营活力，把厦门分行办成一家外部有特色、内部有活力的分支机构。

（三）做有市场竞争力的分行。竞争力问题，实际上与前面的经营特色和经营活力高度相关。如果厦门分行党委把特色发展之路厘清了、找准了，把经营活力激活了，我相信厦门分行的市场竞争力一定能得到迅速提升。

一要靠新经济。一般来讲，新经济活跃的地方、民营经济活跃的地方，经济活力相对就强，老百姓也相对富裕。上个月我到一家分行调研发现，这家分行90%的法人客户是国有企业和集体所有制企业，95%的贷款集中在亿元以上的传统客户。抓不到新经济、新客户，特别是一些新兴行业的中小企业，就会影响可持续发展能力。厦门分行也要注意这个问题。要加强对新经济业态的研究，积极适应经济发展变化，创新相应的金融产品，蹚出经营发展的新路子。

二要靠新客户。市场竞争力提升的基础在客户。一个有特色、有活力、有竞争力的分行，应该在客户战略上有新路子。客户到底在哪里，如何获客、活客、黏客、留客？当前要在场景拓展、产品创新、渠道优化上多下功夫。我想，如果仅仅依靠扫楼扫街，仅仅依靠代发工资这种单一场景，一旦新场景“大军压进”，资金就会“大搬家”，很难留存。目前，全行代发工资的留存率仅7%－9%，厦门分行也大致如此。主要原因就是我们黏客、留客的方式不新、方法不多、效果不力。

客户基础既是宏观问题，也是微观问题。当前全行上下都在讲客户基础薄弱的问题，但问题是谁来规划、谁来落地？如果上上下下都说重视，到最后仍然是层层下指标下任务，落地仅仅靠网点主任、客户经理、理财经理，是不可能解决这么大的战略问题的。尤其是如果考核导向还是产品销售型，网点天天光卖产品、卖理财，就别指望有人关注客户基础稳不稳、强不强的问题。所以说决不能把所有的问题解决仅仅都寄予一线网点。全行上下都要重视，都要想办法、有行动。厦门分行要打造一家有活力，有特色的银行，必须在客户基础上下功夫。我希望分行党委能认真思考并积极创新获客、黏客方式，在拓展客户、夯实客户基础上探索出一条新路子。

三要靠新业务。刚才你们提到了投行、资管、国际、贵金属等新兴业务的发展安排，我都赞成。实际上还应该加上同业业务。厦门是地区金融中心，金融业较为发达，同业业务也很关键。推动新业务发展，不能光有目标有战略，关键还在于探好路子、抓好落地。一方面，要着力提升专业能力。部分机构觉得资管业务、投行业务比较难做，实际上反映的是我们的专业化还不够，专业性还不强的问题，无人“扛鼎”，难以胜任业务发展的重任。另一方面，要增强对新业务风险规律的把握和驾驭能力。我们办银行，任何业务都会有风险，新兴业务也不例外，这是基本规律。对此，我们要认真研究把握新兴业务的风险特征和规律，制定真正落地管用的风控措施。希望厦门分行在新兴业务发展和专业化能力建设上拿出具体的落地措施，坚决避免好的战略仅仅是写在纸上、挂在墙上、落在嘴上。

三、进一步强化风险管控

我上次来厦门分行调研是六年前，当时印象深刻的是，分行班子已着手把贸易融资的“脓包”早一点挤破、退出，对不良贷款进行了清理，对信贷结构进行了调整，保持了主动。回头来看，如果那时候不及时采取措施，很难想象会带来什么样的影响。下一步，厦门分行要均衡好业务发展与内控管理的关系，管好表内表外两张资产负债表，坚守安全防线和风险底线。

（一）总结经验教训，加强信用风险的防控。厦门分行近年出了一些信用风险，也付出了代价。如何总结经验、吸取教训，寻找信贷经营规律，做好风险防控，避免重蹈覆辙，这是关键。现在全行每年花700亿元核销不良贷款，绝不能付了高昂的学费，一点长进都没有。所以，总行党委提出要建立与外部环境相适应的信贷经营理念，将“经济本源、审慎稳健、诚信合规、客户优选、专家治贷、责任落实”24字要求作为全行信贷文化的核心理念，进一步完善信贷准入、授权审批、贷后检查等全流程的管理。下一阶段，希望厦门分行总结吸取经验教训，始终保持清醒的头脑，始终把牢区域风险特征，根据实际情况做好相应的举措。

（二）把好创新边界，严防新兴业务风险。前面说过，要做一家有活力、有创新力的银行，提升对新业务的风险把控能力非常重要。但现实却是，往往一些新业务推出以后，利润还没赚到，风险就频频发生。原因在哪里？就在于我们对新业务的风险规律把握不到位、把控不全面。比如，理财业务在基层行频频出现的风险主要是两类，一是将产品从非保本改成保本，主要发生在结现、年金等对公板块；二是伪造理财产品，性质就更为恶劣。总行已作了严厉处理，一些干部为此付出了代价。又如，个别机构把资产管理和理财业务搞成了账外经营，这项业务的本质是“受人之托、代客理财”，也就是搞撮合，不承担风险，现在个别行搞违规担保、抽屉协议，这与20世纪90年代的账外经营没有任何区别。我们提倡分行要创新、要有活力、有特色，但一定要处理好合规与创新的关系，严守创新的界限，不能违规经营。要走正路，不要走邪路。总行为何一而再、再而三地强调，对于新业务一定要专业化经营、团队化经营，就是怕层层下任务、层层下指标，对新业务实质风险把握不准、把控不住，导致一些基层行经营行为异化，简单为完成任务、把量做上去而不顾风险。在创新中，一定要有团队、有制度做前提保证；要有专业能力，把风险把控好。

四、全面加强党建和队伍建设

抓好党建是最大的业绩，也是我们最大的政治优势。从全行2017年青年发展指数调研报告看，工行员工是一支非常爱岗敬业的队伍，也是一支比较稳定的队伍。尤其是各级管理人员，离职比例是比较低的。这说明全行广大员工对我们的战略安排和工作思路是认可的。厦门分行要办成一家各项业务发展又好又快的分行，就必须要在党建和干部队伍建设上下功夫。这里重点强调两个问题。

（一）要加强干部队伍建设。着力培养讲大局、专业强、状态好的各级班子。要继续秉持“人才兴行”的发展战略，进一步重视专业化人才的培养，为转型创新夯实人才基础。要进一步重视人力资源结构的优化调整，弥补转型创新人才缺口，有力支撑全行战略落地和可持续发展。各级经营管理人员要保持爱岗、专业、奉献的良好精神状态，树立主人翁意识，增强干事创业的使命感。同时，要注意党建、队伍建设和业务发展的有机结合，创新党建工作内容、方式和渠道，以党风正行风，以党员带员工，以党建促发展。

（二）大力弘扬工匠精神。最近全行组织开展的“大行工匠”系列宣传，通过选树一批“大行工匠”，大力弘扬崇尚专业、严谨专注、精益求精的职业精神。宣传效果非常好，员工普遍感到深受教育。下一步总行还将在全行开展“大行工匠”评选表彰活动，再做进一步的广泛宣传。我相信，在工商银行，不管什么人、不管在哪个岗位，尤其是一线员工，只要勤勤恳恳，干一行、爱一行、专一行，都能做出自己的闪光点。对于获得“大行工匠”荣誉称号的，要予以奖励，释放正能量，增强基层员工的成就感、职业归属感，鼓励年轻员工爱岗敬业，踏踏实实做出成绩。过去，我们提倡“师傅带徒弟”，业务好的老员工对新员工“传帮带”，推动员工业务素质的整体提升，其实也是“工匠精神”的传承。我记得当年在基层实习的时候，就是由一位老信贷员带着学习的。他对信贷业务、企业状况非常熟悉，从厂长到供销员，没有一个不认识的，经常泡在企业科室、生产现场、车间仓库调查，对购销合同、企业报表了如指掌，非常让人钦佩。现在很多客户经理信贷经验和社会经验都不足，不能和企业打成一片，以致搞尽职调查往往靠填几张表，走走形式，甚至连企业生产经营真实情况都没了解就放款了，何谈做好信贷业务的防假打假。我希望，“工匠精神”这些好的文化传统要很好地传承下去。

此外，对于分行反映的法律诉讼案件、托管工作、项目重组、地方永续债等问题，总行相关部门要认真研究、主动指导和协调解决；分行也要做好与法院、政府等相关部门的沟通协调，共同维护好工商银行的利益。

总之，厦门分行要深入思考和认真谋划下一步的发展道路，编制好三年规划，努力建设一个有特色、有活力、有竞争力的分行，力争各项工作再上新台阶，为全行发展作出新贡献。

在总行党校第十四期领导干部研究班座谈会上的讲话

易会满

（2017年9月7日·根据录音整理）

很高兴到总行党校第十四期领导干部研究班参加座谈。这次来一是看望大家，二是想就工商银行经营发展过程当中碰到的一些战略上、战术上的问题和大家作一个探讨，平时这样面对面交流的机会并不是太多，特别是这次研究班上还有十几个境外机构的负责同志，非常难得。刚才班委做了培训学习情况的总结，大家用一个月的时间进行了一次集中的党性教育和基本理论学习。在学习过程中，大家沉心静气，深入思考，充分交流，分行和海外机构的同志能够更深入地了解中央的大政方针和总行的决策部署，总行的同志能够更充分掌握基层一线的情况，这对大家进一步增强“四个意识”，明确下一步工作的努力方向，提升解决实际问题的能力，很有裨益。党校对教学的师资配得非常强，教学任务抓得非常紧，管理非常严格，值得肯定。

这次座谈会开得也非常好，大家都做了充分的准备，紧紧围绕问题导向、基层导向和创新导向，直奔主题，提了很多宝贵的意见和建议。总行有关部门在制定新的三年发展规划时，在分析谋划未来工作时，一定要从工行的实际出发，从进一步激发经营活力、增强市场竞争力、提升风险控制力“三力”的角度出发，充分吸取大家的意见和建议。

今天大家提出的问题都十分中肯。工行这么大一个组织，存在问题并不可怕，关键是要一分为二、辩证地看。在看到问题的同时，更要看到我们的优势，看到我们经营发展取得的成果。实际上，工商银行能够从一家技术上已经破产的银行快速成长为多项核心指标位居全球第一的国际性大银行，本身就雄辩地证明了工商银行的发展战略、体制机制和经营举措是科学有效的，是符合工行实际、具备显著优势的。具体来说，我们的优势主要有：一是战略优势。股改以来，工商银行适应监管政策、市场环境和客户需求的深刻变化，根据自身战略定位和经营特点寻找适合的路径，滚动实施了十年发展纲要和四轮三年发展规划，稳步推进经营转型和改革创新。如先后提出了实施“三大战略”、优化“五个布局”、过好“三关”等战略目标和思路。去年新一任党委班子组建以来，坚持传承与创新，坚持一张蓝图绘到底，提出了“四个倍加”“五个紧紧抓住”的经营思路，既保持了战略的连续性稳定性，又注重根据新的阶段性特征及时进行动态调整和修正。我和班子成员也经常下基层调研，了解实际情况，增强工作的针对性和指引性。目前，全行各项业务发展势头良好。截至8月末，存贷款等业务领先同业，时点、日均全部排名首位。上级比较认可工商银行的工作，社会对我行的评价也正面、积极。在全国国有企业党的建设工作会议和全国金融工作会议上，工行都作为金融企业唯一代表作了交流发言，产生了很好的反响，为全行持续健康发展创造了良好的外部环境。二是风控能力优势。作为经营风险的行业，稳健的经营文化是工商银行鲜明的特点和宝贵的财富，也是制胜的法宝。从全球金融业发展史来看，短期内快速增长，但办不成百年老店的教训太多了。在当前复杂多变的外部经济金融环境下，更要坚持审慎经营的理念，不急躁冒进、不贪多求快，一步一个脚印，积小胜为大胜。这样才能基业长青，才能做成百年老店。三是人才队伍优势。事业成败，关键在人。没有一支高素质的队伍，就不可能有工商银行的今天。我到基层行调研，有的行反映员工年龄偏大，专业能力不行。我多次强调，带队伍是基层行行长、管理者的看家本领、基本要求。员工队伍行不行，关键看领导干部、看“一把手”。从各方面反馈的情况来看，工行员工队伍的整体素质是好的，是得到同业普遍认可、拥有良好口碑的，对此大家要有充分的、足够的信心。

今天的会议坚持问题导向，目的是发现问题，同时要在分析解决问题的过程中进一步提振精神、坚定信心，将问题和挑战转化为推动工作的原动力，更好地贯彻落实党中央、国务院经济金融工作的大政方针和决策部署，更好地完成支持实体经济、防范金融风险、深化改革创新“三大任务”。下面，我讲三个方面的意见，供大家参考。

一、当前面临的经济金融环境

明大势才能谋全局、干大事、成大业。工商银行30多年的发展史，就是一部不断从经济金融形势变化中发现和把握机遇，从国内外同业的发展变迁中吸取经验教训，不断寻求转型和突破的改革史、创新史。这些年来，全行坚持传承与创新，不断强化外部市场竞争和内部基础管理，持续优化完善体制机制，有效支撑了各项业务的发展。2013年下半年以来，我国经济进入新常态，外部形势的变化对全行的经营体制机制提出了一系列新要求。我们在研究制定新一轮三年发展规划，对工商银行下一步的经营发展进行全面谋划和顶层设计时，首先要全面深入分析新的形势变化，做到因势而谋、顺势而进。

（一）经济新周期尚未开启，结构调整仍处于艰难的推进过程，商业银行面临的挑战和机遇并存。

一是宏观经济“L”形筑底过程还将继续。虽然今年以来我国经济总体有所回升，但从经济学的角度来分析投资、消费、出口“三驾马车”，我认为经济增长的基础还比较脆弱，内生动力还不足，尤其是新动能对传统动能的替代承接效应尚未完全显现，新经济的占比还不高。比如，制造业投资未见起色，传统制造业的升级改造任重道远，民营企业投资增速大幅下降，外商投资连续两年负增长，等等。总之，当前经济仍处于新常态的“L”形筑底阶段，加上基数不断增大，GDP很难再恢复过去的高速增长。

二是银行流动性偏紧、负债成本偏高成为常态，对银行资金管理和经营带来挑战。随着货币政策转向稳健中性和金融去杠杆的实施，市场流动性一直维持着紧平衡。为什么今年全行的公司贷款增加这么多？达到

6 000多亿元。主要是因为企业发债成本高于贷款成本，发债需求转换为贷款需求，导致银行规模紧张。虽然这有利于信贷业务的发展和NIM的稳定，但直接融资成本与间接融资成本倒挂的局面是不可持续的。同时，市场流动性偏紧也对全行负债成本的控制带来压力，利率上浮存款占比提高。截至6月末，全行利率上浮1.3倍存款占比达到27.9%，较年初上升了2个百分点。

三是国企和地方政府融资风险尚未出清，稳定资产质量的压力仍然较大。当前我国经济工作的主线是深化推进供给侧结构性改革。总体来看，去产能、去杠杆、去库存、补短板、“僵尸企业”出清等工作才刚刚开始，高杠杆企业、“僵尸企业”面临重组或破产，风险肯定会持续暴露，将对商业银行债权的安全带来压力。财政部87号文的出台，在规范地方政府举债行为的同时，也加大了地方基建投资等领域的资金来源压力，部分项目可能面临停工烂尾风险。我们在进行业绩发布或路演时，外部分析师经常问，银行资产质量的拐点是否到来？如果拐点意味着根本性好转，那目前只是见到曙光、方向趋好。一个基本判断是，商业银行资产质量改善是一场持久战、攻坚战，不可能一两年内根本好转，更不可能一劳永逸。

当然，在看到挑战的同时，也要看到银行发展的机遇。无论是新经济新业态的涌现、消费快速增长，还是国家对新的区域和板块的战略布局，都为银行提供了业务创新拓展的空间。中国最大的优势之一是巨大的区域性差异，以及庞大的人口基数；改革开放近40年发展起来的雄厚产业基础，也是支撑经济可持续发展的优势。总之，机遇与挑战并存，机会与风险共生。

（二）客户需求和市场竞争格局发生深刻变化，对我们今后三年的发展带来挑战。从对公客户看，服务的多元化、综合化、全球化是必然的趋势。如何加快转变为综合金融服务商，为客户提供一揽子金融服务方案，是银行面临的很大考验。总体来看，当前我行“四级管理、一级经营”的经营管理体制，以及产品部门与客户部门相对割裂的营销服务模式，都与“以客户为中心”的理念格格不入，也与扁平化、平台化的组织变革方向格格不入，必须作出适应性改变。从零售客户看，金融消费向线上迁移的速度在加快，而我们目前还是以线下为主的获客模式，客户服务体系还很不完善。在新的环境下，零售战略需要再思考和重构。前期，总行提出“全量客户、线上优先”等理念，都是为了适应互联网发展、应对第三方挑战的策略，但我们的转变还不够快，还不够有效。因此，未来竞争的考验将主要来自于外部经营环境的变化，来自于客户需求的变化，来自互联网企业等跨界挑战。在这些方面，各家银行都面临同样的问题，竞争策略各有优劣和侧重，关键是谁能够率先突破，奠定优势。

（三）“强监管、强问责”的监管趋势日益显现，大型银行有挑战，更有机遇。无论是国家对金融“降杠杆、防风险、控套利”的总体部署，还是监管模式由牌照监管、机构监管，向行为监管、功能监管转变，以及国家对金融乱象的重拳治理，将为银行业竞争发展提供一个更加规范有序的市场环境。这对大型银行而言有挑战，但更多的是机遇。今年以来，工行的股票上涨超过40%，在银行股中名列前茅，充分体现了投资者对我们合规、审慎、稳健发展的肯定和认可。

二、当前我行体制机制面临的主要问题

上周四，总行召开了部分分行和总行部门参加的体制机制改革座谈会，我谈了五个问题。主要是：

（一）如何提升组织的有效性。这是一个事关核心竞争力的问题。对于工行这样一个庞大的组织而言，“大企业病”如影相随，这也是所有大企业、大集团的通病。即使是大型跨国企业、民营企业，也深受决策效率低下、组织机构僵化的困扰。我们总分行的管理体制是与我国的行政区划管理、经济金融资源分布等大环境相适应的，短期内难以根本改变。而且与同业相比，工行自上而下的系统管理比较严格，“头脑”的功能更强大一些，“手脚”的自主权相对小一些，这有时候是优势，有时候是劣势，不能简单一概而论。如何立足这一现实，通过体制机制的适度创新，进一步提高组织管理的效率和柔性，激发经营活力和竞争力，是我们要考虑的第一个问题。

（二）如何构建线上线下一体化的经营格局。未来，线上业务会发生根本性的、颠覆性的变化。但银行不同于互联网公司，不同于初创公司，我们要发挥好线下传统优势，这是银行竞争发展的基础。如果一味专注发展线上，而丢掉线下，就等于丢掉了根，不仅没有竞争致胜的可能，甚至会走向死胡同。我们确立线上优先的策略，关键是要坚持把客户体验、客户的真实需求，作为根本出发点，下大力气解决目前线上线下割裂、服务难落地、客户体验不佳等问题。这个问题不解决，工商银行就没有竞争力。

（三）如何推动业务架构和科技架构的有机融合。产品开发、客户服务中的很多问题，表现在一个个具体的“点”，但实际反映的是“面”的问题、本质的问题。比如，大家提出，面对互联网企业的竞争，需要产品迭代开发、敏捷开发，快速响应客户需求，但我们的开发周期过长，甚至一个需求要改半年。再比如，账户异地迁移的问题，看起来似乎只要在系统中做一个简单的变更就行，但为什么做不了？因为业务系统相互勾连，牵一发而动全身。更改一个账户的开户行，复杂程度相当于迁移一个网点。这是工商银行整体业务架构决定的，业务架构决定了科技架构。调整基础科技架构需要投入大量资源，业务可能会受到影响，存在一定的风险，但科技架构不改进、不调整、不完善，就很难实现

快速创新，也很难提升客户体验。对此，总行要认真研究、系统谋划、稳妥推进，做出理性的选择。

（四）如何进一步提高人力资源效能。工商银行有46万员工，人员总量不少。但各层级、各条线普遍反映人员短缺，尤其是新兴业务、高附加值业务难以开展，这与我行人员结构比较传统、集中在线下，员工的专业知识结构与业务发展不匹配息息相关。更紧迫的是，人力资源可持续发展的基础还不牢固。未来几年，全行每年集中退休人数达到2.6万人，这还未考虑其他因素导致的人员流失。若不及早谋划，采取措施，就很可能出现人员断档。未来三年是最好的机遇期、窗口期，可以大换血、再造血。输怎样的血、造怎样的血，员工如何培养，结构如何优化调整，一定要有前瞻性的思考和大手笔的动作。

（五）如何进一步优化绩效评价和考核体系。当前我行的战略穿透力不足，从顶层设计、到中间传导、再到基层落地都存在一定的问题。优化绩效考评体系，就是要更好发挥考核的指挥棒作用，推动员工由“要我干”向“我要干”转变，通过“穿透式考核、直通式管理”，破除“中梗阻”，打通“最后一公里”，实现战略快速、准确传导和落地。

三、未来三年体制机制改革的初步设想

未来三年，要坚持客户导向、市场导向、基层导向和问题导向，分类推进、稳步实施全行体制机制改革，打造更有柔性和活力的组织架构与运营模式，构建富有弹性的技术架构，向改革转型要红利，向技术创新要动力，向过程管理要效益。重点是要实现“四个优化”：

（一）优化组织机构及管理效能，释放经营活力。经营活力、竞争发展能力、风险控制能力，是评价组织有效性的标准，也是检验组织机构改革成功与否的准绳。

一是进一步明确各层级机构的职能定位。“大总行、大分行、小支行”，是今后发展的必然趋势。重点是强化省行、二级分行本部的直接营销、直接经营、直接风险管控职能。在省行层面，要强化省行本部拓展大客户和推动新兴业务发展的职能；在二级分行层面，要提升业务集约化经营水平，强化部分创新类业务、部分大客户的直接经营职能。这两年我们对重点城市行抓得非常紧，但目前改革的抓手主要在优化授权和资源配置上，这能够比较快地见到一些效果，但不能解决最核心的问题。比如，各直属分行都拥有和省分行一样的权限，但经营表现上差异很大。因此，提升重点城市行竞争力，关键还是要苦练内功，在充分授权的基础上，更加重视内部管理体制机制的改革，鼓励先行先试，增强经营活力，提升我行在城市这个核心区域的竞争力。

二是加大对前台营销部门和专业团队的支持。在机构设置上，改变“前轻后重”的状况，坚持前中后台部门之间的适度平衡。加快产品经理队伍建设，增强对业务发展的支撑作用。在人员编制上，进一步完善省行的编制管理，厘清经营职能和管理职能，从严控制管理人员编制，探索逐步放开对前台营销部门和专业团队的编制控制。例如，对各城市行组建的分期付款团队，可以不占用城市行人员编制指标。我们不能一方面要求分行加强专业团队建设，另一方面严格控制人员编制，让分行“两头受气”、左右为难。

三是分类推动新兴业务线向下延伸。总行为推动新兴业务的发展，设立了投资银行、资产管理、金融市场、托管和养老金等十几条新兴业务条线，但在如何向下延伸问题上，大家的认识还不统一。从实践中来看，主要取决于省行推动的意愿，随意性较大，导致各行新兴业务发展也很不均衡，有的分行有些新业务基本就没开办。要进一步细化分类管理，明确各类业务在各层级机构所对应和匹配的组织推动方式，明确应该是集中经营还是分散经营、应该是客户经理营销还是专业团队营销。比如，对各类新兴业务线，省行要有专门的团队和人员，但具体到二级分行，就应该因地制宜。再比如，各业务线内部，产品间差异也很大，如贵金属中的实物金销售、账户金交易等一般性业务，客户经理就可以做，但黄金租赁等高精尖的业务，就要有专业团队来集中经营。金融市场业务等其他条线也是如此。因此，在新兴业务线的向下延伸上，各层级都要梳理清晰，在机构设置、人员配备、职能分工等方面更有规范性、导向性，避免新兴业务无人办理或专业化程度不高的问题，确保让专业的人做专业的事。

四是推动团队管理规范化。组建专业团队，本质是在总分行制的大架构下进行类事业部制的创新探索。要立足这一出发点，突出团队专业化职能，明确团队任务目标，强化对利润贡献、客户拓展等核心指标的考核，完善薪酬激励机制，加强动态管理，真正发挥团队在市场上“冲锋陷阵”“攻城拔寨”的尖刀作用，避免“机关化”“行政化”。新兴业务领域的机会很多，希望深改办会同各专业加强研究，选择一些市场规模或发展潜力比较大的业务品种，在总分行层面召集一些有冲劲、有闯劲的业务骨干和年轻人，探索组建专业团队、项目小组、工作室等形式多样的扁平化、平台型组织，在做好风险管控配套的基础上，提升组织运作效率，抢抓更多市场机遇。

组织变革内容丰富，涉及面广。希望各级机构负责人要解放思想，敢想敢做，在我们现有的大体制下多做一些小创新、微创新，由量变到质变，激发出机构活力。总行要在组织管理方面适度松绑，给分行创新变革提供好的环境和条件。

（二）优化业务运营模式，提高经营效率。核心是顺应互联网金融时代客户需求的深刻变化，推动业务运营升级换代，加快从“以账户和产品为中心”向“以

客户为中心”转变，从“立足线下的传统银行”向“线上优先的新型银行”转变。

一是真正树立“以客户为中心”的理念，正确处理客户与产品、营销和服务的关系。目前，全行“产品导向”思维仍然根深蒂固，这是我们长期以来以产品计价为主的考评方式造成的，导致在营销服务中弱化了客户基础工作。今年初我们下决心对境内分行考核评价体系进行了大的调整，一个重点就是突出以客户为中心，提高客户拓展指标考核权重，取消单项产品考核指标，目的就是要引导全行更加注重夯实客户基础、更加注重提升客户的综合价值贡献。要在实践中不断优化完善相应的配套措施，推动“以客户为中心”的理念真正在全行落地深植。

二是加快构建全功能银行，满足客户综合化、多层次的服务需求。我行的金融产品超过4 000个，是服务覆盖最广泛、功能最丰富的银行，但我们很多业务功能都是分散的、割裂的。比如，目前公司机构板块的基础数据还很不完善，同一个集团客户在不同的业务系统中，名称和代码都不一致，客户与我行的业务合作情况、对我行的综合贡献自然就不能全面、直观地展示。撒开的手指捏不成拳头，破开的船帆兜不住风。我们经常说要根据客户贡献和敏感度，分层、分类定价，但上游数据基础不扎实、客户贡献计量不准确，终端的精细化定价就无法实现，“1 + N”的联动营销机制也就会成为一句空话。因此，数据是全功能银行建设的基础工程。要以加快打造企业级数据应用体系为核心，规范数据标准，整合基础数据，强化信息共享，使数据管理和应用真正做到准确、全面、整合、易用，再配套产品经理队伍建设和相应的联动考核机制，“1 + N”营销机制才能真正建立、有效运作。

三是推动科技架构与业务架构的深度融合，以更大的格局谋划未来全行科技发展。我们初步提出以“开放、互联、融合、共享”的理念，构建全球领先的松耦合、分布式IT架构，向智慧银行信息系统转型的总体思路和方向，总体看是符合金融科技发展趋势、领先同业的。在实施过程，要注意把握好两点：一要在统一规范的基础上，对系统进行开放化、个性化的改造，统筹实施应用解耦、大数据服务、云平台建设等IT架构转型工作。二要进一步对全行业务架构进行顶层规划，强化业务部门与科技部门的相互渗透融合，让业务部门更多地站到科技创新的前台，成为驱动科技创新的重要力量甚至是第一发起者。中国的互联网金融发展领先全球，我行的科技基础也是最好的，科技等部门一定要有雄心壮志，咬定青山不放松，力争通过三年的努力，在科技架构上有大的优化和完善。

四是推进线下渠道服务模式升级。按照线上优先原则，进一步拓展与客户线上线下的交互场景，以客户无差别体验为目标，实现业务流程在柜面、线上、智能设备等渠道的无缝对接，构建线上线下一体化的业务运营管理机制。同时，要始终站在客户角度来思考和推动渠道转型和优化，在服务年轻客户的同时，不能怠慢中老年客户，而且从当前来看，中老年客户对银行有更高的忠诚度和综合贡献度。我们的渠道是为客户服务的，一定要牢固树立客户意识，注重对客户结构和金融消费行为的分析，因地制宜制定渠道优化改造策略，避免脱离实际做表面文章。这方面，二级分行行长要发挥更大的主观能动性，承担更大的责任。

五是加快完善新兴渠道运营模式。通过新兴渠道丰富获客、活客、黏客的方式，是我们推动e－ICBC 3.0战略升级的主要目的。未来，四亿“千禧一代”客户将逐渐成为主体，银行必须要适应年轻人的思维和行为习惯，主动改变以自己为中心、等客上门的传统获客方式。目前，微信的活跃客户达到8亿，美团外卖每天2 000万份的订单，可见场景的重要性、产品的重要性。我们要在保持我行主动地位的原则下，进一步树立开放合作的心态，善于借势借力，利用工商银行的品牌价值和金融专业服务优势，主动加强与互联网企业、公共事业单位等各类业态的互补合作、错位合作，借助第三方企业的力量来不断丰富应用场景，延伸渠道服务网络，不断提升获客、活客、黏客能力。e－ICBC 3.0确定了十大重点建设项目，包含了很多场景拓展的内容，目前银行卡部线上场景化获客已初显成效，这说明我们的思路是可行的、对路的。这个窗口期不会太长，各行、各专业都要加快推动落实，尽快取得实质性突破。

六是进一步提升营运后台中心的集约化、综合化水平。10年前，我们实施了业务远程授权、监督体系、业务集中处理“三项改革”，效果是好的。经过了10年的发展，现在全行的客户结构、业务结构、渠道结构发生了巨大的变化，我们必须审时度势，加紧推动新一轮的集约化运营中心升级建设，为多渠道融合运营提供有力支撑。比如，在业务集中处理上，可探索研究建立跨地区或全国性业务处理中心的可行性。再如，在业务运营风险监控上，要改变目前运管、银行卡、电子银行等专业分散管理、各抓一摊的现状，运用好企业级数据仓库建设的成果，构建覆盖全渠道、全客户、全产品的运营风险模型识别体系和实时干预机制，进一步提升风险事前预警、事中熔断的能力和水平。未来全行电话银行来电接听业务量持续下降是趋势，要利用好这个条件，逐步推进电子银行中心和信用卡电话服务中心的整合，强化其事中风险管控和主动销售的职能，面向全行提供服务。

（三）优化人力资源结构，增强经营动力。利用未来三年退休高峰窗口期，在合理控制人员总量的基础上，加速人员更新，加强人才储备和梯队建设，为全行长期可持续发展提供坚实的人力资源保障。

一是合理把握未来集团人员总量与结构调整重点。

对人员的优化调整要由总行顶层设计、省分行统筹考虑。在板块规划上，要将有限的资源优先投向重点培育的新利润增长点。对利润中心、综合化子公司、境外分行与境外控股机构，要继续予以必要的资源倾斜，确保人员配置与业务发展相匹配。在区域规划上，要紧紧抓住重点城市行这一战略区域，切实加大新增人员投入力度，不断巩固人力资源优势。对县域机构，要综合考虑机构发展定位、员工平均年龄、人均创利水平等因素，采取差异化的资源配置策略，做出长期、系统性的安排。在条线规划上，积极推进市场化的资源分配机制，对不同条线分类施策，实现人员总量有保有压。对资管、投行、金融科技等新兴业务条线或前沿领域，要持续加大人力资源先期投入，打造人才竞争优势。对公司信贷、零售金融等传统业务条线，重点是优化专业与素质结构。同时，要下大力气理顺产品经理与客户经理的协作关系，充分发挥产品经理对客户经理精准营销的支持作用。

二是突出科技创新对人力资源效能的倍增作用。未来科技对业务发展的推动作用会越来越强，要进一步加大科技人才、复合型人才的引进力度，同步推进现有科技人员转型，不断加强科技部门和业务部门人员双向交流，让科技人员更深入理解业务，业务人员更敏锐把握科技趋势，更好地推动全行创新和转型。要梳理作业环节，优化处理模式，将员工从低效率、低价值的工作中解放出来。要充分发挥“技术创新节约人、智能终端替代人”的作用，进一步丰富网点智能设备的业务功能，利用智能投顾和程序化交易替代人工服务，推动业务营销和服务的去人工化，减少人力资源占用，提升个体价值创造能力。

（四）优化绩效考评体系，解决好战略传导“中梗阻”和“最后一公里”问题。考核是大企业的难题。每一年总行都会花费大量时间和精力去研究、讨论、修正。绩效考核没有最优方案，每一种考核体系都各有利弊，但“好的考核体系”有共同的特征。总的来说，优化绩效考评体系，要把握以下三个方向：一是树立客户导向，切实改变目前“最后一公里”主要以产品计价为主的考核模式。这一点我们这两年反复在强调、在推动，但落实得还不够。要进一步建立集团性公司、大客户的整体联动考核机制，明确各条线、各层级在全客户联动营销、全产品交叉销售、全过程价值管理中的责任，进一步发挥条块间的合力。二是提高总分支各层级考核导向的一致性，增强考核的穿透力。各级行要在认真落实总行战略的基础上，因地制宜，构建适合本地特点、本级行特点的分层次考核体系，处理好条线考核和“块块”考核之间的关系，确保总行战略的快速、准确传导，发挥全行的合力。三是要进一步强化考核结果的运用。目前我们在绩效考核的基础上，推出了竞争力评价方案，评价结果除了用于绩效分配，还要用于干部进退留转。目前我们在解决干部“能上”的问题上，做了很多创新，取得了较好效果，通过组织推荐与竞聘上岗相结合，使一批优秀干部脱颖而出；但在“能下”的问题上，还缺乏办法和手段。要用好绩效考核和竞争力评价这个抓手，对竞争力评价长期落后的机构负责人，要拿出硬措施，确保压力传导到位，特别是对一些状态不好，因循守旧，不学习、不担当、不进取、不作为的干部，要坚决调整退出。

总之，对工行这样一个大机构而言，体制机制改革没有统一的模式，没有现成的答案。各机构特别是一把手要充分发挥主观能动性，结合自身实际创造性地开展工作，主动谋划和探索推动体制机制改革，不能只等着总行“开药方”。我反复强调，抓工作一定要结合本地情况，讲辩证法，讲实事求是，这就是战略和战术的有机统一。战略就是做正确的事，战术就是用正确的方法做事。体制机制改革也是如此。对未来三年全行发展的总体战略规划，总行要做好顶层设计，更要调动好各机构、各部门的主动性、积极性和创造性；各机构和部门也要有信心、有担当，全力以赴抓好战略的落地实施。我们有很好的发展基础，有一支能力强、士气旺、作风硬的队伍，只要全行上下齐心协力，编制好、落实好下一个三年发展战略规划，工商银行的发展会越来越好，市场会看到一个更加积极向上、更有发展活力、更加稳健理性的工商银行。对此，我充满信心。

在湖北分行工作汇报会上的讲话

易会满

（2017 年 9 月 14 日 · 根据录音整理）

今天我和总行几个部门一起来调研，主要是听听情况，摸摸家底，一起研究探讨湖北分行未来的发展方向和思路。刚才，王芝斌同志代表湖北分行党委作了工作汇报，分行党委的其他同志及有关部门也分别作了汇报，谈了一些想法和建议，汇报很有特色，建议也很有针对性。听了以后，总体感觉到湖北分行整个发展态势是好的，整体战斗力是强的，党委班子作用的发挥也是突出的。

总行对湖北分行的评价可用两句话来概括，一是发展得快，二是讲大局。湖北分行作为中部地区的重点分行，这几年业务发展快，信贷投放量大，承担的任务指标也较重，而且这两年湖北分行不良贷款核销少，耗用的财务资源少，讲大局，讲奉献，为全行经营业绩的稳定作出了贡献。但去年下半年以来，湖北分行经营也出现了一些值得关注的新情况。一是在过去几年高速发展的同时，出现一些大的违规事件和潜在风险；二是资产质量、经营效益、业务发展出现了一些波动，总行有些担心，但听了汇报和深入交流以后，可以得出一个基本判断，湖北分行面临的困难不是趋势性的，而是阶段性的，是临时性的。基于这样的判断，下一步，可以在总行可承受的范围内，适当倾斜资源，做一些“逆周期”的调整，解决一些突出的包袱，让湖北分行尽量轻装上阵，为实现长远更好的发展打好基础，总行有关部门要与分行加强沟通，做好服务。同时，湖北分行要眼睛向下、眼睛向内，直面困难、主动应对，特别是要把潜在风险、剪刀差等问题解决好，努力保持各项业务的平稳发展。结合刚才的汇报和大家的发言，我讲三个方面的意见，供你们参考。

一、近年来湖北分行工作成绩显著

自2013年湖北分行新的党委班子组建以来，全行各项工作取得长足进步，成绩是显著的，对此，总行党委也是充分肯定的。概括起来看，主要有以下五个方面的特点。

（一）充分发挥党建引领这个国有企业最大的政治优势。湖北分行通过不断加强党的建设，包括思想政治建设、作风建设等，以党风促行风，使全行员工始终保持了良好精神状态和工作作风。通过党建引领，把党建工作成效转化为银行的经营发展活力和竞争实力，对内改善了经营环境，对外提升品牌形象，得到了社会各界的广泛认可和赞誉。

（二）综合竞争力稳步提升。尽管湖北分行市场竞争力还没有回升到四行第一的位置，但存贷款、中间业务收入、利润等指标同业占比提升速度是快的；存贷款在系统内占比提升也是比较快的。比如，四年来存款系统占比提升了0.6个百分点，同业占比从27.13%提升到27.59%，提升了0.46个百分点。可以说，湖北分行基本形成了良性循环的发展态势。

（三）工作笃行务实，善抓机遇。成功来自于坚持不懈的努力。任何市场、任何工作都需要持之以恒地抓好，一步一步地扎实推进。湖北分行抓工作踏踏实实，从过程到结果，能够很好地统一，不是简单地喊口号、下文件、提要求，而是全过程监督。比如，对代发工资业务，各级党委成员也个个落实到户，逐户做工作。抓工作善于发现机遇，把握机遇，比如，这几年政府购买服务的机遇基本上都抓住了。

（四）基础管理不断夯实，风控能力得到一定程度的提升。湖北分行管理总体抓得不错，比如信贷资产占全行比重超过3%，而核销资源占用仅1%，虽然目前不良率上升到了1.4%，但仍低于全行平均水平，说明你们的基础管理还是不错的。

（五）营业部的牵引作用得到充分发挥。近年来，湖北分行营业部在市场竞争日趋激烈的情况下，持续保持了较高的市场份额，对湖北分行经营发展作出了重大贡献，非常不容易，发挥了“主力军”的作用。

二、认真分析经营管理中存在的问题

刚才汇报时，湖北分行谈到了经营管理中存在的一些问题，总体上看，可以归结为以下两个方面。

（一）经营转型有待加速。这两年，湖北分行拨备前利润增长趋缓，去年净利润还是负增长，尽管今年以来拨备前利润勉强实现正增长，但比全行7.7%的平均增速低不少。按理说，近年来湖北省经济发展迅速，经营环境和业务发展态势这么好，为什么湖北分行拨备前利润却增长困难呢？如果仅仅是资产质量影响的话，应该是净利润受影响大，拨备前利润不应该有问题。深入分析，根本原因还是业务结构问题，过于依赖大户、依赖信贷等传统业务。原有的中间业务发展模式也比较粗放，习惯于“吃快餐”、垒大户，对小户头、小收入关注不够。这种对信贷大客户过度依赖，对基础性中间业务重视不够、投入不足的经营惯性过强，就容易导致收入结构不平衡，一旦经营环境发生变化，收入就会受到很大影响。因此，如何加快推动经营转型，是省分行党委需要着力思考的重要问题。

（二）风险控制能力有待提升。风险控制力和竞争力是一枚硬币的两面，既矛盾又统一。风险控制力强，竞争力则强；风险控制力差，竞争力即使暂时提升，也难以持久，最后还得退回来，走回头路。一旦大的风险事件爆发，三五年都翻不了身。这些年来，尽管湖北分行信贷管理工作做得比较细致，但包括代理投资、小微企业等领域还是暴露出了一些风险，表明我们的管理工作还有一些薄弱环节，一些工作还是抓而不实，也暴露了思想认识和管理能力上的问题。比如去年襄阳分行的风险事件，除了发展观不端正的原因外，更多的是对创新业务的驾驭能力不强，对整体风险把控能力不够，没有看清业务背后隐藏的风险隐患。可以说，风控能力和水平是决定湖北分行走多远、走多久的关键。所以，如何有效提升风控能力是省分行党委需要着力解决的现实问题。

三、再接再厉做好下一阶段的工作

对于下一步工作，湖北分行作了一些安排和考虑，我都赞成。我再提点意见和建议，供你们研究，总的是认真贯彻落实全国金融工作会议精神，落实好全行年初和年中工作会议部署，再接再厉做好下半年的各项工作。重点是“五个持续抓好”。

（一）要持续抓好转型创新。习近平总书记在全国金融工作会议上指出，要遵循金融发展规律，要靠竞争力吃饭。从经济金融发展的新形势新环境看，我理解，竞争力就是要按照商业银行的规律办事，依靠改革创新带动经营结构转型。刚才我们谈到，湖北分行对传统客户、传统业务、传统路径比较依赖，对此，分行党委要花时间、下功夫，进一步加大对转型创新的探索研究，重点在以下几个方面先行先试，努力在中部地区分行中当好改革创新的“排头兵”。

一是重视从传统银行向综合金融服务商转型。这方面的转型主要是公司金融板块为主。刚才有同志提到新市场的问题，我要强调的是，分行不要过于依赖总行，要眼睛向内靠自己，立足当地市场和自身实际开展工作。各地区资源禀赋不一样，发展阶段也不一样，总行要拿出一个放之四海而皆准的指导意见，很难。一方面，如果太具体了，难以落地，毕竟各个地方情况不一样，比如，在湖北，武汉有武汉的情况，襄阳有襄阳的情况，荆州有荆州的情况，各地市场环境、产业发展和资源禀赋都不同，做不到“一招鲜、吃天下”；另一方面，如果太原则了，又难以操作，实际上又可能陷入形式主义。而且，现在创新领域越来越广，速度越来越快，总行的人手力量也是有限的，不可能把全部的新兴产业都研究透，也不可能像分行一样对市场反应迅速，能及时拿出一个管用的统一方案。因此，总行适当指导是需要的，但关键还是要靠分行、靠自己发挥主观能动性。湖北分行一定要坚持眼睛向下、眼睛向内，把市场摸清摸透，提出分行发展规划；要倾斜资源，建设团队、强化专业能力，推动从单一信贷服务向综合金融服务商、向全能银行转型。

二是重视存款竞争力的提升。我们现在做零售、做私人银行，提出要做客户价值提升的全流程管理，其关键是要以客户为中心，真正依托服务给客户创造价值。在这方面，我们一直在努力。但是总体来看，与客户的要求相比还有距离，有时候指导思想还比较摇摆，目标与措施还不是一以贯之。

三是重视大中小客户并举。从客户结构看，湖北分行大客户集中度较高，中小客户群规模不大且面临风险形势较为严峻。从融资业务结构看，主要是大项目大企业贷款，靠政府购买服务，还有个人按揭贷款。但随着政府购买服务政策调整、政府平台融资管理逐步收紧，以及房地产业务发展进入常轨，湖北分行信贷市场的持续发展面临较大的挑战。特别是现在我们还不太会做小微企业业务。前些年，湖北分行创新推出过小微企业供应链融资、集群融资，最后出现了约20%的不良贷款。单点式发展有风险，集群式发展也有风险，小微业务中心做有风险，非小微业务中心做也有风险，怎么办？难道银行真的就不会做小微业务？这肯定是不成立的。大中小客户并举是经营转型的重点，如何落实，怎么做小微？可谓知易行难。希望湖北分行党委坚持“抓大、抓小、抓优、抓新”，加强对小微信贷市场的研究，探索“授权做、专营做、专家做”等适合的发展路径，尽快实现从大客户为主向大中小客户并举转变，以增强持续发展能力和市场竞争能力。

四是重视线上和线下拓户相结合。目前，湖北省常住人口5 885万人，但湖北分行有效个人客户仅1 727万，与总人口相比占比不高。工商银行作为一家以城市行为基本经营单元的机构，随着城镇化建设进程的不断加快，客户拓展潜力巨大，其核心是要依靠线上线下拓户相结合。线下是我们的传统优势，关于线下渠道拓户大家都很熟悉，现在要特别高度重视如何依靠线上批量获客。近期，总行已启动e－ICBC 3.0十大重点建设项目，从场景入手，以获客活客为目标，构建开放多元的金融服务生态圈，努力打造一批比肩同业标杆的“撒手锏”产品和“现象级”场景，从根本上提升获客、活客、黏客能力。

五是重视新兴业务发展。湖北分行拥有1.7万名员工，但从事新兴业务拓展的人才占比还比较小，省分行党委要围绕转型创新，更加重视资管业务、理财业务、投行业务、投资交易业务、私人银行业务等新兴业务条线的发展，真正关心专业人才的培养，希望湖北分行能在中部地区分行当好新业务发展的“领头羊”。

（二）持续抓好强基固本工作。要实现全面、协调、可持续发展，基础管理是根本。湖北分行要进一步强化对商业银行经营发展规律的认识，进一步树立正确的发展观、业绩观、风险观，科学处理好管理和发展之间的关系，努力实现前中后台协同联动，全面夯实经营基础。

银行是一个经营风险的行业，做任何业务都有风险。我们从事银行工作几十年，对这个规律的认识是在不断深化的。不管是前台还是后台，首先要树立风险意识，考虑风险点在哪里，能不能识别，能不能规避。美国次贷危机之所以爆发，一个重要原因就是看不到、看不清一些创新业务和产品风险点在哪里，因为已经经过无数次的结构化，自然更无法驾驭风险。当前，湖北分行信贷储备项目不少，但基本上都是与政府相关、与房地产相关的项目。面对中收增长乏力、甚至负增长的局面，湖北分行要着力抓好基础业务，进一步强化定价管理，强化手续费、佣金的收入管理，不能靠天吃饭。

（三）持续抓好重点城市行尤其是营业部的竞争力

提升。在湖北，分行营业部、三峡分行、襄阳分行、荆州分行四家分行的贷款增量占比达到85%，其中分行营业部达到66%。这四个重点城市行是湖北分行发展的重中之重，必须要发展好。

这里重点讲讲营业部。当前武汉面临着非常好的发展环境和发展机遇，湖北分行做了全面的谋划，我都赞成。对你们提出的一些建议，总行都会尽力给予支持。总体来看，营业部比较重视外延式发展，内涵式发展还有待深化。事实上，这几年总行部署重点城市行竞争力提升项目和“5+1”机构改革，强调的是“两步走”：第一阶段是充分授权，主要考虑的是放权和资源投入；第二阶段重点是鼓励各行练好内功，走内涵式发展道路。营业部下一步要深化内涵式发展，主要通过体制机制改革，进一步提升服务能力和市场竞争力。要看到，武汉作为一座拥有1 000多万人口的大城市，零售业务永远是“定海神针”，是我们业务发展的“稳定器”。在省会城市，大户比较多，能吃的“快餐”也多，营业部往往不太重视零售等基础性工作。但是从全局看，我们必须高度重视大零售，要加大资源投入推动其加快发展。比如，目前全国在校大学生超过3 700万，但我们一直对学生这个群体的服务没有多少特点、亮点。如果大学生服务搞不好，就意味着我们未来客户就输在起跑线。武汉高校云集，有一百多万的在校生，如果湖北分行特别是营业部能在学校拓展、学生客群方面探索走出一条路子，那将是对总行的重大贡献。此外，湖北分行营业部要重视新经济、新市场、新客户的拓展，不要把眼光仅局限在国有企业、城建项目、政府融资平台等领域，不要成为只会做传统客户、传统业务的分行营业部。

（四）持续抓好信贷风险和代理投资风险管控。对湖北分行来说，当前要重点做好三个方面的工作。一要落实二级分行信贷管理主体责任。当前信贷管理很多工作抓而不实，根本原因是信贷管理能力问题、基础管理问题。针对二级分行信贷中后台人才“空心化”的问题，近来我们推动了信贷管理体制机制改革，提出“经济本源、审慎稳健、诚信合规、客户优选、专家治贷、责任落实”24字信贷文化的核心理念，核心是落实信贷管理的主体责任。同时，总行反复强调以城市行为基本核算单位，进一步强化二级分行的信贷管理主体责任。对此，湖北分行要高度重视，坚持分类指导，对辖内二级分行的信贷能力进行全面的摸底分析，严格授权放权。对不够条件的，宁可慢一点，宁可集中一些，也不要放权。否则放得越多，出问题越多。

二要加强信贷规划的研究落地。截至去年末，湖北分行各类贷款余额3 862亿元，整体信贷品种结构和区域结构较好。湖北分行要加强顶层设计，认真研究谋划全省的信贷业务发展规划，包括品种、投向、行业、区域、客户等，明晰发展目标、发展重点，不能做到哪里算哪里。

三要加强新型风险管控能力建设。对创新业务风险的把控能力不强，是全行面临的一个突出问题。从全行看，襄阳分行风险事件是比较典型的，也暴露出湖北分行风险管理还比较传统的问题。对此，湖北分行要强化对代理投资、同业业务、资管业务等各类新型风险的研究管控，严防输入性、交叉性风险。

（五）持续抓好班子和队伍建设。湖北分行在推动转型创新的道路上会遇到很多新情况新问题，解决这些问题的关键在于要建设一支年轻有为、攻坚克难的领导班子和队伍。湖北分行要继续加大力度，持续推动干部队伍的专业化、年轻化建设。要积极适应渠道、业务、机构等变化，加强对1.7万名员工的结构分析和优化调整，着力做好新兴业务条线的专业人才配备，加大客户经理等一线营销队伍的投入，进一步优化柜面一线的占比以及县域机构的人员配备，充分发挥各类人才的作用。

总之，希望湖北分行加强研究分析，进一步调整完善发展规划和思路，明晰工作重点，全面落实“五个持续抓好”，推动湖北分行实现更好更快地发展。

在湖北二级分行行长座谈会上的讲话

易会满

（2017年9月14日·根据录音整理）

刚才听了十几位同志的发言，很有收获。总体感觉湖北各二级分行的同志们有活力、有干劲、有思路，展现了良好的精神面貌和工作状态。而且这支队伍的构成也比较多元，各类型都有，既有经验丰富的老同志，也有意气风发的年轻人；既有从基层一步步成长起来的，也有总行交流锻炼的，大家都能扛起担子、负起责任，为实现工商银行更好更快发展创造性地开展工作。结合大家的发言，我讲四个方面的意见。

一、湖北二级分行的共性特点

一个行发展的如何，核心在领导班子，关键在一把手。一把手的工作能力、精神状态、作风干劲，直接影响着所在单位的综合竞争力。如果一把手选好了，往往事半功倍；一把手没选好，这个行可能会走弯路，也可能会在改革发展上摸索很长时间。概括起来看，湖北各二级分行主要有三个共性特点。

第一，重视基层党建工作。每个二级分行的汇报材料中，都有围绕经营抓党建、抓好党建促发展的具体内容，各单位主要负责人都能比较好地履行“一岗双责”，都能坚持把党建工作和经营工作同谋划、同部署、同落实、同考核，切实履行了全面从严管党治党的主体责任，发挥了国有大型商业银行的政治优势。

第二，重视大零售工作。刚才，大家都谈到了大零售工作，这说明湖北分行上下对大零售工作比较重视，思想认识是统一的。只要能锲而不舍地抓好这项工作，不断地在创新中发展，在发展中创新，相信湖北分行大零售工作一定能乘势而上，再上一个新的台阶。

第三，工作作风比较扎实。整体来看，湖北分行比较重视干部队伍的执行力建设，通过强化一把手负责制，健全完善督察督办和考核通报机制，保证上级的决策安排全面、准确、及时传导和落实。各二级分行领导班子作风也都比较踏实，精神状态好，执行力强。这对湖北分行的发展是非常重要的。

二、进一步深化对商业银行经营发展规律的认识

在全国金融工作会议上，习近平总书记指出，我们要遵循金融发展规律，要学习把握好金融市场规律。从各二级分行的汇报内容看，有三个方面的共同规律，值得我们深思。

第一，经营亮点各有不同，但经营困难的根源都与风险管控不到位密切相关。从大家的汇报情况看，各二级分行都有一些经营亮点，创造了不少好经验、好做法。同时，在信贷业务、风险管理上也都出现了一些共性问题。比如，襄阳分行的问题出在业务过度创新，而风险把控能力不足；十堰分行的问题出在贸易融资，说明管理不太适应新环境；荆门分行的问题比较典型，表内、表外、表表外等领域都有潜在风险，说明原班子的发展观、业绩观、风险观不够端正，班子的政策水平、管理能力、风险把控都存在问题。我常常说，信贷风险有天灾，也有人祸。如果因为能力问题，还可以通过加强指导、培训等措施来提升；但如果是思想意识问题甚至是道德风险问题，则是不可原谅的。希望湖北分行进一步深化对风险的认识和把握，吸取教训，付出的学费绝对不能白花。

第二，经营业绩关键在人、在思路、在状态。经济环境与经营业绩密切相关，但并不是决定因素，思路不对、状态不佳，即使有好的经济环境也未必有好的经营结果。湖北有些二级分行地理位置欠佳，位于山区、老区、欠发达地区，经济环境一般，但是发展的路子走对了，一步一个脚印地向前走，经营非常稳健，质量效益也比较好，比如恩施、咸宁等分行。有的地区经济环境不错，却面临非常大的困难与挑战，比如，十堰分行。所以，我认为，任何一届领导班子，要有历史责任感，要有长远眼光，不要只顾眼前效益盲目“大干快上”，不管来日“洪水滔天”；不要为了暂时的经营业绩而给未来发展“留包袱”“埋地雷”。今天的班子能够有比较好的经营指标，也往往是上一届、上上届班子留下的，打了基础，你这届班子也要为明天创造好的条件、打下好的基础，这是各届班子的历史责任。

第三，坚持走特色化发展道路。二级分行是我行的基本经营核算单位、基本竞争单位，二级分行经营得如何，决定着全行发展的大局。总行主要是把方向、定政策、管规划，各二级分行要结合小环境、做好小文章，也就是说要因地制宜、创造性地开展工作，打造自己的业务亮点，走出一条适合自身发展的道路。怎样走出一条特色的道路，这是对二级分行领导班子的管理能力和综合素质的考验，不仅体现在执行力，更体现在创造力。

三、进一步增强信心，保持良好的精神状态

一个行要保持良性发展不容易，但要走下坡路是非常容易的。去年以来，湖北分行经营效益、资产质量出现了一些波动和困难，但困难是阶段性的、临时性的，不是趋势性的，这是一个基本判断。我们相信，以湖北分行扎实的经营基础、良好的经营实力，有能力靠自己的力量走出来。

第一，积极创造条件解决困难。湖北分行现在的能力、发展阶段与原来不一样，有实力解决当前阶段性、暂时性的困难。希望各二级分行能够积极创造条件，抓住机遇，甩掉包袱，轻装上阵，尽快将剪刀差、不良贷款等制约发展的突出问题解决好。

第二，不要被暂时困难影响信心。信心弥足珍贵，气可鼓，不可泄。不能一说不良贷款就灰头土脸，丧失信心。实际上，对省行来讲，个别二级分行的困难不算大问题，只要营业部和重点二级分行保持经营稳定，湖北分行就会稳定，这是湖北分行的业务结构、业务特点决定的。省行要加强对经营较为困难行的政策指导，积极帮扶；各二级分行也要坚定信心，鼓舞士气，防止因暂时的困难影响未来的长远发展。

第三，注意平衡好员工薪酬待遇。要科学平衡好不同地区、经营好的行和困难行的薪酬待遇，这不是“吃大锅饭”，而是解决问题的办法和艺术。湖北分行要加强统筹管理，适当平衡，帮助个别困难行尽快脱

困，平稳过渡。只要士气在，业绩上去是早晚的、必然的。

四、进一步加强干部队伍交流

近年来，银行招聘的干部员工，基础条件都非常好，学历高、综合素质强。新员工如何实现好职业发展，重要的一条就是增加阅历。从这次全行后备干部调研情况看，干部综合能力提升与其成长经历、多岗位锻炼密切相关。一般来说，经历越丰富，看待问题、分析问题越全面，解决问题、驾驭全局的能力越突出。而且，要解决“部门墙”“处室墙”等大企业病，除了加强考核、完善机制，干部多岗位交流锻炼也是一个重要方法，能让干部“换位思考”。因此，总行和省行都要注重进一步做好干部的交流锻炼。

第一，要通过交流锻炼增强干部对基层的认知。我曾经和交流干部谈过，去基层锻炼，首先要增强对基层的感情和认识。如果没有从基层来，没有在分支行干过，就不会真切理解基层员工、理解一线。“上面千条线，下面一根针”，基层员工最可爱，支行行长最辛苦，他们权力不大、压力很大、责任很大，指标上百项，什么都要完成，但是资源又非常有限。我常常和总行的部门讲，你们天天分配资源，但资源不是你们创造的，而是基层创造的，对这个认识一定要清楚。刚才总行几个交流的同志谈得非常好。我相信如果你们回到总行，遇到基层的问题，即便不能解决或把握不好，也会主动给他们打电话做好沟通、做好辅导，争取基层同志的理解。我相信，只要对基层有感情，就有好的服务意识，就会有好的工作评价。

第二，要通过交流锻炼增强干部的责任意识和担当精神。每个时代有每个时代的长征路。无论是前几年的经济顺周期，还是当前的经济新常态，每一个阶段都有不同的压力，都需要各级管理人员增强责任和担当意识。但我们一些干部长期工作在机关本部，缺乏换位思考，对形势的认识，对经营压力的体会没那么深，责任意识就没那么强。不单是总行，一级分行也是这样。我去基层调研，也经常听到基层反映一级分行的干部服务意识不强问题。因此，对省行的干部，也要加强上下交流、横向交流、多岗位交流，让干部更加“接地气”，既能增强自身责任意识，又能促进换位思考，提高内部沟通和服务效率，解决“大企业病”的问题。这种交流对各级干部来说是终身受用的。在今年全行组织人事工作会议上，总行提出要选拔一批有发展潜力、有一定管理能力的年轻干部到最困难的地方去当支行行长，促使他们更好地熟悉基层情况、增强基层感情、增强责任担当精神，让他们直接在市场的风浪中历练摔打、在艰苦环境中成长成才。

第三，对干部锻炼交流要舍得放手。干部交流会开阔眼界、增加阅历，更会改进思考问题、解决问题的方式。当前，个别部门对干部交流的认识是有偏差的，对一些有能力的、有培养潜质的优秀干部，总是舍不得放手，这是不对的，也是对干部本人成长不负责任。越是好的干部、有潜力的干部，越要让他们到基层、到艰苦地区去工作，促进他们更加全面地成长锻炼。

对于大家座谈中反映的意见和建议，总行相关部门要带回去认真研究并根据实际情况落实解决。大家以后有什么好的意见建议，可以直接向总行提出来，我们共同研究解决。

总之，二级分行工作非常重要，也非常辛苦。在当前改革发展的关键时期，从经营转型到改革创新都对我们各级领导班子提出了新的要求。各二级分行要从大局出发，认真贯彻总、省行的各项决策部署，进一步强化使命意识、责任意识和担当意识，持续推进转型发展，共同推动工商银行的事业不断向前。

在第11次党委中心组集体学习上的讲话

易会满

（2017年9月15日·根据录音整理）

6月23日，习近平总书记在山西太原主持召开深度贫困地区脱贫攻坚座谈会，听取脱贫攻坚进展情况汇报，研究破解深度贫困之策。总书记在座谈会上发表重要讲话，回顾了党的十八大以来我国脱贫攻坚取得的成就，分析了深度贫困的特征和主要成因，提出了从八个方面加大力度推进深度贫困地区脱贫攻坚的任务要求。近期，人民银行召开金融支持深度贫困地区脱贫攻坚座谈会，交流金融精准扶贫的典型经验做法，研究部署全力做好深度贫困地区脱贫攻坚的金融支持工作。今天，我们围绕学习贯彻总书记重要讲话精神，落实人民银行工作部署，进行一次“金融支持深度贫困地区脱贫攻坚”的专题学习研讨。

刚才，监事长钱文挥同志和首席风险官王百荣同志结合分管工作实际，进行了主题发言；办公室、信贷与投资管理部、网络金融部、投资银行部、普惠金融事业部五个部室，结合各自业务领域，对我行开展金融扶贫工作情况进行了汇报。大家从不同方面，介绍了金融支持脱贫攻坚的措施、成效和难点，提出了很好的意见和建议，听后很受启发。

为准备好这次学习研讨，我系统学习了党的十八大以来习近平总书记关于精准扶贫工作的系列重要讲话。从2013年在湖南湘西十八洞村调研时首次提出“精准扶贫”重要思想，到2015年中央扶贫开发工作会议上系统阐述“六个精准”“五个一批”“四个问题”等重要思想，再到这次深度贫困地区脱贫攻坚座谈会上提出“深度贫困地区是脱贫攻坚的坚中之坚”“要采取更加集中的支持、更加有效的举措、更加有力的工作，打赢脱贫攻坚这场硬仗中的硬仗，确保深度贫困地区同全国一道如期迈进全面小康的新时代”的重要论断和目标要求，立意深远、内涵丰富、思想深刻，清晰展现了总书记扶贫开发新理念新思想新战略的形成和发展脉络，充分体现了总书记的深入思考和历史责任担当，为世界减贫事业拿出了“中国方案”，为全党全国统筹做好脱贫攻坚全局工作，打赢深度贫困地区脱贫攻坚这场“硬仗中的硬仗”指明了方向，提供了基本遵循。

下面，我围绕学习贯彻总书记重要讲话精神，谈三点学习体会和认识。

一、深刻认识深度贫困地区如期完成脱贫攻坚任务的艰巨性、重要性和紧迫性，增强金融支持深度贫困地区脱贫攻坚的政治感、责任感和使命感

消除贫困、改善民生、逐步实现共同富裕，是社会主义的本质要求。党的十八大报告明确提出，到2020年全面建成小康社会，实现第一个百年奋斗目标，这是我们党向人民、向历史作出的庄严承诺。让贫困人口脱贫是全面建成小康社会的底线任务和标志性指标，也是总书记最关注、倾注心血和精力最多的工作之一。党的十八大以来，总书记对扶贫开发工作亲自挂帅、亲自出征、亲自督导，先后主持召开了四个跨省区脱贫攻坚座谈会，每到一个地方调研，都要到贫困村和贫困户了解情况。总书记饱含深情地指出，全面建成小康社会，最艰巨最繁重任务在农村，特别是在贫困地区。没有农村的小康，特别是没有贫困地区的小康，就没有全面建成小康社会。正是基于这一深刻认识和历史责任担当，党中央把扶贫开发工作纳入“四个全面”战略布局，在全国范围全面打响脱贫攻坚战，力度之大、规模之广、影响之深，前所未有。四年多时间里，5 500多万人摆脱贫困，相当于一个欧洲大国的人口总数；贫困发生率从2012年底的10.2%下降到2016年底的4.5%，贫困群众生活水平明显提高、贫困地区面貌明显改善。但同时我们也要清醒看到，脱贫攻坚仍然面临艰巨任务和紧迫形势。从总量上看，全国还有4 300多万贫困人口，要在4年时间里实现全部脱贫，平均每年需减少贫困人口近1 100万人；从结构上看，现有贫困大都是自然条件差、经济基础弱、贫困程度深的地区和群众，脱贫难度之大可想而知。这标志着，扶贫开发工作已经进入啃硬骨头、攻坚拔寨的冲刺期，深度贫困地区能否如期完成脱贫任务，将成为决定脱贫攻坚成败、事关全面建成小康社会全局的关键所在。

金融是支持精准扶贫的重要支撑力量，金融扶贫是国家扶贫开发战略体系的重要组成部分。总书记多次强调指出，推动精准扶贫要动员好、发挥好金融的力量和作用。在全国金融工作会议上，总书记要求金融要把为实体经济服务作为出发点和落脚点，把更多金融资源配置到经济社会发展的重点领域和薄弱环节；要建设普惠金融体系，加强对小微企业、“三农”和偏远地区的金融服务，推进金融精准扶贫。在这次深度贫困地区脱贫攻坚座谈会上，总书记进一步明确提出，加快推进深度贫困地区脱贫攻坚，要发挥金融资金的引导和协同作用，增加金融投入对深度贫困地区的支持。作为国有大型银行，我们务必要牢固树立“四个意识”，提高政治站位，进一步增强责任感，认清艰巨性，扎扎实实贯彻党中央、国务院决策部署，履行好国有大行社会责任。不能只谈认识、不讲行动，只谈困难、不讲方法，只谈风险、不讲机遇，必须充分发挥金融行业优势，积极主动作为，用真功夫、下真力气，为脱贫攻坚战的顺利完成做出应有贡献。

二、吃透总书记讲话精神实质，按照找准“贫根”、分类施策、对症下药、靶向治疗的工作思路，开展金融支持深度贫困地区脱贫攻坚

“病有标本”“知标本者，万举万当；不知标本者，是谓妄行”。在座谈会上，习近平总书记开宗明义指出，推进深度贫困地区脱贫攻坚，首先需要找准导致深度贫困的主要原因，采取有针对性的脱贫攻坚举措。这是总书记精准扶贫、精准脱贫思想在指导深度贫困地区脱贫攻坚中的具体运用，也是我们做好金融支持脱贫攻坚工作的方法论和切入点。

深度贫困的实质是绝对贫困，究其原因，既有生存环境恶劣、基础设施和公共服务严重滞后的外因，也有社会发育滞后、脱贫内生动力严重不足的内因。总书记在讲话中系统分析了深度贫困地区致贫原因和贫困现象的五个共同点，并对症下药，提出了八个方面的工作要求。近年来，全行在探索推动金融扶贫的过程中，在工作机制、政策支持、产品服务创新等方面综合施策，精准对接贫困地区金融服务需求，输血更造血，扶贫更扶智（志），形成了一系列新理念、新思路，总结提炼了

一些好办法、好模式。同时，我们在商业银行经营管理上探索形成的一些管理方式和经验，对促进贫困地区特色产业和新型实体发展等也有积极的借鉴意义。要善于总结和把握规律，以总书记重要讲话精神为指导，进一步改进完善金融扶贫方式方法，更好运用到支持深度贫困地区脱贫攻坚工作中。重点是要想清楚并解决好“扶持谁”“扶什么”“怎么扶”等一系列问题。在扶持对象上，聚焦精准发力，紧扣现有建档立卡贫困人口，利用行内外信息进一步交叉识别，锁定目标对象，甄别贫困户的有效金融需求。在扶持举措上，要坚持分类施策，找准深度贫困地区的贫困原因和类型，支持配合当地党委政府按照发展生产脱贫一批、易地搬迁脱贫一批、生态补偿脱贫一批、发展教育脱贫一批、社会保障兜底一批，分类开展脱贫攻坚。同时，要进一步发挥我行在电商扶贫、产业扶贫等领域的特色优势，凝聚更多社会力量，把强项做好，把弱项补强。在扶持目标上，要根据“六个精准”的原则，做到扶持对象精准、项目安排精准、资金使用精准、措施到户精准、因村派人精准、脱贫成效精准，确保金融精准扶贫的各项实惠真正落到扶贫对象身上。

三、将定点扶贫、金融精准扶贫、金融支持深度贫困地区脱贫攻坚三者有机结合，探索出一条具有工商银行特点的扶贫开发新路子

在定点扶贫方面，总行自1995年开始对四川省的通江县、南江县、万源市和金阳县开展定点扶贫工作，初步探索出一条具有工商银行特点，教育扶贫、卫生扶贫、产业扶贫、绿色扶贫、金融扶贫、救灾扶贫相结合的定点扶贫开发新路子，取得较好成效，获得了中央领导同志的肯定。在金融精准扶贫方面，总行围绕党中央、国务院脱贫攻坚战略部署，深入贯彻“精准扶贫、精准脱贫”的基本方略，成立了金融扶贫工作领导小组，出台了一系列文件，制订了具体工作方案，指导全行开展金融精准扶贫工作，发挥了较强的助推作用。目前，全行精准扶贫贷款余额已突破1 000亿元，后续要进一步丰富完善工作措施，进一步抓好落地实施。

今年恰逢党的十九大，也是全面贯彻落实深度贫困地区脱贫攻坚战略目标的头一年。下一阶段，“三区三州”，即西藏、四省藏区、南疆四地州，四川凉山州、云南怒江州、甘肃临夏州等深度贫困地区将成为打赢脱贫攻坚战的重中之重。这要求我们要统筹做好定点扶贫、金融精准扶贫和金融支持深度贫困地区脱贫攻坚工作，在原有政策方向不动摇、支持力度不放松的基础上，更加聚焦金融支持深度贫困地区脱贫攻坚，进一步发挥政策优势、行业优势、平台优势和人才优势，为深度贫困地区脱贫攻坚提供强有力的金融支持，真正把中央决策部署和监管要求落到实处，见到实效。这里，我再提四点具体要求：

（一）认真学习领会习近平总书记重要讲话精神。总书记《在深度贫困地区脱贫攻坚座谈会上的讲话》单行本已正式出版发行，各级行党委班子要尽快以中心组学习等形式，认真组织学习传达，紧密结合本行实际，研究贯彻落实意见。要总结梳理总书记扶贫开发新理念新思想新战略的发展脉络，引导各级管理人员带头深入领会总书记讲话的重要意义和深刻内涵，吃透精神、把握实质，把助推深度贫困地区脱贫攻坚作为光荣的政治任务扛在肩上，把“四个意识”转化为具体行动，把学习成果转化为工作措施，扎实推进金融支持深度贫困地区脱贫攻坚工作。

（二）进一步明确工商银行在金融精准扶贫中的功能定位。金融扶贫不是简单的多放贷款，衡量脱贫攻坚贡献也不是简单地在统计口径上比大小，关键要看发挥的作用和实际的效果。要在政府、社会、市场协同推进的大扶贫格局中准确定位工商银行的角色，坚持“商业可持续、风险总体可控”的原则，明晰财政与金融、政策性开发性金融与商业银行的边界，做出自己的特有贡献。要根据贫困群众脱贫意愿、致贫原因、基础条件等实际，找准我们参与脱贫攻坚工作的思路和着力点，坚持把“造血式”扶贫作为主打模式，倾斜金融资源，精准发力，并尽可能地利用我们大行的渠道、客户、产业链优势，从中牵线搭桥，促成更多有效益、有特色的扶贫开发项目落地，帮助贫困群众尽早脱贫。

（三）明确分工，抓好贯彻落实。脱贫攻坚工作已成为重点贫困地区“十三五”期间的头等大事和第一民生工程。总行金融扶贫工作领导小组各成员单位要切实发挥作用，在普惠金融的大框架下，加强协调配合。要在做好金融精准扶贫工作的基础上，围绕习近平总书记在深度贫困地区脱贫攻坚座谈会上提出的八个方面任务要求，进一步明确工作重点和责任分工。信贷与投资管理部牵头，相关部门积极配合，抓紧制订支持深度贫困地区脱贫攻坚实施方案，调整完善支持深度贫困地区项目脱贫、产业脱贫、创业脱贫和教育脱贫的信贷政策；推动扶贫小额信贷产品研发与投放，支持建档立卡贫困户增收致富；在现有信贷计划的基础上，研究设置精准扶贫专项信贷规模，优先保障深度贫困地区信贷需求；优化调整内部授权与绩效考核机制，支持深度贫困地区扶贫贷款投放；在有效尽职的前提下，探索优化扶贫不良贷款责任认定细则和不良贷款差异化容忍度管理要求，调动基层机构和基层人员主动投入脱贫攻坚战；通过延伸金融服务网络、电商扶贫等措施，进一步提高金融覆盖面和便利度。要及时总结推广各行，尤其是扶贫任务重的分行在脱贫攻坚工作中的有益经验和模式，促进观念互通、思路互动、技术互学、作风互鉴，形成具有工商银行特点的扶贫开发新路子。

各一级分行要牵头组织位于脱贫攻坚重点地区的经营机构，紧紧依靠当地党委政府，主动融入当地脱贫攻

坚规划，从源头上加强对接协作，掌握第一手资料，增强金融服务能力，做出实实在在的成绩。各行要尽早掌握本地区深度贫困县情况以及金融支持深度贫困地区脱贫攻坚的总体要求，明确金融扶贫的年度重点项目、重点区域和重点产业，做好重点龙头企业、专业合作社的筛选准入，精选一批示范作用大、就业岗位多、造血能力强的好项目进行重点支持。要在国家认定的建档立卡贫困群众中，对脱贫意愿强、掌握一定生产技能的群众予以重点支持。要继续坚持风险可控和商业可持续的原则，稳健开展信用风险类业务。要管好用好小额扶贫贷款，把住贷款资金用途和流向，合理掌握贫困户贷款金额，防止扶贫贷款异化，避免金融扶贫致贫。

（四）加强组织领导。坚持“一把手”负责制，各级经营机构负责人要扑下身子，深入贫困地区了解实际情况，对接国家“中央统筹、省负总责、市县抓落实”的扶贫工作体制，指导辖内机构开展金融精准扶贫。各级行要发挥好金融扶贫工作领导小组作用，认真研究具体工作措施，通过合理调整考核、加强督导等措施，进一步强化政策导向，扎实推动金融扶贫工作落地见效。要密切关注当地扶贫政策效果评估细则制定情况，加强与监管部门沟通，做好金融扶贫工作宣传，全面反映我行扶贫工作的特点和工作成效。

同志们，全行金融支持脱贫攻坚工作取得了阶段性成效，但当前脱贫攻坚的任务依然艰巨，我们的工作离中央的期待和监管部门的要求仍有一定差距。全行要以坚决贯彻习近平总书记重要讲话精神为核心，积极对接国家及监管工作要求，聚焦破解深度贫困问题，细化落地措施，压实主体责任，加大督察督办力度，努力在金融支持深度贫困地区脱贫攻坚中作出示范表率，体现大行担当。

在大连分行调研时的讲话

易会满

（2017 年 9 月 20 日 · 根据录音整理）

时隔多年再到大连，一方面是看望同志们。大连分行新一届班子刚刚组建，班长和班子成员都比较年轻，这次来想看一看新班子能否带领好全行 4 000 名干部员工，持续稳步推进大连分行的改革发展。另一方面是实地了解分行经营面临的内外部环境。近年来大连的发展环境处在剧烈而深刻的变化之中，特别是接连出现了几起在全国影响较大的集团风险事件，不仅使银行的资产质量面临严峻考验，也对区域经济社会的平稳发展造成一定冲击。作为国有商业银行，如何更好地履行我们的政治责任和经济责任，需要大家共同努力、攻坚克难。刚才，姚春和同志代表分行党委作了工作汇报，总行部门也谈了很好的想法，我都同意。结合大家的发言，我再讲四个方面的意见。

一、肯定大连分行取得的工作成绩

大连分行新一届班子组建短短几个月，尽管时间不长，但挑战不小。分行党委能够深刻领会和认真贯彻总行的战略意图，形成了比较清晰的发展思路和细化的工作措施。能够全面透彻地分析外部环境，既看到一些阶段性困难，更看到一系列发展机遇。能够理性客观地剖析自身在市场竞争、资产质量、客户基础、转型创新、队伍建设等方面存在的差距，其中既有区域的个性问题，也有全行的共性问题，并在找准问题的基础上有的放矢地开展工作。能够积极主动地看待严峻复杂的经营形势，从班子到支行和部门负责人，大家的精神状态是好的、必胜信心是足的、战斗力是强的。正是得益于这“四个能够”的支撑，大连分行在新班子的带领下，实现了各项工作的平稳过渡，保持了经营局面的整体主动。比如，在地区信用风险集中暴露的情况下，大连分行的资产质量虽在系统内不具备优势，但不良率明显低于全市平均水平及可比同业，除 STX 项目影响相对较大外，我们在几个风险大户中的融资占比都比较低，同时分行重视内控案防工作和全面风险管理，没有出现重大颠覆性的风险事件，说明大连分行几届班子在市场与风险关系的把握上是冷静的、有定力的。又如，面对激烈的同业竞争，分行的存款规模，无论是存量还是增量，无论是时点还是日均，一直居于同业首位，保持了与工商银行整体实力和形象相匹配的地位和竞争力，说明我们各级管理者具备应有的拼劲干劲和市场感觉。总的来说，大连分行新班子组建以来，工作成绩是值得肯定的，总行是放心的、也是满意的。

二、高度重视复杂外部环境中存在的不确定性，切实做到统筹平衡、冷静应对、扬长避短

春和同志刚才提到，当前大连经济呈现“四降一

升”趋势，即经济增速下降、有效投资下降、外需拉动下降、财政收入下降、风险发生概率上升，整个大连的经济转型、结构调整、动能转换确实处在一个比较艰难的时期。一方面，传统动能增长乏力，造船、装备制造、石化三大支柱产业都是典型的周期性行业，包括龙头企业在内的全行业普遍遭遇生产经营困难。另一方面，新动能培育需要一个过程，新经济、新产业、新业态尚未成熟，还不足以填补传统产业衰退留下的缺口，反过来又会加剧经济增长对传统路径的惯性依赖。加之，大连未来的发展战略还在规划制定之中，方向还不十分明朗，目前可落地的措施和安排还不是很多。经济决定金融，经济趋势变化不可避免地会影响和反映到金融上来。对大连分行来说，外部环境的复杂多变可能会进一步加剧银行业发展的不确定性，对我们的风险控制能力形成新的考验，特别是一些大型企业一旦出现风险事件，可能给大连经济金融稳定带来震动，这也是我们面临的最大不确定因素。如何在不确定中把握确定、在波动中把握主动，分行上下必须做到统筹平衡、冷静应对、扬长避短。首要的是积极争取地方支持，与政府、企业、同业携手努力、共渡难关，从根本上寻找互利共赢的破题之道，坚决避免出现“黑天鹅”“灰犀牛”事件。

在看到不确定性的同时，我们也不应妄自菲薄、过度悲观。要充分认识到，大连经济社会发展的基础是厚实的，后劲和潜力是充沛的，具备可持续发展的能力和条件。比如，大连的工业基础扎实，产业体系完备，已经形成了比较完整的产业链和较大规模的产业集群，有一批在技术和市场上居于行业领军地位的龙头骨干企业；第三产业始终保持强劲的发展势头，特别是以旅游为代表的消费服务业发展突出，等等。尤其是在国家实施振兴东北老工业基地和辽宁沿海经济带开发开放战略的推动下，大连作为国家副省级市、计划单列市和第一批沿海开放城市，发展仍是第一要务，在东北地区的比较优势和引领作用还将进一步凸显。面对这样的环境和前景，面对8 000多亿的GDP总量和700万的常住人口，我担心的不是分行没有市场和业务可做，而是我们视野不够广、眼睛不够亮、市场研判不够准、风险防控不够强，还是围着传统大户、传统业务打转，最后看不到新市场、抓不住新机遇、用不好有利条件。如何探索走出一条契合大连经济特点和比较优势的创新发展道路，希望分行党委和在座的中层干部作重点考虑，真正能够转变发展观念，增强发展信心，提升发展能力，牢牢把握发展的主动权。

三、坚持稳字当头，以稳求进、以稳制胜

关于下一步工作，分行党委围绕“质量稳、队伍稳、经营稳”提出的总体安排，我认为是必要的，也是符合经营实际的。希望大家扎扎实实把“稳”的内功练好，把各项基础管理工作持续抓到位、抓出成效。这里我再突出强调三方面工作。

（一）确保风险管理稳。大连分行要找准自身的发展定位、谋划好与城市行经营特色相适应的发展路径，保证安全运营是第一位的。分行针对存量风险贷款制定了分类处置及化解预案，针对新增贷款提出了分层营销、人格化授权、贷后管理等一些制度性安排，特别是提出优选3－5家支行开展法人信贷业务，其他支行主要聚焦零售信贷市场及标准化、小额化信贷市场，这些都是很好的工作思路，我都赞成。现在大连分行贷款客户数量不多、风险整体可控，我们完全有条件、有能力把我们的信贷经营管理工作做得更好更稳。重点是要在认真吸取近年来分行信贷经营经验教训的基础上，结合本地实际落实好总行信贷体制机制改革的要求，持续完善信贷经营管理架构，加强信贷专业队伍建设，并根据不同信贷业务产品特点，探索差异化经营管理模式，切实消除病从口入、责任不落实、治贷不专业、“近视眼”等风险的主要诱因。同时，要重点提醒大家的是，当前金融创新日趋活跃，金融市场也是乱象丛生，由此带来跨境、跨界、跨市场的新型风险渗透加剧，尤其是防控资管、同业、票据业务等领域交叉性输入性风险的难度和压力大大增加。这些风险往往是长期潜伏的病灶，隐藏得很深，但可能爆发就在一瞬之间，形成更大的杀伤力。相对信用风险而言，我们针对这类风险的防控机制还不够健全。下一步总行将突出加大各类新型风险的防控力度，健全相应的风险识别、评估、监测与控制机制，实现风险管理的全链条、全品种、全覆盖。分行也要切实摸清风险底数、找准风险源头，研究制定预防处置交叉性输入性风险的具体措施。我们还要着力加强案件风险防控。今年以来，全行发案量和涉案金额均呈下降态势，但涉及高管人员的案件数量有上升苗头，反映出我们在廉洁从业教育、惩治预防腐败、防范道德风险等方面工作还存在薄弱环节。对此，我们分、支行都要引以为戒、举一反三，毫不放松地加强对干部员工的职业操守教育及行为管理，不断提升内控案防工作水平，严防恶性案件和风险事件发生。

（二）确保业务经营稳。除了分行提出加快由资产业务拉动向资产负债业务平衡发展转型等措施安排外，我认为还要突出把存款稳、NIM稳作为工作的重中之重。抓存款，我反复强调客户是基础。目前看大连分行的客户基础还不牢固，个人客户“总量不小、结构不好”的矛盾比较突出，法人客户“总量不足、质态不佳”的问题同时存在。强化客户基础是一项系统性工程，涉及前中后台和各级机构，涉及产品、制度、流程、系统、机制等方方面面，需要拿出足够的时间和精力，循序渐进、由点及面地规划实施。就客户问题我已在不同场合多次阐述强调，这里不再展开，希望分行能

够下一些真功夫、实功夫、细功夫，真正把总行的要求落实到位。如果说基础工作需要我们长期坚持、一以贯之，那么在当前形势下，我们讲抓存款比以往任何时候都重要，比以往任何时候都不能放松，为什么？主要是整个市场的流动性持续处于紧平衡状态。今年以来 M2 同比增速连续四个月创历史新低，市场利率不断上扬。随着去杠杆的深化和金融进一步回归为实体经济服务，这种紧平衡可能成为新的常态。现在总行金融市场业务税后还原的投资收益率超过贷款收益率，包括理财产品收益率的持续走高，实际上都与市场流动性趋紧密切相关。所以，从某种意义上讲，得存款者得收益。大连分行的存款与同业相比是有竞争力的，但相较前两年增势有所减弱。到 9 月 19 日，我们的储蓄存款增了十几亿元，对公存款基本与年初持平。希望分行能真正认清形势，密切关注存款业务的市场动态，找准差距，找到潜力，加紧完善存款工作长效机制，推动分行存款持续均衡增长。同时要关注 NIM、关注利差。我们发展业务，目的是增加收入，而利差仍然是我们的立身之本和最重要的盈利来源。大连分行作为唯一一家推广存款综合贡献定价模型和利率敏感性模型的直属分行，说明大家在 NIM 管理上做得是不错的，希望分行以模型推广为契机，加快分层定价应用，进一步提升定价精细化管理水平，促进 NIM 和存贷利差收入稳定，增强存贷款量价协调发展能力。

（三）确保队伍建设稳。在这一方面，分行党委已考虑得比较周全，关键要抓好落实。要持续加强各级领导班子建设，确保干部队伍素质能力能够跟得上未来改革发展和经营转型的需要。要继续加强干部的选拔和储备，更多通过公开遴选方式选拔干部，进一步拓宽选人用人视野，并根据干部的个人特点、专业背景、任职经历等对支行班子进行合理搭配，着力优化班子的专业与年龄结构，提升班子整体功能。同时，要前瞻、全面考虑存量人员的结构调整工作，尤其做好重点区域和重点条线专项计划，增进专业人才队伍对业务发展的支撑能力。要加快将沉淀在基层网点的高学历高素质员工转出来、用起来，减少人才浪费，切实将人力资源优势转化为竞争发展优势。

四、进一步加大转型创新和结构调整力度，努力打造经营特色和发展亮点

转型创新和结构调整是每家分行都要面对的任务，但不同分行处在不同的发展阶段，工作重点也各有侧重。从大连分行的情况看，当前我们在不确定性较强的领域要保持审慎稳健，而在一些风险相对小、资本占用少的转型创新工作上则要加大投入力度，力争通过几年的持续努力，从根本上减少对传统经营模式和发展路径的依赖，促进分行经营质态的整体改善。

（一）进一步发挥好大零售的稳定器作用。零售业务是银行抵御经济周期波动的稳定器，尤其是像大连分行这样的城市行，随着财富和人口聚集效应的日渐显现，零售业务的发展潜力会不断释放，市场空间也将更加广阔。总行大零售战略提出以来，取得了初步效果，但零售竞争力的提升不是一朝一夕的事情，没有三五年的努力不可能有立竿见影的成效，不可能靠发个文件就把事情干了、开个会议就把问题解决了，而是需要我们发扬“钉钉子”精神，一步一个脚印不断向前推进。对大连分行来说，无论从资产负债业务还是中间业务的发展看，怎样强调零售工作的重要性、怎样加大对零售业务的投入力度，我认为都不为过。如果说一些法人业务的发展存在风险和不确定性，那么零售业务发展只有确定、只有重视、只有强化。我详细了解过大连分行班子成员的工作经历，基本上都是从公司条线走出来的，所以我更要提醒大家务必重视零售工作，既要不忘初心，也要协调发展。希望大连分行围绕零售业务发展，拿出坚定决心和细化措施，投入足够精力和充沛资源，深挖市场机遇和增长潜力，久久为功，持续用力，推动大零售战略在大连落地生根、开花结果。

（二）进一步协调好信贷“大中小”布局。中小企业是吸纳就业的主阵地，是推动创新的主力军，也是实现经济稳步增长的重要力量。大连经济要实现提质增效，离不开中小企业的发展，单纯依靠大企业、大项目是不够的。未来我们拓展双创市场，拓展战略性新兴产业，其中相当比例也都是中小企业。党中央、国务院高度重视小微企业发展，这次全国金融工作会议又针对普惠金融、小微金融等作了强调部署，相应的监管考核也更趋严格。在这样的背景下，我们不会做小微、不愿意做小微，今后的持续发展注定会面临瓶颈。大连分行在小微金融的发展上还刚刚起步，此前也交了不少学费，支行层面不同程度地患上了“恐贷症”“惧贷症”。实际上，大连分行作为城市行，具备扁平化管理的优势，完全有条件发展好小微业务。你们在分支行层面也成立了小企业经营中心，下一步要在挂牌后推进实质有效运营，真正发挥出专业团队促进发展的作用。同时，要发挥班子信贷专业优势，带领前中后台共同开展专题调研，深入分析区域特色和细分市场，提出务实可行的发展思路，推动小微金融发展早日破局，有效降低贷款大户集中度。这也是班子敢碰硬、善攻坚、进取向上的具体体现。

（三）进一步谋划好新市场、新客户的拓展。我在全行年中工作会议上讲过，“抓新”不能搞齐步走，必须加强在发达区域和大中城市等资源富集区的精准布局。刚才公司部提到了幸福产业，其中包括旅游、文化、健康、养老等，这些都是大连的特色和亮点。要牢牢把握这些新兴行业在本地快速发展的机遇，加紧改善产品和服务供给，开辟业务新蓝海，培育竞争新优势。此外，分行在汇报中提到了与大连商品交易所合作的问

题，这也是需要我们充分重视的新市场。此前我们在上海、宁波等地有过一些与交易所合作的经验，机构上也有工银标准从事相关业务，但银期业务还是我们投入较少、相对陌生的领域，根本原因在于期货业务风险比较大、市场不够成熟。但市场上如果只有我们一家银行不与交易所合作，最后期货同业离我们而去，说明工商银行是跟不上形势变化的。因此，要在专业分析、风险可控的前提下，进一步解放思想，总行对口部门和相关分行要组成专门团队，对包括大商所、上期所、郑商所在内的几家全国性期货交易所一并作好研究，尽快讨论出一个银期协同发展的合作方案，力促我行成为各交易所的主要合作银行。

（四）进一步建设好创新产品线。此行前，我详细了解了大连分行近两年主要指标的完成情况，分行连续两年拨备前利润负增长。净利润负增长可能有消化不良贷款的因素，而拨备前利润负增长则反映出分行日常经营管理以及成长性的弱化。进一步分析造成分行拨备前利润负增长的原因，主要是中间业务尤其是新兴业务的收入增长失速，到8月底中间业务收入同比下降25%，2016年与2015年基本持平，表明大连分行的经营模式还非常传统，“吃快餐”“垒大户”的思想根深蒂固，对新业务新产品的研究投入明显不够。比如，国际结算业务，分行的收入和市场占比下降很快，而同业的情况明显好于我行，表明业务潜力远没有挖足。又如，资产管理、私人银行、托管业务等大资管相关业务还没有做起来，要么规模小、要么下滑快，和大连“北方香港”的称谓很不相称。同时要认识到，新业务、新产品线的专业性很强，靠传统层层配置机构人员的方式来发展，既不经济，也不现实，必须以专业团队为抓手，推动创新产品线建设。分支行要协同配合，逐产品线研究调整人员结构、建立专业团队的工作方案，切实把转型创新的基础打牢。我在其他地方调研时了解到，一些分行虽然按照总行要求建立了直营团队，但工作还是以下文件、下指标为主，这样的团队和处室有什么区别？团队是要上战场打仗的，团队的绩效是和营销业绩挂钩的，不是机关化、行政化的指挥部。像这类问题，希望大连很好地研究，避免重蹈覆辙，真正把各类团队直面市场直接经营的作用发挥到位。

对大连分行提出的意见和建议，总行相关部门要认真研究，提出可落地执行的具体解决措施，形成明确的答复意见，确保分行诉求“事事有回音、件件有落实”。关于呆账核销问题，总行信管部要做好统筹平衡，协调解决。关于公积金中心延伸柜台牌照问题，总行渠道部和机构部要进一步了解全行类似情况，一并提出解决方案，不断提升我行在住房公积金业务领域的竞争发展能力。

以上四个方面的意见，供大家参考。希望新班子在既有工作基础上，统筹抓好基础管理、经营转型、结构调整等重点工作，带领大连分行再接再厉，持续推进稳健发展、协调发展、全面发展，力争取得更大突破。

在辽宁分行调研时的讲话

易会满

（2017年9月21日·根据录音整理）

今天下午，鞠延强同志代表辽宁分行党委作了工作汇报，韩基广同志代表省行营业部党委作了简要汇报。整个听下来感触很深。近两年，辽宁地区遭遇了经济增速下行、产业结构调整、政治生态修复以及数据“挤水分”等多重因素带来的叠加影响。2015年以来，全省经济增速在全国垫底，去年GDP连续4个季度同比负增长，全年下降2.5%，其中固定资产投资降幅超过60%。从过去的“辽老大”到今天的“辽老末”，影响的不仅是经济本身，也会影响辽宁的整体形象，影响干事创业的状态和士气，这种“内伤”的破坏力往往比“显疾”更大。经济决定金融。在经济处于困境的情况下，省内金融业的发展稳定也经受了一系列风险挑战。如何把工商银行辽宁分行的工作做好，对在座的党委班子成员和中层干部来说，的的确确是一个极大的考验。

我很高兴地看到，尽管外部环境这么严峻，但辽宁分行的干部员工总体保持了良好的精神面貌和进取士气，特别是班子在状态、有干劲，为全行作出了表率。刚才鞠行长提到，现任班子是近年来省行较强的一届。无论从专业还是年龄看，整个结构都是比较理想的。大家能够克服诸多不利因素，主动谋划工作的新思路新办法，包括围绕市场竞争力“一个核心”、突出转型发展和强基固本“两条主线”、强化科学发展、改革创新和市场攻坚“三种意识”，以及全力抓好信贷、零售、存款、风险“四大重点任务”等，都比较好地契合了区域经济的发展状况和分行自身的工作实际。

更加值得肯定的是，辽宁分行在攻坚克难中打造了一系列令人印象深刻的工作亮点。一是信贷结构调整效果好。能够审慎把握信贷进与退的关系，两年来在房地产、贸易融资、固融三个领域累计压退融资 300 多亿元，融资比重下降了 10 个百分点，殊为不易。同时个人贷款及重点城市行的贷款比重持续提升，符合总行信贷结构调整的大方向。二是信贷体制机制改革推进力度大。虽然辽宁分行不是改革试点行，但能够自我加压、高标定位，结合本地实际做好总行信贷体制机制改革要求的消化吸收。三是大零售和互联网金融转型创新走得快。在拥抱互联网、线上优先发展方面走在了全国前列，包括 e－ICBC 3.0 战略确定的十大重点项目，也包括线上获客，分行没有等总行的“发令枪”，而且提前做了谋划部署，收获了不少成功实践。四是支持营业部率先发展措施实。省行 2015 年就启动了营业部竞争力项目，两年来营业部的市场竞争力和经营贡献明显提升，对支撑辽宁分行整体发展发挥了“定海神针”的作用。从基广同志的汇报情况看，省行对营业部的发展是重视的，资源倾斜是到位的，其他 12 家二级分行对营业部的支持也是充分的。讲实在的，资源的蛋糕就这么大，营业部多投入一点，对其他地区必然会产生挤出效应，在这方面各二级分行能够统一思想、顾全大局，能够齐心协力守住沈阳这个经济弱周期的主阵地和竞争发展的主战场，也是全行“一盘棋”思想的重要体现。五是军改营销服务抓得紧。辽宁是这次军改的重点地区，经过两年多时间的“浴血奋战”，军队新建重点客户全部落户我行，不仅无一户流失，还争揽了一批新客户，军队存款同业占比由 70% 提升到 85% 以上，能够取得这样的成绩，确实难能可贵。六是公司信贷市场拓展取向明。分行大打短板客户攻坚战，围绕旅游、教育、医疗等以往布局相对薄弱的行业实施了“一市一景区”“一行一高校”“一县一医院”拓展计划，效果显著，这种行之有效的做法和知难而进的作风，值得总结。七是经营同党建突出“两手抓”。分行坚持以党建和作风建设为引领，突出领导干部这个关键少数，狠抓专业人才队伍建设和人员结构优化，实现了党建与业务工作同安排、同部署、同落实。

总的来说，辽宁分行上下能够认真贯彻落实总行党委各项决策部署，能够主动应对严峻复杂的外部环境，能够紧密结合辽宁实际创造性地开展工作，保持了发展态势的总体稳定和经营局面的整体主动，成绩来之不易。充分说明分行的党委班子和 18 000 名员工是靠得住、过得硬、经得起风浪考验的。总行党委对辽宁分行的成绩是肯定的，对班子的工作是满意的。

当然，我们在经营管理中存在的差距和不足也不容回避。刚才鞠行长也谈到，分行当前面临客户基础薄弱、市场竞争力不强、转型发展步伐较慢、稳控资产质量压力较大等四大突出问题。这些问题是客观存在的，有些是辽宁的个性问题，特别是潜在风险问题预计还会比较严重，有些是全行的共性问题，需要引起我们的高度重视并下力气加以解决。

关于下一步的工作安排，希望辽宁分行在既有工作基础上，认真分析外部环境深刻变化带来的新机遇新挑战，在自身发展战略的谋划实施中着力做好“结合”这篇大文章。

一、坚持信贷布局与区域经济转型和结构调整相结合

纵观辽宁分行的发展历史，我们在信贷投向的把握上有很多经验和教训值得认真总结，付出的不菲学费必须买回成长。具体到当前，就是要坚持立足辽宁、服务辽宁的发展定位，在为实体经济服务中实现自身持续健康发展。总体上看，辽宁发展面临一些机遇，但具有本地特色、让人眼睛一亮的新增长点还不够突出，经济转型升级依然任重道远。比如，营业部谈到要进军机器人市场，但现在相关企业雨后春笋般在全国遍地开花，用不了多长时间可能就会像当年的太阳能一样出现过剩。又如，生物医药产业前景非常好，但离真正落地还有不小距离。在这种状况下，恰恰需要我们冷静、全面、深入地把握辽宁经济发展的现状与前景，把存在的风险、潜力、优势分析透，并积极为地方经济转型发展建言献策，为我们更好地谋划信贷布局筑牢基础。就目前而言，分行要重点做好信贷资产结构优化工作。一要统筹好公司贷款与个人贷款的规模摆布。现在，辽宁分行 2 500多亿元的贷款规模，其中个贷不到 700 亿元，虽然比重较前两年有所提升，但仍低于全国水平。要稳步提高个人贷款占比，保持信贷业务发展的持续性。二要统筹好公司贷款不同业务品种的规模摆布。要在前期工作基础上再接再厉，针对项目贷款、票据融资等业务作进一步剖析，充分吸取贸易融资与流动资金贷款的发展教训，切实找到隐患所在，有效控制和压缩高风险贷款，努力优化形成更加科学合理的公司贷款结构。三要统筹好不同区域的规模摆布。实事求是地讲，我们营业部和 12 家二级分行的发展很不平衡。每家机构发展环境、区域特点和资源禀赋的差异都比较大，如何加强中长期发展趋势研判，一行一策、因地制宜做好市场规划，希望省行同二级分行一起作更深更细的思考。

相对而言，这三个方面的工作，“进”与“退”的品种和区域我们是能够看准的，而对制造业究竟该如何摆布还不太好把握。辽宁是新中国工业崛起的摇篮，这样的历史地位和经济特性决定了辽宁也要依靠制造业走向未来。如果分行不参与辽宁制造业的发展，那就称不上在辽的合格金融机构。但现实情况是，辽宁的制造业存在效益低下、效率不高、负担重、活力弱等问题，一些企业有技术创新优势，但高杠杆、高负担造成财务指标不健康，银行很难再予以融资支持。因此，未来三五年的经济转型和结构调整中注定会充满阵痛。如何积极

稳妥地支持制造业发展，总分行要从更高的层次、更系统的角度紧密配合，尤其要更多采用融资与融智、商行与投行相结合的方式，共同探索支持制造业发展的可行路径。比如，我们看装备制造企业能不能进入，就要重点关注技术是不是全球领先，产品具不具备市场竞争力，成本有没有优势。一些企业的技术很有竞争力，但不善经营管理，财务状况堪忧，我们就要研究是冗员过多问题还是过度负债问题，抑或体制机制问题，进而给政府和企业提出通过改革降低成本、通过政策协调化解包袱等针对性建议，这才是我们要打造的互信互利的新型银政、银企关系。希望辽宁分行对每家制造企业都能做认真细致的调研分析，真正做到心中有数、耳聪目明。

二、坚持重点区域率先突破与全省协调发展相结合

总行提出了重点城市行竞争力提升战略，分行也据此提出了区域差异化发展战略，重点支持营业部和鞍山两个总行级重点城市行的率先发展，现在这两家机构对省行的经营贡献度正在逐步提升。要将这一战略持之以恒地推进下去，进一步释放重点区域的发展潜力。同时也要考虑其他二级分行如何发展。我一直认为，有分类指导才会有工作重点，有工作重点才会有协调发展。每家二级分行、每一名员工对辽宁分行来说都是不可或缺的，都需要上级行的关心、关注和支持，都需要调动好干事创业的积极性，这是我们必须维护好的基本面。尤其是在发展定位和业务布局上，省行要结合各地实际加强分类指导，让每一个二级分行都能看到方向、找到重点。比如，辽阳、铁岭、朝阳、葫芦岛适宜做零售业务，那就把大零售做强做好、做出特色；丹东地缘政治环境比较复杂，现阶段就要审慎发展。而差异化发展要真正落地，必须同步完善考核评价机制。重点发展零售业务的分行就应该主要考核其零售指标，只要把大零售任务完成了，就是对省行转型发展的贡献，就值得肯定和表扬，对机构和员工的绩效奖励就应该到位。否则，资源分配有侧重，指标设置无差别，是对 11 个二级分行行长、对广大员工的不公平对待。此外，在创新产品线建设方面也有一个差异化发展的问题。比如我反复强调的，资管、托管、同业等新兴业务不能搞全国全省“齐步走”，效果也不会好，但不少省行不管业务有没有发展潜力，还是把考核指标不加区分地下到各二级分行。对此，希望省行能够加深认识，做好通盘考虑，唯有如此，我们的重点发展和协调发展才能具备思想基础与方法基础。

三、坚持强基固本与转型创新相结合

刚才鞠行长也谈到，辽宁分行的业务基础和转型创新工作，与总行期望、与同业竞争要求、与兄弟行发展态势相比，还有较大差距。我认为，省行党委对这个问题的认识是客观的。差距就是潜力，下一步要针对这两方面工作持续加力。在强基固本上，我们的“三基”，即基础客户、基础业务、基础管理，还存在不少薄弱环节，同时还要透过现象看本质，尤其是个别机构发展观、业绩观、风险观“三观”出现偏差的问题。比如，有个别支行出于利益驱使，恶意借用托管业务名义，违规为理财产品出具保函，充分暴露出经营观念存在严重偏差，合规意识十分淡薄，甚至可以说没有基本的底线意识。所以说，强基固本必须以树立正确观念为前提，落实好各级管理者的责任，坚持不懈地抓下去，才能真正落地见效。也只有做到强基固本，才能确保我们的转型创新不会误入“歧途”。在转型创新上，要坚持以点带面。一要进一步强化省市两级行的直接经营职能。在省行层面，要强化省行本部拓展大客户和推动新兴业务发展的职能；在二级分行层面，要提升业务集约化经营水平，强化部分创新类业务、部分大客户的直接经营职能。二要建立新兴业务的差异化发展模式，也就是我前面提到的避免“齐步走”。三要优化专业团队管理机制。提升团队的能力和素质，核心是要把机制建好。我们建立团队就是要直面新市场、直营新业务，但我到其他行调研时发现，一些专业团队行政化、机关化问题严重，完全违背了初衷，也对推进转型起不到积极效果。希望分行能够打破传统的考核推动方法，探索一些如零基预算、市场化激励的新机制新手段，促进各个团队真正发挥“冲锋陷阵”“攻城拔寨”的尖刀作用。

前面基广同志提到，营业部队伍偏弱，特别是缺乏专家型人才，导致一些新业务同先进分行的差距比较大。以我的观察和了解来说，工商银行员工的素质在银行业中是最强的，不少同业都很羡慕我们，这一点我充满自信，大家也要有这个基本判断。关键是要调动好员工的积极性和原动力。由于全国范围太大，总行很难提出一个放之四海而皆准的政策，但省行和营业部可以多做一些有益尝试。比如，海尔的“创客实践”就值得我们研究借鉴。张瑞敏讲，海尔要从管控型组织变成互联网组织和投资平台，每个人不再是执行者，而是自主创业者，并在企业内部构建了大量自主创新小团队，集团为这些团队实施市场化运作提供平台，极大地激发了海尔这个传统企业的创新活力。建议省行和营业部建立新业务团队也要走市场化的道路，让干部、专家愿意走上战场，走向创新一线，让价值创造者更多分享价值。

四、坚持线下服务能力提升与线上优先发展相结合

谁不重视线上，谁就会失去未来和希望；谁不重视线下，谁就会丢掉基础和优势。对我们来说，必须坚定不移地走线上线下一体化的发展道路，这是规律，势不可当。线上方面，我多次讲，身处信息时代，依靠线下

摆摊设点、扫街扫楼、层层号召来拓展客户，可能有一定效果，但终究是事倍功半。尤其是年轻客群现在基本“生活”在网上，线下服务手段很难有介入的机会。辽宁分行在推动零售业务向线上转型方面开了一个好头，今后要进一步增强拥抱互联网的主观能动性，多为全行提供可复制推广的经验范本。同时，对公业务条线也要未雨绸缪。对公服务场景的拓展同零售的道理其实是一样的，只不过现在互联网金融企业还不具备进入对公业务领域的条件，但可以预见，一旦政策有所调整，那么传统零售的今天就是对公不得不面对的明天，这决不是危言耸听。希望分行做好零售线上发展的经验移植，在对公线上服务模式上力争率先突破。实际上，我们在拓展对公线上服务场景方面大有文章可做，包括如何用好网络融资平台和刚刚成立的重点企业供应链金融联盟，也包括如何提供高效便捷的企业注册服务等，大家要主动培养开放思维、共享思维、场景思维，多做研究思考、多促落地见效。

线下方面，要重视抓好基层网点负责人能力素质提升，这是疏通“最后一公里”的关键所在。现在这方面工作做得还很不够，造成基层员工既领会不了上级行的战略意图，也感受不到组织对他们的尊重与信任。这是一个带有根本性的问题，各级管理者都要引起足够重视，重点做好三个“关注”。

一要关注基层思想动态。我曾收到基层同志的邮件，讲基层同事不受重视，是被分流的对象，是银行底层的“民工”，反映出我们的网点负责人和各级管理者没有给予员工最基本的关注，如果员工没有归属感、没有存在感，这家企业注定走不长远。最近，我批了几件事情，除了落实职代会提案外，一定要为员工办几件实事、解几件难事、做几件好事，真正让广大员工感受到工商银行的关注、关心和关爱，特别是要让他们感到受尊重，切实增强他们的归属感、自豪感、荣誉感和凝聚力。

二要关注“工匠精神”的培育。工商银行一直有着“干一行、爱一行、专一行”的优秀传统文化。近期我们又在全行集中开展了一系列“大行工匠”的宣传活动，看了让人很受教育和感动。我们的基层员工都是非常可爱的，他们对事业的专注、对业务的钻研，对服务的热忱、对信誉的执着，值得全行去对标、去尊敬、去发扬。下一步，总行还要组织“大行工匠”评选表彰活动，给他们颁荣誉、加工资、做宣传，让他们“名利双收”，以此宣导和释放正能量。

三要关注班子和队伍建设。当前形势变化快、工作要求高，在座每一位同志都或多或少地面临“本领恐慌”问题。要改进我们的工作，增强我们的本领，首先要解决好压力传导与动力激活的问题。前段时间，我在总行本部和党校分别主持召开了体制机制改革座谈会，接下来还要进一步明确改革的目标任务，希望分行按照要求做好分内工作。同时，要持续优化一级（直属）分行班子结构，有力推进各级班子专业化年轻化配备及作风建设，以此增强领导干部应对风险挑战、驾驭复杂局面的能力，坚决不允许思路不清、作风不硬、状态不佳的干部“混日子”“占位子”。总体感觉，辽宁分行队伍的状态是不错的，但不平衡的情况也是突出的，一些干部危机感、忧患意识不强，作风比较飘浮，工作缺乏主动性。希望分行通过上述治本举措，引导各级领导干部进一步树立正确理念，保持良好状态，少一些官气，多一些务实，同员工打成一片，带头攻坚克难，不做群众的尾巴，切实把作风建设和能力提升向前推进，带动辽宁分行市场竞争力的整体提升。

对辽宁分行反映的制造业发展、人力资源及营业部个贷规模等方面的建议，总行相关部门要认真研究、主动指导、协调解决。虽然当前还面临不少困难，但相信辽宁分行在现任班子的领导下，一定能够凝心聚力、攻坚克难，把各项工作做得更好。

努力学习掌握科学的思维方法和工作方法

——在中国工商银行“两学一做”学习教育常态化制度化党课上的讲话

易会满

（2017 年 9 月 28 日）

根据中央要求和总行党委安排，今天我为大家讲一堂党课，主要就思维方法和工作方法问题，谈一些认识和体会，希望以此启发大家的深入思考，并促进工作改进。

一、为什么要努力学习掌握科学的思维方法和工作方法

当前，按照中央统一部署，“两学一做”学习教育

常态化制度化正在全行扎实推进。“两学一做”，基础在“学”。其中，学习习近平总书记系列重要讲话是我们的“必修课”。总书记系列重要讲话，具有很强的战略性、思想性、指导性、针对性，既讲了怎么看，又讲了怎么办、怎么干。我们学习讲话，既要知其然，也要知其所以然。知其所以然，就是要深入理解和掌握贯穿其中的方法论，并且学会运用这样的思维和工作方法来指导具体实践、推动具体工作。总书记既大力倡导科学方法论，也带头运用科学方法论来谋划和推动工作。党的十八大以来，总书记主持中央政治局集体学习，其中三次专题学习辩证唯物主义、历史唯物主义和马克思主义政治经济学，既学基本原理，也学方法论。总书记还专门批示，要求各级党委认真学习毛泽东同志《党委会的工作方法》，切实提高领导工作水平。所以，我们深入学习贯彻系列重要讲话，就必须把学习掌握科学方法摆在突出位置。

“两学一做”，关键在“做”。做一个合格的共产党员，不是一个空口号。古人讲，论事易、做事难，做事易、成事难。抓工作、干事业、谋发展，光有愿望和干劲是不够的，还必须有功底、有能力、有科学的方法，懂得按规律办事。正如邓小平同志指出的，正确的主张必须与好的工作方法结合起来，才能实现。

联系金融工作实际看，学习掌握科学的思维方法和工作方法，具有很强的现实针对性和紧迫性。前不久召开的全国金融工作会议，为我们做好新形势下金融工作指明了方向。尤其是总书记在讲话中对干部队伍建设提出了殷切希望和明确要求，指出我们太缺乏能够适应形势发展需要的金融人才了，强调要打造一支政治过硬、作风优良、业务精通的干部队伍。

一个优秀的领导干部，是要讲政治、讲作风、讲品行的，同时也要讲专业能力、讲工作方法、讲领导艺术。在实际工作中，我们干部的工作作风和工作方法往往有不同的表现。有的善于谋全局、议大事、知分寸、得要领，把握规律，掌握节奏，开展工作有板有眼，不打乱仗，不顾此失彼，能把握好举轻若重、举重若轻。有的工作勤勤恳恳，忙忙碌碌，虽然抓工作全局性、预见性、敏感性没那么强，但还算“按部就班”，能维持住工作局面。有的不讲领导艺术，要么管得过细，事无巨细，事必躬亲，限制了副手或下属主观能动性的发挥；要么管理粗放，习惯于当“甩手掌柜”，指标任务“一分了之”，对工作把控驾驭不够。有的既不担当，又不善为，见事迟、反应慢，抓工作不上心用劲，面对困难和问题或是畏难发愁，手足无措，存在“新办法不会用、老办法不管用、硬办法不敢用、软办法不顶用”的状况；或是甘于平庸，得过且过，只有抱怨、牢骚，工作上墨守成规，不思进取，任由他行攻城略地。还有的缺乏学习精神和专业本领，习惯于“以其昏昏、使人昭昭”，习惯于装腔作势，高高在上，指手画脚，“官派”作风浓厚，外行领导内行，难让员工服气。

其实，在错综复杂的形势和艰巨繁重的任务面前，包括我自己在内，我们每个干部都有适应的一面，也有不适应的一面，而且适应的一面在下降，不适应的一面在上升，大家都或多或少感受到能力不足、本领恐慌的问题。工欲善其事，必先利其器。要改进我们的工作，增强我们的本领，也必须从掌握和运用科学方法入手。

毛泽东同志曾说过，“我们不但要提出任务，而且要解决完成任务的方法问题。我们的任务是过河，但是没有桥和船就不能过。不解决桥和船的问题，过河就是一句空话。”对1949年的共产党来说，建设一个新的中国就是从未蹚过的一条“大河”。今天，随着中国经济进入新常态，金融改革发展步入深水区，能否在新形势下保持全行健康平稳发展，也是我们需要渡过的一条“大河”，而学习运用科学的方法，拿出善作善为的硬招、推动落实的实招、创新转型的新招，就是我们为自己准备的“桥或船”。

二、培育科学的思维方式

思维方式是工作方法的理论基础，工作方法是思维方式的具体运用。要按照党的十八大以来习总书记反复强调的树立五大思维的要求，不断增强运用科学理论思维来观察、分析和解决问题的能力。

（一）以战略思维观大势。战略思维是管总的，管长远的，管根本的。提高战略思维能力，就是要有大局观、整体观，有洞察力、预见性。

我们党历来对战略问题十分看重。毛泽东同志就曾主张，拿战略方针去指导战役战术方针，把今天联结到明天，把小的联结到大的，把局部联结到全体，反对走一步看一步。战略也是习总书记反复强调的“关键词”。他指出，要观大势、定大局、谋大事，善于从政治上认识和判断形势，善于从全球视野中谋划事业发展，把当今世界的风云变幻看准、看清、看透，在权衡利弊中作出最为有利的战略抉择。

战略思维，展示的是看问题的广度、高度和深度。对一家企业尤其是像工商银行这样一家大型集团来说，有没有战略思维、有什么样的战略思维，从根本上决定了我们能登多高、走多远、将抵达何处。一直以来，工商银行在战略上是有前瞻思考和系统谋划的。比如说，股改上市以来，编制了十年发展纲要并滚动实施三年发展规划，先后提出了实施“三大战略”、优化“五大布局”、推进“五个转变”，闯过“三关”，坚持“五个紧紧抓住”等一系列战略目标和思路，引领全行在不同发展阶段始终保持稳中有进的经营态势。最近，我们正在编制全行第五个三年发展规划。综合各方面因素判断，未来三年将是外部经营环境更趋复杂、不稳定和不确定性明显增强的三年，也是银行经营发展拉开差距、显现优劣的“分水岭”。工商银行已经走在世界金融发展的第一梯队，想要百尺竿头更进一步，就必须怀揣引领同业、弄潮时代的抱负和格局，具有登高望远、统揽全局的战略考量，向前展望，高处谋局。不仅要做到资产规模最大、服务实体经济出色，还要做到风险管得好、发展动力强、盈利结构优、业务布局广，成为一家受人尊重、各方面优秀的全球化大型银行集团。各机构各部门都要围绕这样的愿景目标，站高看远，想深谋实，做好自身未来三年发展规划的设计，以愿景使命提升员工队伍的精神追求。

在规划制定中，要进一步明确与工商银行市场地位相称的总量目标、整体优化的结构目标、更加严格和务实进取的风控目标，以及持续领先全球同业的价值创造目标。要把握好总量目标与结构质量目标的平衡。我之前强调过，规模是效益的源泉、是转型的基础；没有规模就没有结构，没有规模就没有地位，没有规模就没有战略回旋的余地。所以说，总量规模不是洪水猛兽，没有必要含含糊糊、遮遮掩掩，必须挺直腰杆地讲、理直气壮地抓。当然，我们追求规模，但拒绝虚胖。我们要的规模，必须是建立在结构优化、质量优良、成本可控、效率提高基础上的合理增长。尤其在新常态下，我们必须主动适应经济增速变化、结构优化、动力转化三大趋势，把优化经营结构、提高发展质量放在更加突出的位置，并在经营策略、绩效考核、资源配置等方面做好配套机制安排，推动实现总量更大、结构更优、更可持续地发展。

战略问题，决不仅仅是总行的“分内之事”。全行每一个机构特别是一、二级分行都要有相应的战略思考与执行能力，都要有结合自身实际推动总行战略落地的能力。要认识到，我们国家幅员辽阔，每个地区的发展阶段不同、资源禀赋各异、经济基础和产业结构有别，而且实践发展又是千变万化，不可能总行一个政策管全国，放之四海而皆准。这就要求分支机构必须立足实际创造性开展工作，吃透精神而不是照搬照抄。“不唯上、不唯书、只唯实”。同时也不能有等靠思想，凡事都依赖上级发“指令枪”。这种机械、教条的做法，其实是懒汉的做法。只有做到上下结合、融会贯通，创造性开展工作，才是真正与全行战略保持一致的具体体现，也是我们干部工作能力、领导水平和管理艺术的综合体现。各行经营中要在抓“特”上多思多谋、多下功夫，扎扎实实地抓好区域特色和优势业务，抓出特色和亮点，做到总行战略与本地特点相结合、经营策略与区域环境相匹配。如果各个区域没有特色，那全行竞争力也就无从谈起。在抓特的问题上，信贷领域表现得尤为突出。我下去调研发现，有的二级分行信贷风险暴露较多，与其执行政策简单化、片面化、绝对化有很大关系；也有一家二级分行 0.15% 的不良率远低于当地同业平均 5.36% 的水平，主要是因为严格抓好准入，及时果断地退出高风险领域。所以，抓经营管理不能单纯依靠总行“标准版”的政策规定，一定要有立足实际推动战略落地的能力。

（二）以历史思维明规律。历史是最有效的教科书。以史为鉴，可知兴替。提高历史思维能力，就要重视历史、研究历史、借鉴历史，善于运用历史眼光认识发展规律，指导现实工作。

历史思维对于我们党治国理政不可或缺。党的十八大以来，以习近平同志为核心的党中央提出的治国理政新理念新思想新战略，就是基于科学把握中国的过去、现在、未来尤其是“发展起来后”的历史任务提出来的。所以说，历史中有营养、有智慧，我们各级领导干部，不管处在哪个层次和岗位，都应该学习历史，多研读些党史、国史、经济史、金融史，从中汲取养分和力量。

在工作中照好历史这面镜子，就是要善于从正反两方面总结吸取经验教训。经验是指路标，可以指导当下，启示未来。工商银行成立的这 30 多年，是我们不断思考什么是真正的银行、怎样办成真正银行的过程，是立足世情国情行情、不断探索现代金融企业建设规律的过程。我们从历史上一家“技术性破产”的银行，成长为今天多项指标领先全球的银行，以 30 年翻天覆地的变化和波澜壮阔的进程，书写了现代金融发展史上气势恢宏的篇章。当我们以历史的眼光审视这段发展历程时，有很多经验值得总结。比如，坚持以改革的办法化解发展中的难题，坚持把转变发展方式作为可持续发展的根本途径，坚持把创新作为发展的不竭动力，坚持把服务客户作为根本宗旨，坚持把加强风险管理作为稳健发展的保障，始终坚持加强和改进党的领导，等等。我们要在新的实践中不断传承和弘扬这些经验，坚守稳健、审慎、规范、理性的经营底色和文化特质，致力打造“百年老店”。

教训是警示牌，警醒我们不要重蹈覆辙。仅从近三四十年全球大企业发展变迁史来看，就有不少昔日行业龙头由巅峰走到英雄末路，就有一些国际大银行由鼎盛一时走向衰落，迅如流星划过。如果放眼更久远的百年光阴，我们看到世界前 10 大银行不断经历兴衰沉浮，几乎没有哪家能够做到基业长青。究其主要原因，都是因为过度依赖传统路径，战略调整不够超前，或盲目扩张导致风险过度累积，或转型创新与风险控制失衡。这也警示我们，在顺风顺水的环境下，大企业可能出现“景气幻觉”，而一旦经营环境发生变化，行业龙头企业遭遇的困难和损失往往更严重。我们要从这些案例中获得警示，不能患上“危机健忘症”。实际上，我们自身也经历过十几年前处置巨额不良贷款包袱的切肤之痛，近年经济进入新常态后，我行每年拿出近 700 亿元现金用于核呆。各级行都要认真反思，核心主要是两条：第一，是要不断深化对商业银行本质规律的认识。

总书记在全国金融工作会议上突出强调，要遵循金融发展规律。与西方相比，我们商业银行发展的历史还比较短。如果从1995年《商业银行法》出台算起也就20多年时间。严格意义上讲，我们还没有经历过相对完整的经济周期检验，对商业银行本质规律的认识还不够全面、系统、深入。从我的理解来说，商业银行高负债经营的特性，决定了银行本质就是要把握好风险和收益的平衡。银行的生存不能靠“一炮而红”“旱地拔葱”，而要靠“从长计议”“细水长流”。从这个角度讲，银行的经营文化应该是稳健的，风险偏好应该是相对保守的，银行家的立场应该是审慎的。否则，即使博得短期繁荣，也早晚会为之付出代价。国际国内金融市场的风云变幻，银行业的兴衰起伏，无不充分印证了遵循规律的重要性。如果把工商银行比作一艘巨轮，那遵循规律就是要识水性、顺洋流，只有这样才能真正做到行稳致远。

第二，是要树立正确的发展观、业绩观和风险观。我们有的机构和管理人员这“三观”是不正的。突出表现在，有的“重扩张、轻管理，重市场、轻风险”的观念根深蒂固，特别是在经过连续多年的上行周期后，形成了高增长、高投放的发展惯性，风险偏好激进，风险意识淡化，导致一些机构和产品线的不良贷款和风险问题暴露得淋漓尽致，尤其是几家解困行都遇到了不良陡增的问题。有的存在经营短视行为，不重过程管理，不重基础工作，为了完成任务指标而走捷径、寻“对策”，甚至弄虚作假。俗话说，栽什么树结什么果，撒什么种子开什么花。有什么样的发展观，就会导致什么样的经营结果。我们要学会从历史中吸取教训，吃一堑长一智，在摔了跟头、交了学费后，真正学会成长，变得成熟，让“经济本源、审慎稳健、诚信合规、客户优选、专家治贷、责任落实”24字核心信贷经营理念真正落地生根，让“合规为本、全员有责、风险可控、稳健高效”16字合规文化真正入脑入心，结出健康的企业文化和经营果实。

（三）以辩证思维抓根本。辩证唯物主义是马克思主义哲学的核心。提高辩证思维能力，就是要掌握世界统一于物质、物质决定意识的原理，善于从客观实际出发制定政策、推动工作；掌握事物矛盾运动的原理，善于洞察事物发展规律，善于“弹钢琴”，坚持“两点论”和“重点论”相统一，抓住关键、找准重点，积极化解矛盾。

作为各级管理者，运用好辩证思维非常重要。实际上，我们经营管理中的很多问题，都是因为极端化、片面化、绝对化、一刀切造成的，都是因为没有真正领会和用好辩证思维。尤其是在处理一些复杂矛盾时，过与不及的问题同时存在。比如，在收权与放权、集中与分散的问题上，简单地一放了之、分而治之会带来较大的风险隐患；而权限过度上收和集中，又可能束缚基层手脚，失去“狼性”，影响经营活力与竞争力。又如，在发展的快与慢上，发展太快了，基础管理跟不上，就要翻车；太慢了，竞争力上不去，就要落后挨打。再如，在坚持传统优势与推动创新变革之间，也需要掌握好火候，不极端、不偏激，在转型创新中创造更大的优势积累。此外，我们常讲稳中求进总基调，稳与进，也蕴含了辩证统一的思想。稳是基础、是前提、是大局；进是目的、是方向、是取向。有了稳这个前提和基础，才能在关键领域有所进取；有了进这个动力和手段，才能更有效、在更高水平上实现稳。我们正是从稳与进互为条件的辩证关系出发，提出全行要在确保盈利增长稳、资产质量稳、风险控制稳的基础上，积极推进服务实体经济质效的提升、经营转型和改革创新的突破、党建和队伍建设的加强。这也是我们理论同实践相统一的体现。

具体到实际工作中，也要运用好辩证思维。譬如，在处理储蓄存款与个人客户金融资产总量的关系时，首先，要明确储蓄存款与金融资产增长并不是完全对立的。虽然短期内存款和资产表现为此消彼长，但长期来看，随着居民收入水平的提高、客户财富的积累，二者是可以同步增长和协调推进的。事实上，金融资产增长好的机构，储蓄存款也不会太差，这无论是在市场上还是在系统内，都得到了充分印证。其次，要确立储蓄存款在金融资产中的基础地位及竞争优势。储蓄存款是体现零售竞争力的核心指标。我们做第一零售银行，最重要的衡量标准之一就是看储蓄存款的市场份额。我们实施大零售战略的目标之一也是通过个人金融资产业务的发展来做大储蓄存款规模，夯实立行之基和竞争之本。再次，要加紧构建全量金融资产的经营格局，既要避免单纯追求储蓄规模而忽视金融资产的增长，也要避免无视储蓄效益贡献而过度向其他资产形态转化。要加快推出储蓄存款与其他金融资产效益贡献的统一视图，建立储蓄存款与其他金融资产比价关系，让分支机构和客户经理在效益和价值导向下持续推动金融资产结构的优化。总之，银行是做客户的。离开服务客户，简单抓存款、卖产品、收中收，都是本末倒置。

（四）以创新思维求发展。抓创新就是抓发展，谋创新就是谋未来。提高创新思维能力，就是要有敢为天下先、敢为人先的锐气，打破思维定式和路径依赖的局限，对事物做新思考、对结构做新调整、对工作做新谋划，灵活务实地找到适合自身的创新转型之路。

世界和事物都不是一成不变的。唯一不变的，可能只有变化本身。而创新就是应对这种变化的得当之举、适宜之策。创新上有个理论叫“尺度效应”，大意是说到了一定的尺度边界，原有的经验方法可能就会失效，甚至由于路径依赖而产生反作用的破坏力。比如说，不是简单地把小飞机等比例放大就能研制出大飞机。对银行经营来讲也有个“尺度效应”，管理2万亿元的资产和管理25万亿元的资产，就不能简单套用同一个经验办法。

工商银行30年的发展之路就是一条创新之路，正是由于创新上的先行一步，使我们在快速变化的客户需求和日益激烈的市场竞争面前，赢得了主动和先机。近期，我们正在开展对全行创新文化的梳理总结工作，初步提出了一些创新文化内核，并将作为全行继廉洁、合规、服务文化之后第四个子文化适时发布，以此推动全行进一步厚植创新文化、增强创新势能。

当今世界，新一轮科技革命和产业变革正孕育兴起，信息技术、生物技术、新能源技术等广泛渗透，带动以绿色、智能等为特征的群体性技术突破。这些创新具有极大的冲击力，可能引发全局质变，对人类社会带来难以估量的作用和影响，推动世界经济政治格局的深刻调整，重塑国家竞争力在全球的位置，颠覆现有很多行业产业的形态、分工和组织方式，重构人们的生活、学习和思维方式。对商业银行而言，这其中既蕴含着重大机遇，也存在巨大的不确定性。凡事预则立，不预则废。面对扑面而来的革新浪潮，我们必须增强危机感和紧迫感，以更加开放的视野和心态，加快推进技术创新、服务模式创新、管理创新等全面创新，积极抢占制高点、把握主动权。这里，重点谈谈技术和管理体制机制创新问题。

技术创新，主要是为了增强核心竞争力。英国作家狄更斯在《双城记》开篇语中说，这是最好的时代，这是最坏的时代。对今天身处科技创新变革时代的银行业来说，也是几乎同样的境遇。这既是必须直面应对的风险挑战期，也是大有可为的发展机遇期。一方面，互联网金融的快速发展，对银行业务资产端、负债端、支付端及中介功能形成严峻挑战。另一方面，金融科技也是商业银行转型升级的重要推动力量，大数据、云计算、区块链、人工智能技术的应用，正在重塑金融竞争力。可以说，能够勇于创新、快速响应的银行将立于时代浪尖，而因循守旧、故步自封者必定会退出历史舞台。正是基于这样主动识变、求变、应变的考虑，近期总行整体规划并启动实施了e－ICBC 3.0的战略升级。希望全行上下充分认识e－ICBC 3.0战略的重大意义和目标内涵，尤其是要把握住提升获客、活客、黏客能力这一根本目的，聚焦“用户”这一核心，坚持互联网发展规律和金融服务本质相结合，以创造用户极致体验为基本原则，充分发挥我行在线下、资金、信誉等方面的优势，解决传统金融中不可修复的“痛点”，打造一批比肩同业标杆的“撒手锏”产品。聚焦“场景”这一导向，以互补合作、错位合作为主要原则，深化场景合作共建，打造开放多元的金融服务生态圈，构建起紧密融合的互联网金融伙伴“关系网”，全面挖宽凿深我们在互联网金融领域的“护城河”。聚焦战略落地这一目标，以实施“百日行动计划”为抓手，形成总分联动、专业协同、上下同欲的工作推进氛围，增强跨界学习能力和互联网基因培养，确保有声势、有影响、有效果，以互联网金融的新创造、新实践，开创经营发展的新境界、新气象。

管理体制机制创新，主要是为了增强经营活力。一家成功的企业，往往有两个基本要素。一个是有正确的战略，另一个是靠有活力的组织去实施这个战略。这就像舞龙，龙头方向要正确，龙身要动起来、活起来。前一段，我们召集总行有关部门、分行，以及党校研究班，专题座谈研究了体制机制创新问题。总的设想是，坚持战略导向、客户导向、基层导向和问题导向，分类推进、分步实施体制机制创新，实现三个“优化”的目标。一是组织机构及管理效能优化。核心是要强化组织的有效性，把经营活力、服务能力、风险控制能力的提升，作为检验组织机构改革成功与否的标准，作为评价组织有效性的标准。主要包括，进一步明确各层级机构的职能定位，提升一二级分行本部直接营销、直接经营和直接风控能力；加大对前台营销部门和专业团队的支持力度，优化机构设置、人员编制及成本核算等配套机制，改变“前轻后重”的现状；加强柔性团队建设，完善规范化管理机制，真正发挥团队冲锋陷阵、攻城拔寨的尖刀作用，避免机关化、行政化；更加科学地推进扁平化管理，统筹平衡管理幅度和管理效率，提升机构管理效能。二是业务运营和人力资源管理模式优化。业务、服务和人力资源是高度相关的。核心是顺应互联网金融背景下客户金融交易行为的变化，特别是客户服务“去机构化、去人工化、去单一化”的发展趋势，进一步通过完善运营模式、服务方式和人力资源管理体系来推动业务运营升级换代，从“以账户和产品为中心”向“以客户为中心”转变，从“立足线下的传统银行”向“线上优先的新型银行”转变。要以客户无差别体验为目标，全面打通信息、流程和制度壁垒，完善线上线下一体化服务模式。以更大格局推动IT架构转型，加强科技与业务的全流程深度融合。三是绩效考核与评价机制优化。核心是充分发挥考核评价的指挥棒作用，处理好结果与过程、业务与能力、当期与长远的关系，解决好激励不足与激励过度并存等问题，通过穿透式考核、直通式管理，疏通总行战略传导通道，激发员工积极性。

（五）以底线思维掌主动。底线是不可逾越的警戒线，是事物质变的临界点。底线失守，往往意味着满盘皆输。提高底线思维能力，就是要对事物发展的诸多可能性进行预判，宁可把形势想得更复杂一点，把挑战看得更严峻一些，做好应对最坏局面的思想和措施准备，做到心中有数、处变不惊。

底线思维，是富有前瞻性和忧患意识的思维方式。1945年毛泽东同志在党的七大上作总结报告，在讲“准备吃亏”、准备对付困难时，一口气讲了17条困难。习总书记也多次强调，要善于运用底线思维方法，凡事从坏处准备，努力争取最好的结果，这样才能有备无患，遇事不慌，牢牢把握主动权。

联系金融工作实际看，近一个时期以来，党中央、国务院对守住不发生系统性风险的底线作出一系列重要指示和重大部署。特别是在全国金融工作会议上，总书记专门拿出两个章节的篇幅突出强调金融风险问题，指出防范化解金融风险是金融工作的根本性任务，也是金融工作的永恒主题。全行要深刻认识国有大行维护金融安全的重大政治责任，把风险管理作为工作的生命线，重点是管理好表内和表外“两张资产负债表”，既防“黑天鹅”，也防“灰犀牛”。表内核心是管好12万亿元的信贷风险，把好新增入口、存量管控、不良处置“三道闸口”，充分发挥信贷文化建设和体制机制改革的治本效用，努力在经济逐步回暖向好的大背景下，保持资产质量总体稳定且逐步改善。表外核心是针对跨境、跨界、跨市场的新型风险，勾画出清晰的风险图谱，分门别类强化风险预防和处置，不忽视一个风险，不放过一个隐患，不让风险有危及安全的机会，努力把安全稳定的因子植入经营管理中、植入经济金融发展中。

除了在经营管理中要做到政治底线不可碰、风险底线不可越、合规底线不可破外，我们党员干部必须守牢廉洁底线。用权为公还是以权谋私，始终是对党员干部的严峻考验。这两年我们也有一些干部在廉洁自律问题上栽了跟头，迷失在权力和职务带来的好处和利益之中，以致最终行为失范甚至走向违纪违法道路，不仅断送了自己的职业生涯，也辜负了组织多年的培养和信任。各级党委要高度重视加强对党员干部的党性教育、廉洁教育、警示教育和职业操守教育，使党员干部都能筑牢思想之元、坚守从业之本。要把从严的要求贯穿于干部培养、选拔、使用各个环节，形成完善的干部监督管理体系，使党员干部的行为始终受到严格约束。党员干部自身也要切实增强自律意识，严格遵守廉洁自律各项规定，心存敬畏，警钟常鸣，知边界，守底线，始终对灰色、模糊地带和各种利益诱惑保持清醒与警惕，这样才能少走“弯路”、不入“歧途”。

三、运用科学的工作方法

科学的工作方法是规律的结晶，既管总体又管具体，既管战略又管战术。尤其是处理复杂矛盾和棘手问题时，工作方法十分重要。方法对头，事半功倍；方法失当，事倍功半。科学的工作方法有很多，需要大家用心去摸索和总结，这里和大家重点交流几个，概括起来就是20个字：统筹兼顾、求真务实、精准施策、协作联动、以人为本。

（一）统筹兼顾。统筹兼顾的哲学内涵是唯物辩证法。统筹兼顾的要求体现在经营管理的方方面面。比如，要统筹发展的速度、质量和效益，要统筹国际国内两个市场，要统筹党的建设和改革发展，要统筹支持实体经济与防范金融风险，等等。这里我重点强调需要统筹处理好的三个关系。

一是当前与长远的关系。发展观决定发展战略和发展思路。我们有少数干部在发展观上“重短轻长”“重显轻隐”，主要表现在心态浮躁、急功近利，只重视搞立竿见影、短平快的显绩，不愿扎扎实实做一些打基础、做铺垫、利长远、增后劲的工作。比如，银行的本质是经营风险，信贷的本质是放得出去、收得回来。但由于信贷的收益体现在即期，而风险暴露往往反映在将来，所以不能为完成当前的利润计划，把信贷异化为单纯创利的工具，这就是发展观的偏差、经营行为的扭曲。我们强调谋长远、求实效，求的不仅是一时之效，更是长远之效，千万不能逞一时之快、图一时之利，而在未来陷入发展困境甚至危机，让今天的“垫脚石”成为明天的“绊脚石”，让前任的“成绩”成为后人的“包袱”。我们一二级分行的负责人更要注重立足当前、谋长虑远，既要在战术上围绕当期重点工作，集中精力打好攻坚战、歼灭战，打造亮点，鼓舞士气，更要在战略上着眼未来3－5年的可持续发展，做好打持久战的整体规划，下功夫解决一批长期性、基础性、机制性问题。总行把二级分行行长的任期从三年调整为四年，要求人格化授权也至少看三年，就是引导我们的干部多谋长远之举和固本之策，抑制冒险冲动和短期行为。

二是全面与重点的关系。所谓重点，从哲学上讲就是主要矛盾和矛盾的主要方面。万山磅礴必有主峰，主峰就是重点。在实际工作中，我们的各级管理人员特别是行长，面对的事情千头万绪，不能不分主次，平均用力，眉毛胡子一把抓，而必须既讲两点论，又讲重点论，既会“转盘子”，又会牵“牛鼻子”。比如，抓风险，就要打“七寸”，锁定风险突出的重点板块，聚焦案件多发领域和新型风险事件领域，盯住银行账户和关键人员，落实风险治理要求和防控措施，出重拳、击要害、见实效。抓服务，就是扣住个金这个重点和难点，通过建立全面发展的客户战略，统筹实施服务改进六大工程，带动服务口碑的全面改善，打造客户满意银行和首选银行，打造与全球最大银行相称的品牌形象，并以此促进全行零售竞争力的提升。抓竞争发展能力，就要突出直辖市行和80家重点城市行，在市场竞争的主战场打好焦点之战，通过选优配强领导班子、完善人格化授权、资源配置倾斜、改革创新先行先试等措施，支持重点城市行优先发展，使其成为参与市场竞争的最活跃因素，成为全行效益贡献的最强劲力量。总之，各级行长每年都要抓几项重点工作，完成几项重点任务，突出一些工作亮点，以重点突破带动全面提升。

三是理论与实践的关系。在商业银行经营中，没有实践支持，就无法理解和掌握理论；没有理论基础，也不可能指导和深刻感受实践。必须坚持理论与实践的相统一。一方面，要大力倡导勤于学习、勤于思考。现在总行本科以上学历员工占90%以上，其中一半是硕士和博士。学生时代学习成绩好，说明你学习能力强，但如果学习态度不端正，再强也没有用。我们经常看到，同一批入行的员工，学历素质各方面都差不多，但几年下来，有些人进步很快，有些人原地踏步，主要差距就在学习上。当前金融创新日新月异，新情况新挑战层出不穷，一味吃老本，只会坐吃山空，只有不断学习，经常“充充电”，才能增强“续航能力”。尤其是总行作为全集团的战略规划中心、经营决策中心、管理指挥中心和资源配置中心，本部员工更要把勤于学习、善于思考作为我们的看家本领，努力在制定政策、深化改革、推动创新、强化管理中，拿出一锤定音的专业决断，体现出令人信服的独到见解和专业水准。另一方面，也要积极提倡实践锻炼，提倡干中学、学中干，在经营管理实践这个大课堂里，学到真本事，防止只会“纸上谈兵”、坐而论道。比如，在搞课题工作时，我们反对搞不接地气、七拼八凑的纯理论学术，我们提倡短和实，注重可落地、可应用的研究成果。在各类学习培训中，我们反对那种象牙塔式的灌输式学习，我们提倡学以致用，急用先学，活学活用，教案例教方法教做事重于教知识。就像培训一个士兵，我们就教他战场上怎么拼刺刀，怎么拉导火索，而不是单纯讲怎么当好元帅。在干部培养中，我们提倡加强干部的横向和纵向交流，鼓励干部尤其是优秀的年轻后备干部到艰难的地方去历练摔打，经风雨，见世面，增强实战能力，促进成长成才。

（二）求真务实。一切从实际出发、实事求是，是我们党思想路线的核心，也是党员干部必备的品质。我国实行改革开放近40年了，中国奇迹是怎么创造出来的，中国道路是怎么走出来的？靠的就是求真务实，真抓实干。党的十八大以来，习总书记求真务实、狠抓落实的作风，以及“空谈误国、实干兴邦”“一分部署、九分落实”“钉钉子”“抓铁有痕、踏石留印”“撸起袖子加油干”等生动论述，都给我们留下了非常深刻的印象。一定程度上讲，干部干实事就是水平，抓落实就是能力。全行党员干部一定要讲实干、重实际、求实效，以求真务实的作风，创造经得起实践和历史检验的业绩。

大兴求真务实之风，必须重视调查研究。我们处在一个信息时代，与过去相比，影响决策的因素增多，决策的难度增大。作出一项决策，制定一项政策，往往需要大量客观、真实、有效的信息，刻舟求剑不行，闭门造车也不行，必须上通“天线”，下接“地气”，既要领会和落实好中央精神和决策部署，又要深入了解基层实际，多搞调查研究，少搞“长官意志”和“拍脑袋决策”。应该说，重视调查研究是我们工商银行的一个好传统，我们很早就建立了分行行长调查研究并撰写调研报告制度，总行党委班子成员每年深入基层调研达上百次，在落实中央巡视整改中，我们还建立了基层党建工作联系点制度。从我自己的一些切身体会看，调查研究是一个了解情况的过程，它能为我们作经营决策创造条件，提供第一手资料，避免事先定调，先入为主，与市场、一线实际情况脱节。调查研究是一个推动工作的过程，总行作出决策后，光靠从会议到会议，从文件到文件，是解决不了实际问题的。领导干部要走下去，在方法上传帮带，在落实上抓督察，营造推动工作落地的声势和氛围。调查研究是一个联系干部员工的过程，能真正了解基层员工在想什么、盼什么，需要上级行干什么，同时也能实地了解干部的思想水平、工作能力和精神状态，从而发现人才、用好干部。调查研究是一个自我学习提高的过程，无论是基层的生动实践，还是同业的创新做法或客户的需求反馈，都会让我们学习受益。调查研究也是一个检验政策的过程，总行的政策是否落地，落地后是否管用，有哪些方面还需要改进完善，都可以从调研中得到反馈和答案。所以，我非常希望大家用好调查研究这个法宝，增强跑基层的脚力和察实情的眼力。

大兴求真务实之风，必须重视抓好落实。我们做一项工作要有很强的目标意识和落地意识，以完成目标为导向，以取得实效为检验，不能只重过程不重结果，也不能只看结果不看效果。结果只表明事情做了没有，而效果还要看做得怎样，有没有达到预期目的。这就好比打仗，不能只管向敌方阵地发射炮弹，而不管是否命中了有效目标，是否打击了有生力量。习总书记谈作风建设时，点到了“不思进取，不接地气，不抓落实，不敢担当”的“四不”问题，这些问题在我们一些机构和干部中都不同程度地存在。在抓落实方面，当前要突出解决好的就是“中梗阻”和“最后一公里”的问题。好的战略是执行出来的，而不是总结出来的。我们在战略传导和执行中遇到的“中梗阻”和“最后一公里”问题，原因是多方面的。从总行层面看，有些部门政策研究不深不透，专业指导能力不足，战略思路不清，重点不突出，存在官僚主义、当甩手掌柜的现象。从分行层面看，有些机构或是经验主义，习惯于按旧办法、老套路办事，对总行战略和政策不学习、不消化、不思考；或是拿来主义，对上级行的政策简单套用、机械执行，缺乏结合本地实际创造性开展工作的能力。从配套机制看，在考核评价、绩效管理、产品创新、营销服务、业务流程、岗位设置等方面，都存在一些影响战略传导落地的问题，如网点考核过于依赖产品销售计价奖励等。从战略本身看，有的也确实存在不接地气、不服水土，针对性不强，动态调整和修正不及时，战略宣导不到位等问题。

对“中梗阻”和“最后一公里”问题，总行和分行要进一步把脉会诊，因症施治，打通堵点和断点，做到“准”和“快”，避免“慢”和“衰”，努力实现总行战略与基层实践的同频共振。比如，总行在战略制定和政策指导上，要更加体现专业性和针对性，努力提升所定政策与分行所处发展阶段、经营实际、区位特征的契合度。各级管理者抓工作要进一步深化、细化和实化，不能只当"二传手"，只会层层喊口号、提要求，最后把"宝"都押在基层，让"落地"成了"落空"。要给基层指方向、教方法，既阐述好"做什么""为什么做"，也讨论好、指导好"怎么做"，为他们提供上战场打仗的"精良武器"。各级行、各部门都要注重学习总行会议讲话和重要文件，通过勤学深思，深刻理解和把握总行党委的决策思想和经营思路。要抓紧健全与战略传导相关的配套机制，尤其要重点完善考核评价体系。进一步明确考核原则，真正体现"以客户为中心、以效益为导向"；完善考核内容，强化对长期效益和市场竞争力的考核，建立自上而下、导向一致的目标分解及考核挂钩体系；提升考核层级，形成二级分行和一级支行对网点的标准化考核模板，完善多级联动的员工考核机制，做到共性与个性相统一；改进考核方法，对网点的主要考核评价和资源分配办法要经综合管理部门审核，体现总体战略意图，同时探索赋予基层"向上评价权"。

（三）精准施策。精准化的工作方法，强调的是具体和准确，讲求的是对症下药、靶向治疗，反对的是大而化之、笼而统之。习总书记向来重视精准发力的工作方式，比如将精准化理念作为扶贫工作的基本理念，强调"扶贫开发贵在精准，重在精准，成败之举在于精准。"我们也要将精准化理念贯穿于经营管理的全过程，善于针对具体问题和具体情况精准施策。

精准施策，必须坚持问题导向。问题就是事物的矛盾。问题无所不在，无时不有，关键在于我们的干部有没有发现问题的敏锐、重视问题的清醒、解决问题的自觉。很多同志反映，总书记的讲话针对性、指导性强。为什么？就是因为讲话当面锣、对面鼓地谈问题，从不凌空蹈虚。我们谋划和部署工作，也要有强烈的问题意识，以解决问题为工作导向，瞄着问题去、追着问题走，把解决问题作为打开工作局面的突破口。比如，我们推进"两学一做"常态化制度化，就是强化以问题为牵引，从党委、党支部、党员领导干部、党员等层面，分类提出需要解决的突出问题。再如，我们在部署数据管理与应用工作时，也是坚持问题导向，从实际应用的角度倒查短板，针对数据质量不高、整合与共享不充分、管理和使用存在脱节等问题，有的放矢地提出了标准能统一、信息全入库、客户能画像、营销能使用、风险能识别、考核能应用、信息能共享七大任务目标。

精准施策，必须倡导"精、专、深"的工匠精神。工匠精神的核心是敬业和专业，是长年累月地磨炼专业技能，持久专注地深耕所在领域，一丝不苟地对待每件作品。近期全行正在集中开展一系列"大行工匠"的宣传活动，看了让人很受教育和感动。这些可爱的基层员工，尽管从事的岗位工作有所不同，但他们身上都有着"大行工匠"的共同特质，那就是：对事业的专注，对责任的担当，对技能的珍视，对信誉的尊重，对匠心的传承。这种干一行、爱一行、专一行的精神，值得我们去对标、去尊敬、去发扬。与此形成鲜明对比的是，我们总行包括省市分行的少数干部在思想、作风和精神状态上却有另一番表现：有的安于现状，不思进取，总以"差不多"的思维和标准对待工作；有的自我感觉良好，奉行精致的利己主义，过于计较个人得失，有点成绩就向组织讲条件，一旦不能满足就闹情绪；有的眼高手低，盛气凌人，服务意识不强，对基层的反映无动于衷，缺乏感情；有的一边享受着较高的福利待遇，一边攀比抱怨，更有甚者还无事生非，搞小动作，闹不团结。对这些表现，我们要旗帜鲜明地反对和抵制。我们干事创业需要的是一大批"大行工匠"，于平凡处见光彩，于细微处见精神，以沉心静气、追求卓越的作风和专业品质，为工商银行行稳致远和竞争制胜释放正能量。

（四）协作联动。万物皆有联，无物可孤存。我们做好工作，同样要遵循事物普遍联系的客观规律，依靠协作联动催生经营发展的乘数效应。这些年，我们通过改革内设机构、理顺职能分工、优化业务流程、做实专业委员会、开展管理行管理岗效率提升活动等措施，在治理"大企业病"、强化协作联动方面收到了一定成效。但客观地讲，部门墙厚重、缺乏联动、缺乏效率、缺乏活力、缺乏弹性等问题在各级管理行仍不同程度地存在，基层多有反映。比如，有的本位主义严重，只顾"自扫门前雪"，打理自己的"一亩三分地"，对"分外"工作漠不关心。有的把自己部门的客户、产品、数据当作私有财产，不开放，不合作，搞"我的地盘我做主"，画地为牢，以邻为壑。有的过于强调自身利益，在落实上级工作部署时，于己有利的就"抢滩登陆"，于己无益的就打太极或"高高挂起"，有选择、搞变通地执行政策。有的部门推动工作过于依赖考核和资源投入，总是希望自己条线能增加考核指标或权重，增加人力投入，结果造成考核指标过多、重点不突出，对存量人员不能做到充分挖掘，造成人浮于事。怎样进一步推动这些问题的解决，我想从方法论上，就是要善于打"协作牌"，善于下"联动棋"，发挥好整体合力。

发挥整体合力，要靠思想认识，坚持大格局、高眼界。解决人的思想认识问题，是首要和最基本的前提。一个手掌，摊开是"多个指头"，握紧是"一个拳头"。一个指头的劲再大，其他指头不用力，也难以体现出"拳头"的力量。工商银行就应该成为市场上的一记"重拳"，在所有的主流目标市场上打出声威、打出气势、打出天下。而且我们也更加深刻感受到，今天银行业正处在前所未有的大变局中，客户需求日益多元化、综合化，任何机构、任何条线都不可能靠自己的单打独斗来吃遍天下。所以，“单枪匹马闯天涯”不是勇敢，而是莽夫。只有懂协作才是真聪明，善联动才是真本事。协作出凝聚力、出战斗力、出生产力，协作也出好风气。各部门既要分兵把口，各司其职，各尽其责，又要分工不分家，互相协作，互相配合，共同攥紧工商银行这个“拳头”。我们强调大零售、大资管、大投行战略，这里的“大”并不是说简单的规模大、市场大，其更深层次的含义是指整合、配合的意思，就是希望通过条线和产品之间的有机联动，深度整合资源，提升全业务链的市场竞争能力和价值创造能力，发挥出 1 + 1 >2 的效果。事实上，各个业务板块之间、总分行之间、线上线下之间、境内境外之间、母子公司之间，都有一个协作和联动的问题。大家要主动增强大局意识，牢固树立“一盘棋”思想，学会换位思考，勤服务，肯付出，善于算大账、算整体账、算长远账、算战略账，放下斤斤计较、患得患失的小九九，以主动赢得互动，以互动赢得市场，以格局赢得尊重，以眼界赢得大局。

发挥整体合力，要靠体制机制，确保负起责、牵起头。体制机制是促进思想认识在经营中付诸实践、取得实效的保障。工商银行有 1.7 万个分支机构、几十个专业条线，在联动上不能光靠各部门、各机构自发性分散化的协作，而必须要有机制性制度性的安排，才能保障联动协作常态化高效化开展。健全协作机制，核心是要落实以客户为中心。纵向上进一步明晰总分支各级机构的职能定位，形成责任明确、衔接有序的多级联动机制，充分发挥各机构的主观能动作用；横向上积极推动部门岗位之间的打通，进一步深化客户统一营销服务，尤其是个金、公司、机构、结现等客户部门要真正负起责，牵起头，站位客户需求，站位整个板块的协同发展，敢谋敢想，敢抓敢干，主动发起，主动推进。健全协作机制，关键是要完善考评体系。今年总行对考评体系进行了比较大的调整，一个重点就是突出对协作联动的考核。比如，取消单项产品考核指标，突出目标产品渗透率指标考核，加强产品交叉销售；强化利润中心产品线业绩考核，引导其专注于把“蛋糕”做大，而不是光盯着如何分配。下一步要继续围绕这一考核导向，不断完善分润等配套机制，尤其是对一些难以清晰核算而又亟待战略突破的业务，可以灵活采取双边计价、影子考核等方式，最大程度地调动起各方积极性，共同做大优质市场。健全联动协作机制，也要讲重点论。要善于在解“疙瘩”中找到“线头”，抓住一些价值高、标志性、带动效应强的项目，在一些关键点上取得突破。比如，在公私联动中，可以突出抓好资产管理、投资银行等战略重点和切入点，进一步完善对客户的整体营销服务方案，为后续竞争客户、引流存款、创新业务提供更多抓手。

（五）以人为本。千头万绪抓根本。人是决定事业成败的根本，也是发展的最大变量。做好经营管理工作，说到底是要做好人的工作。这是每一位领导干部必须具备的本领，而且这个本领一定要过关，一定要扎实。

一方面，要以员工为核心，提升人力资源投入产出效能。重点要做好“三个关注”。

一是关注员工工作效率。我们在人力资源管理上，存在一个“既多又少”的问题。什么叫“既多又少”呢？就是看起来人员总数挺多，全行员工 44 万人，但干起工作来总是感觉人手不够用，各级机构、各个条线总是向上级行、向人力资源部要求加人。这种现象的背后，一方面是因为人员素质和结构不匹配业务发展现状，越是创新条线或高价值岗位，称手可用的人越少，就类似地球表面 70% 都是水，但可饮用的淡水资源始终稀缺；另一方面是因为人员忙闲不均、岗位兼容性不够、劳动组合不优。我们经常看到同一个条线的不同区域、同一个网点的不同时段、同一个部门的不同员工，几乎都存在忙闲不均、苦乐不均的现象。比如总行有的部门一边喊着活多缺人，一边出现部门员工早上八点半还有陆陆续续来上班的，不到十一点半又早早到食堂吃饭。这其中有工作量波峰波谷时段变化的因素，但更多的是因为分工不合理、管理不精细、人员与事权不匹配，结果既造成了人力资源的浪费，也形成了不公平的管理风气，让惰怠者影响了奋斗者的激情。怎么样根据业务量变化、岗位特点和工作饱和度情况，科学核定员工的工作量，综合运用好各种考核激励方法，使大家“不想磨洋工”“不能磨洋工”，是需要每个管理机构和管理者认真思考的问题。同时，我们在岗位管理上存在壁垒森严、职责单一、兼容性不足、劳动组合不够优化的问题，造成了人员“隐性”占用。各单位要认真研究梳理制约人员兼岗流动和灵活调度的症结，在风险可控的前提下，多做一些制度创新和突破。近期，总行运管部牵头，按照“岗位兼容、人员通用、服务综合、运行安全”的原则，对网点现行岗位体系进行了重新设计，打通了网点柜台内外岗位之间的限制，促进了操作、服务、营销岗位的融合。其他领域和条线也要多做类似的创新之举、多谋应对之策。

二是关注同业对标。我们一些省行或二级分行，在各类资源配置与当地同业大体相当的情况下，市场份额和业绩却远不如人；一些业务条线近几年增配了不少人力资源，而效能产出却不匹配。前一段，总行对四大国有商业银行人力资源配置情况进行了一次对标分析，对我们找准问题、优化人力资源配置有较高的参考价值。各行在编制人员规划时，也要多做一些同业对标分析，查找自身短板，进一步眼睛向内、立足挖潜释放空间。

三是关注新技术发展。随着大数据、移动互联、人工智能等新技术的蓬勃发展，各行业的价值创造方式也在变化。我们的人力资源管理工作要顺应这一时代趋势，充分发挥“技术创新节约人、智能终端代替人”的作用，探索新型业务组织运营模式，减少人力资源占用，提升个体价值创造能力。比如，在前台客户服务、中台投资分析、后台风险防控环节，可推广人工智能技术的应用。再如，可运用大数据、云生产等技术手段，对中后台批量化、标准化、事务性的工作，探索新型业务处理模式，将员工从低效率、低价值的工作中解放出来。

另一方面，要以创新思路和扎实措施，加强领导班子和干部队伍建设。各级领导班子和领导干部是全行的“关键少数”，必须发挥关键作用。

一要强化责任感。作为一名领导干部，就要守土有责，力保一方，在本区域或本专业体现出工商银行应有的竞争力、影响力和市场地位，发挥大行“扛旗”作用。今年我们出台了一级（直属）分行市场竞争力评价办法，设立三年一个周期和每个年度的发展目标，以此评价各分行班子和一把手的经营成果。总行还在研究完善干部任期考核，希望通过健全年度考核与任期考核相结合、定性考核和量化考核相结合、结果考核和过程考核相结合的考评体系，科学全面地评价干部的经营业绩。在此基础上，进一步落实干部能上能下的要求，加大干部考核评价与任免使用的挂钩力度，对考核不称职、不胜任的干部，及时调整岗位，让干部“上”得硬气、“下”得服气，在全行形成能者上、庸者下、劣者汰的用人氛围。

二要增强战斗力。重点是把各级班子配优配强，不断优化班子结构，使班子成员能够相容互补，提升整体功能和合力。去年总行搞了三次公开遴选，取得很好反响，目前正在组织境外机构和综合化子公司管理层公开遴选，下一步还要择机开展境内分行和总行部门负责人的公开遴选。要持续总结公开遴选的好做法、好经验，在全行层面推广实施，进一步拓宽选人用人视野，把业绩好、潜力大的优秀干部选出来、用起来。今年总行还在各机构后备干部调研的基础上，建立新的后备干部名单和“311”培养对象人才库。要找准切入点和着力点，与时俱进地推进基层党建工作的理念创新、机制创新和手段创新，推动管党治党责任的落实落地，充分发挥基层党组织的战斗堡垒作用。

三要提振精气神。队伍士气是我们经营发展的“三大法宝”之一，这一点在当前攻坚克难的经营环境下尤为重要。我们能明显感受到，行际间、部门间的士气是不平衡的，而干部员工精神面貌的不同，往往带来经营状况和工作局面的迥异。最近，系统团委在全集团范围开展了一次青年员工问卷调查，结果显示，大多数青年员工对工商银行有较强的认同感，在推动全行整体发展中发挥了积极作用，同时也客观反映了青年员工中存在的一些困惑和诉求，以及需要各级经营管理者关注的问题。如员工工作和生活压力问题、人岗匹配问题、骨干员工稳定问题，等等。各级机构和管理者要通过多种渠道关注和了解员工思想动态，倾听员工心声，并要善于透过表象分析本质，研究解决之策。会不会做员工工作，能不能带好队伍，是衡量一个领导干部成熟与否和履职能力高低的重要方面。比如，调查也显示，有些员工有离职想法，这一方面说明我们的工作确有需要改进之处，另一方面也表明在当前利益关系、价值取向和职业观念日益多元化的背景下，一些年轻员工在职业选择和发展预期上可能脱离实际或过于乐观。尤其值得注意的是，有些年轻员工奉行“出名要趁早”，刚参加工作就热衷于搞“职业规划”，制定“路线图”，倒排“时间表”，心浮气躁，急功近利，耐不住辛苦和磨炼。我们各级领导干部要将严管与厚爱相结合，加强对员工的职业辅导，帮助员工树立合理的心理预期和职业发展目标，引导员工爱岗敬业、踏实做事，保持一颗平常心、感恩心、进取心，同时也要积极弘扬正能量，树立清风正气，创造“不让老实人吃亏”的机制和氛围。要重视做好对关键岗位、骨干员工的拴心留人工作。对真正的人才来讲，实现职业理想和人生价值，获得尊重和认可，远比物质激励更重要。所以，我们既要发挥薪酬激励的作用，合理加大对核心骨干人才的激励力度，也要重视用平台留人，用荣誉留人，用感情留人，用文化留人，让人才有实现价值、奉献工行的成就感和自豪感。要真正把员工的利益放在心上，多为员工办实事、解难事，加强人文关怀和柔性管理，重视做好心理疏导和情绪管理，缓解员工压力和负面情绪，增强员工的凝聚力和归属感。

以上讲了一些思维方法和工作方法，希望大家进一步深入系统地学习贯彻习近平总书记系列重要讲话精神，结合银行工作实际，尽快补上能力短板、素质短板、方法短板，提高金融专业化水平，不断开创全行经营发展的新局面。

在总行党委第二轮第四批次巡视工作汇报会上的讲话

易会满

（2017 年 9 月 28 日）

刚才，总行党委四个巡视组分别汇报了第二轮第四批次对内蒙古、江苏、青海、宁夏等四家分行党委的巡视工作情况。四个巡视组能够深入贯彻落实中央和总行党委巡视工作要求，对四家分行党委班子及主要负责人在履行“两个从严”主体责任、加强干部队伍建设和作风建设、推进转型发展、完善风险管控等方面作出了比较客观、全面的评价，发现了一些问题和线索，提出了有针对性的整改意见和建议。巡视期间，纪委书记王林和巡视办负责同志深入部分被巡视分行，看望了巡视工作人员，提出了巡视工作的指导意见。在此，我代表总行党委对大家的辛勤工作表示感谢！

下面，结合中央巡视工作的有关精神和要求，对做好本批次巡视后续工作和今后一个时期的巡视工作，我讲三点意见。

一、统一思想，提高认识，深入学习贯彻中央《巡视工作条例》新精神

不断与时俱进，是十八届中央巡视最为鲜明的特征。为全面推进从严治党、加强党内监督，以习近平同志为核心的党中央，审时度势，把巡视摆在战略性制度安排的高度，巡视工作由此迈出新时期与时俱进的重要一步。四年多来，以总书记关于加强和改进巡视工作的一系列新思想、新论断、新要求为根本遵循，巡视工作持续深化创新，从聚焦党风廉政建设和反腐败斗争，到紧扣六项纪律、聚焦政治纪律和政治规矩，再到紧紧围绕坚持党的领导、聚焦全面从严治党，直到当前的聚焦党内政治生活、净化政治生态，巡视定位越来越精准，任务越来越清晰，始终与全面从严治党理论和实践发展相适应，始终保持正确的政治方向。

2017 年 7 月 1 日，中央印发了《关于修改〈中国共产党巡视工作条例〉的决定》。修改后的《条例》，进一步深入贯彻了习近平总书记系列重要讲话精神，总结吸纳了十八届中央巡视工作实践创新和理论创新成果，展现出我们党与时俱进、改革创新的政治品格。前期，总行党委对《条例》进行了专题认真学习，纪委书记王林组织巡视办、巡视组和监察室的同志们开展了学习讨论。这里，我再强调两点。

第一，要注重领会精神实质。贯彻执行新《条例》，深刻领会其精神实质是前提。这次修改进一步明确了政治巡视定位、一届任期内巡视全覆盖任务、巡视监督内容、对中央和国家机关的巡视以及建立市县巡察制度等五方面的内容。大家要把学习贯彻《条例》，与学习领会习总书记系列重要讲话精神和治国理政新理念新思想新战略结合起来，只有这样才能把握正确的政治方向，学深悟透、融会贯通。

第二，要突出抓好贯彻执行。学习贯彻新《条例》，落脚点是要使其真正成为我行内部巡视工作强有力的指导和规范。根据《条例》明确的新内容，总行党委巡视办下一步要着重做好以下几项工作：一是修订好我行巡视工作规定，进一步明确巡视的政治定位。二是结合巡视特点进一步细化巡视监督内容。三是要在进一步提高巡视工作质量上下功夫。要通过业务现象查找党委班子思想政治、工作作风、队伍建设等政治层面的问题，巡视报告既要符合规范标准，又要体现被巡视单位的特色，使党委班子和成员的画像更加准确、问题更加鲜明。四是组织推动各机构开展巡察工作。总的要求就是，形成既体现中央要求又具有我行特色，能够支撑、覆盖巡视工作全过程和各方面的巡视制度体系，提高巡视工作规范化和科学化水平，使巡视过程成为加强纪律建设、推进全面从严治党的过程，让新《条例》落地生根、开花结果。

二、坚决落实政治巡视要求，推动全面从严治党、从严治行向纵深发展

我行今后一段时期的巡视工作，要严格按照《巡视工作条例》和党中央对金融改革发展的方针政策要求，不断拓展广度和深度，切实做到覆盖要提速、方式要灵活、质量要提升、自身要过硬，进一步磨砺巡视利剑，为全面从严治党、从严治行提供强有力支撑，体现内部巡视监督应有的作用和价值。

一是正确把握政治与业务的关系，进一步明确政治巡视定位。习总书记在全国国有企业党的建设工作会议上强调指出，坚持党的领导、加强党的建设是国有企业的“根”和“魂”，是我国国有企业的独特优势；在前不久召开的全国金融工作会议上又突出强调，做好新形势下金融工作，必须加强党对金融工作的领导。这就要

求我们必须提高政治站位和政治觉悟，扎扎实实办好工商银行的事情、服务好实体经济发展。作为金融机构内部巡视，要善于把政治和业务有机结合，通过业务现象看政治立场和政治态度。这一批次巡视中，各组从被巡视单位的经营发展状况入手，发现了分行在落实“两个责任”、执行总行党委决策部署等方面存在的一些问题。下一步，巡视组要重点检查被巡视单位领导班子是否自觉站在党和国家的高度正确领会全国金融工作会议精神，是否不折不扣地落实总行党委决策部署，是否认真思考自身经营定位制定具体可行的工作方案。要用干部员工队伍的精神面貌和实实在在的业务发展成果，来全面评价领导班子的政治素养、指导思想、工作作风和措施办法等。

二是推进巡视全覆盖和向基层延伸，构建巡视巡察一体化监督格局。《条例》明确了一届任期内巡视全覆盖任务，并提出在市县级党委建立巡察制度。全覆盖是全面从严治党的必然要求和重要体现，巡察是完善巡视工作格局、推动全面从严治党向基层延伸的有效举措。“覆盖”和“延伸”体现了空间上无特区、无盲点的要求，再加上“一届任期内”的时间约束，形成了“利剑高悬、震慑常在”的监督态势。我们要把巡视全覆盖作为重要的政治任务，加强统筹规划，继续通过常规巡视与专项巡视相结合、“一托二”等方式加快巡视频率和节奏，力争到明年基本实现第二轮巡视全覆盖。同时，在总结以往巡视工作经验基础上，尽快出台全行巡察工作指导意见，统筹谋划构建工商银行巡视巡察工作“一体化”监督网络格局。在组织推动方面，由总行党委统一领导、统一谋划、统一部署、统一推进，加强对基层党组织落实“两个责任”的监督；在工作定位方面，要坚持问题导向，把基层机构落实全面从严治党要求、落地执行上级行党委决策部署情况，以及是否存在侵害员工利益、“庸懒散浮拖”等问题作为巡察重点，查找和纠正贯彻党的路线方针政策跑偏走样、效果层层递减的问题；在成果运用方面，及时整改巡视巡察发现的问题，强化监督效果运用，净化基层政治生态。

三是全面加强巡视队伍建设，更好地发挥巡视监督职能作用。在这次巡视中，首次成立了巡视组临时党支部，选任了支部书记和支部委员，开展了思想理论学习和党日实践活动，将履行巡视工作职责与“两学一做”教育常态化、制度化紧密结合，充分发挥了基层党组织的战斗堡垒作用。今后，要继续加强巡视组党支部建设，引导广大巡视干部增强政治定力，坚守责任担当，敢于监督碰硬，尽职尽责、积极作为。要高度重视专职巡视干部队伍建设，特别是要切实发挥好巡视组专职组长和副组长的作用，进一步扩大巡视干部的选配视野，挑选不同专业、不同层级的后备干部充实到巡视干部队伍中，使巡视逐渐成为培养和锻炼干部的良好平台。要进一步完善巡视人员库动态管理，加强对巡视干部的监督管理和考核评价，对应付了事、推卸责任等不适合巡视工作的干部，要坚决调换；对专业水平较高、工作认真负责的巡视工作人员，要在年度评优评先中有所体现，形成正确激励导向。

三、坚决落实巡视整改责任，促进管党治党标本兼治

做好巡视整改是深化政治巡视的内在要求，是发挥巡视标本兼治战略作用的关键所在。对被巡视单位来说，以党中央的旗帜立场态度为标准，以习总书记系列重要讲话精神为标杆，不折不扣落实巡视反馈意见，切实抓好巡视整改工作，是“四个意识”的重要政治检验。不管是历史上积累遗留的老问题，还是巡视发现的新问题，都应该即知即改、立行立改、全面整改，以整改落实成效推动全面从严治党、从严治行向纵深发展。

一要通过整改体现责任担当。政治巡视巡的是党委班子和班子成员。巡视发现的问题，有一些直接体现在班子和班子成员上。巡视组已经对巡视问题提出了很好的整改建议，被巡视党委的整改措施，要针对性更强一些、力度更大一些、纪律更严格一些、聚焦更突出一些。有的问题要整改落实到党委班子，有的就是要落实到党委一把手，党委班子和一把手都要按要求履行好整改责任。不仅党委要履行好主体责任，纪委也要履行好监督责任，监督责任从纪委自身的角度讲就是主体责任。纪委要提高责任意识和荣誉感，敢作为、敢担当，充分发挥监督作用，体现出纪委的地位、作用和影响。

二要通过整改促进标本兼治。习总书记指出，深入推进全面从严治党，必须坚持标本兼治。通过一个月的现场巡视，巡视组已经帮助四家分行党委把诊号脉、开出药方。下一步，要督促分行党委顺势而为，从严从实抓好整改，真正体现出实质性的变化。对巡视移交的问题线索，要认真核查，限时办结，并综合运用“四种形态”分类处置，精准执纪。对巡视中发现的一些普遍性问题，如党建主体责任落实不到位、执行组织制度不严格、内控案防基础薄弱、执纪问责偏松偏软等，要督促分行找准“病灶”、完善制度、健全机制。特别要注意围绕授权、用权、制权等关键点，强化对关键岗位、重要人员的监督管理，全方位扎紧制度笼子，做到用制度管权管人管事，用规矩履职选人办事，构建党内良好政治生态。

三要通过整改助力经营发展。要切实用好巡视成果，以巡视整改为契机，倒逼改革、促进发展。今年上半年，全行认真贯彻党中央、国务院决策部署，积极化解“难”，努力巩固“稳”，不断推动“进”，交出了一份好于计划、好于同期、好于预期的中场“成绩单”。同时我们也要清醒认识到，稳和进中还有隐忧的一面。巡视就是要发现问题，通过解决问题推动改革、促进发展，希望巡视组反馈好整改要求，巡视办要督促落实好

整改要求。

总之，要把巡视工作与经营管理工作同研究、同部署、同落实，在整改过程中不断深化改革、调整结构，不断提升服务实体经济能力、防范金融风险能力和自身稳健发展能力，以更好的成绩迎接党的十九大胜利召开。

在中国工商银行学习宣传贯彻党的十九大精神动员部署会议上的讲话

易会满

（2017 年 10 月 26 日）

今天会议的主要任务是，对全行各级党组织和广大党员、干部学习宣传贯彻党的十九大精神进行动员部署。

党的第十九次全国代表大会，于 2017 年 10 月 18 日至 24 日在北京举行。这次大会是在全面建成小康社会决胜阶段、中国特色社会主义进入新时代的关键时期召开的一次十分重要的大会，是一次团结的大会，胜利的大会，奋进的大会，在中国共产党的历史上、在中华人民共和国发展史上、在中华民族发展史上、在世界社会主义发展史上、在人类社会发展史上，都具有重大的里程碑意义。18 日当天，我们组织全行广大党员和干部员工集中收看了十九大开幕式盛况，认真聆听了习近平总书记代表十八届中央委员会所作的报告。大会期间，我和谷澍同志，以及金颖颖、朱捷、李鹏 3 位来自基层的同志，作为工商银行出席党的十九大代表，全程参加了大会。

这次我们作为代表参加十九大，感到无上荣光，更感使命重大，有五个突出体会：一是凝聚了高度共识。党的十八大以来，以习近平同志为核心的党中央，提出一系列新理念新思想新战略，出台一系列重大方针政策，推出一系列重大举措，推进一系列重大工作，解决了许多长期想解决而没有解决的难题，办成了许多过去想办而没有办成的大事，党和国家面貌焕然一新。之所以能够取得这样前所未有的开创性、历史性成就，最关键、最根本的是有习近平总书记这个核心，有以习近平同志为核心的党中央坚强领导。总书记以率先垂范的人格魅力，爱民为民的深厚情怀，忧党兴党的责任担当，治国理政的雄才大略，赢得了全党全国各族人民的衷心拥戴。有了这个核心，才会有十八大以来五年的非凡成就。有了这个核心，才会实现党心民心的空前团结和凝聚，使党和国家焕发出无比强大的前进力量。有了这个核心，才能团结带领全党全国各族人民决胜全面建成小康社会，实现中华民族的伟大复兴。有了这个核心，我们这个有 13 亿多人口的大国、8 900 多万党员的大党就有了主心骨，有了掌舵领航，党和国家事业必将在迈进新时代的伟大新征程中乘风破浪、无往而不胜。会议期间，发了 192 期会议讨论简报，无不体现着凝聚共识，体现着“四个意识”尤其是核心意识。二是形成了重大成果。大会通过的关于十八届中央委员会报告的决议、关于中央纪律检查委员会工作报告的决议、关于《中国共产党章程（修正案）》的决议，既立足时代，又高瞻远瞩，既统揽全局，又敦本务实，是指引我们决胜全面建成小康社会、开启全面建设社会主义现代化国家新征程，推进全面从严治党、推进党的建设新的伟大工程，夺取新时代中国特色社会主义伟大胜利、实现中华民族伟大复兴中国梦的三大纲领性文件，是宣言书，是指路灯，对于统一全党思想、凝聚全国人民意志，必将发挥重要的指导和保证作用。大会选举产生了新一届中央委员会和中央纪律检查委员会，顺利实现了新老交替，一批德才兼备、年富力强的领导干部进入中央委员会，再次说明我们党具有旺盛生命力和强大凝聚力，充分反映党和人民事业蓬勃兴旺。三是坚定了前行信心。整个大会和总书记的报告有一种凝魂聚气、直指人心的力量，给我们以信仰的感召、方向的指引、进取的力量、胜利的决心。身处这样一个国家、这样一个伟大时代，有这样一个坚强领导核心，我们倍感自信和自豪，也需要我们拿出勇气、拿出干劲，在决胜全面建成小康社会，全面建设社会主义现代化国家，实现中华民族伟大复兴中国梦的新征程上不懈奋斗，创造无愧于时代的业绩。四是收获了深刻感悟。这次大会举国关注，举世瞩目，共有 165 个国家 452 个政党发来 855 份贺电贺信，收视率、网评帖创下新高。整个大会开得严肃、认真、民主、开放。严肃，是说大会议程安排十分紧凑而又内容丰富，会议纪律严明，代表一律驻会，大会期间严禁无关人员往来驻地，同时不摆花篮、不打欢迎标语、不铺红地毯等做法彰显了简朴会风，折射出中央八项规定实施以来党风政风的深刻变化。认真，是说代表们全身心投入到大会中，专注研读学习，专心讨论审议，认真交流体会。许多老代表讲，这是多年以来开得最好的一届党代会。民主，包括来自38个代表团的近2 300名代表对十九大报告和党章修正案进行了多场讨论，每个人都有平等和畅所欲言的发言机会，汇聚的是全党智慧，传递的是广泛认同。此外对中央委员、候补中央委员和中央纪委委员的预选，采用的是差额选举办法，差额比例均高于8%，充分体现了党内民主。开放，是指大会情况公开透明。这次报名采访十九大的记者有3 000多人，其中境外记者1 800多人，记者总数及境外记者人数均创下历史之最。大会还提供十九大报告10种外文版本，安排了6场记者招待会和8场集体采访活动，尤其是新增了党代表通道，让中外记者有更多机会了解我们的党和国家。这些都说明我们的党和国家越来越开放、越来越自信了。五是增强了使命担当。党中央对金融工作始终高度重视并寄予厚望。这次在十九大报告中有6个地方提到金融，我们感到非常振奋和鼓舞，同时也深感责任重大。尤其是作为国有大型银行，我们必须牢记使命担当，扎扎实实办好自己的事情，服务好新时代的新方略，努力以新作为向党中央交出一份满意的答卷。

总书记作的题为《决胜全面建成小康社会　夺取新时代中国特色社会主义伟大胜利》的报告，主题鲜明、立意高远、博大精深、气势恢宏，站在历史和时代的高度，标明了新方位，形成了新思想，阐释了新论断，提出了新方略，作出了新部署，是一个举旗帜、指方向、明方略、绘蓝图的好报告，是一篇光辉的马克思主义纲领性文献，是我们党迈进新时代、开启新征程、续写新篇章的政治宣言和行动纲领。

报告全文32 000多字，分为13个部分：一、过去五年的工作和历史性变革；二、新时代中国共产党的历史使命；三、新时代中国特色社会主义思想和基本方略；四、决胜全面建成小康社会，开启全面建设社会主义现代化国家新征程；五、贯彻新发展理念，建设现代化经济体系；六、健全人民当家做主制度体系，发展社会主义民主政治；七、坚定文化自信，推动社会主义文化繁荣兴盛；八、提高保障和改善民生水平，加强和创新社会治理；九、加快生态文明体制改革，建设美丽中国；十、坚持走中国特色强军之路，全面推进国防和军队现代化；十一、坚持"一国两制"，推进祖国统一；十二、坚持和平发展道路，推动构建人类命运共同体；十三、坚定不移全面从严治党，不断提高党的执政能力和领导水平。这13个部分可概括为三大板块：第一，五年的回顾和成就、经验（报告第一部分）；第二，中国共产党的使命和习近平新时代中国特色社会主义思想（报告第二至第四部分）；第三，习近平新时代中国特色社会主义思想指引下的工作部署和任务要求（报告第五至第十三部分）。

总书记在报告中指出，十八大以来的五年，我们坚持稳中求进工作总基调，迎难而上，开拓进取，统筹推进"五位一体"总体布局，协调推进"四个全面"战略布局，取得了改革开放和社会主义现代化建设的历史性成就，党和国家事业全面开创新局面：经济建设取得重大成就；全面深化改革取得重大突破；民主法治建设迈出重大步伐；思想文化建设取得重大进展；人民生活不断改善；生态文明建设成效显著；强军兴军开创新局面；港澳台工作取得新进展；全方位外交布局深入展开；全面从严治党成效卓著。同时，必须清醒看到，我们的工作还存在许多不足，也面临不少困难和挑战。

总书记指出，经过长期努力，中国特色社会主义进入了新时代，这是我国发展新的历史方位。这标志着我国社会主要矛盾已经转化为人民日益增长的美好生活需要和不平衡不充分的发展之间的矛盾。我国社会主要矛盾的变化，没有改变我们对我国社会主义所处历史阶段的判断，我国仍处于并将长期处于社会主义初级阶段的基本国情没有变，我国是世界最大发展中国家的国际地位没有变。

总书记强调，全党要牢牢把握社会主义初级阶段这个基本国情，牢牢立足社会主义初级阶段这个最大实际，牢牢坚持党的基本路线这个党和国家的生命线、人民的幸福线，领导和团结全国各族人民，以经济建设为中心，坚持四项基本原则，坚持改革开放，自力更生，艰苦创业，为把我国建设成为富强民主文明和谐美丽的社会主义现代化强国而奋斗。

关于新时代中国共产党的历史使命，总书记指出，实现中华民族伟大复兴是近代以来中华民族最伟大的梦想。中国共产党一经成立，就把实现共产主义作为党的最高理想和最终目标，义无反顾肩负起实现中华民族伟大复兴的历史使命。今天，我们比历史上任何时期都更接近、更有信心和能力实现中华民族伟大复兴的目标。

总书记用"八个明确"对新时代中国特色社会主义思想进行了阐述。他说，新时代中国特色社会主义思想明确坚持和发展中国特色社会主义，总任务是实现社会主义现代化和中华民族伟大复兴，在全面建成小康社会的基础上，分两步走在本世纪中叶建成富强民主文明和谐美丽的社会主义现代化强国。

总书记指出，新时代中国特色社会主义思想，是对马克思列宁主义、毛泽东思想、邓小平理论、"三个代表"重要思想、科学发展观的继承和发展，是马克思主义中国化最新成果，是党和人民实践经验和集体智慧的结晶，是中国特色社会主义理论体系的重要组成部分，是全党全国人民为实现中华民族伟大复兴而奋斗的行动指南，必须长期坚持并不断发展。

总书记阐述了构成新时代坚持和发展中国特色社会主义基本方略的"十四条坚持"：坚持党对一切工作的领导；坚持以人民为中心；坚持全面深化改革；坚持新发展理念；坚持人民当家做主；坚持全面依法治国；坚

持社会主义核心价值体系；坚持在发展中保障和改善民生；坚持人与自然和谐共生；坚持总体国家安全观；坚持党对人民军队的绝对领导；坚持“一国两制”和推进祖国统一；坚持推动构建人类命运共同体；坚持全面从严治党。

总书记在谈到“两个一百年”奋斗目标时说，改革开放之后，我们党对我国社会主义现代化建设作出战略安排，提出“三步走”战略目标。解决人民温饱问题、人民生活总体上达到小康水平这两个目标已提前实现。从现在到二〇二〇年，是全面建成小康社会决胜期。从十九大到二十大，是“两个一百年”奋斗目标的历史交汇期。我们既要全面建成小康社会、实现第一个百年奋斗目标，又要乘势而上开启全面建设社会主义现代化国家新征程，向第二个百年奋斗目标进军。

总书记提出，从二〇二〇年到本世纪中叶可以分两个阶段来安排。第一个阶段，从二〇二〇年到二〇三五年，在全面建成小康社会的基础上，再奋斗十五年，基本实现社会主义现代化。第二个阶段，从二〇三五年到本世纪中叶，在基本实现现代化的基础上，再奋斗十五年，把我国建成富强民主文明和谐美丽的社会主义现代化强国。

总书记围绕贯彻新发展理念、建设现代化经济体系，健全人民当家做主制度体系、发展社会主义民主政治，坚定文化自信、推动社会主义文化繁荣兴盛，提高保障和改善民生水平、加强和创新社会治理，加快生态文明体制改革、建设美丽中国，坚持走中国特色强军之路、全面推进国防和军队现代化，坚持“一国两制”、推进祖国统一，坚持和平发展道路、推动构建人类命运共同体，作出重要部署。

总书记提出了新时代党的建设总要求以及必须抓好的八个方面重要任务：把党的政治建设摆在首位；用新时代中国特色社会主义思想武装全党；建设高素质专业化干部队伍；加强基层组织建设；持之以恒正风肃纪；夺取反腐败斗争压倒性胜利；健全党和国家监督体系；全面增强执政本领。

十九大报告贯穿的一个红线和灵魂，就是习近平新时代中国特色社会主义思想；十九大最大的亮点和历史贡献，就是把这一思想确立为党必须长期坚持的指导思想并写入党章。习近平新时代中国特色社会主义思想，是马克思主义同中国实际相结合的又一次历史飞跃，开辟了马克思主义新境界、中国特色社会主义新境界、管党治党新境界、治国理政新境界。

大会通过的中央纪律检查委员会工作报告，总结了十八届中央纪律检查委员会的工作，充分肯定了在党中央坚强领导下，各级纪律检查委员会忠诚履行党章赋予的职责，深入开展党风廉政建设和反腐败斗争，锲而不舍落实中央八项规定精神，严明政治纪律和政治规矩，推动各级党组织落实管党治党政治责任，发挥巡视利剑作用，把纪律挺在前面，坚决遏制腐败蔓延势头，净化党内政治生态，推动形成和巩固发展了反腐败斗争压倒性态势。

大会通过的党章修正案，体现了党的十八大以来党的理论创新、实践创新、制度创新取得的成果，体现了党的十九大报告确立的重大理论观点和重大战略思想，反映了这些年来党的建设的成功经验，对加强党的全面领导、推进全面从严治党提出了明确要求。这次党章修订内容很丰富，新党章中把习近平新时代中国特色社会主义思想同马克思列宁主义、毛泽东思想、邓小平理论、“三个代表”重要思想、科学发展观一道确立为党的行动指南。把中国特色社会主义文化同中国特色社会主义道路、中国特色社会主义理论体系、中国特色社会主义制度一道写入党章。中国共产党的领导是中国特色社会主义最本质的特征，是中国特色社会主义制度的最大优势。党政军民学，东西南北中，党是领导一切的，把这一重大政治原则写入了党章。等等。

当前及今后一个时期，摆在我们面前的一项首要政治任务，就是要学习好、宣传好、贯彻好十九大精神。尤其是要深刻学习领会中国特色社会主义进入新时代的新论断，深刻学习领会我国社会主要矛盾发生新变化的新特点，深刻学习领会分两步全面建设社会主义现代化国家的新目标，深刻学习领会习近平新时代中国特色社会主义思想的时代背景、历史地位、科学体系、精神实质、实践要求，切实把全行广大党员和干部员工的思想和行动统一到党的十九大精神上来，更好地用党的创新理论武装头脑、指导实践、推动工作。

一、认真抓好十九大精神的学习贯彻

总行党委将按照中央要求，结合工商银行实际，制定印发学习贯彻十九大精神的具体意见。各级党组织也要根据总行要求和地方部署，精心设计方案，创新方式方法，迅速掀起学习贯彻十九大精神的热潮。党委中心组要把学习党的十九大精神作为中心内容，增加集中学习时间和次数，制订系统学习培训计划，列出专题进行研讨。领导干部要在认真参加集中学习的同时加强自学，力求学深吃透，作带头学习的表率。要把十九大精神的学习融入到“两学一做”学习教育常态化制度化中，融入到各类教育培训中，融入到对班子、干部思想和作风建设相关要求中。总行党校、分校及各分行培训学校，要集中精力组织好对十九大精神的学习培训和研讨，尤其要分期分批做好对处级以上干部的轮训。要抓好基层行的学习宣传，各级党委班子成员要深入支部、深入基层、深入一线，到干部员工中上党课、作讲座，开展面对面宣讲，推动党的十九大精神进支部、进网点、进岗位，把十九大精神讲透彻、讲清楚、讲明白，让党员和干部员工听得懂、能领会、可落实。要结合基层机构的特点，充分发挥工会、共青团、离退休人员管理等组织和部门的作用，充分依托网讯、网络大学、融e联、公众号等载体及基层文化阵地，充分利用宣讲、党课、座谈、读书、演讲、征文等多种生动活泼的方式，不断把学习贯彻十九大精神引向深入。要切实加强舆论引导，结合主流媒体宣传报道工作安排，精心做好我行学习贯彻十九大精神的宣传报道。通过开设网讯专栏和组织一系列专题报道等形式，全面展示党的十八大以来我行改革发展新成绩和服务经济社会发展新贡献，广泛宣传我行学习贯彻十九大精神的具体举措和实际行动，唱响主旋律，释放正能量。要原原本本学好十九大报告和党章，做到学以致用，把学习成果体现到真抓实干、担当进取，推动本单位工作再上新台阶，推动全行改革发展开创新局面上来。

二、回顾五年发展历程，进一步增强发展自信与行动自觉

总书记在报告中高度概括总结了过去五年的工作，深刻指出，五年来的成就是全方位的、开创性的，五年来的变革是深层次的、根本性的。

同全国经济社会发展的总体形势一样，工商银行过去的五年也是砥砺奋进、传承创新的五年。这五年，我们实现了综合实力和价值创造力的全面提升。在世界经济金融形势经历风云变幻的情况下，我们始终是全球成长性最好的金融机构之一。继2008年成为全球盈利、存款和品牌价值第一的上市银行后，这5年又在营业收入、一级资本、总资产、ROA、ROE等更多指标上确立了全球领先地位。通过分红和上缴所得税累计为国家创造了9 000多亿元的价值回报，实现了国有资产的保值增值。这五年，我们服务实体经济取得了新成效。5年累计向实体经济投放贷款50万亿元。在投向上，积极服务国家重大战略，主动对接“四大板块”“三个支撑带”及雄安新区建设，并牵头推动了“一带一路”银行间常态化合作机制，为“一带一路”建设提供了工行方案、工行智慧。积极服务供给侧结构性改革，围绕“三去一降一补”聚力发力。积极支持实体经济薄弱环节，成立普惠金融事业部，在支持小微、双创、精准扶贫等领域发挥大行担当。这五年，我们创新转型形成了新格局。我们坚持传统动能改造提升和新动能培育壮大并举，实施大零售、大资管、大投行“三大战略”，推进国际化、综合化、信息化“三化”建设，构建了多源动力、多点支撑的增长格局。这五年，我们风险管理经受住了严峻考验。我们强化风险防控第一阵线和第一责任，重点关注表内和表外“两张资产负债表”，既保持战略定力，又保持清醒头脑；既防“黑天鹅”，又防“灰犀牛”；既打好资产质量攻坚战和保卫战，又把好防控交叉性输入性风险的总闸门，在复杂风险环境下确保了资产质量的稳定和各类风险的总体可控。这五年，我们公司治理和党的建设持续加强。不断深化公司治理改革，尤其是将党的领导和党建工作要求写入公司章程，进一步明确和落实了党组织在法人治理结构中的法定地位。党委在管方向、把大局、抓落实方面更加有力。深入推进全面从严治党，开展党的群众路线教育实践活动、“三严三实”专题教育和“两学一做”学习教育常态化制度化，强化中央巡视整改工作，落实党管干部、党管人才原则，推动党建和队伍建设取得新成效。

金融是经济的“寒暑表”。工商银行五年不平凡的发展成就，是整个中国经济社会历史性变革的一个缩影，是整个银行业改革发展的一个代表。实践充分证明，十八大以来党中央作出的一系列重大决策部署是完全正确的。全行上下要通过联系实际学习贯彻十九大精神，进一步树牢“四个意识”，增强“四个自信”，站在这些年改革发展奠定的良好基础上，以新的精神状态和奋斗姿态推动现代金融企业建设不断向纵深推进，在新的历史使命和新的创造性实践中，真正使金融成为“国之重器”，使国有金融企业成为“六个力量”。

三、主动适应决胜全面建成小康社会、开启全面建设社会主义现代化国家新征程的任务要求，扎实做好各项工作

总书记深刻指出，中国特色社会主义进入了新时代。作为一家国有大型银行，我们要主动站在这一新的历史方位和宏大背景下，谋划、把握和推动自身改革发展和党的建设各项工作。尤其要认识到，我国社会主要矛盾的变化是关系全局的历史性变化，对做好金融工作提出了许多新的要求，需要我们深入贯彻新发展理念，更好地促进解决发展不平衡不充分问题，更好地满足实体经济持续健康发展和人民群众日益增长的美好生活需要。全行要围绕十九大对实现“两个一百年”奋斗目标的战略安排，结合落实全国金融工作会议部署，以更高的质量和标准，持续加强和改进经营管理与党的建设，为十九大战略目标的顺利实现作出积极贡献。

（一）进一步突出“四个意识”尤其是核心意识。旗帜鲜明讲政治是我们党作为马克思主义政党的根本要求。党的政治建设是党的根本性建设，决定党的建设方向和效果。检验我们各级干部的政治觉悟和政治能力，首先看政治上是否站得稳、靠得住，关键看“四个意识”尤其是核心意识强不强。核心意识不是讲出来的、唱出来的，而是要实实在在做出来的。全行各级党组织和广大党员干部特别是领导干部，必须树牢“四个意识”尤其是核心意识，严格遵守政治纪律和政治规矩，在政治立场、政治方向、政治原则、政治道路上始终同以习近平同志为核心的党中央保持高度一致，坚决维护核心，捍卫核心，追随核心。要把对党忠诚、为党分忧、为党尽职作为根本政治担当，注重提高政治能力，坚定执行党的政治路线，在贯彻落实中央决策部署中不

打折扣、不耍小聪明，不搞小动作，切实把核心意识落实到实际行动和实际工作中去。

（二）坚定不移推进全面从严治党，不断提高党建工作的能力和水平。总书记强调指出，伟大斗争，伟大工程，伟大事业，伟大梦想，紧密联系、相互贯通、相互作用，其中起决定性作用的是党的建设新的伟大工程。对于工商银行来说，我们要在中国特色社会主义新时代，拿出新作为，展现新气象，就必须毫不动摇坚持和完善党的领导，全面加强党的建设。要在实际工作中，坚决贯彻好“党是领导一切的”这个重大原则。

各级党委要按照总书记提出的新时代党的建设总要求，自觉扛起全面从严治党的主体责任，以永远在路上的恒心，推动全面从严治党向纵深发展，不断提高党的建设质量。要坚持用习近平新时代中国特色社会主义思想武装全行党员和干部员工，更加自觉地学习党章、遵守党章、贯彻党章、维护党章，深入推进“两学一做”学习教育常态化制度化，以处级以上领导干部为重点，开展“不忘初心、牢记使命”主题教育，引导党员干部坚定信念、挺起脊梁。要进一步抓好党的领导与现代公司治理、党建工作与经营发展两个结合，在发挥双重优势上打造大行标杆。要以提升积极性、主动性、创造性为着力点，立足新时代全行改革发展新实践和大型跨国金融集团特点，加强基层党组织和党员队伍建设，着力提升基层组织的组织力，努力把全行1.3万个基层党支部打造成坚强堡垒，发挥好27万名党员的先锋模范作用。要持之以恒正风肃纪，全面深化党风廉政建设和反腐败斗争，巩固拓展落实中央八项规定精神成果，继续整治“四风”问题，大力营造风清气正的政治生态，形成敢于担当、狠抓落实、积极进取的精神状态，为新时代的改革发展提供坚强保证。要着力建设高素质专业化干部队伍，坚持党管干部、党管人才工作，完善竞争性选人用人机制，着眼长远蓄好人才池，注重关键岗位、后备干部、年轻干部的交流锻炼，调动各年龄段、各层面员工的积极性，促进队伍结构优化和梯队传承。要全面加强从业人员政治素质、专业知识和职业道德教育培训，使干部队伍的专业素养和专业能力跟得上新时代发展要求，锻造一支政治过硬、作风优良、业务精通、堪当重任的高素质人才队伍。

（三）紧跟现代化经济体系建设步伐，不断提高服务实体经济和供给侧结构性改革的能力和水平。总书记突出强调，我国经济已由高速增长阶段转向高质量发展阶段，正处在转变发展方式、优化经济结构、转换增长动力的攻关期，建设现代化经济体系是跨越关口的迫切要求和我国发展的战略目标。我们贯彻十九大精神，就是要围绕服务现代化经济体系建设，以支持供给侧结构性改革为主线，在促进经济发展质量变革、效率变革、动力变革及全要素生产率提高中，在增强我国经济创新力和竞争力中，发挥国有大行的应有作用。要落实好深化供给侧结构性改革的要求，围绕服务实体经济这一着力点和提高供给体系质量这一主攻方向，科学把握信贷投放总量、节奏和投向，前瞻谋划信贷布局，系统推进信贷结构调整，通过完善信贷存量与增量并轨管理机制，优化存量资源配置，通过规范创新与多层次资本市场健康发展相衔接的多元投融资体系，扩大优质增量供给，坚定不移支持去产能、去库存、去杠杆、降成本、补短板。要落实好加快建设创新型国家的要求，通过深化经营转型和改革创新等手段，促进创新驱动发展和新旧动能接续转换，为建设科技强国、网络强国、数字中国、智慧社会等提供金融支撑。要落实好实施乡村振兴战略的要求，以及推进农业供给侧结构性改革的部署，支持加快现代农业建设。要落实好实施区域协调发展战略的要求，加强信贷政策与区域发展政策的协调配合，加大力度支持“四大板块”“三个支撑带”及雄安新区建设等，优先满足国家重点建设项目的资金需求。要落实好加快完善社会主义市场经济体制的要求，创新运用债券工具、债转股、股权投资、基金投资等一揽子金融服务，助推国有企业改革攻坚及混合所有制经济发展；以把握实质性风险为前提，推进医教养等领域消费信贷产品互联网化，支持新兴服务消费提质扩容和传统消费升级扩大，增强消费对经济发展的基础性作用。要落实好推动形成全面开放新格局的要求，进一步完善境外网络布局和加快重点产品线的境外延伸，推动“一带一路”银行间常态化合作机制落地，推进“一带一路”建设金融服务创新。要落实好建设美丽中国的要求，积极发展绿色金融，继续推行全流程“绿色信贷一票否决制”，加强绿色债券承销创新，支持低碳生产和绿色发展。要落实好保障和改善民生的要求，做实做活普惠金融，统筹推进小微、“三农”、精准扶贫、“双创”等金融服务，创建人民群众满意的银行。

（四）把维护金融安全稳定放在突出位置，不断提高防范化解金融风险的能力和水平。总书记对防范金融风险始终高度重视，这次在十九大报告中也明确指出，要守住不发生系统性金融风险的底线。全行上下务必要从保障现代化建设、维护经济金融大局、确保自身安全稳健运营的高度，充分认识做好风险管控工作的极端重要性。一方面，要坚决巩固信贷资产质量逐季改善、总体向好局面。要进一步增强质量目标管控的计划性和主动性，强化“新增、潜在、逾期、不良”四位一体统筹管理。要抓好新增融资质量管控，加强对重点领域的风险排查预警，净化潜在风险。要在健全常态化清收处置机制的基础上，通过构建互信互利的新型银政银企关系，多渠道推动创新处置，提高处置效率和效益。要持续推进信贷体制机制改革，严格落实前中后台责任，强化贷前准入、贷中审批、贷后管理、不良处置的全流程管理。要推行专家治贷、专业治贷、从严治贷，重塑稳健审慎、合规诚信的信贷文化。力争早日实现不良贷款由“单降”到“双降”的转折。另一方面，要重视抓好各类风险的管控。全面分析研判风险新情况、新趋势和传导新路径，做好压力测试和预案制定，进一步完善全链条、全品种、全覆盖的风险管理体系，不让风险有危及安全的机会。要适应新的监管要求，突出抓好交叉性输入性风险管控，进一步明确跨市场业务发展的方向、重点和模式，积极稳妥、健康规范地发展同业业务、票据业务、资产管理、互联网金融等业务，做到实质风险可控。要持续跟踪国际经济金融形势及主要经济体货币政策变化，统筹抓好汇率风险、国别风险及境外机构合规风险管理。要坚持审慎稳健的流动性管理策略，确保流动性运行平稳有序，发挥好大行市场稳定器和风险减压阀作用。要坚决保证安全稳定运营，紧绷案防这根弦，加强对“十大风险”等重点领域的排查治理，抓好发现问题的整改工作，持续强化内控合规三道防线建设，推动合规文化核心理念和新时期“十大禁令”落地深植。

（五）着眼于激发经营活力和价值创造力，不断提高推动转型创新的能力和水平。贯彻新发展理念，找准改革发展的历史方位，加快推进经营转型和改革创新，是关系工商银行发展全局的战略抉择。我们要立足自身实际，着眼内部挖潜、做实内功，切实通过加快经营转型和深化改革创新，提升服务实体经济能力、防控金融风险能力和自身持续稳健发展能力。一要深化改革。要持续完善公司治理，健全“决策科学、监督有效、运行稳健”的运作机制。要主动适应金融监管体制改革和金融调控方式创新，统筹抓好管理体制机制创新、利率市场化定价、重点城市行竞争力提升等一系列改革的落地见效。要根据十九大的战略指引，结合全行发展实际，汇聚众智编制好新的三年发展规划，明确愿景目标，明确激发经营活力、增强市场竞争力、提升风险控制力的主要任务。年内总行深改领导小组将召开改革推进会，梳理评估改革项目落地情况，及早研究明年改革计划。二要持续推进经营转型和金融创新，以服务创造价值，靠竞争力吃饭。坚持以实体经济和客户需求为导向，深化大零售、大资管、大投行战略实施，促进国际化综合化升级发展，增强集约化、内涵式发展能力。以更加开放和进取的姿态拥抱金融科技变革趋势，深入布局并应用大数据、生物识别、人工智能、云计算、区块链、物联网等新兴技术，加快推进 e－ICBC 3.0 互联网金融战略升级，提升多维度、多场景、多元生态下的获客活客黏客能力，加快向“智慧银行”转型，使金融“正规军”成为互联网金融发展的“主力军”，更好引导行业发展方向。

在贯彻落实十九大精神过程中，要注意转变工作作风，加强调查研究。年底前总行将召开改革发展研讨会，以十九大精神为指导，适应新时代的形势任务要求，进一步解放思想，开阔视野，深入研究谋划明年工作和今后一个时期的发展战略。各级行、各部门要结合对十九大精神的学习，认真研究思考自身工作，为深化改革发展做好思想和措施准备。

同志们，中国共产党人的初心和使命，就是为中国人民谋幸福，为中华民族谋复兴。这个初心和使命是激励46万工行人不断前进的根本动力，也是我们做好各项工作的根本出发点和落脚点。新时代开启新征程，新时代呼唤新作为。让我们在党的十九大精神和习近平新时代中国特色社会主义思想的引领下，不忘初心，牢记使命，锐意进取，埋头苦干，扎扎实实把工商银行的事情办好，奋力走好新时代的长征路。

在全面深化改革领导小组会议上的讲话

易会满

（2017 年 11 月 6 日）

结合刚才各部门的汇报和各位行领导的发言，我觉得全行深改工作呈现这么几个特点。一是站位高，重全局，抓重点。全行紧紧抓住盈利单元建设这个关键，持续推动重点城市行竞争力的提升，成效初现。利润中心改革夯实了业务条线的风险管理责任，明确了分润规则。国际化 4.0 战略持续推进，各部门境内外一体化管理意识大为增强。重点困难分行无论在拨备前利润、资产质量方面，还是在市场竞争力方面，都取得了可喜的变化。e－ICBC 3.0 战略已经开始实施。数据治理、企业级数据应用工作取得较大进展，等等。二是责任明，重协调，重推动。全行围绕 20 项大的改革、500 多项任务，建立了责任清晰、任务明确、过程可控、效果可评价的督办工作机制。比如，通过“大零售、全公司、全机构”客群战略和“大资管、大投行、e－ICBC 3.0”业务战略的强力推进，丰富了“顺应大时代，抢抓大机遇，推进大联动，实现大发展”的战略内涵。

大资管的风险管理得到加强。信贷体制机制改革、个贷经营模式优化的实施，筑牢了全行经营发展的风险底线。三是着手早，响应快，重务实。比如，在服务京津冀协同发展和雄安新区国家战略落地过程中，总行各部门第一时间快速响应，制订了从顶层整体设计到具体实施的金融服务方案，尤其是突破了传统融资服务约束，提出了面向未来社会、数字城市的整体建设框架建议。四是思路清，敢碰硬，重实效。比如，针对员工考核“最后一公里”落地，采用解剖麻雀的方式，跑基层下网点，收集了大量一手材料，出台了部分考核指引。总之，总行各部门对于全面深化改革是积极支持的，进展也是顺利的，这为我们下一步的改革深化打下了比较好的基础。

下面，我结合对党的十九大精神的学习，就全行全面深化改革谈一点想法。全面深化改革是习近平新时代中国特色社会主义思想的重要内容，是“四个全面”战略布局的重要组成部分。去年新一任总行党委班子成立以来，特别是全国金融工作会议和党的十九大召开后，总行党委一直在思考，中国特色社会主义进入新时代赋予工商银行什么样的历史使命，如何将工商银行的深改工作对标这样一个新的时代，深改工作进入“深水区”后，我们的主攻方向和措施有哪些，等等。就这些思考，我讲四点意见。

一、找准全行改革的定位和方向

工商银行在从国家专业银行到国有商业银行，再到现代股份制银行的三十多年的经营实践中，始终引领时代潮流，走在改革创新的最前沿。继2008年成为全球盈利、存款和品牌价值第一的银行后，最近五年又在营业收入、一级资本、总资产、ROA、ROE等多项核心指标上确立了全球领先地位，成为历史上第一家来自新兴市场国家的“全球最佳银行”。通过分红和上缴利税，累计为国家创造9 000多亿元的价值回报，累计向实体经济投放贷款50多万亿元，在国际化发展、综合化经营，以及风险管理、公司治理等领域引领同业。回顾这些年的转型发展历程，一些经验是非常珍贵的，值得长期坚持。主要有，坚持党建与公司治理的有机结合，坚持按商业银行经营规律办行，坚持传承与创新，坚持谋定后动与因势而变，坚持风险动态管理，坚持统一性和差异化相结合，等等。这些经验也是指导工商银行承前启后实现可持续发展的基本方略。

近期，总行各部门都在制定三年规划。虽然说是三年规划，但大家的眼睛不能只盯着三年，也不能只局限在各自专业、各自机构的范围内，而是要紧紧围绕进一步激发经营活力、增强市场竞争力、提升风险控制力这“三力”目标，以更高的站位、更大的格局、更宽的视野、更远的谋划，真正想清楚今后三年的目标和要做的主要工作。现在我们很难预判百年工行是什么样子，也难以想象到2050年人类社会发展模式、客户行为方式，以及金融与银行业态是什么样子。但无论外部环境怎么变，打造“价值卓越、客户首选、服务领先、创新领跑、安全稳健、以人为本”的具有全球竞争力的世界一流现代金融企业，都是我们孜孜以求、不懈奋斗的目标和方向。

二、全行改革要坚持的原则

自成立以来，工商银行的每一步历史跨越都源自改革创新所释放出的巨大能量。股改上市以后，我们按照建设现代金融企业的要求，从全局性的角度对公司治理、集团管理、人力资源管理、运营流程进行了一些安排。下一阶段的深化改革工作，要聚焦重点领域和关键环节，“啃硬骨头”“过险滩”，要求我们要更好地把握整体和局部、进取和稳健、竞争和协同之间的关系。结合十九大精神和工商银行实际，未来一段时期，全行改革要遵循以下三个基本原则。

（一）立足全局，高标定位。工商银行的深改工作和战略规划，要立足于新时代中国特色社会主义建设的整体战略布局，凝聚改革共识，坚定改革自信。无论是大零售战略的推进，还是大资管、大投行战略的实施，都要紧紧围绕人民生活水平提高和重点民生领域建设，不忘服务实体经济本源的初心，大处着眼，小处着手，立足当下，放眼长远，从三年、五年，甚至更长周期来考虑定位问题。

（二）服务基层，问题导向。前一阶段的改革已经取得了明显的成就，但要看到我们在市场拓展、客户服务、风险管控、队伍建设等领域中，还存在着一些制约全行经营发展的突出问题，要解决这些问题，必须以服务基层为根本出发点，以体制机制创新为根本着力点，以提升竞争力为根本落脚点，不能为改革而改革，不动摇、不懈怠、不折腾。

（三）面向未来，客户为先。战略传承和创新是工商银行一贯的发展原则，既要一张蓝图绘到底，也要与时俱进鼎固革新。当前，经济社会在从后工业时代加速跨进信息化、智慧化时代，各类社会主体的生产生活方式和金融消费模式都在发生深刻变革，工商银行必须把客户需求为先、客户体验良好作为衡量各项工作的关键标准，以客户为中心做好战略设计和改革部署，建设客户满意的银行。当然，我们也要认识到，强化“以客户为中心”机制落地，是一个复杂艰巨的系统工程，需要全行上下持续发力，才能积小胜为大胜。

三、当前推进改革的艰巨性

全面深化改革既是新时代对工商银行提出的新要求，也是工商银行自身加快发展的内在需要。随着外部环境和工商银行自身发展阶段的变化，在经营格局调整和全面深化改革过程中，有些突出的共性问题需要着力解决。一是如何进一步强化“以客户为中心”机制的落地。这个问题需要持之以恒加以解决。二是如何从全局角度做好“最后一公里”战略传导。重点是结合分行资源禀赋，加快探索分类考核办法，避免平均用力。三是如何加快科技和业务架构转型，全力解决科技在服务业务、管理、风控等方面存在的不平衡、不充分的问题。四是如何真正实现“线上线下一体化”。关键是在发挥好全行线下优势的前提下，将“线上优先，场景突破”作为业务发展和获客、活客、黏客的大战略。五是如何持续推动国际化由外延式增长向内涵式发展转变。核心是推动各部门真正实现境内外业务一体化、合规化发展。六是如何持续推动“大零售”战略的落地。主要是通过“抓两头、带中间”“树典型、促落后”，加强指导，持续推动。七是如何加强战略协同。比如，大投行、大资管要加快探索适应不同外部环境的发展思路，通过改革和创新突破发展瓶颈。

四、近期改革主攻方向与重点

近期，我们改革的总体要求是，以学习贯彻十九大精神为主线，积极落实全国金融工作会议提出的服务实体经济、防控金融风险、深化金融改革三大任务，结合实际，勇于突破，确定全行全面深化改革的主攻方向和工作重点。

（一）突出客户核心，全面深化四大客户战略。重点打造全方位、立体化的客户营销模式，实施客户全需求受理，形成涵盖客户上、中、下游的全方位综合服务体系，全面落实客户战略“十五个关键词”的部署要求。

第一，深化大零售战略。近年来，中高端消费群体不断扩大，消费升级趋势明显，消费对经济发展的基础性作用更加突出。未来三年是大零售发展的关键阶段，全行要将大零售战略当作关乎生存的重大工作抓紧、抓实。要做好个金与私银、信用卡、贵金属等专业的一体化统筹发展，打造贵金属、信用卡、理财、证券、基金、保险、账户交易等7类产品的协调发展，一个拳头对外，形成“1个客户+N项业务”金融服务组合机制以及相应的管理机制，完善渠道、品牌、服务的线上线下统筹。要推动私人银行改革落地，突出风险分离，通过对投资、客户、产品端的体制创新与机制优化，推进战略协同，全面提升风控能力、客户服务与拓展能力、价值创造能力。要推进银行卡业务改革，全面落实总行党委“全方位拥抱互联网”战略部署，从获客、支付、融资、服务、管理5个方面，坚定不移地加快推进信用卡业务互联网转型发展，打造消费金融生态圈；按照个贷经营模式优化要求，做好信用卡业务授信模式改革。

第二，深化大公司客户战略和交易银行建设，推动信贷经营体制转型，助力供给侧结构性改革。大公司战略要积极适应经济结构调整和转型升级要求，善于捕捉新动能，加大对代表未来产业方向领域的研究和客群拓展，坚持质量第一、效益优先的原则，科学把握信贷投放总量、节奏和投向。强化大公司与大投行的投贷联动发展，加大与结现条线的存款协同力度，深化境内外联动机制，推进普惠金融和绿色金融创新。推动支付结算产品跨专业、跨渠道整合、复用、创新机制的全面升级，打通客户体验的部门墙与系统壁，优化资金体内循环机制，打造全球现金管理品牌，建立商流、资金流、物流、信息流“四流合一”的交易银行运营模式。同时，按照“24字”核心信贷经营理念，继续深化信贷体制机制改革。持续提升省行与二级分行、法人与个人、境内与境外、表内与表外的信贷经营能力。统筹各条线信贷改革在二级分行的实施落地，强化二级分行信贷风险集中管控。

第三，深化大机构、大同业战略，服务好国家财税体制、行政体制、司法体制、金融体制、国防和军队等领域的改革。近年来，我们抓住了财税、军队等客户系统改造的机会，通过参与建设，从源头锁定了一批重要客户。下一步，要充分运用好系统优势，进一步提升服务水平。在教科文卫和社保养老领域，还存在一些短板。要紧紧抓住优先发展幸福产业的政策利好，扩大政府主管部门和医院、学校等客户覆盖面，并以此为带动深度拓展个人基础客群。大同业战略选择“银、证、保”个人高端客群进行渗透，研究养老金、贵金属、票据等业务与客户战略的协同发展问题。

（二）推动转型发展，深化大资管、大投行战略，完善金融市场交易体系，加快普惠金融布局。主动适应监管规范化要求，积极对接多层次资本市场，深化表内外协同、境内外联动，实现资管规模、投行品牌、交易体系的全面领先。围绕民生、小微、双创、“三农”，推动普惠金融模式创新破题。

第一，在融入多层次资本市场快速发展的过程中，深化大资管战略。对资管业务的发展，要实现做大规模和防范风险的辩证统一。统筹好表内与表外“两张资产负债表”，回归服务实体经济本源，提升资管项目拓展能力。严格按照监管要求，强化底层资产风险的穿透管控，构建“跨市场、跨业务、跨监管”的全球风险管理体系。厘清资管和投行业务边界，完善资管全产品链体系，提升资管投研能力，提升资产配置水平，真正实现大资管统计、产品、投研、销售、风控“五统一”。

第二，在完善社会主义市场经济体制的过程中，深化大投行战略。新时代经济体制改革以完善产权制度和要素市场化配置为重点，以产权为核心、以资本为纽带，进一步优化国有经济布局，注重激发各类市场主体活力，这为大投行提升发展、跨越发展创造了条件。要主动布局国有企业改革、投融资体制改革、直接融资比重提升等领域，坚持“集团统筹、多元化平台、战略协同、国际化布局、综合化功能、特色化发展”等原则，塑造集团大投行品牌形象，构建差异化运营新模式，推进业务结构转型，提升重点区域市场竞争力，强化跨市场开放合作，建设统一的信息化平台，打造有市场影响力的投研品牌，建设专业化高水平的团队。

第三，在深化利率汇率市场化、境内外联动过程中，完善金融市场交易体系。把握企业加速“走出去”和“一带一路”建设等市场机遇，跟踪研究贸易和投资自由化便利化政策，推进跨境、跨市场的金融市场交易体系和全球托管体系建设。强化工银标准与集团的融合联动，从转型发展和构建业务领先优势出发，合理摆布资源，统筹投资、融资、交易和承销四大业务板块发展，培育与工行市场地位相匹配的同业竞争能力。依托国内市场，提升托管业务发展力度，加快全球布局，建立全球资产托管服务体系，着力拓展信息咨询、交易便利等融智业务，大力挖掘创收空间。

第四，在保障和改善民生的过程中，完善普惠金融布局。全面贯彻党中央、国务院部署，落实“五专”经营机制，推进专营机构建设，建立科技研发、考核评价、风险容忍、尽职免责等正向激励机制。利用大数据，依托大产业、大链条，借力优质外部资源，加快研发场景化小微金融专属产品，探索小额信贷客户准入模型与授信体系，建立批量化和集群式获客机制。立足精准扶贫，找准普惠金融的战略定位，形成“三农”服务新模式。

（三）提升经营质态，深化综合化、国际化、智慧化战略。这三大战略事关全行提质增效和转型发展大局，是推动集团整体战略布局优化和创新改革发展的重要驱动力。

第一，在推进母子公司一体化联动经营的过程中，深化综合化战略。以战略协同为引领，客户和业务协同为重点，利益协同为动力，风控协同为前提，党建和文化、人才协同为保障，推动集团与子公司系统互联互通、业务运营无缝对接，形成客户资源全面共享、产品全面整合、营销渠道全面对接机制。健全综合化经营布局，补齐信托、证券等牌照，稳步探索对金融科技、金融基础设施、健康医疗养老及科创型企业的投资，完善配套体制机制安排。按照“一司一策”原则，研究制订工银安盛、工银租赁、工银国际、工银瑞信、工银投资等子公司的战略转型与改革方案。

第二，在全面开放新格局的形成过程中，推动国际化4.0战略落地实施。随着我行面向全球的贸易、投融资、生产、服务网络的逐步形成，国际化战略也必须以提质增效为核心，加快打造境外业务合规化、差异化、本地化、一体化和集约化经营能力。完善国际化机构的综合化功能，做好综合化子公司的国际化布局。审慎稳健填补境外空白市场，进一步完善境外网络布局。做实境外机构的差异化定位，加快重点产品线向境外延伸。

第三，在建设数字中国、智慧社会的过程中，继续坚持科技引领战略。面对全社会加速步入信息化、智能化、智慧化阶段的大势，突出对重大技术突破、重大战略利益的把控。加快推进 e－ICBC3.0 战略，着力推动线上场景搭建工程，构建开放、合作、共赢的金融服务生态圈。推出“撒手锏”产品，实现批量获客、活客、黏客的重大突破。深化大数据在基础管理领域应用，围绕客户画像与营销支持，加快推进企业级数据应用体系建设，支撑全客户联动营销和全产品交叉销售。加强数据仓库建设与基础数据治理，强化对现有系统的整合，降低科技研发负担。构建企业级业务架构，深化 IT 架构转型，加大科技攻关力度，推进智慧银行建设。

（四）打造利润单元，深化区域协调。推动区域分行差异化发展，形成衔接有序、共同支撑的区域发展新格局。

第一，在以城市群为主体的新型城镇化格局中，深化重点城市行改革内涵。顺应城镇化进程中各类要素资源加速向城市汇集的规律，以及日益明显的空间格局网络化趋势，持续深化重点城市行竞争力提升的内涵。关键是立足自身资源禀赋，发展区域特色经营。加大创新力度，全面深化改革。推动组织模式集约化、高效化改革，增强本部直接营销、直接经营、直接风控职能，释放经营活力。根据同业竞争和系统贡献情况，实施名单动态管理。持续推进困难行限期解困。

第二，在推动区域协调发展的过程中，实现在国家重点战略区域的业务协同发展。抢抓“北雄安、南湾区”的区域发展新机遇，打造全行新的利润增长极。创新推进雄安新区系列业务布局，形成雄安与京津冀协同共振的“1＋3”良性发展格局，打造智慧银行与数字城市建设相结合的创新试验田。围绕大湾区建设，推进粤深港澳机构的深度融合与协同发展，探索可供其他重点城市行快速复制的发展路径。深挖长江经济带、中部崛起、东北振兴、西部大开发等区域战略新商机，实现属地市场与跨区市场的良性互动。

（五）在保障国家金融安全的过程中，强化全面风险管理体系。贯彻“总体国家安全观”和“守住不发生系统性金融风险的底线”要求。完善全面风险管理架构与管理手段，启动全面风险智能监控体系建设，突出对线上线下交易过程风险的智能监控和实时干预。实现对“个人＋法人、股权＋债权、表内＋表外、境内＋境外、线上＋线下”投融资业务底层数据的穿透，全面提升对各类风险的管控能力。

（六）深化体制机制改革，进一步提升公司治理水平。按照习近平总书记提出“建设高素质专业化干部队伍和加强基层组织建设”的要求，坚持问题导向、客户导向、基层导向的原则，全面部署推进员工考核“最后一公里”方案实施，推动组织体制改革和“条块联动”机制创新，提升组织机构及管理效能，调整人力资源结构，优化绩效考评体系。启动集团业务运营模式优化，建设智慧运营体系。打造创新平台型柔性组织，打通“中梗阻”，激发基层员工的创造意识和责任意识，支撑全行价值创造和可持续发展。

最后，再强调一下深改工作的相关要求。第四季度，要对标年初战略解码和深改工作任务书，加强过程管理，重点抓进度、促落实、见实效，对没有完成年度改革任务序时进度的要问责。要结合新三年规划，做好新增改革项目的论证立项和改革解码，明确目标任务，制定时间表、路线图和责任人。作为一家国有大型银行，我们要主动站在新的历史方位和宏大背景下，谋划、把握和推动全面深化改革工作。要拿出勇气、拿出干劲，提升稍纵即逝的机遇感、舍我其谁的使命感、时不我待的紧迫感，牢记使命担当，深入推进全面深化改革，服务好国家决胜全面建成小康社会、全面建设社会主义现代化强国、实现中华民族伟大复兴中国梦的新征程，扎扎实实办好自己的事情，认认真真做实现“中国梦”的建设者、践行者，创造无愧于时代的业绩。

在上海分行调研时的讲话

易会满

（2017 年 11 月 17 日・根据录音整理）

时隔一年再来上海，一方面是看望同志们，另一方面是实地调研了解分行经营面临的内外部环境变化和当前的最新情况。刚才顾国明同志代表上海分行党委作了工作汇报，总体感觉上海分行经营态势稳步向好，走出了前期因个人经营贷款问题带来的阴霾和负面影响。在这里我代表总行党委感谢同志们的努力和付出。下面，我再讲四个方面的意见。

一、上海分行取得的经营成绩值得肯定

在即将过去的 2017 年，上海分行各项经营管理工作积极主动，经营成绩显著，有四个方面的特点让人印象深刻。一是市场竞争力稳步回升。从 10 月末的经营数据看，上海分行存款、贷款、中间业务收入、资产质量等主要经营指标得到全面改善，并处于同业领先地位；拨备前利润和净利润增幅连续三个季度超全行平均水平，较好地完成了总行序时进度计划，为全行作出了重要贡献。二是风险管控能力不断增强。上海分行进一步强化了风险管控工作，有效防范了大的风险事件的发生，实现了既定的内控案防目标。不良贷款余额、不良率连续十个季度实现“双降”，10 月末不良率 0.47%，较年初下降 0.32 个百分点，创历史最好水平，并优于上海同业平均水平，在系统内也处于领先位次。三是经营转型和改革创新持续推进。上海是国内经济金融最发达、最具活力和创造力的地区之一，资管、同业、托管、投行、金融市场等新兴业务具有巨大的空间和潜力。总体来看，上海分行党委在这方面指导思想明确，工作措施得力，结合区域资源禀赋和环境特点，在新业务、新客户、新市场拓展方面作了一系列针对性安排，也取得了一定的成绩。今年上海分行中间业务收入在同业四大行中唯一实现了正增长，市场占比超过 40%；增幅也超过全行平均水平近 10 个百分点。四是干部队伍建设得到加强。上海分行经营成绩的取得，离不开一支敢打硬仗、能打硬仗、善打硬仗的干部队伍。在领导班子建设上，经过不断的调整补充，现在上海分行的领导班子综合素质高、专业构成整齐、年龄结构合理。在人才队伍建设上，上海分行建立了干部业绩档案，推进了能上能下选人用人机制，加快了优秀年轻干部和专业化、国际化人才的培养，干部队伍的活力和能力得到进一步增强。

总行党委对上海分行新班子组建以来的经营成绩是满意的，工作是肯定的。如果进一步深入分析当前上海分行经营管理面临的困难和问题，我认为主要矛盾还是创新转型速度与外部环境变化之间存在不平衡的问题。现在银行业面临的市场环境、客户需求、技术条件变化很快，要更好地适应这种发展变化，只有不断加快自身转型创新步伐，做到因势而变、因变而变、以变应变。这一点全行上下还有不小差距，上海分行也有不小的潜力，需要认真谋划、抓紧推进。如果能把这个问题解决好，相信上海分行的市场竞争力和经营活力将得到进一步提升。

二、以党的十九大精神为指导，抓好当前及未来一个时期的工作谋划

党的十九大是在全面建成小康社会决胜阶段、中国特色社会主义进入新时代的关键时期召开的一次十分重要的大会。大会深刻阐述了新时代中国共产党的历史使命，确立了习近平新时代中国特色社会主义思想的历史地位，提出了新时代坚持和发展中国特色社会主义的基

本方略，确定了决胜全面建成小康社会、开启全面建设社会主义现代化国家新征程的目标，对新时代推进中国特色社会主义伟大事业和党的建设新的伟大工程作出了全面部署。我们要全面准确学习领会党的十九大精神。结合银行发展实际，深刻领会习近平新时代中国特色社会主义思想的历史地位和丰富内涵，深刻领会中国特色社会主义进入新时代的时代特征，深刻领会我国社会主要矛盾的发展变化，深刻领会社会主义经济、政治、文化、社会、生态文明建设等方面的重大部署，等等，从而提高政治站位，自觉运用新思想新理论来化解新矛盾、解决新问题，增强发展动力，树立发展自信。我们要坚持理论联系实际，把党的十九大精神贯彻落实到自身经营发展各个方面。下一阶段，重点是编制好全行未来三年发展规划，画好新蓝图，采取新举措，围绕创新型国家建设、供给侧结构性改革、区域协调发展、现代化经济体系建设、全方位对外开放、金融稳定发展等方面，贯彻好党的十九大精神和党中央的各项决策部署，在工作中抓好具体落实。在即将召开的全行改革发展研讨会上，我们将对此做进一步商量探讨，希望上海分行早谋划、早安排、早见效。

三、找准上海分行战略定位，在全行经营发展中承担更大责任、发挥更大作用

我多次强调，大中城市是国家经济发展的磁力极，也是最大的经济弱周期区域，更是工商银行经营的主战场、发展的主阵地。对于上海分行来讲，面对上海特殊的区位，首先要明确的是自身的战略定位是什么，在全行经营发展中承担什么样的责任、发挥什么样的作用？这个问题至关重要，需要总分行党委一起统筹考虑，举好旗，定好向。一方面，要厘清战略定位。眺望全球，上海地处改革开放最前沿，是对外开放门户城市，未来定位于建设卓越的全球城市，打造国际经济、金融、贸易、航运、科技创新中心和文化大都市，这个愿景和规划下蕴藏着丰富的业务机会；环顾国内，上海是长三角经济发达地区的核心城市，地处长江龙头，具有引领地区经济发展的天然优势，未来长三角一体化融合发展下有广阔的业务空间。基于上海的城市定位，对总行来说，上海一定是资源和要素投入的重点区域，是改革创新的试验田，是必争的战略要地。上海分行应该在这个大背景下来找准定位、提升格局、谋划发展。另一方面，要充分发挥领军作用。我常常说，对于上海分行这类具有重大战略意义和优越资源禀赋的地区旗舰行，要淡化人均、网均指标，更多看总量、看份额、看占比。上海分行要努力抓住新的历史机遇，充分利用自身区位优势，进一步确定发展新坐标，落实好人才保障，不断提升在上海地区的市场竞争力和在全行的贡献与地位。

四、突出重点，抓好几方面具体工作

一是积极拓展新业务、新客户、新市场。要切实抓好“三新”业务，激发经营活力，当好改革创新的“领头羊”和“排头兵”，创造可复制推广的先进经验，打造新的业务增长极和利润增长点。比如，同业业务要积极转变观念，从提升专业能力、打造优质客户池、建设专业系统平台、主动适应监管政策、学习借鉴先进同业经验等角度想办法，深入挖掘业务潜力，真正把同业业务建成一个新的利润单元；又如，投行、资管业务要用好区域授权，积极对接本地投资机会，提升投资管理和风险防控能力，扩大市场占比和品牌影响力；再如，金融市场、托管等业务要依托上海国际金融中心优势，在创新业务上先行先试，进一步扩大业务规模，提升盈利贡献；再如，如何结合上海科创中心定位、科创园区建设和科创企业兴起的契机，确定专门支行、组建专门团队、形成专门机制，专心拿出一段时间潜心研究市场，找到拓展科创金融的有效路子。二是着力抓好服务新模式的构建。目前总行正在推进的 e－ICBC 3.0 智慧银行转型、推进企业级业务架构和 IT 架构优化等战略举措，核心目的是创造开放、多元、融合的业务场景，发挥好线上线下一体化优势，构建新的服务模式，打造极致产品体验，满足客户日益增长的个性化需求，进而增强获客、活客、黏客的能力。上海分行作为系统先进行，要在这些领域多做探索，先行先试，更好适应客户特别是零售客户新需求，在智慧零售方面走在全行前列。三是探索组建新型柔性化团队。新业务、新产品线的专业性很强，发展创新业务，必须以专业团队、专业能力为前提。在这方面，上海分行可以积极尝试，组建柔性化团队，明确业务目标，优化考核机制，让他们真正在市场上摸爬滚打、冲锋陷阵。四是始终把风险防控放在突出位置。任何一项新业务都会伴生各类风险。我们在推进转型创新、发展“三新”业务的同时，切不可掉以轻心。要始终绷紧风险防范这根弦，切实筑牢风险防控的堤坝，坚决守住风险的底线，为业务可持续发展保驾护航。

总之，相信上海分行在分行党委的正确领导下，一定能够把好方向稳住舵，一手抓传统业务的巩固与提升，一手抓创新业务的突破与发展，齐心协力把良好的发展势头保持住，为全行的经营发展发挥更大的作用。

在境外机构和子公司公开遴选新任职人员集体谈话会上的讲话

易会满

（2017 年 12 月 27 日）

非常高兴和大家见面。今天既是进行集体谈话，也是和大家一起交流思想。你们通过层层选拔从全行这么多干部中脱颖而出，实属不易，充分代表了年轻干部的专业水平和精神风貌。在这里，我首先代表总行党委向大家表示祝贺！

我看了大家的基本情况，各位综合素质都很好，学历水平高，硕士博士占比超过 80%，其中近三成拥有博士学位；年富力强，基本都是"70 后"干部，平均年龄只有 42.8 岁，"75 后"的有 11 人，占比 42.3%；专业功底也比较扎实，经历比较丰富，大部分人都经过多个岗位历练，还有很多同志有基层行经营管理经验和外派工作经历。这些都与我们转型发展的需要和选人用人的导向十分契合。

"用一贤人则群贤毕至，见贤思齐就蔚然成风"。近两年全行陆续开展了多次公开遴选工作，这是总行新一届党委班子结合形势发展需要，持续加强干部队伍建设的一项重要举措，充分体现了干部选拔任用工作的新导向。通过公开遴选方式选拔境外机构和子公司干部，进一步拓宽了选人用人视野，激发了全行人才参与国际化综合化经营的热情，有利于人才资源在集团内的合理流动和优化配置，更好地支持全行转型发展。总的来看，效果不错，前期通过公开遴选任用的干部为集团发展注入了新动力，带来了新气象，也取得了新成绩。

近年来，全行上下紧密围绕转型升级这条主线，持续深入推进国际化综合化发展，不断开拓新领域，取得新进展，境外机构及综合化子公司经营价值贡献持续提升，为拉动集团利润正增长注入了正能量。目前，我行在海外 45 个国家和地区设立了 419 家机构，资产总额超过 4 300 亿美元，经营规模已非常庞大。几家综合化子公司也在各自领域内争先进位，具备了较强的核心竞争力。然而，我们也要清醒地看到，当前国际化综合化经营存在的深层次问题正在逐渐显现，例如，海外经营架构还需进一步转变，业务增长模式还相对比较传统，客户基础还不够牢固，盈利结构还不够合理，风险把控还存在薄弱环节，合规监管压力不断加大，等等。复杂多变的国际化综合化经营环境，对大家，也对所有境外机构和子公司干部提出了更高的要求，既要具备较高的外语水平和银行经营管理经验，也要有较强的跨文化、跨市场融合能力；既要具备过硬的专业素质，也要有较强的综合管理能力；既要有遵规守纪、合规经营的意识，也要有不断开拓创新、拼搏进取的精神。目前，我们最缺乏的是人才，尤其是各级管理人才。今后境外机构和子公司发展怎么样，取决于人才队伍和干部队伍建设。

这次谈话后，大家很快就要走上新的管理岗位，很多同志也将不远万里、远渡重洋。希望大家在新的起点上再接再厉，用新的工作成绩来展示自己的才能，报答组织的培养，回应员工的期盼，回报家人的期待。我在这里对大家提四点要求。

一、深入学习贯彻党的十九大精神，进一步增强"四个意识"尤其是核心意识

学习宣传贯彻党的十九大精神，是当前和未来一段时期的首要政治任务。习近平总书记在报告中深刻指出，中国特色社会主义进入了新时代。对于工商银行来说，要在中国特色社会主义新时代，拿出新作为，展现新气象，就必须毫不动摇坚持和完善党的领导，全面加强党的建设。境外机构、子公司作为工商银行国际化综合化发展的先锋队，在建设世界一流现代金融企业的征程中肩负着重要责任。大家要深入领会、准确把握党的十九大精神实质和核心要义，在"学懂弄通做实"上下功夫，切实把思想和行动统一到大会精神上来。

（一）要旗帜鲜明讲政治，用习近平新时代中国特色社会主义思想武装头脑。坚决维护党中央权威，坚决维护习近平总书记作为党中央的核心、全党的核心地位，坚决服从党中央集中统一领导，自觉在思想上政治上行动上同以习近平同志为核心的党中央保持高度一致。全面贯彻党的基本理论、基本路线、基本方略，以更宽广的视野、更长远的眼光来思考和把握未来发展面临的一系列重大战略问题，坚定理想信念，牢记党的宗旨，永葆共产党人的政治本色，毫不懈怠地推进现代金融企业建设。

（二）要自觉落实一岗双责，全面加强从严治党从严治行。要按照习近平总书记提出的新时代党的建设总

要求，自觉扛起全面从严治党的责任，不断加强境外机构和综合化子公司党的建设，把纪律和规矩挺在前面，明底线、知敬畏，做到有令必行、有禁必止，持之以恒正风肃纪，营造风清气正的政治生态，形成敢于担当、狠抓落实、积极进取的精神状态。

（三）要增强责任担当意识，坚定不移地推动改革发展。党的十九大描绘了党和国家事业发展的宏伟蓝图，开启了新的奋斗征程。境外机构、综合化子公司的转型发展正处在攻坚阶段和关键时期，能否顺利地实现转型升级，关键在于我们的干部队伍。要充分认识到肩负的责任和使命，不忘初心，牢记使命，锐意进取，埋头苦干，全面贯彻落实好中央和总行党委的部署要求。要围绕十九大提出的“坚持打开国门搞建设”“积极促进‘一带一路’国际合作”“推动建设开放型世界经济”等任务，以及中央经济工作会议提出的“更好为实体经济服务，进一步深化金融改革，守住不发生系统性金融风险的底线”等要求，立足境外和子公司工作实际，找到服务国家战略、推动国际合作的切入点，打造新优势，开创新局面。

总之，外派干部讲政治，具体体现就是维护核心，坚决维护以习近平总书记为核心的党中央权威；维护大局，坚决维护党的领导和祖国统一；维护形象，坚决维护工商银行在全球的大行形象。

二、自觉维护班子团结，不断提升团队管理能力

境外机构和综合化子公司领导班子成员，有的来自集团内不同的机构，有的是当地雇员和市场化招聘的成员，大家不只工作方式方法不一样，思维习惯和价值观也会有差异。要学会在这种多元文化的碰撞中开展工作，注意维护好班子团结。特别是作为集团派出的管理层成员，要有身份意识和担当意识，充分发挥好模范带头作用，在当地雇员和市场化员工面前树立集团外派干部的良好形象。

（一）要注重协调配合，增强班子的凝聚力和向心力。作为副职要充分支持一把手的工作，尊重一把手的决定，维护一把手的权威，对于班子研究形成的决议，即使和自己的观点不同，也不能牢骚推诿，要从大局出发，不折不扣地抓好落实。对自己分管的工作要敢抓敢管、大胆负责，结合实际创造性开展工作，发挥好个人能动作用。对其他班子成员，要讲格局、讲境界，加强协调配合，做到分工不分家，补位不越位。对于不同观点，要多些换位思考，求同存异，形成合力。当然，在涉及重大原则和是非问题上，在涉及工商银行集团利益、甚至国家金融安全等问题上，决不能含糊，处理好讲团结和讲原则之间的关系。

（二）要适应跨文化管理要求，不断提高带队伍的能力。作为班子成员，不光要管好自己，更要带好队伍，充分调动员工的工作积极性。特别在境外不同的工作环境、在子公司不同的行业规则下，要更加注意尊重当地雇员的风俗文化，适应不同行业的管理特点，避免简单地照抄照搬以往的管理方法，引发不必要的冲突，甚至监管的追责处罚。在这方面，有些外派管理人员是有很深刻教训的。要树立以人为本的理念，主动转变观念，尽快适应当地人文环境、行业特点，以良好的专业素质、职业素养感召员工，以科学实用的方法、工具管理员工，注重培养人、发展人、锻炼人，赢得大家的支持与信任。

（三）要持续加强自身作风建设，充分发挥表率作用。作风建设体现个人素质、关乎组织形象、决定事业成败。当前的社会大环境比较浮躁，年轻干部由于阅历、经验等原因，容易受到外界不良风气的影响，也容易存在心浮气躁、急功近利、作风浮夸等现象。有的干部不注重维护班子团结，外派干部之间闹矛盾、搞摩擦；有的干部对学习缺乏紧迫感和自觉性，习惯于凭经验想问题、作决策；有的干部存在投机思想、短期行为，甚至为了追求业绩而弄虚作假；有的干部在境外放松了自我要求，廉洁从业方面不够注意，公私不分，既影响群众威信，也损害外派干部形象。这些都是作风问题的表现。希望你们在日常工作中能够经常自我总结、自我反思、自我批评，保持良好的精神面貌和工作作风。要扑下身子，真抓实干，脚踏实地，勤勉履职，以求真务实的态度，扎扎实实地做好各项工作。年轻干部特别要能够沉住气，作风要实，作风要硬，注重口碑，不能太过娇气。

三、充分认识国际化综合化经营的特殊性，积极推动经营转型

经过多年的发展，全行国际化综合化经营已颇具规模，当前正在加快实施国际化4.0和综合化2.0战略，实现提质增效和转型发展。大家长期从事境内商业银行经营管理工作，现在迈入国际化综合化工作领域，要深入思考、对照分析工作的相同点和不同点，更新经营理念，调整管理方式，主动适应新环境、新要求、新挑战。

（一）要有全局的视野。注意发挥集团整体优势，推动国际化综合化内涵式发展，避免同质化、低水平的同业竞争，依靠协作联动催生经营发展的乘数效应，提升对客户需求的响应能力和效率。境外机构和综合化子公司必须转变过去相对初级的内外、外外联动、行司联动模式，在深入研究当地市场、行业市场的基础上，明确本机构的联动重点和策略，主动发起和积极配合集团联动，打造境内境外、集团与子公司互联互通、协同发展、一体化经营的新格局。

（二）要有专业的精神。做好新时期的金融工作，对专业化、精细化提出了越来越高的要求。要有空杯心

态，加强学习，不断用新的发展理念和专业知识充实自己。在新的岗位上，要注意虚心向领导学，向同级干部学，向分管部门的同志学，向经验丰富的老同志学，才能尽快熟悉情况，尽快适应新岗位的要求。要树立做专业带头人的意识，刻苦钻研，提升专业能力，不能“外行领导内行”，仅仅满足于对业务一知半解，靠专业部门推着走。要下功夫吃透政策和制度，真正做到懂政策、懂业务，努力在难点、重点问题上有新突破，成为专业的引领者。要坚持问题导向，面向市场，沉到一线，了解客户真实需求，紧扣经营发展的现实问题，敏感捕捉市场机会，不断完善业务流程，优化客户体验，依靠过硬的产品和专业的服务去开拓市场、赢得客户，树立工商银行集团“大行”“工匠”的口碑和声望。

（三）要有创新的理念。过去我们不少境外机构习惯于做简单的境内外联动业务，这种“吃快餐”的方式在当前已经难以为继。要实现价值贡献的可持续增长，必须转变观念，加快转型，开拓创新，切实挖掘当地市场潜力，聚焦重点区域、重点客户和重点业务，进一步提升本地化、特色化经营水平。要学习互联网金融等新型业务模式，搭上人工智能、大数据等前沿技术的快车，实现对当地同业的弯道赶超，取得和不断巩固领先优势。在座各位赴境外机构任职后，要重新审视所在机构的业务发展模式，充分发挥自己的专业能力和创新思维，不断优化业务流程，提高经营管理水平。

四、不断加强风险防控，切实提升依法合规经营水平

中央经济工作会议提出打好防范化解重大风险攻坚战，重点是防控金融风险。大家要深刻认识国际化综合化经营面临的严峻风险形势，清醒地看到各种风险的关联性、交叉性和传染性。切忌存在侥幸心理和短期行为，要时时刻刻绷紧“风险”这根弦，平衡好发展与风险的关系，进一步强化国际化综合化经营的风险防控。

在这里我重点强调一下合规风险管理。当前合规风险已经成为中资银行走出去的首要风险，大家为此也付出了高额学费与代价。在座各位要充分认识境外机构和子公司所处合规环境的差异性、特殊性和复杂性，加深对当地监管政策和业务发展形势的理解把握，积极传导“合规为本、全员有责、风险可控、稳健高效”的合规文化核心理念，成为合规文化建设的倡导者、策划者和践行者，始终把依法合规经营放在头等重要的位置。

在内部管理方面，一是要增强底线意识，审慎做好战略定位、业务准入和区位选择。坚持有所为有所不为，有进有退，时刻牢记合规为先，宁可放弃个别业务机会，也不能铤而走险，踩踏合规红线。二是要做好监管制度的对标。充分了解当地的监管政策底线，了解当地主流同业的合规标准和原则。三是要有效构建业务、合规、内部审计的合规管理三道防线。看好自己的门，管好自己的人，做到各司其职、有效衔接，保持敏锐的合规意识，避免出现管理真空，防止薄弱点发展为出血点。

在监管应对方面，一是要切实做好与监管的主动沟通。特别是一把手和管理层成员，要主动提高沟通层次和频率，寻求监管的指导和理解，努力营造良好互信的监管环境，不能只依靠当地合规官去与监管沟通。二是要高度重视监管意见反馈和整改。针对监管要求和监管检查意见，进行系统性梳理，做到“摸清家底，心中有数”，对不合规、未达标之处，不仅要整改到位，而且要举一反三，完善合规管理基础。三是要做好合规应急处理与声誉风险防范。及时掌握监管政策、监管动态变化，提前制定和完善相关工作预案，珍视所在机构和集团的声誉。

在自我要求方面，大家要做到政治底线不可碰、风险底线不可越、合规底线不可破、廉洁底线不可踩，切实增强自律意识，严格遵守各项规定，知止知畏、守住底线。特别是境外，各国廉洁环境状况差异很大，大家要洁身自好，做到出淤泥而不染。关于廉洁自律方面的要求，总行纪委还会给大家重点强调。

当前国内外经济金融环境深刻变化，经营形势日趋复杂，这既是对我们工作能力的重大考验，也是我们探索创新、完善提高、干事创业的良好机遇。希望大家能研判形势，把握大局，清醒地认识当前面临的任务和挑战，同时坚定信心，敢于攻坚，使境外机构和综合化子公司成为拉动集团利润增长的新动力新引擎。此外，部分国家和地区的安全形势不容乐观，大家走出国门、远赴境外工作，要注意自身安全，提高安全意识，外派干部之间也要相互照顾。我们会持续地关注大家，希望能够早听到、多听到你们的好消息，祝大家在新的岗位上取得更大的成绩。

在中国工商银行2017年工作会议上的讲话

谷 澍

（2017年1月）

一、2016年总体经营情况

1.1 集团经营情况

1.1.1 集团盈利增长情况

2016年集团实现净利润××亿元，同比增加××亿元，增长××%；实现拨备前利润××亿元，同比减少××亿元，下降××%。

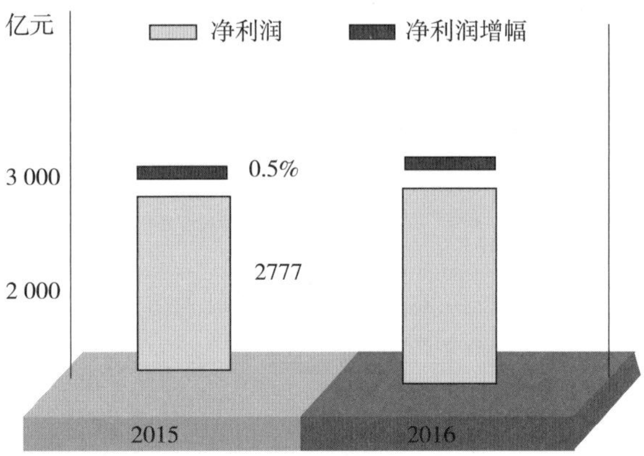

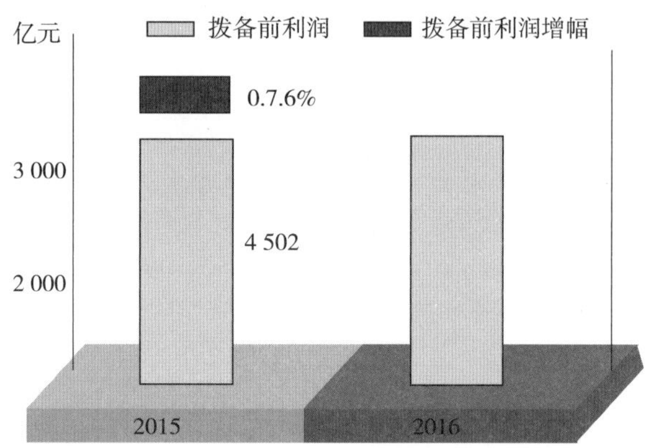

注：所涉数据为国际财务报告准则下集团口径数据，其中2016年数据为管理层未经审计数据。

净利润增长情况　　拨备前利润增长情况

1.1.2 集团主要经营指标情况

国际财务报告准则（集团管理层数据）

主要经营指标	2016年	2015年
1. 盈利能力		
1.1 净利润（亿元）	××	2 777
1.2 拨备前利润（亿元）	××	4 502
1.3 EVA（亿元）	××	1 371
1.4 加权平均权益回报率	××	17.10%
1.5 基本每股收益（元）	××	0.77
2. 收益结构		
2.1 净利息收益率（NIM）	2.16%	2.47%
2.2 手续费及佣金净收入占比	22.66%	21.44%
2.3 成本收入比	××	26.69%
3. 资产质量		
3.1 不良贷款额（亿元）	××	1 795
3.2 不良贷款率	××	1.50%
3.3 拨备覆盖率	××	156.34%
3.4 贷款总额准备金率（境内）	××	2.49%

圆满完成年初董事会确定的经营目标。净利润、EVA、加权平均权益回报率、基本每股收益以及成本收入比五项指标均完成董事会经营计划目标。

资产质量总体可控。不良贷款率较年初增加×个基点，同比少增×个基点；不良贷款额较年初增加××亿元，同比少增××亿元。

手续费及佣金净收入占比继续提升。手续费及佣金净收入占比提升1.22个百分点至22.66%。

1.1.3 拨备前利润增幅处于同业较优水平

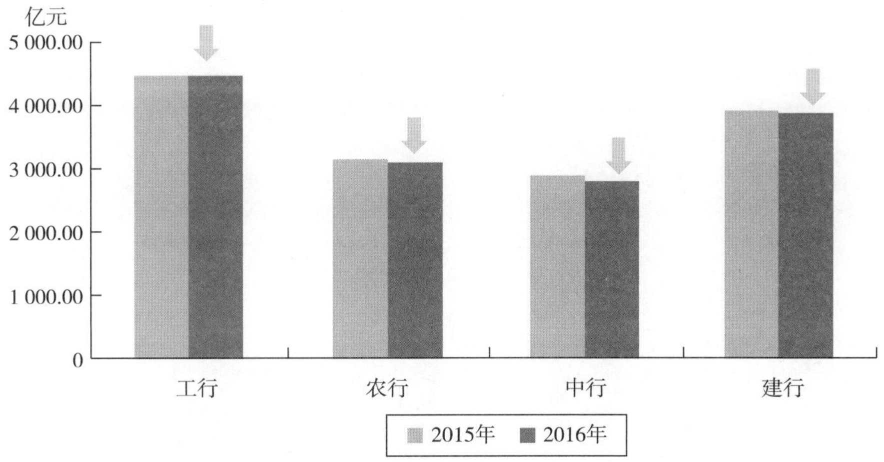

可比同业拨备前利润增长情况

2016 年，我行实现拨备前利润××亿元，较建行（××亿元）多××亿元。

我行拨备前利润同比下降××%，优于建行（降低××%）、农行（降低××%），次于中行（增长××%）。中行若剔除出售南洋商业银行实现投资收益 280 亿元这一不可比因素后，可比口径下降××%，降幅高于我行。

1.1.4 利差收窄幅度优于可比同业

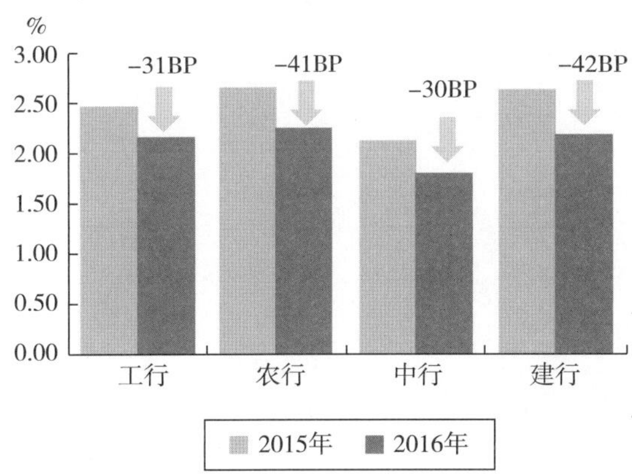

NIM 变动情况

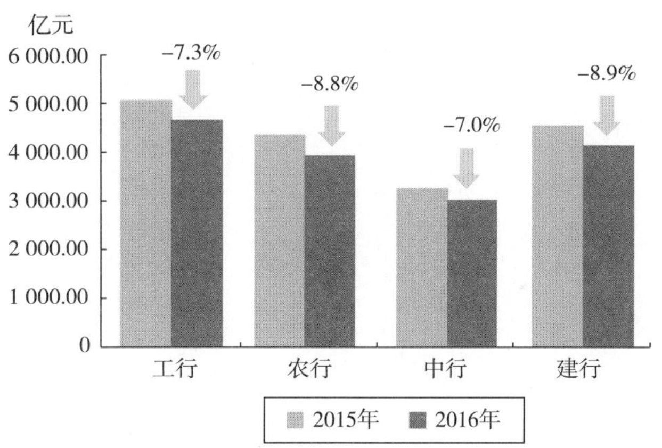

利息净收入情况

我行 NIM 收窄幅度优于可比同业。2016 年，我行 NIM 下降 31 个基点，降幅分别低于建行（42 个基点）和农行（41 个基点）11 个基点和 10 个基点。

得益于较小的利差收窄幅度，我行利息净收入同比减少 7.3%，优于建行（同比下降 8.9%）和农行（同比下降 8.8%）。

1.1.5 资产规模稳步增长

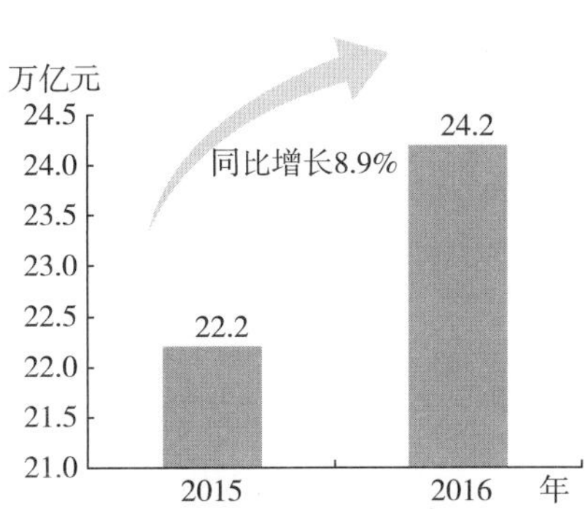

注：集团资产为初步数据。

集团资产增长情况

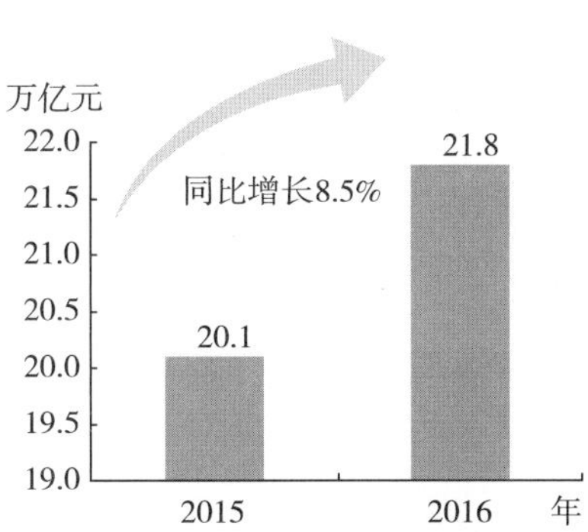

境内分行资产增长情况

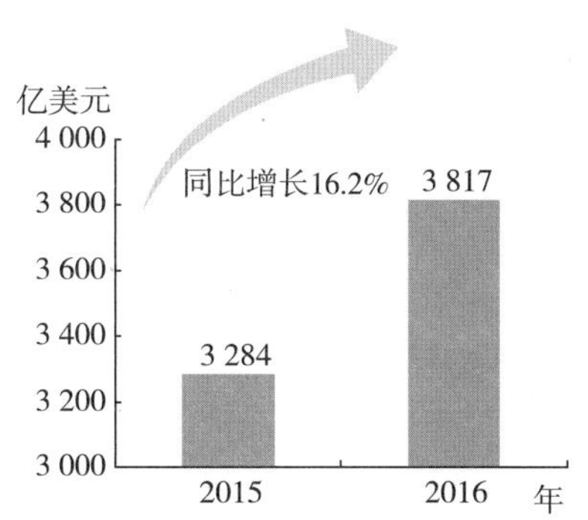

境外机构资产增长情况

2016 年集团资产总额预计达 24.2 万亿元，同比增长 8.9%；境内分行资产总额同比增长 8.5%；境外机构资产总额同比增长 16.2%，继续保持较快增长。

1.1.6　资产规模增速低于四行平均水平

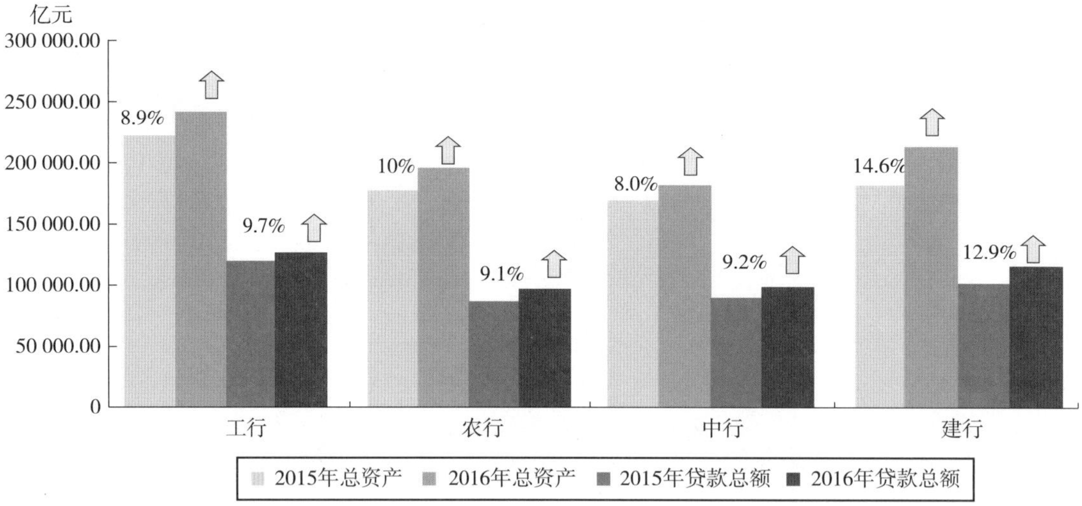

2016 年四行资产规模和贷款总额

2016 年，我行总资产同比增长 8.9%，增速排名四行第三，低于四行平均增速（10.4%）；其中贷款总额增长 9.7%，仅次于建行（12.9%），排名四行第二。

1.1.7　资产质量总体可控

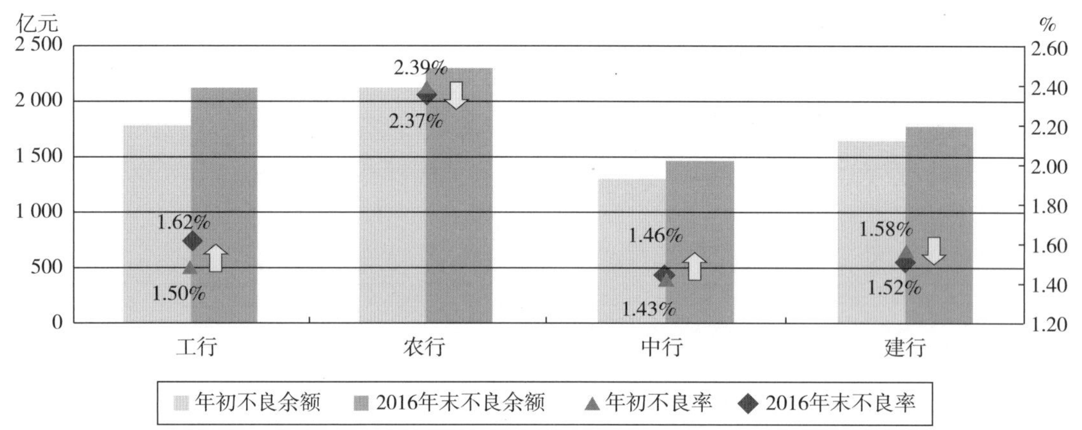

2016 年末四大行不良贷款情况

截至 2016 年末，集团不良贷款余额为 × × 亿元，比年初增加 × × 亿元，同比少增 × × 亿元；不良率约 × ×%，比年初上升了 × × 个百分点，同比少增 × × 个百分点；逾期率 2.63%，比年初下降 0.16 个百分点，同比少增 1.04 个百分点；逾期与不良贷款的剪刀差比年初减少了 219 亿元，同比少增 890 亿元。

尽管我行资产质量劣变态势有所趋缓，但与同业相比，我行不良贷款压力相对较大。我行不良贷款率较年初上升 × × 个基点，农行和建行分别下降 × × 个基点和 × × 个基点。

1.1.8　资产质量管控压力相对较大

2016 年同业资产质量情况表

亿元，%

行别	不良余额				不良率			逾期剪刀差		拨备覆盖率	
	12 月末	年初	比年初增加	比年初增幅	12 月末	年初	比年初上升	12 月末	比年初增减	12 月末	比年初变动
工行	× ×	1 795	× ×	× ×%	× ×%	1.50%	× ×%	1313	-219	× ×%	× ×%
农行											
中行											
建行											

1.1.9　资本充足率处于同业较高水平

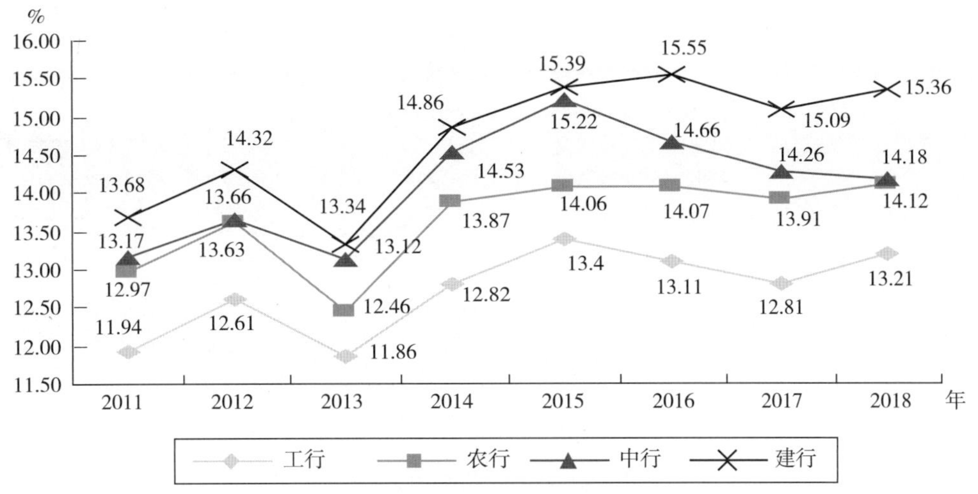

四大行集团口径资本充足率情况

自2013年起，我行一级资本连续四年位居《银行家》杂志全球银行排名第一。

2011年以来，我行资本充足率一直处于可比同业领先水平。2016年第三季度，我行继续保持较为稳健的资本充足率水平，集团口径资本充足率为14.18%，高于农行和中行，居四大行第二位。据初步统计，2016年末法人口径资本充足率为××%左右，继续位居四大行前列。

1.2　境内分行经营及考核情况

境内分行拨备前利润情况（增量排序）　　单位：亿元

行名	拨备前利润				行名	拨备前利润			
		同比增减	同比增幅	增幅排名			同比增减	同比增幅	增幅排名
北京	458.31	23.78	5.5%	10	吉林	35.07	1.16	3.4%	17
广东	356.42	22.45	6.7%	9	厦门	27.07	0.77	2.9%	19
江苏	280.97	22.23	8.6%	5	山东	172.72	0.64	0.4%	25
深圳	128.46	16.73	15.0%	2	辽宁	45.55	0.52	1.2%	22
贵州	83.23	15.72	23.3%	1	青海	11.47	0.34	3.0%	18
四川	163.00	11.67	7.7%	7	宁夏	13.94	0.23	1.7%	21
浙江	240.68	11.65	5.1%	11	甘肃	29.31	0.14	0.5%	24
安徽	73.80	6.15	9.1%	4	海南	26.60	0.04	0.1%	26
河北	129.24	5.86	4.7%	13	大连	28.87	-0.80	-2.7%	28
河南	108.19	5.19	5.0%	12	青岛	31.39	-0.90	-2.8%	29
湖北	112.81	5.01	4.6%	14	新疆	41.49	-1.14	-2.7%	27
江西	57.92	4.86	9.2%	3	云南	53.33	-1.77	-3.2%	31
湖南	59.53	4.65	8.5%	6	福建	57.76	-1.90	-3.2%	30
重庆	80.85	3.42	4.4%	15	天津	62.10	-2.85	-4.4%	32
宁波	49.00	3.34	7.3%	8	山西	54.99	-4.28	-7.2%	34
广西	57.19	2.37	4.3%	16	陕西	63.50	-4.42	-6.5%	33
上海	249.41	1.55	0.6%	23	内蒙古	27.19	-7.66	-22.0%	35
黑龙江	43.98	1.24	2.9%	20	西藏	5.00	-0.13	-2.6%	—

注：西藏分行未参与排名。

从境内分行经营效益情况看，26 家分行实现拨备前利润正增长，10 家分行拨备前利润下降。其中，增量贡献最大的 5 家行是北京、广东、江苏、深圳和贵州分行。

拨备前利润同比增幅最大的 5 家行是贵州、深圳、江西、安徽和江苏分行；拨备前利润同比负增长且下降幅度最大的 5 家行是内蒙古、山西、陕西、天津和云南分行。

境内分行净利润完成情况（绝对额排序） 单位：亿元

行名	净利润			行名	净利润		
		可比增减	可比增幅			可比增减	可比增幅
完成预算的分行				辽宁	21.25	-6.73	-24.0%
北京	337.93	16.78	5.2%	大连	17.22	-1.84	-9.7%
广东	208.32	12.20	6.2%	宁波	17.06	0.97	6.0%
上海	180.38	59.07	48.7%	厦门	16.95	0.60	3.7%
江苏	161.69	11.17	7.4%	甘肃	12.81	-6.09	-32.2%
浙江	105.87	13.01	14.0%	海南	11.57	-6.87	-37.2%
四川	99.03	-1.06	-1.1%	宁夏	8.81	-0.14	-1.6%
深圳	79.41	7.28	10.1%	青海	6.70	0.36	5.7%
湖北	67.84	0.47	0.7%	西藏	3.69	0.27	7.8%
重庆	52.73	2.52	5.0%	福建	1.03	50.83	102.1%
河北	49.47	-29.37	-37.3%	未完成预算的分行			
贵州	48.48	6.14	14.5%	河南	54.94	-6.62	-10.8%
安徽	40.54	0.03	0.1%	山西	29.40	-4.34	-12.9%
天津	37.05	0.86	2.4%	新疆	29.30	1.40	5.0%
陕西	34.95	-1.00	-2.8%	黑龙江	27.87	-1.13	-3.9%
山东	34.82	-46.18	-57.0%	吉林	18.99	-3.07	-13.9%
广西	30.97	-0.57	-1.8%	青岛	17.50	0.20	1.2%
湖南	29.26	1.15	4.1%	云南	12.90	-16.21	-55.7%
江西	28.94	-2.23	-7.2%	内蒙古	-33.70	-46.81	-357.0%

完成预算的分行中，净利润总量前 10 名的分行是北京、广东、上海、江苏、浙江、四川、深圳、湖北、重庆和河北分行。

有 28 家分行完成预算目标，其中，11 家分行完成年初及年末目标，7 家分行仅完成年初目标，10 家分行仅完成年末目标。

1.2.1 中间业务同业竞争情况

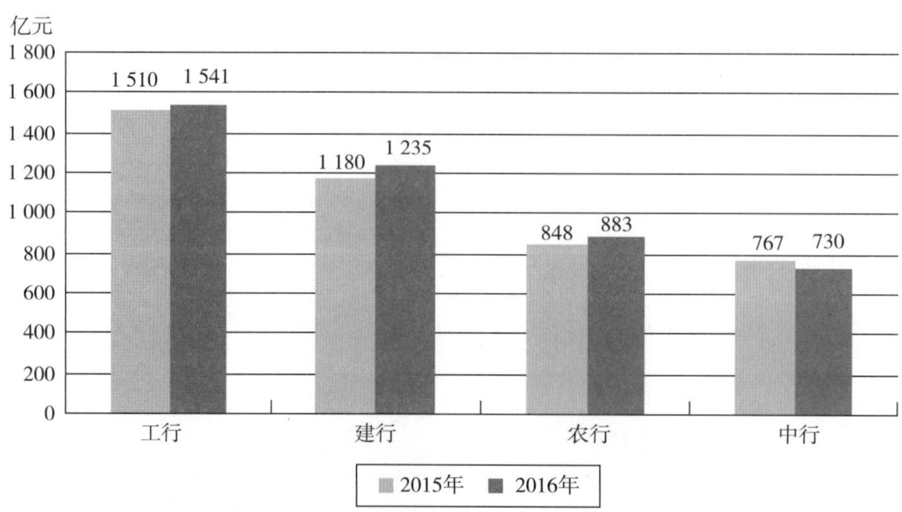

2016 年四大行境内分行中间业务收入情况

2016 年全年，境内分行实现中收 1 541.17 亿元，同比增长 2.09%。

我行中收总量四行同业占比为 35.11%，同比提高 0.03 个百分点。

建行中收 1 235.26 亿元，同比增长 4.73%；农行 883.24 亿元，同比增长 4.18%；中行 729.99 亿元，同比下降 4.80%。

2016 年四行境内分行各类中间业务收入增长情况　　单位：亿元

行别 分类	工行							建行			农行			中行		
	中收	同比增量	同比增幅	总量排名	增量排名	总量占比	占比变动	中收	同比增量	同比增幅	中收	同比增量	同比增幅	中收	同比增量	同比增幅
人民币个人结算	44.30	-5.89	-11.74%	3	2	17.60%	-0.45%	70.91	-8.63	-10.85%	113.33	-12.35	-9.83%	23.23	0.45	1.97%
人民币对公结算	115.09	14.57	14.50%	1	1	31.75%	0.42%	112.58	12.58	12.58%	85.61	13.08	18.03%	49.20	1.43	3.00%
代理收付	12.32	-0.45	-3.50%	1	4	38.26%	-2.36%	8.10	0.10	1.25%	7.08	0.60	9.26%	4.70	0.52	12.45%
委托贷款及公积金归集	12.84	-0.63	-4.71%	2	4	20.68%	-2.01%	36.01	-0.23	-0.64%	7.53	0.36	5.07%	5.71	3.20	127.81%
国际结算	39.36	-11.74	-22.98%	3	3	25.15%	0.19%	42.81	-4.04	-8.63%	30.60	-9.23	-23.17%	43.74	-23.21	-34.67%
即期结售汇及外汇买卖	62.52	5.51	9.67%	1	1	37.32%	2.29%	25.32	0.12	0.46%	20.18	-1.60	-7.36%	59.52	0.76	1.30%
借记卡	68.39	-9.47	-12.16%	3	4	22.77%	-2.01%	89.39	-3.86	-4.14%	115.15	3.99	3.59%	27.46	-4.51	-14.11%
信用卡	286.64	7.18	2.57%	1	2	33.53%	-0.95%	265.47	36.29	15.83%	126.84	0.42	0.34%	175.82	0.57	0.33%
资产管理及私人银行	301.08	8.10	2.76%	1	4	41.85%	-5.48%	189.92	55.52	41.31%	114.28	13.51	13.41%	114.07	23.30	25.67%
贵金属	35.02	2.20	6.70%	1	3	46.45%	-6.97%	16.94	4.52	36.37%	15.37	5.20	51.20%	8.06	2.03	33.68%
代理保险	98.40	53.45	118.89%	1	1	30.97%	2.30%	92.09	48.12	109.45%	89.62	41.29	85.42%	37.57	18.05	92.47%
代销基金	55.94	-35.47	-38.80%	1	3	49.04%	10.07%	28.18	-49.23	-63.60%	11.62	-18.98	-62.03%	18.34	-16.81	-47.83%
第三方存管	6.63	1.07	19.29%	2	3	31.13%	2.64%	6.96	-1.79	-20.45%	4.78	1.29	37.13%	2.93	1.21	70.43%
资产托管	66.73	13.19	24.63%	1	1	38.74%	3.07%	42.61	6.49	17.97%	31.15	2.60	9.12%	31.73	-0.13	-0.40%
企业年金	20.21	2.02	11.10%	1	1	92.74%	-0.68%	1.30	0.24	22.98%	0.03	0.02	112.50%	0.26	0.04	19.67%
债券承销及代销	34.34	2.86	9.10%	1	1	30.19%	2.66%	30.76	-0.79	-2.51%	27.40	-0.53	-1.90%	21.24	-2.11	-9.05%
投行顾问咨询	167.93	-23.61	-12.33%	1	2	53.01%	5.36%	98.00	-32.88	-25.12%	31.06	2.02	6.94%	19.77	-30.67	-60.81%
银团安排承销与管理	33.82	1.10	3.37%	1	3	32.20%	-1.85%	20.40	4.43	27.76%	28.04	-0.73	-2.54%	22.79	4.14	22.21%
担保承诺	57.27	-3.59	-5.90%	1	1	31.36%	2.78%	50.96	-11.69	-18.66%	19.85	-5.30	-21.08%	54.52	-9.72	-15.14%
其他	10.42	-0.51	-4.64%	1	3	38.32%	5.64%	3.76	-0.13	-3.25%	3.71	-0.25	-6.43%	9.31	-5.36	-36.51%
中收合计	1541.17	31.58	2.09%	1	3	35.11%	0.03%	1235.26	55.74	4.73%	883.24	35.41	4.18%	729.99	-36.81	-4.80%

2016 年我行各分行中间业务收入四行对比情况　　单位：亿元

分行	2016 年收入	同业占比	占比变化	总量排名	增量排名	分行	2016 年收入	同业占比	占比变化	总量排名	增量排名
北京	121.46	42.45%	0.33%	1	1	广东	160.45	35.75%	-0.25%	1	3
天津	17.56	23.31%	-3.90%	3	4	广西	21.73	31.20%	-1.45%	1	4
河北	51.36	31.81%	-0.20%	1	2	海南	11.01	39.27%	-2.77%	1	4
山西	21.57	37.86%	-1.21%	1	4	重庆	37.89	41.05%	-0.02%	1	3
内蒙古	10.75	22.10%	-2.18%	3	3	四川	59.41	33.70%	-1.41%	1	4
辽宁	18.1	22.91%	-0.42%	2	3	贵州	28.25	44.86%	2.26%	1	1
吉林	15.77	31.25%	3.32%	2	1	云南	17.56	26.47%	-0.37%	2	3
黑龙江	21.59	37.44%	0.73%	1	1	陕西	19.79	28.59%	-2.84%	2	4
上海	112.87	38.67%	-0.31%	1	2	甘肃	11.96	31.58%	1.80%	2	1

续表

分行	2016 年收入	同业占比	占比变化	总量排名	增量排名	分行	2016 年收入	同业占比	占比变化	总量排名	增量排名
江苏	136.61	33.05%	-1.51%	1	4	青海	3.42	27.63%	-1.68%	3	4
浙江	142.59	44.48%	1.08%	1	1	宁夏	4.83	29.07%	-2.17%	2	4
安徽	23.11	26.87%	-0.10%	2	3	新疆	15.14	33.77%	-1.91%	1	4
福建	29.65	25.34%	-1.46%	2	4	西藏	0.21	5.02%	0.97%	4	4
江西	25.2	31.13%	-0.59%	1	2	大连	11.18	31.21%	2.41%	1	2
山东	74.82	33.60%	1.05%	1	1	青岛	12.53	33.55%	1.92%	1	2
河南	50.52	31.83%	-1.53%	1	4	宁波	23.93	40.40%	6.77%	1	1
湖北	55.22	41.74%	-5.53%	1	4	深圳	55.02	28.38%	1.23%	2	1
湖南	33.73	30.81%	-2.18%	2	4	厦门	10.09	28.02%	-2.15%	2	4

36 家一级（直属）分行中，21 家分行中收总量排名第一，9 家分行增量排名第一。

2016 年我行各分行中间业务收入与建行对比情况 单位：亿元

地区	工行	建行	我行优势	我行年初中收目标完成率
浙江	142.59	53.1	89.49	101.46%
广东	160.45	105.71	54.74	94.03%
北京	121.46	79.48	41.98	100.00%
上海	112.87	75.68	37.19	101.54%
江苏	136.61	106.08	30.53	91.40%
湖北	55.22	40.48	14.73	80.29%
山东	74.82	61.73	13.09	92.18%
四川	59.41	46.85	12.57	95.58%
宁波	23.93	11.41	12.52	114.87%
重庆	37.89	25.68	12.22	91.55%
贵州	28.25	17.36	10.9	108.38%
黑龙江	21.59	15.06	6.54	104.52%
山西	21.57	17.02	4.56	90.20%
河北	51.36	46.85	4.51	97.90%
青岛	12.53	8.12	4.42	92.09%
海南	11.01	6.74	4.28	94.44%
新疆	15.14	13.83	1.31	84.90%
江西	25.2	24.26	0.95	96.34%
大连	11.18	10.25	0.93	95.59%
广西	21.73	21.21	0.52	87.65%
河南	50.52	50.48	0.04	94.51%

续表

地区	工行	建行	我行差距	我行年初中收目标完成率
宁夏	4.83	4.89	-0.06	91.98%
青海	3.42	3.59	-0.17	92.41%
甘肃	11.96	12.72	-0.76	100.00%
西藏	0.21	1.3	-1.08	125.98%
安徽	23.11	24.78	-1.67	93.10%
厦门	10.09	12.75	-2.65	93.10%
内蒙古	10.75	15.26	-4.51	86.00%
陕西	19.79	24.49	-4.7	83.96%
吉林	15.77	20.61	-4.84	100.00%
云南	17.56	22.41	-4.85	85.32%
天津	17.56	27.23	-9.67	73.58%
深圳	55.02	65.98	-10.95	107.98%
湖南	33.73	45.03	-11.3	88.33%
辽宁	18.1	30.19	-12.09	89.45%
福建	29.65	45.54	-15.89	81.75%

36 家一级（直属）分行中，21 家分行中收超过建行，其中 4 家分行领先优势不到 1 亿元。15 家分行中收总量低于建行，其中 3 家分行差距小于 1 亿元。

1.2.2 存款增量达近三年最高值，增长结构持续优化

境内分行本外币各项存款（含同业存款）增加 12 926亿元，同比多增 1 377 亿元，增长 7.4%；本外币一般性存款增加 14 806 亿元，同比多增 9 491 亿元，增长 9.4%，各项存款及一般性存款增量均排名四大行第二位。

存款增量达到近三年最高值。其中人民币一般性存款增量是近三年平均增量的 1.6 倍。

活期存款余额占比提高。人民币一般性活期存款余额占比为53.9%，比上年末提高2.4个百分点。

增长均衡性提高。一般性存款日均余额同比增长9 872亿元，日均增量6 981亿元，同比多增5 230亿元，存款均衡率达到52.6%，为近年来较高水平。

2016年末境内分行存款增长情况表 单位：亿元

项目名称	2016年末			2015年末		2014年末	
	增量	同比	增幅	增量	增幅	增量	增幅
本外币各项存款（含同业）	12 926	1 377	7.4%	11 549	7.1%	9 093	5.9%
人民币各项存款（含同业）	11 054	334	6.6%	10 720	6.8%	8 061	5.4%
（一）一般性存款（偏离度口径）	13 268	8 626	8.6%	4 642	3.1%	6 875	4.8%
1. 储蓄存款	4 658	3 681	6.2%	977	1.3%	2 260	3.1%
2. 公司存款	3 224	3 175	9.5%	49	0.1%	-232	-0.7%
3. 机构存款	5 385	1 770	12.1%	3 615	8.9%	4 847	13.5%
（二）同业存款	-2 213	-8 291	-14.8%	6 078	68.1%	1 186	15.3%
1. 非存款类金融机构存放	-2 633	-7 769	-22.0%	5136	75.5%	1829	36.7%
2. 存款类金融机构存放	420	-522	13.7%	942	44.5%	-642	-23.3%

2016年末四大行境内分行本外币存款增长情况表 单位：亿元

项目	工行		农行		中行		建行	
	余额	增量	余额	增量	余额	增量	余额	增量
本外币各项存款（含同业）	187 174	12 926	162 281	12 605	112 912	7 549	166 371	18 352
（一）一般性存款	172 437	14 806	154 427	13 920	104 040	7 726	153 040	17 956
1. 储蓄存款	81 718	5 158	90 753	6 168	46 820	4 504	69 862	5 689
2. 对公存款	90 718	9 648	63 675	7 752	57 220	3 222	83 178	12 267
（二）同业存款	14 740	-1 878	7 854	-1 316	8 871	-177	13 331	396
1. 非存款类金融机构存放	10 079	-2 831	4 433	-2 434	—	—	9 070	-1 418
2. 存款类金融机构存放	4 660	953	3 421	1 119	—	—	4 261	1 815

1.2.3 存款增长与可比同业仍有差距，部分分行存款增量落后同业

2016年末境内分行人民币存款（含同业）增长同业比较情况 单位：亿元

地区	余额	排名	增量	排名	地区	余额	排名	增量	排名	地区	余额	排名	增量	排名
北京	33 415	1	1 962	1	安徽	4 073	2	284	3	天津	2 665	2	110	4
深圳	6 039	2	1 181	1	重庆	3 410	1	269	1	黑龙江	2 871	1	94	3
浙江	11 021	1	954	2	新疆	2 436	2	203	2	山西	4 010	1	79	4
广东	14 879	1	788	3	福建	2 696	3	182	4	大连	1 525	1	59	1
河北	6 043	3	662	2	吉林	2 357	2	178	1	宁夏	513	3	9	4
四川	7 462	3	530	3	宁波	1 795	1	170	1	甘肃	1 476	3	-2	2
山东	7 032	2	447	3	海南	1 167	1	142	2	青海	585	3	-5	4
江苏	10 365	3	437	3	厦门	927	2	130	1	江西	2 978	2	-15	4
贵州	2 827	1	433	1	广西	2 510	3	129	3	西藏	66	4	-46	3
河南	4 970	2	341	3	辽宁	3 371	2	123	3	云南	2 442	3	-86	4
湖北	5 401	3	323	4	陕西	3 704	2	117	3	内蒙古	2 000	3	-90	4
湖南	3 682	3	311	3	青岛	1 259	2	114	3	上海	13 720	1	-700	4

人民币各项存款增量排名当地四大行第一位的分行8家，排名第二位的分行5家，排名第三位的分行13家，排名第四位的分行多达10家，部分东部地区大行存款增量与同业可比银行差距显著。

1.2.4 贷款增长适度，投向结构进一步优化

境内分行本外币贷款增加8 700亿元，同比多增576亿元，增长7.7%，增量排名四大行第二位。

总量增长适度。境内分行人民币贷款（含拆放）比年初增加8 584亿元，较好地掌握在调整后的8 600亿元总量目标之内；各项贷款（不含拆放）比年初增加8 438亿元，还原1 600亿元地方债置换和737亿元不良核销，各项贷款同比多增超过600亿元。

投向结构合理。项目贷款新增1 727亿元，增量领先同业可比银行；个人住房贷款增加7 170亿元，余额占比由年初的23.4%提高4.6个百分点至28%；小微企业贷款增加1 521亿元，增长8.1%，高于各项贷款平均增幅，完成“三个不低于”政策要求。

2016年末境内分行贷款增长情况表

单位：亿元

贷款项目	2016年末			2015年末		2014年末		2013年		
	增量	同比	增幅	增量	增幅	增量	增幅	余额	增量	增幅
本外币各项贷款（含拆放）	8 700	576	7.7%	8 124	7.8%	9 347	9.8%			
人民币各项贷款（含拆放）	8 584	-279	7.9%	8 863	8.8%	9 054	9.9%	91 105	11 508	14.5%
一、人民币贷款	8 438	-376	8.0%	8 814	9.1%	9 066	10.3%	88 179	9 213	11.7%
1. 公司类贷款	128	-2 366	0.2%	2 494	3.9%	3 794	6.3%	59 826	5 216	9.6%
2. 个人类贷款	6 049	1 939	19.8%	4 110	15.5%	2 629	11.0%	23 824	3 734	18.6%
其中：个人住房贷款	7 170	2 787	28.8%	4 384	21.4%	3 452	20.3%	17 025	3 778	28.5%
3. 票据贴现	1 957	269	37.7%	1 688	48.2%	2 026	137.0%	1 479	-370	-20.0%
4. 银行卡透支	304	-217	7.3%	521	14.2%	617	20.2%	3 051	633	26.2%
二、非存款类金融机构拆放	146	96	4.9%	50	1.7%	-12	-0.4%	2 926	2 295	363.7%

2016年末四大行境内分行贷款增长情况表

单位：亿元

项目	工商银行		农业银行		中国银行		建设银行		
	余额	增量	余额	增量	余额	增量	余额	增量	增幅
本外币各项贷款（含拆放）	121 231	8 700	96 133	8 081	80 917	6 899	108 567	9 933	
人民币各项贷款（含拆放）	117 606	8 584	94 897	8 517	77 228	7 353	104 453	9 469	9.97%
一、人民币贷款	114 497	8 438	91 708	8 519	74 394	6 645	103 113	9 764	10.46%
1. 公司贷款	66 242	128	52 606	261	42 400	657	54 719	422	0.78%
2. 个人贷款	36 612	6 049	30 983	5 927	26 584	5 381	38 964	8 199	26.65%
其中：个人住房贷款	32 031	7 170	25 668	6 347	23，329	5 558	35 907	8 168	29.45%
3. 票据贴现	7 149	1 957	5 700	2 130	2 531	281	5 002	604	13.73%
4. 银行卡透支	4 493	304	2 419	201	2 879	326	4 428	539	13.86%
二、非存款类金融机构拆放	3 110	146	3 189	-2	2 835	708	1 340	-294	-17.99%

1.2.5 重点区域贷款增势较好，大中城市行贷款保持较快增长

重点区域贷款增势较好。广东、深圳、江苏、上海、北京、贵州6家分行贷款增量占全行的49%。其中广东分行人民币贷款增量达1 003亿元，是系统内唯一一家贷款增量超过1 000亿元的分行。北京、上海、深圳分行贷款增量均创历史最高值。

大中城市行贷款保持较快增长。直辖市分行、直属分行和省行营业部新增贷款占全行67%，同比多增1 106亿元。

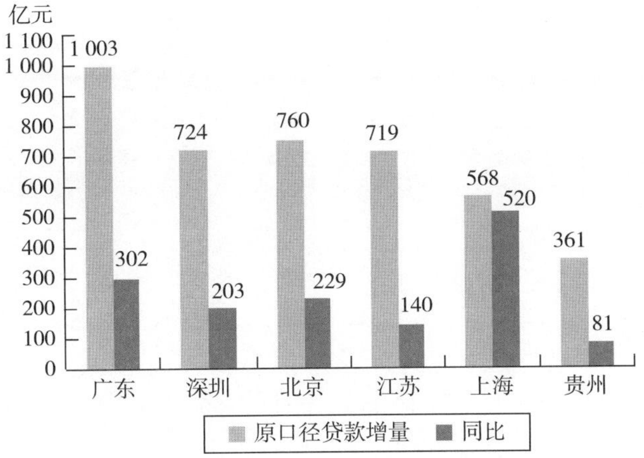

2016 年部分分行贷款增量及同比情况

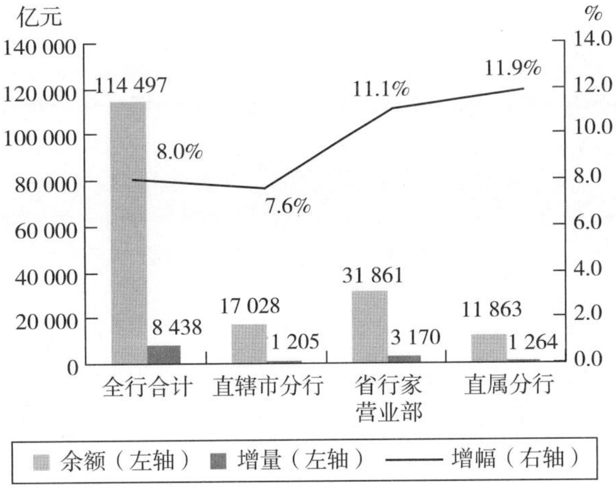

2016 年大中城市行贷款增长情况

1.2.6　境内外汇存贷款协调发展

2016 年末四大行境内外汇存贷款对比表　　单位：亿美元

项目	工商银行			农业银行			中国银行			建设银行		
	余额	增量	增幅	余额	增量	增幅	余额	增量	增幅	余额	增量	增幅
一、外币各项存款	1 079	213	25%	525	57	12%	1455	180	14%	742	149	25%
（一）一般性存款	798	181	29%	508	132	35%	1 078	157	17%	646	155	32%
1. 储蓄存款	239	60	34%	47	14	43%	493	97	24%	109	44	68%
2. 对公存款	559	121	28%	461	118	34%	585	60	11%	536	110	26%
（二）同业存款	281	32	13%	17	-76	-82%	377	23	6%	96	-6	-6%
1. 非存款类金融机构存放	111	-38	-26%	23	15	200%	—	—	—	20	-6	-24%
2. 存款类金融机构存放	170	70	70%	-6	-91	-107%	—	—	—	77	1	1%
二、外币各项贷款	522	-19	-4%	178	-79	-31%	531	-107	-17%	592	30	5%
（一）外币贷款	424	-29	-6%	154	-69	-31%	531	-107	-17%	562	30	6%
1. 国际贸易融资	229	-5	-2%	97	-5	-5%	146	-109	-43%	310	118	61%
2. 一般现汇贷款及转贷款	195	-24	-11%	56	-64	-53%	385	2	1%	252	-88	-26%
（二）非存款类金融机构拆放	98	10	11%	24	-10	-30%	44	22	100%	30	0	0%

外汇存款增量四行排名第一。境内分行外汇存款（含同业）1 079 亿美元，比年初增加 213 亿美元，增量排名四大行首位。外汇贷款（含拆放）余额 522 亿美元，比年初减少 19 美元，主要是受人民币汇率波动和进出口贸易下降等因素影响，企业外汇贷款需求持续减少。

外汇存贷款业务均衡发展。境内分行外汇存贷比（不含同业）为 48.4%，较年初下降 14.1 个百分点，高于农行（33.9%）和中行（36.5%），低于建行（79.8%）。

1.2.7　资金运作效益保持较高水平

进一步提高全行资金管理的主动性和前瞻性，持续加大非信贷资产结构优化，克服市场利率趋势性下降的不利因素，加强资金的波动性操作，抓住市场机会合理安排投融资节奏，不断优化流动性储备资产结构，保持较高的资金运作效益。日均超额备付率继续保持四行最低。全年日均超额备付（含现金）1 136 亿元，日均超额备付率 0.66%，比四行平均水平低 0.34 个百分点，日均节约资金 624 亿元，按照全年新增债券投资收益率 3.01% 测算，可增加当年利润约 14 亿元。

保持债券投资平稳增长。年末债券投资和特殊目的载体投资增加 3 416 亿元，同比多增 727 亿元，通过盘活存量增加相对收益较高的地方债 9 014 亿元，地方债余额达 1.4 万亿元。

抓住市场机会，适度增加中长期同业投资。同业存单投资日均余额 2 603 亿元，同比增加 1 282 亿元；买入返售票据日均余额 1 642 亿元，同比增加 446 亿元。

统筹安排同业资金业务。同业资金运用日均余额 9 488亿元，同比增加 1 105 亿元，同业资金来源日均余额 13 619 亿元，同比减少 3 220 亿元。通过资金运作，实现净利息收入 43.4 亿元。

合理把控高成本负债规模，节约财务成本。非结算性同业存款（存入）余额 1 269 亿元，较年初增加 47 亿元，日均余额 256 亿元，同比下降 586 亿元，少支出利息 27 亿元。

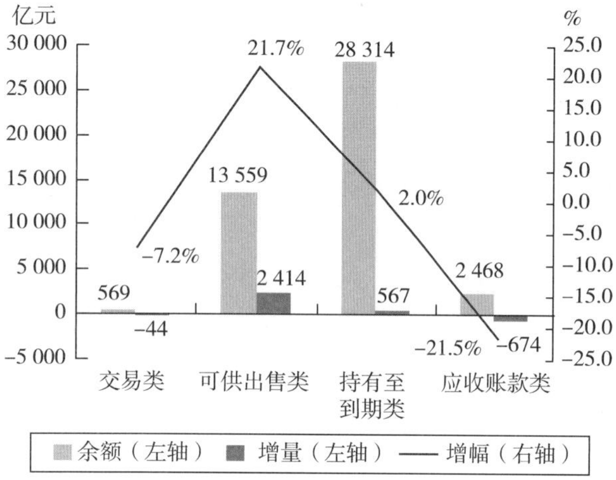

境内分行债权投资情况

	余额	占比	增量	占比	增幅
债券投资	44 094	100.0%	2 030	100.0%	4.8%
其中：地方政府债	14 330	32.5%	9 014	444.0%	174.7%

一级分行经营绩效考评结果

本年排名	分行	标准得分	排名变化	本年排名	分行	标准得分	排名变化
1	北京	2 015.09	0	16	黑龙江	1 241.17	−2
2	广东	1 782.65	0	17	安徽	1 226.94	4
3	上海	1 745.34	0	18	陕西	1 167.97	6
4	贵州	1 682.41	0	19	天津	1 160.33	4
5	江苏	1 557.09	2	20	山东	1 149.05	−3
6	浙江	1 548.75	4	21	宁夏	1 148.21	−2
7	重庆	1 536.00	−2	22	吉林	1 125.89	−6
8	湖北	1 488.24	−2	23	青海	1 119.62	−3
9	四川	1 397.92	−1	24	甘肃	1 080.80	3
10	河南	1 315.81	3	25	湖南	1 075.33	1
11	海南	1 296.99	−2	26	辽宁	1 041.78	−1
12	新疆	1 271.65	0	27	云南	1 025.31	1
13	江西	1 270.76	9	28	山西	1 003.78	−13
14	河北	1 264.50	−3	29	福建	814.77	0
15	广西	1 246.40	3	30	内蒙古	503.21	0

1.2.8　2016 年度境内分行考核情况

直属分行及一级分行营业部经营绩效考评结果

本年排名	分行	标准得分	排名变化	本年排名	分行	标准得分	排名变化
1	深圳	1 863.26	1	16	广西	1 345.03	−3
2	广东	1 845.09	1	17	吉林	1 334.34	0
3	浙江	1 820.63	1	18	湖南	1 288.79	0
4	贵州	1 787.42	2	19	青岛	1 224.40	4
5	四川	1 716.48	3	20	宁波	1 219.90	6
6	江苏	1 656.47	−5	21	大连	1 205.17	0
7	湖北	1 648.47	−2	22	辽宁	1 203.84	0
8	河南	1 640.46	−1	23	山西	1 169.42	−3
9	安徽	1 513.64	3	24	河北	1 161.89	−8
10	苏州	1 513.08	−1	25	江西	1 157.85	0
11	厦门	1 404.20	3	26	云南	1 156.16	1
12	山东	1 394.41	−1	27	甘肃	1 058.64	−3
13	新疆	1 379.18	−3	28	福建	1 015.11	1
14	黑龙江	1 375.28	5	29	内蒙古	858.46	−1
15	陕西	1 367.92	0				

59 家被考核单位中，23 家行的考核排名上升，13 家行的考核排名持平，23 家行的绩效等级下降。

影响各行考核排名变动的主要因素为资产质量恶化及其引起的考核利润下降，手续费及佣金收入同业比较变化。

1.3　利润中心经营情况

1.3.1　利润中心产品线营业贡献整体平稳

部门	完成值（亿元）	同比增减	同比增幅	境内营业贡献占比
资产管理部	211.20	27.79	15.2%	4.3%
专项融资部	42.60	10.10	31.1%	0.9%
养老金业务部	23.07	3.23	16.3%	0.5%
金融市场部	619.40	0.81	0.1%	12.5%
资产托管部	116.60	0.43	0.4%	2.4%
银行卡业务部	101.80	−0.70	−0.7%	2.1%
贵金属业务部	50.25	−2.31	−4.4%	1.0%
私人银行部	94.39	−6.15	−6.1%	1.9%
票据营业部	62.34	−12.24	−16.4%	1.3%
投资银行部	162.97	−18.04	−10.0%	3.3%
利润中心合计	1 484.62	2.92	0.20%	30.02%

金融市场部同期数据对内部资金转移定价及条线产品口径两项变动因素进行追溯调整。

2016 年，10 家利润中心产品线营业贡献共计完成 1 484. 62亿元，约占境内总营业贡献的30%。

投资银行营业贡献同比下降，主要由于产品线投融资顾问业务、并购重组业务收入出现较大降幅。

票据业务营业贡献同比下降，主要受利差大幅收窄影响，其中票据融资利差收窄 89 个基点，买入返售业务利差收窄 47 个基点。

1. 3. 2　条线中间业务收入情况

2016 年总行部门/利润中心中间业务收入情况　　单位：亿元

部门/利润中心	2016 年实现	年末沟通计划	年初计划	年末沟通计划完成率	同比增幅	同比增量
个人金融业务部	391. 92	401. 54	401. 55	97. 60%	0. 93%	3. 63
公司金融业务部	197. 83	199. 06	208. 44	99. 38%	-3. 68%	-7. 57
贵金属业务部	27. 39	27. 94	27. 88	98. 05%	3. 02%	0. 80
国际业务部	71. 62	73. 82	84. 05	97. 01%	-11. 74%	-9. 52
机构金融业务部	32. 79	31. 93	27. 39	102. 70%	29. 92%	7. 55
结算与现金管理部	145. 68	145. 01	136. 79	100. 47%	15. 00%	19. 00
金融市场部	101. 39	101. 62	95. 96	99. 78%	10. 58%	9. 70
私人银行部	96. 73	106. 39	106. 39	90. 92%	-9. 08%	-9. 66
投资银行部	167. 93	185. 76	215. 01	90. 40%	-12. 33%	-23. 61
养老金业务部	24. 56	22. 90	22. 89	107. 29%	15. 35%	3. 27
银行卡业务部	287. 92	287. 38	315. 06	100. 19%	2. 19%	6. 18
资产管理部	212. 37	211. 56	211. 27	100. 38%	9. 19%	17. 87
资产托管部	66. 73	65. 37	58. 51	102. 08%	24. 63%	13. 19

注：表中数据为各部门100%负责中间业务收入以及模拟分账数据。

1. 4　境外机构经营情况

1. 4. 1　盈利平稳增长，对集团贡献持续提升

2016 年，境外机构实现净利润 22. 4 亿美元，同比增长2. 1%（折合人民币利润增幅为9. 3%）；剔除工银标准和工银土耳其并表时间性因素后，可比口径增长4. 3%。

境外机构净利润集团占比达到5. 6%，较上年提高0. 5 个百分点，对集团盈利增长的拉动作用稳步增强。

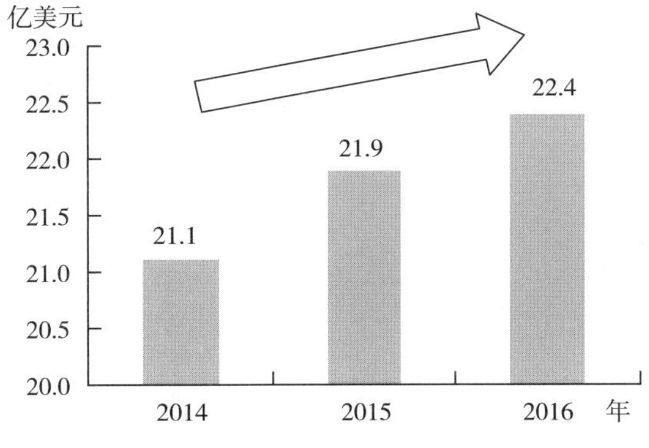

境外机构净利润增长情况

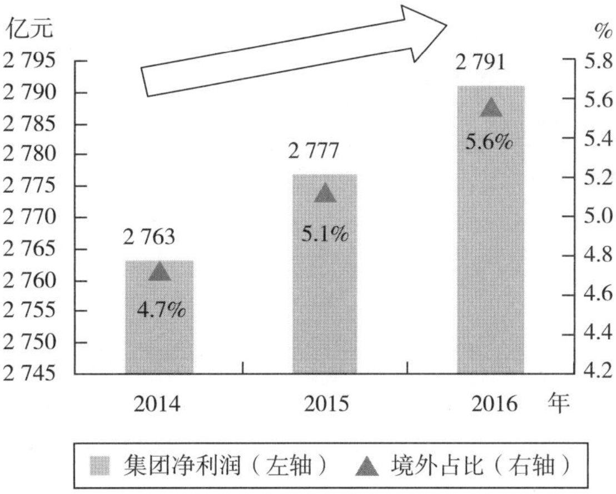

境外机构净利润占比变化情况

境外机构净利润完成情况（分区域） 单位：万美元

机构名称	当期	同比增减	同比增幅	年初预算完成率	年末目标完成率	机构名称	当期	同比增减	同比增幅	年初预算完成率	年末目标完成率
港澳地区	133 937	10 279	8.3%			悉尼分行	5 193	-4 654	-47.3%		
工银亚洲机构	97 569	7 100	7.8%	100.2%	101.5%	工银新西兰	92	295	145.5%		
工银澳门	28 236	1 859	7.0%	101.8%	100.1%	美洲地区	37 601	6 024	19.1%		
工银国际	8 132	1 320	19.4%	112.2%	102.7%	美国机构	17 243	3 524	25.7%	112.0%	104.9%
亚太地区	46 641	-15 202	-24.6%			纽约分行	14 065	2 380	20.4%		
新加坡分行	5 706	-8 243	-59.1%	45.3%	90.2%	工银美国	703	355	101.8%		
东京分行	4 137	-277	-6.3%	91.9%	190.5%	工银金融	2 475	789	46.8%		
首尔分行	3 976	-4 877	-55.1%	56.0%	100.9%	工银加拿大	1 257	290	30.0%	100.5%	93.8%
湄公河机构	5 543	1 269	29.7%	110.9%	107.5%	工银阿根廷	19 006	1 995	11.7%	105.6%	100.0%
河内分行	2 056	360	21.2%			工银巴西	544	280	106.0%	98.8%	101.8%
万象分行	1 559	301	24.0%			工银秘鲁	41	236	121.1%	完成目标	完成目标
金边分行	1 720	233	15.7%			工银墨西哥	-490	-300	不可比	完成目标	完成目标
仰光分行	208	374	224.9%			欧洲地区（不含标准）	17 870	-1 887	-9.6%		
中东机构	8 004	-1 360	-14.5%	82.0%	90.7%	工银欧洲机构	9 366	-3 885	-29.3%	67.3%	101.2%
多哈分行	1 059	-1 776	-62.6%			其中：巴黎分行	2 192	-472	-17.7%		
阿布扎比分行	489	-66	-11.9%			阿姆斯特丹分行	1 148	-553	-32.5%		
迪拜分行	6 068	-528	-8.0%			米兰分行	1 320	39	3.1%		
科威特分行	207	429	193.1%	扭亏为盈		马德里分行	408	-775	-65.5%		
利雅得分行	181	581	145.2%	扭亏为盈		布鲁塞尔分行	604	-730	-54.7%		
卡拉奇分行	1 771	77	4.5%	148.8%	144.1%	华沙分行	823	178	27.5%		
孟买分行	957	325	51.4%	100.9%	100.9%	伦敦机构	5 061	813	19.1%	107.7%	96.5%
工银马来西亚	811	152	23.0%	92.2%	91.9%	法兰克福分行	641	65	11.2%	73.4%	147.7%
工银印尼	5 159	1 098	27.0%	107.9%	103.0%	工银莫斯科	2 252	573	34.1%	131.5%	109.4%
工银泰国	4 520	811	21.9%	110.2%	91.7%	工银土耳其	550	547	0.0%	45.8%	155.3%
工银阿拉木图	772	184	31.3%	123.4%	104.2%	工银标准	-9 884	9 722	49.6%	完成目标	完成目标
澳新机构	5 285	-4 359	-45.2%	52.2%	75.0%						

注：1. 工银标准、工银秘鲁、工银墨西哥利润目标为负数（其中工银秘鲁年初目标为0），各机构均完成年初、年末目标。

2. 工银国际考核净利润同比负增长17.2%，因2015年项目公司股权投资分拆产生少数股东损益等因素抬高利润基数，表中以剔除该因素后计算同比增幅。

1.4.2 境外资产负债规模保持较快增长，增速高于境内业务

境外机构总资产3 817亿美元，较年初增加533亿美元，增幅16.2%。其中，各项贷款1 718亿美元，占总资产的45%；债券投资491亿美元，占总资产的12.9%；存、拆放同业1 128亿美元，占总资产的29.5%。

境外机构总负债3 599亿美元，较年初增加507亿美元，增幅16%。其中，各项存款（不含同业）1 011亿美元，占总负债的28.1%；同业存款490亿美元，占总负债的13.6%；同业拆入1 351亿美元，占总负债的37.5%，发行筹资工具541亿美元，占总负债的15%。

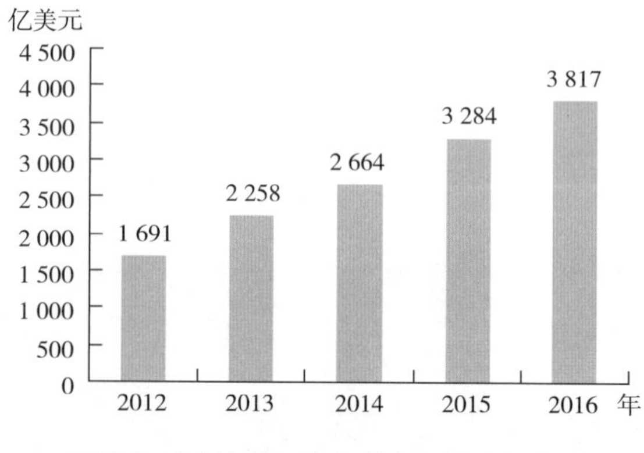

2012年以来境外机构总资产规模增长情况

2016 年 12 月末境外机构资产负债发展情况

单位：亿美元

项目	余额	占比	比年初	年增幅
各项贷款	1 718. 18	45. 01%	277. 64	19. 27%
债券投资	491. 07	12. 87%	93. 05	23. 38%
存拆放同业	1 127. 62	29. 54%	145. 15	14. 77%
其他资产	480. 15	12. 58%	17. 55	3. 79%
资产总计	3 817. 03	100. 00%	533. 38	16. 24%
各项存款	1 010. 94	28. 09%	125. 55	14. 18%
同业存款	490. 41	13. 63%	32. 67	7. 14%
同业拆入	1 350. 96	37. 54%	242. 43	21. 87%
发行债券及存款证	541. 09	15. 03%	75. 69	16. 26%
其他负债	205. 81	5. 72%	30. 93	17. 69%
负债合计	3 599. 20	100. 00%	507. 28	16. 41%
所有者权益	217. 82	100. 00%	26. 10	13. 61%

1.5　综合化子公司经营情况

基金、保险、租赁、投行业务继续保持增长，综合化经营效果显现。

工银瑞信全年实现净利润 16.3 亿元，同比增长 26.6%，在资本市场波动较大的外部环境中保持稳步增长，成为境内控股机构板块利润增长的主要动能。

基金　　单位：亿元

机构	净利润	ROE	成本收入比	资产管理规模	手续费及佣金净收入
工银瑞信	16. 34	44. 7%	31. 3%	11 282	28
中银基金	10. 09	60. 3%	28. 8%	9 090	18
建信基金	9. 13	51. 8%	32. 6%	12 400	19
农银汇理	2. 02	34. 3%	49. 9%	4 233	0. 1

工银租赁积极发挥联动优势，努力化解资产质量劣变不利影响，全年实现净利润 34.2 亿元，同比增长 3.5%。

租赁　　单位：亿元

机构	净利润	ROE	成本收入比	总资产
工银租赁	34. 20	14. 1%	10. 0%	3 006
建信租赁	12. 53	11. 1%	8. 6%	1 391
农银租赁	2. 68	6. 0%	19. 1%	425

工银安盛全年实现净利润 5 亿元，同比增长 11.6%，保费收入高速增长带动投资资产规模增加，投资收益增幅显著。

保险　　单位：亿元

机构	净利润	ROE	成本收入比	保费收入	投资收益
工银安盛	5. 03	5. 3%	3. 8%	343	43
建信人寿	4. 25	5. 2%	5. 6%	461	51
农银人寿	0. 18	0. 5%	6. 4%	247	34

工银国际全年实现净利润 0.79 亿美元（考核净利润 0.81 亿美元），与同业存在一定差距。

投行　　单位：亿美元

机构	净利润	ROE	成本收入比
工银国际	0. 79	8. 5%	30. 2%
建银国际	1. 62	11. 7%	42. 1%
中银国际	1. 55	10. 3%	57. 6%
农银国际	0. 91	13. 1%	26. 6%

1.6　经营特点

1.6.1　顶住利率市场化压力，定价同业比较优势增强

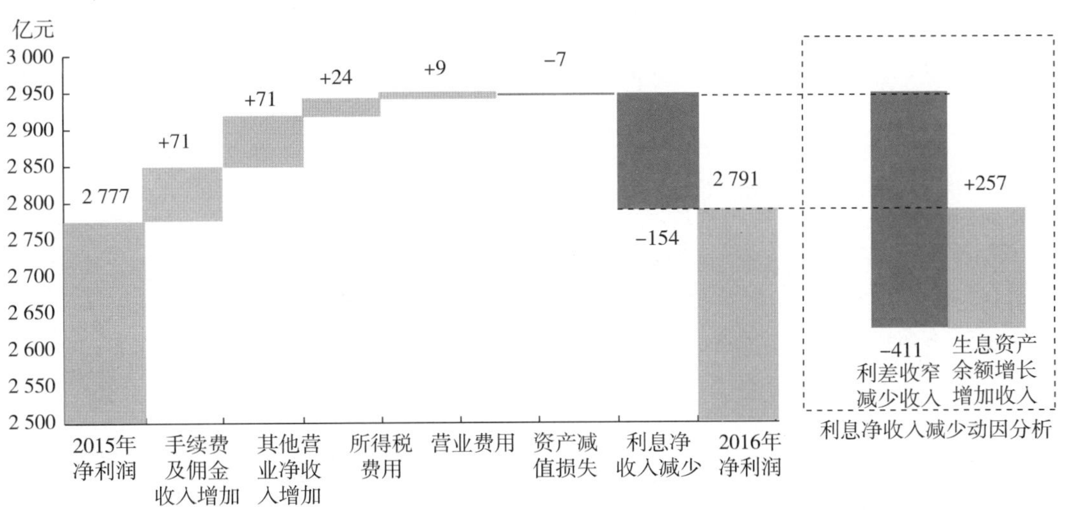

全行注重资产负债业务量价协调发展，使得利差收窄幅度在同业中处于较优水平。剔除“营改增”因素后，利息净收入减少154亿元，其中，由于利差收窄使得利息净收入减少411亿元，由于生息资产平均余额增长增加257亿元。

为弥补利息净收入下降缺口，全行加强经营转型发展，剔除“营改增”因素后，手续费及佣金净收入同比增加71亿元；同时，通过内部挖潜，其他营业净收入增加71亿元，持续压降成本较高的结构性存款规模，日均余额同比减少1 300亿元，节约成本66亿元；此外，通过加大闲置固定资产清收处置等措施增加收入5亿元。

所得税费用减少24亿元，主要得益于债券投资收益结构的优化，国债和地方债收入占比提升，免税收入增加。

1.6.2　把握社会资金活化有利形势，定活结构不断优化

活期存款占比明显提升。境内分行活期一般性存款余额占比53.9%，比年初提高2.4个百分点，一般性活期日均余额占比为52.8%，较年初提高4个百分点。活期存款占比自2012年以来降至2014年最低点后逐步回升，2016年上升态势明显。

部分分行活期存款占比明显高于全行平均水平。贵州分行一般性存款活期占比76%，排名系统内分行首位。内蒙古、新疆、甘肃、海南、宁夏、广东、江西、广西、厦门、浙江、福建等分行一般性活期存款占比超过60%。

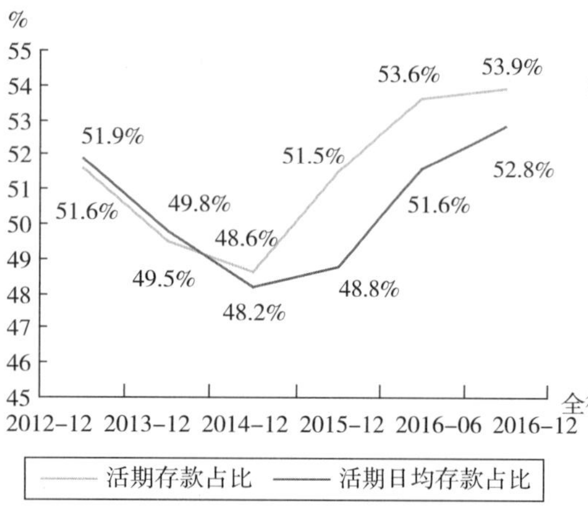

境内一般性存款（偏离度口径）活期占比情况

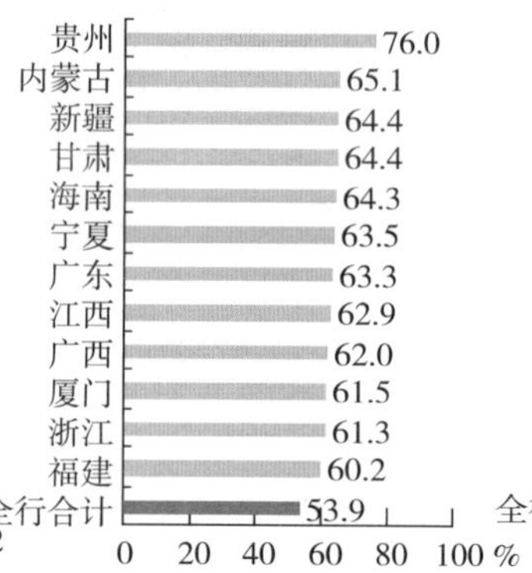

一般性存款活期余额占比

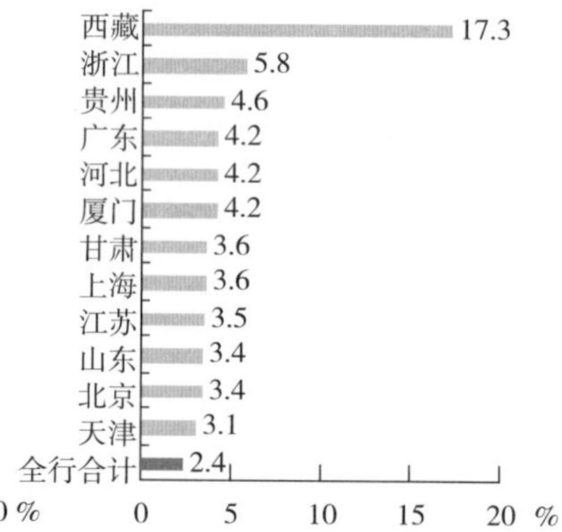

一般性存款活期占比同比变化

1.6.3　顶住不良贷款劣变压力，资产质量保持稳定

（1）抓实“三个关键环节”，推进信贷资产质量工程

通过“把好新增融资入口、优化存量风险管控、创新不良贷款处置”，深化贷款全过程管理，确保信贷资产质量整体稳定。

关键一：管住新增融资风险，止住新增“出血点”

对新增融资进行实时监测，堵住新的出血点。总行监控中心从尽调开始，实现逐日对全行新建立信贷关系客户及存量客户新增融资业务的进行实时风险筛查，对持续亏损、过度融资、多头融资、交叉违约、关联企业不良、过度担保、涉诉等9类风险事项进行系统化实时扫描，并对风险客户实施系统自动控制或风险提示。

至2016年末，共对5.8万户拟新增融资客户进行筛查（申请金额1.8万亿元），累计发现风险隐患客户2011户，涉及融资金额751亿元。分行确定已对199亿融资终止流程。

关键二：及时识别化解风险贷款，减少逾期劣变

加强贷款到期前管理，管好潜在风险贷款，最大限度地实现少逾期、不逾期，减少逾期率。督促分行做实做细到期贷款风险排查，前移风险防控关口，加强催收催缴。

对生产经营与财务状况基本稳定、具有良好偿债意愿，出现阶段性还款困难的企业，及时通过追加或变更担保、展期、再融资、合同要素变更等措施降低和转化风险。

全年收回潜在风险融资2 103亿元。

加大风险转化和收息力度，控制逾期贷款劣变，减少劣变率。完善总分行监控工作体系，上下联动，共同做好逾期贷款的化解缓释。逐月对逾期30天以内、30天到60天、60天到90天的剪刀差客户进行筛查，根据风险情况分类管理，指导分行及时采取催收和缓释措施。

贷款的平均劣变率1.98%，同比下降了0.05个百分点。

关键三：创新不良贷款清收处置，提升回收效率

提高批量转让的处置效益。全年批量打包处置1 048亿元，其中：商业包272亿元、平台包215亿元、

统一市场包 561 亿元。针对商业包处置受偿率不断下降的外部形势，逐步降低商业包的比重，创新推出统一市场包，缓解了利用有限的核销资源撬动更多不良资产处置的难题，平均受偿率达到 45.7%。

积极探索与地方政府、企业的合作空间，创新推出银政企合作基金模式，成功处置 15.4 亿元不良贷款。

推动法人、个人不良资产证券化。成功簿记发行 3 期“工元 2016”不良资产证券化项目，处置法人、个人、银行卡不良资产本金 127.4 亿元，回收资金 55.8 亿元，回收率 43.8%。

加大常规清收处置工作力度，常规清收处置 925.7 亿元，占处置总额的 43.7%，同比增加 104.2 亿元，为近年来最高。常规处置中重组转化 549 亿元，转化率 59.32%，同比上升 9.26 个百分点。

（2）顶住资产质量形势压力，整体管控效果明显

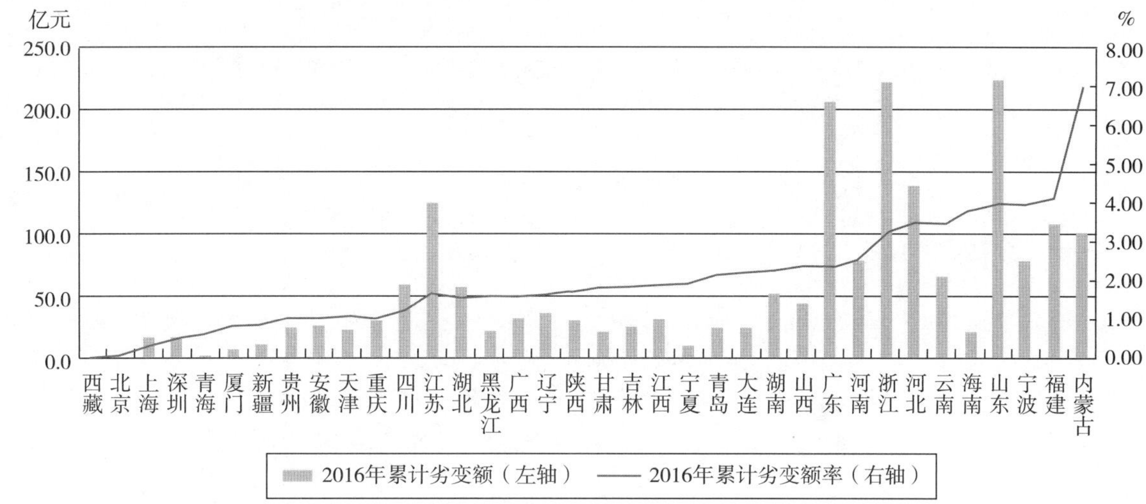

2016 年各分行累计劣变情况

劣变防控较好，累计劣变率低于 1% 的有北京、上海、深圳、青海、厦门和新疆等 6 家分行。

1.6.4　适应实体经济需求变化，推动融资方式多元化发展

非信贷融资日益成为支持实体经济发展的重要资金来源。2016 年，企业债投资、股权融资、理财投资、委托贷款等非信贷融资余额 2.5 万亿元，地方债投资余额 1.4 万亿元，非信贷与地方债投资合计新增近 1 万亿元，是新增贷款的 1.15 倍。

2016 年境内分行非信贷融资增长情况

单位：亿元

项目	2016 年		
	余额	增量	增幅
一、非信贷融资合计	24 839	884	3.6%
1. 企业债投资	4 640	-687	-12.9%
2. 委托贷款	11 643	1 641	16.4%
（1）个人委托贷款	5 575	839	17.7%
（2）企业委托贷款	6 067	802	15.2%
3. 理财债权类投资	4 949	458	10.2%
4. 理财股权类投资	951	181	23.5%
5. 银行承兑汇票	2 656	-708	-21.1%
二、地方政府债投资	14 330	9 014	169.6%

续表

项目	2016 年		
	余额	增量	增幅
三、地方债与非信贷融资合计	39 169	9 898	33.4%

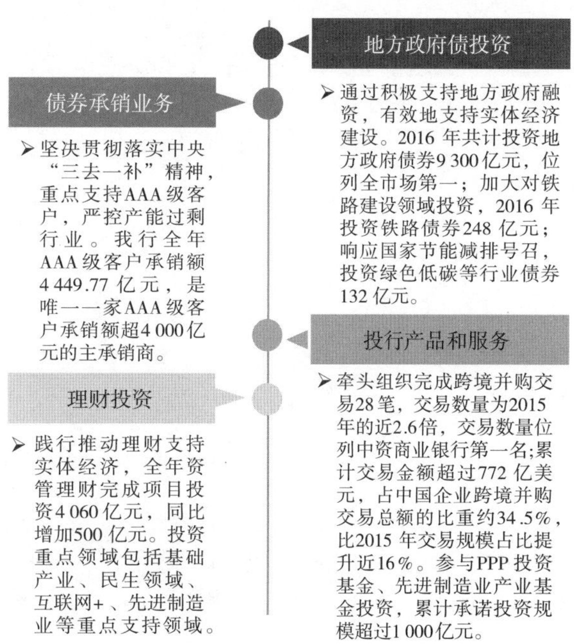

1.6.5　中间业务发展有喜有忧

（1）整体完成情况良好

2016 年，全行有效克服了银行卡刷卡和部分个人结算业务费率调整、外汇窗口指导强化、收费监管持续收紧以及“营改增”影响，巩固长板，提升短板，加强缺口管理、议价管理和督导，实现了中间业务收入持续增长，境内分行账面实现中间业务收入 1 541.17 亿元，增长 2.09%，还原“营改增”影响，增长 5.73%，完成全年任务的 100.68%，收入总量继续保持同业第一。

“大资管”战略成为全行中收增长新动能，相关产品收入增速明显高于全行平均增速，其中资产管理收入 204.35 亿元，增长 9.52%；资产托管收入 66.73 亿元，增长 24.63%；结售汇及外汇买卖收入 62.52 亿元，增长 9.67%；贵金属收入 35.02 亿元，增长 6.70%；养老金收入 20.21 亿元，增长 11.10%。

“大零售”战略形成持续发力的收入增长梯队，通过及时调整策略和转换代销产品结构实现了以丰补歉，代理保险、代理基金、第三方存管等代销类业务共实现收入 160.97 亿元，净增 19.05 亿元，其中代理保险收入净增 53.45 亿元，消化了因股市不振带来的代销基金收入缺口 35.47 亿元。

互联网金融培育增收新亮点，深化与互联网金融机构合作层次，及时推进传统渠道与互联网等新兴渠道的深度融合，尽管人民币个人结算和借记卡收入下降 15.36 亿元，但来自“支付宝”“财付通”的收入增量 16.18 亿元，基本覆盖了两项业务收入下降额，有效应对支付脱媒对支付结算、借记卡等传统业务的分流。

18 家分行中间业务收入实现增长，其中西藏（增长 41.46%）、宁波（20.87%）、深圳（15.76%）和贵州（14.93%）4 家分行增长超过 10%。

2016 年，我行代理保险、资产托管、企业年金、债券承销及代销、结售汇及外汇买卖、人民币对公结算、担保承诺等 7 类业务和北京、黑龙江、浙江、山东、贵州、宁波等 6 家分行中间业务收入总量、增量四行同业占比双第一。

（2）中间业务市场竞争力有所削弱

2016 年，我行中间业务收入及结算代理理财收入总量同业第一，但收入增量和增速均落后于建行。我行手续费及佣金收入增量 31.58 亿元，较建行（55.74 亿元）少 24.16 亿元，增幅（2.09%）较建行（4.73%）低 2.64 个百分点。我行结算、代理、理财收入增量 40.96 亿元，较建行（80.81 亿元）少 39.85 亿元，增幅（3.89%）较建行（9.72%）低 5.83 个百分点。

部分产品、分行中间业务收入落后于同业，竞争力提升空间较大。如 2016 年，借记卡、国际结算、人民币个人结算 3 项收入在四行中总量排名均为第三，增量排名分别为第四、第三、第二。委托贷款及公积金归集、第三方存管 2 项收入总量排名均为第二，增量排名分别为第四、第三。天津、青海、内蒙古 3 家分行中收总量排名均为第三，增量排名分别为第四、第四、第三。

部分业务领先优势正在被同业赶超。2016 年，我行资产管理及私人银行业务收入 301.08 亿元，增长 2.76%，收入总量继续保持同业第一，但同业占比同比下降 5.48 个百分点，主要是建行通过大力发展区域理财呈现较强的追赶势头，建行收入 189.92 亿元，增长 41.31%。2016 年，我行贵金属业务收入 35.02 亿元，同比增长 6.7%，收入总量继续保持同业第一，但收入增幅不及建行（36.37%）、农行（51.20%）和中行（33.68%）。

（3）部分产品及分行中间业务收入可持续增长能力有待提升

中间业务收入逐季度阶梯状下降，均衡性较差。2016 年四个季度收入分别为 455 亿元、406 亿元、347 亿元和 333 亿元。从历年情况来看，第四季度中收一般高于第三季度或基本持平。但受收费标准调整、监管趋严等因素影响，2016 年人民币个人结算、国际结算、借记卡、贵金属、代理保险、银团安排承销与管理业务单季度收入逐季下降，其中人民币个人结算、国际结算、借记卡、银团安排承销与管理四项收入四季度环比同比均下降。

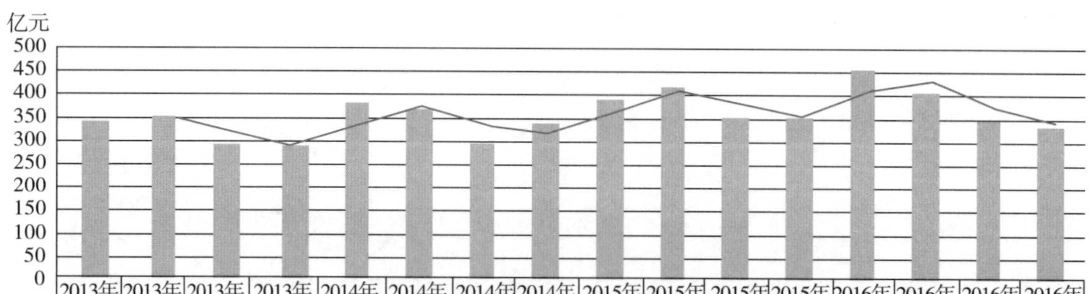

	2013年第一季度	2013年第二季度	2013年第三季度	2013年第四季度	2014年第一季度	2014年第二季度	2014年第三季度	2014年第四季度	2015年第一季度	2015年第二季度	2015年第三季度	2015年第四季度	2016年第一季度	2016年第二季度	2016年第三季度	2016年第四季度
单季度中收	341	351	290	289	383	367	293	338	390	417	351	352	455	406	347	333

2013—2016 年单季度中间业务收入变动情况

部分产品和分行中间业务收入同比下降较多。国际结算（39.36 亿元，－22.98%）、投行顾问咨询（167.93 亿元，－12.33%）、借记卡（68.39 亿元，－12.16%）和人民币个人结算（44.30 亿元，－11.74%）等业务收入同比下降超过 10%。18 家分行同比下降，其中天津（－21.59%）、湖北(－17.30%）、新疆（－10.85%）和福建（－10.41%）4 家分行下降超过 10%。

（4）投行业务增收不确定性增大

投行业务全年实现收入 167.93 亿元，完成年末沟通计划（185.76 亿元）的 90.4%，完成年初计划（215.01 亿元）的 78.11%。第四季度当季向分行下达 77 亿元计划，最后仅实现 30.17 亿元。

2014—2016 年单季度投行业务收入情况

单位：亿元

年度	第一季度	第二季度	第三季度	第四季度
2014 年	87.00	66.76	33.31	44.24
2015 年	62.01	50.87	29.90	48.77
2016 年	64.29	46.63	26.85	30.17

从客观因素来讲，经济增速下行，去产能去杠杆去库存，监管机构要求减负等使得收入增长趋势性下降；利率市场化，接连降息，收益空间不断被压缩；资本市场加速发展，大企业、优质企业脱媒，收入来源不断缩减。

从主观因素来讲，投行业务发展仍较为依赖传统的类信贷经营模式、传统公司客户和类债权的收益模式。因此，自 2014 年开始境内分行投行收入连续 3 年下降，从 2014 年的 231 亿元、2015 年的 191 亿元到 2016 年的 175 亿元（还原增值税收入），降幅明显，增长乏力。整体上，市场处于下降通道，也说明传统的利差收益模式所面临的困境，投行业务面临着转型发展的挑战。

从分行层面看，各行之间差异较大，业务发展不均衡。收入规模方面，2016 年，全行 36 家一级（直属）分行中，10 家分行收入超过 5 亿元，合计收入 121.23 亿元，占全行收入的 72.19%。同时，仍有 13 家分行投行收入不足 1 亿元。收入增长情况方面，只有 12 家分行收入同比正增长，另有 21 家分行收入降幅超过全行平均水平（－12.33%）。

（5）私人银行业务收入波动性较大

第四季度、第三季度、第二季度当季私人银行收入环比变化分别为－20.7%、32.75%和－31.88%。前三季度，私人银行产品银行端中间业务收入回报率为 0.66%，第四季度当季受债券市场波动影响，银行端中间业务收入回报率为 0.37%。

2016 年私银和资管业务各季度收入情况

单位：亿元

业务	第一季度	第二季度	第三季度	第四季度
私人银行	27.15	21.53	28.58	19.47
资产管理	51.4	53.64	47.56	51.75

（6）2017 年第一季度增收压力较大

2016 年第一季度是营改增之前的最后一个季度，2017 年起，我行又根据监管要求免收了本行异地转账汇款、存取款手续费，这些因素意味着第一季度中间业务收入存在出现较大降幅的隐忧。这就需要各分行、各部门开年尽早谋划第一季度收口，积极应对全行第一季度面临的考验。开年前 10 天，全行实现中收 18.70 亿元，同比下降 11.47%。

二、2017 年经营计划

2.1　主要经营目标

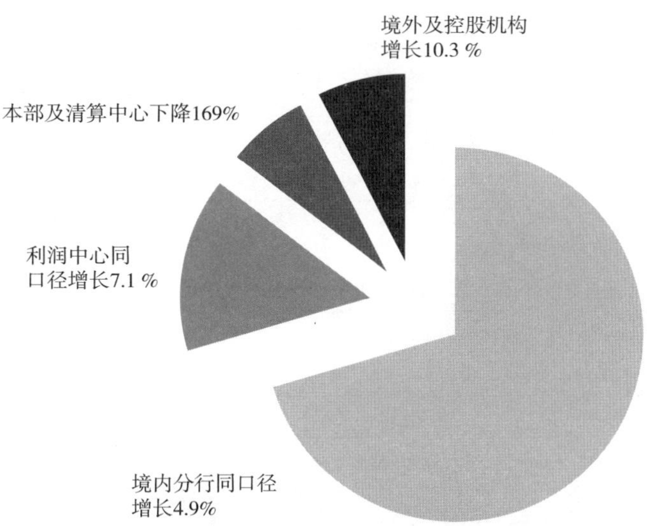

2017 年全行力争实现净利润××亿元，同比增长××%

本部及清算中心净利润大幅下降主要是由于向分行点差让利以及拨备政策调整后分行提取的拨备减少，本部提取的拨备金额增加所致。

2.2　主要业务发展计划

（1）境内存贷款发展计划

境内人民币存贷款计划　　单位：亿元

计划项目	2017年计划			2016年		
	时点余额			时点余额		
		增量	增幅		增量	增幅
人民币存款（含同业）	194 680	15 000	8.3%	179 680	11 056	6.6%
人民币贷款（含拆放）	126 106	8 500	7.2%	117 606	8 584	7.9%
其中：人民币贷款（原口径）	122 597	8 100	7.1%	114 497	8 438	8.0%
非存款类金融机构拆放	3 509	400	12.9%	3 109	146	4.9%

境内外汇贷款计划　　单位：亿美元

计划项目	2017年计划			2016年		
	时点余额			时点余额		
		增量	增幅		增量	增幅
外汇存款（原口径）	898	100	12.5%	798	181	29.3%
外汇贷款（原口径）	524	100	23.6%	424	-29	-6.4%

境外存贷款发展计划　　单位：亿美元

计划项目	2017年计划			2016年		
	时点余额			时点余额		
		增量	增幅		增量	增幅
本外币存款	1 215	165	15.7%	1 050	165	19.0%
本外币贷款	2 020	275	15.8%	1 745	305	21.0%
本外币债券投资	561	86	18.1%	475	77	19.0%
本外币债务筹资工具	623	78	14.3%	545	60	12.0%

（2）境内中间业务发展计划

中间业务收入总量计划。

境内分行　　单位：亿元

计划项目	2017年计划			2016年		
		同比增减	同比增幅		同比增减	同比增幅
中间业务收入	1 598	69	4.5%	1 529	21	1.4%

部门及利润中心中间业务收入计划。

总行部门及利润中心2017年中收计划　　单位：亿元

部门	2017年收入	2016年账面	同比增量	2017年增幅	2016年增幅
个人金融业务	270.31	275.85	-5.54	-2.01%	-1.06%
公司金融业务部	88.33	82.63	0.70	0.85%	-3.89%
贵金属业务部	28.71	26.99	1.72	6.37%	2.78%
国际业务部	48.08	50.34	-2.26	-4.49%	-18.10%
机构金融业务部	7.13	6.61	0.52	7.84%	1.61%

续表

部门	2017 年收入	2016 年账面	同比增量	2017 年增幅	2016 年增幅
结算与现金管理部	87.03	79.31	7.72	9.73%	-3.50%
金融市场部	102.65	101.39	1.26	1.24%	10.58%
私人银行部	104.06	96.73	7.33	7.57%	-9.08%
投资银行部	185.00	167.93	7.33	7.57%	-9.08%
养老金业务部	21.66	20.21	1.45	7.15%	11.10%
银行卡业务部	320.00	286.64	33.36	11.64%	2.57%
资产管理部	215.00	204.35	10.65	5.21%	9.52%
资产托管部	71.85	66.73	5.12	7.67%	24.63%

注：表中为各部门100%负责中间业务收入及计划，其中个人金融业务部还包含90%的代销个人保险收入。

（3）境内人民币资金营运计划

单位：亿元

表内资金来源	2017 年计划		2016 年末		表内资金运用	2017 年计划		2016 年末	
	增量	增幅	增量	增幅		增量	增幅	增量	增幅
一、各项存款	15 000	8.3%	11 056	6.6%	一、各项贷款	8 500	7.2%	8 584	7.9%
其中：储蓄存款	6 000	7.5%	4 658	6.2%	二、存放央行款项	3 000	10.9%	2 374	9.4%
公司存款	3 000	8.1%	3 226	9.5%	三、债券投资	2 000	4.5%	2 030	4.8%
机构存款	4 000	8.0%	5 385	12.1%	四、存拆放同业	1 200	27.2%	1 200	37.4%
同业存款	2 000	15.6%	-2 213	-14.8%	五、买入返售资产	1 000	19.9%	-2 910	-36.7%
二、发行同业存单	1 000	—	-3	-100.0%	六、同业存单等投资	1 400	40.4%	1 162	50.5%
三、同业融入	1 000	32.4%	1 781	136.9%	七、现金	50	7.0%	-31	-4.1%
四、发行债券	200	11.8%	-33	-1.9%	八、其他	50	2.2%	392	24.7%
表内小计	17 200	9.3%	12 801	7.5%	表内小计	17 200	8.6%	12 801	7.5%

注：1. 同业存款含非存款类金融机构存款；

2. 同业融出计划将根据2017年内外部经营环境变化和业务实际发展需要有所调剂；

3. 表内其他项下为保本理财债券、存单外其他投资及贵金属等；

4. 按照2017年全行各项存款（不含同业）计划增加13 000亿元、超额准备金保持适度水平测算，预计2017年存放央行款项（法定存款准备金和超额准备金）增加3 000亿元。

（4）风险控制计划

不良贷款管理与清收处置计划

单位：亿元

计划项目	2017 年计划			2016 年		
		同比增减	同比增幅		同比增减	同比增幅
不良贷款余额控制计划						
1. 不良贷款余额	××	××	××	××	××	××
2. 不良贷款占比	××%	—	—	××%	—	—
不良贷款清收处置计划	1 900	-216	-10.2%	2 116	310	17.2%

逾期贷款余额控制计划

单位：亿元

计划项目	2017 年计划			2016 年		
		同比增减	同比增幅		同比增减	同比增幅
逾期贷款余额控制计划	3 580	149	4.3%	3 431	104	3.1%

（5）资本管理计划

经济资本计划。

集团　　　　单位：亿元

计划项目	2017 年计划			2016 年
		同比增减	同比增幅	
经济资本需求量	18 405	2 000	12.2%	16 405

注：假设境内分行内部评级模型及 PD、LGD 等参数不发生重大变化。

资本充足计划。

集团

计划项目	2017 年（高级方法）			2016 年	2013 年
		同比增减	同比增幅		
核心一级资本充足率	—	—	—	—	10.6%
一级资本充足率	—	—	—	—	10.6%
资本充足率	—	—	—	—	13.1%

注：1. 资本充足率计划基于 2017 年净利润、拨备覆盖率等财务预算数据编制；

2. 未考虑 2017 年可能实施的优先股、二级资本工具等外源性资本补充；

3. 未考虑 2017 年内资本充足率计算政策和计算方法的变动；

4. 假设 2017 年内部评级模型和 PD、LGD 等参数不发生重大变化；

5. 预计 2017 年资本充足率下降的主要原因是：各项资产增长、存量资产信用等级向下迁徙、不良贷款增加、拨备覆盖率下降，及不合格二级资本工具可计入部分减少 206 亿元等。

三、2017 年预算管理、资源配置与考评

3.1　预算管理

争先进位	实施存贷利差“争先进位”预算要求，统筹考虑存贷款业务发展市场地位和规模、同业定价水平和利差管理要求，“一行一策”设定贷款收益率、存款付息率参数，对各行下达效益增长计划。对于市场地位领先、定价能力较强的分行，要求其继续巩固领先优势；对于市场地位相对落后，定价能力也弱于同业的分行，综合其市场地位和定价排名情况，确定新吸收存款和新投放贷款定价管理要求，引导其进一步增强量价协调管理能力。
全流量管理	在预算管理上，对到期存贷款和增量存贷款实施“全流量管理”，引导各行既注重挖掘存量潜力，又注重用好新增资源。
加大闲置资产清收处置力度	编制闲置资产处置和租赁收入计划，引导各行进一步盘活低效资源，挖掘增长空间和潜力，增加全行拨备前利润增长水平。
强化对账销案存资产的挖掘力度	在核定各行贷款减值损失时，考虑各行账销案存资产规模和清收潜力情况，引导各行加大账销案存资产清收力度，努力节约信贷成本。

（1）优化拨备计提结构

优化拨备计提结构的原因。

根据银监会监管要求，对于公司类不良贷款，如单笔贷款的拨备计提不足以覆盖预期损失率（监管对我行要求的预期损失率统一为 45%），差额部分需要按照 12.5 倍计入 RWA。

优化拨备计提结构实施前，我行拨备结构不尽合理，次级一类贷款拨备计提比例不足 20%，次级二类

不足40%，均低于监管要求的预期损失率45%，从而形成了高资本消耗的风险暴露；而正常类贷款拨备又高于实际需要。

拨备计提优化方案。

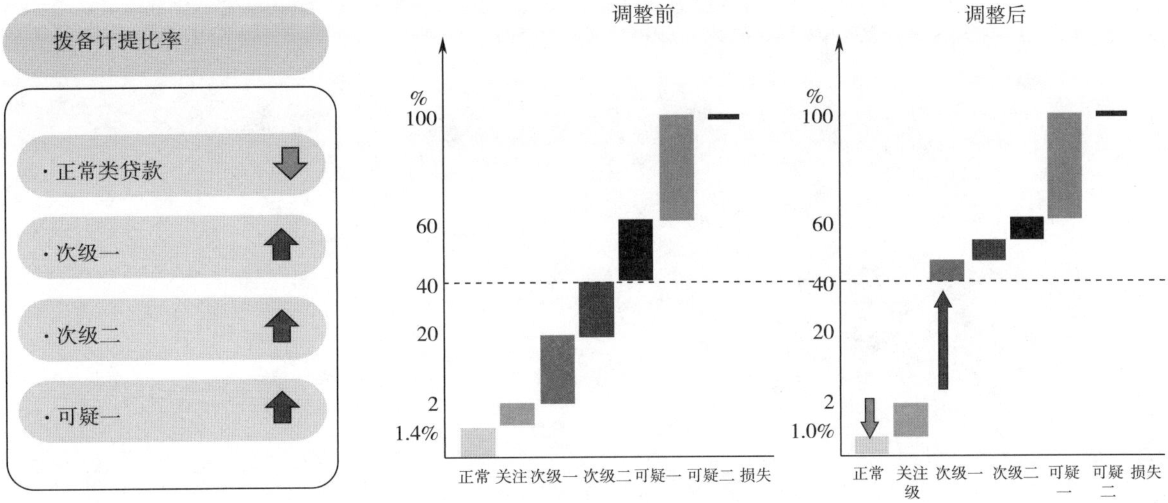

自2017年1月起，总行将次级一、次级二、可疑一拨备计提区间分别由2%～20%、20%～40%和40%～60%调整为40%～45%、45%～50%和50%～60%。同时，将正常贷款组合拨备计提比例由1.4%降低为1.0%。

（2）拨备政策调整实施效果

有利于提升资本充足率。

拨备计提优化方案实施后，次级一类、次级二类拨备计提比例分别达到44%和48%左右，合计降低RWA 2 813亿元，提高资本充足率约30个基点。

境内分行优化拨备计提比例对资本充足率的影响

2016年末	贷款余额	调整前拨备计提比例	调整后拨备计提比例	降低RWA（亿元）	提高资本充足率
次级一类	193.31	6.72%	43.94%	899.37	10BP
次级二类	735.66	24.18%	47.73%	1914.51	20BP
合计	928.97	—	—	2813.89	30BP

有利于引导分行从源头控制资产质量。

拨备计提优化方案实施后，法人贷款拨备计提的弹性空间明显缩小，减少了各行调控余地。同时，正常类和关注类贷款劣变为不良贷款后的信贷成本将大幅增加，有利于引导分行从源头控制好资产质量，进一步增强风险成本意识。

（3）拨备政策调整考核还原方案

本次拨备计提政策调整的原则是分行自求平衡，即正常类贷款释放的拨备用于次级类和可疑类贷款增提拨备，但由于各分行资产质量及拨备保有水平不同，存在降低正常类计提比例所释放的组合拨备大于（或小于）增提单项拨备耗用的情况，为消除差额部分对当期损益的影响，保证各分行平稳过渡，按如下方式处理。

拨备结余分行	对于资产质量较好、拨备保有较为充足的分行，降低正常类计提比例所释放拨备，将单项计提拨备提高至区间上限后仍有结余的，剩余部分由总行上收，由分行提出申请，按照每年不超过“拨备上收”金额的1/3予以考核还原，相应调增其考核利润。【最少分三年还原】
拨备不足分行	对于资产质量较差、拨备保有率偏低的分行，降低正常类贷款计提比例所释放的拨备全部补充至单项拨备后，单项拨备保有率仍不能达到计提区间下限的，缺口超过1亿元的分行要向总行提出拨备借用申请，在未来三年内，每年按照“拨备下划”金额的1/3予以考核还原，相应调减其考核利润（将与资源配置相挂钩）；对于缺口小于1亿元的分行，可根据自身情况，自愿选择向总行申请于2017年当年自行承担消化历史欠账。【最多分三年还原】

调整时间：自 2017 年 1 月起，对拨备计提比例进行调整。

同期可比：为保证同期数据的可比性，将分别按照各行上年同期正常、次级、可疑类贷款拨备保有率较调整后 2016 年末拨备保有率的差额对贷款减值损失及其他相关经营指标进行模拟还原。

（4）2017 年分行利润预算中的特殊因素

点差调整影响136亿元	2016年1月以来，总行累计5次调整存贷款业务点差，其中定期存款点差扩大10~30个基点不等；活期存款点差扩大2个基点；贷款点差扩大25~50个基点。受上述因素影响，2017年点差扩大因素向分行累计增利136亿元。
拨备政策调整影响240亿元	2017年1月，正常类贷款的组合计提比例由1.4%下调至1.0%，同时，法人贷款中次级和可疑类贷款拨备保有要求有所提高。政策调整使得分行2017年拨备提取的压力减少：一是正常类贷款组合拨备计提比例下降，按照1万亿元的增量贷款计算，相应少计提拨备40亿元；二是在法人贷款拨备保有率提高后，打包处置需要的拨备提取金额大幅减少，按照2017年打包处置1 000亿元的计划安排，打包处置补提率下降20%计算，相应减少拨备计提200亿元。

点差扩大和拨备政策调整，直接影响清算中心和本部税前利润 376 亿元。再考虑 2016 年总行本部回拨拨备 260 亿元影响因素后，本部及清算中心 2017 年净利润较 2016 年出现大幅下降。

受上述政策变化影响，2017 年各分行账面净利润增幅相对较高。剔除点差让利和拨备政策调整因素后，分行净利润增幅在合理水平。

2017 年部分分行盈利增长目标

行名	拨备前利润（%）		净利润（%）	
	账面增幅	可比增幅（剔除 FTP 调整影响）	账面增幅	可比增幅（剔除 FTP 和拨备政策调整影响）
A	9.7	6.5	11.9	9.2
B	9.7	7.4	17.8	11.8
C	9.7	6.2	2.9	2.5
D	9.2	4.8	13.1	0.7
E	9.2	1.3	18.6	3.8
F	9.1	5.9	12.9	1.1
G	8.9	5.9	9.3	5.7
H	8.7	5.8	17.8	6.8
I	8.2	4.4	14.7	0.7
J	8.1	3.3	1.3	0.5
K	7.9	2.1	14.4	7.6

续表

行名	拨备前利润（%）		净利润（%）	
	账面增幅	可比增幅（剔除 FTP 调整影响）	账面增幅	可比增幅（剔除 FTP 和拨备政策调整影响）
L	7.1	2.7	7.5	2.4
M	7.0	4.2	8.4	1.6
N	6.8	1.6	7.5	1.4
O	6.2	1.3	16.7	8.0
P	6.0	2.4	3.7	1.7
Q	5.7	2.8	10.3	1.3
R	4.4	1.5	3.0	2.0

（5）按全流量下达贷款计划，优化贷款计划分配方法

为引导分行重视存量移位再贷和新增贷款的统筹管理，2017 年继续按全流量的管理框架安排信贷总量和投向结构，将 1.84 万亿元存量移位再贷与 8 100 亿元增量计划（不含拆放）合并进行统筹分配，年初合计下达分行 2017 年人民币贷款流量计划 2.65 万亿元。

在增量计划分配上，采用市场配置、挂钩配置和战略配置三分法进行测算分配，分配量分别占年度计划 8 500亿元的 60%、30% 和 10%，即分别分配年度计划的 5 100 亿元、2 550 亿元和 850 亿元，在挂钩配置中预留计划 800 亿元，于年内结合各行实际经营情况分阶段挂钩分解下达。

去除历史基数	不再将分行历史增量作为分配基数，而是将其替换为更能体现当地市场需求、同业竞争态势和信贷业务发展趋势的四大行上年平均增量数，弱化各行贷款历史增长基数效应，关注同业可比机构当地市场摆布。	市场配置：分配5 100亿元 60%
突出经营效率	优化经营效率挂钩方法，将存贷利差、存款日均增幅、经济资本占用系数、五级分类后四类占比四项指标作为挂钩指标，权重分别占40%、30%、15%和15%，更加突出存贷利差指标，以激励分行提高存贷款定价能力。	挂钩配置：分配2 550亿元30%
强化发展重点	对接全行重点机构发展导向及困难行帮扶规划，加大对直辖市行、直属分行、5+1分行，同业市场排名落后分行的倾斜配置，提升重点机构信贷市场竞争力，全年力争直辖市行、直属行和营业部增量占比保持2016年水平。	战略配置：分配850亿元10%
坚持动态调配	主要用于支持重点城市行以及国家重点项目、小微、涉农、精准扶贫、绿色信贷等重点领域的发展需求，保障重点领域信贷投入。	在挂钩配置中预留800亿元用于年内分解

3.2　资源配置

调整境内分行费用资源管理模式和配置议案

<table>
<tr><th rowspan="2">项目</th><th colspan="2">现行配置模式</th><th colspan="2">调整优化方向</th></tr>
<tr><th>管理部门</th><th>配置模式</th><th>管理部门</th><th>配置模式</th></tr>
<tr><td>营业费用</td><td>财务会计部</td><td>基础＋激励</td><td>财务会计部</td><td>员工费用＋经营费用</td></tr>
<tr><td>其中：员工费用</td><td></td><td></td><td rowspan="3">人力资源部</td><td></td></tr>
<tr><td>工资</td><td>人力资源部</td><td>基础＋激励</td><td>基础＋激励，增加利差因子调节</td></tr>
<tr><td>其他员工费用</td><td rowspan="4">财务会计部</td><td>兼顾保障与激励
根据各项目特点分类核定</td><td>兼顾保障与激励，
根据各项目特点分类核定</td></tr>
<tr><td>经营费用</td><td></td><td rowspan="3">财务会计部</td><td></td></tr>
<tr><td>保障费用</td><td>按需核定</td><td>按需核定</td></tr>
<tr><td>营销费用</td><td>以净利润为主要调节因素</td><td>以拨备前利润和客户结构、数量为主要调节因素</td></tr>
</table>

调整费用配置模式。现有费用配置模式是核定营业费用总量，同时核定营业费用中的工资费用。在具体配置模式上，营业费用和工资费用总量均采用“基础＋激励”的方式。为更加精准地发挥每类费用的激励约束作用，营业费用总量将调整为“员工费用＋经营费用”配置的模式，同时，优化两类费用激励挂钩指标。

调整费用管理模式。将之前人力资源部负责工资费用配置，财务会计部负责营业费用总量配置的管理模式，调整为人力资源部负责员工费用（包含工资费用和工资费用外的其他员工费用）的配置和管理，财务会计部负责经营费用的配置和管理。

（1）人力费用配置方案

遵循原则：

效益导向	工资费用继续实行价值创造和收益分享的分配机制，加大与分行的经营效益和经营质量挂钩力度，从经营效益、业务基础和资产质量三个维度选取核心挂钩指标，强化工资费用挂钩分配的激励与约束效果，鼓励分行持续稳健经营发展。
依法合规	其他人力费用在遵循国家、地方政府法规以及我行相关制度的前提下分类核定，并加强开支项目、开支标准、开支形式等内容的事前报备审核和事后监督检查。
基本保障	其他人力费用核定优先考虑政策性刚性支出和员工基本保障性福利开支需求，在满足员工必需福利保障需求基础上，按照兼顾公平与效率的原则进行分配。

核定方法：

工资费用

总体机制：
基础工资+绩效工资

（1）基础工资：以上年工资总额为基础，根据分行内外部竞争力情况调整确定。对上年工资总额下降幅度较大的机构，根据近三年工资总额水平对基础工资计划进行适当调整，适度减缓经营波动影响。
（2）绩效工资：主要与净利润、存贷款点差变化水平、中间业务净收入、日均存款等指标挂钩，同时，根据不良贷款增加额扣减部分绩效。

其他人力费用

分类：
法定福利费+自主福利费

（1）法定福利费：包括五险一金、职工教育经费、工会经费等。五险一金采取“年初预算、年中调剂”的方式进行核定，年初将根据各地缴费基数及缴费比例规定，综合社平工资增长预期、年内人员变动预计等因素预算年度费用总量，年中根据实际社平工资增长情况进行调整；职工教育经费、工会经费以当年工资总额预算为基准，按国家规定比例核定。
（2）自主福利费：包括企业年金、补充医疗保险、职工福利费、劳动保护费等。这部分费用将以上年开支为基础，综合考虑业绩贡献、人员结构、人均工资水平等因素进行核定，在保障员工基本福利开支基础上，兼顾激励导向。

绩效工资挂钩指标调整：

2016 年		2017 年	
挂钩指标	占挂钩费用比重	挂钩指标	占挂钩费用比重
净利润	60%	净利润	60%
		利差（存贷款点差变化）	10%[注]
中间业务收入	15%	中间业务净收效	10%
日均存款	15%	日均存款	15%
个人及对公客户	10%	个人及对公客户	5%
不良贷款	扣减项	不良贷款	扣减项
潜在风险融资	扣减项	—	—

注：各分行应参照此权重（10%），将下级行绩效工资与存款利差率、贷款利差率变化水平挂钩。

（2）经营费用配置方案

整体思路：

更好地发挥经营费用的业务保障基础功能，同时引导分行优化费用结构，压降低效无效物化费用，加大对营销费用和战略投入的支持力度，提高财务资源投入效益和效率。

经营费用由保障费用和业务营销支持费用构成

保障费用

业务营销支持费用

遵循原则：

保障开门：保证分行日常运营必需的开门保障费用，确保经营困难、处于转型调整期的分行业务正常开展、经营平稳运行。

与拨备前利润和客户结构、数量匹配：进一步优化调整营销费用挂钩的业务驱动指标，兼顾经营效益和客户拓展两类指标，体现短期盈利能力和中长期业务竞争力发展的有机协调，并优先向业务发展快、盈利能力强的区域、板块倾斜。

核定方法：

保障费用

既立足于满足分行开门运营的需要，又突出“合理、必需”的理念，引导分行切实加强成本节约意识，压降不合理的或低效无效的费用开支。

一般保障费用

- ✓ 包括经营费用中除业务宣传、业务招待、广告费、积分兑换费用外的各项费用。
- ✓ 根据各项保障费用的成本习性和费用驱动因素，对相关费用项目进行分类，按照成本动因，根据适用开支标准（网均、车均、人均、台均、面积单价等）和开支数量进行核定。

＋

临时保障费用

- ✓ 鉴于部分分行一些低效无效的费用压降需要一定的调整落实时间，设置临时保障费用。
- ✓ 使分行直观掌握自身保障费用与合理水平的差距，促使分行主动加强费用管理、优化费用结构，逐年降低临时保障费用。
- ✓ 对临时保障费用带来的净利润缺口和额外成本，各行要积极挖潜、自求平衡，确保净利润目标完成。

- ✓ 对近年来增长较快、金额占比较高的业务外包费用、租赁费、物业管理费实行单独授权控制，优化费用结构。
- ✓ 通过几年的缓冲时间，各行保障费用列支要回归稳定、合理水平。

业务营销支持费用

- ✓ 主要包括：业务宣传费、广告费、业务招待费、积分兑换费用等与业务营销拓展密切相关的费用开支项目。

除积分兑换费用外的营销费用核定：

- ✓ 挂钩指标：效益指标——拨备前利润
  客户拓展指标——客户结构与数量

引导分行既要保质保量完成当期利润目标，又要立足于中长期发展，夯实客户基础、提高综合竞争能力。

- ✓ 限额管理：对基础费用、激励费用超过上年实际列支金额一定比例的，进行上限控制，强化勤俭节约意识，促使分行规范、合理安排费用开支。

积分兑换费用：

- ✓ 在现有综合积分项目基础上，扩大积分营销的覆盖面，进一步推广奖励积分项目，丰富直达客户的营销手段。
- ✓ 总行统一规则、统一管理、统一确定投入规模，根据“谁受益、谁承担”的原则进行费用列支。
- ✓ 考虑到积分提供给客户后，积分兑换主动权在客户，该项费用不对分行进行预算控制，在总行确定的整体投入规模内据实列支。

3.3　经营绩效考核评价

为体现全行以质量和效益为核心，以改革创新和经营转型为着力点，积极构筑经营发展新优势，努力开创改革发展新局面的战略导向，破解当前面临的利差显著收窄、客户基础薄弱、风险防控压力增大等经营难题，对2017年考评体系进行调整完善。调整的总体思路是在保持考评总体框架不变的基础上，进一步精简指标，强化关键绩效指标的核心导向作用，重点体现为：

- 突出过程、动因考核
- 突出以客户为中心
- 突出竞争力提升
- 突出产品交叉销售
- 突出实质风险管理
- 突出转型发展
- 突出集团联动

考评指标表（征求意见稿）

指标名称	权重	权重占比	指标名称	权重	权重占比
一、经营效益类	400±150	20.0%	3. 机构客户		7.8
调整后风险加权资产回报率	110		日均金融资产5万元以上机构客户数		
人均经济增加值	115		（二）收入结构优化	45	
总资产净回报率（成本收入比调节）	60±60		战略性成长业务收入（各分项指标）	156±50	
新发放贷款收益率（同业比较调节）	30±20		（三）互联网金融	156±50	2.9%
存款付息率（同业比较调节）	35±30		融e购平台非金融商品交易额	58±15	
人均结算理财代理类收入（同业比较调节）	50±40		融e行移动端客户数、月均动户数（拓展行外客户数调节）	8	
二、风险内控类	800		融e联客户数、月均动户数（五星级以上客户覆盖率调节）	20±10	
（一）风险管理评价	500		企业网银证书版客户	6	
不良贷款率（其中：信用卡不良率）	100（10）		二维码支付替代率	10	
2013年以来新增融资不良率（全口径）	50	40.0%	（四）业务与产品结构优化	275±12	13.8%
贷款劣变率	65		人均本币储蓄存款日均增量（期限、利率浮动折算，同业比较调节）	70±50	
逾期贷款剪刀差	64		人均本币公司存款日均增量（期限、利率浮动折算，同业比较调节）	40±35	
不良贷款清收处置损失	84		人均本币机构及同业存款日均增量（期限、利率浮动折算，同业比较调节）	40±10	
法人客户不良资产常规处置占比	15		人均外币存款日均增量（同业比较调节）	20±30	
风险扣分项	122		人均本行理财产品日均增量	25	
（二）案件风险控制	200		个人客户产品渗透率（含子公司重点产品）	40	
（三）内控合规评价	100		对公客户产品渗透率（含子公司重点产品）	40	
三、经营转型与业务发展类	770±190	38.5%	（五）业务协同联动	61	3.0%
（一）客户结构优化	220	11.0%	条线联动	10	
1. 个人客户			跨境联动	19	
日均金融资产1万元以上个人客户数	85		行司联动（瑞信、租赁、国际、安盛、标准）	32	
私人银行客户数	25		四、社会责任类	20	1.5%
2. 公司客户			客户服务	5	
日均金融资产5万元以上公司客户数	65		绿色信贷	5	
			小微企业贷款		
加分项：大中城市行竞争力提升50分，大零售业务综合评价20分，网点竞争提升20分					
合计2 000±340					

境内分行经营绩效考评——突出过程、动因考核：

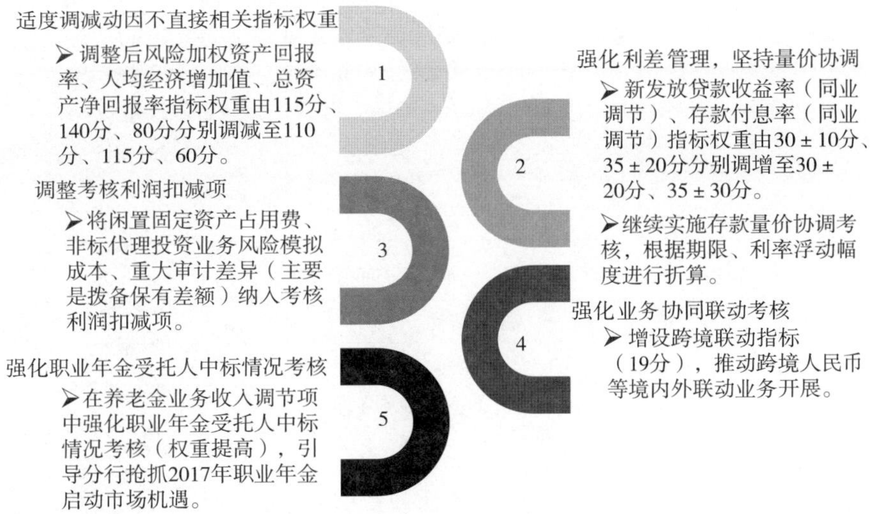

境内分行经营绩效考评——突出以客户为中心：

强化客户拓展指标考核，权重由 180 分调增至 220 分。

引导客户结构优化。

调整对公客户考核标准，公司、机构客户考核标准由日均金融资产 1 万元调整为 5 万元。

提高高价值客户折算系数，引导各行在稳定客户基础的同时提升客户质量。

优化私人银行客户考核标准，由考核时点金融资产 800 万元以上调整为同时考核时点 800 万元以上、日均 800 万元以上，引导私人银行客户质量提升。

客户拓展类指标权重调整前后对比表

指标名称	调整前权重	调整后权重
日均金融资产 1 万元以上个人客户数	70	85
私人银行客户数	20	25
日均金融资产 5 万元以上公司客户数	55	65
日均金融资产 5 万元以上机构客户数	35	45
合计	180	220

个人、对公客户分档折算系数调整前后对比表

个人客户金融资产分档区间	原加权系数	原加权系数	公司、机构客户金融资产分档区间	原加权系数	原加权系数
[1，5）万元	1	1	[1，5）万元	1	—
[5，20）万元	3	3	[5，50）万元	2	1
[20，100）万元	10	10	[50，500）万元	8	8
[100，800）万元	15	20	[500，5 000）万元	20	30
800 万元及以上	20	25	[5 000，10 000）万元	40	60
—	—	—	10 000 万元及以上	40	100

境内分行经营绩效考评——突出竞争力提升：

在对存款指标进行考核的同时，加大存款同业比较调节项指标权重。

调整存款、中间业务收入同业比较调节项指标权重配置，适当降低增量排名考核权重，避免因增量排名变动引起各行考核排名跳跃式波动。

突出大中城市行竞争力提升，增设大中城市行竞争力评价加分项指标。

增设大中城市行竞争力评价加分项指标（50 分），通过将重点城市行的综合竞争力评价结果纳入所在一级分行综合绩效考评结果，引导一级分行加大对重点城市行的资源投入支持，提高整体投入产出效率，推动重点城市行保持应有的市场地位。

大中城市行存量竞争力评价指标表

指标名称	指标权重	计分规则
全部存款	40	根据各指标在工行、农行、中行、建行四行的存量排名计分
各项贷款	15	
中间业务收入	30	
净利润	15	
合计	100	

存款、中间业务收入同业比较调节项指标调整前后对比表

指标名称	调整前权重	调整前权重配置	调整后权重	调整后权重配置
储蓄存款同业比较调节	±25	增量排名 60% 市场份额变动 40%	±50	存量排名 40% 增量排名 20% 市场份额变动 40%
对公存款同业比较调节	±25		±35	
同业存款同业比较调节	—	—	±10	
外币存款同业比较调节	±20	增量排名 50% 市场份额变动 50%	±30	
结算理财代理收入同业比较调节	±40	存量排名 50% 增量排名 25% 市场份额变动 25%	±40	

大中城市行增量竞争力评价指标表

指标类别	指标名称	指标权重	计分规则
核心指标	全部存款（其中：存款付息率）	40（5）	根据各指标在工行、农行、中行、建行四行的增量排名、市场份额变动计分
	贷款收益率（其中：各项贷款）	15（5）	
	中间业务收入	30	
	净利润（其中：网均净利润）	15（2）	
修正指标	日均金融资产1万元以上个人客户	[-4，4]	根据各指标增减变动情况计分
	日均金融资产1万元以上对公客户	[-4，4]	
	融e行移动端月均动户数	[-2，2]	
	不良贷款率	[-5，5]	

境内分行经营绩效考评——突出产品交叉销售：

强化个人、对公客户产品渗透率指标考核。

为推动分行进一步改进营销服务，增强客户黏性，突出产品交叉销售，按对公客户（40分）、个人客户（40分）分别设置产品渗透率指标，主要考核客户使用重点产品的数量。

将引导单项业务发展的考核指标统一纳入客户产品渗透率指标考核。

将子公司重点产品纳入个人、对公重点产品目录，进一步推动母子公司业务联动，发挥集团整体优势。

个人、对公客户重点产品目录

个人客户重点产品（25个）	对公客户重点产品（28个）
个人结算	国际贸易融资
代发工资	跨境并购贷款

续表

个人客户重点产品（25个）	对公客户重点产品（28个）
个人金融资产自助质押贷款	网贷通
代理个人保险	e流贷
代理个人基金	代理财政及国库
个人理财	对公结算
个人Ⅱ、Ⅲ类账户	现金管理（含全球现金管理）
第三方存管	财智账户卡
个人结售汇	工银e缴费
账户类产品	代发工资
积存金（含品牌金积存）	国际结算

续表

个人客户重点产品（25个）	对公客户重点产品（28个）
代客贵金属买卖	对公结售汇
私人银行核心系列PBZO产品	债务融资工具承销发行
私人银行长久期战略配置产品	商品交易
私人银行专户服务	资产托管（含职业年金基金托管、他行理财产品托管）
个人信用卡	贵金属租赁
融e借	票据直贴
二维码支付	职业年金受托
融e行	法人理财
融e购	品牌投行（含并购重组、股权融资、债权融资）
融e联	工银融安e信
一键支付	商户收单（含线上、线下）
渠道二维码（码上赢）	二维码支付
工银瑞信纯债型基金	企业网银证书版
工银安盛保障型保险	融e购
	工银租赁联动型直租产品
	工银瑞信纯债型基金
	工银国际投融资产品（含保荐承销及增发配售、兼并收购）

境内分行经营绩效考评——突出实质风险管理：

增设法人客户不良资产常规处置占比指标（15分）。

进一步鼓励分行加强不良资产常规处置力度，提高对分行的利润贡献。

常规处置包括常规现金清收、以物抵债、重组转化，不含批量转让、资产证券化和核销。

常规处置占比＝（法人客户不良贷款常规清收处置额＋法人客户受托资产现金回收额）÷（法人客户不良贷款清收处置总额＋法人客户受托资产现金回收目标额）。

（1）强化非标代理投资风险考核

将非标代理投资风险模拟成本纳入考核利润扣除项。

将非标代理投资纳入2013年以来新增融资不良率指标考核范围。

在风险扣分项中增加非标代理投资违约事件指标（6分）。

（2）强化不良贷款总量管控

不良贷款率指标权重由80分调增至100分，适度降低2013年以来新增融资不良率指标权重。

（3）强化全口径资产风险考核

将银票、保函、信用证等表外资产风险以及非标代理投资等“表表外”资产风险纳入2013年以来新增融资不良率指标考核范围。

风险内控类指标调整前后对比表

指标名称	调整前权重	调整后权重
（一）风险管理评价	500	500
不良贷款率（其中：信用卡不良率）	80（10）	100（10）
2013年以来新增融资不良率	70	50
贷款劣变率	50	65
逾期贷款剪刀差	64	64
不良贷款清收处置损失	70	84
法人客户不良资产常规处置占比	—	15
风险扣分项	116	122
（二）案件风险控制	200	200
（三）内控合规评价	100	100

境内分行经营绩效考评——突出转型发展：

为推动互联网金融升级发展，促进传统服务向网络化、智能化方向转型，将“渠道结构优化”板块调整为“互联网金融”板块，围绕“三平台、一中心”架构，调整优化相关指标。

调整融e行移动端客户数、融e联客户数指标考核口径，同时考核客户数、月均动户数（并分别用拓展行外客户数、五星级以上客户覆盖率指标进行调节），提高客户质量。

为引导各行加快互联网金融产品市场推广，尽快使客户形成对我行二维码支付产品的认同，将二维码有效支付商户拓展指标调整为二维码支付替代率指标，计算公式如下：二维码支付替代率＝二维码支付交易笔数÷（二维码支付交易笔数＋信用卡消费笔数）。

（1）境内分行经营绩效考评——推动资产质量困难分行解困

在执行现行统一考评体系的同时，对五家资产质量困难分行单独增加差异化调节指标。

包括内蒙古、福建、山东、河北、云南五家分行。

对五家分行单独设置“不良贷款清收处置额”指标，作为不良贷款清收处置损失指标调节项，引导五家分行在减少清收处置损失的前提下，加快清收消化存量历史包袱。

对五家分行设置“拨备前利润”调节项指标，避免因资产质量历史包袱影响业务发展，充分调动五家分行增收积极性。

（2）总行部室及利润中心定量考评——总行部室调整思路

突出战略导向，体现工作重点。

总行部室调整思路及举例

调整思路	举例
适度提高利差类指标考核权重，并根据期限、利率浮动优化情况对存款类指标进行系数调节，引导部门稳定利差水平，推动存款量价协调发展	例如将公司金融业务部新发放贷款收益率、对公存款筹资成本率权重在去年7%的基础上适当提高，个人金融业务部新发放贷款收益率、储蓄存款付息率权重在去年5%的基础上适当提高；并对公司客户存款日均增量指标、储蓄存款日均增量指标根据期限、利率变动情况进行系数调节
适度加大客户拓展相关指标考核权重，并根据客户结构调整优化情况进行系数调节，引导全行在稳定客户的基础上，进一步优化客户结构	例如将公司金融业务部、机构金融业务部、结算与现金管理部、个人金融业务部客户净增指标权重分别在去年6%、10%、9%、10%的基础上适当提高，并根据客户结构调整优化情况进行系数调节
适度增大风险防控类指标考核权重，突出风险控制导向	例如将公司金融业务部、个人金融业务部贷款不良率指标权重分别在去年10%、7%的基础上适当提高
将“监管强化标准”指标纳入相关部门，落实监管要求	例如将拨备覆盖率、拨贷比指标纳入财务会计部，将单一客户贷款集中度、单一集团客户授信集中度指标纳入信贷与投资管理部，将杠杆率指标纳入资产负债管理部，将内部评级法资产覆盖率指标纳入风险管理部

调整部门联动考核模式。

为强化客户营销部门对集团全产品的牵头营销职责，设置个人客户/公司客户/机构客户目标产品覆盖率联动指标，取消原与其他单个部门（利润中心）的联动协作指标；同时将个人客户/公司客户/机构客户综合贡献指标作为监测指标定期公布，待条件成熟后，直接作为部门联动考核指标。

总行部门	联动协作指标	考核权重
公司金融业务部、结算与现金管理部、国际业务部	公司客户目标产品覆盖率	25%
	公司客户综合贡献	暂作监测指标，成熟后纳入考核
机构金融业务部	机构客户目标产品覆盖率	25%
	机构客户综合贡献	暂作监测指标，成熟后纳入考核
个人金融业务部、电子银行部	个人客户目标产品覆盖率	25%
	个人客户综合贡献	暂作监测指标，成熟后纳入考核

为促进业务协同，发挥集团整体优势，将子公司重点产品纳入总行客户营销部门产品覆盖率考核，将子公司相关业务利润捆绑至相关部门。

子公司重点产品	客户营销部门客户产品覆盖率
工银租赁、工银国际重点产品	公司金融业务部、结算与现金管理部、国际业务部的公司客户目标产品覆盖率
工银瑞信、工银安盛重点产品	个人金融业务部的个人客户目标产品覆盖率

子公司相关业务利润	总行部门（利润中心）
工银瑞信相关利润	个人金融业务部、资产管理部、养老金业务部
工银租赁相关利润	公司金融业务部、专项融资部
工银国际相关利润	投行业务利润捆绑至投资银行部，资产管理业务利润捆绑至资产管理部
工银安盛相关利润	个人金融业务部

强化对系统性费用支出较大部门的成本控制责任。

对渠道管理部ATM闲置低效占比、物理网点低效占比指标进行定量考评，对安全保卫部安防设施投资预算指标进行定量考评。

（3）总行部室及利润中心定量考评——利润中心调整思路

强化利润中心产品线业绩考核，弱化本部业绩考核，做大做强产品线。

除金融市场部、专项融资部本部业绩指标权重保持不变外，其他利润中心本部业绩指标权重统一调减至5%（考核本部净利润），后续对利润中心的相关费用配置配套调整（配置比例统一调减至10%）。

适度增大产品线风险防控类指标考核权重，强化产品线风险管控责任。

利润中心调整思路——以贵金属业务部为例

指标名称	调整前权重	调整后权重	说明
全行贵金属业务营业贡献	25%	—	
全行贵金属业务营业利润	5%	—	
产品线中间业务收入（同业比较）	20%	—	
实物贵金属有效客户数	25%	—	强化客户拓展指标考核
黄金租赁不良率	10%	—	强化产品线风险控制考核
贵金属交易风险控制	5%	—	强化产品线风险控制考核，由考核自营业务风险调整为同时考核自营业务、代客交易业务风险
本部考核净利润	10%	5%	适度弱化本部业绩指标
合计	100%	100%	

四、统筹协调各项业务发展

4.1　统筹公司金融、资产管理、投行、结现业务的发展

（1）公司金融业务

统筹融资业务整体布局，打造综合金融服务商。

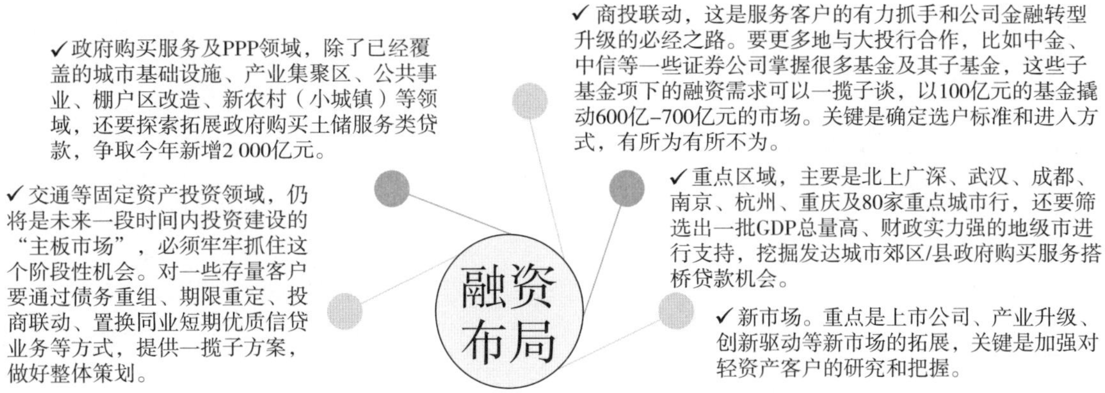

抓好小微金融业务发展，确保实现“三个不低于”目标。

梳理整合小微信贷产品，把握好小微贷款“侧重债项控制、兼顾法人资质”的特点，创新产品，既便于客户理解和选择，又便于风险审核和把控。

推进小微中心专营，在推广好4家样板小微中心成功经验的基础上，再选择6家二级分行进行为期一年的样板行建设。

（2）资产管理业务

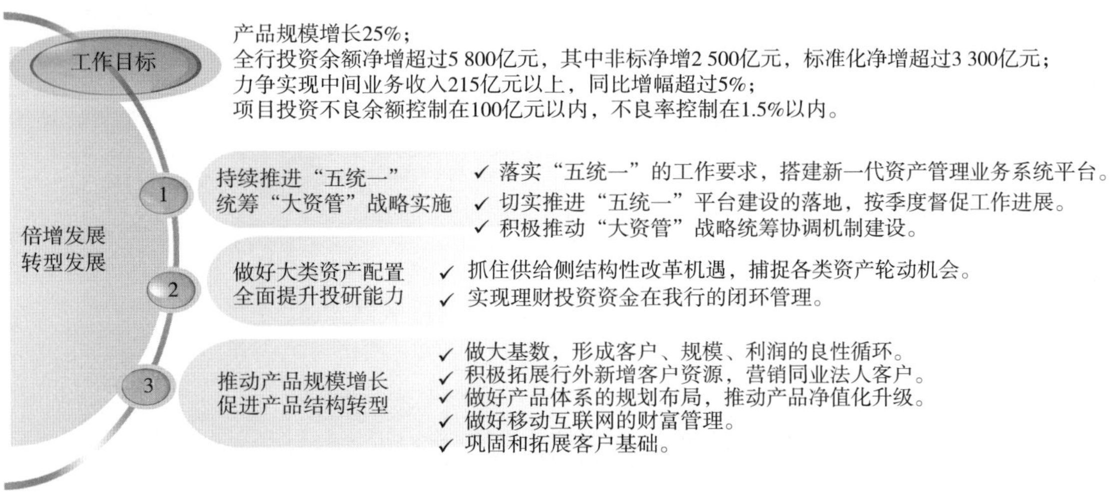

（3）投资银行业务

年度目标

✓ 努力扭转境内分行投行收入连年下降的趋势，力争在2016年基础上实现10%的增长，达到185亿元。
✓ 兼并收购、代理股权融资、非标债权融资业务规模超过4 000亿元。进一步拓展基础类投行客户至6 000户。
✓ 努力在市场化股权投资、直接投资、投行同业合作（含非标投资银团业务）、风险资产处置投融资顾问等创新业务方面实现实质突破，形成规模收入。

关键考验

✓ 要突破对以债权和配资为主的类信贷经营模式的依赖。
✓ 要突破对传统公司客户的依赖。
✓ 要突破对类债权利差收益模式的依赖。
✓ 要突破收入增长的瓶颈。

具体措施

✓ 做新：新理念、新市场、新客户、新产品、新模式。
✓ 做大：大客户大营销、大区域大市场、大分行大团队。
✓ 做优：优化过程管理、优化风控手段、优化投后管理、优化部门机构协作。

（4）结算与现金管理业务

以增加对公存款、中间业务收入和优质客户为目标，依托对公支付结算优势，突出客户拓展和现金管理两项核心工作，抓好对公支付结算、对公理财和贵金属三条中收业务线，进一步夯实产品营销经理队伍建设和网点对公服务能力提升两个基础，全力实现结现专业价值贡献最大化。

做大做强客户市场。

利用工商企业通、小微企业平台、工银e缴费、大额资金监控和工商e商贸五大平台拓户，夯实客户基础。

以全球现金管理综合金融解决方案为抓手，满足中高端客户需求，充分运用账户信息、收付款、流动性管理、投融资和风险管理六大产品线，提升客户黏性，增加客户价值贡献。

持续推动中间业务收入增长。

抓精细化管理、突出结现专业优势，加强部门联动，推进现金管理、法人理财和贵金属中收持续提升。

依托对公支付结算基础地位，强化金融科技创新，推动第三方支付公司规范管理与合作相结合，深挖创收潜力。

做好两项基础建设。

进一步加强对公产品营销经理队伍建设。

全面提升网点对公服务能力。

（5）实现协调发展需要把握好两个方面

发挥好公司金融业务部的牵头作用。

坚持以客户为中心，按照一点接入、综合服务、全球响应、捆绑考核的原则，总行公司金融业务部负责统筹规划和综合协调，联动投资银行部、资产管理部、专项融资部、结算与现金管理部、工银国际、工银租赁、工银瑞信等产品部门及利润中心，形成“1＋N”服务机制，做好“商行＋投行”“表内＋表外”“银＋非银”“境内＋境外”一揽子服务。

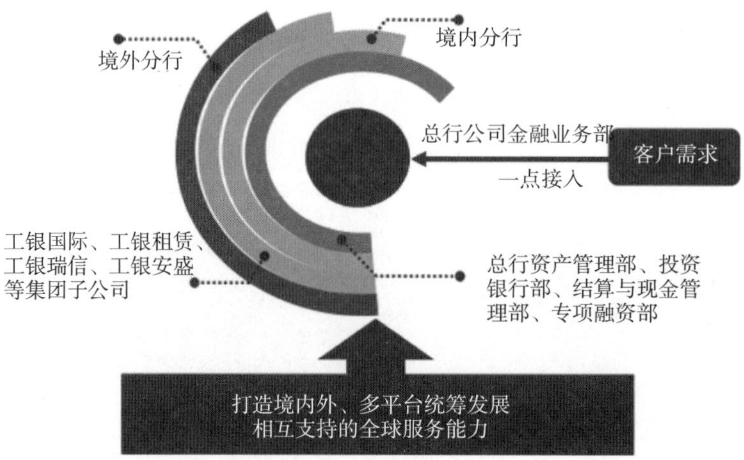

做好投行与资产管理业务的衔接。

2017 年，全行股权融资流量要突破 2 000 亿元（含代理股权融资、直接投资、市场化退出基金等业务），非标债权融资流量超过 1 000 亿元，风险资产处置流量超过 500 亿元；资产管理需新增项目投资 5 000 亿元。投行与资产管理部门协同规模 2 700 亿元。

总行层面由投行部及资管部协同配合，分行层面原则上由投行团队负责推动，充分发挥投资银行部在并购重组、市场化股权、国企混改、集团总部债务融资、产业基金等交易结构设计及专业能力方面的优势。

总分行公司投行条线，要努力做好项目营销和尽职调查工作，充分发挥投行条线在产品和交易结构设计、估值等方面的专业优势，积极向投资产品设计部门推荐优质投资项目。

要努力破除股权项目风险一定大于债权项目风险、单一项目风险一定小于投资组合风险的两个传统观念，加大主动投资、组合投资的力度和规模。

在实质风险可控的前提下，大资管业务条线要在配资方面加大对投行业务，尤其是转型创新业务的支持。

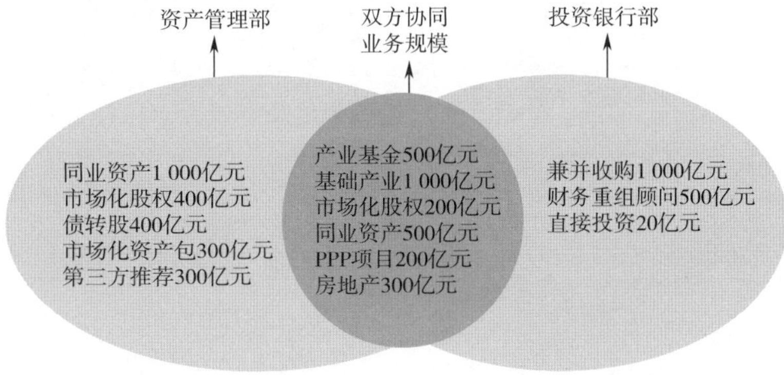

4.2　统筹个人金融资产与储蓄的发展

今年个人金融资产新增 9 500 亿元，其中储蓄存款新增 6 000 亿元，持续巩固个人金融资产第一大行地位。

（1）正确认识个人金融资产和储蓄存款的关系

在去年召开的改革发展研讨会上，我们对个人金融资产增长情况、相关产品的渗透率等情况作了深入分析。总体来看，这几年我行个人金融资产增量落后农行，储蓄排名第三且余额也落后农行 1 万亿左右。反观农行，个人金融资产和储蓄增量均为第一，储蓄余额也已远超我行。

2016 年末四行个人客户金融资产余额

单位：亿元

行别	纯储蓄	理财产品（含保本）	基金	第三方存管	合计	四行占比
工行	78 352	20 033	5 530	3 242	107 157	29.4%
农行	87 828	14 306	1 528	1 543	105 206	29.4%
建行	68 581	13 329	4 298	2 983	89 192	24.92%
中行	42 645	9 509	3 165	1 019	56 337	15.74%

面对大零售转型发展的迫切需求，全行上下必须进一步认清储蓄存款和个人金融资产之间的关系，把握和运用好零售业务发展的基本规律，在大零售转型发展的道路上目标更加明确，步伐更加坚定。

储蓄存款与金融资产增长可以统筹协调

✓虽然储蓄存款和金融资产短期内表现为此消彼长，但长期来看，随着客户收入水平的提高、财富的积累，必然是可以同步增长、协同推进的。

做大金融资产是实现零售业务利润的重要途径

✓储蓄存款和理财、基金、保险的销售，共占到个人金融非贷款营业贡献的95%，其中储蓄存款贡献每年都在千亿元左右。

✓提升个金营业贡献的根本路径在于做大金融资产总量、做优金融资产结构，当金融资产总量足够大且分布在收益较高的资产形态时，营业贡献就实现了最大化。

做大金融资产是提升我行零售业务竞争力的关键所在

✓个人金融资产是代表个人客户财富水平的重要指标，所以金融资产总量的多寡也代表了一家商业银行零售业务经营质态和吸引客户、争揽资金、服务客户的能力和创利能力，而银行综合竞争力的提升、稳健性提高也必然会吸引投资理念较为保守的储蓄型客户。

金融资产总量从根本上决定了储蓄存款的多少

✓金融资产总规模是储蓄存款的决定因素。

✓我行储蓄存款在金融资产占比仍在65%左右，是金融资产最重要的组成。只要产品品种、期限等结构把握设计好，资产的增长必然会带动存款的增长。

（2）推动个人金融资产和储蓄存款协调增长做大总量，做优结构。

1 锁定代发类源头资金

✓ 充分发挥信贷业务拉动作用，争抢对公有贷户代发工资和各类补偿款，通过将代发工资服务嵌入对公开户流程抢抓无贷户代发业务；适当投入资源竞争财政统发、拆迁补偿、企业分红等批量代发资源。

2 扩大支付结算业务

✓ 以工银e支付、二维码支付等优势支付结算产品为依托，不断做大存取款、汇款、小额支付等业务规模，在做大流量中沉淀资金，获取更多低成本活期存款。

3 提升投资理财的价值创造能力

✓ 加大基金、保险、理财产品的销售力度，推动代理保险业务向保障型产品转型，加强非公募产品创新和营销力度，加大银行理财产品供给，推动贵金属销量增长和账户交易业务的活跃度，实现个金业务快速发展与客户财富增长的双赢。

创新个人客户批量拓展方式，持续扩大优质客户规模。

强化联动。针对只有贷款无其他产品、只有信用卡无借记卡的客户开展交叉销售，提升产品渗透率。深挖工银瑞信、工银安盛等集团内客户资源，开展针对性营销。

与第三方公司合作。搭建与第三方公司合作的统一平台，实现信息共享、客户共享、深度合作。

外拓营销常态化建设。在支行层面成立管理人员、营销讲解人员、授权人员、设备操作人员组成的专职外出营销团队，开展移动营销。2017 年要争取 50% 的支行按照这种模式外拓客户。

推进集团营销。以海澜之家、中储粮为范本，以总部为龙头开展营销，向其分公司和上下游个人客户辐射营销。

引导客户合理配置资产，满足客户个性化需求。

合理配置储蓄存款产品，降低客户资产组合风险、提升流动性。

· 将储蓄存款作为客户资产配置的一部分，且将活期存款作为保持客户资产流动性的重要产品，将各类存款产品线作为资产配置的基础。

· 将个人大额存单用于高端优质客户维护和动迁等项目的拓展，将节节高产品用于拓展和维护日均金融资产1万元以上客户，将薪金溢产品用于代发工资客户群的维护拓展。

· 通过存款和理财产品的合理配置，实现客户资金在我行的封闭运营、闭环管理，使我行成为客户的金融业务主办行。

建立储蓄存款与其他金融资产比价关系。做到储蓄存款与其他金融资产统一视图，实现储蓄存款增长由行政推动向客户经理自发行为的转变。

（3）加强客户经理队伍建设与考评

尽快按标准配备客户经理。

✓ 进一步明确“个人金融资产20万元以上客户超过200户的网点必须配备客户经理”和“人均管户不超过400户”的配备标准和客户经理管户标准，将其作为个人金融业务机制转型的量化标准纳入专业评价，定期通报分析全行客户经理配备情况。

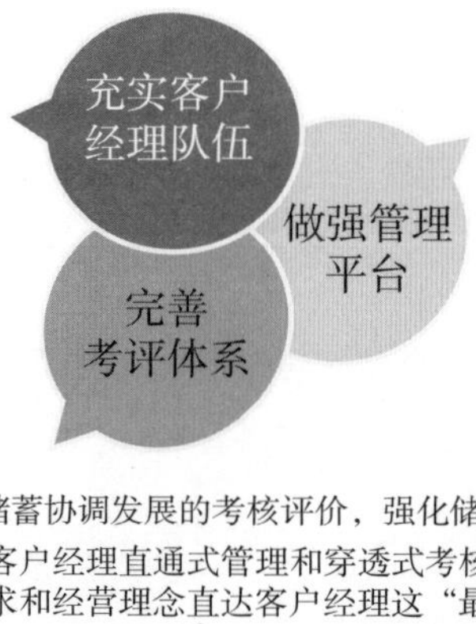

强化系统支持。

✓ 优化完善个人客户营销管理系统（PBMS），将其打造成个人金融专业队伍管理、业务培训、工作指导、考核评价、风险控制的全功能平台。

✓ 明确客户经理维护客户和外拓客户的“标准动作”要求，通过系统支持，实现对客户经理维护和拓户情况的“可监控、可量化、可评价”。

突出对个人金融资产和储蓄协调发展的考核评价，强化储蓄存款的核心产品地位。

✓ 进一步加强对个人客户经理直通式管理和穿透式考核，要以支行为主逐步提升考核层级，确保全行战略要求和经营理念直达客户经理这“最后一公里”。

✓ 将效益贡献作为评价客户经理的核心标准，并实现个人绩效的“仪表盘”展示。

✓ 对客户经理进行全口径金融资产考核，把储蓄存款作为客户资产配置的核心要素。

（4）信用卡业务

力争成为中国客户总量最大的信用卡发卡银行。发卡量、消费额、收单额、资产业务、中收等各项核心指标的存量与增量均保持同业领先。

项目	目标	增长
信用卡客户数	8 800 万户	1 000 万户
其中：有效户	4 500 万户	700 万户
商户数	360 万户	100 万户
信用卡消费额	2.5 万亿元	8．7%
收单交易额	10 万亿元	10%
信用卡贷款余额	5 216 亿元	700 亿元
个人信用消费贷款	388 亿元	300 亿元
中间业务收入	320 亿元	10%
不良率	2．82%	较年初下降

我行信用卡发卡总量高于建行，但客户数、净收入低于建行。

单位：亿元

行别	信用卡业务收入	增幅	剔除相关手续费支出后净收入	增幅	其中：发卡端收入
工行	286.68	2.57%	219.92	0.16%	52.77
建行	265.47	15.83%	237.02	10.29%	93.34

建行客户结构相对较好，消费拉动收入增长作用明显。

实现市场拓展与效益增长协调发展。

做大有效市场规模，向市场要效益。一是获客互联网化，全面推广互联网获客渠道，与传统渠道形成双轮驱动发展格局，大规模发展行内外年轻活跃客户，助推消费额增长；二是融资互联网化，做大信用卡资产业务，打造新的盈利增长点；三是支付互联网化，加快拓展线上线下商户，打造聚合支付平台，增加回佣收入。

实施科学定价策略，向管理要效益。将贷款产品最低限价与商户平均回佣率提升至同业平均水平，同时针对不同产品、不同客群、不同区域开展差异化定价；着力将信用卡生息或生费资产比例提高至同业平均水平，拓宽增收来源。

推动客户服务转型，向服务要效益。推动电话中心从“成本中心”向“价值中心”转变，一方面提升简单服务的智能化处理水平，释放劳动力；另一方面建立外呼营销服务体系，使电话中心的职能从被动式电话服务向主动式精准营销转变，增强价值创造能力。

建设大数据风控体系，向质量要效益。按照“减少损失也是增加收益”的思路，采取多层级、多频次、多手段的市场化催收方式，稳定资产质量。一是加大催收力量，深入应用第三方失联客户信息修复产品，提高逾期资产回款率；二是建立市场化清收机制，引入合作催收机构竞争淘汰机制和招投标机制，加大对不良资产与账销案存资产的清收力度；三是继续开展资产证券化，提升不良资产的处置价值。

4.3　统筹金融市场与同业、票据、资产托管、养老金等业务的发展

这些业务线市场广、潜力大，是增收的重要领域，要在控制风险的前提下，争取尽快扩大规模，增加收入贡献。

（1）金融市场业务

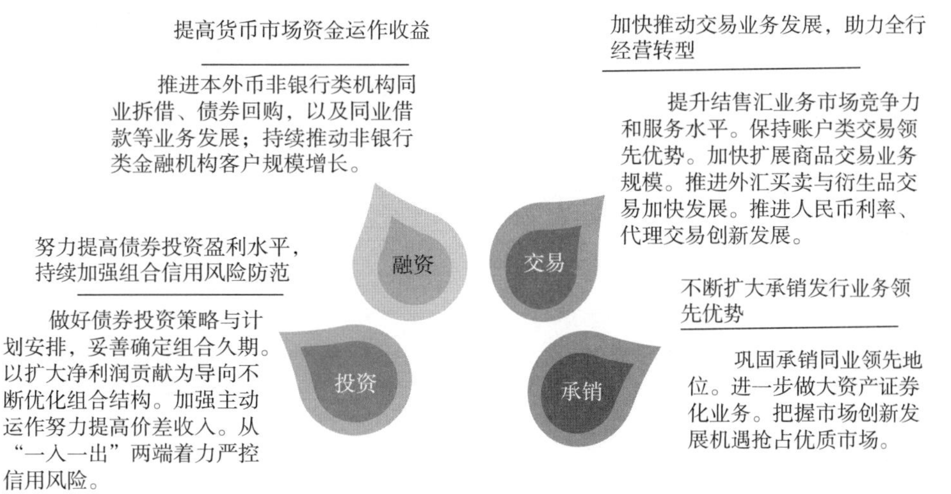

（2）同业业务

对同业专营架构进行适当调整，业务处理仍由金融市场部和票据营业部继续专营，机构金融业务部承担同业客户牵头营销职责。

建立一支懂产品、明风险的专门营销团队，负责全行全口径的同业业务营销推动。

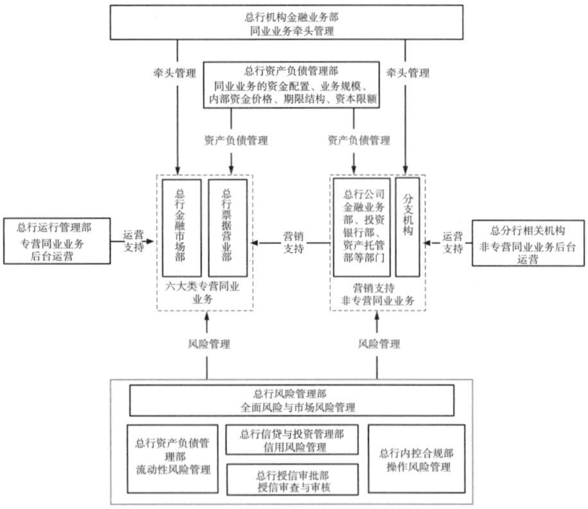

线下同业业务管理模式调整

各类	业务品种	营销	业务处理
线下业务	非结算性同业存款	机构部牵头，各分行配合	金融市场部
	同业借款		
	同业代付		
	特定目的载体投资		
	票据买入返售	票据营业部牵头，各分行配合	票据营业部

主要措施：

以客户为中心，完善客户导向的营销组织架构，按照“五统一”（统一名单准入、统一客户政策、统一营销团队、统一考核督导、统一风险管理）整合行内资源。

金融市场部要把握好线上业务与线下业务的平衡，对线下业务实行切块管理，做到“单独团队、单独预算、单独考核、单独资金运作模式”，进一步激发线下业务发展活力。

建立以同业账户为关键的风险监控体系，把好同业账户开立、账户资金进出的关口，保障同业业务稳健发展。

（3）票据业务

经营目标：

项目	目标
营业贡献指标	同比增长10%以上
交易指标	全行贴现业务量超过1.2万亿元，系统外转贴现业务量超过1.45万亿元，买入返售业务量超过1万亿元
市场占比指标	票据贴现业务量在五大国有银行中的占比排名第一，票据贴现利率在五大国有银行中处于前列
风险指标	不良资产率控制在0.3%以内

主要措施：

做大流量，加强贴现业务分层营销。

以大型企业贴现业务为抓手，突出抓好超过10亿元乃至超过百亿元重点贴现客户；将中型企业客户的贴现需求作为我行贴现业务的稳定器；对小型企业客户抓好定价管理，提升贴现业务收益。

试点票据投资业务，提高资金运作收益。

制订票据业务线同业投资业务整体方案，理顺业务运作流程，争取近期实现业务实质性突破。

优化票据理财业务，营销同业客户购买我行。

票据理财产品。

票据营业部发行票据理财计划，托管于具有理财产品托管资格的分行；具有票据资产托管业务资格的分行或票据营业部作为票据理财业务的资产服务机构，提供票据实物管理。

（4）资产托管与养老金业务

➢ 深化“托管业务全行办”，实施“重点办”、“全球办”

✓ 计划年内托管分部总数达到20家。将北、上、广、深和浙江5家分部作为分行托管业务第一梯队，实施“重点办”；完善全球托管网络，推动“全球办”。

➢ 加强资源整合，促进业务发展

✓ 加强托管业务与个人金融、资产管理、私人银行、金融市场业务条线的互动、协同，强化托管业务与代理投资类业务（含代销、委外投资）的捆绑营销。

➢ 全力打好职业年金市场攻坚战

✓ 职业年金角色：受托人 ——养老金业务部

托管人 ——资产托管部

（按有关规定，一个年金计划中两个资格无法兼得）

投资管理人 ——工银瑞信

✓ 我行竞标角色：主选方案 受托人+投资管理人　备选方案 托管人+投资管理人

✓ 竞标策略：一行一策，首争受托人业务。

➢ 积极拓展企业年金和非标年金等市场

合理确定年度拓户重点目标，细化分层分类营销措施，重点推动行业系统性客户营销，实现行业批量拓户。积极培育挖掘养老薪酬福利计划客户；大力发展养老金理财业务，加快产品和服务创新。

4.4 统筹境内外国际业务的一体化发展

明天将召开全行国际化工作会议，对境外机构和境内国际业务工作作出详细的安排和部署，这里重点谈谈境内外国际业务的一体化发展的问题。

（1）推进海外管理架构的持续优化

➢ 落实一体化发展

总行已印发了《海外经营管理优化工作要点》，要以境内外一体化发展为目标，加强业务、产品、风控管理的主动性和系统性，坚持风险合规导向，深入推进内外联动。

➢ 实施差异化策略

明晰产品定位，因地制宜制定境外机构差异化业务和产品发展策略，有进有退，着力改善海外业务发展“大而全小而全”问题，推动境外业务转型发展。

➢ 构建集约化运营体系

在符合属地监管要求的前提下，推动集团化运营，包括推进优化区域管理模式，资产负债集约化管理，增强产品线中心的辐射功能，优化境外业务运营流程，实现集团税务的统筹规划，实现“降成本、控风险，提效率”三位一体的集约运营效果。

（2）双向联动发展

以客户一点接入、全球统一服务为目标，构建客户统一视图，整合牌照资源，优化联动考核和分润机制，发挥好境内外各机构的协同作用。

境外机构

✓ 协助境内机构维护总部在境外的大型跨国公司，稳定国内优质客户，优化国内客户结构。

协助境内机构维护“走出去”客户，为其提供全球化服务。

✓ 部分境外机构利用所在地金融市场在产品线、科技、人才上的比较优势，支持我行境内业务发展。

境内机构

✓ 发挥境内业务和工行品牌优势对境外的辐射作用，创新研发具有区域特色的内外联动新产品。

✓ 提升国际业务人员专业水平，加大资源倾斜力度。

（3）增强综合服务能力

发挥国际结算及融资业务基础源头及衍生作用，带动外汇存款、本外币理财、资金交易、投资银行等各条产品线拓展，为客户提供一揽子全球解决方案。

做好“进出口、走出去、引进来”三大客户群的拓展及业务渗透，夯实国际业务客户基础。

大力推进跨境人民币业务，提高核心产品竞争力和效益贡献；强化横向联动，充分调动全行资源为客户提供金融服务。

加大国别项目开发，延伸专项融资产品线，规范和推广全球资产交易平台。

4.5　统筹线上线下渠道转型与人力资源优化工作

（1）进一步增强互联网金融核心竞争力

要紧紧围绕全面打造“智慧银行”服务体系的目标，按照推动传统服务向网络化智能化转型、创新服务向平台化场景化的生态圈服务转变的要求，加快新兴金融科技和商业模式的应用，先易后难、分步实施、加快向 e－ICBC3.0 升级发展。

加快平台转型：推动电子银行从线上交易渠道向线上获客、活客、黏客平台转型；

深化平台运营：唯市场、唯客户、唯服务，坚持规模、质量、结构协调发展，着力打造“以客户为中心”的互联网营销模式、产品服务体系和客户运营机制；

促进平台融合：强化三大平台互联、互通、互补，做大、做强、做优活跃客户群，构建业务协同、平台融合、资源共享、线上线下一体化的互联网金融生态体系，进一步增强我行互联网金融核心竞争力。

融e行，实现月均动户数同业第一。净增客户数达到3 000万户，其中净增他行客户1 000万户；移动端月均客户数达到3 200万户。

融e购，非金融交易额超过5 000亿元，其中B2C 达到700亿元，B2B 达到4 300亿元。

活跃商户数达到16 000户，月均活跃客户数达到60万户。

融e联，打造新型流量主入口平台，线上线下一体化营销服务平台，开放的金融服务生态平台；净增客户数达到3 000万户，月均活跃客户数达到2 500万户。

工银e支付

整合支付产品，拓展丰富应用场景。
动户数达到3 700万户，一键支付客户净增1 700万户。

（2）进一步做好线下网点优化工作

近年来网点总量优化与轻型化建设成效明显。

总量优化成效初显

✓ 近三年，全行累计撤并网点457家，其中：2016年撤并303家。

✓ 压降营业面积73 524平方米，网均压降243平万米；释放人员1 894人，网均释放6.3人；网均节约经营费用约300万元，合计节约9.1亿元。

轻型化建设成效显著

✓ 2016年全行新增理财便利店1 056家，释放网点人员1 763人，缩减营业面积1.9万平方米。

✓ 按照撤并网点网均释放6.3人计算，相当于撤并280家网点；按照全行网均13人计算，相当于撤并137家网点。

✓ 按照撤并网点网均营业面积243平方米计算，相当于撤并78家网点；按照全行网均营业面积416.5平方米计算，相当于撤并46家网点。

当前网点布局优化和转型的压力仍然较大，任务迫切。全渠道业务量和交易量稳步提升，但柜面业务量、交易量、到店柜面客户数均呈下滑趋势。

2016 年上半年全行各渠道业务量、交易量变化情况

各渠道业务量	335.5 亿笔	↑11.3%	各渠道交易量	117.8 亿笔	↑12.7%
柜面渠道业务量	20.23 亿笔	↓17.7%	柜面渠道交易量	10.25 亿笔	↓16.6%
网点日均业务量	675.2 笔	↓17.2%	网点日均交易量	342.1 笔	↓16%

2016 年到店客户中，使用柜面渠道的客户网日均 104 人，较 2015 年 116 人下降了 10.4%。

四五级网点占全行金融便利店总量的四分之一，仍然较高。

在业态较为低端的 4 375 家金融便利店中，四五级低效网点 1 254 家，占比 28.7%。其中，1 789 家理财便利店中，四五级低效网点 401 家，占比 22.4%。

亏损或微利网点 3 524 家，各项存款 3 亿元以下网点 4 430 家（2016 年 9 月末）。

类型	亏损网点	微利网点
合计	613	2 911
其中：3 亿元以下	479	2 324

613 家拨备前利润亏损的网点，网日均交易量为 289 笔，为全行平均水平的 84%。其中，13% 的高于所在一级（直属）分行平均水平，48% 的低于所在一级（直属）分行平均水平的 50%。

2 803 家拨备前利润 200 万元以下、各项存款 3 亿元以下的低效网点分布情况

类型	分行类型	网点总量	低效网点数量	低效网点占比
重点压降类（15 家）	网均存款“系统差、同业差”（低于全行平均水平且当地四行排名后 2 位）	7 389	1 745	23.6%

续表

类型	分行类型	网点总量	低效网点数量	低效网点占比
适度压降类（16 家）	1. 网均存款“系统差、同业优”（低于全行平均水平且当地四行排名前 2 位） 2. 网均存款“系统优、同业差”（高于全行平均水平但当地四行排名后 2 位）	6 607	936	14.2%
基本稳定类（7 家）	网均存款“系统优、同业优”（高于全行平均水平且当地四行排名前 2 位）	2 433	122	5.0%
重点城市行（55 家）	4 家直辖市分行 51 家总行级重点城市行	8 002	1 123	14.0%

加快推进物理渠道结构优化与效能提升。

✓ 以质态提升为核心，打好物理渠道结构调整“组合拳”，加快物理渠道结构优化。

建设轻型网点500家

完成总量优化500家

优化网点布局500家

✓ 聚焦痛点、多措并举，持续推进低效网点和低效自助银行效能提升。

提升低效网点500家

提升低效自助银行500家

✓ 加快推进网点智能化改造，实现90%以上有效网点智能化改造。

✓ 深入推进线上线下一体化转型与创新发展，探索特色创新网点建设，推进新型渠道入口的深化应用，为e-ICBC互联网金融战略提供新动能。

探索建设特色创新网点100家

✓ 科学规划创新业态网点建设工作，建立创新业态网点建设指引及试点方案。

✓ 在北、上、广、深等重点城市行试点建设一批数字化新业态网点、场景化新业态网点和平台化新业态网点。

实现新型渠道网点全覆盖

✓ 丰富新型渠道入口类型和功能，加快推广以渠道二维码、网点WiFi、LBS等为代表的新型渠道入口服务营销模式，探索应用新型渠道入口。

✓ 围绕新型产品、转介分润、末端业绩考核等功能进一步加强制度保障，增强物理渠道与新型渠道的有机融合，形成开放共享、协同发展的渠道合力。

全力实现“服务口碑一年内明显改善”总体目标。

深入推进服务提升六大工程，实现客户体验指数提升 10%，客户满意度提高 10%，服务效率提升 10%，网点标准化装修覆盖率 10%。

厘清服务责任主体，建立跨专业、全机构的矩阵型服务考核体系。

强化服务效率提升，发挥考核导向作用，重点解决客户体验痛点与高频耗时业务问题。

推进温馨大堂建设，规范厅堂服务流程，强化厅堂服务供给，加强大堂团队能力建设。

固化网点亮化成效，以网点装修设计标准手册为依托，制定网点装修建设工作指引，以样板网点为示范，持续推动网点标准化建设。

以党建促进服务提升。

分步开展“党员服务先锋岗、党小组服务先锋队、优质服务榜样店”三个百日主题活动。

以文化深植优化服务体验。

组织服务文化巡讲、案例分享、成果展示等系列活动，推动服务文化落地深植。

推进服务管理制度化

✓ 制定服务管理问责办法，加强目标跟进与责任落实；

✓ 出台服务管理激励机制，选树标杆、奖掖先进；

✓ 抓两头、带中间，推进服务提升。

推进服务管理常态化

✓ 推进服务星级网点创建，做好文明规范服务示范单位创建评选；

✓ 打造服务管理内训师队伍，保障服务督导的稳定化和常态化；

✓ 加强员工关爱，完善岗位交流机制和职业发展规划。

推进服务管理创新化

✓ 丰富客户体验指数评价体系，发布客户体验指数走势图；

✓ 搭建服务质量监测评价的线上平台，建立完善评价响应机制；

✓ 探索建立全口径的客户满意度与服务质量评价指标体系。

（3）做好人力资源优化工作

人员结构调整目标。

2017年，初步确定23 000人的人员结构调整目标。同时，全面加大对4家直辖市分行及51家重点城市行的新增人员投入力度。今年，重点城市行新增人员占比要达到境内分行新增人员总量的60%，比存量占比提高13个百分点。

要牢牢抓住"人力资源供给、需求有效对接"这一主线，通过人力资源"两张表"的优化完善，持续推进人员结构调整，在深入开展调研、全面盘点现状的基础上，进一步明确分区域、分层级、分条线的人力资源供给来源和需求目标，以人员结构调整促进全行业务发展。

<table>
<tr><th colspan="3">人员供给（23 000人）</th></tr>
<tr><td colspan="2">外部招聘</td><td>11 000人</td></tr>
<tr><td rowspan="3">人员
转岗</td><td>撤并低效网点（3 000人）</td><td rowspan="3">8 000人</td></tr>
<tr><td>网点智能化改造释放（4 000人）</td></tr>
<tr><td>网点轻型化建设释放（1 000人）</td></tr>
<tr><td colspan="2">整合城区一级支行释放人员</td><td>1 500人</td></tr>
<tr><td colspan="2">优化调整各类中后台人员</td><td>1 500人</td></tr>
<tr><td colspan="2">盘活在编不在岗人员</td><td>1 000人</td></tr>
</table>

⬇

人员需求（23 000人）	
客户经理	5 500人
新兴业务条线	6 000人
网点大堂服务	5 000人
不良资产处置	2 000人
综合化子公司及境外机构	2 500人

优化措施：

科学实施人员优化，前瞻统筹规划，确保人员"出得来"。

● 扎实推进网点撤并工作，持续推进网点智能化改造和轻型化建设，充分发挥智能化设备对人的替代作用，做好"机器换人"工作，大力推进网点人员转岗，减少网点人员占用。

● 持续加大各类中后台人员的优化调整力度，特别是对划分过细、职责单一、负荷不足的岗位，要明确岗位职责和工作任务，切实提升工作饱和度和工作效率，积极推进富余人员优化转岗。

● 切实加大非大中城市行的一级支行精简力度，对非大中城市行同一城区内交叉重叠设置的一级支行，原则上要按照"一区一行"的策略进行机构整合。

坚持需求导向，加强调研分析，确保人员"配得上"。

● 将人员结构调整工作与业务发展实际等紧密结合起来，全面厘清客户经理、新兴业务、网点大堂服务、不良资产处置等重点岗位的需求分布，合理确定岗位投向目标。

● 根据岗位职责要求和员工个人能力素质，加强人员精准投放，优先将综合素质较高、专业能力较强、发展潜力较大的人员调整出来，安排到能够发挥其能力特长的岗位工作。

● 加快内部人才市场建设，综合运用组织安排、公开选聘、个人申请、供需见面等多种方式，畅通员工流转渠道，实现供给与需求的有序衔接。

完善工作机制，强化激励约束，确保人员"用得好"。

● 加强转岗员工适岗培训，促使其不断加强学习、提升技能、提高岗位胜任能力。

● 针对新员工和转岗员工分别建立跟踪管理机制，定期监测评价员工成长成才与业绩表现情况，确保人力资源配置的有效性。

● 严格员工考核管理，加强考核结果应用。特别是对不适应岗位、不胜任工作的转岗员工，要根据考核结果及时调整工作内容或重新安排岗位，确保其更好地发挥作用、创造价值。

4.6　统筹"新增、潜在、逾期、不良"贷款管理

（1）2017年信贷资产质量管控目标

围绕全年资产质量控制目标，在"新增、潜在、逾期、不良"上通盘统筹考虑，形成四环联动、步步紧扣、分类施策、有序推进的工作机制，确保资产质量时点控制目标的实现。

管控目标	相比同期的变化情况
不良贷款余额××亿元，不良率××%	不良率同比少增0.04个百分点⬇
贷款劣变××亿元，劣变率××%	劣变额同比减少270亿元，劣变率下降0.36个百分点⬇
逾期贷款余额××亿元，逾期率××%	逾期率比年初下降0.07个百分点⬇
剪刀差××亿元以内	剪刀差比年初减少113亿元⬇
2013年以来新增融资不良率1.25%	当年新增融资客户劣变率低于上年同期水平⬇

（2）2017年不良贷款处置计划

清收处置不良贷款1 900亿元，配套核销资产650亿元；现金清收受托资产375亿元；清收账销案存资产30亿元。

合计	常规处置	批量转让	证券化	创新处置
1 900	900	550	180	270

合计	第一季度	第二季度	第三季度	第四季度
1 900	410	540	540	410

管控措施：

构建新增、潜在、逾期、不良贷款全生命周期管控体系。

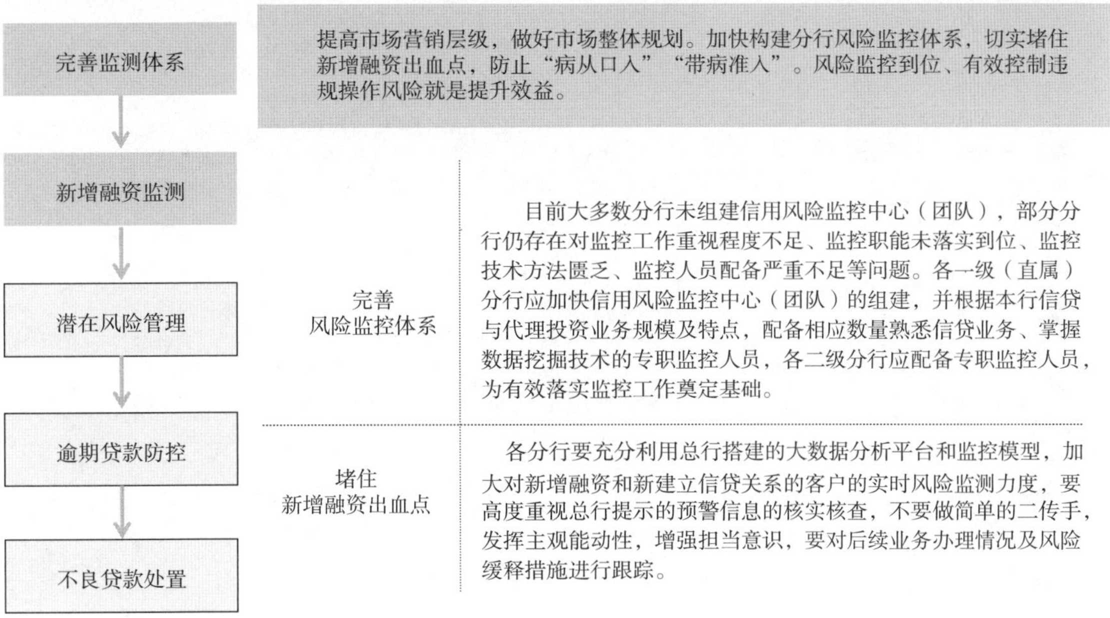

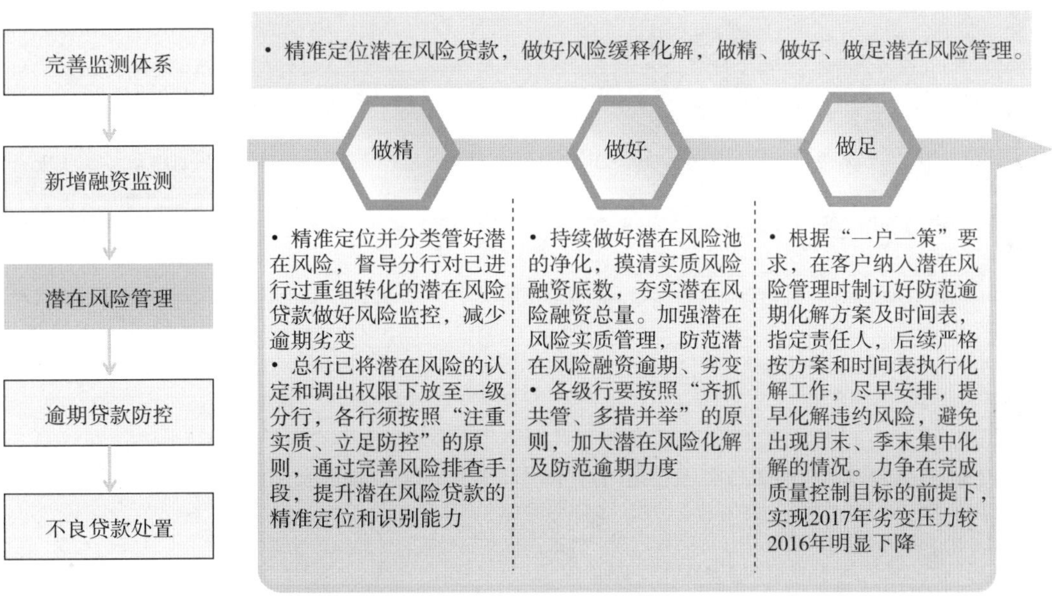

完善监测体系 → 新增融资监测 → 潜在风险管理 → **逾期贷款防控** → 不良贷款处置

把好逾期率和劣变率两道闸门，切实减少逾期贷款和剪刀差。
严格考核管理，加强贷款到期前管理，充分利用好风险缓释政策。

定考核	制定各一级（直属）分行逾期率和劣变率等资产质量控制指标，指导分行强化信贷资产质量和管控工作质量。各行要把逾期率和劣变率控制目标逐层分解到二级分行，既从源头上堵住逾期，减少剪刀差，又降低贷款劣变率，控制住不良贷款的增长
抓到期	督导分行加强到期前贷款的监测和账户管理，提前做好风险排查。要采取切实有效措施加强贷款到期前管理，前移风险控制关口，做实做细到期贷款风险排查，最大限度地实现少逾期、不逾期，降低逾期率
促缓释	要充分利用现有信贷政策，主动采取展期、重组转化、贷款要素变更等手段防控融资劣变，最大限度做好风险的缓释和转化。对于企业仍在生产经营、在我行账户的资金流入或其企业法人、控股股东、企业法人配偶、保证人等在我行的现金类资产能覆盖当月利息的客户，原则上这类客户在我行的贷款劣变时间不得早于他行

不良贷款处置

转变资源管理方式，加快处置创新，提升处置效率与效益。

1 加强处置专业队伍建设

对分散在信管、风险、法律、个金等部门的不良资产清收处置工作统一归口管理，优化经营管理模式，实行有效激励约束，提高处置效率和效益。

✓ 将总行处置人员增配至50人；将各一级分行按待处置资产规模、人均法人、个人客户数量、各层级处置中心职能特点、基本岗位配置要求等维度确定增配人员，一级分行一季度全部到位，二级分行、支行二季度到位。

✓ 完善对管理人员和处置人员的管理考核，及时考核到机构、到人，以充分调动各级处置机构和人员的积极性。

2 夯实不良资产管理基础

要完善制度办法，对管理处置各环节流程进行标准化管理，提升处置队伍依法合规观念。强化检查培训，防范合规风险、道德风险和操作风险。加强系统优化升级和数据治理，推进新型不良资产管理处置系统建设，提高处置的信息化水平。

3 创新不良资产处置方式

各级行处置中心、资产管理、投资银行、法律事务、授信审批等前中后台业务部门应形成合力，加大与地方政府、同业机构、国有企业、社会资本等的合作，通过合作设立基金、引入战略投资、挖掘价值链条、灵活公开推介等办法，提高我行资产处置收益率，系统性、前瞻性、多维度推进不良资产处置创新工作。2017 年计划创新处置 270 亿元。

4 加大常规处置力度，提高常规处置占比，统筹抓好不良资产批量转让和证券化工作

加大常规处置力度

✓ 将常规清收处置占比纳入分行经营绩效考核指标（包括不良贷款和受托处置资产），加大处置考核力度。

✓ 加大现金清收力度，重点做好诉讼清收，提高重组转化、以物抵债处置作用。加强基础管理，做好我行债权保全，依法打击、制止和纠正逃废债行为。

✓ 推动亿元以上不良贷款大户处置，落实分行领导挂牌清收、总分行联动处置、分级负责的工作机制。

✓ 做好总、分行层级债委会框架下债务重组工作，实现潜在风险贷款风险化解与不良贷款处置退出。

统筹抓好批量转让和证券化工作

✓ 统筹行内外资源，做好资产池组建、尽职调查、产品设计、监管沟通等各环节工作的组织与衔接，争取在年内完成2-3单、合计本金180 亿元法人、个人不良贷款证券化项目。

✓ 坚持依法合规，有序推进不良资产批量转让工作。促进公平竞争，通过市场竞争机制发现和实现资产价值最大化，严禁暗箱操作和私下交易，避免任何显性或隐性的回购条款，切实防范操作风险和道德风险；合理安排550 亿元批量转让计划，督促分行倒排时间表，合理组织申报工作，制定科学合理的组包策略，提高受偿率。

统筹管理呆账核销资源分配和使用，充分发挥呆账核销资源对不良资产清收处置的撬动作用。核销资源优先向不良资产清收处置速度快、撬动比高、核销工作组织好、财务预算完成好的分行和不良资产回收率较高、已足额计提拨备的核销项目配置。

5 加强受托处置资产、账销案存资产处置管理

受托处置资产

严格落实年度清收计划考核，把控好处置速度与处置回收率的平衡，防止单纯追求处置速度而忽视终极处置损失，严格规范受托处置资产清收处置，防范操作风险与道德风险，确保受托处置资产依法合规与市场化处置，确保一级分行内盈亏统筹平衡。

账销案存资产

推进账销案存管理，鼓励分行对账销案存有功人员进行奖励，通过预留专项配套核销资源，对账销案存清收处置任务完成好的分行给予核销资源的倾斜激励，提高分行清收处置账销案存资产的积极性，提高其对全行当期利润的贡献。

4.7　统筹业务发展和各类风险的防控

要认真贯彻把防控金融风险放到更加重要位置的要求，坚持从严治行，坚守金融安全底线，扎实推进重点领域的风险防控，确保不发生重大风险事件和案件，持续提升全面风险管理水平。

（1）内控案防

➢ 盯紧监管指标

控制案件风险率

重点预防骗贷、盗取和挪用客户资金、非法集资等重大案件的发生，控制涉案金额。

控制操作风险损失率

重点控制监管行政处罚、被诉败诉损失、银行卡盗刷赔偿、小额赔付损失，降低操作风险损失。

➢ 落实内控案防责任

✓ 强化内部控制体系建设。全面落实新版《内部控制基本规定》。

✓ 强化内控案防“全行抓”。落实“谁管理、谁负责，谁营销、谁负责”三道防线要求。

✓ 增强控制效力。梳理制度、改进流程、优化系统、完善机制，着力于解决控制不足和控制过度并存的矛盾；摸清风险隐患，做好风险评估，着力增强关键控制效力；优先实施系统硬控制，着力解决有系统无控制、系统之间控制不联动、系统控制达不到预期效果的问题。

深化重点领域风险治理。开展十大重点领域和关键环节专项检查，加强原发性、输入性、交叉性风险的防范。

重点发展业务领域	强化全流程管理，控制好风险成本
资产管理与私人银行、代理投资、托管存管、同业业务	建立独立的资管业务风险管理中台，加强限额管理，做实底层资产风险穿透管理。 ✓ 优化托管业务操作风险和安心账户监督模型，加强对分行托管业务的监控，防范外部输入性风险冲击。 ✓ 严格同业账户开户、交易对手准入，强化分支机构履职执行，有效管理同业业务风险。强化系统硬控制，管准入、管限额。对“表表外”业务进行全面梳理。

行业性重点风险领域	制度执行到位 系统控制有效
违规担保、实物票据和押品管理、基础核算和介质管理	开展违规担保及其涉印风险专项治理，法人理财销售业务专项排查，彻查整治违规担保、违规承诺行为，严防信贷、同业、理财等业务中的“抽屉协议”、违规担保风险。 ✓ 全面评估传统票据、电子票据业务风险，优化信用风险监控预警模型。 ✓ 盯紧账户管理（含内部账户）、电子银行注册、柜面支付核算、会计核算印章、空白重要凭证、有价单证、现金业务操作等基础管理中的薄弱环节，做实员工行为管理，做到制度、流程、系统控制与人工控制严密衔接。

巩固治理成效领域	保持治理成效，夯实长效机制
代理销售、飞单、非法集资和民间借贷	✓ 控制代理销售业务集中度风险；进一步加强现场管理，抓早抓小，防止违规销售演变为重大飞单风险。 ✓ 持续保持对飞单“零容忍”、对员工参与非法集资和民间借贷高威慑的严肃治理态度，重罚重处违规行为。

重点控制环节	治理的必要性
行政印章用印系统硬控制	✓ 银行同业发生重大违规担保及其用印风险事件，警示我们必须进一步控制用印风险。 从近年被诉案件看，仍有违规担保事件发生，其中就存在为民间借贷提供担保、在销售理财产品时与购买人签订保本销售或承诺预期收益的“抽屉协议”等违规用印问题。 ✓ 越权签批用印，违规用印，冲破授权控制闸门。 ✓ 行政印章制度在执行过程中存在的问题有待进一步改进。
	下一步治理措施
	✓ 全面梳理用印事项，编制分类标准。各部门全面梳理、详细分解用印事项，指导分行细分签批权限依据。内控合规部牵头，办公室、各业务部门研究编制用印事项分类标准，设计分类标签，与年度授权、行长转授权事项相衔接。 ✓ 研究建立分类授权机制，细化特殊授权。针对“最终签批人”可能越权签批用印风险，研究增设用印事项事中审核流程，明确用印事项审核标准，建立分类授权机制，对担保、承诺、合同类等涉及承担民事责任的特殊用印事项提高授权审核层级，在印章管理系统研究建立自动识别、自动跳转由上级行审核用印事项的机制。 ✓ 开展随机抽检，加强用印监督。对无须事中审核的用印，以用印事项分类为基础，在印章管理系统设置随机自动抽检流程，为全行主要业务部门增设用印审计员角色，各部门要对下级行专业部门申请的用印事项进行随机抽样监测、事后审核、专项审计，严厉惩处越权用印行为。 ✓ 加大集中管理物理印章的力度。

➢ 强化监督检查

充分运用大数据分析平台扩展监测手段，全面开展指标监测；持续优化风险信息收集、深度分析、风险提示、落实督办等预警机制；坚持问题导向，结合监管重点、社会热点和境内外同业风险趋势开展专项检查；全面客观评价各行内部控制水平，查纠内部控制的薄弱环节和重点问题，持续推动全行内部控制体系的优化完善。

➢ 加大整改问责力度

加强重点核查

推行全行性屡查屡犯问题的闭环管理流程，建立由风险提示、问题确认、整改实施、效果评价、深化整改的常态化工作机制；优化源头性风险核查流程，深化核查标准化项目。

加强问题整改

突出抓好重大问题和重要事项整改问责情况的跟踪、核实和督导，重点促进制度设计、流程设置、系统功能的改进和完善；推进“双线整改”落实；加大问题整改完成情况的考核力度，不断加强整改后续评价工作；健全问题整改、督促、评价、问责的闭环管理机制。

加强责任追究

完善责任追究机制，凡发生大要案和严重声誉风险事件的，要严厉追究各机构党委的主体责任、纪委的监督责任；严格落实不良贷款“问严、问准、问少”的要求；突出“双线问责”，凡因制度系统漏洞、专业条线管控不力导致发生重大案件和风险事件的，除追究责任人外，也要追究专业条线的管理责任；按照“谁检查，谁负责”的要求，建立检查责任追究机制；突出对屡教不改、屡查屡犯、性质恶劣、触及底线等典型违规违纪行为的问责。

（2）全面风险管理

要针对当前金融风险呈现出的跨市场、跨领域、多样化特点，进一步加强全面风险管理。

健全全面风险管理治理架构	确保各类风险全覆盖、有人管，不留空白点。
准入、授权和限额管理体系	建立严格的准入、授权和限额管理体系，不在准入名单、未经授权的不得开展跨市场业务，且应控制在限额范围内。
跨市场风险数据信息系统	实现所有业务纳入系统管理，厘清各类底层业务真实信息。
跨市场风险识别与监控	建立跨市场风险识别、计量、监测、控制和报告制度，同时做好流动性应急管理，防范跨市场流动性传染。

➢ 利率风险

管理目标

合理优化资产负债期限结构，适时把握利率期限结构，控制好资产负债久期缺口和利率敏感性缺口，净利息收入变动率和净利息收益率变动控制在利率风险限额内，稳定和提高净利息收入。

管理策略

境内分行和利润中心

根据利率走势，主动进行资产负债久期缺口管理，完善相机抉择的利率风险策略。

✓ 适度缩短资产业务久期，防范利率上行风险中资产收益的潜在损失。

✓ 适度拉长负债业务久期，锁定部分存款成本。

境外机构和综合化子公司

加强资产负债期限结构管理（含合同期限管理、重定价期限管理和久期管理）、内外部定价管理、经济资本管理、套期保值管理等，确保利率风险管理目标的实现。

➢ 汇率风险

管理目标

防范和化解汇率风险，稳定国际化经营成果，进一步增加汇率风险管理的价值贡献。

管理策略

✓ 密切关注各币种汇率走势，持续优化集团资产负债币种结构，对冲新兴市场货币贬值风险。

✓ 创新管理工具，提升汇率风险管理价值贡献。

✓ 优化外汇存贷款定价策略，充分发挥价格手段对汇率风险管理的作用。

✓ 强化境外机构汇率风险管理意识，落实汇率风险管理主体责任。

➢ 流动性风险

关注货币政策调控动向及内外部形势，及时调整流动性风险管理策略；统筹协调好表内外、境内外、本外币资金来源与运用，实现安全性、流动性、效益性的动态平衡。

做好负债稳定性管理，促进总量及期限结构更加优化。

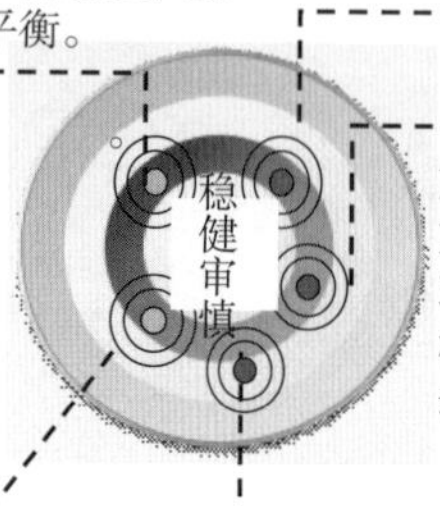

加强重点客户、重点业务及重点现金流的预测分析和大额资金变动预测。

根据市场环境动态调整资产摆布策略，优化非信贷资产业务结构，加强集团内部资金的统筹调度。

境内外机构及附属公司要持续加强自身流动性风险管理，准确判断市场形势，适度减少期限错配，保持合理的流动性风险偏好，避免出现大规模、非正常性的资金敞口。

➢ 境外合规与反洗钱风险

✓ 落实境外机构主体责任。境外机构要确保反洗钱、合规管理符合当地监管要求，不发生重大监管处罚事件。

✓ 健全集团合规管理体系。出台《境外机构合规管理规定》，明确境外合规管理三道防线管理要求；在总行层面组建反洗钱中心； 强化区域合规管理工作机制，在欧洲区域、北美区域探索合规中心建设路径。

✓ 强化系统建设。加快推广境外合规管理系统(OCO)，监测境外机构合规履职情况；推动反洗钱监控系统（Brains）在境外8家机构投产；深化涉敏合规审核系统（Compass）的应用和优化等。

✓ 强化监督与专业指导。加强对境外合规管理的考核，对境外重点机构、重点产品线以及高风险业务实施必要的合规检查。

✓ 提升境外合规队伍履职水平。推动实施《境外合规官管理办法》。加强境外合规官准入退出、履职监督与考核评价；加强境外后备人才管理，完善外派合规人员管理及后备人才储备机制、境内外合规人员双向培训和实岗交流机制等。

在2017年第一季度经营情况分析会上的讲话

谷　澍

（2017年4月14日）

这次会议主要是通报分析第一季度经营情况，安排下一阶段需要重点关注和加强的几项工作。下面，我先讲两方面的意见，然后请易董事长作重要讲话。

一、第一季度主要经营情况

第一季度，全行按照改革发展研讨会和年度工作会议确定的总体目标和措施要求，扎实推进各项重点工作任务，深化改革创新，加快转型发展，严格风险管控，经营发展总体稳中向好，主要指标达到或超过预期目标。

（一）盈利增长势头较好，但喜中有忧。第一季度，集团实现拨备前利润××亿元、净利润××亿元，同比分别增长×%和×%，增速均为去年以来各季度最高。净利息收入实现1 199亿元，同比增长0.91%，还原“营改增”影响后，净利息收入同比增长7.3%，扭转了去年以来连续四个季度同比下降趋势。净利息收益率（NIM）逐步趋稳。集团NIM为2.11%，较上年末下降5个基点；还原“营改增”影响后，环比基本持平。人民币存贷利差为2.77%，较上年末下降3个基点，同比少降49个基点。人民币新增投资收益率3.69%，同比提高61个基点，为NIM趋稳提供了有力支撑。

90多个利润单元盈利状况总体改善。境内分行板块实现净利润××亿元，同比增长×%。拨备前利润正增长的有27家，较上年多1家，增幅超过10%的有江西、深圳、贵州等7家分行。净利润正增长的有25家分行，较上年多7家，增幅超过20%的有广东、上海等8家分行。5家解困行中，内蒙古、福建分行拨备前利润和净利润双增长，河北、云南分行拨备前利润正增长。境外及控股机构板块增长较好，贡献提升，共实现净利润××亿元，同比增长×%。境外机构实现净利润×亿美元，同比增长×%；工银瑞信、工银租赁、工银安盛等境内控股机构实现净利润×亿元，同比增长×%；工银标准接近盈亏平衡，减亏3 774万美元。三大战略及利润中心板块，大零售实现营业贡献546.7亿元，占比提高到44.3%；大资管和大投行实现营业贡献127.1亿元，占比提高到10.3%。同业业务专营成效初显，线下实现净利润16.3亿元。投资银行、资产管理、金融市场等5个利润中心收入超过序时进度，其中金融市场部净利润同比增长17%，达到117.75亿元，为全行盈利增长做出重要贡献。

与此同时，部分境内外机构盈利增长艰难。境内分行中拨备前利润和净利润下降的分别有9家和11家。5家境外机构处于亏损状态。私人银行等若干专业条线收入同比负增长，距序时任务存在较大缺口。

（二）资产质量显现拐点曙光，但改善基础依然脆弱。第一季度末，不良率、劣变率、逾期率、剪刀差等4个关键指标全面改善。不良率为×%，较年初及去年同期分别下降×个基点和×个基点；劣变率同比下降23个基点到0.36%；逾期率较年初下降26个基点到2.39%；剪刀差连续3个季度下降，较年初减少255亿元。实现不良“双降”的分行16家，较上年末增加4家。尤为可喜的是，拨备覆盖率较上年末回升×个百分点，达到×%。

总的来看，资产质量呈现趋稳向好态势，但质量改善基础还比较脆弱，持续性有待观察。在当前外部不确定因素和风险挑战依然较多的情况下，客户信用违约风险较高，质量管控压力仍然较大。目前全行逾期贷款、剪刀差分别高达××亿元、××亿元，特别是化解难度相对较大的逾期60－90天的公司贷款还有332亿元，占公司贷款剪刀差的42.5%。从分行情况看，还有16家分行不良仍“双升”。与同业比，我行不良贷款率比建行高×个百分点，拨备覆盖率低×个百分点。客观说，资产质量管控任重道远，绝不能有歇一口气、松一把劲的思想。

（三）中间业务盈利贡献持续提升，但增速落后同业。第一季度，全行实现手续费及佣金净收入411亿元，占营业收入的比重为24.32%，较上年提升1.73个百分点。还原“营改增”影响因素，境内分行实现手续费及佣金净收入同比下降1.29%。从各业务条线看，对公业务与零售业务中收“一稳一降”。主要对公业务收入总体保持增长态势，其中资产管理、担保承诺、国际结算、结售汇、人民币对公结算等收入同比增长均超过10%；投资银行业务收入下降势头有较大缓解，同比微降0.7亿元，趋于平稳。零售相关业务收入出现较大幅度下降，其中代销基金、私人银行、人民币个人结算负增长均在30%以上。从分行情况看，还原“营改增”影响后，10 家分行收入同比增加，其中增幅超过 10%的有江西、西藏、贵州、深圳、重庆、上海、宁波等 7 家分行；26 家分行收入同比下降，降幅超过 20%的有 4 家分行；23 家分行未完成第一季度计划。

中间业务收入增速的下滑，尽管有减费让利等客观因素，但在同样的市场环境下，增量也落后于可比同业是值得深思的。一方面，本外币结算、银行卡等传统基础类中收相对落后，另一方面，部分新兴业务领域先发优势在逐渐弱化，有的甚至被竞争对手反超。这种起跑快、长跑慢，先发优势强、后劲却不足的现实境况，一定程度上反映出我们面对市场变化反应滞后、客户基础不实、持续创新能力不强、精耕市场不深不细等诸多深层次问题。只有尽快解决这些问题，中收增长才能焕发更强的内生动力。

（四）融资业务增长较快，但量价协调不够。第一季度，境内分行本外币贷款新投放 9 104 亿元，其中收回移位再贷 5 434 亿元，新增 3 670 亿元，各项贷款日均增量排名四大行首位。抓“大”方面，项目贷款新增2 014亿元，同比多增 556 亿元，四行第一；直辖市分行和 80 家重点城市行合计新增贷款 3 057 亿元，同比多增 557 亿元，占比达 90.4%。抓“小”方面，监管口径小微企业贷款新增 529 亿元，同比多增 1 533 亿元；个人住房贷款增加 1 930 亿元，同比多增 507 亿元，四行第一。抓“新”方面，新市场贷款新增 464 亿元，占全部公司贷款增量的 11.9%。发起设立中国互联网投资基金，参与多只产业基金，启动投贷联动合作试点。抓“优”方面，对 A 股上市公司、拟上市公司客户市场拓展和金融服务状况进行了调研，研究制定差异化营销服务政策。累计支持“走出去”项目 299 个，承贷金额达 800 亿美元。此外，非信贷融资与地方债投资合计新增 905 亿元，余额突破 4 万亿元。签署债转股协议金额 1 000 亿元。虽然今年融资业务回暖，但量价不协调问题仍然解决得不好。第一季度全行新发放贷款平均利率为 4.56%，低于农行、建行 5 个基点，仅略高于中行 1 个基点。如何有效提升贷款议价能力，实现量价协调发展，考验的是我们的综合管理水平。

（五）存款增长更为稳定均衡，但竞争力弱化值得高度关注。第一季度，存款增长逐月回升，到季末境内分行人民币一般性存款（偏离度口径）比年初增加 6 746亿元，其中，储蓄存款新增 4 248 亿元，机构存款新增1 728亿元；公司存款扭转近年来低迷态势，新增 769 亿元，同比多增 307 亿元。稳定性也好于同期，一般性存款日均余额比上年增加 7 332 元，同比多增3 896 亿元。季末存款偏离度为 2.99%，最大限度地运用了存款增长的时点空间。从分行情况看，深圳、四川、江苏、安徽、河北、天津、云南、江西等分行人民币存款（含同业）增长较快，但东部传统大行存款（含同业）相对下降较多。传统第一梯队大行除江苏外，山东、广东、北京、上海、浙江分行存款增长均低于序时进度，这 5 家分行存款增量合计为负 1 308 亿元，其中浙江分行下降 672 亿元。同时存款竞争力弱化问题仍然突出。第一季度末，我行一般性存款增量同业第三，略高于中行，增幅四行居末。全部存款付息率比农行、建行分别高出 4 个基点和 11 个基点，新吸收人民币定期存款平均利率 1.90%，四行最高，比农行、建行分别高出 5 个基点和 8 个基点。一般性存款新增均衡率 15.5%，低于其他三行。目前市场流动性稳中偏紧，第二季度历来市场资金波动较大，统筹做好稳存增存、控制付息率和稳定流动性三项工作，对我们是较大考验。

（六）客户数量稳步增长，但结构有待优化。个人客户方面，客户数量、金融资产余额和户均资产均有所提升。个人客户比年初增长 1.60%，有效客户达到 3.84 亿户；户均资产 2.34 万元，比年初增长 1.59%。其中，四星及以上客户 7 769.74 万户，较年初增加 95.8 万户，在全行个人客户中占比 14.44%，较年初下降 0.05 个百分点；日均资产 1 万元以上客户中，除 800 万元以上客户户均资产较年初增长外，其他层级客户户均资产均较年初下降。可以说，我们尽管客户总量庞大，但“大而不优”，结构性问题突出；户均存款落后于主要竞争对手，年轻客群基础相对薄弱。法人客户方面，第一季度末境内法人客户共计 593 万户，比年初增加 14.7 万户，但与此同时，存量劣变和今年新开的零余额账户为 13.8 万户。其中，日均资产 500 万元以上客户增加 1 102 户，同比多增 320 户，1 亿元以上客户增加 285 户；日均资产 5 万元以下客户新增 3.7 万户；5 万至 500 万元客户净减 2.97 万户。客户是业务发展之基，收入增长之源。夯实客户基础尤其是改善客户结构的问题，仍是业务发展的头等大事。

（七）内控案防工作积极主动，但案防形势依然严峻。围绕年初“两个确保、两个低于”目标，完善内控案防责任体系，深入推进重点领域风险治理，组织开展新一轮“十大重点领域和关键环节”专项治理和“执行强化年”主题活动。第一季度全行共查处各类案件和风险事件 × 件，数量同比持平，涉案金额同比下降 ×%。但当前诱发案件和风险事件的因素仍然较多，而且随着金融乱象治理力度的加大，一些潜藏的案件风险可能浮出水面，内控案防形势依然十分严峻，必须时刻紧绷内控案防这根弦，始终保持高压态势。

总的来看，第一季度各方面工作扎实有序推进，成效逐步显现。我们希望稳的方面，基本稳住了；进的方面，有了新的进展，不少方面比预想的还要好一些。但全行也要清醒地看到，我们面临的主要矛盾、主要压力还没有根本解决，一些新矛盾新问题又有所显现。经营发展中存在这样或那样的问题是正常的，并不可怕，怕的是只喜欢讲成绩，却看不到问题，或刻意回避。有的问题，如客户问题、存款问题、质量问题，往往是冰冻三尺非一日之寒，不可能在短期内靠搞几项集中活动就能立刻根本性扭转，需要我们在深入反思的基础上找准方向，持续发力，久久为功。总之，问题就是潜力，问题就是改进方向。全行每个利润单元和业务条线，都要坚持问题导向、市场导向、同业导向，时刻关注市场动态，对照计划进度，对标领先同业，聚焦突出短板，采取有力措施，尽快加以解决。

二、下一阶段需要加强的几项重点工作

好的局面是干出来的。全行要保持第一季度经营向好态势，就必须一季压着一季干，一月紧着一月走。第二季度要毫不松懈地继续抓好各项既定工作部署落实，同时根据新情况、新问题不断完善经营策略，改进工作措施，尤其要注意加强以下几方面的重点工作。

（一）关于资产业务。发展资产业务关键要把握好进与退、多与少、高与低、长与短的关系。在当前市场资金与贷款规模“双紧”、资金市场利率上扬的形势下，加强资金与规模的统筹摆布和 NIM 管理，对实现上半年乃至全年经营目标十分关键。全行要积极把握机遇，在资产摆布上拓宽视野、做好平衡、增加收益，努力实现资产业务量价协调发展。一要统筹资产业务投向布局。关于信贷投向布局这两年来总行讲得比较多，主要是“抓大、抓小、抓新、抓优”，扩大规模、提高占比，这点全行已基本形成共识，就不多说了，强调一点，不仅是信贷，整个资产业务都要抓好投向布局，都要在“大、小、新、优”中拓展发展空间。二要统筹运用表内表外工具解决好阶段性供需矛盾。第二季度全行人民币贷款增量计划 2 400 亿元，目前贷款较第一季度末新增 900 多亿元，已用满当月增量，但目前资金配置系统中待配置公司贷款还有 750 多亿元、个人住房贷款 900 多亿元，供需矛盾突出。本季度贷款规模主体仍优先保障个人类贷款需求，部分紧迫性公司贷款需求可积极通过理财投资等渠道承接。三要统筹资产业务量价协调。要抓住市场有利时机，统筹考虑各类资产的短期与长期回报，在贷款与投资、债券与同业业务、流动资金贷款与票据贴现等大类业务及各业务品种之间做好优选平衡，调整定价管理策略，提高收益水平。对一些大型项目和政府购买服务贷款，既要讲市场占比，也要权衡整体收益，坚守定价底线，合理控制利率下浮贷款参贷比例；对个人按揭贷款，要采取措施压降利率下浮幅度，缩小与主要可比银行差距；对低利率流动资金贷款要继续控制新发放占比；对中长期项目贷款在定价上要考虑利率风险，加强议价、控制久期。要积极把握第二季度地方债全面启动发行以及市场利率高点机会加大投资力度，增加高收益票据的持有，通过合理配置资金，提高资产业务收益率。四要统筹资产业务联动协调。要实现向综合金融服务商的转型，就必须发挥集团各条线、各机构的整体合力，通过建立全方位客户统一视图，搭建包括信贷融资、债券承销、理财投资、产业基金等在内的表内外、全产品、全口径金融服务体系，在联动协作、交叉销售中提升客户黏性和贡献度。此外，要加强对宏观经济政策动向、市场运行情况和同业经营策略的跟踪监测与系统分析，提前对资金供给、利率定价和市场流动性形势进行科学研判，合理把握业务发展节奏，通过临时性“鼓肚子”和科学安排业务策略调整的时间点，抢抓市场先机和主动权，提高规模与资金的使用效率。

（二）关于存款业务和客户基础。第二季度市场流动性稳中偏紧仍将持续，这种市场环境下，谁的存款竞争力强、核心存款增长快、成本控制好，谁就占据发展的主动。去年以来，总行把存款业务放在更加突出的位置，从客户、产品、定价、考核等方面出台了一系列办法措施，近期总行正在研究制定以存款、中间业务收入两大类指标为主体的、以三年为一个考评周期的市场竞争力评价办法，评价结果直接与各分行班子绩效分配挂钩、与班子成员进退留转挂钩，以强化战略执行落地和压力传导。过会儿董事长还将就此进行专门强调。各行特别是同业排名落后的分行，要痛而思进，奋发图强，对症施策，尽快扭转竞争劣势，重振我行存款市场大行雄风。

存款背后是客户。要把夯实客户基础作为推动各项业务稳定增长的根本，坚持维护存量与拓展新增并举、总量扩大与结构优化并重。个人客户方面的工作，前不久董事长在总行个金部就零售业务发展问题进行调研时作了专门安排，讲话已经印发，这里重点讲讲代发工资集群化拓户问题。总行今年将代发工资业务作为从源头拓户的一项核心工作，并将其纳入公司、机构部门的核心考核指标。截至第一季度末，全行签约代发单位 80.14 万户，较年初增加 1.25 万户；签约个人客户 9 503万人，总量不少但代发资金留存率仅 7.86%。下一步，要在择优拓户和资金留存上下更大功夫，瞄准财政统发、医教养、大型企业集团、金融同业等优质市场，集中资源拼抢代发份额。个人金融部门要充分发挥主体和牵头作用，主动推动、主动协调公司、机构、结现等专业部门提供营销支持，形成强大竞争合力。对重点客户、必争客户，各行要拉单列表，逐户落实高层营销责任，加大投入、锲而不舍，不达目的不罢休。对新投标项目要积极介入，续签项目必须全力确保。同时，要针对代发工资留存率不高的问题，加快推动存款创新产品、投资理财、代理销售产品的营销渗透和服务体验的持续改善，努力争取资金在我行体系内流转。今年要在零售系统组织开展客户拓展专项活动。

公司客户方面，新增客户拓展要重点抓好企业服务入口，比如加快工商企业通等平台的落地推广，争取从源头批量拓户。存量客户要落实分层服务营销，稳固大户，拓展中户，挖掘快速成长客户，做好日均金融资产

50万元以上中高端客户的营销维护，促进公司客户结构从“金字塔形”向“橄榄形”转变。要完善一体化营销服务机制，按照“一点接入、全集团响应”的原则，建立公司金融部门负责统筹规划和综合协调，投行、结现、资管、专融等专业多维度协同联动的“1+N”服务机制，提升对全球客户、集团客户、上市公司客户的一揽子营销服务能力，争揽更多优质客户。

机构客户方面，当前社保、军队、财政等我行传统优势领域正处于大的变局中，守住并扩大优势的压力很大、任务很重，对此我们绝不能掉以轻心。比如，社保客户基本“以存款报价选资金存放银行”，导致去年12月各省市资金上划集中运营以来的四次竞争性存放，我行均未中标，仅此就分流我行社保存款959亿元。下一步，要改进竞争策略，以坚定的决心全力争取养老保险改革财政专户、社保收支户和受托、托管、投管等合作资格。尤其要必保在京中央机关事业单位养老保险改革财政专户在我行开立。军改客户方面，我们虽然取得总部客户优势，但目前“脖子以下”单位营销覆盖面更广，涉及单位更多。要充分发挥大行优势，全面落实跨省联合营销服务协调机制和信息共享机制，尤其要做好部队大换防过程中原所在行和换防地分行之间的服务衔接，做到客户关系不疏离、存款资金不流失。另外，目前军队资金支付管理改革正在启动，我行作为唯一合作银行，服务好这项改革，既是我们服务军改的应尽责任，也是深化军银合作的良好契机。机构、科技、运管、财会等部门要组织精兵强将，组建联合服务团队，确保响应及时、服务到位。

需要强调的是，对代发工资客户、医教养、社保、财政等重点领域优质客户的营销竞争，要注意吸取历史教训，配套专门资源，研究设置“延展性资本支出”项目，确保管全局、利长远项目的资源投入，集中力量办大事，全面夺取在战略市场、核心客户上的竞争优势。

（三）关于中间业务的竞争发展。当前，我行多年来一直保持的中收第一大行地位受到严峻挑战，各分行、各专业条线要深刻反思，对照目标找差距，对标同业找市场，对准薄弱环节和潜力领域，全面强化中间业务的组织推动，力争第二季度中收增量重回同业第一。

一要更加突出对基础业务的精细化经营，补强短板。要逐项分析基础类中收增长乏力的原因，区分哪些是市场普遍下滑造成的，哪些是自身竞争力弱化造成的，逐项制订具体可行的发展与业务赶超计划。个金专业要根据市场变化主动调整经营策略，稳步推进代理保险向单位手续费贡献大的期交业务转型，积极挖掘代销基金、个贷等业务的中收贡献，最大限度地缩小缺口。信用卡要加大市场挖潜力度，推动营销策略由发卡向获客、活客转型，切实改变有效客户占比过低（仅48.6%），业务质态、卡均指标与收入大幅落后先进同业的局面。对公板块要把握信贷和进出口增长带来担保承诺、国际结算等业务需求转暖的机会，加快市场拓展，不唯计划，多做贡献。同时，要注重以创新手段推动基础业务的升级改造，加快建立以Ⅱ类账户和工银e支付为核心的线上支付平台，提升活跃度，做大收入基础。明天我们将投产聚合微信支付功能的测试，力争早日实现工银二维码商户能够支持受理微信支付，并以此为契机尽可能把微信支付客户引流至我行，突破目前C端客户不足、活跃度低的瓶颈，进而促进B端商户的活跃与拓展。

二要抓好新兴业务的创新发展，努力实现高位突破。资产管理和私人银行要抓住产品发行这个“牛鼻子”，把做大规模基数、优化产品的期限和形态结构作为增加收入的基础，捍卫理财第一大行的地位。在资金来源上，要多做加法，加快探索同业购买、代销、合作等具体模式，机构客户代销业务要尽快实现落地。在投资品选择上，要形成集团研究合力和投资策略的统一把握，科学掌握非标与标准化、股权与债权、自我管理与委外的比例，确保在大类资产配置上不犯策略性、方向性的错误，不断提升新增投资收益水平，为产品定价和发行争取更大主动。私人银行产品规模要尽快恢复正增长，投资品结构也要抓紧调整。投资银行要抓住当前有利机遇，从完善业务审批机制、加强重点分行投行团队建设等方面入手，抓好新客户、新产品、新模式的批量化落地，从项目源头落实收入。在这方面，可以优选行业排名前列的私募机构等开展合作，借助外脑来解放思想、提升能力。近期总行印发了流动性债务融资业务第一批准入名单，约2 400户企业。按平均每户5亿元融资额计算，业务规模相当可观。各行要加强营销对接，力争尽快见效。资产托管要在深化“全行办”的同时，重点挖掘北上广深浙5家分部业务潜力，组建独立、专业托管团队，全力增加规模和收入。养老金要按照“一行一策、首争受托”的策略，全力打好职业年金攻坚战，各行要确保至少中标1个职业年金计划受托人。贵金属要完善与客户营销部门的联动营销及考核机制，总结与腾讯创新推出“微黄金”业务的经验，稳步推进“贵金属+互联网”业务，多渠道拓展收入来源。金融市场要适应外汇管理要求及客户需求的变化，推动结售汇均衡发展，并加大与工银标准联动力度，创新丰富外汇买卖及衍生交易品种，拓宽收入来源。

三要加快管理机制的优化和落地，加紧完善“收入目标、同业占比、业务规模、实际费率”的全口径中收管理模式。要充分传导压力，进一步提高对各分行中收总量排名、增量排名、市场份额的监测分析频度，完善按月监测、按季分析通报和考核制度，及时发现问题、揭示短板。要加强定价管理，用足用好“2017版”服务价目表，在规范收费的同时促进业务增收。目前全行已完成了21家分行ATM跨行存取款收费标准调整，第二季度要做好增收效果监测。要协调推进信用卡分期付款收费标准调整，确保不低于可比同业。开展对电子银行、自助渠道收费优惠减免梳理，按照量价协调的原则对相关优惠措施的效果进行跟踪评估，把握好减费让利的节奏与策略，实现市场、成本、收益的更好平衡。

（四）关于资产质量。要坚持“新增防逾期、逾期防劣变、不良快处置”，前移工作重心，把握节奏，严防死守，确保6月末不良率、逾期率、劣变率、剪刀差、拨备覆盖率等指标优于第一季度末。

一要严格管控新增融资质量，强化逾期贷款和潜在风险贷款的压降化解。目前全行2013年以来新增融资不良率×%，较年初微降×个百分点。但各行情况不均衡，山东、海南、湖北、辽宁、青岛5家分行新增融资不良率超过总行年初确定的控制线，这些行要认真分析原因，制定措施，尽快把不良率降下来；总行有关部门要严格考核督导。要进一步统筹信贷增量与存量移位管理，把好信贷供需紧张形势下新增融资的投向、结构与节奏，做到优中选优，活水清源。逾期贷款压降的重点是防劣变，尤其要抓好逾期60－90天贷款的化解。要对逾期贷款进行精细化管理，以下5种情况要做好工作，原则上不准出现逾期：一是企业在他行贷款未逾期的；二是贷款到期本息合计低于5万元的；三是企业实际控制人、主要股东及其配偶在我行金融资产可以覆盖积欠本息的；四是企业生产经营正常，在我行交易流水和结算情况正常的；五是企业实际控制人控制的其他企业及担保人生产经营正常、具有代偿能力的。同时，还要防止因我行内部管理原因造成客户选择性逾期。比如，目前在我行逾期而他行贷款正常的客户有920户、233亿元，其中河北、山东、内蒙古、云南、河南、湖南、江西、湖北等分行户多额大，说明我们工作有差距，工作做得不到位。对此，总行要拉出逾期企业名单，督导各行逐户逐笔制定风险化解方案，落实责任人，第二季度要见到效果。山东、河北、内蒙古、浙江、福建等剪刀差大行要增强主动性，千方百计把剪刀差压下来。潜在风险贷款管理要科学，要精准。目前全行潜在风险融资余额尚有6 049亿元，第二季度要结合正在开展的9大重点信贷风险领域专项治理工作，加大潜在风险净化力度，通过强化重点移位客户池管理等措施实现主动移位，精准移位，促进风险管理端口前移。要加紧完善潜在风险客户系统管控，努力实现联动闭环管理。此外，各行要密切跟踪地方去产能进程，加强与发改委、财政等政府主管部门及监管部门的沟通，尽可能提前获悉僵尸企业名单，以及时采取相应的风险应对措施。

二要抓好不良资产清收处置。第一季度全行清收处置不良资产431亿元，耗用拨备158亿元；第二季度计划清收处置515亿元，任务较重。各行要加强处置队伍专业化建设，进一步优化处置结构，均衡推进不良资产批量转让，积极探索处置方式方法创新，重点抓好商投联动、政银企合作基金等创新项目落地，努力提升风险化解能力和受偿率。要有序推动不良资产证券化，第二季度力争处置95亿元。要加大账销案存资产追索力度，目前全行这块资产余额1 845亿元，都是难啃的硬骨头，但也是很有潜力的“宝藏”，各行要多动脑筋，开阔思路，创新手段，多创效益。这里重点强调一下受托资产处置，这个问题近来反复讲，但成效甚微。从第一季度看，全行受托资产处置收回30亿元，仅实现序时进度的35%，说明各行对此重视不够，到期容易形成硬缺口。各行要认真对照目标，强化总体规划和统筹安排，根据受托处置资产特点，逐包逐户研究处置方式，制定处置预案。要充分、审慎地用好总行授权，加强诉讼和解、执行和解、债务减免、单户债权转让等市场化手段的运用，平衡和提高平台包等转让价格较高资产的处置回收率。第二季度力争受托资产处置收回92亿元。要加强缺口管理，不能放任不管。总行将对受托资产处置收回按规定模拟计提拨备，并与各行绩效考核和资源配置挂钩。

三要把握好几个风险点。主要是地方政府融资、房地产、信用卡、非标代理投资与债券承销投资风险，易董事长等会儿还要专门讲地方政府融资风险，这里就不赘言了。关于房地产市场风险防范问题。近来国家及部分地方政府相继出台一系列房地产调控政策，从限购限贷和扩大土地、住房供给的供需两端实施调控，目前热点城市市场波动风险与三四线城市高库存风险并存。各行要深刻理解中央经济工作会议提出的“房子是用来住的，不是用来炒的”定位，密切关注政策动态，加强风险防控。今年房地产领域除一类城市、总行级客户住房开发贷款、政府购买服务的棚户区改造外，对其他领域实施严格管理，并继续严控三四线城市房地产融资，年内计划净移出300亿元。关于信用卡业务风险防范问题。第一季度末全行信用卡融资不良率为2.98%，较年初上升0.16个百分点，尽管整体风险可控，但部分分行风险管控压力较大，重庆、湖南分行信用卡不良率超过9%，对此必须引起高度重视。要加快上收风险较高机构的个人信用类授信审批层级，进一步加强客户准入管控。要针对大额透支信用卡不良率偏高的实际，认真开展全面排查，控制风险敞口；加快信用卡大数据风控模型的研发与应用，提升贷中监测、风险预警与直接干预能力。关于非标代理投资和债券承销投资风险管理问题。今年以来，信用债市场违约事件仍时有发生，风险压力依然较大。目前看，全行代理投资违约客户99户、融资余额149亿元；另有潜在风险客户219户、融资余额360亿元。近期总行修订了代理债权、股权和组合式基金业务风险管理办法，区分了保障退出和市场化退出业务的风险管理体系，根据不同业务的风险实质实施差异化管理。各行要认真执行，严禁超额度、超名单、超条件办理非标代理投资业务。债券承销与投资业务要与表内信贷业务统一风险偏好，严格落实全行统一授信管理，按照行业信贷政策择优开展投资。同时，要采取积极有效措施，尽快化解处置非标风险项目和风险债券，降低风险敞口。

（五）关于内控案防。今年党的十九大即将召开，确保不发生重大案件和风险事件，是一项严肃的硬任务，是必须坚守的底线，也是讲政治顾大局的具体体现。各分行各专业一定要充分认识新常态下金融风险隐患增大的严峻性和防控风险的极端重要性，各司其职、各尽其责，切实发挥好“三道防线”作用，坚决实现“两个确保、两个下降”目标。

为深入治理金融风险，近期监管部门加大了监管整治力度，密集组织一系列专项治理检查。目前银监会正组织开展“两个加强、两个遏制”回头看整改问责、“三违反”“三套利”“四不当”“金融乱象”等专项治理活动。其中，“三违反”主要是对“违反金融法律、违反监管规则、违反内部规章”进行治理；“三套利”即治理“监管套利、空转套利、关联套利”，重点是对同业业务、投资业务、理财业务等跨市场、跨行业交叉性金融业务中的杠杆高、嵌套多、链条长、套利多等问题进行集中整治；“四不当”主要是对不当创新、不当交易、不当激励、不当收费进行治理。同时，总行还结合我行实际，安排了“十大重点领域和关键环节”专项检查、业务运营“屡查屡犯”风险专项治理活动。这些治理和检查时间安排上相对集中，内容上既各有侧重，又有交叉，各行务必高度重视，统筹组织协调，落实责任部门，深入推动标本兼治，坚决彻查各类风险隐患，坚决做到守土尽责，做到内控案防和业务发展两手抓两不误。要抓好自查自纠，做到制度、系统、流程、人员及业务等全覆盖，确保检查处理到位、纠改落实到位。要突出重点领域，重点围绕信贷业务、信用卡分期、现金管理和代发工资等当前风险多发领域，围绕“三违反”“三套利”“四不当”“金融乱象”等监管治理重点领域，处置一批重点风险点，消除一批风险隐患。要落实整改问责，既要对照问题清单和整改台账，逐条开展整改问责，确保整改纠正到位、处理处罚到位；又要以建立问题防范长效机制为基本目标，落实闭环管理，做到正本清源。同时，要着力强化业务运营基础管理，持续抓好网点运营风险分级管理和运营风险监控体系建设；加快印章综合改革，大力实施电子化用印和实物印章的系统硬控制，防控用印风险。

这里再强调一下境外机构合规管理问题。第一季度我行又有一家境外机构因合规问题受到当地监管部门处罚。我们要深刻吸取教训，从认识、机制、人员、系统建设等多方面入手，进一步筑牢境外合规管理基础。特别是要加快境外合规管理系统、反洗钱监控系统及涉敏合规审核系统等三大系统的推广，完善常态化的监测和通报机制。各境外机构要积极加强与监管部门的沟通，对发现的风险问题要全面审视，认真整改；对其他金融机构存在的问题，要以案为鉴，举一反三，避免类似问题在我行发生。

同志们，今年第一季度各项工作开局良好，亮点纷呈，进一步坚定了我们的信心和决心。希望大家以高度的责任感和担当精神，继续深入落实好总行各项决策部署和措施要求，振奋精神，攻坚克难，狠抓落实，力争圆满完成上半年各项工作任务，为顺利完成全年目标奠定更为扎实的基础。

在中国工商银行 2017年年中工作会议上的讲话

谷 澍

（2017年7月）

一、主要经营情况

集团主要经营指标：

国际财务报告准则

主要经营指标	1H2017	1Q2017	2016
1. 盈利能力			
1.1 净利润（亿元）	××	760	2 791
1.2 拨备前利润（亿元）	××	1 303	4 512
1.3 加权平均权益回报率	×%	15.80%	15.24%
1.4 基本每股收益（元）	×	0.21	0.77
2. 收益结构			
2.1 净利息收益率（NIM）	2.16%	2.12%	2.16%

续表

主要经营指标	1H2017	1Q2017	2016
2.2 手续费及佣金净收入占比	22.69%	24.35%	22.59%
2.3 成本收入比	×%	21.83%	27.40%
3. 资产质量			
3.1 不良贷款额（亿元）	××	2 153	2 118
3.2 不良贷款率	×%	1.59%	1.62%
3.3 拨备覆盖率	×%	141.51%	136.69%
4. 存贷款规模			
4.1 存款余额（万亿元）	19.04	18.57	17.83
4.2 贷款余额（万亿元）	13.87	13.57	13.06

注：2017 年上半年为管理层数据。

上半年，集团实现净利润××亿元，同比增加××亿元，增长××%；实现拨备前利润××亿元，同比增加××亿元，增长××%。

截至 6 月末，集团不良贷款余额××亿元，较第一季度增加×亿元，较年初增加××亿元；不良贷款率为×%，较第一季度末下降×个基点，较年初下降×个基点。

截至 6 月末，集团贷款总额 13.87 万亿元，较第一季度增加 3 006 亿元，较年初增加 8 162 亿元。集团存款余额（不含同业）19.04 万亿元，较第一季度增加 4 727亿元，较年初增加 12 124 亿元。

1.1　盈利能力进一步提升

（1）拨备前利润增幅同业第一

今年以来，得益于利差逐步趋稳以及资产负债规模的稳步增长，我行盈利能力进一步提升。上半年，集团拨备前利润同比增长×%，较第一季度和 2016 年分别提升×个和×个百分点，增幅位居四行首位。

（2）境外板块对集团盈利贡献进一步提升

2017 年上半年各板块净利润增长情况表　　单位：亿元

机构	2017 年上半年			2016 年	
	净利润	同比增幅	净利润贡献占比	净利润	净利润贡献占比
境内分行（含总行本部）	××	×%	92.2%	2 579.51	92.4%
境外机构	××	×%	6.0%	155.66	5.6%
境内控股机构	××	×%	1.8%	55.89	2.0%
集团	××	×%	100.0%	2 791.06	100.0%

从各板块盈利情况看，境外机构对集团净利润增长的拉动作用进一步增强。上半年，境外机构净利润贡献占比为 6.0%，较上年提升 0.4 个百分点。

（3）集团 NIM 逐步企稳

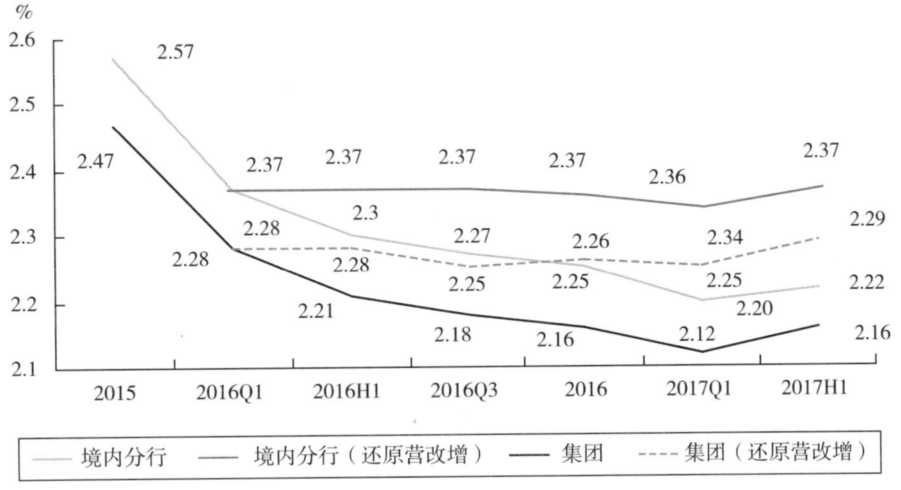

集团及境内分行 NIM 变动趋势

集团净利息收益率（NIM）为 2.16%，首次超过 C 行，较第一季度上升 4 个基点，与上年持平。还原“营改增”影响后，集团 NIM 为 2.29%，较上年可比口径上升 3 个基点。集团实现利息净收入 2 510 亿元，同比增加 167 亿元，增长 7.1%，还原“营改增”影响后，同比增长 11.5%，增幅较第一季度可比口径上升 2.4 个百分点。

（4）中间业务收入总量继续保持同业第一

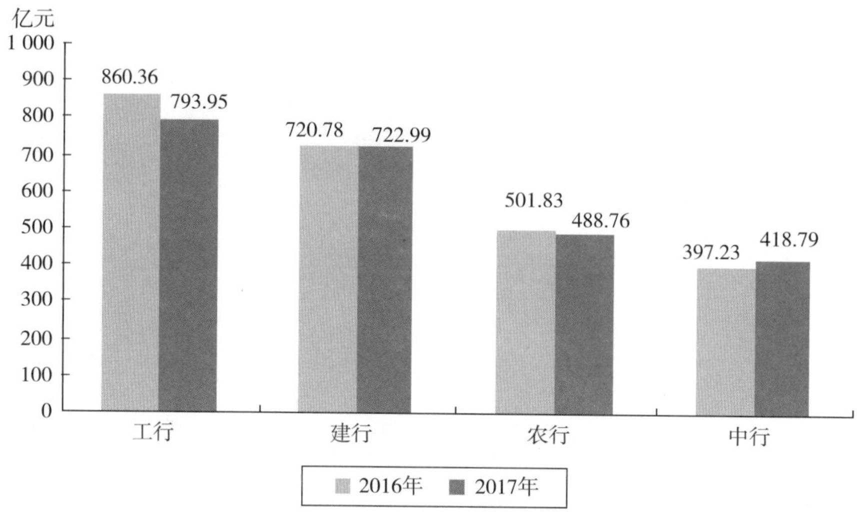

2017 年上半年四大行境内分行中间业务收入情况

上半年，集团实现中间业务收入 846 亿元，同比减少 62 亿元，下降 6.8%，还原“营改增”因素后，同比减少 35 亿元，下降 3.9%。其中，境内分行实现中间业务收入 794 亿元，同比减少 66 亿元，下降 7.7%，还原“营改增”因素后，同比减少 39 亿元，下降 4.6%。我行中间业务收入总量继续保持同业第一位。

1.1.1　盈利能力进一步提升——境内分行情况

境内分行拨备前利润增长情况

单位：亿元

行名	拨备前利润行							行名	拨备前利润行						
		同比增减	排名	同比增幅	排名	进度预算完成率	目标完成率			同比增减	排名	同比增幅	排名	进度预算完成率	目标完成率
北京	257.8	21.1	1	8.9%	9	52.5%	100.2%	青岛	18.1	1.3	19	7.9%	11	52.8%	92.4%
广东	205.2	17.5	2	9.3%	8	53.0%	97.7%	湖南	36.3	1.2	20	3.4%	21	56.3%	96.5%
深圳	87.2	16.1	3	22.6%	1	61.1%	99.7%	厦门	15.4	0.9	21	6.0%	14	52.3%	98.9%
上海	150.2	9.7	4	6.9%	13	56.3%	101.6%	甘肃	17.1	0.8	22	5.0%	18	53.4%	100.3%
江西	37.4	6.4	5	20.8%	2	57.6%	96.7%	陕西	33.0	0.8	23	2.4%	24	50.6%	95.6%
贵州	51.2	6.1	6	13.5%	4	56.0%	98.1%	吉林	21.4	0.6	24	3.1%	23	57.5%	95.5%
河北	73.8	5.9	7	8.6%	10	53.8%	101.6%	四川	90.6	0.5	25	0.6%	30	52.6%	96.9%
重庆	49.8	4.4	8	9.6%	6	59.0%	103.7%	辽宁	29.4	0.5	26	1.6%	25	59.2%	101.5%
福建	35.3	3.9	9	12.5%	5	53.9%	99.1%	湖北	63.0	0.4	27	0.6%	29	50.9%	93.8%
河南	64.7	3.2	10	5.3%	17	53.6%	99.7%	青海	6.5	0.4	28	5.8%	15	53.5%	98.0%
宁波	31.0	2.6	11	9.3%	7	58.7%	104.6%	山西	32.6	0.3	29	1.0%	28	54.0%	94.7%
内蒙古	18.7	2.5	12	15.1%	3	63.1%	101.6%	宁夏	7.5	0.1	30	1.2%	27	48.5%	96.8%
浙江	126.9	1.9	13	1.5%	26	48.8%	97.6%	海南	14.9	0.1	31	0.4%	31	51.3%	97.7%
广西	33.1	1.8	14	5.6%	16	53.1%	98.2%	西藏	3.6	-0.5	32	-12.2%	34	57.5%	112.7%
新疆	25.1	1.7	15	7.4%	12	55.2%	103.9%	江苏	157.3	-0.5	33	-0.3%	32	51.7%	96.6%
云南	30.5	1.4	16	4.9%	19	53.5%	96.2%	大连	13.4	-2.3	34	-14.5%	35	42.8%	94.5%
安徽	43.5	1.4	17	3.3%	22	54.5%	95.7%	山东	91.6	-2.6	35	-2.8%	33	49.8%	95.9%
天津	35.7	1.4	18	4.0%	20	53.1%	96.0%	黑龙江	20.5	-5.0	36	-19.6%	36	43.7%	87.4%

注：按拨备前利润增量排序。

上半年，31 家分行拨备前利润正增长，5 家分行拨备前利润下降。其中，增量贡献前 5 家的分行是北京、广东、深圳、上海和江西分行。拨备前利润下降的 5 家分行是黑龙江、山东、大连、江苏和西藏分行，西藏分行主要由于政策原因所致。

境内分行净利润增长情况　　　　单位：亿元

行名	净利润					行名	净利润				
		同比增减	排名	同比增幅	排名			同比增减	排名	同比增幅	排名
广东	139.0	34.6	1	33.2%	10	重庆	33.5	3.7	19	12.2%	24
浙江	79.8	28.7	2	56.4%	4	天津	24.8	3.3	20	15.4%	19
内蒙古	16.2	27.9	3	239.4%	2	宁波	14.1	3.3	21	30.3%	12
上海	118.8	24.6	4	26.2%	14	陕西	20.3	3.0	22	17.3%	18
北京	189.0	17.4	5	10.1%	27	海南	5.5	2.8	23	104.8%	3
贵州	37.3	13.2	6	54.9%	6	新疆	17.6	2.0	24	13.0%	23
深圳	57.8	13.1	7	29.4%	13	湖南	19.3	1.9	25	10.8%	25
江苏	104.4	12.8	8	14.0%	22	青海	4.3	1.3	26	45.1%	8
安徽	30.9	8.2	9	36.4%	9	厦门	10.3	1.0	27	10.3%	26
江西	21.6	7.8	10	56.0%	5	云南	9.7	0.9	28	9.6%	28
四川	59.3	7.5	11	14.4%	20	吉林	14.0	0.2	29	1.1%	29
福建	7.5	6.5	12	646.0%	1	青岛	6.8	-0.3	30	-4.5%	30
河北	33.2	5.7	13	20.6%	16	西藏	2.6	-0.3	31	-11.9%	33
河南	36.6	4.5	14	14.0%	21	宁夏	4.0	-0.5	32	-11.1%	32
广西	18.4	4.3	15	30.6%	11	大连	7.1	-1.1	33	-13.7%	34
辽宁	19.3	4.0	16	26.0%	15	湖北	34.4	-2.1	34	-5.6%	31
山西	22.7	3.8	17	20.4%	17	黑龙江	14.4	-2.5	35	-14.8%	35
甘肃	10.6	3.7	18	53.7%	7	山东	21.4	-11.7	36	-35.4%	36

注：按净利润增量排序。

上半年，29家分行净利润正增长，7家分行净利润下降。其中，增量贡献前5家分行是广东、浙江、内蒙古、上海和北京分行。净利润下降的7家分行是山东、黑龙江、湖北、大连、宁夏、西藏和青岛分行，西藏分行主要由于政策原因所致。

境内分行存贷利差情况

行名	存贷利差						行名	存贷利差					
	各项贷款收益率		各项存款付息率		利差			各项贷款收益率		各项存款付息率		利差	
	本期	较年初	本期	较年初	本期	较年初		本期	较年初	本期	较年初	本期	较年初
深圳	4.45%	-0.05%	1.68%	-0.14%	2.76%	0.08%	甘肃	4.36%	-0.15%	1.16%	-0.11%	3.20%	-0.05%
内蒙古	4.38%	0.02%	1.11%	-0.07%	3.26%	0.08%	宁波	4.15%	-0.19%	1.86%	-0.13%	2.29%	-0.05%
上海	4.09%	-0.01%	1.67%	-0.08%	2.42%	0.07%	吉林	4.36%	-0.15%	1.52%	-0.10%	2.84%	-0.06%
山西	4.34%	-0.08%	1.73%	-0.15%	2.61%	0.07%	湖北	4.47%	-0.13%	1.41%	-0.07%	3.06%	-0.06%
湖南	4.34%	-0.06%	1.34%	-0.11%	3.00%	0.05%	辽宁	4.27%	-0.18%	1.64%	-0.12%	2.62%	-0.07%
江西	4.48%	-0.04%	1.16%	-0.09%	3.32%	0.05%	河北	4.42%	-0.17%	1.43%	-0.09%	2.98%	-0.08%
北京	4.21%	-0.11%	1.51%	-0.14%	2.71%	0.04%	海南	4.50%	-0.15%	1.05%	-0.07%	3.44%	-0.08%
重庆	4.43%	-0.09%	1.50%	-0.11%	2.93%	0.02%	天津	4.21%	-0.18%	1.29%	-0.09%	2.92%	-0.08%
广西	4.39%	-0.11%	1.15%	-0.12%	3.24%	0.01%	云南	4.39%	-0.18%	1.52%	-0.10%	2.87%	-0.08%
广东	4.48%	-0.11%	1.23%	-0.12%	3.25%	0.01%	新疆	4.47%	-0.13%	1.12%	-0.05%	3.35%	-0.09%
福建	4.29%	-0.14%	1.22%	-0.14%	3.07%	-0.01%	贵州	4.81%	-0.20%	0.90%	-0.08%	3.91%	-0.12%

续表

行名	存贷利差						行名	存贷利差					
	各项贷款收益率		各项存款付息率		利差			各项贷款收益率		各项存款付息率		利差	
	本期	较年初	本期	较年初	本期	较年初		本期	较年初	本期	较年初	本期	较年初
陕西	4.30%	-0.10%	1.29%	-0.08%	3.00%	-0.02%	四川	4.56%	-0.18%	1.30%	-0.06%	3.26%	-0.12%
黑龙江	4.16%	-0.14%	1.50%	-0.11%	2.66%	-0.02%	厦门	4.42%	-0.14%	1.42%	-0.02%	3.00%	-0.12%
江苏	4.38%	-0.12%	1.48%	-0.10%	2.90%	-0.03%	大连	4.28%	-0.22%	1.72%	-0.10%	2.56%	-0.12%
青岛	4.23%	-0.12%	1.39%	-0.09%	2.84%	-0.03%	河南	4.53%	-0.20%	1.27%	-0.07%	3.25%	-0.14%
浙江	4.39%	-0.10%	1.76%	-0.07%	2.63%	-0.03%	宁夏	4.40%	-0.21%	1.05%	-0.05%	3.34%	-0.17%
安徽	4.35%	-0.15%	1.47%	-0.11%	2.88%	-0.04%	青海	4.31%	-0.30%	1.31%	-0.09%	3.00%	-0.21%
山东	4.18%	-0.18%	1.47%	-0.13%	2.71%	-0.04%							

注：按利差增长情况排序，西藏分行未参与排序。

上半年，深圳、内蒙古、上海、山西和湖南等10家分行存贷利差较上年有所提升。青海、宁夏和河南等7家分行利差收窄超过10个基点。

境内分行中间业务收入增长情况

单位：亿元

机构	账面			还原“营改增”			机构	账面			还原“营改增”		
	2017年1-6月	同比增量	同比增幅	2017年1-6月	同比增量	同比增幅		2017年1-6月	同比增量	同比增幅	2017年1-6月	同比增量	同比增幅
深圳	39.15	7.06	22.0%	40.54	8.45	26.3%	天津	9.21	-1.03	-10.0%	9.52	-0.72	-7.0%
江西	15.79	3.36	27.1%	16.39	3.96	31.9%	广西	11.12	-1.04	-8.5%	11.47	-0.69	-5.7%
贵州	17.09	1.59	10.2%	17.72	2.22	14.3%	青岛	5.79	-1.52	-20.8%	6.00	-1.31	-18.0%
宁波	16.83	1.57	10.3%	17.36	2.10	13.8%	安徽	12.34	-1.85	-13.1%	12.76	-1.43	-10.1%
河南	30.45	1.30	4.5%	31.44	2.29	7.9%	大连	4.70	-1.89	-28.7%	4.85	-1.74	-26.5%
重庆	20.80	1.22	6.2%	21.50	1.92	9.8%	吉林	7.68	-1.95	-20.3%	7.97	-1.66	-17.2%
上海	64.39	0.86	1.4%	66.48	2.95	4.6%	山西	9.65	-2.03	-17.4%	9.98	-1.70	-14.5%
西藏	0.14	0.05	63.8%	0.14	0.05	63.8%	海南	4.64	-2.06	-30.8%	4.80	-1.90	-28.4%
甘肃	6.34	-0.08	-1.3%	6.55	0.13	2.0%	陕西	8.85	-2.87	-24.5%	9.17	-2.55	-21.8%
宁夏	2.40	-0.10	-3.8%	2.48	-0.02	-0.6%	湖南	17.63	-2.89	-14.1%	18.27	-2.25	-11.0%
青海	1.54	-0.20	-11.8%	1.59	-0.15	-8.9%	广东	83.24	-3.05	-3.5%	86.09	-0.20	-0.2%
内蒙古	5.56	-0.20	-3.6%	5.76	-0.00	-0.1%	浙江	66.63	-4.17	-5.9%	68.70	-2.10	-3.0%
新疆	7.50	-0.32	-4.1%	7.76	-0.06	-0.8%	四川	31.98	-4.75	-12.9%	33.10	-3.63	-9.9%
福建	14.85	-0.39	-2.6%	15.35	0.11	0.7%	山东	34.82	-4.76	-12.0%	36.09	-3.49	-8.8%
云南	8.43	-0.46	-5.2%	8.73	-0.16	-1.8%	黑龙江	8.17	-5.14	-38.6%	8.45	-4.86	-36.5%
厦门	5.16	-0.51	-8.9%	5.32	-0.35	-6.1%	北京	65.45	-5.31	-7.5%	67.63	-3.13	-4.4%
辽宁	9.19	-0.72	-7.2%	9.50	-0.41	-4.1%	湖北	22.82	-8.67	-27.5%	23.57	-7.92	-25.2%
河北	26.93	-0.99	-3.6%	27.74	-0.18	-0.7%	江苏	64.53	-16.11	-20.0%	66.65	-13.99	-17.4%

注：按中收账面增量排序。

上半年，深圳、江西、贵州、宁波、河南、重庆、上海和西藏等8家分行中间业务收入实现同比增长；28家分行同比下降，其中黑龙江、海南、大连、湖北、陕西、青岛和吉林等7家分行同比下降超过20%。

1.1.2 盈利能力进一步提升——境外机构情况

（1）境外机构净利润增长情况

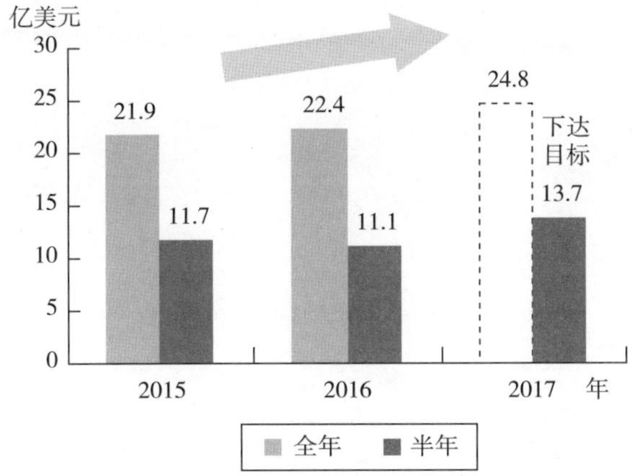

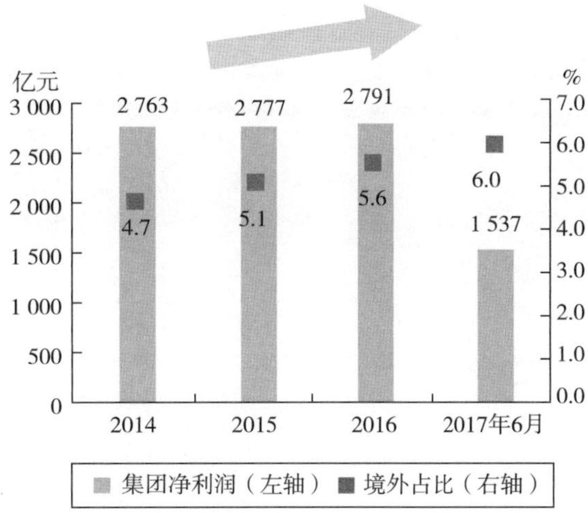

2017 年上半年，境外机构实现净利润 13.7 亿美元，同比增长 23.4%（折人民币利润增幅为 25.9%）；其中工银标准较同期减亏 6 595 万美元，拉升境外机构净利润同比增幅 6.8 个百分点。剔除工银标准净利润后，境外机构净利润同比增长 16.6%。

境外机构净利润集团占比达到 6.0%，较上年末进一步提高 0.4 个百分点。

（2）境外机构各区域盈利普遍向好，经营分化现象仍然存在

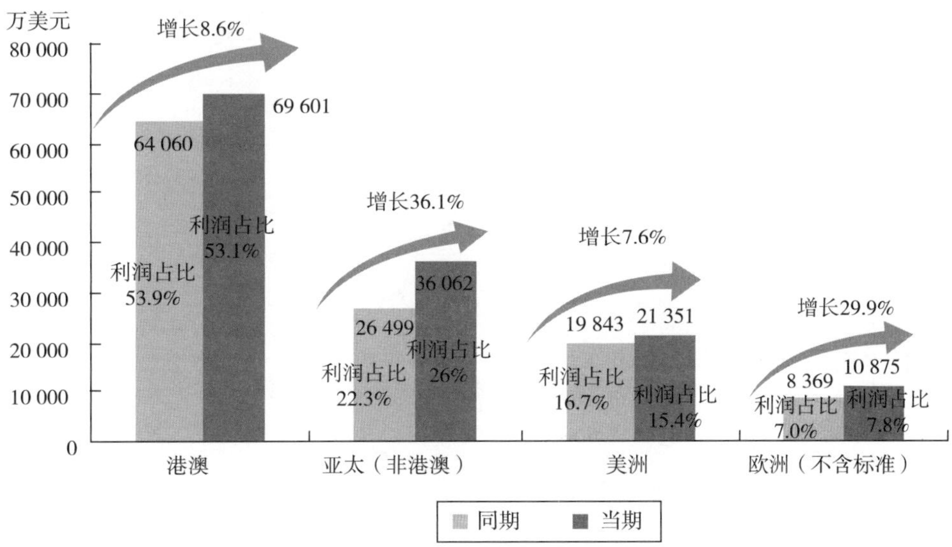

港澳地区实现净利润 7 亿美元，同比增加 8.6%，占境外机构比重为 50.1%，盈利保持稳健增长。工银国际净利润同比增幅超过 50%；工银澳门完成年初目标序时进度；工银亚洲稳中有升，但距序时进度仍有差距。

亚太（非港澳）地区实现净利润 3.6 亿美元，同比增加 36.1%，大部分机构实现增长。中东机构、悉尼分行、湄公河机构、首尔分行、卡拉奇分行等机构实现 50% 以上的高速增长；新加坡分行年初资金成本上升过快对机构经营产生重大影响，第二季度通过逐步置换高息资金和业务拓展实现扭亏为盈，盈利降幅较第一季度明显缩小；孟买分行克服不良贷款增提拨备不利因素扭转第一季度亏损状态。

美洲地区实现净利润 2.1 亿美元，同比增长 7.6%。美国机构延续 50% 以上的高速增长；工银加拿大增长良好；工银秘鲁依靠信贷业务拓展实现扭亏；工银阿根廷受国内政策影响出现年初预期内的盈利负增长。

欧洲地区（不含工银标准）实现净利润1.1亿美元，净利润同比增长29.9%，区域整体效益回升。工银欧洲机构净利润同比增长14.1%，盈利增长主要来源于衍生产品估值浮盈，盈利可持续性有待提升，同时辖内6家分行仅1家实现正增长，经营形势较为严峻；工银土耳其实现净利润1 400万美元，较同期增长较多；法兰克福分行信贷业务逐步投放到位，盈利增长3倍；工银莫斯科因贷款投放规模下降及央行降息影响，同比负增长。

各境外机构盈利情况

单位：万美元

机构名称	当期	同比增减	同比增幅	机构名称	当期	同比增减	同比增幅
港澳地区	69 601	5 540	8.6%	工银新西兰	73	-26	-26.4%
工银亚洲机构	48 449	2 053	4.4%	美洲地区	21 351	1 509	7.6%
工银澳门	15 136	1 368	9.9%	美国机构	12 600	4 605	57.6%
工银国际	6 015	2 119	54.4%	纽约分行	10 265	3 828	59.5%
亚太地区	36 062	9 564	36.1%	工银美国	875	560	177.9%
新加坡分行	1 838	-2 243	-55.0%	工银金融	1 460	218	17.5%
东京分行	2 332	245	11.7%	工银加拿大	784	187	31.3%
首尔分行	3 559	1 448	68.6%	工银阿根廷	7 588	-3 774	-33.2%
湄公河机构	5 118	1 893	58.7%	工银巴西	217	-32	-12.7%
河内分行	1 127	76	7.3%	工银秘鲁	355	524	308.9%
万象分行	2 240	1 379	160.2%	工银墨西哥	-192	-2	-1.1%
金边分行	1 408	185	15.1%	欧洲地区（不含标准）	10 875	2 505	29.9%
仰光分行	343	252	275.8%	工银欧洲	5 264	652	14.1%
中东机构	8 084	4 132	104.6%	其中：卢森堡本部机构	2 881	1 670	137.8%
多哈分行	1 750	1 160	196.3%	华沙分行	585	143	32.4%
阿布扎比分行	441	153	53.1%	米兰分行	559	-168	-23.1%
迪拜分行	5 133	1 755	52.0%	巴黎分行	489	-428	-46.7%
科威特分行	237	354	301.4%	阿姆斯特丹分行	471	-116	-19.8%
利雅得分行	522	710	377.0%	马德里分行	224	-144	-39.1%
卡拉奇分行	2 387	1 621	211.7%	布鲁塞尔分行	54	-305	-84.9%
孟买分行	148	-288	-66.1%	伦敦机构	2 940	456	18.3%
工银马来西亚	590	137	30.2%	法兰克福分行	706	533	307.7%
工银印尼	2 541	107	4.4%	工银莫斯科	880	-154	-14.9%
工银泰国	2 770	296	12.0%	工银土耳其	1 400	1 335	2 042.8%
工银阿拉木图	477	80	20.0%	布拉格分行	-316		
悉尼分行	6 146	2 163	54.3%	工银标准	939	6 595	

注：1. 布拉格分行于2017年5月开始并表。

2. 工银墨西哥年初预算为-750万美元，工银标准年初预。

3. 工银欧洲辖内分行数据已经还原内部联动业务收入。算为盈亏平衡，两家机构均超过序时目标。

（3）境外机构中间业务收入保持较快增长

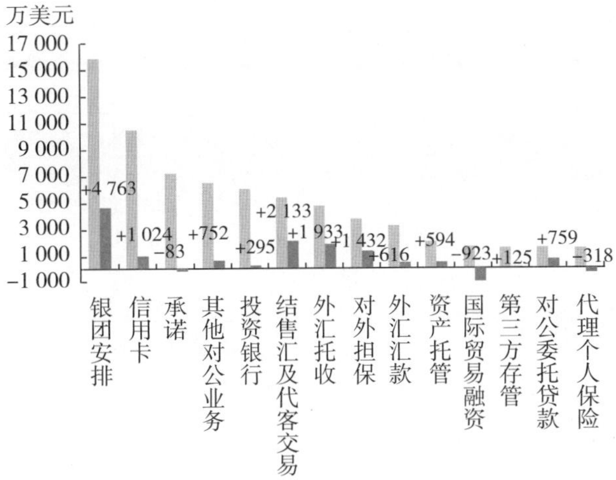

主要产品收入及同比变动情况

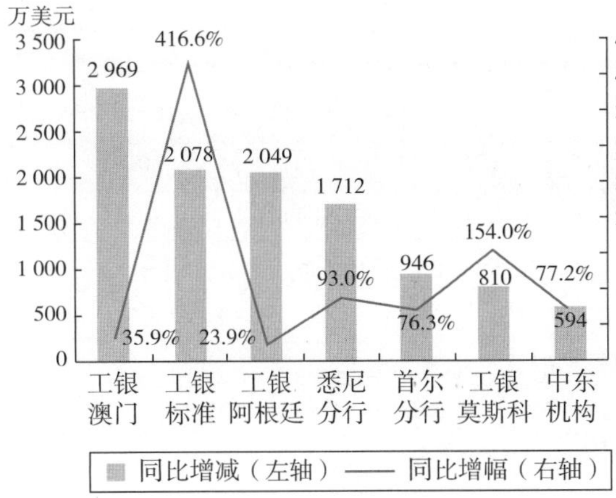

增长较好机构情况

上半年，境外机构实现中间业务收入 7.7 亿美元，同比增加 22.6%，继续保持较快增长。

银团安排、结售汇及代客交易、外汇托收、对外担保、信用卡等业务同比增长较好，国际贸易融资、代理个人保险、信用证同比下降。

增长较好的机构（产品）有工银澳门（银团业务）、工银标准（承诺业务、对外担保业务）、工银阿根廷（外币对公账户管理业务、资产托管业务）、悉尼分行（国际结算业务）、首尔分行（对公外汇业务）、工银莫斯科（代客外汇买卖业务）和中东机构（提前还款及合同变更收入、承诺业务）。

1.1.3 盈利能力进一步提升——综合化子公司情况

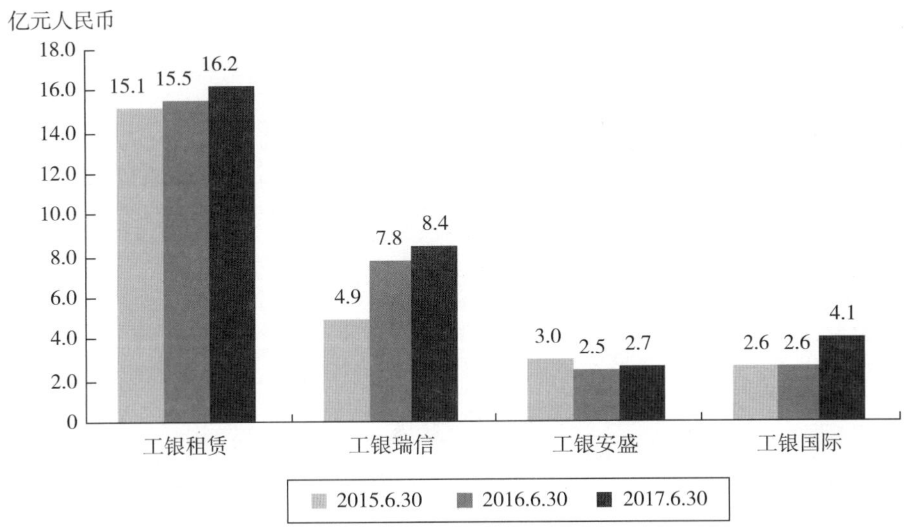

上半年，综合化子公司实现净利润 31.4 亿元，同比增长 10.5%，序时进度 96.1%。

工银租赁实现净利润 16.2 亿元，同比增加 0.7 亿元，增幅 4.3%，序时进度 91.2%，主要是由于人民币融资成本升高以及部分项目收入不及预期。下半年，工银租赁效益增长面临资金成本和资产质量控制的双重压力。

工银瑞信实现账面净利润 9.4 亿元，同比增加 1.6 亿元，增幅 20.2%，考虑向金融市场部 1.3 亿元分润后（税后分润 1 亿元），净利润为 8.4 亿元，同比增长 7.5%，序时进度 93.8%，主要是受市场影响高费率的权益类产品占比下降导致管理费收入增速有所降低。

工银安盛实现净利润 2.7 亿元，同比增加 0.2 亿元，增幅 10.2%，序时进度 93.7%，主要是资产端投资收益与以前年度相比增长趋缓，同时负债端因收益率曲线下移导致准备金计提增加。

工银国际实现净利润 6 015 万美元（折合 4.1 亿

元），同比增加 2 119 万美元，增幅 54.4%（折合人民币增幅 57.5%），序时进度 133.7%。

1.1.4　盈利能力进一步提升——条线情况

（1）条线拨备费用前利润情况

单位：亿元

业务条线	拨备费用前利润			
	完成值	同期值	同比	增幅
个人金融	987.33	935.72	51.61	5.5%
公司金融	767.38	720.55	46.83	6.5%
金融市场	380.56	307.27	73.29	23.9%
机构金融	351.51	297.77	53.74	18.0%
结算与现金管理	246.78	225.39	21.39	9.5%
资产管理	115.17	106.41	8.76	8.2%
投资银行	100.15	106.62	-6.47	-6.1%
银行卡	99.93	91.50	8.43	9.2%
资产托管	56.42	63.73	-7.31	-11.5%
国际业务	48.91	45.56	3.35	7.4%
私人银行	36.43	46.80	-10.37	-22.2%
贵金属业务	35.52	30.79	4.73	15.4%
票据业务	21.25	45.69	-24.44	-53.5%
养老金	10.39	12.73	-2.34	-18.4%

金融市场部抢抓投资与同业业务发展机遇，把握市场利率高点适度加快投资进度，加大具有免税效应的地方债等投资力度，整体运作收益水平不断提高。上半年，金融市场条线实现拨备费用前利润 380.56 亿元，同比增长 23.9%；本部实现净利润 246.95 亿元，同比增长 31.52%，为全行效益增长做出了较大贡献。

票据拨备费用前利润同比降幅较大。主要受票据融资产品日均规模同比下降 660 亿元，及 FTP 平均水平较同期提高 68 个基点两个因素影响。

私人银行、资产托管、投资银行、养老金条线拨备费用前利润延续了第一季度同比下降的趋势，其中资产托管、投资银行同比降幅较第一季度进一步扩大。

（2）条线中间业务收入增长情况

2017 年上半年部门及利润中心 100% 口径中收情况　单位：亿元

部门/利润中心	2017H1	同比增量	同比增幅	2017Q2	环比增量	环比增幅	年度计划进度	上半年目标完成率
个人金融业务部	117.77	-46.23	-28.19%	50.20	-17.38	-25.72%	43.57%	88.23%
公司金融业务部	58.14	6.57	12.74%	26.58	-4.99	-15.82%	69.78%	92.09%
贵金属业务部	11.90	-3.31	-21.78%	4.61	-2.68	-36.75%	41.43%	76.84%
国际业务部	28.36	0.13	0.44%	12.53	-3.29	-20.81%	58.98%	97.92%
机构金融业务部	4.19	-0.04	-0.86%	1.43	-1.33	-48.25%	58.79%	81.30%
结算与现金管理部	42.69	-1.29	-2.93%	20.09	-2.50	-11.06%	49.05%	93.33%
金融市场部	53.52	-2.55	-4.54%	25.45	-2.63	-9.36%	52.14%	100.07%
私人银行部	36.70	-11.99	-24.63%	20.18	3.66	22.13%	35.26%	90.10%
投资银行部	99.76	-11.15	-10.06%	39.78	-20.21	-33.69%	53.93%	89.53%
养老金业务部	8.10	-3.12	-27.80%	3.78	-0.53	-12.38%	37.41%	74.83%
银行卡业务部	151.24	8.67	6.08%	76.06	0.88	1.17%	47.26%	94.52%
资产管理部	113.29	8.25	7.85%	56.64	-0.01	-0.02%	52.69%	99.68%
资产托管部	33.46	-5.20	-13.45%	15.74	-1.97	-11.13%	46.57%	91.49%

银行卡、资产管理、公司金融和国际业务等部门及利润中心中收同比增长；个人金融、私人银行、投资银行、资产托管等部门及利润中心 100% 口径中收同比减少超过 5 亿元。

公司金融、国际业务、机构金融、投资银行、资产管理、金融市场等部门及利润中心全年计划完成率均超过 50%；私人银行、养老金、贵金属、个人金融等部门及利润中心全年计划完成率低于 45%。

金融市场部、资产管理部、国际业务部分别完成上半年 100% 口径计划目标的 100.07%、99.68% 和 97.92%。

1.2　资产质量持续改善

1.2.1　资产质量整体管控效果明显

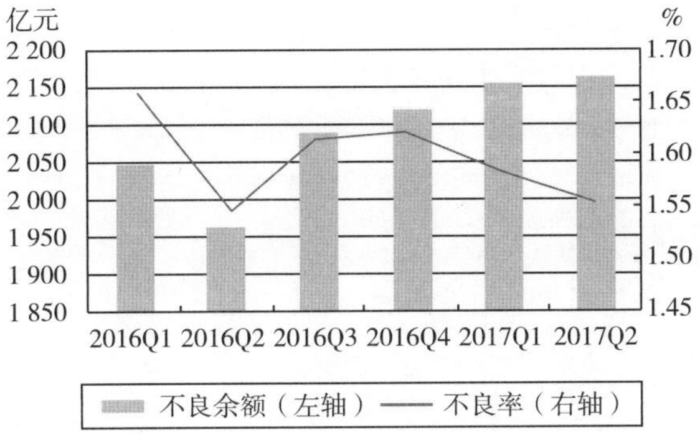

2016 年以来不良余额及不良率变化情况

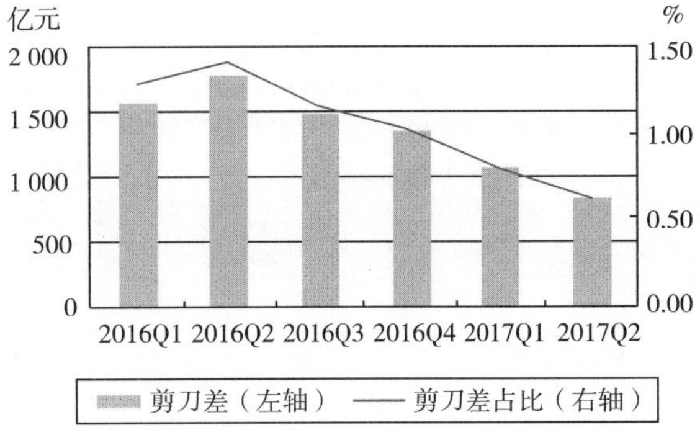

2016 年以来剪刀差及占比变化情况

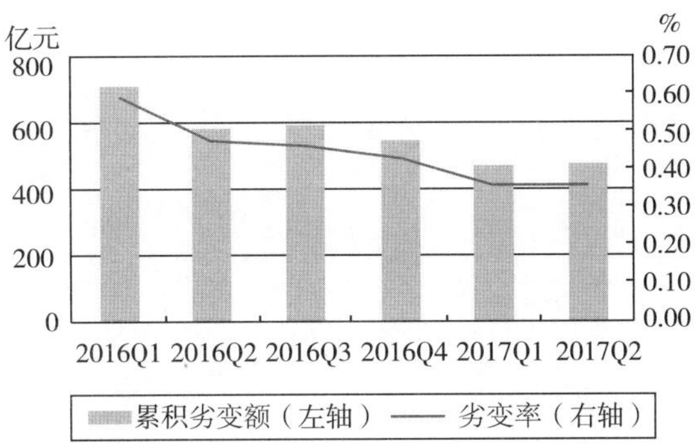

2016 年以来劣变额及劣变率变化情况

自 2016 年第三季度以来，我行不良贷款率总体呈下降趋势。截至今年 6 月末，不良贷款率为 × ×%，较 3 月末下降 × 个基点，较 2016 年末下降 × 个基点。

逾期贷款与不良贷款的剪刀差为 × 亿元，较 3 月末减少 × 亿元，较 2016 年末减少 × 亿元；剪刀差占比由 2016 年 6 月末的 1.41% 下降至今年 6 月末的 ×%，下降 × 个基点。

第二季度劣变率 ×%，与第一季度持平，比去年第四季度下降 × 个百分点。

1.2.2　不良资产处置效率有所提高

上半年各行不良贷款清收处置情况（亿元）

机构	清收处置总额	清收处置损失率	其中：现金清收（含批量）		以物抵债		呆账核销（含批量）		重组转化及其他	
			金额	占比（%）	金额	占比（%）	金额	占比（%）	金额	占比（%）
工商银行										
农业银行										
中国银行										
建设银行										
合计										

上半年，累计清收处置不良贷款 × × 亿元，完成上半年处置计划的 × ×%。其中，通过证券化处置不良贷款 × × 亿元，本金受偿率平均达 × ×%。商业包批量转让 × × 亿元，占比为 × ×%，同比增加 × × 个百分点，平均受偿率为 ×%，同比提高 × 个百分点；批量转让中，受托处置比例进一步明显下降。

从同业看，工、农、中、建四大行上半年共清收处置不良贷款 × × 亿元，其中，我行清收处置金额最高，占比 × ×%，损失率（× ×%）四行最低（四大行平均损失率为 ×%）。

1.2.3　分行资产质量情况

境内分行本外币贷款资产质量情况

分行	不良率（%）	逾期贷款占比（%）	分行	不良率（%）	逾期贷款占比（%）	分行	不良率（%）	逾期贷款占比（%）
福建	4.27	5.94	宁波	1.94	2.53	广西	1.3	2.45
内蒙古	3.59	6.08	河北	1.87	3.02	深圳	1.3	1.36
山东	3.44	6.03	江西	1.83	3.09	四川	1.18	1.76
大连	2.68	3.19	浙江	1.73	2.39	安徽	1.16	1.46
云南	2.61	3.69	厦门	1.52	1.91	江苏	0.98	1.37
陕西	2.35	3.28	吉林	1.51	2.1	贵州	0.92	1.17
青岛	2.28	2.97	河南	1.49	2.23	新疆	0.67	0.9
天津	2.26	2.59	甘肃	1.43	2.26	重庆	0.63	1.32
山西	2.15	2.79	黑龙江	1.42	1.89	上海	0.54	0.6
辽宁	2.13	3.04	湖北	1.4	2.5	海南	0.54	1.01
湖南	1.99	2.9	宁夏	1.35	1.85	北京	0.24	0.26
青海	1.95	1.22	广东	1.32	1.58	西藏	0.06	0.06

截至6月末，20家分行不良贷款率低于全行平均水平（××%），19家分行逾期贷款占比低于全行平均水平（××%）。

1.2.4　分行资产质量变动情况

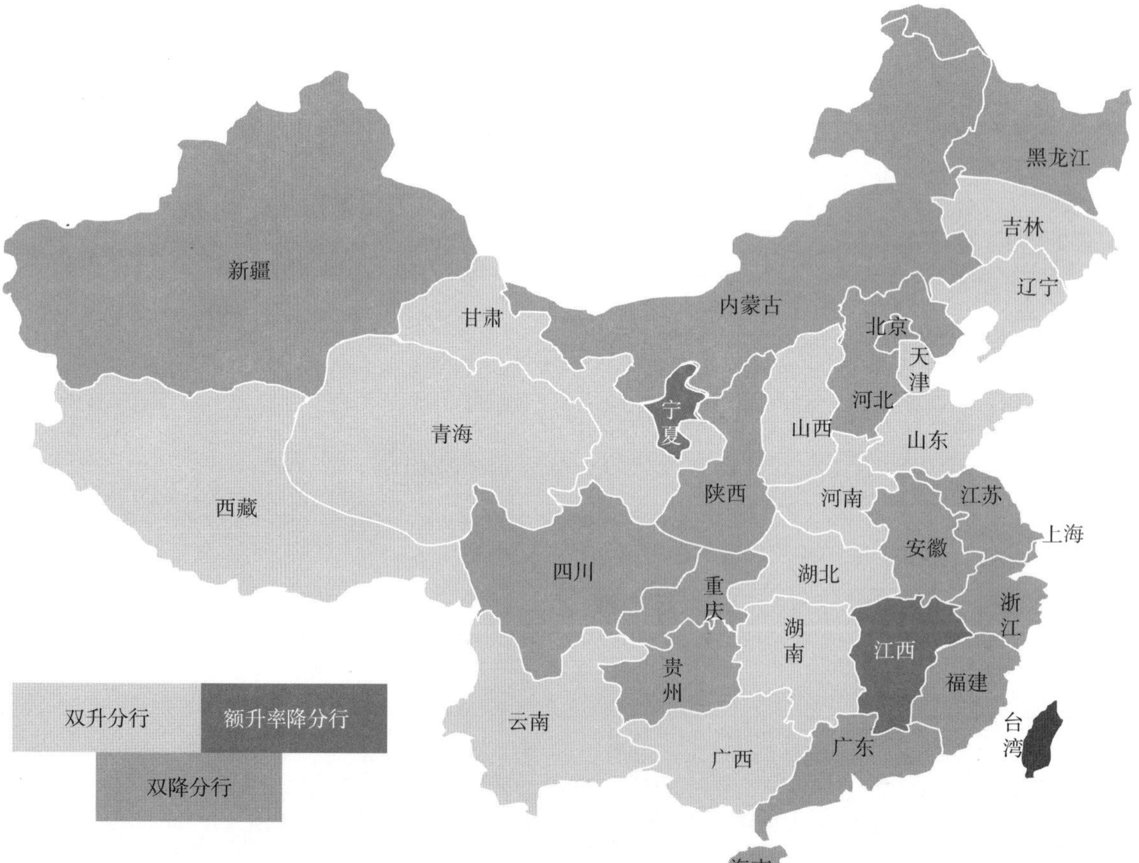

过半数分行不良贷款实现双降。截至 6 月末，19 家分行不良额和不良率双降，比年初增加 7 家；3 家分行不良率单降，14 家分行双升。

1.2.5　分行 2013 年以来新增融资质量情况

境内分行 2013 年以来新增融资不良情况表　单位：亿元

序号	分行	不良额	不良率	不良额较年初	不良率较年初	序号	分行	不良额	不良率	不良额较年初	不良率较年初
1	青海	10.8	2.82%	7.5	1.75%	19	辽宁	14.7	0.84%	2.4	0.07%
2	内蒙古	25.1	2.59%	-9.4	-1.68%	20	黑龙江	8.5	0.80%	-0.3	-0.18%
3	福建	40.7	2.05%	-9.8	-0.79%	21	贵州	16.4	0.79%	5.1	0.15%
4	山东	91.9	1.96%	25.5	0.38%	22	新疆	8.9	0.76%	-2.5	-0.36%
5	山西	22.3	1.95%	0.7	-0.14%	23	广西	12.1	0.74%	-1.1	-0.21%
6	陕西	23.8	1.74%	-0.2	-0.36%	24	四川	26.1	0.69%	-1.1	-0.12%
7	云南	24.8	1.73%	7.1	0.16%	25	海南	3.0	0.60%	-0.3	-0.16%
8	甘肃	15.5	1.71%	1.2	-0.01%	26	厦门	5.4	0.60%	0.2	-0.04%
9	河北	60.5	1.63%	-1.2	-0.32%	27	青岛	7.4	0.55%	-5.5	-0.56%
10	湖北	46.6	1.36%	24.9	0.66%	28	浙江	31.2	0.53%	-4.5	-0.18%
11	湖南	24.5	1.29%	7.3	0.16%	29	重庆	13.2	0.52%	-3.2	-0.28%
12	江西	23.3	1.27%	3.4	0.03%	30	安徽	9.9	0.44%	-1.4	-0.13%
13	河南	37.6	1.19%	10.9	0.23%	31	广东	26.4	0.33%	-5.7	-0.14%
14	宁夏	4.2	1.16%	1.4	0.32%	32	江苏	23.4	0.31%	-0.9	-0.06%
15	吉林	10.5	1.04%	2.2	0.07%	33	深圳	11.4	0.30%	-1.8	-0.07%
16	天津	19.1	0.98%	-4.2	-0.50%	34	上海	10.7	0.20%	-7.2	-0.17%
17	宁波	17.5	0.96%	-2.3	-0.24%	35	西藏	0.2	0.09%	0.1	0.09%
18	大连	7.4	0.93%	-3.2	-0.64%	36	北京	2.7	0.04%	-0.2	-0.01%

截至 6 月末，境内分行 2013 年以来新增融资不良率为××%，比年初降低了××个百分点。其中，24 家分行新增融资不良率较年初下降。

1.3　市场竞争力有所增强

1.3.1　存款增量实现 2010 年以来最高水平

2017 年 6 月末境内分行人民币存款增长情况表　单位：亿元

项目名称	余额				日均余额		日均比年初		
		比年初	同比多增	增幅		比上年		同比	均衡率
人民币各项存款（含同业）	189 462	9 782	548	5.4%	181 538	8 240	1 858	804	19.0%
（一）一般性存款	178 640	11 746	2 091	7.0%	170 099	9 492	3 205	317	27.3%
1. 储蓄存款	83 998	3 938	308	4.9%	81 731	3 682	1 671	-362	42.4%
2. 公司存款	39 611	2 489	1 509	6.7%	37 327	2 785	205	740	8.2%
3. 机构存款	55 031	5 319	274	10.7%	51 040	3 025	1 328	-61	25.0%
（二）同业存款	10 822	-1 964	-1 543	-15.4%	11 440	-1 253	-1 347	488	—
1. 非存款类金融机构存放	8 185	-1 125	-1 190	-12.1%	9 245	-1 463	-65	639	—
2. 存款类金融机构存放	2 637	-840	-352	-24.1%	2 195	210	-1 282	-152	—

截至 6 月末，我行人民币各项存款余额 18.95 万亿元，较年初增加 9 782 亿元，增长 5.4%；日均余额 18.15 万亿元，较年初增加 1 858 亿元。其中，一般性存款余额 17.86 万亿元，较年初增加 11 746 亿元，增长 7.0%；日均余额 17.01 万亿元，较年初增加 3 205 亿元。一般性存款增量达 2010 年以来最高值。

1.3.2 存款各主要品种增量排名四大行首位

2017年6月末四大行境内人民币存款增长情况表　　单位：亿元

项目	工商银行			农业银行		
	余额	比年初	增幅	余额	比年初	增幅
人民币各项存款（含同业）	189 462	9 782	5.4%	166 616	7 982	5.0%
（一）一般性存款（偏离度口径）	178 640	11 746	7.0%	159 638	8 741	5.8%
1. 储蓄存款	83 998	3 938	4.9%	94 337	3 910	4.3%
2. 对公存款	94 642	7 808	9.0%	65 301	4 831	8.0%
（二）同业存款	10 822	-1 964	-15.4%	6 978	-759	-9.8%
项目	中国银行			建设银行		
	余额	比年初	增幅	余额	比年初	增幅
人民币各项存款（含同业）	110 130	7 327	7.1%	165 824	4 611	2.9%
（一）一般性存款（偏离度口径）	101 755	5 205	5.4%	157 089	8 536	5.7%
1. 储蓄存款	46 343	2 948	6.8%	72 587	3 485	5.0%
2. 对公存款	55 412	2 257	4.2%	84 502	5 051	6.4%
（二）同业存款	8 375	2 122	33.9%	8 736	-3 925	-31.0%

上半年，一般性存款总量、增量以及储蓄和对公存款增量均排名四大行首位。

1.3.3 存款稳定性不断改善

截至7月13日四大行境内人民币存款增长情况表　　单位：亿元

项目	工商银行				农业银行			
	余额	比年初	比上月	增幅	余额	比年初	比上月	增幅
人民币各项存款（含同业）	187 672	7 992	-1 790	4.4%	163 497	4 863	-3 119	3.1%
（一）一般性存款（偏离度口径）	176 021	9 127	-2 619	5.5%	156 521	5 624	-3 117	3.7%
1. 储蓄存款	81 248	1 188	-2 750	1.5%	92 931	2 504	-1 406	2.8%
2. 对公存款	94 773	7 939	131	9.1%	63 590	3 120	-1 711	5.2%
（二）同业存款	11 650	-1 136	828	-8.9%	6 976	-761	-2	-9.8%
项目	中国银行				建设银行			
	余额	比年初	比上月	增幅	余额	比年初	比上月	增幅
人民币各项存款（含同业）	109 186	6 383	-944	6.2%	164 469	3 256	-1 355	2.0%
（一）一般性存款（偏离度口径）	99 543	2 993	-2 212	3.1%	154 031	5 478	-3 058	3.7%
1. 储蓄存款	45 124	1 729	-1 219	4.0%	70 673	1 571	-1 914	2.3%
2. 对公存款	54 419	1 264	-993	2.4%	83 358	3 907	-1 144	4.9%
（二）同业存款	9 644	3 391	1 269	54.2%	10 440	-2221	1 704	-17.5%

7月，各行存款均有所回落，其中我行一般性存款下降额低于农行和建行，各项存款及一般性存款较年初增量仍保持同业首位。与同业相比，我行一般性存款自4月份以来持续保持同业领先。

1.3.4 重点分行对全行存款增长贡献明显

6月末境内分行人民币存款（含同业）增长情况　　单位：亿元

地区	余额	增量	增幅	日均增量	地区	余额	增量	增幅	日均增量	地区	余额	增量	增幅	日均增量
北京	34 998	1 583	4.7%	217	河南	5 289	319	6.4%	73	上海	13 870	150	1.1%	-26
广东	15 590	711	4.8%	-109	陕西	4 023	319	8.6%	60	海南	1 309	141	12.1%	101

续表

地区	余额			日均增量	地区	余额			日均增量	地区	余额			日均增量
		增量	增幅				增量	增幅				增量	增幅	
江苏	11 053	688	6.6%	219	湖南	3 993	311	8.4%	123	青岛	1 395	137	10.9%	31
四川	8 148	686	9.2%	383	福建	2 990	294	10.9%	92	甘肃	1 602	125	8.5%	41
河北	6 593	549	9.1%	176	广西	2 789	279	11.1%	62	贵州	2 946	119	4.2%	-32
黑龙江	3 339	468	16.3%	93	内蒙古	2 258	258	12.9%	137	宁波	1 896	101	5.6%	15
深圳	6 495	456	7.6%	516	新疆	2 694	258	10.6%	100	厦门	995	68	7.3%	-10
山东	7 486	454	6.5%	-37	江西	3 202	224	7.5%	68	宁夏	564	51	10.0%	18
云南	2 863	421	17.2%	203	重庆	3 632	222	6.5%	95	青海	619	34	5.8%	37
湖北	5 812	410	7.6%	19	辽宁	3 563	192	5.7%	12	大连	1 512	-13	-0.8%	-17
天津	3 054	389	14.6%	211	山西	4 186	175	4.4%	76	西藏	47	-19	-28.6%	-17
安徽	4 423	351	8.6%	185	吉林	2 532	175	7.4%	112	浙江	10 744	-277	-2.5%	-800

注：分行存款增量已还原 6 月 30 日理财起息、存款分流因素。

北京、四川、江苏、河北、黑龙江、深圳、广东、山东、云南和湖北等 10 家分行存款合计增加 6 427 亿元，占境内分行人民币存款增量的 66%，对全行存款增长贡献较大。

云南、黑龙江、天津、内蒙古、海南、广西、福建、青岛、新疆和宁夏等 10 家分行存款比年初增幅超过 10%。

1.3.5　重点城市行存款竞争力有所提升

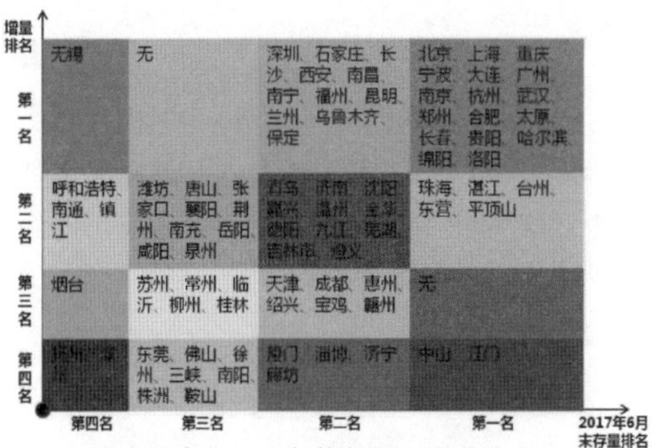

重点城市行各项存款存量、增量分布

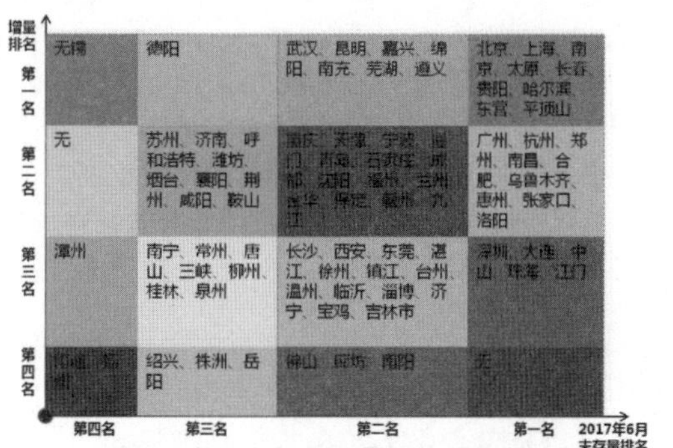

重点城市行储蓄存款存量、增量分布

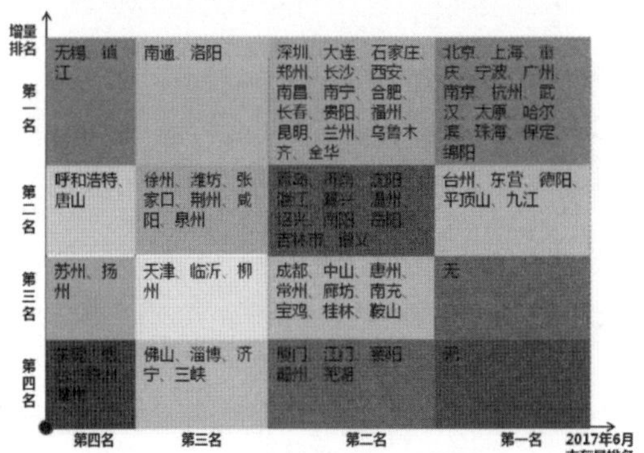

重点城市行对公存款存量、增量分布

- 上半年，直辖市和80家重点城市行各项存款四行占比较去年末提高0.67个百分点至32.58%，增幅居四行首位。储蓄存款余额四行占比30.01%，居四行首位，与去年末持平。对公存款余额四行占比达到34.55%，居四行首位，较去年末提高1.16个百分点，较C行的领先水平进一步扩大。
- 湖北、江苏、贵州分行营业部等8家城市行存款业务余额、增量“双第一”，继续保持市场领先地位，湖南、陕西、云南分行营业部等5家行通过做大增量提升市场竞争力。

1.3.6　公司贷款和个人住房贷款增量近年来最高

2017 年 6 月末境内分行人民币贷款增长情况表　　单位：亿元

项目名称	余额				日均余额			
		比年初	同比多增	增幅		比年初	同比多增	增幅
人民币各项贷款（含拆放）	123 020	5 414	63	4.6%	120 917	3 311	859	0.611535748
（一）人民币贷款	120 683	6 187	622	5.4%	118 238	3 742	836	0.604813068
Ⅰ.公司类贷款	72 205	5 963	5 064	9.0%	70 074	3 832	2 967	0.642597807
1. 流动资金贷款	26 851	2226	2 942	9.0%	25 991	1 366	1 691	0.613773773
2. 项目贷款	40 279	3070	1 591	8.3%	39 211	2 002	884	0.652023528
3. 房地产贷款	5 076	666	531	15.1%	4 873	463	392	0.695463617
Ⅱ.个人类贷款	40 185	3572	480	9.8%	38 534	1 921	535	0.537769044
1. 个人住房贷款	35 754	3722	305	11.6%	34 086	2 055	533	0.551968515
2. 个人消费贷款	2 358	95	286	4.2%	2 246	-18	50	-0.184814659
3. 个人经营贷款	2 073	-245	-111	-10.6%	2 202	-116	-49	—
Ⅲ.票据贴现	3 619	-3530	-4 970	-49.4%	5 060	-2 089	-2651	—
Ⅳ.银行卡透支	4 674	181	47	4.0%	4 571	78	-15	0.428390088
（二）非存款类金融机构拆放	2 337	-773	-559	-24.9%	2 679	-431	23	—

截至 6 月末，境内分行人民币贷款（不含拆放）较年初增加 6 187 亿元，同比多增 622 亿元，增幅 5.4%。其中，公司类贷款较年初增加 5 963 亿元，同比多增 5 064 亿元（还原地方债置换 574 亿元因素，公司贷款增加 6 537 亿元），增幅 9.0%；个人类贷款较年初增加 3 572 亿元，同比多增 480 亿元，增幅 9.8%。

直辖市分行和 80 家重点城市行新增贷款合计 5 651 亿元，占比达 91.4%。

1.3.7　个人住房贷款增量为四行首位

2017 年 6 月末四大行境内人民币贷款增长情况表　　单位：亿元

项目	工商银行			农业银行		
	余额	比年初	增幅	余额	比年初	增幅
人民币各项贷款（含拆放）	123 020	5 414	4.6%	100 165	5 268	5.6%
（一）人民币贷款（原口径）	120 683	6 187	5.4%	98 539	6 831	7.4%
1. 公司贷款	72 205	5 963	9.0%	59 648	7 042	13.4%
2. 个人贷款	40 185	3 572	9.8%	34 057	3 073	9.9%
其中：个人住房贷款	35 753	3 722	11.6%	28 604	2 936	11.4%
3. 票据贴现	3 619	-3 530	-49.4%	2 120	-3 579	-62.8%
4. 银行卡透支	4 674	181	4.0%	2 714	295	12.2%
（二）非存款类金融机构拆放	2 337	-773	-24.8%	1 626	-1 563	-49.0%
项目	**中国银行**			**建设银行**		
	余额	比年初	增幅	余额	比年初	增幅
人民币各项贷款（含拆放）	82 130	4 930	6.4%	109 933	5 481	5.2%
（一）人民币贷款（原口径）	78 942	4 548	6.1%	109 051	5 940	5.8%
1. 公司贷款	45 181	2 781	6.6%	59 295	4 577	8.4%
2. 个人贷款	28 823	2 239	8.4%	43 129	4 167	10.7%
其中：个人住房贷款	25 495	2166	9.3%	39 312	3 405	9.5%
3. 票据贴现	1 697	-834	-33.0%	1 699	-3 303	-66.0%
4. 银行卡透支	3 241	362	12.6%	4 928	499	11.3%
（二）非存款类金融机构拆放	3 188	382	13.6%	882	-458	-34.2%

重点贷款品种投放为历年最高。上半年，我行个人住房贷款增加3 722亿元，增量四大行首位，是我行个人贷款增长的主要因素。

1.3.8　重点城市行贷款竞争力有所提升

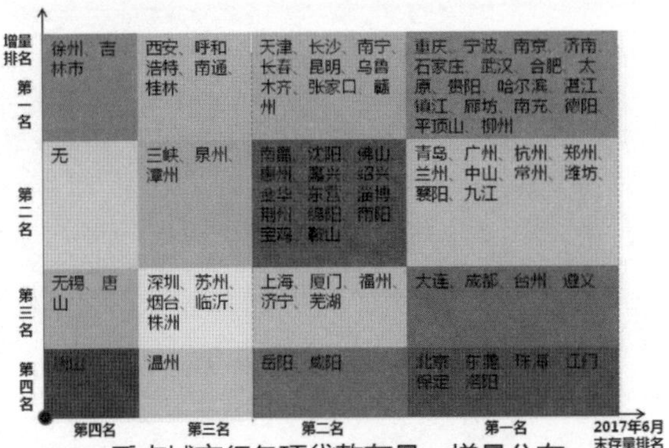

重点城市行各项贷款存量、增量分布

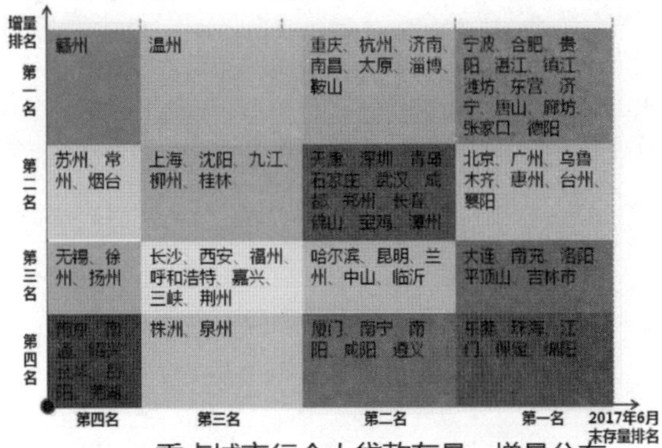

重点城市行个人贷款存量、增量分布

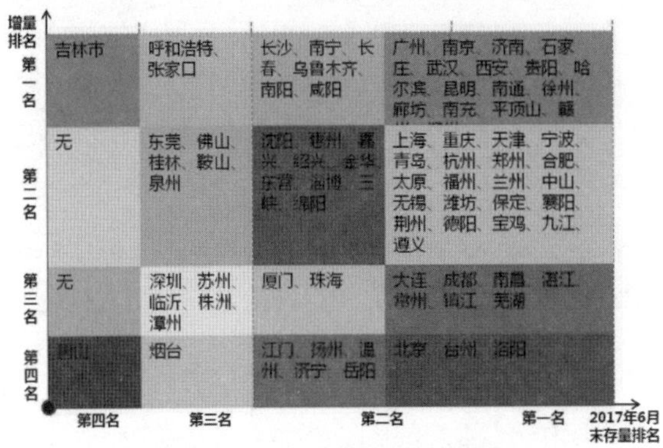

重点城市行对公贷款存量、增量分布

- 截至6月末，重点城市行 各项贷款余额四行占比达到29.25%，居四行首位，较去年末提升0.12个百分点。个人贷款余额四行占比达到26.50%，较去年末提升0.28个百分点，增幅居四行首位。
- 重庆、宁波分行和江苏分行营业部等17家分行各项贷款存量和增量排名均保持首位，徐州、吉林市、陕西分行营业部等6家分行各项贷款增量排名较存量排名高出2位及以上。
- 宁波分行和安徽、贵州分行营业部等12家分行个人贷款存量和增量排名均保持首位。赣州、苏州、温州等5家分行个人贷款增量排名较存量排名高出2位及以上。

1.4　客户结构不断优化

1.4.1　个人客户增长情况

2017年6月末日均金融资产1万元以上个人客户情况表　单位：万户

日均金融资产分段		1万-5万元	5万-20万元	20万-100万元	100万-800万元	800万元以上	总计
2017年6月末	客户数	5 211.90	2 795.52	1 069.83	134.08	6.29	9 217.53
	占比	56.54%	30.33%	11.61%	1.45%	0.07%	100%
2016年12月末	客户数	5 287.06	2 724.88	994.80	120.10	5.77	9 132.40
	占比	57.89%	29.84%	10.89%	1.32%	0.06%	100%
较上年末增幅		-1.42%	2.59%	7.54%	11.65%	8.95%	0.93%
较上年末占比变动		-1.35%	0.49%	0.71%	0.14%	0.01%	—

注：数据来源于MOVA系统。

与上年末相比，日均金融资产5万元以上个人客户均有所增长，资产5万-20万元、20万-100万元、100万-800万元和800万元以上个人客户分别增长2.59%和7.54%、11.65%、8.95%，占比分别提升0.49个、0.71个、0.14个和0.01个百分点。

1.4.2　各行个人客户增长情况

2017年6月末各分行日均金融资产1万元以上个人客户情况表　单位：万户

分行	较上年末增量	其中：1万-5万元客户增量	其中：5万元以上客户增量	分行	较上年末增量	其中：1万-5万元客户增量	其中：5元万以上客户增量
广东	15.1	-0.1	15.2	安徽	2.1	-4.4	6.5
四川	14.2	1.2	13.0	海南	1.8	0.1	1.7

续表

分行	较上年末增量	其中：1万－5万元客户增量	其中：5万元以上客户增量	分行	较上年末增量	其中：1万－5万元客户增量	其中：5万元以上客户增量
湖北	7.5	-1.8	9.2	内蒙古	1.7	-1.8	3.5
山东	7.0	-1.4	8.4	陕西	1.6	-3.4	5.0
重庆	5.0	-0.6	5.6	宁波	0.9	-0.2	1.2
河北	4.7	-4.0	8.7	大连	0.7	-1.6	2.4
河南	4.3	-5.6	9.9	厦门	0.7	-0.1	0.8
江西	4.0	-2.4	6.4	江苏	0.7	-7.1	7.8
湖南	3.7	-3.0	6.8	新疆	0.7	-3.2	3.8
浙江	3.7	-2.6	6.2	青岛	0.5	-0.7	1.1
黑龙江	3.5	-1.6	5.1	辽宁	0.1	-4.2	4.3
吉林	3.4	-1.2	4.5	宁夏	0.1	-0.7	0.8
山西	3.1	-1.0	4.1	西藏	0.0	-0.0	0.0
贵州	2.9	-0.3	3.3	青海	-0.4	-0.9	0.5
福建	2.4	-1.9	4.3	天津	-1.7	-3.2	1.6
深圳	2.4	-0.2	2.6	甘肃	-3.1	-3.1	0.0
广西	2.3	-0.9	3.2	北京	-5.8	-7.3	1.5
云南	2.2	-1.6	3.8	上海	-11.6	-10.6	-1.0

注：数据来源于MOVA系统。

与上年末相比，有31家一级（直属）分行日均1万元以上个人客户实现正增长，其中广东、四川、湖北、山东、重庆增量排名前5位；上海、北京、甘肃、天津、青海客户数下降。

从客户结构看，日均1万－5万元个人客户除四川、海南外，均有所下降；日均5万元以上个人客户除上海外，均实现正增长。

1.4.3　三大平台线上获客能力进一步增强

1.4.4 个人客户获客手段进一步优化

重点客群实现稳步拓展。

上半年代发个人客户总量达到9 607万人，较年初增加14.54万人，其中月均代发5 000元以上的优质客户增加174万户，增幅14%。

代发单位总量81.62万户，较年初增加2.72万户，其中医教板块代发单位2.39万户，代发个人客户749.9万户，较年初增加11.8万户，上半年代发总额1 078亿元，同比多增123亿元，增幅12.87%。

信用卡线上获客快速增加，客户数达8 237万户，较年初增长419万户。信用卡动户率达50.2%，较年初提升1.2个百分点。

渠道建设进一步推进，客户服务持续向好。

启动迁建优化项目469家，今年目标200家，已完成108家；投入运营的轻型网点1 941家，今年计划500家，上半年新建轻型网点241家；投入运营智能化网点1.28万家，较年初新增1 814家。

全行客户满意度82.2分，较年初提升2.6%；全行超时等候客户数2 233万人，较同期下降39.5%，超时等候网点减少到107家，较同期下降48.3%；客户通过“95588”表扬1.3万余人次，同比增长9%。

1.4.5 公司客户增长情况

2017年6月末日均金融资产5万元以上公司客户情况表 单位：万户

日均金融资产分段		5万－50万元	50万－500万元	500万－5 000万元	5 000万－1亿元	1亿元以上	总计
2017年6月末	客户数	85.30	31.16	6.81	0.52	0.50	124.29
	占比	68.63%	25.07%	5.48%	0.42%	0.41%	100%
2016年12月末	客户数	84.88	31.22	6.70	0.49	0.48	123.77
	占比	68.58%	25.22%	5.41%	0.40%	0.39%	100%
较上年末增幅		0.49%	－0.19%	1.70%	5.96%	4.51%	0.42%
较上年末占比变动		0.05%	－0.15%	0.07%	0.02%	0.02%	—

注：数据来源于MOVA系统。

日均金融资产5 000万－1亿元、1亿元以上公司客户增长最快，较上年末增幅分别为5.96%、4.51%；除日均金融资产50万－500万元公司客户占比下降外，其他各段占比均有所上升。

1.4.6 各行公司客户增长情况

2017年6月末各分行日均金融资产5万元以上公司客户情况表 单位：户

分行	较上年末增量	其中：5万－50万元客户增量	其中：50万元以上客户增量	分行	较上年末增量	其中：5万－50万元客户增量	其中：50万元以上客户增量
广东	3 288	1 704	1 584	厦门	96	13	83
江苏	2 087	1 976	111	山西	93	48	45
深圳	1 389	875	514	福建	9	180	－171
山东	861	1 350	－489	吉林	－63	80	－143
贵州	837	494	343	宁波	－86	67	－153
湖北	678	793	－115	青海	－88	－73	－15
海南	536	223	313	云南	－136	－266	130
江西	494	324	170	宁夏	－146	－94	－52
广西	445	290	155	新疆	－198	－181	－17
重庆	395	289	106	大连	－322	－287	－35
四川	226	11	215	黑龙江	－369	－278	－91
陕西	226	128	98	天津	－468	－263	－205
河南	143	143	—	甘肃	－487	－204	－283
湖南	129	－25	154	浙江	－511	554	－1 065
青岛	128	129	－1	辽宁	－593	－310	－283
安徽	126	－1	127	北京	－843	－1 139	296
西藏	108	84	24	河北	－939	－484	－455
内蒙古	105	－18	123	上海	－1 621	－1 730	109

注：数据来源于MOVA系统。

与上年末相比，有21家一级（直属）分行日均5万元以上公司客户实现正增长，其中广东、江苏、深圳、山东、贵州增量排名前5位；上海、河北、北京、辽宁、浙江增量排名后5位。

从客户结构看，有21家一级（直属）分行日均5万－50万元公司客户实现正增长，19家一级（直属）分行日均50万元以上公司客户实现正增长。

1.4.7　公司客户拓展有所突破

多措并举加强公司客户拓展

➢ 从“管理客户机制、获取客户渠道、增强客户黏性、提升客户体验”等方面加强公司客户拓展，推动海关系统入库企业精准营销、优化小微综合服务平台、拓展工银e商贸平台服务模式、推广企业通平台等，深入落实客户拓展战略。

深化战略客户银企合作

➢ 创新银企高层互联互动模式，促成能源、交通等多个板块战略客户高层互动。先后与中国铁路总公司、国电集团、中油资本、北京大学等客户签订战略性合作协议及合作备忘录。

加快总行级客户分类管理机制建设

➢ 通过“总行级客户、一级分行级客户、二级分行级客户”“战略客户、牵头营销客户、伙伴关系客户”两个维度有效组合公司客户分层分类营销管理矩阵，实现对战略客户统一风控、统一价格、统一标准、统一政策把握，不断提升客户价值贡献。

1.4.8　机构客户增长情况

2017年6月末日均金融资产5万元以上机构客户情况表　　单位：万户

日均金融资产分段		5万－50万元	50万－500万元	500万－5 000万元	5 000万－1亿元	1亿元以上	总计
2017年6月末	客户数	9.01	6.44	2.79	0.35	0.45	19.03
	占比	47.33%	33.81%	14.67%	1.82%	2.37%	100%
2016年12月末	客户数	9.03	6.54	2.80	0.33	0.46	19.17
	占比	47.14%	34.15%	14.60%	1.72%	2.40%	100%
较上年末增幅		－0.29%	－1.66%	－0.17%	5.00%	－1.68%	－0.69%
较上年末占比变动		0.19%	－0.34%	0.08%	0.10%	－0.02%	—

注：数据来源于MOVA系统。

与上年末相比，5 000万－1亿元机构客户有所增长，增幅5%且占比略有提升。5 000万－1亿元机构客户的增长主要得益于不断加强对大型重点机构客户的拓展和营销。

1.4.9　各行机构客户增长情况

2017年6月末各分行日均金融资产5万元以上机构客户情况表　　单位：户

分行	较上年末增量	其中：5万－50万元客户增量	其中：50万元以上客户增量	分行	较上年末增量	其中：5万－50万元客户增量	其中：50万元以上客户增量
广东	599	565	34	黑龙江	－23	－93	70
浙江	234	10	224	四川	－25	54	－79
重庆	129	114	15	青海	－26	9	－35
福建	100	93	7	河北	－36	10	－46
深圳	56	3	53	青岛	－36	－13	－23
宁夏	26	13	13	大连	－39	－32	－7
辽宁	23	31	－8	江苏	－58	－50	－8
宁波	18	8	10	河南	－61	－14	－47
湖北	11	11	—	内蒙古	－81	－132	51

续表

分行	较上年末增量	其中：5 万 –50 万元客户增量	其中：50 万元以上客户增量	分行	较上年末增量	其中：5 万 –50 万元客户增量	其中：50 万元以上客户增量
厦门	11	11	—	云南	–84	85	–169
山东	9	119	–110	陕西	–98	–45	–53
安徽	8	5	3	广西	–104	6	–110
西藏	–1	1	–2	湖南	–133	–79	–54
江西	–2	14	–16	北京	–143	–101	–42
天津	–4	–12	8	吉林	–154	–95	–59
海南	–15	45	–60	新疆	–201	–56	–145
山西	–18	—	–18	甘肃	–367	–162	–205
贵州	–19	10	–29	上海	–691	–576	–115

注：数据来源于 MOVA 系统。

与上年末相比，有 12 家一级（直属）分行日均 5 万元以上机构客户实现正增长，其中广东、浙江、重庆、福建、深圳增量排名前 5 位；上海、甘肃、新疆、吉林、北京增量排名后 5 位。

从客户结构看，有 21 家一级（直属）分行日均 5 万 –50 万元机构客户实现正增长，11 家一级（直属）分行日均 50 万元以上机构客户实现正增长。

1.4.10　机构客户获客能力得到持续增强

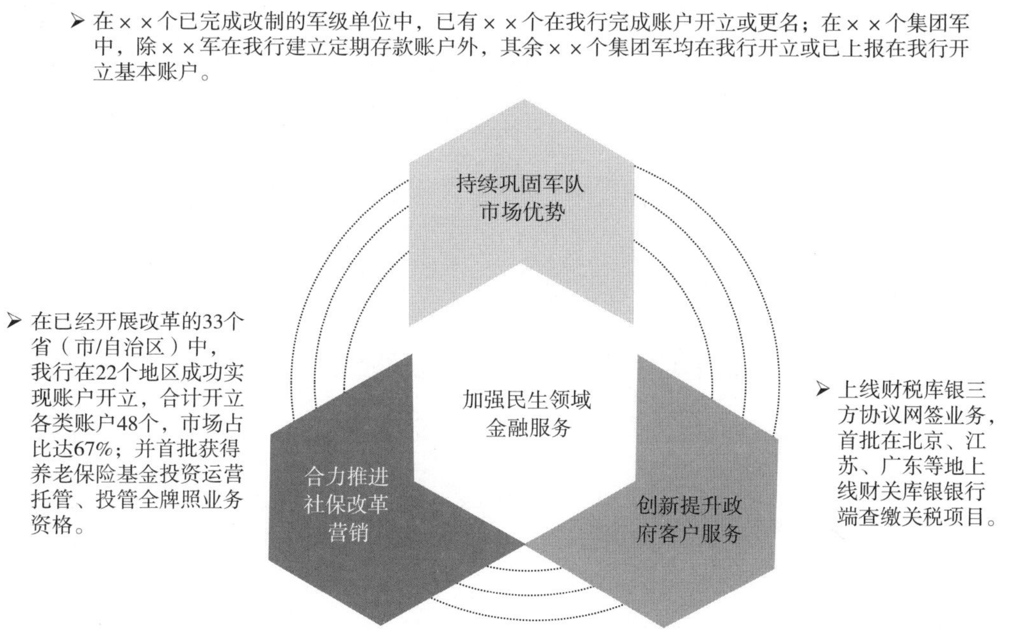

1.5　业务发展投入力度加大

1.5.1　优化经营费用配置方法，完善财务开支管理机制

优化调整经营费用配置。按需核定分行必要运营支出，保障困难行转型发展期正常经营运转；坚持价值创造导向，优化营销费用挂钩指标，充分发挥营销费用对拨备前利润和客户发展的撬动作用。

年度中间不再按季对分行费用额度实施系统硬控制，引导分行根据业务发展需要，在年度内自主安排费用开支计划，切实支持和保障各项业务开展。

优化调整"5 + 1"分行授权机制，试点重点城市行人格化授权机制，激发经营活力，提升市场竞争力；完善行业合作项目管理模式，确保及时高效支持源头性、竞争性业务投入。

1.5.2　费用投入规模出现恢复性增长

上半年，集团列支营业费用 759.78 亿元，其中经营费用267.89亿元，还原税金科目调整、营改增影响后，同比增加8.08亿元，增幅2.91%，经营性费用投入出现恢复性增长。

1.5.3　费用投入结构进一步优化

上半年，境内分行列支营销费用16.62亿元，还原营改增影响后，同比增长15.3%；兑换客户积分折合现金价值4.87亿元，同比增加3.25亿元，增幅201%。

上半年，境内分行列支物化费用148.9亿元，还原营改增影响后，同比下降2.17%，费用弹性进一步增强。主要得益于全行加大了闲置固定资产清理力度，压缩不必要开支，使得折旧、摊销、租赁和水电费等支出同比有所下降。

二、重点关注问题

2.1　中间业务收入竞争力有所下降

2.1.1　中间业务同业比较情况

（1）中间业务收入增量同业第四

上半年四行境内分行中间业务收入增量情况

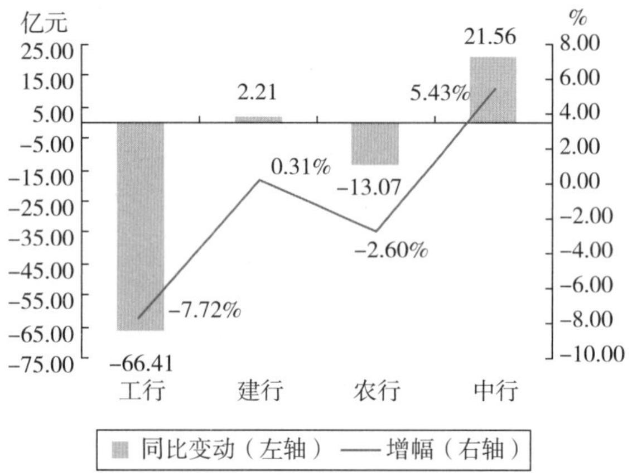

上半年，境内分行中收同比减少66.41亿元，增量同业第四。建行中收同比增加2.21亿元，增长0.31%；农行同比减少13.07亿元，下降2.6%（如含代理处置资产手续费50.94亿元，同比下降11.58%）；中行同比增加21.56亿元，增长5.34%。我行收入总量领先建行的金额由去年同期的139.58亿元缩小到70.96亿元。

上半年，4个非季末月我行月度收入总量均低于建行，只有3月、6月超过建行。

上半年我行与C行单月中收情况

	工行	C行	工行－C行
1月	70.63	90.25	－19.62
2月	80.48	83.68	－3.20
3月	273.30	230.85	42.45
4月	57.05	81.41	－24.36
5月	60.55	72.09	－11.54
6月	251.94	164.71	87.23
合计	793.95	722.99	70.96

（2）分行中间业务收入同业比较情况

2017年上半年我行各分行中间业务收入同业对比情况　单位：亿元

分行	上半年	同业占比	占比变化	总量排名	增量排名
北京	65.45	41.01%	-0.81%	1	4
天津	9.21	22.56%	-0.46%	3	3
河北	26.93	29.86%	-1.44%	2	3
山西	9.65	33.48%	-5.16%	1	4
内蒙古	5.56	19.57%	-3.17%	3	4
辽宁	9.19	21.46%	-0.86%	3	2
吉林	7.68	28.94%	-4.60%	2	4
黑龙江	8.17	30.92%	-8.61%	1	4
上海	64.39	39.88%	3.06%	1	1
江苏	64.53	27.86%	-4.71%	2	4

续表

分行	上半年	同业占比	占比变化	总量排名	增量排名
浙江	66.63	39.23%	－1.40%	1	4
安徽	12.34	24.19%	－5.11%	2	4
福建	14.85	23.29%	－1.31%	2	3
江西	15.79	33.08%	3.58%	1	1
山东	34.82	28.89%	－3.42%	2	4
河南	30.45	31.34%	－0.75%	2	3
湖北	22.82	35.70%	－7.29%	1	4
湖南	17.63	26.71%	－5.90%	2	4
广东	83.24	33.99%	－0.49%	1	4
广西	11.12	28.19%	－2.78%	2	4
海南	4.64	30.85%	－12.02%	1	4
重庆	20.80	42.15%	4.68%	1	1
四川	31.98	32.59%	－3.45%	1	4
贵州	17.09	46.81%	1.29%	1	1
云南	8.43	25.38%	－0.87%	3	4
陕西	8.85	25.45%	－4.06%	2	4
甘肃	6.34	32.92%	1.61%	2	1
青海	1.54	23.66%	－4.02%	3	4

续表

分行	上半年	同业占比	占比变化	总量排名	增量排名
宁夏	2.40	26.48%	-2.21%	2	4
新疆	7.50	30.24%	-2.09%	2	4
西藏	0.14	6.38%	2.29%	4	3
大连	4.70	28.00%	-4.57%	2	4
青岛	5.79	28.09%	-4.51%	2	4
宁波	16.83	50.38%	6.88%	1	1
深圳	39.15	29.52%	1.74%	2	1
厦门	5.16	26.38%	-2.49%	2	4

36家一级（直属）分行中，13家分行中收总量排名第一，23家分行列第二及以后位次；7家分行增量排名第一，29家分行列同业第二及以后位次。上海、江西、重庆、贵州、宁波等5家分行总量、增量“双第一”。

（3）分行中间业务收入与主要可比同业对比情况

2017年上半年我行各分行中间业务收入与C行比较情况表

序号	分行	工行	C行	工行-C行
1	浙江	66.63	37.37	29.25
2	上海	64.39	38.17	26.22
3	广东	83.24	59.38	23.86
4	北京	65.45	46.09	19.37
5	宁波	16.83	5.44	11.39
6	四川	31.98	24.58	7.41
7	重庆	20.80	13.53	7.27
8	贵州	17.09	10.26	6.82
9	湖北	22.82	20.74	2.07
10	江西	15.79	14.14	1.65
11	黑龙江	8.17	7.99	0.18
12	山西	9.65	9.48	0.17

续表

序号	分行	工行	C行	工行-C行
13	海南	4.64	4.55	0.09
14	青岛	5.79	6.00	-0.21
15	大连	4.70	4.97	-0.27
16	青海	1.54	1.84	-0.30
17	宁夏	2.40	2.95	-0.55
18	西藏	0.14	0.75	-0.61
19	甘肃	6.34	7.07	-0.73
20	河北	26.93	27.93	-1.00
21	新疆	7.50	8.50	-1.00
22	河南	30.45	31.61	-1.17
23	江苏	64.53	65.97	-1.44
24	山东	34.82	36.72	-1.90
25	云南	8.43	10.77	-2.34
26	厦门	5.16	7.51	-2.35
27	广西	11.12	13.62	-2.50
28	吉林	7.68	11.15	-3.47
29	内蒙古	5.56	9.21	-3.64
30	安徽	12.34	16.11	-3.77
31	陕西	8.85	13.08	-4.23
32	天津	9.21	14.65	-5.44
33	辽宁	9.19	16.61	-7.42
34	福建	14.85	25.10	-10.24
35	深圳	39.15	50.22	-11.07
36	湖南	17.63	29.51	-11.89

36家一级（直属）分行中，13家中收总量高于C行，同比减少5家，23家分行总量落后于C行。

（4）大部分中间业务产品收入同业占比下降

2017年上半年分产品中间业务收入同业情况 单位：亿元

产品	中收总量	总量占比	占比变动	总量排名	增量排名
人民币个人结算	15.53	18.48%	0.70%	3	2
人民币对公结算	63.51	25.17%	-0.58%	2	3
代理收付	7.38	42.52%	4.44%	1	1
委托贷款及公积金归集	7.89	21.14%	-1.12%	2	4
国际结算	23.08	24.52%	0.35%	3	3
即期结售汇及外汇买卖	35.46	36.13%	-1.59%	1	3
借记卡	26.55	22.60%	-0.29%	3	2
信用卡	151.24	30.36%	-4.72%	2	4

续表

产品	中收总量	总量占比	占比变动	总量排名	增量排名
资产管理	113.29	39.33%	-1.75%	1	3
私人银行	36.70	37.55%	-6.42%	1	4
贵金属	17.39	39.51%	-5.27%	1	4
代理保险	47.24	25.01%	-3.89%	3	4
代销基金	21.39	43.22%	-5.56%	1	4
第三方存管	3.88	41.03%	1.05%	1	4
资产托管	33.46	35.81%	-4.44%	1	4
企业年金	8.1	92.54%	0.53%	1	4
债券承销及代销	12.74	25.49%	-6.70%	2	4
投行顾问咨询	99.76	52.17%	2.44%	1	3
银团安排承销与管理	21.55	27.29%	-4.97%	2	3
担保承诺	41.06	37.53%	7.34%	1	1
其他	6.75	42.03%	2.35%	1	1
中收合计	793.95	32.75%	-1.94%	1	4

上半年，21 项产品中 13 项产品市场占比同比下降。其中，增量第四的产品收入额占总收入额的比重达到 43%。

私人银行、贵金属、代销基金、第三方存管、资产托管和企业年金 6 项收入总量排名第一的产品，增量均排名第四；代理保险、债券承销、信用卡和委托贷款 4 项产品总量、增量均落后于同业。

2.1.2　中间业务分类分析

（1）基础类中间业务收入与主要可比同业有差距，但增量差距有所缩小

2017 年上半年基础类中收与 C 行对比情况　　单位：亿元

基础类中收	工行			C 行			工行 - C 行	
	2017H1	同比增量	同比增幅	2017H1	同比增量	同比增幅	2017H1	同比增量
人民币个人结算	15.53	-7.49	-32.54%	26.12	-9.89	-27.46%	-10.59	2.39
人民币对公结算	63.51	4.28	7.23%	91.50	-4.56	-4.75%	-27.99	8.84
代理收付	7.38	0.34	4.87%	4.34	-0.90	-17.16%	3.04	1.24
借记卡	26.55	-9.54	-26.44%	36.18	-9.97	-21.60%	-9.63	0.42
合计	112.97	-12.41	-9.90%	158.14	-25.31	-13.80%	-45.17	12.90

上半年，人民币个人结算、人民币对公结算、代理收付、借记卡四项基础类业务实现中收 112.97 亿元，较 C 行少 45.17 亿元。

四项中收合计增量我行同比下降 12.41 亿元，降幅 9.9%，C 行同比下降 25.31 亿元，降幅 13.8%。我行四项中收增量与 C 行的差距有所缩小，第一季度我行较 C 行多下降 6.14 亿元，上半年我行较 C 行少下降 12.9 亿元。

部分分行对基础产品增收重视和精力投入不够，比如个别机构在对基层考核时仅对部分产品做到了跟单计价，未做到全产品覆盖。

部分分行对收费管理关注、重视不够，费率管理精细化水平不高，与同业差距较大，存在营销简单化、减免随意化现象。比如，1 - 6 月由于收费策略差异，我行现金管理收入总量低于 C 行 12.66 亿元。我行对重点客户大多采取免费策略的同时，对中小客户也予以较大幅度和范围的减免。而 C 行对重点客户减免争取资源，对中小客户坚持收费。

（2）各分行个人结算业务与主要可比同业比较

2017 年上半年人民币个人结算我行与 C 行各分行对比情况表　　单位：亿元

地区	工行			C 行			工行 - C 行	
	2017H1	同比增量	同比增幅	2017H1	同比增量	同比增幅	总量	增量
北京	0.78	-0.14	-14.80%	0.61	-0.32	-34.12%	0.17	0.18
天津	0.20	-0.06	-24.04%	0.26	-0.09	-25.21%	-0.06	0.03
河北	0.68	-0.30	-30.21%	1.22	-0.23	-15.83%	-0.54	-0.07
山西	0.32	-0.23	-42.16%	0.52	-0.20	-27.55%	-0.20	-0.03
内蒙古	0.28	-0.18	-39.15%	0.39	-0.13	-25.06%	-0.10	-0.05
辽宁	0.27	-0.17	-38.49%	0.60	-0.23	-27.40%	-0.33	0.06
吉林	0.24	-0.13	-36.43%	0.34	-0.20	-37.03%	-0.11	0.07
黑龙江	0.28	-0.19	-39.91%	0.40	-0.23	-36.52%	-0.12	0.04
上海	0.62	-0.27	-30.13%	0.56	-0.40	-41.48%	0.06	0.13
江苏	0.82	-0.39	-32.30%	1.69	-0.67	-28.32%	-0.87	0.28
浙江	0.83	-0.27	-24.49%	1.14	-0.37	-24.63%	-0.31	0.10
安徽	0.41	-0.25	-38.38%	0.91	-0.17	-15.38%	-0.50	-0.09
福建	0.43	-0.16	-26.86%	1.31	-0.53	-28.97%	-0.88	0.38
江西	0.37	-0.25	-40.39%	0.47	-0.47	-49.89%	-0.11	0.22
山东	0.67	-0.14	-17.56%	1.46	-0.25	-14.52%	-0.79	0.11
河南	0.61	-0.41	-40.06%	1.46	-0.76	-34.26%	-0.85	0.35
湖北	0.50	-0.29	-36.99%	0.86	-0.61	-41.56%	-0.36	0.32
湖南	0.43	-0.53	-55.06%	1.47	-0.22	-13.13%	-1.04	-0.31
广东	2.32	-0.82	-26.02%	2.65	-1.06	-28.56%	-0.33	0.24
广西	0.50	-0.23	-31.42%	0.66	-0.17	-20.17%	-0.16	-0.06
海南	0.16	-0.08	-33.27%	0.16	-0.09	-35.38%	0.00	0.01
重庆	0.36	-0.10	-22.00%	0.62	-0.18	-21.92%	-0.26	0.07
四川	0.89	-0.52	-36.89%	1.46	-0.52	-26.21%	-0.58	0.00
贵州	0.39	-0.24	-37.96%	0.55	-0.32	-36.86%	-0.17	0.09
云南	0.27	-0.15	-34.94%	0.65	-0.35	-35.29%	-0.38	0.21
陕西	0.35	-0.22	-38.95%	0.81	-0.22	-21.03%	-0.47	-0.01
甘肃	0.21	-0.13	-38.13%	0.36	-0.18	-32.59%	-0.16	0.05
青海	0.04	-0.02	-36.15%	0.12	-0.07	-37.51%	-0.08	0.05
宁夏	0.08	-0.03	-26.66%	0.11	-0.05	-32.35%	-0.03	0.02
新疆	0.31	-0.21	-40.27%	0.41	-0.13	-23.63%	-0.10	-0.08
西藏	0.00	-0.01	-73.38%	0.08	-0.02	-19.99%	-0.08	0.01
大连	0.09	-0.04	-31.18%	0.13	-0.05	-26.75%	-0.04	0.00
青岛	0.10	-0.04	-26.70%	0.18	-0.04	-17.45%	-0.08	0.00
宁波	0.16	-0.06	-26.85%	0.15	-0.10	-39.59%	0.01	0.04
深圳	0.45	-0.21	-31.57%	1.06	-0.20	-15.94%	-0.60	-0.01
厦门	0.12	-0.04	-25.55%	0.26	-0.08	-23.80%	-0.15	0.04

上半年，36家一级（直属）分行中，32家分行人民币个人结算收入总量落后于C行，9家分行收入增量落后于C行。

（3）各分行对公结算业务与主要可比同业比较

2017年上半年人民币对公结算我行与C行各分行对比情况表　单位：亿元

地区	工行			C行			工行－C行	
	2017H1	同比增量	同比增幅	2017H1	同比增量	同比增幅	总量	增量
北京	3.83	0.27	7.67%	7.93	-4.21	-34.67%	-4.10	4.48
天津	0.91	-0.05	-5.52%	1.07	0.18	19.79%	-0.16	-0.23
河北	1.46	0.31	26.63%	2.48	0.43	20.89%	-1.02	-0.12
山西	0.61	-0.15	-19.30%	0.94	0.13	15.78%	-0.33	-0.27
内蒙古	0.63	0.06	9.74%	0.72	0.29	66.63%	-0.09	-0.23
辽宁	0.80	0.04	5.71%	1.10	-0.49	-30.79%	-0.31	0.53
吉林	0.67	0.00	0.54%	0.91	0.23	32.82%	-0.25	-0.22
黑龙江	0.44	0.01	1.90%	0.73	0.18	31.64%	-0.29	-0.17
上海	8.61	0.11	1.32%	7.01	-4.77	-40.47%	1.60	4.88
江苏	4.49	-1.43	-24.16%	5.42	-1.24	-18.61%	-0.94	-0.19
浙江	7.38	-0.45	-5.76%	12.55	4.13	48.95%	-5.17	-4.58
安徽	0.97	0.01	0.52%	1.50	0.28	22.93%	-0.53	-0.28
福建	0.72	-0.03	-4.59%	2.96	-0.06	-2.11%	-2.24	0.03
江西	0.76	-0.03	-3.75%	1.51	0.06	4.33%	-0.75	-0.09
山东	1.95	-0.64	-24.55%	3.74	0.84	29.01%	-1.79	-1.48
河南	1.23	-0.21	-14.36%	4.56	0.74	19.53%	-3.33	-0.95
湖北	1.60	-0.20	-10.97%	3.18	-0.18	-5.34%	-1.58	-0.02
湖南	1.03	-0.21	-16.91%	3.77	0.72	23.50%	-2.73	-0.93
广东	5.81	0.31	5.68%	5.22	-3.39	-39.37%	0.60	3.70
广西	0.79	-0.11	-12.49%	0.82	-0.15	-15.60%	-0.03	0.04
海南	0.28	-0.04	-13.33%	0.67	0.40	146.15%	-0.39	-0.44
重庆	0.82	0.07	8.71%	0.97	-0.68	-41.10%	-0.15	0.74
四川	1.75	0.03	1.78%	2.61	-0.17	-6.21%	-0.86	0.20
贵州	0.56	0.01	1.26%	0.74	0.18	33.43%	-0.17	-0.18
云南	0.44	0.01	2.35%	1.08	0.38	54.59%	-0.64	-0.37
陕西	0.66	0.01	1.85%	1.35	-0.27	-16.59%	-0.69	0.28
甘肃	0.37	0.05	14.98%	0.61	-0.46	-43.04%	-0.24	0.51
青海	0.09	0.00	0.65%	0.18	0.03	24.03%	-0.09	-0.03
宁夏	0.12	0.00	-1.06%	0.24	0.08	48.16%	-0.12	-0.08
新疆	0.51	-0.03	-5.17%	0.69	-0.55	-44.58%	-0.18	0.52
西藏	0.01	0.00	20.46%	0.18	0.06	50.34%	-0.16	-0.06
大连	0.32	0.02	8.15%	0.69	0.08	13.66%	-0.37	-0.06
青岛	0.29	-0.08	-20.93%	0.57	-0.66	-53.75%	-0.28	0.58
宁波	0.66	0.05	8.47%	0.52	0.17	49.21%	0.14	-0.12
深圳	11.63	6.54	128.34%	10.62	2.56	31.71%	1.01	3.98
厦门	0.29	0.02	6.94%	0.74	0.21	40.48%	-0.46	-0.19

上半年，36家一级（直属）分行中，32家分行人民币对公结算收入总量落后于C行，23家分行收入增量落后于C行。

（4）代销业务转型不够快

四行2017年上半年代销业务收入情况　　单位：亿元

四行同业	代销保险			代销基金		
	2017H1	同比增量	同比增幅	2017H1	同比增量	同比增幅
工行	47.24	-20.28	-30.03%	21.39	-12.30	-36.51%
建行	50.41	-18.12	-26.44%	11.94	-3.95	-24.88%
农行	66.52	-4.12	-5.83%	5.83	-1.64	-22.00%
中行	24.74	-2.21	-8.20%	10.34	-1.68	-13.99%

由于保险业务模式转型以及网上销售业务的发展，使得银行代理简单代销业务量下降。上半年，我行代理保险、代理基金业务收入同比减少32.58亿元，且下降幅度高于同业。

36家分行中，6家分行代销保险收入总量第一，6家第二，17家第三，7家第四；2家分行收入增量第一，7家第二，12家第三，15家第四。36家分行中，11家分行代销基金收入总量第一，15家第二，7家第三，3家第四；1家分行收入增量第二，8家第三，27家第四。

部分分行对客户经理培训不到位，客户经理往往习惯于销售短期固定收益型保险等简单产品，对形态相对复杂、需要一定营销技巧的权益类基金、期交保险等产品销售能力明显不足，并且存在畏难情绪，产品结构转型较慢。

（5）信用卡中收存量、增量均被主要可比同业超越

工行、C行信用卡业务收入情况　　单位：亿元

信用卡收入	工行			C行			总量工行-C行	增量工行-C行
	2017H1	同比增量	同比增幅	2017H1	同比增量	同比增幅		
分期	85.27	2.04	2.45%	87.36	16.03	22.47%	-2.10	-13.98
发卡	36.53	11.53	46.12%	59.22	17.41	41.65%	-22.69	-5.88
收单	29.44	-4.91	-14.29%	21.04	12.69	151.94%	8.41	-17.59
小计	151.24	8.67	6.08%	167.62	46.12	37.97%	-16.38	-37.46

上半年，我行信用卡收入151.24亿元，同比增加8.67亿元，增长6.08%，C行167.62亿元，同比增加46.12亿元，增长37.97%，我行信用卡收入总量、增量、增幅均落后于C行。

上半年，我行信用卡分期收入被C行赶超。5月总行按照与可比同业基本相同的原则，上调了消费转分期费率，但专项分期费率我行仍低于同业。比如，一年期专项分期费率我行目前为3%-4%，建行、中行为4%-5%。第一季度，我行分期付款余额2 616亿元，收入42.3亿元；招行1 393亿元，收入44.12亿元，我行分期付款平均收益率（含专项分期、一般分期等）为6.6%，招行16.97%。

上半年，我行信用卡发卡收入36.53亿元，较C行少22.69亿元。

上半年，我行收单收入增量较C行少17.59亿元，主要是去年9月6日价改后C行收单业务改按收支两条线核算，今年上半年由于核算方式改变导致C行收单支出同比增加12.2亿元，收单收入因此也等额增加，我行一直按收支两条线核算。若剔除此因素，C行收单收入同比增加0.49亿元，我行同比减少4.91亿元。我行二维码支付、聚合支付等产品直接增收效果尚不明显。

（6）新兴业务仍保持同业领先，但优势有所削弱

工行、C行新兴业务收入情况　　单位：亿元

新兴业务	工行			C行			工行-C行	
	2017H1	同比增量	同比增幅	2017H1	同比增量	同比增幅	2017H1	同比增量
资产管理	113.29	8.25	7.85%	84.46	10.84	14.72%	28.83	-2.59
私人银行	36.70	-11.99	-24.63%	29.49	-0.81	-2.68%	7.21	-11.18
资产托管	33.46	-5.20	-13.45%	23.46	1.04	4.62%	10.00	-6.23

续表

新兴业务	工行			C行			工行－C行	
	2017H1	同比增量	同比增幅	2017H1	同比增量	同比增幅	2017H1	同比增量
投行顾问咨询	99.76	－11.16	－10.06%	59.05	－6.79	－10.31%	40.71	－4.37
银团安排承销与管理	21.55	－1.97	－8.36%	17.04	4.85	39.81%	4.51	－6.82
合计	304.75	－22.07	－6.75%	213.50	9.12	4.46%	91.25	－31.19

上半年、资产管理与私人银行、资产托管、投行顾问咨询、银团安排承销与管理新兴业务收入总量仍保持同业领先，但优势有所削弱。新兴业务共实现中收304.75亿元，同比减少22.07亿元，C行213.5亿元，同比增加9.12亿元。

上半年，投行收入99.76亿元，同比下降10.06%。品牌类投行和与客户量直接相关的基础投行收入尚未形成补位效应，转型不平衡现象较为突出；一些分行仍然依赖贷款拉动的投行收入增长模式，团队建设滞后，基础类投行转型升级和创新发展不够，并购、流动性债务融资工具、股权投资等品牌和新产品项目储备和营销推广较为薄弱。

上半年，受债券及资本市场表现不佳、负债端成本刚性趋强、月末及季末流动性压力较大等因素影响，私人银行收入36.7亿元，同比下降24.63%。同时也存在资产方运作模式有待完善，净值型产品和预期收益型产品结构有待优化等问题。

上半年资产托管收入33.46亿元，同比下降13.45%，部分托管分部为竞争客户资源，降低了托管费率，上半年，全行资产托管平均费率0.0468%，较去年同期下降了0.0163%。

（7）各行资产管理业务与主要可比同业比较

2017年上半年资产管理我行与C行各分行收入对比情况表　　单位：亿元

地区	工行			C行			工行－C行	
	2017H1	同比增量	同比增幅	2017H1	同比增量	同比增幅	总量	增量
北京	14.42	3.07	27.05%	5.78	1.54	36.30%	8.64	1.53
天津	1.07	0.02	1.62%	2.87	－1.59	－35.62%	－1.80	1.61
河北	2.61	0.08	3.13%	3.10	0.24	8.28%	－0.49	－0.16
山西	2.44	－0.40	－14.17%	0.83	0.19	29.03%	1.60	－0.59
内蒙古	0.75	－0.07	－9.00%	0.95	0.35	59.81%	－0.20	－0.43
辽宁	1.51	0.11	8.18%	3.07	0.14	4.85%	－1.56	－0.03
吉林	1.35	－0.33	－19.89%	1.45	0.09	6.48%	－0.11	－0.42
黑龙江	1.24	－2.56	－67.39%	0.82	0.27	48.65%	0.42	－2.83
上海	6.89	1.97	40.18%	1.80	－1.55	－46.29%	5.09	3.53
江苏	9.22	－0.74	－7.47%	10.47	1.06	11.26%	－1.25	－1.80
浙江	6.51	1.08	19.94%	1.54	0.54	54.57%	4.97	0.54
安徽	2.38	0.66	38.77%	1.91	0.58	43.41%	0.47	0.09
福建	1.29	0.32	32.50%	1.90	0.27	16.32%	－0.61	0.05
江西	2.08	0.38	22.56%	1.45	0.09	6.48%	0.63	0.30
山东	5.74	－0.18	－3.12%	4.92	1.58	47.25%	0.82	－1.76
河南	4.79	0.25	5.45%	2.97	0.30	11.25%	1.82	－0.05
湖北	3.33	－0.85	－20.35%	2.56	－0.01	－0.27%	0.77	－0.84
湖南	1.61	－0.59	－26.92%	2.85	0.25	9.74%	－1.24	－0.84

续表

地区	工行			C 行			工行 - C 行	
	2017H1	同比增量	同比增幅	2017H1	同比增量	同比增幅	总量	增量
广东	10.95	1.88	20.79%	6.00	0.98	19.56%	4.95	0.90
广西	1.11	0.15	15.39%	2.21	0.60	37.10%	-1.10	-0.45
海南	0.81	-0.80	-49.85%	0.36	0.26	264.47%	0.45	-1.06
重庆	3.53	0.90	34.24%	2.82	0.50	21.41%	0.71	0.40
四川	3.00	0.55	22.54%	2.66	0.42	18.61%	0.35	0.14
贵州	1.29	0.41	46.15%	1.41	0.78	122.44%	-0.12	-0.37
云南	1.75	0.72	70.54%	1.73	0.24	16.32%	0.01	0.48
陕西	1.75	-0.69	-28.32%	1.95	0.08	4.46%	-0.20	-0.77
甘肃	0.76	-0.06	-7.62%	0.67	0.30	82.52%	0.08	-0.37
青海	0.24	0.06	34.27%	0.21	0.04	21.93%	0.03	0.02
宁夏	0.25	0.06	29.22%	0.09	0.02	39.63%	0.16	0.03
新疆	1.33	0.21	18.94%	0.86	0.11	14.59%	0.46	0.10
西藏	0.01	0.00	31.44%	0.03	0.01	34.13%	-0.02	0.00
大连	0.75	0.01	1.89%	0.56	0.28	101.92%	0.19	-0.27
青岛	0.79	0.19	32.31%	0.52	0.19	55.60%	0.27	0.01
宁波	1.18	0.50	72.25%	0.64	-0.03	-4.46%	0.54	0.53
深圳	4.59	1.11	31.81%	9.19	1.23	15.53%	-4.60	-0.13
厦门	0.50	-0.12	-19.33%	1.32	0.50	61.23%	-0.82	-0.62

上半年，36 家一级（直属）分行中，资产管理业务收入总量领先 C 行的有 22 家，增量领先 C 行的有 16 家。

（8）各行投行顾问咨询收入与主要可比同业比较

2017 年上半年投行顾问咨询我行与 C 行各分行收入情况　　单位：亿元

地区	工行			C 行			工行 - C 行	
	2017H1	同比增量	同比增幅	2017H1	同比增量	同比增幅	总量	增量
北京	5.33	0.58	12.12%	0.90	-0.82	-47.55%	4.43	1.39
天津	2.50	-0.02	-0.75%	0.85	-0.44	-34.35%	1.66	0.42
河北	5.81	0.71	14.01%	3.03	0.19	6.80%	2.78	0.52
山西	0.81	0.53	193.78%	0.40	-0.19	-32.06%	0.41	0.72
内蒙古	0.59	0.26	80.59%	0.52	0.19	59.92%	0.07	0.07
辽宁	0.41	-0.16	-28.26%	1.27	-0.31	-19.44%	-0.86	0.15
吉林	0.20	-0.43	-67.81%	1.23	0.53	76.00%	-1.03	-0.96
黑龙江	0.35	-0.11	-23.78%	0.18	-0.22	-54.70%	0.16	0.11
上海	5.28	-0.52	-9.03%	1.85	0.25	15.77%	3.43	-0.77

续表

地区	工行			C 行			工行－C 行	
	2017H1	同比增量	同比增幅	2017H1	同比增量	同比增幅	总量	增量
江苏	14.37	-3.54	-19.77%	6.31	-3.43	-35.24%	8.06	-0.11
浙江	2.71	-0.87	-24.29%	3.43	-1.60	-31.83%	-0.72	0.73
安徽	0.68	-0.61	-47.27%	1.98	0.66	49.52%	-1.30	-1.27
福建	0.42	-0.11	-21.52%	1.33	-0.85	-38.97%	-0.91	0.73
江西	3.27	1.41	75.55%	0.45	-0.25	-35.57%	2.81	1.66
山东	1.28	-0.47	-26.74%	2.56	0.07	2.91%	-1.28	-0.54
河南	4.28	1.08	33.81%	5.07	1.49	41.63%	-0.79	-0.41
湖北	4.34	-4.65	-51.71%	2.36	-0.55	-18.78%	1.98	-4.10
湖南	3.11	0.11	3.58%	3.38	0.54	18.98%	-0.27	-0.43
广东	9.00	1.33	17.39%	7.61	-0.97	-11.28%	1.39	2.30
广西	1.68	-0.89	-34.63%	2.71	0.35	14.94%	-1.03	-1.24
海南	0.56	-0.77	-58.09%	0.50	-0.42	-45.63%	0.05	-0.35
重庆	2.90	1.14	64.46%	1.14	-1.40	-55.22%	1.76	2.54
四川	10.76	-3.36	-23.80%	1.20	0.37	43.79%	9.56	-3.73
贵州	5.62	0.93	19.94%	0.77	-0.07	-8.43%	4.85	1.01
云南	0.53	-0.54	-50.46%	0.64	-0.04	-6.26%	-0.12	-0.49
陕西	0.60	0.11	21.73%	0.64	-0.02	-2.42%	-0.04	0.12
甘肃	0.57	0.18	46.54%	0.42	-0.18	-30.12%	0.14	0.36
青海	0.08	-0.04	-34.24%	0.03	-0.06	-69.57%	0.05	0.02
宁夏	0.45	0.00	-0.91%	0.52	0.05	9.84%	-0.07	-0.05
新疆	0.29	0.20	209.52%	0.87	-0.06	-5.94%	-0.58	0.25
西藏	0.04	0.04	8 700.59%	0.03	0.00	2.66%	0.01	0.04
大连	0.23	-0.59	-72.31%	0.39	-0.10	-20.83%	-0.17	-0.49
青岛	1.56	-0.74	-32.18%	0.72	0.26	56.24%	0.84	-1.00
宁波	3.67	0.07	1.89%	0.74	-0.24	-24.63%	2.93	0.31
深圳	4.44	-1.00	-18.36%	2.38	0.96	67.82%	2.06	-1.96
厦门	0.93	-0.34	-26.70%	0.64	-0.48	-43.05%	0.29	0.14

上半年，36 家一级（直属）分行中，投行顾问咨询业务收入总量领先 C 行的有 22 家，增量领先 C 行的有 20 家。

2.2　资产质量控制压力依然较大

2.2.1　我行逾期贷款和剪刀差尽管下降最快，但仍大幅高于可比同业

2.2.2　受托资产清收处置计划完成率有所提高，但缺口仍然较大

上半年，完成清收 120.44 亿元，计划完成率为 67.13%，较上年（54.03%）有所提高，但缺口仍然较大。

未来一段时期，要确保受托资产清收不留缺口，进一步加大清收处置力度。

2.2.3　金融资产服务业务风险防范压力不容忽视

- 潜在风险管理压力依旧较大。截至2017年5月末，全行非标代理投资业务潜在风险客户××户，涉及业务融资余额××亿元，分别较年初增加××户、××亿元。潜在风险融资主要为代理债权投资（××%）和债券承销业务（××%）；从分行来看，主要集中于四川、湖北、山东、云南4家分行（4家分行占全部潜在风险融资的37.18%）。

- 房地产以及类固融依然是风险高发领域。类固定资产支持融资领域代理投资业务客户违约率较高，达8.55%（涉及36户、47.45亿元）。受内外部环境影响，部分类固融领域代理投资业务出现了物业租金下滑、经营收入不佳导致还款困难的情况。

- 监管趋严对我行代理投资业务发展产生较大影响。在中央加强金融行业去杠杆的背景下，银监会连续出台7个监管文件，旨在引导理财产品服务实体经济发展，降低金融行业整体杠杆风险。其中银监办发45号、46号、53号文和银监发6号文，提出“三违反”、“三套利”、“四不当”、“防控十风险”以及实施自营贷款与代客理财业务隔离、加强穿透管理，消除多重嵌套以及加强重点风险领域防范三点工作要求，对理财投资业务风险防控产生较大影响。

2.2.4　部分境外机构风险上升较快。

境外机构信用风险上升较快。

- 6月末，境外机构不良贷款余额10.1亿美元，较年初增加1亿美元，增幅10.7%；不良率0.5%，较年初下降0.02个百分点。
- 上半年境外机构劣变的客户主要是本地客户。从机构上看，工银印尼、工银国际、工银伦敦、孟买分行不良贷款率超过2%。

跨境业务风险管理值得关注。

境外机构风险管理意识不够充分。境外机构对跨境担保项下融资业务、跨境风险参贷业务、跨境簿记业务主动风险管理意识不充分，信用风险分析不到位，信用风险和监管合规性风险显著增加。

中资企业境外信用风险管理难度较大。部分中资企业境外融资占比过高，融资结构复杂，融资用途管理难度大，贸易背景真实性核验不到位等情况，跨境风险传染加剧。

2.3　存款付息率有抬高趋势，贷款定价能力有待进一步提高

2.3.1　存款上浮比例有所提高

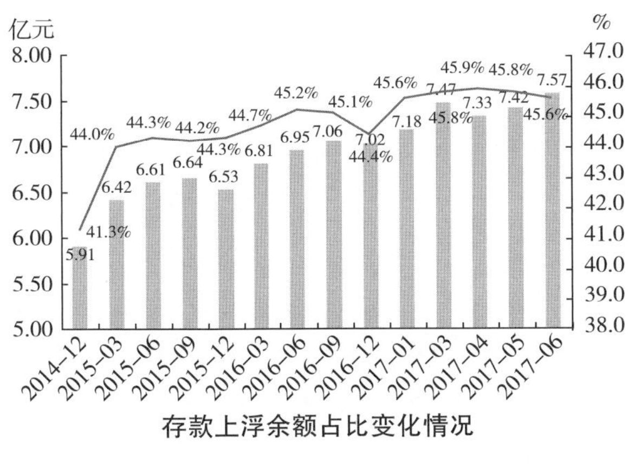

存款上浮余额占比变化情况

上半年四大行人民币存款付息率情况表

项目	工行		建行	
	利率	比上年	利率	比上年
各项存款（含同业）	1.46	-0.10	1.42	-0.10
（一）一般性存款	1.44	-0.10	1.34	-0.13
1. 储蓄存款	1.53	-0.10	1.43	-0.14
2. 对公存款	1.35	-0.11	1.26	-0.11
（二）同业存款	1.77	0.04	2.37	0.35

项目	农行		中行	
	利率	比上年	利率	比上年
各项存款（含同业）	1.45	-0.12	1.86	-0.09
（一）一般性存款	1.40	-0.13	1.71	-0.13
1. 储蓄存款	1.42	-0.12	1.88	-0.11
2. 对公存款	1.38	-0.15	1.56	-0.15
（二）同业存款	2.52	0.38	2.90	0.15

存款利率上浮压力持续增加，利率上浮存款占比、总量均比年初增长。利率上浮1.3倍存款余额46 295亿元，比年初增加5 679亿元，占比27.9%，较年初上升2个百分点。

一般性存款付息率较上年下降幅度低于农行和建

行。一般性存款付息利率1.44%，较农行和建行分别高4个基点和10个基点，较上年下降10个基点，较农行和建行分别均少降3个基点。

2.3.2　分层定价水平仍需提高

上半年四大行新发生定期存款利率区间分布比较

银行	项目	[1，1.1)	1.1	(1.1，1.2)	[1.2，1.3)	1.3	1.3以上	平均利率
工行	单位	1%	1%	7%	8%	83%	0%	1.96
	个人	17%	0%	2%	11%	70%	0%	2.33
农行	单位	13%	0%	13%	12%	45%	17%	1.94
	个人	3%	0%	10%	13%	72%	2%	2.04
中行	单位	5%	0%	25%	13%	25%	32%	1.9
	个人	11%	0%	40%	13%	32%	4%	1.97
建行	单位	9%	0%	26%	20%	38%	7%	1.81
	个人	10%	0%	36%	18%	36%	0%	1.94

利率上浮1.3倍及以上存款占比明显高于可比同业，分层定价水平偏低。1－6月，全行新吸收对公定期存款（不含通知）平均利率1.96%，四行最高，比最低的建行高15个基点；储蓄定期存款（不含通知）平均利率2.33%，四行最高，分别比建行、中行、农行高39个基点、36个基点和29个基点。主要原因：一是我行对公定期存款执行利率上浮1.3倍及以上的比例为83%，分别比建行、中行、农行高38个、26个和21个百分点；二是我行储蓄定期存款中70%的执行利率上浮1.3倍及以上，比建行、中行利率上浮1.3倍及以上的占比均高34个百分点。

人民币存款创新产品增长较快。截至6月末，境内分行人民币存款创新产品及大额存单余额共17 748亿元，比年初增加5 628亿元。其中，存款创新产品余额共8 718亿元，较年初增长2 324亿元，大额存单产品共9 030亿元，较年初增长3 264亿元。

创新产品利率水平相对较高。截至6月末，境内分行存量存款创新产品及大额存单平均利率为2.41%，比一般性存款平均付息率高97个基点；创新产品利率比年初上升13个基点。

2.3.3　新发放贷款利率管理较好，存量贷款收益率低于同业

上半年四大行新发放人民币贷款利率比较情况表　　单位:%

项目	工行			农行		中行		建行	
	本期	排名	比上年	本期	比上年	本期	比上年	本期	比上年
各项贷款	4.60	3	－0.03	4.63	－0.03	4.55	0.02	4.63	－0.01
1. 公司贷款	4.59	1	－0.04	4.57	－0.02	4.48	0.03	4.56	－0.05
2. 个人非住房贷款	4.97	4	－0.06	5.42	－0.19	5.60	－0.14	5.35	－0.18
3. 个人住房贷款	4.55	3	0.03	4.50	－0.03	4.57	0.02	4.61	－0.01

2017年6月末四大行贷款收益率比较　　单位:%

项目	2017年上半年					比2016年			
	工行	排名	建行	农行	中行	工行	建行	农行	中行
各项贷款	4.24	4	4.26	4.33	4.33	－0.12	－0.19	－0.17	－0.24
1. 公司贷款	4.40	2	4.36	4.44	4.39	－0.2	－0.29	－0.22	－0.36
2. 个人贷款	4.07	4	4.22	4.31	4.28	－0.07	－0.11	－0.13	－0.17
3. 票据贴现	3.53	2	2.83	2.94	3.68	0.27	－0.27	－0.24	0.34

新发放公司贷款利率四大行排名由今年2月第三位上升至第一位，新发放公司贷款利率较农行和建行分别高2个基点和3个基点；新发放个人住房贷款平均利率4.55%，分别较中行和建行低2个基点和6个基点；新

发放个人非住房贷款平均利率4.97%，较农行、中行和建行分别低45个基点、63个基点和38个基点。

存量贷款规模最大，贷款收益率四行最低。2017年6月末，境内分行人民币贷款平均余额118 186亿元，规模领先其他银行，贷款收益率为4.24%，排名四大行末位，分别比建行、农行、中行低2个基点、9个基点、9个基点。

2.4 客户和产品基础不牢靠，机制性措施有待加强落实

2.4.1 个人客户和产品基础不牢靠

个人客户结构仍有待加强
- 中高端客户占比距离预期有较大差距。有效客户中，日均1万元（含）以上客户占比23.86%，5万元（含）以上客户占比10.39%。

个人客户分层维护体系尚不完善
- 管户客户经理制度落实不彻底，客户经理队伍配备资源不足，部分中高端客户存在管户服务人员实际维护不到位的情况。
- 大量长尾客户、潜力客户，存在无人维护、线上服务触点有限的情况。

营销服务人员占比小于主要竞争行
- 我行网点营销人员占比33.8%，较建行（36.3%）和中行（39.8%）分别低2.5个和6.0个百分点。

产品基础不牢固
- 线上支付结算创新被动，与第三方支付公司的竞争处于劣势。
- 线下部分产品业务的办理流程与客户期望的简洁、掌控、参与尚有较大距离。

2.4.2 公司客户获客、留客能力需进一步强化

公司客户维护能力有待增强
- 我行对公客户经理配备不足，全行网点客户经理人均维护150–200个客户，超出实际维护能力。

公司客户黏性仍需增强
- 对代发工资、现金管理、跨境双向人民币资金池、第三方支付企业备付金存管、系统开发及系统直连等黏性强的产品重视不够。
- 自下而上的创新机制不够完善，对地方市场竞争的反应和支持不够灵活、及时。

公司客户体验仍待提升
- 网点对公服务能力有所弱化。
- 缺乏法人客户服务后评价机制。

2.4.3 新兴产品推广仍需加强

二维码支付替代情况

项目	2016年	2017年第一季度	2017年第二季度	第二季度环比增幅	2017年上半年
二维码支付笔数（万笔）	1 062	407	452	11.1%	859
信用卡支付笔数（万笔）	166 142	40 543	41 089	1.3%	81 632
借记卡POS支付笔数（万笔）	120 546	22 733	22 363	-1.6%	45 096
借记卡第三方支付笔数（万笔）	1 185 056	382 951	517 724	35.2%	900 675
二维码替代率（万分之）	7.21	9.11	7.78	-1.33	8.36

注：二维码支付替代率 = 二维码支付笔数 ÷ 二维码、信用卡、借记卡（包括POS和第三方）支付总笔数。

上半年，二维码支付替代率为万分之 8.36，较 2016 年高万分之 1.15。但第二季度当季，二维码支付替代率较第一季度下降万分之 1.33，替代率出现回调。

第二季度当季，借记卡第三方支付快速增长（35.2%），增速为我行二维码支付增速（11.1%）的 3 倍，分流作用明显。

聚合支付（首期聚合微信支付）于 4 月 22 日投产，由于投产时间较短，目前效果有限。

三、下半年主要工作

刚才，易董事长在讲话中对学习贯彻落实全国金融工作会议精神提出了明确要求，并围绕“服务实体经济、防控金融风险、深化金融改革”三项任务，对做好今后一个时期特别是下半年全行工作进行了全面部署，全行要认识到位、行动到位。下面，对照年初工作安排，我再强调几个问题。

3.1 大公司、大投行、大资管

3.1.1 公司金融业务

全行要充分认识到公司金融业务发展面临的形势和挑战，进一步落实“抓大、抓小、抓新、抓优”战略布局，加大优质市场拓展力度，实现融资业务的量价协调发展。

（1）积极做好重大项目储备

今年以来，全行项目储备较为丰富。截至 6 月末，全行已签合同未放款项目 4 708 个，金额合计 9 780 亿元，较年初增长 29%。

截至 7 月 13 日境内分行已审批待发放公司贷款情况表 单位：亿元

项目	7 月 13 日	3 月末	较 3 月末	储备利率结构		
				基准	上浮	下浮
公司类贷款	1 033	1 650	-617	564	312	156
1. 流动资金贷款	392	808	-417	231	133	27
2. 项目贷款	464	397	67	217	134	113
3. 房地产贷款	177	402	-225	116	45	16

注：数据来自信贷台账，公司贷款起息日大于 6 月 20 日，个人住房贷款最后审批日大于 3 月 1 日。

目前全行已审批待发放人民币公司贷款 1 033 亿元，较 3 月末减少 617 亿元，其中利率下浮金额 156 亿元，占 15%，分品种看，全行已审批待发放人民币项目贷款 464 亿元，较 3 月末增加 67 亿元，其中利率下浮金额 113 亿元，占已审批待发放项目贷款 24.4%。

分地区看，山东、上海、广州、湖北、广东（不含广州）、河南、江苏、北京、浙江、深圳、河北 11 家分行已审批待发放人民币公司贷款均超过 40 亿元，公司贷款储备相对充足。

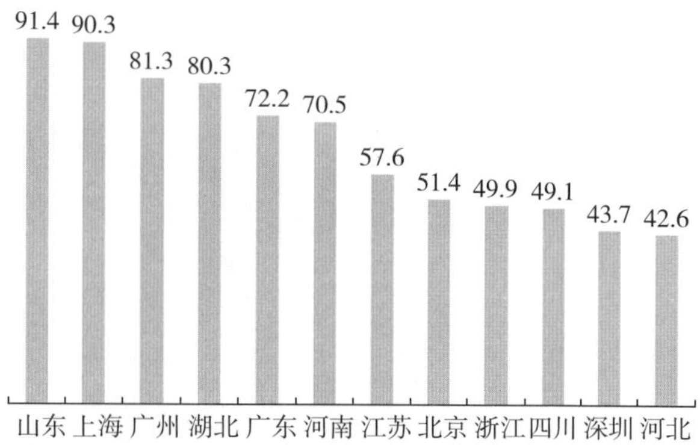

截至 7 月 13 日分行公司贷款储备情况图

行际间不均衡。广东、北京、上海、浙江、河北等分行项目储备较为丰富，项目储备比项目贷款到期超过 600%。青岛、重庆、天津、厦门、海南等分行项目储备不足，项目储备比项目贷款到期不足 100%。

行业分布较为单一。70% 以上的项目储备集中在公共设施、交通运输、能源等领域，而新市场、优质客户的项目储备相对薄弱。

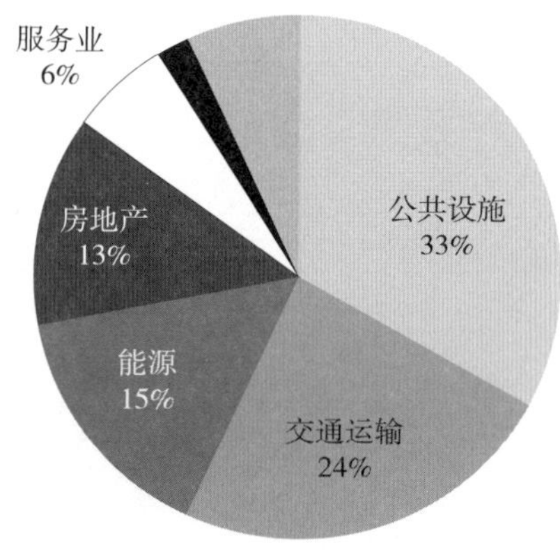

下一步措施：

做大公司信贷业务蓄水池。要通过营销一批、储备一批、投放一批带动全行信贷业务平稳发展，全行已签合同未放款项目及房地产贷款储备日均余额应不低于全年贷款拟投放额的四分之一。

“抓新”要落地见效。总行已出台信息技术、健康养老、新能源等 9 个新市场板块的营销指导意见，投贷联动第一批推荐营销企业名单也已明确，后续还将不断丰富完善。各行要结合区域特点和资源禀赋，优选目标市场，拉单列表跟进。

实施“3+3+3”抓优发展规划。将上市公司类客户、重点进出口企业、优质纳税大户作为 3 大方向，优选 3 000 家 A 股上市公司 +3 000 家进出口大户 +3 000 家纳税大户，建立动态优质客户目标库；将京津冀、长三角、珠三角作为 3 个重点区域，积极做好重点区域、优质客户的项目储备。

（2）抓好公司信贷量价协调发展

今年以来，新发放下浮利率公司贷款占比29.9%。

从品种看，新发放下浮利率项目贷款和房地产贷款占比较上年分别上升0.18个和0.7个百分点。

从储备看，目前全行已审批待发放的1 033亿元公司贷款中，利率下浮贷款金额156亿元，占比15%，考虑到下阶段企业债融资如无实质性改善，部分大客户仍将提出下浮利率公司贷款需求。.

下一步措施：

把握好信贷投放节奏。下半年贷款需求可能呈现前高后低态势，各行要加强贷款规模统筹，做大贷款流量，通过抓好项目储备、信贷资产流转、理财直投、资产证券化等措施把握好公司贷款投放节奏，避免盲目突击放款。

提升贷款价格管理水平。在总体流动性趋紧、贷款规模有限的情况下，要坚持定价精细化管理，做好贷款项目储备的优选排序、择优配置，提升公司贷款价格管理水平。要多采取贷款营销与定价管理的组合服务方案，以信贷业务带动存款、中收、结算等业务综合发展。

（3）主动适应政府购买服务政策变化，推动政府类项目健康发展

截至6月末，融资余额4 792亿元，较年初增加2 400亿元，增幅达100%。

政府类融资政策要求不断提高。

政府购买服务融资同业情况

单位：亿元

	6月末	5月末
工行	4 792	
建行	—	2 100
农行	3 616	
中行	—	1 200

6月末城市基础设施建设领域贷款层级分布

单位：亿元

	贷款余额	较年初	占比	较年初
省级	88.84	37.65	2.22%	0.50%
直辖市级	674.28	114.87	16.87%	-1.99%
计划单列市级	173.60	37.75	4.34%	0.54%
省会城市级	1 292.56	205.71	32.35%	-3.80%
地级市级	1 766.51	502.89	44.21%	4.75%
其中：下辖区县	994.34	388.82	24.88%	4.47%
合计	3 995.79	898.87	100.%	—

➤ 我行政府购买服务融资增长较快，在四大行中一直处于领先位置。该领域融资资产质量较好，但也面临政策调整背景下，地方政府资金流动性紧张的压力。

➤ 财预〔2017〕50号文和87号文发布后，地方政府对违法违规举债担保等融资行为进行排查整改，部分地区政府要求撤换前期提供的说明等材料，对我行债权安全造成较大影响。

➤ 财预〔2017〕87号文并未明确存量政府购买服务项目后续提款的合规性，而全行未提款金额仍较大（3 152亿元），若继续提款将面临一定的政策风险，各行需积极做好与当地政府有关部门的沟通，重新审核政府购买服务的合规性。

➤ 政府类融资依托财政层级较低。以主要代表行业——城市基础设施建设行业为例，6月末依托地级市级政府融资占比44.21%，较年初上升4.75%，其中，地级市下辖区、县和县级市级融资占比较年初上升4.5个百分点。

目前我行政府购买服务项目中，全部提款项目金额2 178亿元，部分提款项目金额2 614亿元；如考虑到储备项目，未提款金额达5 962亿元，其中存量项目未提款金额为3 152亿元，待提款需求和空间仍较大。

各分行政府购买服务项目签约提款情况表

单位：亿元

序号	分行	已发放金额			待发放金额				序号	分行	已发放金额			待发放金额			
		合计	已签合同全部提款金额	已签合同部分提款金额	合计	已审批未签合同金额	已签合同未提款金额	已部分提款剩余未提金额			合计	已签合同全部提款金额	已签合同部分提款金额	合计	已审批未签合同金额	已签合同未提款金额	已部分提款剩余未提金额
1	江苏	844	313	530	804	299	41	464	17	广西	90	16	74	138	0	62	77
2	浙江	620	265	355	1089	265	301	523	18	河北	55	32	23	58	23	0	35
3	四川	450	313	137	155	37	23	96	19	内蒙古	40	15	25	41	2	27	12
4	湖北	449	179	270	754	287	77	390	20	苏州	35	13	22	28	11	2	15
5	贵州	285	146	139	287	0	15	272	21	福建	27	8	19	143	76	4	63
6	山东	264	94	170	238	77	0	161	22	辽宁	23	10	13	6	0	0	6

续表

序号	分行	已发放金额			待发放金额				序号	分行	已发放金额			待发放金额			
		合计	已签合同全部提款金额	已签合同部分提款金额	合计	已审批未签合同金额	已签合同未提款金额	已部分提款剩余未提金额			合计	已签合同全部提款金额	已签合同部分提款金额	合计	已审批未签合同金额	已签合同未提款金额	已部分提款剩余未提金额
7	江西	257	170	88	177	24	52	102	23	陕西	21	16	5	129	48	16	65
8	重庆	243	101	143	134	6	50	78	24	云南	19	6	13	26	0	0	26
9	湖南	231	121	110	199	74	30	96	25	广东	16	4	13	155	99	21	34
10	吉林	138	53	85	206	32	0	174	26	甘肃	10	0	10	0	0	0	0
11	河南	126	36	90	398	94	68	237	27	黑龙江	5	5	0	0	0	0	0
12	青岛	124	85	39	44	0	0	44	28	山西	3	0	3	15	4	8	3
13	宁波	115	57	58	138	60	0	78	29	海南	2	0	2	8	7	0	1
14	安徽	107	61	47	298	210	9	79	30	上海	0	0	0	3	0	0	3
15	天津	102	53	48	265	160	10	95	合计		4 792	2 178	2 614	5 962	1 954	857	3 152
16	新疆	91	6	85	235	154	10	72									

下一步措施：

✓ 依法合规，分类施策

各行要准确把握政策精神，严守合规底线，确保政府购买服务融资业务依法合规。

- 对已审批未签合同以及已签合同未发放贷款的政府购买服务融资，按照总行规定重新审核，不符合规定的，暂停签订合同和发放贷款，重新确定融资方案并进行审查审批。
- 对已签订合同并发放部分贷款的在建项目贷款，积极做好与当地政府有关部门的沟通。对地方政府不认可后续提款合规性的，暂停发放贷款，并与地方政府和借款人协商，通过提前还款、整改为PPP项目、调整有关纳入预算的说明材料等方式进行整改，重新审核后方可发放。
- 对新办理政府购买服务融资，严格按照87号文等相关规定执行。

✓ 积极创新，健康发展

棚户区改造为目前政府购买服务合规运作的主要领域，PPP将是下一步城市基础设施领域项目运作的主要方式。要加快棚户区改造领域信贷政策的调整完善。各行要积极对接地方政府及主管部门，重点围绕棚户区改造、异地扶贫两个领域做好市场拓展、项目储备等工作，同时要积极探索新型合规项目的运作和融资模式，努力保持相关领域融资的健康发展。

（4）加快普惠金融发展，探索可持续的小微金融业务发展模式

要以普惠金融事业部成立为契机，加快探索更加有效的发展路径，切实履行好大银行的社会责任。

下一步措施：

抓好体制延伸 健全机构体系	各行要尽快成立普惠金融专业部门，承担辖内小微金融业务的市场营销和风险管理职责，负责辖内小微中心的准入及日常管理。要在二级分行层面继续推进小微中心专营模式，80家重点城市行原则上在年底前都要成立小微中心，总结第一批样板小微中心的成功经验和做法，推动第二批样板小微中心的建设。
抓好小额化业务发展 提高普惠金融业务覆盖面	要坚持小额化方向，做大客户规模，推广网上小额贷款，对于单户贷款一定金额以下的小额化业务给予一定的优惠措施。

3.1.2　投资银行业务

继续做大兼并收购业务。以并购基金、组合式并购贷款、联合并购顾问、并购债等新产品为抓手，重点把握上市公司定向增发、国有企业改革、存量PPP项目等并购业务机会。

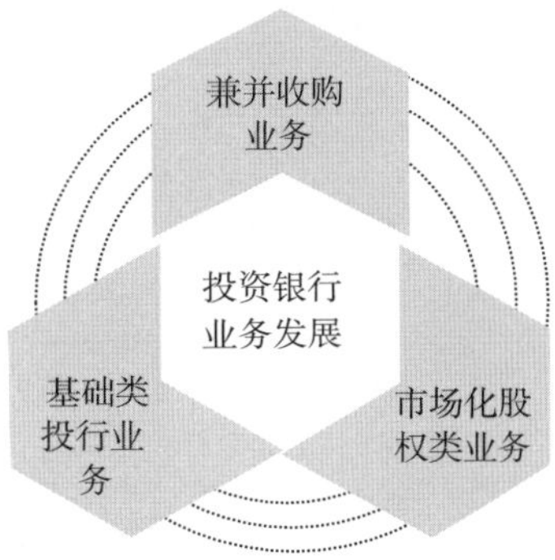

加速基础类投行业务转型升级。一是对现有产品进行梳理完善，重点改造常年财务顾问等萎缩较大的传统业务；二是加大对已有创新产品融安e信、政府财务顾问业务推广力度；三是把握市场脉搏，融合我行科技信息优势，开发资信评级等具有我行特色的创新型产品；四是加强投行研究，通过“融智”拉动基础投行收入的增长。

积极探索开展市场化股权类业务。

3.1.3　资产管理业务

➢ 协同做好投资管理

资产管理部与公司金融业务部、投资银行部等部门要加强业务联动，强化项目投资协作，确保下半年新增项目投资5 000亿元。

充分发挥行内协同作用

✓ 公司金融业务部、投资银行部要进一步加大对资管业务项目的推荐力度。

✓ 继续依托重点城市行，布局大企业、大项目，做好压舱石项目的投资和储备。

加大基础产业投放力度

✓ 深挖基础产业领域投资机遇，包括政府及大型企业主导的大项目、产业基金、PPP项目以及政府购买服务项目，重点满足大型央企、国企的融资需求。

扩展大资管业务价值链

✓ 加大对股权基金等创新类业务的挖掘力度，充分利用组合化投资、母基金、债转股等创新方式。

✓ 加强与同业机构的合作，推动直接受理第三方推荐项目的尽调工作。

➢ 协同做好销售工作

加强合作

✓ 保持产品足额供给，确保在售产品类型丰富、期限齐全，尤其是继续做好中长期限产品供给。

✓ 提供精准营销的优质产品资源，支持渠道部门营销新客户、新资金。

积极开展法人和同业机构直拓直销

✓ 对重点客户进行摸底排查，根据客户及与我行合作情况，拟订重点客户名单和产品直销方案。

✓ 组建多个柔性产品直销团队，积极做好对主要银行、保险公司和保险资产管理公司、大型央企等的营销。

全力抢占创新产品销售先机

✓ 积极抢占低起点金额现金管理类理财市场。预计监管新规将放松银行理财购买起点，要及时推出购买起点低、收益率有竞争力的T+0产品，吸引新生代长尾客户，做大现金管理产品规模。

✓ 在增强固收、平衡配置、跨境投资和特色量化等四大类产品线方面推出更多个性化产品。

✓ 持续优化产品形态，进一步研究完善期次、“三利”等产品的形态，便利客户申赎。

管好做好区域理财业务。

截至6月末，分行区域理财共实现收入12.1亿元，完成全年任务（23.38亿元）的51.75%。

目前大部分分行的区域理财业务风险是可控的。截至6月末，17家授权分行中，北京、深圳、上海等12家分行未出现实质风险项目。出现实质违约的风险项目共计16.64亿元，占区域理财非标项目的比例为0.85%，集中分布在山东、广东、重庆等地区。

下一步措施：

试点总分行一体化管理机制

✓ 产品管理一体化：将分行产品发行的期限、价格等纳入全行产品发行计划统筹考虑，执行统一产品发行策略。
✓ 投资管理一体化：将分行纳入项目类投资品招投标流程，实现统一的资产配置管理。
✓ 推进快速审批一体化：分行投资信用债执行全行统一的入库、分档、限额管理等审批流程。
✓ 实行风险管理一体化：将分行投资纳入总行统一的风险监测，要求分行对总分行信用债投资用款人进行投后风险监测预警，实现总分行风险信息和风控能力共享。
✓ 加快流动性管理一体化：在关键时点统筹安排总分行的流动性需求，在业务实践中锻炼并提高分行流动性管理能力。
✓ 推动境内外业务一体化：打造以工银亚投为基础的全球资管平台，积极探索双向跨境产品发行和投资合作。

根据梯队划分调整分行授权

✓ 扩大第一梯队分行投资授权：增加资本市场项目、利率债、信用债等投资品种。
✓ 扩大产品发行权限：新增开放非净值产品发行权限；放宽对高净值客户产品的定价限制。
✓ 扩大重点城市行业务授权：授权部分重点城市行所在省行向其进行区域理财业务转授权；提供项目推荐绿色通道。

根据梯队划分推动团队建设

✓ 第一梯队组建专门的资产管理部，全面负责分行资产管理业务的各项业务职能。
✓ 第二梯队建设专业资管团队，负责资产组织、组合管理及风险监测处置相关工作。
✓ 第三梯队建设资产组织和产品支持团队，负责协同或参与资产组织和产品销售。

加快全球资管业务平台建设，积极推进海外资管业务发展。

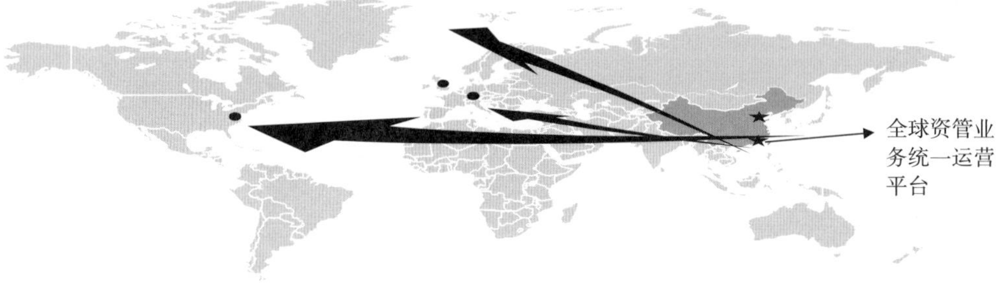

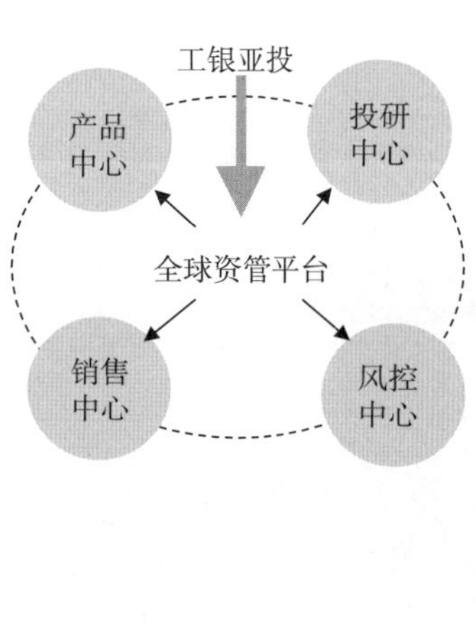

发展目标

要积极推进以工银亚投为基础的全球资管平台建设，探索全球资产管理业务的新模式，统筹集团内风控和投研一体化建设，努力打造更高水平的国际化发展格局。

年内平台全球资产管理规模力争突破1 000亿港元。

三年内平台全球管理资产规模达到3 000亿港元。

进一步完善资产管理业务风险管理体系。

风险控制目标：

力争年末将非标风险项目余额控制在 100 亿元以内，非标不良率控制在 1.5% 以内，实现非标风险项目余额与不良率“双降”。

目前总行资产管理部已建立了独立的风险中台（包括投资审查、信用评级、投后管理、集中交易、风险监测、合作机构管理以及业务综合七个团队），将风险管理工作嵌入到投资流程中，实现了对理财投资的投前、投中、投后的全流程风险管理。

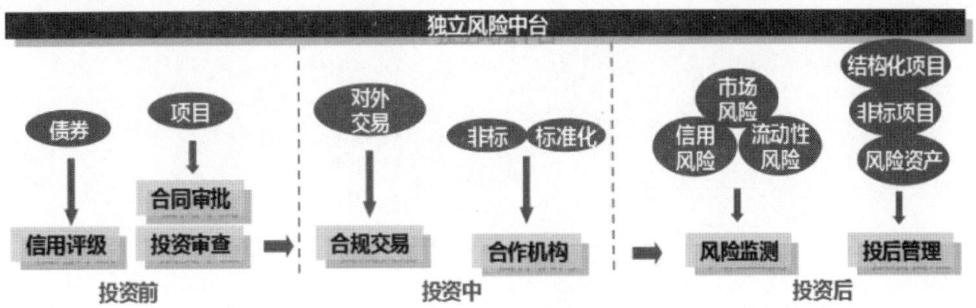

下一步措施

✓ 强化日常投后管理

- 对存量债券进行定期筛查。
- 对存量风险项目进行定期筛查。
- 对存量项目进行定期投后报告。
- 对各类风险进行定期监测。

✓ 加强存量风险项目处置

- 进一步完善“2013 年以来新增融资不良率”的指标口径，增强分支机构投后管理的主动性。
- 继续加强风险项目排查，做好风险预警工作。
- 分行要对可开展诉讼的风险项目尽早、主动开展诉讼，总行要做好后续授权事宜。
- 加大对重点项目的处置力度。对年内有望化解的风险项目，要重点跟踪、力争全力化解。

针对监管新规，调整好业务模式。

3.1.4　结算与现金管理业务

今年上半年，结算与现金管理业务总体实现了业务收入的稳定增长，推动了对公客户规模和质量的提升，但也要看到，与全社会企业增速相比，与同业快速发展势头相比，我们工作还有一些差距，需要继续加快转型发展，夯实支付结算基础，努力实现客户与收入的同步增长。

下一步措施：

1 继续发挥平台作用，努力实现对公客户总量大结构优

继续推广小微金融服务平台，完善平台功能；扩展工银e缴费的服务范围；推出“贸e通”跨境贸易综合服务平台。

2 提升全球现金管理客户渗透率，加快向交易银行转型

整合对公服务资源，为客户提供综合解决方案；加强现金管理中心建设，打造现金管理服务旗舰；加快推进交易银行中心落地。

3 夯实支付结算业务基础，努力实现收入赶超同业

继续以结算账户、现金管理、对公理财、贵金属、互联网金融等结算重点产品为抓手，扩大市场份额；在规范管理的基础上加强与第三方支付公司合作，挖掘结现专业中间业务收入潜力；大力推动支付结算数据应用；提升专业化的平台服务能力；持续优化支付结算精品产品；实现产品创新过程中的内外部连通；发展外部合作，抢占支付场景入口。

4 进一步优化前台对公业务特别是开户环节的服务流程

3.2 个人金融：获客与留客

上半年，个人金融业务取得了很多阶段性新成绩，很好地发挥了压舱石作用。营业贡献快速提升，客户发展好于以往。储蓄存款时点增量、住房按揭增量迎来了久违的四行占比第一，个贷不良五年来首次“双降”。下半年要进一步强化基础，持续转型。

3.2.1 关于获客

（1）公私联动，继续加强代发工资业务营销和管理

下半年，要进一步整合各条线资源优势，深挖营销潜能，加快客户营销服务模式转型，加快数据系统化平台建设，着力提升代发工资业务核心竞争力，不断增强客户服务水平。

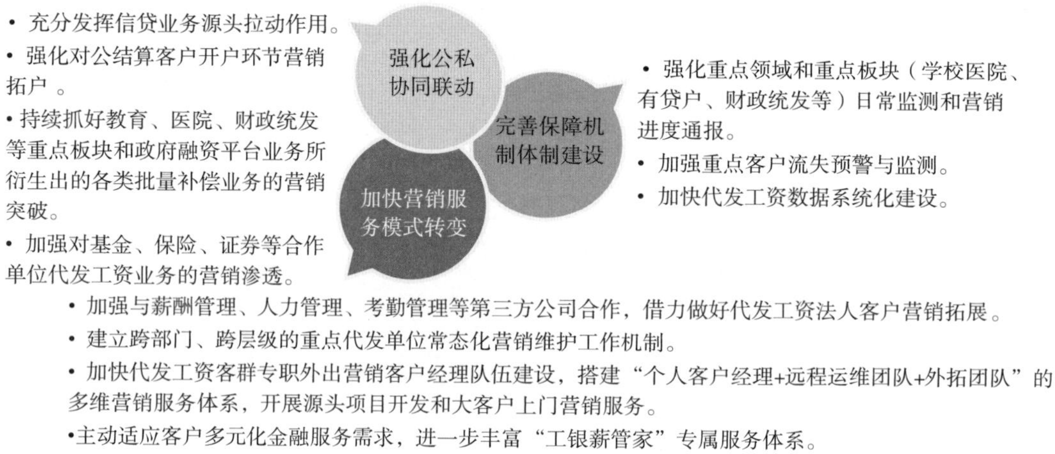

（2）加强对外合作，寻找和扩大线上批量获客新路径

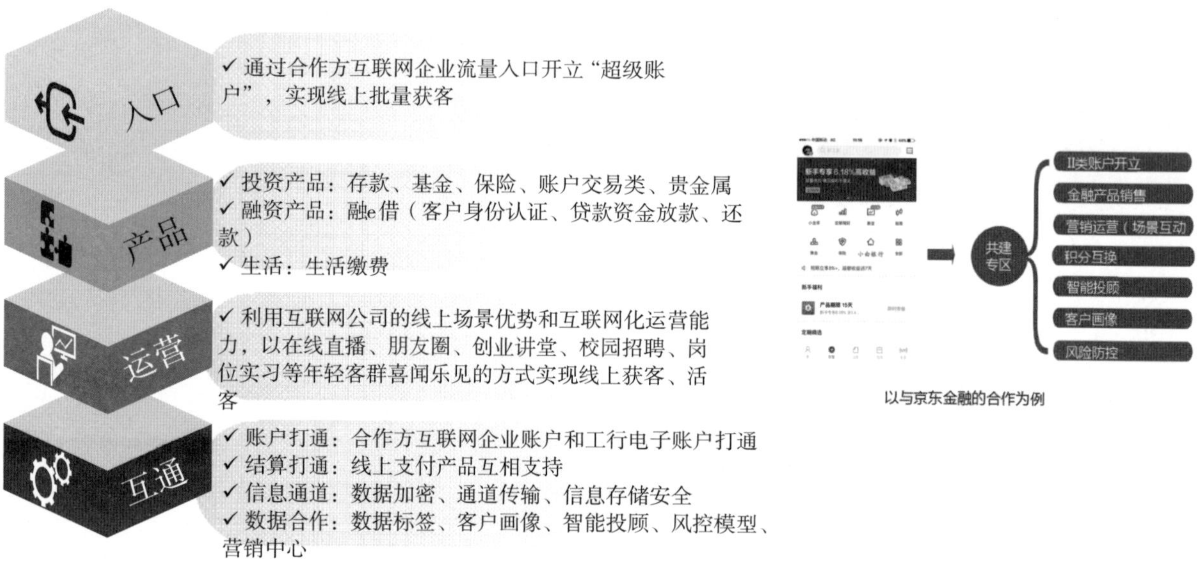

上半年信用卡在互联网引流和场景获客取得积极成效，第二季度明显加速，6月中下旬日获客在10万户左右，创历史纪录。

（3）加快推动零售外拓团队建设

截至6月末，各一级（直属）分行共组建零售外拓团队1 115支，但不同程度存在团队松散、目标不明、方案不精、营销不持续等问题，外拓工作机制未能真正建立。

下一步措施：

加快推动系统化建设

- 基于个人客户营销管理系统开发外拓营销管理功能，实现外拓团队工作角色、系统用户和应用权限的系统化管理，在系统内构建团队成员管理、客户资源分布、营销业绩评价“三张表”。

完善配套政策

- 加快外拓营销设备研发与应用推广，不断丰富设备功能，为团队外拓创造必要条件。

打造示范性标杆团队

- 配套出台制度政策，简化决策审批流程，对于重点企业或重点项目，可通过招标方式认定牵头负责营销的外拓团队，按照“谁营销，谁受益”的原则，确定业绩归属机构及业绩分润比例。

3.2.2　关于留客

下半年重点强化个人客户经理队伍建设。

（1）客户经理配备情况及改进措施

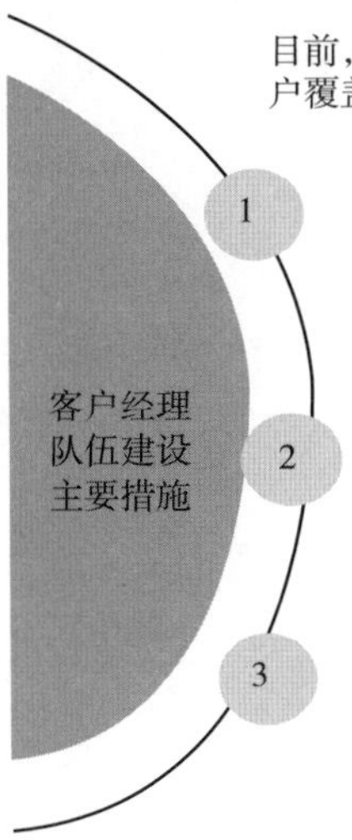

目前，PBMS 系统4.6 万左右客户经理角色可认定有效的不足40% ，资产20 万元以上客户管户覆盖率仅68% 。

规范客户经理队伍建设管理
- ✓ 修订客户经理管理办法，明确队伍管理要求。
- ✓ 落实客户经理职务晋升通道，明确职业发展规划。
- ✓ 围绕个人客户分层服务体系，构建零售营销队伍梯队建设，加强人才储备。
- ✓ 构建客户经理培训体系，强化专业知识和技能提升。

增强客户黏性
- ✓ 制定理财经理日常工作规范和管户维护规范，落实理财经理“管户到人、考核到位”的工作要求。
- ✓ 丰富理财经理支持手段，建立零售金融营销支持平台，为个人客户经理搭建24 小时运行的支持交流平台。

强化系统跟踪监测管理功能
- ✓ 在PBMS 系统中建立客户经理人员管理台账，与人力资源系统对接，强化队伍履职管理。
- ✓ 强化过程管理，通过PBMS 系统对客户经理日常客户维护行为进行跟踪监测。
- ✓ 加强考核业绩统计展示，在PBMS 系统展示MOVA 考核结果，向管理人员和客户经理进行直观展示。

年内，全行力争实现营业网点零售营销队伍人员数量和占比双提升，实现实际在岗客户经理2.2 万人，零售营销队伍在网点人员总量占比超过30% 。

（2）考核目标与“最后一公里”的传导

总行印发了《网点负责人个人客户经理和客服经理考核评价工作指引》，各行要结合本行实际，制订具体、细化的考核办法和执行方案，构建更加科学精准且有利于“最后一公里”传导的绩效管理机制。

根据总行要求，层层修改完善客户经理考核办法，避免以产品销售为主要绩效的考核导向。

考核的主体层级要上移，避免考核管理水平参差不齐，透明度不高。

统筹考核激励与其他配套机制的应用，避免对考核结果的简单化应用。

3.2.3　关于个人贷款业务

（1）推动信用卡分期付款业务健康发展

全行要同步抓好市场拓展和风险防控，推动分期付款业务量质并举发展，下半年恢复正常增长。

全行分期付款业务发展情况（截至 2017 年 6 月末）

分期付款余额	较年初增量	较年初增幅	上半年分期付款交易额	同比增量	同比增幅
2 664.3 亿元	152.2 亿元	6%	1 490.6 亿元	222.7 亿元	17.57%

做强做优汽车分期业务。严格执行我行《信用卡汽车专项分期付款业务管理办法（2017 年版）》，切实加强购车交易真实性和抵押真实性核查，强化合作机构准入、监控、预警和退出管理，确保业务合规、风险可控。

拓展分期付款新市场。积极拓展家装、租房、车位、婚庆、教育、旅游分期等新兴业务领域。联合优质房地产中介，面向年轻租房客户推广分期业务，探索由房产中介提供担保的业务模式，逐步做大房屋租赁分期市场。面向我行房贷客户推广定制分期信用卡，满足优质房贷客户的消费信贷需求。

开展消费转分期业务。

（2）应用大数据分析技术，做好个人信用消费贷款业务

全行融e借业务发展情况（截至2017年6月末）

白名单总量	授信总额	人均授信	贷款累放
1.11亿户	5.4万亿元	4.9万元	624.2亿元
贷款余额	贷款户数	户均贷款	不良率
321.6亿元	58.6万户	5.5万元	0.15%

全行要着力将融e借打造成小额、信用、短期、线上的便捷融资平台。在做好实质性风险防控的前提下，强化创新驱动，推动个人消费贷款业务进一步快速发展。年底融e借白名单客户力争达到1.5亿户，其中年轻客户达到1 000万户，贷款余额达到500亿元。

（3）进一步提升个人住房贷款竞争力

下半年，要继续发挥个人住房贷款主力军作用，积极贯彻提升效益贡献度及市场竞争力战略导向，实现量价质协调发展。

✓ 加强房贷规模与定价管理。
✓ 深化与大型开发商及中介机构按揭合作。
✓ 加强实质风险防控。

3.2.4 私人银行

当前，私人银行客户资产规模波动较大、产品规模的大起大落增加流动性管理成本、部分重点区域发展态势趋缓等问题较为突出。下半年，要主动调整策略，提升产品配置规模，吸引客户资金回流，推动业务平稳发展。

1 试点立体式综合化营销服务新模式。

2 加大产品配置力度，提速业务创新。

3 推进联动整合发展，提升协同发展水平。

3.3 金融市场与相关业务

3.3.1 金融市场业务

上半年，金融市场科学把握市场利率走势，科学制定投资策略，统筹做好资金运作安排，业务收入和盈利大幅增长，为全行做出重大贡献。下半年要重点做好以下几项工作：

（1）以地方债为重点，提高人民币投资盈利水平

地方债新增投资情况。截至 6 月末，新增地方债投资 2 979 亿元，占上半年新增债券投资的 65%，占市场发行总规模的 16%；其中，新增公开债投资 2 446 亿元，占市场发行总规模的 21%，同业排名第一。

地方债投资存量余额情况。截至 6 月末，地方债投资存量余额 17 309 亿元。其中，总行存量余额 15 385 亿元，分行存量余额 1 924 亿元。

上半年新增地方债投资情况 单位：亿元

地方债品种	新增投资量	全市场发行量	占比	排名	加权平均名义收益率	税后还原收益率
公开债	2 446	11 697	21%	第一	3.91%	5.57%
定向债	533	6 724	8%	—		
合计	2 979	18 421	16%	—		

上半年地方债投资存量余额情况 单位：亿元

地方债品种	总行存量余额	分行存量余额	总分行合计	加权平均名义收益率	税后还原收益率
公开债	2 338	228	2 567	3.23%	4.60%
定向债	13 047	1 696	14 742		
合计	15 385	1 924	17 309		

重点考虑因素：

一定的中标规模。

合理的收益水平。

分行在当地排名的诉求。

(2) 提高美元债及其他外币债的投资管理水平

合理划分外币投资与外币贷款头寸。

外汇贷款全年增量计划375亿美元，大力支持国际贸易融资、“一带一路”“走出去”业务发展，努力提高贷款综合收益。

外币债券全年增量计划106亿美元，境外机构要保持一定规模的高流动优质资产满足LCR等流动性监管指标要求。在美元加息市场环境下，要适度控制外币债券增长速度，防范利率上升引发的估值风险。

合理安排外币债券投资组合。

密切关注美联储加息、英国脱欧等重大市场事件的进展，结合可能的影响动态调整投资交易策略；以收益率较高优质中资机构外币信用债为重点，努力推动投资收益增长；科学安排币种结构，在风险可控前提下积极探索投资领域与币种的多元化。

上半年外币贷款和外币债券情况

单位：亿美元

	余额	增长	增速	资产占比
外汇贷款	2 454	310	14%	42%
其中：境内	452	28	7%	27%
境外	2 002	282	16%	47%
外币债券	689	81	13%	12%
其中：境内	120	3	2%	7%
境外	569	78	16%	13%

(3) 加强利率走势研判，摆布好投资组合久期

加强对宏观经济形势、货币政策及金融监管动向的研究分析，科学安排好投资策略，合理选择投资品种、投资时点，把握好投资节奏、进度。

密切关注债券市场运行变化，防范市场波动带来的潜在损失。科学安排资产账户摆布，平衡好提高收益、降低利率波动冲击和防范信用风险的关系；严格将组合整体久期控制在总行核定的限额内；努力将可供出售类金融资产价值变动控制在年度利率敏感度限额内。

(4) 切实做好投资业务风险防范

严格准入管理，加强投前债券甄别与信用风险研判，按照实质重于形式的原则从严把握，防止病从口入。

做好投资存续期管理和风险监测排查，及时处置有潜在风险的企业债券。

严格落实监管政策要求，确保线下同业投资标的结构清晰、层级单一。加强与监管部门的沟通协调，防范政策风险。

强化事前审查、双人面签、划款查复等措施，杜绝“飞单”等操作风险、道德风险事件。

3.3.2 同业业务

要主动适应监管政策变化，认真分析在营销、考核以及产品、模式创新方面存在的不足，继续完善专营机制，推动同业业务稳健发展。

(1) 把握好政策要求

要认真研究和把握监管精神，抓住市场变化中的机遇，在坚守监管规定，避免同业资金“空转”的同时，继续推动同业业务平稳发展。

(2) 完善营销和考核机制

落实以客户为中心的营销机制，形成客户部门牵头，各个产品部门参加的营销团队，避免“多头对外”；各分行要将线下业务与传统存款业务进行组合营销，实现整体收益最大化。

进一步研究同业业务实施总、分行收益“双记”

的可行性及落地方案。

建立对分行非结算性同业存款日均存款增量的业绩通报机制。

3.3.3 票据业务

上半年，面对规模资金双紧、监管趋严、票据市场交易萎缩等不利情况，我行票据融资业务量和价格均居五大行首位。贴现业务量占五大行 39%，6 月末贴现余额占五大行 42.5%，平均买入利率为 4.95%。同时，通过压降票据规模，有效支持信贷投放。考虑到当前市场环境，不宜把票据业务简单作为规模调节的工具，尤其是在票据利率不断走高，甚至超过流动资金贷款利率的形势下，应进一步提高票据贴现在信贷中的占比。

上半年，全行贴现业务量 3 820 亿元，与招商银行等银行相比还存在一定差距；全行票据贴现客户 1.74 万户，同比减少 1 369 户。其中大型贴现客户 684 户，占贴现客户的 3.93%。贴现客户数占我行公司有贷客户的 9.62%，仍需进一步加大客户的营销拓展力度。

上半年，我行转贴现业务量 3 140 亿元，在五大行中排名第一，但只占市场 15 家银行总交易量的 2.73%，排在招商、民生、平安、浦发、中信等银行之后。

下一步措施：

把握市场利率走势，在产品和收益之间作统筹考量、统筹安排，增加高收益票据持有量，继续保持我行票据贴现量价在五大行的领先优势，在利率高于流动资金贷款的情况下，规模向票据贴现倾斜，保持现有贴现规模。

将票据业务作为产品线进行经营，纳入公司客户尤其是优质客户的综合营销范畴，建立起专业的票据营销团队，加强市场营销，尤其是本行承兑客户的营销，提高我行票据业务在优质客户的市场占比。加快推动小微直贴业务发展，支持小微金融实现“三个不低于”目标。

进一步加强机构准入管理，统一人员任职、设备场所等准入条件，将准入审查，年度审验作为检验基层经营机构业务风险管控能力与效果的重要手段，实现经营机构的标准化、规范化管理，最大限度减少业务办理中的风险隐患。

资产托管业务

全行积极应对监管政策调整、资管业务市场增长乏力，以及股市债市不景气造成公募基金市场规模波动、互联网渠道改变基金销售格局等挑战，托管规模较年初增加 5 000 亿元，进一步巩固了第一托管银行市场地位。下半年要以重点项目为依托，以增加收入和扩大规模为目标，继续推动业务持续快速发展，力争年末托管规模突破 15 万亿元，托管收入达到 71.85 亿元，进一步巩固和扩大市场领先优势。

➢ 加快推进重点营销项目

✓ 完成平安集团保险资产移交工作。
✓ 加快推进腾讯零钱通货币基金落地实施，提高我行托管规模。
✓ 积极推进互联网基金分流项目，做大公募基金托管规模。
✓ 全面铺开职业年金托管竞标，争取市场份额最大化。

➢ 大力推动增值服务发展

✓ 推动资产托管投资服务平台落地实施，托管增值服务取得突破性进展，争取年内交易流量达到1 000亿元，确立先发优势。

➢ 加强托管分部管理

✓ 完善托管分部业务发展的跟踪评价机制、建立分部退出机制，进一步加强重点分行业务情况的督导，促进分行托管业务更快更好发展。

➢ 全面投产第六代托管系统

✓ 加快第六代托管系统全面投产与应用推广工作，提高托管服务水平和核心竞争力。

3.3.4 养老金业务

上半年，养老金受托管理、账户管理、理财产品销售等主要业务稳步增长，企业年金业务市场占比继续保持同业第一。尤其是把职业年金营销作为“重头戏”加以推进，开展有针对性的专业营销，为后续投标奠定坚实基础。下半年，要重点抓好业务增收、职业年金营销、个人养老理财推广等工作，尽全力补齐各项经营指标缺口，大幅提升个人养老资产管理业务规模，牢固确立市场领先地位。

➢ 全力争取职业年金管理资格

✓ 首争受托，各一级分行要确保至少中标1个职业年金计划的受托人。
✓ 在确保获得受托资格的基础上，争取托管、投资管理资格。
✓ 在中标基础上，争取获得更多的管理资金。

➢ 巩固企业年金市场领先优势

✓ 确保企业年金存量市场占比不降低，新增市场占比第一。
✓ 落实养老金业务企业客户发展规划，加强分层营销和联动营销，抓好拓户工作。
✓ 强化客户运营服务，做好稳客工作，积极挖掘其他机构存量客户业务机会。

➢ 发展个人养老资产管理业务

✓ 全面推广“员工福利金管家”业务，扩大个人养老理财产品销售范围。
✓ 加强部门联动、公私联动，积极研发具有养老属性的个人理财产品。
✓ 强化风险管理，确保依法合规开展养老资产管理业务。

➢ 加大增收力度，夯实收入增长基础

✓ 优化收入结构，提高基础业务和资产管理业务收入占比，增强可持续发展能力。
✓ 加快产品与业务领域创新，拓宽收入来源。
✓ 加强收入分析、监测、预测，确保应收尽收。

3.3.5　贵金属业务

要积极应对当前黄金价格持续承压、实物及交易需求不振等不利形势，拿出有力有效的措施办法深入拓展市场，强化业务联动，加大产品和服务创新力度，确保完成全年营业贡献55亿元、中收29亿元的任务目标。

实物中间业务

➢ 提前布局下半年旺季市场，力争实物零售收入同比增长10%以上；扩大程序化交易试点范围，力争代理业务交易量同比增长12%以上。

融货融资资管

➢ 锁定黄金产业链重点企业，争取年末租赁余额占比提升10%以上；力争黄金同业拆借客户提款客户占比提升20个百分点；稳步做大相关理财业务规模。

创新及国际化

➢ 全力提升线上获客能力，做大线上渠道业务规模；探索与境内外大宗商品交易市场的业务合作，提高跨市场获利能力和全球金融服务能力。

3.4　推进境内外一体化发展

上半年，境外机构经营规模和盈利贡献持续提升，但也有少数机构表现不及预期。下一步要以突出国际化4.0“提质增效”为目标，推进新一轮境外机构发展规划，谋划重点机构经营发展定位，着力推进境外机构业务模式调整，提升各机构本地化综合服务能力、市场竞争力。

3.4.1　在资产增长的同时，注意调整好信贷结构

提升本地服务能力

✓ 境外机构跨境担保贷款业务余额在境外贷款余额中占比，过去3年基本维持在19%左右。部分机构对跨境担保等较为单一的集团内联动业务依赖程度较高，本地服务能力亟待提升。

✓ 尝试通过考核手段推动跨境担保业务占比过高的机构降低对集团内联动业务的依赖。

关注信贷久期结构

➢ 避免资产规模和盈利能力的大幅波动

✓ 调整信贷久期结构，保证资产业务的均衡与稳定发展，避免资产规模和盈利能力的大幅波动。

✓ 在美元加息背景下，适度控制中长期资产，合理确定中长期贷款的定价方式，及时对冲利率风险。

3.4.2 注意资金来源的期限错配，防范流动性风险

现状和问题：

自主筹资能力有所提升。截至6月末，境外机构自主筹资比例达到62.1%，较年初提高5.35个百分点。

非人民币资产负债期限存在一定错配。截至6月末，境外机构1个月以内和1年以内累计非人民币流动性缺口分别为407亿美元和687亿美元。

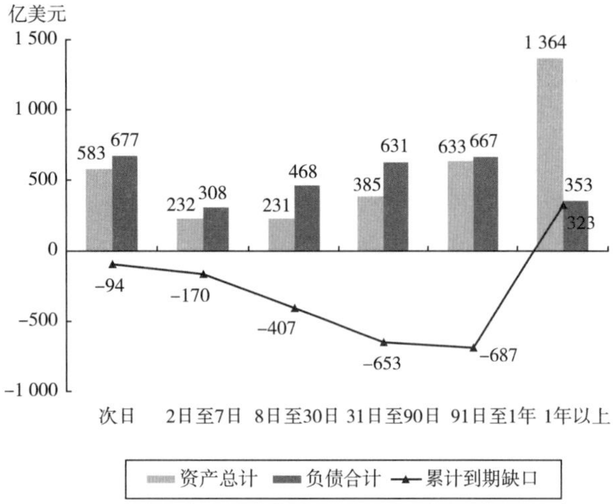

2017年6月末境外机构非人民币资产负债分期限错配情况表

下一步措施：

合理把握资产业务发展节奏，避免低收益资产快速扩张，实现资金来源与资金运用的合理平衡。

高度重视存款工作，在美元加息背景下，加大中长期存款和储蓄存款揽存力度，夯实稳定资金基础。

把握时机提前筹措中长期资金，优化流动性缺口结构。

多措并举加强流动性风险管控，通过资金拆借、流动性支持承诺、人民币国债转让等形式向境外机构提供流动性支持，指导境外机构完善流动性压力测试方案和应急预案等。

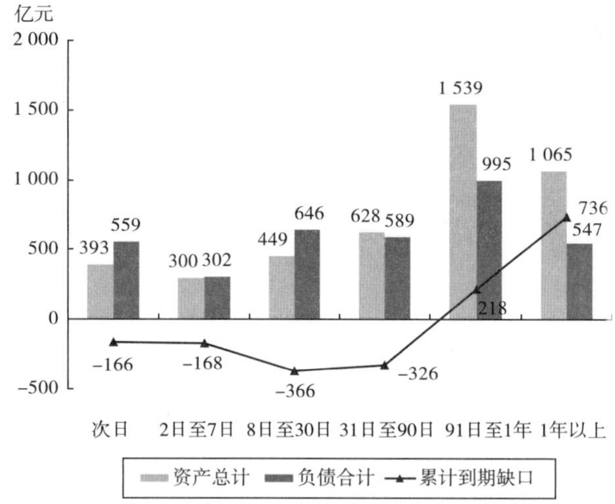

2017年6月末境外机构人民币资产负债分期限错配情况表

3.4.3 根据境外分行经营环境，有选择有重点地发展投行、资产管理等高附加值业务

现状和问题：

重点产品线境外延伸有序推进，本地化综合服务能力方面还有待提升。

高附加值业务有待提速发展。截至6月末，境外机构实现利息净收入19.53亿美元，同比增加16.94%，营业收入占比64.43%。境外机构业务模式仍以资产拉动型为主。

手续费佣金收入占比长期徘徊。过去5年，境外机构手续费佣金净收入在营业收入中占比一直在18%－20%徘徊，上半年手续费佣金收入为19.42%。

下一步措施：

金融市场

✓ 发挥特色机构优势开发大宗商品和交易类产品，支持境外机构发展离岸人民币做市交易，加强境外外汇买卖及避险衍生产品业务拓展。

✓ 督导交易中心提高报价竞争力、时效性和服务水平。

✓ 加大对工银标准的帮扶。总行金融市场部等部门和机构要继续按照市场化原则，积极扩大与工银标准业务合作，加快IT系统整合，支持其巩固来之不易的扭亏局面。

资产管理

✓ 加快研究通过全球资管平台支持其他境外机构产品研发销售、风险控制的一体化运作方案。

✓ 充分发挥工银亚投平台作用，大力发展资产管理业务。

资产托管

✓ 将QDII/QFII/RQFII/　主权投资类机构作为营销重点，全面推进新型全球托管产品，加强与主权类投资机构的接触，争取跨境投资托管委任。

✓ 启动工银金融托管业务平台建设。

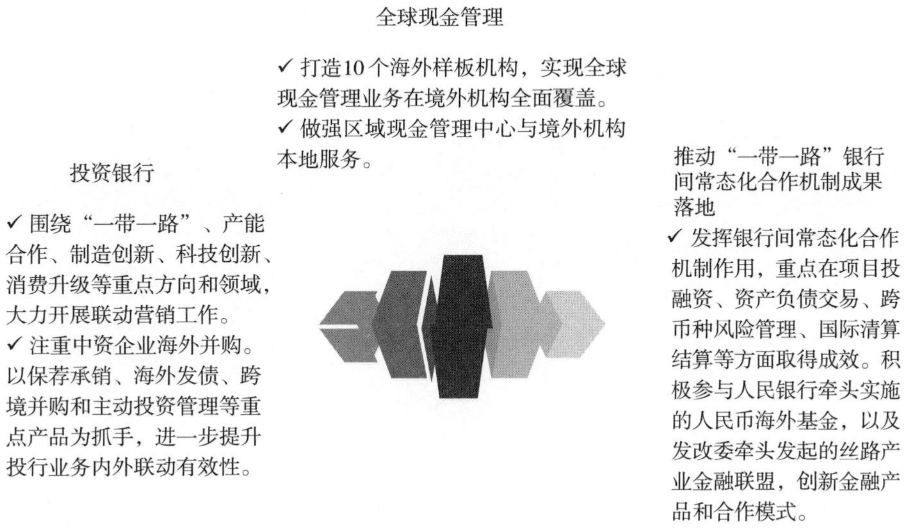

3.4.4　推动全球客户统一营销，提升集团全球服务能力

深化推动总行级战略客户的全球客户统一营销工作。以全球统一授信、全球现金管理、跨境并购、海外发债等产品为依托，积极推动跨境联动营销工作。

做好全球统一视图的建设推广。在试点重点客户全球统一服务方案基础上，加快全球客户统一视图和客户贡献度评价体系建设，努力实现“客户一点接入、全球统一服务”目标。

推进境外机构公司客户经理队伍建设，建设集团跨境联动营销网络和柔性团队。

打通制约联动效率的“最后一公里”，将简约、直观、能推动内外联动作为制度安排的出发点。

3.4.5　探索境外机构与专业化融资之间的机制化经营协同

进一步加快区域化专业板块建设。结合境外机构的区域优势和专业特色，加快建设一批境外区域化专业板块，统筹打造成为全行“前台”。与境外机构共同完善产品营销、风控体系、人员配置等，带动境外机构形成专业化、集约化的经营模式。

建立专项融资与境外机构之间贷款分销的清晰机制，准确反映境外和总行各盈利单元的业绩。

3.5　渠道转型与人员结构优化

3.5.1　抓紧落实 e－ICBC3.0 智慧银行发展战略

e－ICBC3.0 战略是当前我行面临内部谋求转型变革和外部竞争挑战加剧的双重压力下，总行党委做出的重要战略决策，是全行未来转型成败的关键所在，是全行体制机制改革的突破口。目前《e－ICBC3.0 战略实施方案》已启动实施，要以支付、融资、理财、账户等领域重点项目作为战略实施的切入点和突破口，加快推动战略落地，争取尽快见到成效，以互联网金融的新创造、新实践开创改革发展新境界、新气象。

（1）构建智慧银行的组织架构、体制机制与资源保障

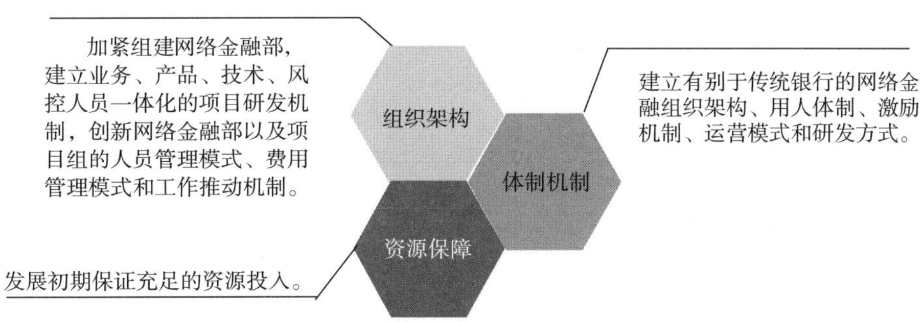

（2）进一步明确三大平台定位

加大场景创新和拓展，要按照易董事长提出的“以我为主、互补合作、错位合作”原则，开展跨界合作、场景对接，通过“走出去”输出我行金融服务能力，通过“引进来”引入合作方应用场景与我行金融服务有机融合，构建“场景信息、场景金融、场景生态”有机结合的互联网金融生态圈。

围绕“三融”平台定位，坚持金融交易核心功能，持续提升融 e 行线上获客能力和客户活跃程度；聚焦客户需求，形成融 e 购核心行业优势，构建特色化金融服务体系；依托融 e 联公众号开放平台，加快我行特色应用整合与重构。

加大宣传力度，在行内外营造声势。

3.5.2　网点布局优化与转型建设进展情况

线下网点是我们的传统阵地和基本优势，必须守住和用好。在不断创新互联网金融模式，打造线上服务优势的同时，始终不能忽视线下网点的布局优化、服务改进和竞争力提升。下一阶段要坚持市场导向、问题导向，加紧做好网点布局优化、轻型化智能化建设与网点岗位设置和优化等几项重点工作。

（1）加快推进网点布局优化

上半年全行网点布局优化进展情况

分行	任务数	已完成	完成率	实施中	分行	任务数	已完成	完成率	实施中
江苏	5	12	240.0%	26	湖北	10	3	30.0%	24
陕西	4	7	175.0%	0	广东	10	3	30.0%	11
黑龙江	8	13	162.5%	10	甘肃	4	1	25.0%	4
厦门	3	4	133.3%	3	福建	5	1	20.0%	0
重庆	4	5	125.0%	5	吉林	6	1	16.7%	14
江西	4	5	125.0%	4	安徽	6	1	16.7%	0
浙江	6	7	116.7%	43	贵州	6	1	16.7%	0
北京	10	10	100.0%	0	辽宁	7	1	14.3%	27
上海	7	7	100.0%	24	四川	9	1	11.1%	17
青海	2	2	100.0%	1	山西	4	0	0.0%	22
广州	6	5	83.3%	3	苏州	2	0	0.0%	8
宁波	3	2	66.7%	5	内蒙古	5	0	0.0%	7
青岛	3	2	66.7%	5	山东	7	0	0.0%	7
河南	10	5	50.0%	42	广西	10	0	0.0%	3
河北	6	3	50.0%	55	海南	2	0	0.0%	3
深圳	4	2	50.0%	3	大连	3	0	0.0%	2
新疆	2	1	50.0%	9	宁夏	4	0	0.0%	0
天津	6	2	33.3%	2	云南	4	0	0.0%	0
湖南	3	1	33.3%	9	全行	200	108	54.0%	398

（2）存在主要问题

① 目前全行低效网点数量偏多、占比偏高

全行低效网点共有2 803家，占比16.9%。根据近年来对各分行低效网点蹲点分析和驻点帮扶的实践来看，上述大约1/3的低效益网点是可以通过内部管理提升（如更换网点负责人、强化营销服务等）实现效益改善的，剩余约1 200家低效益且资源匮乏网点可以重点实施网点布局优化。

② “两个不足”

一是对实质和迫切性认识不足。当前网点布局优化的实质是通过线下网点渠道的布局调整及持续的改造、优化、升级，进一步增强网点客户资源的挖掘、获取、拓展和价值创造能力，从而巩固和提升我行在城市经营的基础战略优势。目前，对城市在空间结构、功能拓展、人口迁徙等方面呈现出的新动能、新趋势缺少深入分析，不能准确响应客户资源变化。

二是对核心任务把握不足。当前网点布局优化的重点是拉开城市整体框架，从各个功能板块的分布和特点出发，将网点资源从高密度、资源匮乏、增长缓慢的功能板块向金融资源富集、增长较快的新兴区域、活力区域迁移，这种迁移需要超越传统认识上对“老城区”的划分和理解，改变单纯“压降老城区网点占比”的认知。

③ “四多四少”

在实际迁建优化中，普遍存在“被动迁址优化多、主动战略优化少，单点布局优化多、区域协同优化少，主观经验判断多、科学量化方法少，重点城市租赁网点多、购置网点少”，对“进哪里、如何进、何时进”缺乏系统规划和统筹管理，战略性、前瞻性、协同性、科学性亟待加强。

④ 网点资源配置总量稳定，但立项实施进度缓慢

2017年上半年全行网点装修改造进度统计表　　单位：个

机构	实施进展								机构	实施进展							
	立项	财审	集采	施工	完工	合计	预算执行进度	未提交财审占比		立项	财审	集采	施工	完工	合计	预算执行进度	未提交财审占比
山东	32	6	102	0	0	140	0.0%	23%	吉林	22	4	0	8	5	39	0.0%	56%
河北	84	13	4	9	11	121	0.0%	69%	内蒙古	27	6	1	3	0	37	0.0%	73%
湖北	76	5	19	3	14	117	0.0%	65%	安徽	17	0	4	11	3	35	0.0%	49%
河南	36	44	3	12	13	107	0.0%	33%	重庆	27	0	1	0	5	33	3.8%	82%
广东	7	56	35	2	3	103	0.0%	7%	云南	20	2	1	1	0	24	0.0%	83%
北京	11	13	5	14	37	80	6.9%	14%	青海	9	9	0	3	0	21	0.0%	43%
湖南	44	13	15	4	0	76	0.6%	58%	广州	20	0	0	0	0	20	0.0%	100%
江西	22	17	6	5	22	72	1.0%	31%	宁波	4	2	7	3	4	20	21.5%	20%
四川	30	9	22	8	1	70	6.7%	43%	大连	10	0	1	1	5	17	11.1%	59%
陕西	37	7	4	3	17	68	16.8%	54%	深圳	0	3	0	5	7	15	0.0%	0%
福建	55	6	0	2	4	67	1.3%	82%	苏州	8	4	0	2	1	15	0.7%	53%
贵州	49	3	5	8	2	67	1.1%	73%	海南	8	2	1	1	0	12	0.0%	67%
辽宁	4	8	27	21	7	67	4.8%	6%	青岛	5	2	5	0	0	12	0.0%	42%
上海	27	13	2	15	8	65	0.0%	42%	天津	5	0	2	1	4	12	0.0%	42%
浙江	24	2	9	8	7	50	0.0%	48%	新疆	2	1	3	5	0	11	0.0%	18%
江苏	19	12	12	4	2	49	0.0%	39%	甘肃	3	1	0	6	0	10	0.0%	30%
黑龙江	29	4	0	5	10	48	15.5%	60%	厦门	7	0	0	0	0	7	8.8%	100%
山西	41	1	4	0	0	46	20.0%	89%	宁夏	1	4	0	0	0	5	0.0%	20%
广西	28	10	2	0	5	45	0.3%	62%	总计	849	282	302	173	197	1803	2.6%	47%

2017 年度，营业用房投资预算专款专用，原则上只能调增不能调减。截至 6 月底，全行新增营业用房投资预算执行率为 2.6%，全行 21 家分行营业用房预算使用进度为 0，没有列账。

全行网点建设项目立项实施进度慢。截至 6 月底，尚处立项阶段（未进入财务审批阶段）项目 849 个，占比 47%；财审阶段的 282 个，占比 15%。完工项目为 0 的分行有 13 家，分别为山东、湖南、山西、内蒙古、云南、青海、广州、海南、青岛、新疆、甘肃、厦门、宁夏分行。

要按照新下发的网点装修设计标准手册，抓紧赶上进度。

下一步措施：

1. 定方向 编制《网点布局优化规划（2018—2020年）》，综合考虑全行低效网点分布情况及全行网点密集度情况，到2020年底前，全行将重点对1 200家（其中位于4家直辖市分行及80家重点城市行的有1 000家）经营效益低下且资源匮乏的网点实施布局优化调整，持续提升网点布局与经济金融资源匹配度。
2. 抓重点 推动部分重点城市行启动实施网点布局优化示范项目。从制约网点布局优化的重点领域、重点问题、重点短板入手，围绕专项课题开展攻关，发挥重点城市标杆示范效应。
3. 强主体 强化一、二级分行渠道建设管理责任，构建以二级分行为主体的管理体系，明确其主体责任。
4. 优方法 以构建网点布局优化中观模型工具为突破重点，从功能定位、产业聚集度、人口流量变化、配套设施成熟性、同业竞争强度等维度入手，编制城市功能板块准入退出指引，建立功能板块分级分类评价体系。
5. 转模式 加强网点选址储备机制建设，跨部门联动建立网点选址推介评估机制。积极探索建立网点固定资产等相关费用切块管理机制，建立“一次审批、一次采购、一次验收”的网点建设管理流程，提升网点迁建效率。

（3）总结经验，有针对性地完善网点智能化建设

截至 6 月末，全行投入运营的智能化网点达12 811家，覆盖率达 80%，上半年累计新增 1 814 家，完成全年任务目标的 60%。全行核验类迁移率已提升至 58%，比去年同期提升 9 个百分点；智能化网点网均压降柜员 1.01 人。

上半年全行智能化网点建设情况

分行	智能化网点数	核验类迁移率	网均压降柜员	分行	智能化网点数	核验类迁移率	网均压降柜员
安徽	327	41%	0.98	内蒙古	132	53%	1.23
北京	490	60%	1.55	宁波	153	42%	1.47
大连	147	62%	1.18	宁夏	79	62%	1.39
福建	258	49%	1.26	青岛	119	61%	0.97
甘肃	308	64%	1.06	青海	81	67%	0.83
广东	900	61%	0.89	厦门	65	51%	1.16
广西	385	59%	0.72	山东	896	78%	0.76
广州	342	67%	1.52	山西	441	40%	0.34
贵州	272	68%	0.41	陕西	292	54%	1.14
海南	114	66%	0.32	上海	444	49%	1.57
河北	604	57%	0.87	深圳	136	76%	2.76
河南	512	63%	0.92	四川	533	57%	0.86

续表

分行	智能化网点数	核验类迁移率	网均压降柜员	分行	智能化网点数	核验类迁移率	网均压降柜员
黑龙江	482	58%	0.59	苏州	73	53%	1.10
湖北	630	49%	0.80	天津	188	42%	0.62
湖南	395	46%	1.34	西藏	5	44%	3.25
吉林	278	64%	0.93	新疆	167	51%	1.12
江苏	791	59%	0.71	云南	263	54%	1.12
江西	307	46%	1.17	浙江	564	66%	1.66
辽宁	390	54%	0.91	重庆	248	55%	1.22
				全行	12 811	58%	1.01

智能化是为了提高服务效率，改进服务体验。

要充分尊重和适应不同客户的渠道偏好和行为习惯，注重客户的服务体验，不能为智能化而挤走客户。

要加快建立完善全渠道的客户服务评价体系，逐步将评价结果作为对各渠道、各专业服务营销工作的重要考核内容，并注重渠道间的考核平衡和协同问题。

要着眼于智能化服务模式下风险环节的变化，抓好岗位、制度、流程的配套，及时调整跟进管理措施，既充分利用高效、智能的服务吸引客户，又管好、管住智能化模式下的风险。

3.5.3　网点岗位设置与劳动组合优化下一步方向

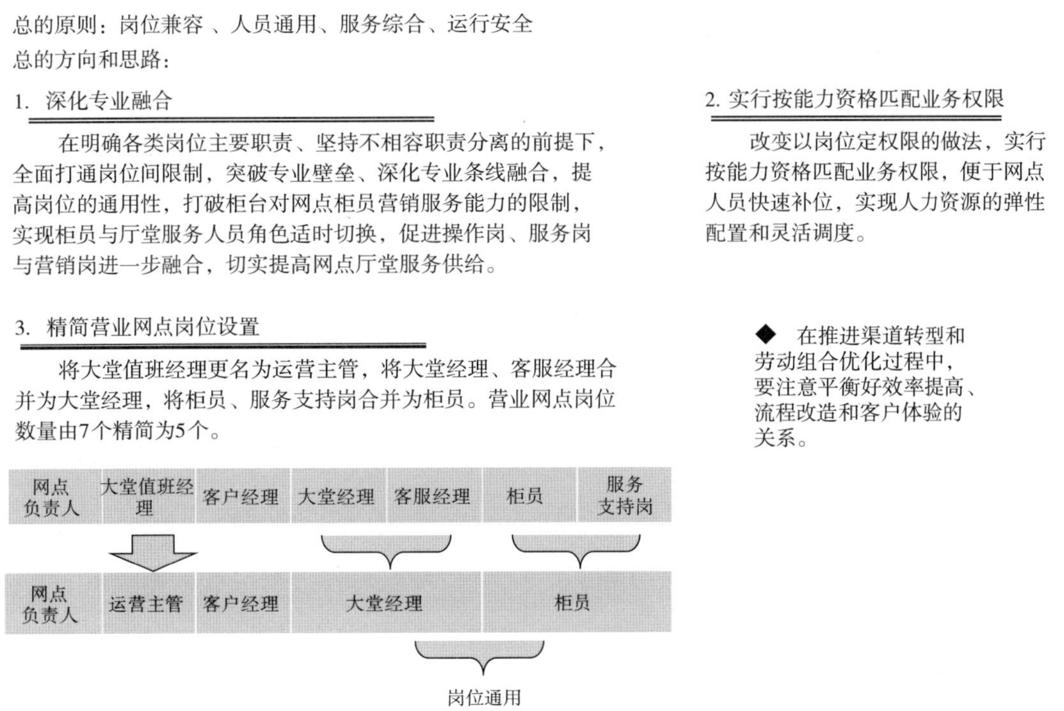

3.5.4　做好人员结构调整工作

上半年，各机构按照总行部署，认真编制“人力资源两张表”，稳步有序推进人员优化配置和结构调整工作。截至6月末，调整优化各类人员1.36万人，完成全年任务的59.13%。

网点人员总量及结构持续优化

✓ 通过网点撤并、智能化、轻型化等渠道优化和劳动组合优化，网点人员净减约7 300人，柜员净减约7 900人。

✓ 网点大堂服务人员净增约3 200人，智能化网点客服经理岗位设置逐步规范，大堂服务力量进一步增强。

重点条线人员进一步充实

✓ 客户经理及新兴业务条线净增约1 000人，履职能力进一步加强。

✓ 信贷客户经理配备约1.35万人，不良资产处置团队增配人员约900人。

✓ 各机构新设投行、资管、同业、互联网金融等各类新型团队182个，增配专兼职人员约1 300人。

✓ 采取内部挖潜、优化转岗等措施，加快客户经理队伍更新置换，客户经理持证率及管户水平明显提升。

✓ 加强员工适岗培训，采取差异化培养策略，帮助转岗员工提高适应能力及岗位技能。

✓ 以需求为导向，确定人员供给方式及数量，实现人员供需精准对接，确保人岗匹配，人尽其用。

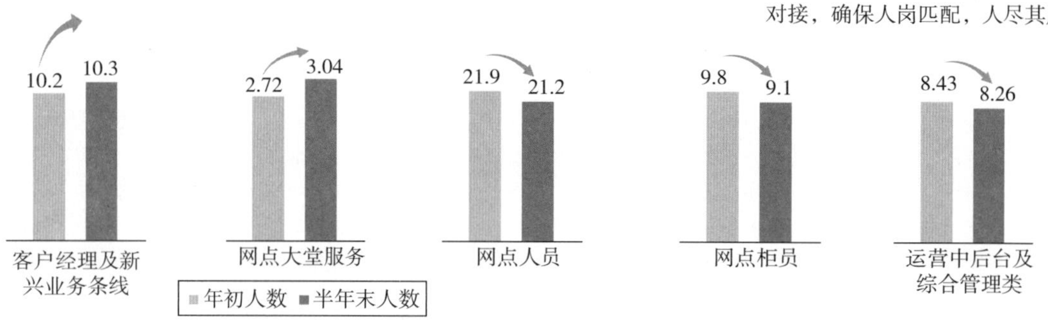

下一步措施：

✓ 启动2018—2020年人员规划编制

• 科学测算未来三年人员总量目标，对重点区域、层级、条线和岗位的人员进行明确规划，完善配套措施。
• 研究编制2018 年度用工计划，完善以岗位需求为导向的招聘模式，启动2018 年招聘。

✓ 用好2017年新增人员

• 统筹做好投放规划，对重点大中城市行、有较大发展前景或人员紧缺的县域机构，适当加大新增人员投放力度。
• 部分专业背景相符、综合素质较高的新招聘大学生，视情况直接投放到新兴业务及前沿技术领域。
• 密切跟踪新招聘大学生投向及后续使用情况，完善入职面谈制度。

✓ 加强对各条线各岗位人力资源占用情况的分析

• 总分行协同配合，从岗位设计、工作流程、作业内容等方面入手，发现和破解人力资源耗费的制度障碍和瓶颈问题，更加精准高效地配置人员。

✓ 着力加强队伍建设

• 重点加强客户经理、产品经理、网点负责人、大堂服务团队、柜员、不良资产清收处置团队等队伍建设，为全行业务发展提供坚实保障。

3.6 信贷资产质量管理

3.6.1 2017 年第三季度信贷资产质量管控目标

不良贷款率、劣变额、剪刀差、逾期贷款余额和新发生逾期额五项指标均比第二季度进一步下降。

第三季度控制目标	比第二季度末
不良贷款余额 2 180 亿元	增加××亿元
不良率 1.55%	下降××个百分点
贷款劣变 450 亿元	减少××亿元
“剪刀差”700 亿元以内	减少××亿元
逾期贷款余额 2 880 亿元	减少××亿元
新发生逾期额 950 亿元	减少××亿元
清收处置 520 亿元（常规处置 200 亿元、批量转让 210 亿元、创新处置 110 亿元）	增加×亿元

3.6.2 持续抓好防逾期、控劣变工作

（1）抓实重点风险领域排查与化解、有效防控贷款劣变

1 加强潜在风险融资化解力度

✓ 对以下客户进行重点关注，各行要做好风险预案，有效化解风险：

- 加大“剪刀差”压降力度已有逾期借据的客户以及2016年以来发生过逾期欠息的客户
- 进行过结息周期调整、目前分类为正常关注且不逾期的客户
- 存在交叉违约、运营困难等多种实质违约风险的客户
- 做过期限调整、展期、重组、再融资，但目前分类为正常关注且不逾期的客户

2

✓ 总行将继续强化逾期贷款的风险成本管理，对逾期60天以上未纳入不良的公司贷款，按照20%的比例模拟计提减值准备

3 关注金融资产服务业务风险

✓ 对金融资产服务业务存量风险，要按照表内外一体化管理，严格防范交叉违约风险传染

4 建立九大重点风险领域动态排查的工作机制

✓ 持续对九大重点领域存量客户进行风险排查，及时落实风险缓释措施，加强相关领域风险分析研究，及时发现新的风险隐患和趋势性问题：

- 存在偿债能力不足、资金结算大幅下降等风险特征的固定资产支持融资业务
- 存在经营性风险的批发贸易类客户
- 小企业关联体过度融资
- 存在评级较低的关联保证、小企业集群联保业务等高风险保证融资业务
- 存在资金结算异常的风险客户融资
- 涉嫌存在虚假贸易背景等问题的供应链融资
- 大额亏损企业融资
- 存在严重过度融资的客户融资
- 三四线城市商用房抵押小企业贷款

（2）总分行协作，尤其要落实好一级、二级分行信贷资产质量管理和信用风险监控的主体责任

3.6.3 全面提升不良资产经营管理水平

上半年处置结构有所优化、处置损失率下降，但清收处置工作中，部分工作环节、部分机构、部分业务板块仍存在薄弱环节。

✓ 部分机构清收处置工作的统筹性、计划性、主动性不够

- 部分机构特别是不良资产大行，表内不良贷款与表外受托资产、批量转让与常规处置、常规处置与创新处置间统筹谋划推进不够，进度不平衡。
- 上半年各分行不良资产处置团队人员增配工作已落实人员842人，尚有人员缺口849人。

✓ 受托资产处置，尤其是平台包受托资产处置推进不力，序时进度不理想

- 年初总行下达了385 亿元的受托资产处置计划（平台包285 亿元），其中清收计划任务在20 亿元以上的分行7家、在10 亿元以上的分行15 家；下半年处置任务265 亿元，其中平台包219 亿元，是上半年收回金额的3.3 倍。

✓ 法人客户不良贷款重组转化成效下降

- 法人客户不良贷款重组转化金额仅25 亿元，同比减少88 亿元，影响了不良贷款常规处置总体成效。

下一步措施：

强化常规处置，完成下半年400亿元处置计划。

加大创新处置，拓展不良资产经营管理新途径。

加强对地方政府、所在地优质国有企业及行业龙头民营企业的营销力度，在政银企合作积极、风险资产并购基金等模式基础上，推动创新处置；充分利用投行手段、集团客户资源，引入战略投资者促成其对目标资产进行重组并购。

进一步做好不良贷款证券化处置。

争取证券化方式处置法人、个人、信用卡不良贷款合计金额不低于90亿元，11月底前完成项目发行；总行要研究制定不良贷款证券化业务管理办法，完善配套系统功能。

进一步做好不良资产价值评估，严防道德风险，提升处置回收率。

要重视和完善估值体系，推进批量转让精细化处置。

加快受托资产处置，平衡好加快处置与提高回收率的关系，全力避免二次处置损失。

加大追索力度，重视和提高账销案存资产处置收益。

3.6.4 持续推进资产质量管控长效机制建设

（1）全面推进信用风险人格化授权，发挥“专家治贷”效能

在重点城市行全面推进人格化转授权工作，按照“定机构、定对象、定品种、定额度”的“四定原则”确定基本框架，按照“下管一级”的原则，突出主体责任，实施一级分行向重点城市行的人格化转授权。

严格人格化授权的前提条件落实。以成立授信审批部或审查审核中心为前提，配备专门项目调查评估、审查审核队伍，建立专门信贷审查委员会或信贷审议小组，履行集体审议程序。

加快研究人格化授权对象激励与约束机制。鼓励一级分行在辖内研究制订人格化授权对象管理方案或细则，先行先试。

（2）运用存量移位管理工具，持续优化信贷结构布局

突出“主动移位、精准移位”，做实做细重点移位客户池管理，提升低信用等级客户流动资金贷款及国内贸易融资周转效率，加快腾退低效低质客户资源占用。

将移位成效与新增规模配置挂钩，对移出效率低的分行适度扣减新增贷款规模，对移入管理效果佳的分行适当增配新增规模，奖优罚劣。

落实分行主体责任，完善存量移位与增量并轨管理机制，做到按月分析、按季度通报，对监测问题实施闭环管理，持续优化信贷结构。

完善对钢铁等产能过剩行业、钢铁上下游行业、煤炭产业链等行业移位管理方式。对生产型行业，坚持“有保有压、扶优限劣”的信贷原则，加大对行业谨慎类、退出类客户的融资管控力度。对贸易领域，除适度进入类及以上客户不纳入限额管理外，对其他客户采取合理的总量控制措施。

（3）加强信贷文化建设、推进从严治贷“四严”主题活动进一步落地

营造信贷文化建设良好氛围，通过多种方式宣传信贷文化内容和先进事迹，加深全行对信贷文化的理解和认同。

继续重点组织好信贷风险领域专项治理、突出问题重点排查和整治工作，总行将对部分分行开展现场督导。

（4）深化信贷体制机制改革，提升信贷经营活力与效率

第一批8家试点行要抓好实施，总行已确定8家第二批试点行名单，下半年要抓好落地，稳步推进机构调整工作，做好法人客户分层营销、分类管理工作。

统筹好“三中心、两团队”（大客户中心、小微中心、个贷中心、信用风险监控团队、不良资产处置团队）建设，在“法人分层、小微专营、零售下沉”的框架下，统筹风险管控模式，有效管控风险。

制订实施二级分行信贷经营能力提升方案，突出二级分行选人用人、市场营销、风险管控、指导监督、支持配合、机构管理责任六大职能，真正强化二级分行经营主体责任。注重发掘先进的经营管理经验，及时进行总结推广。

（5）加强境外机构和综合化子公司风险管控

各机构要建立新发起业务风险监控、潜在风险客户风险化解、不良客户处置三个梯度的监控体系。

加强重点业务领域的风险排查管控：一是跨境融资业务风险；二是簿记业务风险；三是本地信贷业务风险。

工银亚洲、工银安盛、工银瑞信和华商银行要加快推进实施统一授信；村镇银行要切实控制不良贷款激增的态势，力争在下半年将不良贷款率控制在合理水平；工银安盛和工银瑞信要进一步完善非标投资业务管理；工银租赁要加快大额不良融资租赁项目的清收处置，严控新增不良，力争年末资产质量实现双降。

3.7 强化内控案防及各类风险防控

刚刚闭幕的全国金融工作会议把“防控金融风险”列为当前金融工作的三大任务之一，强调要把主动防范化解系统性金融风险放在更加重要的位置，科学防范，早识别、早预警、早发现、早处置，着力防范化解重点领域风险，同时也进一步强调了要强化金融风险防范的主体责任。全行要深刻领会、认真贯彻落实好会议精神，按照董事长讲话所提要求，把防控风险放在更加突出位置，充分认识当前严峻的风险形势，扎实履行主体责任，强化各类风险防控，确保业务安全稳健发展。

3.7.1　切实提升案件风险防控能力

(1) 内控案防形势依然严峻

银行业案防形势更趋复杂

当前银行业案件风险高发，外部交叉性输入性风险的渗透压力依然极大，上半年，银行业案件风险主要分布在理财、现金、信贷、票据、同业业务、违规担保等领域，集中体现在虚构理财产品、盗窃现金、借款人身份造假、抵质押物造假、票据、同业违规开户及违规担保等环节，并呈现以下三个突出特点：

——理财销售领域发生的案件金额大、媒体关注度高。

——现金业务领域案件频发。

——票据业务领域案件频发。

监管环境日趋严格

从国际看，监管趋势正从属地机构问责向集团总部延伸追责，从关注单个违规问题向合规机制建设、合规资源配置转变。

从国内看，今年以来，监管部门高度重视案件风险方法，一大批监管新规集中发布，监管整治力度不断增强，监管处罚力度也在加大。

我行案防压力依然较大

上半年，我行发生案件和案件风险事件×件，同比下降×件，涉案金额同比减少×亿元。案件风险率为百万分之×，控制在监管标准以内（银监会核定我行2017年案件风险率为百万分之23.4）。虽然案件和风险事件数量同比有所下降，但与案防目标相比、与同业对比，我行案件和风险事件数量仍居高位，现金业务、信贷、信用卡等一些领域案件风险依然突出。

(2) 抓重点，做好综合整治和“十大”风险的深度治理

以综合整治工作和“十大”风险治理为抓手，持续推进案件防控和整改问责机制建设，确保不发生恶性案件和重大风险事件。

1　深入抓好综合整治工作。对整治工作中发现的问题和管理漏洞，各机构、各业务管理部门要落实“双线整改”，梳理整改项目清单，逐项制定整改时间表，防止出现自查报告上报后整治工作即结束的问题。各级机构要按照“新老划断、自查免责”原则，通过自查自纠方式进行查缺补漏，并将综合整治检查要点和典型问题融入日常检查和风险排查，建立长效治理机制。

2　深入抓好“十大”风险治理。要针对当前案件易发、高发的重点业务领域（如现金管理、信用卡分期、理财销售、非法集资等），再次梳理“十大”治理工作重点，逐条线推动各项治理措施不折不扣地落地实施，确保治理成效。特别是在理财销售领域，要严格落实“七条纪律”。

3　深入抓好印章综合改革。要将印章综合改革定位在管控关键环节重大风险的系统硬控制工程，从总行到分支机构，全行一盘棋，按照改革时间进度表，逐项推动改革措施落地见效，封堵违规用印和违规担保风险。

4　落实好外审配合。配合好审计署对我行的全面审计工作，做好相关审计发现问题的整改，提高内控案防水平。

(3) 抓长远，强化严肃问责、三道防线、案防机制和合规文化建设

1　强化从严问责。凡发生大要案、严重风险事件及性质恶劣、触及底线的严重违规行为，要严厉追究各机构党委的主体责任、纪委的监督责任，追究案发层级机构案件责任人员的责任，及一级机构涉案条线部门负责人、机构分管负责人、机构主要负责人责任，切实发挥“问责一个、警示一片”的作用。

2　真正夯实三道防线，尤其是强化“一道防线”的履职。要强化业务部门的风险履职能力，管好各自的“责任田”，做实风险防控第一道屏障，真正把风险防御在第一道关口之外。要强化二三道防线的作用，及时揭示、提示风险，及时监督整改，增强专业监督问责的严肃性、有效性。

3　优化案防工作机制，各级基层机构要健全案防分析会日常管理工作机制，建立案件风险评估控制平台。完善案件及风险事件的跟踪和后评估机制，加强对案件或违规问题核查、整改、问责全环节的跟踪管理。

4　要持续深入开展“执行强化年”主题活动，通过开展合规文化及新时期“十大禁令”直通式巡讲、合规文化课、“合规标兵”评选表彰，合规经理知识竞赛等活动，营造良好的合规文化氛围。

3.7.2 加强理财业务风险管理，防范交叉性风险

截至6月末，全行理财产品余额27 087亿元，理财投资品市值29 837亿元。理财业务相对于传统资产负债业务，具有产品结构复杂、杠杆较高、涉及环节多、底层资产不透明等特点。

下一步措施：

➢ 夯实第一道防线

✓ 增强前台部门的投研能力、投资决策能力和风险判断能力，从准入、授权、限额、审批、监测和投后管理等环节，切实提升第一道防线的实质性风险把控能力。

➢ 按照简单、透明、可控原则，加强理财投资管理

✓ 控制杠杆比率，不超过140%；简化投资层级，嵌套不超过两级；确需突破的，确保各层级均托管在我行；坚持信息透明，逐步打破刚性兑付。

➢ 加强合作机构管理

✓ 严格准入标准，前台营销部门要严格执行合作机构内部评级A+准入要求。

✓ 完善限额管理。总行资产管理部牵头合作机构投资限额管理，前台营销部门负责各自合作机构代理销售限额管理，在投资交易系统中要进行刚性控制。

✓ 加强交易监测。运用大数据技术提取合作机构交易行为特征，建立分析模型，防范可能的利益输送和道德风险。

✓ 加强合同管理。明确合作机构与我行双方责任义务和应急机制，确保我行权益。

➢ 将债券投资纳入全行信用风险管理体系

✓ 严格执行信用债统一管理办法有关规定，尽早实现系统控制。

➢ 进一步强化底层穿透管理

✓ 在实现余额穿透的基础上，实现底层交易明细穿透，确保各层级头寸准确、及时、完整。

✓ 开展底层债券交易的价格验证和异常交易排查，强化对底层投资品杠杆率、质押率、嵌套层级、投资集中度等风险特征的监测。

➢ 完善分行区域理财风险管理

✓ 严格项目选择、审批和投后管理。

3.7.3 切实防范境外合规与反洗钱风险

针对当前全球监管趋严，中资银行合规风险饱受关注的新形势，要持续推动完善集团合规管理机制，全面强化境外合规队伍建设，提升境外合规管理水平。

➢ 加强境外反洗钱管理。修订境外机构反洗钱考核办法，选取试点机构完成反洗钱监管制度梳理对标工作，探索建立常态化监管规则跟踪解读与对标分析机制；规范反洗钱合规官准入流程和考核标准；突出监管检查问题的整改落实。

➢ 持续完善境外合规管理体制。尽快印发《境外机构合规管理规定》，实施《境外机构合规体系建设规划》，夯实境外机构合规管理三道防线责任体系；同时，强化合规官管理，加强外派后备人员的储备与培养。

➢ 加快境外合规管理平台建设。加速境外合规管理系统（OCO）在境外机构的推广落地，年底前完成境外反洗钱监控系统推广任务。

➢ 加强合规人员履职能力与培训。对外派高管和业务骨干做到“逢派必训”，切实强化外派人员的合规风险意识和责任意识。推进集团合规要求落实和强化本地合规官协作支持。

➢ 切实加强境外机构保密管理，提高员工保密意识，强化保密纪律、严肃保密责任，确保信息安全。

3.7.4 做好税收重点稽查工作

国家税务总局对我行境内机构开展的税收重点稽查，已到现场检查的收尾阶段。各行要高度重视，在前期沟通配合的基础上，认真做好现场检查风险点的沟通协调工作，争取属地税务机关理解支持，努力化解并解决问题。

在中国工商银行2017年第三季度行务会上的讲话

谷　澍

（2017年10月16日·根据录音整理）

上午董事长就深化全国金融工作会议精神的学习贯彻、编制三年发展战略规划、做好当前重点工作做了全面部署。刚才几位行领导和相关部门也谈了很好的意见。下面，我根据董事长讲话要求，结合行领导和部门发言，再谈几点意见。

一、前三季度经营的特点与不足

第三季度以来，全行认真学习贯彻全国金融工作会议精神，积极落实年初和年中工作会议各项部署，坚持稳中求进，深化转型创新，严格风险管控，延续了平稳健康的发展势头。以下几个特点比较突出。

第一，盈利增长势头保持较好，财务回旋余地进一步增大。盈利较好势头主要体现在营业收入和拨备前利润增幅好于预期，分别增长××%和××%。今年我们营业收入增幅一直是可比同业第一，拨备前利润增幅上半年是第一，第三季度为第二，主要是因为主动多提了几十亿元的费用。如果还原这个因素，第三季度拨备前利润增幅我们也是可比同业第一。前两个季度，我们在完成主要经营指标的过程中，主要考虑的是拨备覆盖率尽快回到150%以上。到了第三季度，在利润指标和拨备覆盖率都达到阶段性目标的情况下，我们还能有余力主动多提了××亿元的员工工资性费用，因此前三季度工资性费用同比增幅达到了××%，比净利润增幅高出不少。财务上的回旋余地在不断增加。

第二，主要市场竞争指标创出新高。各项存款和一般性存款第三季度的当季增量，都是历年来同期最高。前三个季度的一般性存款增量创造了历史同期最好水平。从同业比较看，我行前三季度存款日均数和季末时点数都是四行第一。从期限结构看，活期日均存款的余额占比达到2012年以来的新高。

第三，资产质量持续改善。这种改善可以说是面子好，里子也比较好。面子好，是指不良率、劣变率、逾期率、剪刀差等这些外界比较关注的关键指标继续改善。里子比较好，是指不良贷款自身的结构也在改善。比如，剪刀差下降了将近一半，同时剪刀差的结构也有所优化，其中劣变压力最大的逾期60－90天贷款，从年初的450亿元降到120亿元左右；滚动收息问题全部解决；不良资产的清收处置结构也呈现好的变化，受托方式批量转让比例大幅下降，存量受托资产的清收进度在加快，第三季度单季处置额占前三季度处置总量的近一半，商业包批量转让在整体受偿率与去年持平的情况下，占比较去年同期提升15个百分点；潜在风险贷款压降了1 460亿元，提前完成全年压降计划。可以说，整个资产质量从基本面到内在结构都呈现改善态势。

第四，内控案防成效明显。截至今年9月末，全行共发生案件和风险事件××件，其中××件是去年发生的。和去年同期相比，实现了案件和风险事件数量、金额的同比大幅下降，也实现了我们年初制定的无重大恶性案件和风险事件发生的管控目标。全行扎实推进综合整治和专项治理，飞单、违规担保等突出问题得到有效遏制，风险管理意识和能力得到强化。

这些成绩的取得，得益于全行上下的共同努力。应该讲，今年以来全行见事早，行动快，该抓住的市场机会抓住了，而且行动比同业更快一些。比如NIM，今年以来的市场环境是有利于NIM稳定或提高的，各行的NIM都有所趋稳，但我们表现更好，NIM首次超过可比同业。这与我们年初就开始狠抓NIM稳定工作是分不开的。拿个人住房按揭贷款来说，我们是从去年11月左右开始发力的，今年以来一直优先保证按揭规模，前三季度新增了5 508亿元，增量和增幅保持了四行首位，改变了过去一直由可比同业领先的格局。今年个人按揭正好出现一个市场机会，利率由年初的普遍下浮，变为现在的基本上浮。如果我们等看到明确市场机会才下手去抓，抓的成效就未必那么快、那么明显了。再如金融市场部，前三季度实现净利润增幅31.49%，为全行利润增长做出很大贡献，主要就是每个步点基本都踩对了。第一季度创新开展线下同业业务，和机构等部门一起做了几千亿元规模，实现投资收益大幅增加。等中间市场出现几次阶段性机会的时候，又较好地和资负部配合做了策略调整，该鼓肚子的时候，把肚子鼓起来，抓住了一些高收益产品。下半年以来，又把握住了地方债发行规模扩大、税后收益也不错的市场机遇，既占据了地方债投资领先的市场份额，又为机构存款稳存增存创造了条件。如果一个步点、两个步点没踩对，整体算下来，净利润可能也有20%的增幅，虽然也算可圈可点，但这和增幅30%的含金量是大不一样的。此外，没有市场机会的领域通过努力也取得了比较好的业绩。比如存款业务，按理说整个社会存款和M2正相关。今年以来M2增速不到10%，创近年新低，但就在这样的情况下，我们存款增量创出新高，这就是全行发挥主观能动性创造出来的机遇。

在看到成绩、肯定努力的同时，也要看到工作中存在的差距和不足。主要有三点。

第一，中间业务收入增速不理想。上午董事长花了较多篇幅讲这个问题，客观原因尽管有，但与同业相比，我们也是有差距的。我们中收总量领先的优势从去年前三个季度的250亿元下降到目前的125亿元，下降了一半。按种类分析比较，差距较大的集中在以下几个领域。一是信用卡。信用卡业务今年总体做得不错，前三个季度实现收入226亿元，但可比同业信用卡收入达到258亿元，在各项中收中超出我们最多。分期业务方面，可比同业分期付款收入为137亿元，同比增加30亿元；我们分期付款收入是128亿元，同比增加4.9亿元，总量和增量都被超过。消费回佣方面，可比同业是90多亿元，我们是57亿元，差距近40亿元。二是对公结算。这一领域可比同业收入是115亿元，我们是90亿元。尤其值得关注的是电子商务领域的结算收入，我们同比增加7亿元，而两家可比同业分别增加23亿元和18.6亿元。从增幅来看，同业几乎翻番，而我们却只增了30%。为什么我们在这么一个相当具有发展潜力的领域，处于落后位置，需要认真总结和反思。

第二，信贷经营领域存在一些不足。今年以来信贷市场拓展和质量管控总体不错，但也有几个方面的不足值得关注。一是贷款投向结构比较集中。前三季度人民币贷款新增7 916亿元，其中个人住房贷款新增5 508亿元，公共设施贷款新增2 660亿元，公共交通运输贷款新增1 300亿元，这几个品种合计新增9 000多亿元，也就是说贷款投向结构比较集中。制造业贷款和小微企业贷款发展还有许多需要加强的地方，既有贷款投向结构上的问题，同时也关系到我们支持建设创新型引领的实体经济的能力，需要引起高度重视。二是贷款劣变没有得到根本改善。上午信管部讲到全行潜在风险融资××亿元，85%已经采取了多种缓释措施。从第三季度贷款劣变情况看，虽然同比、环比都有所好转，但幅度较小，改善效果不明显。后续贷款劣变控制压力仍然较大。三是信贷经营管理的架构还有待完善，尤其是二级分行信贷审查审批体系没有完全成型，信贷经营能力还有待提升。

第三，客户结构和服务改善还不明显。今年以来客户结构总体有所改善，尤其是互联网获客成效突出，年轻客户增加较多。但是从全行客户结构分析来看，包括四星级以上个人客户在内的优质客户占比没有得到明显提升。当然原因有很多，也可能是因为我们客户基数在增大，四星级以上客户增速没有客户总量增长快。另外，我们一些客户服务领域的改革措施推进落地不够快。如网点岗位设置和劳动组合优化改革，将网点7种岗位合并为5种岗位，能有效提高客户服务效率和体验。现在在一些分行进行试点，但从全行来讲推进速度还不够快。

经营中存在的这些问题，需要我们在下一步工作中有针对性地加以解决。

二、如何做好第四季度重点工作

关于当前及下一阶段的重点工作，董事长在上午的讲话中已作了强调部署，各部门各机构要认真抓好落实。这里，我主要结合第三季度工作特点和大家发言情况，强调七个方面的内容。

（一）做好年前工作的总体安排。财会部、资负部、信管部等综合部门要按照董事长提出的总体要求，进一步完善全年经营计划，并指导和推动工作目标落实落地。

关于财务指标安排。总的原则是要有管理弹性，要兼顾当前和长远发展。盈利能力指标特别是拨备前利润、营业收入是反映经营成长性的重要指标，进度要尽量往前赶，稳固四行第一位置。拨备、费用等指标要注重长远，保持一定弹性。

关于中间业务收入。要充分认识到中收总量指标对于商业银行自身转型和引导市场预期的重要意义，既自我加压，又理性作为，在确保四季度同业占比环比不降的同时，还要确保实现中间业务收入总量第一、第四季度手续费及佣金净收入降幅收窄两大目标。

关于信贷资产质量。与资产质量相关的指标比较多，每项指标中也可再细分为多项子指标，比如剪刀差可以按时间维度分为逾期小于30天、30－60天和60－90天。要坚持稳中有进、逐季改善的原则，即使做不到“满堂红”，各项指标都齐头并进、全面改善，至少要保证每季度都有几项指标较上季度有所进步，不能“开倒车”，不能大起大落。具体到当前，在确保不良贷款率到年底继续下降的同时，重点要稳住剪刀差，努力把大的向好趋势进一步延续下去，同时在结构上要继续改善，进一步减少逾期60－90天的剪刀差。

关于存款等市场指标。必须牢固树立争第一、保第一的志向，始终保持与工商银行整体实力和形象相匹配的地位和竞争力。尤其是存款增量指标，我们已有多年没有坐上过“头把交椅”，今年必须保住。这一点要求并不是说过分追求规模扩张，而是和我们存量存款总额同业第一的地位是匹配的。同时，这对提振全行做好工作的底气和信心也是极有裨益的。记得去年这个时候，我们都为同业迅猛的追赶态势感到紧张和忧虑。今年前三个季度情况有所好转，但我们存款总量领先可比同业的优势大概也就是2万亿元，2万亿元基本就是一个大行一年多的增量水平，所以万不可掉以轻心，刚缓过口气就忘了一年前的“难受劲”。还要强调的是，市场指标争第一、保第一是每年都要坚持的，不要怕今年得了第一基数高了明年不好干。去年，我们全力以赴，全行存款增长创了近年来最好水平，今年尽管第一季度数字不太好看，但经过全行努力，我们又在高基数上实现了新的更大提升。关键取决于真抓实干的决心和服务吸引客户的能力。资负部要会同个金部、公司部、机构部、结算部等前台部门，把年前最后两个多月工作统筹安排好、有序推动好。

（二）做好中间业务增收的组织推动。董事长关于中间业务收入止跌回升的要求和部署，各专业各分行要抓好研究分析、抓好落地实施、抓好进度完成。我重点就几个专业再提几点针对性要求。

一是信用卡专业。今年信用卡条线工作进展较好，消化了一些历史包袱，但仍有不少新增长点需要我们细分深挖，全年要坚决完成320亿元的中收任务。要一手抓分期。分行观念的转变要靠总行政策和措施的引导。信息科技部要加快研发投产汽车分期付款支持系统，满足业务管理和发展需要，纾缓分行对业务安全性的后顾之忧。资负部要继续为分期业务安排专项规模，给分行一个明确的发展导向和信号。一手抓消费回佣。从今年以来的业务发展态势看，抓发卡端比抓收单端效果要好一些，价改后消费平均回佣率从2‰上升到了4‰，也就是说只要保持原有的量收入就会翻一倍，潜力是很大的。从发卡端收入看，前三个季度增长状况整体不错，但距离领先同业仍差距不小。下一步要在财务资源上继续予以足够支持，包括“爱购周末”的费用要保证。从收单端收入看，由于收单商户回佣在借记卡方面采取“上封顶”的原则，收单端以量补价效果不一定很好，所以要把重点放在抓消费回佣上。

二是投行、资管和私银专业。这三个专业我放到一起讲。刚才几个部门谈了一些想法，我都赞成，这里再强调几个重点。资产管理部要注意比较各大类资产的收益和风险情况，动态调整大类资产摆布，特别是委外和我们自己客户的非标资产的投资。比如，非标项目的风险可控、收益高，我们就可以在非标资产占比离监管限度还有较大空间的情况下，适当提高非标资产配置占比。投资银行部今年很努力，虽然在收入上体现不充分，但在项目推荐上做了大量工作，数量较去年翻了一倍，值得肯定。可惜也有很多项目最后没做成，可能是因为收益水平相对较低。这些项目单独看是有收益的，但放到更大视野看，就存在一个好中选优的问题，毕竟我们的资金是有限的，是有机会成本的。下一步要在风险可控的前提下，加大收益水平较高项目的营销力度。在项目选择上要对分行多做一些指导，以免浪费分行过多营销精力，事倍功半。刚才投行部提出的考核问题请财会部认真研究，可考虑从明年开始，把投行收入与相关部门更紧密地捆绑起来。比如非标业务，资管部与投行部关联度就非常大，可以适当把资管部的非标利润与投行部的收入合理捆绑。又如针对工银租赁、工银瑞信等机构，也可探索与投行业务捆绑考核的可行性。私人银行部有关运作机制改革，深改办和私银部要抓紧推出方案，尽快落地实施。私人银行部付息成本和产品成本过高的问题也要引起高度关注，维护客户当然重要，但必要的收入对于发展的可持续性也很重要，不能光覆盖成本就行，两者要相得益彰。

此外，刚才监事长讲到资管业务要做量。做量就需要资金来源。资金来源，一方面靠一般性存款，另一方面也要争取行外资金。资管部、投行部也包括私银部，要把北交所的通道用好，现在各项手续都是完备的，上半年行领导就提出了要求，但到现在一笔业务都没有做。其他机构对我们推荐的项目不熟悉，投资的时候要求我们自有资金也跟投一些，比如刚才投行部提到的30%的跟投比例，只要是我们看准的项目，资管部是可以投一些的，要善于用别人的钱办我们的事，维护我们自己的客户关系。资管部和投行部要加强沟通协商，第四季度拿出一个北交所项目投资的具体工作方案，可拿出一定的跟投金额。

三是个金专业。今年个金板块收入下降大部分是客观原因，这点我认同。但代理基金销售这块，我们下降幅度超过可比同业，而且与资本市场走势也不完全一致，这其中原因也要总结。对这类业务，我们要看准大势、找准发力点。第四季度要把增收着力点放到基金代销上，加强对资本市场的分析与研判，结合旺季营销做大业务规模和效益贡献。代理保险逐季下降的势头也要认真分析，采取有效措施发力改善。

四是对公结算专业（含国际结算）。结现部和网络金融部要尽快摸清电子商务领域结算收入增长缓慢的具体原因，形成专题报告呈送行领导。这块业务潜力很大，结现部与网络金融部在调整职能、交接业务过程中，要把营销管理工作衔接好，防止形成整个局面的被动。另外，此前结现部分析过对公结算收入，落后于可比同业主要是我们费用减免较多造成的。前三个季度，我们相对可比同业，在对公结算收入上的差距有所缩小，表明专业条线做了很多工作，下一步还要强化对各分行的要求，做到收费水平和同业基本一致，避免减免过于随意。

五是公司专业。从前三个季度情况来看，公司条线情况不错，超额完成了中收任务，特别是担保和承诺增势良好，银团收入基本与去年持平。由于担保和承诺是有风险成本的，短期内扩张速度太快，可能就会蕴含一些风险。第四季度要重点在银团上再多做文章，多组银团，在支持实体经济的同时，也多获取些前端安排费。

（三）做好信贷市场的持续开发。前三个季度我们整个信贷投放的领域相对比较集中，在第四季度和明年，相关部门要按照董事长要求，切实做好信贷投放分品种分区域的平衡。我再补充几点。

关于信贷政策和布局。这项工作对全行有的放矢地开展信贷营销具有重要指导意义。要及早做好总体布局的研究规划，尤其在一些以往相对进入不足的领域要加大力度。比如，在医疗卫生等消费升级领域，我们近年来的贷款增长比较快，但与整个行业的增长率相比还有不小差距。又如，在智慧城市、旅游、教育等细分行业，也要加强信贷布局研究规划。

关于小微金融和普惠金融。这里重点强调一下与核心企业相关的供应链融资业务。通过将我行信贷系统与核心企业已有电商平台、ERP 系统或供应链管理系统进行对接，直接获取核心企业与上下游客户的真实交易、资金流及物流配送等信息，进而精准定位目标小微客户，这是小微金融发展的可行出路和重要平台。随着大的项目融资的逐渐“脱媒”，这项业务很可能也是银行信贷转型的重要方面。这项业务的发展，不仅有助于小微金融的发展，还涉及我们自身未来信贷业务的整体转型。公司部和普惠金融部对此要给予足够关注，两个部门要做好配合工作。

关于“一带一路”项目投放。之前我们已对“三个支撑带”、雄安新区、冬奥会等大项目做过多次研究布置，这里再说一下支持“一带一路”建设问题。我们目前对外对内谈得比较多的是储备了多少项目、多少金额，但到底落地多少谈得不多。专项融资部今后对外宣传可以讲储备项目情况，对内主要精力要放在项目落地上，加强项目的全过程跟踪营销。平时要更多关注项目贷款投放了多少、新增了多少。

关于存量信贷证券化。投行部作为牵头部门要与资负部一起做好研究分析，具体推进可视信贷投放和储备情况而定。新增贷款市场不足，或者存量到期以后再贷接续不上，这些工作就可以缓一下。如果我们储备的贷款很多，像个人住房按揭贷款还有近 2 000 亿元已批待放，就可以通过证券化把存量贷款“卖”出去，既能够维护客户，又可以腾出规模发展新业务。

关于第四季度信贷安排。一是在规模较紧的情况下，支持个人住房按揭贷款和信用卡分期的态度不能动摇，要一以贯之地做下去。二是做好对重点公司合作大户的信贷支持，这里说的“大户”，主要是指我们的战略性合作伙伴，特别是那些代发工资、结算以及各项配套业务都在工行的战略性客户，要优先相互支持。公司部在营销信贷过程中也要注意加强全产品推介，不能只提供贷款和债券承销服务，更要把优惠价格融资作为敲门砖，努力争取代发工资等配套服务。

（四）做好不良资产的清收处置。这里就讲一个问题，对分行打包处置的资产包，总行要做到提前介入、统筹安排，实现处置效率效益最大化。从第三季度情况看，全行出现了一些资产包流拍的情况，表面上看是竞价因素导致的，实际上背后也有我们前期准备不够充分的问题。对第三季度流拍的资产包，总行相关部门要指导帮助分行提出后续处置方案，并进一步加强对各分行打包处置的帮扶指导，提前介入，严格把关。

一是把握好资产包的组织条件。分行要合理安排批量转让资产包的申报进度，避免季末集中打包。总行相关部门要前置项目审查审批管理，明确组包选择和策略。对具备组织资产包条件的要抓紧组包，对资产相对容易处置、我们自己可以处置的要注意优选区分。

二是把握好不良贷款预计回收额的合理性。特别是那些损失比重较高的贷款更要重点评估审核。同时，不仅要关注资产包的整体回收额和受偿率，还要开包逐笔测算不良贷款预计回收金额和受偿比率，防止因整体受偿率尚可而掩盖单笔回收率偏低的问题，造成不该有的损失。

三是把握好回收率指标的真实性。要重点关注一些处置结构比较复杂的资产，是否存在为了完成回收率要求，而把一些中间业务收入混进来，或者在不同项目间腾挪收入等不实问题。

（五）做好金融市场业务发展的前瞻谋划。金融市场部要再接再厉，主动作为，前瞻谋划好三方面工作。

一是关于久期结构。要根据货币政策动向和市场利率走势变化，灵活合理安排投资策略，为确定资产久期结构特别是新投资产的久期结构提供依据和支持。

二是关于量价平衡。要重点思考如何匹配平衡好资金来源和运用，目前同业负债已降到 1 万亿元左右，占总负债比重为 5% 左右，在四行中占比算低的。如果合理吸收一些同业资金，同时在资产端可以找到合适的、支持实体经济的产品相匹配，虽然利差不是那么高，但也可以服务客户并获得一定收益。上午董事长指出，同业资产负债占比控制在 10% 以内，如何在这个比例之内协调好同业资金的量价运用，希望金融市场部统筹考虑。

三是关于债券承销。今年我们的相关业务有所减少，主要是客观方面的原因。下一步要比照对公司大户的信贷支持标准，满足战略合作伙伴客户的债券承销业务需求。同时，金融市场部要会同国际部做好熊猫债承销工作。这块虽然量不是很大，但象征性意义大。尤其是我们作为人民币大行，要积极抢占熊猫债承销业务的市场先机，这也是一个市场形象问题。要加大境外发行人熊猫债券主承销业务拓展力度，争取同业领先地位。

（六）做好客户基础管理。

一是关于线上获客。线上是我们获客的新途径和新手段，今年以来取得了显著成绩，个金部、网络金融部、管信部要做好后续跟踪，尤其要重点关注线上获客后客户活跃度、存款和金融资产增长、中间业务收入等情况的变化趋势，力争在价值创造上有新提升，做到既叫好又叫座，既增量又增收。相关部门也要加强协调，特别是个金部和网金部要配合好，在与外部机构开放合作中，不能影响我行自身平台和产品线的发展。

二是关于基础性业务拓展。现阶段，线上获客仍是辅助手段，我们不大可能把获客完全转移到线上。外部机构愿意与我们开展线上合作，实际上也是看中了我们通过线下培育起来的固有客户群。对此，大家务必要有清醒认识，在做好线上获客的同时，一些基础性业务如代发工资等源头获客工作不能有丝毫放松。特别是现在客户Ⅰ类账户只能有一个，这个是没法通过线上来完成的。对新入学大学生以及其他新开银行账户客户，线下的营销一点也不能够放松。

三是关于公司客户分层分类管理。要继续推动各行对优势产业和优质客户开展名单制营销。同时与对个人客户拓展的要求一样，要坚定不移做好通过工商注册、税务登记获客等基础性工作。

四是关于营业网点岗位设置与劳动组合优化工作。目前这项工作正在4家分行试点，要加快推进、持续完善，不能因为我们自己的内部分工导致窗口忙闲不均，影响客户的体验和感受，影响客户对工商银行品牌形象和服务能力的评价。要加快通过调整优化，进一步释放网点服务潜能，有效提升网点服务效率和水平，让客户真切感受到工商银行在服务上的显著变化。

（七）做好内控案防和安全稳定各项工作。

一是加快相关系统功能开发进度。要尽量通过系统硬控制来加强案防工作。比如，信用卡分期、印章管理、内部户挂账等，都要通过系统来加强管理、解决问题，不能满足于发一个制度办法了事，必须把管理要求转化为系统控制，从根本上增强风险管控能力。

二是突出推进综合整治问题整改。要在前期工作成效基础上，进一步巩固综合整治及重点领域风险治理成果。要开展整改评估工作，确保发现问题整改到位，坚决避免重检查、轻整改的情况。要深入分析问题的特征和规律以及背后机制上、制度上、IT流程上可能存在的系统性潜在问题，及时调整修正，建立健全长效机制。

总体上看，全行前三个季度取得了良好的经营成绩，我们要看到成绩和自身的优势，同时也要对问题和挑战保持清醒头脑，以钉钉子的精神，把问题一个一个持续推动解决，把全年工作收好尾，也为明年工作良好开局打下一个好基础。

在中国工商银行改革发展研讨会上的讲话

谷　澍

（2017年12月）

一、围绕支持经济高质量发展，做好明年各类资产配置

当前我国经济已由高速增长阶段转向高质量发展阶段。要围绕支持经济高质量发展要求，在落实好投融资一体化布局的基础上，着眼于提升配置效率、发展质量和经营效益，调整和优化表内外资产配置结构，努力推动资产业务从量的扩张向质的提升转变。

1.1　信贷和债券投资布局

1.1.1　近年我行信贷和债券投资增速的同业比较

信贷和债券投资是表内资产配置的主体。从近几年四大行比较看，我行信贷资产增速与同业相仿，债券投资增速落后于可比同业。

（1）信贷增长同业比较

我行信贷资产规模居四行首位。截至2017年9月末，四大行信贷规模从高到低分别为工行13.77万亿元、建行12.45万亿元、中行10.57万亿元、农行10.24万亿元。

我行信贷资产增速趋缓。2013年以来，我行集团各项贷款增速总体呈下降趋势，年均增长10.5%，分别低于农行和建行0.8个和1.4个百分点。2013年至2017年9月末，我行集团各项贷款增速排名分别位列四大行第2位、第3位、第3位、第3位和第4位。

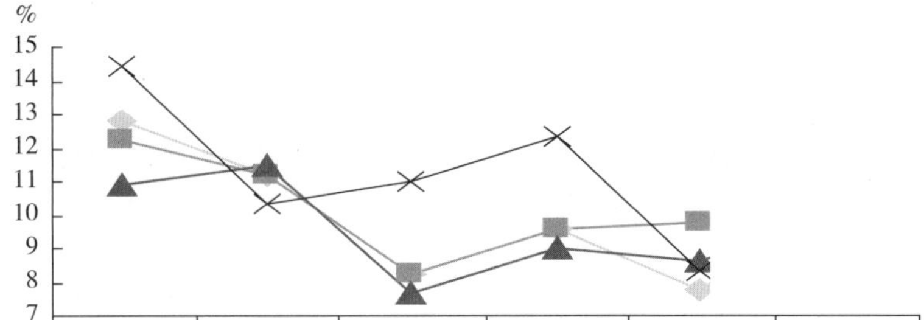

	2013	2014	2015	2016	201709	年均
工行	12.8	11.2	8.2	9.6	7.8	10.5
农行	12.2	11.2	8.2	9.6	9.8	11.3
中行	10.9	11.5	7.7	9.0	8.6	10.0
建行	14.4	10.3	11.0	12.3	8.3	11.9

2013 年以来四大行集团各项贷款增速情况

（2）债券投资同业比较

我行债券投资规模位居四行第二。截至 2017 年 6 月末，四大行投资规模从高到低分别为农行 5.64 万亿元、工行 5.52 万亿元、建行 4.51 万亿元、中行 4.35 万亿元。

我行债券资产占比位居四行第三。截至 2017 年 6 月末，四大行债券资产在各自总资产中占比从高到低分别为农行 27.4%、中行 22.4%、工行 21.6%、建行 20.5%。

我行债券投资累计增速位居四行末位。截至 2017 年 6 月末，四大行债券规模较 2011 年累计增速从高到低分别为中行 121.7%、农行 117.9%、建行 65.9%、工行 31.9%。在 2013—2014 年市场利率相对高点时，四大行规模年均增速从高到低分别为建行 14.1%、农行 9.0%、中行 7.2%、工行 2.4%。

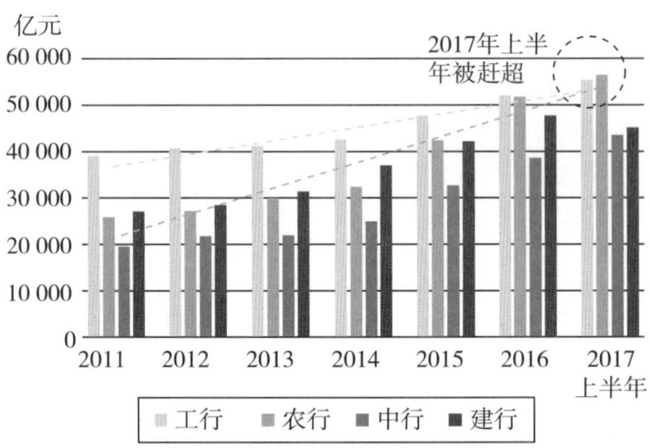

四行债券投资规模比较

1.1.2　资金来源是制约资产配置的主要因素

资金来源供给相对不足是我行债券投资增量占比和年均增速低于同业的主要原因。

2013 年以来，我行集团存款年均增长 7.6%，排名四大行末位，较四大行 8.5% 的平均增速低 0.9 个百分点。2013 年至 2017 年 9 月末，逐年增速排名分别位列四大行第 4 位、第 2 位、第 4 位、第 4 位和第 2 位。

2013 年以来，我行存款资金来源首先满足信贷投放刚性需求，债券与存款来源比例保持平稳，维持在 25% -26% 区间，而其他三行总体呈上升趋势。

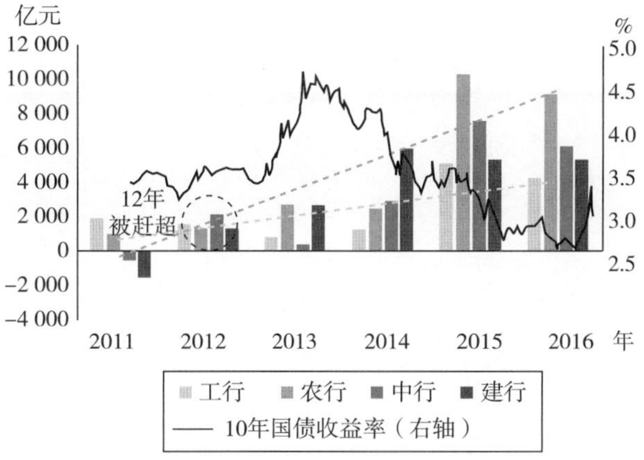

注：以上数据根据四大行年报整理，统计口径为集团本外币债券投资口径。我行规模数据为包含 SPV 的最大口径，2017 年 6 月末仍落后农行 0.12 万亿元。

四行债券投资规模增速与利率走势

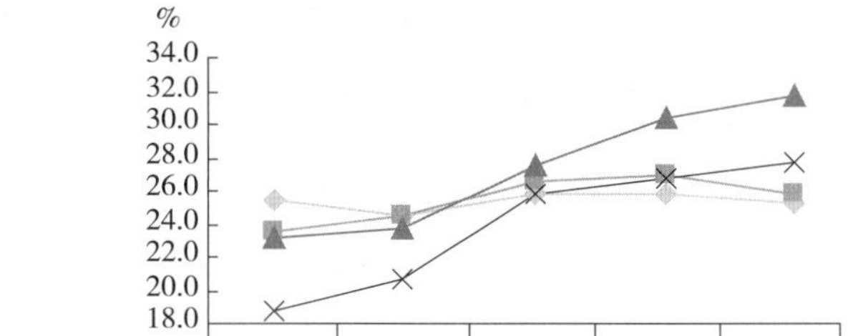

	2013	2014	2015	2016	2017
工商银行	25.5	24.5	25.8	25.9	25.3
建设银行	23.6	24.4	26.5	26.9	25.9
农业银行	23.1	23.7	27.6	30.4	31.8
中国银行	18.7	20.6	25.8	26.8	27.7

2013 年以来四大行各项投资占存款比例走势

2013 年以来四大行资金来源与资金运用情况表　　单位：亿元、%

项目	工行			农行			中行			建行		
	累计增量	占比	年均增速	累计增量	占比	年均增速	累计增量	占比	年均增速	累计增量	占比	年均增速
1. 资金来源	63 598	100.0%	7.6%	63 224	100.0%	9.4%	54 515	100.0%	8.7%	62 670	100.0%	9.0%
各项存款	56 867	89.4%	7.6%	55 072	87.1%	9.0%	46 625	85.0%	9.0%	51 595	82.3%	8.2%
同业负债	6 730	10.6%	7.2%	8 151	12.9%	14.0%	7 890	14.5%	7.3%	11 075	17.7%	15.7%
2. 资金运用												
各项贷款	51 858	81.5%	10.5%	40 835	64.6%	11.3%	38 635	70.9%	10.0%	51 362	82.0%	11.9%
证券投资	13 973	22.0%	6.4%	24 821	39.3%	14.1%	17 624	32.3%	13.1%	22 019	35.1%	12.7%
同业资产	3 721	5.9%	5.9%	2 264	3.6%	3.4%	261	0.5%	0.5%	−1 738	−2.8%	−3.8%

1.1.3　现阶段信贷与债券投资收益比较

前11个月我行人民币债券投资收益情况

	平均期限（年）	平均收益率	
		税前名义	税后还原
一、本年新增债券投资	××	××	××
1.1 地方政府债	××	××	××
1.2 国债	××	××	××
1.3 政策性金融债	××	××	××
1.4 非金融企业信用债	××	××	××
1.5 金融债	××	××	××
二、本年新增SPV投资	××	××	××
合计	××	××	××

人民币债券投资与信贷业务比较情况

项目	平均期限（年）	投资量/投放量（亿元）	不良率	平均利率
债券投资	5.22	14 297	0	5.38%（税后还原）
信贷业务	7.93	52 819	××%	4.70%
其中：对公贷款	4	39 605	××%	4.65%
个人贷款	19.39	13 213	××%	4.85%

目前税后还原平均收益率从高到低排序分别为地方政府债××%、SPV投资××%、国债××%、非金融企业信用债××%、金融债××%、政金债××%。

债券投资平均期限××年，比信贷业务的××年短××年。

债券投资税后还原平均收益率××%，比信贷业务的××%高××个基点。

银行账户人民币债券投资主要以具有免税效应、资本占用率低的地方债、国债（风险权重分别为××%、××%）为主，截至目前总行银行账户人民币债券投资平均经济资本回报率约为××%。

1.1.4　2018年我行大类资产配置的主要考虑

（1）提高总体资产结构对宏观经济变化的适应性

在稳健中性的货币政策和未来中长期直接融资扩大发展的背景下，债券利率与贷款利率的比价关系将逐步回归常态，未来直接融资与间接融资发展将更为协调。对我行来讲，随着地方债的大量发行逐渐替代政府融资平台贷款，以及大企业脱媒，对我行原有的优势信贷领域造成较大影响。我们必须主动顺应趋势，前瞻布局，在坚持投融资一体化格局下，综合考虑效益、风险和市场占比等因素，统筹做好各类资产布局，促进资产业务结构的优化。

（2）资产配置的原则

- ✓ 坚持投融资一体化布局；
- ✓ 统筹资金来源与运用；
- ✓ 统筹风险与收益平衡；
- ✓ 考虑市场占比和可持续发展平衡；
- ✓ 考虑当期收益和长远收益平衡；
- ✓ 考虑单项收益和综合收益平衡。

信贷方面：保持信贷总量适度增长，既是维护客户基础和市场地位的需要，也是落实现代化经济体系建设的重要责任。要继续坚持稳健发展原则，保持信贷总量适度增长；并通过深挖存量盘活潜力，统筹用好增量存量资源，增强信贷支持实体经济的能力。

债券投资：要主动顺应直接融资发展趋势，结合资金来源增长情况，继续通过优化资金摆布，加大对债券投资的配置力度。

资金来源基础：考虑全社会存款增长趋势，即使在全社会存款增速进一步放缓至8%～8.5%的情况下，我行按12%左右的存量市场份额测算，明年一般性存款增量仍需达到13 000亿元左右，并在此基础上尽可能提高存款资金的稳定性，才能为各类资产配置提供充分空间。

1.2　公司信贷布局

1.2.1 今年以来公司贷款增长情况

截至11月末，全行公司贷款较年初增长6 719亿元，为近十年最高水平，四行增量排名第二。

通过债券承销、理财代理投资、银团分销、租赁融资等非信贷业务累计满足企业融资需求9 694亿元。

公司贷款结构特征：

分行业看，贷款增量主要集中在基础设施行业。公共设施较年初增加2 829亿元，增量占比42.1%；交通运输物流较年初增加1 570亿元，增量占比26.37%，其中，公路较年初增加973亿元，铁路增加389亿元，轨道交通增加350亿元。制造业、幸福产业、供应链融资增长缓慢。

分区域看，贷款增量主要集中在重点城市行。北京、上海、重庆、天津及80家重点城市行公司贷款增长5 349亿元，占全部公司贷款增量的80%。

分产品看，贷款增量主要集中在项目贷款。项目贷款较年初增加3 882亿元，增量占比58%，同比多增2 352亿元；流动资金贷款较年初增长2017亿元，其中总部融资较年初增长1 346亿元。

1－11月公司贷款增长分行业情况表　　单位：亿元

行业	余额	余额占比	较年初增量	增量占比
公共设施	11 915	16.33%	2 829	42.10%
交通运输物流	15 292	20.96%	1 570	23.37%
其中：公路	8 253	11.31%	973	14.48%
铁路	4 401	6.03%	389	5.79%
轨道交通	1 556	2.13%	350	5.22%
能源	9 856	13.51%	624	9.28%
房地产	5 230	7.17%	821	12.21%
幸福产业	2 341	3.21%	162	2.40%
制造业	14 222	18.6%	87	1.29%
国家级高新技术企业	2 753	3.77%	200	2.97%
供应链融资	288	0.39%	46	0.68%
国标口径小微	22 059	25.64%	1718	25.76%
银监会普惠口径贷款（10月末）	2 986	4.09%	97	1.44%
全行公司贷款合计	72 961		6 719	

1.2.2　2018 年公司信贷布局初步考虑

随着大客户融资需求逐渐释放、政府购买服务政策收紧、地方债发行等因素，未来信贷增长面临诸多不确定性。

重点围绕“1+3”四大板块做好公司信贷行业投向布局。其中“1”是交通、能源、城建、长租房等基础产业板块，该板块仍将是业务发展的主动力，“3”是幸福产业、先进制造业、物联互联等前沿板块，这是经营转型的新引擎。

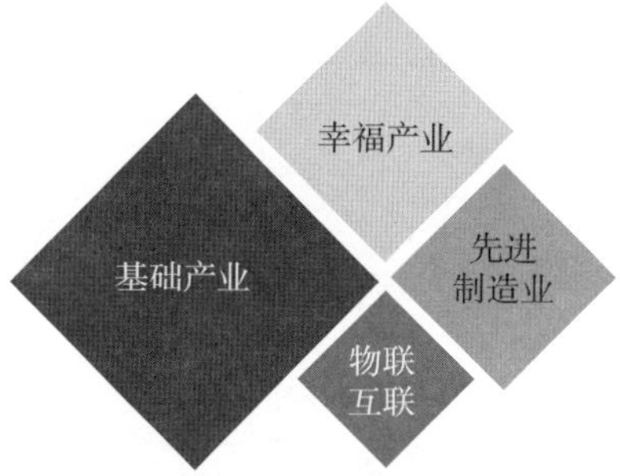

做好普惠金融和供应链融资。

重点投放市场	2018 年公司贷款增量布局目标（亿元）	重点支持领域
基础产业	××	交通、能源、城建、长租房、棚户区改造
幸福产业	××	旅游、文化、医疗、教育、养老、体育
制造业	××	新一代信息技术、高端装备、新材料、医药行业、军民融合
物联互联	××	5G、智慧城市、集成电路、显示面板
供应链融资	××	建安、汽车、医疗健康、能源、先进制造
普惠金融	为满足银监会“贷款余额同比增速高于各项贷款余额同比增速”的要求，全行银监会口径普惠贷款需新增××亿元；为满足人行定向降准要求，人行口径普惠贷款需新增××亿元。	

（1）发挥基础产业“压舱石”作用

发展现状：

全行交通板块公司贷款余额 15 292 亿元，较年初净增 1 570 亿元，其中公路行业净增 973 亿元、铁路净增 389 亿元、轨道交通净增 350 亿元，交通板块公司贷款不良率 0.38%，资产质量状况良好。

交通领域

✓ 交通领域贷款区域分布不平衡。由于东、中部地区交通规划起步早，已建成的公路、铁路骨干线路网较为密集，相应我行交通领域贷款投放于东中部地区的存量比重较大。近年来西部地区规划新建项目众多，但项目效益较早期已建成主路网项目普遍存在差距，我行存量信贷投入相对较少。

✓ 交通领域直接融资趋势日益明显。例如，近年来中国铁路总公司直接融资占其新增融资总额比重超过25%，仅铁道债每年发行规模达3 000亿元。另有地方政府债、政府收费公路专项债券等，对银行贷款的替代作用明显。

发展路径：

抓好重点项目。按照“项目优选、股东优选、区域优选”的“三优”原则，继续择优重点支持纳入国家交通运输规划的“十纵十横”综合运输大通道，以高速铁路、高速公路、民用航空等为主体的综合交通骨干网络，以及港口和航运等重点项目。

抓好重点区域。重点支持环渤海城市群、长三角城市群、粤港澳大湾区等世界级城市群落及雄安新区建设中的区际基础设施互联互通需求。

运用好“总对总”营销模式。从源头把握重大项目机会，重点抓项目储备，拓展创新业务。

加强系统推动，加强总分支联动，在共同推进优质项目营销的同时，注重提高潜在风险防范与化解水平。

发展现状：

受 50 号文和 87 号文影响，政府购买服务融资发展趋缓。截至 11 月末，政府购买服务表内融资余额 4 921 亿元（其中全口径棚户区改造贷款余额 1 275 亿元），较年初增长 2 403 亿元。上半年月均增加 336 亿元，下半年月均增长回落至 20 亿－30 亿元，且增量主要体现在棚户区改造方面。城建板块公司贷款不良率 0.11%，质量较好。

城建板块

探索路径：

✓ 注意政府隐性债务问题，严格准入管理。

✓ 对符合政府采购工程相关规定的项目，可按照商业化方式给予融资支持。

✓ 探索通过与重点城投企业设立分层分级基金等形式，合规支持相关融资需求。

✓ 优选层级较高购买服务主体，加大棚改融资营销力度，并通过棚改贷款带动拆迁安置资金存款、结算、后续开发贷款、按揭贷款等。

✓ 进一步优化信贷政策，抓住扶贫攻坚窗口期，打开易地扶贫市场。

严守政策红线，坚决落实中央关于地方政府债务管理的各项政策规定，坚持合规风险和实质风险管理并重，密切关注存量项目融资排查整改情况。

（2）积极拓展幸福产业

发展现状：

幸福产业是满足人民群众对美好生活追求的主要解决渠道，是带动消费升级的重要发展方向，是发展潜力较大的朝阳产业。按照国家发改委的规划，到2020年，我国幸福产业增加值将达到35万亿元，占GDP比重30%左右，较2016年的20.53%提升近10个百分点。目前全行幸福产业贷款余额2 341亿元，占全行公司贷款的3.2%；贷款较年初增长162亿元，增幅7.4%，幸福产业贷款不良率1.16%。

幸福产业

存在问题：

✓ 产品适用性有待进一步提高。

✓ 公私联动力度有待进一步加强。

✓ 需进一步综合平衡好投入与收益。

发展路径：

提高相关认识，拓展幸福产业不仅是信贷结构调整的需要，也是拓展优质客户群体的需要。

加强银政合作，找准国家支持的发展方向，抢抓项目源头。

强化协调联动，幸福产业蕴含着丰富的个人业务资源，需加强公私金融服务的融合，制订“全公司＋大个金”的幸福产业营销整体解决方案。

开展精准营销，落实名单制，提高营销的精准性。以重点医院、重点高校、世界文化遗产旅游景点，医药、文化、旅游、健康、养老、教育培训等行业百强企业及上市公司等作为重点营销目标。

（3）实现先进制造业的重点突破

发展现状：

目前全行制造业贷款余额合计14 222亿元，余额占同期公司贷款比重18.6%；较年初新增87亿元，扭转了我行制造业贷款连续两年负增长趋势，但仍低于同期全行公司贷款平均增幅7.8个百分点，制造业不良率4.49%，风险相对较高。9月末先进制造业贷款余额为5 194亿元，较年初增加476亿元，增幅10.1%，高于制造业贷款整体增幅。

先进制造业

存在问题：

✓ 贷款不良率偏高，风险管控压力较大。制造业不良贷款率近五年来一直高于全行公司贷款平均不良率水平。

✓ 发展制造业特别是先进制造业所需的人力资源储备、产品供给和服务能力均有待进一步提升。整体上看，我行对制造业领域新兴行业、新经济业态和新市场、新技术的关注、研究和知识储备均相对不足，了解和熟悉制造业特别是先进制造业特点的客户经理和中后台人员均较为缺乏，缺乏相应的业务战略规划，现有信贷政策和信贷产品对细分领域和客户个性化需求的支持、匹配度不足。

✓ 年初以来我行制造业贷款增长缓慢，其中既有制造业投资动力不足的客观原因，也有全行对制造业贷款投放重视程度不够、具有畏贷惜贷心理的主观因素。

发展路径：

加强分类指导。根据各行差异分为重点增长、稳健增长、特色增长、潜力增长四类区域，制定不同拓展目标。

突出重点，选准客户，重点做行业龙头。

加快专业团队建设和人员培养。探索以专业支行或特色支行模式加强人员和专业团队培养，逐渐积累客户营销、服务方案设计、项目评审等方面的人才和经验。

优化机制。结合制造业向数字化、网络化、智能化、绿色化转变的发展趋势，优化行业信贷政策体系；提高风险容忍度、切实反映“尽职免责”。

（4）积极拓展物联互联领域

发展现状：

物联互联产业是运用互联网、物联网相关技术与通信、计算机技术结合，与社会经济、生活各方面融合从而形成新的经济增长点，提高传统制造业生产效率，提供智慧社会、智慧生活解决方案，是我国网络强国战略的重要产业。截至11月底，全行在物联互联产业贷款余额1 159亿元，较年初增加89亿元。

物联互联

存在问题：

✓ 相关领域专业性强。物联互联组成行业多数为技术知识密集型行业，如何判断融资企业的技术风险水平、先进性和适用性、规模化生产能力等对我行信贷能力提出挑战。

✓ 代表企业表内贷款依赖程度低。物联互联涉及子行业众多，代表企业创新能力强，可通过多种渠道筹集资金，对传统的表内信贷依赖程度较低。

探索路径：

加强细分行业研究。按照成熟一个推出一个的原则，逐步整理下发针对细分行业的营销指导意见和营销方案，结合行业规划、市场容量合理确定营销目标。

强化全产品服务。充分挖掘客户需求的基础上，以表内贷款带动各项业务，通过结算、电子银行、个金、私银、租赁、投行和资管等多产品营销手段，调动全行多机构积极性共同营销绑定客户。

因地制宜，差异化发展。物联互联相关客户总体上分布在经济活跃的长三角、珠三角和环渤海地区，按照不同行业又有不同聚集区域。全行物联互联发展按重点分行辖内资源禀赋情况，制定分地区市场拓展目标。

（5）积极拓展供应链融资

发展现状：

自2009年开办供应链融资业务以来，我行与3 255户核心客户建立了合作关系，累计为超过1.2万户上下游客户提供融资服务，累放金额超过8 000亿元。目前，供应链融资余额288亿元，较年初增加46亿元。

供应链融资

存在问题：

✓ 战略定位不清晰。2013年以来，贸易融资业务风险集中爆发、不良率快速上升，一些分行开展相关业务的积极性下降，对供应链融资提高核心客户黏性、批量获客的重要性认识不到位。

✓ 业务管理不够集中。供应链融资业务多头管理问题比较突出，融资政策、产品管理、营销推动、核心企业认定等分散在不同部门，业务推进中权责利不匹配。

✓ 异地协调成本高。在以客户属地化经营为主的传统营销管理模式下，异地分行间配合不紧密、协调成本高、业务办理效率慢的问题相对突出。

发展路径：

加强重点市场拓展。重点拓展依托大型建安集团集中采购项下的建筑施工安装板块，资质好、品牌优的房地产企业板块，优质品牌乘用车、新能源汽车整车制造与销售的汽车板块，与人口老龄化需求紧密关联的医疗健康板块，优质能源石化等大型央企的供应链板块，先进装备制造产业中的大型企业供应链板块等。

创新供应链融资经营模式。建立总行牵头供应链融资业务运营模式，总行直接负责牵头营销跨一级分行的核心企业供应链，核心企业所在地行和客户所在地行分别对核心企业和供应链客户进行营销推动、尽职调查和贷后管理。

加强金融科技应用。打造大数据场景供应链金融平台，充分利用金融科技手段实现数据引流、场景驱动和防假反假，推动线上供应链融资业务发展。

（6）实现小微金融的重点突围

发展现状：

截至2017年11月末，监管口径小微贷款余额

22 059亿元，较上年同期增加 1 932 亿元，增幅 9.6%，余额列四行第一；小微贷款客户 23.53 万户，较上年同期增加 9 649 户；申贷获得率97%，继续保持在 90% 以上。

小微金融

存在问题：

✓ 当前全行发展小微金融动能不足，“不想做、不愿做”的问题在很多分行还比较突出；
✓ 原有小微信贷产品不适应市场变化趋势，余额下滑趋势较难扭转，而新产品的支撑力度尚且不足；
✓ 存量资产质量压力仍然较大，正常类和关注类小企业贷款中采取过风险缓释措施的占比接近14%，后续劣变压力依然较大；
✓ 小额化业务是业务短板，目前的产品体系和业务流程还不适应大规模发展小额化业务的需要。

发展路径：

改变“齐步走”模式，按照“定位清晰、梯次发展”的原则，采取差异化的小微金融发展策略。根据各地资源禀赋、信用环境、信贷基础和业务能力不同，将各分行划分为重点发展行、跟进发展行和特色经营行三个类型；在二级分行层面，要以重点城市行为主要突破口，以深化小微中心建设为抓手，促进重点城市行扩大客户基础，提升信贷经营能力，增强市场竞争力。

发挥产品的支撑作用，以“精准营销、批量获客、流程高效、风控完善”为目标，优化小微信贷产品体系。远近结合，在完成近期指标的同时逐步优化小微信贷产品体系。

发挥我行线上线下“双轮驱动”优势，打造全新的获客和风控方式。在获客上，要从线上线下共同构建场景，以线上线下一体化的场景驱动实现批量获客；在风控上，要打造线上线下相结合的风控模式。

1.3　个人信贷布局

截至 11 月末，境内分行个人贷款余额 4.29 万亿元，比年初增加 6 282 亿元。其中个人住房贷款是主体，余额 3.87 万亿元，占信贷（不含拆放）余额的 31.1%，比年初上升 3.1 个百分点。

1.3.1　持续发展个人住房贷款业务

（1）2018 年可能仍然是个人住房贷款发展的窗口期

明年限购限贷、规范购房融资、租购并举、共有产权等仍将是房地产政策主旋律，个人住房贷款市场将呈现“前高后低”趋势。同时随着公司信贷市场逐步回归常态，同业对个人住房按揭市场的争夺将更趋激烈。要坚持“房子是用来住的，不是用来炒的”定位原则，综合考虑客户需求、同业占比及自身信贷结构调整等实际需要，明年个人住房贷款新增规模继续保持在 × × 亿元左右，力争未来两年内房贷在信贷余额占比达 35% 以上，接近先进同业水平。

（2）发展个人住房贷款应坚持的原则

强化“重点企业、重点区域、重点楼盘”策略，优选大型房企合作，集中力量做深做透重点楼盘按揭。以一二线城市及发达区域为重点，优选经营规范、资源丰富的中介机构合作，加快发展二手房贷款。

加强对房贷合作机构的准入及后续管理，防止病从口入，防范烂尾、假按揭、骗套贷风险。

全行已批待放按揭量近 2 000 亿元

（截至 12 月 14 日）　单位：亿元

广东	323	苏州	23
深圳	248	江西	23
山东	132	宁波	18
浙江	129	湖南	16
福建	112	辽宁	15
江苏	104	海南	14
安徽	93	吉林	12
四川	87	黑龙江	11
湖北	83	大连	9
河南	74	陕西	9
重庆	73	新疆	7
青岛	63	内蒙古	7
广州	58	甘肃	6
天津	46	云南	6
河北	40	山西	4
上海	39	厦门	3
广西	35	宁夏	1
贵州	33	青海	0.4
北京	31	合计	1 988

（3）积极稳妥拓展住房租赁市场

“租购并举”正式写入党的十九大报告，体现了发展住房租赁市场的紧迫性和重要性，将对未来住房市场格局及相关金融业务发展产生深远影响。根据测算，我国城市租赁人口约 1.9 亿人，租赁市场规模达 1.3 万亿元，这一市场前景广阔、场景丰富、交易活跃。同业启动较早，在个别区域市场上获得先发优势。目前总行正抓紧研究推进长租房业务，北京、上海、深圳分行和广东分行营业部已与当地相关部门签署合作协议，进行了探索。

住房租赁业务是一项战略业务，要继续加强研究，做好顶层设计，明确方向、重点和路径。

✓住房租赁市场不像按揭市场，不能遍地开花，要突出重点城市、重点企业、重点项目。

✓要加快租赁平台开发，与地方政府住房租赁平台共建对接。要加快契合市场需求产品的开发，提升市场竞争力。

✓住房租赁业务涉及政府、开发商、居民等多个主体，涉及行内多个条线多个环节，需要全行各部门各机构加强协调联动，形成合力，抢抓市场机遇，尽快重点突破。

1.3.2　规范发展信用卡分期付款业务

要积极顺应居民需求升级扩大消费的趋势，重点发展汽车分期、定制分期、账单分期、现金分期产品，积极探索家装、租房、旅游、婚庆分期市场，努力打造中国第一分期付款银行。

信用卡分期付款发展与收益情况

（截至11月末）

单位：亿元

	余额	较年初增量	较年初增幅	交易额	同比增量	同比增幅	平均收益率	新发放的分期付款费率折利率
信用卡分期付款	2 914.5	402.4	16%	2 881.0	398.2	16%	6.39%	7.09%

1.3.3　稳步发展个人消费贷款业务

当前我国进入了以消费拉动经济增长的新时代，医疗、养老、教育、文化、体育等新兴消费领域市场空间巨大，消费信贷是促进消费内需增长、挖掘消费潜力的重要杠杆、重要途径和重要抓手，消费信贷业务大有可为。

要充分发挥个人房屋抵押贷款业务潜力大、资产质量优的特点，坚持合规发展个人房屋抵押类消费贷款业务。

个人自助质押贷款是为客户解决短期融资需求的有力工具，要通过联动式、嵌入式营销，积极推动质押贷款业务发展。

要坚持融e借“借钱平台”“获客平台”与“信用平台”的定位，按照小额、多笔、高频的原则，加快产品创新、提升客户体验，打造中国第一个人信用消费信贷银行。

融e借发展情况

（截至11月末）

单位：亿元

	余额	较年初增量	较年初增幅	贷款累放	有余额户数	户均贷款
融e借	438.7	350.8	398.7%	1 064	103万户	4.3万元

1.4　专项融资布局

1.4.1　“走出去”与专项融资资产配置现状

全产品线的承贷额合计为××亿元，资产余额合计为××亿元。

从行业配置看，前三名依次为电力、资源、基建，占比分别为××%、××%、××%。

从客户结构看，有中资企业元素的融资占比××%，无中资企业元素的占比××%，主要为与境外机构联动安排的国际银团等。

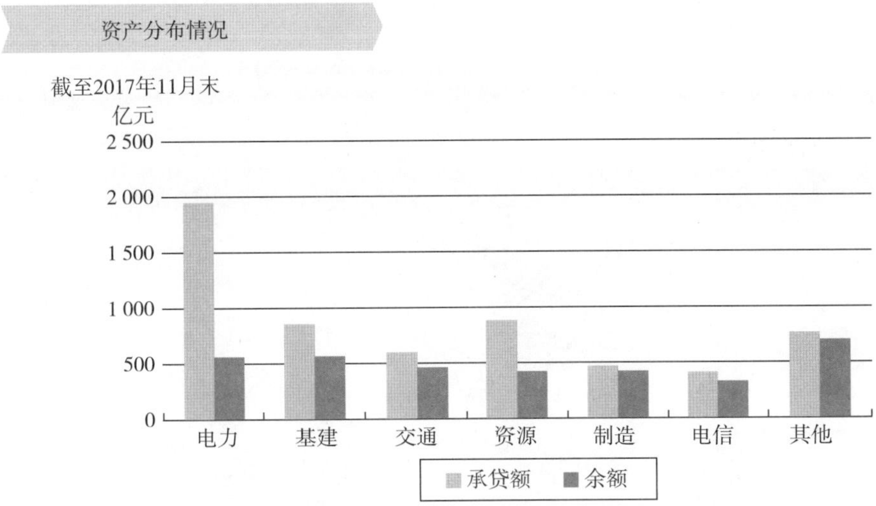

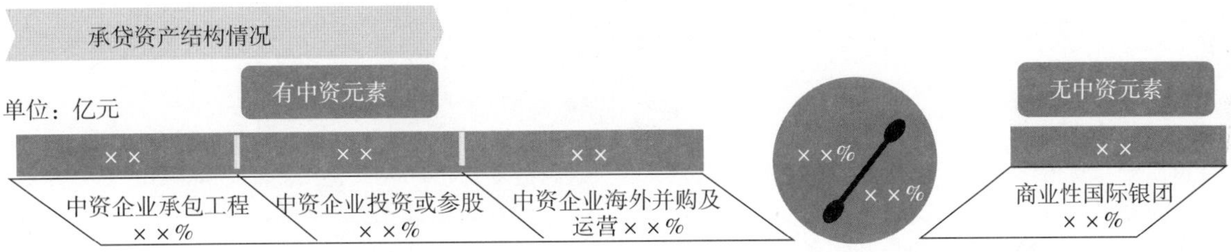

1.4.2　“走出去”与专项融资资产配置趋势

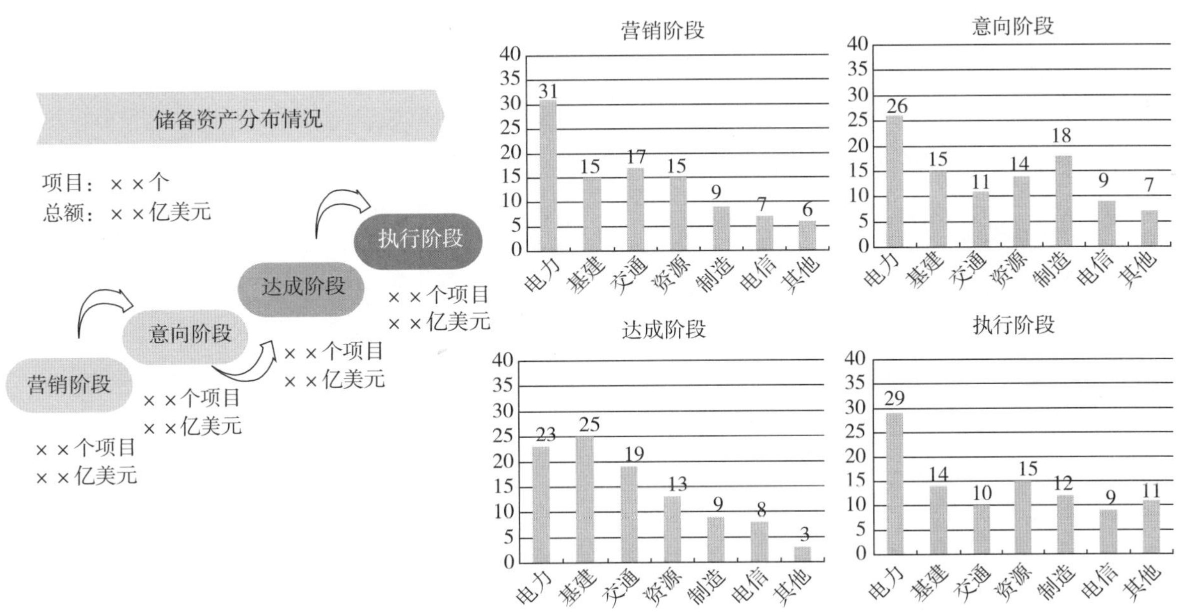

“走出去”项目从营销到执行通常达到3-5年，跟踪推动周期很长，需要对所有项目进行全生命周期的分阶段、动态管理，并采取不同的管理策略。

根据项目阶段的里程碑标志，划分为四个阶段：阶段1——营销推动阶段，阶段2——已出具融资意向书，阶段3——获得正式融资委托，阶段4——项目签约和进入提款期。

在项目实施进程中，一些项目会成功进入下一阶段，也有一些项目由于各种原因而终止、退出管理。从历史数据看，四阶段之间的成功转化率分别为××%、××%和××%。

从项目区域结构看，非洲、亚洲、欧洲、美洲、大洋洲分别占××%、××%、××%、××%、××%。

1.4.3　“走出去”与专项融资资产的配置目标

要坚持“市场化、专业化、集约化”发展，成为中国企业“走出去”和“一带一路”建设金融服务的引领者，打造各产品、行业、国别专项融资领域的领先优势。

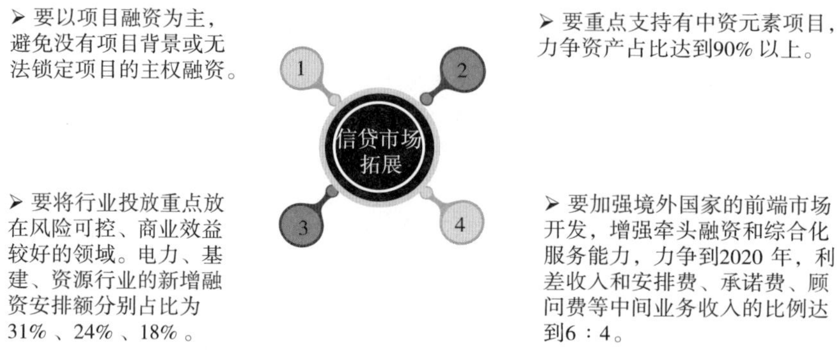

1.5　金融市场业务布局

2018年，债券市场利率大概率仍将处于近年来相对较高区间，配置价值较好。预计全市场债券供应量合计约为11.14万亿元，综合考虑新增投资和存量债券到期因素，预计我行净增投资规模约为××亿元。要在防范好各类风险的前提下，坚持税后净利润贡献最大化导向，把握好市场走势与投资节奏，合理摆布投资品种与期限。

2018年债券投资布局

序号	债券品种	2018年预计供给量（亿元）	我行投资占比（%）
1	国债	27 600	×××
2	地方政府债	43 000	××
3	政策性金融债	33 000	××
4	我行主承信用债	5 000	××
5	符合我行投资策略的非主承信用债	2 750	××
合计	111 350		

说明：

1. 2018年各债券品种预计供给量，主要是参考各品种历史发行规模净融资增速、当年实际到期量、信用债预计发行需求和计划、市场收益率水平等多方面因素估算得出。

2. 2018年各债券品种投资比例，主要是在假设当年市场收益率水平、各债券品种的投资价值相对排序基本不变的前提下，综合考虑净利润贡献度、业务综合贡献、可用资金规模、流动性与组合多样性等业务安排确定。

1.6　大投行业务布局

1.6.1　今年“大投行”业务发展情况

今年以来，全行“大投行”业务产品更加丰富，客户基础进一步夯实，收入结构不断优化。非标资产配置规模进一步扩大。

截至12月15日，全行共完成非标项目880个，实现理财资金投资4 108.2亿元，较去年同期增长62.37%。

债权类项目759个，实现理财投资3 489.7亿元。

股权类项目121个，实现理财投资618.5亿元。

1.6.2　2018年大投行业务发展计划

兼并收购融资规模（含境内外并购）：××亿元

股权融资业务规模：××亿元

非标债权业务规模：××亿元

基础类投行业务客户数：××户

1.7　资管业务布局

1.7.1　今年资管业务发展情况

今年以来，全行积极贯彻落实“大资管”战略部署，以推进“五统一”为抓手，促进各相关业务的协同发展。截至2017年11月底，全行大资管业务规模（AUM＋托管）达到19.72万亿元，较年初增长9.08%，巩固了“工银资管”市场龙头地位。

2017年11月末集团大资管业务规模情况

单位：亿元

业务类型	机构	2017年11月末	较年初增幅
理财产品（G06口径）	资产管理部	22 303	13.50%
	私人银行部	7 557	3.67%
	结构性存款	158	82.08%
银行理财小计		30 018	11.07%
基金	工银瑞信	13 054	15.7%
保险资管	工银安盛	992	8.35%
受托管理养老金	养老金部	1 078	12.64%
AUM小计		45 143	12.71%
托管	资产托管部	152 082	8.13%
大资管业务合计		197 224	9.08%

1.7.2　监管新规的机遇和挑战

11月17日，《关于规范金融机构资产管理业务的指导意见（征求意见稿）》（以下简称“新规”）正式发布，对明年及未来更长一段时期的资管业务发展具有全局性和根本性的影响。

机 遇	挑 战
➢市场空间上，十九大强调提高直接融资占比，国家重大战略需要大规模理财资金的支持，居民财富的金融资产配置需求更加旺盛，新时期资管业务的市场空间巨大； ➢同业竞争上，新规推动资管业务的市场化规范化发展，逐步迈向“赢者通吃”的竞争格局。我行依托长期规范稳健经营，较部分银行同业的领先优势更大，“工银资管”品牌溢价有望进一步凸显； ➢集团协同上，总行党委关于大资管战略的决策部署，推进了产品、销售、投资、风控、运行等方面的协同，为经营转型奠定了良好基础。	➢产品形态上，新规要求产品净值化、禁止刚性兑付、规范资金池、设定公募和私募产品分类、将客户分为不特定社会公众和合格投资者，打破了现行理财产品形态、产品体系和客户分类； ➢投资管理上，新规禁止期限错配、严禁多层嵌套、限定分级产品，导致开放式产品无法配置非标资产； ➢投研能力上，新规强调投资标准化，对标准化资产投研能力提出了更高的要求； ➢风险管控上，新规要求按管理费10%计提风险准备金、公允开展资产估值，风险成本对投资业绩的影响将进一步显性化；未成立资管子公司的，理财投资须由第三方独立托管，对我行实施穿透管理带来挑战； ➢盈利水平上，新规禁止银行留存超额收益，预计盈利水平逐步与公募基金拉平，盈利收窄。

总体来看，短期经营转型的阵痛不小，长期规范发展的利好更大，机遇大于挑战。

1.7.3　全面推进资管业务的经营转型

2018年，资管业务要坚持稳中求进的总基调，积极应对监管新规，全面加强前中后台的统筹协调，全力推进销售、产品、投研、系统运营等全价值环节的经营转型。按照资管新规“产品净值化、资产标准化”的导向，创新以FOF运作模式积极推动产品净值化转型；

构建打破刚兑环境下的合规销售体系，打造符合新规要求的核心客户群；

以大类资产配置为核心，全面提升投研核心竞争力；

积极推动非标转标，保持银行资管的特色优势；

进一步加强债券投资，更好地服务实体经济；

把握直接融资比例提升的机遇，做好资本市场配置；

以工银资管（全球）为平台，加快海外投资布局。

加大系统运营对经营转型的支持保障力度，推进大资管战略协同。

私人银行业务，在产品端要继续做大存量规模，合理安排产品久期，优化产品结构，加大专户与家族基金客户直募发展；在投资端考虑加大股权类资产的投资力度，积极布局资产证券化投资，加大性价比较高的非标资产投资。

根据新规要求，资产配置必须与净值型产品的形态、规模、期限、投资比例等相匹配，需要以产品转型的顺利完成为前提！

二、把握金融科技创新趋势，加快向智慧银行转型

IT系统是金融创新的基础，是智慧银行建设的战略支撑。必须瞄准和把握金融科技前沿，集中优势资源，加快构建“智慧、开放、共享、高效、融合”为特征的新一代智慧银行信息系统，打造金融创新的“大动脉”“大平台”，巩固科技代际优势，开启可持续发展的新未来。

2.1　实施背景

近年来我行总体保持了信息科技领先优势，但站在新的历史起点上审视，现有信息系统与当前平台化、智能化、快捷化的创新趋势和需求不适应，成为全行竞争发展能力提升的瓶颈。加快信息系统转型升级是当前的紧迫要求和必然选择。

2.2　总体目标和思路

总行党委决定，启动智慧银行信息系统（ECOS）转型工程，建立我行信息系统在新时期的差异化和代际竞争优势。

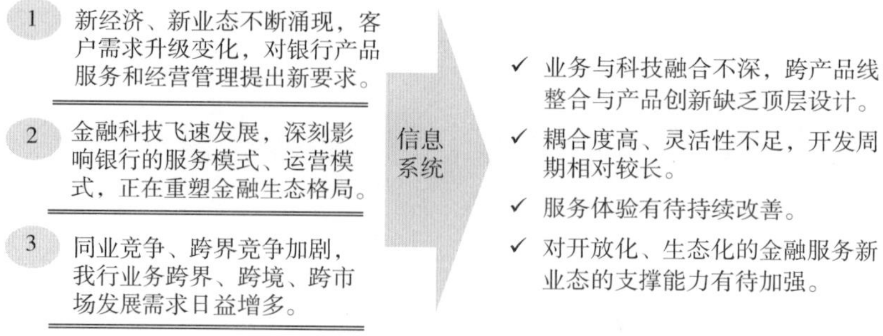

ECOS = Ecosystem（生态系统）

E = Enterprise - level（企业级）
C = Customer - centred（客户）
O = Open（开放）
S = Smart（智慧）

客户服务“智慧”普惠：让广泛客群享受到智能化高体验的金融服务。

金融生态“开放”互联：加强外部合作，优势互补构建金融生态圈。

业务运营“共享”联动：构建集约共享、互联互通、协调联动的运营体系。

创新研发“高效”灵活：通过高效创新研发快速满足市场和客户需求。

业务科技“融合”共建：打造业务与科技深度融合的企业级架构。

总体思路：

要按照以新方法、新架构、新生态，创造新优势的要求，集全行之力抓好工程建设，力争通过三年努力，建成智慧银行信息体系。

一个依托：以全行统一的企业级业务架构为依托。

两项基础：以松耦合、分布式IT架构和标准化、智能化数据体系为基础。

三大能力：重点提升灵活创新、智能应用和开放融合的能力。

双核驱动：形成核心业务处理系统和开放式生态系统并行驱动模式。

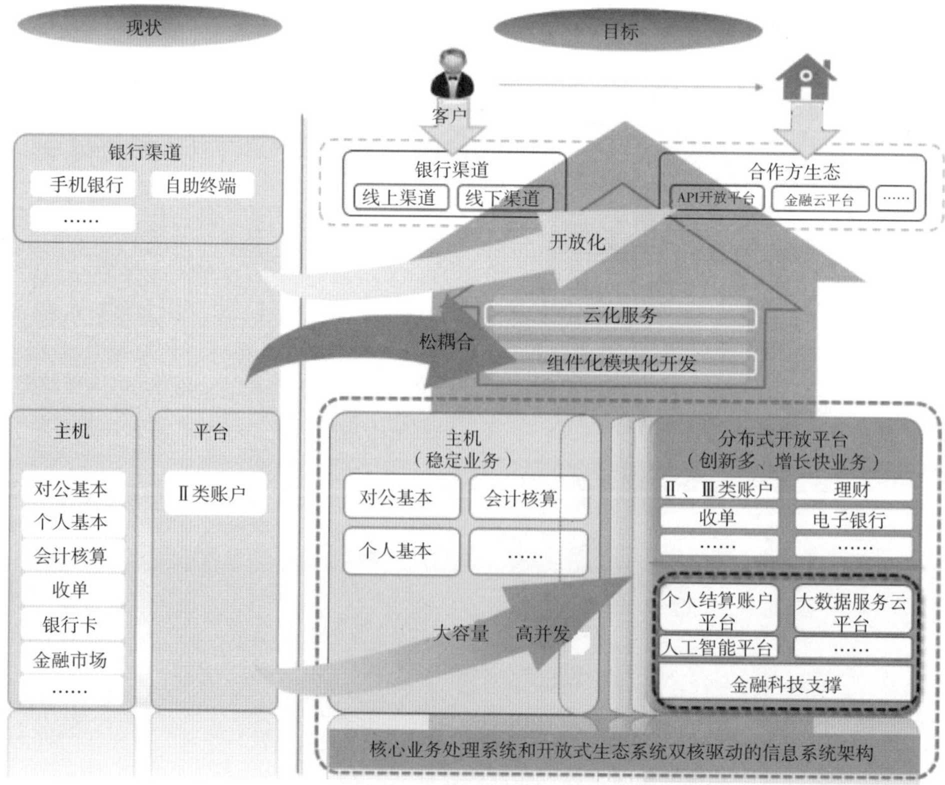

2.3 十大基础任务

1 整合构建企业级业务架构

工作目标

- ✓ 立足未来发展，整合构建覆盖全客户、全领域、全渠道的企业级业务架构。
- ✓ 强化全行战略向业务架构和IT架构的传导，促进业务与科技融合和企业战略落地。
- ✓ 强化跨部门、跨条线产品创新顶层设计，促进产品整合、信息共享、流程联动、渠道协同。

实施路径

- ✓ 2018年统一规划设计全行业务架构整体视图和基础框架，并选取大零售、小微金融、业务运营部分重点领域编制完整业务架构。
- ✓ 强化对新金融业务发展的前瞻把握和整体规划，增强对金融服务新业态的支撑能力。

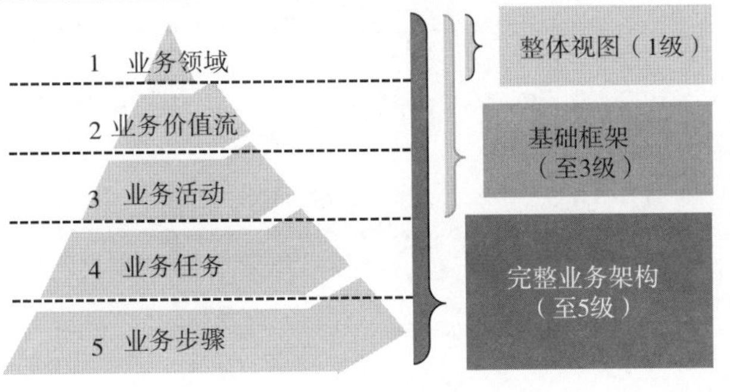

2 建立基于业务架构的研发模式

工作目标

- ✓ 将业务架构成果应用至项目研发全过程，指导需求整合设计与开发测试，提升研发效率。

实施路径

- ✓ 2018年建立基于业务架构的研发机制。
- ✓ 2019年在部分重点领域逐步实施产品组合配置与流程灵活拼接的快速创新。

3 建立业务架构管控机制

工作目标

- ✓ 实现业务架构资产的统一管理、动态更新，强化业务架构资产在创新研发、业务培训方面的应用。

实施路径

- ✓ 2018年建立业务架构管控平台和配套工作机制流程。
- ✓ 2019年建立专业化的业务架构师、IT架构师队伍。

4 强化数据质量治理

工作目标

- ✓ 加强集团数据治理，实现数据供给的准确性和全面性，提升数据服务能力，推动系统创造价值。
- ✓ 力争通过三年努力，完善和应用客户标签与画像体系成果，建立多种场景的大数据产品体系，实现“客户能画像、营销能使用、风险能识别、考核能应用”。

实施路径

- ✓ 实现数据“准”：2018—2020年，在境内外机构和子公司范围广泛开展数据治理工作，在客户、员工、产品、机构等关键领域全面建立和应用主数据。
- ✓ 实现数据“全”：2018—2019年，建立大数据云平台，实现集团数据全部入库；大力引进外部数据源（包括非结构性行为数据），实现与集团内部数据并联和共享应用；建立全行大数据资产管理视图，实现对全行大数据资源的动态管理和应用评价。

5 强化数据智能化应用

工作目标

✓ 运用大数据和人工智能驱动产品服务、市场营销、风险控制和内部管理模式的智能化变革。

实施路径

✓ 产品服务方面：2018年优化升级智能投顾产品；2019年实现信用卡智能化审批和精准授信，构建工银信用分评价体系，强化互联网金融产品运营分析。

✓ 市场营销方面：2018年强化重点产品智能化营销；2019年拓展客户画像和客户贡献度在营销、客户生命周期管理、客户经理业绩评价领域的应用。

✓ 风险控制方面：2018年构建大数据征信体系，提升欺诈风险识别预判准确性；2020年建立企业级智能运营风险监控体系，实现各类客户全生命周期风险识别、计量、监测、控制的智能化管理。

✓ 内部管理方面：2018年建立网点选址及布局优化系统，完善网点评价诊断工具。

6 推进应用系统松耦合

工作目标

✓ 将个性化和创新要求高、服务模式变化快、流程灵活配置的业务从主机向开放平台迁移，构建主机与开放平台有机融合的架构体系。

✓ 运用服务化等理念方法，将复杂的单体应用，拆分解耦成多个可以独立部署的服务，实现多个服务并行开发及灵活组合，提升应用研发效率。

实施路径

✓ 开展投资理财、实物贵金属、金融市场代客交易、银行卡收单等业务向基于分布式架构的开放平台迁移，2018年完成相关应用在开放平台基础功能建设及部分存量业务迁移，2019—2020年实现相关应用剩余存量业务从主机向开放平台的迁移。

✓ 2018年在支付、收单、电子银行、客户认证等领域深入开展服务化改造，2020年前完成零售业务主体内容服务化改造。

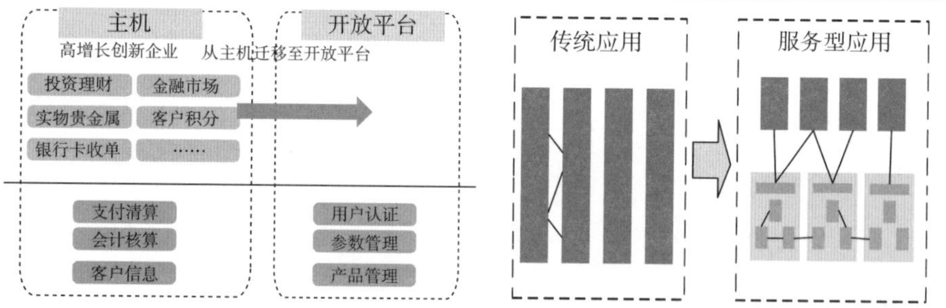

7 加快构建成熟的分布式IT架构体系

工作目标

✓ 加快关键分布式技术的突破，形成完备的开放平台分布式技术框架体系，提升高并发、大容量业务支撑能力。

✓ 加大分布式技术的应用，快捷支付等典型高频交易的系统承载能力提高到现有水平的3倍，达到3万笔/秒的支撑能力。

实施路径

✓ 在目前已初步完成分布式服务框架、分布式事务框架等一系列企业级分布式技术框架搭建的基础上，2018年完成OLTP（联机交易型）分布式数据库、分布式文件系统等关键分布式技术框架建设，全面构建起完备的分布式技术框架体系。

✓ 2018年基于分布式技术体系实现对快捷支付等高频业务的承接；持续加大分布式技术平台的推广使用，形成企业级的应用能力。

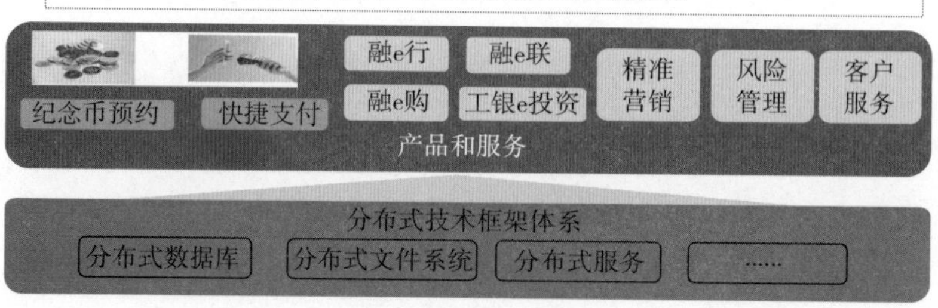

8 持续提升并全面推广云计算平台

工作目标	✓ 全面建成具有开放性、高容量、易扩展等特点的云计算平台，大力推进应用系统上云，提升信息系统基础架构的弹性扩展和敏捷运维能力。
实施路径	✓ 2018年实现数据中心基础设施云（IaaS）部署总量超过10 000套，应用平台云（PaaS）容器总量超过5 000套。 ✓ 2019年将60%的开放平台系统迁移至云计算平台，实现资源集中管理和弹性调度，更好地满足突增业务的资源使用需求。

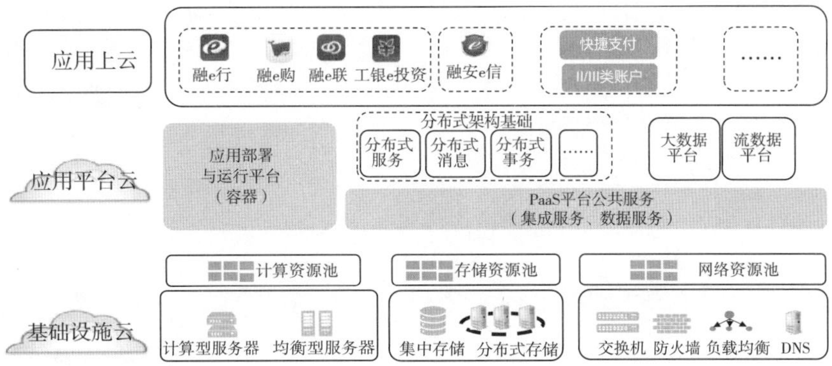

9 建设一系列金融科技基础平台

工作目标	✓ 建设企业级人工智能机器学习平台、物联网服务平台、区块链技术平台、生物特征识别平台，为加快金融科技在业务领域的创新应用提供平台支撑。
实施路径	✓ 2018年搭建并持续完善人工智能机器学习平台、物联网服务平台、区块链技术平台、生物特征识别平台，形成企业级业务创新支撑能力。 ✓ 基于金融科技基础平台，积极拓展金融科技新技术在智慧运营管理、欺诈风险管控、客户服务模式创新等场景的应用与实践。

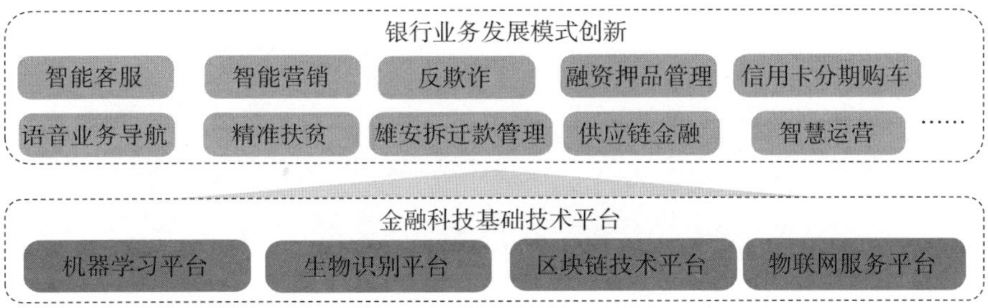

10 构建灵活开放的账户体系

工作目标	✓ 梳理现有账户体系，重新定位账户、介质、协议等关系，建立灵活开放的账户体系，增强客户介质更换、无介质场景服务的灵活性，适应去介质化、虚拟电子账户等前瞻性业务发展需要。
实施路径	✓ 先个人领域再其他领域。 ✓ 2018年完成个人账户体系和产品服务全视图构建。 ✓ 2019—2020年将账户体系重构工作拓展至其他相关业务领域。

三、找准切入点，提高内控案防的有效性和精准性

党的十九大和中央经济工作会议将防范化解重大风险特别是金融风险作为明年的攻坚要求，我们要进一步增强责任意识，找准切入点，强化硬控制，消除各类风险隐患，最大限度地提高内控案防的有效性和精准性，坚决守住风险底线。

3.1　当前内控案防存在的主要问题

从内外部监督检查以及发生的案件、风险事件揭示的问题来看，我行部分领域、部分机构风险暴露较高，整体防控形势不容乐观。

3.1.1　内外部监督检查揭示的风险问题

2016 年以来，内外部专项检查计 16 803 次，其中外部检查 2 300 次，内部检查 14 503 次。共发现问题 × × 个，其中外部检查发现 × × 个，内部检查发现 × × 个。比较突出的问题主要反映在信贷、理财、票据、表外和现金等业务板块，风险暴露较高的机构是黑龙江、河南、湖北、湖南、安徽等分行。

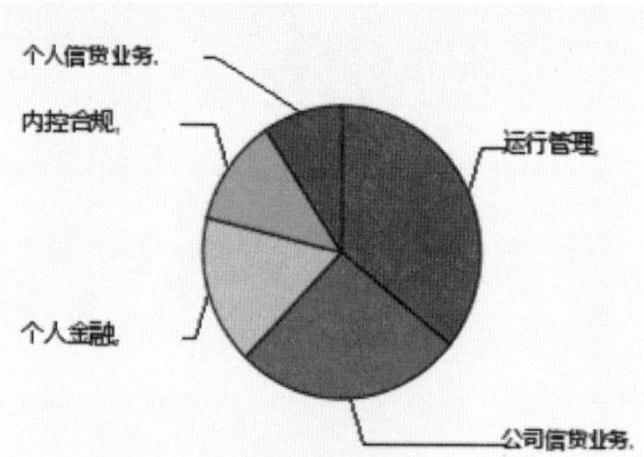

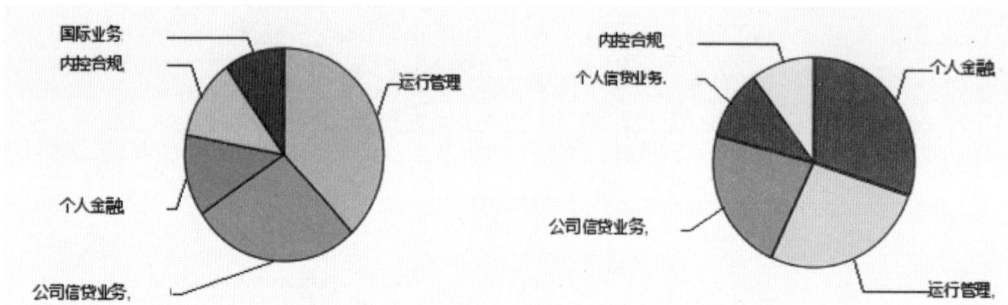

3.1.2　案件及风险事件揭示的问题

2015 年以来，发生案件和风险事件 × × 件，主要分布在七个领域：

信贷业务，占35.71%。尽职调查、审核和贷后管理严重不负责任，管理人员统一认证密码失控以及按揭贷款造假，违法放贷、贷款被骗、失职、滥用职权。

存款与理财业务，占26.79%。客户及内部账户管理、授权与控制、客户信息及重要物品代保管、印章管理、关键岗位轮岗、风险排查和日常检查等方面存在的问题，导致贪污代发工资，私自重设客户网银密码诈骗客户存款，掌控客户U盾侵占客户资金，挪用客户结算账户资金，私刻印章和虚构理财协议合同诈骗客户资金，私售飞单非法吸收公众存款，以及理财产品设计与开发漏洞。

现金业务，占14.29%。关键岗位不相容原则被突破、双人控制失效，查库不落实、不彻底，监督检查履职、员工异常行为排查不到位，导致侵占ATM钞箱、库存款箱、柜员款箱现金。

信用卡业务，占7.14%。对从业人员业务资质、培训、激励约束、检查监督管理不到位；对客户身份识别、授信审批、“亲访亲签”执行不到位；对合作机构资质审查、保证金及抵押落实不到位，导致虚假身份骗领信用卡及恶意透支，信用卡分期恶意透支形成信用卡诈骗。

客户信息安全，占5.36%。无依据查询主机系统、征信系统客户信息，非法获取和侵犯公民个人信息犯罪。

同业与票据业务，占3.57%。买入返售业务放弃实物票据控制权和电票代理接入业务尽职调查等多环节被骗。

金融市场业务，占3.57%。市场发展初期机制存在缺陷、我行管理基础相对薄弱、缺乏有效监督管理手段，形成职务侵占、非国家工作人员受贿风险事件。

2017年，案件总量虽有所下降（发生案件及风险事件 × × 起，其中 × 起为去年风险事件转报），但案件数量仍居高位。

累计发生3件以上的机构分布情况

件数	机构
4件	陕西分行、河北分行、江西分行、湖南分行、山西分行
3件	云南分行、江苏分行、宁夏分行、内蒙古分行、四川分行

注：根据案件严重程度排序。

3.2　面临的主要挑战

当前，金融领域尚处在风险易发高发期，风险点多面广，呈现隐蔽性、复杂性、突发性、传染性强等特点，违法违规乱象丛生，潜在风险和隐患聚集。我行案防压力仍然较大，主要面临三个方面的挑战。

外部风险交织传染

✓ 经济运行中的矛盾和问题仍然较多，过去累积的各类风险集中暴露并持续向银行业传导。

✓ 跨市场跨行业风险交织传染，金融领域不规范问题突出，案件和风险事件特别是“假理财”“假协议”“假票据”等恶性重大案件频发，冲击银行风控底线。

监管趋紧从严

✓ 国内金融监管环境更加审慎、趋严。监管改革深入推进，金融监管体系不断健全，监管的力度不断加强。今年以来，监管系统行政处罚的范围和力度，均前所未有。2018年，银监会还将开展深化整治银行业市场乱象工作，重点整治服务实体经济不到位、严重监管套利、不当利益输送、违法违规开展业务等八个方面问题。

✓ 国际金融监管要求趋严，处罚加重。中资银行越来越受到国际监管关注，业务发展与风控能力是否匹配是当地监管机构关注的热点。反洗钱违规依旧是处罚的重点。

金融创新的风险隐患增多

✓ 随着金融创新加快和金融机构业务边界的扩展，银行业务越来越趋于复杂，总量大、主体多、交易链条长等特点突出，给风险准确评估和有效监督带来困难，一旦出现问题，容易演变成金融风险传导的爆破口。

✓ 随着金融科技的加速发展，特别是线上业务的发展虽然降低了金融业务成本，但在监管不足的情况下，其滋生的风险隐患不容忽视；且相关业务领域风险的性质特征、演变机制、影响范围更加复杂，对风险评估、风险监测和风险计量都带来极大挑战。

3.3　下一步思路和措施

新形势下，全行要深入研究和准确把握各类风险传导演化趋势和规律，进一步梳理和勾画清晰的风险图谱，强化系统硬控制手段，优化风险管控路径和方法，努力实现风险的早识别、早预警、早发现、早处置，坚决遏制重大恶性案件及风险事件，守住不发生系统性风险的底线。

3.3.1　强化“一道防线”履职，把好合规首道关口

进一步明确“一道防线”部门、机构的职责，强化履职落地。

强化“一道防线”履职力量。充分发挥各专业条线、各机构合规经理的作用，突出履职的有效性，研究各业务领域合规经理履职标准和评价体系，确保“一道防线”履职落地。

各层级合规经理人数分布

层级	合规经理人数（人）
总行	64
一级分行	1 059
二级分行	9 645
支行及网点	14 764

目前，全行“一道防线”有超过2万名合规经理，占全行员工总数5.97%，支行、网点均有分布。

总行已修订了新的《合规经理管理办法》，并已下发了《营业网点合规经理工作手册》，明确了合规经理的工作职责和履职要求。

强化业务条线风控闭环。从制度、流程、系统、机制方面进一步健全风险治本措施，实现业务条线风控闭环。

研究有效履职考核模式。探索建立对“一道防线”风险防控履职考核评价标准，将案件及风险事件、各类违规问题以及操作风险损失、监管处罚等对应业务条线及机构进行考核管理；发挥好内控评价作用，进一步整治只重结果不重整改的现象。

3.3.2　强化流程硬控制

优先采用系统硬控制防范风险，对于已实施系统硬控制的业务领域，突出系统优化，增强控制效果。

突出关键环节控制，增强流程控制的有效性。

持续推进印章综合改革。目前已在18家分行试点推广，下一步要全面推广应用电子印章，通过强化流程刚性控制、完善用印管理手段，推进印章管理信息化，从根本上对全行印章的管理架构、制度体系、用印方式及管理模式进行调整优化。

推进内部账户管理系统硬控制。以构建控制严密的内部账务管理体系为主线，以业务场景驱动或审批联动账务处理的核算方式为手段，以实现内部账务核算的系统刚性控制为基本要求，全面构建系统有控制、使用有依据、管理有规范、检查有手段的内部账户管理新模式。

推进现金业务领域系统硬控制。重点实施自动柜员机钥匙密码管理模式改造，构建“任务驱动、指纹识别、系统认证、双密开锁”的新型管理模式，突破传统的实物钥匙密码管理瓶颈，有效防范业务操作风险。

加强对关键岗位制约和监督。突出系统动态监测的针对性和有效性，督促问题突出的重点机构落实关键岗位轮换。

研究新业务领域授权控制。对授权管控的有效性开展全面评估，重点关注基本授权的严密性以及转授权的规范性，对未纳入系统刚控的授权事项进行梳理并尽快实现硬控制功能，在资金划转、产品交易等关键环节探索授权的参数化管控。

3.3.3 持续优化预警和实时监控模型，提高风险防控的前瞻性和精准性

风险防控，主题是防范，关键是主动。目前，我行已初步建立了企业级反欺诈管理平台，与业务运营监控、信贷与投资运营、风险计量、反洗钱监控等多个系统配合，通过部署名单、规则和模型，从事前、事中和事后对各类风险预警进行监控处理。

风险类型	业务系统	业务部门	覆盖范围
欺诈风险	外部欺诈风险信息系统	安全保卫部	统一收集、整合、挖掘、发布、检测外部欺诈名单，名单来源包括但不限于外部有权机构黑名单、我行内部收集黑名单，为我行各业务系统和各部门提供外部风险防范服务
	企业级反欺诈管理平台	风险管理部（牵头）、 网络金融部、 个人金融业务部、 银行卡业务部	统一管理我行欺诈风险模型库、策略库、特征库、事件库、名单库，并为各专业提供灵活、可定制、易伸缩的一站式反欺诈服务平台，已部署反欺诈服务包括： 1. 信用卡申请反欺诈（风险部） 2. 互联网金融实时反欺诈（网金部） 3. 信用卡实时反欺诈（卡部） 4. 借记卡实时反欺诈（个金部） 5. 个人外汇实时反欺诈（个金部）
运营风险	业务运营风险管理系统	运行管理部	监控和管理各机构、各渠道、各业务线、各产品线与业务核算过程和业务运营流程直接相关的运营风险
信用风险	信贷与代理投资运营支持系统	信贷与投资管理部	集成人行征信、银监会、工商注册等行外数据和信贷投资、资金结算等行内数据信息，应用大数据理念和技术，突破传统风险识别模式，建立信息收集整合渠道，探索并完善模型开发与应用路径，为贷前调查、客户营销，贷中审查、审批，贷后管理等信贷业务提供全方位运营风险防控服务
	特别关注客户信息管理系统	管理信息部	通过信息加工、集成、储存、挖掘和分析，把信息应用于全行信贷审批、授信、贷后预警、扣收、催收、集团关联等相关业务领域的信用风险防控
	银行卡催收管理系统	银行卡业务部	实现逾期或高风险信用卡客户的催收管理和风险控制功能
	风险计量系统	风险管理部	实现境内外零售、非零售、交易对手、国别相关信用风险的内部评分、评级，并为全行信贷审批、授信过程中提供评分、评级信息的实时服务
合规风险	反洗钱监控系统（包括境内外两个）	内控合规部	根据监控要求实现我行境内外机构反洗钱大额、可疑交易风险监控

要持续优化预警和实时监控模型。借力数据分析模型等新技术手段，加强对监管重点、社会热点和境内外同业风险的分析，创新发展信息监测、指标监测、模型监测的方式和手段，进一步前移风险发现关口，实现对集团关键业务领域的全面覆盖和有效监测，努力做到风险识别的动态化、常态化和精准化。

加快建设以“互联互通、共享共用、全维一体、智慧智能”为特征的“云内控＋人工智能”内控合规管理新模式，推进内控合规工作的智慧管理与智能控制，推进内控合规工作由“专家型”向“智能型”转变。

01 建立集团各类风险的智能化预警和监控体系

利用金融科技，重点打造交叉性风险监控预警平台、信用风险预警监控平台、表内外标准化投融资风险监控平台以及流动性风险管理等平台，实现对“个人+法人、股权+债权、表内+表外、境内+境外、线上+线下”等各类风险的全方位前瞻性有效管控。

02 全力打造网络金融智能风控体系

建立客户与设备、客户与账户、客户与业务、客户与客户的信任关系圈，实现对风险交易的精准识别；构建智能风控云平台，实现风控平台资源快速供应、策略快速部署、运维快速响应；将指纹识别、人脸识别等生物识别技术灵活应用于事中风险防控措施，实现对风险交易的有效干预。

03 依托大数据驱动信用卡欺诈风险精准控制

持续打造智能化、科学化、精准化的信用卡欺诈风控体系，通过多维信息组合，制定客户风险画像，量化交易的风险程度，制定“千人千面”的专属欺诈风险防控规则和处置措施。

04 加快构建企业级运营风险监控体系

通过整合应用内外风险信息，构建客户维度的信息集合和全景视图。科学量化客户风险，周密部署控制策略并嵌入产品服务流程，对高风险客户实施事前严格准入；对即时交易的风险概率进行量化和预警，并采取增强验证、意愿确认直至熔断等多样化控制措施，强化风险全过程管理。

3.3.4　强化合规正向激励与违规问责追究

完善合规正向激励长效机制

✓ 进一步完善对践行合规有重大贡献的机构、人员的正向激励机制。

✓ 研究对各类合规管理创新成果、成功防堵案件和重大风险隐患、检举或处置各类违规违纪问题的有功人员及合规标兵进行表彰，建立合规榜样评选机制。

强化违规问责追究

✓ 持续健全完善责任认定、“双线整改”及整改“回头看”后评价机制，继续坚持“上追两级”“双线问责”和机构人员“双罚”原则，强化问责力度，完善问责流程，提升问责层级，提高违规问责精准度，确保整改、问责、通报机制落地，并形成有效闭环。

在 2017 年国际化工作会议上的讲话

谷　澍

（2017 年 1 月 20 日）

刚才，易董事长就全行国际化发展作了非常重要的讲话，深入分析了当前国际化经营面临的新形势、新机遇和新挑战，就下一步工作做出了重要指示。全行要认真学习，深刻领会，抓好落地执行。下面，我先通报去年全行国际化经营的主要情况，然后结合易董事长讲话精神，再谈谈当前形势下国际化经营的三个重要问题。

一、关于2016年全行国际化发展的主要经营情况

（一）境外机构经营价值贡献持续稳步提升。境外机构实现税前利润29.59亿美元，同比增长4.61%，净利润22.62亿美元，同比增长2.69%。分机构看，传统利润大行保持稳健发展，比如工银亚洲、工银澳门、工银阿根廷和美国机构，港澳机构贡献境外整体近60%盈利，充分发挥利润稳定器作用；潜力与特色机构净利润合计超过3.35亿美元，同比增幅超过22%；新并购机构整合深入推进，工银土耳其扭亏为盈，工银标准大幅减亏。

（二）境内机构国际化经营能力进一步增强。境内外双向拉动局面可喜。截至2016年末，境内为境外贡献内保外贷、风险参贷、代付和簿记等资产合计582.41亿美元，占境外总贷款的36.08%；一体化营销深入推进，境外为境内营销“走出去”客户和“引进来”客户提供众多支持。“境内优势业务对境外辐射、境外新兴业务对境内引领”双向拉动提升局面加速形成。部门条线互利共赢格局初步成形。前台营销部门紧密配合，以“走出去、引进来、进出口”客户为重点，大幅提升客户渗透率，成功拓展3 037户国际业务大中型客户和224户总行级国际贸易融资重点客户。大数据、互联网新技术运用取得新进展。“互联网+国际业务”项目投产两期版本，取得阶段性成果。跨境电商业务顺利推进，与第三方支付机构合作实现跨境人民币结算量207亿元，同比增长超过八倍。境内国际业务克服困难稳中向好。在全国进出口显著下滑背景下，境内实现国际结算量1.59万亿美元，跑赢大市；国际贸易融资余额539.59亿美元，较年初增长50.19%，不良率1.13%，较年初下降0.42个百分点；外汇对公存款1 078亿美元，较年初新增212亿美元，再创历史新高。

（三）跨境人民币业务量价并举趋势显现。面对全年持续收紧的监管政策和不断大幅下滑的境内外市场，迎难而上，严格执行监管政策，创新产品，强化营销。业务量平稳健康发展。集团实现跨境人民币业务量3.89万亿元，持续巩固同业领先优势，境内四行占比达25.43%，为五年来最高水平，较上年末提高0.69个百分点。高价值业务迅速扩面，联动成效明显。瞄准市场机遇，特别是抢抓人民币加入SDR契机，加快发展代理交易、债券承销、资产管理、资产托管、跨境电商等业务，客户群体显著扩大，业务收入明显增长，全球市场影响力不断提升。沪港通、跨境双向人民币资金池、跨境直贷、自贸区创新业务协同发展；作为牵头簿记管理人和主承销商为世界银行发行1981年以来全球首笔SDR计价债券，承销熊猫债11笔276.8亿元，市场占比达54.1%；与174家境外主权类客户开展业务合作，开立账户总量中资银行第一；代理74家客户进入银行间债券市场，位居市场前列。人民币清算网络不断完善。工银亚洲获得深港通结算银行资格。获准担任俄罗斯人民币业务清算行，清算行总数达7家，全球24小时不间断清算能力迈上新台阶。

（四）全球重点产品线建设成效加速提升。公司金融方面，完成117个跨国集团136项跨境业务，金额667亿美元，8家总行级重点客户全球统一服务方案成功试点。专项融资业务方面，支持“走出去”项目288个，累计承贷786亿美元，全球资产交易平台全年累计交易额突破266亿美元，同比增长120%。投行业务方面，完成跨境并购交易28笔，累计交易金额超过772亿美元，市场占比超过34%，列中资银行首位。金融市场业务方面，全行集中交易金额近万亿美元，“一带一路”及新兴市场国家货币外汇买卖交易同比增长5.7倍；工银标准集中交易超过532亿美元、同比提高7倍。零售业务方面，在30个国家和地区开办零售业务，境外零售客户233.84万户，存款381亿美元，贷款164亿美元。私人银行业务方面，境外100万美元资产以上客户数3 479户，资产规模148亿美元，业务收入5 214万美元，同比翻番。银行卡业务方面，总发卡量291.8万张，累计消费额263.8亿元，全年累计新发信用卡45.7万张，同比增长16%。资产管理业务方面，新增境外投资160亿元，资产管理规模320亿元，通过第三方QDII额度新增债券投资55亿元，同比翻番。托管业务方面，托管全球各类产品3 973.77亿元，QDII托管业务连续10年保持市场第一，境外机构托管资产269.47亿美元。全球现金管理业务方面，新增全球现金管理客户849户，跨境双向人民币资金池和外汇资金集中运营分别累计签约388户和193户，同业持续领先。

（五）全球网络布局与渠道建设进一步深化。从全球网络布局看，利雅得分行、墨西哥子行正式对外营业；蒙古代表处获得中外监管批准，伊朗、捷克、瑞士、奥地利机构申设获得银监会批复；工银亚洲、澳门、莫斯科、欧洲、悉尼多家二级机构陆续开业。全球网络直接覆盖42个国家和地区，网点总数达到412家。从互联网金融发展看，积极探索线上“互联网+”金融服务和线上线下融合发展，融e购海外馆总数达19家，推出“跨境e商通”。从多元化渠道建设看，36家境外机构推广网上银行，21家投产手机银行；境外个人网银、企业网银客户渗透率分别达到55%和57.3%，电子银行业务占比达到67.7%，是网点业务量两倍；从外资代理行拓展看，坚持“瘦身增效”，强化主动营销，总量调整为1 507家，覆盖143个国家和地区。

在肯定成绩的同时，也要看到2016年国际化经营部分指标还存在一些值得关注的问题。例如：境内国际

业务收入同比下降较多，国际结算中收的四行占比虽然较 2015 年有所提升，但仍低于中行和建行；跨境业务发展情况还不均衡，“走出去”“引进来”“进出口”三类客户的覆盖率、国际业务的渗透率还有待进一步提升；境外机构净利息收入占比超过 65%，新兴业务线收入还比较低，资金来源稳定性也需要提高。刚才董事长提出的境外机构信贷管理基础比较薄弱的问题，也需要我们下大力气解决。此外，部分境外机构，特别是一些亚洲机构，在财务管理和人员管理上也存在不足，虽然目前问题尚未暴露，但如果解决不好，将来会在业务上直接反应。这些问题需要我们在今年的工作中认真研究改进，更好地提升国际化发展的质量和效益。

二、关于新的海外业务经营管理架构内涵与落地实施

去年以来，总行针对国际化发展新阶段的新特点，下大力气，历时近半年对原有海外业务经营管理架构进行了优化调整。当前和今后一段时期，全行国际化发展的重心，就是要扎扎实实推进新的海外业务经营管理架构落地实施。

（一）关于前期海外业务经营管理架构的主要问题。管理因时而变。与国际化经营环境相适应，此前我行海外业务经营管理经历了从国际部大一统为主到“协调统一，专业分工”的矩阵式管理模式，再到当前由国际部统筹协调、各部门专业推进的海外业务管理格局。但是，随着中国经济加速全球化，我行客户不断扩容，业务领域迅速扩充，集团联动需要深入推进，风险因素也在增多，境内外业务经营一体化、管理一体化需求非常迫切，前期经营管理架构不断暴露老问题和新情况，已难以适应，需要进一步优化调整，这些问题主要表现在：

一是总行对海外业务的管理力度和深度不够。虽然总行各相关部门名义上都有海外业务管理职能，但参与程度差别很大。一些部门对境外业务重视程度不够，工作主动性不强，主要精力仍然是管境内，对境外市场研究不深，统筹布局不够，业务推动不足，管理存在一定脱节。直接的结果就是，一直强调的产品线境外延伸，更多依靠境外机构“自发式”发展，缺乏足够的系统化统筹，最终市场竞争力不强，业务结构不够合理。例如，前期零售业务在境外基本全面铺开，但缺少对布局的统一规划，产品和服务比较初级，持续跟踪评价也不足，风险不少，随着监管政策趋紧，合规与反洗钱压力突出，部分国家和地区开展零售业务的必要性和方式需要重新考虑。公司投行、金融市场与资产管理、全球现金管理和电子银行等主要业务板块也有类似系统化管理不足的问题。

二是境内外机构一体化服务能力不强。原先境外机构业务相对简单，代付、簿记、风险参贷等业务占比较高，客户以集团内和同业客户为主，加之在当地市场有差别优势和境内外市场相对封闭，一体化服务要求并不高。现在随着市场变化和客户需求变迁，集团联动业务对境内外机构贡献都越来越大，要求我们更好地发挥集团境内客户和业务优势，向客户提供跨币种、跨区域的境内外一体化综合服务。但目前我行一体化营销服务格局尚未完全建立，集团联动更多依赖机构间点对点自发动力，全球统一服务能力不强，在服务“走出去”客户和大型跨国公司客户时竞争力不够，难以有效锁定客户全球价值链条，高价值业务线发展较慢，在客户需求响应速度、统一授信、考核分润等方面都还有改进空间。

三是境外集约化、精细化管理还不够深入。主要体现在集约运营和资源配置等方面。境外机构“大而全”“小而全”情况还比较明显，集约化经营不够，业务处理、科技运维、财务、审批等业务过多分散化管理，既不利于控制成本，也扩大了操作风险。对资本、资金、财务和人力资源等经营要素的统筹管理和差异化配置还不够精细，资本使用效率、资金成本、资金收益、财务费用投入产出比例、税务筹划、人员配置等都有进一步提升空间。

四是集团一体化风险防控能力需要提升。前期总行已在巴塞尔 III 框架下建立了与全球系统重要性银行相匹配的全面风险管理架构和针对各风险类别的管理制度与措施，风险管理在国内外都是领先的。但对境外机构的风险管理，较长时间内，还是以当地机构为主，总行统筹管理为辅。在复杂国际化经营形势下，部分境外机构的整体风险抵御能力相对不足，集团风险管理压力明显加大。对合规与反洗钱、信用风险、流动性风险、汇率风险、利率风险、操作风险，以及风险跨境传导和交叉传染，我行在形势预判和风险主动识别、系统性和前瞻性管理等方面还不够，集团一体化风险控制能力需要提升。

（二）认真领会新的海外业务经营管理架构的主要内容。去年 7 月，易董事长组织总行十余个部门召开海外业务经营管理架构专题会议，研究优化海外业务架构的战略思路。总行随后两次召开国际化联席会议讨论具体优化措施，最终形成了《境外业务经营管理优化工作要点》。这个工作要点是此次架构优化的核心内容，涉及总行六大板块 21 个责任牵头部门，包括 70 大项、逾 150 条具体优化工作举措，覆盖了海外经营管理的主要方面，希望大家认真领会。

这次架构调整的核心思想是：着眼境内外经营管理一体化，加强海外业务管理和产品线境外延伸，深化本地化经营，促进集团各部门各机构有效联动，挖掘高价值业务空间，提升境外机构差异化发展水平，推进集约化经营。优化方向是：加强境外业务和管理布局研究，提高总行统筹能力，解决以客户为中心的业务体系建设

中存在的问题，调整优化境外业务结构向“微笑曲线”两端的高价值产品线延伸，提高整体风险管控的系统性和前瞻性，通过集约化运营有效控制成本。优化目标是：实现境外业务和产品差异化发展，推动一体化营销机制建设，构建集约化的境外机构运营体系，构建一体化的风险管理体系，形成符合属地化标准的内控和反洗钱安排，实现线上和线下服务融合发展。

（三）切实抓好新的海外业务管理架构落地执行。一分部署，九分落实。总行各有关部门和境外机构要以钉钉子精神切实抓好落地见效。总行国际化部门要强化全行一盘棋整体思维，发挥业务推动的主体责任，从侧重管理境内转向境内外一体化管理，发挥好本部门海外业务处室和团队作用，进一步提升精细化管理水平，强化对境外市场、机构、客户和业务的研究，明确境外业务差异化发展定位，做实境外机构差异化管理，强化差异化分类指导的针对性和有效性，完善“一行一策”资源配置和激励机制，建立健全海外业务管理制度体系，提升集团合规与风险管控的系统性和前瞻性。要加大对境外机构的关心、关注和投入，加强对境外产品、制度、系统、人员等方面的支持和指导，多为境外机构想办法、找途径、解疑惑。境外机构要认真领会总行战略意图，深入贯彻总行要求，提升工作执行力，做好各项优化措施的落地配合；要发挥自身能动性和积极性，下大力气提高自主经营发展能力，加快推进经营结构调整及转型升级，确保总行顶层架构不变成“空中楼阁”；要协助总行持续完善新的经营管理架构，结合优化工作执行情况向总行提出合理化建议。境内机构要根据跨境业务发展形势，按照境内外一体化的思路，切实提升跨境经营能力，与境外机构共同打造一体化的全球客户服务能力和风险控制体系。总行国际业务部要切实肩负起统筹与协调职责，加强对各项优化工作实施情况的统计分析和进度监测，持续做好工作要点落实情况的跟进与督导，推动工作落地见效；要用好国际化联席会议机制，促成跨部门协同互动、跟踪落实的良好工作局面。

三、关于当前形势下跨境业务的特点和我行对策

过去提跨境业务，要么想到跨境人民币业务，要么想到“全行办外汇”的国际业务。现在的跨境业务概念更广、含义更深。更多强调为客户提供跨越境内外两个市场、本外币结合、覆盖全产品线的服务。只要客户、交易对手、资金来源或投向有一方在境外，就属于跨境业务范畴。当前跨境业务面临全球经济金融复杂分化、持续变化的形势，呈现鲜明特点，机遇需要深入分析和把握，风险也要准确认识和应对。

（一）当前形势下跨境业务呈现的主要特点。

一是业务扩容迅速。过去很长时间，跨境业务主要涉及外汇结算清算、总量有限的外汇存贷款业务及少量边贸业务。外汇结算量去年大约1.6万亿美元，外汇存贷款在千亿美元级别。从2009年人民银行试点人民币跨境贸易结算开始，跨境业务范畴从原来的外汇和边贸业务扩展到跨境人民币，本外币结合迅速。六年多我行跨境人民币业务量已接近4万亿元，总量虽和外汇业务量有差距，但业务面宽泛，从最初的跨境人民币结算清算，到现在融资、投资、交易、顾问、资产管理、托管等众多产品条线都有涵盖。境外客户对人民币和中国市场的关注越来越多，资金双向流动越来越频繁，跨境业务的内涵和外延都在持续快速扩充。目前，跨境业务已从传统的外汇清算结算、融资业务发展到本外币业务日益融合，传统业务与金融市场、资产管理、私人银行、并购重组、跨境电商等新兴产品线协同发展的局面。这对我行跨境业务模式和服务能力等都有更高要求。

二是换窗变向频繁。大家都能感受到，最近的跨境业务呈现出监管政策快速变化的情况。跨境业务直接连通境内外市场，很多业务机会来源于不同市场的差异，很容易受到监管政策和客户需求等市场环境变化的直接影响，相当部分跨境业务机遇呈现持续变化特点，时间窗口、业务类型及资金流向变化很快，一个方向做到头、一批产品打天下的做法很难满足要求。例如，很长一段时间，人民币国际化政策面鼓励人民币流出境外，打造离岸人民币市场，境外人民币资产存量最高达到4万亿元，由于回流通道有限，境外利率明显低于境内。这个阶段不少境外机构业务重点是做离岸人民币产品，以及与境内机构联动挖掘客户基于利差汇差差异化配置产品的合理需求，更多是做经常项目下的流出类和双向联动业务。但“8·11”汇改后，因为监管政策调整使离岸市场总量迅速回落至不足2万亿元，变化非常快。加之人民币加入SDR及境内金融市场开放吸引更多对境内投资需求，业务机会和重点转变为流入类业务，并向挖掘资本项下创新业务转变。在目前阶段，环境变化更快，业务机会的阶段性、结构性、差异性特点会更明显，特别是在跨境人民币结算和融资、金融市场、投资银行、资产管理等领域。

三是风控难度增加。目前，跨境业务涉及的风险因素明显增多，相互联动关系也比较复杂，控制难度在加大。政治与政策风险方面，美国新总统上台后美国优先的政策倾向和中美经贸互动前景存在不确定性，部分国家和地区的地缘与区域政治风险在升温，直接影响跨境业务外部大环境。同时，跨境业务需要接受不同国家监管，境外监管环境日趋严苛，合规管理压力加大，境内调控力度不减，特别是MPA考核的最新要求会使未来业务发展面临诸多约束。市场风险、流动性风险和信用风险方面，全球经济发展不平衡和金融市场震荡不休，汇率利率频繁波动，境内外市场的市场风险、流动性风险和信用风险在提高的同时，也会在不同市场交织传

染，连锁叠加。前期我行一些境外机构内外联动业务出现了由市场汇率风险引发的信用风险，跨境人民币政策趋紧时对一些境外机构也形成了一定流动性压力。今年类似情况可能会更多。操作风险方面，跨境业务领域广泛，涉及流程众多，风险点比较多，控制不好，轻则遭受资金损失，重则可能引发大问题。例如，信用证业务如果关键点没有把控好，可能最终违约造成诉讼，声誉风险也较大；金融市场业务如果对交易员授权控制和监督检查不到位，出现的虚假交易或市场操纵行为可能带来灭顶之灾，远有1995年英国巴林银行倒闭，近有数家跨国银行因涉嫌操纵Libor基准利率被英国和瑞士监管重罚。文化与劳工、税收等法律风险方面，走出国门的跨境业务，需要入乡随俗，遵守不同区域法律。各国文化习俗、管理理念、劳工规定和税收等存在差异，需要统筹兼顾。文化认同不足、社会责任履行不到位、劳工管理未遵循属地化要求、税务处理不合规等都可能引发业务风险。而且各国司法体系差异较大，我行又在境外，一旦遭遇诉讼，旷日持久，成本很高。

四是竞争日益激烈。过去我们发展跨境外汇业务，主要对手是中资四大行和少数欧美跨国银行，大家更多关注比较优势。我们依托境内庞大的客户基础和产品覆盖能力，对在中国市场的欧美跨国银行有明显优势，在境外市场一般定位为市场参与者而不是引领者，通过差异化发展，在中国元素业务和部分本地化方面有相对优势。近年来跨境业务的迅速扩容、境内外市场深度联通，中资同业包括很多股份制银行都在这方面加快布局，同时很多外资银行也把中国作为重点目标市场，这样我们面临的同业竞争日益激烈。

（二）新形势下跨境业务发展对策。在当前形势下，要抓牢跨境业务机遇，控好风险，关键是要做到形势看得准、业务决策快、执行到位、令行禁止。

一是顺时就势做业务。分化和变化是未来常态，要充分抓住阶段性、结构性、差异性机会，需要准确判断形势、及时调整业务策略。首先，要强化调查研究，看准业务趋势。不管是总行部门还是境内外机构，都要强化业务调研，充分收集各方面信息，密切关注和深入分析市场和监管政策变化，准确判断业务发展方向，该抓的市场坚决抓，该退的业务坚决退。其次，要随行就市，灵活把握业务方向。近期资金流出类业务受限较多，资金流入类业务符合导向，要主动发展出口、FDI、代理交易、QFII、跨境融资、境外发债等流入类业务，未来再根据形势变化灵活把握业务方向。例如，去年我们对投资境内银行间债券市场业务下手较早，国际业务部和金融市场部积极配合，市场份额超过一半。当前资金流出类业务受限较多，但是我们要深入分析。现在监管部门的管理重点是资金流出，但并不是完全反对做业务，比如兼并收购，对我国产业升级有利的兼并收购还会支持，因为对我国经济的提质增效发展是有益的，业务并未叫停。而对不相关产业、对实体经济没有帮助的收购可能就会受到限制。同时，我们也要利用好境外机构布局广的优势，由境内分行向给境外机构推荐客户和业务，境外机构利用当地市场资源，通过境外发债等方式，为兼并收购提供服务，以境外融资、境外收购这种“两头在外”的模式抓业务机会。近期美国市场这方面的业务机会就很多，发债业务增长很快，未来这将成为普遍现象。不仅在美国，欧洲、中国香港和其他区域的机构也都应该抓住此类机会。原先我行和其他银行在境内业务的差别并不是很大，但是资金跨境流动管理加强后，我行境内境外机构布局广，境外就地融资能力强的优势进一步得到体现。全行要随行就市，灵活把握业务方向。最后，要积极作为，抓牢业务机会。有些业务初看短期机会不大，但其实空间很大，有些业务短期受限，但形势一变机会立显，需要更积极把握。例如，美元在不断加息和升值后，表面看发行美元债需求不会多，但由于中资企业加速“走出去”，加之跨境融资宏观审慎管理政策出台，中资企业境外发行美元债增长很快，2016年首次超过1 000亿美元，较2010年增长近9倍，预计2017年会更多。我行前期重点抓“熊猫债”业务，近期监管政策收紧后业务放缓，各机构及时调整方向，加快境外美元债承销业务发展，承销金额快速增长，去年排名亚洲美元债市场承销额第7位，超过了一些欧美大型投行。又如，资金流入类业务目前看需求不旺盛，部分机构产生畏难情绪，但人民币汇率一旦稳定，市场看法就会发生变化，业务需求会迅速显现，要早做布局和推动，加强客户储备。

二是练好内功调结构。市场调整是夯实基础、主动调整客户和业务结构的契机。第一，要扩大客户规模。目前我行跨境业务对“走出去”、跨国公司和境内公司客户跨境业务的覆盖率还不够高。全行要进一步明确目标客户名单，通过名单制营销、分层营销、内外联动等方式，尽快扩大客户规模。比如北京分行在跨境业务方面做得很好，国际结算业务超过中国银行，一个重要经验就是分层营销和名单制营销执行到位。第二，主动调整客户和业务结构。当前阶段，流入类业务客户主要包括境外跨国公司、主权和金融机构客户，境内赴境外融资客户，以及出口和“引进来”客户。全行要紧盯这些目标客户，加强产品覆盖和业务渗透。要抓住市场形势变化对业务形成的倒逼机制，加快出口、FDI结算、境外发债、代理投资、RQFII、外资客户信贷融资等流入方向下的业务，改变进口多、购汇多、资本项目强、经常项目弱的局面。要在执行监管政策的同时，向客户做好政策解释，稳定客户关系。第三，提升跨境服务和集团联动能力。要建立对重点客户、重点项目的全球服务机制，提升对客户的反应速度和响应能力。公司、投行、专融、金融市场等跨境业务重点产品线部门要创新配套产品，梳理优化业务流程和营销机制，强化客户服务。

三是瞄准窗口抓储备。在当前集中发展资金流入方向业务的同时，也要看到其他跨境业务和对外投资类产品的发展潜力，特别是随着人民币国际化和资本项目改革持续推进，跨境业务通道持续拓展，在阶段性的调控过去后，机会会更多。要紧盯市场变化，做好业务储备，抢抓新政策新窗口的业务机遇。要保持密切监管沟通，主动了解监管动向，及时跟进汇率、利率和各国金融市场变化，提前做好营销准备，盯紧跟牢重点客户，定期向客户发送市场信息与业务动态，抓好重点产品创新和业务流程优化，为在政策变化后赶在同业之前抓住机会奠定基础。特别是对跨境并购、财务顾问、融资租赁、项目融资、专项融资、金融市场、资产管理、全球现金管理、私人银行等未来潜力较大的重点业务，要储备好客户资源，进一步强化重点产品创新，形成跨境业务拳头产品线。要加强横向联动，通过业务相互转化与交叉营销，向客户提供综合服务，扩大对客户的跨境业务价值链渗透。我们要以为客户提供综合金融服务的思路研究产品线、丰富业务类型，围绕一点接入、覆盖客户多种需求的目标发展业务，增加相应产品线，从而控制营销成本，提升服务价值。要尽量减少发展相互之间关联较少的单个产品线，否则资源投入很高，但成效并不明显。

四是紧跟监管控风险。要始终紧跟监管动向，不断强化和优化风控措施，加深对客户与业务的了解，严格执行监管合规要求，加强交易真实性审核，防范套利行为。境内分行要切实落实 MPA 考核、跨境并购等方面的监管要求，防范资金恶意流出。境外机构要认真落实当地监管要求，配合境内调控导向，向市场和客户准确传导预期。在具体业务方面，要特别注意防范在汇率波动情况下的信用风险、市场风险和流动性风险，防止风险在集团内的跨境传染和连锁反应。要高度关注资本加速流出的部分新兴市场和债务率较高的成熟市场的信用风险，采取有效措施降低敞口、完善增信手段，并控制好对客户错币种融资业务风险；要关注资产价格较高、资本市场泡沫较大市场的资产价格波动，管理好交易头寸，防范部分货币利率大幅变动对我行资产价格产生显著影响；要控制好资产和负债的期限匹配，提高流动性覆盖率，做好长期流动性安排，防范流动性风险；要加强集团并表管理，做好风险隔离，防范风险跨境传染和连锁反应。要进一步提升对操作风险的集团化管理能力，优化风险管理措施，强化系统硬控制。要更加关注跨境经营涉及的文化差异、劳工政策、税收环境等风险因素，提升防范意识，做好应对措施安排。办理国际结算与贸易融资、并购重组、国际银团、簿记等重点跨境业务时要严格遵守适用法律和国际惯例。

四、关于境外机构如何防范汇率风险

当前，全球经济金融形势很复杂，特别是各国货币政策分化明显，金融市场波动加剧，我行境外机构面临的汇率风险明显增加，汇率风险控制是当前需要关注的重点问题。

（一）汇率风险控制形势需要准确认识。2017 年，预计美国、欧洲、英国、日本、新兴市场等地区经济走势和货币政策将继续分化，美元总体保持强势，日元、欧元及其他货币有一定贬值压力，人民币对美元汇率波动加大，对其他新兴市场货币总体呈现升值。这种复杂的市场环境，机遇与挑战并存，一方面会为我行提供不少结构性、差异性交易机会，特别是在金融市场业务方面，但另一方面，对汇率风险管理压力很大，处理稍有不慎，来之不易的国际化经营成果很容易被吞噬。主要体现在：

一是境外机构资本金和留存利润面临较大缩水压力。当前，我行汇率风险来源正从交易账户汇率敞口向银行账户汇率敞口转变。在我行国际化发展初期，我们的境外机构主要在发达国家设立，这些国家的汇率波动相对较小，汇率风险敞口主要是金融市场业务的交易账户汇率敞口和为发展外汇业务货币错配形成的敞口，整体规模不大。随着我行国际化进程加快、跨国申设并购力度加大、境外机构数量增多，我行在更多新兴市场国家设立机构，这些国家汇率波动较大，而且银行账户敞口比交易账户规模大很多，汇率风险值得关注。目前全行汇率风险总敞口约为 233.46 亿美元多头，其中，银行账户汇率风险敞口约为 220 亿美元，占总汇率敞口的比重达到 95%，是当前汇率风险管理的关键。集团汇率风险敞口中 80% 为美元或挂钩美元的强势货币，如港币等，总体保持美元多头，风险可控。但因为我行国际化经营规模已经很大，即便是 20% 的小币种汇率风险敞口，如果汇率贬值 10%，折算为人民币也会带来几十亿元的损失。一些国家和地区汇率的大幅变动和不同市场之间汇率的连锁反应，使我行境外机构资本金和利润保值增值面临较大压力，特别是南美、东南亚、墨西哥和哈萨克斯坦等地机构预计未来压力仍较大。例如，2016 年，一些国家汇率一夜腰斩或大幅变化，我行资本金瞬间缩水，甚至个别新设机构，业务还未全面铺开，资本金就已经不足。2014 年末我行对工银墨西哥注资 5 000 万美元并以墨西哥比索留存，比索对美元汇率两年内累计贬值 32.45%，导致我行资本金缩水了 1 600万美元，只能再增资。同时，多数国家或地区监管要求我行境外机构资本金和未分配利润以当地货币留存，或对持有美元长头寸有限制，或者直接限制境外机构将利润汇回总行，制约了境外机构开展汇率风险对冲交易的可行性。

二是单项业务风险整体可控，但风险间传染压力较大。从我行业务结构来看，单项业务承受汇率风险的，主要来自金融市场业务的交易账户敞口以及错币种信贷业务。金融市场业务的交易账户敞口整体数额不大，目前约为13亿美元，且一般有风险对冲措施，整体可控，主要控制点是关注合规和操作风险，不能出现“黑天鹅事件”。全行要高度关注境外机构金融市场业务的操作风险。前期总行曾经研究上收境外机构的交易业务权限，但部分国家对此有本地监管要求，部分机构还需将业务保留在本地，各机构也都设立了资金交易室。境外机构负责人一定要高度重视交易室的操作风险管理。总体来看，境外的金融市场业务系统建设和管理不如国内，虽然近年来风险管理部、金融市场部、运行管理部一直在努力优化，但是相关问题尚未全部解决。境外金融市场业务的交易币种比较多样，品种比较复杂，交易系统也都比较复杂，我行自行开发的部分系统不能完全满足境外业务需求，一些机构还通过外购方式购买了不同功能的业务系统。部分机构的前中后台系统之间并未打通，涉及跨系统的交易尚需落地处理，存在交易与记账未能及时同步的情况，在此过程中因为缺少足够监督，可能发生道德风险。去年就曾经发现几十笔业务存在类似情况，风险隐患较高。在此我再次强调，境外机构负责人一定要关注交易业务的操作风险管理。如果发生风险事件，可能引发大额损失，对集团的影响更大，比经营利润波动更值得关注。首先，汇率风险可能向信用风险连锁转化。对境内外机构以人民币计价担保或其他币种担保方式的错币种信贷业务，汇率变化会引发抵押物、担保品价值不足，从而可能产生连带的信用风险。其次，汇率风险可能向流动性和利率风险连锁转化。一些境外机构所在市场当地货币汇率波动预期强烈，境内外人民币汇率、利率差异在特定条件下仍可能显著扩大，引发汇率、利率、流动性风险相互传染。例如，今年初境外人民币市场流动性高度紧张，离岸人民币隔夜拆借利率一度飙升至110%以上，汇率也大幅升值，一些金融机构因为看空人民币，导致空头业务爆仓。我行部分境外机构原先过于依赖期限错配提高盈利的业务结构也经受考验，流动性风险和利率风险也都面临压力。在这种市场情况下，筹借高利率的人民币资金，并不意味着成本承受能力强，而是银行内部管理出现了问题，而且会影响到银行声誉。全行要正确看待资金错配，一定前提下的错配是必要的，但超过限度就会带来风险，我们既要发挥工行信誉优势通过资金错配获得合理利润，更要注意有效控制错配风险。再次，汇率风险可能带来监管指标不达标的连锁反应。许多境外监管都要求流动性覆盖比例、资本充足率、最低资本净额和单一客户信用风险敞口、外币敞口等指标达到一定水平，汇率大幅波动可能导致境外机构部分监管指标不达标，进而被迫收缩业务或补充资本。最后，汇率风险可能带来市场信心不足的连锁反应。目前，境外唱空中国、唱衰中资银行的声音有所增加，加之前期人民币汇率的快速变化和不确定的未来预期，市场信心如果持续不足，可能引发境外金融机构对中资银行整体经营的担忧，并采取压降对中资银行授信、抽走美元资金支持等极端措施，引发境外机构美元流动性风险。值得注意的是，2015年以来，个别欧美银行在部分时点就曾试图压降甚至取消对我行部分拉美和土耳其机构的授信与资金支持。

（二）要在认清形势的基础上持续提升汇率风险管理能力。近年来，我行针对汇率风险的新特点新趋势，不断完善管理措施，创新管理手段，取得较为明显的成效。包括：完善集团银行账户汇率风险管理体系，创新管理措施。一行一策推进境外机构资本金和利润保值增值，探索多项创新措施。例如，申请人行货币互换资金借贷（CSL）注资，积极拓宽小币种资金来源渠道，去年先后获得85亿俄罗斯卢布和4.5亿元土耳其里拉注资工银莫斯科和土耳其，其中，里拉增资后贬值约17%，但通过CSL方式，我行完全规避了汇率风险。加强集团交易账户风险限额和对冲管理，有效控制货币错配。建立交易账户汇率风险识别、计量、限额管理、风险监控和报告的全流程管理机制，按照金融市场业务24小时集中交易布局推广集中交易系统，对集团金融市场业务集中平盘交易。目前，有货币错配的金融市场业务基本都已进行对冲，不对冲的业务也在总行风险限额内开展，敞口较小。及时管控境内外不同风险交叉转化隐患。密切监控错币种跨境担保业务的担保能力不足风险，特别是对集团内的内保外贷业务，强化风险监测和提示，把控关键风险点，对抵押品估值进行摸排并增信保全，明确减少币种错配，防范信用风险跨境、跨机构传导的控制措施。总体来看，上述措施效果较为明显，集团外汇敞口保持稳定，实现汇兑净收益。2016年集团外汇敞口比年初增值约91亿元人民币，自2010年以来已连续7年实现汇兑正收益。

尽管前期成绩不错，但客观来说，我行集团汇率风险管理也还存在一些不足，主要表现在：此前总行实施的创新汇率风险控制措施相当部分仍处于浅尝辄止的探索阶段，整体审视、系统规划还不足，对汇率风险的精细化管理水平还需要进一步提升，以加快成功经验复制和更多措施探索；部分境外机构汇率风险管理意识还比较弱，认为在当地经营，记账本位币是当地货币，当地货币升值贬值对自身经营基本无影响，忽视人民币是集团记账本位币，其他币种升贬值都会对集团利润或权益产生影响的现实；各境外机构汇率风险管理水平存在较大差异，一些机构主动管理能力比较强，不仅风险管得好，还能利用汇率波动实现较大盈利，但相当部分机构还是被动等待总行指导和措施安排，主动管理意识和能力还不够强。这与当前的考核也有关系。原先大部分机构汇率波动影响不大，仅有个别新兴市场国家汇率风险比较大。前期总行考核仅按照当地币种考核损益，剔除了汇率波动影响，部分机构因为总行不考核汇率风险，就只关注以当地币种体现的经营结果。今年要对考核进行调整，对境外机构考核不仅考核当地币种利润，也要考核折算为人民币后的利润，以此督促境外机构增加汇率风险防范意识。在当前汇率波动较大的形势下，如果不采取防范和对冲措施，以当地币种体现的利润折算为人民币收益并不能弥补资本金贬值损失。

（三）管好汇率风险需要抓好重点工作。2017 年，全行汇率风险管理的核心是要继续控制好集团外汇敞口，关键是做好境外机构资本金和留存利润的保值增值，同时，兼顾对不同风险跨境传导、交叉传染的防范和交易账户汇率风险敞口的过程控制，重点做好以下三项工作：

一是要突出抓好境外机构资本金和留存利润保值增值。要强化汇率风险管理意识，落实主体责任。境外机构要进一步增强对汇率风险压力和自身管控责任的认识，明确承担本机构汇率风险管理的主体责任，加强对市场走势的研判，积极落实总行管理措施，主动探索更为有效的风险应对策略，及时做好风险对冲和突发情况应对，切实防范汇率大幅波动对本机构利润和资本金的吞噬。有增资需求的境外机构，要继续按照境外机构新增资本金考核还原机制，合理申请增资规模、科学设计增资方案。要完善集团汇率风险管理体系，合理制定汇率风险管理策略。要结合当前集团汇率风险的新形势、新特点，继续研究完善集团汇率风险管理体系，做好整体制度安排，建立健全风险对冲机制和监督评价机制，加强境外机构汇率风险管理责任的考核监督。在管理策略上继续保持以美元、港币等强势货币为主的外汇敞口结构，稳定集团经营成果。结合境外监管要求、市场环境、交易能力等因素，对不同的境外机构具体问题具体分析，进一步完善“一行一策”的管理策略，持续提高汇率风险管理的精细化水平。要不断创新集团汇率风险管理手段。要加强与当地监管机构沟通，争取以人民币或美元增资并留存，并优先以美元次级债、次级借款等不需币种转换的方式满足资本需求；要充分考虑各机构当地情况，利用央行间货币互换协议，继续向人民银行申请互换资金借贷资金支持，探索借入小币种资金为更多境外机构注资；要在监管许可的前提下推动更多境外机构及时将留存利润汇回总行，总行将外币利润兑换为人民币或美元；要继续合理利用无本金远期交割、美元通胀挂钩债券等金融衍生工具和投资固定资产等方式，适当对冲汇率风险；要根据市场环境变化探索和推广更多防范汇率风险的可行方式。这些措施如果运用得当，一方面可以实现我行资本金的保值增值，另一方面也可以向客户推广，获得大量业务机会。当前我行许多境内客户在境外开展经营，特别是在新兴市场，收入以当地币种反映，面临较大的汇率风险，如果我行向客户提供汇率保值方案，将能够极大地吸引客户。所以要利用好汇率波动的机会，既管好自身风险，也向境内和境外客户提供相关汇率防范服务。境外机构要清醒地认识到，拓展客户不是简单地发放贷款，而是在贷款以外多做增值业务，为客户提供所需要的金融服务，这才是商业银行的价值所在。如果把服务客户简单地理解成发放贷款，那参加当地主流银行的银团即可，但这样无法真正获得客户资源。

二是要抓实对汇率风险跨境传导和交叉传染的防范。关键是控制好相关业务的币种、期限和总量错配，做好及时跟踪和应对。要合理调整资产负债结构，做好业务币种和期限的匹配，减少美元流动性错配敞口，并对错配敞口进行套期保值，对冲汇率波动造成的不利影响。如需开展货币错配业务，要建立汇率对冲成本评估准入机制，将汇率对冲成本计入产品收益整体测算，业务收益高于对冲成本的跨币种业务方可准入。要高度重视内保外贷业务的风险覆盖能力，尽可能使担保币种与境外信贷业务币种一致，如确需办理错币种跨境担保业务，要定期评估汇率变动对担保能力的影响，通过保函增额、补缴保证金等方式化解潜在汇率风险。要加强与监管机构沟通，争取理解和支持，豁免或降低在汇率大幅波动情况下监管指标被动不达标的改进要求。要适当利用论坛、媒体等平台，在全球市场上主动发声，引导对中国经济、人民币汇率、中资银行业发展状况的正面评价；要加强品牌宣传和同业沟通，更多传导工行形象、工行声音，巩固我行全球形象，保持良好同业合作氛围，并及时应对个别同业的短期行为，保障集团资金运转，防范流动性和声誉风险。

三是要继续抓好交易账户汇率风险敞口的过程控制。要进一步合理把握集团交易账户汇率风险敞口总量，通过集中平盘等方式保持风险对冲工具的足额覆盖；要强化对汇率风险敞口形成过程关键风险点的认识，持续优化汇率风险识别、计量、限额管理、风险监控和报告的全流程管理机制，特别是继续优化对金融市场业务的权限划分和风险限额控制措施，加快系统推广，提升系统硬控制能力，强化监督检查，确保业务合规，控好操作风险，有效防范“黑天鹅事件”。需要强调的是，尽管我们从整体上强调汇率变化的风险控制，但也要正确看待和把握汇率波动带来的业务机会。全球经济金融分化和金融市场加剧波动客观上也为我行发挥全球布局优势，灵活摆布资源，挖掘阶段性、结构性和差异性业务机会提供了许多空间。刚才我讲的为客户提供汇率风险管理服务是一个例子，我行自身也有许多例子。例如，工银阿根廷自并购以来阿根廷比索贬值68%，南非标准银行也是因为看到了比索贬值趋势才考虑将阿根廷机构出售给我行。但我行通过努力，不仅规避了比索大幅贬值的汇率风险，而且实现账面资本从并购初期的 5.08 亿美元增加至 5.78 亿美元，加上汇回总行利润合计增幅达到 18%。这是一个非常好的例子。集团金融市场条线部门和各境外机构要以此为榜样，充分把握当前不同国家利率走势分化，汇率波动加大，资本流动加速的结构性交易机会，做强全球交易业务产品线，把握高价值业务机会。境外机构要在总行统一策略下继续加强对新兴市场货币汇率走势的研判，在有效控制风险的前提下，努力获取交易账户汇兑收益，提升价值贡献，包括我行自身和对客户的服务。

同志们，2017 年国际化经营形势比 2016 年更为复杂，任务更为繁重，各方面要求更高，把握机遇需要更加积极主动的工作措施。全行上下要保持坚定战略定力，更加主动担当，围绕年度中心工作，积极进取，进一步细化工作措施，抓好执行到位，共同努力，不断开创国际化发展的新局面。

在中国工商银行 2017 年信贷工作会议上的讲话

谷　澍

（2017 年 2 月 10 日）

今天我们召开 2017 年信贷工作会议，主要任务是贯彻落实 2016 年改革发展研讨会和 2017 年全行工作会议精神，安排部署今年信贷、审批、风险条线各项工作。

2016 年，全行信贷战线面对严峻复杂的经济金融形势，按照总行党委的统一部署，严格管控信用风险，夯实信贷管理基础，积极支持优质信贷市场拓展，不断提升支持实体经济的能力，实现了信贷业务的稳健有序发展。

一是保持了资产质量稳定。总分行信贷条线的全体干部员工全年保持了奋力进取的工作状态，持续推进信贷政策制度优化调整、授信与业务审批、风险化解与处置、全面风险管理等各项工作。围绕全行资产质量管控目标，逐户逐笔落实管控方案，倒排工期、加班加点、高频调度，完成了全年信贷工作任务。2016 年末，全行不良贷款率为 ×%，并将 2013 年、2014 年、2015 年以来新增融资不良率控制在红线以内；逾期贷款增加额同比大幅下降 ××亿元，增长势头得到有效控制；全年不良资产处置通过多元创新保证了处置回收率并实现同比多处置 ××亿元。在把握实质风险的前提下，完成各类存量贷款风险化解方案、法人客户年度授信方案调整和信贷业务审批工作。去年全行净利润保持全球银行业最好水平，好于计划、好于预期，这其中凝聚了信贷条线全体干部员工辛劳的汗水。

二是信贷投放效率不断提升。进一步优化信贷政策体系，加大在交通、公共设施、重点城市功能提升、优质政府购买服务、先进制造业等重点领域的信贷投放，加强对区域信贷市场差异化指导。全面推进贷款存量移位与增量并轨管理，形成移位管理、资源配置和经营考核三位一体的综合管理机制。截至 2016 年末，全行实现存量贷款移出 ××万亿元，实际新投放贷款 ××万亿元。全年个人住房贷款增加 ××亿元，增幅达 ×%；项目贷款累放 ××亿元，同比多放 ××亿元，主要用于支持国家及省级重大项目和优质市场业务。不断优化全球信贷资产布局，对境外机构实施“一行一策”差异化管理，境外机构在“一带一路”沿线国家投放贷款规模达 ××亿美元，较年初增长 ×%。

三是信贷基础管理进一步加强。及时修订调整法人贷款、个人贷款和金融资产服务业务基本制度。严控授信总量，防控客户过度融资风险；调整项目贷款优化流程适用范围，加大授信项下授权审批制的推行力度。加强集团全面风险管理，提升信用风险监控水平，完善内部评级体系，优化并表风险和国别风险管理。推进信贷经营机构和信贷从业人员资质管理，截至 2016 年末，85.5% 的机构和 92.6% 的信贷人员取得相应资质。开展数据质量治理，全面优化信贷系统建设，提升大数据和监控系统应用水平。

四是信贷改革持续推进。确定信贷体制机制改革方向，在 8 家分行推行信贷经营体制机制改革试点。对符合条件的小微企业和个人住房贷款审查审批下沉至二级分行，提高了业务办理效率。逐步推开境外机构集约化管理组织架构改革，充分发挥区域信息共享、重大项目集体决策的作用。建立完善新型运营监控模式，持续提高风险管理信息化水平。积极落实供给侧结构性改革部署，有序推进债转股试点工作和重点项目落地。建立完善金融扶贫工作机制，按照商业化原则积极支持贫困地区、贫困人口的多元化融资需求，充分体现国有大行的责任担当。

在错综复杂的外部形势下，2016 年全行信贷工作取得的成绩来之不易、好于预期。全行信贷条线干部员工承受了巨大的压力，付出了艰辛的努力。在这里，我代表总行党委，向全行信贷条线的干部员工表示衷心的感谢！

在看到成绩的同时，我们也要清醒地认识我们所面临的挑战。一是当前信贷质量管控形势依然严峻。虽然去年贷款逾期、劣变增长同比有所下降，但逾期和不良贷款余额还比较大，贷款逾期和劣变势头还没有得到根本遏制。截至2016年末，全行不良率×%，在四大行中没有优势，不良率较年初上升了××个基点，而农行和建行则分别下降××个基点和××个基点；剪刀差总额达××亿元，高于同业水平；潜在风险贷款规模仍然较大。从今年1月全行逾期贷款和不良贷款的反弹情况看，虽然与同期比较反弹势头有所减弱，但逾期和不良额度增长仍然较快。1月末共计劣变××亿元，各项贷款不良余额为××亿元，比年初增加××亿元；不良率约为×%，比年初上升××个基点；剪刀差贷款××亿元，比年初增加××亿元。二是不良贷款处置进度较慢。全行下达今年第一季度计划清收处置××亿元，1月份只处置了××亿元。今年要实现××亿元的处置任务，同时要完成账销案存、受托资产、以物抵债资产的处置，任务十分繁重。处置力量总体比较薄弱、过度依赖批量处置、常规处置和受托资产处置推进慢的问题还很突出。受托处置资产要在三年内完成清收处置，如果逾期没有完成任务或没有实现受偿率目标，我行会面临比较大的财务压力；如果受偿率出现比较大的缺口，也会面临比较大的监督审计压力。三是全行信贷管理体制机制还没有稳定下来，信贷队伍人员缺口还比较大，两个问题互相交织。我们的信贷经营管理模式还处在探索最优机制的过程中，会遇到各种问题与困难，需要全行干部员工齐心协力、献计献策，共同推进改革顺利开展。

关于2017年信贷工作，王百荣首席风险官还会作全面部署，全行要认真贯彻落实。在这里，我着重谈四方面意见。

一、把加快处置不良资产工作放在突出位置

当前，全行待处置不良资产体量庞大并仍在持续增长。截至2016年末，全行待处置不良资产金额××亿元，其中不良贷款××亿元、全口径受托处置资产××亿元、账销案存资产××亿元、以物抵债资产××亿元。今年预计还会新劣变不良贷款××亿元，全年总体待处置资产规模将超过××亿元。如果不加快处置、均衡处置、提高处置回收率、强化常规处置能力，一方面会直接影响资产质量稳定，另一方面也会因“冰棍效应”形成新的财务损失。

各行在不良资产处置中的老问题仍然比较突出：一是不良资产排查和分类管理不够精细，处置方式方法不多；二是依赖总行、依赖打包的被动惯性没有根本改变，主动处置、常规清收、逐户清收较少；三是处置任务急、待处置资产规模大和受托资产回收进度慢相叠加，处置压力大；四是机构不健全，人员不足、结构不优、专业处置能力偏弱。

当前，各行务必要把不良资产处置工作放在突出位置，一把手要高度重视、亲自挂帅，从排查资产底数、逐户逐笔制定处置预案、安排时间进度、优选处置手段等方面统筹安排，倒排进度，确保完成总行确定的序时目标。

（一）做好资产排查，摸清家底，逐户拿出处置预案。各行要对本行全口径待处置资产按账龄、保证、抵质押、涉案涉诉、经营状况等展开多维度摸排和尽职调查，逐户制定清收处置预案，落实责任人，明确时间表，按照处置项目、处置方式、处置时间、处置回收率等建立台账，对年内能够序时处置的项目做到心中有数，一时无法处置的要落实管理人责任，不得因主观因素造成更大损失。各行要摸清家底、深入分析、重排处置计划并限期报送总行信贷与投资管理部，总行将跟踪督导工作进展。

（二）优选处置方式，提高处置收益。各行要在摸底排查基础上，结合存量不良资产、拟劣变不良贷款以及资产质量管控目标、盈利能力、拨备消耗等情况，做好各类不良资产清收处置总体规划与进度安排，要按照常规清收处置优先、处置创新优先、有利于提高资产处置回收率优先的要求，组合使用好依法诉讼、强制执行、还款免息、以物抵债、重组转化等常规处置与批量转让、证券化等创新处置方式，努力提高不良资产处置效益和效率。

（三）加大依法诉讼清收力度，提高诉讼清收成效。当前全行法人不良资产已诉讼的比例不到六成，各行要仔细梳理，按成本效益原则应诉尽诉，大幅提升诉讼清收成效。一要配足财务资源，做到应诉尽诉，以诉促谈；二要联动各金融机构，严厉打击逃废债企业。做好诉前保全，切实实现我行抵质押物的优先受偿权与优先处置权，防止被其他债权人“首封”；要落实专人加强与执行法院的联系沟通，提高与法院沟通层级，主动把握和推进诉讼执行进程，多方寻找可供执行的财产线索，采取有效措施提高依法执行成效。

（四）发挥好以物抵债处置作用。要重点对房产、土地、股权抵质押类贷款实施以物抵债的可行性进行分析，筛选、确定重点项目。对依法诉讼和强制执行过程中，相关资产在短期内难以处置变现，或因市场、经济形势等因素影响目前处置将造成较大损失的，要加强与法院的协商，争取裁定抵债；选择部分优质资产实施协议抵债，主动抵入，防止出现企业破产清算、破产重整而被动抵债。加强以物抵债处置的前期准备和各方沟通，争取足额价值抵入。要加强抵债资产管理，及时办理过户手续，抵债资产收入要及时入账，依法落实税收政策，并视市场情况择机处置变现，提高处置回收率。

（五）充分运用债务重组与投行方式处置。对因临时性经营困难、非恶意欠款及有一定发展前景的企业，要在充分尽职调查基础上，实施必要的救助，可采取贷

款展期、调整结息周期、下浮利率、债务重组等组合方式支持，帮助企业走出困境，实现我行债权的保全，对于大额项目，要注意加强与外审的沟通。对有资产、股权等出售、出租、重组并购意向的企业，积极引入投行、重组基金等方式盘活；对涉及多个债权银行的，要充分发挥债委会工作机制，在债委会框架下各债权银行采取一致行动，实施对企业的债务重组。按照风险敞口不扩大、担保方式不弱化原则，积极通过合同要素调整、债务重组方式转化。

（六）加大创新处置力度，多渠道处置不良资产。各级行要由分管行长挂帅，组建专门团队或安排专门人员负责创新处置工作，立即着手，确保完成总行下达的年度及序时创新处置计划。要积极联系地方政府、所在地优质国有企业及行业龙头民营企业，拓展处置渠道，寻求合作共赢；充分利用各自资源整合优势，在总行推广的政银企合作基金、政银互相支持、风险资产并购基金模式基础上，积极创新，通过合作设立基金、对地方政府给予一揽子综合金融服务等方式，进行不良资产创新处置，提高处置回收率；对于我行参与提供资金支持的产业基金项目，原则上应预留部分份额，参与该模式化解当地不良资产；要充分利用投行手段、集团资源，通过仔细研究筛查资产，引入战略投资者，对目标资产进行重组、并购，实现不良资产终极处置；要积极探索利用各类资产交易平台，在公开、公平、公正的前提下，进行不良资产抵质押物、受托处置资产债权、以物抵债资产转让，并借助行内外各类信息平台进行不良资产营销推介。

（七）落实好“一把手”工程，抓好大额不良贷款清收处置。对于亿元以上大额不良贷款以及大额疑难处置项目，要提升处置方案制订、商谈与组织实施的层级，落实一级（直属）分行行长、分管行长挂帅清收、总分行联动处置、各级行分级负责、加强跟踪督导的联动工作机制，形成清收处置合力，切实推动全行大额不良贷款加快处置。

（八）处置队伍必须补齐到位。目前，全行处置条线人员约3 800人，据各行摸排测算还需增配2 256人，达到6 000人左右，才能满足当前不良贷款处置精细化的需要。各级行领导要高度重视，亲自组织协调人力资源与信贷（风险）部门，做好处置队伍建设工作，充分利用内部人才调整、学校和社会招聘等方式，优先选择具有清收处置经验、从事信贷业务、具有法律诉讼或投资银行经历的人员充实到处置队伍中。总行将尽快下达各行需补齐的人员数量要求，各行要力争在短期内全部到位。各行都要成立不良贷款处置中心，已经设立的要配齐人员，没有设立的要尽快设立并按要求配备人员。

（九）研究建立不良资产清收处置的多层次考核激励机制。总行要根据不同资产属性和处置要求，制订处置机构和人员考核激励指导意见，强化各级机构及人员与不良资产管理处置成效的挂钩考核机制，并定期对分行进行评价，年度兑现。总行信贷与投资管理部、财务会计部、人力资源部等相关部门要抓紧研究推进。分行在辖内也要制定不良贷款清收处置考核激励办法，有条件的可以在总行办法出台之前先行先试，充分调动处置队伍人员的积极性。

在不良贷款处置清收过程中，要坚持依法合规，按照“公开、公平、公正”的原则抓实处置细节，防范操作风险和道德风险。

二、有针对性地管好潜在风险贷款

截至2016年末，全行剪刀差贷款、办理过展期、重组、再融资、结息方式调整，或者曾经发生过逾期欠息、交叉违约等实质违约的融资余额达××亿元，这部分贷款要作为今年严防逾期、严防劣变的重中之重，精准排查、分类化解、严格管控，逐户落实化解方案，减少逾期或劣变，坚决遏制新增逾期和风险劣变增长过猛的势头。各行要立足缓释化解实质风险的需要，合理运用总行政策制度，千方百计做到风险客户不逾期、逾期客户不劣变，尤其是要保证在他行未逾期、未劣变的，我行也同样不逾期、不劣变，确保今年的剪刀差额度大幅下降。

（一）落实潜在风险融资管控责任。各级行一把手是信贷资产质量管控的第一责任人，要牵头组织调度信贷前中后台资源，排出有逾期劣变苗头的风险贷款，逐户研究制订化解方案，逐户摸排补充有效资产，全力缓释化解风险。

（二）前瞻排查管控潜在风险贷款。前移风险管控关口，前瞻性地排查并管控压降劣势客户融资，是潜在风险融资管理的重要基础。各行要加强对重点机构、重点客户、重点产品、融资大户的持续风险排查，真正做到精准定位、前瞻性地管控好潜在风险客户。今年总行将持续开展大额亏损企业、固定资产支持融资业务、批发贸易类客户、过度融资、资金结算异常、供应链融资、小企业关联体、三四线城市商用房抵押贷款、高风险保证贷款等九大领域融资风险专项治理。各分行可根据总行筛查的重点领域，结合辖内风险状况，切实做好潜在风险贷款排查工作，不断提升工作的前瞻性和有效性。总分行都要加强对带有普遍性、趋势性风险问题的防控，确保不发生系统性、区域性风险。

（三）分类化解潜在风险贷款。对于已纳入潜在风险管理的客户，各级行要逐户排查借款人、实际控制人、关联企业的经营和资产情况，“一户一策”制订并执行风险化解方案，制定化解时间表，指定防逾期责任人。

（四）提高贷款劣变成本。总行继续对逾期贷款和不良贷款实行双线控制、双线考核，各一级（直属）

分行也要加大对二级分行风险考核力度，引导各级经营机构切实做好资产质量管控工作。近期，总行调整了贷款拨备计提标准，提高次级类和可疑类法人贷款的单项拨备计提比例，降低正常关注贷款组合拨备计提比例，以促使全行进一步做好贷款防劣变工作。一级（直属）分行要提前做出判断，准确做好资产质量分类。

（五）继续做好风险缓释及隔离。各级行在潜在风险防控及化解过程中，既要以客户为中心，按照表内外一体化管理原则，统筹做好表内外、信贷与非信贷等各类融资业务风险统一管控，也要加强表内、表外、代理投资及债券承销等各类融资风险隔离，严防交叉违约，防止输入型、交叉型风险的蔓延。总行要继续做好配套缓释政策支持及组织管理，积极推广全行潜在风险贷款化解有效的做法和案例，及时研究解决分行实际操作中的各种政策制度问题，全力推进潜在风险化解工作。

要强调的是，潜在风险贷款与关注类贷款既有相似之处，又有不同之处。潜在风险贷款劣变的责任追究和非潜在风险贷款是有所不同的，这也是我们设定潜在风险贷款这一概念的初衷，本意是对信贷审批及管理人员尽职则免责，但目前一些分行利用政策漏洞，通过人为扩大潜在风险贷款范围来政策套利，这是极不负责的行为。总行要增加潜在风险贷款管理办法的定量指标，减少判定标准的模糊性，提高潜在风险识别的精准性；分行要科学管理、合理控制潜在风险贷款规模。

三、努力把好信贷投向

信贷投向决定客户结构，客户结构决定资产质量。近两年全行加快调整了信贷政策制度以适应经济周期变化，各行要切实落实总行战略部署，积极推进信贷结构调整。

（一）更加准确地把控好信贷投向。深入落实“抓大、抓小、抓新、抓优”的战略布局，在“抓大”上，要紧紧围绕京津冀协同发展、“一带一路”、长江经济带建设等国家重大战略规划实施，重点支持铁路、公路、城市群路网贯通、核心城市功能疏解等重大项目；密切跟踪政府购买服务及 PPP 融资模式发展情况，适度支持重点城市功能提升项目。在“抓小”上，要大力发展个人住房按揭及个人消费贷款业务；要发挥好小微企业专营模式的作用，稳妥发展小微金融业务。在“抓新”上，要继续支持文化、旅游、教育、医疗、健康等新兴服务业优质客户，重点把握好先进制造业客户选择，在准确分类统计先进制造业客户基础上，清晰定位客户策略。在“抓优”上，要持续加强对大型央企、省属重点企业、上市公司及其他细分领域优质客户的支持力度。

（二）更加主动地推进存量移位管理。各行要将存量贷款移位与信贷结构优化有机结合，更加突出主动移位和精准移位。一要持续抓好重点行业移位管理。继续对钢铁等 5 个产能过剩等重点风险领域实施分类移位管理。各行要合理把握未纳入总量控制的客户融资增长，尤其是房地产领域，一类城市行也要合理把握总量和结构，控制商用房开发贷款过快增长。二要主动抓好精准移位管理，要找到重点移位客户作为今年移位管理的重中之重，变事后监测为主动出击。各分行要明确牵头团队，抓好区域内存量移位方案的实施。

（三）更加有效地把控好信贷准入关口。信贷准入关口能否把控好，除了总省行要有清晰明确的投向引导外，还需要抓好两方面工作。一要提高新客户准入层级，二级分行要切实对辖内客户选择发挥主导作用，各一级分行要建立完善新客户准入机制，切实落实新客户准入责任。二要通过前中后台的有效联动、各司其职，切实把控好信贷准入关口。前台营销部门要积极主动地选择好客户，提高尽职调查有效性，保证基础信息的真实和准确，严防“病从口入”，坚决杜绝包装粉饰客户，并切实牵头做好贷后管理。授信审批部门要严守审查关，把控授信总量，严防过度融资，坚持“客户优选”，把好新增投放的“总闸门”。信贷与投资管理部门要做好监督管理，充分发挥大数据和技术优势，做好新增融资的并行监控，为准入筛查提供信息支持，严把放款核准这一最后关口，做到“准入监控”和“放款核准”双保险。

（四）更加前瞻地配套调整信贷政策。今年总行要围绕重点区域、城市、行业和客户，继续加快优化调整现行的政策制度体系，按照“政策要活、制度要严”的原则，建立起政策制度与市场拓展的有效对接。同时，也要密切跟踪政策执行效果，适时适度调整政策，避免出现一放就乱的情况。各一级（直属）分行要结合当地实际情况，切实把握好政策的适用性，把握好各类业务转授权的对象和比例，对于人员、机构资质不到位，风险管控责任不落实的，坚决杜绝简单转授权。

在这里，对各行行长提三点要求：第一，行长管信贷，首先要在宏观上管好投向，结合辖内实际运用好总行的信贷政策，切实把控好信贷投放，并强化对各二级分行（营业部）和业务部门的工作指导。需要重点关注的是政府购买服务领域，在积极拓展优质项目的同时，各级行要前瞻地做好风险监测与防范，优选财政实力强的城市和区域，密切关注国家对于信贷资金财政化的导向，避免因政策变化导致风险暴露。第二，抓好辖内贷款移位管理，统筹利用好新增贷款规模和存量到期贷款资源。对于辖内年度信贷投放规模、存量到期贷款收回再贷投向和各板块资源配置要心中有数，形成系统的管理思路，加强对前中后台各部门和下级机构的指导。第三，提高辖内信贷业务均衡发展水平，平衡好风险与收益、总量与结构的关系，追求平稳发展、稳定收益。作为工商银行这样一家大规模的商业银行，不能把信贷资源过度集中在某一领域，要做好信贷资产的结构优化与分散配置。信贷业务的发展与实体经济周期相关性很高，局部业务集中度过高或者过低，都可能会对信贷整体的稳健经营造成不利影响。大家要加强对宏观经济运行的研究与预判，要有长远眼光，有足够定力，在新常态下摆布好辖内信贷资源配置。

四、加强信贷体制机制建设

去年，总行作出了推进信贷体制机制改革的安排，并在8家分行进行试点。体制机制改革就是要解决前中后台风险管理职责不清晰、客户营销层级不够高、客户服务效率偏低的问题，尤其是要解决业务审批机构和业务经营机构脱节的问题、业务管理和市场响应脱节的问题、风险承担主体与风险管理职责脱节的问题，更好地适应信贷需求由卖方市场向买方市场的转变。

信贷体制机制改革的核心是落实责任和提高效率。今年，8家试点分行要继续完善试点工作，其他分行也不能“等靠要”，要根据自身机构设置和人员配置情况，创造条件、稳步推进。一方面，体制机制改革不能为改而改，要有相应的人员配备做保证，在总行整体思路下结合实际进行调整。另一方面，信贷体制机制改革本身是一个不断优化、“一直在路上”的过程，面对改革过程中可能出现的问题，要坚定不移地推进，不能因为一时困难而放慢脚步。

当前，信贷管理工作压力大、任务重，既要积极做好优质市场拓展、优化调整信贷结构，也要有效管好信贷资产质量。面对新形势、新考验，各分行行长要加强学习、不断提升领导水平，做好信贷工作的组织和统筹管理。特别是要高度重视信贷队伍建设，一方面，要配好信贷管理队伍，及时提拔补充管理人员，将业务能力强、信贷经验丰富的干部配置到信贷条线、二级分行和重点支行的管理岗位上；另一方面，要配齐配好信贷条线员工队伍，抓好信贷客户经理和综合客户经理的队伍建设，尤其要配足配强不良资产处置队伍。全行信贷条线干部员工要紧跟形势变化，加强专业学习，牢固树立合规意识、廉洁意识和服务意识，自觉践行“24字”信贷文化，不断提高风控水平和治贷能力。

同志们，下一阶段我们的任务将更加艰巨，希望大家继续发扬艰苦奋斗、爱岗敬业的优良作风，在经济周期变化的考验中创新求索，闯出一条工商银行特色的信贷管理新路，为全行改革发展作出更大贡献。

凝聚监督合力　筑牢风险防线
为全行新时期改革发展提供有力保障

——在中国工商银行纪检监察暨内审内控工作会议上的讲话

谷　澍

（2017年2月14日）

刚才，党委书记、董事长易会满同志的重要讲话，既是对工商银行贯彻落实中央会议精神的全面部署，也是对当前客观形势的科学研判，更是全行做好新形势下的党建和党内监督与业务监督工作的动员令，对进一步贯彻落实从严治党从严治行要求，强化全行监督队伍的使命担当，维护金融安全大局，打造“百年金融老店”品牌，影响深远，意义重大。下面，我结合贯彻落实易书记讲话精神，着重讲两个方面的意见。

一、2016年全行监督工作成效显著

2016年，全行各级纪检监察、内审内控部门认真贯彻落实总行党委的工作部署和要求，主动应对严峻的内外部风险形势和挑战，服从于全行战略，服务于全行发展，持续推进改革创新，为经营发展提供了有力监督保障，发挥了积极促进作用。

（一）在推动两个责任落实方面取得新成效。一是强化主体责任，纵深推进党风廉政建设和反腐败工作。将中央巡视整改作为首要的政治任务，站在担当政治责任的高度，把中央巡视整改要求与落实从严治党从严治行结合起来，细化明确各级党委、党委主要负责人及其他班子成员、具体工作部门等主体责任界限和目标任务，逐级分解整改问题，层层落实整改责任。截至目前，除个别整改措施正在落实外，37个问题已全部整改完成。期间，总行制定完成和正在制定管党治党、廉洁从业等方面的制度107项，全行共问责追究4 500余人次，整改总体成效明显。同时，全行还逐级开展了党风廉政建设责任制考评，将考评结果与经营绩效、评先评优相挂钩，将责任落实由“软指标”变成“硬任务”，并综合运用约谈提醒、组织处理、纪律处分等方式，倒逼责任落实，对落实主体责任和履行监督责任不力的相关管理人员进行了问责，对典型案例进行了通报。二是强化监督责任，着力强化案防工作责任制的贯

彻落实。按照总行提出的新时期案防工作“四个务必”要求，全行以“十大重点领域和关键环节”风险治理为抓手，坚持压住当前风险与构建长效机制并重，以点带面推动专业条线、分支机构落实案件及风险管控责任。去年飞单私售、参与非法集资与民间借贷等案件风险得到初步遏制，全行案防意识得到进一步强化。

（二）在加强内部管控、坚守风险底线方面取得新成效。一是积极关注和整治新时期金融领域风险。按照国务院以及监管部门要求，精心部署并组织全行开展了“两加强，两遏制”回头看，实现了对总行部门、机构网点、内控治理重点的全覆盖，主动揭示和处置案件风险，对违法违纪违规行为起到了震慑作用。比如四川达州涉嫌内外勾结办理虚假票据质押贷款的涉案人员，就是迫于检查组追查的威慑力主动投案自首的；还比如及时发现了湖北襄阳违规理财的严重问题等，防止了风险敞口的进一步扩大，保障了经营发展总体稳定。对这些在检查中发现重大问题的有功集体和人员，总行专门进行了通报表彰。二是强化稳健合规，盯住重点领域，切实防控风险。结合内外部经营形势、经济金融及监管政策的变化，进一步突出了各项审计和监督检查活动的前瞻性和针对性，重点关注了新增贷款、资产质量分类、不良资产处置、反洗钱等受政策影响大、风险变化大、监管力度大的重点领域，理财业务、互联网金融等部分发展创新快、市场变化快、社会关注多的热点领域，跨业务、跨区域、跨机构、跨监管的一些交叉或盲点领域，提高了在复杂环境下预判和防范重大风险的能力，有力支持了业务发展；加大了对近年来业务增长较快的海外机构、新业务领域和创新产品，以及存在问题多、管理薄弱业务的合规检查频度和力度，准确及时揭示了网络借贷、贵金属租赁业务、非标代理投资、同业业务、票据业务、海外簿记贷款等存在的风险，推动完善了风控制度和管理机制，为业务决策提供了有力的合规建议和内控支持。

（三）在强化监督执纪问责方面取得新成效。一是回归纪律本源，抓住关键少数，持续转变作风。一方面准确把握监督执纪“四种形态”要求，尤其在运用第一种形态上下足功夫。总行制定并实施了《关于积极实践运用监督执纪“第一种形态”的意见》《谈话函询工作规程》，推动咬耳扯袖、红脸出汗常态化，把对党员干部的严格要求和关心爱护体现在抓早抓小之中。另一方面把作风建设作为从严管党治行的切入点，在全行先后开展两次“四风”整治“回头看”，坚决查处违反八项规定问题，及时召开警示教育大会对典型问题通报曝光，释放了越往后执纪越严的信号。同时针对“四风”问题多发易发领域开展执法监察，严查重处内外勾结、以权谋私、利益输送、侵害员工利益等行为。二是强化从严问责，守住风险底线，形成高压态势。通过信访核查、立案查处、审计整改、不良贷款责任认定等多种方式对违规违纪机构及人员进行责任追究，体现了“问严、问精、问准”理念，并把揭示风险与推动整改、完善管理紧密结合起来，促进相关制度流程和管理机制的优化。通过强化问责力度、完善问责流程、提升问责层级、提高问责精准度，狠刹违规经营风气，进一步增强全行依法合规经营意识。

（四）在着力加强境外机构廉政及合规管理方面取得新成效。一是加强对综合化子公司和境外机构党风廉政建设督导。去年总行纪委向工银瑞信、工银租赁首次综合派驻纪检组，印发了《加强境外机构党风廉政建设与监督工作的意见》，探索建立联络员工作机制，组织对5家境外机构负责人廉洁履职情况开展现场检查，促进从严治党、从严治行要求在集团内有效传导落实。二是进一步强化境外机构合规管理。把境外合规与反洗钱工作放到更加突出的位置，启动组建总行反洗钱中心，对区域合规中心建设进行深度调研，印发执行了《境外机构合规官管理办法》，推动了涉敏系统、反洗钱系统分别在28家和15家境外机构投产上线，组织开展了对7家境外机构合规及反洗钱现场检查，积极妥善应对马德里“2·17”事件。全行对境外合规管理敏感性、重要性认识进入一个新的高度，各类机制和相关改革正在逐步推进。

（五）在推进文化建设方面取得新成效。一是持续推进廉洁文化建设，明纪守规树新风。全行以“五个一”主题教育活动为载体，坚持把握关键少数与全员覆盖相结合，正面引导与反面警示相结合，传统宣传模式与新媒体手段相结合，行内外引教入门和境内外送教上门相结合，助力廉洁文化宣教接地气、聚人气、显生气。各级机构结合实际，广泛开展内容丰富、形式多样、特色鲜明的宣教活动，促进廉洁文化理念的传播。二是发布合规文化，一年一个主题，一年一个台阶。总行制定印发了《2016—2020年合规文化建设规划》，全面系统规划了集团合规文化建设的蓝图。召开了合规文化发布会，向全集团发布合规文化核心理念和新时期“十大禁令”。以“基础强化年”主题活动为载体，通过搭建合规理念征集、合规承诺书签订、合规专题课、案例巡展、知识竞赛等各类全员参与的平台，广泛开展“内控合规大巡讲”系列活动。从普通员工到各级机构管理者都接受了一次合规再教育、再提升，营造了“合规人人有责”的良好氛围。

在总行党委的正确领导下，在各级纪检监察、内审和内控部门的共同努力下，2016年的监督工作取得了新的成效，并融入了工商银行的全方位改革与进步的成果中。但我们也要清醒地看到，过去一年，我们全面推动从严治党从严治行取得明显成效，但“监督责任”落实仍需持续加强。责任问题并非一时之事，也不单是某个部门之责，需要全行上下的共同努力，针对纪检监察、内审和内控部门的诸多职责而言，监督职责无疑是最重要的职责，以往工作中的好做法要传承，更要发挥好监督合力，将当前从严管党治行的措施贯彻落实到位，将落实“监督责任”的成果体现在从严治党、从严治行的更大格局上。过去一年，我们驰而不息抓党风廉政建设和作风建设，保障了中央及总行党委决策部署的贯彻执行，但“监督力度”仍需持续加强。通过中央巡视整改以及深入开展“两学一做”学习教育等，全行干部员工规矩意识明显增强，工作作风不断改进，但也还不同程度地存在着传导层层衰减、“最后一公里”落地不平衡等问题，增强“四个意识”，进一步推动管党治行从“宽松软”走向“严紧硬”还需下大力气。过去一年，我们坚持稳健经营理念、强化合规意识并为此付出诸多努力，但对“监督重点”的把握仍需进一步聚焦。在内外风险加速暴露等因素的共同影响下，全行案件及风险防控遭遇到前所未有的挑战。进一步增强对风险的前瞻性研判与控制能力，这也是我们在拓宽监督视野与提升监督效能中需要切实加强的方面。过去一年，我们关注和正确研判风险管理中的新情况与新问题并积极开展工作，但“监督方法”仍需改进提升。随着国际化、综合化经营的持续推进，地区、机构之间的监管环境、业务结构、风险特征的差异日益明显，在更加严厉的监管压力下，加强对境外机构、综合化子公司的风险监督和风险隔离控制的压力也与日俱增，监督部门除了在工作理念、风险视角等方面要迅速跟上，在作业流程、方法手段等方面更需加快升级。过去一年，我们加大对重点领域和关键环节风险的治理力度，但对“监督机制”的完善仍需着力推进。尤其是在推进全行党风廉政建设，以及集团合规管理长效机制建设的过程中，一方面要遏制当前风险及违规违纪问题，另一方面还要注重监督问责与完善长效机制并重，丰富监督内涵，完善监督体系，把制度机制立在前面。

面对当前及未来一段时期的新挑战和新要求，希望各级纪检监察、内审内控部门要进一步因时因势转变工作思路，明确工作目标、改进工作方法，优化实现路径，以更好地适应不断变化的金融环境、风险形势和全行战略发展需要。

二、2017年全行监督工作主要任务

2017年，全行监督工作要以党的十八大和十八届三中、四中、五中、六中全会，全国国有企业党的建设工作会议，中央纪委七次全会精神和总行年度工作会议精神为指导，全面贯彻落实好易书记讲话要求，把握全面贯彻落实从严治党从严治行的总基调，以“四抓”即抓重点、抓闭环、抓落地、抓问责为着力点，坚持标本兼治，夯实监督基础，筑牢反腐败和风险防控的监督网，确保案件总量有所下降，坚决杜绝重大恶性案件和重大风险事件，维护金融安全的底线，为全行新时期改革发展提供有力保障。

（一）抓重点，强化重要领域的风险监督和管控。要准确把握中央重大决策部署精神，关注监管重点、社会热点及境内外同业风险，体现时代特征，统筹编制年度境内外监督检查计划，充分运用各类监督检查资源和成果，深度开展风险评估，锁定检查方向，展开精准监督。

一要加强对中央以及总行党委重大决策部署贯彻落实情况的监督。要通过巡视、信访举报、责任制考评、执法监察、派驻监督等手段，加强对中央以及总行党委重大决策部署贯彻落实情况的监督检查，及时发现和坚决纠正不作为、慢作为、乱作为，以及搞变通、走捷径、做假数等有令不行、有禁不止、弄虚作假问题，营造风清气正的政治生态，确保全行统一意志、统一行动、步调一致前进。

二要加强对领导干部这个“关键少数”的监督。要突出领导班子和一把手这个重点，督促一把手在职权范围内，依法依规行使权力，推动各级班子健全议事规则和决策程序。要进一步完善提醒谈话、函询诫勉等工作机制，注重发挥群众的监督作用，畅通举报渠道，形成对党员干部的全方位监督。对巡视、审计、执法监察、信访举报、监督检查中发现的问题，主动核实、敢于查处，增强干部监督的针对性和有效性。要以经济责任审计为抓手，加大对各级高管人员履职行为的监督，注重日常责任审计与离任审计相结合，探索建立高管人员履职信息库，注重非现场审计数据积累，客观评价干部履职行为，确保审计工作符合监管要求，提高审计效率和质量。要加大对境外机构负责人廉洁履职监督检查力度，发挥纪检监察联络员作用，建立定期向总行党委纪委、驻地使领馆“双线”报告党风廉政工作和重大事项制度，促进境外机构廉洁风险防控体系建设。

三要加强对集团总体风险、重大风险和关键风险监督。要围绕集团战略，充分利用内审独立客观的治理特性和集团综合视角，选准、选好有价值的审计项目，重点关注信贷业务调整优化过程中资产质量稳控与重点领域的风险管理，国际化发展和综合化经营、经营转型和业务创新过程中的风险与控制，信息科技系统运行的安全与质量，集团落实全面风险管理要求、强化内部控制的有效性与协同效果，针对重点领域开展内部审计的质量和成效等，准确评价各级机构、各业务条线履行自身风险防线职责、落实监管要求的充分性和有效性。要突出对洗钱风险的监督管控，扎实落实大额和可疑交易报告监管新规，积极配合监管应对FATF对我国的第四轮反洗钱互评估，深入推进反洗钱“集中做、专家做、系统做”，突出抓好客户身份识别和涉敏风险管控，加强对境外反洗钱工作的实时监控、质量抽检和重点检查，进一步夯实全行反洗钱管理基础。

四要加强对交叉性金融风险及创新业务领域的监督。要针对监管部门关注、社交媒体聚焦、案件高发的

业务领域，建立重点监测指标和非现场监测分析模型，并在此基础上统筹做好年度境内外检查项目，同时要常态化开展有针对性的监测分析和预警通报。要加强交叉性金融风险防控，关注创新产品跨区域、跨业务、跨市场、跨监管的风险表现及传染方式，及时准确地揭示技术和管理方面的漏洞，评估相关风险联控机制的健全性和运作效率，监督相关业务链、资金链的风险预警和处置效能，及时发现并推动各业务部门找准风险防控的关键点，强化系统刚性控制的要求，围绕业务分级授权、行政印章管理，以及合作机构准入管理、限额管理等风险环节，立项推动系统功能完善和制度建设，增强风控的有效性。今年要持续推进“十大重点领域和关键环节”专项治理，以专项检查为抓手，确认措施落实，评估治理实效，揭示控制缺陷，堵住风险隐患。资产管理、代理投资、存管托管、同业业务等全行重点发展领域，是检查的重中之重；违规担保、实物票据和押品管理、基础核算和介质管理等行业性重点风险领域，检查中要加力加压；代理销售、飞单、非法集资和民间借贷等风险得到初步遏制领域，重点看治理措施是否落实到位，是否持续发挥实效。要采取现场与非现场、线上与线下、全面和重点、协同内审与专业部门相结合的多维度监测检查模式，深度穿透和及时揭示风险，确保不出现大的问题。

（二）抓闭环，着力提升监督质量和效率。要强化闭环思维，通过优化监督机制、完善监督手段、提升整改质量，着力推动将短期问题整改转化为长效机制建设，将事后补救转化为事前防控、将外部合规要求转化为内部管理动力。

一要强化监督体系建设。要充分运用各自独特的监督视角和资源优势，完善信息互通、资源共享、优势互补、高效联动的监督全覆盖工作机制。党内监督要按照中央加强党内监督的新精神新要求，结合我行实际，进一步明确监督主体及其责任，科学界定各个主体的监督职责，健全和完善党委全面监督、纪委专责监督、党的工作部门职能监督、党的基层组织日常监督、党员民主监督的党内监督体系。要进一步强化自上而下的组织监督，改进自下而上的民主监督，发挥同级相互监督作用，一级管好一级，一级带动一级，切实将责任传导至“神经末梢”，使全面从严要求在基层落地。要一司一策加强对综合化子公司党风廉政建设管控，发挥派驻监督的“前哨”作用。派驻纪检组要善于把“派”的权威和“驻”的优势结合起来，深入派驻机构了解情况，及时掌握动向，将监督的触角延伸到前端，真正成为“常驻不走的巡视组”。同时，党内监督要与治理层监督、业务监督紧密结合起来，建立工作机制，促进信息沟通及时充分、分工合作责任明确、协同联动顺畅高效。公司治理层监督要进一步健全适应全行综合化经营、国际化发展、集团化管理形势和现代公司治理要求的监督体系，从改善全行治理环境出发，增强对公司治理层、境内外各类机构、各经营层面监督的针对性和有效性，推动监管要求落实，督促各领域、各条线依法合规经营。业务监督要以完善全机构、全流程、全业务、全产品、全环节的风险立体防线为目标，重点突出“一道防线”履职监督机制的完善。要按照新的《内部控制基本规定》，推动各业务部门编制《内部控制手册》，建立对自身的制度制定评价、监测预警、执行力检查、问题整改等常态化工作机制。要完善合规经理管理机制，修订《合规经理管理办法》，推行合规经理与内控专业的团队作业模式，研究开发合规经理管理系统，探索双线履职、双线考核、双线报告制度，以合规经理管理为抓手，强化一道防线履职。要加大对综合化经营风险隔离和防范风险传染方面的审计监督力度，进一步完善集团统一风险偏好在子公司传导落地的监督工作机制，促进子公司主动对接集团统一风险偏好，增强自身风险管理的能力。要突出境外机构合规管理体系的战略性推进，加快总行反洗钱中心建设，在欧洲区域、北美区域探索开展区域合规管理中心建设试点，推动实施《境外合规官管理办法》，研究制定《境外合规考核管理办法》，抓好境外合规管理系统、反洗钱监控系统、涉敏合规审核系统建设应用，加强对境外合规和反洗钱工作的实时监控。

二要全面推进制度建设。要认真贯彻中央党内法规工作会议精神要求，探索制定全行统一的党内制度管理办法，定期开展制度梳理，切实加强党内制度管理。要以党章为根本依据，深入贯彻落实《准则》《条例》等新精神新要求，开展惩治和预防腐败体系建设，突出针对性和衔接性，加快形成内容科学、程序严密、配套完备、运行有效的制度体系。要加强制度执行力检查，对随意变通、恶意规避、无视制度的现象要批评教育、坚决纠正、督促整改、严肃问责，让制度的力量在全面从严管党治行的实践中充分释放；要将制度统筹作为强化内部控制体系建设的有力抓手，全面修订《制度管理基本规定》，探索建立规范化、精细化的制度建设标准体系，健全完善制度立项制定、传导落地、贯彻执行、评估反馈环节的全生命周期管理。要进一步完善制度管理系统功能，切实解决制度传导落地的问题。要搭建统一的境外机构制度管理系统平台，为全面落实监管要求和强化集团统一管理奠定基础。要建立健全制度反馈评价工作机制，对制度建设中存在的未充分落实外部监管要求、制度间存在冲突及与经营管理实际不符的情况，及时进行评估修订，切实提高制度的针对性和有效性。

三要优化监督方法。要充分运用大数据分析平台，扩展监督评价手段，进一步提升监督效率和质量。一是进一步提升信息化技术应用水平。要建立覆盖风险评估、持续监测、检查项目、专项分析、整改跟踪、内控评价的全流程持续性监督闭环工作体系。监督部门要完善风险信息收集机制，加快打通风险信息共享及运用渠道，统筹运用好行内外各个来源的数据，从信息来发现风险隐患，从信息来看控制效果，从信息看整改质量。要开放业务部门数据分享接口，为监督检查部门获取数据提供便利途径，确保监督人员能充分利用各类业务管理系统及时获取风险信息。要建立与工作相适应的分层授权体系，保证数据信息的安全。要构建多维度风险监测体系，综合运用数据挖掘、人工智能、异常特征抽取等新技术手段，创新发展信息监测、指标监测、模型监测方式，在新业务、跨境跨界风险传导及员工行为类风险等方面，积极探索开展针对性监测分析，提升前瞻性风险识别和管控能力，实现精确和智能预警。要持续提升信息化监督检查方法体系，充实完善非现场分析模型库，实现模型库的“体系化”和“产品化”，覆盖我行主要业务领域的主要风险点。要持续提升监督专业分析、监测、管理信息系统平台效能，落实2017年集团内控合规管理一体化项目，以内控监测分析、境外合规、反洗钱、责任认定等系统为突破口，开展信息标准化、流程整合、闭环建造等改造。二是优化内控评价方法，提升评价价值。在分行层面，要进一步优化评价组织形式，逐步建立以非现场评价为主、异地集中评价为辅、现场评价为补的三种组织形式。充分利用现有的各类业务操作系统、监测管理系统产生的大量信息和监测（核查）结果，设计出具有较强针对性、敏感性的非现场评价指标。要通过增加评价频次和提高评价结果传导的透明度，更有针对性地掌握、落实、纠正、监督内部控制中存在的问题，使评价工作发挥更大作用。在集团层面，内部审计要发挥好风险防控第三道防线的作用，履行好对第一、第二道防线的再监督和再评价职责，将集团内控评价工作贯穿于日常审计活动全过程，实现业务维度的“持续评价”和机构维度的“全面评价”，在风险评估基础上实现“重点评价”，为全行稳健经营和持续发展提供有力保障。

四要加强监督整改。要督促各级机构和业务部门从机制上落实整改工作，将监督整改由查处违纪违规问题的“点”，转移到完善制度流程的“线”，延展到促进全面从严治行的“面”上来。一是注重巡视反馈的政治效果。要督促被巡视机构党委班子把自己摆进去，主动看齐找差距，强化担当抓整改，防止把层层传导压力变成层层推卸责任。巡视移交要严格政治要求，特别是对涉嫌违纪问题，要移交相关纪检监察部门快速初核和查处，达到立巡立改、快速突破的效果。要探索将党风廉政建设责任制和案件防范考评有关要求纳入巡视监督内容，要适时开展“回头看”，用好“回马枪”，不仅检查上次巡视整改情况，更注重发现新问题，体现巡视监督的韧劲。二是强化发现问题的实质整改。要深入分析问题背后的机制、制度、流程、系统等方面的深层次原因，提出针对性强、可行有效的整改建议，对重大问题要一跟到底，只有真正彻底整改才可以“销账”。要进一步加强信息共享，针对监督检查发现的问题和潜在隐患，举一反三，整合信息，及时通报，提示风险，充分发挥合力，消除屡查屡犯，不断正本清源。三是完善合规检查整改后评价机制。要在全行深入开展整改工作“回头看”，并建立总行、一级分行、二级分行三级整改评价机制，定期考核通报，严处不整改、假整改的典型。尤其要突出针对机构和业务部门的“双线整改”机制，深入揭示存在问题，严肃监督、坚决纠正和问责整改不力、屡查屡犯等痼疾，真正体现整改成效。要发挥业务监督在推动解决影响经营发展和管理效率深层问题方面的积极作用，本着一抓到底的精神，持续推动业务部门有针对性地完善业务规章制度、系统和流程，从源头上整改问题。

（三）抓落地，持续推进廉洁文化、合规文化理念的传播与根植。要充分发挥文化的柔性管理作用，巩固和扩大廉洁文化、合规文化建设成果，加强养成教育和文化落地，增强全员规矩意识、责任意识和底线意识，营造不能、不敢、不愿违纪违规的良好生态环境。

一要坚持培育廉洁文化，巩固和维护廉洁银行的良好形象。要通过持续推进廉洁文化理念传播，坚决惩治和预防腐败，遏制各类违纪问题和行为，推进讲政治、明规矩、守纪律的常态化。一是深入开展党风廉政教育。把学习贯彻党的十八届六中全会精神和中央纪委七次全会精神作为当前一项重要政治任务。要不折不扣地推动执行党内政治生活准则和党内监督条例，以规范党内政治生活和加强党内监督为抓手，监督和推动各级机构切实解决存在的问题。要坚持敢抓敢管、严抓严管，推动各级班子落实党建工作与经营发展“四同步”“四对接”机制，健全组织生活制度，严明政治纪律和政治规矩，营造风清气正的党内政治生态。要把落实中央八项规定精神和纠正防止“四风”反弹作为经常性工作。紧盯不正之风的新动向、新表现，查找隐形变异的“四风”问题，重点查处公款宴请、超标准接待、赠送节礼、公车私用、变相公款旅游等顶风违纪行为，不仅要通报和处分牵头、为首的领导干部，还要约谈其他参与人员，要求向组织讲清情况，在党内作检查。坚决惩治在党的十八大后、中央八项规定出台后、群众路线教育实践活动后，特别是中央巡视后，依然不收敛、不收手的行为。加强业务外包准入管理与风险控制，合理控制外包规模与范围，有效防范输入性风险和道德风险。要把作风建设与深化经营管理、推进体制改革相结合，有效治理“部门墙”“条线壁垒”等“大企业病”，解决政策制度传导落地“中梗阻”和“最后一公里”等问题，形成促协同、重服务、讲效率的工作氛围，切实提升战略部署和工作决策的落地能力。二是进一步丰富“五个一”活动内涵，根植廉洁文化理念。扩大“明纪守规树新风”专栏平台影响力，组织开展廉洁银行微视频和廉洁文化海报征选活动，推进廉洁文化教育基地建设，开展二级分行纪委书记讲党课等活动，促进廉洁文化理念的有效传播，切实增强干部员工以信念、人格、实干立身的思想自觉。

二要坚持培育合规文化，巩固和维护全行健康发展的合规环境。银监会对银行合规文化建设非常重视，指出“合规文化的建设会影响银行是否能够稳健经营”。全行要落实好监管对合规文化培育的要求，强化合规养成与严格管理并重，坚决遏制各类案件和风险事件的发生，推进负责任、严管理、守底线的常态化。一是持续深化和落实“全员有责”的案防工作责任制。要按照“谁管理谁负责”的要求，进一步梳理各部门及各级分支机构及其管理人员的案防管理责任，准确划分“责任区”，拉紧各类案件风险的“防护网”；要推动实施《案防工作评价办法》，加大考核力度，确保案防管理各项工作措施落到实处。要定期收集和分析同业案件趋势和特征，加强典型案件风险分析，找准管理漏洞和控制缺失环节，提前布控，并推动相关专业部门整改完善。要充分利用业务运营风险核查、内控监测分析、反洗钱、操作风险、内控评价、大额资金异动等非现场监测手段，强化相关领域案件风险的监测预警。要编制《案防工作手册》，针对高发案件和风险分类编制防控的稳健做法，为各机构防控案件提供切实可行的操作指导，避免同质案件在不同区域出现。要抓牢抓实案件查处工作，重点查处信贷、票据、信用卡、客户信息、现金管理、资产管理等环节的贪污、贿赂、挪用、诈骗以及盗窃等案件。要推动执行新修订的《员工违规行为处理规定》，落实好查审分离、分级负责、专人审核、集体审议制度，加强对审理工作的规范性，深化重点监控（关注）工作。二是启动 2017 年内控合规“执行强化年”主题活动。今年，全行要继续按照合规文化建设五年规划的路径，开展好内控合规“执行强化年”主题活动。要通过开展合规文化核心理念及新时期“十大禁令”系列宣讲，组织“熟知禁令、承诺执行”思想大讨论，开展“合规标兵”评选表彰及典型事迹宣传等活动，持续营造“全员有责”的合规文化氛围。要研究建立“合规奖励专项基金”，对各类合规管理创新成果、成功防堵案件和重大风险隐患、检举或处置违规违纪问题的有功人员以及合规标兵等给予专项奖励。要持续推动实施《合规教育管理办法》，探索建立员工合规档案，不断完善员工合规养成教育长效机制。

（四）抓问责，增强监督权威性、有效性和针对性。要坚持把问责作为深化全面从严治党、从严治行的重要手段，作为监督整改落地的必然延伸，形成失责必问、问责必严的新常态。

一要完善责任追究机制。要进一步贯彻落实总行党委关于“凡是发生案件和严重损害声誉的案件风险事件的，要从从严治党高度追究各机构党委主体责任、纪委监督责任”的要求，细化问责追究制度，推动实施违纪违规主体与监督责任双线追责，违规机构与相关业务主管部门双线问责机制。要结合监督检查、目标考核、责任认定等环节，推动问责内容、对象、事项、主体、程序、方式的制度化、程序化。要以中央《问责条例》精神和我行具体实施办法为遵循，聚焦不担当、不负责、不作为、乱作为问题，不仅要追究主体责任和监督责任，还要追究领导责任。要继续贯彻落实总行去年案防形势分析会精神，对因履职不到位诱发重大案件和风险事件的，同时追究上级行的领导责任、条线管理部门的管理责任、监督检查部门的监督责任，以及发案机构、部门人员的不尽责、不提醒、不报告等责任。要实行问责“终身制”，对失职失责性质恶劣、后果严重的，不论责任人是否调离转岗、提拔或者退休，都要严肃问责，警醒党员领导干部对每一个决策、用权都要用责任来衡量自己的行为。

二要紧盯关键问责与追究。要坚持执法必严、违规必究的要求，对检查发现的问题按照有关规定追究相关责任人员的责任，尤其是对屡教不改、屡查屡犯、性质恶劣、触及底线等典型违规行为和案件，要严厉问责。要突出对履职不力、管控松懈、推诿塞责等管理行为的问责，从严追究管理人员尤其是“一把手”的失职责任。凡因制度系统漏洞、专业条线管控不力导致重大案件和风险事件的，要追究业务部门的管理责任。要按照“谁检查、谁负责”的要求，建立检查责任追究机制，突出对检查走过场、问责避重就轻、处理不痛不痒等监督履职不到位行为的问责。要对新修订《不良贷款责任认定管理办法》进行全面宣讲，制定《非信贷资产损失责任认定操作规程》，优化完善“不良贷款责任认定管理系统”和“非信贷资产损失责任认定管理系统”，探索完善境外机构责任认定追究机制。

同志们，当前我们正处在内外风险形势严峻、复杂、多变和突发的非常时期，纪检监察、内审内控部门肩负重要使命，希望监督战线全体同志进一步统一思想，紧密协作，发挥自身优势，增强履职能力，提升监督工作水平，为全行全面开创新时期改革发展新局面提供有力保障，为打造工商银行“百年老店”做出新的贡献。

深化渠道转型　强化服务改进
努力推动渠道与服务管理工作再上新台阶

——在中国工商银行2017年渠道管理与服务改进工作会议上的讲话

谷　澍

（2017年2月27日·根据录音整理）

这次会议的主要任务是，贯彻落实全行改革发展研讨会与2017年工作会议精神，系统总结2016年渠道和服务管理工作，研究部署2017年工作任务。下面我讲三点意见。

一、齐心协力、锐意进取，2016年渠道与服务管理工作取得显著成效

过去一年，各级渠道与服务管理部门紧密围绕总行整体战略部署，积极革新理念、攻坚克难，聚焦“智能化、一体化”加快推动渠道转型创新，立足“压总量、调布局、提效能”持续优化渠道结构，狠抓基础服务实现服务面貌迅速改观，在助力全行经营转型与改革创新方面发挥了积极作用。

（一）不断深化渠道转型创新，渠道经营活力有效激活。2016年，随着全行“e－ICBC”战略向纵深推进，各级渠道管理部门将“智能化、一体化”作为渠道转型创新的核心主线，不断夯实线下渠道传统优势，为全行线上线下一体化转型发展增添新动能。一是科学有序推广网点智能化改造。全年共实施网点智能化改造7 876家，截至年末累计达10 997家，网点覆盖率达68%，高耗时业务迁移率达56%，实现了约18%的柜口压降、16%的柜员释放、15%的排队时间缩减和60%的产品销售提升。网点智能化在存量网点盘活、营销服务转型、岗位优化整合、客户体验改善等方面发挥了突出作用。二是不断丰富和完善新型渠道入口的功能体验和应用场景，逐步构建起网点线上线下一体化营销服务新模式。截至2016年末，网点WiFi用户数达3 392万，累计客流量突破1.3亿，APP下载超过2 600万，分别是2015年的2.4倍、2.1倍和4.7倍；渠道二维码基本覆盖零售条线主要产品，销售金额达1 687亿元，实现了全部有效网点和17.8万名员工的应用推广；通过LBS为客户服务483万次。这些新型渠道入口的应用推广，在优化客户体验、提升服务效率、促进网点转型与精细化管理等方面成效日益显著。

（二）持续优化渠道结构，渠道效能稳步提升。2016年，全行通过总量调控、布局优化、轻型化建设、低效网点盘活等系列“组合拳”，不断优化渠道结构，在渠道挖潜增效、质态提升方面取得明显成效。一是分类施策，合理调控网点总量。全年实施网点撤并303家，压降营业面积7.4万平方米，释放网点人员1 894人。二是内外结合，稳步实施布局优化。重点以压降空心化、老城区扎堆网点为目标，完成218家网点的区域布局优化；启动网点内部动线专项治理项目，完成166家试点网点的内部布局优化。三是上下联动，统筹推进网点轻型化建设。全年新增理财便利店1 056家，累计释放2 987人，缩减营业面积3.2万平方米。四是多管齐下，有序盘活低效网点。全年通过迁址优化、原址改建、管理提升、驻点帮扶等方式共实现645家低效网点的提质增效。五是量质并举，扎实推进自助渠道建设。自助银行达2.9万家，自助银行与物理网点比例提升至1.8:1；ATM交易额达13.3万亿元，同比增长4.7%；存取款一体机共吸收存款金额达4.2万亿元，同比增长2.5%。

（三）聚焦基础服务改进，服务面貌迅速改观。去年6月，易董事长在客户服务战略研讨会上提出了“半年服务面貌迅速改观、一年服务口碑明显改善，三年建成客户满意银行”的服务工作任务目标。会后，全行迅速行动，圆满完成了半年服务面貌迅速改观的任务目标。一是创新工作载体。开展“服务面貌专项整治季”百日专项整治活动，切实提升服务效率与服务水平，网点服务形象焕然一新。二是强化机制保障。系统推动服务提升六大工程及5大类13个客户服务体验痛点解决，建立客户体验指数和服务质量监测督导机制，分层打造我行网点星级服务体系。三是突出文化引领。首次系统构筑工行服务文化体系，加强服务口碑正面引导和主动宣传。2016年，全行客户服务呈现出“三升一好”的新面貌：服务供给能力显著提升，网点营销服务类人员占比达33%，网点大堂经理配备率超过90%；服务效率大幅提升，超时等候网点数同比减少55.8%，超时等候客户数同比减少19.8%；服务环境体验持续提升，圆满完成重点城市网点靓化工程，整改网点6 100余家，整改问题2.65万条；客户满意度和美誉度显著好

转，在第三方公司跟踪调查中，我行客户满意度持续提升，四行比较优势明显，与股份制商业银行差距进一步缩小。同时，我行获得2016年度中国银行业文明规范服务工作突出贡献奖，109家网点获评“银行业文明规范服务千佳示范单位”，位居四行第一。

2016年对于各级渠道与服务管理部门来说，是任务压力倍增的一年，也是硕果累累的一年。一方面，全行首个三年网点竞争力提升工程进入收官期，全行上下齐心协力、齐抓共管，存量网点盘活、岗位优化整合、渠道转型、员工优化、客户拓展、产品渗透和配套保障七大工程取得积极成效，全面完成各项任务目标。其中，竞争力达标网点占比这一核心指标提前一年半实现规划目标，2016年末达54.2%，较规划期初提升了13.5个百分点，网点竞争力显著增强，有力地推动了全行经营转型和改革创新。另一方面，新一届党委将客户服务提升明确为全行“五个紧紧抓住”重要战略部署中的基础性战略，各级服务管理部门勇担重任、主动作为，全行服务改进工作高效平稳推进，服务面貌和口碑积极向好。这些成绩的取得主要得益于以下三重保障：一是组织管理创新激发统筹合力。2014年初，总行党委审时度势，在业内率先成立渠道管理部，统筹管理和推动全行“网点竞争力提升和服务提升”工作，有效破解了过去渠道与服务管理“九龙治水”的弊端，充分发挥了渠道与服务管理统筹合力，这一组织变革被业界广泛认可和效仿。二是工作内涵创新提供不竭动力。近年来，全行认真研判并科学把握客户行为变迁、互联网金融崛起等新趋势，不断丰富和拓展网点竞争力与服务提升工作内涵，尤其是探索推进了网点智能化、轻型化与线上线下一体化等系列转型创新实践，为渠道与服务管理工作不断注入新动力。三是工作方法创新保障持续活力。网点竞争力与服务提升工作都是涉及面很广的系统性工程，全行上下在工作方法上以科学规划来指引、以联动协同来促进、以典型示范来带动、以配套机制来保障，有效实现全行网点竞争力与服务提升各项工作的顺利推进。在此，我代表总行党委向所有参与网点竞争力与服务提升工作的各机构、各部门和网点一线的全体干部员工致以诚挚的慰问，对你们所付出的辛勤努力和做出的突出贡献表示衷心的感谢！

二、承前启后，开拓创新，深化实施网点竞争力提升工程

未来三年，全行网点竞争力提升工作的总体思路是：以“压总量、调结构、提效能”为根本方针，以持续提升网点竞争力和投入产出为目标，以突出“创新引领、服务提升、精细管理、效能优化”为基本原则，系统推进网点、人员、客户、产品、服务五项核心要素的分层分类优化，实现全行网点的经营管理水平和市场竞争能力再上新台阶。这是总行确定的下一个三年网点竞争力工作的原则性思路和要求。易董事长特别指出，“网点竞争力提升工程是一项长期任务，要根据新的环境和形势，寻找切入点，持续推进”。全行要在把握未来三年总体方向和原则要求的基础上，根据渠道工作面临的新形势新变化适时调整工作重点，扎实做好每一年的网点竞争力提升工作。关于今年网点竞争力提升工作的具体安排，李行长接下来会进行详细部署，我这里强调三点。

（一）关于如何围绕智能服务模式深入推进网点流程和劳动组合优化。网点智能化在近几年的探索实践中对渠道转型和全行经营发展做出了积极贡献，赢得了各级行的广泛欢迎。但在转型发展过程中仍存在以下问题需要进一步解决和完善。

一是要通过业务流程创新和功能丰富优化解决智能服务模式下功能供给不足和业务需求旺盛的矛盾。目前智能化服务已经承载了全行200余项金融服务功能，但从当前发展的需求看，智能化还需在以下方面进一步丰富优化功能和创新业务流程。在对公服务方面，智能化对公业务只有简单的财智卡转账及查询业务，网点在对公服务如对公结算、小微企业服务等功能上有所弱化，综合服务功能未能得到充分发挥。渠道部要积极配合公司、结现等相关业务部门，抓紧推进对公业务智能化。在个人业务方面，个人信贷、信用卡、私人银行等领域的智能化迁移水平还不理想；总行对一些个人高频业务推广还缺少统筹安排。个金、渠道、运管等相关部门要密切配合，加快提升智能服务对个人可迁移非现金业务的覆盖率。在精准营销方面，基于智能化模式和大数据支持的客户精准识别和智能营销推介建设进度还不理想，对一线的支持力度不够。目前，全行企业级数据仓库在个人业务领域已基本实现了基础数据收集、客户标签建立与客户画像等相关功能，下一步网点智能化要加强对企业级数据仓库的应用，渠道部、个金部、银行卡部以及管理信息部、风险管理部要共同配合，加快实现智能服务模式下的客户精准识别与智能营销。

二是进一步优化网点劳动组合管理，充分释放智能服务模式下网点的营销潜力。智能化改革带来网点劳动组合的变化，需要对现有岗位体系加以配套调整，充分发挥网点营销潜力。未来网点转型的主要方向是突出营销功能，全行要以强化网点营销能力为目标，不断优化网点劳动组合管理。从同业竞争情况看，近年来建行储蓄存款等基础性零售业务发展很快，今年年初明显超过我行，究其原因，建行在代发工资源头营销、增强网点营销能力两个关键环节比我行加力更猛。特别是在网点智能化方面，建行虽然起步晚于我行，但推广应用速度以及相配套的网点制度改革、营销转型力度比我行更大。截至2016年末，建行网点营销人员占比达到49%，而我行仅为33%。随着我行网点智能化改革的深入，大量柜面业务正在向智能终端转移，如果我行在

网点劳动组合、运作方式、营销转型上停滞不前，未来一段时间在客户维护和营销力量上就会面临落后于同业的危险。因此，总行渠道、运管、人力、个金等相关部门要抓紧研究和探索通过网点智能化改革，加快释放网点营销潜力；要对网点智能化模式下客服代表、柜员、大堂经理等岗位职能加强统筹管理和优化；要站在工商银行未来发展、整体利益的高度上认识和解决这个问题；要兼顾营销与风险，找准平衡点，紧密配合，明确时间表，尽快解决新服务模式下网点岗位和劳动组合优化问题；要以上海、宁波、海南、吉林4家分行客服经理试点方案为蓝本，在广泛征求分行意见的基础上，进一步深化探索网点岗位的兼容性与通用性问题。

（二）关于如何做好网点布局优化工作。布局优化是网点竞争力提升的基础性、关键性工作。过去几年，我行在网点布局优化方面取得了显著成效，但仍然存在以下问题：从区域布局看，一是网点分布与地区资源禀赋匹配度有待提升。截至2016年末，全行新城区、开发区网点占比分别为4.4%、2.4%，网点资源向新兴经济区域投放不足；二是老城区网点占比高且较为密集。全行老城区网点占比60%，其中有51%的网点，周边1 000米半径范围内至少还有2家我行网点。从业态布局看，一是呈现“两头小、中间大”的特征，财富管理中心、理财中心与金融便利店占比分别为11%、62%和27%，这种布局越来越不适应当前网点轻型化、小型化与群落化发展趋势。二是低效网点数量偏多。全行各项存款余额在3亿元以下的网点4 430家，其中开业三年以上、余额不足1亿元的有595家；拨备前利润在200万元以下的有3 524家，开业三年以上、亏损的网点613家。三是重点城市行网点自有率偏低，在近三年全国房价涨幅最高的13个城市，自有网点占比仅为33.9%，租金上涨压力非常大。针对上述问题，全行要持续优化网点布局，以“撤”和“迁”为重点推进区域布局优化，以“轻”和“并”为主线推进业态布局优化。

一是重点实施网点总量优化。今年全行网点总量计划净减少500家，下降3.8%，这是总行党委经过深入研究论证所确定的目标任务。总量净减不是网点“只能减、不能增”，而是要将总量优化与迁址优化统筹推进，重点选择低效网点进行裁撤，要做到“有进有退、有增有减”，最终实现网点总量稳步缩减。要与时俱进地看待网点总量问题。过去两年，在互联网金融的冲击下，网点撤并正在成为国内外同业的共同选择。但在具体实践过程中，不少人对网点撤并心存顾虑，担心网点撤并影响储蓄存款等业务发展。从我行与农行、建行近些年来网点数量与储蓄存款变化发展情况看，网点总量与储蓄存款增量之间并没有必然联系，网点数量少于同业但储蓄存款多于同业、网点数量多于同业但储蓄存款少于同业的现象比比皆是，网点总量并不是影响储蓄业务发展的关键因素。因此，要统筹做好网点总量缩减、网点布局优化和网点营销服务能力提升等工作，以保障各项业务发展平稳发展。总行基于分类管理的原则，对网均效能明显落后的16家分行按照网点数量减少4.5%（即略高于全行总体减少目标3.8%）来下达任务，对网均效能比较落后的15家分行按照网点数量减少3.5%（即略低于全行总体减少目标3.8%）来下达任务。各行要进一步统一思想认识、积极主动作为、细化实施措施，平稳、有序地推进网点总量优化工作，确保圆满完成全年任务目标。关于重点城市行，这里要强调一点，从现状看，重点城市行低效网点占比也比较高（14%），特别是在老城区的中心区、空心区，所以盘活低效网点也是重点城市行的重要任务。重点城市行要聚焦网点布局优化，侧重于在优化、调迁，而非重点城市行更多侧重于净减。直辖市分行、直属分行及省行营业部等重点城市行要以迁址优化和轻型化为主、以总量调整为辅做好网点优化工作，其他重点城市行应坚持迁址优化、轻型化和总量调整并重的原则，一城一策推进网点优化工作。

二是深入开展网点区域布局优化。迁址调整是解决网点区域布局不合理问题的重要举措。有些行长会觉得这项工作耗时、费力、当期压力大。我觉得大家还是要立足长远，坚定决心，下大力气推动网点迁建。2017年全年要完成500家网点布局优化计划，其中区域迁址优化要达到200家，重点要做好老城区中密集度高、低效网点多的片区布局优化，全行老城区网点总量要净减少400家、下降4%，其中大部分网点需要净减少，还有一部分需要区域迁址优化。各行要紧盯区域经济发展及金融资源分布变化，加强大数据分析应用，将网点资源更多配置到新兴城区、开发区等金融资源快速增长区域。

三是统筹推进网点业态结构优化。一方面要对网点做好“减法”，加快推进网点轻型化建设，将低效网点做小、做精、做活；另一方面也要对网点做好“加法”，对区域密集度高、辐射能力有限、综合服务能力不强的网点，将业务、功能、人员等经营资源进行整合与协同，打造一批综合化水平高、营销服务能力强的核心旗舰店，实现将核心网点做大、做强、做优。在统筹做好网点“加减法”的同时，积极探索构建“核心网点＋卫星网点”的群落化营销服务模式与管理机制，实现不同业态和功能类型网点的协同互补。

（三）关于如何提升渠道精细化管理水平。随着全行渠道转型工作向纵深推进，进一步做精、做细渠道管理工作，“向管理要效益”已成为必然选择，在提升渠道精细化管理方面要重点做好以下三项工作。

一是要建立健全网点考核体系。科学的网点考核体系能将全行经营战略有效延伸至网点，但目前我行的网点考核体系还不能很好地体现总行意图。总行各相关部门要加快研究制订全行网点和网点各类岗位员工的两大类考核方案。人力资源部、深改办要积极发挥网点考核的统筹协调与牵头作用；个金部要做好大堂经理、客服经理、理财经理、客户经理等营销服务人员的考核评价工作；渠道部要做好网点负责人的考核评价工作；运管部要完善柜员、大堂值班经理的考核评价工作。最近总行下发了各一级分行的考核办法，主要特点是增加动因性指标，大幅提升存款考核权重；减少效益类指标，后者将更多通过工资总量考核进行调节。各行要按照总行导向完善对二级分行的考核办法，不能自行一套，总体方向必须与总行保持一致，相关考核方案要报送总行财会部审核把关。此外，各省行对部门的考核办法也要与总行对部门的考核导向保持一致，不能各行其是。

二是要完善渠道转型创新相关配套机制。要做好网点布局优化、装修标准化建设、城市行网点自有率提升以及智能化全面推广等重点工作的财务资源配置与费用管理工作。尤其是在今年的网点装修标准化建设上要加强财务支持配套，尽快实现我行网点基础设施环境的显著改善。要提升网点装修与费用配置的精细化管理水平，有规矩、有标准地实施双线管理。渠道管理部要明确规范三类业态网点的装修标准，财会部要明确网点装修费用标准，完善制度配套，细化管理制度，避免资源浪费和道德风险。各级行要严格加强网点装修管理，装修费用要配足，要对装修费用单列科目、单独核算，防止被挤占和挪用。各相关工作人员要本着经济、高效、实用的原则“多动脑筋”，因地制宜地做好网点装修工作。要做好网点人员优化和适岗转化工作。近年来，我行围绕网点撤并、轻型化、运营标准化、智能化等改革释放出大量人员，但释放出来人员的适岗问题尚未得到有效解决。今年要根据人力资源优化“两张表”做好人员转岗的科学配置。人力资源部、教育部要把这项工作作为贯穿全年的重要工作来抓，要紧紧盯住“人从哪里来、人到哪里去”的转换过程。总分行人力资源部要拿出人员转换计划和实施路线图，狠抓执行力，确保省下来的人员能够梯次转换、科学配置。深改办、运管部等相关部门也要积极参与，共同做好这项工作。运行管理部要探索构建新型网点运营模式，进一步拓展运营标准化范畴，建立起覆盖智能服务模式、全业态网点的运营风险管理体系和风险监控模式。管理信息部要积极为渠道转型创新提供信息数据支持。科技部、产创部也要有对接渠道转型创新的专门团队，保证相应开发资源。

三是要优化、深化网点经营支持体系的应用。网点“三类五级”评价、经营诊断工具等经营支持体系，为全行科学评价网点综合实力、指导网点提质增效提供了有益支持，但目前看还需要进一步改进：其一，“三类五级”现有指标与全行战略导向、经营管理重点衔接不够；其二，部分分行仍未将其与网点等级、绩效考核及人员考评等相挂钩。下一步的关键在于优化和深化。要优化“三类五级”指标体系，按照效益、发展、结构和质量的总体要求，结合当前全行战略发展和经营管理重点，加快推进其与全行分支机构经营考评、重点城市行竞争力评价等相适应、相衔接、相配套。要加强网点五级分类的应用，探索社区型、商圈型、大学型等不同区位类型网点的差异化经营诊断与分类评价指导，引导各行结合网点资源禀赋和业务定位做好资源配置，引导网点结合细分客群特征做好精准服务营销。

三、乘势而上、强化落实，实现服务口碑明显改善

2016年以来，在总行党委的高度重视下，全行抓服务、全员抓服务的良好工作态势蔚然成风，伴随着服务文化的发布，服务工作正迎来难得的黄金期。2017年，全行要把握机遇、乘势而上，紧紧围绕“服务口碑明显改善”这一核心任务目标，进一步提高理念认识、破解主要矛盾、强化落实执行，为建设“客户满意银行”打下坚实基础。

（一）提高思想认识，科学部署服务工作。客户服务是银行发展之基与立行之本，做好客户服务目的是实现客户满意、赢得客户忠诚。客户的满意与忠诚来源于银行“方便快捷、安全专业、价值创造、体验愉悦”的服务体验。当前，部分机构对客户服务的本质认识不清，对服务工作的内涵理解不到位，导致对服务工作重视不够，抓服务一叶障目，仅满足于“不出问题”的底线思维，未能从经营大局出发统筹部署服务工作。全行各级服务工作者要全面深刻理解服务本质与内涵，不断完善线上线下、境内境外广泛覆盖的渠道服务网络，为客户提供便利的服务；要持续优化服务流程，为客户提供高效的服务；要高度重视保护客户信息与资金安全，为客户提供安全的服务；要通过我行综合的专业金融服务，在为客户创造价值的同时，实现客户为我行创造价值的共赢互促。此外，在推动服务工作时要充分运用“服务改进重在创新、重在标本兼治、重在以人为本、重在整体协同、重在抓好细节”的工作规律，有的放矢地科学推进服务改进工作。

（二）聚焦主要矛盾，破除服务业务“两张皮”。当前，服务与业务“两张皮”是制约我行“客户满意银行”建设的主要矛盾。主要体现在，部分机构片面将做好服务看作是一个部门或一个地区的事，客户服务链条被“部门墙、机构墙”人为割裂，部门协同不足，区域联动不够，“说起来以客户为中心，做起来各自为中心”，客户体验仍停留在概念上和口头上。易董事长在年初服务文化发布会上明确指出，“做好服务工作是全行共同的责任，每个岗位都是服务的岗位，每个专业都有服务的责任”，服务改进重在协同已成为全行的共同遵循。各专业部门要对本专业领域的服务工作承担直

接牵头责任，做好本专业服务制度规范建设、服务任务目标分解考核、服务人员队伍建设等，负责推动本专业所服务客户、所管辖员工、所经营产品的客户满意度提升。各级行要对本行服务工作承担主体责任，把服务工作作为“一级战略”和“一把手工程”。各行“一把手”对服务工作要直管、常问、亲抓，少做“二传手”，多做“挂帅者”；要对服务工作负领导、管理、检查等责任，要将服务工作与经营发展、风险管理等中心工作同研究、同部署、同推动；要带头讲服务、抓服务，从二线为一线、一线为客户、管理为经营的角度充分履行服务主体职责。同时，对服务问题频发、影响重大的机构和个人，在其评优评先、晋职提升甚至绩效考核中实行一票否决。特别是80家重点城市行要成为全行服务改进的“主力军”，努力建设成为当地“服务最好银行”。

（三）强化落实执行，实现服务改进常态长效。一要压实责任。一方面要压实管理责任，通过建立横跨专业、纵达分支的服务考评体系，对各专业部门增加服务工作考评内容压实牵头责任，对各分行增加服务工作考评权重压实主体责任。北京分行在这方面带了一个好头，去年下半年以来，该行一举将对支行行长与主管行长的相应考核权重分别提高到10%和15%，杠杆作用的发挥有力促进了该行客户服务工作的加速进步。另一方面要压实目标责任，要围绕“服务口碑明显改善”细化任务目标。这里特别强调，今年网点标准化装修覆盖率要达到10%。二要严肃问责。通过建立服务问责制度，以严明的纪律、严格的制度和严肃的问责，实现守土有责、问责必严。三要加强激励。大力选树服务典型与标杆示范。物质与精神奖励并重、岗位规划与职务晋升兼行。坚持员工为本，完善激励机制，通过以人为本的管理激发员工主动服务的积极性。

同志们，2017年是新三年网点竞争力提升工程的开局之年，也是服务口碑显著改善的攻坚之年，全行上下要凝心聚力、振奋精神、再接再厉，努力实现渠道管理与服务提升工作再创佳绩，为全行经营转型与改革创新构筑更加坚实的渠道基础。

在中国工商银行2017年财务会计工作会议上的讲话

谷　澍

（2017年3月7日）

这次会议的主要任务是，贯彻全行改革发展研讨会和2017年工作会议精神，总结2016年财会工作情况，部署2017年财会工作的主要任务。下面我讲三点意见。

一、全行上下共同努力，2016年实现了好于计划、好于预期的经营业绩

2016年，面对不良贷款防控压力加大、利差持续收窄和中间业务收入增速放缓的经营态势，全行上下直面困难和挑战，紧紧围绕经营效益目标开展各项工作，财会专业顶住压力，通过加强组织推动、深入挖掘增收潜力和进一步优化财务运行机制，努力平衡好净利润、不良贷款率和拨备覆盖率等核心指标，在大家的共同努力下，实现了好于计划、好于预期的经营业绩。全年集团实现净利润××亿元，同比增长××%，净利润总量继续保持全球银行业最好水平。

（一）加强业务板块管理，引导经营发展提质增效。在利差稳定方面，积极应对利率市场化改革深化趋势，根据存款的定活结构、期限结构和利率浮动情况对存款增量实施差异化折算考核，引导全行存款量价协调发展；提高对NIM监测和分析的频率，及时提供优化决策建议。2016年，全行NIM较上年下降××个基点，收窄幅度在可比同业中处于最好水平；利率上浮存款总量得到有效控制，年末全行利率上浮存款余额占比44%，与上年末持平。在中间业务推动方面，按季度实行收入预算和同业占比“双线”缺口管理，全面加大预测、监测、协调和督导力度；积极推动中间业务转型发展，“大资管”战略成为全行中收增长新动能，相关产品收入增速明显高于平均增速；“大零售”战略持续发力，通过及时调整策略，实现以丰补歉；严格规范中间业务收入下划管理，按照“公开、清晰、透明”“动因直接相关”“可预测和可审计”的原则，制定下划规则，实现按月下划，激发各机构拓市场、抓增收的积极性。集团全年实现手续费及佣金净收入××亿元，继续保持同业第一；同比增长××%，还原“营改增”影响后，可比口径增长××%，有力支撑了集团利润目标的顺利实现。在资产质量管控方面，及时将拨备覆盖率指标分解下达至各行，强化分行资产质量管控的主体责任，有效传导拨备覆盖率控制压力，实现了资产质量和拨备覆盖率的稳定可控，2016年末，全行不良贷款率××%，与第三季末持平；拨备覆盖率××%，较第三

季末稳中有升。在内部挖潜方面，通过加快闲置资产处置，实现处置盘活净收入15.3亿元，为完成全年计划，降低物化费用作出了贡献。

（二）加强区域板块管理，挖掘经营发展增收潜力。结合各经营机构市场环境和特点，强化动因分析，实施分类指导，引导各机构巩固优势、弥补短板。按月对各经营机构进行监测和分析，按季度下达经营目标，对预算执行情况实施缺口管理和督导。北京、上海、江苏、浙江、广东、深圳6家分行累计贡献了120亿元净利润增量，成为全行盈利增长的稳定器；境外及控股机构实现净利润××亿元人民币，同比增长××%，对集团的盈利贡献从上年的××%提高至××%，国际化、综合化升级发展和集团联动效果显现。针对福建、内蒙古、河北、山东和云南5家资产质量防控压力大、经营效益不断下滑的分行，逐一制定三年发展规划，明确摆脱困境的路径、方法和任务目标，引导困难行控制住不良贷款反弹势头，逐步提升盈利能力和市场竞争力。围绕“经营贡献大、业务占比高、资产质量优、客户口碑好、创新能力强”等发展目标，制订大中城市行综合竞争力评价方案，引导大中城市行扎实推进经营转型，加快改革创新，努力提升综合竞争力。

（三）优化财务运行机制，激发经营发展内生动力。财务资源配置方面，实行财务开支全流程闭环管理，加强物品和资金、财务与采购、固定资产与费用管理的衔接，在支持和保障网点亮化工程、互联网金融投入和业务发展需要的前提下，通过费用的结构化改革，有效遏制全行物化费用刚性增长势头，腾挪出空间用于支持营销投入。全行物化费用可比增幅由过去5年的年均增长5.8%下降至2016年的1.5%，17家分行及总行本部实现物化费用同比下降。通过“控新增、优结构、调标准、清闲置、零库存”等有效手段，节约固定资产年度预算60亿元，其中房产节约25亿元，机具节约35亿元，为今后物化费用的控制奠定了良好的基础。2016年全年折旧费用基本实现零增长，达到预期控制目标；租赁费增幅0.1%，比2015年下降9.7个百分点，14家分行及总行本部实现了租赁费及摊销支出下降；水费、电费可比口径分别下降6.6%和3.2%。实施差异化的外包管理策略，低效、无效外包费用得到压降，集团业务外包费用列支87.8亿元，由过去5年的年复合增长31%转变为同比基本持平。在强化对物化和低效费用管控的同时，加大对业务发展费用投入支持力度，业务宣传费投入在近3年持续下降的背景下，2016年同比增加1.56亿元，增幅7%。“营改增”工作推进方面，建立健全各项“营改增”规章制度，多措并举提升进项税额抵扣率，2016年全行共抵扣进项税金25.9亿元，进项税额抵扣率由5月的2.10%逐月提高到12月末的5.80%，其中12月单月进项税额抵扣率8.14%，在同业处于领先水平。集中采购管理工作方面，将巡视整改工作与集中采购创新发展目标相结合，完善集中采购制度体系，加强源头审核控制，扩大公开招标，总行单一来源项目数量占比22%，较2015年减少一半；公开招标项目数量占比33%，较2015年提升5倍，采购结构显著优化。全行通过集中采购节约成本38亿元，节约率14.3%。

总之，2016年在内外部经济金融形势错综复杂、经营压力持续加大的情况下，我们实现了好于计划、好于预期的经营目标，成绩来之不易。这得益于全行上下的共同努力，也得益于财会条线全体干部员工的开拓进取和辛勤付出。在此，我代表总行党委，向大家表示感谢和慰问！

二、努力推动集团2017年经营目标的实现

从今年头两个月情况看，整个宏观经济形势和银行业的经营都出现了一些积极变化。要看到，工商银行作为国有大行，经营效益目标的完成情况，不仅关系我们自身社会形象和市值稳定，关系员工薪酬和资本补充，也直接关系我们支持实体经济的能力，关系国际国内对我国经济发展的信心和预期。我们要从这个大局、这个高度来认识实现效益目标的重要性，努力把握这些积极变化，确保各季度和全年经营目标的实现。

（一）努力稳定利差水平，推动利息净收入稳步增长。目前利差收入在全行营业收入中占比达74.85%，而生息资产规模增长受到各种内外部因素制约，持续扩张的难度较大。因此，保持利差稳定，对推动利息净收入稳步增长和全行经营效益目标实现至关重要。受××亿元债券到期重定价带来收益率下降、上浮存款余额增加以及定期存款占比有所上升等因素影响，2017年全行息差稳定的压力仍然较大。从前两月情况看，利差在上年收窄××个基点的基础上，再继续下降××个基点。全行上下要积极传导量价协调发展的理念，努力消除利差收窄对利润的影响。年初，总行在核定各行经营目标过程中，围绕存贷利差“争先进位”要求，统筹考虑存贷款业务发展市场地位和规模、同业定价水平等要素，“一行一策”设定贷款收益率、存款付息率参数，各行要领会和贯彻好总行的政策意图，加强存款付息率、贷款收益率、存贷利差以及存贷款业务市场排名等指标与主要可比银行的对标比较，通过进一步提高客户服务水平、优化客户结构、提升产品竞争力等措施，提高存贷款定价能力和量价协调发展水平。

对于存款业务，要做好量、价两个方面的工作。一是努力提升日均存款余额，为利息净收入增长和偏离度管理打好基础。二是做好价格控制。目前我行存款付息率较同业仍有进一步压降空间，下一步要自觉维护存款市场利率定价竞争秩序，统筹协调传统存款产品、大额存单和创新产品的发展，尤其是要优化完善大额存单特别是一年期以上存单及存款创新产品的总量管理、定价

管理和配置管理方式，重点投向存款量价协调竞争力好的地区、联动存款营销效果好的分行、综合贡献高的客户，切实提高产品组合营销成效，通过做大负债总量规模，优化品种期限结构，实现负债成本的合理下降。

对于贷款业务，前两个月，我行贷款业务尤其是公司贷款业务整体增长情况较好，公司贷款业务发展较快既是我行公司部门营销得力的结果，也与地方政府换届后需求较大、当前债券市场利率较高导致客户转向贷款等因素有关。虽然目前贷款规模发展较好，但是贷款收益率不太理想，量价协调发展的压力仍然较大，1 月我行新发放公司贷款金额居四行首位，但收益率（4.58%）低于建行（4.61%）和农行（4.63%），个人住房贷款量价均低于建行；2 月新发放贷款利率环比仍继续走低，较 1 月下降 8 个基点，稳定和提升贷款定价水平压力明显。目前的一个突出问题是公司贷款中流动资金贷款比例偏高，利率偏低，全行流动资金贷款的利率仅为 4.35%，低于国债或者票据的收益率。各行要密切关注市场形势变化，坚持贷款风险定价原则，切实增强贷款议价意识。要继续坚持守住公司贷款利率 9 折下限，有效控制下浮利率贷款占比，争取新发放公司贷款平均利率取得同业领先优势，特别是对于流动资金贷款，总行要做好发放额度的管理和控制，贷款额度分配要与收益率挂钩，避免收益率较低的贷款挤占有限的贷款额度；各分行在营销方面要把握重点，做好客户的引导工作；金融市场部在外部利率较高的情况下，对于通过 SPV（特定目的载体）做的类流动资金贷款项目，要进行严格控制。要根据市场竞争情况合理控制个人住房贷款利率浮动幅度，推动个人住房贷款量价协调发展。

（二）加强组织推动，实现中间业务收入稳定增长。2017 年，中间业务收入增长面临减费让利压力持续加大、保险产品监管趋严、资管业务增值税新政出台、金融去杠杆持续深化以及股市和大宗商品市场不确定性等不利因素影响，增收难度较大。同时，部分分行对本外币结算、银行卡等基础类业务重视不够，市场份额丢失较多，基础性业务短期难以缩小与同业差距。从前两月情况看，我行中间业务收入微增××%，还原“营改增”和按月下划因素影响后，同比下降××%，但考虑到去年同期中间业务收入基数较高、今年收费减免政策调整等因素，取得这样的结果，大家还是付出了艰辛的努力。尽管要完成年初确定的增长目标难度不小，但是只要大家加强组织推动，就有信心完成计划目标。下一步，一是要强化中间业务增收的组织推动。在减费让利因素增多、同业竞争压力加大的情况下，总行要继续按季度制定分机构、分专业中收计划。各机构、总行相关部门及利润中心要及时对目标进行分解落实，同时紧盯同业，努力提升市场占比。二是要狠抓基础业务管理。要重视基础类业务收入与同业差距，弥补短板。要深入研究分析市场和竞争对手，寻找抓手和突破口，找准制约基础类业务收入增长的因素，对部分产品实行业务量和费率双线目标管理。2017 年，要通过促进持卡人消费和产品创新带动银行卡收入增长，信用卡全年要实现收入××亿元；国际结算要以价补量、人民币结算要以量补价，力争收入增长情况好于可比同业。三是要强化中间业务转型创新发展。要促进大零售、大资管、大投行战略的落地。2017 年，资产管理、金融市场、资产托管、贵金属、养老金业务要继续抢抓市场，保持良好的发展态势，完成年初制定的任务目标，进一步巩固市场地位。私人银行、投资银行业务要总结经验教训，采取有效措施，推动收入实现较快增长。要加快创新，不断丰富投行、贵金属、大宗商品交易、互联网金融产品线。四是要继续严格按照“公开、清晰、透明”“动因直接相关”原则，推动中间业务收入按月下划工作顺利进行；要根据业务发展需要，梳理相关收入模拟分账考核，完善部门和利润中心协调机制。五是要严格收费管理，防范系统性合规及声誉风险。认真落实各项收费监管要求，严格按《“17 版”价目表》收费，严格按相关配套制度操作，严格按规定提供服务。分行要准确掌握新版价目表的变化内容，用足用好新版服务价目表，让新版价目表起到规范收费和服务增收双重作用。

（三）突出实质风险管理，强化全口径风险控制。目前全行风险管控的压力较大，下一步要重点做好以下四方面的工作：一是严控劣变。在各项关键经营指标中，不良贷款余额是重中之重，不仅受资本市场和外部投资者关注，更直接影响全行拨备覆盖率水平、信贷成本和净利润目标的实现。今年前两月全行不良贷款反弹势头虽然与上年同期比较有所减弱，但不良额增长仍然较快，2 月末不良余额为××亿元，比年初增加××亿元；不良率为××%，比年初上升××个基点。其中湖北、山东、深圳、黑龙江、河南等分行前两月劣变的金额已经超过了总行下达的第一季度控制目标；宁波、云南、湖南等分行劣变的金额较大。这些分行要进一步加强风险管理，严控不良贷款余额。同时，在贷款整体逾期和劣变增量同比下降的情况下，个人贷款的逾期和劣变金额增量较同期均有所增加，要引起大家重视。二是严控逾期和剪刀差。逾期和剪刀差既是影响贷款劣变和不良贷款的重要因素，也会影响监管机构和资本市场对于我行的分析和评价。截至 2 月末，全行不良和逾期的剪刀差××亿元，比年初增加××亿元。其中山东、浙江、河北、内蒙古等分行的逾期贷款增加较多，需要引起重视。逾期贷款增加既有企业经营不善的客观因素，但也有我们管控不力的主观原因。目前在我行逾期而在他行未逾期的客户涉及的逾期贷款达到 230 亿元，表明我们处置转化的力度不够，同时在信贷和授信政策上还不够完善。下一步，要加大对分行的检查监督力度，对逾期金额排在前50家的二级分行，要采取措施，逐户进行排查和压降。同时，要进一步梳理完善信贷和授信政策。三是抓好清收处置。前两月全行清收处置不良贷款140亿元，较上年同期增加20亿元，但距离目标还有一定差距。下一步，要加强现金清收、以物抵债、重组转化等常规处置的力度，减少对核销资源的依赖，同时，相关人员配备要及时到位。要提高商业包在批量转让中的比重。对于个人不良贷款清收处置，个人金融业务部要探索新的清收处置方式，以专项活动、做大资产证券化规模等形式加快清收。要继续抓好受托资产清收管理工作，全行不良贷款受托清收处置任务重，2017年和2018年要完成受托资产现金清收××亿元。各行要按照受托资产处置承诺书的回收金额和时间要求，切实履行责任，不能出表后不闻不问，一放了之。要加强对二级分行及以下机构的督导，加快受托处置资产清收处置进度。对于未完成受托资产处置任务的，总行将按照未完成额的50%扣减考核利润。要加大账销案存资产追索力度，全年回收金额不低于30亿元，提高利润贡献。四是加强表外业务风险防范。2016年末，全行非标代理投资风险客户××户，涉及金额近××亿元。为引导各行进一步重视表外业务风险管控，按照实质重于形式的原则，总行2017年起将对各行开展的信用证、保函、银行承兑汇票、不可撤销贷款承诺等表外信贷业务以及分行推荐的非标准化代理投资业务，按照风险分类和相应的计提标准，实施模拟计提拨备、扣减考核利润的管理机制。各行要贯彻落实好总行政策导向，平衡好业务发展和风险管理的关系，持续提升全面风险管理水平。

（四）加快完善考核评价体系，有效传导全行战略和经营导向。为应对当前全行面临的客户基础薄弱、竞争优势下降、风险防控压力增大等经营管理中的难题，总行对2017年各维度考评体系进行调整完善。主要变化体现在：一是突出过程、动因考核。适度调减动因不直接相关指标权重。以往考核指标体系中净利润和中间业务收入等指标占比较高，导致分行过多关注利润和中间业务收入指标，对于市场、客户、产品等收入动因关注不足，影响全行可持续发展。本次考核评价体系调整要把考核和费用分配特别是工资分配的侧重点分开，费用和工资分配依然以净利润为主导，而考核的主要目的是有效传导全行战略和经营导向，引导分行抓客户基础，抓产品，抓交叉营销等重要工作。比如说，加大新发放贷款收益率（同业调节）、存款付息率（同业调节）指标考核力度，强化利率市场化下的存贷款定价管理，有效稳定利差水平；强化职业年金受托、托管中标考核，引导分行抢抓职业年金启动市场机遇。二是突出竞争力提升导向。以前经营管理更多是预算导向的，分行对同业比较的关注度不够，跟自己比、跟过去比的思维惯性较为严重。对自身的市场竞争力和同业地位关注不够，导致我们部分业务的市场竞争力有所下降。今年的考核评价体系更加突出市场竞争力提升导向，引导分行强化优势、弥补短板，不断提升主要业务的市场竞争能力。具体的考核措施包括强化存款基础业务竞争力考核；优化存款、中间业务收入同业比较指标计分方法，更客观反映各行市场竞争状况；将大中城市行综合竞争力评价结果纳入所在一级分行绩效考评结果。三是突出以客户为中心的理念。强化客户指标考核，提高高价值客户折算系数，引导各行稳定客户基础，优化客户结构。四是突出实质风险管理和全面风险考核。强化不良贷款总量管控责任；将表外、表表外资产风险纳入全口径资产风险考核范围；加强贷款劣变考核，防范潜在风险转化；坚持常规和创新处置并举，强化不良贷款、受托资产清收处置考核。五是突出协同考核。为引导全行进一步改进营销服务，增强客户黏性，对境内分行设置客户产品渗透率指标；对客户营销部门设置客户目标产品渗透率指标；将代发工资作为个人金融业务部、公司金融业务部、机构金融业务部、结算与现金管理部的部室考评核心指标；将子公司重点产品纳入重点产品目录，将子公司相关业务利润捆绑考核至总行相关部门及利润中心，促进母子公司业务协同，发挥集团整体优势。目前，总行已经印发境内分行经营绩效考评办法，各行要根据总行考评办法调整优化思路和导向，及时调整本行对二级分行、内设部门考评办法及相关专业条线评价办法。总行财会部门要对各分行上报的考核评价办法进行严格审批，各分行也要对辖内分支机构考核办法进行严格把关，确保总行战略和经营导向完整、准确地向基层行传导；各行要围绕经营考评导向，抓好日常经营管理工作，推动全行战略落地实施。

三、加强财经纪律和财会队伍建设，保障集团持续健康发展

在当前经营环境下，各级机构要从长远发展、全局利益出发，严肃财经纪律，依法合规经营，进一步强化财会队伍建设，为集团健康可持续发展打下坚实基础。

（一）坚持不懈抓好财经纪律建设，守好财务合规风险防控底线。近年来，通过不断健全完善财务制度体系，积极传导财务合规理念，加大财务监督检查处罚力度，财务合规管理情况总体向好。但是，在各项内外部检查中，仍暴露出一些较为敏感的违规行为，个别分行存在超标准乘坐交通工具、违规购买高档酒水用于日常接待、虚假发票报销等问题；个别分行存在公款吃喝、公车私用、违规列支福利费向员工发放购物卡等问题；个别分行弄虚作假、变通列支业务营销费用；个别分行固定资产投资规划论证不充分，部分新购建、新装修的营业办公用房形成闲置，部分机具设备长期闲置在库且数量较大；个别分行投资过程管控不到位，财审会履职不到位，应集中采购未集中采

购；个别分行变相在总行核定编制外长期租赁公务用车等。这些问题都是在相关制度规定中明令禁止的，已经逾越、触碰了底线和红线。在这里，我对严肃财经纪律再重点强调以下三点：

第一，要紧抓财务合规管理不动摇。一是要坚持抓常规抓长效，将各项财务制度规定贯穿于财务事前、事中、事后管理的全过程，推动财务合规管理体系不断健全完善。二是要注重抓源头抓防范，加强源头管控，严把审查审核关，通过财务非现场监测等手段加强风险防范，做到早发现、早提示、早解决。三是要继续抓责任抓落实，严格按照规定落实处分问责，提高违规成本，营造良好的合规氛围和文化。

我再专门强调一下对集中采购和境外机构合规管理的要求。对于集中采购管理工作，各行要进一步加强集中采购规范化和集约化管理，继续深化中央巡视整改工作，确保各项规章制度贯彻落实。要继续做好二级分行评审权上收工作，扩大公开招标，严控单一来源采购项目。要加强集中采购专家管理，实施专家聘任年审制。对于境外机构合规管理，在监管环境日趋严苛的背景下，合规管理压力较大，境外机构要守土尽责，加深对当地监管政策和业务发展形势的理解和把握，依法合规开展业务，有效防范各类财务合规风险。

第二，要充分发挥机构负责人的示范带头作用。各级机构的管理层尤其是“一把手”，要从自身做起，严格按财经纪律要求和财务制度规定办事。要将财务合规风险放在重要地位，站在贯彻落实中央八项规定和反“四风”的高度，切实负起财务合规管理责任，下大力气严肃财经纪律，亲自管、亲自抓，以上率下，坚持原则，切实支持、保障财务部门履行好财务审核监督职能。

第三，要协调好业务发展和财务合规管理的关系。目前全行正在实施费用结构化改革，腾挪空间加大营销投入。加大营销投入的前提是要保障营销费用合规、有效使用。总行强调要大力推广精准直达客户的营销投入模式，就是考虑到该模式有利于降低违规风险，提高营销投入使用的规范性和产出效益。各级机构要坚持业务发展和财务合规管理两手抓，牢固树立依法经营、合规经营理念，保障全行业务稳健运行。

（二）强化财会队伍建设，不断提升财会队伍的整体素质和业务水平。财务会计条线在执行力、过程监督和数字统计等方面能力较强，但在管理和统筹协调方面有所弱化，对一些经营问题的分析还不够透彻，专业上的思考还有待进一步深入。下一步，财务会计专业要加强统筹协调和管理能力建设，要选拔出既懂经营、又精财会的人才到财务岗位上，打造一支廉洁、专业、高效的财会队伍，发挥好财会条线的综合管理职能。

第一，坚持廉洁自律。要将党建与队伍建设相结合，加强政治理论学习，始终保持思想的先进性。要端正工作作风、严于律己、提高警惕，防止“四风”反弹。要依法合规办事，善用、慎用职权，杜绝靠人情办事。要加强财经纪律学习，及时掌握国家及总行的最新政策。

第二，提升专业能力。去年，总行出台政策，对财会部门主要负责人的任职资格提出了更高要求、更严标准。今年，对财会部门负责人的任职管理要进一步落实和深化，一级行要将管理要求继续向下传导、贯彻，切实把好“准入关”。同时，由于财会工作涉及的部门多、层面广，对统筹协调能力要求较高，各级财会人员要苦练内功，不断提升自身的业务水平和专业素养，适应新形势下的财会管理工作要求。

第三，优化人员结构。目前尽管境内分行有近8 000名财会人员，但要适应新形势下经营发展需要，在人员配置结构、年龄结构和人才梯队结构方面还要进一步提升和优化。下一步，一是要探索财会专业内部柔性团队建设，对重、难、新、急工作任务，抽调业务骨干集中攻关，实现人力资源共享和高效利用。二是要有效利用人员招聘、自然退休、交流提拔等机会，加强人员进退留转管理，优化财会专业队伍。三是要探索业务流程的优化、再造，引导财会人员向价值管理岗位流动。

同志们，2017 年我们面临着更为复杂严峻的经营形势，各级财会专业肩负着更加艰巨繁重的工作任务，希望大家紧紧围绕全行经营发展战略和年度中心工作，充分发挥好统筹协调和组织推动职能，不断激发转型发展的内生动力，为顺利实现全年经营目标、进一步夯实经营根基做出新的更大的贡献。

扎实苦干　积极作为　努力开创零售业务改革发展新局面

——在2017年全行零售业务工作会议上的讲话

谷　澍

（2017年3月9日）

这次会议的主要任务是，在分析当前零售业务面临的新形势、新机遇、新挑战的基础上，深入贯彻总行改革发展研讨会精神，落实年初全行工作会议的各项部署，统筹谋划今年零售条线的主要任务。下面，我讲两个方面的意见。

一、零售业务取得的成绩和面临的问题

（一）大零售战略取得显著成效

自2013年末改革发展研讨会首次提出“大零售”战略以来，零售条线始终坚持以大零售战略为指针，敏锐把握错综复杂的经济形势和不断变化的内外部经营环境，在稳健经营、提升收入贡献方面发挥了引领作用，在产品创新、强化竞争力方面发挥了示范作用，在经营转型、爬坡过坎的进程中发挥了带动作用，在全行经营效益的稳定增长和转型发展过程中起到了稳定器和压舱石的作用。

一是价值引领实现新提升。近年来，面对激烈的市场竞争，零售条线始终坚持价值导向，实现了收入贡献的稳步增长。2016年，全行实现零售业务营业贡献1 985.59亿元，较2013年累计增加110.35亿元，在全行营业贡献中的占比达到40.16%；其中个人客户营业贡献（不含小微和个人经营性贷款）达到2 054.66亿元，累计增加430.85亿元，在全行营业贡献中的占比较2013年提升了7.55个百分点。零售中间业务收入近750亿元，在全部中收中的占比提升了11.68个百分点，信用卡、代理基金、银行理财等业务收入始终保持同业首位，私人银行业务连续两年中间业务收入突破100亿元，价值贡献能力领先同业。融e购中间业务收入从无到有，取得6 000万元收入，成为我行业务增收的新亮点。

二是业务规模达到新高度。近年来，全行个人金融资产快速增长，2016年末总量突破12万亿元大关，较2013年末累计增加2.69万亿元，一直保持个人金融资产第一大行的领先地位。其中，私人银行管理资产突破1.2万亿元，规模达到同业领先。储蓄存款余额近8万亿元，在各项存款中占比最高，为全行经营提供了稳定的资金来源。零售贷款余额突破3.8万亿元大关，占比提升7.2个百分点，累计增加1.53万亿元，零售信贷已经成为支撑全行信贷投放和结构调整的支柱与基石。实现信用卡发卡1.21亿张，跃居全球第一大信用卡发卡行，收单商户突破260万户，信用卡消费额年均增长19.6%，信用卡发卡量、消费额、贷款余额四行占比均达到三分之一。电子银行交易额达到600万亿元，融e购交易额突破1万亿元。

三是发展质态呈现新局面。在新客户新市场领域拓展初见成效，培育和拓展了个人信贷、商友、外汇及跨境、民生领域等多个千万级客户群，推动客户总量持续增加，结构不断优化。全行有效个人客户达到3.78亿户，较2013年末累计增加5 673万户，其中日均金融资产1万元以上客户9 143万户，信用卡客户数从6 064万户增长到7 818万户，私人银行客户从3.13万户增长到7.01万户，实现翻番。融e行客户达到2.53亿户，融e购客户5 390万户，融e联客户6 649万户，互联网金融亿级客户群体初步形成。包括个人住房按揭贷款、消费贷款、信用卡透支、分期付款在内的零售贷款不良率仅为0.89%，大幅对冲了对公贷款资产质量不佳的影响，对全行经济资本和风险资本占用最低。立足于压总量、优结构、提效能，网点竞争力提升首个三年工程圆满收官，共实施457家网点总量优化和1 789家轻型网点建设工作，累计释放网点人员2 987人。

四是改革创新取得新突破。先后推出薪金溢、存管通、节节高和大额存单等负债创新产品，研发云闪付、工银二维码支付等支付结算创新产品，打造“工银融e借”、自助质押贷款等资产创新产品，构建工银e校园、工银e生活和商户之家等平台类创新产品，开展综合积分、客户星级等客户服务创新，不断满足了客户需求和市场变化。上线客户开放、平台开放、业务开放的融e行开放平台，形成覆盖B2C、B2B、B2G和跨境电商的融e购平台完整业务格局，创新融e联金融信息服务功能，逐步搭建起覆盖和贯通金融服务、电子商务、社交生活的互联网金融体系。聚焦智能化、一体化建设，累计完成网点智能化改造10 997家，智能化网点覆盖率达到68%，自助银行总数达2.94万家，建设多个新型渠道入口，探索推进自助渠道一体化建设，加强渠道间

协同发展，推动网点由单一金融服务向多元化、一体化的泛金融线下营销落地中心转型。

五是经营管理迈上新台阶。在激烈的市场竞争中，零售条线积极探索通过强化管理加快发展、实施精细管理提升效益。在体制机制方面，初步建立了以“三评价一考核”为核心的零售业务评价体系。积极推动和引导加快先行先试改革试点，“一行一策”推进零售业务国际化发展。成立个人信用消费金融中心和商户发展中心。在服务方面，围绕“建设客户满意银行”目标，首次发布工商银行服务文化体系，实施服务提升六大工程，组织重点城市行网点亮化工程，扎实开展为期百日的“服务面貌专项整治季”，客户服务口碑明显提升。在风险防控方面，重点加强客户经理合规销售管理，严厉打击“飞单”等违规行为。建立伪卡风险事件快速处置机制，提升要客服务品质。基于大数据的信用卡风控实践全面铺开，风险管理决策从主要依靠人工规则简单判断转变为系统模型智能处理，并依托信用卡全球业务监测与干预系统，实现对全业务、全流程、全风险的实时可干预监控。全力支持集团子公司发展，工银安盛累计实现保费收入 732 亿元，累计增长 233%，再创年度新高，进一步巩固了在合资和银行系寿险公司的领先优势；工银瑞信累计实现收入 90. 52 亿元，增长 218%，公募基金管理规模跃居行业第二位。

另外，去年 12 月初全行零售条线启动了为期三个月的旺季营销活动。在全行上下的共同努力下，旺季期间，全行储蓄存款增量四行排名攀升至第二位，其中深圳、宁波、新疆、广东、辽宁等 17 家分行储蓄存款增量四行排名第一；个人住房贷款增量勇夺四行第一位，呈现出“负债业务增速提升、零售信贷快速增长、收入贡献能力凸显、优质客户规模扩大”的良好发展格局。从综合考评结果来看，广东、浙江、山东、北京、河北、上海、河南、四川、江苏和湖北分行列前 10 位，荣获旺季营销综合贡献奖，为全行旺季营销做出了突出贡献。

总之，三年来，在全行零售条线干部员工的奋力拼搏下，零售业务取得了来之不易的成绩，也充分验证了零售业务在全行经营发展中举足轻重的地位和作用。在此，我谨代表总行党委，向全行零售条线的同志们表示衷心的感谢和诚挚的敬意！

（二）正确看待当前存在的主要问题

在看到可喜成绩的同时，我们也要居安思危，清醒看到当前零售业务面临的挑战和存在的问题。从外部挑战看，利率市场化的加速推进和同业竞争加剧，使得零售业务净息差持续收窄；快速发展的互联网金融导致的金融脱媒仍在进一步深化，尤以支付宝、财付通为代表的第三方支付机构的快速成长，给传统零售银行业态造成了较大的冲击；政府部门强势出台一系列减费让利政策，零售业务中收增长承受巨大压力。从内部问题来看，突出表现为储蓄存款发展未达预期、金融资产增速放缓、互联网金融发展面临的体制机制问题凸显，但核心还是近年来客户基础不牢不实的问题没有得到根本改观。更需要引起重视的是，面对瞬息万变的客户需求变化、市场环境变化，我们在创新发展、加快转型、攻坚克难等方面的办法仍然不够多、不够新，更多的是沿用传统银行层级化、行政化管理方式，在互联网金融领域“全行做、专业干、合作办”的意识仍然不强，线上营销、场景营销、平台营销的意识还很薄弱，尤其是对如何打造新的获客留客机制、如何提振储蓄存款发展质态、如何深入推进线上线下一体化等经营发展中的深层次问题上，尚未找到一套行之有效的办法。从同业竞争态势来看，突出表现为存贷款同业竞争力不强，信用卡中间业务收入增量被建行超越，私人银行产品及口碑逊于先进同业。尤其储蓄存款竞争力下降一直是个人金融专业最大的隐忧，近两年除个别重要时点之外，储蓄存款增量基本处于四行第三或第四位，与农行差距不断拉大，对建行中行的优势在逐渐缩小，而个贷业务增量尽管占全行信贷增量的 75% 以上，但全行只有北京、上海、宁波三家分行增量四行排名首位。对这些问题，全行必须尽快加以解决，否则将会动摇零售业务发展的根基。

二、全面推进零售业务又好又快发展

2017 年是机遇与挑战并存的一年，更是传承与发展的一年。站在大零售战略承前启后的新起点上，全行上下更要统一思想，开拓创新，深刻理解和把握零售业务经营规律，以更加扎实的工作作风、更加昂扬的战斗激情、更具担当的时代精神，全面推进零售业务持续、健康、快速发展，持续提升零售业务综合贡献度和市场竞争力。稍后李行长和零售专业的负责人将会对今年工作作整体安排并提出具体要求，我主要强调四个方面：

（一）统一思想认识，坚定不移加快发展零售业务

一是必须坚定不移深入推进大零售战略。经过三年的探索和实践，零售业务所取得的突出成绩已经充分证明了总行党委做出全面实施大零售战略的决策是完全正确的，也是非常契合时代特征和市场潮流的。应该说，全行上下已经初步形成了浓厚的大零售发展氛围，各层级领导干部对零售业务的重视程度不断提升，但是总体看还存在一定差距。大家必须要清醒地认识到：只有零售强，才能经营稳。要高度重视零售业务发展，透过发展“慢”看到经营“稳”、收益“低”看到质量“优”、业务“散”看到风险“小”的优点，不能把对零售业务的重视当作权宜之计，更多的要从经营结构的战略调整、信贷结构的持续优化等方面来确立零售业务的定位。即使面对市场环境的变化，也要持之以恒地坚持对零售业务的投入和保障，沉心静气地研究和分析零售业务的发展规律，在队伍建设、资源配置等方面加大

倾斜力度，在考核激励等方面多下功夫。

二是必须坚定不移以价值创造作为零售业务的核心经营准则。三年来尽管零售条线方方面面都取得了显著成绩，但是工作重心经常在摇摆，部分机构难以统筹平衡存款、金融资产、中间业务收入之间的关系。对于客户经理等销售类岗位人员而言，更多是以销售论英雄、以计件拿绩效，还未建立以客户为中心、以贡献为核心的绩效考核激励机制，从某种程度上讲，这也是总分行战略传导不落地、“最后一公里”始终没有解决好的重要原因。所以，我们要旗帜鲜明地把提升价值贡献作为零售业务未来一段时期的根本目标，要把营业贡献作为各级管理者零售考核的基础指标，引导各级行围绕效益做零售，迅速改变目前简单依靠销售产品获取绩效的做法，建立以营业贡献为核心的个人客户经理绩效考评机制，以创造的效益决定其绩效水平，从而引导正确评价储蓄与其他金融资产的贡献关系，合理摆布金融资产结构。

三是必须坚定不移提高市场竞争力。近年来随着同业竞争的加剧和互联网金融的异军突起，储蓄存款、信用卡等部分零售业务核心指标在同业排名和竞争力上有一定下滑。指标的一时下滑并不可怕，可怕的是，我们的一些干部员工对此不以为然、麻木不觉，总是从自己与自己比的角度感觉良好，从外部客观找原因，更有甚者认为部分指标占比下滑是大势所趋、理所当然。这种倾向、这类问题必须引起我们的高度重视。核心指标的市场占比，象征着地位，体现着形象，尤其对于零售业务而言，规模出效益、规模见实力，规模类指标既是综合竞争力的表现，也是业务优势的体现，在这个问题上全行的思想必须高度统一，决不能左右摇摆，必须要有一种力争上游的勇气和舍我其谁的霸气，零售业务必须取得与工商银行整体实力和形象相匹配的市场地位。今年在境内分行综合绩效考评和零售业务“三评价一考核”中都要大幅提高对重点业务市场竞争力的评价与考核。全行上下都要眼睛向外看，把提升核心业务市场竞争力作为零售业务守土有责的担当扛在肩上、铭记于心。特别是省会城市、重点二级分行等城市行更要进一步增强进取意识、位次意识，尽快解决竞争力弱化的突出问题。

刚才讲的以效益为中心、以价值创造为核心经营准则与提高市场竞争力是不矛盾的，这两个要求是一致的。零售业务，比如储蓄存款，不能简单地理解为利率上浮才有存款、降低利率市场份额就下降。零售业务的特点是面比较广、比较散，实际上影响因素很多，规模与价格的关系只是其中一个方面，规模与物理网点的关系也是其中的另一方面。前几年，我们储蓄存款被农行超越的时候，更多讲的是网点问题，因为农行网点比我们多。但是现在建行增量也连续几年超过我们，而且付息率也比我们低一些，这就更应该引起我们的思考，恰恰说明储蓄存款不仅仅是价格和网点，是很多因素交织在一起。不能一讲市场竞争力，就希望通过一个更好的价格来获取市场份额，一讲效益就不追求规模，我们要以效益为主，但以效益为主如果没有规模的话，久而久之效益也会萎缩。也有部分同志觉得现在是不是要花这么大的精力去抓储蓄存款？我们产品强、资产强，能不能用资产的收益增长覆盖储蓄份额下降的收益减少？这可能也不对，我们资产业务还没强到收益可以不要存款业务的程度，虽然个别省、个别地区可能比较强，但从全行来讲我们还没到那个水平。我们的队伍如果都去做资产业务，可能资产业务没抓上去，存款业务也丢了，最后哪头都没顾上。所以，零售业务要取得与工商银行整体实力和形象相匹配的市场地位。

（二）强化协同意识，合力发展零售业务

零售业务要加快发展，仅仅依靠零售条线自身显然远远不够，必须要聚合各方面力量为我所用、共同发展，这才是未来零售业务提速发展的正确方向。

一是牢固树立协同联动意识。零售业务单独做很难做好，我们很难想象一家行对公业务不强而零售业务特别强。通常讲到零售业务的源头，往往会想到代发工资和批量业务，这些恰恰是依靠公司部门、机构部门、结现部门带动的，同时也需要投入和费用支持。另一方面零售不强而对公强，这个也比较难。零售不强就没有稳定和低成本的存款来源，对公业务资金成本就会高，导致报价没有竞争力，对公的项目也很难拿到。所以对公部门和零售部门既要盯住自己的指标，更要着眼于全行一盘棋，进一步增强大局意识、协同意识，零售条线要率先垂范、主动对接，坚定不移地深挖协同联动潜力。

二是做实公私联动机制。零售业务要抓实，核心要抓住客户源头和资金源头，这些都源于对公业务。从某种程度上讲，近年来部分业务竞争力下滑也与我们对公客户结构、业务发展有一定关联度。比如，个人客户的资金归根到底都源自对公单位的工资奖金及各类补贴补偿，而争揽这些源头资金关键在于投入。这些年，我们在政府机关的营销投入上和财政统发、拆迁补偿、企业分红等批量源头性资金争揽上有些动力不足，患得患失，过于看重当期投入而没有考虑长远效益，全行在财政统发和社保发放两大源头市场的占比一直较低。比如说，在河北、湖南、江苏等储源丰富的大省，我行均处于较大劣势。在河北省财政代发市场，建行约占 60%，我行仅为 15%，直接导致春节旺季代发金额较我行多增 106 亿元；又如在湖南省，建行自 2010 年起将政府机关、学校、医院等机构作为主攻对象加大资源投入，目前已经取得了明显效果，2017 年前两个月储蓄存款增量在建行系统内排名第一，而我行则因无法承受高额投入，优质市场被逐步蚕食，尽管湖南分行也很努力，储蓄存款增量在我行系统排名第七、同业排名第二，但仍落后建行 127 亿元。这方面全行要破除部门主义、本位主义思想，今年要把代发工资和各类批量业务作为切入点，全面做实公私联动机制。对于机构类客户，全行要进一步加强对财政统发、社保、医保项目以及学校、医院等单位的营销力度，加大资源投入，机构部门要和零售部门通力合作，积极争取，绝不能轻言放弃。对于公司类客户，要借助信贷业务拉动作用竞争对公有贷户代发工资，要高度重视政府融资平台业务所衍生出的各类批量补偿业务，必须争取到与贷款投放比例相匹配的资金和客户份额；要将代发工资服务嵌入对公开户流程抢抓无贷户代发业务。同时也要发挥以私促公作用，通过大力发展个人住房贷款引流对公存款增长，通过代理销售、第三方存管支持同业存款和托管业务。

另外，要全面夯实公私联动营销的保障机制，对公部门要将代发工资以及各类政策性商业性补偿项目纳入自身年度计划、日常工作维护和重要工作督导，零售条线要有全方位对接意识，协同做好走访营销和日常维护工作。要强化考核引导，把公司有贷户、公司无贷户和机构客户代发工资业务作为公司、结现、机构部门的本职工作，总行今年对个金、公司、机构和结现部同步考核代发工资业务，权重10%，各级行都要比照执行。今年总行在境内分行考评办法中引入全量资金周转率指标，引导全行资金体内循环，实现集团效益最大化。加大资源投入，尤其是财政统发以及学校、医院等优质资源，新投标项目必须要积极介入，续签项目必须要全力确保，要研究推出重大项目资源投入分级审议制度，对于1 000万元以上的必须通过省行审议，防止部分机构自行放弃投标，总行也要创造条件全力支持分支行竞争源头性项目。要创新财务制度安排，研究设置“延展性资本支出”项目，专项用于竞争利于长远的重大项目财务支持。要尝试在重大项目上推行新的费用安排机制，对重大项目总行在年度费用额度上给予必要支持，解决分行的后顾之忧。同时，公私联动也要在收入分润、业绩还原、综合收益上探索新路子，有效调动各方面的积极性。零售业务部门在这个过程中要发挥主体作用和主动性，要引导对公部门增强对代发工资业务的重视程度。同时，要防止将代发工资的薄弱看成是储蓄存款竞争力下降的唯一原因，将代发工资的推动工作摊给公司部门。

三是内部联动要破冰。今年李云泽行长牵头，在零售条线率先启动了十大重点联动项目，在内部联动上开了个好头。下一步，要加快项目的落地实施，在零售部门考评中加大交叉销售、协同联动指标权重，引导全行形成“你中有我、我中有你”的零售条线协同发展格局。此外，当前社会资金由于消费付款、公用事业缴费以及跨地跨行跨界转账汇款而在零售各产品之间产生巨额的资金流动，零售条线要通过加快优势产品的营销渗透和服务体验的持续改善，想方设法让资金通过我行账户、介质、渠道、平台流动，实现体内循环。要针对个人住房按揭贷款、贷记卡、分期付款等业务开展裸贷治理，加强与工银安盛、工银瑞信等零售客户的交叉推荐，通过三融平台加强引流获客能力，大力发展二维码支付B端商户和C端客户。全行要继续支持工银安盛、工银瑞信两家子公司业务发展，加大业务推动及督导力度，全面完成工银安盛、工银瑞信的业务经营目标。这里，再强调一下零售条线销售服务队伍互通整合的问题，当前零售条线各专业都有一支素质较高、规模不小的队伍，比如个金部有理财经理和个贷经理，卡部有收单团队，私银有财富顾问，电子银行部、卡部都有客服中心，今年要加大整合营销力度，形成营销合力。各级个人金融专业部门要发挥好零售条线销售队伍总体管理、牵头营销的职责，总而言之，要在立足本序列和自身职责的基础上，交叉营销零售条线的其他各类服务和产品。

（三）把握经营规律，构建长效发展机制

零售业务千头万绪、客户千家万户、队伍千军万马，容易出现统一思想慢、启动过程慢、结果见效慢，这种零散销售的本质属性和经营规律在一定程度上决定了零售业务必须依靠体制机制来组织推动，从而形成规模效益。

一是夯实客户基础。近年来，虽然全行个人客户总量保持稳定增长，客户结构也有一定优化，但是与市场环境变化、客户金融行为变化相比，我们的适应和转型明显滞后。稍后李行长会作深入分析，多维度、多层次的数据都说明客户正与我们渐行渐远。对此，全行务必要保持高度的清醒，个人客户不仅是零售业务的根基，也是工商银行的立行之本、业务之源、市值之基，在一定程度上也是决定未来各个分支机构系统排名、市场地位和转型发展的关键因素。全行必须要下大力气解决制约客户基础的深层次问题，坚持维护存量与拓展新增并重，坚持总量扩大与结构优化并重，坚持标准化配置与差异化服务并重，加快完善统一客户视图和分层服务体系建设。要明确新时期全面发展的零售客户战略，做好顶层设计，实现获客能力的逐步回升。要从内部挖潜、外拓营销、集团拓户和互联网合作拓户四方面入手拓宽客户源头，总分行都要积极探索集群化拓户的新路径。要把维护服务好存量客户摆在更加突出的位置，建立更加科学严谨的优质客户维护体系，实现客户有人管、管户有方案、服务更精准、流程更优化，今年要确保金融资产20万元以上的客户全部管户到位、考核到位、监测到位。要探索建立营业网点低柜柜员、大堂经理、客服经理等岗位管户机制。要重新定位信用卡目标客户，在提升行内客户信用卡渗透率的同时打开互联网获客新渠道，着重发展消费行为活跃、融资需求旺盛的年轻客户，构建起客户总量大、核心客户占比高、代际接续好的活跃信用卡客群。要深入推进私人银行客户“百千万户”工程，巩固并提升私人银行客户同业市场地位。

二是加强队伍建设。今年要利用好全行推进人力资源“两张表”的契机，加大力度将网点总量优化、轻型化、智能化改造及网点运营标准化和流程优化等工作释放出的人力资源，尤其是那些年轻和思维活跃的员工，优先充实到零售条线营销队伍中来。要做实理财客户经理管户制，有针对性地解决挂名客户经理和中高端客户管户责任缺失的问题，确保总分行战略战术安排有效传导落地。要对现有客户经理相关岗位及人员进行逐一核实盘点，各分行人力资源部门要配合个金部门，厘清、锁定个人客户经理队伍基数并全部纳入监测管理。要按照个人金融资产20万元以上客户超过200名的网点必须配备专职理财客户经理，且人均管户金融资产20万元以上客户不得超过400户的双维度标准，配齐配强理财客户经理。加快推进商户发展专业化团队建设，加快推广财富顾问子序列试点。组建专职外拓营销团队，加大外出营销终端设备的配备，完善外出营销评价监测管理，做实常态化的外拓营销机制。要抓紧出台理财经理、大堂经理、个贷客户经理、客服经理等销售类岗位人员管理办法，明确各自岗位在营销服务中的主要职责、工作内容、履职要求等。要进一步完善营销序列人员职级管理体系，畅通职业晋升、职务提聘的发展通道。要加强零售团队系统化培训机制建设，加大与工银瑞信、工银安盛等集团子公司培训资源共享与共建，加强双向互动交流。

三是完善绩效考评。要进一步优化完善“三评价一考核”办法，加大核心指标市场竞争力考核权重，通过增加全量资金周转率、线上业务迁徙率、重点产品渗透率引导全行强化联动协同，并强化绩效考评结果应用。要加快推出网点负责人、客户经理等网点各岗位人员的绩效考评指引，重点考核存款、客户维护与拓展等基础工作，突出网点负责人在零售经营方面的主体责任，提升网点负责人经营零售业务的动力和能力。加快建立以管户客户营业贡献为核心的理财经理、财富顾问绩效考评机制，逐步降低单纯以产品销售计价为主的绩效权重，构建更加科学精准且有利于“最后一公里”传导的绩效管理机制。进一步提升客户经理的考核层级，以一级支行为主体，鼓励和引导有条件的二级分行加快实现客户经理直通式管理和穿透式考核，仪表盘式客观、全面、公平反映客户经理创造的价值贡献，推行标准化绩效合约，强化绩效晋升淘汰管理，建立客户经理退出机制。

四是强化网点建设。营业网点是全行经营的末端和触角，是我们的优势，也是零售业务的根基之一，对全行零售业务的发展和核心竞争力的提升都起着至关重要的作用。今年重点是打好网点结构调整“组合拳”，统筹推进物理网点渠道结构优化与效能提升。核心是加大网点布局优化，包括以“撤”和“迁”为重点推进区域布局优化，以“轻”和“并”为主线推进业态布局优化，坚决、大力压降空心化老城区密集网点，积极探索构建“核心网点+卫星网点”的网点群落化营销服务模式与管理机制。这里，我就撤并500家网点的工作再讲两句。从渠道部门反馈的信息看，大家还是觉得比较难，思想还不太统一，有的分行同志提出来，其他银行还在增网点，为什么我们要撤网点？我觉得这个问题要这么看。首先，这500家网点都是总行用各种指标衡量筛选出来的，表现为储蓄存款、效益贡献、客户拓展等指标都不太理想。如果单独看这个网点，我想绝大部分同志都会得出结论说这个网点该撤。那么其他银行在建网点，我们不能建吗？总行没说不能建，撤并500家网点是一个净值的概念，也是一个动态的概念，各行可以将一些低效网点撤掉后，集中资源到客户基础好的区域再新建网点。其次，关于网点撤并同步进行或者先建后撤的问题需要仔细分析。从单个网点迁建优化的角度看，网点撤的同时建是有对应关系的，把这个撤掉的同时新建一个网点，人员安排也有这样的对应关系，先建后撤是合理可行的。但是这次的网点布局是总体优化，撤和建的网点可能相距很远，相互之间没有对应关系，撤下来的人去干什么？要统一安排。新建的网点谁去干也是统一安排，人员之间也没有对应关系，不存在建和撤谁先谁后的问题，要视工作的需要而定。其实从某种程度上讲，把低效网点撤掉也有利于申请新网点。总的要求，全行的思想还是要统一到总行党委的决定上来。

要全面推广网点智能化改造，探索推动特色创新网点建设。要加快营业网点经营转型，真正实现由交易受理型向营销服务型转化。要强化网点负责人对零售业务负总责的机制建设，调动网点所有接触客户的岗位人员积极开展营销与服务，加快实现低柜柜员、大堂经理和客服经理岗位互通、灵活调剂，最大限度调动和充实网点销售力量，提高网均效益贡献。

五是加快改革创新。近年来，总分行推动的先行先试工作成效显著，涌现出一批改革试点先进典型，总分行要利用好、发挥好这些试验田作用，加大创新推广力度。今年的先行先试工作，要重点抓好在部分二级分行和直属分行的一级支行探索零售金融准事业部改革，真正实现从以产品为中心的部门银行向以客户为中心的流程银行转变。在横向上实现零售营销协调管理与资源统一配置，在纵向上实现零售团队直通式管理与穿透式考核，在条块之间厘清零售准事业部与属地分行的权责边界，最终形成“集权有度、授权适中”的零售业务板块化经营、专业化管理和矩阵式协作体制机制。各分行也要开阔思路、主动创新，积极探索适合本地区的零售业务改革模式。在二级分行以下的零售业务改革要考虑和现在对公营销改革相结合，要从一把手的角度将涉及体制机制改革的工作放在一起整体考虑。

（四）顺应发展趋势，提升金融科技应用水平

当前，随着金融科技领域的多项前沿技术在银行业

的应用，我们必须要更新观念、创新思路，围绕“提高获客能力、提升客户黏性”这一核心目标，不断适应新科技、新趋势的挑战，跟上并引领银行业创新发展的潮流。

一是零售条线要加快与e－ICBC的融合发展。零售业务融合发展要做很多思考，如何融合发展更需要在实践中逐渐摸索。近几年，我行互联网金融从电子银行、网上银行到三大平台，当前处于互联网金融2.0，之后还会有3.0。回顾总结我们近几年发展互联网金融的实践，对于下一步零售条线如何与互联网金融融合发展是大有好处的。第一，发展互联网金融场景非常重要。场景已经从获客变成了线上的主要渠道，互联网金融发展实际上也是通过场景发展起来的。银行业有句老话“零售业务，渠道为王”，以前是谁的线下网点多，谁的获客能力就强。但随着金融科技的发展，场景成为全新和主流的渠道，谁的场景丰富，谁的获客能力就强。未来我们做零售，核心是把场景做好，现在融e联、融e行基本上有一个小圈子，是一个小场景，同时还在做微黄金，今后还要到互联网上去获客，所有的一切根本目的都是想办法获客。零售业务和互联网金融要结合在一起考虑问题，通过场景来获客是未来我们客户拓展的主要思路。第二，做互联网金融要有自己的特点。如果一家银行、一个企业做互联网金融完全没有自己的特色，是很难走通这条路的。举几个例子，拿我们行自己来说，我们二维码推广的很辛苦，B端商户上得很快，C端客户拓展明显滞后，可以看到你的产品完全和别人同质的话，要推广是比较困难的，客户已经习惯了某一种东西，再作改变是很难的。就是Apple Pay的推广也没什么声音，竞争不过微信和支付宝。但我们也要看到自己的强项，目前我们的互联网金融还是比较成功的，三大平台都有亿级客户，实际定位上都有自己的特色，融e行本来就是我们的手机银行，是我们的强项。融e购做的也还可以，其中很重要的原因，就是我们一开始定位“三名”。融e联和别人比还是挺厉害的，7 500万的客户。回想一下融e联的推广，有几个方面是微信所不具备的，第一个是全行几十万员工每人一个，然后全体员工就开始营销了。第二个是把余额变动提醒的短信从手机切换到融e联，切换非常平稳，没有引起任何投诉，省了一笔财务费用的同时把融e联客户提高到几千万级，这项工作做得很好。今年前两个月增加了1 000万，其实，今年我们没有特别的动作，就是大家用习惯了。如果融e联没有这些功能的话，光做一个客户经理和客户之间的交互平台，想推到这个数量是很难的。等融e联推广到一定程度，再把二维码B端和我们地推强项结合起来，可能二维码也好推广了，这里面需要在策略上有很多考虑。今年融e联发展得比较好，但还有一个实名问题是需要关注的，这里更大的隐患是，这是一个通信工具，国家对通信工具是管得很严的，不实名今后可能会带来意想不到的麻烦，融e联就要做实名客户的融e联。第三，做e－ICBC一定要把线上线下结合起来。我们的推广路径和别人不一样，我们有强大的线下，这是人家很羡慕的优势，我们这几个平台当时不都是线下各分行一个个推的吗？互联网金融的发展中线上线下一定不能分割开。在互联网金融推广的过程中，我们现在已经有一个很好的起点，在同业领先。我们必须要不断地总结经验，如果个金部门和电子银行部门思想统一了，这对未来增强客户黏性还是很有好处的。

二是零售条线必须积极参与金融科技创新。这里我想讲讲Fintech，零售部门要积极地参与。Fintech是一个很新的东西，未来往哪方面发力需要深思熟虑，需要在摸索的过程中逐步推动，特别是线下的东西不能急于全行发力。我最近在思考两个东西，一个是人工智能。人工智能是一个非常厉害的东西，以后柜员可能都去卖期缴这样复杂的柜面业务，简单的理财可能都不用柜员来处理了。招行推出了一个叫摩羯智投的智能投顾工具，尽管功能很简单，但还是不可轻视，这个功能很适合平时很忙、无暇理财的人，在未来这种东西是有生命力的。另一个是人脸识别，这是线下的东西，发展要慎重。如果银行密码丢了，可以改密码，但人脸数据被别人盗取了，通过人脸来代替密码，这种风险是非常大的，这种技术只能作为辅助识别。而且要想管住风险必须全行所有网点同时推广，但现阶段我们在财务成本上承受不起。所以这些新技术我们可以试，可以作为技术储备，但在风险还没有暴露出来之前，在看不准的事情推广上、成本投入上要注意。我们要跟踪人工智能、人脸识别、区块链等新兴技术及其在金融领域的应用，但是要选择性地跟踪，哪些可以做、哪些等等做，做什么、不做什么、怎么做？都需要我们仔细思考。

同志们，面对2017年的新形势、新问题、新挑战，我们要以时不我待的紧迫感、舍我其谁的使命感，以咬定青山不放松的决心，统揽全局、系统谋划，突出重点、狠抓落实，努力开创零售业务改革发展的新局面。

在资产管理业务推进委员会2017年第一次会议上的讲话

谷　澍

（2017年4月20日）

刚才，谭行长讲得非常好，也很全面深入，我都赞同。下面，我补充几点意见。

一、业务要稳中求进

今年整个资管业务发展的总基调是稳中求进。在未来很长一段时间内，资管业务可能是我们盈利增长的重要一极，是中间业务收入增长最重要的一个环节。未来整个资管业务还是要保持盈利的正增长，不能是负增长。大家知道，我们的收入就两块，一块是利息收入，另一块是非利息收入，也就是中间业务收入。这些年中间业务收入已经开始出现瓶颈，要找到新的增长引擎比较难。在2016年年报发布会上，高盛的分析师问工行中间业务收入的增长点在哪里，这个问题确实不好回答。想来想去，短期内只有资管业务是真正具有较大发展潜力的增长点。从中间业务的结构来看，对公业务板块包括对公结算、投资银行等业务。投行业务过去发展比较多地依赖传统信贷业务，这几年开始做了很大努力，向真正的投行业务转型，用高技术含量业务的增长补齐退出的低技术含量部分。但是这个转型过程需要一段时间，投行业务收入短期内要有大的增长比较难，这几年能够维持在250亿元以上就很不容易了。所以，投行业务近期的主要目标是稳固。当然，从长期看，投行业务基础打好了也是一个增长点。零售业务板块中收占据全行的半壁江山，达到600亿－700亿元，包括信用卡、私人银行、代销基金和保险、个人结算等业务。未来个金业务中收增长也面临挑战，代销基金和保险业务增长不太容易，因为现在代销业务大量在向网上迁移，销售费用越来越低，本身技术含量也不高，销售手续费的持续增长很难。个人结算业务随着客户增长虽然有一点空间，但持续面临减费让利的监管要求，增长空间也不大。信用卡业务还有潜力。再一个大板块就是资管业务板块，包括资管、托管等业务。虽然托管业务有增收潜力，但潜力最大的是资管业务。只有抓住资管业务，我们中间业务收入才能维持正向增长。拿国际大型银行的中间业务收入来说，他们的中间业务收入比重比我们高一些，主要是资管业务的比重比我们高出很多。摩根大通的中间业务收入里面有一半是资管业务收入。因此，无论是从我们中间业务收入的板块分析来看，还是其他国际银行的发展态势来看，要想找到中间业务收入的新增长点，主要要靠资管业务。

这几年资管业务不管怎么困难都一定要“进”。不“进”就维持不住整体盈利水平，也无法消化不良资产。“进”有两个方向，一是规模，二是盈利。招商银行和建设银行的资管业务排名分别位居全行业第二位和第三位，各有各的特点，可以更多地加以研究。招商银行作为一个中小银行，资管规模却与我们差不多。招商银行的公司投行力量应该不如我们，其投资端可能大部分是标准化资产，并在产品端发行比较多的保本产品，两端的利率都是锁定的，从中赚取一个相对较薄、但确定性高的利差，做大规模。建设银行今年第一季度资管规模较我们下降很大，收入却有不错的增长。规模在降，但收入在涨，那应该是结构在变。只能是更多地投资非标资产，才能在规模减小的情况下增加收益。因此，我行的策略应该是用标准化投资来保持理财第一大行的地位，用非标投资来增加收入。做一些保本产品也是可以的，但要考虑对资本充足率的影响，要把握好量。银行资管业务水平如何，实际是看非标业务能不能做好。现在非标资产规模和占比还有必要再提高一些。比如私人银行业务的投资结构就有点问题，非标投资占比不到5%，虽然安全性较好，但收益性肯定受影响。最理想的状态是发挥工商银行的信誉优势和资管业务的轻资本优势，一方面投资一些标准化资产，做大规模；另一方面要把体现资管水平的非标投资做好，提高收入。各阶段重点在哪、结构如何摆布，各部门自己要权衡好。

在“进”的同时，也要讲究“稳”。现在银监会出台了很多规定，对结构、期限、品种匹配可能都有很多要求，更有可能是新老划断。在这个时候，我们要一边盯着监管要求，一边来做自己的业务，防止过度错配，难以调节。

二、关于板块协同的问题

资管业务与其他业务是密切相关的，今天会上提到的“五统一”很重要。我这里就板块协同问题再讲几点。

一是资管和私银的非标投资要协同好。资管业务和私银业务在资金来源上有所不同，但在资金配置上实际大同小异。委外业务方面可以各自去做。但非标投资方面是两个部门、两套体系来接受分行上报的类信贷项目，效率不高，不易管理，也给分行留下套利空间。下一步，对于分行向总行上报的类信贷项目，也包括总行投行部营销的项目，资管部与私银部在总行层面要统一起来安排。这里有两个问题要解决好：第一，投资审批流程要整合。目前，项目信用审批都是在授信审批部，而项目投资审批上资管部和私银部各有一个团队。这两个团队要整合成为一个投资审批委员会，以资产管理部为主。以后分行上报的项目就走这一个通道，不再走两个通道。第二，要设计一个强制性的资产分配机制，避免出现厚此薄彼的情况。比如建一个项目池，三分之二给资管部，三分之一给私银部。总之，在非标投资上，要一套投资审批班子、一个机制划分，不搞两套。会后资管部与私银部商量一下具体划分机制，尽快拿出一个办法。

二是资管与投行要协同好。资管和投行是没有办法分开的。在营销和尽调方面，原来定下的事情就不变了，资管部也可以做尽调，但主要是总行做，分行还是由投行部来做。对于投行来讲，这里也有一个不断提升自己技术含量的问题。投行主要是做技术含量比较高的交易结构设计的，投行业务的至高境界是设计体系，即使不用工行的钱投资，也能赚到投行业务的钱。等到了这种境界的时候，投行部就不会再跟资管部讨论应该由谁尽调的问题了。

三是资管与金融市场要协同好。在标准化投资方面，资管部和私银部要与金融市场部多沟通，做到资源共享、信息共享、分析结果共享。这个事已经做了，上次会议也已经说了。

四是资管与托管要协同好。如果未来按照监管新政，资管产品不能在本行托管，那么我行资管产品在哪个行托管，就必须1∶1换回对方资管产品的托管业务，确保我行托管第一大行地位。关于总行集中托管本行理财产品的问题，待到监管新政出台之后再具体研究。

五是资管与零售要协同好。我在大零售旺季营销动员会上说过，资管产品价格要维持一定的收益水平，保持对客户应有的吸引力。否则短期来看理财资金成本降低了，但长此以往，客户都跑了，就变成恶性循环了。所以资管产品给储蓄客户的收益率不能太低，一定要与同业保持同等水平。

三、关于风险管理的问题

一是独立风控中台问题。风控中台要赶紧做好、赶紧到位。风控中台的审批与授信审批部的审批要有所区别，要处理好速度和效率的问题。资管部承接公司金融业务部500亿元重点优质客户融资项目，贷款与理财之间需要快速协同起来。与建设银行的分行投资审批模式相比，我们的总行投资审批模式对资管业务的风险把控要好一些，但是效率容易差一点，要尽快设计好保证效率的机制。

二是流动性风险管理问题。现在资管业务的发展瓶颈之一是没有那么多的资金来支撑。私银的资金一到期末就转成储蓄存款，分行对储蓄存款考核也很在意，从储蓄存款获取资金来源的路子已经基本走到了尽头。因此，要去拿一些同业资金，要对拿回资金的分行加以奖励，谁能把钱弄来就奖励谁，逐步拓宽资金来源渠道，减少资管业务对储蓄存款分流的依赖。但资金的来源一多，必然导致资金期限、结构等的复杂化，资产期限该如何匹配，这就是表外资产负债管理的问题。要让资管流动性风险管理的团队去资产负债管理部学一学。要建立一套资产与资金匹配的机制，比如下个月或一两周内多少资产到期、多少资金到期、如何匹配，这些问题都要解决好。

三是非标资产不良问题。目前全行有200亿元左右的潜在风险项目，要花足够的精力去回收，尽全力保全我们的资产。分行要落实责任人清收，财会部的考核、信管部的风险提示都要跟上。资管部和私银部要把信管部提供的项目清单主动梳理一下，要有一个团队长期跟踪督导，定期（最长两周一次）报告进展情况。

在中国工商银行2017年组织人事工作会议上的讲话

谷　澍

（2017年5月23日）

刚才，易会满书记作了重要讲话，充分肯定了过去一年组织人事工作取得的成绩，从全局角度和战略高度，对新形势下加强党建工作、组织人事工作进行了全面部署和安排，提出了新的、更高的要求，具有十分重要的指导意义。全行上下要认真学习，深刻领会，准确把握，狠抓落实。下面，就如何贯彻落实易书记的讲话精神，我再讲五点意见。

一、深化思想认识，强化四种观念

组织人事工作是将战略目标转变为实际成效的重要载体和手段，如何发挥好组织人事工作对全行改革发展的推动作用，各级党委、组织人事部门和管理者要统一思想认识，自觉同总行党委保持高度一致，强化大局观念、执行观念、成本观念和服务观念，认真贯彻落实总行战略目标和各项部署，坚持解放思想，改革创新，建立健全人力资源的管理体系、配置体系和评价体系，进一步提高组织人事工作的效率和效能。

（一）强化大局观念。人力资源工作的根本目的是为了工商银行的改革发展，是为“事业选人”。组织人事部门要统筹考虑全行改革发展大局，合理运用好各项人力资源要素，系统全面地做好各项职能工作，发挥好机构布局、队伍建设、薪酬激励的整体联动作用，整合优势资源，实现重点和难点工作的突破，推动各级机构、各业务条线从全行整体和长远发展角度考虑问题，服从和服务于全行的战略大局。

（二）强化执行观念。“一分部署、九分执行”。执行首先要有担当，面对困难和问题不畏惧、不回避、不推诿，定下来的任务就要确保完成。执行要讲效率，加快节奏，真抓实干，务求实效。执行还要结合实际，要在吃透总行精神的前提下，在充分调研的基础上抓具体、求精细，创造性地落实工作。总行在贯彻执行上要加强跟进督导，对党委布置的工作要定期“回头看”，对一些重点任务执行不到位、不及时的，对总行三令五申反复强调的制度要求不落实的，要及时指导、纠偏，该通报的通报，该处理的处理，确保件件有着落、事事有回音。

（三）强化成本观念。我行人员总量不算少，但不少条线、不少机构都反映缺人。人力资源是第一资源，也是第一成本，人员新增必然带来人力费用新增，2016年全行人力费用已占到全部费用的65%。我们的一些分支机构，在同等的人员投入下，竞争力不如同业，这其实不是简单的人员配置问题，而是背后的观念问题、流程问题、效率问题，乃至管理水平的问题。在资源紧张的背景下，不能再走总量扩张的老路，要转向内部挖潜、内涵式发展，加强统筹规划和精细管理，提高人力资源投入产出效率。

（四）强化服务观念。服务是银行生存之本、发展之基。服务是全行员工的共同使命，也是组织人事工作的内在要求。组织人事部门要强化内部服务意识，注重换位思考，充分运用好信息技术，创新内部服务协同模式，打破“部门墙”“机构壁”，发挥整体联动优势。总行要服务好基层，二线要服务好一线，资源配置部门要服务好使用部门，政策制定部门要服务好执行部门。员工是我们最重要的内部客户，各级组织人事部门和管理者要真正倾听员工心声、了解员工需求、凝聚员工力量，实现员工价值提升和工行改革发展的有机统一。

二、加强压力传导，确保总行战略逐级落地

战略制定在总行，传导在各级管理人员，落地在全行员工。加强战略目标传导落地，从组织人事工作职能出发，重点就是要发挥好绩效管理这个“指挥棒”的作用。全行各级机构要按照总行确定的战略目标任务，自上而下理顺基本脉络，查找薄弱环节，细究深层原因，明确责任主体，加强奖惩约束，确保总行战略目标层层传导到位。

（一）压实各级机构管理人员的经营责任。总行战略能否完整畅通传导，不走形、不变样，主要取决于传导链条上的各级管理人员。各机构要逐级分解落实工作目标，探索试行绩效合约或目标责任书的绩效管理，加大考核问责力度。近年来，总行规范了一级（直属）分行领导班子专业化分工，加强了班子副职考核压力传导，今年还将实施总行管理干部延期激励，将存款和中间业务收入竞争力评价结果直接与班子绩效分配和“一把手”进退留转挂钩。各机构也要按照总行的导向和目标，加强对辖内各级管理人员的考核问责，突出底线思维，坚持“简洁透明直观”的原则，建立自上而下、导向一致的目标分解和考核挂钩体系，加大调整优化力度。对一些竞争力节节败退的机构，要逐季加强分析回顾，确保每个季度有所进步。总行各业务条线要强化全行“一盘棋”意识，梳理本条线考核评价办法，突出关键指标，注重同业比较，注重可持续发展，在此基础上加大对分行业务线的分析诊断、市场研判和专业指导力度，推动本条线持续健康发展。省行各业务条线也要按照总行专业部门的要求，加强市场分析、产品提供和绩效考核工作，确保总行战略在各个业务条线传导落实到位。

（二）抓好战略传导的“最后一公里”。“上面千条线、下面一根针”，确保总行战略目标到基层不衰减、不失真，这是我们工作的重中之重。近期，总行人力资源部牵头，到基层网点蹲点调研，对网点战略传导问题进行深入剖析，发现战略传导不到位的原因涉及观念、考核、流程、岗位、产品、系统工具、管理基础等多方面。各行、各业务条线要坚持解剖麻雀，认真分析表象背后的本质，对症下药，抓紧抓实这“最后一公里”。

目前来看，首要解决的是规范考核体系，解决好“考核如何分工、考核什么、如何考核”的问题。总行要自上而下对现在条块结合、错综交织的考核体系进行梳理，明确各层级机构的考核权责，规范各业务条线的考核导向，因地制宜推进“直通式”考核。总行和省行重点要摸情况、找原因，根据基层机构各类岗位的职责特点，分类制定考核评价基本原则、任务导向和操作规范，探索形成一些解决问题的案例和经验，做好复制

推广。二级分行主要负责制定网点各类岗位的考核指标体系和模板，支行和网点负责确定具体任务，负责员工行为质量、团队协作等定性评价以及对员工的绩效沟通和辅导。各级业务部门负责按照总行战略要求设计相关岗位的核心考核指标，并加强绩效辅导，为基层提供更具市场竞争力的营销工具和服务手段；各级人事和财会部门负责做好各类考核的统筹协调和结果应用，确保专业考核与机构整体目标一致。

（三）充分发挥薪酬配置在战略传导中的作用。薪酬资源是稀缺的激励资源，其分配机制直接关系到总行战略的传导效果。要进一步强化与效益增长相匹配的工资费用分配机制。今年，总行对境内分行工资费用配置，主要强调净利润、中收、客户和存款等核心指标，并首次引入了存贷款点差变化指标，目的是强化价格和成本因素，推动分行提高定价能力；对利润中心和境外机构，加大了工资总额与当期业绩挂钩的力度。各分行也要按照总行做法加强对二级分行的工资费用分配管理，突出净利润指标，确保存贷款点差挂钩权重不低于总行。要进一步完善非工资性费用管理机制。今年，总行将非工资性人力费用由敞口管理模式调整为总额管理模式，费用总量在优先保障全部刚性支出的基础上，适度与各机构经营情况挂钩。各机构要合理配置费用资源，精心编制年度使用计划，优先保障“五险一金”、工会经费和企业年金等刚性支出，统筹做好职工福利费、劳动保护费等弹性支出，形成合力，切实发挥好保障和激励作用。要进一步强化个人薪酬同业绩挂钩的分配机制。推行全流程绩效管理，突出关键业务指标，加强过程管理和结果应用，强化业绩评价和考核激励，落实奖惩措施，合理拉开绩效分配差距，建立“有奖有惩、赏罚分明”的分配机制，营造形成“承诺型”的绩效文化。

另外，要抓好总行战略在境外机构的传导落地，根据国际化发展新阶段的新要求，按照集团一体化的思路，结合当地监管要求和劳工市场情况，加强境外机构干部员工的压力传导、目标考核和激励约束，促进境外机构在集团经营发展中发挥更大的作用。

三、坚持优化结构，持续提高人力资源使用效能

目前，不少条线、部门、机构都在喊缺人，总是希望“配专人、设专岗”，希望自己的专业能拉一支队伍出来。不排除有些岗位在当前形势下人手确实比较紧张，但从全行角度看，我们的人员总量是不少的，未来几年人员总量还需要进一步压缩。因此，破解人员紧张局面的主要途径只能是内部挖潜，结构优化，把我们现有的员工队伍组织好、培养好、使用好，走提高效能和内涵式发展的道路。

（一）摸清底数，向盘活存量要人。只有摸清底数才能对人员配置工作做到有的放矢。一是要做好人员总量的梳理。由总行人力资源部牵头，各专业部门积极配合，加强与同业的横向对标，逐层级、逐类别、逐条线加强对存量人员的底数盘点，对家底做到心中有数。二是要做好人员使用效能的梳理。总行将加强对各行人员配置现状的综合评估，对人员总量相对冗余或明显偏多的分行和地域，要充分利用退休高峰契机，多退少进，实现人员的净下降。各分行要练好内功，摸情况，抓清理，进一步梳理、盘点辖内机构的人员使用情况，对工作负荷不饱和、效益产出偏低、人员配置过度的业务领域和岗位，要加大整合力度，尤其要重点清理和盘活“在编不在岗”人员。各行要尽快拿出具体的工作安排和时间表，年内必须完成。三是要做好人员配置需求的梳理。各机构、各部门要立足当下、着眼长远，找准重点区域、条线和岗位的人员配置需求，纵横搭配、点面结合，寻求更适应未来转型发展的人员配置结构，通过供需结构匹配度的有效提升，进一步促进人力资源效能的发挥。四是做好人员供给来源的梳理。坚持以需求为导向，明确配置标准，拓宽和找准来源渠道，确保人力资源的精准供给。同时要进一步畅通转岗渠道，灵活运用供需见面、组织推荐、岗位竞聘、个人申请等多种方式，将合适的人及时流转补充到适合的岗位上；健全跟踪评估机制，密切跟踪员工在新岗位上的履职情况，加快对转岗后经多次培训依旧不适岗，以及不具备任职资格或工作业绩不佳人员的更新替换，将工作重点放在提升调整质量上，坚决杜绝人员结构的“虚调整、逆调整”。

（二）统筹配置，向用好增量要人。在当前形势下，增量资源显得更加珍贵，各机构要进一步强化人力资本投入产出意识，统筹做好新增人员投放规划，分清主次、有序配置，避免出现按机构、按网点“撒胡椒面”式的平均主义分配。总行今年将着重加大对4家直辖市分行及80家重点城市行的人力资源支持力度，其新增人员占比要达到境内分行新增人员总量的60%以上。各重点城市行也要坚持用好新增人员，将其优先充实到客户营销和市场一线岗位，集中优势资源拓展重点业务和客户。针对当前县域机构人员老化、年龄结构失衡及部分重点县支行人员相对不足等问题，各行要主动做好县域机构的人员统筹规划，实施分类管理，对当前人员较为紧张、自身挖潜空间有限，以及有较大发展前景、人均创利能力较强的机构，适当进行人员补充，保证人员新老平稳更替。要积极拓宽工作思路，不断丰富县域机构人员补充渠道，通过当地户籍大学生招聘、贫困大学生专项招聘等多种途径，加大定向校园招聘力度；有条件的县域机构也可面向当地金融机构开展定向社会招聘，持续提升属地化员工占比，增强员工队伍稳定性。要根据实际情况，合理确定新招聘大学生在网点柜面的锻炼时间，原则上不超过一年。继续加大对入行

两年以上大学生柜员的转岗力度，将优质人才优先调整出柜面，投放到需求紧迫程度更高、价值贡献更大的岗位上。全行还要高度重视退役士兵安置工作，这既是一项政治任务，也为我行提供了人员补充的新途径。各行要加强与地方政府的沟通汇报，根据自身经营实际、岗位空缺等情况，择优接收安置，合理安排工作岗位。

（三）加强培养，向提升能力要人。人员结构调整，不仅仅局限于区域和岗位调整，通过员工能力提升和技能再造，同样能够实现增加人力资源供给的目的。总行多次强调“人岗要匹配”，但从实际情况看，员工不适岗情况还是大量存在。组织人事部门和各业务部门要共同加强员工能力建设，提升员工适岗和履职能力。要坚持分层分级、差异化管理，进一步规范重点岗位人员的准入门槛，明确在任职资格、营销技能、产品知识、市场拓展、盈利贡献等方面的能力素质要求，通过“培训＋实践锻炼”的方式，强化“干中学”，切实增强员工的履职能力，进一步发挥工作潜能。要特别重视那些通过结构优化调整出的人员，做好转岗培训，并持续关注工作表现，给予必要的辅导与支持。要聚焦当前战略发展方向，在重点业务领域培养一批“种子选手”，制订短期与中长期相结合的培养计划，加强岗位梯队建设。要适应业务发展对人才不同层级的要求，尤其是一级支行及以下机构要突出“综合化”“复合型”的方向，根据员工专业背景、工作经历、综合素质等情况，制订差异化的适岗培训方案，做到“一专多能”。

（四）精简集约，向优化流程要人。基层和一线人手短缺，背后有一部分原因是员工低效工作内容较多，是岗位设计不够合理，是业务流程不够优化简洁。总行各业务部门要从流程环节、岗位设置、工作内容等方面入手，切实加强对本条线人力资源占用情况的评估分析，从源头上提出合理化的改进建议。要按照精简高效的原则调整优化业务流程，从价值分析入手，在横向上减少职能的交叉和流程的重复，在纵向上减少不必要的中间传递环节，消除流程缺陷和无价值作业，持续减少低效劳动和消除劳动浪费。前期总行已研究决定，将梳理整合智能化模式下的网点运营流程，组织人事部门要积极主动配合相关业务部门同步做好网点劳动组合优化，进一步提升网点人力资源使用效能。下一步还要再选取一些工作环节长、人员占用多的业务和产品，开展流程梳理与优化工作，着力破解制约人员有效配置的难点问题。要按照“专才上收、通才下沉”的思路调整优化岗位设置，总行、省行和二级分行以专业性岗位为主，基层和一线更多地设立通用性岗位。对目前在人员兼岗流动、灵活调度等方面存在的一些制度性障碍，要认真研究梳理，在风险可控的前提下，做一些制度创新和突破，提高岗位兼容性和人力资源通用性，完善相近业务岗位人员间的动态补位和协同配合机制。要紧紧围绕“为客户创造价值”调整优化工作内容，科学客观地加强研究分析，分清必要工作和“非必要”工作，进一步整合精简工作内容。要充分运用大数据、云生产等技术手段，对中后台批量化、标准化、事务性的工作内容，探索新型业务处理模式，减少人力占用。要强化本部专业部门的直营职能与基层机构的营销服务职能，使基层一线将资源与精力更多地投入到服务客户、开拓市场、营销业务中去。

四、加强前瞻规划，建设一支适应发展需要的人才队伍

近年来，我行人才队伍建设取得积极成效，但同当前的经营发展需要相比，还存在一些不相适应的地方，主要是人才工作体制机制有待进一步整合和创新，人才结构和布局还需进一步优化调整，高层次、创新性、跨行业、复合型的业务领军人才需要进一步培养、储备。工商银行要在未来的市场竞争中赢得主动，必须从现在开始着手建设一支数量充足、素质优良、结构合理的人才队伍。全行一定要清醒认识当前人才工作的紧迫性，进一步增强做好人才工作的责任感，根据改革发展的多层次人才需求，做好前瞻规划和顶层设计，扎实推进人才队伍建设。

（一）加强人才队伍建设规划。要着眼于工商银行未来改革发展需要，统筹规划、系统考虑、前瞻设计，研究编制《人才发展规划纲要（2018—2020）》。要妥善解决当前面临的年龄断层、人员断档等问题，做好未来3－5年的集团员工总量规划，强化人才队伍的梯队储备，确保重点区域和机构的人员需求，实现全行员工队伍的有序更替，确立我行人才竞争的新优势。全行要重点在人才机制、政策体系上取得新突破，在人才识别上，以工作业绩与专业能力为导向，建立一套定量与定性结合、工作表现与发展潜能并重的人才选拔标准。在培训培养上，强调个性化、专业化、系统化的培训规划和管理，探索“岗位实践＋项目锻炼”的人才成长模式，为优秀人才成长提供团队牵头人、项目负责人、境外及子公司交流学习的机会，并建设在线人才测评中心，定期开展员工调查和人才盘点。在晋升发展上，加强人才梯队建设，对优先发展、重点投入的业务条线，特别是业绩可量化或市场化程度较高的岗位，建立主要基于工作业绩和工作表现的晋升发展规则，加大对干部的动态调整力度，实行更为灵活的职数管理，对表现突出、重点培养的人才，暂不符合晋升条件的，可按照规定采取破格提拔的方式，加快员工成长步伐。在人才保留上，要不断提升各级管理者做好员工工作的能力，注重运用全方位、多元化的激励措施，给予更多的关心爱护和教育帮助，提高员工归属感和忠诚度；同时加强对员工的严格管理，帮助员工建立清晰合理的职业发展预期，实现组织发展与个人成长的协调统一。

（二）重点加强境内机构“六支队伍”建设。

一要着力加强客户经理队伍建设。要继续充实客户经理队伍，力争通过内部挖潜、优化转岗等措施，今年末增至 9.8 万人，占境内分行从业人员的比例由 22.1% 提升至 23.5%。在保持总量稳步增长的同时，要加大对客户经理队伍的动态调整力度，强化适岗培训，提高客户经理在市场拓展、营销服务、客户关系维护等方面的能力素质，保持这支队伍的活力和战斗力。在对公客户经理队伍建设上，总行今年将下大力气建设一支 1.5 万人左右的信贷客户经理队伍，其中绝大部分都将来源于现有的公司客户经理，各机构要从严把握信贷客户经理任职资格，将信贷资质、信贷从业经历、实际管户资产质量等指标作为考察重点，提高准入门槛和审核机构层级；同时要尽快明确培训计划，既要开展信贷专题专才培训，又要结合信贷客户经理履职需要，建立包括会计、法律、税务等与业务实际密切相关的主题培训体系，实现信贷客户经理培训“全覆盖”。在个人客户经理队伍建设上，要配齐配强财富顾问、理财经理、个贷经理等人员力量，并根据其岗位特点和专业能力要求，采用线上与线下、岗位实战培养与专业知识学习相结合的模式，构建分类别、分梯次的培训培养机制，提高个人客户经理市场拓展能力与专业素养。

二要坚持抓好产品经理队伍建设。加大对金融市场、投资银行、资产管理等新兴业务条线产品经理的配备力度，今年全行要力争实现新兴业务条线产品经理净增 2 000 人、互联网金融条线净增 500 人的结构调整目标。要明确产品经理岗位职责，强化岗位任职资格管理，完善专业技能培训体系，丰富实战能力培养模式，建立产品经理人才库，打造一支对市场需求敏感、专业知识过硬、创新研发能力突出、服务支持意识较强的产品经理队伍。要建立以产品渗透率、重点产品推广等为主要内容的考核体系，推行产品经理和客户经理“1 + N”联动营销模式，进一步发挥好产品经理对客户经理精准营销的专业支持作用。

三要统筹推进网点负责人队伍建设。在人员选拔上，要在二级分行层面加强对网点负责人选拔的指导、监督和管理，将工作业绩突出、专业素质较高、符合任职资格条件的员工选拔到网点负责人岗位。在后备梯队建设上，要根据年龄结构、专业结构等实际情况，优先从专业骨干中筛选储备适合从事管理岗位的青年员工，建立网点负责人后备人才库，使网点负责人岗位成为青年管理人员成长的“孵化器”。在增强岗位吸引力上，对位于重点区域、规模较大、效益较好的网点，在网点负责人岗位等级的区间设定上予以倾斜；在选拔一级支行负责人时，对具有网点负责人经历的人选应优先考虑，拓宽其职业发展空间。在提升履职能力上，要围绕知识、技能、经验、能力等方面的要求，本着“缺什么、补什么”的原则，开展更加系统和有针对性的培养，打造“懂业务、善营销、精管理”的网点负责人队伍。

四要持续强化大堂服务团队建设。要加大大堂经理选配力度，优先将服务意识强、工作经验丰富、亲和力好的人员调整到大堂经理岗位，在要客较为集中的重点区域，继续配足配强网点大堂服务力量。充分发挥大堂服务人员的现场服务管理职能，强化技能培训和考核管理，重点围绕大堂服务规范、网点应急处理、业务引导分流、网点资源调度等内容，提高大堂服务人员实战能力。要全面启动并有序做好客服经理岗位在全行智能化网点的设置工作，不断丰富完善其岗位职责内容、业务交易权限，进一步深化厅堂引导服务、智能模式核验、柜面业务处理之间的共融互进。要认真研究大堂服务团队协作模式，探索建立大堂经理、客服经理、网点负责人、低柜柜员等在内的“多岗参与、有序递补”的网点大堂服务团队，提升网点综合化服务水平。

五要积极推进柜员队伍转型发展。随着互联网金融的快速发展和客户消费习惯的逐渐改变，柜员在全行业务处理中的职能和定位也发生了一些新的变化，我们要适应新形势，加快推进柜员队伍转型。人力、渠道、运管等部门要统筹考虑网点撤并、智能化轻型化改造以及运营集约化改革等因素，合理确定当前及未来一段时间全行柜员需求数量，在风险控制水平和服务质量不降低的前提下，实现柜员总量的稳中有降。针对柜员个体的不同情况，制订差异化的培训方案，除日常办理业务所需操作技能外，着眼业务转型和人员转岗要求，适当增加零售业务、营销技能、信贷基础、新兴业务等金融知识培训，为适应和满足多种工作需要做好准备。要进一步优化柜员队伍结构，对业务技能较高、综合潜质较好的柜员，要引导和鼓励其走出柜面，适当兼岗从事客户识别、业务咨询、分流引导等厅堂服务职责，推进其从交易核算型向营销服务型的角色转变。

六要扎实抓好不良资产处置团队建设。目前全行清收处置任务依然较重，不良资产处置人员相对不足，队伍专业能力有待提升。年初总行根据信贷风险形势，综合考虑全行不良资产处置规模、户数及未来风险敞口等因素，计划今年全行不良资产处置团队净增 1 700 人。各行要做好不良资产处置的统筹规划，在此基础上，有针对性地加强人员配备，优先将具有两年以上信贷、投行、风险或法律专业经历的人员调整充实到不良资产处置团队，并将其作为信贷客户经理、信贷中台风控岗位的梯队储备，进一步提升不良资产处置团队的专业化水平，切实提高处置效率。

人才方面我还想专门讲一下境外机构人才队伍建设。当前全行国际化发展进入 4.0 新阶段，境外机构转型发展和风险防控也面临新的挑战，对人才队伍建设也提出了更高要求。要加强外派人才选拔，从信贷管理、内控合规、公司投行、财会、资负等重点专业入手，强化专业部门在人员规划、配置、考核、监督和培养方面的“五项职责”，形成专业条线与境外机构纵横结合的“矩阵式”管理模式，提高外派员工队伍的专业化水平。要发挥好外派员工和当地雇员的积极性，从晋升发展、绩效考核、聘期任期管理、培训培养、回国安排等方面着手，健全和完善外派员工管理制度，鼓励和吸引更多优秀的境内干部员工到境外干事创业；要逐步完善当地雇员管理机制，进一步做好当地雇员的选聘、考核、培训等日常管理，组织开展评优表彰活动，加大当地雇员到总行和境内机构交流的力度。要稳步提升员工本地化率，逐步减少低职务层级外派员工数量，以选派境外管理层和主管一级干部为主，充分发挥外派员工的核心骨干作用。低职务层级岗位人员需求可与一年期短期外派工作相结合，满足临时性用人需要，并培养储备外派后备人才。

五、完善管理模式，提升组织机构整体运作效能

组织机构是开展各项经营活动的载体和平台，是支撑业务更好更快发展的重要战略资源。近年来，银行经营形势和业务组织方式发生了深刻变化，要坚持客户和市场导向，因时而变，随需而变，进一步创新模式、规范管理、夯实基础、完善体系，解决好目前存在的“沟通协作难、管理效率低、市场反应慢”等问题，进一步提高各级机构的运作效能。

（一）进一步加强柔性团队建设。经过近两年的实践探索，柔性团队在发展重点业务、攻关重大项目、优化劳动组合、提高工作效率等方面发挥了积极作用，但也存在一些问题：部分团队开展工作“安排布置多、直接推动落地少”，成为“二传手”；部分团队与常设机构的职责分工不明确，权责利不匹配，造成不必要的内耗；部分团队管理机制不健全，人员选配不合理、考核机制不清晰，等等。团队作为新型劳动组合模式，各机构要根据实际需要灵活运用，做到有的放矢、讲求实效。

要持续提升团队建设质量。总结好团队建设的成功经验做法，加强指导把关，推广典型案例，今年要重点加快推进利润中心人力资源管理模式改革，着力抓好投行、资管、专融、贵金属等业务条线的团队建设，带动业务线抢抓市场机遇，进一步提高系统经营能力。要完善柔性化团队管理机制。强化顶层设计，进一步规范专业团队的建设和管理，明确组建流程、人员选配、考核激励要求；定期对团队运作情况进行分析评估，根据外部市场变化和内部管理需要不断优化团队设置，对未达到工作目标或业绩标准的团队，要及时予以调整和改进，提高管理水平和工作效能。要加强对团队成员的激励约束。对专职团队成员要明确任务目标和考核标准，对兼职团队成员可采取“双线”考核并合理划分考核权重，团队成员的职业发展和收入提升要与团队经营业绩和考核结果相挂钩，做到工作目标清晰、资源配备到位、奖惩兑现及时。要探索采用业绩积分、工作表现档案等方式，加大对业绩优秀、表现突出团队成员的培养和使用力度。

另外，今年总行还将建立并完善 e－ICBC 3.0 智慧银行组织架构体系，围绕“产品极致、场景创造、体制配套”的目标，在现有总行电子银行部和互联网金融营销中心、融 e 联中心的基础上组建网络金融部。总行产品创新管理部、软件开发中心、数据中心等部门要积极支持配合网络金融部建设统一的研发团队，建立符合互联网金融快速、迭代、高效、容错等特点需要的创新研发机制。

（二）从严加强内设机构管理。2014 年，总分行先后实行了机构改革，取得了较好成效。最近一段时间，面临新形势、新任务和新压力，机构数量又有膨胀趋势。要从严管控各级行本部机构数量，坚持并强化各级行本部精简高效的职能定位，按照 2014 年机构改革时确定的原则，从严掌握内设机构数量和各部门的管理人员编制。总行本部将继续完善对各部门的“增人不增资、减人不减资”机制，各级分行也要加强对本部机构的人力成本约束。各级组织人事部门作为机构设置的归口管理部门，要把好第一道关口，从严评估机构和编制新增需求，会同专业部门对新设机构的运作效能进行跟踪评价，对于未达到预期目标的，要提出整改措施和时限。各级专业部门要眼睛向内，加强职能整合，优化劳动组合，有效控制机构和人员膨胀。各机构要探索“大部门制”，在客户端进一步整合营销界面，统一客户视图，明确客户部门的职能定位及其与产品部门之间的协作关系，在产品端针对不同类型客户的需求，加强板块化运作，以业务板块为基础单元研究制订业务发展规划，并推进板块内统筹协调机制的建设。各级党委要加强干部跨部门任职交流，完善内部人才市场机制，通过交叉培训、项目团队、专题攻关等多种方式，搭建干部员工之间的交流互动平台，进一步强化全局观念和换位思考意识，加强部门间的协同协作，打破部门墙，发挥整体合力。还要进一步加强对境外机构内设部门设置的管理。有个别境外机构未按规定征求总行意见就擅自发文成立机构，甚至存在“先提干部、后设机构”的现象，机构设置缺乏标准和依据。要进一步理顺工作机制，根据监管要求和境外机构发展需要，明确内设部门的申设条件和审批程序，提高境外机构内设部门管理的规范性和实效性。

（三）持续加强分支机构布局调整。分支机构布局是我行竞争力提升的基础性、关键性工作。过去几年，我行在机构布局优化方面取得了显著成效，但随着经济社会发展，各区域资源禀赋不断变化，这对持续调整机构布局提出了更高的要求。要进一步优化非大中城市行城区一级支行设置。目前，部分经济总量有限、地域面

积较小、客户资源较少的非大中城市城区一级支行设置过多，导致经营资源投入分散、难以形成营销合力，有必要进一步整合优化。各行要主动作为，坚持以客户和市场为中心，综合考虑经营规模、管理幅度、客户资源等因素，加强对非大中城市辖内各城区一级支行设置情况的盘点分析。对一些经济资源少、业务规模小、管辖网点少的城区一级支行，要与同一城区内其他一级支行进行整合，进一步集中经营优势、释放人力资源、降低财务成本，切实提升我行的整体竞争力。要深入推进网点区域布局优化。2017 年网点布局优化计划已下达各行，要重点做好老城区中密集度高、低效网点多的“片区”布局优化，通过撤并、迁址改建、原址改建轻型网点或离行式自助银行等方式，实现全行老城区网点总量的净减少。各行要紧盯区域经济发展及金融资源分布变化，加强大数据应用和量化分析，将网点资源更多配置到新兴城区、开发区等金融资源快速增长区域。自助银行也要在控制总量的前提下，加大存量布局优化和效能提升力度。

同志们，2017 年是全行加快经营转型、推进改革发展的重要一年，组织人事部门任务艰巨、责任重大，一定要紧紧围绕全行工作大局，把人力资源的各项要素配置好、调动好、管理好，不断研究新情况，解决新问题，确保各项工作按照年初计划稳步推进，为工商银行的改革发展提供坚强的组织保障和人才支持。

在第二季度经营工作推动会上的讲话

谷　澍

（2017 年 6 月 15 日 · 根据录音整理）

这次会议主要是简要通报一下前 5 个月的经营情况，同时，根据易董事长的要求和本周一行长周例会的决定，强调一下 6 月末需要重点做好的几项工作。

自年初工作会和第一季度会议召开以来，各行各机构迅速行动，狠抓落实，各项工作有序推进，全行经营发展继续保持总体平稳、稳中有进态势。前 5 个月，集团实现拨备前利润 × × 亿元，同比增长 × %，增幅较第一季度上升 × 个百分点。

从收入情况看，集团实现营业收入 2 672 亿元，同比增长 0. 55%，还原“营改增”影响后增长 5. 36%，增幅与第一季度基本持平。利息净收入和手续费及佣金收入增幅“一升一降”。其中，实现利息净收入 2 049 亿元，同比增加 79. 92 亿元，增长 4. 06%；还原“营改增”影响后同比增长 9. 23%，较第一季度增幅上升 0. 18 个百分点。净利息收益率（NIM）2. 13%，较第一季度上升 1 个基点，较上年末下降 3 个基点；还原“营改增”影响后，NIM 为 2. 26%，与上年末可比口径持平。实现手续费及佣金收入 592 亿元，同比下降 11. 38%，还原“营改增”影响后下降 7. 34%，较第一季度增幅下降 6. 79 个百分点。

从资产质量情况看，总体延续了第一季度趋稳向好的态势，但质量改善基础还比较脆弱。5 月末，集团不良余额 × × 亿元，比年初增加 × × 亿元，比第一季度末增加 × × 亿元；不良率 × %，比年初下降 × 个百分点。逾期贷款余额 3 308 亿元，比年初减少 153 亿元，比第一季度末增加 67. 5 亿元；剪刀差余额 1 114 亿元，比年初减少 230 亿元，比第一季度末增加 25. 6 亿元。累计清收处置不良贷款 646 亿元，同比多处置 56 亿元。此外，拨备覆盖率在第一季度回升的基础上，继续提高 × 个百分点至 × × %。

从存贷款情况看，继续保持平稳较快增长态势。截至 5 月末，境内人民币各项贷款（不含拆放）比年初增加 5 180 亿元，同比多增 343 亿元，增长 4. 5%。其中，公司类贷款新增 5 165 亿元，增长 7. 8%，主要增在年初确定的“四抓”领域。个人住房贷款比年初增加3 124亿元，增长 9. 8%。票据贴现降速趋缓。存款逐步扭转竞争不利局面，增量与同业差距不断缩小，4 月份以来我行一般性存款增量保持同业首位。截至 6 月 8 日，我行人民币一般性存款新增 6 308 亿元，高于农行、中行、建行（增量分别为 4 619 亿元、2 593 亿元和 4 895 亿元）。在今年宏观去杠杆，M2 增速创历史新低的情况下，存款总量同比多增 137 亿元，其中储蓄存款新增1 383亿元，同比少增 1 105 亿元；公司存款新增 1 299 亿元，同比多增 1 290 亿元；机构存款新增 3 625 亿元，同比少增 48 亿元。

从分行情况看，拨备前利润正增长的分行有 31 家，较第一季度增加 4 家。拨备前和净利润增幅均在 10% 以上的有内蒙古、江西、深圳、宁波、贵州、陕西、厦门、吉林 8 家分行；拨备前和净利润均为负增长的有 4 家分行。

总的来看，前 5 个月主要经营结果基本符合预期，有些指标还好于计划，但中收增长乏力、质量管控压力较大等问题仍然突出。现在到 6 月末还有半个月时间，上半年能否有个好的经营结果，这半个月非常关键。各行各机构都要强化责任担当，对照目标，瞄准差距，倒排时间，加劲发力，力争交上一份令人满意的中场“成绩单”，为完成全年目标创造主动。

一、全力以赴完成半年中收目标

前5个月中间业务收入增长不够理想，序时进度仅完成全年计划的34%，这里面有一定的客观原因，比如部分产品收费政策调整、资本市场震荡、保险监管趋严等，但中间业务收入出现这样比较大面积、比较大幅度的下降，仍然超出预期。分产品来看，21类产品“6升15降”，其中仅即期结售汇及外汇买卖、担保承诺、资产管理的收入增速超过5%；代理保险、借记卡、私人银行、人民币个人结算、代销基金、债券承销代销、企业年金、代理收付、第三方存管收入降幅在25%以上。分机构来看，36家分行“6升30降”，有4家分行中收同比降幅超过30%。更需引起高度重视的是，我行中间业务收入总量被同业超越，1－5月建行实现中收558亿元，同比增长1.69%，总量首次领先我行13亿元；21类产品中，建行9类产品收入总量高于我行，17类产品收入增量高于我行，对我们形成全面赶超态势。

根据外部形势变化，总行已对上半年中收目标进行了动态调整和平衡，上半年境内分行要确保实现中收××亿元，其中6月当月要实现××亿元。调整后的目标已分解到总行13个业务部门、利润中心和各分行，关键是抓好落实。各专业、各分行要直面问题，树立底线思维，找准薄弱环节和潜力领域，逐产品、逐科目、逐机构展开分析，制订以量补价、以增补降的具体方案。尤其要突出抓好重点板块、重点条线增收工作的组织推动，抓好对重点分行、重点机构的现场督导，以坚强信心和有力措施，切实捍卫我行中收总量第一大行的市场地位。

资管业务板块在今年中收中起着非常重要的作用，未来也会是一个重要的增长点。在半年末这个时点，市场资金面较为紧张、各类投资品收益率普遍上扬，不管是非标还是资金市场业务，利率都较可观。昨天我看到的数字，1个月Shibor达到4.68%，3个月达到4.78%。因此，最后这15天找投资品不是问题，关键是要抓好资金来源。在资金端，要通过我行服务渠道和网络，进一步拓展客户和增量资金。个金部和结现部要牵头做好理财产品的销售。其中，个金专业最后15天要销售200亿元，主要是3年期、5年期的长期理财产品。这200亿元理财销售对我们中收的影响在10亿元左右，影响较大，而且对这部分中收，总行将在6月底前根据各行销售情况一次性下划。结现专业最后15天的销售目标是300亿元，任务较重，要抓紧做好相关指标的分解落实和牵头协调等工作。前5个月，由于部分产品出现浮亏等因素，有32家分行私人银行理财产品销售规模同比下降，22家分行日均余额同比下降，这要引起我们的高度重视。私人银行部与相关分行要采取积极主动措施做好客户挽留工作，尽快将指标稳固住。同时，私人银行部在设计产品时，在从预期收益型向净值型产品转型过程中，要把握好节奏，和我们的投资结构、客户风险偏好等因素结合起来。到6月末，资产管理要力争实现收入117亿元，同比增速提升至8%以上；私人银行实现收入41亿元，较去年同期下降额控制在8亿元以内。另外，资产托管要做好各类基金资产的引流，加快托管产品的开发创新，同时要密切跟踪平安集团保险资产移交，确保我行托管份额尽快到位，尽早产生效益。

零售业务板块占据了全行中收的半壁江山，今年以来遇到的问题和挑战也最为突出。其中，信用卡要同步抓好风险控制和市场拓展，推动分期付款业务量质并举发展。这里需要强调的是，分期付款业务对全行中收的稳定性非常重要，总行近期下发的分行市场竞争力评估方案中没有将分期付款业务纳入，不是说这项业务不重要，而是因为它在中收中的比重较高，在一些行的当期市场份额中占比较大，如果纳入竞争力考核可能会掩盖结算等基础类中收下滑的问题。最近个别行分期付款业务出现一些风险事件，原因是做法不规范、抵押不落实等，犯了一些非常低级的错误，总行发展分期付款业务包括汽车分期业务的态度不会因此而改变，关键是要规范管理，把控住风险，而不是因噎废食。现在做得比较好的宁波、浙江、贵州、四川、安徽、广东、山东、深圳、天津9家分行要在规范的基础上巩固和扩展优势，北京、上海等潜力分行要抢抓机遇，业务负增长的分行要尽快扭转下滑态势。同时要下大力气解决信用卡消费额大幅下滑，导致佣金收入增长乏力的突出问题。到6月末，力争实现信用卡收入160亿元。个金专业要确保基金、保险业务同业应有位次，代理基金要确保同业第一，并进一步提升市场占比；代理保险要围绕“期缴产品总量翻番、一级支行业绩倍增、全部网点销售破零”的目标，加快期缴转型，实现同业位次保二争一。要强化支付结算业务精细化管理，加强工银信使业务组合营销，提高客户覆盖面和渗透率。要大力提升个贷的收入贡献能力，加强个贷提前还款收费管理，创新对房地产开发商增值服务，拓宽个贷中间业务收入来源。同时，各行在开展个贷相关业务过程中，要与合作对象签订明确的服务协议，保证所提供的服务与收费价质相符。贵金属要突出抓好迪士尼等重点实物产品的销售，在全行尽快铺开，力争取得比计划更好的结果。

公司投行板块重点要解决好收费政策把握和创新业务批量化拓展落地的问题。今年以来，由于总行及监管部门组织开展收费检查和整改，部分基层行创新能力不足，畏难情绪有所滋生。同时，由于面临“资金荒”，资金价格普遍上涨，制约了品牌类投行、债券承销代销等业务的发展。必须尽快采取针对性措施，努力消化不利因素。一要坚持规范与发展两手抓，在规范收费的基础上，主动加强与监管的沟通协调，加强对基层行的细化指导，尽早解决基层行自查过程中发现的问题，避免投融资顾问等业务收入出现较大波动。二要进一步健全投行项目运作机制，提高项目的达成率与投放效率，确保项目落实。目前预计全行上半年能完成运作并收费的品牌类投行项目189个，其中已投放待收费项目40个，待客户提款项目6个，已审批待投放项目53个，待审批项目57个，处于尽职调查阶段的33个。各行要针对不同状态的项目分类施策，加强营销—审批—投放—储备全过程管理，把工作做实做细做到收入颗粒归仓。总行投行部要对这些项目在各行的推进情况进行持续的跟踪督导。三是要做好议价和全产品营销工作，在当前信贷需求相对旺盛、信贷规模较紧的条件下，优先满足贡献度较高客户的业务需求，合理确定担保、承诺实际费率，积极争取银团安排、代理、参贷等多种角色，做好现金管理、银票、保函、信用证等产品交叉营销渗透，提升综合收入贡献。到6月末，投行专业要实现收入111亿元以上，公司和结现专业要分别实现中收63亿元、45亿元以上。

今年以来，中收遇到很多挑战，各分行、各部门一方面要正视挑战，努力消化负面因素；另一方面要积极营销新客户、拓展新市场。以融安e信业务的发展为例，前5个月，融安e信累计实现收入1.86亿元，同比增长234%，广东、江苏、湖南、天津、内蒙古、上海6家分行收入1.17亿元。全行要坚持以创新拓展服务内容，提升服务价值，增加收入来源，推动中间业务的持续转型升级发展。

为规范中间业务收入管理，总行去年第三季度起完善了中收下划规则。总行相关部门和利润中心要严格遵守收入下划规则，提前公布各类产品中间业务收入回报率，支持分行进行缺口管理；具备按月下划条件的收入，一定要按月下划。要建立下划收入的监督机制，各部门下划收入信息要每月进行汇总、审核，并统一下发各分行，确保中收下划公开、清晰、透明，进一步激发分行业务拓展的积极性。上半年结束后，总行要对中间业务收入下划规则执行情况进行检查。

二、综合平衡，确保完成半年资产质量控制目标

6月末全行的不良率控制目标是×%。按此测算，不良额要控制在××亿元以内。关键是要对照这一目标要求，平衡好控制劣变与快速处置的关系。各行要充分认识资产质量稳定对全行总体经营至关重要的影响，进一步增强质量目标管控的计划性、主动性和有效性，坚持防劣变、强处置双管齐下，两端发力。

一方面，要抓好防逾期和控劣变工作。要严控新增逾期贷款。各行要逐级逐户建立风险贷款管理台账，落实管理方案和责任人，尤其对即将到期的客户，做到提前排查和催收，避免错过贷款要素调整的最佳时机。湖北、河北、辽宁、河南、广东等剪刀差控制任务较重的分行，更要增强主动性，千方百计把剪刀差降下来。要严控逾期贷款劣变。重点关注至6月末逾期90天以上客户的风险化解，抓紧推动风险缓释化解方案的落地实施，尤其是对在我行贷款逾期而他行未逾期的客户，要分类施策、强化催收，防止客户选择性逾期。要严控大额突发风险。密切关注个别地区可能产生的突发风险，做好预警防控和及时处置工作，尽可能减少损失。

另一方面，要抓好清收处置工作。各行尤其是山东、江苏、河北等处置缺口较大的分行，要盯紧处置缺口、盯紧处置机构、盯紧处置项目，确保完成总行分解下达的处置计划。在处置策略选择上，要加大常规处置力度，重点提升现金清收、诉讼清收等工作成效，减少财务资源消耗。要多渠道推动创新处置，加强与政府、央企、区域优质国企及行业龙头民营企业的合作，推动政银企合作基金、银政互相支持等创新处置模式；充分运用投行手段和集团资源，通过引入战略投资者并给予适度投融资支持等措施，促成目标资产的重组转化；利用行内外各类资产交易及信息平台，促进不良资产信息推介与优化组合。最近国家又批准设立了一批地方金融资产管理公司，各行可提前与其接触，拓展合作处置渠道。要统筹做好批量转让处置，目前总行已对约100亿元的批量转让项目进行了审查，各行要对总行已批复的资产包抓紧组织竞价等工作，确保6月底前完成资金收付及相关账务处理。要坚决加快推进受托资产的清收处置。前5个月，全行累计收回全口径受托处置资产49.39亿元，仅完成全年计划的12.77%。目前总行正在研究制定利用金融资产管理公司政策处置受托资产的办法，各行要根据总行统一安排，加快受托资产处置进度。对受托资产余额较大、处置进展缓慢的分行，总行将严格控制其受托资产规模，原则上不得再采取受托方式处置不良贷款。要重视加强处置队伍建设。年初总行印发了全行人员结构调整方案，其中提出了各行不良资产处置团队人员增配计划。从5月末情况看，全行处置条线共有人员4 627人，与总行下达的增配计划相比尚存在932人的缺口。各行特别是不良贷款、受托资产处置大行，要尽快落实人员配备计划，优先选择一些具有清收处置经验或信贷管理、法律诉讼、资产评估、投资银行等经历的人员，并通过完善学习培训和考核激励，不断提高处置工作的专业化水平。

三、保持存贷款业务的平稳增长

（一）平衡好6月末贷款规模。上半年全行信贷需求旺盛，总行通过信贷结构调整和利率浮动管理加强了对各行信贷投放的引导，一定程度上缓解了信贷规模的

紧张局面。目前全行公司贷款和个人住房贷款已审批待发放需求均在 1 000 亿元以上。根据人民银行要求测算，6 月份我行信贷新增规模仅在 715 亿元左右，整体仍然偏紧，与各行实际需求相比缺口较大。最近总行统筹考虑各行不良核销、地方债置换以及存量到期收回等因素，下达了 6 月末贷款分地区计划。各行要对 6 月份贷款投放情况摸清底数，对贷款品种结构、区域结构、客户结构进行优选排序，算好规模账、排好贡献序、打好组合拳，既要维护好重点客户关系，积极竞争优质目标市场，又要为下半年贷款投放储备资源，避免信贷投放的大逆转或大滑坡。近几个月来，全行新发放贷款利率有所回升，在政府投资相对旺盛和金融去杠杆的宏观背景下，预计未来贷款利率还有走高的可能。要敏锐跟踪研判市场利率走势，持续加强新发放贷款的利率定价管理，重视贷款结息周期管理，从营销和审批等环节入手提高议价能力和定价水平。同时，要把握好收益性和安全性的平衡，既保持住当前相对同业较高的贷款收益，又要保证新发放贷款的质量，努力实现量价质协调发展。在当前贷款规模短期内尚难根本缓解的形势下，各行不能眼睛仅盯着表内这块有限的资源，而要综合运用表外理财、投资银行、债券承销等渠道，多元满足客户融资需求。

（二）平衡好存款增长与满足偏离度监管要求。尽管当前全行存款增长势头较好，但由于年初存款下降较多，造成日均存款数额较低，按照银监会存款偏离度计算公式，我行 6 月末存款增量空间仍受到一定限制。因此平衡好存款市场拓展和季末偏离度监管要求，必须努力增加日均存款。各存款业务部门要全力推动存款日均增量的有效提升，同时合理安排大额存单发行和定期存款上浮总量，有效控制存款付息成本。总行将结合存款可增长空间做好统筹调度，对日均存款增长较好的机构支持其多增加存款，对偏离度超出总行核定计划的分行将继续实施计收资金成本等措施。要在满足监管要求的前提下，实现各项存款增量继续保持同业领先。这里提醒各行要特别重视财政存款的争揽。根据人民银行发布的统计数据，5 月份全社会存款增长 1.1 万亿元，其中财政性存款增长 5 500 多亿元，是最大的一块存款来源。而且，目前地方债的税后实际收益处于较高水平，各行要加强与总行金融市场部的联动，将财政性存款的争揽与地方债投资结合起来，实现存款增长与投资业务的相互促进。

（三）高度重视防范市场流动性风险。当前金融市场环境还比较复杂，影响流动性的不稳定、不确定因素还较多，特别是一些机构在“去杠杆”过程中流动性风险不断显现，与信用违约形成共振叠加效应，放大风险隐患。各机构要密切关注半年末前后市场资金及流动性形势，珍惜集团并不充裕的资金来源，做好自身资金来源及运用的平衡，保持合理的风险偏好，避免因局部问题造成集团流动性及声誉风险。总行相关部门要做好压力测试和应急预案，适度加大资金融入力度，为季末、季初存款波动及下阶段分红派息做好流动性储备。

最后强调一下内控案防和审计配合工作。当前案件风险形势依然非常严峻，各行要以正在开展的综合整治工作为抓手，清雷排险，强化整改，守土有责，筑牢防线，确保不发生重大案件和恶性风险事件。此外，近期审计署将进驻我行，这是继 2011 年之后对我行的又一次全面审计，是对我行经营管理成效的一次全面检验和评价。各部门、各分行要按照审计要求，加强统筹，主动衔接，积极协调，全力做好支持配合工作，保障审计工作的高效有序开展。

同志们，当前外部形势变化很快，我们面临的困难和挑战还很多。全行上下既要增强信心，也要做好打硬仗的准备，有力、有效、平稳地做好 6 月末各项工作，全面完成好上半年各项目标任务。

在配合审计署审计动员大会上的讲话

谷　澍

（2017 年 7 月 3 日）

今天会议的主要内容是通报审计署即将进驻我行开展全面审计工作情况，并对配合审计工作进行安排和部署。下面，我讲三点意见。

一、整体情况

今年 3 月份，审计署已进驻我行开展政策落实及风险防控审计。明天下午，审计署将全面进驻我行对原董事长姜建清同志进行经济责任审计以及 2016 年度资产负债损益审计。这三项审计工作并行开展，并且将持续到年底。这是继 2011 年以来，审计署对我行开展的最重要、最全面的一次审计，审计覆盖范围之广、涉及机构之多、时间跨度之长、审计配合要求之高，都是前所未有的。这也是审计署受中组部委托，代表国家对我行2011年以来主要领导履职情况及全行经营管理成效进行的全面审计和评价。各级机构和部门要高度重视，思想上要提高认识，工作上要加强配合，行动上要积极主动，本着对工商银行负责的态度，迎接好、配合好审计署检查组，做好各项审计配合工作。总体看，这次三项审计内容既有交叉，又各有侧重，相互支撑。

（一）经济责任审计。将重点关注我行贯彻执行党和国家有关经济方针政策和决策部署情况，我行发展战略及可持续发展情况；关注我行法人治理结构的健全和运转情况，以及各项经营管理的实施和效果；关注履行党风廉政建设及廉洁从业的情况等。审计时限是2011年到2016年5月，时间跨越6个年度。目前，已明确重点审计北京、上海、浙江、江苏、河北5家分行，工银租赁、工银瑞信、工银安盛3家子公司，以及工银亚洲、工银国际和工银澳门3家境外机构。审计署在重点审计机构范围之外，将延伸审计其他机构，对延伸机构的审计关注重点及要求与重点机构都是一样的。

（二）2016年度资产负债损益全面审计。将重点关注我行遵守有关法律法规和财经纪律、有关目标责任制完成情况，重大经济决策、重要项目的投资、建设、管理及效益情况，财务收支的真实、合法和效益情况，以及资产负债损益情况，国有资本保值增值和收益上缴情况等。资产负债损益全面审计的结果将在年底对社会公告和披露。

（三）2017年政策落实及风险管控审计。重点关注了解我行落实国家“三去一降一补”、服务实体经济等方针政策的情况，以及不良资产处置和潜在风险化解、流动性风险、信用风险、操作风险、“影子银行”等金融风险防控情况。目前，审计署已派出9个特派办进驻广东、山东等12家分行开展现场进点审计工作，后期根据审计情况还可能延伸到其他分支机构开展现场核查。

上述三项审计都将从总行和分支机构两个层面展开。总行层面的审计着重看战略决策和风险管控，审计过程会涉及各相关部门，除会大量查阅有关信息数据、资料文件、会议记录、计划总结外，还会分别与董事、监事、高级管理人员，以及部室负责人座谈。对分支机构层面审计侧重在执行力和执行效果，不仅包括境内分行，还会涉及附属子公司和境外机构，由各审计特派办实施交叉审计。另外，审计署还会到其他金融机构进行延伸审计，到监管部门、股东单位了解相关情况。

二、提高认识

从今年3月初审计署正式进驻总行以来，各部门、各机构都能指定专门负责人、专门联系人做好配合与对接，内部审计局、办公室、信息科技部等部门扎实细致地完成了各项先期准备工作，包括及时搭建审计网络环境，配备办公条件和设备，相关部门、机构配合提供了大量的审计资料等。总体看，审计组对总行的配合工作是满意的。

但是，我们也要正视当前在审计协调配合中存在的一些问题。比如，有的部室之间或内部协调沟通还不顺畅，有些配合联系人履职不到位，有些部门在接受问询、提交材料的时候对整体情况不了解，沟通不充分，表达不准确，导致配合效果不理想，还有的部门习惯于机械式的层级管理，适应紧急审计需求的灵活性不够等等，这些都直接影响到审计协调配合的效率与效果。总结前期情况，在配合审计工作的过程中，全行要增强四个方面的意识。

（一）要增强大局意识。大家要充分认识到这次审计检查的重要性，既是对原董事长履职情况的全面审计，也是对我行经营管理成效的检验和评价，大家要站在全局的高度认识这项工作，积极主动地配合审计工作，严格按照审计要求，真实、客观、及时、全面地提供各类材料和数据，不瞒、不漏、不拖、不推，讲大局，有担当，确保审计配合工作顺利开展。

（二）要增强沟通意识。充分有效的沟通是解决问题、达成共识的重要方式和手段，不但要做好与审计组的沟通，也要做好内部沟通。一是总行各有关部门和分行要对审计组关注的内容保持高度的敏感性，积极应对，及时与审计组及总行协调小组沟通。二是总行各有关部门在接受访谈后，应将有关情况及时报告本部门负责人，并于当日将接受访谈的主要内容，审计组关注的重点及下一步审计方向形成文字材料反馈内审局，以便及时汇总有关情况。三是内审局要定期召开由各部门联系人或分行协调小组人员参加的联系人会议，通报前一阶段配合审计工作情况、存在的主要问题，明确下一阶段配合工作的重点。

（三）要增强整改意识。针对审计发现问题，要做到边查边改。审计署对外披露我行资产负债审计结果时，既会反映审计发现问题，也会公告整改情况，所以我们在配合审计的同时，要同步做好相关问题的整改，对审计发现的问题深入查找原因，完善体制机制，健全规章制度，及时向审计组反映整改工作进展。

（四）要增强学习意识。通过审计署近几年对我行及其他金融机构的审计，我们感到，审计署在转变审计理念、组织方式、方法技术等方面持续改进提升，审计手段多样，更加专业，工作针对性和审计效率很高，我们应该虚心学习。

三、工作要求

关于如何做好这次审计配合工作，提升全行审计协调配合工作的质量和水平，我提几点要求。

（一）要高度重视，明确职责。总行已成立配合审计领导小组，由我担任组长，总行各部门总经理是领导小组成员，内部审计局为本次审计具体协调的牵头部门。各部门都要积极配合接受审计。一是各部门、各机构一把手要负总责，加强统筹领导，成立专职的审计配合协调组，明确归口管理部门和联系人。二是建立首问负责制，问到哪个部门，哪个部门就要及时去处理和沟通，和哪个部门有关系，哪个部门第一时间就要去联系。各部门都要有积极主动的意识和主动担责的精神，不等、不靠、不拖，加强联动协作，严禁推诿扯皮。确实部门解决不了的事情，要在第一时间向内审局反映，由内审局统一协调。三是要提高敏感性，学会举一反三。审计署关注到什么问题，我们要联想到我们日常的工作，联想到我们前期对有些问题的处理，积极主动地和有关部门去协调沟通，把工作做在前面。

这次审计工作时间跨度大、涉及面广、综合性强，不论是提供资料还是确认沟通问题，一项需求可能涉及若干部门。各业务板块要有一个综合牵头部门，涉及信贷领域的，由信贷与投资管理部牵头；涉及财务的，由财务会计部牵头；涉及资管业务的，由资产管理部牵头；涉及同业业务的，由机构业务部牵头；涉及境外机构的，由国际业务部牵头；涉及统计数据信息的，由管理信息部牵头；涉及全行综合性经营管理情况，由办公室牵头；涉及审计组与股东单位、董监事沟通访谈的，由董办和监办牵头。各板块的牵头部门要切实负起责任，落实好牵头事项；非牵头部门要积极配合，落实好各项审计需求的反馈、解释和沟通工作。各部门、各机构主要负责同志要明确指定分管领导和业务熟、水平高、善于解释沟通、责任心强的人员，专责做好本专业上下、部室之间、与内部审计局和审计组的审计协调配合，以及有关事项的解释说明工作，保证审计需求及协调工作事项能及时、稳妥地得到处理。

（二）要积极配合，把控质量。审计署代表国家行使审计监督权力，有权调阅我们业务经营上各种资料。其中涉及国家秘密的，按照相关阅知范围及手续办理查阅；涉及商业核心机密、特别敏感的信息，要主动与审计署沟通提供方式；其他任何材料都不应以保护商业秘密为由拒绝或变相拒绝提供，更不得提供虚假或与事实不符的资料。审计组已提出，对于再次沟通催报仍不按时提供资料的，将直接向我行下达审计取证单，视为问题。所以，我们要客观及时地反映情况、报告工作。一是要提高审计所需资料提交的及时性和准确性，落实专人负责各项配合工作，要把工作程序明确起来，联系人对本部门报出的资料要清楚，及时跟踪，做好反馈。检查组要什么材料或数据，各个部门要积极沟通准备，严格按照审计时限要求提供资料，该加班的加班，不能出现人找不到了、电话没打通等推卸理由。同时，提供的资料要准确、客观，不能提供虚假的、不准确的信息，影响审计工作的开展。二是内审局要发挥好统筹协调的牵头职能，定期通报和报告配合情况，对于资料反馈不及时、交办事项不落实的，要直接通报部门主要负责人，对于出现推诿扯皮多次沟通未决的情况要及时向我报告。三是各机构和部门要逐级负责，对提供的资料进行把关。各部门总经理要对本部门提供的资料把关，各主管行长要对分管专业的业务资料、特别是综合管理材料审核把关，“一把手”要对全行性的、综合性的、重大的信息资料把关。全行提供资料要统一出口，归口部门要负责协调好。

（三）要开放系统，确保安全。对于业务经营数据，总行已经为审计组统一搭建了数据访问环境，分行审计组的数据是可以通过总行审计组拆分数据获取的。因此，对于大机系统中已有的数据，原则上分行可不再另行提供，以确保数据的准确性和一致性；对于大机中没有的，还需要我行另行提供的数据信息，分行也要确保相关数据的准确和一致性。目前，审计组已要求我行开通全球信贷与代理投资管理系统等多个系统，下一步可能要求开通公文系统及其他业务系统查询权限。各业务系统主管部门要积极配合，及时做好系统开通，并安排专人做好系统查询使用的介绍和相关数据信息口径的解释工作。既要满足审计需求，又要保证信息资料的安全。

（四）要讲究方式，加强沟通。历次审计中，都需要做大量的沟通解释工作，这是一个增进理解、加强合作的有效过程和手段。各部门、各机构要主动利用好这些机会，全面客观地介绍我行的经营管理情况，耐心细致地解答审计组提出的各类问题，认真负责地表明我行积极配合和整改的态度。要注意讲究方式方法，以便审计组全面、客观、准确地了解我行的经营管理情况。同时要做到预事在前，研判在前，沟通在前，及时解决问题，消除不利影响。一方面要认真负责地接受访谈，对于重要的访谈和沟通各部门至少要安排相关负责人带队，实事求是、客观专业地做好解释说明。尤其是要全面、客观地介绍我行的经营管理情况，介绍原董事长在决策过程中的作用和决策情况，涉及多个部门的内容，要做好部门间的沟通协调，口径一致，减少误解，更不能相互推诿造成不良印象。另一方面要注重沟通的方式方法，首先态度要端正，这体现了我行对审计组的尊重和业务管理水平，直接影响到审计沟通的效率和效果，直至审计结论。其次准备工作要充分，在访谈及审计沟通中，各部门各机构要提高沟通的层次，对于问题指向明确、定性准确的审计取证单，各部门及机构要实事求是地按时确认，及时整改并向审计组说明整改情况；对于事实描述有偏差或定性不准确的取证单，一定要主动提供充分的资料依据，有理、有力、有节地进行沟通，力争能取得审计组的认可进行调整；对于一些业务监管规定不明确的审计事实，或与审计组存在解释差异的，要与审计人员充分探讨，寻求理解，争取为合理客观的表述打下基础。

（五）要及时报告，反馈情况。审计组进驻后，各行每周四上午下班前，要以周报的方式向总行反馈审计工作进展情况、配合审计工作情况、审计关注的主要问题等；内部审计局要根据审计配合工作情况，及时提示相关机构审计配合注意事项；相关机构在审计配合过程中遇到的业务问题，如果需要请示总行的，都要及时与总行有关部门沟通，有关部门要及时研究并答复。相关机构在审计配合过程中遇到的协调问题，要及时向内部审计局反馈，以便及时与总行审计组沟通解决。

（六）要梳理问题，落实整改。各部门、各机构要守土有责，认真梳理这些年的工作，特别是对这几年各类外部监管检查、内外部审计以及专业条线自查所发现的问题逐条梳理，尽快整改，争取在审计署进驻前尽量把工作做完善，不留后遗症。

细节决定成败。如果在一些细节方面、在一些看似小的方面不太注意、不太认真、不太细致，出了问题，再去补课，就得不偿失。所以各部门、各机构在审计配合方面，要从细节入手，从细微之处下功夫。不能因个别人的配合不当影响到我行配合工作的总体成效，不能因个别资料的提供不当而影响了整个审计工作进展，不能因个别答复不当影响到审计组对我行整体情况的客观判断。在这里强调一下，任何单位、任何人，如果出现配合不到位，不负责任，推诿扯皮，延误工作的，提供错误信息、虚假信息的，都要严肃处理。

总之，全行要全力以赴做好此次审计配合工作，展现出我行经营稳健、业绩突出、管控有力的大行形象和风范。同时，要以国家审计为契机，深入查摆近年来经营管理中的问题和不足，进一步完善风险防控体系，全面提高风险管理和内部控制水平。今天参加会议的相关部门及机构的主要负责人，对本单位的配合工作会后要立即抓好落实，统筹部署安排，建立机制、落实责任。其他参会负责人回去以后要把动员会议精神向一把手做好汇报，确保各项要求传达到位、贯彻落实到位。

在全行2018—2020年三年人员规划编制工作启动会上的讲话

谷　澍

（2017年7月28日）

今天我们召开未来三年人员规划编制工作启动会，主要任务是落实全行组织人事工作会议要求，针对人力资源在总量和结构方面存在的一些问题，根据未来一段时间业务发展需要，启动2018—2020年三年人员规划编制工作。下面，我讲三个方面的意见。

一、为什么要研究编制三年人员规划

截至2016年末，集团人员总量达46.2万人。从我行的规模和业务结构来看，这个总量是能够满足全行经营发展需要的。但在日常工作中，仍然有很多机构、专业都反映人员紧缺，经常能听到部门和分行要求加人的呼声。这一供需矛盾实际上反映出全行人力资源在区域、机构、条线间的分布是不尽合理的，需要我们及时进行调整。未来三年，我们将迎来退休高峰，全行共有4.7万人到龄退休，加上主动离职等其他因素，预计将有7.6万人退出。如何充分利用这一难得的人员退出窗口，对未来人力资源总量及配置进行科学规划，形成更为合理的人员总量规模、梯次结构和专业及区域布局是摆在全行面前的重大课题。因此，在目前这个阶段，启动未来三年人员规划编制工作，既是应对外部形势变化的客观需要，也是适应和服务全行经营转型与业务发展的必然选择。具体来讲，主要有以下五个方面的考虑：

（一）编制三年人员规划有助于更加科学地把握全行人员总量。近年来，全行盈利增长趋缓，成本约束压力加大，客观上确实使我们在人员配置使用上的空间收窄。但我们也要认识到，随着移动互联网的快速发展，客户金融消费行为和习惯发生了深刻变化，业务从线下转为线上已是大势所趋，“去机构化”“去人工化”成为互联网时代企业组织架构的转型方向，智能技术对银行业传统劳动力的替代也将更加明显。因此，人员总量的变化趋势是什么，如何确定与业务发展相适应的人员总量目标与结构布局，需要我们去认真思考。这次我们编制三年人员规划，就是要主动适应新趋势和新变化，厘清现状、摸清家底、着眼未来，根据业务发展的实际需要，结合人才成长规律和培养周期，准确预测和判断全行未来几年人员总量规模，合理把握人员总量调控的节奏和力度，同时持续加大对战略重点区域、新兴业务板块的人员投入，确立我们在部分领域的人力资源总量优势，为培育新的盈利增长点做好人员保障。

（二）编制三年人员规划有助于更加合理地做好人

员更新和梯次储备。当前全行员工队伍平均年龄偏大，部分地区人员年龄断层问题日益突出。2016年末，全行员工平均年龄达到42.1岁，反超农行成为同业最高，其中，35岁及以下员工占比仅为31%，45岁以上员工占比超过46%，年龄断层比较严重，人员更新需求较为迫切。员工的年龄并非越年轻越好，但是一家银行的人力资源年龄分布应该要有内在规律和一定的连续性。目前我们在员工梯次储备上出现的问题，也已经反映在基层干部的选拔任用上。现在想选一个好的网点负责人、好的支行行长都比较难，讨论干部安排时可选的人不多，背后的原因就是我们的人员梯次结构出了问题，员工队伍在某些年龄段出现了断层。此外，部分县域支行和网点人员老化、年龄结构失衡及人员相对不足的问题也比较突出。比如，全行共有613家县域支行近三年人员更新率低于3%。其中，407家县域支行近三年没有新补充人员，占全部县域支行总量的31%。如果不及时应对这些情况，将会造成人员代际中断、青黄不接，进而影响到这些机构的正常经营管理。面对这种形势，我们要系统全面地考虑员工新老交替与梯次储备的问题，认真研究规划员工补充的数量和渠道，稳步推进员工队伍的有序更新。因此，要研究编制全行人员规划，利用好当前退休高峰的窗口期，在合理控制集团人员总量规模的基础上，分机构、分条线梳理预测未来三年的人员退出情况，提前做好各类人员的进退安排，精准实现各类人员退休前的提前补充和退休后的即时补充，加快人员的更新速度，强化人才队伍的梯队储备，为全行业务发展提供长期可持续的人力资源保障。

（三）编制三年人员规划有助于更加精准地实现人员供需对接。过去一段时间，全行对各机构、各板块的人员需求情况缺乏系统梳理，供需之间的匹配度不高。我们往往从供给端考虑的更多一些，基于需求端系统全面的研究分析不够，有多少人员供给就分配多少给相关需求，“以供代需”的情况还比较普遍。在具体人员分配时，“会哭的孩子有奶吃”“撒胡椒面”等情况还一定程度存在，缺少全面规划和科学的供需对接方式。另外，一些分行对自己的业务发展定位不够清晰，在“哪些业务应该重点发展、目前的人员情况怎么样、应该再增配多少人、选配标准是什么”等方面思考不深，办法不多，效果也不明显。这次编制全行人员规划的一个重要目的，就是要督促各行结合实际，认真分析现有人员情况，围绕研究确定的业务发展方向，厘清未来三年人员的需求数量、岗位及紧迫顺序，以需求为导向，供需结合起来确定相应的人员供给数量及方式，并根据岗位职责要求和员工能力素质，明确选拔标准，实现精准投放，把合适的人员安排到能够发挥他们能力特长的工作岗位上，实现人员供需的精准对接，确保人岗匹配，人尽其用。

（四）编制三年人员规划有助于更加深入地推进全行人员结构调整。2016年以来，全行通过编制“人力资源两张表”，稳步推进了各层级、条线、板块间的人员结构调整和优化配置，成效颇为明显。但也应当看到，我们员工队伍的数量和质量还不能完全满足全行经营转型和业务发展的需要，人员总量偏多与结构不合理的矛盾依然存在。从同业对标来看，我行一些中后台岗位占用了大量的人力资源，与转型发展紧密相关的新业务、新模式与新业态的人力资源投入力度还不够。编制未来三年全行人员规划就是要以人力资源的“供给与需求”为主线，找到人力资源占用较多但产出效果不明显的节点，更好地解决人员结构调整中“人从哪里来”的问题；通过新增人员合理规划以及存量人员的岗位调整，推动人力资源向新盈利增长点和高价值创造领域有序流动，更好地解决人员结构调整中“人到哪里去”的问题。我们要更加前瞻性地对全行人员情况进行分析预测，统筹考虑城区与县域、新兴业务与基础专业、机构本部和经营单元的员工队伍情况，明确不同区域、层级、机构、条线间的差异化人员配置标准，拓展人员配置来源渠道，确保重点条线和领域的人员需求，持续压降低效人力资源占用，将全行人员结构调整工作不断向纵深推进。

（五）编制三年人员规划有助于更加主动地应对同业竞争挑战。金融同业竞争的关键是人才的竞争，也是人力资源使用效率的竞争。前期总行对四大行的员工队伍情况进行了对标分析，发现我行在人力资源配置方面还存在一些不足和短板。比如，我行销售类人员整体规模与同业基本相当，但真正从事客户营销和维护的客户经理比较少，不管户的“客户经理”比较多，整个销售类队伍的作用发挥尚不充分；运营管理、风险管理、行政支持等中后台人员配置比例明显偏高；信贷业务条线人员总量与同业差距不大，但从事客户拓展、综合营销等信贷前台业务的人员配置不足，信贷中后台人员配置明显偏多。又如，我行在部分重点城市行的人力资源投入还有待加强，16家重点城市行的人员总量四行排名第三或第四，人员配置对业务发展的支撑作用发挥不够充分。我们要通过编制未来三年全行人员规划，认清市场形势和自身所处位置，查找短板弱项，尤其是针对客户经理履职能力不足、中后台人员配置偏多、部分重点区域人员投入有待加强等问题，认真研究制定相应的工作措施，在应对日益激烈的同业挑战中，下好人力资源竞争的“先手棋”，巩固和提升我们在人力资源配置方面的优势。

二、怎样编制三年人员规划

董事长在组织人事工作会议上明确了全行员工队伍建设的总体目标，即“总量适度、结构合理、进出有序、素质有升、保障有力”，这是我们规划编制总的指导方针。围绕这一方针，此次全行人员规划应当全面系统地谋划未来人员管理的各个方面：既包括人员总量的变化，也包括人员在各层级机构、各业务条线的结构分布；既包括增量的来源渠道，也包括存量的盘活调整；既包括城区机构的统筹布局，也包括县域支行的合理保障；既要有人员进退的整体安排，还要拿出具体的配套措施和机制。针对这些工作内容，总行随后会下发一些模板和工具，供各分行参考使用。各分行要结合区域经济和自身业务发展情况，科学使用编制工具，实事求是，精准测算。在编制过程中，主要应该考虑以下几个因素：

一是坚持以效益贡献为导向。各行在编制人员规划过程中，要始终以效益贡献为指挥棒，突出重点，分类施策，制定差异化的人员配置标准。对于新增人员，要优先投放到盈利水平高、人均创利能力强、未来发展潜力大的机构和业务条线，抢占市场先机；对于存量人员，则要做好内部结构调整，压降低效益岗位人员占用，将合适的人员转岗至创利较高的岗位和条线，实现人力资源配置效益最大化。对于盈利贡献较低、人员冗余的机构，要主动压降人员总量，通过多退少补实现减员增效；对于盈利贡献较高、人员相对紧缺的机构，要加大人员投入，使人力资源配置和经营发展需要相匹配。对于资源占用多、价值创造较低的传统业务条线，要严格控制人员总量，减少人力资源占用，提高人均效率和盈利能力；对于发展潜力大、创利能力较好的新兴业务条线，要集中优势资源，加大人才储备和培养力度，为业务发展提供有效的人力资源保障。

二是坚持以业务结构布局为依据。各行在编制人员规划过程中，要结合本行实际，在细化分类、精准测算的基础上，根据零售业务、对公业务、新兴业务等不同业务结构布局做出统筹合理安排。从总量上看，定位于巩固和扩大基础金融服务优势的分行，人员会更多配置在传统服务渠道以增强客户服务供给能力，整体人员总量可能会相对稳定或适当增加；新兴业务发展潜力较大的分行，人员配置会朝着“高精尖”方向发展，会更加注重人员素质及配置效率。从层级分布来看，对公业务优势明显的分行，人员配置会更多地向二级分行和一级分行本部有序迁徙，以提升经营层次和服务水平；以零售业务为发展重点的分行，人员配置会更多地下沉到支行和网点层面，以扩大市场的营销面和接触点。总之，人员规划不能脱离业务结构独立编制，而要以分行经营定位与业务模式为基础，使人力资源总量和结构更加适应各项业务发展需要。

三是坚持以队伍现状梳理分析为基础。做好人员规划的前提是准确分析和把握自身员工队伍现状。从全行情况看，各行员工队伍呈现出不同的特点，有些分行人均效益高、金融资源丰富，规划的主要目标应该是强化人力资源投入，提高同业竞争能力；有些分行人员总量较多，人均效益偏低，金融资源相对匮乏，规划的主要目标应该是压降人员总量，提高人员使用效率；有些分行人员总量适度，但年龄老化严重，退休人员集中，业务正常运营的压力较大，规划的主要目标应该是加大队伍更新力度，有效缓解未来人力资源紧缺的矛盾；还有些分行人员总量压降和员工队伍更新的压力同时存在，规划时就需要更好地平衡好这两项任务，科学把握人员补充和退出的节奏与力度。员工队伍的现状决定了人员规划的方向。各分行在编制过程中，要根据自身的实际情况，认真梳理本行员工队伍现状，在此基础上分类甄别、因行施策，合理确定人员的引进和退出安排，确保人员队伍总量适度、结构合理、更新有序。

四是坚持以供需匹配为抓手。在确定总量和结构数量规划后，如何实现供需的精准对接就显得尤为重要。在以往工作中，由于供需之间未能有效匹配导致部分机构人力资源配置效率不高的问题还不少。比如，对县域机构的人员需求，以前主要依靠校园招聘的供给方式，实际效果并不理想，很多大学生在分配到县域机构工作很短一段时间后就选择离职。在编制人员规划时，各机构要针对不同的人员需求，选择合适的供给来源，形成丰富多元的人员供给格局。比如，对于县域机构，可加大面向当地金融同业和企事业单位的社会招聘力度；对柜面人员紧张的基层网点，可使用柜员定向招聘的方式补充；对缺少新兴业务人才的机构，可适当加大中高端专业人才社会招聘，缓解高端人才紧缺矛盾。此外，各行还应根据实际需要，创新供需匹配方式，在征求意愿、组织安排的同时，更多地采用供需见面、公开选聘等市场化手段，实现供需有效对接。

五是坚持以同业对标为参照。前期总行组织的四大国有商业银行人力资源配置情况对标研究，对各业务板块、各层级机构、重点大中城市行人员总量和人均效率进行了详细的对比分析，这对我们确定人员总量和结构调整目标、优化人力资源配置具有较高的参考价值。各分行在编制自身人员规划时，也要参照可比同业，寻找自身的差距和不足。对于部分专业和部分机构，对标的对象可以不局限于四大行，一些股份制商业银行的数据也具有参考价值。部分分行在人员总量上领先于同业，但是市场占比却排名靠后，近几年有的业务条线增配了不少的人力资源，但是效能产出却不相匹配，这说明我们应该在提高增量人力资源使用效率上多下一些功夫，不能再简单依靠外延式增长方式去推动业务发展。有的分行当前经营优势明显，但市场竞争压力持续加大，亟须增强员工队伍发展后劲。

在具体的编制过程中，上述几个方面的因素是相互关联、相互影响的，要综合考虑，统筹协调。当然，针对不同的机构、业务条线，考虑问题的侧重点也有所不同。大家要用系统思维来看待人员规划工作，既要有全局视野，又要能抓住主要矛盾，这样我们的人员规划编制才能精准、科学，符合工商银行未来转型发展的需要。

三、编制人员规划的几点工作要求

一要注重分行统筹，做好整体谋划。规划的编制不同于报表填写，不能采取下级行层层报送，分行汇总统计的工作方式，而是要立足一级分行层面，深入研究和把握战略发展及业务经营对员工队伍数量、结构、素质、效能提出的要求，加强对辖内人员现状和区域、条线间分布问题的研究，在更全面、更准确诊断分析的基础上，统筹制定全辖人员供需配置规划。一级分行要做一个内部贯通、有机联系的统一规划，而不是二级分行规划的简单相加。在规划编制过程中，一方面要做好重点区域以及重点条线的专项计划，围绕分行经营发展的关键领域和薄弱环节，明确配置目标、配置方式与配置标准，着力解决突出问题；另一方面，要通盘考虑未来三年业务发展需要和员工队伍实际，合理安排人员补充更新的节奏，分清轻重缓急，列好优先等级，加强专项计划与整体规划间的衔接和协调。

二要注重上下沟通，做好交叉验证。这次编制工作与之前不同之处在于采取总分行分头组织、同步开展的方式，一级分行编一级分行、总行编全行。一级分行要通过深入调研论证，在充分掌握辖内各机构、各部门员工队伍现状的基础上，完成全辖人员规划，并报送总行。在此期间，总行也会同步开展全行人员情况的盘点和梳理，对各行的人员总量和结构目标进行测算。总行在做规划编制时，更多的是着眼全局性、趋势性因素，依据效率、效益等客观指标，分行则需要更多考虑各机构业务发展和员工队伍建设的具体情况和特殊因素。在总行、分行分别完成初稿编制后，再进行上下沟通和交叉验证，在综合总行、分行意见并沟通一致后，形成最终的全行人员规划。整个规划的编制工作要在今年年底之前完成。

三要注重实事求是，做好科学规划。本次规划编制采取总分行分头组织、同步开展的方式，就是充分考虑各行当前和未来一段时期的发展实际，使全行人力资源配置能够更好地契合各分行、各机构的发展需要。希望大家在规划编制过程中，特别是在测算未来目标时，能够实事求是，立足需求导向，既不要为了防止总行“迎风砍一刀”而“狮子大张口”，夸大虚报人员需求；也不要为了过分追求当期人均指标，减少业务发展所必需的人员投入。在编制过程中，总分行要加强上下沟通，共同做好此次规划目标的测算；在后续工作中，总行也将定期监测规划的执行情况，注重规划与工作实际的有效衔接，提升规划管理的精细化水平。

四要注重创新方法，做好量化分析。各行在编制规划的过程中，不要简单地凭经验来判断人员的需求数量，也不要将人力资源部和用人部门讨价还价、博弈的结果作为人员供需的依据，而要根据不同层级与条线人员配置需求的特点，综合利用多种量化工具和方法，科学编制人员规划。比如，对于和业务量、工作量变化直接相关的条线和岗位，可以采取业务量或工作量测算法，参考同期历史数据与市场通用水平来确定人员配置目标；对于部分部门和岗位，可以采取系统和同业对标的方法，选取可比的标杆行、标杆部门作为内部标准，或者与市场同业，特别是当地主要竞争对手，进行外部对标；对于财务核算相对独立的机构和部门，还可以采用人均效益约束法或人力成本预算法，基于各类人均效益效率标准或人力成本预算明确人员配置数量。各行还可根据自身的实际情况，积极创新工作方法，增强规划编制的科学性与实效性，确保全行人员规划顺利落地实施。

同志们，做好未来三年的全行人员规划，事关长远，任务艰巨、责任重大。希望大家能够从全局角度和战略高度充分认识此项工作的重要意义，在准确把握业务发展需求和充分调研论证的基础上，实事求是地把新时期人员规划研究编制工作完成好，为全行改革发展提供坚强的组织保障和人才支持。

在2017年全行人员结构调整工作经验交流会上的讲话

谷　澍

（2017年9月1日·根据录音整理）

近年来，全行在满足客户需求、应对同业竞争、加快业务转型等方面面临很多新形势新挑战，原有的组织架构模式、人员结构分布表现出一定的不适应。根据这些客观情况，从去年开始，我们开展了人员结构的调整工作，以人力资源转型优化为突破，推动各项业务稳步发展。作为一项系统性和长期性工作，在去年底的改革发展研讨会和2017年工作会议上，总行再次对这项工作进行了安排部署。今天我们召开这次经验交流会，主要是总结前一阶段工作的进展情况，交流学习先进分行的工作经验，宣传优秀转岗员工个人事迹，持续推进这项工作的深入开展。

刚才，北京、上海等4家分行分别介绍了各自人员结构调整的经验和案例，天津分行邱建桥等6名优秀转岗员工，也结合自己转岗经历和心路历程，做了很好的分享。从分行的发言中，能够反映出各级行在人员结构调整工作上，采取了大量行之有效的措施，取得较好成效。同时，今天发言的6名员工，是全行优秀转岗员工的代表，他们无论是工作经验丰富的中年员工，还是入行时间不长的大学生，转岗后都能够积极克服困难，主动加强学习，保持了良好的精神状态和干事创业的工作热情，在新的岗位上取得了较为优异的成绩。借此机会，我向全行广大干部员工在人员结构调整工作上的辛勤付出表示感谢和敬意。下面，结合上半年工作情况，我讲三个方面的意见。

一、上半年全行人员结构调整工作进展顺利，成效明显

上半年，各机构按照总行部署，认真编制“人力资源两张表”，扎实推进人力资源“调总量、优结构、提效能”的各项工作任务。6月末，集团合计调整各类人员1.36万人，完成全年任务的59.1%，如期完成序时进度，人员结构调整工作取得了阶段性成效。

（一）人员总量实现稳中有降，区域分布更趋合理。截至6月末，集团人员总量45.42万人，较年初净减0.78万人，人员总量得到较好控制。同时，重点区域的人力资源投入不断加强，84家重点大中城市行人员占比由去年同期的56.1%提升至56.2%，随着近期应届毕业生的集中入职，该比例还将继续提升；县域机构人员补充困难的情况有所改观，通过存量调整与人员招聘等方式，合计补充820人，为健康可持续发展提供了有力的人力资源支持。

（二）重点队伍建设不断加强，人员专业结构持续优化。全行深入推进网点人员结构调整、重点条线人员配备等工作，员工队伍结构持续改善，新兴业务等重点专业人员力量得到增强。具体来看，主要体现在以下几个方面：

一是网点人员结构优化成效显现。各行在劳动组合优化、通用岗位设置、工作内容整合等方面积极探索，实现网点人员净减7 290人。其中，柜员净减7 860人，占网点人员比例由年初的45%降至42.8%；网点销售类人员净增740人，占网点人员比例由年初的34.2%上升至35.7%。同时，全行积极做好客服经理岗位设置与网点劳动组合试点工作，6月末，大堂经理和客服经理较年初合计净增3 180人，较好地支持了网点智能化改造和轻型化建设。

二是客户经理总量保持稳定。上半年全行客户经理新增8 020人，退出7 780人，净增240人，总量达到9.41万人，整体规模保持平稳，人员更新力度不断增强。此外，为配合信贷体制机制改革，全行优先选拔一批符合任职标准、岗位胜任力较好的人员充实到信贷客户经理队伍，到6月末已顺利完成1.35万名信贷客户经理的选拔配备，完成全年计划的90%，为落实“专家治贷”的工作要求提供了有力保障。

三是新兴业务条线人员配备及团队建设持续增强。各行紧扣经营转型发展需求，继续加大新兴业务条线人员的配备。6月末，全行新兴业务条线净增720人，总量增至8 450人。同时，各行还不断完善新型团队组织模式，共建立各类新型团队281个，增配专兼职人员约1 300人，充分发挥出了贴近市场一线、凝聚作战合力的优势，为全行新兴业务发展奠定了坚实基础。

四是不良资产处置团队建设取得成效。全行重点强化不良资产清收处置团队建设，落实增配专职人员1 020人，总量增至4 880人，较好满足了不良资产清收以及委托处置、创新处置等各项工作的需要。在做好人员选配的同时，各行还结合处置岗位需要，通过专业培训、案例推广、送教上门等方式，多措并举提升转岗人员专业化水平，不良资产清收处置工作基础得到进一步夯实。

五是各类中后台和综合管理类人员稳步下降。各行通过运营集约化改革、优化业务流程等多种措施，着力解决各类中后台和综合管理类人员冗余问题。6月末，全行各类运营中后台和综合管理类人员净减1 650人，总量降至8.26万人。同时，各机构通过全面梳理排查，统筹规范管理，盘活在编不在岗人员670人，有效提升了存量人力资源使用效率。

六是综合化子公司和境外机构人员结构不断优化。综合化子公司共实现人员净增170人，其中，市场营销、投资研究和风险管理岗位人员实现净增120人。境外机构共实现人员净增110人，员工本地化率保持在93%左右。重点产品线、风险合规、反洗钱等关键岗位人员配备不断增强，合计净增250人，较好满足了当地监管政策要求。

（三）人岗匹配程度逐步提高，供需对接方式不断完善。各机构能够坚持人岗匹配原则，紧紧围绕目标岗位需求进行人员选配。从客户经理队伍来看，新增人员平均年龄38岁，63%具备本科及以上学历，退出人员中，约有40%不持有销售类资格认证，56%不实际管户，员工整体素质和履职能力得到明显改善。从不良资产处置团队看，新增人员中具备信贷、风险、法律或投行工作经历的占比达到60%，来自客户经理和信贷中后台岗位的超过75%，专业资质相关性较强，工作背景契合度较高。此外，各行还不断探索完善供需对接方式，通过组织供需见面会、业务技能大赛、员工座谈、双向选聘等多种方式，为提升转岗人员使用效能创造良

好条件。

（四）员工适岗培训不断优化，岗位履职能力持续提升。各机构对员工培训培养进行周密安排，切实提高岗位履职能力。总行专业部门通过实施专业人才培训项目、开展专题学习活动、推动员工跨机构跨部门交流等多种方式，加快推进员工专业能力建设。各分行也根据不同群体、板块、专业的特点，构建形式多样的员工适岗培训体系，取得很好的效果。

总的来看，上半年人员结构调整取得了不错的成效，既持续巩固了去年的工作成果，又结合今年业务发展的实际，在许多领域实现新的突破，为全行转型发展提供了坚实保障。

二、全行人员结构调整工作积累了宝贵经验，也面临着一些难点和挑战

从上半年的工作看，全行人员结构调整工作整体呈现出以下几个方面的特点。

（一）强化组织领导，工作基础得到有效夯实。总行在去年底的改革发展研讨会和2017年工作会议上对人员结构调整工作进行再动员、再部署后，各行严格按照工作要求，第一时间建立组织推动机制，召开专题动员会、加强调研督导，有力促进了人员结构调整的深入开展。同时，各分行党委和主要负责人也能够主动把工作重点统一到总行的决策部署上来，切实发挥好组织领导作用，为工作开展打下坚实基础。比如，安徽、广西等分行由“一把手”担任人力资源优化领导小组或团队负责人，统筹推进本行人员结构调整工作，压实二级分行推动落地的主体责任；广东、海南等多家分行延续去年工作模式，及时成立由多部门组成的人力资源优化团队，强化过程管理，深入推动人员结构调整有序开展。

（二）服务转型发展，和总行战略保持高度一致。各行围绕总行战略部署和全行经营转型大局，不断加强重点区域、重点专业的资源配置力度。在存量人员调整上，重庆分行、广东分行营业部等机构结合网点渠道规划，有序推进低效网点撤并和智能化、轻型化改造，实现了网点人员总量的明显压降；江苏、云南分行通过规范岗位设置，重新梳理核定前、中、后台人员需求，有效压降运营中后台和综合管理类人员。在新兴业务投入上，新疆、宁波分行持续完善“分行专职＋支行兼职”的柔性化团队组建模式，明确成员在客户服务、产品营销支持等方面的职责，促进新兴业务快速发展。在信贷客户经理选配上，河北、山西分行认真开展公司信贷与综合客户经理分设工作，积极打造与本行经营管理相适应的信贷客户经理队伍，专业化水平明显增强。在不良资产处置团队建设上，福建分行结合工作特点，构建起区域团队块状管理与专业团队条状管理相结合的全方位、立体化运作模式，不良资产处置水平显著提升。

（三）注重转岗效果，总体上实现了人岗相适。各机构始终坚持将合适的人放到合适的岗位，防止“为转岗而转岗”和“只看结果，不看效果”等情况的发生。一是通过采取“抓两头、带中间”的方式，加快客户经理队伍更新置换。比如，山东分行集中选聘了一批精英骨干充实到客户经理队伍，重点打造业务素质高、战斗能力强的营销“排头兵”与“尖刀连”。二是不断完善员工适岗培训，帮助各类员工及时获得新岗位所需要的专业知识。比如，吉林分行实施了2年培养500名客户经理、100名信贷人才、50名科技人才和100名新兴业务人才的“5151”专项人才培养方案，构建起完备的人才培养机制。三是注重结合转岗员工的专长、能力以及岗位匹配程度，不断完善人员供需匹配方式。比如，安徽安庆分行组织专场人员供需见面会，提高人力资源配置精准水平；湖北恩施分行采取业务技能大赛、公开选拔、员工座谈等多种措施，做到知人知岗，有效激发员工队伍的生机活力。

（四）坚持因地制宜，突出自身特色，同时积极创新实践，工作科学化水平不断提升。各行能够从自身经营管理的实际出发，实现人力资源配置与当地资源环境、客户群体和员工队伍的有机结合。同时，注重发挥基层首创精神，运用分类甄别、因行施策等方式，形成了一系列特色鲜明、亮点突出、成效明显的工作举措。此外，各行还不断创新政策措施和技术手段，有效破解热点难点问题，通过开发人员结构调整“全视图”“即时看”系统，在管理模式与机制上不断创新，进一步提升人力资源使用效率，各项重点工作取得较好成效。

在全行人员结构调整工作取得一定成绩，形成很多宝贵经验的同时，我们也要清醒地认识到，目前的成效还是初步的、阶段性的，当前人员结构调整正处于“途中跑”的关键时期，随着工作的持续深入，一些问题和难点也在逐渐显现。一是个别分行组织推动有待加强。从上半年情况看，各行进度差异较大，行际间不均衡的问题还依然存在。一些分行工作推动比较扎实，结构调整成效显著，但也有个别分行组织推动不力，与经营业务发展结合的不够紧密，重点领域的工作效果不佳，横向协调联动和纵向压力传导不足。二是部分专业条线人员的结构调整相对滞后。虽然全行人员结构调整总量如期完成序时进度，但个别专业条线的人员增减情况仍不理想，特别是在客户经理队伍的充实上，工作进度较为滞后，人员净增情况不能令人满意。一些分行对其辖内客户经理的流出预期不足，人员调整投放力度不够，造成客户经理数量不增反降，工作成效不甚理想。三是人岗匹配的精细化程度还需提高。有些分行在如何做好供需对接、提升人岗匹配程度，增强员工履职能力等方面的思路还不够开阔、措施还不够丰富。在人员调整安排上，仍然把组织统一安排作为人员调整的主要手段，员工由供给端向需求端的流转渠道还没有完全打

通。四是人员结构调整面临的压力和挑战愈发明显。前期我们的人员结构调整主要通过员工转岗来实现，相对来说比较容易，接下来的人员结构调整则更多需要和全行组织架构完善、业务流程优化结合在一起，整体工作的综合性更强，面临的难度也更大，对此，大家一定要有及早的认识。对于上述工作的难点和挑战，各机构要仔细进行对照梳理，深入开展研究分析，及时查找短板弱项，尽快完善相应的工作措施，切实解决好当前人员结构调整中存在的一些突出矛盾和薄弱环节，把我行的人力资源管理工作提高到一个新的水平。

三、继续深化人员结构调整，确保取得工作实效

今年是全行加快经营转型、推进改革发展的重要一年，全行人员结构调整工作依然任务艰巨、责任重大，各行要认真学习先进分行的经验和做法，坚持因地制宜，加快改革创新，不断解决新难题，通过人力资源配置的持续优化，更好地推动和保障全行经营转型发展。具体来看，要重点做好以下四个方面的工作。

（一）以本次经验交流会为契机，推动人员结构调整各项工作做细做实做深入。作为一项事关长远和全局的重点工作，全行人员结构调整已步入攻坚阶段，各行要进一步提高认识、凝聚共识，持之以恒地加以推进。一方面，要借鉴先进经验，做好推广应用。今天进行经验交流的四家分行各有特点，北京分行从总体工作推动上进行了经验介绍，上海分行主要是在劳动组合优化方面进行探索，广东分行重点加强了客户经理队伍建设，云南楚雄分行有效提升了人岗匹配度。各机构要将今天四家分行的先进经验与本单位实际紧密结合起来，学习、借鉴好上述分行的优秀成果，因地制宜做好推广应用。同时，加强6名优秀转岗员工事迹的宣传引导，树立先进榜样，营造积极向上的良好氛围，以此带动辖内员工工作热情，鼓励他们为全行经营发展及改革创新多做贡献。另一方面，要加强协作配合，形成工作合力。人员结构调整涉及专业多、覆盖范围广，不是人力资源管理一个部门的事情。各级机构要注重人员管理与业务发展的互融互通，统筹推进。人力资源管理部门要主动了解和学习当前业务发展特点、客户行为习惯和市场变化趋势，发挥好资源配置部门对效益提升和业务发展的支持作用。各业务部门也要利用自身优势，主动融入到人员结构调整中，共同做好业务流程优化、专业队伍建设、岗位资质管理、新型团队建设等相关工作。

（二）以编制全行三年人员规划为抓手，把“人从哪里来”“人到哪里去”的问题分析透彻。前不久总行召开了全行2018—2020年三年人员规划编制工作启动会，专题就人员规划编制工作进行安排部署。各机构要把这项工作和人员结构调整结合起来，稳步推进各项工作有序开展。一是加大内部挖潜，着力解决“人从哪里来”的问题。去年以来，全行已经完成近4.2万人的结构调整，新增人员及柜员转岗是“人从哪里来”的主要来源。下阶段，除了新增人员外，网点人员特别是柜员转岗空间将进一步收窄，作为人员来源主渠道的潜力已经不大。可以说，随着工作的不断深入，“人从哪里来”的问题愈发难以解决，人员结构调整工作越往后做难度越大。因此，在“显性”人员占用不合理的问题已得到基本解决的情况下，隐藏在业务流程、工作内容、组织架构中的“隐性”人员占用问题是我们需要解决的重点，要以更加精准的分析和更大的改革力度持续推进。各行要把“人从哪里来”的问题想清楚，进一步加强分析盘点，找准“隐性”人员占用的具体环节和关键节点，梳理业务流程，精简工作内容，提高工作效率，切实减少人员占用。继续做好网点智能化改造和轻型化建设，加快调整网点区域布局，深入开展营业网点岗位设置和劳动组合优化试点，提升智能设备业务处理能力，持续推进网点人员总量压降和结构优化。积极开展运营集约化改革，加强员工日常管理，明确岗位职责，提高工作饱和度，加快推进各类运营中后台和综合管理类富余人员充实到前台营销岗位。二是坚持需求导向，抓住主要矛盾，着力解决“人到哪里去”的问题。各机构要从效益贡献出发，在系统盘点人力资源现状的基础上，采用一些先进的方法和工具，更加合理的测算重点区域、机构、条线和岗位的人员配置需求目标，为做好资源优化配置提供依据。在配置区域和机构上，对重点大中城市行、人员紧缺和老化严重的县域机构，以及市场化程度较高、盈利贡献较大的业务条线，加大人员投入力度，确保我行的竞争优势。在配置条线和岗位上，继续充实客户经理队伍，通过内部挖潜、更新置换、强化适岗培训等措施，实现客户经理队伍整体规模与结构调整的平衡发展，提高其在市场拓展、营销服务等方面的战斗力。对一些专业化程度比较高的新兴业务条线，要把人才的内部培养与外部引进结合起来，抓好专业人才库建设。在配置手段和方式上，重视发挥柔性化团队的积极作用，构建完善跨机构、跨层级、跨条线的劳动组合模式，加强总分支行矩阵式管理，提高作战单元的灵活性和高效性，让柔性化团队真正发挥在市场上攻城拔寨的尖刀作用。

（三）以健全完善相关机制为保障，确保实现人岗匹配、人岗相适。一是提高人力资源配置统筹层次。各级分行要加强对辖内机构人员现状和区域、条线间结构分布的研究分析，更有针对性地推动全辖人员结构调整。重点从二级分行这一层级入手，避免任务层层分解、计划“一分了之”的工作方式，打破人员在网点内部的“闭塞循环”，提升人力资源配置在二级分行层面的聚集效应，确保人力资源增量和存量在二级分行内统筹配置、统筹调整。二是进一步畅通人员转岗渠道。要根据岗位实际需要，综合考虑员工个人素质，完善组

织安排流程，把合适的人安排在合适的岗位上，避免形成人力资源的闲置浪费。要推进岗位需求公开化，让员工及时了解什么岗位需要人。定期了解员工意愿，积极探索供需见面、组织推荐、岗位竞聘、个人申请等方式，使供需对接更加精准顺畅。三是不断强化员工适岗培训。各行要根据不同员工群体的特点和专业岗位需求，以岗位任职资格为标准，组织分类培训，提升专业技能。除必要的产品与营销技能培训外，还可通过“师徒制”、实岗锻炼等方式，增强员工的岗位实战能力。此外，要借助移动互联技术优势，打造即时性、点对点的线上移动培训平台，丰富完善产品知识库，使员工能够方便获取产品知识与营销技能的服务支持。四是建立健全跟踪评估机制。及时评估和动态监测员工转岗后的履职情况，对市场拓展能力较差、营销水平不高、产品知识技能较为单一等不适岗员工，完善考核评价机制，明确工作任务，督促其不断加强学习，尽快提升适岗能力。对个人能力确实无法胜任岗位要求，经过多次培训依旧不适岗的员工，根据实际情况重新安排工作，让每一名员工都能发挥出应有作用。

（四）以加快改革创新为引领，努力在制约人员结构调整的深层次问题上取得新突破。人员结构调整工作要想持续取得实效，就必须从制度流程、岗位设置、工作内容等方面入手进行深入分析，以更深层次的机制突破来提升人力资源使用效能。一是梳理完善制度流程。总行将与各行协同配合，调整重复交叉的职能设置，消除不必要的流程环节，持续减少低效劳动对人力资源的占用。对此，总行相关职能部门要及时总结分行的先进经验，并把这些好的做法推广到全行，使分行在探索实践的道路上少走弯路。二是调整优化岗位设置。要根据专业性岗位与通用性岗位在不同层级机构间的需求情况，在风险可控的前提下，对人员兼岗流动、灵活调度等方面的制度有所突破，提高岗位兼容性和人力资源通用性，完善相近业务岗位人员间的动态补位和协同配合机制。总行现在正在进行网点岗位设置的试点工作，网点岗位数量从原来的7个精简到5个，重点打通网点内外岗位职能间的限制，突出客户营销、客户服务两大职能，力争在稳定员工队伍的同时，提升网点服务能力，这项工作待试点成熟后将尽快在全行推广。三是关注新兴技术发展。总行将与分行共同做好大数据、移动互联、人工智能等新兴技术手段的应用推广，充分发挥“技术创新节约人、智能终端代替人”的作用，在前台客户服务、中台投资分析、后台风险防控等多岗位推进业务智能处理和流程再造，减少人力资源占用。对适合由外部替代的工作岗位可以尝试外包，提升人力资源配置效能。同时，总行相关业务、产创、科技等部门要不断改进产品质量，不能关起门来做产品，而是要时时刻刻保持跟基层联系，多听取基层建议和客户意见，使我们的产品更好地满足客户需求。四是创新实践方法工具。各行要不断加强对“人力资源两张表”的研究，及时发现和破解本行人力资源配置、效能提升方面存在的问题。注重加强系统建设，研究完善工具模板，使人员结构调整工作向数据化、专业化方向转变。及时总结提炼本行的典型案例和亮点举措，树立先进标杆，加强正向宣传引导，确保人员结构调整工作扎实推进，取得实效。

同志们，全行的改革发展正处于关键时期，持续深入推进人员结构调整，任重而道远。我们要学习推广先进经验，积极进取，狠抓落实，以奋发有为的工作状态，努力开创人员结构调整工作新局面，为顺利实现全年经营发展目标和推动工商银行长远发展做出更大的贡献。

在全行印章综合改革动员会上的讲话

谷　澍

（2017 年 11 月 9 日 · 根据录音整理）

从今年8月份开始，我们在山西分行全辖和浙江一家二级分行开展印章综合改革试点，取得了较好效果。因此，总行决定在全行推广印章综合改革。今天会议我主要讲三点意见，第一为什么要实施印章综合改革，第二这项改革的主要内容是什么，第三实施这项改革大家需要做哪些工作。

一、印章综合改革的背景

从 2013 年全行核算印章改革以来，已经销毁了各类核算印章 23 万枚，目前在用的 4. 5 万枚核算印章已经全部纳入用印机管理，且核算印章方面没有发生一起案件。但除了这 4. 5 万枚核算印章外，我行还有 3 万枚左右的其他印章，数量多、种类杂、管理标准不统一，这些年屡次发生案件，且涉案金额较大。

工商银行在服务实体经济振兴、维护国家金融安全中地位重要、作用突出。中央交给工商银行最主要的工作就是两件事，一是服务实体经济，二是防控风险。易董事长多次强调，落实办行责任，把工商银行的事情办好，把25万亿元的资产管好，就是最大的讲政治。从过去几年的情况看，我行最大的风险点就在印章上，近年发生的最严重的几起案件和操作风险事件，都与印章管理不善有关。如果信贷上出了问题，人家会说是判断有误，但是印章如果出了问题，别人会认为你的基础管理有问题，连一个小小的印章都管不好。

除了风险大以外，现在印章管理的流程环节也比较复杂，用印事项繁多、用印效率低。据统计，我行每年发生的行政用印事项超过 280 万笔，用印次数近3 000万次。一些分行出于风险控制的考虑没有在支行层面配备行章，支行很多合同文本，包括房贷、车贷合同都需要拿到二级分行集中用印，每笔用印平均需要两天时间，效率非常低。去年总行监察室对某网点负责房贷的业务人员私刻印章事件进行了查处，其中一个原因就是因为该员工每天需要抱着合同往二级分行跑，路途远、耗时长，太费劲了，干脆自己刻个章来盖，就把业务办了。这种做法毫无疑问是错误的，但也反映出现在的用印流程非常不合理。总的来说，风险大、效率低、用印事项繁多，这就是我们要实施印章改革的原因和背景。

二、印章综合改革的主要内容

印章综合改革的总体思路是对现有除核算印章以外的用印事项，尤其是行政用印事项进行划分，凡是能够不用行政印章的，将通过流程改造全部实现打印电子印章或系统驱动自动化用印。对仍有必要保留的行政用印事项，加以严格控制和授权，同时增加事后监督和检查频率。通过这种方式，一方面优化业务流程，另一方面把有风险的行政用印事项降到最低，实现管少才能管好。按照这一思路，印章综合改革主要有以下几项内容。

（一）建立统一的印章分类和应用标准。将目前在用的7万多枚印章重新分成五大类。第一类是行政类印章，主要是办公室负责管理的印章；第二类是合同类印章，包括办理房贷、车贷业务时使用的印章，这些业务合同用印量很大，改革后都不再加盖行政印章；第三类是财务类印章，包括财务专用章、发票专用章；第四类是核算类印章；第五类是特定用途的业务印章，这类印章要尽量使用前四类印章来替代。在这 7 万多枚印章中，4. 5 万枚的核算类印章已经实施了改革。因此，这次改革的重点是对核算类印章以外的其他印章用印流程重新进行梳理，建立统一的印章分类和应用标准。

（二）重新构建便捷、高效、安全的用印模式。目前，除了核算印章和行政印章，其他各类印章基本采用人工盖章的用印方式。同时，虽然行政印章之前也做了改革，将印章纳入用印机管理，但整个流程缺少相应的控制。比如，一些基层机构在理财销售中擅自向客户提供保本承诺，并在理财协议上加盖了行政印章。过去一段时间不少分行都发生过类似的事情，这次改革就是要对这部分印章进行梳理，重新构建三种用印方式。第一种是电子印章。大量的个贷、房贷合同全部用电子印章代替，在合同打印时连文本带印章一起打印输出，不再加盖行政印章。第二种是系统驱动自动化用印。一般情况下法人理财等合同都是连文本带印章自动打印出来，但假设客户要求我们加盖行政印章，那就要通过业务系统驱动自动化用印，首先通过系统办理业务，形成真实的电子信息，将电子信息打印在合同文本上，由用印机识别后才能完成用印，整个流程是自动化的用印模式。第三种是签批用印。目前全行每年 280 万笔、3 000 万次的用印量，想全部进行人工审批和控制是做不到的，事后检查也难以及时跟踪到位。通过对用印方式进行调整，90% 的用印事项可以改成电子印章或系统驱动自动化用印，剩下 10% 的行政用印事项保留签批用印方式。例如，跟政府部门签个协议，如果政府部门要求使用非标准化的文本，这种极少数的情况下还是使用目前的签批用印模式，但是签批用印要在系统里加入强制审核功能，在签批时自动上提一级，必要时由上级行对口业务部门和法律部门进行双线审核。

（三）建立科学有效的印章管理机制。一是统一印章归口管理机制。行政类印章、合同类印章、财务类印章、核算类印章分别由办公室、法律、财会、运行管理部门牵头实施归口管理，特定用途的业务印章按照“谁使用，谁负责”的原则，明确各类印章的主管部门，对印章的日常使用进行归口管理。二是精简内外部业务用印事项。前期总行已经下发了关于进一步规范行政用印管理的通知，明确行内机构间传送的各类文件以及用于内部档案管理的资料，原则上全部取消用印。通知下发后行政用印量减少了 20%。剩下的 80% 的用印事项，通过前期在山西和浙江分行的试点，预计改革后可以再压缩 80% -90%。三是建立用印监测分析机制。印章综合改革后，每盖一个章，包括签批用印，都要建立全生命周期的电子化信息档案，完整记录用印信息和用印前后影像，形成完整的用印证据链，实现对业务和用印的可追溯、可查证。如果有违规用印，因行政用印量很少了，内控合规部和内审局很容易就可以查出来。同时，证据链是完整的，谁审批的、谁加盖的都能查得到，就可以更好地通过事后检查和用印流程的追溯来威慑阻止个别基层机构的违规用印行为。

（四）全面推进用印业务的流程改造。根据改革设想，改革后 90% 的用印事项将从行政用印事项中分离出去，实现打印电子印章或系统驱动用印。这种改变听起来好像只是将原来的手工盖章，改成电子用印，实际上涉及大量的业务流程改造和分行特色业务改造。改的虽是印章，但实际是业务流程改革，这是这次改革的一个难点。为此，前期我们需要对大量的业务流程进行再造。此外，改革后所有纳入电子签约系统的合同文本将采用全文加密技术生成用印验证码，客户可以登录我行融e联或手机银行，方便、快捷地对合同全文进行验证，实现电子印章“有章必有码、有码必可验”，更好地保障客户的合法权益。

在改革方案制订过程中，总行运行管理、内控合规、信息科技以及相关部门多次召开专题会议进行研究部署，在此基础上形成了总体方案。从山西和浙江分行的试点情况看，改革效果非常好。一是用印效率大幅提高。实现了合同用印全流程的电子化处理，大量的用印事项将实现打印电子印章，在打印合同文本时同步输出电子印章，可以突破用印时间和空间的限制，业务人员可在本地终端上完成合同用印，不再需要通过办公室加盖实物行政印章，大幅简化了用印流程。其中个贷、车贷等用印量大的业务合同，都支持通过业务系统完成一次审批后打印合同，无须在用印环节重复审批，用印操作更加便捷。二是实现了合同签约的可追溯、可监控。电子签约系统投产后，使合同线下传递的签约流程迁移到电子签约系统，实现了电子化流转，能够完整记录每份合同的用印信息，支持各级业务人员查看每份合同发起、审核、审批、打印的详细流转信息，以及合同双方用印后拍照归档的影像，实现了合同用印过程的可追溯和可监测。三是违规用印风险将得到有效管控。实现了业务合同用印的硬控制和岗位制衡控制，对于《法人理财综合服务协议》等风险较高的合同，必须按照总行格式条款签约，无法擅自增加“兜底”“保本”的条款。如果非要对格式文本进行改动，那就是非格式合同，系统也支持，但必须提交上一级对口业务部门和法律部门双线审核，合同违规签约、违规用印的现象将得到根本遏制。

三、印章综合改革的总体部署和工作安排

（一）统一思想认识，加强组织领导。全行要充分认识印章综合改革的必要性、重要性和复杂性，深刻理解这项改革对强化用印风险管理、提高用印效率等方面的重要意义。为了加强改革的组织领导，总行成立了由我任组长、王敬东副行长和王林纪委书记任副组长、相关部门负责人参加的印章综合改革领导小组。各行也要成立以一把手行长任组长、运行管理和内控合规部主管行长任副组长，相关部门负责人为成员的改革领导小组，统筹负责改革的组织实施。

（二）明确工作责任，加强协调配合。运行管理部和内控合规部作为牵头部门，要认真做好组织协调工作，在完成首期个人金融、银行卡、结算与现金管理、普惠金融等四个专业系统改造的基础上，会同金融市场、资产管理等14个专业部门继续做好相关业务系统用印改造的需求评审、业务测试等工作。11月版本还将投产养老金等专业的用印改造功能。信息科技部门要组织做好打印机、高拍仪的采购和投产前的安装调试，并按照计划在2018年第二季度全面完成系统开发，确保版本质量。个人金融业务部和银行卡业务部要切实承担起本专业用印改造的推广职责，牵头组织做好外部沟通、分行特色抵押材料梳理等工作。现在这两个部门的房贷和车贷业务是用印量最大的，也是改革最主要的两个业务领域，如果房贷和车贷用印流程没改造好，还将继续占用行政印章来盖章，那么改革就难以取得预期效果。办公室要负责组织做好行政用印机软硬件升级，以及舆情管理工作。各相关部门要各司其职，密切配合，有力推动改革的顺利实施。

（三）按时完成分行特色业务梳理和用印改造。目前总行统一的业务用印流程已经改造完成，但每个分行还有自己的特色业务。这部分特色业务涉及的绝不仅是印章的改革，要动印章就要动业务流程。而且，从山西和浙江分行试点的情况看，分行特色业务和整个业务流程的改造是这项改革的一个重点和难点。各分行要按照总行下发的用印改造实施指引，对本行的特色业务合同及附带材料进行全面的梳理，同步完成特色业务用印流程设计、系统对接改造等工作。从试点情况看，各地办理个贷和车贷抵押业务的用印量大、外来文本多、用印的场景组合复杂，仅山西、浙江两家试点分行就制作了46套抵押材料特色模板以满足电子用印需求，其中包括各类抵押材料352种。个人金融、银行卡等相关专业部门要切实做好个贷、车贷抵押材料的业务梳理工作，明确各地区关于材料种类、用印次数、用印位置的管理要求，分别制作用印模板后纳入电子签约系统，同时要主动与各地公积金中心联系，对分行特色的公积金贷款合同进行用印改造后纳入电子签约系统，确保在改革后实现电子化用印。分行特色业务梳理和模板制作应于改革在全辖推广前完成。

（四）认真组织做好外部沟通和培训工作。印章综合改革涉及面广、实施难度大，因此总行计划用1年左右的时间完成改革。除了前面几项工作外，各行要认真做好外部沟通工作，因为大量的个贷合同、车贷合同和抵押材料都改成了打印电子印章，而现在各地不动产抵押的登记机构、车管所、房管局对有关材料的用印要求不统一，一个地方一个样，特别是各地不动产抵押登记机构的要求尤其多。因此，这项改革的另一个难点，就是要和外部机构进行沟通，使其能够接受我行用印改造后的合同和抵押材料。这项改革完全符合未来数字化、电子化用印的方向，在整个银行业系统我们是第一家，在外部沟通的过程中是需要花一些精力、做一些工作的。山西分行作为全行第一家试点行，在外部沟通方面付出了大量的努力。比如，在改革试点前，山西分行与

山西省交管局统一协商，在全省范围内对汽车分期业务采用电子化印章替代实物印章，各二级分行就不用逐一沟通。山西分行的经验对全行很重要，希望其他分行也能像山西分行这样，尽量以省为单位统一沟通，不要让二级行分别去沟通，分散沟通的难度会更大。各分行开展外部沟通时，可以多介绍山西的相关经验和情况。还有一些地方的改革是需要全国统筹的，光靠一个地方也做不好，比如说浙江嘉兴试点后，有很多异地车贷的实物用印量减不下来，还得加盖行政印章，因为其他地方的车管所目前还不接受电子印章。在全国类似的情况可能还有很多，但我们相信，只要坚持下去，越往后沟通会越容易，效果会越明显。待一年后全国推广工作都完成了，改革就能真正全部达到效果。同时我们也要清醒地认识到，用印风险是一个随着改革推进逐步降低的过程，仍然需要加强管控。此外，培训工作也很重要，各行要认真组织好分阶段、分层次的培训，让各级机构准确理解总行的改革思路，确保改革按照总行的统一部署推进。

（五）加强改革过渡期间的风险管理。印章综合改革涉及新旧用印模式的转换，改革期间，各行要坚持改革推进和风险管理并重，做到平稳衔接，确保印章改革安全平稳推进。一是要严格实物印章用印管理。对于完成改革投产的地区，个人信贷业务合同专用章等特定用途的印章原则上要全部上收至二级分行以上层级集中保管和使用。改革完成后，对于确需在支行保留的财务专用章和特定用途的印章，要全部纳入用印机保管和使用。财务专用章是全行印章管理中另一个薄弱环节，现在行政印章已经全部纳入用印机了，财务印章并没有全部纳入用印机，通过这次改革要把财务专用章也全部纳入用印机管理。原则上各类合同及其从属抵押登记等材料均可采用电子化用印方式，不再加盖行章。各级办公室要把好行政用印的审核关，督促业务部门尽可能采用电子印章，大幅减少行政印章的用印量。二是要做好实物印章的新增和废止管理。以后凡是新增的印章，都要由办公室牵头，运行管理、内控合规、法律事务部共同审议，确定印章形态、用印方式和管理要求，如新增实物印章，原则上要纳入用印机保管。同时，通过改革，目前全行在用的40余种特定用途的印章将大幅精简。这些上收或废止的印章种类多、数量大，一旦在实施过程中发生印章遗失，会形成严重风险隐患。各分行要高度重视，由业务主管部门牵头做好废止印章的清理、上缴和销毁工作，所有废止印章要逐一登记造册管理，完成上收和销毁后要正式报告总行运行管理部和内控合规部。

这是今天动员会我想讲的三个内容。希望各行充分认识这次改革的必要性和复杂性，上下统筹协调、加快推进，全面如期实现印章综合改革的任务目标。

在“工迎新春”零售业务旺季营销工作会议上的讲话

谷　澍

（2017年11月29日）

岁末年初是零售业务旺季，也是年底收官和明年开局的关键时期。今天，我们召开全行“工迎新春”零售业务旺季营销工作会议，全面部署和启动零售业务旺季营销工作。下面，我谈四个方面的意见。

一、零售业务经营持续向好，转型发展初见成效

今年以来，全行零售条线深入贯彻总行党委的各项决策部署以及年度工作会议安排，努力把握新时期零售业务经营的规律，积极探索基于金融科技的智慧零售转型发展新理念、新思路和新实践，实现了全行零售业务健康发展、稳健经营的良好态势。

（一）零售转型发展的新思路基本成形。各零售专业、各机构积极思考新形势下转型发展、创新发展的新方略和新路径。一是智慧零售经营转型的框架初步形成。总行今年提出了智慧零售转型的总体思路，形成《关于加快推进智慧零售经营转型的意见》，主要围绕解决在互联网背景下如何从线上线下双维获客、如何利用金融科技手段实现全量留客两大问题，提出了“产品‘极智’、流程简约、渠道协调、安全卫士、账户智能”五大工程和“组织协同、资源配置、信息化支持”三大保障机制，这个思路是面向未来的，非常具有时代气息，是新形势下全行零售工作的指南，是智慧零售转型框架基本形成的重要标志。在这个框架下，总行印发《互联网金融场景共建指导意见》，e－ICBC3.0战略也在加速落地。二是战略传导和责任落实机制日臻完善。以新的零售条线三评价一考核办法为抓手，统一全行上下的思想认识，推动竞争力导向尤其是储蓄存款竞争力

导向深入人心。印发了网点负责人、个人客户经理和客服经理考核评价工作指引，运用直通式手段加快推进网点负责人考核指引传导落地，重构网点五级分类框架并提出系统指标优化方案。持续跟踪全行理财经理考核最后一公里落地情况。三是组织管理体制进一步理顺。在全行范围内启动个贷经营模式优化推广工作，积极推动个贷业务处理中心建设落地。研究制定深化私人银行改革路线图。系统谋划远程银行中心建设方案。这些组织架构方面的改革探索，为我们寻找最优组织模式提供了很好的经验积累。四是加快编制新三年转型规划。起草未来三年零售条线转型发展规划及任务清单、编制说明，初步完成大零售三年规划的编制工作。

（二）创新经营的新模式亮点频出。一是体现在产品创新上。比如，发布了中证工银财富基金指数；推出了《梦幻西游》手游联名卡和面向年轻客群的宇宙星座卡、小黄人卡等多款产品，受到市场的热烈欢迎。我行智能柜员机作为金融业唯一实物成果亮相“砥砺奋进的五年”大型成就展。二是体现在营销模式上。成功打造“工银理财节”，8 月 28 日当天直接服务客户 152 万人次，拓展了 15 万新客户，销售各类理财产品 428 亿元。举办“随军行”活动，“服务随军　安享随心”的形象深植于部队和军人心中，获得各界广泛好评。“e 起燃”开学季主题营销活动覆盖大学生客群 139 万，累计新发卡 82.57 万张；“爱购”系列促销活动全面铺开。这些活动不断在经营和管理中形成亮点，凝聚人气，提高了工商银行的品牌知名度。三是体现在管理模式上。比如，个金部、银行卡部率先建立了部门间联席工作机制。这方面，还有其他一些很好的探索，使零售业务的管理模式不断得到改进。

（三）经营士气显著提升，精神面貌不断改善。今年以来，总行各部门的市场意识与客户敏感性与日俱增，对基层行的支持也更加具体有效。一是不仅定目标、提要求，而且做方案、教方法、给“武器”，上下同心迸发经营活力。比如，“八一”前后一个月时间里，总行发挥引领作用，各部门积极配合，320 多家各级机构深入军营开展了超过 800 场“随军行”军民共建活动。“工银理财节”活动期间全行共举办投资者教育及理财讲座、网点微沙龙等活动 4 万余场，等等。二是以赛代训、激发士气，提升营销团队综合技能。筹备全行理财客户经理技能大赛，积极参与“十佳银行理财师大赛”以及“中国优选理财师评选”大赛。成功举办“第二届私人银行专业服务技能比赛”。三是坚持树标杆、治痛点、抓关键，切实提升全行客户服务体验。

（四）零售转型成效初显。全行上下对零售条线转型发展认识逐步统一、路径逐步清晰，自觉性和主动性不断增强，从前三个季度的经营成果来看，主要体现在以下几个方面：

一是市场竞争力稳步回升。截至 9 月末，全行个人金融资产余额突破 13 万亿元大关，较年初增长 8 300 亿元，同比多增 1 063 亿元，存量、增量（可比口径）实现双第一。第三季度当季金融资产增量 3 500 亿元，创近三年第三季度增量的最好水平。储蓄存款余额 8.26 万亿元，较年初增长 4 249 亿元，增量排名四行第二。私人银行管理客户资产达到 1.39 万亿元，增幅 15%，创历史新高。个贷余额 4.1 万亿元，较年初增长 5 084.29 亿元，占各项人民币贷款增量的 60.58%。其中，住房贷款余额 3.75 万亿元，较年初增长 5 507.67 亿元，增量保持四行首位。信用类贷款余额 5 417 亿元，增幅 17.6%，高于全行信贷平均增速 11.2 个百分点。从中间业务收入看，前 9 个月个人金融专业可比口径（含私人银行）中收继续保持同业首位，四行占比 32%。继续保持全球第一大发卡行的市场地位，9 月末信用卡发卡量达 1.37 亿张。从网络金融业务看，融 e 行日均活跃用户、日均启动次数、日均使用时长在易观银行类 APP 排名中首次位居第一。

二是经营质态更加优良。前三个季度全行实现零售营业贡献 1 633.90 亿元，同比增长 173.95 亿元，增幅 11.91%；在全行的占比达 43.65%，同比提升了 4.74 个百分点。零售中间业务收入继续占据全行各板块首位，可比口径四行占比稳居第一。其中，前 9 个月实现个金中间业务收入 258.49 亿元；实现信用卡中间业务收入 226 亿元，同比增长 6.7%，增幅达到近 18 个月的最高点，同比提升 4.3 个百分点，实现逐季提升、逐季加速的良好发展态势。资产质量稳步提升。截至 9 月末，个人信贷业务（含个人住房贷款、个人消费贷款、个人商用房贷款）不良余额 261.56 亿元，不良率 0.64%，较年初、上半年均实现“双降”。信用类资产质量保持较好水平，不良率 2.53%，较年初下降 0.29 个百分点。

三是客户发展指标全面向好。客户总量实现较快增长，全量客户 5.57 亿户，同比多增 327.71 万户，尤其是第三季度当季增量达到 1 032 万户，增量和同比增幅均创三年最好水平。有效客户、金融资产 1 万元以上客户、100 万元以上财富客户等维度同比增幅均超过 20%。私人银行客户结构持续优化，资产 2 000 万元以上超高净值客户达到 1.5 万户，创历史新高。信用卡客户达 8 590 万户，较年初增加 772 万户，打破近 8 年信用卡年获客最高纪录。融 e 行、融 e 购、融 e 联客户数分别达到 2.74 亿户、7 908 万户和 1.03 亿户。线上获客实现新跨越。信用卡专业线上新增客户 430 万户，占新增客户总量的 46.5%，较年初大幅提升 40 个百分点；融 e 联线上获客占比 42%；融 e 购新增客户的 92% 源于线上营销活动引入。客户活跃度持续提升。信用卡近半年动户率达 51.2%；融 e 行月均活跃客户达到 3 668 万户，同比增长 57.3%；融 e 购月均活跃客户数 72.8 万户，同比增长 172%；融 e 联月均动户数 2 607万户，较年初增长 19.5%；工银 e 支付累计动户 4 165万户，同比增长 17.3%。前三季度零售的各项指标全面向好，是比较令人满意的。

二、零售业务新时代的机遇与挑战

中国特色社会主义进入新时代，对零售业务发展带来重大机遇。同时外部经营环境的变化，也带来相应挑战。

（一）捕捉零售业务发展机遇。一是外部环境为零售发展注入活力。经济持续向好，人民群众的获得感不断增强，零售金融面临着新的发展机遇。二是技术进步为零售转型提供支撑。互联网和金融科技的飞速发展，使我们服务客户的手段和渠道得到了极大的丰富。三是金融治理为零售业务持续发展打下了很好的基础。比如，银监会部署实施的“三违反”“三套利”“四不当”专项治理活动、人民银行新出炉的资管新规（征求意见稿），虽然短期看可能对我们的发展有一定影响，但作为业务运作更为规范严格、经营实力和整体信誉突出的国有大行，我们所受到的冲击将远远小于中小银行，从长期看，对于零售业务的发展是大有裨益的。

（二）正视零售经营面临的挑战。我们应当看到，机遇是普适于所有零售从业者的，从某种程度上讲，对金融科技公司的机遇可能更大。当前我们面临的挑战主要来自金融科技的挑战和金融科技公司对我们业务的蚕食，这在零售领域尤为激烈。

两三年前，我们面临的挑战主要集中于支付领域，而现在金融科技公司对于商业银行已经形成了包括支付、消费贷款、按揭贷款、个人理财等在内的全方位挑战。在支付方面，第三方支付在小额支付领域已经占据主导地位。在消费和个人理财领域，金融科技也已经形成了巨大冲击。比如在无担保消费信贷领域，金融科技公司 2013 年的市场份额只有 1%，但到 2016 年就已经达到了 20%。从我们自身来看，融 e 借发展速度已经很快了，但是与竞争对手相比仍然比较缓慢，在大数据分析和风险控制方面与金融科技公司也有一定差距。在车贷方面，相当一部分高水平的车贷公司对数据的掌控和分析能力已经超越我们，在这种情况下我们的角色变成了车贷公司背后的资金提供者。

这些挑战与变化，对我们与客户的关系有很多深层次的影响。一是我们与客户接触的机会越来越少，客户的账户虽然在银行，但越来越感觉不到银行的存在；二是我们的品牌越来越隐性化，虽然我们是资金的提供者，但是客户感受不到 ICBC 的品牌和服务；三是金融科技的发展使我们原有的服务链条被肢解，原来零售业务的链条是要从支付到存款再到贷款，但在当今的市场环境下，金融科技公司只要在某一端做得比较好，就可以在这一领域实现单兵突进。当前，我们的客户多而不活、大而不优、广而不深有自身原因，也和我们受到的冲击有密切关系。智慧零售的思路和框架的提出与时俱进，对我们把握未来几年零售业务发展的正确方向是非常重要的。

（三）践行智慧零售转型新路径。结合对新时代、新矛盾的深刻理解，易董事长提出了“全量客户”经营理念以及“以客户为中心”的 15 个关键词。全行上下必须立足“全量客户”战略，以此次旺季营销为契机，进一步开启零售业务转型。零售转型必须把握规律，做到三个坚持：一是坚持适应客户的思维和行为方式。“以客户为中心”是工商银行多年来一直秉承的经营理念，这个理念的内涵也是随时代发展而变化的。在互联网时代，客户更关注个性、强调体验、渴望互动、要求掌控。同时，金融生活化、生活金融化的大趋势下，金融与科技间的行业壁垒已被打破，市场格局悄然生变。银行服务要适应客户的需求，必须要因时而变、因需而变。以网络金融安全为例，过去我们的安全考虑是从银行角度出发的，提出了诸多客户操作要求和金额的限制，对客户造成了诸多不便。但在今天，我们必须从客户体验出发，更多通过大数据的分析而不是增加客户负担来确保网络金融安全。二是坚持全量客户战略。全量客户战略要从两个方面来把握，一方面要将目标客户由原有的中高端客户拓展到全量客户，互联网时代长尾客户的贡献已经有目共睹；第二方面对客户的分析要从静态、存量的单一传统指标逐步转化为对动态、流量信息的全面把握，比如客户在跟谁联系、在哪吃饭、车常出现在哪些地方，这些行为信息都是我们需要掌握的。落实全量客户战略，一方面要做好客户的分层维护，要从中高端拓展为全量客户，金融资产 20 万元以上的客户由理财经理负主体责任，5 万 - 20 万元的使用远程运维模式，5 万元以下的普通客户使用响应式、事件式的智能服务来维护；另一方面在对客户动态流量信息的获取上，要加快建设和完善企业级信息仓库，在整合好行内结构性数据的基础上，通过与外部机构的合作补充客户非结构性数据，形成对客户全量信息的整合把握。三是坚持金融科技驱动战略。前几年的发展主要是从线下向线上的发展，谁的手机银行发展的好，APP 推广的好、客户用的多，就能取得更多的市场份额。但线上零售业务发展到今天，单纯的线上发展空间已经相对饱和，“三融”平台客户要单靠目前的方式实现跨越式发展是很难的。目前经济社会发展已经进入到了大数据和人工智能时代，要拓宽技术视野，同时关注人工智能、大数据和客户画像工程等前沿金融科技的发展。这方面总行要跟上，要有新的思路和突破。

三、把握关键，确保旺季营销工作取得实效

岁末年初，是个人客户大量资金短期内快速回笼聚

集的关键期，同时也正值财政统发、企业年终奖、分红等大批优质项目资金批量支付的密集期。这样的零售业务经营规律，要求我们必须抓好岁末年初的旺季营销，确保实现旺季储蓄存款日均增量同业位次保二争一，个人金融资产增量达到5 000亿元，个人信用消费贷款余额增加300亿元，分期付款余额增加350亿元，实现零售中间业务收入260亿元，有效个人客户新增720万人，有效信用卡客户新增260万户，私人银行客户总量达到8.3万户，融e行移动端月均动户达到4 600万户。为实现目标，全行要重点抓好以下几项工作。

（一）加强外拓营销。在旺季这一的特定时段，营销的重心和着力点在线下。我们要重点解决好以下几个问题。一是走出去外拓什么。岁末年初是代发工资单位年终奖励、分红集中发放的关键区间，也是拆迁补偿、政府补贴等一次性大额资金批量代发项目集中期。各行要举全行之力做好对代发单位及批量资金入账客户的营销服务工作，明确目标客户清单，逐一开展高层拜访和上门营销，争取或巩固代发合作。旺季外拓营销的核心是竞争资金、留住存款、贴近客户。二是领导要带头走出去。各级管理层要带好头，亲自带队做好辖内重点优质企业客户的营销走访工作。公司、机构、结现等部门要切实牵起头，与零售部门共谱公私联动“线路图”，共同推进旺季营销联动项目。要在支行层面打造一支专职、专业、专项的零售业务综合外拓营销队伍，专职负责所在辖区的零售业务批量外拓营销。三是注重营销效果。要充分利用今年外拓营销大赛以赛代训的宝贵成果，在实践中进一步检验和提升队伍营销技能。

（二）努力营造浓厚的旺季营销活动氛围。一是重视宣传推广，打造“工迎新春”旺季营销活动品牌。今年是推出“工迎新春”旺季营销品牌的第一年。全行既要组织好营销活动开展，有效满足客户多元化金融需求，也要快速传导旺季营销工作安排，加强全渠道、全客群、全市场统一营销宣传，确保全行统一步调，共同营造旺季营销的浓厚气氛，建立良好的品牌形象和强大的市场号召力，将旺季活动打造成工商银行岁末年初营销服务的精品工程。二是把营销活动做实，使客户有更多获得感。各行要按照今年旺季营销规划的四大阶段（收官之战、开门大吉、核心提升、冲刺攻坚），聚焦五大核心工作，把重点产品营销、金融资产回馈积分、工银理财节、移动支付便民、消费信贷、私人银行专享、信用卡消费促销、互联网平台旺季专享、贵金属特色营销、工银智能卫士10大主题活动组织好、落实好，树立旺季品牌、营造市场声势、打破常态格局、确保营销实效。要将旺季营销活动内容和执行要点培训到位，确保全行各机构、各专业、各渠道在活动规定动作上整齐划一，各层级营销服务人员对客户的营销、应答口径统一，客户的服务体验统一，借助旺季营销活动推动全行服务水平再上新台阶。

（三）集中资源投入打好旺季营销攻坚战。一是集中推出优势产品和服务。此次旺季营销，总行零售各部门打破日常营销服务模式，集中设计了存款弹性定价、资产服务送积分、移动支付便民、信用卡消费促销、互联网旺季专享等有竞争力的营销服务。各行要在旺季营销期间，充分发挥产品和服务优势，制订详细的落地执行方案，强化客户对工行服务回馈的直接体验，提升客户综合贡献。二是加大财务资源投入。各行要加大对旺季营销的资源投入，原则上参照本行2017年第一季度零售业务营业贡献，按照不低于1%的比例配置旺季专项营销费用，以支持储蓄存款、金融资产、客户拓展等核心业务的营销开展和重点代发工资单位的营销工作，把资源投入到新客户、新资金的营销上。对于特定的产品可以拿出一定的专项费用，比如开展“个人金融资产服务送积分”活动，使营销费用投入能够直达客户，确保费用用在刀刃上。三是加强考核引导。今年总行将旺季营销考评与“2018年第一季度境内分行经营绩效和业务发展考评”、零售条线“三评价一考核”相挂钩，旺季营销评价结果将直接应用于《境内分行经营绩效和业务发展考评》中“大零售业务综合评价”，权重20分。同时总行将按照旺季考评规则，延伸实现“下管一级”，将旺季营销期间日均储蓄存款增量同业排名作为二级分行行长评价的重要参考指标，相关考评结果直接反馈各一级分行及人力资源部门。各分行也要比照总行要求，针对旺季揽存、中高端客户拓展、代理销售等重点指标，分别建立对二级分行、支行、网点的旺季营销考核激励机制，加大对基层网点和销售人员的考核激励力度。要做好“最后一公里”考核落地工作，各分行要加快修订网点负责人及客户经理考核办法，从明年初起要严格按照总行出台的关于客户经理绩效考核的指导意见执行，建立储蓄存款与其他金融资产比价关系，落实储蓄存款考核要求，真正让分支机构和客户经理自觉引导客户合理配置金融资产，防范过度理财倾向。总行个人金融业务部、人力资源部要加大督导力度。

四、做好年末收官的各项工作

今年以来零售各专业各部门取得了良好的经营业绩，展示出良好的经营面貌，形成了良好的经营氛围。但在储蓄存款竞争力、零售信贷量质协调发展、零售中收转型等核心指标上仍存隐忧，希望大家以昂扬的士气、坚定的决心，正视问题、破解矛盾，为全年工作画上一个圆满的句号，为全面开启智慧零售转型奠定坚实基础。

（一）关于储蓄存款。我们今年定的目标是个人客户金融资产增量年末要力争突破1万亿元，确保四行余额、增量双第一；人民币储蓄存款要对标同业，增量四行位次保二争一。

当前全行储蓄存款业务发展仍存在一些突出问题。一是增长先扬后抑。前三季度保持良好态势，但近两个月下降趋势明显。虽然全社会储蓄存款呈下降趋势，但我行的下降尤为明显，特别是进入11月以来，储蓄存款增量已不足千亿元，甚至一度滑落至300多亿元，市场份额也在持续下降。二是时点波动大。4月、7月、10月初的几个工作日储蓄存款下降的幅度是比较大的。三是付息成本高。截至第三季度末，我行储蓄存款付息率为1.53%，比建行和农行分别高10个基点和12个基点。

从分行看，各行的发展也不够平衡。到第三季度末，北京、黑龙江、江西、海南、新疆、大连、深圳7家分行日均增量（不含保本理财）同业第一，天津、内蒙古、江苏、福建、青海、上海、厦门7家分行日均增量（不含保本理财）四行排名垫底。时点增量（不含保本理财）上，截至10月末，上海、江西、海南、贵州、青海、新疆、大连、青岛、宁波等9家分行增量四行排名同业第一，北京、江苏、福建、河南、湖南5家分行四行排名第四位。第四季度以来储蓄存款增长的情况不尽理想，各行要对市场份额的持续下降认真分析、找出原因，是我们没有抓住客户还是同业新推出了有竞争力的新产品？只有找准原因才能解决问题。如果是前一方面的问题我们要加紧营销，后一方面的问题我们要马上研制出应对产品，让分行有武器打仗。

（二）关于零售信贷。个贷的目标是全年个人住房按揭贷款增量四行居首；加速分期付款业务发展，显著缩小与主要可比银行的差距。

目前按揭贷款的情况还是比较好的。从全行的情况看，个人按揭贷款仍处在难得的窗口期，资产负债管理部还是尽量保证额度投放的。信用卡分期方面，不能因为吃过亏就完全放弃市场，要在提高风险管理能力的前提下，加大推动力度，提高可持续发展的能力。目前，部分分行反映其在当地市场同业第一的位次面临很大压力，需要总行追加贷款额度。在全行贷款总额度较为紧张的情况下，资产负债管理部目前在额度分配上是与各行的贷款利率水平挂钩的。所以，各行要在信贷结构上做好调整，抓住时机拓展好个人信贷业务市场，通过提升贷款利率水平，争取更多的份额。

（三）关于零售中间业务。今年零售中收发展目标是要巩固和扩大零售中间业务收入同业领先优势。个人金融及私人银行中收要确保同业首位，信用卡中收要确保四行第二位。三个专业要确保完成第四季度增收计划。

现在，中间业务增收的压力是比较大的。截至第三季度末，我行中收四行占比虽排名首位，但仍存隐忧。一是对理财类产品的依赖过强，需要进一步调整。二是各类中间业务发展仍不平衡。个人银行理财、代理基金的同业竞争力比较强，四行占比超过40%，但代理保险业务仍比较弱，还是要加强对期交代销能力的培育。三是零售信贷对收入的综合拉动作用仍显不足。主要体现在信用卡分期付款上，我行分期付款业务增量与建行的差距超过200亿元，所以信用卡中收虽同比正增长但与同业差距较大，也导致全行中收领先可比同业的幅度变得很小。

今年整个零售条线搞了很多活动，做了很多工作，但工作成果最终还是要在关键指标上有所体现，既要有宣传的声势，更要有落地的实效，不能只开花不结果。

同志们，旺季营销事关今年全行经营收官大局，事关明年零售转型发展全局，希望各行对标同业、多措并举，抓好落地执行，圆满完成今年各项经营目标，确保实现明年零售业务旺季开门红，助力全行转型发展。

在2017年决算工作会议上的讲话

谷　澍

（2017年12月14日）

今天召开决算工作会议的主要任务是部署年末重点工作，找准主攻方向，推动全年经营目标实现。下面，我重点讲八个方面的内容。

一、关于中间业务收入

总行根据前三季度中收情况和第三季度行务会议精神，确定了全行第四季度中收目标××亿元。总行财会部已将目标分解落实到各部门、利润中心和分行。应该说，第四季度当季中收目标既是一个比较实的目标，也是全行必须坚守的底线。“实”是指这个目标是基于逐产品、逐科目梳理分析，与相关部门、利润中心和各分行充分沟通的基础上确定的，是经过努力完全可以实现的。同时，只有完成了这个季度目标，才能确保“中收总量第一、年末同业占比不低于第三季度末、手续费及佣金净收入降幅收窄”的目标实现。因此，各部门、利润中心和各分行必须确保完成任务。

从10－11月情况看，全行合计实现中收126.2亿元，同比增长11.7%；按可比口径计算，同比增长5.2%。总体呈现企稳好转迹象，但仍存在以下两方面的问题：一方面，分行间、产品间不平衡性较为突出。从分行看，山西、宁波、深圳、江苏、广东、浙江等20家分行同比增幅高于全行平均水平，天津、安徽、北京、云南等12家分行同比增长但增幅低于全行平均水平，还有4家分行同比下降。从产品看，信用卡、资产管理、国际结算、代销基金等8类业务收入同比增幅高于全行平均水平，代理收付、即期结售汇与外汇买卖、委托贷款及公积金归集和人民币对公结算等4类业务同比增长但增幅低于全行平均水平，贵金属、代理保险、资产托管、企业年金、人民币个人结算等8类业务同比下降。其中，代理保险10－11月仅分别实现收入1.01亿元和0.99亿元，创近三年单月新低。10月当月，有23家分行投融资顾问收入为零。另一方面，11月当月收入低于主要可比同业。11月我行实现中收××亿元，建行××亿元，其中债券承销及代销比建行少3亿元，担保承诺少2.2亿元，人民币对公结算少2.1亿元，借记卡少1.7亿元，资产托管少1.4亿元，人民币个人结算少1.3亿元，委托贷款及公积金归集少1.1亿元，代理保险少0.4亿元，代销基金少0.3亿元。

根据前两个月全行中收情况，要想完成第四季度目标，12月当月需实现收入××亿元，与去年同期220亿元的收入相比，压力较大。其中，投行、个金、银行卡和资产托管专业分别要实现收入25.5亿元、44.3亿元、43.2亿元（含积分结转）和15.8亿元。年末剩余的10多个工作日是中收入账比较密集且金额比较大的时期，各条线、各行要分类管理，抓好重点产品和关键环节。

一是对与投行及融资项目相关的收入，重点是要根据项目清单抓项目成功率，要逐个项目、逐个环节紧盯已营销成功但尚未完成落地的品牌类投行项目，力争在年底前做成并实现收入；对与年末公司类贷款项目有关的银团、承诺、担保、基础投行等收入，要在合规的条件下应收尽收。

二是对基础类产品，要抢抓旺季营销机遇，围绕业务量目标进度，按日监测，推进信用卡、理财、私人银行、资产托管、贵金属、账户交易类业务的快速增长。总行结算与现金管理部要牵头做好对支付宝和财付通手续费收取工作。

三是北京、上海、广东、深圳、宁波、贵州6家计划完成较好的分行要力争多做贡献。对于超年初计划的分行，超出部分不作为2018年计划基数。湖南、福建、内蒙古、吉林、青海和新疆6家分行要确保完成任务。

四是对总行下划收入，总行10个部门、利润中心要严格执行中收下划规则，确保“谁营销、谁受益”。要与业务量挂钩，要主动、及早披露下划收入信息。各相关部门要倒排时间，加强与合作机构协调，确保代销基金、第三方存管等代销类收入及时收取、下划并入账。

五是抓好督导。各专业条线、各分行要提高中收预测的准确性，避免出现较大偏差。总行财会部要牵头按日监测，及时与各增收主体沟通协调，督促各专业条线、各分行增收措施落地。

二、关于资产质量

今年前三个季度，集团不良率、逾期和剪刀差余额均逐季下降，新发生逾期和劣变速度持续趋缓，信贷资产质量呈现企稳向好的态势。17家分行较年初实现不良贷款的“双降”，其中浙江、上海、安徽、江苏、广东、福建、宁波、内蒙古和青岛等分行“双降”幅度较大。但从当前的情况来看，年末资产质量管控形势依然严峻，完成年末资产质量各项管控目标仍面临不小压力。截至11月末，集团不良贷款余额××亿元，不良率×%，距离年末不良贷款余额控制在××元以内、不良率×%的目标仍存在一定差距；剪刀差余额××亿元，超过年末××亿元的控制目标将近××亿元；前11个月累计清收处置不良贷款××亿元，距离全年××亿元的清收处置目标还有××亿元的缺口。全行要抓住年底前的这十几天宝贵时间，减少新增逾期，严控剪刀差，严防新劣变，加快不良清收处置，提高处置效率，凝心聚力，攻坚克难，确保完成年末各项资产质量管控目标，为明年资产质量持续向好打下坚实基础，具体要抓好以下几方面工作：

一是要加大到期贷款管理，最大限度减少新发生逾期。各分行行领导要亲自督导到期贷款管理，对年底贷款的还本付息要做到心中有数，尤其对于12月按年或半年集中结息的××亿元贷款以及预计收息困难的客户，要落实专人，逐户催收管理，最大限度地减少12月逾期贷款总量，减缓新增剪刀差的压力。目前反映年末剪刀差控制压力较大的山东、江苏和大连等分行，要继续加大催收催缴力度，确保完成管控任务。

二是要加强存量剪刀差重组转化力度，严控劣变。对于存量剪刀差客户要及早采取重组转化等手段，主动予以转化，尤其对于重点大户，要一户一策，严控劣变；对于确实化解无望的，实事求是地纳入不良贷款管理，有序释放存量风险，不给明年的信贷资产质量管控留包袱；公司、个金和银行卡等前台部门要把控逾期、防劣变作为年末的重点工作，确保完成各业务条线逾期和劣变控制目标。

三是要严格资产质量分类，为明年资产质量管控打下坚实基础。原则上对于逾期60天以上的贷款，尤其是调整过计息周期后又逾期，或实际上已经停破产企业的贷款，要全部纳入不良贷款管理；对于生产经营出现暂时性困难，后续有望脱困的企业贷款，可暂缓进入不良，为今后的风险化解保留空间；对于他行已经全部分类为不良，或他行出现逾期且确实存在实质风险的贷款，我行也应及时纳入不良贷款管理；各行要按照总行的统一要求，在29日前完成存量信贷资产的质量分类和风险分类，确保分类结果的准确和年终决算各项工作的顺利完成。

四是要加快不良贷款清收处置进度，确保完成年度处置任务。各行务必完成总行下达的不良余额控制任务，目前预计完成年末不良贷款处置计划存在较大缺口的分行，要加大力度确保完成任务。年底前，各行要把常规清收处置放在首位，综合运用催收、扣收、协议还款、资产变现、保证人代偿、还款免息、诉讼执行等方式，提高现金清收成效，减少核销损失；对于批量转让项目，要加大营销和市场挖掘，加大对债务人各类资产、担保人担保责任的追索，加强与资产管理公司和有效投资人的沟通，采取有效的方式提高回收率；对于总行审批同意的批量转让资产包，要尽快完成资金收付及核销账务处理。

五是要加快受托资产处置，完成处置目标。截至11月末，全行受托资产已处置收回××亿元，较去年同期有大幅增加，但距全年××亿元的计划任务还有××亿元的缺口。距全年处置任务差距大的福建、山东、河南、陕西、安徽和河北分行，要盯紧具体项目，倒排时间表、全力抓落实，确保完成计划目标。要把平台包处置放在首位，凡平台包剩余债权不足10亿元的分行，在收益最大化的前提下，要力争实现全部清户；其他分行也要抓住最后十几天的时间，力争处置一半以上的平台包。对于账销案存资产也要抓住今年最后的时机及时处置，确保完成任务。

三、关于存款

截至12月12日，我行人民币全部存款余额19.08万亿元，比年初增加11 141亿元，保持了四行领先的地位，增量比第二名多3 000多亿元。成绩的取得，是各业务条线、各分行按照总行党委的工作部署，密切配合、逆势而上、攻坚克难、持之以恒的结果，是抓源头、抓市场、抓定价、抓产品、抓渠道、抓考核不断提升管理精细化的结果。临近年末，全行对于存款工作不能掉以轻心，要一鼓作气地做好年末存款工作，牢牢保持增量第一的市场地位。

一要全力扭转储蓄存款增长落后同业的不利局面。全行要按照11月29日零售业务旺季营销工作会议要求，抓住岁末年初传统旺季，把握好年底收官和明年开局的关键时期。要营造好旺季营销活动氛围，打造好“工迎新春”旺季营销活动品牌，按照活动的四个阶段，聚焦“抓存款、抓资产、抓收入、抓客户、抓合规”五大核心工作，组织落实好十大营销活动，打破常态格局，确保营销实效。要“走出去”营销，旺季营销的着力点和重点是在线下，要牢牢抓住年末全社会资金聚集的营销良机，主动出击，尤其要高度重视代发工资、拆迁补偿等批量性、源头性资金的营销工作。要加大对旺季营销的资源投入，以支持储蓄存款、金融资产、客户拓展等核心业务的开展和重点代发工资单位的营销工作。要围绕日均储蓄存款增长的核心目标开展工作，全力扭转持续落后同业的不利局面，以旺季营销带动储蓄存款的平稳增长，确保年末储蓄存款增量实现四行排名第二，同时要避免增长过度集中在12月下旬。

二要保持公司存款平稳增长的良好势头。截至12月12日，全行公司存款比年初增加4 071亿元，9月末比年初增加3 871亿元，要继续加大推动力度。尤其要关注年末石油、石化、电力、铁道、烟草等大型集团公司客户资金摆布，早沟通、早准备，保住公司存款良好局面，保持年末公司存款的平稳增长。

三要继续发挥机构存款对全行负债的重要支撑作用。截至12月12日，机构存款比年初增加8 554亿元，增量超过全年新增存款的一半，为全行负债增长及资产布局做出了突出贡献。当前要应对好年末财政集中支付、社保资金集中运营可能带来的分流影响，巩固好全年的存款增长。要持续抓好军队、社保、政府客户的跟进营销，继续做好服务工作，牢牢巩固优势，更好地发挥对全行存款稳定增长的支撑作用。

四要做好同业存款的稳存增存工作。截至12月12日，同业存款比年初下降2 450亿元，降幅与去年基本持平，主要是受结算性资金减少及控制非结算性资金成本的影响。今年以来，市场利率高位运行，当前隔夜Shibor达2.79%，1个月Shibor达4.52%，各行要协调好同业存款增长、成本控制和市场占比的关系。要着重做好结算性同业存款的组织推动工作，以综合化服务带动证券公司、托管基金及财务公司等客户存款的增长，关注中债登、中证登等大客户的资金流向，力争年末有较大的存款贡献。适度从严控制同业套利资金，对于银行同业存放的资金从严把握。考虑到年末存款及资金情况，适度开展短期同业定期业务，做好全行资金稳定工作。总体上力争同业存款比年初下降控制在2 000亿元以内。机构金融业务部要做好组织推动及管理工作，金融市场部要做好同业专营业务的运作。

五是要继续高度重视偏离度管理工作。既要确保偏离度控制在监管要求内，维护我行稳健经营的市场形象，又要防止出现年末通过“推存款”压低时点的情况。资产负债管理部要牵头做好统筹调控，各行要做好年末时点前后大额资金预测预报工作，避免资金大幅进出增加全行流动性管理压力，确保全行流动性安全、平稳。

四、关于贷款

截至12月12日，全行人民币贷款（含拆放）比年初已增加9 669亿元，同比多增1 497亿元。今年以来，按照“定量挂钩为主、战略调整为辅”的分配思路，在年初统筹考虑同业可比银行投入，挂钩存款增长、存贷利差、经济资本、资产质量指标，并战略配置重点城市行计划的基础上，总行于8月和11月两次调整了分地区贷款计划，目前已将××亿元年初计划全部亮底分解。结合年内贷款需求形势变化，及时动态调整了贷款分品种分地区摆布策略，重点加大了贷款计划配置与新发放贷款利率水平的挂钩，全行新发放贷款定价水平持续改善。预计全年各项贷款日均增量保持同业首位，公司贷款、个人住房等重点业务品种实现近年最好增量，部分重点分行贷款增量创历史新高。

一要做好年末计划平衡。综合考虑当前个人住房贷款储备较高是难得的机会窗口期，总行已确定全年贷款计划按××亿元左右掌握。尽管12月总量计划空间仅为380亿元左右，但是加上400亿元个人住房贷款证券化和300多亿元的不良处置，当月实际净增空间超过1 000亿元，这对消化存量排队压力提供了十分有利的条件。12月中旬至年底公司贷款到期量为1 800亿元，考虑不良核销、提前还款以及适当让渡总量计划空间等因素，可发放的流量将在2 000亿元以上。资产负债管理部要会同相关业务部门和各分行精细算好年末规模账，做好流量优选排序，统筹做好年末分品种分地区计划的调剂平衡。要坚持需求导向、效益导向，尽快提出多安排的300亿元年度计划的分配方案，继续重点调增贷款排队需求多、新发放贷款定价高或综合贡献大的分行年度计划。要突出重点城市行竞争力提升的战略导向，进一步提升直辖市分行和80家重点城市行新增贷款占比。部分公司贷款定价水平不高的城市行，要优化增量结构，重点增加排队多、定价高的个人住房贷款和信用卡分期业务。

二要落实好重点投向。为确保达到人民银行定向降准标准，各行务必要不折不扣地完成总行下达的第四季度普惠贷款计划目标，对完不成普惠贷款增量目标的分行将按照差额部分的20%扣减考核利润。要根据个人住房贷款排队需求情况，结合资产证券化腾出的空间，继续优先安排高收益个人住房贷款投放，巩固个人住房贷款增量同业领先地位。要把握住年底居民增加消费的有利时机，适度加快综合贡献较高的信用卡分期业务发展。要加强与大客户沟通，结合岁末年初规模和资金形势，合理确定贷款定价和投放节奏，综合运用表内外融资解决客户需求，避免大客户低利率融资挤占年底和明年初相对稀缺的贷款规模，提高全行贷款使用效率。

五、关于财务管理

年末各行要平衡好财务资源投入，防范财务风险。一是统筹安排好费用开支。今年总行根据全行整体财务安排和各行经营情况，保证了各行费用资源的合理投入，加大了营销费用的支持力度。各行要加强费用资源的总量统筹和结构优化，用好、用活费用资源。要根据“有保有压”的原则，有效发挥好经营费用中保障费用的作用，既要合理保障业务运营开展需要，又要积极采取措施，压降低效甚至无效的费用开支项目，不得以拖欠、费用挂账等形式消极应付总行优化费用结构、压降物化费用的要求。在加大营销费用投入的同时，要注重营销费用投入产出效率的提升，积极开展直达客户的精准营销活动，将每一分钱花在刀刃上。这里强调一下，受历史采集积分集中到期等因素影响，今年全行的积分费用压力较大，各行相关业务部门在年末开展客户关系营销和维护过程中要强化大局意识，与财务会计部门密切配合，从全行整体利益的角度安排好积分费用的使用。

二是做好固定资产预算管理。截至12月12日，全行固定资产预算列支61.5亿元，进度仅为41%，各行要强化固定资产预算执行力度，按照财务流程加快固定资产投资项目列支进度，推动网点布局优化、互联网金融建设、行业合作等战略转型投入尽快落地。同时也要避免年底突击花钱，杜绝低效投入、积压库存等现象发生。

三是加强合规管理。从内外部检查反映的情况来看，一些机构还存在大手大脚、开支不规范等粗放管理行为。当前外部监管日趋严格，各级机构要提高政治敏感性，严格执行外部监管规定和我行各项财务管理制度要求，守住财务合规管理的底线、红线。此外，各行要根据总行开展重点科目内部账户挂账清理工作的统一安排和要求，做好存量挂账的清理工作，杜绝不合理挂账，切实防范业务风险。

四是强化涉税风险管控。境内机构要继续做好税收重点稽查沟通协商工作，尽最大努力压降补缴额，圆满完成检查任务。做好“营改增”各项新政策落地实施，进一步提高全行进项抵扣水平。

六、关于境外及控股机构

今年以来，境外及控股机构总体盈利向好，多数境外机构实现较快增长，部分盈利大行增速较高，对集团的盈利贡献持续提升。前11个月，境外及控股机构实现净利润××亿元人民币，同比增长××%，集团盈利占比××%。分区域来看，各区域都实现了不同幅度的增长，港澳地区净利润增长13.3%，亚太地区增长30.9%，美洲地区增长6.2%，欧洲地区（不含工银标准）增长22.8%。其中，盈利增长较好的机构有美国机构、工银国际、中东机构、首尔分行、工银马来西亚和法兰克福分行；工银标准保持在盈亏平衡线上但稳定性有待提升；工银印尼和孟买分行受拨备大幅增长导致盈利下降；工银莫斯科受当地央行下调利率导致利差收窄、利息净收入下降，但9月末建行莫斯科机构仍实现正增长；工银阿根廷受东道国经济政策环境影响盈利仍未摆脱负增长。在境外机构总体取得较好盈利增长态势的情况下，部分机构经营中出现的一些挑战，需要引起关注。

一是信用风险问题。境外机构拨备覆盖率较低，资产一旦劣变会对盈利产生较大影响。如工银印尼受资产劣变影响，全年拨备提取数预计增至 4 000 多万美元，相当于净利润的 1.5 倍，盈利几近腰斩。各机构要严守资产质量关，特别是今年新到任的一把手有责任保证机构整体盈利的连贯性，不能“顺势洗大澡”。对于集团内多头联动贷款，各参与机构职责要有明确划分，不留管理空白。

二是同业竞争问题。目前中资同业在境外的竞争日趋加剧，前三个季度，新加坡分行、伦敦机构和工银新西兰盈利落后中行和建行，部分地区落后同业的差距在拉大或领先同业的优势在缩小。各境外机构要主动和所在区域可比同业进行对标，摸清在同一经营环境下，差距是什么，原因在哪里，有目标有策略地巩固我行应有的市场地位。总行也要及时做好境外机构竞争力下降原因分析，从经营模式、资本金投入以及机构申设等方面寻找差距。对于经营管理方面的原因要及时改进。对于其他客观原因，要积极研究对策。

三是流动性和汇率风险问题。境外机构要不断提升流动性和汇率风险管理水平，既要积极把握经营时机，又要合理运用流动性工具提升盈利质量。同时，对于持有的多种外币敞口及衍生金融工具，各机构要加强研究，科学把握盈利节奏。

四是跨境税收风险问题。今年，欧洲地区个别机构发生了大额税收补缴事项，各机构要加强对当地税收法规的研究，完善税收基础管理，妥善应对税收争议，同时按照总行涉税风险管理要求及时报告。此外，按照我国 BEPS 行动计划落实要求，年末集团和部分境外机构要首次报送国别报告和主体文档，各机构要认真领会数据填报内容和口径，加强与总行沟通，从源头确保数据的真实合理。伦敦地区纳税筹划要及时把握年末窗口时间，确保完成退税工作。

今年以来，控股机构月度盈利波动较大，工银租赁要时刻关注资产质量，解决好资金来源问题；工银瑞信和工银安盛要加强风险管理，积极应对监管政策变化，优化业务结构，找准业务增长点；工银国际总体经营情况良好，要确保圆满收官；工银投资要尽快推进相关项目落地，做好明年的储备项目投资。

七、关于工资分配

经过全行上下的共同努力，今年集团净利润将继续保持正增长，按照利润增幅与工资增幅 1:0.6 的挂钩机制，全行工资总额也能实现正增长，这是大家共同努力、攻坚克难的结果。年底总行将对各机构工资总额进行分配，大部分机构的工资能实现正增长，共同分享工商银行稳健发展的成果。

今年，总行对各机构的工资分配将采取年初办法与年底调整相结合的方式。

一是坚持效益为导向，以年初办法为基础进行分配。年初总行分类制定了工资总额分配办法，在突出效益指标的基础上，根据全行业务发展重点选取了部分核心业绩指标，传导总行的考核激励导向。为持续体现以价值创造为核心的分配理念，总行将以年初办法作为全年工资分配的主要依据。

二是坚持实事求是，依据各分行实际情况合理调整。今年全行经营的突出特点是，机构之间主要指标完成情况差异较大，净利润和中间业务收入变化幅度之间也出现较大差异，客观上需要对工资分配结果进行适当调整。综合考虑净利润、拨备前利润及资产质量等方面的实际情况，总行按照工资费用与净利润增幅基本协调的原则制定了工资调整规则，力争使工资分配与各行实际经营情况相匹配。对于净利润和拨备前利润均有增长的分行，总行将追加工资指标保证工资适度增长；对于净利润有增长、但拨备前利润下降的分行，工资原则上不下降；对于净利润下降的分行，工资原则上不增长，总行将区分拨备前利润增减情况，通过预借部分工资的方式，不同程度地缩小工资降幅。预借金额将按一定规则确定，以提高透明度和激励作用。同时，对于人均工资在当地相对偏低的分行，总行也将预借部分工资。在预借金额上，竞争力提升较多的分行预借金额也相对较多。

三是加大对各机构领导班子业绩考核及绩效挂钩力度。对于完成年初预算目标和调增后年末沟通目标的机构，总行将对其领导班子成员分别给予不同程度的绩效奖励。对于年末沟通目标低于年初预算目标但仍未完成的后 6 家分行，其“一把手”在年度考核时不能评定为优秀或良好。总体上，总行将通过工资分配和考核激励，引导各机构和班子努力提升业绩、创造更大价值。

各机构要围绕总行的考核激励导向，做好工资费用使用安排。第一，科学预测，避免来年清算工资偏差过大。年末总行分配工资总额以各机构指标预测实现情况为基础，明年初再根据实际决算情况进行清算。各机构要尽量准确估计核心指标预计实现情况并及时报送总行，避免因预测与决算偏差过大，导致工资分配受到影响。第二，要做好工资费用的跨年平衡。工资总额下降幅度较大的分行，要适度使用分行层面的应付工资储备，平滑分行实际分配工资降幅。各行要盘点并适度控制分行层面应付工资储备比例，同时监督和指导二级分行工资费用使用情况，减少工资费用的低效沉淀。第三，要关注基层员工收入水平。对辖内工资水平已相对偏低、工资降幅较大的机构，分行可综合考虑当地社会平均工资等因素，保障基层员工收入的相对稳定。第四，要加强工资费用使用的统筹规划。各机构要在可使用工资总额的范围内做好考核激励费用使用安排，确保预留员工固定工资费用，严禁出现工资费用“硬缺口”。

八、关于新金融工具准则转换

下面，我再强调一下新准则转换问题。根据国际、国内会计准则相关要求，新的金融工具准则将于2018年1月1日起生效。本次准则转换工作，是十余年来银行业会计体系最重大的一次变革，内容涉及贷款、票据、债券投资、股权投资等所有金融资产。新准则下这些金融资产的成本计量、利润核算和拨备计提等诸多方面都发生了重大变化，其中影响最大的是信贷资产拨备计提模式的改变。新准则改变了信贷资产拨备的涵盖范围和计算规则。首先，拨备计提的范围由表内信贷资产拓展到贷款承诺、财务担保等表外信贷资产。其次，信贷资产的拨备计提将由“已发生损失模型”改为“预期信用损失模型”。预期信用损失的预测和计算，需要依据信用风险状况建立一套新的风险评价体系，将贷款划分为三个风险阶段，按照三阶段的划分结果对应不同方法计算拨备。各部门各机构要认真学习，确保顺利转换。

第一，要掌握信贷资产风险三阶段划分方法。新准则下，按照信用风险递增的顺序，将贷款分为三个阶段，与原有的五级分类相比，既有区别，更有联系。总体上来讲，两套分类体系的结果不应有太大差异，各行应重点关注第一阶段与正常类、第二阶段与关注类间分类存在差异的贷款，逐笔分析差异债项的形成原因和合理性，同时应确保第三阶段的法人贷款完全对应五级分类下的后三类贷款，即不良贷款。

第二，要理解和运用好预期信用损失模型。新准则下，信贷资产的拨备需要按照“预期信用损失模型”的要求，针对逐笔债项计算预期的损失情况。具体来讲，新准则下第三阶段的法人贷款和现有不良贷款的拨备计提方法保持一致，仍采用现金流贴现法计提，所以法人不良贷款保有的拨备余额在新准则下将不会发生变化。而法人正常类、关注类贷款以及五级分类下所有类别的个人贷款，包括个贷中的不良贷款，其拨备计提方式都改为根据逐笔债项的违约损失率和违约概率进行计量提取。其中，违约损失率的参数由总行统一计算并设置，违约概率则主要受每笔债项的客户评级、三阶段划分和是否逾期等因素影响。因此，当出现客户评级下调、贷款由一阶段下降为二阶段或发生逾期时，都将导致拨备保有金额的上升。

总之，新准则下，由于各类贷款业务面临的信用风险程度不同，将导致拨备计提比例发生分化。如关注类法人贷款的拨备计提比例将显著增加，正常类和关注类票据贴现业务的计提比例会明显下降，这样也就实现了“低风险业务低拨备、高风险业务高拨备”的财务结果。

第三，要切实做好准则转换各项准备工作。总行相关部门、各境内外分行和控股机构务必高度重视准则转换的准备工作，按照总行下发的《关于做好IFRS9金融工具准则相关系统投产及实施切换工作的通知》要求，重点做好拨备总量匡算和相关业务系统切换前后的各项工作。各境内分行要组织人员，按时完成相关业务系统的投产前参数设置和验证工作，完成贷款三阶段划分和客户评级参数的维护。各境外分行及控股机构应充分认识到准则转换的重要性，并结合自身的情况提前部署新准则转换的各项准备工作。虽然部分国家和行业制定了不同的监管政策，但在集团层面要保持会计政策的一致性，须统一按照总行的各项要求，完成新准则的转换实施。2018年以后，总行将以新准则下的财务结果为基础进行预算核定、绩效考评和资源配置等管理活动，以确保评价标准的一致性和公平性。

总体来看，到目前为止，在全体干部员工的努力下，全行各项经营效益指标和市场竞争力都有较好表现。但年末也是各项业务、特别是存款容易出现较大波动的时点，全行上下要集中精力，各尽其责，重点抓好薄弱环节，确保圆满完成全年经营目标。

在2017年领导干部报告个人有关事项工作专题培训会上的讲话

钱文挥

（2017年3月16日）

今年2月8日，中央办公厅、国务院办公厅印发了《领导干部报告个人有关事项规定》（以下简称《规定》）和《领导干部个人有关事项报告查核结果处理办法》（以下简称《办法》）两项法规。3月2日，中组部印发了《关于做好2017年领导干部报告个人有关事项工作的通知》。为帮助大家更好地理解中央关于个人有关事项报告制度的最新精神，深入学习两项法规的主要内容，认真做好今年的集中填报工作，经总行党委研究，决定安排这次专题培训。受易会满书记的委托，我代表党委讲三个方面的意见。

一、充分认识和领会两项法规的重要意义

领导干部报告个人有关事项，是管党治吏的一项重要制度安排。党的十八大以来，以习近平同志为核心的党中央，对坚持和完善领导干部个人有关事项报告制度提出了一系列新思想新要求。此次修订领导干部报告个人有关事项《规定》、制定查核结果处理《办法》，集中体现了十八大以来推进报告工作的理论成果、实践成果和制度成果，对进一步严明党的政治纪律和组织纪律，从严管理监督干部，具有十分重要的意义。

（一）修订制定两项法规是贯彻落实习近平总书记关于个人有关事项报告制度重要思想和中央新精神的重要举措。习近平总书记对领导干部个人有关事项报告制度高度重视，几次主持中央政治局常委会议、中央全面深化改革领导小组会议进行专题研究，从全面从严治党的战略高度作出一系列重要论述。总书记深刻阐述了报告制度的重要意义，明确指出它是请示报告制度的重要组成部分，强调如实向党组织报告个人有关事项是领导干部必须遵守的政治纪律和组织纪律，也是检验领导干部是否对党忠诚老实的试金石；深刻揭示了报告制度的本质特征，鲜明提出要建立完善中国特色的领导干部个人有关事项报告制度这一科学论断，强调这一制度符合党情国情，要长期坚持、不断完善，在全面从严治党中发挥更大作用；深刻指出领导干部必须强化组织观念，按规定按程序向组织如实报告个人有关事项，自觉接受监督，强调高级干部必须带头执行、以上率下；深刻指出要抓好制度的贯彻落实，强调要敢于较真，不能搞特殊、有例外，切实维护报告制度的严肃性和权威性，使纪律真正成为带电的高压线。总书记的重要思想和中央的新精神，是修订和制定两项法规的根本遵循，是抓好两项法规贯彻落实的行动纲领。大家一定要提高政治站位，增强“四个意识”，深刻认识修订制定两项法规的重大意义，切实增强贯彻落实的思想自觉和行动自觉。

（二）出台实施两项法规是新形势下深化党建制度改革、加强领导干部管理监督的重要体现。党的十八大以来，全面从严治党向纵深推进，对领导干部的管理监督持续加强，个人有关事项报告工作也在不断改进和完善。报告制度已日渐深入人心，各级干部的重视程度越来越高，作用的发挥越来越好。实践证明，监督领导干部的家事和家产，比监督领导干部的言行，更能触动干部、促进自律。通过对领导干部家事、家产情况的抽查核实，不仅对防范干部“带病提拔”起到了积极作用，也对领导干部遵规守纪、干净做官起到了倒逼作用，有利于党组织更加全面地了解和掌握干部情况，对苗头性、倾向性问题及时进行提醒和教育。与西方国家的官员财产申报制度相比，我国的领导干部报告个人有关事项制度，报告对象的范围更广，报告事项的内容更全，抽查核实的力度更大，结果运用的要求更严，更适合中国的国情、党情。近年来，中央坚持思想建党与制度治党有机结合，将制定和完善个人有关事项报告制度纳入全面从严治党战略部署加以推进，十八届三中全会提出了明确要求，六中全会通过的《关于新形势下党内政治生活的若干准则》和《中国共产党党内监督条例》，对按规定如实报告个人有关事项都作出了明确规定。这次，中央通过出台实施两项法规，把十八大以来贯彻执行报告制度的实践经验，以党内法规的形式固化下来，是深化党建制度改革的一项重要成果。我们一定要进一步坚定制度自信，自觉贯彻落实好个人有关事项报告制度，充分发挥报告制度在加强党内监督、推进依纪依规治党中的重要作用。

（三）贯彻执行两项法规是我行党委落实主体责任、推进“从严治党、从严治行”的重要任务。总行党委历来高度重视领导干部报告个人有关事项工作，把贯彻落实中央关于这项工作的各项新精神、新要求作为履行全面从严治党主体责任的一项重要任务，多次安排会议听取专题汇报，并责成党委组织部抓好全行的政策宣传与培训指导、集中填报与抽查核实、结果处理与责任追究等具体工作。特别是2015年以来，按照中央“凡提必核”的要求，总行研究制定了《中国工商银行个人有关事项报告核实工作流程》，对全行拟提拔为副处级及以上管理人员，拟列入总行直接管理机构的后备干部人选，以及根据信访举报需要查核的对象，全都进行了重点抽查核实。经查核认定，对于未如实报告的干部，情节较轻的，在要求本人作出说明或检查的同时，重点加强了纪律教育；情节严重的，分别给予了函询、诫勉乃至取消提拔资格、纪律处分等处理，切实维护了报告纪律的严肃性。此次中央印发两项法规之后，总行党委高度重视，立即将贯彻执行工作列入议事日程，本周一在党委（扩大）会议上专门听取了党委组织部的汇报，并决定安排今天这次专题培训会，组织全集团所有需要填报个人有关事项报告的管理人员和组织人事部门的相关同志，包括境外机构的同志，总计1 000多人参加培训。开展这样大规模的培训，也从一个侧面体现了总行党委对此项工作的重视和推进“从严治党、从严治行”的决心。

二、准确把握两项法规的主要精神和具体内容

两项法规的修订和制定，落实了中央党要管党、从严治党的新要求，坚持了稳中求进的工作总基调，对近

年来领导干部报告个人有关事项工作实践中把握的处理政策进行了规范化、制度化，对报告主体范围、报告事项内容、报告材料查核、查核结果运用等进行了修改完善。具体来讲，主要包括以下几个方面：

（一）对报告对象的范围作了较大调整。主要是对企事业单位按照分类管理的原则，作了进一步区分，大幅减少了国有企业的报告对象。即“一突出两调整”：“一突出”，就是突出党政领导干部这个重点。党政机关和参照公务员法管理的人民团体、事业单位县处级副职以上的干部，都要报告个人有关事项，体现了对党政领导干部从严管理的要求，对公共权力从严监督的要求。“两调整”，一是将非参公事业单位的报告对象范围，调整为领导班子成员及内设管理机构领导人员；二是将国有企业的报告对象范围，调整为中央企业的领导班子成员及中层管理人员，省管、市管国有企业的领导班子成员。

根据《规定》的新精神，结合我行实际情况，总行党委确定，我行的报告对象范围除中管干部以外，还包括总行直接管理的机构和部门的负责人，具体包括：总行高管，总监，总行部室、利润中心、直属机构（含总行部室管理的中心）负责人，一级（直属）分行、内审分局领导班子成员，综合化子公司管理层中的我行派出干部，境外机构管理层中的外派干部。不含各机构助理和一级分行营业部总经理，不含各级业务类人员，不含境外机构和综合化子公司中市场化招聘的职业经理人。原一级分行、直属分行、直属机构党委管理的处级干部，以及总行本部、内审分局的处级干部都不再纳入报告对象范围。据此匡算，今后全行需要报告个人有关事项的干部总数为800人左右，约占原先报告总人数的1/10。报告人数减少，并不意味着工作要求降低，主要是体现干部分类管理、重点监督原则，着重抓“关键少数”。对于不再纳入报告对象范围的处级管理人员和业务类人员，有关部门也要研究加强监督和管理的其他措施。

（二）对报告事项的内容作了补充完善。修订后的《规定》，总体上还是报告8项家事、6项家产共14项内容，但部分项目作了进一步明晰和补充完善，个别项目作了合并调整。总的来看，填报的内容范围更广了，涉及的家庭成员更多了，着重突出了与领导干部权力行为关联紧密的家事和家产情况。归纳起来，主要有以下六点：一是将出国与出境作了区分，分列开来报告。同时，在《办法》中将未报告持有因私往来港澳、台湾通行证和因私出境的情况，按漏报处理；将未报告持有因私普通护照和因私出国的情况，按瞒报处理。二是在要求报告配偶、子女移居国（境）外情况中，增加了虽未移居国（境）外，但连续在国（境）外工作生活一年以上情况的内容。三是把领导干部“子女的配偶”从业情况、经商办企业情况纳入报告内容，明确报告担任私营企业、外商独资企业、中外合资企业、境外非政府组织在华代表机构高级职务等情况。四是在报告房产情况中，针对填报中房产附属部分容易漏报的情况，明确有单独产权证书的车库、车位、储藏间等需要报告。五是对金融投资方面的报告内容作了调整，明确主要报告与权力行为关联度较大的股票、基金、投资型保险三个方面。六是为贯彻中央防逃追逃工作有关要求，将领导干部本人、配偶、共同生活子女在国（境）外的存款和投资情况纳入报告内容。

（三）增加了关于抽查核实工作的具体规定。抽查核实是确保个人有关事项报告制度充分发挥效力的一项关键举措，也是从严管理监督干部的一个硬招实招。近几年，中央的工作措施不断改进，推进力度越来越大，从只报不查到部分抽查、再到“凡提必核”，随机抽查的比例从3%－5%提高到10%。这次修订后的《规定》，专门增加了五条关于抽查核实工作的规定，将近几年的实践经验固化为法规制度。一是明确了查核的方式、比例和对象。在报告对象范围内，继续要求按照10%的比例每年集中开展一次随机抽查，同时强调“凡提必核”，对拟提拔考察对象、拟列入后备干部人选、拟进一步使用的人选以及涉及个人报告事项举报的，都要进行重点查核，防止干部“带病提拔”“带病上岗”。二是对家庭财产合法性验证作了原则性规定。查核发现领导干部的家庭财产明显超过正常收入的，应当要求其作出说明，必要时可以对其财产来源和合法性进行验证。三是对查核结果的运用作出了原则性规定，要求把查核结果作为衡量领导干部是否忠诚老实、清正廉洁的重要参考，运用到选拔任用、管理监督等干部工作中。四是明确了查核联系工作机制以及成员单位。五是对抽查核实纪律作了规定，要求严格遵守工作纪律和保密纪律。

（四）同步制定出台了查核结果处理《办法》。查核结果处理是抽查核实工作的关键环节，中央这次在修订《规定》的同时，同步制定出台了查核结果处理《办法》，工作程序和操作标准更加明确，也更加严格。《办法》主要对三个方面的内容作了具体规定。一是分别界定了漏报、瞒报的具体情形。将认定为漏报的行为，明确为5种情形，比如：少报告房产面积或者未报告车库、车位、储藏间，少报告持有股票、基金、投资型保险金额，等等。其中，少报告房产面积50平方米以上，或少报告投资金额30万元以上，属于情节较重的漏报；将认定为瞒报的行为，明确为10种情形，比如：未报告本人婚姻情况，未报告房产1套以上，未报告持有股票、基金、投资型保险等情况，等等。二是分别明确了对漏报、瞒报的处理规定。属于漏报且情节较轻的，给予批评教育、责令作出检查、限期改正等处理；属于瞒报或情节较重的漏报，处理的起点就是诫勉，更重的处理方式还包括取消考察对象资格、调离岗位、改任非领导职务、免职、降职等。三是明确了受到纪律处分和组织处理的影响期。查核处理《办法》的出台，为个人有关事项报告抽查核实工作提供了操作性很强的标尺，为今后处理不如实报告的行为划出了底线、亮出了红线。处理标准已明确写进中央文件，今后，总行将严格按照这个标准执行。

三、切实做好今年个人有关事项报告集中填报工作

制度的生命力在于执行。中央在印发两项法规的通知中，对学习贯彻工作提出了要求。中组部在做好2017年领导干部报告个人有关事项工作的通知中，对今年的集中填报工作也作出了部署。根据中央文件的精神，下面，我代表总行党委再给大家提几点要求。

（一）要全面提高思想认识，自觉接受组织监督。做好个人有关事项报告工作，关键要在提高思想认识、端正态度上下功夫。要站在对党忠诚老实、切实增强组织观念的高度看待这项工作，说老实话，办老实事，做老实人，绝不搞两面派，做“两面人”。要站在“严管才是厚爱”的角度领会中央和总行党委的要求，进一步严格要求自己，不断强化纪律意识和规矩意识，自觉向党章党规党纪看齐，向以习近平同志为核心的党中央看齐，向十八届六中全会精神看齐，自觉接受组织监督。希望我们工商银行的干部，都能端正态度、提高认识，认认真真把“个人有关事项”报告完整、报告准确、报告及时，不要让自己被动，也不要让组织被动。

（二）要认真学习政策规定，准确把握填报要求。根据党委组织部的统计，2014年开展抽查核实工作以来，全行总共抽查核实5 320人次，因个人有关事项报告问题累计处理1 300余人次，其中批评教育1 200余人次，诫勉78人次，取消提拔或转任重要岗位资格22人次，个别情节严重的给予了纪律处分。这其中绝大部分干部都不是主观上想对组织刻意隐瞒，主要原因还是对政策学习不到位，对填报说明研读不细致，对填报要求理解不准确。这次培训会之所以开这么大范围，就是希望大家都能掌握第一手信息，全面细致地了解政策要求和填报中需要注意的问题，为确保报告质量夯实基础。接下来，党委组织部将对有关政策和要求进行详细讲解，请大家务必认真听、认真学，切实吃透精神，把握要点。

（三）要准确审慎如实填报，切实保证报告质量。中组部印发的《关于做好2017年领导干部报告个人有关事项工作的通知》中，对今年的集中填报工作作出了统一部署，各级领导干部要在4月底前完成集中填报工作。中央这次印发的两项法规，明确规定自2017年2月8日起施行，今年所有填报人员将按照新规定进行“首次填报”，也就是说这次的集中填报是一次重新“铺底”的工作，以后的个人有关事项报告变化情况均以此为基础。因此，大家一定要在认真学习、熟悉政策的基础上，准确、审慎、如实地填报，认真阅读填表说明，认真和自己的家庭成员进行核实确认，填报中遇到任何疑问或者拿不准的情况，及时和组织部门沟通联系，千万不要因为疏忽大意出现少报、未报的情况。如果在今后的查核工作中发现漏报或瞒报情况，总行将依据查核处理《办法》予以严肃处理。

（四）要精心抓好组织实施，按期完成各项任务。按照中央新的《办法》规定，今后全行需要报告个人有关事项的领导干部总数较以往减少了90%左右，但需要填报的干部都是我行的高层级管理人员，而两项法规中有不少新规定、新要求，《个人有关事项报告表》的内容和形式也有较多变化，这就要求组织人事部门务必要全面、精准地掌握相关政策，为领导干部填报提供专业的咨询服务和准确的政策解释，如果遇到拿不准的问题，一定要及时向上级组织人事部门请示。另外，各机构组织人事部门还要配合做好《报告表》的收集和转交工作。所有总行管理的干部要在4月15日前，将本人亲笔填写的《报告表》送所在机构主要负责人阅签，并进行密封后，交所在机构组织人事部门。各机构组织人事部门于4月20日前，将本机构总行管理干部的《报告表》转交总行党委组织部。总行党委组织部后续还要扎实做好《报告表》的受理审核、信息录入和汇总综合等工作。

同志们，做好领导干部报告个人有关事项工作，是中央推进全面从严治党、从严管理监督干部的部署要求，也关系到每位同志个人的职业发展，乃至工商银行干部队伍的整体形象，责任重大，意义重大。希望大家切实增强纪律意识、规矩意识和组织观念，以严肃认真、审慎负责的态度把两项法规落实好，把个人有关事项报告填报好。

在总行党校第十三期领导干部研究班开班仪式上的讲话

钱文挥

（2017年4月11日·根据录音整理）

中国工商银行党校第十三期领导干部研究班今天开班了，在此，我代表总行党委和党校校务委员会，对大家的到来表示热烈欢迎！

去年，总行党委对党校办学机制进行了改革，缩短了学制，扩大了规模，突出了重点，全年成功举办了三期领导干部研究班，取得了丰硕的学习成果，对全面推进党的建设、提高党员领导干部能力素质、支持全行加快转型发展发挥了积极作用。应该说，总行党委对党校、对参训学员都寄予了很高期望，大家作为今年第一期党校研究班学员，要倍加珍惜机会，全身心投入学习研究，努力在三个方面有所收获：

第一，坚持用党的理论创新成果武装头脑，确保始终坚持正确的政治方向。我们党历来重视理论建设和理论教育，在从苦难走向辉煌的90多年历程中，非常重要的一点就是始终坚持、坚定和坚守马克思主义这一科学的世界观和方法论，可以说运用马克思主义基本原理指导中国的事情是我们党的看家本领。习近平总书记指出，党员领导干部到党校学习，主要任务是学习党的理论、方法，接受党性教育。同时指出，马克思主义就是我们共产党人的“真经”“真经”没有学透、没有念好，总想着“西天取经”，就要贻误大事！因此，大家进党校首先要学好党的经典理论，其次要学深悟透习近平总书记系列重要讲话精神。系列重要讲话是马克思主义在21世纪、在当代中国最现实的体现，党的十八大以来，中央要求全党认真学习贯彻十八大精神以及历次全会的决定，开展党的群众路线教育实践活动、“三严三实”专题教育、“两学一做”学习教育，就是要使全体党员对习近平总书记系列重要讲话精神有深刻的认识和理解。

根基不牢、地动山摇。大家要切实把党的基本理论学习摆在突出位置，不断夯实筑牢思想信念根基，进一步坚定对坚持中国特色社会主义的理论自信、道路自信、制度自信、文化自信，始终在思想上、政治上、行动上同以习近平同志为核心的党中央保持高度一致，提高自己的战略思维能力、辩证思维能力、综合决策能力以及驾驭全局能力。

第二，深入领会全面从严治党重要部署，提高加强党的建设的使命感和责任感。党的十八大以来，以习近平同志为核心的党中央，把全面从严治党纳入“四个全面”战略布局，带领全党全国人民开辟了治国理政新境界，开创了中国特色社会主义新局面。总行党委始终认真贯彻落实中央管党治党要求，将全面从严治党、从严治行作为新时期全行中心工作来抓。去年底，总行党委印发了《中国工商银行党建工作主体责任清单》，提出了七个方面23条具体的责任要求，有很强的指导性和可执行性，为我们从严治党、从严治行，将主体责任落到实处打下了坚实的基础。在今年初的全行工作会议上，总行党委提出要继续坚持“四个倍加”要求和“五个紧紧抓住”的战略部署，突出强调了“五个方面重点工作”，并对紧紧围绕强化“两个基础”、成为“六个力量”，不断加强和改进党的建设作出重要部署，明确了要抓好领导班子这个关键、抓好基层组织建设这个基础、抓好严守政治纪律和政治规矩这个根本、抓好人才队伍这个第一资源等重点任务，对新时期加强全行党的建设具有重要的指导意义。

大家要结合当前全行面临的新形势新任务，进一步学习领会好和贯彻落实好总行党委的重要决策部署，切实增强加强党的建设的使命感和责任感，努力提高在思想上、政治上、行动上同党中央保持高度一致的自觉性和主动性，为更好地履行全面从严治党责任，切实推动本机构、本部门党的建设和转型发展做好充分准备。

第三，充分利用党校优势特点，全面提升自身政治素质和综合能力。总行党校是我行培训高级党员领导干部的主渠道，以党校姓党为根本原则，坚持从实际出发，坚持问题导向，通过师生间、学员间的广泛深入讨论，不断促进教学相长、学学相长。在教学上，总行党校坚持从严治校、从严施教、从严管理，把从严治党的要求落实到教学工作的方方面面。这期班在课程设置上，充分考虑了新形势下全行党的建设和转型发展对党员领导干部的素质要求，安排了党的科学理论、习近平总书记系列重要讲话精神、十八届六中全会精神、国际政治、经济、军事、外交、党史国史教育、党章党规党纪、《廉洁自律条例》和《纪律处分条例》等兼具理论性和时代性的课程。同时，也结合我行改革发展重点工作和国内外热点问题，邀请了国内知名学者和总行多位党委委员给大家授课，可以说专题跨度非常大、内容非常丰富，在短时间完成这些学习任务，含金量非常高。培训期间，易会满董事长也将到党校和大家座谈，这是一次非常难得的机会。去年，易董事长曾三次到党校和领导干部研究班学员交流互动，取得了很好的效果。培训结束时，行领导还将听取大家的课题汇报，每位学员的学习总结也将由总行党校统一向学员的直线管理者反馈。这样安排，就是希望大家通过全面、系统、深入的学习和思考，实现政治素质和综合能力的全面提升，更好地组织推动全行发展战略和重点举措的落地实施。

对照上述三项学习任务来看，大家要在1个月时间内完成4大模块近50个专题的学习研讨，还要结合实际撰写课题报告，可以说研究班的学制紧、任务重、要求高，但是机会难得，希望大家静下心来，认真学习、深入思考，筑牢思想之基、强化党建之责、增长干事之才。在此，我想再着重提三点要求：

一、坚持真学真信真用，紧紧围绕习近平总书记系列重要讲话精神开展示范型学习

总行党委把党员领导干部不断集中到党校学习，一个重要目的就是帮助大家向以习近平总书记为核心的党中央看齐。在省部级主要领导干部学习贯彻十八届六中全会精神专题研讨班上，习近平总书记发表了重要讲话，从党和国家全局高度，紧紧围绕六中全会精神，深刻阐释了加强和规范党内政治生活、加强党内监督的重大问题，对推进党的建设新的伟大工程、深化全面从严治党具有重大而深远的指导意义。各级党委和党员领导干部要全面履行领导责任，努力把加强和规范党内政治生活、加强党内监督各项任务落到实处。我认为，深入学习领会习近平总书记重要讲话精神，最重要的是把握四个理念：一是关键。紧紧抓住“关键少数”，坚持自上而下、以上率下，层层传导压力，层层细化要求，切实发挥“关键少数”的作用。二是责任。坚持把党的建设作为责任田，把深入贯彻《准则》和《条例》作为义不容辞的政治责任，以对党高度负责的态度贯彻好落实好。三是制度。注重制度的刚性保障，坚持以制度约束每一个党组织、每一名党员。四是自觉。把“口动”化为心动，把心动化为行动，把外在要求化为内在自觉，努力使《准则》和《条例》入脑入心，成为思想指引、行动指南。

这次党校重点安排了学习习近平总书记系列重要讲话精神的内容，大家要充分利用这次难得的学习机会，全面深入领会以习近平同志为核心的党中央治国理政的新理念、新思想、新战略，切实做到真学、真信、真用。真学就是要主动学、用心学、持之以恒地学，认认真真读原著、学原文、悟原理，深入领会和准确把握讲话的精神实质与精髓要义，做到深学深悟、常学常新。真信就是彻底弄清系列重要讲话在理论上的继承与创新，以及在实践上的总结与发展关系，懂得其在我们认识世界、改造世界方面的重要指导意义，将践行其精神作为崇高的政治追求。真用就是要坚持学用结合、知行合一，把系列重要讲话精神作为把握方向、推动工作、促进发展的重要法宝，把全行改革发展研讨会和年度工作会议的各项要求和工作部署弄懂吃透，贯彻落实到全行党的建设和经营发展的各个方面。真学、真信、真用既要深植于心，更要付诸行动。希望大家在校学习期间要多讨论、多交流，通过互相切磋砥砺，共同提升进步。回去以后，更要身体力行，做真学、真信、真用的模范，带动其他同志自觉加强学习，提升党性修养，把真学、真信、真用的精神和态度传递开来。

二、坚持学思结合，围绕中央的一系列重大方针政策和总行党委的战略部署开展研究型学习

党的十八大以来，以习近平同志为核心的党中央挺立潮头，高瞻远瞩，作出经济发展新常态的重大判断，提出创新、协调、绿色、开放、共享的新发展理念，开启了供给侧结构性改革的新实践，贯彻稳中求进工作总基调和治国理政重要原则，拨迷雾，勇担当，善作为，标注中国经济新方位，引领中国经济新航程。去年底的中央经济工作会议，将“稳中求进”上升为治国理政的重要原则和做好经济工作的方法论。会后，中央顺大势，谋大事，提出指导经济发展和经济工作的新理念、新思想、新战略，作出一系列新部署，确立适应新常态的政策框架，对经济发展怎么看、怎么干提供了思想指引和行动指南。稳中求进作为经济工作的总基调，对做好金融危机以来经济金融工作、更好地服务实体经济、守住不发生系统性风险底线，具有极强的针对性和指导意义。深刻理解稳中求进的意义和内涵，对于进一步推动全行改革发展，以及解决服务实体经济和供给侧改革、加快经营转型和结构调整、提升重点城市行竞争力等“六个重大问题”，努力化解经济下行与结构调整中的不利因素，增强全行的竞争力和经营活力，提高发展的效益和质量，具有十分重要的意义。

从“三期叠加”到经济发展“新常态”，再到供给侧结构性改革，当前外部的经济环境瞬息万变，对于党员领导干部的能力要求也越来越高，需要我们不断汲取新的知识，不断研究思考新的工作思路和措施。希望大家珍惜这次学习机会，充分发扬党校研究型学习的好传统，围绕全行改革发展的各项重点任务，结合大家共同关注的“两个带来”进行深入研究，及时反映重要的理论和经营动态，提出应对挑战、抓住机遇的对策建议，为推动全行在复杂严峻的经营形势下实现新的科学发展、切实履行好大行担当贡献智慧和力量。

三、认真研读党章党规党纪，推动“全面从严治党、从严治行”落到实处

党的十八大以来，以习近平同志为核心的党中央坚持国家、民族、人民利益至上，针对党的建设中经年累积的沉疴痼疾，坚持刀刃向内，以刮骨疗毒、壮士断腕的政治勇气，奏响了全面从严治党的时代强音。全面从严施“治”的主体是中国共产党，全面从严受“治”的客体也是中国共产党，这本身就鲜明体现了无私无畏的自我革命精神。经过4年多“祛病疗伤、激浊扬清”的自我革命，反腐败斗争压倒性态势已经形成，党在革故鼎新、守正出新中实现了自我超越，增强了全社会的政治认同。

把党的十八届六中全会精神落实到全行的各项工作中，才能确保风清气正，不断增强自我净化、自我完善、自我革新、自我提高的能力；才能不断践行党的宗旨，保持党的先进性和纯洁性，进一步提振全行士气凝聚人心；才能推动全行改革发展的事业迈上新台阶。当前，全行一方面风险防控形势依然严峻，案件和风险事件有所抬头，管理人员违规违纪问题时有发生；另一方面，战略落地不到位的问题较为突出，一些机构和部门不重落实、不求创新、不讲实效、不在状态，把准备做的说成已经做了，把布置的说成落实的，浮躁风气和华而不实作风亟待纠正。为此，总行党委多次强调要狠抓纪律建设和作风建设，在全行真正形成“讲了就要听、定了就要做、安排布置了就要认真落实、不听不做不落实就要严肃执纪问责”的新常态。希望大家在学习期间，认真研读党章党规党纪，要从中央近年来通报的典型违纪案例中吸取教训，时刻绷紧纪律和作风这两根弦，从小节严起、从小事做起，督促自己远离底线、追求高标准，不断提高党性修养。回去后，不仅要继续严格要求自己，还要切实履行领班子带队伍的主体责任，层层传导压力，逐级压实责任，努力培养形成人人遵规守纪、个个担当作为的良好氛围，不断开创党的建设和业务经营协同发展的良好局面。

同志们，习近平总书记在省部级主要领导干部学习贯彻十八届六中全会精神专题研讨班上指出，“坚决维护党中央权威、保证全党令行禁止，是党和国家前途命运所系，是全国各族人民根本利益所在”。从今天开始，大家就将开启一段新的学习历程，希望各位学员在校期间能够认真按照习近平总书记讲话要求，严于律己，严格遵守党校的校规、校纪，切实维护党校良好的校风、学风，做到满怀学习渴望而来，满载丰收成果而归，使党校学习成为一段充实、美好、难忘的经历，成为思想上不断解放、认识上不断深化、能力上不断提高、党性不断增强的过程，使党校学习的收获成为做好工作的新动力，以更加饱满的精神、更加团结的氛围、更加优异的业绩迎接党的十九大胜利召开。

在宣传思想文化工作会议上的讲话

钱文挥

（2017年5月19日）

今天会议的主要任务是，深入贯彻党的十八届六中全会、全国国有企业党的建设工作会议精神，落实总行党委确定的中心工作，总结2016年宣传思想文化工作成果，安排2017年各项重点任务。这里，我讲三点意见。

一、充分肯定过去一年宣传思想文化工作取得的成绩

2016年，在总行党委领导下，全行宣传思想文化工作围绕“两学一做”学习教育和学习贯彻党的十八届六中全会精神，推动党性教育向基层行延伸压实，加快集团企业文化体系充实与完善，开展具有工行特色的典型评选与成果宣传，大力弘扬雷锋精神推动精神文明创建落细落实，取得了一系列可圈可点的成绩。

（一）全行充分发挥党委中心组学习和党校培训示范作用，推动党性教育抓在日常、严在经常，促进了各级班子和广大党员“四个意识”明显增强。围绕“两学一做”五个专题安排，着力提高中心组学习研讨质量，增强党校“两个责任”培训实效，坚持严规划、严过程、严管理，促进方式新、平台新、延伸新，较好做到基层调研扎实、转变作风扎实、解决问题扎实，为各级领导班子落实“两个从严”要求、取得好于预期的经营业绩奠定了思想基础。积极带动面上学习，通过落实“三会一课”制度、开通“两学一做”网讯专栏、创立“理论学习专区”，为各级基层党组织和广大党员提供了理论学习服务与支持。我行开展“两学一做”学习教育和党委中心组学习的做法和效果得到了中央国家机关工委的高度肯定，内参《学以资政》和《紫光

阁》先后全文刊登了易会满书记和全体党委委员的学习体会，还对我行学习教育动态作了深入报道。

（二）全行积极推进“一个核心、四个支撑、两个延伸”企业文化体系建设，用文化激发和衷共济的内生力量。围绕我行核心价值理念深植，构建了横向结合与纵向贯通的多元立体传播系统，展示工行改革风貌。积极推进子文化“四个支撑”建设，在继廉洁文化发布后，凝练推出了“合规为本、全员有责、风险可控、稳健高效”的合规文化理念和“客户为尊，服务如意；员工为本，诚信如一”的服务文化理念，推动企业文化与经营管理相融并进。深化专业文化和特色文化建设，围绕当前信贷经营管理中存在的深层次问题，重塑信贷文化，强调了信贷文化 24 字要求，为理顺信贷经营链条、深化信贷体制机制改革提供了重要指引；同时推动各级行将特色文化实践与加强党建工作、加快经营转型、深化改革创新相融合，通过开展“匠人匠心”主题展播、组织“微”文化主题活动、加强企业文化示范点建设等举措，较好发挥了文化凝魂聚力的重要作用。加强境外机构企业文化建设，将境外机构企业文化建设纳入集团统一管理框架，通过问卷调查、实地调研、座谈研讨等形式，全面了解境外机构文化现状和需求，为推动境外机构跨文化管理和文化融合夯实基础。

（三）全行创新开展“两大活动”，积极推进文化建设成果宣传和典型宣传，员工队伍文化认同与凝聚力得到增强。各分行班子成员将“五年文化兴行　十件大事聚力”征集展示和“凝聚工行”企业文化建设先进集体评选活动作为激励队伍士气、打好改革发展攻坚战的有力抓手，亲自动员、带头参与，从实际出发，把征集推荐过程与经营管理紧密相融，创新开展了“寻找文化名片”“文化践赏 360°”“故事会”等一系列主题鲜明、形式丰富的活动。引导干部员工自发展示和评述本单位构建特色文化、抓实队伍建设、增强机构竞争力的成功案例；将活动融入业务营销和品牌宣传，通过官微投票与展示，吸引了客户乃至社会公众的广泛参与。两大活动共梳理提炼了文化建设成果近 50 件，选树了一批文化特色鲜明、凝聚力强、美誉度高的优秀集体，使广大基层行学有示范、行有榜样，进一步坚定了改革信念，提升了队伍凝聚力。银监会“中国金融思想战线网”对两大活动均作了重点宣传。

（四）全行持续推动学雷锋活动常态化和“最美人物”精神宣传，用社会主义核心价值观为我行更好地服务实体经济、服务社会民生注入精神动力。各级分支机构将突出行业特色、区域特点作为学雷锋活动常态化的着力点，广泛开展了“五进”“六结合”等务实有效的实践，积极创建“雷锋窗口”“雷锋岗”“学雷锋标兵”；组织“学雷锋活动集中宣传月”，开展“学雷锋工行在行动”系列宣传报道。以“银行业最美人物”推荐评选为契机，大力开展“发现最美”系列活动，广泛宣传了以金颖颖、朱捷等获奖员工为代表的一批基层一线“最美”典型，使员工受教育、受激励，让“人美行才美”的理念深入人心，有效推动文明创建在窗口的落地，促进了服务作风转变和服务质量提升。

过去这一年，宣传思想文化工作在各级行党委的正确领导下，在宣传思想文化工作条线的协同努力下，取得的发展和进步有目共睹，赢得了各界关注和认可。在中央国家机关工委“学习秘书培训会”上，我行应邀作为唯一金融系统代表介绍了党委中心组学习经验，《光明日报》作了报道。在银监会组织的 2017 年度“银行业最美人物”中，“感动工行”员工杨荣同志代表我行光荣登榜。我行还连续第五年被评为“全国金融系统思想政治工作和企业文化建设调研报告评选优秀组织奖”，荣获“‘十二五’全国企业文化传播全媒体建设30 强单位”称号，38 家分支机构及 6 名个人分别获得相关奖项。这些成绩中，凝聚着各单位分管同志、全体宣传部门同志和广大干部员工的心血汗水，在这里，我代表总行党委向大家表示衷心的感谢和诚挚的慰问！

过去这一年，我们对新时期宣传思想文化工作的规律有了更深刻的认识，主要是必须抓好“四个统一”。一是把“看齐”与“落地”相统一。作为国有大型银行，宣传思想文化工作必须把提高政治站位、坚决看齐中央摆在首位，围绕中央决策部署来想问题、办事情；同时，又要服务好工商银行中心工作，抓住行业特色和工行行情，用“工行话语”说出“中央声音”，才能更好地贯彻落实中央的各项决策部署，并在工行很好地落地。二是把“传承”与“创新”相统一。要把社会主义核心价值观和工行价值理念有机结合，做到一以贯之、一脉相承。同时，又要不断创新工作的理念、机制和方式方法，才能做到兼收并蓄、与时俱进。三是把“服务员工”与“引导员工”相统一。要坚持以人为本，贯彻“二线为一线服务”的原则，从心理上关怀、从精神上鼓励，才能实现思想上的有效引导，使员工认同我们倡导的主旋律和大方向。四是把“内部传导”与“外部传播”相统一。必须坚持“开门搞宣传”，广泛运用多种平台多种媒体渠道，内外联动、协同造势，促进行内外形成一个“舆论场”，才能更好汇聚起宣传工作服务大局、促进发展、创造价值的力量。

二、深刻认识 2017 年宣传思想文化工作形势任务

总行党委在 4 月中旬召开的第一季度经营情况分析会上，深刻剖析了当前全行竞争发展的优势和不足，并从坚持稳中求进、维护金融安全、迎接十九大胜利召开的全局出发，进一步指明了 2017 年各项工作的突破方向，也为宣传思想文化工作明确了形势任务，提出了新的要求。当前，宣传工作最根本任务主要有三项：一是

统一思想、看齐中央；二是增强信念、鼓舞士气；三是纾忧解难、凝聚人心。希望大家从这三个方面，去深刻认识宣传思想文化工作的重要性和紧迫性。

（一）统一思想、看齐中央，才能落实全面从严治党要求、发挥国有大行的政治优势。2016 年以来，中央先后召开了十八届六中全会、全国国有企业党的建设工作会议、中央经济工作会议、中纪委七次全会等四次重要会议，就全面从严治党作出了一系列重要部署，确定了习近平同志为党的领导核心，明确了国有企业作为社会主义特色事业“六个力量”的根本定位。工商银行必须牢记这一定位，始终遵循习近平总书记强调的两个“一以贯之”，把坚持党的领导、加强党的建设这一重大政治原则作为“根”和“魂”，与建设现代企业制度的改革方向紧密结合。要固“根”立“魂”，首要任务就是从“头”管起，通过思想上“看齐”带动行动上“对标”。这就要求我们把思想理论武装、意识形态工作摆在重要位置，教育引导党员干部在持之以恒的党性修养和党内生活锻炼中不断提高政治觉悟。把牢固树立和增强“四个意识”，特别是核心意识、看齐意识，作为最根本的政治要求、最严肃的政治纪律、最崇高的政治责任，才能保证全行在思想上、政治上、行动上与以习近平总书记为核心的党中央保持一致，以上率下落实好“两个从严”，为党的政治优势、思想优势和组织优势转化为公司治理优势、科学管理优势和市场竞争优势打下坚实的思想基础。

（二）增强信念、鼓舞士气，才能在复杂经营环境下齐心协力、攻坚克难，走出具有工行特色的深化改革发展之路。习近平总书记多次要求，讲政治不能纸上谈兵、空喊口号，而是要落实到党的领导、党的建设、党和国家的各项工作中去。特别是当前，党中央作出“金融活经济活、金融稳经济稳”的重要论断，要求“把维护金融安全作为治国理政的一件大事”，将金融工作提到了新的高度。作为国有大行，我们只有做好自己的事、守好自己的防线，才能推动中央方针政策不折不扣落地，为协调推进“四个全面”战略布局、落实“五大发展”理念，发挥好“市场稳定器”作用。所以董事长一再强调，办好工商银行就是最大的“讲政治”。现阶段，要办好工商银行，存在的压力和困难是显而易见的。但最大的困难不在外部，而在队伍的精气神。一些领导干部在问题面前不是迎难而上，而是呈现出习总书记所批评的不思进取、不接地气、不抓落实、不敢担当的“四不”状态，一些员工也产生了“脚踩西瓜皮、滑到哪里算哪里”的消极心理，对队伍凝聚力、战斗力产生了不利影响。逆水行舟，必须万众一心；万里长征，靠的就是一股精气神。大家要拿出长征中宣传队的劲头，在鼓舞士气、汇聚力量上下功夫，通过加强政策解读、战略传导和典型宣传，努力营造干事创业、敢于担当的“正气场”，引导全行把“四个意识”落实到岗位工作中去，才能让工行这个“市场稳定器”真正发挥作用。

（三）纾忧解难、凝聚人心，才能适应时代要求和队伍变化，更好把全行智慧和力量汇聚到经营发展中来。我们正处在一个变革的时代，新情况不断出现。深化改革带来利益结构调整，新产品新技术新服务倒逼新旧动能转换，移动互联网迅猛发展促使信息传播呈现新特点；行内干部员工队伍又面临着新老交替的高峰区间，人员总量控制和结构调整正在协调推进中。这些因素不仅影响了我们的经营发展，也影响了员工的思想行为乃至整个文化氛围。怎样才能在难日子紧日子的形势下留住人才、激励人才？这就需要宣传工作大展拳脚。我们要把宣传工作当作行内“路演”，和员工交朋友，认真研究员工的想法和期待，更有针对性地向员工讲好新常态下的“工行故事”，把人文关怀落实到管理中去，不断强化工作的受众导向、问题导向、趋势导向，这才是真正用愿景、用文化、用情感留人，才能把全行更紧密地凝聚到新时期改革发展之路上来。

三、主动有为做好 2017 年各项工作

党的十九大将在下半年召开，今年全行党建工作任务很重。宣传思想文化工作作为党建工作重要组成部分，必须坚持突出学习贯彻党的十八届六中全会精神、迎接和学习宣传贯彻党的十九大这条主线，坚持立足统筹推进“五位一体”总体布局和协调推进“四个全面”战略布局，坚持按照“四个倍加”和“五个紧紧抓住”的战略部署，以高度政治责任感把握正确政治方向和舆论导向，为十九大胜利召开营造良好氛围。把十九大精神学习好、宣传好、贯彻好，不断推动企业文化建设、精神文明创建和员工思想政治工作创新发展。用“四个意识”凝聚起全行上下团结奋进的力量，为履行好国有大型金融企业的政治责任和经济责任、成为“六个力量”打牢思想根基。这里我重点提四个方面要求。

（一）要把思想政治建设摆在首位，用“四个意识”凝聚全行深化转型发展、实现“双提升”的前进动力。2016 年开展的“两学一做”学习教育，推动党内教育从“关键少数”向广大党员拓展、从集中性教育向经常性教育延伸，受到各级党组织和广大党员欢迎。4 月中旬，习近平总书记作出重要指示，充分肯定了“两学一做”学习教育成效，强调指出开展“两学一做”学习教育是坚持思想建党、组织建党、制度治党紧密结合的有力抓手，是全面从严治党的基础性工程，要坚持不懈抓下去，把思想政治建设摆在首位，抓好“关键少数”、抓实基层支部，落实好各级党委主体责任，落实好常态化制度化各项举措。

全行各级党委班子、广大党员干部要认真学习领会习近平总书记的重要指示，贯彻落实我行《关于推进“两学一做”学习教育常态化制度化的实施方案》，深

刻认识学习教育常态化制度化的重大意义、目标任务和基本要求，把党性教育融入日常、抓在经常，带头真“学”实“做”，带头维护党中央权威和集中统一领导，带头推动全面从严治党向纵深发展，真正在信仰信念、纪律规矩、修身律己、责任担当上强起来。积极应对当前复杂多变的经营环境，发挥好党组织的核心作用，发挥好党员领导干部的表率作用，发挥好广大党员的先锋模范作用，更好地保持党的先进性和纯洁性，为工商银行实现服务实体经济和自身稳健发展的“双提升”提供坚强保障。

一要加强“关键少数”理论武装，重点是抓好各级中心组学习。中心组学习是加强领导干部理论武装和党性教育的主要抓手。今年中央制定下发了《中国共产党党委（党组）理论学习中心组学习规则》，首次将理论学习提到了党内法规的高度上来，对各级班子中心组学习学什么、怎么学、怎么用提供了指引，也给宣传部门履行好学习秘书职责送来了“尚方宝剑”。总行将研究制定我行落实《学习规则》的具体措施，重点是将中心组学习纳入党建工作责任制，纳入意识形态工作责任制，以五个“有没有”为标准（“有没有认识体会，有没有讨论交流，有没有问题分析，有没有改进建议，有没有研究落实”），抓实中心组学习的督导、考核、问责，形成集中检查与不定期巡查相结合的机制。各级行党委要认真领会《学习规则》的精髓，树立起“中心组学习抓好是本职，抓不好是失职，不抓是渎职，出了问题就要追究责任”的观念。在学习秘书协助下，严格落实学习制度，做到年度有安排、月月有计划。各级领导干部要继续深化习近平总书记系列重要讲话精神和治国理政新理念新思想新战略的学习宣传贯彻，在“全”“深”“实”上下功夫，结合工作实际做到学思践悟、知行合一，进一步坚定攻坚克难、敢于担当的理想信念。要把增强实效作为学习方式创新的落脚点，多搞碰撞式、互动式学习，多组织民主讨论和深度研究，还要围绕特定主题尝试开展形式多样的联学，更好发挥中心组学习辐射带动作用。

二要加强“绝大多数”理论教育，重点是融入支部学习、加强理论宣传。基层党支部学习是实现党内经常性教育向基层延伸的基本制度。要抓实基层支部理论学习，把“两学一做”与“三会一课”固化相融。要在持续学、深入学上下功夫，把学党章党规、学系列讲话作为经常性教育的基本内容，作为支部学习的必学内容。同时，要充分发挥三级党校和各学院的阵地作用，将“两学一做”相关内容纳入各级党校、学院的主体班次，以制度化保障常态化。要不断加强经常性教育的分类指导，创新学习方式方法，引导基层广大党员变“要我学”为“我要学”，增强自我净化、自我完善、自我革新、自我提高的责任感，为打通党的基层“神经末梢”、把全面从严治党落实到每个支部、每名党员提供理论支撑。

三要集中力量抓好十九大精神的学习宣传贯彻。要积极整合党建工作现有宣传渠道和资源，着力打造以“党建频道”网讯专栏为主体、“党建频道”融 e 联服务号和官微专刊为延伸的宣传体系，通过健全平台、建立机制、建强队伍，促进党建工作“统一发声”。要围绕十九大前后中央和总行宣传工作部署，加强对十八大以来理论创新、实践创新、制度创新的重大成果宣传，多层面、多维度反映全行各分支机构抓党建、促发展的经验成效。组织力量抓好十九大精神系列解读及学习贯彻动态报道，形成网上网下舆论“同心圆”，为迎接十九大、学习十九大、贯彻十九大营造良好氛围。

四要突出问题导向，加强理论学习成果转化。理论学习成果转化是检验“学”得深不深、“做”得实不实的最终标准。各级领导干部和广大党员要以“四个合格”为追求，落实好总行《实施方案》提出的“锤炼党性、坚定信仰，心存敬畏、严守规矩，传承精神、凝聚力量，敢于担当、尽责有为”这 32 字要求，聚焦本单位党建工作、班子思想作风、经营管理中的深层次问题，一个一个研究破解。要把解决问题的着眼点放在经营管理工作上，把总书记关于“金融活经济活、金融稳经济稳”的重要指示和中央经济工作部署，与今年经营发展目标和岗位工作结合起来，坚持真调研、深调研，推动“重点城市行竞争力提升”、困难行解困、增强盈利能力、推进金融科技创新、强化风险防控等重要难题的破解，使“崇尚实干、狠抓落实”的正能量和“锐意创新、善于落实”的创造力成为引领发展的新动能。

（二）增强文化自觉自信，构建并完善“一个核心、四个支撑、两个延伸”的企业文化建设体系。党的十八大以来，习近平总书记的一系列重要论述为国有企业坚定文化自信、提升文化软实力提供了根本遵循。要坚持将中华优秀传统文化和社会主义核心价值观作为国有金融企业的文化优势和精神源泉，构建并完善我行“一个核心、四个支撑、两个延伸”的企业文化建设体系，着力抓好理念落地、制度落地和责任落地，发挥出文化建设不可替代的精神优势。

一是凝聚价值观“一个核心”。根据总行党委新的战略部署，开启全行新三年企业文化建设规划期，使集团文化更体现时代精神、贴合全行改革实践。今年工作重点可以概括为“三个一”，即“一本手册、一个视频、一项制度”。修订《企业文化手册》。聚焦“工于至诚　行以致远”价值观，丰富“工”与“行”的文化内涵，大力倡导践行“工匠”精神、强化“执行”意识。年初已在全行开展了践行“工”与“行”文化实践情况摸底调查工作，82% 的分支机构反馈在特色文化建设中作了相关探索，为发展“工”与“行”文化理念夯实了实践基础。下一步，要将新版手册印发全行，通过多种形式组织开展深入的学习和传播，推动核心价值理念内化于心、外化于行。开展“身边的工匠——做匠人·修匠心”微视频征集展示活动。要广泛运用微电影、H5等员工喜闻乐见、生动活泼的形式，激励全体工行人发扬专业专注、精益求精的职业精神，践行“马上就办、办就办好”要求，抓好各项工作的落实。建立企业文化报告制度。各分行党委要按年度编制践行我行价值观和特色文化建设情况的专题报告，特别要梳理关爱员工的各项举措，总结办实事、解难题取得的成效，并以一定形式向全辖员工通报、向总行报告，促进集团文化进一步落细、落小、落实。

二是持续推进“两大活动”。去年我们开展了“凝聚工行”评选和“五年文化兴行 十件大事聚力”征集展示两项大活动，今年的任务是推进和深化。一要搞好“凝聚工行”表彰宣传。结合全面深化改革创新的新要求，开展形式新颖、内涵深刻的表彰学习活动，大力宣传和推广十大获奖集体在践行价值理念、落实文化管理方面的优秀经验与做法，引导各级分支机构和干部员工效仿榜样、赶超先进。二要推进“五年文化兴行 十件大事聚力”的成果展示。通过内外部多种渠道，对全行范围和分行辖内的文化发展成果进行全方位、多元化、持续性的宣传，择优展示各分行“十件文化大事”，特别是要发动员工讲述文化建设“大背景”下的“小故事”，让员工来谈体会，促进价值理念的传导和践行。

三是筑牢子文化“四个支撑”。通过廉洁、合规和服务三个子文化的先后发布，我们已经逐步探索出一条富有工行特色的集团文化落地有效路径。今年要重点开展第四个子文化——创新文化建设工作，围绕新发展理念和创新驱动发展战略，总结传承我行创新因子和创新实践，凝练具有工行特色、能够规范指导、适应并推动全行新时期深化经营转型和结构调整的文化理念。

各分行宣传部门要切实履行企业文化建设委员会办公室职责，切实抓好统筹、规划、协调、推动工作。要牵头推进创新文化建设，结合自身实际，通过创新文化调研、文化理念征集、故事案例交流等多项举措，梳理总结创新实践，分享创新文化故事，努力在辖内营造鼓励创新、支持创新、崇尚创新的浓厚氛围。同时要持续推动廉洁、合规、服务文化落地，联合监察室继续推进廉洁文化“五个一”活动，重点抓好廉洁海报评选、教育基地建设，营造风清气正、崇廉尚实的良好行风；联合内控合规部开展“执行强化年”主题活动，通过“党委书记讲党课”“合规大巡讲”“合规标兵评选”等活动，推动新时期“十大禁令”落地执行，打造全行共建合规文化的生态环境；联合渠道管理部以服务文化助推服务效率、服务体验的提升，做好师资培训和文化宣讲工作，为推进“客户满意银行”建设筑牢文化根基。

四是拓展专业文化特色文化“两个延伸”。紧紧围绕全行改革发展战略要求，深化重点业务板块的专业文化、鲜明区域特征的基层特色文化建设。一要以信贷文化为重心，推进专业文化建设。紧密结合当前信贷管理与风险防控的现实需要，贯彻落实银行业铁的制度、铁的纪律、铁的信用“新三铁”精神，以及总行刚刚印发的《加强信贷文化建设的意见》要求，各分行宣传部门要联合信贷管理部，通过深入开展从严治贷“四严”主题活动等措施，促进“24字”信贷理念落地，推动信贷经营管理模式转变、调整和改革，走出经济新常态下信贷经营发展的新路子。二要以机制制度为重点，推进特色文化建设。要不断完善基层特色文化梯次培育长效机制，全面推开特色文化建设示范点评选工作，抓好“创建报备、辅导培育、验收授牌、动态管理”全流程，并通过多种形式宣传推广示范点经验做法，以点带面推动全行特色文化建设深入开展。要探索建立子公司文化协同机制，落实集团综合化协同机制建设工作部署，在充分调研的基础上，提出有针对性的措施办法，建立健全文化交流、培训、报备等制度，推进子公司文化与集团文化协同，促进集团综合化发展。要出台境外机构企业文化建设制度，适应国际化经营转型发展新趋势新任务，加强顶层设计统筹规划，坚持“一行一策”分类指导，以“ONE ICBC，ONE FAMILY”为主题，开展境外机构“文化宣传月”“荣誉全球雇员”评选表彰、当地雇员中外文化才艺展示、外派员工心理帮助项目等活动，促进文化融合。各单位要加强内外联动，形成合力，为推进境外机构文化建设提供有力的支持保障，助推国际化战略实施。

（三）精神文明创建工作要“可触摸、有温度”，不断提升员工认知和践行社会主义核心价值观的主动性积极性。中宣部在总结社会主义核心价值观践行经验时指出，社会主义核心价值观具有强大的感召力、凝聚力和引导力，但只有融入社会生活，变得可触摸、有温度，才能更好地为人们所感知、所领悟，并转化为行动的指南，成为引领社会思潮、凝聚社会共识的重要力量。特别是当前复杂经营环境下，文明创建工作更要讲求方式方法，注重落细落小落实，把典型宣传作为重要手段，不断探索典型发掘和宣传的有效途径，用优秀集体、优秀员工“可触摸、有温度”的感人事迹，汇聚起向上向善、奋发有为的精神力量。主要有三个方面：

一是做好“双评选年”工作。2017年是第五批“全国文明单位”和第十届总行级文明单位评选的“双评选年”。评选工作是彰显创建成果的“颁奖台”，也是检验创建质量的“竞技场”。第十届中国工商银行文明单位评选即将启动。这次评选总行从文明创建全局出发，结合内控案防、服务体验、绩效考评等方面的新规定，对评选条件、评选名额、推荐流程等方面作了一系列调整和优化，主要是希望能够在严控质量的同时优化格局，在彰显亮点的同时带动面上创建，进一步形成“机制科学、梯次合理、亮点突出、可持续发展”的良好局面。第五批全国文明单位评选推荐也将在年中开展。大家要把“双评选”工作作为社会主义核心价值观和我行价值理念传播的过程，将系统创建与地方创建相结合，将典型宣传与品牌营销相结合，积极挖掘和宣传领导班子强、经营业绩好、内部管理严、服务质量优、队伍素质高、文化氛围浓的优秀集体，向地方有关部门和社会公众，充分展示我行文明创建的“优势”和“长板”，用优秀集体的故事来打动人、感染人，为提升工行服务美誉度提供助力。

二是继续延伸“感动工行”评选活动品牌。全行要结合推进重点城市行、县域支行竞争力提升、困难行解困等举措，搞好第五届“感动工行”评选活动。需要强调的是，不同群体、不同时期对“感动”会有不同的解读，关注点会有所变化。当前，我们倡导的是有作为有担当、敢于攻坚克难、甘于无私奉献的精神，重点聚焦的是基层行团队负责人、业务骨干等群体，要总结推广的是他们带队伍、争市场、强业绩的成功经验，目的是为各级分支机构提供可以学习的案例和榜样。希望大家准确把握总行要求，切实抓好组织发动，把“感动”人物发现和宣传与本单位各类典型宣传活动结合起来，打牢评选的民意基础。要坚持主动出击、创新求变，运用多种渠道多种手段，重点发动青年员工，持续讲述优秀人物的感人故事和评选过程中的动态故事，努力营造“好人好事在身边、发现感动靠大家”的氛围，使评选过程更加体现出“可触摸、有温度”的要求。

三是用“岗位化”落实学雷锋活动“常态化”要求。要围绕中央文明委要求，大力倡导雷锋的“螺丝钉”精神，鼓励立足岗位，干一行爱一行钻一行，以“岗位化”保障“常态化”。在今年“学雷锋活动集中宣传月”中，通过安排阶段宣传主题，已经较好体现了这一导向。下一步，要协同党政工团各部门力量，总结推广各分支机构和专业条线的学雷锋活动经验和动态，挖掘宣传基层单位“岗位好雷锋”“雷锋团队”等优秀典型，把宣传重点摆在工行人如何爱岗敬业、钻研创新、竭诚服务上，摆在我行积极服务实体经济和供给侧结构性改革的各项政策和措施上。要把“集中宣传月”的势头保持下去，把握节奏、持续延伸，把“轰轰烈烈”与“点点滴滴”结合起来，形成持之以恒的宣传态势，让广大员工始终感受到学雷锋活动的热度。要把学雷锋活动与“银行业最美人物”培育和推荐相结合，注重典型培养与跟踪关注，不断为先进典型“蓄水池”扩容，进一步巩固典型宣传基础。

（四）加强宣传干部队伍建设，不断提升宣传思想文化工作水平。要贯彻落实好“两个从严”要求，完成好今年各项工作，没有坚实的队伍基础是不行的。我们的宣传部长和各级从事宣传工作的同志一定要从思想上、作风上、能力上强起来，把我们宣传的内容首先作为对自己的要求，在树立“四个意识”、践行“四个合格”方面做到快人一步，才能让我们的工作更为扎实、更有说服力。

一是提升责任担当和胜任能力。要当好宣传部长，必须讲政治、强党性、敢担当、勇创新、严律己，在政治觉悟上、理论水平上、综合素质上要体现出我们的领先优势。要始终保持对新知识的敏锐感，把中央新观点新部署新要求及时装进头脑、认真研究，积极组织部门同志开展形式多样的自学和研讨，形成系统性学习与“碎片化”交流相结合的良好风气，同时加强对业务知识的吸收和综合领域的学习，自觉完善知识结构。要带头强化执行，落实好去年党建工作会议上的要求，把“提升执行力推进力”作为重点，坚持工作一抓到底，有部署、有跟进、有反馈。要拓展本领边界，围绕中央媒体推动“全媒体融合”大趋势，充分了解各类新媒体应用，力争成为“全媒型人才”。要注重基层行宣传骨干的发现和培养，发挥青年员工的生力军作用，为宣传思想文化工作补充新鲜血液。

二是增强对员工思想动态的把握。在分析形势时已经谈过当前员工队伍思想的复杂化多元化，这里我再强调一下。作为宣传部长，我们要对员工讲好“工行故事”，首先要清楚当前形势下，不同群体的员工在想什么、需要什么、担心什么。要拿出一些时间蹲点研究、解剖麻雀，摸清经营管理中存在的问题和深层次原因，准确把握员工队伍的思想动态和压力现状。要坚持统一思想认识与反映群众心声相统一，抓好热点引导和难点阐释，不懈推进“员工心灵绿色通道”建设，采取有分行特色的途径和办法，帮助员工变压力为动力，增强队伍凝聚力。

三是加强工作经验交流。总行今年一第季度已经对10家单位中心组学习作了集中检查，侧重从理论学习这一块了解了工作情况。后续总行还将进一步深化细化工作调研，力争对基层行经营情况和宣传思想文化工作现状有更加全面的把握。在此基础上，将安排经验交流和情况分析会，汇总展示先进分行经验，对后进分行开展分类指导。希望大家不要怕“红脸”、怕“出汗”，要以此为契机，取长补短、相互促进，努力推动全系统工作水平的均衡发展。

2017年宣传思想文化工作要求高、任务重、头绪多，希望各分行各机构分管领导和各位宣传部长充分做好思想准备，增强本领储备，把思想和行动统一到中央各项部署上来，聚焦到总行党委战略决策和经营发展目标上来，全力以赴做好各项工作，用“四个意识”凝聚起全行攻坚克难的强大力量，为迎接党的十九大胜利召开营造好思想舆论氛围。

如何做好新形势下办公室工作

——在中国工商银行党校党办主任培训班上的讲话

钱文挥

（2017 年 6 月 6 日）

很高兴来到长院，和各位办公室主任见面。我这次来，主要是看望大家。办公室处于承上启下、协调左右、联系内外的中枢，工商银行办公室更是集党办与行办于一身，服务贯穿于党委决策“最先一公里”到落实“最后一公里”的全链条、全过程，职能更加综合，作用更加突出。总行党委历来高度重视办公室工作，将办公室主任培训纳入总行党校培训计划，从一个侧面说明了总行党委对办公室条线的关心和肯定。借此机会，我和大家就如何做好新时期办公室工作做个沟通和交流。下面，我谈三点意见。

一、深刻认识办公室工作面临的新形势

近年来，银行经营发展的外部环境发生了深刻变化，工商银行发展也进入到承前启后、继往开来的新时期。外部变化与内部新的阶段性特征叠加作用，各种有利的、不利的因素相互交织，对科学研判形势、趋利避害做好全行工作提出了更高要求。作为各级行党委的“参谋部”“左右手”，办公室必须要有宏观思维，对大势和全局要有清晰的认识和准确的把握，这是我们围绕中心做好工作的基础和前提。

（一）深刻认识经济金融环境的新变化。总的来看，当前世界经济仍处于缓慢复苏进程中，同时受地缘政治、宗教等各方面因素的影响，面临的复杂性、不稳定性、不确定性进一步凸显，各种“黑天鹅”事件频发，并带来全球金融市场大范围、长期性、常态化的剧烈波动。国内经济增长稳定性增强，质量和效益提高，但新旧动能转换和结构调整的道路并不平坦，阶段转换的阵痛仍将持续。金融体系总体保持稳健运行，但也存在脱实向虚、过度创新、不规范经营等问题，市场乱象丛生，各类原发性、交叉性、输入性风险扩散蔓延，防风险压力持续加大。去年的中央经济工作会议提出，要把防范金融风险放到更加突出的位置。习近平总书记也明确指出，如果金融不有所作为，供给侧改革就没有希望。4 月 25 日，习总书记在中央政治局第四十次集体学习时进一步强调，“金融活经济活、金融稳经济稳”，将做好金融工作提高到关系整个经济社会发展的全局性、战略性、根本性大事的高度。这是中央对金融的地位和作用作出的重要判断，也是对防范金融风险的紧迫性所作出的重要判断。工商银行作为第一大行，地位重要、作用突出，一定要提高站位，不断深化对当前经济金融形势的科学认识，深化对金融在经济工作全局中极端重要性的认识，深化对国有大银行在服务实体经济振兴、维护国家金融安全中关键责任的认识，努力在维护党的领导、贯彻落实中央方针政策，在提高经营管理水平、为股东、为员工等利益相关者创造价值，在金融精准扶贫、创新绿色金融等方面充分发挥示范带头作用，切实履行好国有大银行的政治责任、经济责任、社会责任，确保守土尽责、不辱使命。

（二）深刻认识全行经营发展的阶段性新特征。经济新常态催生银行经营新常态。2013 年以来，受内外部环境影响，全行经营发展出现一些趋势性变化。一是盈利增长进入平台期。主要受利差收窄和质量劣变这两方面因素共同作用，全行净利润增速从过去两位数的高增长进入到平缓甚至艰难增长的平台阶段。当前我们年创净利润仍处在 2 800 亿元左右的较高平台上，但由于银行负债经营的特点，盈利的边界很窄，资产质量、定价水平、管理水平稍有下降，对利润的侵蚀是惊人的。去年全行 NIM 收窄 31 个基点，使得净利息收入首次出现负增长，同比下降 7.1%。利润增幅下降使得内生资本补充能力下降，并影响着我们的不良贷款消化处置能力以及渠道转型、科技发展等基础性、战略性投入，对全行的持续健康发展形成严重制约。我们既要看到我们仍是全球最盈利银行，坚定信心；也不能有任何松懈，对这一点，必须有清醒的认识。二是市场竞争格局加速演化。大型银行综合实力竞争日趋白热化，一些股份制银行在特定业务线上也体现出较强竞争力，尽管我行仍然保持着第一大行的领先地位，但部分区域、部分业务过去的优势逐渐弱化，有些地区在可比同业中退居第三、第四位。同时，跨界竞争也更加明显，一些互联网企业依托自身先天科技优势，凭借创新意识强、束缚少等条件快速向金融领域渗透，对银行传统中介功能的挑战不断显性化。三是转型发展亟待更大突破。应对利差收窄的根本途径要靠加快传统业务转型和创新型业务的发展，增加中间业务收入。近些年全行大零售、大资

管、大投行等战略的实施推动了经营结构的优化，但与激烈的市场竞争相比、与自身转型的迫切要求相比，还有一定的差距和空间。尤其一些新兴业务线在分行落地不够，面对同业的模仿追赶，收入增速出现较快下滑，新增长动能的培育壮大仍然需要较长过程。同时，尽管工商银行的科技水平领先于同业，也有一定特色，但是科技优势如何转变为基层经营发展的利器，转化为市场竞争的胜势，仍需要我们不断加以改进，持续提高。四是风险进入交织多发阶段。经济增速放缓和结构调整深化使得经济上行期隐藏的风险不断显现。自 2012 年不良贷款结束连续 12 年双下降以来，不良额和不良率持续反弹。尽管目前出现了一些改善的迹象，但基础依然脆弱。同时，跨界、跨市场风险传导加剧，同业业务、票据业务、资产管理等业务风险暴露显著增多，案件与风险事件反弹压力加大，对全面风险管理带来新挑战。五是管理模式变革面临新挑战。随着业务的发展，全行的条线越来越多，部门设置越来越细，工商银行作为 ONE ICBC，要解决内部协调成本高的问题，经营管理必须要统一化、扁平化。同时，各行由于资源禀赋不同、发展程度不同、面临的挑战和压力也各不相同，对个性化差异化管理的要求仍然很强烈。如何把握好统一性和特殊性的动态平衡，提高管理的效率和效能，既保证总行战略的精准有效传导，又避免“一把抓、一刀切”，破除“一收就死、一放就乱”的恶性循环，是对我们能力和水平的更大考验。

（三）深刻认识全面从严治党、从严治行的新要求。去年以来，中央先后召开了十八届六中全会、全国国有企业党的建设工作会议、中央经济工作会议、中纪委七次全会等重要会议，就进一步推进全面从严治党作出了一系列制度性安排，强调了党对经济工作的领导，明确了全国国有企业和国有企业党建的根本定位，要求全国国有企业党委履行好主体责任，增强管党治党意识，坚持从严治党、思想建党、制度治党，聚精会神抓研究谋划、抓部署推动、抓督促落实。工商银行高度重视党建工作与改革发展的融合共进，在国有企业党的建设工作会议上，我行作为中管金融企业唯一代表作了交流发言。但与中央全面从严治党的高标准新要求相比，我们还存在差距和不足。比如说，一些领导干部不思进取、不接地气、不抓落实、不敢担当的“四不”问题表现得比较突出，有的面对严峻复杂的经营环境，仍然抱守“正常过日子”的心态，消极懈怠，遇到问题绕着走，面对困难躲着走；有的党建和经营工作抓而不实，布置工作简单套用上级行政策，没有重点、没有明确标准、没有时限要求，不会结合本地实际创造性开展工作，简单当“二传手”。面对这些问题，各行、各机构党办要立足全局、具体推动，充分发挥办公室综合协调作用和表率作用，深入推动从严管党治行在全行的贯彻落实，使工商银行始终成为最可依靠的“六个力量”。

面对上述复杂多变的内外部形势，面对全行改革发展的新特征、新要求，去年以来，新一届总行党委坚持在传承中创新，在创新中发展，统筹分析、密集调研、综合研判，提出了“四个倍加”“五个紧紧抓住”总体战略部署，并在战略实施过程中，更加注重端正经营理念，聚焦本源、专注主业，坚持把服务实体经济和供给侧结构性改革、防控金融风险作为中心任务来抓；更加注重创新发展思路，坚持目标和问题导向，坚持面向客户面向基层，着力提高政策的针对性和有效性；更加注重拓展工作方法，突出一行一策，分类指导，持续推进战略决策的落地生效；更加注重锤炼工作作风，充分发挥党建优势，统一认识，提振士气，不断增强各级班子及干部员工队伍的战斗力。实践证明，这一战略部署是契合当前我行发展实际的，是我们迎接新挑战、构筑新优势的法宝和利器。从今年第一季度经营情况来看，全行经营呈现趋稳向好态势，主要指标好于同期、好于预期、好于计划。净利润同比增长 1.5%；资产质量转折曙光显现，实现了不良率、逾期率、劣变率、剪刀差 4 个关键指标的全面下降，拨备覆盖率上升 4 个百分点至 141%。目前总行党委正在研究制定新一轮三年发展规划，目的是将相关的战略部署和构想进一步体系化、具象化、可操作化，推动工商银行在更高发展阶段的持续健康发展。

新的形势就是我们谋划工作的出发点，党委的决策部署就是我们的行动指南。当前的形势任务对办公室工作、对办公室干部队伍履职能力提出了新的更高要求，各行、各机构办公室要胸怀全局，以更加灵敏的反应、更加开阔的视野、更加旺盛的热情来研究改进工作，不断提高参谋助手的层次、政策传导的效率、服务保障的水平，充分体现和提升新时期办公室工作的核心价值。

二、努力提升办公室工作的价值和质量

多年来，办公室系统坚持以“一流的管理、一流的服务、一流的业绩”为目标，内抓管理，外强服务，在全行改革发展的进程中作出了突出贡献。一是谋大局、献良策，辅助决策工作战略性和前瞻性不断提升。紧紧把握复杂的形势变化和经营实际，深入研究关系全行改革发展全局的重点、难点和热点问题，形成了不少高质量的综合材料、调研报告和信息，并强化督察督办，推动了总行党委各项决策部署的落地实施。二是善企划、树形象，品牌宣传和声誉风险管理工作走在同业前列。主动加强舆论环境研究，致力更加深入、直接地参与和服务全行业务经营和创新发展，有效建立了新闻宣传、品牌传播工作机制和声誉风险管理体系，境内外各类媒体每年刊发我行正面报道超过 20 万篇次，形成了层次分明、重点突出、独具特色的品牌战略和管理架构，促进了我行国际影响力和市场地位的提升，我行多

次获评全球最有价值银行品牌。三是重效率、提品质，服务保障工作卓有成效。积极发挥运转中枢、桥梁纽带作用，全面做好会议文电、值班机要、档案保密、信访维稳、行政后勤和扶贫公益等工作，不断提升办文办会办事水平。尤其是我们建立了覆盖全行、功能完善、同业领先的现代化办公信息系统，在全国可比同业中第一家实现全部业务档案集中管理，保密密码工作多次得到国家主管部门高度评价。近几年，总行办公室每年均获国家有关部门及境内外重要组织颁发各类奖项20余项。这些成绩的取得，是各级行党委正确领导和关心支持的结果，更是办公室系统干部员工团结进取、不懈奋斗的结果，总行党委对大家的工作予以充分肯定。借此机会，我代表总行党委向办公室系统的同志们表示衷心的感谢和诚挚的慰问！

回顾过去，全行办公室系统之所以能取得这些成绩，关键是多年来始终重视抓队伍、转作风、强基础、促管理，其中有许多值得总结和坚持的基本经验，突出的有以下几点。一是善谋全局。办公室同志始终牢记“兵位帅谋”职责、坚守“中枢机要”岗位，主动站在经营发展的全局，着眼战略规划和目标，综观各级行、各专业、各类群的诉求，开展决策支持和服务保障工作。二是讲究方法。身处各类矛盾和难题的汇聚点，面对大事要事交织、急事难事叠加的多发情况，办公室的同志十分讲究工作策略方法，坚持以唯物辩证法指导工作，重视抓主要矛盾和矛盾的主要方面，善于从矛盾的混沌中跳出来，左右矛盾而不被矛盾所左右。三是崇尚执行。始终坚持抓铁有痕、踏石留印，对党委定下来的事情，难点问题不突破不放过，交办任务没结果不松手，保障了党委战略决策的有力执行和全行的稳健运行。四是注重创新。面对集团国际化综合化信息化对办公室工作提出的新任务新要求，办公室积极适应变化，不断创新和改进工作方式方法，促进了工作效率质量的持续提升。五是甘于奉献。坚持继承和发扬不计得失、无私奉献的光荣传统和职业精神，勤勤恳恳、任劳任怨，专心致志、心无旁骛，乐于多做打基础和保障性的工作，真正成为靠得住、顶得上、打得赢的队伍。

面对全行经营发展的新挑战和新使命，当前和今后一段时期，全行办公室工作的总体要求是：紧紧围绕总行党委各项决策部署，着力练内功、强本领、转作风、提效能，努力履行好智囊团、服务员、宣传员、督办员、安全员五大职能，在讲政治、讲作风、讲品行、讲能力上争当四个表率，不断开创办公室工作新局面，为国际一流现代金融企业建设提供有力支持和保障。

（一）当好“智囊团”，不断提升服务科学决策的能力和水平。我们常说办公室是行领导的“笔杆子”“参谋部”，这生动说明服务领导科学决策是办公室最重要、最突出的职能之一。当好参谋助手，要在研究对策建议上下功夫。办公室直接参与重大战略的制定、重要决策的形成、重点工作的部署，大家能否把真实的情况反馈给党委，能否拿出切实管用的招数，对党委科学决策至关重要。刚才我们也讲到，当前全行改革发展面临许多新的形势和挑战，两难、多难问题增多，党委和行领导对“活情况、新思路、好办法”的需求日益迫切，更需要我们增强换位思考意识和模拟思维，立足实际、聚焦问题，积极为党委出谋划策、贡献智慧，多出精品，多提有内容、可操作的政策建议，加快推动文字综合工作向战略与政策研究转型，使“硬笔头”转化为创造力和生产力。要在提炼信息上下功夫。信息是辅助决策的依据。办公室同志平时要对中央的方针政策、监管的动态变化、同业的做法，以及行领导的工作思路想法有深入的理解，特别要针对现在信息“多、杂、乱”的问题，增强分析、挖掘、提炼能力，在繁杂的信息中去伪存真、去芜存菁，多提供有情况、有分析、有见地、有利于全局的信息，这样提出的建议才有针对性和可操作性，才能为行领导科学决策提供有力支撑。要在加强调查研究上下功夫。重视调查研究是工商银行的好传统，比如，我们较早建立了分行行长调查研究并撰写报告制度。很多好的调研报告得到行领导的批示，并在全行转发，起到了反映真实情况、交流工作经验、促进经营管理水平提升的作用。要坚持和进一步发扬这一好的传统，主动围绕所在行、所在机构改革发展的重点、政策传导落地的难点和干部员工关心的热点，察实情、谋实策、出实招，通过调研把党委的决策部署传下去，把鲜活情况和好的经验做法带上来。这里我再强调一下，各分行对上报总行的调研报告要多下功夫，要用好这一平台，不能简单交差应付。

（二）当好“服务员”，助推经营管理效率的持续提升。李克强总理在接见全国政府秘书长和办公厅主任会议代表时谈到，办公厅系统一定程度上是“大服务员”。这是所有办公室应有的定位。办公室工作点多面广、事无巨细。除了刚才讲的要服务好决策、服务好领导，还要服务好运转，每个办公室都是小枢纽，要发挥好作用，带动整个工商银行这部大机器平稳有序高效地运转。要服务好业务，将服务基层、服务客户、服务业务发展的实际需要作为出发点和落脚点，更加深入、直接、有效地参与和服务于全行业务经营和创新发展。更要服务好员工，站在党委的角度，把党委对员工的关爱体现在具体服务保障工作中，急员工之所急、想员工之所想，想方设法为员工办好事、办实事，让员工满意，努力发挥好凝心聚力的作用。

当好这个“服务员”非常不容易，各位主任应该都深有体会。特别在服务协调中，要注意把握好以下几个关系：一是把握好原则性与灵活性的关系。大量的办文办事办会常规工作要做到有条不紊、忙而不乱，必须强化原则和规范，制定严密的流程和严格的制度，讲规则、守规则，这是保持高效运转的基本保证。但对非常规工作或特殊情况，又要从达成目标的角度出发，灵活考虑，急事急办，特事特办。原则性和灵活性是统一的，统一于做好服务这个目标之下，既不能以灵活性损害原则性，又不能以原则性束缚灵活性。二是把握好主要与次要的关系。办公室承担很多综合事务工作，既要统筹兼顾，分清轻重缓急，不能顾此失彼，又要善于抓住主要矛盾和主要问题，防止眉毛胡子一把抓，甚至越俎代庖。三是把握好方向性与节奏性的关系。方向是进退问题，节奏是快慢问题、顺序问题，大方向不能错，步子要踏准。有的事情就要加速处理趁热打铁，案不积卷、事不过夜，有的则需要等待最成熟最有利的时机，过于着急，欲速则不达。四是把握好过程与效果的关系。只重效果容易产生功利主义，只重过程容易导致形式主义，要坚持过程与效果的统一，既重过程又重结果。服务工作中没有不耕耘就有收获的，要扎扎实实、周到细致地工作，才能获得各方认可。

（三）当好“宣传员”，进一步树立良好的品牌和声誉。意识形态工作是党的一项极端重要的工作，作为党委办公室，搞好宣传是应有之义。做宣传工作，首要的任务是把握正确的舆论导向，解决“宣传什么”的问题。要旗帜鲜明地和中央保持一致，唱响共产党好、社会主义好、改革开放好的时代主旋律；要宣传我们是支持实体经济的主力银行，在服务实体经济振兴和供给侧结构性改革中发挥大行的示范带头作用；要宣传我们是安全稳健的银行，在复杂多变的环境下保持资产质量稳定和各类风险可控；要宣传我们是改革创新领先的银行，是客户满意的银行，是以人为本的银行。

做宣传工作，还要讲究方式、方法、技巧，解决“怎么宣传”的问题。一要把传播的内容、渠道、形式和目标与受众匹配起来。对工商银行来说，政府、监管部门、股东、客户等利益相关方对我们都有很高的期待，不同主体的诉求有时不尽相同，这就要求我们在宣传时一定要准确地定位好目标受众，进行分众化、差异化的精准传播。二要把握好宣传的基调，持续传播、久久为功。口碑不是一天形成的，特别是在当前传播越来越“碎片化”的形势下，必须要围绕宣传目标制订中长期的宣传计划，善于设置议程，结合舆论热点、社会心理和公众情绪等因素来策划和打磨传播内容，借势借力宣传，真正讲好工行故事。三要持续提升品牌竞争力。品牌工作是发展战略的客户视角表达和形象展现，品牌打造得成功与否，直接关系到我行的核心竞争力。要站在全行改革发展大局的高度来经营品牌，统筹规划好品牌架构、创意与推广的关系。品牌架构是基础规范、整体构想与发展战略，创意和推广要找准产品属性与客户诉求的连接点，通过形式新颖、打动人心的表达在目标群体中产生影响力。四要以建立新闻发言人制度为抓手，提升舆论引导能力。这里要强调的是，新闻发言人作为本单位权威的信息发布者，实际上是一种制度安排，是个“制度人”。建立这个制度，就是希望大家敢于发声、善于发声，通过主动发声来回应社会关切，引导社会舆论。当然，根本的要求是要会发声，有金刚钻才能揽瓷器活，比如讲成就要客观恰当、讲问题要真诚稳妥，不讲空话、过头话，最重要的是“不说假话”“说好真话”。五要管控好噪音、杂音。现在新媒体快速发展，国际国内、线上线下的界限日渐模糊，构成了越来越复杂的大舆论场。经常是表面风平浪静，其实暗流涌动，危机的暴发更加突然，造成的破坏也更大。办公室作为舆情管理牵头部门，一定要把防范风险这根弦绷得紧紧的。要坚持源头治理，抓早抓小，努力把舆情风险化解在萌芽状态。对于确实无法马上解决的风险隐患，要认真梳理、落实责任、拟定好应对预案，心中有数，手里有抓手，遇到相关问题时才能有章法、有手段。

（四）当好“督办员”，促进党委决策部署落地生效。决策的生命在于实施，决策的权威在于执行，否则决策是空洞的。各行办公室在抓落实方面做了大量工作，也取得了不小的成效。但也存在一些不尽如人意的地方。比如，有的“经脉”还没有完全打通，总行决策部署和政策措施在一定程度上还存在“中梗阻”“卡在最后一公里”等问题，行领导多次对加强督察督办工作提出了要求。要把抓落实摆在更加突出的位置，进一步提高认识、压实责任，以更大力度、更有效的方式推动各项措施落到实处。做好督办工作，一要注重站位。要站在党委的角度、全局的高度，将任务分解落实到相关机构和部门，定责任、定进度、定时限、定要求，明确在什么时间达到什么效果，并督促及时反馈办理和落实情况。二要明确重点。要将全行性重要会议、党委会、行长办公会、专题会议、行长周例会等重要安排部署，以及行领导重要批示、行领导考察调研时所作重要指示、临时重大事项等，作为重点督办内容，紧抓不放，务求落实。三要讲究方法。对督办事项逐一建立台账，以“钉钉子”精神一督到底，完成一项、销号一项。要善于从督办过程中、从未落实事项中发现问题，深入开展调查研究，总结经验教训，及时向党委汇报。四要强调效果。要高度重视督办事项的实际效果，重在评价业务的增长、市场占比的提升、风险的防控、活力的增强等方面，切实防止简单报告过程和措施，杜绝“办了事”但没有“办成事”。要将督办事项的办理情况与年度考核挂钩，作为业绩考评和评优评先的重要依据。

（五）当好“安全员”，为经营发展保驾护航。稳定安全是办公室工作的重要内容。当好“安全员”，思想上重视最重要，要保持警钟长鸣，未雨绸缪，防微杜渐，严格落实总行各项风险防范措施，确保不发生重大事故和风险事件。这里再强调当前需要着力加强的几项工作。首先是维护稳定。今年将召开党的十九大。越在关键点，越要强化责任担当。各行要按照今年信访工作会议提出的要求，切实担负起属地信访责任，实行重信重访人名单制管理，建立一对一责任制，加强矛盾纠纷调处，对重点人、重点群体要加强宣传和疏导，努力将矛盾化解在当地、吸附在当地，要以责任落实推动工作取得成效。同时，根据可能出现的各种突发情况，做好应急预案，坚决避免发生大规模进京聚集活动，坚决避免发生极端恶性信访事件，坚决避免因工作不到位引发的负面炒作。其次是保障业务运营安全。这里重点讲讲用印管理。近几年业务上特别是代理业务方面涉印风险事件较多，有些不仅造成了实际的经济损失，更引发了较大的声誉风险，教训惨痛。这些涉印风险事件中，大部分是业务印章管理方面的问题，少部分涉及行政印章管理。各位主任都是本行行政印章管理部门负责人，是行政印章安全管理与合规使用的直接责任人，要对印章管理要求有清晰认识，严防合规意识虚化淡化。要强化风险管理，严惩违规用印行为，严防案防工作抓而不力。同时，要以全行印章综合改革为契机，不断规范用印行为、减少用印事项、提高用印效率，全面提升全行行政印章管理水平。最后是保证信息安全。办公室管理的机要件多、信息也较为集中。对于国家秘密，保护好是政治任务，必须确保万无一失。对商业秘密，要提高保密意识，有些重要决策、重要项目的信息一旦泄露，会严重影响市场竞争能力，造成经营损失。现在还没有建成标准化库房的机构，要切实落实财务支持，抓紧消除档案安全隐患。

三、打造一支真正过硬的办公室干部队伍

事业成败关键在人。习近平总书记在同中办干部职工代表座谈时提出了“五个坚持”的要求，即“坚持绝对忠诚的政治品格、坚持高度自觉的大局意识、坚持极端负责的工作作风、坚持无怨无悔的奉献精神、坚持廉洁自律的道德操守”。这为我们在新形势下指导各级办公室干部队伍建设提供了根本遵循和科学指南。我们要认真贯彻落实习总书记提出的“五个坚持”要求，讲政治、讲作风、讲品行、讲能力，建设一支政治过硬、作风过硬、素质过硬、业务过硬的干部队伍，为全面提升办公室工作质量做好人才保障。

首先，要讲政治。办公室的性质、地位和作用决定了其干部队伍必须在政治上过硬。讲政治，不是抽象的，而是具体的。易会满书记一再强调，对于我们来说，办好工商银行是最大的“讲政治”。作为办公室干部，讲政治要体现到对党忠诚上，坚定理想信念，牢固树立和增强“四个意识”，把纪律和规矩挺在前面，在思想上、政治上、行动上自觉与以习近平总书记为核心的党中央保持高度一致，把这个根本政治要求融入到日常各项工作之中，保证党和国家方针政策、重大部署在工商银行得到及时全面的贯彻执行；体现在对总行党委战略部署的督导落实上，切实增强做好办公室工作的使命感和责任感，保证党委决策在全行的落地；体现在站高位谋划工作上，牢固树立大局意识，自觉站在国际国内大背景下、全党全国大格局下，以及全行改革创新发展中心工作中想问题、办事情，做顾全大局的表率。

其次，要讲作风。办公室是沟通上下、联系左右的桥梁以及对外形象的窗口，其工作如何、作风好坏，直接反映了各级党委的精神面貌。总体上讲，各级办公室的作风是好的，干部员工获得的评价都较高，是全行作风转变的“排头兵”。这里，再突出强调三点。一是突出强化责任担当。各行办公室不像业务部室，职能界限相对分明，往往其他部门不愿管或管不好的事，最后都到了办公室。办公室干部既要切实增强工作的责任感，兢兢业业做好本职工作，做到敬业守责、尽心尽力；又要有勇挑重担、敢啃硬骨头的党性和觉悟，有敢管敢抓敢担责的胸襟和能力，在大事难事急事上，为党委分忧为员工解难。二是突出强化务实高效。办公室工作综合性、时效性强，办公室干部员工要注重在常和长、严和实、深和细上下功夫，脚踏实地、真抓实干，说真话，做实事，求实效，坚决克服坐而论道、疲沓拖拉、积文压事的不良现象。三是突出强化严谨细致。办公室工作讲起来是“中枢、纽带”，岗位关键、责任重大；做起来却是事无巨细，头绪繁多。可以说，做的很多都是小事，但结果都是大事，关系的是全局。比如起草文件，错一字，就可能“失之毫厘，谬以千里”；又比如，要求24小时值班，哪怕一分钟离开的空当，如果出现紧急情况或重大突发性事件就会酿成责任事故。无论办文办会办事，每位同志都要把自己的工作职责与其重要性联系起来，对自己高标准、严要求，一丝不苟，精益求精，杜绝出现大差错，避免出现小差错，确保工作质量。

最后，要讲品行。“宰相门前七品官”。办公室干部往往被认为是“领导身边的人”，其一言一行关系到全行员工对各级行党委的认识和评价。办公室干部素质特别是在以下三个方面的品行养成，格外重要。一要肯奉献。习近平总书记将办公室工作归纳为“重、苦、杂、难”。重，是地位重要；苦，是非常辛苦；杂，是事务繁杂；难，是难度很大。很多办公室干部长年累月在平凡的岗位上默默奉献、甘当配角，为我们作出了榜样。办公室干部要树立无私奉献的精神，正确看待工作苦乐、个人得失、名利荣辱。当然，我们既要提倡奉献和敬业精神，更要完善考核激励机制，用好的制度、好的机制来保障和激励大家脚踏实地，无私奉献，恪尽职守。二要善团结。办公室工作是一个有机的整体，团结和谐是能干事、干成事、干好事的基础。办公室每个人都要做团结协作的表率，加强与本部门、其他部门的协作与配合，既要分清职责，落实责任；更要相互支持，相互配合，补台救急，遇到问题不推诿扯皮，推动相关部门按照分工、齐心协力做好工作，发挥好办公室以至

全行整体效能、整体优势。三要重自律。办公室工作职能决定了要经常与钱物打交道，还有些工作人员经常在领导身边，位置特殊，易受到各种干扰诱惑。办公室干部必须带头遵守党章党规党纪，带头贯彻《准则》和《条例》，筑牢思想防线，加强党性修养，经常自省自警自律，注重防微杜渐，始终干干净净做事，清清白白做人，做廉洁自律的表率。

最后，要讲能力。习总书记多次指出办公厅是"核心要害部门，既是参谋部、联络部、执行部，又是'总开关''总枢纽''总调度'，对能力的考验尤为关键"。不少办公室同志常反映，由于平时工作忙，学习培训机会少，自己业余抓得又不紧，导致充电不足、储备不够，常常感到"本领恐慌"。要紧扣办公室岗位要求及干部的能力短板，抓紧抓实学习培训和多岗位历练，不断加强办公室队伍的能力建设。重点要在以下四个能力培养上多下功夫。一是专业能力。很多人甚至包括一些办公室员工，认为办公室干部是"万金油"，似乎不需要某个方面的专业，这是极其偏颇和错误的。实际上，办公室工作不仅是一门专业，而且对政策理论水平、综合素养、跨专业能力的要求都要高于业务干部。易会满书记多次强调"要大力加强各级班子和经营管理人员的专业化培养和配备，让专业的人来干专业的事，让'专业化'和'专家化'成为一种职业追求和风向标。"办公室掌握的文件多、信息全，学习条件其实也比较好，各级办公室干部要全面认真学习做好办公室专业工作必需的知识，加强业务钻研和培养，不断在干中学，在学中干，努力成为各个领域各个岗位的行家里手。二是协调能力。办公室具有牵头抓总、协调各方的职能，谋划好各方工作、配置好各方资源、协调好各方的积极性是办公室每个成员必备的能力和素养。每个干部员工都要学会弹钢琴，当好"调度室"，分清主次先后、轻重缓急，做到抓方向、抓重点、抓关键、抓落地，确保各项工作忙而不乱、运转有序、有条不紊地进行。三是创新能力。当前外部形势以及全行经营领域、管理幅度的变化都对做好办公室工作带来新的挑战。按部就班、墨守成规，无异于刻舟求剑。要始终保持对工作的新鲜感和敏锐性，既注意总结日常工作规律，积累工作经验，又注重创新工作思路、工作内容和工作方法，增强工作的主动性、先进性和及时性。四是执行能力。工作决策了、部署了，关键还在落实。再好的思想、思路、政策，如果落实不到位、出偏差，也是镜中花水中月。一项工作布置了，在哪个时间达到什么要求什么目标、谁去落实等，都要清清楚楚。办公室干部谋在深处的同时，一定要干在实处、强化执行，成为党委决策落实最有力的助手和推手，这是检验办公室干部能力强不强、工作得不得力的重要方面。

同志们，办公室工作任务重，责任大，非常辛苦，我分管办公室工作几年，对此深有感触，也非常理解。客观地讲，近年来办公室队伍建设取得了新进展新成效，但办公室干部"难选、难调"的现象还比较普遍，各行办公室人员紧张、干部断层、能力不足等问题也比较突出。每到分行调研，我总是对党委强调，要关心、爱护和培养好办公室干部队伍，特别要把优秀年轻的干部充实到办公室队伍中来，要重视和发挥好办公室的作用。作为办公室主任，你们是办公室的带头人和领头羊，要以身作则带好队伍、锤炼能力，并积极为办公室干部员工创造条件，搭台子、压担子，真正使每个干部员工做到"四讲""四过硬"，使办公室队伍成为全行改革发展和转型创新的中坚力量。

同志们，做好新形势下的办公室工作，使命光荣，责任重大，我们一定要增强责任感和使命感，认真履行"五大职能"，努力践行"四个表率"，以身作则，率先垂范，奋发进取，勤勉尽责，为服务全行改革发展大局作出更大贡献。

在党建与企业文化专题调研座谈会上的讲话

钱文挥

（2017 年 7 月 24 日・根据录音整理）

刚才各单位紧密结合自身特点和实际，总结了近三年党建与企业文化工作的经验做法，分析了面临的形势任务及存在问题，并对下一步工作进行了深入思考，提出了很多富有建设性的意见建议。接下来，总行会将这些意见建议进一步总结梳理，并纳入到 2018—2020 年宣传思想文化工作发展战略规划。下面，围绕"党建与企业文化"这一主题，我谈三点想法。

一、坚持党建为纲，从切实发挥党组织核心作用来厚植党建基础

党的十八大以来，以习近平同志为核心的党中央适应世情国情党情的深刻变化，着眼于推进中国特色社会

主义伟大事业和党的建设新的伟大工程，将全面从严治党纳入“四个全面”战略布局，坚定不移坚持思想从严、管党从严、执纪从严、治吏从严、作风从严、反腐从严，开辟了管党治党新境界，取得了全面从严治党新成就，形成了弥足珍贵的经验。特别是十八届六中全会、全国国有企业党的建设工作会议等重要会议，就全面从严治党作出了一系列重要部署，明确了党的建设是国有企业的“根”和“魂”，以及国有企业作为“六个力量”的根本定位。在刚刚闭幕的全国金融工作会议上，习近平总书记强调，金融是国家重要的核心竞争力，金融安全是国家安全的重要组成部分，金融制度是经济社会发展中重要的基础性制度，必须加强党对金融工作的领导。近年来，我行认真贯彻落实中央关于加强国有企业党的建设及金融工作的决策部署，坚持加强党的领导与完善公司治理的有机统一，将党建工作要求写入公司章程，在股东大会获得高票通过，进一步明确和落实党组织在法人治理结构中的法定地位；推进全面从严治党要求在基层落地，推动“两学一做”学习教育常态化制度化，组织开展学习贯彻十八届六中全会精神及“两个从严”专题培训，将严的要求贯穿到全行党的建设和经营管理全过程；党组织建设不断强化，推动各内审分局、集约化业务处理中心、综合化子公司设立党委，制定境外机构党建工作指导意见，不断夯实党建工作根基。在此基础上，全行要着眼新的形势任务要求，进一步提高政治站位，完善党建工作责任制，发挥好党组织把方向、管大局、保落实的领导核心和政治核心作用，做好抓基层、打基础工作，为开创转型发展新局面筑牢党建基础，用新成绩迎接党的十九大胜利召开。

（一）坚持落实“两个从严”，确保党和国家方针政策、重大部署在全行贯彻执行。总行党委书记易会满强调，要将“两个从严”作为我行今后长期的管党治行基本方略，把全面从严治党的举措落实到全面从严治行上，使“两个从严”有机统一、一体推进，更加自觉地在思想上政治上行动上同以习近平同志为核心的党中央保持高度一致，确保党中央的方针政策和决策部署在工商银行得到不折不扣贯彻落实，确保全行稳健经营和健康发展。全行各级党组织要坚定政治立场，增强政治定力，强化从严治党主体责任落地，把落实“两个责任”作为推进“两个从严”的基础和保障，以落实“两个从严”来促进和推动“两个责任”的履行，进而转化为党员干部的自觉行动，落实到抓经营控风险、抓班子带队伍的全过程。

（二）坚持服务经营管理，以改革发展成果检验党组织的工作和战斗力。易会满书记反复强调，把工商银行的事情办好，就是最大的“讲政治”。我行作为落实国家金融方针政策的“排头兵”和支持社会经济发展的“国家队”，必须贯彻“五大发展理念”，坚持稳中求进的工作总基调，紧紧围绕服务实体经济、防控金融风险、深化金融改革三项任务，将坚持党对国有企业的领导这一重大政治原则与建设现代金融企业制度的改革方向紧密结合起来，把党的政治优势、思想优势和组织优势不断转化为公司治理优势、科学管理优势和市场竞争优势。全行各级党组织要把提高效益、增强竞争力、实现国有资产保值增值作为工作的出发点和落脚点，带领广大党员把握新的机遇、应对新的挑战，全面提升服务国家经济建设的能力，在支持实体经济发展中不断将我行做强做优做大。

（三）坚持加强基层党支部建设，为全行改革发展提供坚强的组织保障。我行有1.3万多个基层党支部，这是推动党的金融事业不断向前的重要力量，是全行生产力的坚实基础。全行各级党组织要牢固树立、认真践行“四个意识”，坚定不移地维护党中央权威和集中统一领导，把全面从严治党落到党的建设、队伍建设和经营管理各方面。要落实“两学一做”学习教育常态化制度化的各项举措，树立“党的一切工作到支部”的鲜明导向，切实加强总分行本部和基层网点党支部建设，教育引导党员干部做到政治合格、执行纪律合格、品德合格、发挥作用合格，把基层党组织打造成具有创造力、凝聚力、战斗力的坚强堡垒。

二、坚持汇聚合力，从党建与企业文化融合的角度把握未来发展方向

党建与企业文化方向一致、目标一致、作用一致。形成两者相辅相成、相互促进、互补互促的良好格局，必将极大地增强企业的凝聚力和竞争力。

（一）党建工作为企业文化建设提供强大保证。坚持党对国有企业的领导，发挥党组织的政治核心作用，这是党的政治优势。国有金融企业按照从严治党的要求，狠抓党的思想、组织、作风建设，充分发挥党组织的战斗堡垒作用和党员的先锋模范作用，能够为企业文化建设构筑坚实的政治和思想基础，确保企业文化沿着正确方向健康发展。

（二）企业文化建设为党建工作提供有效载体。企业文化是价值理念、行为规范、品牌形象的集中体现，渗透于经营管理全过程。把握党建工作和精神文明建设的根本要求，特别是把以爱国主义为核心的民族精神和以改革创新为核心的时代精神体现到企业文化价值理念中，不仅能保证企业文化建设始终符合中国先进文化的前进方向，而且可以为党建工作提供与企业改革同进步、与企业管理相融合的有效载体。要结合企业文化“软件”建设，如核心价值理念，把党的优良传统融入进去，不断丰富党建工作内容，进而有效拓展党建工作渠道；结合企业文化“硬件”建设，如企业文化示范点，建立党建宣传阵地，把党建工作理念融入进去，起到潜移默化教育作用，为企业提供持续的精神动力。

（三）党建工作与企业文化建设有机融合必将迸发出强大能量。当前，一些领导干部在问题面前不是迎难而上，而是呈现出习近平总书记所批评的不思进取、不接地气、不抓落实、不敢担当的“四不”状态，一些员工也产生了“脚踩西瓜皮、滑到哪里算哪里”的消极心理。刚才很多单位也讲到了，有些是经营转型、风险控制等方面压力大，还有些是考核指标比较重，导致一些干部员工产生“听之任之”的心理，从而在工作中不同程度地表现出“四不”状态。党建和企业文化建设工作如何有针对性地解决党员干部的思想问题，有针对性地解决影响发展的理念问题、精神状态问题，是党建和企业文化建设最根本的出发点。坚持党建与企业文化建设相融合，能够很好地把文化自信与道路、理论、制度自信有机结合起来。文化自信为道路、理论、制度自信提供了内在的精神支撑和强大的信念支持，具有厚重的精神力量和独特的凝聚力、影响力，激发广大员工坚定信念、增强自信、甘于奉献、勇于实践的内生动力。提到困难，回顾过去二十年的银行业，包括工商银行的发展历程，改制前不良资产比现在更高、经营压力比现在更大，我们要有过去那种背水一战、攻坚克难的勇气和信心。要用党建、企业文化的力量来凝聚人、感召人、提振人，努力营造积极向上的氛围，奋发进取，推动各项工作再上新的台阶。

三、坚持文化自信，以服务大局的站位谋划好未来三年发展思路

未来三年，是向着2020年全面建成小康社会这一“百年目标”冲刺的三年。当前国内外经济金融形势正在发生深刻变化，我们要增强“四个意识”、坚定“四个自信”，紧扣全行“四个倍加”“五个紧紧抓住”的战略部署，以高度政治责任感把握正确的政治方向和舆论导向，推动党建和企业文化进一步深度融合，积极构建“六个工程”：

（一）强化党的理论学习，推进“立根塑魂”工程。一是切实抓好党委中心组学习。落实和健全学习制度，围绕《党委（党组）理论学习中心组学习规则》有关要求，推动我行实施细则的贯彻落实和不断改进，进一步调动各级领导干部开展理论学习的积极性。要做到学深悟透和学以致用。如，为了更好地理解全国金融工作会议的深层次内涵和要义，既要结合中心组学习、结合“两学一做”学习教育常态化制度化来学，也要结合总行、省行的工作部署来学，还要结合本单位实际对照学。各地情况千差万别，不能教条主义。二是创新员工理论教育和宣传。紧跟中央各项部署，依托宣传平台，开展好各项主题宣传、典型宣传，使党宣工作更接地气、更有成效。持续构建以“党建频道”网讯专栏为主体、“党建频道”融e联服务号和官微专刊为延伸的宣传体系，完善“理论学习专区”资源库，进一步激发干部员工理论学习热情。

（二）凝聚价值观“一个核心”，推进“价值引领”工程。一是丰富发展集团核心价值理念。围绕党中央治国理政新思想新精神，适应集团战略转型新趋势新步伐，重塑与新的发展目标、发展战略相适应的企业文化价值理念体系，使其成为新时期团结带动广大员工共促发展、共创和谐的价值遵循和行动指南。二是推动新价值理念传播落地。充分发挥各级党校、传统教育基地的教育培训作用，开展新一轮集团文化培训，引导全体员工认同并遵循我行价值理念。三是深度提升企业文化传媒价值。健全立体多样、融合发展的文化传播体系，办好“企业文化园地”“文化周刊”，制作宣传片、微电影等文化产品，促进故事理念化、理念故事化，使企业文化更加鲜活生动。

（三）筑牢子文化“四个支撑”，推进“固本强基”工程。一是融入公司治理体系。将廉洁、合规、服务、创新子文化建设作为重要内容纳入公司治理体系，建立“党委统一领导，党政齐抓共管，牵头部门组织协调，相关部门发挥优势，广大员工积极参与”的工作机制，形成整体合力。二是融入党的建设工作。将子文化建设与企业党建有机结合起来，列入党建目标责任制考核体系，渗透到党建工作的各个环节。要用文化理念促进党的思想、组织、作风和制度建设，用文化形式传播廉洁、合规、服务、创新制度规范，拓宽党建和思想政治工作渠道，提供有力的文化支持。三是融入全行经营管理。党建、企业文化与经管管理工作不是“两张皮”，而是有机融合的。党建、企业文化是推动经营管理的持续性、基础性工作，是发展的重要保障。要将子文化建设与经营管理工作同规划、同部署、同实施、同考核。推进子文化理念与制度体系对接，以文化理念为指导，诊断制度与理念的匹配性，使价值传导更有感染力渗透力，监督管理更有力度和实效。

（四）拓展专业文化特色文化“两个延伸”，推进“细胞活力”工程。一是深化重点业务板块的专业文化建设。信贷文化建设取得了初步成效，但依然任重而道远。信贷是银行经营工作的重心，信贷风险一定时期内依然是我们面临的主要风险，也是相对来说较难管控的风险。要进一步加强信贷文化建设，贯彻落实银行业“新三铁”精神及我行《加强信贷文化建设的意见》，注重将信贷文化理念融入规章制度，通过“软约束”与“硬要求”共同作用，推动信贷文化落地生根、发挥作用。二是深化具有鲜明区域特征的特色文化建设。不同地域，不同的历史传承，会产生不同文化，因此推动党建、强化管理、凝聚员工的举措也不会是千篇一律的。要抓住“关键少数”，增强文化管理意识，影响和带动广大员工投身到蓬勃的文化实践、经营管理实践中。这需要大家深入思考、积极探索。三是深化境外机构文化融合。这方面企业文化部已经做了大量工作，针

对境外机构所属地域在宗教、法律、历史、经济等方面的较大差异性，提出了“ONE ICBC，ONE FAMILY”全球文化主题，推动境外文化融合。要坚持好的经验做法，进一步贯彻落实《关于加强境外机构企业文化建设的意见》，按照“尊重包容、平等互信、共赢共享”的原则，建立健全与我行国际化发展战略相衔接、与全球化网络布局相适应的跨文化管理体系。四是深化子公司文化协同。落实《关于推进集团综合化协同发展的意见》，促进集团价值理念在子公司的落地与深植，增强子公司员工的文化认同和归属感，筑牢协同发展的思想基石。

（五）深入开展文明创建，推进“文明形象”工程。一是完善文明创建工作格局。在加强文明单位调研工作，把握现有文明单位可持续发展实际需求的基础上，改进文明单位报备制度，发现一批有实力、有潜力、有竞争力的优秀集体，扩大文明单位“蓄水池”；改进评选和动态管理工作，为形成“机制科学、梯次合理、亮点突出、可持续发展”的创建格局打好基础。二是加强文明单位内外宣传。依托网讯、官微等渠道，构建“文明e览”平台，集中展示和推广各级文明单位创建经验。引导各分行开辟多种内外渠道，向客户和社会大力推广文明单位优质服务，使文明创建工作更好服务于品牌宣传和业务营销。

（六）坚持先进典型引路，推进“凝心聚力”工程。一是打造“感动工行”“凝聚工行”两大典型评选表彰活动。过去评选工作卓有成效，每次活动都是对员工的教育和鼓舞，激励了全行员工在推动经营管理、服务实体经济、奉献社会上争先创优、作出表率。要认真总结经验，进一步把握全行经营发展需要和队伍建设特点，突出评选侧重点，使活动更加紧贴实际、所选树的典型更具有代表性和教育意义。二是以“学雷锋活动常态化岗位化”带动“身边榜样”宣传。持续开展“学雷锋活动”宣传工作，鼓励各单位发现和推广平凡岗位上的敬业员工、服务能手、道德榜样，营造向上向善的良好氛围。三是加强员工心理疏导和人文关怀。在当前攻坚克难的关键时期，做好关爱员工工作显得尤为重要，每名员工都是我们工行大家庭的重要成员，各级机构要在力所能及的条件下给予员工更多的关心、关爱和帮助。要将移动互联网手段与员工思想政治工作紧密结合，加强对干部员工的个性分析和动态了解，有针对性加强人文关怀和柔性管理。

总之，此次座谈会开得很好，既有深入的思考，又有丰富的实践，大家积极献计献策，提出了很多很好的建议。在下一步规划制定过程中，总行还将进一步征求大家的意见和建议。希望大家共同努力，真正使我们的党建和企业文化工作基础更加扎实，为经营管理工作提供更加坚实的保障，同时也祝愿各单位党建和企业文化工作与经营管理工作取得新的成绩。

在全行维护经营秩序保障安全生产工作会议上的讲话

钱文挥

（2017年9月13日）

这次会议的主要任务是，贯彻落实中央关于当前安全稳定工作的重大部署，深入分析全行稳定安全形势，部署下一阶段重点工作，以稳定良好的经营秩序迎接党的十九大胜利召开。下面，我讲三点意见。

一、深入贯彻落实中央以及监管部门的要求

党的十九大将于10月18日召开，这是我国全面建成小康社会决胜阶段召开的一次十分重要的大会，是党和国家政治生活中的一件大事，举国关心，举世瞩目。党中央、国务院针对十九大期间的稳定工作，多次召开会议作出安排部署，对金融系统的稳定工作也提出了明确要求。习总书记在全国金融工作会议上指出，金融是国家重要的核心竞争力，金融安全是国家安全的重要组成部分，并深刻阐述了金融风险隐蔽性、复杂性、突发性、传染性、危害性强的特征，作出了当前金融风险不容乐观，还处在风险易发高发期，应对风险挑战必然要付出代价和经历痛苦，但我们有制度优势和条件基础，有足够的智慧和能力战胜风险挑战的重大论断。总书记强调，防止发生系统性金融风险是金融工作永恒的主题，要把主动防范化解系统性金融风险放在更加重要的位置，早识别、早预警、早发现、早处置，着力防范化解重点领域风险，不断完善金融安全防线和风险应急处置机制。

前不久，第八次全国信访工作会议在京召开，会议从政治安全新威胁、经济风险新趋势、社会矛盾新特点、人民群众新需求四个方面分析了当前信访和稳定形势，要求各地、各有关部门要主动适应形势变化，切实增强工作前瞻性、系统性、针对性，以推动依法及时就

地解决群众合法诉求为核心，进一步完善信访制度，进一步增强处理复杂问题、做好群众工作的能力，更好地维护群众合法权益、维护社会公平正义、维护社会和谐稳定。

今年以来，人民银行、银监会持续加大金融监管力度，银监会将2017年作为强监管年、强问责年，围绕金融风险持续加强监管，陆续开展了“三违反”“三套利”“四不当”等专项整治工作，治理市场乱象，防控金融风险。近期监管机构还相继召开有关会议，要求各金融机构进一步做好重要敏感时期的安全稳定工作，落实监测、预警、处置机制，确保不发生重大风险事件。

总行党委高度重视维护经营秩序、保障安全生产工作，年初以来多次召开会议进行专题研究部署。7月17日，党委书记易会满主持召开党委会议，传达学习全国金融工作会议精神，要求全行自觉把思想和行动统一到中央对形势的分析判断和金融工作的大政方针上来，深化对金融风险的再认识，把主动防范化解金融风险放在更加重要位置，切实履行好风险防控主体责任，盯住管紧重点领域风险，做到坚守底线、守土有责、守土尽责。在年中工作会议上，再次对风险防控、安全稳定、生产运营等工作进行了全面部署，要求全行务必要稳字当头、实处着力，尤其在党的十九大期间，要切实抓好风险排查和防控工作，决不允许“放卫星”，决不允许出现重大恶性案件和风险事件，坚决维护好金融安全稳定。

全行要从政治和全局的高度，充分认识当前做好安全稳定工作的极端重要性，把维护经营秩序、保障安全生产作为首要的政治任务，作为当前工作的出发点和落脚点，按照监管机构以及总行党委的要求和部署，切实抓好各项工作的落实，积极营造良好环境。

二、深刻认识当前面临的稳定与安全形势

从外部环境看，当前我国经济处于“三期叠加”阶段，大量社会矛盾和问题通过风险事件、经济案件、聚集上访、信息舆情等形式反映出来，甚至少数人利用网络社交媒体传播虚假信息，蛊惑他人，干扰社会稳定，安全稳定管理的难度越来越大。从我行自身看，今年以来，全行坚持稳中求进的总基调，经营进度好于计划、好于同期、好于预期，总体保持了良好稳定的发展态势，但受内外部多重因素影响，各类风险隐患没有明显减少，损害安全生产的事件不在少数。从案件和风险事件看，今年以来已经发生多起内部经济案件及风险事件，形势较为严峻。从信息系统和保密安全看，网络安全威胁持续升级，我行信息系统每月平均遭受800次左右具有一定威胁的外部攻击，工银e支付和第三方快捷支付成为外部欺诈事件高发点，同时信息外泄事件呈上升势头，有的引起较大负面影响，甚至形成市场冲击。从舆情管理看，新闻舆情和客户投诉舆情事件呈高发态势，尤其是近期个别分支机构员工涉嫌参与非法集资、飞单、泄露客户信息，声誉风险管理压力增大。从客户投诉和信访看，少数机构存在惠民政策落实不到位、投诉处理主体责任不落实、理财专区“双录”工作不规范等问题，客户投诉量居高不下；近期赴省进京上访量呈回升态势，一些涉众型利益受损客户聚集上访维权情况明显增多，一些上访人“以访施压”“逢会必闹”特征明显，少数协解人员又在煽动串联9月中旬进京聚集。

对这些方方面面的情况，全行切不可视而不见，切不可掉以轻心，切不可麻痹大意，要始终保持清醒的认识和高度的敏锐，按照“不忽视一个风险，不放过一个隐患”的要求，拿出有针对性的措施，及早、主动、妥善加以应对和解决。

三、以高度的政治自觉全力做好各项工作

维护全行经营秩序、保障全行安全生产是基础、是前提、是大局。各机构、各条线要切实增强“四个意识”，以服务党和国家工作大局为目标，以维护我行和谐稳定、安全运行为己任，严格落实工作责任制，管好自己的人，看好自己的门。各机构“一把手”要负总责，对维稳和安全生产工作直接安排、直接部署、直接督导，不能布置过就完了、开过会就算了，要紧盯过程，保证事事有回音、个个有着落、件件有结果。要明确主体责任，按照“属地管理、分级负责”“谁主管、谁负责”的原则，哪一级行产生问题、哪一级行负责解决，哪一个条线产生问题、哪一个条线负责解决，既要各负其责，又要齐抓共管，避免“自扫门前雪”出现管理盲区，坚决守住不发生重大群体性事件、不发生重大安全生产事件、不发生重大案件和风险事件的底线。尤其要重视抓好“六项重点工作”：

（一）要切实抓好金融服务工作。让客户满意，不仅是提升盈利能力的根本因素，更是避免投诉、保证稳定的重要方面。各行要结合“服务口碑新变化　喜迎党的十九大”主题活动，以更高标准和更严要求做好服务工作，以高效、便捷、安全、优质的服务，接受客户和各方面的检验。要抓紧组织开展自助设备运行情况专项检查，完善设备故障、账务处理异常等突发情况响应机制。要严格落实网点负责人现场管理职责和首问负责制，确保客户问题在第一时间得到响应和妥善处理，决不允许因网点现场服务管理不到位引发投诉和声誉问题。对即将到期的理财产品、容易引起投诉和纠纷的业务，要开展一次全面梳理排查，提前制定应对措施。对超出基层行权限的客户投诉问题，要及时上报反映，总行、一级分行相关部门要第一时间拿出意见，指导帮助分支机构化解矛盾、解决问题；对一些带有苗头性、易被媒体炒作的问题，要提前制定预案和应对话术，确保妥善处置。这里，特别强调，北京分行的服务工作事关

重大，要保持高度的政治责任感和敏锐性，把各项服务工作做扎实、做到位。尤其对十九大代表驻地、国家党政机关、商务中心区域及重点媒体周边的网点，要重点关注、重点督导、重点检查，坚决不能出现重大服务事件，确保以高质量、高水平的服务工作全方位展示工商银行的良好面貌和形象。

（二）要切实抓好信息系统稳定运行工作。信息系统作为运行的基础，牵一发而动全身。日前，总行专门召开会议就信息系统管理工作进行了安排部署，各行要认真贯彻落实，坚决以“一级保障”的标准和要求做好系统保障工作，防止发生安全生产重大事故。要提前开展信息系统性能容量评估和健康检查，加大对网上银行等涉及外部网络连接系统的监控和管理，做好业务应急准备，保证业务连续性运作。要做好变更控制，除监管部门有明确要求的变更，要充分做好风险评估和测试、提前进行安排外，原则上党的十九大期间停止所有生产变更。参数变更也要严格控制，非生产急需或必需的参数调整，要推后实施，尽可能避免运行风险。要重视合理配置运营资源，加强人员履职、岗位交接等关键环节、重点环节管理，保证各项业务的响应和处理速度。加强现金运营管理，保证充足的现金供应。

（三）要切实抓好安全保卫工作。安全第一，预防为主。各行月底前要组织开展一次全面安全排查，突出抓好对金库、营业场所、自助银行、办公楼、业务库等重点场所及生产机房、发电机房等重要部位的安全隐患排查和安防设施巡检维护，盯紧要害，突出重点，确保各项设施正常有效运行，确保安全责任和防范措施落实到位。要高度重视网点公共区域安全管理，安排大堂经理、客户经理、安保人员等履行环境监督责任，对网点区域划片分工，加强巡视，不留管理盲区。要加强员工安全教育和安全警示，增强全员安全防范意识和应急处置能力，严防发生外部案件和火灾等安全生产事故。特别是北京及周边地区机构、数据中心等务必要落实各项措施，确保安全运营。要严格密码保密管理，认真学习贯彻总行新出台的《保密管理办法实施细则》，按要求做好涉密载体、内部敏感信息、信息发布管理等各项保密工作，坚决防止失泄密事件发生。

（四）要切实抓好信访稳定工作。坚持源头治理，防止问题上行，贵在及时、重在就地。各行要着眼于预测、预警、预防，按照抓小、抓早、抓苗头的要求，对辖内各类不稳定因素进行滚动摸排，坚决把问题解决在初始阶段、把矛盾化解在当地。对可能采取极端方式表达诉求的人，对可能引发重大群体性事件的问题，一级分行分管行长和有关二级分行负责人要主动向地方政府部门汇报情况，争取支持，多措并举，妥善处置，坚决防止因信访问题引发极端恶性事件和群体性事件。对纳入总行名单制管理的重点信访人，要压实有关二级分行的化解和稳控责任，千方百计把信访问题解决在当地。要进一步完善进京群体访应急处置预案，一旦发生进京聚集，要严格按总行要求的干部层级选派工作组按时到京开展劝返工作，全力维护首都的和谐稳定。5－10人进京聚集的，一级分行办公室分管主任和二级分行分管行长带队进京，总行相关部室处级干部协调处置；10人以上进京聚集的，一级分行分管行长带队10小时内到京，总行相关部室副总经理协调处置；信访人在京滞留达3天或在总行有极端行为的，一级分行办公室分管主任要带队进京配合开展工作。黑龙江、内蒙古、辽宁、山西分行要临时抽调责任心强、能力水平高的干部充实到信访工作队伍中，加强工作力量。如果哪个分行因为准备不充分、协调不到位、工作不主动、处置不当，影响总行统一部署、带来严重后果的，将严肃追究有关责任人的责任。近一个时期要实行信访“零报告”制度，各一级（直属）分行每日向总行报送信访排查情况，有情况报情况，无情况也要报平安。

（五）要切实抓好声誉风险管理工作。在当前高度敏感时期，各行要进一步加强正面引导，加大力度宣传我行服务实体经济、保障民生、改进服务等方面的做法和成就，努力为全行经营营造良好的舆论氛围。同时要更加注重负面舆情管控，做到“心中有数”，对潜在的重大声誉风险隐患和易发生重大恶性舆情事件的领域了如指掌，实时更新关键时点、关键环节和关键人员的动态信息，分清轻重缓急、有的放矢；做到“手中有案”，对重点风险隐患逐项制定化解方案，能解决的尽快解决，暂时解决不了的必须千方百计防止事件突然爆发，并按照最坏的结果做好预案，确保控制住负面影响；做到“应对有策”，进一步完善负面舆情监测、报告和处置的应急机制，要有针对性地加大各类资源投入力度，积极争取宣传主管部门和网络管理部门的支持帮助，加强与新闻媒体的日常沟通联系，一旦有事立即响应，把重大和恶性舆情事件消灭在萌芽状态。总行相关专业部门要履行好本专业声誉风险管理的直接责任，指定专人协调处理相关舆情事件。

（六）要切实抓好应急值守工作。要落实值班和领导带班制度，选派责任心强、熟悉业务的同志担负值班任务，确保24小时有人在岗值班。要严肃值班纪律，不得空岗、脱岗、擅离职守，各行办公室每天要对辖属机构值班情况进行抽查。各业务条线要安排好重点环节的值守工作，关键岗位必须双人在岗值班。十九大期间，一般不在京举办大规模现场会议。各级行一把手离开本辖区，要事先报上级行领导批准；分管领域存在较大风险隐患的副行长，要坚守岗位，避免外出培训或出差。要健全协调机制，畅通信息报送渠道，严格执行应急管理和重大突发事件报告制度，遇有突发事件或重要紧急情况，要按要求报告，不得迟报、漏报、瞒报。特别是对可能影响首都地区稳定的风险隐患，要急事急报、特事特报、大事快报，确保一旦出现问题能够快速反应、妥善应对，把影响降到最低。

同志们，党的十九大日益临近，维护经营秩序、保障安全生产工作任务艰巨、责任重大，需要全行在思想上特别清醒、政治上特别坚定、准备上特别充分、工作上特别踏实，决不能有丝毫麻痹松懈。希望大家以高度的政治自觉和政治担当，扎扎实实做好当前工作，努力营造和谐稳定的经营局面和良好氛围，以优异的成绩迎接党的十九大胜利召开。

转型创新　责任担当
奋力摘取机构金融业务发展新桂冠

——在2017年全行机构金融业务工作会议上的讲话

张红力

（2017年2月9日）

本次会议的主要任务是，认真贯彻中央经济工作会议精神，全面落实全行改革发展研讨会和2017年工作会议部署，总结2016年机构金融业务工作，分析新的经营形势，安排2017年重点工作任务。下面，我讲三点意见。

一、机构金融业务2016年取得优异成绩

2016年，面对复杂经营环境的挑战，机构金融业务战线迎难而上、锐意进取，出色完成各项主要工作任务指标。全年实现机构金融业务营业贡献628亿元，营业利润518亿元，日均金融资产1万元以上机构客户比年初增加30 585户，均超额完成总行部门考核T3理想目标值；机构及同业存款日均增量2 702亿元，完成全年任务的160%；机构存款时点增量5 386亿元，同比多增1 770亿元，创历史新高；机构存款余额和增量同业占比分别为34%和36%，增量占比连续五年超过余额占比，同业领先优势持续扩大；中间业务收入同比增长30%，达到近年最佳，第三方存管客户数、资金量连续六年保持市场第一，代理财政集中支付规模、政府公务卡及军人保障卡发卡量、社保资金归集发放量等牢牢位居同业首位。

回顾2016年，全行机构金融战线在强化党建工作的引领下，围绕“两学一做”要求，切实践行“一职双责”，转变工作作风，提升服务能力，在促进自身持续稳定发展的同时，也切实增强了对其他业务条线的辐射带动作用，牢固树立了在全行经营转型战略中的支柱地位。总体来看，以下四个方面工作尤其值得肯定：

（一）民生领域“三大战役”硕果累累。一是军改账户营销赢得关键战役。从总部情况看，军委总部一级单位全部重新选择我行开立基本账户，改制和新成立的陆军、火箭军、战略支援部队等军兵种总部，除“航天系统部装备部”外，全部选择我行开立基本账户。从战区情况看，原七大军区“善后办”，五大战区联合指挥部、联勤保障中心、陆军后勤部、空军后勤部等，全部选择在我行开户。北京、河北、辽宁、山东、四川、甘肃等分行，在军改营销过程中树立大局意识，认真落实总行部署要求，加强跨区域联动营销，关键战役上取得骄人战绩。二是社保改革攻坚成效显著。全力竞争机关事业单位养老保险改革新开户和业务合作资格，在20个启动改革的省市中，成功中标15个省市合作资格，居同业首位；在12个已完成职业年金账户招标的省市中，成功中标6个省市职业年金基金归集账户；在基本养老投资运营改革合作资格竞争中，全部中标托管、投管两项业务合作资格；超额完成总行党委下达的市场占比30%的目标。在2016年末集中上划全国社保理事会900多亿元的前提下，社保存款仍然增长1 500余亿元。上海、广东、山东、湖北、河北、浙江、贵州、宁波等分行，落实综合服务方案，灵活调整竞标策略，在社保改革营销中取得显著成果。三是政府客户需求全面对接。成功争揽全国34个省市地方债主承销商资格，投资金额市场第一，是主承销业务量最大的银行；中央非税电子化、地方支付电子化、跨省异地交罚等重点项目继续扩面推广，业务量和交易金额等指标稳居同业首位；首批成功试点地方财政非税电子化，成为唯一一家一次性实现“全渠道”缴款的试点银行。江苏、上海、湖南、贵州、广西、大连等分行，积极跟进财政支付和非税制度改革进程，发挥我行综合优势，促进了银政业务全面发展。

（二）同业业务改革取得较大突破。系统完善顶层设计，优化调整并实施总行机构金融业务部部牵头、金融市场部和票据营业部专营的同业业务经营管理体系。积极落实改革部署，完成同业专营监管报备，得到银监会高度认可；印发同业借款、同业代付、非结算性同业存款等管理办法和操作规程，启动同业资金池业务试

点，按照“四个统一”的要求实施同业业务专营，线下业务（不含票据买入返售）规模增长近3 000亿元。有效完善配套机制，实施专营业务交易对手名单制管理；落实分行团队建设、存款还原、季度通报、数据交换、监管报告等管理机制；推动同业客户统一视图建设，梳理客户关系，明确贡献计算规则。上海、深圳、江苏、广东、福建等分行大胆创新，策略精准，在同业存款推荐、专营业务发展、改革方案实施等方面取得重要突破。

（三）经营转型战略理念逐步确立。着力发挥客户部门职能作用，坚持以客户为中心，立足客户维度，从“主抓存款”变为“经营客户”；主动分析客户需求，做好客户分层分类，并根据客户需求，全集团联动，逐步打造立体化、分层次、多角度的客户营销管理体系。谋划推动全产品营销服务，研究全面对接客户多元需求，通过协同联动，推行“全产品”覆盖“全机构”营销模式，构建满足重点客户上、中、下游的全方位综合服务体系。完善配套改革政策，强化客户准入管理，授信与限额双线控制，对客户风险进行全流程把控；推动客户综合贡献考核模式的完善与落地，实现客户经理的精细化考核管理，打造更加专业化的客户经理队伍。新疆、湖南、陕西、广东、内蒙古等分行，以客户经理队伍建设为基础，精细客户管理，完善营销服务机制建设，在机构金融经营转型探索实践中发挥了良好示范作用。

（四）党建工作引领发展效果显著。全行机构金融战线坚持以党建为纲，深入开展“两学一做”学习教育，不断健全组织生活，探索推进基层党建工作的新方式、新方法，党建工作亮点熠熠。2016年，总行机构金融业务部党支部荣获国家机关工委“先进基层党组织”、总行机关先进基层党组织、主题党日活动优秀组织奖等荣誉称号，入选“社会主义核心价值观百优案例”。党建工作已经成为引领机构金融业务发展的一面鲜亮旗帜。

2016年是不平凡的一年，全行机构金融战线敢于担当，奋发有为，交出了一份党建工作与业务发展融合并进、亮点纷呈的成绩单。在此，我代表总行党委，向为全行机构金融业务发展做出贡献的同志们表示真挚的感谢！向大力支持和积极配合的各相关部门、分支机构表示由衷的敬意！

二、全面认识2017年机构金融业务发展形势

2017年是国家实施“十三五”规划的重要一年，是供给侧结构性改革的深化之年，也是全行第四个三年发展规划的收官之年，做好今年的各项工作意义更加重大。作为全行改革发展的重要支柱和经营转型的重要动力，全行机构金融业务战线要进一步强化大局意识、担当意识，科学部署，迎难而上，为实现全行经营目标奋力拼搏。

（一）正确认识严峻形势，做好攻坚克难的充分准备。一方面，外部经营环境复杂多变。2017年世界经济复苏不确定性较大，国际市场不稳定因素较多，国内经济面临的压力也不容忽视。在复杂多变的外部环境下，机构金融市场形势更为严峻。在机构存款方面，基本养老保险基金投资运营改革持续推进，对我行现有社保存款造成巨大的流失压力，预计2017年可能将分流我行社保存款5 000亿元；军改背景下，同业针对存量客户、集团军、省军区及以下单位的争夺将更加激烈；财政收入增势趋缓、支出快速增长，统筹协调市场竞争和成本控制的难度进一步加大。在同业业务领域，经济下行压力仍然较大，监管去杠杆力度加大，资本市场震荡持续，金融风险不断抬头，利率汇率市场化、人民币国际化、金融互联网化的推进都对我行同业板块带来较大影响。

另一方面，我们自身也存在一些亟待完善和优化的地方。一是客户管理水平及营销体制有待进一步提升。目前，机构金融客户合作策略往往关注产品多而细分客户少、关注负债多而全产品统筹少、关注业务办理多而看重信息反馈少，未能有效整合资源，实现客户贡献和全行整体收益最大化。尚未建立完善的机构客户统一视图，还不能满足全产品透视和全方位分析客户需求，依据客户痛点提供一站式服务方案的需要。二是考核机制体制有待进一步优化。对客户综合、直观、统一的考核方法和手段有待完善，如何充分反映客户的综合贡献和价值，全面反映营销工作成效，激发考核引领作用，仍是当务之急。三是机构金融业务队伍需要进一步充实。民生等领域正经历深刻改革，迫切需要更多熟悉客户需求、营销本领过硬的客户经理；同业客户业务合作多元化特征日益凸显，迫切需要更多专业知识全面、市场触觉敏锐的复合型人才。

（二）精准发现业务机遇，把稳律动脉搏固本强基。虽然机构金融业务发展困难重重，但要坚定信念。新常态催生新业态，新业态带来新机遇。习近平总书记指出：“中国经济向好的基本面没有改变，经济韧性好、潜力足、回旋空间大的特质没有改变，经济持续良好的增长支撑基础和条件没有变，经济结构调整优化的前进态势没有变。”面对严峻外部环境与经济新常态，中央经济工作会议强调要全面做好稳增长、促改革、调结构、惠民生、防风险各项工作，加快推进社保、财税、金融等关键性改革，催生了民生和同业业务新的发展机遇。一方面，民生改革提速，金融业务需求骤增。社会保障制度改革持续深化，社保覆盖范围将进一步扩大，资金来源将更为丰富，改革方向更加注重资金收益与主动化管理，为金融机构带来了受托、托管、投管领域的业务新机遇；军队体制编制改革深入到“脖子以

下”，总部及战区级单位数量增多，军民融合拓展了在融资、租赁、个人消费信贷、账户集中管理、银行卡等全领域军银合作；各地财政领域改革更加市场化，公平竞争品质为王，为有综合实力的银行提供更多中标机会。另一方面，同业业务市场化运作体系逐步规范，业务发展的蓝海进一步打开。各项监管政策法规逐步完善，互联网金融、大资管时代的来临，都为同业业务的发展提供了大量机会。我行同业客户资源丰富、资金实力雄厚、产品种类齐全、技术实力突出，具备发展同业业务的比较优势，完全可以开辟更多新的增效领域。

（三）紧跟政策改革动向，服务国家战略大局。当前是民生领域的重大战略机遇期，也是改革变化的密集调整期。机构金融业务与国家战略实施和经济体制改革息息相关，信息、政策优势得天独厚。全行机构业务部门既是市场参与者，也是政策推动者，要充分利用政府机构客户引领经济、统筹资源、汇集资金、改善民生等方面的主导作用与政策影响力，紧跟政策改革动向，在服务国家战略大局中履行好大行的责任担当。

全行要提高政策敏感性，主动加强与政府职能部门和监管机构的沟通，发挥我行在银政合作领域的既有综合优势，争取提早介入改革政策制定，提供智库支持。一方面，积极参与国计民生政策制定，促进金融安全，助力国家发展；另一方面，紧紧抓住政府深化民生领域改革的契机，立足顶层设计，创造业务机遇，全方位深化我行与各类政府机构客户合作。

三、奋力开创机构金融业务转型发展新局面

面对新形势，2017 年机构金融业务工作的整体思路是：按照全行 2017 年工作会议要求，围绕全行经营转型及改革创新的总体部署，着力发挥客户部门职能作用，坚持“以客户为中心”，推进营销管理体制转型；创新驱动，紧跟财税等领域重大改革进程，巩固扩大民生领域攻坚成果；理顺机制，实现同业业务质效同步提升，开创新的盈利增长点。

主要发展目标是：全年实现机构客户综合贡献 1 800亿元，机构存款新增 4 000 亿元，同业存款新增 2 000亿元，实现中间业务收入 32 亿元。围绕上述目标，2017 年的机构金融业务要重点抓好以下五方面的工作。

（一）立足客户，找准机构金融业务战略转型新定位

一要深入落实“全机构”金融战略。机构客户市场跨度大、辐射群体广、服务需求多，具有很强的源头性、衍生性特点。政府机构客户是改善民生的龙头和主体，是民生领域资金流、信息流源头，广泛连接中下游公司、个人客户群体；金融同业客户牌照、渠道、人才、技术、客户资源是我行开展综合化经营、提供全方位服务的重要组成部分。机构客户本身的属性，就决定了其必然成为商业银行经营发展和市场竞争的核心资源。当前，金融脱媒加速催生金融资产服务多元化需求。政府机构客户在资源使用方式上发生急遽变化，财政零余额账户管理、军队资金集中收付改革、社保资金投资运行管理，使得沉淀存款越来越少，迫切需要我们从过去单一的争存量，转变为抓流量、盯流向，注重全流程服务。同时，随着金融互联网化、利率汇率市场化以及跨界混业经营加剧，金融同业客户需求日益复杂，资产负债摆布也在发生重大变化，更需要我们“因客户而变”，更加注重全产品营销，开展综合化服务。因此，全行一定要深入贯彻“全机构”金融战略，坚持“以客户为中心”，依托“全需求受理、全产品营销、全流程协调、全方位风控”，满足客户多层次、全方位需求，不断提升机构客户的综合贡献，引领机构金融转型创新和跨越发展。

二要切实发挥客户部门的牵头营销作用。贯彻“全机构”战略需要全行机构金融战线充分发挥客户部门的牵头营销管理作用，以客户需求为导向，统筹全行资源，为客户提供“全产品”营销服务，将多点对外转变为一点对外，将守住小阵地转变为统观大格局，实现全行整体利益最大化。要深入挖掘客户需求。机构金融业务的核心优势和价值创造来源于客户，立足根本就是牢牢抓住客户，围绕客户做文章。全行机构金融战线要把牢客户这个关键点，跳出产品局限，将被动管理转变为主动营销，将“做产品”转变为“做客户”，由“我要营销什么”变为“客户需要什么”，从主动了解分析客户需求入手，全面对接客户诉求。加快构建机构客户统一视图，完整、立体地呈现集团客户关联关系，全面分析客户需求。同时，做好客户的分层分类，制定针对总行级、分行级等客户类别的不同服务模式，实施精准化营销服务。要整合利用全行资源。机构金融业务部门要充分发挥客户部门的职能作用，加强与公司、个金等业务板块的密切联动，注重部门联动、上下联动、内外联动、行司联动，在全行逐步形成客户部门调动全行资源服务客户的“1 + N”营销氛围。完善优化考核模式，发挥考核导向作用，加快推动客户综合贡献考核模式的完善与落地，重点研究客户部门和产品部门之间实施双线考核模式，发挥整体合力，提高核心竞争力。要开展全产品营销服务。全行机构金融业务部门要根据客户多元需求，提供定制化金融服务。对于系统性强的核心客户，要加强综合服务方案制订落实，形成涵盖存款、结算、上下游客户服务、资产管理、投资运营、系统建设等方面的一揽子服务方案，为客户提供支付、结算、融资、存款、信息等全方位服务，不断提升综合服务能力水平。

三要高度重视机构客户营销服务的配套支持。要强化战略导向。总行党委高度重视机构客户的营销工作，行领导到各分行调研走访，都要对当地重要机构客户，

特别是政府、社保、军队客户进行高层营销。总行机构部要做好统筹协调，各分行要配合落实安排。各分支机构、各相关部门要从全行经营发展和战略转型的大局出发，把机构金融业务的发展放在更加重要的位置，对于重大的战略合作客户，切实落实“一把手工程”，组建由分行行长挂帅的专属服务团队，进一步提升服务层次。要加大资源投入。机构金融业务具有“源头投入、多点收效，先期投入、长期受益”的特点，机构金融业务部门要积极会同财会部门，研究财务资源投入政策，细化测算标准，评估综合收益，对优质机构客户要优化审批授权，加大财务资源倾斜。要针对机构客户系统建设需求多、时效要求高的特点，全行上下建立专属客户科技保障绿色通道，加强对民生、军队系统开发支持，加大科技支持力度，抢占未来发展制高点。要完善定价管理。当前，全行利差收窄压力持续增大，机构业务战线要变被动为主动，通过从“产品营销”向“客户经营”转变，夯实客户基础，跟踪资金流向，加强同业合作，提升服务水平，以优质的全产品、综合化营销服务，进一步降低负债成本。各相关部门要加快建立完善更加灵活、更具竞争力的定价体系，加快构建适应市场、客户和全行经营需要的自主定价体系，完善利率灵活调整机制，共同推动机构存款量价协调发展。要注重队伍建设。针对目前全行专职机构客户经理不足的问题，扩充客户经理队伍，吸引兼备关系营销与专业化营销才能的人才，打造专业服务团队。结合客户分层管理办法，完善总分行级首席客户经理制，对重要机构客户建立客户部门营销、产品部门支持、后台部门保障的柔性团队，提供全方位综合服务。今年要把队伍建设作为重要工作，争取有所突破。

（二）抢抓机遇，开拓社保领域全面合作新格局。今年，国家机关事业单位养老保险、养老保险基金投资运营、医保异地就医结算等一系列社保重大改革全面铺开，这是民生金融领域的重大机遇，也是工商银行未来5年、10年的发展根基。全行一定要高度重视，从全局角度来认真思考和谋划今年的社保业务工作。各级行、各部门一把手要亲自抓、带头干，加强政策研究，预判市场走势，整合优势资源，全力争揽账户开立和受托、托管、投管等相关业务合作资格。

一要加强领导，统筹协调，建立健全社保业务营销服务联动机制。今年，总行成立了由谷澍行长担任组长，我和其他分管副行长担任副组长，总行机构、个金、托管、养老金、人力资源、财会、资负、产创、科技等部室及工银瑞信负责人任组员的社保业务领导小组。各一级分行和直属分行，要比照总行的做法，成立由一把手牵头的领导小组，成立负责具体工作措施落地执行的营销服务团队。各分行机构金融业务部门，要充分发挥客户部门牵头作用，整合各部门优势，制订综合化配套金融服务方案，推动社保业务的整体营销工作；养老金、托管、工银瑞信等部门和机构要积极主动，精诚合作，在相关业务资格的竞争上，审时度势，择优选择竞争策略和竞争方案，确保全集团收益最大化；财会、人力资源和资负等部门，要尽快出台社保业务考核激励措施，进一步加大资源投入和政策倾斜，为打赢这场硬仗保驾护航。

二要密切联动，综合服务，沉着应对养老基金投资运营改革造成存款分流所带来的挑战。社保改革营销工作，涉及条线长、服务范围广，客户涵盖多，系统要求强。总分行、各部门要树立全局意识，加强联动协作，横向整合协调，纵向推动督导，打破“部门墙”“机构壁”，团结一致，形成合力，不断完善综合服务。全行要打破以往“单抓存款”的传统模式，通过发挥集团综合化优势，为客户打造集“资金收缴发放、受托管理、资产配置、资产托管、投资管理”为一体的综合服务链条，实现社保资金在我行体内循环流转，最大化提升我行的综合收益。

三要紧盯源头，突出重点，开创社保业务转型发展的新局面。做好社保整体营销推动工作要突出三个重点：第一，牢牢抓住社保改革的源头业务，全力做好收支户、财政专户、职业年金归集户、医保异地就医流转户等新开户的竞争工作，抢占市场份额。第二，全力争揽职业年金受托、托管和投管以及医保异地结算资格，力保养老合作市场份额全国第一，社保存款规模第一。第三，要在全部中标全国基本养老保险基金托管和投资管理全资格牌照合作银行的基础上，力争更大的规模占比，确保市场份额最大化，集团总体利益最大化。

（三）创新驱动，构筑政府机构客户服务新优势。紧跟国家财税等重点领域改革进程，积极引领并全方位响应政府客户业务需求，充分发挥政府机构客户的源头效应和全产品线辐射作用，全面促进机构、公司和个人业务健康持续发展。

一要牢牢抓住财政收支两条主线，将技术和品牌优势转化为竞争优势。跟进财政资金运行管理改革进程，化存款观念为客户观念，以系统平台建设和地方债承销为抓手，带动银政业务综合发展。加快中央和各级财政支付电子化系统的试点及推广，绑定与各级财政及广大预算单位客户合作关系，促进下游对公存款、代发工资、公务卡等业务全面发展；加强非税收入电子化、跨省异地缴罚、财税库银、银关通等项目在全国范围内的试点及推广，进一步提升我行对各级政府执收单位及广大对公、个人客户的综合服务水平。

二要关注医疗教育司法体制改革进程，争取规模与效益双提升。把握司法体制改革的政策契机，以信息系统平台支撑为切入点，深挖客户潜力。抓住医疗教育等领域的改革机遇，统筹考虑改革带来的业务需求和机会，研究通过柔性化联动营销机制，开展包括对公负债、资产业务、个人客户服务等在内的全产品线联动创新与营销，不断提升客户贡献。

（四）严密攻防，扩大军改营销胜利新成果。军改营销是一场持久战，随着军队规模结构和力量编成改革拉开序幕，竞争将更加趋于白热化。全行上下务必做好充分准备，保持清醒头脑，利用我行前期军队总部级单位改革营销成果，及时跟进掌握军队单位改隶、整编、新建及跨省移防等动态信息，紧握营销先机，不断把我行现有客户优势转化为扩大营销战果的竞争优势。

一要认真落实“跨省联合营销协调机制”相关要求。军队总部、战区及联勤保障中心所在分行要切实担负起跨省联动营销的牵头责任，尽快建立和完善辖内跨省联合营销机制、流程和细则，尤其要强化信息共享、服务协调和营销工作联动。总行机构部要做好督促检查，各分行要抓紧落实，主动配合，建立联动营销快速处理通道，做到响应快速、协调顺畅、联动有力。

二要加强对军队客户资金往来和异常波动的监测。及时发现同业竞争的动向和苗头，适时采取反竞争维护策略，确保我行存量军队单位账户及其资金不流失。要加强对军队装备单位及军工企业资金流向与规律的把握，公司部门要与机构部门密切联动，加大对未在我行开户军工企业的竞争挖转，确保军队客户资金在我行体内循环。

三要加大对军队客户营销的资源倾斜和投入力度。要综合从财务费用、信息科技、人力资源、个人金融服务等方面加大投入。尝试设立军队营销专项财务资金，支持全行开展军队客户营销和军银共建活动；从政策专享、利率优惠、服务便利等方面综合考虑，持续推出并优化军人专属理财产品，加大军人住房公积金贷款的投放力度，给予军人住房贷款优惠，丰富军队公务卡、军人保障卡及辅卡的产品功能，提升我行作为军队客户主要合作银行的品牌形象。

四要把握军民融合带来的业务新机遇。在习近平总书记亲自担任中央军民融合发展委员会主任的领导下，军民融合将是一个大的趋势。全行上下要从讲政治、顾大局的高度，抓住潜在合作机遇，丰富我行现有业务，确保为军民融合服务到位。机构部等相关部门要加强对军民融合带来的机遇、趋势、政策等各方面的研究，抢抓军民结合产业升级、技术改造、物资集中采购、海外交流、退出有偿服务等带来的融资、租赁、电商采购、走出去、军产管理、法律顾问等方面新的合作机遇，以及军人住房、年金、社保、养老等后勤保障社会化等代理业务需求，积极推进军银合作由“拉存款”向“综合经营客户”转变。

（五）深化转型，打开“大同业”质效提升新空间。总行党委对同业业务高度重视，在改革发展研讨会上提出要把同业业务打造为2017年全行新的利润增长点。谷澍行长也亲自主持召开办公会，专题研究深化同业业务改革的具体方案。因此，今年同业业务的重点任务是围绕以客户为中心，落实“大同业”服务、开展“全产品”营销，切实解决一批制约业务发展的体制机制问题，确保同业业务深化转型、提质增效。

一是机构金融业务条线要切实发挥牵头作用。同业业务点多面广，涉及2个专营部门、7个客户部门、12个产品部门、近60项产品、72个业务系统。机构业务部门要站在全行视野，从客户角度整合需求，统筹全行资源，最大限度地发挥总分行合力，实现整体利益最大化。总行“大同业”的参与部门，要充分树立全局意识，发挥事不避难的担当精神，工作有目标、有进度、有督促、有落实，在牵头部门的统筹下实现名单准入、客户政策、营销团队、考核督导、风险控制的统一管理。各分行要着力解决各项同业业务由多个部门分散牵头的问题，推进规范和整合，明确在机构金融业务部下成立同业客户团队，负责包括专营、非专营在内的全产品、全口径同业业务的营销推动，业务量大的地区可由分行自主定设同业客户部等专门机构，团队和部门设立工作要在今年上半年内完成。

二是将线下同业业务打造为新的利润增长点。总行已按照“单独团队、单独预算、单独考核、单独资金运作模式”实施线下业务的独立经营。机构金融业务部门要主动与专营部门配合，在客户营销、监管衔接、部门协调、业务督导等方面发挥好牵头作用；对于总行级客户开展的黏性较高、个性化较强、风险需要重点把控的部分线下业务，可由客户部门直接发起业务推荐流程。各分行同业客户团队要加大客户营销力度，积极向总行线下业务专营部门推荐业务，并负责做好存续期管理。专营部门要解决好与分行之间的收益分配问题。

三是重视和加强同业业务风险管理。要从行内外风险事件中吸取经验教训，通过强化风险统一管理，开发统一视图系统，实现风险管理有落地、无盲点。通过“统一名单准入、统一客户政策、统一营销团队、统一考核督导、统一风险控制”，实施对同业业务风险的全流程、全覆盖管理。当前全行要重点关注“严监管、紧货币、去杠杆”政策对部分中小金融机构的影响，加强集中授信和限额管理，严格控制表内、表外业务风险；在风险易发多发的账户开立、印鉴使用、凭证保管、资金流转等环节，要明确职责分工，规范业务操作。

四是逐步完善相关配套政策。要依托体制、机制性的改革，充分调动各方面的积极性，在发展过程中逐步解决一批制约同业业务发展的难点痛点问题，集中精力打赢“歼灭战”。完善收益分配机制。积极探索总分行之间、总行利润中心之间双边计价、影子考核的机制，从而最大限度地调动总行专营部门和分行的积极性，做大同业业务市场蛋糕。实施分层分类管理。出台同业客户分层营销管理办法，并确定总行级客户名单，在资金定价、业务流程、业务范围等方面给予差异化的政策；

各分行也要比照总行，研究分行级客户的合作策略；对于操作经验丰富、管理水平较好的分行，相关部门要建立同业业务“绿色通道”，并考虑给予一定的同业存款和线下专营业务定价权限。

面对新的形势和任务，全行机构金融战线要始终坚持党的领导，切实增强政治意识、大局意识、核心意识、看齐意识，深入落实好本专业条线从严治党、从严治行责任，更好地发挥党建独特优势对机构业务改革发展的引领作用，以党建工作的全局性和先进性，指导机构金融业务全面发展，努力实现党建工作和业务发展的新突破。

同志们，站在全行传承与创新、改革与发展的历史新起点，站在机构金融业务承前启后的发展新阶段，全行机构金融业务战线要以更加昂扬向上的精神风貌、更加顽强奋进的工作作风、更加开拓创新的发展思路，勇于担当，奋发有为，不断增强发展新动能，实现发展新跨越，努力开创机构金融业务转型发展新局面！

稳中求进　担当善为
持续提升资产负债管理经营效率

——在中国工商银行2017年资产负债管理工作会议上的讲话

张红力

（2017年2月13日）

这次会议的主要任务是，认真贯彻十八届六中全会和中央经济工作会议精神，全面落实全行改革发展研讨会和年初工作会议要求，总结2016年资产负债管理工作情况，安排部署2017年重点工作任务，不断开创资产负债管理业务发展新局面。下面，我讲三点意见。

一、2016年资产负债管理各项工作扎实推进，圆满完成全年各项任务目标

2016年，面对错综复杂的国际国内经济金融形势，全行资产负债管理战线干部员工认真贯彻落实国家宏观经济政策和金融监管要求，在总行党委的正确领导下，科学运用资产负债管理方法和手段，有效发挥对业务经营的引导作用，为全行各项业务发展做出了积极贡献。总结2016年各项工作，主要有以下五方面特点：

（一）主动顺应服务实体经济和供给侧结构性改革有关要求，集团资产负债总量结构持续优化。一是存款增量达近三年最高值，增长结构保持良好。截至2016年末，境内人民币各项存款（含同业）比年初增加11 054亿元，同比多增334亿元，超额完成年初确定的新增10 000亿元存款计划，其中一般性存款（偏离度口径，下同）比年初增加13 268亿元，同比多增8 626亿元，一般性存款增量创近三年来最好水平。境内外汇存款比年初增加213亿美元，增量四行第一，余额达1 079亿美元，余额、增量均创历史新高。人民币活期存款增量占比××%，余额占比××%，比年初提高××个百分点；大额存单余额控制在××亿元，低于可比同业，其中发行利率较低的期限一年以内存单占比达××%；全年人民币存款均衡率达到52.6%，为近年来较高水平，在满足监管规定的同时，实现了关键时点全行存款的良好增势。二是贷款投放平稳适度，重点领域和重点区域增势良好。统筹协调信贷存量与增量，实体经济和供给侧结构性改革融资服务能力有效提升。2016年末，境内分行本外币贷款（含拆放）比年初增加8 700亿元，同比多增576亿元，其中人民币贷款增加8 584亿元，较好地掌握在总量计划之内，还原地方债置换及不良核销后贷款同比多增超过600亿元。继续加大对实体经济和供给侧结构性改革重点领域支持力度，新增贷款主要投向国家重点项目贷款、支持居民合理购房需求的个人住房贷款和小微企业贷款等重点领域。其中，项目贷款累计发放9 388亿元，同比多增1 265亿元，新增1 727亿元，增量领先可比同业；个人类贷款（含银行卡透支）增量占各项贷款的75%，个人住房贷款余额占比28%，比年初提高4.6个百分点；小微企业贷款余额达到20 367亿元，较年初增加1 521亿元，同比增长8.1%，高于各项贷款平均增幅，实现了“三个不低于”目标。加大对城市行信贷资源的配置力度，直辖市分行、直属分行和省分行营业部新增贷款占全行新增贷款的67%，同比多增1 106亿元，中西部及东北地区贷款继续保持合理增长。深圳、四川、贵州、湖南等分行新增贷款均衡率较高，北京、上海、江苏、湖北等分行新增贷款结构较好。三是优化资源配置激发经营活力，助推重点城市行竞争力提升。2016年重点推动首批6家总行级重点城市行竞争力提升工作，通过单列信贷计划、增强利率定价弹性等方式，加大资

产负债资源向重点城市行的倾斜配置力度，6 家总行级重点城市行存贷款业务市场竞争力与 2015 年相比明显提升。四是初步建立了宏观审慎评估（MPA）的行内协调管理机制，做好 MPA 各项指标的监测评估。积极落实人行 MPA 管理要求，重点加强对各项评估指标的监测、预警和管理，我行各季度评估结果均保持优良水平。

（二）统筹运用资本管理各项政策工具，资本管理能力和精细化水平有效提升。一是有效应对多重挑战，资本充足水平继续领先同业。2016 年，我们克服净利润增速放缓、资产质量承压、拨备覆盖率降低、外源性补充渠道收窄、客户信用等级下移等诸多不利因素影响，资本总量保持适度增长，资本充足率控制在稳健合理水平。2016 年末，集团口径一级资本净额预计达到 × ×万亿元，较上年末增加 × ×亿元，增长 × ×%，根据英国《银行家》杂志发布的数据，我行一级资本净额连续四年蝉联全球首位；法人口径资本充足率 × ×%，高于 12% 的全球系统重要性银行资本要求和 12.2% 的银监会大型银行监管强化标准，继续位居国内可比同业前列，并留有合理的缓冲空间和较高的安全边际。二是深化资本管理改革，资本使用效率显著提高。通过降低中长期法人贷款、商品融资等的经济资本调节系数，阶段性提高产能过剩行业“谨慎类”和“退出类”客户的经济资本占用等手段，引导分行推动信贷结构调整优化，合理传导资本压力；在保持拨备总量不变的前提下，提高次级类资产拨备覆盖比率，降低不良资产资本占用；完善 B 级非不良贷款经济资本计量政策，引导分行将满足条件的贷款转出，释放存量资本占用。2016 年末，境内分行经济资本占用较年初增长 6.9%，低于 7.7% 的信贷资产增幅，深圳、广东、江苏、天津分行大力开展经济资本优化，经济资本增速控制在相对较低水平。三是实现资本管理的全集团覆盖，利润中心和境外及控股机构资本节约效果明显。综合考虑各利润中心和境外及控股机构业务特点、产品结构、盈利模式等因素，对利润中心、境外分行及控股机构实施分类管理，精细化核定经济资本限额，集团资本管理统筹能力进一步增强。2016 年末，利润中心经济资本占用较年初增加 15.9%，增幅较上年下降 3 个百分点，其中票据营业部通过优化业务结构，资本占用下降 34.5%；境外及控股机构经济资本占用较年初增加 20.6%，增幅较上年下降 2.9 个百分点，其中工银阿根廷、新加坡分行、工银澳门较好平衡了资本占用和资本回报的关系，RAROC 保持相对较高水平。

（三）准确把握利率市场化改革发展方向，内外部定价管理迈上新台阶。一是加强存款利率上浮总量管理和存款综合定价模型开发推广，提升存款定价管理水平。积极适应利率市场化改革深化趋势，探索存款定价精细化管理，组织开发并投产了以客户贡献为基础的存款综合定价模型和负债利率敏感性模型，并在 15 家分行试点推广存款综合定价模型，着力解决存款利率简单上浮和“一浮到顶”问题，提高存款利率分层定价水平，试点分行普遍反映模型定价结果符合预期，具有较高的实用性。同时，不断优化存款利率上浮比例和利率上浮 1.3 倍定期存款限额管理机制。2016 年末，全行利率上浮（含挂牌利率）存款余额占比 × ×%，与上年末基本持平，升势趋缓，利率上浮存款总量得到有效控制；各项人民币存款付息率（不含结构性存款和保本理财） × ×%，较 2015 年末下降 × ×个基点，按 2016 年人民币存款日均余额 17 万亿元测算，减少利息支出约 × ×亿元，贵州、宁夏、海南、新疆、内蒙古 5 家分行存款付息率最低。二是加强贷款定价管理，稳定和提高贷款收益水平。制订并下达贷款利率浮动幅度和 LPR 贷款占比等总量计划和分地区计划方案，引导全行重视和提高贷款收益。2016 年，全行新发放人民币贷款平均利率 × ×%，其中累计新发放人民币公司贷款平均利率 × ×%，居四大行首位。贷款收益率最高的 5 家分行分别为贵州、四川、河南、广东、海南分行；广东、天津、河南、大连、厦门、北京 6 家分行贷款利率水平当地四大行排名第一。LPR 定价贷款的利率类型从固定利率扩展到浮动利率，开办渠道从物理渠道扩展到网银渠道，全年累计发放以 LPR 定价贷款约 2.4 万亿元，同比增长 17.7%，占全部贷款发生额的 44%；浙江、北京、江苏、山东、广东、上海 6 家分行累计发放 LPR 定价贷款均超过了 1 000 亿元，吉林、辽宁、宁夏、青海、黑龙江 5 家分行新发放贷款中 LPR 贷款占比均超过了 55%。三是创新内部定价管理机制，灵活调整内部资金转移价格。建立 FTP 利差池管理机制，激励分行以区域先进同业为标杆提升对外定价水平。创新内部价格调整方式，从 2016 年第四季度起，对活期同业存款按照各行付息率较季初压降幅度的一定比例给予内部资金转移价格奖励，取得了积极效果。与第三季度末相比，第四季度末 27 家分行实现活期同业存款付息成本压降，上海、浙江、江西、山东、大连付息成本压降最多。根据市场资金供求形势灵活调整内部资金转移价格，前三季度在市场流动性相对充裕、利率低位运行的情况下，分别两次上调短期存款 FTP、下调长期贷款 FTP，鼓励各经营单位吸收短期低成本资金，加大中长期资金投放力度，提高期限错配收益；第四季度以来针对市场利率上升的新情况，及时上调中长期存款集中价格和票据等资产业务配置价格，快速反映市场变化，传导利率上升风险信号。四是加强外汇存贷款内外部定价管理，存贷利差持续扩大。授权分行在满足总行相关要求条件下对外汇存贷款业务自主定价，同时根据市场利率走势和全行外汇资金形势 14 次调整外汇存贷款内外部价格，针对性调整欧元、日元等负利率币种活期存款价格，分段调整远期售汇风险准备金内部资金价格。

2016年末，外汇存款付息率比年初下降8个基点，外汇贷款收益率比年初增加17个基点，外汇存贷款利差比年初扩大25个基点。北京、广东、深圳、浙江、四川分行外汇存贷款利率管理保持较高水平。

上述举措取得显著成效，2016年末集团本外币NIM ××%，与主要可比同业的差距缩小××个基点，相当于增加净利息收入约××亿元。

（四）科学研判市场资金变动复杂趋势，资金管理效率和创利能力同业领先。一是继续保持较高的资金运用效率，超额备付保持四行最低水平。密切关注货币政策动向及市场资金面变化，持续加强对关键时段、大型客户日间来走款的监测分析，灵活调整资金管理策略。在确保全行支付的前提下，全年日均超额备付率0.66%，比四行平均水平低0.34个百分点，日均节约资金624亿元，按照全年新增债券投资收益率××%测算，增加当年利润约××亿元。二是积极抓住市场机遇，提高资金运作收益。截至2016年末，全行投融资规模5.7万亿元，日均同比增加3 635亿元，实现收益1 889亿元。同业业务快速发展，日均余额9 488亿元，同比增加1 105亿元，增幅13.2%，全年同业往来轧差后年收益同比多增47.7亿元。年末债券投资和特殊目的载体投资增加3 416亿元，同比多增727亿元，通过盘活存量增加具有免税效应、收益相对较高的地方债9 014亿元。三是建立外汇资金跨境双向融通机制，持续推进境外筹资工具统筹管理改革。根据人行跨境融资宏观审慎管理政策，吸收境外机构跨境定期存款约42亿美元，构建集团境外资金池，发挥总行的资金调剂作用，加大对境外机构的资金支持力度。加强与相关部门的汇报沟通，获批开展首批外债规模切块管理改革试点，充分利用试点政策，抓住美元市场利率较低、流动性较好的时机提前发行中长期债券，利率比目前水平低约37个基点，每年节省付息成本约2.85亿元。全年境外机构共发行一年期以上筹资工具113亿美元，占我行外债发行额度的××%。工银亚洲、新加坡分行、悉尼分行、迪拜分行较好地发挥了境外筹资中心的作用。

（五）有效发挥风险管理职能作用，资产负债业务风险监测和防控水平显著增强。一是集团流动性风险管理水平进一步提升。境内分行流动性风险指标运行良好，满足监管及行内风险限额要求。境外机构流动性管理水平稳步提升，截至2016年末，总行向境外机构拆借外汇资金余额140亿美元，提供等值83亿美元流动性支持承诺，并办理集团内债券转让，有效改善了相关机构流动性指标，降低了流动性管理成本。同时支持境外机构拓展多元化负债来源，提高资金自筹能力，确保了所有境外机构满足当地流动性监管要求和中国银监会关于附属机构集团负债依存度的要求。二是主动加强利率缺口管理，缓解净利息收入下降的趋势。适度控制资产负债久期缺口，合理确定银行账户债券投资和贷款等资产业务久期，提高期限错配收益，在一定程度上缓解了净利息收入下降的趋势，利率风险指标全部满足监管和行内风险限额要求。三是加强汇率风险管理创新，提升外汇业务价值贡献。针对近年来汇率市场大幅波动，部分小币种贬值幅度高达50%的严峻形势，我行坚持美元、港币多头为主的敞口结构，有效对冲新兴市场货币贬值风险。2016年末，外汇敞口市值评估增加××亿元；自2010年以来，已连续7年实现汇兑正收益，集团累计收益金额达××亿元。总行创新汇率风险管理工具，利用人行货币互换资金借贷（CSL）对工银莫斯科、工银土耳其注资；利用次级债对工银澳门、工银秘鲁增资；利用原币种对工银新西兰注资。同时指导境外机构在监管许可的情况下，将分红或利润汇回，并适时兑换为美元，有效规避汇率风险。工银阿根廷采取关键时点持有美元多头、增持美元通胀挂钩债券等措施，在比索大幅贬值的背景下实现了资本金保值增值；工银亚洲积极配合总行管理集团外汇敞口；首尔、东京、万象等境外机构及时将外汇利润汇回总行，有效防范了当地货币贬值风险。

同志们，2016年在国内外经济金融形势错综复杂、经营压力持续加大的情况下，全行资产负债管理战线广大干部员工不断推进创新与转型，以敏锐的判断能力和过硬的业务素质抓住危中之机，实现了资产负债管理工作新的跃升。各项成绩的取得，离不开总行党委的科学决策和正确领导，离不开各部门的协同配合和各分行、各机构的理解支持，更与全行资产负债管理战线广大干部员工的艰苦努力和勇于担当密不可分。在此，我代表总行党委，向大家表示诚挚的慰问和衷心的感谢！

二、深刻认识资产负债管理面临的形势，准确把握2017年工作总体要求和主要目标

2017年世界经济形势依然复杂严峻，全球经济金融运行更具不稳定性和不确定性，国内经济转型升级将面临新的问题和挑战。中央经济工作会议明确提出要坚持稳中求进的总基调，坚持以供给侧结构性改革为主线，着力振兴实体经济，将防控金融风险放到更加重要的位置。当前，国际银行业监管政策趋严，去杠杆特征明显；跨境资本流动加速，人民币汇率形成机制改革逐步深化；货币政策更加注重稳健中性，价格型货币政策工具使用更加频繁，利率走廊政策框架初步显现，这些形势变化和政策调整均将对货币市场、债券市场、信贷市场运行产生持续影响。上述国际国内经济金融形势与我行经营中存在的风险与问题相互作用，将对我行2017年资产负债管理工作产生新的影响，提出新的挑战，具体体现在以下五个方面：

（一）保持服务实体经济能力面临新挑战。总行党委明确提出我行要在支持实体经济振兴中发挥第一大行作用，而当前全行资产负债业务发展的波动性加大，对

进一步提升服务实体经济能力形成了制约。一是贷款增长波动性加大。地方债置换、不良核销处置和直接融资分流，对2016年贷款节奏掌握影响突出。各区域新增贷款结构差异显著，20家分行公司贷款全年负增长，12家分行当年新增贷款中票据占比超过了100%。2017年初，受企业债发行减缓和各金融机构加快年初贷款投放等因素影响，1月贷款投放明显快于往年，公司贷款达到历史同期最高值，北京、广东、江苏、深圳等分行月度增量创同期最高，全行贷款分品种、分地区配置的供需矛盾凸显。考虑到地方债发行和房地产市场调控在年内将对贷款需求形成持续影响，贷款能否持续均衡增长存在不确定性。二是存款增长的稳定性和成长性与可比同业仍有差距。2016年我行存款实现近三年来最好增长水平，但部分品种和区域的市场竞争力有所下降，导致存款出现增速放缓和落后可比同业的情况。与建行相比，2016年各项存款和一般性存款分别少增××亿元和××亿元，虽然经过全行第四季度的共同努力，与第三季度末相比，各项存款增量与建行的差距缩小××亿元，但一般性存款增量的差距却进一步扩大××亿元。各分行同业排名形势堪忧，各项存款增量在当地四大行中排第一位的仅有8家，排第二位的仅有5家，而排第三位的达13家，排第四位的多达10家，部分东部地区大行存款与可比同业差距显著。从2017年1月情况看，存款增量明显低于可比同业，存款增长形势十分严峻。

（二）稳定息差面临新压力。2016年，剔除"营改增"因素，集团NIM收窄××个基点，影响全年净利息收入××亿元，对2016年全行实现利润增长的影响较大。2017年全行稳定息差仍面临多重压力，一是在存贷款利率重定价基本完成的同时，有近××亿元到期债券将在2017年进行重定价，预计重定价后收益率将下降60－80个基点，将影响利息收入约××亿元。二是利率上浮存款持续增加，2016年末全行利率上浮人民币存款余额××万亿元，较年初增加××亿元，尤其是新吸收定期存款（含通知存款）上浮幅度较高。大额存单发行、存款创新产品增长也在一定程度上影响了付息成本压降。三是在贷款业务中，2016年新发放公司贷款量价均居四大行首位，收益相对较高，但总量仅增加××亿元，其中流动资金贷款减少××亿元，一定程度影响了贷款收益率提升。新发放个人住房贷款利率也由2015年的四大行首位降为2016年的第四位。再加上"营改增"因素预计影响NIM下降××个基点，2017年全行稳定息差的压力仍然较大。

（三）资金管理和流动性管理面临新形势。2017年内外部资金和流动性管理环境更为复杂，资金形势不确定性增强。一是从市场资金情况看，自2016年下半年开始，市场资金形势已转向紧平衡，临近年末利率明显上升，7天和14天期拆借利率最高接近5.5%，部分金融机构流动性管理成本骤升。二是客户资金运作和摆布更为频繁。大型集团客户资金进出方向和来走款规模难以预测，时点流动性管理难度明显增大。三是监管要求更为严格。自2017年起我行应披露LCR季度每日算术平均值，境外监管部门将进一步明确当地流动性指标监管要求，境外机构未来流动性监管指标达标存在一定压力。四是集团外汇流动性管理压力加大。在美元加息、美联储缩表和特朗普政府减税政策的背景下，全球美元可能回流美国，美元流动性管理压力加大。

（四）利率汇率风险管理面临新要求。一是银行账户利率风险监管更加严格。国际上对银行账户利率风险的监管，从巴塞尔资本框架的"第二支柱"提升到"加强的第二支柱"，监管触发值较过去更低，补充资本的要求更为严格，同时进一步明确和细化了定性和定量强制性公开披露的规定格式。新标准将从2018年起实施，资产负债管理部需要会同相关部门，按照既定工作方案协同开展新监管准则下的标准法计量、资本评估、系统建设和管理应用工作。二是在市场波动中汇率风险不确定性增加。2017年世界经济发展的复杂性、不稳定性、不确定性将进一步凸显，跨境资金流动加剧，汇率风险抬升。目前我行境外分支机构数量已达412家，集团外汇总资产超过5 000亿美元，汇率波动将对集团财务经营成果稳定性带来重大影响。目前部分国家和地区的监管政策要求我行境外机构资本金以当地货币留存，或者限制境外机构将利润汇回总行，制约了境外机构汇率风险对冲交易的开展，如何实现境外机构资本金及留存利润的保值增值，成为2017年集团汇率风险管理的重点和难点。

（五）资本管理面临新考验。一是宏观经济形势和我行经营形势变化使全行资本管理难度加大。受信用等级向下迁移和资产质量承压的影响，我行高级法较权重法节约的风险加权资产规模显著缩小；同时受拨备覆盖率降低、预期损失上升等因素对资本净额的影响，我行在2016年第三季度末出现高级法资本充足率低于权重法的情况。考虑未来内源性资本补充能力下降、资产质量继续承压、拨备覆盖率进一步降低、不合格二级资本工具退出等因素，资本充足率面临较大下降压力。二是国际金融监管新规给我行资本管理带来新的挑战。受表内外资产规模持续扩张特别是第三层次资产、可供出售类债券投资、同业业务、债券承销和资产托管规模快速增长影响，2016年我行在系统重要性银行中的组别由第一组升至第二组，附加资本要求由1%提高至1.5%，资本充足率最低要求相应由11.5%提升至12.0%。0.5%的资本要求相当于××亿元利润留存补充的资本，相当于新发放××亿元公司贷款占用的风险加权资产，相当于整个工银亚洲消耗的资本占用，对我行的影响不容小觑。在国际主要同业总体收缩经营的大背景下，随着我行资产规模的不断扩大、国际化综合化经营战略的不断推进，我行在全球系统重要性银行中的分量也越来越重，得分提高和分组上升是大趋势，若不采取有效措施，极有可能在2018年升入第三组并再增加0.5%的资本要求。此外，根据总损失吸收能力（TLAC）相关规定，如果新兴市场国家的金融公司及非金融公司（不含政策性银行）发行的债券余额超过该国GDP的55%，将会触发TLAC提前实施规则。按照我国债券市场目前发展态势推算，很有可能提前触发，届时我行需要在三年内满足TLAC监管要求，将面临较大的TLAC工具缺口。因此，当前各分行发展业务不能仅看获得的利润，同时要详细分析资本占用。对回报高、资本占用少的业务要大力推动，对回报低、资本占用高的业务要适度控制，全行上下要从资本管理的角度来思考业务发展，尽量延迟和减缓系统重要性银行升组的影响。

风险不容忽视、困难不容低估，但希望和机遇始终大于困难和问题。总行党委在改革发展研讨会和2017年工作会议上对如何构筑新的发展优势，推进解决改革发展重大问题提出了明确要求，作出了全面部署。2017年，全行资产负债管理工作既要正确面对困难和挑战，更要坚定发展的信心和决心。今年资产负债管理工作的总体要求是：认真贯彻落实改革发展研讨会和2017年工作会议精神，围绕稳定净利息收入的核心目标，系统提升集团资产负债的资源配置、定价管理、风险管控和决策支持能力。着力提升资产负债资源配置效率，进一步增强我行服务实体经济能力；着力优化资产负债结构，进一步健全完善适应利率市场化要求的内外部定价机制，加强NIM管理，抓好NIM这个“牛鼻子”，有效提升境内外机构资产负债经营管理能力；着力增强对市场形势的把握和响应能力，全面提升集团利率、汇率、流动性风险管理能力；着力推进资产负债经营转型创新，在复杂局面中保持全行资产负债可持续发展能力。

2017年资产负债管理各项工作主要目标：一是集团总资产增加××万亿元，其中集团信贷资产增加××万亿元，债券投资增加××亿元，境外总资产增加××亿美元；集团总负债增加××万亿元，其中存款性负债增加××万亿元。二是境内人民币存款增加××万亿元，其中一般性存款（偏离度口径）增加××万亿元，均衡率力争达到××%以上；境内人民币贷款新增××亿元，考虑存量移位再贷××万亿元，可为新客户和新领域提供信贷融资××万亿元。三是境内外汇存款（含同业）新增××亿美元；境内外汇贷款新增××亿美元。四是力争人民币存款付息率、人民币贷款收益率在可比同业中的排名争先进位。人民币存款利率上浮比例不高于××%，新发放贷款中基础利率（LPR）贷款占比达到××%以上，新发放人民币贷款利率平均浮动幅度不低于××%；净利息收入变动率和净利息收益率变动控制在利率风险限额内。五是确保资本充足率维持在稳健合理水平，在不考虑外源性资本补充等因素的前提下，2017年末集团口径高级法资本充足率保持在××%以上，全年集团口径经济资本增量控制在××亿元以内。六是流动性及资金管理水平保持同业领先，日均备付率比同业低××个基点以上；流动性覆盖率、流动性比例、存款偏离度以及集团负债依存度等指标符合监管要求。

三、构筑新优势，开创新局面，全面做好2017年资产负债管理各项工作

（一）适应振兴实体经济与深化供给侧结构性改革的新要求，统筹把握好资产业务总量、结构与节奏。

一是合理安排信贷增长目标，持续提升信贷资源配置效率。2017年人民币贷款分品种和分地区计划方案已在全行经营计划中正式下达各分行，各行要努力平衡好贷款投向和投量、节奏和结构、收益和风险，有效提升新增贷款利润贡献度。投向结构上，要继续提高个人类贷款配置比重，力争个人类贷款占各项贷款增量的四分之三，其中个人住房贷款增加××亿元，信用消费贷款和信用卡透支增加××亿元；公司类贷款要逐步恢复增长势头，增量以优质项目贷款为主，项目贷款力争增加××亿元；继续发挥票据贴现对贷款总量的灵活调剂作用，加强票据流量运作增加收益；适度多安排非存款类金融机构拆放业务计划，推动同业业务实现较快发展。分配方法上，总行按照市场配置、挂钩配置和战略配置“三分法”对分地区贷款计划进行了测算分配，分配量分别占××亿元年度计划的60%、30%和10%，即××亿元、××亿元和××亿元。市场配置将历史基数调整为更体现市场需求和同业资源投入的同业平均值，以弱化各分行贷款历史增长的基数效应，更多关注当地市场需求和同业可比机构摆布。挂钩配置更加突出存贷利差和存款日均增长指标，存贷利差、存款日均增幅、经济资本占用系数、不良率4项指标分别占40%、30%、15%和15%。战略配置对接全行重点机构发展导向及困难行帮扶规划，加大对直辖市行、直属分行、“5+1”分行、同业排名落后分行的倾斜配置力度，力争全年直辖市行、直属分行和省行营业部增量占比至少保持2016年水平。总行年内预留800亿元计划，主要用于支持重点机构提升竞争力和保障小微企业、涉农贷款、精准扶贫、绿色信贷等重点领域的信贷投入。管理方式上，继续将存量移位管理与增量计划挂钩，对存量移位和结构优化形成正向激励，对存量劣变机构形成有效约束。要着力发挥行内信贷资产流转对调剂信贷需求的辅助作用，统筹运用非信贷融资工具多元化解决客户需求。

二是采取灵活主动的资金运作策略，提升非信贷业务营运收益。非信贷业务是我行加快经营转型和结构调整的重要抓手，2017年，各分行和利润中心要按照总行“资金来源短期化、资产摆布中期化、边际运用充

分化”的要求，合理安排债券等投资资金配置，优化投资期限及品种结构，银行账户债券投资组合久期限额控制在××以内。适度加大中长期、高收益同业资产运作力度，同业资产年日均增速保持在××%以上，适度阶段性双向做大同业资金来源及运用，综合运用存拆放同业、买入返售资产、同业存单投资、特定目的载体（SPV）投资等业务品种实现较高的收入来源。在密切监测市场风险的前提下，合理支持交易性资金需求，鼓励交易部门努力提升收益水平，同时继续保持全行资金备付处于适度可控水平，确保全行支付。

三是完善宏观审慎评估统筹协调机制，增强经营发展的平衡性。要积极适应MPA指标调整变化，继续完善行内宏观审慎评估的协调管理机制，重点关注资产质量、跨境业务风险和信贷政策执行等指标的业务发展情况，提高对我行薄弱指标的监测、预测和管理能力。要进一步加强与人民银行的沟通联系，积极争取政策支持，推动MPA评估指标的信息系统建设，提高自动化监控水平，力争我行宏观审慎评估结果在2016年工作成果的基础上，继续保持较好成绩。

（二）适应集团多元经营主体发展、资金一体化经营的新形势，努力促进全行负债业务的总量平衡和结构转型。

一是按照“三匹配”原则确定更为积极的人民币存款目标计划，增强存款的市场竞争力。2017年，总行将按照“存款增长与资产增长需求相匹配、与近年我行存款增势相匹配、与同业机构增长相匹配”的“三匹配”原则拟订人民币存款计划。品种上，储蓄存款增加××亿元，公司存款增加××亿元，机构存款增加××亿元，同业存款增加××亿元（其中非存款类金融机构存放××亿元，存款类金融机构存放××亿元），大额存单增加××亿元，占新增一般性存款总量的××%左右。结构上，继续鼓励发展低成本、稳定性存款，控制高成本负债。从资金运用角度对负债规模、成本进行规划布局，做到由资产定负债、先算账再吸存，从严控制付息成本偏高的短期同业定期存款、表内理财业务规模，从严把握“一浮到顶”的中长期定期存款，适度吸收银行间市场低息、短期资金。各分行要继续加大存款业务推动力度，激发各级机构的稳存增存动力。同时认真对标所在区域可比先进同业，加强对比分析，利率上浮要有据可依，并且实行总量控制，从而实现我行存款的稳定协调增长。

二是夯实外汇存款基础，加强集团外汇统筹管理，拓展稳定资金来源。要持续通过内外部价格调整引导境内分行吸收外汇存款，同时通过内外联动、境外融资等方式大力拓展“走出去”和“一带一路”资金筹集渠道，为“走出去”和“一带一路”业务提供充足、稳定、低成本的资金保障。境外机构要切实夯实一般性存款基础，减少对同业资金的依赖，控制期限错配风险。要进一步完善总行与境外机构外汇资金往来管理机制，充分利用境内外两个市场，加强集团外汇资金来源和运用的平衡。要优化集团外汇备付金管理体系，充分发挥纽约分行集团内美元清算行地位，适度压降境外代理行存放资金规模，同时选择报价高、服务好的境外代理行适当集中外汇资金，提高外汇资金清算效率和运作收益。

三是坚持合理稳健的主动负债管理，优化负债期限结构。要根据战略发展导向、经营管理需要以及客户实际需求，研究对人民币主动负债业务种类、规模、成本区间、与其他负债的比例结构等进行统一规划和集中归口管理，保持主动负债的合理比例。要继续深化境外筹资工具统筹管理改革，加强对筹资中心的统筹协调和管理指导，提高集团主动负债定价能力和集约化管理水平。充分利用相关部门批复我行外债切块试点、人民银行跨境融资政策的有利条件，把握时机加大中长期债务工具发行力度，推进总行直接赴境外发债和以境外机构名义发债的各项工作，募集中长期稳定资金。

（三）适应利率市场化和业务发展的新趋势，有力促进存贷款量价协调发展，稳定净利息收入水平。

一是努力稳定利差水平，提高经营效益。目前，我行贷款日均余额在生息资产中占比接近60%，存款日均余额在付息负债中占比超过90%，净利息收入在营业总收入中的占比约75%，贷款收益率每提高1个基点将增加利息收入约12亿元，存款付息率每下降1个基点将节约付息成本约18亿元。上述几个数字概念各级机构都要牢记，要一直传达到直接面对客户、面对市场的各个支行、各家网点、各位客户经理。稳定利差是完成今年利润目标的最重要基础，而存款成本控制是稳定利差的关键和重点。要抓好存款品种、期限、客户结构的优化，继续提高并稳定活期存款占比，降低一般性存款的付息率水平。各级行、各前台部门要加强存款付息率、贷款收益率、存贷利差与主要可比银行的对标比较，深入分析落后原因，制订和落实改进措施与方案。要把管理思路和管理要求传导到前台部门，指导市场营销和客户选择，统一客户视图，进行客户价值的综合评价，重点营销存款付息率低、贷款收益率高、业务合作全面、综合收益好的优质客户。要统筹协调传统存款、创新产品和大额存单的发展，合理控制大额存单特别是一年期以上存单和存款创新产品的利率水平，优化大额存单和创新产品的资源配置，重点向存款量价协调竞争力好的地区、综合贡献高的客户、联动存款营销效果好的分行配置，切实提高组合营销成效，通过优化结构、做大规模，实现负债成本的合理下降。

二是加强存款定价精细化管理，提高定价模型应用效果。2017年，总行将按照“管总量、管工具、管方法、管考核、管评估”的原则，在坚守定价底线要求的基础上，进一步扩大分行存款定价授权，并将研究推进定价模型推广与重点城市行人格化授权相结合的模式，指导分行参考客户贡献加强存款定议价管理，提高分层定价的科学性、可行性。各行在定价权限扩大的同时，要加强利率定价授权和利率上浮总量管理，杜绝存款定价管理中一刀切、利率优惠不设门槛、普遍上浮1.3倍的做法。要加强同业自律协调，共同维护本地区存款利率竞争秩序，避免存款“价格战”。要增强存款定价的成本意识和财务约束，加大存款业务管理部门的定价成本考核权重，各级行、各部门要借鉴广东惠州等优秀分行经验，探索完善客户经理绩效考核机制，将存款量价协调与财务预算费用分配和利润挂钩，引导分支机构夯实客户基础、优化存款期限结构、合理高效用好定价授权。2017年总行将全面推进存款综合定价模型和负债利率敏感模型的试点推广，探索在不同区域、不同市场环境、不同管理方式、不同客户情况下的使用模式，夯实存款市场化定价技术。各行要抓住存款定价模型试点推广的有利时机，在试点过程中明确模型推广定位，实施存款量价协调考核、模型应用、客户经理绩效评价“三位一体”的组合推动，结合当地实际解决好模型推广中“能用、想用、会用”的难题。要实施“抓扩大、促深化，抓两头、促中间，抓重点、促一般，抓线上、促线下”的推广策略，重点推动单笔定价模型的应用，结合利率敏感性，提高对重点客户的定价与服务水平。要积极探索分星级定价模型的实际应用，改变当前分层定价程度低、差异化定价简单化的局面，提升分层定价水平，确保有限的定价资源能够真正应用到高贡献客户和重点客户身上。

三是继续稳定贷款收益水平，提高贷款市场化定价能力。目前我行存量贷款收益率仍落后主要可比银行，新发放贷款利率水平在四大行中仍然偏低，贷款利率下降速度还比较快，稳定和提升贷款定价水平压力明显。2017年，各行要继续坚守公司贷款利率9折下限，发挥好市场利率定价自律机制的沟通协调作用，坚持贷款风险定价原则，合理议价，在支持实体经济发展的同时把控好信贷风险。要加强贷款结息方式管理，从严控制存量贷款结息周期调整，合理支持企业通过调整结息周期克服阶段性困难，促进实体经济发展。要高度重视并持续推动LPR在各类贷款定价中的应用，努力提高LPR贷款占比。在2016年LPR在一年期及以下期限贷款中推广应用已取得较为明显成效的基础上，2017年要注重推进中长期贷款的LPR应用。

四是继续发挥好内部价格的经营导向作用，提升精细化管理水平和盈利能力。要更有针对性地加强内部定价引导，实现从合同期限引导向重定价周期、利率变动方式和合同期限相结合的久期管理引导转变。要进一步完善FTP利差池管理机制，引导分行主动优化业务结构，提升利差水平。2017年，总行将继续拿出境内分行人民币净利润的1%向各分行进行FTP利差池分配，各行要加强辖内传导，切实发挥该机制的正向激励作用。要进一步扩大以结果为导向的内部价格调整方式的应用范围，逐步从活期同业存款扩大至其他业务品种。总行会定期发布利率、规模等管理目标，对于达到总行要求的分行，在内部定价上进行分档奖励，奖励规则完全公开、透明，评比结果将定期向全行通报，让在全行和当地同业中排名落后的分行也“亮亮相”。要进一步加强分行FTP利差优化工作，努力疏通内部定价传导渠道。总行将成立FTP利差优化团队，协助分行分析发掘FTP利差优化着力点；各分行要充分重视内部资金定价管理的作用，盯住用好总行资金定价这个“指挥棒”，紧紧围绕总行经营导向开展业务，全面提升精细化管理水平和盈利能力。

（四）适应国内外监管趋严和内外部形势不确定性加剧的新局面，推动业务拓展与风险把控的动态平衡。

一是努力完善集团流动性管理。2017年，境内外资金市场均存在较多的不确定性因素，总分行、境内外机构要密切关注货币政策调控动向及内外部形势，根据市场变化前瞻性做好流动性风险管理策略的安排。各分行要按照总行要求持续加强对重点客户、重点业务及重点现金流的预测分析，做好大额资金变动预测预报工作。理财业务、境内外机构及附属公司要持续加强自身流动性风险管理，适度减少期限错配，保持合理的流动性风险偏好，避免出现大规模、非正常的资金敞口。随着我行全球化网络布局的逐渐形成，境外机构流动性监管达标等问题日益突出，总行将继续通过集团内债券转让、流动性支持承诺等方式支持境外机构增持优质流动性资产，降低集团流动性管理成本。境外机构要更加积极主动地优化自身资产负债结构，提升资金自筹能力，夯实本地化经营基础，降低对集团资金的依赖程度。

二是持续做好集团银行账户利率风险管理。总行年内将按照巴塞尔委员会银行账户利率风险新监管原则推进标准法、资本评估和信息披露等监管达标工作。相关利润中心要加强对本外币利率风险的事前预判，在核定的年度银行账户利率风险分机构、分产品与投资组合限额内开展业务，尤其要控制好可供出售类资产规模。境内分行要加强贷款久期管理，在目前人民币利率走势有可能出现拐点的情况下，要在确定的合同期限内缩短重定价周期，对新发放的浮动利率贷款，要控制在年度境内分行贷款重定价周期控制计划之内。要协调好大额存单与结构性存款、保本理财的量价关系，在利率风险限额内灵活安排“节节高”“薪金溢”等隐含客户行为期权或无固定期限存款的发行，避免净利息收入的潜在损失。境外机构和综合化子公司要提高资产负债匹配程度，根据境内外监管规定和总行管理要求，在本机构及辖内实施利率限额体系管理，确保利率风险管理目标的实现。

三是进一步加强集团汇率风险管理。要以控制集团外汇敞口为核心，切实抓好境外机构资本金和留存利润保值增值这项关键工作。坚持集团整体汇率风险对冲的思路，通过持有强势货币多头，对冲新兴市场货币敞口，稳定国际化经营成果。要加强各币种的资产负债匹配管理，防范汇率风险跨境传导和交叉传染，降低币种、期限和总量错配引起的汇率风险、流动性风险和利率风险。要完善境外机构新增资本金汇率风险考核还原机制，引导境外机构积极主动管理汇率风险，合理申请增资规模、科学设计增资方案。总行相关部门要进一步完善境外机构汇率风险管理事前沟通机制，在申设、并购新机构以及向现有机构增资决策时，增强汇率风险意识，充分平衡市场盈利潜力与汇率风险之间的关系，完善汇率风险的事前沟通和风险控制流程，将汇率风险防范工作最大限度进行前置。境外机构要切实承担本机构汇率风险管理的首要责任，保持对市场的敬畏之心，高度重视、客观认识汇率风险，积极落实总行管理措施，主动探索风险对冲策略，并抓好交易账户汇率风险敞口的过程控制，妥善应对突发情况；部分成立时间短、业务规模小、管理能力弱的机构，要审慎进行汇率风险管理决策，保持与总行的密切沟通，及时配合总行对汇率风险进行集中管理。境外机构要积极利用人民银行货币互换借贷资金进行增资、争取以人民币或美元增资并留存、优先以次级债或次级借款等不需要币种转换的方式满足资本需求、及时将留存利润汇回总行、合理利用金融衍生工具等措施，切实防范汇率大幅波动对本机构利润和资本金的吞噬。要正确看待和把握汇率波动带来的业务机会，做强全球交易业务产品线，努力获取交易账户汇兑收益，提升汇率交易的价值贡献。

四是做好跨境人民币资金管理。总行要继续完善对境外人民币清算行的资金支持方案，做好深港通、沪伦通业务方案，指导境外分行做好人民币资金管理。境外机构要密切关注监管政策变动，认清未来跨境人民币业务发展更为复杂的市场形势和更为严峻的竞争态势，立足自身加大稳定资金来源，优化人民币资产负债结构，增强抵御市场波动的能力，提升集团人民币业务在境外市场的核心竞争力。各境外机构要认真对照总行近期印发的《关于加强境外机构资产负债管理的指导意见》，切实完善本机构资产负债管理体系，提升经营效益和对集团的盈利贡献。

（五）适应资本补充与消耗平衡压力加大的新挑战，坚持开源与节流并重，进一步完善集团资本管理机制。

一是继续完善集团资本管理，增强资本充足率调控的协同效应。各分行要持续优化信贷结构，积极遏制违约非不良贷款增长，有效控制风险加权资产增速，不断提升资本使用效率。总行相关部门、利润中心要综合平衡净利润、资产规模、不良贷款、拨备覆盖率、预期损失等多项因素，加强对内评法下风险加权资产运行情况的监测分析，做好季末年末关键时点资产规模和结构管控，保证集团资本充足率平稳运行。

二是完善经济资本配置政策，深化经济资本应用。2017 年要在前期经济资本限额交易成功经验基础上，进一步优化经济资本限额配置方式和限额交易价格形成机制，推动限额交易机构层级向下延伸。同时大力推动经济资本管理在微观领域和业务前沿的应用，试点选取部分重点城市行将经济增加值、经济资本回报率指标纳入基层行客户经理考核，探索将资本管理压力传导到基层一线，打通资本管理激励机制的“最后一公里”，助力重点城市行竞争力提升。

三是注重经济资本节约优化，推进外源性资本补充。境内分行要建立经济资本扁平化培训长效机制，确保资本节约意识和措施自上而下落实到位。利润中心和境外机构要掌握好盈利增长和资本约束之间的平衡关系，结合经济资本计量政策找准优化着力点，抓出实效。总行相关部门要加强与监管部门的沟通，争取尽快获批发行二级资本工具，推进外源性资本补充。

四是切实抓好全球系统重要性银行得分控制工作，避免附加资本要求快速上升。总行相关部门要统筹境外及控股机构与债券承销、资产托管等重点得分相关的资产业务发展规划；做好年末资产规模控制，策略性降低计分时点各类资产余额。利润中心要严格控制第三层次资产，尤其是保本理财的整体规模，研究将符合条件的金融资产估值方法由成本法调整为市值法，优化资产分层结构；要加强金融资产“四分类”结构摆布，提高流动性一级、二级资产比重，合理控制可供出售类债券投资规模和节奏，适时兑现部分可供出售类投资收益。各分行要策略性把握保本理财的发行和兑付节奏，减少跨年度理财产品发行规模，降低年末保本理财资产余额。后续总行将制订更为详细的具体落实计划，希望各分行、各部门认真执行。

（六）适应全行国际化综合化发展新形势，进一步加强资产负债队伍建设。

一是坚持从严治党，营造良好风气。要坚决落实全面从严治党要求，认真履行“一岗双责”，着力发挥好党建工作与业务管理相互促进的双重优势，不断提高党员干部的拒腐防变能力，营造廉洁高效的工作作风。要牢固树立政治意识、大局意识、核心意识和看齐意识，切实抓好国家宏观经济政策、监管要求以及总行各项工作部署的落地执行。要悉心听取基层的声音，不断改进服务流程，持续提升对基层的服务效率和对市场的快速反应能力。

二是凝聚人心、激发活力，着力打造高素质专业人才队伍。资产负债管理工作事关发展全局，具有较强的专业性，做好这项工作需要具备一定的专业知识和实践经验。希望资产负债管理战线全体员工尤其是各级领导干部，要紧跟经济金融形势发展变化，着力加强学习，不断更新自身知识储备，持续提升业务素质和水平。要进一步开阔视野，通过赴境外调研、学习等方式，加强与国际先进同业的沟通交流，主动借鉴资产负债管理的先进方法和经验，找出差距，并因地制宜促进自身业务发展。要加大专业培训的广度和深度，根据资产负债管理职能调整和业务发展新要求及时更新资产负债管理专业培训教材，并争取在今年下半年组织开展对分行资产负债业务主管行长的专门培训。还要不断创新培训方式，在现有培训基础上，充分利用网络大学、融e联公众号、微信群组等网络平台，提高培训的便捷性和时效性。要加大对境内外机构资产负债管理专业人才的配备和培养力度，配齐配全资产负债管理各岗位人员，进一步发挥专业人才在集团资产负债价值创造中的作用。要不断推进人员结构优化调整，为更多年轻化、专业化人才脱颖而出搭建平台。

同志们，2017年资产负债管理各项工作仍将面临较大的挑战和压力，形势的发展对全行资产负债管理战线广大干部员工的思想观念、业务素质和工作能力都提出了更高的要求。为更好地开展各项工作，我想就进一步提高思想认识对资产负债管理战线每一位员工，尤其是党员领导干部提四点要求：一是要树立正确的大局观。资产负债管理干部员工要自觉站在党和国家及全行经营大局角度想问题、干工作，在服从和服务大局中思考工作定位和经营思路。要坚决落实国家宏观政策和监管部门要求，认真贯彻执行总行党委各项决策部署，切实维护好经济金融稳定大局，进一步提升服务实体经济的质量和水平。二是要保持对市场的高度敏感性。当前，外部经营环境复杂多变，影响因素的突发性、不稳定性和不确定性进一步凸显，国际国内政治经济任何一个因素的变化都有可能对我行资产负债经营管理带来新的冲击，产生新的变数。做好资产负债管理工作要注意培养敏锐的洞察力和判断力，时刻关注、细心观察和深入研究各类内外部影响因素的发展变化，顺势而为，因时而变，及时做出正确的反应，提出恰当的应对措施。特别是对一些机会稍纵即逝的市场化业务，更需要提高前瞻性、加快应变速度。三是要树立强烈的服务意识。全行资产负债管理战线各级员工要始终牢固树立服务意识，不断提高业务研究能力，为决策层提供有价值的经营管理建议；切实加强部门沟通协作，推动各项工作提速提质提效；持续做好调查研究，了解基层需要，为基层排忧解难，努力以优质服务实现更高层次的价值创造。四是要坚持担当善为的精神。当前内外部经营形势变数多、问题多、困难多，资产负债管理工作的统筹规划、协调沟通、组织落实的压力和挑战都很大，需要大家以更加坚定的决心和魄力勇挑重担、勇于创新，在困难中看到机遇与希望，克服畏难和懈怠情绪，保持良好的精神状态和旺盛的士气，以只争朝夕的紧迫意识和责无旁贷的担当精神做好2017年资产负债管理各项工作。

同志们，当前全行经营发展正处于传承创新、继往开来的关键历史阶段，资产负债管理专业各项工作意义重大，任务艰巨。面对错综复杂的形势和艰巨繁重的改革发展任务，资产负债管理专业各级员工要在总行党委的坚强领导下，扎实苦干、奋发有为、勇挑重担、再接再厉，不断增强发展新动能，实现发展新跨越，为圆满完成2017年各项经营目标做出新的贡献。

奋发有为　再接再厉
促进资产托管业务新发展

——在2017年部分分行资产托管业务座谈会上的讲话

张红力

（2017年2月15日·根据录音整理）

今天上午听了总行托管部作的全行托管业务总体情况介绍，又听了各家分行的发言，明显感觉到和去年座谈会相比，大家对于托管业务的认识和理解更深刻了，业务发展上也有了更清晰的定位和规划，说明总行党委制定的“托管业务全行办”很有效果，下一步深化“托管业务全行办”也有充足的动力。接下来，我主要讲四方面内容。

一、2016年全行托管业务主要经营情况

2016年，在总行党委正确领导下，在大家共同努力下，全行托管条线取得了骄人成绩，对全行的贡献持续提升，国内领先优势进一步扩大。2015年，全行托管规模、收入“双翻番”，是在接近6万亿元的规模基础上翻番，并且在安心账户托管业务停办减收38亿元情况下实现的，可谓是“大象翻身”；2016年，在高起点上继续大步前进，托管规模增长22%、收入增长25%，这个成绩来之不易，再次感谢大家，向大家表示热烈祝贺。

托管规模领先地位巩固。2016年末全行托管资产规模达到14万亿元，比年初增加2.5万亿元，增速

22%，在四大行占比36%、全市场占比13%，遥遥领先第二名4万亿元，证券投资基金、保险、银行理财、基金专户、企业年金、全球托管等6大主要产品继续领跑市场，国内第一大、亚洲第一大托管银行领先地位进一步巩固，和国际顶尖托管银行的差距进一步缩小。我们托管规模2.1万亿美元、排全球第13名，距全球前十3万亿美元的门槛，只有9 000亿美元差距，希望未来几年可以尽快实现。

托管手续费收入高速增长。2016年全行托管手续费收入66.7亿元，同比增加13.4亿元，增速25%，在全行各业务品种中增速排名第2，成为全行中收增长的重要来源。在“托管业务全行办”工作思路下，新设4家分部，为12家分行增加授权，移交保险和年金产品291只、规模628亿元、并向分行返还托管收入24.8亿元，有效支持和调动了分行发展，分行托管手续费收入增长31%。

托管综合贡献大幅提升。2016年全行托管总收入120亿元，如剔除托管存款上存利率下调30个基点因素的影响，同口径下托管总收入超过130亿元，同比增长10%，占全行净利润比重接近5%的核心业务占比标准。其中，托管存款利差收入53.3亿元，托管沉淀存款日均余额3 848亿元，平均付息率只有1.1%，为全行稳存增存、压降存款成本发挥了重要作用。托管业务对降低存款成本作用非常明显，对每个分行都有意义。很多其他托管机构免收托管费，为的也就是增加托管存款。

同业客户营销取得两大突破。2016年托管在同业客户营销上取得两项重大突破：一是中标全国基本养老保险托管，成为仅有的4家托管银行之一，为我行重新确立了与全国基本养老保险的合作关系，确保了一定比例的基本养老保险资金在我行体系内循环、沉淀，减轻对存款的冲击。二是成为KSD（韩国预托决济院）中国市场唯一一家中资次托管银行，KSD是韩国的中央证券登记结算机构，相当于国内的中登，韩国所有证券公司海外投资都要通过KSD，我行成为KSD中国市场唯一一家中资次托管银行，是与外资银行一起参与投标获得的资格，可借助托管平台介入韩国资本市场。

托管品牌影响力不断提升。2016年我行荣获《亚洲银行家》“年度最佳托管银行”大奖，这个评比覆盖亚太地区200多家金融机构、专业性很高，第一次由中国的托管银行获得，我们已经不仅是亚洲最大、而且是亚洲最佳托管银行。

托管业务保持零风险。在托管规模和收入高速增长的同时，多项风控措施并举，确保了全行托管业务零风险。2016年初，把1998年托管部成立以来的42项规章制度、13类产品操作指引进行精简，汇编成《资产托管业务规章制度汇编》《资产托管业务操作指引汇编》印发全行，保证托管业务人员人手一册，首先从团队建设上提升风险防控水平。同时，充分发挥托管业务风险管理委员会的作用，从业务入口加强审批管理，2016年召开23次业务审批会，审议各类业务80笔，其中通过32笔、有附加条件通过40笔、否决8笔，有效防范了私募基金、安心账户等领域风险。

二、新形势下对托管业务的再认识

过去两年，我们通过“托管业务全行办”，团结一致，齐心协力，很好地抓住了大资管行业快速增长的机遇，取得了不错成绩。2017年，监管政策引导“降杠杆、去风险”，对大资管行业提出强化规范治理，控制通道类业务、加强资本金等要求，大资管行业总体增速将放缓，进入平稳发展阶段，这确实会给托管业务带来一定的困难和挑战。但是我认为，正是在降杠杆、去风险的特殊时期，不论是监管、市场，还是客户，都迫切需要托管人更加积极、主动，更多发挥第三方监督功能，协助防控金融体系风险、促进国家总体安全。所以，进一步认识托管业务监督职能的重要性和作用，非常有必要。我认为，主要应从以下几个方面进行再认识。

（一）托管业务发展前景十分广阔。国内资产托管业务自1998年开办以来，发展已历经19年，托管是工行唯一一个由证监会颁发牌照的业务。伴随资本市场、资管行业蓬勃发展，业务品种由公募基金拓展到保险、信托、证券、期货等资产管理各个细分领域。近几年大资管发展迅速，2016年已经突破110万亿元，第一次超越金融机构贷款余额107万亿元；即使剔除重复计算的部分，规模也在60万亿－70万亿元，与GDP总量非常接近。美国在20世纪70年代末、80年代初推出401K养老保险计划，此后40年间美国的资产管理规模增长了172倍，同期个人储蓄只增长15倍左右，大部分资金流向了资产管理。这两组数字说明，大资管已经成为中国金融体系非常重要的组成部分，我国资产管理和资产托管的前景非常广阔。过去三年资产管理规模每年接近50%的增长。同时，改革开放30多年，居民财富不断增长和积累，2015年末我国个人可投资资产总额约115万亿元，近几年年均复合增长接近13%。根据BCG（波士顿咨询公司）财富管理数据库预测，2020年将接近200万亿元，巨量的财富管理需求将为大资管持续发展提供动力，也为托管业务持续发展提供了有力支撑和机遇。

与此同时，随着经济体制改革深入以及政府职能转变，过去政府以行政管理为主的资金运用模式，正积极向市场化模式转变。在这些新型的委托代理关系中，托管作为独立第三方，发挥监督功能，有效地保障资产安全、防范道德风险。去年我作为全国政协委员有一个提案，建议在整个资产管理领域实行全托管。如果全部引入真正意义上的托管机制，充分发挥托管的监督功能，例如云南泛亚、北京 e 租宝等 P2P 领域的资金挪用风险就能得到有效防控，对于国家金融安全和稳定非常重要。以基本养老保险为例，过去主要是在银行存款、投资国债，与银行主要联系是负债业务，和托管业务没有任何关联。2016 年，国家推出基本养老保险改革，4 万亿元的基本养老保险资金中，2 万亿元要委托外部的资产管理机构代理投资，与银行的最主要联系就变成了托管。这种新型的委托代理关系还广泛存在于其他领域，比如财政资金投资，由政府主导、发起设立的产业引导基金，通过吸纳社会资本、委托专业的资管机构管理，提高资金使用效率和投资收益，现在风起云涌，规模已经超过 2.6 万亿元；职业年金今年落地，市场化运作，每年新增规模 1 800 多亿元；军队资金逐步实现集中管理，目前主要在银行做存款，体量也是数万亿元，未来一定有投资收益的需求，会委托给专门机构运作，托管业务迅速介入，可以保证这些资金通过托管方式沉淀在工商银行作为存款，和我行机构存款战线是紧密相连的；PPP、债转股等创新试点，推广开来也将在万亿规模以上。在这样的大趋势下，未来托管监督机制的发展空间将非常广阔。

（二）托管对全行客户结构调整、加快经营转型具有重要的功能性贡献。国际市场上，托管银行的市盈率一般在 20－25 倍，最高时能到 30 倍，托管业务的市场估值水平普遍很高、是很值钱的一块业务。目前，工商银行市值 2 300 多亿美元，约合 1.6 万亿元，市盈率是 5－6 倍；如果托管业务单独分拆上市，按照 120 亿元托管业务收入、20 倍市盈率计算，估值达到2 400亿元，相当于全行 15% 的市值；从市值贡献的角度看，托管业务已经远远超过核心业务的占比标准。而且，根据国际银行业的发展经验，托管属于资本金占用较少的“轻资本”业务，也是最容易国际化的业务。另外，在我行提出的“大同业”战略中，2016 年同业客户贡献 645 亿元，其中 120 亿元是托管业务产生的。当我们说工商银行转型时，往哪转？怎么转？怎么看待这些机会？我认为托管业务是一个重要的转型方向，这个重要性是各个维度都能体现出来的。

首先，托管业务主要与同业客户合作，数量多、覆盖广。托管业务扎根资本市场，在泛资产管理领域深耕细作 19 年，积累了一大批优质的同业客户，总数超过 5 000家，剔除企业年金客户外、核心客户有 656 家，涵盖基金、保险、信托、证券、银行、期货等各类资管机构，是“大同业”“大资管”战略中客户数量最多、覆盖面最广、合作最紧密的业务种类。从合作广度上看，主要细分市场客户覆盖率都在 50% 以上，基金公司覆盖率 74%、保险公司 56%、信托公司 93%、证券公司 81%；从合作深度上看，市场占比基金 19%、保险 26%、年金 38%、银行理财 12%、专户 11%、券商理财 8%、QDII 资产 29%。

其次，托管的同业客户贡献大、黏性高。每年年初，上一年的托管业务基本都保留下来，所以黏性很高。仅托管业务一项，每年为我行利润贡献超过5 000万元的客户 25 家，超过亿元的 12 家，最高的接近 5 亿元；如果加上基金代销、委外，贡献最高的超过 10 亿元。这样的高贡献客户，如果能够达到 100 家，全行三分之一的利润就有保障了，而且成本相对来讲还是比较低的。从存款贡献来看，中国人寿托管存款日均 310 亿元，平安资产管理公司托管存款日均 49 亿元，都是我们的存款大户。托管客户的黏性也较高。南方基金连续 18 年与我行开展托管合作，我行托管其公募基金的 55.2%；广发基金合作 14 年，我行占比 66.3%；汇添富基金合作 12 年，我行占比 78.8%。因为基金发行完成以后，我们工商银行包括个人金融、资产托管、投资银行等各个方面都会对机构进行维护。基金放在这儿，很难再拿走，黏性非常强。

最后，托管业务还是拓展境外同业客户的切入点。目前我行全球托管客户超过 110 家，都是国际金融市场一流的资产管理公司、证券公司、保险公司、投资银行等，也是我行境外机构进入当地市场、急需建立合作的重点客户。以托管业务为抓手，可以帮助境外机构切入资本市场、拓展同业客户、开拓金融资产服务。同时，在全球经济下行、金融波动加剧的背景下，传统商业银行业务受到影响，托管作为一项稳定的表外收入来源，可以成为境外机构抵御经济周期波动的“压舱石”。

（三）发展托管增值服务，引领托管行业创新。托管机制本质上是降低信息不对称的制度安排，初期引入就是为了降低公募基金投资者与管理人之间的信息不对称，防范道德风险。

近年来，大资管行业创新加快，产品种类增多，投资模式多元化，交易渠道多样化，各子行业间交叉联结，货币、债券、股票等市场的联动日趋复杂，直接导致整个金融体系信息不对称更加严重，从投资者与管理人之间，蔓延到资管机构之间，由此诱发的潜在风险成为全市场的重大挑战。与此同时，由于托管业务深度对接资本市场，经过 19 年发展，掌握了海量的产品、资金、机构、交易等信息数据，形成托管大数据库。以托管大数据库为基础，建立托管增值服务平台，对托管数据进行深度挖掘，发挥托管独立第三方优势，提供真实、可靠、有价值的信息，开发信息咨询、投资便利等增值托管产品，恰恰是解决这种复杂的、多层次的信息不对称，防范市场总体风险的有效手段，可以在助力资管行业健康发展的同时，引领托管行业创新。

一方面，增值服务可以提升托管对客户的价值贡献，提高托管业务的技术含量、推动转型升级，并且在这个过程中形成新的收入来源。比如现金管理服务，把托管客户的闲置现金集中起来、进行投资运作，通过隔夜拆借等形式获取投资收益，提高客户的投资收益。另一方面，增值服务可以提升客户黏性，与基础托管服务形成良性互动，带动规模增长。比如投资咨询服务，通过为托管客户提供市场分析、产品分析等有效信息，为投资管理人决策提供支撑。再者，从本质上看，托管增值服务是以托管大数据库为基础，对大数据进行处理、提炼、展示后形成的一种产品，可以降低资管机构间的信息不对称，一定程度上减小信息杂音，提升资管行业的投资效率，促进资管行业健康发展。

（四）保障国家金融安全，托管业务大有可为。托管业务作为直接服务资本市场、保障资产管理行业健康发展的基石，已经成为金融体系不可缺少的重要组成部分。过去几年，大资管行业经历了超高速增长，但也形成了较高的杠杆，底层资产积累了一定的潜在风险，一定程度上影响了金融体系的安全和稳定。在强化风险治理的大方向下，托管业务识别风险、监督风险、防控风险的功能和贡献更加凸显。发挥托管业务的独立第三方监督功能，在保障大资管行业健康发展、保障国家金融安全中大有可为。

从集团内部来看，根据全行风险管理委员会的要求，理财投资要在各个投资层级、实现“穿透式”托管，根本目的，就是要清楚掌握各层级的投资操作、掌握底层资产信息，确保投资资产在可控范围内，保障资产安全、防控投资风险。

从集团外部看，托管业务的监督职能对防控风险、减少投资损失发挥着越来越重要的作用。2016 年，国内信用债违约数量和规模较 2015 年增了一倍，在债券违约事件大规模爆发前，作为托管人，我们提前向资管机构逐一发送风险提示，预警债券市场风险；同时，我们对个别债券的信用违约情况进行了跟踪监测，并做到及时预警。托管监督功能从事中、事后监督逐步向事前监督发展，取得了良好的效果。部分管理机构根据预警信息，及时调整投资标的，有效减少了投资损失。再如，2016 年 11 月债券市场风波，债券抛售、价格踩踏引发货币基金净值下跌，大批赎回又造成恶性循环，我们通过监控货币基金偏离度、债券评级下调情况，提前预警并及时告知基金公司，减少了管理人的决策失误和损失，保障了投资者利益，并降低了总体市场风险。在债券市场波动最为剧烈、机构投资者信心最为低落的关键时期，资产托管部举办了基金公司座谈会，把全国前 20 大基金公司高层召集在一起，并邀请了基金业协会洪磊会长参加。会上向市场充分释放了工商银行与各家机构同舟共济、攻克难关的正能量，协助基金公司重新树立信心，对债券市场迅速恢复稳定起到了重要的推动作用，座谈会也因此得到监管部门和基金公司的充分肯定。

当前国际政治、经济、金融的不确定性增多，英国脱欧、特朗普履新后美国外交与经济战略调整等，今年欧洲又有法国、德国、意大利大选，将在全球范围造成重大影响，并波及国内资本市场。更多的不确定性，带来的是更大的市场风险，并且是国内外金融市场的交叉性风险。在人民币国际化和资本市场开放过程中，保障国家金融安全、托管业务应该有更大担当。一方面，境内外资本市场互联互通，跨境投资日益活跃，境外资本“引进来”，应该通过托管监测境外资本在境内的投资情况，看好自家田园，严防“野蛮人”行径，要防范外围市场风险渗透。另一方面，“一带一路”战略推进，金砖银行、亚洲基础设施投资银行、丝路基金、中投等，加大对外投资力度，托管应该充分发挥资产保管、投资监督等功能，为境内资本“走出去”保驾护航。再者，我国 3 万亿美元的外汇储备，在境外市场投资，基本由外资银行托管，外汇储备构成、投资交易信息高度敏感和机密，却被外资银行掌握。中资托管行应该加快全球化发展，大力拓展海外市场，尽快承接外汇储备投资的托管，保障国家金融资产安全和信息安全。

三、下一步发展托管业务的几点要求

（一）深化“托管业务全行办”，实施“重点办”，推动“全球办”。

一是强化分部体系建设。要继续新设托管分部，今年争取托管分部达到 20 家以上，实现对经济金融大省的全覆盖，特别是业务潜力较大的分行，比如天津、湖北、福建、陕西、贵州等分行，认识要到位、资源要到位、建设速度要快。现有分部要强化托管团队配备，人员数量、专业素质要与业务发展匹配，上海分行已经准备设立一级部，值得大家学习，深圳分行要尽快设置独立的托管团队。总部要继续开展产品移交、收入返还、以工代训计划，特别是总行新增理财集中在总部托管后，要兼顾资源摆布和激励调动，加强对分行的指导管理。

二是围绕金融中心、实施“重点办”。北、上、广、深、浙 5 大金融资源富集地区，保险、证券、信托、基金子公司等机构合计 320 家，占全国的 70%，对应的产品规模约 67 万亿元。但北、上、广、深、浙等 5 家分部这几类产品的市场占比只有 8%，远低于全行 13% 的市场占比。5 家分部作为分行托管业务第一梯队，要进一步发挥资源、人员优势，除了依托我行理财委外、基金代销等资源，更要“营销走出去”，向外部市场要规模、要效益，力争外部客户覆盖率达到 50% 以上，规模增长超过 20%。

三是其余 12 家分部作为第二梯队，要对属地证券、信托、保险、商业银行等同业客户全覆盖，重点抓好职业年金托管业务营销。今天有的分行反映对当地农信社、商业银行的授信不够，这也是总行“大同业”战略要解决的问题之一，大家有什么需求要及时向总行反映。12 家分部中，山西、黑龙江、江西、海南同业第一，江苏、安徽、山东、河南、重庆、宁波第二，还有两家分行是第四，今年要坚决消除同业第四的情况，力争本地市场全部达到同业第一。其他分行作为第三梯队，加强资源投入，尽快夯实业务发展基础，强化风险管控。

四是完善全球托管网络、推动“全球办”。托管业务要积极与国际业务条线、境外分支机构联动，通过收入返还、产品支持等措施，按照“分市场、分层次”路径，推动境外机构发展全球托管业务。一方面，围绕欧美市场，在工银伦敦、纽约分行、工银金融组建托管专业团队，实现托管业务“零突破”。另一方面，围绕亚太市场，在工银亚洲、新加坡分行，打造优势互补、协调发展的亚太区托管服务平台，提升自主托管服务能力。

（二）加强产品营销，巩固传统优势、挖掘新增长点。在基金托管业务上，目前我们在二类基金公司中的销售占比较高，但在很多大的、优质的基金公司中占比还是偏低，总行资产托管部要与个人金融业务部配合，把公募基金绿色通道制度落实到位，让优质基金公司自主选定“绿色通道”产品，托管、代销无条件准入，优先安排发行档期，提高我行在优质基金公司中的托管占比。我行定制公募基金要实现托管互换，在工银瑞信基金、金融市场部、资产管理部、私人银行部委外中，争取托管资源互换。再者要加强营销力度和频次，优化产品结构，提高权益类产品储备，保持公募基金托管市场第一，扩大对第二名的领先优势。

在保险托管业务上，要深化与大型保险公司、保险资产管理公司的合作，特别是规模增长较快、我行托管占比较小的客户。要抓住保险资金市场化运用深化机遇，分类、分层、联动营销，巩固保险托管领先地位。北、上、广、深、浙5家分部，保险托管规模增长应不低于30%，其他分部不低于20%，其他分行10% - 15%，还没有开展保险托管的分行要尽快实现突破。

在银行理财托管业务上，要对属地内不具备托管资格的城商行、农村金融机构、政策性银行、外资银行，实施名单式管理。借助我行在理财品设计、管理、风险控制等方面的综合优势，采用“托管 +”模式加强营销，提高他行理财托管市场占比。

在基金专户托管业务上，要加强与本级行个人金融业务部、私人银行部、资产管理部、投资银行部等部门的联动，挖掘客户和项目资源，确保我行出资、提供资源的产品全部在我行托管，同时要优化结构，逐步降低非标专户比例，更加注重标准化专户营销。

在券商理财托管业务上，要借助资管、投行、代销资源，在券商资管计划销售、资产证券化投资、理财委外投资等领域寻找托管机会，大力发展理财投资型托管。并且要深化与重点客户合作，市场排名前20的客户力争托管份额达到10%，还没有开展合作的18家证券公司力争实现零突破，这18家公司的名单要列出来，具体落实到各家分行。

在信托计划托管业务上，要重点关注国民科技产业、基础设施产业、居民理财投资、资产证券化等领域托管机会，并且在教育投资、影视文化、居民消费等领域积极探索创新。

在安心账户托管业务上，重点面向政府类机构、行业专门机构，优选资信良好、规模效益突出、风险可控的项目，推广司法案款、旅游保证金、公共资源招投标资金托管，在网络资金借贷、大宗商品市场、网络理财平台等高风险领域，不得介入。

在基金外包业务上，各行要发挥区域理财客户优势，挖掘辖内证券、期货、信托公司等中小金融机构的外包需求。北、上、广、深、浙等分部要加大对新设公募基金公司的营销，把握外资设立私募基金管理公司的政策机遇，同时借助总行理财产品托管行优势，发掘理财投资链条上的外包机会。

（三）推动集团资源整合，挖掘内生增长潜力。行内与托管相关的条线很多，个人金融代销、资管理财委外、私人银行委外、金融市场委外都可以与托管形成联动，我们自身那么多资源，整合起来就是很大的增长动力。今年金融市场新增委外投资将达到2 000亿元，主要借助工银瑞信通道，要把基金托管互换落实到位，做到“资金投出去、托管换进来”。另外，要以资管、私行理财委外投资为基础，撬动与基金公司、证券公司、信托公司等的托管合作，实现各投资层级的“穿透式”托管，确保监督到位，既是托管业务自身发展、集团利益最大化的要求，也是集团大资管板块稳健发展的重要保障。再者，在基金代销上，要加强与个人金融业务部的协同，针对大型优质基金公司，推出“绿色通道”制度，巩固与大型基金公司合作、提高托管占比，此外还要研究探索区域销售模式，调动分行积极性。

（四）投产第六代托管系统，保持科技领先优势。要密切协调信息科技部、上海研发中心，确保第六代托管系统按计划开发，争取在上半年投产上线。要加快开发全球托管系统，提升境外机构自主托管能力，推动全球托管网络拓展。要研究借鉴国际托管银行的系统开发经验，必要时到境外进行调研，以完善功能、提升体验为重点，在更高的战略层面上思考系统开发这件事，不仅要为托管运营提供有力支持，更重要的是，要借助托管系统锁定客户、留住客户，对业务的长远发展形成支撑。

（五）高度重视风险管理，继续保持零风险。

一是持续开展托管业务风险治理，严防外部风险渗透。今天零风险不代表明天零风险，所以我们要有高度的敏感性、敏锐性，要严防外部风险渗透。对安心账户、私募基金等涉及互联网及创新领域的产品，要实行业务准入和名单式管理，发挥托管业务风险管理委员会作用，对名单外的业务“逐一审批”。同时要加强对合作机构的尽责调查和舆情监控，关注并防范托管相关的过度或虚假宣传行为。有的甚至根本没有在工商银行托管，但却明目张胆地谎称是工商银行托管，假借我们的名，欺骗投资者。

二是强化业务条线管理职能，防范合规风险。增加安心账户托管业务系统硬控制和远程授权审批功能，提高一级分行业务管理能力和风险防范责任。对于分支机构假借和滥用托管名义办理其他违规业务的，总行要暂停其业务办理、甚至取消业务授权。

三是强化营运规范，防范操作风险。抓住第六代托管系统投产契机，一定要保证6月底前投产，这是满足客户需求的基本要求，也是营销的亮点、卖点。加大系统操作培训和规范营运工作，通过制度、流程、系统、合同、服务标准的“五统一”，提高全行托管业务的营运规范化水平。继续优化托管业务风险监控模型，提高监控覆盖面和时效性，确保托管业务零风险。

（六）加快增值托管服务发展。一是在充分论证基础上，制定并印发托管信息分析服务业务管理办法，在全行层面推进托管增值服务业务的开展；二是试点开展信息咨询、交易便利业务；三是探索建立托管业务核心产品研究体系，为我行经营决策提供支持和服务；四是依托资产托管信息服务平台（CPIC），投产大资管行业分析子系统一期，完成大资管行业维度数据仓库建设，为研究工作提供全面支持。

四、党建工作要求

2017年，我们党将召开十九大，这是党和国家政治生活的一件大事，必将推动党的建设进入一个新高度。党建工作是党领导的伟大事业不断取得胜利的法宝。总行党委历来高度重视基层党建工作，为进一步加强托管条线的党建工作，增强托管条线干部队伍的凝聚力和战斗力，我在这里重点强调几项工作，希望大家认真抓好。一是要把学习贯彻党的十八届六中全会精神和全国国有企业党的建设工作会议精神作为一项重大政治任务来抓，引导干部员工增强“四个意识”。二是要认真学习和贯彻落实好《关于新形势下党内政治生活的若干准则》和《中国共产党党内监督条例》。三是要以党建引领和促进业务发展，推进学习型党组织和服务型党组织建设，领导干部要带头深入基层，了解基层行托管业务发展中遇到的困难和问题，创新托管服务内容，积极满足各类客户对托管服务的需求，推动托管业务由单一产品向综合金融服务的转变。

过去两年全行资产托管业务保持了高速增长，2015年托管规模、收入实现“双翻番”，2016年托管规模、收入增速均超过20%，为全行经营转型作出了重大贡献。2017年，在外部风险加剧、经营压力增大的形势下，希望全行托管业务条线锐意进取、奋发有为、再接再厉，促进资产托管业务迈上新台阶，为全行经营发展做出更大贡献。

认清形势　防范风险
推动全行同业业务健康持续发展

——在2017年第一季度同业业务经营分析会上的讲话

张红力

（2017年4月24日）

今天我们召开同业业务经营分析会，主要是通报同业业务第一季度整体情况，分析业务发展面临的新形势，安排部署下一步同业业务的工作任务和要求。应该说，这是我行同业专营改革以来，召开的第一次全行范围的推动会，也是贯彻落实中央和监管部门综合治理“金融乱象”精神的重要会议。目的是通过会议，给同业业务战线的同志们鼓劲加油；通过会议，进一步正确领会和贯彻近期密集出台的监管政策；通过会议，帮助大家进一步树立大行规范创新发展同业业务的意识。下面，我讲三方面的意见。

一、同业业务为全行改革发展做出了重要贡献

在外部环境十分复杂的情况下，全行坚持以服务实体经济为己任，坚持稳中求进的主基调，第一季度经营开局良好，主要指标达到或超过预期，交出了一份令人较为满意的“成绩单”。同业业务作为整合全行资源全方位服务同业客户的“蓝海”，已经成为全行重要的客户和业务板块；“以客户为中心深化同业业务转型发展”被纳入全行重点改革项目战略解码工程，共确定

了50项改革任务，分解到22个部门，逐步体现出了“大同业”的战略定位。去年我行实施同业业务专营改革以来，“大同业”迈上了一个新台阶，仅六项专营和六项非专营业务全年的直接利润贡献就达到626亿元，在全行净利润中的占比达到22%。如果再加上银票承兑、投资我行债券及上下游个人和法人客户等间接贡献，同业客户对全行利润的整体贡献水平将超过30%。今年第一季度同业业务再创佳绩，实现直接利润贡献164亿元，占比超过五分之一，成为全行利润增长的新动力。特别是，六项同业专营业务发展成效显著，实现净利润48亿元，其中线下实现净利润18亿元，较去年同期大幅增长450%。同业业务之所以取得实质性突破，源于全行对同业业务的认识在不断深化，对同业业务的理解在不断提升。

（一）同业业务是提升全行客户竞争力的重要阵地。目前，全国包括银行、证券、保险、基金、信托、私募、金融租赁、资产管理、财务公司、金融资产交易场所、登记托管清算机构等在内的同业客户近5 000家，虽然整体数量不多，但都是经营资金和风险的金融机构，户均资产规模530亿元。与其他法人客户相比较，机构资质更好、专业技术更高、批发属性更强、资产规模更大，对于提升商业银行的盈利能力和竞争能力具有显著作用，成为了各家银行近年来关注的重点客群。截至第一季度末，金融同业机构的资产规模已经超过260万亿元，主板上市公司就有93家。我行在与这些金融机构的合作中，逐步加大对同业客户的主动服务意识，无论是客户数量还是客户贡献均有大幅提升。从客户数量来看，我行服务的同业客户3 300户，纳入名单管理的1 078户，开展授信合作的577户，第一季度新增同业账户245户。客户贡献方面，第一季度银行类、保险类、证券类客户贡献分别达到了75亿元、34亿元和19亿元，金融资产管理、财务公司、基金、金融租赁等非银客户的贡献也合计达到了37亿元。

（二）同业业务是全行经营转型的重要抓手。同业业务资本占用少、拨备要求低、部分业务免征增值税，在当前外部经营环境复杂、不确定性增多、贷款劣变压力大的背景下，对我行缓解信贷增长压力、推进资产结构调整、实施经营转型具有非常重要的意义。特别是同业业务具有一体两翼的功用，一手拓展负债，一手对接资产，从市场化程度最高的资金市场上设计交易结构、匹配资金来源、防范金融风险，是各家商业银行适应利率汇率市场化的有力工具，也是培养市场化交易人才的高效途径，符合商业银行转型发展的各方面需要。自去年我行确立“大同业”的发展思路，并将此作为全行经营转型的一项重大举措以来，同业业务对全行利润贡献和结构调整就产生了直接的影响，成为了我行一个重要的利润单元，对各个分行的利润贡献不断提升。第一季度，北京、上海、深圳、江苏、广东分行营业部等大行专营业务在系统内继续保持前列；青岛、福建、吉林、辽宁等分行也取得了较大突破，如青岛分行第一季度专营业务分润6 446万元，是去年全年的3.5倍，全行排名第2；福建分行第一季度分润6 223万元，是去年全年的4.26倍，全行排名第3；吉林、辽宁等分行也首次进入全行前10位，取得了重要突破。很多分行都依靠同业业务，获得了利润增长的新支撑。

（三）同业业务是全行业务创新的重要平台。同业业务横跨金融领域近20个行业市场，通过同业业务渠道加强与各个市场的融合渗透，有利于我行进一步加快跨行业的业务创新与合作，推动自身经营转型，提升盈利能力及股东回报。今年第一季度，我行成功营销上海票据交易所、中信登等新型同业客户；首次尝试与票据核心客户办理卖出回购业务，金额达76亿元；创新推出了“同利”等同业客户专项理财产品；贵金属业务重点支持券商合作，向券商租出实物黄金17吨，同比增长443%；北京、上海、江苏、深圳、浙江等分行在资金收款、理财资金投资、金融债券承销等创新业务方面也亮点纷呈，实现了多项细分领域的首单业务办理。随着银行业综合化经营的不断深化、我行经营管理能力的不断提升，同业业务将成为全行最具创新空间和发展潜力的业务之一。

总之，第一季度同业业务为全行改革发展做出了重要贡献。这些成绩的取得，是全行同业业务战线敢于担当、共同努力的结果，是全行13个部门、9个利润中心、36家分行精诚合作、携手奋进的结果。总行党委对此给予了充分的肯定，在第一季度全行经营情况分析会上特别指出，在机构、资负、金融市场、票营等部门的共同努力下，全行克服了流动性趋紧、监管趋严的不利形势，捕捉了市场机遇，同业业务点差贡献超过信贷业务，实现了业务的快速增长，是第一季度全行盈利的重要支撑。在此，我代表总行党委，对总分行从事同业业务的同志们表示亲切的慰问和诚挚的感谢！

二、新形势下同业业务必须担负更加重要的责任

2017年，外部市场呈现出参与竞争主体多元化、资金波动幅度加剧、监管更加规范严格、市场风险逐渐累加等特点，同业业务挑战与机遇并举，竞争与互补共存，风险与收益同在。在此，有三个方面的形势研判。

（一）监管趋规范，压力与机遇并存。为深入治理金融风险，近期央行、银监会、证监会、保监会加大监管力度。特别是从3月23日开始，银监会密集出台了一系列规定，三周合计8个文件，无论是发文频度还是监管力度，都是2014年出台规范同业业务的127号文以来最为严格的。我要强调的是，无论是“三违反”“三套利”“四不当”的银行业专项治理，还是MPA监管、金融市场利率管理、对投资底层资产穿透管理，或

是保险行业“保险姓保、服务主业”“放开前端、管住后端”的要求，均体现了中央控风险、去杠杆，避免金融行业脱实向虚、要求金融回归主业服务实体经济的根本着力点。这些监管措施的出台，对当前整治金融乱象，完善监管体系意义非凡，长远来看对同业业务发展是非常有利的。我们要充分抓住这次机会，化压力为动力，在认真学习最新的监管政策，准确深刻领会政策精髓，不断完善行内相关制度办法的基础上，找准市场、找准客户、创新服务，充分发挥大行资金实力雄厚、业务管理规范的主力军作用，通过提供规范化、全方位的同业金融服务，来引领与支持其他同业金融机构更好地为实体经济服务。

（二）同业机构之间的合作互补，能为双方创造更多的获利空间。随着利率汇率市场化提速、金融脱媒加剧、金融机构的经营范围不断拓展，单靠一个金融行业和特定金融机构获得高收益的时代已经一去不复返。同业机构所持牌照不同，经营各有侧重，对各类客户生命周期的服务阶段和内容也各有不同。唯有合作才能共赢，唯有共享才具价值，唯有互补才有空间。同业业务恰恰是互通资金、互借牌照、共享客户的新型业务，同业业务做得好，协同效应就发挥得好，就能更加全面、更加高效地服务于实体经济。从国内外银行同业业务的经营实践看，同业业务的确有利于金融机构在投资融资、投资银行、资产管理等方面优势互补、以量补价、合作共赢，从而支撑金融机构的利润增长。仅就个性化、属地化、非标准化的线下同业业务而言，农行、中行、建行等大型银行2016年的线下同业业务利润均在50亿－70亿元左右；浦发、光大、中信等股份制银行的线下业务利润均已近100亿元；而高盛、JP摩根等国际金融机构，2016年同业业务的利润贡献更是分别达到了63%（包括投行、资管和做市交易）和59%（包括投行、票据、证券利得、利息收入等）。当然上述数据的统计口径有所差异，比如国际大银行的交易银行型业务全部体现为同业业务，但足以说明同业业务对银行业的重要意义。

（三）跨业有挑战，更有借鉴。金融同业机构之间，不仅仅有合作、有互补，更有相互借鉴和启发。面对移动互联网、大数据、区块链等创新技术快速融合渗透，产品服务日益平台化、场景化的Fintech时代，各金融机构都踊跃创新、举措频出，打造新的金融形态和竞争格局。证券行业，以广发证券、华泰证券、方正证券为代表的证券公司，实现了产品线上化的1.0、管理线上化的2.0，并正在跨进引入人工智能和机器人技术的3.0时代。部分券商通过互联网打破地域限制、秒级响应客户需求、全国客户经理抢单、绩效实时计入客户经理电子钱包、实时向高管手机端报送最新数据等方式，已经让互联网不仅仅是业务的拓展渠道，更是改变内部作业模式和组织架构的颠覆性武器。保险行业，以平安保险、众安在线、泰康在线为代表的保险公司，推出了保障性强、保费低廉、在线投保的重疾健康、退货运费、在线车险等保险产品，运用大数据实现保费个性化，投保速度超越以往，引领了保险行业新业态。银行领域，建行与阿里巴巴、蚂蚁金服达成战略合作，我行也已经构建了“三平台一中心”的互联网金融战略发展布局，在同业中确立了发展最快、影响最大的阶段性优势。但仍需借鉴其他金融机构的有益经验，切实推进e－ICBC 3.0战略实施，更加积极地与同业合作，联手发挥优势，丰富同业业务发展内涵，构建开放共赢的生态圈，为长远发展提供持续动力。

总行党委高度重视同业业务巨大的发展潜力。在去年12月23日召开的改革发展研讨会上，提出要把同业业务打造为全行新的利润增长点；12月29日，谷行长又亲自召开办公会，专题研究深化同业业务改革的具体方案。同业业务被纳入总行的转型战略和重点改革项目，去年以来开展了优化专营组织机制、落实监管报备、开展北上广深高层营销和重点客户走访、实施交易对手名单管理、按季度通报同业专营业务发展情况等一系列改革创新探索，近期又下发了《关于深化同业业务转型发展的通知》（工银办发〔2017〕229号），对同业业务提出了“统一客户准入、统一客户政策、统一营销团队、统一考核督导、统一风险控制”的工作要求。

总行党委的高度重视和战略引导，为同业业务的发展提供了有力的支持和保证。大多数分行在同业业务上已经有了一个很好的基础，特别是在同业专营改革以来开展了许多尝试和突破。但是，大家也要看到差距，更要看到潜力。以今年第一季度结算性同业存款为例，有32家分行日均存款下降，其中北京、上海、广东、深圳、江苏等大行下降尤为明显；再以线下专营业务为例，各家分行线下业务的发展还很不均衡，排名前五位的分行共获得分润4.9亿元，占全行的79%，后十位的分行收入合计仅3万元。因此，各家分行要在思想上高度重视并重新认识同业业务，在目标上赋予同业业务更加重要的责任，在行动上认真学习领会监管部门要求和总行的工作部署，牢牢抓住机遇窗口、认真规划发展思路，力争在激烈的市场竞争中率先突围。

三、深化转型实现“大同业”业务质效提升

从战略上看，同业业务很重要；从形势上看，目前发展同业业务相对于大行更加有利，但从具体举措上看，一些分行可能还是不知该从何处着手，如何处理好分行推荐与总行专营的关系，如何处理好客户部门和产品部门之间的关系，如何处理好业务拓展与风险管控的关系。鉴于此，我提出三方面的工作要求，帮助大家理清思路。

（一）“以客户为中心”推进同业业务转型发展。根据总行党委要求，全行同业业务由机构金融业务部牵

头统筹，金融市场部和票据营业部负责专营，其他部门做好同业非专营业务。各部门都要以客户为中心做文章，真正把联动工作抓好落实，共同把同业市场蛋糕做大。对于机构业务条线而言，总行党委对你们的要求是很高的，不能简单把自己定位为通报同业业务进度的机构，而是要根据同业客户的需求，围绕一些有联动价值的同业项目，促成专营部门和非专营部门协同合作的机制性安排，切实在服务好客户的同时，提升客户贡献。金融市场部要在符合监管要求的前提下，在切实防范同业专营风险的同时，积极把握市场利率高点机会，切实提升同业业务贡献。票据营业部要把握好票据市场的利率走势，在对底层资产充分掌握的前提下，加大和票据有关同业业务的发展力度。今天参会的从总行到二级分行，以机构条线的同志为主。因此我要多强调一下总行党委对牵头部门的要求。你们不仅要做好客户关系的维护、同业客户的分层营销、授信和限额管理的尽职调查、同业专营和非专营业务的推荐发起、同业客户的统一视图，还要切实履行好同业业务发展的“三个牵头”职责。

第一，牵头“大同业”统筹。同业业务点多面广，由于资源和信息的不对称，我们在全行整体收益最大化方面还有很大的努力空间。因此，机构业务部门必须做好全行资源的牵头统筹，站在满足客户需求的视角，统筹把握全行资源，抓好“大同业”战略解码和落地细节。要积极引导同业业务变“主抓存款”为“经营客户”，变受市场行情“被动影响”为“主动营销”，变“以产品为核心”为“以客户为中心”，切实激发同业业务的经营活力。对分行同业业务的考核也要从存款和个别产品，逐步向按照“客户贡献”考核的方向转型。

第二，牵头同业客户营销。当前，我们与同业客户合作中“多点对外”的情况比较明显，仅在总行层面就涉及 2 个专营部门、7 个客户部门、12 个产品部门、近 60 项产品，协同竞争力不强。机构部要充分发挥好牵头营销作用，根据近期即将下发的《同业客户分层管理办法》，协同相关部门全面对接客户诉求，提供一揽子服务方案。特别是线下专营业务，个性化强、涉及分行多，总行已明确“线下业务处理放在金融市场部，日常营销由总分行客户部门牵头”，以发挥客户部门的营销优势，充分激发分行的营销活力。上述要求已经在近期下发的工银办发 229 号文中明确提出，各分行要严格做好落实，尽快规范和整合线下业务由产品部门分散牵头的状况，由同业客户部门做好客户营销、尽职调查，并通过金融市场内部询价及交易系统（MMTA）直接对接总行进行业务推荐。

第三，牵头打造专业团队。同业业务的专业性很强，分行找项目做推荐也需要懂业务、会营销、明风险。目前，绝大部分分行的同业客户服务团队比较薄弱，同业业务专业性也亟待提升，部分省分行本部仅有 1－2 名同业业务专职人员，无法满足业务大发展的需要。为此，各分行一是要尽快落实在省行和条件允许的二级分行成立同业客户团队，专职人员不得低于 3 人；二是同业客户团队要负责牵头包括专营、非专营在内的全产品、全口径同业业务的营销推动；三是业务量大的地区可由分行自主定设同业客户部等专门机构。团队和部门设立工作要在今年上半年内完成，并将团队（部门）设置、工作职责、人员安排等情况报备总行。总行将加快推出同业客户经理的资质认定和培训工作。

（二）突出重点，进一步提升同业业务的盈利贡献。针对我行的同业占比和发展短板，当前需要重点抓好同业存款、同业专营和非专营等几项业务。我这里重点讲一下提升同业存款和加强同业专营两个问题。

第一，提升同业存款。第一季度，我行同业存款较年初时点余额减少 3 212 亿元，日均余额减少 1 439 亿元，其中托管基金存款和财务公司存款降幅最大。从同业比较来看，五大行的同业存款均出现不同程度的下降，合计下降 7 742 亿元，但我行的降幅最大，其中结算性同业存款时点下降 2 260 亿元；非结算性同业存款的时点余额最低，较主要可比银行的差距超过 5 600 亿元。当然，同业存款的整体下降和监管调控导致市场资金面趋紧、资本市场沉淀资金减少等因素有关，但我行的降幅最大，与我们自身对同业存款业务重视不够、客户营销落实不到位、对市场利率变化应变不够敏感及时有直接关联。

面对这样的形势，需要全行上下共同配合、综合治理。一是要加强组织领导。同业存款包括结算性和非结算性两大类，涉及多个客户部门，机构部要做好各类客户同业存款的牵头统筹；对于第一季度下降较多的托管基金和财务公司存款，托管部、个金部、公司部要各负其责，守土有责，切实落实对基金公司、财务公司存款的营销责任；北京、上海、深圳等大行要加强对重点客户的关系维护，尽量避免同业存款大起大落。二是要全力争揽证券类存款。证券类活期存款资金成本仅为 1.62%，是为数不多的客户既向我行摆放存款、又缴纳服务费的业务品种之一，综合效益非常好。当前，多家分行的证券投资者客户增量在当地排名已跌落到第三第四，导致全行客户总量已被建行超过。客户数量一旦滑落，资金沉淀必然下降。因此，各分行务必重视第三方存管客户的开发、维系，打好三方存管业务的保卫战，只有客户量上去了证券类存款才会增加。三是要及时把握市场动向科学制定定价策略。今年以来总行出台了增加重点分行结算性同业存款定价授权、调整内部资金转移价格等一系列政策，效果会逐步显现。根据谷行长指示，总行近期将会根据市场行情，进一步研究非结算性同业存款的定价策略。希望总行机构、资负、金融市场等相关部门要做好市场研究、研判工作，要加强部门之间、总分行之间的沟通协调，根据市场资金形势变化，及时灵活地调整结算性和非结算性同业存款定价策略，以及内部资金转移价格，把我行的同业业务定价再做得贴近市场一些。对于一些符合监管导向、风险较低、且与我行业务互补性较强的业务品种，可充分利用我行优势，通过“薄利多销”策略做大“流量”，提高累加收益。

第二，做强同业专营业务。第一季度同业专营业务进步明显，下一步要再接再厉，重点是做好“四个联动”。一是总分行客户部门和专营部门的联动。机构金融业务部门要主动与专营部门配合，在客户营销、监管衔接、部门协调、业务督导等方面发挥好牵头作用；各分行同业客户团队要加大客户营销力度，发挥区域优势，积极向两个专营部门推荐包括票据在内的各类线下资产业务，并负责做好存续期管理；专营部门要考虑如何在监管允许的范围内，在坚持资产项目底层穿透的原则下，为分行提供更多的资源支持和更大的灵活度，帮助客户部门维护客户关系，提高我行的市场竞争力。二是总分行考核及收益分配的联动。在同业专营收益分配模式上，大部分同业机构采取双边计价的方式。年初全行工作会议也提出对“亟须突破的战略领域”可探索双边计价、影子考核，同业业务是否可作为试点，请总行相关部门进一步研究推动。三是专营部门线上和线下业务的联动。同业专营业务是今年总行着力打造的利润增长点，专营部门在加强线下业务的同时，也要注意线上业务的统筹协调发展，要保证线上线下业务同步效益提升。四是同业业务与流动性管理的联动。今年同业资金规模收紧，流动性管理的难度增大，总分行相关部门要站在全行的角度，把握好流动性管理和同业业务发展的关系，要保持对市场的高度敏感性，及时把握总行最新资金政策和外部流动性变化，在尽量保证同业业务资金供给政策连续性和稳定性的同时，充分发挥我行同业业务市场运作能力，通过做好卖出回购等同业业务，在流动性紧张时增加我行资金融入渠道，为全行流动性多做贡献。

（三）重视和加强同业业务资本和风险管理。

第一，要提高资本使用效率。2016 年底，我行在全球系统重要性银行（G－SIBs）中的组别由第一组提升至第二组，附加资本要求由 1% 上升至 1.5%，而上升 0.5% 相当于我行需要利润留存或新增发行股本 730 亿元补充的资本，对我行经营发展产生重大边际影响。在 G－SIBs 评估指标中，金融机构间资产、金融机构间负债、有价证券承销额、交易类和可供出售证券、第三层次资产等 5 项指标与同业业务紧密相关，指标权重达 33%。资本是银行的稀缺资源，全行要在加大同业业务拓展力度的同时，把握盈利增长和资本约束的平衡，适度压降交易类和可供出售类金融资产中的非优质流动性资产规模，优选资本占用少、评估得分影响小、经济效益高的同业项目。同时，要努力提高资本节约意识，注重资本节约优化，持续提高同业业务资本使用效率和资本回报水平。

第二，要加强同业业务风险管理。当前，货币政策保持稳健中性，但央行通过 MLF、SLF 等手段引导金融市场利率上行，监管部门也密集部署了一系列专项治理工作，加大金融去杠杆的力度。各分行要关注政策和市场变化，并同“两个加强、两个遏制”回头看整改问责和“十大重点领域和关键环节”专项检查统筹安排，切实加强风险管理，做到业务发展和风险控制“两手抓、两手硬”。

一是防止“病从口入”。客户部门不仅要有市场意识，还要有风险意识和成本意识；既要知道目标市场在哪里，能够发现市场、规划市场、竞争市场，又要明白风险点是什么，能够准确评估风险、防控风险、平衡收益。同业客户部门要在市场和风险的动态平衡中把握好定位，积极发挥前台统筹市场拓展和风险防控的作用，特别是加强交易的合规性审查，加强对底层资产的筛选，优选合作对象，严把准入门槛。

二是牵头做好风险管理。全行综合整治工作已于上周全面部署。机构金融业务部作为同业业务牵头部门，要会同专营和非专营部门，与监管部门和同业伙伴保持沟通，细化研究近期监管部门密集出台的关于加强风险防控的相关政策，会同相关部门和内控部门，编写同业业务整治要点、组织自查、牵头报告和后续整改问责，确保同业业务合规健康发展。防范操作风险方面，要在风险易发多发的账户开立、印鉴使用、凭证保管、票据实物管理、资金流转等环节，规范业务操作。总行金融市场部、票据营业部要做好同业专营业务账户信息收集和定期对账工作，严格遵照行内业务制度和操作规程，加强对资金流转的监控。防范信用风险方面，要重点关注“严监管、去杠杆”政策对部分中小金融机构的影响，加强集中授信和限额管理，严格控制表内、表外业务风险。要加强关键时点和重点客户的风险管理，防范去杠杆过程中可能产生的信用违约与流动性风险的叠加共振，特别是在授信审批中要关注实力不强、管理薄弱、应收账款类投资过于激进的小银行的授信；加强对小银行股权结构的分析，防范实际控制人关联交易的风险。

三是统一客户视图。要以“标准能统一、信息能入库、客户能画像、营销能使用、风险能识别、考核能应用、信息能共享”为目标，加快推进同业客户统一视图建设，为客户资源配置、风险管理以及业绩考评提供信息支撑。机构部继续做好牵头工作；管信部要于第三季度内发布并同步投产同业客户认定规则和贡献评价模型；托管部要在年内实现按客户统计托管业务收入；个金、金融市场、资管、私银、养老金等部门要尽快在业务处理系统中，建立关联客户编号及集团关系，争取于第二季度完成同业客户信息治理及数据入库。

同志们，站在同业业务改革与发展的新起点，希望大家要以更加昂扬向上的精神风貌、更加顽强奋进的工作作风、更加开拓创新的发展思路，勇于担当，奋发有为，努力开创同业业务转型发展的新局面。

挖掘租赁价值　深化行司联动服务集团转型发展

——在租赁业务行司联动座谈会上的讲话

张红力

（2017 年 4 月 27 日）

今天，我们召开“租赁业务行司联动座谈会”，回顾总结工商银行租赁业务近十年发展历程，研究探讨新形势下集团综合化经营与创新发展的新路径、新举措。刚才，工银租赁对租赁业务作了全面的介绍，总行相关部门就如何支持、推动行司联动作了很好的发言，部分分行分享了有益经验，并对如何做好行司联动提出了明确的措施。大家畅所欲言，效果很好，提出了许多建设性的思路和建议，我也很受启发。借此机会，我讲三个方面的意见。

一、全面深刻理解加强行司联动、推动租赁业务发展的重要意义

（一）大力发展租赁业务，是工商银行履行国有金融企业使命，服务国家战略和实体经济的战略决策。党的十八大以来，党中央、国务院高度重视金融业健康发展，多次强调金融服务实体经济这个根本，明确要继续深化金融体制改革，增强金融运行效率和服务实体经济能力，加强和完善风险管理，严防系统性风险。4 月 25 日，中共中央政治局就维护国家金融安全进行第四十次集体学习。习近平总书记强调，金融安全是国家安全的重要组成部分，是经济平稳健康发展的重要基础。维护金融安全，是关系我国经济社会发展全局的一件带有战略性、根本性的大事。金融活，经济活；金融稳，经济稳。必须充分认识金融在经济发展和社会生活中的重要地位和作用，切实把维护金融安全作为治国理政的一件大事，扎扎实实把金融工作做好。总行党委一直以来坚决贯彻落实中央的重大决策部署，把支持服务实体经济作为立行之本、发展之基和动力之源。随着我国经济发展进入新常态和供给侧结构性改革推向纵深，越来越迫切地需要我们担当国有大行使命，履行国有金融企业责任，打破较为单一的信贷金融服务方式，发展更加综合多元，既贴近企业需求，又能创造更大价值的金融服务手段。金融租赁能够很好地延伸和拓展我行服务实体经济的深度和广度。特别是在当前国家“一带一路”“中国制造 2025”“走出去”“城镇化”“大飞机”“海洋战略”等一系列重大战略实施过程中，租赁能够以其特点发挥更重要作用。2013 年 12 月 27 日，李克强总理在天津调研时专程到工银租赁考察，提出要做大做强租赁业务，支持实体经济，支持中国高端装备走出去。李克强总理的考察既是对工银租赁的肯定，也是对金融租赁行业寄予了厚望。易会满董事长今年 2 月 28 日在工银租赁调研时指出，“租赁业务虽然总量在集团内占比不大，但通过发挥特有作用，主要贡献体现在直接服务实体经济，今后还要加大支持中国制造走出去。”在新阶段大力发展租赁业务，是落实总理指示精神的具体体现，是工商银行履行政治责任和经济责任的职责所在。

（二）联动发展租赁业务是服务集团转型，建设国际一流金融企业的内在要求。易会满董事长在工银租赁调研时强调，“要加快建立好的机制，调动各方积极性，在经济下行期发挥好租赁在集团中的作用，将工银租赁经营发展更紧密地与集团改革转型结合起来，切实推进行司联动，积极为集团创造价值”。从国外发展经验来看，传统商业银行要向涵盖银行业务、投资管理、投行业务、租赁业务在内的大型金融集团转型。从国内环境来看，利率市场化和金融脱媒提速，净息差不断收窄，通过子公司平台推动综合化协同发展，已经成为突破盈利增长瓶颈、加快经营转型的必经之路。工商银行自股改上市以来，积极推进综合化发展战略，投行、基金、租赁、保险等领域布局逐步完善，各综合化子公司历经 5 - 10 年的积淀，公司治理机制逐步完善，主营业务取得跨越式发展，在各自行业领域内取得了一定的市场地位，对集团的盈利贡献日益显著，对于集团“大零售、大资管、大投行、大公司”战略的实施推进起到了很好的功能补充作用。从客户需求角度来看，近年来客户多样化融资的需求不断增加，要求集团加快推进综合化协同发展，打造全产品、全价值链的服务，提升 ONE ICBC 的集团合力。从产品本身来看，租赁产品与信贷产品具有较为明显的差异性，能够成为丰富集团服

务手段，提高客户黏性，增强盈利能力，推动战略转型的有效抓手。

（三）新形势下进一步加强行司联动，是做优做强租赁业务，巩固行业第一位置的必然选择。工银租赁成立以来，在总行党委的正确领导下，在各部门各分行的支持下，工银租赁经营班子和全体员工努力拼搏，业务发展迅猛，形成了以“航空、航运、大型设备”为主的三大业务板块，国际化发展步伐遥遥领先于其他租赁公司，总资产规模、收入和利润等核心指标持续保持行业第一。但是近两三年，随着国内金融租赁发展热潮的兴起，其他银行系金融租赁公司奋起直追，在国内业务投放上，工银租赁已被赶超。作为中国第一大银行的租赁公司，在服务国内实体经济的力度上如果不能够取得领先，无论从哪个角度都是说不过去的。刚才工银租赁也提到，形成这个局面的一个重要原因，是工银租赁过去更侧重于自身自主发展，与集团深入协同不充分，而其他个别银行在租赁融入全行产品线和对租赁业务的全面支持上的确有值得借鉴的地方。客观来说，我们的子公司与集团部门、分行的分工协作和优势互补关系需要进一步理顺；行司业务协同深度和广度有待进一步拓宽；行司联动考核激励的政策传导效果相对有限，利益博弈现象时有发生；分行业务与租赁业务在风险管理的协同性上还存在不足。这些问题都需要我们发挥全行智慧和力量，加快解决完善。

二、工银租赁近十年的发展和积累，为深化行司联动奠定了坚实基础

在各方的大力支持和全行的共同努力下，工银租赁经营发展取得了较为丰硕的成果。总行各部门对租赁业务的指导支持力度不断加大，做了大量工作，为进一步深化行司联动，丰富集团综合化经营奠定了坚实基础。这主要体现在以下四个方面。

（一）战略定位清晰，形成了较为成熟的产品和业务模式，走出了一条有别于信贷业务支持实体经济的新路。按照总行党委要求，工银租赁始终坚持“专业化、市场化、国际化”的战略方向，致力于把工银租赁建设成为国际一流金融租赁公司。实践证明，“专业化、市场化、国际化”发展战略符合我国经济金融发展方向和工商银行综合化经营的实际，反映了金融租赁业务的本质和特点，是我行租赁业务取得突出成就的关键。同时，创新成为工银租赁发展的最重要驱动力。工银租赁创新发展了保税租赁、转口租赁、出口租赁、跨境人民币租赁、税务租赁、厂商租赁、中小企业租赁，以及“租赁＋保理”“租赁＋信托理财”等系列创新组合产品，开展了一系列标志性的租赁创新业务。总体来讲，这个产品体系在国内金融租赁公司里是最全的。正是这些基于深入挖掘租赁业务本质与特色基础上的业务创新，形成了企业的核心竞争力，并引领和促进了行业发展环境的转变。

（二）形成了一套较为完善的公司治理架构、风险管控体系和内控体系，有效控制各类风险。自工银租赁成立以来，内部治理的决策程序基本做到了和总行稳健经营文化保持一致。围绕金融租赁优势特点，无论是从业务领域的开拓到产品服务的创新，还是从运行机制的设计到经营管理体系的建立健全，都进行了非常有益的探索。在总行党委重视下，几届董事、监事在工银租赁经营管理中都发挥了很好的作用。特别是2016年，工银租赁成立了党委，派驻了纪检组，党的领导不断加强，党建工作成效突出，对工银租赁健康可持续发展起到了关键性作用。

工银租赁结合租赁业务自身的特点，不断健全完善风险管控体系，积极与总行风控体系对接，形成了从项目审批到风险资产处置的全链条体系，对国别风险、信用风险、流动性风险、操作风险、声誉风险等，能够做到有效识别和提前预警。2016年，面对风险资产上升的压力，工银租赁主动转变理念，创新拓展处置路径，全年共清收处置不良租赁资产13.88亿元，年末融资租赁不良资产率较最高点（2016年第三季度末的1.60%）下降0.71个百分点至0.89%，成效是比较明显的。

虽然工银租赁还没有经历过一个完整的经济周期，对风险的认识、把控、处置还需要更好地总结经验、完善环节，甚至可能要交一点学费。但总体来说，工银租赁风险控制是有效的和可靠的。

（三）形成了卓越品牌和国际化优势，打造了一支优秀的专业人才队伍。易会满董事长指出，“工银租赁品牌效应显现，国际化水平在境内很有优势”“在整个业内，我们的队伍素质是最强的，我们很好的一个成绩，是品牌和口碑”。近十年来，工银租赁在国际化方面，可以说走在了国内金融机构的前列。工银租赁在标普、穆迪、惠誉的国际评级与工商银行一致，得到国际资本市场的充分认可。在飞机业务上，去年以机队价值计算，在全球租赁公司中排名第五，业务遍及各大洲。近年来，在国家领导人出访过程中，多次见证了工银租赁签约，给工商银行赢得了声誉。在促进行业发展上，工银租赁发挥了重要引领作用，多次向国家有关部门提出政策建议，为行业发展环境的优化和完善做出了应有贡献。目前，工银租赁队伍较为年轻，年富力强。高素质、高学历、专业化人才聚集，为工银租赁今后可持续发展提供了支持和动力。

（四）对行司联动进行了有益探索，初步形成了一套有效机制。近年来，总行和工银租赁不断探索和尝试行司联动的有效路径。总行公司金融业务部、信贷与投资管理部、资产负债管理部、资产管理部、专项融资部、投资银行部、财务会计部、金融市场部、战略管理与投资者关系部等有关部门都给予了大力支持，出台了一系列文件来指导、支持租赁业务融入全行产品线。各

分行对租赁业务也投入了大量人力物力，在业务营销、资产管理、风险管理等方面进行了有益尝试。工银租赁自身更是积极主动探索，目前已经初步形成良性互动的局面。一是对租赁产品和信贷产品的差异性、互补性认识不断加深。经过几年的实践，通过租赁＋信贷、租赁＋保理等形式，租赁与分行业务结合，利用租赁业务运作方式灵活、税收结构化优势，能为分行带来规模和中收的效应，丰富了分行服务客户的手段，为客户提供了一点接入、全面联通的金融服务体验。租赁与信贷业务不是替代而是相互补充的理念逐步深入人心。二是全面联动的态势正在形成。基于租赁业务链条长的特点，行司联动的范围从融资、衍生品交易，到市场营销、资产交易、租后管理、风险管理等各方面，在集团内全面联动的雏形基本形成。三是收益分享、风险分担的共赢机制初步建立。近十年来通过模拟返还和实际返还，工银租赁累计为分行带来收入近40亿元。再加上集团内融资和资产交易的收益，工银租赁累计为集团带来综合贡献超过210亿元。四是以区域中心为纽带的机制基本建立。工银租赁目前已经成立了16家区域管理中心，下一步还要根据业务需要，覆盖更大的区域，进一步贴近市场，拉近与分行的距离，提高沟通协调效率。以上四个方面是行司联动值得肯定的成绩，但与此同时，我们不能回避当前存在的问题。易会满董事长在工银租赁调研时就指出，“前几年租赁业务主要是融入集团不够，这点我不太满意”。我们要尽快打破瓶颈，努力开拓行司联动的崭新局面。

三、切实发挥集团合力，真正体现租赁业务“全行办，专业办”，强化整体协同，推进集团综合化经营迈上一个新的台阶

未来十年，我国金融租赁行业仍将处于发展的重要机遇期。从国际经验看，我国融资租赁渗透率不足5%，跟发达国家还有不小差距。从国内经济看，在国家重大战略实施推进的过程中，多元化融资需求旺盛，租赁业务发展具有广阔天地。因此，全行上下要抓住机遇，统一思想，深化认识，站在“全行一盘棋”的高度，推动租赁业务发展。要牢固树立租赁业务“全行办、专业办”的理念，“全行办”，就是要发挥集团网络、客户等资源优势，深化行司联动，将租赁嵌入全行产品线，提高全集团对客户的综合服务能力，提升对集团的综合贡献；“专业办”，就是在飞机、船舶等特殊行业上，进一步提高工银租赁的专业化水平，增强市场竞争力。在推进行司联动的过程中，要重点把握好三个原则：

一是集团统筹管控与子公司差异化经营相结合。在事关集团战略定位、整体发展战略、风险管控等重大领域，由集团统筹规划布局；进一步厘清集团总部与子公司的职责边界，做好集团统一管理与子公司独立法人地位以及经营特色之间平衡；工银租赁根据行业或监管要求、经营特点，建立健全符合监管要求、集团要求和自身经营发展需求的管理架构体系和经营特色。二是加强联动发展与提升子公司市场竞争力相结合。加大对工银租赁经营发展的资源共享和支持，提升集团资源的集约化运用水平，扩大规模经济效应，实现集团利益最大化和ONE ICBC体系下的客户一站式金融服务。工银租赁也要进一步加强自身核心竞争力打造，构建“联动发展＋市场化竞争”的双轮驱动发展模式。三是提升价值创造力与严守风险管理关相结合。在监管政策允许范围内的业务协同联动，要大力支持和鼓励；对于监管明令禁止的情况，决不能触碰监管红线。在业务协同过程中，既要坚持集团整体风险偏好和风险管控模式，也要建立严格的集团与子公司风险管理隔离墙，防止风险在集团内潜伏和交叉传染。就下一步工作，我再提五点要求。

（一）加强顶层设计、统筹管理。近期，集团拟研究成立集团与子公司综合化协同发展委员会。在该委员会的领导下，建立子公司协同发展的多方沟通机制，协商确定总行部门、分行与子公司协同目标、考核指标以及工作方向，确保子公司综合化协同发展更加符合集团整体的导向要求。总行将对子公司综合化协同发展情况进行跟踪分析，针对联动协同中存在的问题及时进行协调解决。同时，要将行司联动和租赁业务发展与集团当前的深改工作紧密结合，将工银租赁战略统一到集团总体战略上来，指导工银租赁战略落地，规划好全球业务布局。

（二）推进业务协同营销。工银租赁要进一步增强业务联动主动性，通过深入细致的营销推介和业务培训，赢得分行认同重视和直接营销部门理解支持，解决“愿做”和“会做”的问题，要立足重点区域、重点分行、重点客户开展联动，抓快抓早。今年以北京、上海、广东、浙江、江苏等10多个经济发达省（市）分行为重点，大力推进联动型产品。总行公司金融业务部、投资银行部、专项融资部要主动在条线内对租赁业务进行更好的宣讲培训，把租赁产品更多地嵌入到对大客户的整体服务方案中，加强租赁产品与其他产品服务的有机结合。资产负债管理部要主动研究如何加大资金配置，在监管许可范围内，通过结构化安排，降低工银租赁经营成本，提高对集团的财务贡献。信贷与投资管理部要在实质风险可控的情况下，研究进一步理顺分行与公司保理业务，优化行司联动抓手。各分行要提高与工银租赁协同意识，会后研究制定2017年租赁业务发展计划，与工银租赁做好衔接。要立足当地资源，多给政府部门和目标客户宣讲，将租赁优势讲透，讲明白。要指定专人负责租赁业务的营销与管理，研究挖掘当地客户租赁业务需求，共同向客户提供包括租赁业务在内的公司金融一体化服务。没有成立区域管理中心的分

行，尤其是北京、上海、广东等大行，要尽快成立。

（三）完善协同考核导向机制。由总行财务会计部牵头，进一步完善集团内部对子公司业务的考核管理，将联动协同考核覆盖所有相关单位，全面反映总行有关部门、分行及综合化子公司对集团总体利润的贡献度。对总行公司部和分行，明确年度综合化任务指标，适度提高租赁业务联动考核指标的比重，设置业务净增额、渗透率等考核指标，并加快建立考核结果向二级分行和前台业务部门的传导机制，确保一线人员营销租赁产品的积极性。研究建立奖励制度，对联动的重点项目、重点人员、重点部门设立专项奖励，与联动业务规模和成效挂钩。对工银租赁，研究从目前的净利润考核转变为子公司净利润＋对集团贡献利润的综合利润考核，以实现集团利益最大化。

（四）建立风险协同体系。要严格落实易会满董事长的要求，“加强风险控制协同，租赁公司要坚持集团风险偏好，落实客户集中度风险管理，业务营销、市场开发和租后管理不能甩开分行单干，不能游离于集团之外，要充分发挥分行在贴近客户市场、了解客户风险变化方面优势。”总行业务部门、各分行、工银租赁在风险管理上要明确责任，各司其职。各分行要从大局出发，与工银租赁签署租期委托管理协议。工银租赁要加大力量处置风险资产和待租资产，提高处置专业化水平，创新风险化解的渠道与途径，分行要给予积极配合，2017 年实现对租赁风险资产的大幅压降。

（五）以党建和企业文化建设保障行司联动更好开展。加强党的领导，充分发挥党建引领作用，同步提升工银租赁和各分行干部队伍的战斗力和纪律性，提升员工队伍的向心力和凝聚力。用工商银行稳健、规范、合规、审慎，注重执行力、注重团队的统一的企业文化，牢固行司联动的内在基础，夯实齐心协力发展的思想基石。加强集团与子公司间人才的交流共享，建立总行与工银租赁、工银租赁与境内分支机构以及各子公司之间的横向交流机制，通过人员的流通促进业务的沟通。加大内部培训力度，将租赁产品的培训纳入银行客户经理的培训教材，将银行相关知识纳入工银租赁销售人员培训课程，增近一线员工对集团整体产品的了解，提升营销服务能力。

以上是我要讲的五个方面的意见。在刚才的座谈中，总行各参会部门对工银租赁提出的加强行司联动发展租赁业务的思路和建议，以及各个分行提出的一些需要进一步研究解决的问题，如保理业务、完善考核、协同营销、资产交易、资金支持等都有了很好的回应。会后工银租赁要将会上提出的问题进行梳理列表，明确牵头部门责任和任务时间表，做好跟踪落实工作。

同志们，开办租赁业务近十年来，我们充分发挥租赁独特优势，脚踏实地服务实体经济，取得了突出的业绩和行业领先的市场地位，得到了国家领导人、有关部门和社会各界的积极评价。面对新时期的机遇和挑战，我们要立足国家战略发展层面，加强对金融支持实体经济顶层设计的探索，与政府相关部门和监管机构紧密沟通、建言献策，深入思考用好、用对、用活金融租赁工具，继续大力推进租赁业务转型升级，发挥全集团合力，打造租赁业务国际一流品牌，为集团加快转型发展，提升服务实体经济水平做出更大的贡献。

守土必严　拓土必争
全力赢取机构金融业务工作新胜利

——在中国工商银行机构金融重点工作推动会议上的讲话

张红力

（2017 年 6 月 6 日）

今天，我们召开机构金融重点工作推动会议，旨在落实近期易董事长、谷行长关于机构金融业务的指示要求，深入分析当前市场新的竞争形势，进一步提高对机构金融业务的重视程度，居安思危，守土尽责，全力做好重点机构客户的营销维护，切实抓好各项重点工作，牢牢捍卫我行机构金融业务同业领先地位，并争取在年中这个重要节点取得明显的阶段性成果。下面，我讲三点意见。

一、前五个月全行机构金融业务取得了不俗成绩

年初以来，机构金融市场的形势比往年更为严峻，监管政策更加严格，同业竞争更加激烈，军队、社保等领域改革紧密推进。机构金融业务条线认真贯彻落实全行年初工作会议部署，顶住压力，敢于担当，不畏艰难，积极进取，全行机构金融业务在年初高起点的基础

上，继续保持强劲的发展势头，取得不俗业绩。

机构存款继续稳步增长。在去年机构存款同比多增近1 800亿元的基础上，今年前5个月，全行机构存款增长3 621亿元，完成全年时点计划目标的90%；在全行新增存款总量中的占比超过一半，付息成本比全部存款平均付息率多下降4个基点。机构存款增长均衡率、关键时点偏离度保持稳定，始终是全行最重要、最可靠的资金来源之一。4月末，我行机构存款份额继续保持市场第一，存款余额和增量四行占比分别为34%和40%，分别领先第二名7个和6个百分点，有力支撑了全行对公存款余额、增量四行之首的排位。

机构金融业务重点工作成效显著。军队营销领域，虽然同业竞争异常激烈，但我行与军改“总部级”单位的合作关系进一步巩固，与后勤保障部共同启动某军民融合工程项目，牢牢把握军银合作未来制高点；在目前军队“脖子”以下已完成改制的单位中，我行原有账户一户未丢，继续保持市场优势。社保改革营销领域，我行中标21个省区市机关养老基金收支户、财政专户，居同业首位，并首批获得基本养老保险基金投资运营托管、投管全牌照业务资格。财政营销领域，我行中央财政国库集中支付市场占比超过30%，连续多年同业领先，中央财政非税收入收缴业务量上涨12倍，规模跃居同业首位，打破了中信、建行的长期垄断，地方政府公开债投资四行第一，代理财政同业领先地位进一步巩固。

机构金融业务经营成绩的取得，离不开总行党委的正确领导和科学决策，离不开各部门、各条线的鼎力支持与全力协助。总行党委历来高度重视机构金融业务发展，易董事长、谷行长亲自带队走访军队、社保客户，多次召开专题会议、作出专项批示，研究部署机构金融业务发展战略，指明机构金融业务发展方向，统一全行思想，鼓舞全线士气，对于重要客户攻关、重点业务合作、重大项目争揽起到关键作用。全行机构金融业务条线认真贯彻落实总行党委决策部署，在相关部门配合支持下，充分利用全行资源整体联动，上下齐心，团结一致，坚持以客户为中心，围绕经营转型，突出创新驱动，有效对接客户多元需求，赢得了市场竞争优势。

回顾前5个月机构金融业务工作，有很多经验做法值得肯定。一是高层营销密切了重点客户关系。各分行切实落实“一把手工程”，各行行长亲自组织研究、亲自营销推动，强力推动重点领域改革营销，为全行机构金融业务持续健康发展奠定了坚实基础。北京分行充分发挥总部客户资源优势，行长亲自协调客户关系，积极支持兄弟分行，主动落实跨省联动营销协调机制，有效巩固了总部级和各战区军队单位合作关系。河北分行行长亲自部署社保招投标工作，推动分行中标省内多项社保账户资格，并协助云南、辽宁等分行走访当地军队单位首长，横向联合推动军队客户营销，分行机构存款快速增长。江苏分行行长在培训学习期间，心系部队、社保客户营销，利用节假日集中走访部队客户，亲自参与社保述标，成功中标省级养老保险基金专户，分行机构业务位居系统内前茅。宁夏分行行长不但对军级单位营销高度重视，还就旅级单位账户营销进行专项部署，军改营销成绩喜人。此外，辽宁、浙江、陕西、湖南、吉林等分行“一把手”高度重视机构金融业务，把机构客户营销服务放在更加突出位置，有力促进了全行机构金融业务快速发展。二是服务模式优化取得较好业绩。全行机构金融业务条线认真贯彻“全机构”金融战略，紧跟市场导向，把握客户需求，加强产品创新，拓展营销渠道，统筹推进全面合作，打造标准化、综合化客户服务体系，有效增强可持续发展的内生动力。整合营销团队建设，构建精准客户营销视图，密切跨省联动协调，强化信息沟通共享，推动综合服务平台建设，研究财务、营销政策支持等，不断完善重点客户营销服务方式，持续提升了机构客户的综合贡献。总行机构金融业务部联合工银瑞信、贵州分行，成功举办“中国社会保险管理服务发展报告暨职业年金管理运营研讨会”，有效深化了重点客户合作关系。北京、浙江等分行探索新型营销服务模式，加快产品创新，为客户量身定做专属服务方案，用过硬的服务能力留住了原本拟上划社保基金投资运营的近千亿元社保存款，成功实现稳存增存。辽宁、新疆、广西、大连等分行积极配合财政资金改革，以地方债承销服务为抓手，中标多个财政国库资金项目，带动银政业务全面发展。河南分行对重点服务部队网点，进行军事特色化建设，让客户切身感受军事文化魅力和我行拥军爱民氛围，赢得官兵广泛好评，进一步融洽了军银关系。三是系统联动营销赢得关键战役。各分行机构金融业务部门充分发挥客户部门牵头作用，会同行内相关部门，成立民生领域重大改革领导小组，加强部门联动、上下联动、内外联动、行司联动，初步形成了“机构部牵头，相关条线支持，总分支联动”的营销服务新局面。通过全行全方位协同联动，及早掌握改革信息，深化双边全面合作，不断增强客户黏性。河北、福建、海南等分行统筹全行资源，多边协同作战，中标多项机关养老保险财政专户。北京、湖北、山东、福建等分行发挥总部、联保基地及战区军种优势，积极协助战区内兄弟分行做好重点军级单位账户营销工作，关键战役取得骄人战绩。甘肃、青海、四川、青岛、重庆、大连等分行积极了解军队换防信息，并及时共享沟通，做好联动衔接，有效抢抓营销先机。

对于各个分行取得的丰硕营销成果和积累的丰富营销经验，我代表总行党委表示热烈祝贺，并向为全行机构金融业务发展做出突出贡献的同志们表示真挚的感谢！

二、清醒认识当前机构金融业务面临的发展态势

当前，机构金融业务的市场形势错综复杂，全行机构金融业务线必须冷静分析面临的严峻形势，主动寻找契机，迎难而上，科学部署，加快推动机构金融业务稳健发展，为全行经营转型做出更大贡献。

（一）全面认识金融市场资金紧张的紧迫形势。3月以来，一行三会出台了一系列举措，推进化解金融风险，着力确保金融安全。人民银行货币政策逐渐转向稳健中性，货币投放更加注重松紧有度，宏观审慎监管考核约束强化。银监会密集开展“三违反”“三套利”“四不当”等专项治理活动，整治金融乱象，推进金融去杠杆。证监会加强资本市场约束，高压惩治证券期货违法违规行为。保监会一再要求保险公司回归风险保障、加强资本管理。“监管组合拳”为金融市场回归理性、稳健发展确立了主线。

在此大背景下，今年市场资金面总体将处于“紧平衡”。存款作为商业银行的经营源泉，在市场流动性整体偏紧，同业负债逐渐收缩的形势下，各家银行为获取经营资金，纷纷转向传统存款业务。存款竞争形势日益严峻，市场一度出现“负债荒”，资金利率上行波动加剧，甚至出现银行间同业拆借利率与贷款基准利率“倒挂”现象，保持存款稳定增长的重要性更加凸显。

（二）客观分析军队、社保、财政领域改革纵深推进的复杂局面。从军队改革情况看，84 个军级及辖属单位重新组建，不仅涉及原集团军的改制和换防，而且涉及各军兵种下辖作战部队、基地、舰队的重组调整，还涉及省军区内设机构、部队医院院校的新建及变革。军队“脖子”以下改革基本涵盖全军所有单位，几乎涉及我行境内所有分行，时间跨度可能远超预期，全行一定要做好打持久战的准备。此外，战区以下后勤与装备单位合并后的账户选择，部队医院和学校合并后的资金去向，军队退出有偿服务后各家银行服务部队网点的“去留”竞争问题，都对我们的“统筹兼顾”能力提出了新的挑战和考验。与此同时，在军民融合战略深入推进的历史背景下，改革后的军队客户需求更加多样、综合化程度更高、跨区域联动要求更加迫切。不仅有总部单位提出的战略合作项目，也有各战区、军级单位提出的个性化财务信息系统建设需求，这些都对全行的专业整合、人员匹配、资源调度能力提出了全新的要求。近期，武警系统编制体制调整也将开始，全行一定要密切关注，加强沟通，做好相关服务工作。

更为严峻的是，社保领域相关业务的挑战正在加大。社保基金投资运营后，由社保理事会主导的存款竞争性存放已经常态化、定期化，各地方对社保存量、增量存款纷纷通过招投标方式进行摆布。一方面，存量资金大量上存理事会，价格因素成为主导；另一方面，地方各银行同业对增量和到期存量资金的大规模投标，对我行争取社保资金也造成冲击。利率市场化后，统筹协调市场竞争和成本控制的难度进一步加大。截至目前，基本养老基金投资运营分流我行社保存款已经超过1 000亿元，存量资金的大规模上划和流失，导致我行社保存款增长不足，与建行的增量差距还在扩大。

此外，为落实《国务院关于加强预算外资金管理的决定》要求，财政部在对零余额账户实施监控的基础上，增加对预算单位实有资金账户的监控。国税总局、水利部等机构正在效仿，计划通过建设资金监管系统将下属及直属单位的实有资金纳入监管。下一步，其他部委也将陆续加强资金监管建设，机构存款更加公开透明，存放竞争更加激烈。如何适应财政资金监管新特点，有效吸收存款成为新的课题。

（三）高度关注存款市场同业激烈竞争的严峻挑战。近年来，同业加大了存款竞争的势头，对存款的重视程度提到了前所未有的高度，存款竞争日趋白热化。建行等主要同业对我行机构存款的追赶始终没有放弃，存款余额与我行的差距有所缩小，存款增量甚至一度超越我行。2014 年末，我行各项存款（含同业）比年初增加 8 060 亿元，低于农行 245 亿元，仅高于建行 100 亿元；2015 年末比年初增加 10 720 亿元，低于农行 4 358亿元，仅高于建行 254 亿元；2016 年末比年初增加 11 054 亿元，分别低于建行 5 992 亿元和农行 943 亿元。我行各项存款（含同业）增量连续三年仅为同业第二或第三水平。展望未来，必须发挥好机构存款近年来连续领先的优势，为全行继续多做贡献，重夺存款增量同业第一的地位和尊严。

由于在军队“总部级”改革营销过程中，我行取得了优异成绩，其他银行在“脖子”以下军改中的资源投入之大、政策之灵活、形式之多样，大大超过常规水平。既有通过高额费用投入、就业安排与我行打“投入战、人情战”，也有通过高优惠、高收益产品与我行打“价格战、服务战”，还有通过配强营销人员与我行打“攻坚战”的做法，我行军改业务攻防战形势严峻。

社保存款竞争中，“以存款报价选资金存放银行”成为趋势，日益影响我行社保客户的稳存增存。2016 年 12 月以来，社保理事会开展了六次竞争性存放中，我行无一中标，市场同业通过高利率大力竞争社保存款，使我行不但在竞争增量资金上处于被动，更面临着存量资金被大规模挖转的严峻形势。我行在争揽社保新开户和合作资格竞争中，面临客户议价与同业竞争的双重挑战，特别要注意到新开户和合作资格所具有的排他性和长期性，作为未来社保资金新增的最重要源泉，一旦失去，机不再来。

（四）更加重视客户结构的优化提升。近年来，全行机构存款快速增长、付息成本逐步下降，但机构存款

定期化、利率上浮幅度扩大化趋势也需要引起关注，并着力扭转。今年前5个月，全行新吸收机构定期存款8 622亿元，执行利率上浮1.3倍的占比约88%，主要是我行的军队、社保、机关团体和国库定期存款规模大、占比高、客户议价能力强。据统计，1－5月全行新吸收社保定期存款、短期国库定期存款、其他短期机关团体定期存款和其他短期特种定期存款合计7 922亿元，占全部机构定期存款的92%。新吸收机构存款的客户集中度偏高，重点客户的议价能力强，增加了全行稳存增存难度。只有在大力稳定军队、社保等核心客户的同时，积极拓宽机构存款客户基础，提升医院、学校，公检法司等机构的存款贡献，不断优化客户结构，探索分层定价管理，才能进一步提高机构存款的量价协调竞争力。

虽然全行机构存款总体优势还比较明显，但医院和学校存款是我行的短板。因此，我要强调的是，要看到医院和学校存款的稳定性强、源头性特点突出，更要看到我行目前占比不高，既是存在的问题，也是潜力所在。各行要采取有效措施，在医院和学校存款上取得突破。

三、守土必严，拓土必争，切实抓好机构金融业务重点工作

今年是军队社保财政领域改革密集推进的重要之年，也是商业银行确立机构金融业务竞争格局，决定未来5到10年市场地位的关键之年。虽然面临的形势严峻，但我们从来不畏挑战，机构金融战线更是善于攻坚克难。只要我们树立“办法总比困难多”的必胜信念，站在响应国家战略号召、履行大行社会责任的高度，抢抓重大改革战略机遇，加快落实总行系列决策部署，坚守阵地，寸土必争，就一定会攻克一道又一道难关，迎来一次又一次胜利。为做好现阶段以及全年的机构金融业务工作，我再提几点要求。

（一）对核心机构客户，要坚持“一把手”工程不动摇。各行务必要从全行经营发展和战略转型的大局出发，把机构金融业务的发展放在更加重要的位置。要认真贯彻总行党委部署，对于核心机构客户，一定要坚持落实“一把手工程”，明确行长挂帅，强化战略导向，统筹协调全行资源，建立以客户部门牵头、产品部门支持、后台部门保障的柔性团队，为机构客户提供全方位综合服务。

在军改营销过程中，各行要成立由“一把手”担任组长，行内相关部门共同参与的军改营销小组，针对辖内重点军级单位，各级行“一把手”要亲自营销，集全行合力，确保我行军队客户“原有账户一户不丢”，力争“新增账户一户不漏”。如出现因我行走访不到位或服务存在问题而引发军级客户丢失的，各分行行长要向总行党委汇报。对辖内旅级以上单位，要由分行机构金融业务部负责人、分行营业部及二级分行负责人亲自带队走访，要有针对性的服务方案，如出现客户丢失的，上述负责人要向上级说明原因。

对于社保、财政等核心客户、重点业务，尤其是与社保新开户、合作资格竞争相关客户，各分行“一把手”要亲自营销拜访，亲自推动投标述标。各行可根据情况，建立“机关事业单位养老保险新开户、合作资格专项考核奖惩激励制度”，将社保业务关键指标列入下一级行行长考核体系，全面加大工作力度，为下半年社保改革营销竞争决胜开好局，为社保业务发展攻坚铺好路，坚决捍卫我行机构金融业务市场主办的优势地位。在此过程中，如果需要总行出面支持，各分行要及时汇报，总行党委和相关部门负责人将全力支持，全程督导。

（二）对重点业务领域，要坚持核心竞争力提升不松懈。军队、社保、财政等板块一直是我行的业务强项，也是支撑我行机构金融业务的核心领域，进退得失影响全局。全行必须坚持巩固和提升这几大重点业务领域的核心竞争力，坚决捍卫我行机构金融业务的整体优势。

我行为人民军队提供金融服务的光荣历史和传统由来已久。追溯我行及人民银行的发展历程，早在1931年中共苏维埃国家银行成立伊始，我们就在为人民军队提供全面的资金保障和结算支持。工商银行一直以来将服务军队客户作为重要的政治任务和光荣使命，并将永远传承这一红色基因。近年来，我们发挥自身优势，配合军改需求，为军队资金管理的规范性和严格性提供了有力的支持，有效保证了军队资金的高效与安全运作。在当前的军改营销过程中，各行要继续发扬优良传统，既要有“支持国防、确保安全”的政治意识，更要有“引领需求、规范标准”的专业追求，不断提升为军队服务的响应速度与质量效益，充分发挥银行在资金管理和科技系统方面的优势，为军队资金安全保驾护航。针对军队信息化建设需求，总分行要做好分工，总行重点做好军委总部、军兵种等单位的科技支持，把握系统建设源头；各分行要把我行的科技服务从总部逐步延伸至战区、集团军和省军区，实现“由点到线，从线到面”的全覆盖。

各分行还要秉承“军队服务无小事”的方针，以建军90周年为契机，按照总行军人服务全面提级工程的总体部署，结合辖内军队客户特点，开展“军队客户服务提升竞赛”“军人客户产品专项培训”“军队客户体验沙龙”等多种形式的营销活动，提升军队客户服务的整体水平。针对军改中部分单位开户资料尚不完备的情况，各分行要在把控实质性风险的前提下开辟绿色审批通道，协助客户尽快开户，防止客户因此而流失，并做好后续资料补齐工作，推进服务规范化、专业化。要积极向战区联合指挥部、陆军、联保中心等单位宣传

推荐我行军队资金监控系统，发挥我行在军队公务卡、保障卡、工资卡辅卡、退役保险金等业务上的优势，加强理财产品创新和增值服务，加大军人住房贷款的发放力度，用足用好我行军队专属产品政策，在全面服务广大官兵中牢固树立我行优质品牌形象。

今年是国家社保改革全面落地实施的重要时期，全行要紧跟市场导向，完善服务体系，紧盯源头，突出重点，扎实做好社保整体营销工作。尽全力狠抓社保新开户。狠抓社保改革的源头业务，全力做好收支户、财政专户、职业年金归集户、医保异地就医流转户等新开户的竞争工作，抢攻市场，不断扩大市场占比，打牢夯实稳存增存的基础。尽全力争揽社保合作资格。全力争揽职业年金受托、托管和投管以及医保异地结算资格，根据当地市场成立职业年金计划数量，因地制宜、科学判断，对于职业年金计划在5个以上的地区，要确保在不同计划中的受托、托管、投管三项业务资格全部中标；对于职业年金计划少于4个的地区，要首争受托人资格，如果我行在竞争中并不占优，要审时度势，灵活选择争揽职业年金托管、投管业务资格，确保合作资格市场占比第一，社保存款规模第一。确保养老保险基金托管、投管市场份额最大化。在中标社保基金理事会委托资产托管、投管牌照的基础上，力争养老保险基金资产托管、投管业务更大的规模占比，实现社保资金在我行体内循环流转，确保市场份额最大化。各行社保相关营销工作推进情况，要以书面形式按月报送总行，总行机构金融业务部要整理分析全行情况，对业务拓展成绩突出和工作不力的分行，定期通报并报告总行党委。

各行要以点带面，创新引领，着力提升政府客户服务水平。一是持续推进代理财政国库集中收付业务推广。紧跟财政电子化改革步伐，重点加强市县范围的推广力度，变系统优势为市场优势，不断提升全行代理财政业务的市场份额，带动负债、代发工资、公务卡等业务的全面发展。二是以地方债为抓手，提升政府资金吸纳能力。通过服务地方债发行，进一步密切与各级政府的合作关系，强化地方债业务对我行国库现金管理、社保存款、预算外资金存放以及其他业务的推动力，力争打破原有业务合作格局。三是细化客户分类，优化客户结构。以构建政府客户统一视图为契机，梳理和挖掘辖内各类政府客户的业务合作情况，筛选潜力客户、正确认识自身短板和不足，有针对性地强化客户的分类营销与服务。对于法院客户，各行要借助高层营销，抓住法院系统执行案款管理的改革契机，丰富法院系统金融服务内涵，提升我行在司法领域的市场份额，全面做好政府客户提质增效工作。四是紧跟政策动向，做好服务跟进。要提高政策敏感性，针对财政部近日印发的《关于进一步加强财政部门和预算单位资金存放管理的指导意见》（财库［2017］76号），立足业务实际，与地方政府主动加强沟通，把握机遇，化解挑战，推进综合服务，强化监督管理，进一步扩大市场份额。

（三）对跨部门、跨区域营销对象，要始终坚持整体联动策略不改变。军队、社保改革营销工作涉及业务部门多、覆盖分行范围广、影响客户数量大，全行上下必须坚持整体营销，形成整体合力，发挥集团优势，才能获得最大营销成果。

在军改营销过程中，各行要认真落实军队“跨省联合营销协调机制”要求，面对跨区域调整的军队单位，原开户行有责任、有义务协助调整后的落地行做好前期沟通和服务衔接，确保换防过程中我行原有账户不丢失。各战区、各军种、各战区军种、联保基地及联保中心所在地分行，必须做好牵头营销，充分发挥资源和信息优势，带动其他相关分行，共同做好跨区域联合营销工作。如出现因联动不力而造成客户流失的，总行不仅要追究落地分行的责任，也要追究原开户行和总部牵头行的责任。要进一步强化总分支上下联动机制，落实军改信息周报制度，实现军改信息的及时传递与共享；进一步加强部门间的横向协调联动，全面统筹全行产品和业务资源，快速应对军队客户需求，形成先发优势，主动服务客户。

在社保改革营销过程中，机构金融业务部门要充分发挥客户部门牵头营销作用，以实现全行整体利益最大化为目标，发挥集团整体合力，统筹协调相关专业条线，制订综合金融服务方案，整体推进社保改革营销工作。养老金、托管、工银瑞信和个金部要做好受托、托管、投管、社保卡相关业务拓展及营销服务。各级机构“一把手”要发挥好统筹协调作用，各专业条线要各司其职，注意配合，“弹好钢琴”，做好平衡，为社保业务攻坚保驾护航。

（四）对源头性、战略性项目，要加大各类资源投入不减弱。军队、社保等机构客户辐射群体广、服务需求多、发展潜力大，具有“低投入、高产出，短期投入、长期产出”的特征。对待这类核心客户，全行要不吝惜资源投入，加大政策倾斜，充分做好财务、人力等资源保障，从而争取同业竞争的相对优势。

近期，易董事长已经就军改营销配套支持作了专门批示，要求全行“全力以赴，总行各部门应积极支持，营销费用及投入尽量保证，其他需求走绿色通道”。谷行长也要求“关键时刻，特殊情况，各相关部门要全力配合支持”。各分行一定要充分认识当前加大营销投入的重要意义和长期收益，对相关配套支持举措，要立即行动，尽快部署，千方百计解决部队营销服务实际困难。尤其要重点关注军改带来的军属随军安置、军银共建需求，总行目前正在研究设立“军队客户营销专项资金”和出台“拥军优属”专项人才引进政策。各分行也要结合辖内军队客户营销的实际需要，加大财务资源的专项倾斜和投入力度，灵活解决军队重点单位、重要部门的军属就业和转业军人安置问题。针对军队客户的服务问题，总行正研究建立多级专属服务团队，构建对重点军队客户的服务层次与客户层级、服务水平与客户需求、服务效率与客户满意度相适应的服务体系，提升对军队客户的市场竞争力。各行可以根据区域内重要军队客户特点，先行先试，建立合适的专属团队，巩固军队客户关系。

社保改革营销目前正处于决胜阶段。“风物长宜放眼量”，各分行、各部门要放长眼光，多算大账，集中优势资源和力量，灵活调整策略，确保机构业务重点区域、重点项目市场份额领先。在招投标和营销竞争过程中，各行要将遇到的难点和问题第一时间汇报总行，针对一些议价能力高、综合贡献大的重点客户，要有重点、有策略地妥善应对，对于分行权限以外的，可及时向总行汇报，共同协商解决。要为重点客户开辟绿色通道，给予政策支持，稳定长期合作关系，巩固我行社保业务市场地位。

各行要把行内配置的资源充分利用好，加强存款定价的当地对标比较分析，根据四行机构存款量价协调竞争力的比较情况，建立“可放可收、灵活调整、收放有序”的动态授权管理与审批机制。要协调传统存款和大额存单等主动产品的统筹管理，完善机构客户大额存单常态化发行与专项发行相结合机制，将大额存单、协议存款等主动负债产品，优先支持量价协调好的分行，优先配置综合贡献度大、利率敏感度高的机构客户，发挥好主动负债的激励约束和杠杆撬动作用，完善长效发展机制，多措并举促进机构存款持续健康发展。

同志们，距离上半年结束的时间已经不多了，我们马上将迎来重要的“期中考试”，成绩优劣，关乎形象。希望大家统一思想，认清形势，强化危机意识，牢记紧迫使命，以更加昂扬向上的精神风貌、更加顽强拼搏的工作作风、更加开拓创新的发展思路，全力做好年中工作冲刺，努力打好重点机构金融业务的攻防战役，推动机构存款工作再上新台阶，为全行实现年度经营目标做出更大的贡献。

审时度势　科学统筹
推动资产负债管理为全行发展做出更大贡献

——在2017年资产负债管理年中工作布置会议上的讲话

张红力

（2017年6月19日）

这次会议的主要任务是，认真落实近期易董事长、谷行长关于资产负债管理工作的指示要求，总结2017年上半年资产负债管理工作总体情况，进一步统一思想、认清形势，坚持发展理念，坚持底线思维，安排做好半年末及下半年重点工作任务，不断提升资产负债管理效率，为全行经营发展做出更大的贡献。下面，我讲三点意见。

一、今年以来资产负债管理专业各项工作成效显著

年初以来，外部经营形势的复杂程度超出预期，各类影响金融市场运行的不稳定性、不确定性因素交织。全行资产负债管理专业认真传导落实国家宏观经济金融政策，积极研究市场变化的应对措施，为全行服务实体经济，防范金融风险，充分发挥了形势研判、决策支持和政策传导功能，保持了集团资产负债平稳运行态势，为全行经营实现好于同期、好于预期、好于计划的结果做出了重要贡献。尤其在五个方面开展了行之有效的科学统筹管理，取得了良好成效。

（一）统筹政策传导落实，积极服务实体经济，保持资产负债平稳运行。一是各项存款稳步回升，增量暂列同业首位。年初以来，全行存款增长面临较大压力，受元旦春节现金支付因素影响，存款增长曾一度弱于同业。在全行上下共同努力下，第二季度以来与同业差距不断缩小，存款增量暂列同业首位。截至5月末，境内分行人民币各项存款（含同业存款）余额为18.6万亿元，比年初增加5 827亿元，同比多增521亿元，当年增量分别比建行和农行高××亿元和××亿元。从结构看，各品种存款增长较为平衡，其中储蓄存款增加2 375亿元，公司存款增加1 176亿元，机构存款增加3 621亿元，同业存款比年初减少1 345亿元。从分行情况看，北京、四川、深圳、江苏、上海、云南6家分行存款增量均超过了300亿元，云南、海南、天津、内蒙古等12家分行年度计划执行进度均超过60%，对全行贡献突出。二是各项贷款快速增长，对实体经济融资支持力度加大。面对直接融资市场减缓，信贷需求大幅向表内回转的形势，总分行全力调整存量结构、做好优选排序，在落实稳健中性货币政策的同时，努力提升对实

体经济的融资支持能力。截至5月末，境内分行人民币贷款（含拆放）比年初增加4 368亿元，其中人民币各项贷款（不含拆放）比年初增加5 180亿元，同比多增343亿元。分品种看，公司贷款和个人贷款分别增加5 165亿元和2 963亿元，同比多增4 375亿元和582亿元，实现了历年同期的最好增长水平。个人住房贷款增量持续排名同业首位，领先同业优势稳步扩大。票据贴现降速逐步趋缓，比年初减少3 084亿元，余额大幅高于同业。直辖市分行及80家重点城市行贷款增量占比93.6%，较余额占比高出15.2个百分点。三是境内外汇存贷款均衡发展，境外机构资产负债增长较好。5月末，境内外汇存款比年初增加48亿美元。其中对公存款增量达到100亿美元。外汇贷款比年初增加26亿美元，其中国际贸易融资增加40亿美元。集团外汇总资产5 702亿美元，比年初增加293亿美元，增幅5.4%，较好地执行了××%的年度增速计划。

（二）统筹平衡集团流动性管理，提高资金营运效率，为全行经营发展增收创利。一是资金管理效率始终保持同业领先。结合国内外货币政策走向和市场资金面变化，全行持续加强资金头寸的监测分析，全行日均备付保持在安全适度区间。前5个月，全行人民币日均备付率××%，同比下降××个基点，低于四行平均水平××个基点，日均节约资金××亿元，按照全行新增债券投资收益率××%与超额准备金利率0.72%的利差测算，可增加我行年利息收入××亿元。二是通过灵活的资金营运为全行利润多做贡献。全力调度可用资金，加大资金安排和调度，把握市场时机有效提高资金运作回报。截至5月末，安排同业资金运作日均余额11 571亿元，同比增加2 431亿元，运作收益××亿元，同比增加××亿元。全行债券及SPV投资比年初增加××亿元，其中新增地方政府债投资××亿元，有效促进了存款业务的增长和客户关系的维护。三是加强集团境外筹资工具统筹管理，降低境外机构流动性管理成本。统筹香港分行、新加坡分行、迪拜分行成功完成等值合计52.6亿美元中期票据发行工作，适时储备了中长期流动性，降低了外汇融资成本。三次调整境外机构向总行拆借资金利率，向境外机构拆借资金169亿美元，并通过集团内人民币中国国债转让××亿元，有效降低境外机构流动性监管指标的达标成本。

（三）统筹平衡NIM管理目标，保持市场竞争力，全面完善了利率定价管理能力。自年初以来，持续完善存款利率定价差别化授权和利率上浮存款总量管理，统筹编制贷款利率浮动幅度、LPR贷款占比等贷款利率控制计划，加强下浮利率贷款的流量管理和贷款结息周期管理，积极推动存款综合定价模型和负债利率敏感性模型的试点应用。基于对资金与规模形势的前瞻性预判，连续三次上调存款集中价格，保持我行存款集中价格居四行最高水平，两次上调贷款配置价格，五次下调票据贴现配置价格，强化资金成本约束，平衡可比业务利差比价关系，促进存贷款业务量价协调发展。一是新发放贷款利率有效提升。前5个月全行人民币新发放贷款利率××%，较第一季度上升××个基点。从各月情况看，全行下浮利率贷款占比逐步回落，5月份新发放人民币贷款平均利率较2月份的年内低点提高××个基点。二是存款付息率和贷款收益率降幅收窄。前5个月境内分行人民币存款付息率较年初下降××个基点至××%，人民币贷款收益率较年初下降××个基点至××%。三是NIM与存贷利差企稳。前5个月集团NIM约为××%，仅较年初下降××个基点，还原“营改增”因素后较上年略回升××个基点。人民币存贷利差为××%，连续两个月环比回升，与年初基本持平。在多重定价管理措施的共同作用下，存贷利差和NIM管理成效大大好于年初预期，NIM降幅优于主要可比同业，继续成为全行整体经营中的突出亮点。

（四）统筹平衡业务发展需求和资本消耗速度，不断提高资本使用效率。一是优化经济资本计量政策和双线管理，经济资本限额执行情况较好。通过对违约（B级）非不良贷款、地方政府债券经济资本计量政策等调整优化，进一步完善经济资本限额管理政策，调整经济资本限额计算公式中的利润留存比例，适当上调资本交易价格。5月末，境内分行经济资本限额执行进度为52.3%，北京、河南、四川、广东等分行限额执行进度显著低于全行平均水平，经济资本使用效率较高。二是优化拨备计提结构，减少无效、低效资本占用。在不增加财务负担、保持拨备计提总额不变的前提下，适当降低全行组合拨备计提比例，增加次级类贷款单笔计提比例，通过优化拨备计提结构，有效减少了无效、低效资本占用。截至第一季度末，全行次级一类、二类贷款拨备计提比例分别达到××%和××%左右，合计降低风险加权资产约××亿元，提高资本充足率约××个基点。三是积极推进G－SIBs（全球系统重要性银行）得分控制工作，得分增长势头得到明显遏制。总行组织召开了G－SIBs得分对资本的影响分析及应对措施专题会议，专题部署落实G－SIBs得分控制措施。G－SIBs得分直接决定了对我行附加资本的要求，主动控制得分增长、避免资本要求过快上升是我行缓解资本补充压力的重要手段。从近期报送数据来看，经总行相关部门共同努力，我行第三层次资产减少约××亿元，可供出售类证券指标抵减项调增××亿元，预计2016年我行G－SIBs得分较调整前可降低××分，得分增长的势头得到有效控制。据测算，G－SIBs每1分对应的我行附加资本成本为10亿元。

（五）统筹平衡监管政策落实和风险回报要求，保持各类风险基本可控。一是有效确保了复杂局面下集团流动性安全。总分行加强关键时点、重点业务、重要客户的流动性监测，着力防范金融去杠杆过程中的信用风险、市场风险与流动性风险的叠加冲击。加大对全集团表内外流动性风险监测的力度和频度，做好日均LCR指标的测算和披露，在上半年金融市场大幅波动情况下保持了集团流动性平稳。二是重点提高了集团汇率风险管理精细化程度。通过修订集团汇率风险管理办法，拟定了集团和境外机构外汇风险敞口、汇率风险管理策略和限额管理方案，从制度层面进一步完善集团汇率风险管理体系。在管理策略方面，继续保持以美元、港币、澳门元等强势货币为主的外汇敞口结构，对冲新兴市场货币汇率风险。截至5月末择机卖出兰特××亿元，实现汇兑收益约××万元人民币。继续鼓励境外机构在条件允许的情况下汇回利润，万象分行成为首家实现投资资金全额收回的境外机构，工银阿拉木图、工银莫斯科及河内分行也拟于近期合计汇回利润××万美元。做好境外机构资本金保值增值工作，制订印尼盾等小币种对冲方案，通过外汇远期、外汇掉期或无本金交割远期（NDF）交易对冲境外机构新增资本金汇率风险。三是加强资产负债久期和缺口管理，防范利率风险。5月末，全行生息资产组合久期××年，各资产品种久期均较年初有所下降。通过核定浮动利率贷款重定价周期控制计划，防范和锁定利率风险。从主动负债的发行情况看，大额存单余额控制在××亿元，在利率上行风险的预期下提前锁定了部分负债成本。

在上半年极其复杂的内外部经营形势下，全行资产负债管理专业干部员工不断增强全局观念，努力担当、积极作为，较好完成了与前中后台部门的沟通协调和对各级机构的政策传导，可以说顶住了压力、经受了考验，展现了严谨、专业、务实的工作作风和过硬的政策执行力，为全行资产负债业务发展和经营目标实现做出了突出贡献。在此，我代表总行党委向资产负债管理条线的全体干部员工表示真挚的感谢！

二、准确把握当前资产负债经营管理所面临的复杂形势

当前，世界经济形势仍较复杂严峻，全球经济金融运行不确定性较大，国内经济在稳中向好的同时，增长内生动力仍有待增强，结构性矛盾仍较突出，稳增长、调结构、去杠杆、抑泡沫和防风险之间的平衡面临着诸多挑战，金融市场出现了市场利率和基准利率双轨运行，资金与规模双紧的复杂局面。在金融去杠杆过程中，各方对资金形势、利率走势及其对信贷市场、债券市场、资本市场的影响普遍关注且看法不一。对此，我们务必保持头脑清醒，对外部形势和经营管理中所面临问题的复杂性和严峻性要有心理准备、做好应对预案。鉴于此，我重点讲一下当前全行资产负债管理工作中需重点关注的六个方面的问题。

（一）存款增长均衡度有待提高，同业市场竞争力提升基础尚较薄弱。第二季度以来，我行克服市场资金整体趋紧、各机构普遍加大竞争力度的严峻形势，实现了时点存款增量的有效回升。然而，存款日均增量仍处于四行末位，20%的新增均衡率大幅低于其他三大行77%的平均水平，加之6月初以来存款的快速回落，限制了上半年存款的有效增长空间，半年末存款偏离度管理和竞争力提升均面临较大压力。存款业务是全行各项业务发展的基础和利润增长的主要资金来源，是客户基础和经营活力的综合体现。近年来，同业可比机构加大了存款竞争的势头，我行在竞争中正面临严峻挑战，如不及时扭转这种态势，将可能撼动我行同业竞争地位的根基。一是总量领先差距有所缩小。近年来，同业主要竞争对手的存款增量在部分时点高于我行，2014年我行各项存款（含同业）低于农行245亿元，2015年，低于农行4 358亿元，2016年末分别低于建行和农行5 992亿元和943亿元，连续三年增量仅为同业第二或第三水平。二是品种增量连续处于落后。我行对公存款增量已经连续两年少于建行，储蓄存款增量已经连续四年少于建行。三是区域竞争形势较为严峻。如不含北京分行，我行人民币存款总量已低于农行和建行，排在了第三位。截至4月末，仅有9家分行存款余额排名四行第一，8家分行排名四行第二，19家分行处于同业落后位置；仅7家分行存款增量排名第一，10家分行排名第二，3家分行排名第三，15家分行排名第四。存款业务意味着客户、象征着地位、反映着竞争力，左右着士气，也影响着资产业务的发展，如果我们不能保持存款业务第一的市场地位，将没有稳定的资金支持业务稳定增长和保持市场份额。因此，打造与工商银行市场地位相符的负债业务拓展能力，这是我们的底线和尊严。四是外汇存款基础较为薄弱。截至4月末，集团外汇存款余额2 020亿美元，仅为中行的43%。集团外汇贷存比120%，且存量主要集中在少数几家大行。境内外汇存款主要集中在北京、上海、深圳、广东、江苏、浙江等六家分行，合计占境内各项存款的73%，境外存款主要集中在工银亚洲、工银澳门、美国机构、新加坡分行、工银阿根廷、工银泰国等六家，合计占境外存款的85%。易董事长和谷行长对集团外汇流动性高度关注，夯实外汇存款基础对全行国际化发展和“一带一路”“走出去”业务发展至关重要。

（二）贷款规模紧张程度加剧，信贷节奏把握与平衡调配难度空前。今年贷款需求形势的变化明显超出预期，贷款规模供需平衡难度加大，总分行资产负债管理部门承受了明显压力。一是从宏观政策要求看，稳健中性的货币政策要求我行贷款总量不能大起大落。根据中央经济工作会议部署，人民银行将今年货币政策调整为稳健中性，并持续完善宏观审慎政策框架，加强对金融机构的窗口指导和信贷政策引导。实施稳健中性的货币政策，要求货币信贷和社会融资规模保持合理增长，并且投放节奏相比以往要更为均衡。我行作为国有银行需

要发挥大行责任，传导和落实好宏观调控要求。二是从我行实际情况看，当前贷款排队需求达到历史高位，供需平衡难度凸显。上半年在总行票据营业部、资产管理部和金融市场部等部门的大力支持配合下，总行通过存量结构调整和品种调剂，有力地支持了重点公司贷款和个人住房贷款的投放需求。根据系统数据，目前公司贷款和个人住房贷款已批未放金额均在千亿元以上，个人住房贷款排队需求需 2－3 个月消化周期。面对各行的投放冲动，总行不得已采取了部分流量管理措施，不少基层出现了凌晨抢占规模的现象。6 月末是全行贷款总量掌握的关键时点，外部各方面均较为关注，大家也抱有较高预期。然而目前总行仅有××亿元可供分配的当月规模，光靠增量规模无法解决当前需求积压问题。三是从下阶段信贷形势看，由于市场流动性较难在短期内转松，预计下半年贷款需求形势不会快速转向。直接融资市场尚难在短期内快速修复，客户对发债价格接受仍有过程，个人住房贷款接单量仍处在相对高位。各分行要密切关注当地市场和同业动向，对自身需求和可供调配的资源做到心中有数，不能盲目投放造成被动。

（三）外部冲击潜在风险加大，境内外资金与流动性管理压力不减。从国内情况看，金融市场的波动性显著提高，利率上升较为明显。截至 5 月 31 日，隔夜、1 个月 Shibor 分别为 2.64% 和 4.08%，同比上升 63 个基点和 123 个基点。5 年期、10 年期国债到期收益率分别为 3.64% 和 3.65%，同比上升 89 个基点和 66 个基点。目前情况看，大银行流动性总体正常，中小银行流动性总体偏紧，对同业资金依赖较大。我行流动性虽然总体平稳，仍需要进一步加强资产负债期限匹配管理，保持资金来源与运用的整体平衡，并关注“一行三会”一系列“强监管”举措的具体影响，做好流动性风险的应对措施。从国际市场看，今年以来地缘政治冲突多点爆发、恐怖主义事件增多、特朗普政府政策的不确定性、英国脱欧后续安排等都会加剧国际市场波动。国内外监管部门对流动性要求日趋严格，境外机构须更加合理地摆布自身资产负债结构，在满足监管要求的同时降低流动性管理成本。

（四）存贷款定价形势难言乐观，利率管理能力提升不容松懈。新发放贷款利率仍落后同业可比机构，存款定价管理能力仍需进一步提升。一是新发放贷款利率持续低于去年水平。1－5 月，全行新发放贷款平均利率××%，同比下降××个基点，其中新发放项目贷款和房地产贷款平均利率同比均下降××个基点；新发放项目贷款和房地产贷款下浮利率占比同比分别上升××个百分点和××个百分点，新发放个人住房贷款中执行利率 85 折占比的仍超过××%，贷款利率浮动结构有待进一步优化。二是存量贷款收益率和新发放贷款利率均落后主要可比银行。第一季度，境内分行人民币贷款收益率为××%，分别比建行、农行、中行低××个基点、××个基点和××个基点；境内分行新发放贷款利率比农行和建行均低××个基点，尤其是个人类贷款利率定价水平亟待提高。三是新吸收定期存款成本较高，分层定价效果不理想。第一季度，全行新吸收个人定期存款平均利率××%，分别比建行、中行、农行高××个基点、××个基点和××个基点；新吸收对公定期存款平均利率××%，比建行高××个基点，四行排名第二。主要是我行新吸收定期存款中执行利率上浮“一浮到顶”现象突出，新吸收定期存款的利率 1.3 倍占比高达××%，分别比建行、中行高××个和××个百分点，存款分层定价管理工作亟须加强。四是高成本的个人大额存单和创新产品成为支撑一般性存款增长的最主要手段。例如，5 月末个人大额存单比年初增加××亿元，占同期全行储蓄存款 2 375 亿元增量的××%；如再考虑“节节高”“薪金溢”等创新产品较年初增长约××亿元，个人大额存单与创新产品增量约占全行储蓄存款增量的××%。前 5 个月，我行个人大额存单累计发行量是建行的 2 倍多，一年期以上占比达××%，较建行高××多个百分点，平均期限 21.6 个月，较建行长 7.1 个月，加权平均发行利率××%，较建行高××个基点。

（五）资本管理面临较大压力，资本消耗速度加快。受宏观经济形势、内部经营状况和外部监管新要求的影响，我行资本管理面临较大压力。一是资本充足率缓冲空间受到挤压。我行第一季度末资本充足率继续保持在同业较高水平，但受到全球系统重要性银行组别上升因素影响，最低资本要求提高至 12%，我行资本缓冲空间受到挤压。每上升 0.5% 的附加资本要求相当于我行需要增加利润留存 730 亿元、相当于少发放公司贷款5 024亿元、相当于整个北京分行全部信贷存量。二是境外及控股机构、违约贷款和表外业务资本消耗加快。第一季度末境外及控股机构 RWA 增量占比接近存量占比的 3 倍，导致集团口径资本充足率较法人口径低 13 个基点。同时，5 月末 B 级非不良贷款 RWA 达到××亿元左右，降低资本充足率××个基点左右。此外，我行非融资性保函及贷款承诺等表外业务持续保持较快增长，对资本充足率造成一定压力。三是可供出售类债券浮亏扩大。受市场利率上行的影响，截至 5 月末我行人民币可供出售类债券浮亏达××亿元，考虑所得税因素后降低资本充足率××个基点左右。四是未来将面临较大的 TLAC（总损失吸收能力）缺口。根据 TLAC 相关规定，如果新兴市场国家的金融公司及非金融公司（不含政策性银行）发行的债券余额超过该新兴市场国家 GDP 的 55%，将会触发 TLAC 提前实施规则。按照我国债券市场目前发展态势测算，有可能提前触发，届时我行将面临较大的 TLAC 缺口。

（六）境外资产负债人才队伍建设亟待加强，集团资产负债管理的统一性需要强化。我行境外机构地域分布广泛、资产规模不断扩大、业务结构日趋复杂，而境外机构资产负债管理专业人员配置相对滞后，境外机构所处的42个国家和地区均有不同的监管和经营环境，缺乏统一有效的资产负债精细化管理，不利于集团利益最大化。一是部分境外机构资产负债总量与结构缺乏科学规划，经营风格较为激进，突出体现为对同业资金依赖程度过高、资产负债期限错配显著，与当前市场环境和总行“提质增效、发展转型”的经营理念存在较大偏差，总行稳健的经营理念和企业文化需要进一步向境外机构延伸。二是部分境外机构资产负债管理职能较为分散，缺乏牵头协调部门，关注融资和交易多一些，容易忽视流动性、盈利性、安全性三者平衡，资产负债管理职能亟待进一步强化。三是境外机构资产负债管理人员业务能力参差不齐，部分大型境外机构人员业务能力较强，但一些小机构资产负债管理人员缺乏专业经验和必要的专业技能，管理能力亟待进一步提升。

三、扎实抓好半年末和下阶段资产负债管理各项重点工作任务

半年末是全行经营计划执行的重要节点，境内外各机构均体会到了6月末资产负债管理的难度和压力，尤其是在贷款规模平衡、存款偏离度管理、流动性指标达标等方面所面临的现实困难。我们既要正视眼前的阶段性管理压力，统筹协调，力争平稳度过年中关口，更要着眼长远，围绕服务实体经济和防范金融风险两条主线，前瞻性地分析谋划和战略性地安排布置好下半年五大重点工作任务，不断夯实管理基础，增强创新能力，加快提升资产负债管理水平。

（一）围绕服务实体经济工作主线，系统提升资产负债总量与结构配置效率。

一是加强牵头协调，进一步完善存款均衡增长的长效机制。要坚持问题导向、市场导向、同业导向，时刻关注存款业务市场动态，对照计划进度、对标领先同业，找准差距和不足。在不断扩大存款客户规模的同时，注重提高客户质量，从产品创新、考核评价、信息整合、机制改革等方面着手，夯实存款业务发展基础，深挖存款增长源头。要做好存款稳定性管理，特别是在强监管环境下，要高度重视6月末存款偏离度管理，加大日均存款的推动力度，协调好存款增长和偏离度合规的关系，对6月末偏离度超出总行核定计划的分行，总行继续实施计收资金成本措施。在外汇存款方面，各境内分行要在美元连续加息的背景下，重点加大中长期外汇存款和外汇储蓄存款的揽存力度；工银亚洲、工银澳门、工银阿根廷等外汇存款资源较为丰富的机构，要加大投入力度，努力扩大外汇存款基础。

二是加强统筹调配，继续保持贷款均衡有序投放。在当前贷款供需持续较紧的态势下，资产负债管理战线的同志们要主动作为，按照总行下达的各阶段计划做好辖内贷款计划管理，完善管理流程和制度办法，增强管理的有效性，杜绝无序“抢规模”现象，将有限的贷款计划额度运用到真正的好贷款、好客户中去，提高贷款计划管理工作对全行盈利的贡献。要做好各项贷款的优选排序，有章法、有重点、有目标，对辖内贷款的收回、发放、置换、核销等情况做到心中有数，从品种、地区、行业等维度提高贷款计划相关安排的前瞻性，提高精细化管理水平。要做好新发放贷款的量价协调管理，年初以来我行部分客户的贷款需求是从债券市场、理财投资等转换过来的，这也从侧面反映出部分分行贷款定价对市场利率变动不够敏感，利率水平仍有提升空间。各行要抓住当前有利的市场机遇，突出抓好量价协调工作，降低下浮利率贷款占比，全面提升新发放贷款定价管理水平。总行将在贷款计划配置和调整中继续挂钩新发放利率定价指标。要合理控制中长期外汇贷款投放，做好外汇资金来源运用的期限匹配管理，中长期贷款要重点关注“一带一路”“走出去”项目以及RAROC较高的项目，同时稳健发展期限较短的国际贸易融资业务。

三是加强摆布运作，进一步提升资金营运收益。在当前市场及全行资金偏紧的情况下，继续多措并举筹措资金，降低融资成本，缓解全行资金营运压力。保持好资金规模和结构摆布的统筹性，投放进度的节奏性和流动性管理的灵活性，努力实现全年同业资产日均余额同比增长××%的目标。平稳推进债券投资进度，加大对地方政府债投资支持力度，撬动存款业务的相应增长和客户关系的有效维护。

（二）围绕NIM管理核心任务，加快提升内外部定价管理水平。

一是加强精细化管理，促进存贷利差和NIM稳定，提升存贷款量价协调竞争力。要强化以拓户和服务为主、利率为辅的存款组合营销策略。在存款利率全面放开后，商业银行遇到资金紧张、负债不足的时候，比较常用的就是以高利率竞争存款，但目前各行仍面临存贷利差和NIM收窄局面，外部监管要求和内部财务约束也在不断增强，市场化定价能力和负债成本控制将成为商业银行的核心竞争力。从近年来四大行的可比数据分析看，建行一般性存款付息率一直保持较低水平，新吸收储蓄存款中利率上浮1.3倍的占比最低，储蓄存款付息率下降最快，但储蓄存款增势最好，主要是建行坚持以拓户为主、辅之差异化分层的定价策略。因此，各部门和各分行在存款营销中，要充分发挥综合服务优势，大力拓展客户基础，以服务增强客户黏性，提升以拓户和服务为主、利率为辅的组合营销能力，促进存款持续健康发展。要继续加强贷款定价管理。努力改进新发放贷款平均利率，改进重点是“抓好流动资金贷款定价、抓好利率下浮贷款控制、抓好贷款结息周期管理”。抓住时机从贷款营销议价的源头入手，发挥贷款业务管理

部门、各级分行和客户经理的管理合力，从源头提高贷款议价能力和利率水平，避免审批通过后不得已再重新议价，影响客户感受。个人住房贷款业务要根据各地房地产市场调控要求，继续缩小房贷利率下浮幅度，加快向基准利率靠拢，甚至适度上浮，有效缩小与主要可比银行的差距。外汇贷款定价中不仅要考虑外汇资金宽松条件下的同业竞争压力，而且要为未来资金趋紧形势下的汇率风险、流动性风险和利率风险提前做好谋划，努力提高综合收益水平。

二是加快分层定价应用，利用存款综合定价和负债利率敏感性模型，提高存款定价水平。去年以来，总行开发、投产了存款综合定价模型和负债利率敏感性模型，组织了15家分行的两期试点应用，试点效果总体良好。下半年两个模型要在全行试点推广，各分行、各部门要积极探索在储蓄存款中率先应用分星级定价模型，加强单客户定价模型在对公存款定价中的定价审批和参考，逐步解决存款利率“一浮到顶”问题，通过提高存款利率授权精细化管理水平和完善系统利率参数设置，力争在下半年取得明显成效。合理把握付息成本较高的大额存单和存款创新产品的发展节奏，回归大额存单和创新产品作为存款增长辅助性产品的功能定位，优化存款增长的品种结构、期限结构，促进存款量价协调发展。

三是适时调整内部定价策略，完善内部价格调整与利差池分配的联动机制，进一步发挥好政策传导和激励约束作用。要根据全行经营形势变化，适时适度提高中短期存款内部价格，继续强化贷款业务资金成本约束，促进存款总量稳定增长和新发放贷款收益水平提高。要完善内部价格调整与利差池分配的联动机制。利差池分配要及时反映经营导向变化，突出激励重点，要与内部价格调整联动、形成合力。就今年的经营形势来说，要加大对新发放贷款定价水平提升较多和存款日均增长较好分行的激励，摒弃基本均分的做法，加大对先进分行的激励，对新发放贷款定价水平或存款日均增长较四行平均水平连续两个季度发生退步的分行考虑暂停分配。要不断完善市场化产品内部定价管理机制。研究完善票据融资、SPV投资等市场化产品的内部定价机制，内部资金成本的制定要全面反映新增同业存款、同业融入、发行债券、同业存单等市场化资金来源的资金成本变化，要加强不同时段内部价格调整效应的动态监测和深入分析，增强价格调整预判能力。

（三）围绕资本管理规划安排，进一步提升集团资本使用效率和管理效力。

一是完善集团资本管理，制定有效的激励约束机制。各境外及控股机构要统筹考虑利润增长、资产规模及资本成本之间的关系，合理控制风险加权资产增速。要优先通过公开市场发债方式进行资本补充，减少对母行的资本依赖，提升自身资本补充能力。总行相关部门要继续加强对各境外机构的经济资本考核力度，增强资本在经营决策中的效力。要考虑各境外机构盈利能力和资本回报水平，加强对各境外机构资产业务规模的统筹规划和监测指导。

二是加强违约贷款认定管理，严格控制B级非不良贷款增长。各境内分行要加强对违约客户的精细化管理，理性客观评定B级客户，针对形成B级非不良贷款的原因及时进行违约重生或发起客户信用重评。总行相关部门要持续优化经济资本计量政策，研究进一步提高经济资本系数或对增量部分实施增计措施的可行性。同时，在监管合规和相关风险可控的前提下，要优化违约认定标准，设置合理的违约重生政策和操作流程，提高违约重生效率，合理引导、督促分行持续加强公司客户违约认定和调整的管理。

三是注重资本节约优化，合理控制表外业务风险加权资产增速。各境内分行要加强对资产结构、信贷投向、发放节奏方面的常规性、专题性跟踪分析，密切关注资产结构变化对集团风险加权资产增长的影响，运用经济资本计量和配置手段降低资本消耗；对于表外担保类业务，要准确评估资本回报水平，对综合收益较低的业务要加强规模控制。对于贷款承诺类业务，要对长期未提款类的合同实施有针对性的清理，在压降无效授信的同时提醒客户尽快完成提款。对于信用卡未使用授信额度，要减少对客户的无效授信，并鼓励引导客户提高我行信用卡额度使用效率，减少资本占用。总行相关部门要根据资本充足率运行情况，适时调整经济资本计量政策和激励约束机制，督促分行清理虚占资本的表外敞口。

四是切实持续抓好全球系统重要性银行得分控制工作，避免附加资本要求快速上升。各境内分行要策略性把握保本理财的发行和兑付节奏，减少跨年度理财产品发行规模，降低年末保本理财资产余额。总行相关部门要统筹境外及控股机构与债券承销、资产托管等重点得分相关的资产业务发展规划；做好年末资产规模控制，策略性降低计分时点各类资产余额。相关利润中心要严格控制第三层次资产，尤其是保本理财的整体规模，将符合条件的金融资产估值方法由成本法调整为市值法，优化资产分层结构。要加强金融资产“四分类”结构摆布，提高流动性一级、二级资产比重。要做好市场利率走势研究和预判，适时调整可供出售类债券投资策略，合理控制规模和久期，避免因市场利率继续上行导致浮亏进一步扩大进而影响资本充足率水平。

（四）围绕风险控制底线要求，切实提升流动性、利率、汇率风险管控能力。总行各相关业务部门和各分行要继续未雨绸缪、坚守底线、做实基础，统筹协调好短期与长期、重点与全局、流动性和效益性等多方面的关系，尤其是高度重视当前流动性风险的外部性、输入性和交叉性风险防范，谨防去杠杆过程中的“共振”

效应，做到有储备、有预警、有措施，确保集团流动性在市场波动中保持安全、平稳。特别是目前临近6月末的关键时点，美联储已经再次加息，国内金融市场的不确定性因素与半年末时点交织，流动性管理的复杂性显著提高，因此全行要对市场的变化有更高的警惕性，继续做好相关应对安排。我们要深刻认识到，境外资产负债管理依然面临严峻的风险形势。流动性风险方面，各境外机构要结合总行下发的资产负债经营计划，合理把握资产增长速度，切实满足当地监管要求，严控资产负债的期限错配风险，适度调整资产负债久期，夯实存款基础，减少对同业资金的过分依赖，避免资金缺口在短期内过于集中。各境外筹资中心要进一步配合总行，集中、有序地为全集团筹资，不断扩大投资者基础，降低筹资成本。汇率风险方面，各境外机构要增强汇率风险管理的积极性和主动性，切实承担本机构汇率风险管理的主体责任，积极落实总行的管理策略，把握市场大势，抓住利率汇率联动的内在机理，充分利用各种交易工具，有效对冲汇率风险，实现资本金和留存利润的保值增值。利率风险方面，金融市场部要根据市场利率走势情况，适时调整可供出售类债券投资策略，控制好投资久期，将可供出售类债券价值变动控制在年度银行账户利率风险限额内。各境内分行要加强新发放贷款的利率变动方式和利率浮动方式管理，继续做好贷款重定价周期管理，新发放浮动利率贷款重定价周期要控制在年度计划以内。各境外机构要深刻认识美联储加息周期对全球市场的中长期冲击，着力提高利率风险管理的前瞻性，要积极吸收中长期存款，稳定存款基础，降低美元负债到期再融资风险，并加强预期管理，结合利率走势，增强资产负债期限匹配，优化利率缺口结构，防范重定价风险和债券估值风险，有效降低利率波动对净利息收入和资本净额的影响。

（五）围绕人才队伍建设目标，全面提升资产负债管理专业条线的战斗力和执行力。资产负债管理专业涉及面广，涉及条线多，既要协调好政策落实和资源配置，又要服务好辖内分支机构业务营销和市场拓展，对政策、市场和客户需求要保持高度敏感，做到快速响应，政策制定与执行既要坚持一贯的原则性，又要兼顾必要的灵活性。在纷繁复杂的工作中我们要充分认识到，当前面临的市场复杂形势前所未有，面临的各种挑战前所未有，胜败结局的反差前所未有。当前金融改革持续深化，金融市场复杂程度日益提高，要在竞争中立于不败之地，不仅取决于各行对优质市场和客户的竞争拓展，而且越来越多地决定于各行对市场的科学研判和对业务的战略把握，这需要我们高度重视加强专业人才培养和高素质队伍建设。一是结合“两学一做”学习教育常态化制度化实施，统一思想、凝心聚力。把思想教育作为首要任务，坚持用习近平总书记系列重要讲话精神武装头脑、指导实践、推动工作，坚持学思践悟、知行合一，确保党员领导干部忠诚干净担当、发挥表率作用，确保广大党员党性坚强、发挥先锋模范作用，为全面落实总行党委各项工作部署，为加快创新转型、推动国际一流现代金融企业建设提供坚强的组织保证。二是加大专业培训力度，锻炼队伍、激发活力。资产负债管理专业人员务必要进一步打开视野，加强与国际先进同业的沟通交流，主动借鉴资产负债管理的先进方法和经验，找出差距，并因地制宜促进自身业务发展。要加大专业培训的广度和深度，今年7月中下旬，总行将举办一期资产负债管理业务主管行长培训班，并于9月举办一期境外机构负责人培训班，届时请参训人员就形势的判断和重点工作方案充分交流意见与建议，确保培训取得实效。三是加快配备境外机构专业人才，夯实基础、补齐短板。在已印发实施《关于加强境外机构资产负债管理的指导意见》的基础上，下阶段将重点加强境外资产负债管理条线队伍建设，通过加强存量培训，强化资产负债管理人才的培养与输出，突出对外派管理人员和业务骨干的培养，扩充境外资产负债管理人才储备库，逐步建立成熟的集团化境外资产负债管理体系和专业人才任用、培训体系，进而打造一支具有较高水准的全球资产负债管理人才队伍。

同志们，距离2017年半年末仅剩9个工作日，市场形势瞬息万变，大家工作头绪繁杂、任务艰巨，不容迟疑懈怠。资产负债管理关乎全行经营发展全局，在全行经营转型的重要关口，在同业竞争面临洗牌格局的关键期，大家一定要统一思想、坚定信念、勇于担当，切实增强政策水平和管理能力，全面提升集团资产负债管理水平，努力为全行经营发展做出更大的贡献。

担当善为　开拓进取
全力推动资产负债管理业务新发展

——在2017年资产负债管理业务分管行长培训班上的讲话

张红力

（2017年7月12日）

很高兴来参加今天的开班仪式。这是总行第一次举办一级（直属）分行资产负债管理专业分管行长培训班。此次培训，一是邀请行内外资深专家为大家系统讲授国际国内经济金融形势、国内外资产负债管理的最新理论实务等内容，使大家能够及时了解和掌握商业银行资产负债管理最前沿的动态。二是为大家创造一个面对面思想碰撞、沟通交流的机会，因此这次培训的大部分课程都采取PANEL、WORKSHOP的形式，让大家积极参与互动讨论。三是全行目前正在组织开展2018—2020年发展战略规划编制的调研工作，借这次培训机会，就“提升资金管理水平，优化集团资本管理模式”这个主题听一听大家的意见和建议。希望大家通过本次培训进一步开阔视野、交流经验、相互借鉴、共同提高，加深对总行政策的理解和把握，研究探讨新形势下全行资产负债管理创新发展的新路径、新举措，进一步明确下半年及今后一个时期的工作方向，为顺利完成全年任务目标奠定基础，为全行资产负债业务发展贡献更大的力量。下面，我讲三点意见。

一、深刻认识资产负债管理工作的重要意义

（一）资产负债管理工作在保障国家金融安全中发挥着积极作用。在现代社会中，金融是调节利益最广泛、最直接、最有效的媒介中枢，金融之水能载舟亦能覆舟，能否用好、用活、用对金融手段，是一国能否在利益博弈中占得先机、实现可持续发展和总体国家安全的关键。4月25日，中共中央政治局就维护国家金融安全进行第四十次集体学习，习近平总书记发表重要讲话，将“国家金融安全”正式提升到治国理政的战略高度。商业银行在我国金融体系中发挥着主导作用，包括我行在内的几家国有大型商业银行又在银行系统中占据重要地位。中国银行体系总资产规模相当于GDP的3倍，截至6月末，我行集团总资产规模已达25.4万亿元，占国内银行业总资产的10%。如此庞大的资产规模，决定了银行系统的运行状况与维护国家金融安全之间的紧密关系，银行的经营管理坚决不能出现大的疏漏。资产负债管理工作在商业银行经营管理中承担着组织规划、决策支持、政策传导、研究分析的职责。强化审慎合规经营理念、统筹监管系统重要性金融机构、控制好杠杆率、为实体经济发展创造良好金融环境，疏通金融进入实体经济的渠道、鼓励金融机构加大对先进制造业等领域的资金支持，推进供给侧结构性改革等要求，都与资产负债管理工作密切相关。可以说，做好资产负债管理工作，对于助力银行稳健发展、维护国家金融安全发挥着积极作用。一直以来，全行资产负债管理条线的干部员工站位全局，坚决贯彻党中央、国务院关于经济金融工作的总体部署，认真执行宏观调控政策和金融监管要求，努力提高维护国家金融安全和化解金融风险的能力，科学运用资产负债管理方法和手段，积极审慎把握集团资产负债运行的总量、结构和节奏，有效发挥了大行的引领示范作用及金融“稳定器”职能，对维护国家改革开放30多年来伟大成果，巩固工商银行股改上市十年来开创的良好发展局面发挥了应有的作用。近年来，资产负债管理条线顺应供给侧结构性改革总体要求，认真有效落实宏观审慎评估各项政策，保持贷款平稳适度增长和流动性充足平稳，着力压降企业融资成本，积极配合人民币汇率形成机制改革，维护人民币汇率稳定，确保我行资产负债业务发展与宏观经济运行、实体经济需求和我行发展战略相匹配，为保持和促进金融体系平稳运行做出了突出贡献，为供给侧结构性改革提供了优质高效的融资服务。

（二）资产负债管理工作事关全行经营发展全局，责任重大。以安全性、流动性和盈利性为基本原则，实现资产负债业务的稳健增长和结构优化，是落实银行长期发展战略、实现股东价值最大化目标的重要保证。资产负债管理工作事关全行经营发展全局，关系到全行资产负债项目的摆布是否合理，承担着全行资产负债总量和结构、资本、本外币资金、内外部利率定价、流动性风险、银行账户利率风险、汇率风险等多项管理职责。总行资产负债管理政策在基层一线的传导，需要在座各位指导和督促本行资产负债管理负责部门及相关专业来推动和执行，实现全行各项业务的平稳、协调、可持续

发展，在相当程度上要靠大家与全行资产负债管理专业的同志们协同配合，认真负责地把握好总量与结构、规模与价格、风险与收益、当期利益与长期利益之间的关系，责任重大，使命光荣。

（三）完善的资产负债管理体系是培育银行核心竞争力、创造竞争优势的有效手段。银行是经营风险的企业，其经营状况与经济周期的波动、宏观经济金融政策的变化等息息相关，内外部经济金融形势、营业收入结构、业务发展模式、社会融资环境等任何调整和变化，都有可能对商业银行的利润产生放大的影响，体现出一种乘数效应。资产负债管理方法和手段的不断优化，能够促使商业银行的发展规模、速度、质量、效益实现有机统一，从而不断提升银行的价值创造能力，实现股东整体效益最大化。可以说，完善的资产负债管理体系不仅是商业银行风险防御的平台，也是培育核心竞争力、创造竞争优势的有效手段，还是现代商业银行参与市场竞争成败的关键。

（四）资产负债的专业化管理，为各级行经营管理提供了有力的决策支持。资产负债管理的理念和方法随着金融业的发展不断创新，并在风险管理和金融决策中发挥着越来越重要的作用，是现代商业银行经营管理不可或缺的手段和工具，在银行内部管理中具有“纲举目张”的意义。商业银行的有效经营管理需要资产负债管理部门对内外部经济金融形势、宏观调控政策和监管要求进行准确到位的分析把握，并在第一时间作出反应，及时向管理层提出正确合理的政策建议，积极运用一系列科学有效的管理手段，支持管理层及时有效进行决策。近年来，各级行资产负债管理部门不断锤炼和提高自身的研究分析水平和应急反应能力，决策支持效果不断提升，有力地支持了全行各项业务的发展，为实现全行经营目标做出了积极贡献。

同志们，今后一个时期，国内外经济金融形势仍将复杂多变，我行经营管理面临的内外部压力仍然较大。希望能够以此次培训为契机，准确把握总行政策要求，认真负责地带领本行资产负债管理条线牢固树立责任担当意识和大局观念，为全行改革发展增效助力。

二、今年以来全行资产负债管理工作取得显著成绩

今年以来，面对困难和挑战，全行资产负债业务在复杂多变的外部环境中总体保持了平稳态势，主要指标稳中有进，为全行实现好于同期、好于预期、好于计划的经营结果做出了重要贡献。各项工作成绩我已在资产负债管理年中工作布置会上进行了比较全面的总结，在这里再简要回顾一下上半年我行资产负债管理中呈现出的几个亮点。

（一）各项贷款持续快速增长，公司贷款和个人住房贷款增量均创历史同期最高。今年以来，面对直接融资市场发展减缓，信贷需求大幅向表内回转的形势，总分行全力调整存量结构，做好优选排序，在落实稳健中性货币政策的同时，实现了各项贷款的平稳增长，有效提升了对实体经济和供给侧结构性改革的融资支持能力。截至6月末，境内分行本外币各项贷款比年初增加××亿元，同比多增××亿元，增长××%。

（二）存款增长创2010年以来最好水平，总量及分品种增量均排名四大行首位。人民币各项存款稳步回升，截至6月末，境内分行人民币各项存款（含同业存款）余额为××万亿元，比年初增加××亿元，同比多增××亿元，增幅为××%。其中，储蓄存款、公司存款、机构存款同比分别增加××亿元、××亿元、××亿元，均为近三年最好水平。本外币存款偏离度为××%，控制在监管要求之内。与同业相比，上半年我行存款及各主要业务品种增量均居首位。

（三）存贷利差企稳态势明显，NIM管理成效好于预期。一是新发放人民币贷款平均利率从2月的××%，稳步回升至6月的××%。人民币存款付息率（含同业）为××%，较上年下降××个基点，较第一季度下降××个基点。二是存款付息率和贷款收益率降幅收窄，存贷利差和NIM管理成效好于年初预期，NIM降幅优于主要可比同业。截至6月末，境内分行本外币NIM为××%，还原“营改增”因素后，NIM较上年回升××个基点。三是成功开展了存款综合定价模型和负债利率敏感性模型二期试点，为探索定价管理新思路奠定了良好基础。

（四）本外币资金统筹管理及资金营运效益持续提升。一是灵活安排市场融资，全力平抑头寸波动，人民币资金管理效率继续领先同业。上半年，我行日均备付率（含现金）为××%，同比下降××个基点。二是把握市场时机，积极开展收益较高的债券投资、特殊目的载体投资和同业融出，资金使用效益大幅提升。三是集团资金统筹筹集能力稳步增强，境外机构流动性监管指标达标成本持续降低。

（五）G－SIBs得分增长势头得到明显遏制。G－SIBs得分直接决定了对我行附加资本的要求，自从我在年初资产负债管理工作会议上提出要控制G－SIBs得分以来，资产负债管理部与总行相关部门、各利润中心、境外机构、各分行通力合作，在主动控制得分增长、避免资本要求过快上升、着力缓解我行资本补充压力等方面做了大量工作，取得了较为明显的成效。从近期报送数据看，预计我行G－SIBs得分较调整前可降低××分，得分增长势头得到有效遏制。

（六）风险管理能力稳步提升。一是通过加强对关键时点、重点业务、重要客户的流动性监测，确保了在上半年金融市场大幅波动情况下集团流动性的整体平稳。二是通过制度和管理策略优化，继续维持以美元、港币、澳门元等强势货币为主的外汇敞口结构，预计6

月末集团外汇敞口在××亿美元左右，比年初增加××亿美元，有效对冲了新兴市场货币汇率风险。三是在利率上行预期下，通过有效的资产负债久期和缺口管理，提前锁定了部分负债成本，有效防范了利率风险。

三、对下一步资产负债管理工作的几点思考

从国际情况看，在全球经济增长中枢下降、全球化退潮、经济政策腾挪空间与边际效果有限的背景下，民粹主义、逆全球化、国际贸易及投资保护主义抬头，逐渐成为全球经济复苏的重大风险之一，有可能放缓甚至逆转国际政策协调和经济全球化进程，拖累全球经济增长，加剧金融市场动荡。发达经济体私人部门需求长期不足，银行资产负债表修复进展不充分，有可能导致经济增长率持续下行。部分大型新兴经济体因企业债务高企、利润下降，银行资产负债表孱弱，政策缓冲单薄等原因，易受到全球金融紧缩、资本流动逆转及货币大幅贬值产生的资产负债表效应的影响。从国内情况看，随着供给侧结构性改革、简政放权和创新驱动战略的深化实施，产业优化升级不断推进，企业效益有所回升，增长稳定性增强，但经济结构调整任务依然任重道远。对商业银行而言，我国社会经济活力从传统的加工制造和出口转向消费升级和创新驱动，实体经济“腾笼换鸟”“减速增质”过程中产生的结构性机会值得关注和把握。

“明者远见于未萌，智者避危于无形”。资产负债管理工作要从细微之处观全局，从未见之中察大势，既放眼全球，又植根国内；既不回避问题和挑战，又要看到机遇和潜力。在当前及未来一个时期内外部约束条件下，如何更好地支持实体经济发展，在稳健中性的货币政策下，灵活运用资产负债管理工具，实现信贷规模的合理适度增长，对表内外资产进行一体化管理，稳定和提高NIM水平，着力优化资本结构，严格控制流动性和利率汇率风险，是当前资产负债管理工作需要关注的问题。

（一）关于进一步提升资产负债经营管理效率。这项工作一直都是全行资产负债管理工作努力的方向，近年来虽然取得了一定成效，但还存在一些需要进一步加以优化的地方。比如，在提高信贷资源配置效率方面，今年以来全行信贷计划、资金双紧，市场利率大幅走高，部分优质企业取消发债增加银行贷款融资，对大客户维护、住房按揭贷款保障等都造成了较大压力。针对这一情况，总行及时加强流动资金贷款利率下浮控制，促进新发放贷款利率企稳回升，但与同期相比仍有下降，信贷资源配置效率有待提高。再如，稳定利差和NIM方面，虽然我行的管理效果好于年初预期和主要可比同业，成为市场关注的亮点，但与富国银行、招商银行等国内外NIM水平领先银行相比，仍有提升空间和潜力。又如，负债业务管理方面，如何科学规划和发展主动负债业务，改变对高成本创新产品和大额存单的过度依赖，使主动负债工具的功能回归本源，成为提高资产负债匹配程度，防范重定价风险和期权风险的有效手段等，也值得我们进一步思考。类似的例子还有很多，时间关系，我就不一一列举了。总之，提升资产负债经营管理效率是一个大课题，大有文章可做，希望在座的各位能够倾注更多的思考和关注。为此，我也进行了一些思考，在这里与大家共同探讨。

下一步，全行还要继续在以下几个方面着力。一是要适应宏观经济形势和全行信贷业务运行变化的新情况，合理安排信贷总量和节奏。要继续将贷款计划配置调整与各行有效贷款需求、利率定价水平和存量移位进度等因素进行挂钩，持续提升贷款计划的配置和使用效率，做好各项贷款的优选排序，保持好资产规模和结构摆布的统筹性、投放进度的节奏性。继续落实人民银行宏观审慎评估机制要求，保持我行在MPA评估中的较好成绩。二是要完善集团本外币资金统筹运作，提高资金营运收益。要创新拓展低成本资金，降低融资成本，缓解全行资金营运压力。继续深化同业合作和跨市场机构合作，扩大非存款性资金来源。密切跟踪利率、汇率以及各类资金价格的变化，跨币种、跨国界、跨市场广泛灵活吸纳资金。要灵活安排主动负债业务发行规模、期限结构和成本，加强对新发行大额存单的主动管理，充分发挥大额存单分配的激励约束和杠杆作用，降低对全行盈利的冲击，提升存款发展弹性。三是要持之以恒加强利率定价管理，维护存贷利差和NIM稳定。首先，要继续强化拓户为主、利率为辅的存款组合营销，提升存款量价协调竞争力。要健全以客户综合贡献为基础的利率定价机制，加快分层定价应用，持续完善存款综合定价模型和负债利率敏感性模型，并于下半年在全行试点推广，逐步解决存款利率“一浮到顶”问题。其次，要坚持做好新发放贷款的量价协调管理。各行要抓住当前市场贷款规模紧张的有利机遇，突出抓好量价协调工作，降低下浮利率贷款占比，全面提升新发放贷款定价水平。最后，要适时调整内部定价策略，加强内部价格调整与利差池分配的联动，继续强化贷款业务资金成本约束，合理控制新吸收定期存款付息成本。四是要围绕风险控制底线要求，筑牢风险管理基础。流动性风险方面，要高度重视当前流动性风险的外部性，做好输入性交叉性风险防范，谨防去杠杆过程中的共振效应，确保集团流动性在市场波动中保持安全平稳，并在保证经营安全的前提下捕捉获利机会，提升资金营运效益。利率风险方面，要加强预期管理，结合利率走势，动态测算资产负债期限结构变化对净利息收入的影响，优化利率缺口结构，通过充分识别、准确计量和有效控制，降低中长期利率风险。汇率风险方面，各境外机构要增强汇率风险管理的积极性和主动性，切实承担起本机构汇率风险管理的主体责任，积极落实总行的管理策略，将资

本金和留存利润的保值增值管理作为汇率风险管理的核心目标之一。

（二）关于进一步优化资本管理体系。近年来，银行业利润增速放缓，内源性资本补充受限，同时国内国际资本监管也日趋严格。国内新资本管理办法和宏观审慎评估体系（MPA）强化了资本约束，国际上 TLAC 资本监管框架提高了资本要求，未来资本对银行规模边界和利润增速将形成更大的制约。目前，我行资本总体充足，但资产结构明显“偏重”，加权风险资产总量仍占总资产的六成左右，且扩张速度较快，对我行的资本稳定和资本补充都形成较大压力。在此情况下，通过优化资本管理体系督促各经营单位节约运用资本，减少不必要的浪费，提高单位资本的回报水平，就具有极其重要的意义。就目前而言，可以从以下几个方面着手持续推动资本管理体系优化工作：

一是要继续推进经济资本配置和交易机制的市场化改革，实现资本传导和配置机制的全面提升。要通过市场交易形成资本的均衡价格，准确反映资本供求关系，引导分行择优开展信贷业务，提高资本使用效率和资本回报水平。同时，将资本控制功能嵌入主要业务流程，实现资本管理从中后台延伸至前台一线、从资产负债专业扩展至其他业务领域。二是要扩大经济资本管理的应用范围，向微观领域和业务前沿延伸。要将经济资本指标作为信贷计划调配的重要参数融入信贷业务管理全流程，尤其要在贷款定价和审批决策等实用功能上扎实落地，引导各级行将有限的资源优先配置到高回报低风险的业务上来。三是要强化资本管理的考核“指挥棒”作用，制定有效的激励约束机制。全行要从预算管理、资本回报、资本配置、风险监控等方面完善考核指标体系，促使考核模式从事后考核为主向事前引导、事中督促、事后考核并重的模式转变，强化压力传导，注重过程管理，突出目标硬约束，把经济资本配置方案层层分解到各级机构和相关岗位，促使资本有效率地投放至最优客户。四是要继续做好全球系统重要性银行得分控制工作，避免附加资本要求快速上升。要严格控制第三层次资产，适度控制年末保本理财资产余额。要进一步做好年末资产规模控制工作，策略性降低计分时点各类资产余额。

（三）关于加强集团资产负债管理人才队伍建设的思考。资产负债管理工作专业性较强，涉及面较广，对从业人员，尤其是高级管理人员的政策把握能力、业务管理能力、沟通协调能力和研究分析能力都有比较高的要求。结合易董事长和谷行长在全行组织人事工作会议上的讲话精神，下一步，资产负债管理人才队伍建设要着力做好以下几个方面的工作：

一是要更好地发挥党建引领作用，进一步转变工作作风。要严格按照“两学一做”学习教育常态化制度化要求，强化“四个意识”，强化使命担当，以党建为纲，凝魂聚力。不断加强改进党的建设和资产负债管理专业各级班子建设，引导党员干部转变思想观念、重视总行战略传导、提升发展能力，在下接“地气”的同时能够上通“天线”，充分发挥党建工作在激发活力、凝聚团队、改进作风中的关键性作用。二是要加强各层级员工的适岗培训，提升干部队伍的经营管理能力和专业履职能力。要统筹考虑人员配置，协调推进干部员工队伍的有序更替和结构调整，不断更新知识储备，提升员工的专业能力。各分行要高度重视本行资产负债人才队伍建设，加强人员配备，抓紧培养懂金融、通管理、识大局的专业人才队伍。要继续加大总分行、境内外人员交流，尤其要加强境外资产负债管理条线队伍建设，尽快全面摸底境外机构资产负债管理条线人员履职能力，实施分层次、多手段、横纵结合的持续性系统培训，将总行稳健的经营理念和企业文化向境外机构延伸。三是要完善更加科学有效的考核激励机制，激发员工队伍活力。进一步健全完善资产负债专业各级干部员工的绩效考核机制，建立与业务职能定位相契合、与持续发展目标相统一、与员工价值贡献相匹配的考核指标体系，并做好预期管理，提高干部员工对考核结果的认同度，打造干事创业、积极向上、富有生命力的资产负债管理团队文化。

希望通过此次培训，各分行能够深刻领会总行战略导向，尤其要注重围绕地方经济特点，前瞻性研判本区域经济社会发展新趋势，深入分析经济转型升级和结构调整对金融服务提出的新要求，充分认清金融竞争特别是跨界跨业竞争态势的新变化，在经营理念和工作方法上及早做好转型创新的准备，争取业务发展主动权，切实将本行的战略优势、区位优势和人才优势转化为业务发展优势。要牢固树立正确的经营理念，遵循商业银行发展规律，全面理性看待市场和风险，做到求发展而不冒进，明底线而不保守。要处理好当前和长远的关系，既要围绕当期重点工作集中精力打歼灭战，更要着眼未来 3－5 年的可持续发展做好整体规划，推动本行发展进入良性循环轨道，为全行改革发展做出更大的贡献。

把握机遇　砥砺奋进
进一步加快资产托管业务发展

——在部分分行资产托管业务专题会议上的讲话

张红力

（2017 年 8 月 8 日）

今天我们召开部分分行资产托管业务专题会议，旨在进一步贯彻全国金融工作会议精神，落实全行年中工作会议部署，总结“托管业务全行办”经验，分析当前形势，研究深化工作措施。下面，我讲四点内容。

一、资产托管是维护金融安全的重要抓手

在利率市场化和人民币国际化进程提速、多层次资本市场日臻完善的趋势下，经济领域的改革和创新步伐不断加快，金融稳定机制的建设与金融风险的应对，关系到我国经济改革的成败。党的十八大以来，中央反复强调要把防范金融风险放到更加重要的位置，牢牢守住不发生系统性风险的底线。在全国金融工作会议上，习近平总书记进一步指出，“金融是国家重要的核心竞争力，金融安全是国家安全的重要组成部分，金融制度是经济社会发展中重要的基础性制度”。维护金融安全，已经成为关系我国经济社会发展全局的一件带有战略性、根本性的大事。在全行年中工作会议上，易会满董事长明确要求，将全面深入学习贯彻全国金融工作会议精神作为当前及今后一个时期全行工作的头等大事。

在防范金融风险、维护金融安全上，资产托管应该发挥更大作用。习总书记提到“整治金融乱象”，其中很大一部分乱象就发生在资管领域，或者与资管领域紧密相关。资产托管的核心功能是监督，引入托管就是完善资管治理结构，从根本上解决道德风险和信息不对称的问题。当前，资管业务具有跨市场、跨行业、交叉多、链条长的特点，风险形态多、节点多、传染路径多，隐蔽性强、难监测，是资管领域监管的一大挑战。一些企业以互联网为平台绕过监管从事金融业务，带来了一系列社会问题。甚至还有一些非法集资以项目投资、理财产品、高息分红等名目繁多的外衣设下种种陷阱。比如，“e 租宝”非法集资案涉及金额 500 多亿元，遍布全国 31 个省市的 90 多万名投资者利益受损；泛亚“日金宝”事件涉及金额 430 亿元，22 万名投资者利益受损。截至今年 7 月末，停业及问题互联网金融平台数量累计达 4 000 家。资产托管机制的引入，能够覆盖各资管领域、嵌入资管全流程，从微观层面上可以保护投资者权益，从宏观层面上可以协助监管部门和风险管理部门进行不间断、深入的监督监测。因此，全过程、穿透式托管是应对资管领域金融乱象的一个有效手段。

作为国有大行，工商银行的资产托管业务在国内已经奠定了行业第一的重要基础。我们要有更大担当，进一步推动托管业务稳健快速发展，成为托管市场发展的引领者，当好监控和防范金融风险的“守门员”，充分发挥资产托管在维护国家金融安全中的重要作用。

二、“托管业务全行办”成效显著

近年来，资产托管条线认真贯彻落实总行党委关于“托管业务全行办”的发展战略，取得了优异的成绩。截至今年 6 月末，全行托管资产规模达到 14.5 万亿元，较年初增长 5 000 亿元，市场占比约 12%，在国内同业中的领先优势更加明显。我行托管规模是建行、农行的 1.5 倍，是中行的 2 倍，规模、收入四行占比均达到 36%，是全行四行占比最高的业务品种之一。这个成绩来之不易，向大家表示衷心感谢和热烈祝贺。

（一）托管业务成为引领全行中间业务发展的重要品种。在“托管业务全行办”战略的指导下，总行通过新设分部、增加授权、移交资产、返还收入等措施，充分激发了分行经营活力，托管业务实现跨越式发展，成为发展最快的中间业务之一。近年来，分部托管收入年均增幅超过 50%，成为各分行中收增长的重要力量。2016 年，北京、广州分部托管业务手续费收入超过 10 亿元，上海、浙江分部超过 7 亿元。

（二）托管业务成为稳定传统业务的重要手段。近年来，全行日均托管存款始终稳定在 3 000 亿 - 4 000 亿元。通过精细化管理，上半年托管存款付息率压降至 0.99%，同比下降近 15 个基点。在产业基金、财政资金、保险资产等重点项目上，托管条线通过低价甚至无偿服务，协助分行争揽存款，获取优质贷款项目，为全行稳存增存、压降付息成本、维护政府和公司客户做出了积极贡献。上半年，北京、上海分部日均托管存款超过 700 亿元，广州、深圳分部日均托管存款接近 500 亿元，成为分行同业存款的重要构成。

（三）托管业务成为全行经营转型的重要平台。作为推动“大资管”“大同业”战略的重要平台，托管业务在“大资管”总规模中的占比接近80%，托管核心客户713家，涵盖各类同业机构，主要市场客户覆盖率50%以上，是“大资管”“大同业”战略中维系同业客户数量最多、覆盖面最广、合作最紧密的业务。2016年，广州、上海、北京分部托管业务营业贡献达到20亿元，其中广州托管业务营业贡献在分行拨备前利润的占比达到10%，有力推动了分行经营转型。

以上成绩证明，“托管业务全行办”的指导思想和方针路线是正确的，各级托管战线落实这一战略是有力且到位的。回头看，“托管业务全行办”之所以成功，主要得益于三点经验。一是充分激发了分行业务潜力。2015年以来，全行共新设16家托管分部，对新分部增加7类场内托管业务权限，向分部移交资产规模约1.3万亿元，充分调动了分行积极性。同时，总行通过实施托管专业人才培养计划、实地指导或“以工代训”等多种手段，协助分部培育了专业团队，筑牢了发展基础。二是准确把握了资管行业快速发展机遇。托管专业前瞻性地研判市场走向，提前谋划布局，准确锁定公募基金、基金专户、保险、银行理财等产品，最大限度地捕捉规模增长机遇，实现了快速发展。过去三年，分行主营的托管业务，如保险、基金专户、银行理财、券商资管等，每项业务规模增量都在1万亿元左右，增幅都在60%以上。三是坚守“零风险”底线，确保了稳健发展。总行成立托管业务风险管理委员会，对创新型、高风险型业务集体审议，累计召开50次委员会议，审议私募基金、安心账户及创新产品189单，对业务健康发展起到了保驾护航的作用。

三、托管业务面临的机遇和挑战

全国金融工作会议明确提出，“发展直接融资，使之成为金融支持实体经济的主要着力点”。在此背景下，托管业务的发展前景十分广阔。截至2016年底，资管行业总规模突破110万亿元，超过同期信贷总量。据国际咨询机构预测，我国个人可投资资产将从2016年的126万亿元快速增长至2020年的199万亿元，年均增幅超10%。快速崛起的资管市场，将为托管业务提供稳健的发展基础和高质量的增长来源。

（一）养老金板块蕴含重大机遇。2016年，我行成功中标基本养老保险基金托管资格，经过近一年的努力，全国社保基金理事会移交我行托管的资产已超过400亿元。截至6月末，北京、上海、河南等8省市已经与全国社保理事会签署委托投资合同，总金额4 100亿元，其中1 721亿元已经到账并开始投资，剩余资金将分批到位。养老基金结余和投资收益累积，为我行带来显著的托管规模和收入增长，并产生稳定的存款回流，综合效益显著。职业年金方面，截至2016年末存量规模大概4 000亿元，预计每年新增规模约2 000亿元，未来3年将达到万亿级托管规模。与企业年金相比，职业年金规模增长更快、目标客户更集中，给托管业务带来新的增长空间。从人社部获悉，除受托户、投资户之外，职业年金归集账户及资金也要纳入托管范畴，预计归集账户每年可拉动沉淀存款增长约2 000亿元，这又是托管业务为全行增加低息存款、提高经营贡献的重要机遇。

（二）增值服务为托管业务发展打开了新空间。从国际知名托管银行来看，增值服务已成为主要收入来源，收入占比超过60%。借鉴国际经验，我们加快了增值服务创新。7月，我行与东方财富签署托管业务全面合作协议，成功将托管与互联网金融链接，双方共建机构投资者的服务平台；今年我们还与腾讯合作，为腾讯零钱货币基金提供流动性支持。从行业层面来看，谁在增值服务方面走得先、走得快，谁就能够在未来的托管业务竞争中确立先发优势，提前占领市场。

（三）新兴市场日益旺盛的托管需求正在成为我行业务拓展的重点领域。例如，近年来政府产业引导基金规模快速扩张，仅2016年新设的基金就超过900只，规模接近2.4万亿元，在此过程中存在大量托管业务机会。北京、四川分行积极挖掘本地资源，北京分行托管基金25只，规模约500亿元，四川分行托管基金7只，规模240亿元，实现了托管、存款、信贷、理财等业务联动发展。随着托管机制的普及率和认知度不断提升，各级监管部门将托管作为实施有效监管的补充。例如，北京分行的法院案款资金托管存款已超过50亿元，河北分行接近10亿元；天津分行捕捉公安系统对保释金的托管需求；山西分行开办旅行社保证金托管；深圳分行开拓民办学校保证金托管等。

但我们也要清醒看到，在新的形势下，监管政策日趋严格、互联网金融异军突起、同业竞争更加激烈，使托管业务面临严峻挑战。同时，我行托管业务发展协同机制有待进一步完善，新设立托管分部的持续竞争力有待进一步提升。一是受监管政策影响，短期内资管和托管规模增速放缓。2016年下半年以来，金融监管部门出台“降杠杆、去通道”等政策，短期内对资管、托管行业带来一定影响。从托管市场看，2016年托管行业整体增速已由2015年的62%回落至39%，2017年上半年，如剔除专项资金监管，托管行业规模与年初持平。从主要产品看，银行理财、基金专户等规模呈现下降趋势。因此，在严监管背景下，托管行业增长将从过去爆发式增长，逐步转入平稳增长，短期内个别产品还可能出现阶段性下降，对托管规模持续增长造成较大压力。二是互联网金融对托管行业带来冲击。2016年初，天弘余额宝货币基金规模约6 200亿元，到今年6月已经增长到1.43万亿元，增幅高达130%，单只基金规模占行业规模14%，改变了公募基金托管格局。同时，银行代销渠道也受到互联网金融冲击。数据显示，2014—2016年，银行代销公募基金份额由60%降至16%，而第三方销售渠道和基金公司直销的占比升至近70%，代销格局的变化，削弱了我行在公募基金托管市场的话语权。三是同业高度重视托管业务、市场竞争日趋激烈。近十年来，国内托管机构数量从不到10家增至42家，我行托管条线要与国有银行、股份制银行、地方城商行、农商行、证券公司同场竞技，市场竞争日趋白热化。一些股份制银行将托管作为同业业务入口，托管全面嵌入资管领域，对国内托管市场格局带来巨大冲击。例如，招商银行托管规模在2014年初仅1.86万亿元，到今年6月末已经突破10.5万亿元，超过建行、农行等，排名跃升至市场第二。四是我行托管业务发展协同机制尚待进一步完善。当前，资源互换已经成为金融同业战略合作的主要方式，但在托管资源统一管理方面，我行尚未建立资源互换机制，综合优势尚未体现出来。比如自营资金委外领域，目前我行自营资金委外规模已达2 000亿元，但由于缺失托管与委外的协同发展及资源互换机制，委外定制公募基金在他行托管，却未能置换对等的托管规模和收入，导致全行资源流失，我行托管市场占比下降；而竞争对手获得了托管资源，市场份额相应上升。同样的问题还存在于理财委外等领域。五是新设托管分部持续竞争力有待进一步提升。近年来，托管分部总体上实现了较快发展，成为推动全行托管业务的重要力量，但我们也要清楚看到，分部间发展情况不一，部分分部成立时间较短，托管业务还没打开局面，还没有体现出持续向上的发展态势。分部在团队、授权、营运上的优势，还没有完全转化为竞争力。

四、下一阶段的工作要求

（一）进一步加强全行托管资源整合。我行托管资源丰富，但头绪也很多，资源整合、开发、利用还不够充分。下一步，要加强托管与个金、资管、私银、金融市场、投行、授信、养老金、工银瑞信的联动配合，尤其要落实好谷行长关于托管资源对等互换的指示要求，发挥协同带动效应，形成新的增长动能，力求全行利益最大化。在基金业务上，托管部牵头，个金部配合，要管好公募基金、私募基金的代销准入，充分利用我行代销优势，巩固与优质基金公司的合作，支持新客户拓展，提高托管议价能力，推动托管收入增长。在资管、私银理财业务上，要发挥委外投资的主动权优势，撬动与基金、证券、信托公司的托管合作，推动各层级投资品“穿透”托管，确保监督到位，保障集团大资管板块稳健。在自营资金委外业务上，要把基金托管互换落实到位，做到“资金投出去、托管换进来”。在投行业务方面，要在资产证券化、PPP、产业基金上协同配合。在授信方面，托管部、授信部配合，要做好基金公司信用评级、授信、流动性支持，提升综合服务的竞争力。

（二）进一步深化“托管业务全行办”战略。2015—2016年，“托管业务全行办”主要是从数量上扩张，通过新设托管分部，扩大分部覆盖范围，增强发展着力点。2017年，深化“托管业务全行办”，需要换挡升级，从横向扩张转向纵深推进，从重数量转向重质量，关键是要抓好托管分部这个“牛鼻子”。

一是总行要强化“全行办”战略传导。要从观念、体制、机制着手，持续加强对托管分部的指导、管理，强化“托管业务全行办”的战略传导。要转变经营管理思路。改变过去总行冲锋陷阵、营销营运“一肩挑”的惯性，更多地组织、推动分部来开展业务。总行要在精细化管理、竞争力提升等方面投入更多研究精力，针对集中在分行发展的职业年金、基金专户、他行理财、保险、信托、券商资管计划等产品，加强专业上的指导、支持。特别是，针对职业年金，要制订系统性的营销计划和方案；针对安心账户，要总结各分行成功经验，在全行范围推广。要加强对分部的持续管理。与其他银行的分行相比，我们的托管分部在业务范围、专业团队、营运能力上具有明显优势。但将优势转化为市场竞争力，是个长久、持续的过程。目前，个别新分部在成立后，出现同业占比下降的情况，这个问题不容忽视。总行要适时出台对托管分部的跟踪评价办法，加强对分部的持续性督导管理。

二是分部要加强“全行办”战略落地。“托管业务全行办”战略落地的关键在于分部加强营销。现阶段，营销力量薄弱既是制约分部发展的最主要因素，也是发展潜力所在。要充实托管营销力量。新分部营销力量普遍不足，专职人员少、流动性大，个别人员甚至刚刚参加完总行培训后不久就调离了托管岗位，造成营销人员断档。分部要尽快充实托管营销力量，配备充足的专职营销人员，特别是新分部，除主管老总外，至少要配备3人以上的专职托管营销人员，并争取年底前到位。要把营销工作系统化、联动化。分部要加强对本地区市场调研，广泛搜集业务信息，细分客户，形成分产品、分客户的系统化营销方案。同时，要加强与机构条线同业客户营销的整合，加强与个金、资管、投行、金融市场等条线的联动，整合资源，联动发展，才能有事半功倍的效果。

此外，分部要进一步明确工作目标。北、上、广、浙、深5家“老”分部，要充分发挥资源丰富、人员配备充足的优势，扎实把服务做精、做细，把市场做深、做透，巩固已有客户合作深度，深挖金融中心区域市场潜力，培育新客户，力争年内托管规模增长超15%，牢牢巩固四行排名第一的位置。目前深圳分部同业占比相对落后一些，要抓紧赶上。16家新分部要趁热打铁，力争2－3年内实现申设分部时制定的发展目标。与北、上、深金融中心相比，新分部所在地金融资源相对稀缺，但至少也有2－3家同业法人机构，要集中精力，逐一突破、全部覆盖，并且要占到客户业务量的20%以上，力争同业领先。四行排名第一的，要继续巩固；第二的，要保二争一；第三、第四的，要力争1－2年内进入前二。

（三）进一步加强重点产品营销。一是紧抓职业年金托管营销。下半年，大多数省市将启动职业年金招标工作。职业年金托管具有一次性进入、增长稳定、不易转移的特点，一旦初期没能获得托管资格，后期根本没有机会再次入围。因此，下半年是职业年金托管营销最为关键的窗口期，各行要充分重视、全力以赴，确保首战告捷。二是积极推进与腾讯托管合作。与互联网企业的合作，既要积极推进，又要把控风险；既要互惠互利，又要主动引领；既要注重客户需求，又要保护我行利益。深圳分行、广东分行营业部要配合总行开展对南方基金、易方达基金的授信评级，明确开始运作的时间表。三是加快托管增值服务发展。近期，总行将推广信息咨询增值服务，初期在总行运作，年内将适时选择客户资源丰富的分部进行试点。增值托管服务是托管营销的一大亮点，也是托管向投资者服务转型的关键所在。分部在营销同业、机构客户时，要积极加强对托管增值服务的宣传和营销，形成基础托管、增值托管的良好互动和紧密协同。

（四）进一步加强风险防控。一是要严格执行总行2015年5月印发的《关于进一步加强资产托管业务风险管理的通知》，严禁与P2P网贷公司、担保公司、小额贷款公司开展托管合作。并且要充分利用安心账户托管系统硬控制功能，严格审核安心账户托管范围，消除风险隐患，核心是要杜绝假借、冒用托管名义开展违法违规活动。要警惕外部风险向托管蔓延，一旦发现相关情况，要及时向总行汇报，迅速采取应对措施。二是要提高风险防范的主体意识，落实主体责任，做到守土有责。要严格执行总行出台的各类准入办法，包括安心账户白名单、私募基金准入等，认真履行客户尽职调查，加强客户准入与业务审核，切实发挥第一道风险防线作用，决不能推卸、逃避风控责任。三是要加快推进总行理财产品集中托管。根据总行党委关于加强大资管板块全面风险管理的要求以及总行风险管理委员会年度重点工作安排，按照“新老划断”原则，资管部、私银部新增理财产品要由总行集中托管，充分发挥托管监督作用，对大资管板块全覆盖、全穿透，提高理财产品营运效率，防范我行资管板块风险。托管部要积极与风险管理部、资管部、私银部、运管部等相关部门沟通，尽快落实《总行理财产品总行托管管理方案》。分部要正确认识集中托管的重要意义，紧密配合总行加快完成集中托管工作，确保安全、平稳、顺畅，向总行党委交出满意答卷。

同志们，在大家的共同努力下，“托管业务全行办”扎实推进，取得了优异成绩，全行托管业务实现跨越式发展。下一步，希望全行托管条线再接再厉、把握机遇、砥砺奋进，推动托管业务再上新台阶，为全行经营转型做出更大贡献，为维护国家金融安全发挥更大作用。

在职业年金基金归集账户托管业务营销培训会议上的讲话

张红力

（2017年9月26日）

养老金涉及千家万户，养老金资产的安全与保值增值不仅关系到百姓福祉，更关乎社会稳定和国家长治久安。托管机制的引入，使养老金各参与机构在财务和制度上相互独立、各司其职，形成监督制约机制，同时通过投资监督、核算估值等，确保资产完整与信息透明，保障养老金的资金安全和平稳高效运营。8月22日，人力资源和社会保障部、财政部联合印发《职业年金基金归集账户管理暂行办法》（以下简称《暂行办法》），对职业年金基金归集账户提出托管要求，专户管理、专款专用，充分说明了监管部门对托管机制的重视和信任。今天我们召开这个会议，旨在贯彻落实全国金融工作会议关于金融回归本源，服从服务于实体经济社会发展的精神，结合监管要求，研究部署下一步工作。下面，我讲三点内容。

一、充分认识发展职业年金基金归集账户托管业务的重要意义

（一）养老金市场是托管业务发展的重要领域。从发达国家经验来看，养老金市场是重要的金融市场和托管市场。以美国为例，20世纪60年代美国就开始建立雇主养老金，1974年出台《雇员退休收入保障法案》，要求养老金必须进行独立的资产托管。截至2016年末，

美国养老基金规模达到26.18万亿美元，是当年GDP的1.4倍。养老金市场为金融机构带来了广阔的发展空间，带动了资产托管、受托管理、投资管理、账户管理和信息咨询等金融服务的发展。可以说，谁抓住了养老金市场的先机，谁就抓住了未来业务转型和发展的机遇。

我国养老保险制度改革虽起步较晚，但近年来改革步伐不断提速。2005年推出企业年金制度，2014年推出职业年金制度，现已基本形成了基本养老保险、补充养老保险和个人储蓄性养老保险“三支柱”养老保障制度体系。截至2016年末，我国养老保险第一支柱和第二支柱基金总规模超过5.5万亿元，其中作为第一支柱的基本养老保险基金结存4.4万亿元，作为第二支柱之一的企业年金基金积累1.1万亿元（职业年金尚未正式进行投资运作）。作为第三支柱的个人储蓄性养老保险，因制度设计尚不完善，目前没有准确统计数据。此外，全国社会保障基金作为养老保险基金的战略储备，从2000年开始由全国社保基金理事会受托管理，截至2016年末资产规模2万亿元。由此，目前我国养老基金总规模已达到7.5万亿元。相比较来说，美国在GDP只有我国1.3倍的情况下，养老基金规模却达到我国的26倍。显而易见，待我国养老金市场成熟以后，基金规模也将非常庞大，潜在发展空间十分广阔。

从资产托管角度看，在我国这7.5万亿元养老基金中，基本养老保险基金市场化投资运作去年刚启动，根据《基本养老保险基金投资管理办法》，各省市节余的基本养老基金可以委托全国社保基金理事会投资管理，并由全国社保基金理事会选择托管银行托管。2016年通过公开竞标，我行与中行、交行、招行被选聘为托管银行。目前，已有8个省市与全国社保基金理事会签署委托投资协议，签约总金额4 100亿元，已到账投资1 720亿元。我行通过大力营销，争取到最大的托管份额，托管规模超过400亿元，在四家托管银行中排名第一。企业年金已全部实行市场化投资和托管，我行托管规模达到4 355亿元，市场占比高达38%，一直遥遥领先，是建行的2.6倍，中行的2.8倍，农行的6倍。作为第二支柱另一部分的职业年金，即将开始归集和投资运作，是我们这次会议研究的主题。此外，作为养老保险战略储备基金的全国社保基金，2002年进行了第一轮托管银行招标，由于各种原因，当时我行未中标，中行、交行是第一批托管银行。此后经过多年的持续营销，2007年我行被增补为第三家托管银行，但由于交行和中行已经取得先发优势，我行该项托管业务同业占比仅为10%，处于相对落后地位。

总体来看，在养老金托管市场中，我行有占优势的地方，也有排名落后的领域，市场排名的最终结果就看即将开始的职业年金基金托管的竞争结果。因此，积极争取职业年金基金托管业务对我行具有重要意义。据统计，职业年金基金现有存量6 000亿元，预计每年增量2 000亿元，未来五年超过万亿元的资产规模将成为金融机构竞争的焦点。我们必须未雨绸缪、主动作为，从争取职业年金基金归集账户托管业务和职业年金基金托管业务入手，跑马圈地，抢占市场先机，争取市场份额，确保我行在养老金托管市场上的优势地位，为托管业务发展培育新的增长点。

（二）争取职业年金基金归集账户托管业务是稳存增存的重要手段。养老保险体制改革和养老金市场化投资的实施，改变了养老保险存款的结构和形态，使银行社保基金存款由原来的机构存款转变为托管存款和股票、债券等资产，对存款的组织和管理提出了新课题。比如，8省市已入市投资的1 720亿元基本养老保险基金，已经分流我行社保存款947亿元，如果已签约的4 100亿元基本养老保险基金全部到位入市投资，对我行社保存款的冲击将更加严重，并且随着签约省市的增加，存款分流的趋势将会不断加剧。由此可见，争取养老基金托管业务，是新形势下组织存款，防止存款分流的有效措施。

从职业年金基金归集业务看，引入托管机制后，职业年金的缴费归集由原来的结算业务转变为托管业务，通过托管归集既解决了监管部门对职业年金基金安全性的顾虑，又使得职业年金基金有可能在一家银行体系内封闭运行，从而增加了托管银行社保存款的集中性和稳定性。在这一变革中，如果不去争取职业年金基金归集账户和职业年金基金托管业务，就等于退出了职业年金存款市场。因此，争取职业年金基金归集账户托管业务也是新形势下稳定存款、留住社保客户的有效手段。需要强调的是，在职业年金基金归集账户托管业务流程中，缴费资金将在市、县两个层级的归集账户中短暂停留，最终归集至省级归集账户。基层行管理的归集账户虽是存款过渡账户，但却是争取省级归集账户的必要基础，只有扩大基层地区归集账户覆盖率，才有实力去争取全省的归集账户，进而为争取职业年金基金托管业务奠定基础。对此，各行必须要树立大局观念，各一级（直属）分行要加强对基层行的统一管理，统筹安排，主动适应职业年金基金归集模式的变化，全力争取各级职业年金基金归集账户开户和基金归集业务。

（三）争取职业年金基金归集账户托管业务是争取职业年金基金托管业务的“先手棋”。从业务开展的先后顺序来看，缴费归集是职业年金基金投资运营的起点，成功取得归集账户托管业务将为后续争取职业年金基金托管业务奠定基础，创造条件。一是职业年金基金归集账户托管银行与其基金托管银行为同一银行，有利于基金在同一银行体系内封闭运行，减少营运环节，节约营运成本，实现基金归集与托管业务流程的无缝对接。因此，社保经办机构更倾向于将归集账户托管银行选聘为职业年金基金托管银行。二是率先获得归集账户托管资格，有利于抢占业务先机，与社保经办机构提前建立业务合作关系，取得先发效应，让客户充分了解我行的综合实力和托管优势，为后续争取职业年金基金托管资格奠定坚实基础。三是有利于提前发现解决我行职业年金业务中存在的瓶颈和障碍，优化业务流程，完善系统功能，提高市场竞争能力。

（四）争取职业年金基金归集账户托管业务是开拓优质客户与市场的有效途径。职业年金基金缴费来源于各级政府部门、机关团体和事业单位及其工作人员，是银行竞相争夺的高端客户。同时，他们既是银行的服务对象，有些也是职业年金业务的监管者。因此，争取职业年金基金归集业务，有利于银行稳定和拓展优质客户市场，提升银行的客户品质和市场影响力。同时，职业年金基金归集账户托管业务覆盖缴费接收、资金划转、信息核对等多个环节，业务受众面广、个人账户多、支付结算量大，借助托管业务能够带动机构金融、银行卡、账户结算、资金汇划、电子银行、个人金融、银行理财等多项业务发展，对机关事业单位等形成更强的协同服务效应，实现以点带面，各项业务全面开花。

二、当前面临的严峻形势

去年以来，在《暂行办法》出台以前，部分省市已经通过招投标方式选择了职业年金基金归集账户开户银行，从竞标结果看，我行面临的形势严峻。

一是职业年金基金归集账户落户现状对我行不利。前期我行在参与养老保险改革合作银行账户竞标过程中，优先以养老保险基金财政收入、支出专户为营销重点，已在24个省区市实现账户开立，覆盖率65%，账户市场占比29%，均居同业第一。各地政府部门在后续职业年金基金归集账户招投标过程中，为了平衡关系，大多选择其他银行，使得我行职业年金基金归集账户市场份额不占优势。据统计，截至目前，全国24个省区市完成了职业年金基金归集账户开户或竞标工作，还有12个省区市未确定开户行。我行仅获得了上海、山东、湖南、湖北、苏州5个省市的职业年金基金归集账户，而中行获得了8个、建行获得了7个、农行获得了6个，在账户数量上，我行排名四行末位，形势不容乐观。

二是部分分行对职业年金基金归集账户托管业务重视不够。去年总行召开职业年金营销工作动员会以来，各行积极落实会议精神，全力开拓职业年金市场。在职业年金业务领域，我行具有全牌照，能够开办受托管理、资产托管、投资管理业务。以前认为在招标时间顺序上受托在前、托管和投管在后，且在受托业务上，养老保险公司对我行构成了强大竞争压力，因此总行在年初提出“首争受托”的工作安排。各行按照总行要求将主要精力放在争取受托业务资格上，是完全必要的，但对职业年金基金归集账户及其托管业务重视则不够。从目前看情况有所变化，职业年金基金归集账户托管招标将安排在受托等业务之前。因此，现阶段各行要将主要精力调整到职业年金基金归集账户托管业务营销上来，全力争取其托管资格。

同时，我们还要看到，职业年金相关的托管业务有两类，一类是在归集阶段的职业年金基金归集账户托管业务，另一类是在投资营运阶段的职业年金基金托管。此前由于职业年金基金归集政策不明确，各行关注的是职业年金基金托管，忽视了职业年金基金归集账户托管，在资源投入、系统研发、产品创新、渠道整合等方面准备不足，服务能力难以满足社保经办机构的需求，且在当地社保经办机构还未明确选聘细则等制度方案时，没有主动参与到相关规则的设计过程中，这些问题的存在也为我们今后争取职业年金基金归集账户托管业务带来很大压力。

三是市场竞争能力有待提升。职业年金基金归集涉及地域广、层级多、工作量大，需要托管银行提供一揽子综合服务。社保经办机构在选择归集账户托管银行时，不仅要考虑银行的托管服务能力，还会考虑银行网点、资金汇划、信息服务及账户利率、托管及其他费用方面的优势，这些都需要行内相关部门协同配合，拿出有竞争性的服务方案。应该清醒地看到，当前我行还没有专门用于职业年金基金归集和信息核对的系统，多数分支机构与社保经办机构的信息往来还处在票据传递、电话传真等比较原始的阶段，在信息系统方面我行并不占优势。

另外，职业年金涉及机关事业单位和员工的切身利益，对基金存款利率水平高度敏感，在接下来的竞标中，各行要提前准备应对方案，综合考虑利弊得失。

三、下一阶段的工作要求

《暂行办法》发布后，各省区市正在制定实施细则，预计今年年底前将陆续选聘职业年金基金归集账户托管银行。根据《暂行办法》，只有具备公募基金托管资格的27家银行才有资格申办此项业务，这为我行提供了重新夺回职业年金基金归集账户主要开户银行的机会。各行必须高度重视，采取有效措施，打好攻坚战，争取更大市场份额。

（一）实行行长挂帅，加大营销力度。职业年金基金归集账户托管业务关系到我行的托管市场份额，关系到我行的市场形象和声誉。各行必须增强紧迫感和使命感，要充分贯彻落实总行战略部署，从服务社会保险制度改革大局，服务全行经营转型和改革创新的战略高度，深刻认识争取职业年金基金归集账户托管业务的重要性。各一级（直属）分行行长是职业年金基金归集账户托管营销的第一责任人，要亲自上门拜访政府领导和主管厅局，通过高层营销争取政府和有关部门的支持。要成立由分管行长负责的专项营销服务团队，统筹安排和部署分支机构的营销工作，分管行长要亲自牵头部署、亲自营销，对重要的竞标活动要亲自出席。各一级（直属）分行要做实牵头部门和基层行的营销责任，要及时与当地社保经办机构接洽，了解职业年金基金归集模式，参与归集账户各项制度的设计与托管银行选聘细则的制定，结合本地市场形势，提供有竞争优势的服务方案，掌握营销主动权，确保市场占比不低于当地可比银行。

（二）明确竞争策略，集中精力争取职业年金基金归集账户托管业务。虽然前期职业年金基金归集账户落户情况对我行不利，但应该看到我行仍有争取空间。一是仍有内蒙古、辽宁等12个省区市未确定职业年金基金归集账户开户银行，这是我行营销的重点区域，所在分行要加大营销力度，力争取得归集账户托管资格。二是在已确定职业年金基金归集账户开户银行的24个省区市中，有的选择了农信社、城商行等不具备基金托管资格、不符合《暂行办法》要求的金融机构，需要按办法要求重新选择归集账户托管银行，为我行进行二次营销提供了机会。三是部分省份有可能改变已确定的全省集中归集模式，转为分散归集模式，即省、市、县均自主选择托管银行并开立归集账户，也为各行提供了营销机会。

职业年金基金归集账户托管银行的选择可能在年底前就要陆续完成，时间比较紧迫。各行要集中精力加强营销，全力争取托管资格。在具体竞争策略上，首先，各行要全力争取省级归集账户托管业务。按照《暂行办法》规定，省、市、县每个层级只能为职业年金基金开立一个归集账户，且市县归集账户资金最终将归集到省级归集账户，省级归集账户“含金量”最高。在省市县分散归集、各层级自选托管银行情况下，各行首先要全力争取省级职业年金基金归集账户托管业务。其次，各级行都需要营销和争揽同级归集账户托管业务。按照《暂行办法》规定，各级社保经办机构（省、市、县）可以分别选择一家或多家归集账户托管银行。各行应认识到，同一省份内不同地区的社保经办机构可能选择不同的托管人。各级分支行要尽快与同级社保经办机构接洽，积极营销和争取本地职业年金基金归集账户托管业务。最后，前期已经取得归集账户开立资格的各分支机构，也要继续做好二次营销工作，主动按照新规调整账户开立方式和业务流程，确保业务不流失。

（三）加大资源投入，提升托管竞争能力。各行要主动与社保经办机构联系，全面掌握本地区职业年金工作进度，深入分析缴费归集的个性化需求，并提出有针对性的托管服务方案。一是要尽快开发满足缴费归集需要的账款信息核对系统，与社保经办机构实现系统直连和信息互联互通，并加强行内系统资源共享。二是在总行政策范围内，适当把握职业年金基金归集账户利率水平，适当减免账户开立、管理和托管费用。三是有针对性地加大其他资源投入，以摊销的角度看待当期成本，以长远的眼光对待未来的回报价值，在依法合规前提下，满足社保经办机构的个性化需求。

（四）加强部门协作，强化业务考核。职业年金基金归集账户托管业务涉及行内多个部门，资产托管部要牵头负责，机构金融、养老金、运行管理等部门要密切配合，形成工作合力，提高市场竞争能力。资产托管部要尽快编制营销服务方案，制定职业年金基金归集账户托管业务实施细则，加强对分行的业务指导和信息交流，加强业务办理情况的考核，推广先进经验，督导后进分行，确保打赢职业年金基金归集账户托管业务的攻坚战。

同志们，职业年金基金归集账户托管业务的营销成败事关市场竞争格局，事关我行的形象和声誉，机不可失，失不再来。希望大家统一思想，提高认识，认真落实会议各项要求，以饱满的精神、严密的组织、有效的手段，全力做好后续营销服务工作，为全行改革发展和经营转型做出更大贡献。

提高认识　统筹协调
全面提升境外机构资产负债管理水平

——在2017年境外机构主要负责人资产负债管理培训班上的讲话

张红力

（2017年10月31日）

很高兴参加境外机构主要负责人资产负债管理培训班的开班仪式。近年来，境外机构资产负债规模稳步增长，利润贡献逐年提升，国际化经营成效日益显现，这都离不开在座各位的不懈努力。当前，国际政治经济环境复杂多变，金融监管日趋严格，资产负债管理在全行国际化战略稳步实施、境外机构价值贡献提升方面的作用愈加突出。总行党委对此高度重视，为此，总行专门组织了这次面向境外机构主要负责人的资产负债管理培训班，主要目的是学习贯彻党的十九大精神、全国金融工作会议精神和易会满书记在学习宣传贯彻党的十九大精神动员部署会议上的讲话精神，落实全行年初、年中工作会议各项工作要求，更好地统一思想、深化认识、应对挑战、提升贡献。下面，我讲四点意见。

一、深刻认识资产负债管理工作的重要意义

（一）完善的资产负债管理是保障国家金融安全，促进集团国际化稳健发展的重要基础。习近平总书记在十九大报告中指出，我们正处在承前启后、继往开来的新时代，正处在日益走近世界舞台中央、奋力实现中华民族伟大复兴中国梦的新时代。报告提出，要在2020年到本世纪中叶，分两个阶段“把我国建成富强民主文明和谐美丽的社会主义现代化强国”。光明前景令人鼓舞，宏伟蓝图催人奋进。同时，居安不忘思危、有备才能无患。国家安全是安邦定国的重要基石，金融安全是国家安全的重要组成部分。总书记在全国金融工作会议上强调，“金融是国家重要的核心竞争力，金融安全是经济平稳健康发展的重要基础”。党的十九大报告提出，“要健全货币政策和宏观审慎政策双支柱调控框架，守住不发生系统性金融风险的底线”。

作为一家国有大型商业银行，切实发挥大行引领作用，维护金融秩序、捍卫国家金融安全是工商银行不可推卸的重要责任和神圣使命。确保境外机构的健康稳定发展是其中的重要内容。截至今年6月末，我行境外总资产已达4 216亿美元，如单独参与排序，在全球千家大银行中排第60位左右。如何管好、用好如此大规模的境外资产，实现资产负债业务的稳健发展和结构优化，既是我行支持“一带一路”建设、推进国际化战略继续向纵深发展的坚实基础，更是维护国家金融安全、促进国有资产保值增值的重大政治责任。资产负债专业承担着平衡优化资产负债总量和结构、有效运用资本和资金、动态调整内外部利率，以及管控流动性风险、汇率利率风险等职责，一方面要贯彻执行国家“双支柱调控框架”的政策要求，坚决守住风险底线不放松；另一方面要勇挑重担、奋发有为，在推进国际化发展中进一步发挥传导总行战略意图、引领境外资产负债业务稳健发展的关键性作用。

（二）完善的资产负债管理是提升资源配置效率，增强国际化价值贡献的内在要求。银行是配置金融资源的企业，跨国银行就要有全球配置资源的能力。随着我行国际化布局基本完成，国际化发展的基调将从外延式拓展转向内涵式发展，要更多地从结构调整和管理提升中要效益。其中，构建与国际化经营相匹配的、完善的资产负债管理体系是重中之重。资产负债工作管得好不好，直接决定了各机构资产负债摆布是否合理、定价是否科学、风险是否可控、盈利能力是否可持续。因此，在具体工作中我们需要将流动性、安全性和盈利性“三性协调”的基本原则有效嵌入经营决策，不断丰富和优化资产负债管理方法和手段，在不同市场灵活运用资本、资金、定价等资源配置工具，努力提高境内外、表内外、本外币资源的统筹配置能力和集中营运能力，筑牢我行参与国际竞争的优势基础，稳步提升国际化经营的价值贡献。

（三）完善的资产负债管理是应对国际金融监管，实现境外机构行稳致远的必要条件。随着《巴塞尔协议Ⅲ》在全球逐步实施，各个国家和地区关于资本充足性、流动性风险、银行账户利率风险等方面的监管标准日趋严格。遵守母国与属地的监管要求，已成为境外机构持续稳健经营的先决条件，但也会不可避免地增加银行管理成本和经营约束。实现监管达标与业务发展之间的平衡既是一门艺术，又是一门科学，完善的资产负债管理体系在其中发挥着关键作用。一方面，通过制订实施合理的资产负债发展计划、资本规划，优先发展高收益、低资本占用的业务，可以有效平衡资本充足率和财务杠杆运用之间的关系，在提升资本使用效率的同时更好地满足资本监管要求。另一方面，通过科学摆布资产负债品种结构、期限结构、币种结构，灵活运用多种管理工具，发挥集团合力，可以有效满足流动性、利率和汇率风险等监管指标，控制合规成本，增进集团整体利益。

（四）完善的资产负债管理是积极防控各类风险，维护国际化经营成果的重要保障。当前全球地缘政治局势正在发生深刻复杂变化，各国政策协调难度加大，国际金融市场持续动荡。党的十九大报告对健全货币政策和宏观审慎政策双支柱调控框架提出了明确要求。宏观审慎政策的主要目的是针对金融行为进行逆周期调节、规避跨市场风险传染，它填补了宏观货币政策和微观审慎监管之间的空白，是对原有金融管理体制的重大完善。与国内机构相比，大部分境外机构面临的经济金融市场更加开放互通，风险外溢、资金流动造成的“市场共振”现象更加突出，更需要我们运用专业化的资产负债管理手段，优化策略组合，提升风险防范能力，巩固发展多年来国际化经营的成果。一是灵活运用资产负债工具组合，优化资金、价格管理机制，加强对资金来源与运用的全方位引导和控制，提高流动性管理效率，更好地应对经济周期波动和流动性冲击。二是不断完善汇率风险管理体系，综合运用限额体系、管理策略、对冲工具等手段，积极防范多币种营运下的汇率风险，实现资本金和留存利润的保值增值。三是深化利率走势分析，强化资产负债匹配管理，前瞻性调整利率风险缺口和重定价期限结构，实现净利息收益率（NIM）稳中有升。

二、境外资产负债管理水平持续提升，为国际化战略顺利实施奠定了坚实的基础

近年来，全行资产负债管理专业的同志们奋勇担当、积极作为，在复杂的全球经营环境下初步搭建了境外资产负债管理制度体系和信息化系统，构建了以市场化为导向的集团内资金交易系统，创新了汇率利率风险管理思路，建立了经济资本“双限额”管理和市场化交易机制。各境外机构迎难而上、开拓进取，坚定不移地贯彻总行政策导向与经营发展理念，资产负债币种、期限和业务结构不断优化，流动性、汇率、利率等风险可控，为全行各项经营目标的实现做出了突出贡献。具体表现在以下几个方面：

（一）境外机构价值贡献稳步提升。一是全球布局和功能建设扎实推进。经过多年的发展，我行已在44个国家和地区建立了分支机构，成为“一带一路”沿线国家和地区分支机构最多的中资金融机构，初步形成横跨六大洲的全球服务网络。二是境外机构资金自筹能力不断增强。截至6月末，境外机构各项存款（不含同业）1 147 亿美元；发行存款证等筹资工具余额632 亿美元。工银亚洲、工银澳门、工银阿根廷、工银泰国等存贷款基础稳固，本地化经营成效显著。三是境外机构价值贡献逐年提升。过去5年，境外机构利润年均增长24%，大幅高于集团利润增速。上半年，境外机构实现净利润13.71 亿美元，较去年同期增长23%。工银亚洲、工银澳门等继续发挥利润稳定器作用。

（二）境外机构流动性风险总体可控。一是境外机构流动性风险指标管控良好，持续满足LCR、集团负债依存度等境内外监管指标要求。二是筹资工具统筹管理改革成效显著。今年以来，在利率上行和中国主权评级下调等不利环境下，香港、新加坡、卢森堡、迪拜等境外筹资中心累计发行100 亿美元中长期筹资工具，发行成本均为可比同业最低水平。其中，10 月初卢森堡分行成功发行21.5 亿美元绿色债券，创下五项同业第一。

（三）境外机构汇率利率风险管理水平不断提高。一是境外机构外汇总敞口基本稳定，币种结构不断优化。6 月末，境外机构外汇敞口236 亿美元，较年初增加26 亿美元。2010 年至2016 年，我行通过动态调整币种结构，合计获取汇兑及汇率产品净收益216 亿元。二是汇率风险管理工具进一步丰富。综合利用人民银行互换资金借贷（CSL）、叙做远期及NDF 业务以及利润汇回等方式实现境外机构资本金的保值增值。2015 年以来，东京分行、首尔分行、万象分行等境外机构已累计汇回利润超过3 亿美元。三是银行账户利率风险管理成效逐步显现。美元加息周期下，境外机构加快资产重定价速度，增加挂钩市场利率的资产占比，资产负债利率风险特性的匹配度进一步提高。截至6 月末，境外机构整体NIM 为1.03%，较年初上升1 个基点；整体ROE 达到11.3%，较年初上升70 个基点。

（四）境外机构资本使用效率稳步提高。一是持续满足属地资本充足监管要求。近年来，境外机构统筹运用各类资本管理工具，有效增强资本实力，确保资本充足率持续满足属地监管要求，并留有合理的缓冲空间。2012 年以来，工银亚洲和工银澳门通过公开市场累计发行资本工具折合170 亿元人民币。二是资本管理的主动性有所增强。截至6 月末，境外机构经济资本占用增幅为11%，较去年同期下降40 个基点，“双限额”的资本压力传导和资产扩张约束效果显现。三是经济资本配置的市场化水平显著提升。2015 年以来，境外机构经济资本限额累计交易金额接近1 000 亿元人民币，实现了经济资本的有序流动和优化配置。

三、日趋复杂的全球经济金融形势下，境外资产负债管理面临更多挑战

近年来，全球经济金融格局逐渐呈现三大趋势。一是经过几年深度调整，全球经济增长动能逐步恢复，未来发达经济体与新兴经济体增速有望进一步加快，但去全球化和贸易投资保护主义逐渐抬头。二是主要经济体货币政策开始从大分化转向大联动，在美国逐步加息、缩表的带动下，英国、欧元区等发达经济体也在酝酿货币政策正常化。三是各国货币政策联动转向与地缘政治冲突多发相互叠加，国际金融市场的波动性和脆弱性进一步加大，全球金融风险逐步抬升。未来一段时期，国际化经营环境的不确定性会更加明显，境外资产负债管理难度将进一步加大，统筹平衡外部风险与内部发展的要求将不断提高。

（一）全球流动性收紧的迹象已现，境外机构必须做好应对经济周期考验的准备。以美国为代表的主要经济体货币政策正常化将对国际经济金融带来挑战，尤其是美联储加息、缩表对全球流动性的累积影响必须予以高度重视。这一风险在加息进程早期容易被大家忽视，但随着流动性不断收紧，融资成本上升的压力有可能轰然而至，对境外机构的经营发展造成较大的负面影响。过去十年，我行境外资产增长了12 倍，业务复杂程度也大幅提升，未来国际经济周期一旦出现波动，对集团的影响可能是巨大的。我行超过一半的境外机构是在2009 年以后成立的，没有经历过金融危机的洗礼，风险防范意识总体上还比较薄弱。特别是部分机构对同业资金依赖程度过高、期限错配缺口过大，容易受到流动性紧缩的冲击。各境外机构一定要对全球流动性逆转保持高度警惕，切实以优化资产负债结构为核心抓手，做好应对经济周期考验的准备，巩固发展来之不易的国际化经营成果。

（二）各国货币汇率波动加剧，境外机构资本金和留存利润保值增值面临新的挑战。境外机构资本金及留存利润的保值增值，始终是集团汇率风险管理的重点和

难点。在全球金融风险抬升和货币政策转向的形势下，部分国家货币汇率容易出现大幅波动。目前我行经营的币种已超过100个，汇率波动对集团财务经营成果稳定性的影响日益明显。特别是部分国家或地区的监管政策要求资本金以当地货币留存，或者限制利润汇回母国，进一步增大了境外机构汇率风险管理的难度。同时，要特别注意汇率风险、利率风险和流动性风险之间的交叉转化、相互传染。当前跨境资本流动活跃，不同国家和市场的关联性增强，全球流动性收紧和风险的跨市场传导容易引发各类风险的交叉传染。当境外机构属地货币出现汇率波动、不同货币的利差扩大时，会引发汇率和利率风险的连锁传染和转化，并加大对流动性风险管理的冲击。

（三）主要货币利率进入上升通道，境外机构利率风险管理难度加大。一是境外机构美元利率敏感性缺口较大。截至6月末，境外机构银行账户一年以内累积利率敏感性缺口为34.30亿美元。在美元加息周期下，按存款利率上升25个基点、债券利率上升15个基点、贷款利率不变的情景测算，境外机构将减少8 000万美元利息收入。二是境外NIM仍处于较低水平。截至6月末，境外机构整体NIM为1.03%，低于2.16%的集团总体水平。其中，发达国家和地区境外营业机构NIM水平普遍较低。三是部分境外机构对短期资金的依赖较大。短期资金对利率的敏感性和波动性要大于长期资金。利率上行期持有过多的短期负债不仅加大了流动性风险，而且要承受负债成本快速上升的压力，甚至可能超过匹配资产的收益。四是利率上行将导致债券资产面临价值重估风险。6月末，境外机构持有债券569亿美元。在美元利率上升的大环境下，期限结构、计息方式、信用等级都会影响债券的估值，境外机构须前瞻性调整债券投资策略，动态把控投资进度。

（四）金融监管日趋严格，合规经营压力增大。

资本充足性方面，一是G－SIBs组别上升加大我行资本补充压力。目前我行在G－SIBs中处于第二组，最低资本充足率要求已升至12%。随着资产规模不断扩大、国际化综合化经营不断推进，我行的得分提高和分组上升是大势所趋。G－SIBs分组每提升一个组别，将增加0.5%的附加资本要求，相当于我行需要增加利润留存730亿元、相当于少发放公司贷款5 024亿元、相当于整个工银亚洲消耗的资本占用。如何有效控制得分过快增长，是我行资本管理亟待解决的重要课题。此外，根据TLAC条款，按照目前国内债券市场发展态势，我国存在触发TLAC规则提前实施的可能，届时我行将面临较大的TLAC缺口和成本压力。二是境外机构资本消耗较快，资本回报水平偏低。6月末，境外及控股机构RWA增量占比接近存量占比的2倍，导致集团口径资本充足率较法人口径低10个基点，RAROC为9.9%，低于集团平均水平8.1个百分点，仅5家成立满三年机构的RAROC水平超过集团平均水平。部分境外机构资产增长的边际收益较低，资本供需自我平衡能力较弱，进一步增大了集团资本管理的压力。

流动性风险管理方面，国内外监管部门对流动性管理要求日趋严格，部分境外机构要同时满足《巴塞尔协议Ⅲ》框架下的全球统一监管规则、属地的个性化监管和以集团负债依存度为代表的母国监管三个维度的要求。LCR标准的逐年提高，NSFR的实施在即，将对银行的资产负债结构形成较大约束。境外机构亟须进一步提高流动性管理能力，以在满足监管要求的同时，尽量减少流动性风险管理成本。

银行账户利率风险管理方面，《巴塞尔协议Ⅲ》新标准已将银行账户利率风险（IRRBB）监管要求提升到“加强的第二支柱”。目前已有9家境外机构所在国家和地区提出了IRRBB的监管要求。随着新标准的逐步落地，各国监管要求将进一步提高，监管范围也将进一步扩大，境外机构银行账户利率风险管理将面临新的考验。

（五）境外资产负债管理队伍建设仍需进一步加强，资产负债集团化管理亟待提升。一是部分境外机构经营风格比较激进，与总行稳健的经营理念和风险文化存在较大偏差。主要表现在一些境外机构资产扩张速度过快，同业资金依赖程度过高，片面追求短期利润增长，缺乏长远发展规划。二是部分境外机构资产负债管理职能较为分散。一些境外机构缺乏资产负债管理的牵头部门，不能从全局角度进行统筹管理，不能综合平衡各方利弊，不能从本机构整体以及集团全局角度去思考和解决问题。三是资产负债管理人员业务能力参差不齐。部分境外机构相关管理人员缺乏必要的专业技能和经验，尤其缺乏敏锐的市场应变能力，难以对潜在风险事件加以前瞻性的分析和应对，不能适应资产规模持续扩张、业务结构日趋复杂的专业化管理需要。四是部分管理人员保密意识亟待提高。资产负债管理是我行发展战略的重要组成部分，部分内容还涉及我国监管动向和金融安全，需要境外机构负责人具备高度的政治责任意识和保密意识。尤其是境外社会环境相对复杂，手机、电子邮箱、社交平台等都可能成为信息泄露的途径，部分境外机构对于员工的保密教育仍显不足。

四、进一步明确境外资产负债管理的总体方向与举措

“明者远见于未萌，智者避危于无形”，资产负债管理工作就是要从细微之处观全局、从未见之中察大势。在各种内外部约束条件下，如何全面发挥资产负债管理职能，关系到集团国际化战略的实施效果。在年初、年中工作会议上，董事长指出境外机构在经营管理中要加强对国际国内金融市场的研判，增强风险防范的预见性和敏锐性，积极应对流动性、利率、汇率等市场

风险；境外机构要突出国际化4.0“提质增效”这个核心目标，进一步明确发展定位和主攻方向，勇挑重担，提升对集团的贡献度。接下来，全行上下需要以“一盘棋”的思维，牢牢把握境外资产负债管理的总体方向，抓好七方面关键工作。

（一）进一步明确境外资产负债管理的总体方向。境外资产负债管理须秉持安全性、流动性和盈利性“三性协调”原则，全面贯彻“提质增效、转型升级”的国际化4.0任务要求，认真落实总行各项资产负债管理政策，从“重规模”转向“优结构”，在符合当地监管和总行经营导向的前提下，紧密围绕激发经营活力、增强市场竞争力、提升风险控制力这“三力”目标，通过完善管理制度框架，运用多种管理工具，对表内外资产负债的规模、品种、期限和风险等进行有效管控，持续优化资产负债结构，提高资本使用效率，实现境外机构各项业务的稳健发展和对集团价值贡献的稳步提升。

（二）进一步加强境外资产负债管理的七个“关键”。第一，关键要牢固树立三个方面的意识，充分发挥资产负债管理的全局性作用。一是增强大局意识。要站在维护国家金融安全的高度，全面落实货币政策和宏观审慎政策双支柱调控要求，以高度的责任感和担当精神，立足长远发展，坚持稳健经营，坚守风险底线。要深入理解和贯彻总行各项资产负债管理政策，坚决服从总行指令、主动协作兄弟机构，形成集团合力。总行会通盘考虑、全面协调，平衡各方利益关切，调动各机构的积极性，推动境外机构资产负债的整体摆布和科学配置。同时，资产负债调控和管理是全局性、引领性工作，需要一把手的宏观部署和全局把控，指挥协调各部门一致行动，对本机构的资产负债表进行科学调配，决不能做甩手掌柜，造成各部门自弹自唱。二是培养“三性协调”意识。安全性、流动性和盈利性相互协调是各机构负责人在抓业务、做决策过程中首先要铭记于心的基本原则。其要义在于统筹兼顾、协调平衡，通过对表内、表外资产方和负债方在风险与收益上的综合调配，来实现安全性与流动性约束下的盈利最大化。“三性协调”原则是一个动态调整的过程，不同经营环境下、不同发展要求下，可以有所侧重、适度调整。在经济处于上行期，资金来源充足、流动性较好的情况下，可以侧重于考虑盈利性的要求；在经济周期下行阶段，风险因素增加，就要侧重于保持流动性和安全性。但总体而言，商业银行是经营和管控风险的机构，稳健安全的经营风格是商业银行的天然基因，各机构负责人在推动业务发展时务必要考虑流动性、安全性这个大前提。三是严守保密意识。境外机构主要负责人是本单位保密工作的第一责任人，要切实贯彻执行总行保密工作要求，决不能“摆样子、走过场”。境外机构的信息系统决定了大量行内敏感信息需要通过行外电子渠道传递，控制信息知悉范围的难度也大大增加，同志们务必保持高度警惕。对于资产负债管理等涉密较多的工作岗位和人员要加强保密教育，采取一切必要的安全保密措施，并定期开展保密自查。

第二，关键要合理控制资产规模增速，向资产结构调整要效益。当前，全行国际化发展重点已经从主要依靠规模扩张转向提升价值贡献的内涵发展模式，各境外机构务必放下速度情结，合理把握资产扩张的边界，更多从资产结构转型中提升效益。一是减少低收益资产的盲目扩张，将有限的资金和资本用到综合贡献较高的项目中去。中长期贷款要重点关注“一带一路”“走出去”项目和RAROC较高的项目，同时稳健发展期限较短的国际贸易融资业务，与期限较短、稳定性不高的负债来源相匹配。二是提升债券投资策略的前瞻性，加强对债券投资的分类管理。确保作为优质流动性资产（HQLA）的债券持有量符合LCR等流动性监管指标要求；适度控制非HQLA的债券投资规模，密切关注美联储加息、英国脱欧等重大事件进展，动态调整投资交易策略，保持非HQLA债券投资收益具有可比优势。三是继续发挥境外簿记中心和全球资产交易平台的作用，拓宽集团境外资产集中、分散、转让的渠道和手段，降低境外机构资本金补充压力，提高集团整体收益水平。

第三，关键要着力丰富资金来源，在优化负债结构中夯实发展基础。一是努力推进客户存款工作。低成本稳定存款既是流动性管理的坚实基础，也是盈利能力的有效保障，持续扩大存款基础对全行国际化的可持续发展至关重要。境外机构要高度重视存款工作，特别是外汇存款资源较为丰富的机构，要进一步加大投入力度，深入研究客户行为偏好和资金流向规律，发掘引存增存工作的有效抓手，不断扩大客户存款基础。二是充分利用集团高评级优势，借助国际资本市场，适时提前储备中长期流动性。总行将持续推进境外筹资工具统筹管理改革，不断完善境外筹资中心建设。各筹资中心要积极配合总行，集中、有序地为全集团筹资，不断扩大投资者基础，降低筹资成本。三是充分发挥集团全球布局优势，提升集团内资金的运营效率和运作收益。总行将进一步完善与境外机构之间资金往来的规模和定价管理，既从全局上把握集团流动风险、支持境外机构业务发展，又引导境外机构提升资金自求平衡的能力。境外筹资中心和境外资金交易中心要承担相应职责，有义务为兄弟机构，特别是向因客观因素导致外部筹资困难的机构提供必要的资金支持。

第四，关键要提升科学定价能力和资本管理能力，持续提升国际化经营对全行的价值贡献。一是要着力加强内外部定价的科学化、精细化管理，努力提高NIM水平。我行规模较大的境外机构基本分布于利率市场化已经非常充分的市场，越是这样的市场，对定价能力要求越高。各机构务必坚持风险定价原则和客户综合贡献原则，把握好控成本与稳收益的关系，加强对利率走势的前瞻性判断，具备条件的机构要加大FTP的运用，不断提升市场定价能力。二是要优化资本补充方式，合理控制表内外风险加权资产增速。各境外机构要提升自身资本补充能力，优先通过公开市场发债补充资本，减少对母行的资本依赖。确需通过总行增资来补充资本的机构，要充分考虑资本成本因素。总行将继续加强对境外机构的经济资本考核力度，结合盈利能力和资本回报水平，增强对境外机构资产业务规模的统筹规划和监测指导。三是要切实抓好G－SIBs得分控制工作，避免附加资本要求快速上升。境外机构要科学制定资产业务发展规划，做好年末资产规模控制，策略性降低计分时点各类资产余额，加强金融资产结构摆布，提高优质流动性资产的比重。

第五，关键要守住风险控制的底线，保持业务拓展与风险防范的动态平衡。一是流动性风险管理方面，境外机构切忌单纯追逐短期盈利而忽视长期风险，要合理控制资产增长速度，优化调整资产负债久期结构，避免资金缺口在短期内过于集中。要持续提升资金自筹能力，夯实本地化经营基础，降低对集团资金的依赖程度，坚决保证LCR、NSFR、集团负债依存度等境内外监管指标达标。二是汇率风险管理方面，境外机构要增强汇率风险管理的主动性，牢牢抓住资本金和留存利润保值增值这个关键，积极落实总行管理策略，抓住利率汇率联动的内在机理，灵活利用各种交易工具，对冲汇率风险。对于确有增资需求的机构，要科学设计增资方案，最大限度控制外汇风险敞口增长。要在监管许可的前提下积极汇回利润，防范汇率大幅波动吞噬经营利润。三是银行账户利率风险管理方面，境外机构要切实认识到美元进入加息及缩表周期对全球市场的中长期冲击，着力提高利率风险管理的前瞻性，积极吸收中长期存款，降低美元负债到期再融资风险，结合利率走势优化利率缺口结构，根据境内外监管规定和总行管理要求，建立健全本机构利率限额管理体系，切实降低利率波动对净利息收入和资本净额的影响。

第六，关键要完善境外机构资产负债的管理机制，促进资产负债管理的规范化、制度化。一是要积极落实总行对境外资产负债管理的发展规划。境外机构要认真对照总行印发的《关于加强境外机构资产负债管理的指导意见》，细化落实方案，切实加强对各类监管指标和总行限额指标的监测和管控，有效执行总行下发的年度资产负债发展计划。二是要加快完善本机构的资产负债管理架构。境外机构要进一步健全资产负债管理相关审议决策流程和报告路径，明确资产负债管理职能部门或牵头部门，配备与自身业务规模和复杂程度相匹配的专职或兼职资负管理人员，不断充实资产负债管理职能。三是要充分发挥专业评价和检查监督的督导作用。总行将制定实施管理办法，对境外机构资产负债管理的有效性进行年度评价，并将评价结果作为境外机构相关负责人的重要考核依据。总行将进一步加大检查力度，在常规检查基础之上，充分利用境外资产负债管理平台，提高指标监测频率，并针对流动性风险、市场风险等重点领域开展专项现场检查，及早发现问题，指导被查机构有针对性提升风险防范能力。

第七，关键要着力加强人才队伍建设，全面提升境外资产负债管理人员的专业履职能力。总行已制订加强境外资产负债管理队伍建设的方案，着力打造一支“集团意识牢固、担当精神突出、专业能力过硬、市场应对敏锐、风险把控稳健、三性平衡到位”的全球资产负债管理人才队伍。境外机构要积极配合总行政策部署，做好相关工作落实。一是总行将进一步强化资产负债管理人才的培养与输出。突出对外派管理人员和业务骨干的专业对口要求与针对性培养，扩充境外资产负债管理人才储备库，逐步建立成熟的境外资产负债管理专业人才任用体系。境外机构要加强资产负债管理岗位规划，使人员数量和专业能力与机构资产规模、业务复杂程度相匹配，做到岗位分工明确、职责清晰，切实提升管理效率。二是总行将进一步加强培训力度，实施分层次、全方位的系统专业培训。今年总行已经面向境外机构主要负责人、资产负债业务分管负责人和主管、业务骨干组织三次了现场培训，这种面对面的培训和交流以后还会持续开展。总行还将采取网络教学、送训上门、工作交流等多种形式开展常态化培训，着力提升境外机构资产负债管理人员的专业能力，以及对总行风险偏好、资产负债制度的理解和熟悉程度。三是境外机构要结合自身经营实际，扎实做好专业培训工作。不仅要积极安排人员参加总行培训，而且要加强机构内部培训，有效传导总行培训内容，提升培训效果，强化本机构员工对总行经营理念、管理制度的理解和落实。

同志们，习近平总书记在党的十九大报告中指出，“中国开放的大门不会关闭”“中国将积极促进‘一带一路’国际合作，支持多边贸易体制，推动建设开放型世界经济”。国际政治经济形势虽然复杂多变，但是中国创新对外投资方式、加快培育国际经济合作的改革开放步伐仍将稳步迈进。工商银行的国际化发展在服务国家“一带一路”战略布局、推进贸易强国建设过程中必将发挥更加重要的作用。希望各机构负责人深刻学习领会党的十九大和全国金融工作会议精神，认真落实总行党委的各项要求，以饱满的工作热情和昂扬的精神状态，科学谋划、积极推进本机构资产负债管理工作，为顺利完成国际化4.0阶段任务、全面推进工商银行经营转型与改革发展做出更大的贡献。

坚持改革创新　巩固管理基础
构筑价值型运行管理体系新优势

——在中国工商银行运行管理工作会议上的讲话

王敬东

（2017 年 1 月 18 日）

这次会议的主要任务是，贯彻落实全行改革发展研讨会精神，全面总结 2016 年运行管理工作，研究部署 2017 年改革发展任务。下面，我讲几点意见。

一、运行管理为全行改革发展做出了积极贡献

一年来，各级运行管理部门围绕全行改革发展战略部署，按照安全、创新、管理六字方针，强化风险过程控制、优化业务运营流程、深化集约运营体系建设，全行运营质量效率明显提升、运营管理基础更加巩固，为新常态下全行转型发展做出了积极贡献。

（一）运营风险过程控制继续强化。2016 年全行内控案防形势异常严峻，各类风险严重冲击金融体系安全。全行运行管理专业把安全运营作为全年工作的重中之重，积极应对、主动作为，严密基础核算领域管理，确保了各项业务平稳运行。

内部账户挂账监控管理扎实推进。全行上下坚持问题导向和风险导向，从内部账户挂账、数据变更、账表平衡等多方面、多环节综合施策，确保有效的内部账户核算管理和实质上的账平表对。经过一年的努力，构建起集规则制约、流程管控、模型监测为一体的内部账户挂账监控管理体系，实现挂账管理的事前防范、事中管控、事后揭示。建立内部账户销账和账龄管理机制，先期在第三方支付、POS 收单等业务应用，将日均发生额 30 多亿元的资金纳入有效管控，确保账户资金流转清晰、完整、可追溯。研发以日常监测与定期监测相结合、事前监测与事后监测相结合的内部账户监测模型，核算规则类模型触发的风险事件不断下降，数据分析类模型风险识别能力稳步提升，全年有效识别长期挂账、违规垫款、账户混用、记账串户等各类核算风险 400 多亿元，清理挂账金额 43.6 亿元。全行完成清理无效冗余账户 228 万个，内部账户核算效率和质量明显改善。

网点运营风险分级管理全面实施。按照“全面覆盖、分类管理、动态监控、分工协作”的总体思路，全面实施网点运营风险分级管理，重点推进高风险网点治理，取得阶段性成效。分级指标体系持续优化，形成网点运营风险的立体画像，为各级机构强化网点风险管理提供有力支持。对全行网点按季实施分类评价，建立有效的分层负责和分级管理机制，充分发挥管理合力。按照网点分级结果，对网点负责人诫勉谈话 1 500 余次，调整超过 100 人，高风险柜员实施待岗学习或调整岗位 300 余人，撤并高风险网点 33 家；年初被评定为 D、E 类的 1 063 家高风险网点各项量化指标均有改善，其中 391 家网点已连续多期保持在 C 类以上。网点基础薄弱状况得到较大改观，应对复杂风险冲击的能力有效提升。

银企对账管理改革取得明显成效。遵循风险导向、分类管理的原则，调整对账范围、方式、对象和重点，实施与账户风险程度相匹配的对账策略，重构银企对账管理体系。12 类监控模型锁定异动、异地、可疑等高风险账户，面对面账单月均数量由 12 万降至 2 万，对账重点更加突出；三新（新开户、新注册网银、新更换预留印鉴）异动类账单回收周期由 30 天缩短至 5 天，对账时效大幅提升；累计识别 2.9 万个账户存在多套印鉴、虚假地址等重大隐患，及时采取增强尽职调查、限制支付等管控措施，实质性风险防控能力明显增强；网银对账、自助对账等电子账单占比由 40% 提高至 80%，银企对账成本显著降低，实现了银企对账工作的提质增效。

业务运营日常风险管理不断加强。按照全行“十大重点领域和关键环节”风险治理要求，采取针对性措施主动加强管理。修订印发单位结算账户、事权划分、现场管理、会计档案等多项制度，为规范业务核算行为、强化风险管控提供了制度保障。精简整合 27 类重要空白凭证，对储蓄存单实施强制授权和区分大小额的硬控制，清理分行特色核算印章 1.2 万枚，核算要素管理进一步强化。完成电子验印嵌入柜面和集中处理流程改造，实现印鉴核验和账务处理的联动控制，支付结算风险防控能力明显增强。新研发部署 57 个模型，及时识别化解飞单、员工异常行为等风险隐患。坚持季度运营风险监测通报与重点领域专题分析相结合，北京、浙江、重庆等分行围绕网络借贷、非法集资、电信诈骗

等主题，深入揭示风险管理薄弱环节，联合相关部门开展风险排查和综合治理，第三方支付、P2P平台、财智卡等20余类关键环节风险得到有效治理，闭环管理成效显现，全行内部风险暴露水平控制在万分之2.60的良好水平。

（二）业务运营质量效益明显增强。柜面业务流程优化加快推进。组合服务流程改革运用模块化设计理念，合并公共处理流程，实行交易信息共享，是对传统柜面交易体系的一次革命性重构。全行上下按照统一部署，统筹推进系统研发、制度建设、推广应用等工作，强化改革监测、现场推动和重点督导，新模式覆盖个人柜面业务量的74%，交易替代率98%。全新的交易并行处理机制有效精简了签字、输密码等环节，为客户提供了方便快捷的一站式服务，客户体验明显改善；采用网页式设计、菜单式导航和购物车处理方式，实现了交易智能定位，简化了柜员操作，受到基层网点的普遍欢迎；柜面身份核查、远程授权次数和凭证纸张用量明显下降，网点运营成本得以降低。凭证预约配售改革全面完成，凭证预约出售率、集中配售率分别达94%、82%，建立起客户线上线下多渠道预约和后台集约化处理的凭证配售模式，简化了柜面业务流程，加强了要素风险控制，客户服务体验进一步提升。业务交易统一管理机制和统一运行标准有效建立，实现了交易从准入到退出的全流程管理，全行柜面交易的规范化管理水平稳步提高。

业务集中运营管理不断强化。开展业务处理中心分类评价，重点提升集约运营、质量管理、效率管理、服务支持、创新发展五项能力，后台中心集约运营质量效率和安全水平稳步提升，集中处理平均耗时减少了28%，网点退回率下降了27%。加大了OCR、二维码、学习库等技术在集中处理流程中的应用，凭证要素信息的自动识别和历史交易信息的复用进一步精简了人工录入操作，业务直通率提高至83%。广西、福建、贵州等分行针对辖内授权机构业务量不均衡、不饱和的情况，组织实施省行或跨地区集中远程授权，人日均授权量提升了17%，人员释放率达20%，进一步提高了授权规模效应。

现金营运管理水平持续提升。全行本外币现钞、贵金属、自动柜员机集中运营扎实推进，实现了19.3万亿元、占比92%的现金集中清分整点，900多种、4 800吨贵金属实物的统一保管配送，近10万台自动柜员机、5万亿元现金的集中装卸钞，累计完成现金收付量40.8万亿元，为各项业务开展提供了重要服务支撑。款箱物流管理系统在全行推广应用，利用射频技术实现了款箱调运流程的信息化管理，现金实物调拨效率和安全管理水平显著提升。质押品代保管业务管理进一步强化，制定了业务管理办法，明确了质押品实物流转各环节的系统控制、信息核验和交接保管等管理要求，确保实物票据保管风险得到有效控制。落实人民银行要求，湖北、上海、吉林等18家分行承担并顺利完成2016年纪念币预约发行工作。

参数集中管理效能充分发挥。境内外参数一体化管理有序推进，制定参数设计、版本推广、应急管理等专项制度，建立涵盖主机与外围、境内与境外的参数运行标准，推进境内外参数管理系统功能与流程控制的有机融合，实现集团参数运营在标准、流程、风控等方面的规范统一。参数安全管理持续加强，实行参数管理人员指纹认证和参数数据加密管理，参数岗位制衡机制得到有效落实；实施补充计息额度授权控制和分级审批管理，有效规范补息行为，确保全行付息成本有效控制和经营成果真实准确反映。年终决算参数管理、系统测试、账务核查、损益结转、报表反映等工作圆满完成，保证了年终决算的安全高效。

（三）集团服务支持水平大幅提升。资金清算服务能力明显增强。通过统一清算制度、完善清算流程和清算标准，全年清算业务运行安全高效。清算平台建设纵深推进，实现了境外美元和欧元清算系统功能自主研发。互联网金融跨境清算机制建设成效显著，紧密融合线上支付场景，依托我行清算网络，提供持续支付、高效直通、合规安全的跨境清算保障，有力地支持了跨境电商、代理支付机构清算业务的发展。人民币跨境清算能力不断提升，全行为服务亚洲基础设施投资银行、境外中央银行等国际金融机构提供了优质的清算安排。清算产品更加丰富，具备了通过单一币种清算账户，提供全球130个国家、118种货币的跨境支付服务的能力。工银速汇产品实现网点柜面、网上银行和手机银行全渠道覆盖，进一步拓展了跨境汇款业务。

金融市场后台建设不断加强。支持全球范围交易、投资、融资的金融市场运营管理平台（GMO）在总行成功投产，形成了标准统一、控制严密、运行集约的金融市场后台运营体系。同业业务专营流程改革效果明显，全行按照“集中核算、风险可控”的监管要求，重新构建资金拆借、定期存款、买入返售等六大类同业业务流程，实现上收至总行集中运营。通过加强债券集中代保管和代理结算、优化境外托管布局，进一步降低了债券交易成本，提升了债券结算效率。资产管理和私人银行业务后台建立了产品估值、净值核对、信息披露全流程标准化的业务运营机制，增强了金融资产服务业务的支持保障能力。

系统服务支持能力持续提高。搭建涵盖二维码准入、生成、跟踪、退出等全生命周期的统一管理平台，实现全行各业务条线二维码应用标准、控制模式、服务流程的统一规范管理。在新疆霍尔果斯投产离岸模式的人民币业务分账核算系统，支持自贸区离岸金融业务创新需要。在同业中率先完成与中央银行会计核算系统的直连改造，全面实现缴存存款、备付金对账等业务的直通处理，进一步发挥我行“一点接入”在资金集约管理、清算效率、风险控制等方面的优势。

海外运营支持管理持续加强。通过推广系统、统一流程、完善机制等措施，境内外运营一体化管理格局基本形成。组织3家新设机构完成FOVA上线及投产准备，支持5家境外机构接入本地清算网络，完成境外机构351项优化需求，有效支持全球化布局和业务创新需要。完善区域总部运营管理职能，建立对口支持工作机制，运营管理组织体系趋于完善。投产运营支持管理平台，实现境外机构运营效率和运营质量的有效监测和量化评价。成功试点营业网点导航式操作模式，有效满足境外员工对语言、操作习惯等方面的差异化需求，操作效率得到提升。统一账户开户及协议签订流程，实施与反洗钱系统的对接，完善利率、汇率报价参数硬控制机制，重要业务环节的风险管理水平明显加强。

过去的一年，全行运行管理人员以改革的精神、创新的理念、科学的方法，圆满完成了各项工作任务，为运行管理在更高起点上谋求新发展打下了坚实基础。在此，我谨代表总行党委，向一年来付出艰苦努力的广大干部员工致以诚挚的感谢和慰问！

在肯定成绩的同时，我们也要清醒地看到，运行管理还面临诸多挑战，主要表现在：经济新常态下各类风险因素交织传导加大了运营风险管理压力，基层行违规及屡查屡犯现象仍然存在；服务渠道加快从银行柜面向网络平台迁移，业务运营服务模式亟待转型；金融全球化推动着境外业务创新发展，集团运营服务支持能力有待增强。准确把握这些趋势特征并有效应对，强化理念创新、模式变革和技术应用，是我们今后工作的重要任务。

前不久召开的改革发展研讨会围绕全行改革发展的重大问题，提出了解决的思路举措，明确指出要坚持以质量和效益为核心、以改革创新和经营转型为着力点，为运行管理的改革发展提供了根本遵循；要严守风险底线、打造安全银行，为继续强化风险过程控制明确了工作方向；要加深内外联动、提升境外业务竞争能力，对构建境外集约化运营体系提出了现实要求。运行管理专业要认真贯彻会议精神，增强大局意识、服务意识，深挖内部潜力、突出价值创造，为全行稳健经营和健康发展提供有力支撑。2017年运行管理工作的总体思路是：坚持运营集约化、管理一体化的方向，统筹境内与境外、效率与安全、质量与效益的协调并进，持续推进运营改革创新、不断夯实运营管理基础，确保业务核算高效、流程融合共享、风险管理科学、服务支持有力。

二、以锐意创新为引领，加强流程建设、提升服务水平

运行管理要把握金融科技发展新趋势，依靠技术手段创新、业务流程创新和运营模式创新，切实改善客户体验、提升服务品质、增强服务效能，实现服务价值的最大化。

（一）应用信息技术推动运营服务升级。金融科技的重大突破正在为全行改革发展提供新的动能，运行管理要着力推进前沿信息技术在业务运营领域的应用。

应用生物识别技术，加强身份认证管理。要在人脸识别技术试点的基础上，加快个人客户身份认证手段创新，进一步拓展“人脸识别＋身份信息联网核查”增强型身份认证模式的应用范围；在强化开户源头风险管理的基础上，简化中小企业开户流程，实现账户产品一站式办理，满足中小企业客户的账户服务需求。要改进自动柜员机密码钥匙管理模式，采取“指纹认证获取动态密码、密码使用与任务绑定”模式实现系统硬控制，取消物理钥匙密码保管、交接等环节，从根本上保障装卸钞人员身份认证和双人开闭锁等内部控制措施落实到位，提升管理效率和安全控制水平；试点分行要根据总行统一部署积极做好锁具采购、指纹录入等工作，确保上半年完成试点应用；全行要在总结试点经验的基础上，下半年启动推广工作。

应用物联网技术，加强实物物流管理。要积极探索信息技术手段应用，着力推进贵金属、代保管贵重物品、业务凭证等实物的信息管理和物流过程的系统管控。要改进贵金属实物管理模式，基于物品识别技术实现对不同规格实物的标准化、信息化管理，通过移动作业模式实现实物交接、盘点的批量识别和自动核验，有效解决当前贵金属实物管理难度大、风险防范难、服务效率低的问题。

关注区块链技术，参与数字货币工程。要主动参与人民银行数字货币建设，积极研究数字货币发行对商业银行的影响，提前开展我行数字货币应用体系的顶层设计；按照人民银行计划要求，加快数字货币模拟环境建设，按时完成发行、回笼、支付、清算等全业务流程的试运行任务；密切关注数字货币代理发钞模式的动向，积极争取发钞行资格，努力赢得市场先机。全行要加强数字货币底层的区块链技术研究，密切关注新技术在票据、汇兑等方面的创新应用，努力用技术创新加快传统业务的升级改造。

（二）持续推进柜面运营服务模式创新。要以提升服务效率、改善客户体验、节约运营成本为目标，协调推进组合服务、双屏交互、柜面运营无纸化三项改革与内部工作流程标准化，增强柜面服务能力。

全面完成组合服务流程改革。组合服务流程改革是我行提高柜面服务质量效率的基础性改革，全行要按照改革总体目标和工作部署，全面完成改革任务。要加快组合服务新模式研发进度，确保上半年将业务范围覆盖至全部高频交易。要集中力量做好新模式推广应用，保证新模式交易对旧交易的全面替代；充分发挥组合服务的优势，促进改革成效充分释放。要坚持以客为尊的服

务理念，加强客户服务引导，为办理多种业务需求的客户提供柜面一站式服务，促进网点客户服务水平持续提升。

全面构建双屏交互运营模式。要通过在柜面应用双屏交互终端，面向客户回显业务信息、引导客户参与业务过程，有效增强业务处理透明度，防范操作风险，改善客户体验。各行要按照总行统一部署，采取先试点后推广的策略，科学制订辖内实施计划，做好双屏交互终端的配备。要重点做好对客户电子签名、U盾交接等关键交互环节的指导，帮助客户快速适应新交互方式，确保改革顺利实施，力争年底前全面完成推广任务。

启动实施柜面运营无纸化改造。要应用柜面双屏交互和电子手写签名技术，以个人业务为切入点，实施柜面服务全程无纸化、业务档案数据化改造，推动柜面操作模式、服务流程和管理机制创新，构建无纸化、轻型化、高效能的柜面运营服务模式。通过统一个人客户业务回单格式和内容，在柜面实施业务凭证和回单的分离改造，为个人客户提供多渠道的电子回单查验、打印服务；运用双屏交互终端采集客户电子手写签名轨迹，实现业务信息全程电子化采集、不落地传输和数据化归档，有效精简现有纸质凭证打印、扫描、轧账及存储等环节，提高柜面运营服务效率。要深入基层和一线广泛开展业务调研，加强顶层设计，明确改革的总体要求、重点任务和优先顺序。要充分评估无纸化改造对客户服务、内部管理等不同层面的影响，稳妥做好改革的试点和落地实施工作，确保新旧流程平稳过渡。三项改革环环相扣，要坚持高标准要求和守风险底线相统一，抓工作进度和抓责任落实相结合，深化改革和解决问题相促进，增强改革的系统性、实效性。

着力推进内部工作流程标准化建设。要以效率为导向，全面规范网点班前班后工作内容，构建一套贯穿营业始终、涵盖服务全过程的标准化柜面内部工作流程。要通过建立统一的班前待办事项操作引导视图，提升网点营业前准备工作效率。通过建立业务帮助视图和营销指引视图，实现柜面服务的实时指引，强化柜员服务规范性和专业性。通过建立个性化定制的班后操作视图，整合日终各项检查控制功能，加强网点柜面风险防控能力。要做好项目整体规划，力争在年内实现全行推广应用，改善柜员操作体验，提升柜面业务标准化、规范化水平。

（三）实施线下业务运营流程对接改造。要适应移动互联时代客户金融服务需求升级和交易行为习惯变化趋势，充分运用线下运营资源综合优势，做好线下服务对线上业务的有序承接、无缝对接，构建线上线下流程规范统一、信息融合共享的客户服务流程，推动网点渠道加快转型，增强多渠道协同服务能力。要结合不同的产品属性、业务场景及客户需求，做好线下交易对线上申请、线下交割对线上交易的支持，从客户使用广泛的现金存取、账户开立、网银注册、贵金属购买等典型业务场景入手，实施线下对接流程改造，建立服务信息在不同渠道间的互联互通机制，实现客户需求在线上线下间的高效衔接。要根据客户金融消费习惯，建立“网点柜面交接”与“物流配送交接”相结合的线下实物交接模式，利用行内物流资源或第三方直配方式，为客户提供更加便捷高效的实物交收服务。要依托网点和后台中心等线下运营资源，集中为全渠道客户提供在线帮助、智能推荐、任务分派、资源调度等运营服务，实现运行资源按需按时分配，进一步提高资源利用效率、提升客户服务水平。

三、以强基固本为宗旨，加强风险管理、实现安全运营

运行管理要始终坚持过程控制理念，继续保持风险防控的主动性和前瞻性，根据新的风险形势和特征不断完善风险管理机制、流程、手段、工具，切实把控实质性风险，保障全行业务运营安全。

（一）加快推进内部账户挂账监控管理。要继续加强重点挂账账户核算管理及流程管控，扩展销账和账龄管理的应用范围，丰富内部账户挂账监控模型；充分利用销账机制和模型预警，加大挂账监测分析力度，提高核查的有效性，准确识别与控制挂账风险。要健全内部账户核算管理制度，明确账户核算规则、完善挂账管理机制，并确保制度有效落地，提高内部账务核算规范化管理水平。要建立业务台账与核算账务的核对机制，实施信用证等资产类业务跨系统信息共享和联动控制，实现实质性的账平表对。要加快内部账户管理系统及运营信息推送平台建设，实现挂账风险集中监测、信息传递、沟通反馈、及时处理的良性循环。各行要切实加强存量挂账的清理和新增挂账的管理，加大对重点问题的整治力度，通过多措并举，实现全行内部账户核算层次有效压缩、账户数量大幅精简、长期挂账明显下降、违规挂账基本消除，内部核算管理统一规范，完成全行账务核算管理“两年根本改观”的任务目标。

（二）全面深化网点运营风险分级管理。各行要继续抓好网点运营风险诊断、高风险网点治理转化和审核验收机制的落地实施，促使基层行更加注重网点风险管理的整体改善和长期提升。各行要对D、E类网点逐一建立管理档案，形成网点风险管理的动态视图，全面反映网点风险冲击和内部管理的变化，密切跟踪网点风险治理结果和管理成效。各行要对分级结果由D类提升至C类以上的网点，建立严格的验收流程和标准，采取非现场监测与现场检查相结合的验收方式，对网点发展理念、合规文化、基础管理等方面开展全面评估，确保高风险网点退出的真实有效。各级机构、各相关部门要全面强化分级结果应用，落实管理责任，力争形成全员参与、全程控制、主动管理、综合治理的风险管理

氛围。

（三）不断强化重点运营环节风险管理。要结合人民银行单位账户管理的政策变化，从制度、系统、流程等方面提前做好应对准备。要加强网点现场管理，综合采取资格准入、履职推送、量化考核等手段，提升现场管理人员的实质风险识别能力和重要事项审核质量，确保网点业务真实性管理到位。要继续加大业务运营重点领域和关键环节的检查力度，不断优化智能督导定位规则，加快应用非现场检查模式，突出检查前样本的重点筛选和检查后问题的分析总结，提升检查的针对性和有效性。要持续开展风险导向的分类对账管理，严格同业、异地、异动等账户的对账管理要求，提升对账人员的风险识别分析能力。要推动对账识别与模型监测识别的风险信息共享，对多次确认风险事件、频繁触发模型以及对账识别的高风险账户，要联合相关部门组织全面排查和有效治理，发挥闭环管理成效。

（四）不断提高金库运营安全服务水平。要进一步强化现金实物安全管理，严格金库功能分区管理，将自助设备备钞场地纳入清分区管理，应用指纹门禁实现区域物理隔离和进出人员的身份硬控制，加快自动柜员机一键式远程清点查库的推广应用，确保钞箱账实相符、库款安全；严密金库安防管理，确保库区放置的监控主机柜及时落锁、金库关键区域监控探头全覆盖、库区监控采用黑屏加密技术。要按照全面覆盖、分类评价、动态调整、持续提升的原则，组织开展金库分类评级管理；注重发挥部门合力，通过全面评价金库服务支撑、安全运营、集约运营、资源保障等核心能力，明确金库能力建设和管理提升的方向和重点，持续增强现金营运服务能力。

（五）实施运营风险监控体系升级改造。为有效应对内外部风险形势变化、提升运营风险管理的敏锐性和及时性，要引入先进技术和手段，实施运营风险监控体系升级改造，努力构建条线更清晰、重点更突出、控制更高效的风险管控网络，进一步提升全行操作风险监督管理水平。要在系统框架基本搭建的基础上，充分利用大数据技术成果，加快升级改造工程进度；从业务应用视角建立健全三级风控数据标准，依托开放式模型工具化平台，构建模型灵活定制、快速部署新机制，提升风险应对能力；搭建事中风险控制机制，前移监控关口，提升风险响应速度。风险监控升级改造是一项系统工程，年内要建立总分行两级数据模型研发和管理机制，分批完成新旧监控平台的数据移行，积极推进准实时监控模式试点。各行要积极参与升级改造工程，结合辖内案防重点和关键风险点，及时布控特色模型、主动管理风险，要提高风控中心人员的大数据分析和应用能力，为实施分行差异化风险监控提供保障。

四、以质量效益为中心，加强统一运营、构筑一流后台

运行管理要按照集团一体化管理要求，将集约运营、服务共享的理念加快向境外机构延伸，着力推进境内外运营流程、业务处理、支付清算和系统参数等方面的建设与管理，构建集团统一、层次清晰、运作协调、内控严密的境内外一体化运营体系，助力全行国际化经营管理的提质增效。

（一）不断提升集约运营精益管理能力。要进一步增强集约运营体系事中风险控制能力，通过对接工商注册信息库、反欺诈系统等行内外信息系统，实现高风险业务的事中自动匹配和风险提示；完整收集账户开立、票据兑付等业务处理过程中识别堵截的风险信息，应对不法分子跨机构、跨区域连续作案行为，提高业务集中的风险防控能力。要继续组织实施更高层级的集中远程授权，基于辖内授权人员较少、业务规模较小授权机构的分布情况，采取跨地区或省行集中模式，提高授权规模效应和人力资源配置效率。各行要深入分析业务集中、远程授权、资金清算等业务变化规律，明确各岗位工作职责、履职内容和配备标准，建立科学的业务分组、劳动组合及业务调度机制，实现运营资源的灵活配置与共享共用，有效应对未来业务发展和人员变化情况。

（二）稳步推进参数集中统一规范管理。要按照集约化运营的总体要求，加快统一运营参数管理平台建设，推进境外参数区域化集中管理，建立与当地业务实际和监管要求相适应的境外参数集中管理体系和运行机制，进一步提升境外参数集约化、规范化管理水平。要深入挖掘参数管理价值，实施标准导向和流程导向的参数设计管理改革，建立互联共享的参数设计平台和分类管理的参数设计流程，规范统一参数设计标准，促进参数创新管理，提升参数对全行业务发展的支持效能。要充分发挥参数的刚性控制作用，建立核算参数准入与退出的电子化管理流程和发布机制，实现参数对账务核算标准、账户自动开销、自动记账处理等的严格管控；建立补息业务审批管理平台，实现全行补息审批电子化管理和补息交易要素硬控制，确保补息业务真实合规。要有序实施参数业务分级评价管理，推动各行参数质量管理、运行效率、安全控制能力的全面提升。

（三）启动实施境外业务运营流程优化。要服务于国际化发展战略，本着“尊重监管、兼顾差异、集中运作、注重实效”的总体要求，有计划、分阶段地推进境外全渠道流程优化和集约化运营体系建设，为境外转型发展提供基础支撑。要从柜员操作、客户服务、系统直通、数据整合等方面统筹实施流程优化，优先解决影响境外监管合规、运行效率、风险控制等痛点问题；以流程优化带动运营体系建设，按照网点受理、后台集

中的原则，构建境外业务集约化处理模式和运行机制，重点解决境外运营效率不高、资源配置不合理等难点问题。今年要在完成顶层设计的基础上，先将档案影像、指纹认证、数据查询、账户管理等成熟的应用系统向境外推广；依托FOVA设计研发前后台分离处理平台，建立机构内及跨机构的网点业务代理运营模式；建设和推广运营风险监控系统，实施境外运营风险差异化监控。

集约化运营体系建设是对境外运营管理架构、业务服务模式、资源配置方式的基础性、全局性的重大变革，事关全行境外机构经营转型战略的落地实施，意义重大、影响深远。工程实施涉及20多个业务系统及应用的改造或新建，涉及制度创新和流程再造，任务复杂，工作繁重，必须举全行之力，周密部署、重点攻坚，努力取得突破。总行运行管理部要充分发挥业务牵头作用，各相关部门要密切沟通协作，做好具体实施方案设计和系统机制建设。各境外机构要严格按照总行统一部署，组建“一把手”参加的工程实施领导小组，认真开展监管政策解读、业务品种梳理、差异化流程设计及系统试点推广等工作，确保各项工程任务按计划落地实施。

（四）努力构建国际领先清算服务体系。要围绕清算制度、流程、系统、风险进一步加强境内和境外清算业务统一管理，强化集团一体化的清算体系建设。要以清算服务共享、清算资源科学配置、清算合规安全为目标，稳步实施美洲、欧洲、亚洲支付清算业务集中运营。要结合支付场景、支付网络、支付方式和支付工具创新，加强清算基础设施建设，深化同业清算合作，丰富我行清算产品和服务。各行要加强全球多币种清算、跨时区连续运作等清算机制的运用，提升跨境支付业务的集约运行水平，支持代理同业跨境清算业务拓展。要保持我行清算系统平台的同业领先优势，适应境外机构经营环境和监管要求，加快平台版核心系统清算银行服务功能研发，稳妥推进境外机构完成外购清算系统替代，进一步提升集团整体的清算服务水平。

（五）继续加强全球金融市场后台建设。要结合金融市场业务全球布局，在境外推广集团统一金融市场后台运营管理平台，支持境外机构安全高效地开展外汇、资金、衍生、固定收益等业务。要关注市场交易和监管规则变化，围绕金融市场运作模式和金融工具创新，完善金融市场双边、多边及中央对手方清算运作机制，加强与各国交易市场结算机构、托管机构的互联互通。要按照国际财务报告准则第9号的实施计划，做好金融工具核算流程设计和系统功能研发，为2018年新旧准则的正式切换奠定基础。要加大对境外机构金融市场业务的创新支持，继续拓展境外商品交易场内和场外结算网络，增强商品账户交易与实物交易的后台保障能力。

最后再强调一点，科学顺畅的组织体系和素质过硬的人才队伍是全行运行管理改革发展的根基。要准确把握运行管理部门作为业务管理机构、运营后台中心作为业务执行机构的职能定位，发挥运行管理部门在总体规划、业务管理、专业考评等方面的作用，加强运行管理部对后台中心的业务指导和管理，凝聚运行管理工作合力。要不断完善人才发现、培养、使用机制，加快造就与新形势下运行管理改革发展相适应、相协调的各类人才。各级行要加强领导班子中懂运营的管理干部配备，确保专业知识、管理经验、履职能力满足业务运营体系建设管理要求；要为青年员工搭建干事创业的广阔平台，为运行管理人才跨部门、跨机构、多岗位、多层级交流创造条件。要加强运行管理三支队伍的建设，依托业务运营专业人才培训工程，加快培养一批善于驾驭全局、敢于责任担当的领军型管理人才，勇于业务创新、勤于刻苦钻研的运营专家型人才，精于业务技能、敏于业务执行的操作型人才。要通过在改革实践中发现人才、在业务发展中培育人才、在运管事业中凝聚人才，努力营造人才各显其能、各展其长、各尽其用的良好氛围，切实保障运行管理队伍的可持续发展。

同志们，站在全行改革发展的新起点，各级运行管理部门要牢牢坚持在传承中创新、在创新中发展，真抓实干、奋发有为，谱写价值型运行管理体系建设新篇章，为国际一流现代金融企业建设做出新贡献。

在全行离退休人员工作先进集体和先进个人表彰大会暨离退休人员工作会议上的讲话

王敬东

（2017年2月17日）

这次会议的主要任务是，学习贯彻全国老干部工作“双先”表彰大会和全国老干部局长会议精神，总结工作，表彰先进，部署任务，动员和激励全行各级离退休人员工作部门和离退休人员工作者，进一步发扬成绩，开拓创新，努力推动全行离退休人员工作再上新台阶。

刚才，会议进行了表彰，“双先”代表作了典型发言，听了很受教育，很受感动。今天受表彰的15个离退休人员工作先进集体和60名离退休人员工作先进个人，是全行离退休人员工作队伍的优秀代表。他们长期默默无闻地坚守本职岗位，爱岗敬业，无私奉献，尽心尽职尽责地为老同志服务，展现了良好的工作作风和精神风貌。他们的先进事迹，充分体现了全行各级离退休人员工作部门和工作者尊老、敬老、爱老的良好形象，体现了我行的企业文化精神。这里，我代表总行党委，向受到表彰的先进集体和先进个人表示热烈祝贺！向全行离退休老同志和离退休人员工作者致以亲切问候！

下面，我讲三点意见。

一、深入学习贯彻习近平总书记重要指示和中央领导同志重要讲话精神，进一步统一思想

党的十八大以来，以习近平同志为核心的党中央十分重视老干部工作，始终把老干部工作摆在重要位置，采取了许多有力举措。习近平总书记对老干部满怀深厚感情，就做好老干部工作作出了一系列重要论述。习近平总书记强调，“老干部工作是中国共产党党的建设的特色，在我们党的工作中具有特殊重要的地位，承载着党中央关心爱护老干部的重要任务。”“广大老干部不仅是建立新中国、建设中国特色社会主义事业的功臣，而且是党执政兴国的重要资源，是推进中国特色社会主义伟大事业的重要力量。”“老干部对党怀有深厚感情，对党的事业无比忠诚，体现了忧党爱国为民的情怀，要尊重老干部、爱护老干部、学习老干部。”“广大老干部要发挥政治优势、经验优势、威望优势，珍惜光荣历史，不忘革命初心，永葆政治本色，做全面从严治党的坚定支持者和模范践行者，讲好中国故事、弘扬中国精神、传播好中国声音，为党和国家事业增添正能量、作出新贡献。”“要坚持以人为本、服务为先，对老干部思想上关心、生活上照顾、精神上关怀，满腔热情为老干部办实事、办好事。”“各级党委和政府要从巩固党的执政基础和执政地位的高度认识把握老干部工作，统筹协调各方力量，构建齐抓共管的老干部工作格局。”习近平总书记的重要论述，具有很强的思想性、指导性、针对性，为我们做好新形势下离退休人员工作提供了根本遵循。

在去年12月23日召开的全国老干部工作先进集体和先进工作者表彰大会上，习近平总书记又对大会专门作出重要指示，高度评价了老干部在党和国家事业发展中的重要作用，深刻阐明了做好老干部工作的重要意义和基本要求，充分肯定了广大老干部工作者长期以来爱岗敬业、任劳任怨，为老干部工作作出的重要贡献，指出老干部工作部门和老干部工作者要认真学习先进典型，用心用情做好工作，努力在平凡的岗位上作出不平凡的业绩。中央政治局常委、中央书记处书记刘云山出席会议并讲话，从引导广大老干部为推进全面从严治党贡献力量、组织广大老干部深入开展为党和人民事业增添正能量活动、用心用情做好服务保障工作和加强老干部工作的组织领导等方面，作出了重要部署。在随后召开的全国老干部局长会议上，中央组织部常务副部长陈希对做好当前和今后一个时期的老干部工作提出了明确要求。全国老干部工作“双先”表彰大会和全国老干部局长会议的胜利召开，标志着老干部工作迈上了一个新的起点。

当前，我们工商银行正处在转型与发展的新阶段，面临着诸多新的困难和挑战，迫切需要在全行广泛凝聚攻坚克难的强大力量，这其中就包括发挥好广大离退休人员的独特优势和重要作用。离退休人员中有很多老领导，也有各方面的经营管理人才和专业技术人才，是一个值得充分挖掘和利用好的人才资源宝库。同时要看到，目前我行已进入退休人员高峰期，2016年底全行离退休人员已达18.7万人，其中离休干部3 900多人，退休人员占绝对多数，并且今后很长一段时间里，每年将净增退休人员1.6万人左右，预计今年，全行退休人员总量将突破20万人，到2025年，将突破30万人，到2030年，将突破40万人，超过在职员工总量。离退休人员的思想状况、利益诉求等方面也出现了许多新的情况。所有这些，都对离退休人员工作提出了更高要求。我们要充分认识做好新形势下离退休人员工作的特殊重要性，深入学习贯彻习近平总书记重要指示和中央领导同志重要讲话精神，切实把思想行动统一到中央精神上来，进一步增强做好离退休人员工作的责任感和使命感，不断深化大局意识，坚持在大的形势背景下谋划工作，促进离退休人员工作融入中心、服务中心、推动中心。

二、认真总结两年来离退休人员工作取得的成绩和经验，进一步坚定信心

近两年，全行各级离退休人员工作部门在党委的正确领导下、在有关部门的大力支持下，牢牢把握为党的事业和工商银行改革发展增添正能量的价值取向，围绕中心、服务大局，开拓创新、真抓实干，各项工作又取得了新的成绩。

一是全面抓好中办发［2016］3号文件的贯彻落实。去年，中办、国办印发了《关于进一步加强和改进离退休干部工作的意见》（中办发［2016］3号），在总行的统一部署下，各行积极采取多种形式组织离退休人员工作者和老同志认真学习领会文件精神，较好形成了“结合实际学，指导实践用”的学习贯彻氛围。总行离退部专门就贯彻落实文件精神情况深入11家省分行及其所辖的近20家二级分行和县支行进行了调研

督导，召开不同群体的座谈会30多场，面对面听取了400多名老同志和基层工作人员的意见建议，实地查看活动中心和老年大学30多所，不仅进一步了解掌握了基层行的实际情况，而且通过现场督导、帮助协调等措施，有效推动了文件精神植入基层，落地见效。二是切实加强离退休人员"两项建设"。结合"两学一做"学习教育，突出抓好党的十八届五中、六中全会和习近平总书记系列重要讲话精神的学习，引导老同志进一步增强"四个意识"，自觉在思想上政治上行动上同以习近平同志为核心的党中央保持高度一致。注重加强离退休人员党组织建设，较好发挥了离退休人员党组织的组织、教育和凝聚作用。如有的行从选好支部书记入手，发挥离退休人员党支部书记威望高、经验丰富的优势，协助离退休人员工作部门解决了许多老同志思想问题；有的行离退休人员党支部主动做好内退人员党员思想工作，协助行里做好员工管理，把矛盾化解在萌芽状态；有的行在离退休人员党员居住比较集中的异地设立党小组，定期组织党员开展活动，有效确保了老同志"离岗不离党，退休不褪色、流动不流失"。三是扎实开展为党的事业和工商银行改革发展增添正能量活动。总行制定了在全行离退休人员中深入开展为党的事业和工商银行改革发展增添正能量活动的指导意见，指导推动了活动持续深入。各级行紧扣主题，紧贴中心，组织开展了"银发好声音""阳光老人访谈""老同志能人秀""体验工行创新发展，我为工行点赞加油"等丰富多彩、各具特色的正能量活动，有力激发了老同志增添正能量的内生动力。四是用心用情为老同志办实事做好事。扎实做好走访慰问工作，切实做到老同志生日、住院、去世、遇到困难及重大节日"五必访"。每逢元旦、春节期间，全行普遍开展走访慰问活动，各级行领导采取联谊会、座谈会、上门走访等形式看望慰问离退休老同志。在纪念抗战胜利70周年和建党95周年等特殊纪念日，还专门对抗战老战士和老党员进行了走访慰问，为符合条件的老同志提高了政治生活待遇或医疗待遇，获得了老同志的好评。为解决好老同志的切身利益问题，总行办公室、人力、财会、工会等部门通过集中规范离退休人员统筹外费用、修订完善职工福利费管理办法，明确了老同志养老、慰问和每人每年1 000元活动经费的标准及列支渠道，使离退休人员特别是基层行老同志得到了实实在在的实惠。坚持做好困难离退休人员帮扶工作，仅2016年全行就为生活困难的老同志发放救助金3 400多万元，惠及11 873名老同志，让他们深切感受到了党组织的关怀和工行大家庭的温暖。五是认真完善离退休人员工作运行机制。结合3号文件精神和我行实际，修订、完善了《中国工商银行离退休人员管理工作规定》，为全行进一步做好离退休人员工作提供了基本指南。注重完善考核评价机制，通过对考核评价内容实行动态化管理，提升了考核工作的导向性、科学性和有效性。不断强化信息宣传，通过办好用好总行部门网讯，较好发挥了网讯信息下情上达、交流经验、服务决策的作用。认真办好全行离退休人员工作处长和骨干培训班，进一步提高了队伍的能力素质。同时各行还因势利导，主动适应机构改革对离退休人员工作部门带来的变化，通过借助发挥挂靠部室职能优势，进一步形成了离退休人员工作与办公室、人力、财会、工会等部门齐抓共管的工作机制。

回顾两年来的工作，主要有以下体会：

（一）党委的高度重视和亲切关怀，是做好离退休人员工作的根本保证。总行党委历来把离退休人员工作摆在重要位置，研究制定了一系列政策措施推进离退休人员工作。易董事长、谷行长经常关心过问离退休人员工作，行领导班子成员每逢重要节日带头走访慰问老同志，主动与老同志交流情况、沟通思想、听取意见和建议。各分行党委也都普遍重视离退休人员工作，许多行的"一把手"亲自担任离退休人员工作领导小组组长，对离退休人员工作遇到的问题，都能及时地加以协调解决。这些都为离退休人员工作注入了强大动力、提供了根本保障，推动全行形成了更加尊重爱护老同志、更加关心支持离退休人员工作的良好氛围。

（二）围绕中心、服务大局，是离退休人员工作彰显自身价值的根本途径。各行着眼服务党和国家以及工商银行的发展全局，紧密结合老同志和离退休人员工作实际，通过深入开展正能量活动，充分彰显了为党的事业和工商银行改革发展增添正能量的价值取向，为离退休人员工作找到了一条贴近中心、融入中心、服务中心的有效途径。

（三）坚持实事求是、一切从实际出发，是开展离退休人员工作的基本原则和核心理念。老同志工作了一辈子、辛苦了一辈子，退下来后第一位的任务是安度晚年、益寿延年，这是做好离退休人员工作的重要前提和最大实际。各行各部门始终秉承务实理念，坚持从实际出发，无论是学习教育、服务管理，还是组织活动、发挥作用，都充分考虑老同志的健康状况、居住情况、志趣爱好等，适度得体安排，不提不切实际的要求，受到老同志的欢迎，收到很好的效果。

（四）敬爱至恭、深怀感情，是做好离退休人员工作的内在要求。从刚才发言的以及今天受表彰的全行离退休人员工作先进个人身上可以看出，他们的一个共同特点就是对老同志怀有深厚感情，带着孝心、真心、爱心做工作。也就是说，只有始终保持敬重之心、感恩之心，像对待自己父母那样对待老同志，从思想上、生活上、情感上无微不至地关爱他们，才能真正把工作做到老同志的心坎上，才能真正做到"让党委放心、让老同志满意"。

（五）共享资源，形成合力，是做好离退休人员工作的重要依托。做好新形势下的离退休人员工作，必须善于整合和利用各方面的有利资源。实践证明，目前离退休人员工作无论是独立设置的，还是职能挂靠在其他部门的，只要在领导小组的领导下形成合力，都能发挥出实效。比如挂靠在人力部门的，可更好地利用政策传导优势推动工作；挂靠在工会的，可与在职员工活动同安排、同部署，把老同志活动开展得更加丰富多彩。再如不少行还积极与社区加强联系沟通，较好地利用社区、社会资源，为老同志就近学习、就近活动、就近得到关心照顾、就近发挥作用提供了新平台。还有的行在职工之家建设过程中，适当添置适合离退休人员活动的设施设备，让老同志与在职员工错峰使用，较好实现了活动场所的资源共享。

（六）加强自身建设、打造过硬队伍，是做好离退休人员工作的重要基础。各行离退休人员工作部门始终重视加强队伍的自身建设，通过教育培训、岗位练兵等多种形式，帮助离退休人员工作者拓宽视野、开阔思路、增长才干。同时坚持把开展“三严三实”专题教育、“两学一做”学习教育与加强队伍建设、推进工作创新结合起来，切实将严的精神和实的作风贯穿离退休人员工作始终，更加注重抓好各项政策措施的落实，更加注重倾听老同志心声，更加注重提升服务老同志的专业水准，从而为全面做好离退休人员工作提供了有力保障。

在肯定成绩、总结经验的同时，我们也要清醒地看到工作中存在的一些薄弱环节。主要是：个别行对离退休人员工作的认识还不够到位、重视程度还不够高；对离退休人员工作长远发展的一些深层次问题研究不够；对开展正能量活动，有的行和部门组织不够有力；一些行特别是基层行离退休人员活动学习场所建设相对滞后，不能满足老同志精神文化的需求；离退休人员的思想政治工作还做得不够细致，离退休人员党组织建设有待进一步加强等。对这些问题，我们一定要高度重视，认真加以解决。

三、扎实做好当前及今后一段时期离退休人员工作，进一步推动离退休人员工作再上新台阶

今年是党的十九大召开之年，也是我行加快推进转型发展的关键一年。做好新形势下的离退休人员工作，既是党交给我们的重要政治任务，同时对于广泛凝聚和充分发挥老同志的智慧和力量，加快建设国际一流现代金融企业也具有十分重要意义。根据中央和总行党委的部署，当前及今后一段时期离退休人员工作总的要求是：深入学习贯彻党的十八届六中全会精神，深入贯彻习近平总书记系列重要讲话精神，认真贯彻落实全国老干部工作“双先”表彰大会和全国老干部局长会议要求，突出全面从严治党主题，突出迎接党的十九大和学习贯彻党的十九大精神主线，牢牢把握为党的事业和工商银行改革发展增添正能量的价值取向，坚持稳中求进工作总基调，进一步加强离退休人员思想政治建设和党组织建设，进一步发挥老同志独特优势和作用，进一步强化离退休人员工作部门自身建设，以优异成绩迎接党的十九大胜利召开。

按照这一总体要求，全行要着重抓好以下几个方面的工作。

（一）继续深入开展正能量活动，着力为党的十九大胜利召开营造良好氛围。组织引导广大老同志充分发挥自身优势，为党的事业和工商银行改革发展不断增添正能量，是离退休人员工作服务大局的有力抓手，也是离退休人员工作的价值所在、使命所系。今年全行离退休人员工作的重点是以党的十九大召开为契机，按照中央的统一部署，结合我行实际，围绕“畅谈十八大以来变化、展望十九大胜利召开”主题深化正能量活动，充分发挥老同志的政治优势、经验优势、威望优势，组织引导他们切实把思想和行动统一到中央和总行党委的决策部署上来，把智慧和力量凝聚到推动工行事业发展上来，继续讲好工行故事、弘扬工行精神、传播好工行声音，为党委决策建言献策，为事业发展点赞喝彩，为工作大局凝心聚力，为党的十九大胜利召开营造良好氛围。

各行要在总结前期经验做法的基础上，抓好正能量活动的深化拓展，着重在紧扣主题、丰富内涵、服务中心、增强实效上下功夫。要加强整体谋划和统筹协调，采取参观学习、专题培训、召开现场会等多种方式，引导离退休老同志充分了解党的十八大以来党风政风的持续好转、深化改革的重大成就，以及我行改革创新的发展变化，调动老同志们为党和工行事业发展增添正能量的热情和积极性，展现老同志拥护以习近平同志为核心的党中央，坚决支持改革发展的鲜明态度和自觉行动。

要从我行的实际出发，组织老同志们着重围绕金融业的改革创新发展，开展“建言十九大”专题活动，通过座谈会、研讨会、走访慰问等形式，广泛听取老同志的意见和心声，使老同志积极参与到为工行的改革发展建言献策的活动中来。党的十九大召开后，各行要按照中央和总行党委的部署及要求，迅速组织老同志学习领会党的十九大精神，并以此为指导，进一步把正能量活动引向深入。

各行离退休人员工作部门要以强烈的政治责任感、使命感，紧扣主题主线，突出工作重点，选好活动载体，开动脑筋、认真研究，精心设计、精心组织，聚焦聚力、不换频道、不搞形式，力争抓出特色、抓出影响。

（二）以深入学习贯彻党的十八届六中全会精神为重点，着力加强离退休人员思想政治工作。党的十八届六中全会，是在我国进入全面建成小康社会决胜阶段召开的一次十分重要的会议，开启了全面从严治党向纵深

推进的新征程。深入学习贯彻全会精神，是当前和今后一个时期全党全国的一项重要政治任务，也是离退休人员工作的重要责任。

要加强教育管理，结合深化“两学一做”学习教育，采取专题辅导、支部学习、座谈讨论、送学上门等多种形式，组织引导离退休人员原原本本学习全会精神，把党内政治生活准则、党内监督条例作为重要内容，进一步深化习近平总书记系列重要讲话精神和党中央治国理政新理念新思想新战略的学习，帮助老同志准确领会全会的基本精神，把思想和行动统一到全会精神上来，珍惜光荣历史，不忘革命初心，永葆政治本色，继续做全面从严治党的坚定支持者和模范执行者。通过学习讨论，使离退休人员党员进一步深刻认识到，自己虽然离开了工作岗位，但仍是党的队伍中的一员，仍是党内政治生态的一分子，党性观念不能弱化，党员标准不能降低，党内生活不能脱离，从严治党责任不能剥离。要把维护党中央集中统一领导作为根本政治原则，把维护核心作为最重要的政治责任，引导老同志严守党的政治纪律和政治规矩，争做维护核心、服从核心、看齐核心的表率。

要引导老同志关心和支持党内政治文化建设，带头弘扬我们党的政治理想，带头弘扬中华优秀文化，带头弘扬良好家风，坚决抵制和反对庸俗腐朽的政治文化，发挥老同志宣传引导群众、凝聚改革共识、平衡社会心理的作用，共同培育和涵养风清气正的政治生态。今年下半年，总行将组织全行老同志开展“传承传诵好家风”活动。通过活动，进一步树立我行离退休人员群体廉洁修身、廉洁齐家的良好形象。

要注意发挥好老同志对年轻党员干部的传帮带作用，通过老同志与青年员工座谈会、访谈会等形式，将老一辈艰苦创业的精神传递给青年员工，将老一辈清正廉洁的好作风传承给新时期成长起来的年轻干部。要发挥好老同志言传身教、价值引领、以德化人的作用；发挥好老同志在党风廉政建设方面的监督作用，助力全面从严治党、从严治行向纵深推进。

（三）坚持从实际出发，着力抓好离退休人员党组织建设。离退休人员党组织是团结凝聚广大离退休人员的政治核心，是组织引导离退休人员充分发挥作用的战斗堡垒。加强离退休人员党组织建设，是做好离退休人员工作的关键所在。各行党委要加强对离退休人员党组织建设工作的领导和指导，将其纳入本行党的建设总体布局和基层党组织建设总体规划，做到与在职员工党建工作同部署、同推进、同考核。要针对离退休人员党员中日益凸显的流动性、分散化、异地化等问题，积极探索创新离退休人员党组织的设置方式，按照有利于学习教育、有利于服务管理、有利于参加活动过组织生活、有利于发挥作用的原则，灵活多样地设置党组织，重点探索在离退休人员集中居住地、活动学习场所、兴趣爱好小组中建立基层党组织或临时党组织，做到老同志在哪里、党组织就建在哪里。对在异地建立临时党组织的，所在地分行应给予老同志学习活动场所等方面的支持。

开展党组织生活要坚持从实际出发，不断丰富活动形式和内容，除政治上、思想上的要求不能降低外，其他方面尽可能体现人性化，充分考虑老同志的实际和特点，切实增强党组织活动的政治性、原则性和吸引力、感染力。在推进离退休人员党组织建设和组织开展活动过程中，要注意利用发挥好离退休人员队伍自身资源优势，通过以老带老、以老帮老，协助我们共同做好老同志的工作，让老同志在政治上有荣誉感、组织上有归属感、生活上有幸福感。根据3号文件精神，为保护和调动老同志自我管理、自我服务的积极性，各行可通过适当提高离退休人员党组织收缴党费的下拨比例，给予离退休人员党组织书记、工作骨干等适当工作补贴等方式，增强他们工作的主动性。今年总行将专门研究出台相关政策。

（四）突出完善创新，着力提升服务管理工作水平。加强服务管理、不断提高老同志们的满意度，是离退休人员工作的出发点和落脚点。要着眼离退休人员工作的新任务新要求和老同志的新特点新需求，把握科学规律，创新服务方式，完善服务措施，为老同志提供更多更好的优质服务。

一要深入抓好3号文件的贯彻落实。3号文件是做好新形势下离退休人员服务管理工作的纲领性文件，需要我们深入持久地抓好贯彻落实。已经出台实施意见的行，要进一步细化配套措施，明确目标责任、完成时限和工作要求；尚未出台实施意见的行，要加快进度，在深入调研的基础上，争取早日出台，同时充分吸收借鉴其他单位的经验做法，使之更加可行、更加完善、更加管用。今年上半年，中组部将对3号文件的贯彻落实情况开展全面督察。总行也将采取重点督导、分片交流等形式，进一步推动各行深入落实3号文件的各项要求。各行要认真开展自查，做好相关准备，同时加强对所辖行的督察指导，防止文件在基层“悬空”“落空”。

二要着力解决老同志反映的突出问题。服务老同志，重在加强沟通交流、满足合理需求、解决实际问题。要以强烈的责任感妥善处理好离退休人员信访问题，对有明确政策规定的，要严格按政策办事，紧抓快办、不推不拖；对不符合政策规定的，要耐心细致地做好解释工作，争取老同志理解；对没有明确政策规定但合情合理的，要因人制宜、因事制宜地做好工作。同时要注意引导老同志既要正确、合理表达诉求，又要顾大局、明事理。要进一步完善困难帮扶制度，对身患重病、高龄、失能、失独、空巢、家庭负担重等有特殊困难的老同志，通过开展党内关怀、推进志愿服务、拓宽帮扶资金渠道等办法，帮助他们解决实际困难。

三要加强对新情况新问题的研究探索。一方面，要针对世情、国情、党情的深刻变化和我行退休人员越来越多、整个队伍结构发生重大变化对离退休人员工作提出的新要求，加强宏观谋划和工作摆布，抓好离退休人员工作发展重大问题的深度研究，着力推动离退休人员工作在观念、思路、制度、方法上的创新。另一方面，要力争在解决一些瓶颈问题、难点问题上取得新突破。比如退休人员服务管理问题、老年人法律援助问题、异地居住离退休人员和流动老党员服务管理问题、离退休人员不断增长的精神文化需求与文化设施不足的矛盾等。解决这些问题，要坚持积极稳妥的原则，大胆探索、稳步推进，力争尽早摸索出一套符合实际的制度办法来。

（五）加强阵地建设，着力丰富老同志精神文化生活。离退休人员活动中心、老年大学是老同志活动、学习的主要场所，是加强离退休人员思想政治建设、文化建设和发挥老同志作用的重要阵地。各行要从离退休人员老有所教、老有所学、老有所乐的长远需要出发，努力加大对老同志学习活动场所建设的投入，多渠道争取和筹措资金，力争使学习活动场所的面积、设施和功能有新的提高。要拓宽思路渠道，充分利用撤并网点、单位闲置房等场地，采取与社区、民政、老龄等部门共建、共用、共管等办法，为老同志学习活动提供场所、创造条件。有条件的分行，要积极开展老年大学的建设工作。要树立整合资源的意识，通过让老同志与在职员工分时、错峰使用职工活动室，或与在职员工共同举办文体活动等措施，实现资源的共享与充分利用。要抓住国家大力发展养老文化事业的有利时机，鼓励引导老同志积极参加社区文化活动、就近参加社会老年大学学习，通过借助利用社区、社会资源，进一步提高老同志的文化生活品质。要用足用活阵地载体，充分发挥离退休人员活动中心、老年大学等阵地的辐射带动功能，注重培育离退休人员文体骨干队伍，结合老同志特点和兴趣爱好，组织开展丰富多彩、健康向上的文体活动，着力打造特色活动品牌，不断增强活动的吸引力，调动老同志参与积极性，让老同志在丰富的精神文化活动中，增进身心健康、安享幸福晚年。

（六）围绕学习贯彻“双先”表彰大会精神，着力推动形成齐抓共管的离退休人员服务格局。做好离退休人员工作，要加强党的领导，更需要一支过硬的工作队伍。各级行党委主要负责同志要关心和支持离退休人员工作，定期听取工作汇报，带头联系走访离退休人员。分管领导要切实负起责任，协调解决工作中遇到的问题。离退休人员工作领导小组要充分发挥职能作用，每年定期召开会议研究工作。党委组织部门要加强统筹谋划、科学指导，把离退休人员工作作为领导班子和主要领导干部考核的重要内容。

各行领导班子要认真落实这次“双先”表彰大会精神，从弘扬中华民族传统美德和工商银行优秀企业文化、维护社会和我行稳定的高度来认识离退休人员工作，继续广泛开展以传承中华优秀传统文化为核心的文化建设活动，大力弘扬以敬老、孝德为内容的人文精神，在全行进一步形成孝亲敬老、互爱互助、明礼守信、忠于国家、热爱工行的良好风尚。同时要切实强化对所辖行的督促检查，坚持深入基层一线，一个问题一个问题地加以解决，一项工作一项工作地加以推进，使各项任务真正落实到位。

各行离退休人员工作部门要主动加强与相关部门的沟通协调，形成工作的整体合力。要主动适应离退休人员工作内涵和外延发生的深刻变化，引导部门工作人员以此次受表彰的“双先”为榜样，大力弘扬“安专迷”精神，以事业为先、以责任为重，不论专职、兼职，都要称职、尽职，切实树立爱岗敬业的职业意识。要突出抓好思想政治建设，深化“两学一做”学习教育，增强“四个自信”，树牢“四个意识”。要进一步加强教育培训，办好全行离退休人员工作处长和骨干培训班，不断提高队伍的履职尽责能力和水平。要教育引导离退休人员工作者进一步增强敬老为老的深厚感情，始终保持敬重之心、倾注关爱之情，敬爱致恭、满腔热情地为老同志服好务。要把严格管理与关心爱护结合起来，既从严要求，又关心离退休人员工作者的成长进步，创造条件，关注从业人员的职业发展；真心真意关心这支队伍，让工作人员干事有心劲、发展有奔头，用心用情做好工作，在服务老同志过程中得到认可、快乐工作。

同志们，离退休人员工作责任重大、使命光荣。让我们在总行党委的坚强领导下，以这次“双先”表彰大会为新的起点，求真务实、开拓进取，不断开创全行离退休人员工作新局面，为建设国际一流现代金融企业作出新贡献！

稳系统安全　促架构转型
保持金融科技时代下我行信息科技优势

——在中国工商银行2017年信息科技工作会议上的讲话

王敬东

（2017年3月16日）

这次会议的主要任务是，认真贯彻落实全行改革发展研讨会和2017年工作会议精神，总结回顾过去一年信息化建设成果，全面部署2017年信息科技工作任务。下面我讲五个方面的意见。

一、“十三五”信息化银行建设打下良好开局

2016年是全行“十三五”科技发展新阶段的开局之年，信息科技工作紧紧围绕全行中心工作和战略发展目标，坚持“质量为先、兼顾效率”的原则，认真落实和完成了各项既定工作任务，交出了一份科技与业务发展融合共进、信息化银行建设亮点纷呈的“成绩单”。概括起来，主要特点是“稳定、高效、强劲、领先、完善”。

（一）稳定的信息系统提供坚实的运营保障。2016年全行业务规模保持高位运行，交易量同比持续攀升，信息系统整体保持安全平稳运行态势。全行境内外日均交易量分别为3.383亿笔和162.49万笔，同比分别增长19%和17%。同时，受“双十一”电商促销、纪念币发行等临时性事件的影响，全行业务量呈现短时爆发式增长，峰值交易屡创历史新高。11月11日境内日峰值交易量达到4.374亿笔；12月30日秒峰值交易量达到1.1万笔/秒。在信息系统面临持续性和突发性综合压力的情况下，科技部门持续优化生产运行全集团一体化管理，推进业务系统监控和智能运维平台建设，狠抓事件问题管理等基础性工作，确保了信息系统可用率达到99.991%，高效完成了G20峰会、春节、国庆、“双十一”等重要活动及业务高峰的系统保障，为全行业务发展提供了坚实的支持保障。同时，在严峻的内外部信息安全形势下，全集团整体安全防御能力得到有效提升。2016年全行成功处置防范了大幅增长的恶意代码攻击、拒绝服务攻击、垃圾邮件攻击和撞库攻击等事件，并通过数据建模深度挖掘识别外部欺诈风险，成功预警堵截了电信诈骗6.34万起，为客户避免资金损失9.3亿余元。科技、内控、办公室、管信四部门通力协作，采取主动安全防护策略，由边界防御转向全面防御，由传统工具防护转向大数据防护，从系统和终端两个层面强化客户信息全生命周期保护，从8个安全技术领域全面构筑纵深防御的安全防线，从第三方角度主动开展攻击检测。2016年全行未发生重大信息安全事件，监管部门在年度信息安全等级保护专项检查中给予我行“成效显著，发挥了榜样作用”的高度评价。

（二）高效的基础设施管理奠定强大的技术支撑。“两地三中心”新架构自2014年成功实施以来，已进入常态化运行模式，并结合业务发展特点不断丰富完善，“两地三中心”工程在去年被授予银行科技发展奖唯一特等奖的殊荣。全行业务连续性运作能力不断提升，全行成功实施了临时性的灾难恢复应急演练和业务连续性演练，在5－7月首次实施了持续84天同城接管运行，期间跨越了一个综合版本和两个月度版本。11月5日人民银行组织相关金融机构在数据中心（上海）现场观摩期间，我行在业务高峰时段实施的同城切换和回切，对业务影响均保持在分钟级，得到了人民银行及相关单位的高度认可。基础性管理工作稳步推进，2016年先后完成基础设施用户在数据中心和全部一级分行的集中管理，成功部署主机版本投产自动化工具，试点开展了4家分行模块化机房和一体化机柜改造，等等。全行基础设施运行管理的可靠性和可用性实现质的飞跃，工商银行真正具备了全球银行业领先的业务连续性保障能力。

（三）强劲的研发能力为全行业务发展打造丰硕创新成果。2016年，全行各级信息科技部门紧紧围绕全行发展战略转型要求，始终坚持自主研发的创新思路，主动应对金融创新发展面临的挑战，深化信息化银行建设，完成了12期版本共计490个项目的研发。研发效率稳步提高，重点项目主体版本的研发测试周期缩短至101天。研发机制不断优化，在融e联等互联网金融产品创新采取迭代研发模式，在支付、个人信贷等领域开展柔性团队研发试点，并持续优化研发测试管理体系。全行科技部门与业务部门深入融合、攻坚克难，在互联网金融、风险防控、政策性项目等领域取得了大量卓有成果的业务研发，展现出我行强劲的创新研发水平和科

技专业实力。

一是稳步推进 e－ICBC 战略全面实施。以“三平台、一中心”为主体，积极推动技术、模式、场景等创新实践。将融 e 行打磨成我行领军型互联网应用，上线新版开放式个人网银和企业手机网银，手机银行推出扫码取现、客户画像等多项创新功能。融 e 购行业应用得到持续丰富，B2C 深化合作领域，推出跨境电商一体化服务平台，B2B 搭建资产处置平台和交易撮合平台。融 e 联在开展简化登录、快捷注册、交互优化等功能提升的同时，完成了全行免费余额变动提醒向融 e 联迁移。工银 e 校园、工银 e 生活、商户之家等一系列互联网金融产品陆续投放市场，工银 e 支付创新推出二维码支付，ApplePay 线上收单业务在同业中首家上线……互联网技术与金融特色的有机结合，为客户带来全新的线上线下一体化体验和品质服务。

二是大数据平台建设在业务应用领域开花结果。完成大数据应用与服务系统（融 e 慧）建设，构建大数据应用门户，支持全行大数据应用成果及信息的共享。建设客户画像与标签体系，形成 7 大类共计 18 项个人客户画像标签，并在个人客户营销管理系统、融 e 联等平台实现个人客户画像可视化展现。优化个人智能营销服务引擎，实现融 e 购“猜你喜欢”、手机银行“大家都在用”等智能推荐服务。完成全行指标库及管理层决策驾驶舱系统，实现银行业务的核心指标、核心指标的情景分析及业务预测的展示，为管理层提供全面、可靠的数据支持与决策依据。

三是持续推动全行总体战略部署和重大经营转型工作的落地实施。过去一年来，全行各级科技部门在客户服务、营销支持、风险防控等方面大力开发适用性金融产品，以技术手段积极创新金融服务模式。在金融产品领域，先后推出个人赎楼贷、法人网络信用贷、法人票据质押贷等创新产品，上线账户天然气、账户原油、账户贵金属指数产品。在渠道领域，稳步推进网点智能化工程，全行 1.1 万家智能化网点投入运营，网点覆盖率达到68%。在风险管理领域，完善互联网金融风险监控和信用卡实时风险监控，实施短信验证、密码验证、电话核实等多种干预措施；打造全新的业务运营风险监控体系，将高风险级别的监控处置从 T＋1 提升至准实时。在政策项目领域，先后完成营改增工程改造、票交所票据交易平台、防范电信网络诈骗等政策性项目的研发投产，展现我行技术大行的强劲实力，赢取了业界赞誉的良好口碑。

四是以技术创新释放境外机构和子公司发展新动能。境外核心系统双核驱动，完成 FOVA 系统在工银墨西哥的推广，完成平台核心系统在苏黎世分行、布拉格分行等新设机构的上线。实施 FOVA 核心系统服务重构，推动系统技术提升与功能完善，系统易用性和可靠性得到持续提升。境外产品线建设加速，新版个人网银与手机银行全球版在工银亚洲、工银澳门等境外机构上线，搭建境外运营支持管理平台并实现境外机构全覆盖，完成 23 家境外机构的涉敏流程改造，工银美国实现银联和 VISA 信用卡通用发卡功能，马来西亚分行、悉尼分行投产账户综合管理提升项目。综合化子公司系统建设不断深化，实现工银安盛保险资产管理系统的投产，上线工银国际证券经纪移动终端和全球期货交易系统，有力支持综合化业务快速发展。

五是区域特色业务创新成果丰硕。各分行积极推广区域特色业务平台（COSP）和应用编程平台（API），充分利用支付结算、信用、投资理财、民生金融等 6 大类 47 个 API 服务，完成 1 200 余个应用的同步改造，逐步打造集总分行、合作方为一体的生态圈。各境内分行及子公司依托总行平台、规范、培训及团队支持，服务本地业务发展需要开展特色创新，共立项研发创新项目1 283个。浙江分行跨境电商金融支持平台、深圳分行客户触点智能服务平台、北京分行商户二维码功能封装、工银亚洲见证开户业务流程重构、工银安盛精算系统等一批特色业务系统或产品服务，有效支持了本地特色经营创新，发挥了信息科技在市场竞争中的优势。

六是以新技术带动金融创新突破和服务升级。在新一轮金融科技的焦点赛场上，科技与业务部门密切配合，积极抢占技术制高点和战略主动，探索新兴技术与金融服务的深度融合与应用突破，研究提出了金融科技时代下我行信息科技发展策略。2016 年全行先后完成人工智能技术在信贷领域的原型验证，实现区块链技术在金融市场产品交易平台的初步应用，并开展了智能网点生物辅助识别、实物现金运营物联网管理等业务场景的探索和应用，加快把握新一轮技术变革与金融创新的主动权。

（四）领先的 IT 架构转型满足我行长期可持续发展需求。围绕 IT 架构转型的总体规划目标，2016 年全行重点开展了主机与开放平台架构布局、平台服务交付、分布式复杂计算处理、云平台等领域共 75 项任务，其中，会计要素下主机、境外主机服务重构等 30 项任务已完成实施，28 项任务已进入全面实施阶段，17 项任务正按计划开展研究工作。IT 架构转型带来的应用成效已日益显现。通过非核心业务从主机平台向开放平台迁移，降低主机和开放平台的耦合度，全年共累计压降 7 216MIPS，折合经济效益约 1.7 亿元；搭建分布式计算处理平台，实现金融市场模型报价、市值评估等业务服务器压降 80%，批量处理时效提升 25%；推进云平台的试点应用，在纪念币预约、代理第三方快捷支付、主机数据服务平台等业务量弹性伸缩需求较大的应用中率先试点应用平台云（PaaS），将系统扩容效率由小时级提升至分钟级甚至几十秒，全面提升热点业务的处理弹性。

（五）完善的治理体系为信息化建设提供充足动

能。一是加强科技规划与统筹管理，向全行正式发布了“十三五”信息科技发展规划，为下一阶段全行信息科技工作明确了核心思路和指导性方向。针对信息安全职责优化等内容完善“一部三中心”组织机构和职能，强化科技机构职责和主体责任。推进二级分行信息科技职能优化转型，在分行科技人才培养、科技考核与激励、队伍结构优化等方面提出了明确要求，指导分行制定了切实有效的优化措施。

二是严把科技风险防控关。信息科技与内控、内审等部门配合协作，全面履行信息科技风险管理三道防线职责，开展了9项非现场专题检查评估、1次现场检查、4次科技专项审计，全年累计发现各类问题和风险1 050余个，问题风险整改完成率达96%。投产17个科技风险模型，推动科技风险管理向数据驱动模式转变。强化应用研发过程风险管理，从合规性、完整性、安全风险控制等需求源头上加强业务全流程的风险管控。

三是加强科技队伍的专业化管理和体系化建设。在总行范围内建立信息科技骨干人才和核心人才激励机制，科技人才特别是骨干人才的流失情况得到明显改善。持续打造科技专业硬实力，练就科技人才真本领，深化岗位能力评估、应知应会测评、科技岗位能力竞赛等工作效果，在规范标准、岗位覆盖、评价机制、评价结果运用等方面优化科技专业化管理措施，有效提升科技人员适岗能力和工作效能，为全行创新发展、改革攻坚凝聚技术专业力量。

过去一年里，工商银行改革发展取得的良好成绩，离不开科技和业务的深度融合，也离不开全行科技战线同志们的努力和付出。长期以来，科技创新作为全行业务发展的重要推动力量和关键支撑，有力地支持了经营转型和客户服务能力的提升。在银监会信息科技监管评级中，我行是连续三年唯一获评2A级的商业银行。在此，我代表总行向全行科技战线员工致以诚挚的问候，对大家长期以来的艰苦努力和辛勤奉献，对各业务部门和各分行给予信息科技工作的关心和支持，一并表示衷心的感谢！

全行改革发展研讨会和2017年工作会议确定了未来一段时期全行发展战略部署与当前的重点工作安排，明确提出信息科技要引领和支撑全行服务升级。易董事长和谷行长都提出，信息科技部门要在全行经营发展的新常态下，做好安全生产运营和业务创新支持这两大重点任务，始终将安全生产放在信息科技工作的首位，确保我行始终位于全球银行业信息技术的前列。这些要求为全行信息科技明确了下一步的发展方向。2017年信息科技工作的总体思路是：紧密围绕全行发展战略要求，坚持“安全生产运营第一”的原则，以“一个转型、两个突破、三个体系完善”为主线，深入推进金融科技创新和信息化银行建设，持续提升快速响应能力、洞察分析能力、数字化能力、协同融合能力、服务供给能力、风险控制能力、创新发展能力、组织保障能力等八大科技核心能力，为全行中心工作做好科技服务和支持，保持科技同业领先优势。前期，总行已正式印发2017年信息科技工作要点，各级科技部门要围绕全行战略发展目标，落实好信息科技各项重点工作任务，推动信息化发展迈出更大的步伐。

二、保系统稳定运行，打造安全可靠的生产运营体系

这些年我们的信息系统生产运行保障和信息安全防护整体上做得比较好，这和我们长期以来对安全生产运行的高度重视是密不可分的。但是近年来随着内外部关注点逐渐转向互联网金融、金融科技，现在谈科技工作时往往新金融和新科技讲得多，忽视了系统稳定运行。安全运营是信息化银行健康发展的基础。从主观上看，长期平稳的态势容易造成人为的思想懈怠和麻痹大意，针对安全运行的强调在任何时候都不为过。在这里我再次强调，在信息化银行建设的整体战略方针下，特别是在当前行内加大新技术研究应用、创新研发速度要求不断加快的背景下，必须把信息系统安全运营放在更加突出的位置。从客观来讲，我行的生产运行仍存在着一定的薄弱环节。2016年发生了20起四级（含）以上生产问题，总量同比减少了3起，但仍有2起三级事件。这些事件中总行发生了13起，分行发生了7起，与往年的总分行比例基本持平。这些事件暴露出了一些新风险、新问题，需要格外关注。一是第三方产品类问题发生了6起，暴露出我行在引入第三方产品的过程中，在产品测评、系统监控、客户化改造、压力测试等方面考虑得还不够全面。二是发生了3起业务使用类生产事件，各业务部门要高度重视，在业务参数设置等方面做好控制管理。三是发生了4起版本类事件，虽然在数量上同比减少了7起，但也反映出科技和业务部门在版本设计的风控环节仍有瑕疵，在测试环节的全面性与深入性也需要加强。四是部分生产事件反映出我们在应急处置的自动化、应急处置能力、监控有效性方面还有较大提升空间。

信息安全风险防控也是安全运营的重要组成部分。随着互联网的发展，互联网安全威胁持续升级，而银行往往是攻击的主要目标之一。从国际上看，去年业界发生了多起信息安全攻击事件，孟加拉央行SWIFT系统被入侵事件、中国台湾某银行ATM遭黑客入侵事件、俄罗斯央行系统失窃事件等。从国内看，网络犯罪黑色产业链规模日益庞大，针对银行客户精准网络诈骗行为猖獗，出售客户信息事件频发，去年公安机关就侦查破获了多起倒卖个人客户信息的重大案件。从行内看，去年开展的信息安全风险排查与评估，发现境外机构和集团子公司存在158个安全风险隐患，发现分行特色应用存在97个安全风险隐患。此外，我行每月仍然遭受

750次外部攻击，工银e支付和第三方快捷支付成为外部欺诈事件高发点。信息安全工作仍然任重道远。

保持信息系统的安全稳定运行，是信息科技部门的首要职责。

一是要树立底线思维和红线意识，牢记总行党委对全行信息系统安全稳定运营的政治要求，坚决守住不发生系统性和区域性信息科技风险的底线。各单位要以业务连续性运作为目标，切实加强全流程的风险管理和质量控制，严格落实管理制度和技术规范，要拿着放大镜对关键环节和敏感领域做好排查，包括重点关注业务量异常波动对系统造成的极值压力，也包括事件发生后的快速处理以及舆论危机管理，避免技术问题转化为管理问题。

二是要大力推动并逐步实现生产运行到生产运营的转变，不断提升运营效率和价值。在做好安全稳定运行的基础上，要大力提高生产运维的自动化程度，逐步实现各类标准化变更的自动化实施。要大力开展生产应急处置工具的自动化建设，逐步实现运维应急处置自动化、故障自隔离和自修复。要不断完善智能运维体系，充分利用大数据模型进行分析挖掘，并结合人工智能、神经网络等新技术，实现生产管理中风险预警和控制，并做好生产运营的数据分析，提供业务决策支持，提升科技服务价值。

三是要继往开来，夯实基础设施建设。要未雨绸缪，针对当前业务总量增长趋势和结构变化特点，充分评估未来可能的技术瓶颈与风险点，结合云计算、分布式等生产运行部署特点，提前谋划系统建设措施和运维管理配套机制，为我行信息化建设强基固本。要持续推进主机资源压降工作，确保主机核心系统的稳定运行。要对“两地三中心”体系进行持续优化，研究新一代双活架构，做到计划外同城接管的零数据丢失。要完成云计算技术在互联网金融领域推广，大力推进分布式数据库、分布式缓存等新技术的应用，充分借助新技术实现业务的快速投产上线和资源的弹性供应，提升对业务服务水平。

四是加强信息安全联动，科技部门要积极会同内控合规、办公室、管理信息等部门，建立网络与信息安全通报机制，做好事件风险的情况报告、事件通报、问题处置和落实跟踪。各业务部门要加大对信息安全工作的关注和投入力度，安排人员负责本部门信息安全管理工作，严格按制度要求识别业务安全风险，制定本专业信息系统安全防范策略。信息科技部和各中心安全团队要全面细致地做好信息安全建设顶层规划，确保我行安全防护能力在同业中处于领先水平。要落实好信息安全职责，形成工作合力，完成信息安全监控和处置平台建设，丰富技术防控手段，推动更高阶的安全防御体系落地。要强化全集团信息安全管控力度，全面开展集团子公司、境内各分行信息安全排查，将各机构重点安全风险事件纳入集中管控平台，强化全集团安全风险一体化管控力度。

三、筑科技领先优势，把握银行未来技术发展方向

当前和今后一段时期，全行正处于改革发展的重要关口期，面临着经营环境的深刻变化，面临着股改以来未曾遇到的困难和挑战。与此同时，在金融监管、科技创新、市场竞争等因素的共同作用下，现代金融科技已经提升到一个新的发展阶段，发生了一些新的趋势变化。从技术发展趋势看，两三年前作为新技术被提及的大数据、云计算、互联网已经在金融行业广泛应用，日趋成熟；而物联网、区块链、人工智能、生物识别等新技术正在金融领域开花结果，方兴未艾。从行业市场竞争看，一些大型银行通过并购和持股等方式，利用资本优势快速吸纳行业领先信息技术；一些中小股份制银行则在特定领域快速创新突破，也具有相对竞争优势；高科技企业利用得天独厚的技术优势向金融行业迅速渗透，对银行传统中介功能的挑战不断显性化。可以预见，在互联网金融飞速发展和同业赶超步伐加快的形势下，谁能更好地利用新技术实现转变，谁就能取得主导地位，也就能在未来的发展中保持优势。

长期以来，信息科技作为我行雄厚实力和显著优势的重要体现，被全行上下寄予厚望。在新的发展阶段下，信息科技更应该不辱使命，阔步前行。

一是要着力把握银行未来科技方向，始终屹立行业潮头。在同业和跨界竞争加剧、对手赶超步伐不断加快的情况下，要将保持我行信息科技的同业领先地位当做一项重大任务来抓，牢牢保持信息化建设领先者的优势，并将科技领先优势转化为业务发展优势。要增强紧迫感和危机意识，客观认识和判断当前所处的竞争环境与未来发展态势，加强对前瞻性研究人才的培养，对未来科技发展战略绸缪帷幄。

二是要紧跟业界动态和技术发展步伐，做好技术研究跟踪与储备转化。要瞄准金融科技的前沿领域，提前介入，主导新技术在银行业的试点应用，成为行业新技术、新标准的重要制定者。要围绕互联网金融、大数据与人工智能、云计算、区块链与生物识别、物联网、主机及开放平台、基础设施等技术热点创建“七大创新实验室”，加大新技术研究分析和发展趋势判断。要积极参与行业公共组织和共享平台建设并发挥主导作用，及时发布领先研究成果，着力挖掘和宣传科技前沿研究阶段性成果和标志性亮点，营造全行争先创新的良好氛围，展示我行信息科技在业内的领先实力，并以科技影响力带动全行竞争力的整体提升。

三是要加快新技术运用与成果落地。技术的创新突破是催化剂，业务场景的创新则是新技术产生价值的关键。要按照对我行的价值贡献度区分轻重缓急，统筹平衡好新技术应对策略，优先推进对我行带来直接收益和

显著改善的技术应用。要借助金融科技代表性新技术，拓展金融服务的开放性和生态融合性，为我行构建低门槛、全方位、多触点的金融服务入口，为客户打造便捷易用、智能量身、安全可靠的金融产品。要协同联动，发挥科技和业务部门在各自专业领域的特长，科技部门要及时将新技术研究成果向业务部门宣讲和发布，各业务部门要主动了解和学习各类新技术，基于新技术的特征提出切实可行的业务需求和产品创意，共同推动我行在金融与科技的融合方式、覆盖范畴、实现手段等方面实现一次新的提升。

四是要深化 IT 架构转型，明确顶层规划设计，年内要实现应用、数据、技术架构的目标蓝图规划，为业务发展提供领先的技术架构体系。要通过业界对标和自身痛点挖掘，从应用架构、数据架构、技术架构等方面开展持续攻关。在应用架构上，要完成开放平台个人Ⅱ类、Ⅲ类账户体系的建设，实现投资理财、贵金属等业务从主机迁移至开放平台，优化总分行、合作方互联的架构布局。在数据架构上，要完善大数据平台与流处理平台，年内纳入大数据云的服务器超过 1 000 台，数据量超过 1.5PB。在技术架构上，要实现互联网金融三大平台等应用纳入基础设施云，实现 B2C 支付、电子银行统一通行证等热点功能纳入应用平台云，将业务量突增时的系统扩容效率由小时级提升至分钟级，增强热点业务的处理弹性，支持产品与服务的快速供给，构建面向未来业务发展的全新技术体系框架。

四、促全行中心工作，为改革发展提供原动力

2017 年全行工作会议已经明确提出了今年工作总的指导思想和经营目标。要实现这些目标，既存在供给侧改革深入推进、创新驱动战略加快等许多有利条件，也面临经济金融形势复杂、内外部风险与矛盾交织等较大的困难和挑战。工欲善其事，必先利其器。在这种爬坡过坎、攻坚克难的时候，我们更加迫切需要信息科技的跨越发展和长足进步，迫切需要科技人担当进取的精神和改革创新的办法，来为全行战略目标的实现提供新的动力支持和新的发展势能。信息科技工作要围绕全行整体发展战略，坚持以服务业务、创造价值为导向，促进技术进步与业务发展的深度融合，使科技成果快速转化为生产力，使全行业务经营、风险管理、客户服务等领域实现质的跃升。

一是要支持全行经营转型与创新发展。要按照“稳中求进”的主基调，为提升全行竞争力谋对策，为业务和科技创新出点子，为客户营销和风险管理提设想，以科技人特有的前瞻性思维和跨界视角为全行改革创新增活力、添动力，使科技创新成为激发经营发展活力的最有力杠杆。要统筹研发创新的资源投向和节奏把控，科技部门要和产创、各业务部门做好沟通，对于已经明确的全行重点创新任务，要加大研发资源投入力度，提高资源投入产出比。要合理平衡好研发创新与安全稳定的关系，在确保信息系统安全稳定、严防信息安全风险的前提下，在大零售、大资管、大投行、国际化、综合化等重点业务领域取得新进展、新突破，提供更加贴合客户需求的金融产品和创新服务。

二是要在互联网金融和大数据应用领域取得更大突破。我行正在实施 e－ICBC 2.0 向 3.0 智慧银行的战略升级。科技部门要以传承与创新的思路促进我行互联网金融升级发展，前瞻把握“互联网＋”等新业态新模式，整合定位重合的互联网金融入口，构建统一的个人支付产品体系，以应用内嵌等方式促进三大平台互相引流，完善工银融 e 借、信用卡专项分期等网络融资产品体系，优化覆盖金融、社交、生活服务的 e－ICBC 生态圈，加快推动我行全新的“智慧银行”体系建设。要促进大数据应用成果的快速转化，打造大数据拳头产品，建立个人、公司客户画像及其在营销和风险管理中的应用，将画像数据时效性从 T＋2 提升至 T＋1，并在业务运营等领域实现风险防控从 T＋1 向准实时的提升。

三是要提升系统研发的市场响应效率。要围绕互联网金融等重点业务领域及全行战略性创新项目，探索建立有别于传统银行模式的产品创新组织机制和研发流程。科技部门要与产创、业务部门联合攻关，从客户导向和业务场景出发，在支付、个人信用贷款等领域共同建立专职研发柔性工作团队，快速推出新产品、新功能，增强产品创新的市场快速调整与响应能力。在融 e 购 B2C、开放手机银行、融 e 联等领域深化迭代研发方式，推进产品创新和功能优化。同时，要加强测试自动化、标准化水平，建成具有我行特色的业务资产库平台，丰富测试案例库和自动化测试手段，进一步压缩研发测试全生命周期。

四是要平衡好总行集中统一与分行特色的关系，既发挥好总行集中的优势，也充分调动分行的主观能动性和积极性。总行要通过 API 开放平台做好分行特色应用的服务调用管理和业务场景管理，强化区域特色创新的规范性。要做好对分行科技的支持、培训与指导，协助分行充分熟悉和快速掌握总行统一研发的新平台、新产品。各分行要在做好总行业务系统推广的基础上，充分利用新一代区域特色业务平台、工银 e 缴费平台、电子银行和自助设备分行特色平台等开发环境，支持本地特色经营及业务发展，发挥信息科技在市场竞争中的优势。有条件的分行要在互联网金融、大数据等新兴领域开展实质性的业务创新，力争对其他分行及总行系统的优化提升起到借鉴作用。

五、带队伍稳定高效，激发科技人才进取精神和创新活力

建设一支堪当重任的科技人才队伍，是攻坚克难、

竞争制胜的关键；建设一支有战斗力的科技队伍，是打赢高水平信息化竞争的重要保障。总行党委对科技队伍建设非常关注，近年来先后推出科技奖励基金、科技核心人才骨干人才队伍建设等一系列措施，取得了比较明显的成效。近两年，全行科技队伍在年龄结构、专业学历、条线分布等方面基本保持稳定，科技人员总量基本保持在1.4万人左右，这是一支具备良好专业能力、综合素质高、特别能吃苦、特别能战斗的队伍。各级机构要高度重视科技队伍建设，从战略的角度给予该项工作必要的支持和倾斜。

一是深化分行科技职能定位，提升一线服务能力。去年总行信息科技部联合人力资源部下发了优化分行科技职能的指导意见，科技精细化管理效果初步显现。今年要进一步结合总分行应用布局架构调整，以及二级分行模块化机房改造，减少分行生产运维工作量，促进分行科技向智能化运维转型，盘活基层单位科技人力资源。各分行要在履行好分行生产安全运行职责的同时，推进分行科技部门职能转型和人员技能提升，在推广总行应用系统、开展本地业务开发和营销支持等方面发挥关键作用，促进科技部门服务基层、服务业务的技术支持职责落地。

二是完善人才激励机制，激发科技队伍活力。在当前的体制机制和治理架构下，我行科技队伍建设的最大优势是国有企业的优势，是集体荣誉感的优势。要把这个优势发挥出来，一方面，要加强党的建设，把工商银行在国家经济发展中的使命感，把科技工作带来的成就感，把集体荣誉感和归属感体现到每个科技人身上。另一方面，要发挥思想政治工作优势，要以榜样激励人，以人格感染人，以行动关爱人，以文化凝聚人，打造“撸起袖子加油干”的科技进取精神和旺盛士气。同时，总行已经正式印发了加强科技条线骨干人才队伍建设的工作方案，从人本管理、人才选拔、职业培养、晋升激励等方面提出了明确的指导意见。各机构要结合实际做好方案的细化落实和本单位人才库建设，综合运用各项措施，增强对骨干人才的培养和激励力度，提高信息科技队伍特别是优秀人才队伍的稳定性。要充分发挥科技人才熟悉业务流程、技术系统的优势，有计划地组织科技人才跨单位、跨部门、跨条线的岗位交流，促进科技人才有序流动和较快成长。

三是持续加大科技资源投入和人才培养使用。2017年全行科技人员总量要继续稳定在1.5万人左右，其中总行科技人员数量要突破6 600人，新技术研究团队规模达到300人，进一步壮大技术研究和管理力量，持续增强技术管控能力。同时，要持续推进科技岗位能力常态化评估和竞赛机制的落地，实现应知应会测评在全行信息科技部门的全覆盖，并综合运用好“总行十大专业人才培训”、各类适应性培训等差异化培训体系，按照“实践+培训”的培养模式，促进科技人才适岗能力和综合素质提升。

同志们，全行深化经营转型、结构调整、业务创新等工作都与科技条线密不可分，信息科技工作任务繁重而艰巨，关键是要持之以恒抓好落实。全行各级科技部门要坚定信心，激发活力，为2017年全行中心工作做好科技服务和支持，保持科技同业领先优势，在应对各种外部挑战和促进全行改革发展的新起点上，走出具有工商银行特色的未来银行科技发展之路。

加快金融市场业务发展　深化工银标准与集团联动

——在2017年重点分行金融市场业务研讨会暨工银标准对接座谈会上的讲话

王敬东

（2017年3月24日）

今天，我们召开重点分行金融市场业务研讨会暨工银标准对接座谈会，目的就是认真贯彻落实全行改革发展研讨会和年初全行工作会议精神，进一步统一思想认识，明确发展方向，持续推动全行金融市场业务大发展。同时，深入了解工银标准特色产品，进一步促进工银标准与集团的深度融合，不断巩固全行竞争优势。上午，总行金融市场部通报了2016年各分行金融市场业务发展情况，各分行也对自身业务情况与2017年计划进行了总结分析，金融市场部主要负责人对大家提出的问题作了回应，起到了交流信息、统一认识的作用。下午，工银标准对其特色产品及联动营销计划进行了介绍，总行相关部室也提出了与工银标准深化联动的思路和举措，相信对大家都会有所启发。

总的来看，2016年全行金融市场业务工作成效显著，为全行利润稳定增长做出了重要贡献。尤其是在座的12家重点分行，在各一级（直属）分行中处于金融市场业务发展的第一梯队，更是全行金融市场业务发展的中坚力量，不仅为金融市场业务发展做出了贡献，也进一步积累了有益的经验，这里要特别感谢大家付出的努力。下面，我主要从推动金融市场业务发展和做好工银标准对接联动两个方面，讲几点意见。

一、关于大力发展金融市场业务

（一）发展金融市场业务具有重大意义

第一，发展金融市场业务，是贯彻国家经济战略、增强服务实体经济能力的重要途径。金融市场业务产品范围广、综合性强，涵盖利率、汇率、商品及信用等多个市场，服务于客户的投融资、交易、避险等多样化金融需求，与实体经济发展的众多中间环节紧密契合，高度符合中央关于金融服务实体经济的指示精神。大力发展金融市场业务，是我行积极参与中国金融市场发展、落实国家供给侧结构性改革和“一带一路”战略、发展普惠金融、拓宽服务实体经济范畴、切实履行大行职责的重要体现。

第二，发展金融市场业务，是主动适应经济发展新常态、推动全行经营转型的重要举措。在宏观审慎监管趋严、同业竞争日益激烈、利差持续收窄背景下，金融市场业务顺应了直接融资市场快速发展、利率市场化加速、人民币国际化程度不断提升的宏观环境，对于全行提升综合化金融服务水平、持续推进经营结构调整、盘活存量资产提高经营效率、提升国际竞争力具有重要意义。

第三，发展金融市场业务，是激发新兴业务活力、拓宽全行盈利来源的重要途径。金融市场业务既包含满足银行自身经营需求的债券投资、货币市场融资等业务，又包含满足客户交易、避险等需求的资金交易业务和满足客户融资需求的债券承销业务等，具有功能多元化、高度专业化、运作全球化等特点，是我行推动收入结构转型、增加盈利来源、实现可持续发展的重要手段。发展金融市场业务，有助于拓展新的业务运作领域、促进中间业务收入快速增长，有助于推动全行转变收入结构、不断提升盈利水平。在座的 12 家分行金融市场业务发展基础较好、业务贡献突出、对业务发展有着更深的认识，希望能够在会后作些更深入的交流和研讨，形成相互启发、相互促进的良性发展循环。

（二）发展金融市场业务面临的机遇与挑战

当前，在全球经济金融形势错综复杂的大背景下，全行金融市场业务经营发展面临着难得的历史机遇，同时也存在不少挑战和困难。我们要深刻认识并紧紧抓住金融市场业务发展的潜在机遇，以时不我待的紧迫感推动业务快速发展，为应对更加激烈的同业竞争打好坚实基础。

从主要机遇看，一是国家大力发展直接融资，我国债券市场规模持续扩容，截至去年末余额已达 64 万亿元，同比增长 33%，为债券投资、承销发行、代理交易等业务的发展提供了广阔空间。监管机构积极推动债券市场创新，新的投资与交易工具层出不穷，为丰富债券组合品种带来更多机遇。二是我国汇率与利率市场化深入推进，国际大宗商品市场走势不确定性显著提高，客户汇率、利率、商品等交易避险需求逐步激发。三是大数据、互联网理念与技术广泛应用为进一步丰富业务渠道和营销方式、提升客户体验拓展了新的空间。四是金融市场业务全球布局稳步实施、结售汇业务网点覆盖率提升、对公代客交易业务进网点和上网银成果显著、账户类交易产品体系不断丰富、同业专营业务架构不断深化等，创新发展手段的不断丰富为业务发展注入新的活力。更为重要的是，易董事长、谷行长对金融市场业务发展提出了更高的期望，要求加快推进完善利润中心系统管理职能、在重点分行设置金融市场部、优化专业发展规划和经营策略等改革措施，为进一步提升金融市场业务盈利贡献创造了有利条件。

从主要挑战看，一是国内经济依然存在下行压力，银行间债券市场收益率持续低位运行，加之信贷市场风险逐渐向债券市场蔓延，信用违约事件频发，过去债券投资信用风险相对较低的局面有所改变，统筹债券投资风险与收益的难度进一步上升。二是国际汇率、利率、商品等市场波动加剧，国际衍生产品交易市场监管不断加强，对账户类交易、外汇买卖、代客外币利率汇率风险管理等交易报价与敞口管理提出更高要求。三是部分分行在产品线组织推动等方面存在薄弱环节，金融市场专职管理营销团队尚未全面建立，在创新产品推广、发展思路传导、管理制度落地等方面缺乏有力抓手，一些我行优势产品在实现突破后“后劲不足”，没有进入快速发展轨道，距离从“盆景”成长为“森林”还有很大差距。

总体来看，未来一段时期金融市场业务面临的机遇和挑战并存，我们要把握机遇，迎接挑战，敢于攻坚克难，力争圆满完成 2017 年各项任务目标，为全行经营发展做出新的贡献。

（三）关于发展金融市场业务的下一步工作要求

第一，要进一步重视发展金融市场业务。发展金融市场业务对于全行经营转型意义重大，但部分分行还存在金融市场业务“无队伍、无人管”的情况，尚未形成一支熟悉业务、精通产品、能够真正给客户“讲明白”的产品经理队伍，一线营销人员拓展金融市场业务优势产品时专业支持力度不足，产品营销效果不理想。各分行要高度重视发展金融市场业务对于全行经营结构调整、利润增长、综合服务能力提升等方面的重要作用，加大配套资源投入力度，统筹做好辖内金融市场业务专业化组织推动工作，并拿出切实可行的发展措施。

第二，要落实好辖内金融市场业务发展计划。前期总行已印发 2017 年金融市场业务工作要点和营销方案，各分行要认真组织落实，结合当地实际做好全年金融市场业务发展计划。要进一步加强金融市场产品在当地的营销推广，显著提升金融市场业务产品线收入盈利贡献，努力实现总行下达的中间业务收入、产品线收入、客户数等任务目标。代客结售汇业务量、市场份额及活跃客户数要保持稳步增长，债务融资工具承销发行、账户类交易业务市场份额同业领先优势要得到巩固和扩大；分行推荐同业专营业务收入争取实现快速增长；所有分行力争全面开办人民币利率衍生品业务，并逐步覆盖辖内各二级分行；对公商品交易、“一带一路”新兴市场货币外汇买卖客户数及交易量要争取快速提升。

第三，要积极加强金融市场业务培训宣传。各分行要认真组织参加总行举办的金融市场业务相关培训及交易序列考试，注重加强业务骨干培养，尽快提升辖内产品经理的营销能力与专业水平，打造推动全行金融市场业务发展的主力军。总行要做好金融市场业务学习资料梳理完善，加强业务培训专业师资力量建设。要合理制定考核激励政策，充分调动一线营销人员积极性，形成营销人员懂业务、会营销、有干劲的金融市场业务发展局面。要广泛应用互联网创新技术丰富业务渠道和营销方式，不断优化客户体验，促进金融市场业务条线全面发展。

第四，要不断提高业务风险防控能力。当前金融市场业务经营面临着复杂多变的市场形势和宏观经济环境，对于我们进一步提高风险防控能力提出了迫切的要求。全行在业务开展过程中，要持续做好风险控制工作，在已有风险防控措施与经验的基础上，认真梳理分析工作薄弱环节，严防各类潜在风险。要进一步加强业务授权管理，强化授权执行的监督，保障业务合规开展。要严格执行各项业务制度规定，规范业务操作流程，全面提升系统应用水平，切实保障各项业务规范发展。

二、关于促进工银标准与集团深度融合

（一）工银标准是我行全球金融市场业务的重要战略平台，促进工银标准健康发展是总行党委作出的战略决策

收购工银标准是我行充分把握市场趋势、完善金融市场业务布局所采取的战略举措。工银标准在贵金属、基本金属、能源等大宗商品交易，以及外汇、利率、信用、股权（FICE）等金融市场业务领域形成了相对成熟的业务平台与经营模式，拥有较高素质的专业人才队伍，在多个主要国际商品交易所拥有会员资格，在贵金属领域形成了较强的国际市场做市能力，在商品领域具备全产业链实物和金融交易服务能力。收购工银标准有助于我行在较短时间内迅速提高全球金融市场交易领域竞争优势和地位，增强中资机构在国际市场的话语权与活跃度。从更高战略层面看，收购这样一家体量较大、历史较长、具有特色经营模式的交易型银行，对我行乃至国内银行业积累海外并购经验、提高客户服务水平意义重大。因此，全行上下要共同努力，将之打造为中资银行海外收购的成功案例。

总行相关部室和境内外机构加强与工银标准联动合作，是总行党委部署的工作职责，工银标准健康发展很大程度上需依托于集团的联动。总行在收购初期便已明确了工银标准在集团内的战略定位和集团内协同发展机制，要依托全行客户基础，发挥工银标准特色优势，满足客户商品、外汇、利率、信用、股权交易和风险对冲需求，并将其定位为我行金融市场业务线的主要交易中心之一。2016 年 7 月以来，还在总行层面组建了跨部门的业务联动协调工作组，由总行金融市场部牵头协调，加强与工银标准的联动工作。

（二）工银标准与集团业务发展契合点不断拓展，联动成效显著

在总行党委的高度重视和联动协调工作组的共同努力下，工银标准依托特色产品与集团成功联动，取得了良好成效。工银标准为集团内其他境外机构提供各类集中交易服务，发挥业务优势向我行和同业机构提供贵金属清算、伦敦金属交易所（LME）经纪清算及实物黄金租赁服务，为我行贷款客户成功办理了汇率、利率和商品等多种类型的套期保值交易业务，与集团联动开展了总规模超过 900 亿美元的承销发行业务。与此同时，集团依托工银标准等部分境外机构建立了全球 24 小时离岸人民币汇率利率做市交易体系，立足工银标准在小币种和复杂衍生品交易领域的优势，在同业中率先推出了“一带一路”80 个币种外汇买卖、世界银行 SDR 债券发行与套期保值等多项金融产品创新服务，充分运用工银标准商品实物运作的牌照与经验创新推出在岸成品油回购、商品预付款等多项创新产品。2016 年，工银标准经营情况大幅改善、同比减亏比例达 58%，工银标准客户端收入中我行贡献比例已由 2015 年的 9% 提高到 2016 年的 24%，双方联动共赢的效果正逐步显现。

（三）各分行和总行相关部门要进一步做好与工银标准的主动对接，不断加大业务合作力度，巩固联动效果

良好的联动成效既源于工银标准全体同事的不懈努力，也源于总行相关部门和各境内外机构的协调配合。展望未来，我认为工银标准在与集团深度联动融合方面依然有着很大空间，总行相关部门、各分行和工银标准要坚定不移地落实总行党委指示精神，进一步加强业务合作。

总行金融市场部要进一步发挥牵头联动作用。要会同总行相关部门和境内外机构，持续研究扩大与工银标准合作范围、提升联动效率的思路。要继续按照市场化原则，优先选择工银标准作为交易对手，并给予其二次报价权，不断扩大双方交易规模。要协助工银标准加快

推进贵金属清算、特色商品交易、汇率利率做市等业务发展，促进其有效对接集团境内外客户业务需求，提升盈利稳定性与可持续性。此外，要牵头协调各单位认真落实好本次会议安排的各项工作。

总行各相关部门要持续加大业务联动力度。要认真落实各项联动举措，进一步扩大实物黄金进口和租赁、贵金属清算、商品融资、专融和租赁项目衍生品对冲交易、债券承销等业务合作规模，确保今年各项业务合作力度不弱于去年。要在部门内形成专门团队第一时间响应工银标准联动营销和业务发展需求，通过合作创新拓展新的联动领域。要与工银标准及时总结联动的成功案例和有益经验，积极会同牵头部门加大在集团内宣传推广力度，进一步促进工银标准与集团的深度融合。

各分行要加强同工银标准的产品融合与营销对接。各分行要安排专人负责协调工银标准联动工作，会后要积极与工银标准联系人对接。要尽快面向产品营销队伍，多轮多次地组织工银标准特色产品专题培训，建立双方产品经理层面的沟通渠道。要将工银标准的产品优势和服务能力常态化纳入综合金融服务方案，积极响应工银标准营销需求，针对每一个重点客户，成立由分行客户经理和工银标准客户经理、产品经理组成的营销小组，动态跟踪营销进程。

工银标准要细化完善联动营销计划并开展主动对接。工银标准要结合自身的特色产品，尽快整理形成一套包括产品介绍、目标客户、准入条件、办理流程、预计业务规模、单笔业务规模、合作分润模式等内容的产品营销手册，供总行各相关部门和各分行学习掌握，并积极提供培训支持。要细化完善联动营销计划，结合业务拓展需要进一步充实中国市场的营销力量，主动对接境内分行开展针对性营销。要有新的工作团队常驻总行开展国内工作。要定期向牵头部门汇报重点联动项目进展，确保完成 2017 年经营计划。总之，工银标准要在总行部门和各分行支持下，充分发挥主观能动性，积极主动地开展工作，不断推进实现与集团的深度融合。

同志们，未来一段时期全行的内外部经营环境更为复杂严峻，大家要切实肩负起总行党委赋予我们的重要责任和历史使命，不断增强凝聚力、战斗力，坚定信心、迎难而上，以百折不挠的意志，力争圆满完成 2017 年金融市场业务发展目标。

在全行现金业务安全会议上的讲话

王敬东

（2017 年 7 月 10 日）

这次会议的主要任务是分析研究当前全行现金业务安全管理方面存在的问题，安排部署加强金库及现金业务管理的措施，组织开展金库及现金业务管理情况大检查。当前银行业现金领域案件频发，去年以来我行先后发生×起现金案件，涉及金库、网点和自助设备。易董事长和谷行长对于这项工作非常重视，多次作出批示和指示。总行召开这次视频会议，就是要认真贯彻易董事长、谷行长的批示和指示精神，分析案情特点，采取切实有力措施，防止现金业务案件和风险事件发生。下面，我讲三点意见。

一、金库是全行风险管理和内控案防的重中之重

作为银行最传统的基础性业务，现金业务具有实物管理分散、流转环节多、手工操作多、技术防控应用难等特点。金库作为现金实物安全管理的重要场所和运营风险防控的关键，历来是商业银行风险管理和内控案防的重点。近年来，全行围绕现金安全运营长效机制建设做了大量工作。持续推行现金业务集约化、标准化、信息化建设，着力构建以现金营运中心为核心的现金集约运营平台。开展金库标准化建设，明确金库的建设、安全、管理和服务标准，全行金库由最初的 2 000 余座精简整合至 627 座。实施自助设备集中运营管理，实现了效率的全面提升和风险的集中管控。先后投产款箱物流系统、自动柜员机运营管理系统、实物现金管理系统，强化现金实物、质押品流转各环节的系统控制、信息核验和交接保管，提升现金实物的信息化管理水平。建立有效覆盖各层级、多岗位的现金制度检查体系，全面规范现金安全运营管理。去年年底，围绕山西运城现金案件，又组织了全行范围的金库安全管理检查，并启动金库分类评级工作，强化金库建设安防、内部管理、制度执行等方面的评价管理。

但近几年，受外部经济金融环境变化影响，各类金融诈骗活动猖獗，针对银行的外部侵害明显增加，涉及银行的案件和风险事件高发。在全行内控案防的高压态势下，总体上案件和风险事件有所下降，但值得高度关

注的是，现金案件明显增加，且全部为内部人员作案，影响极其恶劣。个别现金业务人员职业操守和道德底线失守，不仅参与外部经商、赌博等违规行为，甚至为一己私利，处心积虑盗用银行现金；加之部分分行长期忽视后台运营基础管理和资源投入，有章不循、违规操作等问题屡查屡犯、屡禁不止，仅今年上半年就发生×起现金类案件。分析近期发生的现金类案件和风险事件，有五个方面的突出特点。

一是发案领域集中于现金中心和网点自助设备，严重损害银行声誉。与以往现金类案件集中于自助设备和柜面不同，我行连续两年发生现金中心人员直接作案，内部人员利用简单的作案手法便可轻易将现金转移盗用，现金中心内部管理之松散、混乱可谓触目惊心。而涉及金库的案件即使数额不大，也往往是社会舆论的焦点，一旦形成舆情，极易损害我行稳健经营、内控严密的良好社会形象。案发行现金中心以信任代替制度、随意简化流程等严重违规现象突出，账实分离、监督制衡等关键控制机制完全失效。如陕西商洛分行没有执行实物双人管理制度，将2名实物管理员职责分开，导致岗位分离、交叉监控作用失效；未按要求配备安全管理员，人员随意进出清分区，轻易将现金带离清分库区，导致现金实物中心安全管理的最后一道防线失控。

二是长期忽视金库建设安防，严重影响金库运营安全。部分行对影响金库运营安全的物理场所建设、设施配置等关键问题缺乏足够重视，对总分行屡次强调的金库功能分区设置不合理、安防设备损坏、监控有死角、库区作业环境差等硬件设施问题整改滞后、治理不力，导致风险隐患长期存在。例如，山西运城分行现金中心违规在清分区外设置备钞区，形成对备钞人员的监管盲区；监控设备未纳入统一监控平台联网控制，内部人员可直接操作监控系统，轻易制造监控盲区并伺机作案。

三是人员配置严重滞后于业务管理需要，风险隐患突出。伴随自助设备集中运营、外汇业务、贵金属业务、上门收款和代理同业等业务的快速发展，金库运营的复杂程度大幅增加，每天需保证全行1.6万个网点、10万余个款箱调拨、10.1万台自助设备的加装钞、清分整点约2 000亿元现金、调拨贵金属实物达35吨。资源配置决定运营服务效率和安全水平，部分行忽视资源保障的重要性，现金人员数量有减无增，由于金库人员配备不足，长时间存在混岗兼岗、岗位轮换和强制休假执行不到位等违规现象。例如，云南临沧分行41台自助设备仅配备2名装卸钞人员，远超分行16台配备2人的标准，加钞线路长期无法轮换，加钞现场各自独立操作，使得双人制约的机制设计完全失效，为作案人挪用现金提供了便利条件；山西运城分行自动柜员机从191台增至292台，日均现金清分近3 000万元，但清分整点人员始终配备2人，远超单人600万－800万元的配置规定，使得负责装卸钞的作案人同时兼任清分、备钞等不相容岗位工作，形成实质性风险。

四是制度执行和检查监督严重缺失，内部管理粗放。个别行擅自将现金营运中心寄库管理，违反寄库规定，且没有对寄存现金实物和账务管理建立规范的管理机制，导致内部管理漏洞长期存在；部分行现金业务管理人员对岗位重要性认识不足、履职不力，完全不掌握现金业务风险实质，无法开展有效的监督检查及日常管理；现金中心人员专业素质低，甚至不具备基本的计算机操作技能；库存限额管理不严不细，对现金中心、自助设备的超限现金未采取有效压降措施。例如，陕西商洛分行现金中心日均库存现金高达4 000万元，库存超限近一倍，未引起分行足够关注。2014年起至案发，虽按规定检查累计数十次，但均采取抽查方式，且由作案人提供被查款箱和金额，从未进行全面的账实核对，导致现金被盗用长达三年未被发现。

五是均为内部人作案，员工行为排查亟待加强。深入分析现金类案件的涉案人，均不同程度存在经商失败、高息借贷、赌博等不良行为。当前的外部经济环境下，极易因其个人财务困难而铤而走险，以身试法。部分行甚至将存在高危行为的人员调整至与现金相关的工作岗位，完全忽视现金岗位对人员道德水准和从业资质的高标准、严要求。几起案件中，涉案人员均存在家庭不和、班后滞留、长年未休假未轮岗、信用卡严重透支等异常行为，且未能引起所在机构管理层的重视，未能及时调离、消除案件隐患。

下面将几起案件和风险事件的处理情况进行通报：

1. 2014年下半年至2017年5月，陕西商洛分行实物管理中心员工谢养志侵占我行资金，造成重大风险，目前正在核查处理中。总行将严格按照银监会及我行相关规定，对直接责任人、管理人员以及监督检查责任人给予严肃处理，对相关负责人予以严格问责。

2. 2016年9月，山西运城分行员工谢毅挪用ATM备用款项案件，涉案金额345万元，全部追回。共对12名相关责任人给予处理，其中开除党籍、开除行籍并移送司法机关1人，撤职1人，留用察看1人，记大过3人，记过3人，行政警告2人，诫勉谈话1人。

3. 2017年初，江苏盐城滨海坎中支行行长樊松侵占ATM库款51.94万元，资金全部追回。共处理16名相关责任人，其中开除党籍、开除行籍并移送司法机关1人，留用察看1人，降级1人，记大过4人，记过3人，行政警告1人，告诫谈话5人。部分人员被同时给予党纪处分。

4. 2017年初，云南临沧分行沙卫疆挪用自动柜员机钞箱现金案件，涉案金额84万元，全部追回。共对11名相关责任人给予处理，其中开除党籍、行政开除并移送司法机关1人，降级1人，记大过1人，记过2人，行政警告3人，批评教育3人（其中通报批评2人，书面检查1人）。部分人员被同时给予党纪处分。

总行再次重申，凡是发生大要案和重大风险事件的，要严厉追究各机构党委的主体责任、纪委的监督责任，严肃追究领导责任、条线管理责任、监督检查责任，以及发案机构、部门人员的不尽责、不提醒、不报告等责任。凡辖内发生 100 万元（含）以上案件的，应暂停案发层级机构分管负责人职务，并视情况暂停主要负责人职务。根据责任认定情况，应给予案发层级机构主要负责人记大过（含）以上处分。辖内发生1 000万元（含）以上或恶性案件的，应暂停案发层级机构分管负责人、主要负责人职务，并视情况暂停上一级机构分管负责人职务，责成其积极配合案件调查。根据责任认定情况，应给予案发层级机构主要负责人及其上一级机构分管负责人降级（含）以上处分。

当前，党中央、国务院把防控金融风险和金融犯罪提高到重要议事日程，监管部门密集出台一系列专项治理和检查项目，向金融乱象、违法违规问题“亮剑”。总行党委高度重视案件防控工作。易董事长在年初全行工作会议明确提出“案件总量有所下降、重大恶性案件杜绝发生”的案防总体目标。谷行长也多次强调，要以金库分类评级为契机，切实整顿基础设施差、管理薄弱的金库，务必将现金业务安全管理落到实处。6 月 22 日，总行又组织了一次部分行参加的案防形势分析会，重点对“两加强、两遏制”回头看之后出现的案件和风险事件进行了专题分析，进一步安排部署内控案防工作。在全行综合整治检查工作中，现金和存款领域也作为检查的重点内容安排，相关情况已通报各行要求切实整改。总行去年组织了全行范围的金库安全管理检查，今年又启动了金库分类评级项目，但是部分行仍然暴露出金库安全问题和风险隐患，今天这次视频会，可以说是对强化现金安全管理的一次再部署和全面安排，目的是要采取果断有力措施，切实提升全行现金管理安全水平。

二、落实“五个加强”，筑牢现金安全管理坚实防线

全行上下要牢固树立现金管理安全意识，坚持标本兼治，查防结合，扎扎实实、持续深入做好日常业务管理、制度执行检查、问题整改和管理提升工作。围绕现金安全运营管理，年初专业会已安排部署金库分类评级、动态密码锁、贵金属管理等多项综合性管控措施。现在再突出强调“五个加强”，希望引起全行的高度重视。

（一）加强金库安全管理。金库安全管理的核心是严格的建设标准和功能分区、严密的实物管理流程和内部监督、完备的安防设施和安全管理体系。金库建设安防是历次检查和通报的重点，仅在 2016 年 11 月总行组织的大检查中就发现全行 70 座金库存在严重安防问题。各行要认真对照金库管理规定和分类评级办法，全面查找违规和薄弱环节，加快库区安全问题整治，重点做好以下几个方面工作。一是重视金库基础设施建设。各行要结合自查、抽查发现的问题以及金库分类评级自评情况，对暴露问题较多、预评级结果较差的金库要重点治理、逐一整改，彻底解决金库分区不合理和安防设施不到位的问题。其中，对清分交接区未分离、门禁识别系统缺失、监控覆盖不全等严重风险隐患，必须立即进行整改。部分金库建成年代久远，基础条件较差，各行要充分考虑金库新建和改造需求，尤其是对大型现金营运中心，要及早规划，确保建设布局满足现金实物安全管理需求。二是强化库区安全互控管理。要按照独立管控、相互制衡的原则，针对库房区、清分区、交接区等金库核心区域，建立远程联动控制和现场安全管理相结合、安保人员和业务人员相分离的安全管理机制，通过远程监控平台，对人员进出、实物交接、安全管理员履职等关键环节进行联动控制和远程监控。各行安全保卫部、运行管理部要结合互控管理需要，完善远程监控平台功能设计和管理要求。三是严格现金寄库管理。各行要按照寄库保安公司管理规定，对现有寄库金库的管理模式、业务流程和运营风险进行全面评估，8 月底前提交分行操作风险管理委员会审议，原则上不得将现金营运中心寄库管理，因特殊原因确需寄库的，要制定每日账实全面核对、定期全面查库等更为严格的管控措施。四是严格安全管理员履职。各行须在现金营运中心、业务库足额配备安全管理员及外围安保人员，安全管理员要与现金中心人员严格分离，并明确其安全管理责任，必须对携带物品出入清分区、库房区的人员进行严格盘查。各行要在 8 月底前确保安全管理员及外围安保人员的数量配备到位，安全保卫、运行管理部门要加强管理，确保安全管理员严格履职。

（二）加强自助设备运营管理。自动柜员机作为我行 7×24 小时服务客户的重要渠道，数量超过 10 万台，日均装卸钞金额近 150 亿元，现金风险管控难度大。部分行对自动柜员机安全运营管理仍重视不够，存在自动柜员机分散管理、装卸钞模式不统一、钥匙密码管理不规范等现象，集中管理的分行也多采取原箱换钞、续钞等方式，增加了加装钞人员接触现金实物的机会，亟待通过技术手段应用和管理模式改变，从根本解决自助设备运营安全问题。一是全面完成自助设备账务集中。目前全行 9.2 万台自动柜员机已实现账务集中，但仍有江苏、辽宁、宁夏等分行部分设备还分散在网点管理，相关分行要优先保障自助设备装卸钞人员、车辆等运营资源，对账务未集中的设备逐台跟踪督导，确保在 9 月底前全面完成自动柜员机账务集中管理。二是全面改进装卸钞管理模式。各行要统一采用“更换钞箱”的方式为自动柜员机装卸钞，逐步替代“原箱换钞”和“原箱续钞”，实现钞箱现金全流程封闭管理，有效保障自动柜员机安全。尤其是未集中装卸钞的自动柜员机，要

优先完成备用钞箱配置，全面采用更换钞箱法。三是加快动态密码锁项目实施。各行要根据总行推广安排，组织动态密码锁设备采购、系统应用等工作，实现双人装卸钞和密码管理等关键环节的系统硬控制，年底前对地域偏远、基础管理薄弱的机构首先应用动态密码锁，2018年全面完成动态密码锁推广工作。四是全面推行远程查库功能。加快远程查库功能推广应用，通过一键式远程查库，实施自动柜员机钞箱现金的实时盘点和自动核对。对存量具备远程查库功能的设备要尽快实现系统应用，对新更换的设备必须具备远程查库功能。

（三）加强现金业务关键环节管理。总行已将现金业务纳入十大重点领域和关键环节风险治理，各行要持续加强现金业务关键环节管理，切实提高现金安全管理水平。一是严格落实双人管理制度。各行要对现金出入库、调拨、交接环节的双人办理，自动柜员机双人装卸钞，钥匙、密码双人分管等制度执行情况加大检查力度，对未按要求双人操作、互相监督的，要严肃进行追责。二是严格款箱物流系统的应用管理。各行要确保款箱物流系统应用覆盖所有金库和网点，要将全部款箱纳入款箱物流系统管理，实现款箱出入库、交接、流转全过程的系统控制。各行要在8月底前完成系统应用情况的全面排查和整改。三是加强网点现金管理。各行要加强网点现金日常领缴、保管工作，网点现场管理人员要切实履行现金安全管理职责，对现金账实核对、款箱交接入库进行严格监督。四是严格质押品代保管。各行要严格执行质押品代保管要求，确保质押业务的受理、实物存取、出入库均通过系统联动实现，严格执行质押实物真实性、信息一致性、封装完整性的核查，确保存续和保管期间质押实物安全。

（四）加强关键人员行为管理。现金类岗位是对银行从业人员职业操守和道德自律要求最高的岗位之一，各级行要切实抓好现金关键岗位人员的行为排查和动态管理，强化岗位间的制衡约束，消除风险隐患。一是严格关键岗位人员行为排查。内控合规、监察部门要加强对金库管库员、自动柜员机装卸钞、清分封装等人员的行为排查，对存在赌博、参与高利贷、吸毒等行为的人员，严禁从事现金类工作。各行要在9月底前完成全面排查，对存在异常行为的必须立即调整，并对其管理业务进行彻查。二是严格岗位管理要求。各行要按照重要岗位分离要求，确保管库员、记账员、清分整点员等关键岗位的相互分离，严格执行定期岗位轮换和强制休假制度。二级分行每年应组织金库关键岗位人员的突击轮岗，每季度组织装卸钞人员加钞线路的突击轮换。三是严格员工的合规文化和职业道德教育。各行要针对现金关键岗位人员，定期开展员工行为守则培训和案防教育，要通过合规文化宣讲和普法、警示教育，提高员工的合规、守法意识。

（五）加强制度执行检查管理。分析现金领域案件，关键原因就是制度执行流于形式和监督检查的严重缺失，检查重点不突出、检查要点把握不准确、检查质量不高等问题较为突出，亟待全面提升现金业务检查效能。一是严格实施全面查库，确保检查质量。各行在执行金库检查时，要将实物账实、金库建设安防、人员履职、查库制度执行等全部纳入检查范围。存放在各场所的库房现金、清分区现金、寄库现金、网点和ATM现金必须全部纳入核查范围，对长期积压、库存超限的金库和网点要重点排查并明确库存压降要求。对未实现账务集中、未执行线路轮换和岗位未分离的自动柜员机要重点检查。要避免检查盲区，有效采取抽查、交叉互查等方式，对所有金库、网点和自动柜员机进行全面检查，检查覆盖面要达到100%。二是建立现金实物检查监督机制。各级内控部门要将金库和现金业务纳入内控案防的重点，在坚持现有查库要求的基础上，强化现金营运中心的业务指导和监督管理，并加强对换岗、离岗人员的业务核查，确保账实相符。三是强化非现场检查手段应用。要充分运用视频监控和系统监测加强非现场检查，建立总分行监控核查管理机制，有效利用远程监控管理系统，对金库人员进出、实物交接、安全管理员履职、自动柜员机装卸钞等关键环节实施远程检查。要充分利用查库管理系统，实现总分行对各级检查组织、整改落实情况的全过程系统管控，确保检查成效。

三、坚持“四个必须”，强化现金内控案防管理机制

遏制当前现金案件和风险事件的高发势头，关键要提高各级现金管理人员的责任意识和风险防控意识，紧盯金库安全和现金实物管理高风险环节，严格排查风险隐患，落实整治措施，强化内部管理，创新管理手段，进一步筑牢现金内控案防管理堤坝。

（一）必须落实金库主任负责制，强化管理责任。尽管现金案件发生原因很多，但从根源上来看，关键在于领导干部对现金安全管理的重视程度不够，导致管理不严、管理不实、工作不到位。易董事长在去年案防形势分析会上明确指出，“案件风险控不控得住是检验管理者是否履职担当的关键，案防抓的实不实是衡量各级机构内控管理是否到位的重要标准。”各级领导干部都要用踏石留印、抓铁有痕的劲头来抓现金安全管理，特别是金库主任作为金库管理的第一责任人，既要对内控案防管理尽全力、负全责，更要对金库的运营管理、内控建设全面负责，确保金库管理工作执行落实到位；要对金库建立严密的安全管理体系，高度重视人力、物力资源配置，确保符合金库制度规定及业务发展要求；要认真履行检查职责，强化风险意识，提高对业务风险的防控能力。今天各行分管行长、各二级行“一把手”都参加了会议，这里再次强调，要把现金业务安全工作放在更加突出位置，凡因未认真履行管理职责，导致所

辖机构在此次会议后还出现性质严重、负面影响大的现金类案件和风险事件的，要严肃追究管理责任。

（二）必须加强现金营运队伍建设，抓好组织保障。现金安全管理责任重大，必须要有一支与现金业务职责和任务要求相匹配、素质和技能过硬的队伍。目前我行现金营运中心人员老龄化问题突出，未来更是面临大量人员退休压力，江苏、湖南、河南、安徽、青岛等分行现金中心三年内退休人员占比近40%；有的分行聘任缺乏基本专业履职能力的人员为金库执行主任，进一步弱化了现金中心的基础管理。一方面，各行要根据现金集中管理和金库运营需要，尽早规划做好管库员、清分整点员和装卸钞人员的补充配备；另一方面，要提升现金队伍人员专业能力，加强素质建设。金库主任要进一步提高管理水平和履职能力；执行主任要专业水平过硬、责任心强、风险敏锐度高，且具备一定的现金工作经历或运行管理工作经验，对不符合要求的要坚决进行调整；现金岗位人员要符合资格准入条件，遵纪守法，道德品行和职业操守过关；对其他专业转岗人员要定期进行制度培训和案防教育，确保现金中心人员整体素质满足金库安全管理需要。下半年总行将组织一次全行现金营运中心负责人的全面培训，着力提升金库执行主任的风险意识、专业素养和履职能力。各行也要建立起现金营运中心负责人定期轮训的工作机制，特别是近两年来新提拔的现金营运中心负责人，要切实提升其履职能力和水平。

（三）必须严格实施金库分类评级，持续提高运营风险防控能力。为客观反映金库运营和安全管理现状，持续提升金库服务支持能力和安全管理水平，总行年初制定了金库分类评价管理办法和实施方案，部署全行开展金库分类评级工作。各行要以金库分类评级管理为契机，构建主动式风险评估管理机制，通过金库各类安全运营指标评价，识别金库安全管理存在的薄弱环节，针对性地采取管控措施。要对评级结果较差的金库实施分类指导，制订整改实施计划，确定提升方向，并持续跟踪帮扶，促进该类金库运营服务水平的不断提升。要充分发挥操作风险管理委员会作用，将分级结果应用于金库内控案防排查、干部选拔任用等多个领域，建立起各级机构、各业务部门风险协同管理体系。要通过持续动态评估，严格金库基础建设和安防标准，切实保障金库设施、设备配置和关键岗位人员配备，加强本外币现钞、贵金属、自动柜员机运营质量和效率管理，强化运营重点环节风险防控，打造安全、高效的现金实物集约运营平台。

（四）必须借助信息手段应用，提升精细化管理水平。要积极推进信息科技手段在现金业务领域中的应用，将管理规定和制度流程固化到各类管理系统中，并依托信息系统实施精细化管理，从源头上有效杜绝案件风险隐患。积极探索物联网技术在现金实物管理中的应用，通过物品身份识别和移动作业应用，在现金实物清点、交接、出入库、盘点等环节实现信息自动化采集和传递，现金实物流与资金信息流同步流转，通过扫描信息驱动系统自动记账，做到信息及时比对、账务联动处理；引入工作流管理、消息推送等机制，实现现金差错、日终现金在途、库存超限等风险的及时警示，以及管理人员履职的及时揭示，全过程加强现金运营风险的系统防控。要进一步加强现金库存限额管理，根据当前支付环境变化和网点现金收付规律，严格核定现金营运中心、业务库库存现金限额，减少无效资金占用，持续降低现金备付水平。要建立现金营运信息管理和监测分析机制，将业务量、人员、机具设备等信息全部纳入实物现金营运管理平台，应用预警监测模型，对库存现金、人员配置、设备应用等进行定期监测，及时预警库存超限、资源配置缺失等异常情况；建立责任人管理机制，逐级监测、定期通报并反馈整改落实情况。

同志们，金库安全责任重大，做好现金业务管理十分重要，全行要认真落实各项工作要求，进一步加强现金基础管理和重点环节风险管控，切实提高现金安全管理水平。

本次会议结束后，总行将布置全行范围的现金实物安全管理检查，由运行管理部、内控合规部、安全保卫部共同组织，检查形式全部为一级分行抽查或二级分行交叉检查，对金库、网点和自动柜员机的现金实物进行全面的账实核对，尤其是寄库保安公司款箱，必须全部调回本行逐一开箱检查；对清分区安全管理、自动柜员机装卸钞管理、关键岗位人员管理等重点环节进行彻底排查。本次检查是全面加强现金实物安全管理的重要措施，各行要高度重视、周密安排，成立检查领导小组，由分管行长亲自挂帅、担任组长，确保检查工作组织有序、取得实效。要确保检查人员严格履职，不走过场，提高检查质量。要认真组织开展检查评价工作，客观真实反映金库安全管理情况，对检查发现的问题要给出整改建议，对重大问题和风险隐患，要及时报告总行。要对后续整改工作跟踪负责到底，对每个被查金库建立检查档案，明确整改计划，确保检查问题全部整改到位。对金库安全管理不到位、问题整改不彻底，导致现金类案件和风险事件再次发生的，要从严、从重追究责任，绝不姑息，绝不能再发生屡查屡改、屡改屡犯的问题。相关部门要密切协作，各司其职，对相关的检查实施、问题整改和资源配置工作，要全力配合完成、加快推动落实。各行要通过本次检查，充分揭示金库和现金业务管理中存在的薄弱环节，全面查找风险隐患，查处纠正违规行为，彻底整治金库安全管理的突出问题，防范现金类案件和风险事件发生，持续提升现金风险防控水平，为工商银行业务平稳运营和健康发展做出贡献。

在信息科技及管理信息高级管理培训班座谈会上的讲话

王敬东

（2017 年 7 月 12 日）

很高兴参加这次信息科技及管理信息高级管理培训班。这是首次由信息科技部和管理信息部合并举办，并同期举办分行信息科技部门负责人参加的信息化银行建设培训班。此次培训既有总行信息科技部、管理信息部负责人部署专业重点工作任务，还邀请行内外专家讲解创新实验室建设、大数据应用、金融科技发展及展望、征信信息安全等，课程内容丰富，与我行大数据和信息化战略结合紧密。大家要深刻理解大数据和信息化战略，大数据是基础，信息科技是手段，最终是为了实现信息化银行的目标。同时，在今天下午的座谈会上，各单位也立足全行经营改革发展，围绕科技创新与管理信息工作提出了很多中肯的意见和建议。信息科技部和管理信息部要对各单位提出的问题做好梳理，对其中的具体工作要抓好推进落实，对前瞻性内容及系统性意见和建议要做好研究谋划，确保本次座谈会达到预期效果。下面，结合大家的发言，我谈几点意见。

一、今年以来全行信息科技、管理信息建设情况

（一）信息科技工作方面。一是全行信息系统运行安全平稳。信息系统安全稳定是我们开展一切工作的基础。2017 年上半年，境内工作日均业务量 3.936 亿笔，同比增长 22.89%；日峰值业务量 4.697 亿笔，同比增长 21.34%，没有出现重大生产事件与信息安全事件。成功实施同城接管运行的信息系统切换工作，圆满完成“两会”“一带一路”高峰论坛及春节等重大节点期间系统运行保障任务。二是积极服务全行各项中心工作。顺利完成 NOVA + 2017 年 1 - 6 月版本的投产，涵盖 352 个项目和 470 个需求变更。积极推进信息化银行建设，围绕“三平台、一中心”推动互联网金融创新和整合引流，成功推广新一代企业网银，统一“工银 e 支付”品牌，提供更加贴合客户需求的金融产品和创新服务。从个人、法人、机构等维度深化大数据应用，保障了信贷管理、金融市场，以及国际化、综合化等全行重点创新任务的顺利完成。三是加强前瞻性技术联合创新研究与应用。先后成立了数字化银行、互联网金融、大数据及人工智能、区块链与生物识别、云计算、主机平台网络、设备及机房基础设施等 7 大创新实验室，以及数据中心（北京）信息安全团队，全面布局金融科技各新技术领域。持续推动 IT 架构转型，启动 IT 蓝图规划设计，支持我行长期可持续发展需求。四是有效支持了本地特色经营创新。各分行研发了 400 多个区域特色项目，涉及银企合作、银政合作、军队服务等多个领域。持续推进 API 开放平台和合作方交互应用开发（COSP）平台分行迁移工程，试点实施模块化机房工作，完成个人实名签、企业实名签、二维码支付、ApplePay 支付等业务在 API 上线。五是深化科技队伍建设。总行下发了加强信息科技条线骨干人才队伍建设的工作方案，各分行也制定了本单位的管理办法和实施细则，并开展了科技骨干人才选拔。与产创、业务部门联合攻关，在支付、融 e 借、个人账户互联互通等领域共同建立投研柔性工作团队，进一步完善研发测试机制，增强产品创新的市场快速调整与响应能力。

（二）管理信息工作方面。一是大数据基础管理再上新台阶。投产客户基础信息主数据管理项目，在柜面渠道初步提供 10 项“客户免填单”信息服务。开展对四星级以上个人客户信息问题数据治理，启动法人客户企业划型信息采集优化项目。建立常态化“贯标”机制，推动法人、同业客户贡献模型建设。二是大数据服务打开新局面。面向全行正式开放融 e 慧大数据平台，提供一站式大数据应用服务。建成 119 项客户标签，并成功在个人客户营销系统（PBMS）和融 e 联投产个人客户营销画像。在融 e 联投产“我在工行”应用，全面展示个人客户在工行的 360 度视图。加强对重点城市行数据支持，优选提供 40 个通用查询（DAS）案例模板。“管理层驾驶舱”建设紧跟总行战略要求，新增 80 家重点城市行报表数据，及个人客户、法人客户分地区监测报表数据。资讯平台投产海关数据应用系统，提供客户级进出口数据查询应用。完成工商注册信息与全球信贷与投资管理（GCMS）、企业级客户信息（ECIS）等系统的对接，实现新注册企业信息推送、客户属性查询、企业客户开户验证等功能应用。三是大数据挖掘分析及重点应用项目取得新进展。围绕客户结构、客户资金流向、客户服务等领域完成各类专题和定期数据分析报告 1 233 篇，助力新客户拓展营销、存量客户提质挖潜及优质客户维护。会同业务部门推广积存金产品响

应、账户外汇产品响应等模型，启动资金回流营销，全行部署精准营销活动1 500多项，创造了显著的综合效益。推进大数据应用重点项目，研究智能投顾项目方案，构建客户风险偏好智能评估模型，推进模型在智能推荐基金组合套餐应用。启动工银e支付客户行为路径分析，在电子银行反欺诈平台测试应用。在做好数据管理与应用工作的同时，总分行管理信息部门还顺利完成了统计、资讯、对外信息等工作任务。

上半年，信息科技、管理信息工作取得显著成效，这得益于总分行、各部门的通力协作，更是在座各位分管行长和专业条线干部员工共同努力的结果。

二、下一阶段工作要求

（一）全面推进信息化银行建设，保持同业领先优势。我行始终高度重视科技对银行业务发展的推动和支撑作用，经过多年努力，建立起了信息科技的同业领先地位。随着以金融科技为代表的新一代信息技术的快速发展，对银行的客户服务和经营管理方式产生深刻影响。银行需要紧密跟踪客户金融需求，积极探索研究利用先进的科技和高精尖的科技成果，加强金融产品和服务创新。易董事长在去年全行改革发展研讨会上提出要瞄准前沿领域，加快新兴技术储备和应用，抢占技术制高点和战略主动。全行科技条线要以此为目标，有序推进前沿领域研究和重点领域专项突破，提高对技术发展的整体掌控能力。七大创新实验室与e－ICBC3.0，就是总行党委高度关注的两项工作任务。一是要加强技术与业务的融合，深入研究业务场景的创新，进一步加大技术转化和应用，把握业务转型和发展的先机，利用柔性团队和迭代开发，快速孵化新产品，抢占市场先机。二是要加强前沿技术的跟踪研究，着眼未来，聚焦技术创新链的前端，加强对新技术前沿重大突破和可能产生颠覆性技术的前瞻性研究，抢占新技术制高点。三是提升科技部门的技术创新能力，为业务系统提供高性能智能运算服务，拓展在客户营销、风险防控、产品创新、客户服务等领域的应用。四是各分行要积极参与新技术研究及创新应用工作，结合分行业务痛点及创新发展需要，积极探索本单位新技术创新应用场景。同时，结合总行新技术研究任务情况及本机构实际需要，参与实验室特定任务的新技术研究、原型验证及应用试点等工作。此外，随着IT架构转型的深入，今年总行将IT架构转型蓝图规划列为改革发展重点研究课题内容，科技和业务部门要共同配合，探索我行业务架构规划设计，完成体系化的应用架构、数据架构、技术架构、安全架构等方面蓝图规划。

（二）切实做好数据基础管理、挖掘分析和共享应用。易董事长在今年第一季度经营情况分析会上指出，全行在数据管理与应用方面还存在一些突出问题，主要表现在数据质量不够高、整合与共享不好、管理和使用存在脱节，强调要坚持问题导向、应用导向、市场导向和基层导向，实现“标准能统一、信息全入库、客户能画像、营销能使用、风险能识别、考核能应用、信息能共享”。根据易董事长指示，在征求总行22个部门意见基础上，管理信息部牵头拟定了全行数据管理与应用下一步重点工作计划，确定了8个方面、24项重点工作任务，并报请易董事长和谷行长审定同意。在此，结合总行工作安排，就分行数据管理与应用工作提出几点要求。在围绕客户战略强化数据分析应用方面，易董事长强调要抓好“以客户为中心”的理念在经营管理各个方面、各个环节的落地渗透，数据分析应用工作也要贯彻这一思想。一是要用好、管好数据仓库、资讯平台的信息资源。企业级数据仓库（EDW）、集团信息库已纳入全行143个业务系统数据，数据资源达到1.43个基点；资讯平台内有海量的工商注册、海关等商务信息，这些都是开展数据挖掘分析的宝贵资源，一定要充分利用好、管理好。二是要注重客户结构监测分析，围绕重点城市行、客户结构、客户新增流失、资金流向、竞争力等领域开展分析，及时在分析师工作台共享分析成果。积极推广个人积存金、账户外汇、信用消费贷款、工银e支付等产品响应模型，及融e联客户活跃度提升、客户投资偏好、客户资金回流、客户生命周期价值、工银e支付行为路径、信用卡高价值客户成长路径、商友客户生态圈等模型，提升拓户的效率和效益。三是要提升精准营销的精准度和全流程精细化管理水平，积极承接总行部署的精准营销项目，优先选择在重点城市行先行先试，加强分行主导型营销活动的统筹管理，提高营销活动执行率和效果评估，实现营销设计、营销执行和营销效果评估全流程闭环管理。

在重点城市行数据服务方面，重点城市行对于工商银行具有特殊重要的意义，做好重点城市行的数据服务是管理信息工作的一项重要任务。一是要解决谁来做的问题。要加强分析师管理，加大对优秀分析师的培养与支持力度，适时调整无法胜任的分析师。加强总分行联动，以“项目＋团队”的方式，组织分行分析师积极参与总行牵头的客户标签建设、应用大数据拓客、产品响应及精准营销、基于生命周期的客户服务等大数据应用重点项目。目前，分析师主要集中在一级（直属）分行层面，要确保总行布置的大数据分析挖掘重点项目在重点城市行真正落地应用，分行分析师不能将自身工作仅局限在分行本部层面，要主动下沉工作重心，靠前服务，优先在重点城市行先行先试，而不能简单将工作向下推。二是要及时收集城市行数据服务需求。二级分行数据服务人员力量不足，各一级分行要安排专人负责收集整理基层行数据需求，集中处理反馈。要做好管理信息系统应用，特别是要加强对融e慧、管理层驾驶舱等系统的用户培训和推广，推进分行同业关键经营指标的数据共享。三是重点城市行要积极探索引入“智慧城市”数据资源，强化在业务拓展中的应用；充分运用总行筛选的通用查询（DAS）、数据分析产品案例模板，加快“网点营销锦囊”“网点考核锦囊”等基层数据服务方案落地应用。同时，要继续按计划推进2017年数据治理工作，设定各项指标的阶段性目标，发挥管理信息部门牵头作用，做好与各专业沟通和协调工作。各行要参照总行标准制定本行重点指标完成进度表，完成情况落后于序时进度的分行要加快治理进度。

（三）完善研发创新机制，做好分行特色研发支持。在总行研发创新方面，今年以来，总行产品创新管理委员会根据市场需求、监管要求等变化情况，提出了142个重点项目，信息科技工作要围绕全行e－ICBC 3.0、大零售、大资管和大投行等重点业务领域及全行战略性创新项目，加大研发资源投入力度，确保各重点项目按既定计划实施到位。同时，持续改进研发创新机制，在开放手机银行、融e联等领域深化迭代研发方式，提高测试自动化、标准化水平，进一步压缩研发测试全生命周期，推进产品创新和功能优化。在分行特色研发方面，要平衡好总行集中统一与分行特色的关系。既发挥好总行集中的优势，也要满足分行当地客户的差异化服务要求。一是优化总分行布局架构，推动自助终端等应用上收总行集中部署，减轻分行运维及管理压力。二是推进总行与分行，以及分行间的交互创新服务，建立起总分行互利共赢的内部生态圈。继续深入推进API平台和COSP平台的建设，提供对系统多活运行和系统高可用的支持能力，通过弹性伸缩机制，灵活应对生产容量变化。三是分行要充分利用开发中心已搭建的区域特色开发社区，实现分行资源共享、协作开发、交流讨论的统一接入和管理，支持本地特色经营及业务发展，发挥信息科技在市场竞争中的优势。

（四）保系统稳定运行，打造安全可靠的生产运营体系。在生产运行管理方面，监管机构及社会各界对银行信息系统安全生产运行和信息安全工作的关注程度越来越高，银行信息系统的故障和信息安全事件会快速传播，对安全生产运行提出了更高的要求。近年来，信息科技部门在确保安全方面付出了很多努力，全行信息系统运行整体上保持安全平稳态势，但今年以来也暴露出了一些新风险。上半年，全行发生四级（含）以上生产事件9起。从事件发生单位看，分行发生1起，中心发生8起。从事件发生原因看，第三方产品类2起，版本类2起，操作管理类3起。为此，全行一是要组织做好重要时期科技支持与保障，确保十九大、国庆、“双十一”等重要时期系统运行安全。二是要提升生产运维自动化程度，下半年在数据中心（上海）和分行推广部署我行自主研发的智能运维平台，开展多维度故障定位辅助工具和生产应急处置工具自动化建设，启动新一代双活架构研发和分批试点工作。三是要加强业务连续性和系统高可用建设，强化应急管理和灾备管理，确保应急演练真实性，提升同城长时间接管运行能力，拓展合作方应急演练的范围和系统覆盖面，提高分行侧应对突发事件的实战能力。四是要以大数据分析为突破点，结合人工智能、神经网络等技术，开展生产运维数据分析，提高面向客户、账户、交易、系统多维度分析力度和深度，推动业务和科技管理进步。在信息安全管理方面，随着互联网的发展，互联网安全威胁持续升级，我行面临的内外部信息安全威胁也越来越严峻。今年5月，业界发生了全球勒索软件病毒事件，包含中国在内的150多个国家受到网络攻击。6月，我国网络安全法正式实施，明确了商业银行在信息安全方面的法规要求。目前，我行信息系统每月平均遭受800次左右具有一定威胁的外部攻击，同时仍存在信息过度查询、无业务背景查询、一人多户查询等疑似高危查询行为。下一阶段，各单位一是要提高重视，密切配合、共同推动落实信息安全工作，切实落实网络与信息安全通报机制，防范各种内外部安全风险，对重大信息安全威胁隐患进行预警、处置、通报，加强对风险事件易发生的重点领域、重要环节和关键岗位的管理。二是要积极运用新技术，完善信息安全管理手段。信息科技部和各中心安全团队加深对信息安全新技术、新手段、新产品的跟踪研究，进一步强化全行信息安全一体化管理意识，统筹做好安全事件的协调处置。持续提升我行内外部安全威胁感知能力，加快落实信息安全监控与处置平台的建设，建立事前预警、事中控制、事后分析的科技专业信息安全风控体系。三是用好现有系统，做好监测、检查等工作。各行要加强和规范征信查询中疑似违规申诉及认定管理，按月抽取至少5%的疑似违规申诉明细资料核对真实性。严格执行高风险疑似违规核查要求，对成绩不达标、高风险违规用户，要在7个自然日内停用。我们还将投产应用客户信息离行监测系统，实现对外合作提供客户信息集中存储，由对外提供客户信息改为在我行服务器上授权查看，各行要严格落实制度要求，切实加强对外提供客户信息安全管理工作。要加强统计系统用户审批授权管理，严格审核申请信息的真实性和完整性，严控使用范围，做好重要时间节点和重要业务领域信息查询情况监测。

（五）加强科技及管理信息队伍建设。拥有一支稳固的专业人员队伍，是全行经营转型顺利实施的先决条件。随着我行经营转型发展向纵深推进，对于全行科技及管理信息队伍建设提出了新的要求，各单位要结合实际抓好抓实。一是前期信息科技条线制订了本专业骨干人才队伍建设方案，并率先在各中心试点，今年将进一步优化、调整并计划向全行推广。同时，分析师队伍在数据挖掘应用中发挥着关键作用，各行要从人本管理、人才选拔、职业培养等方面入手，综合运用各种措施增强对骨干人才的培养和激励力度。二是各分行要在履行好生产安全运行职责的同时，推进分行科技部门职能转型，要在推广总行应用系统、开展本地业务开发和营销支持等方面发挥关键作用，用技术手段创新业务价值。三是坚持“实践＋培训”的培养模式，结合总行“十大专业型人才培训规划”，完善信息科技序列和研究分析序列的岗位任职资格标准、任职资格评价重点及评价方式，进一步提升人员专业能力。

同志们，下周总行将召开全行年中工作会议，信息科技和管理信息工作在服务全行改革发展中起着重要作用，全行很多重点工作任务都需要信息科技和管理信息专业提供支持保障，大家要提高使命意识、责任意识和服务意识，把思想和行动统一到总行党委的战略决策上来，全力以赴完成好今年的各项工作任务，研究推进从服务支持型向价值创造型转变，更好地服务全行转型发展。

在2017年第一期大数据智胜现场PK竞赛暨颁奖典礼上的讲话

王敬东

（2017年8月1日）

首先，向本次竞赛的获奖单位和优胜分析师表示热烈祝贺！今天大数据智胜竞赛的现场非常精彩，有很多的亮点，有很大的收获。管理信息部与工会、团委联合组织的这项活动，既是对全行分析师大数据分析应用能力的一次集中检验，也是全行大数据和信息化战略实施成果的一次精彩展示。今天现场PK的九项成果的内容、形式和效果都非常好，参赛的分析师都表现出了优秀的个人素质和精湛的专业水平，同时五位专家的点评也非常独到，给大家很好的启发。与去年两期大数据智胜竞赛相比，本期大数据智胜竞赛的号召力和影响力有了进一步的提升，具有如下几个特点：

一是大数据智胜竞赛已经成为全行“大数据好声音”的共享舞台。今年首次将竞赛的范围延伸至二级分行，参与本期竞赛项目投票的员工数量达到了50 581人，超过去年两期投票人数总和的一倍多，得票最高的前50项成果中，总行部门成果17项、一级分行成果26项、二级分行成果7项，应用领域覆盖了营销管理、风险防控、运营优化、转型创新的方方面面。北京、山西、广东、四川、新疆等多家分行组织开展了区域竞赛，进一步激发了全行拥抱大数据、应用大数据的热情和活力。今天的现场PK赛，更是为层层选拔中脱颖而出的优秀分析师代表提供了展示自我、超越自我、共享成果、共同进步的广阔平台。2013年以来，全行持续推动分析师队伍建设，目前已经具备了非常好的大数据基础，在此基础上产生的分析应用成果也非常丰富，这是全行共同努力的成果。

二是竞赛层次和成果质量进一步提高。在工会和团委的大力支持下，大数据智胜竞赛已纳入全行劳动竞赛体系，今年两期竞赛获奖分析师的代表将由团委优先推荐参加中央金融团工委“岗位大练兵　争做服务明星”活动，参评“全国金融青年服务明星”和“全国金融青年岗位能手”。从成果质量来看，总体感受是，分析师们对行内外数据整合挖掘的能力有了明显进步，对大数据分析方法的运用更加自如，对业务的重点、难点和痛点问题的把握更加精准。这些能力的提升最终体现在对全行客户、产品、风险、运营等方面的深层次诊断和洞察上，体现为对策建议更具针对性和前瞻性。例如，北京、上海分行聚焦网点效能问题，引入外部数据，运用新思维、新视角对网点资源和服务进行重新审视，并提出了可落地的应用方案，有效解决了大数据服务基层“最后一公里”的问题；总行银行卡业务部、江苏分行利用大数据手段，能够在贷前准入、贷中监测阶段进行智能化风险防控；广东分行和分行营业部捕捉到了消费金融升级、住房按揭贷款快速增长的契机，依托数据驱动创新为客户提供一站式服务；总行产品创新管理部、电子银行部在对互联网金融、融e联客户行为进行深入分析的基础上提出了优化流程、创新产品的针对性建议；总行管理信息部展示的通过客户行为路径分析，提升客户生命周期管理和风险防控能力项目，具有广泛的业务应用场景和很高的应用价值。

三是竞赛成果的落地成效非常显著。总行举办竞赛的目的是“以赛促发展、以赛促应用”。今年，大数据智胜竞赛在发出好声音、再上新水平的同时，更重要的是创造更大价值。今天我们对去年两期竞赛的一批优胜项目落地实施情况进行了跟踪回放，北京、广东、江苏、上海及浙江等分行的大数据分析智胜获奖项目已经在分行落地并产生了可喜成效，创造了多方面的应用价值，得到了各级行领导高度评价和充分肯定。本期竞赛后，管理信息部、工会、团委等部门要继续认真做好竞赛成果的梳理、总结和推广工作，尽快促成在全行的落地应用。

今年以来，易董事长在第一季度经营情况分析会、年中工作会议等多个场合对未来一段时期全行经营发展中事关战略传导的关键问题作出重要指示和部署，尤其是针对数据管理和应用工作，提出了“数据是眼睛，是雷达，是战略决策和传导实施的基础。数据管理和应用，必须做到准确、全面、整合、易用”“全行要坚持问题导向、应用导向、市场导向和基层导向，以企业级数据建设为核心，从应用的角度进一步倒查短板，明确改进方向，实现标准能统一、信息全入库、客户能画像、营销能使用、风险能识别、考核能应用、信息能共享，真正让大数据发出‘好声音’”。借此机会我就如何贯彻落实易董事长指示精神，做好下一阶段数据管理与应用工作提几点意见。

一是完善集团大数据资源管理框架和治理体系，全面提升大数据资源掌控力。应对新时期大数据多信源、多模态、多形式特点，加快推进大数据云平台建设，持续推动集团内部及外部数据入库，做好数据资源整合与共享，推动数据治理工作升级转型，强化信息安全管理，建立数据成熟度评价体系，夯实数字生态基础，完善大数据生态，实现从数据基础管理向数据资产管理转型。

二是建立更加方便、便捷的集团数据服务机制，全面提升大数据支撑服务能力。要创新数据服务模式，打造数据产品体系，优化大数据应用服务平台，提高大数据实时分析与场景应用能力，更好地满足全行各层级用户的数据需求，解决基层行大数据应用“最后一公里”问题。目前，总行及一级（直属）分行可运用的数据资源较为丰富，数据服务水平较高，但二级分行及以下机构的数据服务存在短板，需尽快补齐。

三是扎实推动重点数据应用项目落地，锻造大数据应用核心能力。要以应用为导向，围绕客户洞察与价值提升、营销与服务管理、渠道管理与协同、风险监测与管控、产品创新与定价、运营优化与提升、监管合规与审计等7个重点方向，统筹推动重点数据应用项目落地实施，促进数据应用与业务需求的深度融合，实现大数据应用成果的快速转化。总行管理信息部已形成了重点数据应用项目的实施方案，下一步要落实时间表和责任制，加强协作、凝聚合力、加快推进。

四是持续抓好“1 + X”分析师队伍建设，培养一批敬业和专业的“数据工匠”。易董事长在今年的组织人事工作会议上指出“工匠精神就是追求卓越的创造精神、精益求精的品质精神、服务至上的专业精神”，并提出要“培育广大员工的主人翁意识和工匠精神，激发自身潜能，提振队伍士气，为转型发展注入源源不断的内生动力”。全行数据分析师和专业分析师要专注专业、精益求精、创新实干，持续提高“会干事、能干事、干实事、干成事”的本领，努力成为大行的“数据工匠”。管理信息部门要进一步牵头抓好全行分析师队伍建设和培养，建立激励有效、约束有力、协作高效的分析师人才管理机制，最大限度地发挥分析师队伍的作用；要会同教育部研究，在完成“十大人才培训项目”的基础上，启动第二个“分析师选拔聘任培养三年计划”，用三年时间建立起总数达到5 000人的分析师队伍，其中参加培训并取得初、中、高级分析师证书的要达到2 000人以上；要着力培养具备全局视野和创新意识，善于组织推动大数据分析成果落地转化的领军型资深分析师和分析专家，形成我行多层次、强有力的大数据管理与应用人才队伍。

这里我再补充一点。大数据应用是工商银行非常重要的资源和竞争利器，现在我们已经具备非常好的基础，这既是我们开展数据应用的前提，也是我们的竞争优势。在大数据应用的方向上，既要考虑金融业未来的发展趋势和银行转型创新的需要，主动适应这一发展要求，同时也要充分认识到，银行的本源是服务实体经济、服务客户，要始终坚持“以客户为中心”的宗旨。大数据是工具，大数据分析应用要找准方向，为提高服务水平和服务能力提供决策支持和智力支持。希望全行分析师牢记这一要求，持续创新，加倍努力，为改革发展做出新的更大贡献。

做好重要时期安全生产　确保信息系统稳定运营

——在全行信息系统安全生产保障工作部署会议上的讲话

王敬东

（2017年9月5日）

8月29日，银监会组织召开银行业金融机构信息科技监管评级通报工作会议，易董事长、谷行长高度重视，要求组织召开一次全行信息系统安全生产保障工作部署会议。这次会议的主要任务是，总结今年以来信息系统安全生产工作情况，贯彻落实银监会信息科技监管评级通报工作会议精神，全面部署下一阶段特别是党的十九大期间安全生产保障工作任务。下面我讲三点意见。

一、今年以来信息系统安全生产总体情况

今年以来，全行信息系统总体运行安全平稳，没有出现重大生产事件与信息安全事件，成功实施了同城接管运行的信息系统切换工作，圆满完成了春节业务高峰、“两会”、“一带一路”高峰论坛等重要时期信息系统安全保障任务。

（一）全行信息系统保持安全平稳运行态势。截至8月底，NOVA系统工作日均业务量4.019亿笔，同比增长24%，日峰值业务量4.697亿笔，同比增长21%。其中，手机银行业务量同比增长59%，合作方业务量（含第三方支付）同比增长46%，日均结算类业务量同比增长36%。在全行业务量日益增长、小额高频交易占比持续攀升的情况下，科技部门持续优化全集团生产运行管理，推进业务系统监控和智能运维平台建设，狠抓事件问题管理等基础性工作，信息系统可用率保持在99.99%以上的较高水平。

（二）持续优化基础设施建设，打造安全生产运行坚实基础。一是建立了开放性、高容量、易扩展的全新一代云计算管理平台，更好地满足业务发展对基础设施资源和应用系统快速部署、弹性扩展的要求，截至目前已完成新型纪念币发行系统入云，并经过了建军纪念币发行的实战考验。年底前将积极推进快捷支付、“三融”平台等互联网金融应用系统入云，为e-ICBC 3.0智慧银行战略的落地实施提供坚实的技术保障。二是成功实施了跨年度同城接管运行的信息系统切换工作，并计划在嘉定园区接管运行约一年后择机回切。三是首次应用量子通信技术在网上银行实现京沪异地数据量子加密传输，成为国内首家应用千公里级量子通信技术的大型金融机构。四是新一代SDN网络在数据中心正式建成启用，实现SDN网络与云平台无缝对接，保障了各类业务应用按需自助服务、敏捷自动交付、灵活弹性伸缩，有力支撑我行云计算、大数据智能分析和经营管理的要求。五是顺利完成难度较大、风险较高的IBM核心主机数据库系统软件升级投产工作，投产停机时间业界最短，对业务基本没有影响，升级前后保持稳定运行。六是实现主机资源压降13 098 MIPS，完成全年目标的218%，超额提前完成并且节约成本约2.7亿元，有效提高资源使用效率。

（三）强化信息安全防范，集团整体安全防御能力进一步得到提升。外部防御方面，今年以来月均成功处置高风险外部攻击数820起，同比增长8%；月均封禁外部攻击IP地址数量524个，同比增长36%。内部防护方面，我行信息安全各项指标均保持较高水平，月均安全策略执行率95.17%，同比略有提升，非授权软件数、台均感染病毒数同比均有不同程度的下降。之所以能取得这样的效果，得益于信息科技部会同各信息安全牵头部门，组织全行开展了大量卓有成效的工作。

一是建立形成了网络与信息安全通报机制。向全行下发《网络与信息安全通报机制工作规程》并开展培训宣讲，由信息科技部、内控合规部、办公室（保密办）、管理信息部共同推动日常工作开展，各部门积极配合，定期发布简报和召开联席会议，及时通报、预警并协调处置重大信息安全风险，有效督促各项信息安全措施的落实，特别是在处置病毒、安全漏洞、涉卡敏感文件整治、中转机拷贝等重大信息安全威胁隐患中，发挥了重要的组织、协调、管理作用。二是建设完善安全运营中心（SOC），建立安全事件和漏洞的监测、响应、处置等全流程安全管理平台。经过近两年的持续努力，目前已经实现重要领域安全事件、安全策略、安全漏洞和安全态势的全生命周期跟踪和管控，有效提升了我行的综合防御能力。三是开展网络安全法对标，完成国家网络安全法在我行的落实措施，持续完善我行整体安全防护体系。四是强化信息安全一线管理，进一步强化一线职责、优化管理流程，及时监测处置各类安全风险。特别是针对勒索病毒全球爆发突发事件，立即组织全行采取多项应对措施有效防范病毒传播，全行未发现一例受感染设备，确保各项业务正常开展。五是组织完成境内分行和集团子公司外部入侵安全风险排查，排查要点涉及网络安全、应用安全等领域重要风险点共88项，发现可能导致网络入侵或引发应用交易风险问题共213个，目前正在组织各单位整改。

二、当前面临的安全生产形势

近年来我行信息系统生产运行和信息安全总体上保持了持续向好趋势，同时我们也要看到，当今我行面临的安全生产形势也十分严峻。

（一）在生产运行管理方面。随着互联网金融浪潮不断发展，新技术、新业务的不断涌现，信息系统安全稳定运行不断面临新的风险点。加之在自媒体高度发达的今天，银行信息系统的故障和信息安全事件会快速传播，对安全生产运行提出了更高的要求。内外部安全形势不容半点疏忽，我行面临的安全生产运行压力不断加大，挑战日益严峻。

近年来，信息科技部门在确保安全生产方面付出了大量努力，全行信息系统运行整体上保持安全平稳态势，但今年以来也暴露出了一些新风险。截至目前，全行发生四级（含）以上生产事件12起，同比减少1起，其中分行侧3起，中心侧9起。从事件发生原因看，第三方产品类4起，同比下降2起，但反映出我行在引入第三方产品的过程中对第三方产品的掌控能力仍有欠缺，在系统监控、客户化改造特别是压力测试等方面有

待完善；版本类3起，与去年同期持平，反映出版本质量以及各类版本测试方面还有较大提升空间，同时近期刚发生的一起版本类事件反映出总分行、境外机构联动改造的版本管理流程方面有待改进；操作管理类3起，虽然同比减少了1起，仍反映出各单位在系统监控、应急管理和变更管理上仍有待加强；合作方类事件2起，反映出我行在持续做好合作方管理，确保合作方服务质量方面需要加强关注。此外，近年来由于业务人员操作失误引发重大生产事件的情况也时有发生，反映出相关业务部门在日常业务流程管理、业务应急响应等方面也存在一定问题。

综合来看，既有老问题，也有新情况，对于老问题我们要持之以恒去改进直至根本解决，对于新情况我们要积极研究思考解决办法，并举一反三，以点带面，推动全面改进。

（二）在信息安全管理方面。党和国家高度重视网络安全工作。2014年，习近平总书记在中央网络安全和信息化领导小组第一次会议上指出，“没有网络安全就没有国家安全”，体现了我国保护网络安全、建设网络强国、维护国家利益的坚定决心。此后，习总书记针对网络安全陆续作出了多项重要指示。在此背景下，2016年11月《网络安全法》正式出台并于今年6月1日实施。该法的出台将已有的网络安全实践上升为法律制度，是我国网络安全法律法规体系建设的一个重要里程碑，对规范我国乃至世界网络空间秩序，保障我国商业银行安全发展具有深远的意义。这就要求我行从遵守执行国家法律的高度，有效落实相关措施，有力保障我行网络安全的合法性。

同时，监管机构及社会各界对银行信息系统安全生产运行和信息安全工作的关注程度也越来越高，银监会今年4月下发了开展网络安全专项治理工作的通知，从维护国家安全的高度要求各银行树立大局意识，深刻认识到安全生产保障工作的重要性，坚决防止发生重大网络安全事件。

随着互联网应用快速发展，互联网安全威胁持续升级，我行面临的内外部信息安全威胁也越来越严峻，信息安全工作仍然任重道远。从国际上看，去年以来业界发生了多起信息安全攻击事件，其中大家比较熟悉的有孟加拉央行SWIFT系统被入侵案件、中国台湾某银行ATM遭黑客入侵事件、俄罗斯央行系统失窃事件等。今年5月，业界发生了全球勒索软件病毒事件，包含中国在内的150多个国家受到网络攻击。从国内看，网络犯罪黑色产业链规模日益庞大，针对银行客户的精准网络诈骗行为猖獗，社会反响强烈。从行内看，目前我行信息系统每月平均遭受800次左右具有一定威胁的外部攻击，工银e支付和第三方快捷支付成为外部欺诈事件高发点。

国家和监管要求，以及日益紧迫的内外部安全形势要求我们，要切实提高安全思想意识和重视程度，才能把技术落到实处，把管理抓到深处，全面防范安全风险。

三、全力以赴做好党的十九大期间安全生产保障，持续推动信息科技安全生产重点工作任务落地

党的十九大即将于10月18日召开，这是党和国家政治生活中的一件极其重要的大事，国内外高度关注。监管部门对此也高度重视，并在信息科技监管评级通报工作会议上对十九大期间的安全保障进行了重点强调，要求各行齐心协力，以最高标准、最严要求做好十九大期间的安全保障工作。全行要高度重视，按照“一级保障”的要求做好十九大期间安全生产保障工作。我在此特别强调，全行各单位要提升政治敏感性，从讲政治的高度，从维护国家安全的高度，将十九大期间安全生产保障作为首要任务，切实增强使命感和责任感，紧紧围绕坚决防止安全生产重大事故的总体目标，按照“谁主管谁负责、谁运行谁负责、谁使用谁负责”的工作原则，明确责任，强化履职，做到“领导到位、机构到位、人员到位、责任到位、措施到位”，强化防范管理、监测预警和应急处置等各项工作措施。各机构主要负责人要切实履行领导责任，落实任务分工。对于十九大期间发生重大信息科技责任事故的，要追究相关责任人和主管领导的责任。

（一）提前做好安全生产风险排查，以健康的状态迎接十九大期间安全生产保障考验。在十九大开幕前，信息科技部要牵头组织数据中心（上海）和各分支机构科技部门开展一次全面的性能容量评估和健康检查，从系统、应用、网络、基础设施等各方面对系统冗余性和可靠性进行分析，对发现问题及时进行整改，坚决消灭各类安全风险隐患，确保关键信息系统不带病运行。

各分行和子公司要高度关注外部入侵防范，认真落实前期总行开展的境内分行和子公司外部入侵风险排查中发现问题的整改工作，并借鉴总行排查方法开展一次全面的安全风险自查工作，以点带面，举一反三，深入排查存在的风险隐患，特别是互联网边界入侵风险，杜绝类似问题再次发生。如因类似问题引发外部入侵安全事件，总行将严肃问责。

（二）严格做好重点时期变更控制。党的十九大已经确定召开时间，后续人民银行和银监会等监管部门可能会有明确的变更控制要求，请各单位提前做好重大变更的规划，早做安排，既要确保全年任务的完成，又要按照要求做好重要时期的变更管控。原则上除解决紧急生产问题外，在十九大期间停止一切生产变更，严防变更引发安全生产运行风险。

（三）做好监控及应急准备。各单位科技部门要增强安全防范意识，提高对危险因素的关注和警觉性。一

是要加强对生产机房、电力机房、通讯机房等关键设施的安保，加强人员出入管理，安排专人加强对关键设施和重要部位的监控和巡查。二是加强生产系统运行监控管理，充分发挥各类监控平台作用，做好关键系统和基础设施运行情况监控，对于发现的告警信息和问题，要提高敏感性，及时进行处理。数据中心要加强对分行侧生产运行情况的统一监控管理，主动进行报警和通知，及时控制事件影响。三是强化应急管理工作，针对各项业务的特点，对相应关键系统和基础设施的应急准备措施及应急预案进行梳理，分析可能出现的应急场景并有针对性地细化应急操作步骤，确保应急预案有效。十九大期间如出现紧急情况，要果断启动应急预案，并做好与各业务部门及安全保卫、办公室等职能部门的协同配合，明确职责分工，确保突发事件得以及时有效处理。

（四）妥善做好业务应急准备，保证业务连续性运作。个人金融业务部、运行管理部、网络金融部等主要业务部门要发挥各自业务条线牵头作用，切实做好业务连续性准备，组织分行业务部门提前按照业务应急预案做好培训和模拟演练，一旦发生大面积信息系统故障，在与科技部门密切配合的同时，要及时启动业务应急手段，积极主动通过手工方式办理业务，最大限度地保证对客户服务不中断。

（五）落实敏感时期值班制度，加强信息报送。各单位科技部门要加强十九大期间负责人带班和应急值守工作，建立统一的指挥协调机制，关键人员必须坚守岗位，关键岗位必须双人在岗值班。要严格执行突发事件报送制度，遇有重大突发事件，要按照行内制度要求及时、客观、准确上报，不得出现瞒报、迟报、谎报、漏报等情况。

（六）科技业务通力配合，进一步强化信息安全防控。一是要加强电子银行及互联网安全管理。信息科技部要结合年度检查安排，针对全集团网络边界、网点WIFI、电子银行系统等开展检查和渗透性测试工作，对发现的问题及时整改或采取规避措施。同时，各单位要积极配合电子银行专业主管部门加强辖内互联网系统的内容管理工作，切实做好重要时期的内容监测，避免出现网络造谣、网络诈骗、网络涉恐等内容。二是强化信息系统安全监测和处置。各单位切实做好信息安全日常管理，加强十九大期间的信息安全专业团队一线、二线人员值班力量，提升监测和巡查力度，特别是加大对电子银行和互联网应用等涉及外部网络连接系统的监控和管理，做好病毒防护和入侵监测等工作，对可能发生的各类网络攻击做好充分应对准备，重点防范系统间、业务间关联风险，严防连锁连片式网络安全事故发生，做到心中有数，未雨绸缪。三是加强网络攻击事件和安全动态的监控与预警，尤其是对网银门户等攻击事件和互联网信息泄露事件的监控和防范，强化现场安全监控和二线支持力量，重点梳理和完善攻击事件防护应急预案，确保各类安全事件得到及时、果断处理。各信息安全牵头部门要通力合作，充分发挥网络与信息安全通报机制作用，共同组织协调、及时处置重大信息安全威胁隐患。

（七）继续稳步推进年度信息科技安全生产重点工作任务。全行各单位在做好十九大期间安全生产保障工作的同时，要统筹安排，继续稳步推进年度信息科技重点工作任务，推动全行改革发展和服务升级。尤其是在生产运营方面，继续贯彻“安全生产运营第一”的思想，在确保重要时期系统运行保障工作的同时，提高生产运维和应急处置自动化建设，加强全行信息安全事件的应急处理能力，实现信息安全事件事中监控与处置，不断完善智能运维体系，进一步推进生产运行到生产运营的转变。

要进一步提高生产运维管理和服务能力。一是持续加强业务连续性管理，完善全行灾备体系，按照业务恢复时间小于2小时的目标提升异地灾备业务恢复能力，并在下半年择机组织异地灾备演练；启动新一代双活架构研发和分批试点工作。二是提升生产运维自动化程度，开展多维度故障定位辅助工具和生产应急处置工具自动化建设。三是完成快捷支付、融e联、融e购、融e行等互联网应用迁移入云。

要持续强化信息安全防护体系。一是推进信息安全监控和处置平台（SOC）建设，加快大数据平台搭建，完成重要安全日志和网络流量的采集，持续丰富和完善模型建设，全面提升风险感知能力，并强化安全漏洞等闭环管理等功能，为全集团安全支持人员提供工作平台。二是在完成我行首届信息安全攻防竞赛的基础上，积极推进信息安全攻防能力的提升，做好本年度的“红蓝对抗”攻防演练工作。三是加强安全新技术研究和应用，推动高级可持续性攻击（APT）安全防护体系落地，提升安全防御能力及对各类安全风险的识别、应对能力。四是持续做好全行信息安全事件的应急处理和通报机制，各分行要尽快完善本机构的网络与信息安全通报制度和组织机制建设，提升信息安全风险管控力度和能力。

全行各级科技部门要上下一心，通力合作，会同各相关部门全面落实安全生产管理任务，以饱满的精神、严密的组织、有效的手段，确保党的十九大期间我行信息系统平稳运行，推动信息科技工作再上一个新的台阶。

在职工之家建设调研交流座谈会上的讲话

王敬东

（2017 年 10 月 17 日）

为认真落实易会满书记在全行一届一次职代会上对工会工作提出的“四个注重”要求，摸清全行职工之家建设情况，进一步提升建设水平，近期总行工会分别在建家成效显著的江苏、湖北、新疆分行组织开展了调研交流座谈活动，学习借鉴 3 家分行好的经验，交流各单位好的做法。从调研交流情况看，达到了预期目的，取得了很好效果。

一、全行职工之家建设情况和成效

一直以来，全行各级党委始终坚持以人为本，将职工之家建设视为关心关爱员工的大事，大力支持工会开展建家工作。

一是投入大量建家资金。自 2011 年总行党委作出进一步加强职工之家场所设施建设的决定以来，每年下拨专项费用指标，目前已累计投入近 10 亿元，各级行也专门拿出经费配套使用。

二是建成了功能较为完善的职工之家。到目前为止，全集团境内的 16 346 家机构中已有 16 160 个机构建成了职工之家（小家）场所（包括球场、健身房、棋牌室、职工书屋、爱心妈妈小屋等），占比 99.8%，全行应建职工食堂的县级支行及以上机构共有 5 430 家，已建食堂 4 409 个，占比 81.2%。

三是职工之家功能不断健全。在抓好场所建设的同时，各级工会围绕健全组织体系、推进民主管理、促进科学发展、履行维权职责、提高职工素质、服务职工群众、加强自身建设等方面，全面开展职工之家建设，把工会组织真正打造成广大员工的职工之家。

四是显著改善了员工工作环境和生活条件。有效解决了广大员工尤其是基层一线员工吃饭、喝水不便和更衣、休息、活动无场所等突出问题，在很大程度上满足了员工生活、文化和心理需求，得到广大员工特别是基层员工的广泛赞誉和拥护。

五是促进了经营发展。温馨的职工之家，不仅让员工感受到家一样的温暖，更增强了归属感、凝聚力和向心力，激发了工作热情和积极性、主动性，促使其更加爱岗敬业、以行为家。

六是建家工作得到了上级工会的充分肯定。全行共有 1 119 个工会组织被全总和中国金融工会授予省级以上模范职工之家（小家）荣誉称号，157 个职工书屋被授予省级以上“职工书屋建设示范点”。

这些成绩的取得，既是总行党委正确领导、统筹决策的结果，也是各级党委重视支持，各级工会真抓实干和凝聚各方力量共同努力的结果，成绩来之不易，值得充分肯定。

二、职工之家建设积累了宝贵经验

经过多年的探索和实践，各级工会积累了丰富的职工之家建设经验，概括起来主要有以下五个方面。

（一）党委高度重视和坚强领导是核心。职工之家建设是一项系统工程，不仅是单纯的资金投入问题，更需要决心和毅力。实施好这项工程，归根结底是总行党委的高度重视和正确领导的结果。总行党委作出决策部署后，各单位党委迅速成立职工之家建设领导小组，很多单位由一把手担任组长，在职工之家整体规划、资金分配、进度推进等重大事项上统筹把握，发挥了核心领导作用。

（二）工会积极主动作为是关键。为建好职工之家，切实把总行党委对员工的关心关爱落到实处，各级工会想了很多办法，下了很大功夫，采取了很多措施。一是在解决基层员工吃饭问题上积极作为，多措并举，采取自建、联建、租用食堂和统一送餐等办法，让员工不仅能吃上热饭，而且吃得放心满意。二是围绕中心工作开动脑筋，组织开展内容丰富的劳动竞赛，为员工提供展示才华的机会和舞台。三是积极拓展职工之家的外延，将职工之家打造成集服务员工和客户于一体的多功能综合服务平台，有效促进了经营发展。

（三）服务和依靠广大员工是根本。服务和依靠员工是职工之家建设的根本要求。只有突出员工的主体地位，充分依靠员工，把员工是否满意作为衡量建家成效的主要标准，才能使建家活动具有深厚的群众基础。因此，各级工会把改善员工工作和生活条件、提升员工满意度作为职工之家建设最终目标，把会员建家、评家等工作机制贯穿于建家全过程，确保了建家目标的实现。

（四）持续创新服务是保持职工之家生命力的源泉。场所建设是基础，与时俱进地创新，才能保持“家”的温度。因此，各级工会根据员工的实际需求，不断赋予建家新内容，注入新活力，使建家活动常建常新，始终保持强大的生命力。如积极探索“互联网＋”工会工作新模式，研发“数字工会”APP内部管理工具软件等，进一步拓宽了工会服务员工的方式和渠道。

（五）经费投入和制度建设是保障。这些年，总行在职工之家场所建设和修缮维护以及特困员工救助、劳模先进疗休养等方面投入了大量资金，各级行也加大了行政经费和工会经费配套使用力度，保证了职工之家建设持续进行。在制度建设方面，一些分行制定和建立了较为完善的管理办法和考评机制，为持续推进职工之家建设提供了制度保障。

总体来看，全行职工之家建设经过几年努力，已取得了阶段性的明显成效，同时也要看到存在的一些问题和不足。主要是：有的行对职工之家建设重视不够，好的政策和资源没有充分利用；有的行虽然把场所建起来了，但配套服务和管理未及时跟上，使用效率不高，作用没有得到充分发挥；有的行对职工之家建设缺少整体规划，建家成效不明显；职工之家建设整体发展状况不平衡，中心城市、经济欠发达地区和一些基层机构的职工之家建设相对落后和薄弱等。这些问题需要我们认真分析研究，拿出切实可行的措施和办法，在今后的工作中尽快解决。

三、进一步推进职工之家建设取得新进展新成效

新一届总行党委对职工之家建设高度重视，易会满书记对工会工作寄予厚望，要求工会发挥更大作用，这既是对工会的信任，也是对工会工作的更高要求。希望各级工会和工会干部进一步增强使命感和责任感，主动适应新形势新要求，不断丰富职工之家建设内涵，努力推动建家工作水平跨上新台阶。

（一）要认真学习习近平总书记系列重要讲话精神，以更高的政治站位指导工会工作。办好银行的目的是为了服务广大人民群众，办好银行要依靠全体员工，这是人民立场和人民主体地位的具体体现。我们只有服务好员工，把广大员工的积极性、主动性、创造性引导好、保护好、发挥好，全行员工才有更强的内生动力去为人民服务，才能办好银行、服务好经济社会发展和广大人民群众的金融需求。

（二）要把总行党委对员工的关心关爱落到实处。总行党委对工会工作高度重视并给予大力支持，全行第一届职代会胜利召开后，易会满书记特别指示，要认真抓好职工代表提案的跟踪落实，在提案基础上着力为基层员工办好几件实事。近期总行党委印发了《关于为基层员工办好十件实事的意见》，各单位工会要主动作为，加强组织协调，认认真真，扎扎实实，一件一件地抓好落实，让广大员工特别是基层员工真切地感受到总行党委对员工的关心关爱。

（三）要在深化对职工之家建设认识的基础上，进一步增强建好职工之家的信心和决心。前些年，我们集中开展了场所建设，进度和成效都很显著，员工和领导比较满意，大家都感到动力十足。但现在有些机构反映职工之家建设的动力持续性不足、也难创新出新的抓手和新的内容。这就更需要我们工会干部开动脑筋集中智慧将工作做精做细，着力补短板、解难题；需要我们拿出做精品的决心和干劲，推动各项措施落到实处，不断增强广大员工的获得感。

（四）要加强调研，进一步突出以员工为本的理念。在开展建家活动时，要倾听员工的心声，请员工代表一起参与设计讨论，建家成效以提升员工的满意度作为检验标准，并将评价结果作为工会工作考核和评选模范职工之家（小家）的重要依据。在职工之家的服务和完善过程中，各级工会更要有意识地到基层做一些调研，了解基层员工的思想动态，积极帮助员工解决实际困难，做到将心比心，用心服务，不断提升员工满意度。

（五）要进一步转变思路，与时俱进地创新发展。在巩固和发展前期建家成果的基础上，要由粗放式向规范化、精细化方面发展，由场所设施建设向创新服务和完善制度管理发展，由侧重投入向侧重功能发挥发展，由满足员工基本工作生活需要向满足员工多样化精神文化需求发展，由纯粹线下实体模式向线上线下有机融合发展。找准互联网和职工之家工作的结合点，打造可以与员工随时互动的网上、手机APP职工之家，使工会服务员工的活力和能力不断提升、工会组织的吸引力凝聚力不断增强。

（六）要进一步完善制度管理体系，做好分类指导和动态管理。总行工会要结合这三次调研摸底情况做好全行职工之家整体发展规划，根据各机构的实际情况，做好分类指导和动态管理。各机构也要做好本单位的中长期规划，针对本机构存在的突出问题和薄弱环节，突出重点、分类分步骤加以解决和改进，将职工之家建设管理与业务发展、团队建设、民主管理、企业文化建设相结合，创新和丰富职工之家内涵，更好地发挥职工之家在围绕中心、服务员工、促进转型发展等方面的积极作用和效能。

在 2017 年第二期大数据智胜现场 PK 竞赛暨颁奖典礼上的讲话

王敬东

（2017 年 11 月 24 日）

这是今年举办的第二期大数据智胜竞赛，很成功。现场展示的九项成果的内容、形式和效果都非常好，充分展现了分析师优秀的个人素质和精湛的专业水平，在此向获奖单位和分析师表示热烈祝贺！总行管理信息部、工会、团委联合组织的这项活动，目前已成为全行大数据分析应用领域的重要品牌。北京、广东、山西、四川、新疆、湖北等多家分行也组织开展了区域竞赛，涌现了一大批优秀的数据分析应用成果和分析师明星能手，既为全行分析师提供了一个共享成果、展示风采、交流经验、共同进步的智慧平台，也有力地推动了数据分析成果对全行经营转型与业务发展的服务、支持和引领。

今年第一期大数据智胜竞赛结束后，总行对竞赛中涌现出的优秀成果进行了认真梳理和安排，要求各分行结合本行重点工作和实际需求，充分研究借鉴相关成果，推动成果落地应用。其中，北京分行深入应用“网点效能提升路径分析”研究成果，依据资源禀赋对网点进行精准画像分类，有效提升网点效能，截至 9 月末，四、五级网点占比 11.85%，较年初压降 3.82 个百分点。江苏分行基于“融 e 借获客和贷前准入模型”挖掘成果，积极推动数据驱动精准获客，截至 9 月末，共计营销融 e 借 1.37 万笔，金额 6.65 亿元。广东分行“基于随机森林法则的安居乐场景化一站式营销项目”效果显著，截至 9 月末，成功营销分期付款交易金额 25.3 亿元，日均交易额 1 500 万元，同比增长 55%。广东分行营业部开展“信用卡主动大额授信‘供给侧改革’精准营销项目”，主动营销成功率和客户消费额双升，截至 9 月末，首期银行主动提额客户保持 122% 的消费额增长，分期金额增长 84%。此外，内蒙古、重庆、大连、安徽、河北、山西等 18 家分行也分别围绕客户营销、风险防控、渠道管理等不同领域开展成果落地应用，取得了良好的成效。

本期大数据智胜竞赛共收到了 16 个总行部门、37 家一级（直属）分行、25 家二级分行推荐报送的 200 项成果，涉及客户营销、业务发展、风险管控、渠道管理与运营优化等多个应用领域，共有 43 779 名员工参与了本期竞赛项目的评选和投票，充分体现了活动“全行参与、全面覆盖、全行共享”的特点。从成果质量来看，我的总体感受是，分析师对重点、难点和市场热点的把握更加准确，应用各类大数据分析方法洞察解决问题的能力更加深厚，对策建议的穿透力和前瞻性更强。例如，总行渠道管理部、北京分行、江苏分行、总行科技部和数据中心（北京）的成果很好地契合了网点建设优化、客户分层分类管理、智能营销服务体系建设、交易欺诈风险防控等重点工作要求。网络融资中心、湖北分行、广东分行、浙江分行营业部捕捉到了微贷客户融资、对公客户社会网络识别、潜在留学客户和城中村拆迁客户拓展的热点。总行管理信息部介绍的全行客户资金流向研究成果，以客户为中心，构建了全行客户存款资金流向分析体系和大数据应用场景，得到了易董事长的高度关注。本期 PK 赛后，总行管理信息部、工会、团委要继续认真做好相关竞赛成果的梳理、总结和推广工作，尽快促成竞赛优秀成果在全行落地应用。

商业银行正在进入 4.0 时代，典型特征是广泛应用大数据、人工智能技术实现银行服务智能化，关键是全面实现银行数据化转型。全行分析师要奋发有为，在推动我行数据化转型、大数据和人工智能应用方面发挥引领作用。今年以来，易董事长在多个场合对未来一段时期全行转型发展方向作出重要指示和部署，针对数据管理和应用工作提出，“全行要坚持问题导向、应用导向、市场导向和基层导向，以企业级数据建设为核心，从应用的角度进一步倒查短板，明确改进方向，实现标准能统一、信息全入库、客户能画像、营销能使用、风险能识别、考核能应用、信息能共享”。根据董事长指示精神，总行管理信息部会同相关部门，分解细化制定了 24 项具体任务，总分行协同持续推动，取得了积极成效，总行党委对此给予高度的肯定，也对后续工作提出了新的要求。总行将在 12 月召开的改革发展研讨会上进一步深入研究部署相关工作，借此机会我想就如何做好下一阶段全行数据管理与应用工作提几点要求。

一是以问题为导向，倒查短板，持续推进集团大数据资源管理建设，全面提升大数据资源掌控力。构建集团大数据资源管理框架和治理体系，持续优化大数据基础平台建设，推动集团业务数据及外部数据入库，做好数据资源整合与共享，推动数据治理工作升级转型，加强信息安全管理，扎实解决全行数据信息“准、快、全”管理工作中面临的问题和挑战，实现从数据资源管理向数据资产管理转型。

二是以市场为导向，建立内涵丰富的集团数据资源共享与服务支撑体系，推动大数据应用服务能力和效率提升。要创新数据服务模式，以产品化思维打造数据服务体系和数字化运营机制，优化完善全行统一的大数据分析应用服务平台和数据驱动的智能营销服务平台，提高大数据实时分析与场景应用能力。有序推进大数据应用合作项目统筹管理，重点推进跨部门、跨系统、跨渠道、跨场景客户信息的全面打通与充分共享。做好客户视图、客户贡献、客户标签等全行基础性客户数据服务体系的统一建设、开放共享和深度应用。

三是以应用为导向，扎实有序推动重点数据应用项目落地，锻造大数据应用核心能力。要围绕客户洞察与价值提升、营销与服务管理、渠道管理与协同、风险监测与管控、产品创新与定价、运营优化与提升、监管合规与审计等7个重点方向，统筹推动重点数据应用项目落地实施，搭建涵盖客户发展与结构、客户资金流向、智能推荐引擎、流失预警监测等重点关键领域的数据产品体系，促进数据应用与业务需求的深度融合，满足综合化、多层次的数据服务与应用需求。

四是以基层为导向，转变创新数据服务模式，打通数据服务“最后一公里”。当前，总行、一级（直属）分行层面的大数据管理与应用工作总体不错，处于同业领先地位。但是在最需要大数据支持、最能推动数据产生价值的二级行、支行层面，还存在比较严重的数据服务“最后一公里”瓶颈。明年，要针对基层业务发展中面临的实际问题和需求，梳理打磨数据服务应用成果，建立适合各级机构、专业的查询模板库、分析产品库、营销模板库，制订针对性的大数据服务方案。总行要下延分析师培训和沟通交流层级，提升强化基层行“应用数据、服务业务、创造价值”的意识和氛围，推动数据应用和案例成果在基层行落地。尤其要加大对重点城市行大数据应用及分析师资源支持力度，围绕城市行竞争力提升的难点、痛点、重点问题，深入调研，积极引导和支持城市行先行先试，取得实效。各分行要结合辖内城市行业务发展重点，结合基层行业务应用需要，加大数据支持力度，指导支持城市行使用DAS系统，自助实现目标数据提取，在市场营销、经营分析、风险管理、绩效考核等领域开展专题和定期分析，不断提升业务运营管理和客户营销服务水平。

五是持续抓好“1＋X”分析师队伍建设，培养一批敬业和专业的“数据工匠”。经过前三年持续努力，我们已经在总行、一级（直属）分行选拔聘任了约2 300多名分析师，其中参加总行“十大人才”项目系统化培训，通过初、中、高级资格认证的有约1 000人。各级管理信息部门要进一步牵头抓好分析师队伍建设和管理，建立激励有效、约束有力、动态调整、协作高效的分析师人才管理机制，让分析师队伍在我行数据化转型和智慧银行建设中真正发挥巨大作用。总行管理信息部要会同教育部，根据《集团数据管理与应用2018—2020年发展战略规划》，设计启动第二个“分析师选拔聘任培养三年计划”，用三年时间建立起总数达到5 000人的分析师队伍，参加培训并取得分析师证书的要达到2 000人以上。未来三年要重点做好“两头”分析师的选聘和技能提升工作：一是做好基层行大数据应用分析师队伍建设，培育基层行大数据应用人才队伍和大数据分析项目落地应用能力，为打通全行数据服务“最后一公里”瓶颈提供人才资源保障。各级基层行要选拔优秀的复合型人才加入分析师队伍，关心、支持分析师队伍的培养和使用。二是重点做好总行、一级（直属）分行现有分析师的能力提升工作，着力培养一批具备全局视野和创新意识，善于组织推动大数据分析成果落地转化的领军型资深分析师和专家，形成我行多层次、强有力、全覆盖的大数据管理与应用人才队伍。

六是不断创新分析师交流模式，促进成果共享和落地实施。自2016年以来，我行已经连续成功举办了四期总行级大数据分析成果交流活动。在总行的带动下，北京、广东、山西、四川、新疆、湖北等分行创新性地举办了辖内分析师成果交流活动，取得了非常好的效果，这些分行的成功做法值得肯定和推广。希望总行管理信息部明年继续不断创新总行大数据智胜活动的形式和内容，推动更多高水平、高质量、高效益的数据分析项目在全行落地实施。希望更多分行能够开展形式多样的分析师成果共享活动，大力支持和有效组织辖内分析师业务交流，为分析师提供更多共享成果、共享知识、协同工作的平台。也希望全行分析师认真贯彻总行要求，创新思路，加倍努力，成为推动我行数据化转型和智慧银行建设的一支强大力量，为全行改革发展做出更大贡献。

聚焦全面从严　强化责任担当
努力以纪律作风建设新成效促进和保障全行新发展

——在中国工商银行纪检监察会议上的工作报告

王　林

（2017年2月15日）

这次会议主要任务是，认真学习贯彻十八届中央纪委七次全会，总结2016年全行纪检监察工作，部署2017年工作任务。在昨天下午的大会上，易会满书记结合十八届中央纪委七次全会精神和我行实际，对当前和今后一个时期全行党建和党内监督与业务监督工作明确了总的目标任务，谷澍副书记提出了具体工作要求。这是对新时期全面从严治党、从严治行的再动员、再部署、再出发。我们一定要认真学习领会，全面贯彻执行。下面，我代表纪委着重就去年和今年纪检监察工作进行总结和安排。

一、2016年工作回顾

2016年，全行各级纪检监察机构紧跟中央和总行党委工作部署，深入贯彻十八届中央纪委六次全会精神，紧密围绕全行改革发展中心工作，以中央巡视整改为新促进，以全面推进落实“三转”为新动能，忠实履行党章赋予职责，发挥纪检监察监督执纪问责的职能作用，推动党风廉政建设工作取得了明显成效，主要表现在以下六个方面。

（一）完善工作机制，管党治党责任得到强化。围绕权力、责任和担当，突出细化、深化、强化的“三化”导向，不断建立制度、完善体系和抓实基础，努力推动“两个责任”落地生根。一是细化责任清单。总行以《贯彻落实全面从严治党要求的实施意见》和《党建工作主体责任清单》为依托，以年度党风廉政建设责任制为载体，细化明确党委、党委主要负责人及其他班子成员、具体工作部门等主体的责任界限和目标任务，进一步解决“谁来抓”“抓什么”“怎么抓”的问题，并逐级传导责任，着力形成主体明晰、责任明确、有机衔接的责任链条和层层有目标、级级抓落实的工作格局。同时，总行通过集中举办“2＋8”共10期、1 000余名一二级分行党委书记、纪委书记参加的“两个责任”专题培训班，分批对近100名一级机构新任正职干部进行任前谈话，促其切实提升责任担当意识。二是深化评责考责。总行组织5名一级机构党委书记进行年度党建工作述职述廉，接受总行党委、纪委考核评价。强化党风廉政建设责任制考评，将内审分局、电子银行中心等纳入考评对象，实现考评机构类别全覆盖；由总行党委委员挂帅，对19家一级机构和总行部室开展责任制考评，共评出优秀单位2家、良好单位7家，发现问题150余个，提出整改建议70余条；全行各级纪检监察机构共对2 800余家下级机构和本级部室进行考评，并将考评结果作为干部选拔任用的重要依据，与经营绩效、评先评优相挂钩，促使责任落实由“软指标”变成“硬任务”。三是强化追责问责。“动员千遍，不如问责一次”。认真贯彻《问责条例》精神，研究制定我行具体实施办法，明确担当底线和问责红线。坚持失责必问、问责必严，综合运用约谈提醒、组织处理、纪律处分等方式，倒逼责任落实。2016年，全行共对50余名落实主体责任和履行监督责任不力的相关管理人员进行了问责，并对部分典型案例进行全行通报。

（二）坚持教在纪前，遵纪守规意识得到提升。把思想建设摆在首要位置，结合“两学一做”学习教育，引导广大党员增强“四个意识”、坚定“四个自信”。以“办好一个专栏、讲授一堂党课、推送一段视频、张贴一张海报、建设一家基地”等“五个一”活动为重点，把关键少数与全员覆盖相结合，正面引导与反面警示相结合，行内外引教入门和境内外送教上门相结合，以更加接地气、聚人气、显生气的方式推进廉洁文化建设。总行改版优化“明纪守规树新风”专栏，向境内25万余名干部员工同步推送信息，及时传递纪检监察声音，彰显正风肃纪决心。全行各级机构结合实际，广泛开展内容丰富、形式多样、特色鲜明的宣教活动6 000余次，其中在总行“廉洁文化微视频”征集活动中，有41家机构向总行推荐了自编自创作品，19个作品获得了优秀作品奖，并将在全行推广展播。这些都有效促进廉洁文化理念的传播，进一步提高了干部员工在是非面前的辨别能力、在诱惑面前的自控能力、在警示面前的醒悟能力。

（三）回归纪律本源，作风建设成效得到巩固。注重工作理念的本源性回归，从线索处置、纪律审查、执纪审理等各个环节都更多地体现纪律思维，使用纪言纪语，运用纪律戒尺。一是严纪律，重提醒。秉承“严管就是厚爱”精神和“惩前毖后、治病救人”方针，逐步落实体现“四种形态”要求，特别是在运用第一种形态上下功夫。总行印发了运用“第一种形态”指导意见和谈话函询工作规程，推动咬耳扯袖、红脸出汗常态化，把对党员干部的严格要求和关心爱护体现在抓早抓小之中。2016 年，全行各级纪检监察机构运用“四种形态”累计教育批评、约谈函询 8 800 人次，党纪轻处分 557 人次，行政轻处分 7 696 人次，党纪重处分 93 人次，行政重处分 233 人次（含留用察看），移送司法机关 64 人，前三种形态占比达 99%。二是抓作风，树新风。注重把监督执纪“四种形态”体现在作风建设全过程，坚持经常抓、抓经常，看住重要节点，聚焦“关键少数”，紧盯享乐奢靡和隐形变异的不正之风，在全行先后开展两次“四风”整治“回头看”，推动各级机构开展专项调研 1 400 余场，反馈建议 2 000 余条。全年查处 28 起违反中央八项规定精神问题，处理 56 名责任人，并及时召开警示教育大会对典型问题通报曝光，释放了越往后执纪越严的信号。注重以制度固化作风建设成果，总行党委制定改进工作作风密切联系群众二十条要求，出台公务用车管理办法等。从调研检查情况看，全行干部员工对改进作风工作给予了普遍肯定，99% 的员工认为本单位落实中央八项规定精神和纠正“四风”成效显著或较有成效，员工反映最大的感受是“铺张浪费少了、迎来送往少了、接待应酬少了”。转作风带来的新变化新气象，为全行改革发展营造了更加风清气正、凝心聚力的良好环境。

（四）强化监督执纪，警示震慑效果得到增强。适应全面从严治党、从严治行形势任务要求，从定位上聚焦、内容上深化、方式上创新，全方位推进监督执纪各项工作。

一是立足集团，延展监督触角。适应大型跨国金融集团特点，因地制宜加强对综合化子公司和境外机构党风廉政建设管控。按照“聚焦主责、突出监督、统一管理、精简效能”的原则，采取“一托二”形式向工银瑞信、工银租赁派驻了纪检组。一些分行也在基层支行推行了纪检监察员派驻制度，初步显示了派驻监督“探头”作用。出台《加强境外机构党风廉政建设与监督工作的意见》，探索建立党风廉政建设工作联络员机制，组织对 5 家境外机构开展廉洁从业检查，努力把全面从严要求在集团内延伸压实。借力科技扩展监测半径，把全行处级和高级经理以上人员信息纳入纪检监察系统进行动态管理，在实现对干部廉洁履职监督管理“下管一级，监管全辖”方面取得新的进展。

二是提高站位，深化内部巡视。坚定不移落实政治巡视要求，紧紧围绕党的领导和建设、全面从严治党，启动第二轮巡视，分两批次巡视了 11 家机构。把执法监察与巡视工作有机结合，灵活采取“二托一”或“一托二”形式，提高巡视效率与质量。剖析个性问题、查找共性问题，共发现作风建设、选人用人、财务管理等方面的问题 139 个，提出整改建议 52 条，将 15 条涉及全行性有关问题及建议分流总行相关部室研究处理。对被巡视机构后备干部履职情况作出评价，为党委培养、使用、管理干部提供重要参考。同时，巡视回访 14 家机构，推动整改落实到位。修订印发我行《巡视工作规定》，明确三年巡视计划，加强巡视组织机构和队伍建设，配备了专职正副组长，调整和扩充了巡视人员库，实现机构人员由兼职向专兼职相结合的转变。

三是对症施策，严肃执纪审查。积极畅通信访举报渠道，规范问题线索分类处置。对中央巡视组移交的 1 541件问题线索，及时查办、转办和跟踪督办，确保件件有着落。把反映具备“三类情况”的领导干部线索作为重中之重，对反映具体、可查性强的重点线索，集中力量开展直接核实，对反映党员领导干部的苗头性问题，加大谈话函询力度。全年各级纪检监察机构共核查1 597件，其中谈话函询 219 件；总行纪委共核查 135 件，包括直接核实 38 件，查报结果 59 件，谈话函询 38 件。全行通过信访核查共处理责任人 357 人次，其中党纪政纪处分 139 人次，诫勉谈话、扣减绩效、调整岗位等 218 人次。强化信访监督成果运用，把好“党风廉政意见回复”关，总行纪委监察室对 542 名拟提拔调整的总行管理干部进行了廉洁从业审查。

四是紧盯重点，加强执法监察。将机构负责人履职待遇和业务支出情况作为全行指令性执法监察项目和总行直查项目，将集中采购制度执行情况作为指导性执法监察项目。各机构在完成“规定动作”基础上，还针对人力费用支出、贷款审批流程、不良资产处置以及贷款核销等问题多发易发领域进行执法监察，严厉查处内外勾结、以权谋私、利益输送、侵害员工利益等行为。全行共对 1 129 个机构开展了执法监察，发现各类问题 2 177个，提出整改建议 1 851 条，共批评教育 173 人次，诫勉谈话 50 人次，给予 16 人行政处分。改进集中采购现场监督方式，强化不良行为供应商排查，2016 年确定 22 家不良行为供应商（累计 148 家），有效防控了道德风险。

五是严格把关，发挥审理职能。坚持查审分离，加强制度建设，修订《员工违规行为处理规定（2014 年版）》等重要问责制度，不断规范审理程序，完善审理工作机制。有效发挥执纪审理教育、惩处、监督、保障的职能，依据党内法规和我行规章制度，全行累计审理案件及违规违纪事项 6 058 件，共给予党政纪处分8 047 人次，较 2015 年增长 33.6%。其中，党纪处分累计 650 人，副处级以上管理人员 346 人，在严惩违纪违规行为、为党纪行规立威的同时，也有效保障了当事人的正当权益。

（五）突出以查促防，案件高发态势得到遏制。坚持查防并举，狠抓工作落实，为全行有效应对严峻复杂的案防形势，遏制高发态势发挥了积极作用。一是强化行为排查，前移案防关口。把员工异常行为排查作为抓早抓小、提前发现和有效化解案件风险的重要手段，以参与违规担保、经商办企业、非法集资、民间融资、信用卡恶意透支、领导干部利用职务影响为配偶子女经商办企业谋利等为排查重点，结合全行“十大重点领域和关键环节”风险治理和“两加强、两遏制”回头看整改工作，着力构建“从人到事、以事找人、见人见事”的排查机制，全行共排查发现异常行为员工2 351人，并根据风险程度分别采取给予党纪政纪处分、解除劳动合同、调岗待岗、教育提醒等措施。组织对行内员工信用卡和个贷逾期专项排查治理，追缴逾期资金3 166万元。严肃处理违规经商办企业问题，对4 283人进行了问责，其中党纪政纪处分882人，其他处理3 401人。二是深化查办治理，夯实案防基础。坚持有案必查、查案必严。强化重点监控行管理，全行共确立各级重点监控行44家，以点带面夯实案防工作基础。注重用好案例“活教材”，加大通报力度，在全行案防形势分析会上对典型案例进行深刻剖析，起到警示、震慑、教育作用。

（六）注重固本强基，自身队伍建设得到加强。对标“忠诚干净担当”，从基本组织、基本制度、基本队伍严起，全面加强纪检监察自身建设。一是做实组织基础，深化主业聚力。坚持内涵优化与外延发展相统一，统筹机构人员规模与监督执纪工作需要，对各一级（直属）分行明确提出具体的纪检监察专职人员配备标准和要求，积极推动条件成熟的直属机构设立监察室。全行新增367名专职人员，通过以增量促存量优化，一些分行纪检监察人员的平均年龄降低了4－5岁。对279名分支机构纪委书记的兼职和分工进行规范，促使纪委书记聚焦主责主业；优化调整总行监察室内设机构，使监督执纪职能处占比达86%。二是加快“三转”落地，释放制度活力。深入推进双重领导体制具体化、程序化、制度化，围绕“一个强化和两个为主”，全面落地施行纪委负责人提名考察、任职谈话、述职报告、绩效考核等7项制度。并据此推动新任命和调整了21名一级机构纪委书记，核准了39名一级机构监察室负责人的任免，较好地优化了一级机构纪委负责人的年龄、知识、专业和经历结构。集中开展对新任职领导干部的任前谈话和培训，分片区组织47家一级机构纪委书记向总行纪委现场述职，进一步强化了上级纪委对下级纪委的垂直管理。相关做法多次被中央纪委监察部网站刊载报道。三是从严教育管理，提升担当能力。出台我行第一个专门规范纪检监察干部行为的准则，建立专兼职人员档案，掌握队伍总体情况，强化动态监管，对27名违纪违规的专职纪检干部进行了问责。巩固纪检监察干部“一加强两提高”活动成果，接续开展“两学一做”学习教育，连续第二年同时面向一级（直属）分行、直属机构纪委书记、监察室主任举办专题培训班，并继续以片区培训为抓手完成对全行纪检监察人员四年轮训一遍的目标，全年全行累计开展各类纪检专业培训1 300余场，培训38 000余人次，努力推动使命意识深入人心、担当精神蔚然成风。

总之，一年来全行各级纪检监察机构认真履行党章赋予职责，通过抓基础、建机制、严作风、强管理，推动党风廉政建设工作取得良好成效，为全行稳健经营和健康发展起到了促进和保障作用。全年工作表现出了五个突出的特点：一是坚持提高政治站位、找准职责定位。我们始终以习近平总书记系列重要讲话精神为引领，在中央纪委和总行党委坚强有力的领导下，始终从坚持党的领导、加强党的建设的高度开展监督执纪问责，全力推动中央和总行党委重要决策部署贯彻落实，努力在全行打造“讲了就要听、定了就要做、安排布置了就要认真落实、不听不做不落实就要严肃执纪问责”新常态，凸显了纪委工作的严肃性和权威性。二是坚持强化队伍建设。我们坚决按照党中央和中央纪委对纪检监察系统提出的“三转”要求，从“一个强化和两个为主”入手，健全双重领导体制、优化总行直管机构纪委班子配备，为纪委更有底气地履行监督责任提供了实实在在的组织和制度保障，同时，通过在全系统深入开展“一加强两提高”和“两学一做”学习教育、组织高质量的集中培训，使全行纪检监察队伍统一了认识、武装了思想、明确了方向。三是坚持抓好领导干部关键少数。在推进全面从严治党、从严治行的过程中，我们紧紧抓住领导干部这个关键少数，通过以教育提升意识、以制度健全机制、以问责强化担当，积极推动领导干部把主体责任抓在手里、落实在行动中，使其与监督责任同向发力、同频共振，切实形成管党治党的强大合力。四是坚持教在纪前。我们不仅坚决落实纪在法前要求，通过监督管理强化纪律约束力，同时还结合我行实际，提出要更加注重教在纪前，通过思想教育发挥道德感召力，引导干部员工知敬畏守底线，促其从“不敢”“不能”向“不想”转变，并不断向理想信念高标准努力。五是坚持严管厚爱。严管就是厚爱，厚爱必须严管。我们立足于早、着眼于小，努力做到发现苗头就及时提醒，触犯纪律就立即处理，在从严监督执纪问责中既彰显惩前毖后、违纪必究的坚定决心，又体现严管厚爱、治病救人的组织关怀，同时注重把全面从严要求与保护激发干部干事创业积极性相统一起来，把握标准、宽严相济、容错纠错，努力营造干事创业、担当有为的良好氛围。这些工作特点和体会，我们务必要深于感悟、笃于实践。同时，我们也要对中央纪委、各级党委对全行纪检监察工作的领导、关心和支持表示感谢。对全行纪检监察干部的辛勤努力，对所有支持纪检监察工作的机构、部门和同志们表示衷心感谢。

在肯定成绩的同时，我们也要清醒地看到，当前全行党风廉政建设和反腐败工作中还存在一些亟待解决的问题和不足。从全行范围看，主体责任的落实还有不到位之处，习近平总书记指出的国有企业党的建设弱化、淡化、虚化、边缘化的问题，在我行一些机构仍有不同程度的存在。有的机构和领导干部“两手抓”不够平衡，对业务发展、经营工作与党风廉政建设相互促进的关系认识不足，党建工作抓得不深入，没有真正发挥党建优势作用。有的机构把层层传导压力变成层层推卸责任，没能做到重常守恒；有的机构纪律松弛，不注重抓早抓小，在抓从严执纪、从严问责上也不到位，纪律没有真正严起来，监督执纪“四种形态”在实践中有待深化；有的干部执行中央八项规定精神不严格，“四风”问题出现一些新情况新动向，特别是个别干部顶风违纪问题仍有发生；有的干部观念转变和能力提升跟不上新形势新要求的变化，思路不清、作风不硬、状态不佳，不善为不担当问题凸显；有的机构和领导干部从严治行意识不强，部分传统与新兴业务领域和境外机构内部管理和风险防范不到位，导致违规违纪乃至违法案件和重大风险事件问题高发多发。从纪检监察自身情况来看，各级纪检监察机构和纪检监察干部在思想观念、责任担当、方法举措上与全面从严要求还存在不小差距，不能完全适应新形势新任务。如有的“三转”不到位，纪检监察职能作用的发挥还不够充分有效；有的监督责任缺位，执纪问责宽松软；有的政治和业务素质不高、能力不足、作风不实、律己不严，甚至个别干部发生了违纪违法问题，等等。对于上述存在的问题，我们必须高度重视，要深刻认识到管党治党从宽松软走向严紧硬绝非一日之功，需要经历一个砥砺淬炼的过程，不坚持就无以深化，不深化也无以坚持。决不能有松松劲、歇歇脚的心态，必须再接再厉、乘势而上，严字当头、实字托底，步步深入、善作善成，切实以更大的决心、更大的气力、更大的勇气抓紧抓好。

二、2017年主要任务

2017年全行纪检监察工作的主要任务是：深入学习领会习近平总书记系列重要讲话精神，全面贯彻党的十八大和十八届三中、四中、五中、六中全会，全国国有企业党的建设工作会议，中央纪委七次全会精神，牢固树立“四个意识”，保持坚强政治定力；忠诚履行党章赋予职责，聚焦“六大纪律”，强化监督执纪问责；推进标本兼治，加强党内监督，驰而不息纠正“四风”，全面提升执行力；持续深化“三转”，践行忠诚干净担当，推动全面从严治党、从严治行向纵深发展，为全行开创改革发展新局面提供坚强保证。

（一）深入学习贯彻十八届六中全会、全国国有企业党的建设工作会议和中央纪委七次全会精神部署，在严明纪律规矩中强化政治责任与担当。抓好十八届六中全会、全国国有企业党的建设工作会议和中央纪委七次全会精神的学习贯彻，是当前和今后一个时期全党的重要政治任务。我们必须强化责任担当，认真学习领会，不折不扣执行准则和条例，把全面从严治党要求贯穿到全行党的建设各方面和全过程，把党的领导作用在全行进一步发挥出来。

严明纪律，保证中央和总行党委重要决策部署贯彻落实。各级党组织要以党中央的旗帜立场、决策部署、担当精神为标杆，把爱党、忧党、兴党、护党有机融入经营管理之中，真正做到把方向、管大局、保落实。各级党员领导干部要敢抓敢管、严抓严管，把党的纪律和规矩挺起来、立起来、严起来。全行党员要增强“四个意识”，牢记“五个必须”和“五个决不允许”，防止“七个有之”，做到坚守政治信仰、站稳政治立场、把准政治方向。全行各级纪检监察机构要以准则和条例为尺子，通过巡视、信访举报、责任制考评、执法监察、派驻监督等手段，加强监督检查。通过有力有效的监督，确保全行统一意志、统一行动、步调一致前进，督促各级领导干部树立正确的发展观、业绩观、风险观，抓好班子、带好队伍，保证党的路线方针政策和总行党委决策部署得到全面有效落实。今年，总行将在去年对一二级分行党委书记、纪委书记“两个责任”集中培训的基础上，进一步对全行二级分行以及80家重点城市行的党委书记、纪委书记进行“两个从严”专题轮训，促其真学深研、以学促做，切实担当应尽之责，确保“两个从严”要求全面落实到位。

严肃问责，督促各级党委履行全面从严治党政治责任。要根据中央《问责条例》精神和我行具体实施办法，健全问责制度，完善问责机制，把监督检查、目标考核、责任追究有机结合起来，推动问责条例落地生根。对党的领导弱化、党的建设缺失、从严治党责任落实不到位，对维护党的政治纪律和政治规矩失责、贯彻中央八项规定精神不力、选人用人问题突出、腐败问题严重，不作为乱作为的，要敢于问责、曝光典型。问责要实行“终身制”，对失职失责性质恶劣、后果严重的，不论责任人是否调离转岗、提拔或者退休，都要严肃问责，以此警醒党员领导干部，每一个决策、每一次用权都要用责任来衡量自己的行为。

（二）注重德规相辅，夯实思想建党和制度建党根基。新形势下全面从严治党、从严治行，既要靠思想教育，也要靠制度约束，二者一柔一刚，必须紧密结合，同向发力，才能形成“全面”的合力，发挥出“从严”的作用，切实筑牢思想防线和制度防线。

坚定理想信念，补足“精神之钙”。各级党组织和纪检监察机构要把加强思想政治建设摆在首要位置，坚持不懈强化理论武装，毫不放松加强党性修养，持之以恒加强道德教育，督促党员干部正确处理好公与私、义与利、是与非、苦与乐的关系，使其觉悟在党性修养和党内生活锻炼中得到不断提高，在工作实践和斗争磨砺中得到不断坚定。要将党章党规党纪教育纳入全行党员干部教育整体规划，积极探索党性教育有效途径；要加强党内政治文化建设，引领全行党员干部不忘初心，坚守正道，以文化自信支撑政治定力；要以“学规定、守纪律、防风险、保安全、促发展”学习教育活动为抓手，着力增强干部员工的遵纪守规意识；要广泛宣传和大力深植我行廉洁文化理念，继续以办好“明纪守规树新风”专栏等“五个一”活动等为途径，进一步提升廉洁文化建设的凝聚力和感染力，切实增强干部员工以信念、人格、实干立身的思想自觉。

健全党内制度体系，扎紧制度笼子。要强化统筹协调，完善领导体制和工作机制。认真贯彻中央党内法规工作会议精神要求，进一步强化总行党委对党内制度建设的领导，构建党委统一领导、党委办公室统筹协调、党委各部门分工负责、各方面共同参与的工作格局。探索制定全行统一的党内制度管理办法，研究制度体系建设中长期规划，定期开展制度梳理，切实加强党内制度的全生命周期管理。要坚持“三个始终”，推动形成务实管用的党内制度体系。始终以党章为根本依据，深入开展惩治和预防腐败体系建设，从管党治行实践中总结经验、提炼规律，查漏补缺、整章建制，加快形成内容科学、程序严密、配套完备、运行有效的制度体系。始终以结合本行特点完善制度为重点，突出针对性和衔接性，确保每项制度都立得住、行得通、管得了。始终以强化监督检查促进制度落地生根为保障，对随意变通、恶意规避、无视制度的现象严肃查处、坚决纠正、督促整改，切实把制度转化为匡正党内生活的金规铁律，让制度的力量在全面从严管党治行的实践中充分释放。

（三）坚持巩固深化，以永远在路上的恒心和韧劲推进作风建设。作风之重，关乎事业成败，作风之要，在于久久为功。作风建设既是一场攻坚战，更是持久战，决不能一阵紧、一阵松，必须以踏石留印、抓铁有痕的精神，把握“坚持”和“深化”两个关键，推动全行风气持续向好。

锲而不舍，正风肃纪。各级纪检监察机构要把纠正“四风”往深里抓、向实里做，密切关注新动向，不断采取新招数，深挖细查通过“隐蔽地点”“移花接木”“化整为零”“巧立名目”、转嫁后勤公司等方式隐形变异的“四风”问题。对执纪审查对象存在“四风”问题的，应当先于其他问题查处和通报。不仅要通报和处分牵头、为首的领导干部，还要约谈其他参与人员，要求其向组织讲清情况，在党内作检查。对党的十八大后、中央八项规定出台后、群众路线教育实践活动后，特别是中央巡视后，依然不收敛、不收手的行为，必须从严问责。

深化机制，务实重行。各级机构要紧密联系实际，认真总结去年“四风”整治“回头看”情况，检查措施执行情况，总结经验、梳理问题，实事求是地对措施加以修订完善，加强制度宣传解读，把制度建设的过程作为深化认识、增强执行力的过程。要把作风建设与深化经营管理、推进体制改革相结合，有效治理“部门墙”“条线壁垒”等“大企业病”，解决政策制度传导落地中的“中梗阻”和“最后一公里”等问题，形成一级抓一级、层层抓落实的良好局面和促协同、重服务、讲效率的工作氛围，以“说了算、定了干，马上就办、办就办好”的精神推动各项工作提速提效提质，确保总行战略决策和重大工作部署加紧落地见效。对简单以会议贯彻会议、以文件落实文件的，对纸上谈兵、光说不练、一项工作刚开展就急于包装粉饰的，要严肃批评纠正。对只喊标语口号、落实变形走样导致严重后果的，要严肃问责。

（四）发挥利器作用，以监督的无处不在实现纪律的无处不严。

要继续深化内部巡视。找准政治巡视与我行自身经营特点的结合点和监督的切入点，真正发挥好巡视的震慑遏制和治本作用。要提高政治站位，突出问题导向不放松。以党章党规为尺子，体现政治标准，查找政治偏差，加强对被巡视机构党委领导班子特别是主要负责人的监督。坚持以下看上，透过现象看本质，着重关注党委领导作用是强还是弱、加强党的建设是实还是虚、管党治行是严还是宽，着力发现倾向性、苗头性、方向性、典型性等“四性问题”，着力解决党的建设弱化、淡化、虚化、边缘化等“四化问题”。要加快巡视节奏，提速全覆盖不动摇。继续采用“一托二”等方式提高巡视效率，力争今明两年完成第二轮巡视。要创新方式方法，强化监督效应不手软。探索将党风廉政建设责任制考评有关要求纳入巡视监督内容，继续把巡视与执法监察结合开展，让党内监督和行政监督互为补充、相得益彰，使巡视方式更灵活、效果更有力。要推动整改落实，抓好成果运用不懈怠。巡视反馈要注重政治效果，督促被巡视机构党委班子把自己摆进去，主动看齐找差距，强化担当抓整改。巡视移交要严格政治要求，更加严谨规范，特别是对涉嫌违纪问题，要移交相关纪检监察部门快速初核和查处，达到立巡立改、快速突破的效果。要适时开展“回头看”，用好“回马枪”，盯紧老问题，发现新问题，体现巡视监督的严肃性和长效性。要加强基础工作，规范保障力度不减弱。健全完善巡视配套管理制度。坚持严格把关、结构合理、实践检验、动态管理，培养一批高素质的专兼职巡视干部。

要强化“探头”作用发挥。要继续深化派驻监督，今年总行纪委将在巩固总结去年派驻工作经验成效的基础上，继续选择2－3家机构扩大派驻范围。派驻纪检组要真正善于把“派”的权威和“驻”的优势结合起来，加强与驻在机构党委的沟通联系，驻在机构党委也要积极为派驻纪检组履行监督职责创造良好条件。总行纪委将通过定期听汇报、线索交办等方式，加强对派驻纪检组的领导，进一步探索总结一套符合中央精神和我行实际的派驻监督工作机制和制度。要继续加大对境外机构负责人廉洁履职监督检查力度，发挥联络员职能作用，建立定期向总行党委纪委、驻地使领馆“双线”报告党风廉政工作和重大事项制度，促进境外机构廉洁风险防控体系建设。

要加强执法监察。继续把机构负责人履职待遇和业务支出情况作为全行指令性执法监察项目和总行直查项目，把集中采购制度执行情况、违规违纪问题责任追究和落实情况、员工异常行为动态排查情况作为指导性项目。各机构还要结合实际，围绕涉及党风廉政建设的重点问题、涉及业务经营发展的热点问题、涉及员工利益的敏感问题自行立项开展执法监察，确保有的放矢、靶向施治。要不断深化集中采购监督，从全流程监督逐步转为对重点项目和关键环节的监督，总行纪委将进一步加大对主动监督、分类监督、重点监督的探索和总结，适时在全行推广试点经验。

要完善党风廉政建设责任制考评。上半年，总行将修订印发责任制考评办法，建立健全考评指标体系，提高考评针对性和实效性；进一步突出监督重点、创新工作方法、强化成果运用，持续推动党委主体责任和纪委监督责任的落实。今年第四季度将选择部分总行部室和利润中心进行现场考评，加强对班子及其成员特别是主要负责人的监督，不断推动总行本部强化廉洁建设、严格监督管理、改进工作作风，充分发挥引领全行科学发展的重要作用。

要整合监督资源。总行党委对一级（直属）分行、直属机构党委的现场监督以开展巡视为主，将党风廉政建设责任制考评和执法监察有关要求纳入巡视监督内容；对总行部室及利润中心等党组织的现场监督以开展党风廉政建设责任制考评为主，对境外机构的现场监督以开展负责人廉洁履职检查为主。各分行也要对现有监督资源进行整合，集中力量加强以党风廉政建设责任制考评、执法监察为主的现场监督工作，以利于握指成拳、凝聚合力，不断提升监督实效。

（五）践行挺纪在前，深入实践“四种形态”。

严肃党内政治生活，强化日常管理。准确把握和运用“四种形态”，最终落脚点是履行好管党治党的政治责任，既是对监督责任的要求，更是对主体责任的要求。各级党组织把严肃党内政治生活作为全面从严治党、实践“四种形态”的重要举措，严格落实“三会一课”、民主生活会、领导干部双重组织生活、民主评议党员、谈心谈话等制度，着力增强党内政治生活的政治性、时代性、原则性、战斗性。各级领导干部要在定期走访、蹲点调研、参加会议、座谈交流等各类日常活动中，随时随地对干部作出提醒。对存在苗头性、倾向性问题的干部，要从关心爱护的角度，开展真诚善意的提醒，进行推心置腹的交流，使问题得到及早纠正。

综合施策，精准执纪。各级纪检监察机构要严格按照五类标准定期清理和处置反映问题线索，把握“树木”与“森林”的关系，提高识别和处置违纪问题的能力。要重点查处十八大后不收敛不收手，问题线索反映集中、群众反映强烈，现在重要岗位且可能还要提拔使用的领导干部，三类情况同时具备的是重中之重。要在确保审查质量的前提下提高效率，快查快结、快进快出，集中力量查清主要违纪事实，涉嫌违法犯罪线索移送司法机关处理，更加注重综合效果。要善于抓细节、抓具体，体现出政策策略和方式方法的针对性、灵活性。对待犯错误的干部，要通过有效的思想政治工作，引导他们相信组织、依靠组织，主动向组织说明问题，又要坚决防止把严重违纪问题大事化小，避重就轻。要改进审理文书，按“六大纪律”对违纪行为进行分类，用纪言纪语规范描述违纪行为。

抓早抓小，严管厚爱。要着重在运用“第一种形态”上下功夫。以谈话函询为有力抓手，根据总行《关于积极实践运用监督执纪“第一种形态”的指导意见》和《谈话函询工作规程》有关规定，重构管理制度，规范工作流程，明确操作标准，实现执纪审查方式及时转变对接。要坚持“三个可以谈、三个不能谈、三个优先谈”，即反映的问题过于笼统，不具备可查性的可以谈；反映个人勤政方面问题的可以谈；反映轻微违纪问题的可以谈。反映权钱交易的不能谈；反映问题具体、可查性强的不能谈；信访举报多、反映问题多的不能谈。初次反映且问题轻微的优先谈；反映新提任的领导干部思想作风问题的优先谈；发展潜力较大的年轻干部，且反映问题比较笼统的优先谈。对反映不实的要予以澄清，对如实说明且反映问题并不严重的予以了结，以便有关同志放下包袱、轻装前进。要将谈话函询等材料存入个人廉政档案，并继续完善档案内容，进一步加大廉政档案的挖掘运用力度，通过横向、纵向对比分析，探索发现廉政风险点的途径和方式。要建立健全抽查复核机制，重点抽查复核涉及“四风”问题、谈话函询后重复举报、书面说明或证明材料与组织掌握的事实情况明显不符或存有重大疑点的问题线索，对不如实说明情况的给予严肃处理，必要时给予通报，以增强执纪审查工作的严肃性和震慑力。

实事求是，容错纠错。要坚持约束与激励并重、惩治与保护结合，旗帜鲜明为改革者鼓劲、为实干者撑腰，为担当者担当、为负责者负责，切实把全面从严要求与保护激发干部干事创业积极性更好地统一起来。在监督执纪问责中，要把握好工作失误与严重失职渎职、一般性错误与严重违纪违法的界限。要建立鼓励创新、宽容失败的容错纠错机制。要坚持处理与教育并重、批评与引导兼顾，鼓励各级干部在符合相关规定的前提下，在制度范围内敢作为、敢担当。

（六）构建党内监督体系，传导压实监督主体责任。要按照《党内监督条例》精神要求，结合我行实际，更加明确监督主体及其责任，更加科学界定各主体的监督职责，形成党委全面监督、纪委专责监督、党的工作部门职能监督、党的基层组织日常监督、党员民主监督的党内监督体系。要把党内监督与公司治理层监督、内控合规管理监督等其他监督力量结合起来，在标准上严格起来，在内容上系统起来，在措施上完善起来，在环节上衔接起来，形成有力有效的监督合力，推动管党治行从宽松软走向严实硬。

强化党委全方位监督。党委要担负起全面从严治党主体责任，就必须把党内监督摆到重要位置来抓。咬耳扯袖、红脸出汗，组织处理、纪律处分都是重要手段，领好班子、带好队伍是重要职责。各级党委特别是“一把手”既要把牢选人用人的政治关、廉洁关，又要强化监督管理，把纪律和规矩严起来，营造良好的政治生态。要通过约谈督促、报告工作、严肃问责等方式，一级管好一级，一级带动一级，切实将责任传导至“神经末梢”，使全面从严要求在基层落地生根。

发挥纪委专责监督。《党内监督条例》规定，党的各级纪律检查委员会是党内监督的专责机关，履行监督执纪问责职责。这是对纪委职责的高度凝练和准确定位。各级纪委要担好专责，加强对党组织和党员领导干部遵守党章党规党纪情况、贯彻执行中央和总行党委决策部署情况的监督检查。要从问题线索抓起，发现苗头及时提醒，有了问题谈话诫勉，严重违纪就要立案查处。

发挥党的工作部门职能监督和基层党组织以及党员的监督。党委办公室、组织部、宣传部等都是党委的办事机构和职能部门，尽管工作性质、内容、特点各不相同，但都是党委主体责任在不同领域的重要承担者和具体体现者。要发挥各自熟悉本专业本领域工作的职能优势，履行好相应的党内监督职责。党的基层组织要发挥战斗堡垒作用，严格党的组织生活。党员是党内生活的主体，党组织要尊重党员主体地位，保障党员民主权利，鼓励和支持党员在党内监督中发挥积极作用。

强化关键少数示范引领。“人不率则不从，身不先则不信”。党内监督的要求能不能落到实处，领导干部尤其是一把手带头非常重要。各级领导干部不仅要在敢于监督上作表率，有个“婆婆嘴”，常念监督的“经”，还要在自觉接受监督上作表率。要主动接受上级监督，经常向组织报告思想、工作、生活状况，做到对党忠诚老实；主动接受同级监督，在民主生活会上把群众反映、巡视反馈、组织约谈函询的问题说清楚、谈透彻，提出整改措施；主动接受民主监督，在党内一定范围公开个人有关事项和述责述廉报告；主动接受社会监督、舆论监督，虚心听取群众意见，有则改之、无则加勉。

（七）严肃查处案件和案件风险事件，在切实保障金融安全中发挥重要作用。当前，各级机构要从防控金融风险、保障金融安全的政治高度扛起案防工作的主体责任，各级纪检监察机构要抓牢抓实案件查处工作，深化以查促防，有效遏制案件和案件风险事件反弹势头。

重查处，保持高压态势。今年要重点查处信贷、票据、信用卡、客户信息、现金管理、资产管理等领域的贪污、贿赂、挪用、诈骗以及盗窃等案件。在查办案件特别是违法放贷案件过程中，要加强与监管部门和公安司法机关的沟通协调，从保护国有资产角度，建议司法机关加大对外部骗贷行为的打击力度，审慎认定银行员工“违法放贷”问题。要充分调动业务部门参与案件查处和案件暴露问题整改的积极性，对重大案件成立由监察、内控和相关业务部门组成的联合调查组，合力查清查透问题，齐心研究改进措施，共同促进制度、流程和监控模型的建立健全，改进风险管控缺陷，达到标本兼治目的。

深排查，处置苗头隐患。各机构要重视员工异常行为排查工作，对出现的异常行为苗头保持高度敏感，及时跟踪跟进，不以维护团结为理由对不良倾向姑息纵容，不以爱才惜才为借口对不端行为不管不问，而要真正按照严管厚爱理念加强监督和管理。要进一步丰富排查方式，善用已投产的员工经商办企业批量查询模型，开展排查“回头看”。总行纪委还将继续探索对员工同业账户、征信等情况的排查，充分发挥科技手段监测预警作用，提高排查工作的精准度和有效性。加强对境外机构和子公司排查工作指导，适时将相关专项排查延伸至外派员工。

严追责，倒逼责任落实。对各类案件和风险事件严肃查处、严厉问责，对排查不力、发现线索苗头不重视、不报告，最终引发案件和风险事件的，要同时严厉追究上级机构的领导责任、条线管理部门的管理责任、监督检查部门的监督责任，以及发案机构、部门人员的不尽责、不提醒、不报告等责任。要坚决落实“铁腕治贷”要求，依照实事求是原则，对严重违规、不负责任、造成损失的关键责任人严肃处理。要按照新修订的《员工违规行为处理规定》，严格审理程序，落实查审分离、分级负责、专人审核、集体审议制度，保证审理工作时间，强化审理的把关作用。总行纪委将以印发《关于新形势下规范和加强审理工作的意见》《纪委、监察室党纪政纪处分审理委员会工作规则》《执纪审理重点联系机构管理办法》等制度为契机，进一步加强对各级机构审理工作的督促帮扶指导。

需要特别强调的是，在昨天的大会上，易会满党委书记就强化案防责任追究指出，要加强对各级机构主要负责人及其班子成员的常态化问责。因此，各级纪委书记既要提醒督促同级党委履行好案防主体责任，又要强化对下级机构负责人案防责任落实情况的监督问责。通过层层传导压力，倒逼责任落地，确保全行实现“案件总量有所下降、重大恶性案件和重大风险事件杜绝发生”的管控目标。

强管理，提升工作水平。要建立完善“发现问题—推动整改—完善制度—规范管理”和“案件查处—专项整治—督导检查—推动问责”的“双闭环”管理模式。总行纪委将进一步规范案件的报送、查处、问责，研究对重点城市行的单独考核体系。深化重点监控（关注）工作，帮助重点监控（关注）机构查找案件风险隐患以及内控案防工作薄弱环节，制定有针对性的整改措施，筑牢案防基础。要强化对典型案件的剖析通报，深化警示教育，使广大干部员工知所畏、知所止、知所守，实现惩治成果有效转化为预防成果。

三、打铁还需自身硬，努力锻造一支忠诚干净担当的纪检监察铁军

打铁还需自身硬。“知之非艰，行之惟艰”，各级纪检监察机构和广大纪检监察干部必须以“无须扬鞭自奋蹄”的精神，发扬知行合一的优良作风，始终把忠诚作为一种人格力量去强化，把干净作为一种生命底线去坚守，把担当作为一种精神境界去追求，切实植根心底、见诸行动，做对党忠诚的实践者、党章党纪的维护者、党的路线方针政策的捍卫者、党风廉政建设和反腐败斗争的推进者，不负党中央和总行党委的信任和重托，不负全行干部员工的殷殷期望。

（一）要知责思为，在工作定位上再聚焦。党的十八届六中全会明确了纪委作为党内监督专责机关的地位作用。从党内监督的“专门机关”到“专责机关”，体现的是权力与责任相统一，凸显的是政治责任和使命担当。各级纪委和纪检监察干部要不断校正自身定位，将履职的落脚点精确地聚焦在“专责”二字上。要与深化纪检体制机制改革结合起来，继续完善和落实双重领导体制，坚持和实行“两个为主”，强化上级纪委对下级纪委的领导，充分保障监督权的相对独立性和权威性。要在党委统一领导下，统筹纪检干部选拔、使用、交流等工作，切实把政治过硬、忠诚干净担当的干部选进来，选优配强纪委领导班子。要坚持“书记抓”与“抓书记”“主任推”与“推主任”，一级抓一级，层层抓推动，真正形成讲看齐、重担当、作表率，领好班子、带好队伍的良好氛围。要与加强纪检监察组织建设结合起来，探索推进扁平化管理分行、直辖市分行辖属机构纪检监察组织制度创新，配齐配强监督执纪力量，在发挥好专职人员作用的基础上，注重激发兼职人员的工作积极性和协同性，夯实组织保障基础。要与持续“三转”结合起来，深入转职能，用心转方式，持续转作风，创新理念思路、体制机制和方式方法，不断提升监督执纪的针对性和有效性，切实推动全面从严要求落实到每个领域、每个环节。

（二）要知任图进，在执纪能力上再提升。要在专责上出成绩，就必须在专业上下功夫，不断提高思想政治工作水平和业务能力。要把教育培训与实践锻炼相结合，促使纪检监察人员学有得、思有成、践有方、悟有果。总行纪委将继续完善针对不同层级和岗位需求的培训机制，加大对总行管理机构纪委负责人和骨干人员的培训力度，并对一级（直属）分行等机构的纪委委员进行集中培训。建立和充实巡视监察、纪律审查、惩戒审理、案件查办等专业人才库，通过“以查代培”“以工代训”等方式，提升纪检监察人员的“实战”技能。借力“大数据”推动管理手段创新，逐步实现信息由被动接收向主动捕捉转变，由简单传递和粗加工向深度挖掘和综合分析转变，为深入推进纪检监察各项工作提供更加有力的科技支撑。

（三）要知德守正，在强化监督上再加压。管纪律更要守纪律，守纪律先要立规矩。信任不能代替监督，必须持续强化对执纪者的“再执纪”，对监督者的“再监督”。对纪委的监督首先在于各级党委。党的领导本身包含着管理和监督，党委要加强对纪委的日常监督。纪委要把自我监督同接受党内监督结合起来，同民主监督、群众监督和舆论监督有机融合，构建日臻完善的监督制衡体系，把执纪审查的权力关进制度的笼子。要认真落实《中国共产党纪律检查机关监督执纪工作规则（试行）》要求，结合我行实际出台具体细则，使其成为纪检干部正确履职的“度量衡”和“安全线”。坚持问题导向，梳理工作流程，找准风险点和薄弱环节，明确请示报告、线索处置、审查审理、涉案款物管理等工作规程，建立打听案情和说情干预登记备案等制度，确保执纪监督、执纪审查、执纪审理各环节相互协调、相互制约。总行纪委还将制定纪检监察干部监督管理办法，进一步推动监督工作规范化。对不担当、不负责的要调整岗位，对不忠诚、不干净的要严肃查处，对执纪违纪、失职失责造成严重后果的，既要追究当事人的责任，也要对纪委负责人问责。各级纪检监察机构要强化动态管理，及时了解掌握并向上级纪委和同级党委报告辖内纪检监察干部被立案审查、调查处理、出现重大网络舆情等各类重大风险情况。广大纪检监察干部要坚定理想信念，提高政治站位，自觉接受监督，把监督当成一种关心、爱护和保护，增强执行规则的自觉性。各级纪委负责人既要自身正、敢担当、言传身教，又要加强日常监督管理，努力建设一支让党放心、全行信赖、忠诚干净担当的纪检监察队伍。

同志们，“大道至简，实干为要”。走好全面从严治党、从严治行新的长征路，需要仰望星空更需要脚踏实地，需要燃烧激情更需要奋勇前行。我们要不忘初心、矢志奋斗，切实以常和长的韧劲、严和实的标准、深和细的举措，深入推进党风廉政建设和反腐败各项工作、为实现开创现代金融企业建设新局面作出新的贡献。

强化责任担当 持续整治“四风”以更高站位和更严厉问责营造风清气正的政治生态与经营环境

——在集中通报和专项整治违反中央八项规定精神问题工作动员会上的讲话

王 林

（2017年4月6日）

这次会议的主要任务是，集中通报违反中央八项规定精神的典型案例，安排部署专项整治违反中央八项规定精神和“四风”问题，促进各级党委、纪委以更高的政治站位和更加严厉的惩处与问责，在全行推动营造风清气正的政治生态与经营环境，为我行改革发展提供坚强的纪律和作风保证。刚才，总行监察室传达了中央纪委关于对金融系统违反中央八项规定精神问题开展集中通报和专项整治的通知与专题会议精神。下面，根据总行党委意见和易会满书记要求，我对我行十八大以来查处违反中央八项规定精神问题进行通报，并就如何认识当前作风建设形势和落实好中央纪委专项整治工作任务，讲四点意见。

一、提高认识，准确把握贯彻中央八项规定精神与整治“四风”问题面临的形势

党的十八以来，党中央突出强调党要管党、从严治党，把加强作风建设作为反腐败的治本之策，专门出台改进作风、密切联系群众的八项规定，并配套作出了一系列制度安排和工作部署，先后在全党组织开展了党的群众路线教育实践活动、“三严三实”专题教育、“两学一做”学习教育，把改进作风聚焦到反对形式主义、官僚主义、享乐主义和奢靡之风等“四风”问题上。同时，中央政治局率先垂范、以上带下，为全党作出了表率，并在十八大以来历次党的全会和中央纪委全会上都对作风建设工作进行安排部署，坚持抓铁有痕、踏石留印，持之以恒纠正“四风”，取得的成效有口皆碑、有目共睹。

同时，今年初召开的中央纪委七次全会明确强调，要清醒地看到，目前管党治党宽松软问题尚未根本改变，党风廉政建设和反腐败斗争形势依然严峻复杂。在作风建设方面，有的单位和部门“四风”问题禁而不绝、腐败现象潜滋暗长，有的纪检监察机关能发现的问题没有发现，该报告处置的不及时报告处置，该问责的不去问责。就金融系统而言，正如中央纪委关于对金融系统违反中央八项规定精神问题开展集中通报和专项整治的通知、中央纪委四室专题会议通报指出，十八大以来中央纪委共查处金融机构中管干部违反中央八项规定精神案件7起，五家金融机构总部的六名党委班子成员因违反中央八项规定精神受到了处分，其中一名还因涉嫌违法移送了司法机关。这些案件和问题涉及的领导干部，有的顶风违纪，对中央反对“四风”要求置若罔闻；有的公私不分，肆意挥霍公款；有的没有管好亲属，使家属参与、接受宴请和礼品；有的内部培训机构等竟成为违反中央八项规定精神问题新的主要场所。根据上述案例以及纪检监察部门掌握的日常反映情况，中央纪委认为目前金融机构贯彻落实中央八项规定精神的态度和效果都还有较大差距。为此，根据中央和中央纪委领导意见，中央纪委决定在金融系统开展违反中央八项规定精神问题集中通报和专项整治。这充分体现了党中央对包括我行在内的金融系统的高度重视和深切关怀，充分表明了党中央对整治“四风”问题持久抓、全覆盖的鲜明态度和决心。

从我行情况来看，总行党委一贯重视作风建设。十八大以来，坚持向中央看齐，在不折不扣贯彻落实中央作风建设各项工作部署的同时，每年都将反对“四风”要求纳入内部巡视、责任制考评、执法监察等监督检查重要内容，先后在全行组织开展了作风制度执行“回头看”、作风建设情况调研、“四风”问题整治“回头看”等工作，通过积极营造改进作风氛围、建立健全作风建设制度、深挖细查严处“四风”问题等，着力推动中央八项规定精神的贯彻落实，全行作风建设取得了明显成效。从去年总行组织的两次集中检查调研和“回头看”情况汇总看，全行干部员工对改进作风工作给予了普遍肯定，被调研单位99%的员工认为本单位落实中央八项规定精神和纠正“四风”成效显著或较有成效，97%的员工认为主体责任落实非常好或较好，干部员工最大的感受是“铺张浪费少了、迎来送往少了、接待应酬少了”。

在肯定成绩的同时，我们也要看到，与党中央对从严管党治党的要求、与广大员工对良好作风的期盼相

比，全行在作风建设方面依然存在不少问题。在形式主义方面，有的主体责任抓而不实，存在“最后一公里”缺失的问题；有的工作安排考虑实际情况不够，只重数字好看、不顾质量达标；有的文风会风改进仍然不到位，“文山会海”的问题没有根本解决。在官僚主义方面，有的部门“壁垒”问题比较突出，对基层行的业务咨询相互推诿、敷衍了事；有的服务客户换位思考、体验不够；有的对员工思想状况和精神诉求关注不深入，人性化管理还不到位，严重影响员工积极性、主动性的发挥。在享乐主义方面，有的锐意进取不够，在突破掣肘发展的瓶颈阻碍方面主观努力较少，以上率下作用发挥不足；有的还存在违规收受礼品礼金、公款吃喝、公车私用、违规操办子女婚宴等问题。在奢靡之风方面，有的仍然存在超标准接待、超标准住宿、集体福利费列支旅游支出等现象；有的经营成本控制和预算管理较为粗放，办公信息化共享水平不高，勤俭办行理念有所淡化，等等。

因此，我们要充分认识、深刻领会中央纪委要求安排专项整治的重要现实意义，高度重视、认真落实专项整治工作任务，以贯彻全面从严治党、从严治行要求为主线，以强化主体责任和监督责任为抓手，紧盯不正之风新动向、新表现，深挖隐形变异的“四风”问题，用好检查和问责的“利器”，在全行推动营造风清气正的政治生态和经营环境，持续为我行改革发展提供坚强的纪律和作风保障。

二、以案为鉴，增强落实中央八项规定精神的行动自觉

十八大以来，全行各级纪检监察部门不断加大监督执纪问责力度，截至今年3月底共查处违反中央八项规定精神问题99起，处理185人。其中，查处处级及以上干部97人、占比52.4%；给予党政纪处分111人，诫勉谈话、组织处理等74人。

一些典型案例，一方面反映出当事人存在党性修养不够、思想认识不到位、自律不严等问题；另一方面，也暴露出所在单位还存在平常教育管理不深入、抓早抓小不及时等现象。全行干部员工一定要引以为鉴，常怀律己之心，知止知畏、守住底线。各级党委、纪委要总结教训，进一步加大教育管理力度，发现问题及时提醒，坚决把违反中央八项规定精神的问题消灭在萌芽状态。

三、突出重点，确保这次专项整治取得实效

在金融系统组织开展违反中央八项规定精神问题专项整治，是中央纪委专门针对金融系统部署的一项重要工作，目的就是要严肃查处、形成震慑，坚决防止不正之风反弹回潮，不断推动中央八项规定精神在金融系统落地生根。总行党委高度重视，党委书记易会满对此专门批示，要求各级党委和纪委要从向党中央看齐的政治高度、从履行“两个责任”的政治自觉做起，在去年“四风”问题整治“回头看”的基础上，再认真组织开展一次违反中央八项规定精神和“四风”问题的专项整治，要坚持问题导向、效果导向，确保取得实实在在的整治成效。

（一）坚持有效性，分阶段、分步骤实施专项整治。为保证整治工作有序推进、有效开展，总行决定本次专项整治从今天开始，至9月30日结束，共分四个阶段。第一阶段为部署动员阶段，今天这个视频会议就是全行部署动员会。各机构、各单位可结合自身情况，以各种方式在本单位组织好动员和安排部署。第二阶段为排查线索阶段，从4月中旬至6月底。要注重通过排查信访举报、开展作风建设情况调研等途径发现问题线索，建立台账、分类登记，深入进行调查核实，并将登记的问题线索于6月底前报送总行纪委。第三阶段为处理问责阶段，从7月初至8月中旬。要根据上一阶段排查和核实情况，依据纪律处分条例和我行员工违规行为处理规定，对有关责任人进行严肃处理和问责。同时，还要梳理已经处理过的“四风”问题，对该追究而未追究“两个责任”落实不到位责任的，要追究到位。于8月20日前向总行纪委报送处理问责情况。第四阶段为巩固深化阶段，各单位要在前期排查核实和处理问责的基础上，对贯彻落实中央八项规定精神措施执行情况进行自查分析，总结经验、查漏补缺，及时制定和修订相关制度，并将整治总结报告于9月底前报送总行纪委。

在专项整治期间，总行将选取部分机构和单位，对贯彻落实中央八项规定精神措施执行情况，以及本次专项整治工作进行现场检查，并及时通报发现的“四风”典型案例。各单位可结合实际，灵活掌握上述时间安排，必要时可将四个阶段压茬开展。总的要求是，要紧扣风险点和薄弱环节，“盯住人”“看住事”“管住权”，细致梳理线索，深入剖析核实，准确运用监督执纪“四种形态”，全面、严肃处理问题线索。要真正做到“问责一个，警示一片”，认真把存量处理好，坚决把增量控制住；通过严查违规违纪和隐形变异“四风”问题，形成有力震慑，强化“不敢”的氛围。各级纪委在整治工作中要深入落实《中国共产党纪律检查机关监督执纪工作规则（试行）》，对隐情不报、走风漏气，包庇袒护、查处不力的，要依据相关规定严肃进行问责。

（二）强化针对性，围绕容易发生问题领域开展重点整治。中央纪委关注的违反中央八项规定精神的行为，主要包括违规公款吃喝、公款国内旅游、公款出国境旅游、违规配备使用公务用车、楼堂馆所违规问题、违规发放津补贴或福利、违规收送礼品礼金、

大办婚丧喜庆、提供或接受超标准接待、接受或用公款参与高消费娱乐健身活动、违规出入私人会所、领导干部住房违规问题等12个方面。从我行查处的违反中央八项规定精神问题情况来看，违规提供或接受超标准接待、接受或用公款参与高消费娱乐健身活动、违规配备使用公务用车、违规收送礼品礼金、违规公款吃喝、公款旅游、大办婚丧喜庆等7个方面的问题相对比较突出，十八大以来均发生10起以上，共涉及违规人员163人。

从上述容易发生问题的领域来看，最普遍、最根本的一点就是用公款办私事，没有划清“公”与“私”的关系。正如习近平总书记所强调的，在作风问题上，起决定作用的是党性，衡量党性强弱的根本尺子是“公”“私”二字，很多作风问题就是因为公私关系没有摆正而产生的。同时，我们也要意识到，对于国有商业银行来讲，还要注意处理好“内”与“外”的关系，也就是内部接待和外部营销的关系。依据我行作风建设有关制度，内部接待和外部营销各有各的接待对象和执行标准，本来没有关系也不应该出现问题，但是从近两年发现问题的情况看，一些机构和单位有时将内部接待费用转化为外部营销费用进行报销，不但践踏了财务制度，也败坏了党风行风。因此，各级党委、纪委要重点聚焦容易发生问题的领域，清理排查问题线索，加大监督执纪力度，推动干部员工特别是领导干部切实摆正“公”与“私”“内”与“外”的关系，真正做到公私分明、克己奉公、严格自律，决不用公权谋取私利，决不利用职务之便为自己获得好处。

（三）突出震慑性，切实抓好问题线索的核实处理。中央纪委强调，对于作风建设，总体上要坚持标本兼治，但当前仍要突出加大治标力度。今天我们集中通报查处的违反中央八项规定精神的典型案例，充分表明了总行党委、纪委对作风问题严查重处的决心。十八大以来全行查处的作风问题案例中，大多数都是相关单位自行核实处理的，其正风肃纪的主动性、自觉性值得肯定和表扬。但是，也有一些机构和单位甚至规模比较大的分行，十八大以来自己发现和查处违反中央八项规定精神的问题为零，甚至有个别的还存在对总行转办问题线索核实不积极、查处不到位的现象。当然，我们一定要实事求是，绝不能没有问题也要制造问题。但是，查处为零的单位也要认真分析和反思，对于那些全行发生比较多的违反中央八项规定精神的问题，在本单位、本辖内是否真的没有反映，对有反映的问题线索纪检监察部门是不是认真进行过检查核实，存不存在大事化小、小事化了的现象？在本次专项整治中，总行纪委将把这些单位作为监督检查的重点，一旦发现问题，不但要严查重处违纪违规当事人，还要严肃追究所在单位党委和纪委的主体责任与监督责任。

各级党委、纪委要充分认识不良风气的顽固性、反复性和严纪律、出重拳的必要性，继续把“四风”问题作为纪律审查重点；对反映干部问题线索中有违反中央八项规定精神的，应当先于其他问题进行核实查处；对本次通报后再发生的新问题，一定要从严从重处理；对短期内再次发生问题的，不能仅当成一般的违反党纪行规问题，更要当成藐视党中央权威、践踏党的政治纪律问题进行认识和严肃处理。在处理过程中，要全面运用监督执纪“四种形态”；对于存在问题，但尚未触碰纪律和规矩底线的，要及时谈话提醒，不得放任自流，切实将作风问题防患于未然；对于因自律不严、常态化监督不力而触碰纪律和规矩底线的，要及时给予党纪处分和组织处理，防止小问题演变为大问题；对于严重违纪违规甚至违法犯罪的，要给予重处分或移交司法机关，严肃处理、决不姑息。

四、深剖原因，有的放矢推动完善作风建设长效机制

在严查重处、积极治标的同时，我们更要注重在治本上下功夫、出实招。从全行查处违反中央八项规定精神的有关问题和去年“四风”问题整治“回头看”情况来看，违反中央八项规定精神和“四风”问题的原因，主要有以下三个方面：一是有些干部员工，特别是党员领导干部个人的思想认识有差距。有的没有认识到作风建设的重要性和必要性，认为作风问题是“沉疴痼疾”，缺乏彻底纠正的信心和决心；有的同志还存在企业“特殊论”的思想，认为搞企业主要看经营效益，只要经营效益上去了，其他都不是问题。二是一些机构、单位党委及班子成员的主体责任意识不强，主体责任落实不到位。有的把党的领导和遵循市场经济规律对立起来，甚至认为党的领导是建立现代企业制度的障碍，管党治党责任落实不到位；有的执行党章党规党纪不力，忽视日常管理，不注重抓早抓小，作风纪律还没有真正严起来。三是一些机构、单位纪委的监督责任落实不到位。有的缺乏担当精神，不敢较真碰硬，执纪监督偏松偏软，压力传导不下去；有的“探头”作用发挥不充分，纪律审查不深不细，能发现的问题没有发现，等等。为此，全行各级党委、纪委要结合本单位实际，深入分析、深刻认识产生问题的原因，充分利用这次集中通报和专项整治机会，有的放矢地采取整治措施，收到实际效果。

（一）抓住深化认识这个基础，进一步加强宣传教育引导。习近平总书记多次强调，抓作风建设，就是要返璞归真、固本培元，重点突出坚定理想信念、践行根本宗旨、加强道德修养。要将党章党规党纪作为党课教育、党校培训的重要内容，纳入对党员干部教育的整体规划，切实抓好理想信念、根本宗旨和纪律规矩的学习宣传、贯彻落实。要通过网讯、邮箱等渠道，定期发布

反腐倡廉新精神、新政策，教育和引导干部员工重视和践行作风建设要求。要坚持在节假日和重要时点，及时发送提示警示信息，持续传导正风肃纪不放松的强烈信号。要加强中央八项规定精神的内部传导，引导干部员工深入理解管党治党不能有特殊领地的要求，决不能打“擦边球”、搞“特殊化”。要通过全方位、立体式、多渠道的宣传引导，真正形成“讲了就要听，定了就要做，安排布置了就要认真贯彻落实，不听、不做、不落实，就要严肃问责”的新常态。

（二）抓住领导班子这个重点，进一步推动主体责任的落实。中央抓作风建设的一个重要方面，就是自上而下、以上率下，重点是“领导干部和领导机关”。对于工商银行来讲，重点是总、省行以及其他各级机构的领导班子，特别是“一把手”要带好头。各级机构和单位领导班子及班子成员要通过开好民主生活会，严格遵守批评和自我批评、民主集中制等党内政治生活基本规范，加强班子作风建设，不断提高凝聚力和战斗力。要切实承担起全面从严治党主体责任，对违反中央八项规定精神的问题，坚持核实到位、处理到位，层层传导压力，深入推动解决“一手硬、一手软”的问题。要适时召开领导班子组织生活会、作风建设警示教育大会等，对本单位和领导干部个人贯彻落实中央八项规定精神的认识与实际行动进行深入剖析，对本单位违反作风规定的典型案例，点名道姓通报全行，发挥反面典型的警示和教育作用。

（三）抓住严明纪律这个关键，进一步推动监督责任的落实。十八届六中全会明确指出，各级纪委是党内监督的专责机关，履行监督执纪问责职责，加强对所辖范围内党组织和领导干部遵守党章党规党纪、贯彻落实党的路线方针政策情况的监督检查。各级纪委要敢于监督、有效监督，将执行作风规定情况作为监督检查的重要内容，深入发现和推动解决作风方面的问题。要将作风建设专项检查常态化，每年采取定期专项检查、不定期突击抽查等方式，紧盯“四风”新形式、新动向，对发现的问题严查重处，突出抓好“四风”整治。要结合各类监督检查发现问题，定期梳理重点领域、重点环节作风建设风险点，制定负面清单，明确管控措施，督导整改落实，充分发挥好监督执纪问责的职责。各级纪检监察部门还要坚持“打铁还需自身硬”，高度重视对纪检监察干部的自我监督，确保纪检监察干部自身廉洁、自我过硬。

（四）抓住制度办法这个根本，进一步促进作风建设常态化。作风建设永远在路上，必须将行之有效的做法及时总结归纳为制度办法，不断推动作风建设常态化。要按照中央及总行党委改进作风新要求，对行之有效的继续坚持，脱离实际的加以修订，容易反弹的加以重申，变异新生的加以补充，不断完善作风建设制度体系。要加强对现有制度的宣传，增强党员干部对作风具体规定的了解和把握，防止因制度学习不认真、理解不透彻、有偏差而导致执行不到位。要加强对作风建设制度执行情况的监督检查，确保制度用得上、有效果。要建立定期梳理机制，确保制度体系的系统性、有效性和可执行性，坚持把权力关进制度的笼子里，从根本上解决“四风”问题。

同志们，这次集中通报和专项整治既是落实中央纪委作风建设工作要求的具体安排，又是我行全面从严治党、从严治行的重要举措。全行各级机构党委和纪委要切实按照“两个责任”的要求，各司其职、各负其责，要切实强化大局观念和担当意识，将这次专项整治与贯彻落实中央纪委七次全会精神，与贯彻落实全行2017年工作会议和纪检监察、内审内控工作会议各项工作部署紧密结合起来，不忘初心、继续前进，以更高的政治站位和更加严厉的问责，推动营造风清气正的政治生态和经营环境，切实保障全行改革发展的顺利推进，以实际行动迎接党的十九大胜利召开！

全面构建“工银大学”助推全行改革发展

——在中国工商银行2017年教育培训工作会议上的讲话

王　林

（2017年4月7日）

这次会议的主要任务是，贯彻落实改革发展研讨会和全行工作会议精神，总结2016年教育培训工作情况，部署2017年重点工作任务。下面，我讲三点意见。

一、2016年全行教育培训工作开拓创新、成效显著

2016年，在总行党委正确领导下，教育培训工作

紧扣全行经营发展战略需要，深入推进工作转型和创新发展，初步形成了以“专业胜任力培训”“网络大学”“境外员工培训”“党校培训”“专业资质考试认证”和“培训资源保障”等为主体的工银大学“六大体系”，构建起“系统规范、分层分类、线上线下”的人才培养新框架，为全行开创改革发展新局面提供了坚强智力支持和人才保障。概括起来，重点做了以下六方面工作：

（一）持续推进“十大专业型人才培训工程”。着眼人才高地建设，延续“学籍、学制、学分”“面授+网络+实践”的系统化培训方式，总行累计实施培训项目90个、培训2.5万余人，为实现“3年内培养三万名核心专业人才”的目标打下了坚实基础。各分行也严格按照总行统一标准和要求，同步组织实施了一批质量较高、针对性较强、具有本行特色的专业型人才培训项目。同时，围绕全行转型发展中心工作，统一开展了二级分行分管副行长互联网金融、信贷业务专题培训，以及网点负责人竞争力提升培训项目，通过采取训战一体化培训方式，切实增强了学员的实战应用能力，较好实现了“上接战略、下接绩效”的培训目标。

（二）着力提升网络大学体系整体功能。加快推进ICBC移动学习建设，投产移动学习平台，优化“工银大学”融e联学习渠道，并集中开发、上挂一批移动学习课程；全面提升网络培训质效，强化网络培训专区建设，实施“网络课件转型与提升工程”，进一步体现出网络学习“简明、实用、方便”的特点。整合构建全行知识共享平台，实现了与“NOVA柜员业务处理”等9个业务系统的互联互通，并通过综合运用“柜员终端+PC端+移动端”多终端学习载体，较好解决了基层员工获取知识受限、信息流动不畅等问题。网络大学的全年学习访问总量达2 900余万人次、日均访问量达10.2万人次，平台知识总量累计15万条、最高日访问量达13万人次，已成为全行员工日常学习、知识利用、经验分享、交流互动最有效、最便捷的渠道之一。

（三）统筹推进境外机构员工培训。将境外机构员工纳入集团教育培训框架，首次开展境外送训工作，围绕跨境人民币和运营管理、“走出去”和“一带一路”等专题，分别组建5个跨部门、跨专业讲师团，通过“视频+现场”方式，涵盖34个境外机构、累计培训学员1 000余人次。持续加强国际化人才培养，通过推进高管人员境外培训、“深港联动”培训和“国际化人才”培训项目，不断拓展其全球视野和国际化思维。同时，推动境内培训资源向境外延伸，通过投产网络大学英文版、搭建境外培训专区、开展培训教材“双语化”建设、启动全球雇员网上学习竞赛等措施，加强了境外员工对集团经营管理、业务概况与企业文化等方面的学习和了解。

（四）深入推进“三级党校”培训。根据中央全面从严治党要求和全行党建工作部署，重点开展共计10期、千余人的一、二级分行党委书记、纪委书记“两个责任”专题轮训，切实提高其落实“两个责任”的思想认识和工作本领。同时，加大“三级党校”培训力度，全年累计培训期次和人数较2015年分别增长了54%和75%，再创历史新高，其中高管培训人数增加70%，“一把手”参训率提高到17%。虽然总行党校学制由两个月压缩至一个月，但课程没有减少，质量和效果持续提升。在总行党委高度重视下，党校已日益成为高层战略传导平台和研究成果汇聚平台，总行行领导赴各级党校讲课、讲话、研讨等达15次，特别是易董事长先后5次赴总行党校与学员座谈，率先释放党委对全行党建和改革发展的明确信号，对我行重大决策、部署进行预热和指引。易董事长对党校工作给予肯定和批示：“2016年全行三级党校较好地完成了任务，创造性开展培训工作，为强化从严治党、提升领导干部综合能力、传导总行战略发挥了积极作用。”

（五）完成信贷专业资质优化试点工作。按照“从严获证、强化挂钩、注重应用、整合序列、统筹兼顾”的思路，历时2年，建立了新的信贷专业资质认证体系，全面覆盖至信贷前、中、后台人员，基本实现了资质认证与信贷业务授权、职务聘任的应用挂钩。全年组织实施新的信贷资格认证考试65期，累计参试25.2万人次，持证率达91%，其中，河北、上海、山东、四川、青岛等5家分行信贷前、中、后台人员的持证率接近100%。在此基础上，根据“按需考试、即时认证”原则，持续扩大各专业序列考试认证规模，参加考试人数与场次比2015年分别增长53%、144%。同时，狠抓考风考纪管理，大幅减少考试违纪现象，显著增强考试认证工作的严肃性与权威性。

（六）持续加强培训服务保障能力建设。一是建立健全培训长效机制。推行全员学习积分管理，主要依托“网络大学”探索积分制的实施方式和路径，不断增强积分与评先选优、年终考评、岗位任职的挂钩力度，其中，北京、湖北、重庆、新疆等分行将员工积分与竞聘选拔、绩效考核，以及岗位轮换调整等方面进行挂钩，起到了良好示范作用。深化“学习+实践”的二元培训模式和“逢训必考”的培训评估反馈机制，将其延伸到全行各级各类培训中，有效提升培训质量和效果。二是全面实施内训师“去行政化”建设。先后开展了内训师授课能力等级评定、实行与职级相脱钩的课酬发放标准、组织初/中/高级标准化课程轮训、举办首届内训师授课技能大赛等一系列工作，全行从9 412名各级内训师中共评出特/高级643名。师资授课率也有了明显提升，其中，北京、上海、湖北、四川等分行的授课率达到90%以上。三是创新全行发展战略学习推广模式。邀请总行部分业务总监、部室主要负责人对全行经营战略、业务政策和重点工作进行具体阐释，首次采取

“年中工作会议和党建工作会议精神解读”形式，使我行战略以更加直观形象的方式直接传导至基层，这也是教育培训工作在推广全行战略中更有效发挥自身职能的一次有益探索。

总的来说，2016年，全行教育培训工作围绕改革发展大局，逐步构建起了与我行战略转型高度契合的“工银大学”总体布局，全行上下各司其职、齐抓共管，凝聚了工作合力。长、杭两院在培训项目策划与研发、教学模式创新与应用、送教送训上门等方面发挥了积极作用。香港培训中心充分利用国际金融中心的地位和丰富的培训资源，着力搭建内外业务联动辅助平台。各培训主管部门和金融培训学校结合辖内工作实际，围绕培训组织与实施、制度与机制建设、教学服务与保障等方面，做了大量富有特色、卓有成效的工作。各专业条线坚持把教育培训作为队伍建设、推动工作的有效途径，特别是通过积极参与“十大专业型人才培训工程”，进一步加强了对本专业人才的系统梳理和持续培养。在此，我代表总行党委向大家表示衷心感谢！

二、认真把握现阶段教育培训工作的方向和要求

党的十八大以来，以习近平同志为核心的党中央高度重视干部培训工作，反复强调中国共产党人依靠学习走到今天，也必然要依靠学习走向未来，始终将学习作为关系党的事业兴旺发达的一项战略任务来抓，要求全党同志特别是各级党员领导干部要以时不我待的精神，一刻不停增强本领。工商银行成立30余年来，正是始终坚持“人才和教育”催生的知识变革和思想先导，不断推动全行经营转型和创新发展，实现了从大到强、从本土到全球的一次次跨越，昂首步入世界金融舞台的中央。伴随全行战略布局的调整和对人才培养的迫切需要，教育培训工作也经历了“学历教育—业务适应性培训—专业胜任力培训”三大发展阶段，并于2015年初创立了“工银大学”品牌。当前，全行正处于稳质量、调结构、转方式、促升级的重要关口，面对经营环境的深刻变化，面对业务创新步伐的加快和综合化国际化经营程度的加深，人才和教育的基础性、引领性作用愈发凸显，提升员工队伍素质能力的要求也更为迫切。教育培训主管部门要主动适应新情况、迎接新挑战，准确全面领会中央有关精神和总行党委战略部署，以服务改革转型、业务发展、员工成长为己任，进一步形成以打造学习发展团队、建设学习型银行为导向，与我行发展战略保持高度契合的“工银大学”教育培训总体布局，为工商银行稳健可持续发展筑牢智力支撑和人才保障。为此，在研究思考当前和今后一段时期的教育培训工作时，我们要重点把握好以下三方面需求：

（一）政治需求。党的十八大及历次会议精神中蕴含了一系列治国理政的新理念新思想新战略，特别是十八届六中全会对纵深推进全面从严治党进行了系统部署，为抓好党建、发挥党的优良传统和政治优势指明了方向。作为党领导下的国有控股大型商业银行集团，要始终坚持以党建为纲，强化抓党建与抓改革同步对接。为此，我们要以教育培训工作为切入点，充分发挥我行“三级党校”在深化党建工作中的主阵地、主渠道作用，围绕学习贯彻习总书记系列讲话精神，推动党的理论、制度、实践创新等重大成果进课堂、进书本、进头脑，引导党员领导干部牢固树立“四种意识”，特别是“核心意识”“看齐意识”，不断提高其党性修养和担当精神，把党建优势和人才优势转化为经营发展优势。

（二）战略需求。全行改革发展研讨会和2017年工作会议对今年和今后一个时期的各项任务进行了总体部署，并就如何坚持“四个倍加”和“五个紧紧抓住”，深入谋划和推进解决全行改革发展的重大问题，做出了精准研判和战略规划。事业要发展，人才是关键。全行教育培训工作要着眼于把工商银行打造成学习型组织，进一步发挥人才和教育的基础性、引领性作用，不断增进与我行发展战略的契合度和适应性，为全行40多万名员工创建素质提升、知识共享、思想创新的大平台，形成人人需要学习、人人有机会学习、人人便捷学习的环境，促进各类专业人才能力提升和全员素质增强，助推全行经营战略与转型升级。

（三）经营需求。在新时期改革创新进程中，无论是深化大零售、大资管、大投行“三大战略”，推进互联网金融e－ICBC3.0和国际化发展4.0战略升级，实施信贷经营体制改革和重点城市行竞争力提升战略，还是推进员工队伍结构优化调整，都离不开教育培训的配套支持。而且，往往越是改革创新的重点、难点、痛点，培训需求也越是旺盛、强烈、迫切，这对教育培训的资源配置方式和服务支持能力提出了新的挑战。教育培训部门要与全行经营发展更为紧密地结合、互动，切实做到“改革转型、经营创新走到哪，配套培训就跟到哪”，确保员工的观念、知识和技能得到持续、及时的更新和优化。

为更加有效地满足这些需求，当前和今后一段时期，我们要着重从两个层面进一步加强教育培训工作。一是要认真贯彻全面从严要求，将党中央提出的“严以治校、严以治教、严以治学”要求，贯彻落实到我行教育培训工作的方方面面，切实做到主业主课突出、培训质效双升、工作队伍专业、学风作风优良，使干部员工在学习中不断坚定政治立场、切实增强“四种意识”、着力提升专业素质、持续创造优异业绩。二是要深化拓展“工银大学”建设。持续推进“六大体系”建设，不断巩固和强化“系统规范、分层分类、线上线下、内外兼顾”人才培养新格局。要按照中央有关改革精神，研究建立“工银大学”“总校—学院/分校—分部”的三级组织架构，并在总行成立校务委员

会，进一步形成“集团统一管理、总分校分级负责、教育资源统一配置、培训标准统一制定”的教育培训管理与实施体制，切实将各级各类人才培养资源纳入更加统一规范的轨道中来。

三、2017 年教育培训工作重点任务

2017 年，全行教育培训工作的总体思路是：紧扣新时期集团改革发展方向和重点，全面构建与集团发展战略相契合、与员工队伍建设相适应的“工银大学”，深化“六大体系”建设，统筹境内与境外、线上与线下、全员培训与专业型人才培养，着力挖掘人才的智力潜能、激发人才的创新活力，推动总行各项战略部署和工作要求得到全面有效的贯彻落实。具体做好以下三方面工作：

（一）服务全行改革转型发展需要，深入实施“工银大学”“六大体系”建设

一是着眼核心专业人才培养，推进“专业胜任力培训体系”建设。今年是“十大专业型人才培训工程”的收官之年，要坚持“线上与线下有机结合、学习与实践有效衔接”，加强对各层级专业型人才开展持续、系统、深度培养。尤其要把握好“三个突出”，即：突出管理人员这个重要对象，根据总行党委对各级领导班子专业化分工的新要求，结合“311 干部培养规划”，按业务板块统筹整合各类专业培训，紧抓各级管理人员的专业履职能力建设，使其成为相关专业领域的领军人才；突出总行级重点城市行这个关键领域，围绕政策、制度、产品等内容，对其各级行长、核心专业人才等关键岗位人员有针对性地开展专项培训，进一步提高其同业竞争力；突出实战化人才这个培养方向，紧扣大零售、大资管、大投行以及同业和票据业务改革等重点战略实施，强化“训战结合、训用衔接、实效检验”，充分利用总、分行已经建立的各类培训实习基地，做好关键人才、紧缺人才培训，加紧培养一批实战型应用型人才。

二是着眼员工碎片化、移动化学习需求，推动“网络大学体系”建设。要在当前已有平台和资源基础上，加快推进移动学习向基层网点、一线员工延伸和推广，为转型发展中的各岗位员工提供更便捷、更实用的 e－Learning 学习服务支持。总行要加强对分行移动学习平台应用的规范管理和配套资源建设，通过制定全行统一的培训管理流程，构建总分行分级管理、移动与网络数据集中共享的运行机制，进一步推动学习模式由零散、间断向协同、持续的发展转变。通过启动“移动课程精品化工程”，重点围绕新产品、新业务、新战略，推出一批紧贴实务、“即学即用”的微课件与微案例，为员工打造全媒体、多终端的学习平台和资源。同时，积极探索员工自主制作、发布课程的管理机制和方法，逐步构建员工移动学习新模式。各分行要进一步加大“工银大学”融 e 联公众号的宣传推广，激励、引导员工用好这一平台。

三是着眼我行国际化经营转型发展要求，搭建多元化融合、一体化实施的境外员工培训体系。要聚焦境外机构人员的跨文化管理、跨境经营和本土化经营“三项能力”提升，建立集团双向互动、内外联动的组织推动机制，通过采取“走出去”与“请进来”相结合的方式，将培训对象延伸至所有境外员工，逐步实现境内外员工培训的同步推进和一体化运作。一方面，持续抓好境外送训工作，今年重点围绕公司投行与信贷风险、全球现金管理与市场交易等 5 个专题，分别组建跨部门、跨专业的赴境外讲师团，以答疑解惑、现场指导等方式，搭建境内外之间互联互通、交流分享的有效平台；另一方面，统筹全球雇员回国参训，侧重做好全球重点产品线、企业文化等 4 方面培训，增进当地雇员对全行战略和文化的认知认同。同时，深化境外培训平台与资源建设，依托“工银大学”英文版，完善境外员工学习专区。推进教材与案例“双语化”建设工程，强化行属院校服务境外员工培训的能力，进一步为境外员工培训提供全方位的支持与保障。

四是着眼从严治党、从严治行要求，与时俱进加强党校培训体系建设。要紧扣党中央和总行党委党建工作部署和要求，抓好抓实“三级党校”培训工作，特别是抓牢“两个从严”专题轮训这一重点，由总行党校直接开展二级分行党委书记、纪委书记轮训，围绕深入学习贯彻落实十八届六中全会精神等重要内容，推动培训方式从知识传授型向研讨、案例式转变，着重提高学员落实党建工作主体责任的意识和能力。各分行也要组织辖内专题轮训，确保对处级（含）以上党员领导干部培训全覆盖。同时，要突出“两个注重”：一要注重创新学用转化机制，以加强研究性学习建设为着力点，通过组织课题研究、“高层论坛”、战略研讨等多种形式，引导学员将理论与实际相结合，形成推动工作的具体思路和可行性建议。围绕党建主体责任清单，以基层党建工作实践为基础，总结梳理、并配套形成一批短小精悍的“应知应会”手册和实战应用型案例在全行推广，切实提高党员领导干部履行“一岗双责”的能力。二要注重扩大党校培训覆盖面，重点提高各单位“一把手”参训率，并将培训范围扩展至一级分行内设部门管理幅度较大的党支部书记、控股子公司中层党员领导干部，进一步延伸党校培训触角。需要强调的是，党的十九大召开在即，全行要早谋划早动手，严格落实中央部署，及时做好会议精神的学习、传达与贯彻。

五是着眼进一步提升考试认证的“含金量”，持续优化专业资质考试认证体系。要充分发挥考试认证工作在提升员工专业素质中的牵引作用，更好地服务于全行人才队伍建设的需要。一要深化信贷专业资质认证工作，通过建立“工银大学”系统和全球信贷与代理投

资管理系统之间的数据对接，进一步实现信贷资质对业务授权的刚性控制，确保对信贷业务前、中、后台从业人员持证的全覆盖。各分行要针对已持证的非信贷业务条线员工建立后备人才库，为信贷从业人员队伍补充调整提供重要来源和依据。二要拓展专业资质认证体系对象范围，探索对各级管理人员的专业资质考试认证管理，以财务运营、资产管理等专业分管行长、部门负责人为主要对象，选择部分分行的初、中级管理人员作为试点，提升领军人才的专业胜任能力。三要研究建立更加清晰、准确的专业人才评价标准与培养导向，切实提高专业资质与岗位任职的契合度与匹配度。针对每个专业序列，重点抓好“一个考试大纲、一套考试题库、一本学习教材”的“三个一建设”，逐步形成这三者之间相互依存、配套衔接的“闭环管理模式”，确保员工学习、考试与认证的连贯性和针对性。总行将先行在信贷业务、财务会计等5个专业试点示范，并适时逐步拓展至各专业条线。同时，加强考试认证基础建设，通过重构考试系统平台、严肃考风考纪，进一步增强考试认证工作的规范性与权威性。

六是着眼培训实际效果提升，筑牢培训资源保障体系基础。在培训机制建设方面，要继续深入实施培训积分制，进一步形成以学习积分管理为牵引、网络学习与集中面授相衔接、专业胜任力和业务适应性培训相结合的全员培训格局，完善与专业资质继续教育、职级晋升、业务授权等方面的挂钩机制，切实把各岗位员工纳入到自主学习、持续提升的培养轨道。在院校建设方面，要推进分行金融培训学校分类达标管理，按照统一标准和要求，择优评出一批A类学校作为示范，带动各院校逐步提高专业服务能力和规范管理水平。推动总行优质培训资源与服务能力向基层行延伸，直属学院主要向分行提供课程策划研发、培训效果评估等专业服务，由以往“学院策划、学院实施”转变为“学院策划、当地实施”，更好地满足基层行多元化培训需求。在师资建设方面，要在持续开展师资“去行政化”建设、抓好内训师选聘与等级评定的基础上，加强优秀师资的跨区域、跨机构共享利用。总行要依托“工银大学”系统尽快搭建名师名课共享平台，促进我行内部智力资源充分有效利用。各分行要持续抓好优秀师资的挖掘、筛选和利用，深挖师资潜力。同时，持续推广内训师标准化培养体系，不断提升其授课质量和水平。在培训组织管理方面，要高度重视员工“多头、重复参训”问题，总行要按照“专业相关、业务相近”原则，重点整合一二级分行负责人培训需求，在年初就制订下发专项培训计划。各分行要依据“按需施训，以岗定训”要求，充分考量岗位职责与培训内容的相关度，对在总行年度计划内选派的参训学员能够做到“心中有数”。同时，要依托“工银大学—培训管理”系统，对员工多次参训进行“刚性控制”。

在做好以上“六大体系”建设的同时，要根据中央下发的关于党政机关和国有企事业单位培训疗养机构改革的指导意见及相关配套文件的精神，以及有关工作要求，结合我行实际，制订完善“工银大学”三级组织实施架构建设的工作方案，待报总行党委研究、财政部批准后择机推进实施。

（二）紧扣业务发展需求，持续推动新业务、新产品、新技能培训

一是开展公司与投行专业人员持续性培训。要把握信贷经营体制改革新方向，按照“培选同步”的思路，开展对全行15 000名信贷客户经理的分层分类培训，通过采取进阶淘汰的培训机制，选拔、构建不同层级的信贷客户经理队伍，对接不同类别公司客户的差异化需求，切实提高其专业能力和综合化服务水平。同时，根据“总行+一级分行+重点城市行”三级投行队伍体系建设要求，以“实战、实用、实效”为导向，对1 500名投行专职人员进行商投互动、投贷联动、投行产品及风险防控方面的多维度、系统化培训，打造一支业务精湛、服务能力强的投行专业团队。

二是抓好金融科技核心人才系列化培训。“金融科技和互联网金融”是我行今年改革创新的一大突破，要围绕“信息安全专业”“网络互联专业”等5类金融科技核心人才培训需求，瞄准新兴技术前沿领域，坚持问题任务导向，采取“实操+应用”的体验式教学方法，着力提升学员的研究、实战和创新能力，培养一批能够“走好未来银行发展之路”的金融科技人才。

三是做好网点转岗人员针对性培训。当前，全行已进入人员结构调整窗口期，要依托人力资源“两张表”，重点抓好一线柜员及中后台人员转客户经理、大堂经理岗位的培训，在摸清“人从哪里来、人到哪里去”的基础上，以实战化培训模式推动转岗人员业务学习和岗位实践深度融合，强化“先培训后上岗”，避免“一转了之”“重转岗、轻培训”。各分行要明确各类人员在上岗前需获取相应资质或积分，确保其符合上岗要求，实现“人岗匹配”。

（三）夯实工作基础，加强教育培训专业队伍建设

教育培训工作者是“工银大学”建设的基本力量，大家要切实树立“岗位成材”意识，通过扎实有效的工作来体现自身价值。一要增强政治素质，强化“四个意识”，更加主动地把“工银大学”建设放到全行改革发展大局中去研究和把握，在服务经营管理和人才发展方面进一步发挥好支持保障作用。要巩固深化“三严三实”专题教育和“两学一做”学习教育成果，求真务实、担当有为，推动工作善始善终、善作善成。二要提高专业能力，既要加强对教育培训内在规律的研究，也要深刻领会全行发展战略和工作重点，努力成为工作中的“行家里手”。各分行要加强教育培训人才分层分类培养，健全并落实培训组织管理等各项制度，加

强对培训策划实施等各环节的深入学习思考，不断提升研判复杂形势的能力和剖析疑难问题的水平。三要优化工作力量，各分行要切实保证开展教育培训工作所必需的人力资源，特别是针对院校后继乏人的问题，加强人员梯队建设，尝试推行“流动工作岗位”制度，从基层行或业务部门引入骨干力量到院校工作、锻炼，并组织院校人员交流到业务部门或基层行学习、历练，形成院校人员进出“蓄水池”机制，促进院校工作与业务发展齐头并进。

最后，我还要专门强调一下加强教育培训工作的作风建设问题。上周五，中央纪委在通报7起金融机构中管干部违反中央八项规定精神问题时特别指出，有的单位内部培训机构竟然成为违反中央八项规定精神问题的主要场所。这些内部培训机构在党的十八大后仍然出现这种问题，不仅严重违背了“严以治校、严以治教、严以治学”的基本要求，更是践踏中央权威的严重政治问题，大家一定要引以为戒。按照中央纪委要求，总行昨天下午召开了违反中央八项规定精神问题集中通报和专项整治工作动员会，正式启动了专项整治工作。全行教育培训系统要认真开展专项整治工作，进一步深入领会和贯彻落实全面从严治党、从严治行要求，特别是中央八项规定精神和总行党委作风建设制度，在今后工作中要本着教在管前、严管厚爱的精神，通过深入细致的思想教育和严格规范的组织管理，管好培训机构、管好教师队伍、管好参训学员。今后再出现因疏于管理导致出现违反中央八项规定精神和“四风”问题的，不但要严肃处理有关当事人责任，还要严肃追究有关管理责任。各级教育培训主管部门和内部培训机构一旦发现参训学员在培训期间出现违反中央八项规定精神和其他违纪问题的，要如实向对学员有直接监督权限的纪委反映，各级纪委要及时核实、从严查处，共同营造健康的教育培训工作风气。

同志们，面对错综复杂的形势和艰巨繁重的改革发展任务，希望大家切实增强使命感和责任感，以严肃认真、开拓进取的良好作风，扎实推动全行教育培训工作，为工行改革发展做出新的更大贡献。

在总行反洗钱领导小组2017年工作会议上的讲话

王　林

（2017年4月7日·根据录音整理）

刚才，内控合规部代表总行反洗钱领导小组办公室报告了2016年集团反洗钱工作情况，分析了当前反洗钱工作面临的严峻形势，提出了2017年工作安排。各部门会前都审阅过汇报材料，大部分问题已经沟通并达成一致，个别复杂问题还应在现有反洗钱管理架构和制度安排下继续探索推进。5个相关部门也分别报告了各自专业的履职和重点工作，对下一步深入推动反洗钱工作提出了很多很好的意见和建议。内控合规部会后要认真研究，尽快整理印发会议纪要和《2017年全行反洗钱工作要点》。下面，我讲三个方面的意见。

一、2016年反洗钱工作取得明显成效

2016年，总行各成员部门围绕年初印发的反洗钱工作要点和境外机构合规经营工作会议精神，面对国内外复杂严峻的反洗钱形势和更加严苛的监管要求，紧紧围绕反洗钱“集中做、专家做、系统做”这条主线，坚持境内境外机构管理并重，克服外部环境带来的不利影响，积极参与人民银行的各类监管项目和试点任务，集团反洗钱基础持续夯实，反洗钱制度执行力、机制有效性和措施针对性不断增强，得到人民银行等监管部门的充分肯定，在金融同业中创出良好声誉和口碑。去年人民银行在反洗钱年度考评中，给予总行和81%的分行A级评价，充分说明了我行在反洗钱领域的领先地位。国家安全部门、公安部门、监管部门、海关税务等对我行各级机构从不同角度多次进行表扬和感谢。总体来看，2016年全行反洗钱工作呈现出四个显著特点。

一是总行专业条线齐心协力、多措并举，反洗钱全员履职局面逐步形成。结算与现金管理部、电子银行部、个人金融业务部、金融市场部、私人银行部、资产托管部制定或更新专业管理办法、操作规程，促进反洗钱监管要求与业务流程的紧密融合。个人金融业务部、国际业务部、内控合规部、运行管理部、渠道管理部推动持护照开户的外籍客户准入过程名单筛查。内控合规部、信息科技部、软件开发中心和测试中心精心设计，实现境外反洗钱监控系统（BRAINS）、境外机构涉敏合规审核系统（COMPASS）合计在43家机构的推广应用。人力资源部、企业文化部支持重视反洗钱培训工作，推动建立了专业人才、资格认证、国际化选拔、任前培训等一系列反洗钱人才培训机制。内部审计局、管理信息部等部门从各自角度组织开展专项审计或治理检

查。国际业务部、法律事务部、办公室、内控合规部还协调做好了突发事件的应对工作。

二是突出强化提升境外机构反洗钱意识。频繁发生的金融机构反洗钱监管处罚，特别是我行发生的马德里事件为全行境内外机构敲响警钟，总行董事会、管理层将反洗钱工作重视程度提到新的高度。在总行人力资源部统筹下，总行建立了外派高管人员的任前反洗钱合规培训制度和外派内控合规专业后备人才培养制度，对外派高管进行任前反洗钱合规专题培训，及早导入和提示监管风险、监管关注，强化境外机构高管反洗钱履职意识，选拔一批外语基础好、综合素质高、发展有潜力的外派后备合规人才，通过持续跟踪培养储备充实合规力量。印发了《境外机构合规官管理办法》，规范反洗钱合规官任前评估、业务监督、专业培训、履职评价，探索推进双合规官制度，加强对合规官履职情况的管理和考评，推动属地监管要求和总行反洗钱制度规定传导执行到位。这些举措找准了关键，是具有前瞻性、探索性、出实效的工作措施，有助于较短时间内提升境外反洗钱管理履职能力。

三是突出抓实反洗钱系统管理基础。在信息科技部、软件开发中心等单位的大力配合支持下，总行按照“一行一策”的指导原则，研究一家推广一家，推进了境外反洗钱监控系统在15家、境外机构涉敏合规审核系统在28家境外机构的投产应用。通过按期组织各境外机构回国体验、投产前视频培训及现场支持等方式保证系统质量、满足属地化监管要求。从投产机构的反馈报告看，系统提高了各境外机构的反洗钱工作质量和管理水平，并得到了部分属地监管部门或外部审计机构的肯定，加强了对外购系统审查审批和应用情况的督导。

四是突出加强重点领域的监督排查。内控合规部按照人民银行要求，组织全部境外机构在客户身份识别（KYC）执行、大额及现金报告、可疑交易监测、涉恐融资管理等反洗钱重点领域开展自查；会同信息科技部全面梳理通报41家境外机构反洗钱报警数据积压情况，组织及时清理存量数据近3.6万条，提高了工作针对性，消除了重要风险隐患；利用系统对涉敏业务进行刚性控制，防止产生逾期，确保黑名单筛查数据日清日结；每半年对境内机构的可疑交易报告和涉敏业务甄别情况进行质量抽检；会同国际业务部对北京、山东等4家分行开展涉敏业务专项检查，增强了重点领域风险控制能力。

总的来看，去年总行各部门、境内外分支机构，做了大量开创性、基础性的反洗钱工作，获得了监管部门的高度肯定和同业的普遍认可。这些工作成绩的取得，是总行董事会、高管层高度重视、积极推动的结果，是总行各个成员部门、各机构相互配合、共同努力的结果。借此机会，我代表总行党委向大家取得的工作成果和辛勤付出表示感谢！

二、准确把握管理中存在的薄弱环节

刚才反洗钱领导小组办公室从反洗钱监管标准不断升级、监管执法力度持续加大、境外反洗钱合规管理任重道远、境内反洗钱管理基础仍需夯实等4个维度，深入分析了当前我行面临的形势和问题。5个业务部门从不同角度提出的反洗钱工作面临的困难、压力和建议，也进一步印证了这些问题。总体上，2016年以来，全球反洗钱领域发生着深刻变化，各国监管机构持续加强对反洗钱领域的处罚问责，被公开处罚的案例有增无减，执法机构更加多元，覆盖领域更为广泛，涉及的中资企业也越来越多。这种严苛的反洗钱要求与我国反洗钱起步较晚、客户规模巨大、反洗钱基础薄弱、管理意识不强形成了尖锐的矛盾。

聚焦到我行的实际情况，还依然有很多领域需要持续关注提升：一是总行2016年下大力气改进全行反洗钱管理，针对境外机构还专门印发了《境外机构经营管理优化工作要点》，对业务发展作了重要调整，研究了很多措施，这些措施的实施还需要持续攻坚，确保执行落地。二是部门履职还有待提升，一些部门对本专业条线缺乏反洗钱工作指导，在新产品和新系统开发中缺乏反洗钱的安排和控制措施，对分行和境外机构本专业条线反洗钱执行情况不了解、不掌握。三是重点领域针对性措施薄弱，对近年国际同业处罚案例中反复出现的代理行业务、汇款业务、现金业务、可疑报告和涉敏管理这些高风险领域管理措施需要进一步强化，比如去年农行纽约分行因代理清算业务发展过快、使用不透明的报文格式成为了遭到处罚的重要原因之一。四是新兴业务领域控制需要加强，在机构层面，我行对综合化子公司、村镇银行和工银标准、工银国际等非银机构的管理还要加快探索；业务层面，目前以互联网为代表的第三方支付机构与我行合作转汇业务旺盛，在业务发展的同时应充分认识到此类业务的潜在风险，比如支付指令均为批量提出，如果对交易不加以甄别，我行就会成为个别洗钱分子的新通道，外部输入性洗钱风险隐患巨大。五是反洗钱相关系统建设要持续加强，当前有22家境外机构使用总行反洗钱监测系统，21家使用总行或者自主研发的系统工具，而且还有部分机构未使用总行的FOVA系统。在系统使用情况复杂多样的现实条件下，要探索建立对不同情况下的系统使用和反洗钱履职情况的监测机制，还有部分境外监管机构如工银澳门还指出特别控制名单在线筛查（FOL）工具未根据当地情况进行调整设置，反洗钱相关系统应用建设工作依然繁重。面临内外部的风险隐患和持续严峻的监管形势，容不得我们丝毫懈怠。

三、需要关注的几项重点工作

（一）提升一道防线主体意识，加强部门主动履职。总行确立了各业务部门、风险合规及审计监督组成反洗钱控制“三道防线”机制。各业务或产品部门是制度规则的制定者、产品创新的设计者、风险控制的引领者，如果在顶层设计缺乏反洗钱控制或者审查措施，则会在执行中引发巨大的反洗钱风险。而且业务部门与营业网点直接接触客户，承担客户身份识别工作，是防止“病从口入”的关键。在实际工作和境内外监管检查中，客户身份识别都是发现问题最多的领域。因此，个人金融业务部、公司金融业务部、机构金融业务部、结算与现金管理部、国际业务部、运行管理部等业务部门要切实将反洗钱工作要求主动嵌入到本条线的制度流程、操作规范和产品设计之中，认真做好客户身份识别工作，严把客户准入关口，全面落实好易董事长在年初全行工作会议和纪检监察暨内审内控工作会议上反复强调的“把一道防线屏障筑牢”的工作要求。内控合规部、产品创新管理部、信息科技部等作为第二道防线，要发挥监督管理职责，推动第一道防线不断健全制度、系统、流程，充分发挥事中风险控制作用。内审部门作为第三道防线，要加强对反洗钱工作合规性及有效性的独立审计，及时发现和消除反洗钱管理漏洞和风险隐患。要构筑一道防线“严防”、二道防线“严查”、三道防线“严审”的防控体系，二、三道防线还要对一道防线适时“倒查”。

（二）深化境外机构反洗钱管理。今年是落实境外机构反洗钱管理基础治理和三年规划的收官之年、攻坚之年，还需要啃下不少“硬骨头”。一是公司金融业务部、个人金融业务部、国际业务部、私人银行部、银行卡业务部、专项融资部等都要密切关注自身投向境外机构的产品、服务或系统，关注其反洗钱设计、控制和运行情况；内控合规部要通过现场检查督导、非现场监测等方式，对重点区域、重点机构的反洗钱合规管理情况做到“心里有数”。二是内控合规部、信息科技部、国际业务部等要继续抓好境外反洗钱系统建设应用。按计划推动反洗钱监控系统和涉敏合规审核系统的推广应用，关注境外机构外购系统的应用，加大对系统应用情况的监测通报，既要为境外机构“建好系统”，又要督促境外机构“用好系统”。三是加强问题整改，内控合规部、内部审计局和各业务条线要强化对境外机构反洗钱检查整改闭环管理，指导境外机构应对属地监管检查，协调相关部门提供必要的支持，建立问题清单核销机制，必要时要约谈境外机构高管、合规官，监督问题整改落实，及时弥补反洗钱管理漏洞，消除风险隐患。

（三）加强反洗钱重点领域管理。一是客户身份识别问题。客户身份识别是反洗钱监管检查的重点，各业务部门、内控合规部和管理信息部都要从不同维度关注客户身份识别工作的优化提升，特别要关注境内外机构客户准入，坚决摒弃以简单搜集客户信息的方式满足表面合规的思维定式，要切实做到真正了解客户，认真核实客户资金来源，准确把握和落实监管要求。二是涉敏业务管理问题。涉敏风险既是商业银行合规问题，更关乎国家政治与外交安全，从境内外监管风险提示来看，受制裁对象往往通过各种手段隐瞒交易敏感信息，因此在涉敏业务管理任何环节都不能掉以轻心，国际业务部要切实承担起全行涉敏业务牵头管理职责，及时调整我行涉敏业务管理政策，加强全球特别控制名单系统管理，提升境内外机构系统的响应速度和服务能力，提升营业机构涉敏风险防范水平。三是清算业务问题。国家“一带一路”战略的推进和人民币国际化的加速，推动了人民币清算业务迅速发展，带动全行清算业务持续增长，但是业务快速发展的同时更需要我们提高反洗钱合规意识，防止被不法分子钻了空子。总行运行管理部（清算中心）要按照全行反洗钱工作整体部署，持续加强清算业务条线和运营过程反洗钱管理，加强对可疑客户或交易的识别、控制和管理，保障全行清算业务运营安全。四是代理行或者同业业务问题。代理行业务具有跨国资金转移的便利性和支付链条的隐蔽性特点，容易被洗钱分子利用。国际业务部、机构金融业务部、金融市场部、资产托管部等作为代理行合作关系准入关口，要充分履行境内外代理行或者非银行金融机构客户的牵头管理职责，高度关注与金融机构开展代理行或类似业务合作中隐藏的洗钱风险，广泛收集金融机构客户信息，全面评估其反洗钱监管环境、内部控制和声誉情况，不片面追求代理行客户数量的绝对增长，更注重客户的可持续合作和风险控制水平。对因反洗钱原因多次被我行退单、退汇甚至冻结交易，或者遭到监管处罚甚至执法调查的代理行，要限制业务合作范围，加强交易监测；对风险管控难度大、合规成本投入高、内控措施不健全的代理行，应果断采取措施去除风险隐患，终止业务合作。要指导境内外机构在为第三方支付等非金融机构提供跨境支付业务服务时，应采取有针对性的风险防控措施，坚决不为内控措施不健全的机构提供代理服务，避免将洗钱风险转嫁到我行。五是现金业务问题。内控合规部、国际业务部要摸清境外机构现金业务的办理特点、风险程度、开展情况和控制措施，评估是否严格遵守现金开办和申报要求，采取有效控制措施，规避办理现金业务带来的反洗钱风险。

（四）继续深化境内反洗钱管理。一是总行近期已经安排将分行反洗钱中心建设及履职情况纳入了“十大重点领域和关键环节”检查，要在摸清人员配备、机构建设和履职情况的基础上，进一步推动境内分行集中做，内控合规部要明确集中模式的发展方向，以总行反洗钱中心组建为契机，持续加强分行反洗钱中心建设。二是要探索进一步增强二级分行和营业网点反洗钱管理作用，通过加强基层机构反洗钱履职管理和考核，拧紧反洗钱责任螺丝，避免基层机构反洗钱工作职责弱化和悬空。三是做好监管新规落地实施。去年末，人民银行颁布了《金融机构大额交易和可疑交易报告管理办法》（中国人民银行令〔2016〕第3号），对大额交易和可疑交易报告的报送规则进行了更新，总行内控合规部、信息科技部要认真研究分析监管新要求，及时更新完善总行管理制度、操作规程，改造“新一代反洗钱监控系统”，落实监管新规，切实解决大额交易错报漏报等问题，提高反洗钱报告的规范性。要积极配合人民银行反洗钱检查数据标准化试点任务，建立反洗钱数据管理平台，实现我行内部数据报送与监管检查数据的同源管理。积极配合金融行动特别工作组（FATF）第四轮反洗钱互评估，根据人民银行统一安排部署，认真做好洗钱风险评估及防控措施更新、资料汇编整理及数据提取等准备工作，主动为监管体系和规则的确立建言献策，并认真落实执行。

同志们，2017年的反洗钱工作任务艰巨、责任重大，希望大家能进一步认清形势、提振信心、克难奋进，严守合规经营底线不放松，推进全行反洗钱工作水平持续提升。

整合高效　严肃务实　全力推进全行综合整治工作

——在全行综合整治工作动员大会上的讲话

王　林

（2017年4月21日）

今天组织召开全行综合整治工作动员大会，目的是贯彻落实党中央、国务院关于防控金融风险的重要指示精神，以及银监会部署的一系列专项检查和治理行动，结合我行实际，把内外部检查和风险治理项目进行科学整合，启动涵盖多个检查治理项目内容、覆盖各主要业务领域、贯穿全年的综合整治活动。下面，我讲三点意见。

一、综合整治工作的重要意义

今年是党的十九大召开之年，也是监管部门“强监管”之年。在内外部风险交织频现、资产质量压力依然较大的大环境下，防范金融风险、确保实现“案件总量有所下降、恶性案件和重大风险事件杜绝发生”的管控目标压力更大，任务更艰巨。

（一）开展综合整治工作是我行全面落实党中央、国务院以及监管部门加强金融监管、防范金融风险指示精神的责任担当。2017年中央经济工作会议把“稳”字放在了突出位置，明确指出：稳是主基调，稳是大局，在稳的前提下要在关键领域有所进取。当前，国内外经济金融形势依然严峻，实体经济运行中的各种矛盾和压力正在持续向银行业传导，外部冲击风险不断积累，银行业案件和风险事件频发，涉案金额巨大，既有票据空包大案，也有债券违约纠纷案，既有伪造理财产品案，也有反复发生的“存款丢失”案件等，均反映出治理金融乱象的极端紧迫性。为此党中央、国务院对防范金融风险作出了重要指示，提出要把防控金融风险放到更加重要的位置，下决心处理一批风险点，着力防控资产泡沫，提高和改进监管能力，确保不发生系统性金融风险。今年以来，银监会已先后部署了“两个加强、两个遏制”回头看整改问责工作、“两会一层”风控责任落实情况专项检查、理财专区“双录”实施情况专项评估检查、“三违反”（违法、违规、违章）行为专项治理、“三套利”（监管套利、空转套利、关联套利）专项治理、“四不当”（不当创新、不当交易、不当激励、不当收费）专项治理、P2P网络借贷风险专项治理、集中开展银行业市场乱象整治工作等八项专项检查和治理工作，要求各银行业金融机构全面开展自查和“上查下”，全面覆盖体制、机制、系统、流程、人员和业务。据了解，国务院还将陆续部署开展一系列治理行动。在此基础上，各级监管部门还将组织抽查，对自查工作不落实、整改问责不到位、应查未查、应发现未发现、应处理未处理等问题，予以从严从重处理。本次组织开展全行综合整治工作，是我行贯彻落实党中央、国务院决策部署及银监会要求，坚定体现大行担当，守住不发生系统性风险底线，维护我行在业内和监管部门中“审慎、稳健、合规”形象的重要举措。

（二）开展综合整治工作是我行坚持控风险促发展“两手抓”的重要举措。随着外部环境的不断变化，我行案件风险形势之严峻也为近年来少有，2016年全行发生案件和案件风险事件×起，今年第一季度全行又发生案件和风险事件×起，案件和风险事件的多发态势，不仅造成了资金损失，更损害了工商银行长期以来形成的稳健合规的品牌形象。去年总行针对飞单、非法集资和民间借贷、基础核算和介质管理、代理投资、同业业务、资管业务、实物票据和押品管理、托管存管业务、代理销售、违规担保等十大重点领域和关键环节开展了专项治理，并结合银监会要求在全行开展了“两个加强、两个遏制”回头看专项检查，坚决遏制违规经营和违法行为，共制定、修订制度104项，开发、优化系统27个，取得了一定成效。但从检查和治理情况看，全行在重点业务领域和关键环节、员工行为管理等方面仍然存在一些问题，有的问题极易引发案件和风险事件，潜在的风险隐患还未完全消除。少数机构和人员在思想上还没有真正树立并践行正确的发展观、风险观和业绩观，在管理上没有把“一岗双责”的要求落到实处，在行动上缺乏担当精神，还有一些专业部门履行风险防控一道防线职责存在缺位和不到位的问题。这些问题，如果不加以持续性、综合性的整顿和治理，不进行标本兼治，将会诱发和滋生新的问题隐患，屡查屡犯、惯性违规问题也难以得到有效遏制，甚至可能会动摇我行的经营发展基础。

（三）统筹内外部治理项目、整合检查资源是综合整治工作取得实效的重要保证。今年，总行党委前瞻性地决定在全行持续深化“十大”治理工作，组织开展了专项大检查和实施新的治理措施，目的是通过治理和检查双轮驱动，坚决防控重点领域金融风险，严防重大案件和风险事件的发生，持续推进发现问题、整改问责、完善机制的闭环治理任务。“十大”专项检查和治理，也为我们部署监管部门后续安排的系列整治工作任务留出了空间，奠定了基础。从目前情况看，国务院和银监会安排部署的17项治理行动和专项检查与我行“十大”治理和专项检查之间，在内容上有大量重合的方面。其中银监会“三违反”“三套利”“四不当”“市场乱象”等4个项目与我行“十大”专项检查和治理就有一半内容的重合。在这种内外部检查治理项目交叉重合，时间紧、项目多、任务重的情况下，迫切需要统筹整合内外部检查治理项目，形成一个贯穿全年的综合性经营管理大整治活动。在坚持风险和问题导向，保证综合整治工作质量和效果的前提下，既要确保银监会部署的检查和治理项目全覆盖、不遗漏，又要有机统筹和整合检查资源，避免简单的叠加，更要突出重点、立见实效。要沿着增强风险防范意识、落实风险防控责任、健全制度、改进流程、优化控制系统、完善防控机制的主线来进行，通过高效组织、有序推进，确保经营和治理的两不误、两促进。

二、综合整治工作的总体安排

综合整治工作不是简单地把各类内外部检查治理项目进行叠加布置，而是要运用科学的统筹、整合手段，建立检查和治理“滚动联动”的推进机制，边检查、边治理，清雷排险。

（一）强化组织保障。总行成立了由谷澍行长任组长，钱文挥监事长和我任副组长，总行各相关部室主要负责人为成员的综合整治工作领导小组，负责统一领导全行综合整治工作。综合整治工作领导小组办公室设在内部审计局和内控合规部，负责整治工作的具体组织推动。内审内控联合牵头，统一协调、共同推进，各部门分工协作，各司其职，组织实施本专业条线自查和整改问责，确保高质量按时完成各项整治工作任务。领导小组办公室由内部审计局局长、内控合规部总经理共同担任主任，建立联动工作机制，统筹调度和协调内审、内控条线及各专业部室的检查资源，有序推进综合整治的各项工作。各级机构也要比照成立领导小组，抓好综合整治工作的组织推动。

（二）强化集约高效。

一要整合治理项目。按照“整合、高效、严肃、务实”的原则，将监管治理项目与我行检查、治理项目进行整合。主要包括三个层面：一是外部项目整合。以全行正在开展的“十大”治理和专项检查为基础，将银监会开展的“三违反”“三套利”“四不当”“市场乱象”专项治理，以及目前正在进行的“两个加强、两个遏制”回头看整改问责检查等5个项目进行整合。由综合整治领导小组办公室对外部项目进行统筹，对时间安排、检查对象、报告路径等进行统一规划，并将检查和治理内容按业务板块分解到相关成员部门。相关成员部门按照任务分工，认真梳理整治要点，形成一个综合项目、一套检查和治理手册，组织和指导本专业条线开展自查，准确发现问题并督促落实整改和问责，形成闭环。对于后续接到的新项目，已检查和治理过的要点不再重复安排，新的内容及时补充。二是内部项目整合。对总、分行各专业年初制订的检查计划，在时间和内容上与综合整治工作存在重叠的项目，能整合的必须予以整合，不能整合的暂缓实施，全力保障综合整治工作任务的顺利开展。三是要点内容整合。纳入整合的项目，对检查内容要点采用取并集的方式，剔除重复内容，做好减法。要对要点进行分层、分类，仅涉及总行层面的检查要点不要再布置给分行，能采取非现场方式检查的要点就不要再搞现场检查，力求整治工作集约高效。

另外，各机构、各专业条线要把涉印风险专项治理纳入本次综合整治范围，总行各部门要按计划加快推进和确保印章综合改革任务全面实现。各行要进一步巩固违规担保及其涉印风险专项治理成果，并按照总行《关于进一步规范行政印章管理的通知》（工银办发［2017］264号）要求，按时完成辖内行政印章的清理工作，无须保留的行政印章要统一封存销毁，并严格管理印章，精简内部用印，严控印章制发权限，严肃规范用印行为。同时，总行即将印发《关于规范法人理财业务用印的通知》，全面推广法人理财网上签约模式，降低用印数量，严格纸质法人理财协议签约用印，有效控制用印风险。

二要整合检查资源。按照全行“一盘棋”的思路，综合整治领导小组办公室既要统筹好各项整治工作，又要充分发挥专业条线“一道防线”作用，推动全行各机构、各专业高效调度检查资源，组成综合整治工作组，利用非现场、现场检查手段开展本机构、本专业的自查和重点检查，以及后续整改和问责工作。各机构、各专业条线在组织自查的过程中，要高度重视检查人员的业务素质和检查技能，认真做好查前培训、非现场样本收集等工作，提升检查质量，确保检查有力有效。在机构和部门自查的基础上，内审内控条线要广泛动员、集中投入检查资源，组织各专业部门共同参与，对境内各分行、子公司等开展重点抽查。

三要共享检查结果。根据监管要求，各治理项目应当在规定时限内独立报送相关报表、报告。为此，在项目整合、内容整合和检查手册编制的过程中，要注重按监管口径独立形成报告的支撑基础，对相关问题、数据提供快速合并、拆解和统计的功能，以便根据监管部门专项检查和治理的要求，一套检查底稿对应每个项目的要求，共享综合整治结果，分别形成报告和报表，并由综合整治工作领导小组办公室进行汇总后报行领导审阅，按时报送监管部门。

各级机构也要按照总行项目整合、资源整合、结果共享的模式和方法，结合自身工作实际，对本机构近期拟开展的监管项目、总行项目、自有项目进行整合，切忌简单叠加、走形式。另外，对于当地监管部门单独提出的个性化工作要求也应纳入统筹内容，确保治理效率和效果。

（三）强化责任落实。

一要落实组织推动职责。由综合整治工作领导小组办公室（内部审计局和内控合规部）具体承担，负责全行综合整治的组织推动工作，各有侧重、分工协作。具体包括：拟定各级机构与监管沟通汇报的统一口径和材料、制订组织方案、要点分工、推动自查、组织实施总行重点抽查，总分行各阶段工作的指导、治理结果统计、汇总和报告，后期整改问责工作的督促和落实、治理质量跟踪和评估等。

二要落实具体治理职责。一是涉及总行公司治理层面的项目，由内部审计局牵头制订工作方案，由相关部室开展自查，对总行部门、利润中心、直属机构、子公司由内部审计局组织开展重点抽查。内控合规部负责非公司治理层面项目组织和境内分支机构重点抽查。二是涉及信贷、资管、同业业务的项目和要点，分别由信贷与投资管理部、资产管理部、机构金融业务部牵头，负责方案和要点、手册的编写，自查工作的组织、报告和后续整改问责工作。监管部门后续部署的有明确牵头部门或管理部门的项目，参照执行。三是各相关部室负责本专业检查要点分类整合、编写检查手册、开展非现场排查并提供样本清单、组织自查、选派人员参加现场检查、现场检查报告及报表汇总、后续整改问责及报告等工作。

鉴于目前总行和各级行“十大”治理和专项检查、以及“两个加强、两个遏制”回头看整改问责工作正在进行中，本次综合整治各项工作由领导小组办公室牵头制订组织推动方案，会后将下发全行，在这里，我就不作详细介绍了。请总行各部室、各机构按照整体工作方案做好衔接整合，严格按照时间进度有序推进。

三、综合整治工作的具体要求

（一）高度重视，精心组织。本次综合整治工作是我行贯彻党中央、国务院决策部署，全面落实监管要求，进一步规范经营行为、防范金融风险的重大举措，整治工作涉及层级多、覆盖面广。各部门、各机构要高度重视，要站在讲政治顾大局的高度，按照“四个意识”的要求，周密安排，精心组织。各部门、各机构一把手要全面履行对综合整治工作的直接领导责任，做到亲自部署、亲自协调、亲自督办。各专业条线要主动联动，切实承担起本专业条线的项目及内容整合、实施检查、整改问责和后续治理的责任。要保证各级检查人员的配备质量，克服检查时间短、任务重、难度高的困难，严格按照方案开展检查，保证进度，保证质量。另外，各机构在检查期间发现的重大问题、案件和案件风险事件要及时专题报送，并密切关注舆情，建立并确保应急处置机制顺畅有效。

（二）统筹推进，务求实效。各部门、各机构要统筹整合监督检查和风险识别环节，强化整改问责和后续治理，按照总行综合整治工作要求，合理安排年度检查项目与综合整治工作，该整合的整合，该暂缓的暂缓，保障充足资源，确保综合整治工作顺利进行。要以此次综合整治为契机，认真组织并有效排查各类重大风险隐患，研究和建立防范风险的长效机制，确保全行“案件和风险事件数量有所下降”，确保“不发生恶性案件和重大风险事件”，确保“不越监管底线、不踩规章红线、不碰违法违规高压线”，确保这次检查的每个机构在当地同业中的整治效果最优，提高外部监管年度评价等级和结果。

（三）应查尽查，突出重点。银监会部署的系列专项检查和治理，基本覆盖了各主要领域、各业务条线，既包括公司治理、内部控制，又包括经营战略、考核导向；既包括机制建设、流程系统，又包括制度执行、规范操作。各部门、各机构要按照银监会要求及总行的方案，充分运用非现场等手段，全面开展排查，做到规定的检查内容不遗漏，要求的检查机构覆盖面不缩减，应查尽查。同时，要严格对照检查方案和要点，在确保检查内容全覆盖的前提下，盯紧要害，突出重点，着重解决主要风险领域和薄弱环节的问题。通过对重点领域和关键环节的全面深入检查和治理，及时排除大的风险隐患。

（四）充分揭示，举一反三。各部门、各机构要借助科技优势，运用大数据、信息化等手段，做好非现场排查，切实做到精确制导、精准检查；要强化现场检查过程控制，对检查流程实施规范化管理，保证检查效果和质量。要有勇于发现问题、解决问题的担当精神，在自查、检查过程中敢于主动揭示问题，充分领会和把握好监管部门"自查免责"的政策，争取监管部门的理解和认同，建立良好的沟通基础。对发现的问题，整改工作要举一反三，对同质、同类问题开展全面排查、治理和整改，建立风险防控的长效机制，确保各类风险得到有效化解和控制。

（五）严肃问责，闭环整改。要正确理解监管部门"一案三问""一险三问""一损三问"及"三并追责"的内涵，按照"违规必究，究必从严"的要求，对自查发现问题，要严肃处理、问责到位，决不能出现边整治边出大的问题。因检查不到位、整改不到位、问责不到位被总行或监管部门发现和处理的，在从重处理责任人的同时，还要严肃追究管理者的责任。同时，整改治理要形成闭环，在对问题本身进行全面整改的基础上，要更加注重违规行为的后续整治，要透过现象看本质，深入查找和反思当前内部控制、经营管理、体制机制、系统流程等方面存在的缺陷和漏洞，从源头上防堵风险。

同志们，维护金融稳定是我行作为国有大行的担当和使命，也是我行持续健康发展的内生需要，希望全行上下充分认识本次综合整治工作的现实作用和长远意义，以高度负责的态度，严谨扎实的作风，真抓实干，敢于担当，以踏石留印、抓铁有痕的精神，全面、系统、深入地研究解决工作中存在的各类问题和缺陷，巩固内控有效、合规卓越的良好形象，为保持全行各项业务稳中求进、稳中向好的发展局面扫清障碍、打牢基础。

认清案防形势　找准案发根源
坚决实现"两个确保　两个低于"的案防目标

——在部分分行案防形势分析会上的讲话

王　林

（2017 年 6 月 22 日）

今年初的全行工作会议提出了案防总体目标，就是"案件总量有所下降、重大恶性案件杜绝发生"。但是从前 6 个月的案防情况看，实际形势是不乐观的。截至 6 月 22 日，今年已正式立案的案件和风险事件 × 件，虽较去年同期有所下降，但无论从自身管控目标来看，还是同业比较来看，我行的案件及风险事件仍居高位。6 月 19 日，银监会大型银行部对我行进行了案防专项监管约谈，从主体责任、案件问责、剖析案件、员工行为、信息报送五个方面提出了监管要求。今天，我们在这里召开专题会议，就是要落实监管要求，对"两加强、两遏制"回头看之后出现的案件及案件风险事件进行专题分析，剖析问题存在的根源，揭示潜在风险，发现管理漏洞，完善防控措施，有力遏制员工违法犯罪行为，有效提升案防管理水平。这次会议，既是对全行"两加强、两遏制、回头看"之后案防工作的反思，也是对全行贯彻落实去年案防形势分析会议情况的回顾。刚才，参会分行汇报了案件和案件风险事件查处情况，剖析了存在问题的原因，提出了应对的措施。有的分行剖析得比较深入，有的分行剖析得还不够。总行相关部门就风险控制和案件处置工作进行了具体指导，但仍需进一步深入思考，从业务政策、制度机制等多方面采取措施。下面，结合 6 月 19 日银监会专项监管约谈精神，我再强调三点。

一、认清当前形势，强化责任担当

党中央、国务院把防控金融风险、防范金融违法犯罪提高到事关国家安全的高度，监管部门密集出台了一系列专项治理和检查安排，向金融乱象、违法违规问题"亮剑"。全行各级管理人员要充分认识防控案件风险的极端重要性。

（一）严守案防底线是履行政治责任的大行使命。中央经济工作会议强调，"要把防控金融风险放到更加重要的位置"。习近平总书记在 4 月 25 日中央政治局第四十次集体学习讲话中进一步指出，"金融安全是国家安全的重要组成部分，是经济平稳健康发展的重要基础"，将维护金融安全摆在了党治国理政的重要位置。5 月 17 日和 24 日，李克强总理先后在国务院第 173 次和第 174 次常务会议上强调，"要依法依规处理金融违法犯罪行为人"。面对当前错综复杂的经济金融形势，金融系统必须认真贯彻落实党中央国务院对金融工作的一系列决策部署，必须坚持稳中求进的总基调，守住不发生系统性金融风险和不发生大规模群体性事件两个底线，为党的十九大胜利召开和经济社会平稳健康发展创造良好环境。工商银行作为大型国有商业银行，更要时刻保持政治高站位和专业敏锐性，充分认识防范化解金融风险、维护金融市场稳定的重要意义，在维护金融安全方面发挥关键作用。各级党委、纪委一定要从讲政治的高度把握好稳中求进的总基调，各项工作都要“稳”字当头，尤其是不能出现重大案件和风险事件，这是最起码的政治责任和底线要求。

（二）严防违规违纪是“两个从严”的基本要求。全面从严治党、从严治行是工商银行的政治责任和社会责任，也是推动全行持续健康发展的必然要求。“两个从严”要见效，关键在于各级领导干部。但是从我行查处案件情况看，领导干部违规违纪是案件的重要驱动因素之一，今天讨论的部分案件也暴露出有些干部有章不循、有些单位管理松懈，甚至个别干部带头违法乱纪的问题。干部的发展观、风险观、业绩观有了偏差，所在单位的基础管理就会出问题。我行 2016 年以来的内部巡视中，发现了一些基层机构存在重点领域制度执行不严格、以贷谋私、违规担保、信用卡分期业务风险控制不力等内部管理方面问题，反映出一些单位的领导班子、包括部分关键岗位干部在思想认识层面上的问题。今年 2 月，总行高规格地召开 2017 年纪检监察暨内审内控工作会议，突出强调党内监督和业务监督同频共振、共同发力，表明了强化从严治党、从严治行的决心。各行要深刻认识从严治党从严治行与案防工作的内在关系，努力在监督上发力，坚决守住制度底线，发挥组织监督、群众监督优势，填补系统约束和流程控制上的空隙；努力在问责上发力，坚决守住纪律底线，通过“铁面问责、精准问责”，使党纪国法行规成为干部员工不敢逾越、不能逾越、不想逾越的“高压线”；努力在文化上发力，坚决守住道德底线，营造队伍清正、作风清廉、风气清明、拼搏进取、创新超越的经营发展氛围。

（三）严控案件风险是全行持续健康发展的重要保障。当前全行正处于传承创新的关键时期，内外部风险挑战很多，全行上下的担子都很重、压力都很大。易会满董事长在去年案防形势分析会上明确指出，案件风险控不控得住是检验管理者是否履职担当的关键，案防抓得实不实是衡量各级机构内控管理是否到位的重要标准。谷澍行长在今年第二季度经营工作推动会上，对全行前 5 个月经营情况进行了分析，明确提出要实现全年经营目标，就必须清雷排险，强化整改，守土有责，筑牢防线，确保不发生重大案件和恶性风险事件，再一次提醒全行必须维护安全稳定的经营发展大局，使干部员工更好地集中精力谋发展，为方方面面工作的顺利推进创造良好条件。这就要求各级管理者必须处理好业务发展、改革创新与内控案防工作的关系，树立正确的发展观，严守经营纪律，做到依法合规经营，避免因为案件和风险事件破坏全行安全稳定大局，分散经营发展的精力。这是对各级领导干部管理智慧和管理水平的一种考验。当前银行经营环境更趋复杂，外部交叉性输入性风险的渗透压力大，我行在现金业务、信贷、信用卡、同业、票据等一些重点领域案件风险依然较高，个别领域甚至案件频发，给经营发展造成了不小的负面影响。如湖南衡阳分行汽车消费分期案件，衡阳分行所辖三分之二以上支行的汽车消费分期业务发生较大问题，涉及违规人员众多，对湖南分行、乃至全行银行卡条线都造成了不利影响，教训十分深刻。今后，总行党委将把“能不能坚决遏制住案件和风险事件”，作为对干部履职担当的评价内容和重要检验。各级管理者尤其是党委书记、纪委书记，要切实增强担当意识，守土有责，坚决把案件和风险事件高发势头打下去。

二、找准案件根源，遏制重点领域案件

今天剖析的案例是当前全行案防情况的一个缩影，充分暴露出一些机构存在的思想认识、经营管理、制度执行、监督检查等方面问题，也反映出我们一些领域内控案防工作须要重点关注和切实强化。

（一）重点关注现金业务领域案件风险。近一段时期，现金业务领域案件持续爆发，案件数量最多，既有云南临沧分行、山西运城分行、江苏盐城分行涉及 ATM 现金案件，又有吉林分行柜员携款失联案件，更有陕西商洛分行员工侵占银行资金案件，严重地破坏了银行“铁款”的声誉。这些分行普遍存在现金业务部门人员履职缺位、账实分管制度和岗位制约机制流于形式的问题，管理人员对违规现象熟视无睹，有的长期不履行规定的职责，为个别不法员工铤而走险、以身试法提供了条件。易会满董事长、谷澍行长、王敬东副行长对此高度重视并作了专门要求和部署。各级管理者和有关部门要高度重视现金业务领域案件频发问题，在坚守制度的同时，对现金业务案件风险与风险控制的有效性进行全面分析和专业评估，进一步落实案防责任和总行工作部署，坚决杜绝此类案件。

（二）重点关注非法集资和民间融资、违规销售理财、泄露客户信息等方面的案件风险。此类问题是“十大重点领域和关键环节”风险治理的重要内容，曾得到有效遏制。但北京新街口支行出现此类案件，又一次给我们敲响警钟，告诫我们对此类案件的隐蔽性和反复性绝对不能低估，持续加强源头治理和综合整治刻不容缓。另外，今天分析的新疆分行营业部、江西分行营业部、内蒙古鄂尔多斯分行员工参与电信诈骗、侵犯公民个人信息的案件，对我行社会信誉和公众形象产生了极为恶劣的影响。在这些案件中暴露出许多管理方面的问题，值得我们深刻反思。一是对员工法制教育缺失。

个别员工法制观念淡薄，一些涉案人员甚至不知道自己的行为已经触犯刑法。二是管理人员对员工思想动态掌握不充分，对员工异常行为表现不敏感。例如，江西分行营业部员工侵犯公民个人信息案件，案发前涉案员工所在支行即已收到行内其他机构指向该员工违规查询客户信息的风险查询函，仅听凭该员工口头解释即予回复，错过了发现案件线索的机会。三是风险排查流于形式。如新疆分行营业部某支行员工涉嫌出售个人客户信息案件，特别关注客户信息系统监测到疑似违规操作信息并发出风险预警，但是仍未引起支行重视，核查工作浮于表面。如果专业部门、核查人员对案件的敏感性更强一些，把风险消灭在萌芽状态，这些案件是可以预防的。

（三）重点关注违法放贷和贷款诈骗类案件风险。此类案件主要是违法放贷、骗取贷款、贷款诈骗案件以及由此被立案追诉的失职和滥用职权案件。只要违反《商业银行法》等法律法规发放贷款，数额在100万元以上或者造成直接经济损失20万元以上的，公安、司法机关便可以违法发放贷款罪立案追诉。直观上的违规行为可能具有违法特征，信贷违规操作与违法犯罪之间只有一步之遥。此类案件过去几年已经发生多起，总行信贷与投资管理部、法律事务部做过专题分析。今天内蒙古分行汇报的包头分行和通辽分行涉嫌违法放贷案件中，包头分行案件非常具有代表性。这起案件中，包头分行未能做好尽职调查，对企业诈骗行为缺乏警惕，过度依赖出口信用保险，对贷款资金流向缺乏监测，间隔期检查流于形式。如果信贷人员针对借款人所提供贷款资料进行多维度交叉验证分析，针对潜在风险疑点进行深入挖掘，始终保持一种刨根问底的精神，案件完全可以预防。如果对贷款劣变成因进行深入剖析，也应能够发现没有遵守国家规定的情形，掌握风险控制主动权。但是，内蒙古分行和包头分行在“两加强、两遏制、回头看”工作中，均未落实“对2016年6月末有余额的各类重点业务”和“‘上查下’业务量要突出重点”的要求，未能及时发现和揭示青阳矿业公司贷款严重造假问题，在贷款劣变后仍未认真反思，直到公安机关侦查企业其他案件时才“拔出萝卜带出泥”，检查责任严重缺位。希望各分行通过这些案例分析，充分进行反思，防微杜渐、举一反三，提升信贷领域案防能力。

（四）重点关注账户管理领域案件风险。去年初以来，总行将基础核算和介质管理作为十大重点领域和关键环节之一，持续推进风险治理，全行基础管理得到加强，但还是相继出现宁夏固原支行员工涉嫌挪用代发工资案件、甘肃嘉峪关分行员工涉嫌挪用公款案件。这两起案件中，案发机构和有关部门对账户管理要求落实不到位，长期以来对业务异常、账实不符、操作失控的情况缺乏监测和整改，为涉案人员提供了持续作案的环境。案件不仅给我行带来经济损失，各级管理人员也因此受到相应问责，管理人员在业务管理和员工异常行为管理方面不作为的教训异常深刻。账户管理不仅自身存在案件风险隐患，同时也是管控各类案件的关键，各行要高度重视账户管理特别是内部账户管理工作，切实抓好账户管理各项规章制度的落地执行。

（五）重点关注信用卡领域案件风险。山西长治分行、湖南衡阳分行和常德分行先后发生多名员工涉嫌参与信用卡诈骗案件，这些案件都发生在信用卡汽车消费分期业务领域。近年来，汽车消费分期业务在拉动我行中间业务收入，提升市场竞争力方面发挥着重要作用，多数分行能够严格执行规章制度和操作规程，高质量地推动汽车消费分期业务发展。但是，也有个别分行只见效益端，忽视风险点，在尚未具备管理基础和发展条件的情况下，盲目发展，甚至采取全员激励的极端方式去违规经营，导致业务流程各个环节都存在不同程度的问题。任何一项业务，要实现持续发展必须要以稳健合规为前提，汽车消费分期业务也不例外。对信用卡业务领域，要定期开展风险排查和问题整改，持续完善风险控制措施。

在去年为纪检监察和内控合规条线讲授“两学一做”专题党课时，我专门强调了要通过扎实开展“两加强两遏制”回头看检查，深入推动“十大重点领域和关键环节”治理，坚决将各类案件和风险事件反弹势头打下去。但是，仍有一些分行再次爆发案件甚至连续发案，工作质量让人怀疑，工作作风让人忧虑。深入剖析这些案件，反映出以下几方面问题：一是一些分行经营理念出现偏差，合规意识淡化，重发展轻管理、重速度轻质量的现象比较突出。风险管理做不到防微杜渐，发现情况做不到正本清源，问题整改做不到举一反三，简单问题便积累成复杂矛盾，违规行为则演化成违法案件。二是主体责任落得不实。易董事长、谷行长反复强调案防工作要突出主体责任、增强执行力。但不少单位在这方面还有不小差距，案防主体责任悬空。三是制度要求落得不实，有章不循、有法不依的现象在这些案件中相当突出。银监会监管约谈指出，我行在制度制定、印发、转发方面做得较好，制度也较多，但在制度落地效果上、制度如何直达基层一线员工方面仍然做得不够，近年一些案件的暴露也反映出这方面的问题。四是责任追究不到位，存在案件查处不及时不彻底，执纪问责偏松偏软、警示效应不足的情况。银监会监管约谈也严肃指出了我行案件问责在层级、力度、时效三个方面存在的不到位问题。

与此同时，专业部门在履行监督检查职能方面也要反思。从部分案件的作案过程来看，导致案件发生的一个重要因素就是日常监督失位，严格地说就是风险防控的“一道防线”履职不到位。个别专业部门对案件及风险事件的发生心存侥幸，认为案件偶发性强，将专业的日常监督管理寄希望于“二道防线”和“三道防线”，甚至是一些大规模的治理活动，将事前管理异化为事后整治，导致案防关口不强反弱。

如江苏盐城分行ATM现金盗取案件，该行运行督导员和营业网点现场管理人员在自助设备现场查库时，均以作案人员提供的虚假账务和口头虚假数据为依据进行账实核对，而未按《现金业务操作规程（2015版）》要求联机查看钞箱现金实物与“ATM查询、调整钱箱”交易查询的余额是否一致，未能及时发现钱款被挪用侵占。在2016年开展的“两加强两遏制”回头看检查中，“现金业务是否按照规定岗位、频率查库，柜员尾箱和现金库存是否存在超限额等”为检查要点之一，而案发支行及二级分行也未能在检查中发现，再次错过及早发现违规事实、及早追缴、及早处理的机会。

又如湖南分行员工涉嫌信用卡诈骗案件，全面分析该案件后，可以发现分行银行卡中心日常管理严重失职。一是在日常监测、专项整治、专项排查和2013年以来多次组织开展的专项检查中，均发现了涉嫌套现的苗头和事件线索，但并未进行彻查采取有效措施加以控制解决，特别是对部分涉事员工未给予必要的问责处理，直至案件爆发。二是近年湖南分行屡次通报内部员工用卡违规问题，但未对问题整改落实进行跟踪。2016年，湖南分行银行卡中心在年度操作风险管理报告中称，“截至9月30日，检查中所发现问题的整改率达到了100%”，实际上整改不严肃、不问责，致使问题长期存在且得不到根治。三是对总行下发的问题清单未认真核查，工作中走过场，形式主义严重。此次综合整治中，总行对银行卡分期业务进行了非现场排查，并向湖南分行下发了可疑业务清单要求核查，湖南分行银行卡中心未认真核查，反馈的核查结果大部分是没有问题，导致总行不得不再次下发通知，要求其进行二次核查。

又如最近发现的陕西商洛分行员工侵占银行资金案件，该行查库制度曾经长期执行不到位。从查库记录看，虽然按查库频次要求进行检查，但没有严格按要求执行，查库方法犯了低级错误。从2014年至案发，各级检查、专项检查、突击检查人员查库时均采取抽查方式，没有对全部寄存款箱进行开箱检查，致使账实不符的问题未能及时发现。

三、落实案防责任，坚持标本兼治

面对当前严峻的案防形势和艰巨的案防任务，全行要把握从严治党从严治行的总基调，以总行案防工作规定、案防工作责任制管理办法、案件风险排查管理办法、案防工作评价办法四个案防制度为规范，深入贯彻落实易董事长提出的“四个务必”的案防工作要求，以抓重点、抓闭环、抓落地、抓问责为着力点，全面加强“三道防线”建设，持续推进案防体系规划设计和系统建设，坚持标本兼治，确保案件总量有所下降，坚决杜绝重大恶性案件和重大风险事件，为全行新时期改革发展提供有力保障。

（一）压实责任，逐级传导案防压力。各单位要将传导和落实案防责任作为检验和践行“四个意识”的具体行动，切实以大局为重，时刻从大局出发，把各项责任落到实处。一是落实好主体责任。在研究本次会议材料时，谷行长专门强调要落实案防主体责任。各级行党委、特别是“一把手”必须坚持“一岗双责”，带头推动落实好案防责任。“一把手”要亲自主持召开案防形势分析会，开好开实开深，履行好案防“第一责任”。党委班子成员在分管领域中都要做到重要工作亲自部署、重大问题亲自过问、重点环节亲自协调、重点案件亲自督办，切实将案防主体责任承担起来。今天参会的同志回去后一定要把这个要求向党委班子、特别是“一把手”汇报清楚。二是落实好监督责任。上级行党委要对下级行一把手和领导班子成员落实案防责任实施有效监督，采取必要的组织措施。各级党委、纪委要注重整合业务监督和党内监督优势，形成监督合力，盯紧老问题、发现新问题，督导整改落实，不断提升案防实效。内控合规、内部审计部门要发挥好独立、专业的监督作用，在关注业务机制和系统流程设计缺陷的同时，也要加强对干部员工异常行为的监督。各单位要将异常行为排查作为发现案件线索的有力武器，综合运用信息监测、指标监测、模型监测等方式，增强监测预警能力，及时发现案件苗头，消除案件隐患。三是落实好管理责任。业务主管部门要充分认清自身在案防工作中的主体地位和工作责任，完善合规经理管理机制，以合规经理队伍建设为抓手，发挥合规经理揭示案件风险的作用。要推进信息化系统建设，建立案件风险评估和控制平台，组织辖属业务部门聚焦案件和案件风险开展分析，研判案件发生趋势、剖析案件驱动因素、研究风险控制策略、落实风险管控措施，坚决守住风险的第一道关口。

（二）突出重点，夯实案防工作基础。加强案防工作不能“眉毛胡子一把抓”“遍撒胡椒面”，必须盯住弱点，突出重点，精准发力、务求实效。一是要坚持问题导向。各单位要在“了解你的机构、了解你的员工、了解你的业务、了解你的客户”的基础上，将总行部署要求与本单位实际真正结合起来，加强对案件发生频率较高的重点地区和业务领域的监测分析和专项排查，对本单位案件风险做到心中有数。特别是对总行提示的现金业务、账户管理、违法放贷、信用卡、违规销售等重点风险领域，各单位回去后要结合实际，抓好风险评估和查缺补漏工作。二是要持续推进综合治理工作。银监会部署的综合整治工作仍在持续推进，希望各行、各部门在7月底前深查真改，消除风险隐患。总行将针对“十大重点领域和关键环节”专项治理编写下发《持续治理工作手册》。各单位要进一步明确重点领域专项治理责任，做到任务明确、步骤明晰、措施到位、责任到人。各单位要将新增业务涉及的风险和典型问题，作为贯穿全年的综合治理重点。要加强对重要岗位、敏感环节的监控，充分运用好“自查免责”监管政策，敢于揭示风险，及时解决问题，切实消除案件隐患。三是要做实案防一线工作。案防一线不仅在基层支行，也包括直接接触客户、资金和信息的总分行部门。各单位要配齐配强这些机构和部门的合规经理、纪检员、现场管理人员等风险防控岗位人员，态度鲜明地支持他们认真履职，抓早抓小、防微杜渐；要严格要求这些机构和部门的负责人切实担负起对员工的教育、管理和监督责任，时刻关注员工思想、工作、生活动态，将异常行为排查落在日常、抓在经常。要鼓励各机构和部门通过自查自纠的方式进行查缺补漏，对于自查发现问题的可以视情况从轻、减轻或者免予处罚。各单位要充分运用好这些手段和政策，敢于揭示风险，及时解决问题，切实消除案件隐患于萌芽状态。

（三）严肃问责，有效发挥震慑作用。动员千遍不如问责一次。问责是从严治党、从严治行的重要保证，必须在明确责任的基础上，强化问责、追责，提高问责效果。一是要强化连带责任的追究。凡是发生大要案和重大风险事件的，要严厉追究各机构党委的主体责任、纪委的监督责任，追究领导责任、条线管理责任、监督检查责任，以及发案机构、部门人员的不尽责、不提醒、不报告等责任。发案分行主管领导、发案机构主要负责人要到总行做案情剖析汇报。二是针对管理乱象要从严追究管理责任。在这里，再次重申，凡辖内发生100万元（含）以上案件的，应暂停案发层级机构分管负责人职务，并视情况暂停主要负责人职务。根据责任认定情况，应给予案发层级机构主要负责人记大过（含）以上处分。辖内发生1 000万元（含）以上或恶性案件的，应暂停案发层级机构分管负责人、主要负责人职务，并视情况暂停上一级机构分管负责人职务，责成其积极配合案件调查。根据责任认定情况，应给予案发层级机构主要负责人及其上一级机构分管负责人降级（含）以上处分。三是要持续推进“双线问责”。经过重点排查和问题整改后，再次发生重大违规和案件的，从严从重追究相关机构、部门和人员的责任。对检查走过场、问责避重就轻、处理不痛不痒等监督履职不到位行为，严肃追究监督检查部门责任。四是要强化案件管理工作。总行监察室、内控合规部正在全面梳理、督办已发案尚未结案的问责情况，各行要严格在规定时限内对案件和风险事件进行责任认定和处理，特别是一些内部经济案件，在违法违纪行为已核查清楚的情况下要抓紧进行责任追究；要严格履行程序，依规依纪对责任人进行处理，不得以核减绩效、免职、解除劳动合同等日常处理代替行政处分，确保惩戒工作的严肃性。案件争取快查快结，并及时作出通报，切实发挥警示教育的作用。

（四）培育文化，构建合规经营环境。创建优秀的合规文化可以在较大的程度上弥合控制缺陷，也能对案件风险产生群防群治效应。因此，一是要开展全员合规文化宣讲和案防普法、警示教育。使员工“不想作案”，是案防管理的深层要求。那些因为触犯刑法而受到刑罚的人员其法制意识薄弱甚至缺失，警示我们应当开展全员案件防范的普法教育与警示教育。各级管理者和普通员工都应当接受这种教育，筑牢“不想违法犯罪”的思想堤坝。为此，总行编制了《商业银行案件风险列表》，依据刑法规定列示了业务、管理、员工行为等领域的案件风险并提出了案防措施，总行各部门要抓紧应用到健全制度、改进流程、优化系统控制之中，要在全行认真抓好宣传讲解和落地执行。二是加强合规文化落地工作，层层分解落实各级员工合规责任和任务要求，明确各级机构和部门“三道防线”履职标准。三是要加强合规文化评价工作，营造全行比合规的良好氛围。着力打造本机构“合规标兵”品牌，挖掘和宣传一批践行合规的先进集体和个人。各行也可以探索设立专项基金，对各类合规管理创新成果、成功防堵案件和重大风险隐患、检举或处置各类违规违纪问题的有功人员以及合规标兵给予专项奖励，引导干部员工在经营发展过程中更加重视合规、宣扬合规、践行合规。

同志们，案防是当前的一项重要工作任务，也是一项严肃的政治任务。全行要统一思想，提高认识，强化使命担当，抓好工作落实，提高案防实效，确保案件总量下降、确保不发生重大恶性案件，为全行持续稳健发展奠定更加扎实的基础，共同为党的十九大胜利召开营造良好环境。

严格标准　客观评价
全面提高全行内控管理水平

——在2017年度一级（直属）分行及分行营业部内部控制评价视频启动会上的讲话

王　林

（2017年9月12日）

今天我们组织召开2017年度一级（直属）分行及分行营业部内部控制评价启动会，对全行内控评价工作进行动员和部署。下面，我讲四点意见。

一、内部控制评价的重要意义

近年来，通过全行上下共同努力，我行内部控制体系建设和内控评价工作取得了显著成效，成为贯彻落实从严治行要求的重要管理手段和品牌工程，有效地促进了全行平稳健康发展。在当前内外部风险交织叠现、案防和资产质量面对较大压力的形势下，内部控制评价工作的意义和作用更加凸显。

（一）内控评价是落实“把防控风险放在更加突出位置”要求的具体体现。7月份召开的第五次全国金融工作会议把防控金融风险列为金融工作的三项任务之一。易董事长在年中工作会议上强调：“要把防控风险放在更加突出位置。下半年将召开党的十九大，维护金融安全稳定至关重要。中央的精神非常明确，就是坚持稳中求进的总基调。这就要求我们各方面工作都要‘稳’字当头，决不允许‘放卫星’，决不允许出现重大恶性案件和风险事件。这是当前的首要任务，也是我们必须肩负的政治责任。全行上下一定要绷紧安全稳定这根弦，切实履行好风险防控的主体责任，坚决守住底线，守土有责、守土尽责。”我们组织全行范围、覆盖各业务条线的内控现场评价工作，就是推动全行“把防控风险放在更加突出位置”，加强内控体系建设，积极防控金融风险，落实中央有关精神及全行年中工作会议要求的具体体现。

（二）内控评价是落实监管要求的重要手段。财政部等五部委联合发布的《企业内部控制基本规范》及配套指引要求，上市公司要切实做好内控评价工作，对外披露评价结果并接受公众监督。银监会新版《商业银行内部控制指引》对内控评价工作进行了具体规范，明确了年度报告要求。我行自2002年起就开始组织实施内控评价，认真贯彻落实各项监管政策要求，取得了良好效果。

今年以来，针对当前金融发展中存在的问题，监管部门密集出台了一系列专项治理和检查工作安排，向金融乱象、违法违规问题“亮剑”。各级行管理人员都应充分认识到强化内控体系建设、防止违法违规操作、防控金融风险和案件的极端重要性。要通过认真组织开展和接受内控评价，积极落实各项外部监管要求，强化自身内控体系建设，切实维护我行依法合规经营的良好形象。

（三）内控评价是落实“从严治行”和“过程控制”的有效抓手。长期以来，我行一直高度重视内部控制，倡导和贯彻稳健经营的管理理念，加强和推进合规文化建设，内控管理水平始终处于国内同业前列。面对近年来外部输入型风险和交叉性风险的集中爆发，总行党委着重强调“从严治行”和“过程控制”。开展覆盖全行各业务条线重要领域和关键环节的全面内控评价工作，是把“从严治行”和“过程控制”的要求，具体落实到每一个经营机构、每一个业务管理领域、每一个业务操作环节和每一位员工的强有力手段。通过内控评价，对各行内控管理状况进行一次全面评估，发现内部控制中存在的主要问题和风险隐患，全面评价各行内部控制的整体有效性，进而全面提升内控管理和风险防控水平。

二、内控评价的主要任务

总行今年修订印发的《境内分支行内控评价办法》在指标设计和评价组织方面做了较大改进。从前期在安徽分行的现场测试评价情况看，新评价办法充分利用了大数据集成和非现场集中评价的优势，较大幅度地降低了现场评价人员投入，缩减了现场评价天数，减轻了评价组和被评价行压力，提高了工作效率。总行按照新评价办法，在综合分析全行重点风险领域和关键控制环节的基础上，确定此次现场评价工作的主要任务是：

（一）盯住重点问题，排除风险隐患。针对今年全行案件和风险事件发生较为集中的现金管理、账户管理、违法放贷和贷款诈骗、信用卡领域违规、违规理财销售和投资等方面的问题，重点对相关重点领域和关键环节的控制情况进行评价。要通过评价，发现重点问题，严防信贷领域外部骗贷、内部违法放贷，严查员工与外部串通合谋、勾结作案，严控柜面业务违规问题的屡查屡犯。要加强对前期检查发现问题的整改力度和问责力度。要持续完善内部控制制度，积极主动防范和应对信用、市场、操作、声誉等风险，对照制度标准，努力发现重点问题，排除各类风险隐患。

（二）全面健康体检，精准内控画像。内控评价不同于一般审计检查项目，是对全行内控案防机制进行的一次全面“健康体检”。新评价办法中，不仅监测指标的数量进一步增加、非现场手段的运用更加多样，还将各类内外部监测、检查、评价等项目发现的问题也纳入现场抽样指标进行计分，评价结果将更科学地反映各行内控管理日常状况。因此，这次评价工作要严格按照新评价办法，在总结经验、发现问题的基础上，进一步对被评价行整体内控管理状况进行总体定位和全面画像，切实评出各行薄弱环节、管理差距和典型特征，既为各行进一步完善内部控制体系“开药方”“指方向”，又为总行党委研究推进“从严治行”提供更为全面精准的决策参考。

（三）强化内控体系，夯实管理基础。要通过对评价发现的具体问题和形成原因的整体判断，帮助被评价行认清自身内控管理水平，查找分析典型性、普遍性问题背后的机制性、系统性、规律性原因，以及思想认识层面的问题；帮助被评价行有针对性地完善健全规章制度、优化业务流程、升级系统功能、加强教育引导，进一步健全内部控制体系。

各行要充分发挥三道防线在内控基础建设方面的作用，特别是要落实一道防线的主体责任，将其作为重要一环抓实抓好；要推动健全完善各类风险的控制、监督及化解机制，消除风险隐患，切实遏制当前案件高发、频发态势，有效应对经济新常态下的各类风险挑战；要通过强化闭环管理，落实整改评价发现的问题和建议，形成内控体系建设的良性循环；要主动适应环境变化，从内部环境、风险意识、控制措施、信息交流、监督检查等多方面持续开展体系建设，筑起风险防控的内控堤坝；要通过合规文化引领，不断塑造和固化全员严谨规范、稳健合规的行为遵循，营造队伍清正、作风清廉、风气清明、拼搏进取、创新超越的经营发展氛围，夯实工商银行“百年老店”基业长青的内控管理基石。

三、内控评价工作整体安排

（一）评价范围和内容。本次内控评价范围包括36家一级（直属）分行和23家省区分行营业部；内容涉及分行经营管理主要业务条线的重要业务领域和控制环节；评价时限主要为2017年度，必要时可向前延伸。其中，对于前期已经采取异地集中方式完成的评价指标，将直接使用评价结果进行计分，不再重复评价；对安徽分行及其营业部，将直接使用测试评价结果作为正式评价结果。

（二）人员和时间安排。本次总行共组成12个评价组，由总行内控合规部相关负责人担任组长，于2017年9月12日至11月8日期间，分三批完成全部内控现场抽样评价工作。其中，2017年9月12日至28日为第一批；10月10日至26日为第二批；10月30日至11月8日为第三批。评价期间，总行将组成督导组，对评价工作适时开展现场督导。评价组人员还要对被评价行的分管行领导和协管领导进行内部控制工作访谈。

12月，总行还将实施现场抽样评价的复评工作，组织对现场评价工作底稿、发现问题进行全面复核和审查，并同步完成问题归集评价工作；2018年1月，完成数据监测评价、效果评价和限制评价，汇总形成各分行和分行营业部2017年度最终评价结果。

（三）整改问责督察工作。今年，总行将“十大重点领域和关键环节”专项检查与银监会部署的“回头看整改问责”“三违反”“三套利”等系列专项治理项目有机结合，在全行开展了贯穿全年的综合整治工作，目前已进入整改问责阶段。按照综合整治的工作安排，总行将对部分行的整改问责工作进行督察。

本次督察工作与内控现场评价工作一并进行。督察任务是对各行整改问责工作开展督促和指导，对当前各行整改问责工作进度、整改措施落实及效果进行检查和评估。督察重点主要有两方面：一是2016年“两个加强、两个遏制”回头看检查发现问题的整改问责落实情况；二是今年综合整治检查发现问题整改问责的组织开展情况及落实效果，重点对同业、理财、资管、信贷、票据等领域问题整改问责情况进行督察。

四、内控评价及督察工作要求

（一）高度重视，加强组织领导。一是落实责任。评价督察涉及被评价机构经营管理全面工作，各行主要负责人要切实履行好此项工作的直接领导责任，做到亲自部署、亲自协调、亲自督办，确保评价督察工作达到预期目的。对于被评价行配合不到位、整改不到位、问责不到位等问题，以及发现的重大违规违纪问题，将严肃追究管理责任。二是积极配合。评价期间，各行要在资料调阅、网络环境、系统权限、访谈答疑等方面给予全力支持配合，并在规定时限内反馈事实确认书，逾期未反馈的，评价组有权视同认可。三是加强统筹。本次内控评价期间，部分行还要配合审计署审计、接受总行党委巡视，同时第四季度又是业务旺季，各项工作任务都非常繁重。总分行要统筹协调，确保顺利完成此次评价督察工作。

（二）加强监督，严肃工作纪律。评价督察是一项非常严肃的工作，参与此项工作各方都要严肃纪律，自觉接受监督。一是评价人员要坚决贯彻中央八项规定精神和总行有关规定，严格遵守廉洁自律要求和检查评价工作纪律。评价组要住在分行招待所或定点协议酒店，在食堂用工作餐，不得接受超标准接待，不得接受公款宴请和公费游览观光活动，不得向被评价行提出任何与工作无关的要求。总行将公布监督邮箱和电话，接受全行监督。二是派出主评人的分行要支持主评人工作，不能私下打招呼，不对主评人施加影响和压力，主评人要严格按照总行评价要求，客观公正地履行评价职责。三是接受评价的分行要对评价组的业务能力、工作作风和工作纪律进行监督，发现问题要通过监督信箱、电话和评估问卷向评价组反映，帮助总行改进和完善评价管理工作。

同志们，内部控制是一项长期而艰巨的任务，全行上下务必以此次内控评价为契机，以高度负责的工作态度，严谨扎实的工作作风，真抓实干，敢于担当，切实做到防控风险目标不动摇、合规操作意识不放松，经营管理两手抓，为新形势下推进全行战略转型和实现可持续发展提供坚实的内控合规保障。

严肃通报警示　深化整治成果
坚持标本兼治驰而不息推进作风建设取得新成效

——在违反中央八项规定精神和违规公款购买消费高档白酒专项整治工作总结大会上的讲话

王　林

（2017 年 9 月 27 日）

这次会议的主要目的是，深入总结违反中央八项规定精神和违规公款购买消费高档白酒问题集中排查整治工作成效，集中通报整治期间查处的违规违纪典型案例，进一步增强广大干部员工改进作风的自觉和自信，巩固和拓展专项整治工作成果，突出重点、标本兼治，驰而不息推进作风建设取得新成效，为我行全面加强党的建设和推进改革发展提供坚强的作风保障。下面，我讲四个方面的意见。

一、周密部署、严肃排查，专项整治取得明显成效

总行党委、纪委高度重视这两项专项整治工作，根据中央纪委要求，结合我行实际，专门制订了工作方案，明确了任务目标、整治内容、时间安排等，将整体工作分为部署动员、排查线索、处理问责、巩固深化等四个阶段；要求全行以贯彻全面从严治党、从严治行要求为主线，以强化主体责任和监督责任为抓手，紧盯不正之风新动向、新表现，深挖隐形变异“四风”问题，坚持核实到位、处理到位，在全行推动营造风清气正的政治生态和经营环境。

整治期间，总行将党的十八大以来查处的违反中央八项规定精神的 12 起典型案例在全集团进行了点名道姓的集中通报；专门在网讯开设专项整治栏目，定期编发工作简报；特别是分三批专题对全体 900 余名二级分行党委书记、纪委书记开展了“两个从严”主题教育培训，举办了两期共 160 余名分支机构纪委委员参加的培训班。同时，分别于 4 月下旬和 8 月下旬组建 7 个调研检查组，采取听取汇报、查阅资料、个别访谈、问卷调查等方式，对广东、四川、山东、山西等 14 家分行及所辖部分基层机构进行了实地督导检查，发现问题 50 余个，提出整改建议 60 余条，较好地促进了专项整治工作的深入开展。

各分行、各机构、各部门按照工作方案，紧扣风险点和薄弱环节，利用信访核查、执法监察、责任制考评等多种渠道，“盯住人”“看住事”“管住权”，细致梳理线索，深入剖析核实，严查顶风违纪和隐形变异“四风”问题。同时，也结合自身实际，或将本单位发现的问题在全辖进行集中通报，或将总行通报的典型案例在本单位进行再通报再教育；还组建调研检查组，对辖属单位落实专项整治工作进行现场督导检查，实现了层层落实责任、级级督促整改，起到了较好的组织推动作用。

总体来看，通过宣传教育、重点监督、严肃执纪等多措并举，专项整治工作取得了明显成效。全行共清理排查违反中央八项规定精神问题线索 36 起、涉及责任人 54 名，已核实 29 起、处理责任人 47 名，其他正在处理中。全行广大干部员工特别是党员领导干部作风建设意识有了明显提升，形式主义、官僚主义、享乐主义和奢靡之风得到了进一步有效遏制。这些成效主要体现在以下几个方面：

（一）干部员工作风建设意识有了新提升。专项整治期间，总行调研检查组与 260 余名干部员工进行了个

别访谈，绝大多数员工能够充分认识作风建设的重要意义，理解并积极支持总行落实中央八项规定精神的各项制度规定，认为良好的作风确实促进了业务发展和经营管理。同时，向1 000余名干部员工进行了问卷调查，99.5%的员工认为本单位落实中央八项规定精神和纠正“四风”工作成效显著或者较好，98%的员工认为领导班子及成员在落实作风建设主体责任方面表现非常好或者较好，较上年作风建设调研结果又有所提升。

（二）查处作风问题力度有了新加强。今年1－9月，全行共查处违反中央八项规定精神问题34起，较去年同期增加8起，与2016年全年相比增加6起；其中，开展专项整治以来共查处问题29起，占今年以来查处总数的85%。共处理违反中央八项规定精神问题责任人53名，与去年同期基本持平；其中，开展专项整治以来共处理责任人47名，占今年以来处理总数的89%。这表明全行处理违反中央八项规定精神问题的力度不断加大。

（三）坚持勤俭办行有了新成效。今年以来特别是专项整治期间，我们进一步改进财务核算、资源配置、审批授权等方式，通过对差旅酒店、业务宣传品、促销品实行集中采购，严控超标准乘坐交通工具和住宿等措施，进一步加强“三公”经费管理，大力建设节约型银行。上半年，我行成本收入比21.01%，远低于国际可比银行，在国内可比同业中也为最低水平。截至8月末，境内机构会议费较去年同期又下降352.96万元，降幅8.19%；车船使用费较去年同期又下降4 343.96万元，降幅20.48%；公务招待费与去年同期基本持平。

（四）督促窗口服务质量有了新改进。整治活动中，我们结合实际，将督促改善窗口服务作为整治“四风”的重要内容。坚持以文化促提升、以党建促服务，开展了“服务口碑新变化 喜迎党的十九大”系列主题活动，通过完善机制、治理痛点、监督质效、活动带动等措施，逐步提高客户服务供给能力，优化客户服务体验。上半年，客户平均等候时间压降到10分钟左右，网点服务效率极大提升；第三方调查显示客户满意度较上年提升2.6%，客户体验指数较上年提升5%，我行建设客户满意银行的决心和行动赢得了广泛关注与肯定。

（五）推动服务实体经济有了新作为。抓作风建设必须立足于中心工作，进一步增强干部员工通过现代金融服务为人民群众增福祉、为社会进步添能量的责任意识。今年以来，我们坚持金融为实体经济服务的宗旨，合理把握信贷投放的规模、节奏和投向，并综合运用债券承销、股权融资、代理投资、金融租赁等融资方式，疏通资金进入实体经济的渠道，满足国家重大项目建设资金需求，积极支持先进制造业、现代服务业、文化产业和战略性新兴产业等行业发展，助推经济平稳增长和转型升级。截至8月末，共发放公共设施、先进制造业等重点领域项目贷款4 547.74亿元。

二、正视问题、以案为鉴，增强改进作风的行动自觉

在肯定成绩的同时，我们也要正视存在的问题。专项整治期间，仍发现一些突出的作风问题：一是违反中央八项规定精神问题仍有发生。在查处的违纪违规问题中，发生时间最近的为今年5月份，可见仍有少数干部员工作风建设意识不强，执行中央八项规定精神不坚决。二是形式主义和官僚主义尚待根治。有的文风会风改进不到位，有的内外部检查依然过多且分布不均，有的部门间主动沟通意愿不强、协同配合联动不够紧密，有的下基层存在“督促”多、“指导”少，泛泛听取汇报多、真正解决问题少的现象等。三是制度办法还需进一步细化完善。有些分支机构混淆公务与商务接待范围，将公务接待开支作为商务接待费用报销；一些分支机构对发放交通补贴后的公务用车使用范围把握不准等，相关规定需要进一步细化和明确。四是党纪行规教育深度仍显不足。少数党员干部仍然存在片面强调行业属性、市场属性和企业属性的现象。少数员工对正常营销商务接待与违反中央八项规定精神的界限认识不清、把握不准，存在为难情绪，工作主动性、积极性不够。五是党组织生活方式缺乏活力。一些党支部组织生活的针对性和实效性不够，少数基层党支部书记对如何通过党组织生活教育引导党员干部增强党性意识的能力和经验不足，等等。

专项整治排查出的36个问题线索，主要集中在违规收送礼品礼金、公款国内旅游、违规公款吃喝、违规配备使用公务用车、大办婚丧喜庆、违规发放津补贴等6个方面。现将查处的部分典型案例通报全行，这也是我行自2015年接受中央巡视以来开展的第5次集中通报，希望全行进一步引以为戒。

（一）违规公款吃喝问题。整治中发现2起，涉及违纪违规人员5人。比如，2016年12月5日，湖南分行时任副行长李波参加湖南分行银行卡中心总经理李克平组织的内部聚餐，花费1 980元，经其签字后以商务接待名义报销。依据有关规定，给予李波党内严重警告处分，李克平诫勉谈话处理，并责成参与人员退交了上述费用。

（二）违规提供或接受超标准接待问题。整治中发现3起，涉及违纪违规人员3人。比如，2014年6月至2016年12月，天津分行红桥支行行长张立群在任职期间，存在违规购买消费高档白酒、超标准接待问题。依据有关规定，给予张立群党内警告和行政记过处分。

（三）大办婚丧喜庆问题。整治中发现3起，涉及违纪违规人员3人。比如，2016年4月18日，湖北黄冈分行浠水支行总支委员、副行长卢海燕在办理家属丧

事期间，收受支行员工礼金3 600元。依据有关规定，给予卢海燕党内严重警告处分，并责成其退还了员工礼金。

（四）违规配备和使用公务用车问题。整治中发现5起，涉及违纪违规人员5人。比如，今年5月28－29日，河南信阳分行时任党委书记、行长崔晓波使用公车带亲属游玩。依据有关规定，给予崔晓波党内警告处分。

（五）违规公款旅游问题。整治中发现5起，涉及违纪违规人员7人。比如，2016年5月28日，辽宁锦州分行时任副行长李建国、时任高级经理王健和高级经理雷坤参加在浙江金融培训学校举办的培训班后，绕道绍兴旅游，并公款报销相关交通费和住宿费共计1 140元。依据有关规定，给予李建国党内严重警告处分，王健、雷坤党内警告处分，并责令其退回报销款项。同时，追究锦州分行党委从严治党不力的主体责任，给予党委书记、行长张国军诫勉谈话处理；追究财务审核把关不严的管理责任，给予锦州分行财务会计部负责人诫勉谈话处理。

（六）违规收送礼品礼金购货卡问题。整治中发现7起，涉及违纪违规人员16人。比如，2008—2015年，广西柳州高新支行原党支部书记、行长李梦翔和柳州分行机构金融业务部原经理王家民在任职期间，分别收受客户赠送的礼品、礼金等钱物共计28万元、188.2万元。根据有关规定，给予李梦翔、王家民开除党籍、行政开除处分。

再如，2016年5月，上海浦东分行党委书记、行长项震和综合管理部经理夏广杰未严格执行财审会决议，擅自将财审会通过购买的宣传品部分调换成商业预付卡。根据有关规定，分别给予项震、夏广杰党内警告、行政警告处分。

（七）违规购买消费白酒问题。在违规公款购买消费高档白酒专项整治期间，我们发现1起此类问题，涉及违纪违规人员5人。

2016年10－12月，安徽滁州分行为加强与重点客户联谊，陆续分批购买了茅台酒1箱、软中华香烟1条、黄鹤楼1 916香烟6条等商品，共计26 800元。根据有关规定，给予滁州分行党委书记、行长周晨光党内警告和行政记过处分，党委委员、副行长刘泰党内警告处分，党委委员、副行长黄学东行政警告处分，党委办公室主任柏宙明党内警告处分，财务会计部总经理杨超行政警告处分。

此外，前述发现的违纪违规问题线索中，还有陕西渭南分行机构部经理杨小平大办子女婚宴、湖南分行个人金融业务部总经理李跃进公款旅游、四川自贡富顺支行原行长曾兴利违规购买香烟酒水、浙江义乌港城支行营业部总经理胡丽娟违规发放绩效工资等问题也均已进行了相应处理，在此不再一一详细列举。还需要强调和肯定的是，湖北、河南、天津、辽宁、广西、安徽等分行党委、纪委对发现的违纪违规问题，特别是违反中央八项规定精神的问题，能够严格按照党纪行规进行严肃处理，充分体现了主动落实主体责任和监督责任的担当，对推动本单位专项整治工作取得实效发挥了积极作用。

三、深剖根源、认清危害，端正对作风建设的思想认识

“求木之长者，必固其根本；欲流之远者，必浚其源泉”。以上问题发生的原因，既有制度不完善的方面，比如系统内公务接待和系统外公务接待范围与标准、发放交通补贴后公务用车使用范围等还需要进一步明确；又有监督不严格的因素，比如监督检查手法单一、方式老化，监督执纪偏松偏软等。但是，根子上还在于思想认识不到位，必须端正态度，强化认识，明辨是非真伪，筑牢思想防线。

（一）追本溯源，从思想深处查找作风问题原因

一是不以为然。有的认为超标准接待也没有多花多少钱，不至于这么较真；公款吃喝不算什么大问题，是表达热情和礼仪的方式，还能增进了解和交流，甚至认为不这样做工作就没法开展。有的认为中国讲究“礼尚往来”，用公款送点礼物、公务活动中收点别人给的纪念品，婚丧嫁娶收点礼金，是为了表达心意、改进人际关系，无可厚非。有的认为非工作日使用公车接送回家属特殊情况，应该允许，占点小便宜别人也很难发现；甚至对组织的提醒和警示毫不在意，认为只是走程序、走过场。

二是习以为常。有的对中央八项规定精神、作风建设新要求认识不够、理解不深，平时学习没有能够入脑入心，受惯性思维影响，遇到实际情况还是以老观念、老做法行事。有的舍不得与旧习气一刀两断，被私心蒙住了眼，被习惯缠住了腿，在公与私的界限面前找不到北，迈不开步。有的就是管不住自己的嘴，非要吃不该吃的饭，非要喝不许喝的酒，无视纪律的严肃性。有的习惯了公车公卡的便利，对公车、公卡“依依不舍”，违规用车、用卡问题仍然出现。

三是自以为是。有的以为培训出差总要报销差旅费，绕道旅游一下也不是什么大问题，应该不会被查出来。有的在高压态势之下变通费用列支，自以为隐蔽性高，心存侥幸，钻制度的漏洞。有的花样变异翻新，由明转暗，由地上转为地下，改头换面，穿上了“隐身衣”，玩起了“捉迷藏”，以为这样就能够躲避组织监督。有的觉得自己职位较低，监督的视野覆盖不到自己，上面九级风浪，下面仍我行我素、纹丝不动。有的监督执纪讲究情面较多，处理起来大事化小、小事化了，该重处理的轻处理，该轻处理的不处理，认为这样就是精通人情世道。

（二）正本清源，认清作风问题的危害性。各类作风方面的问题从本质上讲都是公私不分、以权谋私，是对群众利益和全行利益的侵害，是对干部队伍的腐蚀，对其危害决不能视而不见。

一是作风问题会诱发腐败问题。我们常说，“千里之堤毁于蚁穴”“冰冻三尺非一日之寒”。种种不正之风和腐败问题，之所以发展到要下壮士断腕的决心、用刮骨疗毒的勇气去解决，很多都是“小事小节”日积月累形成的。一个人腐败堕落，往往是从贪占“小便宜”开始的。作风问题的背后也存在着利益驱使，会成为诱发腐败的直接动因。有的行为看似不起眼，实际上是想方设法利用职权捞点好处，如果任由其发展，后果不堪设想。

二是作风问题会损害干部斗志。那些“吃喝无所谓”等错误观念，都是在一点一滴中吞噬制度的严肃性，在日积月累中抹杀纪律的底线。吃人家的嘴软，拿人家的手短。如果接受了超标准招待，科学决策、秉公用权、公正执行公务就会受到干扰。一旦收送礼品掺入了职务权力，“礼尚往来”就会变成“利益交换”。如果要位子、跑审批等靠吃喝送礼的多了，就会损害干部员工埋头苦干的积极性，甚至形成“劣币驱逐良币”的恶性循环。倘若听之任之，就会严重破坏全行的政治生态。

三是作风问题会破坏干群关系。群众往往就是通过身边干部的举止和作风来评价我们党，评价我们的干部队伍。如果干部每天忙于应酬，醉醺醺、昏沉沉、轻飘飘，会给群众造成恶劣的印象。违规配备和使用公车、公款旅游、违规收受礼品礼金等也一直是群众反映强烈的突出问题，这种违纪问题群众看得见、摸得着，严重影响党群干群关系，严重破坏工商银行在员工和客户心中的形象。

四是作风问题会侵害全行利益。作风问题看上去似乎是一些不起眼的小问题，但如果日积月累，就会造成巨大的浪费，挥霍有限的财务资源，与我党的性质和宗旨格格不入，与我行勤俭节约的优良传统背道而驰。作风问题不管以什么名义，找什么借口，花的都是公款，用的都是公权，谋的都是私利，是对全行整体利益的损害，是对我行廉洁文化的践踏，甚至还会严重破坏我行的良好声誉。

（三）强本固源，切实端正和强化思想意识。加强和改进作风，首先要在思想意识上紧绷作风建设这根弦。

第一，公私分明是解决作风问题的前提。事实一再证明，作风问题，很多是因公私关系没有摆正产生的。一名党员的党性强弱，也往往能在公私问题上得到检验。习近平总书记指出，在作风问题上，起决定作用的是党性，衡量党性强弱的根本尺子是公私二字。以公款吃喝为例，吃饭虽然是交流感情、密切关系的一种方式，属于人之常情，但是如果动用公款违规大吃大喝，那就模糊了公与私的界限，混淆了人情与原则的边界，是违反纪律的行为，必须受到严肃处理。

第二，常抓不懈是解决作风问题的基础。党的十八大以来，特别是中央八项规定出台后，全行上下着眼点滴细节、瞄准突出问题，深入推进中央八项规定精神在严纠深治中落地生根，党风行风明显好转。然而，作风问题具有顽固性、反复性，作风建设具有长期性、艰巨性，不能有丝毫懈怠。从查处的典型问题案例来看，反映出一些作风问题积习很深、不易根治，同时“四风”隐形变异的情况还不同程度存在，防松懈、防反弹的压力仍然较大，必须保持“咬定青山不放松”的劲头，挖山不止、久久为功。

第三，抓早抓小是解决作风问题的关键。习近平总书记曾强调指出，在作风问题上，大问题要抓，小问题也要抓。随着全面从严治党不断深入，绝大部分干部都能够紧绷纪律这根弦，但是个别干部对一些所谓“小问题”却没有足够的警惕，在日复一日的工作中逐渐放松对自己的要求。我们说抓早抓小，就是要从一顿饭、一瓶酒这样看似不起眼的地方抓起，打破惯性思维，堵塞制度漏洞，让不正之风无处藏身。我们说要端正态度，强化意识，就是要慎始慎终，严格约束一言一行，始终不越雷池一步，真正筑牢拒腐防变的“铜墙铁壁”。

四、强化监督、建章立制，构建作风建设长效机制

习近平总书记在“7·26”重要讲话中强调，对党的十八大以来全面从严治党取得的成果，人民群众给予了很高评价，成绩值得充分肯定，经验值得深入总结。但是，我们决不能因此而沾沾自喜、盲目乐观。全面从严治党依然任重道远。全行广大干部要认真学习总书记系列重要讲话精神，深刻领会中央和总行党委抓作风建设的坚定信心和坚强决心，消除“一阵风”“雨过地皮湿”等错误思想，克服侥幸心理，做好打作风建设持久战的思想准备，坚定不移推进作风建设常态化、长效化。

（一）领导干部带头，发挥示范作用。示范是最好的教育，榜样是最好的力量。党的十八大以来，以习近平同志为核心的党中央以“八项规定”为切入口，率先垂范、带头执行，全国各级党组织严格贯彻落实，通过驰而不息狠纠“四风”，党风政风明显改善，民风社风为之一新。全行各级领导干部是改革发展的骨干分子和中坚力量，是全面从严治党、从严治行的组织者、推动者和实施者，既负有主体责任、领导责任，也负有示范责任。为此，一定要继承优良传统，以更高的标准、更严的要求，走在前列、干在实处。要提高党内政治生活的严肃性和规范性，利用批评和自我批评这个有力武

器，及时纠正自身在作风方面的苗头性、倾向性问题。要一级带动一级，一级做给一级看，凝聚起强大的正能量和上行下效的示范效应。

（二）经常提示警示，绷紧思想防线。组织的提示和警示既是对干部的关心，也是治病救人的良苦用心。要加强宣传教育，让广大干部员工充分认识作风问题的危害性，增强自律意识和律他意识。要紧盯重要节点早提醒，通过及时推送廉洁过节通知提示、公开曝光典型案例等方式，有针对性地对干部提出纪律要求，明确不能逾越的红线。要运用好监督执纪“四种形态”，让咬耳扯袖、红脸出汗成为常态，这也是提醒警示的最好体现。对顶风违纪的典型问题，要坚持点名道姓通报曝光，通过召开警示教育大会、下发警示教育材料等方式，传达到广大员工，做到处理一起、警示一片。

（三）织密制度笼子，严抓执行落地。防止“四风”反弹，根本上要靠加强制度建设。党的十八大以来，我行陆续出台了一系列制度办法，对全行改进作风发挥了重要作用。但随着形势的变化和执行的深入，有些制度办法已不能适应实际工作的需要。为此，要对这些制度办法进行深入梳理，从此次专项整治中发现的问题入手，查找“短板”、对照完善，实事求是地加以修订。例如，要区分系统内公务接待与系统外公务接待，进一步严格系统内公务接待标准，特别是明确今后系统内公务接待一律不喝酒；要规范公务接待和商务接待报销流程，严禁在商务接待费用中列支公务接待开支；要细化发放交通补贴后公务用车的使用范围，消除公务用车的模糊地带；针对全行各类交流干部和异地任职干部，制定统一的往返任职地与家庭居住地费用报销和公车使用相关规定，等等。制度的生命力在于执行。在不断完善制度的同时，要强化对制度执行情况的监督检查，对变通执行、选择性执行等行为严肃查处，坚决堵住侵蚀滥用公款的源头。要处理好“破”与“立”、治标与治本的辩证关系，用制度管好人财物，形成用制度管住权力的长效机制。

（四）高擎问责利剑，严惩“破窗行为”。从专项整治中查处的问题看，仍然存在“一沓子文件管不住一张嘴”的问题。动员千遍不如问责一次。为此，要继续加大惩戒力度，特别是要用好“四种形态”，增强惩戒的普遍性，做到发现一起、查处一起，破除个别干部的侥幸心理。要加大责任追究力度，严肃依纪依规处理相关当事人和责任人，切实让其为“破窗行为”承担责任。要落实“一案双查”，对无视中央和总行党委要求、无视纪律规矩继续顶风违纪的，既严惩当事人，又倒查主体责任和监督责任是否落实，释放越往后执纪越严的信号。

（五）完善监督机制，加大检查力度。各级纪检监察部门要继续加大监督检查力度，紧盯重要时间节点、重点风险领域、重点监督对象开展专项检查，看是否存在公款吃喝、公车私用、公款旅游、乱发钱物、违规收送礼品礼金等违反中央八项规定精神的行为。特别要紧盯变换发票、套取费用等各类问题的新形式、新动向，警惕穿上隐身衣的“四风”问题。要充分发挥我行的科技力量优势，善于依托信息系统和大数据平台，对成千上万的数据信息进行检索筛选分析，运用科技手段排查各类走地下、搞变通的问题线索，提升发现问题精准度和效率。群众是最强大的监督力量，要畅通来信、来电、来访等监督举报渠道，充分发挥广大员工的监督作用，严处那些不收敛、不收手、顶风违纪的极少数，让违反中央八项规定精神的行为成为“过街老鼠”。

同志们，中秋、国庆假期将至，全体干部员工要牢固树立“四个意识”，知止知畏、守住底线，过一个欢乐祥和、风清气正、文明节俭的节日。各级党组织和纪检监察部门要把落实中央八项规定精神作为严肃的政治任务，针对易发多发的“四风”问题提前安排部署，层层传导压力、级级落实责任，让全面从严治党、从严治行的要求落到实处，以实际行动迎接党的十九大胜利召开。

客户至上　联动突破
全面提升“全公司金融”服务实体经济质效

——在中国工商银行2017年公司结现投行业务工作会议上的讲话

胡　浩

（2017年2月13日）

这次会议的主要任务是，贯彻落实今年1月全行工作会议和去年12月全行改革发展研讨会精神，总结2016年公司结现投行业务工作，分析当前公司客户金融服务面临的主要挑战和重要机遇，对2017年公司客户金融服务工作进行全面部署。下面，我讲四个方面的意见。

一、2016 年的成绩来之不易

对公司结现投行三大条线来说，2016 年是殊为不易的一年，既有经济下行环境中市场拓展的压力，也有融资置换分流加剧的多元竞争压力，还有风险陆续爆发的资产质量压力。面对困难和压力，全行公司结现投行业务条线迎难而上，勇于作为，较好地完成了全年目标任务。

一是注重客户基础，板块贡献提升。2016 年公司客户收入贡献达 2 163 亿元，有力支持了全行利润的增长；重点客户的贡献突出，总省市三个层级重点客户 6 000多户、关联企业 5 万多户，占公司客户总数的 1%，但营业贡献接近全行公司客户整体贡献的一半。中间业务贡献在让利减费的大环境下，仍保持适当的增长速度，公司、结现、投行条线累计实现中收 512 亿元，为全行增收做出了较大贡献。全年新增 39 万户公司客户，总量达 486 万户，超出可比同业近百万户；新开有效对公结算账户 73 万户，任务完成率 105%。

二是注重负债业务，量价协调发展。本币公司存款时点余额 3.7 万亿元，净增 3 226 亿元，计划完成率 323%；日均增量 2 281 亿元，完成率 760%；本币公司存款活期占比始终保持在 70% 以上，平均付息率降至 1.0%，和同业及其他条线比，成本均为最低；外币存款时点增量 100 亿美元，完成率 143%。这些量、价指标都是近年来最好的。全行新开结算账户存款时点余额 5 474亿元，完成率 2 61%；日均余额 2 626 亿元，完成率 263%。法人理财日均存量规模达到 6 144 亿元，增加 195 亿元，完成率 103%。

三是注重信贷布局，经营质态改善。2016 年，全行本币公司贷款较年初增加 128 亿元，其中项目贷款增加 1 727 亿元，同业增量第一，赢得中海壳牌二期项目等一批市场影响广泛的重大项目；公司贷款收益率 4.6%，同业最高。质量上，年末公司不良贷款余额 1 566亿元，控制在 1 579 亿元的目标值以内；公司贷款不良率 2.05%，同业最低。小微上，圆满完成了“三个不低于”监管目标，我行成为首家小微企业贷款余额突破 2 万亿元的商业银行；去年 188 家挂牌运营的小微中心，通过小微中心流程为 1.5 万户小微企业发放贷款 686 亿元，贷款余额 567 亿元，不良率为 0.79%，其中新拓客户的贷款不良率为 0.34%。网融上，法人互联网融资年末余额 3 232 亿元，较年初增加 748 亿元，超额完成任务。

四是注重商投共进，实现股债双赢。全行共完成兼并收购、股权融资、债务融资等领域顾问项目 1 135 个，涉及融资规模约 2 215 亿元。其中，促成 113 笔并购交易，交易金额超过 1 500 亿美元，年增长率高达 168%，并购贷款余额 1 581 亿元，四大行占比达 57%；完成代理股权基金业务 92 笔，认缴投资金额超过 2 000 亿元，已提款金额 368 亿元，成功完成债务融资项目 757 个，实现新增非标债务投资约 600 亿元。并购交易财务顾问业务保持在亚太地区的领先地位；率先参与了中国互联网投资基金，主导了全国首只省级脱贫攻坚投资基金的设立。非金融企业债券承销额达 5 289 亿元，超额完成目标，AAA 级（含）以上客户覆盖率同业第一；主承销市场首单私募熊猫债、首单熊猫债超短融项目、首单铁路建设债、首单“绿色 + 债贷组合”企业债；仅有一单业务违约，承销质量同业最高。多部门联动合作完成山东黄金等 6 家企业债转股签约合作，并积极推进中国铁路总公司债务优化及去杠杆金融服务。

五是注重结现服务，撬动作用凸显。现金管理业务领先优势持续扩大，有效现金管理客户净增 3.89 万户，任务完成率 389%；全球现金管理客户净增 849 户，完成率 121%；395 家企业与我行签订跨境双向人民币资金池协议，332 家成功备案，195 家外汇资金集中运营管理客户中的 159 家已开办业务，领先同业；与第三方支付机构合作实现了对支付机构的统一谈判、统一协商、统一议价和对分行的统一管理，成功营销苹果 Pay、三星 Pay、华为 Pay 项目，成为三大客户的第一家非接触式支付合作银行。现金管理及支付结算的“敲门砖”作用日益凸显。

六是注重跨境服务，联动成果丰富。多部门、多机构共同推进 117 个跨国经营公司客户的 242 项联动业务，已完成项目 136 个，涉及金额 667 亿美元，主要包括银团贷款、备用银团、境外发债、大宗商品交易、全球现金管理、跨境资金池、跨境并购融资等业务，为美的收购库卡等一批有国际影响的项目提供有力支持，在全面提升跨国公司客户服务能力的同时，也有效支持了境外机构公司金融业务的发展。

2016 年公司结现投行业务得到了市场的高度认可和广泛认同，分别荣获《环球金融》《欧洲货币》《证券时报》和《中国经营报》等著名媒体评选的“中国最佳公司银行”“中国最佳现金管理银行”“最佳全能银行投行”和“卓越竞争力小微业务银行”等诸多奖项。成绩来之不易，这是总行党委正确领导的结果，也是全行公司金融干部员工、全体同志们辛苦努力的结果，更是各级机构、各业条线大力支持的结果，在这里我代表总行党委，向大家表示衷心的感谢！

二、今年工作机遇与任务目标

尽管公司结现投行业务发展总体是好的，但是仍存在一些不足。比如，虽然客户总量大，但是日均金融资产 50 万元以上的中高端客户占比低于可比银行；公司贷款增长乏力，尤其是流动资金贷款严重下滑，较年初下降 1 649 亿元，同比下降 2 608 亿元；投行业务虽然有不少亮点，但是开源增收的力度还不够，没有完成预期收入任务；全球现金管理业务的客户体验还有提升空间；小微业务内部管理口径贷款负增长，产品体系建设有待加强；系统性、大范围的跨境服务局面还未形成。这些问题的存在，有客观方面的原因。比如，从宏观环境看，在经济下行增速趋缓、去产能去库存去杠杆、政府债务置换、金融脱媒、利率市场化的情况下，银行信贷资产扩张遭遇瓶颈，投行业务的收入增长有趋势性下降的压力。从同业竞争看，部分同业通过压低价格、放松融资条件等方式分流了一些重大项目业务机会；部分同业通过债券承销和投资一体化、股权和债权服务一体化，抢占了更多融资机会。但是，更主要的还是我们自身的问题。比如，“以客户为中心”还远未落到实处，客户营销部门和产品部门多头对接客户，导致跨部门、跨产品的整合性低，不能够很好满足客户的需求，部分产品部门收益优先的策略，存在业务开展时挑肥拣瘦、服务断续的问题。新市场拓展还未取得实质性突破，缺乏对新市场、新客户准入的指导性标准，特别是在业务发展机制引导上，对新市场客户资源丰富的区域还没有特殊政策，业务开展更多集中在部分“点”上，没有在“面”上取得批量市场拓展成果。新的盈利模式转型还未牢固确立，投行业务发展仍然较为依赖传统的类信贷经营模式、类债权收益模式，近三年境内分行投行业务收入分别为231亿元、191亿元和175亿元，增长呈现下滑态势。条线队伍“站头排”的士气还不够高，少数机构在经济高速增长时形成的粗放经营模式，不适应新的市场环境和客户需求升级的要求；部分客户经理专业水平尚不能有效与客户需求进行完整对接；另外，前期因不良贷款受处罚的员工范围较广，基层存在“惧贷”心理，在小微金融业务方面更为突出，小微金融业务发展认识不深、动能不足、队伍不专的问题还普遍存在。

同时，我们也要看到，虽然发展中面临不少困难和问题，但是内外部也正在逐步积聚形成了一些利于转型发展的条件。从外部看，一是国家大力推动实体经济发展的态度坚决。中央经济工作会议强调要坚持以提高质量和核心竞争力为中心，坚持创新驱动发展，扩大高质量产品和服务供给等，将在战略性新兴产业、传统产业升级改造提升、大企业素质提升、中小微企业市场竞争环境优化等方面给银行带来大量业务机会。二是国家战略的实施效果加速显现。近几年，供给侧结构性改革、“中国制造2025”、国企改革、新型城镇化、“一带一路”、京津冀一体化、长江经济带、大众创业和万众创新等每一项国家战略或改革措施的实施，都为提振经济打下基础，也给银行带来新的业务机会。三是投融资体制改革红利集中释放。多层次资本市场建设、PPP融资模式落地、投贷联动试点、产业基金设立、市场化债转股等，是“表内+表外”“商行+投行”业务的重要对接点和突破口。四是政府投资与民间投资双侧发力。各地2017年重大项目投资计划密集出炉，数额从千亿元到万亿元不等，主要投向基建、能源、先进制造、高新技术产业等产业；同时国家给民资准入创造了宽松的环境，全国储备的PPP项目金额达13万亿元。

从内部看，我行“形”上占优逐步向“势”上占优转化。在去年公司金融业务年中工作推动会上，我讲到银行“形”与“势”的问题，“形”是基本力量对比，“势”就是如何获取有利地位和竞争优势。工商银行在“形”上具备与任何对手竞争的基本面，关键是如何充分发挥我们“形”的好，形成我们“势”的强。经过半年多的努力，有一些可喜的进步。一是在重点市场的优势进一步加强。去年前中后台紧密合作，为支持优质融资市场的拓展，在重点行业信贷政策、重点城市市场开发、政府购买服务融资、总部融资产品创新、资金价格、经济资本等多个方面，达成了共识、取得了突破。二是投贷联动的先发优势加速形成。“全公司金融”战略深入推进、“大投行”战略正式落地实施，与大资管战略融合共进的步伐加快，我们提出了科创企业投贷联动业务发展的系统性指导性意见，还在市场化基金、市场化债转股、投行手段化解风险资产等最新型业务上取得突破，近期总行还会在并购融资政策、表外总部融资、同业投行业务、财务性直接投资方面出台支持政策。三是赖以发展的队伍建设有所强化。全行对公客户经理3.8万人，其中有贷户客户经理1.6万人，73%的客户经理风控能力较好，过手业务零违约；2016年启动了信贷客户经理队伍建设工作，河北等8家分行试点工作进展顺利；有贷户客户经理信贷资质持证率80%，大幅上升38个百分点；支行以上机构的结现产品营销经理1 600人；全行投行团队人员也达到了700人，一些重点分行投行团队得到了充实。

面对挑战和机遇交融混合的复杂局面，我们能不能抓住有利条件，克服困难，取得新进步、新突破，关键是看我们的认识统不统一、目标清不清晰、思路正不正确、协同顺不顺畅、执行到不到位。

2017年是公司结现投行业务深度融合发展的关键之年，更是助力全行发展、以优异成绩迎接党的十九大的关键之年。易董事长在全行年度工作会议上提到今年全行核心目标和主要业务发展计划时，强调“必须坚持大局意识，必须坚持商业银行经营规律，必须坚持转型与创新，必须坚持利润创造单元能力建设，必须坚持经营思路、工作作风、员工士气三大法宝”的经营管理方略，强调了“着力提升服务实体经济和供给侧结构性改革能力，深化经营转型和结构调整，增强盈利能力，以改革创新增活力，强化风险管理，加强和改进党的建设”等重点工作，这些也是今年对公司结现投行业务经营发展的基本要求。

按照年度工作会议和改革发展研讨会的要求和部

署，结合对新一年经营形势的判断，总行确定今年公司结现投行业务发展的主要工作思路是：以客户为中心，以客户需求解决为目标，注重商投互动一体化服务，注重适配产品综合化营销，注重境内外市场整体布局，全力打造新的竞争优势，争做市场领跑者，不断提升公司结现投行贡献度和客户满意度。

2017 年要确保实现以下经营目标：公司业务方面，公司贷款新增确保完成总行党委下达的 1 200 亿元计划，力争完成 2 500 亿元，其中新市场领域占比原则上不低于 10%；公司存款日均新增 1 000 亿元、时点新增 3 000 亿元；非金融企业债券承销同业排名第一，目标实现4 600亿元。结现业务方面，日均金融资产 5 万元以上优质公司客户净增 2 万户，新开有效对公结算账户数 70 万户；使用三个以上产品线的有效现金管理客户净增 1 万户，使用三个以上产品线的全球现金管理客户新增 500 户；法人客户理财产品日均余额 6 700 亿元，账户类商品交易客户数达到 2 278 万户；工银 e 缴费项目交易金额 2 275 亿元，企业通推广及通过企业通开户数量 5 万户。投行业务方面，投行收入增长 10%，达到 185 亿元，兼并收购、股权融资、非标债权业务流量达到4 000亿元，进一步拓展基础类投行客户至 6 000 户。小企业业务方面，监管口径小微企业贷款新增 1 500亿元，贷款客户数新增 3 000 户，申贷获得率不低于 2016 年同期水平，确保完成“三个不低于”监管指标；全行内部口径小微企业贷款新增 50 亿元，新拓展客户单边新增 12 500 户，新拓展客户当年贷款累放 375 亿元，单户贷款 500 万元（含）以下的小微客户数计划净增 5 000 户，小微客户不良贷款余额、剪刀差贷款余额较年初下降，当年新劣变贷款金额较 2016 年同期下降。网络融资业务方面，法人融资新增 1 000 亿元，网络融资业务不良率不高于全行公司贷款不良率。

各行要坚定发展信心，科学分解目标，层层落实到位，确保圆满完成各项任务。

三、2017 年重点工作安排

供给侧结构性改革是今年经济转型调整的主线，必然带来新业态、新模式的兴起，与之相应，客户对金融产品和服务的需求也会随之变化。全行公司金融服务要加快向包括信贷融资、债券承销、支付结算、现金管理、投资银行等在内的一站式综合金融服务提供商的转变。三大条线要按照既定的战略目标和路线，坚持以客户为中心，紧紧围绕信贷布局、商投互动、结现存款、跨境服务等四个方面重点工作做好公司客户金融服务。

（一）科学谋划落实信贷布局。公司金融条线对信贷市场的拓展要早谋划、早启动，从存量和增量市场、传统和新兴市场、项目和流贷市场等多线推进，多点发力，构筑信贷增长的蓄水池，提升服务实体经济和供给侧结构性改革的能力，核心是落实好“抓大、抓小、抓新、抓优”的战略布局。

一是向“抓大”要市场。2017 年要在重点区域、重点城市、重大项目、重点产品上扩大规模，提升占比，寻求新的进展和突破，同时要加大向存量置换要市场。区域上，持续把握好国家四大板块、“一带一路”、京津冀协调发展、长江经济带、珠江—西江经济带等国家级区域开发过程中的区域互联互通、区际产业转移等方面的市场机会。城市上，重点是北京、上海、天津、重庆及 80 家重点城市行，市场切入要有更高的目标、更高的要求，总行作指导，相关分行具体落实，支持城市核心区功能提升、城市功能拓展区中的新城镇等领域以及产业聚集区、公共事业和环境治理等领域的优质项目。项目上，交通、能源、市政等领域仍将是未来一段时期内中长期融资的“主板市场”，对一些存量的交通、能源板块优质客户，要通过债务重组、期限重定、商投联动、置换同业优质信贷业务等方式，提供一揽子方案，做好整体策划，今年争取交通领域重点行业（主要是铁路、公路、轨道交通）贷款新增 850 亿元、能源行业贷款新增 300 亿元。政府购买服务市场，要巩固并扩大在城市基础设施、产业集聚区、公共事业、棚户区改造、新农村（小城镇）、文化产业、医院教育等领域的业务优势，创新支持中央专项转移支付资金或省级财政统筹安排资金全额支付的项目，深入挖掘发达城市郊区/县域政府购买服务领域相关业务机会，另外还要积极探索符合国家政策导向的其他新领域，争取全年新增 2 000 亿元。PPP 项目市场正在加速扩容，要抓住总行近期陆续扩大重点城市组合式基金审批授权的契机，通过组合式产业基金带动优质 PPP 项目营销。产品上，表内总部融资产品已经推出，表外总部融资产品即将推出，总分行要深化落实名单制管理的要求，及时发现锁定总部融资业务机会，促进表内外融资增长；同时，借助我行在总、省、市三个层级重点客户和项目贷款方面的优势，在保证交易真实性的基础上，把依赖核心企业、重大项目的供应链融资做深、做透。

二是向“抓小”要市场。当前小微金融业务要重点解决好“做不做”“怎么做”“谁来做”的问题。要坚定方向和认识。发展小微金融是工商银行实现可持续发展的战略需要，总行从未动摇过发展小微金融业务的决心。各分行特别是各级分支机构主要负责人要从支持实体经济发展的高度出发，真正把思想统一到总行的整体战略导向上来，切实承担起完成“三个不低于”指标第一责任人的职责；要定期组织分析研究，切实推动小微金融业务发展，不能因为前些年小微信贷出了风险、处理了部分人，就模糊了认识，动摇了方向，消极躲避，惜贷惧贷。要坚定走小微专营道路。全行开展小微中心试点以来，取得了一定的效果，但专营模式的推广步伐还是太小、太慢，各行要进一步加快专营机构的建设，尚未设立小微中心的重点城市行均应在年底前完成组建，其他暂未设立的分支机构应当建立专业化团队，提高小微专营能力。对已组建的小微中心，各行要加强监测管理和督导考评，专职人员必须配齐、相关资源配套和专业化运行机制要加快完善，对职能不清、人员不齐、运营不佳、风控不力的小微中心，一级分行要派专人进行蹲点帮扶，严格做好规范化建设。要完善小微中心内部工作机制，加快专业团队建设，进一步理顺业务流程，提升小微中心的运营效率。总行今年将继续选择6家左右的二级分行，进行重点支持和模式探索；各行也要在辖内选择1－2家基础较好的小微中心，结合当地经济和产业情况，开展区域性的样板创建工作，通过重点区域突破和样板经验推广，推动全行小微中心建设和小微金融业务质效再上新台阶。要优化小微贷款流程。各行要切实做好市场规划和客户库建设，深入研究当地产业结构和优势行业，确定重点发展的领域板块，对批量化小额贷款业务，各行可在做好市场规划的基础上，结合不同客户类型和产品特征，设计个性化操作流程，提升业务办理效率。总行将于近期完成小微信贷产品的梳理整合，推出既便于客户理解和选择，又便于风险审核和把控的系列产品，同时将推进评分卡技术的研发和标准化产品的线上化改造，在减少人工成本、纸上作业和业务差错率的同时，提升风险管控能力。各行要依托产品做好市场拓展，特别要推广好总行新推出的小微企业固定资产购建贷款、小额担保贷款、纳税信用贷款等产品。各行要高度重视个人经营贷款业务的发展，尽快理顺个人经营贷款与小企业贷款的统筹管理机制，大力推动业务与人员的整合，积极向总行提出政策优化建议和产品创新需求，尽快扭转个人经营贷款业务的持续下滑势头。各行还要落实金融精准扶贫要求，积极与当地农业信贷担保机构对接，抢抓690亿元国家财政资金所撬动的多级信贷资源，有效实施精准扶贫。要配套相关机制。总行将继续按季度对监管口径小微贷款增长较差的分行实施考核降档，同时把各行小微金融业务的综合发展情况与分行主管副行长绩效挂钩。各行要比照总行的考核方式，加强对辖内各级经营机构的考核力度和绩效激励，加大资源倾斜力度，尤其是要根据小微金融业务的特点，制定差异化的业务管理和考核办法，突出对新拓展客户数量、业务笔数、综合贡献、整体不良率等指标的考核，充分调动各级行管理者和基层客户经理的工作积极性。要落实好尽职免责政策。总行已针对单户1 000万元（含）以下小微企业贷款和个人经营贷款设置了差异化履职界定标准，还将结合监管部门近期下发的《关于进一步加强商业银行小微企业授信尽职免责工作的通知》，对我行相关制度办法进行细化和完善。各行要在坚持从严治行、从严治贷的同时，对不存在道德风险、基本履行了工作职责的业务相关人员免除全部或部分责任，避免出现为处罚而处罚的现象，切实保护好小微金融业务队伍的工作积极性。

三是向“抓新”要市场。要提高认识、分批推进。拓展新市场是适应国家经济结构调整，培育公司客户及信贷与投行业务新动能，培养适应市场要求的新型人才队伍的必然要求，事关我行未来发展大计，各行要提升认识，高度重视，真正抓实。总行已明确信息技术、高端装备制造、新能源、新材料、新能源汽车、节能环保、健康养老、文化旅游、现代物流、现代农业、生物医药、海洋经济等十二大新市场重点领域，后续还将推出新的市场拓展方案，各行要结合各自区域经济特点，抓好重点新市场的业务拓展，确保各单位新市场贷款增量占比不低于公司贷款增量的10%。要发挥好重点分行和产品的作用。北京、上海、广东、深圳、浙江、江苏、重庆、四川、湖北、陕西等新市场资源丰富的分行要发挥中坚作用，为全行新市场拓展多做贡献。总行将在北京、深圳等重点分行选择10家支行先行先试，探索专业化运营和服务方式创新，为全行新市场发展积累经验。相关分行要高度重视，按总行计划安排，扎实推进相关工作。科创企业投贷联动的十家试点分行要加强与券商和基金的业务联动，以投贷联动作为主打产品，尽快实现业务的落地，今年全行要力争10个以上项目，投贷联动业务金额超过100亿元。非科创类企业的投贷联动也要按照总行即将印发的投贷联动管理办法，抓好推动落实，尽快形成规模。要抓好网络融资业务发展。融资网上渠道迁移方面，要围绕到期移位再贷和新增融资两条主线，不断提升信贷业务网络渠道办理比率，力争全年新增600亿元；标准化产品方面，要积极推进网贷通、网上质押贷款、网上信用贷款的发展，将其作为增加客户黏性、提升风控水平的抓手，力争全年新增250亿元；场景化融资创新方面，要在营销推广好线上供应链融资、线上集采融资等产品的基础上，结合区域资源禀赋，积极探索创新，通过切入具体的交易场景和银企信息智能交互，以大数据分析和挖掘技术为依托，探索传统信贷市场领域以外的新市场和新客户，力争全年新增150亿元。

四是向“抓优”要市场。各行要通过深入调研，全面掌握本区域大型央企、龙头企业、纳税和进出口大户、上市公司等目标客户名单，在摸清底数的基础上制定针对性营销竞争方案，核心是要实现优质客户总量和主要业务同业份额双提升。特别要在上市公司和拟上市公司领域取得突破。目前在沪深两市上市的3 000多家企业中，我行贷款客户不足三成。差距就是潜力，各行要结合当地上市公司情况，加大营销力度，深入挖掘客户需求，提供优质服务。要针对其资金相对充裕的特点，营销存款、理财、现金管理等业务；针对其短期借款占比高的特点，营销短期贷款、短期和超短期融资券等业务；针对其主要发行长期公司债券的特点，与优质证券公司合作营销其债券承销业务；结合上市公司并购整合趋势，拓展定向增发、基金、并购贷款、总部融资等业务；针对上市公司或其股东掌握的有价资源，挖掘股票质押融资、资产证券化等业务机会。今年末，力争将上市公司融资同业占比提高到10%以上，资本市场业务覆盖率要有明显提升。对“三去”相关行业，要区别对待。其中，煤炭行业，优选行业龙头企业和地方国有重点煤炭企业予以适度支持，如神华集团、中煤集团、山西五大煤炭集团等；火力发电行业，择优支持九大发电集团投资的成本控制能力强、上网小时数有保障的重点项目，以及华东和华南沿海负荷中心及特高压输电配套电源点的火电项目，有秩序退出市场竞争力弱、机组能耗高、装机规模严重过剩区域、亏损严重的火电项目；钢铁有色行业，继续支持宝钢股份等优质企业，对于“僵尸企业”及“去产能”可能导致我行债权出现风险的企业，坚决退出；批发行业，要坚持真实贸易背景的审慎原则，将资源更多配置到行业龙头、大中型企业，如嘉能可、托克、维多、嘉吉、五矿、中粮、益海嘉里、天津物产、浙江物产等；房地产行业，重在结构调整，优先支持一类城市房地产融资、总行级房地产客户住房开发项目融资、政府购买类棚户区改造项目融资，力争实现贷款净增500亿元，其他房地产领域全年争取净减少300亿元，积极支持大型优质开发商并购掌握资源的中小开发商。

（二）深入推进商投互动融合。当前实体经济融资需求正在发生深刻变化，客户多元化、个性化融资需求增加。全行必须主动顺应客户需求变化，加快从贷款供应商向综合金融服务商的转型，以客户为中心，充分发挥“股权＋债权”的双轮驱动作用，提升我行整体竞争优势。

一是深化对商投互动的认识。总体上要围绕“一个做大、两个扭转、三个摆脱、四个创新”来谋发展。“一个做大”是指要突出“大投行”战略的落地实施，逐步形成经营一体化、风险管理集中化、风控手段差异化、营销策略城市化的投行业务新格局，打造商投互动的新文化、形成公司投行业务转型的新动能，最终突破公司投行业务收入增长的瓶颈，实现新的发展。“两个扭转”是指彻底扭转“股权风险一定大于债权风险”、“一对一投资风险一定小于组合投资风险”的传统观念，只有顺应资本市场发展的趋势，立足客户综合化金融服务需求，充分发挥投贷联动的优势，提供“股＋债”融合的服务，我们才能分享到新经济和直接融资市场蓬勃发展的红利，找到突破发展瓶颈的突破口。“三个摆脱”是指投行业务要努力摆脱对以债权和配资为主的类信贷经营模式的依赖，摆脱对传统公司客户的依赖，摆脱对类债权利差收益模式的依赖。今年1月投行业务收入同比下降幅度较大，需要引起大家的重视，及早谋划，加快股权类和直投类产品的拓展。“四个创新”是指围绕新市场、新客户、新产品、新模式，不断开拓“股＋债”融合服务的蓝海。

二是实现商投互动模式新突破。我们在传统的PPP项目、政府产业基金、公共基础设施等业务领域的优势要进一步巩固，同时要重点关注上市企业的并购重组、Pre－IPO、PE投资、PIPE投资、定向增发和中概股回归以及新产业、区域化经济发展等领域的商投联动的业务机会；除了传统的公司客户外，还要加强政府类客户、同业及非银行金融机构客户、上市和拟上市公司客户、高净值私人银行客户等新客户群的交流合作，拓宽项目信息来源；加快探索市场化债转股业务、直投业务、主动管理类基金、组合式基金、流动性债务融资、PPP项目资产证券化等新业务的运作和风控模式。要充分利用集团内外的资金和项目渠道资源，除了集团内的联动，还要重点关注国内外知名的大投行和私募股权基金投资情况，探索跟投跟贷与主动投资、主动管理相结合，把握更多的业务机会。

三是争取债券承销主导地位。公司业务部门要把握好交易商协会放宽债券用途、提高债券灵活度、扩大优质企业发债额度等的政策机遇，在实质风险可控的情况下，不仅要争取承销额第一，还要保证承销质量同业最优，打造债券承销精品品牌。要提高重点区域市场占比。非金融企业债券发行主要集中在北京、长三角、珠三角区域，去年北京、江苏、上海、山东、广东、浙江等6省市总计发行3.25万亿元，占当年全市场发行量的63%。这6家分行，以及苏州分行、广东分行营业部要确保同业第一，在债券市场上表现要与我行市场地位相匹配；陕西、深圳、四川、重庆等潜力较大的地区要重点攻坚，大幅提高市场份额。要提高中期产品发行量和占比。近三年，市场上以发行短期产品为主，随着利率等市场要素的变化，发行人亟须调整产品结构，提高中期票据等产品的占比，各行可抓住市场调整机遇，加强针对性营销。要针对客户个性化需求开展营销。关注企业优化财务结构、降低资产负债率、盘活存量资产、并购重组、节能减排等需求，做好资产支持票据、永续债、并购债、绿色债券等新兴产品的承销发行。

四是做好债务融资服务创新。一方面，要继续深耕铁路、公路、轨道交通、城建等传统重点业务领域，复制推广各类接续融资、盘活存量资产等成熟业务模式；另一方面，要大力推广优质企业及存量PPP项目资产证券化、集团总部与上市公司流动性债务融资、私募永续债等创新债务融资产品，力争首批项目尽早落实，形成业务规模。全年力争实现非标债务融资规模1 100亿元。

五是巩固重组并购市场优势。抓住上市公司、国企改制和房地产三个热点并购领域的市场新机遇，大力发展并购贷款、代理并购与投资、并购基金、并购债等主力产品，通过使用组合产品、用活新产品，提升我行整体融资占比，力争全年完成并购融资额度2 000亿元，新增并购贷款规模1 200亿元以上，保持同业第一的领先地位。同时，加大并购业务转型升级力度，通过顾问服务向前端延伸提高业务含金量，通过并购基金向后端延伸，实现主动投资管理与后端收益分成。

六是提升股权融资服务能力。要抓大，重点是做好国家级、重点省、市级产业基金、重大基础设施 PPP 和政府购买服务类基金业务，力争投资规模超过 1 000 亿元；要抓新，重点是做好市场化基金业务，积极营销央企、省属企业资本运营公司、行业龙头上市公司、业内排名靠前的证券公司和私募基金管理公司等四类客户，力争投资市场化基金超过 200 亿元；挖掘国企混改、上市公司定增、私有化等领域及互联网 + 、TMT、大消费、大健康、新能源、先进制造等行业中市场化股权项目机会，力争投资 200 亿元；做好集团子公司与母行的业务联动工作，集中聚焦行业龙头企业降杠杆、债转股、股权直接投资等业务，力争在直接投资业务领域完成投资 20 亿元。同时，要以投贷联动为抓手，通过股权融资服务撬动重大项目综合金融服务机会。

七是密切投行与资管的衔接。今年全行股权融资流量要突破 1 400 亿元（含代理股权融资、直接投资、市场化退出基金等业务），非标债权融资流量超过 1 100 亿元，风险资产处置流量超过 500 亿元，境外与跨境投行业务流量（含工银国际业务）超过 1 000 亿元；资产管理全年需新增项目投资 5 000 亿元。投行向资产管理部门提供投资流量要超过 2 700 亿元，争取 3 000 亿元，总行层面由投行部及资管部协同配合，分行层面原则上由投行团队负责推动，充分发挥好投资银行部门的专业优势。

八是拓展投行同业合作。加强与投行同业机构（银行、证券、信托、保险、租赁、基金、资产管理公司、财务公司等）合作，通过同业机构推荐项目投资、同业资产包投资、同业机构本部融资、同业机构分销等合作模式，综合运用股权、债权、并购、基金、资本市场类、同业结构化等多种投行产品满足客户需求，确保全年同业合作类项目投资不低于 500 亿元。

九是做好跨境投行服务。要关注企业跨境融资需求。在国家加强跨境资金流动管理的背景下，要关注符合国家产业导向的“理性”跨境投融资需求。海外存量债券客户具有一定的续发需求，境内外分行要加强联动，积极争取全球协调人、簿记管理人等重要角色。通过熊猫债为外资及红筹公司提供新型融资渠道，提高客户黏性。要统筹推进我行投行全球资源配置能力的提升。加强工银国际和工银欧洲投行业务功能的建设，提升我行在亚太区、欧洲区投行业务的服务能力，加强总行与海外分行的联动，择机建立北美、南美、非洲投行业务区域中心。要逐步完善全球化投资银行产品体系。鼓励各境外持牌机构创新发展具有本地化特点的投行产品，为客户提供全球化投资银行服务。

十是强化投研引领作用。投行研究要进一步发挥“品牌创建、业务营销和价值发现”功能。要加强宏观、市场和行业研究，拓宽行业研究覆盖面，为业务的开展提供方向性建议；还要以重点企业的估值研究为核心，推动投行研究向纵深发展，最终为投行客户营销和企业价值发现提供前瞻性建议；分层打造“工银投行论坛”品牌，举办总行级、区域级、分行级论坛 30 场以上；通过媒体、微信、杂志、印刷物等多渠道打造“工银投行”品牌。

（三）加快存款结现业务转型升级。存款和结现业务是公司客户的基础业务，是交易的资金源头和载体，通过串接企业集团内、上下游资金往来，逐步累积汇聚客户的资金流、信息流、物流数据，运用先进的技术手段推动从传统的存款和支付结算服务向综合化、智能化服务转型。

一是抓好存款这个资金基础。要持续加强公司客户拓展。近年来我行公司客户数量持续增长，但增速不及同业，质量和结构有待提升。今年要重点加强日均金融资产 5 万元特别是 50 万元以上的客户维护，紧盯上市及拟上市公司、他行重点客户、核心客户等优质客户群体；要研究和挖掘高质量批量拓户的产业集群，不断提升网点对公服务能力，拓宽客户来源，提高优质客户占比。要继续加强存款资金源管理。重点做好四类资金源的营销：融资资金上，各行信贷资金受托支付留存率要提高至 80% 以上，同时抓好产业基金、理财投资、募集资金等表外资金源的沉淀转化；做好军费开支、财政收支、社保资金等重要资金源的沉淀转化；加强个人按揭、代发工资、二维码支付、公务卡、ETC、商户 POS 机、售票系统等业务联动营销，提高公司客户资金回笼量；加强国际信用证、国际贸易融资、内保外贷、跨境人民币双向资金池等业务联动营销，提升跨境业务对本外币公司存款的拉动作用。同时要加强资金流向特别是净流出资金的分析，开源节流，做好资金闭环管理。要继续做好公司存款成本控制。今年全社会资金价格上升预期不断加强，各行要主动调整营销策略，抓住当前存款利率处于阶段性低点的机遇，适度提高公司定期存款占比，提前锁定客户中长期存款付息成本，并以定期存款带动当期活期存款沉淀。要主动加强产品创新。为保持同业竞争力，要根据公司存款客户特点开发能够兼顾客户用款灵活性和收益性的新型存款产品，以点带面的做好客户日常维护工作。要做好公司理财产品优化调整。扩大低成本、高流动性产品的占比，有效提升法人理财业务中收创造能力，落实法人 e 灵通产品的发行工作，满足客户更加灵活多变的理财需求；继续推进小微企业专属产品销售，并强化移动终端渠道对法人理财销售的贡献。

二是抓好平台这个拓户渠道。要重点打造两个精品平台，要在境内分行全面开展工商企业通平台的建设推广工作，实现业务全覆盖的工作目标；加快丰富工银 e

缴费功能，与其他机构和平台开展缴费业务合作，提升工银e缴费的品牌知名度，将工银e缴费打造成我行与应用环境结合最紧密的互联网应用平台。要充分用好三个现有平台，用好小微企业平台，在去年6家试点行的基础上，全面推广小微金融服务平台，同时要丰富资金存管功能应用场景，继续拓展物流、旅游等行业应用。用好工银e商贸，利用大宗商品市场及平台类客户的聚集效应，开展源头营销，吸引相关企业群在我行开立账户。用好大额资金监控平台，结合节节高、结构性存款、大额存单、法人理财、现金管理等拳头产品作为挖转手段，努力提高目标客户挖转成功率，利用平台的联动营销模块，加强资金流入行与流出行的联动营销，促进大额资金的系统内流转。要着力开发两个创新平台，第一是跨付通平台，加强与海关的业务接洽，开发一站式跨境资金收付和结算服务平台，率先在资源富集的分行实现突破；第二是工银聚平台，重点抓好“工银聚”业务行内试点，年内达到在七家分行试点，每家10户、交易额20亿元的目标。

三是抓好现金管理这个管控利器。要注重基础支付结算业务与金融科技的融合创新，推动结算套餐、工银信使、网上银行、财智账户卡等基础产品销售，以支付结算服务为切入点，为客户提供更加综合化的服务。要加强与第三方支付公司合作，坚持“统一营销模式，统一分级授权，统一定价机制，统一系统接口，统一风险控制”的五统一管理模式，统筹协调互联网电商、基金销售、旅游公司等各类新型业务主体与我行的合作管理，坚持资源换资源原则，注重从我行整体利益大局出发，进一步提升业务综合贡献。要提升全球营销服务能力，今年六大现金管理中心要全部实现人员到位、考核到位，以全球现金管理综合解决方案为抓手，满足中高端客户需求，充分运用账户信息、收付款、流动性管理、投融资和风险管理六大产品线，提升客户黏性，增加客户价值贡献。促进贵金属和商品交易业务发展。增进与贵金属业务部合作，重点推动黄金积存、黄金租赁、实物金和账户贵金属业务突破；增进与金融市场部、工银标准及分支行团队合作推动商品交易市场营销工作。

（四）提升全球一体化服务水平。近几年，我行跨境经营客户群体迅速扩大，对我行境内外机构一体化营销组织、产品设计和资源配置等都提出了更高要求。境内外机构要合力抓好世界500强企业、境外当地行业龙头企业、境内“进出口、走出去、引进来”企业等优质客户群的金融服务。

一是做好境内国际业务基础服务。境内国际业务是我行为客户提供一揽子全球解决方案的基础产品，是全球化客户营销和业务联动的重要抓手。一方面，各行前台营销部门与业务条线要牢牢树立国际化经营意识，将境内国际业务嵌入到公司、投行、结现等各个条线的拓展规划中，依托全行大前台各业务部门之力实现境内外客户营销、项目推荐、业务机会、资源优势和服务信息等在集团系统内闭环管理。另一方面，各行要做好国际结算与融资基础服务。抓好进出口单证、跨境汇款、对外担保等基础产品营销，积极发展福费廷、国际保理等国际贸易融资业务，加大境外承包工程项下融资产品供给，抓住当前金融市场结构性、阶段性业务机会，深入挖掘客户利率及汇率避险保值需求，为跨境客户提供理财、外汇风险管理与结算融资组合等一揽子解决方案。

二是要不断丰富跨境统一服务内涵。关于全球统一营销，在做好三峡、招商局、中石化、中航工业、嘉里控股、BP集团、联合利华、西门子等总行级客户全球统一营销试点基础上，逐步将客户范围扩大到总行战略客户，探索建立全球客户经理网络。关于全球统一授信，选取部分跨境重点集团客户，总对总对接集团授信方案，通过主动授信、扩大牵头行授信调整权等方式，提高业务办理效率，提升与跨国公司的合作水平。各境内外相关机构要做好配合和落地实施工作。关于全球备用银团，要进一步做实40户试点企业的相关业务，争取成为客户的全球主要合作银行。

三是要着力提升境内外联动服务水平。总行要切实发挥统筹协调作用，在全球一体化客户营销、产品推广、支持保障等方面建立健全体制机制，通过机制创新解决跨机构“利益协调分配”和重大项目“跨部门协调联动”的问题；公司业务部门要主动作为，协调相关部门，实现客户需求“一点接入、全球响应”；加强客户全球统一视图建设及客户画像系统建设，建设跨境项目统一营销平台，实现对跨境重大项目及业务发起、派发、受理、跟踪、评价的全流程管理。

四是要着力打造全球化综合服务品牌。一方面，针对大型集团客户在全球经营的链式金融需求，着力打造出“1+N”的链式综合化服务品牌，充分发掘客户价值和综合营业贡献。充分发挥特色机构在利率汇率风险管理、出口买方信贷、大宗商品交易、非通用币种融资、全球现金管理、国际租赁、特定投资区域和政策咨询服务、拟投资项目代理尽职调查、企业跨境并购、海外发债和上市等领域的竞争和服务优势，通过综合金融服务方案凝聚各机构合力，进一步提升工银集团的全球服务能力。另一方面，加快国际业务互联网服务模式升级。积极推进“互联网+国际业务”项目建设，建立包括线上跨境支付结算、信用担保、贸易融资、理财避险、本外币资金池、跨境资金清算、反洗钱、国际收支申报功能在内的全渠道、一站式服务体系，打造业内领先的跨境业务电子化服务平台。

四、正确处理好几个关系

为了顺利推进各项重点工作，确保完成全年目标任务，大家要进一步统一认识，在此希望全行要处理好以下四个方面的关系。

（一）客户营销与产品服务的关系。目前，多头营销的问题仍然比较突出，不利于提高客户营销服务效率和服务质量；同时，一个客户要面对银行的多个部门或多个分支机构，导致交易成本提高及客户信息不对称，无法最大限度地服务好客户、提高市场竞争力。为从根本上扭转这种局面，全行要进一步健全公司客户统一营销机制，易董事长在全行工作会上提到，在客户统一营销上，客户部门要承担牵头营销及管理责任，产品部门要有全局观念，挖掘客户多元需求，必须齐心协力，在为客户创造价值的同时，争取银行效益的最大化。公司部门要本着“客户至上”的原则，深入推进“全公司金融”战略，作为牵头部门，要统筹负责公司客户全流程、全产品、全球化金融服务需求对接，并加强与其他部门机构的合作，推动形成“五全”发展的新局面。

全市场，做好“存量＋新兴”两大市场、“大＋小”两个领域、“境内＋境外”两个区域的市场顶层设计、信贷布局及营销指导等，要特别注重三大维度市场中重点区域、重点行业、重点客户、重点项目的拓展。全融资，联动投资银行部、资产管理部、工银租赁、工银国际、工银瑞信等部门及利润中心，积极满足客户全口径融资服务需求，强化“商投互动”营销模式，提供“贷”＋“债”＋“股”＋“代”＋“租”的全公司金融服务。全产品，加强与个人金融业务部门和机构金融业务部门的联动，强化1＋1＞2的联动营销机制，实现“以公带私”、“以私促公”和“以同促公”等多赢格局。全渠道，形成“总、分、支”，“线上＋线下”矩阵式综合金融服务渠道，完善分层营销机制，丰富线上线下产品，持续提升客户综合服务水平和满意度。全队伍，加强“信贷＋综合＋产品”客户经理队伍建设。做好信贷客户经理队伍建设，打造综合客户经理队伍，不断提升客户经理的专业水平；强化“客户经理＋产品经理”的服务团队建设，切实做好客户的综合服务。

总行今年的考核导向，就客户服务和产品服务来讲，在保持总体框架不变基础上，突出了以客户为中心，突出了产品交叉销售和集团联动。总行维度，为强化客户营销部门对集团全产品的牵头营销职责，设置了公司、机构、个人三大类客户目标产品覆盖率联动指标，取消原与其他单个部门（利润中心）的联动协作指标。为促进业务协同，发挥集团整体优势，将子公司重点产品纳入总行客户营销部门产品覆盖率考核，将子公司相关业务利润捆绑至相关部门。工银租赁、工银国际重点产品捆绑至公司、结现、国际等三个部门的公司客户目标产品覆盖率。工银租赁相关利润捆绑至总行公司部、专项融资部；工银国际的投行利润捆绑至投行部，资管业务利润捆绑至资管部。分行维度，为推动分行进一步改进营销服务，增强客户黏性，突出产品交叉销售，按对公客户、个人客户分别设置产品渗透率指标，主要考核客户使用重点产品的数量，其中，对公客户重点产品28个，覆盖面很广。专业条线的考核，也将根据总行部门和分行考核要求，做相应的调整，突出以客户为中心，突出产品交叉销售和集团联动，各行要根据考核变化做相应调整。

（二）人才队伍建设与营销体制的关系。分层营销是我行公司客户营销的根本体制。目前，基于分层营销有两方面重大变化，对人才队伍建设提出了新的要求。一方面是信贷经营体制改革，按照“法人分层、小微专营、零售下沉、网络直营”的原则，提升客户准入服务层级，落实前中后台风险责任，风险把控难度大的客户向上移、向前移。这个变化要求必须加强信贷客户经理队伍建设。另一方面是客户分类管理，总行公司金融业务部要研究提出总行级公司客户分类管理方案，将客户分成战略合作客户、牵头营销客户、伙伴关系客户三类，并出台战略客户营销服务方案及细则；各行比照总行实施分行级客户分类管理，所有分行都要组建大客户中心，对于分行级战略客户及重大项目融资，分行公司部门全面负责直接营销和服务，提升营销服务层级和水平，缩短决策链条，提高服务效率。这个变化要求客户经理必须提高综合化服务水平。为提升客户经理队伍的信贷专业能力和综合化服务水平，要做到以下几点。

一是做实信贷客户经理队伍建设。要加快推进试点和推广工作。确保年底前全行建成不少于1.5万人的信贷客户经理队伍。今年上半年，河北、山东、浙江、广东、天津、江西、云南、福建等8家分行要深入推进试点工作，具备条件的其他分行也可以加入试点行列，制订具体实施方案报备总行后开展试点工作；暂不具备条件的分行，抓紧补齐信贷资质认证率较低等短板，为下半年全行推广做好准备。要完善客户经理考评和培训体系，建立以融资安全和利息收入为核心的绩效考核体系，引导、激励素质高、符合准入条件的人员加入信贷客户经理队伍中；各行公司部门要根据新印发的不良贷款责任认定管理办法，认真参与责任评议，真正做到“问严、问精、问准”，真正做到失职必究、尽职免责；总分行要通过多层次、多批次的持续专题培训，巩固和提升信贷客户经理的信贷履职能力。要配齐小微信贷专业人才。各行要根据小企业金融业务部门承担的市场规划、潜在风险贷款管理等新职能，增加人员配备。

二是加快专业队伍建设。结现产品营销经理队伍建设方面，各行要进一步落实产品营销经理人员配备要求，全行产品营销经理总数要保持在2 000人以上，争取实现每个二级分行净增一名产品销售经理的目标，建立一支专业化线下服务队伍。债券专员团队建设方面，今年总行将启动债券专员的资质认定工作，逐步推进“专员做债”的专业化队伍建设工作。投行队伍建设方面，要建立“总行＋一级分行＋重点城市行”三级队伍体系，境内一级分行根据业务规模配备 10 – 30 人的团队；80 家重点城市行，每行配备 5 – 10 人的团队；其他二级分行结合当地情况配备 3 – 5 人的投行专职人员。年末，全行具备投行能力的团队人员力争从目前 700 人左右达到 1 500 人。新市场拓展队伍建设方面，各行都要安排专人专岗负责新市场研究、规划和拓展，要在业务拓展的同时培养一批熟悉新市场、熟悉股权和债权融资模式、能把握好投贷联动关键要素，专业素养较高的新市场人才队伍；总行选定的 10 家新市场特色支行要安排 5 – 10 人的专业团队专职开展新市场业务拓展。

（三）风险防范化解与业务发展的关系。在目前的经营形势下，有很多业务发展的机会，也潜藏一些风险隐患，全行要在谋发展的同时，增强公司信贷资产质量管控及其他风险管理工作的主动性和积极性。

一是落实风险管控责任。各行公司、小企业、个人经营性贷款经营部门要切实承担起风险管控职责，坚持贷前定向的筛选、贷中的精准评估、贷后的持续监测，特别是要加强小微信贷领域的市场规划、作业监督和存续期管理。为做好逾期贷款和潜在风险贷款压降化解和防劣变工作，各行要设立专门岗位、配备专业人员。

二是严防逾期和逾期贷款劣变。要前移风险控制关口，做实做细到期贷款风险排查，最大限度少逾期、不逾期，降低逾期率。对我行逾期而他行正常的融资要加强分析，缩减剪刀差；对于暂时有困难的企业，要充分利用现有信贷政策，主动采取续贷、展期、重组转化、贷款要素变更等手段防控融资劣变，最大限度做好风险缓释转化。

三是防控债券和理财业务风险。我行债券承销业务客户要以外部评级 AA + 级以上央企及地方国企客户为主，要严格遵守监管要求，督导发行人及时进行信息披露，做到履职尽责。抓好各类投资业务的资产端投后管理，规范投后管理流程，明确各环节分工和责任落实，建立完善行内资产评估体系，提升风险预警和处置能力。抓好理财业务资金端合规风险管理，通过优化改造系统功能，减少销售环节的人工介入和潜在风险点，强化销售文本和印章的管理，杜绝抽屉协议等违规操作。

四是创新风险化解方式。要加快推进以投行创新手段化解不良或潜在风险资产，在中铁物流集团财务重组、淄博企业重组发展基金等成功项目的经验基础上，加快风险资产代理投资等业务的推广力度，提高处置效率和收益。要充分发挥银行业债权人委员会制度的重要作用，在加大银行资产保全力度的同时帮助企业渡过难关，助推经济供给侧结构性改革显实效。

五是发挥好考核导向作用。今年公司条线考评方案根据全行考核的总体导向，进行了较大调整。要特别说明的是，今年在公司条线考评中增加了对资产减值损失科目超预算情况的考核，各行要切实做好公司信贷资产质量管控工作，最大限度地降低减值损失对营业贡献的影响。同时，今年总行调整了法人贷款拨备提取比例，大幅提高劣变为次级和可疑类贷款的信贷成本。各行要深刻领会，围绕考核导向组织开展全年工作，努力提升公司条线对全行经营效益的贡献度。

（四）党建、内控与发展的关系。要始终坚持和加强党的领导，更好地发挥国有企业党建优势对转型发展的促进作用。全行公司结现投行条线要将加强党建和内控工作作为公司金融业务发展的政治保障、组织保障、思想保障和行动保障。通过持续强化包括党风廉政建设在内的党建和内控工作，不断增强整个公司金融条线的政治意识、大局意识、核心意识、看齐意识。要通过充分发挥基层党组织的战斗堡垒和党员的先锋模范作用，带动整个条线的员工坚定发展信念，胸怀理想，心有敬畏，守住底线。

党建工作做得好不好最重要的检验标准是事业红不红火，服务到不到位，竞争能力强不强，条线士气旺不旺。各行要通过持续深化党的群众路线教育实践活动、“三严三实”专题教育和“两学一做”学习教育，对照中央以及总行党委全面从严治党要求，持续推动“两个责任”落实，持续推进“四风”问题整治，将公司金融各个条线打造成堪当重任、有战斗力的队伍，为推动实体经济发展和供给侧结构性改革做好金融服务，为推动全行转型发展多做贡献。

同志们，2017 年是公司结现投行业务发展的关键一年，我们对主要业务进行了布局，也启动了多项改革。大家一定要贯彻落实好总行党委的转型发展要求，坚定信心，振奋精神，全面提升“全公司金融”服务实体经济的质效，做市场领跑者，体现大行担当，维护大行形象，努力以优异成绩迎接党的十九大胜利召开。

在 2017 年第一季度投资银行业务推动会上的讲话

胡　浩

（2017 年 3 月 20 日）

本次会议主题是分析第一季度投行业务开展情况，听取各分行意见和建议。虽然季末各分行工作比较紧张，但总行党委非常关心当前投行业务发展所面临的问题，为了更清楚地了解各分行情况，做到提前布局、有的放矢，非常有必要召开这次会议。

一、第一季度全行投资银行业务情况

第一季度，在总行党委的高度重视和正确指导下，“大投行”战略开局良好，全行在“大投行”文化的转型和重塑、投行新产品的研发和推广、投行新客户群的拓展、投行团队的建设充实、投行业务量的考核方面做了大量工作。总行层面实施了本部各团队矩阵式管理，每个处联系负责 5 家分行，对所联系分行全产品的投行业务和收入负总责。加强了投行业务培训，争取第一季度实现对各一级分行培训全覆盖，4 月底前对 80 家重点城市行全覆盖，通过面对面的交流培训，推动全行投行业务发展。尽管各分行对投行业务抓得也比较紧，但目前投行收入的实际进展和成效还不太明显。从客观原因上看，有信贷收益率下降的原因，全行 1－2 月累放贷款 6 400 多亿元，平均收息率只有 4.32%；有理财资金价格阶段性上涨的原因，目前投资端的项目收益率要求在 5% 左右，最高到 5.2%－5.3%，这两个因素大大压缩了投行业务收入空间。此外，加上外部监管的加强，以及一些政府部门和企业对投行咨询顾问收入的理解有些偏颇等，对投行收入也产生了一定影响。

根据前期统计，投资银行业务今年第一季度收入预测数为 42 亿－45 亿元，离第一季度 51 亿元的序时计划还有 6 亿－9 亿元的缺口，比 2016 年第一季度实际完成数 64 亿元约有 20 亿元差距。3 月 10 日，易董事长在总行公司部调研时指出，对投资银行条线的工作总体上是满意的，值得肯定和表扬，但同时强调，投行收入完成与否对全行收入总体目标的实现、对全行整体大盘子的平衡影响很大。第一季度投行收入面临较大缺口，确实有客观原因，但不能只讲客观，主要还靠主观努力，对此，总行投行部要加强指导和督办。谷行长也非常重视投行收入的完成情况。今年 1 月投行收入仅完成 6.5 亿元，同比下降 3.6 亿元左右，下降幅度较大，主要是四川、江苏、湖北等分行出现较大缺口，谷行长对此非常关注，在行长办公会上专门强调要关注投行中收的问题。今天上午谷行长主持行长办公会时，又特别提到了投行第一季度收入问题。望大家能够进一步重视投行收入下滑的问题，重视总行各项措施的贯彻落实，重视投行业务流量增长。

二、各分行收入预测情况

按各分行自报预测数，对照总行财务会计部确定的第一季度完成全年投行收入 27% 的序时计划，缺口比较大的前 18 家分行分别为湖北（1.07 亿元）、苏州（0.85 亿元）、上海（0.72 亿元）、河北（0.67 亿元）、山东（0.64 亿元）、湖南（0.61 亿元）、浙江（0.56 亿元）、天津（0.56 亿元）、广西（0.52 亿元）、海南（0.35 亿元）、安徽（0.25 亿元）、云南（0.24 亿元）、大连（0.21 亿元）、山西（0.19 亿元）、吉林（0.16 亿元）、贵州（0.15 亿元）、重庆（0.14 亿元）、黑龙江（0.15 亿元）。今年全年投行收入计划是 185 亿元，与去年持平；第一季度计划是 51 亿元，相对去年同期 60 多亿元的考核指标，已经是调减了计划，各分行必须完成，不能留任何缺口。

按照各分行自报预测数，第一季度能够完成计划且总量靠前的分行分别为江苏 8.7 亿元、四川 6 亿元（超额完成 1 亿元）、广东 4.48 亿元、北京 2.4 亿元（超额完成 0.15 亿元）、深圳 2.5 亿元（超额完成 0.25 亿元），河南 2 亿元（超额完成 0.31 亿元）、广州 2 亿元、宁波 1.5 亿元、江西 1.27 亿元、青岛 1 亿元，在此对这些行提出表扬。

另外，还有部分行计划有缺口，但收入总量大，为全行做出了贡献，需要再接再厉。其中，湖北 3.04 亿元、欠计划 1 亿元，贵州 2.27 亿元、欠计划 0.15 亿元，上海 2.06 亿元、欠计划 0.72 亿元，河北 2 亿元、欠计划 0.67 亿元，浙江 1.8 亿元、欠计划 0.56 亿元，重庆 1.28 亿元、欠计划 0.14 亿元。这些分行与计划数比还有差距，要勇挑重担、完成任务。

三、各分行团队建设情况

根据目前总行了解的各分行投行团队建设情况，作一简单通报。

（一）机构设置情况。从31家一级分行情况来看，21家分行投行机构为独立一级部，分别为北京、天津、河北、山西、吉林、上海、江苏、浙江、安徽、福建、江西、山东、河南、湖南、广东、广西、贵州、云南、青海、新疆、重庆分行；2家分行投行机构按一级部管理，但与其他业务部门合署办公，分别为辽宁、甘肃分行；3家分行投行机构为二级部，分别为湖北、内蒙古、四川分行；5家分行无投行机构，分别为黑龙江、海南、宁夏、陕西、西藏分行。希望大家尽快落实投行机构团队。

从80家重点大中城市行情况来看，15家城市行投行机构为独立一级部（其中含6家总行直管行、3家一类营业部），分别为广东、浙江、江苏、河南、湖南、安徽、贵州分行营业部，以及深圳、宁波、厦门、青岛、大连、苏州、洛阳、泉州分行；14家城市行按一级部管理，但与其他业务部门合署办公（其中1家一类营业部），分别为湖北、山东、福建、广西分行营业部，以及潍坊、东营、烟台、淄博、临沂、济宁、唐山、襄阳、荆州、漳州分行；10家城市行投行机构为二级部，分别为山西分行营业部及常州、无锡、南通、徐州、镇江、扬州、廊坊、三峡、遵义分行；22家城市行投行机构为公司部下属投行科，分别为四川、吉林、黑龙江、河北、云南、甘肃分行营业部，以及东莞、佛山、中山、惠州、珠海、江门、湛江、台州、嘉兴、温州、绍兴、金华、柳州、岳阳、芜湖、吉林市分行；19家分行未设立投行机构，分别为辽宁、内蒙古、江西、陕西、新疆分行营业部，以及保定、张家口、南充、德阳、绵阳、南阳、平顶山、株洲、赣州、九江、咸阳、宝鸡、鞍山、桂林分行。

（二）团队建设情况。在31家一级分行中，除了西藏分行，均组建了投行团队；在80家重点大中城市行中，34家行组建了投行团队，46家尚未组建投行团队。组建了投行团队的分行情况为，在一级分行层面，投行团队20人及以上5家、10人及以上13家、5人及以上10家、5人以下3家，请投行团队10人以下的分行重点抓一下团队建设；在重点大中城市行层面，投行团队20人及以上1家、10人及以上14家、5人及以上8家、5人以下11家。

（三）人员配备情况。截至目前，全行境内分行实际专职投行人员（不包括总行）共741人，比去年增加了130人。其中，全行31家一级分行361人，比去年增加43人；80家重点大中城市行380人，比去年增加了86人。

四、下一步工作的几点意见

（一）辩证看待第一季度投资银行业务发展。正如我前面提到的，一方面是有进步。这主要体现在三个方面，一是投行业务顶层设计有所加强。在规章制度建设、项目营销指导、投行产品创新方面，从总行到分行两个层面都有很大进步。总行去年成立了投资银行业务推进委员会，制定并调整了很多规章制度，投行业务工作指引也已下发。二是投行团队建设得到加强。从最新的统计数据看，总行下发投行团队建设指导意见后，全行投行团队人员增加了130多人，比去年增长了6.6%，虽然距离三年规划的目标（2 000人）还有一定的差距，但迈出了步伐，特别是有些分行力度还是比较大的，如湖南分行队伍建设经验值得学习。投行队伍建设很关键，投行大发展离不开人才、离不开团队，即使有再好的蓝图、再好的想法、再好的产品，没有人也是不可能做好的。三是全行投行队伍士气高涨，积极性有所提高。大家认识到了在国家经济政策深度调整的背景下，投资银行业务是大有可为的；在全行经营转型和改革发展的过程中，投资银行业务是大有可为的；从员工个人事业发展来看，投身投行业务也是大有可为的。

另一方面是有困难。今年全年开局所预示的投行业务面临的困难是多方面的。一是客观上，宏观形势的变化带来了挑战。国家宏观政策、监管政策和我行自身的信贷投资政策的调整，使投行业务发展面临一些新的挑战。比如，资金价格上升，导致投资银行业务收益收窄，市场机会减少。二是主观上，我们的业务开展缺乏前瞻性。面对市场的变化，还沿用以往传统的思维方式，满足于靠资金价差来做投行，一旦资金价格上涨，收入空间就被挤压了；房地产市场的调控、监管部门对理财资金运作的调整和对“影子银行”的监管，也给投行业务开展造成了一定困难，但主要原因还是我们在面对市场调整时应对的灵活性不够。

（二）加快建立全行投行业务稳健可持续的发展机制

第一，投行业务发展要善于审时度势，因时而变、因势而为，要加强对分行的指导。我们现在正处于国家经济转型的关键时期，金融市场瞬息万变，政策调整难以避免，而且频度加快、影响多面，如果我们不善于审时度势、因时而变，不解放思想、勤于思考，可能给工作造成很大的被动。比如，如何看待现在宏观经济政策、货币政策、利率政策的走向问题，如何看待表外业务的监管问题；再比如，如何看待去年下半年以来国家外汇管理政策的调整问题，还有房地产政策调整的问题，这些都与我们投行业务发展息息相关。对我们投行条线来说，分行的判断往往是有局限性的，总行需要加强对形势的研判，建立对分行的指导机制。总行投行部不能只满足于给各分行下任务、下指标、打电话和出差督导，而要加强指导，一次性的顶层设计不是灵丹妙药，不能解决所有的问题。投行业务确实难做，就是因为它比信贷业务变化更快，更难以把握，所以更要与时俱进、不断创新。

第二，要建立一个涵盖营销、审批、投放、储备的流畅运行机制。从目前我行投行业务开展情况看，还缺乏可持续发展的配套机制，缺乏对业务发展的科学合理规划，主要表现就是收入不稳定，经常饥一顿饱一顿、可预测性差。今后，总分行要把握好进度，从营销的角度做好统筹安排，要营销一批、审查一批、审批一批、投放一批、储备一批，做到心中有数。

第三，要善于抓重点客户、重点市场和重点产品。这是一个老生常谈的话题，但是非常重要，希望投行条线全体员工要把力量用到最关键的地方去，用到最重要的市场上去，避免分兵作战，撒胡椒面。

第四，要形成灵活的部门协调机制。主要是前中后台的协调问题，比如资金的配比问题、议价能力问题，还有融资方式问题。需要思考如何建立有别于信贷的投行业务审批机制，并在实践中不断探索和尝试。一直以来，商业银行依赖传统的信贷审批模式，因为我们认为这是最安全的。如何让各部门统一思想，做到既要放、又能控，追求风险和收益的合理平衡，我们要在工作中去做去试。

第五，投行业务要创新，但要坚守合规的底线。故步自封不创新是没有出路的，要打造自己的核心竞争力。高盛等国际一线投行擅长的 IPO、经纪等投行业务，这些不是目前我们能够做的，也不是我们的长处。我们要做的是立足自身优势开展创新，发展符合工行行情、具有工行特色的投行业务。一是要做好制度创新，形成成熟的模式；二是产品上要创新，打造工行自己的投行品牌。我们鼓励通过创新突破发展瓶颈、丰富投行产品，但也要注意不要刻意规避监管，给未来业务发展留下风险隐患。

第六，要打造真正优秀的投行队伍。去年，总行制定了 3 年 2 000 人的全行投行团队建设目标，虽然不要求各分行一竿子插到底，但要按照时间表来做，人员配备必须到位，而且一定要优中选优、注意质量，有条件的分行可以快一点。另外，总行和分行的培训工作要加强，要在全行打造一支真正优秀的投行团队。相信经过 2－3 年的努力，投行业务的发展会有起色，会在全行转型发展中做出重大贡献。

虽然当前投行业务面临压力较大，但业务发展大有可为，大有希望。各分行投行专业要把总行党委对投行业务的重视和要求，及时向分行党委汇报，同时要传达贯彻到基层。要认真领会总行精神，高度重视投行项目的储备和中收督导的组织工作，因为没有收入就没有地位。从各分行汇报中可以看出，目前各分行对投行业务发展方向认识基本到位，产品和措施清晰明确，项目储备比较充足。下一步要进一步加强各项核心工作，抓好营销落实，抓好审查审批，抓好条件落实和放款、收入进度，同时抓好团队、培训、二次营销和提升议价能力等工作。总行投行部要进一步加强对市场、形势和政策的研究，加强指导与合作，通过总分行共同努力，争取第一季度有个好的收入结果。

统一思想认识　做实普惠金融
实现小微金融业务真正“突围”

——在全行普惠金融业务发展推动会上的讲话

胡　浩

（2017 年 10 月 20 日）

今年 6 月，总行普惠金融事业部正式成立，各分行普惠金融事业部也正在抓紧组建中。今天我们召开普惠金融业务发展推动会，目的是深化对小微金融业务的再认识，明确小微金融业务发展方向，加快小微中心专营机构和“五专”经营机制建设，部署近期重点工作，力争早日实现小微金融业务的真正“突围”。下面我主要讲四个方面的意见。

一、以战略思维对小微金融业务意义和方向“再认识”

近年来，宏观经济形势错综复杂，我行小微金融业务遇到了前所未有的困难。全行上下坚决贯彻总行党委关于坚定信心、优化模式的总体要求，迎难而上、奋发有为，连续 11 个季度完成“三个不低于”的监管要求，小微中心建设稳步推进，产品体系和创新机制不断完善，业务下滑的势头得到一定程度扭转，全行大部分地区小微企业贷款质量趋于稳定，第三季度末 15 家分行实现了小微企业贷款不良额、剪刀差和劣变贷款的“三下降”，在重重困难之下取得了难能可贵的成绩，殊为不易。同时，我们也要看到，小微金融业务虽然出现趋稳向好的势头，但离党中央、国务院“做实做活”普惠金融的期望还有很大差距，离总行党委“小微金融要真正突围”的要求还有一定距离。这里面虽然有客观环境和体制机制方面的原因，但根本原因还在于我们一些机构、一部分同志认识不到位、思想不统一、能力和方法有欠缺，突出表现在“不敢做”“不愿做”的想法比较普遍，对“做不做”的认识比较模糊，对“怎么做”的问题更是缺乏深入思考。没有清晰的思想认识，就不可能产生积极的行动。在这里我要特别强调一下“为什么要做”“谁来做”和“怎么做”的问题。

（一）关于“为什么要做”的问题。从2009年到2012年，全行小微企业贷款实现了高速发展，年均增长率超过35%。然而，随着近几年外部环境的变化，小微企业贷款风险持续上升，一些分支机构交了不少学费，对要不要发展小微金融业务产生了动摇，把方法失当视作方向错误，把阶段性困难当成了永久性问题，消极躲避、恐贷惧贷的情况较为普遍，发展动力不足，业务持续下滑。解决“做不做”的问题，首先要对小微金融业务有一个重新认识、正确认识和清醒认识。

一是发展小微金融是国家政策导向和大行担当。党中央、国务院多次明确要求商业银行大力发展普惠金融，提升服务小微企业能力。今年3月，李克强总理在政府工作报告中提出国有大型银行要率先设立普惠金融事业部。5月，银监会等11部委联合颁布了大中型商业银行设立普惠金融业务部的实施方案。7月，习近平总书记在全国金融工作会议上要求，运作好普惠金融体系、努力走活小微金融这盘棋。9月，新修订的《中小企业促进法》明确规定“国有大型商业银行应当设立普惠金融机构，为小微型企业提供金融服务”。国有大型银行必须更好地提供普惠金融服务，已上升到法律的高度、成为国家政策要求。作为国有大行，我们必须坚决贯彻执行。

二是发展小微金融是商业银行的自身需求。实体经济与金融是利益共同体，只有服务好实体经济，商业银行自身才能发展好。小微企业分布广泛、数量众多、经营活跃、成长迅猛，但其金融需求的整体满足程度不高，小微金融业务潜力很大、前景广阔。如果没有小微金融业务的布局和深耕，商业银行对公客户基础就不稳固，发展就不可持续。易董事长多次强调，发展小微金融业务是长远、是战略，不能因为前些年小微信贷出了风险，处理了人，就模糊了认识，动摇了方向，“一朝被蛇咬、十年怕井绳”。发展小微金融业务，是保证工商银行行稳致远的战略选择。

三是要正确看待小微信贷业务风险。做好小微信贷业务不容易、有难度，但并非不可为。我们身边不乏经营小微信贷业务的成功案例，远的有美国的富国银行，近的有大家身边的一些国有商业银行、地方性商业银行，工行系统内也有许多成功的例子，比如中山、台州分行，小微信贷做到了100多亿元的规模，不良率很低，说明小微信贷风险并非不可控，关键是要找到合适的方法和路径。我们必须清醒地认识到，商业银行经营小微信贷业务的能力不是天生的，都是靠自身积极实践和深入探索积累起来的，要认真总结过去的教训，把交出的“学费”变为自己的能力和发展动力。

总之，发展小微金融业务，既是国家金融政策的外在要求，也是我行经营转型的内在需要。小微金融业务具有广阔的市场前景，是我行转型发展的方向和重点支持的领域。无论哪一级经营机构，必须真抓实做，坚定小微金融业务作为全行“战略性、基础性业务地位不动摇”。

（二）关于“谁来做”的问题。做好小微金融业务，必须坚持小微专营的方向，在“专”字上下功夫。一要抓好专营机构建设。2014年以来，总行在优化小微金融业务发展模式的大框架下，开展了小微中心的试点工作，从三年来的试点情况看，小微中心的专营模式比较契合工商银行的情况和小微企业的特点，强化了二级分行的主体地位和经营责任，提高了小微金融业务经营能力，取得了初步的成效，方向是对的。发展小微金融业务，一定要建好小微中心，用好小微中心，统筹好业务发展与风险防控，发挥好小微金融业务专营机构的战斗堡垒作用。要注意理顺小微中心与支行的协同联动机制，激活支行网点小微客户服务能力。要积极利用支行网点的渠道延伸功能，在小微中心做好业务方向把握和客户准入把关的同时，发挥好支行网点在小微客户联动营销、信息采集和日常维护等方面的积极作用。要从直辖市分行和重点城市行着手，从小额化、标准化业务着手，不断提升网点小微客户服务能力，逐步建设广覆盖、可持续、互助共享、线上线下同步发展的普惠金融体系。二要实行“专家治贷”。小微信贷风险管理的难点是解决银企信息不对称的矛盾，做好小微信贷业务的风险管理，需要理论知识，但更需要实践能力。一方面，需要不断拓宽获取客户信息的渠道，让信贷人员掌握更多的活情况、软信息，全面客观地评价风险；另一方面，要做好人员选配和技能提升，要把“干将”“好手”选配到小微中心，关键岗位人员尤其要选准配齐。要强化和完善小微中心专业化、集约化、一站式的业务处理方式，让最了解市场、最了解客户、最了解风险的小微信贷专业人员来评价风险，让“听得见炮声”的审批人来做信贷决策。

（三）关于“怎么做”的问题。发展小微金融业务，必须坚持两个原则，一是要真做小微业务，二是要做真的小微企业。“真做”就是要从小微金融业务特点出发，实打实投入精力和资源，既不能“高高举起、轻轻落下”，浅尝辄止、得过且过；也不能只想着“吃快餐”“垒大户”，满足于完成眼前指标，不顾及长远发展；更不能“打左灯、向右转”，口头上重视，落实上轻视。要真正扑下身子，打基础、谋长远，处理好当前利益与长远发展的关系。“做真”就是要解决好小微金融业务里长期存在的“大的按小的做，小的按大的做”的问题。要正本清源，在客户选择上立足于真正的小微企业，在业务办理上要摆脱传统模式和固化思维的羁绊，从客户特点出发、从业务实际出发来设计产品、流程、风控措施、工作要求和考核方式，避免繁冗复杂的无效流程、面面俱到的形式化要求和权责不清的工作机制。

具体来说，一是分类施策，抓住重点。要吸取过去不顾客观条件和人员能力差异，片面追求“齐步走”的教训，对于不同机构、不同环境、不同客户群、不同产品要做差异化安排，不搞“一刀切”。二是因地制宜，突出特点。发展思路、工作方法有共通性，但具体落实的过程必须因客而变、因时而变。三是做实规划、优选客户。业务发展慢、风险控不住，根子在于市场看不清、客户选不准。做好小微金融业务，要在市场研究和客户选择上下功夫，“磨刀不误砍柴工”。在一级（直属）分行层面，普惠金融事业部要沉下去，带领和指导二级分行真正做好区域市场的调查研究，搞清摸透当地优势产业的分布结构、发展趋势，优质小微客户的经营特点、金融需求，在此基础上确定发展重点、目标客户和服务方案。在二级分行层面，要形成客户筛选和准入工作机制，建立和用好目标客户库，切实把小微客户基础夯实打牢。四是坚持小额化方向，走零售化发展道路。从国家政策导向、同业竞争趋势和工行自身的业务实践看，单户小额化是小微金融业务发展的重点方向，不管是银监会推出的普惠贷款统计考核口径，还是国务院提出的定向降准等优惠政策，都明确指向小额化业务。要做好小额化业务，不能拘泥于旧的思维定式和路径依赖，要以创新思维求发展，加强互联网技术、现代金融科技在小微产品创新中的运用，研究把握好小额化业务规律，不断推动模式创新。一要探索将“零售评分卡”作为风险评价的主要工具，在客户准入（评级）、贷款额度核定、作业监督、贷后管理、资产质量分类、经济资本占用、组合计量资产拨备等方面实现小微信贷产品的标准化、零售化改造。二要充分挖掘数据潜力，依托客户结算、代发工资、金融资产、纳税、缴费等信息，根据不同的业务场景研发相应的产品，精准定位关键风控环节，优化业务流程。三要加快对现有专属信贷产品的线上化改造进程，丰富扩展产品的办理途径，为客户提供柜面、电子银行、卡介质、自助终端等多种渠道的融资服务。四要在总行统一规划并制定基础制度框架、基本准入标准及关键管理要求的基础上，优化调整分行的产品创新权限，支持分行不断提升市场响应速度，增强同业竞争能力。

二、加快建设普惠金融机构，加紧完善专业化经营的组织架构

2014 年以来，全行在优化小微金融发展模式、推进专业化经营管理体制等方面进行了很多探索，设立了200 余家小微中心专营机构，取得了一定成效。从业务拓展情况看，90% 的小微中心建立了目标客户库，入库客户 3 万多户，超过 12% 的客户已转化为现实客户，专营模式贷款中新拓客户占比明显高于全行平均水平。从资产质量情况看，专营模式贷款不良率为 1.62%，较全行内部口径小微企业贷款不良率低 5.04 个百分点。从客户结构情况看，专营模式贷款的户均余额为 430 万元，比全行平均水平低 307 万元，500 万元以下贷款占比为 37%，比全行平均水平高 20 个百分点。从客户贡献情况看，今年 1－9 月，专营模式贷款以占比 30% 的客户数量，贡献了 42% 的客户贡献值，户均贡献（5.28 万元）是全行平均水平 1.4 倍。在肯定专营模式成绩的同时，还应看到在专营机构建设中存在的一些突出问题。一是管理机构设置不到位，管理职能定位不完整。近年来，部分行弱化了小微金融业务部门力量。在一级（直属）分行层面，部分行撤销了独立的小微企业部，将其并入其他部门。部分行小微企业部的职能仍局限在营销推动层面，未按新模式要求统筹业务发展与风险管理职能。在二级分行层面，小微专业人员不足，没有精力推进市场规划、业务创新、风险管理等工作。二是小微中心规范化建设参差不齐。部分重点城市行尚未组建小微中心，小微中心发放的贷款在全部贷款中的占比偏低。同时，还有相当一部分小微中心职能定位不合理、人员配备不充足、业务流程不精简、市场规划和风险预警管理等重点工作推进不快，甚至有个别机构设立小微中心的动机仅仅是为了向二级分行转授信贷审批权。上述问题与总行有关设立普惠金融事业部、小微中心试点的要求均有较大差距，须尽快纠正。下面我就普惠金融机构建设提出如下几点要求：

（一）各行要加快组建普惠金融机构，加紧完善专业化经营管理组织架构。一是各行要按照总行《关于成立普惠金融事业部的通知》的要求，抓紧做好一级（直属）分行层面普惠金融事业部和二级分行层面小微中心等专营机构组建工作。尚未启动小微中心建设的广东江门、湛江、四川营业部、山东淄博、江西九江、湖北荆州、吉林省吉林市等 7 家总行级重点城市行，要在今年底之前完成小微中心组建工作。二是普惠金融业务发展是一个系统工程，需要发挥好各层级、各部门的优势，形成战斗合力。总行层面已经成立了谷澍行长任主任委员、我任副主任委员的普惠金融推进委员会，负责议定全行普惠金融业务的发展规划、重要制度办法、考核评价方案，配套相应的政策资源，协调解决重大事项，指导推动普惠金融业务发展和经营管理。各分行也要建立相应机构或协调机制，组织并协调好相关前中后台部门联动，统筹推动普惠金融工作开展。三是分行普惠金融业务事业部管辖的业务边界仍然是内部口径小微金融业务，承担市场营销和风险管理职责，并牵头协调

其他普惠业务，如“三农”业务及扶贫业务，现阶段不改变这些业务原有的管理职能划分。未设立小微中心的二级分行须明确承担小微金融业务管理职能及普惠金融业务牵头协调职能的内设机构，并报告上级行普惠金融事业部。四是各行需根据职能范围及业务规模等情况，为普惠金融事业部设置相应的岗位并配备必要人员，解决前期存在的人员配备严重不足的问题。

（二）理顺小微中心的管理机制，加紧规范小微中心运营。一是完善小微中心体制机制。近期，总行将对小微中心管理体制进行调整完善，各行小微中心的日常管理职能更多地向一级（直属）分行倾斜，由一级（直属）分行负责小微中心的准入审批、日常管理、具体业务指导和考核评价。总行集中精力做好小微中心制度建设、模式优化推广、数据和系统支持、配套机制完善以及组织年审检查等工作，通过对业务发展、队伍建设和基础性工作开展三个维度的非现场监测管理，与不定期的现场检查和小微中心年审考核等措施结合，进一步强化对小微中心的分层动态管理。二是加强小微中心规范化运营。各行小微中心要按照总行工银办发［2014］623号文和小微中心试点方案的批复要求，切实加强规范化建设，对存在的问题认真进行整改。一要规范小微中心职责定位，小微中心要专注于小微业务经营管理，统筹做好业务发展与风险控制，不应仅局限于营销管理，相关岗位设置、流程安排、工作要求和考核评价均不得与这一定位相背离。二要按规定设置基础岗位并配备专职人员，以便按新模式开展业务。三要加大市场规划、非现场贷后管理等基础性工作力度，确保业务稳步发展、风险有效防控。三是积极推进样板工程建设。去年总行选择了河北保定、江苏营业部、浙江台州、广东中山4家二级分行开展了小微中心样板建设，今年又在上海金山、江西赣州、湖南常德、重庆分行和陕西营业部开展了第二批总行级小微中心样板建设，请相关分行按照前述思路，探索创新小微信贷业务经营管理模式，引领全行小微金融业务发展。在一级（直属）分行层面，要求各行在辖内选择1-2家基础较好的小微中心，开展区域性的样板创建工作，总结出可持续、可复制、可推广的做法，推动全辖小微中心的质效提升。四是不断完善各项配套机制。小微金融业务专营机构建设刚迈出第一步，需要不断优化并完善配套机制，包括如何完善全流程风险管理、小微中心内部及中心与支行协同机制、以客户为中心的交叉销售和绩效考核机制等，请各级行积极探索，不断总结和改进。

三、抓紧完善“五专”经营机制，尽早解决战略“传导机制”缺失和发展“动力”不足问题

近年来，全行小微贷款总量持续下滑，独立的小微金融业务管理机构数量不断减少，优秀从业人员大量流失。这些现象的背后，是各级分支机构发展小微金融业务的动力严重不足，是“五专”机制不健全，进而导致小微发展战略的传导机制失效，突出表现在以下几个方面：一是缺少专门的考核评价机制。在机构考核方面，小微金融业务考核分数占比很低，内部口径的小微贷款甚至没有具体的考核指标。考核指挥棒的缺失在一定程度上造成各级行发展小微金融业务的动力不足，很多分行放弃该项指标得分。在人员考核方面，小微金融从业人员的考核也不适应该项业务的特点。不少同志反映，分支行考核对公客户经理时，一般按贷款余额或贷款增量考核。小微贷款笔数多、但金额小，专职小微客户经理的绩效工资收入普遍低于公司客户经理，工作积极性受到影响。二是资源配置机制不健全。小微专项信贷规模的管理机制不健全，对挤占专项规模的行为缺少有效的约束手段。今年以来，全行信贷规模趋紧，一些机构在资源配置上出现了挤占小微贷款的专项规模的情况，甚至有一些分行阶段性限制为小微贷款配置信贷资金，造成一些已审批待发放的小微业务积压。另外，据部分分行反映，由于小微贷款业务笔数多、金额小的特点明显，不良贷款核销进度往往比较缓慢，在一定程度上导致小微贷款、特别是个人经营性贷款的不良率长期居高不下。三是尽职免责在一些机构仍流于表面，未能落实到具体的问责管理工作中。针对存在的上述问题，对照“五专”经营机制的要求，我提出如下几点要求。

（一）建立专门的考核机制，有效传导小微金融业务经营战略。要根据监管要求和普惠金融特点，按照保本微利的原则完善差异化考核指标体系，逐步建立转型绩效考核制度，采用经济和行政双重手段，切实加大考核力度，构建有效的绩效薪酬管理和激励约束机制。一是把普惠金融业务发展作为各级行的一把手工程。将一级（直属）分行普惠金融业务的发展情况与经营机构主要负责人评优及提拔任用挂钩，与经营机构分管行领导的绩效考核挂钩。将普惠金融业务发展与二级分行信贷经营能力和重点城市行竞争力提升考核挂钩。二是加大普惠金融业务相关指标考核力度。按季度对普惠金融业务相关监管指标完成情况进行考核，并作为一级（直属）分行考核升档和降档的重要参考。将普惠金融业务相关监管指标根据部门分工细分至总行相关部门，在对部门进行定量考核时明确为关键业绩指标，并设置较高权重。三是对于普惠金融业务的盈利能力及贷款质量给予必要的风险容忍度。一方面，按照保本微利的原则确定普惠金融业务的盈利目标，对盈利能力卓越的分行给予必要的奖励。另一方面，根据风险溢价水平确定容忍度大小，按照监管规定对不良率不高于各项贷款2个百分点以内的分支机构不作为绩效考核的扣分因素。四是一级（直属）分行需比照总行考核评价方式制订辖内细化考核评价方案，完善考核传导机制，客观反映基层机构和业务经办人员的工作成果。

（二）完善资源保障机制，确保完成总行下达的发展任务。一是根据普惠金融业务发展初期投入产出效率相对较低的情况，在业务发展之初给予一定的优惠和奖励政策，以提高分支机构开展普惠业务的积极性。二是为普惠贷款业务设立专项贷款计划，并进一步完善专项计划管理机制。为普惠贷款预设“影子规模”，对于任务完成较好分行追加贷款规模。对挪用普惠贷款专项计划的分行，在正常的内部资金转移价格基础上，对差额部分另行加收专项资金占用费。三是做好财务资源保障。一要为专营机构分配与业务发展规模相当的各类费用。在普惠业务发展初期，要定位于保本微利，避免挂钩过高的资产质量及盈利目标。二要保障小微金融从业人员的平均薪酬水平与公司、个金条线大体相当，避免优秀人才流失。三要保障不良贷款核销资源，使得普惠业务能够尽早轻装上阵。四是做好人力资源保障。要以人为本做好普惠金融条线专业队伍建设，一要做好岗位人员选配。按照小微管理机构和小微中心职责，合理设置岗位并配备人员，特别是为关键岗位配备专职人员，保障上述机构完整履行职责。二要做好专业人员梯队建设，加大多层次业务培训，发扬“传帮带”的大行工匠精神，通过柔性团队、专家小组等方式凝聚经验智慧，提升专业服务能力。三要做好从业人员考核评价，逐步建立以客户贡献为中心的人员考核评价体系，合理设置对业务人员的考核指标，普惠金融从业人员的各项收入原则上不得低于所在机构同级别对公客户经理平均水平，完善小微金融从业人员职业成长通道，有效调动工作积极性，不断提升从业务人员的荣誉感、获得感和满意度。

（三）打造平台金融服务机制，推进普惠金融服务模式优化。面对数量广泛而又相对分散的小微客户群体，必须借助互联网等现代信息技术手段，线上与线下并重，延伸服务半径，拓宽服务渠道，提高服务质效，拓展普惠金融服务广度和深度。要开发多元化、全方位金融服务，满足多层次、多样化的普惠金融需求，打造强大稳定的服务平台和服务体系，实现在客户结构、产品创新、流程设计、技术支撑、风险管控等作业层面的优化改造。要按照“批量拓展、结算先行、综合服务、交叉销售”的要求，加强相关部门的联动协同，构建多层次、全覆盖的综合性服务机制。

（四）进一步完善尽职免责机制，让基层从业人员放下思想包袱、克服“惧贷”思想。失职问责与尽职免责是同一事物的两个方面、不可偏废，既不应该在强调免责的时候，放松对信贷人员履职要求，也不应在强调从严治贷的同时，机械地执行笔笔追责。一方面，要通过体制机制建设，强化监督，保障合规操作。在小微中心体制上，通过专业化分工流水线作业、审查派驻制、设立反欺诈岗等措施，在小微中心内部不同岗位之间建立制约和监督机制、防止一手清。信贷管理和内控合规部门要做好业务发展及操作合规的监督监控，形成一种违规必究的高压态势，让从业人员心存畏惧、不敢违规。另一方面，对合法经营前提下产生的风险，特别是没有证据证明存在主观故意违规意图的，应给予必要的容忍。在风险容忍度范围内，只要不存在道德风险以及失职渎职等违规行为造成的业务风险，不需要笔笔追责。

四、当前要抓好的几项具体工作

（一）采取切实措施，确保完成全年“三个不低于”监管要求和定向降准要求。

一是确保完成全年“三个不低于”监管要求。今年前三季度，虽然全行完成了“三个不低于”监管要求的序时进度，但从业务进展情况来看，完成监管口径全年增长目标的任务仍然十分艰巨，一些分行的缺口很大。对此，全行都要保持清醒认识，各行特别是缺口大的分行予以高度重视。一要强化资源保障。要保障监管口径小微客户信贷规模，不得人为延迟监管口径贷款发放，监管口径小微企业贷款收回腾出的贷款规模必须优先用于监管口径小微企业贷款投放，如发现因信贷规模原因，导致监管口径贷款无法正常投放，影响监管任务完成的，总行将严肃追责。二要进行阶段性奖优罚劣。鼓励有条件的分行加快发展，同时将扩大季末考核降档分行数量。各行也要鼓励辖内机构注重大局，多做贡献，并从考核上进行统筹安排，不让“老实人”吃亏。三要增强贷款增长的平稳性。人民银行明确要求各商业银行不能出现监管口径贷款季末大幅波动的情况。各行要推动贷款平稳增长，避免单月出现大额下降。从第四季度起，对于出现监管口径贷款单月大额下降的分行，总行将考虑视情况在季末考核中进行降档处理。四要加大银政通、小额担保贷款、固定资产购建贷、网上小额贷款、纳税信用贷款等产品的营销推广，带动内部口径贷款投放。

这里，我再强调，全年任务必须完成，这容不得半点含糊，各级行必须采取切实有效措施，确保完成小微企业贷款增长“三个不低于”的监管要求。

二是抓紧达到人民银行定向降准要求。为推动普惠金融业务发展，人民银行从2018年开始将对符合条件的商业银行实施定向降准，但根据我行9月末普惠金融业务数据测算，尚达不到降准要求。易董事长高度重视此事，第一时间作出了批示。为加快普惠金融业务发展，加大贷款投放力度，彰显工行良好形象，全行2017年末必须无条件达到人民银行定向降准要求。为此，总行将对500万元以下小微企业贷款、个体工商户和小微企业主的经营性贷款等8项符合人民银行降准要求的普惠贷款下达100亿元的增长计划，这个任务计划作为指令性计划，既是业务指标，也是政治任务。这里明确各分行一把手是第一责任人，完不成计划的分行，一把手要向总行做专题报告。对增量计划，总行将配套相应的奖惩激励政策。各行四季度要重点做好以下工作：一要抓紧做好任务分解和安排落实，不等不靠，积极配套相应激励政策，尽快加大符合条件的业务投放。总行近期将对网上小额贷款现场确认环节、余值抵押方式的个人经营贷款等政策进行优化，各行可在风险可控前提下加大相关贷款投放。二要严控个人经营贷款下滑。各行要逐笔跟踪个人经营贷款到期情况，做好优质客户维护和阶段性困难客户的无还本续贷工作。三要严格做好新放贷款的风险管控，风险问题同样容不得半点含糊，坚决不能出现今年集中放款明年大量劣变的情况。总行普惠金融事业部要加强监测和督导，在10－11月实行每周调度，在12月实行逐日调度，确保年末达到定向降准要求。

（二）加快推进重点产品的营销推广。一是做好扶贫小额贷款、“两权”抵押贷款以及与国家农担联盟的业务合作。“扶贫小额贷款”和“两权”抵押贷款试点，既是落实金融机构精准扶贫工作的具体措施，也是普惠金融工作的重要组成部分。总行党委对此高度重视，并做了重点部署与安排。总行信贷与投资管理部、普惠金融事业部先后印发了“两权”抵押和“扶贫小额贷款”的管理办法，分解下达了2017年“两权”抵押贷款的目标任务，各级普惠金融业务部门要主动担当、积极作为。一方面要提高认识，做好工作部署；另一方面要坚持商业可持续原则，因地制宜，稳妥推进，切实防范风险。与国家农担联盟的合作是今年总行拓宽小微客户渠道、践行服务“三农”社会责任的一项重要举措。目前，全行已有16家一级（直属）分行与所在省（区）市农担公司完成了签约，但在已建立省（区）市农担公司的地区中仍有13家分行未完成签约，还有一些分行的业务合作推进缓慢。对这项工作各行在思想上要高度重视，在行动上要抓紧落实。目前，还未与省（区）市农担公司签约的分行要形成书面报告向总行汇报原因；已签约的分行要积极做好营销对接和业务落地，挖掘一批优质涉农客户，推进业务合作成果。二是发挥网络融资产品优势，实现批量拓展客户。普惠金融事业部要加强与网络融资中心的合作，积极捕捉市场信息，积极拓展合作渠道，提出产品创新需求，通过线上、线下双轮驱动，发挥网融产品批量化拓户优势，快速做大客户规模。三是积极应用续贷与年审制贷款模式加强对存量客户的融资服务。前期，国家审计署在对我行进行审计时提出了部分分行对企业无还本续贷政策落实不到位的问题。对此，各行要认真对照检查，要准确把握监管政策导向，正确看待企业阶段性还款困难与银行信用风险之间的关系。只要企业生产经营情况基本正常，还款意愿好，就可以考虑给予续贷支持。总行普惠金融事业部要进一步研究适当下沉贷款审批层级，简化流程、提高续贷业务办理效率的具体措施，不断优化存量客户服务体验，减少存量优质客户流失。总行信贷管理部门要加强对续贷和年审制贷款的日常监控，严格动态管理，防范出现系统性风险。

（三）大力开展小微客户拓展工程。近年来，由于受经济增速下行影响，小微金融业务处于低迷期，我行小微客户基础也受到侵蚀，客户储备板凳不深、新拓客户质量不高等问题在一些地方比较突出。客户是一切业务的来源，没有稳固的客户基础，普惠金融事业就不可能行稳致远。为了落实好总行党委提出的客户战略要求、提升各级行小微金融业务经营能力，总行决定第四季度启动小微客户拓展工程。

一是明确拓户目标和总体要求。力争在未来2－3年的时间内，即到2020年，实现小微客户拓展能力显著提升。其中小微企业客户2018年实现恢复性增长，2020年达到8万户，较2017年8月末增加2.1万户；小微企业主客户达到15万户，较2017年8月末增加7万户；小微客户占比每年提升2个百分点。各分行要根据总行整体安排，明确客户拓展目标和进度，“定方向、定目标、定团队、定时限、定措施、定奖惩”，将各项工作分解落实到位。

二是打好拓户组合拳。拓户工作不能搞“一阵风”“运动式”，既要抓客户数量的增长，更要抓客户质量的提升，多措并举，真正夯实客户基础。一要抓好规划“选客”。各行要把市场规划作为拓户工作的起点、作为风险管理的起点，扎实做好市场状况和客户经营规律的研究分析，选准细分市场和重点客户群，建立和用好小微企业客户库，要形成目标客户群的分层分类和梯度开发机制，把好客户准入关。二要抓好渠道“获客”。要实现小额化发展，必须建立批量化获客机制，各行要利用好行内和行外两大渠道搭建拓户平台。一方面，依托行内相关业务条线客户资源延伸发掘客户，包括对公结算户、个人按揭贷款和私人银行客户中的小微企业主客户。另一方面，依托行外第三方机构合作发掘客户，包括各类大数据服务商、互联网公司、电商平台、软件开发企业等；依托业务场景发掘客户，包括优质金融资产质押贷款目标客户、税务贷对应缴税客户等。三要抓好产品“活客”。在小微金融产品研发方面要从客户特点出发、以客户需求为导向，在深入研究客户群经营规律的基础上做好场景化开发和个性化设计，不断丰富产品线。一方面，加快基于大数据的创新产品研发，针对具体业务场景、特定客户需求设计产品。做好线上和线下产品的整合和打通，使得一线人员能够根据客户需求灵活进行产品组合和方案设计。另一方面，要调整产品创新机制，赋予基层行更大的创新权限，能够根据不同类型客户需求创新产品或者优化借款要素，提升对客户响应速度和需求满足度。四要抓好服务“黏客”。要进一步梳理和优化客户服务渠道、创新服务方式，对不同客户类型、不同金融需求、不同业务类型、不同价值贡献的客户要形成差异化的服务机制。要从合作伙伴的角度看待客户，把客户营销、贷后现场检查等单项工作整合为系统化的客户服务机制，建立更加密切的伙伴关系。要以客户总体价值为衡量标准，算好“大账”，在各项业务收费、贷款定价、服务方式等方面给予一定的弹性，提升客户对我行服务的满意度和价值贡献。

三是加强协同联动。在横向部门协同上，由普惠金融事业部牵头，与结算与现金管理部、个人金融业务部、私人银行业务部等部门共同研究，探索实行双边计价、影子考核，对普惠口径指标涉及的部门实行捆绑考核，对各相关部门赋予相应的考核权重。在纵向条线管理上，普惠金融考核体系中要突出客户拓展指标，加大客户拓展权重，增强全行普惠金融条线的拓户意识。在具体拓户工作开展中，二级分行要带领所辖支行建立团队工作机制，分工协同做好市场规划、方案设计、精准营销和贷后服务等各项工作。

（四）抓好风险管理，确保完成小微贷款风险“三降”目标。今年以来，全行小微企业信贷资产质量出现了明显好转的势头，不良贷款余额、剪刀差金额及劣变金额均较上年同期明显减少。但从目前情况看，风险下降趋势仍有波动、不够稳固，有些分行的风险问题还比较突出和严峻。第四季度，全行上下要努力保持资产质量向好态势，在全力做好贷款防劣变工作的同时，加快不良贷款处置进度，打好小微信贷风险的攻坚战，确保实现年底实现小微贷款不良额、剪刀差和劣变额“三降”目标。为此要求做好以下几项工作：一是各行要密切关注逾期贷款情况，确保按照序时进度完成总行下达的贷款劣变控制计划。二是进一步细化到期本息收回管理工作。做实做细到期本息还款资金来源摸排工作，各行要至少提前1个月将贷款本息到期明细数据下发至基层行，要求逐户反馈还款资金能否落实、资金来源、到位时间、到位可能性等详细信息。对还款资金来源不确定的，要进一步摸排借款人、实际控制人及其关联企业、保证人生产经营情况和资金状况，根据借款人还款意愿、资金筹措情况、生产经营情况、资产状况，制定风险化解预案，明确具体工作步骤、责任人和工作完成时限。三是加大不良贷款处置力度。各行要给予小微企业贷款更多的处置资源，加快常规清收处置速度，灵活采取“债务转移、债权转让、债务重组、还款免息、以物抵债”等各种方式，促使借款人及时归还我行贷款。对于需核销或批量转让方式处置不良贷款的，前中后台相关部门、总分行之间要加强沟通，尽早完成相关审批工作，严防部门间、各层级间推诿扯皮延误处置时机。

同志们，普惠金融事业部的成立，标志着工行小微金融业务进入了一个新的发展阶段。当前面临的任务比较艰巨，“五专”机制落地要取得实质性突破，小微中心建设要完成关键性跨越，小微信贷文化要完成体系性重塑，线上化小额化改革方向要迈出坚实步伐，客户拓展战略要取得显著成效，小微金融风控体系和作业流程要做出重大调整。我们前进的方向是明确的，内外部环境也正在改善，希望大家一鼓作气、乘势而上，统筹抓好普惠金融的当前和长远发展工作，凝心聚力，闯出工商银行普惠金融的一片新天地。

拓宽思路　发挥合力
拓展个人信用消费贷款的蓝海市场

——在全行信用类消费贷款业务视频推动会上的讲话

李云泽

（2017年1月5日）

刚才，7家不同层级的分支机构从不同侧面介绍了信用类消费贷款发展经验，相信对大家有不少启发，我本人也是受益匪浅。我们还共同见证了工商银行个人信用消费贷款的全新品牌——“工银融e借”正式面世。这表明工商银行个人信用消费贷款在专业化、规模化、品牌化发展道路上又迈出了新的步伐，进入了新的发展阶段。今天我们召开这么大规模的视频推动会，目的就是把握经济新常态下银行业经营转型，尤其是信贷业务转型为个人信用消费贷款带来的历史性机遇，进一步认清形势变化，统一思想认识，明确发展方向，动员全行解放思想扩思路，公私联动聚合力，推动个人信用消费贷款大发展，全面确立市场领先地位。今天，我想借此机会讲三个方面的问题。

一、关于加快个人信用消费贷款业务发展突破的问题

在一年多的探索实践中，个人信用消费贷款作为真正的互联网融资产品显示出了效益好、风险低的优越

性，特别是在当前我国供给侧需求侧经济政策并进、我行信贷业务加快转型的新形势下，个人信用消费贷款迎来了发展速度更快、潜力更大、动能更强的黄金时期。

从国际经验和我国经济环境看，我国消费信贷产业迎来了历史性的机遇。美国消费信贷发展历史表明，国民收入达到中等水平、消费成为经济发展的最大动力以后，消费信贷将进入快速发展阶段，目前美国消费信贷在银行信贷总额中的占比已达44%左右。当前，我国经济社会结构与美国消费信贷大发展时期高度相似，消费对经济增长的贡献率超过70%，中等收入居民已达3亿人并且还在快速增长，预计2020年将达到6亿人，特别是70后、80后、90后已成为消费的中坚力量，具有比较强的主动负债意识，我国消费文化正逐步由量入为出向适度超前消费转变，消费信贷已经迎来了大踏步发展的新时代。然而，我国消费信贷在银行信贷总额中的占比仅为20%，尚不足美国的一半，人均消费信贷余额1.4万元，不足美国的1/7，未来发展空间巨大。

从业务效益看，个人信用消费贷款收益率高、协同效应明显。2016年，我行一年期个人信用消费贷款优惠后的平均利率为4.785%，个人住房按揭贷款为4.46%，一年期定期存款上存总行利率为2.83%，若考虑资金成本、风险成本、存款保险成本以及税务成本后，三类业务实际年化收益率分别为1.88%、1.4%和1.05%，个人信用消费贷款收益率高于按揭贷款和一年期存款，盈利能力比较可观，尤其是今年风险拨备计提比例从1.4%下调为1%，进一步提高了个人信用消费贷款的盈利能力。当前，我行零售业务发展的最大障碍就是客户结构不合理，30岁以下年轻客户占比不高，呈现出老龄化的趋势，而个人信用消费贷款客户主要是年轻客户，因此做大这项业务还有利于稳定和扩大我行年轻客户规模，优化个人客户结构。此外，个人资产业务是我行联系客户的纽带，个人信用消费贷款可以通过服务对公大客户的个人群体，达到巩固与对公客户合作关系的目的，甚至以此为突破口撬动更多的业务合作，形成“以私促公、以公带私”的良好局面。

从业务发展条件看，我行发展信用消费贷款有着扎实的硬件和实践基础。客户是我们发展业务的根本，我行拥有庞大的个人客户规模，个人客户总量达5.2亿户，这为发展个人信用消费贷款奠定了很好的基础。前不久，个人信用消费贷款产品再次升级，贷款期限从2年延长至最长5年，宽限期从6个月延长至最长12个月，还款方式在等额本息基础上增加等额本金、到期还本付息、按月付息到期还本3种方式，并且支持各行按照不同地区、不同客户设置差异化的贷款利率、贷款期限、宽限期和还款方式，已经成为市场上最有竞争力的消费贷款产品。去年9月开始，总行从顶层设计入手推动全行批量发展公务员白名单客户，目前全行已营销公务员单位近5 306户，在此过程中，浙江分行积极先行先试，营销公务员单位2 439户，几乎占全行的一半；宁波分行创造性地将总行指导意见落到实处，营销公务员单位644户，在全行位列第二、在直属分行位列第一；北京分行充分把握资源优势，强化公私联动，公务员白名单客户数跃居全行首位，达到15万户。这些条件都为我们发展个人信用消费贷款增强了信心。

因此，无论是外部环境还是内部条件都为个人信用消费贷款发展提供了新动能新机遇，同时也要看到，与广阔的市场空间相比、与大型互联网金融公司相比，我行个人信用消费贷款还远未充分发展，全行必须提高认识，创新思维，用新理念开阔新思路，用高目标引领大发展，尤其要把握个人信用消费贷款小额、高频、低息、便捷的特点，围绕这四个特点从简化录入要素、方便客户查询信用额度等方面优化产品，提升客户体验，全力开拓个人信用消费贷款的蓝海市场。

一是发展亿级“工银融e借”白名单客群。坚持“覆盖全客户”，即做透行内客户、开拓行外客户，通过数据化、板块化、批量化的运作模式实质性扩大“工银融e借”白名单客户的覆盖面，确保新增5 400万白名单客户，到年末使白名单客户总量突破1亿户，明年力争白名单客户总量突破2亿户。

一方面，最大限度将行内客户转化为“工银融e借”白名单客户。要着重抓好行内四个“亿级”重点目标客群，分别是：信用卡客群，用卡正常的客户均可作为信用消费贷款的目标客户；社保基金客群和公积金缴纳客群，这些客户信息真实，可以作为目标客户予以授信；个金部发行的基金保险理财客群，这些客户有相当的金融资产，也可以作为目标客户予以授信；最后是“表外客户”，即受托管理企业年金的客户，这些客户所在公司效益良好，客户本身优质度较高。通过上述途径，力争将4 400万行内客户转化为“融e借”白名单客户。

另一方面，依托公私联动，批量拓展“六大板块”优质客群。2016年9月总行就加快发展公务员信用消费贷款业务印发指导意见和营销方案以来，各行积极响应，对辖内党政机关在职公务员开展了上门批量营销，取得了较好的成效。各行要进一步吃透文件精神，学习先进行经验，尽快建立和完善“消费信贷团队＋公司机构金融专业＋主办支行”的联动营销机制，分门别类、一个单位一个单位地推进营销，最大限度把县级及以上单位公务员批量发展为我行白名单客户。与此同时，要进一步拓宽客群范围，将营销公务员单位的模式复制到金融同业、优质企业、优质学校、县级及以上医院、军队武警等对公单位。我国现有公务员与事业单位员工超过3 700万人、银行从业人员380万人、保险机构员工106万人、军队200万人，再加上全国2 879所高等学校、26.8万所中小学、1.3万家公立医院，潜在目标客户群体庞大。各行要抓紧梳理本地区“六大板块”目标单位名单，明确落地营销支行和责任人，逐个单位开展消费贷款客户的批量营销。要把客户授信与旺季营销结合起来，将授信作为营销客户的重要切入点，作为旺季营销的利器，营销工作不仅可以从人事财务部门切入，也可以从工会团委切入。旺季营销期间，一个支行要至少成功营销 3 - 5 家对公单位，全年至少成功营销 10 - 15 家对公单位。对于前期已经与我行合作的单位，原则上要使白名单客户渗透率达到 100%，对于新营销的单位，力争使白名单客户渗透率达到 50% 以上。各分行要对辖内分支机构的营销进度加强督导，总行将按照一级分行、直属分行与一级分行营业部、二级分行三个层面定期通报营销进度。通过上述举措，力争从“六大板块”客群中批量拓展 1 000 万白名单客户。

二是实现“工银融 e 借”目标客户精准授信。充分考虑行内客户和“六大板块”客户的收入水平、行政级别、职务职级、社会地位等因素，对客户进行适度授信，确保授信额度既可以充分满足客户信用消费需求，又可以使我行风险敞口和风险成本可控。对于行内现有信用卡客户、“9944”预审批客户，总行将根据客户收入水平、消费能力、信用表现等因素，结合七大系统风险信息及模型评价结果，实施精准授信。对于“六大板块”优质客群，总行在充分考虑客户从业时间、收入水平、专业技术资格等因素差异的基础上，依据客户行政级别、职务职称、管理层级、军衔等多个维度制定了专属特色化授信策略。总行授信政策文件印发后，各行要充分考虑当地经济发展水平、消费水平、收入水平及风险防控形势等因素，在不超过总行授信标准上限的基础上制定授信细则，统筹把握好市场拓展与风险防控的平衡。

三是深入开展场景化营销，激活入库白名单客户的消费信贷需求。不但要“打通全渠道”，网银、融 e 行、融 e 联、电话银行、柜面等所有客户接触点均可为客户提供信用额度、可用额度等信息，在特殊节日可以将“应景”小礼物与授信信息一并派发给客户；还要创造条件激发客户提款积极性，将潜在融资需求转化为现实需求。

一方面，要运用大数据分析白名单客户消费需求，联合特定类别的商家提供特惠服务。通过分析客户关注网银、查询信用额度等行为，判断客户贷款倾向，通过引入外部消费行为信息，判断客户消费倾向，有针对性地在客户与商户之间“牵线搭桥”，促成信用消费。比如，车改后公务员购车需求旺盛，可联合汽车经销商开展“提款购车、定向特惠”活动，使需求、提款和消费三个环节实现无缝衔接。再如，分行可建立“工行 + 一家房地产公司 + 一家装修公司”的“1 + 1 + 1”合作模式，向我行优质房贷客户营销“工银融 e 借”，并且由装修公司提供专属特惠。此外，还要与物业公司、留学中介、在职教育、观光旅游、酒店婚庆等大额消费的公司合作，通过“融 e 借”为白名单客户提供流动资金支持。积极探索与阿里家装、京东商城等电商平台合作，将我行个人信用消费贷款嵌入电商平台支付流程，在客户选择支付方式时自动弹出贷款申办窗口，引导客户先贷款后支付。

另一方面，要充分用好我行自有渠道向白名单客户营销贷款。全面铺开电话外呼营销，总行要尽快在电话中心筹建起 500 人的外呼营销团队，分行层面要尽快形成至少 1 000 人的消费贷款外呼营销队伍，其中一级分行要充分利用现有的远程运维队伍，二级分行要组建 5 - 8 人的电话外呼团队或者开展外包合作，按照总行提供的目标客户清单开展精准营销。同时，以二级分行为单位开展全员体验，并且将目标客户和营销任务分解到网点和客户经理，开展“一日一人一笔贷款”营销活动，掀起全员体验、宣传、营销信用消费贷款的热潮。

四是做好实时可干预监测，严把客户身份真实性和消费交易的真实性。在客户真实性监控方面，对于批量营销的“六大板块”客群，各行要严格核实客户身份、职务、职级等信息，要求单位人事部门出具加盖公章的工作证明材料，或者通过参考行内外代发工资、公积金、养老金等数据核实客户身份，避免出现集中性风险。同时，总行将引入第三方互联网可信数据，辅助开展客户身份核实，对于被列入第三方黑名单的高风险客户以及涉嫌虚假申请的客户，要从我行白名单中予以剔除；对于第三方公司系统发现的姓名、身份证号与手机号码不匹配的客户，或者单位地址与手机所在位置距离较远的客户，要及时进行预警，严把准入关；对于申请贷款的行内客户，如果填写的电话、工作单位等信息与我行留存信息不一致的，要加大人工核实力度。在消费真实性监控方面，要加强贷后实时监控，防范系统性信用风险。持续优化个人信用消费贷款监控模型，对于多人合谋恶意套取资金、客户在我行金融资产骤降或劣变以及信贷资金流向异常、消费行为异常、还款行为异常、行内贷款交叉违约等情况要加大监控力度；对集中大额交易以及不良率严重超标的重点区域、重点客群中的高风险客户，总行将采取主动降额等直接干预措施；对于总行监控发现的疑似风险交易，分支行务必及时落实核查确认并及时采取风控措施。

五是全面建立信用类消费贷款专职团队。总行层面要尽快完成信用消费金融中心前中后台组织架构的调整优化，建立起密切协同、有效制衡的营销和管理机制。分行层面要全面建立专兼职信用类消费贷款业务团队，其中各省（区）分行团队专职人员不低于 5 名，直辖市分行、直属分行、省会城市行团队专职人员不低于 7 名，二级分行专职人员不低于 5 名，各直辖市分行、直属分行、省会城市分行和重点二级分行的一级支行专职人员不低于2名，各级行专职团队组建工作要抓紧完成。

二、关于今年信用卡业务转型发展的目标与路径

今年全行信用卡专业经营发展总体指导思想是：贯彻落实改革发展研讨会精神，立足于“全球第一大发卡银行、中国第一信用卡品牌”的新起点，抓住我国信用卡产业发展的黄金时代和我行互联网战略全面深化的新机遇，坚持以新理念引领新发展，坚持传承与创新，坚定互联网转型发展的方向，弘扬“我们先做到”的工银信用卡精神，坚定信心、勇往直前，朝着“客户首选、行业领军、世界一流、百年品牌”的愿景目标阔步前进。

具体经营目标是：全年信用卡客户净增1 000万户，跃居中国客户总量最大的信用卡发卡银行；商户数新增100万户，信用类消费贷款新增1 000亿元，信用卡消费额达到2.5万亿元，收单交易额超过10万亿元；信用卡资产质量保持稳定，不良率实现逐季下降。

发展路径是：坚持获客互联网化，与传统获客渠道形成“双轮驱动”的格局，大幅提高行内客户信用卡和个人信用消费贷款的渗透率，大规模发展行外优质年轻客户；坚持产品互联网化，以二维码支付为抓手，拓展千万级商户新市场，以“工银融e借”为利器，开拓万亿级资产业务新蓝海；坚持服务互联网化，面向客户和商户搭建移动智能的互联网服务平台，建立客户全生命周期管理体系，夯实客户根基。

（一）扎实推进拓户工程。回归信用卡融资业务的本源，重新定位信用卡目标客户，着重发展消费行为活跃、融资需求旺盛的年轻、活跃客户，在持续做大客户规模的同时，从根本上优化工银信用卡的客户结构。一是与优秀互联网平台开展引流拓户合作，在互联网平台直接开发工银信用卡申请入口，建立适用于互联网渠道客户的信用评估机制，有效做大年轻活跃客户规模。二是提升行内客户信用卡渗透率，优化“9944”目标客户筛选标准，更加注重数据质量和“精确制导”，重点针对35岁以下年轻活跃客群开展营销，改善信用卡客户的年龄结构。三是充分运用大零售的平台资源，信用卡、个金、工银安盛联动开展捆绑营销，比如试行工银安盛代理发行信用卡和借记卡，信用卡专业提高借记卡渗透率，个金专业代理销售保险，代理营销费用在三个专业之间相互抵扣，努力形成一种合作共赢的联动营销新机制。

（二）努力做大特约商户规模。以全新的组织架构为保障，站稳“线下”，抢滩“线上”，将发展收单商户作为全行发展法人客户的重要依托。一是“以商户引商户”，发挥我行个人客户资源丰富的比较优势和商户促销资源的比较优势，通过联合促销引导更多客户在我行特约商户刷卡消费，帮助特约商户扩大销售，深化双方合作关系，形成良性互动。二是充分运用第三方外包公司力量开展“借力营销”，形成以“商户发展团队＋网点”为主、以“商户发展团队＋外包公司”为辅的营销服务模式。

（三）多渠道、多手段做大支付业务规模。深入实施收单业务专业化、市场化运营模式，坚决打赢线上支付和移动支付的硬仗。一是完善工银二维码支付功能，快速壮大C端客户规模，力争4月份推出“聚合支付”，在受理微信扫码支付的基础上，尽快实现对其他主流第三方扫码支付的受理功能，打造一个既支持我行卡基支付又支持第三方支付和他行卡基支付的平台。二是与第三方支付机构合作，对银联跨行转接形成补充，解决线上跨行支付成功率低的问题。三是积极开展“积分当钱花”活动，拓展线上积分应用渠道，实现积分购买实物贵金属、“微黄金”等行内外金融产品的功能，提升客户体验。

（四）开拓万亿级信用类消费贷款市场。抓住消费经济大发展的机遇，把发展信用卡贷款作为创收工程抓紧抓实，坚决打好信用类消费贷款市场竞争的攻坚战。一是将商户促销资源和我行持卡人权益结合起来，通过消费促销做大一般透支规模。尤其是要在大中城市联合客流量大、知名度高的重点民生类商户开展促销活动，打出市场影响力和活动品牌，形成透支消费的规模效应。二是持续做大专项分期业务。深入总结浙江、宁波分行汽车分期业务模式的经验，制定合作机构管理指导意见，加强对合作机构的实时管控，稳步推广跨区域汽车分期业务。在一线城市探索开展二手车分期业务，在二线、三线乃至四线城市探索铺开汽车专项分期业务，抓紧时间做大教育、旅游、家装、车位等分期业务。

（五）强化全流程风险管控。积极应对严峻复杂的经济环境，坚决抓好贷前、贷中、贷后风险管控，构建数据化风险管理体系，保障业务健康发展。一是严格把握客户身份真实性和消费的真实性，严厉打击套现行为，严防信贷资金用于生产经营，对于总行监控发现的疑似风险交易，分支行务必及时落实核查确认并果断采取风控措施。一些二级分行不良率长期高企，有的甚至高达40%－50%，突破了总分行风险控制底线，很难排除道德风险和诈骗，要依靠自身为主加强管控，总行也将提供必要支持，通过努力实质性地解决这些分行的问题。二是深入实施风险的集中化管理，积极推进大额授信集中审批制度，有效收紧风险敞口。三是加强新技术、新方法的运用，提升实时可干预的监控水平，尤其是对重点区域、重点产品的风险要加大监控干预力度，有效揭示和提前阻断风险蔓延。四是加强量化模型应用，提升精确授信水平。结合客户预期违约概率模型和外部风险数据，通过系统硬控制实现分层次、分等级的风险干预决策。

（六）构建互联网化服务体系。依托互联网思维和手段，进一步释放服务创造价值的潜力。一是坚持客户体验至上，以服务品质的提升增强工银信用卡的市场竞争力。要及时收集基层行建议，认真分析电话中心收到的客户投诉，有的放矢地提升服务质量。二是将“工银e生活”升级为工银信用卡专属APP，打造一个同时面向我行及他行客户与商户，集生活、消费和金融服务于一体，整合支付、融资、信息中介功能的综合化智能服务平台。三是加快建立起信用卡客户生命周期管理体系和管理平台，按照“先简单、后完善”的工作思路，首先实现客户各个用卡阶段的交互式、可视化服务，并基于工银e生活展现。

（七）强化执行力建设。目标任务和政策措施的落地必须用考核机制指引方向，用奖惩机制激发动力。一是对全行加强信用卡业务考核，将信用卡业务指标纳入分行综合经营计划，各行要层层传导，将相关考核指标纳入对下级行的综合经营计划考核，确保总行战略意图的及时传导和管理政策措施的有效落实。二是强化总行对分行银行卡业务部的专业性指导与考核，推动分行提升信用卡业务的经营能力和水平。三是将信用卡产品和个人信用消费贷款发展指标落实到网点与客户经理，做到有指标、有考核、有通报、有奖惩，确保营销任务的落地。总之，要抓好行内公私联动、私私联动渠道，网点客户经理营销渠道，第三方外包公司渠道，有力地铺开市场拓展工作，此外，中西部地区的分行可尝试与传统金融机构合作，基于城商行、农信社没有开办信用卡业务牌照与资质的现状，与其开展联名卡合作，延伸我行服务半径与服务触角。

各级行要强化收益观念和价值贡献的理念，业务发展不能偏离市场拓展的主线，也不能偏离创收增效的核心任务。要积极落实上述七个方面的工作，在市场份额上要永争第一，在价格上要保持中等偏上的合理水平，确保信用卡和个人信用消费贷款业务收益稳定增长。

三、关于旺季营销

去年11月末零售业务旺季营销工作启动后，各行均高度重视、高效落实，10日内即完成了对辖内的传达部署。旺季营销首月，各行一手抓年末业务收官、一手抓旺季营销落实，围绕抓源头、拓客户、增资产的旺季核心目标，实干巧干、稳扎稳打，零售板块各项业务有序推进，第一阶段各项主要指标进展达到预期，甚至有的超过预期，旺季营销初战告捷。

一是加速拓源，储蓄存款增速与同业位次双提升。各行积极抢抓批量源头项目、开展代发工资客户专项营销、科学运用存款创新产品，实现人民币储蓄存款增长提速，12月份日均增量（按延展口径法计算，下同）达到709.11亿元，较前11个月的月均增量高143.9%，同业排名由11月份的第三位上升到第二位（仅落后建行97亿元，领先第三位农行580亿元）。广东等10家分行12月当月的储蓄存款增量四行排名第一，其中广东、深圳、湖南、北京、陕西、湖北、黑龙江7家分行当月增量四行占比超过50%，辽宁、青海、云南三家分行不但12月实现了高增长，1月初也没有出现冲高回落。到上年末，人民币储蓄存款增量达4 633亿元，创近三年来的新高，北京、海南、新疆三家分行储蓄存款增量同业占比第一，尤其是新疆分行连续两年同业居首。同时，全行密切追踪外汇市场变化，通过开展套餐式营销和精准营销，实现外币储蓄存款井喷式增长，12月日均增量达12.35亿美元，完成旺季营销任务的88.22%，远超序时进度。

二是协调发展，金融资产扩容带动中收快增。全行以金融资产加速扩容为目标，通过提前部署合理把控保险、理财、基金产品销售重点和节奏，重点加强客户资产配置和对核心客群的专属产品销售，吸引客户资金留存，探索出以金融资产规模增长带动个人中间业务收入同步快增的可持续发展路径。在一系列不利因素影响下，12月当月仍分别实现个金、银行卡和私人银行中间业务收入分别为48.6亿元、28亿元和18.06亿元，在全行中间业务收入中的占比高达42.9%，其中浙江、江苏分行旺季个金中间业务收入任务完成率超过70%。去年全年零售板块共实现中间业务收入776.55亿元，占全行的50.39%，为全行利润目标完成做出了重要贡献。

三是突出重点，零售信贷市场竞争力持续增强。通过与大型优质房企总对总合作项目的逐步深化和个人住房贷款政策、流程的持续优化，个人住房贷款市场占比持续提升，当月增量达565亿元，四行占比32.12%，位居同业首位，较11月末提升1.44个百分点。去年第四季度实现个人住房贷款新增（表内）1 897亿元，位居四行之首，超第二位建行200亿元，全行用三个月时间重新夺回并巩固了增量同业第一的市场地位。同时，通过推动分行建立三级机构工作组，针对公务员群体开展定向营销，实现12月全行新增个人信用消费贷款白名单客户54.5万户，个人信用消费贷款余额增加24.8亿元。截至去年末，个人类贷款（不含个人经营性贷款）共增加6 706.59亿元，占全行贷款增加总量的79.48%。

四是把握关键，信用卡和私人银行客户拓展逐步夯实。通过对内采取信用卡业务专管员负责辖内对应机构的业务考核督导，对外与当地优质商户开展消费促销活动，联合大型集团合作拓展分期业务资源，信用卡客户拓展提速，带动信用卡分期业务取得了良好成效，12月新增信用卡有效客户12.6万户，分期付款余额增加90.2亿元，旺季任务完成率60.2%。如宁波分行分期付款余额增量、银行卡收单额等四项指标完成旺季营销总体计划。贵州、深圳分行借助旺季以战代训，提升私人银行业务营销能力，通过开展“高层营销高端”等活动加速客户拓展，12 月新增私人银行客户过百户。

五是优化体验，线上渠道客户活跃度显著提高。12 月全行围绕“工行帮您过好节”的主题，推出多项互联网金融优惠促销活动，推动了线上客户的快速增长。融 e 联、融 e 行当月新增用户 580.94 万户和 303.87 万户，分别同比增长 350% 和 35.54%，实现融 e 购 B2C 非金融交易额 84.93 亿元，同比增长 162.36%。北京、海南、黑龙江分行 12 月的电子银行客户拓展及客户活跃度提升居全行前列。

新年已至、春节将近，全行正面临着重要的开局时期，旺季营销也即将进入白热化的竞争阶段，如果说前一阶段的工作重点是打基础，那么下一阶段的核心目标就是要收成果，旺季营销的成败关键在此一役，需要各行在管理推动上长弓满弦、有的放矢，在营销行动上鼓足干劲、砥砺前行。下面，我对 1 月的旺季营销工作提几点要求。

一是强力推动，加快旺季营销进度。在旺季营销的启动会上，我讲过当前旺季营销最显著的变化特征是资金旺季有效区段越来越短暂，同时也越来越集中，尤其集中于元旦到春节的这段时间。这一宝贵的时机稍纵即逝，因此前期旺季营销进展缓慢的分行要尽快发力，将工作目标转化为营销动力、将工作要求转化为具体行动，通过明确责任、强化督导，找出营销短板，采取有效措施尽快扭转被动局面，紧盯序时进度，紧抓营销业绩，力争尽快赶超；前期进展较快的分行也要毫不懈怠，继续加强组织推动，强化考核激励，增强发展后劲，以先进带后进，推动全行零售旺季营销的深入开展，为全行零售业务开门红做出更大贡献。

二是公私联动，加强客户集群营销。各级行要抓住春节前的关键时期，成立各级行领导牵头、对公及零售部门共同参与的跨部门、分层级联合营销团队，根据总行下发的重点单位清单，结合地区业务发展实际情况，筛选出本行重点营销维护目标单位并形成营销拜访时间表，开展高层拜访和上门维护。要在争取和稳固代发合作的基础上，批量化营销融 e 行、融 e 联、工银信使、二维码支付等基础性业务，积极向代发单位财务人员推介公务卡、电子工资单等产品和服务功能，适时投放专属理财产品、提供个人融资服务，争取代发单位高管、高层成为我行私人银行客户，建立与代发单位多层次、立体化的合作关系以及对其员工全产品、多渠道的渗透覆盖，并使日常分层营销维护工作制度化和常态化。总行将不定期对各行的外拓记录和营销效果进行抽查。

三是行司联动，实现资源充分利用。要加强代理基金、保险产品销售。各行要落实保监会新规，按照总行统一部署开展保险产品促销，并同步推动公募和非公募基金产品销售，紧跟市场变化和总行步伐调整销售结构，把销售工银瑞信、工银安盛的产品放在优先的位置。要加强客户分层、分群营销，一方面满足各层级客户的银行理财配置需求，加快现金管理类、滚动发售类产品销售，另一方面用足用好专属期次型理财产品，争揽公务员、社保等重点客群资金。要加快子公司客户向行内客户的转化。对工银瑞信、工银安盛客户进行梳理排查，有针对性地开展新客户借记卡、信用卡等行内零售产品的交叉营销和潜力睡眠客户的唤醒、升级，深度挖掘客户潜力，实现客户对我行集团贡献的最大化。

四是抓住机遇，推动重点业务突破。一方面，个人账户管理新政带来营销新卖点。根据人民银行政策要求，自今年年初起我行系统内异地结算已全部免费，恰逢春节前务工返乡人员流动旺季，各行要对我行线上线下渠道结算优惠和扫码取款新功能、三类账户新产品、结算业务新流程进行整合宣传，树立安全、便捷、优惠的良好形象，吸引第三方支付客户和他行客户回流。另一方面，个人外汇业务新政催生拓客新机遇。1 月 1 日起实施的外管购汇新规将为我行的个人外汇业务带来新的营销契机。各行要开动脑筋，充分利用我行能够全渠道办理个人购汇业务的产品优势，在依法合规的基础上实现业务和收入的快速增长。

五是提质增效，提升零售信贷贡献。零售信贷业务要挖潜、提质两手抓。要在持续加快个人住房贷款、个人信用消费贷款等零售信贷业务发展的同时，充分利用信贷客户资源，加强对借记卡、信用卡、理财、基金、保险等全产品的“1 + X”交叉组合营销，充分释放零售信贷客户潜力。要有效防控零售信贷风险，做好不良清收。根据过往经验，每季度首月是逾期贷款催收效果较好的时期，各行对此要高度重视，组织力量重点开展对关注类贷款特别是逾期 3 期贷款的催收压降工作，防范其继续向下劣变。对于已经出现的不良贷款，要从年初抓起，加快推动个人不良贷款的管控，做好诉讼等清收处置工作。

到这里，我们今天的所有会议议程就全部结束了，既有“工银融 e 借”品牌发布的内容，也有经验交流和工作部署的内容，信息量很大，会后，各行要抓紧春节前的三周时间，做好会议精神传导和具体工作部署，“撸起袖子加油干”，争取实现业务营销的开门红。

在推进个贷经营模式优化
提升个贷业务竞争力试点工作推动会上的讲话

李云泽

（2017 年 2 月 15 日 · 根据录音整理）

这次召开的个贷经营模式优化、提升个贷业务竞争力试点工作推动会紧凑高效，意义重大。从各试点分行和总行各部门的发言中，切实感受到全行上下对发展个贷业务的责任和担当，我们要进一步坚定发展个贷业务特别是个人住房按揭贷款业务的决心和信心。

在前期制定推进个贷业务经营模式优化、提升个贷业务竞争力方案过程中，总行各部门给予了大力支持，对个贷业务秉承支持、包容、开放、开明的态度，才使得这项工作得以顺利开展。2016 年 9 月 19 日南京座谈会后，在个贷业务制度、流程、经营模式没有实质改变情况下，全行第四季度个人住房按揭贷款业务发展实现了突破，新增同业排名第一，同时也为今年个贷业务发展奠定了良好的基础。目前，人民银行对今年个人住房按揭贷款的新增有三条控制线：一是第一季度个人住房按揭贷款新增不得超过 2016 年第四季度新增；二是单月个人住房按揭贷款新增不得超过 2016 年第四季度月均新增；三是 16 个房地产调控重点城市的个人住房按揭贷款单月新增不得超过 2016 年第四季度单月最高新增。我们正是因为 2016 年第四季度全行个人住房按揭贷款增长良好，才为今年的增长打下了较好的规模基础。而且，当前形势下，房地产开发商对各家银行个人住房按揭贷款的规模关注度较高，一定程度上个人住房按揭贷款还可以联动房地产开发贷款。

目前，全行在个贷业务发展上有着高度共识和坚实基础，而且个贷业务条线也有一支能够战斗、勇于拼搏的队伍，正是因为各分行对个贷业务流程、制度、细节把握到位，全行个贷业务竞争力才会有实质性的提升。下面，我讲四点意见。

一、高度重视、统一思想，加快个贷业务发展

（一）加快个贷业务发展是由个贷业务体量所决定。截至 2016 年末，全行个人贷款余额 34 207 亿元，占全行各类贷款余额的 29.88%，较上一年提升了 3.65 个百分点；新增个人贷款则达到 6 392 亿元，占全行新增贷款的比重为 75.75%，较上一年大幅提升了 26.48 个百分点。在去年其他各项贷款增长乏力的情况下，个人贷款成为支撑全行贷款业务发展的支柱，发挥着举足轻重的作用。从经营贡献看，2016 年个贷业务营业贡献 376 亿元，占全行贷款营业贡献的比重超过 50%，达到 58.07%。个贷业务的体量、贡献、地位和市场，决定了我们必须高度重视这项业务的发展，而且，工行个人住房按揭贷款的市场地位，应该和工行的市场地位相匹配。

（二）加快个贷业务发展已为发展规律所证明。个贷业务具有资产质量好、逆周期性、综合带动能力强、资本节约、经营效益好等特点，在国内外银行业达成广泛共识。比如富国银行的市值一度超过工行，其中一个重要的原因是分析师认为富国银行的个人住房按揭贷款占比较高，所以给予了较高的估值水平，这也说明银行业普遍认为个人住房按揭贷款是很好的资产。应该说，国家对房地产市场严厉的调控，反而能保证个贷业务的资产质量，因为这会使得假个贷成本很高。还有观点认为个贷业务利差薄、期限长，其实这是一种短视的看法，且不说目前找长期、优良资产比较困难，事实上如果算上资本占用、拨备、资产质量等因素，个人住房按揭贷款的利差并不低。

（三）加快个贷业务发展是拓展客户所必须。大零售业务发展必须是资产与负债业务并重，不仅是因为在当前的大形势下，资产业务盈利能力与负债业务旗鼓相当，甚至有时资产业务盈利性比负债业务会更高，同时资产业务在拓展客户方面也可发挥更好的作用，它是联系客户的纽带。银行单独依靠存款业务与客户建立起来的关系有时是脆弱的，而通过资产业务建立起来的关系一般是比较稳固的。3 月总行还将召开全行零售工作会议，一个最重要的内容是强调客户基础。在拓展客户方面，有三个重要举措：第一，贷款吸客。全行个人住房按揭贷款每年新增 6 000 多亿元，新发放 1 万多亿元，人均贷款 20 余万元，由此带来 300 多万个人客户，这些都是最优质的客户。此外，在贷后管理监测工作中，可以通过人民银行征信中心查询到个人贷款客户最全的信息，它提供了三种查询方式，一是客户自己查询，二是客户授权银行查询，三是银行在对有贷款余额的客户进行贷后管理时查询。目前人民银行给每家银行每天的

最高查询量是10万笔，如果能够充分利用这个资源，通过查询客户在他行的授信信息，并建立授信模型，给予客户一定的授信，这对拓展他行优质客户是非常有效的。第二，网络引客。通过与互联网企业合作，批量引流客户。第三，联动拓客。通过完善个人金融业务部、私人银行部、银行卡业务部的考核指标，加强联动，共同拓展客户。

（四）加快个贷业务发展是外部市场所要求。2016年商业银行个人住房按揭贷款业务爆发式增长，这主要源于巨大的市场需求。作为最大的商业银行，我们也必须为这个市场提供服务。特别是当前中国还处于城镇化进程中，城市集聚效应是人类社会发展的规律，个人住房按揭贷款市场空间非常广阔，我们不仅要做，更要做好。我们要清醒地认识到，个人住房按揭贷款业务是全行长期坚持的战略，不是在经济下行期、对公信贷需求疲软情况下的被动行为，而是工行打造百年老店、实现可持续发展的必然选择。可以说，当前外部有市场、内部有共识、客户有基础、队伍有能力，我们要高度重视、行动一致，加快个贷业务的发展。

二、顺势而变、因势利导，推动个贷经营模式优化完善

现行个贷业务经营模式的主体框架主要形成于2005年前后，对全行个贷业务发展起到了有力的支撑。但在这10多年间，个贷业务的外部经营形势发生了深刻变化，国民经济、市场空间、金融政策、监管环境等都呈现出新的特征，现行个贷业务经营体制机制表现出一定的不适应。

（一）个贷业务市场竞争力下降。2011年我行失去“第一个贷按揭银行”地位，2015年失去“第一个贷银行”地位，2016年我行个贷余额较排名第一位的银行少3 899亿元，新增个人住房按揭贷款较排名第一位的银行少近1 000亿元。对此，我们必须优化完善个贷经营模式，加快推动个贷业务经营体制机制改革，重塑市场竞争优势。目前全行每天新产生已批待放贷款约20亿-30亿元，去年底已批待放累积超过800亿元，而同期主要可比同业已批待放累积高达2 500亿-3 000亿元。近期房地产市场调控较严，一些同业的个人住房按揭贷款发放规模受到限制，这对我行而言正是难得的机遇期，为推动个贷业务经营模式优化争取了宝贵时间。

（二）资产质量不如同业。截至2016年末，我行个人贷款不良率为1.05%，分别高于农行、中行、建行0.22个、0.38个和0.61个百分点。通过深入分析，有三个比率值得关注：一是全行一手房个人住房按揭贷款余额占比较低，虽然北、上、广、深的二手房风险不高，但三四线城市的二手房风险会比一手房风险高；二是全行个人住房按揭贷款中的品牌开发商占比不高，前10大、20大总行级开发商个人住房按揭贷款占比较低；三是全行大城市个人住房按揭贷款占比不高。这三个占比在一定程度上解释了我行个人住房按揭贷款业务资产质量不如同业的原因。

（三）运营效率有待提升。目前，我行个贷业务流程长、程序烦琐，导致整体运营效率较低，客户体验不好。比如广东等分行反映个贷客户经理白天营销、晚上录入，这既不利于个贷业务的市场营销拓展，也不利于个贷业务的实质性风险防控。我行亟待对个贷业务经营模式进行优化，梳理完善流程，提高业务处理效率和产出。

（四）产品创新相对较慢。要加强对个贷业务市场的调研，通过不断创新产品，满足客户差异化融资需求。比如个贷产品的一个基础内容是还款还息方式，由于住房不仅仅是商品，同时也具有投资品属性，因此，不同的客户对还款还息方式会有不同的要求，通过对还款还息方式的灵活创新，就能设计出不同的契合市场需求的产品。此外，随着客户融资需求的多样化，基于个人住房的加按揭、转按揭、倒按揭等业务也会出现，我们需要加快对个贷产品的前瞻性研究和创新。

应该说，上述问题一定程度上反映了当前我行个贷业务组织架构、政策、流程、队伍、机制等诸多方面的不适应，从而决定了我们必须对个贷业务经营模式进行优化完善。

三、做好个贷经营模式优化试点工作

（一）以合理分工为突破点。

第一，合理分工是个贷业务专业化、扁平化、集约化的前提。只有通过认真梳理个贷业务流程，明确各环节分工，才能做到个贷业务的专业化经营，才能实现个贷业务的营销和管理扁平化，才能实现个贷业务的后台操作集约化。

第二，分工是个贷业务风险防控的基础。个贷业务风险管理的关键是避免出现假按揭，只要个贷业务是真实的，风险就整体可控。防范假按揭主要在于四个环节：一是签约，双方要面签；二是抵押，办理抵押要换手；三是放款，放款环节尽可能集中，放款前要通知客户；四是催收，这个环节更能发现假按揭情况。如果这些环节能够合理分工，一定程度上就能防范假按揭的风险，从而铸牢个贷业务资产质量的基石。

第三，分工是个贷业务效率提升的关键。个贷是标准化、流程化、作业化的信贷产品，成立个贷业务处理中心正是要将这项工作标准化、流程化、作业化。合理分工要实事求是、因地制宜，我们可以将个贷业务分为前台、中台、后台、审批四个板块，前台包括营销、准入、录入、调查、复核；中台包括签约、用印、办抵、档案；后台包括催收、处置、监测等。第一步要把这四大板块切分清晰，但不要强求切分得很细，应首先把中

台、后台的一些业务集中到个贷业务处理中心。

（二）兼顾客户体验和风险控制。

第一，客户体验。一是效率。这是客户体验的第一要素，尤其是大开发商、房屋中介对个贷业务处理效率都有较高的要求。比如万科在分配给合作银行个人住房按揭贷款件数时，主要依据合作银行的业务处理效率来分配。事实上，万科这类大型开发商在一定程度上已经为我们筛选了客户，假按揭发生的概率较低。所以，对总行级大开发商，应该有差别化业务流程。二是便利。要利用工行全渠道优势为客户办理个人住房按揭贷款和各类个人贷款业务。发挥网点客户经理营销作用，可以派驻到中介、楼盘乃至公积金中心办理业务。同时，我们要高度重视与各地住房公积金中心的业务合作，加快推动个人住房公积金委托贷款业务发展。三是服务。服务不仅是指客户经理的态度，更重要的是前台营销人员的体验。个贷业务经营模式优化完成后，总行会就个贷客户经理的体验是否有所提升进行调研，要真正把个贷客户经理解放出来，让他们有更多的时间去做好营销拓展。四是简化。目前客户在办理个贷业务时要填写很多资料，内容烦琐，我们要研究优化，尽可能简化各类不必要的资料，这样不仅能减轻前台的工作量，还有利于提升客户体验。

第二，风险控制。一是防控楼盘烂尾、假按揭、客户还款能力不足的风险。在个贷业务流程设计中，关键是要把握真实性，只要将真实性作为前提，就能有效防控个贷业务风险。如果个贷业务是真实的，在追究责任时可以考虑尽职免责处理；如果是虚假的，责任不可推卸。二是做好楼盘、客户、中介的准入。楼盘准入至少应该在二级分行行长或分管个金副行长层面审批，总行要研究制定楼盘准入标准指引。要加强与连锁、大型、管理规范的房地产中介机构合作，研究制定与中介机构合作的规范性、指导性文件。对诸如代发工资客户等在工行有真实信息、白名单客户，在防控实质性风险前提下，应有差异化业务流程。三是审批。审批必须垂直独立。在保证效率的前提下，审批集中在哪个层级，可以结合各分行实际情况因地制宜。如果审批放到二级分行层面，要保持审批的垂直管理和独立，具体业务审批要向上级审批部门汇报，其他部门不能干涉，这是准绳。四是抵押。抵押是个人住房按揭贷款业务风险防控的屏障，要真正落实抵押手续。要建立抵押品定期查验制度，像现金查库一样，对抵押情况进行抽查，保证一定的震慑力，这对防控个贷业务风险很有意义。

（三）组织架构、队伍建设和系统开发。

第一，组织架构。一是关于成立个贷业务部。总行试点方案的总体要求是，各试点分行有条件尽可能成立个贷业务部，对个贷业务进行专业化经营。总行人力资源部对此也提供了顺畅的通道。各分行要根据业务发展实际，由分行党委统筹研究决定是否设立个贷业务部，总行并不作强制要求。二是关于成立个贷业务处理中心。现阶段个贷业务处理中心要定位为中后台业务处理中心、服务中心，在哪个层级成立、集中哪些业务处理环节，各分行可以根据本行实际情况决定。个贷业务是标准化、作业化、流程化的工作，集中是大势所趋，如果有的分行现在不适合集中，至少应做好集中的准备，做一些努力尝试。

第二，队伍建设。一是人员数量。各试点分行要根据业务量配备合适数量的人员，总行要研究制定个贷业务人员配备的指导性意见。个贷业务处理中心的办抵、用印、签约环节用人不多，主要集中在录入、催收环节。录入环节可以考虑外包，很多同业在催收环节也在尝试进行外包，抵押环节的外包需要有规范的流程，总行财务会计部可研究将个贷业务录入等相关环节的工作纳入外包名录。签约、用印、放款等工作不能完全外包，特别是用印、放款环节应由行内员工完成。二是人员专业化。要加强个贷客户经理队伍建设，健全完善个贷客户经理岗位序列，明确任职资格、岗位职责、晋升通道。研究对个贷客户经理作适当的细分，如一手房个贷客户经理、二手房个贷客户经理、楼盘客户经理的侧重点会有所不同，对于个人住房按揭贷款业务的营销发挥不同的作用。三是队伍管理机制建设。根据不同的岗位特点，设计相匹配的考核激励机制。个贷客户经理可以采取计件工资制，在系统支持下，实现量、价、质的综合考核激励。通过完善考核激励方式，强化个贷业务的交叉营销，原则上信用卡、手机银行等产品对个贷客户的渗透率应该达到80%以上，真正实现业务联动。

第三，系统开发。系统开发要实现模块化，与个人全景视图打通；实现自动化，大力提高个贷业务自动化审批效率；实现线上化，适应互联网金融的发展；实现开放式，能够便捷地与住房公积金中心、房地产中介等外部合作机构实现对接。

（四）前、中、后台和审批环节。

第一，前台放开、分散受理。依托工行组织架构优势，延伸个贷业务服务和营销触角，加大前台营销力度，把前台放开搞活。有条件的支行要研究建立个贷营销中心，网点应该都可以受理个贷业务。

第二，中台要相对独立。中台的独立性对防范风险非常关键，要相对独立于前台。尤其是抵押、放款环节，对防止假按揭风险而言，甚至比审批更重要，在进行个贷业务流程设计中要高度重视。

第三，审批要垂直管理。审批要做到垂直、专业、独立。在保证效率前提下，各分行可结合实际情况确定审批环节放在哪个层级。同时，要针对不同借款人情况有相对差别化的审批流程。

第四，后台要集约。个贷业务档案量大、存放要求高，应该集中管理。催收环节也可以集中，催收工作要有标准化的流程设计，如逾期多少天进行电话催收、逾期多少天则上门催收、逾期多少天发律师函、逾期多少天就起诉，等等。起诉环节也应该集中。对于监测环节的集中，系统要有自动预警风险客户的功能，与人行系统可以有自动校验功能，如客户在他行有贷款逾期，工行系统应能及时预警出来。

四、关于推进试点工作的原则

（一）实事求是。各试点分行要认真研究总行方案的内容和要求，结合本行实际制定细化方案，积极稳妥推进个贷经营模式优化工作。特别是个贷业务处理中心的建设，要定位为成本中心，集中处理的个贷业务相关利益应返还给经办机构，以充分调动各方积极性。

（二）循序渐进。先从试点开始，及时总结试点经验，不断优化完善方案，再进行推广，确保工作开展扎实有效。在建立个贷业务处理中心时，各试点行可以先选择一部分城市行试点，切不可一下子推倒重来。各试点行既要抓好个贷经营体制机制改革，更要抓好个贷业务发展。

（三）统筹兼顾。各试点行在推动个贷业务经营模式优化、提升个贷业务竞争力试点工作过程中，要注重处理好三方面的利益平衡：一是个贷业务处理中心与分、支行的利益平衡；二是各部门之间的利益平衡；三是不同业务岗位之间的利益平衡。

最后，总行希望各分行在推进这项工作中保持定力、把握节奏、坚守底线、担当负责、积极拼搏，抓住当前个贷业务改革发展难得的机遇期，稳中求进推动个贷经营模式优化试点工作。各试点行3月底之前要形成方案，上半年试点工作要有实质性的成效。各分行在试点过程中要及时和总行沟通，确保试点工作不偏不倚，俯下身去、静下心来，发挥主观能动性，真正为全行个贷业务竞争力提升探索出一条新路。

在中国工商银行2017年渠道管理与服务改进工作会议上的讲话

李云泽

（2017年2月27日·根据录音整理）

总行党委一直高度重视渠道管理和服务改进工作，今年在全行专业会议大幅整合的背景下，专门批准召开渠道管理和服务改进现场工作会议，足见重视程度。谷行长在百忙之中亲临现场作了重要讲话，希望与会代表加强学习，深刻领会，抓好贯彻落实。下面，结合谷行长讲话精神，我主要讲两方面意见。

一、创新驱动、内涵提升，不断夯实渠道核心优势

网点是全行落实战略和服务客户的基础载体，更是市场竞争和营销客户的核心支撑。当前，在营销智能化、服务体验化、管理数字化、经营一体化、商业生态化的渠道变革背景下，传统物理渠道的作用并没有被削弱，通过转型创新还将增强。近来，阿里巴巴收购银泰百货、牵手百联百货也充分证明了线下渠道的重要性。总行党委明确提出要通过优化布局结构、深化转型创新、强化管理保障来进一步夯实我行线下渠道的传统基础优势。易董事长在全行2017年工作会议上也强调指出，“网点应向智能化、轻型化、小型化方向转型”。为深入贯彻落实易董事长年度工作会议的讲话精神和要求，总行确定2017年全行渠道管理工作的总体任务是：以“创新驱动、内涵提升、精细管理、协同发展”为目标，以“智能化、轻型化、一体化”为渠道转型创新主线，以“控总量、调结构、优业态”为渠道效能提升重点，以“标准化、科学化、直通化”为渠道精细管理方向，持续夯实渠道核心优势。围绕上述任务，总行确定2017年渠道管理工作目标是：一是加大网点结构优化调整力度，全年完成网点总量优化500家，网点轻型化建设500家，优化网点布局500家，提升低效网点效能500家，优化低效自助银行500家；二是加快网点智能服务模式推广进程，争取实现90%以上有效网点智能化改造；三是深入推进线上线下一体化转型与创新发展，探索建设特色创新网点100家。

围绕上述任务目标，今年着重抓好“三个突出”：

（一）突出创新驱动，激发渠道转型新活力。“智能化、轻型化、一体化”是全行渠道转型创新的工作主线，全行上下要坚持创新驱动，不断赋予网点移动互联新基因与新动能，深层次促进网点经营业态的转型升级。

一是全面推广网点智能服务模式。要以质量为先导、向管理要效益，加快提升智能服务模式对有效网点的覆盖率和业务迁移率，总分行、各部门要抓紧落实相

关资源，争取全行年底覆盖率达到90%以上。要落实好谷行长刚才关于智能服务模式的重要指示，网点智能化现在已经不是讨论要不要做的问题，而是要讨论如何做好、必须做好的问题。在优化流程和丰富功能方面，一要加快对公智能服务的投产和推广，渠道部要积极配合运管、结现、公司等部门，在总结深圳等分行先期经验的基础上，尽快将高频、高耗时、占用柜面资源多且客户体验差的对公开销户、企业网银开立等业务迁移到智能渠道上；二要围绕个人智能服务持续优化流程和丰富功能，深入梳理现有智能业务处理的流程断点、客户体验欠佳等问题，解决好客户需求迫切的智能服务痛点难点，加快探索个人信贷、异地业务、产品联动功能的拓展完善；三要加快构建智能化客户识别与营销服务场景，引入个人客户营销画像等功能，为厅堂服务人员提供面向目标客户的更加精准的智能服务模式；四要积极探索新型智能设备和新型技术的研发应用，重点推进便携式智能终端、存折式自动柜员机、新型产品领取机和产品营销一体机等新型智能设备的研发投放和指纹认证等新技术的应用，拓展智能服务的应用场景与辐射边界。在优化劳动组合管理方面，要从长远利益、全局利益优化智能服务模式下网点岗位和营销劳动组合问题。客服经理的试点力争在年底前覆盖所有智能网点，并进一步深化探索网点各岗位通用性与兼容性，同时，要加强配套机制建设，有效防范风险。渠道部要积极配合运管、人力、个金、内控等部门，加快建立完善智能服务模式风险监控模型及动态监测机制，尽快将智能服务的现场核验纳入员工违规积分范畴，提升智能化服务模式业务运营的合规和风险防控水平。

二是有序推动网点轻型化转型。要准确把握网点轻型化、小型化的内涵，按照网点小型化、服务智能化、低人员占用、低成本运营的“两化两低”的原则，加快建设轻型、智能、精品网点，逐步构建起结构合理、成本经济、业态灵活的轻型网点体系。一要加强过程管理，建立轻型网点管理台账，动态跟踪轻型网点柜口、人员、面积变化情况，做好量化评估。二要加强分类管理，统筹推进网点总量优化与轻型网点建设，要综合运用增设备减柜口、减面积、建设特色服务区、优化分区与动线等多种手段实现轻型化“瘦身”。三要打造轻型网点样板店，在重点城市打造一批品牌标杆网点，探索建立工行特有的便捷、灵活、智能的轻型网点品牌形象。

三是深入推进网点线上线下一体化转型。要不断丰富完善和充分应用各类新型渠道入口与工具，构建起员工、网点、自助机具和手机APP等多界面推广、线上线下互联互通的立体营销新模式。各零售业务部门要深入应用渠道二维码工具，通过“码上赢”的推广应用，推动易于计价的零售产品全员营销；通过“码上赢”、“团队营销”功能应用，实现精确记录业绩和灵活分润，解决跨机构团队协作中利益分配的根源难题。要进一步释放网点WiFi活力，通过WiFi将线上营销活动在传播、成本、体验等优势，与线下渠道在社交、情感、变现等优势充分结合，各行渠道部门要和相关业务部门密切配合，组织和引导网点使用WiFi互动营销工具开展厅堂营销，充分挖掘到店客户的潜在价值。今年，总行零售条线将通过加强与互联网企业的合作实现客户的批量引流，各行要做好这部分客户的承接，例如微黄金客户到网点预约提金，使之成为真正的工行客户。要充分发挥自助渠道线下获客入口优势，积极应用总行已经投产的ATM他行客户挖转功能。各行要积极组织专项拓户活动。要加快新渠道的技术应用，比如总行即将推出“工行网点”微信小程序，各行同时也要主动创新思路，利用新渠道、新技术，探索推动线上线下渠道的联动合作、资源共享、优势互补与相互引流。

（二）突出效能提升，构筑渠道竞争新优势。“压总量、调结构、优业态”是渠道效能提升的工作重点，全行上下要突出效能提升、注重集约发展，通过总量调整、布局优化和业态升级实现网点的提质增效与换挡升级。其中，网点总量调整和布局优化工作是总行党委高度重视的重点工作，两者相互依托，缺一不可，网点总量越是压缩，布局优化和调整越显重要，相关任务目标也是总行党委明确的硬任务，全行上下务必统一认识、严格落实，尤其是各行“一把手”要亲自研究部署。

一是全力推进网点总量调整。今年全行网点总量计划净减少500家，这是总行党委要求的任务目标下限。各行要尽快摒弃网点数量外延扩张、资源密集投入的传统发展模式，通过网点总量压降为转方式、调结构、降成本腾挪更大空间，实现我行由网点“大”行到网点“强”行的转型。总行将继续按照总量调控、分类管理、有保有压的原则分解任务目标。各分行要分类施策，合理筛选目标网点，以网点经营效益、资源禀赋、客户群体、产权形式等为参考，重点聚焦各项存款3亿元以下、拨备前利润200万元以下的低效网点，同等条件下优先撤并老城区、高密集度的低效网点。网点撤并工作流程长、涉及面广，各级行一定要加强部门协同与过程管控，特别是在业务合并、人员分流、客户维护、协调监管等方面，要注重规范和细化网点撤并方案，在力争拟撤并网点客户和存款基本稳定的基础上完成年度任务。在网点撤并方面，辽宁分行的经验非常值得借鉴，该行通过重点做好网点撤并后的业务承接与客户维护、有效充实网点营销队伍等措施，实现了30家网点撤并后存款留存率达到97%。

二是合理优化网点区域布局。今年全行计划完成网点布局优化至少500家，其中区域布局优化至少200家。从总行到各支行要加强上下统筹、横向协作，确保完成这一任务。要全面分析物理渠道的投入产出情况，按照“三进三退”原则做好布局优化。“三进”就是要重点进入政府统一规划、配套设施齐全的大型居住社区；积极进入经济发展快、人口密集迁入的城市功能新区；努力进入活跃度高、潜力大的财富金融、消费金融、交易金融等新兴区域市场；同时探索与属地农村金融机构和第三方机构加强合作，延伸县域服务网络，拓展乡镇市场。“三退”就是对于网点密度过高、资源内耗严重的老城区，人口外流、功能空心化以及发展衰退的城市片区，以及近三年发展慢、效能低的“小、老、旧”网点要优先退出和调整。退出和调整的形式可以选择原址改建轻型网点或离行式自助银行，也可以选择撤并或迁址新建等。各级分行要结合实际科学规划，依托总行网点迁址模型科学地选址布局，不断提升网点布局与区域发展的匹配度。有条件的中心城市行要积极探索与第三方机构合作，借助大数据挖掘、客群行为洞察及热点商圈识别等方法加强量化分析，用数据说话、凭数据决策，增强布局选址的科学性与精准性，做好未来三年的网点总量与布局规划。自助银行也要在控制总量的前提下，加大存量布局优化和效能提升力度。

三是加快网点业态转型升级。要积极适应当前商业消费模式升级、客户多渠道迁移的新常态，加快传统网点业态结构向功能分层、客户分类、服务协同的多元化新业态结构升级。一方面要科学调整全行网点业态结构，综合考虑各业态网点的经营定位、客户构成、服务功能、辐射范围等特征，科学动态调整全行网点各业态构成及比例，打造稳中有增的财富管理中心旗舰型网点，缩减资产规模、优质客户不达标的理财中心网点数量，稳步增加轻型化、智能化、小型化的金融便利店，加快从“两头小、中间大”的纺锤形业态结构转向“高端业态引领、中层业态支撑、基础业态坚实”的金字塔结构。另一方面要制定新业态网点建设指引和试点方案，在北上广深等重点城市，优先建设基于自助化交易、数字化管理、场景化互动的新业态网点；试点建设围绕重点区域、重点市场、重点业务的校园店、社区店、汽车金融体验店、旅游特色网点等融集约化、专业化、场景化于一体的新业态网点；试点建设一批为跨境客群、旅游客群、车主客群等提供一站式、全流程服务的新业态网点。要找准新业态网点在线上线下一体化服务体系中的角色定位，将其作为区域化客群管理中心、综合化体验定制中心与全渠道网络落地中心，突出营销服务、沟通定制与交互体验，逐步从千店一面、单打独斗向特色竞争、渠道协同转变升级。

（三）突出精细管理，培育渠道发展新动力。“标准化、科学化、直通化”是渠道精细管理的基本方向，各行、各部门要站在“网点强则零售强，零售强则全行稳”的高度上重视网点管理工作。今年总行要规范渠道建设管理、健全渠道管理机制、完善渠道经营支持体系，扎实推进渠道管理创新。

一是加强渠道建设标准化管理。在网点选址管理方面，一要把握趋势，密切跟踪城市布局规划调整和各类资源禀赋流动重组的内在规律，建立并动态更新优址项目储备库。二要密切关注同业网点布局选址动向，以经济功能区为单位，建立网点进入退出流量视图，清晰了解竞争对手的网点布局规划。三要完善机制，强化网点选址相关主体责任，建立网点选址绩效后评估机制与尽职免责机制，使各行主管零售和渠道的负责人切实担当起责任。四要专业制胜，尽快研发能适应不同分析层次和决策类型需要的城市网点布局选址模型，培养一批熟悉网点实情、掌握科学方法、拥有项目实际经验的专家，建设一套可落地、可操作、可拓展的选址系统，总结萃取出一批成功实施网点布局优化的经典案例。在网点装修建设管理上，一要规范网点装修设计，总行即将发布物理渠道装修设计标准规范，今年新装修网点原则上要严格执行新标准，各行要强化对网点装修设计的审核把关，确保新标准全方位落地执行。二要创新网点建设管理模式，要结合全行物理网点装修标准推动不同类型网点和分区的场景化、套餐化、模块化细分设计，促进网点业务功能的柔性配置与格局分区的灵活调整，鼓励各行积极探索由一级、二级分行统筹选址、立项建设和交付运营的“交钥匙”建设模式。

二是建立健全科学化渠道管理机制。要完善网点激励机制。总行人力资源部已牵头启动“网点全岗位员工考核激励项目”，其中网点负责人是其中的关键组成部分。网点负责人是网点经营管理的第一责任人，是网点竞争力的关键主体，是网点团队的舵手。在考核评价上要紧密围绕其核心职责定位，重点从经营业绩、客户服务、团队管理和内控案防等维度进行评价。渠道管理部要协同人力资源部、深改办做好网点负责人直通式考核评价的顶层设计，统筹各行的实际要求，兼顾好共性与个性、定量与定性、弹性与刚性之间的关系，统一设计出导向一致、指标科学、切实可行的总体考核框架和指标体系。二级分行要结合经营实际，认真遴选指标、设定合理权重，确保总行党委的经营战略有效延伸至网点，解决好绩效考核“最后一公里”的落地问题以及持续改进服务的内生动力问题。要完善智能服务考核机制。渠道部要积极协同总行财会、人力、运管、内控等各相关部门，以服务转型为目标、以强化效能为导向，完善智能化网点考评机制，推动智能化网点的资源配置优化和营销能力提升，夯实智能服务模式的应用推广成效。要探索构建基于渠道协同、群落协同的管理新机制，从资源共享、网际合作、考核分润和柔性团队等方面探索建立渠道协同管理机制，依托统一的客户营销和渠道管理视图开展科学管理。要对客户、产品与渠道之间的组合管理模式进行深入研究，尝试从全客户服务、全渠道协同、全产品营销的层面，将适合的产品通过适合的渠道销售给适合的客群，力求实现效率、效益、风险和体验的最优配置。要以零售条线为突破口，客户营销、产品研发、渠道管理等相关部门要加强合作，积极探索构建大零售产品的全渠道科学配置策略与机制。

三是持续完善直通化支持保障机制。要以数字管理、可视监控、移动应用为目标，进一步完善网点援助保障系统、网点直通式建议书、服务营销支持系统、直通车、网点竞赛系统、网点经营模型锦囊等网点经营支持体系，推动其与网点经营管理的深度融合。要进一步丰富和细化“一点一策”网点经营诊断报告体系内容，提升对不同类型网点的经营指导作用；要加强网点到店客户的信息识别，提高各渠道信息整合共享程度，以大数据支持服务营销工作；要拓宽网点援助功能内涵，加快援助保障系统融e联移动端应用，推进网点援助保障机制高效运作；要进一步发挥直通车系列的宣传引导作用，持续提升精确性与及时性。各级行、各业务部门，特别是零售业务部门要充分利用好网点经营支持体系，将网点适销的重点产品、重点业务及时通过直通车、工作建议书、服务营销支持系统等平台向网点投放，建立起各业务条线、各级行与网点一线的连接桥梁，充分发挥好网点作为营销平台、服务平台、交易平台和形象展示平台等多种功能，强化渠道与服务、产品的支持和融合。各级行要积极组织网点运用网点诊断、帮促、竞赛等系统，营造“比学赶超”的氛围。要做好网点援助保障系统的深化应用。

二、统筹协同，标本兼治，实现服务口碑明显改善

过去一年全行服务面貌迅速改观，易董事长和谷行长都给予了充分肯定。今年1月，我行在业内率先发布了服务文化，使我行在改进服务进程中再领风气之先。好的成效来之不易，大家要倍加珍惜，继续巩固提升。在此，特对服务文化建设活动中的突出贡献单位北京、河北、深圳、四川、新疆分行，以及优秀组织单位上海、苏州、贵州、海南、重庆分行予以通报表扬。实现客户口碑的明显改善是今年服务提升工作的主要目标。全行要围绕总行党委战略部署和改革发展研讨会提出的目标要求，“紧紧抓住客户服务这个基础”不动摇。在认识和把握易董事长提出的“五个重在”工作规律基础上，以提升客户体验为导向，深化服务提升六大工程，推进服务管理的制度化、常态化和创新化。

2017年全行服务工作的总体任务是，以“一年服务口碑明显改善，三年建设客户满意银行”总体目标为指导，坚持巩固、深化、提高三步走，深入推进服务提升六大工程。全行服务工作的任务目标是，努力实现四个10%，即客户体验指数提升10%，客户满意度提高10%，服务效率提升10%，网点标准化装修覆盖率10%。重点要聚焦“三个坚持”：

（一）坚持一个目标抓到底，深入推进服务提升六大工程。

一是强化专业协同和整体推进。要加强总分行的整体推动、专业间的协同联动和机构间的配合互动。客户服务的重点在零售，难点也在零售，而客户服务价值创造的最大受益者还是零售。大零售领域的客户服务部门及支持管理部门要主动承担起客户服务的专业牵头责任，率先在专业考核中嵌入客户服务指标，努力在业务推动中强化客户视角。围绕客户体验这个核心，抓住售前、售中和售后服务三个环节，激发大堂经理、客户经理客户服务主力作用，切实推动“客户为尊”服务文化的落地生根，用高水平的专业服务提升客户体验，让客户服务创造客户价值。为此，各部门要加强沟通，打造更加高效顺畅的联动机制，切实推动大零售联动由原来的单向、分散、被动向双向、系统、主动转型。要进一步完善个人客户星级服务体系，扎实推进对客户的分层分类服务，科学匹配服务供给和价值创造。要加强业务流程优化、丰富产品供给、创新客户服务模式。要以开放式建设、迭代研发以及深化场景创新，不断优化线上平台的客户体验，提升线上获客能力，提高客户活跃度。要充分运用服务工作委员会工作机制，加强顶层规划和源头推动，使各专业部门、各分支机构切实承担起服务管理责任，压实目标任务。

二是加快网点服务环境改善。一方面，要强化“硬件”建设。今年是网点标准化建设的开局之年，结合总行即将发布的物理渠道装修设计标准规范，各级行要抓紧制订网点装修改造计划，重点向大中城市行、资源丰富的重点区域和自有物业集中，在网点业态结构中也要均衡分布，全行全年整体装修改造网点不少于10%。但是从近期各行上报的网点装修改造申请计划看，有的分行上报计划不到5%，只有3%。网点装修是“磨刀不误砍柴工”的基础性工作，装修比例如果达不到10%，短期看是节省了财务资源，长期看其实是削弱了网点竞争力。各行要积极落实易董事长、谷行长在年度工作会议中提出的要求，在依法合规的基础上，完善机制、整合流程、提高效率。尤其是有一些关键的环节能并行的不串行、能整合的不分散，加强项目统筹管理，批量启动，一次过会。要建立各部门、各环节限时办结制度，原则上把网点整体装修改造周期控制在半年以内。渠道部要系统梳理全行网点的平均装修周期与平均装修单价，科学指导各行做好网点装修改造工作。各级行要充分发挥主观能动性，进一步精简和优化网点装修流程，要用心负责，把这项工作切实落到实处，保质保量地完成全年任务计划。要建立长效管理机制，保持网点的常亮常新。总行也将同步打造10家样板店，打造工行网点崭新形象。在做好硬件的同时也要突出软件的优化。要进一步加强网点大堂团队能力建设。通过专项考核、目标引领、胜任素质能力分析等方式，持续强化大堂管理；出台大堂岗位服务规范，强化大堂服务团队建设和服务流程规范。需要注意的是，在实施大堂外包服务清退工作中，要积极将转型发展中释

放出的人力资源向大堂倾斜，实现自有员工对厅堂的有效覆盖。做到“先进后退、先补后清”，要避免“一刀切”，更不能管退不管进、管清不管补。要坚持服务态度底线问责和红线管理，建立服务禁语库，加强“六严禁”服务行为和服务态度类投诉的检查通报力度。

三是强化服务效率提升。要继续以压降超时网点和超时客户数为抓手，以等候时间30分钟为限，努力消除超时网点，实现超时客户压降10%。在人行支付新规、账户管理办法和外汇业务相关规定等政策叠加的影响下，完成这一目标难度较大。因此，全行要聚焦客户体验痛点，重点提升关键网点、关键业务和关键时点的服务效率，降耗增效，以实际效果，促体验提升。以名单制管理，优先对重点城市行的“双超”网点进行挂牌督导，以点带面，带动提升。优化业务处理流程，精简业务处理单据，制定核心业务操作简明卡片，提高自助设备吞卡取卡、信用卡办卡、个人抵押贷款、个贷提前还款等体验痛点的处理效率，并逐步向客户承诺办理时效，倒逼效率提升。着力改善代发工资日、养老金发放日、午间调休等客流高峰时期及时段的客户体验。通过线上引流、智能辅助、柜面扩容等方式，提高关键时点的服务供给能力，改善客户效率体验。

四是强化重点城市行的品牌提升效应。要立足建设当地“服务最好银行”目标，因城施策，研究解决服务改进提升措施，抓好关键区域、关键业务、关键时点的服务综合治理。加快重点城市智能银行和创新业态网点建设，推进线上线下服务一体化，强化服务质量评价和考核，厘清专业服务管理部门牵头责任与分支机构主体责任，任有所担、责有所属，压实做细地推动口碑改善。

（二）坚持以大服务格局为保障，强化服务提升对经营发展的助力作用。

一是强化服务管理的主体责任。总行将进一步提升客户服务工作在分行经营绩效考核及重点城市行行长考核中的分值权重，同步完善各层级、各岗位考核评价体系，进一步强化专业部门服务管理的“牵头责任”与各级分支机构服务提升的“主体责任”，确保总行重大战略决策和各项工作部署落到实处。各分行也要进一步放大考核的占比影响与导向作用，这方面北京分行的实践给大家提供了很好的借鉴。在构建全过程服务价值体系方面，各行都已经有了比较成熟的经验做法。各级行要进一步实施服务提升“一把手”工程，坚持每季度召开服务主题会议，明确分行服务提升的具体目标、提升时限和主体责任，考究质量抠细节，贯穿始终抓常态，以客户满意为目标抓好落实推进。

二是强化员工关爱。一方面，加强对员工的人文关怀。积极妥善解决网点员工午间就餐、通风换气、合理休假等涉及员工切身利益的基本问题。完善岗位交流机制和职业发展规划，提升内部服务质量，切实为员工“松绑”，减少冗余会议、频繁培训等对一线员工服务客户精力与时间的挤占，不断提高员工满意度。另一方面，强化员工服务行为管理。各级行要不断强化员工的行为标准，使专业规范的服务行为成为员工的职业习惯，使诚信安全的服务行为成为员工的自觉遵守，营造环境放心、员工舒心、服务用心的良好氛围，激发员工主人翁意识和主观能动性，使“员工为本”得到实践诠释。

三是积极促进服务与业务相融合。各级行要更加重视对服务工作规律的研究和把握，做到抓业务与抓服务并重，服务与业务“两手抓，两手硬”。总行将不断完善矩阵式服务考核体系，今年先行在渠道管理专业及个金、银行卡、电子银行等“大零售”板块加入服务考核指标。围绕业务热点、聚焦客户槽点、革除服务痛点，以业务与服务更紧密的融合，解决服务与业务“两张皮”的问题。各行也要将服务工作与业务发展进行综合评价考核，探索将客户服务核心指标纳入专业考核体系，发挥优质服务对业务发展的促进作用。要着重优化个人客户体验，在开发客户价值时既要抓住当前市场，更要顾及客户长远存续和贡献提升。

（三）坚持制度为先，推动服务改进的常态管理和长效提升。

一是进一步完善服务管理机制。建立健全服务管理问责制度，对客户服务常规工作推动不力、服务督导后整改不力、服务专项问题治理不力，或因管理不到位引发服务事件的相关分支机构及个人，严肃问责。依托全行网点联网监控系统建设成果，建立网点服务质量远程监测机制，搭建总分行远程集中监控平台，组建服务质量监测小组，以“定岗、定人、定期”的“三定”管理，强化对物理渠道的日常服务监督与管控。同时，顺应时代发展和业务需要，修订《营业网点服务管理规定》、完善员工激励制度，用制度保障，持续推动服务改进。

二是狠抓常态管理不松劲。要对去年的“服务面貌专项整治季”活动组织“回头看”，确保阶段性活动虽然结束但工作要求不能断档、工作成效不打折扣，要对活动后期服务品质下降、服务管理松懈的机构严肃问责。要持续做好服务标杆网点创建工作，积极打造我行特色的服务星级网点，积极备选行业文明规范服务“百佳”示范单位，以标杆引领全行服务水平的整体提升。要以服务文化的落地推广为抓手，逐步提高员工的主动服务和规范服务意识；要通过常态化扎实有效的服务督导工作，促进客户服务提升，优化客户服务体验。

三是创新服务管理模式。引入精益服务管理理念，全面提升各机构对客户精确定位、精致服务、精准营销的服务能力。健全服务监测评价体系，逐季度评价全行各相关专业客户服务满意度，逐季度督导物理渠道客户服务情况。探索制订服务质量全渠道评价方案，搭建线上评价平台，建立全口径的客户满意度与服务质量评价指标体系，着力推动全渠道、全流程、全客户的新型服务评价模式，提升服务管理的精细化和精准化水平。发掘客户痛点，强化服务改进的问题导向。要建立总分行一体的服务管理内训师队伍，强化理念传导和管理辐射，保障服务常态管理的高水准和长效化。

四是更加注重服务体验建设。要把服务体验建设作为客户服务改进的重要目标持续推进，这方面，第三方权威发布更具客观性和公信力，要加大这方面的借鉴和应用。要在市场中比高下，用数据来说话。今年，总行将首次采用两家公司交叉进行满意度测评，手机银行等产品或渠道也会参考“易观”等第三方权威的客观评价。要升级客户体验指数体系，建立指数统计系统，实现服务指标的量化处理和自动提取，并将指数评价范围延伸到各级机构。

五是加强服务口碑的引导。要加强基层党建与服务文化理念的落地深植，促进客户服务提升。对内，总行将以“服务口碑新变化、喜迎党的十九大”为主题，陆续组织开展党建促服务三个百日主题活动，并加强服务文化的传播和宣贯引导，推动服务口碑持续向好。对外，要强化媒体宣传，积极及时回应各类自媒体的发声，展现我行与客户诚恳沟通的姿态，据实澄清不实言论，全力维护我行形象，尤其要强化重点地区客户服务改进成效的对外宣传和口碑引导。同时，要端正客户投诉管理理念，严格落实支行行长投诉处理负责制，切实把管理重心放到防范有责投诉、避免或减少二次投诉或升级投诉上；要持续做好监管转办投诉专项治理，落实监管转办投诉治理主体责任，杜绝投诉升级。

同志们，今年我们将迎来党的十九大胜利召开，全行的渠道管理与服务改进工作面临更加繁重的任务与更加艰巨的考验，大家要以责无旁贷的使命感和时不我待的紧迫感，发扬团结务实、敢打硬仗的作风，努力为开创全行渠道管理与服务改进工作的新局面再立新功。

在2017年全行零售业务工作会议上的讲话

李云泽

（2017年3月9日）

这次会议主要是贯彻去年改革发展研讨会和年初全行工作会议精神，推动“大零售”战略落地深植，实现传承创新、加速转型发展、提振全行零售竞争力。刚才谷行长的重要讲话肯定了成绩，阐明了方向，是全行零售业务发展的方向标、动员令，大家要认真学习领会。下面，我就今年零售条线的具体工作谈三方面意见。

一、客观看待2016年取得的成绩和存在的问题

过去的一年，面对错综复杂的国内外经济形势，在总行党委的正确领导下和各部门各专业的大力支持下，零售条线审时度势、主动作为、加快转型，扎实推进各项工作，较为圆满地完成了各项经营目标，在困难考验中保持了稳中有进、进中有为的发展态势，为全行效益增长、结构调整、转型发展和风险防控做出了重要贡献。但在肯定成绩的同时，我们必须要认真审视和正确面对当前零售经营中存在的问题与不足。

（一）业务规模快速增长，但市场竞争力仍待提升。去年虽然面对监管政策趋紧、同业跨业竞争加剧、金融脱媒不断深化等诸多不利因素影响，但全行零售条线各项业务保持了快速增长。个人金融资产余额新增7 882亿元，可比口径继续保持同业领先，其中储蓄存款余额新增4 633亿元，同比多增3 666亿元，私人银行管理资产增长1 468亿元。零售贷款（含个人信用消费贷款）余额新增6 769亿元，在全行贷款增量中占比达77.81%，创历史新高，同时资产质量企稳向好，个人贷款不良率0.63%，较年初下降0.02个百分点，近三年来首次下降。实现零售中间业务收入748.24亿元，全行占比48.55%，继续稳居同业榜首，其中代理个人保险业务收入与销售规模时隔八年重夺同业第一，代理基金业务的同业领先优势持续扩大、收入四行占比接近50%，个人理财业务等收入继续领先同业。电子银行交易额占据国内商业银行总量的40%，融e购交易额总交易规模跻身行业第二。

在业务规模持续增长的同时，我们也要看到部分核心业务市场竞争力出现了不同程度的下滑。去年储蓄存款时点余额、日均余额增量虽然较2015年都有大幅提高，但增速低于主要可比同业，时点、日均增量分别排名第三、第四位，全行只有北京、海南、深圳、新疆分行增量排名第一，10家分行增量排名第四。个人结算、借记卡业务收入均排名同业第三位，在同样监管政策影

响下我行传统支付结算业务收入下滑速度明显高于主要可比同业。信用卡中间业务收入增量下滑至同业第二位，总量优势也在持续收窄。

（二）客户总量稳步增加，但客户结构和活跃度有待优化。去年全行个人客户拓展在较为严峻的发展形势下继续保持总量稳定增长态势，全量客户增加 3 447 万户，其中有效客户增加 1 885 万户，信用卡客户增加 566 万户，增幅 7.8%，私人银行客户增加 7 693 户，增幅 12.33%。融 e 行、融 e 联、融 e 购、工银 e 支付等客户都实现了翻番增长。

虽然全行客户体量很大，但是我们也必须正视近年来客户发展中“大而不强”的问题，突出表现在总量增速放缓、中高端客户占比提升不明显。去年日均金融资产 1 万元客户同比仅增加 19 万户，金融资产 5 万元和 20 万元以上客户分别同比减少 21 万户和 18 万户，私人银行客户数量与管理资产的五行占比分别同比下降 0.6 个和 1.9 个百分点，中高端客户在我行的资产向下迁移趋势明显；年轻客户占比低、客户活跃度和黏性不高，全行 7 800 万信用卡客户中，半年内没有动卡的超过 50%，在 4 亿多微信支付客户中，绑定使用我行信用卡的仅有 1 000 万客户；融 e 行移动端客户规模虽然领先，但动户数位居同业次席，资金流量差距较为明显，以支付宝、微信支付以及“12306”等平日秒收请求量来看，我行低于主要竞争对手。

（三）转型创新步伐加快，但经营管理方面的深层次问题也亟待解决。去年以来零售条线主动适应市场变化，通过营销转型和产品创新加速发展、提升效益。严格落实监管要求，迅速推进个人银行账户分类管理体系建设，率先推出Ⅱ、Ⅲ类账户和 ATM 转账延时到账功能，并成功围堵首笔电信诈骗转账。积极稳妥地推进个贷体制机制改革，全面推动远程运维团队建设。构建个人客户全景视图，大力推动精准营销与智能营销。推出了银行业首款扫码支付产品——工银二维码支付，成立商户发展中心，推出商户之家和工银 e 生活，融 e 行升级为开放式客户引流新平台，创新推出了渠道二维码等多个营销服务新入口。持续推进私人银行“百千万”工程，56% 以上一级分行迈上千户行行列，三级中心建设提升区域市场营销服务能力。网点布局优化和智能化改造全面提速，启动实施服务提升六大工程，扎实开展服务面貌专项治理。

在转型创新提速的同时，许多制约零售业务长效发展的深层次问题不断显现，需要我们认真思考、加快解决。一是渠道问题。物理网点布局没有跟上城市格局迁移和城镇化步伐，相当宝贵的网点资源、人力资源被禁锢在逐渐空心化的老城区，加之网点硬件设施老旧，对基础客户、基础业务的支撑作用日趋弱化。线上业务迭代开发能力有待提高，创新应用的速度不快，缺乏“撒手锏”的产品和应用，市场推广上主要依赖传统行政化手段。二是团队问题。首先是数量不足，目前 PBMS 系统 4.6 万个客户经理角色中，能够认定相对有效的不足 1.8 万人，占比仅有 39%，金融资产 20 万元以上客户的管户覆盖率仅有 68%，私人银行专职财富顾问配备缺口超过 40%，真正从事客户关系管理和营销的人员缺位严重。其次是岗位通用性和职业发展相对偏弱，客户经理、柜员、大堂经理、客服经理等岗位相互转换衔接不畅，在一定程度上制约了网点营销效能的提升。零售岗位普遍存在等级偏低、职业晋升发展通道狭窄的问题。三是考核问题。当前由支行到网点、由网点到个人的落地传导机制还不到位，相当一部分机构储蓄存款等基础指标没有落实具体经营岗位，总分行的战略意图很难落地。四是联动问题。首先零售条线内部缺乏经营上的统筹组织、业务管理的联动意识和考核配套的指标设置欠缺，专业间没能真正形成营销合力，营销队伍没有打通共享，客户资源和渠道资源没能得到充分利用。全行仍有约 10 万名个贷客户时点金融资产余额为零，个人中高端客户的信用卡渗透率只有 24.1%。

去年底今年初，全行首次开展了零售板块的跨年度旺季营销，取得良好成效，不但实现了核心指标的快速增长，在经营转型上也取得了一定突破。旺季期间，全口径负债余额增加 4 727 亿元，同比多增 365 亿元；日均人民币、外币储蓄存款分别同比多增 15% 和 50%。个人住房贷款同比多增 60.25%；个人信用消费贷款和分期付款分别增加 59 亿元和 175 亿元。零售中间业务收入同比增加 6.17%。日均金融资产 1 万元以上客户同比多增 126.42 万户。各分行借助旺季加强练兵，强化交叉营销和场景营销，加强线上线下一体化营销，全行对于抓早抓好旺季工作有了更为深刻的认识，也逐步深化了零售板块的协同意识，为今年全年工作奠定了坚实基础。根据各专业旺季营销评价结果，广东、北京、上海、四川、湖北分行荣获个人金融先进单位，浙江、宁波、山东、广东、河北分行荣获信用卡先进单位，上海、山东、北京、江苏、河北分行荣获私人银行先进单位，广东、山东、河南、河北、浙江分行荣获电子银行先进单位，北京、浙江、四川、广东、甘肃分行荣获优质服务先进单位。

虽然旺季营销取得了一定效果，但也暴露出全行零售经营的一些薄弱之处。比如，尽管全行投入了大量资源，但在春节前的关键时期，我行储蓄存款增长仍落后主要竞争对手；6 家分行私人银行客户数不升反降，8 家分行客户资产规模出现下滑；二维码 C 端客户增长仍不理想。这些问题再次提醒我们，在激烈的市场竞争中，零售经营必须回归经营本源，强化经营管理、夯实经营基础，才能真正提升核心竞争力。

二、高标定位，确保完成全年各项经营计划

2017 年是大零售战略第二个三年规划的开局之年，

也是全行第四个三年发展规划的收官之年，全行零售条线要贯彻全行工作会议精神，牢牢把握以转型促发展的工作总基调，聚焦“客户”这一战略核心，树立“贡献”这一战略导向，坚持资产与负债业务统筹发展，坚持内部经营联动与外部合作引流，坚持线上与线下互促并重，坚持队伍与机制建设齐头并进，坚持服务体验与风险管控同步提升，从更宽的视野、更广的领域、更深的层次整合内外部资源、优化体制机制、夯实客户基础，从根本上提升我行零售业务的竞争能力，确保全年经营目标的顺利实现。2017 年零售条线要力争实现三大类经营目标：

（一）客户总量要快速增长，客户结构要持续优化。一是多点切入加快客户引流，全年力争实现个人有效客户净增 3 000 万户。其中代发工资个人客户净增 400 万户、信用卡有效客户净增 700 万户；融 e 行移动端、融 e 联、融 e 购月均动户分别达到 3 200 万户、2 500万户和 60 万户，融 e 行月均动户数居同业第一；工银 e 支付动户达到 3 700 万户，一键支付客户达到 2 200万户。二是大力拓展中高端客户。日均金融资产 1 万元以上客户净增 400 万户，金融资产 100 万元以上财富客户净增 15 万户，私人银行客户净增 8 000 户。三是加快发展商户。特约商户总量增加 205 万户，其中二维码商户增加 100 万户。

（二）主要业务指标要快速增长，市场竞争力要持续提升。一是金融资产快速扩容。全年个人客户金融资产总量增长 9 500 亿元，其中私人银行产品日均余额增长 850 亿元，私人银行非标融资项目推荐增加 550 亿元。二是储蓄存款稳定增长。实现人民币储蓄存款日均余额增加 5 000 亿元，时点余额增加 6 000 亿元，增量四行排名保二争一。三是加快发展零售信贷业务。个人住房贷款余额净增 5 500 亿元，个人抵押质押类消费贷款止跌回稳；信用类消费贷款余额增加 1 000 亿元，其中信用卡分期付款净增 450 亿元、个人信用消费贷款净增 300 亿元，个人信用消费贷款白名单客户总量达到 1 亿户。四是加快收单和消费额增长。实现收单交易额（剔除第三方转接交易）3.4 万亿元，信用卡消费额 2.5 万亿元；融 e 购 B2C 非金融商品交易额 600 亿元。

（三）效益贡献要稳定增长，经营质态要持续优化。一是收入贡献保持增长。零售条线中间业务收入力争达到 804 亿元，其中个人金融、信用卡、私人银行专业分别实现 411 亿元、320 亿元和 104 亿元，并确保同业领先地位。二是提升零售信贷业务收益水平。新发放个人住房贷款的平均执行利率力争提升 5 个基点；信用卡普通分期付款平均手续费率提升至 8.57%。三是资产质量保持向好。个人贷款不良额控制在 315 亿元以内，不良率控制在 0.76% 以内；信用卡贷款不良额控制在 150.5 亿元以内，不良率控制在 2.82% 以内；私人银行新增非标融资项目要确保零风险。

零售条线各专业要结合各自重点工作，明确目标和定位，强化责任担当和协同联动。个人金融专业要发挥好大零售牵头部门的引领和协调作用，聚焦核心业务竞争力提升，做大做优全量负债，持续加强客户维护和外拓机制建设，全面提升效益贡献。信用卡专业要坚持获客互联网化、产品互联网化、服务互联网化，全力做大市场规模、实施精细化管理、调整客户结构、建设大数据风控体系，力争跃居中国客户总量最大的信用卡发卡银行。私人银行专业要加大转型创新力度，有效提升私人银行业务市场竞争力与价值贡献能力，争当全行零售转型发展的“先行军、排头兵”，实现私人银行客户与资产规模的稳步提升，打造中国私人银行第一品牌。电子银行专业要围绕 e－ICBC 智慧银行发展战略，加快电子银行向线上获客、活客、黏客平台转型，构建业务协同、平台融合、资源共享、线上线下一体化的互联网生态体系，打造智慧银行。渠道管理专业要全力提升渠道运行效能和客户服务水平，统筹推动物理渠道结构优化与效能提升，加快推动渠道转型与创新发展。

客户是零售业务的根基和价值创造的源泉，大零售转型发展的核心在客户，全行要真正树立以客户为中心的经营理念。各行要在落实营销责任的同时指方向、教方法，尤其要充分运用“授信吸客、网络引客、联动拓客”等新型方式和渠道，明确客群化经营、场景化嵌入、差异化服务、综合化集成的实施路径，使各级营销人员能够准确定位客户、快速引流客户、运用产品渗透客户、通过价值共赢维护客户。同时，要根据经营重点，统筹协调资源，巩固优势、占据先手、补齐短板，进一步提升零售业务直接盈利和综合价值创造能力，为全行经营转型创造更大空间。

三、统筹兼顾，全面推动十项重点工作

全行必须统筹兼顾、综合施策，坚持“守正出奇、不疾而速”，持续夯实发展基础，不断推进转型创新，着力从“负债＋资产”“团队＋机制”“线下＋线上”“联动＋合作”“体验＋风控”等十个方面加快推进各项重点工作落地实施。

（一）努力提升全量负债市场竞争力。做大全口径个人负债是零售转型发展的基础和保障，做优个人负债结构是提升价值贡献的重要法宝，全行要坚定不移地抓好个人负债业务的扩量提质。

一是把储蓄存款工作作为零售业务经营的第一要务。全行必须要进一步提高在储蓄存款工作上的思想认识和重视程度，储蓄存款是客户资金的基础载体和最初形态，是零售业务可持续发展的源泉，只有储蓄存款和全量负债协调发展，零售业务方能基业长青。要通过考核机制引导全行重视储蓄存款，把储蓄存款作为评价各级机构核心竞争力的主要依据，不仅仅是考核个人金融部门，也要将其纳入包括私人银行、信用卡、渠道管理

等零售营销部门、网点负责人的考核。要切实提升理财客户经理、私人银行财富顾问对其管户客户的储蓄存款增长考核力度，尤其注重储蓄存款日均或周五时点新增，推出以金融资产价值贡献度为核心的产品计量标准，防止储蓄存款过度理财化倾向。要加大源头性批量代发项目资金的投入，专项用于竞争优质客群、大额存款的项目。要积极拓展代发工资等优质客户群和 ETC、交通卡等重点客群。要加快推出“天天惠”存款产品，加大支付结算产品创新力度，推出一键支付、手机二维码转账等支付产品，收银台服务、收款管理等结算服务，吸收和稳定支付结算沉淀资金、投资理财间歇性资金。

二是推动非存款金融资产协同发展。推动代理保险业务向保障性产品转型，主动加强与传统大型保险公司的合作，组织开展多层次的期缴训练营，加快客户经理专业素养提升，力争全年期缴销量突破 400 亿元。组织有针对性的基金产品销售清单，打造适应不同市场阶段的热销产品，研发基金套餐系统，加快推出工银重点基金指数，稳固代理基金业务市场优势。大力营销现金管理产品和增利、尊利、稳利等重点理财产品，提升理财业务经营效益。

三是提升私人银行产品的投资管理能力。加快在理财产品种类、期限结构、收益水平、申赎限制、质押融资支持等多方面的创新，争取更多优质非标融资项目，通过股权投资方式积极推进重点行业、重点城市优质项目，提升产品收益水平，有效增强我行对高净值客户的吸引力。同时，加快提升专户客户、家族客户的服务内容与质量，突出我行对最高端客户的个性化、专业化的服务能力。

（二）加快发展个人资产业务。个人资产业务不但具有资产质量好、资本占用低、逆周期能力强的特点，更是进行优质客户批量引流的有效抓手。要毫不动摇地加速个人资产业务发展，为优质客户群体的快速壮大增流量，为零售业务的整体发展拓空间。

一是加快个贷业务经营模式优化。要按照“专业化”要求做好个贷业务组织架构调整，各分行按照条线对口原则，结合本行实际调整个贷业务组织体系和部门职能；按照“集约化”要求做好个贷业务处理中心建设，落实城市行个贷业务经营管理主体地位，结合分、支行实际对个人贷款各环节进行适时适度集中，实现“分散受理、集中处理”，提高业务处理效率；按照“扁平化”要求做好个贷业务流程优化，从客户体验、前台营销、风险防控的角度，通过合理分工，完善审查审批体制，缩短流程、下沉权限、明晰责任。

二是全力推动个贷业务稳定增长。要逐步摸索个人住房贷款分类施策、因城施策等差异化管理模式。合理把控投放节奏，调整投放策略与区域及产品结构，用好、用足规模资源。以“重点区域、重点企业、重点楼盘”为原则，加强与大型优质房地产企业的总对总合作，做深做透重点项目。积极寻求与大型优质中介机构合作，加快一二线城市二手房市场业务布局，发挥赎楼贷对二手房贷款的协同促进作用，加速二手房贷款业务发展。加大推进公积金委托贷款业务发展，并带动公积金组合贷款、公转商贴息贷款等自营房贷发展。加快消费信贷业务升级换挡，深入研究个人金融资产自助质押贷款业务有效发展路径，做好与理财、基金、保险等可质物的嵌入式营销。根据地区监管环境和客户需求灵活推进个人房屋抵押综合消费贷款业务。

三是加快发展个人信用消费贷款业务。要加快扩大工银融 e 借白名单客户库。行内联动营销行内信用卡客群、社保基金和公积金缴纳客群、基金保险理财客群、受托管理企业年金客群，加快存量客户转化；行外系统推进公务员及事业单位等六大类优质单位营销工作，将国内最优质的个人客群发展成为融 e 借白名单客户，确保年末白名单客户达到 1 亿户，力争达到 1.5 亿户。要着力将白名单客户潜在融资需求转化为现实需求，以二级分行为单位开展融 e 借体验活动，员工参与率要达到 90% 以上，第一季度末每个网点负责人和客户经理要至少完成一次业务体验。要加大互联网宣传推广力度，深入推进场景化营销，加强与第三方互联网金融公司合作，做大信用消费贷款规模。

四是推进分期付款业务纵深发展。坚持我行自营与合作机构联营双轮驱动，深耕汽车专项分期市场，加强对合作机构的实时管控，稳步推广跨区域汽车分期业务。着重在省会、直辖市和二线城市中心城区，对我行房贷客户按首付款的一定比例给予授信，发行大额定制分期信用卡用于车位、家装家居等专项用途。与行业排名前列的优质旅行社合作，快速做大旅游分期业务。加快做强账单分期业务，不断提升生息资产比重。

（三）切实加强零售团队建设。零售业务的经营规律要求专业的人来做专业的事，首要是解决“零售业务谁来做”的问题。

一是加强销售队伍整合营销。要完善“大零售”队伍框架。理财客户经理、个贷客户经理、私人银行财富顾问、外拓团队、收单团队等销售岗位必须履行全产品营销职能，要通过考核机制引导综合营销、交叉营销意识。大堂经理、客服经理以及信用卡、电子银行中心客服人员要立足服务本职，拓展营销职能。要加快出台各岗位的标准化产品组合包营销指引，明确组合营销标准。

二是配齐配强销售队伍。要加强对零售销售岗位配备的量化考核，并将其作为零售业务体制机制转型的核心指标。在理财客户经理配备上，金融资产 20 万以上客户达到 200 名以上的网点至少要配备一名专职理财经理，各行理财经理管理 20 万以上客户不得超过 400 户，远程客户经理人均间接管户不超过 10 000 户。这是最低标准，今年总行将对没有达标的分行逐一督导。个贷客户经理数量要与业务增长相匹配，原则上按照1人年发放约200笔（包括住房贷款、消费贷款，不含自助质押贷款）的标准加强配备。要加强客服经理岗位推广，积极探索构建与网点智能化、轻型化转型相匹配的配套管理机制。要做好财富顾问子序列试点工作，八家试点分行要借助财富顾问子序列试点，加速私人银行客户增长和全口径负债提升。要以一级分行为单位探索组建外呼团队，做好信用卡、工银融e借、账单分期营销、逾期贷款催收以及办卡人工调查等工作。

三是完善零售人才培养机制。要从任职年限、职业资质、管户规模等多维度，明确个人客户经理职业发展和晋升的标准、路径和空间，提升从业人员的职业价值感、归属感和荣誉感，逐步建立零售人才荣誉体系。要加快构建零售业务分岗位、系统化培训体系，明确各层级、各类别人员的培训目标、培训课程和培训测评。组建总行级、一级分行级专业培训师队伍，通过现场授课、实战演练、经验宣传、单独帮扶等形式，发挥优秀营销人才“传帮带”的作用，提高全行销售队伍素质和营销能力。

四是优化网点岗位设置和劳动组合。要打通低柜柜员、客户经理、大堂经理以及智能服务人员的岗位壁垒，提升网点人力资源通用性和岗位兼容性，加速实现全行网点向营销服务转型。各分行可以选择部分客流潮汐明显、客户需求集中度高的网点先行先试。

（四）持续加强体制机制建设。零售业务零散销售的本质属性决定了需要一套健全顺畅的传导机制和组织管理来实现。

一是优化“三评价一考核”体系，压实管理责任。今年按照与境内分行绩效考评办法保持一致的原则，对零售综合考评办法进行了修订完善，主要把握以下导向：突出竞争力导向，增设了《零售业务市场竞争力考核办法》，在尊重基础和历史的同时，引导鼓励进步和变化，对储蓄存款、零售贷款、零售中间业务收入三大基础业务的增量指标同业竞争力进行考核，并将评价结果按一定比例纳入行长、主管行长和零售条线各专业评价办法；突出价值导向，在原有个人客户增量指标基础上，增加互联网金融月均动户、二维码支付有效商户等活跃指标；突出联动营销，以代发工资业务为核心引导公私联动，以产品交叉渗透为核心引导私私联动和行司联动；突出风险管控，增加零售信贷不良额及不良率指标；突出移动优先，增设线上及自助业务迁移率指标，推动全行做大移动端业务量；突出服务提升，引入第三方专业公司满意度测评，把服务责任切实落实到各分行以及各零售部门等经营主体。

二是强化网点考核落地。要加快推出营业网点绩效评价指导意见以及面向网点负责人、客户经理、大堂经理等网点各岗位绩效评价的指导意见，各行要在遵循总行基本原则的基础上，因地制宜，制定具体的考核办法和执行方案，确保导向明确、简单直观。要突出网点负责人在零售经营方面的主体责任，通过建立考核架构、提供信息支持、完善指标体系，提升网点负责人经营零售业务的动力和能力。要完善优化客户经理管户考核，将储蓄存款作为必须项纳入个人客户经理、私人银行财富顾问等人员考核，加快推出以个人客户营业贡献为核心指标的绩效考评体系。要坚持“仪表盘”考核原则，增加过程类、动因类指标，提高对销售类岗位人员考核的及时性和显性化。逐步提升客户经理考核管理层级，加快推进二级分行（含）直通式管理、穿透式考核改革。

三是加大区域个性化授权激活分行经营活力。对于基础条件好、管理能力强、客户需求大的分行，要适当增加授权，充分激发分行业务发展活力和创造力。授权分行与总行级房地产开发企业区域机构签署按揭合作协议；授权部分分行引入非公募基金、区域性期交健康险、期交意外险产品；授权分行与中央直管、省管大型国企合作区域联名卡项目；给予部分分行私人银行发行区域私银理财产品、开展区域股权FOF基金投资、金融资产质押转授权、专户与投资账户服务的差异化授权。

四是加快零售准事业部制的改革探索。抓紧选择部分二级分行和直属分行的一级支行开展试点，以客户为中心，整合零售板块职能搭建零售经营新架构，实现板块化运营；立足简则放权，建立零售金融事业部自主经营的新模式，实现专业化管理；确保权责匹配，探索事业部与属地分行双线考核管理的新规则，实现矩阵式协作。各分行也要开阔思路、主动创新，积极探索适合本地区的零售业务改革模式。

（五）加快线下渠道战略转型。今年要围绕全行经营转型，打好网点结构调整和转型创新的组合拳。

一是推进网点布局优化。要统筹推进网点的总量优化与迁址优化，做到“有进有退、有增有减”，根据区域经济发展及金融资源分布变化，按照“核心网点+卫星网点”式群落化管理模式，加大力度压降空心化老城区网点，将网点资源更多配置到新兴城区、开发区等金融资源快速增长区域，力争年内实现网点总量压降500家、区域布局优化200家。

二是全力推动网点服务智能化。要加速提升智能服务模式在有效网点的覆盖率，确保年内达到90%以上。加快构建智能化客户识别与营销服务场景。加快探索构建与网点智能化、轻型化转型向匹配的网点岗位管理体系及配套机制。

三是加强渠道建设标准化管理。今年新装修网点原则上要严格执行物理渠道装修设计标准规范，确保今年全行网点标准化装修覆盖率达到10%。

四是全面运用直通化支持保障机制。全行要充分利用晨会直通车、网点建议书和网点服务营销系统三大直通式信息通道，将网点适销的重点产品、重点业务和服务高效投放网点。零售条线新产品原则上都要录制营销推广视频，通过晨会直通车向全行网点进行传导，网点在每日营业前要按时做好收看学习。

（六）做强线上平台与服务。要全面启动 e－ICBC 智慧银行战略，深化移动优先发展策略，打造我行移动金融发展新格局。

一是深化移动优先战略。要加快我行优势产品的线上化、移动化，丰富零售业务线上产品线。实施差异化定价策略，线上线下同时发售的产品移动端价格要更优，只在线上发售的产品要不高于主要竞争对手。要在综合积分规则设计上向移动端倾斜。各行要围绕融 e 行拓客制定营销推广措施、配足营销资源，推出区域特色营销活动。

二是丰富移动端场景。要广布融 e 行移动端入口。依托融 e 购建设财富集市推出智能投顾功能，依托融 e 联打造场景支付和金融社交服务，打造融 e 行智能化、个性化、开放化服务，探索众筹模式在我行移动端产品中的应用，依托工银 e 生活升级，打造一个同时面向我行及他行客户与商户的互动型智能服务平台。

三是加快提升移动端体验。要率先优化三融平台和支付产品线体验，持续应用新型金融科技开展融 e 行创新升级，持续打磨用户界面和交互设计，打造产品极致体验。优化融 e 购手机商城 APP，推出微信版手机商城。优化融 e 联基础功能，集中解决注册难、登录难、响应慢等问题；整合工银 e 支付联动开户交易流程，大力推广一键支付。

四是打造移动金融生态圈。三大平台要开放融合、互相引流、互相宣传、互为内容。将融 e 行打造成为我行线上综合金融服务的第一平台，将融 e 联定位为线上线下一体化的营销服务平台，融 e 购要坚持三名定位，做大做强做出特色，推出“工行通行证”统一用户体系，促进三大平台互联互通互补互促。

五是拓展 O2O 支付业务。在 C 端，要整合工银 e 支付品牌，打造涵盖支付、转账、缴费等多场景的互联网支付产品；通过将工银二维码电子券与融 e 购电子券交叉发放使用，相互引流客户；通过奖励方式激励商户收银员推介、引导客户使用工银二维码支付产品，将收银员变成我行 C 端客户的营销员；聚焦“取现”这一银行独有场景，大力推广扫码取现业务；加大在物业缴费、加油卡和高校 APP 在线充值等服务场景的拓展力度；重点拓展大额支付场景，抢滩三四线城市支付市场；依托我行线下渠道、商户资源，加强在线下推广，为线下网点、客户经理提供线上营销的入口和工具，构建线上线下一体化、立体式拓客模式。在 B 端，要强化对网点周边商户的网格化营销，构建起以网点为轴心的 O2O 支付生态圈；继续以城市一条街、地铁站为核心开展地毯式营销，形成特色商圈；针对医疗、交通、物流、公共缴费等行业开展集群式营销，扩大收单覆盖面；将现有 160 万 B 端商户转化为工银 e 生活平台商户，实现线下商圈线上化。

（七）全面深化行内协同联动。要通过多产品、多部门、多条线联动，实现资源聚合、服务融合、客户整合。

一是全面深化零售条线内部联动。总行正在着力推动零售条线重点联动项目，力争在未来一到两年内实现零售板块在账户、渠道、产品、授信、积分、支付、同业等领域的深度整合和互联互通。个人金融、信用卡、私人银行、电子银行专业要主动作为、主动对接，互为渗透、互为支撑、互相引流，将零售产品的交叉销售固化为本专业本部门的基本职责。要加快账户互通和银行卡业务整合，以复杂业务带动简单业务，申办信用卡的同时同步办理借记卡，将信用卡、工银信使等嵌入个人贷款申请流程。加快全渠道“两卡（借记卡、贷记卡）三融（融 e 行、融 e 联、融 e 购）一信使（工银信使）”的一站式受理。要推出标准化组合营销策略，全面梳理我行前十大客群，加快制定标准化产品包组合建议和营销指引，同时针对高低柜、大堂经理、客服经理等不同营销人员，设置差异化产品营销组合包。要加快个人授信业务发展，充分利用好人行征信信息资源，在全渠道、多触点广泛获取客户对于征信查询的授权，加快建立授权查询信息的归集、输送、反馈和共享机制，尽快将征信信息纳入客户全景视图。各行要不等不靠，主动围绕基础产品挖掘切入点，通过实际操作中的不断探索和磨合，引导零售条线整体营销、联动协作的意识。

二是要发挥综合化优势，增强集团内部互助。工银瑞信、工银安盛要协助推进智能投顾业务、高端保险定制等产品创新，积极利用自有渠道探索借记卡、信用卡、融 e 行等产品一揽子销售，通过产品创新优先满足零售条线的产品定制需求，依托培训、投研帮助分行提升营销水平。零售部门要按照“同等条件下优先的原则”，进一步加大对工银瑞信、工银安盛的支持力度。

三是拓宽公私联动的广度和深度。零售条线要主动对接批发条线，除了做好传统的代发工资、公务卡、资金托管、小微商户逸贷融资等联动业务外，还要充分利用我行渠道销售资源，积极争取对保险、基金等机构的交叉销售。利用融 e 借、信用卡、按揭贷款、融 e 购平台资源帮助对公部门撬动营销合作。围绕私人银行理财投资优质非标融资项目的推荐、审查与投后管理，探索柔性团队合作机制。要通过清晰的协同责任落实、合理的分润机制、完备的外拓机具保障构建起公私联动的新格局。

（八）不断加强与外部机构的双赢合作。在当前金融科技迅速发展的大背景下，必须秉持开放共享理念，加强多方合作，实现多方共赢，才能真正做到零售批发化。

一是加强与优质互联网企业的合作。优质大型互联网公司聚集了大量的年轻优质客户资源，同时在业务上与我行有很强的互补性，今年要重点面向排名前二十名的互联网服务商，立足批量引流获客，展开基于零售业务整体需求的合作，合作方向可以包括在获客引流方面进行平台对接、在支付结算方面合作推广我行互联网支付产品、在增值服务方面推进资源共享、在业务流程方面实现交叉关联等。要在4月底前推出微信工行小程序，协助客户更好地了解我行产品，便捷办理基础业务。各行也要在总行确定的基本合作原则、合作范围、合作策略下，积极探索与垂直电商平台、细分行业龙头平台，包括与网络约车、共享单车的合作，关键在于实现批量引流拓户。

二是加强与全国性大型集团的合作。总行要直接牵头组织拓展10个全国性重点批量拓户项目，50家重点城市分行要营销拓展50个区域性批量拓户项目，做好资金和客户源头性市场的营销拓展；要持续做大集团商户收单业务，“总对总”合作集团商户数要达到350户，各行要分别签约10家新的区域性集团商户。全行还要加快研究与覆盖范围广、个人客户众多的央企，与发展迅猛、口碑较好的物流快递、房屋中介合作，通过积分互换、信息互认、产品互荐等方式，联手做市场、合作拓客户。

三是加强与具有互补特征的金融同业的合作。要加快推进与邮储、农信社等高互补性同业的合作，通过渠道的互联互通、费用的互免互惠、产品的互荐互售，有效延伸我行服务半径和营销触角，增强我行在广大农村市场的竞争力，要逐步推进Ⅱ、Ⅲ类账户代为认证、银银平台柜面通合作、信用卡合作，以及私人银行、工银瑞信产品在同业渠道的销售。各行还要积极探索与保险公司等机构开展银行卡营销合作，借力保险公司直销队伍进行业务拓展。

（九）全面提升客户服务体验。“以客户为中心”“服务创造价值”的理念是工商银行的核心价值观，零售工作更要紧紧围绕客户需求，抓好服务能力和服务品质的提升。

一是要不断深化服务管理体制机制改革。真正解决服务与业务两张皮的问题，必须从严格落实责任入手，包括服务管理部门的“统筹推动责任”、各业务部门的“直接牵头责任”、各分行“主体责任”、各基层机构的“直接责任”，并建立健全客户体验与服务质量考评体系。

二是优化服务体验。聚焦客户体验痛点与高频耗时业务，革除繁冗流程、提升服务效率。大力推广代客预约服务模式，持续提升批量业务处理效率，大幅缩减借记卡、存单、存折等业务批量开户时间。优化信用卡办卡流程，提高办卡时效，力争实现预审批客户3个工作日发卡。引入行业专业排名，客观评价我行线上产品的客户满意度。

三是加强产品创新。推出借记卡异地换卡换号和换卡不换号业务，面向中高端客户提供自选借记卡卡号服务。完善个人综合积分体系，拓展积分应用场景，丰富积分使用范围和形式。创新推出客群化的信用卡产品，着力打造年轻客户、女性客户等专属产品，抓紧推出银联品牌私人银行黑金卡和小白金信用卡，提升客户满意度和忠诚度，持续升级工银二维码支付产品，推出聚合支付新平台，实现与第三方扫码支付互联互通。创新开展金融资产质押代理投资服务，加快理财产品融资服务的创新，随时随地满足客户质押融资需求，打造私人银行客户金融资产统一视图。建立私银客户个人及其企业综合金融服务平台，通过股权投资、薪酬收益权等模式，提供一揽子表外融资解决方案。持续推进融e购B2C商城建设，积极打造跨境B2B服务体系，推进B2B商业模式创新。加快探索人工智能、区块链、生物识别等新技术的应用，推进手机银行和个人网银的进一步协同和整合。重点提升登录体验和性能，优化即时通讯交互体验。

四是提升精细化服务水平。构建立体式、全渠道、多元化的个人客户分层服务体系，制定适合不同目标客户群的基础产品渗透方案、金融资产配置方案和增值服务个性化方案。升级信用卡权益管理水平，整合形成商旅出行、医疗健康、保险保障等板块化权益体系，推出自主定制权益包，提升工银信用卡客户体验和品牌美誉度。深化私银客户增值服务内涵，提升“君子伙伴”品牌形象。大力推进电话中心经营转型，提高价值贡献。

（十）切实加强全面风险管理。当前全行的经营发展和资产质量持续承受着较大的压力，零售条线必须坚持底线思维，牢牢绷紧风险防控这根弦，扎实推进全面风险管理。

一是抓好信用风险管控。在个贷风险防控方面，要完善一手房开发企业及项目的准入标准和跟踪管理措施，从源头管好第一道闸门。加强二手房贷款合作机构管理，重点加强对承担阶段性担保责任的经纪公司的准入审查。按照借款人、交易行为、购房价格、首付款和房产抵押“五真实”原则，加强个贷实质风险防控。全面梳理个人逾期贷款催收和不良贷款清收的组织架构、业务流程，制定行之有效的个贷催收清收机制。组织开展个人信贷质量大检查。加快形成个人不良贷款证券化或转出常态化运作机制，拓宽不良贷款处置渠道。在信用卡风险防控方面，要逐步将个人信用类授信审批工作集中到总行。依托大数据和授信模型，全面评价客户信息真实性，科学核定授信额度，从源头上把控信用风险。运用黑名单数据以及违约概率模型等量化评分手段，建立差异化信用风险干预策略和系统硬控机制。年内将合作催收业务管理权限全部上收至一级分行，提升我行市场议价能力和催收效率。严防信用卡透支和分期付款进入生产经营、房地产、投资、股市等禁入领域。重点监控新签约、批发类、低回佣等三类商户，以及大额交易、预授权交易、离线交易、退货交易、线上外卡收单交易五类交易，发现风险果断采取措施。

二是强化操作风险和反洗钱管理。加强对开户、客户信息、代发工资、智能银行、U盾、结售汇、外拓营销等重点业务和关键环节的操作风险管控，将反洗钱嵌入业务管理流程，建立反洗钱合规管理的第一道防线，充分运用业务运营风险监控模型做好监测预警，确保制度完善、流程可控、风险可识别。

三是抓好市场风险防控。把住机构准入和限额管控两大关口，建立以机构准入和合作限额为重心的市场风险管理体系。

四是落实合规销售。瞄准飞单私售、误导销售、客户信息泄露三大痛点，突出过程管理、防治结合、惩教相辅，从资格准入、执业培训、资金异动监测与行为监测等方面加强客户经理行为管理，并在队伍建设、职业规划、考核激励上综合施策，进一步做好事前防范、强化事中控制、完善事后处置。

五是严防外部欺诈。研发借记卡外部欺诈风险监控系统，加快推出“工银安全小管家”，构建账户支付安全环境。引入国际卡组织欺诈风险信息，完善我行实时监控系统；应用客户实时定位技术，精准地防范欺诈风险。

同志们，面对复杂严峻的形势和艰巨繁重的任务，大家要正视问题、坚定信心，绵绵用力、久久为功，充分发挥主观能动性，加快推动大零售战略落地深植，加快零售板块经营改革转型，争取实现零售业务发展的新突破和同业竞争的新格局，为全行经营发展做出更大的贡献。

聚焦痛点　突破短板
坚决打赢客户拓展和消费促销攻坚战

——在全行信用卡获客活客及“爱购周末”促销工作推动会上的讲话

李云泽

（2017年5月12日）

最近，易董事长到总行银行卡业务部进行专项调研，对近年来信用卡业务发展取得的成绩给予充分肯定。尤其是去年以来，信用卡专业在新班子的带领下，工作主动、拼搏进取，取得了积极成效，但也存在经营理念较为传统、管理较为粗放、客户基础有待夯实等问题。为深入贯彻落实全行年度工作会议、第一季度经营情况分析会以及易董事长调研指示的精神，总行决定召开此次会议，主题就是坚持把经营客户作为信用卡和零售业务发展的核心定位，专项部署信用卡获客、活客及“爱购周末”促销工作，动员全行力量打赢客户拓展和消费促销攻坚战，进一步加快信用卡获客速度、优化客户结构、提高客户活跃度，夯实信用卡和零售业务长期可持续发展的根基。下面，我讲三个方面的意见。

一、为什么要开展获客活客及“爱购周末”促销活动

零售业务本质上是经营客户的业务，客户是根基，否则零售业务就成为无源之水、无本之木，所以客户基础牢不牢、客户活跃度高不高，在很大程度上决定了信用卡和零售业务能否抓住当前及今后一个时期的发展机遇。信用卡俗称可透支的账户，尤其是信用卡具有可透支、跨境支付、本外币支付三项功能，这三个特点是互联网支付所不能比拟的，这也决定了信用卡是很好的获客工具和手段。全行要统一思想、深化认识，从战略层面深刻领会信用卡获客活客及“爱购周末”促销活动的重要意义，聚合全行资源优势，夯实信用卡及零售客户基础。

（一）开展获客活客及“爱购周末”促销活动是纵深推进工银信用卡互联网化转型发展的有效路径。今年是工银信用卡发卡30周年，这30年来，经过全行上下的不懈努力，信用卡业务的规模化发展迈出了跨越式的步伐，初步实现了“建设全球第一大发卡银行，打造中国第一信用卡品牌”的阶段性目标。现在，我们站在推动工银信用卡互联网经营转型发展的新起点上，肩负着提高信用卡业务发展质量和效益、实现长期可持续发展的新任务。当前，首要是将过去“以产品为中心”的经营理念转变为真正“以客户为中心”，把客户资源作为全行信用卡业务发展最宝贵的资源，通过获客活

客，做大做强客户规模、做优做实客户结构、做精做细客户维护，推动消费交易、资产业务、盈利贡献等一系列指标的持续攀升。互联网转型发展道路的实施基础是深化经营转型，将过去以发卡量为单维指标导向的粗放经营模式转变为多维指标导向的精细化管理模式，从追求卡量增长转向拓展有效客户，通过获客互联网化带动支付、融资、服务、管理的互联网化，从而促进工银信用卡规模、质量、效益的协调发展。此次开展信用卡获客活客及“爱购周末”促销活动，正是全面落实信用卡业务互联网转型发展新战略新思路的良好开端，全行要最大限度地凝聚共识、凝聚力量，通过多层次的营销活动、广覆盖的宣传推广、大力度的宣传投入，吸引一批客户、激活一批客户、提升客户综合贡献，夯实信用卡业务转型发展基础。

（二）开展获客活客及“爱购周末”促销活动是解决痛点、补齐短板、提升工银信用卡综合竞争力的迫切需要。今年以来，全行信用卡业务在困难复杂的经济金融环境中总体保持了稳健发展态势。截至4月末，全行信用卡发卡量达1.25亿张，客户数达8 051万户，较年初增长233万户；实现消费额7 453亿元，收单额37 461亿元；信用类贷款余额达4 857亿元，较年初增长253亿元；信用卡中间业务收入达98.4亿元，在全行中间业务收入中的占比达20.4%，在大零售板块中间业务收入中的占比达37.4%，经营贡献显著。但是我们也要看到，与当前的新形势新任务相比，与同业主要对标银行相比，信用卡业务的转型发展中仍存在客户基础不牢、结构不优等问题。尽管我行信用卡发卡量、客户数位居同业前列，但有效发卡量和有效客户数差距较大。从第一季度末的数据来看，我行信用卡有效发卡量（近6个月内有交易）仅4 845万张，比建行少673万张，与招行、交行等股份制银行处在同一数量级；有效发卡量占比仅38.9%，不及招行、交行的一半。我行信用卡有效客户数为3 893万户，比建行少1 062万户，有效客户占比仅48.6%，远低于同业。也可以说，我们的信用卡有一点“叫好不叫座”的味道。从客户结构来看，我行信用卡客户平均年龄40岁，客户的年轻化程度不及中小银行；额度低于3 000元的客户占比高达53.7%，而招行信用卡额度低于1万元的客户仅占30%，授信结构的差别直接导致客户用卡积极性的不同。此外，长期以来我行主要依托网点渠道获客，线上获客占比仅13%，而招行线上、线下渠道获客各占一半，浦发银行线上获客更高达70%，获客渠道不同折射出客户消费行为习惯的巨大差异，我行信用卡在餐饮、超市、百货等居民消费热点领域的交易量占比偏低，而这些领域都是回佣率较高的领域。正是因为我们没有很好地抓住活跃客户、撬动消费市场，导致信用卡整体消费额增长乏力，已被建行和招行赶超。从这些数据可以看出，有效客户总量与有效卡量不足、消费额增势放缓已成为工银信用卡这个“大块头”的掣肘，制约着工银信用卡的创收增效能力和长期可持续发展。此次开展获客活客及“爱购周末”促销活动，就是为了紧紧扭住“客户”这一信用卡业务发展的“牛鼻子”，夯实客户基础、加速结构优化、巩固竞争优势，通过补齐“客户”和“消费”这两大短板，切实解决信用卡业务发展不平衡的问题，提升业务发展整体效能，增强工银信用卡的综合竞争力。

（三）开展获客活客及“爱购周末”促销活动是推动信用卡及零售业务全面发展的重要抓手。客户是信用卡及零售业务发展的根基，没有规模庞大、结构优良、代际衔接、活跃度高的核心客群，就没有牢固的发展基础和充足的发展后劲。当前，结合信用卡业务本质及客户结构现状，我们重新定位了目标客群，充分把握信用卡作为“可透支账户”的信用本质，着重发展消费行为活跃、融资需求旺盛的年轻客户，着力构建传统渠道和互联网渠道获客双轮驱动的有利格局，通过信用卡的支付融资一体化功能更好地满足“千禧一代”个性化、多元化的金融服务需求，增强年轻客户对工商银行零售金融品牌的黏着度和忠诚度，进而持续改善全行个人客户年龄结构、提高客户活跃度。此次获客活客及“爱购周末”促销活动就是吸引“千禧一代”客户的重要抓手，全行要在大零售统一布局下统筹谋划年轻客户拓展的蓝图，发挥集团资源整合优势，积极开展公私联动、私私联动、行司联动，联手做市场、合作拓客户，利用集群化、批量式营销高效推动客户群的壮大和活跃度的提升，实现零售业务全面发展。这里，我想重点说一下，信用卡是获取客户的重要工具，全行的各个零售部门要有为我所用的理念和格局。这段时间，总行公司部、个金部、银行卡业务部等部门都在加强和互联网企业的合作。在谈合作的过程中我发现，最容易和合作伙伴达成共识的就是在其网站上导流信用卡客户。信用卡是可透支的账户，在一定程度上，其信用特性可以提高相应网站的客户流量和产品的消费度。今年信用卡的转型就是要推动信用卡由产品属性向客户属性转变，全行的零售部门也要把信用卡产品的营销渗透当成分内之事，要有为我所用的经营思路。

二、如何开展获客活客及“爱购周末”促销活动

此次活动有两个专题，分别是获客活客劳动竞赛和“爱购周末”境内促销，这两项活动是从不同层面加速全行信用卡客户拓展、提升客户活跃度的有力举措。

（一）在全行集中开展为期5个月的获客活客劳动竞赛。今年是工银信用卡互联网转型发展元年，全行要按照“高标引领、跨越发展，量质并举、贡献提升”的理念，坚决完成全年净增1 000万信用卡客户和700万有效客户的获客活客任务目标，力争跃居中国客户总

量最大的信用卡发卡银行。5月至9月，全行将集中开展为期5个月的获客活客劳动竞赛，各行要按照总行要求，精准发力、务求实效，力争6月末实现信用卡净增客户数突破450万户，9月末实现信用卡净增客户数突破750万户，完成竞赛和全年任务目标的序时进度，争取竞赛期间客户数、有效客户数净增规模赶超同业，为全行零售业务发展提振信心。

一是锁定优质客群，打开批量获客新局面。在房贷客户方面，近年来我行房贷客户增长迅速，每年住房按揭贷款对全行新增客户的贡献将近500万，这部分客户群体是非常优质的客户群体，是最安全最有保障的客户群体，必须要牢牢抓住。总行将运用大数据技术从我行优质房贷客户中筛选出融资需求旺盛、信用资质良好的信用卡目标客户，并将目标客户清单和营销任务下发各行，通过短信外呼、电话中心集中外呼与分行外呼相结合，力争在房贷客户中转化200万信用卡客户。5－6月将选择10家分行先行先试，下半年在全行范围内推广。在具体工作中，总行卡部要加强与个金的联动配合，加快房贷业务与信用卡业务的系统流程整合，支持客户通过一次申请一站式办理房贷和信用卡业务，为各级行的前台市场营销提供支持和保障。在融e借白名单客户方面，我行9 000万融e借白名单客户中无卡客户超过6 400万户，总行正在对其中年龄18－30岁、预审批额度2万－10万元的无卡客户开展“百万客户、精选营销”活动，各行要将营销任务落实到人，层层培训督导，借助EBM事件式营销系统以及短信、电话外呼等渠道，推进融e借和信用卡捆绑营销，力争在融e借白名单客户中转化150万信用卡客户。下一步总行将把信用卡获客纳入融e借业务办理流程中，实现融资发卡一体化经营。在公积金和年金客户方面，目前全国公积金和年金缴存人数超过1.2亿人，客户身份信息真实、职业收入稳定，是信用卡营销的优质目标客户。各行银行卡、机构金融、个人金融等业务部门要联合行动，与当地住房公积金管理中心加强对接，加强合作，获取公积金缴存数据，沿着“可证实收入”这条主线，把公积金缴存数据变成信用服务的可靠依据，优先对行政机关、有财政拨款的事业单位及经营效益较好企业的员工实施精准授信，以公积金联名信用卡为抓手加强客户渗透，力争在公积金客户中转化50万信用卡客户。在二维码商户的客户方面，目前我行二维码商户已有210万户，要将这个群体中的商户负责人及高管群体作为信用卡客户拓展目标，力争通过联动营销拓展信用卡客户50万户。今年6月，总行公司部和个金部将会联合推动对全行优质集团客户的高级管理人员配置专职客户经理的活动，各部门要加强联动、共同推动。

二是创新互联网营销渠道，推广信用卡营销新模式。全行要充分利用信用卡作为最具互联网基因金融产品的特性，积极发展互联网化的信用卡推广渠道和客户引流渠道。一方面，要大力推广“码上赢”和“码上荐”两种二维码办卡模式，利用社交网络传播的“滚雪球”效应形成员工推荐客户、客户推荐客户的营销格局。在行内，要迅速铺开“一起来，码上赢”专项营销竞赛，同时联合总行团委开展“青年先锋队　百日大会战”码上赢拓户营销主题活动。去年总行团委和银行卡业务部联合启动了“青年先锋队　百日大会战”的二维码主题营销活动，活动组织的有声有色，尤其是全行青年员工发挥了敢想、敢干、敢作、敢当的精神。活动期间，一共组建青年队伍1 158支，注册的青年先锋队员26 150人，成功营销商户超过24万户，应该说活动效果远超预期，青年先锋队也成为二维码营销的王牌军。要进一步总结活动经验，创新活动方式和措施，更充分发挥发挥青年先锋队的作用。员工一键生成带有个人营销信息的办卡二维码，同时支持一键转发微信、微博、融e联等互联网平台，对扫码办卡并成功启卡的新客户以及成功推荐办卡的营销人员进行奖励，这种奖励的范围不应局限于专职营销人员，也应包括青年先锋队的人员，并在活动结束后评选先进分行和先进个人，力争通过“码上赢”活动获客100万户。在行外，要大力推广“码上荐”微信推荐办卡活动，客户可通过微信朋友圈分享推荐他人办卡并获得我行奖励。各行要积极与网络约车、共享单车平台及快递公司、保险公司等联合开展“码上荐”活动，将合作伙伴员工发展成为工银信用卡营销员，同时将“码上荐”活动延伸到二维码收单商户业主及其收银员，将收单商户发展成为我行信用卡营销阵地，力争通过“码上荐”活动获客100万户。另一方面，要积极拓宽互联网获客引流渠道，吸引活跃在互联网上的“千禧一代”办理我行信用卡。总行要与全国级的互联网企业加强合作，进行客户引流；分行要充分发挥主观能动性，和区域内的互联网企业加强合作。目前我行已经与百度、途牛、苏宁易购、微信等大型互联网公司开展引流拓户合作，全年要力争与TOP 20互联网平台、100家客户流量大的互联网平台实现发卡引流合作，各行也要锁定当地垂直电商平台、地方便民服务平台、地方公司企业微信公众号等开展合作，通过合作伙伴向客户推送办卡信息，尽快形成互联网与传统渠道获客双轮驱动格局，从根本上改变客户基础与结构。为了调动分行营销互联网平台的积极性，总行决定凡分行营销拓展的互联网平台，其通过该平台引流的客户中本地客户100%计入所在行经营业绩，异地客户按50%考核计入。与此同时，要在全行1.2万家智能网点大力推广智能终端办卡，将信用卡办卡入口前移至终端首屏，提升办卡便捷度，第二季度各行要力争实现智能终端渠道办卡申请量占比达到15%。要大力发展外呼营销，总行电话中心将组建500人的外呼业务专职外包团队，制定专门管理办法和考评机制，各行要通过远程运维团队，推动等客上门的被动营销模式向主动营销模式转变，同步营销信用卡、融 e 借、账单分期等业务，整合各类外呼说帖内容、短信内容以及互联网推送内容，提升客户对营销信息的接受程度，继而提高营销成效。

三是推广新产品，推进信用卡服务客群化。今年以来，总行按照客群化思路推出了工银途牛牛人信用卡、World 奋斗·郎平信用卡、宇宙星座信用卡、爱车 Plus 信用卡、孩子王 Baby 信用卡等一系列独具特色的新产品，后续还将针对教师、军人、医生等客群推出专属特色信用卡。各行要在营销竞赛期间着力推广新产品，既要把握一个产品突出一项特色权益、一个鲜明标签的原则，更好地迎合互联网消费思维；又要将产品与渠道进行有机结合，积极联合当地有影响力的 APP 或知名网站，增加新产品在互联网的曝光频率，吸引客户主动办卡，力争 6 月末新产品营销数量突破 225 万张，9 月末突破 375 万张，年末达到 500 万张。应该说，工行的信用卡在费率、佣金方面相比同业是优惠的，我们应该将这种优惠变成获客的优势，避免“叫好不叫座”的情况。

四是强化流失客户挽留、被拒客户挽回工作。针对今年第一季度信用卡流失客户占新拓客户的 29% 这一新情况，要用大数据的方法找准流失客户的痛点并采取差异化的挽留措施，尤其要着力挽留消费能力强、风险可控的客户。总行将优化销户流程，逐步取消柜面销户，在电话中心组建客户挽留团队，各行要对网点柜员和客户经理加强培训，引导客户通过电话中心销户，对即将到期的信用卡客户要通过融 e 联和短信并行的方式提醒客户换卡，对公务卡等集团客户要提前开展上门换卡服务，最大限度地挽留客户。此外，办卡申请被拒的客户中也有相当数量的潜在优质客户，各行要珍惜营销成果，不得随意拒绝办卡申请，尤其是对由于申请信息不全或不接受产品降级等原因申请被拒的客户更要审慎对待。总行将出台申请被拒客户再营销措施，对于非因风险原因被拒的预审批客户，要甄别原因、予以重新发卡；对于非预审批客户，除了因刚性风险控制被拒绝的情况，其余应重新审核。各行要做好客户解释工作，加强审核审批人员的培训，不得无故拒绝客户，注重提高审批通过率。

五是通过额度提升、产品升级来增强客户活跃度。目前，我行 3 000 元以下的信用卡低额授信客户占比超过一半，普卡客户数占比约 70%，金卡客户数占比约 27%，授信额度不足、产品等级不高在很大程度上降低了客户用卡意愿，影响了信用卡消费和贷款的增长。我观察到有些分行，特别是地处东部沿海发达地区的城市行，有相当数量授信额度为 1 元的信用卡，这是不太能接受的。不能因为单纯完成发卡量，采取一些得不偿失的做法。这也促使总行今年下定决心把考核指标从考核发卡量变为考核有效客户数。各行今年要组织专项清理活动，对原来授信额度过低的客户调整额度，要么不发卡，要么发额度与客户身份、需要、收入相匹配的卡。近期总行将筛选授信额度低于 3 000 元的客户，剔除特殊客户、风险客户后批量调整客户授信额度，各行应按照总行的统一部署，加快调额确认工作，其中北、上、广、深等重点地区客户的授信额度提升至 5 000 元以上，一般地区客户的授信额度提升至 3 000 元以上，让客户充分感受到我行的诚意与对他的尊重，激发客户用卡意愿。同时，全行要积极开展信用卡客户升级工作，邀请符合条件的金普卡客户升级为白金卡客户，增强客户的身份认同感和对产品权益的满足感；要抓紧推出小白金信用卡，填补产品等级的空白；今后的发卡工作要以金卡以上产品作为主打产品，减少普卡发行，更有力地争揽优质客户。

六是启动“新户现金礼”活动，同步开展无效户激活工程，提升有效客户占比。近年来，银行同业均投入大量资源开展启卡送刷卡金、积分、礼包等活动，有效提高了客户启卡用卡积极性，但我行一直没有开展此类活动，一定程度上影响了有效客户增长。为此，总行将自 5 月 20 日起开展“新户现金礼”促销活动，活动期间，首次办理我行信用卡的新客户 60 天内启卡并消费三笔、每笔满 66 元，即可获得 66 元返现，与“一起来、码上赢”“爱购周末”“爱购全球”“爱购扫码”等促销活动形成办工行卡、用工行卡的良好氛围，同步推动获客和活客工作。同时，针对目前总量近 4 000 万户的无效客户，各分行要开展无效客户唤醒激活工作，按照总行制定的客户激活策略，及时提取无效客户清单，开展二次精准营销，针对新客户中 3 个月以上未启用客户及 15 天以上未动卡客户进行重点激活，对新客户中近两年办卡且额度较高的年轻客户加大激励唤醒力度，对即将从有效变为无效的客户进行及时提醒，对即将到期且未换卡的客户提前开展挽留工作，分批次、分客群地盘活现有客户资源，挖掘创收增效潜力。

（二）强势推出“爱购周末”活动，提振信用卡消费额。总行定于 5 月 20 日正式推出“爱购周末”境内消费促销活动，在“百城万店”同步开展满额立减、5 折优惠、随机返现等多种形式的优惠活动。该活动将与“爱购扫码”“爱购全球”共同构成具有工行烙印的“爱购”品牌促销体系，有助于进一步提升工银信用卡品牌形象，促进消费额增长。其实，信用卡业务盈利的主要来源就是消费回佣，原来对于境内的消费，我们没有统一的品牌，没有全行系统的促销活动。我们必须通过活动，撬动消费的增长。现在做的比较好的同业都有自己的消费促销品牌，希望通过这次“爱购周末”活动，能够形成工银信用卡消费促销品牌，使客户养成使用工行信用卡消费的习惯。

为了将“爱购周末”活动一炮打响，全行要抓好如下三项工作：一是保质保量搭建活动商圈。在全国

100个规模较大、人口密集、商业发达的直辖市、计划单列市、省会城市及其他重点城市，选择约1万家与百姓生活密切相关且人气旺盛的商户门店，覆盖约500个周末消费集中的城市核心商圈，重点开展爱购周末促销活动。商户选择的主要标准是利于提升信用卡消费额、利于提升"爱购周末"品牌影响力，既可以选择我行商户也可以选择他行商户，活动运营可由我行自己组织实施，也可委托第三方公司实施具体操作工作。各行要尽快完成商户协议签署和收银员培训等基础工作，确保宣传物料按时摆放到位，营造浓厚的促销活动氛围。

二是精准促销支持获客活客。总行将通过数据挖掘找准目标客户，统一设计短信模板，按城市和客户偏好等维度开展短信精准营销，尤其是在暑假、中秋节等消费高峰期，通过短信、微信公众号等方式重点宣传"爱购周末"活动，高效率、高频度激发客户持卡消费意愿。同时，要利用电子账单、余额变动提醒等渠道加载"爱购周末"信息或链接，精准触达目标客户。要将获客、启卡等营销环节与"爱购周末"促销活动有机结合起来，客户申办或启卡后系统自动触发爱购系列促销信息，为客户日后参与促销活动"埋下伏笔"。

三是拉开活动品牌宣传攻势。总行要提前启动全国范围内的宣传预热工作，通过门户网站、微信公众号、朋友圈广告等互联网渠道以及地铁公交站广告、报纸电台等传统渠道打出"爱购周末"活动品牌。各分行要尽快选择当地早晚高峰广播、早晚报、重点商圈户外广告、合作商户门店以及我行网点等渠道，向居民渗透"爱购周末"品牌和具体活动信息，确保5月20日前在活动商户全面布置好宣传物料，将广大商户"一夜换装"，活动当日在全国形成铺天盖地的立体宣传效果，强势打出"爱购周末"品牌效应。

（三）加强组织推动和机制保障。本次活动意义重大且时间紧、任务重、要求高，需要强有力的组织机制和营销资源保障，全行要高度重视，做好统筹协调和安排部署，着重把握好以下几个方面的工作：

一是落实责任，确保工作落地。我行发展经验充分证明，只要全行上下一心、步调一致，没有攻不下的市场，没有打不赢的硬仗。总行依托大数据筛选目标客户后，各分行要层层落实任务，按照客户编号将目标客群分解到二级分行、支行网点，将营销责任一环扣一环地落实到人。同时，要层层抓好精神传导和业务培训，切实推动获客活客及"爱购周末"促销活动方案落地实施，确保实施工作不走样、无偏差。

二是强化考核，激发内生动力。在2017年境内分行经营计划与业务发展考核体系中，总行首次取消了发卡量考核指标，强化信用卡净增有效客户考核，分值由去年的15分提升至20分，同时"个人信用卡"指标纳入了"个人客户产品渗透率"指标体系，信用卡客户数净增量、信用卡有效客户数渗透率和净增量分别纳入了零售业务"三评价一考核"体系。同时，为更好地调动全行客户经理的营销积极性，总行决定将信用卡获客纳入到此次制定的客户经理考核指引中。

三是加大投入，提升获客活客积极性。总行将采用中收返还的方式，拿出8亿元中收与获客竞赛挂钩，并将净增客户的中收返还奖励标准由100元/户提升到150元/户，增设净增有效客户奖励，标准为50元/户。各分行要对参与"码上赢"活动的客户经理按照50元/户兑现工资性奖励，营造起全员营销信用卡客户的良好氛围。此外，总行将在"爱购周末"促销活动中投入1.5亿元营销费用，各分行要按照一定的比例配置相应费用。同时，各行也要积极争取商户的资源投入。我们做的促销活动，商户是最大的利益获得者，各行要做好相应的联动营销。

四是督导跟踪，做好事后评价。总行卡部将对各分行获客活客和消费额指标序时完成进度进行定期通报，对关键指标有效提升、宣传效果好、市场反响热烈的分行，及时进行通报表扬并推广经验，给予该行资源倾斜；对于指标疲软、宣传推广不力的分行，要进行现场督导，经督导后仍然未能扭转局面的要及时调降资源投入；对促销效果不佳的商户要进行动态调整，相应减少资源投入直至停止促销合作。重点城市行特别是北京、上海、广州、深圳、各省会城市以及计划单列市等城市行要发挥带头作用，在总行配置费用的基础上叠加更多资源投入，借势扩大市场优势。

三、努力实现信用卡客户拓展与风险管理的协调发展

近期，易董事长在内审局提交的《信用卡贷款业务审计报告》上作出了重要批示，要求全行高度重视信用卡贷款业务风险和信息安全，并在卡部调研时再次强调，全行要真正认识到信用卡是高风险业务，业务发展和创收增效能力取决于对风险驾驭的能力，要把风险防控摆在更加突出的位置，把握好客户和授信这两个核心，提高全流程全系统风险管理水平。借此机会，我再强调几点风险管理方面的工作。

一是要充分认识风险控制是信用卡业务发展的生命线。风险控制能力是信用卡业务发展的核心竞争力，关系着未来信用卡业务的长期可持续发展。全行信用卡专业要进一步强化风险意识、底线意识和责任意识，坚决把控风险、抓管理摆在突出位置，坚持将"小额、真实、高频"作为信用卡的消费本质，在严防"病从口入"、坚决止住新出血点的同时，加快存量潜在风险化解，加大不良贷款处置创新力度，增强风险管理的有效性和资产质量在经济周期变化中的稳定性，实现市场和风险、发展和质量的有机统一。6月银监会将对信用卡业务进行专项检查，各分行要以配合此次监管检查为契机，加大对存量不良资产的处置和盘活力度，尤其是部

分信用卡不良率长期居高不下的分行，希望分管行长和卡部负责人对此高度重视，以对员工、对工行、对自己负责任的态度，把这项工作真正落实到位。

二是要抓好总行新版授信政策的落地执行。为了顺应工银信用卡互联网转型发展趋势，5月初总行印发了新版《个人客户信用授信管理办法》，综合考虑客户的工作学历、收入水平、资产状况、负债情况、信用表现等多维度信息，建立了客群化的全新授信体系，实现了从规则向模型、从低维向高维、从普适向精细的授信思路转变。全行信用卡业务条线要系统学习、严格执行新版授信办法，在营销工作中充分把握各类目标客群的风险特性，切实保证客户身份和消费信贷需求的真实性，提高营销的针对性和有效性。同时，为了加强客户准入的统一把控与风险敞口的统一管理，总行从今年起逐步推行信用类授信集中审批工作，在提升经营重心的同时强化精细管理。目前，总行授信审批中心已陆续上收湖南、重庆等风险超标分行的个人客户信用类授信审批权限，第二季度将分批上收风险较高的山西、辽宁、青海、吉林、福建、江西等6家分行的审批权限，第三季度将全行互联网渠道获客业务集中到总行审批，明年初计划组建成都授信审批中心，实现绝大部分分行线下个人客户信用类授信业务审批的大集中。未来总行授信审批中心将负责全行线上和大额信用类业务的授信审批工作，成都审批中心负责全行线下信用类业务的授信审批工作，同时保留极少数资产质量优良分行的审批权。这里要强调的是，今年总行党委下定决心启动信用卡授信审批大集中，逐步上收分行信用卡授信审批工作，根本目的是提高效率、统一标准。信用卡是典型的工厂化作业的业务，全球信用卡审批业务一般都以集中为主。希望各行对这项工作要提高认识、充分重视，不能简单把集中审批和效率降低画等号。事实上很多分行的授信审批效率并不高，集中到总行在一定程度上可能还能提高审批效率，同时能够把好客户的准入关。各行要在做好自身风控工作的同时，着眼大局，积极配合总行推进授信集中审批工作，同时严控大额信用卡授信业务风险，对交叉违约、逾期不良、外部欺诈等风险客户及时调降授信额度，确保全行信用卡业务风险总体可控。

三是要强化重点产品风险管控。在分期付款业务管理方面，汽车专项分期合作机构的管理是重点领域和关键环节。总行正在修订汽车分期管理办法，重点细化和规范合作机构的管理，将合作机构细分为汽车经销商、汽车销售服务商及担保机构，严格设定合作机构准入标准、审批流程和保证金管理要求，建立一套相对完善的准入、监控、预警和退出机制。同时总行正在加快研发分期付款系统二期工程，推进汽车分期业务全流程系统化管理，重点做好交易真实性、押品信息准确性以及合作机构动态管理的系统硬控制，有力支持管理办法的贯彻执行。各分行要以汽车专项分期管理办法和系统的优化为契机，全面加强汽车专项分期合作机构的准入管理、限额管理、日常管理和动态管理，特别是对跨区域分期业务，要审慎开办、严格管理，切实管好专项分期合作机构这一“风险源”。同时，也要积极推进汽车厂商总对总合作、经销商直客式营销、互联网公司合作等多种业务模式的多元化发展，在市场和风险的动态平衡中把握好定位。

融e借是今年初我行全新发布的个人信用消费贷款品牌，得到了市场的广泛推崇和好评，品牌认知度、市场占有率迅速提升。全行要前瞻性地做好融e借风险管控，加强“白名单”管理，应用个人客户画像平台，做到风险客户实时剔除、白名单每月更新、动态调整授信额度。总行将成立专门的工作组，对分行推荐的六大板块白名单客户身份进行二次验证，各分行要严把客户准入关口，在营销融e借的同时为客户配发信用卡，既达到联动营销的效果，又能及时获得人行征信授权并开展客户亲见亲签，更有效地核实客户身份。此外，要将贷款需求积极嵌入消费场景应用，确保贷款真正用于消费；要密切监测融e借贷款资金流向，对违规办理贷款以及资金流入证券、期货、房地产市场等违规领域的情况，各行要及时采取提前催收、调降额度、剔除白名单并加入灰名单等风控措施；对已经出现不良的客户要逐户分析、落实责任，采取措施收回贷款。总行将重点排查风险较高的分行，适度调整业务开办权限。各行要在加快市场拓展的过程中同步把握好风险管理，力争将融e借打造成客户体验佳、获客能力强、风险管控好的互联网融资产品。

四是要构筑大数据风险管理体系。总行正在搭建信用卡业务决策数据平台，建立健全科学的风控决策机制。一方面，积极引入人行征信评分、百融金服黑名单信息等行外数据，加快研发应用“白板客户”收入预测模型、多维决策树授信模型、申请授信模型等，以丰富的数据资源、先进的数据模型保障信用卡风控决策的精准度。另一方面，持续提升实时可干预监控水平，完善风险监控事件的跟踪处置机制。各级行要配齐风险监控人员，严格落实对监控任务的处置责任。例如，二级分行要每日分析核查监控系统的预警任务，对调查确认存在风险的事件及时采取控制措施；一级分行要对辖内监控业务开展情况进行管理督导并及时报告风险事件；总行将定期通报各分行风险监控任务处理情况，并对高风险任务或集中性风险事件先行采取直接监控干预措施，充分发挥监控对业务运行和资产质量的保障作用。

五是要做好贷后管理，加大不良资产清收处置力度。一方面，要优化催收业务管理模式。目前我行采取电话中心与分行双线同步催收的工作模式，分行层面的催收工作主要散布在各二级分行，催收管理的专业性、人员配备的充足性以及与外部合作催收机构的议价能力还有待提升。下一步，总行将推进催收业务集中运营改革，开展总对总合作外包催收，并根据贷款逾期时间采取差异化的催收策略，从而有效突破催收工作的瓶颈，提升催收回款率。各分行要在总行推荐的催收公司中仔细遴选合作方，规范合作催收业务管理，切实做好逾期60天以上客户的催收工作，进一步提高催收回款率。另一方面，全行要在有序推进呆账核销的同时创新不良资产管理理念和手段，更有效地化解存量不良资产，第二季度力争通过证券化方式打包处置25亿元信用卡不良资产，同时积极探索通过资产证券化方式专题处置汽车专项分期的不良资产，为贷后管理工作打开新的出路。

六是要抓好信用类贷款人才队伍建设和内控管理等基础工作。各级行都要按照“专家治贷”的要求加强信用类贷款人才队伍建设，建立准入与持证上岗制度，健全培训机制，尽快打造一支业务精、素质高的专业化人才队伍。同时，要加强内控检查队伍建设，层层配备信用卡检查辅导员，明确职责、细化要求、定期培训，强化内部检查监督管理，切实保障业务合规发展。

同志们，今年以来，全行信用卡专业初步探索出了一套行之有效的业务发展模式，开启了信用卡获客、支付、融资、服务以及管理“五个互联网化”转型发展道路，易董事长对此充分认可。我相信，只要我们有思路、负责任、肯担当，坚持一张蓝图绘到底，必将突破客户增速和客户结构的制约瓶颈，为工银信用卡新一轮大发展打开出路，为零售业务乃至全行转型发展作出更大贡献。

锐意改革　创新发展
全面做好个贷经营模式优化工作

——在全行个贷经营模式优化及流程改造推广工作会议上的讲话

李云泽

（2017年9月6日）

这次会议的主要任务是，总结个贷经营模式优化试点工作经验，进一步统一思想认识，安排部署全面推广工作，确保这项改革在全行共同推进、有效落实、早见成效。刚才，浙江、河南、四川、深圳、苏州5家分行就上半年个贷经营模式优化试点工作作了发言，介绍了各自试点工作的做法和经验。总行个人金融业务部对试点工作进行了全面总结，并提出了下一步的工作安排。下面，结合大家的发言，我再谈几点意见。

一、统一思想，深刻认识大力发展个人住房按揭贷款业务的重要性

（一）个人住房按揭贷款业务市场空间广阔。房地产业是国民经济的重要组成部分和支柱产业，中长期看个人住房按揭贷款业务仍有广阔的市场空间。无论是国务院印发的《关于深入推进新型城镇化建设的若干意见》，还是国家发改委发布的《国家新型城镇化规划》，都明确要通过中国特色新型城镇化建设，释放蕴藏的巨大内需潜力，推动中国经济健康可持续发展。目前，我国的城镇化水平远远低于世界平均水平，城镇化率与发达国家相比还有较大差距。随着城镇化的不断推进，城市对区域内的政治、经济、文化、社会等各项功能的聚集效应越来越明显，随之而来的是城市人口的增长，新进的城镇人口会对住房产生大量的需求，同时原有的城镇人口会产生改善性住房需求，这些都为个人住房按揭贷款发展提供了广阔的市场空间。这里我们可以参考衡量个人住房贷款发展空间的一个指标，即个人住房按揭贷款余额和GDP的比率。2016年，中国是28.28%，而发达国家一般是50%以上，如英国、美国达到60%；新兴市场国家，如印度、巴西，也基本保持在50%左右。事实上，我们看国外商业银行信贷资产构成，一般个人类贷款在全部信贷资产中的占比会保持50%左右，这个比例也是跟个人住房按揭贷款与GDP的比率紧密相关的。此外，国家放开“二胎”、房地产去库存，以及政府和企业去杠杆、家庭和居民合理加杠杆的总体政策导向，一定程度上也会引导家庭和居民适度提高整体负债率水平，所以个人住房按揭贷款业务的发展空间非常广阔。

（二）个人住房按揭贷款业务贡献大。去年以来，全行在发展个人住房按揭贷款业务的认识上更加统一了，业务发展明显提速，个人住房按揭贷款营业贡献增长也非常显著。2012年全行个人住房按揭贷款营业贡献118.79亿元，到2016年达到315.16亿元，增长了一倍多。特别是今年上半年，全行个人住房按揭贷款营业贡献是227.48亿元，同比大幅增加97%，接近翻倍。个贷营业贡献占全部贷款营业贡献的比重逐年提升，从2012年末的18.76%提升至今年6月末的54.51%，超

过半壁江山。过去我们习惯性认为，个贷尤其是个人住房按揭贷款，利率定价水平不高，同时单笔金额比较低，成本相对比较高，看上去好像不太划算。但是，这种认识是相对片面的、短期的，并不是从全面的、长期的、立体的角度去看待个贷业务的贡献度。这里，我着重从五个角度来谈一下个贷业务的贡献。

第一，既要看到直接收益，也要看到间接收益。从直接收益来看，去年以来个人住房按揭贷款定价水平提升是很明显的，到7月末，我行个人住房按揭贷款的平均新发放利率做到了四行第一，直接利差收益是比较可观的。从间接收益来看，去年我在分行调研时指出，如果抓不住房地产开发企业的存款，今年的公司存款不会太好。为什么？去年工行、农行、中行、建行四大行发放个人住房按揭贷款2万多亿元，同时四大行公司存款增加了1万亿元，资金向哪一个领域集聚，趋势是很明显的。所以，个人住房按揭贷款的带动效应不单单是个人业务交叉营销的效应，还会对其他业务带来间接收益。

第二，既要看到当期收益，也要看到久期收益。有时候我们评价一个产品的营业贡献，会简单地把它的收入减去直接营运成本再减去风险成本。但是，看个贷的收益，这种计算方法是不太客观和科学的。对于营运成本，因为个贷的久期非常长，个人住房按揭贷款一般都在15年以上，即使有提前还款，平均久期也会达到10年左右，它产生的收益是持续性的，而营运成本的发生往往只在当年。对于风险成本，也是同一个逻辑，不能把正常类贷款计提的风险成本在当年一次性体现。因此，我们在计算个人住房按揭贷款的成本收益时，应该考虑其一次投入、长期受益的特征，把风险成本、营运成本等在贷款存续久期里进行合理分摊。

第三，既要看到单笔业务收益，也要看到综合收益。从实践来看，个人住房按揭贷款客户的产品覆盖率通常是最高的，因为在整个贷款的办理过程里，有大量时间和机会能够对客户形成交叉营销。比如，客户来办理贷款时，可以向客户营销推介借记卡、工银信使、电子银行等产品，一般的情况下客户都会接受。所以，个人住房按揭贷款对整个零售业务都会带来非常可观的综合收益。

第四，既要看到利差收益，也要看到风险调整后的收益。个人住房按揭贷款是全行信贷资产质量的稳定器。如果一家一级分行的个贷比例能够达到40%以上，一般情况下这个行的资产质量不会大起大落，相对比较稳定。2013—2016年，我行的个人住房按揭贷款不良率分别是0.24%、0.25%、0.39%和0.37%，今年上半年是0.31%，首次实现了“双降”。而且，这是在个人住房按揭贷款核销力度相对较小的情况下实现的。截至8月末，工行、农行、中行、建行四大行个人住房按揭贷款的不良率分别为0.35%、0.38%、0.38%和0.28%，虽然四大行对个人住房按揭贷款的重视程度、认识程度、业务流程、风控能力存在一定的差异，但四大行的个人住房按揭贷款不良率都保持在比较优良的水平，这说明个人住房按揭贷款产品只要做好“防假反假”的基础工作，资产质量还是非常令人信赖和放心的。比如，即便在温州、鄂尔多斯这样房价曾经腰斩的地区，伴随着经济的复苏，个人住房按揭贷款的最终损失率都是较低的。2009年以来鄂尔多斯分行累计核销房贷损失0.22亿元，仅占累放额的0.27%，占累计营业贡献的5.90%，应该说这个最终损失率，要远低于其他贷款业务形成的损失。因此，我们衡量个人住房按揭贷款的收益，既要看利差收益，也要看风险调整后的收益，它可能是在所有信贷品种里最高的一个产品。

第五，既要看到产品收益，也要看到客户收益。个人住房按揭贷款是一个长期限、高黏性的产品。中国人有住房消费的偏好，住房在家庭资产负债表里处于支配性的地位，很多其他的金融服务需求往往是围绕住房展开的。个人住房按揭贷款对提高客户的黏性是非常有帮助的。如果银行抓不到客户的住房融资需求，银行和客户的黏性是相对比较弱的。比如，在工行有个人住房按揭贷款的客户，原则上都可以发信用卡，可以做一定量的消费信贷，因为房子抵押在我行，风险可控，比没有任何抵质押的信用保证贷款要安全。如何看一个客户是否是工商银行“真正的客户”？原来有一个比率指标是产品渗透率，就是客户要在银行使用三个产品以上，才能叫做“真正的客户”。但是一个客户如果这三个产品只是存款、短信通知之类的，这种联系是非常脆弱的。只有一个客户和银行在资产负债两端都同时发生关系，客户与银行的链接才牢固。从这个意义上来讲，我们必须要坚定发展个人住房按揭贷款的信念和决心，把它作为一个长期战略，持续坚持下去。尤其是工商银行作为全球第一大行，我们的个贷业务特别是个人住房按揭贷款业务必须和工商银行的市场地位相称，这一点全行要有清晰的认识，要坚定不移、毫不动摇。

二、全面推动，个贷经营模式优化试点工作取得显著成果

正是基于上述对发展个贷业务重要性的认识，同时我们也清醒地看到近年来个贷业务在取得快速发展的同时，仍面临着诸多制约因素，总行党委审时度势，提出实施个贷经营模式优化工作。作为一项全行性的体制变革，上半年总行首先选择了12家分行进行试点。经过总行和各试点分行的共同努力，试点工作进展顺利，取得了显著成效。

（一）总行各部门密切协作，积极推进个贷经营模式优化各项工作。个贷经营模式优化是对全行个贷体制机制的一次全面变革，涉及组织架构调整、业务流程优化、新一代系统开发、客户经理队伍建设等方方面面。特别值得肯定的是，在总行相关部门的大力支持下，个

金部才得以顺利牵头推动整体个贷经营模式优化工作，并取得了积极进展。个贷专业化经营管理组织架构调整建设方面，上半年在总行人力资源部、信贷与投资管理部的支持下，总行个金部完成了和信贷与投资管理部的职能移交，全面负责个贷业务的营销、政策、系统和风控等工作。特别是4月份，总行人力资源部和个金部还在无锡联合召开会议，对分行个贷经营模式优化工作中的经营管理组织架构建设问题进行专门的研究推动，为试点工作提供了组织保障。

作为个贷经营模式优化的关键内容，上半年总行个金部切实履行职责，全面加快了个贷业务流程优化、新一代个贷管理与客户服务系统开发、人员队伍建设三方面的工作，在人力资源部、财务会计部、信息科技部、产品创新部、资产负债部、授信审批部、信贷与投资管理部等部门的大力支持配合下，经过集中办公、调研讨论、反复论证，不辞辛苦、加班加点地推进各项工作，取得了显著的进展和成果。刚才个金部的发言中对这些工作进行了很好的总结，我在这里不再一一赘述。

（二）各试点分行加强组织推动，确保个贷经营模式优化工作落地实施。个贷经营模式优化是我行个贷体制机制改革的一件大事，是破解制约个贷业务快速发展各项因素的重要手段，更顺应了当前个贷业务加快发展的大趋势，得到了各试点分行的理解和认可。2月3日总行在杭州召开了个贷经营模式优化试点工作会议后，各试点分行迅速行动起来，一把手亲自抓，分管行长亲自负责，结合本行实际认真制订实施方案，并经过分行党委会讨论后报至总行。随后，各试点行按照实施方案加强了组织推动，经过半年的努力，在个贷组织架构、个贷业务处理中心建设、业务流程优化和新一代系统落地应用方面取得了较大进展。

在专业化的个贷经营管理组织架构建设方面，目前河南、河北分行已经总行人力资源部批准，成立了个贷业务部并开始运作，其他试点分行个金（个贷）业务部门根据总行要求进行了职能调整，负责个贷业务的营销、政策和风险管理工作，并加强了人员配备。二级分行层面，各试点分行均选择了辖内业务规模大、经营效益好的部分二级分行建立了个贷业务部，并按照对口原则进行了相应的职能调整。支行层面，一些试点分行也建立了个贷营销中心或个贷营销团队。总体上看，试点分行初步形成了专业化的个贷业务经营管理组织架构。

个贷业务处理中心作为此次个贷经营模式优化的关键，12家试点分行都在积极推动、进展明显，各分行选择了部分辖内二级分行进行试点，对集中内容、集中程度进行了因地制宜的研究实施，并择机向辖内二级分行推广。总行也非常注重个贷业务处理中心建设进展，8月份专门召集了各试点分行召开专题汇报会，听取各试点分行个贷业务处理中心建设情况，总结经验、分析问题、强化推动。从已经建立的个贷业务处理中心情况来看，显著提升了个贷业务处理效率，有效支持了前台营销。

此外，各试点分行认真做好总行新的个贷业务操作流程、新一代个贷管理与客户服务系统落地应用，确保有效衔接。7月份，新一代系统顺利投产应用，12家试点分行实现了新旧操作流程的过渡及系统切换。从分行对新流程、新系统的适应性来看，运行良好，并已从9月1日开始向全行推广。

总的来看，在总行各部门、各试点分行的共同努力、支持下，个贷经营模式优化试点工作进展顺利，取得了实质性进展和成效。过去一年来，全行个人住房按揭贷款业务围绕“专业化、集约化、扁平化”的中心战略，紧跟房地产调控大局，有保有压、分类施策，实现了又好又快发展，全行个人住房按揭贷款累计投放1.17万亿元，余额增长7 552亿元，客户增加108万户。特别是今年以来，全行坚决实施个人住房按揭贷款的规模保障和量价协调策略，前8个月实现了个人住房按揭贷款增量第一、质量第二、定价前两名的较好成绩。在此，我代表总行党委向参与个贷模式优化工作的总分行各个部门和各位同事表示衷心的感谢！我相信，个贷模式优化试点工作积累了丰富的改革经验，必将为全行推广奠定坚实的基础，创造良好的条件。

三、抓住重点，确保全行个贷经营模式优化工作顺利推广

今年以来，总行坚持信贷规模向个人住房按揭贷款倾斜，全行个贷新增规模位居同业榜首，但这并不能简单代表我行个贷业务竞争力已经得到实质提升。一旦房地产市场回归平稳，信贷规模放松，个贷业务仍将面临激烈的市场竞争。因此，全行要未雨绸缪，抓紧当前改革的有利时机，积极推动个贷模式优化，通过改革，练内功、打基础，为全行个贷业务竞争力真正提升，能够迎接未来激烈的市场竞争做好准备。如果我们错过当前改革机遇期，就很难真正实现追赶，在未来的市场竞争中也将会处于被动的局面。根据试点工作经验，考虑到各行个贷业务发展的差异性，在全行推广个贷经营模式优化时，要重点做好以下几个方面工作：

（一）全面建成专业化的个贷经营管理组织架构。按照专业化的原则建设个贷经营管理组织架构，是做好个贷经营模式优化的重点和基础工作，是保障个贷业务竞争力持续提升的关键。一级分行层面，要充分认识到设立专业化经营管理组织架构的重要性，这既是适应个贷业务快速发展，进一步做大做强个贷业务的需要，更是职能调整后全面承接个贷业务营销拓展、政策制定、贷后管理等工作的需要。各分行应结合本行的个贷业务规模、经营效益、人均效率等因素，认真研究，并根据总行的政策制度要求设立专业化的经营管理机构。同时，各分行要按照《关于做好个人信贷业务职能移交

工作的通知》（工银个金［2017］159 号），制订移交方案，稳步推进职能调整，统筹个贷业务营销拓展、产品政策、流程建设、业务创新、系统开发及风险管理等各项工作，真正形成专业化的个贷经营管理组织架构。

二级分行层面，要成为个贷业务经营管理的主体，重点承担大项目牵头营销、中后台业务集中管理、个贷人员管理和业绩考核、个贷业务审查审批等工作职能。一是加快建设个贷业务处理中心。作为个贷业务经营集约化的重要载体，个贷业务处理中心就是要把个贷的录入、签约、办抵、放款和催收等中后台业务按照流水线作业方式进行流程化和批量化操作。个贷业务处理中心要定位为服务于营销前台的后台机构和成本中心，应作为个贷业务部门的下属机构，为支行提供个贷业务后台服务。个贷业务处理中心的作业集中程度、集中内容、运营方式等，可参照总行工作方案因地制宜地建设。二是做好大项目牵头营销。根据重点客户统一营销的需要在二级分行层面建立个贷直接营销团队，提升营销层级，负责辖内大型开发项目和重点房产中介机构的直接营销和协调管理。三是根据个贷业务的特点，在二级分行层面尝试建立集中化、直通式的考核体制，加强对辖内个贷人员的业务量、价、质和交叉营销的考核激励。四是承接一级分行下沉的个贷业务的审查审批职能。按照《关于优化小微企业和个人信贷业务授信审批体制的通知》（工银办发［2016］673 号）要求，个人住房贷款（含二手房）审查审批职能将向二级分行下放。个贷审查审批人员在保持部门管理独立性的前提下可派驻至个贷业务处理中心，提高审批效率，具备条件的分行可探索实施审查审批合一的专职审批人制度。

二级分行在个贷经营模式优化后，既要落实个贷业务的整体管理与营销推动，承接一级分行审查审批工作的下沉，还要建立个贷业务处理中心，做好个贷中后台业务的上收及集中处理工作，更要加强个贷客户经理的直通式考核，强化个贷业务的风险管理等职能。可以说，二级分行将成为个贷业务经营管理主体，工作职能和责任大幅增加。各二级分行应结合本行实际，按照对口原则，研究建设专业化的组织架构，并及时做好个贷职能调整和人员充实，确保有效落实个贷模式优化各项工作要求。

支行层面，重点是根据业务规模建立分层次的网点营销渠道，并纳入特色网点规划。个贷业务量大、客户比较集中的区域，要建立作为专业营销阵地的个贷营销中心，主要负责个贷客户营销、受理申请、贷款调查、复核等工作。个贷业务量和营业面积大的网点可考虑设立个贷专区，按照个贷客户的业务办理特点设计业务分区和服务柜台。其他网点也可以通过摆放宣传资料、培训人员等方式，增强个贷客户咨询、引荐等方面的服务功能。

（二）要切实推进个贷业务流程优化和新一代个贷管理与客户服务系统推广应用。上半年，总行全面梳理优化了个贷业务流程，印发了新规程，同时为配合个贷经营模式优化和个贷服务渠道互联网化的要求，开发了新一代个人贷款管理与客户服务系统，并选取了部分分行进行试点。试点表明新规程和新系统简化了业务流程，提升了个贷业务的效率，改进了客户服务，加强了实质性风险防控。9 月，新的个贷业务规程、系统已在全行进行推广落地实施。各分行在推进个贷经营模式优化进程中，要按照总行新规程和系统推广工作要求，做好个贷业务流程优化、系统应用的落地，确保与总行工作有效衔接。一是做好人员配备、岗位设置和人员培训。各分行应加大资源投入，做好职能和人员调整工作，并比照新规程确保分支行调查复核岗、专职审批岗、贷后管理岗等各岗位人员配备到位，防止职责落空。二是做好系统设置和切换。积极做好新系统的推广应用，按照总行的时间节点要求进行新旧规程系统切换，确保不错不乱。三是高度重视并积极应用系统新功能，特别是类似于二维码等亮点功能，积极推进应用，切实提高业务处理效率和客户体验。四是配合总行推进合作机构系统直连开发和应用落地。各分行要将系统建设作为个贷竞争力提升的核心工作之一来抓，主动联系大型开发商和重点中介进行系统直连，加深战略合作深度。这其实也是为了迎接未来激烈的市场竞争做好准备。对与我行实现系统直联的大型开发商和重点中介，下一步可以在资源投入上给予适度倾斜，以提高合作机构的积极性。同时，要从惠民便民角度，争取政府部门支持，推动不动产登记部门、公积金管理中心的系统直连工作。

（三）加强个贷队伍建设。人才队伍是做强个贷业务的重要基础。各分行在做好专业化的个贷经营管理机构、个贷业务处理中心、个贷营销中心等机构设置的同时，要结合个贷业务规模和发展情况，配齐配强各机构管理干部和业务人员，切实提高个贷队伍的专业素质。总行将研究设立个贷客户经理子序列，制定并下发个贷客户经理考核评价指引等相关制度办法。各分行在个贷经营模式优化推进进程中，要按照总行的要求，加强个贷客户经理队伍的人员科学配备和规范管理等工作，做好个贷专业队伍建设。各分行可积极探索和尝试个贷客户经理直通式管理。

（四）强化个人贷款全程风险管理。落实个贷风险管理责任是个贷经营模式优化的重要组成部分，个人金融（个人信贷）部门要统筹牵头负责。这一点，各分行认识上要清晰、明确，执行上要迅速、坚决，尽快按照总行要求将个人贷款准入监控、贷后监测、日常检查、逾期催收、不良清收、押品管理、作业监督、不良贷款责任评议等风险管理职责移交调整至个金（个贷）部，建立和理顺个贷风险管理全面统筹、相互衔接的流程架构，配备熟悉业务流程、催收清收经验丰富、数据分析处理能力强的专业人员。在此基础上，各分行要在个贷准入、贷后监测、监督检查、催收清收等方面全面加强个人贷款风险管理，一是严格执行新版操作规程，加强全流程多环节对虚假贷款的准入识别和防控，在调查、审查审批、抵押、放款等环节创新防假和反欺诈手段，落实风险责任，严控实质风险输入。二是有效加强贷后风险监测，在总行现有监测模型基础上，增加手段，提高频次，精细颗粒度，协调获取外部数据进行交叉验证，对批量造假等特殊情况要做到第一时间发现并采取措施，将监测作为贷后识别风险的关键一环。三是建立个贷监督、检查常态化机制，以防控个人贷款实质风险为核心，对资产质量差、潜在风险高或经营管理薄弱的分、支行定期组织开展现场检查。对个贷风险新苗头、新暴露问题要逐笔排查，对重大风险事件和典型风险案例及时通报总行，对确认的风险问题要严肃追责整改。四是切实提高催收、清收专业化管理水平，通过分类施策，落实责任，制订方案，有效执行，提高逾期贷款催收和不良贷款清收的回收转化率。为有效提升催收集约化、专业化管理水平，逾期1期的贷款各分行要逐步移交至“95588”中心集中托管，逾期2－3期的要积极试点探索二级分行层面集中催收或外包。对已形成不良的贷款，除常规催收手段外，要积极运用不良资产证券化、以物抵债等清收处置方式，多措并举，确保今年个人住房贷款不良额、不良率实现“双降”。

四、个贷经营模式优化推广工作要求

个贷经营模式优化是推动全行个贷加快发展、夯实发展基础的大事，是实施零售发展战略的重要组成部分，更是推动全行盈利持续增长和经营转型的关键，这里我提几点要求。

（一）加强组织，确保全行推广工作顺利实施。各分行行长要充分认识到个贷经营模式优化对提升个贷业务竞争力和推动个贷业务发展的重要意义，高度重视此次个贷经营模式优化工作，加强组织推动。一把手要亲自抓，分管行长亲自负责，结合实际和总行工作要求，制定个贷经营模式优化的具体落实方案，并明确时间要求和落实责任，确保改革工作不错不乱、落实到位。

（二）做实做细，实现新旧流程和系统的无缝对接。做好新旧流程和新旧系统的衔接与应用对推动个贷经营模式优化非常关键。各行分管行长要理解个贷新规程和新系统推广应用的重要性及紧迫性，对新旧流程和系统的对接与应用负直接管理责任，抓住当前个贷改革的有利时机，积极推进个贷业务新流程和新系统的落地应用，确保各项工作有条不紊、衔接有序，不出问题和风险。

（三）统筹兼顾，处理好改革、发展与风险之间的关系。各分行在推进个贷经营模式优化，提升个贷业务竞争力工作过程中，要认真领会推广工作的内容和要求，加强与相关部门和分支行的沟通与宣传，取得各方面的理解与支持，确保前中后台、上下级行动一致，既要做好个贷经营管理模式优化，又要在严控风险的前提下积极推动个贷业务的发展，实现顶层设计与基层实践、自上而下实施与自下而上创新的有效结合。

五、需要强调的其他几项工作

现在又到了第三季度收官阶段，为了保证第三季度能够完成总行各项业务指标序时进度，下面我再强调四项工作：

（一）大力做好储蓄存款工作。储蓄存款要坚定“保二争一”目标不动摇。上半年，在全行努力下，实现了储蓄存款增量排名四行第一，对全行提升发展信心起到了很好的作用。第三季度乃至全年都要把储蓄存款作为最重要的零售工作来抓，扎实做好日均储蓄存款增长的日常工作，具体怎样去做平常已经布置得很多了，在此不一一赘述。这里强调的是，要抓好储蓄源头性资金。当前国家正在加快推动新型城镇化建设，拆迁尤其是城市的拆迁改造力度会明显加大，各行要建立多部门的联动协同机制，在重点拆迁项目和拆迁补偿客户金融服务上形成工行的比较优势，切实提升拆迁补偿性资金在我行的留存率。总行近期也会下发专门的工作指引，希望各行切实落实到位。

（二）重视信用卡消费和分期工作。上半年，在全行共同努力下，信用卡发卡实现历史新高。发卡的目的是推动消费和分期，但今年消费和分期的增长情况并不是很乐观，希望各分行在第三、第四季度切实把这项工作作为重点来抓。在分期方面，要改变过去一提起分期，就是指汽车分期的认识误区，而要把账单分期、现金分期、定制分期作为下阶段工作的重点，因为这些分期中，银行已经完成了对客户的授信，风险相对汽车分期更可控、成本更低。各分行要研究如何在已发卡客户中推动消费，在实施消费的过程中挖掘分期客户，实现信用卡中收的长期可持续增长。做分期要坚持真实性的前提，个人消费信贷要是真实的，其风险是可控的。在某些二级分行出现一些风险事件，往往跟虚假相关，所以消费信贷分期中一定要坚持小额、高频、消费这些基本原则，不要贪大求快。

（三）加快推动e－ICBC 3.0战略落地实施。近期，总行制定了e－ICBC 3.0智慧银行战略，这是新形势下推动互联网金融跨越发展的大战略、大棋局，事关我行未来竞争力，事关我行转型成败的大局。所以，全行上下要统一思想，深刻领会战略的主要内容，切实推动各项重点工作的落地实施。一是各分行要根据e－ICBC 3.0战略的推进部署和要求，加快本行网络金融业务的重组工作，厘清牵头部门与相关部门之间、线上线下之间的权责关系，明晰各自的角色定位和职责分工，形成总分行联动、专业协同、凝心聚力、锐意进取的业务发展机制，夯实战略落地实施的基石。二是要加快推动互联网金融场景共建。全行要以场景作为战略实施的突破口和切入点，加快与外部互联网企业、大型集团企业、政府机构及企事业单位等的场景合作，强化内部的联动协作和外部的互通互补、合作共赢，对内形成全员创新、全员拓展的新气象，对外展现我行开放、合作、共赢的新形象。要集中力量、重点突破，加强信息相关、出行相关、生活相关的三类场景建设，力争在全国形成场景建设的规模效应，打造用户的第一印象和口碑，在重点领域、重点行业的场景中刻下鲜明的工行印记。

（四）做好客户服务工作。8 月，总行连续印发了两期恶性服务事件通报，分别是个贷与信用卡服务问题。日前，总行服务工作委员会召开会议，就梳理发现的服务态度、沟通、效率、电话接通、转账汇款、短信摘要、信用卡申领、预留手机号等普遍性问题，形成了总分行服务改进任务分解方案，各分行各部门要抓紧落实解决。个贷服务中那些共性问题也是尤须改善的。在当前形势下，整个个贷规模比较紧张，银行相对强势，对于给谁贷款、贷多少、什么时候放款等情况，客户知情权比较脆弱，个贷客户经理的服务态度和办事效率就更要谨慎，真正做到“得意莫忘形，失意莫变形”。近期总行还将以案例通报的形式召开服务推动会，就营造稳定的金融服务环境和优质的服务面貌做专题部署。这里给大家通个气，在党的十九大召开在即的重要时期，全行上下务必以高度的政治敏感性和大局观，稳健开展业务，为客户提供可圈可点的优质服务，杜绝恶性服务事件发生。

（五）做好网点标准化装修改造工作。截至 7 月末，全行有将近 50% 的目标网点进入集中采购及后续流程，整体进展情况略低于预期水平。在总行明确导向、加大授权、理顺流程、压实二级分行主体责任并下发相关文件的情况下，大部分分行及时响应、迅速落实，积极推进网点装修改造工作。但仍有部分分行对总行战略意图认识不统一、理解不深刻、执行不到位，尤其是个别分行到目前为止尚无一家目标网点进入到集中采购及后续流程，若全年完不成任务，总行就这件事情要严肃追责。各分行要将网点标准化装修改造工作作为推进网点经营转型和提升客户体验方面的重要举措，尤其是进度落后的分行要深入查找问题成因，并制定针对性措施，确保 9 月底前所有任务项目进入施工阶段，保质保量完成全年网点装修改造任务目标。

在服务工作推动会上的讲话

李云泽

（2017 年 9 月 25 日 · 根据录音整理）

刚才，党委组织部宣读了对首个百日活动“党员服务先锋岗”授牌的决定，渠道管理部就近一时期服务工作的主要成效和突出问题进行了总结分析，使大家对全行服务工作有了整体了解。“服务口碑新变化　喜迎党的十九大”是今年全行服务工作的主题，“三个百日”活动的持续推动，把全行客户服务工作不断推向深入。在党的十九大召开前夕，我们召开服务工作推动会，目的就是进一步推动全行以高度的责任感和使命感，以政治上的坚定和行动上的自觉，担当金融服务的责任，努力在十九大期间实现“厅堂服务零空白、机具设施零故障、服务事件零发生”的“三零”目标，以出色服务表现，献礼十九大！可以说，十九大期间服务成效是对我们近一段时间以来服务改进工作的检阅和评价。下面，我重点讲三个方面的意见。

一、提高认识，加强领导，全力做好重点时期服务工作

金融服务涉及千行百业、千家万户，是百姓关切的重要窗口，做好金融服务也是讲政治的表现。前不久，英国品牌价值研究机构通过《银行家》杂志发布全球银行品牌榜，工商银行首登榜首，可见服务也是重要的价值创造力。因此，无论是经济社会的发展需要还是价值创造的基础构筑，抑或同业竞争的重要支撑，做好服务于工商银行而言，责任重大、使命光荣。

（一）提高重视程度，统一思想和行动。各行各部门要全面部署十九大期间服务工作，引导全行员工深刻认识重要时期优质服务的必要性和重要性。要加强组织推动，深入做好思想发动，强化员工的观念传导和行动自觉，高标准，严要求做好窗口服务工作。一要领导带头、身先士卒。各级领导要想在前面、干在前面，同时发挥好服务工作委员会作用，调动每个成员部门的积极性，保证思想统一、行动一致，以做好重要时期客户服务工作为己任，做到有组织、有预案，不懈怠、不推脱。二要聚焦问题、速整速改。主动发现服务短板，制定治理方案，确定任务目标和时限，落实责任部门和人员，提前整改到位，确保会议期间不出现重大服务问

题，向社会各界展现工商银行良好的服务风貌。三要突出重点、抓住关键。北京分行等重点城市行，要进一步强化对重点窗口单位的督导检查，对会场、媒体驻地周边等关键敏感网点服务进行督查指导。要重点关注微博、微信等新媒体渠道的客户诉求意见，主动发现潜在问题并加以解决。

（二）强化服务管理，坚决杜绝恶性服务事件。一要明晰服务管理责任。突出服务管理的“三个一”策略，即“把服务提升作为本级行的一级战略、实施一把手工程、实行服务问题一票否决制”，进一步强化各级分支机构客户服务管理的“主体责任”。一级分行要发挥统筹管理职能，将总行关于十九大期间的工作部署传导到位、贯彻到底、落实到人，对各项工作早安排、早布置，以“高规格、全岗位、双保险”的高标准要求，统筹安排好节日以及十九大期间网点营业、业务拓展与应急响应等服务管理工作。二级分行尤其要狠抓落地跟进与责任落实，明晰任务分工，明确责任时限，守土有责、在岗尽责、失职问责。渠道管理部门要发挥服务管理“牵头责任”，各专业部门要切实履行“管理责任”，确保总行客户服务战略决策和工作部署落到实处。二要强化服务管理力度。坚持通过多种监督方式，对各渠道及专业进行全面的服务品质督导，加大问题查处通报力度，做到忠于事实不走样、发现问题不护短、处理问题不手软。三要建立服务管理问责制。银监会将2017年作为强监管年、强问责年，主要围绕金融风险持续加强监管。强化服务管理是防范金融风险的有效保障。各机构要对服务管理成效定目标、对服务改进措施定任务、对服务问题解决定时限。问题频发、解决不力、管理不善、口碑偏差、满意度长期偏低的专业、分行（含五家一类分行营业部），分管服务的负责人要向总行服务工作委员会作专项汇报。

（三）加强应急值守，妥善处理突发情况。各行要履行属地责任，发挥我行在当地的品牌服务优势，统筹调度服务资源，坚持高水准服务供给。一要充分配备、人岗匹配。关键时刻拉得出、顶得上、过得硬，使舆情监测、诉求受理、问题处理等工作落到实处。二要建立涵盖信息系统、安全保卫、业务处理、突发事件、新闻宣传等方面的应急服务体系和预案，完善应急处理机制，加强预案演练，确保防患于未然。

二、巩固成效，正视不足，聚焦服务突出问题加速解决

知行合一，重在执行。所有的战略成果和改进成效都要以脚踏实地的行动为保障，都要在抓执行、抓落地、抓实效上下功夫。作为全球最大的商业银行，不让客户排长队，不出现恶性服务事件，对客户的态度不能冷、不能硬，这是最基本的要求，是我们应该而且必须要做到的。

（一）重点优化网点现场客户服务体验。要进一步凸显营业网点作为客户关系维护中心、线上线下一体化落地处理中心、品牌形象塑造中心的价值作用。网点作为营造客户体验的主入口、主渠道和主场景，怎么强调服务的重要性都不为过；围绕“以客为尊”的理念，怎样做好服务都应该。聚焦现场服务体验改善，要突出做好“三个抓实”：

一是抓实网点负责人履职。网点负责人要履行服务管理第一责任人职责，严格落实《营业网点服务管理规定》关于网点负责人节假日带班制度，合理调配网点劳动组合，做好重要时期网点人员排班、窗口开放、设备运维等基础管理工作。要完善特殊时期应急服务管理机制，明确网点应急服务联系人，做好十九大期间网点24小时客户应急服务响应。要及时妥善处理客户投诉，实时监控网络舆情，早发现、早处置，防止客户服务负面舆论的蔓延。要切实做好网点现场服务，营造“客户进门有关注、业务办理有效率、遇到困难有人管、体验应用有好感”的良好服务氛围。

二是抓实环境治理。去年的“服务面貌专项整治季”和今年的物理渠道装修设计标准手册推行以来，网点的内外部环境发生了很大变化，客户的口碑也明显向好，但关键在于保持。管好环境虽然不等于做好服务，但环境的污暗、秩序的杂乱却能最直接地破坏客户体验。打造舒适环境、营造温馨空间既是体现好服务的应有之义，更是做好服务的应有之责。因此，各行在十一前后要对网点的环境和卫生组织一项清扫整治，以良好的环境和精神面貌迎接党的十九大召开。

三是抓实设备维护。自助或智能服务设备，既是网点服务的有效辅助，也是影响客户体验的关键触点，运行正常与否，使用方便与否，问题解决及时与否，都是网点服务形象在客户心中的投影。“十一”前后，各行信息科技部、运行管理部要组织一次设备的检修，保证设备在十九大期间的正常运营。

（二）着力提升非网点窗口人员服务意识，优化各渠道客户服务体验。今年总行印发的三期服务事件通报中，有两期分别出自信用卡和个人信贷领域的非网点服务渠道。反映出非网点窗口服务部门目前存在不少服务问题，值得我们高度重视。虽然每个客户接触的渠道或触点在我们内部有具体归属部门或专业，但在客户眼中，都代表着工商银行。客户对于我行的整体服务体验，取决于与我行接触过程中所有的触点。因此，仅关注网点柜面服务远远不够。客户所及，就是服务所在。必须切实把“ONE ICBC”理念渗透到服务管理全链条和客户服务全过程中去，为客户提供全方位、一致性服务体验，岗岗相关、人人有责。

关于个贷领域的服务问题。在前两周召开的个人贷款经营模式优化及流程改造推广工作会上，已就相关工作作了强调。各行要认真落实好会议精神和要求，牢固

树立客户服务意识，切实按照“专业化、集约化、扁平化”理念优化个人贷款经营模式，从调整管理、集中授权、优化流程、完善审批等细节方面改善客户服务体验。当前信贷规模较紧，一些客户可能会对延迟放款有一定情绪，但越是在这种情况下，越是需要我们用优质服务、良好沟通来平复客户情绪。在规模调剂平衡过程中，各行也要注重解决“二手房”等时限要求比较高的个人融资问题。

关于信用卡方面的服务问题。办卡效率是主要痛点，一方面，总行银行卡业务部要加强流程整合和管理衔接，提高办卡效率；另一方面，要探索建立信用卡客户自助查询系统，解决客户分别致电信用卡电话服务中心、省分行或二级分行、支行、网点等多机构查询办卡状态的窘境。同时，要提高短信营销的授信精准度和到达率，减少授信失误或短信错发造成负面营销。

关于电话银行方面的服务问题。目前全行通过互联网场景获客营销举措和力度不断加大，引发客户咨询问题的呼入量急剧放大，加之新系统投产应用等叠加因素，对电话银行接听率形成了很大考验。十九大期间，银行卡等业务部门要做好业务结构调整，适度控制营销短信的回呼量以及外呼业务安排；电话银行中心要做好运营管理、人员值班等协调管理，加强服务和运营的稳定性，确保接听率不下降，尤其要保障要客电话银行服务资源的有效供给；信息科技部门要配合做好系统维护工作，避免十九大期间进行系统升级等可能影响客户服务的情况出现。

（三）突出解决问题的效率和实际效果。

一要及时发现问题。新媒体是一把双刃剑，负面消息的传播尤须严控。最新的一篇事涉我行的“男子在银行买25万理财产品却变终身保险”的网文，一经传出，迅速被新浪、今日头条和微信圈广为转载，传播很快、影响很坏。各有关部门和人员要更加重视新媒体渠道的客户服务意见分析和舆情引导。银监会在上半年银行业金融机构舆情工作情况通报中指出，银行业服务投诉方面负面舆情较多，大型银行占银行业金融机构负面舆情的65.2%，网络媒体是银行业舆情扩散的主要渠道。今年总行渠道管理部专门设立了客户服务微博，由专人运维，及时响应了不少客户诉求，通过线上线下协调配合解决了不少服务问题。下一步，各行各部门也要安排专人关注网络客户诉求，尽早发现、及时响应、快速解决客户通过微博、微信等网络新媒体提出的合理诉求。同时，既要加强传播干预，也要纠偏不实言论。

二要建立痛点问题的限期解决机制。从近年服务改进的实践经验看，有效解决客户投诉焦点问题能立竿见影地改善客户体验。总行服务工作委员会上个月召开会议，研究解决服务态度、沟通体验、业务效率、电话接通、转账汇款、短信摘要、信用卡申领、预留手机号等普遍性问题，形成了具体的任务分解方案。刚才渠道管理部重点分析的几个突出问题也大多源自其中，各行各部门要结合自身的具体情况，因地制宜推进，因势利导实施，采取时间表、责任制方式，从管理、流程、制度、技术上抓落实、要结果，完成情况要于年底前报总行服务工作委员会。

三要通过强化授权提高基层员工解决现场问题的能力。结合网点岗位设置和劳动组合优化试点工作，探索适度扩大网点柜员、客服经理、客户经理、运营主管及网点负责人等现场服务人员的客户服务权限。除《小额补偿管理办法》以外，适度增加各岗位在系统查询、业务处理和优惠补偿等服务环节的权限，提高网点现场服务人员的问题一次解决率和客户挽留率。同时，对于相关专业部门，也要从为客户解决实际问题的角度出发，有针对性地对岗位权限进行优化调整。

四要运用现代科技手段提升问题解决效率和能力。深刻领会“开放、共享、平台”的互联网思维，加快完善我行线上线下一体化的客户服务渠道，实现“95588”与网点、与智能自助设备、与信用卡等渠道或业务的互联互通。增强手机银行、网上银行、互联网等线上渠道客户服务投入，为主要客户端、微信公众号、官方微博等服务端口设置专业运营维护人员。要充分利用“工小智”等智能应答设备或技术，增强客户问题在线解决效能。

三、先锋引路，榜样先行，用优质服务彰显工行担当

安全、稳定、无事故的金融服务是基础，便捷、全面、高水准的金融服务尤显大行担当，工商银行应该也必须在金融服务队列中，发挥好排头兵的作用。一要继续深入开展“服务口碑新变化　喜迎党的十九大”主题活动。“三个百日”活动持续进行，活动连贯、衔接紧密，每一名党员同志都要带头成为岗位服务实践的模范，干在群众前面，自觉接受群众监督和客户检验。“党员服务先锋岗”的获得者更要发挥率先垂范的作用，以党员的先进性激发服务的主动性，让榜样的力量无处不在、让主动的服务蔚然成风。二要进一步加强先进服务典型和行业标杆的打造。积极创建服务星级网点和塑造岗位服务明星，发扬每个“党员服务先锋岗”“优质服务先锋队”和“优质服务榜样店”的模范作用，由个人而团队、由局部而整体、由岗位而网点，以点带面地带动服务面貌的迅速改观与服务口碑的明显改善，促进服务水平的不断提升。三要加强优质服务宣传，营造良好氛围。继续开展“千名记者进工行、百图万文评服务”主题宣传活动，有针对性地开展对外宣传，挖掘我行服务改进实践中的感人事迹、动人场景和精彩片段，凝聚正能量，塑造好形象，传播好口碑。四要加强对网点员工的关心爱护。网点员工是我们工商银行的对外形象和客户的直接触点，只有让网点员工心

齐气顺，他们才能以良好的精神面貌服务好客户。下周又适逢“十一”和中秋长假，许多员工都要在岗位中度过，各级领导要多关心、帮助、爱护网点员工，急基层之所急，解员工之所难。在这里也提前祝全行网点员工国庆中秋双节快乐！

同志们，党的十九大召开在即，各行各部门务须再接再厉、同心同德，以担当之为和不竭之力全面投入到这一重要时期的金融服务之中，以建设客户满意银行的生动实践，为党的十九大胜利召开做出贡献！

锐意进取　凝心聚力
以场景共建加快推动 e－ICBC 3.0 战略实施

——在全行互联网场景共建视频动员会上的讲话

李云泽

（2017 年 10 月 17 日）

互联网场景共建是 e－ICBC 3.0 战略实施的重点工作，一定程度上关系着未来我行互联网金融发展的成败。今天我们召开互联网场景共建视频动员会，主要目的就是为了统一认识、加快行动、快速突破、形成声势，在全行掀起场景共建的工作热潮。下面，我谈三点意见。

一、时不我待，互联网金融发展进入新阶段

2015 年 3 月，我行在国内同业率先发布了 e－ICBC 1.0 战略，同年 9 月发布了更清晰、更完善的 e－ICBC 2.0 战略，确立了以“三平台一中心”为主体，覆盖网络银行、电子商务、社交网络三大领域，汇聚融合信息流、资金流和商品流的互联网金融战略布局。两年多来，通过推进实施 e－ICBC 1.0、2.0 战略，我行互联网金融在银行同业中树立了启动最早、发展最快、影响最大的阶段性领先优势。目前，融 e 行移动端客户达到 2.7 亿户，融 e 联客户超过 1 亿户，融 e 购年交易额超过 1 万亿元，网络融资贷款余额突破 7 000 亿元，应该说 e－ICBC 战略取得了阶段性成效。

在我行互联网金融快速发展的同时，全社会移动化、信息化、智能化水平日新月异，社会各个领域的运行方式和逻辑都在发生翻天覆地的变化。大数据、区块链、人工智能、生物识别、云计算等技术兴起并在金融领域应用普及，在为客户带来更简单、更高效、更随心的极致体验的同时，也正在对传统商业银行的组织架构、商业模式等产生巨大影响。特别是互联网企业快速将生活消费的场景网络化，进而抢占场景背后的支付、融资、投资等金融服务市场，使传统金融机构在部分经营领域从直接接触客户变为管道化的产品和服务提供商。面对互联网金融的全新发展态势，总行党委清醒地认识到，虽然通过 e－ICBC 1.0、2.0 战略的实施，我行主要互联网金融平台快速集聚了亿级用户，但对标国内知名互联网企业，我行互联网金融业务尚未形成真正基于线上的发展模式，尚未真正融入社会生产生活场景，导致用户虽然达到相当规模，但用户活跃度相对偏低，用户体验上有较大提升空间。这些问题如果不能快速解决，不仅影响 e－ICBC 战略的持续深入推进，也难以带动传统业务转型。未来 3－5 年是重要的发展窗口期，必须认真谋划并推进互联网金融战略的升级，通过金融服务的智能重构和体制机制的深刻变革适应未来发展的需要，为全行赢得更大发展空间。正是在这样的大背景下，e－ICBC 3.0 战略应运而生。

总行党委高度重视互联网金融发展战略的研究制定。自 2016 年下半年开始就启动了 e－ICBC 3.0 战略的研究工作，经历了调查研究、战略决策、方案制订等多个阶段，先后召开多次专题会议进行深入分析研讨，广泛征集各方面意见与建议，最终于今年 6 月正式印发了《e－ICBC 3.0 战略实施方案》。总体来说 e－ICBC 3.0 战略的发展愿景是秉持传承与创新的宗旨，通过构建开放、合作、共赢的金融服务生态圈，坚持以客户为中心，建设智能化的营销、产品、服务、风控体系，重塑银行信息和信用中介的主导地位，从而打造线上线下一体化获客、活客、黏客的经营发展模式，推进全行向服务无所不在、创新无所不包、应用无所不能的“智慧银行”转型。

为了保障 e－ICBC 3.0 战略的落地实施，特别是为实现构建具有智慧银行特色体制机制的目标，总行已经初步完成相关组织机构优化调整工作。成立了由易董事长任主任的网络金融推进委员会，作为全行 e－ICBC 3.0 战略实施推进的决策机构。同时，在原电子银行部基础上改组成立了网络金融部。网络金融部负责 e－

ICBC 3.0 战略的落地实施，统筹全行网络金融业务发展与管理，统筹全行网络金融平台的用户发展、运营支持和创新研发，统筹全行网络金融的合作和联动。此外，网络金融部还将整合相关的需求、研发、测试等人员，实现业务、需求、研发、测试人员一体化。网络金融部作为全行互联网金融发展的牵头部门，不再作为利润中心，主要任务是建设或协助部门、分行建设互联网金融平台，推动在各业务部门、各分行之间建立起凝聚合力、分工明确、职能协同的工作机制，形成统一的利益传导机制，推动全行互联网金融发展。

二、锐意进取，以场景建设为突破口推进 e－ICBC 3.0 战略实施

应该说，场景不是互联网时代的专利，但确实伴随互联网发展而兴起。对于银行业来讲，我们所说的场景是什么？如何建设场景？如何评价场景建设的效果？这些都没有成型的经验、模式可以借鉴。随着社会信息化程度的日益提升和市场竞争态势的风起云涌，客户由离柜到离行的趋势不可逆转，商业银行迫切需要建立基于场景获客的新模式，机会稍纵即逝，必须边实践、边摸索、边完善，积极在大胆探索和试错纠错中不断前行。前期总分行关于场景建设的探索，包括 ETC、社保、医保等都是场景建设的积极尝试，带给我们许多启示，也进一步加深了对场景的理解和认知。需要我们适应网络化、线上化、移动化的大趋势，在已有基础上作进一步深化和拓展。我简单谈一些对场景的理解认识，希望给大家启发，并在实践中去完善和深化。

第一，场景是以人为逻辑，以体验为核心，以连接为中心的一种聚集的商业环境。互联网场景共建是指我行以网络化合作方式和手段为主体，通过与外部第三方企业或机构开展用户共享、信息互通、能力协同等合作，推进金融服务场景创新与拓展。区别于传统的金融业务合作，场景合作要更加突出网络化、线上化、移动化为合作的主要方式和手段，更加突出用户、信息等优势资源的互补和共享，更加突出关键场景的搭建，以及金融服务与场景的无缝对接和嵌入。

第二，对银行来说，有效的场景应具备三大特征，缺一不可。一是开放化。面向场景内的全部用户开放使用，包括工行客户和非工行客户、行内用户和非行内用户。场景入口要轻、门槛要低，要先将客户请进门，成为工行的用户；再通过各种方式加强引流，将用户转化为工行的客户。二是自助化。用户可自助完成场景所需的 APP 下载、注册、登录、交易等全部流程，无须临柜。三是数据化。我行可获取场景中的用户流、信息流和资金流等全量信息。可以说，场景既不是简单的营销活动，也不等同于增加产品或功能。

第三，始终坚持把获客、活客、黏客以及相应的渠道贡献作为衡量场景共建工作成效的唯一标准。以客户流、资金流、信息流等三个维度评价场景建设的效果。客户流方面，有效的场景能为我行带来客户流，从引流用户、到场景黏客、再到场景获客，由轻及重，逐步把用户转化为我行的客户。资金流方面，有效的场景能增加金融资产和负债总量，促进个人金融产品的销售，为我行带来相应的中间业务收入。信息流方面，场景能为我行带来客户行为数据、交易数据等外部信息，补充丰富我行客户数据维度。

对于互联网场景共建工作在我行 e－ICBC 3.0 整体战略以及全行经营转型中的重要性，关键要加强三个方面的认识。

首先，场景是 e－ICBC 3.0 战略落地实施的重要抓手。场景是形成开放、合作、共赢的金融服务生态圈的基本组成要素，其丰富程度与我行能否建成服务无所不在、创新无所不包、应用无所不能的“智慧银行”高度相关。要想快速完成金融服务生态圈的建设，形成丰富多样的应用场景，仅仅依靠我行自身积累是远远不能满足需要的，必须通过与外部合作伙伴的共同建设，与用户聚集企业、与金融需求旺盛企业、与金融科技企业等开展广泛的场景共建，才能取得事半功倍的效果。前期，山东分行抓住社保信息查询场景巨大的市场前景，迅速推出了融 e 联公众号社保查询功能，实现了规模、质量双提升，较短时间实现关注粉丝成功突破 20 万，新增融 e 联客户近 15 万，月均动户环比提升 10 万，同时人行征信、公积金中心网站也引入公众号，各类媒体纷纷报道，社会影响持续扩大。

其次，场景是线上获客的主阵地。移动互联网时代，“千禧一代”逐渐成为金融消费市场的主力群体，客户行为发生重大转变，移动化、碎片化的生活方式使得传统银行通过网点、网银、手机银行吸引客户日益困难，客户从银行柜台向网络平台迁移的趋势更加明显。如何重建与客户联络的纽带，如何重新赢得客户，关键看我们能否抓住场景。实际上，在总分行各专业的共同推动下，我行场景获客努力已经取得了初步成效。今年以来，融 e 联新增客户超过 1 407 万户，其中线上获客占比 42%；信用卡通过互联网渠道新增客户 430 万户，占全行新增信用卡客户总量的 46.5%。在分行层面，如深圳分行基于 C 端客户在支付结算、投资理财、旅游购物等方面的需求，整合腾讯、华润通、爱奇艺等 B 端企业产品资源，通过工银爱购微信平台及融 e 生活平台，实现了 B 端与 C 端的互联互动互通，截至目前，线上信用卡累计申请量达到 44 万人次，获得新客户 11 万户。

最后，场景是产品创新、推广、风控的落脚点。在互联网时代，以客户为中心一定意义上也可理解为以场景为中心，所有的产品创新、营销推广、风险控制等工作成败与否都要在场景中接受检验。产品创新不再以功能为中心，而进化为场景解决方案，只有洞悉了用户的

应用场景痛点，才能打造出极致体验的产品。可以说，在互联网时代不基于场景的产品没有竞争力，即便是以大数据、人工智能等为代表的金融科技离开了应用场景也是没有生命力的。营销推广也不再是漫无目的的广告投放，而必须围绕客户可能频繁出现的场景，提升场景聚合获客能力。风险控制同样必须关注场景，要建立基于交易场景的风险控制体系，努力实现安全和便捷之间的最佳平衡统一。例如，北京分行发挥我行金融服务专长，围绕客户出行痛点，紧抓北京市交委加快推进“互联网+轨道交通”建设机遇，参与搭建北京互联网票务服务平台，通过地铁易通行 APP 获取了获客活客、股权分红、排他宣传、票款支付及沉淀等综合性收益。

三、内联外合，全面深入开展场景共建工作

我行推进互联网场景共建要实现三大目标：

一是要抓紧建立获客新模式。互联网金融的发展，要以更加开放的姿态、更加宽阔的视野获客活客。要打破客户营销服务二八定律的传统思维，树立全客户经营、全产品营销、全渠道协同的智慧银行经营模式，不仅要获取开立我行账户的“客户”，还要拓展使用我行服务的“用户”，促进客户概念从静态向动态、存量向流量的转化，实现从客户向用户的扩展。原来我们是线上线下分开开展业务，未来就要从场景角度密切结合，转变传统商业银行单纯通过网点和客户经理一对一、面对面的获客方式，逐步构建起基于场景的获客、活客、黏客的发展新模式，打造移动互联网时代线上线下一体化的经营模式。

二是要构建合作共赢生态圈。不断丰富我行金融产品及服务的应用场景，实现金融产品及服务与场景的无缝连接，增强我行金融产品及服务的输出能力，不断扩大用户服务范围，提升我行用户在外部场景的使用体验。通过与外部的用户、信息、场景合作，全方位服务用户，构建我行开放、合作、共赢的金融服务生态圈，实现用户、我行、合作方的三位一体和三方共赢。

三是要拓展信息获取新渠道。我行与外部伙伴开展合作，是通过共享我行宝贵的客户、品牌、产品等资源换来的。因此，要在互利合作的基础上充分利用合作伙伴的资源，特别是要在法律法规允许的情况下，通过场景共建拓展信息获取渠道，丰富信息采集来源，加强客户外部数据、线上数据的获取，深入推动信息的开放共享，为建立数据和智能驱动的智慧银行奠定信息基础。

具体来说，全行要力争用三年时间，到 2019 年，场景建设数量达到 2 000 个，三融平台用户规模达到 3 亿户，月活跃用户达到 1.5 亿户，线上获客占全行个人客户新增的 50% 以上。对外初步建成我行高质量、高效率、高口碑的场景生态圈，全面实现对民生服务、公共事业、医疗教育、文化娱乐、衣食住行等主要场景信息服务的全面覆盖，实现对 TOP100 互联网服务商及主要民生领域交通、信息等场景的金融服务全覆盖。

围绕实现上述目标，我简要谈一谈互联网场景共建开展的基本原则，具体合作策略、工作任务等，随后总行网络金融部将为大家详细解读。

一是坚持优势互补。场景共建的基础是通过与外部企业或机构的合作，推进我行金融服务场景的创新与拓展。合作成败的关键在于要实现优势互补。关于这一点易董事长特别指出，“要在保持我行主动地位的原则下，进一步树立开放合作的心态，善于借势借力，利用工商银行的品牌价值和金融专业服务优势，主动加强与互联网企业、公共事业单位等各类业态的互补合作、错位合作，借助第三方企业的力量来不断丰富应用场景，延伸渠道服务网络，不断提升获客、活客、黏客能力”。要注重发挥我行传统信用优势、品牌优势、信息优势、线下渠道优势，扬长避短、取长补短、顺势而为、积极作为、争取主动，努力获取合作方的客户、流量、数据、技术等资源。

二是坚持用户为先。场景共建工作的最大目标是极大提升我行互联网金融获客、活客、黏客的能力，因此要以用户引流促活为先，以用户体验极致为先。场景共建要与金融科技应用相结合，运用大数据、人工智能等新技术实现金融服务产品、场景和业务模式等的创新，加强在智能投顾、线上营销、信用评级、智能客服、风险控制等领域的应用，打造极致的用户体验。在可承受的成本投入范围内，唯极致用户体验，不唯短期任务指标，场景上线时间服从于用户体验，创新和运营的成本服从于用户体验。

三是坚持开放共享。场景共建工作一定要遵循互联网发展的规律和金融服务本质，以开放、共享的心态积极拥抱互联网，全面开展与外部的跨界合作、场景共建，不仅要开放支付、融资等金融服务，拓展金融服务需求旺盛的合作场景，而且要推动品牌渠道等深层次的开放，积极开展与用户聚集的场景合作，实现客户互引、信息共享，还可尝试通过战略合作、资本运作等多种手段，快速构建起良性互动、优势互补、共赢发展的生态圈。当然开放过程也要注重防范风险，包括信息风险、信誉风险等。要注重平等互利，实践来看，一般跨界合作更易达成，与互联网金融平台的合作要慎重。场景可以自主建、引进来，更要走出去，进而实现金融服务与人们生活、生产场景的无缝嵌入，在用户需要的时间和空间，以适宜的渠道和方式提供相应的金融服务，最终使得银行不再是用户要去的地方，而是每时每刻存在于社会生活和生产之中，触手可得的一种服务，真正将工商银行转型成为服务无所不在、用户身边的银行。

围绕上述三点基本原则，全行要高度重视，统一思想，在深刻学习领会 e－ICBC 3.0 战略整体规划基础上，扎实推动互联网场景共建工作。在谋划推动场景共建工作时，要秉持“开放、合作、共赢”的核心理念，

以开放的心态强化内部的联动协作和外部互通互补、合作共赢；要坚持“全行做、专业干、合作办”，明晰各自的角色定位和责权关系，培养全行互联网基因，凝聚全行合力，发挥专业优势，形成合作氛围，全面深入推进互联网场景共建工作。

一要做到统筹管理。场景共建要以实现全集团利益最大化为首要前提，要有良好的工作机制作为保障。根据总行党委的决议，互联网场景共建由总行网络金融业务推进委员会统一领导，由总行网络金融部作为统筹部门，各专业部门密切配合，联动协作。全行互联网场景共建要实行统一归口、统一策略、统一接口，分级实施名单制、责任制管理。网络金融部要切实承担起互联网场景共建的统筹管理责任，牵头制定内部联动机制和外部合作策略，制定场景共建目标客户清单，杜绝多头合作、分散合作，使用统一的、标准化的合作接口，统一制定合作协议标准模板，统筹组织推动、商务洽谈、系统对接等工作，力争资源投入产出最优。要及时对全行场景共建情况进行汇总、督导、检查和评价，并定期上报网络金融业务推进委员会。同时，网络金融部也要积极推进与业务相关的具体场景共建工作，特别是要将融e联、融e行、融e购平台转型升级和场景共建创新相结合，将民生服务、公共事业、医疗教育、文化娱乐、衣食住行等各类能够带来用户、带来流量的场景嵌入我行三融平台。

二要做到专业协同。互联网场景共建是全行性重点工作，要站在推动全行互联网场景共建的高度，坚持“全行做、专业干、合作办”的原则，不唯专业，加强协同。总行各相关部门要按照互联网场景共建总体发展目标和职责分工，加强联动，密切配合，分头做好场景创造、研发支持等工作。各业务部门一定要认识到场景共建是全行投入、全行受益的一项综合性工程，要按照网络金融部制定的场景共建目标客户清单，积极开展本专业条线的互联网场景共建。重点要将场景共建与各自产品、服务相结合，将场景建设固化为本专业本部门的基本职责，打破“部门墙”“利益墙”，突破“条线化、专业化”的固有思维，真正形成“全行一盘棋”的整体意识，要分工协同、密切配合、加强联动，形成对外的整体合力。个人金融业务部、银行卡业务部、产品创新管理部等e-ICBC 3.0重点项目牵头部门要将超级账户、融e借、聚合支付等互联网金融拳头产品及平台系统嵌入互联网场景，同时输出更具吸引力、更有利于场景搭建的产品。网络融资中心要重点围绕泛交易链、政府支持、平台合作、资产支持四类场景，拓展网上小额贷款业务场景。公司、机构金融业务部要重点配合开展对大型集团企业、非金融类互联网企业、社保医保等机构类客户以及金融同业合作对象的场景营销。同时，产品创新管理部、信息科技部等要投入充足的研发力量支持做好相关的创新、开发、测试、投产工作，保证场景应用研发的高效快速实现。

三要做到总分联动。总分行要统一行动、把握节奏、集中突破、营造声势，力争形成场景建设的规模效应，建立用户的第一印象和口碑。各分行要在总行统筹指导下，比照总行组建场景共建领导小组，以零售主管行长为组长，网络金融部、个人金融业务部、银行卡业务部、结算与现金管理部、公司金融业务部、机构金融业务部等部门主要负责人为成员。不管是东部沿海发达地区分行，还是中西部、东北欠发达地区分行，其实都有许多场景可以研究。据我所知，甘肃分行就把特色重点产品和本省客户实际情况有机结合，为客户量身打造出一揽子营销场景，涵盖了水电暖燃气、通讯、交通罚没款、考试报名费、物业费、党团工会费等多个民生领域，为进一步获客、活客、黏客奠定了基础。各行要不等不靠、主动作为，积极发挥主观能动性，抓紧启动分行层面机制保障、职能调整、研发支持等各方面场景共建配套工作。要结合场景的具体合作方向和内容，抓紧制定本行场景共建百日行动计划，明确工作任务、分工和时间计划，灵活组建包括客户部门、业务及产品部门和科技研发部门共同参与的场景共建项目组，负责日常工作的开展。场景具有很高的迭代性，只有快人一步、先人一步，才能抓住市场机遇，形成先发优势乃至独占优势。一定程度上可以说，场景的竞争力就是我行的核心竞争力，场景研发的速度就代表工行的市场响应速度。因此，场景共建的科技研发支持力量至关重要。各分行信息科技部门要根据本行场景建设的推进情况，组建专职负责场景接入和研发的技术团队，配备人员负责场景应用开发和测试投产。

互联网场景共建还要统筹好分行之间的关系，要实行主办行、协办行制度。主办行原则为合作方总部所在地的一级、直属分行，协办行为合作方分支机构所在地的一级、直属分行。一家合作方原则上应仅由一家分行承办与其的合作，如果其他分行与该合作方合作，务必要以全集团利益最大化为首要前提，不得构成竞争关系。协办行与合作方分支机构的合作情况，应经主办行知晓。对于行业排名靠前、跨地域的大型企业等合作机构，应采取一户一策、个性化定制，由主办行协助总行统筹开展合作，主办行负责项目的具体落地实施，协办行负责配合开展合作方分支机构的管理和日常维护。

四要做好机制建设。总行将以客户流、资金流、信息流三个维度进一步衡量场景建设的成效。总行网络金融部要抓紧研究制定场景共建的联动考核机制，压实相关责任、激发各方活力。各分行要比照互联网企业的做法，建立场景柔性团队工作机制，基于项目建立由统筹部门、牵头部门和相关部门组成的场景项目组，制定实施相适应的项目和人员考核评价机制。各分行还要研究场景共建工作的长效发展机制。现在各行已经有了很高的积极性，但是全行场景获客还在摸索起步阶段，基于场景的常态化获客、活客、黏客机制尚未建立，距离构建线上线下一体化经营还有很大差距。传统上，我们是通过网点、客户经理等线下方式去获客，各分行已经形成了一套较为成熟的线下发展机制。未来也必须相应地建立起一套类似的、基于场景获客的长效发展机制。第一步，要迅速行动，先拓展场景，按照共建清单，尽快做到技术接通，功能实现。第二步，要加快推动，以互联网的新方法、新模式持续开展线上营销推动，迅速拓展场景用户。第三步，对于已经通过外部合作迁移到我行网络金融各平台、各场景上的用户，要积极研究如何将其转化为我行客户。第四步，就是要建成场景获客的长效发展机制，做到场景运营人员稳定，场景服务体验迭代优化，实现场景的持续稳定获客，并建立基于场景的考核评价机制，持续跟踪经营成效。因此场景建设不是完成场景接入、报给总行就算完成任务了，一定要建立起长效经营发展机制，才能说全行的场景共建工作达到了预期的效果。

在场景共建工作推动过程中，各行要配合做好场景共建阶段性成果的梳理，及时开展效果评估，对于取得良好成效的场景合作，要及时总结经验，形成可复制、可推广的场景模板，及时报送总行，实现全行场景共建的共同进步。总行将针对互联网场景共建工作组织专项培训，逐步在全行培养出一支熟业务、懂技术、能营销、擅运营的场景建设队伍，为全面开展场景建设夯实基础。总行还将适时组织跨专业、跨地区的场景共建经验交流会、典型案例评比推广等活动，加强综合考核评价，以先进带后进，在全行营造出“比、学、赶、帮、超”的场景建设新风潮。

同志们，场景共建工作是 e－ICBC 3.0 战略推进的关键，大家一定要以互联网的思维，保持开放、合作的心态，加强学习，快速启动，大胆探索，努力尝试，力争在今年年底前取得一批互联网场景共建的阶段性成果。

在全行零售业务重点工作推动会上的讲话

李云泽

（2017 年 10 月 30 日・根据录音整理）

距离年底满打满算还有两个月时间，我们在北京召开零售业务重点工作推动会，就是要补齐短板、突破瓶颈，争取全年工作圆满收官，为明年完美开局奠定基础。下面我讲几点意见。

一、零售业务转型发展初见成效，但仍需补齐短板、突破瓶颈

今年前三个季度，全行零售条线充分调动各方面的积极性、主动性和创造性，探索新时期零售业务转型发展的新规律、新思路和新实践，把握住了稳中求进、进中求变、变中求新的总基调，实现了好于计划、好于预期、好于同期的经营成果，应该说全行对零售业务转型发展的思想认识逐步统一、转型路径日趋清晰、转型效果正在显现。

（一）前三个季度零售业务工作情况。前三个季度零售业务发展最大的亮点是“客户”，全行对客户重要性的认识逐步深化，营销客户的手段逐步丰富，工作效果逐步显现。一是前三个季度全行核心客户指标增速达到两位数，第三季度当季客户新增创历史新高。二是客户整体结构明显改善，全行 30 岁以下的年轻客户占比较上季末提升 3.5 个百分点；信用卡新增客户平均年龄 33 岁，比存量客户年轻了 7 岁；各项产品覆盖率特别是信用卡、互联网金融等重点产品覆盖率明显提升。实事求是地讲，今年年初总行对信用卡和互联网金融业务考核指标进行了较大调整，一方面信用卡从考核发卡量调整为考核客户数，按原口径计算，信用卡条线需完成往年两倍以上的工作量才能完成今年客户新增任务，而从目前来看，不仅完成了序时进度，还对完成全年 1 000万客户新增任务充满信心，这一点难能可贵。另一方面，过去总行对融 e 行、融 e 联、融 e 购考核签约客户而非活跃客户，并对融 e 行、融 e 联签约客户配有单项的工资性奖励费用，今年总行把此项奖励取消了。尽管如此，通过全行零售条线的不懈努力，前三个季度融 e 行、融 e 联、融 e 购客户新增都创历史新高，融 e 行日均活跃用户、启动次数、使用时长在易观银行 APP 排名中均居首位。三是获客方式更为丰富多样，外拓获客、联动展客、网络引客全面铺开，今年信用卡条线通过互联网渠道新增客户 430 万户，占新增信用卡客户总量的 46.5%，创有史以来的新高。这些都印证了前三个季度零售业务转型取得了扎扎实实的成绩。

前三个季度零售业务发展最为可喜的变化是市场竞争力明显提升。截至 9 月末，全行个人金融资产总量突

破13万亿元大关，较年初增加8 300亿元，存量、增量可比口径都稳居市场第一；储蓄存款、个贷等业务的同业位次领先，其中住房贷款余额达3.75万亿元，较年初增加5 507.67亿元，增量继续保持四行之首；营业贡献快速提升，前三个季度实现零售营业贡献1 633.9亿元，同比增加173.95亿元，在全行占比43.65%，同比提升4.74个百分点；零售条线继续发挥全行中间业务收入的第一支柱作用。尤其难能可贵的是，全行零售条线的士气和自信明显提升，“爱购周末”“理财节”“随军行”“e起燃”等一系列活动成为具有工商银行烙印和市场爆点效果的品牌活动，打出了工行的气势，提升了工行的市场信誉。

（二）正视当前零售业务发展面临的关键问题。零售转型是一项与时俱进、长期艰巨的任务，与日益复杂的外部经营环境相比，与客户不断增长的金融服务需求相比，与建设最大最强零售银行的战略目标相比，我们还存在诸多需要改善的地方。当前全行要着力解决以下三个问题。

第一，零售中收持续增长能力不足。与同业相比，全行中收总量的领先优势从去年前三个季度的250亿元下降到目前的125亿元，下降了一半，其中零售中收的领先优势也亟待巩固。主要集中在三类业务。一是分期付款业务。今年我行分期付款余额增量同建行、中行差距明显，仅分期这一项收入的增量比建行少25亿元。二是结算类业务。我行结算业务收费定价低于同业、减免比例高于同业，而且微信、支付宝绑卡量不如领先同业，在一定程度上反映出我行客户不活跃、基础结算收入的可持续增长能力不足。三是代理保险业务销量下滑，对中间业务收入产生了直接影响。

第二，储蓄存款竞争力有待进一步提升，主要存在三方面问题。一是储蓄存款日均波动大，季末存款增量与日均增量绝对值、四行占比均差异较大。在这里我提一个要求，第四季度储蓄存款日均增量要保持四行第二的常态水平。二是定期化、理财化严重，付息成本高于主要竞争对手。截至9月末，全行定期存款余额44 266亿元，同比多增1 261亿元；个人理财产品规模（不含私人银行）14 863亿元，同比多增1 772亿元，增幅较去年同期上升14个百分点。多种因素交织导致我行储蓄存款付息率偏高，前三个季度为1.53%，尽管已较第一季度末下降2个基点，但仍比建行和农行分别高10个基点和12个基点。三是全行对储蓄存款重要性的认识有所减弱，希望到了第四季度营销旺季，大家把这项工作切实重视起来。

第三，资产质量仍存隐忧。截至9月末，全行个人贷款不良率0.66%，主要个贷产品不良率均高于同业，形势较为严峻。年底是监管机构和投资者关注的重点时期，风险问题是重中之重。大家要有责任意识，要清醒地认识到，前台部门承担个贷资产质量的首要责任。要进一步加大催收和核销力度。目前个别分行对于核销工作存在一些顾虑，但这些问题越拖越难处理。前几天银监会主席郭树清在党的十九大中央金融系统代表团开放日答记者问时说“金融监管会越来越严”，因此资产质量问题既拖不过去，也躲不过去。大家必须深化“新官也要理旧账”的认识，下决心解决资产质量问题，夯实个贷业务发展基础。

（三）第四季度和明年第一季度零售业务主要工作目标。零售业务的总体工作要求是“一季要比一季强”，也就是第四季度各项指标要比第三季度强，明年第一季度要比今年第四季度强，今年旺季要比去年强。总行对年末零售业务的主要任务安排：一是储蓄存款维持年初目标不变，保二争一；二是贷款保二争一，个贷新增总量保二，住房按揭贷款增量保一，信用卡贷款保二争一，分期付款保二争一；三是零售中收确保四行第一，领先优势不能再比第三季度缩小；四是全年客户增幅要超过两位数，延续前三季度向好态势，其中信用卡客户总量、融e行活跃客户总量要力争四行第一；五是全行个人金融资产增量力争突破万亿元。

二、大力发展信用卡分期付款业务，打造中间业务收入的重要增长极

分期付款是第四季度的一项重点工作。关于这项工作，我主要讲三个问题，即“怎么看”“干什么”和“怎么干”。

（一）统一思想认识，解决好“怎么看”的问题。当前分期付款业务发展中存在的问题，归根结底是认识和能力问题，全行对分期付款业务的认识还不是特别清晰、不是特别统一。个别分行的“一把手”存在两个习惯性认识：一是认为分期付款就是汽车分期；二是认为汽车分期是动产质押，风险高、不愿做。事实上现在的形势发生了很大变化，分期付款业务可以用三个词概括：收益可观、风险可控、市场可期。

首先收益可观。比如客户办理12期的分期付款业务，每期都要归还本金，实际占用资金只有半年，按此匡算，分期付款的年化利率比其费率高一倍左右，收益水平远远高于一般贷款。数据显示，分期付款费率折合年利率超过7%，相当于基准利率上浮51.6%，而且手续费计入中收科目，单单这一个产品对大零售的中收贡献度就超过1/5。

其次风险可控。目前全行专项分期不良率仅有1.69%，剔除湖南和重庆分行人为因素形成的不良较高外，全行专项分期不良率只有1.26%，整体风险可控。以汽车分期为例，有三个属性保证这项业务相对风险可控：一是汽车分期有抵押担保；二是基于真实消费，资金流向可控；三是坚持做家用轿车，北京、上海、广州、深圳等地限牌，在一定程度上保证了汽车分期业务的真实性，降低了这项业务的风险。

最后市场可期。我讲三方面市场机遇。第一，刚刚结束的党的十九大将新时代我国社会的主要矛盾描述为“人民日益增长的美好生活需要和不平衡不充分的发展之间的矛盾”，新矛盾的解决需要普惠金融来支撑。可以预见，未来一段时期三四线城市乃至城镇将有大量的购车消费被激发出来，中国汽车消费进入了第二轮高峰。第二，党的十九大以后，行业监管将进一步加强，过去不规范的消费信贷、互联网金融将逐渐被“关进笼子里”，无形中为我们提供了一定的市场空间；随着治理整顿的加强，过去担心的假中介也将原形毕露，因此现在是我们重新进入市场的好时机。第三，第三季度行务会后，总行有关部门落实谷行长“为分期业务安排专项规模”的指示，协调安排信用卡分期付款200亿元新增专项信贷规模，在第四季度全行业信贷规模紧张的时期，这就是我们的最大优势。要充分利用资金优势、规模优势，大力抓合作机构、抓厂商、抓客户，重夺市场、后发制人。

（二）明确发展路径，解决好“干什么”的问题。今年总行银行卡部苦练内功、建章立制、修订制度、完善流程、开发系统，为分期付款业务行稳致远创造了良好条件。全行要重点抓好汽车分期、定制分期、账单分期和现金分期，推动分期付款业务又好又快发展。

一是汽车分期。要坚持以家庭轿车为主，以城市消费为主，以主流中介和主流经销商为主。直客式分期要比照河北保定模式，总行层面加大汽车厂商贴息的合作力度，做大汽车分期规模。间客式分期要将合作机构选好、管好、用好，切忌“广撒网”，要突出“少而精”。在合作机构准入方面，总行银行卡部要制定明确的准入流程和准入标准，分行要进一步细化流程，尤其各分行的分管行长、银行卡部负责人要对合作机构准入亲自复核把关。对拟在全国范围开展跨省业务的合作机构要报送总行审批；对拟在省内开展跨地市业务的合作机构要由一级分行分管行长审批；其他合作机构由一级分行进行准入审批。

二是定制分期。我行有1 077万房贷客户，目标客群广泛、发展空间巨大，而且我们的定制分期信用卡是一款很有市场竞争力的产品，最高额度80万元、最长期限8年。大家要认识到，定制分期的目标客户经过总行大数据筛选并经分行确认，本身风险可控，同时这款产品表面是信用贷款，实质上有房屋抵押作为最后一道防线，因此大家对业务安全性问题不要过虑，要严格按照总行政策精准授信，把定制分期作为当前托底的重点业务来发展，结合家居家装、家电卖场等消费场景，快速做大定制分期规模。

三是账单分期。账单分期要和远程外呼、短信营销结合起来，总行信用卡外呼营销中心已在合肥挂牌成立，下一步要继续理顺集中外呼营销机制和管理模式，明确总分行职责分工。总行层面以线上外呼为主，依托大数据模型提升外呼成效与集约化运营水平，将更多的消费额转化为生息资产；分行层面要加大外呼和地推营销力度，积极与第三方公司开展新型场景化营销合作，把分期付款等信用类产品作为维护客户、激活客户的撬动杠杆，把金融产品的营销与“爆款”商品销售衔接起来，创造丰富多元的消费场景，有效激活分期市场。

四是现金分期。总行准备11月推出现金分期业务，并把融e借与现金分期的白名单打通，在旺季营销期间推出现金分期打折优惠活动，为分行市场拓展提供政策支持和营销便利。各行要抓住白名单客户特别是其中的有卡年轻客户，有的放矢地开展定向宣传和精准营销，充分发挥现金分期扩大资产规模、提升中收贡献的作用。

（三）找准工作方法，解决好“怎么干”的问题。分期付款业务有三条基本原则。第一，真实是前提。落实在汽车分期上，就是要坚持“真人真车真价”。所谓“真人”，就是客户要有真实的意愿，首付要真实，要亲访亲签；所谓“真车”，就是要落实抵押手续，通过当地车管所系统核验抵押权证的真实性，对关键要件、关键要素进行严格审核；所谓“真价”，就是真实的价格，在录入车价时，要通过专业的评估网站对汽车的价格区间进行界定校验。第二，风控是关键。目前整个消费金融市场呈现爆发式增长态势，越是在风口浪尖，我们越要对风险心存畏惧。总行要抓紧解决分期付款的系统问题，明年1月如期上线汽车分期系统二期，逐步实现合作机构管理、间客式业务处理、线上申办分期等功能，切实提升汽车分期业务的智能化处理水平和风险硬控制能力。在系统投产前，各行要不等不靠，按照总行新版汽车分期管理办法，建立健全合作机构准入、监控、预警和退出机制，严控风险敞口。第三，场景要突破。消费是分期的基础和前提，各行要抓住“双11”“双12”“圣诞”“黑五”等潮流节日和消费旺季，开展爆点营销和主题促销，更有效地刺激客户用卡消费，进而将客户的消费需求转化为消费信贷需求。

三、抢抓岁末年初时间窗口，持续推动旺季营销

去年的旺季营销效果很好，今年全行零售条线要持续推动旺季营销，更充分地准备、更周密地组织，力争取得更显著的成效。

第一，提高认识，倾斜资源。岁末年初是全社会资金聚集的营销良机，也是我们在同业竞争中形成先发优势的关键时机。大家在工作中应该有所体会，凡是旺季营销抓好了，一年工作都居于主动；旺季营销落后了，一年工作都处于被动。希望大家回去以后跟“一把手”汇报，形成整体的旺季营销方案，在营销资源投入上尽可能倾斜。要学会“怎么花钱”，把钱花在刀刃上，把营销资源尽可能多地投入到新客户和新资金上，同时联

合外部合作资源，一起拓展客户，提升营销成效。

第二，明确目标，落实责任。今年的旺季营销工作要比去年强，同时要把责任层层落实到位，确保各环节衔接紧密、重点突出、跟踪问效，切实组织实施好旺季营销工作。总行将对旺季营销实施考核，并把考核结果纳入明年全行零售条线考核体系，权重占比不低于30%，希望各行高度重视这项工作，采取行之有效的工作措施，通过旺季营销为今年工作顺利收官和明年良好开局打下扎实基础。

第三，划分客群，精准营销。要具体分析哪个客群是旺季资金回流最多的群体，早动员、早行动，统一策划、统一推动，通过私私联动、公私联动、行司联动，全力拓客户、抓资金、增存款，圆满完成旺季营销工作目标。

第四，找准痛点，联动协同。目前存在的痛点主要有三个。一是信贷资源，工行是最大的商业银行，我们的信贷规模相对宽松，要用好资产拉动的工具，用有限的资源撬动其他零售业务发展。二是产品营销，个金部要组织有吸引力的基金、保险、理财产品，为旺季营销提供利器和抓手。三是场景切入，要通过入口轻、门槛低、覆盖广的有效消费场景，实现客户引流。

四、树立全量客户理念，推动智慧零售转型

借今天的机会，我想把未来两到三年智慧零售转型思路和核心逻辑简单介绍一下。

全行零售业务发展存在的一些问题，核心和根源在于客户，在于客户多而不活、大而不优、广而不深。针对这三个问题，未来零售业务发展的核心策略和总体思路：一是壮大客户总量。客户总量是零售业务发展的基础和前提，各行应当具备与当地人口总量相匹配的客户规模，确保客户总量在当地市场中取得与工商银行市场地位相称的位次。客户总量在当地全部人口中至少应达到50%，在城镇人口中的渗透率不低于70%。二是优化客户结构。通过零售条线交叉导客、公私联动批量拓客、总分行联动集团获客、行际联动跨区维客、内外联动全球获客，持续提升高资产客户、高收入行业客户、年轻客户占比。三是提升客户活跃度。要建立全口径的客户评价体系，对客户黏性、服务评价进行全方位监测，强化对产品覆盖率、交叉渗透率、客户流失率等客户活跃指标的考核，进一步提升客户活跃程度。

纵观外部环境，零售业务转型发展正当其时。首先，党的十九大提出要解决供给“不平衡不充分”的矛盾，普惠金融服务在其中的重要作用不可低估，这为我们下一步深化“全量客户”理念奠定了很好的基础。再者，伴随互联网金融的蓬勃发展，区块链、大数据、人工智能等新兴技术得到广泛深度的应用，这使我们低成本、高效便捷地服务全量客户成为可能。此外，全国金融工作会议后，防范系统性金融风险成为一个主题，监管机构将密集出台一系列制度办法规范市场行为，商业银行也逐步统一步调、推进合作共赢，为下一步零售业务转型创造了有利条件。

接下来，我为大家提纲挈领地介绍一下零售业务转型的核心理念和总体目标。易董事长在今年第十三期党校座谈会上首次提出“全量客户”理念，这是零售业务客户理念的重大革新。大家要认识到，拓展全量客户是解决当前现实问题的根本出路，是伴随技术发展而必须调整的经营逻辑，更是打造最大最强零售银行的必然途径。

如何全面、立体地认识“全量客户”，首先从客户广度看，今天的“客户”在定义和范围上不断延展，已经从传统的目标客户扩展到更多的长尾客户，甚至扩展到全体用户，这就要求我们未来要实施“全客户拓展”策略。其次从客户深度看，我们对客户的认识要更加精准、服务要更加差异化，不断深化客户概念的内涵，从静态向动态，从存量向流量，从过去只看客户在我行的资产余额和状态评价，扩展到评估其交易流程和发生额，再进一步扩展到第三方外部行为信息分析，深度挖掘客户价值，实施“全产品营销”策略。从客户长度看，也就是从客户的延展和集群来看，我们要从传统的银行渠道扩展到第三方合作渠道乃至全员渠道，这里的“全员”不仅包括工行全员，更要包括我们的用户，要把用户作为营销渠道，实施“全渠道协同”策略。

全客户拓展、全产品营销、全渠道协同，就是我们智慧零售转型发展的方向，其实就是用新理念、新模式、新技术推动合适的产品通过合适的渠道配置给合适的客户。在推动智慧零售转型的过程中，还需要全信息经营、全风险管控、全机制保障作为有力支撑，确保智慧零售转型有思路、有策略、可落地。

最后，我再强调一下零售条线执行力的问题。今年零售业务发展的总体导向是稳中求进，强调稳和进，明年将更多强调进和变，实现进中求变、变中求新。明年也是全行智慧零售转型的元年，全行零售条线要切实增强“逆水行舟不进则退”的紧迫感，坚定零售业务转型发展的信心与决心，注重落地、狠抓执行，尤其要抓好岁末年初相关工作的落地和执行，共同努力、奋发有为，收好官、开好局，全面提升我行零售业务的市场竞争力和价值贡献度。

在"工迎新春"零售业务旺季营销工作会议上的讲话

李云泽

（2017 年 11 月 29 日）

刚才谷行长对"工迎新春"零售业务旺季营销作了重要部署，全行要认真抓好贯彻落实。下面，我结合谷行长的讲话精神，讲四点意见。

一、统一思想，深刻认识到零售业务旺季营销工作的重要意义

零售业务的各项工作都应紧紧围绕客户需求和资金流而开展，岁末年初历来都是个人客户金融需求最为旺盛、资金量最为充沛的高峰期，也是各家银行甚至非银行机构竞争最为白热化的时期。抓好岁末年初旺季营销是遵循零售业务经营规律的必然选择，是掌握全年零售业务发展主动权的重要保证，是占据同业竞争先发优势的关键一役。可以说，零售在旺季领先，一年都会主动；零售在旺季落后，一年都会被动。请各行务必高度重视，周密部署，倾斜资源，提早行动，确保取得良好实效。

二、抓好网点主阵地，立足传统优势开展旺季营销

我行遍布全国的 15 000 余家营业网点，是我们业务拓展的主阵地，也是我们决胜同业的重要保证。旺季期间，到店客户和业务量都将激增，要高度重视网点营销工作，多措并举提升网点效能。一是在网点精心营造节庆氛围。在旺季营销"四节"期间，要装饰网点营造欢庆氛围，提升厅堂"温度"，抢占营销先机。其中，针对春节的网点装饰在 2018 年 1 月末完成。二是全力做好网点服务工作。持续推动网点服务面貌的改观和服务口碑的优化，以环境更舒适、态度更热忱、效率更提升、供给更丰富的高品质服务，力促网点旺季营销活动的顺利开展。对旺季期间出现的恶性服务事件，总行将全行通报，严肃追责。三是强化网点营销宣传。要运用晨会直通车、网点建议书、网点服务营销系统等，做好旺季营销活动的宣传、预热和信息传递。同时，要积极采取厅堂微沙龙等形式，利用客户排队等候间隙讲解旺季营销重点产品和业务，实现"一次讲解、批量营销"的效果。四是加速推进客户经理考核"最后一公里"落地实施。要发挥考评"指挥棒"的作用，推动网点客户经理由"要我做"向"我要做"转变。各行要坚决执行总行相关岗位的考核指引，以考核管理促进零售业务的稳步发展。

三、因地制宜、因时而变，提高零售业务的市场竞争力

零售客户千家万户，业务千头万绪，市场千变万化。为让大家明确工作目标和重点，总行制订了旺季营销工作方案。这是全局性、总体性的要求，各行必须认真落实，并要在此基础上按照"基层导向、问题导向、市场导向"，立足当地实际予以细化和完善。要明确"目标客户是谁、在哪、需要什么，如何服务"等关键问题。同时，要知己知彼，对同业在旺季期间可能采取的措施充分摸底和预判，结合目标客户需求，发挥我行比较优势，制订针对性强的营销方案。此外，要因时因势而变。市场时刻在变，旺季期间客户需求、竞争对手行为的变动还可能加速，各行要保持足够的敏感度，对市场可能出现的新变化迅速反应。旺季期间各级行要密切关注辖内资金流、客户需求和同业举措的新动向，遇到可能对本行经营产生较大影响的事情要立即报告，及时决策。如需上级行协助解决的应当立即向上反馈，上级行收到信息后也要及时响应和支持，上下联动共拓市场。就像刚才谷行长强调的，资管新政正在公开征求意见，有可能在年底或明年年初正式执行，如果按照资管新政要求，保本理财就要予以限制。这期间也是发售大额存单的一个比较有利的契机。目前全行保本理财余额近 2 000 亿元，可比同业的保本理财规模比我们还要多一点，如果需要用其他产品进行承接，这就存在一个近万亿元的资金市场。把握这个时机非常重要，总行也会在个人大额存单，尤其是中短期大额存单上保证供应，希望各行对这项工作也予以重视。

四、面向全量客户，利用旺季营销加快推进智慧零售转型

客户是零售业务的根基和价值创造的源泉。目前，全行个人客户数相比全国人口总量仍存在较大发展空间，并且活跃客户数、年轻客户数等较一些互联网机构更存在不小的差距。要解决我行零售业务面临的各项问题，尤其是解决储蓄存款竞争力不强这一长期困扰我们

的问题，关键还在客户，在于落实易董事长在今年总行党校第十三期领导干部研究班座谈会上提出的拓展全量客户的重要理念。因此，各行在旺季营销中必须面向全量客户，用新理念、新模式、新技术，实现将合适的产品通过合适的渠道配置给合适的客户，推动智慧零售转型。一是应用区块链、大数据、云计算、人工智能等新兴技术，提高我行客户在当地人口总量中的占比。二是以客户为中心，综合运用各类产品，服务好客户金融需求的方方面面，确实做到全产品营销。三是兼顾线上与线下，兼顾行内和行外，联动员工和客户，抓住一切场景，凝聚各方力量，真正实现全渠道协同。四是借助全信息经营、全风险管控、全机制保障，确保全行零售业务转型有思路、有策略、可落地。

同志们，百舸争流、千帆竞发、勇进者胜。零售业务是全行经营发展和盈利增长的重要引擎，旺季营销是零售业务全年的破局之战。大家必须把总行旺季营销的要求和部署贯彻落实到零售业务全过程和各方面，充分发扬“咬定青山不放松”的坚韧和执着，切实增强“逆水行舟不进则退”的紧迫感，坚定信心，攻坚克难，奋发有为，开创零售业务转型发展的新局面。

在网点布局优化经验交流会上的讲话

李云泽

（2017 年 12 月 8 日 · 根据录音整理）

今天我们组织召开网点布局优化经验交流会。年底各项工作十分繁重，之所以选择在这个时间点召开这次会议，主要有以下几方面的考虑：一是在易董事长和谷行长的高度重视下，今年全行网点布局优化工作取得了很好的实效，应该适时作一个总结。二是因为网点工作是一项长期性、基础性工作，必须要有“功成不必在我”的心态，始终保持适度的压力，否则就容易被淡忘或漠视。尤其在当前全行加快互联网金融发展，大力抓线上、抓场景、抓转型的同时，绝不能由此而忽视网点的工作。董事长在年中工作会议及组织人事工作会议上，以及在河南、四川、湖南、云南等多家分行的调研中，都对网点布局优化作出了明确指示；谷行长也多次强调网点布局优化的重要性，要求真正提升对这项工作的认识。考虑到这项工作的重要性，我们在年中时召开了网点布局优化与装修改造座谈会，今天再次召开经验交流会，核心就是要把这项工作继续谋划好、组织好、推动好。

刚才大家的发言给我很多启发和收获，尤其令我觉得欣喜的地方有三点，也可以概括为“三个提升”：一是大家对这项工作重要性的认识提升了。去年 9 月我分管渠道工作以来，开始几次会议的感觉，就是分行请求少下一点网点撤并指标的多，主动谈网点布局优化的少。现在这一情况在逐渐改变，而且工作责任也在逐步落实，包括总行相关部门以及纵向各层级机构的责任。近期我去分行调研，感觉很多二级分行行长已经开始真正重视这项工作，开始去认真思考和狠抓落实，这是我们做好这项工作的一个重要前提。二是全行网点布局优化的工作成效明显提升了。今年以来，全行网点布局优化稳步推进。正是因为取得了很好的效果，我们才可以更坚定地按照既定思路和规划走下去。当然，我们也要清醒地看到，目前这项任务还很艰巨。截至 9 月底，全行一共 16 105 家网点，如果按照三年规划，每年调整网点布局 400 家，三年一共 1 200 家，也不过是仅仅覆盖了部分低效网点。这项工作确实如董事长和谷行长所指出的，异常紧迫，时不我待，需要抓紧推动。三是感觉到大家的专业能力切实提升了。抓好网点工作，我们不能光靠投入和放权，更要掌握科学方法，提升专业能力。今天发言的四家分行都体现出来这一特点，那就是这项工作需要非常精细、非常扎实的基本功。而且，一些分行还因地制宜地形成了一套方法论，这也坚定了我们在这方面深入推动的信心和决心。下面，我就网点布局优化等工作，重点谈两个方面的意见。

一、关于网点布局优化和转型的思考

（一）进一步提高对网点布局优化工作重要性的认识。网点是银行经营的基石，是最基础的竞争优势。作为第一大行，我们一半的人员和固定资产配置在网点，这么大一个规模体量，决定了我们必须要做好网点工作。当下有些互联网类型的机构可以去谈消灭线下，但我们绝不能这么做。因为网点事关我们长期的竞争力，事关全行的经营转型，事关整个工行的品牌和形象，我们怎么重视都不为过。明年总行将研究出台一些机制，通过政策的组合拳强化激励约束，真正把这项工作推动到位，也请各分行务必高度重视，持续关注、持续投入。

（二）正视网点布局优化工作存在的问题。这主要体现在四个方面。第一还是认识问题。虽然这一年来各分行对网点工作的重视程度得到普遍提高，但行际间是不均衡的，同一省行内部的二级分行之间也是不均衡的。第二是能力问题。总行正在研究制定新三年发展规划，网点布局优化规划要与全行整体战略规划相配套。但网点布局优化工作绝不能因此就停下来等待，因为以全行网点的体量，哪怕只是调整业态结构，从规划到落地，至少也得数年的时间。我们必须从现在开始就启动低效网点优化，而这项工作迫切需要总分支行着力提升在网点布局和选址方面的专业能力。同时，要注意把握好应用布局选址模型与发挥专业人员主观能动性之间的辩证关系，模型是辅助决策的工具，既要熟练掌握、善加应用，但也不能过度依赖。各分行要充分发挥主观能动性，不等不靠，勇于探索，敢于担当。第三是管理问题。网点布局优化工作流程长，环节多，无论是横向的统筹结合，还是纵向的责任压实，都要进一步加强。现在总行能放权的基本都已经放到分行了，能倾斜的资源也都同步投入了，当前的重点是各分行如何把这项工作真正落实到位。至于这项工作是不是应该全部由一级分行统筹，我认为要因地制宜来考虑。比如北京等直辖市分行，就可以分行直接统筹，甚至探索“交钥匙工程”都是可行的；而对于省行来说，这项工作的主体责任应该在各二级分行，如果放在省行，工作的效率和效果可能都会大大弱化。第四是战略配套问题。目前，总行正在推进大零售转型，转型的一个重要方向就是线上线下双维获客。怎样实现线上线下获客的一体化，是一个重要课题。我们有很多线上场景可能要和实体网点捆绑在一起，场景落地需要延伸到网点。如何更好地调动好网点一线的积极性，尤其值得我们思考。例如，“工银小白”一周内获客10万，按照这个速度，到明年这个时候如果获客超过300万的话，这300万客户将由谁来维护？单纯依靠网金部和个金部都是不现实的，靠几个一级分行也是不行的。要鼓励网点通过场景建设、二维码、公众号等把经营的外延扩大。过去我们谈线上线下一体化（O2O），是依靠线下优势往线上推，现在我们希望一个客户不但成为线上客户，而且希望当这个客户有线下需求的时候，第一选择来工行网点；或者是先有了线上的用户，然后通过线下网点成为我们真正的客户，这就是新形势下的O2O，也就是要求我们的网点一定要与全行的经营转型充分适配。因此，网点布局优化与线上线下一体化是有机结合、互为支撑的。在某种意义上，推动线上线下一体化是谋求互联网时代的先发优势，优化网点布局则是谋求城市化进程中的后发优势。中国的城市布局改造力度是非常大的，在这一过程中，我们的网点布局也必须把准当地城市发展的脉搏，实现与人口和金融资源分布的动态契合。我们也可以看到，互联网金融企业近期也在开始频频布局线下，很重要的原因就是纯线上的模式已经遇到了瓶颈，获客成本高企，场景落地受限，因此只能往线下延伸，通过线上线下一体化来补强短板，打开空间。

（三）关于网点未来的发展方向和定位。总行正在推动以全量客户理念为核心的全新客户战略。未来，我们希望对全量客户的引流和维护，更多是自上而下的，通过场景和协作来吸引客户，通过互联网和智能设备来维护，而不是仅仅依靠网点的员工来维护。总行现在推进e－ICBC 3.0，也在同步推进运营模式改革和智慧银行信息系统建设，这些都将有力推动下一步的网点转型优化。

关于网点的定位，我认为网点是银行最主要的渠道，而渠道又是最重要的经营要素之一。我们现在谈智慧零售，归纳起来就是“全客户拓展、全产品营销、全渠道协同”，按照这一逻辑，在网点的总体定位上，首先，网点应该是“全渠道的重心”。这一点在很长的时间内是不会改变的。其次，网点是“全产品的中心”。在未来很长的时间内，网点还会是我们营销产品的主阵地，是我们销售产品最全的一个重要渠道。比如，我认为融e行的功能不宜增加过多，只要把转账、支付、投资、理财、安全这几个核心的功能做好做精，能满足90%的业务需求就可以了，否则融e行太“重”了，客户用起来就会有很多的问题。所以，手机银行不应该是一个全产品的渠道，而网点可以也应该是全功能的。再如，大家现在对融e联的推广积极性也在逐步提高，但融e联也不宜加载过多功能，既然把融e联定位于信息平台，就应该按照信息平台的定位去打造，否则就失去了原来的特色。最后，网点是“全客户的核心”。具体来说，网点应该是“外拓的基地”，这一点同样也是体现网点是全渠道的重心所在，业务外拓的司令部、参谋部和后勤部应该在网点。网点还应该是“线上的落地”，如果线上有需要落地的业务，应该优先落到网点去。当然，也不要极端化地强制所有客户或者所有产品都必须去网点落地，主要还是看这项业务是不是我们的优势业务。比如现在住房按揭贷款额度比较紧张，很多客户完全可以接受多跑网点几次，为了更好吸引和营销客户，就可以适当增加网点落地的环节。网点还应该是“远程的实地”。比如，“工银小白”的营销单靠网点不可能，单靠客户经理也不现实，更多要依靠远程银行来营销，远程银行中心要将线上线下衔接在一起，而网点则是实现这一衔接的重要基础。

关于网点功能转型，网点应该是“场景的支点”“移动的载体”和“智能的平台”。未来，我们可能要多赋予网点一些新的内涵，争取能够打造一批特色化的网点。从网点整体的转型和创新方向来说，有三个方向比较清晰。第一个方向就是综合化。这有三个层面，第一层面是网点功能越全，网点竞争力越强。比如个金部和银行卡部开展联动营销。个金部帮卡部多营销信用卡，其实就是在帮自己维护客户，而卡部多帮个金部营销借记卡，其实也是在帮自己活跃客户，这一逻辑在网点同样适用。第二个层面，网点应该在一定的时间和空间维度统筹线上线下。将来我们的场景会越来越多，客户的诉求不会只在 8 小时工作时间内产生。比如一位“工银小白”的客户在晚上 9 点提出一个诉求，如果把这种运营压力直接全部压到远程银行中心，再多配几千人也捉襟见肘，是否可以研究将之匹配到某一网点，利用网点员工的零散时间加以有效处理。在这方面，分行可以积极地做一些探索和尝试，包括协同远近场以及联动行内外，很多工作可以考虑在网点实现。第三层面是资产和负债并举。将来网点除了负债业务外，也可以多配置一些无须专业判断即可快捷销售的信贷类产品。比如融 e 借，后台授信额度都已经完成，可以直接销售，但客户第一次激活的时候，可以让客户来一次网点，这对于提升网点竞争力也是有益的。第二个方向是网点的群落化。也就是网点的网络化，推动网点的互联互通。第三个方向是网点的特色化。刚才大家提到的网点轻型化也是一种特色化，要结合网点的客群特点、区域特征、功能特色等，多做一些特色化的设计和安排。

二、下一阶段全行网点布局优化工作的几点要求

一是网点总量。结合全行未来三年的发展战略规划，从明年起，全行网点总量要保持稳中趋降、相对稳定，重点是推进网点布局优化，而不是简单的数量撤并。当然，具体到各分行则要因地制宜，要根据当地经济的特征和金融资源的状况去统筹考虑。部分分行未来三年网点可能要净减一些，只要符合区域经济金融特点和经营转型总体要求，有助于提升网点竞争力，这一点是没问题的。

二是网点结构。在目前的财富管理中心、理财中心、金融便利店三种网点业态中，中间类型的理财中心占比过大，应该向两头进行调整优化，逐步建设成一个“金字塔形”业态结构。财富管理中心的数量应该稳步增长，理财中心向轻型网点的转化速度要加快。这不单单是为了减人减柜减成本，而是我们网点经营业态的一个重要转型。深圳分行的新建网点，大多就是保留一个高柜，而且还大多为隐藏式设计，其网点面积也相对比较有限，但深圳行的客户工作以及网点整体经营水平，都显示这一转变是积极的和有效的。

三是网点布局优化。这项工作非常紧迫，希望大家能够继续加大工作力度，这一点已经强调多次了。即使未来三年全行能够基本完成网点布局优化 1 200 家，也就是把部分经营低效网点实现了优化，还有更多经营情况相对不佳的网点存在。从全行来看，这项任务仍然任重而道远。

四是网点装修。目前全行 8 年以上未装修的网点占比高达 50%。网点装修有助于提升工行的形象、客户的体验和员工的感受，是一项基础工作。按照之前的工作部署，每年网点装修比例至少要达到 10%，这是一个底线。

五是专业能力。希望大家继续从宏观、中观和微观层面提升网点布局的专业能力，增强主观能动性，多借鉴先进分行的经验，逐步打造和建设一支懂管理、会操作、精实务的渠道建设和管理人才队伍。必要的时候也可以借助第三方咨询机构的力量。

六是机制配套。在这里需要强调三点：一是资源保障。今年总行财会、人力等部门对网点工作给予了有力的资源支持和倾斜。但需要引起高度关注的是，今年的网点固定资产投入指标执行并不好。资源滥用是责任，资源用不出去、未发挥应有的作用也是一种责任。因此，希望各分行主管行长、财会部和渠道部负责人都要有这个意识，真正把政策用足用好。二是流程要理顺。今年各分行在这方面做了很多工作，明年要进一步巩固前期工作成果，再深入梳理一下网点装修和布局优化中的关键节点和痛点。三是责任落实。责任落实的主体一定要在二级分行，而且责任要明确。网点装修的时间效率，关键就在于责任落实，可以探索推广项目经理制，要有专人从头到尾负责到底。

七是工作路径。一是抓重点，尤其是一线城市、省会城市。重点城市分行的竞争力一定程度上代表了工行的竞争力。二是抓样板，重点建设一批旗舰样板店，突出示范引领作用。三是抓合规，尤其是要防范道德风险。我们把财务授权放下去了，倘若管理不善就容易引发风险，这方面要高度警惕。

八是软件管理。在开展网点布局优化时，要注意同步抓好网点的软件管理。网点不是简单的服务通道，而是经营的主体。提高网点竞争力，要抓好两个中心，一个是客户，一个是资金。简单拿效益去评价一个网点的竞争力不是太客观，还是要从客户、资金、流量等多角度去全面评价。在经营上，要注重网点负责人、客户经理、柜员等几个关键群体的队伍建设。建议人力部、渠道部、个金部、网金部明年要对网点负责人多开展一些系统的培训，增强网点负责人的归属感、凝聚力和战斗力。

同志们，网点布局优化工作时间紧、环节多、任务重、专业性强，希望大家继续保持开拓进取、奋发有为的工作状态，群策群力地把这项工作筹划好、组织好、推动好，进一步提升网点竞争力，为全行的业务发展和经营转型作出更大贡献。

在外欺系统和融安 e 信工作团队成立暨动员会议上的讲话

谭　炯

（2017 年 1 月 23 日）

为加强外欺系统和融安 e 信建设发展，打造工商银行风险大数据创新服务品牌，抢占千亿级信息服务市场，总行研究决定成立外欺系统和融安 e 信联合工作团队。这次会议是团队成立后的第一次会议，既是宣布团队正式成立的会议，也是对下一阶段工作进行动员部署的会议。由于今天参会的还有分行的同志们，对整体工作可能不够熟悉，所以我想比较全面、系统地围绕什么是融安 e 信及其价值意义，总行为什么要成立联合工作团队，以及团队成立后的工作开展，讲三点意见。

一、高度重视融安 e 信价值所在，融安 e 信是我行首款风险信息服务产品并实现了风险大数据的价值创造

一段时间以来，受复杂的经济、社会等因素影响，金融诈骗、电信诈骗等犯罪持续高发，严重地危害到国家、企业和个人的财产安全。据不完全统计，2016 年公安机关立案侦查的金融犯罪案件近十万起，涉案金额高达两千多亿元。其中又以银行卡诈骗、贷款诈骗、非法集资、票据诈骗等犯罪最为突出。此外，电信诈骗无论是发案数量，还是欺诈金额，都是危害百姓资金安全的重要犯罪类型。2016 年全国电信诈骗立案超过 50 万件，造成的经济损失近 200 亿元，连续三年保持高发态势。就我行而言，当前面临的外部欺诈风险也十分严峻，2016 年全行共发生各类外部欺诈风险事件 1.4 万余件，较 2015 年上升 16%，涉案金额高达 200 多亿元，损失金额逾 13 亿元。其中，诈骗类案件发案数量、涉案金额、损失金额三项指标占比均超过 99%。由此可见，反诈骗是我行当前乃至今后一段时期反欺诈工作的一项重要任务。反诈骗涉及事前预防、事中处置、事后改进等多个环节，而重中之重在于把好预防关口，防止“病从口入”，最大限度地做到及时预警、识别和阻断欺诈事件的发生。我行的外部欺诈风险信息系统正是基于这一原理研发设计，其核心功能是依托权威的反欺诈黑名单数据库，在银行业务办理过程中，实现对风险的精准识别、实时预警和定点清除。融安 e 信是我行依托外部欺诈风险信息系统平台，顺应大数据和互联网时代客户风险防控需求，充分发挥我行大数据和信息科技优势，创新研发的国内银行业首款具有互联网基因的风险信息服务产品，是我行将数据资源转化为利润增长点，从“融资”到“融智”的一次积极探索和有益尝试。2015 年 10 月，融安 e 信获得银监会批复上市以来，展现了广阔发展空间，实现了经济效益和社会效益的双丰收。从行内反欺诈服务情况来看，外欺系统和融安 e 信投产以来，累计为信贷、信用卡、电子银行、个金、公司、私人银行等业务拦截风险交易 65 万笔，涉及风险资金 300 多亿元。从行外反欺诈服务情况看，在短短一年多的时间里，融安 e 信已签约企业客户超过 3 000 家，实现中间业务收入逾 3 亿元，并被总行列入十亿级重点投行产品线，实现了风险大数据的价值创造。凭借优异的市场表现和创新价值，融安 e 信荣膺 2015 年总行产品创新一等奖。更为难得的是，融安 e 信在创造经济效益的同时，也体现出了良好的社会效益。2016 年 9 月，我行积极响应国家防范打击电信诈骗工作部署，在融 e 联平台研发推出“工银融安 e 信公益版”。作为国内首款防电信诈骗公益软件，融安 e 信公益版面向社会公众提供实时在线诈骗账户查询服务，在三个月时间里，下载量即超过 70 万次，点击量超过 500 万次，与外欺系统一起为客户拦截电信诈骗 11 万笔，避免损失 16 亿元，获得公安部、人民银行、银监会，以及新闻媒体和广大客户一致好评。谷澍行长亦受邀在全国社会治安综合治理工作会议上作为金融单位唯一代表进行了经验介绍，获得中央领导和与会代表高度肯定，大大提升了融安 e 信品牌影响力，树立了我行良好企业形象。去年，易会满董事长在外欺系统和融安 e 信的工作签报上作出重要批示：“名声在外，领导表扬，媒体肯定，投行收费”。这十六个字说明了行领导对该项工作的高度肯定，同时也要求进一步加强投入和持续优化提升。近期融安 e 信又入选了工商银行 2016 年十大新闻，充分印证了外欺系统和融安 e 信价值和意义，希望引起全行高度重视，持续加强系统应用和产品推广。

二、成立联合工作团队，全面推进融安 e 信建设

随着外欺系统和融安 e 信步入功能提升和市场发展

的快车道，要保持其足够的竞争力和实现良性发展，也面临诸多困难和挑战，突出表现在：缺乏科学系统的顶层设计和产品规划，部门联动营销优势没有充分发挥，配套产品宣传和客户服务跟不上，专业人才队伍紧缺，研发资源不足等，更没有形成产品设计、研发、营销、客户体验、优化升级一体化的良性运营循环机制，亟须总行战略层面进行统筹规划和配套支持。为此，总行研究决定，成立安保、投行、公司、机构、科技、产创、电子银行等部门组成的联合工作团队，并在安全保卫部增设反欺诈服务处统筹团队运作，以便进一步加强外欺系统和融安 e 信建设管理，充分发挥其在行内、行外的反欺诈服务功能优势，提升经济效益和社会效益。具体来讲，通过成立团队，集中资源力量，加快决策速度，提高运行效率，充分发挥工商银行的数据优势、技术优势、人才优势、客户优势和品牌优势，按照互联网产品的运营模式推进融安 e 信设计、研发、营销、服务和管理，打造我行具备核心竞争力的风险大数据服务产品，抢占千亿级信息服务市场，为全行业务增收和经营转型做出贡献。

三、发挥团队合作和总分行联动优势，高效推动各项工作有序开展

为加快推进今年融安 e 信各项工作，尽快启动和有序推进年度目标任务，下面我对团队运作及分行工作提出五点要求：

（一）建立工作机制，落实部门职责。一是尽快完成团队组建，总行团队要在 1 月底前完成组建，投行部、科技部、软件开发中心派驻 1－2 名专职人员在安保部集中办公，机构、公司、产创、电子银行部确定 1－2 名固定兼职人员随时支持集中办公。各一级（直属）分行、二级分行要按照《关于加强“工银融安 e 信”营销和管理工作的通知》（工银办发〔2016〕639 号）和《关于成立外欺系统和融安 e 信工作团队的通知》（工银办发〔2017〕36 号），参考总行团队模式，于 2 月底前充实完善原有联动营销管理团队。二是确定工作机制，各级行安保部、投行部要统筹好团队工作运转，制订年度工作目标和考核计划，按月通报成效和问题，按季度召开团队协调会，每半年向行领导报告工作进展。系统管理、业务管理、研发支持小组要切实履责，牵头部门要主动作为，分解明确本小组目标任务并追踪进度，按月向工作团队和本部门领导通报工作完成情况。三是注意总分行联动配合，总行团队要多从宏观、规划、系统、培训、宣传等方面上给予分行指导支持，分行团队要更多地贴近基层、开拓市场、抓好服务，及时向总行反映产品和服务改进意见和建议。

（二）加大研发资源投入，支持产品升级优化。互联网产品的一项重要特征就是要根据客户需求和市场反馈快速升级迭代，因此其对于研发支持的依赖度较普通金融产品更高。前期安保部、投行部会同科技部、开发中心、产创部先后召开了两次研发专题会议，全面梳理科技开发需求，研究确定产品升级发展规划，协商解决研发中遇到的问题和困难。从汇总情况看，2017 年融安 e 信迫切需要优化和升级的开发需求多达 40 余项，受整体研发资源紧张影响，现有研发投产周期过长，势必对客户体验和产品竞争力造成影响。因此，希望相关部门在研发资源上继续给予倾斜和支持，保证 2017 年尽早完成主体研发工作。此外，在完成现有产品升级研发的基础上，融安 e 信还要注意根据市场研判和客户反馈，有序安排和启动新产品研发设计，推进产品升级迭代，以保持其市场竞争力。

（三）发挥联动营销优势，快速占领市场。作为一款风险信息服务产品，融安 e 信上市恰逢其时，并且具有独特的产品优势。一是当前正是各类互联网金融风险暴露高发期，各类企业对风险防控产品需求迫切；二是作为国内银行业首款风险信息服务产品，具有一定先发优势；三是融安 e 信以外欺系统作为基础平台，在我行内部的应用成效能够帮助客户认同其价值所在；四是工商银行良好的企业声誉和客户关系，使融安 e 信容易获得客户信任；五是服务对象广泛，融安 e 信潜在营销对象既包括银行同业、保险、证券等金融企业，也包括网购、约车等互联网企业，还包括其他传统的生产、服务类企业，市场空间非常大。为此，各级行在营销过程中，要充分了解产品优势，根据客户分类和风险偏好有针对性地做好宣传、推介工作；要持续深耕我行现有企业客户，快速提高市场覆盖率；要重点开发同业和金融客户，探索打造工行主导的反欺诈云平台；要紧紧抓住互联网企业等新兴客户，把握新业务增长点；在营销过程中要注意发挥联动营销优势，避免单打独斗，投行、机构、公司等部门要密切合作，充分发挥各自的客户优势，将融安 e 信有机融入现有的营销渠道当中，抓住时机尽快占领市场，锁定客户使用习惯。

（四）注重客户体验，提升服务质量。互联网产品比拼的是创新、体验、效率和服务，客户和市场会毫不留情地选择可用性、舒适性、通用性最高的产品。因此，在客户服务和应用体验方面，我们要付出比普通金融产品服务更多的精力，拿出更多的办法。前期，投行部、安保部组织召开了一次服务专题会，全面分析存量客户使用情况和服务体验。分析数据显示，银行、保险、互联网金融类客户属于融安 e 信活跃客户，这些客户充分了解融安 e 信的风险防控价值，自身也有提升风险防控能力的迫切需求，因此能够积极主动地进行使用。而其他企业用户使用情况不是很好，原因固然有应用场景较少等客观因素，但更多的是我们的客户经理在签约收费以后，主动服务意识不够，与客户宣传沟通不够，使用指导不够，导致客户对产品价值不够了解。为此，我着重强调以下两点：一是在拓户和营收指标之

外，要将服务指标纳入分行营销考核体系，要求客户经理定期主动与客户进行沟通，及时解答客户使用过程中遇到的问题，引导培养客户使用习惯。2月底前，各行必须实现已签约客户使用率达到100%，否则总行将不再审批新增客户；二是要用互联网思维和手段改进优化产品，提升服务质量。

（五）商业运营和公益推广齐头并进，打造综合竞争优势。事实证明，公益与商业并行可以取得意想不到的效果，去年融安e信公益版取得效果就是最好的例证。因此2017年融安e信在主攻企业客户有偿服务市场的同时，还要积极响应国家建设诚信社会、公示惩戒“老赖”、打击电信诈骗、保护客户资金安全等方面的号召，以融安e信公益版为基础，在持续优化提升反电信诈骗功能的基础上，研究增加“法院老赖”“失信惩戒”等公益查询信息，进一步扩大影响力，做大做强融安e信服务品牌，同时也为储备个人客户市场，以便条件成熟后快速推广做好准备。各级行要继续通过新闻媒体、融e联、网点多媒体等渠道加强对融安e信公益版的宣传，树立我行良好企业形象。

同志们，外欺系统和融安e信凝聚了全行各业务条线和各级行员工的集体智慧和汗水，体现了工商银行勇于开拓和敢为人先的创新企业文化。希望大家再接再厉、团结合作、担当奉献，努力将融安e信打造成体现我行核心竞争力的大数据风险服务产品，为全行利润提升和创新发展贡献力量。

今天通过视频参会的还有各行负责安保工作的行领导和部门负责人。我借此机会再强调一下安保工作的要求。再过几天，就是传统的春节和元宵佳节，这段时间既是全行业务经营的重要时期，也是防抢、防盗、防骗等安保工作的重要时期。总行党委对全行安全生产、安全保卫工作高度重视，前不久组织出台了《全行安全生产责任管理办法》，组织签订了《安全生产责任书》。在今天上午总行行长周例会上，谷澍行长代表总行党委就当前安全生产、安全保卫工作再次提出明确要求，特别强调在节日期间要建立完善值班制度，保持上下联系畅通。各行要认真贯彻落实好谷行长的工作要求，特别要强化安全生产的红线意识，牢记安全生产是人命关天的大事，针对节日期间社会治安形势立即行动起来，对辖内安全保卫工作进行再部署、再落实。

一是严格履行安全生产主体责任。各行主要负责人要严格落实党政同责、一岗双责、齐抓共管工作要求，切实履行领导责任，主管行领导要组织落实节日期间各项安全保卫措施，并主动向“一把手”汇报，确保辖内各级机构安全责任分解落实到每一级机构的主要负责人，各项安全管控措施和应急保障落实到位。

二是全面开展风险隐患排查。各行要在节前对辖内营业办公场所和各类附属机构进行一次全面安全检查，确保不留死角。对场所安全防范设施运行情况进行巡查维护，对金库、营业场所、自助机具等重点场所和厨房操作间等重点区域的安全防护进行重点检查。尤其要加强消防安全管理，组织开展火灾隐患排查，加强消防安全教育，落实消防中控值机，备足应急处置力量，加强烟花爆竹管理，及时清理周边可燃物，确保不发生火灾事故。

三是充分发挥报警监控联网综合管理平台功效。各二级分行要利用平台做好警情和应急事件处置，并加强对重点时段、重点区域的巡查力度。各一级（直属）分行要利用平台监督辖内二级分行报警监控联网中心值守情况。

四是完善突发事件应急处置工作机制。加强预案演练，确保各岗位人员熟悉本岗位应急处置要领。加大安全宣传和警示教育力度，增强员工安全防范意识和应急处置能力。认真做好值班应急工作，严格执行24小时专人值班、领导带班制度。遇有发生案件事故，要立即启动应急预案，及时报告，妥善处置。

离新春佳节还有几天时间，我提前向大家拜年，祝大家在新的一年里工作顺利、家庭幸福、万事如意！

以大资管战略为引领　奋勇争先
推动资产管理　票据　贵金属　养老金业务再上新台阶

——在2017年资产管理、票据、贵金属、养老金业务工作会议上的讲话

谭　炯

（2017年2月10日）

去年12月总行召开了改革发展研讨会，今年1月中下旬又召开了2017年工作会议，这是两次非常重要的会议，不仅对当前全行经营形势、下一阶段改革发展方向和各项业务进行了全面分析部署，也对资产管理、

票据、贵金属、养老金业务提出了总体工作要求。这次会议的主要任务就是，贯彻落实改革发展研讨会和2017年工作会议的精神，系统总结2016年资产管理、票据、贵金属、养老金业务工作，准确把握新形势下的新挑战与新机遇，在大资管战略指引下，全面部署2017年四个专业条线工作，积极进取、主动作为、奋勇争先，推动业务发展再上新台阶，为全行经营转型做出更大贡献。下面，我讲三方面意见。

一、2016年资产管理、票据、贵金属、养老金业务取得良好经营业绩，有力助推全行经营转型

2016年的经营业绩，我总结了一下，主要体现在五个方面。

（一）完成年度主要经营目标，四个专业继续保持行业第一或领先地位。资产管理业务实现营业贡献211.2亿元，同比增长15.15%，完成计划任务的106.01%；实现中间业务收入212.38亿元，同比增长9.19%，完成计划任务的100.38%；理财产品日均余额达1.93万亿元，同比增长13.5%，完成计划任务的98.13%；为客户兑付理财收益744.78亿元，同比增长0.76%。全行理财业务规模（含私人银行）去年年底是27 028亿元，继续保持行业第一的市场地位，规模较年初增加3.3%，同业占比（在理财业务规模排名前19位的银行中的份额）9.3%。

票据业务实现营业贡献62.34亿元，受利差同比大幅收窄及风险拨备计提增加的影响，同比下降16.34%，完成计划任务的85.23%；实现利息收入（包括贴现收入、转贴现收入和买入返售收入）270.77亿元，同比增长10.38%，完成计划任务的120.34%。票据交易量和票据融资余额四行排名第一。票据贴现业务量突破1万亿元，达到10 039亿元，同比增长14%，四行占比超过48%，同比提高逾三个百分点；其中对小微企业的贴现业务量4 168亿元，同比增长17%，有力助推实体经济发展。

贵金属业务实现营业贡献50.25亿元，同比增长3.1%（还原拨备计提因素），完成计划任务的107%；实现中间业务收入27.39亿元，同比增长3%，完成计划任务的98%。实物贵金属手续费及佣金收入四行占比超过50%，连续七年保持同业第一；代理金银交易额、交易量和清算量均保持金交所场内同业第一。

养老金业务实现营业贡献23.07亿元，同比增长16%，完成计划任务的108.1%；实现中间业务收入24亿元，同比增长15%，完成计划任务的104.9%；受托管理年金基金达962亿元，同比增长16%，完成计划任务的96.2%；管理养老金个人账户1 667万户，同比增长9%；全年累计销售养老金理财产品2 389亿元，日均余额1 638亿元，同比分别增长12%和29%。企业年金受托管理、账户管理规模同业排名第一。

（二）投资与市场拓展取得良好成效，客户基础进一步巩固。资产管理业务积极拓展市场，抢抓投资机遇，扩大客户基础。一是保持合理投资节奏，大力挖掘优质资产。全年完成境内债券自主累计新增投资3 275亿元，余额达9 748亿元，增幅23.38%，投资收益率为4.25%；境内非标项目累计新增投资4 060亿元，余额达6 082亿元，增幅15.61%，投资收益率为5.22%；境内外资本市场项目累计新增投资564亿元，余额达832亿元，增幅19.37%，投资收益率为5.91%。同时，坚持“自主为主、委托为辅”原则稳健开展境内债券委托投资，年底规模达1 846亿元。二是持续为客户提供优质理财产品。全年累计发行理财产品4.33万亿元，服务个人客户超过2 100万户，法人客户超过42万户，同比增幅均达到5%。

票据业务落实管理体系改革，大力拓展票源与客户。一是推动票据业务线建设。落实票据业务管理体系改革，促进全行票据业务稳健发展。年末全行纳入信贷口径的贴现及转贴现余额7 149亿元，同比增长38%，在全行信贷占比提高1.34个百分点。二是拓展票据业务源头。通过票据营业部与分行联动，在全行开展“99520”工程，加强重点分行与重点客户的业务对接，以点带面推动全行贴现业务发展，日均和月均贴现量分别增长31%和35%。三是积极挖掘同业市场转贴现资源。全年与17家国有银行、全国性股份制银行的票据交易量达到19 519亿元，占我行系统外票据交易量的68%，同比提升4个百分点。

贵金属业务聚焦实物销售、代理交易和融货融资业务，积极拓展市场。一是实物零售收入结构持续优化。在全行业实物零售额同比下降20%以上的情况下，全年实现实物销售中间业务收入8.4亿元，同比增长16%；其中代销产品收入5亿元，同比增长132%。二是代理交易收入和规模持续提升。全年代理交易收入3.3亿元，同比增长9%；代理交易额8 400亿元，同比增长21%，其中代理黄金交易额3 200亿元，同比增长54%。三是融货融资业务稳中有进。全年实现收入27.1亿元，同比增长4.2%；投放黄金586吨，同比增长61%。

养老金业务营销取得新成效。一是企业年金领先优势进一步巩固。根据银行业协会最新统计数据，我行企业年金受托管理、账户管理规模市场占比分别达到53.8%和50.4%，同比分别提高5.5个和4.9个百分点。二是重点客户营销战果丰硕。去年成功获得中国大唐、云南农信社等近20家重点客户年金业务，中标客户占去年启动招标重点客户的三分之二以上。三是职业年金市场营销取得新进展。持续跟进各地机关事业单位养老保障体制改革进程，进一步密切银政合作关系，这些为我们争取职业年金受托人资格奠定了很好的基础。

四是市场培育和潜在客户梳理取得新突破，完成《养老金业务企业客户发展规划》编制工作。

（三）产品与业务创新取得丰硕成果，核心竞争力得到提升。资产管理业务全面推进产品、投资以及营销模式创新，保持竞争优势。一是推动产品创新，进一步丰富产品线。成功发行低信用等级信用债券理财产品、小微企业客户专属“随心 E”产品，首发“全球稳健”收益递增型产品，抢占行业先发优势。二是推动投资模式创新，储备新投资策略。推出高分红股票投资策略，研发储备期权以及商品指数投资策略，试水第三方推荐项目直接尽调模式，加强同业合作，从源头挖掘投资机会。三是推动营销创新，积极布局互联网金融。构建微信等新媒体平台，投产理财产品扫码购买的“二维码”功能，以“灵通快线”“沪深 300 挂钩”等产品为重点营销对象，开展“传统 + 互联网”营销，提升客户体验。

票据业务以创新突破发展瓶颈，支持人行票据交易所建设。一是创新买入返售集中办理，首月累计办理 866 亿元，余额增长 724 亿元，回购利率和利差水平较全年平均水平各提高 113 个基点和 90 个基点。二是助推人行票据交易所建设。在上海票交所筹建的方案设计、系统开发、制度拟订等方面，充分发挥工商银行专业优势与积极作用，得到了人行高度评价，并在票交所成功办理我行首笔转贴现交易，创下了全市场首单交易纪录。

贵金属业务大力推进产品和服务创新，培育新增长点。一是创新营销模式。以“极致单品”模式实现迪士尼主题产品单季销量破百万套、收入近 2 亿元；在同业中率先尝试品牌合作模式，开发“大吉年”贺岁产品，累计销量超过 85 万套，实现中收超过 1.7 亿元，春节期间共约 240 万人次参与“大吉年抢红包”活动。二是坚持“互联网 + 贵金属”发展模式。融 e 购“工银金行家旗舰店”销量和中收同比分别增长 61% 和 27.8%；特别是深圳分行与腾讯财付通合作开发“微黄金”项目，在春节前投放市场，引起社会公众的广泛关注和主流媒体的积极评价。三是成为伦敦洲际交易所（ICE）黄金定盘商和上海黄金交易所“上海金”集中定价商，逐步积累在国内外主流大宗商品市场的做市经验。

养老金业务积极推进产品创新与业务联动。一是加强产品创新。增加养老金理财产品和福利计划产品种类，制定员工持股计划等创新方案，探索研究债券型资管计划、税优型健康险账管外包等新业务领域。这其中，广东分行营业部成功推进员工福利金管家理财业务，仅此一项产品即为分行带来 3 000 万元业务收入，预计 2017 年可实现中收 1 亿元，这个产品开发的经验值得各行学习借鉴。二是加强业务联动。组建养老金战略资产配置团队，促进全行投研资源和跨部门专业优势在养老金业务领域的整合运用；深化与公司、机构、资管等业务线的产品交叉销售、合作开发及客户共享机制。

（四）风险控制与内部管理稳步提升，杜绝重大风险损失与恶性案件的发生。资产管理业务以业务发展为导向，加强全方位风险管控。一是加强信用风险管理。完善债券信评体系，加强信用债、非标项目投后管理，去年共完成 58 笔、累计 41.3 亿元的风险债券处置，以及 11 笔、累计 16.36 亿元的非标风险项目处置，有效化解风险隐患。二是实施底层资产穿透。投产底层资产穿透项目系统，提高底层投资数据的完整性、准确性和及时性，实现全部资产的分类统计分析与风险管理。三是加强委外合作机构管理。强化准入考察、合同签署、专户设立、资金追加等各环节控制，及时有效做好业绩监测、底层穿透、投后评价、定期报告、沟通访谈等工作。

票据业务以全流程管控为重点，严把业务风险关口。一是强化票据存管制度。建立全行纸质票据多级存管机制和票据送存通知机制，为送存票据的分行提供票据鉴证、权属登记、实物票据代保管等服务，加大了票据集中管理和风控力度。全年分行平均票据存管率 75.22%，同比提高 21 个百分点。二是完善风险管控体系。启动票据业务事后监督系统和非现场监测项目，研究建立票据业务风险管理系统，加快风险监测由事后向事中监督模式转变。通过开展全行专项检查和风险排查，强化票据实物管理，优化业务系统功能，严格客户准入管理。年末全行票据不良资产率同比下降 0.006 个百分点，托收逾期率同比下降 0.1 个百分点，假票收进率持续保持为零。

贵金属业务着重强化风险管理与基础管理。一是加强风险管理。将租赁业务及不良资产管理纳入全行信用风险管理体系，拨备覆盖率超 200%，年末租赁不良率为 0.76%，控制在总行限额之内。完善风险监测机制，前瞻预判大宗商品市场冲击并对客户进行风险预警，优化代理交易业务强平方案和应急预案。强化实物业务风险监测和产品质量管控，首次引入 4 大维度共 10 类监测指标，实物产品质量抽检覆盖率达 95% 以上并全部达标。二是夯实基础管理。与金币公司合作建立第三方企业物流直配系统，共配送币类产品超 4.5 万套，差错率为零。初步建立贵金属综合经营管理系统，实现贵金属业务线建设综合化应用。

养老金业务持续优化运营管理与服务，强化合规与风险管理。一是持续优化业务运营与客户服务。加强年金基金战略资产配置作用，健全养老金产品直投管理体系；大力推广业务数据接口、管理费自动扣收等项目应用范围，提升业务处理自动化、自助化水平，控制操作风险。二是强化合规与风险管理。通过举办案件风险警示教育专题会等形式，加强业务线合规文化建设；开展养老金理财业务专项检查工作，重点加强对新兴业务的合规审查与风险评估，持续开展运营操作风险监测分析。

（五）大资管战略统筹协调机制进一步做实，“五统一”破题有序推进。2016 年初，总行党委审时度势，作出以资产管理业务推进委员会为平台，搭建大资管统计、产品、投资、风控、销售“五统一”平台的重要战略部署。一年来，在各委员单位共同努力下，研究制定了《关于全面深化“大资管”战略的指导意见》，提出了大资管战略的纲领性原则和措施；修订了代理债权和股权投资的差异化准入政策；出台了参与产业基金的指导意见；推进了投资管理部门直接尽调；完善了跨部门分润机制；拟订了研究成果共享方案。去年底资产管理业务推进委员会召开了 2016 年第二次会议，会上确定由谷澍行长亲自担任委员会的主任委员，并进一步明确将阶段性任务由 37 项更新扩展至 40 项，这标志着“五统一”部署进入了提高协同层级、提升协同实效的新阶段，为未来 3－5 年大资管业务实现“倍增发展、转型发展”奠定了良好基础和机制保障。

总的来讲，去年资产管理、票据、贵金属、养老金四个专业条线认真贯彻落实总行党委各项工作部署与经营要求，开拓进取，主动作为，取得了良好业绩。全年共实现营业贡献 346.86 亿元，占全行境内总营业贡献的 7.1%，在当前存贷款等表内传统业务面临巨大经营压力、收入增长趋缓的背景下，四大专业条线为全行稳定利润、维护客户、经营转型做出了显著贡献。在市场拓展、业务创新、风险控制和内部管理等方面也都取得了长足进步，有效夯实了业务发展基础。对此，总行党委给予充分肯定和积极评价，我在此也代表总行党委向大家表示祝贺与感谢！

回顾成绩的同时，我们也应当清醒地看到，在新的发展时期，四个业务条线发展当中还有不少短板，这些短板主要体现在以下三个方面。一是业务竞争力还不够强，仍需进一步提升。在“资产荒”与“资金荒”交替出现的复杂市场环境下，资产管理投研架构与当前多资产投资需求存在一定程度的不匹配，投研能力建设亟待加强。票据、贵金属、养老金业务在部分重点地区、重点城市行呈现增速持续下降的态势，不仅在当地可比同业中的排名落后，与自身的公司、个人、机构等业务的市场份额相比也存在较大差距，与工行作为第一大行的市场地位更是完全不匹配。二是风险管控比较薄弱。去年资产管理业务全年风险债券和非标风险项目新增 61 亿元，增幅翻番。部分分行对票据业务利率风险、操作风险不够重视，14 家分行的贴现利率在本地区四行中排名倒数第一，9 家分行的纸票存管率低于 60%。黄金租赁业务个别分行已发生逾期。养老金业务部分分行合规意识淡薄，存在触碰监管红线的经营行为。三是业务线的系统管理职能需要进一步加强，部分分行对业务重视程度和资源投入仍有所欠缺。比如人力资源方面，四个业务线都不同程度地存在专业人员数量不足、变动频繁、能力弱化等问题，导致市场拓展、产品和客户维护、风险控制等工作难以切实落地；贵金属、养老金业务团队制试点整体进度偏慢，还有 70% 左右的一级分行没有建立业务团队。又如专业联动方面，部分分行缺乏有效的专业联动和考评机制，2016 年末贵金属业务在个人、公司、金融机构客户群体中的渗透率非常低，分别仅为 3.87%、0.016% 和 0.31%。

分析短板是为了取长补短，查找不足是为了靶向施治。对于上述讲到的问题，希望大家都要有清醒的认识，下决心加以改进。易董事长在总行改革发展研讨会上指出，工商银行经过几十年的发展，“在战略、规模、创新、管理、科技、服务、人才、党建等方面形成了独特的优势”，这些优势在金融市场上是不可比拟的。我们只要研究好这些优势，充分发挥好这些优势，我相信就能一定能极大地助推四项业务发展，我也相信只要总分行共同努力，问题一定会得到顺利圆满的解决。

二、准确把握新形势下四个专业条线业务发展的新挑战与新机遇

（一）经济增速持续放缓，但新的结构性业务机会不断涌现。党的十八大以来，中国经济发展进入新常态，经济增速有所放缓，这是党中央、国务院在科学研判内外经济形势基础上作出的主动适应与调整，是新发展理念的重要体现。2016 年 GDP 增速为 6.7%，今年经济增长预计仍面临一定的下行压力，此外还面临经济增速下行期的信用风险多点多发、市场风险和流动性风险加剧、利差收窄等多重挑战，给各项业务规模和盈利增长带来了不小的压力和困难。但另一方面，以供给侧结构性改革为主线，我国经济将会朝着更高质量、更有效率、更加公平、更可持续的方向发展，供给侧改革带来的结构性变化，孕育了大量的结构性机遇。具体来看，当前，经济结构从规模速度型粗放增长转向质量效率型集约增长，消费对 GDP 贡献已经超过 50%，工业结构从“中国制造”转向“中国智造”，新型城镇化加速推进，从这些变化中，我们可以看到，未来消费服务业、高端制造业以及城市基础设施产业单靠单纯的信贷融资是无法支撑的，一定会更大程度依赖大资管业务“投贷联动”等综合金融力量的支撑，所以未来大资管业务的重要性将会进一步凸显。金融结构从间接融资转向大力提升直接融资比例，央行预计 2020 年我国直接融资比例将达到 25%，意味着每年新增 5 万亿元的股票、债券、商业票据等直接融资工具的供给。开放结构从资金单向流入转向双向跨境流动，预计未来五年中国对外投资将超过 5 000 亿美元，未来十年“一带一路”投资潜力约 1.6 万亿美元，并伴随跨市场、跨品种的大

宗商品投资、套期保值等各类需求，为四个专业条线全球化发展提供“蓝海”市场。人口结构呈现明显的老龄化趋势，预计中国65岁以上人口占比将从2015年的11.6%上升至2030年的20.2%。养老金在全球资管市场的比重约50%，而中国目前仅占5%，发展潜力和空间巨大。目前国内基本养老保险基金加速积累，职业年金启动在即，企业年金平稳增长，市场容量快速扩张，养老金市场已经迎来提速发展阶段。展望未来，牢牢把握供给侧结构性改革的机遇，加快业务结构调整与产品布局，应当成为四个专业条线转型发展的重要方向。

（二）同业竞争日趋激烈，但新的市场需求依然充沛。2016年中国大资管规模（不剔除重复计算）已经突破百万亿元大关，超过同期信贷总量。财富配置多元化也带来了参与主体多元化，伴随市场快速扩张，四个专业条线同业竞争也在发生剧烈变化。资产管理业务领域，银行系资管业务已经形成工行、招行、建行稳居前三、股份制银行快速赶超的竞争格局，我行资管规模（含私人银行）同业占比去年末为9.3%，同比下滑了1.83个百分点，特别是招行去年增长3 000亿元，而我行去年新增了864亿元。这个数据大家要深刻记住，864亿元的新增是低谷和底线。招商银行理财经过快速发展已经与我行的规模差距缩小到5 000亿元，只有一到两年左右的发展差距。如果我们还按照目前发展速度的话，一到两年内招商银行或者其他银行就有可能赶超，我们就有可能丢掉市场第一的美誉，这不是危言耸听。但是，我想告诉大家，这种情况绝对不能容忍、也是决不可以发生的。面对同业快速赶超的态势，我们要加强改进，努力提高。票据业务领域，由于票据市场签发总量下降，优质票源的竞争拉低了票据贴现利率水平，去年转贴现买入平均报价3.17%，同比下降100个基点。全行贴现业务平均利率3.18%，同比下降95个基点，部分分行贴现利率比同业平均水平低了近50个基点。利率下降也使交易利差低位运行，给票据业务盈利的增长带来更大难度。贵金属业务领域，受强势美元影响，实物黄金需求疲软，而国内金融同业乃至互联网企业不断加大对贵金属业务的重视程度和资源投入，吞噬我们的市场。在市场增量有限和同业竞争加剧等多重因素共同作用下，去年贵金属各项产品收益率下降较快。养老金业务领域，各地养老保险公司、养老金管理公司、保险资产管理公司近年来在加速设立，争抢市场份额，竞争日趋白热化。

总体来看，我行在各领域的行业领先地位都遭遇了前所未有的挑战，更需要我们以冷静的头脑和敏锐的眼光来研判未来发展趋势。当前我国处于社会财富快速积聚期，全社会投融资需求日益旺盛，企业与居民的金融资产由过去单一的银行存款向存款、债券、股票、贵金属、房地产、理财产品等多元化金融资产迁徙。国内资产管理行业未来预计仍可保持年均15%左右增长率，2020年有望达到174万亿元总规模；企业票据融资潜在需求仍然旺盛，尤其上海票据交易所成立后，电子票据与商业承兑汇票将加速发展，证券、基金等新型票据参与主体介入，为票据业务线拓展创新领域；贵金属方面，目前国内人均黄金持有量不到全球人均水平的一半，对贵金属实物、交易、资管等产品的需求都有进一步提升空间；养老金方面，预计我国养老金市场规模未来五年将突破10万亿元，养老金业务发展空间将进一步打开。总体来看，居民收入增长、人口老龄化、投资配置多元化的趋势仍将延续，各类业务需求仍然充沛，希望四个专业条线应坚定保持业务健康发展的信心与决心，做好迎接挑战和竞争的各项准备。

（三）政策环境总体趋严，但新的发展前景与路径也日益明晰。今年货币政策基调转向“稳健中性”，利率政策、外汇政策、信贷政策、黄金进口配额政策有趋紧态势，对四个专业的发展都造成一定影响。特别是在当前央行上调货币市场利率，力推金融去杠杆的大环境下，票据业务面临着规模、资金等经营资源紧张和盈利贡献目标增长的双重压力。去年中央经济工作会议提出“要把防控金融风险放到更加重要的位置……提高和改进监管能力，确保不发生系统性金融风险”。近期即将面向全社会征求意见的《商业银行理财业务监督管理办法（征求意见稿）》已经体现出未来的监管会更为严格，要求非标资产与理财产品之间不得期限错配，一旦正式实施，将对现有理财运营模式产生重大影响。票据方面，票据“空转”和屡屡发生的操作风险案件，使得监管部门对票据业务的检查力度不断加大。种种现象表明，一套以去杠杆、去通道、穿透式、防范交叉风险、严禁脱实向虚为特征的监管改革“组合拳”正在全面铺开。我们应当看到，金融监管趋严给各业务条线发展带来短期挑战，但从长期来看，有助于理财资金更好地服务实体经济，坚定净值化转型方向；有助于票据业务、贵金属业务的精细化管理和内涵式增长；有助于养老金业务更好实现资产负债匹配，坚持长期稳健投资方向。通过前瞻研究、主动适应新的监管要求，坚守规范发展与稳健发展的底线，业务发展前景也将进一步明朗，改革转型路径也将更加清晰，我相信我们的竞争力也将持续提升。

通过对经济金融形势、同业竞争、监管环境的分析，我们可以看到，尽管业务经营面临巨大压力，但新的增长动能也在不断积聚形成。大家都知道，国内商业银行股改上市后经历了“黄金十年”发展期，其背后的一个主要推动力在于全球经济保持快速增长、国际贸易持续繁荣以及金融业的创新发展。然而始于2008年的国际金融危机以及持续至今的对经济、贸易、金融所带来的诸多负面影响，使得传统银行业持续高速发展的外部条件不可持续。特别是对于我们工商银行这么一个传统大行而言，近三年来，面对持续恶化的外部经营环境，利润增速大幅下降，资产质量持续劣变，经营压力也前所未有，可以说，全行经营面临诸多新的困难与挑战，其严峻性甚至超过股改上市之前。但我们也应当看到新兴业务巨大的发展潜力，只要我们抓住机遇，就完全能够成长为支撑全行可持续发展的新动能。以我们这四个专业条线来讲，在去年全行经营爬坡过坎的关键时期，四个专业条线营业贡献达 346.86 亿元，占境内总营业贡献的 7.1%，并有力地带动了存款、贷款、私行、托管、结算等相关业务增长。更为重要的是，四个专业条线在 RAROC、人均利润等方面相对传统业务均具有明显优势，对于全行转换增长动能、提升经营效益、推动经营转型起到不可或缺的作用。因此，在传统银行业务增长困难的情况下，新兴业务，包括我们四个专业条线，能够很好地发挥动能转换的作用。在此背景下，去年 12 月总行下发了《关于深化利润中心改革的指导意见》，今年全行工作会议上易董事长明确提出"利润中心与产品线要增强创新创利能力，培育和打造新的盈利增长极"，充分体现出总行党委在战略层面上给予新兴业务线的充分信任和高度重视。

总体来看，新形势下四个专业条线仍处于大有可为的战略机遇期。全行各级干部员工要认清形势、坚定信心、积极进取、主动作为，牢牢把握供给侧结构性改革与经济转型升级方向，深入落实总行党委关于深化利润中心改革的重要战略部署，及时调整经营思路和业务模式，主动适应新的监管要求，进一步发挥利润增长极作用，推动业务新一轮的持续健康发展，为经营目标的顺利实现、为全行的转型发展作出更大贡献。

三、以大资管战略为引领，推动四个专业条线业务再上新台阶

2017 年是全行工作继往开来、传承创新的推进之年，更是深入落实大资管战略的关键之年。易董事长提出今年全行各项工作要坚持服务实体经济和供给侧结构性改革的本源，遵循稳中求进的总基调，这也是我们四个专业条线今年开展工作、实现经营发展目标的根本遵循与总体原则。2017 年四个业务条线的工作指导思想是：全面贯彻落实总行改革发展研讨会与年度工作会议精神，在大资管战略引领下，积极进取、主动作为、奋勇争先，以深化利润中心改革、加强条线盈利能力建设为主线，突出抓好转型创新与风险防控，巩固基础，跨越发展，为全行经营转型与盈利增长做出更大贡献。具体来讲四个专业条线要共同聚焦以下六个重点目标与领域，抓好各项工作。

（一）提高利润贡献，保持业务发展新增速。今年全行工作会议上，易董事长提出 2017 年全行要"尽最大努力实现盈利正增长"。这也是对我们四个业务条线发出的总动员令，为此，资产管理、票据、贵金属与养老金业务线应率先担当、主动作为、加快发展，继续充当好全行经营的"四梁八柱"，发挥"输血""补血"作用，提高利润贡献。

具体来说，资产管理业务要强化系统管理职能，提升投研与风控能力，夯实客户基础，推进产品体系与投资市场全覆盖，提升国际化发展水平，巩固理财第一大行地位，实现全年产品余额增幅不低于 23%，确保全年营业贡献增幅不低于 5.5%，中间业务收入增幅不低于 5.5%。票据业务要围绕经营管理体系改革的主线，深化票据业务线建设，着力打造全产品链一体化经营格局，实现全行票据业务一体化协同、专业化经营、电子化转型与系统化风控，推动票据业务线做强做优，确保全年营业贡献增幅不低于 10%。贵金属业务要着力完善经营管理机制，有效提升产品和服务效能，努力实现线上线下业务并重，实物业务与融资业务、资管业务并重，确保全年营业贡献增幅不低于 5.5%，中间业务收入增幅不低于 6.5%。对于贵金属中间业务收入这项指标，给大家通报一下，今年 1 月，贵金属中间业务收入不增反降，下降了 37.96%。对此，大家一定要直面问题，认真应对，尽快实现扭负为正。养老金业务要牢牢把握年金基础业务、养老金理财、养老金与薪酬管理顾问三类业务收入来源，抢抓职业年金市场机遇，巩固企业年金市场份额，加强非标年金产品销售，确保全年营业贡献增幅不低于 8%，中间业务收入增幅不低于 9.3%。上述四个条线经营目标是总行党委对大家提出的基础要求、保底要求，四个专业条线应克服一切困难、创造一切有利条件争创佳绩。

（二）加快转型创新，提升业务发展新动能。易董事长在全行工作会议上强调，"必须要坚持依靠转型与创新引领发展"。四个专业与传统商业银行业务相比存在复杂程度高、个性要求活、发展方向多、创新速度快的特点，必须依靠转型创新来找准方向、积聚动能、巩固优势。

一要围绕客户营销、产品开发、投资运作、管理机制等各业务环节，聚焦重点业务领域、重点市场板块推进转型创新。资产管理业务要加快推进总行本部组织架构改革，按照投资、投研、产品与市场、风险管理、支持保障等功能板块重新梳理组织架构，以适应新的监管要求与市场环境，进一步提升投资能力和风险管控能力。票据业务要全面配合票交所 6 月的正式上线。对此我也再强调一下，去年上海票交所正式成立，我行作为首批会员单位和董事单位，相对其他银行而言支持作用或者说责任更大，所以在全行层面要统一规划，做好票交所的推广和上线工作，这是我们义不容辞的责任。具体来讲，在系统上，各行要梳理辖区内票据机构业务信息上报给票交所，同时做好客户端的配置准备工作，完成业务办理机构与票交所系统的对接联通；在业务上，各推广行要落实总行的要求，先行先试，增量的纸票业务需按照要求在票交所系统中进行操作办理；在风险防

控上，希望各个分行要紧密配合，发挥好各自优势，严防实质性风险。以上是配合票交所上线的三点要求。此外，各分行要把握票据产品专业化、交易债券化、配置投资化的新趋势，将票据同业投资和票据类理财作为业务创新的重要发力点，配合同业票据资产服务，为票据业务可持续发展注入新活力。贵金属业务要在稳步做大个人业务市场的基础上，加大对企业、机构等对公和同业市场拓展，做大对公、同业业务规模。同时，要重点聚焦电商业务和互联网贵金属投融资业务转型，加快入驻京东商城等行外主流电商平台，打造“微黄金”等系列拳头产品。要总分联动，加快与辖内互联网行业领军企业、主流交易平台的合作，实现贵金属业务在互联网渠道的延伸。养老金业务要准确把握我国养老保障制度改革提速、养老金资产管理市场扩容的大趋势，加强养老金市场研究，加快养老金理财业务拓展，加大创新型产品导入，积极寻找潜在业务增长点，为业务发展提供新引擎。

二要积极把握金融科技（FinTech）的重点发展应用方向，推进转型创新。积极研究探索量化技术、智能投顾等金融科技的应用前景与应用模式；密切关注区块链技术在票据领域的运用与拓展；不断提升大数据在四个专业条线经营管理中的应用广度与深度，加强对客户行为的数据挖掘和监测分析，精确切入客户需求。

（三）完善风险管控，筑牢业务发展新屏障。今年风险管控要成为四个专业条线经营的突出任务。要通过加强风险管控，确保经营稳中有进，这也是今年全行工作的总基调。如何实现稳中求进，对于四个业务条线而言首先应抓好风险防控，这是前提、是大局。要意识到，越是在经营困难的环境中，越是在大发展的要求下，越是要抓好风险防控，不能当年盲目促发展，来年回头“补窟窿”，必须要保持风险管控与业务发展的平衡，提升与业务发展相适应的风险管理能力。

风险管控工作既要着眼长远，也要聚焦当下。

一要根据业务发展规律和全面风险管理要求，前瞻性地打造适合各自业务特点、完备的风险管控体系。具体来讲，资产管理业务要在本部建立独立的风控中台，负责信用评级、投资审查、投后管理、合规管理、集中交易和风险监测等。票据业务要在集团统一的风险管理框架下，逐步搭建兼具纵向总分行条状和横向总行部门块状的系统化风控管理格局。贵金属业务要结合业务线特色，强化涵盖信用风险、市场风险、操作风险、流动性风险的全面风险管控体系。养老金业务要完善覆盖养老金理财产品全流程的销售风险管控机制，重点加强对新业务、新产品的风险识别与评估。

二要从细节入手进一步完善各业务品种、全业务流程的事前事中事后风险指标监测与检查体系，并加强系统的开发应用与硬控制。资产管理业务要比照自营要求构筑事前、事中和事后三道风险防线，完善风险审批、监测与报告体系。票据业务要建立“事中监督、集中登记、过程控制、分部监测”的管理模式，加强关键流程环节的系统刚控和业务监测的监督管理，年内要逐步实现分行纸质贴现票据全部到票据营业部集中管理。贵金属业务要将融货融资业务纳入全行统一的信用风险管理体系，实行更主动的代理业务风险监测、预警和控制，持续做好实物产品质量管控、业务线代理及租借业务检查，提升实物资产库存科学管理水平，建立现代物流体系。养老金业务要加大后台数据分析力度，非现场核查与现场检查督导两手抓、两手硬，严控各类操作风险。

（四）提升系统管理，拓宽业务发展新空间。谷行长在全行工作会议上要求“强化利润中心产品线业绩考核，弱化本部业绩考核，做大做强产品线”，这就要求四个专业发展不能“头重脚轻”，总行四个利润中心要履行系统管理职能，实现业务线“齐头并进”的发展格局。

一要加强对分行条线业务的管理考核。资产管理业务要进一步优化分行授权管理，在全面梳理的基础上，做到有进有退、有增有减，突出分类授权差异性，有力推动重点地区、重点城市行的资产管理业务发展。同时加大新增投资、中间业务收入、产品销售以及风险管理类指标的考核权重，推动区域理财健康发展。票据业务要在2月底前尽快出台相关制度办法，运用系统内票据往来转移定价（BTP）动态调剂使用和规模资源管控，进一步优化票据资源配置管理，并建立区域一体化的绩效评价体系，增强业务线考核的导向作用，提高全行票据业务协同效能。贵金属业务要形成一级分行、二级分行、一级支行三级经营管理模式，明确分支行业务线牵头管理部门、客户营销部门以及风险管理和运行保障等部门的分工与职能，业务线牵头管理部门要切实承担起考核管理职责，并引入对营销部门的影子计价考核。养老金业务要进一步优化考核机制，重点加大职业年金受托人营销工作的考核权重，各一级分行要参考总行的考核评价体系，完善内部绩效考核机制，引导分支机构既积极拓展增量市场，又重视存量客户维护，进一步激发各级机构的经营活力。

二要强化利润中心对分行的专业支撑作用。要加强产品研发，把适销对路、具有比较优势、切中客户“痛点”的产品推向市场。要深入基层，排摸市场情况、了解一线需求、加大营销推动，要实地参与具体营销管理工作，帮助基层寻找并处理业务难点。要加大对共性问题的研究力度，通过完善机制、优化流程等手段加以解决，并形成可推广、可复制的经验，提高整体工作效率。要提高培训实效，在全面客观分析市场态势的基础上，分析我行产品优势，增强营销自信心。资产管理、贵金属、养老金业务线尤其要做好“十大专业型人才培训工程”的收官工作，为全行培养一批懂业务、善营销、会管理的骨干，打造一批综合化、复合型新兴业务人才。

（五）加强联动协同，增强业务发展新合力。要充分认识与发掘工商银行全球化、综合化、集团化的整体优势，自觉将条线业务融入全行发展全局，加强跨部门、境内外、母子公司间的业务横向联动协同。

一要加强大零售、大资管、大投行三大战略之间的协作配合与相互支撑。资产管理业务要不断提升产品线竞争力，总分行渠道部门则要进一步加强对产品的营销支撑，要形成产品与营销的良性互动。票据业务既要进一步理清有关职责边界和流程，更要主动对接总行相关部门，从而在风控管理、业务营销等方面互动借力，协同推动票据业务线的稳健发展。贵金属业务要力争在第一季度前制定并落实牵头部门与客户营销部门的专业联动及考核机制，各级营销部门要落实1名以上贵金属营销客户经理，负责联动营销机制的衔接，确保营销推动落地。养老金业务要进一步深化与公司、机构、个金、结现等业务产品交叉销售机制和客户共享机制。公司投行部门要加大理财项目、票据资产、养老金可投项目的挖掘与推荐力度，在政府及大型企业主导的大项目、产业基金、PPP以及政府购买服务等基础产业领域，以及京津冀、长江经济带、珠三角、中西部等重点区域实现三大战略的协同发展。

二要进一步提升大资管战略内部包括资管、票据、贵金属、养老金业务在内的各单位价值链整合效应。深化各条线间产品的合作开发机制，继续扩大票据资产专项产品、“安享回报”系列产品以及“如意人生”系列产品等相关产品的发行规模，提高市场美誉度，推动大资管战略下跨部门业务联动、资源共享，实现合作共赢。

三要充分发挥子公司与海外机构的专业平台优势。积极推进以工银亚投为基础的全球资管平台建设。加强与迪拜分行、澳门分行、工银标准等机构的境内外贵金属业务联动。进一步发挥纽约、伦敦、卢森堡、新加坡等国际金融中心驻点机构在推进业务发展国际化中的积极作用。

（六）抓好团队建设，夯实业务发展新基础。易董事长在全行工作会议上强调，“搞好银行，关键在党，关键在人”，要求各专业条线“锻造一支人心齐、士气盛、作风硬、善作为的队伍”。四个专业条线要认真贯彻落实，把握人才队伍建设规律，用足用好总行人力资源政策。

一要重点推动以业务为导向的团队制建设。资产管理业务力争年内总行本部人员数量达到300人，同时在全系统符合条件的分行和机构组建起一支能够主动拿项目、找市场的专业队伍。票据业务要统一全行票据经营机构准入标准，定期评估机构准入资格，并加强对分行各级票据经营机构负责人的准入管理，在第一季度前出台具体方案，确保上半年落地实施。贵金属业务要着重搭建纵贯一级分行、二级分行、一级支行的三级贵金属专业团队，争取第一季度完成方案拟订，上半年完成队伍筹建，年底前全面落实团队制各项机制，在此过程中，总行要适度介入团队成员的选配、考核机制和任务目标的确定，加强过程管理。养老金业务要加快条线专业团队、柔性团队的设立，高度重视受托专业人才以工代训专项交流培养工作，重点加强与职业年金及企业年金业务发展相适应的人才队伍建设，确保人员数量充足和队伍稳定。

二要发挥国有大行思想政治工作优势和党员先锋模范作用。要充分发挥党建工作的引领作用，对党风廉政建设和作风建设要常抓不懈，注重做好思想教育与警示教育，切实以党建优势促进转型发展。当前各项业务发展任务繁重、困难矛盾很多，四个专业条线的党员干部要把坚持理想信念和做好工作实践相结合，有责任、有担当，不忘初心、坚定方向，带头推动业务发展，加强经营管理。

三要发扬“工匠精神”，提升人员业务素质。对于工商银行而言，发扬“工匠精神”，发挥好市场示范作用，尤为重要。四个业务线作为新兴业务，对从业人员的专业要求更高、知识更新更快，四个条线干部员工要秉承“工于至诚，行以致远”的价值观，发扬“工匠精神”，沉心静气、精益求精，通过对业务不间断、全方位、高水平的学习与钻研，进一步扩大人员队伍在专业素质上对同业的领先优势。同时也要加快完善员工约束和激励机制，让想干事、能干事、干成事的优秀员工脱颖而出，真正打造出一支“召之即来、来之能战、战之能赢”的总分行业务团队。

同志们，上述六项工作要求是对四个专业条线的共性要求，对于2017年四个专业条线的特色工作与重点工作，我再分别作一下强调。

资产管理业务要坚持“倍增发展、转型发展”目标，打造专业团队，提升投资管理能力和风险管理能力，保持资产管理业务规模的持续增长，做大基数，形成客户、资产、利润的良性循环，持续巩固银行理财第一大行的市场地位，继续牵头推进大资管战略落地。一要做好大类资产配置，提升投研能力。2017年非标项目境内外投资余额要达到7 800亿元，净增1 700亿元，增幅28%，投向方面重点服务实体经济，抓住供给侧改革、“一带一路”、产业基金、PPP项目、政府购买服务等战略机遇，加快挖掘第三方推荐项目及同业资产，力争形成一批战略性、源头型、批量化的铺底资产配置。标准化资产（包括债券、股票、混合证券、资本市场项目、商品、对冲基金等）境内外投资余额力争突破18 000亿元，净增4 260亿元，增幅31%。其中，在加强管理的基础上扩大境内债券委托投资规模至2 400亿元左右，增幅大约30%，适时择机增加股票、对冲基金以及境外委托投资。二要强化客户营销拓展，推动产品转型升级。重点拓展行外客户和同业法人的资金来源，推动产品的净值化升级，加大互联网营销力度，优化产品宣传，提升市场引领能力。进一步调整产品结构，丰富产品形态，针对代发工资、动拆迁、新生代客户等不同的类别与特点，布局专项产品，同时继续重点打造“现金管理”、“挂钩净值”和“长期定向投资”等特色产品。三要以构建独立风控中台为抓手，全面加强风险管理。强化非标资产行业分析，完善债券信评与研究机制，从源头把控业务信用风险。完善资产管理业务制度及授权方案，通过事前控制、限额管理、风险监测、系统建设等措施，不断健全市场风险管理机制。持续优化流动性管理监测指标体系，定期开展压力测试。加强IT系统硬控制，强化对资产管理业务系统功能架构改造的研究与完善。强化对风险集中暴露区域理财业务的风险排查与处置督导。四要推动大资管“五统一”平台建设，落实各项工作要求。筹划设计打造新一代资产管理业务系统平台，全面落实“五统一”的工作要求。要按照资产管理业务推进委员会的要求，制定详细的工作计划和日程表，调动各部门的积极性，逐季度、逐月抓好工作落实，确保全年大资管推进工作取得扎实成效。

票据业务要进一步发挥全行渠道网点和专业化经营优势，以同业投资、票据理财等业务为突破口，打通业务链条，推动全产品经营，延伸业务价值链，拓展盈利增长点。具体来看，一要打通“出口”。当前环境来看，规模资源紧张态势将呈现常态化，单靠增加表内票据资产规模推动盈利增长的发展模式难以持续，必须在业务链上突破，从出口找出路。要整合全行票据业务资源，对票据同业投资业务的创新发展进行统筹规划，完善业务运作方案，理顺运作路径和操作流程，并加强与新兴市场参与主体的业务合作，对接我行资金配置需求，打通票据同业投资与理财业务通道，作为票据业务链专业化经营的有效补充。各分行要发挥各自在票据业务链上的优势，特别是有区域理财业务开展权限的分行要努力开展票据理财业务，为拓展全行票据出口发挥积极作用。二要做优回购。要在符合总行相关要求和客户准入标准的前提下，按客户类别、系统行、回购业务量和贡献度等，开展回购客户分层分类营销。力争全年回购业务系统交易客户数不低于50家，业务量超过1万亿元。三要做大流量。要结合票据交易所运行后分散交易模式向集中交易模式的变化，整合全行票据业务资源，提高转贴现交易业务交易量与交易效率，发挥“总对总”营销优势，持续加强与国有商业银行、股份制银行以及大中型城商行的营销对接，提升优质客户合作深度和紧密度。力争全年系统外转贴现业务量超过1.45万亿元，实现交易获利增长10%以上。四要做强贴现。要抓好票据源头，加快贴现业务发展，着重从产业升级、上市公司和国企改革等方向，针对不同类型客户采取结构化营销策略。对大企业集团优质客户加强统筹营销，抓好上下游供应链企业。密切关注中型企业客户的贴现需求变化，强化业务执行与信息传导，作为我行贴现业务的稳定器。对小型企业客户要重点抓好定价管理，提升贴现业务收益。对小微企业的营销要落实“三个不低于”的监管要求，并注重对本行承兑票据的监测和营销，努力将自开自贴业务占比提升至30%。全行贴现业务量力争超过1.2万亿元，增幅20%，保持四行占比第一，确保票据贴现利率在四行中处于前列。

贵金属业务要以团队制和联动机制建设为抓手，完善贵金属业务经营管理机制，确保营销管理和风险管理落地。坚持产品和服务创新，加快重点业务提升和系统建设，努力做大实物、交易、融资及资管业务规模，确保完成总行下达的各项任务。一要巩固实物销售业务基础，提升市场占比。以“品牌合作”和“极致单品”模式丰富实物产品线，打造2－3个收入超亿元的重点项目。丰富实物产品的批量销售渠道，加强与同业合作，尽快实现重点产品在区域银行的延伸。建设符合贵金属现货运营特点的商品物流体系，不断提升实物原料备货、加工管理、物流配送、跨地区调拨、营销支持和尾货处理等环节的运营效率。二要拓展代理对公机构客户市场，做大交易规模。不断优化交易系统，加快建立大客户服务团队，以程序化交易为抓手，积极拓展代理对公机构客户市场，做大交易规模，代理交易业务收入力争同比增长25%。三要优化黄金租赁客户结构，稳步提升租赁业务收入。将黄金租赁目标客户扩展到非产业链总分行二级优质重点客户群，进一步降低行业集中度，做大业务规模，争取年底前黄金租赁发放超过50吨，合计金额150亿元左右。同时，积极把握市场需求，深入拓展优质城商行及农商行等同业客户。四要加强与内外部渠道合作，打造贵金属资管业务新增长点。与上海黄金交易所、上海期货交易所等机构开展深度合作，探索适应市场需求的新业务板块。总分行加强联动，挖掘辖内客户的贵金属资管业务需求，积极开辟新市场。五要加快贵金属经营管理系统建设，夯实管理基础。在整合产品线的基础上，对接大零售、大资管、大投行以及全面风险管理平台，实现全行贵金属团队营销及绩效视图的全面系统化管理。

养老金业务要以受托管理、账户管理等基础业务为核心，以养老金理财、综合养老保障业务为重点，聚焦职业年金、企业年金和非标年金三大领域，推动业务全面提质增效。首先，要全力打好职业年金受托人营销攻坚战。这是今年工作的重中之重。关于这项工作的重要意义，易董事长、谷行长在改革发展研讨会和年度工作会议上都作了阐述和强调。必须看到，职业年金对未来整个养老金市场格局有着举足轻重的影响，国家养老保险制度改革带来的红利机会千载难逢，机不可失，失不再来，成败关键在此一年。随着各地职业年金管理实施细则陆续出台，职业年金营销工作将进入到攻坚阶段。各分行务必要从服务全行经营转型和改革创新的政治高度和战略视角，深刻理解把握职业年金基金管理受托人业务带来的综合贡献和长远影响，切实落实职业年金营销工作“一把手工程”责任制。要立足把住源头业务，整合资源，发挥合力，首争受托人资格，继而带动其他业务发展，确保市场份额最大化、集团整体利益最大化。希望各分行要下定必胜决心，立下军令状，各行确保至少中标 1 个职业年金计划受托人。总行已明确，2017 年此项重点工作由谷澍行长亲自主抓，并在境内分行行长绩效考核方案中将职业年金受托人中标与否的考核权重调整为 ±45 分，这可能是养老金业务有史以来工作力度最大的一次，同时 ±45 分也是几十项考核指标中位列前三名的考核指标，仅次于总资产回报率（±60 分）和存款（±50 分），可见总行今年对职业年金受托人营销工作的高度重视。当然，总行也明确了，对因组织推动不力、工作部署落实不到位而丢失职业年金受托人资格的分行，要严厉问责。二要巩固企业年金市场领先优势。我行企业年金市场份额和影响力一直居于行业领军地位，“工银养老金”已成为享誉社会各界的重要品牌。各行要继续巩固和保持我行在企业年金市场的领先优势，做大做强做优企业年金这一本源业务和基础性业务。三要大力拓展非标年金市场。要积极培育挖掘养老薪酬福利计划客户，积极发掘其补充养老、补充医疗、员工福利、员工持股等计划管理需求，主动对接我行相关产品。要大力发展养老金理财业务，对接合适的产品，主动提供资讯、研究报告等管理顾问服务。要加快产品和服务创新，探索试点个人客户福利计划，要进一步丰富个人养老金理财产品类型，扩大个人理财销售范围。四要切实提高业务运营和客户服务水平。要进一步调整优化业务运营体制和职能分工，推进受托管理业务运营属地化。要积极推广“工银 e 养老”自助服务系统，扩大数据接口覆盖面，进一步提升业务处理自动化、自助化和标准化水平。通过进一步完善基本服务内容，深挖衍生服务需求，提升服务质量。

同志们，在当前复杂严峻的内外部经营环境下，上述工作任务实施起来是不容易的，业务制胜的关键在于各级行干部员工要坚定信心、精诚团结、齐心协力、奋力攻坚。现在各条线战略目标和阶段任务已经明确，下一步的核心在于落实，在于执行。在此，我对四个专业条线的干部员工和各分行领导班子、牵头部门提四点要求。一是作为新兴业务线的干部员工首先要转变思想、与时俱进。实现业务转型，实际上离不开知识转型；而知识转型，根本上在于观念转型。只要思想不滑坡，办法总比困难多，现在业务发展中遇到的问题，很大程度上在于部分干部员工过于片面强调传统业务，对新金融、新技术、新竞争形势视而不见，故步自封，裹足不前。四个专业条线的干部员工务必要突破观念束缚，不断提升对本专业的认识与理解，坚定信念、锐意进取，不负总行对我们“创造效益”和“探索新路”的期待。二是各分行主要负责人要真正从战略上高度重视和支持四个专业条线的发展。从全行来看，资管、票据、贵金属和养老金业务既是发展速度居前的板块，也是各分行实现增收创利的重要抓手，四个专业条线更对个金、公司、机构、托管、结算等业务具有较强的协同和拉动作用，有利于推动传统业务转型升级，增强客户黏性和整体竞争力。应该说，四个业务条线的发展对各分行未来业务发展具有重要贡献。各分行党委班子及主要负责人，要按照全行改革发展研讨会和年度工作会议的要求，用发展的眼光、全局的眼光、历史的眼光来看待新兴业务线的成长，带头研究推动和组织落实相关工作，尤其对完善业务发展机制、加强团队建设等重点任务，要有目标、有计划、有步骤地予以推进。三是分行分管行领导要发挥专业条线发展总负责人和组织推动者的作用，主动牵头制订业务线发展方案，主动协调客户营销部门，主动研究并解决发展中的突出问题，确保各项工作任务落地。四是分行业务线牵头部门要切实承担起推动业务发展的重任，强化经营管理职能，履行在产品和业务管理、牵头营销、专业团队建设等方面职责，完善对联动部门的指标分配和考核办法，加强对营销部门和业务保障部门的服务支撑，确保业务线经营指标按时全面完成。

同志们，回顾过去倍感欣慰，展望未来充满期待。全行资产管理、票据、贵金属、养老金四个业务条线的干部员工务必要深刻领会和认真落实全行改革发展研讨会和年度工作会议精神，站在推动全行经营转型、创收增利的高度，以时不我待、只争朝夕的紧迫感，以勇于担当、迎难而上的责任心，以抢抓机遇、严控风险的执行力，积极进取、主动作为、奋勇争先，切实肩负起光荣使命，决不辜负总行党委的希望与重托。天上不会掉馅饼，让我们撸起袖子加油干，力争圆满完成新一年的各项经营目标任务，为全行转型发展多做贡献，再立新功。

立足新起点　开创新局面
积极推进安全保卫工作再创新辉煌

——在中国工商银行2017年安全保卫工作会议上的讲话

谭　炯

（2017年2月21日）

今年，我们将迎来党的十九大召开，牢固树立“四个意识”，全力维护全行业务运营的安全稳定，以实际行动迎接党的十九大，是全行干部员工必须高度重视、主动担当和确保完成的重大政治任务。总行决定召开这次会议，重点就是统一思想，增强认识，凝聚干劲，对下一阶段全行安全管理、外部风险防控和安全生产工作进行研究部署，督促各级机构从严从实从细抓好防风险、保安全、维稳定各项工作措施的落实，确保不发生重大案件及事故。下面，我讲三个方面的意见。

一、安全保卫工作转型发展的成效与经验

这些年，安全保卫部门以确保全行经营发展环境的安全稳定为己任，积极应对复杂形势变化，不断增强安全管理与外部风险防控能力，取得了连续3年盗窃案件全部成功防范，连续9年未发生抢劫既遂案件，连续12年保持员工零伤亡的好成绩。特别是安全保卫条线紧跟全行改革发展步伐，持续推进“四条防线”建设，深化职能拓展与管理转型，开创了集团化、专业化、科技化和信息化安全管理新局面，并在防控外部欺诈风险领域取得了服务业务、服务客户、服务社会等方面的新突破。

（一）集团化和专业化安全管理机制更加健全。近年来，按照集团一体化安全管理思路，总行加强顶层设计，制定了22项全行性安全管理制度，其中8项制度适用于集团范围，构建起涵盖安全责任制、内部安全管理、外部欺诈管理、安全监督检查、安全服务外包和突发事件应急管理等内容的集团安全管理架构体系。采取直管、指导与指引相结合，建立境内分行、直属机构和境外机构安全保卫专业考评体系，加强专业指导和监督检查。2016年总行就对全行11家一级（直属）分行、24家二级分行和5家境外机构进行了督导检查，各机构共组织检查1 957批次，通过检查及时查堵问题隐患2 297项，共同推进集团安全管理策略与措施的实施落地。各境内分行和直属机构以强化安全责任落实为重点，逐级签订责任书，绑定责任主体，一级抓一级，层层抓落实，建立起逐级负责、全员参与的大安全管理格局。各境外机构以安全管理基础建设为重点，建立健全了安全管理制度与应急预案，规范了安全服务外包与安防设施运行管理机制，还有13家境外机构参与集团安全服务资源整合。工商银行集团一体化安全管理理念、文化与机制已经形成并不断深化。

（二）科技化和信息化安全设施防线日益完善。近年来，全行按照国家有关安全防范建设监管要求，持续推进安全防范设施标准化建设，加强安防设施集中采购和监督评价管理，有效提升安防设施建设、管理与服务质效。各境内机构金库、营业网点和自助银行均通过属地公安机关验收评估。在公安部、银监会组织的银行业金融机构安全评估中，36家一级（直属）分行被评为优秀等级。与此同时，以报警监控联网平台建设顺利完成为标志，全行安防设施建设科技化、联网化和信息化水平大幅提升，不仅解决了误报警居高不下的顽疾，增强了外部风险防控与处置效能，还丰富了管理手段，延伸了管理半径，更建立起满足安保、内控、运行、服务和科技等多专业需求的综合性非现场检查平台。2016年就通过平台发现处置盗抢、破坏、ATM欺诈等外部攻击277件和治安扰序事件7 750起，纠改内部操作风险事件4 580起和违规问题1.3万余件，为客户提供风险警示及业务咨询78万余次。2016年总行应急指挥中心搭建成功时，易会满董事长亲临现场调研检查，对监控联网平台的建设给予了充分肯定，也对平台未来发展提出了明确的工作要求。他指出，报警监控联网平台搭建了一道科技化、信息化的安全防线，标志着安全保卫工作已经从传统技防向信息化、大数据和联网化的转变。

（三）外部欺诈风险信息系统综合化应用与质效凸显。近几年，安全保卫工作立足大局、创新发展，以服务业务发展为主线，研发投产了外部欺诈信息系统，取得了显著成效。积极参与全国社会信用体系建设，与国家发改委等30余家部委开展风险信息共享合作，建立国内首家商业银行反欺诈数据库，目前收录外部欺诈风险信息达到80余类5 000余万条。积极开展风险监测预警，为业务部门搭建起一道精准的外部风险预警拦截

网，2016年依托系统预警拦截各类风险交易36万笔，涉及资金280余亿元。其中，信贷领域拦截风险客户新增贷款申请1 700余笔，涉及资金31.28亿元；拒绝信用卡业务办理申请24.36万笔；私人银行领域筛查风险客户2 165户。积极开展风险评估分析，总行和各一级（直属）分行共组织开展风险评估70余项，涉及信贷业务风险、国际贸易融资、智能模式下电子银行业务和境外电子银行等领域，促进了相关领域与环节风险管控措施的完善与改进。积极履行社会责任，彰显大行风范，依托系统查堵电信欺诈6.34万起，避免客户资金损失9.3亿余元，得到了中央领导的表扬、监管机构的肯定和社会各界的赞誉。在去年召开的全国社会治安综合治理创新工作会议上，工商银行作为银行业唯一代表介绍了经验。与此同时，我们还在安全创造效益方面取得了突破，“工银融安e信”实现与近3 000家企业客户签约合作，创造中间业务收入3.03亿元，并与公安部联合推出公益查询版；在国际银行安全协会（IBSA）第71届年会上，“工银融安e信”也得到了境外同业的广泛认同。

可以说，过去的一年，全行安全保卫工作取得了新的进展和成效，走出了一条具有工行特色的安全管理之路，为全行经营发展持续稳定做出了突出贡献。安全保卫工作取得的成绩，离不开总行党委的正确领导，离不开各级机构的落实推动，离不开各专业条线的有效支持和全体员工的积极参与，更离不开安全保卫战线同志们务实重干，奋发进取。在此，我谨代表总行党委向大家致以诚挚的慰问和衷心的感谢。

二、当前安全保卫工作面临的形势与问题

如前所讲，确保全行经营发展大局稳定，严防各类案件及事故发生，尤其不能发生重大影响的案件，这是今年全行必须坚定不移地抓好落实的重要工作。要做到这一点，关键是正确认识当前面临的形势与问题，提前做好谋划应对。

第一，要清醒认识和高度警惕外部风险形势威胁。今年初召开的中央政法工作会议，明确提出我国经济社会发展呈现新的阶段性特征，各类矛盾风险交织叠加，维护社会大局稳定面临新压力。尤其是随着互联网迅猛发展，交通、通信日益发达，人流、物流、资金流、信息流加快流动，新型违法犯罪大量涌现，传统违法犯罪不断变换手法，动态化、团伙化、专业化、信息化、智能化特点突出。对于银行而言，各类诈骗犯罪依然持续高发多发，仅2016年全国公安机关立案侦查的金融诈骗案件就高达近十万起，涉及资金两千多亿元，其中以伪卡欺诈、骗取贷款、票据诈骗和非法集资等最为突出。具体到我行，2016年各级机构遭遇外部欺诈数量较2015年增加1 943件，增幅达16%。虽然绝大多数得以成功堵截，但激增势头反映出外部形势依然严峻复杂，必须予以高度警惕。与此同时，抢劫、盗窃犯罪仍时有发生。去年底至今，就有两家营业网点分别遭遇劫持人质抢劫和撬盗自助设备未遂案件。尤其应警惕的是恐怖袭击和极端暴力事件威胁，这两年法国、比利时、土耳其等国家接连发生暴恐事件，直接危及我行境外机构与人员安全。另外，受多种因素影响，国内反恐防暴压力不减，特别是在今年这个敏感时期，更要求我们必须增强这方面的意识，保持政治敏锐性，强化安全防范能力，切实做好防恐防暴工作。

第二，要充分认识全面做好安全生产工作的重要性。如果说，外部欺诈风险防控存在社会治安等客观因素影响，落实安全生产、预防安全事故发生，则完全是我们的分内之事。必须强调的是，安全生产责任重大，须臾不可放松。十八大以来，党中央已经把安全生产摆在了十分突出的位置，习总书记多次作出重要指示批示，反复强调安全生产是人命关天的大事，事关经济社会发展大局，必须坚守发展决不能以牺牲安全为代价这条不可逾越的红线。去年以来，中央和国务院先后印发《关于推进安全生产领域改革发展的意见》和《安全生产“十三五”规划》，把落实企业安全生产主体责任作为重要内容。今年1月召开的全国安全生产电视电话会议，明确提出要以贯彻落实中央关于推进安全生产领域改革发展工作部署为动力，以防范遏制重特大事故为重点，牢固树立安全红线意识，坚持标本兼治、综合治理、系统建设，进一步完善安全生产责任体系、法治体系、风险防控体系、教育培训体系和应急救援体系，持续夯实安全生产基础，着力提升整体安全水平，维护人民群众生命财产安全，为党的十九大胜利召开营造良好的安全生产环境。会议同时指出，企业主体责任是基础，要加快推进企业建立全员安全生产责任制和岗位安全生产责任制，将责任落实到每个岗位，做到安全生产责任、管理、投入、培训和应急“五到位”。为贯彻落实中央精神，春节前总行召开了安全生产委员会会议，对全行安全生产工作进行了安排部署；易会满董事长在年度工作会议上也强调要建立统一领导、分级负责的安全生产责任体系，落实各级机构主体责任；谷澍行长与各一级（直属）分行、直属机构和境内控股机构主要负责人签订了安全生产责任书。这些充分体现了总行党委对安全生产工作的高度重视和高度负责。各级机构特别是各级经营管理人员对此要正确认识，深刻领会，切实把安全生产工作摆上重要日程，迅速行动起来，抓好中央会议精神和总行安排部署的贯彻落实。

第三，要着力解决安全管理效能未能充分发挥的问题。总体来看，这些年安全保卫工作整体态势不错，绝大多数机构和安保人员对安全保卫工作是重视的。但还是有个别机构在认识和行动上慢半拍，影响了全行安全管理的协调发展，制约了安全管理效能的充分发挥，在一定程度上甚至成为全行安全防护网的短板。究其根

源，首先在于经营管理人员，有的行主要负责人还没有完全准确地把握安全与发展的辩证关系，在安全投入上只算小账、地方账、眼前账，不算大账、全行账、长远账；有的分管行领导对辖内安全保卫工作关注不多，习惯于听下级汇报，对总行安全管理政策与要求缺乏必要了解，更谈不上带头抓落实。其次在于安全保卫部门，特别是部门负责人在尽职担当方面还有努力的空间，有的人虽在岗却心不在焉，存在船到码头车到站的心理；有的满足于维持现状，对待新事物不愿学不愿钻，对待改革主观畏难，不肯下功夫干，更谈不上主动研究问题、解决问题等。同时，安全保卫专业队伍建设和当前的形势发展还有差距，队伍结构失衡问题仍未得到缓解，越到基层，人员越少，年龄越大，难以适应安全保卫工作新职能、新内容和新系统要求。可以讲，上述问题如果解决不好，势必将阻碍今后工作的深入推进。这次会议特别安排了半天讨论，希望大家届时认真查摆。

工商银行作为国有控股大型银行，无论是防控外部欺诈风险，还是加强内部安全管理，全力保障安全生产，都容不得半点侥幸和懈怠。大家要牢记，一旦发生任何风险事件或案件，其后果不仅仅是资金损失，还将直接损害我们的社会声誉与大行形象，影响到社会公众、客户以及监管部门对我们的信任。因此，形势越是严峻，任务越是艰巨，我们越要认清形势，明确责任，坚定信心，激发干劲，埋头苦干，采取有效的工作措施，确保一方平安。

三、下一阶段需要突出抓好的几项重点工作

今年，全行安全保卫工作总的要求是，认真学习贯彻中央关于加强安全生产工作的决策部署，根据易董事长在年度工作会议上和谷行长在总行安全生产委员会会议上的指示要求，以铁的决心、铁的作风、铁的措施，着力抓好安全生产工作，夯实安全防范基础，强化报警联网平台管理，深化外部欺诈风险信息系统应用，筑牢安全保卫科技化、信息化防线，有效预警管控外部欺诈风险，加强安全保卫专业队伍建设，全面提升安全管理水平，切实维护全行安全稳定运行。这里，我再强调几项重点工作。

（一）强化责任担当，突出抓好安全生产工作。要按照习近平总书记、李克强总理关于安全生产作出的重要指示批示精神，牢固树立安全发展理念，强化红线意识和底线思维，以坚决防范遏制重大生产事故为中心，以建立健全安全生产责任体系为主线，以加强安全生产监督管理为抓手，推动全行安全生产全面加强。

一要突出抓好主体责任的落实。国务院近日印发的《安全生产“十三五”规划》，把构建更加严密的安全责任体系作为首要任务，强化企业主体责任更是放在了第一项，明确提出落实企业主要负责人对安全生产工作的全面责任，严格实行企业全员安全生产责任制，加强对责任落实情况的监督考核等要求。各级机构要认真组织学习和贯彻落实，逐级签订安全生产责任书，重点落实管生产经营必须管安全的要求，各级机构一把手对安全生产要全面抓，负总责，推动安全生产与经营管理协调发展。管业务必须管安全，分管安全保卫的分管领导对安全生产要具体抓、专门盯，分管业务的领导对分管业务领域的安全生产负责。要坚持谁主管谁负责，安全生产委员会成员部门必须落实专业责任，确保各自监管范围内运营安全。要加快建立全员安全生产责任制，明确各岗位的责任人员、责任范围和考核标准。要通过强化不同层级、部门和岗位责任，凝聚共识，汇集动力，形成合力，构建安全生产齐抓共管格局。这里强调一点，今年全行工作会议上总行与各一级（直属）分行和直属机构签订了安全生产责任书，要求各机构一把手每年至少带队进行不少于两次的安全检查，这在安全生产责任书中是有明确要求的，是一项硬指标，必须不折不扣地执行。

二要突出抓好安全生产的监督管理。完善安全生产制度体系，认真学习领会《关于推进安全生产领域改革发展的意见》和《安全生产“十三五”规划》的精神与内涵，对照我国现行安全生产法规规章，加快制定行内安全生产制度，尽可能做到制度的全覆盖；各境内机构要对照总行印发的《安全生产责任制管理办法》，结合各单位实际充实细化，抓紧制定实施细则，明确责任边界，扎紧制度篱笆。牢固树立“隐患就是事故”的意识，加强隐患排查，突出源头整治，对安全隐患实行“零容忍”，安全隐患年年排查，旧的隐患刚消除，新的隐患又出现，安全管理工作没有终点，必须要天天抓，把日常的动态排查抓紧抓牢。年内要组织一次全行安全生产大检查，重点检查各机构落实安全责任、管理机构、投入保障、教育培训与隐患排查情况，检查范围要覆盖安保、运行、科技和渠道等专业条线，检查结果要汇总通报；各级机构要落实隐患自查自纠自报，切实抓早抓小抓苗头，严防小隐患小问题引发大事故，突出抓好重大事故危险源的排查建档，明确责任人员，落实管理措施。加强专业协作，形成监管合力，安全生产涉及多层级、多领域和多专业，依靠一个部门单打独斗，既不现实，也难以见效，还可能出现管理盲区，因此，各级安全生产委员会或领导小组要充分发挥作用，尤其是主要负责人要抓好统筹、组织与协调，对重大问题与事项及时决策部署；安全保卫部门要当好安全生产委员会的联络员，向上多汇报，横向勤沟通，向下常督促，保证安全生产监督管理机制运转畅通。

三要突出抓好消防安全工作。银行是对外提供金融服务的窗口性行业，一旦发生火灾，势必引起多方关注，甚至可能被蓄意炒作，引发声誉风险。尤其是各级机构每天都有大量电器设备在运转，有的设备还是全年

365 天每天 24 小时运转，稍有不慎就可能发生电器火灾。有些网点建设较早，更存在着电线、电路老化或故障等可能引发火灾的隐患，2016 年全行发生的 3 起火灾都是这种情况。各级机构务必牢记隐患险于明火，防范胜于救灾，责任重于泰山。在消防设施器材配备上必须充分保证数量、质量，工作检查也要到位，注意查看安全器材的使用效期、使用情况；员工消防宣传、教育与疏散演练必须常讲常练，火灾隐患整改必须坚决果断，决不手软。应予警惕的是，基层机构的消防安全管理现状并不让人放心。我和总行同志在对基层网点的检查中就发现，有的网点柜台以外是整洁美观，窗明几净，柜台以里却是线路零乱，杂物堆积，甚至挤占了安全出口和消防通道，这明显是工作不到位，存在极大的安全隐患。今年全行要以基层机构为重点开展一次消防隐患专项治理，保持狠抓的韧性、长抓的耐心、严抓的力度，切实通过查隐患、纠违规、强管控，持续推进消防安全管理整体水平提高，为员工创造良好的安全工作环境。

（二）强化基础建设，着力夯实安全管理工作根基。安全管理重在强基固本，从最基础的地方做起，一步一个脚印，稳扎稳打向前推进，积小胜为大胜，积跬步至千里。在这方面，我们积累了大量经验，有着很好的基础，关键是要进一步坚持好。

一要完善安全履责监督机制。前不久，总行修订印发境内机构安全保卫工作实施细则，编制了安全保卫履责事项清单，明确了不同层级管理人员在不同时间段必须完成的规定工作。各级机构要结合辖内实际，进一步细化任务措施，确保落到实处。为保证责任落实有迹可循，责任监督有据可查，总行投产了安全保卫业务管理信息系统，把各分行履责事项录入系统，对责任落实情况进行集中监测，实行定时跟踪，定量考核。这种做法很好，有效提升了管理效能，下一步要逐级传导下去，使各级机构用好这个系统，促进并实现履责监督。

二要巩固安全防范设施建设。过去我们在安防设施建设方面取得了很好的成绩，全辖 36 家一级（直属）分行都被评为了优秀等级。现在国家修订了安防设施建设标准，会带来安全防范投入的增加。希望各级机构对照国家新的标准认真抓好落实，在这方面要学会算大账、算长远账，要严格按照新监管标准进行安防设施建设与升级改造，争取早日全面达标。要保持我行在安全防范设施建设方面的优势，在未来安全评估中争取继续被评为优秀，希望全辖全都达标，不能有一个掉队。某种意义上说，在银行同业中保持较高的安全防范水平，本身就是一种风险预防与规避措施。如果我们的防范设施低于行业平均水平，很可能成为不法分子避强趋弱、伺机攻击的目标。

三要强化安全服务外包管理。目前，我行营业场所安全和业务运营安全很大程度地依托于服务外包商，对外包商提供服务的稳定性与安全性要定期、不定期地进行监督、检查与评价，并与合同履约兑现挂起钩来。这不仅是自身应有权益的维护，更是对全行持续安全运营的保护，切不可有丝毫大意，绝对不能一包了之、把责任也外包，绝不能以外包替代管理。同时，各级机构也要在外包成本控制上多下功夫，通过科学规划外包需求，改进外包服务模式，提高管理集约化程度，努力压降外包成本。在这些方面，总行相关部门要多调研、多交流、多反映，努力争取同业、监管和政府等的支持。

四要狠抓问题隐患整改落实。问题屡查屡有，违规屡查屡犯，表面是员工意识与制度执行问题，但根子在管理不严、检查不实和查处不力。去年我到几家分行调研，在有的网点发现了一些显而易见的问题，比如通过调阅网点过去的检查登记簿，发现网点自查和上级检查次数都不少，但登记簿上几乎没有查出问题，有的即使查出了问题，整改情况却是空白，这说明检查是不认真、不负责，也是不合格的。安全保卫部门必须以身作则，讲纪律、守规矩，发现问题必须做到“严”字当头，一查到底，决不徇私。

（三）强化技防优势，发挥报警联网平台效用。要按照易董事长调研总行应急指挥中心时提出的工作要求，以管好用好平台为重点，确保看得到、留得住、传得上、查得清。

一要加快平台建设收尾工作。有欠账的分行要化压力为动力，倒排时间表，加大力度，加快进度，尽快赶上全行步伐。其他分行要重点保障平台的联通率，一个个摸排，一项项做实，切实解决好“看得到”和“传得上”的问题，这是平台能否发挥功效的基础。总行要每季度监测通报平台联通情况，年底进行汇总考核。

二要加快完善平台运行管理。总行要下发报警平台管理制度，进一步明确各级平台做什么和怎么做，把平台规范地用起来。各行要落实平台操作和管理人员配备，平台能否用好，关键是选好人用好人。报警监控联网平台相当于工商银行的“110”报警指挥中心，值机人员就是哨兵，如果他的责任心不强，放哨时睡觉了，怎么能发现威胁？我在调研时发现，有些行配备的平台管理人员是由安全保卫部副总经理实职兼任，工作责任也要落实到位，管理人员要具备专业性，也要清楚平台怎么使用，如果管理者对平台都不了解，仅仅依靠操作人员，怎么能从中总结问题、发现规律、指挥应对？因此，各行必须严格把关，建立上岗人员资格审核与能力测试机制，把平台交到放心可靠的人员手中。

三要积极推进平台远程守库。随着报警监控联网平台建设完成，全行具备了远程守库的技术条件，能够待金库闭库以后在异地全方位报警布控，实时监测和预警任何人员进入。如果我们很好地实现了远程异地报警布控，类似去年黑龙江鸡西保安公司金库抢劫杀人案就可以杜绝。实践也多次证明，技防的可靠性肯定优于人防。各行要打消顾虑，积极推进平台远程守库。总行要加强指导和协调推动，在保证安全的前提下实现平稳衔接。

四要积极开展平台非现场检查。报警监控联网平台可以直接看到基层一线，利用平台进行检查的效率很高，效果也非常好。2016 年年终决算当天和今年春节期间，总行就对已建平台的 35 家一级（直属）分行进行了巡查，累计抽查了 82 家报警监控联网中心和 42 座金库，发现问题 58 项。平台非现场检查功能非常好，下一步总行要把平台非现场检查作为一项任务，安排部署下去，使全行都用起来。凡是能非现场检查的，都要尽量使用平台检查。

五要加强平台数据分析应用。报警监控联网平台每天采集生成大量具有分析价值的结构化数据，什么类型警情多、什么地方不太平、哪些设施有问题、哪些机构安全管理不到位等，都能在平台运行日报和月报中予以直接展现，为下一步有的放矢地解决问题提供了依据。总之，平台建设在总行党委的大力支持下，历经三年时间，现在已经基本完成。建好以后关键是如何管理好、使用好平台，希望全行高度重视，深度挖掘应用平台各项功能。

（四）强化风险防控能力，全力保障全行业务经营发展。风险防控是一个动态博弈的过程，不法分子始终在寻找、利用防控工作中的漏洞加以攻击。安全保卫条线担负着我行风险防控第二道防线的重要职能，要立足于预测预警预防，推动理念、制度、机制创新，不断增强风险预判能力，完善风险防控手段，提升风险应对水平，积极为全行经营发展提供更加高效的安全保障。

一要抓好日常安防工作落实。每月开展员工安全教育，组织应急预案演练，落实安防设施检测维护，对重点部位安全防护情况进行检查，随时了解掌握地区治安动态，有针对性地采取防范措施，这些都是经过实践证明非常好的案防工作举措。去年全行成功防范多起抢劫盗窃案件，就是明显的例证，今后还要持之以恒地抓好落实。

二要持续深化外欺系统应用。外部欺诈风险信息系统是我行外部风险防控的一个品牌，得到了行内外广泛认同，下一步要保持优势，深挖潜能，不断创新。在风险数据库上，总行要巩固深化现有信息共享合作渠道，不断拓展其他信息来源，充实引进境外欺诈风险信息；各分行要加强与属地公安、司法和税务等部门的沟通联系，多方采集并及时向总行反馈欺诈风险信息，促进风险数据库的充实。在数据应用分析上，哪些数据信息应用多、见效快，哪些需要维护更新，都要及时跟踪掌握，针对性地完善改进，要经常与业务部门进行沟通，听取意见建议，提升系统的适用性和实效性。在外欺风险统一视图建设上，要加快与相关业务系统的对接进度，成熟一个推出一个，早日见到成效。

三要切实加强风险评估工作。外部欺诈风险评估关键在于通过数据挖掘分析，为业务部门防范外部欺诈提出警示与建议。要以解决实际问题为导向，选好评估课题，找准切入点，不一定要搞大项目，只要能够诊断出一个风险点，排除掉一个风险隐患，堵塞住一个管理漏洞，这个评估就是有成效的。要加强评估结果的应用，能不能落地，要有效果评价，还要加强评估成果的交流，促进各行相互借鉴，取长补短。

四要积极提升反欺诈服务水平。今年年初，为加强外欺系统和融安 e 信建设管理、提升反欺诈工作水平，总行在安全保卫部增设反欺诈服务处，成立了安保、投行、公司、机构、科技、产创、电子银行等多个部门组成的联合工作团队，还召开会议对进一步提高全行反欺诈服务工作进行了部署。目前整体进展不错，各行普遍都动起来了，但进度还可以再快些，尤其要尽快完成本机构的联合工作团队组建。总行安全保卫部要做好牵头组织、协调和推动工作，积极指导、帮助和促使各级机构加快节奏，早日步入正轨，打开局面。

（五）强化专业队伍建设，支持安全保卫工作创新发展。这些年安全保卫工作取得显著成效，得益于我们有一支顾大局、守规矩、讲奉献、干实事的安全保卫队伍。面对新形势新任务，要继续强化专业能力建设，持续增强凝聚力，提升战斗力，更好地适应新形势对安全保卫工作的新要求。

一要树立积极向上、争创先进的氛围。这次会议，总行将对评选出的安全保卫工作先进集体和先进个人进行表彰。表彰是荣誉，也意味着责任。希望获奖的先进集体和先进个人珍惜荣誉，在今后的工作中发挥表率示范作用，带动广大安全保卫战线的同志们履职尽责，面对急难险重的工作任务顶得上去、拿得下来。

二要打造专业型、学习型人才队伍。要继续推进安全保卫人员的综合序列专业资格认证，引导学习掌握银行经营管理基础知识，适应安全保卫工作贴近业务、服务业务的要求。继续加强集中培训，培养专业骨干，制定安全保卫专业学习清单，建立学习积分，促进安全保卫人员掌握专业知识，提升专业技能。开展安全保卫调研论文评选，鼓励研究新形势，分析新情况，谋划新思路，探讨新突破。

三要优化队伍结构，加强履职能力考核。各级机构要重视安全保卫条线人员整体年龄过大、有效人数不足的问题，认真落实人员配备的基本要求，并逐步优化人员结构。安全保卫部门要向内挖潜，盘活存量，对业务骨干多压担子，促使其尽快成长。要进一步加强履职能力考核，特别是对安全保卫部门负责人要从工作态度、方法、能力与业绩等维度进行综合评测。对于明显不适应岗位职责要求的，其所在机构的主要负责人和分管负责人要认真研究，统筹安排，切实把负责任、肯干事、有能力的人员放在这个重要的工作岗位上。

最后，我再强调一下当前安保条线工作的首要任务。现在距离全国“两会”召开不到两周时间，前不久国务院安全生产委员会就切实做好“两会”期间安全生产工作提出了五点具体要求，希望各级机构进一步增强政治意识和大局意识，把确保“两会”期间安全运营作为当前一项重要任务，迅速对安全生产和安全防范工作进行再动员再部署，严格落实各项责任和防范措施，尤其是北京及周边地区务必做到工作部署更加周密，监督检查更加严格，管控措施更加有力，坚决防止因精力不集中、管理松懈引发案件或事故。

同志们，面对错综复杂的形势和艰巨繁重的任务，我们要坚持传承与创新并重，坚定迎难而上、敢打必胜的信心，以真抓实干、锐意进取的精神与举措，勇担重任，奋发求进，努力开创新局面，作出新贡献，为全行经营发展的安全稳定再立新功。

在资产管理业务推进委员会2017年第一次会议上的讲话

谭　炯

（2017年4月20日）

我先简要谈几点意见，最后请谷行长作会议总结和工作部署，会后请大家抓好贯彻落实。

上周，总行召开了行务会和第一季度经营情况分析会，易董事长和谷行长对大资管业务发展都提出了最新的要求和指示。对于这两次会议上易董事长、谷行长的指示精神，我个人学习领会可以归纳为五个重点：一是总行党委高度重视大资管战略传导问题，提出了板块化管理的新理念，强调前中后台配合和总分行联动，特别是对于资产管理业务推进委员会建设寄予厚望，希望推进委更加重视板块内的统筹管理以及三大战略板块之间的协同发展，进一步完善日常管理机制，集中力量解决好大资管战略传导的问题。二是总行党委强调资管业务也要服务实体经济、服务工商银行集团发展大局，进一步把资管业务的功能作用发挥好，联动公司、投行、结现、个金、私银等部门，共同拓展客户、维护客户。例如要通过薄利多销发行产品来拓户稳户，又如要通过理财资金承接优质公司客户融资项目，缓解当前信贷规模的供需矛盾，共同服务集团发展大局。三是总行党委强调坚决维护工商银行理财第一大行的市场地位和荣誉，对于当前同业竞争的冲击保持高度紧迫感和责任感，希望推进委从第二季度开始采取务实管用的新机制、新举措，强化对大资管组成部门的经营督导。四是总行党委对大资管业务风险管理提出了“简单、透明、可控”的六字核心原则，高度重视非标项目和债券的风险管控，希望推进委认真领会六字核心原则在风险管理新形势下的深刻内涵，更加突出对实质性风险的把控，搭建表内外一体化管理的全面风险管理框架。五是总行党委高度关注资管新政对我们当前经营管理的影响，希望相关部门要立即着手，加强研究，提前做好应对准备。

总之，易董事长、谷行长的讲话进一步体现了总行党委对于大资管业务的高度重视，提出了新的发展理念和新的工作要求，为全行大资管业务发展指明了方向、提供了遵循。为贯彻落实易董事长、谷行长的最新指示，结合前期的工作部署，我谈三方面的意见。

一、第一季度大资管板块经营与资产管理业务推进委员会工作情况

第一，第一季度大资管板块组成部门的经营业绩情况。总体来看，第一季度我行大资管业务整体经营业绩体现了稳中求进的总基调、保持了稳中向好的总态势。特别是我们在3月中旬召开了第一季度经营督导专题会，会后相关部门积极行动，鼓足干劲，后半个月经营形势发生了很大好转，经营业绩有了很大提升，保证了总体规模的正增长。这些都是值得充分肯定的，同时也说明只要我们勇于担当，进一步增强工作主动性和责任感，大资管业务就会有很强的发展动力和很大的发展潜力。但是坦率地讲，第一季度工作也存在许多不足。例如我行理财业务规模没有跑赢大市，全行业是正增长，而我行是负增长，这需要引起我们的高度重视；又如各部门第一季度的经营表现出现了分化，资产管理部、工银瑞信、工银安盛、养老金业务部、资产托管部的业务规模均实现了正增长，但私人银行部的业务规模出现负增长。希望私人银行部按照总行党委要求，争取产品规模尽快恢复正增长，逐步赶上序时进度要求。

第二，第一季度推进委统筹协调机制建设的进展情况。今年推进委部署了40项重点工作。按照进度计划，第一季度要完成13项工作。目前，在大家的共同努力下，第一季度的13项工作全部按期完成，剩下的27项工作也在有序推进。成绩是主要的，值得充分肯定。但个别部门存在的工作质量不高、工作效率拖拉等问题也

值得反思，需要在下一阶段的工作中重点克服。

二、当前面临的挑战与问题

下面，我谈一下大资管业务发展面临的形势，主要是外部环境变化的挑战和内部存在的问题，以利于我们下一阶段精准施策，加以提高。

从外部环境变化来看，大资管业务发展面临三大挑战。第一，同业竞争进一步加剧，直接冲击我行理财第一大行的市场地位。上周，今年第一季度全行业理财业务数据刚刚出炉。经过对这些数据的研究分析，有4个问题需要引起我们的重视：一是全行业实现了正增长，但速度明显放缓。第一季度，全行业理财业务规模增长接近1 000亿元，增速0.34%，而去年同期全行业规模增长1万亿元以上，增速4.6%。与全行业相比，今年第一季度我行理财业务规模是负增长，进一步摊薄了我行理财第一大行的“安全垫”，同时各部门经营情况也出现了分化。二是第一季度四大行理财业务规模全部负增长，我行规模下降的绝对额和百分比在四大行中都是最小的。三是第一季度招商银行理财规模增长接近1 000亿元，增幅4.6%，与我行差距已经缩小到4 400亿元。如果照此发展，不出1－2年招行很可能就赶上我行的理财规模了。四是第一季度交通银行理财规模增长超过2 000亿元，增幅15%，绝对增长额和增幅均在理财大行中位居首位，市场排名从去年底第七名快速攀升至第四名，仅名列我行、招行和建行之后。据了解，交行规模增长几乎全部为表内保本产品，与存款形成互动。总体来看，大资管领域的竞争早已突破了传统大行排名的竞争，甚至也突破了商业银行体系的竞争，而是涵盖银行理财、养老金、基金、券商、保险、信托、托管等业务范畴，是在大型综合金融集团这一更高层面展开的比拼和较量。如何持续捍卫我行理财第一大行地位，巩固我行作为中国资产管理第一大金融集团的市场地位，打造与工商银行全球地位相匹配的大资管业务体系，将是我们面临的重大挑战。

第二，货币政策调整造成资金面转向，规模、价格与结构之间的紧平衡更加困难。谷行长在去年底的推进委会议上就明确指出，2017年将是一个去杠杆的过程，资产管理业务发展整体是逆水行舟。今年以来的货币政策转向完全印证了谷行长的高瞻远瞩。市场对于今年后三个季度资金面状况的判断仍然偏谨慎，规模、价格、结构之间的紧平衡局面可能仍将持续。考虑金融去杠杆、防风险、挤泡沫等政策导向，我们一定要做好未来打硬仗的思想准备，把困难考虑得更加充分一些。

第三，外部监管日益趋严，大资管业务经营模式转型的时间窗口进一步收紧。我们需要高度关注以下三方面的监管动向：一是近期银监会连续密集开展“三违反”“三套利”“四不当”“市场乱象”等专项治理工作，力度之大、范围之广、针对性之强不啻为一场“监管风暴”。二是“一行三会”正在酝酿颁布一系列监管新规，对于相关办法的出台已经形成了很强的监管共识和市场预期。三是除了“一行三会”外，财政部等其他部门也出台了一些监管新规，对大资管业务产生一定影响。上述各类监管规定的总体思路是去杠杆、防风险、控套利。这对于行业而言，短期转型阵痛难免不小，但有利于大资管行业的长期健康规范发展，也有利于引导金融业更好地服务实体经济，还特别有利于工行这样经营规范的理财大行取得更大的同业竞争优势。对此我们既要正面认识领会，更要做好积极应对准备。

在分析外部形势变化和严峻挑战的同时，我们还是要多从自身主观方面找不足。主要是存在5个方面的问题：一是大资管战略传导不够，对于总行党委加快资管业务发展、加强板块化管理的新理念新要求理解不透，对于大资管业务板块的整体经营目标只有少数牵头部门重视，有些部门的责任意识有待加强。二是一些部门和分行对于维护银行理财第一大行地位的重要性认识不足，还沉浸在过去稳居市场第一的惯性思维中，仍然以“老大”心态自居，忽视市场竞争形势的急剧变化，没有意识到同业冲击的严峻性，在维护业务规模指标上缺乏危机感和紧迫感。大家一定要看到“老大”的市场地位不是天生的，也不是必然的，而是需要艰苦努力才能争取到、维持住的。三是资产管理业务推进委员会的定位和作用有待进一步优化和加强，目标要求提得多，但务实管用的措施少，严厉程度不够，督导手段有限，难以真正贯穿业务发起、沟通协调、制度设计、资源配置的全过程，工作成效有待提升。四是部门墙难以突破，一些部门主要围绕自身部门职责范围内的工作内容和工作节奏推动任务进展，只愿意按部就班地做存量工作，在大资管新的战略目标制定、分解、落实阶段的参与度有限，导致大资管战略目标与各部门目标在内容和时间上存在偏差。五是少数部门遇到困难绕着走，不同程度的存在敷衍塞责的现象，对于涉及跨部门的工作办理质效不高，如经营数据统计的及时性、准确性有待提升。正如谷行长在第一季度经营情况分析会上强调的，我们工作中存在这样或那样的问题并不可怕，但可怕的是讳疾忌医、刻意回避、麻木不仁、视而不见。对于这些存在的问题需要我们客观、全面、坦诚地分析，更需要我们抓紧行动、对症下药、治病疗伤。

三、下一阶段的总体思路、经营目标与重点措施

当前的外部形势虽然有挑战，我们自身也存在一些问题，但整个大资管行业仍然会保持稳健发展态势，我行大资管板块“稳中求进”仍然具有“稳”的有利条件和“进”的市场空间，对此大家一定要坚定信心和决心。

下一阶段的总体思路是：坚持“两抓两提升”，即

抓执行力，提升工作效率；抓竞争力，提升市场份额。前一条要求是针对推进委统筹协调机制提的，希望各部门要提高认识、统一思想、真抓实干。后一条要求是针对大资管板块经营业绩提的，希望各部门要以“倍增发展、转型发展”为战略目标，以“时间过半、任务过半”以及市场份额提升、各项经营指标不能负增长为底线目标，一季压着一季干、一月紧着一月走，确保完成序时进度，跑赢大市。

关于第二季度的经营目标，刚才资产管理部已经代表推进委对各部门第二季度经营目标进行了详细汇报，谷行长对大资管收入实现正增长等方面也提出了具体要求。希望会后资产管理部和推进委秘书处牵头，与财务会计部等部门进一步协商，确保大资管收入实现正增长。第二季度及今后一段时间，大资管业务板块要重点做好如下八项重点工作。

第一，做大业务规模，坚决维护银行理财第一大行地位。首先要解决思想认识问题，在全行上下进一步传导做大规模、确保银行理财第一大行的重要性，认清理财和存款应当是相互协同而不是此消彼长的关系，破除理财“老大”的惯性思维，提升维护我行理财第一大行地位的紧迫感和责任感。在具体措施上，要将项目投资与外拓资金协同配套起来，原则上项目投资至少要同时配套落地 50% 的产品资金。要加大部门直销力度，资管部要在第二季度 2 550 亿元规模增长计划中，协助渠道部门实现产品直销 800 亿元。要尽快实现理财代销业务落地，延伸我行服务渠道和网络，通过银银合作进一步拓展行外客户和增量资金。

第二，明确资产投向，提升资产管理与公司投行的战略协同。要落实谷行长要求，资管部在 6 月上旬前分步骤承接公司部 500 亿元重点优质客户融资项目，同时配套资金由公司部、投行部提供 200 亿－250 亿元，资负部提供 150 亿－200 亿元，资管部解决剩余资金缺口。关于建立表外项目资产池的问题，资产管理部要一并研究。要把握供给侧结构性改革中蕴藏的巨大投资机会，坚持“抓大、抓小、抓新、抓优”的“四抓”工作方针。在符合理财投资条件的基础上，第二季度全行理财项目投资规模新增 1 300 亿元，其中理财直投项目 500 亿元、同业结构化项目 450 亿元、股权项目（基金）350 亿元。要积极把握雄安新区的历史性战略投资机会，快速行动，力争完成第一只雄安新区基础设施产业基金设立，力争完成央企高新产业创新基金设立。要协同好产品发行、投资配置与风险管控之间的关系，加强非标资产与表内信贷、非标资产与标准化资产、股权与债权、自我管理与委托投资之间的统筹和平衡。

第三，坚持薄利多销的产品发行策略，夯实客户基础。要注重让利客户，确保产品收益具备可比同业的竞争力，进一步拓展客户、稳定客户，促进规模增长和收入增加。要将理财规模增长任务分解到基层，将增长目标传达到一线人员，既促进理财规模增加，又让基层员工更好地运用理财产品作为贴近客户、服务客户的重要工作抓手。要按照谷行长的批示要求，对于大力营销客户资金的分行，进一步增加考核加分项，提高分行拓展资金的积极性、主动性。要对个人高净值客户、法人重点客户细化营销方案，落实专门人员开展精准营销，提升客户服务成效。

第四，加强条线管理职能，激活区域理财经营活力。要尽快完成对一级分行、直属分行和重点城市行的全面评估，在充分分析各行发展水平、管理能力、市场潜力的基础上，第二季度按计划出台区域理财的专项指导意见，更好地调动分行积极性和经营潜力。要以近期上海分行成立资产管理部为契机，全面完善一级分行资产管理业务组织体系，对重点分行要大力支持建立专业的资产管理部门，其他分行要建立专业的资产管理团队或资产组织团队，真正打造一支能够主动找资产、找市场的专业队伍。要推进区域理财多做“加法”，用好差异化授权管理手段，不断丰富分行区域理财投资品种，拓展业务发展空间，同时对风险暴露严重分行加强风险管控。

第五，持续优化资产管理业务推进委员会平台，全面提升战略传导和协同机制。要在总行党委的统一领导下，提升推进委日常管理的力度和权威。考虑在季度会议的基础上，定期或不定期地召开专题协调会，对项目联动、产品发行、客户营销等方面进行经营督导，理直气壮地抓板块经营、抓战略协同，发挥更大作用。要将整个大资管业务板块的经营督导纳入推进委职责，研究建立大资管业务经营指标的长效管理机制，分部门分年度细化分解战略目标，总规模按照年度增速 15% 进行监控，确保五年“倍增发展”目标的实现。要优化推进委议事规则和工作形式，做实项目经理制和工作汇报制。要加强大资管板块的考核评价。推进委秘书处牵头制定的《大资管业务综合评价管理办法（试行）》要落地实施，今年务必做到每季度定期考核。在完善向分行纵向战略传导的基础上，要考虑建立向总行部门横向战略传导的考评机制，研究将“大资管营业贡献”纳入大资管相关部门营业贡献的系数调节项，细化责任书，落实到部门责任人。一些指标今年可能来不及纳入年度考核，要考虑今年先统计监测起来，明年争取正式落地实施。要研究优化大资管业务经营管理体制，加强战略协同的激励机制建设。

第六，坚决服务集团经营转型大局，推进“五统一”平台建设总体方案的落地实施。今天会上讨论了《大资管“五统一”管理平台建设总体方案》。这个方案行领导已经签批同意，易董事长专门批示：“赞成！抓紧推进，并逐步完善，核心是提升大资管发展和风险管理水平，提升大资管能力”。下一步各部门要按照分工，积极推进。

第七，积极应对监管新规的大考，前瞻性做好各项应对措施的研究准备工作。要高度关注监管动向，未雨绸缪，化被动为主动，在做好“三违反”“三套利”“四不当”“市场乱象”自查工作的同时，主动在投资品和产品两端进行创新调整，提前摆布好资产配置和产品结构，尽可能降低监管新规对我行大资管业务的影响。要预判监管新规出台后的市场变化，抢抓可能出现的市场机遇。要在全行新三年规划的编制过程中充分考虑监管新规的影响。

第八，充分发挥担当精神，共同提升大资管战略推进的工作作风和管理质效。各部门要改进作风，克服部门墙心态，主动作为，积极进取，提升协同发展的工作质效。

总之，当前维护好大资管行业的龙头地位，既是我们的挑战，更是我们的责任和光荣。希望大家提高认识，不辱使命，进一步增强危机感和责任感，真抓实干，实现大资管业务又好又快发展，从而牢牢守住理财第一大行的市场荣誉。

完善经营机制　加快转型发展
激发贵金属业务经营活力

——在贵金属专业团队建设座谈会上的讲话

谭　炯

（2017 年 4 月 28 日・根据录音整理）

今天总行贵金属业务部和人力资源部组织了 14 家分行的分管行长、贵金属业务牵头部门负责人，以及其中 9 家分行人力资源部负责人在这里召开座谈会，主要目的是贯彻落实总行党委关于进一步加快新兴业务转型发展和深化人力资源结构调整的工作部署，总结过去贵金属专业团队建设试点经验，安排部署好今年的贵金属专业团队建设工作。刚才，河南、山东 2 家去年已经建好贵金属团队的分行，以及 2 家计划在今年建成团队、进展非常顺利的分行作了经验交流，还有 10 家正在建设团队的分行汇报了进展情况。总的感觉，大家在推进贵金属团队建设方面思想是统一的，认识是到位的，态度也很明确。所以，下一步就是要真抓实干，抓紧时间进度，把贵金属团队建设尽快落地完成。全行开展贵金属专业团队建设试点以来，我们取得了非常好的成效。通过总结过去的成效，我们感觉到在贵金属这些新兴业务条线要进一步加大团队建设力度。总行党委对这项工作高度重视，总行人力资源部也非常支持。在这里我代表贵金属业务条线，对总行人力资源部给予的大力支持、同时也对分行人力资源部的配合支持表示衷心的感谢。我深信，在总行党委的领导下，全行同志们共同努力，进一步推进人力资源结构改革、加强新兴业务的团队建设，各项新兴业务包括贵金属业务都会有一个长足的进步，都会为工商银行的转型发展做出更加重要的贡献。

刚才，总行贵金属业务部和人力资源部谈了很好的意见，对下一步工作都提了明确的工作要求，我都完全赞同。在此基础上，我再强调三点。

一、提高认识，牢牢把握好转型发展的契机，进一步加快贵金属专业团队建设

最近几年，商业银行传统发展模式受到了很大的挑战。外部经营环境更加复杂多变、实体经济在一定程度上还在下行，由此带来的各种矛盾和压力传导到金融体系、传导到我们银行。利率的市场化改革、部分融资业务风险暴露比较突出以及金融脱媒的深化都加大了银行传统业务经营的压力。面对这种压力，总行党委明确要求，要加快转型发展，要动员全行的力量克服一切困难，尽我们最大的努力实现盈利正增长。在存贷汇等基础业务收入下降、本来就有缺口的情况下，还要正增长，怎么办？必须要进一步寻找新的增长点。新的增长点在哪？在新兴业务！所以总行党委再三强调，面对压力和挑战，我们唯一的出路就是要加快转型、加快业务结构的调整，否则我们没有出路。总行党委决定将资产管理、投行、养老金、贵金属、私人银行、托管等新兴业务作为转型发展的重要方向，我们就是应该在这些业务上进一步下功夫，要形成我们新的发展动力，形成我们新的利润增长点，从而推动工商银行健康稳定的发展。在整个新兴业务板块当中，贵金属业务条线是其中很重要的一支力量，贵金属业务对个金、公司、机构等业务板块具有较强的协同和拉动作用，加快发展贵金属业务能够很好地推动传统银行业务的转型升级，也有利于各分行培育新的业务增长点，更好地完成总行下达给分行的各项经营管理任务。从过去几年的发展情况看，贵金属作为具有成长性和市场潜力的新兴业务线，在大

家的共同努力下，取得了非常亮丽的经营业绩，没有辜负总行党委的期望。近七年来，我们贵金属业务收入保持年均58%的增长速度，显现出了强劲的增长潜力和巨大的发展空间。所以，我们必须要强调加快转型，加快结构调整，加大对新兴业务的支持和投入。我们看到贵金属业务近七年来的发展和贡献，也得客观地看到当前在贵金属业务发展上还存在很多问题。比方说，在分行层面贵金属业务牵头部门分散、多头归口管理、专业队伍力量配置不足等。从我们调研的情况来看，现在一级分行牵头部门的贵金属业务专职人员平均仅1－2人，有些分行的二级分行几乎没有一个专职人员，营销推动部门更是没有确定的兼职人员。这些问题严重影响了贵金属业务的发展。总行经过一段时间的总结和研究认为，集约化、扁平化的专业团队管理模式对于我们进一步调整人力资源结构、优化人力资源管理、降低协调成本、提升市场响应速度、加强协同营销、快速开拓新兴业务市场具有独特的优势。总行去年决定在山东、江苏、河南、甘肃、河北、贵州、宁波、山西、苏州、天津等10家分行试点组建贵金属专业团队，经过去年一年积极探索，取得了明显成效。对专业团队建设工作我们不仅有了理论上的研究，也有了试点实践效果。所以今年总行党委更是下定了决心，要进一步把我们的试点工作固化下来，要把它作为一个机制进一步完善下去。易董事长在年初全行工作会议上明确提出，“要进一步发挥好专业团队在落地见效中的抓手作用。对私银、贵金属、票据等重点条线，要明确团队组建的时间表和人员要求，这些业务必须要有人干、有合适的人干”。我希望，14家参会的分行，包括2家已经建成团队的分行，都要深刻领会易董事长的讲话精神。尚未建成团队的这12家发展潜力较大、发展有空间的分行，要尽快明确团队组建的时间表和工作步骤，拿出切实可行的工作方案，年内务必要建成贵金属专业团队。其余剩下的10多家未建团队的分行，也希望在人力资源部的支持下，能够实事求是、分步骤分批次进一步落实好团队建设工作要求。同时，团队组建以后，要进一步完善机制，强化资源整合力度，充分发挥人力资源作为第一资源和转型动力的作用，推动贵金属业务做大做强，实现跨越式发展。总之，我第一点要强调的是，大家思想上要提高认识，要高度重视这些新兴业务的发展，要舍得在这些新兴业务上加大投入，从而真正实现结构调整和转型发展，真正提升市场竞争力。

二、抓紧行动，切实加强人员配置，提高贵金属业务经营管理水平

刚才，河南分行、山东分行作了很好的经验介绍，通过他们的介绍，大家也能看到，这两家分行去年贵金属业务收入实现10%以上的增长，贵金属中间业务收入实现了50%以上的增长，在分行中间业务收入中的占比分别提升了1.5个和1.6个百分点。另外其他成立了团队的分行，比方说江苏、甘肃、贵州、宁波、天津等分行贵金属业务收入也取得了快速的增长。这再次从实践上证明了成立团队和发挥好团队作用的优势。另外，今年浙江分行和江西分行团队建设进展很快，也值得我们给予充分的肯定。总结下来，在团队建设方面有三个重要的经验：一是分行党委、分行主要领导要高度重视，做好顶层设计和资源投入，在团队组建、工作机制、人员配置、考核分配等方面都有明确的规则和要求。二是分管行长发挥好牵头和组织推动作用，业务牵头部门与人力资源部门通力合作，尽快落实了团队人员配置，形成了有效的团队工作机制。三是明确了团队的任务职责和工作机制，有效传导好业务指标和工作职责，强化了业务联动，发挥好团队的作用。

今年时间已经过了三分之一。回头看，全行贵金属业务进展并不理想，希望大家能够在接下来的时间里抓紧采取实际行动，尽快完成好团队的组建工作，助推业务发展。各分行要学习借鉴先进行的经验，重点要抓好两方面的工作：一是新建团队的分行要在总行指导意见的框架下，尽快制定符合本行经营特点的专业团队方案，争取上半年完成方案的印发和队伍筹建，年内全面落实团队制各项工作机制并正式开始运行。北京、上海、广东、深圳这些发展潜力比较大、市场机会比较多的分行，更是要高度重视，抓紧时间，争取在上半年就能够正式完成组建，正式开展运作。二是已经完成团队组建的10家试点分行，也要对照总行指导意见的要求，进一步改进和完善工作机制，充实和稳定好现有的人员队伍，全面落实各项经营任务，发挥好示范引领作用。

关于专业团队的建设，借这个机会再强调三点。一是要配置好专业队伍。要切实落实好易董事长提出的“新兴业务必须要有人干，有合适的人干”的工作要求。按照贵金属业务四大分类，每类业务希望省行层面落实1－2名专职人员，确保贵金属四大类业务都要有专业的支持、营销推动、风险管理。二级分行及一级支行层面也要根据实际情况配备专职人员，确保业务线的管理真正落地。也希望客户营销部门要配备好贵金属业务营销专员，确保联动营销落地。在团队成员的选配方面，希望分行优先将年轻业务骨干，特别是经过一定时间的业务培训、已经具有贵金属专业经验的员工调整充实到贵金属专业团队中。二是要明确专业团队的任务和职责。团队建设的目的是要落实业务线经营任务，提升市场竞争能力，这是我们加强团队建设的根本要求所在。各行要本着积极进取的原则，对专业团队确定业务营销和收入贡献目标。专业团队要全面承担专业线发展指标，既要直接负责产品推动和重要项目攻关，还要支撑带动各基层机构的业务发展和风险管理。一方面，专业团队要有自身的经营任务，要带头攻坚拔寨，重大项目要亲自上手；另一方面，要支持帮助条线建设，把全

行积极性调动起来。设立团队的分行贵金属业务收入年均增幅要高于全行平均水平，力争超过15%。三是要完善激励考核机制。各分行要结合本行实际，参照总行办法制定权责利相匹配的绩效评价和激励约束办法，充分调动和发挥各方面的积极性。当然，也要解决好业务发展与风险控制之间的关系，要在严格风险管控的前提下推动业务线持续稳健发展。

三、全面加强联动，确保团队制建设产生实效，发挥好团队作用

团队组建以后，尽快推动业务发展才是我们的根本目的。今年总行党委为促进全行竞争力提升，制订了一级（直属）分行竞争力评估方案，要求境内一级（直属）分行进一步增强存款、中收两大市场竞争能力。简单地讲，就是在这两块要对标同业，没有做到第一的要争取第一，做到了第一的要确保第一不能丢掉。我们贵金属业务，整体总量是第一的，但是我们有相当一部分的分行是在第二、第三甚至是第四位，这和工商银行的大行形象是不匹配的。希望大家对照竞争力评估方案要求，制定切实有效的措施，确保存款和中收市场竞争力提升，确保新兴条线在中收方面有突出的贡献，确保贵金属业务有大的发展。具体而言，所有的工作任务，总行有要求，最后的落脚是在分支机构。所以我们希望，在分行层面，要强化贵金属业务营销联动，要进一步完善贵金属联动营销考核机制。在总行层面，去年由总行财会部牵头，优化完善了贵金属业务在贵金属业务部及客户营销部门间的考核分润机制。今年要推动联动营销考核机制在一级（直属）分行的传导落地。各分行要根据《关于完善实物贵金属业务推动机制的通知》要求，比照总行做法，尽快制定和完善分支机构的联动营销考核机制。分行贵金属业务牵头部门作为业务线推动主体，要落实好主体责任，要对产品线收入100%负责和考核，分行个金、公司和机构等客户营销部门要对其负责的客户群体的收入贡献负责。各分行分管行长要发挥分行专业条线总负责人和组织推动者的作用，要进一步研究本行贵金属业务未来发展战略，牵头贵金属经营机制的顶层设计，尤其对完善业务经营机制、加快团队建设、强化业务联动等重点工作，要有目标、有步骤地予以推进，从机制上确保各项工作任务能落地。

各分行业务牵头部门要切实承担起推动业务线发展的主体责任，强化经营管理职能，履行好在产品推动、业务管理、牵头营销、专业团队建设等方面的职责，服务支撑好客户营销部门，沟通协调好业务保障部门，落实好风险管控等管理要求，确保业务线各项经营指标全面完成。在做好分行层面联动的同时，要进一步强化总分行协同。贵金属业务部要进一步强化专业线系统管理职责，发挥好业务推动作用。一是要针对市场机遇挑战、同业竞争态势，牵头制订好业务线三年发展规划。总行党委对三年规划特别重视，专门开会决定启动2018—2020年三年发展战略规划制定工作，总行要做，各条线也要做。二是要加强业务线系统管理和建设，特别是专业团队建设的过程管理。要联合人力资源部，尽快完善和印发《深化贵金属专业团队建设的指导意见》。及时协调解决分行在组建团队过程中碰到的新问题和新情况，及时跟踪分行团队组建和任务目标执行进度等情况，对进度落后、团队建设不符合总行要求、经营任务缺口大、同业占比降位的分行，要进一步加强督导工作力度。三是要加强对系统专职、兼职人员的专业培训和培养，进一步提高条线专业能力。要加强总分行之间的交流，我们鼓励分行推荐合适的人到总行贵金属部来交流挂职，进一步提高条线人员专业素质。四是要在市场拓展、产品设计、风险控制、大客户营销及专业培训等方面加强对分行的支持和专业指导，为分行拓展业务、竞争客户提供抓手和“武器”，带领分行突破新业务和新市场。

人力资源部要发挥好全行人员结构优化调整的牵头管理职责，一是要协助分行做好专业团队建设的组织推动，指导分行做好新兴业务线的人员配置，指导分行完善团队绩效管理方案，推动分行尽快落实专业团队建设任务；二是要积极推动专业团队建设经验交流，形成可复制、可推广的经典案例，解决好团队建设参差不齐的问题；三是联手贵金属业务部，加强专业团队建设的跟踪问效，建立健全后评估机制。对组建不规范、机制不完善的团队，要及时协助分行查找原因，加以改进。对确因管理不善、人员配置不到位、经营业绩不达标的团队，要进行警示和动态调整。

当前全行经营压力较大、困难很多，但越是在这种情况下，我们越要坚定经营转型和结构调整的信心和决心。应该讲，贵金属业务经过多年的发展，为全行创造了一个新的利润增长点，是全行经营转型的一个重要抓手。总行党委对新兴业务包括贵金属业务的发展寄予了很高的期望。贵金属业务条线是全行大资管板块的一个组成部分，这里我也简要介绍一下总行关于大资管等新兴业务发展的新想法和新要求。总的来讲，新兴业务特别是大资管业务的发展，要紧盯两大指标，一个是规模要增长，另一个是收入要增长，最核心的是收入要增长。总行明确提出，“用3－5年，实现倍增发展和转型发展”“每年起码要保证15%以上的增长，才可能3－5年达到倍增的目标”。谷行长在资产管理业务推进委员会2017年第一次工作会议上明确提出，“大资管规模和收入要双增长，每季度要考核”。就像谷行长在全行一季度经营分析会提出的，要一季压着一季干、一月紧着一月走，每月每季都要盯规模和收入指标，确保每个季度的收入和规模实现正增长，实现市场份额提升。总行强调对标市场，强调市场份额，保持资产管理第一大行地位，不能动摇。就贵金属业务而言，虽然前几年发展

很好，但今年第一季度发展速度明显慢了下来。大家要增强危机感和责任感，如果我们不加快发展，贵金属业务市场第一的地位有可能被动摇。近年来，社会财富进入到快速集聚期，根据相关机构分析，企业和居民财富每年按照两位数递增，到2020年有望超过240万亿元。另外，个人金融资产结构也在加速从单一的银行存款向金融资产多元化转型，包括存款、理财、基金、证券、保险，包括贵金属等，这是一个发展趋势。贵金属业务是我们未来发展的重要方向。因此，一方面我们要看到挑战，因为追兵越来越紧；另一方面也看到市场呈现出稳健的增长态势。贵金属条线的同志们，要坚定信心，加快团队建设，更好地集聚专业力量，发挥好协同效应，从而形成新的价值增长贡献。我坚信，在总行党委的领导下，在各级人力资源部门的大力支持下，在相关部门的共同努力下，通过加强贵金属专业队伍建设，进一步完善经营机制，整个贵金属业务条线一定会激发出新的活力，为全行利润增长和经营转型作出新的贡献。

在养老金资产管理业务现场经验交流会上的讲话

谭　炯

（2017年6月8日）

在上半年工作即将收官之际，总行召开这次养老金资产管理业务现场经验交流会，主要有两个目的：一是总结交流广东分行“员工福利金管家”业务创新实践经验，探讨养老金业务转型创新方向，为编制养老金业务新的三年发展规划开拓思路；二是总结今年1－5月养老金业务经营情况，分析面临的形势，部署下半年重点工作，对职业年金受托管理营销工作进行再动员再部署。刚才广东分行和山西分行介绍了开展养老金资产管理业务创新的做法和经验，与会同志作了研讨发言，提出了很多好的思路、措施和建议。下面，结合大家的交流发言，我讲两个方面的意见。

一、正确认识“员工福利金管家”业务创新价值，积极推广成功经验

养老金业务是全行一项新型业务，创新性和成长性强是其基本特点。创新产品种类、拓展业务领域一直是养老金业务面临的重要任务。2014年以来，广东分行在大力发展养老金基础业务的同时，积极开展养老金资产管理业务创新，开发了“员工福利金管家”福利计划管理业务并配套发行个人养老金理财产品，在批量式营销个人理财产品方面进行了富有价值的探索。在开展“员工福利金管家”业务的过程中，广东分行工作目标明确，组织推动有力，营销措施得当，营销效果显著，为全行开展养老金业务、资产管理业务和个人金融业务联动创新提供了范例。山西分行克服养老金业务发展遇到的困难，学习借鉴广东分行先进经验，因地制宜调整养老金资产管理业务发展策略，推进产品创新，强化公私联动，也取得了较好效果。在当前全行大力推动经营转型、养老金业务创新亟待破局的背景下，广东分行这一业务创新思路和模式值得充分肯定和积极推广。

（一）“员工福利金管家”业务创新的意义和价值。“员工福利金管家”业务是养老金资产管理业务创新的一次成功突破，在探索新的营销模式、新的细分市场、新的获客渠道方面进行了先行先试，其创新价值主要表现在三个方面：一是通过公私联动的有益尝试，促进了养老金业务、资产管理业务、个人金融业务协同发展。广东分行自2014年开办“员工福利金管家”业务以来，累计销售个人养老理财产品209亿元，实现中间业务收入7 804万元，其中销售手续费收入2 413万元，投资管理费收入5391万元。通过这项产品新增个人理财客户3.16万户，其中从他行挖转客户9 236户；带动新增网上银行及手机银行客户1.5万户，新开银行卡1.6万张，带动销售其他个人理财产品3亿元，带动贵金属业务600万元，带动发放个人信用贷款超过1亿元。通过这项业务，积累了批量拓展个人客户的营销经验，为拓展养老金客户所属员工的个人金融业务提供了样板。二是通过推出个人养老金理财业务，检验和适应了个人养老投资市场需求。随着我国社会老龄化加剧，居民个人养老投资需求日益增长，我行拥有的庞大个人客户群体正是我们营销个人养老金理财产品的首要对象。广东分行利用“员工福利金管家”个人养老金理财产品，对个人养老投资市场开展了成规模、成体系的精准化营销，提高了客户对个人养老投资的关注度，激发了客户养老投资需求。对个人养老投资市场的成功试水，有助于我们进一步了解市场需求，为后续研发适销对路的个人养老金融产品打下基础。三是通过“坐商”向“行商”的转变，开辟了个人金融业务新的获客途径。“员工福利金管家”业务通过批量式营销推介，深

入对公客户开展职场营销，利用企事业单位人力资源、财务、工会等部门的影响力获得其员工信任，在产品销售上形成羊群效应，不仅能快速扩大我行客户业务规模，还能吸引他行客户对我行产品的关注。“员工福利金管家”业务有近30%的个人客户是从他行挖转而来，已经成为个人金融业务获客途径的有益补充。

广东分行“员工福利金管家”业务虽然只是一个区域市场的多部门联动创新案例，但在观念、思路方面带给我们很多启发。站在全行转型发展的角度，这一创新案例能够进一步深化我们对养老金业务的认识。

第一，在经营挑战日益严峻的形势下，养老金业务是推动转型发展的一个重要抓手。受经济增速放缓、监管政策收紧、存贷利差收窄、市场竞争加剧等因素影响，全行面临的经营形势比较严峻，转型创新任务十分紧迫。要想在激烈竞争的市场上有所突破，需要有新的产品作为利器。养老金业务具有丰富的客户群体、全面的服务内容和独特的服务模式，是全行业务创新的重要抓手。养老金业务覆盖企业、机构、个人等多类群体，签约企业、服务个人，受众分布广，客户关系牢，具备开展业务创新的天然基础。养老金业务涵盖受托管理、账户管理、基金托管、投资管理、顾问管理等多个领域，服务维度全，创新角度多，具备开展业务创新的有利条件。

第二，随着社会养老投资需求日益增长，养老金业务正在成为拓展个人养老投资市场的有效平台。据统计，经济合作与发展组织（OECD）成员国养老金资产占 GDP 平均比例超过 80%，我国养老金资产占 GDP 仅12%左右，未来增长空间巨大。我行养老金客户规模庞大，拥有近5万家对公优质客户和1 600万个人优质客户，这些客户中蕴藏着巨大的养老投资需求。近期，财政部就养老保障第三支柱的个人储蓄性养老产品税收递延形成基本思路，人社部、保监会、银监会等部门正加紧研究相关政策，第三支柱个人养老投资业务即将起步。面对日益增长的社会养老投资需求，只要我们及时创新推出具有养老特征的长期资产管理产品，就能抢占市场先机。

第三，从业务联动的角度来看，养老金业务是促进对公对私业务协同发展的重要纽带。首先，养老金业务能够有效带动其他业务发展。养老金业务同时面向公司和个人客户，业务开办过程中涉及多项金融服务。发展养老金业务，能够有效带动结算、银行卡、电子银行、融资业务协同发展。其次，养老金业务能够显著提升获客能力。在移动互联网及新媒体时代，业务场景发生巨大变革，传统营销手段不能包打天下，养老金业务从对公客户人力资源部门切入，是批量拓展个人客户的有效入口，能够显著提升获客能力。最后，养老金业务有利于密切客户关系。养老金业务服务周期长，客户沟通频率高，服务效果直接关乎客户员工的切身利益，提高养老金业务服务水平，有利于提高客户员工的信任度和依赖度，进一步密切银企关系。

（二）推广“员工福利金管家”业务创新经验的几点要求。下面我就各行如何借鉴推广广东分行“员工福利金管家”业务创新经验，因地制宜发展养老金资产管理业务，提三点要求：一是学习广东分行先进经验，积极发展个人养老理财业务。各行要认真学习先进分行案例，总结过往业务经验，研究辖内客户特点，做好产品创新、服务创新和联动服务研究，量身制订业务落地方案，积极组织开展个人养老理财产品批量式营销工作。二是做好上下左右联动协作，齐心协力拓展个人养老金理财业务。从养老金业务长期发展来看，组织开展好个人养老金理财产品批量式营销，可以为介入养老保障第三支柱业务积累经验。总行养老金业务部要做好与监管部门沟通，积极争取发展个人储蓄性养老产品相关的优惠政策。分行要做好辖内政策研究、部门协调、系统建设和资源配置，给予最大的支持力度，齐心协力拓展个人养老金理财业务。三是强化运营风险管理，依法合规开展个人养老金理财业务。各行在业务组织推广和方案设计中，要充分考虑业务制度、运营系统、操作流程中可能存在的问题和风险，做好前期准备，确保合规销售产品，严控运营风险。

二、积极进取，攻坚克难，全面做好今年养老金业务工作

上半年即将结束，有必要认真总结半年工作尤其是业务经营情况，进一步明确下半年工作措施。截至5月末，全行实现养老金业务收入5.6亿元，完成全年计划的21.3%；新增受托养老金规模17.8亿元，完成全年计划的10.9%；新增管理养老金个人账户25.1万户，完成全年计划的22.4%。总体来看，前5个月全行养老金业务发展没有达到预期水平，主要业务指标完成情况均低于序时进度。业务发展不理想，有经济环境复杂、经营难度加大等客观原因，但主观能动性发挥不够的问题更应该引起关注。尤其是部分分行对养老金业务重视不够，工作不扎实，业务推动办法不多。1－5月有20家分行养老金业务收入增幅低于中间业务收入增幅，29家分行养老金业务收入全行贡献占比低于中间业务收入全行贡献占比。各行要增强做好养老金业务的紧迫感，对标全年工作计划，查找存在的问题和不足，及时调整发展策略，制定针对性的工作措施，争取为全年工作交出令人满意的答卷。任务完成差距较大的分行，尤其要树立底线思维，不能“脚踩西瓜皮，滑到哪里算哪里”，要切实加大工作力度，确保完成全年计划任务。

下半年，养老金业务条线要完成好两大重点任务：一是全力争取职业年金受托管理业务，推动标准年金业务快速发展；二是加大增收力度，全面完成中间业务收

入计划。目前全年收入计划完成率40%以上的分行，6月末要达到60%，9月末要达到90%；目前全年收入计划完成率在20%－40%之间的分行，6月末要达到50%，9月末要达到80%；目前全年收入计划完成率20%以下的分行，要在9月末达到75%的序时进度。

（一）多方联动，加大市场拓展力度。一是打好职业年金营销攻坚战。职业年金营销工作意义持久深远，易董事长、谷行长在年初全行工作会议上作了明确部署，我在年初专业会议上作了具体安排，这里我们要进行再动员再部署。根据最新了解的情况，各省、自治区、直辖市将在下半年启动职业年金管理机构招标。各行务必要高度重视，切实落实职业年金营销“一把手工程”，加强统一领导和组织协调，调动各方面积极性，全力做好职业年金受托管理资格竞标工作，各一级分行要确保至少中标1个计划的受托管理资格。二是加强企业年金营销不放松。各行要确保企业年金存量市场占比不降低，新增市场占比第一。要落实养老金业务企业客户发展规划，逐级制定客户营销清单，突出重点行业、重点客户，开展分层营销和联动营销。要发挥我行服务优势，大力挖掘存量客户业务机会。三是加大非标年金市场拓展力度。非标年金业务不仅是拓展市场领域、壮大业务规模的重要方向，也是增加业务收入的重要途径。要研究好辖内客户结构特点，分析透客户养老薪酬福利管理需求，有效推动如意人生福利计划及养老金理财产品销售，提升业务规模和收入。

（二）完善机制，持续提升服务效果。一是持续优化运营服务体系。客户口碑是树立品牌、赢得市场的保证，是衡量获客稳客能力的标尺。各行要落实总行客户服务要求，完善客户服务体系，切实做到“客户服务分层化、客户管理规范化、客户服务专业化”，确保重点客户高层回访全覆盖。二是持续提升专业服务能力。要总结推广优秀服务案例，总结反思工作中的不足，增强业务人员服务意识，提升业务人员专业管理能力和客户服务水平。三是完善客户服务监督机制。制定客户服务绩效考评方案，定期跟踪测评客户满意度，促进客户服务质量持续提升。

（三）多措并举，夯实收入增长基础。一是不断优化收入结构，增强收入可持续增长能力。养老金业务单项收入占比过高的分行，一定要及时调整，避免过度依赖某项业务发展，不适应市场发展和政策调整变化要求。二是注意服务与收入相匹配。业务收费要严格遵循“依法合规、服务匹配、协议完备、客户自愿”的原则，切实做到“四有一不”：服务收费有依据、有完备的合同或协议文本、有真正的服务、有经得起检查的服务记录、不搞综合收益率拆分。尤其要注重养老金管理顾问业务收费的合规性，以服务个性化和专属性为突破口，切实提高养老金顾问服务的技术含量。三是拓宽收入渠道。加大增收力度，要认真研究辖内客户特点，挖掘客户信息管理和资产管理需求，以养老金理财业务和综合养老保障业务为重点，不断创新产品与服务，拓宽收入来源。

（四）提高认识，切实加强团队建设。一是加强专业团队建设。养老金业务个性化服务需求突出、专业性比较强，仅靠兼职人员综合营销难以有效拓展市场。各行要按照总行《关于优化利润中心经营管理模式的实施意见》，结合自身情况组建专职团队，保证专人做事、专项考核。二是提升队伍专业素质。从业人员专业素质是做好养老金业务的基本保证。各行要建立养老金业务人才库，保持专业人员稳定。要通过学习培训和业务交流，持续提升业务人员专业素质。要加强对基层机构的业务指导和帮扶，做到每个二级分行至少有2名熟悉养老金、会做养老金业务的骨干人员，每个支行至少有1名懂养老金业务的营销人员，切实解决业务落地“最后一公里”问题。

（五）广开思路，全面推进业务创新。一是加强政策研究。密切跟踪监管政策进展，择机参与制度设计，研究银行、保险、基金等同业机构先进做法，把握市场前沿创新方向。二是选择适合自身的创新之路。针对区域市场特点，选择创新方向，重点做好“员工福利金管家”、员工持股计划、个人养老投资计划等创新产品的研发推广。三是提升创新产品收入。根据服务内容设计合理的交易结构和收费标准，做到量价匹配，提升创新产品收入贡献。

（六）集思广益，科学编制养老金业务三年发展规划。编制2018—2020年发展规划是今年全行的一项重要工作。总行养老金业务部要牵头做好养老金业务发展规划的编制工作，为条线业务发展做好顶层设计。要深入分析未来三年政策和市场形势，科学制定业务发展目标、思路策略和工作措施。要充分听取分行和相关方面的意见，做到上下联动。各分行要结合自身实际，突出业务拓展和产品创新，编制好各自的养老金业务规划。

同志们，随着国家养老保障体制改革深入推进，企业年金市场稳步增长，职业年金市场启动在即，个人养老投资市场不断扩大，养老金业务正迎来广阔的发展空间。今年的时间已经将近过去一半，我们的工作任务十分艰巨，全行务必要统一思想、提高认识、积极进取、主动作为，以更高标准和更大力度做好养老金业务工作，确保全面完成今年各项目标任务，为全行经营发展做出应有贡献。

在重点分行票据融资业务推进会上的讲话

谭　炯

（2017 年 7 月 28 日）

这次会议的主要任务是，回顾总结上半年全行票据融资业务经营情况，安排部署下阶段重点工作，展望票据业务条线新三年发展规划。刚才，票据营业部对上半年全行票据融资业务经营情况作了演示，分析得很全面，也很透彻；12 家重点分行的分管行长也介绍了本行业务经营情况，并结合各自实际对下一步业务发展提出了意见和建议，听了很受启发，也很受鼓舞。下面，我简要谈三个方面的意见。

一、充分肯定票据融资业务上半年取得的不易成绩

（一）票据业务条线发挥了重要作用，对全行经营管理作出了突出贡献。上半年，票据业务面临规模与资金双紧、监管要求趋严、市场交易遇冷的严峻形势。全行票据业务条线顶住压力，克服困难，寻求突破，在确保合规稳健经营的同时，推动票据融资业务逆势破冰前行，在支持全行信贷调控、资产结构调节等方面作出了积极贡献。

一是对规模调控发挥了很好的支持作用。针对上半年全行旺盛的贷款投放需求，票据融资业务产品线服从全行大局，让渡规模资源，及时落实信贷调控要求，并通过加快系统内流转，拓宽系统外出口，缓解了票据规模快速下降对经营创效的不利影响。全行买断类票据规模由年初的 7 149 亿元降至 6 月末的 3 619 亿元，降幅达 49.4%，腾出信贷规模 3 530 亿元。票据日均余额 5 060亿元，较年初下降 2 089 亿元。6 月末，票据余额占全行信贷总量的 3%，较年初下降 3.24 个百分点。以票据日均余额较年初下降额度作为让渡信贷规模，按照一年期贷款利差 165 个基点进行测算，上半年全行票据为信贷业务让渡收益达 17.23 亿元。票据融资业务产品线一方面通过让渡规模有力支持了全行信贷均衡投放，另一方面通过票据集中与配置管理，对全行票据实施统一调度运作，实现产品线上下游联动，较好地协调了地区间贴现业务发展和规模平衡的关系。上半年，各分行向票据营业部办理常规性集中 715.6 亿元、调控性集中 331.2 亿元，票据营业部向分行办理配置 505.7 亿元。

二是对资产结构发挥了很好的调节作用。票据业务收益率较高、流动性强、资本占用少，对优化全行资产结构具有重要作用。上半年，全行买入票据平均贴现利率 4.95%，同比提升 156 个基点，在五大行排名第一；贴现利率高出一年期流动资金贷款收益率（4.64%）31 个基点；6 月末，全行贴现票据资产余额达到 3 232 亿元，在买断类票据余额中占比 89%，较去年末上升 21 个百分点。票据业务不仅在全行资产结构调节中发挥了调控灵活性强的优势，增强了对实体经济的融资支持能力，还通过加强系统内承兑票据的信息跟踪及联动营销，引导全行逐步提高承兑票据贴现比水平，有效降低了贴现业务资本占用。以 6 月末全行承兑汇票贴现余额 440 亿元测算，与他行承兑汇票贴现相比，至少节约经济资本 11.13 亿元。

三是对经营创收作出了积极贡献。上半年，票据市场交易大量萎缩、全行票据融资规模大幅压降，给票据业务盈利带来了巨大压力，但是在大家的共同努力下，票据业务收入实现 113.68 亿元、同比仅仅下降 7.97%，营业贡献实现 54.60 亿元、同比增长 91.06%，完成总行下达全年 T2 目标的 79.62%。补充说明一点，上半年买断类票据资产的 FTP 较同期提高了 67 个基点，如果还原这个政策因素的影响，营业贡献将会增加约 17 亿元。票据营业部本部实现考核净利润 3.31 亿元，同比增加 1.75 亿元，增幅 112.72%，完成总行下达全年 T2 目标的 55.22%，为全行利润增长作出了积极贡献。

四是发挥了对重点客户的维护作用。票据融资业务期限短、成本低，既是支持中小企业发展的利器，也是维护重点客户关系的有效抓手。全行票据业务产品线自去年 5 月启动实施“99520”工程以来，通过支持重点分行服务重点客户，带动贴现业务发展，有效拓展了一批优质中小企业客户。上半年，全行为 17 383 户客户累计办理贴现 3 820 亿元，在五大行中遥遥领先，贴现量占比达 38.85%。其中，为 13 424 户小微企业客户累计办理贴现 1 796 亿元，小微企业票据资产余额占票据资产余额总量的 45.84%，较上年末提高 16 个百分点，为全行实现“三个不低于”、有效支持实体经济，发挥了积极促进作用。同时，票据营业部与分行联动，以同业投资等方式为北京现代等核心企业提供票据融资服务，进一步深化了大型企业客户的银企合作关系，也带

动了存贷款、外汇结算等各项业务的增长。如上半年现代汽车日均存款达到3.17亿元，日均贷款20亿元；华晨宝马外汇结算业务8.8亿美元，远期外汇交易2.6亿美元。

（二）分行票据融资业务经营亮点纷呈、各具特色。上半年，在市场票源减少、规模大幅压降的经营形势下，票据营业部总分部、各分行通过推进票据业务产品线建设，积极构建一体化经营格局，形成经营合力，促进了票据业务稳健发展。其中，山东、浙江、黑龙江分行分别实现票据业务收入7.4亿元、6亿元和4.1亿元，位居全行前三位。各分行在产品线建设、贴现业务与客户拓展方面结合实际，发挥优势，形成了各自经营特色。

一是推动了票据产品线建设。分行积极响应全行票据产品线建设，加大了对本行票据业务的经营与管理投入，取得较好效果。如山东分行为加强票据业务营销推动，将二级分行票据中心统一到公司业务部门管理，并在全省建立票据业务专项考核机制，为做大贴现市场提供保障，保持了票据业务收入、贴现量在分行间双第一的排名。山西分行组建集管理、营销、操作、风控为一体的票据专业化经营团队，促进了票据业务的快速发展，实现了票据业务收入、贴现量的同比双增长，两项指标均完成了上半年序时进度目标。云南分行通过组建省行票据专业团队，建立票据专项激励机制等措施，加大票据业务组织推动，一改以往票据业务小行的形象，上半年贴现量序时进度接近50%，票据业务收入达到3.08亿元、序时进度达到65.4%，成为全行少数几家贴现量、业务收入同时完成较好的分行之一。

二是大力发展了贴现业务。在第二季度全行票据规模更为紧张的情况下，通过建立分行与分部集中交易、分行间直接交易、分行通过当地同业交易三种渠道，进一步盘活全行票据资源，加快票据周转，促进了贴现业务发展。上半年，山东、浙江、江苏分行分别办理贴现业务363亿元、300亿元和274亿元，位居全行前三位。陕西分行尽力腾出自身规模，保障票据业务开展，贴现量、业务收入同比实现双增长，且贴现量完成序时进度目标。广东分行在票据日均规模同比大幅下降89.2%的情况下，通过加快票据周转，票据收益率达到8.82%，保持了较高的获利水平。河南分行深化与分部的业务合作，通过将票据加快向分部集中积极腾挪规模资源开展增量业务，上半年贴现收益率位居全行第三位，并实现了贴现量、业务收入的双增长。天津分行在区域票源减少、市场竞争加剧的情况下，努力抓牢本行承兑票源，夯实贴现业务发展基础，上半年承兑贴现比达到56.7%，高出全行平均水平37个百分点。

三是促进了客户营销拓展。在小微企业贴现客户方面，上半年，上海、重庆分行小微企业贴现量均超过200亿元，位居全行排名前两位；重庆分行、广东分行营业部积极与当地政府、监管部门沟通，在当地获批设立了小微企业票据贴现中心，为进一步拓展小微企业贴现客户，提高我行在当地市场的影响力奠定了良好基础。在大型企业贴现客户方面，北京现代、辽宁华晨宝马上半年分别累计在我行办理贴现业务39亿元和27亿元，继2016年以来继续保持全行贴现量排名前两位；辽宁华晨动力机械累计办理贴现业务26亿元，为全行第三大贴现客户。上海、湖南、宁波分行首次以银团贴现形式成功为上海大众汽车办理贴现业务31亿元，为分行间开展银团贴现业务积累了实践经验。四川分行以客户拓展为抓手，努力推动贴现业务发展，上半年贴现客户数增幅位居全行第三位，贴现量、业务收入实现双增长。

总之，在上半年如此复杂严峻的经营形势下，票据融资业务条线取得这样的经营成果来之不易，为全行经营发展作出了积极贡献。

二、当前票据融资业务发展中存在的主要问题

当前，我们所处的经营形势比以往更加复杂，所面临的经营压力前所未有，票据市场变化和产品线改革的双重影响已经不断显现，需要我们科学研判认清形势，剖析问题对症下药，加快推动落实解决。

（一）全行票据业务产品线建设有待进一步推进。自去年初总行下发《关于深化票据业务管理体系改革的通知》以来，全行认真落实改革要求，推进票据产品线建设，取得了明显成效和积极进展，但在一些方面还存在不足。一是部分分行对新形势下票据融资业务经营定位认识不清。目前我行票据融资业务对规模、资金等资源投入的依赖性较强，而且受规模资源政策性调控影响较大，在特殊时点个别机构仍然存在不计成本甚至发生损失的情况下进行票据交易以满足规模调控需求的现象。票据业务规模的持续压降必将影响客户资源的稳定，长期来看不利于业务的可持续发展。二是部分分行对票据业务政策的传导还需要进一步加强。自全行票据产品线改革以来，部分经营管理较好的分行通过组建票据团队、完善考核激励机制等措施，加快了票据业务发展，但仍有一些分行对票据业务重视不足，“最后一公里”的问题还没有解决好，对总行的票据业务政策措施未及时向二级分行进行有效传导与推动落实，尚未充分调动广大二级分行及经营机构的积极性，票据业务发展相对滞后。三是票据融资业务风险防控需要进一步加强。上半年票据营业部通过非现场监测，累计对35家分行共537户客户合计370.54亿元的存疑业务发出了风险提示，其中累计贴现额大于企业注册资本30倍以上的企业94户、涉及贴现额212.77亿元，贴现资金流向违规领域的企业267户、涉及贴现额137.39亿元。小企业大贴现、贴现贸易背景不真实、业务资料审查不

严格、贴现资金流向不合理等问题依然存在。分行对票据融资业务风险管理的手段不多，实现远程监测、非现场监管的能力有待提高，风险防控体系需要进一步优化。

（二）票交所新业态下我行票据融资业务转型亟待加快。今年以来，票交所建设进程明显加快，电票替代纸票程度大幅上升，更多机构积极筹划票交所时代业务发展新模式。从前阶段推广运行情况看，我行票交所对接推进工作总体慢于预期。一是我行票据经营机构众多、现阶段市场形势下业务经营压力大，部分分行对票交所相关要求理解不深，在票交所业务推广工作上较为被动。在分行层面仅仅靠票据营业部和分行票据融资业务管理部门推动相关工作，力度远远不够，需要进一步发挥票据营业部总分部的牵头协调作用，推动总行相关条线形成合力，加强对分行的有效指导，更需要各分行提高认识、顾全大局，在分行成立票交所工作组，以票据融资业务管理部门牵头，分行运行管理、信贷管理、科技信息、公司金融等相关部门参与，共同推动票交所对接工作在分行层面尽快全面落实到位。二是我行现行票据融资业务运作模式与票交所业务模式存在较大差距，业务系统的改造、制度流程与操作规范的对接进度需要进一步加快，下大力气以优化改进和推广应用。

三、加快推动落实票据融资业务下阶段重点工作

上周总行年中工作会议上，总行党委充分肯定了上半年全行票据业务经营成效，高度重视票据业务经营工作，易董事长在提到票据规模压降和 FTP 调整等问题时，强调“目前票据资产收益比较理想，而且质量较好、流动性强，要把握市场时机，将票据余额保持在合理适度水平，努力做大流量，增强票据业务获利能力”，并明确要求给予票据业务更大的政策支持。谷行长也提出“进一步提高票据贴现在信贷中的占比”“规模向票据贴现进行倾斜、保持票据贴现规模不再下降”等工作要求。目前，全行票据业务收入目标的完成与序时进度还有 5－6 个百分点的缺口，票据交易量与全年目标仍有较大差距。因此，下半年票据融资业务条线务必要认真贯彻落实总行工作要求，按照票据业务管理体系改革部署，进一步深化全行票据产品线建设，加紧完善票据产品线经营管理机制，加快推动票据业务再上新的台阶。在此，我再强调以下六项重点工作。

（一）深入学习贯彻全国金融工作会议和全行年中工作会议精神。本月召开的全国金融工作会议意义重大，重点部署了金融服务实体经济、防范和化解金融风险、深化金融改革“三大任务”，对当前及未来一段时期金融工作具有重大指导意义。总行党委在年中工作会议上明确要求把全面深入学习贯彻全国金融工作会议精神作为当前及今后一个时期的头等大事，不打折扣地抓好贯彻落实。年中工作会议为全行下半年各项工作进一步指明了方向，明确了重点，作出了具体工作部署，票据业务条线一定要深入学习、深刻理解会议精神，切实把“三大任务”贯彻落实到票据融资业务改革发展稳定的各项工作之中。票据业务作为重要的融资信用工具，要回归本源，在服务实体经济方面发挥积极作用。要结合票据业务实际，立足服务实体经济，规划业务模式，统筹经营布局，推动票据业务发展，特别是要围绕“大力发展普惠金融”的要求，更好地发挥票据业务独特优势，体现我行优化金融服务、支持实体经济发展的社会责任担当。要进一步防范金融风险，规范经营行为，并围绕深化金融改革的部署，结合新三年发展规划，紧跟金融科技发展新态势，研究探索票据资管、同业理财、远期掉期等业务创新，通过优化经营模式、创新服务产品，大力推动票据业务转型发展。

（二）坚定信心、扎实工作，努力完成全年经营管理目标。

一要抓好经营目标组织推动。票据营业部要在积极争取规模和资金政策支持，做大日均资产规模，提升买入返售业务贡献的同时，加强对区域预算的执行监测，定期分析票据产品条线各项经营指标总体完成情况、业务经营情况等，关注分行开展票据融资业务的薄弱环节，强化经营分析研究和业务调研，针对经营中存在的问题，加强工作指导，推动工作改进，及时协调解决。要对业务指标考核情况进行统计与通报，发挥信息沟通桥梁作用，及时将经营情况与工作要求传导到分行，促进分行与分部齐头并进，形成合力。要通过深入开展全行票据融资业务百日劳动竞赛，对票据融资业务收入等指标进行综合评比，鼓励创先争优，进一步增强分行对经营目标的推动力。

二要加快经营目标完成进度。上半年，全行 36 家一级（直属）分行中，有 33 家分行票据业务营业贡献同比增长，35 家分行达到序时进度目标。今天参会的 12 家分行中，有 11 家分行票据业务营业贡献同比增长，12 家分行全部达到序时进度目标。但从收入完成情况看，有 20 家分行票据业务收入同比增长，仅 6 家分行达到序时进度目标。12 家参会分行中，山西、辽宁、山东、河南、四川和陕西 6 家分行票据业务收入同比增长，仅广东 1 家分行达到序时进度目标。没有达到序时进度的分行，要认真剖析原因，找到短板源头，加快目标推动，狠抓工作落实，尽早取得实效，务必在第三季度迎头赶上，确保年度经营目标的圆满完成。各分行要加强利率的精细化管理，提高与目标客户的议价能力和水平，把握市场利率走势，在产品和收益之间作统筹考量、统筹安排，增加高收益票据持有量，保持我行票据贴现量价在五大行的领先优势，并积极优化调整存量结构，主动开展规模资产的交易摆布，平衡好时点和日均余额，在有效支撑信贷规模增长的情况下，努力做

大票据业务收入。力争到第三季度末，全行票据融资业务营业贡献、营业利润分别超过51.43亿元和32.26亿元，超额完成序时进度；票据业务收入努力缩小与序时进度目标的差距。在此，我强调一点，分行要在赶超年度经营指标序时进度的同时，进一步增强“对标同业拿第一”的进取意识，提升市场竞争能力，努力在当地市场争先进位，争取和巩固我行票据业务在当地同业市场的领先优势，维护好工行应有的市场地位。

（三）进一步加强票据业务产品线建设。

一要完善分行条线系统化管理。目前，各分行在深化票据业务管理体系改革，开展票据产品线建设方面的工作进度不一。各行务必高度重视，提高认识，围绕加强票据业务产品线系统管理的工作要求，拿出“将改革进行到底”的勇气，切实从机构、人员、机制等方面加快推动和完善分行条线系统化管理工作，重点分行更要发挥示范带头作用，进一步加大改革推进力度，加快产品线发展步伐。近期，总行下发了《票据融资业务经营机构管理办法》，重塑全行票据业务组织架构及管理模式，统一经营机构准入标准，是全行票据融资业务系统化管理的基础性规范、标准化蓝本。各分行要严格按照《办法》要求，建立健全票据业务条线机构与人员配置，进一步厘清职能分工、管理流程，并建立和完善相应的考核激励机制，切实将票据业务条线考核目标层层分解落实，强化预算目标的监测、执行和考核，形成分行票据业务发展的强大推动力。在专业团队建设上，票据营业部作为业务条线的管理指导部门，要充分运用现场集中培训、网络大学培训以及知识竞赛等多种形式，强化培训的针对性和实效性，加快推动全行票据融资业务专业培训实习基地的应用推广，不断加强票据融资业务条线专业人才的储备。对于核心岗位，要强化准入管理，通过票据营业部集中组织开放性准入测试和各分行自行组织业务能力测试并行的方式，确保岗位履职人员熟悉制度、掌握流程。各分行要因地制宜，结合自身实际，在业务培训、专业人才储备培养、员工职业发展、考核激励等方面探索创新性、机制性的做法，使票据业务从业人员保持合理的规模和稳定的队伍，为全行票据业务产品线持续发展注入源动力。

二要推进业务条线一体化经营。经过近一年半时间的票据业务管理体系改革，票据产品线已经初步形成了票据营业部重点做强票据转贴现、买入返售、票据同业投资等业务，分行重点做大贴现业务的经营格局，全行票据业务一体化经营成效在逐步显现。下一步，关键在于进一步理顺条线经营机制，打通票据业务链条，提高票据产品整体运作效能，促进票据业务一体化经营效益最大化。上半年，全行票据贴现客户1.74万户，同比减少1 369户，贴现客户数仅占全行公司有贷客户数的9.62%，其中大型贴现客户684户，仅占贴现客户数的3.93%。对此，各分行要充分发挥经营一线营销推动职能，加强票据业务产品组合创新，将票据贴现业务作为维护客户的重要工具，在稳定现有贴现客户的基础上，进一步拓展小微企业贴现、提升大客户贡献度。要保持适度的票据融资业务规模，充分挖掘地区资源潜力，进一步做大做强贴现业务。到第三季度末，各分行要力争实现贴现业务量达到序时进度目标；上半年贴现客户数减少的分行要加大新增客户拓展力度，尽快扭转负增长趋势，努力实现全行贴现客户数第三季度增长5%、在公司有贷客户数占比提高到14%；第四季度贴现客户数再增长5%、年末在全行公司有贷客户数占比达到17%。同时，各分行要进一步加强本行承兑票据的跟踪营销，促进回行贴现，承兑贴现比力争第三季度末不低于25%、年末不低于30%。要进一步深入推动“99520”工程取得更好效果，发挥好重点分行与重点客户的示范带动效应，尤其要对“99520”工程中“零交易”客户的所属网点开展重点督导，通过对交易情况开展动态监测，对名单实行按月调整，督促相关机构有效把握总行的支持政策，加强贴现业务的营销与拓展。作为全行票据融资业务的牵头部门，票据营业部要发挥好组织协调职能，在利用渠道优势和规模优势，全力满足分行常规性、阶段性交易需求的同时，以“总对总+区域”方式，加强区域客户营销和交易渠道建设，实现系统外转贴现交易的集中运作，并进一步优化票据集中与配置管理，提高全行票据资源运作效能，加快研究制定符合监管要求和风险管理要求的票据同业投资业务制度，将票据同业投资业务扎实落地。要通过打造票据全产品链，提高票据资源的统一运作效能，进一步提升票据业务整体收益。各分行也要立足辖区，发挥特长，积极挖掘和拓展辖内中小型金融机构，作为票据营业部转贴现渠道的有力补充与延伸，进一步丰富我行转贴现出口渠道的类型。同时，分行要结合对区域内客户综合授信的优势，储备买入返售客户资源，与票据营业部适时做好买入返售业务的联动，用好用足我行回购资金，提高全行收益水平。

（四）加快票交所业务对接与推广。一要加强推广工作组织。近期总行下发了《关于做好票据交易所系统（一期）应用相关工作的通知》，对全行推广票交所业务提出了具体详细的要求，各分行要认真落实文件相关工作要求，加强协作配合，全力推进全行票交所业务稳步落地。票据营业部要结合后续业务发展的总体规划，修订完善实物管理、票据交易、系统操作等相关配套制度，积极稳妥推进分行贴现纸质票据集中保管工作的落地，规范票交所线上业务行为，严防业务风险。要与总行信贷与投资管理部、运行管理部、信息科技部等相关部门形成合力，加强与分行的双向沟通，对分行提供业务和技术支持，及时收集和反馈推广过程中的各类问题，快速响应、加紧解决，并跟踪全行业务推广覆盖率，定期进行数据通报。同时，要提高市场敏感性和预见性，密切跟进票交所时代下票据市场的变化转型，抓紧研究应对措施，增强我行市场竞争力。

二要落实分行推广工作要求。电票与纸票所涉的承兑、贴现、转贴现、再贴现、买入返售、同业投资等业务全面纳入上海票据交易所进行场内登记、交易与管理，是票据市场改革发展必由之路。各分行务必统一思想、提高认识，根据总行的统一部署安排，不折不扣地落实人民银行224号文件精神和总行关于做好票据交易所系统应用相关工作要求。各分行要将所有票据业务办理机构纳入票据交易所开展业务；要确保加入票据交易所的各项基础准备工作落实到位，包括业务印章的刻制、系统配置升级、机构管理员账号管理等必须在7月底前完成；对增量纸票业务必须按总行相关通知要求进行操作办理，保证7月底前我行纸票承兑、签发、质押、贴现、转贴现、托收等业务在票交所系统信息登记率达到100%，不得再开展任何形式的场外业务。对此，各分行要在辖内制定完备的工作措施和机制，尽快厘清内部职能分工，在横向上切实抓好内部沟通协调，在纵向上做好总分行信息传导，积极组织票据从业人员尽快掌握票据交易所业务流程、系统操作、规章制度等方面的内容，及早将线下业务向线上迁移，确保票交所业务全面推广后我行票据业务安全、平稳开展。

（五）严控票据业务风险。当前票据市场风险状况依然十分严峻，我们既要加快经营目标进度，也要保持高度风险敏感性，坚持合规经营的价值取向和严格审慎的风险理念，正确处理防范风险与加快发展之间关系，通过深化专项治理，完善风控机制，坚决顶住风险陡增的压力，守住实质性风险底线，确保业务安全稳健发展。

一要严格客户准入和调查。受复杂外部经济金融环境影响，一些产业群或区域性的融资风险逐渐暴露，企业集团巨额亏损、资金链断裂、债务违约等事件多发。由于股权结构复杂，受实际控制人突发事件和主要融资客户经营恶化等影响，部分中小银行信用风险和经营问题逐渐暴露。人民银行放宽了贴现审查要件要求，不再要求贴现企业向银行提供税务发票与交易合同，但这不等于贴现可以偏离服务实体经济这一基本原则。针对当前企业及机构客户信用风险变化趋势，各分行要根据客户实际经营能力与风险管理能力，审慎选择票据承兑行与交易客户，尤其是中小银行作为承兑行的业务。在票交所追偿机制框架下，贴现行作为信用主体，潜在的责任风险加大，票据业务条线要防止产生票交所业务没有风险、电票业务没有风险的错误意识和想法。各分行要做好对贴现客户的尽职调查，把好客户准入关口，避免因“小企业大贴现”过度融资，给我行带来潜在的垫款风险。同时，要严格执行《中国工商银行票据融资业务票据实物管理办法（试行）》，加强横向内部沟通与协调，明确职责分工，推动层层落实，坚持票据实物集中管理机制。结合票交所交易模式的推进步骤，分行纸质贴现票据要全部到票据营业部集中管理、再次审验、权属登记，强化全行纸质票据的实物管理，确保票据资产安全。

二要强化条线业务风险监控。在第三季度要全面启动全行票据贴现业务监督管理工作机制，落实《中国工商银行票据贴现业务监督管理办法》相关要求，切实加强对票据融资业务高风险环节、重要风险点及违规行为的管理力度，进一步规范票据贴现业务办理流程和操作行为，防范重大风险事件发生。各分行要认真执行总行5月下发的《票据融资业务内控合规管理工作意见》，做到守土有责，确保“三个落实”：一是落实分层管理机制。要做好辖属经营机构的分层级管理，对机构进行评估分类，按照“层级越低、频度越高”的原则开展分类检查，并将分类结果纳入绩效分配、评优评先考核，促进辖属经营机构提高业务风险管控水平。二是落实检查工作机制。各分行要配合总行做好票据业务监督和非现场监测发现的核查整改工作，结合自身业务特点和当地票据市场风险形势变化，主动开展辖内业务自查工作，每年至少组织2次辖内业务检查。每次检查必须涵盖对截至检查日的账实核对内容，必要时要采取突击盘点实物库存的方式，以保证核查效果。三是落实工作报告机制。各分行要在每季度后10个工作日内向总行报送票据融资内控合规工作报告，将工作开展情况、业务检查与整改问责情况、辖内票据融资业务重大事项和监管活动及时报告，促进票据业务合规稳健发展。

（六）认真开展新三年规划编制工作。各分行要高度重视，认真做好本行未来三年票据业务发展规划工作，充分认识编制票据业务发展战略规划的重要性，积极探索、研究谋划新形势下票据业务发展蓝图，努力将票据业务打造成为精品业务，巩固我行在全国票据市场中的领先地位。要注重前瞻性研究、分析工作，准确把握票据市场发展趋势，进一步明确全行票据业务发展目标和方向。对于各分行针对票据业务发展规划的提出的意见和建议，票据营业部要认真加以研究，做好规划编制的完善工作。各分行要依据全行票据业务发展规划，结合本行实际，制定、落实票据业务发展规划和目标。全行票据业务条线要以编制票据业务发展规划为契机，进一步深化票据业务一体化协同、专业化经营、集约化运作和信息化服务机制，保持票据业务稳健发展和经营效益持续增长的良好势头。

同志们，今年是全行票据业务管理体系改革的关键之年，也是票据业务转型发展的重要一年，意义深远、重担在肩，全行票据业务条线一定要坚定信心，开拓进取，抓住改革契机，大力开拓创新，扎实推进工作，开创票据融资业务发展新局面，圆满完成各项工作任务，为工商银行发展作出更大贡献。

在部分重点分行资产管理业务座谈会上的讲话

谭 炯

（2017 年 8 月 25 日）

今天总行召开部分重点分行资产管理业务座谈会，是资产管理条线贯彻落实全国金融工作会议和全行年中工作会议精神，全面推进分行资产管理业务发展，着力深化大资管战略向基层传导的一项重要工作安排。

根据总行党委的战略部署，前期我们组织开展了专题调研评估，系统总结了分行资产管理业务十年来的发展成效和存在不足，并结合评估结果制定了《关于推动分行资产管理业务发展的指导意见》，作为未来加快分行资产管理业务发展的纲领性文件，总体思路是“多做加法”，主要内容涉及重新划分梯队、调整理财授权、建立“六个一体化”管理机制等方面。指导意见得到了易董事长、谷行长的高度肯定。这次会议既是推动分行资产管理业务发展的座谈会，也是部署落实指导意见的动员会。刚才许多同志谈了很好的意见和建议，对于能够解决的问题，希望加快推动解决或视情况在指导意见中吸纳借鉴。会后要尽快印发指导意见，加紧落地实施，全面提升分行发展资产管理业务的积极性和使命感，推动分行资产管理业务再上新台阶，促进全行资产管理业务迈入新阶段。下面，我重点谈三个方面的意见。

一、分行资产管理业务十年发展成果回顾总结

从 2008 年算起，今年是分行资产管理业务发展的第十个年头。十年来，经过分行资产管理条线全体员工的共同努力，取得的成绩值得充分肯定。站在新的历史起点上，总行系统评估和总结了分行资产管理业务的十年发展成效和存在不足。

十年来，分行资产管理业务积累了良好的业务基础和发展优势。主要体现在：一是经过十年发展，分行资产管理业务规模达到 3 000 亿元左右，尤其是今年前 7 个月增速 15. 16%，高于全行资产管理业务增速 6. 38 个百分点，显示出较大的发展潜力。二是许多分行高度重视和贯彻落实大资管战略，能够认识到大资管与大零售、大投行板块联动的重要性。例如，北京、广东、上海、广东分行营业部等机构成立了资产管理业务推进委员会或者承担统筹协调职能的类似机制，协同辖内资产管理业务发展。三是部分分行注重员工专业能力培养，队伍建设相对成熟。例如，上海、浙江、江西、云南分行设立了独立的资产管理部，四川分行成立了投行资管部，广东分行优先选调优秀人才组建资管团队。四是许多分行能够积极培育投资与风控能力，通过实实在在地提升业务发展水平来争取业务发展授权。例如，北京、上海、深圳分行的大类资产配置相对较为均衡，与当地金融同业建立了广泛业务联系，在关键时点能够通过外部融资缓解流动性管理压力。五是多数分行能够发挥熟悉当地市场、贴近当地客户的优势，通过创新特色专属产品、推荐重点大型项目，有效满足属地优质客户的投融资需求。六是大部分分行能够形成一套成熟的制度体系和完善的业务流程，对产品设计、投资管理、风险防控、会计核算等环节进行规范，做到了业务发展、制度先行。七是不少分行能够创设科学完善的考核体系，将产品、投资、收入等核心指标与相关部门进行横向联动与捆绑，同时将理财业绩指标纳入二级分行行长、支行行长绩效考评体系，探索建立理财收入二次分配、营销费用奖励等激励约束机制，将考核压力向下级行进行纵向传导。这些都是各行经过十年业务实践，积累下来的宝贵经验和优势，值得充分肯定。

与此同时，十年来，受到历史发展阶段的制约，分行资产管理业务也面临一些现实差距和不足。主要体现在：一是对分行资产管理业务的定位认识不统一，系统管理职能有待完善，一定程度上造成分行经营活力不强，最突出的表现是区域理财规模落后于个别可比银行。例如，建行区域理财与总行本部理财的规模比例达到 1:1，明显高于我行 1:6 的结构比例。二是部分分行对于大资管战略传导不够，缺乏维护理财第一大行的危机感和紧迫感。各行理财销售能力参差不齐，产品日均余额前七的分行占全行规模的比重达到 86%。产品形态相对单一，许多分行的期次型产品占比接近 60%。营销模式也创新不足，规模增长主要依靠产品提价，且缺乏合理的定价机制。三是分行资产管理业务以 14% 的产品规模，贡献了 10% 的中间业务收入，经营效率低于全行水平。四是分行推荐项目规模占总行项目投资额的比重呈现下降态势，从前几年的 90% 下降至 65% 左右。部分分行推荐项目价格偏低，投放节奏把握不准。各行资产组织能力不均衡，前十家分行的项目推荐

规模在全部分行中占比高达82%。五是信用风险暴露前十家分行的风险项目占比达到80%以上，且化解手段有限，处置进展缓慢。多数分行缺少标准化投资经验，尚未建立久期管理、估值管理等市场风险管理机制。大部分分行缺乏融资手段，流动性风险管理依赖产品发行承接。六是除5家成立资产管理部或投行资管部的分行外，其余分行资管业务主要由资产负债管理部牵头，还有的分行由投资银行部、财务会计部或结算与现金管理部牵头，组织架构千差万别，不利于加强系统管理。个别分行专职人员配置不足2人，其余人员均为兼职。七是考核体系设置主要是产品销售、项目推荐、收入等经营类指标，风险管理类指标考核不足；指标设置多为余额类静态指标，缺乏占比类、结构类、增长类动态指标。

总体而言，十年来取得的成绩是主要的，是总分行资产管理条线的全体干部员工前赴后继、努力拼搏的成果，着实来之不易，值得倍加珍惜。现在，历史的接力棒交到了我们手中，需要我们在未来发展中因地制宜地传承好过去十年积累的宝贵经验，有针对性地攻坚克难，坚持稳中求进的工作总基调，推动分行资产管理业务更上一层楼。

二、坚定新形势下发展分行资产管理业务的信心和担当

总行历来高度重视分行资产管理业务的发展，各行务必要充分认识到分行资产管理业务的重大意义和发展机遇，坚定战略信心，发扬担当精神，积极应对挑战。

（一）商业银行发展资产管理业务意义重大、影响深远，要认清发展资产管理业务的必要性，发挥资产管理业务的转型引擎作用。商业银行发展资产管理业务的重大意义表现在：第一，资产管理业务是商业银行经营转型的重要方向。从全球来看，金融危机之后，瑞银集团、摩根大通、德意志银行等先后将资产管理业务纳入战略部署，2016年全球前10大资管公司中有4家隶属银行集团，欧美许多大型银行集团的表外与表内资产比例达到甚至超过1∶1。目前，我行表内资产规模约25万亿元，表外大资管业务规模（AUM＋托管）约19万亿元，未来目标是2－3年内实现表内外资产比重接近1∶1。从国内来看，国内银行纷纷依托资产管理业务，加快经营转型和战略调整。例如，建行积极构建跨市场、跨产品的资产管理能力和大资产、大负债良性循环的经营格局，加快向综合性银行集团转型。招行依托高端私人银行业务优势，按照零售带动对公和金融市场业务发展的“一体两翼”战略，实现向轻型银行转型。早在2013年底，我行就审时度势地提出大资管战略，引领全行走出一条以结构优化、效率提升、资本节约为主要特征的内涵式发展道路。该战略实施三年多来，我行大资管业务规模（AUM＋托管）从6万亿元迅速攀升至19万亿元，实现“三年翻三倍”的跨越式发展；大资管业务收入从2013年的285亿元增加至2016年的518亿元，年均复合增长率超过16%，占全行中间业务收入比重从22%提升至34%，成为全行重要的盈利增长极。其中，分行资产管理业务规模从不足2 000亿元迅速增长至3 000亿元左右，累计为分行创造中间业务收入超过100亿元，有力推动全行从资产持有大行向资产管理大行转型。

第二，资产管理业务是服务供给侧结构性改革的重要举措。全国金融工作会议部署的三大任务中，排在首位的就是服务实体经济。当前，中国实体经济最需要的，就是与供给侧结构性改革相配套的金融服务。在供给侧结构性改革的引领下，高端制造业、现代服务业潜力巨大，第三产业对GDP贡献持续超过50%。而这些行业的特点是高科技、轻资产、缺乏抵押物，不能单纯依靠传统信贷融资支持。一方面，商业银行要按照全国金融工作会议要求，通过发展资产管理业务，服务实体经济发展和供给侧结构性改革；另一方面，商业银行自身也迫切需要加快发展资产管理业务，将金融资产服务的触角延伸至商业银行传统业务难以覆盖的领域，构筑全市场配置的综合金融服务体系。

第三，资产管理业务是获客稳客、巩固客户基础的重要手段。在当前资金面形势下，许多银行同业采取的策略是优先提升客户金融资产总量，做大理财与存款的总盘子，首先保障客户资金留存在本行表内外的体系内。从全市场来看，个人理财余额与储蓄存款的比例达28%，绝大多数股份制银行个人理财规模与储蓄存款的比已经超过150%甚至200%，资产管理业务已经成为各行抢占新增客户资金的重要手段。从我行来看，在我行金融资产5万元以上的个人客户中，理财产品渗透率超过52%。也就是说，理财客户在我行高价值个人客户中占据半壁江山，资产管理业务在优化客户结构、巩固客户基础方面能够发挥重要作用。这些情况表明，发展资产管理业务是大势所趋，必须作为经营转型的重点工作去抓。

（二）当前资产管理业务具备良好的发展空间，要明确发展资产管理业务的可能性，牢牢把握新形势下的发展机遇。全行年中工作会议强调，“大资管长期向好的趋势是明显的，作为规范经营的大行，当前也是具备发展窗口期的”。这是总行党委对资产管理业务发展形势作出的科学论断，也是分行能够做大做强资产管理业务的信心和底气。

一是资产管理业务拥有广阔的市场前景。从全球来看，2016年末全球资产管理规模（AUM）达到69.1万亿美元，同比增长7%，预计2020年全球资产管理规模将突破100万亿美元大关。从国内来看，今年上半年中国大资管业务规模（AUM）达到120万亿元左右（不剔除重复计算），超过同期116万亿元的本外币贷

款存量规模。随着中国居民财富持续增长，配置结构转向金融资产，以及人口老龄化时代的到来，预计未来大资管行业规模年均增速13% －20%，到2020年将达到174万亿元。

二是市场化法治化的金融监管环境更加有利于资管大行的长期规范发展。4月，中共中央政治局进行第四十次集体学习，把金融安全提高到治国理政的新高度。7月，全国金融工作会议决定设立国务院金融稳定发展委员会，部署服务实体经济、防控金融风险、深化金融改革三项任务。未来一段时期，金融监管环境总体是趋严的，中国金融业必将迎来更加市场化法治化发展的历史新阶段。我行作为长期规范经营的资管大行，完全可能在此轮行业洗牌之后取得更大的竞争优势。

三是国家和区域重点发展战略的实施蕴含新型投融资机遇。混合所有制改革第三批试点企业将进一步扩大范围，重点从省、自治区、直辖市选择试点企业。多个省市出台了对接“一带一路”的政策，基础设施互联互通等领域投资潜力巨大。雄安新区是千年大计、国家大事，目前进入建设规划阶段，一大批央企将进驻新区，未来5年土地整理与拆迁安置、交通枢纽、环境治理、公共事业等投融资需求旺盛。粤港澳大湾区建设、自贸区建设以及“债券通”的推出，带来新的双向跨境投融资服务需求。未来三年国家计划再改造各类棚户区1 500万套，同时完善水电气热路和教育、医疗等配套设施，基础产业投资潜力巨大。到2020年，国内直接融资比重预计将达到25%，将提供更多区别于传统信贷资产的投资品来源。全国和区域经济出现的这些新业态新模式，是提升资产管理区域投放能力的新机遇。上述情况说明，分行发展资产管理业务面临重大机遇，必须抢抓机遇、加快发展。

（三）要正视发展资产管理业务的艰巨性，积极应对发展中遇到的各类挑战。近年来，资产管理业务客观上面临不少外部挑战。外部监管日益趋严。监管机构正在全面开展“三违反”“三套利”“四不当”等各类专项治理，下一步还要出台《关于规范金融机构资产管理业务的指导意见》《商业银行理财业务监督管理办法（征求意见稿）》等监管新规，银行资产管理业务经营模式转型的窗口期进一步压缩。资金面形势复杂多变。股市和债市持续调整，规模、盈利与结构之间的紧平衡局面将持续。受到监管面和资金面影响，今年前7个月全行业理财产品规模增速小幅波动，2月、3月、5月和6月均出现环比下降。同业竞争复杂多变。今年前7个月，交行和兴业银行的理财规模增长都超过2 000亿元、增幅都达到15%以上，增量和增幅均领先我行。理财业务早已不是四大行之间的竞争，呈现我行、招行、建行位居前三，股份制银行快速赶超的格局，几乎每个月的市场排名都有新变化。

虽然资产管理业务发展面临一定挑战，但只要我们发挥好自身优势，就一定能够顶住压力、妥善应对。例如，今年第一季度招行理财规模增长明显发力，与我行差距一度缩小到2月末的3 400亿元。对此，总行先后两次召开季度经营督导会议，经过各方集思广益、群策群力，7月末我行理财规模达到2.89万亿元，不仅继续位居行业首位，四行占比和全行业占比实现了稳步提升，而且对招行的领先优势又重新扩大至6 600亿元。这表明，只要我们坚定信心，勇于担当，资产管理业务的“稳中求进”就能拥有“稳”的有利因素和“进”的发展空间。

总之，各行必须清楚地认识到，大资管全行业稳定较快发展的基本态势没有变，工银集团大资管业务发展仍然处于战略机遇期的重要判断没有变，大资管战略担当全行经营转型引擎的历史使命没有变。大家一定要站位大局，认清大势，勇于担当，坚定推动分行资产管理业务发展。

三、全面落实总行党委对分行资产管理业务的战略部署

面对新的历史条件，总行党委审时度势，对大资管战略的深化实施作出一系列部署，特别是全行年中工作会议对大资管业务发展进行了全面安排，总结起来大致包括如下六点：一是要努力把握不确定性中的机遇，以“倍增发展、转型发展”为目标，主动作为，尽快缩小与可比同业在区域理财上的发展差距，牢牢捍卫资管第一大行地位。二是要抓好向区域和海外市场的延伸发展，在区域理财上坚持“突出重点、分类管理”的发展策略，试点“六个一体化”的管理新机制，根据梯队划分调整分行授权和推动团队建设。三是要协同做好投资管理，公司投行部门要进一步加大对资管业务项目的推荐力度，加大基础产业投放力度，确保下半年新增项目投资5 000亿元。四是要协同做好销售工作，积极开展法人和同业机构的直销直拓，全力抢占创新产品的销售先机，推动储蓄与金融资产的协同增长。五是要进一步完善资产管理业务的风险管理体系，强化日常投后管理，加强存量风险项目处置，对风险项目实施考核利润扣减，力争年末非标不良余额控制在100亿元以内，不良率控制在1.5%以内。要明确“七条纪律”，规范理财销售。要针对监管新规，调整好业务模式，防范合规风险。六是要以“五统一”实施为着力点，更好地发挥资产管理业务推进委员会作用，加强大资管业务板块化管理与统筹。总体来看，总行党委强调要发挥好分行在战略落地中的主体作用，对于分行依托大资管战略提升经营贡献、推动全行转型寄予厚望。

根据总行党委的战略部署，今后一段时期分行资产管理业务发展的总体思路是：坚决贯彻全国金融工作会议和总行党委大资管战略的统一部署，以总分行一体化管理机制为核心，坚持“多做加法”的指导思想，推

进“突出重点、分类管理”的发展策略，扎实做好产品发行、项目推荐、风险管控、组织团队、考核管理等机制建设，积极提升分行资产管理业务的业绩占比和贡献度，打造大资管业务发展的新引擎新动能。需要指出的是，分行资产管理业务既包括单独开展区域理财，也包括销售总行产品（含总行确认的产品）和向总行推荐项目。对于资金与资产规模匹配、投研与风控能力较强、人员与队伍相对成熟的分行，可以在授权范围内开展区域理财，做大做强分行资产管理业务。对于其他尚未获得授权的分行，同样可以发挥客户资金优势，大力销售总行产品，或者抓住所在区域发展战略机遇，向总行推荐项目。这样既能够提升总分行的协同效果，又能够因地制宜地发挥自身优势，走出一条具有工商银行特色的区域发展道路。同时，分行资产管理业务要做好如下七个方面的重点工作：

（一）要牢固树立“倍增发展、转型发展”的战略目标，坚决推进大资管战略传导落地。战略的生命在于执行，做好战略传导是总行党委对分行提出的最新要求。一是要上接天线、下接地气，把总行党委的战略部署和今天座谈会的精神传达下去。不仅要传达到省行层面，更重要的是传达到基层分行和业务一线。要督导各级分行全面提高认识，站在战略全局高度，努力完成各项业绩指标，勇于担当全行经营转型引擎的历史使命。二是要做好自身资产管理业务的三年发展规划，同时推动自身规划与全行三年发展规划和指导意见的战略对接，不断完善分行资产管理业务发展的顶层设计，使新三年规划和指导意见的编制成为总分行统一思想、凝聚共识、增强信心的过程。三是要积极做好战略传导的机制建设和组织领导。要借鉴一些分行的成功经验，研究在省行层面设立资产管理推进委员会或建立相关统筹协调机制，出台议事规程，定期召开会议，重点抓好总行大资管战略向省行及基层行的传导落实，做好分行层面大资管、大零售、大投行之间的板块协同，配合总行推进委落实“五统一”平台建设。四是要充分发挥考核对战略传导的激励约束作用。今年总行增加了10分的大资管业务综合评价，作为加分项折算计入分行绩效考评。目前《大资管业务综合评价管理办法》已经印发，各行要认真研究，向相关部门和下级行合理分解与捆绑，按季度监测评价。

（二）要建立总分行一体化管理的新机制，全面加强系统条线管理职能。去年以来，总行党委要求加强利润中心的系统管理职能，易董事长、谷行长也对总分行一体化的新型管理模式给予了充分肯定。具体要求我就不再赘述了，在此仅突出强调几个重点：一是要扎实推进产品管理、投资管理、投资审批、风险管理、流动性管理、境内外业务的“六个一体化”管理机制建设。二是确立“突出重点、分类管理”的分行资产管理业务发展策略。总行要建立重点联系行制度，通过“走下去、请上来”等多种方式，及时跟进了解分行业务发展状况，动态调整业务发展策略和授权管理，协同分行做大做强资产管理业务。各行在新增授权首笔业务开办前，要制订针对性风险管控方案，通过公文系统向总行报备。三是加快完善分行资产管理业务组织体系。各行要按照三个梯队和重点城市行的划分，分类设立专门的资产管理部门、专门的资产管理团队，或者专业的资产组织和产品支持团队，尽快组建一支数量和素质与资产管理业务发展相匹配的专业化人才队伍。四是完善“募、投、管、退”全流程的考核体系和管理架构，实现各关键环节的有序运转。

（三）要全面提高理财产品销售的危机感和紧迫感，维护银行理财第一大行地位。前期调研发现，一些基层分行对大资管这类新业务不熟悉，认识还停留在存款替代品层面，没有意识到资产管理业务的综合带动作用，缺乏理财产品销售的危机感和紧迫感。一是要切实加大产品销售工作。各行要按照未来3－5年规模“倍增发展”的目标，坚持薄利多销，做大产品基数，年均规模增速至少要达到15%以上。一些条件好、潜力大的分行还要努力实现得更好一些。二是要加快推进产品直销、代销、同业合作等创新营销模式在分行落地。原则上项目投资至少要带动50%以上的资金增长，加快推进银行同业机构代销我行理财产品，强化与券商、基金等金融同业的深度联动，实现在资金和项目两端的业务合作。三是要借鉴山东分行业务推介会的成功经验，由总行带队直接赴重点分行开展直营外拓，探索建立总分行一体化柔性营销团队，提升客户服务水平。对个人高净值客户、法人重点客户要细化营销方案，落实专人开展针对式营销，大力拓展新客户。要更多依靠创新特色产品，更好地满足当地客户需求，提升综合服务质效。四是要提高理财规模增长的稳定性。总行正在推动建立存款与理财的协同发展机制，考虑调整存款考核口径，避免季末理财与存款之间的大规模转换，稳定非关键时点的理财产品规模。相关制度文件正式下发后，各行要及时向业务一线传达，贯彻落实到位，实现季末理财余额波动的有效收敛。五是突出加强理财销售领域的案件风险防控，坚持合规销售，坚决贯彻落实全行年中工作会议提出的关于加强理财销售规范的“七条纪律”。

（四）要加大服务实体经济和供给侧结构性改革的力度，做好理财项目推荐工作。非标项目是大资管业务发展的压舱石，是我们银行系资管业务的重要竞争优势之一。一是要按照“抓大、抓小、抓优、抓新”的原则加强非标资产推荐力度。各行要抓住政府与大型企业主导的大项目、基础产业、民生工程等投资机遇，确保“全年非标项目储备10 000亿元”工作目标的顺利完成。二是要有力开拓资本市场类项目。相关授权分行要努力建立与辖内重点证券公司等金融同业的合作机制，就股票质押回购业务、两融收益权业务、结构化配资业务以及股权、并购基金等创新业务与当地同业机构开展深度合作。三是要把握雄安新区、京津冀、“一带一路”、粤港澳大湾区、自贸区等国家重点区域战略带来的投资机遇，通过提供大资管业务的综合产品与服务，抢抓历史契机、赢得市场先机。要力争完成第一只雄安新区基础设施产业基金设立，力争完成央企高新产业创新基金设立。

（五）要落实“简单、透明、可控”的六字核心原则，严格做好风险管控和风险项目处置。分行资产管理业务发展要始终与风控能力相匹配，在处置手段、责任落实、考核方式等方面对症下药。一是要实施差异化的风险处置手段，实现风险资产余额、风险客户户数双降。对于政府政策影响造成的风险，要加大与当地政府沟通，争取政策支持；对于受外部环境影响，企业生产经营临时出现困难的项目，或者出险时间短，有足值抵质押物的项目，可协助企业引进战略投资者，运用投行化手段化解处置；对于处于化解“节骨眼”上的项目，要派专人约谈和现场督导，加大工作力度，争取早日完成处置。二是要压实二级分行风险处置工作的主体责任。要进一步明确二级分行为投后管理第一责任行，二级分行行长或分管行长为投后管理第一责任人，对风险处置情况要亲自督察。各行要将非标项目质量和风险项目处置纳入二级分行行长考核，从制度上保障二级分行处置风险责任的落实。三是要推动落实“双挂钩”机制，即将分行风险项目处置成果与分行推荐总行理财投资相挂钩、与分行资产管理业务授权相挂钩。对于不良率高于全行平均水平的分行，可考虑暂停向总行推荐理财投资；对于不良率高于全行平均水平，且在规定时间内未达到压降比例的分行，可考虑暂停分行资产管理业务授权。同时，总行还将考虑优化推荐费分配机制，将分行风险管控的质量作为推荐费划付的依据之一，激励分行强化投后管理工作，做好风险项目处置。四是全面推广非标资产五级分类，实施“非标风险项目模拟考核扣减”，优化“2013 年以来新增融资不良率”“非标代理投资违约事件”等指标考核。各行要高度重视这些风控考核变化，建立常态化的风险排查机制和投后管理的考核评价机制，切实将风险管理压力传导至业务一线。

（六）要高度关注监管新规的影响，实现合规稳健发展。面对日益趋紧的监管形势，各行既要防范合规风险，又要为未来整体经营转型提前做好准备。一是要积极配合各类内外部检查工作，组织对本行计划执行、风险管理等情况的综合性监督检查。主动组织做好下级行自查工作，牵头推动对分支机构业务条线日常运行情况的监测分析。对于未能有效执行风险管控要求的，或出现风险暴露、损失事件的，责令就地整改并视情况采取相应处罚措施。二是总行正在研究优化产品形态、开展净值型产品转型、推动盈利模式向“固定 + 浮动管理费”调整等监管新规的应对措施，相关部门要加快工作推进力度，各行也要在投资品和产品两端进行调整，提前摆布好资产配置和产品结构，尽可能降低监管新规对我行大资管业务的影响。三是要加强与当地监管部门的沟通力度，及时了解政策动向，配合总行做好资管新规的应对准备。

（七）要把思想作风建设放在更加突出的位置，打造一支讲纪律、讲奉献、做表率的专业化人才队伍。一支合格的资管人才队伍既要专业能力过硬，也要思想作风过硬。一是要优先向大资管业务线输送优秀人才。资产管理等新兴业务线的人均收入贡献水平是传统业务条线的 6 倍。要选拔有专业投资能力的人才加入分行资产管理队伍，重点加强青年员工队伍建设，研究建立更加灵活的考核激励机制稳定人才队伍，尤其是业务骨干队伍。二是在队伍建设过程中，要坚持党管干部、党管人才的原则，坚决落实“一岗双责”，抓好党风廉政建设，不断提高员工的职业操守和工作纪律。三是要加大资产管理专业领域的培训。资产管理业务专业性强、素质要求高，人员培养要依靠总分行的共同努力。下一阶段，总行将考虑开设“大资管讲堂”，将培训对象延伸至一级分行、直属分行及重点城市行。四是要强化总分行人员交流。分行可加大选派人员到总行学习的力度，密切总分行业务联系，实现“干中学”。总行可选派一批具有高级、资深经理职位的员工到分行挂职，传导资产管理业务的发展理念，实施重点帮扶。

上述七个方面的重点工作，既有经营目标，也有管理要求；既有总行的工作职责，也有对分行的工作要求。总分行要明确职责、步调一致、协同落实。对于总行资产管理部而言，要及时传达总行党委的最新战略部署，尽快完善新三年规划和专项指导意见，在产品发行、授权管理、投资管理、考核体系、风控监督、队伍建设等方面做好全行层面的顶层设计，进一步做好监管新规的政策调研和应对措施，切实承担起条线管理职责。对于分行而言，要积极做好大资管战略向基层单位的逐级传导，配合总行落实好“六个一体化”的试点推广工作，重点落实分行资产管理一级部室或专业团队的建设，在发展分行资产管理业务方面切实承担起主体责任。

同志们，发展好工商银行的资产管理业务，不仅是利润中心的职责，而且是全行上下的共同责任。希望总分行务必要把思想认识统一到总行党委的最新战略部署上来，站在历史新起点上，站在推动大资管战略发展、促进全行经营转型的高度和大局，坚定信心、主动作为、勇于担当，切实抓好分行资产管理业务发展，不辜负总行党委的重托，为全行经营转型多做贡献，再立新功。

迎难而上稳增长　狠抓重点促落实 全力以赴完成贵金属和票据经营任务

——在贵金属与票据融资业务培训班上的讲话

谭　炯

（2017 年 11 月 17 日）

根据此次培训班课程安排，今天上午通过现场和视频的方式，我和全辖一级分行、直属分行、一类分行营业部的贵金属业务、票据业务分管行长和主管部门负责人作个交流。来之前我做了一个简单的统计，目前分行分管贵金属业务的行长中，就任不到一年的大约占了三分之一，分管票据业务的就任不到一年的大约占了二分之一，新同志比较多，占比比较高。尽管大家对传统业务都有着丰富的工作经验，但对于这两条新兴业务线，还需要进一步深化学习和了解。因此，我今天来主要有两个目的：一是总结前三个季度两个业务条线的经营情况。今年以来经营形势发生了很大的变化，我们迫切需要对前三个季度工作和当前面临的挑战和机遇做详细的、冷静的分析，从而进一步正视差距、补强短板，努力完成好总行党委下达的全年工作任务；二是学习贯彻落实党的十九大、全国金融工作会议精神，以及今年以来总行党委召开的若干重要会议、特别是第三季度行务会议的有关要求，提早谋划明年重点工作和新三年发展规划，进一步强化业务线的系统管理职责，加快推进各项发展改革措施的落实，全力保持业务增长势头和同业领先地位。

昨天晚上，我和部分分行的贵金属业务分管行长以及部门负责同志进行了座谈。我觉得，尽管面对重重困难和挑战，压力很大，但总体上大家精神头很好，保持了积极向上的精神状态。尤其是针对当前工作中存在的突出问题，提出了很好的意见和建议，不仅有利于推动当前任务目标的完成，对下一步工作也有很好的启发和帮助。下面，我结合今天的授课主题讲四个方面的意见。

一、攻坚克难，成绩来之不易

今年以来，面临市场遇冷的严峻形势，全行贵金属和票据业务线认真贯彻总行党委各项工作部署，在确保合规稳健经营的同时，努力推动业务破冰前行，实现了营业贡献等超额完成全年计划、主要经营指标领先同业、不良资产得到有效控制的较好业绩，在支持全行转型发展、优化收入结构和资产结构等方面作出了积极贡献，值得充分肯定。主要呈现五方面的亮点。

（一）业务发展稳中有进，主要指标同业领先。前三季度，贵金属业务线实现营业贡献 53.19 亿元，同比增长 44%，完成全年计划 97%；实物贵金属手续费及佣金收入四行占比超 46%，继续保持同业第一；代理金银交易额、交易量和清算量均排名上海黄金交易所场内银行同业第一。

前三季度，全行票据融资业务实现营业贡献 75.29 亿元，同比增长 116%，完成全年计划的 110%；同业专营线下业务利润 7.15 亿元，同比增长 31.6%；票据营业部本部实现净利润 5 亿元，同比增长 151.6%。全行共办理贴现业务 6 058 亿元，四行占比近 50%，首次超过招行跃居全市场第一；贴现业务平均执行利率达到 4.94%，同比提升 158 个基点，超过四行平均水平 17 个基点，在五大行中遥遥领先；季末买入返售业务余额达到 2 054 亿元，环比增长 75%，是农业银行的 3.4 倍，居全国主要商业银行首位。

（二）深入挖掘市场机遇，积极夯实业务基础。贵金属业务线聚焦实物零售、代理交易、融货融资和资产管理业务，收入结构持续优化。一是实现实物零售中收 5.27 亿元。不断完善“极致单品”的实物营销模式，推出迎合春节和暑期市场需求的“大吉年”“幸福小苹果”等爆款产品，单品销量均超百万套，收入均在 1 亿元以上。二是沉着应对非银行金融机构竞争和上金所三代系统上线“一户多码”的影响，贵金属交易量超 10 万吨、交易额近 6 500 亿元；积极试点代理程序化交易业务，在上海、广东、深圳分行成功上线。三是紧抓市场契机，做大融货融资规模，前三季度累计发放 533 吨、折合 1 500 亿元，日均规模、收入同比分别增长 36% 和 39.4%。加快贵金属租赁业务的客户结构调整，9 月末重点企业租赁余额较年初增长 24.3%；继续推进非产业链企业试点，21 家企业实现租赁投放 28.8 吨；同业拆借在做大规模的同时，提升议价能力，前三季度实现拆借收入 9.55 亿元，同比增幅 64%。四是资产管理业务形成“总分联动”的良好态势，前三季度与北京、浙江、上海、江苏、广东、重庆等分行合作开展黄金交易组合区域理财业务，共发行28期，金额折合人民币150亿元。

票据融资业务抓住贴现源头，抓好业务联动。一是针对上半年“零交易”重点客户对分行进行督导提示，协调公司部门加大营销力度，以“99520”工程推动分行贴现业务快速发展；贵州、重庆和山东等分行贴现量在当地四行占比超过50%。二是在全行试行了银团贴现业务，已有16家分行成功参团并确定交易超过100亿元，实现了分行间规模资源的共享。尽管票据融资总体余额大幅下降，但全行向企业提供直接融资的直贴余额3 159亿元、占比95%，较年初提高了27个百分点；办理小微企业票据贴现2 757亿元，余额达到1 655亿元，为实现“三个不低于”的目标作出了积极贡献。三是把握总行流动性支持的有利时间窗口，通过集中经营买入返售，做足限额、做大余额、提升收益，实现买入返售业务交易量和期限的同步增长，前三季度营业贡献突破8亿元；积极争取办理再贴现业务，季末余额达108亿元，同比增长24%。

（三）扎实推进业务创新，培育利润增长动能。贵金属业务线顺应总行e－ICBC 3.0战略和国际化综合化发展战略，加快探索未来可能形成规模性增长的市场。一方面，紧紧围绕谷行长关于“总结与腾讯‘微黄金’经验，稳步推进‘贵金属＋互联网’业务”的重要指示，着重夯实“微黄金”业务的合规基础，聚焦提升客户体验，加快探索与主流互联网交易经纪服务平台开展代理交易业务的客户引流。在国内商业银行中率先以直营模式入驻京东商城，截至9月末用户数达252万户。融e购“工银金行家旗舰店”中收同比增长超170%。另一方面，以“伦敦金”“上海金”定盘业务为契机，积极介入国内外主流大宗商品市场，及时把握跨市场、跨品种交易机会。支持工银莫斯科、工银土耳其等中亚和中东欧机构进一步扩大业务辐射范围。依托上海黄金交易所国际板等平台，加强与工银迪拜、工银标准等境外机构的黄金交易、进出口业务等方面的合作。依托工银澳门平台，以黄金零售业务为突破口，积极布局南亚和东南亚市场，环球贵金属金融服务能力得到了持续提升。

票据融资业务线以对接票交所为重点，推进系统直连，探索票据业务发展的新路径。一方面，通过线下业务指导和线上技术支持，完成票交所纸电融合基础工作，全行5 331家电票机构加入了票交所，实现了应用推广“全覆盖”；密切跟进分行票交所基础准备工作，督促落实票交所系统信息登记，9月底全行纸票承兑、贴现信息登记率接近100%，基本实现了业务信息“全登记”；针对票交所100多个系统接口，开展了涵盖票据承兑、贴现、抵押、清算、票据池等“全业务”需求设计，为我行与票交所系统的直连打好了基础。另一方面，以票交所业务规则为基础，探索我行票据业务产品链发展新模式，从完善操作规程、实施细则等方面做好制度准备，从争取业务重启、变更经营范围等方面寻求监管支持，在票据同业投资业务上“找出路”。并积极切入直融模式下票据理财、同业市场互联网票据、京东金融平台等业务新渠道，努力拓宽转型发展之路。

（四）不断完善经营机制，强化系统管理职能。贵金属业务线深入贯彻易董事长“要发挥专业团队在落地见效中的抓手作用”“要明确团队组建的时间表和人员要求，业务必须要有人干、有合适的人干”等重要指示和谷行长“贵金属要完善与客户营销部门的联动营销与考核机制”的工作要求，着重以团队制和联动机制建设为抓手，进一步强化专业线系统管理职能。在团队制建设方面，出台《深化贵金属专业团队建设的指导意见》，进一步明确了团队人员、工作机制以及考核激励等方面的要求。推动拟建团队的12家分行印发团队建设方案并陆续启动招聘流程；对去年已建团队的10家分行运作情况进行评估，指导分行完善团队经营职能、充实人员，更好发挥团队对业务的推动作用。在联动机制建设方面，推进分行结现与个金部门联动营销考核机制建设，目前已有17家分行已经初步构建了联动机制，出台了考核办法；将实物贵金属销售规模、客户发展以及产品渗透要求纳入总行个金条线年度重点工作中，并将贵金属产品纳入了个人客户经理考核指标体系。

票据融资业务线认真落实《关于深化利润中心改革的指导意见》，按照票据业务管理体系改革要求，积极推动业务线建设，努力提升条线管理水平。在业务管理方面，召开了重点分行票据融资业务推进会，部署了票据融资业务经营工作重点，围绕“服务实体经济、防范金融风险和深化金融改革”主线，形成并完善了条线新三年发展规划；印发了《票据融资业务经营机构管理办法》等近10项管理制度与办法，更新了合同文本库，强化了条线业务管理规范。在团队建设方面，在票据营业部、山东分行和浙江分行设立了首批总行级票据融资业务专业培训实习基地，搭建了学习培训和实岗锻炼的常态化平台；实施票据融资业务专业人才培训项目，组织“票据讲堂”，举办票据融资专业知识竞赛，提升了条线队伍专业素质；开展了全行票据融资业务百日劳动竞赛活动，引导分行加快工作进度。

（五）强化风险防控体系，提升内部管理效能。贵金属业务线以流程管控为重点，确保管理水平及能力与日益扩大的业务规模相匹配。一是保持租赁资产质量稳定。9月末全行黄金租赁不良率0.93%，租赁拨备覆盖率172.65%，风险总体可控；加快将租赁业务纳入全行信用风险管理体系，优化租赁准入、审批、流向监测、租后管理、风险预警等重点流程环节，推动清收处置工作。二是严把市场风险和操作风险关。跟随上海黄金交易所系统和交易规则的升级步伐，提升以“机控”

为主要手段的系统风控能力，完善交易业务前台内控管理；加强对国际重大政经事件的前瞻性分析，提前布控自营和代理交易业务的风险防范措施，确保业务平稳运行。三是优化流动性管理和物流运营体系建设。进一步统筹全行贵金属来源和运用，提高购、销、调、存环节的运作效率；全面完成年度实物贵金属产品退出工作，累计退出产品约18吨，整体库存较年初压降60%；行内区域中心直配、行外第三方企业直配的现代物流体系建设正在紧锣密鼓地按计划推进，成为未来营销体系重要的支撑。四是贵金属经营管理系统功能不断丰富，各类产品的全景视图功能得到强化，精细化管理水平有效提高。

票据融资业务线抓好风险防控的关键环节，强化全流程管控，严把业务风险关口，夯实稳健发展的基础。一是严防风险输入，密切关注监管动向和市场风险态势，发布公示控制、风险信息、经典案例和风险防控工作手册，并对全产品线买入未到期、库存票据进行风险排查，及时处置隐患，严防外部风险。9月末全行票据资产不良率（不含商票贴现）0.0973%，严格控制在总行T2目标之内。二是严格系统刚控，强化了主动式准入管理，运行“异地企业办理贴现”“小企业办理大贴现”“贴现资金回流出票人”等风险监测模型，提高了核查质量和工作效率。积极推进全行票据业务风险监督工作系统化建设，建立了非现场监测管理工作机制。三是严格实票管理，深入推进全行票据存管工作，严格落实票交所机制下全行贴现纸质票据集中保管机制，切实提高票据集中管理和真伪审验、实物保管的风控力度。9月末，全行票据存管率91.30%，同比提高19个百分点。托收逾期率0.32%，同比下降0.19个百分点，假票收进率保持为零。

总的来讲，今年以来全行贵金属和票据业务线认真贯彻落实总行党委各项工作部署与经营要求，凝心聚力，担当奋进，取得了来之不易的经营业绩。这些成绩的取得，凝聚了全行同志们的心血，源于在座各位的勇挑重担，源于业务线干部员工的奋勇拼搏。对此，我谨代表总行党委向大家表示衷心感谢！

二、坚定信心和担当，坚持服务实体经济和市场需求，发挥新兴业务线在经营转型中的引领作用

下面，我集中分析一下当前面临的经营情况和经营环境、存在的挑战和机遇。通过这些分析是想强调，未来的发展充满了机遇，我们必须进一步坚定信心和决心，坚持服务实体经济和市场需求，进一步发挥新兴业务线在全行经营转型中的引领作用。

（一）当前业务线面临的三大挑战。

第一个挑战来自于我们自身。经过这么多年的发展，我们取得了很好的成绩，前面也分析了今年的五大亮点，但是坦率地讲，我们工作当中还存在着很多不足，业务短板比较明显，主要体现在三个方面。一是业务竞争力还不够强。截至9月末，贵金属中间业务收入16.86亿元，仅完成全年计划的58%；票据业务收入171.39亿元，仅完成全年计划的64.2%。以实物贵金属为例，业务总量在四行中的占比是较好的，但是增量不理想。36家一级（直属）分行中，收入总量排名第一有27家，排名第二有6家，但21家分行收入增量排名垫底。部分分行尽管收入总量仍排名第一，但竞争优势已不明显；四川、黑龙江、青岛等分行收入总量和增量均处于四行落后位置，苏州分行收入总量和增量均排名四行末位。从票据贴现业务来看，少数分行贴现业务量在四行排名落后，3家分行贴现业务执行利率在四行排名靠后。部分重点地区、重点城市分行呈现业务增速持续下降的态势，不仅在当地可比同业中排名落后，与自身的公司、个人、机构等业务的市场份额相比也存在较大差距，和工行应有的市场地位、市场形象完全不匹配，如果不能尽快找到有效的发展方式，长期积弱下去，形势必将更为严峻。二是分支机构的风险管控还有明显不足。今年总行开展了大规模的综合整治工作，整体来看，贵金属业务部和票据营业部作为业务线风险防控的第一道防线，已经将各项风险纳入全行风险管理体系，业务规章制度体系基本完备，产品已基本实现系统全覆盖，未发现重大风险或案件，说明业务合规稳健经营的顶层设计是有效的。但是，检查结果在一定程度上还是让人不敢放心，提醒我们要时刻保持小心谨慎。黄金租赁业务的信用风险有上升迹象，少数分行在实物贵金属产品销售模式、咨询服务收费合规性等方面，仍然暴露出对总行制度办法一知半解、具体执行中存在偏差、工作落地不实等操作风险隐患。票据市场的诈骗案件和风险事件时有发生，票据融资业务的信用风险、操作风险也呈上升态势，小企业大贴现、贴现贸易背景不真实、业务资料审查不严格、贴现资金流向不合理等问题依然存在。分行对票据融资业务风险管理的手段不多，实现远程监测、非现场监控的能力不够，需要进一步强化风险防控体系建设。三是业务线的系统管理能力还需要进一步提高。从昨天晚上的座谈中，明显感觉到现有业务线团队力量和经营机制、业务发展不相适应，特别是专业人员数量不足、专业素质不高、变动频繁，造成整个条线专业能力弱化，专业联动推进不足，限制了业务线进一步做大做强。从贵金属业务线看，团队和联动机制建设是我们今年以来一直在狠抓的工作，但目前看还未达到应有的效果。尽管有22家分行已经或正在建立团队制，但分行的重视程度和落实程度各不相同，造成进度参差不齐，已建团队存在专业人员数量不足或没有全部到位、团队工作机制和考核办法有待完善等问题，指标不到底、措施不落地等现象较为普遍，严重制约了业务发展。多数分行贵金属业务牵头部门与客

户营销部门还没有建立有效的联动营销和分润考核机制。很多业务指标未能有效落实到客户营销部门，联动人员配备不到位，影响营销推动横向落实。目前，贵金属业务在全行个人、公司、机构客户群体中的渗透率仅分别为3.97%、0.016%和0.36%，三个渗透率都是偏低的。从票据业务线来看，尽管实施深化业务管理体系改革已有一年多的时间，但仍然有部分分行对新形势下票据融资业务经营定位认识不清，对票据业务政策的落实不到位，特别是对总行提出下半年“票据规模不再压降”的意见未能很好地贯彻执行，没有及时向二级分行进行有效传导与组织推动，“最后一公里”问题没有解决好。第三季度末，全行贴现余额仍比半年末减少近300亿元。

第二，外部经营环境仍较严峻。从国际经济形势来看，在全球经济增长中枢下降、全球化退潮、经济政策腾挪空间与边际效应有限的背景下，民粹主义、逆全球化、国际贸易及投资保护主义抬头，逐渐成为影响全球经济复苏的重大风险，拖累全球经济增长，加剧金融市场动荡。主要金融市场和大宗商品市场仍处于经济周期底部，黄金还没有明显的复苏迹象且不够活跃，全球黄金投资需求和消费创近12年新低。从国内情况来看，经济结构调整力度进一步加大，“去杠杆”仍是今后一段时期内国内经济金融领域的主要工作．经济增长仍面临较大压力，短期内部分企业经营状况难有显著改观，有效信贷需求难以出现显著回升。同时，国内货币政策总基调转向“稳健中性”，意味着利率政策、外汇政策、信贷政策都有趋紧态势。在这样的外部形势下，两条业务线的市场规模和盈利增长都面临较大困难。从贵金属市场看，国内市场金饰品需求连续第三年承压下行，今年上半年同比再度下跌4%，贵金属礼品消费、收藏或投资的需求仍徘徊在低速增长区间，市场容量有限。低迷的贵金属市场行情直接影响交易活跃度，以规模扩张来带动收入提升将面临更大困难。受国际金价低迷、产金成本居高不下、下游消费增速下降等因素影响，国内产金量连续多年停滞不前，产业链企业融资需求短期内提升空间不大。票据市场呈现明显的调整态势，票据签发量、交易量和融资规模增速都不同程度有所放缓甚至回落，业务规模与资金“双紧”的趋势仍可能延续，票据融资业务目前看还不具备大幅扩张的条件。

第三，市场竞争日趋激烈。从产品竞争形势来看，贵金属业务随着国内主流商业银行逐步加大投入，传统产品同质化竞争加剧，部分中小银行在线上平台服务形成差异化竞争优势，业务收益率呈持续下降趋势。最近三年，我行代理贵金属交易业务收益率下降了33%，预计未来三年还将继续下降30%；黄金租赁净利差累计下降30个基点、租赁套保净利差累计下降100个基点。从票据业务看，随着市场参与主体的增多，不仅对贴现客户、优质票源竞争激烈，对价格的竞争也更加激烈。另外，随着利率市场化的推进，银行资金成本和票据资金FTP定价逐步上升，两头挤压导致票据交易利差收窄，前三季度我行买断票据业务利差已由去年同期的131个基点下降至79个基点，降幅近40%。在现有市场规模扩张有限的情况下，竞争加剧将进一步加大业务发展和盈利难度。从业务创新形势来看，新兴互联网金融企业加快涉足贵金属业务领域，凭借良好的客户体验、巨额的资金投入和快速降低的边际运营成本，迅速拓展客户，抢占市场份额，对我行形成较大的威胁。尽管我们前期已经主动与互联网金融的领军企业开展合作，但如何在合作中保护客户资源和交易数据，避免沦为互联网企业的“通道”，将是较大的挑战。此外，目前转贴现和贴现业务构成了全行票据融资业务的主体，但受一些主客观因素影响，票据资管、同业理财等新兴业务发展缓慢，截至7月末票据同业投资余额仅273亿元，不仅远远落后于股份制银行中招商、浦发、兴业等余额超过2 300亿元的“第一梯队”，也难与民生、平安、中信等余额在1 500亿元左右的“第二梯队”相比。在票据市场同业业务发展日趋成熟并形成了较稳定的跨界合作关系、成为业务竞争的有效手段的格局情况下，我行没能及时抢占市场先机。

同志们，在当前和今后一段时期，除了以上三大挑战外，我们可能还将遭遇一些反复的、难以预料的挑战。这既反映了我们面临的阶段性经营压力，也反映了一些长期性、结构性的矛盾；既有其现实复杂性，也有其客观必然性；既是分行一线遇到的经营困惑，也是总行迫切需要加大研究分析，做好决策应对，积极破解的重要课题。面对挑战，我希望同志们要坚持大行自信、大行担当，用发展的眼光、全局的眼光、历史的眼光来看待新兴业务线的发展，对短期的不确定性和长期的发展潜力都要有客观的认识、辩证的判断。我们应看到，这两条业务线自成立至今，无时无刻不在应对挑战、解决矛盾，而这也正是业务线不断发展壮大的动力。因此，我们未来要进一步保持定力，认真贯彻落实十九大精神，进一步挖掘机会，把握机遇，创造机遇，实现良性的发展。

（二）业务线发展面临的三大机遇。

第一，经济增长方式的变化，将为贵金属和票据业务带来新的结构性机会。随着供给侧结构性改革、简政放权和创新驱动战略的深化实施，我国经济将朝着更高质量、更高效率、更加公平、更可持续的方向发展，增长的稳定性将会持续性加强。我们可以看到，进入新常态后，经济发展速度从过去高速变为中高速，虽然速度在放慢，但是增长的质量和效益在提升，动能在发生进一步的转变。未来经济发展的稳定性，一定会为我们带来良性的外部发展环境，在这个过程中，一定会有更多的结构性的机会需要我们更多的关注和把握。从贵金属业务看，中国已连续十年成为全球最大黄金生产国，国内黄金产业正通过优胜劣汰、兼并重组等方式形成新的良性平衡格局，并跟随“一带一路”建设和“走出去”步伐的加快，投资、并购、生产、销售、交易等环节的金融服务机遇在不断呈现。同时，随着国内居民财富的快速积聚，黄金在资产组合中的避险属性将会进一步凸显，党的十九大又提出了进一步建设社会主义现代化强国，人民生活幸福指数将进一步提高，这些都为黄金业务带来了广阔的市场发展空间。从票据业务看，票据是企业支付结算与融资的重要工具之一，票据贴现对解决中小微企业“融资难”“融资贵”的问题具有一定优势。经济增长动力的切换，将在新兴行业领域引发大量企业的票据融资需求，为票据业务发展拓宽了客户基础。随着“脱虚向实”的产业政策和监管政策导向的进一步深入，将有利于为真实的票据融资需求提供更有效的服务，也有利于开展大中型企业客户票据综合化业务的创新。

第二，随着国内金融市场、要素市场成熟度的不断提高和国际化程度的不断加深，将为贵金属和票据业务创造广阔的发展空间。从贵金属业务看，全球经济不确定性增强，“黑天鹅”事件频现，信用货币体系基础依然不稳固，黄金的避险和投资价值进一步凸显，全球黄金市场将迎来发展的关键机遇期。黄金作为重要的“货币锚”，在人民币国际化进程中的战略意义将会日益显现。我国持续优化黄金产业布局，加快国际化发展步伐，国内黄金市场已逐步成为覆盖投融资、资产管理、商品生产和消费的黄金全生态链市场。国内商业银行在提供市场流动性、提高市场效率、促进市场发展等方面发挥着越来越重要的作用，并逐步参与全球黄金定价业务。在政策引导和鼓励下，国内黄金市场有望持续、均衡、健康发展。从票据业务看，随着经济与金融相互促进、良性循环的健康发展局面逐步成型，为全国统一票据市场建设提供了有利的外部环境，也使票据业务在金融市场上的地位更加突出。商业银行票据业务已经逐渐由单纯的信贷规模调剂工具转变为提升盈利能力、拓展发展空间的突破口，尤其是随着票交所时代票据业务内涵的不断丰富，票据业务作为短期货币市场资金融通与资产配置的重要工具与载体，对其他短期投融资工具有明显的替代效应，而且这种效应还会进一步加大。未来，票据在企业间和金融机构间更具有广阔的发展与运作空间。

第三，总行深化实施一系列重大战略，必将引领工商银行在新时代走好新征程，实现跨越式发展。贵金属和票据业务深度融入大零售、大资管、大投行、e－ICBC 3.0、重点城市行、国际化和综合化等战略，在这些重大战略的引领下，一定也会进一步促进贵金属和票据业务线的发展壮大，迎来我们发展的春天。一是国际化方面，我们在40多个国家和地区拥有419家分支机构，尤其是在伦敦、纽约、香港和迪拜等国际金融中心设立了驻点机构和外汇、金融产品、大宗商品和贵金属交易平台，将有利于贵金属业务深度介入欧洲、北美、亚洲和中东等全球主要黄金市场。通过和这些机构的联动，在贯通不同市场、促进市场效率、挖掘市场机会、满足市场需求中，我们将进一步发挥专业作用，迎来条线新发展。二是持续优化利润中心经营管理模式，相继出台了相关政策制度，明确了“利润中心系统化管理与专业化经营相结合、客户营销部门与分支机构共同组织推动”的业务组织模式，为贵金属和票据业务线发展提供了机制保障。随着人力资源、财会、风控、资负、内控等部门出台进一步支持利润中心转变工作职能的实施细则，我们的机制在不断完善，业务线生产力随着系统管理职能的深入，一定会得到进一步提升。三是集团金融创新的全力推进，一定会助力两个业务线的发展。随着e－ICBC 3.0战略的实施，“贵金属＋互联网”业务深入推进以及和主流互联网金融平台展开的深度合作，都将为我行贵金属业务延伸触角、提升获客能力带来机遇。未来互联网平台化、场景化的营销方式将为小额、高频、标准化的交易提供极大的便利。在“合规优先”前提下，以创新为先导，次第激发黄金的商品属性、投资属性、交易属性、货币属性，也将开启贵金属业务新的广阔天地。从票据业务看，上海票据交易所成立后，随着票据业务交易方式和经营模式的改变，电子票据与商业承兑汇票将加速发展，券商、基金公司等新型票据参与主体介入，不仅为我们票据业务线拓展了创新领域，也为我行以票据业务助力实体经济发展提供了更多载体和更广空间。因此，随着贵金属和票据条线进一步融入全行发展大局之中，跨部门、境内外、母子公司间的业务横向联动将更为紧密，集团强化的平台优势将进一步促进两个业务线发展取得新突破。

同志们，未来贵金属和票据业务仍处于大有可为的战略机遇期。希望各位分管行长和主管部门负责人一定要认清形势，坚定信心，通过你们的影响，感染和带动全行各级干部员工，主动适应新形势、新要求，把总行党委加快新兴业务发展的战略意志传达下去，把分行的措施落实下去，顺利达成发展目标。

（三）业务线发展必须长期坚持的两个原则。

第一，两个业务线都要不断满足实体经济需求，围绕实体经济发展壮大自己，在服务实体经济的过程中实现双赢。正如习近平总书记深刻指出的，“金融是实体经济的血脉，为实体经济服务是金融的天职，是金融的宗旨，也是防范金融风险的根本举措”。贵金属和票据业务线从成立的第一天起，就始终将服务客户、服务市场、服务实体经济作为生存和发展的价值所在，始终将掌握市场变化、了解客户需要、加快产品创新、发挥好工商银行的整体优势作为开展业务的基本前提。这是我们成立以来非常好的工作传统。当前，中国特色社会主义进入了新时代，工行也进入了新时期。在新的历史方位和宏大背景下，贵金属和票据业务线要紧紧围绕总书记提出的金融工作本质要求，进一步传承好我们的光荣传统，进一步深入贯彻落实新的发展理念，进一步扎实服务实体经济，助力供给侧改革。在这个过程中，要发挥好两个条线连接产业与市场的供需纽带作用，提供多样化的投融资产品、金融工具、实物商品，更好地促进解决发展不平衡不充分问题、更好地满足实体经济的需要、更好地满足人民群众日益增长的美好生活需要。

第二，把新兴业务线独特的优势发挥好，为全行转型发展提供不竭动力。一方面，作为新兴业务线，贵金属和票据业务要对传统业务形成更好的协同拉动作用，发挥自身优势，与个金、公司、机构展开联动，促进存款、贷款、私行、托管、结算等相关业务增长，推动传统业务转型升级，增强客户黏性，提高整体竞争力。从贵金属业务看，今年个金条线工作的重中之重是储蓄存款，而代理金交所业务为我行带来日均数百亿元的活期存款，在新的封闭保证金交易模式下更能作为进一步拉动储蓄存款的重要抓手。黄金租赁业务累计发放量已近1 000吨，累计创造营业收入40多亿元的同时，也为黄金产业链企业节约财务成本近10亿元，成为营销优质企业的利器。湖北分行以黄金租赁为敲门砖，成功介入先前没有业务往来的神龙汽车，通过这项业务新增日均存款6亿元、本外币结算量13亿元、中间业务收入近500万元；贵州分行以黄金租赁产品深化了与贵州交建集团的合作，通过这项业务新增流动资金贷款14亿元、存款近5亿元。充分说明我们新兴业务有独特的引客、留客的作用。从票据业务看，通过总分行联动，为北京现代等核心企业提供一揽子票据融资和管理方案，进一步深化银企合作关系，带动存贷款、外汇结算等各项业务量的增长，现代汽车上半年日均存款达3.17亿元、日均贷款20亿元，华晨宝马外汇结算量8.8亿美元、远期外汇交易额2.6亿美元。另一方面，贵金属和票据业务线在RAROC、人均利润等方面相对传统业务均具有明显优势，在当前存贷汇等业务遇到暂时性困难的情况下，新兴业务线一定要坚定信心，扛起责任，努力做大做强，提升经营效益，为全行经营转型作出不可或缺的贡献。尤其是今年以来，票据融资业务产品线服务全行大局，让渡规模资源，买断类票据规模由年初的7 149亿元降至9月末的3 326亿元，腾出规模3 823亿元，为全行落实信贷调控要求、优化信贷投放的节奏和投向作出了大的贡献。

同志们，在未来业务线的发展中，只要我们服务实体经济的决心不变，业务基础就不会变；只要我们坚持转型发展的步伐不停，增长动能就不会消失，就一定能实现规模、效益、质量的均衡、协调和可持续发展。

三、学习好、宣传好、贯彻好党的十九大精神，持续加强党的建设

党的十九大刚刚胜利闭幕，两个条线当前首要的政治任务就是要学习好、宣传好、贯彻好十九大精神，进一步加强党的建设，进一步转变工作作风，提振队伍精神。十九大为全国经济、社会、文化等发展指明了方向，对金融工作也提出了明确的指导思想、主要任务和重要原则，为新形势下整个银行业的发展提供了根本遵循，也为贵金属和票据业务线更好地服务实体经济、防控金融风险、加快改革创新指明了方向。目前，总行党委结合工商银行实际，正在制定印发学习贯彻十九大精神的意见。各单位要根据总行党委要求和地方党政部署，精心设计方案，创新方式方法，迅速掀起学习贯彻十九大精神的热潮。各级党委中心组要把学习十九大精神作为中心内容，增加集中学习时间和次数，制订系统学习培训计划，列出专题进行研讨。党员领导干部要在认真参加集中学习的同时加强自学，作带头学习的表率。要把十九大精神的学习融入到“两学一做”学习教育常态化制度化中，融入业务线的教育培训中，融入到对班子、干部思想和作风建设相关要求中。要抓好基层行的学习，推动十九大精神进条线、进支部、进网点、进岗位，把十九大精神和贯彻落实要求讲清楚、讲明白、讲透彻，让党员和干部员工听得懂、能领会、可落实。在学习贯彻中，要全面展示十八大以来两个业务线改革发展的新成绩和服务经济社会发展的新贡献，广泛宣传业务线学习贯彻十九大精神的具体举措和实际行动，唱响主旋律，释放正能量，提振精气神。

同志们，总书记在十九大报告中强调，“要坚持党对一切工作的领导”“伟大斗争，伟大工程，伟大事业，伟大梦想，紧密联系、相互贯通、相互作用，其中起决定性作用的是党的建设新的伟大工程”。加强党的建设，是国有企业的独特政治优势，是核心竞争力的重要组成，是实现科学发展的关键因素。思想意识决定我们的工作行为，影响到我们的工作质量。两大条线一定要结合总行党委的工作部署，深入学习领会十九大精神，抓好党建，进一步强化责任担当，进一步转变工作作风，这是当前两个条线解决思想认识问题的首要工作。

一是责任担当。路线确定之后，干部就是决定性因素。敢于担当、善于担当，是总行党委反复强调的干部基本要求，也是工商银行企业文化的重要组成部分。在新兴业务线发展遇到暂时困难的时候，迫切需要党员干部挺身而出，把坚持理想信念和做好工作实践相结合，带头推动业务发展。承担业务线牵头管理职责的贵金属业务部和票据营业部，要做好统领全局的工作，要方向明、指向清，善于研究、分析和解决具有共性的问题，善于指导业务线解决重大问题。各行分管行长不能太宏

观，不能做甩手掌柜，一定要发挥好专业条线发展总负责人和组织推动者的作用，结合区域实际，进一步研究市场、研究同业，主动牵头制订业务线发展远期规划、近期方案、当前战术，研究解决发展中的突出问题。尤其对完成经营目标、加强团队建设、完善专业联动机制等重点工作，要有计划、有步骤地予以推进和落实。分行业务线牵头部门负责同志是这个区域、这个产品线的专家，专业能力要强，不能以己昏昏、使人昭昭；要切实承担起经营管理工作重任，强化经营管理职能，履行在产品和业务管理、牵头营销、专业团队建设等方面职责；要进一步与联动部门沟通协调，完善指标分配和考核办法，加强对营销部门和业务保障部门的服务支撑，确保业务线各项指标能够得到具体落地。

二是工作作风。易董事长再三强调，新常态下推进改革发展，经营思路、工作作风和员工士气是三大法宝，这其中工作作风更是关系大局、影响全局的重要因素。贵金属和票据条线作为新兴业务线，一直以来的工作作风是为人称道的，总行党委也是肯定的。但是随着各项业务发展压力的加大、困难矛盾的增多，当前有一些不平衡、不充分的情况开始出现，必须引起我们的警惕和高度重视。比如，有些分行不仅收入规模持续负增长，降幅也比可比同业要大；部分重点分行市场竞争力持续下滑，业务排名在四行末位等。这固然有市场变化、监管强化等客观因素，但仔细分析，一定有主观的因素，有管理水平和工作作风的问题。业务指标发展严重偏离市场地位和市场环境的，一定程度上反映出这些分行的管理人员没有决心、没有措施，对总行要求落实不到位、工作不投入、推动不力，简单来讲，就是尽职担当不够。所以，我希望大家做到两个“要”：第一是情怀要真。在座的各位分管行长和部门老总都是党员领导干部，是业务线发展的核心力量，我们做任何工作都要带着满腔热情，带着坦荡的胸怀，多讲些贡献，少计较点得失；多谋划些全局，少考虑些局部，真正对未来业务线的发展负起责任，对业务线全体员工的发展有所担当。第二是格局要大。不管是在政策的制定，还是在业务的推动中，各级干部都必须始终坚持全行一盘棋的思想，统筹兼顾地做好各项工作。要深入学习董事长 9 月 28 日党课上的讲话，董事长要求，要掌握科学的思维方法和科学的工作方法，具体工作方法有五个，其中第一个就是“统筹兼顾”。希望同志们认真学习领会董事长讲话精髓，掌握科学的思维方法和工作方法，包括“统筹兼顾”。新兴业务要做好和其他业务，包括结现、个金等的联动工作，就需要有大局观，就需要统筹兼顾。希望贵金属业务部、票据营业部高度重视分行的诉求，充分发挥支撑和引领作用，真正给基层以实实在在的指导和帮助；各分行也要站在整体和全局的高度来考虑问题，工作过程中要主动加强与总行的沟通协调，有些工作是在分行层面能解决的，就不能把事情和责任一味地“交给”总行，在这方面也要有情怀和格局。

四、确保完成全年目标任务，推动专业线经营管理再上新台阶

在全行年中工作会议和第三季度行务会上，易董事长一再强调，全行要紧盯经营发展中的突出问题及工作中的薄弱环节，立足当下，抓紧抓早，推动各项管理措施尽快落地见效，努力完成好全年目标任务，推动经营转型和结构调整取得更大的突破。对总行党委的要求，贵金属和票据业务线必须认真学习、深刻领会、切实贯彻。

第四季度总体工作要求是：围绕十九大对实现“两个一百年”奋斗目标的战略安排，结合落实全国金融工作会议部署，立足业务线实际，以更高的质量和标准，持续加强和改进经营管理与党的建设，为十九大战略目标的顺利实现作出积极贡献。尤其在今年最后不到一个半月的时间，要以“只争朝夕”的精神，强化经营计划的缺口管理，按周倒排计划、按日抓紧落实，千方百计做好各项任务的收官工作，并为明年的“开门红”和未来三年的发展奠定坚实基础。下面我讲四项具体工作要求：

（一）全力以赴完成全年经营任务。目前来看，部分分行指标完成的序时进度不理想，尤其是一些贵金属和票据业务的传统大行收入缺口较大。易董事长指出，“中间业务是今年全行经营发展中最大的短板”。我们新兴业务线一定要尽职尽责，共同把中收业务的短板补好，并力争发挥更大的作用。对此，分行要坚持问题导向和目标导向，认真对照与经营计划的差距，紧盯经营发展中的关键环节和薄弱领域，强化缺口管理，努力把今年的任务完成得更好。特别是出现明显负增长或竞争力下降的分行，一定要采取更加果断和过硬措施，实现收入止跌回升。

对贵金属业务线而言，现在进入传统营销旺季，要齐心协力打好旺季营销攻坚战，确保实现 7.42 亿元的中间业务收入。旺季营销是体现我们工作作风的时候，体现战斗力的时候，也是体现我们工作机制成绩的时候。既然是旺季，时间是有限的，时不我待，全行上下都要尽快行动起来，不允许再扯皮，不允许用“还在预热（准备）”之类的借口敷衍塞责。贵金属业务部要密切关注市场竞争，加大同业动向调研，确保我行产品的市场竞争力。要落实渠道经理责任制，细化任务，周密部署，包括总经理室也要围绕旺季营销调整工作重点，将指标分解到每一个分行并及时解决分行工作中的具体问题，特别是渠道经理要直接参与营销推动工作，重大营销工作总经理室成员也要择机参加。要大力督导尚未充分发挥潜能的、尚未取得实质性进展的、中收同比减幅较大的分支机构，逐家开展现场督导，送产品和服务上门，进一步挖掘潜力，贵金属实物销售要基本覆

盖全行网点。要加大通报考核的频度和力度，确保分行与总行导向一致，突出执行力，抓好工作落地。各分行要迅速落实考核责任、传导经营压力、提升联动效率、发挥渠道力量，尽快将指标分解落实到二级分行、支行，下达到基层网点和每个营销人员，定位到目标市场和具体公私客户；每天、每周、每旬、每月都要有专人、有产品、有计划、有措施、有成果，对没有完成序时进度的，要通过各层级有力的督导，盯紧落实。特别是业务收入在区域四行同业排名靠后的分行，一定要采取切实措施，尽快扭转局面，彻底摆脱第三、第四的排名，尽早回到四行第一。

实物零售业务，重点工作就是要完成中收指标、提高同业排名，第四季度中收目标是3.35亿元。山东、江苏、江西、广西等分行，要切实抓好实物零售，止住下滑。一是昨天下午“实物贵金属新产品展示推介会”上的6款“极致单品”，请各分行结合区域特点，在充分征求意见的基础上，选择最能见效的一款或几款，尽快投放市场，实现“爆款产品”的热销、大卖，把销售规模和中收做上去。二是分行贵金属业务主管部门要与个金条线联合，共同开展实物产品集中营销活动，每家一级分行至少开展1场大规模集中销售、每家二级分行开展至少2场中等规模集中销售、每个网点每周或每半月开展1次小规模集中销售，事前要精心组织，精心策划，各行分管行长、贵金属牵头部门负责人要亲自挂帅；事后要评估，不断总结经验，务求实效。三是新上市的币类产品，关键是抢抓市场反应速度。总行已经提早开展了销售预热、客户储备和市场情报收集，加强了与分行的信息互动，并在系统中扩大了分行自主定价权限，丰富批量和配额，目的是抢占市场先机、提高营销效率，请分行牢牢抓住市场主动权，提升重点区域市场份额。

这次总行给予了分行相当大的产品定价空间，这个授权大家一定要科学合理地把握好。请大家认真研究市场，合理运用营销技巧和总行给予的价格弹性政策，灵活有效地拓展市场，切忌片面使用“价格战”。如采取以量补价策略，则最终要体现在收入是否增长、市场份额是否提升上。昨天的推介会以很好的形式介绍了产品，我想就当前实物零售再强调三点：第一要抓早。出手要快捷、迅速。据了解，还有部分分行没有制定实物销售工作安排，希望这些分行分管行领导、部门负责人加快组织制订，加班部署安排，下周一尽快启动极致单品的营销工作。第二要抓实。工作措施要细致精准，营销方案要科学周密具体细致；要有缺口管理计划，时间、地点、人要落实；要抓紧把联动机制建设好；要掀起宣传的氛围，线上线下，行内行外，掀起宣传的高潮，创新宣传方式，满足年轻人群的产品需求；要注意督导推进，工作如果只抓部署不抓督导等于不抓。第三要抓严。紧盯过程管理，及时按日、按周、按旬通报进度，一方面倒逼落后的机构抢抓进度，另一方面及时调整某款产品的营销节奏。活动结束后要认真总结，严格奖惩兑现。

交易类业务，第四季度中收目标是4.45亿元。每家分行都要逐一分析、对照、落实，采取交易大赛、优惠开户等活动，做到措施落地、任务落实；要积极推进在上海、深圳和广东等分行的程序化交易试点，加大对基金、资管、证券公司、期货公司等客户的营销力度，争取后两月对公客户交易量同比提升20%以上；要拓展个人及企业的贵金属投资咨询服务及代理推介服务，通过做大客户基础来开拓新的业务空间；要不断完善“微黄金”功能，支持相关分行把握年末市场，争取收入增长。

融货融资业务，第四季度要完成黄金租赁收入3.53亿元、产业链客户投资咨询费收入1.69亿元，新增黄金租赁余额20吨。要积极开展非黄金产业链试点工作，加快对已批复的110家企业的租赁投放进度，力争年底前实现投放；要优化业务结构，加大对重点优质客户的支持力度，确保36户重点企业年末租赁份额同比提升20%。

资管业务，第四季度要实现收入1.71亿元、金融服务收入及理财销售收入0.28亿元。贵金属业务部要加强与总行资管部及具备资管授权的分行开展区域理财业务合作，年内再净增100亿元的资管规模、争取突破1 000亿元规模，同时做好明年的项目储备。

对票据融资业务线而言，虽然目前全行条线考核指标中营业贡献、营业利润、同业专营线下业务利润等指标提前超额完成全年目标，但条线业务收入明显落后序时进度，而且分行间业务发展不够平衡，完成进度差异明显。全行仅7家分行完成了贴现买入量序时进度计划，仅4家分行完成了收入序时计划。对此，全行票据融资业务线要围绕目标，紧盯市场，努力挖潜增效，缩小目标差距，加快推动全年考核目标和工作任务的圆满完成。一是优化贴现结构，进一步提高贴现收益水平。在夯实客户资源的基础上，要着力增加收益较高的小微贴现和商业承兑汇票贴现的占比，优化贴现结构，力争下半年分行贴现收入实现80亿元，并保持贴现业务量和买入利率五大行第一的地位。一方面，要贯彻服务实体经济的要求，继续对小微企业票据贴现业务执行较为优惠的资金成本，积极拓展小微企业客户，提高小微企业票据贴现占比。第四季度小微企业贴现量力争达到1 200亿元，较第三季度增加214亿元，支持全行小微金融实现“三个不低于”目标。另一方面，目前我行商票库存余额约为30亿元，在全行贴现占比仅为1%左右，商票业务还有很大的发展潜力和空间，要发挥商票贴现高收益的优势，将一些商票需求大、企业资质好、业务风险可控的优质企业客户纳入名单制管理，根据授信情况推荐客户使用商票进行结算与融资，提升商票贴现业务量。同时，要加强与公司金融的联动，积极参与大客户的全产品营销和营销方案的定制，将包括商票业务在内的各项票据产品也融入对大客户的个性化营销方案中，提高票据融资业务在企业融资总量中的占比，力争在第四季度将我行商票余额提升到40亿元。二是关注市场动态，进一步提升业务创效水平。一方面要提高规模利用效率。年中工作会议上，易董事长强调“要把握市场时机，将票据余额保持在合理适度水平，努力做大流量，增强票据业务获利能力”。谷行长也要求“进一步提高票据贴现在信贷中的占比”“规模向票据贴现进行倾斜、保持票据贴现规模不再下降”。各分行要切实贯彻会议精神，落实工作要求，在规模上向票据业务倾斜，稳定年末票据规模，并积极办理月内到期票据的贴现或转贴现业务，增加日均规模占用，盘活全行整体票据库存，力争全行票据资产余额不低于3 200亿元。票据营业部要进一步强化转贴现交易渠道建设，积极拓展与我行业务模式相契合的转贴现交易客户，增加交易机会，提升业务合作紧密度和客户贡献度，并强化对利率走势的研判分析，进一步加快票据周转速度，提高周转获利能力，增加票据转贴现业务的投资收益。另一方面，票据营业部要充分利用资金额度，加大对同业客户的营销走访，在总行资金相对充裕的窗口期，既要用足额度，也要配好期限，还要做优价格，做大买返收益，力争将年末余额保持在2 000亿元以上。三是加强工作联动，进一步增强目标推动力。各分行要以正在全行开展的“2017年全行票据融资业务百日劳动竞赛”活动为契机，积极推动分行票据经营机构在强化风险防控的基础上，做大系统内承兑票据贴现体量，提升业务收入，赶超序时进度。票据营业部要加强对活动的指导，深化经营指标的监测分析，加大信息传导与工作指导力度，采取切实有效的措施，帮助分行解决好经营中的困难和问题，从而更好形成条线业务发展合力。

（二）加强系统条线管理职能。系统条线管理是当前全行工作当中的一大短板。去年以来，总行党委多次强调加强利润中心的系统建设和管理职能，出台了相关的指导意见，有6个管理部门就加强系统管理制定了实施细则。现在关键就是总行利润中心层面和一级分行层面如何抓好贯彻和落实。从贵金属和票据业务线的发展历程来看，不同时期的职责定位、承担的工作职能是不同的，所以现在的组织架构、制度体系也有所不同，落实“利润中心系统化管理与专业化经营相结合、客户营销部门与分支机构共同组织推动”的工作要求也各有侧重。

对贵金属业务线而言，加强系统建设和管理，重点是强化分行专业团队和联动机制建设。团队制建设要“纵向到底”。已建团队的每一家分行，都要落实贵金属业务部前期在《专业团队建设评估报告》中提出的意见，按总行相关规定，加快人员到位、完善配套措施，收入年增幅不低于15%；今年应建专业团队的12家分行，年内团队人员必须全部到位，而且要加快加强培训迅速形成战斗力，迅速推进各项工作机制的正式运作。此外，在人力资源建设方面，要重点加强考核和队伍的稳定性建设。专业联动要“横向到边”。要切实建立与个金等客户营销部门的联动机制和分润考核方式，各级行分管行长要按月、按季召开业务联动和工作督导会议，加强联动工作的推动。在此过程中，总行贵金属业务部要落实“首席渠道经理”制，加强对分行在团队建设和联动方面的专业指导，特别是在大客户营销、队伍建设等方面要加大资源投入和专门支持。

对票据业务线而言，在经营机构管理方面，各行要全面梳理经营机构管理情况，按照经营机构管理办法及时精简业务量少、风险管控不到位的存量二类经营机构。票据营业部要加强政策传导与落实，八大分部要切实履行对服务区域票据融资经营机构监督检查职责，对二类经营机构管理情况进行指导与监督，推动分行主动加强票据业务营销推动和组织管理，提升票据业务贡献。在经营考核评价方面，票据营业部要针对明年将执行新的会计准则及增值税征收政策，认真研究新政策变化对经营预算及绩效考评的影响，通过分析和测算，研究修订明年经营机构绩效考评办法、境内分行专业条线评价指标方案。在条线队伍建设方面，票据营业部要跟进已建实习基地运作情况，加强访谈调研，不断提升实习成效。要通过送教上门方式，对分行进行现场培训和业务指导，共同提升票据融资业务条线人员的专业能力。昨天举行的全行票据融资业务技能竞赛的方式很好，我和部分分行同志一起观摩了决赛，10家分行经过严格的初赛环节，脱颖而出，进入了决赛。苏州分行获得了一等奖，山东、辽宁分行二等奖，上海、贵州、浙江分行三等奖，在这里向取得优异成绩的分行表示祝贺，同时向参与组织工作的总行工会、杭院以及票营部表示衷心的感谢。希望活动结束后，票营部及时做好总结，进一步激发专业条线学习专业知识的积极性。这次的行长班培训效果也非常好，希望贵金属业务部和票据营业部多在队伍专业素质提升上想办法、下功夫，各分行也要积极配合，共同用好总行和分行各类培训资源，发掘和培养一大批专业领域中的专业人才。

（三）有效完善风险防控体系。在这次综合整治中发现了一些问题，揭示出基层行在许多管理领域和环节中还存在漏洞和不足，为我们敲响了警钟，提醒我们要时刻保持如履薄冰的高度警醒。要想业务走得远，就要真正抓好基础管理的落地，狠抓制度执行、授权管理、监督检查，强化合规意识、流程把控、底线坚守。贵金属业务部、票据营业部要全面履行利润中心风险管理第一道防线责任，着重强化业务风险监测和控制能力，不断提升业务线风险管理与我行全面风险管理体系的融合度。各行要以综合整治发现问题的整改工作为抓手，强化对制度的执行和对风控要求的贯彻落实。

对贵金属业务线而言，一要坚守租赁资产质量底线。要稳步推进存量不良资产处置及呆账核销试点；要加强租后管理，密切关注潜在风险客户，加大对深圳等重点地区的风险隐患化解力度，确保年末贵金属租赁不良率控制在1%以内。二要加强合规建设。贵金属业务部要督导分行深入推进内部账户挂账的清理工作，提高增值税进项税额处理效率，杜绝不正常的长期挂账。加快优化网点实物零售模式，在流程合规、风险可控的前提下，改善销售效率和客户体验。三要完善风控体系。贵金属业务部要逐步健全贵金属经营管理系统功能，搭建产品管理、风险管理、仓储物流等子系统。要逐步形成以贵金属产品为维度、覆盖全业务条线的操作风险及案防管理的操作手册，建立完善覆盖贵金属关键业务环节的操作风险监测指标体系。要健全参与境内外市场的交易制度体系，加强对客户交易行为的监控以及风险的预警提示。要建立贵金属实物产品全面质量管理体系。我们除了自营外还有大量代销业务，代销实际上销售的还是我们工商银行自己的品牌，所以要加强质量管理，确保产品质量零瑕疵，保障消费者权益不受损害，工商银行信誉品牌不受损害。

对票据业务线而言，一要狠抓制度落实。要根据总行《全面风险管理规定》，落实前中后台相分离的风险管理原则，深化“三道防线”建设，扎牢产品线第一道风险防线。各分行要严格执行《中国工商银行票据融资业务票据实物管理办法（试行）》，加强横向内部沟通与协调，明确职责分工，推动层层落实，将分行纸质贴现票据全部移至票据营业部集中管理、再次审验，确保全行票据资产安全。二要加强监督检查。要对照《票据融资业务内控合规管理工作意见》，认真组织落实，全面启动全行票据贴现业务监督管理工作机制，切实加强对高风险环节、重要风险点及违规行为的管理力度，进一步规范票据贴现业务办理流程和操作行为。要按照“统筹协调、统一规范、统享信息和有效覆盖”的“三统一有”的检查管理原则，结合年度内控评价，加强条线监督检查，提高检查的针对性、规范性和有效性。三要优化风控手段。票据营业部在逐步完善现有的风险监测模型的基础上，要继续深挖其他各类票据风险点，搭建新的监测模型，并按月做好风险监测模型的程序运行，定期下发核查通知书，认真开展非现场监测核查工作。在按时完成BMS系统改造投产的同时，启动票据融资业务合同印章改革方案，将票据融资业务相关合同全部纳入电子签约系统实现电子化用印，严控用印风险。

（四）增强业务线发展后劲。确保完成总行下达的经营任务，是业务线的职责和本分。但大家也要看到，完成指标只是对一段时期内经营业绩的一些量化要求，我们既要盯着短期的业务指标，更要着眼长远，加强规划和创新，增强后劲。正所谓“不谋全局者不足以谋一域，不谋万世者不足以谋一时”。如果我们过于看重短期指标，过于短视化，就会导致对大局把控不力、对市场忽视。在市场环境发生较大变化时，如果原有的产品服务体系后劲不足或体量单薄，而新动能又没有成长接续到位，会失去未来发展潜力，丢失我们的阵地。所以无论是总行还是分行，都要不唯指标唯市场，不仅关注当期，更要着重长远，有前瞻性和大局观。这其中要做的事情有很多，我着重讲一下创新、三年规划和队伍建设。

在创新方面，关键是要在总行一系列大的战略指引下，不忘初心，积极把握贵金属和票据业务本质，推进我们的业务发展。贵金属业务线要考虑，在e－ICBC 3.0战略下，如何融入互联网金融场景共建，积极探索互联网客户引流模式；在大资管战略下，如何以千亿级贵金属资产管理及运作为目标，与总行资产管理部合作，形成投资策略与实物黄金资产运作池，着力创新跨境、跨品种，与金价、利率、汇率波动挂钩的贵金属综合化理财产品；在综合化国际化战略指引下，如何以自贸区等创新业务为载体，加强与集团境内外业务联动，逐步开展与香港交易所、上海期货交易所的业务合作等。票据业务线要在新的市场环境下立足同业实践与发展趋势，结合票交所业务全面对接，着眼于全行大局与长远发展，及早启动“大票据”战略框架与发展规划设计，积极探索从单个机构、单一产品、单个条线的“单打独斗”向多机构配合、多产品组合、多条线协同的发展路径，打通票据融资业务与前端承兑业务、后端票据资产管理业务的通道，协调联动票据融资业务与其他相关票据产品的发展，实现我行票据业务全产品链条上下贯通、全产品体系统筹发展。另外，作为新兴业务线，不仅需要“自上而下”，也需要“自下而上”，贡献全行在创新方面的智慧。分行、特别是各级行分管行领导和业务条线负责人，也要发挥接地气、掌握市场脉搏的优势，找准创新的着力点和落脚点，及时推广总结具有普遍意义的良好经验。

在三年规划的编制和实施方面，贵金属业务部和票据营业部已经有了比较清晰的框架，下阶段主要是在深改办的统筹下，进一步围绕激发经营活力、增强市场竞争力、提升风险控制力这“三力”目标，确定发展目标和路径。对于各分行，重点是结合区域实际和自身发展特点，对照总行战略规划，评估各自的业务短板和发展瓶颈，制定具有区域特色和比较优势的规划。要确保战略设计和战术执行相统一，突出强调在各个板块的战场上，各项业务都能取得与工商银行相称的市场地位，做市场第一。

在队伍建设方面，任务是需要人去完成的，新兴业务线对从业人员的专业要求更高。提升专业条线战斗力，就要加强专业条线人才队伍建设。做“大行工匠”，就要秉承“工于至诚，行以致远”的核心价值观。在新兴业务线，尤其要强调工匠精神，大家要能够沉心静气、精益求精，通过对业务不间断、全方位、高水平的学习与钻研，提高队伍的专业能力，进一步保持并扩大队伍在专业素质上对同业的领先优势。要结合十九大精神，加强党的建设，在专业队伍建设中进一步强调政治素质，强调作风建设。要加快完善员工激励约束机制，让想干事、能干事、干成事的优秀员工脱颖而出，真正打造一支“召之即来、来之能战、战之能胜”的业务团队，进一步助力专业条线的发展。

同志们，发展好工商银行的贵金属和票据业务，不仅是利润中心的职责，也是全业务线干部员工的共同职责。在新兴业务线发展的征程中，每一年都是一个新的起点，唯有坚持发展的初心不改，永不满足、永不懈怠，撸起袖子加油干，才能不断实现新的超越、创造新的成就。让我们在党的十九大和习近平新时代中国特色社会主义思想的引领下，把思想认识统一到总行党委的战略部署上来，不忘初心，牢记使命，锐意进取，埋头苦干，努力完成全年经营任务，为全行利润增长多做贡献，开创贵金属和票据业务可持续发展的新局面。

在中国工商银行2017年信贷工作会议上的讲话

王百荣

（2017年2月10日）

刚才，谷行长作了重要讲话，肯定了2016年全行信贷经营管理工作取得的成绩，指出了存在的主要问题，强调了不良资产清收处置、潜在风险贷款管理、把控好信贷投向以及信贷体制机制改革等当前信贷经营管理的四项重点工作，为我们指明了方向，希望各行认真组织学习，深刻领会精神，切实贯彻落实。

下面，我就如何贯彻落实2016年改革发展研讨会和今年全行工作会议精神，切实抓好全行信贷条线的各项工作讲以下意见。

一、努力实现资产质量的全面好转

2017年，全行资产质量管控要力争实现不良率、逾期率、劣变率和剪刀差四个关键指标的全面下降，推动资产质量进一步好转，实现资产质量的阶段性拐点。全年集团不良贷款余额控制在××亿元以内，不良率不超过×%，其中境外机构不良率控制在×%以内；2013年以来新增融资不良率控制在×%以内；新劣变控制在××亿元以内，较2016年少劣变××亿元，劣变率控制在×%以内，较2016年下降××个百分点，其中境内分行新劣变控制在××亿元以内；在安排××亿元核销资源的前提下，清收处置不良贷款××亿元；逾期贷款余额控制在××亿元以内，逾期率控制在×%以内，较2016年下降××个百分点；剪刀差控制在××亿元以内，较2016年减少××亿元。与此同时，受托资产清收处置至少收回××亿元，同比增加××亿元，账销案存资产清收处置力争××亿元，同比增加××亿元，以物抵债清收处置力争××亿元，同比增加××亿元。

上述指标比全行工作会议指标更高，信贷条线自身的要求更严，各行要时刻认识到今年资产质量管控形势的压力。总行将按季度下达资产质量控制任务，各行要按照管控目标，安排好序时工作，做好“潜在风险贷款、逾期贷款、不良贷款”的统筹管理，环环紧扣、层层把关、细化方案、抓实措施，确保完成每个季度的目标任务。

（一）切实提高潜在风险贷款管理的精准性。当前我行潜在风险贷款规模还不小，“不该进的进了”和“该进的没有进”两个问题同时存在。管理精准性还不够，今年要进一步优化管理措施、加大管控力度。

1. 夯实潜在风险管理基础。各一级（直属）分行作为潜在风险管理的责任主体，要按照“注重实质、立足防控”的原则，做好“精准识别”，真正锁定风险贷款。对存在经营异常、担保风险、交叉违约风险等显性风险特征，一年内可能逾期劣变的客户，要及时纳入潜在风险管理；对调整过贷款合同要素或有逾期记录的客户，要及时跟进监测，防止贷款进一步恶化；对经过化解已基本消除风险、暂时无劣变风险的客户，要及时调出潜在风险客户池。今年潜在风险融资总量要压降1 000亿元以上。

2. 加强到期贷款管理。今年1月以来，逾期贷款仍增长较快，贷款到期管理仍有待加强。各级行要切实采取有效措施，做实做细到期贷款风险排查。对于借据到期日或分期还款日在3个月以内的公司贷款，务必落实催收责任人，加强催收；对于生产经营与财务状况基本稳定，具有良好偿债意愿，但出现阶段性还款困难的企业，要提前安排风险缓释化解预案，对其中采取结息周期调整的，总行将继续实行总量控制，各行要按照要求严格把关；要全力做好法人大户风险防范，各级行一把手要亲自抓好此项工作，定期对辖内大户进行风险评议；总行也要对5亿元以上潜在风险大户和亿元以上有违约事项的客户进行跟踪督导，确保大户质量稳定。

3. 做好风险缓释政策的落地。近期总行已修订印发了新的展期、重组、再融资贷款管理办法，取消了办理再融资不能展期、办理展期不能再融资、办理重组后不能展期的规定，由分行根据实际情况选择多种方式办理贷款周转；在办理条件方面，再融资和展期不再设定信用等级限制、续贷压降比例要求和业务办理后资产质量分类的上限要求；在贷款期限方面，流动资金贷款再融资期限按新办理业务期限掌握，展期期限按照贷款通则的要求掌握，重组期限可按照实际情况灵活设定。各行要根据客户经营状况，坚持“实质风险不扩大”和规范操作的原则，提早、及时、主动地化解缓释融资风险，不能因为主观原因而错失化解和降低风险的时机。各行要立足缓释化解实质风险的需要，合理运用总行政策制度，做到风险客户不逾期、逾期客户不劣变。

（二）突出做好逾期贷款的风险化解。各行要把防劣变放在更加突出的位置，努力实现同比少劣变，特别是近年来资产劣变量大、拨备资源消耗多的分行必须同比大幅减少劣变。

1. 切实加强法人客户逾期贷款管理。根据总行确定的职责分工，将法人逾期贷款转化落实到公司部门，信贷与投资管理部门要加强跟踪监测，在转化政策上积极配合并把好关。对尚能维持生产经营且暂无劣变风险的，要及早摸清客户真实经营情况，通过协调同业、沟通上下游拓宽销售、适当给予融资支持、调整还款时间和结息周期等方式，尽早化解违约风险；对于企业仍在生产经营、在我行账户的资金流入或其企业法人、控股股东、企业法人配偶、保证人等在我行的现金类资产能覆盖当月利息的客户，要确保在我行的贷款不劣变或劣变时间不早于他行。对逾期60天以内的贷款，要根据风险缓释化解预案，落实还本付息来源，及时采取法律手段进行追偿；对逾期60－90天的贷款，要对担保有效且具备偿债能力的实际控制人加大追偿力度，积极寻求政府救助，并充分利用总行相关政策，采取多种手段缓释风险。要强调的是，逾期贷款的清收工作不能在月末、季末最后几天搞集中突击，要及时均衡地开展工作，同时也要坚决避免集中质量分类操作风险的出现。

2. 切实加强个人客户逾期贷款管理。个人逾期客户（包括信用卡客户）的催收工作由个人金融部和银行卡业务部全面负责，信贷与投资管理部原承担的相关催收工作全部移交。前台部门要不断提高个人逾期贷款催收工作的常态化、专业化、精细化水平，信贷与投资管理部要跟踪分析个人逾期贷款劣变、转化及清收情况，对个人逾期贷款劣变比例居高不下、持续恶化的，要督促、协助前台部门做好相关催收工作，多措并举、分类施策地做好促催收、防劣变工作。近几年个人贷款和信用卡业务发展较快，但是逾期和不良也增加较多，需引起高度重视。提高信贷市场竞争力，不能靠压任务和运动式作战。

3. 调整贷款拨备提取比例。今年，总行提高了次级类和可疑类法人贷款的单项拨备计提比例，次级一类提高到40%－45%（含），次级二类提高到45%－50%（含），可疑一类提高到50%－60%（含）；并将正常贷款组合拨备计提比例下调为1.0%。各行要严格按照新规定的要求，对新劣变贷款提取拨备。对正常关注类贷款进入不良贷款，一级（直属）分行要提前做出判断，做好能否延缓和可逆的情节认定，不能简单轻易划为不良。

近期，银监会印发了《中国银监会关于进一步加强信用风险管理的通知》（即“42号文”），对贷款分类提出了更高的要求。按照新规定，只有在所有逾期贷款本金、利息及其他欠款已全部偿还，并至少在随后连续两个还款期且至少6个月内正常还本付息的不良贷款，才能上调为正常关注类。总行已转发42号文，各行一定要充分预估监管政策影响，提前进行部署，做好不良贷款管理及质量分类工作。

（三）有效提升不良贷款的经营和清收处置能力。

1. 提高处置效率和水平。加强常规处置和批量转让这两大基础工作。常规处置中要重点做好法律诉讼和担保追偿，提高现金回收率。今年总行已将常规处置占比（包括不良贷款和受托处置资产）纳入境内分行经营绩效和业务发展考核，各行要统筹安排，均衡处置，努力提高常规处置占比。总行将按季均衡使用核销资源，各行在批量转让中要把握好工作节奏，序时筛选组包资产，合理评估资产价值，挖掘买方市场，与买方充分沟通推介做好资产营销。要将批量处置重点落实到商业包和创新处置上，在提高处置收益、确保我行理财资金安全退出的基础上，提倡一次性卖断；各行要确保序时完成总行下达的创新处置（包括不良资产证券化）任务。

2. 优化受托资产处置考核。今年总行在信贷专业条线评价指标中增加了受托资产清收计划完成率指标，各行也要将受托资产清收计划完成情况考核到机构、到部门、到人员，明确奖励和责任追究机制。要通盘考虑快速处置和把握处置时机的关系，序时完成受托资产处置任务，力争实现处置效益最大化。对于以股票抵债的项目，可将股票抵偿的债权金额纳入受托处置资产收回考核，待实际处置时再进行差额调整。

3. 加强清收处置队伍建设。目前我行××亿元的待处置不良资产是聚宝盆，各行行长要提高不良资产的经营意识，加强人员配备。一方面要将其他岗位上的法律人员调整到清收处置队伍中，另一方面要通过内部选拔、社会招聘等方式，优先选聘有法律诉讼、信贷管理、投资银行背景的优秀人才充实到清收处置队伍中，以进一步增强清收处置的整体经营能力。同时，各行要配套制定处置专业绩效挂钩考核办法，充分调动各级处置机构和人员的积极性、创造性。

4. 严肃清收处置纪律。债权必须在规定时效内诉讼，避免丧失诉讼时效情况出现；财产追索必须到位，避免逃废债及内部道德风险情况的出现；财产估值必须公允，避免贱卖情况出现；抵债资产、受托资产必须落实专人管理责任，避免资产短缺和灭失情况出现。如果出现上述情况，对相关责任人和管理者要严肃问责、严肃处理。

二、积极支持优质融资市场拓展

要全面落实“抓大、抓小、抓新、抓优”的战略布局，按照全行工作会议“抓大要坚决突破、抓小要真正突围、抓新要落地见效、抓优要一以贯之”的要求，提出新思路、新措施，积极支持优质市场拓展。

（一）配套调整信贷政策，支持重点市场业务发展。

1. 突出客户优先原则。为更好地突出以客户为中心的政策导向，将行业分类简化为积极进入类、适度进入类和谨慎进入类三个层级，取消限制类分类，合并适度进入Ⅰ类、适度进入Ⅱ类；对部分重点投放领域项目贷款期限超过规定的，授权分行根据项目合理运营年限或收费期限确定；优化行业政策与小企业政策的衔接，只对不适合小企业发展的行业以及产能过剩、环保风险较高等领域列出负面清单，不允许新增融资，其他领域小企业信贷业务可执行小企业政策。

2. 突出对重大项目、重点客户的政策配套。将公路、铁路、轨道交通等行业均上调为积极进入类，大幅扩大各一级（直属）分行对省级高速公路投融资主体及其控股子公司融资业务授权，扩大对中铁总公司及下属18个铁路局及其全资或控股公司的融资业务授权，扩大建设规划经国务院审批的城市轨道交通项目的融资业务授权，按名单制原则扩大分行对省市城投公司、交通集团公司、地铁集团公司的授信权限。调整城建贷款区域准入政策，对达不到总行政策标准的地市级政府类项目，可由一级（直属）分行行长审批，实现对地级城市的全覆盖；将区县级准入标准中财政收入由50亿元下调为40亿元。同时，要抓紧研究出台对大型央企、省属重点企业、上市公司、各细分领域龙头企业等优质客户群体的融资支持政策。

3. 突出对重点区域、重点城市的政策配套。做好“一带一路”、京津冀一体化、长江经济带、珠三角及重点城市行等重点区域政策执行情况的后评价，研究完善区域信贷政策要素及定位，合理解决分行政策需求，有效传导总行信贷政策导向。

4. 突出对新市场的政策引导。对制造业实施分类管理，加强对先进制造业的政策支持。先进制造业既要包括航空航天、轨道交通装备、节能环保等新兴制造业，也要包括传统制造业领域技术和管理先进的优质客户。要以建立先进制造业统计制度为抓手，全面梳理评价存量客户，清晰定位客户策略，有效支持优质制造业客户及实体经济发展。审慎把握新兴热点投资领域融资，择优支持已运营成熟企业的短期融资需求，切实防范技术风险和市场风险。

5. 扩大对金融资产服务业务的授权。代理债权投资业务在资金用途、还款来源、办理条件等方面与相应贷款品种可完全对应的，审批权限按照相应信贷业务授权执行；适度扩大分行对重点领域保障退出类组合式基金业务的审批权限；授予部分分行审批纯市场退出类股权融资业务的权限。

（二）整合创新信贷产品，提升融资服务能力。

1. 推动流动资金和贸易融资产品的创新整合。要以客户日常生产经营周转的合理融资需求为出发点，对现有流动资金贷款范畴的融资产品体系进行整合改造，同步提高产品的适用性与实质风险防控要求。贸易融资产品要立足于通过结构化、场景化产品设计，满足依托信用证信用、交易对手信用和核心企业信用的融资需求。

2. 推动其他融资产品升级优化。对并购贷款、项目营运期贷款、固定资产支持融资贷款进行升级优化，满足优质客户、大型项目的过桥融资和多用途组合融资需求，在优质项目贷款领域探索通过中短期贷款＋再融资的方式提供融资支持；对以个人房屋抵押综合消费贷款为核心的个人消费贷款产品体系进行升级优化。

（三）调整优化制度，增强市场拓展效力。

1. 要实现制度运行的全过程管理。建立“制定、更新、废止”的闭环制度管理机制，引入后评价机制及时跟踪总结，达到“制度流畅、流程灵活”的效果，以充分支持前台部门营销。

2. 要完善全口径信用风险业务制度规范。研究完善金融机构客户信用风险管理规定；完善个贷押品管理、作业监督、贷后管理等个贷基本制度；修订代理股权、债权投资业务基本管理制度，债权投资业务比照贷款管理，名股实债业务比照债权管理，按照市场化原则建立市场化退出股权投资业务差异化管理体系；制定代理投资组合式基金业务管理制度，加强项目审批模式的穿透管理，完善基金审批模式的分类管理。

（四）优化授信审批流程，提高市场响应能力。

1. 扩大项目贷款优化流程适用范围。将列入《城镇化地区综合交通网规划》的京津冀、长三角和珠三角地区的城际铁路项目、高速公路项目及年旅客吞吐量超过1 000万人次的机场新建或改扩建项目纳入调评合一适用范围。将由开行或建行牵头筹组的城市基础设施、城市公共事业、城市轨道交通、棚户区改造（保障性住房）、新农村（小城镇）以及开发区建设项目银团贷款且我行参贷份额不超过牵头行的，统一纳入认同评估适用范围。

2. 整合同一客户多笔融资业务审查审批流程。对于同一客户既有表内融资又有代理投资业务的，目前按照监管规定须分别报送业务申请，前台部门可同步完成尽职调查发起业务流程，审查环节可以合并审查，综合分析判断客户的信用风险，统一提交集体审议后报送有权审批人审批，但要保证信贷审查委员会和代理投资审查委员会的独立性。完善 GCMS 系统功能，实现对同一客户多笔业务打包报送，统一完成审查审批。对于客户跨区域投资新建项目的，原则上应由项目所在地分行牵头筹组行内银团，并承担贷后管理职责。

3. 加快推广实施重大和疑难项目预审制。各行要加快设立预审机制，充分发挥预审机制对信贷投向的引导作用。授信审批部门要提前介入，积极对重点项目和大额疑难项目进行预审，拟定营销方向和信贷策略。

4. 推进小微企业和个人贷款审查审批体制创新。总行已经对这两类贷款的审查审批体制进行了优化，各行要按照总行统一规定并结合当地实际情况，条件成熟一个下放一个。对于审查审批职能已经下放的二级分行，要在二级分行单独设立审查审核中心，或在信贷与投资管理部下设审查审核团队，全面承担个人住房贷款、小微企业和一般法人客户授信项下单笔融资业务的审查审核职能，审批权按转授权规定由二级分行行长、小微企业和个贷业务主管行长及部门负责人、重点支行行长和副行长行使。开展个人贷款经营模式优化试点的12 家机构，对于已经列入“白名单”的房地产开发商和楼盘项目，具备条件的分行可尝试推行审查审批合一的专职审批人制度。

三、统筹做好存量移位与增量并轨管理

今年，境内分行公司和个人贷款移位计划××万亿元，人民币贷款新增××亿元。各行要统筹用好存量移位和增量资源，大力调整优化信贷结构，重点突出“精准移位”和“主动移位”，着力抓好重点行业和重点移位客户池的移位工作。

（一）完善移位管理机制。总行将按照“全量监测、重点调控、退准投优、闭环联动”的总体思路，做好顶层设计、总量把控和结构监测，优化评价指标体系，搭建监测考核平台，完善纠偏和督查机制；各一级和二级分行要统筹考虑新增及存量移位资源，加强移位管理能力建设，合理做好区域信贷规划并落脚在客户层面，确定牵头团队，推行“规划—监测—核查—反馈—治理”的“闭环管理”，加快推进存量移位工作从被动监测向主动引导转变、从统计工具向管理手段转变。

（二）持续抓好重点行业移位管理。

1. 继续对重点行业劣势客户融资实施移位。对于5个产能严重过剩行业、钢铁上下游和煤炭产业链，今年要分别净移出 80 亿元、100 亿元和 150 亿元，移位对象是行业谨慎类及退出类客户，重点类和适度进入类客户可不受行业移位目标限制。总行将直接确定下达客户分类名单及各行的移位目标。

2. 加强房地产重点区域及产品移位管理。除一类城市、政府购买服务的棚户区改造及总行级客户住房开发贷款外，继续对其他房地产融资下达移位计划，从严控制二三线城市商用房贷款、三类城市房地产贷款、商业性棚户区改造贷款，若分行认为客户项目风险确实可控，个别的也可报总行申请特别授权。2017 年纳入行业移位管理范围的房地产贷款力争净移出 300 亿元。

3. 扩大重点行业移位政策覆盖范围。对贷款投向地为我国大陆地区的重点行业信贷业务，境外机构要执行总行移位管理政策，从严把控对谨慎类行业的信贷投放。非标代理投资、债券投资、融资租赁业务也要执行总行重点行业移位管理政策，保持统一风险偏好，主动做好重点领域移位管理。

（三）锁定风险突出贷款，推进精准移位。为实现精准移位和主动移位，严防出现“劣币驱逐良币”、“逆向调整”和“被动调整”，今年总行以部分批发贸易企业、低端制造业、低资质客户流动资金贷款、风险类固定资产支持融资业务、三四线城市商用房抵押类贷款及高风险保证贷款等重点风险领域为基础，构建了重点移位客户池。重点移位客户池的移位管理是 2017 年全行移位管理的重中之重。对这部分客户要在确保风险可控的前提下，早安排、早行动，力争全年重点移位客户池净移出 900 亿元。

四、持续加强评级与授信审批工作

评级和授信审批工作要以把控好业务发展与风险管控的关系为重点，在进一步优化审批流程支持优质市场拓展的同时，重点抓好以下三项工作。

（一）调整优化信用评级管理，真实反映客户风险。评级授信工作是银行信贷工作的基础，各行要高度重视，严防工作随意和检查缺位。进一步优化调整评级模型参数，确保信用评级结果既能充分反映客户的信用状况变化，也能有效兼顾经济资本占用考核和风险缓释操作要求。对于信用等级机评结果不能真实反映客户实际信用状况、确需向上推翻的，适当扩大各一级（直属）分行上翻调整范围。对于信用评级和授信核定权限均属于一级（直属）分行的，评级授信流程原则上应同时发起。确有困难的也可分别发起流程，对仅涉及评级审定的业务无须履行集体审议程序。深化零售评级管理的升级与应用，建立全景化的信用风险内部评级监测体系，解决互联网年轻客户群的风险识别和计量问题，提升个人信贷领域风险管理自动化、智能化水平与

市场响应速度。各行要组织落实好风险客户的信用等级重评管理，确保当月待重评清单中的风险客户在一个月内全部完成等级重评工作。

（二）把控授信总量，严防过度融资。

1. 加强区域融资总量分析与控制。各行要结合当地经济发展水平、财政收入规模、投资与消费需求、当地行信贷经营能力等综合因素，将传统表内贷款、表外业务以及代理投资业务等全口径融资纳入总量统筹管理，合理把控好区域融资总量风险。总行要选择重点区域加强指导。

2. 严控重点行业和领域的授信总量。要加强对电力等存在产能过剩隐患行业的前瞻性研究，提高风险预判能力，提前把控行业授信总量。要从严控制电力严重过剩省份的电力项目融资和煤电一体化项目新增融资，近期国家已取消或缓建116个煤电项目，经排查，我行对其中13个项目已发放贷款，目前余额36.5亿元，相关分行要及时采取防范措施。从严控制钢铁等5个严重产能过剩行业客户新增授信额度，加快结构调整，逐步退出劣质企业。要从严掌握三类城市、去库存压力较大地区以及中小房地产开发企业的授信额度，从严控制空置率较高、潜在供应量较大、租金相对较低城市及非总行级房地产客户的商用房项目授信额度。要从严核定经营主业不突出、盲目扩张、过度融资比较严重的民营企业以及批发贸易型企业的债券承销与投资专项授信额度。要突出强调的是，今年债券市场波动较大，企业发债难度加大，特别是部分债券承销与投资业务客户“借新还旧”风险增加，要加强对此类客户的风险防范。

3. 提高客户过度融资风险识别和管控能力。适时推出重资产加工业、轻资产加工业、建筑业、商贸物流业、房地产等5个行业客户过度融资判断标准和模型，加快构建其他行业客户过度融资判断标准和识别体系。调整优化授信测算方法和模型，提高授信测算模型的适用性和准确性。

4. 合理把握客户授信总量和结构。要紧紧围绕国家产业政策和我行信贷政策导向，统筹考虑客户的实际融资需求与债务偿还能力，结合定量测算值和定性分析结果，合理确定客户授信总量和结构。突出加强集团客户授信层级结构调整，推进授信层级上移，重点支持集团本部主营业务和高层级子公司合理的授信需求，对非主营及低层级的子公司、孙公司从严核定授信总量，对股权关系层级过低且经营不稳定的，要通过压缩授信加快退出。

5. 加强授信动态调整管理。要持续关注客户生产经营情况，对于经营情况和财务状况明显下滑、实际融资总量大幅增加且风险控制措施未有效落实、发生重大突发事件或出现重大负面报道的客户，要及时调减授信额度。授信动态调整要遵循实事求是的原则，合理掌握授信调整的策略、力度和节奏，避免人为刚性操作引发和扩大风险暴露。要加强对分行授信工作的评价与指导，提高全系统做实授信的能力。

（三）做好代理投资业务差异化审查审批。差异化审查审批是根据不同类型代理投资业务确定不同的风险把控点，但并不意味着放松标准。

1. 对于单一债权代理投资业务，要与自营业务的风险偏好保持一致，对于名股实债类业务，要比照信贷业务对交易对手特别是回购方（兜底方）的回购能力进行严格审查。

2. 对于依靠纯市场化退出的单一股权代理投资业务，要加强对市场估值和交易结构合理性、杠杆比率适度性和安全垫保障程度的审查，通过设定限制性条款、充分披露信息等措施加强风险防控。

3. 对于组合式基金投资业务，主要根据是否有退出保障方、底层资产是否可以穿透等不同情况，实行差异化的审查审批方法，确定不同的审查审批重点，尤其对于无法有效穿透底层资产的纯市场化退出基金业务，要尽可能通过组建资金池、增加安全垫比例等方式缓冲和分散风险。

4. 对于投资永续债、私募债、次级债等难以确定公允价值、流动性较差的代理投资业务，要重点加强对于交易价格是否合理、流动性是否充足以及发行人实际兑付能力的审查，切实防范风险交叉感染。

五、深入推进信贷体制机制与监控体系改革工作

今年是推进信贷体制机制与监控体系改革的关键一年，要在研究总结8家体制机制改革试点行工作经验的基础上统一思想、凝聚共识、深入推进，具备条件的分行均要向总行报备方案。

（一）在总结试点模式的基础上明确信贷体制机制各环节改革的规定动作和自选动作。要牢牢把握“防控风险、明晰责任”的改革基本原则，从改进分层营销、增强服务能力、优化审批体制、提高审批效率、加强贷后管理、有效防范风险等方面对分行加强指导。

在营销方面，改革目的主要是提高法人客户经营层级，落实尽职调查的真实有效性。省行、二级分行要设立大客户中心，重点对新拓展客户、疑难客户和跨区域协调任务重的客户实施直接经营，全面承担客户管理职责，确保决策主体与责任主体的统一。

在审批方面，改革重点是做实客户授信，落实大客户中心和经办行对单笔融资业务的审批责任。对于已经设立了授信审批部或审查审核中心，经上级行评估具备相应信用风险管理能力或达到相应条件的“5+1”分行，除跨辖区的关联企业年度授信外，一级（直属）分行行长可在基本权限内（不含扩大授权）将其他授信核定业务以及单笔融资业务审批权全额给予转授，是

否全额转授取决于营业部的审查审批能力，由一级（直属）分行行长决定。对于其他分行，一级（直属）分行行长可在试点范围和基本权限内，将非专项授信、非融资类担保专项授信项下的相关信贷业务审批权向符合条件的相关人员转授。

在贷后管理方面，直接经营机构应承担客户的贷后管理职责及风险管理责任，上级行不得通过“委托”、“授权”等方式，将贷后管理等风险控制重要事项转由下级行操作。直接经营机构确实无法独立完成、需要经办行提供配套服务的工作，必须严格界定事项范围与责任，操作机构仅对操作准确性、合规性负责。

（二）抓紧推进信贷体制改革落地的配套建设。分行的信贷体制改革要做好与大客户中心、小微金融业务中心和个贷业务中心等“三大中心”建设的统筹协调；审慎做好信贷业务转授权的相关安排，转授权事项要严格与机构、人员的风控能力相匹配，严禁简单放权。

（三）大力推进监控体系建设。总行将持续优化监控模型和客户风险画像，不断提升新增融资监测水平，并逐步把个贷、代理投资业务纳入新增融资准入监控范围。要将准入关口前移至客户信息录入环节，实现准入监控的全业务和全流程覆盖。监控工作的重要性不言而喻，各行要提高对监控工作重要性的认识，转变“排斥机器”的思想，切实加强监控中心（团队）及人员队伍建设，监控人员未落实的分行，今年上半年要补齐到位。总行继续对新增融资质量实行严格的红线管理，2013 年、2014 年、2015 年、2016 年新增融资不良率分别控制在 ×%、×%、×% 和 ×% 以内，对新增融资劣变突出的一二级分行，总行将采取调整机构授权、上收业务办理权限等方式进行管控。

六、加快落实“专家治贷”要求

全行稳健经营的关键在信贷，信贷稳健经营的关键在人，我们必须要有一支专业过硬的信贷经营队伍。今年要重点通过授权机制优化、机构与人员资质管理、客户经理分类管理创新和分行信贷经营能力提升来夯实“专家治贷”这一立业基础。

（一）推进差异化授权落地。要改变过去基于机构的单维授权模式，打造一支信贷管理专家队伍，建立信用风险业务年度授权和人格化授权有机结合的差异化授权体系。“成熟一家、批复一家”，在总结试点经验的基础上逐步实现新模式落地。要做好基本授权、人格化授权与体制机制改革的衔接，确保体制机制改革过程中授权合理到位。

（二）强化机构与人员资质管理。各级经营机构只有符合标准才可以授予相应的信贷经营资质，对于人员配备不达标、资产质量风险突出的机构不得授予信贷经营资质；对于不符合资质授予条件的偏远支行，相关分行可在综合考虑本地区业务拓展和风险管理需要的基础上，允许其继续办理信贷业务，但应加强监测并制定经营资质限期达标的优化过渡方案。进一步完善信贷专业资质管理，实现 GCMS 系统人员资质刚性控制，推动信贷人员全员“持证上岗”。

（三）优化信贷和综合客户经理的分类管理。各行信贷与投资管理部要配合前台部门推进落实信贷客户经理与综合营销经理相分离的管理模式。要明确信贷客户经理岗位职责，从严把握信贷客户经理任职资格，提高准入门槛和审核机构层级。要建立适应信贷客户经理队伍的绩效奖励、尽职免责、业务培训等配套机制。要不断加强信贷客户经理队伍建设，提高一线客户经理信贷管理能力。

（四）大力加强一二级分行的信贷经营能力建设。今年要在充分发挥一二级分行信贷经营主体责任方面做“大文章”，重点抓好分行信贷经营能力提升。总行制定下发一二级分行信贷经营能力提升的指导意见，构建能力评价体系，制订考核方案，厘清各级行职责分工，理顺管理机制。按照“明确定位、落实责任、抓住重点、分级经营”的原则，重点强化一级、二级分行信贷经营主体地位。总行主抓顶层设计和条线管理，省行抓区域信贷布局和战略落地，二级行抓客户准入和营销管理，支行抓客户关系维护和贷后落地管理，减少因职能重叠造成的信贷经营管理的缺位、失位和无位问题。要持续加强对困难分行的帮扶，在资产质量控制计划、不良处置计划和经营考核中进行单独考虑。同时也要将部分不良率较高、剪刀差较大的一二级分行以及部分潜力大的省会城市行作为提升信贷经营能力的工作重点，加大帮扶、精准发力。另外，总行也要从信贷运营自主监测能力、新增融资风险管控能力、潜在风险监测化解能力、不良资产处置能力等方面评价分行信用风险管理水平，确保业务授权与风险管控能力相匹配。

七、完善全面风险管理体系

针对当前金融风险领域呈现出的“跨市场”、“跨领域”和“多样化”的特点，全面加强表内表外、境内境外、母公司与子公司的统筹协调管理，不留真空、不存短板。

（一）提升风险加权资产（RWA）管理能力。要加强经济资本管理，进一步实现业务发展计划、信贷政策与风险加权资产控制计划的有效衔接，保持风险加权资产增速与资产增速相匹配。进一步完善管理评价体系，加强对各行限额执行情况和产品、业务、地区等维度的风险加权资产占用情况的监测分析以及各行资产风险权重等风险指标的考核评价。

（二）提升金融资产服务业务风险管控能力。要落实“五个必须”：所有代客理财必须要有总量、限额、自主投资和委外投资比例、集中度、久期、组合、敞口、止损等量化控制指标；所有代客理财必须纳入全面风险管理体系，实现客户风险统一视图，全面落实风险识别、计量、监测、控制及报告全流程管理；所有代客理财凡是承担信用风险的必须全部纳入统一授信管理，纳入市场风险的按规定的授权及投资政策行使权力；所有代客理财必须强化投后管理，必须贯彻落实“穿透”原则，健全数据信息系统，严格估值、对账、损益核算处理；所有代客理财必须实行资产分类管理，并尝试内部建立资产减值准备，损失必须与分行考核挂钩，责任追究按表内信贷责任追究规定比照执行。各前台业务部门、信贷与投资管理部、风险管理部要对照“五个必须”认真落实金融资产服务业务风险管控要求。

（三）提升境外机构风险管理能力。要加强境外信贷发展顶层设计和业务布局，出台内保外贷、“走出去”、国际银团和本地化业务指引；明确存量移位和增量并轨安排以及不良率管控目标。要建立境外机构信贷运营评分和机构分类体系，合理界定境外机构信贷经营区域并核定授权金额。对信贷业务发展稳健、风险管控水平良好的境外机构，可结合人格化因素在授权上给予积极支持。要继续探索设立区域审批中心和信用风险监控中心，对审查审批及贷后管理人员相对集中、市场环境比较接近、时差相近的区域继续推进集中审批和集中风险监控。2017 年要完成拉美区域信贷集约化管理方案的出台，在有条件的区域实施风险监控集中，并试点实施总行大数据模型的移植应用。要进一步加强境外机构市场交易产品控制集中管理，督促各境外机构切实执行人工控制，确保事前风险控制有效；要强化集团外汇及商品风险管理，加强对新产品及新交易策略的市场风险限额管理，提前做好压力测试和应急管理预案。

（四）提高子公司全面风险管理的针对性。为防范跨行业、跨市场的风险交叉传染，保障集团多元化战略顺利实施，总行将按照“一司一策”原则，实施子公司全面风险管理提升方案，并加强对各子公司的风险分析和考核评价。对境内并表子公司要执行统一风险偏好、风险容忍度、行业政策、统一授信和市场风险策略，加强各类融资的总量及组合限额管理。

要继续完善工银租赁风险防控机制，做好潜在风险融资化解和不良融资处置工作；加强对工银瑞投非标投资业务的风险监控管理；引导工银安盛非标投资业务执行集团信贷业务统一风险偏好。平湖和璧山两家村镇银行要持续推进信贷业务发展和结构转型，加快潜在风险贷款转化及不良贷款清收处置。

八、加强新时期信贷管理基础建设

作为信贷资产体量最大的商业银行，必须持续提升信贷管理信息化应用水平，必须持续加强信贷基础管理，为“专家治贷”“从严治贷”提供有效支撑。

（一）提升信贷信息化建设水平。加快新型信贷运营监控技术手段的应用，总行要为一二级分行自主开展风险核查反馈、潜在风险客户管控和自主监测分析等工作提供系统化支持和保障，将包括数据获取、监测分析、预警提示、风险化解方案录入、跟踪监测在内的全流程监控工作纳入系统化运行；要优化完善客户风险统一视图，并与境外机构实现客户信息共享，今年上半年力争投产应用；要研发投产信贷政策制度电子化和标签化项目，力争下半年试运行信贷业务从申请、调查到审查、审批和放款等环节制度和管理要求的精确搜索和定制推送；要全面打造“移动互联”信贷信息共享体系；要重点加快信贷信息化技术在信贷产品上的应用。

（二）从严抓好制度执行。要严推基本制度和操作规范的监督检查。综合运用例行检查和突击检查等方式，加大对政策、制度、产品、新增融资准入、潜在风险管理执行情况的督导检查，对执行错位、缺位和越位的，通过全行通报、系统控制、上收审批权限等方式及时进行纠偏纠错，强化红线意识和责任意识。定期通报“一人多码”、抵质押品凭证录入不完整、业务影像不全和履职缺失等风险隐患较大的问题。各行要安排专人逐项核实确认，严格监督核查过程。对监测发现的信贷人员履职问题，建立多次违规人员的“灰名单”。严格和规范不良贷款责任评议管理，明确前、中、后台共同参与评议的组织方式，切实贯彻执行不良贷款评议“问严、问准”的工作要求，督促信贷人员严格执行规章制度，规范操作流程管理，提高信贷人员从严治贷的工作意识。

（三）着力提升数据质量。扩大数据质量治理范围，将“一户多码”、表外业务余额不准确等纳入治理工作。将数据治理作为各行信贷经营监控工作的重点之一，构建总分联动的数据治理工作体系。优化完善 GCMS 系统信息提示、字段注释以及信息控制和交互功能，从技术上减少账务差错。巩固境外数据治理阶段性成果，更新 GCMS 操作手册，力争境外机构 GCMS 余额类数据全部准确无误，进一步开展 GCMS 管理类数据治理工作。

（四）重点治理违法放贷。要强化违法放贷案件的警示教育，通过剖析和通报典型案例，以案说法，使信贷人员牢固树立依法合规办事的法律意识、守住合规操作底线；要加强对易于出现违法放贷环节和岗位的管理，将防范虚假融资作为重点，强化贷中相互监督、贷后检查防范，特别要加强对支行贷款尽职调查的检查督促力度；要严格对违法放贷人员的处罚，一旦触碰制度红线，必须严肃追究责任，并对问题严重的机构加强整改，整改半年内抽取重点客户或突出问题再检查，以督促改，仍未整改到位的，从严问责管理人员。

（五）加强信贷文化建设。要强化组织实施，推进“24 字”信贷文化落地。“经济本源、审慎稳健、诚信合规、客户优选、专家治贷、责任落实”24 字，是我行在长期信贷经营管理实践中形成的核心理念，是在总结正反两方面经验教训、把握信贷经营规律基础上形成的价值取向。全行要把信贷文化作为一种谋事底线和工作作风，把信贷文化的价值导向和丰富内涵融入制度政策中，突出新要求和新理念，明确规定动作和禁止行为，推动信贷经营管理制度化、规范化。各行要真正把员工作为信贷文化建设的出发点和落脚点，采取切实有效措施，逐步提高信贷队伍整体素质和职业操守，在发挥信贷专家“传帮带”作用的过程中，延续信贷文化的生命力；要加强信贷干部员工的专业培训，倡导学习之风，积极应对复杂多变的信贷管理形势；要加大廉洁自律教育力度，确保令行禁止，保持队伍的纯洁性；要通过正面和反面典型案例宣传教育，强化信贷队伍职业操守；要把信贷检查、专项治理与年度合规检查、督导、审计工作相结合，实现对信贷文化建设和信贷经营行为的有效监督，形成工作合力，将信贷文化融入经营管理全过程。全行信贷员工要加强自主学习、苦练内功，主动适应当下风险突发、问题交织形势下的信贷管理工作新要求，提高自身战斗力。

同志们，2017 年是供给侧结构性改革的深化之年，也是信贷经营管理体制转型升级的关键之年。我们要按照总行统一部署和要求，攻坚克难、锐意进取，为全行经营战略转型做出新的更大的贡献！

在全行授信审批工作座谈会上的讲话

王百荣

（2017 年 5 月 3 日 · 根据录音整理）

刚才，听了大家的发言，感受很深。对大家提出的意见和建议，会后总行授信审批部要逐一研究落实。近期，中央强调了深化供给侧结构性改革和支持实体经济发展的问题，监管部门密集出台整治“三违反”“三套利”“四不当”和“市场乱象”等一系列文件，总行也召开了第一季度经营分析会，对当前各项工作进行了部署。下面，围绕贯彻中央以及监管部门的最新要求，围绕落实全行年度工作会议和第一季度经营情况分析会议精神，我就如何做好当前的授信审批工作讲几点意见。

一、积极支持和服务实体经济发展

服务实体经济是银行一切经营管理工作的出发点和落脚点。党中央、国务院始终强调，商业银行要回归本源、专注主业，进一步提高服务实体经济的能力和水平。近日，习近平总书记在中央政治局集体学习中明确指出，要疏通金融进入实体经济的渠道，加强信贷政策指引，为实体经济发展创造良好金融环境，鼓励金融机构加大对先进制造业等领域的资金支持，推进供给侧结构性改革。各分行要按照总行“抓大、抓小、抓新、抓优”的战略部署，继续大力支持“一带一路”、雄安新区、长江经济带建设、京津冀协同发展、自贸试验区改革创新等国家重大发展战略规划，积极支持高速公路、大型核电、水电、电网项目以及直辖市、省会城市、计划单列市的地铁项目、政府购买服务或 PPP 项目。对这些重点领域的支持，大家的认识是清楚的。这里，我主要讲讲如何支持实体经济转型升级以及小微企业和普惠金融业务。

（一）关于支持实体经济转型升级。各分行要紧紧围绕供给侧结构性改革的主线，综合应用各项融资产品，支持实体经济转型升级，提高服务实体经济的质效。一是不要把支持实体经济与支持制造业简单画等号，第一产业、第二产业、第三产业都是实体经济，制造业仅仅是第二产业的一个部分，当然是重要部分。二是工商银行一直以来都是支持实体经济的主力军，近年来，表内外各项融资每年都新增 1.5 万亿元以上，很好地履行了国有大行的社会责任。三是当前支持实体经济的重点和难点是如何支持制造业的问题。工商银行是支持制造业的第一大行，目前制造业融资余额达 2.4 万亿元，但受经济下行压力较大的影响，已经处置的不良资产是同业最多的，潜在的风险贷款余额也可能仍然是同业最高的。制造业新旧动能转换是个长期的过程，去产能才刚刚开始，大家务必要有充分的思想准备。四是支持制造业的重点是在结构大幅调整的基础上实现总量的适度增加。配合国家供给侧结构性改革，围绕“三去一降一补”，按照“有扶有控”的原则，主动调整制造业的信贷结构，加快退出长期亏损、失去清偿能力和市场竞争力的“僵尸企业”，这本身就是支持实体经济的转型升级。五是支持制造业的难点是如何区分传统制造业和先进制造业。各分行要对辖内制造业客户进行全面分析，增强整体把控能力，对制造业客户实行名单制管理和差异化对待。重点围绕《中国制造 2025》的总体部署，落实总行印发的《关于信贷支持先进制造业重点领域的意见》，择优支持航空航天、海洋工程、先进轨道交通装备等重点领域优质客户为提升产品品质、提高市场竞争力而实施技术改造升级的项目融资需求。要综合运用贷款、债券、代理投资等金融工具，支持先进制造业细分领域的龙头企业为整合产业资源、做强做大主业而实施的并购重组项目和全球化布局，支持制造业企业“走出去”。六是要加大对信息技术、健康养老、新能源汽车、文化旅游、现代物流、互联网经济等新市场新业态重点领域的研究，认真把握新市场客户“两高一轻”的特征，创新融资产品和风险控制方式，在实质风险可控的前提下支持新市场新业态发展。目前，我行新市场新业态拓展较慢，投贷联动有效落地不够，重点分行要积极探索，加快尝试，摸索路子，带个好头。信贷审查审批人员不能只会审查传统产业，要与时俱进，掌握新市场新业态的商业模式和风险特点，做好新客户的风险把控工作。同时，也要积极支持居民在大宗耐用消费品、新型消费品以及教育、旅游、养老、医疗等领域的合理融资需求。

（二）关于小微企业信贷。近年来，一些分行不同程度存在对小微企业惧贷、惜贷的问题，这不符合我行的大行责任和可持续发展要求。近期，总行党委按照党中央和国务院要求，决定在总行成立普惠金融部，进一步加强小微企业信贷业务。各行要统一思想认识，努力将小微信贷工作做好做实。总行已经明确，各分行可自行决定是否下放小微企业审查审批职能，我想强调的是，小微企业审查审批职能可以下放到二级分行，但除小微中心外不能下放到一级支行。小微信贷业务要按照专营化、小额化、专业化的总体经营原则，进一步找准发展方向，有效把控风险。一是加强与各地市级及以上政府设立的担保公司合作，对政府设立的担保公司提供担保的小微企业贷款予以支持。支持有确定转移支付来源的小微企业信贷业务。二是加强与政府主导设立的风险补偿基金或其他综合实力较强的风险补偿基金合作，并尽量优化风险补偿方案，提高风险补偿基金管理机构的缴存比例和补偿比例，减少小微企业贷款可能形成的损失。三是强化与商业保险机构的合作，由保险机构对小微企业贷款提供信用保险，缓释小微企业贷款风险。在优质第三方机构或核心企业提供担保的前提下，对重点产业集群和核心企业供应链方案项下的小微企业提供融资支持。四是加强与电商平台合作，基于融e购以及国内龙头电商平台的在线交易数据，择优支持大数据场景项下的小微企业网络融资业务。4月底，总行已印发重新修订的小微企业信贷业务审查要点，各行要认真参考借鉴，持续提升小微信贷业务风险把控能力。

（三）关于其他普惠金融业务。除了小微信贷业务外，各分行要结合当地实际情况，做好其他普惠金融相关工作。一是在金融精准扶贫方面，各分行尤其是贵州、四川等重点扶贫地区分行要在风险可控、商业可持续的前提下，加大对国家重点支持的贫困地区水利、交通、文化旅游、教育、医疗、生态扶贫、产业扶贫、易地扶贫搬迁等领域优质项目的信贷支持；支持省级或债务率较低的地市级政府为主体的政府购买服务及PPP项目；支持有确定转移支付来源或扶贫贷款风险补偿基金提供风险补偿或兜底的扶贫项目。二是在“两权”抵押等涉农贷款领域，由于宅基地和农用地交易量非常有限，流动性较差，“两权”抵押贷款风险比较难以把控。最近，总行与财政部出资成立的国家农业信贷担保联盟公司签订了合作协议，各分行也可加大与各类财政涉农资金的对接力度，加强与农业信贷担保机构以及农业龙头企业的合作，探索开展“银行＋政府＋农户”“银行＋农业龙头企业＋农户”的融资模式。具备条件的东北、西北地区分行在涉农贷款领域可多做一些尝试，为全行积累经验。三是在林权抵押贷款方面，由于林权价值评估难、贷后管理难、押品处置难等原因，各分行要审慎开展林权抵押贷款。林权抵押不作为主担保方式，只作为增信措施，新增林权抵押贷款必须严格执行信用贷款管理规定。对存量的林权抵押贷款，各行要做好风险排查，根据风险状况采取压缩融资余额或追加其他符合规定的担保方式等措施，确保我行信贷资产安全。

二、进一步做好信贷体制机制改革工作

去年，总行在浙江、江苏等8家分行开展了信贷体制机制改革试点，但8家试点行对改革的认识还不够明确，想法也不一致，在客户经营管理模式、信贷流程、授权对象、试点范围、改革进度等方面均有较大差异。比如，有的分行未在省行本部设立大客户中心，有的分行虽然设立了大客户中心但没有对客户进行直接经营管理，各环节风险管理责任不够明晰。针对这种情况，4月份总行对试点情况进行了总结评估和座谈讨论，总分行基本形成了共识。近期，总行将印发《信贷经营体制机制改革细化方案》，进一步明确信贷体制机制改革的总体目标，以及实施改革的规定动作和自选动作。

（一）突出改革的指导思想和目标。总的来说，信贷体制机制改革的主要目标：一是解决“病从口入”的问题，提升客户准入和服务层级。二是解决风险管理责任的落实问题，进一步明确前中后台责任。三是积极应用大数据技术，提升系统性、结构性风险的预防与控制水平。四是落实专家治贷。

（二）明确规定动作和自选动作。规定动作主要包括：一是建立分层经营管理体系。省分行原则上应在省行本部、二级分行设立大客户中心（或在公司金融业务部内下设大客户团队），大客户中心应承担直接经营管理职责，包括直接营销、直接尽调、在授权范围内直接审批相关业务、直接收放管理、直接贷后管理。二级分行或以上机构要建立法人客户准入审核机制，对辖内新增法人客户、重点项目、重大业务进行准入审核，做好客户风险分析预判。二是明确大客户中心人员配备要

求、大客户中心直营客户范围及名单确定机制。三是配套审查审批体系建设，明确信贷业务授权相关安排。一级（直属）分行大客户中心可内设审查岗，承担审查审批职能，大客户中心及分管行长审批权限内的信贷业务，可不再进行集体审议。二级分行层面，一般法人客户、小微企业和个人住房贷款相关审查人员应集中到审查审核中心（团队）统一管理，也可根据业务需要向小微中心、个人业务处理中心派驻审查人或专职审批人。四是明确分层经营管理体系的信贷业务流程。五是明晰风险管理责任主体，厘清前中后台职责划分。六是明确配套体系建设，包括信用风险监控中心组建、特殊资产处置团队建设及配套考核体系建设。

自选动作主要包括：一是对于直辖市分行、直属分行，如已设立营业部、承担本级行重要客户经营管理职能的，可自行决定是否在分行本部设立大客户中心；未设立营业部的，原则上应在分行本部设立大客户中心。二是对于大客户中心直接经营管理的客户，各分行可自行决定是否设置 AB 岗客户经理。如设置 AB 岗的，A 岗应设在大客户中心，B 岗可设在大客户中心，也可设在落地支行，但贷后管理应由大客户中心 A 岗全面负责，B 岗承担辅助营销职能，主要对操作合规性负责。三是信贷体制机制改革可以分步实施，也可以分类实施，但分步实施要有明确的时间表，分类实施方案要报上级行同意。

按照总行细化方案的要求，8 家试点行要对本行的改革方案进行调整优化，并在上半年落实到位。6 月总行还将选择第二批分行参与试点。对于实行体制机制改革的分行，审查审批权限下放后，各一级（直属）分行授信审批部要切实承担起对二级分行的系统管理职责，加强对二级分行审查审批工作的指导与管理。没有列入改革试点的分行，要进一步规范和推广授信项下授权审批制，为后续推行信贷体制机制改革打好基础。截至 2016 年末，除西藏分行外，境内所有一级（直属）分行都推行了授信项下授权审批制，涉及二级分行（营业部）427 家，占比 72%；涉及 1.5 万户一般法人客户（不含潜风客户），约占全行境内一般法人授信客户的 50%。总体来看，授信项下授权审批制运行情况良好，但在实际执行中也暴露出一些问题：比如，部分分行和二级分行认识不到位，推广力度不足；再比如，客户授信方案和使用条件存在过严或过宽的情况，可操作性和针对性较差；还有一些二级分行核查人员信用风险把控能力参差不齐，甚至有少数核查人员只是简单地对照授信使用条件进行形式审核，不对企业实质风险进行审查分析，将授信项下授权审批制简单等同于授信项下提款制。

各分行要统一思想，提高认识，加快授信项下授权审批制的推广应用，加强规范和管理：一是要在把控实质风险的前提下，增强授信方案的科学性和合理性，提高授信使用条件的针对性和可操作性，尽量避免过宽或过严。二是要选准适用客户，并根据企业实际经营情况动态调整名单，结合各二级分行信贷管理水平、核查人员数量和业务能力等情况，合理设置转授权额度。三是加强对核查人员的业务培训，帮助核查人员不断提高信用风险把控水平，切实承担起把关职责。四是要对辖内授信项下授权审批制业务办理规模、资产质量等情况加强监测，一旦发现越权审批、逆流程审批、资产质量劣变等问题，要立即进行整改，确保业务质量。

三、加强评级授信管理工作

客户信用评级是全行信用风险管理决策的重要依据和基础，对授信审批、信贷管理、拨备计提、资本计量等方面起着重要作用。但目前部分分行对评级工作重视不够，管理不够规范，从总行监测和监管部门检查情况看，有四个方面的问题比较突出：一是客户基础信息录入失真。部分分行信息采集、录入比较随意，导致客户基础信息失真，严重影响客户评级质量。二是未及时进行评级更新。部分分行存在“一评了之”的现象，对出现问题的客户不及时进行评级更新，“高”信用等级客户突然违约的情况时有发生。三是主观拉高客户定性评价得分。为满足相关业务准入要求，一些客户经理人为拉高定性评价得分，定性得分高过定量得分数倍，导致评级结果虚高。四是评级上翻不审慎。一些分行对信用评级结果上翻审定不严格，上翻评级缺乏合理的理由，甚至有些分行对已经发生逾期、欠息、财务恶化的客户上翻信用评级。

各行要加强评级管理，合理确定客户信用评级。各位分管行长对评级工作要进行整体把控，尽量保持客户信用评级基本稳定，避免导致经济资本占用和贷款拨备占用增加过大。同时，要重点做好以下工作：一是提高客户基本信息的准确性。各行授信审批部门要加强对前台营销部门的指导，提高基础信息采集、录入的准确性和完整性，对于基础信息明显失真的情况，应要求前台营销部门重新调查核实。二是加强评级工作的及时性。全行一般法人客户应在 8 月 31 日之前完成当年度评级审定工作。年度评级完成后，各分行还要加强客户风险监测，根据客户信用风险变化状况，及时调整信用等级。三是提高信用等级认定的严肃性。客户信用等级评定应以机评为主，定性评价要合理，严控定性得分偏高的情况，对于定性得分超过定量得分 100%（含）的客户，其信用等级原则上不得高于 A + 级。杜绝客户经理通过多次试算人为调高评级结果。四是评级结果上翻要审慎。上翻信用评级必须要有合理理由，不得随意上翻信用评级。对于总行监测发现风险，并通过系统下调信用等级的客户，各行不得随意上翻。不能把评级当做营销的工具，当做绕政策、绕授权开展业务的幌子，当做掩盖资产质量和经营管理问题的遮羞布。

今年，总行对授信核定完成时间适度放宽，关键是要提高授信质量，把好风险总量。一要切实加强关联关系管理。关联关系管理是统一授信管理的基础，对此总行反复强调，但在监测中发现仍有部分分行管理不严格、执行不到位。各分行要严格关联关系管理，特别是对于成员企业较多的民营集团客户，要加强股权代持等隐性关联关系的挖掘与识别，凡是存在实质关联的都要纳入统一授信。二要合理把握授信核定策略。各分行对辖内客户年度授信核定策略要统筹安排，要与当地经济形势、资产质量状况和客户经营情况相匹配。2016 年全行授信增加、维持和压缩的比例分别为 22%、34% 和43%，但一些分行授信压缩的比例明显偏低，还有一些分行增加授信的比例远高于全行平均水平。三要审慎核定授信总量。核定年度授信时要统筹考虑客户的实际融资需求与债务偿还能力，合理确定授信总量，切实防范过度融资风险。增加授信必须有合理的理由，不能将授信额度作为营销客户的手段。对维持或压缩授信客户的年度授信方案也要认真审查。四要优化集团客户授信结构。突出加强集团客户授信层级结构调整，对央企、地方国企和民营集团都要推进授信层级上移，重点支持集团本部和高层级子公司合理的授信需求。从严控制集团非核心业务板块的成员企业授信总量。

结合近年来发生的重大违约事件，我特别提醒大家在今年授信工作中要高度关注和防范以下方面的过度融资风险：一要防控多元化快速扩张的民营集团的过度融资风险。部分民营企业在经济上行期快速盲目扩张，脱离主业大搞多元化经营，“小马拉大车”。比如年初宣布破产重组的 × × 集团，曾经名列全国民营企业 500 强，以纺织起家，却在 2008 年和 2010 年冒进转型进入铜业和光伏行业，最终资金链断裂导致破产。对于这类民营集团客户，各行要审慎掌握授信总量，合理控制我行融资占比，并尽可能落实抵质押担保等措施来缓释风险。二要从集团整体角度进行把握，不能孤立地看上市公司，而是要关注其母公司及其所有关联企业的整体融资情况。有些上市公司关联关系较为复杂，大量关联企业未纳入上市公司并表范围，但通过担保、关联借款等方式，这些负债最终基本上要依靠上市公司来偿还。对于民营集团以上市公司股票质押的贷款，也要审慎确定质押率。三要理性看待地方“首富”。近几年地方首富破产倒闭的案例屡见不鲜。授信审批部门不能对地方“首富”所迷惑，要时刻保持理性的头脑。

在做好年度授信核定的基础上，还必须做好授信的动态管理。当前，全行授信动态调整工作普遍不到位，究其原因，首先是授信审批部门自身重视不够，普遍存在重授信核定、轻动态调整的现象。其次是审查审批人员不直接接触客户，难以根据客户经营变化及时调整授信额度。更主要的是一些前台和基层行为保留授信额度以便贷款投放，即使发现企业发生重大不利变化，也往往不愿意主动发起授信压缩流程，也不及时向授信审批部门反映。针对授信动态调整工作，我强调几点：一是每年初要组织授信“回头看”。年度授信后，每年初各分行要跟踪企业年报披露进度，及时组织授信“回头看”，根据企业实际经营和财务状况变化，动态调整授信额度、结构与使用条件。二是审查单笔融资业务时关注授信变化情况，结合客户最新的生产经营变化、实际融资总量以及我行授信管理要求是否落实等情况，重新评判我行核定的授信总量适度性。三是对于经营情况稳定性较差的客户，年度授信方案中可以明确要求前台部门和基层行要持续关注客户生产经营情况，定期向审批部门报送贷后管理报告，如发现客户生产经营和财务状况出现重大不利变化的，要及时发起调减客户授信额度的申请流程。四是客户发生重大突发事件或负面报道时，各行授信审批部门要立即启动授信应急管理，临时冻结未使用授信额度，如经核实确认情况属实且对客户生产经营将产生重大不利影响的，要及时调减授信。

为做实做细授信，今年总行还将进一步优化完善授信制度办法，考虑将代理投资限额与授信额度合并管理，优化同业客户授信测算模型，完善授信报备流程。同时将选择 48 家优质央企和金融机构实行简易流程核定授信方案，选择 47 家地方重点国有企业将授信核定权限下放分行。授信办法修订工作由总行信贷与投资管理部牵头，授信审批部参与，要加快推进，争取上半年完成初步方案。

四、切实防控跨境融资业务风险

为加强资金出境管理、稳定汇率市场、防控金融风险，去年底开始，国家陆续出台了《中央企业境外投资监督管理办法》《关于进一步推进外汇管理改革完善真实合规性审核的通知》等一系列外汇资金监管办法和政策。明确将从严审批境外项目投资，突出加强真实性、合规性审核，对房地产、酒店等部分领域非理性对外投资进行重点控制。同时加强对央企境外投资的监管，强调要求聚焦主业，并加强境外风险防控。去年下半年，总行也相继下发了内保外贷业务的风险管理要求和审查要点。今年年初，总行又印发了新的跨境融资业务风险管理办法，加强跨境融资业务风险管理。各行要认真学习相关文件政策，密切关注监管动向，切实做好跨境融资业务的风险防控工作。

这里我着重强调两点：一是切实防范内保外贷业务风险。目前，大部分境外机构过于依赖“内保”提供的第二还款来源，对境外借款人的生产经营状况、偿债能力、交易真实性和资金实际用途调查不充分、审查审批和贷后管理流于形式的问题较为突出，合规风险事件有所增加，信用违约风险上升。境内外机构都要高度重视内保外贷业务的风险，对辖内存量业务要进行一次认真排查，全面梳理，自查自纠，防患于未然。对于新办理业务要在准入、尽调、审查审批、监督支付以及贷后管理等涉及内外联动的各个环节都要明晰责任，落实到人，避免出现管理真空，发生问题后境内外机构互相推诿的情况。要恪守第一还款来源为最终风险保障的基本原则，严禁办理无明确的第一还款来源而完全依赖境内机构担保项下履约进行偿付的内保外贷业务。对于提供“内保”的境内机构，除了分析担保申请人是否具备担保能力外，还要重点分析交易背景是否真实、融资用途是否合规合理，防止一些企业通过虚构交易背景办理内保外贷业务，变相转移资产甚至洗钱。总行信贷与投资管理部要抓紧研究把内保外贷项下的“外贷”业务从双优信贷业务中区别出来，不能再按照低信用风险业务来办理，要按常规信贷业务进行授权及全流程管理。提供“外贷”的境外机构，不得超越所属信贷区域异地办理内保外贷业务。要根据当地的合规监管要求，严格审查境外借款人的交易背景真实性、融资用途合规性和借款人实际偿债能力，作出独立的决策判断。对于同业机构开立的保函，尤其要加强保函的真伪鉴别和交易背景真实性核查工作。总行将一步修改完善相关规定，做好顶层设计。二是严格落实监管规定，从严审查房地产、酒店、影城、体育、娱乐等领域的非理性对外投资，从严控制大额非主业投资、有限合伙企业对外投资、“母小子大”“快设快出”等类型的跨境投资业务。

五、切实把控好代理投资业务风险

近期，银监会密集出台监管文件，部署开展“三违反”“三套利”“四不当”专项治理和“市场乱象”整治工作。为落实监管要求，总行也部署开展了综合整治工作，代理投资业务是本轮综合整治的重点领域之一，对投资业务、理财业务等跨市场、跨行业交叉性金融业务发展较快，杠杆高、嵌套多、链条长、套利多等问题将进行重点整治。从我行业务实际来看，目前全行代理投资违约客户××户、融资余额××亿元，潜在风险客户××户、融资余额××亿元，代理投资业务面临的风险管控压力较大。

各分行要围绕最新的监管导向，在理财投资方案设计时严格遵守“简单、透明、可控”的原则，严控杠杆比率和嵌套投资，缩短交易链条，强化穿透管理，确保业务依法合规，实质风险可控。从严审查资管产品“套娃式”叠加，无法识别底层资产，无法判断最终债务人偿债能力的代理投资业务。对于单一债权代理投资业务，要与自营业务的风险偏好保持一致。对于名股实债类业务，要比照信贷业务对交易对手特别是回购方（兜底方）的回购能力进行严格审查。对于依靠纯市场化退出的单一股权代理投资业务，要加强对市场估值和交易结构合理性、杠杆比率适度性和安全垫保障程度的审查，通过设定限制性条款、充分披露信息等措施加强风险防控。

近年来，产业基金发展迅猛，基金模式越来越多样，有单一的、组合式的，有平层的、结构性的，各分行对基金业务热情很高，但当前基金业务发展中的一些问题需要引起重视：一是基金期限总体较长，多数在7年以上，个别甚至长达30年，与理财产品的流动性要求不相匹配。二是基金规模较大，动辄上百亿元，如某投资引导基金1 500亿元、某省发展升级引导基金1 000亿元。三是很多业务退出方案不够合理，不能够分期支付收益，投资本金在到期时集中退出。如某环境建设基金，期限长达30年，无明确的分期退出安排，集中兑付风险高。四是绝大部分基金由政府或者企业主导，我行及合作机构基本上没有一票否决权。五是过度融资风险加大，部分过度融资企业利用基金出表举债，再变相以基金作为资本金加杠杆，杠杆倍数可达到几十倍，也掩盖了企业的真实债务率。

对于基金业务，我行可适当做一些，但在当前全行授信审批部门要从以下几个方面把握好基金业务风险：一是保持清醒头脑，不能搞运动，一哄而上，要从总量和结构方面进行顶层设计和规划，充分考虑理财资金来源，把握好组合式基金在整个代理投资业务中的规模和比例。二是重点选择参与国家层面、省级政府或龙头企业主导、有退出保障或有上市公司等明确退出通道的基金，择优参与国家部委等具备一定规则制定权、掌握市场资源、有较强上市话语权的单位主导发起的基金，或历史投资业绩出色的行业领先基金管理人发起设立的市场化退出基金，合理控制我行投资份额。三是争取对基金投资决策的控制权，尽可能落实一票否决权，至少争取投票权。四是基金方案要合理，期限原则上控制在10年以内，最长不超过15年，除了市场化退出业务外，应落实分期均衡退出，收益应按季度或半年支付。五是审慎把握融资方的兑付能力和退出保障方的兜底能力，不得通过组合式基金为过度融资企业变相加杠杆。对于杠杆过高的基金要审慎把控，特别是对于本身杠杆比较高的母基金，如投资的子基金杠杆也很高，原则上不再介入。

六、加强同业业务风险防控

近年来，同业业务发展迅速，同业资金“空转”、监管套利等现象较为突出，风险事件频发，同业客户个体风险以及客户间交叉性传染风险日益凸显。去年，人民银行对商业银行开始实施宏观审慎评估体系（MPA）考核，对中小商业银行的流动性影响较大。近期，银监会密集出台监管文件，要求加强银行业金融机构的风险防控，治理各类金融乱象。这些监管措施的出台，在规范同业业务、促进长期健康发展的同时，也将会在短期内加速同业业务风险隐患的暴露。

具体来看，同业客户存在的风险隐患主要表现为：一是同业客户业务结构发生显著变化。部分中小银行客户信贷业务占比显著下降，非标债权投资增长较快，导致不良资产指标失真和潜在经营风险增加。二是同业客户风险传导性强，多种风险交织。近期，金融业操作风险事件频发，且涉案金额较高。三是同业客户公司治理结构问题突出。部分中小银行股权结构复杂，实际控制权由地方政府转至民营企业，关联交易较多，受实际控制人突发事件影响大，经营风险显著上升。四是中小银行贷款客户集中度普遍偏高，部分银行前十大客户的贷款集中度已超过监管标准。受实际控制人突发事件和主要融资客户经营恶化的影响，部分中小银行暴露了较为严重的经营问题和信用风险。

授信审批部门应从以下几个方面把握好同业客户特别是中小银行的业务风险：一是重点关注中小银行的资产结构，对于信贷资产占比较低、应收款项类投资占比高，流动性压力较大或者非标债权投资增长过于激进的中小银行，要从严核定授信额度。二是对于实际控制人存在重大负面消息或涉及敏感事件的中小银行等同业金融机构，应从严核定授信额度或者停止业务合作。比如对于“××系”直接控股或间接控股的哈尔滨银行、包商银行等金融同业机构要提前做好风险防控。三是对于地方性商业银行，要深入分析其股权结构，对于地方政府已经失去控制权、实际由民营集团控股、股权频繁变更的中小银行，要从严掌握授信总量。四是高度关注地市级以下商业银行、信用联社以及规模较小的非银行金融机构等同业客户的融资风险，从严控制上述客户的授信总量，从严核定非银行系金融租赁公司的授信额度。五是各分行要对本行与银行同业业务合作开展情况进行全面排查，特别是要高度关注代理开证、代开保函等业务风险。对于申请我行代理其对具体单一客户频繁、大额集中开立信用证、保函的中小银行，应审慎核定非专项授信额度。各分行在办理代开信用证、保函业务时，不能仅看代理金融机构是否有足额可用的授信额度，还要对客户的信用状况以及贸易背景的真实性、合法合规性等内容进行核实，尤其对于异地办理代理开证、保函的业务，要高度警觉。六是各分行要切实承担起非总行直营同业客户授信的审查审批责任，认真把控好同业客户风险，不能因为报总行审核而放松自身的风险把控。

七、加强债券承销与投资业务风险防控

近年来，国内债券市场快速发展，仅银行间市场发行的债券规模就已超过6万亿元。由于单只债券金额普遍较高，债券发行人基本都是依靠续发或银行融资偿付到期债券。在当前“强监管”的大背景下，市场流动性趋紧，债券发行利率大幅提高，推迟或取消债券发行的案例比比皆是。今年1－4月合计推迟或取消发行的债券将近270只，涉及金额超过2 300亿元，仅4月就有130只债券推迟或取消发行，涉及金额超过1 000亿元。1－4月银行间市场信用债券合计发行规模1.74万亿元，同比下降1.38万亿元，降幅达44%。受市场发行受阻、发行人经营不佳等多方面因素的影响，债券违约风险凸显。2016年以来，境内债券市场已经出现了91只债券违约，涉及38个发行人，主要为建材、有色、机械、商贸等行业的中小民营企业，也有东北特钢、川煤集团、广西有色等省属国有企业。我行主承销的债券也有两只出现违约，表内外合计投资××亿元。

为加强债券承销与投资业务的管理，总行近期印发了《关于加强债券承销与投资业务的通知》，要求各分行对已承销或投资的债券加强存续期管理，做好风险分析、排查和化解工作：一是重点分析近期存在推迟、取消债券发行计划等情形的发行人财务状况和偿债能力，评估对其存量债务兑付能力的影响，做好信息披露工作。二是对内外部评级下调、纳入我行潜在风险客户名单或产能严重过剩行业等的发行人，要认真评估其财务状况和偿债能力。三是对我行已审批通过但尚未推荐注册的债券承销业务，如发行人出现重大不利变化或负面风险舆情，要暂停推荐注册或终止原审批书；如已推荐注册但暂未发行，要与客户协商，引导其暂缓或取消发行。四是对经排查发现存在较大违约风险的，及时向总行报告，并逐券、逐户制定风险化解处置方案，落实有效的风险防控措施。

在认真做好存量债券的风险排查的同时，各分行还要加强对新办理债券承销与投资业务的审查把关：一是债券承销与投资业务要与表内信贷业务保持统一的风险偏好，严格执行总行重点行业移位管理政策，严格控制产能严重过剩行业以及谨慎类、退出类客户的债券承销与投资业务。二是严控经营主业不突出、盲目扩张、过度融资比较严重的民营企业集团以及批发贸易型企业的债券承销及投资业务。三是从严掌握发行人经营情况及财务状况欠佳、存量融资中债券融资比例过高且期限分布不合理、到期兑付压力大、拟发行额度超过自身财务承受能力的债务融资工具承销及投资业务。严格控制私募债以及期限在5年以上的债券承销及投资业务。四是对于经营困难、财务负担较重企业发行的债券，我行银行账户应尽量少投资或不投资。因参与承销发行确需适当参与投资的，应相应收回我行存量贷款或转让已持有的该发行人存量债券份额，确保我行融资总量和风险敞口不增加。五是要高度关注第三方信息，多途径、多渠道了解掌握发行人的经营和财务情况，发现问题要及时反映，以便相关部门动态调整我行承销和投资策略。

八、把控好信贷产品创新可能带来的业务风险

为适应市场与客户需求变化，多年来，我行一直积极开展信贷产品创新。总体来看，产品创新有效满足了客户需求，大力支持了信贷市场拓展，但也交了不少的

学费。比如，商品融资业务是发达国家比较成熟的融资产品，但在我国由于信用和法治环境欠佳、第三方监管不完善，以及我行内部管理跟不上等原因，导致在实际运行中出现了很多问题，不良率非常高。再如固定资产支持融资业务，有较为稳定的现金流，可落实房地产抵押，是个很好的产品创新，但是近年来风险防控压力也日渐增大。还有个别分行办理的非标准黄金质押贷款，没有有效识别黄金造假，加上客户准入和资金监控不严格，最后我行贷款损失巨大。今年银监会已部署开展“四不当”专项治理检查，其中重要的一项就是治理“不当创新”。因此，各行在产品创新过程中要高度重视信用风险防控，当前尤其要关注以下几种新产品的风险。

一是国内贸易融资业务。为改变流动资金贷款长期铺底成为“常青藤”贷款的局面，2005 年前后我行着手开展流动资金贷款改造，核心就是以贸易融资替代流动资金贷款。但随着经济增速放缓，国内贸易融资业务的风险开始集中暴露。截至第一季度末，全行国内贸易融资余额××亿元，不良率××%，4 家分行不良率超过 50%，有 1 家分行不良率达到 100%。从大量风险案例来看，贸易融资业务最主要的风险根源是贸易背景虚假。各行在审查审批贸易融资业务时，要突出对贸易背景真实性的核实，尤其是对于关联企业之间的贸易融资业务，更要深入核查验证，确保贸易背景真实、交易价格公允、合理。要特别关注大额关联交易是否符合商业逻辑，是否存在通过关联交易人为拉长交易链条，利用不同贸易融资产品套取银行融资。同时要加强对贷款资金流向的跟踪监控和销售回笼款管理，防止贷款资金被挪用。当前有的分行存在通过发放流动资金贷款掩盖贸易融资风险，过度用流动资金贷款置换国内贸易融资的现象，总行信贷与投资管理部对上述问题要加强监测与管理。总行信贷与投资管理部要加快推进流动资金贷款与国内贸易融资产品的整合工作，同时要加快产品创新，尽快推出项目贷款再融资和优质客户流动资金贷款再融资产品。

二是供应链融资业务。供应链融资是我行为发展中小企业融资，拓展中小企业客户而重点推出的创新产品，但近年来该业务资产质量明显恶化。截至第一季度末，全行供应链融资余额××亿元，不良率高达××%。供应链融资业务出现较大风险，主要问题是核心企业选择不当、增信措施不落实、风险管理不到位，特别是现金流控制不住。因此，各行在审查审批供应链融资业务时，要在确保贸易背景真实合理的基础上，重点关注核心企业的支付能力、借款人与核心企业合作关系是否稳定、账户和回款资金能否锁定等内容。近期总行监测发现一些供应链融资尚未取得核心企业签订的书面协议，或虽取得协议但约定的信用增级措施未完全落实，各分行要按照总行的风险提示要求及时排查整改。

三是固定资产支持融资业务。固定资产支持融资业务是我行重点推出的创新产品，近年来全行办理的业务量较大，但风险隐患也较多。截至 2016 年末，全行固定资产支持融资、商用房开发以及小企业经营性物业贷款等涉及房地产的“大固融”类业务融资余额达××亿元，不良率××%。剪刀差贷款余额××亿元，占比××%，较全行公司贷款平均水平高出××个百分点。对于固定资产支持融资业务，关键是要把好用途和投向，不要把该业务简单做成抵押贷款，对贷款用途、还款安排都不管不问。年初总行印发了新的固定资产支持融资业务管理办法，各分行要根据新办法要求，按照选好区域、选准基础资产、做实抵押、做实现金流控制的原则，把好固定资产支持融资业务关口。一是审慎掌握以非一线城市的商场、写字楼、综合商业设施为标的资产办理的经营性物业支持贷款。二是从严掌握为地市级及以下城市、4A 级以下景区旅游酒店办理固定资产支持融资业务。三是严格控制以标准厂房、仓储设施为标的资产办理的经营性物业贷款。四是择优支持以北、上、广、深等 9 个城市核心商务区的商场、写字楼、综合商业设施为标的资产办理的经营性物业支持贷款。

四是小微企业集群类业务。为拓展小微企业业务，近年来各分行结合当地特色审批了不少小微企业集群融资方案，但整体风险非常突出。截至 2 月末，全行小微企业集群类融资方案（不含供应链、银政通、标准厂房按揭等标准化业务）共计××个，贷款余额××亿元，不良贷款余额××亿元，不良率××%。为防控风险进一步蔓延，去年 11 月总行对全行小微企业集群类融资业务下发了风险提示，要求各分行暂停新增以“市场方保证＋互保＋个人担保”为主要担保方式的融资方案，暂停对逾期率超过 10% 的融资方案办理新增融资，对逾期率超过 5% 的融资方案进行自查整改。各分行要按照总行统一部署认真开展自查，抓紧整改落实。对新的小微企业集群类融资方案要从严审查审批，原则上小微企业方案项下授权审批制不再执行，由小微金融中心进行专业经营，履行单笔业务审查审批流程。

五是总部融资业务。为满足集团总部对全集团资金周转调度过程中出现的合理资金需求，去年底总行出台了总部融资业务管理办法。总行公司部已选择 117 户集团客户纳入总部融资客户名单。各分行在开展总部融资业务时，要做好客户选择，并按照名单制管理的要求报总行备案。重点选择经营稳定的央企和省属重点国有企业和骨干企业，对民营集团要慎重办理，原则上仅限于资产规模雄厚、总体经营稳定、财务管理规范的民营集团客户。同时，要关注集团客户的融资模式和融资总量，防止集团总部和下属子公司多头重复融资，把这个新产品用好管好，使之成为拓展优质集团客户的利器，保持持久的生命力。

九、加强潜在产能过剩行业风险防控

总行对加强产能过剩行业风险防控已经强调了很多年，大家对于钢铁、煤炭、水泥、平板玻璃、电解铝、造船、纺织、造纸等传统产能过剩行业都有比较清楚的认识，风险防控意识也比较到位。但近年来又有一些新的行业出现了产能过剩，甚至包括一些国家鼓励发展的产业，由于投资过热，也存在产能过剩的隐患。对这些新的产能过剩行业，大家的认识还不够充分。比如新型煤化工、风电设备制造、光伏电池组件都曾经是国家鼓励发展的产业，结果各地一哄而上，就出现了产能过剩的问题。因此，对于这类潜在产能过剩的行业，大家要有前瞻性，提前做好风险预判和防控。下面我重点讲讲电力行业和动力电池行业。

电力行业。近年来我国社会用电量增速明显放缓，近两年用电量增速分别为0.5%、4.5%，但发电装机量却保持较快增速，近10年平均增速达到10%。机组设备利用小时数持续下降，火电机组年利用小时已经由2011年高峰时的5 294小时降至2016年的4 165小时，下降了21%。一些地区电力产能过剩矛盾凸显，例如东北电网的最高负荷/最大装机比例仅为42%，弃水、弃风、弃光、弃核在一些区域较为突出。加上燃煤价格反弹、上网电价屡次下调等多重不利影响，电力企业盈利能力面临拐点，对电力行业债务融资风险要引起关注。

考虑到电力行业情况总体比较复杂，各行要加强研究，区别不同地区、不同电源的实际情况，采取不同的信贷策略。一是重点支持核电、大型水电、电网改造和输电线路建设项目，择优支持“煤电一体化、发电外送”配套电源点项目，适度支持非限电地区综合条件较好的风电、光伏发电项目，二是从严控制国家能源局红色和橙色预警省份的煤电和红色预警省份的风电项目融资以及弃光严重的甘肃、新疆、青海、宁夏地区的光伏发电项目，总行已印发国家叫停电力项目清单，各行要立即全面排查我行融资风险状况，及时采取防范措施。对于新疆、内蒙古等重点特高压外送配套电源点项目，即使未纳入国家停缓建名单的，原则上也应补充要求股东提供担保、贷款利率不低于基准水平。三是审慎支持海上风电、分布式能源、背压式热电联产机组等新型能源项目和独立售电公司、合同能源管理（EPC）企业、储能服务商等新型市场主体的融资需求。

动力电池行业。近年来动力电池行业投资热情高涨，据统计，2016年我国汽车动力电池需求量为190亿-210亿瓦时，但2016年末国内实际产能已超过1 300亿瓦时。按照2020年我国新能源汽车累计销量达到500万辆推算，届时动力电池总需求量为1 000亿瓦时。总体来看，动力电池技术路线尚不明确，国内市场已经存在总量过剩的问题，也呈现出明显的结构性特点，一方面，知名品牌新能源整车厂商市场份额较高，销量较好，动力电池需求量较大，为其配套供货的动力电池企业的产品供不应求；另一方面，那些不能为整车厂商配套供货的动力电池企业，由于无可靠持续的供销关系，销量不稳定，产品低端化，可能成为产能过剩的主要淘汰对象。

各分行在办理动力电池行业信贷业务时要把握好这样几个原则：一是重点支持国内市场份额排名靠前、主导产品高端、已与主流新能源整车生产厂商建立稳定配套供货关系的动力电池企业。二是从严控制技术和资金实力弱、股东背景不佳的动力电池企业。三是加快退出经营规模小、产品定位低端、未纳入工信部《汽车动力蓄电池行业规范条件》企业目录的动力电池企业。

此外，近年来液晶面板、芯片制造、LED照明等行业上马的项目较多，大家也要引起关注。这些行业普遍具有投资规模大、技术更新升级快、市场周期变化快、价格波动大等特点，很容易形成风险。近期，总行相关部门专门向工信部进行了咨询，据工信部介绍，国内企业在液晶面板领域不具备技术领先优势，目前流行10.5+世代线面板，国内有2家就可满足市场需要。芯片制造行业客户也是良莠不齐，非行业龙头客户面临的风险较大。过去总行对于这些行业的把控总体是比较严格的，有些分行持有不同意见，但从目前的情况看，确实存在投资过热的风险，对于以上行业项目贷款，各分行要审慎决策。

十、加强押品和担保管理

从当前全行不良资产处置情况来看，抵押贷款的受偿金额远远低于押品的内评价值。这其中固然有不良资产快速变现、打包处置等原因，但也暴露出我们押品评估和管理工作不到位，主要表现在：一是押品选择不当。有些贷款以应收账款作为押品，与第一还款来源高度重合，受付款方履约能力影响大，资金封闭管理难度大；有些贷款以存货作为押品，价值不稳定、变现难度大，第三方监管管理走过场、形式化；也有一些押品由于存在权属不清晰、权证瑕疵等问题，导致押品对融资的保障能力较弱。二是外部评估公司选择与管理不规范。一些中介评估机构专业能力不足，职业道德较差，存在配合借款人高估押品价值，甚至根据贷款金额倒算押品价值的情况，外评价值的客观性较差。三是内评价值不合理。有些押品在内评过程中，评估人员仍然按照经济上行期的思维，对押品参数取值过于乐观，不够审慎；也有些评估人员过度依赖或简单认同外评价值，未能发挥内评的作用。四是押品重评不到位。有些机构未按照总行要求的频率开展重评；有些重评过程存在形式化、走过场等现象，导致重评未能发挥应有作用；有些押品价值已经发生贬损，但贷后管理也没有及时进行动态调整。

各行对押品评估与管理要引起高度重视，做好以下几方面的工作，真正做到“选得好、估得准、押得住”：一是要加强押品准入管理。押品要权属清晰、完整，优先选择价值稳定性较高、变现能力强的押品，对于异地资产、非关联第三方资产作为抵质押物的，要从严审慎把握。3月，总行印发了《关于调整贷款担保管理要求的通知》，进一步规范应收账款和存货质押担保管理要求，对于无法有效控制回款、不能对付款方尽调的应收账款，以及我行无法转移占用和自主管理的存货，均不能作为贷款的主担保方式。二是要加强押品评估中介机构管理。各行要加强中介机构的准入管理，严格审核中介机构的资质和专业能力，同时强化对中介机构具体评估业务的跟踪考核，对于专业评估能力不足、存在配合借款人故意高估押品价值等情况的，应及时终止业务合作。三是切实提高押品评估水平。各行要加强对审查人员的培训，在押品评定时要合理选择评估模型和评估方法，参数取值要审慎合理，对外评结果要进行独立的分析判断，进一步提高押品价值评定的科学性和合理性。四是切实加强押品重评管理。客户经理要严格按照总行的规定，定期认真做好押品价值重评工作，不得走过场，搞形式主义，发现押品出现价值贬损的，应及时调整押品价值，并采取相应的风险防控措施，保障我行融资安全。五是进一步扩大评估数据信息库建设。为便于各分行开展押品评估工作，总行信贷与投资管理部正加快构建房地产价格信息库，各分行也要积极加强与当地评估机构、土地管理部门、房地产中介机构的合作，扩大数据信息来源，提高押品评估的准确性。

此外，对于保证担保，有些保证人代偿能力和代偿意愿较弱，联保、互保、担保圈的问题仍然不少。有些分行办理民营企业贷款时除了要求实际控制人夫妻双方提供担保外，还增加了很长一串其他自然人保证，实际风险缓释作用非常有限，反而给后续不良贷款处置核销带来很多矛盾。对于保证担保业务，各分行要审慎评价保证人的代偿能力和代偿意愿，增强对信用风险的缓释作用。总行已明确，对于非关联第三方提供保证担保的，除占用借款人授信额度外，还须相应占用保证人授信额度，原则上不接受小微客户为一般法人提供保证担保。

十一、加强信贷防假反假工作

在我国当前的信用和法律环境下，企业造假成本较低，对造假的惩处力度不足，企业经营和财务中的造假现象较为普遍，造假手段复杂多样，信贷防假反假任务非常艰巨。近期监管部门在对各类市场乱象的整治中，明确提出要加大对虚假业务、虚假交易、虚假报表等乱象的整治力度。当前企业造假行为主要有以下几种表现：一是财务粉饰及造假。部分企业通过虚增资产、少计负债、虚增收入和利润等方式来粉饰财务报表，或者直接提供虚假财务报表，骗取银行融资。二是交易背景造假。一些企业通过虚假关联交易，虚构交易背景来骗取银行贷款。三是融资用途造假。部分企业编造形式上合理的资金用途，实际上将银行贷款挪用。四是刻意隐瞒关联关系。部分企业隐瞒关联关系，从而通过关联交易来虚增销售收入。以××民营集团为例，该集团内部关联交易较多，仅部分关联企业纳入合并报表范围，对其他关联企业情况并未进行披露。而根据其2011—2014年财务情况，该集团累计营业收入182亿港元中，来自集团内部关联企业的收入达145亿港元，存在通过关联交易来虚增销售收入的情况。五是押品造假。主要的造假方式包括权证造假、存单造假、非标准黄金造假以及重复质押等。

各行要高度重视信贷防假反假工作，切实做好以下几方面工作：一是审查审批人员要有独立的判断。对于企业和前台部门反映的情况，不能不加思考、全盘接受，要有防假反假的意识。对于不符合逻辑、规律和常识的情况，要多问几个为什么，透过现象看本质，审慎合理地出具审查意见。二是要应用大数据进行交叉验证。授信审批人员不能完全依赖客户经理和调查报告，要充分利用大数据技术和手段，加大对行内外各类信息的搜集挖掘，综合运用比较分析、钩稽关系分析等多种方法进行逻辑判断和交叉验证，切实增强防假反假能力。总行在加大力度拓展第三方数据来源，各分行也要结合当地实际情况，积极扩大外部数据来源，为防假反假提供更有效支撑。三是要持续提高财务造假识别能力。审查审批人员要持续加强财务专业知识学习，通过对企业财务数据进行钩稽关系分析、对比分析、逻辑分析等，提升对企业财务报表的防假反假水平。四是加强总结与培训。总行要抓好全行授信审批条线的防假反假工作，增加案例培训，做到落地生效。各分行对于防假反假正反两方面的案例都要进行反思，从实践中总结防假反假经验，同时加大防假反假培训力度，提高客户经理和审查审批人员的防假反假水平。五是建立防假反假机制。对出现造假行为的客户坚决拒贷，压缩乃至退出我行存量融资。对于辖内执业诚信度差以及曾经出具过虚假财务报告的会计师事务所，要根据程度不同分别纳入“黑名单”和“重点关注名单”。对尽职调查报告过于粗糙，真实性、准确性存在较多或重大问题，对客户和项目情况进行包装粉饰的机构和客户经理列入“负面清单”，在审查审批时予以重点关注，问题严重的要停止受理其报送的业务，督促其整改。

十二、加强授信审批队伍建设

当前内外部各种风险因素交织，这对授信审批队伍的专业能力和风控水平提出了更高的要求。尤其是在当前信贷体制机制改革的背景下，要高度重视二级分行审查人员队伍建设，确保风险把控标准不放松，水平不下降。

（一）在体制机制改革中做好队伍稳定工作。目前全行在陆续推进信贷体制机制改革，一般法人客户、小微企业和个人信贷业务审查审批职能将逐步下放，各一级（直属）分行授信审批部的部分人员可能面临岗位调整。近期，个别分行授信审批部部分个贷审查人员由于要调整至分行营业部工作，出现了不满和抵触情绪。各位分管行长和总经理要高度重视队伍稳定工作，在改革中要妥善做好相关员工的换岗安排，授信审批部相关审查人员可以充实到省行前台或后台相关岗位，也可结合个人意愿派驻到二级分行。同时，要提前做好换岗员工的思想工作，确保平稳过渡，防止业务骨干流失和群体事件发生。

（二）加强对辖内经营机构信贷人员的培训和指导。各分行要加强对二级分行和省行大客户中心审查人员的培训与指导，帮助其提升风险识别和判断能力。通过"以工代训"、岗位交流等形式加强对二级分行及大客户中心审查人员的培养力度。各分行要同时加强对二级分行审查审批业务的检查，重点关注二级分行核查（审查）人员是否尽职履责，是否存在突破授信使用条件办理业务等情况。还要加强对二级分行审查审批质量的非现场监测，发现问题的，应及时要求基层行进行整改，问题严重的应上收其审批权限或停办新增融资业务。

（三）切实加强评估队伍建设。近几年，国家将许多项目的核准权限下放给了各省市，总行也扩大了"调评合一""评审合一"等项目优化流程的适用范围，分行的评估力量亟须加强。但实际情况是，总行的评估资质管理相关办法与机制还没有及时调整，分行评估工作和队伍有所弱化，评估人员数量不足，评估专业能力有所下降。总行相关部门要抓好全行项目评估和押品评估队伍建设，加快修订信贷评估人员资质管理办法，研究在信贷A类专业资质下设项目评估子序列。各分行也要重视和加强评估队伍建设，在部内设置独立的项目贷款（押品）评估团队，加强评估人员的业务交流与培训，提升专业水平。分行可自主探索建立和规范项目评估外部咨询机制，对于复杂疑难的项目征求外部专业机构的意见。对部分重点项目尝试开展后评价，不断总结经验，提高项目评估把关的准确性。

同志们，当前全行信用风险防控面临的困难和挑战很多，授信审批各项工作任务繁重，希望大家认真落实总行统一部署和要求，以高度的责任感和担当精神，坚定信心，锐意进取，攻坚克难，为全行信贷资产质量早日实现拐点作出更大的贡献。

在受托资产处置工作推动会上的讲话

王百荣

（2017年7月25日）

召开本次座谈会的目的，是总结上半年全行受托资产处置工作，交流各行工作经验，分析存在的问题，明确下半年任务目标和工作措施，确保全年受托资产处置取得更大实质性进展。今天上午，总行信贷与投资管理部通报了上半年工作情况，浙江、江苏、广东以及其他12家参会分行、总行法律事务部、信管部相继进行了交流发言。从上半年受托资产处置工作总体情况看，各行重视程度普遍提高，清收处置速度明显加快，全行累计收回受托资产120.44亿元，比2016年全年多收回53.3亿元。在当前较为繁重的资产质量管控压力与不良贷款清收处置任务下，取得这样的成绩实属不易，是包括在座各位在内的全行不良处置战线同志共同努力的结果，我代表总行对大家的辛勤付出表示感谢。

在肯定成绩的同时，我们还应清醒地认识到，当前受托资产处置工作中仍存在着分行之间、受托资产类别之间、清收处置方式之间回收进度不平衡的问题；部分分行仍然未建立起一套行之有效的受托资产处置考核管理办法；部分分行专业清收人员不足，无法满足清收处置任务的需要；部分分行受托不良贷款账龄短、诉讼和追索不到位，增大了后续处置难度。上述问题形成的原因，既有区域经济、处置市场、投资环境等客观因素，也存在部分机构重视程度不够、资源投入不足、措施办法不多等主观问题。为更好推进下一阶段受托资产处置工作，下面我提几点希望和要求。

一、正确认识受托资产处置工作的重要意义

在经济下行压力较大时期，实施不良贷款批量转让与受托处置是平衡当期利润增长、压降不良与保持拨备覆盖率的客观选择，目的是要以时间换空间，将当期难以处置的不良贷款放在一个相对宽松的期限内处置，提高处置回收率，减少国有资产损失。各行要全面、客观

和历史地认识受托资产处置工作的重要性，树立资源意识和经营意识，将受托资产作为一种特殊资源经营管理；要增强紧迫感、责任感和契约精神，受托资产处置是有受托期限和受偿率目标要求的，各行要处理好处置时间与受偿率两个核心问题，既不能以牺牲受偿率为代价快速处置，又不能不考虑资金成本，抱着幻想坐等资产价格回升。目前，不良资产处置市场供需环境正朝着有利于卖方的方向转变，资产价格有所回升。但随着房地产政策的持续收紧，有可能会影响不良资产处置价格，下一阶段趋势难以判断。我们要紧紧抓住当前有利的时间窗口，加快推动受托资产处置，不能消极等待。

二、抓紧研究制订处置方案，努力完成全年受托资产处置任务

各行要抓紧摸排、测算和研究制定受托资产总体清收处置方案，对辖内不同类型受托资产以单户摸排为基础，摸清家底、因企施策、多方案比较选优，确定价值回收最大化的处置方案，依据单户处置情况计算平台包、与建行合作统一市场包、与交行合作统一市场包集合受偿金额，进而测算出受托资产总体处置方案。对于平台包受托资产处置回收金额预计可以覆盖理财资金本金，但无法全额覆盖理财资金利息的，各行要实事求是尽快将测算方案上报总行；对于平台包受托资产处置回收金额预计无法覆盖理财资金本金，但统一市场包能够实现超额收益并可以覆盖平台包缺口的，各行也要将测算方案尽快上报总行，但不允许通过混搭各类资产方式自行平衡收益；对于平台包受托资产处置预计存在较大缺口，且统一市场包也无法产生超额收益覆盖缺口的，各行要抓紧通过创新处置方式提高受偿率，减少处置损失。总行信贷与投资管理部要抓紧研究分行上报方案，统筹考虑清收处置策略与实施方案，研究相关账务处理与考核方案。

上半年全行收回受托资产120.44亿元，虽然处置速度比2016年有所提高，但也仅完成上半年处置计划的67.13%，比计划少收58.96亿元。下半年全行还要完成276亿元的处置任务，其中平台包219亿元、统一市场包50亿元、证券化7亿元，是上半年处置金额的两倍多。根据协议，平台包受托处置时间预定为三年，目前基本达到一年半，时间过半，但总体处置计划仅完成五分之一，处置进度明显滞后。各行务必加快受托资产清收处置进度，重点推动平台包受托资产处置，全力完成年度处置计划。总行将进一步强化考核，严格执行处置计划完成情况与分行考核利润、工资费用、分行行长及分管行长绩效挂钩政策。

三、进一步加强基础管理，提高受托资产精细化经营管理水平

我行通过平台包、统一市场包处置不良贷款的初衷，是开拓不良贷款处置新途径，通过受托处置增加不良处置回旋的空间，减少直接打包转让的损失，提高不良处置效益。各行要进一步强化资源意识和经营理念，加强受托资产基础管理，防止因管理不善、尽职追索不到位而形成二次损失，要通过处置方式优选与价值提升，提高受托资产处置回收率。

（一）认真做好现场检查、债权维护与档案管理等基础工作。要逐户落实存量受托资产日常管理责任人，定期对借款人、保证人生产经营及抵（质）押物等情况进行现场调查，有效监控企业经营、抵（质）押物价值变化等情况；要密切关注债权诉讼时效，确保各项权利受司法保护。对拒不配合债务处置、存在逃废债倾向的债务人，要及时提起诉讼，依法维权。要加强处置团队、法律部门及外聘律师等合作，积极争取当地政府、法院等行政司法部门支持，提高依法维权效果。加强档案管理，对受托资产日常管理及处置过程中取得的抵（质）押物权证、催收回执、还款承诺、会议纪要等重要文件与档案资料，按要求及时归档，避免因主要法律文书或档案资料缺失造成不能确权、损失扩大等不良后果。要加强第三方合作机构管理，对资产评估机构、会计师事务所、拍卖行、律师事务所、风险代理等机构的合作管理要规范，选聘要经过集体审议。加强管理信息系统应用，落实专人做好受托资产信息录入、核对并确保数据完整、有效和准确。要加强对二级分行、支行基础管理履职情况的监督检查，防止因疏于管理、尽职不够等原因，造成受托资产处置损失增大。

（二）摸清底数，做好排查，逐户制定受托资产处置预案。任何一种处置方式都是以单户处置为前提的，各行要迅速组织对受托资产逐户尽职调查，重点揭示债务人生产经营、资产负债、涉诉涉案等情况，结合保证人、抵（质）押物及可追偿责任人等情况，研究分析处置追偿措施。要做到多种方法、多个机构之间的比较分析，做到客户经理、部门负责人、分管行长及行长的多级谈判，按照有利于实施落地、提高处置效率和处置回收率为原则，从处置方式、处置时间、处置回收率、预案实施可行性与依法合规等多个维度，制定能够实现价值最大化的清收处置预案。处置收益最大化的标准不是一个绝对数，关键在于资产自身价值挖掘是否充分、处置方式选择是否适用和优化。处置预案要明确处置责任和要求，在确定预计回收率和回收目标基础上落实到部门、到团队、到人员，确保受托资产处置预案能够落地实施，而不是应付检查。

（三）抓好大额受托资产行领导挂帅清收。大额受托资产涉及面广、政策性强、处置难度大，需要提高处置商谈层级、加强部门协作与上下联动。对单户受托资产本金在1亿元（含）以上的，要由一级（直属）分行行长或分管行长挂帅清收；单户本金为3 000万元（含）–1亿元（不含）的，要由二级分行行长或分管

行长挂帅清收。挂帅清收行领导是大额受托资产清收处置工作的第一责任人，要认真组织研究制定处置预案，指导辖内机构和部门推进实施，亲自参与和地方政府、司法机关、企业主管部门等相关方的协商谈判，推动处置工作早落地、早见效。每月要组织召开一次以上的大额受托资产处置专题会议，逐户听取情况汇报，研究解决工作中出现的新情况、新问题，明确下一步任务目标与工作措施，确保收到实效。

四、优选处置方式，加快处置速度，提高处置回收率

（一）加大诉讼追偿力度，提高现金清收成效。依法诉讼与强制执行，既可实现对借款人、保证人等债务责任人的直接追偿，实现抵（质）押物与查封资产的处置变现清收，还可实现依法裁定抵债、以诉促谈、诉讼和解、执行和解等多种渠道、多个来源清收，是常规处置的核心。各行要结合尽职调查与处置预案制定情况逐户梳理，原则上凡不能协商处置的受托资产都要采取诉讼清收。要配足财务资源，做到应诉尽诉。对于不宜采取诉讼方式清收的，二级分行行长要亲自研究，充分论证不诉的必要性；一级（直属）分行受托资产处置部门要对诉与不诉把关，防止因疏于管理丧失有利的诉讼时机。要充分做好诉前资产保全，实现抵（质）押物的优先受偿权与优先处置权，防止被其他债权人先期查封影响处置进程。要落实专人加强与执行法院的联系沟通，主动把握和推进诉讼执行进程，通过现场勘查、征信系统、银行、房产、土地、车辆、工商、股权登记等多个渠道查找被执行人可供执行的财产线索，采取有效措施提高依法执行成效。

总行审查批量转让方案时发现，部分资产包不良贷款账龄在一年以内的占70% －80%，没有诉讼的占70% －80%，测算受偿时保证人基本上都没有代偿能力，这反映出我们尽职追索还有潜力，如果我们做得不到位，难以规避处置中的道德风险，也经不起日后的各种检查。各行要加大诉讼清收力度，对拟采取受托处置的不良贷款要在批量转让前完成诉讼相关手续，追索到位；受托协议签订后要进一步强化后续强制执行力度，提高依法清收效果。

（二）因企施策，逐户处置，充分挖掘和提升处置价值。平台包、统一市场包受托资产可比照金融资产管理公司的处置政策执行，各行在处置工作中，应结合债务人实际情况，按照有利于加快处置、有利于提高处置回收率的原则，逐户开展尽调估值，因地制宜、因企施策，比较和优选各种适合的处置方式：一是充分利用债务重组提升资产价值。对具有一定发展前景的临时性经营困难企业，可综合采取部分现金清偿、部分留债、部分转股等措施实施对企业的救助与受托资产的保全，但考虑到受托资产主要以现金回收为目标，各行要充分研究债务重组实施时间较长、涉及留债、转股或以股抵债等重组措施对受托资产处置回收的影响，论证和完善受托资产重组方案。二是对具有一定清偿能力的担保人，可结合具体保证人、抵（质）押物情况，灵活采取协商还款释放部分或全部抵（质）押物、部分或全部担保责任的做法，提高受托资产处置效果。三是对具有一定价值但受多种因素影响而暂难以处置变现的受托资产，可在客观估值、充分市场竞争的基础上，采取单户公开债权转让处置，提高资产处置回收率。四是充分借助地方政府在改善金融环境、实现地方产业整合和升级转型的诉求，挖掘受托资产中可整合利用的资源，加强对地方政府、优质国有企业及行业龙头民营企业的营销力度，推动受托资产创新处置；根据受托资产行业、区域等特点，将其分门别类进行整理并做好营销推介，积极拓展受众范围，扩大投资群体。五是做好依法裁定抵债资产接收、处置相关工作。受托资产不宜主动实施以物抵债，但对司法程序中被动接受的资产，在征得所有者同意后，可以依据法院裁定抵债。各行要加强与各相关方的协商，避免出现支付补价与办理抵债资产过户手续等问题，妥善接收、管理抵债资产，并以受托期限为限，择机实现抵债资产处置变现。六是审慎实施债务减免，撬动更多资产尽快收回。对部分通过债务减免可明显提升处置回收率，且受偿率高于出表时受偿率的受托资产，各行可结合项目实际实施债务减免处置。减免前需充分分析论证债务减免的必要性、可行性，结合抵（质）押物评估价值、清收目标以及债权尽职追索情况综合确定减免金额，组成项目小组进行商谈，集体决策，并报总行审批。

因监管部门对证券化不良贷款处置还没有明确相应的处置政策，为慎重起见，法人客户证券化不良贷款可比照平台包受托资产处置政策执行。个人客户证券化不良贷款要优先采取催收、协商还款、依法清收等常规处置方式，信用卡证券化不良贷款处置仍以行内外催收机构催收为主。对个别通过债务减免可明显提升处置回收率的项目，可在法院主导下通过诉讼和解、执行和解等方式审慎操作。

（三）对适合资产采取批量转让处置，提高处置速度、降低资金成本。各行可在充分研究论证，多方案比较、选优的基础上，对常规处置无法达到预期效果，或预计处置回收时间超过受托期限等受托资产采取批量转让方式处置，尽可能减少二次处置损失。同时要注意严格遵守总行管理办法与操作流程。一是要逐户开展受托资产尽职调查，全面掌握企业生产经营、市场状况、资产分布及资金流动情况，深入分析债权担保、抵（质）押权利实现的可能性，努力掌握企业应收款、主要交易对手等情况，为合理评估资产价值提供依据。二是合理确定受托资产处置价格。要进一步提高受托资产估值能力，在深入开展尽职调查基础上，按照不良资产批量转

让有关制度的要求，认真组织受托资产批量转让的估值工作，逐户确定常规处置方式下受托资产可能实现的债权价值，并与批量方式估计的资产包价值认真比较，进行效率与效益的对比分析，充分论证批量转让的合理性与必要性，按照规定权限进行报批。三是要严格遵循受托资产批量转让的流程管理。原则上，对本金存在损失的受托资产转让处置均应由一级（直属）分行统一组织实施，流程包括债权评估、处置方案制定、处置方案报批、处置公告、竞价公告与方案的具体实施等基础环节。受托资产实施债权转让前，均应按照《拍卖法》《金融资产管理公司资产处置公告管理办法（修订）》等相关规定进行处置公告。四是受托资产转让处置要采取公开竞价方式，包括但不限于竞价转让、招标转让、公开拍卖、挂牌转让等。五是要加强风险防范，严格遵守受托资产转让范围、买受人等限制性规定。

上报总行批量处置方案中，要注意对单户债务人生产经营情况、财务情况、资产情况，对保证担保（包括押品）情况，营销推介情况，多方案比较情况，尤其是诉讼清偿方式受偿情况，与债务人商谈等情况都要做出说明，以论证批量转让方式是当前最优选择。

五、处理好高低、快慢、多少三个关系，依法合规处置，严防操作风险和道德风险

不良资产处置的重点就是要解决好处置价格高低、速度快慢、受偿多少这三个关系。不良资产的定价一直以来就是一个难题，需要我们在管理处置过程中注意操作的规范性和严谨性，防范可能出现的操作风险和道德风险。

（一）坚持“公开、公平、公正”和“小组谈判”“集体审议”原则，防范道德风险。“公开”是指清收处置过程中债权转让信息要公开，要依法公示；债权转让过程要公开，除本息全额受偿外，原则上债权转让均应采取公开竞价方式，不得有任何私下交易。“公平”是指公平对待债务人和所有竞买方，对有意向参与竞买的买受人，要同时提供统一内容的资产信息，并保障合理的买方尽调时间，并且一定要和债务人商谈，告知我行处置意向，给予债务人公平竞争的权利。“公正”是指定价过程要公正，要由具有相应资质的第三方评估机构评估，要在若干方案之中做优选，为合理确定债权价值提供参考；竞价结果要公正，按照“择优竞争、收益最大化”原则确定债权转让对象，要通过市场竞争机制来挖掘和实现资产价值最大化。“三公”原则的另一个核心是一定要有第三方参与，比如要邀请监管机构、内控部门和法律部门全程参与，参与过程和结果要有记录并立卷归档。与债务人、担保人、意向买受人的商谈要坚持“小组谈判”原则，要组成两人或三人以上谈判小组进行商谈，做好商谈记录并归档，约定相关事项并签署保密协议。参与人员要提高保密意识，不得向第三方泄露商谈内容，不得向谈判对手透露我行底价。受托资产处置方案要坚持逐级集体审议原则，由相应集体审议机构履行审议职责，要形成会议纪要，由会议召集人签字确认并归档。

（二）严禁通过价格调剂等方式批量处置不同类型不良资产，防范法律风险。受托资产受到多方关注，各行一定要坚持实事求是的原则，坚持依法合规的标准，不得通过不同类型不良资产组包、混搭等方式，人为调整受托资产处置价格，影响不同所有者、投资者利益，规避可能产生的法律纠纷，同时也避免影响监管部门对受托资产产权归属乃至前续转让过程合规性的判断。但因市场需求、营销推介等需要，可在每一户受托资产都能达到受托处置目标价格前提下，跨类别资产组包，逐户实事求是定价。

（三）完善制度、规范操作，防范操作风险。各行要比照我行不良贷款的管理要求，结合资产管理公司不良资产管理处置经验，全面梳理完善管理制度与处置流程，相关制度办法要向总行及资产所有权人报备。严格按照资产所有人和总行授权履行受托资产清收处置职责，不得出现未履行规定程序、未经授权或超越授权范围，与债务人等相关方签署债务和解、诉讼和解、执行和解、解除保证责任、释放部分或全部抵质押物、放弃债权等协议，或对债务重组方案、破产重整方案擅自进行表决等现象。严格按照《受托处置资产管理办法》要求制定受托资产资金管理与账户管理实施细则，明确岗位职责和资金使用汇划流程，严禁占用、贪污挪用受托资产收回资金。要对每户受托处置资产，包括单户和批量处置方案做精、做深、做细、做实、做勤，要经得起内外部检查和历史的检验。

六、加快专业团队建设，强调计划执行、传导考核压力

（一）加快受托资产清收处置团队建设，提升专业处置能力。各级行要按照监管要求，建立单独的受托资产管理处置体系，处置团队要在不良资产管理处置部门内部单独明确，根据本行受托资产户数、金额，处置计划、处置方式、处置进展等具体情况，配足配强受托资产处置人员；受托资产的日常管理以及信息系统管理、档案管理等工作原则上要与不良贷款业务区别对待。总行已正式成立受托资产处置处，专司受托资产管理处置工作，希望各行比照总行要求尽快建立起受托资产专职清收团队。要按照《2017 年全行人员结构调整工作方案》要求，在优化人力资源配置的过程中，充分保障受托资产处置人员的增配计划。总行将逐行监测受托资产处置人员配备情况，对因机构不健全、人员配备不到位而造成受托资产处置进展缓慢或资产损失增大的，总行将严肃追究责任。

（二）加强协同配合，形成各方合力，共同推进受

托资产处置。我行发起设立的工银金融资产投资公司正在筹备中，争取尽快成立。工银投资成立后，要充分发挥其市场化、专业化运营机制，加强与总行信贷与投资管理部、各相关分行的协同配合，共同推进受托资产又快又好处置。

（三）强化清收处置计划执行力度，传导考核压力。总行将对各行受托资产整体清收目标的实现情况进行统筹管理，按照正向考核激励为主、总分行共同分担处置损益的原则，根据清收结果和理财资金使用情况对各行受托资产处置计划逐年进行调整，将处置结果与各行考核利润、工资费用总额以及分行行长、分管行长绩效进行挂钩考核，按季度通报、年度清算、整体统算，实现对受托资产全面考核的目标。各行要将总行建立的受托资产清收处置考核机制传导到各级行，落实到机构、到部门、到人员，结合本行实际，从加快处置进度、提高处置收益两个方面制定奖惩考核实施细则，充分调动各级机构和人员的积极性、主动性和创造性。对受托资产余额较大、处置进展缓慢的分行，总行将严格控制其新增受托资产规模，原则上不得再采取受托方式处置不良贷款。

同志们，当前的受托资产管理处置工作任务艰巨，时间紧迫，需要动员全行力量、凝聚各方面智慧加速推进。希望大家进一步统一思想，坚定信心，开拓创新，奋发有为，为稳妥解决受托资产处置面临的各类问题，为全行资产质量的根本好转不懈努力，再立新功。

当前信贷管理形势及下半年信贷与投资管理重点工作安排

——在2017年信贷经营管理与能力提升培训班上的讲话

王百荣

（2017年8月）

一、上半年信贷经营管理基本情况

1.1　信贷业务增长超过预期

今年上半年，国内经济运行总体平稳，贷款增长实现近年同期最好增长水平。6月末，集团口径各项贷款余额××亿元，比年初增加××亿元，增幅××%；境内分行各项贷款余额××亿元，比年初增加××亿元，增幅××%，较去年同期多增××亿元。

2017年上半年集团各项贷款增长情况

单位：亿元

	贷款余额	较年初增长	贷款增幅
（一）境内分行	××	××	××%
1. 公司客户贷款	75 252.3	6 174.6	8.94%
贸易融资	4 013.1	160.2	4.16%
一般流动资金贷款	25 353.8	2 261.3	9.79%
项目贷款	40 809.8	3 000.9	7.94%
房地产贷款	5 075.6	666.4	15.11%
2. 个人客户贷款	40 184.9	3 572.4	9.76%
个人住房贷款	35 753.7	3 722.4	11.62%
个人消费贷款	2 353.8	95.8	4.24%
个人经营性贷款	2 072.9	−244.9	−10.57%
个人助学贷款	4.5	−0.9	−16.45%
3. 票据	3 618.9	−3 469.5	−48.95%
4. 信用卡融资	4 694.1	177.6	3.93%
（二）境内机构	××	××	××%
（三）境外分行和机构	××	××	××%
集团合计	××	××	××%

1.1.1　境内分行人民币贷款运行情况

受债券市场挤压，投资增长拉动等因素影响，公司类贷款增加5 963亿元，同比大幅多增5 064亿元；其中流动资金贷款和项目贷款分别同比多增2 941亿元和1 591亿元；

个人住房贷款增加3 722亿元，同比多增305亿元，增长11.6%，较各项贷款平均增幅高6.2个百分点；

票据贴现和非存款类金融机构拆放分别减少3 530亿元和773亿元，有效让渡计划空间。

1.1.2　分地区情况

环渤海、珠三角、中部地区分行贷款增速分别较全行平均水平高1.1个、1个和0.9个百分点。

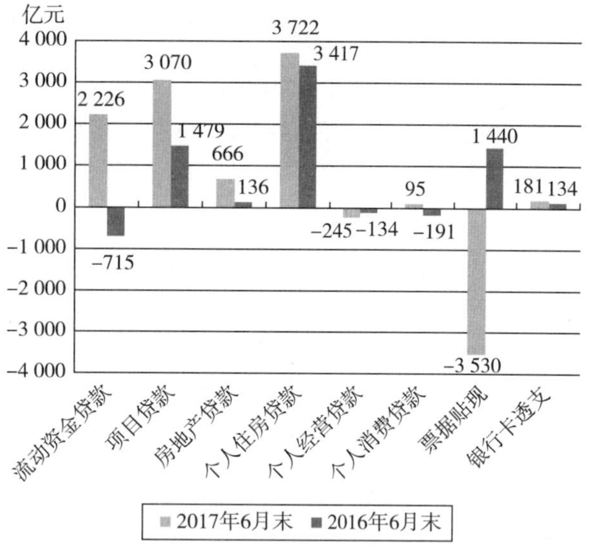

长三角、环渤海、西部和中部地区分行人民币贷款同比多增均超过200亿元。

广东、江苏、北京、河北、浙江、湖北、四川7家分行人民币贷款继续保持较快增长，增量合计2 510亿元，占比40.6%。

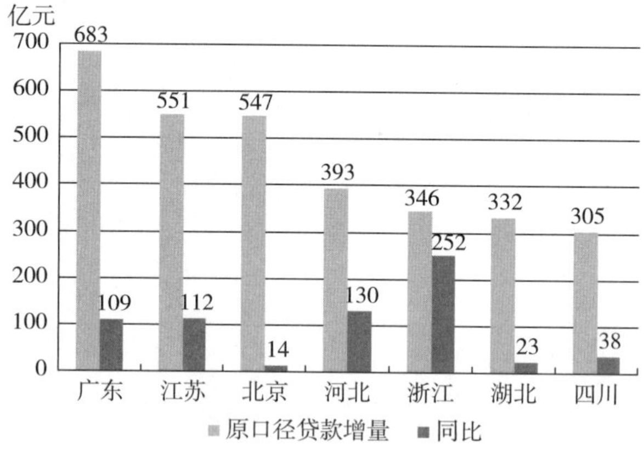

分区域增量 单位：亿元

项目	余额	占比	增量	占比	同比	增幅
全行合计	120 683	100.0%	6 187	100.0%	622	5.4%
环渤海地区	23 136	19.2%	1 410	22.8%	287	6.5%
长三角地区	25 946	21.5%	1 273	20.6%	316	5.2%
西部地区	24 981	20.7%	1 259	20.4%	251	5.3%
中部地区	19 997	16.6%	1 185	19.2%	217	6.3%
珠三角地区	18 814	15.6%	1 134	18.3%	−12	6.4%
东北地区	7 318	6.1%	210	3.4%	−20	3.0%
总行直属	491	0.4%	−285	−4.6%	−416	−36.7%

1.2 资产质量呈现企稳向好态势

今年以来，全行不良率、逾期率、剪刀差、关注贷款占比等资产质量关键指标较年初全面下降，新发生逾期和劣变速度明显趋缓，信贷资产质量呈现企稳向好态势。

1.2.1 不良贷款情况

截至6月末，全行不良贷款余额（预计审计调整后）为××亿元，比年初增加××亿元，在可比同业中不良余额增速较低；去年第三季度以来不良贷款率保持稳中有降，今年以来连续两个季度下降，至6月末不良贷款率约为××%，比年初下降××个百分点。

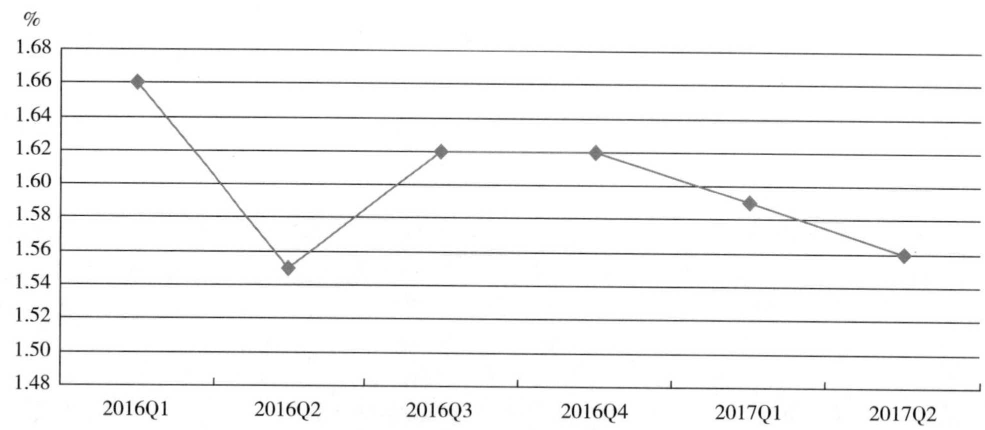

2016年以来不良率变化情况

1.2.2 逾期及剪刀差贷款情况

逾期贷款、剪刀差呈下降趋势。截至 2017 年 6 月末，全行逾期贷款余额××亿元，比第一季度末减少××亿元，比年初减少××亿元。逾期贷款与不良贷款的剪刀差为××亿元，近年来首次降低到 1 000 亿元以内，比第一季度末减少××亿元，比年初减少××亿元，31 家分行剪刀差规模和剪刀差占比均较年初下降。

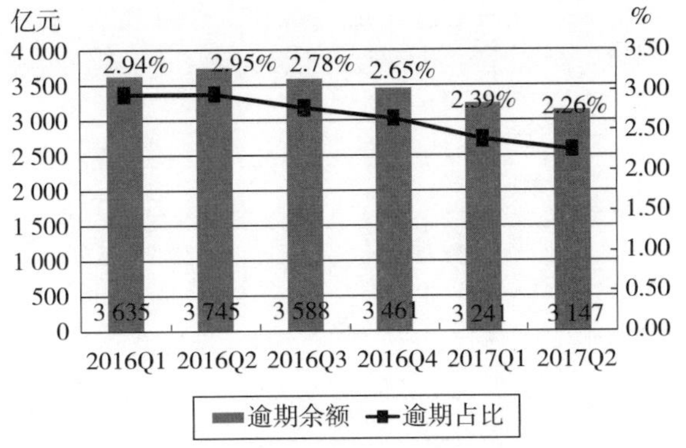

2016 年以来逾期余额及逾期率变化情况

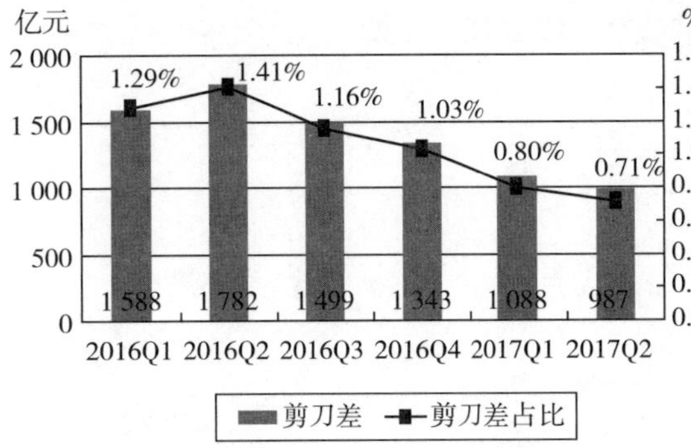

2016 年以来剪刀差及占比变化情况

1.2.3 新发生逾期和劣变情况

新发生逾期和劣变速度放缓。今年上半年，全行新发生逾期 2 367 亿元，同比少逾期 854 亿元，降幅 27%。全行累计劣变 954 亿元，同比少劣变 346 亿元，降幅 27%。

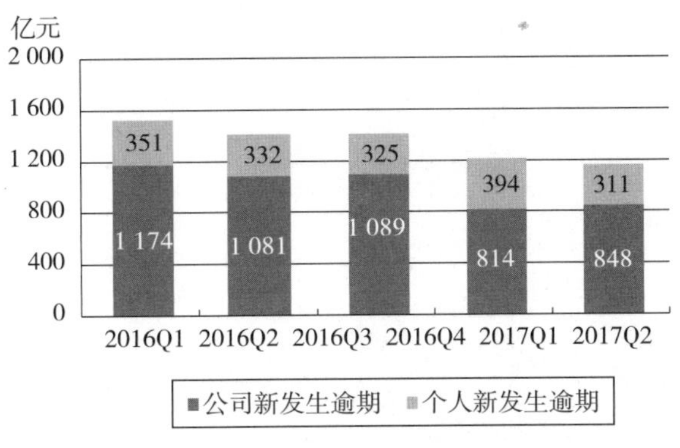

2016 年以来同期新发生逾期情况

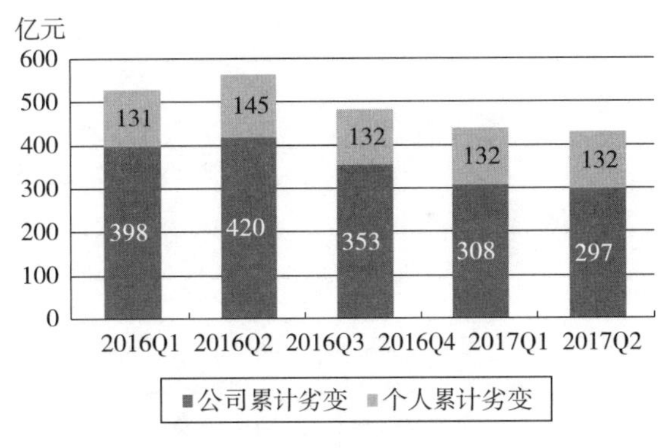

2016 年以来同期累计劣变情况

1.3 信贷资源向重点领域、优质客户的配置更加主动

移位管理机制不断完善，“主动移位、精准移位”效果显著。

上半年，全行合计实现存量贷款移位 10 447 亿元，实现贷款余额增加（净移入）9 430 亿元。

重点移位客户池：年初确定全行重点移位客户池（1.89 万户，8 221 亿元），上半年实现还原核销后净移出 738 亿元（不含双优业务），完成全年净移出计划的 82.05%，共 29 家分行完成序时任务。

信用等级上，呈现高信用等级客户净移入、低信用等级客户净移出态势，A+级及以上客户净移入6 860亿元，占比达到 79.9%，比年初上升 3.2 个百分点，A-级及以下低信用等级客户均呈现净移出。

行业板块上，呈现出净移入资源向低不良率板块倾斜的态势，不良率较低的公共设施和交通运输物流板块合计净移入 3 539 亿元，不良率最高的商贸流通、轻工和农林牧渔板块合计净移入 57 亿元。

上半年重点移位客户池净移出任务完成情况

单位：亿元

序号	分行	净移出	净移出任务完成率	序号	分行	净移出	净移出任务完成率
1	海南	13	365.73%	19	湖南	17	71.17%
2	北京	24	223.59%	20	新疆	7	65.54%
3	安徽	25	177.92%	21	湖北	16	64.28%
4	上海	41	155.49%	22	甘肃	7	63.42%
5	江西	25	127.69%	23	浙江	60	61.24%
6	江苏	83	117.27%	24	吉林	5	58.34%
7	深圳	28	114.83%	25	黑龙江	6	56.96%
8	贵州	17	110.27%	26	山东	54	56.40%
9	四川	27	101.29%	27	厦门	1	52.86%
10	广东	59	99.36%	28	重庆	8	52.48%
11	青岛	13	90.96%	29	河南	19	52.26%
12	天津	19	86.72%	30	大连	7	48.02%
13	广西	15	85.47%	31	福建	19	47.66%
14	河北	24	84.82%	32	陕西	13	43.44%
15	云南	25	80.43%	33	山西	6	19.92%
16	内蒙古	15	74.16%	34	青海	0	-22.24%
17	辽宁	22	72.78%	35	宁夏	-3	-34.19%
18	宁波	22	71.87%	合计		738	82.05%

信贷政策有效引导全行上半年信贷投向及结构调整

• 客户结构持续优化

1.总行实施限额管理的产能过剩行业表内外融资余额4 082亿元，较年初下降31亿元，其中，适度进入类以上客户增加100亿元，谨慎退出类客户融资下降131亿元。

2. 优质客户融资占比提高。上半年，A股非金融上市公司贷款余额8 566.3亿元，较年初增长847.8亿元，增幅达10.98%，高于全行公司贷款增速。

• 行业投向持续优化，总行政策导向落地情况较好

1. 前6个月交通运输、能源、公共设施三大板块贷款增长4 078.6亿元，占上半年增量67%，是公司贷款增长的主力。

2. 制造业和现代服务业贷款余额分别较年初增加545.3亿元和624.2亿元，主要投向了先进制造业、战略性新兴产业、现代服务业、节能环保等新产业、新业态。

3. 房地产贷款比年初增加666亿元，其中重点领域增加772亿元，非重点领域贷款减少106亿元。

• 重点融资产品增长显著

1. 项目贷款快速增长已成为推动全行公司贷款增长的主要动力。6月末，我行项目贷款余额40 809.8亿元，较年初增长3 000.9亿元，存量及增量分别占公司贷款的54.2%和49.3%。

2. 流动资金贷款在总部融资业务带动下呈现恢复性增长。我行于2016年末推出了总部融资业务。6月末，已有386户企业开展了总部融资业务，涉及金额978亿元，其中流动资金贷款957亿元。

3. 固定资产支持融资等潜在风险较高品种占比和不良率均出现下降。截至6月末，我行固定资产支持融资余额5 111.79亿元，较年初增长316.02亿元，但占比已较年初下降0.14个百分点，不良率1.34%，较年初下降0.06个百分点。

• 项目储备资源向重点区域和机构集中

1. 在地域分布上集中于华东、华北、华南和西南等经济发达、城市群密集、基础设施互联互通完善、资源禀赋丰富地区，四大区域占全行近三年项目已审批金额79%，未提款金额占78.7%；

2.在机构分布上呈现出向重点分行集中的特点，其中36家对国家战略支持力度大、信贷经营能力强、同业占比领先的重点城市行，近三年已审批项目贷款未提款金额4.1万亿元，占比70.7%。

1.4 不良处置安排更为科学，处置效率提升

1.4.1 不良清收处置

上半年，全行共清收处置不良贷款××亿元，其中常规处置××亿元、批量转让××亿元、证券化××亿元、创新处置××亿元，处置金额同比减少××亿元，但处置结构有所优化、处置损失率下降；

常规处置占比同比提高 0.89 个百分点、证券化和创新处置占比提高 20.27 个百分点、批量转让占比下降 21.16 个百分点；

消耗核销资源××亿元，同比减少××亿元，不良贷款处置损失率××%，同比下降 0.83 个百分点；

账销案存资产收回××亿元，同比多收回××亿元。

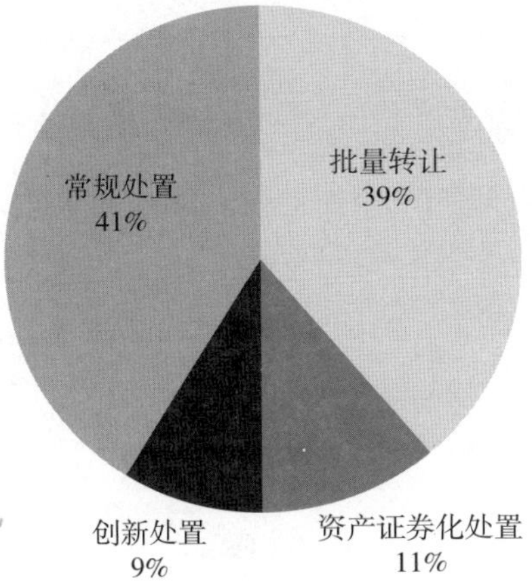

1.4.2　受托资产清收处置

上半年，全行累计收回全口径受托资产××亿元，其中平台包××亿元、统一市场包××亿元、证券化××亿元，同比多收回××亿元，比 2016 年全年多收回××亿元；第一季度收回××亿元、第二季度收回××亿元，处置速度加快。

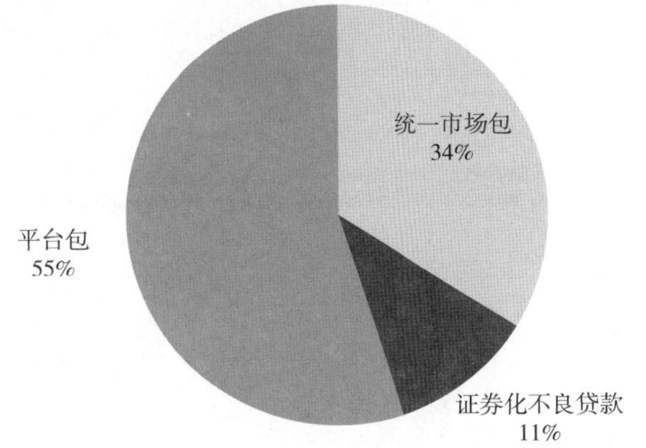

1.5　信贷制度和运行体系持续完善

完善信贷产品制度

- 修订完善项目营运期贷款管理办法，提升我行在优质项目的市场竞争力。
- 印发《关于规范并购类投融资业务管理的通知》，对各种并购类投融资业务，通过提高业务办理条件、加强风险缓释、调整业务授权等手段强化风险管理。
- 清理整合国内贸易融资产品制度，形成更为清晰的国内贸易融资产品体系。
- 创新项目融资联动直接租赁业务产品，通过分行和工银租赁联动促进集团利益最大化。
- 规范对内担保业务保函操作管理，将保函文本纳入业务审批和作业监督流程。
- 《关于加强法人客户综合融资服务和管理的意见》，提高综合融资服务方案设计能力、打造“一站式”金融服务新模式。

规范担保与押品管理

- 投产法人客户个人理财产品、个人持有债券在GCMS与会计主机系统间的联动控制。
- 围绕特点领域融资需求，创新细化融资产品：军品银团保理业务创新……功能，印发法人客户债券质押和个人理财产品质押的操作细则，规范金融资产质押业务操作。
- 开展法人客户优质金融资产质押信贷业务现场检查，通报问题。

完善非标代理投资业务制度

- 加强信贷担保管理，划分合格担保和信用保障措施，明确信用保障措施管理要求。
- 单一债权投资，印发规范押品与担保管理《非标准化代理债权投资业务风险管理办法（2017年版）》，风险偏好与信贷业务一致，政策产品在合规前提下可适当灵活。
- 单一股权投资，印发《非标准化代理股权投资业务风险管理办法（2017年版）》，“名股实债”比照债权管理，市场化退出类控制总量。
- 组合式基金投资，《代理基金投资业务风险管理办法》，项目审批制比照单一股债办法执行，基金审批制按风险实质分类管理。
- 印发《关于加强债券承销与投资风险管理的通知》《理财信用债投资风险管理方案》……

持续完善境外机构及并表机构管理制度

1 加强对重点领域的制度约束和规范管理

- 《关于加强对外投资与跨境并购业务风险管理的通知》（工银办发[2017]9号）
- 《“走出去”跨境融资业务风险管理办法》（工银规章[2017]41号）
- 《跨境担保信贷业务管理办法（2017年版）》（工银规章[2017]166号）

2 完善集团统一授信体系管理

- 对工银亚洲（含华商银行）、工银阿根廷、工银土耳其、工银标准和工银金融以及工银安盛、工银瑞信和两家村镇银行未完全纳入统一授信管理的机构，要逐机构梳理纳入统一授信管理情况，制订纳入统一授信工作计划。

3 构建科学的境外机构信贷经营与管理评价体系

- 《境外机构信贷经营管理评价方案》（工银办发[2017]201号），引导境外机构完成信贷经营目标及年度信贷管理重点工作，切实督促各机构信贷经营管理能力提升。
- 更新2016年版境外信贷管理手册，对境外适用的信贷管理政策制度进行全面梳理和整理。

4 进一步推进境内并表机构纳入集团统一管理

- 实施并表机构业务转型与结构调整，下发《关于加强境内并表机构信贷与投资管理重点工作的通知》（工银办发[2017]272号）。
- 对并表机构的专题分析报告，提出有针对性的管理要求。

1.6　政策调整更为及时灵活

分行主体

- 扩大授权：调增法人客户授信与债权投资限额核定基本授权；提高项目贷款和并购贷款的审批权限；扩大“5+1”分行授权。大幅扩大省级高速公路、铁路、电网等重点领域授权。
- 人格化授权：以一级分行为主体，向二级分行（含营业部）人格化授权，并建立评价指标体系。
- 体制机制改革：构建“分层经营、分类授权、责任清晰、责权对称”的信贷经营管理新架构。

客户优先

- 提升分行信贷经营主体地位：下发《关于提升二级分行信贷经营能力的意见》。
- 优化重点行业限额管理方式：控制谨慎退出类客户融资增长，取消房地产重点领域限额管理。
- 优化产品办法：研究出台项目营运期贷款管理办法；以法人客户流动资金贷款综合融资方案、工银租赁联动项目贷款产品和总部融资政策调整为重点提升客户综合融资服务能力。

政策从活

- 优化行业政策：对需突破贷款期限规定的，可由一级分行行长审批；对部分重点领域的项目规模、运营绩效、资本金要求等规定，也给予分行弹性空间。
- 及时调整政府类融资策略，把握市场机会。

上半年，适应外部市场投放环境变化，围绕支持重点领域、重点城市、重点客户的总体考虑，总行对行业政策、行业限额管理方式、授权政策等均做了大幅度调整，对引导全行信贷投向、优化信贷结构发挥了重要作用。

1.7　信贷文化建设及“四严”活动深入推进

1.7.1　印发《关于加强信贷文化建设的意见》

（1）纠正发展观、业绩观、风险观的偏差

工作措施：

加强宣传教育：开展形式多样的信贷文化建设活动；

推动执行转化：建立健全政策制度、推进信贷改革、谋划信贷市场；

加快队伍建设：“传帮带”延续信贷文化生命力；

开展专项治理：“从严治贷”主题活动；

加强条块配合：前中后台、三道防线广泛参与。

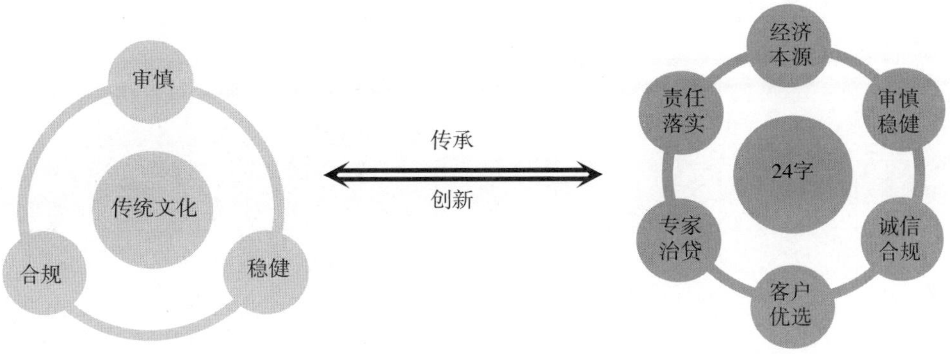

（2）深入推进”从严治贷”四严主题活动

印发《关于推进从严治贷的意见》

从严格执行信贷制度、严格做好风险监测和核查、严抓机构和人员管理、严管不良资产处置，严肃开展整改和问责等方面，明确从严治贷规定动作。

工作措施

印发《关于开展从严治贷“四严”主题活动的通知》

4–9月组织“严守制度、严明纪律、严治队伍、严护信誉”主题活动：

✓ 重点信贷制度学习

6月中旬组织从严治贷网上答题，河南等14家一级分行的行领导带头参与，全行参加人数达7万人。

✓ 信贷业务关键环节履职监督（正在进行专项排查）

✓ 重点信贷风险领域专项治理

上半年，9个重点领域较年初合计压降风险融资412.29亿元，压降幅度为18.29%。

✓ 8个突出问题重点排查和整治（正在进行专项排查）

二、信贷经营管理面临的主要问题

2.1　信贷投向仍以传统市场与客户为主

2.1.1　信贷投放对基础产业及投资依赖较高

从上半年信贷投放情况看，我行公司贷款快速增长主要由交通运输、能源、公共设施、房地产等基础产业板块带动。这四大板块贷款增量占全部公司贷款增量的77%。

总体上看，在下半年投资增速可能放缓，政府债务管理政策调整，房地产调控持续强化的背景下，我行公司贷款依赖基础产业的增长模式将面临较大挑战，急需新的动力。

2017年1－6月主要板块贷款变化情况　　单位：亿元

板块	贷款情况				质量情况		
	余额	占比	较年初	增速	不良	较年初	不良率
交通运输物流	××	19.80%	1 048.1	7.60%	××	26.1	0.30%
公共设施	××	15.00%	2 380	26.60%	××	－0.9	0.10%
能源	××	13.50%	650.6	6.80%	××	－6.2	0.40%
商贸流通	××	8.20%	12.2	0.20%	××	－3.6	8.90%
房地产	××	6.70%	666.4	15.10%	××	9.8	1.80%
其他服务业	××	6.90%	377	7.80%	××	9.8	1.10%

续表

板块	贷款情况				质量情况		
	余额	占比	较年初	增速	不良	较年初	不良率
装备制造	××	5.60%	224.4	5.60%	××	2.9	4.80%
轻工	××	5.20%	17.7	0.50%	××	15.6	5.80%
建筑	××	2.80%	246.8	13.20%	××	-13.5	1.30%
化工	××	2.70%	90	4.70%	××	10	4.00%
文化产业	××	2.50%	134.3	7.80%	××	3	1.60%
冶金	××	2.50%	122.6	7.10%	××	2.6	1.60%
IT与电信	××	2.40%	32.6	1.80%	××	9.4	1.60%
住宿餐饮	××	1.50%	-89.5	-7.30%	××	4.4	2.60%
金融与机构	××	1.10%	116.3	16.10%	××	0.3	0.40%
科教卫生	××	1.00%	-14.4	-1.80%	××	-0.4	0.20%
建材	××	0.80%	-13.1	-2.00%	××	8.1	5.10%
采矿	××	0.70%	-14.2	-2.60%	××	0.6	2.70%
农林牧渔	××	0.60%	24.3	5.80%	××	9.4	5.40%

2.1.2 抓小、抓新、抓优尚未取得明显进展

（1）小微金融尚需破题，风险水平仍处高位

6月末，监管口径小微贷款余额已接近××亿元，未来继续完成“三个不低于”监管指标的难度显著增加。第二季度，内部管理口径小企业贷款加速下滑，6月末余额××亿元，较年初减少××亿元。

小微金融中心风险管理有待加强。个别小微中心贷款逾期率超过10%，新客户贷款逾期率超过10%。

小企业行外交叉违约风险突出：

股权对外质押客户风险隐患较高（1 752户、172.83亿元，不良率15.43%）；

民间借贷被诉客户违约概率高（651户、61.51亿元，不良率44.56%）。

小企业关联体过度融资问题治理力度仍需加大：

关联体过度融资压降仍需加强；

关联体授信标识管理有待加强。

（2）新市场领域拓展整体上仍处于谋篇布局阶段，尚未取得实质性进展

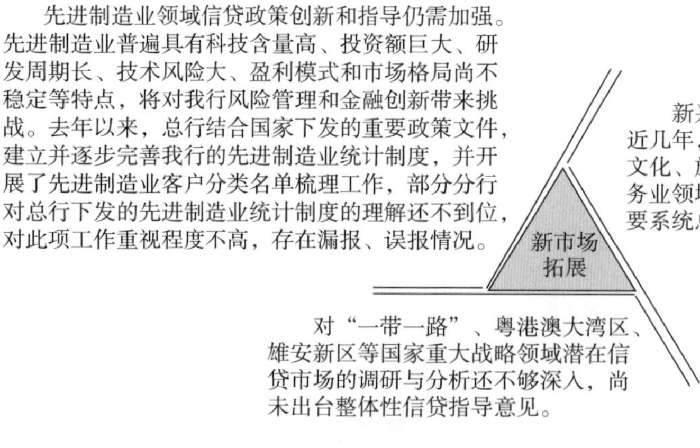

（3）上市公司投放较好，但分类管理仍需加强

上市公司：6月末，非金融上市公司（合并报表口径）贷款余额8 566.3亿元，较年初增长847.8亿元，增幅达10.98%，高于8.8%的全行公司贷款平均增速；同业占比约9.5%，略高于我行公司贷款同业占比；不良余额2.69亿元，不良率为0.03%，贷款质量优良。相关配套支持政策等仍需深化研究。

目前，上市公司经营情况良莠不齐，市场风险与信用风险相互交织、相互传导，不能不加区分盲目进入，分类分层管理措施需进一步细化和加强。

（4）大型央企整体把控较好，但合作层级仍需进一步提升

在全部央企信贷总量有所增加的基础上，对可能列入国家“瘦身健体”市场出清范围内的非紧密关联客户融资退出力度较大。

目前，在可判定法人层级的央企三级、四级企业贷款户数、余额占比分别为18.23%和15.96%，层级无法判定的有1 206户，贷款余额6 793.83亿元，较去年同期增加431.03亿元。不良贷款主要集中在商贸流通领域。

2.2　资产质量管控形势依然严峻

2.2.1　资产质量控制未来仍将面临较大的劣变压力

潜在风险和逾期剪刀差余额仍较大：尽管今年以来新发生逾期和劣变额较去年同期均有所下降，但至6月末全行仍有超过5 500亿元的潜在风险融资及将近1 000亿元的逾期剪刀差贷款，风险贷款存量规模依然较大，我行剪刀差余额仍为四大行最高。

风险化解难度更大：全行5 500多亿元潜在风险融资中，有超过85%已经发生逾期、交叉违约或采取过展期、重组、再融资、计息周期调整及跨品种续贷等风险缓释措施，剩下的都是难啃的硬骨头，目前可运用的风险化解措施对企业的边际效用降低。

——前期已采取缓释措施的客户只是暂时缓释了风险，实质风险还未完全消除，未来仍有劣变可能。因此，当前全行整体劣变压力远没有当前趋稳向好的资产质量数据所反映出来的这么乐观，仍需做好打信用风险防控持久战、攻坚战的准备。

2.2.2　不良资产余额仍然持续上升

尽管今年以来我行不良贷款率持续下降，但不良贷款额仍在持续上升，不良贷款总量仍保持在较高水平。截至6月末，全行不良贷款余额（预计审计调整后）为××亿元，较年初增加××%。

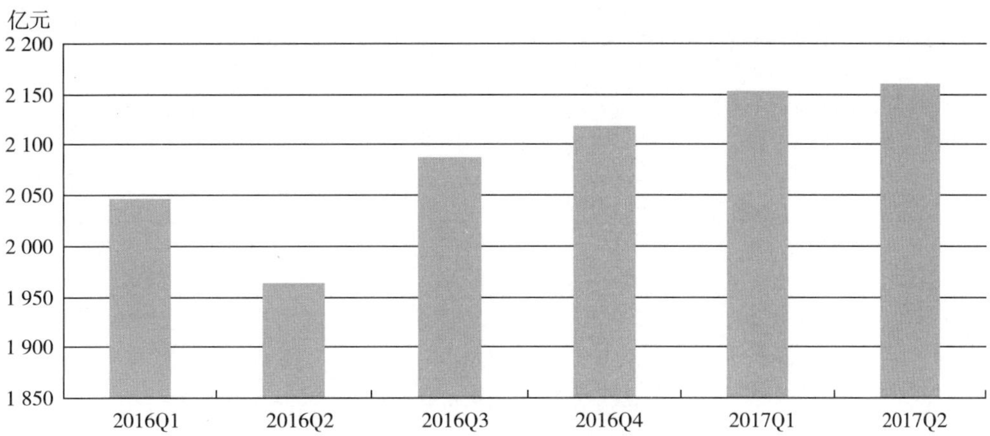

2016年以来不良余额变化情况

2.2.3　创新处置进度较慢

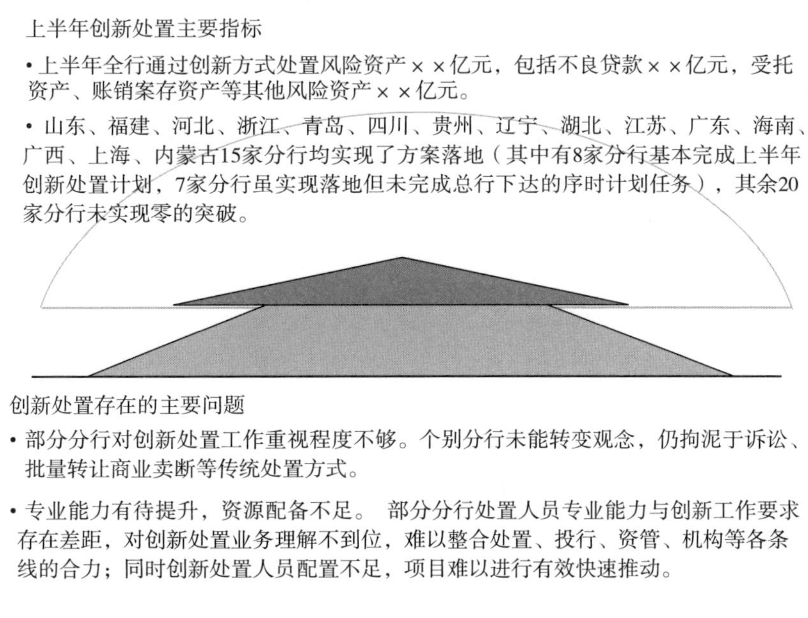

2.2.4 受托处置进度逐渐提速但仍落后于预定处置进度

受托资产处置计划完成情况　　单位：亿元

时间	项目	合计	平台包	统一市场包			证券化			
				小计	与交行合作	与建行合作	小计	法人不良贷款	个人不良贷款	信用卡不良贷款
2015.6至2017.6	本金	××	××	××	××	××	××	××	××	××
	受偿率	55%	67%	44%	43%	44%	43%	30%	55%	16%
	总体处置计划	××	××	××	××	××	××	××	××	××
	累计回收额	××	××	××	××	××	××	××	××	××
	总体计划完成率	20%	20%	19%	22%	15%	27%	35%	20%	70%
2017.1至2017.6	上半年处置计划	××	××	××	××	××	××	××	××	××
	回收额	××	××	××	××	××	××	××	××	××
	处置计划完成率	67%	48%	108%	92%	151%	285%	216%	429%	111%

✓ 2015年至2017年6月末，我行通过平台包、统一市场包、证券化方式处置不良贷款××亿元，其中平台包××亿元，统一市场包××亿元，证券化××亿元。

✓ 2015年至2017年6月末，我行累计处置收回受托资产××亿元，其中2015年、2016年、2017年上半年分别处置收回××亿元、××亿元、××亿元，处置进度逐渐提速。

✓ 2017年上半年处置计划为××亿元，处置计划完成率为67.13%，上半年计划缺口为59亿元，仍落后于预定处置进度。

2.3 客户过度融资管理仍缺乏有效的系统性解决方案

1. 关联关系、融资结构把控不全面

●关联关系方面：

✓成员企业较多的民营集团客户，存在股权代持等隐性关联关系，导致识别困难。

✓ 部分企业刻意隐瞒关联关系，从而通过关联交易来虚增销售收入。

●融资结构方面：

✓集团内授信客户层级过低，没有重点支持集团本部和高层级子公司授信需求。

✓对集团非核心业务板块的成员企业授信总量没有有效控制。

2. 信用评级准确度、客户统一授信仍有待加强，无法做到客户统一风险敞口的有效控制

●评级方面：

✓评级模型需进一步优化，让机评结果更加客观、合理地反映客户的真实风险水平。

✓部分分行对评级管理不够规范：一是客户基础信息录入失真。二是未及时进行评级更新。三是主观拉高客户定性评价得分。四是评级上翻不审慎。

●统一授信方面：

✓一户多码、多头开户影响统一授信执行效果。

✓应建未建集团关联关系，集团客户缺乏统一风险控制。

✓部分机构尚未实施统一授信管理。

3. 股权融资对于企业过度融资的影响评估需进一步研究

● 近年来，在国家降杠杆的政策导向下，部分债务率较高的企业利用会计政策的空间，通过各种创新模式的“股权融资安排”将其债务转到表外，或者变相计入权益资本，常用模式包括并表基金、附条件的回购、资本认缴制以及类永续债条款等，通过交易结构设计实现债务出表，形式上降低了资产负债率，但实质给企业加了杠杆。

4. 集团客户，尤其有上市平台的集团客户过度融资管理需要重视

●多元化经营风险。多元化经营的集团如管理不善易导致盲目扩张、脱离主业、多头授信、过度融资。

●融资用途难以把握。由于成员企业间资金调配使用情况通常不够透明，银行难以了解贷款实际用途和使用情况，可能出现资金用途不合规、承贷主体与用款主体不一致等情况。

●融资总量难以确定。一些集团客户融资渠道较多、授信业务涉及境内外机构、关联关系变化较快、隐性关联识别难度大。

5. 客户过度融资标准有待建立

●不同行业、不同类型的客户，经营方式差异巨大，过度融资的标准难以统一。而分行业、分客户类型建立过度融资的识别体系是庞大而复杂的工作。

2.4 部分业务发展模式与风险管理需重点关注

2.4.1 部分信贷产品风险值得关注

黄金租赁业务

市场化退出代理股权投资业务

- ✓ 截至6月末，全行黄金租赁业务余额约195.5吨（折合人民币为549.35亿元），较年初增加12.3吨，不良率0.7%，但关注类业务余额占比已达15.5%。
- ✓ 地区分布上，主要集中在深圳、山东、河南等地。

银行承兑汇票

- ✓ 部分业务保证金缴存比例和形式存在合规性问题
- • 231户银票业务保证金比例低于总行规定，个别企业存在以理财产品质押代替应缴纳保证金问题。
- ✓ 部分业务交易背景真实性存疑
- • 3 774户存在滚动开票、单笔开票金额偏离正常贸易需求等问题，资金流向房地产、民间借贷。
- ✓ 部分银票保证金动态调整不及时
- • 客户信用等级下降后未及时调整保证金缴存比例，第二还款来源缺位或效力减弱。
- ✓ 部分客户销售归行与在我行业务办理量不匹配
- • 266户在我行银票业务量递增但资金结算量大幅下降，不利于风险管控及垫款后追偿。

2.4.2 信贷机构资质与人员履职管理仍需加强

信贷机构经营资质管理严肃性需加强

市场化退出代理股权投资业务

- ✓ 截至6月末，有3 627家经营机构被授予信贷经营资质，占全部经营机构数的91.99%。
- ✓ 其中777家为不符合条件但经行长批准，占已授予资质机构的21.42%。山东、浙江、海南、苏州等4家分行仍未完成资质授予工作。

信贷人员履职操作性风险问题

- ✓ 前台
- • 个人住房贷款首付金额录入不合规、影像资料录入不完整、财务报表录入不及时；
- ✓ 中台
- • 个人经营贷款发放不合规、不良客户授信额度未调整为零；
- ✓ 后台
- • 未进行存续期首次现场检查、资金流向不合规且未进行融资用途检查、未按周期进行押品重评或资产质量分类、贷后检查或预警核查无风险但客户逾期。

2.4.3 存量移位管理需进一步抓实

投放布局

市场化退出代理股权投资业务

✓ 低信用等级流动资金贷款（含国内贸易融资）移位率显著低于去年同期，“移位难”问题仍存。

✓ 高不良率板块出现净移入。

✓ 部分分行移位效果不理想。

移位管理机制

部分分行未充分认识存量移位工作的重要性，未切实将存量移位管理思路作为信贷结构调整和资产质量前瞻性管控的有效工具，未建立存量移位管理机制，日常监测管理不到位，未落实异常移位的闭环管理，移位管理仍存“落地难”问题。

多数分行均未建立有针对性的资源配套和激励机制，对二级分行引导作用不明显。未结合辖内实际情况建立二级分行存量移位效果评价体系，未“一行一策”明确辖属机构移位管理的重心和方向。

✓ 钢铁、煤炭等重点行业部分退出类客户融资出现单边增，批发贸易行业谨慎类及以下客户单边增户数较多，个别分行重点行业融资压退进度较慢，甚至整体融资单边增长。如广东、广西、山西、上海等分行产能过剩行业谨慎类和退出类客户表内外融资余额均较年初增加1.5亿元以上。

2.4.4 代理投资业务

市场化退出代理股权投资业务

主要依靠企业上市、市场上股权转让等市场化途径退出，风险本质是市场风险，适用价值评估等市场风险管理手段，围绕投资标的价值成长性等因素构建风险管理体系。

✓强调企业的成长性和价值增长潜力。

✓需选择恰当的估值方法对标的企业进行合理的价值评估。

✓以投资为目的，不宜长期持有，寻求有效可行的退出方式。

✓搭配风险级别、产品期限相对匹配的理财产品。

✓成立专门的存续期管理小组，负责各项存续期管理工作。

市场化退出代理基金投资业务

专业化管理人运作，最终分散投资于一组融资项目或融资客户，以基金收益分配、市场上基金份额转让等市场化方式实现退出，需按其交易结构、风险实质分类管理。

✓可穿透底层资产逐笔审批的，比照市场化退出代理股权投资业务管理。

✓对于投资标的不确定，我行对组合式基金整体履行审查审批的，需重点关注。

•基金管理人的投资管理能力、历史业绩表现

•发起人在相关领域的运作经验以及持有的资源

•基金核心方案要素、投资策略

•积累业务经验，实施总量控制

✓完全通过遴选基金管理人并委托其进行投资管理的委托外部管理型，明确外部管理人准入标准、遴选流程、委托限额确定方法、后评价与退出机制等方面管理要求，确定外部管理人名单、合作限额并进行动态调整，建立起风险偏好统一、执行标准细化的管理体系。

交叉金融创新产品

跨行业、跨市场，通道叠加，组合千变万化，容易导致不同市场、不同机构间的各类风险交叉传染。

✓ 强监管背景下，政策套利空间消失，产品创新应围绕服务实体经济，回归业务本源。

✓ 加强主动管理，充分信息披露，减少多层嵌套，明确各参与方的权责利益。

✓ 全行统一步调，表内外业务齐头并进，建立一体化风险管理框架。

✓ 做好风险隔离，强化风险监测，防范各类风险交叉传染。

✓ 重视IT系统、投研团队的建设。

2.4.5　跨境融资业务

主要问题

信贷管理责任问题

• 境内外机构在跨境融资领域的尽职调查、存续期管理、客户管理等方面的职责还不够清晰，部分管理责任得不到落实。

融资客户授信占用不实

• 部分境外机构未纳入统一授信管理。

• 部分客户/业务应纳未纳统一授信管理。

代理行准入管理与风险敞口控制问题

• 资质一般的代理行业务办理大额跨境担保业务。

• 部分代理行相关业务贸易背景真伪需要核验。

簿记业务、风险参贷、异地跨境等业务缺乏制度设计

• 簿记业务存续期管理、监管合规、税务处理、资金优化配置等问题。

• 异地跨境和风险参贷需要加强制度管理要求，如直贷通业务，需强化风险落地管理 。

2.5　信贷经营管理体制机制调整需要加强统筹

➢ 信贷管理部门与各专业条线在信用风险管理上的职责、分工有待清晰

目前法人业务、小企业、个人信贷业务的体制机制改革正在深入推进，总分行层面部门职能和机构设置进行了相应调整，信贷管理部门如何介入这些领域的信用风险管理缺乏清晰的范围和标准，特别是在监测什么、怎么监测以及如何发挥风险管理协同作用等方面需要齐心协力、增强共识。

➢ 以“客户为中心”的信贷管理架构需要巩固完善

- 涉及信用风险管理的行内数据尚未互联互通，导致基于客户维度的全口径信用风险和价值贡献的统一画像无法建立。
- 前中后台尚未形成可量化的客户评价标尺，带来较大的内部沟通成本。

三、当前形势研判

3.1　宏观经济形势研判

3.1.1　总量

（1）国民经济运行保持在合理区间

GDP：同比增长6.9%，与第一季度持平

工业：同比增长6.9%，比第一季度快0.1个百分点

投资：同比增长8.6%，比第一季度慢0.6个百分点

消费：同比增长10.4%，比第一季度快0.4个百分点

（2）供给侧改革稳步推进

去过剩：工业产能利用率76.4%

去库存：商品房待售面积同比下降9.6%

去杠杆：工业资负率56.1%，同比下降0.7个百分点

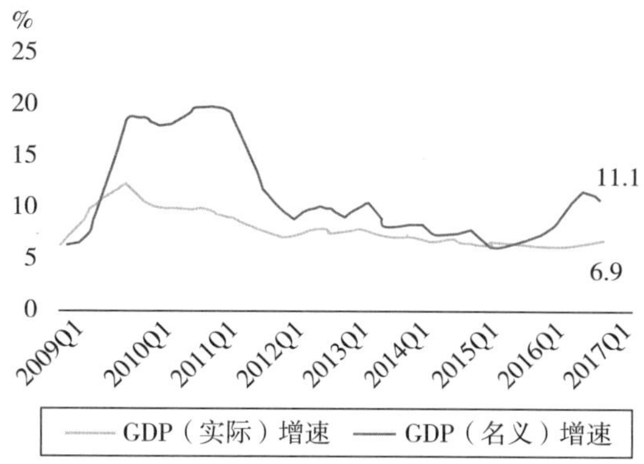

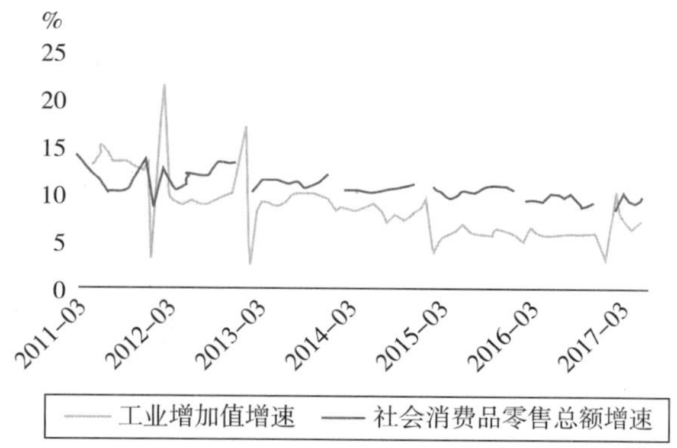

3.1.2　价格

（1）CPI 温和上涨，PPI 高位回落

CPI：同比上涨1.4%，较去年同期回落0.7个百分点；食品价格下降拖累CPI，鲜菜、鸡蛋和猪肉合计影响CPI下降0.67%。

PPI：同比上涨6.6%，较去年同期回落3.9个百分点；上游产品价格向生活资料价格的传导作用尚不明显，消费需求拉动作用不显著。

（2）大宗商品：大部分品种价格出现回调

趋势：生产端价格的恢复对工业企业形成持续利好，改善企业盈利能力。下半年，受基数效应影响，PPI将继续回落，但仍将保持正增长。在食品价格降幅得到控制后，CPI将会上行。

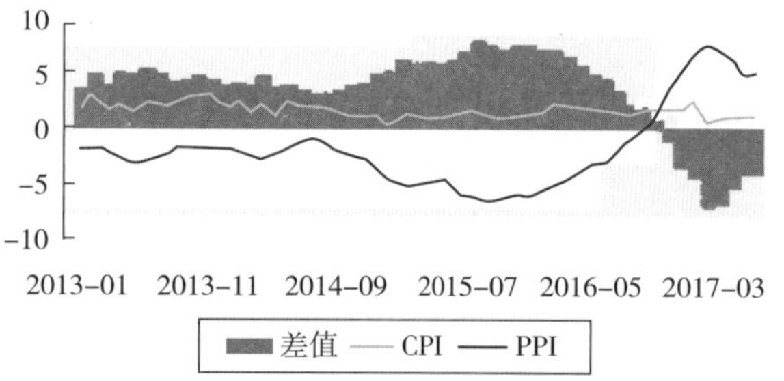

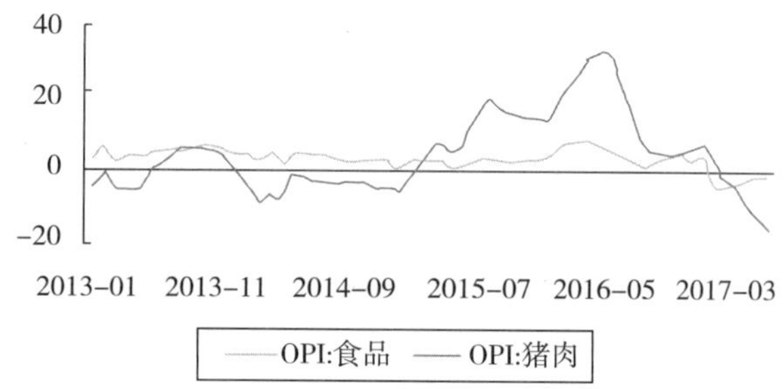

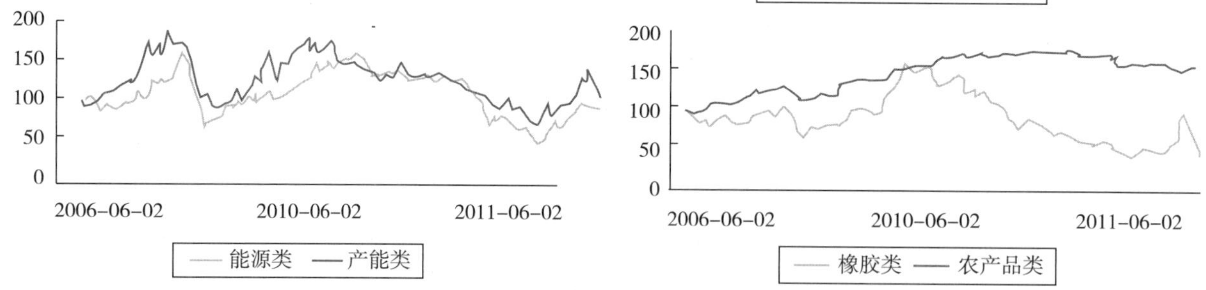

部分大宗商品价格指数

3.1.3　外贸与内需

（1）对外贸易

进出口额13.14万亿元，增长19.5%；

出口7.21万亿元，增长15.0%；

进口5.93万亿元，增长25.7%；

顺差1.28万亿元，收窄17.7%。

（2）固定资产投资

增速8.6%，与1-5月持平。

趋势：外需改善是上半年经济增长的重要推动力，但是固定资产投资增长稳中回落。受政府债务管理政策调整，房地产调控强化等因素影响，基建和开发投资有可能被进一步压制，下半年经济增长的不确定性因素较多。

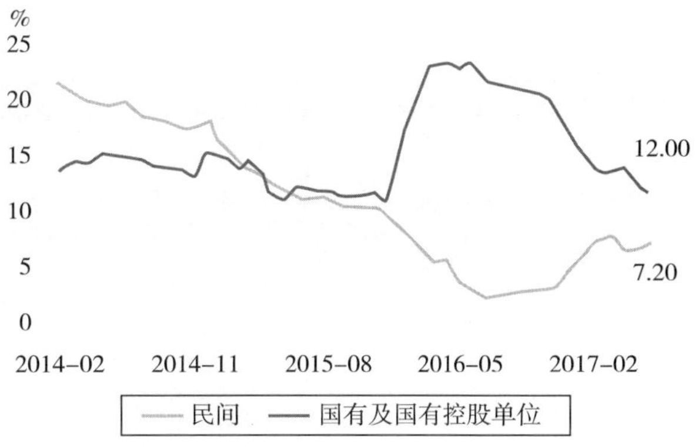

3.1.4　货币

（1）人民银行资金投放“锁短放长”

锁短：去杠杆。

放长：稳健货币政策。

1 年期 MLF 到期量占比已超过 80%

（2）流动性

M2 连续两个月个位数增长；

社融增速基本稳定。

趋势：预计下半年，货币政策继续保持中性。随着金融监管等措施逐步出台，影子银行规模进一步被压缩，金融市场资金成本继续上行。但是，基于服务实体经济的考虑，资金成本上升不会同步、同比例向贷款市场传导。

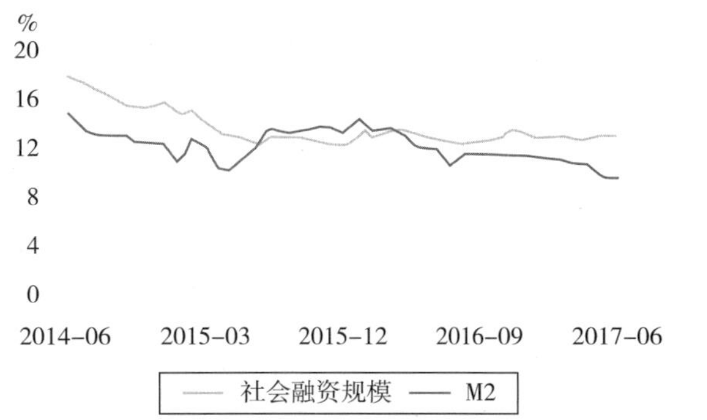

3.1.5　我行样本企业经营状况有所回暖

从第一季度我行 22 153 户样本企业的财务分析来看，在今年以来我国宏观经济指标持续向好的大背景下，企业经营状况出现了一定的回暖迹象。

企业资产负债结构、长短期偿债能力等总体稳定，销售收入和净利润较同期有所增长，存货周转加快，企业盈利能力增强。

从第一季度分行业样本企业净利润较上年同期增长情况看，除能源行业净利润有所下滑外，其余行业净利润均有不同程度的增长。

2017 年第一季度分行业样本企业净利润增长情况

行业	净利润增长率	行业	净利润增长率
房地产	2 925.2%	商贸流通	17.5%
冶金	148.8%	建材	14.3%
公共设施	126.3%	文化产业	13.2%
化工	77.6%	IT 与电信	10.2%
住宿餐饮	41.9%	轻工	10.0%
其他服务业	41.9%	建筑	9.4%
科教卫生	26.8%	装备制造	0.3%
农林牧渔	23.2%	采矿	—
交通运输物流	20.2%	能源	-11.5%

注：采矿行业净利润由上年同期负利润转为 2017 年第一季度正净利润，无法计算增长率。

3.2 学习贯彻全国金融工作会议和中央政治局会议精神

全国金融工作会议是在党的十九大之前召开的一次十分重要的会议，也是在我国全面建成小康社会决胜阶段召开的一次重要会议。会议研究部署了金融服务实体经济、防范和化解金融风险、深化金融改革等工作，对于适应把握引领经济发展新常态，深化供给侧结构性改革，提高国际核心竞争力，维护国家金融安全，促进经济平稳健康发展，具有重大而深远的意义。

易董事长在行内多次重要会议上传达学习全国金融工作会议精神，结合工行实际研究贯彻落实意见。要把全面深入学习贯彻全国金融工作会议精神作为当前及今后一个时期的头等大事，自觉把思想和行动统一到中央对形势的分析判断和金融工作的大政方针上来。

◆ 充分认识金融工作的极端重要性，不断深化对金融地位和作用的再认识。明确做好金融工作需要把握的四个原则

- 回归本源，服从服务于经济社会发展
- 优化结构，完善金融机构、金融市场、金融产品体系
- 强化监管，提高防范化解金融风险能力
- 市场导向，发挥市场在金融资源配置中的决定性作用

◆ 把服务实体经济作为根本目的，深化对金融服务实体经济要求的再认识

坚持把为实体经济服务作为一切经营管理工作的出发点和落脚点，聚焦经济社会发展的重点领域和薄弱环节精准发力，全面提升服务实体经济的效率和水平。

◆ 把防控金融风险放在更加重要的位置，不断深化对金融风险的再认识

把风险管理作为银行工作的生命线，真正承担起主体责任。重点关注表内和表外“两张资产负债表”，表内核心是管好信贷风险，把控好新增入口、存量管控、不良处置“三道闸口”，充分发挥信贷体制机制改革的治本作用，把“深水区”的信贷管理做优做强做实，保持资产质量总体稳定且逐步改善。表外重点是针对跨境、跨界、跨市场的新型风险，勾画出清晰的风险图谱，及早发现、精准打击。盯住管紧重点领域风险，做到坚守底线、守土有责、守土尽责。

◆ 把深化改革作为金融发展的根本动力，不断深化对改革创新工作的再认识

主动适应金融监管体制新变化、认真落实监管政策新要求，立足自身实际，着眼内部挖潜、做实内功，深入推进城市行竞争力提升、机构竞争力评价、人格化授权等改革举措落地见效，着力构建有利于提升发展质量和效益、提高资源配置效率、激发经营动力活力的新机制。

◆ 把加强党的领导作为坚强政治保障，不断深化党对金融工作领导的再认识

切实把党对金融工作的领导落到实处，多做实事，少讲空话，在落实中体现核心意识，在工作中体现责任担当。重视抓好基层支部建设，锻造一支政治过硬、作风优良、业务精通、堪当重任的高素质人才队伍。

中共中央政治局 7 月 24 日召开会议，分析研究当前经济形势，部署下半年经济工作。

总体要求：要保持政策连续性和稳定性，实施好积极的财政政策和稳健的货币政策，坚持以供给侧结构性改革为主线，适度扩大总需求，加强预期引导，深化创新驱动，确保经济平稳健康发展，提高经济运行质量和效益；确保供给侧结构性改革得到深化，推动经济结构调整取得实质性进展；确保守住不发生系统性金融风险的底线。

供给侧改革	地方政府债务	金融领域	房地产市场	投资
·紧紧抓住处置“僵尸企业”这个牛鼻子，更多运用市场机制实现优胜劣汰	·积极稳妥化解累积的地方政府债务风险，有效规范地方政府举债融资，坚决遏制隐性债务增量	·深入扎实政治金融乱象，加强金融监管协调，提供金融服务实体经济的效率和水平	·坚持政策连续性稳定性，加快建立长效机制	·稳定外资和民间投资，稳定信心，加强产权保护，加大外资市场准入，增强营商环境对投资者的吸引力

3.3　国家重大战略及信贷政策调整变化，商业银行挑战与机遇并存

3.3.1　商业银行面临的挑战——政府投资类项目的政策变化

地方政府违法违规举债担保行为问责处罚力度加大	➢ 习近平总书记在全国金融工作会议中指出，严控地方政府债务增量，终身问责，倒查责任。 ➢ 重庆、河南、江苏、湖北等省市对违法违规举债担保责任人进行了撤职、警告等处罚，对建行驻马店分行进行罚款处罚。
《关于进一步规范地方政府举债融资行为的通知》（财预[2017]50号）	➢ 排查清理整改违法违规融资担保行为，7月底前整改到位。 ➢ 加强融资平台公司、PPP和地方政府举债融资管理，延续原有监管框架，提出14个“不得”，地方政府不得承诺将储备土地预期出让收入作为偿债资金来源，不得承诺回购社会资本方本金、承担本金损失，承诺最低收益。 ➢ 明确金融机构责任，将对违规金融机构和相关个人进行追责。
《关于坚决制止地方以政府购买服务名义违法违规融资的通知》（财预[2017]87号）	➢ 严格规定政府购买服务范围，不得将货物以及新建、改建、扩建、拆除、装修、修缮等建设工程，将铁路、公路、机场、水电煤气以及科教文卫体育等领域的基础设施建设、储备土地前期开发、农田水利等建设工程或将工程与服务打包作为购买服务项目。 ➢ 严格预算管理。坚持先有预算、后购买服务，不得把购买服务作为增加预算单位财政支出的依据，购买服务期限严格限定在年度预算和中期财政规划期限内。
《地方政府收费公路专项债券管理办法（试行）》	➢ 政府收费公路“贷款修路、收费还贷”模式终结，发行地方政府债券成为地方政府实施债务融资新建公路的唯一渠道。 ➢ 收费公路专项债券资金专项用于政府收费公路项目建设，优先用于国家高速公路项目建设。收费公路专项债券资金不得用于经营性收费公路，也不得用于非收费公路项目建设，不得用于经常性支出和公路养护支出，也不得用于偿还存量债务。 ➢ 预计未来收费公路专项债规模将逐步增大，并对信贷资金产生替代。

房地产市场

热点城市调控政策进一步收紧，调控城市增加，城市群协同联动调控

截至6月末，已有60多个地级市和30多个县（县级市）出台调控政策，部分热点城市已出现成交量萎缩，房价回调。

- 京津冀城市群：北京及环京、环雄安限制力度不断升级
- 长三角城市群：中心城市调控再升级，调控收紧趋势向周边持续蔓延
- 珠三角城市群：环广州深圳、海西城市群、海南等几大城市圈协同调控
- 中西部城市群：中心城市调控加码，周边三四线城市陆续开始调整

创新限售模式，成新一轮调控升级主要手段

3月，厦门率先出台限售措施，个人新购买住房的，需取得产权证后满2年方可上市交易，通过抑制短期投机需求稳定市场预期。此后限售城市逐渐从热点城市向周边三四线蔓延，至6月末，全国已经有超过30个城市实行限售措施。

热点城市严禁商办项目擅自改为居住用途

至6月末，已有北京、上海、广州、深圳、南京、成都出台清理整顿商办项目政策。

继续因地制宜去库存

在近两年持续的去库存政策作用下，今年上半年，三四线城市内部分化明显，部分邻近热点城市或自身在区域内具有相对优势的城市房地产市场较为活跃，但多数三四线城市仍有较大去库存压力，继续因地制宜去库存。

1 “三违反”

《关于开展银行业“违法、违规、违章”行为专项治理工作的通知》45号

2 “三套利”

《关于开展银行业“监管套利、空转套利、关联套利”专项治理工作的通知》46号

3 “四不当”

《关于开展银行业“不当创新、不当交易、不当激励、不当收费”专项治理工作的通知》53号

4 4、5、6、7号文

《关于提升银行业服务实体经济质效的指导意见》4号

《关于集中开展银行业市场乱象整治工作的通知》5号

《关于银行业风险防控工作的指导意见》6号

《关于切实弥补监管短板提升监管效能的通知》7号

政策内容

监管黑线

- 确保自营业务与代客业务相分离，严禁通过发放自营贷款承接存在偿还风险的同业投资和理财投资业务。
- 同业投资和理财投资非标资产严格比照自营贷款管理。
- 开展跨业、跨市场金融业务，要按照减少嵌套、缩短链条的原则，穿透监测资金流向，全面掌握底层基础资产信息。
- 严格落实信贷及类信贷资产的分类标准和操作流程，真实、准确和动态地反映资产风险状况。
- 牢牢把握住房的居住属性，落实差别化住房信贷政策。严禁资金违规流入房地产市场，严厉打击“首付贷”等行为。
- 加强地方政府债务风险管控，认真落实《预算法》和《国务院关于加强地方政府性债务管理的意见》要求，不得违规新增地方政府融资平台贷款，严禁接受地方政府担保兜底。
- 对于长期亏损、失去清偿能力和市场竞争力的“僵尸企业”，以及包括落后产能在内的所有不符合国家产业政策的产能，坚决压缩退出相关贷款，稳妥有序实现市场出清。
- 积极稳妥开展市场化债转股。按照市场化、法治化原则，与相关市场主体自主协商确定转股对象、转股债权以及转股价格和条件，确保银行债权洁净转让、真实出售。

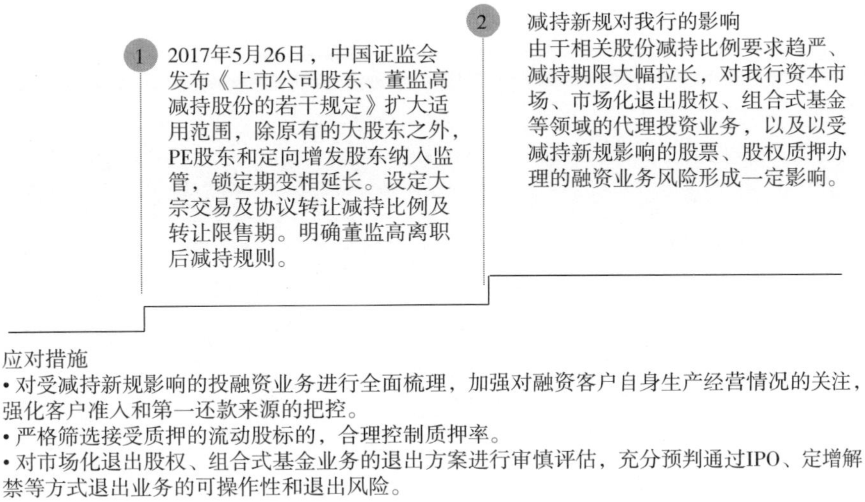

3.3.2 商业银行面临的机遇——雄安新区

新区定位：设立雄安新区是党中央、国务院作出的重大战略部署，新区建设规格高、投资资金量大、未来企业总部资源丰富，将形成新的京津冀区域增长极和辐射带，是我行下一步重要的信贷战略市场。

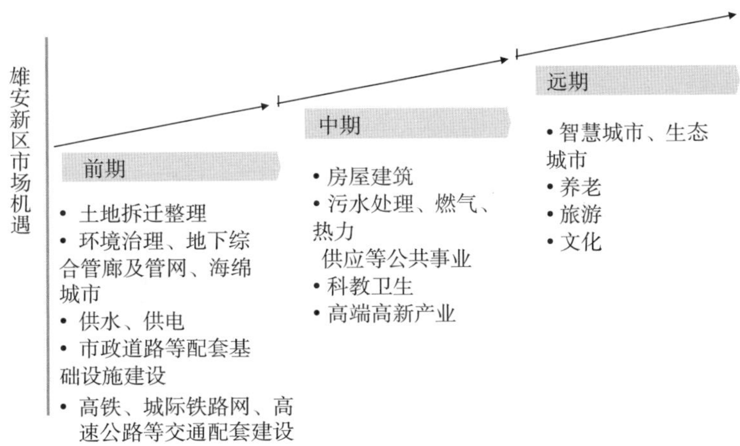

（1）重大意义

“一带一路”战略借用了古“丝绸之路”的历史符号，赋予它新的时代内容，体现我国积极主动发展和加大与沿线国家的经济合作实现多赢的意愿，受到了全世界的欢迎和支持。

实施“一带一路”本质上是争夺国际事务发言权、国际规则制定权，不断提高我国的影响力、话语权，是我国发展的大战略、大格局、大智慧，不能简单地将“一带一路”战略仅理解为解决我国西部问题、区域发展问题、产能过剩等问题而制定的战略。

（2）市场机遇

重点投向领域：“一带一路”沿线国家基础设施互联互通、能源资源开发、国际产能合作、经贸合作、企业走出去等重点领域优质（企业）项目。要抓一批在财政收入和促进就业方面，具有样板和示范的作用，有影响，各方能够共赢的项目。

重点国别：目前国家的战略导向是通过政策沟通和项目引领，首先使一批与我国关系友好的国家（如巴基斯坦等国家）成为“一带一路”建设的受益者，把它们打造成推进“一带一路”建设的铁杆伙伴和核心团队，再以此为示范影响和带动更多的国家自愿主动参与进来。

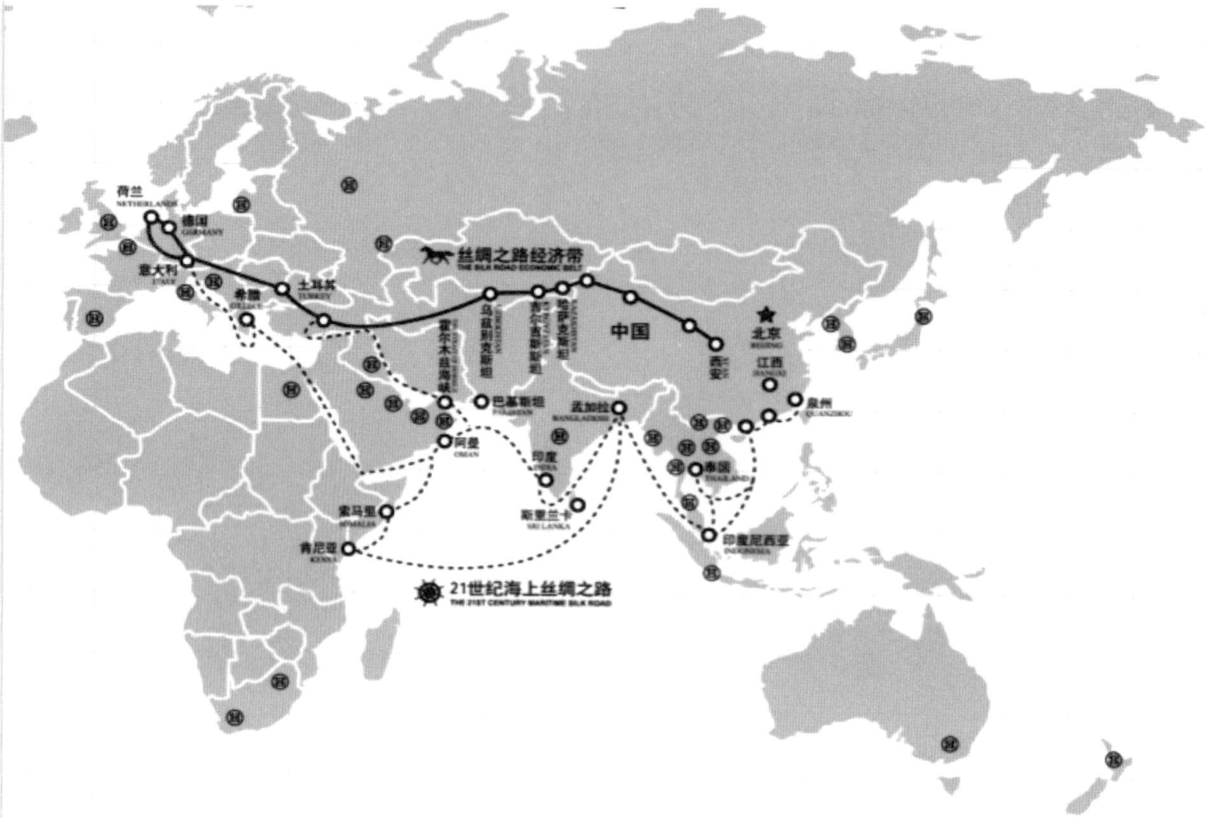

概念提出：2017年3月5日，国务院总理李克强在政府工作报告中提出，要推动内地与港澳深化合作，研究制定粤港澳大湾区城市群发展规划，发挥港澳独特优势，提升在国家经济发展和对外开放中的地位与功能。

市场机遇：粤港澳大湾区建设首要推进的是基础设施互联互通，建立世界级港口群和空港群，优化高速公路、铁路和城市轨道交通网络布局，带来基础设施建设的重大投资机遇；围绕着大湾区城市群的融合建设也将带来城市公共事业领域的新一轮快速发展；另外以科技创新、现代产业为主导的城市群协同发展将培育出大湾区战略性新兴产业集群。

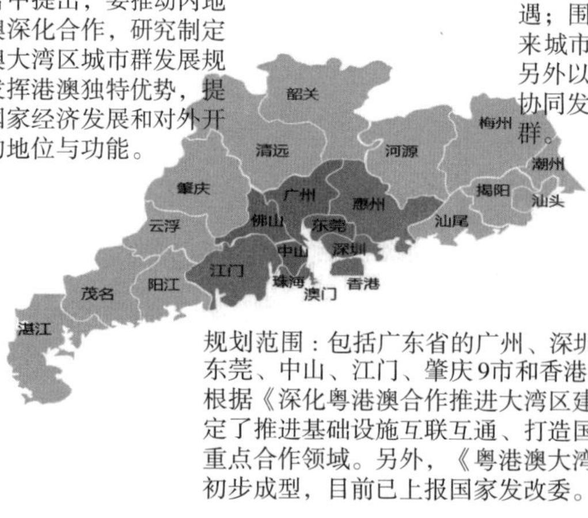

规划范围：包括广东省的广州、深圳、珠海、佛山、惠州、东莞、中山、江门、肇庆9市和香港、澳门两个特别行政区，根据《深化粤港澳合作推进大湾区建设框架协议》，初步确定了推进基础设施互联互通、打造国际科技创新中心等七大重点合作领域。另外，《粤港澳大湾区城市群发展规划》已初步成型，目前已上报国家发改委。

现代服务业是伴随着信息技术和知识经济的发展产生，用现代化的新技术、新业态和新服务方式改造传统服务业，创造需求，引导消费，向社会提供高附加值、高层次、知识型的生产服务和生活服务的服务业。

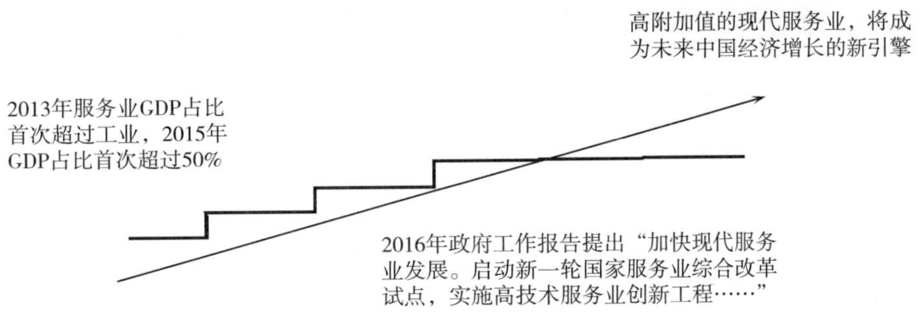

医疗、教育、养老、文化、旅游等与消费升级密切相关的领域有较大发展潜力

先进制造业符合国家政策鼓励方向以及产业发展趋势，是关乎国家政治、经济发展和核心竞争力的战略性产业，未来发展前景看好，初步估算未来5年可为我行每年带来300亿-500亿元的信贷投放空间。

根据《中国制造2025》中明确的十大重点领域发展现状以及未来规划目标进行测算，未来五年先进制造业中规模有望超过万亿元的产业包括集成电路及专用设备、航天装备、输变电装备、新材料以及生物医药。

先进制造业发展前景　　　　单位：亿元

大行业	细分行业	2015 年产值	前 3 年平均增速	2020 年产值	未来 5 年复合增长率
新一代信息技术产业		50 000	20%	80 000	10%
高档数控机床和机器人	高档数控机床	1 690	-3. 30%	2 720	12. 60%
	工业机器人	50	25%	150	72%
航空航天装备	民用飞机			1 000	
	卫星导航	2 678		5 000	16. 90%
	航天装备	5 000		29 500	46%
海洋工程装备及高技术船舶	海洋工程装备及高技术船舶	1 400	6%	4 200	24%
先进轨道交通装备	先进轨道交通装备	4 200		6 500	11. 50%
节能和新能源汽车	“新能源汽车”（产量：万辆）	34	166%	120	25%
电力设备		561 000	6. 00%	72 000	6. 50%
农业机械装备	农业机械装备	4 500		6 000	5. 90%
新材料	新材料	6 667	12. 90%	20 000	24. 60%
生物医药及高性能医疗器械	生物医药（医药工业）	26 800	7%	40 000	11%
	高性能医疗器械	3 450	8. 90%	6 000	11. 70%

普惠金融

党中央、国务院高度重视发展普惠金融，我行成立了普惠金融事业部，积极创新普惠金融产品和服务，支持小微客户、涉农领域和扶贫领域的融资和服务需求。截至6月末，我行监管口径小微企业贷款余额20 867亿元，较上年同期增加1 585亿元，增幅8.2%。

目前面临的问题：

- 服务主体多元、服务覆盖面较广、盈利性相对较差，商业可持续性有待提升。
- 银企信息不对称的矛盾仍然较为突出、银政合作机制尚不完善。
- 部分区域的金融生态环境建设有待加强。
- 我行内部管理口径小微企业贷款负增长。

消费金融

我国消费金融发展空间广阔，潜力巨大，近年来，消费占GDP比重逐年上升，消费信贷规模增速很快，全国消费信贷规模保持在20%左右，互联网消费金融发展迅猛。今年上半年，我行个人贷款余额4.02万亿元，较年初增长3 572亿元，较去年同期多增305亿元。

目前面临的问题：

- 个人征信体系不完善。
- 产品同质化竞争激烈。
- 部分贷款涉嫌信息不真实、零首付、首付贷、自买自卖问题。
- 部分消费贷款涉嫌流入股市、房地产等领域。

四、下半年信贷经营管理工作的主要着力点

4.1 做好顶层设计，把好信贷投向

4.1.1 做好国家重大战略市场的政策支持

雄安新区	粤港澳大湾区	“一带一路”
积极对接新区管委会，及时跟踪新区规划进展及不同阶段建设重点，加大对新区在土地整理和拆迁安置、交通枢纽、环境治理、公共事业等新区城市基本功能建设领域运作模式研究，及早研究出台雄安新区信贷政策。	持续跟踪粤港澳大湾区城市群具体发展规划，深化对大湾区发展战略的调研分析，有效把握大湾区城市群未来产业升级发展方向，精准定位基础设施建设领域市场需求，结合珠三角区域信贷政策的执行情况，制定切实有效的区域融资指导意见。	深化对“一带一路”战略的认识，调整优化“一带一路”信贷政策。根据国家制订的相关实施方案，明确我行信贷支持的具体重点领域投向，主要支持我国铁杆伙伴国家国际经济走廊领域的基础设施互联互通建设项目，以及重要海港、航空港、国际陆港等重要支点建设等。

4.1.2 把握好“三去”领域“有扶有控”的差别化信贷政策

（1）去产能——煤炭

总行根据相关部门和文件对煤炭“僵尸企业”的判定标准，共排查出疑似“僵尸企业”客户83户。截至6月末，煤炭“僵尸企业”贷款余额272.8亿元，较年初减少18.5亿元，占我行煤炭行业贷款余额的20.28%，不涉及表外融资；不良余额15.23亿元，较年初减少7.88亿元（新增劣变2.15亿元，处置核销10.03亿元），占我行不良贷款余额的58.58%。

下一步管控措施：

实行名单制管理。逐户落实领导责任人和管户责任人，严禁任何形式新增融资，加快存量融资压退，年内到期项目贷款应全额收回，非项目贷款压降比例不低于30%。

逐户落实风险化解方案。对名单内的大型煤炭（或电力）集团下属子公司要尽量将其融资上移至集团名下或由集团提供担保。对独立煤炭企业要尽快落实担保手续，并严密监控其生产运行情况和现金流状况，防范融资风险，减少融资劣变。

按季度向总行（信贷与投资管理部）报送煤炭高风险客户融资压退等有关情况，包括客户经营情况、同业融资政策变化、我行融资分析和风险评价、相关责任落实情况及下一步工作措施等。

（2）去产能——钢铁

钢铁“类僵尸企业”掌握原则（国家暂无标准）：

属于谨慎类、退出类客户；

连续亏损；

资产负债率≥85%；

对银行融资及政府补贴高度依赖等。

总行目前对钢铁行业客户实施分类管理。截至6月末，全行钢铁行业适度进入类客户20户、表内外融资622.1亿元，较年初增加62.9亿元；谨慎类客户69户，表内外融资566.8亿元，较年初增加2.5亿元（主要由于攀钢集团重组因素）；退出类客户35户，表内外融资76.6亿元，较年初下降8.9亿元。

下一步，总行将按照煤炭疑似“僵尸企业”管理模式，在现有客户分类管理基础上，进一步精准锁定高风险客户名单，强化融资管控。

（3）去库存——房地产

总体政策导向：

合理控制房地产投融资总量，重点支持一类城市和总行级房地产客户住房开发融资，支持政府购买服务的棚户区改造融资，从严控制商用房开发和商业性棚户区改造融资、控制业务背景复杂、管理难度大的房地产并购融资。

完善总量控制及移位管理：

调整后移位管理范围：房地产贷款、房地产非标代理投资业务、银行账户投资的房地产债券以及理财资金投资的房地产信用债。

不纳入移位管理的重点领域为：一类城市房地产融资、政府购买服务的棚户区改造融资、总行级房地产客户住房开发融资（含住房类并购）。

合理控制房地产投融资总量。在做好非重点领域移位管理的基础上，除政府购买服务棚户区改造贷款外，对商业性房地产贷款投融资实行总量控制。房地产贷款在公司贷款中占比不超过7%。

完善政府购买服务棚户区改造政策：

将政府购买服务棚户区改造融资项目准入标准由“已纳入省级政府编制的棚户区改造规划”调整为“已纳入省级或地市级政府编制的棚户区改造规划，其中已纳入地市级规划的项目，要争取落实后续可纳入省级政府棚户区改造规划。各分行对地市级棚户区改造项目首笔贷款发放前，须报备当地监管部门”。

对于以省级或符合条件的地市级及以上政府作为购买主体的，项目可位于其下辖的市、区、县。拟扩大政府购买服务的棚户区改造贷款向地市级及县域延伸范围，将区域准入标准调整为与现行城建贷款区域准入标准基本一致。

即：购买服务依托的政府须为省级或直辖市、省会城市、计划单列市政府，以及上年度本级财政收入50亿元（含）以上、财政债务率150%（不含）以下、我行省市偿债能力评价GR5（含）以上的地级市、区县级政府。对于以未达到区域准入条件的地市级政府作为购买主体的棚户区改造贷款，确属实质风险可控的，可由一级（直属）分行行长审批，不得转授权。

（4）去杠杆——债转股

债转股业务重要性

➢总书记在今年的全国金融工作会议上，指出“要把国有企业降杠杆作为重中之重”，全行要充分认识到债转股工作的重要性，要积极推进开展债转股业务，把支持国有企业和产能过剩行业去杠杆作为重中之重。

债转股业务总的原则

➢按照“债权有转让、投资有收益、治理有促进、退出有保障”的原则，推动市场化债转股业务健康发展，努力在帮助企业降杠杆、渡难关的过程中，实现新的价值创造。

债转股业务推进方式

➢一是工银投资统筹实施。总行拟设立全资子公司工银金融资产投资有限公司，作为总行专司债转股业务的实施机构，统筹组织推动全行的债转股工作。

➢二是集团内联动协作。总分行前台部门要按要求积极筛选营销有债转股需求的优质客户，并推荐给工银投资具体实施债转股，按照“共享收益、共担风险”的原则，分工协作、共同推进债转股业务有序有效发展。

债转股业务任务目标

➢抢抓政策机遇，抢占优质市场，夯实优质客户基础，积攒发展后劲。

➢各一级（直属）分行推荐实施的债转股业务量（签约金额和落地金额）要实现零突破，并且四行排名要位居前两位。

➢2017年、2018年，全行推荐实施的债转股业务签约量分别应达到4 000亿元、5 000亿元；落地量力争分别达到1 000亿元、2 000亿元。

4.1.3　把握好政府投资类项目政策导向

（1）严守政策红线

核心是遵守新《预算法》第三十五条规定，即地方政府及所属部门不得以任何方式举借债务，不得为任何单位和个人的债务以任何方式提供担保。各行要把握好这两条红线，不得对政府及政府部门融资，不得接受地方政府及其部门承诺函、担保函、固定回报承诺、回购承诺等。

（2）切实做好存量融资排查

配合地方政府开展违法违规融资排查及清理整改工作。对地方政府在排查中发现我行融资可能涉及不规范融资担保的，要与地方政府和借款人积极协商整改措施，进行妥善处置和整改。对相关材料确需调整的，应采取签订补充协议、补充其他担保、提前归还贷款等措施，且经原贷款审批行确认后方可调整，避免我行债权悬空。

务必掌握地方政府违法违规融资清理上报情况。各行务必要及时掌握地方政府清理排查情况，对涉及我行融资的要及时妥善处置，并于8月底之前将相关信息报送总行。对清理排查中涉及疑难问题的，及时向总行报告。

对我行通过代理投资等方式涉及上述排查及清理整改的融资，要给予高度重视，一并做好排查整改工作。

（3）把握好政府购买服务后续融资政策

严格执行财预〔2017〕87号政府购买服务的相关规定。除棚户区改造和易地扶贫领域外，其他工程建设类项目不得通过政府购买服务方式办理融资，政府购买服务融资需符合纳入购买服务目录、预算管理等相关要求。各行要严格执行财预〔2017〕87号相关规定，对已审批未签合同以及已签合同未发放贷款的政府购买服务融资，应重新审核，不符合相关规定的，一律暂停签订合同和发放贷款，重新确定融资方案并进行审查审批。

对于已签订合同并发放部分贷款的在建项目政府购买服务融资，也要严格执行〔2017〕87号等文件的规定。确属重大民生工程需要办理后续提款的，要与当地财政部门、银监局和财政监察专员办等监管部门沟通一致，确认地方政府对存量项目有整体安排、后续还款可纳入预算、新增融资不存在合规风险、并经一级（直属）分行审核后，才可办理后续提款。

（4）积极做好政府投资类项目融资模式转换

PPP或特许经营

对采用PPP方式运作的项目，要严格审核项目流程操作的合规性和有效性，确保项目符合财政部、发改委及其他行业主管部门的政策制度规定，确保项目已严格履行物有所值评价、财政承受能力论证、政府PPP流程审核、项目采购等程序，取得当地政府或财政部门对物有所值评价、财政承受能力论证的审核意见，同时，项目应纳入财政部的PPP综合信息平台项目库或发改委PPP项目库，其中涉及政府付费的项目必须纳入PPP综合信息平台管理。

商业化融资平台

由地方政府按照与市场化运作的融资平台公司签订的合同协议约定，履行授予特许经营权、财政补贴资金、支付政府采购资金等责任，并完全按照商业化、市场化方式运作。

政府采购工程

可按照商业化方式给予融资支持，并严格按照《采购法》《招投标法》及其实施条例规范实施。

4.1.4　“抓小”真正突围，做好普惠金融与消费金融领域的业务支持和风险监控

推动小微金融在基层落地，把市场做实，把风险管牢

加强配套信贷产品管理	对各类普惠、消费领域融资需求进行深入分析，把握风险控制要点，创新适用于小微、“三农”、个人等经营主体的信贷产品、政策和创新方案。对已有信贷产品，要加强跟踪监控，揭示产品内外在风险隐患，研判产品未来风险变化趋势。
加强客户准入监控	丰富小企业、个人贷款准入监控事项，提高准入监控自动化程度，逐步以模型灵活部署方式替代当前手工监测模式。持续优化准入监控规则，提高监控预警的准确性。
加强风险统筹管控	目前我行小企业贷款、个人贷款管理分散在普惠金融业务部、个人金融业务部、银行卡部等业务条线，要建立统一的不良、逾期贷款控制计划，横向分解到相关业务部门，分兵把守，紧密合作，确保计划完成。

4.1.5　抓“新”落地见效，加强新形势下对新兴产业的细化研究

➢ 先进制造业

- 按照“突出重点，稳步推进”的原则，加强对航空航天、轨道交通、电力设备等高端装备制造，液晶面板、集成电路、通信设备、物联网等新一代信息技术产业，汽车（新能源汽车）、军民融合等先进制造业重点领域信贷政策指导。
- 建立健全先进制造业统计制度，加强全行先进制造业客户信贷投放和移位监测和评价，鼓励和引导全行稳妥进入先进制造业信贷市场，优化全行制造业信贷结构和客户基础。

各行要根据总行信贷发展战略，立足地区经济结构、特色产业和优质客户做好信贷发展规划。

➢ 现代服务业

加大对现代服务业新市场的研究挖掘，细分市场新兴业态，结合市场有效需求，积极支持可持续化运作模式。

➢ 医院行业

- 关注各省、市、县（县级市）医疗改革试点过程中优质公立医院融资需求；
- 跟踪京津冀、“一带一路”等区域战略规划中，医院资源布局变化、医院职能疏解转移中出现的投融资机会;
- 择优支持地级市以上（含）纳入医保定点机构的民营医院。

➢ 教育行业

重点支持发展成熟的细分领域内龙头企业，择优支持具有长期办学经验、已形成品牌优势的民办院校。

4.1.6　把握好跨境融资业务市场与风险的关系

1.将跨境融资业务分贸易项下、投资项下、并购项下和发债等不同类型及资金流入和流出不同方式，进一步梳理产品和政策、风控要求，予以完善。

2.加强统一授信管理，将债项风险控制和客户风险控制结合起来，债项授信统一占用客户授信。

3.进一步明确跨境融资业务客户、行业、国别的选择要求。

4.进一步规范异地跨境、风险参贷、簿记业务的制度设计。

4.1.7　把握好代理投资业务市场与风险的关系

（1）在货币总量控制前提下，选择好基础资产

在监管趋强、流动性偏紧的背景下，做好代理投资大类资产配置，结合风险、收益水平适时优化调配债券及货币市场工具、非标债权、股权、资本市场等领域投资分布。

（2）加强代理投资业务准入管理

加强客户准入管理。代理债权投资业务严格执行表内外统一风险偏好，客户准入不弱于对应信贷业务。代理股权投资业务融资客户准入可按照相关制度实行差异化管理，但保障退出方准入管理不能弱化。

严格合作机构准入管理。各行办理非标业务的合作机构应严格在总行制定的准入名单内遴选。确需与名单外机构开展合作的，要按照规定流程，由总行合作机构牵头管理部门进行单笔准入。

（3）加强对代理投资业务限额、集中度、久期、风险敞口等量化指标管理

所有代客理财必须要有总量、限额、自主投资和委外投资比例、集中度、久期、组合、敞口、止损等量化指标管理。非标代理投资要按照制定的总量及分项限额方案，控制投资总量和代理债权投资、保障退出类代理股权投资、市场化退出代理股权、组合式基金投资、同业结构化等集合资产投资等各分项投资上限。

（4）加强监管背景下的退出管理、流动性管理和合规管理

强监管背景下，代理投资业务要做好跨市场、跨业

态的流动性管理，严守监管合规底线。要严格落实银监会要求，对于自查发现的存在三违反、三套利、四不当、十乱象风险隐患及时整改。

密切关注资本市场上市公司、大股东、董监高等主体再融资环境变化对我行投融资业务安全的影响。

合理控制减持新规后受限股票的质押率和整体出质比例，加强对第一还款来源的把控，合理安排市场化股权投资业务的退出安排，把控实质风险。

（5）加快代理投资业务潜在风险融资的化解

逐户明确风险化解处置的主体责任。各部门认真落实“谁发起，谁负责”“谁投资，谁负责”的原则，逐笔确定风险牵头处置的主体责任，加快风险处置进展。

着力重点领域风险化解、管控。投资部门、相关分行要加大对类固融、房地产等风险高发领域的化解、督导和排查力度，必要时收回风险融资，避免风险进一步扩大。

4.2　抓实潜在风险客户风险排查与化解

➢ 加强融资大户的风险排查

• 对辖内跨区域、跨行业经营的集团客户，要按照法人大户风险会诊的形式与手段进行排查分析，对经排查分析认为风险较高的，及时纳入潜在风险管理。

• 对部分风险较难判断的跨分行、跨行业经营的大型集团企业，总行将与主管行共同发起法人大户风险分析会，对经分析认为风险较高的客户，直接纳入潜在风险客户名单管理。

➢ 做好潜在风险贷款分层化解，控制劣变

• 对已有逾期借据及2016年以来发生过逾期欠息的客户，要有效控制劣变；

• 对结息周期调整的客户，要加强利息清收。对无法化解的要在后两个季度有序解决；

• 对存在交叉违约、运营困难等多种实质违约风险的客户，要做好风险预案抓紧清收；

• 对做过展期、重组、再融资的客户要做好风险预防工作，及时处理相关风险苗头。

➢ 加大对剪刀差的压降力度

• 对逾期60天以上未纳入不良的公司贷款，总行将严格按照20%的比例模拟增提减值准备。

4.3　提升不良资产经营管理水平

4.3.1　强化常规处置，尤其抓好现金清收和诉讼清收

1　确保完成400亿元的常规清收处置任务

• 充分利用日常催收、账户扣收、还款免息、抵质押物处置变现、第三方代偿、风险可控前提下的协商释放部分或全部贷款抵质押物、免除保证人部分或全部担保责任清收、尝试对个别符合条件的债务人实施债务本金部分减免等多种方式，提高现金清收效果。

2　全力推动诉讼清收

• 结合尽职调查与处置预案情况对不良资产逐户进行梳理，按照成本效益原则做到应诉尽诉。

• 落实专人加强与执行法院的联系沟通，主动把握和推进诉讼执行进程，通过现场勘察、征信系统、银行、房产、土地、车辆、工商、股权登记等多个渠道查找被执行人的财产线索，提高依法执行成效。

3　充分运用重组转化方式缓释和化解风险

• 对于非恶意欠款企业，按照逾期本息清偿完、实质风险不扩大的原则，有针对性采取剩余贷款展期、调整结息周期等多种手段支持企业持续经营，使企业还款能力、现金流与贷款期限、还款金额等相匹配，降低贷款风险，减少损失。对于涉及多个债权银行的，要在债委会框架下采取一致行动，实施对企业的债务重组。

4　抓好亿元大户不良贷款处置

•要根据《关于加强大额风险资产风险化解与清收处置工作的意见》（工银办发[2017]308号）要求，提升处置方案制定、商谈与组织实施的层级，落实一级（直属）分行行长、主管行长逐户挂帅清收、总分行联动处置、形成总分行、本级行前中后协同联动的清收处置合力，切实推动全行大额不良贷款处置。

4.3.2 加大创新处置，不断拓展创新处置渠道和方法

01 强化经营观念与资源意识

加快扭转过度依赖传统清收处置方式的观念， 运用投行手段、政府资源、社会资本，发掘不良资产潜在价值，拓宽处置渠道。充分借助地方政府在改善地方金融环境、实现地方产业升级转型的诉求，优质企业在资源整合、拓展投资途径方面的需求，加强对地方政府、所在地优质国有企业及行业龙头民营企业的营销力度，寻求合作空间。

02 创新清收处置方式方法

在总行推广的政银企合作基金、政银互相支持、风险资产并购基金模式基础上，结合本区域实际情况，不断创新方式方法，研究通过设立基金、并购重组、一揽子综合金融服务、互联网或交易所平台转让、市场化债转股等方式进行资产处置；推荐吸引私募、保险等市场化资金进入不良资产创新处置领域。

03 加强队伍建设

加快创新处置专门团队组建，配置专门人员负责，并由分管行领导挂帅指挥。加强创新处置人员业务培训，尽快掌握业务推进方式方法。加强对清收处置人员的履职监督，制定奖惩制度。

04 确保依法合规

确保依法合规

创新处置业务需遵守有关法律法规、监管及我行有关政策制度要求，稳健经营。要讲究方法科学，不能人为创造潜在风险、制造更多的不良贷款。

4.3.3 加强受托资产管理处置统筹处置速度和效益

➢ 加强处置团队建设，完善考核激励机制。 结合辖内机构受托资产规模、清收处置任务等实际情况，配足配强受托资产管理处置人员。将总行建立的受托资产处置计划完成情况与考核利润、工资费用、行领导绩效考核机制等挂钩，从加快处置速度、提高处置收益两方面制定奖惩考核具体措施。

➢ 强化基础工作，提高受托资产精细化管理处置水平。择优选择市场化处置方式，包括债务减免、单户债权转让、批量转让等；逐户制定切实可行的处置预案，明确责任人与时间表，按计划推进落实；单户本金在1亿元以上的大户，要落实一级（直属）分行领导挂帅清收机制，5 000万元以上的大户，要落实二级分行领导挂帅清收。

➢ 全面推进受托资产常规处置工作，统筹好处置速度和处置收益的平衡。受托资产原则上应采取常规方式处置，最大限度地提高受托资产处置回收率。对个别存在资产价值快速贬损、常规方式无法见效可采取单户或批量债权转让方式予以处置，既要加快处置防止“冰棍”效应，也要努力提高回收率，实现目标值。

4.4 提升信贷经营活力与效率

4.4.1 继续抓好存量移位和增量并轨管理

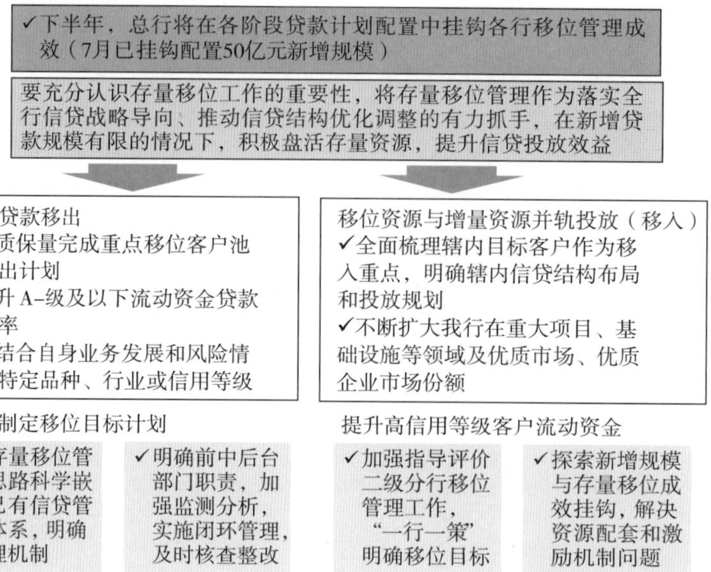

4.4.2 强化一二级分行信贷经营主体责任

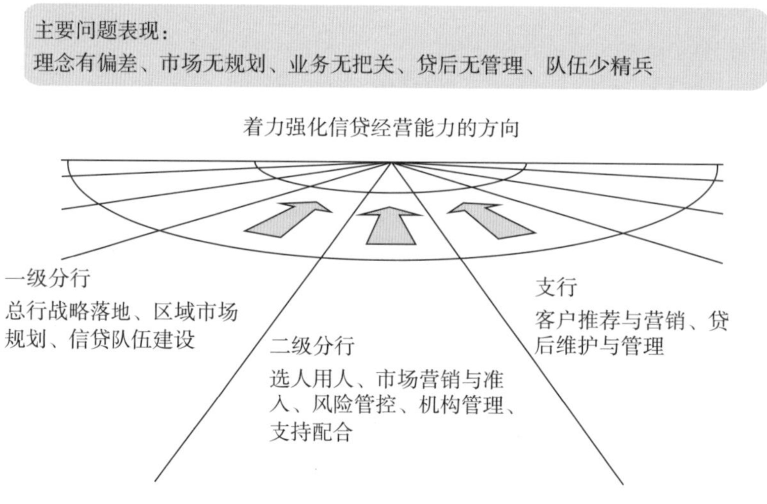

（1）抓好二级分行信贷经营能力方案落地

总行印发了《关于提升二级分行信贷经营能力的意见》，提出了“37”条具体措施：

序号	提升二级分行信贷经营能力的具体措施	序号	提升二级分行信贷经营能力的具体措施
1	稳步推进大客户中心建设	20	信贷审查贴近市场、客户
2	稳步推进小微中心建设	21	动态把握授信额度
3	稳步推进个贷中心试点	22	明确贷款审批前提条件
4	加快信用风险监控团队建设	23	加强贷款后检查制度化管理
5	加快不良资产处置团队建设	24	建立常态化风险排查机制
6	压实二级分行行长责任	25	开展存量贷款风险会诊

续表

序号	提升二级分行信贷经营能力的具体措施	序号	提升二级分行信贷经营能力的具体措施
7	压实二级分行副行长责任	26	强化押品贷后风险管理
8	压实前台部门责任	27	明确资产质量控制目标
9	压实中台部门责任	28	夯实风险分级管理基础
10	压实信贷管理部门责任	29	加强不良资产催收处置力度
11	制定年度信贷市场规划	30	建立科学合理、公开透明、简单直接的考核激励
12	制定重点法人客户营销计划	31	全力推进专家治贷
13	拓展信息获取渠道	32	高度重视数据质量治理工作
14	提升公私联动效率	33	强化信贷档案规范化管理
15	明确新增融资准入条件	34	确定二级分行差异化指标
16	实施营销名单制管理	35	统筹推进信贷体制机制改革进程
17	建立法人客户预审机制	36	提高业务办理效率
18	紧盯信贷企业主相关动态信息	37	加大信贷人才培养和选拔
19	全面掌握客户生产信息		

（2）研究一级分行信贷经营能力提升

区域信贷三年规划；

差异化信贷发展目标（重点城市行、一般二级分行）；

统筹各信贷条线体制机制改革进程；

理顺各信贷部门职责边界（特别是移位、潜在风险、不良的管理）；

辖属机构的监督与指导；

信贷条线竞争力评价指标体系。

4.4.3　积极推进人格化授权

试点机构	• 分行营业部 • 总行级重点城市行中的二级分行 • 择优选择其他二级分行
授权对象	• 各相关机构的行长和主管审批的副行长
业务范围	• 分行营业部：除跨区域的关联企业年度授信及债权投资限额方案核定以外，其他业务均可转授 • 重点城市行中的二级分行：包括非专项授信和非融资类担保专项授信项下的信贷业务。可择优扩大转授权业务范围（除授信及债权投资限额方案核定外），比照分行营业部模式实行人格化转授权 • 其他二级分行：包括非专项授信和非融资类担保专项授信项下的信贷业务
授权金额	• 转授权额度=一级分行行长权限×基准转授权比例×人格化调节系数

4.4.4 统筹推进信贷体制机制改革

改革目的

1. 解决病从口入的问题
2. 解决风险管理责任落实的问题
3. 解决系统性风险、结构性风险防控的问题
4. 落实专家治贷要求

重点把握的问题

法人客户分层经营管理体系。由大客户中心（或团队）对新拓展、关联关系复杂、疑难的大中型法人客户进行直接经营管理，提升客户经营管理和风险把控层级。

新增法人客户准入审核机制。在二级分行或以上机构建立法人客户准入审核机制，对辖内新增法人客户进行准入审核，做好客户风险分析预判。

配套审查审批体系建设。在一级（直属）分行大客户中心设审查岗，在二级分行设立信贷审查审核中心（团队）或分部，配备与客户数量、信贷规模和业务复杂程度相匹配的审查审批队伍。

信贷监控体系建设。一级（直属）分行根据业务规模及风险状况，合理设置监控核查岗位，对信贷投放情况、资产质量情况、新增融资情况、辖内信贷业务人员履职行为、资质情况等进行跟踪监测。

信贷体制机制改革推进安排：

- 第一批：上海、江苏、浙江、河南、广东、重庆、四川、深圳等首批试点的8家分行，要根据《信贷经营体制机制改革细化方案（试行）》（工银办发〔2017〕416号）和试点情况，进一步完善改革实施方案，并选择辖内具备条件的二级分行推进改革。
- 第二批：确定北京、天津、辽宁、黑龙江、山东、广西、陕西、青海等8家分行作为第二批试点分行，上述分行要结合实际制订本行的改革实施方案并报送总行审核。
- 继续加强对改革推进情况的跟踪监测，掌握试点机构客户上收情况、按照新模式运营的信贷业务情况、资产质量情况，做好改革成效的评估工作。
- 试点分行要在总行确定的大框架下，真正结合区域信贷市场特点和机构经营管理能力做实信贷经营管理改革落地。

4.5 加快构建以客户为中心的信用风险管理架构

4.5.1 梳理信用风险管理边界，实现客户维度全口径信用风险扎口管理

1. 系统梳理表内贷款、表外信贷业务、非标代理投资业务、同业业务、债券投资、衍生品交易、贵金属租赁、租赁融资以及其他自营业务中的信用风险边界，明确应纳入信用风险管理的业务范畴，实现境内境外、表内表外、并表机构与子公司全口径信用风险统筹管理。

2. 以有效管控客户关联风险为重点，重新定义信用风险管理外延。充分利用行内外各类数据，将关联企业、企业管理层、实际控制人、主要股东、担保机构与个人、主要交易对手等纳入关联风险统一管理对象，并将关联方信息逐步纳入融资客户统一视图。

3. 以揭示客户风险暴露路径为核心，搭建新型客户优劣识别模型。围绕不同行业、不同规模、不同属性客户，梳理实质性风险点，从大数据的交叉验证、客户金融行为特征描述、风险暴露路径规律解析等维度建立新型的客户优劣识别模型，并作为客户准入、审查审批和贷后管理的决策参考。

4.5.2　加强客户统一授信管理

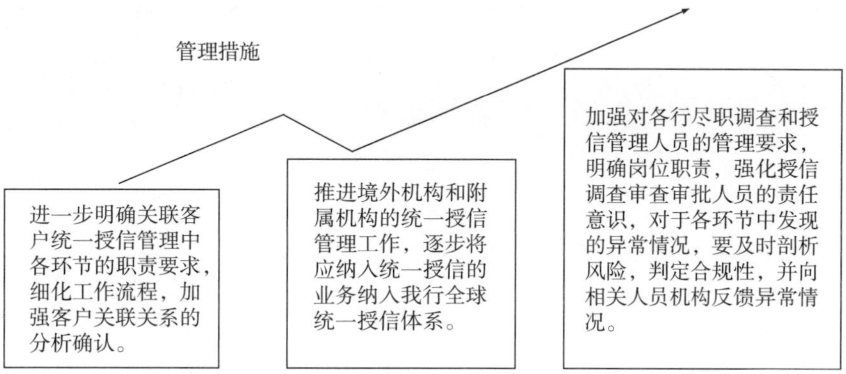

4.6　进一步夯实信贷基础管理

4.6.1　加强信贷人员队伍建设

统筹资源配置 提升经营效能

- 信贷体制机制改革试点行要抓住改革契机，组建大客户管理、小微客户管理、政策研究、风险监控、不良处置等几支专业队伍，用 3-5年的时间逐步实现“ 专家治贷”和“专业专管”。
- 围绕二级分行信贷经营能力提升方案，优化辖内二级分行信贷管理队伍配置，完善大客户中心、小微中心、风险监控、不良资产处置团队建设，统筹提升管理能力。

抓住“关键少数” 落实专家治贷

- 继续做实、做精信贷管理部门主要负责人任前审核，遴选专业能力强、管理经验丰富的人员担任信贷管理带头人。
- 启动信贷人员评价工作。主要评价对象为各级主管信贷的负责人，从履职行为、履职质量、信贷人员队伍建设等维度立体勾勒信贷人员任内工作成效。

增强履职能力 狠抓持证上岗

- 当前全行持证率91.75%，距离95%的管理目标仍有一定差距，部分持证率低于管理目标的分行要在下半年进一步加强组织推动。
- 年内实施GCMS系统人员资质刚性控制，将系统控制范围拓宽到调查、审查等前台营销环节。

不断完善信贷人员合规履职监测

- 将制度要求与操作行为紧密结合，深挖信贷前台、中台、后台人员的业务处理数据，对个人住房贷款影像资料录入、个人经营贷款发放、融资用途检查、贷后检查质量等人员履职情况进行跟踪监测。
- 针对监测发现的疑似风险问题，通过CMAS平台下发分行核查整改。2017年上半年，分行核查确认属实人员履职问题457笔，涉及信贷人员230名。
- 制定《境内分行分支机构信贷业务监控管理办法》（工银规章[2017]130号），对屡次操作不合规人员实施相应的管控措施。

4.6.2　信贷文化工作安排

把信贷文化建设作为一项长期性、基础性工作抓实抓牢。

一 营造氛围
- 领导干部率先垂范，讲好信贷文化第一课
- 信贷部门开展座谈，部署贯彻落实方案
- 信贷员工学习实践，提升信贷业务素质

二 丰富载体
- 开发信贷文化培训课程
- 新媒体（微信、融e联）、网讯、海报展示
- 信贷文化实践案例故事集
- 先进人物事迹评选

三 文化实践

经过3年的努力，基本形成适应信贷经营管理体制、符合全行价值建设要求的信贷文化建设新格局。

深入推进从严治贷“四严”主题活动。

目前工作推动中存在的主要问题和难点：

各分行四严主题活动开展不均衡，个别分行未采取针对性强的工作措施。

聚焦不够，侧重于完成“面”上大范围的风险排查，对当前信贷基础管理的突出问题和亟待解决的问题分析研究得不透。

下半年重点工作安排：

总行将对从严治贷“四严”主题活动期间的信贷人员履职不到位问题进行全行通报，以查促改，切实提升信贷从业人员的履职意识、履职能力和履职质量。

各分行要认真开展8个突出问题专项风险排查，变“完成时检查督导”为“进行时检查督导”，强化对贷款发放过程中违规行为的查处，提前预判和防范风险。

结合非现场监测情况，总行将对重点分行进行现场督导，上下联动，解决风险防控关键环节的制度执行不严问题。

4.6.3　提升防假反假能力

- 高度重视信贷防假反假工作。尽职调查、审查审批、放款核准、贷后管理各环节都要强化履职，增强防假反假意识，避免因履职不到位被认定为违法违规放贷。要主动运用大数据进行交叉验证，不断提高防假反假能力。
- 开展信贷业务关键环节履职监督，对客户准入、尽职调查、评级授信、作业监督、贷后管理、信贷运行监测等环节的关键履职动作进行重点抽查和评估。

- 客户准入环节：集成行内外数据，从关联风险、担保风险、过度融资、资金结算异常、客户交易和产品风险等维度把好新增业务准入关。
- 尽职调查环节：通过财务数据、交易流水和行业情况调查，对借款企业实收资本、销售收入、净利润、经营现状等信息的真实性进行验证，关注各类信息的匹配度。
- 评级授信环节：审慎对待客户评级上翻需求，杜绝授信核定后一年不再关注的情况，做实授信。
- 作业监督环节：逐项核实审批前提条件落实情况；在贷后管理环节，做到对客户经营、结算、税费缴纳、押品、涉诉受罚等情况全面了解和掌握。
- 运行监测环节：要涵盖机构、人员、资质和合作机构等情况，针对企业融资异动、经营状况异常、贷款资金流向和还本付息来源异常等情况及时做好针对性的风险缓释和管控。

在金融精准扶贫及“两权”抵押贷款试点工作推进会上的讲话

王百荣

（2017年9月5日）

今天我们召开金融精准扶贫及“两权”（农村承包土地的经营权和农民住房财产权）抵押贷款试点工作推进会，总结成绩、分析形势、交流经验，共同研究如何更好地推动这两项工作。参会的8家分行，多数都处于脱贫任务重或深度贫困地区相对集中的区域，也是下一步金融精准扶贫工作的重点区域。刚才，8家分行结合自身实际，介绍了金融精准扶贫工作成效，交流分享了一些好的经验做法（其中湖南、吉林分行在“两权”抵押贷款试点方面推进较好），分析了存在的问题和短板，提出了针对性的建议，几个总行部门也结合本专业实际，就推动两项工作发表了很好的意见，听了很受启发。

党的十八大以来，党中央、国务院对脱贫攻坚作出新的部署，把其作为头等大事和第一民生工程，要求金融机构发挥引导和协同作用支持脱贫攻坚。监管机构也出台了配套措施支持金融机构精准扶贫，推进“两权”抵押贷款试点。全行按照总行党委的统一部署，努力践行大行担当，充分发挥行业优势开展金融扶贫，试点开办“两权”抵押贷款，取得了良好成效。下面，我就进一步推进金融精准扶贫及“两权”抵押贷款试点工作，讲几点意见。

一、金融精准扶贫各项工作成效显著

金融精准扶贫工作安排部署以来，全行在工作机制、政策支持、业务创新等方面综合施策，深入推进各项工作开展。各专业条线积极发挥自身优势，精准对接贫困地区多元化金融需求；各分行尤其是扶贫任务重的分行全面落实主体责任，因地制宜创新产品和服务支持脱贫攻坚，全行金融精准扶贫工作取得了较好成效。《中国工商银行扎实推进金融精准扶贫工作》以简报形式上报国务院，得到了国务院领导的肯定。

（一）多渠道加大资金投入，支持重点项目建设。截至6月末，全行金融精准扶贫贷款余额达1 075亿元，较年初增加145亿元，增幅16%，继续保持较快增长势头。分品种来看，项目精准扶贫贷款余额711亿元、占比66%，主要为交通基础设施、水利领域贷款；产业精准扶贫贷款余额188亿元、占比18%，主要为农业产业化企业的各项贷款；个人精准扶贫贷款余额176亿元、占比16%。分机构来看，贵州、四川、湖南分行扶贫贷款余额较多，分别为378亿元、189亿元和78亿元，合计占比62%。

一是对接扶贫规划，加大信贷投放力度。把信贷支持重大项目建设作为金融扶贫工作的着力点，发挥自身优势，深化银政合作，重点支持铁路、高速公路、农村公路、水利、旅游开发、易地扶贫搬迁、公共服务（教育+医疗）等领域融资需求，提高贫困地区经济可持续发展能力。截至6月末，全行项目精准扶贫贷款较年初增长101亿元，增幅17%。

二是发挥金融中介功能，积极引导社会资金进入扶贫开发领域。在投行业务方面，我行独家发起设立173亿元贵州省脱贫攻坚基金极贫乡镇子基金，支持贵州省威宁县石门乡、晴隆县三宝乡等20个极贫乡镇基础设施建设、农村环境治理和人居环境改善。该基金是全国首只省级脱贫攻坚基金的首只子基金，在扶贫领域具有较强的示范作用。截至6月末，该基金已完成投资45亿元。资产管理业务方面，积极安排理财资金对接支持美丽乡村、旅游开发等领域重点项目建设和重点企业发展，完成贵州高速首期20亿元、贵州瓮福集团10亿元股权融资业务投资。

（二）完善政策保障，提高金融服务覆盖面。

一是调整完善行业信贷政策，降低城建、新农村（小城镇）建设、政府购买服务的棚户区改造等重点领域区域准入标准，扩大相关业务向县域延伸范围，有效支持贫困地区民生领域优质项目建设需求。完善医疗、教育行业政策，保障贫困地区医疗、教育需求。

二是研究出台《关于支持贵州省脱贫攻坚领域融资的意见》。围绕贵州省精准扶贫、精准脱贫的重点任务，扩大贵州分行对交通、水利、易地搬迁等重点领域的信贷业务审批权限，扩大贵州分行对投向扶贫领域组合式产业基金、非标准化代理投资业务的审批权限，支持分行抢抓扶贫领域优质信贷市场。政策出台后，贵州分行已累计审批完成超过600亿元的交通基础设施、农村基础设施和水利建设领域重大项目融资，区域支持效果初显。

三是引进专业担保公司增信措施，扩大涉农贷款办理范围。积极推进与国家农业信贷担保联盟有限责任公司（以下简称农担联盟）合作，截至6月末，我行已与农担联盟的33家省级机构全部完成对接，与其中16家商定或签订合作协议，累计发放农担贷款约1亿元。

（三）创新产品和服务，推动贫困地区产业发展。以“造血式”扶贫为主打模式，积极支持贫困地区发展特色产业和新型实体，推动建立脱贫致富的长效机制。

在支持贫困地区产业发展方面，各分行积极创新金融服务模式，形成了一些有效的模式和做法：一是围绕“公司/基地+农户”模式，融资支持农业产业化龙头企业及生产合作社、农业大户、致富带头人，辐射带动贫困户就业增收。二是创新“致富创业贷”“藏宿贷”“龙扶贷”等对接农户的信贷产品，支持贫困地区群众开展种植、养殖、农副产品加工、特色旅游等多种经营，激发脱贫致富的内生动力。三是融资和融智相结合，积极提供政府财务顾问业务，帮助贫困地区挖掘经济增长点。上半年，完成湖南凤凰县政府财务顾问签约落地，继续推进四川南江县光雾山旅游产业顾问等项目实施。四是打造“电商平台+政府/协会+企业+农户”帮扶模式，吸纳贫困地区优质农副产品和旅游资源进驻我行电商平台，对接全国消费需求。截至6月末，我行电商平台共上线贫困地区商户479户、商品3 238种，累计实现销售109.4亿元（含B2B交易），有效支持贫困地区加速奔小康。

在普惠金融服务供给方面，贫困地区网点机构、支付清算网络和基础金融服务覆盖面不断提高。在贫困大学生定向招聘方面，已累计签约贫困大学生342人，后续还会继续推进“5年招聘1 000名贫困家庭大学生”计划的落地。此外，全行定点扶贫工作也取得了很好成效，初步探索出了教育扶贫、产业扶贫、卫生扶贫等多种方式相结合的定点扶贫路子，促进定点扶贫县贫困群众生活水平不断提升。全行金融精准扶贫工作所取得的成效，为进一步深入推进脱贫攻坚提供了重要支撑，积累了宝贵经验。

二、准确把握当前金融精准扶贫的形势和要求

2015年以来，习近平总书记先后四次主持召开跨省区的脱贫攻坚座谈会，专题研究革命老区脱贫、连片特困地区脱贫、东西部扶贫协作、深度贫困地区脱贫等工作。2016年，国务院出台了《“十三五”脱贫攻坚规划》，对扶贫开发工作进行系统性部署。国务院扶贫办、人民银行、银监会等部门和机构也多次组织召开座谈讨论，对金融机构做好精准扶贫工作做出具体安排。结合中央精神及近期相关会议要求，全行在相关工作推进中要进一步认清形势、聚焦重点，切实有效推进金融精准扶贫工作。

（一）不断深化对金融精准扶贫工作重要性的认识。到2020年全面实现小康社会，是党对全国人民的庄严承诺。而全面建成小康社会，实现第一个百年奋斗目标，农村贫困人口全部脱贫是一个标志性指标。习近平总书记特别强调：“小康不小康，关键看老乡。不能一边宣布实现了全面建成小康社会，另一边还有几千万农村人口生活在贫困线以下，这既影响人民群众对全面建成小康社会的满意度，也影响国际社会对我国全面建成小康社会的认可度”。

党的十八大以来，党中央把贫困人口脱贫作为全面建成小康社会的底线任务和标志性指标，明确提出到2020年实现现行标准以下农村贫困人口全部脱贫、贫困县全部摘帽的工作目标，在全国范围全面打响了脱贫攻坚战。脱贫攻坚力度之大、规模之广、影响之深，前所未有。据统计，到2016年末，全国农村贫困人口有4 335万人，要在4年时间里实现全部脱贫，平均每年需要减少贫困人口近1 100万人，且剩下的贫困人口主要分布在深度贫困地区，越往后脱贫成本越高、难度越大，脱贫任务十分艰巨。

工商银行作为国有大行，要在脱贫攻坚战中体现大行担当，将金融助推脱贫攻坚作为光荣的政治任务和社会责任，不断深化对脱贫攻坚工作重要性和紧迫性的认识，充分发挥行业优势，积极主动作为。

（二）精准帮扶，重点解决深度贫困地区问题。我国自1986年启动国家大规模减贫计划，经过30多年持续努力，通过普惠性政策措施，大部分贫困地区面貌和群众生活得到明显改善。当前，脱贫攻坚工作正在不断向纵深推进，每个贫困地区和贫困群众的致贫原因、发展能力、发展需求不同，必须采取更精准的脱贫措施。2013年，习近平总书记在湘西调研时，提出“精准扶贫”方略，为金融扶贫工作指明了方向。全国通过建档立卡，基本摸清了贫困人口底数，目前全国建档立卡人口约有8 600万（含部分已脱贫人口），人民银行精准扶贫贷款统计范围是以这8 600万户中的贫困户为核心，统计建档立卡贫困户贷款及对其有直接带动作用的项目贷款、产业贷款。建档立卡贫困户中可能也有部分已脱贫户，比如我行精准扶贫贷款中有个人住房按揭贷款152亿元。按照国务院扶贫办“扶上马、送一程”的思路，在2020年前，建档立卡贫困户名单暂不作大的调整。我们各项资金投入、产业支持、基础设施投入等方面还是要继续聚焦建档立卡贫困户，精准扶贫，精准脱贫。

随着脱贫攻坚工作的深入推进，针对当前脱贫攻坚工作重点和难点，今年6月，习近平总书记专门主持召开了深度贫困地区脱贫攻坚座谈会，指出深度贫困地区是脱贫攻坚的坚中之坚，要加大力度推进深度贫困地区脱贫攻坚，并要求发挥政府投入的主体和主导作用，发

挥金融资金的引导和协同作用，加快推进深度贫困地区脱贫攻坚。这表明国家扶贫开发将向重点解决深度贫困地区问题进一步聚焦。从国家扶贫办最新提供的名单来看，深度贫困地区主要指“三区三州”，具体包括西藏自治区、四省藏区、新疆南疆四地州和四川凉山州、云南怒江州、甘肃临夏州。全行上下要认真领会总书记讲话精神，将下一阶段金融精准扶贫的工作重点放到支持深度贫困地区脱贫攻坚上来。总行将积极支持“三区三州”地区分行做好脱贫攻坚各项工作，进行必要的资源倾斜；相关分行也要积极与政府对接，准确掌握当地精准扶贫工作重心和重点，发挥好金融资金的协同和引导作用，配套做好金融服务工作。

（三）实行“造血式”扶贫，加大内生动力的培育力度。习近平总书记一再强调，贫困群众是脱贫攻坚的对象，更是脱贫致富的主体，要把扶贫同扶智、扶志结合起来，注重培育贫困群众脱贫的内在动力和自我发展能力，变“要我脱贫”为“我要脱贫”。在8月人民银行金融支持深度贫困地区脱贫攻坚座谈会上，也明确要求商业银行要合理把握扶贫开发领域财政和金融的边界，要在财政投入承担主体和主导作用的前提下，积极开展“造血式”扶贫攻坚，严防因金融扶贫而致贫。各行在开展金融精准扶贫工作中，要注意把握商业可持续原则，金融扶贫不是简单多放贷款，要通过资金投入，把扶贫工作与扶智、扶志结合起来，注重调动贫困群众的积极性、主动性，引导贫困群众用自己的辛勤劳动实现脱贫致富。

三、凝聚合力，持续抓好金融精准扶贫工作

全国脱贫攻坚的任务还很艰巨，还有4 300多万人口尚未脱贫，深度贫困地区基础设施和公共服务水平依然落后，各分行各条线要继续保持高度的责任感、使命感，充分发挥行业优势，在风险可控和商业可持续的前提下，扎扎实实做好各项规定动作，结合当地情况和条线创新发展实际，不断提高工作主动性和针对性，推动金融精准扶贫工作再上新台阶。在继续坚持信贷投放、产品创新、电商扶贫等有效做法的同时，要重点抓好以下几项工作。

（一）抓紧研究出台深度贫困地区脱贫攻坚工作方案。根据人民银行座谈会议精神，各家金融机构要出台支持深度贫困地区脱贫攻坚的具体工作方案。信贷与投资管理部要牵头抓紧研究制订工作方案，包括下一步支持深度贫困地区项目脱贫、产业脱贫、创业脱贫和教育脱贫的信贷政策；倾斜信贷资源，优先保障资源配置，调整内部授权与绩效考核机制，支持深度贫困地区扶贫贷款投放；探索扶贫不良贷款责任认定细则和不良贷款容忍度管理要求，调动基层机构和基层人员主动投入脱贫攻坚战；加大金融服务网络延伸力度，提高金融服务覆盖面等。

（二）找准金融精准扶贫方法。一是精准支持贫困地区项目脱贫。积极支持深度贫困地区有扶贫专项资金配套的道路交通、饮水工程、电力保障工程、危房改造、信息网络基础硬件设施改善、生态环境整治等项目以及有政府基金或风险补偿基金的拆迁补偿、农民安置、转移就业等金融需求。二是精准支持贫困地区产业脱贫。构建“银行+产业基地+贫困户”“银行+商贸项目+电商+贫困户”“银行+新型农业经营主体+贫困户”“银行+合作社+贫困户”等扶贫模式，通过将分散的贫困户整合到产业链中，解决单个贫困户发展能力不足的问题，提高整体抗风险能力，推动培育出持续“造血”的特色产业。在产业扶贫中，也要积极争取政府的保障功能，包括财政贴息、风险补偿及政府担保公司担保等方式，将市场“无形之手”与政府“有形之手”有机结合。三是精准支持健康脱贫和教育脱贫。贫困地区医疗和教育资源匮乏，因病返贫、因病致贫和贫困代际传递的现象屡见不鲜，增加在医疗和教育领域的信贷投入，对贫困地区民生有重要意义。

（三）审慎稳健开展小额扶贫贷款投放。扶贫小额信贷是国家扶贫办、人民银行、银监会在金融扶贫领域力推的重点产品，人民银行牵头的扶贫贷款统计及金融机构扶贫效果评估中，将该项产品单独统计、单独计分，四川等重点扶贫区域监管部门对该产品投放有明确要求。扶贫小额信贷的政策要点是“5万元以下、3年期以内、免担保免抵押、基准利率放贷、财政贴息、县建风险补偿金”。前期总行没有直接对应的产品，分行主要通过致富创业贷等一些替代性产品来办理相关业务。为避免在金融扶贫领域出现政策性制度性漏洞，近期总行普惠金融事业部牵头，将推出与国家政策直接对接的扶贫小额信贷产品，要管好用好这一创新产品，合理确定投放目标，探索通过产业链整合、与农信社等第三方合作等方式推动扶贫小额信贷投放。

近期针对扶贫小额信贷资金使用不合理、贷款发放不合规、风险管理不到位等问题，银监会、扶贫办等五部门联合印发了《关于促进扶贫小额信贷健康发展的通知》（银监发［2017］42号），人民银行座谈会也作了强调。各分行后续在业务开办过程中，要强化合规意识、风险意识，推动扶贫小额信贷业务健康稳健发展。尤其要关注“户贷企用”问题，坚持户贷户还原则，防止企业通过“一对多”方式违规占用扶贫贷款资金；加强扶贫小额信贷用途管理，坚持扶贫小额贷款资金用于生产用途，防止挪作个人消费等其他用途；合理掌握贫困户贷款金额，避免因无力偿还贷款而再度陷入贫困。总的来讲，扶贫小额信贷属于我行在金融扶贫领域必备产品，各行要合规审慎开办。

（四）积极推动金融扶贫创新成果共享。为支持各行在金融精准扶贫领域拓展思路、提升金融扶贫工作质效，信贷与投资管理部在总结全行金融扶贫创新成果的

基础上，编辑完成了金融精准扶贫产品（案例）手册初稿，在全行范围内选取了部分脱贫攻坚领域的典型信贷产品、融资方案、服务模式及案例。目前正在征求总行有关部门和分行意见建议，今天给参会分行也印发了。请参会分行多提意见和建议，也请信贷与投资管理部根据意见和建议修改完善产品手册，尽快印发全行做工作参考。其他专业部门也要立足于本专业条线工作，推动优秀成果与工作实践的行内共享。

（五）高度重视，积极跟进扶贫政策效果评估工作。今年年初，人民银行等四部门联合下发了《关于开展金融精准扶贫政策效果评估的通知》，要求人民银行各分支机构对836个国家级贫困县县域内的金融机构，按年组织扶贫政策效果评估，主要评估指标包括金融精准扶贫贷款余额、贷款增速、扶贫小额信贷发放额、扶贫工作机制建设情况等。评估结果将作为宏观审慎评估、银行间债券市场发行债务融资工具等事项的参考依据。上半年，人民银行已经对2016年扶贫政策效果完成第一次评估，目前结果尚未对外公布。各行要加强与当地人民银行沟通汇报，全面反映我行扶贫工作的特色和工作成效，认真配合做好效果评估。要积极跟进评估结果披露和使用情况，确保不对我行各项业务发展产生不利影响。此外，我们了解到有的地方出台了一些区域性的扶贫工作考核指标，请各行做好衔接，有针对性地开展工作，确保监管考核不扣分。工作中存在的困难，请及时向总行信贷与投资管理部反映。

（六）增强合规意识，加强贫困人口数据管理。总行以加密光盘的形式从人民银行取得全国贫困人口数据，并通过一定技术手段共享给各行，支持分行下载到本地电脑使用。我要强调的是，贫困人口数据包里面包含了大量涉及个人隐私的身份信息，各行一定要做好信息安全存储和规范使用，要根据监管要求建立健全贫困数据使用、登记制度，确保数据合规使用，防止信息泄露和挪作他用。

（七）加大金融扶贫工作的宣传力度。全行要深入挖掘金融扶贫领域典型经验、成功案例、工作成效和先进事迹等，及时向总行报告，并择机向当地扶贫办、人民银行和银监局等部门报送，也可通过各地的新闻媒体进行发布，彰显我行履行社会责任成果，扩大我行金融扶贫成效的影响力。

四、积极推进“两权”抵押贷款试点工作

“两权”抵押贷款试点是党中央、国务院深入推进农业供给侧结构性改革、加快培育农业农村发展新动能、加大对“三农”金融支持力度的重要部署。2015年8月，国务院下发《关于开展农村承包土地的经营权和农民住房财产权抵押贷款试点的指导意见》（国发〔2015〕45号），要求稳妥有序开展“两权”抵押贷款业务。2015年12月，针对《物权法》《担保法》关于“两权”不得设定抵押的规定，全国人民代表大会常务委员会专门审议通过了“两权”抵押贷款试点的有关法律调整事项，允许部分试点地区在“两权”抵押贷款试点期间暂停执行相关法律条款，授权有效期为2年（2015年12月28日至2017年12月31日）。

2016年3月，中国人民银行会同相关部委联合印发《农村承包土地的经营权抵押贷款试点暂行办法》和《农民住房财产权抵押贷款试点暂行办法》，准予在北京市大兴区等232个试点县（市、区）行政区域，试点开办农村承包土地的经营权抵押贷款；在天津市蓟县等59个试点县（市、区）行政区域，试点开办农民住房财产权抵押贷款。“两权”抵押贷款试点作为人民银行重点推进工作事项，已建立按季度统计制度，并持续进行业务试点推进工作督导。

根据监管文件精神，总行前期已制定印发了两个贷款管理办法。综合考虑监管要求、业务风险及同业投放情况，总行研究确定2017年末“两权”贷款余额目标为10亿元，并将任务按照公司金融（普惠金融）、个人金融业务条线分解至各一级（直属）分行。围绕这一目标，也采取了一系列工作措施，包括确定了推进试点的重点地区并实施台账管理，组织开展了专题培训，建立起“两权”抵押贷款统计制度等。

从实际推进情况看，截至6月末，全行“两权”抵押贷款余额共计2.3亿元，较年初增加1.06亿元，完成了全年投放任务的23%。其中，公司条线（含小企业金融）业务余额1.6亿元，完成全年任务（9亿元）的18.4%；个人金融条线业务余额6 455万元，完成全年投放任务（1亿元）的65%。从分行来看，仅有浙江、山东、吉林、湖南等7家分行开办了“两权”抵押贷款。此外，各分行前期上报了安徽金寨县等28个地区试点农村承包土地经营权抵押贷款、重庆开县等10个地区试点农民住房财产权抵押贷款，但仅有山东省寿光市、湖南省新田县、浙江省瑞安和乐清市等4个试点地区开办了“两权”抵押贷款，贷款余额合计1.5亿元。

总体上看，我行“两权”抵押贷款试点取得一定成效，但距离监管要求还有差距。下一步，各分行要重点抓好以下几项工作：

（一）提高认识，做好工作部署。各行要高度重视“两权”抵押贷款试点工作，两年期试点工作将于2017年末结束，各行尤其要增强紧迫感，在剩余的4个月内做好部署，加大力度推进业务增长。2017年后，不排除“两权”抵押贷款延长试点、扩大试点的可能性，各行还需要有打持久战的思想准备。上半年，总行已将任务按业务条线分解至各分行，总行普惠金融事业部、公司金融业务部、个人金融业务部等部门要加强业务指导，各分行要明确工作职责，分解工作任务，加强统筹安排，有序推进贷款投放工作，对重点地区给予必要的

政策和资源倾斜。

（二）因地制宜，创新金融服务。各行要将“两权”抵押贷款试点工作与易地扶贫搬迁项目、棚户区改造、产业扶贫等金融精准扶贫工作联系起来，结合各地实际情况，努力探索和开发适合农业经营主体多元化需求的信贷服务方案。办理“两权”抵押贷款业务，既可以仅接受“两权”抵押，也可以接受包括“两权”抵押、农业担保公司或农业合作社担保、政府专项资金风险补偿等多种担保方式的组合担保，还可以将“两权”抵押给第三方后由第三方提供保证担保。对当地“两权”抵押政策、法律环境尚待改善，但客户信用状况较好的，也可将“两权”抵押作为信用保障措施。

（三）稳妥推进，切实防控风险。各行要选择在土地确权登记、流转平台搭建、风险补偿和抵押物处置机制等配套政策较为完善、具备条件的地区试点开展“两权”抵押贷款业务，并在试点推进工作中严把准入关和资产质量关，不能为完成任务指标而放松信贷准入标准。要加强对“两权”抵押贷款的质量监测，对于出现风险的信贷业务和试点区域，及时采取必要的管控措施。

（四）加强沟通，做好专项统计。各行要按照央行“两权”抵押贷款专项统计制度，积极与地方监管部门沟通，做好统计报数工作，确保统计数据的真实性和准确性。特别是对地方监管部门和总行报送的统计数据，必须要确保一致性。

打赢脱贫攻坚战是党中央确定的重大战略，也是我行履行大行责任的政治任务，“两权”抵押贷款试点是国家推进农业供给侧改革的重大举措之一，8家分行前期在两项重点工作推动方面做了大量卓有成效的工作，希望大家通过这次推动会，能互相吸取好的经验做法，认清形势、再接再厉，更好地推进这两项工作开展。

在8家一级分行营业部竞争力提升座谈会上的讲话

官学清

（2017年8月2日·根据录音整理）

今天这个座谈会开得非常好，大家畅所欲言，充分交流了思想。费周林董事的讲话非常有启发性，总行相关部门负责人提出了许多好的意见，河南、山东、安徽、河北、陕西、湖南、辽宁、云南8家分行营业部负责人的发言，站位都比较高，体现的责任感和创新意识都比较强，我非常赞同。近年来，一级分行营业部改革发展的步伐比较快，你们所提建议的针对性、有效性也比较强，希望总行深改办要充分吸收，对《关于推动8家一级分行营业部竞争力提升的意见》做进一步的修改完善，提交给总行党委审议。同时，请各营业部回去用2周时间，对本机构竞争力提升突破指引进行认真研究，也请省行深改办将指引带回去，及时向省行党委汇报，研究提出修改意见。总行将按照指引确定的总体思路和部署，坚持一行一策的原则，分层推进8家营业部竞争力提升，并将其作为今后三年监督执行和评价的主要依据，请大家务必高度重视。

着力提升重点城市行竞争力是总行党委作出的重大战略决策。8家分行营业部所在城市经济体量大、金融资源丰富、区域优势明显，营业部整体的发展态势和精神面貌很好，具备天时、地利、人和的有利条件。下一步，要牢牢把握当前经济社会发展的关键节点，充分利用总、省行给予的资源配置政策，有效释放改革红利，从态度、力度和强度上主动加压驱动，坚持上下同欲，不断凝聚发展合力，不断增强动力动能，在转型与创新中实现竞争能力的持续提升。借这个机会，我对8家分行营业部提几点看法和希望，供大家参考。

第一，要增强提升重点城市行竞争力的责任感和紧迫感。总行党委决定把重点城市行竞争力提升战略作为重要抓手，并相继出台了一系列政策、机制和举措，为城市行的竞争发展指明了方向、提供了遵循。各省分行营业部作为总行的重点发展行，使命光荣，责任重大。一是要切实发挥好示范作用，结合自身实际和区域发展潜力，增强发展信心，坚持勇者必胜的理念，牢牢把握机会，做好未来三年发展规划，明确竞争力提升目标，找准发展路径和措施，确保总行战略落地见效。二是要依托自身良好的发展基础和区位优势，进一步提高认识，统一思想，围绕竞争力提升，跳出原有思维模式，以更宽视野、更大步伐、更深一层加快经营理念转变，坚持高标引领，提高目标定位。三是重点城市行的发展承载着全行员工的期盼，要加快转型发展速度，不断提升对省行的综合贡献，把“蛋糕”做大。同时，金融机构的发展也是地方党委政府高度关注所在，要按照全国金融工作会议要求，聚焦服务实体经济本源，成为支持地方经济发展的主力军。

第二，要成为发展的排头兵。一是要成为市场竞争的“领头羊”。要明确引领市场的目标定位，不仅要做到四行领先，更要对标区域范围内的各家银行，不断提升份额占比。同时，要树立良好的社会形象，在转型和创新上狠下功夫，做出亮点和特色，形成示范效应，成为同业学习的楷模和榜样。二是要成为总行战略的践行者。8家分行营业部要带头执行总行战略，实现业绩的迅速提升，不断壮大省行的规模和体量，以发展获取更多的资源、工资和费用，赢得各二级分行的认可、尊重和支持。总行资源配置也要更多向转型发展快的营业部倾斜。

第三，要成为改革创新的试验田。一是要在优化完善体制机制上下功夫，抓好战略“最后一公里”落地，着力构建有利于提升发展质量和效益、提高资源配置效率、激发创新创造活力的新机制。要深化集约化改革，真正在改革创新中优化经营结构，理顺管理架构，集聚动力动能。二是要把握好风险管控的重点，不断完善风险防控机制，强化基础管理，压实责任担当，坚决守住底线，确保发展安全。三是要成为金融创新的试验田，要根据客户金融服务需求的新变化、新趋势来加快推动创新转型，在表内外融资、国际化业务布局、线上业务发展和智慧银行建设等方面，开阔思路，拓宽视野，探索更加行之有效的手段和方法，力求实现突破。

第四，要做优秀的营业部总经理。一是视野一定要宽。要关注经济和金融形势的新动向、新变化，找准发展机遇，抢抓政策窗口期。要对照同业、“5+1”机构和先进分行营业部，关注这些机构转型发展中好的经验和做法，积极学习借鉴。二是要有大格局、大胸怀。要学会怎样为省行分忧，不能只讲分享而不讲分担。要强化与省内二级分行的沟通协调，在利益分配、发展联动等方面达成共识，凝聚合力。三是专业素质要强。对业务的学习不仅要广，更要精、专、深，要重点加强对新兴业务、产品、服务、渠道等方面的学习，不断提升拓展市场和服务客户的能力。四是要强化执行力建设。要强化战略执行和战术实施，强化履职尽责，以强烈的责任意识和担当意识，执行好每一个决策和指令，保证各项经营决策和战略部署落地、生根、开花、结果。

第五，要进一步优化授权和资源配置机制。一是总行相关部门要全面分析各重点城市行所在城市的区域经济特点、客户现状和行业政策等，进一步做好分类管理，将“一行一策”落实到位。二是做好对8家分行营业部的激励约束，通过加压驱动、督导鞭策等手段，增强发展动力和动能。三是省行要切实担负起主体责任，迅速制定支持重点城市行竞争力提升的实施意见，做好组织推动和帮扶指导。营业部要认真落实实施责任，从思想上、行动上服从于省行的管理，在业务发展中主动沟通汇报，主动争取省行各专业的支持。四是增强8家分行营业部的原动力和主动性。班子成员要率先垂范，围绕客户拓展、结构优化、盈利能力提升、资产质量改善、中间业务转型等方面，主动创新求变，激发调动中层干部和员工的动力与潜能，变“要我改革”为“我要改革”。五是强化队伍建设和党建工作，坚持以党建为引领，注重党建工作能力提升，进一步把党的组织优势转化为发展优势，为重点城市行竞争力提升提供坚实支撑和保障。

在2017年集中采购工作座谈会上的讲话

官学清

（2017年11月13日）

一天时间，听取了各分行、各机构以及总行部门负责人的精彩发言。我感觉大家的发言，第一是站位很高，是站在如何把全行集中采购工作做得更好这个高度来谈成绩、谈认识、谈意见和建议。第二是大局意识比较强，能够把集中采购工作放在全行改革发展的大格局下去思考。第三是合规意识比较强，充分体现了对集中采购工作的敏感性和对有关制度规定的严格遵循。第四是创新意识比较强。大家所提出的建议闪烁着思想和智慧，饱含着对提升集中采购工作效能、效率、效益，增强风险把控能力的期盼，体现了责任担当精神，我们将会认真予以采纳和吸收。下面我和大家分享三方面的观点和意见建议。

一、充分肯定全行集中采购工作取得的成绩

集中采购工作在总行党委的正确领导下，按照今年年初财务会计工作会上提出的“战略、开放、专业、合规”财会工作理念，在服务战略、控制风险、适度放权、提升服务质量和效率等方面取得了明显成效。

（一）完善基础管理，强化集中采购风险管控。

第一，继续深化中央巡视整改工作要求，完善采购

制度建设。今年以来，全行继续深化中央巡视整改工作要求，确保各项措施贯彻落实到位，中央巡视整改工作取得显著实效。一是加强项目需求审核，继续扩大公开招标，通过公开招募、采购信息公示等方式，严控全行单一来源采购项目，单一来源采购占比持续下降。进一步完善公开招标程序，明确主管部门、采购部门和集审会职责，有效提高工作效率和防范集中采购风险。截至第三季度末，总行单一来源采购项目数量占比11.59%、同比减少25.66个百分点，招标项目数量占比28.99%、同比增加22.13个百分点；分行单一来源项目数量占比15.06%、同比下降0.49个百分点，招标项目数量占比15.67%、同比增加6.13个百分点，集中采购比例结构明显优化。二是建立报备机制，每季度通过正式公文向财政部金融司报备上期总行非招标集中采购项目清单、我行新的集中采购制度规定和总行专家库更新调整的名单等资料。三是修订完善集中采购制度，将中央巡视整改相关措施纳入到制度中，进一步规范采购行为，先后印发了《集中采购管理规定（2017年版）》和《集中采购专家管理办法》，并正在修订、完善集中采购实施办法、集中采购审查委员会工作章程、集中采购项目供应商后评价管理办法等制度。

第二，突出实质风险把控，强化供应商推荐管理。一是明确项目主管部门推荐供应商必须从集中采购供应商库选择，并关联查询供应商开户及风险评估等信息，从源头上规避供应商推荐环节的采购风险。二是开展供应商公开招募工作，扩大供应商选择范围。截至10月末，总行在融e购平台共发布9个批次的集中采购供应商公开招募公告，审核纳入供应商信息库的公司163家。三是建立集中采购项目公示机制。截至10月末，总行通过集团网讯“集中采购公示”专栏发布20个集采项目公示信息。四是推进供应商信息库的建设和应用，严格供应商库准入条件，提升供应商信息库对接信息质量。五是开展供应商满意度调查。

第三，加强项目计划管理。各行按照总行要求认真编制年度集中采购项目计划，根据业务规划发展需求和业务采购轻重缓急程度，加强例行化集中采购项目主动规划和供应商、标的多维度整合，做好项目调度，切实提高实施效率，减少重复采购。针对重点、重大项目，在预算和立项审查阶段提前介入，主动规划，配合项目主管部门推动项目实施。

第四，强化集审会及专家管理。完善境内集审会管理机制，进一步修订完善集审会工作章程，将集审会表决系统推广至二级分行，实现境内集中采购审议无纸化、电子化档案归集和自动统计查询功能。印发《集中采购专家管理办法》，明确相关各方责权利关系，全流程规范专家评审谈判行为，强化考核监督，控制操作风险，提升集中采购项目评审质量和效率。截至10月末，总行内部专家库共有专家1 461人。

（二）传承创新，提高集中采购效率。

第一，采购集约化管理水平提升。一是进一步优化二级分行集中采购评审权上收工作，将部分属地化较强的项目纳入省分行自主决定是否上收的项目范围，对尚未纳入上收清单的项目提出了具体管理要求，确保把控到位，初步实现了减少采购层级、缩短管理链条、减少风险点、发挥规模效应的效果。二是落实重点城市行战略，优化全行集中采购资源配置。加强“5+1”城市行集中采购管理，将“5+1”城市行的集中采购业务权限纳入总行直接管理。扩大总省行共管的其他营业部以及省行主管的重点城市行的集中采购权限。三是加强营业网点装修改造项目集中采购管理，通过调整集中采购实施办法和授权，进一步优化营业网点装修改造项目实施流程，提高集中采购效率。

第二，采购电商化管理稳步发展。积极开展“融e购”电商采购工作，制定下发了《“融e购”电商平台采购管理办法（2017年版）》，明确了分散采购如何在电商平台进行选购和交易，对于线上采购提出了路径方法。推出了商圈采购模式，将定点供应项目纳入线上采购，补充了控股子公司线上交易流程。开放了商城选购，优化了采购平台，并以多种方式和渠道服务分支机构。

第三，采购信息化建设加速推进。投产实施“管理到人”项目，集中采购项目实施和岗位职责明确到人，优化集中采购业务流程，提升信息系统精细化管理水平。将集中采购业务管理系统和集审会表决系统扩大应用至二级分行，实现各级集中采购机构的全覆盖，提升了集中采购效率，有效加强了集中采购系统性风险控制。

（三）强化项目评审，提升集中采购效益

第一，精心组织项目实施，不断提升集中采购项目效益。突出“物有所值”的采购导向，在保障业务发展和实际需求的基础上，采取多项措施，最大限度地争取我行利益。制定合理的谈判策略，优化评审方法和评分标准，降低实际采购成本，最大限度争取我行权益。截至第三季度末，全行采购支出总额236.46亿元，其中集中采购金额221.41亿元，占比达到93.64%；通过集中采购节约资金14.50亿元，节约率15.84%。

第二，加强项目价格动态管理，有效维护我行经济利益。在谈判评审时要求供应商承诺入围价格为行业最低价格，明确规定产品销售价格及成本下降时，入围供应商应主动告知我行，并调整价格。密切跟踪采购市场价格变化，在合规基础上有效运用展期、签署备忘录等方式锁定上涨趋势明显的项目价格，最大限度维护我行经济利益。

二、清醒认识集中采购工作面临的主要挑战，进一步强化新时期集中采购工作的理念与意识

（一）充分认识当前及未来一个时期集中采购工作

所面临新的挑战。

一是集中采购数量巨大、种类繁多。全行集中采购涉及的对象标的物既包括基本建设、装修改造、主机、信息化系统、各种办公用品、运行保障类及业务发展类工具等，也包括客户战略合作支出、软件服务等，金额庞大、类型多样，对做好集中采购工作提出了新的要求和挑战。

二是集中采购主体多元、管理主体多级。从采购主体看，既有集团实施的集中采购，又有以一级（直属）分行为主的集中采购，还有重点城市行的集中采购；既有境内分行的集中采购，也有境外机构和综合化子公司的集中采购。不同采购主体对采购项目的需求和要求存在明显差异。从管理主体看，集中采购涉及的业务主管部门多、牵头管理层级多，采购实施主体多，采购效率需要进一步提高。

三是供应商群体总量大，结构等级差异大。我行集中采购的供应商已达1.4万家，构成日趋复杂，其服务范围、服务质量存在较大差异。部分供应商能够提供全球化服务，部分供应商只能提供区域服务，所提供的商品、服务在价格、质量、品牌、物流等方面都存在较大差异。

四是国家有关部门出台了一系列法律法规，提出了新的规范性管理规定和工作要求。我行集中采购必须认真遵守国家各项法律法规，特别是要坚决落实中央巡视组、国家审计署和总行党委巡视组等内外部机构在各种检查中提出的意见和建议，不断完善集中采购制度、优化采购流程、加强集中采购规范管理。同时，要优化集约化集中采购管理，上收二级分行集中采购评审权，提升集中采购评审谈判实施层级，优化采购机制和格局，整合全行集中采购资源。

五是集中采购工作受到全行上下关注增多。集中采购工作具有敏感性、全局性的特点，不仅要以合适的价格购买符合质量要求与标准的物品、设施与服务，还要严控集中采购各个环节的风险。集中采购物品、设施、服务的使用部门大多是业务线、管理线和基层机构，其对采购物品、设施、服务的使用情况有着不同的感受和评价，从而对集中采购工作给予更多的关注。

六是集中采购服务战略发展、服务全行管理水平提升、服务全行业务运行的要求不断增强。随着经营转型发展的不断深化，全行对集中采购项目的质量、成本、效率提出了更高的要求。特别是经过中央巡视、总行党委巡视及内部审计检查等，对集中采购工作质量、效率和风险管控的要求进一步提高。

（二）进一步强化新时期集中采购工作的理念和意识。

第一，要充分认识集中采购工作重要性，牢固树立责任意识。各行分管行长、相关部门负责人必须如履薄冰地承担起集中采购工作任务，履行好工作职责，严把集中采购关，确保我行集中采购能够实现成本节约、质量保证、效率提升。

第二，要加大对全行业务发展的支持，树立集中采购服务价值创造的理念和意识。一是紧紧围绕全行发展战略落地，通过支持业务的发展和战略客户关系的维护、强化全行风险管控，支持价值增长。同时，通过有效节约成本，提升集中采购的效能和效益，来实现对价值增长的贡献。二是通过高效的集中采购，提升采购设备、设施、物品和服务的品质和功能，提升我行的核心竞争能力、科技创新能力及金融服务能力，发挥集中采购对拓展市场、发展业务、维护客户的价值。要积极协助有关部门拓展供应商的相关金融服务，为全行业务发展做出相应贡献。

第三，要正确把握公开与集中、节约与质量的关系，进一步强化统筹兼顾的理念与意识。一是有效处理好公开与集中的关系。有效地推进公开竞标和公开竞价，鼓励更多的供应商和投标者投标竞争，在公开竞标下享受作为采购主体的成本节约、采购标的物品牌提升、质量提升和服务水平提升等好处。在公开透明的前提下，不断提升集中采购效率，积极稳妥推进适度集中、有效集中和区域集中。要研究分类集中采购制度、流程、风控措施优化途径。二是有效处理好成本节约与质量的关系。坚持适当品牌和保证质量前提下的成本节约理念，在同一质量和标准的前提下追求价格优先，使所采购物品和服务能够满足相关部门的需求。

第四，要牢固树立风险管控理念和意识。充分认识集中采购工作所面临的供应商及交易对手信用风险，采购环节中的廉洁自律风险、物权交割风险、物权办理风险、安全风险、声誉风险等，严格按照中央巡视、总行党委巡视要求和监督部门风险警示，重点强化集团集中采购工作的风险管控，高度重视实质性风险把控，通过公开竞标、阳光采购、扩大公开招标范围等多种措施，实现对集中采购信用风险、操作风险的有效管控。

第五，要充分利用新技术、新手段和新途径，进一步强化创新理念和意识。一是在符合国家有关规定的前提下，密切跟进金融科技前沿技术发展，坚持开放理念，有效推进集中采购的改革创新，探索线上线下采购的融合发展，引领大型商业银行集中采购。充分利用金融科技推进“互联网＋”招标采购，“云计算＋”“物联网＋”“大数据＋”“移动互联网＋”采购管理等新采购方式的运用，积极依托电商平台拓展集中采购新途径，有效地实现阳光化采购。二是要有效利用政府公共资源交易平台等社会资源，积极稳妥开展合作，进一步规范我行公开招标采购方式，提高评审透明度，有效控制单一来源采购和自行采购数量。

三、下一阶段重点工作要求

（一）加强风险管控，建立以巡视和审计整改要求。为标准的长效风险防控机制。持续推进集中采购“规范化、集团化、信息化和集约化”，积极探索实现集中采购工作的风险、效率和效用相平衡，构建风险防控的长效机制。

第一，坚持把完善采购制度作为防控风险的基本保障。继续按照中央巡视整改要求修改完善集中采购相关制度，进一步完善促销类集中采购、合作类项目采购的配套制度。要尽快从制度上解决集中采购起点以下的小额分散采购问题，要研究探索对基层行采用“统采分送”的模式。

第二，强化公开竞价竞标。通过大力推广公开招标和有效利用政府公共资源平台实施集中采购。加强对项目需求的审核力度，提高公开招标项目成功率，控制流标率。

第三，继续严控单一来源采购项目。对单一来源采购项目的实施依据进行严格审核，压缩单一来源采购项目数量，有效控制采购方式产生的风险。

（二）统一思想，高效做好集中采购服务战略的工作。

第一，继续做好集中采购评审权上收工作，支持重点城市行发展战略落地。一方面，要按照不同项目、不同分行、不同时间进行差别化对待，确保控制风险、提升效率。总行要从总体上控制风险，分行要根据自身能力进行具体把控。另一方面，上级行要精简流程，提供手段，及时沟通，保证评审权上收之后，下级行能够采用更简便的流程，享受到更高效的服务。同时，对优化后的实施效果进行评估，与分行进行充分的交流和沟通，适时优化调整重点城市行的集中采购管理方式，进一步落实重点城市行自身的主体管理责任。

第二，适度扩大认同范围，节约评审资源，提升集中采购效率。推动分行认同项目的实施力度，认真把关分行同业认同项目的可行性，在确保质量和合规性的前提下，实现采购资源和结果的共享，提高集中采购效率。

第三，提高网点布局优化和装修改造采购效率，支持网点竞争力提升。建立营业网点装修改造项目例行化监控机制，通过制订标准化的技术、服务和商务标准、引入专业中介等多渠道提升工作效率。

第四，优化采购目录，提升分行采购效率。随着集中采购评审权上收工作不断细化和深化，出现了新的变化和发展，总行要研究制定并下发新的集中采购目录，更好地指导分行开展集中采购业务。要进一步落实一级（直属）分行采购风险管控的主体责任。

第五，总分行联动，做好总行委托项目实施。总行和分行在联动实施委托项目时要做好充分的市场调研工作，充分考虑地域差异，确保提供的产品和服务全国最优。

第六，体现社会责任担当，积极推行低碳、安全和环保采购。依托集中采购信息化工作，推进无纸化集中采购，减少纸张消耗。参考《政府采购货物和服务招标投标管理办法》（财政部令第 87 号）要求，在采购各环节中落实节约能源和保护环境等政策。加强对采购对象的安全性审核，包括对信息安全性审核和对客户、员工的人身安全性审核。

（三）统一标准，不断完善项目和供应商的管理。

第一，在总行和一级（直属）分行积极推进供应商分级管理工作。加强供应商资格审核，完善准入资格体系建设。在全行范围内统一明确供应商分级分类标准，扩充战略供应商和品牌供应商，主动选择优质供应商，进一步完善供应商的“黑名单”和“白名单”管理。

第二，持续推进供应商库、产品库、项目库的建设和应用。完善供应商基础数据，提升供应商信息库对接信息质量。应用供应商信息库梳理项目潜在供应商，启动供应商分类和排名管理研究工作，逐步实现优选供应商。继续探索扩大供应商募集方式，行内各部门都可以推荐供应商，推动行业领域排名前列的供应商入库。

第三，全方位做好项目动态评价和后评价。结合财务全流程闭环管理相关工作要求，通过从事前、事中到事后的财务全流程控制，加强履约风险管理，从集中采购角度继续引导项目主管部门和使用部门履行好合同签署和执行的职责，做到多维度跟踪评价、督促供应商履约。

（四）加快信息化和智慧化建设，提升集采管理能力。

第一，加快推进集中采购电子化、信息化和智慧化建设。持续优化完善系统功能，利用系统实现规范二级分行集中采购管理的工作目标。强化系统的查询、统计、分析功能，逐步构建集中采购信息管理体系，探索境外机构的集中采购信息化建设。积极参与财务开支闭环管理建设工作，对集采系统业务应用模块进行相应升级配套改造，从关键环节防范合同签署风险。加强与上下游系统的信息交互，实现全流程信息收集、整理、分析的目标。对于标准化产品采购项目，要在信息科技部的支持下探索智慧化采购途径。

第二，提升评审工作的信息化水平。在国家鼓励利用信息网络进行电子招标投标的政策框架下，研究供应商递交应答文件电子化、专家全程线上评审评分的新模式，进一步提高谈判评审工作的严谨程度，严肃评审工作纪律。

第三，研发专家管理系统配套功能。根据专家管理办法，将专家抽签流程全线上执行，实现专家抽取自动化、透明化，进一步探索完善对专家的考核评定。

（五）完善机制，全面推进采购电商化进程。

第一，进一步完善电商平台采购管理机制。统筹规划电商平台采购工作的战略定位和发展目标，完善总行各部门间、各级机构间的信息沟通渠道，建立合作、共享、透明的联动机制。

第二，拓展采购电商化途径和范围。不断完善电商平台采购模式，推动网上竞价和电子反拍工具的使用，逐步推动实现全流程线上集中采购，进一步提升集中采购效率。

第三，加大电商采购平台上线项目推进力度。要进一步规范电商平台集中采购工作，研究提高线上下单率和规范线上采购支付行为的措施。建立上线采购目录，有序引导项目供应商入驻采购平台并进行线上交易。进一步研究和推动定点供应项目在全行范围的上线工作，规避线下采购中存在的风险敞口，真正实现降本增效。

第四，进一步完善电商平台系统功能。研究优化采购平台线上操作流程和商品分类，提升用户使用便捷度。提高客服应答效率，及时处理和解决分行供应商进驻和商品上线过程中遇到的问题，提升客户体验。

（六）拓展采购管理半径，提升集团采购风险管理能力。

第一，推动综合化子公司立足自身公司治理结构，提升集中采购管理水平。要提升综合化子公司采购能力，根据各控股公司所属不同行业的特殊性，完善采购管理模式，推动各控股子公司建立健全集中采购制度，规范集中采购管理。

第二，探索研究境外机构的集中采购管理。一是明确境外采购管理的基本思路。以支持业务发展、规范采购行为、提升采购效能为基本原则，综合考虑国别、地域、经济发展水平和文化差异，建立集中采购制度，逐步推动境内外采购联动。二是整章建制，树立合法合规采购理念。要求境外机构参考总行集中采购制度，结合所在国（区域）的监管政策和实际采购需要，制定适合本机构的采购制度。三是探索建立区域集中采购中心的可行性。在处理好相关机构事权管理的前提下，选取一个符合外部监管政策要求、经济发展水平较为统一、采购需求充盈、机构资源可支持的境外区域作为境外集中采购区域试点。

（七）落实采购主体责任，加强党风廉政建设。

第一，强化集中采购关键环节的主体责任，明确主体责任风险。强化业务需求部门主体责任意识，按照从严治党，从严治行的要求，明确谁发起需求、谁承担廉洁自律第一责任。落实供应商推荐主体责任，明确“谁推荐、谁负责”。要进一步落实一级（直属）分行集中采购风险管控的主体责任和重点城市行集中采购管理的主体责任。

第二，强化集中采购队伍建设，为集团健康发展提供坚实采购保障。强化一级（直属）分行和重点城市行的集采队伍建设，建立集中采购工作考评机制，并与授权等事项挂钩。加强集中采购相关人员职业操守教育和合规管理，着力提升集中采购人员的职业素质和管理能力，确保集中采购规章制度和工作要求贯彻落实到位。要积极探索条线内上下结合及采购人员资源共享等机制，实现人力资源的高效利用。通过高级采购管理人才培养项目培养专业型集中采购核心骨干和管理人才，提升集中采购队伍整体业务素质和管理能力。要增强对集中采购队伍道德、法律和操作规范方面的专项培训，确保集中采购人员能够守住依法合规的底线。

第三，建全内外部专家管理机制。在外部专家管理方面，总行要进一步制订外部专家管理办法，根据我行需求分类设置专业，从国家和地方相关部门、企事业单位等外部机构多方选取专业水准高、有一定社会认可度的专家、学者，分别建立总行层面、一级（直属）分行和重点城市行层面外部专家库。在内部专家管理方面，要实行年审积分管理，建立考核评价、激励和问责机制，增强专家的商务谈判能力和专业能力。各部门要不断优选职业素质高、业务能力强的业务骨干充实到专家队伍中来，对行内专家参与集采项目评审提供有力支持，配合做好专家管理工作。集中采购部门要对专家严格管理，有针对性地进行培训，不断提高专家的整体业务素质和专业水平。

第七部分

大 事 记

责任编辑：赵会玉

1月

1月2日

以工银任免［2017］1号决定：聘任张伟武为国际业务部总经理，聘期至2021年12月止。因工作需要或其他原因，聘期可提前中止。解聘高明国际业务部总经理职务，另有任用。

1月3日

易会满董事长主持召开2016年经营情况通报会，听取2016年全行经营情况汇报，并做总结讲话。谷澍行长、部分股权董事在会上做了发言。

党委书记易会满同志主持召开第1次党委会议，宣布干部任免有关事项。党委副书记谷澍、钱文挥，党委委员张红力、王敬东、王林、胡浩、李云泽、谭炯出席。

谷澍行长通过2017年第1期全行网点晨会直通车，以视频方式代表总行党委和易会满董事长向奋战在一线的全行22万个网点员工致以新年问候和祝福。

1月4日

易会满董事长参加国务院常务会议。

易会满董事长、谷澍行长赴人力资源部（党委组织部）宣布人事任免决定。经中央批准，王云桂同志提任国家开发银行纪委书记、党委委员，不再担任党委组织部部长、人力资源部总经理职务。

1月5日

易会满董事长、谷澍行长、钱文挥监事长拜会银监会主席尚福林。

谷澍行长、李云泽副行长出席工银融e借品牌发布会，并共同为“工银融e借”品牌揭幕。

钱文挥监事长、王敬东副行长主持召开民主生活会征求总行机关意见建议座谈会。

胡浩副行长主持召开第1次专题会议，听取网络融资中心关于网络融资业务品牌规划方案的汇报，研究部署下一步工作。

胡浩副行长赴结算与现金管理部调研。

李云泽副行长出席信用类消费贷款业务推动视频会并讲话。

党委委员谭炯对总行幼儿园及银泉大厦进行安全检查，听取了相关负责人安全管理工作的汇报，并对下一步做好安全管理工作提出要求。

1月5日至1月6日

钱文挥监事长赴上海召开民主生活会征求分支机构意见建议座谈会。其间，到上海分行开展工作调研，并到分行营业网点视察经营情况和慰问一线员工。

党委委员谭炯赴广东分行调研。其间，拜访广东省人力资源和社会保障厅，出席工行与广州越秀集团债转股战略合作框架协议签署仪式。

1月6日

党委书记易会满、党委副书记谷澍、纪委书记王林参加党的十八届中央纪律检查委员会第七次全体会议。

易会满董事长、胡浩副行长拜访国家烟草专卖局凌成兴局长、徐莹副局长，双方就加强全面业务合作等话题进行了交流。

张红力副行长赴专项融资部调研，听取专项融资工作和党建情况汇报，对下一步全行“走出去”工作提出要求，并为专项融资“十大突破”颁奖。

张红力副行长拜会全国社会保障基金理事会副理事长于革胜，双方就工行经营情况、基本养老保险基金投资运营改革以及进一步加强双方业务合作等议题进行了交流。

胡浩副行长赴投资银行部调研，听取了投资银行部关于2016年投行业务开展情况、投行业务面临的机遇与挑战及下一步工作思路和具体措施的汇报。

1月9日

谷澍行长主持召开第1次行务会议，听取总行各部室、各利润中心、综合化子公司关于2016年工作情况及2017年重点工作安排的汇报。易会满董事长，钱文挥监事长，张红力、王敬东副行长，王林纪委书记，胡浩、李云泽副行长，党委委员谭炯，王百荣首席风险官出席。

党委委员谭炯听取毕马威关于2016年年度预审结果的汇报。

1月10日

党委书记易会满同志主持召开第2次党委（扩大）会议，传达第十八届中纪委第七次全体会议精神，研究拟提交董事会审议的《关于2016年经营情况的汇报》等9项议题。党委副书记谷澍、钱文挥，党委委员张红力、王敬东、王林、胡浩、李云泽、谭炯出席。

易会满董事长参加在北京召开的2017年全国银行业监督管理工作会议。

王林纪委书记参加监察室“两学一做”学习教育专题组织生活会，重点传达讲解十八届中央纪委七次全会精神，并结合自身体会作学习辅导。

胡浩副行长会见融创中国控股有限公司董事会主席孙宏斌一行，双方就进一步深化银企全面合作进行了交流。

1月11日

易会满董事长参加国务院常务会议。

易会满董事长会见瑞银集团（UBS）董事长、国际金融协会（IIF）全球董事会主席魏伯昂一行，双方就中国的宏观经济形势、瑞银的中国发展战略和两行的全球合作等话题进行了交流。

易会满董事长、谷澍行长、钱文挥监事长会见北京市西城区区委书记卢映川、区长王少峰、常务副区长孙硕一行，双方就维护和支持西城区经济社会发展等话题交换了意见。

谷澍行长赴河北保定分行进行党建调研，与基层党员代表进行座谈交流，并走访了支行网点，慰问了基层员工。

王敬东副行长出席总行机关党建工作述职评议会。

王敬东副行长会见IBM公司全球高级副总裁Bruno Di Leo一行，双方就IT架构转型、业务高低峰系统安全保障、新技术应用等议题进行了交流。

胡浩副行长与柯清辉、杨绍信、汪小亚、傅仲君、郑福清、费周林、程凤朝等7位董事开展座谈。

1月12日

党委书记易会满同志主持召开第3次党委（扩大）会议，研究讨论党委班子民主生活会材料。党委副书记谷澍、钱文挥，党委委员王敬东、王林、胡浩、李云泽出席。

胡浩副行长赴银监会参加专项监管会谈，听取银监会就2016年12月召开的核心监管联席会议有关情况的通报，并就有关情况交流意见。

胡浩副行长出席银监会组织的第91场银行业例行新闻发布会，并以“在支持实体经济振兴中发挥好第一大行作用”为主题向与会的境内外新闻媒体记者进行新闻发布，就工行支持实体经济振兴举措、小微企业金融服务创新等热点话题现场回答了记者的提问。

1月12日-1月13日

党委委员谭炯赴上海出席全球中央对手方协会（CCP12）开业仪式。其间，拜会了上海市银监局、上海市政府秘书长肖贵玉，并赴票据营业部、贵金属业务部调研。

1月13日

易会满董事长主持召开董事会战略委员会会议，谷澍副董事长等7位委员会成员出席会议。官学清董事会秘书参加会议。

易会满董事长主持召开董事会会议，会议审议通过了《关于〈中国工商银行战略风险管理办法（试行）〉的议案》等5项议案，并听取了《关于2016年经营情况的汇报》等4项汇报。谷澍副董事长、张红力、王敬东执行董事等15位董事会成员及官学清董事会秘书出席。钱文挥监事长列席会议。

易会满董事长主持召开第2次专题会议，听取电子银行部关于e-ICBC 3.0战略实施方案的汇报，研究部署下一步工作。谷澍行长，王敬东、李云泽副行长出席。

谷澍行长会见中国人寿总裁林岱仁一行，双方就推动银保全面合作事宜进行了交流。

谷澍行长、胡浩副行长、王百荣首席风险官先后会见华为技术有限公司首席财务官孟晚舟，双方就进一步深化银企全面金融合作进行了交流。

张红力副行长参加中国工商界及金融界代表与越南代表团的会见活动。

王林纪委书记赴河南分行调研。其间，出席了河南分行党委班子调研座谈会，听取了分行党委及班子成员贯彻中央重要会议精神、履行全面从严治党治行主体责任和监督责任、推进内控案防工作的汇报，肯定了分行党委班子坚持党的建设和业务发展“两手抓、两手硬”的积极成效。

1月16日

在京行领导、高管出席在北京召开的中国工商银行服务文化发布暨服务改进成果展示会，发布会包括服务改进成果展示、先进表彰和服务文化发布三个环节，发布了“客户为尊、服务如意、员工为本、诚信如一”的服务文化。

易会满董事长、谷澍行长、胡浩副行长出席工行邀请部分央企总会计师，在总行召开的“经济热点问题银企研讨会”。并就当前经济热点问题及央企和银行2017年面临的挑战和机遇作了交流。

谷澍行长主持召开安全生产委员会2017年第一次会议。钱文挥监事长、王敬东副行长、王林纪委书记、党委委员谭炯出席会议。会议听取了2016年全行安全生产工作的汇报，肯定了总行安全生产委员会成立以来所做的工作。会议审议并通过了总行安全生产委员成员调整名单、《中国工商银行2017年安全生产工作要点》《中国工商银行安全生产责任制管理办法》和《安全生产责任书》。会议议定，在2017年度工作会议上，总行与各一级（直属）分行、直属机构和境内控股机构签订《安全生产责任书》。

钱文挥监事长出席银监会召开的中国金融思想政治工作研究会会议。

张红力副行长赴机构金融业务部调研。

胡浩副行长会见托克集团财务总监Christophe Salmon一行，双方就进一步加深全球金融合作进行了交流。

1月17日

党委书记易会满同志主持召开第4次党委（扩大）会议，听取组织部汇报有关工作。党委副书记谷澍、钱文挥，党委委员张红力、王敬东、王林、胡浩、李云泽、谭炯出席。

易会满董事长，谷澍行长，钱文挥监事长，张红力、王敬东副行长，王林纪委书记，胡浩、李云泽副行长，党委委员谭炯出席总行党委2016年度民主生活会。

王敬东副行长参加中央国家机关第三十一次党的工作会议暨第二十九次纪检工作会议。

1月18日

张红力副行长赴工银租赁调研。

王敬东副行长出席全行运行管理工作会议并讲话。

王敬东副行长出席总行机关离休干部党支部迎春座

谈会。

李云泽副行长赴电子银行中心（北京）调研，听取工作汇报并看望慰问了一线员工。

1 月 19 日

中国工商银行 2017 年工作会议在北京召开。易会满董事长、谷澍行长出席会议并讲话。易会满在讲话中总结了 2016 年工作，明确了 2017 年工作的指导思想、经营目标和重点任务。谷澍的讲话分析了去年经营情况，提出了今年的具体经营计划，对预算管理、资源配置与考核评价，以及需要统筹协调做好的七项工作进行安排布置。总行党委成员，在京的董事会、监事会及高管层成员出席会议。

胡浩副行长主持召开国际化联席会议 2017 年第一次会议，总结 2016 年海外经营管理架构优化工作情况，研究部署 2017 年推进计划，交流讨论境外机构需总行部门支持事项。

1 月 20 日

中国工商银行国际化工作会议在北京召开。易会满董事长、谷澍行长出席会议并讲话，胡浩副行长主持会议，总行党委班子成员、董事会、监事会和高管层成员出席会议。会议全面总结了 2016 年全行国际化工作，深入分析了新形势下全行国际化经营面临的机遇和挑战，明确了下一阶段进一步提升国际化价值贡献的工作思路。

易会满董事长，谷澍行长，钱文挥监事长，张红力、王敬东副行长，王林纪委书记，胡浩、李云泽副行长，党委委员谭炯出席中国工商银行 2016 年度领导班子和班子成员综合考核评价暨选人用人“一报告两评议”工作会议。

易会满董事长，谷澍行长，钱文挥监事长，张红力、王敬东副行长，王林纪委书记，胡浩、李云泽副行长，党委委员谭炯出席党委书记抓基层党建工作现场述职评议会议。

易会满董事长、谷澍行长、钱文挥监事长为 2016 年享受国务院特殊津贴的高志新、张炜、朱长法、郝彬、李勇五位同志颁发证书。

李云泽副行长主持召开零售条线会议。传达贯彻全行年度工作会议精神，研究部署 2017 年零售条线重点工作。

以工银任免［2017］38 号决定：聘任宋关昶为中国工商银行甘肃省分行行长，聘期至 2022 年 1 月止。因工作需要或其他原因，聘期可提前中止。解聘其中国工商银行浙江省分行副行长职务。解聘张海琳中国工商银行甘肃省分行行长职务。

1 月 22 日

易会满董事长出席中国互联网投资基金成立暨签约仪式，代表基金战略出资方致辞，并作为嘉宾见证工行与中国互联网投资基金签署《合伙协议》和《投贷联动合作协议》。

总行党委委员、高管与离退休老领导举行座谈会。

张红力副行长分别赴资产托管部、城市金融研究所（深改办）调研。

王敬东副行长主持召开总行技术审查委员会 2017 年第一次会议，会议审阅了《总行技术审查委员会办公室工作情况汇报》《我国法定数字货币工程情况汇报》，审议并通过了信息科技部提交的《API 开放平台建设规划》《总分行应用架构布局规划》《自动柜员机动态密码锁实施规划》。

以工银任免［2017］42 号决定：聘任崔勇为公司金融业务部总经理，聘期至 2022 年 1 月止。因工作需要或其他原因，聘期可提前中止。

1 月 23 日

总行机关举行 2017 年春节团拜会，总行党委成员、高管、董事、监事、离退休老领导、老同志和总行员工欢聚一堂，一同观看了职工文艺演出。易会满董事长在会上发表了新春贺辞，代表总行党委向离退休老干部赠送福字，向总行员工代表赠送春联。谷澍行长主持团拜会。

张红力副行长赴资产负债管理部调研。

王敬东副行长赴运行管理部清算中心、参数中心调研。

党委委员谭炯出席外欺系统和融安 e 信工作团队成立暨动员会议并部署工作。

1 月 26 日

谷澍行长参加中办、国办春节团拜会。

2 月

2 月 3 日

谷澍行长参加国务院常务会议。

2 月 4 日

以工银发［2017］17 号决定：谭炯任中国工商银行副行长。

2 月 6 日

易会满董事长、胡浩副行长会见天津市副市长阎庆民一行，双方就进一步深化银政合作等话题交换了意见。

易会满董事长参加银监会组织召开的党的十九大报告议题征求意见座谈会。

王林纪委书记主持召开总行纪委 2017 年第 1 次会议。

2 月 7 日

张红力副行长会见来访的美国保德信人寿首席风险官 Nicolas Silitch 先生，双方就中美经济贸易关系、美国金融监管变化趋势、双方潜在合作机会等话题进行了交流。

张红力副行长主持召开第3次专题会议，听取2016年度“走出去”工作汇报，就如何做好新时期“走出去”和境外“一带一路”工作进行安排部署。

王敬东副行长赴管理信息部就落实年度工作会议要求，抓好2017年重点工作进行调研。

胡浩副行长赴国际业务部宣布人事任免。经总行党委研究决定，张伟武同志任国际业务部总经理，高明同志不再担任国际业务部总经理职务，另有任用。

胡浩副行长拜访中国华电集团公司总会计师邵国勇，双方就进一步全面深化银企战略合作关系进行了交流。

李云泽副行长拜访中国人寿副总裁徐海峰，双方就进一步全面深化银保合作等议题进行了交流。

2月7日－2月8日

王林纪委书记赴广东分行参加分行2016年度党员领导干部民主生活会。其间，召开广东分行教育培训工作调研座谈会，赴清远分行调研基层党建团建工作开展情况。

2月8日

易会满董事长参加国务院常务会议。

谷澍行长、胡浩副行长会见来访的中兴通讯股份有限公司董事长赵先明、执行副总裁韦在胜一行，双方就进一步加强银企合作进行了交流。

谷澍行长会见来访的北京市朝阳区区委书记吴桂英、区长王灏一行，双方就进一步加强合作，实现优势互补、共赢发展交换了意见。

钱文挥监事长赴德胜国际、翠微办公楼、金水大厦、牡丹卡中心实地考察调研总行相关办公用房资源使用情况。

2月9日

张红力副行长出席2017年机构金融业务工作会议并讲话。

王敬东副行长主持召开总行机关党委全委会。会议传达了中央国家机关第三十一次党的工作会议暨第二十九次纪检工作会议精神，审议了《2017年总行机关党建工作要点》等5项议题。

李云泽副行长主持召开部分分行储蓄存款竞争力座谈会。

2月10日

党委书记易会满同志主持召开第5次党委（扩大）会议，传达学习全国组织部长会议精神，研究审议《总行纪委关于2016年纪检监察工作情况和2017年工作计划》等4项议题。党委副书记谷澍、钱文挥，党委委员张红力、王敬东、王林、李云泽、谭炯出席。

谷澍行长、王百荣首席风险官出席2017年信贷工作会议并讲话。

李云泽副行长出席工行邀请部分合作保险公司负责人参加的银保期交产品销售转型发展座谈会，就当前银保业务转型发展和联动营销与参会公司进行了深入交流。

谭炯副行长出席2017年资产管理、票据、贵金属、养老金业务工作会议并讲话。

2月12日

张红力副行长赴济南拜访山东省政府副省长张务锋、兖矿集团董事长李希勇，双方就“走出去”合作交换了意见，会谈结束后，还一同出席了工行与兖矿集团的《国际化战略合作协议》签约仪式。

2月13日

易会满董事长列席中央在北京召开省部级主要领导干部专题研讨班重要会议。

张红力副行长出席2017年资产负债管理工作会议并讲话。

胡浩副行长出席2017年度公司、结现、投行业务工作会议并讲话。

2月13日－2月17日

谭炯副行长赴陕西和宁夏分行调研。其间，参加陕西分行2016年度党员领导干部民主生活会；拜会了陕西省委常委、常务副省长、省委宣传部长梁桂，宁夏自治区政府常务副主席张超超、副主席马力和副主席刘可为等政府领导；走访了中国西电集团和宁夏自治区人社厅；并到分行调研安全保卫工作，慰问一线员工。

2月14日

谷澍行长主持召开企业级数据应用体系领导小组会议，张红力、王敬东、胡浩副行长，王百荣首席风险官，官学清董事会秘书出席会议。会议听取了企业级数据应用体系建设进展情况、全行客户视图建设进展情况与大数据应用实施方案等报告，对下一步工作提出了要求。

张红力副行长会见韩国预托决济院（KSD）董事长Seok Jae Kim一行，双方就推动合作进程等话题进行了交流，并共同出席托管协议签约仪式。

李云泽副行长赴工银瑞信宣布人事任免。经总行党委研究决定，尚军同志任工银瑞信基金管理有限公司董事长、董事，由于年龄原因，沈立强同志不再担任工银瑞信基金管理有限公司董事长、董事职务。

李云泽副行长会见来访的Visa全球执行副总裁柯如龙先生一行，双方就中国银行卡清算市场开放和创新支付等议题进行了交流。

2月14日－2月15日

中国工商银行2017年纪检监察暨内审内控工作会议在京召开。党委书记、董事长易会满，党委副书记、行长谷澍出席并讲话，党委副书记、监事长钱文挥等在京党委班子成员，董事会、监事会、高管层成员出席会议，中纪委、人民银行、审计署、银监会等主管和监管机构有关同志应邀参会，党委委员、纪委书记王林主持会议。

王敬东副行长赴数据中心（上海）调研，实地参观了外高桥和嘉定两个园区的ECC总控中心、机房楼、动力楼，观看了可分离查询系统在同城中心之间的实时切换，并亲切慰问了一线员工。

2月14日–2月16日

胡浩副行长赴山西分行参加分行2016年度党员领导干部民主生活会。其间，拜访了山西省人民政府副省长王一新，走访了太重轨道交通设备有限公司、太钢集团等重点客户。

2月14日–2月17日

李云泽副行长赴杭州、上海。在杭州期间，赴杭州金融研修学院出席“推进个贷经营模式优化　提升个贷业务竞争力”试点工作推动会并讲话；在上海期间，出席中国银联及银联国际董事会会议，赴上海分行出席网点管理与转型调研座谈会。

2月15日

张红力副行长出席2017年部分分行资产托管业务座谈会并讲话。

2月15日–2月17日

易会满董事长出访香港。其间，先后赴工银亚洲宣布人事任免决定、赴工银国际调研，与集团在港单位负责人进行座谈，拜会香港特区行政长官梁振英、中联办副主任仇鸿、香港金管局总裁陈德霖，拜会长实集团李嘉诚先生、嘉里集团郭鹤年先生，走访华润集团董事长傅育宁、总经理罗熹，招商局集团董事长李建红、总经理李晓鹏，新鸿基地产主席郭炳联、鹰君集团主席罗嘉瑞等中港资企业客户。

2月15日–2月19日

谷澍行长出访意大利。其间，出席了意中金融论坛并做主题发言，会见了意大利央行行长Ignazio Visco先生、中国驻意大利李瑞宇大使、意大利存贷款集团（CDP）的CEO Fabio Gallia先生，赴米兰分行进行工作调研。

2月16日

党委副书记、监事长、党校校长钱文挥主持召开党校校务委员会第十四次会议。党委委员、副行长、党校副校长王敬东，党委委员、纪委书记、党校副校长王林出席会议。会议听取了党校2016年工作情况的汇报，审议并通过了2017年工作要点和培训计划。

王敬东副行长会见来访的SWIFT亚欧非地区首席执行官Alain Raes先生一行，双方就全球支付创新、监管合规及网络安全等方面议题进行了交流。

胡浩副行长会见来访的英国外交和联邦事务部政务次官Alok Sharma先生一行，双方就工行在英国市场发展战略、加强在“一带一路”框架下的合作等话题交换了意见。

2月16日–2月24日

张红力副行长出访斯里兰卡、泰国、菲律宾。在斯里兰卡期间，拜访了中国驻斯大使易先良，会见了斯里兰卡中央银行行长阿居那、财政部长拉维、中国港湾公司和招商局港口的相关负责人，实地考察了科伦坡码头和港口城项目，并见证签署有关项目合作协议；在泰国期间，拜访了中国驻泰国大使宁赋魁、泰国副总理颂奇，主持召开了中国驻泰国企业座谈会，赴工银泰国总部座谈；在菲律宾期间，拜访了中国驻菲律宾大使赵鉴华，召开了在菲中资企业座谈会，会见了菲律宾央行副行长奈斯特、财政部副部长艾迪塔、菲律宾BDO银行高层。

2月17日

王敬东副行长出席并主持中国工商银行2017年第1期（总第50期）创新沙龙。本期沙龙主题为“宏观形势分析与展望”，邀请国务院发展研究中心副主任、党组成员王一鸣作演讲嘉宾。郑福清董事、费周林董事、沈炳熙监事出席。

钱文挥监事长出席2017年全行信访工作会议并讲话。

王敬东副行长出席全行离退休人员工作先进集体和先进个人表彰大会暨离退休人员工作会议并讲话。

胡浩副行长会见来访的安永中国主席、大中华首席合伙人吴港平一行，双方就进一步加强协作等话题进行了交流。

2月20日

钱文挥监事长出席国务院各部门负责人及办公厅（室）主任会议。

王林纪委书记出席总行党委第二轮第三批次巡视前集中学习暨动员会并讲话。

2月21日

党委书记易会满同志主持召开第6次党委（扩大）会议，传达习近平总书记在中央政治局民主生活会上的重要讲话精神和中央政治局民主生活会精神，听取组织部汇报有关工作。党委副书记谷澍、钱文挥，党委委员王敬东、王林、胡浩、李云泽出席。

易会满董事长赴北京分行参加分行2016年度党员领导干部民主生活会。

胡浩副行长出席全球能源互联网发展合作组织一届二次理事会。

李云泽副行长主持召开零售业务重点联动项目汇报会，听取各联动项目负责人就项目方案和进展情况专题汇报。

谭炯副行长出席2017年全行安全保卫工作会议并讲话。

2月21日–2月22日

钱文挥监事长赴四川参加分行2016年度党员领导干部民主生活会。其间，走访了四川省人力资源和社会保障厅，双方就进一步加强业务合作交换了意见。

2 月 22 日

易会满董事长参加国务院常务会议。

谷澍行长主持召开信息科技管理委员会 2017 年第一次会议，王敬东副行长出席会议。会议审议了《关于信息科技管理委员会相关调整事项》等 4 项议题，审阅了《我行金融科技 FinTech 发展思路》《2016 年信息科技风险管理报告》2 项议题，并对下一阶段的工作提出了要求。

胡浩副行长通过视频方式宣布新加坡分行人事任免。经总行党委研究决定，胡芳同志任新加坡分行总经理，张伟武同志不再担任新加坡分行总经理职务，调回总行工作，任国际业务部总经理。

2 月 22 日 –2 月 23 日

李云泽副行长赴山东分行调研。其间，听取了山东分行工作情况汇报，拜会了山东省委常委、济南市市委书记王文涛，市长王忠林等地方党政负责人，主持召开网点负责人座谈会，并看望慰问了一线员工。

2 月 23 日

王林纪委书记主持召开总行操作风险暨内部控制管理委员会 2017 年第一次会议，王百荣首席风险官出席会议。会议审议并原则通过了内控合规部提交的《2016 年度操作风险管理报告》等 4 份报告；听取并审阅了内控合规部等有关部门提交的《2016 年全行案防形势分析报告》等 6 份文件。

王林纪委书记参加监察室 2016 年度党员领导干部民主生活会。

2 月 24 日

易会满董事长会见来访的港交所首席执行官李小加，双方就国内经济金融形势、港交所未来发展规划及进一步深化交流合作等话题交换了意见。

易会满董事长会见来访的意大利基础设施与运输部部长格拉齐亚诺·德尔里奥一行，双方就中意基础设施投融资合作、“一带一路”倡议下的中欧互联互通、工行在欧业务发展等话题交换了意见。

易会满董事长、谷澍行长出席人民银行召开的市场利率定价自律机制年度工作会议。

王林纪委书记参加中纪委四室部分联系单位纪委书记座谈会。

胡浩副行长参加人民银行召开的宏观审慎评估及利率定价自律管理工作座谈会。

胡浩副行长出席中国工商银行与中信证券、中信建投证券《投资银行战略合作协议》签约仪式，代表工商银行致辞，并见证了工行与两家证券公司的协议签署。

李云泽副行长会见来访的乌鲁木齐银行董事长杨黎一行，双方就人才支持和业务合作事宜进行了交流。

李云泽副行长会见来访的世界银行集团下属多边投资担保机构副总裁兼首席运营官 Karin Finkelston 女士一行，双方就加强项目融资、债券增信等领域的合作进行了交流。

谭炯副行长赴数据中心（上海）嘉定园区调研安全生产和安全保卫工作。其间，会见了上海银监局局长韩沂。

2 月 25 日

易会满董事长、谷澍行长赴北京市政府拜会蔡奇市长、张工副市长等市政府领导，双方就工行支持北京城市建设发展、提供优质金融服务等话题交换了意见。

2 月 26 日 –3 月 3 日

王敬东副行长赴英国、德国。其间，考察了工银标准、工银伦敦、法兰克福分行，拜访了英国审慎监管局（PRA），沟通工银标准相关事宜，拜访了工银标准重点客户皇家壳牌公司和戴姆勒公司。

2 月 27 日

易会满董事长、张红力副行长出席内蒙古自治区与中央企业合作恳谈会。会上，易会满代表金融机构发表致辞，张红力代表工行与内蒙古自治区政府签署《战略合作协议》。

全行渠道管理与服务改进工作会议在北京召开，谷澍行长、李云泽副行长出席会议并讲话。会议深入剖析了当前全行渠道发展与服务工作面临的新形势与新问题，对 2017 年全行渠道管理与服务提升工作的总体任务和工作目标进行了安排部署。

谷澍行长出席中国银行业协会利率工作委员会换届暨第二届第一次全体会议。

王林纪委书记参加全国党建研究会第六届理事会第二次全体会议。

2 月 27 日 –3 月 8 日

胡浩副行长出访法国、卢森堡、德国。其间，拜会了卢森堡副首相兼经济部长 Etienne Schneider 先生、卢森堡财政部长 Pierre Gramegna 先生、卢森堡金融监管委员会（CSSF）主席 Claude Marx 先生、欧洲央行微观审慎局第四局主管 Korbinian Ebel 先生，与法国安盛集团及家乐福集团、卢森堡 IEE 集团、德国费森尤斯集团、德国联邦投资基金与资产管理协会等机构相关负责人进行了会谈，出席了工行与托克集团《全球战略合作协议》签约仪式，召开了工银欧洲辖内机构负责人会议，与马德里分行事件相关律师进行会面，并赴巴黎分行、卢森堡分行、法兰克福分行考察调研。

2 月 28 日

易会满董事长、张红力副行长赴工银租赁调研。

钱文挥监事长参加监事会办公室 2016 年度党员领导干部民主生活会。

3月

3月1日

易会满董事长拜会中石化集团董事长王玉普、总经理戴厚良、总会计师赵东，双方就银企双方在新的经济金融形势下，如何全面提升战略合作伙伴关系进行了交流。

谷澍行长会见来访的中国船舶重工集团公司总经理孙波、副总经理姜仁锋一行，双方就加强双方战略合作进行了交流。

张红力副行长会见巴西驻华大使 Marcos Caramuru de Paiva 一行，双方就目前经济形势下如何深化工行与巴西政府、企业及金融机构的合作交换了意见。

3月2日

易会满董事长会见来访的卢森堡国际银行董事会主席 Luc Frieden 一行，双方就全球经济金融形势、当前环境下银行业面临的挑战和发展方向，以及中卢金融机构未来合作等话题进行了交流。

银监会副主席王兆星一行来工行通报 2016 年度监管情况，易会满董事长、谷澍行长、钱文挥监事长、王敬东副行长、王林纪委书记、王百荣首席风险官、官学清董事会秘书及在京董事、监事参加通报会。

3月2日－3月3日

李云泽副行长赴海南分行参加分行 2016 年度党员领导干部民主生活会并调研。其间，听取海南分行关于大零售先行先试的工作汇报，赴三沙支行看望慰问一线员工，拜会三沙市副市长冯文海等地方党政负责人。

3月2日－3月10日

谭炯副行长参加省部级干部深化国有企业改革与“三去一降一补”研讨班。

3月3日

王林纪委书记主持召开党建工作领导小组会议。会议传达了全国党建研究会第六届理事会第二次全体会议精神，部署了 2017 年度党建课题研究工作。

3月3日－3月14日

张红力副行长参加全国政协会议。

3月6日

以工银任免［2017］110 号决定：聘任谢泰峰为办公室主任，聘期至 2022 年 3 月止，因工作需要或其他原因，聘期可提前中止。

以工银任免［2017］111 号决定：聘任乔晋声为战略管理与投资者关系部总经理，聘期至 2022 年 3 月止，因工作需要或其他原因，聘期可提前中止。解聘官学清战略管理与投资者关系部总经理职务。

3月7日

易会满董事长到战略管理与投资者关系部宣布人事任免。经总行党委研究决定，乔晋声同志任战略管理与投资者关系部总经理，官学清董事会秘书不再兼任部门总经理职务。

谷澍行长出席 2017 年财务会计工作会议并讲话。

谷澍行长会见 BP 集团 CFO Brian Gilvary 一行，双方就全球能源结构发展趋势、国际原油价格预测、英国脱欧的影响等话题进行了交流。

以工银党任免［2017］13 号决定：任命谢泰峰同志为党委办公室主任。

3月7日－3月8日

王敬东副行长赴贵州参加分行 2016 年度党员领导干部民主生活会。其间，拜会了贵州省委常委、贵阳市委书记陈刚，参观考察了贵阳高新区大数据产业发展项目，到贵州分行运行风险监控中心参观调研。

3月8日

易会满董事长列席第十二届全国人民代表大会第五次会议第二次全体会议。

张红力副行长会见来访的法国道达尔集团首席财务官施瓦迪一行，双方就全球投融资合作、国际原油市场等话题进行了交流。

3月9日

易会满董事长会见南京市政府市长缪瑞林一行，双方就助推南京经济转型升级及下一步双方重点合作方向交换了意见。

谷澍行长、李云泽副行长出席 2017 年全行零售业务工作会议并讲话。

王敬东副行长主持召开机关党委全委会。会议听取了对总行机关出席全行党代会代表候选人初步人选差额考察和征求纪检部门意见情况的报告，投票确定了总行机关出席全行党代会代表候选人预备人选；审议了《总行机关党代表会议筹备工作方案》《关于开展总行机关管理效率提升年“回头看”活动方案》及有关材料。

胡浩副行长出席中国工商银行与证券公司投资银行业务合作研讨会并作总结讲话。

3月10日

易会满董事长、胡浩副行长赴公司金融业务部调研，听取部门关于 2017 年开局情况、工作定位、思路及措施的汇报，研究新形势下公司金融业务发展问题。

王敬东副行长会见法国东方汇理银行副首席执行官雅克·普罗斯特一行，双方就加强国际资本债务市场、项目融资、国际银团和 TLAC 资本补充工具等方面的合作进行了交流。

王林纪委书记出席共青团工作创新研讨会暨总行团委委员会 2017 年第一次会议并讲话。

胡浩副行长出席中国工商银行与信托公司投资银行

业务合作研讨会并讲话。

3 月 12 日

易会满董事长列席第十二届全国人民代表大会第五次会议第三次全体会议。

3 月 12 日 –3 月 17 日

王林纪委书记参加中央企业纪检监察机构领导班子成员学习贯彻党的十八届六中全会和中央纪委七次全会精神专题研讨班。

3 月 13 日

易会满董事长、谷澍行长先后会见来访的台湾永丰金控董事长何寿川一行，双方就国际国内经济金融形势、金融科技创新、两行投融资业务合作等话题进行了交流。

党委书记易会满同志主持召开第 7 次党委（扩大）会议，传达贯彻国务院应对国际金融危机小组会议精神和马凯副总理重要指示精神，听取国际业务部关于加强总行因公出访统筹管理的意见、人力资源部（党委组织部）关于近期境外机构调研情况等 4 项议题的汇报。党委副书记谷澍、钱文挥，党委委员张红力、王敬东、王林、胡浩、李云泽、谭炯出席。

谷澍行长主持召开第 1 次行长办公会议暨业务与产品创新管理委员会 2017 年第一次会议，研究审议 2016 年业务与产品创新工作报告和 2017 年业务与产品创新计划等 4 项议题。王敬东、胡浩、李云泽副行长出席。

3 月 14 日

易会满董事长会见英格兰银行副行长兼英国审慎监管局 CEO Sam Woods 一行，双方就中国经济形势、工行发展战略、金融监管等话题进行了交流。

谷澍行长主持召开风险管理委员会 2017 年第一次会议，张红力、王敬东、李云泽、谭炯副行长，王百荣首席风险官，官学清董事会秘书出席会议。会议审议通过了由风险管理部提交的《全面风险管理规定》等 6 项议题，听取了由风险管理部等相关部门提交的《关于 2016 年集团产品控制情况的汇报》等 3 项汇报。

钱文挥监事长会见来访的南方财经全媒体集团董事长王义军一行，双方就在新形势下进一步加强合作等议题进行了交流。

3 月 14 日 –3 月 15 日

王敬东副行长赴浙江分行调研金融市场业务，拜访了敦和资产管理公司董事长叶庆均、总经理张志洲。

3 月 14 日 –3 月 17 日

胡浩副行长赴四川出席与中国国电集团公司《战略合作协议》签约仪式暨“总对总”融资对接会。期间，赴四川汉源县支行调研，走访支行网点并与分支行班子进行座谈交流。

3 月 15 日

易会满董事长列席第十二届全国人民代表大会第五次会议闭幕会。

易会满董事长出席 2016 年度中国银行业文明规范服务千佳示范单位发布会。

谷澍行长出席山西省与国家大银行座谈会。

3 月 16 日

谷澍行长赴机构金融业务部调研。

钱文挥监事长出席 2017 年领导干部报告个人有关事项工作专题培训会议并讲话。

钱文挥监事长参加沙特国王与中国商界代表见面会。

王敬东副行长出席 2017 年全行信息科技工作会议并讲话。

谭炯副行长听取毕马威会计师事务所关于 2016 年度审计情况的汇报。

谭炯副行长主持召开第 4 次专题会议，听取资产管理部等 9 个部门关于今年以来大资管业务经营情况的汇报。

3 月 16 日 –3 月 17 日

李云泽副行长主持召开 e – ICBC 战略实施研讨会。

3 月 17 日

易会满董事长参加国务院常务会议。

谭炯副行长出席 2017 年度养老金投资策略会并致辞。

谭炯副行长会见来访的安哥拉财政部长曼格拉、内政部长维加塔瓦雷斯、水电部长博尔赫斯、建设部长安德拉德一行，双方就深化金融合作交换了意见。

3 月 18 日 –3 月 19 日

易会满董事长参加中国发展高层论坛年会有关活动。其间，参加了论坛开幕式，作为受邀嘉宾参加了“经济发展新常态下的风险与应对”专题讨论，接受了中央电视台专题采访，会见了法国兴业银行董事长司马吉先生、美国波音集团董事长丹尼斯先生等合作伙伴。

3 月 20 日

党委书记易会满同志参加中央国家机关、中央企业、中管金融企业党组（党委）主要负责人大会。

易会满董事长、谷澍行长、李云泽副行长赴个人金融业务部调研，听取该部关于近期工作进展、未来发展思路和储蓄存款等重点业务发展情况的汇报，研究新形势下加快提升零售业务竞争力问题。

谷澍行长主持召开第 2 次行长办公会议，审议《2017 年度基本授权方案》。王敬东、胡浩、李云泽副行长出席。

胡浩副行长出席“中国绿色金融与国际市场对话”论坛并发表主旨演讲。

王敬东副行长主持召开第 5 次专题会议，研究境外机构 FOVA、GCMS、FMBM 等基础系统推广及统计自动化工作，明确部门职责分工和时间表。

王林纪委书记主持召开总行纪委 2017 年第 2 次会议。

胡浩副行长会见来访的沙特基础工业集团（SABIC）CFO Mosaed S. Alohali 先生一行，双方就全球能源结构发展趋势及全球业务合作进行了交流。

胡浩副行长出席 2017 年第一季度投资银行业务推动会并讲话。

胡浩副行长会见来访的国家电力投资集团总会计师王益华一行，双方就全面深化战略合作进行了交流，并共同出席了银企《战略合作协议》暨《债转股合作框架协议》签约仪式。

3 月 20 日 –3 月 21 日

谭炯副行长赴福建营销社保职业年金业务，并到福建分行调研。其间，会见了福建省副省长黄琪玉，听取了福建分行工作汇报，前往福州鼓楼支行网点调研和看望慰问一线干部员工。

3 月 21 日

易会满董事长参加国务院廉政工作会议。

党委书记易会满同志主持召开第 8 次党委（扩大）会议，传达习近平总书记重要讲话精神和中共中央文件精神，审议拟提交董事会的 36 项议案及汇报。党委副书记谷澍、钱文挥，党委委员王敬东、王林、李云泽、谭炯出席。

易会满董事长会见来访的贝莱德资产管理公司董事长、CEO Laurence D. Fink 先生，双方就资产管理业务发展、人民币汇率、特朗普新政的经济影响等话题进行了交流。

钱文挥监事长主持召开工商银行第一届职代会筹备领导小组第二次会议。王敬东副行长、王林纪委书记出席。

胡浩副行长出席“中国大型企业现金、财资及风险管理年会”，并发表了题为“应对经济变局 服务中国企业财资管理需求”的主旨发言。

胡浩副行长会见白银有色集团股份有限公司董事长廖明一行，双方就进一步加强战略合作进行了交流。

3 月 21 日 –3 月 24 日

胡浩副行长出访俄罗斯。其间，出席了莫斯科人民币清算行开业仪式、圣彼得堡分行营业典礼，会见了俄罗斯联邦中央银行副行长斯科别尔金先生、圣彼得堡市副市长莫夫强先生、俄罗斯央行西北区分行副行长彼沃瓦罗夫先生、中国驻俄罗斯联邦大使馆公使衔参赞张地先生、中国驻圣彼得堡总领事郭敏女士，赴工银莫斯科进行了工作调研。

3 月 22 日

王敬东副行长、王百荣首席风险官出席审计署 2017 年政策落实和风险防控审计进场见面会。

李云泽副行长参加牡丹卡中心 2016 年度党员领导干部民主生活会。

谭炯副行长参加资产管理部 2016 年度党员领导干部民主生活会。

3 月 22 日 –3 月 23 日

谷澍行长赴河北分行参加分行 2016 年度党员领导干部民主生活会。其间，听取了河北分行工作汇报，拜会了河北省省长张庆伟、常务副省长袁桐利等地方党政负责人，就深化银政合作进行座谈。

3 月 22 日 –3 月 24 日

钱文挥监事长赴安徽分行、网络融资中心调研。其间，在安徽分行营业部与部分支行负责人开展座谈，到电子银行中心（合肥）、国际结算单证中心（合肥）、分行营业部城建支行视察并慰问员工。

3 月 22 日 –3 月 31 日

王林纪委书记出访英国、卢森堡、德国。其间，围绕进一步加强境外机构合规与反洗钱管理、党的建设及廉政监督、员工教育管理等工作，开展监督调研；拜访了汇丰银行集团全球副主席 Kevan Watts 先生与全球金融犯罪合规负责人 Carolinna Graces 女士、德意志银行集团副总裁 Sylvie Matherat 女士、中国建设银行伦敦分行总经理李彪、中国银行卢森堡有限公司总经理周立红。

3 月 23 日

王敬东副行长主持召开总行机关“学习十八届六中全会精神”辅导讲座，邀请中共中央党校党建部刘炳香教授，就深入学习全会精神为机关党员干部授课。

谭炯副行长主持召开总行外部欺诈风险评估管理领导小组 2017 年工作会议。会议听取了安全保卫部《2016 年全行外部欺诈风险评估工作总结》报告，审议通过了《外部欺诈风险评估管理领导小组安全顾问库名单调整说明》和《2017 年外部欺诈风险评估课题计划》。

3 月 23 日 –3 月 24 日

易会满董事长赴内蒙古分行调研。其间，听取了分行工作汇报，组织召开了二级分行负责人座谈会，到分行营业部明珠支行看望慰问了基层员工，并拜会了内蒙古自治区党委书记李纪恒等地方党政负责人。

3 月 24 日

王敬东副行长出席 2017 年重点分行金融市场业务研讨会暨工银标准对接座谈会并讲话。会议通报了 2016 年一级（直属）分行金融市场业务发展情况，听取了 12 家分行金融市场业务发展情况和计划以及工银标准关于其特色产品和联动营销计划的汇报。

谭炯副行长在清华大学出席了工银国际与清华五道口《清华金融评论》联合举办的“应对新变局，开拓新机遇——新形势下全球经济展望与投资机会研判”论坛，并围绕世界经济展望与全球投资机会发表致辞。

3 月 24 日 –3 月 28 日

张红力副行长赴西藏分行参加分行 2016 年度党员领导干部民主生活会，看望慰问了西藏分行干部员工。

3 月 27 日

易会满董事长、谷澍行长、钱文挥监事长、王敬东副行长、李云泽副行长、谭炯副行长、官学清董事会秘书参观“桥——中国工商银行定点扶贫工作摄影展”。

易会满董事长、谷澍行长、钱文挥监事长与在京的董事、监事座谈，交流战略规划、风险管理、公司治理等情况，分析境内外经济发展趋势，讨论热点难点问题。王敬东执行董事，柯清辉、洪永淼独立董事，汪小亚、葛蓉蓉、郑福清、费周林、程凤朝非执行董事，张炜监事，官学清董事会秘书参加了座谈会。

王敬东副行长、王百荣首席风险官出席市场风险管理委员会 2017 年第 1 次会议。

胡浩副行长会见来访的英国劳埃德银行商业银行业务首席执行官 Andrew Bester 先生一行，双方就英国监管政策、中英经贸关系以及两行战略合作等话题进行了交流。

李云泽副行长出席在北京举办的私人银行成立九周年主题论坛活动暨工银私人银行黑金卡首发仪式。

以工银党任免［2017］16 号决定：任命顾斌同志为党委组织部部长。

以工银任免［2017］158 号决定：聘任顾斌为人力资源部总经理，聘期至 2022 年 3 月止，因工作需要或其他原因，聘期可提前中止。

3 月 27 日 –3 月 29 日

谭炯副行长赴武汉出席中国人民银行 2017 年全国货币金银工作会议。其间，会见了湖北省副省长曹广晶，走访了湖北省人力资源和社会保障厅，到湖北分行营业部私人银行中心和黄鹤楼支行调研。

3 月 28 日

党委书记、董事长易会满，党委副书记、行长谷澍赴人力资源部（党委组织部）宣布干部任免事项。经总行党委研究并报中央组织部审批同意，顾斌同志任人力资源部总经理、党委组织部部长。

3 月 28 日 –4 月 1 日

李云泽副行长出访日本。其间，出席了万事达卡组织亚太区顾问委员会 2017 年理事会，会见了日本卡组织 JCB 有限公司董事长川西孝雄先生，参观了日本富士通株式会社高科技实验室并与公司副总裁松崎忠利先生举行会谈，赴东京分行调研并看望慰问了一线员工。

3 月 29 日

胡浩副行长拜会西班牙驻华大使瓦伦西亚先生，双方就加强中西两国合作关系、推动双边投资与经贸往来等话题交换了意见。

以工银党任免［2017］18 号决定：任命董继松同志为中国工商银行厦门市分行党委书记。免去顾斌同志中国工商银行厦门市分行党委书记职务，另有任用。

以工银党任免［2017］19 号决定：任命付捷同志为中国工商银行山东省分行党委书记。免去戴春林同志中国工商银行山东省分行党委书记职务，另有任用。

以工银党任免［2017］20 号决定：任命戴春林同志为中国工商银行浙江省分行党委书记。免去沈荣勤同志中国工商银行浙江省分行党委书记职务。

以工银党任免［2017］21 号决定：任命牛喜军同志为中国工商银行青岛市分行党委书记，免去其中国工商银行山西省分行党委委员职务。免去付捷同志中国工商银行青岛市分行党委书记职务，另有任用。

以工银任免［2017］169 号决定：聘任戴春林为中国工商银行浙江省分行行长，聘期至 2022 年 3 月止。因工作需要或其他原因，聘期可提前中止。聘任沈荣勤为中国工商银行浙江省分行资深专家，解聘其中国工商银行浙江省分行行长职务。

以工银任免［2017］170 号决定：聘任付捷为中国工商银行山东省分行行长，聘期至 2022 年 3 月止。因工作需要或其他原因，聘期可提前中止。解聘戴春林中国工商银行山东省分行行长职务，另有任用。

3 月 29 日 –3 月 30 日

钱文挥监事长主持召开监事会会议，张炜、黄力、瞿强、沈炳熙监事参加会议，惠平监事委托黄力监事出席会议并代为行使表决权，行内有关部门负责人列席会议。会议审议通过《关于〈2016 年度董事会、高级管理层及其成员履职评价情况报告〉的议案》等 11 项议案，听取关于对董事、高级管理人员访谈情况等 4 项汇报，审阅《2016 年内部审计工作和 2017 年内部审计计划》等 3 项报告。

3 月 29 日 –3 月 30 日

中国工商银行股份有限公司董事会在总行召开会议。会议由易会满董事长主持召开，谷澍副董事长、张红力执行董事、王敬东执行董事等 14 位董事会成员出席会议。官学清董事会秘书参加会议。钱文挥监事长及部分监事会成员、王百荣首席风险官、总行相关部门负责人列席会议。会议审议通过了《关于 2016 年度报告及摘要的议案》等 24 项议案，听取了《关于 2016 年度信息科技风险管理情况的汇报》等 11 项汇报。

3 月 30 日

总行在北京、香港两地采取同步视频和全球电话会议方式，成功召开 2016 年度业绩发布会。易会满董事长、谷澍行长、张红力副行长、王百荣首席风险官、官学清董事会秘书及办公室、信贷与投资管理部、财务会计部、资产负债管理部、战略管理与投资者关系部主要负责人出席了会议。业绩发布会翌日，在香港成功举办 2016 年度业绩路演。谷澍、官学清一行通过一对一和小组会的形式与 H 股股东和潜在投资者进行了沟通。

胡浩副行长拜会中国兵器装备集团公司副总经理、总会计师李守武，双方就新年度加强全面合作进行了交流。

3 月 31 日

张红力副行长主持召开全球资产交易平台工作讨论会，研究讨论全球资产交易平台目前面临的问题，明确下一步的发展方向，并对相关工作进行了部署。

王敬东副行长主持召开总行机关代表会议。会议审议通过了《中国共产党中国工商银行总行机关代表会议选举办法》。

胡浩副行长出席国际刑警组织在北京召开的反跨国网络金融犯罪座谈会。

3 月 31 日 –4 月 1 日

谭炯副行长赴重庆营销职业年金业务，并到分行调研。其间，拜会了重庆市副市长沐华平，听取了重庆分行工作汇报，并到渝中支行、南岸支行、票据营业部重庆分部调研，看望慰问一线员工。

3 月 31 日 –4 月 1 日

钱文挥监事长赴厦门市分行宣布人事任免并调研。经总行党委研究决定，董继松同志任厦门市分行行长、党委书记；顾斌同志不再担任厦门市分行行长、党委书记职务，调总行工作。在厦门期间，钱文挥监事长还会见了厦门市市长庄稼汉、常务副市长黄强，双方就工行服务和融入国家发展战略，进一步支持和助推地方经济建设、实现合作共赢等方面进行了交流。

3 月 31 日 –4 月 1 日

王敬东副行长出席浙江省委省政府召开的中国（浙江）自由贸易试验区挂牌暨建设动员大会，并会见浙江省副省长朱从玖。

4 月

4 月 5 日

张红力副行长分别会见来访的老挝外贸银行行长 Phoukhong Chanthachack、乌兹别克斯坦农业发展银行副董事长 Muratov Alisher Akmalovich、台湾永丰银行副行长田文清。

王林纪委书记主持召开“两会一层”风控责任落实情况自查工作启动会，对自查工作进行了动员和部署。

4 月 5 日 –4 月 7 日

易会满董事长分别赴青岛市分行、山东分行、浙江分行宣布人事任免。经总行党委研究决定，牛喜军同志任青岛市分行行长、党委书记；付捷同志不再担任青岛市分行行长、党委书记职务，调山东分行工作。经总行党委研究决定，付捷同志任山东分行行长、党委书记；戴春林同志不再担任山东分行行长、党委书记职务，调浙江分行工作。经总行党委研究决定，戴春林同志任浙江分行行长、党委书记；沈荣勤同志不再担任浙江分行行长、党委书记职务，转任浙江分行资深专家。其间，易会满董事长拜会了山东省委书记刘家义、省委副书记龚正，浙江省省长车俊、副省长朱从玖，青岛市委书记张江汀等地方党政负责人，赴浙江分行营业部调研，并到网点看望慰问基层员工。党委组织部负责人陪同。

4 月 6 日

谷澍行长，张红力、胡浩副行长出席在北京组织召开的“银行家国际合作交流会”，并就银行间合作热点问题及银行业面临的挑战和机遇进行了交流。

谷澍行长会见来访的德勤全球首席执行官浦仁杰先生、中国首席执行官曾顺福先生一行，双方就美国金融监管改革、金融科技、英美政治环境变化对银行业发展的影响等问题进行了交流。

王敬东副行长主持召开全行第一届职代会提案工作委员会第一次会议。会议听取了职代会筹备工作办公室关于提案征集与整理立案情况的汇报，研究讨论了拟提交职代会审议的提案征集与处理情况报告。提案工作委员会相关部室负责人参加了会议。

王林纪委书记主持召开集中通报和专项整治违反中央八项规定精神问题工作动员会。

王林纪委书记赴工银瑞信、工银租赁开展党建工作调研。

胡浩副行长参加银监会召开的关于大型银行设立普惠金融事业部座谈会。

李云泽副行长会见来访的东方财富信息股份有限公司董事长其实一行，双方就开展获客引流、基金理财、精准营销以及资产托管等领域的合作进行了交流。

4 月 6 日 –4 月 7 日

谭炯副行长赴甘肃营销职业年金业务，并到分行调研。在甘肃期间，拜会了甘肃省委常委、副省长黄强和副省长李斌，召开座谈会听取甘肃分行工作汇报，并到新区支行营业室、营业部金城支行营业室调研，看望慰问一线员工。

4 月 7 日

谷澍行长会见世界银行副行长兼司库 Arunma Oteh 女士一行，双方就进一步深化债券承销发行及投资交易、国内相关监管政策等议题交换了意见。

王林纪委书记主持召开 2017 年度教育培训工作会议并讲话。

王林纪委书记主持召开总行反洗钱领导小组 2017 年工作会议。

胡浩副行长主持召开国际化联席会议 2017 年第二次工作会议。会议听取了总行 13 个部门关于《境外业务经营管理优化工作要点》落实与境外机构诉求解决情况的报告；听取了国际业务部关于核心监管联席会议监管意见落实情况、内控合规部关于境外机构合规管理、管理信息部和国际业务部关于境外机构数据统计加总工作方案的专题汇报。

4 月 7 日 –4 月 8 日

胡浩副行长赴天津参加人民银行金融支持京津冀协同发展座谈会，并出席与海河产业基金的签约仪式。

4 月 10 日

易会满董事长参加国务院召开的应对国际金融危机小组第 46 次会议。

谷澍行长主持召开第 2 次行务会议，听取有关部室第一季度经营情况和第二季度重点工作安排的汇报。易会满董事长，钱文挥监事长，张红力、王敬东副行长，王林纪委书记，胡浩、李云泽、谭炯副行长，王百荣首席风险官，官学清董事会秘书出席。

4 月 11 日

易会满董事长会见来访的恒大集团董事局主席许家印一行，双方就房地产市场形势及银企业务合作等话题进行了交流。

谷澍行长主持召开中国城市金融学会常务理事会会议暨中国工商银行发展战略咨询会议。易会满董事长，钱文挥监事长，张红力、王敬东副行长，王林纪委书记，胡浩、李云泽、谭炯副行长，王百荣首席风险官，官学清董事会秘书出席。

钱文挥监事长出席总行党校第十三期领导干部研究班开班仪式并授课。

张红力副行长为中国人民解放军国防大学第 17 期战略指挥培训班授课。

胡浩副行长会见来访的蚂蚁金服资深副总裁樊治铭一行，双方就拓展合作领域、提升合作层次进行了交流。

4 月 11 日 –4 月 12 日

张红力副行长赴上海为中国浦东干部学院“中央企业深化金融改革专题研讨班”授课。

4 月 12 日

党委书记易会满同志主持召开第 9 次党委（扩大）会议，传达习近平总书记重要讲话精神、国务院应对国际金融危机小组第 46 次会议精神，以及中央关于“两学一做”常态化制度化的意见精神，听取党委组织部关于推进“两学一做”学习教育常态化制度化实施方案、城市金融研究所（深改办）关于支持雄安新区建设发展若干政策建议等五项汇报。党委副书记谷澍、钱文挥，党委委员王敬东、王林、胡浩、李云泽、谭炯出席。

钱文挥监事长赴中组部汇报十九大代表选举相关事宜。

王林纪委书记赴中国纪检监察学院学习交流。

4 月 13 日

胡浩副行长出席瑞士访华代表团与中国金融界交流活动。其间，会见了瑞士联邦委员兼财政部长毛雷尔先生，双方就进一步深化工行与瑞士的金融合作，加快推动苏黎世分行的申设进程等话题交换了意见。

4 月 13 日 –4 月 14 日

中国工商银行第一届职工代表大会第一次会议在北京召开。来自集团境内各级机构的 380 多名代表和 26 名列席代表参加了此次会议。总行党委全体成员、高管作为职工代表和部分老领导、总监作为特邀代表出席会议。会议分为预备会议、主席团会议和正式会议三个阶段进行，分别由大会执行主席钱文挥监事长、王敬东副行长兼工会主任、王林纪委书记主持。易会满董事长在大会上发表了题为《办好职代会 凝聚正能量 书写现代金融企业建设新篇章》的讲话。钱文挥监事长致开幕词。会议听取并审议通过谷澍行长所作的《全行经营管理和财务工作报告》、王敬东副行长兼工会主任所作的《关于全行第一届职代会第一次会议代表提案征集与接办工作报告》，审议通过《中国工商银行第一届职工代表大会第一次会议决议（草案）》。

4 月 14 日

总行在北京召开第一季度经营情况分析会，通报第一季度经营情况，安排下一阶段需重点关注和加强的工作。易会满董事长、谷澍行长出席会议并讲话，钱文挥监事长主持会议。张红力、王敬东副行长，王林纪委书记，胡浩、李云泽、谭炯副行长，王百荣首席风险官，官学清董事会秘书出席。

党委书记易会满、纪委书记王林参加中央纪委召开的部分中央金融企业党委、纪委主要负责同志座谈会。

易会满董事长、谷澍行长会见来访的瑞士联邦委员兼财政部长于利·毛雷尔先生一行，双方就进一步深化双边合作、苏黎世分行申设筹备等议题交换了意见。

以工银任免〔2017〕196 号决定：聘任董继松为中国工商银行厦门市分行行长，聘期至 2022 年 4 月止。因工作需要或其他原因，聘期可提前中止。解聘其中国工商银行内部审计局上海分局副局长职务。解聘顾斌中国工商银行厦门市分行行长职务，另有任用。

4 月 15 日 –4 月 22 日

李云泽副行长出访美国、加拿大。在美国期间，先后走访了智能投顾 Betterment 公司，出席了工银美国总部迁址仪式并对在美机构进行了调研，参观了万事达卡组织创新实验室，会见了 Blackrock 公司货币市场基金投资、现金管理业务全球负责人 Callahan，出席了纽约分行主办的美国基础设施论坛并致辞。在加拿大期间，先后赴工银加拿大进行调研并看望慰问了一线员工，走访了加拿大道明银行，并看望了在多伦多大学参加国际化培训的学员。

4 月 16 日

易会满董事长参加中央召开的“两学一做”常态化制度化工作座谈会。

4 月 16 日 –4 月 23 日

钱文挥监事长出访新西兰、澳大利亚。其间，会见了新西兰储备银行和澳大利亚审慎管理局负责人，就中国宏观经济运行态势和热点问题、工行国际化进程和未来发展战略等进行了交流；拜会了澳大利亚和新西兰银行集团（ANZ），见证了悉尼分行与其签订合作谅解备忘录，并赴工银新西兰和悉尼分行、珀斯分行进行工作调研。

王敬东副行长赴大连高级经理学院参加“中国特色现代国有企业制度建设专题研讨班”。

4月17日

张红力副行长主持召开第6次专题会议，研究全球系统重要性银行（G-SIBs）得分对资本的影响，安排部署下一阶段G-SIBs得分控制措施。

以工银发〔2017〕50号决定：提名席德应任中国工商银行（阿根廷）股份有限公司董事长、非执行董事。谷澍不再担任中国工商银行（阿根廷）股份有限公司董事长、非执行董事。

4月18日

党委书记易会满同志主持召开第10次党委（扩大）会议，配合中央组织部干部考察组部署有关考察工作。党委副书记谷澍，党委委员张红力、王敬东、王林、胡浩、谭炯出席。

4月19日

易会满董事长参加国务院常务会议。

谷澍行长会见来访的山东省副省长王书坚一行。双方就进一步深入开展合作交换了意见。

谷澍行长会见来访的新加坡淡马锡国际首席执行官李腾杰先生一行，双方就工行经营业绩情况、淡马锡投资策略以及进一步深化股权合作等议题进行了交流。

谷澍行长出席迪拜金融服务管理局（DFSA）举办的中资银行招待活动，并同与会人员就中资银行在迪拜国际金融中心的经营发展等话题进行了交流。

胡浩副行长出席“饮水思源 青春共建”港澳机构青年代表座谈会，与来自工银亚洲、工银国际、工银澳门的青年代表交流。

4月20日

党委书记、董事长易会满，党委委员、纪委书记王林到杭州金融研修学院，与二级分行党委书记、纪委书记落实“两个从严”专题培训班总行级重点城市行学员座谈。

谷澍行长、谭炯副行长出席资产管理业务推进委员会2017年第一次会议。

4月21日

党委书记易会满同志主持召开第11次党委（扩大）会议，传达中央推进“两学一做”学习教育常态化制度化工作座谈会精神，中纪委部分中央金融机构党委书记、纪委书记座谈会会议精神，以及银监会2017年第一季度经济金融形势分析（电视电话）会议精神；审议党委组织部关于推进“两学一做”学习教育常态化制度化的实施方案，以及拟提交董事会的7项议案及汇报；听取城市金融研究所（深改办）关于2018—2020年发展战略规划编制方案、重点改革项目战略解码工作的汇报。党委副书记谷澍，党委委员张红力、王林、胡浩、谭炯出席。

易会满董事长参加银监会召开的2017年第一季度经济金融形势分析（电视电话）会议。

张红力副行长听取了毕马威会计师事务所关于2017年第一季度商定程序的汇报。

王林纪委书记主持召开全行综合整治工作动员大会。

胡浩副行长会见来访的西班牙驻华大使瓦伦西亚（Manuel Valencia）先生一行，并陪同其参观工行行史馆。双方就进一步加强合作、共同推动中西经贸投资往来等话题进行了深入探讨。

4月24日

易会满董事长会见来访的美国孤星基金副董事长菲尔·格雷姆先生一行，双方就信贷资产处置、股权投资及后续业务合作等话题进行了交流。

张红力副行长出席全行同业业务视频会议。

王敬东副行长赴信息科技部调研创新实验室工作。

4月24日-4月25日

王林纪委书记赴杭州金融研修学院出席二级分行党委书记、纪委书记“两个从严”专题培训班。

4月24日-4月28日

谷澍行长赴中央党校参加“省部级干部党风廉政教育专题研讨班”。

4月25日

易会满董事长主持召开2017年国家安全领导小组会议，谭炯副行长出席。会议审议并通过了总行国家安全领导小组成员调整名单、《总行国家安全领导小组工作规则》《2017年度总行国家安全领导小组任务分解表》。

易会满董事长、胡浩副行长拜会国家发改委主任何立峰、副主任连维良，双方就深入落实金融支持实体经济等议题交换了意见。

钱文挥监事长、张红力副行长出席2017年第2期创新沙龙。本期沙龙中，获得特等奖、一等奖的部门发布了课题研究成果。

王敬东副行长会见前来调研的团中央综合督导组一行，与团中央青年发展部部长杨松、中央金融团工委主要负责人陈琳等进行交流。

王敬东副行长赴管理信息部调研。

王敬东副行长赴工会工作委员会调研。

胡浩副行长出席2017年公司金融业务发展座谈会。

4月26日

易会满董事长参加国务院常务会议。

党委书记易会满同志主持召开第12次党委（扩大）会议，听取电子银行部关于e-ICBC 3.0智慧银行战略实施方案的汇报。党委委员张红力、王敬东、王林、胡浩、李云泽、谭炯出席。

钱文挥监事长参加全国退役士兵安置和权益保障工作电视电话会议。

张红力副行长为中宣部新闻局培训班授课。

王敬东副行长出席离退休行级领导“畅谈十八大以来变化、展望十九大胜利召开”和“建言十九大”活动。

胡浩副行长会见来访的奥氏资本董事长兼首席执行官 Daniel Och 一行。

4 月 27 日

总行在京召开推进“两学一做”学习教育常态化制度化动员部署会，党委书记、董事长易会满对全行推进“两学一做”学习教育常态化制度化进行了动员部署。会议由党委副书记、监事长钱文挥主持。党委委员、副行长张红力、王敬东，党委委员、纪委书记王林，王百荣首席风险官，官学清董事会秘书出席。

易会满董事长参加国务院组织召开的中央企业推进“双创”工作座谈会。

张红力副行长出席加强租赁业务行司联动座谈暨业务推动会。

4 月 27 日－4 月 28 日

胡浩副行长赴长春出席 2017“大投行”业务培训班结班仪式，并调研投行业务发展情况。

李云泽副行长参加金融支持贵州扶贫开发座谈会并赴贵州分行调研，其间还参观考察了贵阳高新区大数据展示中心，走访了货车帮等互联网公司，并赴分行网点看望慰问了一线员工。

谭炯副行长赴上海出席深化贵金属专业团队建设座谈会及工行与国泰君安、海通证券、申万宏源和东方证券等 4 家券商的资产管理业务战略合作签约仪式，为上海分行资产管理部揭牌并对分行资产管理业务进行调研。

4 月 28 日

中国工商银行股份有限公司董事会战略委员会在总行召开会议。会议由易会满董事长主持，7 位委员会成员出席会议。官学清董事会秘书参加会议。监事会部分成员及总行相关部门负责人列席会议。会议审议通过了《关于〈中国工商银行股份有限公司 2016 年度资本充足率管理报告〉的议案》。

易会满董事长会见泰康保险集团董事长兼首席执行官陈东升一行，双方就近期各自经营业绩情况以及进一步开展战略合作等议题进行了交流。

钱文挥监事长主持召开监事会及监事会监督委员会会议。会议审议通过《关于 2017 年第一季度报告的议案》。听取关于 2017 年第一季度商定程序、2017 年第一季度经营情况、2016 年集团反洗钱工作情况、2017 年第一季度监督情况等 4 项汇报，审阅《2016 年度关联交易专项报告》。张炜、惠平、瞿强、沈炳熙监事参加会议，黄力监事委托惠平监事出席会议并代为行使表决权，行内有关部门负责人列席会议。

张红力副行长参加财政部、农业部、银监会联合主办全国农业信贷担保工作座谈会。

5 月

5 月 2 日

易会满董事长、谷澍行长、钱文挥监事长、王林纪委书记听取总行党委第二轮第三批次巡视工作情况汇报。

易会满董事长接受了英国《银行家》杂志编辑 Stefania Palma 女士的专访，就工商银行的经营理念、过去一年发展中的亮点、重点城市行战略等问题回答了对方提问。

谷澍行长会见来访的新疆自治区政府副主席赵冲久一行，双方就进一步深入合作进行了交流。

5 月 3 日

易会满董事长参加国务院常务会议。

易会满董事长参加国务院应对国际金融危机小组第 47 次会议。

易会满董事长会见来访的美国国际金融协会（IIF）总裁安德慕先生一行，双方就银行业经营面临的挑战、差异化监管、互联网金融发展利弊等话题进行了交流。

王林纪委书记为 2017 年总行党校第十三期研究班授课。

胡浩副行长会见来访的北京市金融工作局霍学文局长一行，双方就金融机构支持京津冀协同发展进行了交流。

5 月 3 日－5 月 12 日

谷澍行长赴美国、加拿大、阿根廷开展 2016 年度及 2017 年第一季度业绩路演，会见重要股东和潜在投资者，拜会我国驻当地使馆、金融监管部门和商业银行同业，调研、慰问当地分支机构。

5 月 4 日

易会满董事长与 2017 年总行党校第十三期研究班学员座谈。

易会满董事长，钱文挥监事长，张红力、王敬东副行长，王林纪委书记，胡浩、李云泽、谭炯副行长出席“青春@初心”五四青年主题文化活动暨青年发展指数发布仪式。

以工银任免〔2017〕237 号决定：聘任董建军为法律事务部（消费者权益保护办公室）总经理（主任），聘期至 2022 年 5 月止，因工作需要或其他原因，聘期可提前中止。

5月5日

党委书记易会满同志主持召开第13次党委（扩大）会议，传达学习习近平总书记在近期中共中央政治局常委会会议、中央政治局第四十次集体学习上的重要讲话精神，以及国务院第171次常务会议和应对国际金融危机小组第47次会议精神，重点围绕“维护国家金融安全”主题开展集中学习研讨，研究部署贯彻落实措施。党委副书记钱文挥，党委委员张红力、王敬东、王林、胡浩、李云泽、谭炯出席。

张红力副行长出席B20中国工商理事会成立大会。

王林纪委书记主持召开总行纪委2017年第3次会议，传达学习中共中央有关通报精神，并结合实际提出贯彻落实措施。会议审议了《关于加强总行纪委派驻纪检组建设的意见》，听取了近期开展作风调研检查的有关情况。

谭炯副行长会见来访的华夏银行行长张健华一行。双方就加强业务合作以及投资认购华夏银行二级资本债事宜进行了会谈。

5月8日

张红力副行长会见来访的美国波音公司副董事长雷蒙德·康纳（Raymond Conner）先生、波音民机集团全球销售高级副总裁毛毅山（Ihssane Mounir）先生一行，双方就全球航空市场发展、近期中美关系以及工商银行与波音公司的合作进行了交流。

胡浩副行长赴总行党校为党校第十三期领导干部研究班授课。

胡浩副行长会见来访的美国高盛集团总裁兼联席首席运营官Harvey Schwartz先生一行，双方就美国金融监管政策、特朗普政府最新施政措施、两行全面合作情况及未来合作机会等议题进行了交流。

李云泽副行长主持部分分行个人金融业务座谈会。

5月8日－5月9日

王敬东副行长赴安徽分行调研运行管理工作，在省分行和六安分行召开座谈会，并实地调研了解后台运营中心管理、网点运营流程优化和风险管理等情况。

王林纪委书记赴长春金融研修学院调研并为二级分行党委书记、纪委书记“两个从严”专题培训班授课。

谭炯副行长赴海南营销职业年金业务，并到分行调研。在琼期间，谭炯拜会了海南省委常委、常务副省长毛超峰，听取海南分行工作汇报，并到海口市和平南支行和国贸支行调研，检查安全保卫工作，看望慰问一线员工。

5月9日

易会满董事长、李云泽副行长赴银行卡业务部调研，听取部门关于信用卡业务整体经营情况、未来发展思路以及风险管控等方面的工作汇报。

5月10日

易会满董事长会见来访的捷克中央银行行长鲁斯诺克先生一行，双方就工行布拉格分行申设、中捷金融合作交流、进一步密切两国经贸合作等话题交换了意见。

王敬东副行长赴法律事务部（消费者权益保护办公室）宣布人事任免。经总行党委研究决定，董建军同志任法律事务部（消费者权益保护办公室）总经理（主任）。

王敬东副行长主持召开机关党委全委会，研究部署总行机关推进“两学一做”学习教育常态化制度化工作安排。会议审议了《总行机关推进“两学一做”学习教育常态化制度化实施意见》和《关于调整总行机关“两学一做”学习教育协调小组成员情况的报告》，机关党委委员分别就《实施意见》提出了意见建议。

5月10日－5月11日

胡浩副行长应邀出席沙特阿拉伯国家石油公司董事会上海招待会。其间，胡浩与沙特能源工业部长兼沙特阿美董事会主席哈立德·法利赫先生会面，双方就进一步深化工行与沙特的金融合作、支持中沙两国企业积极参与沙特“2030愿景”和中国“一带一路”倡议对接等话题进行了友好交流。

5月10日－5月24日

王林纪委书记赴中国延安干部学院参加第12期省部级干部党性教育专题培训班。

5月11日

易会满董事长、李云泽副行长拜会中国铁路总公司总经理陆东福，并就加强银企全面合作进行了交流。会谈后，易会满、陆东福分别代表双方签署了《全面战略合作协议》。

钱文挥监事长会见来访的沙特国家电力公司总裁兼首席执行官Ziyad Miohammed Al－shi先生一行。

张红力副行长应邀出席了国务院新闻办公室举办的银行业服务“一带一路”成果新闻发布会，向与会的近百家中外新闻媒体介绍了工行服务“一带一路”建设的工作成果，并就工行的服务优势、国际合作、风险防控等热点话题回答了记者提问。

张红力副行长拜会中国海警局副局长王秋彧，就深化双方合作进行了会谈。

王敬东副行长会见来访的美国穆迪金融业评级业务全球主管Michale Foley先生一行，双方就中国经济转型发展、工商银行发展战略、穆迪对中国经济和银行业的观察等话题进行交流。

王敬东副行长会见来访的国际清算银行执行委员会委员兼银行部总经理Peter Zollner先生一行，双方就国际清算银行在中国市场开展债券投资和外汇交易等方面的合作进行交流。

5月12日

易会满董事长、胡浩副行长会见中国中车集团公司董事长刘化龙、中车股份副总裁詹艳景一行，双方就进一步深化战略合作进行了交流，并在会谈后一同出席了双方《全面战略合作协议》签署仪式。

党委副书记、监事长、党校校长钱文挥出席总行党校第13期领导干部研究班结业仪式并讲话。

王敬东副行长参加中国银行业协会召开的银行业产品和服务标准化专业委员会第一届常务委员会第二次会议。

胡浩副行长主持召开工银金融资产投资有限公司筹建工作会议，王百荣首席风险官出席。

李云泽副行长出席全行信用卡获客活客及“爱购周末”促销工作推动会。

以工银任免〔2017〕241号决定：聘任牛喜军为中国工商银行青岛市分行行长，聘期至2022年5月止。因工作需要或其他原因，聘期可提前中止。解聘其中国工商银行山西省分行副行长职务。解聘付捷中国工商银行青岛市分行行长职务。

5月13日

“中捷金融与企业界高峰论坛”在总行学术交流中心举行，出席本次论坛的来宾包括捷克总统米洛什·泽曼、中国银监会主席郭树清、中国-中东欧金融控股有限公司董事长姜建清，以及来自中捷政府、银行和企业的100多名高级别代表。易会满董事长出席活动并致欢迎辞，谷澍行长代表工行接受捷克央行行长鲁斯诺克授予的布拉格分行牌照。

易会满董事长、胡浩副行长拜会沙特能源大臣、沙特阿美董事会主席哈立德·法利赫先生和财政大臣穆罕穆德·贾丹先生，双方就促进中沙两国战略对接和相互了解、投资互动、沙特阿美全球上市项目等话题交换了意见。

谷澍行长拜会来华出席“一带一路”国际合作高峰论坛的希腊总理齐普拉斯，双方就工商银行国际化发展、中国在希腊投资及“一带一路”合作等议题交换了意见。中国驻希腊大使邹肖力参加了此次会见。

5月14日

“一带一路”国际合作高峰论坛在北京国家会议中心召开，易会满董事长参加论坛并作为唯一的商业银行代表在“促进资金融通”平行主题会议上发言。张红力副行长参加论坛并在会议期间代表工行分别与奥合银行、乌兹别克斯坦外经银行签署合作协议。

5月15日

工行在北京国家会议中心成功举办“一带一路”银行家圆桌会，中国人民银行易纲副行长出席会议并作主题发言，外交部、财政部、发改委、银监会等部委有关领导，以及来自沿线27个国家和地区的36家银行及多边组织的董事长、行长和副行长等高层参会。会议由易会满董事长致欢迎辞并做总结发言，张红力副行长主持会议。会议就探讨建立“一带一路”银行常态化合作机制，推动银行间各项合作务实开展进行了深入交流，形成了《“一带一路”银行家圆桌会议北京联合声明》。会议期间，易会满还与渣打集团董事会主席José Vinals、泛美开发银行行长Luis Alberto Moreno、菲律宾金融银行董事长Teresita T. Sy进行了会谈，张红力与有关银行负责人进行了会谈并签署了合作协议。专项融资部等部门负责人陪同。

谷澍行长接受英国《欧洲货币》（*Euromoney*）杂志主编Clive Horwood先生和亚洲编辑Chris Wright先生专访，就工商银行过去一年的经营情况、服务“一带一路”建设、应对互联网金融冲击以及国际化发展战略等话题回答了对方的提问。

谷澍行长出席在意大利驻华使馆举办的总理工作晚宴。本次晚宴由意大利总理真蒂洛尼发起并致辞，参会的中意企业和银行界代表就双方在意大利及欧洲的发展机遇及投资经贸合作等话题进行了交流。

钱文挥监事长会见来访的哈萨克斯坦中央汇金公司总经理Erbolat Dossaev先生一行。

“一带一路”国际合作高峰论坛期间，由工行与全国政协丝路规划研究中心、国家发展改革委国际合作中心等单位共同主办的“一带一路”产业金融高级国际研讨会在北京召开。钱文挥监事长出席会议并致辞。

谭炯副行长会见来访的丹麦发展中国家投资基金（IFU）副总裁Torben Huss一行。双方就加强新兴市场业务合作，推动建立“一带一路”投融资平台等事宜进行了会谈。

5月15日-5月17日

易会满董事长、王敬东副行长赴云南分行调研，听取云南分行工作汇报，组织召开二级分行负责人座谈会，期间还拜会了云南省委书记陈豪、省长阮成发、常务副省长宗国英等地方党政负责人，并出席工行与云南省政府落实“一带一路”金融服务战略合作项目实施协议签约仪式。

5月15日-5月18日

李云泽副行长赴安徽合肥出席第十届中国中部投资贸易博览会并调研。期间，听取了安徽分行工作汇报，赴国际结算单证中心（合肥）、网络融资中心、电子银行中心（合肥）及基层党建联系行马鞍山分行进行调研，并看望慰问了一线员工。

5月16日

谷澍行长会见来访的巴基斯坦旁遮普省夏巴兹·谢里夫首席部长及其政府代表团一行。

谷澍行长出席工行与老挝国家电力公司互换战略合作框架协议活动。

钱文挥监事长出席中央企业国创投资引导基金创立大会，并代表基金投资人致辞。国务院国资委主任肖亚庆、副主任徐福顺，北京市副市长阴和俊，中国航天科技集团董事长雷凡培以及基金投资人、相关部委、中央企业代表出席了会议。

张红力副行长参加中央统战部座谈会。

胡浩副行长会见来访的新加坡金鹰集团董事局主席陈江和一行，双方就进一步加强合作进行了会谈。

胡浩副行长会见来访的纽约联邦储备银行总法律顾问 Michael Held 先生一行，双方就我国宏观经济走势及近期中国监管政策变化、工行全球战略发展及近期经营情况等话题进行了交流。

5 月 16 日 -5 月 18 日

张红力副行长出席中国社会保险管理服务发展报告暨职业年金管理运营研讨会并致辞。中国社会保险学会胡晓义会长出席会议。

5 月 16 日 -5 月 26 日

谭炯副行长出访巴西、秘鲁、阿根廷。其间，拜访了中国驻当地使领馆，走访当地主要中资企业及部分本地企业，并与工行全球安保服务战略合作伙伴 PROSEGUR、G4S 公司进行交流座谈。同时，还对子行安全与反欺诈工作进行现场检查，对子行业务发展情况进行调研。

5 月 17 日

谷澍行长参加国务院常务会议。

胡浩副行长会见来访的美国富国银行副行长 Perry Pelos 先生一行，双方就两行全面合作情况、美国政府基建和减税计划、大型银行国际化经营战略、金融科技等议题进行了交流。

5 月 18 日

党委书记易会满同志主持召开第 14 次党委（扩大）会议，研究审议董事会办公室关于修订《中国工商银行股份有限公司章程》的议案、战略管理与投资者关系部关于向金边分行增资的汇报，以及 2017 年组织人事工作会议材料。党委副书记谷澍，党委委员张红力、王敬东、胡浩、李云泽出席。

胡浩副行长参加人民银行召开的小微企业金融服务座谈会。

5 月 18 日 -5 月 19 日

钱文挥监事长赴湖南分行调研，并出席 2017 年度全行宣传思想文化工作会议。

5 月 19 日

谷澍行长主持召开第 7 次专题会议，研究分析近期监管政策变化对相关业务的影响以及应对思路，王敬东副行长出席。

谷澍行长、王敬东副行长接见 2017 年金融系统“双先”表彰大会工行受表彰代表并座谈。

王敬东副行长出席 2017 年全国金融系统先进集体先进个人表彰大会。

胡浩副行长会见来访的柬埔寨 ACLEDA 银行行长 Channy IN 先生一行，双方就两行合作情况，以及未来在国际结算与贸易融资、外汇交易、资金清算、项目融资、银团贷款和人民币业务方面的合作机会等议题进行了会谈。

以工银党任免〔2017〕29 号决定：任命姚春和同志为中国工商银行大连市分行党委副书记，主持全面工作。免去迟维君同志中国工商银行大连市分行党委书记职务。

5 月 22 日

谷澍行长主持召开第 8 次专题会议，研究启动全行业务流程综合改造工作，王敬东、李云泽副行长出席。

5 月 22 日 -5 月 25 日

胡浩副行长赴重庆、深圳开展先进制造业、小微企业调研。在重庆期间，走访 SK 海力士半导体（重庆）有限公司、奥特斯科技（重庆）有限公司，并与重庆分行就小微金融业务发展座谈。在深圳期间，分别走访招商局集团，深圳市高新投集团，比亚迪股份有限公司、华星光电技术有限公司和大族激光科技产业集团股份有限公司、怡亚通供应链有限公司、微众税银信息服务有限公司等客户。

5 月 23 日

全行组织人事工作会议在北京召开，党委书记、董事长易会满，党委副书记、行长谷澍出席会议并讲话，党委副书记、监事长钱文挥主持会议。会议的主要任务是认真贯彻落实全国国有企业党的建设工作会议、全国组织部长会议和全行年度工作会议精神，围绕全行转型发展工作大局和重点任务，研究部署当前及今后一个时期的重点工作。

谷澍行长参加银监会召开的境外合规座谈会。

钱文挥监事长主持召开保密委员会和密码工作领导小组联席会议。会议通报了调整后的总行保密委员会和密码工作领导小组名单，审议了保密管理办法实施细则征求意见稿。

张红力副行长主持召开第 11 次专题会议，研究工银租赁巴西两座待租钻井平台复工相关工作。

5 月 24 日

易会满董事长参加国务院常务会议。

谷澍行长会见来访的英国审慎监管局（PRA）国际银行监管部执行董事 Sarah Breeden 女士一行，双方就国内经济形势、工行经营情况、在英机构业务情况、英国脱欧及互联网金融等问题进行了交流。

5 月 24 日 -5 月 25 日

钱文挥监事长赴大连分行宣布人事任免。其间，拜会了大连市政府肖盛峰市长、洪登金副市长，并到分行营业网点视察和慰问了基层员工。

5 月 24 日 -5 月 26 日

易会满董事长赴河南分行调研，听取河南分行工作汇报，组织召开二级分行行长座谈会，并拜会河南省委书记谢伏瞻、省长陈润儿等地方党政负责人，其间还到分行营业部花园路支行看望慰问了基层员工。

5 月 25 日

谷澍行长会见来访的德国联邦银行副行长 Andreas Dombret 先生一行，双方就中欧经济形势、工行在欧经营、英国脱欧及银行业应对措施等话题进行了深入交流。

谷澍行长、王百荣首席风险官会见山东省副省长王书坚及山东钢铁集团有限公司董事长侯军一行，并与企业签订了《债转股合作框架协议》。

张红力副行长赴国防大学为第 50 期国家安全研究班授课。

王林纪委书记赴陕西榆林分行调研，听取陕西分行和榆林行工作汇报，期间还拜会了榆林市政府负责人，走访了重要客户。

李云泽副行长赴人民银行参加第二代国库信息处理系统上线准备工作动员电视电话会议。

5 月 25 日 –5 月 26 日

王敬东副行长赴贵州出席中国国际大数据博览会并发表主题演讲，期间赴毕节市调研扶贫工作，并会见毕节市委、市政府主要领导。

5 月 26 日

党委书记易会满同志主持召开第 15 次党委（扩大）会议，听取党委组织部关于全行党代表会议组织筹备工作的汇报，等额投票产生工行出席党的十九大代表候选人预备人选，研究审议战略管理与投资者关系部关于向工银秘鲁、工银墨西哥增资的汇报。党委副书记谷澍、钱文挥，党委委员王林、胡浩、李云泽、谭炯出席。

5 月 27 日

李云泽副行长出席中国银联在北京举办的银联标准二维码产品发布暨“62 云闪付”营销活动启动仪式。

5 月 30 日 –6 月 2 日

张红力副行长出访澳门，出席特色金融高端对话会，会见澳门中联办副主任姚坚、澳门经济财政司司长梁维特、澳门金融管理局主席丁连星，并赴工银澳门调研。

5 月 31 日

李云泽副行长主持召开第 10 次专题会议，听取了八家分行和有关部室关于网点布局优化和装修改造工作的汇报和建议。

5 月 31 日 –6 月 9 日

易会满董事长出访德国、奥地利、挪威。在德国期间，易会满董事长代表工行与德国彼得杜勒公司签署集装箱船舶出口信贷协议，参加两国总理与中德经济界高层对话会、中德经济顾问委员会会议等系列高访配套活动，听取了法兰克福分行的工作汇报，并看望慰问了柏林分行员工。在奥地利期间，拜会了奥地利中央银行行长 Ewald Nowotny 先生、奥地利金融管理局局长 Helmut Ettl 先生、中国驻奥地利使馆李晓驷大使以及奥地利奥合国际银行行长 Johann Strobl 先生，听取奥地利筹备组工作汇报、对筹备工作做出指示。在挪威期间，分别拜会挪威央行行长兼挪威主权财富基金董事长 Oystein Olsen、挪威交通运输部部长 Ketil Olsen、中国驻挪威大使王民，出席挪威创新署与工行联合主办的挪威大型企业家交流会，走访挪威银行 CEO Rune Bjerke、挪威美威水产董事长 Ole Leroy 等当地客户，会见挪威海洋控股集团首席执行官 Harald Thorstein 并见证双方合作协议签署，出席了挪威创新署与工行联合主办的挪威大型企业家交流会并做发言。

6 月

6 月 1 日

党委副书记谷澍同志主持召开第 16 次党委（扩大）会议，听取董事会办公室关于修订《中国工商银行股份有限公司章程》党建条款的汇报。党委副书记钱文挥，党委委员王敬东、王林、胡浩、李云泽、谭炯出席。

胡浩副行长出席中国—几内亚资源换贷款合作协调人第一次会议。

李云泽副行长主持召开 e – ICBC 3.0 战略实施启动会，部署 e – ICBC 3.0 战略实施重点工作。

6 月 2 日

谭炯副行长出席大资管业务经营督导会。

谭炯副行长主持召开企业年金管理委员会 2017 年度会议。会议总结了 2016 年企业年金基金和统筹外福利负债基金投资管理情况，分析了两项基金管理工作面临的新形势，对 2017 年两项基金工作任务进行了安排部署。

6 月 5 日

谷澍行长出席摩根大通中国投资峰会。

张红力副行长赴中国船舶重工集团公司会谈并见证工银租赁与客户签署《战略合作备忘录》，并与中船重工副总经理钱建平、清华大学副秘书长张华堂共同出席工银租赁、中船重工、清华河北院新能源投资业务战略合作签约仪式。

张红力副行长出席并主持中国工商银行 2017 年第 3 期（总第 52 期）创新沙龙。本期沙龙主题为“‘一带一路’：再造中国与再造世界”，邀请中国人民大学国际关系学院教授王义桅作演讲嘉宾。

王敬东副行长赴产品研发中心调研，参观产品研发中心办公区，并看望慰问干部员工。

6 月 5 日 –6 月 18 日

李云泽副行长参加中组部组织的“清华大学金融创新与经济发展专题研讨班”。

6月6日

谷澍行长出席“中投论坛2017‘一带一路’与跨境投资CEO峰会”，并围绕商业银行助力“一带一路”建设发表主题演讲。

谷澍行长会见来访的波兰金融监管局主席 Marek Chrzanowski 先生一行，双方就工行国际化情况、在欧布局、波兰机构经营拓展、金融科技、中欧及中波合作等话题进行了交流。

党委副书记、监事长、党校校长钱文挥出席总行党校党办主任培训班开班仪式，并就“如何做好新形势下办公室工作”为全体学员授课。

张红力副行长出席全行机构金融重点业务推动会议并作重要讲话。

胡浩副行长与汪小亚、郑福清、程凤朝董事在京开展先进制造业调研，重点考察了中国航天科技集团公司下属中国空间技术研究院（五院）、中国运载火箭技术研究院（一院）和京东方科技集团股份有限公司。

谭炯副行长会见来访的英国施罗德投资管理集团首席执行官 Peter Harrison 一行，双方就资产管理、资产托管等领域的业务合作进行了交流。

6月6日-6月9日

谭炯副行长赴安徽营销社保职业年金业务并到分行调研，赴广州出席养老金资产管理业务现场经验交流会并拜会省政府相关领导营销社保职业年金业务。

6月6日-6月16日

张红力副行长出访阿根廷、乌拉圭、智利。其间，走访当地主要客户，拜会相关政府部门及金融机构，拜访了我国驻当地使领馆，并对阿根廷子行进行调研。

6月7日

谷澍行长参加国务院常务会议。

胡浩副行长会见来访的瑞穗金融集团常务执行董事安原贵彦先生一行，双方就未来进一步深化合作进行了交流。

胡浩副行长出席工行与中金公司《投资银行战略合作协议》签约仪式并与来宾座谈。

6月8日

王林纪委书记赴数据中心（北京）调研党建工作，部署推动派驻监督工作。

胡浩副行长出席十大央企总会计师经济形势闭门研讨会，就当前经济金融形势、金融支持实体经济、走进雄安、银企进一步强化战略合作伙伴关系等议题与参会央企领导进行了深入沟通和交流。

以工银党任免〔2017〕32号决定：任命周骏同志为中国工商银行广东省分行营业部党委书记。免去沈晓东同志中国工商银行广东省分行营业部党委书记职务。

以工银党任免〔2017〕33号决定：任命施刚同志为中国工商银行北京市分行党委书记。免去王珍军同志中国工商银行北京市分行党委书记职务。

以工银党任免〔2017〕34号决定：任命沈晓东同志为中国工商银行广东省分行党委书记。免去施刚同志中国工商银行广东省分行党委书记职务，另有任用。

以工银任免〔2017〕275号决定：聘任施刚为中国工商银行北京市分行行长，聘期至2020年5月止。因工作需要或其他原因，聘期可提前中止。解聘王珍军中国工商银行北京市分行行长职务。

6月9日

银监会部分金融机构普惠金融工作开展情况座谈会在工行总行举行，银监会主席郭树清主持会议，易会满董事长、谷澍行长、胡浩副行长参加会议。国家开发银行、进出口银行、农业发展银行、农业银行、中国银行、建设银行、邮储银行等金融机构负责人参加座谈。会前，郭树清还来到工行普惠金融事业部、信贷监控中心实地考察调研工行普惠金融工作开展情况。

中国工商银行股份有限公司董事会召开会议。会议由易会满董事长主持，谷澍执行董事、王敬东执行董事等15位董事会成员出席会议。钱文挥监事长列席会议。官学清董事会秘书参加会议。监事会成员以及总行相关部门负责人列席会议。会议审议通过了《关于修订〈中国工商银行股份有限公司章程〉的议案》。

中国工商银行股份有限公司监事会召开会议。会议由钱文挥监事长主持，张炜、惠平、黄力、瞿强、沈炳熙监事参加会议，行内有关部门负责人列席会议。会议审议通过《关于修订〈中国工商银行股份有限公司章程〉的议案》。

以工银任免〔2017〕276号决定：聘任周骏为中国工商银行广东省分行营业部总经理，聘期至2021年6月止。因工作需要或其他原因，聘期可提前中止。解聘沈晓东中国工商银行广东省分行营业部总经理职务，另有任用。

6月12日

谷澍行长会见来访的卢森堡首相 Xavier Bettel 先生一行，双方就中卢金融合作、绿色金融、“一带一路”合作等话题进行了交流。

6月12日-6月13日

易会满董事长赴广东分行宣布人事任免，并拜会广东省省长马兴瑞。

王林纪委书记赴私人银行部、数据中心（上海）开展工作调研。

6月12日-6月14日

胡浩副行长赴山东、青岛分行调研，听取了山东分行、青岛分行有关工作汇报，走访了浪潮集团和中国重汽集团，以及特锐德电气、罗博飞海洋技术公司及蓝色硅谷核心区，并出席山东分行与浪潮集团战略合作协议签约仪式。

谭炯副行长在上海出席“幸福小苹果”贵金属实物新品发布会，并为产品揭幕。

6月13日

易会满董事长赴北京分行宣布人事任免。

谷澍行长、官学清董事会秘书会见来访的资本国际总裁 Victor Kohn 一行，双方就当前宏观经济形势、金融监管强化、工行经营业绩及战略等议题进行了交流。

王敬东副行长在北京出席全行第四届员工乒乓球赛决赛并颁奖。

6月14日

易会满董事长参加国务院常务会议。

谷澍行长会见来访的新加坡大华银行集团副主席兼首席执行官黄一宗先生一行，双方就中国宏观经济、工行国际化发展、金融科技以及两行创新合作领域等议题进行了交流。

谷澍行长出席在总行召开的市场利率定价自律机制工作会议。中国人民银行张晓慧行长助理出席会议并作重要讲话，部分商业银行负责人参加会议，张漪秘书长主持会议。

王敬东副行长参加工信部组织召开的全国产融合作工作座谈会。

6月15日

中国共产党中国工商银行代表会议在北京隆重召开，会议由党委书记易会满同志主持。会议审议通过了《中国工商银行党代表会议选举办法》，总监票人、监票人名单，宣布总计票人、计票人名单和工行出席党的十九大代表候选人名单，采取无记名投票的方式，差额选举产生了中国工商银行出席党的十九大代表。总行党委委员，总行退出领导班子和部分离退休老领导，高管出席了会议。

总行在北京召开第二季度经营工作推动会，通报前5个月经营情况，安排6月末需要重点做好的工作。谷澍行长出席会议并讲话，钱文挥监事长主持会议，总行在京高管层成员出席会议。

总行召开集体廉政谈话会，王林纪委书记与9名新任正职干部进行廉政谈话。

6月15日－6月19日

谭炯副行长出访韩国，参加亚洲基础设施投资银行理事会第二次年会，并赴首尔分行调研。其间，谭炯与韩国贸易保险公社和和韩国进出口银行等当地重要同业客户进行了会谈，并拜会了我国驻韩大使邱国洪。

6月16日

易会满董事长会见来访的京东集团首席执行官刘强东一行，就进一步深化双方合作进行了会谈，并一同出席双方《金融业务合作框架协议》签署仪式。

谷澍行长、胡浩副行长会见中国中铁董事长李长进、财务总监杨良一行，就进一步构建双方面向未来的新型战略合作框架进行了会谈，并出席了双方《全球战略合作协议》及《债转股合作框架协议》《雄安新区开发建设金融合作协议》签约仪式。

王林纪委书记以《切实履行管党治党责任深入落实全面从严治党要求》为主题，面向全行处级以上管理人员进行了十八届六中全会精神专题培训。

王林纪委书记主持召开总行纪委2017年第4次会议。

6月19日

易会满董事长、谷澍行长、钱文挥监事长、张红力副行长、王敬东副行长、王百荣首席风险官、官学清董事会秘书出席2017年度反向路演高管层座谈会。

张红力副行长出席全行资产负债管理年中工作布置会并讲话。

胡浩副行长出席部分分行公司信贷客户经理队伍建设及中收调度会并讲话。

6月19日－6月21日

钱文挥监事长赴长春金融研修学院出席境外机构管理层与内部审计人员培训班开班仪式，并赴长春金融研修学院、吉林分行调研，其间，拜会了吉林省政府林武常务副省长。

李云泽副行长赴上海、江苏分行。在上海期间，出席了“2017陆家嘴论坛”，主持召开上海分行零售业务重点工作座谈会和深化私人银行业务改革发展研讨会。在江苏期间，赴苏州分行进行零售业务调研，拜会南京大学薛海林副校长。

6月19日－6月23日

王敬东副行长率团赴美国旧金山考察金融科技工作。先后赴 IBM Watson 用户中心、IBM Bluemix 创新工场、苹果公司客户交流体验中心、Sigfig 公司和 Ripple 公司考察，并赴旧金山分行调研座谈。

6月20日

谷澍行长出席在中国移动集团举办的中国健康医疗大数据股份有限公司投资意向签约仪式。卫计委、国资委、工信部及相关企业投资方、相关金融机构负责人出席签约仪式，谷澍代表工行致辞并见证了投资意向协议签署。

王林纪委书记赴中央纪委参加联系单位派驻纪检组组长、纪委书记会议。

胡浩副行长会见中国石油天然气集团公司总会计师刘跃珍一行，就进一步深化双方战略合作进行会谈，并出席工行与中油资本《战略合作协议》签署仪式。

6月20日－6月21日

易会满董事长赴四川开展精准扶贫工作调研，先后到达州万源、巴中南江两个对口扶贫点实地考察，走访当地贫困户、“致富创业贷”支持农户和产业扶贫支持企业，看望工行援建南江凉水希望小学师生，在南江组织召开精准扶贫工作座谈会。

6月21日

谷澍行长参加国务院常务会议。

谭炯副行长出席“中央企业深入参与上海科技创

新中心建设”推介对接会。

6 月 22 日

谷澍行长参加国务院理论学习中心组学习讲座。

张红力副行长出席中国工商银行 2017 年博士后出站报告评审会并担任答辩评委。

王林纪委书记出席部分分行案防形势分析会并讲话。

胡浩副行长会见来访的德国宝马集团全球司库 Norbert Mayer 先生一行，双方就进一步加强全面业务合作进行了深入交流。

胡浩副行长出席湖南省人民政府在北京举办的央企湘企“一带一路”产能合作对接会，并代表工行与湖南省人民政府签署《全面战略合作协议》。

李云泽副行长参加第四届金融标准化委员会成立会议。

6 月 22 日 –6 月 23 日

易会满董事长、谭炯副行长赴成都拜会四川省省长尹力等地方党政领导，并出席工行与四川省政府定点扶贫捐赠暨《融 e 购电商扶贫战略合作协议》签约仪式。在成都期间，还听取了四川分行工作汇报，组织召开了二级分行负责人座谈会，会见了成都市委书记范锐平，并出席工行与成都市政府《共建国家中心城市金融战略合作协议》签约仪式。

6 月 23 日

党委书记易会满同志主持召开第 19 次党委（扩大）会议，研究贯彻李克强总理、马凯副总理关于做好当前金融工作重要讲话精神的意见，传达贯彻中央关于学习廖俊波事迹的精神和要求，研究审议党委组织部提交的境外机构管理层公开遴选方案、关于完善干部上下交流培养机制和 2017 年总行干部赴基层锻炼工作事宜。党委副书记谷澍、钱文挥，党委委员张红力、王林、胡浩、李云泽、谭炯出席。

谷澍行长、李云泽副行长会见来访的华润集团总经理罗熹一行，就进一步深化双方战略合作进行了会谈，并共同出席工银华润通联名信用卡首发仪式。

张红力副行长会见中央驻澳门联络办姚坚副主任。

胡浩副行长拜会中国石化集团公司赵东总会计师，双方就进一步全面深化银企战略合作关系深入交换了意见。

6 月 26 日 –6 月 28 日

易会满董事长、官学清董事会秘书赴香港出席由工行主办的跨境金融服务论坛暨战略合作伙伴签约仪式，并走访会德丰集团、香港铁路有限公司、东亚银行、香港旅游发展局等客户和合作伙伴，期间还听取了工银亚洲工作情况汇报。

6 月 27 日

中国工商银行股份有限公司 2016 年度股东年会在香港和北京两地通过视频连线的方式同步召开，会议由易会满董事长主持，谷澍副董事长、钱文挥监事长、张红力执行董事、王敬东执行董事及董事会成员、监事会成员、官学清董事会秘书出席会议。

张红力副行长主持召开境外“一带一路”领导小组第九次工作会议。

6 月 27 日 –6 月 29 日

李云泽副行长赴深圳、广东分行调研。在深圳期间，走访了华为公司、中海地产等客户，就全面加强银企合作、推进重点项目落地等议题进行了交流。在广东期间，主持召开广东分行零售业务竞争力提升工作座谈会，并就广东分行下一步零售业务转型发展提出具体要求。

6 月 27 日 –6 月 29 日

谭炯副行长赴云南营销职业年金业务，拜会云南省副省长董华，以及昆明铁路局局长刘柏盛等重要客户，分别召开座谈会听取云南分行、内审昆明分局工作汇报，并到营业部南屏支行看望慰问网点员工。

6 月 28 日

谷澍行长、王百荣首席风险官出席财政部在工行举办的关于市场化债转股座谈会。财政部史耀斌副部长主持会议并讲话，发改委、人民银行、银监会、证监会、保监会有关领导及部分金融机构负责同志参加会议。

钱文挥监事长出席人社部召开的企业工资总额核定机制现场调研会。

张红力副行长出席并主持中国工商银行 2017 年第 4 期（总第 53 期）创新沙龙。本期沙龙主题为“金融科技引领传统券商变革”，邀请广发证券副总裁杨龙作演讲嘉宾。

胡浩副行长拜会国家卫计委副主任金小桃，双方就推动健康医疗大数据建设进行了深入交流。

6 月 29 日

易会满董事长出席宁波市与在北京的金融机构总部合作发展恳谈会，见证工行与宁波市政府签署《战略合作框架协议》，并与浙江省委副书记、宁波市委书记唐一军，宁波市委副书记、市长裘东耀会谈。

谷澍行长主持召开第 12 次专题会议，研究全行印章综合改革工作。钱文挥监事长、王敬东副行长、王林纪委书记出席。

谷澍行长主持召开业务与产品创新管理委员会 2017 年第二次会议，王敬东、胡浩、李云泽副行长出席。会议审阅了《2017 年上半年业务与产品研发情况》《产品研发风险管理工作情况》和《个人贷款产品整合提升整体工作情况》三项议题，审议通过了《产品目录建设及管理情况》和《人工智能业务应用研究及规划》两项议题。

胡浩副行长拜会中国投资有限责任公司副总经理郭向军，就双方加强存款、贷款、发债、海外投融资等业务合作进行了深入交流。

6月30日

中国工商银行监事会会议召开，会议由钱文挥监事长主持。会议听取关于境外机构资产业务发展和管理情况、金融市场业务发展和管理情况、票据业务管理调研情况、风险加权资产管理情况等4项汇报，审阅《安徽分行财务检查情况的报告》和《我行私人银行业务风险管理情况的报告》。

李云泽副行长出席2017年私人银行业务专业委员会年会暨《中国私人银行行业发展报告》发布会，并作为中国银行业协会私人银行专业委员会主任发表致辞。

以工银党任免〔2017〕37号决定：任命罗毅同志为中国工商银行四川省分行营业部党委书记。免去陈汀同志中国工商银行四川省分行党委委员兼营业部党委书记职务，另有任用。

以工银党任免〔2017〕38号决定：任命陈汀同志为中国工商银行江西省分行党委书记。免去倪百祥同志中国工商银行江西省分行党委书记职务。

以工银任免〔2017〕293号决定：聘任罗毅为中国工商银行四川省分行营业部总经理，聘期至2021年6月止。因工作需要或其他原因，聘期可提前中止。解聘陈汀中国工商银行四川省分行副行长兼营业部总经理职务，另有任用。

7月

7月2日－7月4日

王敬东副行长赴香港参加中国人民银行主办的“债券通”启动庆典仪式。其间，拜访香港中联办秘书长许东，赴香港外汇资金交易中心调研，并赴工银亚洲、工银国际、香港培训中心看望慰问。

7月3日

全行配合审计署审计动员大会以现场和视频相结合的方式召开，谷澍行长出席并讲话。

王林纪委书记出席总行党委第二轮第四批次巡视工作动员会。

胡浩副行长会见来访的法国巴黎银行首席运营官、副总裁Philippe Bordenave先生一行，双方就欧洲经济形势和两行全球合作等话题进行了交流。

7月3日－7月4日

张红力副行长赴上海出席工行与东方财富信息股份有限公司托管业务全面合作协议签约仪式。

7月4日

总行在京召开纪念建党96周年党建工作座谈会。党委书记易会满同志出席并讲话，党委副书记谷澍同志主持会议，党委委员王林、李云泽、谭炯出席。王百荣首席风险官、官学清董事会秘书、各部室负责人、在京机构党员代表参加。

总行召开审计署经济责任审计进点见面会。审计署党组成员、中央经济责任审计工作联席办公室张通主任，金融司负责人，京津冀、长沙、重庆特派办负责人，中央纪委驻审计署纪检组副组长及其他经济责任审计组审计人员参加了会议。易会满董事长，姜建清原董事长，谷澍行长，王林纪委书记，胡浩、李云泽、谭炯副行长及高管参加了会议。

李云泽副行长出席银监会金融科技创新调研会。

李云泽副行长拜会中国铁路总公司总经济师余邦利，双方就进一步加强有关业务合作进行了交流。

7月4日－7月13日

钱文挥监事长在京参加“省部级干部加强文化自信与文化管理创新研讨班”。

7月5日

易会满董事长参加国务院常务会议。

总行举行党委中心组集体学习，围绕“践行新发展理念 服务‘一带一路’建设”主题开展集中学习研讨，传达学习习近平总书记在“一带一路”国际合作高峰论坛开幕式上的主旨演讲及圆桌峰会公报的相关内容，并结合实际提出工作措施和要求。党委书记易会满主持会议，党委副书记谷澍、钱文挥，党委委员张红力、王敬东、王林、李云泽、谭炯出席。

胡浩副行长赴河北雄安新区调研，并拜会河北省委常委、新区党工委书记、管委会主任陈刚，双方就进一步深化合作交换了意见。

李云泽副行长会见瑞士信贷资产管理全球负责人Eric Varvel先生一行，双方就国内外金融监管形势及进一步加强业务合作等议题进行了交流。

李云泽副行长出席银保业务现场检查驻场工作会议。

以工银任免〔2017〕314号决定：聘任宋建华为个人金融业务部总经理，聘期至2022年7月止。因工作需要或其他原因，聘期可提前中止。

以工银任免〔2017〕315号决定：聘任杨志忠为授信审批部总经理，聘期至2022年7月止。因工作需要或其他原因，聘期可提前中止。解聘索绪全授信审批部总经理职务，批准其退休。

7月5日－7月6日

谭炯副行长赴山西营销社保职业年金业务，出席山西分行“员工养老金管家”产品发布会，并到分行调研。其间，拜会了山西省常务副省长高建民。

7月6日

王敬东副行长主持召开总行机关党支部纪检委员培训班，邀请中央国家机关纪工委常务副书记周惠授课。

7月6日–7月7日

易会满董事长赴江西分行宣布干部任免事项，经总行党委研究决定，陈汀同志任江西分行行长、党委书记；倪百祥同志因年龄原因，不再担任江西分行行长、党委书记职务，转任浙江分行资深专家。其间，拜会了江西省省长刘奇、常务副省长毛伟明等地方党政负责人，并实地视察了江西分行新办公营业大楼。

王林纪委书记赴湖南分行开展巡视整改及教育培训调研。

7月7日

胡浩副行长会见总行第五期“投行讲坛”主讲人——赛富基金创始管理合伙人阎焱先生。

7月10日

谷澍行长会见加拿大蒙特利尔银行 CEO William Downe 先生一行，双方就两行近期经营情况、资产管理合作和风险信息共享等议题进行了交流。

王敬东副行长出席全行现金业务安全管理视频会议并讲话。

7月10日–7月20日

胡浩副行长出访英国、巴西、阿根廷。在伦敦期间，拜会了英国劳埃德银行，并代表工行与其签署框架性合作协议（MOU）；拜会英国审慎监管局（PRA），出席欧非金融机构营销中心庆祝活动并发表致辞。在巴西期间，拜会巴西央行驻圣保罗机构，巴西伊塔乌联合银行、瑞士信贷银行（巴西）等两家同业，就同业之间加强合作进行了交流。在阿根廷期间，拜会阿根廷能源矿产部和阿根廷第一大通讯媒体 Clarin 集团。

7月11日

谷澍行长主持召开第3次行务会议，听取有关部门和业务板块关于上半年经营情况和下半年工作计划的汇报。易会满董事长，张红力、王敬东副行长，王林纪委书记，李云泽副行长、王百荣首席风险官出席。

谷澍行长会见财政部副部长史耀斌。

7月11日–7月13日

张红力副行长赴吉林出席一级（直属）分行资产负债管理业务分管行长培训班。

7月11日–7月15日

谭炯副行长出访法国。期间，参加国际刑警组织打击网络金融犯罪高峰论坛并发表主旨演讲；拜访国际刑警组织轮值主席、公安部副部长孟宏伟，并与参会的国内外同业进行了交流；赴巴黎分行进行了工作调研。

7月12日

易会满董事长参加国务院常务会议。

易会满董事长会见万科董事会主席郁亮一行。

工行代理基金业务16周年回顾暨中证工银财富基金指数发布会在北京召开。谷澍行长、李云泽副行长出席发布会并发言。

李云泽副行长会见来访的美国货币监理署（OCC）国际银行监管部主任 Mark Allan Shields 一行，双方就工行最新经营及国际化发展情况、海外机构发展面临的主要挑战、OCC 监管重点、中美反洗钱监管等议题进行了交流。

7月12日–7月13日

王敬东副行长赴长院出席信息科技、管理信息分管行长培训班。其间，走访吉林紫鑫药业股份有限公司。

王林纪委书记赴青海分行开展巡视及教育培训工作调研。

7月13日

李云泽副行长会见恒大地产集团总裁时守明一行。

7月14日–7月15日

易会满董事长、谷澍行长、钱文挥监事长参加全国金融工作会议。

7月17日

党委书记易会满同志主持召开第20次党委（扩大）会议，传达学习全国金融工作会议精神，研究贯彻落实意见。

张红力副行长出席环境风险分析国际讨论会并发表主旨演讲。

王敬东副行长参加财政部召开的营改增运行情况座谈会。

王林纪委书记出席党委巡视办、纪委监察室《中国共产党巡视工作条例》集体学习。

7月18日

谷澍行长主持召开总行风险管理委员会2017年第三次会议，王敬东副行长、王林纪委书记、李云泽副行长、谭炯副行长，王百荣首席风险官、官学清董事会秘书出席。会议审议通过了《关于2017年上半年部分专业风险控制措施落实情况的评估报告》等3项议题；审阅了《关于美国“强化审慎标准”达标情况的报告》等2项议题。

7月18日–7月19日

钱文挥监事长参加全国信访工作会议。

王林纪委书记赴青海和宁夏分行开展党建工作调研。其间，分别听取了正在青海和宁夏分行开展巡视的总行党委第三、第四巡视组工作情况汇报。

7月19日

易会满董事长参加国务院常务会议。

谷澍行长主持召开总行资产负债管理委员会2017年第三季度会议，王敬东副行长出席。会议审议了《2017年上半年资产负债管理报告》《2017年上半年储蓄存款业务发展报告》《2017年上半年机构存款业务发展报告》等5项议题。

谷澍行长、李云泽副行长分别会见来访的安盛集团总裁托马斯·布博先生一行，双方就工银安盛成立五年以来的发展情况和未来战略规划等有关内容进行了交流。

王敬东副行长主持召开信息标准化工作领导小组2017年第一次会议。会议审议通过了《全行2017年上半年数据管理工作开展情况的报告》等2项议题；审阅了《信息科技专业数据管理工作情况的报告》等4项报告。

李云泽副行长会见来访的乌兹别克斯坦副总理契卡洛夫一行，双方就加强中乌商业金融合作有关问题交换了意见。

7月20日－7月21日

党委书记易会满同志主持召开第21次党委（扩大）会议，学习贯彻全国金融工作会议精神。党委副书记谷澍、钱文挥，党委委员张红力、王敬东、王林、胡浩、李云泽、谭炯出席。

总行在京召开2017年年中工作会议，学习贯彻全国金融工作会议精神，分析上半年经营情况，部署下半年重点工作任务。易会满董事长、谷澍行长在会上讲话，钱文挥监事长主持会议。总行党委、董事会、监事会及高管层成员出席会议。

7月21日

以工银任免〔2017〕336号决定：续聘马健为中国工商银行私人银行部总经理，聘期至2022年7月止。因工作需要或其他原因，聘期可提前中止。

7月23日－7月25日

钱文挥监事长赴山东济南主持召开“党建与企业文化”专题调研座谈会，并赴山东分行、青岛分行调研。

7月24日

易会满董事长，张红力、谭炯副行长参加亚洲金融协会成立仪式。

谷澍行长会见汇丰集团副行长 Kevan Watts 先生，双方就近期国际市场投融资发展情况及境外机构业务合作等话题进行了交流。

张红力副行长出席工行举办的中泰投资开发合作论坛暨泰国东部经济走廊（EEC）投资路演并致辞。外交部、发改委、贸促会等相关部委，泰国EEC办公室、投资促进委员会、工业园管理局等政府高层，以及100多家有意赴泰投资建设的中资企业参加了活动。

张红力副行长会见来访的俄罗斯中国友好协会会长、俄罗斯联邦委员会议员、上合组织原秘书长梅津采夫先生一行，双方就两国经贸往来、海外项目投融资合作等话题进行了交流。

胡浩副行长会见卡塔尔金融中心监管局负责人 Ewald Müller 先生一行，双方就宏观经济形势、工商银行经营业绩以及多哈分行经营情况和监管评价等话题交换了意见。

7月24日－7月28日

李云泽副行长赴长春金融研修学院零售主管行长培训班授课，并赴辽宁、吉林、黑龙江分行调研。其间，会见参与此次培训授课的麦肯锡公司全球资深董事合伙人曲向军；分别听取三家分行工作汇报，并赴基层网点看望慰问一线员工。

7月25日

易会满董事长会见来访的欧洲复兴开发银行行长苏玛·查克拉巴蒂爵士一行，双方就进一步加强在全球范围内的业务合作进行了交流。

谷澍行长主持召开总行资产管理业务推进委员会2017年第二次会议，谭炯副行长出席。会议审议讨论了《大资管业务2017年第二季度经营情况及第三季度经营计划》；听取了《关于大资管战略统筹协调机制2017年40项重点工作第二季度进展情况的汇报》等12项汇报；审阅了《关于加强集团大资管业务母子公司联动发展的意见》等6项议题。

张红力副行长会见卢森堡证券交易所首席执行官 Robert Scharfe 一行，双方就绿色金融、人民币业务合作等话题进行了交流。

7月26日

谷澍行长会见来访的新加坡国立大学商学院金融机构高级访问团一行，梁定邦独立董事参加并主持相关交流活动。

党委副书记钱文挥主持召开“两学一做”学习教育协调小组会议，听取前一阶段全行推进“两学一做”学习教育常态化制度化工作开展情况、总行党委班子集中学习情况和总行机关学习教育常态化制度化进展情况的报告，审议了基层党支部“微党课大家讲”和“一问一改”活动方案，并研究部署下一阶段工作。

胡浩副行长主持召开国际化联席会议2017年第三次会议。会议听取了第二次联席会议精神落实情况，总行部门境外发展战略规划以及工银亚洲三年规划，重点信贷产品规范和跨境投资风险防控，外资金融机构及境外主权类客户统一视图建设5项议题的汇报。

胡浩副行长会见融创中国董事会主席孙宏斌一行，双方就进一步加强并购融资、个人按揭、跨境融资、现金管理等方面合作进行了交流。

7月26日－7月27日

谷澍行长赴浙江出席工行与杭州市人民政府金融服务战略合作协议签约仪式。其间，会见了浙江省政府朱从玖副省长、杭州市委书记赵一德、杭州市市长徐立毅等地方党政负责人；赴浙江分行开展工作调研，看望慰问省分行营业部羊坝头支行、营业部私人银行中心干部员工。

7月26日－7月28日

王敬东副行长赴青海分行调研基层党建、运行管理和工会工作，实地调研了分行现金营运中心及金库建设情况，考察了西宁城西支行、中心广场支行网点运营、员工餐厅、职工之家建设等情况。

7月27日

胡浩副行长拜访用友网络科技股份有限公司董事长

王文京。

7 月 27 日 –7 月 28 日

谭炯副行长赴上海出席部分分行票据业务座谈会，并赴贵金属业务部调研。

7 月 28 日

谷澍行长出席全行 2018—2020 三年人员规划编制工作启动会并讲话。会议以现场与视频相结合的方式召开。

张红力副行长会见来访的我国驻南非大使林松添一行，双方就加强中非金融合作等议题进行了交流。

张红力副行长代表工行参加并观看中国人民解放军建军 90 周年文艺晚会。

胡浩副行长会见河北雄安新区临时党委副书记党晓龙一行，双方就支持雄安新区建设及下一步重点合作方向进行了交流。

7 月 31 日

易会满董事长、胡浩副行长会见中国华电集团公司董事长赵建国、总会计师邵国勇一行，双方就进一步深化战略合作进行了交流，并出席了双方《战略合作协议》暨《债转股合作框架协议》签约仪式。

易会满董事长、谷澍行长、胡浩副行长分别会见来访的标准银行集团董事长 Thulani Gcabashe 先生及联席 CEO Ben Kruger 先生、Sim Tshabalala 先生一行，双方就中非政治经济形势、两行经营发展情况、双方战略合作以及工银标准经营管理等议题进行了交流。官学清董事会秘书陪同。

谷澍行长会见来访的新加坡交易所首席执行官罗文才先生一行，双方就拓展亚洲债券市场、加强两地交流、推进新交所与工行新加坡分行业务协作等话题进行了交流。

银监会大型银行部王大庆巡视员一行来工行通报半年度监管情况，谷澍行长出席监管会谈，王百荣首席风险官陪同。

张红力副行长、李云泽副行长出席工行在京举办的“随军行”专属军人金融服务暨工银军魂信用卡首发仪式，共同为新服务、新产品揭幕。

王敬东副行长参加银监会 2017 年度信息科技监管会谈。会上信息科技部向银监会汇报了工行 2017 年上半年信息科技重点工作开展情况及下半年工作计划。

8 月

8 月 1 日

张红力副行长出席中国人民解放军建军 90 周年纪念大会。

王敬东副行长出席 2017 年第一期“大数据智胜”现场 PK 竞赛并讲话。

王林纪委书记参加中央纪委传达习近平总书记重要讲话精神专题会议。

8 月 1 日 –8 月 3 日

易会满董事长赴湖南分行调研，听取湖南分行工作汇报，组织召开二级分行行长座谈会，并到分行营业部中山路支行看望慰问基层员工。其间，拜会了湖南省委书记杜家毫、省长许达哲、常务副省长陈向群等地方党政负责人。

李云泽副行长赴陕西和贵州分行调研，听取分行工作汇报，看望和慰问一线员工；在贵州主持召开部分分行信用卡分期付款业务座谈会。

8 月 2 日

谷澍行长主持召开投资银行业务推进委员会 2017 年第一次会议，胡浩副行长出席。会议听取了委员会秘书处《关于“大投行”战略落实情况及工作思路的汇报》；审议了《组合式并购贷款业务操作规程》等 8 项议题；审阅了《境外机构主动管理型组合式基金业务 2017—2019 年发展计划》等 8 项议题。

王敬东副行长主持召开技术审查委员会 2017 年第二次会议，会议审议并原则通过了信息科技部提交的《大数据服务云规划》等 4 项议题。

胡浩副行长出席工银金融资产投资有限公司创立大会并讲话。

谭炯副行长赴河北营销社保职业年金业务，拜会河北省副省长张古江，并到河北分行开展工作调研。

8 月 3 日

谷澍行长、王敬东副行长出席流程优化领导小组会议。

王林纪委书记主持召开“工银大学”建设调研座谈会。

8 月 4 日

党委书记易会满同志主持召开第 22 次党委（扩大）会议，传达学习中央单位纪检组（纪委）主要负责同志会议精神，研究审议拟提交董事会的两项议案和汇报，听取并审议人力资源部关于组建网络金融部、加强分支机构本部党建工作、清理收缴党费使用方案的汇报，研究审议监察室关于对河南、黑龙江、陕西三家分行违规理财及案件责任追究情况的报告。党委副书记谷澍、钱文挥，党委委员王敬东、王林、胡浩、李云泽、谭炯出席。

易会满董事长、谭炯副行长走访中国联合网络通信集团有限公司，同集团王晓初董事长和姜正新副总经理举行会谈，并签署双方战略合作协议。

钱文挥监事长出席银监会信访工作座谈会。

王敬东副行长参加人民银行召开的 2016 年度银行科技发展奖评审领导小组会议。

胡浩副行长拜访 IDG 资本全球董事长熊晓鸽，双方就加强业务合作、促进优势互补和实现资源共享等方面进行了交流。

8 月 7 日

李云泽副行长出席银监会召开的大型银行普惠金融事业部相关工作座谈会。

谭炯副行长主持召开第 13 次专题会议，研究电子商业汇票管理相关工作。

8 月 8 日

谷澍行长会见华泰证券董事长周易一行，双方就加强银证合作进行了交流，并出席了全面业务合作协议签约仪式。

张红力副行长出席全行资产托管业务座谈会并讲话。

张红力副行长主持 2017 年第 5 期（总第 54 期）创新沙龙。邀请国防大学徐焰少将作了题为“中国的国防建设和周边安全环境”的主题演讲。程凤朝董事，黄力、沈炳熙监事参加本期沙龙。

8 月 9 日

李云泽副行长会见来访的阿布扎比国际金融中心金融服务监管局（FSRA）首席执行官邓伟政先生一行，双方就托管、资管、“一带一路”投融资及工行中东业务布局等议题进行了交流。

以工银任免〔2017〕351 号决定：续聘朱长法为资产负债管理部总经理，聘期至 2022 年 8 月止。因工作需要或其他原因，聘期可提前中止。

以工银任免〔2017〕361 号决定：续聘刘瑞霞为风险管理部总经理，聘期至 2022 年 8 月止。因工作需要或其他原因，聘期可提前中止。

8 月 9 日 –8 月 11 日

谭炯副行长赴党建工作联系点浙江分行和嘉兴分行开展党建工作调研，并拜会浙江省政府熊建平副省长，营销社保职业年金业务，走访物产中大集团。

8 月 10 日

谷澍行长会见来访的工银亚洲董事会成员一行，双方就工银亚洲下一步经营发展等议题进行了交流。

8 月 11 日

谷澍行长会见来访的玻利维亚政府代表团，该团由玻利维亚发展规划部长、发展规划部副部长、财政和公共信贷部副部长和驻华大使等高级官员组成。双方就玻利维亚基础设施领域融资合作等话题交换了意见。

王林纪委书记主持召开总行纪委 2017 年第 5 次会议。

8 月 14 日

易会满董事长主持召开网络金融推进委员会第一次会议。谷澍行长，王敬东、李云泽副行长出席。听取了委员会秘书处《关于 e – ICBC 3.0 战略实施总体进展的汇报》，审议了《网络金融推进委员会议事规则》等 12 项议案。

易会满董事长会见辽宁省副省长王大伟一行，双方就进一步深化银政、银企合作进行了交流。

8 月 14 日 –8 月 18 日

张红力副行长赴吉林为全行机构业务培训班授课。

胡浩副行长出访南非。其间，参加了标银集团董事会及相关专门委员会会议，会见了标银集团管理层及主要业务线负责人，并看望慰问了非洲代表处及总行派往标银集团交流的干部员工。

8 月 15 日

易会满董事长会见澳大利亚驻华大使 Jan Adams 女士一行，双方回顾了中澳经贸合作情况，围绕当前中澳两国宏观经济近况、工行悉尼分行发展定位和规划以及中澳双边未来合作等话题进行了交流。

易会满董事长走访中国进出口银行，同中国进出口银行胡晓炼董事长、袁兴永副行长举行会谈，并共同出席双方《支持“一带一路”建设合作协议》签署仪式。官学清董事会秘书陪同。

党委副书记、监事长、党校校长钱文挥出席总行党校第 14 期领导干部研究班开班仪式并为全体学员授课。

王敬东副行长出席毕马威 2017 年中期财务报表审阅工作汇报会。

李云泽副行长主持召开 2017 年上半年总行服务工作委员会会议。会议总结了上半年全行客户服务工作整体情况；听取了渠道管理部、电子银行中心以及两家三方公司关于上半年客户满意度及客户体验痛点分析情况报告；审议了上半年客户体验痛点任务分解方案。

8 月 16 日

王敬东副行长赴运行管理部宣布人事任免。经总行党委研究决定，牛刚同志因年龄原因不再担任运行管理部总经理职务，运行管理部工作由毛群同志主持。

王林纪委书记主持召开总行操作风险管理委员会 2017 年第三次会议，王百荣首席风险官出席。会议审议并通过了内控合规部提交的《2017 年中期操作风险管理报告》；听取了《2017 年上半年案防形势分析报告》等 8 项汇报；审阅了《2017 年上半年信息科技风险管理报告》等 2 项议案。

李云泽副行长会见来访的 Visa 副董事长艾睿琪（Ellen Richey）女士一行，双方就在全球范围深化支付创新合作、中国银行卡清算市场开放等议题进行了交流。

8 月 17 日 –8 月 22 日

李云泽副行长出席亚布力中国企业家论坛并赴宁夏、甘肃、青海分行调研。在宁夏期间，出席了 2017 亚布力中国企业家夏季高峰论坛，主持召开私人银行业务座谈会，赴宁夏分行营业部看望慰问了一线员工。在青海期间，听取青海分行工作汇报，赴青海分行西门口支行看望慰问一线员工。在甘肃期间，赴甘肃分行调研，并拜会了甘肃省副省长、省政协副主席郝远。

8 月 18 日

易会满董事长参加国务院常务会议。

易会满董事长接受中央电视台中文国际频道（CCTV4）《锻造金砖》专题报道现场采访，介绍工行投资入股南非标准银行集团的决策考虑和入股后两行的战略合作成果，并就金砖国家金融合作等话题回答了记者提问。

王敬东副行长会见汇金公司张宏安副总经理一行，双方就进一步加强政府支持债券发行、债券利息收益免税事宜、债券定价区间、后续合作创新发行柜面债券等问题进行了交流。

8 月 21 日

王敬东副行长参加人民银行召开的金融支持深度贫困地区脱贫攻坚座谈会。

王林纪委书记会见银监会系列专项治理工作现场督查组，并出席现场督查进场会。

胡浩副行长赴普惠金融事业部宣布干部任免事项。经总行党委研究决定，田哲同志任普惠金融事业部总经理，任职文件在履行完相应的程序后再正式印发。

8 月 22 日

张红力副行长主持召开第 17 次专题会议，研究基金托管业务资源互换问题。

8 月 22 日 -8 月 25 日

胡浩副行长出访沙特阿拉伯。其间，拜访沙特阿美集团，营销阿美 IPO 项目，出席由中国国家发改委和沙特阿拉伯能源矿产资源部联合主办、工行承办的“中沙产能合作与投资论坛”，并赴中东机构调研。

8 月 23 日

易会满董事长参加国务院常务会议。

党委书记易会满同志主持召开第 23 次党委（扩大）会议，研究审议拟提交董事会的关于 2017 年上半年经营情况等 18 项议案和汇报，以及战略管理与投资者关系部关于向工银美国增资的汇报。党委副书记谷澍，党委委员张红力、王敬东、李云泽、谭炯出席。

易会满董事长拜会全国人大常委会副委员长、中国红十字会会长陈竺，双方就加强业务合作、推进中国红十字会信息化改革等话题进行了交流。

8 月 23 日 -8 月 31 日

王林纪委书记出访秘鲁、阿根廷。其间，听取了两家机构经营状况、发展思路、合规与反洗钱管理、党建工作情况的汇报，并看望慰问两家机构一线员工。在秘鲁期间，主持召开南美区域机构合规官座谈会；拜会中国驻秘鲁大使贾桂德、秘鲁银监会副主席鲁本先生、秘鲁国民银行行长皮埃德罗先生。在阿根廷期间，拜会中国驻阿根廷大使杨万明、阿根廷中央银行金融及外汇机构监管委员会主席法比安先生、巴西伊塔乌银行阿根廷分行总裁布拉盖尔先生。

8 月 24 日

易会满董事长出席由新浪财经主办的 2017 年中国银行业发展论坛，并以“探索建立金融业超级资产负债表 加快构筑新环境下金融运行新格局”为题发表了主旨演讲。

8 月 24 日 -8 月 25 日

王敬东副行长赴河北出席河北省政府银企对接洽谈会，见证工行与河北港口集团《全面战略合作协议》签署，会见河北建设投资集团董事长李连平。其间，还到河北分行进行了工作调研，并参观考察 2022 年冬季奥运会场馆及配套工程建设情况。

8 月 24 日 -9 月 2 日

李云泽副行长随银联代表团出访白俄罗斯、阿塞拜疆、格鲁吉亚。

8 月 25 日

中共中央政治局常委、国务院总理李克强主持召开推动制造强国建设、持续推进经济结构转型升级座谈会。易会满董事长代表工行参加座谈会，并作为五家汇报单位之一、也是唯一一家金融机构汇报单位，在会上就发展普惠金融、服务实体经济内容代表金融机构作了发言。

谷澍行长会见来访的尼日利亚央行行长艾米菲莱·戈德温·埃菲尼伊一行，双方就深化金融合作进行了交流。

谷澍行长会见来访的印度尼西亚 AG 集团总裁郭说锋先生一行，双方就印度尼西亚经济发展、企业社会责任以及业务合作情况等话题进行了交流。

谭炯副行长主持召开重点分行资管业务座谈会。

以工银发〔2017〕92 号决定：决定在原电子银行部（含互联网金融营销中心、融 e 联中心）基础上组建网络金融部，作为总行一级部室，负责智慧银行战略的落地实施，负责统筹全行网络金融业务发展与管理，统筹全行网络金融平台的用户发展与建设运营，统筹全行与互联网企业的联动、合作。

8 月 28 日

易会满董事长赴天津分行调研，听取分行工作汇报。

胡浩副行长主持召开第 14 次专题会议，研究小微中心规范化运营工作，重点就小微中心规范化运营、业务统计口径、审查人员派驻制实现方式和管理体制等进行了讨论。

以工银任免〔2017〕399 号决定：聘任陈汀为中国工商银行江西省分行行长，聘期至 2022 年 8 月止。因工作需要或其他原因，聘期可提前中止。解聘倪百祥中国工商银行江西省分行行长职务，另有任用。

以工银任免〔2017〕401 号决定：聘任沈晓东为中国工商银行广东省分行行长，聘期至 2022 年 8 月止。

因工作需要或其他原因，聘期可提前中止。解聘施刚中国工商银行广东省分行行长职务。

8月29日

易会满董事长会见来访的香港交易所总裁李小加一行，双方就港交所运作、前海联合交易中心业务合作等话题进行了交流。

谷澍行长拜访中国铁塔股份有限公司总经理佟吉禄，双方就加强全面业务合作、工行协助铁塔公司IPO项目推进等话题进行了交流。

谷澍行长会见来访的毕马威全球金融服务业主席安德森先生一行，就审计服务及有关业务合作进行了交流。

王敬东副行长参加银监会召开的银行业金融机构2016年度信息科技监管评级通报会。

8月29日－8月30日

谭炯副行长赴山东营销社保职业年金业务，拜会山东省委常委、常务副省长李群。其间，到山东分行开展工作调研，看望慰问网点一线员工，并走访山东黄金、山东钢铁、中泰证券等当地重点企业营销企业年金业务。

8月30日

中国工商银行股份有限公司董事会召开会议。会议由易会满董事长主持召开，张红力执行董事和王敬东执行董事等13位董事会成员出席会议。钱文挥监事长列席会议，官学清董事会秘书参加会议，王百荣首席风险官、监事会部分成员以及总行相关部门负责人列席会议。会议审议了《关于2017半年度报告及摘要的议案》等17项议案，听取了《关于2017年上半年经营情况的汇报》等2项汇报。

谷澍行长参加国务院常务会议。

胡浩副行长会见紫金矿业集团公司董事长陈景河、副总裁林红英一行，就深化业务合作进行了交流，并出席了双方《战略合作协议》暨《债转股合作框架协议》签约仪式。

中国工商银行召开2017年中期业绩发布会。易会满董事长，谷澍行长，张红力、王敬东、胡浩副行长，王百荣首席风险官，官学清董事会秘书出席。

中国工商银行监事会会议召开，会议由钱文挥监事长主持。会议审议通过《关于2017半年度报告及摘要的议案》和《关于修订〈中国工商银行股份有限公司监事会议事规则〉的议案》；听取关于2017年中期审阅结果等5项汇报。张炜、黄力、瞿强、沈炳熙监事参加会议，惠平监事委托黄力监事出席会议。

张红力、王敬东副行长主持召开第15次专题会议，研究同业业务相关工作。

8月31日

总行在京召开未来三年体制机制改革座谈会，易会满董事长主持会议，谷澍行长、钱文挥监事长、张红力副行长、王敬东副行长、王林纪委书记、谭炯副行长、王百荣首席风险官出席。

易会满董事长、谷澍行长走访国家开发银行，同国开行胡怀邦董事长、郑之杰行长举行会谈，并签署《“一带一路”项下项目融资和境外委托代理业务合作协议》。

8月31日－9月15日

胡浩副行长赴江西参加井冈山干部学院第13期省部级干部党性教育专题培训班。

9月

9月1日

易会满董事长代表工行与中国交通建设股份有限公司、巴西WPR公司签署圣路易斯港项目融资合作协议。

谷澍行长出席2017年全行人员结构调整工作经验交流会。

张红力副行长拜会人社部社保中心唐霁松主任。

王林纪委书记代表工行出席中国上市公司协会第一次会长圆桌会议。

9月1日－9月30日

谭炯副行长参加中管金融企业、中管企业中青年领导人员培训班。

9月2日－9月4日

金砖国家工商论坛在厦门举行，国家主席习近平出席开幕式并发表主旨演讲。易会满董事长、张红力副行长参加论坛有关活动。其间，易会满还作为嘉宾在工商论坛“金融合作与发展”专题环节作了发言，并参加了由五国领导人共同出席的金砖国家工商理事会对话会。

9月4日

李云泽副行长会见湖北省商务厅邱丽新厅长一行，双方就银政合作、商贸流通及产业经济合作等议题进行了交流。

9月4日－9月5日

易会满董事长、张红力副行长赴厦门分行调研，听取分行工作汇报。

9月4日－9月13日

谷澍行长出访蒙古、西班牙、捷克。在蒙古期间，出席工行蒙古代表处开业典礼，拜会蒙古国总理额尔登巴特。在西班牙期间，出席工行与西班牙经济、工业与竞争力部及西班牙对外贸易与投资署联合主办的“中资企业在西班牙投资与发展”论坛，会见西班牙贸易国务秘书玛丽娅·庞塞拉、西班牙官方信贷署（ICO）主席帕布洛·萨尔瓦，与相关律师事务所进行了工作会谈，并赴马德里分行看望慰问基层干部员工。在捷克期间，出席布拉格分行开业典礼，拜会捷克总统泽曼，会见捷信集团董事会主席施梅兹，赴布拉格分行调研并慰问员工。

9月5日

易会满董事长在厦门拜会来华参加金砖峰会的墨西哥总统培尼亚，以及墨外交部长、教育部长、总统首席顾问、驻华大使等一行，双方就加强金融领域合作等话题交换了意见。

由工行、中国金融学会绿色金融专业委员会、联合国环境署、“一带一路”银行间常态化合作机制、CFA协会共同主办的绿色金融国际研讨会在北京举行。张红力副行长代表工行出席会议并发表主旨演讲，会见联合国副秘书长高级顾问 Simon Zadek 先生和英国绿色投资银行总裁 Edward Notham 先生，就联合国如何在“一带一路”倡议中更加有效地发挥作用、工行绿色金融及绿色投资战略布局和未来合作机会等领域进行了交流。

王敬东副行长出席全行信息系统安全生产保障工作部署会议并讲话。

李云泽副行长会见来访的龙星基金副董事长 Phil Gramm 先生一行，双方就信贷资产处置及后续业务合作等议题进行了交流。

9月6日

王林纪委书记赴总行党校为第14期领导干部研究班授课。

李云泽副行长主持召开全行个贷经营模式优化及流程改造工作推动会。

李云泽副行长会见碧桂园集团总裁莫斌一行，双方就深化房地产投融资领域战略合作等议题进行了交流。

9月6日–9月23日

王敬东副行长参加“国有企业领导人员队伍建设专题研修班”。

9月6日–9月7日

李云泽副行长赴四川参加银联董事会。

9月7日

易会满董事长赴总行党校与第14期领导干部研究班学员座谈。

9月7日–9月9日

李云泽副行长赴上海参加私人银行业务座谈会，出席重点城市行私人银行业务竞争力提升培训班并讲话。其间，会见东方财富信息股份有限公司董事长其实，双方就全面深化业务合作进行了交流。

9月8日

钱文挥监事长参加人民银行召开的2017年反洗钱形势通报会。

王林纪委书记参加全国纪检监察系统表彰大会。

以工银发〔2017〕103号决定：提名朱晓平任工银金融资产投资有限公司董事长、非执行董事，张正华、郑卫东任执行董事，王一心、张维梁任非执行董事，顾继红任监事。提名张正华任工银金融资产投资有限公司总经理，郑卫东、陆胜东、笪戟任副总经理。

9月10日–9月13日

第14届中国—东盟博览会在广西南宁举行，中央政治局常委、国务院副总理张高丽出席开幕式并致辞。李云泽副行长代表工行参加开幕式，出席相关论坛并发言。其间，会见了泰国国务部长翁信、缅甸商务部长丹敏、菲律宾贸易与工业部副部长特拉多、菲律宾国民经济发展署部长助理乔纳森·魏、新加坡工商联主席张松声和柬埔寨加华银行董事长方侨生等外国政府部门和企业代表。

李云泽副行长赴广西分行调研，营销客户并赴网点看望慰问一线员工；会见广西建工集团总经理罗涛一行，并就工行与广西建工对外保函、债券承销等方面业务合作进行了交流。

9月12日

王林纪委书记出席2017年度一级（直属）分行及分行营业部内控评价视频启动会，对全行2017年度内控评价工作进行部署和动员。

王林纪委书记为内部审计系统管理人员“提高政治素质、提高业务技能”培训班授课。

9月13日

易会满董事长参加国务院常务会议。

钱文挥监事长、王林纪委书记出席全行维护经营秩序、保障安全生产工作会议。

钱文挥监事长会见农业银行副行长康义一行。

9月13日–9月15日

易会满董事长赴湖北分行调研，听取分行工作汇报，组织召开二级分行行长座谈会，并到武汉内审分局看望慰问员工。其间，拜会了湖北省委书记蒋超良，省长王晓东，省委副书记、武汉市委书记陈一新等地方党政主要负责人。

9月14日

谷澍行长会见麦肯锡董事长 Dominic Barton 先生一行，双方就银行如何发挥自身优势应对金融科技公司发展的影响、审计行业与咨询业的交融、维持企业内部生态机制平衡、精简服务处理流程以提升客户体验等议题进行了交流。

谷澍行长、李云泽副行长出席审计署金审平台升级改造及数据治理工作会议。

李云泽副行长赴河北雄安新区调研并拜会新区党工委书记、管委会主任陈刚，双方就雄安新区构建金融生态、信用体系和新区机制体制创新等方面进行了交流。

9月15日

总行举行党委中心组扩大学习，围绕“带头落实管党治党责任 金融支持深度贫困地区脱贫攻坚”主题开展集中学习研讨，传达学习了习近平总书记在深度贫困地区脱贫攻坚座谈会上的重要讲话精神以及人民银行金融支持深度贫困地区脱贫攻坚座谈会要求，并结合工行实际提出工作措施和要求。党委书记易会满主持会议，党委副书记谷澍、钱文挥，党委委员张红力、王林、李云泽出席。

谷澍行长会见普华永道新任全球主席罗智浩（Robert Moritz）先生一行，双方就全球金融行业趋势、国际化发展及创新、有关业务合作等议题进行了交流。

总行党委副书记、监事长、党校校长钱文挥出席总行党校第14期领导干部研究班结业仪式并讲话。

李云泽副行长参加金融街论坛。

9月18日

党委书记易会满同志主持召开第24次党委（扩大）会议，听取党委宣传部关于推进创新文化建设的汇报。党委副书记谷澍，党委委员张红力、王林、胡浩、李云泽出席。

9月18日–9月19日

易会满董事长、胡浩副行长主持境外机构和综合化子公司管理层公开遴选面试。王百荣首席风险官陪同。

9月18日–9月28日

钱文挥监事长出访巴西、秘鲁、阿根廷。在巴西期间，拜会了巴西央行驻圣保罗机构金融组织部部长Young M. To先生、圣保罗工业联合会对外贸易与国际关系部部长Thomaz Zanotto先生、中国驻圣保罗总领事陈佩洁。在秘鲁期间，拜会了秘鲁中央储备银行总经理Renzo Rossini先生、中国驻秘鲁大使贾桂德。在阿根廷期间，拜会了阿根廷央行金融和外汇机构监管委员会主席助理Guillermo A. Zuccolo先生、中国驻阿根廷大使杨万明。

9月18日–9月21日

王林纪委书记赴四川出席一级（直属）分行、直属机构纪委书记、监察室主任培训班并授课。其间，到四川分行营业部进行了工作调研。

9月19日

谷澍行长会见来访的纽约梅隆集团主席Gerald Hassell先生一行，双方就两行在资产托管、资产管理和金融市场等多个领域的合作情况和业务机会进行了交流。

张红力副行长参加中国红十字会召开的第十届常务理事会第四次会议。

9月20日

谷澍行长参加国务院常务会议。

胡浩副行长主持召开投资银行业务2017年第三季度推动会。

以工银党任免〔2017〕49号决定：任命荀大志同志为总行党委巡视组组长。

以工银任免〔2017〕437号决定：聘任吴翔江为网络金融部总经理，解聘其电子银行部总经理职务。

9月20日–9月21日

易会满董事长赴大连分行调研，听取了分行工作汇报，拜会大连市委书记谭作钧等地方党政主要负责人，并到分行中山广场支行营业部看望慰问基层员工。

谷澍行长、张红力副行长、李云泽副行长主持境外机构和综合化子公司管理层公开遴选面试。

9月21日–9月22日

易会满董事长、胡浩副行长赴辽宁分行调研，听取辽宁分行及分行营业部工作汇报，拜会辽宁省委书记李希，省长陈求发等地方党政负责人，并出席工行与辽宁省政府全面振兴辽宁老工业基地金融服务战略合作协议、与本钢集团债转股合作框架协议签约仪式。

张红力副行长出席天津东疆保税港区第1 000架租赁飞机由工银租赁现场交付东方航空活动，并会见天津市委常委、滨海新区区委书记张玉卓。

9月22日

易会满董事长会见来访的澳门金融管理局主席陈守信一行，双方就推动澳门特色金融发展、加强财政储备投资合作等内容进行了交流。

李云泽副行长出席“工行爱奇艺日”启动仪式暨工行爱奇艺业务合作发布会，并与爱奇艺创始人、CEO龚宇一行就深化双方全面业务合作等议题进行了交流。

9月25日

党委书记、董事长易会满应邀到中央党校为中管金融企业、中管企业中青年领导人员培训班授课，就学习贯彻全国金融工作会议精神、做好新形势下的金融工作与学员进行交流。

张红力副行长主持召开“境外一带一路”领导小组第十次工作会议，研究部署“一带一路”银行间常态化合作以及国别项目开发工作。

中投公司与美国中国总商会在北京联合举办美国密苏里州、阿拉斯加州专场中美投资合作交流座谈会。胡浩副行长代表工行出席并发言。美国驻华大使、美国密苏里州及阿拉斯加州州长及政府代表团、中国政府官员、央企及民企高管等各方代表140余人参加会议。

王敬东副行长出席国务院新闻办公室举办的“中国银行业发展情况”媒体吹风会，向与会的中外新闻媒体介绍工行和中国银行业的改革发展成就，并就标普调降信用评级、对朝鲜制裁等热点话题回答了记者提问。

胡浩副行长会见来访的澳大利亚西太平洋银行董事长Lindsay Maxsted先生一行，双方就进一步加强在全球范围内的业务合作进行了交流。

李云泽副行长出席全行服务工作推动会并讲话。

9月26日

工行与江苏省人民政府战略合作协议签署仪式暨工银金融资产投资有限公司成立大会在江苏省南京市举行，易会满董事长在会上致辞，谷澍行长代表工行签约，胡浩副行长主持成立大会，王百荣首席风险官出席。江苏省委书记李强，省长吴政隆，省委常委、副省长杨岳等江苏地方党政负责人出席仪式和大会，国家发改委、财政部、一行三会相关领导，企业和合作机构代表参加上述活动。

谷澍行长赴江苏分行调研。

张红力副行长出席职业年金基金归集账户托管业务营销培训会并讲话。

李云泽副行长出席重点二级分行个人不良贷款压降推动会议并讲话。

9 月 27 日

易会满董事长参加国务院常务会议。

易会满董事长参加国务院营改增工作座谈会。

谷澍行长会见来访的意大利存贷款集团主席 Claudio Costamagna 先生一行，双方就进一步加强在全球范围内的业务合作进行了交流。

谷澍行长、胡浩副行长出席网络融资新产品发布会，重点推介了工行大数据及产业链金融两大类网络融资创新产品。新华社、中央电视台等 20 余家国内知名新闻媒体，中金公司、淡马锡等 30 余家国内外重要投资者及总行相关部门负责人参加。

王林纪委书记主持召开违反中央八项规定精神和违规公款购买消费高档白酒问题专项整治总结大会。

胡浩副行长拜访外交部欧洲司司长陈旭，双方就工行在欧洲的经营发展、工银欧洲马德里分行事件等话题进行了交流。

9 月 28 日

党委书记易会满同志以“努力学习掌握科学的思维方法和工作方法”为主题，为全行党员干部讲授了党课。党委副书记谷澍同志主持。党委副书记钱文挥，党委委员张红力、王敬东、王林、胡浩、李云泽出席。

易会满董事长会见来访的戴尔科技集团董事长兼首席执行官 Michael Dell 先生一行，双方就中国经济新常态下银行业信息化转型、金融科技在商业银行中的应用、金融业务全面合作等话题进行了交流。

总行在京召开党委第二轮第四批次巡视工作汇报会。党委书记、巡视工作领导小组组长易会满，党委副书记、巡视工作领导小组副组长谷澍，党委委员、纪委书记、巡视工作领导小组副组长王林听取了巡视工作情况汇报。

总行在京举办“一带一路”金融合作与中国金融市场开放论坛。胡浩副行长出席论坛并致辞，中国人民银行、国家开发银行、中国进出口银行、中国水利电力对外公司，以及全球 42 家主流商业银行和 12 家非银行金融机构相关业务条线全球或亚太区负责人应邀出席了论坛。

胡浩副行长会见来访的景顺资产管理公司高级董事总经理 Andrew LO 先生和 APG 资产管理公司首席战略官 Gert Dijkstra 先生，就未来战略合作、“一带一路”投融资合作、投资银行间债券市场等话题进行了交流。

9 月 29 日

党委书记易会满同志主持召开第 25 次党委（扩大）会议。传达贯彻落实国务院马凯副总理专题会议精神，研究审议工会工作委员会《关于落实全行一届一次职代会代表提案 拟着力为员工办好十件实事的议案》。党委副书记谷澍、钱文挥，党委委员张红力、王敬东、王林、李云泽出席。

党委书记易会满同志主持召开党委中心组学习，围绕“学哲学用哲学”专题，结合“两学一做”学习教育常态化制度化“带头强化党性修养”主题，开展集中学习研讨。党委副书记谷澍、钱文挥，党委委员张红力、王敬东、王林、李云泽出席。王百荣首席风险官、官学清董事会秘书、党委各部门负责人列席。

易会满董事长、胡浩副行长会见宝武钢铁集团有限公司董事长马国强、总会计师朱永红一行，双方就进一步深化双方战略合作进行了交流，并共同出席了《战略合作协议》签署仪式。

谷澍行长会见来访的香港船东会主席赵式明女士一行，双方就船舶融资与租赁合作、国际航运市场、“一带一路”与香港航运中心建设等议题进行了交流。

胡浩副行长参加银监会召开的大型银行设立普惠金融事业部专题推进会。

9 月 30 日

党委书记易会满同志主持召开第 26 次党委（扩大）会议。传达学习中央关于孙政才严重违纪案审查情况和处理决定的通报精神。党委副书记谷澍、钱文挥，党委委员王敬东、王林、胡浩、李云泽出席。

10 月

10 月 6 日－10 月 10 日

张红力副行长出访俄罗斯。其间，拜会圣彼得堡市市长波尔塔夫琴科；会见中央联邦区政府总统全权代表别戈罗夫和中国驻俄大使李辉；出席中俄金融合作论坛；赴工银莫斯科进行工作调研。

10 月 9 日

易会满董事长、谷澍行长拜会审计署审计长胡泽君、中央经责审计工作联席会议办公室主任张通，双方就工行经营管理及配合审计工作总体情况进行了交流。

北京市国家安全局检查组一行到工行开展国家安全工作现场督导检查，谭炯副行长出席。

10 月 9 日－10 月 15 日

胡浩副行长出访荷兰、美国。在荷兰期间，出席在阿姆斯特丹举办的中欧现金管理发展论坛，并赴工银欧洲机构进行工作调研；在美国期间，出席工银美国休斯敦机构开业典礼，参加工行北美金融机构营销中心举办的“中国金融市场投资机遇”论坛，拜会纽联储大型金融机构部主管 O'Halloran 先生，走访达美航空集团、波音公司等客户。

10 月 10 日

谷澍行长、王敬东副行长、李云泽副行长出席信息科技管理委员会 2017 年第二次会议。会议审议了《支持网络金融发展的科技工作策略》等 3 项议题；审阅了《关于 2017 年以来信息科技工作进展情况及后续工作计划的汇报》。

谷澍行长、官学清董事会秘书会见新加坡淡马锡全球金融服务部总裁方静仪女士一行，双方就中国宏观经济、银行业发展前景、工行经营业绩和金融科技等议题进行了交流。

总行党委巡视办（组）集体学习了中央办公厅印发的《党的十八大以来中央巡视工作总结》和新华社发表的《党的十八大以来中央巡视工作综述》，王林纪委书记主持集体学习和集中讨论。

谭炯副行长主持召开第 16 次专题会议，研究全国理财销售登记系统数据报送工作。

谭炯副行长参加财政部召开的降杠杆部际联席会议。

谭炯副行长对总行电子银行中心十九大前安全生产工作落实情况进行检查。

10 月 10 日 – 10 月 23 日

张红力副行长赴中国延安干部学院参加省部级干部党性教育专题培训班。

10 月 11 日 – 10 月 14 日

中国共产党第十八届中央委员会第七次全体会议在京召开，党委书记、董事长易会满出席会议，党委副书记、行长谷澍列席会议。

10 月 11 日 – 10 月 13 日

李云泽副行长赴河北、天津分行调研。在河北期间，听取分行工作情况汇报，赴电子银行中心（石家庄）和信用卡电话服务中心（石家庄）调研并看望慰问一线员工。在天津期间，听取分行工作情况汇报，并主持召开天津分行零售业务座谈会。

10 月 11 日 – 10 月 20 日

谭炯副行长走访英国、阿联酋、中国香港。走访期间，开展工行全球资管平台路演，拜访标准人寿安本集团、施罗德集团、摩根资产管理等 13 家全球知名金融集团、资产管理公司和投资公司，主持召开资管机构业务合作座谈会，出席工银资管（全球）揭牌暨战略合作协议签署仪式，并到工行当地机构开展调研。

10 月 12 日

王敬东副行长会见湖北鄂州市市长王立一行，双方就深化银政合作、产业投资和招商引资等方面交换了意见。

10 月 13 日

易会满董事长接受《中国证券报》《上海证券报》《中国经营报》《每日经济新闻》以“优秀上市公司巡礼”为主题的联合采访，就工行服务实体经济、转型创新、公司治理等方面的成效和举措与相关媒体负责人进行了交流。

王林纪委书记出席党委第二轮第五批次巡视工作动员暨培训会并讲话。

10 月 16 日

易会满董事长参加国务院常务会议。

谷澍行长主持召开第 4 次行务会议，听取相关部门和业务板块关于前三季度经营情况，当前面临的经营形势和任务、机遇和挑战，以及第四季度工作安排的汇报。易会满董事长，钱文挥监事长，王敬东副行长，王林纪委书记，胡浩、李云泽副行长，王百荣首席风险官，官学清董事会秘书出席。

10 月 17 日

易会满董事长、谷澍行长参加中国共产党第十九次全国代表大会金融代表团会议。

易会满董事长、谷澍行长参加中国共产党第十九次全国代表大会预备会议。

党委副书记、监事长、党校校长钱文挥出席总行党校第十五期领导干部研究班开班仪式，并为全体学员授课。

李云泽副行长出席全行互联网场景共建视频动员会并讲话。

10 月 17 日 – 10 月 18 日

王敬东副行长赴湖北分行参加部分分行职工之家建设调研座谈会，并到分行营业部水果湖支行营业室看望慰问一线员工。其间，走访烽火科技集团有限公司等客户。

10 月 18 日

胡浩副行长、王百荣首席风险官出席工行雄安新区融资策略及营销工作分析会。

10 月 18 日 – 10 月 24 日

中国共产党第十九次全国代表大会在北京召开，党委书记、董事长易会满，党委副书记、行长谷澍，基层党代表金颖颖、朱捷、李鹏作为十九大代表参加会议。党委书记、董事长易会满在会上被推选为大会主席团成员，并当选十九届中央委员会候补委员。

10 月 19 日

王敬东副行长出席毕马威关于 2017 年第三季度商定程序汇报会。

王敬东副行长出席工银标准董事会战略研讨会。会议听取了工银标准管理层关于 2017 年前三季度经营管理及 2018—2021 年发展规划的汇报。

胡浩副行长主持召开国际化联席会议 2017 年第四次会议。会议听取了《2018—2020 年境外发展战略规划》等3项议题。

胡浩副行长赴工银金融资产投资有限公司调研，听取了工作汇报，并对下一步发展提出要求。

10月20日

胡浩副行长参加银监会召开的核心监管联席会议预备会。

胡浩副行长出席全行普惠金融业务发展推动会并讲话。

10月23日

王敬东副行长拜访中国大唐集团公司总会计师刘传东，双方就落实“一带一路”倡议、推动“走出去”业务合作等话题进行了交流。

王林纪委书记赴上海拜访交通银行纪委书记寿梅生，双方就商业银行纪检监察工作进行了交流。

胡浩副行长出席中国互联网投资基金理事会第一次会议并讲话。

10月24日

张红力副行长拜访中国电力建设集团有限公司总经理孙洪水，双方就海外业务合作等议题进行了交流，并出席工行与电建国际、电建海投《海外金融服务合作协议》签署仪式。

王敬东副行长主持召开第19次专题会议，研究深化内部账户管理工作。

胡浩副行长拜会国家能源局副局长李凡荣，双方就国际能源金融合作等话题交换了意见。

10月25日

党委书记、董事长易会满出席中国共产党第十九届一中全会。

李云泽副行长、官学清董事会秘书会见雄安新区管委会副书记党晓龙一行，双方就推动雄安新区打造数字雄安、构建智慧城市，推动新区信用社会体系建设、战略合作推动雄安金融板块创新等方面交换了意见。

胡浩副行长通过视频宣布工银印尼干部任免事项。经总行党委研究决定，张金星同志任中国工商银行（印度尼西亚）有限公司董事长、执行董事、总经理。沈晓祺不再担任中国工商银行（印度尼西亚）有限公司董事长、执行董事、总经理职务，另有任用。

谭炯副行长主持召开第18次专题会议，研究票交所对接推进工作。

以工银党任免〔2017〕55号决定：任命宋翰乙同志为党委宣传部部长，免去其党委组织部副部长职务。免去华耀纲同志党委宣传部部长职务。

以工银任免〔2017〕486号决定：聘任宋翰乙为企业文化部（教育部）总经理，聘期至2022年10月止。因工作需要或其他原因，聘期可提前中止。解聘其人力资源部副总经理职务。解聘华耀纲企业文化部（教育部）总经理职务。

以工银任免〔2017〕490号决定：聘任施刚为中国工商银行股份有限公司区域总监，聘期至2020年5月止。因工作需要或其他原因，聘期可提前中止。

10月26日

党委书记易会满同志主持召开第27次党委（扩大）会议，第一时间传达学习党的十九大和十九届一中全会精神，研究部署学习宣传贯彻工作。党委书记易会满介绍了党的十九大盛况，传达了十九大报告主要精神，传达了中央纪委工作报告主要精神和党章修改的情况，并代表全行5位与会代表谈了感想体会。易会满书记还传达了习近平总书记在十九届一中全会上的讲话精神。党委副书记谷澍、钱文挥，党委委员张红力、王敬东、王林、胡浩、李云泽、谭炯出席。十九大基层党代表金颖颖、朱捷、李鹏列席。

党委书记易会满同志主持召开第28次党委（扩大）会议，研究审议拟提交董事会审议的议案和事项。党委副书记谷澍、钱文挥，党委委员张红力、王敬东、王林、胡浩、李云泽、谭炯出席。

全行学习宣传贯彻党的十九大精神动员部署会议在京召开。党委书记易会满传达了十九大精神，并结合实际对学习宣传贯彻十九大精神作出部署。党委副书记谷澍主持会议，党委副书记钱文挥，党委委员张红力、王敬东、王林、胡浩、李云泽、谭炯出席。会议以现场与视频相结合的方式召开。王百荣首席风险官，官学清董事会秘书，出席十九大的基层党代表金颖颖、朱捷、李鹏，总行各部室，在京利润中心专家以上党员干部在主会场参会。

谷澍行长、李云泽副行长分别会见了来访的安盛集团总裁托马斯·布博一行，双方就工银安盛战略规划和公司治理等内容进行了交流。官学清董事会秘书陪同。

胡浩副行长会见中国船舶重工集团公司总经理孙波、副总经理姜仁锋一行，双方就深化双方战略合作及下属重点子公司融资事宜进行了交流。

谭炯副行长会见中国人寿保险（集团）副总裁王思东一行，并共同见证双方资产管理业务全面合作协议签署。

10月27日

易会满董事长、王敬东副行长参加中央国家机关学习宣传贯彻党的十九大精神动员部署会。

钱文挥监事长、王林纪委书记赴企业文化部（教育部、党委宣传部）宣布干部任免事项。经总行党委研究决定，宋翰乙同志任企业文化部（教育部）总经理、党委宣传部部长，华耀纲同志因年龄原因不再担任企业文化部（教育部）总经理、党委宣传部部长职务。

张红力副行长出席保监会银保现场检查离场会。

王敬东副行长主持召开直属党委全委会，学习贯彻党的十九大会议精神和总行党委关于学习宣传贯彻十九大精神的要求，研究部署总行本部贯彻落实措施。会议听取了总行本部推进“两学一做”学习教育制度化常态化情况的汇报；审议了 2017 年度总行本部发展党员和预备党员转正事项。

王林纪委书记听取总行党委第二轮第五批次巡视工作中期汇报。

李云泽副行长赴总行党校为第十五期领导干部研究班授课。

谭炯副行长会见广发银行副行长王兵一行，双方围绕融安 e 信合作进行了交流。

10 月 30 日

易会满董事长参加国务院常务会议。

中国工商银行股份有限公司董事会召开会议。会议由易会满董事长主持，谷澍副董事长、张红力执行董事和王敬东执行董事等 16 位董事会成员出席会议。钱文挥监事长列席会议，官学清董事会秘书参加会议，王百荣首席风险官、监事会成员以及总行相关部门负责人列席会议。会议审议了《关于 2017 年第三季度报告的议案》等 8 项议案，听取了《关于 2017 年前三季度经营情况的汇报》等 7 项汇报。

中国工商银行股份有限公司监事会召开会议。会议由钱文挥监事长主持，张炜、惠平、黄力、瞿强、沈炳熙监事参加会议，行内有关部门负责人列席会议。会议审议了《关于调整监事会专门委员会设置的议案》等 4 项议案；听取了关于 2017 年第三季度商定程序等 2 项汇报；审阅了关于 2017 年第三季度监督情况的报告等 3 项报告。

李云泽副行长出席全行零售业务重点工作推动会并讲话。

谭炯副行长会见 PIMCO 行政总裁兼董事总经理 Emmanuel Roman 先生一行，双方就资产管理业务的发展趋势、合作机会、全球宏观经济形势等话题进行了交流。

10 月 30 日 –11 月 1 日

张红力副行长赴杭院为境外资产负债条线高级管理培训班授课。

10 月 30 日 –10 月 31 日

谭炯副行长赴山东出席工行与山东城商行联盟“融安 e 信暨全面业务战略合作备忘录”签约仪式。其间，主持召开了实物贵金属销售调研座谈会，并赴山东分行进行了综合监控报警联网平台工作调研。

10 月 31 日

谷澍行长会见碧桂园董事长杨国强一行，双方就房地产市场形势及银企业务合作等方面进行了交流。

谷澍行长、李云泽副行长参加人民银行召开的第二次支付结算政策沟通会。

王敬东副行长参加银监会召开的大型银行 2017 年第三季度形势分析例会。

李云泽副行长会见中国人寿保险股份有限公司副总裁徐海峰一行，双方就加强银保业务合作、近期出台的保险监管政策、明年银保市场形势等议题进行了交流。

10 月 31 日 –11 月 4 日

王林纪委书记赴江西分行开展党建工作调研。其间，到江西金融培训学校井冈山分校实地考察，与部分二级分行、基层支行等负责人座谈；赴宜春分行营业部、井冈山支行等基层网点看望慰问一线员工。

10 月 31 日 –11 月 2 日

胡浩副行长赴上海为全行公司金融经营发展高级研讨班授课，并赴上海分行进行工作调研。其间，出席全行 10 家科创支行揭牌仪式暨新优市场拓展座谈会；召开长租公寓市场座谈会，与上海张江集团、万科地产、魔方公寓、链家等长租公寓市场主要参与主体进行座谈交流；走访宝武钢铁集团。

11 月

11 月 1 日

党委副书记、行长谷澍到总行党校与第十五期领导干部研究班学员座谈。

王敬东副行长出席学习宣传贯彻党的十九大精神动员部署会。会议传达了总行党委和中央国家机关工委关于学习宣传贯彻党的十九大精神的有关要求，并结合本部实际，做了进一步动员部署。

11 月 1 日 –11 月 3 日

张红力副行长出访澳门。其间，会见澳门中联办主任郑晓松、副主任姚坚，出席工银金融租赁澳门股份有限公司揭牌仪式，出席第六届澳门公务航空展开幕式及 2017 亚太公务航空高峰论坛，并分别与澳门经济财政司司长梁维特、澳门金管局主席陈守信进行了会谈。

11 月 1 日 –11 月 2 日

李云泽副行长赴湖北、湖南分行调研。在湖北期间，听取分行工作情况汇报，并赴分行营业部黄鹤楼支行看望慰问一线员工。在湖南期间，听取分行工作汇报，并赴分行营业部汇通支行看望慰问一线员工。

11 月 2 日

王敬东副行长出席全行员工产品创新创意竞赛总决赛并致辞，中国金融工会张东风常务副主席受邀出席。

11 月 3 日

党委书记易会满同志主持召开第 29 次党委（扩大）会议，学习传达贯彻十八届七中全会精神和《中共中央关于认真学习宣传贯彻党的十九大精神的决定》，研究部署贯彻落实措施；听取和审议工银金融资产投资公司关于经营业务相关情况的汇报、党委组织部关于工银投资党委设置方案和关于进一步加强专职派出董事队伍建设的汇报。党委副书记谷澍、钱文挥，党委委员王敬东、王林、胡浩、李云泽、谭炯出席。

易会满董事长会见来访的挪威王国新任驻华大使裴凯儒一行，双方围绕当前中挪经济、双边经贸以及金融合作等话题进行了交流。

谷澍行长会见来访的 Visa 全球总裁麦凯恩（Ryan McInerney）先生一行，双方就中国银行卡清算市场开放、深化支付创新合作等议题进行了交流。

胡浩副行长出席中德经济顾问委员会“2017 中德合作高管对话”活动。

11 月 6 日

易会满董事长，谷澍行长，钱文挥监事长，王敬东副行长，王林纪委书记，胡浩、李云泽、谭炯副行长，王百荣首席风险官，官学清董事会秘书出席中国工商银行全面深化改革领导小组会议。

胡浩副行长会见海通证券瞿秋平总经理一行，双方就进一步加强全面银证合作进行了交流。

11 月 7 日

易会满董事长参加国务院召开的全国小微企业金融服务电视电话会议。

易会满董事长参加国务院召开的经济形势专家和企业家座谈会。

易会满董事长、胡浩副行长、官学清董事会秘书会见中央汇金公司总经理白涛一行，双方就加强双方债券发行、存贷款及理财等业务合作进行了交流。

谷澍行长、王敬东副行长赴山西分行调研印章综合改革工作，听取分行工作汇报，并赴营业部五一路支行实地查看印章综合改革投产情况。

王林纪委书记主持召开学习贯彻党的十九大精神党建研究工作座谈交流会并讲话。

胡浩副行长赴总行党校为第十五期领导干部研究班授课。

11 月 7 日 -11 月 15 日

李云泽副行长走访中国澳门、中国香港、印度。在澳门期间，赴工银澳门调研并看望慰问一线员工。在香港期间，先后赴工银亚洲、工银国际、工银瑞信（国际）、信用卡中心（国际）调研并看望慰问一线员工，赴境外资产中心、香港外汇资金交易中心看望慰问一线员工。在印度期间，会见了中国驻印度大使馆商务参赞及中国驻孟买总领事，赴孟买分行调研并看望慰问一线员工，走访了 Paytm 公司和塔塔集团等当地企业。

11 月 8 日

易会满董事长参加国务院常务会议。

易会满董事长、谷澍行长、胡浩副行长赴普惠金融事业部调研，听取该部关于业务发展、当前形势、发展思路等内容的汇报。

谷澍行长、张红力副行长出席发改委组织的“一带一路”产能合作签约仪式。张红力副行长代表工行与发改委宁吉喆副主任签署了《关于协同推进“一带一路”产能合作框架协议》。

谷澍行长参加审计署经济责任审计初步发现问题反馈沟通会。

王林纪委书记主持召开总行纪委 2017 年第 6 次会议。

谭炯副行长参加理财资金配置市场化私募股权基金管理人遴选审核委员会第二次会议。

11 月 9 日

中美企业家经济对话会在人民大会堂举行，易会满董事长参加并在分组讨论中围绕工行在美经营及服务中美经贸往来，积极对接中美合作等内容进行了发言。随后代表工行子公司工银租赁和 GE 旗下 CFM 国际公司签署航空发动机采购协议。

易会满董事长会见毕马威全球金融服务业主席安德森先生一行，双方就中国银行业未来发展等话题进行了交流。

易会满董事长、王敬东副行长出席全行第一届篮球比赛决赛暨颁奖典礼。

谷澍行长、王敬东副行长出席全行印章综合改革全面实施动员会。

谷澍行长、谭炯副行长出席资产管理业务推进委员会 2017 年第三次会议。

钱文挥监事长会见中国财富传媒集团董事长、总裁葛玮一行。

王林纪委书记参加中央巡视办第七调研组巡视工作专题调研会。

银监会大型银行部王大庆巡视员一行来工行通报第三季度监管情况，谭炯副行长出席。王百荣首席风险官参加。

11 月 9 日 -11 月 16 日

胡浩副行长出访澳大利亚、新西兰。在澳大利亚期间，拜访了昆士兰政府司库公司和布里斯班机场集团，走访了澳大利亚 CIMIC 矿业集团和西太平洋银行，拜会澳大利亚审慎监管局（APRA）主席 Wayne Bryes 先生，作为悉尼分行的境外高管（SOOA）做履职报告，并赴悉尼分行进行了调研。在新西兰期间，走访了新西兰养老金基金、北京首创集团（新西兰）、玺尔茶园、鹏欣集团（新西兰）等企业客户，并对工银新西兰进行了调研。

11 月 10 日

党委书记易会满同志主持召开第 30 次党委（扩大）会议，传达学习《中共中央政治局关于加强和维护中央集中统一领导的若干规定》《中共中央政治局贯彻落实中央八项规定的实施细则》，研究部署贯彻落实工作；听取并审议了党委办公室《关于认真学习宣传贯彻党的十九大精神的总体方案》《学习贯彻〈中共中央 国务院关于服务实体经济防控金融风险深化金融改革的若干意见〉培训课件》、全面深化改革领导小组办公室《关于工商银行与雄安新区全面战略合作建议方案的汇报》。党委副书记谷澍、钱文挥，党委委员张红力、王敬东、王林、谭炯出席。

总行举行党委中心组（扩大）学习，围绕“学习宣传贯彻党的十九大精神”进行专题学习研讨。党委书记易会满主持，带领全体参会人员在党旗下重温入党誓词，学习和观看学习宣传贯彻党的十九大精神相关文字和视频资料。党委副书记谷澍、钱文挥，党委委员张红力、王敬东、王林、谭炯出席，中央组织部干部四局有关同志列席。

张红力副行长会见来访的安哥拉邮政银行董事长兼行长恩古诺·迪尼一行，双方就加强银行间合作进行了交流。

11 月 12 日 –11 月 19 日

谷澍行长出访南非、埃塞俄比亚。在南非期间，会见标银集团董事长 Thulani Gcabashe 及高管层，出席工行与标准银行集团 2017 年战略合作会议，参加“爱购南非”活动启动仪式，拜会中国驻南非林松添大使。在埃塞俄比亚期间，拜会非洲联盟委员会副主席 Thomas Kwesi Quartey、埃塞俄比亚财政部长 Abreham Tekeste、交通部长 H. E Ahmed Shide Mohamed、中国驻非盟使团大使旷伟霖及中国驻埃塞俄比亚使馆代办等，主持召开埃塞俄比亚中资企业负责人座谈会，并考察了工行在埃塞俄比亚融资支持的电力项目。

11 月 13 日

党委书记、董事长易会满出席总行党校第十五期领导干部研究班座谈会。

总行在京举行 2017 年第 6 期（总第 55 期）创新沙龙。邀请麦肯锡全球资深董事合伙人、大中华区金融机构咨询业负责人曲向军先生作了题为“新形势下国际大型商业银行的转型与创新双轨战略”的主题演讲。张红力副行长、王林纪委书记、谭炯副行长出席，部分董监事参加。

王林纪委书记会见邮储银行纪委书记刘虎城一行。

11 月 13 日 –11 月 14 日

王敬东副行长赴湖南分行调研。其间，调研了运行管理和省分行本部党建工作，结合学习宣传贯彻党的十九大精神进行了宣讲，实地查看了现金管理中心和行政印章管理情况。

11 月 14 日

总行纪委书记、党校副校长王林赴总行党校为第十五期领导干部研究班授课。

谭炯副行长主持召开第 22 次专题会议，研究大资管“五统一”建设相关工作。

11 月 15 日

易会满董事长会见来访的美国美银美林集团执行副董事长 James Quigley 先生一行，双方就中美近期高层互动、两国经贸合作、美国税改和金融监管等议题进行了交流。

张红力副行长会见来访的莫斯科交易所副主席 Igor Marich 先生一行，双方就清算基础设施直联、人民币产品在莫斯科交易所上市、跨境投融资、熊猫债资金出境等议题进行了交流。

王敬东副行长赴总行本部离退休人员活动中心实地调研。

王林纪委书记主持召开总行纪委 2017 年第 7 次会议。

11 月 15 日 –11 月 17 日

王林纪委书记赴海南分行开展党建工作调研，并面向三亚分行党员同志深入宣传讲解党的十九大精神。

11 月 16 日 –11 月 18 日

易会满董事长赴上海分行调研，并拜会上海市市长应勇、常务副市长周波等地方党政主要负责人。

11 月 16 日 –11 月 17 日

谭炯副行长赴杭院为全行贵金属与票据融资业务培训班授课并出席贵金属实物产品设计创意大赛和票据融资业务技能竞赛决赛颁奖活动。

11 月 17 日

王敬东副行长出席总行党校第十五期领导干部研究班结业仪式。

11 月 17 日 –11 月 26 日

张红力副行长出访捷克、波兰、瑞士。在捷克期间，拜访捷克央行副行长弗拉迪米尔·托姆希克先生、中国驻捷克大使马克卿女士；会见 PPF 及捷信集团股东吉恩·帕斯卡·迪维厄萨先生，见证布拉格分行与捷信集团签署“工银融安 e 信”信息服务合作谅解备忘录；并赴布拉格分行调研。在波兰期间，会见波兰储蓄银行副总裁马克思·克拉奇科夫斯基先生；并赴华沙分行调研。在瑞士期间，拜访瑞士央行董事会主席托马斯·乔丹先生、中国驻瑞士大使耿文兵先生；会见瑞信集团董事长乌尔斯·罗内尔先生、瑞银集团董事长艾利克斯·韦伯先生、金融稳定理事会秘书长斯韦恩·安德森先生和巴塞尔银行业监督管理委员会秘书长威廉·科恩先生；并赴苏黎世分行筹备组调研。

11 月 20 日

王林纪委书记赴监察室（党委巡视办）宣布干部任命。经总行党委研究决定，荀大志同志担任总行党委巡视组专职组长、崔琪珍同志担任监察室资深专家。

胡浩副行长会见英国劳埃德银行副行长 Mark Grant 先生一行，双方就全面战略合作等议题进行了交流，并签署了两行“融安 e 信”服务协议。

谭炯副行长会见中国国际金融股份有限公司首席执行官毕明建，并共同出席私募股权投资管理全面合作协议签约仪式。

以工银党任免〔2017〕65 号决定：任命宋翰乙同志为党校秘书长。

11 月 20 日 – 11 月 22 日

王敬东副行长赴浙江调研。其间，赴杭院出席一级（直属）分行学习贯彻党的十九大精神党建工作座谈会；赴舟山调研浙江海港大宗商品交易中心，并走访浙江海港集团；会见舟山市委书记俞东来，双方就舟山市下一步发展规划、海港大宗商品交易中心发展定位、支持舟山经济社会发展等问题交换了意见。

11 月 21 日

易会满董事长、胡浩副行长拜访中国交通建设集团有限公司董事长刘起涛、财务总监傅俊元，双方就共同搭建面向未来的全球战略合作新框架进行了交流。

胡浩副行长会见海航集团副董事长兼首席执行官谭向东一行，双方回顾了近年来的合作情况，就进一步加强业务合作进行了交流。

李云泽副行长赴山东分行宣讲党的十九大精神，并结合大零售业务转型发展向分行零售条线干部员工授课。

11 月 22 日

党委书记易会满同志主持召开第 31 次党委（扩大）会议，听取并审议产品创新管理部、信息科技部《关于构建企业级业务架构、深化 IT 架构转型、推动智慧银行信息系统转型工作方案》，全面深化改革领导小组办公室《关于进一步加快深圳分行发展政策建议》，监察室《关于切实改进总行工作作风密切联系群众的规定（2016 年版）》修订事宜。党委副书记谷澍、钱文挥，党委委员王林、胡浩、李云泽、谭炯出席。

谷澍行长参加国务院常务会议。

王敬东副行长出席由新浪网主办的“2017（第十届）金麒麟论坛”，并围绕对银行业五年来改革发展的认识与思考发表主题演讲。

胡浩副行长通过视频主持召开工银伦敦 2017 年第四次董事会会议。

胡浩副行长会见俄罗斯总统经济顾问格拉济耶夫一行，双方就加强中俄商业金融合作有关事项交换了意见。

11 月 23 日

易会满董事长、谷澍行长、钱文挥监事长、王林纪委书记听取总行党委第二轮第五批次巡视工作情况汇报。

易会满董事长、胡浩副行长会见中国广播电视网络有限公司赵景春董事长一行，双方就继续深化战略合作关系、加强全面业务合作等话题进行了交流。

谷澍行长会见东南非贸易开发银行董事长艾德马苏·义马·塔德西一行，双方就深化金融合作进行了会谈，并就熊猫债发行及资金出境等议题进行了交流。

王敬东副行长主持召开智慧运营 3.0 体系建设座谈会。

王敬东副行长会见中国妇女发展基金会理事长孟晓驷一行，双方就继续加强公益领域活动进行了交流。

王林纪委书记参加公安部召开的打击涉恐融资活动全国视频部署会议。

胡浩副行长赴商务部出席美国总统访华期间签署商业协议推进会。

11 月 23 日 – 11 月 24 日

李云泽副行长出席在杭州金融研修学院举办的第二届私人银行专业服务技能比赛颁奖典礼，主持召开部分重点城市行私人银行业务座谈会并讲话。

谭炯副行长赴吉林分行调研。其间，出席了在长春金融研修学院举办的全行“大资管讲堂”第一期培训班，为培训班学员授课，并参加学员研讨成果展示；拜会了吉林省委常委、常务副省长林武，营销职业年金业务，并到分行营业网点开展工作调研，慰问一线员工。

11 月 24 日

易会满董事长会见汇丰银行集团新任主席杜嘉祺（Mark Tucker）一行，双方就银行经营发展及战略转型、英国政治经济形势、加强两行业务合作等议题进行了交流，并就英国脱欧、全球金融监管趋势、海外合规经营、绿色金融、海外并购等话题交换了意见。

谷澍行长会见巴拿马经济财政部部长杜尔西迪奥·德拉瓜尔迪亚和巴拿马驻华大使埃斯科巴·佩德雷基一行，双方就巴拿马经济形势、基础设施融资和熊猫债承销等领域的合作交换了意见。

王敬东副行长主持召开 2017 年第二期大数据智胜现场 PK 竞赛并讲话。

胡浩副行长出席中国工商业企业联合会第十二次代表大会。

胡浩副行长会见用友网络科技股份有限公司董事长王文京一行，双方就进一步推进全方位合作进行了交流，并共同出席双方《战略合作协议》签约仪式。

11 月 25 日 – 12 月 2 日

谭炯副行长出访匈牙利、德国。在匈牙利期间，出席第七届中国—中东欧国家经贸论坛，出席亚金协·中东欧金融前沿问题论坛、中国—中东欧基金“中东欧经济研讨会”并发表主旨演讲，拜访匈牙利央行监管机构，及 OTP 银行资产管理公司。在德国期间，拜访戴姆勒集团、安联集团、慕尼黑再保险集团资产管理公司、宝马家族信托、德意志银行资产管理公司等客户，开展工行全球资管平台路演；并赴工行当地机构调研。

11 月 26 日 – 28 日

王林纪委书记参加中央企业纪检监察机构领导班子成员学习贯彻党的十九大精神专题研讨班。

11 月 27 日

李云泽副行长会见京东金融 CEO 陈生强，并出席工银京东理财节暨工银小白数字银行发布会。

11 月 28 日

易会满董事长、谷澍行长、钱文挥监事长及在京行领导参观“砥砺十载 领航未来——工银租赁发展汇报展”。

易会满董事长会见 IBM 董事长兼全球总裁罗睿兰女士一行，双方就企业经营转型和利用信息技术提升银行服务能力等议题进行了交流。

谷澍行长主持召开总行风险管理委员会 2017 年第五次会议，张红力、王敬东副行长，王林纪委书记出席。会议审议通过了《2017 年度境外债券投资策略执行情况及 2018 年度总体策略》等 2 项议题；听取了《关于个人住房贷款押品自动化评估工作情况的报告》等 3 项议题。

钱文挥监事长会见北京银行监事长曾颖一行，双方就商业银行监事会工作及公司治理情况等进行了交流。

王敬东副行长参加人民银行外汇市场准则管理层培训交流会。

胡浩副行长会见来访的加拿大蒙特利尔银行副董事长 David Jacobson 一行，双方就两行经营发展、市场及监管动态及下一步业务合作等进行了交流，并见证签署了重点业务条线《合作谅解备忘录》及《融安 e 信合作意向函》。

胡浩副行长会见俄罗斯财政部副部长 Vladimir Kolychev 先生一行，双方就进一步加强金融市场领域合作交换了意见。

胡浩副行长参加重点央企总会计师经济形势研讨会。

李云泽副行长会见 360 集团创始人兼首席执行官周鸿祎一行，双方就加强全面业务合作进行了交流，并出席《全面业务合作框架协议》签约仪式。

李云泽副行长出席“工银智能卫士”账户安全服务发布会并致辞。

李云泽副行长出席工银私人银行《中国家族财富管理与传承报告》发布仪式。

11 月 29 日

党委书记、董事长易会满赴党建工作联系点北京分行和海淀西区支行宣讲党的十九大精神，调研党建工作，与基层党员代表进行座谈交流，并走访一线网点、看望慰问基层干部员工。

工行 2017 年第一次临时股东大会在北京召开，会议由易会满董事长主持，谷澍副董事长、钱文挥监事长、张红力执行董事、王敬东执行董事及董事会、监事会成员出席会议，李云泽副行长列席会议，董事会秘书官学清出席会议。会议审议通过了《关于 2016 年度董事与监事薪酬清算方案的议案》等 5 项议案。

胡浩副行长会见来访的英国审慎监管局（PRA）外资银行部高级经理 Kayleigh Guinan 女士一行，双方就工行经营情况、国际化发展情况、在英机构业务发展等问题进行了交流。

胡浩副行长会见来访的澳大利亚审慎监管局（APRA）专项机构部高级经理 Tracey Bragg 女士一行，双方就工行发展历史、悉尼分行经营管理、监管机构合作及有关热点问题进行了交流。

总行召开“工迎新春”零售业务旺季营销工作会议，谷澍行长出席会议并讲话，李云泽副行长主持会议。

11 月 30 日

谷澍行长会见贵州省委常委、常务副省长秦如培一行，双方就助推贵州经济发展、进一步深化银政合作进行了交流。

胡浩副行长会见来访的伦敦金融城政策与资源委员会主席 Catherine McGuinness 女士一行，双方就工行经营情况、国际化发展情况、人民币国际化、“一带一路”倡议等问题进行了交流。

银监会召开中国工商银行（核心）监管联席会议，胡浩副行长参加。

胡浩副行长会见来访的托克集团财务总监 Christophe Salmon 一行，双方就进一步加深全球金融合作进行了交流。

11 月 30 日 – 12 月 2 日

“党的十九大精神专题学习班”在北京举办。党委书记、董事长易会满，党委副书记、行长谷澍，党委副书记、监事长钱文挥及在京总行党委委员、高管全程参加学习。

12 月

12 月 1 日

谷澍行长会见来访的美国货币监理署（OCC）国际银行监管部主任 Mark Allan Shields 一行，双方就工银美国经营管理及合规情况、在美发展规划、中美监管关注问题等话题进行了交流。

张红力副行长出席第四届中法金融论坛，就宏观审慎政策与金融市场开放发表了主旨演讲。

12 月 4 日

谭炯副行长会见来访的美国 Vanguard 集团董事总经理兼国际业务主席 James Norris 先生一行，双方就资产管理、资产托管等领域的业务合作进行了交流。

12 月 4 日 – 12 月 5 日

易会满董事长，谷澍行长，王敬东、胡浩、李云泽副行长，王百荣首席风险官分别主持省分行对公业务与零售业务副行长（行长助理）公开遴选面试。

王林纪委书记赴长春金融研修学院调研并出席“践行合规　明责有为”内控合规情景模拟大赛。

12 月 5 日

总行在北京举行 2017 年第 7 期（总第 56 期）创新沙龙，主题为“进入新时代 开启新征程——中国金融租赁业发展与展望”。易会满董事长在沙龙上致辞，张红力副行长主持沙龙，谷澍行长、官学清董事会秘书出席，部分董事及监事参加本期沙龙。沙龙开始前，行领导还陪同银监会祝树民副主席、天津市阎庆民副市长等嘉宾参观“砥砺十载 领航未来——工银租赁发展汇报展”。

易会满董事长、张红力副行长会见中国商飞有限责任公司董事长贺东风、副总经理赵越让一行，双方就进一步深化双方战略合作进行了交流，并共同出席工银租赁和中国商飞55架C919大型客机签约仪式并见证协议签署。

胡浩副行长主持召开第20次专题会议，研究部署住房租赁金融业务有关工作。李云泽副行长、王百荣首席风险官出席。

李云泽副行长主持召开第21次专题会议，研究工银信用卡互联网化改革创新实施方案。

12月5日－12月8日

谭炯副行长赴广东、上海分行调研。在广东期间，参加《财富》全球论坛活动，并赴广东省分行和分行营业部贵金属旗舰店中山五路支行、第一支行调研。在上海期间，出席人民银行票据市场改革发展高峰论坛，与出席论坛嘉宾一同见证中国票据研究中心揭牌成立，并发表主旨演讲。

12月6日

党委书记易会满同志主持召开第32次党委（扩大）会议，听取并审议战略管理与投资者关系部关于修订中国工商银行社会责任工作基本规定、关于修订工银标准股东协议，以及党委组织部关于制定境内异地交流干部交通和住房管理办法的汇报。党委副书记钱文挥，党委委员张红力、王敬东、王林、胡浩、李云泽出席。

张红力副行长出席亚洲基础设施投资银行2018年新年交流会。

胡浩副行长会见云南省副省长董华一行，双方就助推云南经济发展、进一步深化银政合作交换了意见，并共同出席《省属国有企业综合化降杠杆战略合作协议》签署仪式。

12月6日－12月10日

谷澍行长参加中央党校十九大培训班。

12月7日

中国工商银行股份有限公司董事会战略委员会在总行召开会议。会议由易会满董事长主持，8位委员会成员出席会议。钱文挥监事长列席会议。官学清董事会秘书参加会议。监事会部分成员及总行相关部门负责人列席会议。会议审议通过了《关于修订〈中国工商银行社会责任工作基本规定〉的议案》。

易会满董事长与马尔代夫住房建设公司总经理在人民大会堂签署了《瑚湖尔岛和呼鲁马累岛连接公路项目融资协议》。

易会满董事长、胡浩副行长参加北京市委市政府与国家金融监管部门、在北京金融机构沟通交流座谈会。

胡浩副行长通过视频方式宣布工银阿根廷人事任免。经总行研究决定，提名席德应同志任工银阿根廷董事长、非执行董事，谷澍行长不再兼任该职务。

12月7日－12月8日

李云泽副行长主持召开网点布局优化经验交流会。

12月8日

中国工商银行股份有限公司董事会召开会议。会议由易会满董事长主持，张红力执行董事和王敬东执行董事等16位董事会成员出席会议。钱文挥监事长列席会议，官学清董事会秘书参加会议。监事会部分成员以及总行相关部门负责人列席会议。会议审议通过了《关于修订〈中国工商银行社会责任工作基本规定〉的议案》，听取了《关于2008年、2011年董事会原批准浙江分行本部与营业部办公楼购建项目执行情况的报告》。

中国工商银行股份有限公司监事会召开会议。会议由钱文挥监事长主持，张炜、惠平、瞿强、沈炳熙监事参加会议，黄力监事委托惠平监事出席会议，行内有关部门负责人列席会议。会议听取关于工行战略规划工作情况、工行信贷资产质量及信贷管理体制机制改革情况、工行薪酬管理制度和政策有关情况、2018年监事会会议计划等四项汇报；审阅监事会办公室关于监事会2016年度监督报告有关问题和建议落实情况、国际业务部关于外汇业务合规管理情况等两项报告。

张红力副行长会见中信建投证券董事长王常青一行，双方就资本市场创新发展形势下进一步加强业务合作进行了交流。

张红力副行长拜会马尔代夫总统阿卜杜拉·亚明。

胡浩副行长会见来访的美国休斯敦市长Sylvester Turner一行，双方就深化中美两国交流与合作等话题交换了意见。

胡浩副行长主持召开第23次专题会议，研究工银欧洲机构经营发展与合规管理事宜。

12月9日

李云泽副行长出席中国新金融高峰论坛，并发表题为《新金融背景下的商业银行转型》的主题演讲。

12月11日

易会满董事长、谷澍行长、钱文挥监事长、王林纪委书记出席“寻找我身边的合规标兵”颁奖典礼，并先后为合规标兵颁奖。易会满董事长在会上致辞，谷澍行长宣读表彰决定。

易会满董事长会见美国贝莱德董事长兼行政总裁Laurence D. Fink先生一行，双方就中美两国宏观经济和监管政策的影响、中美未来经济和金融发展趋势，以及双方在资产管理和资产托管等领域的业务合作进行了交流。

谷澍行长出席中国银联在京举办的银行业统一 APP（云闪付）暨全新移动支付产品发布会并致辞。

张红力副行长拜会中国人民保险集团党委书记、总裁缪建民，双方就深化全面业务合作关系进行了交流。

中央国家机关工委主办、工行承办的中央国家机关第二届党外干部和归侨侨眷“智库论坛”在北京举行，王敬东副行长主持会议。中央国家机关工委副书记陈存根出席并讲话。

李云泽副行长出席储蓄存款工作座谈会。

12 月 12 日

谷澍行长出席 2017 央视财经论坛暨中国上市公司峰会，代表工行领取“2017CCTV 中国十佳上市公司奖”，并围绕服务实体本源、打造价值银行发表主题演讲。

谷澍行长、官学清董事会秘书会见来访的新加坡淡马锡集团副总裁吴亦兵一行，双方就宏观经济、监管新规、金融科技等议题进行了交流。

张红力副行长会见中国人寿保险股份有限公司总裁助理赵鹏一行，双方就如何深化全面业务合作关系进行了交流。

张红力副行长出席 B20 中国工商理事会年会暨“一带一路”对话会。

王敬东副行长出席信息科技发展研讨会。会议讨论了 2018 年信息科技工作思路，专题研究了 IT 架构转型与创新实验室工作进展情况。

王林纪委书记赴企业文化部（教育部、党委宣传部）宣布香港培训中心人事任免。经总行党委研究决定，蔡琦同志任香港培训中心总经理（总行副总经理级），刘丹同志因到龄退休不再担任香港培训中心总经理、香港培训中心高级人力资源专家职务。

胡浩副行长主持召开粤深港澳闽厦联动座谈会。

胡浩副行长主持召开第 24 次专题会议，研究工银亚洲转型发展方案。

李云泽副行长出席工行与东方财富信息股份有限公司全面业务合作发布会。

12 月 13 日

易会满董事长参加国务院常务会议。

党委书记易会满同志主持召开第 33 次党委（扩大）会议，传达学习习近平总书记关于进一步纠正“四风”、加强作风建设重要批示精神，听取并审议总行全面深化改革领导小组办公室关于《中国工商银行 2018—2020 年发展战略规划》、财务会计部关于三年规划主要财务指标测算情况的汇报、渠道管理部关于远程银行中心转型初步规划和整合方案的汇报、党委宣传部第十届总行级文明单位拟表彰名单。党委副书记谷澍、钱文挥，党委委员张红力、王敬东、王林、胡浩、李云泽、谭炯出席。

谷澍行长会见来访的韩国产业银行（Korea Development Bank，KDB）会长李东杰一行，双方就两行经营发展及业务合作前景进行了交流，并见证签署《合作备忘录》。

张红力副行长拜会全国社保基金理事会吴焰副理事长，双方就工行托管业务发展、社保理事会投资管理情况以及双方未来合作方向等议题进行了交流。

12 月 14 日

易会满董事长主持召开第 20 次专题会议，研究收购希腊国有控股银行股权有关事宜。谷澍行长出席。

谷澍行长出席全行决算工作会议并讲话。

张红力副行长会见来访的英国绿色投资集团（GIG）高级总裁 Edward Norman 先生和副总裁 Peter Nott 一行，双方就绿色投融资、“一带一路”领域的未来合作进行了交流。

王敬东副行长参加银监会召开的银行业信息科技风险管理 2017 年会。

12 月 14 日 –12 月 15 日

王林纪委书记赴杭州金融研修学院调研，听取部分一级（直属）分行纪委书记述职，并宣讲党的十九大精神。

胡浩副行长赴河南分行调研。其间，主持召开了部分分行小微金融业务座谈会，与郑州大学签署战略合作协议，并走访郑州鸿盛数码科技股份有限公司等小企业客户。

李云泽副行长赴山西分行调研。其间，听取山西分行工作汇报，与省社保信息中心、客如云公司有关负责人座谈，并到分行营业部湖滨支行看望慰问基层员工。

12 月 15 日

易会满董事长会见来访的土耳其副总理西姆谢克先生一行，双方就土耳其国内政治经济局势，土耳其外储投资、主权债发行、基础设施项目建设等领域合作，以及工行在土耳其申设分行等话题交换了意见。

易会满董事长会见来访的渣打集团主席韦浩思（José Vials）先生一行，双方就欧洲经济形势及英国脱欧影响、两行经营发展情况以及金融科技与银行转型发展等议题进行了交流，并共同出席两行《全面战略合作备忘录》和《银团合作协议》签署仪式。

谷澍行长会见宁德时代新能源科技股份有限公司董事长曾毓群一行，并见证双方《全面战略合作协议》签署。

王敬东副行长参加银监会召开的大型银行行政许可有关事宜座谈会。

12 月 15 日 –12 月 19 日

张红力副行长赴海南分行开展党建工作调研并宣讲党的十九大精神。其间，拜会海南省委常委、常务副省长毛超峰，走访一线网点，看望慰问基层干部员工。

12 月 15 日 – 12 月 16 日

谭炯副行长赴新疆分行调研。其间，参加自治区新建职业年金计划法人受托机构投标工作；赴新疆分行宣讲党的十九大精神。

12 月 16 日

胡浩副行长出席中英金融服务峰会第二次会议并讲话。

12 月 18 日

王敬东副行长出席中国银行业协会 2017 年度商业银行稳健发展能力颁奖典礼。

中国银行业协会银团贷款与交易专业委员会 2017 年年会在京召开，胡浩副行长出席并讲话。

李云泽副行长会见中国人寿保险股份有限公司总裁助理赵鹏一行，双方就加强银保业务合作、资管新政、保费投资与银行信贷资产对接等议题进行了交流。

12 月 18 日 – 12 月 20 日

易会满董事长、谷澍行长参加中央经济工作会议。

胡浩副行长赴陕西分行调研。其间，主持召开重点分行扶贫工作推动会，走访西安皓森精铸有限公司、西安飞机集团两家企业，赴党建工作联系点陕西分行和宝鸡分行宣讲党的十九大精神，并调研党建工作。

12 月 19 日

王敬东副行长出席国债协会第五次会员大会和第五届理事会第一次会议。

王林纪委书记主持召开总行纪委 2017 年第 8 次会议。

谭炯副行长参加银监会举办的国际咨询委员专题讲座。

12 月 20 日

易会满董事长参加国务院金融稳定发展委员会第二次会议。

张红力副行长拜会中国长江三峡集团董事长卢纯，双方就企业年金基金托管、企业并购、债券承销、产业基金等业务进行了交流。

李云泽副行长会见中安金控董事长谭建国一行，双方就加强全面业务合作进行了交流。

12 月 21 日

党委书记易会满同志主持召开第 34 次党委（扩大）会议，传达学习中央经济工作会议精神，研究贯彻落实意见，审议党委办公室提交的改革发展研讨会主题报告。党委副书记谷澍、钱文挥，党委委员张红力、王敬东、王林、胡浩、李云泽、谭炯出席。

王敬东副行长主持召开总行技术审查委员会 2017 年第三次会议。

王林纪委书记会见中国人民保险集团股份有限公司纪委书记庄超英一行，双方就议事规则制度、“三重一大”决策、纪检监察工作等内容进行了交流。

李云泽副行长出席工行与携程旅游网络技术（上海）有限公司战略合作协议签约仪式。

12 月 22 日 – 12 月 23 日

总行在北京召开改革发展研讨会，深入学习贯彻党的十九大、全国金融工作会议和中央经济工作会议精神，研究谋划新时期的发展蓝图和发展战略。易会满董事长、谷澍行长在会上讲话，张红力副行长主持会议。总行党委成员、董事会、监事会和高管层成员出席会议。银监会有关同志应邀参加会议。

12 月 25 日

易会满董事长、胡浩副行长、官学清董事会秘书会见雄安新区党工委书记陈刚一行，双方就开展全面战略合作交换了意见。

张红力副行长出席人民银行“一带一路”服务调研活动，并参加人民银行国际司与专项融资部的联合党建活动。

12 月 25 日 – 12 月 29 日

王林纪委书记参加中组部习近平新时代中国特色社会主义思想和党的十九大精神集中轮训。

12 月 26 日

谷澍行长、胡浩副行长出席普惠金融业务推进委员会 2017 年第一次会议。

张红力副行长为专项融资部、机构金融业务部、资产负债管理部、城市金融研究所、资产托管部和工银租赁党员代表讲授专题党课，宣讲党的十九大精神。

以工银党任免〔2017〕74 号决定：任命姚春和同志为中国工商银行大连市分行党委书记。

12 月 27 日

党委书记易会满同志主持召开第 35 次党委（扩大）会议，听取并审议财务会计部关于工银阿根廷出售所持 Prisma 公司股份的议案、人力资源部关于将省行营业部更名为省会城市分行的汇报。党委副书记谷澍、钱文挥，党委委员王敬东、胡浩、李云泽、谭炯出席。

易会满董事长、胡浩副行长出席工行境外机构和综合化子公司公开遴选任职人员集体谈话会。

谷澍行长拜会人力资源和社会保障部游钧副部长，双方就深化银社业务合作进行了交流。

12 月 28 日 – 12 月 29 日

胡浩副行长参加中央农村经济工作会议。

12 月 29 日

张红力副行长拜会中国人寿保险（集团）公司总裁袁长清，双方就进一步加强全面业务合作进行了交流。

王敬东副行长主持召开直属党委全委会，传达中央国家机关工委 2017 年年终工作（扩大）会会议精神，研究贯彻落实意见。

12 月 31 日

易会满董事长、谷澍行长等在京行领导和高管看望慰问参加年终决算的干部员工。在总行大楼，行领导一行先后前往财务会计部、资产负债管理部、信息科技部、运行管理部、金融市场部、风险管理部、资产管理部、信贷与投资管理部，与参加年终决算的员工亲切交谈，了解业务情况及年终决算各项准备工作，并致以新年的问候。在北京分行，行领导一行听取了分行工作汇报，并分赴分行营业部、翠微路支行营业室、海淀支行营业室看望慰问基层员工。

第八部分

附　　录

责任编辑：夏中刚

2017年中国工商银行党委成员、董事、监事及高管人员名录

党委

党委书记：易会满
党委副书记：谷澍、钱文挥
党委委员：张红力、王敬东、王林、胡浩、李云泽、谭炯

董事

董事长、执行董事：易会满
副董事长、执行董事：谷澍
执行董事：张红力、王敬东
非执行董事：程凤朝、郑福清、费周林、梅迎春、董轼、叶东海
独立非执行董事：柯清辉、洪永淼、梁定邦、杨绍信、希拉·C·贝尔、沈思

监事

监事长：钱文挥
股东代表监事：张炜
外部监事：瞿强、沈炳熙
职工代表监事：惠平、黄力

高级管理人员

行长：谷澍
副行长：张红力、王敬东、胡浩、李云泽、谭炯
纪委书记：王林
首席风险官：王百荣
董事会秘书：官学清

总行内设机构名录

办公室

主任：谢泰峰
副主任：张彪、王元元、邢新华、史绍伟、卞俊峰、贾炜

董事会办公室

主任：乔晋声
副主任：金晖、张程

监事会办公室

主任：张炜
副主任：郭敏

公司金融业务部

总经理：崔勇
副总经理：黄梅、戴莲、张保、李新彬、王耿、蔡谦、胡贤文

普惠金融事业部

总经理：田哲
副总经理：王旭、陈昭旭

个人金融业务部

总经理：宋建华
副总经理：任西明、胡亚辉、徐建斌、周杨、张航宇

机构金融业务部

总经理：熊燕
副总经理：胡益民、郭琳、张凯

结算与现金管理部

总经理：曾琪
副总经理：翁伟勇、王铉、司春晓

网络金融部

总经理：吴翔江
副总经理：张立军、王嵩、鲁小涛、李红燕、杨雷、王青林、李鹏

信贷与投资管理部

总经理：魏学坤
副总经理：刘绍楚、宁洁、冯军伏、谢嘉、张虹

授信审批部

总经理：杨志忠
副总经理：刘志、张泽祥、李振华、任海燕

风险管理部

总经理：刘瑞霞
副总经理：季景玉、刘震、李宏凯

内部审计局

局长：黄力
副局长：王景华、贾伊宾、史晓媛、马恒山、乔峰、王丰

内控合规部

总经理：周玮
副总经理：童频、赵联盟、王栋、王增科、

叶凯、廉何

法律事务部（消费者权益保护办公室）

总经理：董建军
副总经理：刘湘玲、张国蓉、贾连杰、余保福

财务会计部

总经理：张文武
副总经理：黎丽、王凤玲、王刚、王志敏、黄焱

人力资源部

总经理：顾斌
副总经理：霍江、苗帅、张江山、陈炅

资产负债管理部

总经理：朱长法
副总经理：赵传新、郑福鹏、邓洪

战略管理与投资者关系部

总经理：乔晋声
副总经理：兰莉、杨学宁、王昌盛、张维梁、吴敏敏

渠道管理部

总经理：郝彬
副总经理：陈静娴、彭兆芝、张岫、吕艾国

国际业务部

总经理：张伟武
副总经理：原擒龙（兼）、宋扬、陶能虹、吕宇、王鲲、王顺

信息科技部

总经理：吕仲涛
副总经理：张艳、张颖、孔兵

运行管理部

副总经理：毛群（主持工作）、毛宁、高军、刘伟、彭华、张立新、戴辛晨

产品创新管理部

总经理：马雁
副总经理：李秀媛、徐晓群、杨勇革

管理信息部

总经理：苏宗国
副总经理：陈道斌、鲁滔

企业文化部（教育部）

总经理：宋翰乙
副总经理：邵光华、陈立忠

团委

团委书记：孙伯龙

直属党委

常务副书记：王秀山
副书记：郑延东

城市金融研究所

所长：周月秋
副所长：殷红、刘向明、王祺

监察室

主任：惠平
副主任：韩奇、赵向军、苏万龙

安全保卫部

总经理：靳晓鹏
副总经理：郭春野、施维

离退休人员管理部

总经理：杨烈
副总经理：杨元泽

工会工作委员会

常务副主任：王保林
副主任：熊少军

金融市场部

总经理：王刚
副总经理：沈士生、唐凌云、王海璐、王屯、贾蔚、李勇

资产管理部

总经理：顾建纲
副总经理：马长水、高翀、魏泉红、刘劲松、杨帆

资产托管部

总经理：李勇
副总经理：王承远、肖婉如、晏秋生、张伟

投资银行部

总经理：李峰

副总经理：张都兴、殷仲洁、李钢、程斌宏

专项融资部（营业部）

总经理：闫峻
副总经理：刘建昌、沈敏、赵富军、李涛

养老金业务部

总经理：赵跃
副总经理：周永发、何亚平、刘彤

总行直属机构名录

牡丹卡中心

总裁、党委书记：王都富
执行副总裁、党委委员：龙春玲、周跃东、韩旭升、吕文宁、周万山、沈卫裕
纪委书记、党委委员：赵力
地址：北京市西城区金融大街5号－甲5号，新盛大厦A座
邮编：100032

私人银行部

总经理、党委书记：马健
副总经理、党委委员：邹慧丽、徐卫东、郑琇煦、陈坚
派驻纪检组长、党委委员：张颖
地址：上海市中山东一路24号6楼
邮编：200002

贵金属业务部

总经理、党委书记：周明
纪委书记、党委委员：赵文建
副总经理、党委委员：仇奕、陈一颖、李雪松
地址：上海市中山东二路11号18楼
邮编：200002

票据营业部

总经理、党委书记：徐晓岚
副总经理、党委副书记：张敬伦
副总经理、党委委员：何邵聪、唐国林、王永琪
纪委书记、党委委员：吕洁
地址：上海市虹口区天潼路133号17楼
邮编：200080

长春金融研修学院

院长、党委书记：刘德奇
副院长、党委委员：赵中彪
纪委书记、党委委员：陈爱武
地址：长春市二道区公平路448号
邮编：130033

杭州金融研修学院

院长、党委书记：陈华蓉
副院长、纪委书记、党委委员：王龙华
副院长、党委委员：吕香茹、王晓波
地址：杭州市西湖区留下街道屏峰888号
邮编：310023

软件开发中心

总经理、党委书记：杨龙如
副总经理、党委委员：李金浩、罗毅、简志雄、王雍、王旭光（兼）、高鸿升
副总经理、纪委书记、党委委员：吴绵顺
地址：珠海市唐家湾软件园路2号
邮编：519080

数据中心（北京）

总经理、党委书记：毛卫东
副总经理、党委委员：黎万明、王晓静、汪斌
派驻纪检组长、党委委员：张颖
地址：北京市海淀区西三旗建材东路16号
邮编：100096

数据中心（上海）

总经理、党委书记：刘方洲
副总经理、党委委员：郑庆华、李六旬、丁旭东、王长江、王旭光（兼）、陈静、徐志扬
派驻纪检组长、党委委员：张颖
地址：上海市杨高北路2005号（台南西路80号）
邮编：200131

国际结算单证中心

总经理：原擒龙
副总经理：荆仁、夏霖
地址：北京市东城区朝阳门内大街188号鸿安商务大厦二层
邮编：100010

总行远程银行中心

总经理：陈静娴
副总经理：吕敏、郭杨、赵金龙
地址：北京市西城区德胜门外大街77号德胜国际

中心 D 座

邮编：100088

远程银行中心（石家庄）

总经理：马铁军

副总经理：徐志强

地址：石家庄市桥西区时光街 88 号

邮编：050081

远程银行中心（合肥）

总经理：曾建平

副总经理：戴敏

地址：合肥市东流路 999 号新城国际大厦 B 座 14 楼

邮编：230031

远程银行中心（广州）

总经理：张敬华

副总经理：陈强

地址：广州市天河区科韵路 32－34 号 2 楼

邮编：510665

产品研发中心

总经理：徐晓群

副总经理：王新红、张安龙

地址：北京市西城区宣武门西大街丙 121 号

邮编：100031

各一级分行、直属分行名录

北京分行

行长、党委书记：施刚

副行长、党委副书记：龚萍

副行长、党委委员：汪晓芳、李建民、张展、应维云、曲琰

纪委书记、党委委员：王建红

地址：北京市西城区复兴门南大街 2 号（天银大厦 B 座）

邮编：100031

天津分行

行长、党委书记：蒋伟

副行长、党委副书记：刘惠新

副行长、党委委员：张静、罗勇、张希刚、白颖

纪委书记、党委委员：宋立新

地址：天津市河西区围堤道 123 号

邮编：300074

河北分行

行长、党委书记：史立军

副行长、党委副书记：张彦欣

副行长、党委委员：李明海、王琦、余龙、王爱东、张志勇、储成龙

纪委书记、党委委员：刘泽华

地址：石家庄市中山西路 188 号（中华商务 B 座）

邮编：050051

山西分行

行长、党委书记：陆钦

副行长、党委委员：贾建强、孙以洲、梅超、邹建文

纪委书记、党委委员：孙洪霞

地址：太原市迎泽大街 145 号

邮编：030001

内蒙古分行

行长、党委书记：赵桂德

副行长、党委委员：范继忠、刘志忠、苏新立、涂晓光、王化臣、常江

纪委书记、党委委员：曲云军

地址：呼和浩特市新城区东二环路 10 号

邮编：010060

辽宁分行

行长、党委书记：鞠延强

副行长、党委委员：王洪冰、宋宁、刘静波、徐言峰、武宗选、郭文峰

纪委书记、党委委员：王伟

地址：沈阳市和平区南京北街 88 号

邮编：110001

吉林分行

行长、党委书记：岳万国

副行长、党委副书记：周春晓

副行长、党委委员：毕晓宏、陈明、孙占国、窦洪涛

纪委书记、党委委员：张彦辉

地址：长春市人民大街 9559 号

邮编：130022

黑龙江分行

行长、党委书记：张晓辛

副行长、党委委员：杨秀芬、张希杰、石玉龙

纪委书记、党委委员：牛晓东

地址：哈尔滨市道里区中央大街 218 号

邮编：150010

上海分行

行长、党委书记：顾国明
党委副书记、纪委书记：吴勇
副行长、党委委员：朱晓怡、周春明、曹琦、张小东、吕虹
副行长：张晓琪
地址：上海市浦东新区浦东大道9号
邮编：200120

江苏分行

行长、党委书记：刘金
副行长、党委委员：吴宗辉、岳小勇、田枫林、刘任捷、姜乔、田耕、邱亚光
纪委书记、党委委员：李永平
地址：南京市中山南路408号
邮编：210006

浙江分行

行长、党委书记：戴春林
副行长、党委委员：叶定金、张松财、杨忆、王伟民、邵锦华、沈忻、阮云波
纪委书记、党委委员：刘岩方
地址：杭州市中河中路150号
邮政编码：310009

安徽分行

行长、党委书记：胡伟谊
副行长、党委副书记：梁延国
副行长、党委委员：许益明、朱勇、赵洪亚、陈澍、郑晔
纪委书记、党委委员：金伟东
地址：合肥市芜湖路189号
邮编：230001

福建分行

行长、党委书记：朱春华
副行长、党委委员：李良茂、王升烽、郑志伟、陈建兴、杨海涛
纪委书记、党委委员：林建忠
地址：福州市古田路108号
邮编：350005

江西分行

行长、党委书记：陈汀
副行长、党委委员：张少华、周维、姜成茂、张毅、汪蔚菁
纪委书记、党委委员：陈田武
地址：南昌市抚河北路233号
邮编：330008

山东分行

行长、党委书记：付捷
副行长、党委委员：李明、崔中玉、徐光林、刘爱峰、朱岩峰、吴迎春、张冠军
纪委书记、党委委员：赵树厂
地址：济南市经四路310号
邮编：250001

河南分行

行长、党委书记：许杰
副行长、党委委员：姚虎、张有赋、王晓东、李照明、夏宗福、韩强
纪委书记、党委委员：刘小全
地址：郑州市经三路99号
邮编：450011

湖北分行

行长、党委书记：王芝斌
副行长、党委委员：吴代强、施光军、邱世杰、夏志青
纪委书记、党委委员：熊红英
地址：武汉市武昌区中北路31号
邮编：430071

湖南分行

行长、党委书记：苏国庆
副行长、党委委员：郑子术、聂建国、肖舟、张慎
纪委书记、党委委员：邹克胜
地址：长沙市芙蓉中路一段619号
邮编：410011

广东分行

行长、党委书记：沈晓东
副行长、党委委员：谢忠、李宝权、周骏、刘刚、刘同朋、陆锦文
纪委书记、党委委员：卢卓雄
地址：广东省广州市沿江西路123号
邮编：510120

广西分行

行长、党委书记：彭正江
副行长、党委委员：杨永、邵苏江、李德斌

行长助理、党委委员：杨世亮、余昌涛
纪委书记、党委委员：吴进
地址：南宁市教育路 15－1 号
邮编：530022

海南分行

行长、党委书记：胡晔
副行长、党委委员：蔡文、王树慧、陈学坤、杨若飞、张波、李峰
纪委书记、党委委员：胡铁川
地址：海南省海口市美兰区和平南路 54 号
邮编：570203

重庆分行

行长、党委书记：刘亚干
副行长、党委委员：贺明、罗伟、韩忠东、李红、曹茜
纪委书记、党委委员：宋克修
地址：重庆市南岸区江南大道 9 号
邮编：400060

四川分行

行长、党委书记：韩松
副行长、党委委员：洪维刚、罗毅、陈丹、王涛、周玥
纪委书记、党委委员：马培雄
地址：成都市总府路 35 号
邮编：610016

贵州分行

行长、党委书记：陈平
副行长、党委委员：吴涛、黄文晖、蒋云志、何骏、周伟
纪委书记、党委委员：任建军
地址：贵阳市中华北路 200 号
邮编：550001

云南分行

行长、党委书记：郭伟
副行长、党委委员：合杰、余良、倪立、平凡、姚胜琦
纪委书记、党委委员：凤兆龙
地址：昆明市青年路 395 号邦克大厦
邮编：650021

陕西分行

行长、党委书记：高志新
副行长、党委委员：刘勇、王军锋、王建设、王引平、田亚欧、麻旭恒
纪委书记、党委委员：周民志
地址：西安市东新街 395 号
邮编：710004

甘肃分行

行长、党委书记：宋关昶
副行长、党委委员：李昶、晏贵宾、张振民、袁桃、郑允骁、贝玉双
纪委书记、党委委员：童玉会
地址：兰州市庆阳路 408 号
邮编：730030

青海分行

行长、党委书记：张延挺
副行长、党委委员：柴海生、李香玲、陈春霞、张禹
纪委书记、党委委员：严发忠
地址：西宁市城西区胜利路 2 号
邮编：810001

宁夏分行

行长、党委书记：王跃民
副行长、党委委员：廉智、栗宁安、张强、郝宗民
纪委书记、党委委员：李哲
地址：银川市黄河东路 901 号
邮编：750002

新疆分行

行长、党委书记：邹平
副行长、党委委员：邢雷、张家琦、文德明、博来
纪委书记、党委委员：张脉群
地址：乌鲁木齐市人民路 231 号
邮编：830002

西藏分行

行长、党委书记：王学勇
副行长、党委副书记：格桑曲珍
副行长、党委委员：谢嘉、余志伟、林进、刘军
纪委书记、党委委员：林进（兼）
地址：拉萨市金珠中路 31 号
邮编：850000

大连分行

行长、党委书记：姚春和
副行长、党委副书记：钱忠华
副行长、党委委员：高亚林、张作学、李秉章
党委委员：王刚剑

纪委书记、党委委员：何松
地址：大连市中山区中山广场 5 号
邮政编码：116001

青岛分行

行长、党委书记：牛喜军
副行长、党委委员：程青、陈兵、赵晓滨
党委委员：孙伟、李霞
纪委书记、党委委员：薛德贵
地址：青岛市市南区山东路 25 号
邮编：266071

宁波分行

行长、党委书记：俞龙
副行长、党委副书记：陶飚
副行长、党委委员：江甬辉、蔡志文、陈霄、潘海英、徐艳
纪委书记、党委委员：赵洪亮
地 址：宁波市中山西路 218 号
邮 编：315010

厦门分行

行长、党委书记：董继松
副行长、党委委员：黄立波、曾桂华、黄献军、陈大文
纪委书记、党委委员：赵晋
地址：厦门市湖滨北路 17 号工商银行大厦
邮编：361012

深圳分行

行长、党委书记：徐守本
副行长、党委副书记：李学民
副行长、党委委员：姚玉平、周杰、骆伟华、何翔
纪委书记、党委委员：万力
地址：深圳市罗湖区深南东路 5055 金融中心大厦北座
邮编：518015

苏州分行

行长、党委书记：田枫林
副行长、党委委员：吴军、杨晓东、杨磊、蔡小娟
纪委书记、党委委员：赵大哲
地址：苏州市阊胥路 88 号
邮编：215002

各内审分局名录

直属分局

局长：黄庆惠
副局长：李新明、何黎萍、刘辉成
地址：北京市西城区白云路 10 号工商银行二层
邮编：100045

天津分局

局长：孙建勇
副局长：王世明、赵义民、张杰
地址：天津市河西区围堤道 123 号天津金融大厦 26－27 层
邮编：300074

沈阳分局

局长：张兴东
副局长：陈晓光、刘相勇
地址：沈阳市和平区和平北大街 180 号
邮编：110001

上海分局

局长：黄纪宪
副局长：林跃武、顾红英
地址：上海黄浦区金陵东路 2 号光明金融大厦
邮编：200002

南京分局

局长：应俊惠
副局长：吕相军、谢志华、时辉、蔡万周
地址：南京市建邺区兴隆大街 172－5 号
邮编：210019

武汉分局

局长：邱建华
副局长：张龙清、苏昆山
地址：武汉市中北路 31 号 18－19 层
邮编：430071

广州分局

局长：黄再红
副局长：黄泉进、杨军、吴传武、朱荣华
地址：广州市昌岗东路五巷 23 号
邮编：510260

成都分局

局长：许海

副局长：王文胜、严盖、刘永斌、李海臣
地址：四川省成都市锦江区总府路35号总府大厦
邮编：610017

昆明分局

局长：张卫东
副局长：陶云
地址：昆明市青年路395号邦克大厦
邮编：650011

西安分局

局长：吴宁锋
副局长：苏南宏
地址：西安市高新开发区高新路1号金融大厦
邮编：710075

各一级分行营业部名录

河北分行营业部

总经理、党委书记：张志勇
地址：石家庄市桥西区平安南大街113号
邮编：050021

山西分行营业部

总经理、党委书记：邹建文
地址：太原市新建路86号
邮编：030002

内蒙古分行营业部

总经理、党委书记：曲向泽
地址：呼和浩特市新华大街15号
邮编：010010

辽宁分行营业部

总经理、党委书记：韩基广
地址：沈阳市沈河区友好街9号
邮编：110013

吉林分行营业部

总经理、党委书记：孙占国
地址：长春市朝阳区同志街136号
邮编：130061

黑龙江分行营业部

总经理、党委书记：魏连彬
地址：哈尔滨市道里区河洛街7号
邮编：150076

江苏分行营业部

总经理、党委书记：田耕
地址：南京市中山南路408号
邮编：210006

浙江分行营业部

总经理、党委书记：沈忻
地址：杭州市庆春路90号
邮编：310003

安徽分行营业部

总经理、党委书记：石海龙
地址：合肥市潜山路320号新华国际广场A座
邮编：230031

福建分行营业部

总经理、党委书记：张建明
地址：福州市八一七中路600号
邮编：350004

江西分行营业部

总经理、党委书记：肖东
地址：南昌市中山路206号
邮编：330003

山东分行营业部

总经理、党委书记：朱岩峰
地址：济南市历下区黑虎泉西路57号
邮编：250011

河南分行营业部

总经理、党委书记：王晓东
地址：郑州市花园路24号
邮编：450008

湖北分行营业部

总经理、党委书记：邱世杰
地址：武汉市武昌区中南路2号中建广场写字楼A座
邮编：430071

湖南分行营业部

总经理、党委书记：张慎
地址：长沙市五一大道465号
邮编：410005

广东分行营业部

总经理、党委书记：周骏

地址：广州市大沙头路 29 号
邮编：510100

广西分行营业部

总经理、党委书记：杨世亮
地址：南宁市民族大道 38 -2 号
邮编：530022

四川分行营业部

总经理、党委书记：罗毅
地址：成都市藩库街 9 号
邮编：610016

贵州分行营业部

总经理、党委书记：蒋云志
地址：贵阳市省府路 1 号
邮编：550001

云南分行营业部

总经理、党委书记：刘健雄
地址：昆明市五一路 164 号
邮编：650000

陕西分行营业部

总经理、党委书记：麻旭恒
地址：西安市东木头市 9 号
邮编：710002

甘肃分行营业部

总经理、党委书记：蒲五斤
地址：兰州市静宁路 358 号
邮编：730030

新疆分行营业部

总经理、党委书记：文德明
地址：乌鲁木齐市新民路 2 号
邮编：830002

各二级分行机构名录

北京分行

分行营业部

党委书记：汪旭升
地址：北京市西城区复兴门南大街 2 号（天银大厦 B 座）
邮编：100031

东城支行

行长、党委书记：苗鸿祥
地址：北京市东城区东四十条 24 号
邮编：100007

王府井支行

行长、党委书记：聂建文
地址：北京市东城区金宝街 18 号 A
邮编：100008

和平里支行

行长、党委书记：齐兆惠
地址：北京市东城区安定门东大街 28 号雍和大厦 A 座
邮编：100007

长安支行

行长、党委书记：卫峥
地址：北京市西城区宣内大街乙 6 号
邮编：100031

新街口支行

行长、党委书记：李彤
地址：北京市西城区西直门内大街 143 号
邮编：100035

南礼士路支行

行长、党委书记：江波
地址：北京市西城区阜外大街 8 号
邮编：100037

金融街支行

行长、党委书记：于青
地址：北京市西城区太平桥大街 11 号
邮编：100032

地安门支行

行长、党委书记：张建东
地址：北京市西城区德胜门外大街 77 号 D 座
邮编：100088

崇文支行

行长、党委书记：肖斌
地址：北京市东城区永外大街 86 号
邮编：100075

宣武支行

行长、党委书记：张渠

地址：北京市西城区菜市口大街 1 号
邮编：100052

广安门支行

行长、党委书记：贯鹏华
地址：北京市西城区广外南滨河路 3 号
邮编：100055

珠市口支行

行长、党委书记：闫彬
地址：北京市东城区珠市口东大街 15 号
邮编：100050

朝阳支行

行长、党委书记：王耀红
地址：北京市朝阳区朝外大街 1 号
邮编：100020

九龙山支行

行长、党委书记：夏栋杰
地址：北京市朝阳区广渠路甲 40 号
邮编：100022

亚运村支行

行长、党委书记：刘笑东
地址：北京市朝阳区慧忠北里 407 号
邮编：100012

望京支行

行长、党委书记：金恒钧
地址：北京市朝阳区酒仙桥路 10 号
邮编：100015

商务中心区支行

行长、党委书记：张军
地址：北京市朝阳区建国路 108 号
邮编：100022

海淀支行

行长、党委书记：张俊杰
地址：北京市海淀区中关村东路甲 100 号
邮编：100190

海淀西区支行

行长、党委书记：尹承德
地址：北京市海淀区北四环西路 65 号
邮编：100080

中关村支行

行长、党委书记：王耕欣
地址：北京市海淀区上地信息路 2 号
邮编：100085

翠微路支行

行长、党委书记：郭俊
地址：北京市海淀区阜成路 79 号
邮编：100036

西客站支行

行长、党委书记：任小克
地址：北京市海淀区莲花池东路 39 号
邮编：100055

丰台支行

行长、党委书记：王智先
地址：北京市丰台区文体路 19 号
邮编：100071

方庄支行

行长、党委书记：李湛
地址：北京市丰台区蒲芳路 5 号
邮编：100078

经济技术开发区支行

行长、党委书记：方园
地址：北京市经济技术开发区荣昌东街甲 5 号
邮编：100176

石景山支行

行长、党委书记：郭英淳
地址：北京市石景山区政达路 2 号
邮编：100040

门头沟支行

行长、党委书记：祁卫士
地址：北京市门头沟区新桥大街 16 号
邮编：102300

房山支行

行长、党委书记：范文
地址：北京市房山良乡西潞北大街 32 号
邮编：102488

通州支行

行长、党委书记：史旭

地址：北京市通州区新华西街 47 号
邮编：101100

大兴支行

行长、党委书记：王强
地址：北京市大兴区兴政街 24 号
邮编：102600

顺义支行

行长、党委书记：姚毅
地址：北京市顺义区仓上街 1 号
邮编：101300

昌平支行

行长、党委书记：苏一平
地址：北京市昌平区昌平镇鼓楼西街 35 号
邮编：102200

怀柔支行

行长、党委书记：张德辉
地址：北京市怀柔区商业街 23 号
邮编：101400

密云支行

行长、党委书记：石建欣
地址：北京市密云区鼓楼南大街 7 号
邮编：101500

平谷支行

行长、党委书记：马刚
地址：北京市平谷区府前西街 14 号
邮编：101200

延庆支行

行长、党委书记：王炜
地址：北京市延庆区东街 28 号
邮编：102100

天津分行

营业部

总经理、党委书记：马明
地址：天津市和平区赤峰道 12 号
邮编：300041

和平支行

行长、党委书记：张立群
地址：天津市和平区解放北路 147 号
邮编：300040

新华支行

行长、党委书记：李云峰
地址：天津市和平区西康路 33 号
邮编：300051

南开支行

行长、党委书记：葛强
地址：天津市南开区黄河道东头 12 号
邮编：300101

河北支行

行长、党委书记：张筱裹
地址：天津市河北区滨海道 69 号
邮编：300010

红桥支行

副行长、党委副书记：何应实（主持工作）
地址：天津市红桥区大丰路金融大厦
邮编：300121

河西支行

行长、党委书记：戴江
地址：天津市河西区围堤道 123 号
邮编：300074

广厦支行

行长、党委书记：赵洪领
地址：天津市河西区大沽南路 361 号
邮编：300202

河东支行

副行长、党委委员：姚霞（临时负责人）
地址：天津市河东区十一经路河东金融大厦
邮编：300171

新技术产业园区支行

行长、党委书记：刘鹏
地址：天津市南开区红旗路 208 号增 2 号
邮编：300190

津西支行

行长、党总支书记：张运航
地址：天津市西青开发区津港公路龙府花园 4 号楼
邮编：300381

自贸区分行

行长、党委书记：李林原

地址：天津市塘沽区新华路菜市街 1 号
邮编：300450

开发区分行

行长、党委书记：杨居庄
地址：天津开发区广场东路 20 号滨海金融街 5AB 座
邮编：300457

保税区分行

行长、党委书记：孙昊
地址：天津港保税区天保大道 176 号
邮编：300461

汉沽支行

行长、党委书记：王刚
地址：天津市汉沽区新开中路 69 号
邮编：300480

大港支行

行长、党委书记：刘永辉
地址：天津市大港区迎宾街 79 号
邮编：300270

西青支行

行长、党委书记：毕堃
地址：天津市西青区杨柳青新华道 77 号
邮编：300380

北辰支行

副行长、党总支副书记：张志芳（主持工作）
地址：天津市北辰区京津公路 346 号
邮编：300400

东丽支行

行长、党委书记：王伯森
地址：天津市东丽区福山路与先锋路交口
邮编：300300

津南支行

行长、党总支书记：陈宏
地址：天津市津南区咸水沽镇体育场路 35 号
邮编：300350

宁河支行

行长、党总支书记：李华金
地址：天津市宁河区芦台镇商业道 59 号
邮编：301500

武清支行

副行长、党总支副书记：华国强（主持工作）
地址：天津武清开发区福源道北侧金融商务楼 1－102
邮编：301700

蓟县支行

行长、党总支书记：袁乃村
地址：天津市蓟县城关兴华大街 1 号
邮编：301900

宝坻支行

副行长、党总支副书记：杨建伟（主持工作）
地址：天津市宝坻区南关大街 2 号
邮编：301800

静海支行

行长、党总支书记：刘建农
地址：天津市静海区胜利大街 21 号
邮编：301600

国信支行

行长、党委书记：崔建光
地址：天津市西青区卫津南路与丽江道交口西南侧美域广场 5－206
邮编：300381

红旗路支行

行长、党委书记：王志咏
地址：天津市新技术产业园区华苑产业区榕苑路 2 号海益国际 2 号楼 4 层
邮编：300384

成都道支行

副行长、党总支副书记：李晓蕾（主持工作）
地址：天津市和平区成都道 25 号
邮编：300050

北站支行

行长、党委书记：张志福
地址：天津市河北区中山路 22 号
邮编：300142

新村支行

行长、党委书记：蔺津祥
地址：天津市红桥区咸阳北路与丁字沽一号路交口康平楼底商

邮编：300131

唐家口支行

行长、党总支书记：刘西泉
地址：天津市河东区成林道东局子1号战备楼1层
邮编：300161

陈塘庄支行

副行长、党委副书记：秦志远（主持工作）
地址：天津市河西区大沽南路880号增1号
邮编：300220

空港经济区支行

行长、党总支书记：王利力
地址：天津空港经济区汇津广场1－4号楼S－23
邮编：300308

临港经济区支行

行长、党总支书记：卢永波
地址：天津临港工业区渤海十二南路西侧海港创业园18－1、5
邮编：300452

河北分行

邯郸分行

行长、党委书记：王维纲
地址：邯郸市人民东路248号
邮编：056002

邢台分行

行长、党委书记：李志华
地址：邢台市桥西区郭守敬北路285号
邮编：054000

衡水分行

行长、党委书记：李昌盛
地址：衡水市人民西路321号
邮编：053000

保定分行

行长、党委书记：王爱东
地址：保定市东风中路1902号
邮编：071051

沧州分行

行长、党委书记：史举
地址：沧州市清池南大道13号
邮编：061000

承德分行

行长、党委书记：韩晓坤
地址：承德市双桥区西大街26号
邮编：067000

张家口分行

行长、党委书记：杨力民
地址：张家口市桥东区解放大街20号
邮编：075000

唐山分行

行长、党委书记：王玉刚
地址：唐山市新华东道102号
邮编：063000

廊坊分行

行长、党委书记：郭会科
地址：廊坊市和平路78号
邮编：065000

秦皇岛分行

行长、党委书记：卢斌
地址：秦皇岛市建设大街136号
邮编：066000

山西分行

大同分行

行长、党委书记：张乃信
地址：大同市新建西路44号
邮编：037006

阳泉分行

行长、党委书记：张雪梅
地址：阳泉市德胜东街13号
邮编：045000

长治分行

行长、党委书记：宋德缙
地址：长治市太行东街167号
邮编：046011

晋城分行

行长、党委书记：郭守诚
地址：晋城市凤台西街55号
邮编：048026

朔州分行

行长、党委书记：王东山
地址：朔州市振华西街 50 号
邮编：036000

忻州分行

行长、党委书记：甄燕
地址：忻州市长征西街 27 号
邮编：034000

吕梁分行

行长、党委书记：赵阳
地址：吕梁市离石区永宁东路 29 号
邮编：033000

晋中分行

行长、党委书记：李颖耀
地址：晋中市榆次区迎宾路 28 号
邮编：030600

临汾分行

行长、党委书记：裴小业
地址：临汾市尧都区鼓楼北街 44 号
邮编：041000

运城分行

行长、党委书记：靳小红
地址：运城市红旗东街 242 号
邮编：044000

内蒙古分行

包头分行

行长、党委书记：刘文海
地址：包头市昆都仑区钢铁大街 46 号
邮编：014100

鄂尔多斯分行

行长、党委书记：王晓勇
地址：鄂尔多斯市伊金霍洛旗阿勒腾席热镇文明路北纵八路西兴泰鄂尔多斯中心商务广场 B 区 T4 楼
邮编：017200

巴彦淖尔分行

行长、党委书记：卢二宝
地址：巴彦淖尔市临河区胜利路 51 号
邮编：015000

乌海分行

行长、党委书记：苏守华
地址：乌海市海勃湾区人民北路 77 号
邮编：016000

阿拉善盟分行

副行长、党委副书记：华沛雄（主持工作）
地址：阿拉善盟巴彦浩特额鲁特东路 05 号
邮编：750306

乌兰察布分行

行长、党委书记：薛岭
地址：乌兰察布市集宁区桥东五马路 6 号
邮编：012000

锡林郭勒盟分行

行长、党委书记：于永志
地址：锡林浩特市察哈尔街 23 号
邮编：026000

赤峰分行

行长、党委书记：孙国军
地址：赤峰市红山区钢铁西街 18 号
邮编：024000

通辽分行

行长、党委书记：李燕平
地址：通辽市科尔沁区永清大街 352 号
邮编：028000

兴安盟分行

行长、党委书记：董毅明
地址：乌兰浩特市兴安北大路 90 号
邮编：137400

呼伦贝尔分行

行长、党委书记：刘文明
地址：呼伦贝尔市海拉尔区伊敏大街 40 号
邮编：021008

满洲里分行

行长、党委书记：岳志强
地址：满洲里市三道街 4 号
邮编：021400

辽宁分行

鞍山分行

行长、党委书记：姜民
地址：鞍山市铁东区二一九路 32 号
邮编：114002

抚顺分行

行长、党委书记：刘伟
地址：抚顺市新抚区中央大街东七路 4 号
邮编：113008

本溪分行

行长、党委书记：杨树波
地址：本溪市平山区曙光路 3 号
邮编：117000

丹东分行

行长、党委书记：王立军
地址：丹东市元宝区锦山大街 113 号
邮编：118000

锦州分行

行长、党委书记：张国军
地址：锦州市凌河区解放路五段 24 甲
邮编：121000

营口分行

行长、党委书记：林继维
地址：营口市金牛山大街西 4 号
邮编：115000

阜新分行

党委副书记：王卓力
地址：阜新市细河区解放大街 8 号
邮编：123000

辽阳分行

党委书记：张铁平
地址：辽阳市白塔区中华大街 157 号
邮编：111000

铁岭分行

行长、党委书记：梁文波
地址：铁岭市银州区银州路 27 号
邮编：112000

朝阳分行

行长、党委书记：张弢
地址：朝阳市双塔区朝阳大街四段 3 号
邮编：122000

盘锦分行

行长、党委书记：王旭
地址：盘锦市兴隆台区市府大街 9 号
邮编：124010

葫芦岛分行

行长、党委书记：何彬
地址：葫芦岛市龙港区龙湾大街 38 号
邮编：125000

吉林分行

吉林市分行

行长、党委书记：王井彪
地址：吉林市松江路 9 号
邮编：132011

四平分行

行长、党委书记：曲志勇
地址：四平市铁西区英雄大路 258 号
邮编：136000

辽源分行

行长、党委书记：刘海峰
地址：辽源市人民大街 518 号
邮编：136200

通化分行

行长、党委书记：巨新
地址：通化市东昌区滨江西路 3801 号
邮编：134000

白山分行

行长、党委书记：胡跃斌
地址：白山市通江路 2 号
邮编：134300

白城分行

行长、党委书记：沈连俊
地址：白城市中兴东大路 10 号
邮编：137000

松原分行

行长、党委书记：徐颖慧
地址：松原市宁江区长宁南街2101号
邮编：138001

延边分行

行长、党委书记：关泽锋
地址：延吉市长白山西路1732号
邮编：133001

黑龙江分行

齐齐哈尔分行

行长、党委书记：张程
地址：齐齐哈尔市龙沙区龙华路89号
邮编：161005

牡丹江分行

行长、党委书记：房丽华
地址：牡丹江市东安区太平路271号
邮编：157006

佳木斯分行

行长、党委书记：宓彦辉
地址：佳木斯市前进区保卫路311号
邮编：154002

大庆分行

行长、党委书记：吴建明
地址：大庆市萨尔图区东风路37号
邮编：163001

伊春分行

行长、党委书记：李安
地址：伊春市伊春区新兴中大街14号
邮编：153000

鸡西分行

行长、党委书记：任鸿发
地址：鸡西市鸡冠区红旗路25号
邮编：158100

鹤岗分行

行长、党委书记：王春起
地址：鹤岗市工农区东解放路69号
邮编：154101

双鸭山分行

行长、党委书记：王凤君
地址：双鸭山市尖山区新兴大街187号
邮编：155100

七台河分行

行长、党委书记：黄光伟
地址：七台河市桃山区大同街58号
邮编：154600

绥化分行

行长、党委书记：郝松岩
地址：绥化市北林区中兴西路72号
邮编：152052

黑河分行

行长、党委书记：詹嵩
地址：黑河市通江路27号
邮编：164399

大兴安岭分行

副行长、党委副书记：徐艳波（主持工作）
地址：大兴安岭地区加格达奇区人民路30号
邮编：165000

上海分行

营业部

总经理、党委书记：徐光华
地址：上海市黄浦区中山东一路24号
邮编：200002

第二营业部

总经理、党支部书记：邵丽蓉
地址：上海市浦东新区即墨路88号
邮编：200120

外滩支行

行长、党总支书记：周优泽
地址：上海市黄浦区中山东二路11号
邮编：200002

浦东分行

行长、党委书记：王德湛
地址：上海市浦东新区浦东南路2024－2034号
邮编：200127

静安支行

行长、党委书记：陈磊
地址：上海市静安区康定路699号
邮编：200040

徐汇支行

行长、党委书记：李毓菖
地址：上海市徐汇区辛耕路133号3－6层
邮编：200030

虹口支行

行长、党委书记：钱勤新
地址：上海市虹口区东大名路578号
邮编：200080

闸北支行

行长、党委书记：王本弘
地址：上海市静安区广中西路587号
邮编：200072

卢湾支行

行长、党委书记：余璟
地址：上海市黄浦区淮海中路98号
邮编：200021

黄浦支行

行长、党委书记：苏岳勤
地址：上海市黄浦区四川中路346号
邮编：200002

杨浦支行

行长、党委书记：王育松
地址：上海市杨浦区淞沪路383号
邮编：200433

普陀支行

行长、党委书记：徐晖
地址：上海市普陀区大渡河路388弄5号
邮编：200062

长宁支行

行长、党委书记：王卫政
地址：上海市长宁区延安西路895号
邮编：200050

宝山支行

行长、党委书记：王睿
地址：上海市宝山区松滨路318号
邮编：200940

闵行支行

行长、党委书记：杨勇
地址：上海市闵行区都市路4855号2座
邮编：201199

金山支行

副行长、党委副书记：常瑾（主持工作）
地址：上海市金山区石化卫零路558号
邮编：200540

漕河泾开发区支行

行长、党总支书记：徐劲松
地址：上海市徐汇区宜山路900号
邮编：200233

虹桥开发区支行

行长、党总支书记：吴晓春
地址：上海市长宁区娄山关路83号
邮编：200336

浦东开发区支行

行长、党委书记：徐琳
地址：上海市浦东新区金桥路1391号1－7层
邮编：200129

嘉定支行

行长、党总支书记：曹枫
地址：上海市嘉定区德富路1288号
邮编：201821

南汇支行

行长、党总支书记：吴斌
地址：上海市浦东新区惠南镇城南路258号
邮编：201399

奉贤支行

行长、党总支书记：盛俊中
地址：上海市奉贤区南桥镇南奉公路7809号
邮编：201499

松江支行

行长、党总支书记：郑唐浩
地址：上海市松江区中山二路216号2－4层
邮编：201600

青浦支行

行长、党总支书记：叶明雯
地址：上海市青浦区城中东路 485 号
邮编：201700

崇明支行

行长、党支部书记：刘峰
地址：上海市崇明区城桥镇南门路 158 号
邮编：202150

临港支行

行长、党支部书记：詹晟
地址：上海市浦东新区临港新城新元南路 555 号
邮编：201306

张江科技支行

副行长、党总支副书记：朱樑（主持工作）
地址：上海市浦东新区张江路 639 号
邮编：201120

地铁支行

行长、党支部书记：李春华
地址：上海市浦东新区银城中路 488 号 7 楼
邮编：200120

世博支行

行长、党总支书记：张铭
地址：上海市浦东新区耀华路 8 号
邮编：200126

自贸试验区分行

行长、党支部书记：周宏
地址：上海市浦东新区马吉路 28 号
邮编：200131

虹桥商务区支行

行长、党支部书记：叶青
地址：上海市闵行区申虹路 666 弄 9 号 101、102 室
邮编：201106

江苏分行

无锡分行

行长、党委书记：周刚
地址：无锡市五爱路 30 号
邮编：214031

常州分行

行长、党委书记：张彬
地址：常州市延陵中路 680 号
邮编：213003

南通分行

行长、党委书记：张海滨
地址：南通市姚港路 8 号
邮编：226006

镇江分行

行长、党委书记：吴海清
地址：镇江市解放路 308 号
邮编：212001

泰州分行

行长、党委书记：李杰
地址：泰州市青年北路 188 号
邮编：225300

扬州分行

行长、党委书记：张济华
地址：扬州市文昌西路 1 号
邮编：225009

徐州分行

行长、党委书记：张华军
地址：徐州市大同街 31 号
邮编：221003

盐城分行

行长、党委书记：陈向东
地址：盐城市建军中路 124 号
邮编：224001

淮安分行

行长、党委书记：王大刚
地址：淮安市淮海西路 81 号
邮编：223001

连云港分行

行长、党委书记：李治清
地址：连云港市海连中路 118 号
邮编：222004

宿迁分行

行长、党委书记：徐渠

地址：宿迁市洪泽湖路810号
邮编：223800

浙江分行

温州分行

行长、党委书记：胡寅
地址：温州市滨江商务区CBD片区香源路99号
邮政编码：325003

嘉兴分行

行长、党委书记：聂晶
地址：嘉兴市禾兴南路419号
邮编：314001

湖州分行

行长、党委书记：李幼平
地址：湖州市苕溪西路258号
邮编：313000

绍兴分行

行长、党委书记：陈文伟
地址：绍兴市胜利东路180号
邮编：312000

金华分行

行长、党委书记：包伶捷
地址：金华市八一北街595号
邮编：321000

衢州分行

副行长、党委副书记：江俊（主持工作）
地址：衢州市市区上街66号
邮编：324000

台州分行

行长、党委书记：俞鉴峰
地址：台州市椒江区市府大道609号
邮编：318000

丽水分行

行长、党委书记：应海卿
地址：丽水市丽阳街555号
邮编：323000

舟山分行

行长、党委书记：黄震宇
地址：舟山市临城定沈路628号
邮编：316000

义乌分行

行长、党委书记：吕忠
地址：义乌市篁园路128号
邮编：322000

萧山分行

行长、党委书记：施锡昌
地址：杭州市萧山区城厢镇城河街54号
邮编：311200

安徽分行

淮北分行

行长、党委书记：钱泽龙
地址：淮北市人民中路192号
邮编：235000

宿州分行

行长、党委书记：徐广诚
地址：宿州市淮海中路58号
邮编：234000

蚌埠分行

行长、党委书记：屠彦恒
地址：蚌埠市中兴街95号
邮编：233000

阜阳分行

行长、党委书记：孙建民
地址：阜阳市颍州区清河东路568号
邮编：236001

淮南分行

行长、党委书记：姜涌
地址：淮南市田家庵区国庆中路287号
邮编：232007

滁州分行

行长、党委书记：周晨光
地址：滁州市南谯北路852号
邮编：239000

六安分行

行长、党委书记：纪小岗
地址：六安市解放南路79号
邮编：237000

马鞍山分行

行长、党委书记：王晓东
地址：马鞍山市雨山区太白大道3455号
邮编：243071

芜湖分行

行长、党委书记：杨良彬
地址：芜湖市文化路38号
邮编：241000

宣城分行

行长、党委书记：胡静
地址：宣城市鳌峰西路76号
邮编：242000

铜陵分行

副行长、党委副书记：方伟（主持工作）
地址：铜陵市长江东路50号
邮编：244000

池州分行

行长、党委书记：许民
地址：池州市秋浦西路117号
邮编：247000

安庆分行

行长、党委书记：陈勇
地址：安庆市孝肃路230号
邮政编码：246004

黄山分行

行长、党委书记：石砚
地址：黄山市屯溪区黄山东路57号
邮编：245000

亳州分行

行长、党委书记：王全
地址：亳州市魏武大道983号
邮编：236800

福建分行

泉州分行

行长、党委书记：周灿森
地址：泉州市丰泽街610号
邮编：362000

漳州分行

行长、党委书记：黄金坤
地址：漳州市元光南路3号工行大楼
邮编：363000

三明分行

行长、党委书记：陈飞斌
地址：三明市和仁新村一幢
邮编：365000

南平分行

行长、党委书记：阮杰
地址：南平市东山路2号
邮编：353000

莆田分行

行长、党委书记：郑一鹏
地址：莆田市荔城大道南段968号
邮编：351100

龙岩分行

行长、党委书记：朱子群
地址：龙岩市九一南路47号
邮编：364000

宁德分行

行长、党委书记：韩哲明
地址：宁德市东侨区海滨1号
邮编：352100

晋江分行

行长、党委书记：高智钢
地址：青阳街道崇德路273号
邮编：362200

福建自贸试验区平潭片区分行

行长：史卫东（代为履职）
地址：平潭潭城镇海坛中路73号
邮编：350400

福建自贸试验区福州片区分行

行长、党支部书记：刘铭
地址：福州市马尾区君竹路24号
邮编：350015

江西分行

赣州分行

行长、党委书记：赵乘南

地址：赣州市文清路 39 号
邮编：341000

宜春分行

行长、党委书记：黄新根
地址：宜春市袁州区秀江中路 219 号
邮编：336000

吉安分行

行长、党委书记：方怡
地址：吉安市井冈山大道 103 号
邮编：343000

上饶分行

行长、党委书记：纪英武
地址：上饶市滨江西路 25 号
邮编：334000

抚州分行

行长、党委书记：陈红根
地址：抚州市赣东大道 439 号
邮编：344000

九江分行

行长、党委书记：谢建国
地址：九江市滨江路 99 号
邮编：332000

景德镇分行

行长、党委书记：罗德平
地址：景德镇市瓷都大道 1106 号
邮编：333000

萍乡分行

行长、党委书记：徐惟
地址：萍乡市建设西路 76 号
邮编：337000

新余分行

行长、党委书记：陈世勇
地址：新余市仙来东大道 269 号
邮编：338000

鹰潭分行

行长、党委书记：朱葵
地址：鹰潭市环城西路 1 号
邮编：335000

山东分行

淄博分行

行长、党委书记：王学俭
地址：淄博市张店金晶大道 158 号
邮编：255000

枣庄分行

行长、党委书记：张东海
地址：枣庄市光明大道 2399 号
邮编：277102

东营分行

行长、党委书记：冯建军
地址：东营市南一路 278 号
邮编：257091

烟台分行

行长、党委书记：吴建勇
地址：烟台市芝罘区海港路 1 号
邮编：264000

潍坊分行

行长、党委书记：陈文
地址：潍坊市奎文区胜利东街 5099 号
邮编：261031

济宁分行

行长、党委书记：张冠军
地址：济宁市红星东路 115 号
邮编：272017

泰安分行

行长、党委书记：金滨
地址：泰安市财源大街 135 号
邮编：271000

威海分行

行长、党委书记：刘光海
地址：威海市文化西路 188 号
邮编：264209

日照分行

行长、党委书记：鞠立坤
地址：日照市黄海一路 43 号
邮编：276826

莱芜分行

行长、党委书记：李沧海
地址：莱芜市鲁中东大街 1 号
邮 编：271100

临沂分行

行长、党委书记：杨峰
地址：临沂市兰山区平安路 135 号
邮编：276000

德州分行

行长、党委书记：侯传和
地址：德州市天衢中路 1561 号
邮编：253016

聊城分行

行长、党委书记：王艳峰
地址：聊城市昌润南路 7 号
邮编：252000

滨州分行

行长、党委书记：乔宏宇
地址：滨州市滨城区渤海十八路 568 号
邮编：256600

菏泽分行

行长、党委书记：许在敏
地址：菏泽市人民路 1366 号
邮编：274000

河南分行

洛阳分行

行长、党委书记：贺伍有
地址：洛阳市中州中路 230 号
邮编：471000

开封分行

行长、党委书记：潘勇
地址：开封市丁角街 88 号
邮编：475000

新乡分行

行长、党委书记：王海峰
地址：新乡市和平大道 88 号
邮编：453003

焦作分行

行长、党委书记：马世良
地址：焦作市焦东中路 23 号
邮编：454002

平顶山分行

行长、党委书记：张延庆
地址：平顶山市矿工中路南 37 号
邮编：467000

安阳分行

行长、党委书记：李会甫
地址：安阳市文峰大道中段
邮编：455000

鹤壁分行

行长、党委书记：党向阳
地址：鹤壁市兴鹤大街 235 号
邮编：458030

濮阳分行

行长、党委书记：周广华
地址：濮阳市建设路 16 号
邮编：457000

许昌分行

行长、党委书记：崔胜利
地址：许昌市七一路 88 号
邮编：461000

漯河分行

行长、党委书记：刘志刚
地址：漯河市黄河路 692 号
邮编：462000

三门峡分行

行长、党委书记：王志刚
地址：三门峡市崤山路中段 42 号
邮编：472000

南阳分行

行长、党委书记：王勇
地址：南阳市工业路 124 号
邮编：473000

驻马店分行

行长、党委书记：关文杰

地址：驻马店市解放路东段
邮编：463000

商丘分行

行长、党委书记：蔡海泉
地址：商丘市文化东路569号
邮编：476000

周口分行

行长、党委书记：王明峰
地址：周口市工农路20号
邮编：466000

信阳分行

行长、党委书记：吴昊
地址：信阳市四一路41号
邮编：464000

济源分行

行长、党委书记：张涛
地址：济源市宣化东街131号
邮编：454650

湖北分行

三峡分行

行长、党委书记：韩强
地址：宜昌市夷陵路89号
邮编：443000

襄阳分行

行长、党委书记：何锋
地址：襄阳市前进路69号
邮编：441003

荆州分行

行长、党委书记：徐向东
地址：荆州市沙市区北京中路352号
邮编：434000

孝感分行

行长、党委书记：易必新
地址：孝感市园林二路47号
邮编：432000

十堰分行

行长、党委书记：代伟
地址：十堰市公园路7号
邮编：442001

荆门分行

行长、党委书记：邹凡
地址：荆门市象山一路1号
邮编：431800

黄冈分行

行长、党委书记：曹晋
地址：黄冈市新港二路59号
邮编：438000

黄石分行

行长、党委书记：胡国祥
地址：黄石市南京路6号
邮编：435000

咸宁分行

行长、党委书记：钱金叶
地址：咸宁市淦河大道66号
邮编：437100

随州分行

行长、党委书记：万剑
地址：随州市烈山大道493号
邮编：441300

恩施分行

行长、党委书记：徐云峰
地址：恩施市施州大道30号
邮编：445000

鄂州分行

行长、党委书记：孙炜
地址：鄂州市武昌大道312号
邮编：436000

湖南分行

株洲分行

行长、党委书记：侯军
地址：株洲市建设南路320号
邮编：412000

湘潭分行

行长、党委书记：朱炎生
地址：湘潭市韶山中路1号
邮编：411000

衡阳分行

行长、党委书记：李勇
地址：衡阳市解放路 1 号
邮编：421001

邵阳分行

行长、党委书记：刘忠敏
地址：邵阳市红旗路 389 号
邮编：422000

岳阳分行

行长、党委书记：杨林
地址：岳阳市南湖大道 115 号
邮编：414000

益阳分行

行长、党委书记：陆舟
地址：益阳市益宾路 9 号
邮编：413000

常德分行

行长、党委书记：焦成军
地址：常德市人民中路 358 号
邮编：415000

永州分行

行长、党委书记：徐彦杰
地址：永州市零陵区南津南路 196 号
邮编：425100

郴州分行

行长、党委书记：许建林
地址：郴州市北湖路 27 号
邮编：423000

娄底分行

行长、党委书记：胡浩
地址：娄底市乐坪东街 7 号
邮编：417000

怀化分行

行长、党委书记：何军安
地址：怀化市迎丰中路 569 号
邮编：418000

湘西分行

行长、党委书记：肖新华
地址：吉首市人民北路 79 号
邮编：416000

张家界分行

行长、党委书记：黄堃
地址：张家界市回龙路 29 号
邮编：427000

广东分行

珠海分行

行长、党委书记：潘强
地址：珠海市吉大景山路 19 号工商银行大厦
邮编：519015

汕头分行

行长、党委书记：林绍生
地址：汕头市迎宾路 1 号工行大楼
邮编：515041

韶关分行

行长、党委书记：邓湧
地址：韶关市建国路 2 号
邮编：512000

河源分行

行长、党委书记：林伟
地址：河源市沿江路 13 号
邮编：517000

梅州分行

行长、党委书记：肖文泽
地址：梅州市嘉应东路 18 号
邮编：514021

惠州分行

行长、党委书记：徐晓飞
地址：惠州市文明 1 路 3 号
邮编：516003

汕尾分行

行长、党委书记：江光明
地址：汕尾市四马路中段
邮编：516600

东莞分行

行长、党委书记：许长明
地址：东莞市莞太路胜和路段 18 号

邮编：523009

中山分行

行长、党委书记：刘同朋
地址：中山市石岐悦来南路7号
邮编：528400

江门分行

行长、党委书记：刘勇
地址：江门市港口路93号
邮编：529030

佛山分行

行长、党委书记：林耸
地址：佛山市汾江中路130号
邮编：528000

阳江分行

行长、党委书记：陈泽鹏
地址：阳江市新江北路488号
邮编：529500

湛江分行

行长、党委书记：符辉
地址：湛江市康顺路29号
邮编：524043

茂名分行

行长、党委书记：余彬
地址：茂名市人民南路36号
邮编：525000

肇庆分行

行长、党委书记：吴伟科
地址：肇庆市端州三路34号
邮编：526040

清远分行

行长、党委书记：吴卫权
地址：清远市桥北一路1号
邮编：511500

潮州分行

行长、党委书记：林斌
地址：潮州市潮州大道中段
邮编：521000

揭阳分行

行长、党委书记：蔡志成
地址：揭阳市黄岐山大道中段
邮编：522031

云浮分行

行长、党委书记：夏国杰
地址：云浮市建设北路3号
邮编：527300

横琴分行

行长、党委书记：童志军
地址：珠海市横琴新区十字门中央商务区横琴金融产业服务基地1号楼
邮编：519031

南沙分行

行长、党委书记：张祖鸣
地址：广州市南沙经济技术开发区港前大道南143号
邮编：511458

广西分行

柳州分行

副行长、党委副书记：龙云（主持工作）
地址：柳州市广雅路19号
邮编：545001

桂林分行

行长、党委书记：汪春
地址：桂林市中山路16号
邮编：541001

梧州分行

行长、党委书记：蔡山
地址：梧州市大学路25号
邮编：543002

北海分行

行长、党委书记：左清喜
地址：北海市四川南路63号
邮编：536000

防城港分行

行长、党委书记：彭正强
地址：防城港市友谊大道11号
邮编：535700

钦州分行

行长、党委书记：郑志海

地址：钦州市向阳路8号
邮编：535000

贵港分行

行长、党委书记：陈德明
地址：贵港市桂林路708号东方巴黎写字楼21－23层
邮编：537100

玉林分行

行长、党委书记：黄伟
地址：玉林市一环东路158号
邮编：537000

百色分行

行长、党委书记：唐国富
地址：百色市中山二路1号
邮编：533000

河池分行

副行长、党委副书记：徐彬（主持工作）
地址：河池市新建路74号
邮编：547000

来宾分行

党委书记：祁飞
地址：来宾市新兴路140号
邮编：546100

崇左分行

副行长、党委副书记：黄勤（主持工作）
地址：崇左市江南路42号
邮编：532200

贺州分行

行长、党委书记：黎东屏
地址：贺州市建设东路2号
邮编：542800

海南分行

三亚分行

行长、党委书记：李峰
地址：三亚市吉阳区解放路743号
邮编：572000

洋浦分行

行长、党委书记：崔智礼
地址：洋浦经济开发区工商银行大厦
邮编：578101

重庆分行

两江分行

行长、党委书记：方蕾
地址：重庆市渝北区黄山大道中段56号渝兴广场B1栋
邮编：400121

万州分行

党委书记：雷成亮
行长：刘永洪
地址：重庆市万州区白岩路81号
邮编：404000

涪陵分行

行长、党委书记：刘波
地址：重庆市涪陵区兴华中路2号
邮编：408000

黔江分行

行长、党委书记：龚兵
地址：重庆市黔江区新华大道西段1128号
邮编：409000

高科技支行

行长、党委书记：蔡知平
地址：重庆市渝州路54号
邮编：400039

朝天门支行

行长、党委书记：李大勇
地址：重庆市渝中区民族路24号
邮编：400011

渝中支行

行长、党委书记：赖涛
地址：重庆市渝中区民族路177号
邮编：400010

江北支行

行长、党委书记：蒋勇
地址：重庆市渝北区龙溪镇加州花园B4－4
邮编：401147

沙坪坝支行

行长、党委书记：苏海涛

地址：重庆市沙坪坝区小龙坎新街 78 号
邮编：400030

九龙坡支行

行长、党委书记：江凯
地址：重庆市九龙坡区杨家坪正街 13 号
邮编：400050

南岸支行

行长、党委书记：刘英丽
地址：重庆市南岸区江南大道 9 号
邮编：400060

大渡口支行

行长、党委副书记：高兵
地址：重庆市大渡口区钢花路 350 号
邮编：400084

北碚支行

行长、党委书记：文革兵
地址：重庆市北碚区康宁路 60 号
邮编：400700

巴南支行

行长、党委书记：张克强
地址：重庆市巴南区龙洲湾龙海大道 3 号
邮编：401320

渝北支行

行长、党委书记：刘劲
地址：重庆市渝北区仙桃街道桂馥大道 1 号华辰财富广场 C 座 12 – 15 楼
邮编：401120

永川支行

行长、党委书记：杨忠坚
地址：重庆市永川区人民南路 66 号
邮编：402160

江津支行

行长、党委副书记：李东
地址：重庆市江津区几江大同路 322 号
邮编：402260

合川支行

行长、党委书记：张正义
地址：重庆市合川区苏家街 3 号
邮编：401520

长寿支行

行长、党委副书记：胡显明
地址：重庆市长寿区桃源大道 6 号
地址：401220

北部新区支行

行长、党委书记：唐莉
地址：重庆市北部新区金渝大道 99 号
邮编：401122

较场口支行

行长、党委书记：袁毅
地址：重庆市渝中区较场口 88 号附 1 号
邮编：400010

南坪支行

党委书记：曹茜
行长：刘同宇
地址：重庆市南岸区南坪西路 5 号
邮编：400060

建新北路支行

行长、党委书记：曾涛
地址：重庆市江北区建新北路 37 号
邮编：400020

小龙坎支行

行长、党委书记：罗明
地址：重庆市沙坪坝区凤天大道 130 号
邮编：400037

两路口支行

行长、党委书记：张建伦
地址：重庆市渝中区重庆村 55 号附 1 号
邮编：400014

四川分行

德阳分行

行长、党委书记：徐向上
地址：德阳市旌阳区凯江路 33 号
邮编：618000

绵阳分行

行长、党委书记：李思林
地址：绵阳市涪城区警钟街 10 号
邮编：621000

广元分行

行长、党委书记：刘远为
地址：广元市利州区利州东路667号
邮编：628017

遂宁分行

行长、党委书记：李俊民
地址：遂宁市船山区遂州北路159号
邮编：629000

南充分行

行长、党委书记：李绍平
地址：南充市顺庆区丝绸路86号
邮编：637000

广安分行

行长、党委书记：周伯林
地址：广安市城南新区金安大道二段1号
邮编：638000

达州分行

行长、党委书记：赵建明
地址：达州市达川区西环路538号
邮编：635000

巴中分行

行长、党委书记：彭浪
地址：巴中市巴州区江北大道56号
邮编：636600

资阳分行

行长、党委书记：李光福
地址：资阳市雁江区西门桥24号
邮编：641300

内江分行

行长、党委书记：刘海
地址：内江市中区中央路48－52号
邮编：641000

自贡分行

行长、党委书记：刘超
地址：自贡市自流井区尚义灏二支路1号
邮编：643000

泸州分行

行长、党委书记：马强
地址：泸州市江阳区迎晖路77号
邮编：646000

宜宾分行

行长、党委书记：张昕煜
地址：宜宾市南岸商贸路101号
邮编：644002

眉山分行

行长、党委书记：杨洁
地址：眉山市东坡区三苏路81号
邮编：620010

乐山分行

行长、党委书记：李小波
地址：乐山市中区紫云后街4号
邮编：614000

雅安分行

行长、党委书记：柳杨
地址：雅安市雨城区东大街17号
邮编：625000

凉山分行

行长、党委书记：贾林恒
地址：西昌市航天大道28号
邮编：615000

攀枝花分行

行长、党委书记：余平
地址：攀枝花市攀枝花大道东段492号
邮编：617000

贵州分行

遵义分行

行长、党委书记：殷泓渊
地址：遵义市红花岗区新华路8号
邮编：563000

六盘水分行

副行长、党委副书记：张艳（主持工作）
地址：六盘水市凉都大道59号
邮编：553001

安顺分行

行长、党委书记：杜英杰
地址：安顺市西秀区建设路12号

邮编：561000

毕节分行

行长、党委书记：李文
地址：毕节市七星关区麻园大道
邮编：551700

铜仁分行

副行长、党委副书记：陈侃（代为履职）
地址：铜仁市共青路 37 号
邮编：554300

凯里分行

行长、党委书记：陈晓强
地址：凯里市北京西路 15 号
邮编：556600

都匀分行

行长、党委书记：吴奇
地址：都匀市广惠路 263 号
邮编：558000

兴义分行

行长、党委书记：梅亮
地址：兴义市瑞金北路 7 号
邮编；562400

云南分行

玉溪分行

行长、党委书记：何志强
地址：玉溪市玉兴路 21 号
邮编：653100

曲靖分行

行长、党委书记：周剑
地址：曲靖市麒麟东路 6 号
邮编：655000

昭通分行

行长、党委书记：李彦斌
地址：昭通市昭阳区学生路 123 号
邮编：657000

红河分行

行长、党委书记：李胜祥
地址：红河州蒙自市天马路 41 号
邮编：661199

文山分行

行长、党委书记：陈绍明
地址：文山州文山市普阳西路 64 号
邮编：663099

普洱分行

行长、党委书记：王文卫
地址：普洱市思茅区人民西路 90 号
邮编：665000

西双版纳分行

行长、党委书记：陈丽华
地址：西双版纳州景洪市宣慰大道 112 号
邮编：666100

临沧分行

行长、党委书记：杨光龙
地址：临沧市临翔区南塘街 144 号
邮编：677099

楚雄分行

行长、党委书记：罗涛
地址：楚雄州楚雄市北浦路 175 号
邮编：675000

大理分行

行长、党委书记：刁文利
地址：大理州大理市下关人民街 30 号
邮编：671000

丽江分行

行长、党委书记：刘江
地址：丽江市古城区香格里大道 1071 号
邮编：674100

迪庆分行

行长、党委书记：胡红军
地址：迪庆州香格里拉县长征大道 28 号
邮编：674400

怒江分行

副行长、党委副书记：李锡钦（主持工作）
地址：泸水市六库镇新城区沧江路 48 号
邮编：673199

保山分行

行长、党委书记：段斌丽

地址：保山市隆阳区保岫东路 37 号
邮编：678000

德宏分行

行长、党委书记：肖朝新
地址：德宏州芒市胞波路 30 号
邮编：678400

陕西分行

铜川分行

行长、党委书记：吴浩强
地址：铜川市新区华原东道 7 号
邮编：727100

宝鸡分行

行长、党委书记：尚立本
地址：宝鸡市经二路 157 号
邮编：721000

咸阳分行

行长、党委书记：王育新
地址：咸阳市人民中路 37 号
邮编：712000

渭南分行

行长、党委书记：张宏亮
地址：渭南市临渭区车雷大街财富大厦 B 座
邮编：714000

商洛分行

行长、党委书记：齐建强
地址：商洛市迎宾路一号
邮编：726000

汉中分行

行长、党委书记：王建安
地址：汉中市汉台区人民路 106 号
邮编：723000

安康分行

行长、党委书记：杨永生
地址：安康市汉滨区解放路 16 号
邮编：723000

延安分行

行长、党委书记：拓雪峰
地址：延安市师范路 441 号
邮编：716000

榆林分行

行长、党委书记：王益武
地址：榆林市长城路西 32 号
邮编：719000

甘肃分行

天水分行

行长、党委书记：鲁彬先
地址：天水市秦州区建设路 185 号
邮编：741000

白银分行

行长、党委书记：史明太
地址：白银市白银区人民路 81 号
邮编：730900

金昌分行

行长、党委书记：陈勇
地址：金昌市新华路 18 号
邮编：737100

嘉峪关分行

党委书记：高玉涛
地址：嘉峪关市新华中路 476 号
邮编：735100

酒泉分行

行长、党委书记：王伯平
地址：酒泉市肃州区解放路 1 号
邮编：735000

张掖分行

行长、党委书记：许国军
地址：张掖市甘州县府街 99 号
邮编：734000

武威分行

行长、党委书记：师建华
地址：武威市凉州区西大街 9 号
邮编：733000

定西分行

行长、党委书记：刘彦辉
地址：安定区大什字
邮编：743000

平凉分行

行长、党委书记：刘敏
地址：平凉市崆峒区西大街 75 号
邮编：744000

庆阳分行

行长、党委书记：吕进财
地址：庆阳市西大街 232 号
邮编：745000

陇南分行

行长、党委书记：石云
地址：陇南市武都区盘旋路 006 号
邮编：746000

临夏分行

行长、党委书记：孙平
地址：临夏市团结路 50 号
邮编：731100

甘南分行

行长、党委书记：苏晓明
地址：甘南州合作市碌曲东路 18 号
邮编：747000

矿区分行

行长、党委书记：贾忠宁
地址：嘉裕关市和诚西路 66 号
邮编：735112

场区分行

行长、党委书记：彭希鹏
地址：兰州市 27 支局 48 信箱 106 号
邮编：732750

新疆分行

伊犁哈萨克自治州分行

行长、党委书记：冶生中
地址：伊宁市斯大林东路 12 号
邮编：835000

塔城分行

行长、党委书记：杨明
地址：塔城市新华街 153 号
邮编：834700

阿勒泰分行

行长、党委书记：杨波
地址：阿勒泰市金山路 4 号
邮编：836500

博尔塔拉蒙古自治州分行

行长、党委书记：肖功亮
地址：博乐市青得里大街 148 号
邮编：833400

昌吉回族自治州分行

行长、党委书记：孙凤琴
地址：昌吉市文化西路 3 号
邮编：831100

哈密分行

行长、党委书记：杨铂
地址：哈密市中山北路 18 号
邮编：839000

吐鲁番分行

行长、党委书记：刘辉
地址：吐鲁番市绿洲中路 390 号
邮编：838000

巴音郭楞蒙古自治州分行

行长、党委书记：王睿
地址：库尔勒市石化大道工行大厦 30 号
邮编：841000

阿克苏分行

行长、党委书记：米荣昆
地址：阿克苏市北大街 24 号
邮编：843000

喀什分行

行长、党委书记：符光毅
地址：喀什市人民东路 1 号
邮编：844000

和田分行

行长、党委书记：邢军平
地址：和田市乌鲁木齐南路 2 号
邮编：848000

克拉玛依石油分行

行长、党委书记：杨宪法

地址：克拉玛依市天山路 38 号
邮编：834000

石河子分行

行长、党委书记：蔡学德
地址：石河子市北四路 23 小区 240 号
邮编：832000

新疆第七支行

行长、党委书记：王晓钟
地址：乌鲁木齐 21 信箱 456 分箱
邮编：841700

新疆克州分行

副行长、党委委员：吴文莲（代为履职）
地址：阿图什市松他克北路 22 号
邮编：845350

境内控股及独资子公司名录

工银瑞信基金管理有限公司

董事长：尚军
总经理：郭特华
督察长：朱碧艳
地址：北京市西城区金融大街 5 号新盛大厦 A 座 8 层
邮编：100033

工银金融租赁有限公司

董事长：常臻旺
总裁：赵桂才
地址（天津）：天津市经济开发区广场东路 20 号
邮编：300457
地址（北京）：北京市西城区金融大街丙 17 号北京银行大厦 10 层
邮编：100033

工银安盛人寿保险有限公司

董事长：孙持平
监事长：高彬
地址：上海市浦东新区陆家嘴环路 166 号未来资产大厦 19 楼
邮编：200120

工银金融资产投资有限公司

董事长：朱晓平
总裁：张正华
地址（南京）：南京市浦滨路 211 号江北新区扬子科创中心一期 B 幢 19－20 层
邮编：210000
地址（北京）：北京市西城区金融大街 4 号金益大厦 5 层
邮编：100033

重庆璧山工银村镇银行

董事长：郭保华
行长：宋伟
地址：重庆市璧山区奥康大道 1 号
邮编：402760

浙江平湖工银村镇银行

董事长：邵锦华
监事长：徐刚
行长：陈晓强
地址：平湖市城南西路 258 号
邮编：314200

境外机构名录

香港分行

Industrial and Commercial Bank of China Limited, Hong Kong Branch
地址：33/F, ICBC Tower, 3 Garden Road, Central, Hong Kong
邮箱：icbchk@ icbcasia. com
电话：＋852－25881188
传真：＋852－25881160
SWIFT：ICBKHKHH

中国工商银行（亚洲）有限公司

Industrial and Commercial Bank of China (Asia) Limited
地址：33/F, ICBC Tower, 3 Garden Road, Central, Hong Kong
邮箱：enquiry@ icbcasia. com
电话：＋852－35108888
传真：＋852－28051166
SWIFT：UBHKHKHH

工银国际控股有限公司

ICBC International Holdings Limited
地址：37/F, ICBC Tower, 3 Garden Road, Central, Hong Kong
邮箱：info@ icbci. com. hk

电话：+852－26833888
传真：+852－26833900
SWIFT：ICBHHKHH

中国工商银行（澳门）股份有限公司

Industrial and Commercial Bank of China (Macau) Limited
地址：18th Floor，ICBC Tower，Macau Landmark，555 Avenida da Amizade，Macau
邮箱：icbc@ mc. icbc. com. cn
电话：+853－28555222
传真：+853－28338064
SWIFT：ICBKMOMX

东京分行

Industrial and Commercial Bank of China Limited，Tokyo Branch
地址：2－1 Marunouchi 1－Chome，Chiyoda－Ku Tokyo，100－0005，Japan
邮箱：icbctokyo@ icbc. co. jp
电话：+813－52232088
传真：+813－52198502
SWIFT：ICBKJPJT

首尔分行

Industrial and Commercial Bank of China Limited，Seoul Branch
地址：16th Floor，Taepyeongno Bldg.，#73 Sejong－daero，Jung－gu，Seoul 100－767，Korea
邮箱：icbcseoul@ kr. icbc. com. cn
电话：+82－237886670
传真：+82－27553748
SWIFT：ICBKKRSE

釜山分行

Industrial and Commercial Bank of China Limited，Busan Branch
地址：1st Floor，Samsung Fire & Marine Insurance Bldg.，#184，Jungang－daero，Dong－gu，Busan 601－728，Korea
邮箱：busanadmin@ kr. icbc. com. cn
电话：+82－514638868
传真：+82－514636880
SWIFT：ICBKKRSE

河内分行

Industrial and Commercial Bank of China Limited，Hanoi Branch
地址：3rd Floor Daeha Business Center，No. 360，Kim Ma Str.，Ba Dinh Dist.，Hanoi，Vietnam
邮箱：admin@ vn. icbc. com. cn
电话：+84－462698888
传真：+84－462699800
SWIFT：ICBKVNVN

万象分行

Industrial and Commercial Bank of China Limited，Vientiane Branch
地址：Asean Road，Home No. 358，Unit12，Sibounheuang Village，Chanthabouly District，Vientiane Capital，Lao PDR
邮箱：icbcvte@ la. icbc. com. cn
电话：+856－21258888
传真：+856－21258897
SWIFT：ICBKLALA

金边分行

Industrial and Commercial Bank of China Limited，Phnom Penh Branch
地址：17th Floor，Exchange Square，No. 19－20，Street 106，Phnom Penh，Cambodia
邮箱：icbckh@ kh. icbc. com. cn
电话：+855－23955880
传真：+855－23965268
SWIFT：ICBKKHPP

仰光分行

Industrial and Commercial Bank of China Limited，Yangon Branch
地址：459 Pyay Road，Kamayut Township，Yangon，Myanmar
电话：+95－12306306－8810，8830，8821
传真：+95－12306305－8805，8806
SWIFT：ICBKMMMY

新加坡分行

Industrial and Commercial Bank of China Limited，Singapore Branch
地址：6 Raffles Quay #12－01，Singapore 048580
邮箱：icbcsg@ sg. icbc. com. cn
电话：+65－65381066
传真：+65－65381370
SWIFT：ICBKSGSG

卡拉奇分行

Industrial and Commercial Bank of China Limited Karachi Branch

地址：15th & 16th Floor, Ocean Tower, G－3, Block－9, Scheme # 5, Main Clifton Road, Karachi, Pakistan. P. C：75600

电话：＋92－2135208988

传真：＋92－2135208930

SWIFT：ICBKPKKAXXX

孟买分行

Industrial and Commercial Bank of China Limited, Mumbai Branch

地址：801, 8th Floor, A Wing, One BKC , C－66, G Block, Bandra Kurla Complex , Bandra East, Mumbai－400051, India

邮箱：icbcmumbai@ india. icbc. com. cn

电话：＋91－2271110300

传真：＋91－2271110353

SWIFT：ICBKINBBXXX

多哈分行

Industrial and Commercial Bank of China Limited, Doha（QFC）Branch

地址：Level 20, Burj Doha Tower, Al Corniche Street, West Bay, Doha, Qatar P. O. BOX：11217

邮箱：wangxq@ doh. icbc. com. cn

电话：＋974－44072758

传真：＋974－44072751

SWIFT：ICBKQAQAXXX

阿布扎比分行

Industrial and Commercial Bank of China Limited, Abu Dhabi Branch

地址：C903, Al Bateen Tower, C6 , Bainuna Street, P. O. Box 62108, Abu Dhabi, United Arab Emirates

邮箱：dboffice@ dxb. icbc. com. cn

电话：＋971－24998600

传真：＋971－24998622

SWIFT：ICBKAEAA

迪拜国际金融中心分行

Industrial and Commercial Bank of China Limited, Dubai（DIFC）Branch

地址：Floor 5&6, Gate Village Building 1, Dubai International Financial Center, Dubai, United Arab Emirates P. O. Box：506856

邮箱：dboffice@ dxb. icbc. com. cn

电话：＋971－47031111

传真：＋971－47031199

SWIFT：ICBKAEAD

科威特分行

Industrial and Commercial Bank of China Limited, Kuwait Branch

地址：Building 2A（Al－Tijaria Tower）, Floor 7, Al－Soor Street, Al－Morqab, Block3, Kuwait City, Kuwait

电话：＋965－22281777

传真：＋965－22281799

SWIFT：ICBKKWKW

利雅得分行

Industrial and Commercial Bank of China Limited, Riyadh Branch

地址：Level 7&8, A1 Faisaliah Tower Building No.：7277－King Fahad Road Al Olaya, Zip Code：12212, Additional No.：3333, Unit No.：95, Kingdom of Saudi Arabia

邮箱：service@ sa. icbc. com. cn

电话：＋966－112899800

传真：＋966－112899879

SWIFT：ICBKSARI

悉尼分行

Industrial and Commercial Bank of China Limited, Sydney Branch

地址：Level 1, 220 George Street, Sydney NSW 2000, Australia

邮箱：info@ icbc. com. au

电话：＋612－94755588

传真：＋612－92333982

SWIFT：ICBKAU2S

中国工商银行（阿拉木图）股份公司

Industrial and Commercial Bank of China（Almaty）Joint Stock Company

地址：150/230, Abai/Turgut Ozal Street, Almaty, Kazakhstan. 050046

邮箱：office@ kz. icbc. com. cn

电话：＋7－7272377085

传真：＋7－7272377070

SWIFT：ICBKKZKX

中国工商银行（泰国）股份有限公司

Industrial and Commercial Bank of China（Thai）Public Company Limited

地址：622 Emporium Tower 11th－13th Fl. , Sukhumvit Road, Khlong Ton, Khlong Toei, Bangkok, Thailand

电话：+66－26295588

传真：+66－26639888

SWIFT：ICBKTHBK

中国工商银行（印度尼西亚）有限公司

PT. Bank ICBC Indonesia

地址：The City Tower 32nd Floor, Jl. M. H. Thamrin No. 81, Jakarta Pusat 10310, Indonesia

邮箱：cs@ina. icbc. com. cn

电话：+62－2123556000

传真：+62－2131996010

SWIFT：ICBKIDJA

中国工商银行马来西亚有限公司

Industrial and Commercial Bank of China (Malaysia) Berhad

地址：Level 10, Menara Maxis, Kuala Lumpur City Centre, 50088 Kuala Lumpur, Malaysia

邮箱：icbcmalaysia@ my. icbc. com. cn

电话：+603－23013399

传真：+603－23013388

SWIFT：ICBKMYKL

中国工商银行（新西兰）有限公司

Industrial and Commercial Bank of China (New Zealand) Limited

地址：Level 11, 188 Quay Street, Auckland 1010, New Zealand

邮箱：info@ nz. icbc. com. cn

电话：+64－93747288

传真：+64－93747287

SWIFT：ICBKNZ2A

中国工商银行股份有限公司蒙古代表处

Industrial and Commercial Bank of China Limited, Mongolia Representative Office

地址：Suite 910 and 911, 9th Floor, Central Tower, Sukhbaatar Square, Khoroo 8, Sukhbaatar District, Ulaanbaatar, Mongolia

邮箱：mgdbcgw@ dccsh. icbc. com. cn

电话：+976－88298887　+976－88368887

传真：+976－77108866

卢森堡分行

Industrial and Commercial Bank of China Limited, Luxembourg Branch

地址：32, Boulevard Royal, L－2449 Luxembourg, B. P. 278 L－2012 Luxembourg

邮箱：office@ eu. icbc. com. cn

电话：+352－2686661

传真：+352－26866666

SWIFT：ICBKLULL

法兰克福分行

Industrial and Commercial Bank of China Limited, Frankfurt Branch

地址：Bockenheimer Anlage 15, 60322 Frankfurt am Main, Germany

邮箱：icbc@ icbc－ffm. de

电话：+49－6950604700

传真：+49－6950604708

SWIFT：ICBKDEFF

伦敦分行

Industrial and Commercial Bank of China Limited, London Branch

地 址：81 King William Street, London EC4N 7BG, UK

邮箱：admin@ icbclondon. com

电话：+44－2073978888

传真：+44－2073978890

SWIFT：ICBKGB3L

布拉格分行

Industrial and Commercial Bank of China Limited, Prague Branch, odštěpnýzávod

地址：12F City Empiria, Na Strži 1702/65, 14000 Prague 4 － Nusle, Czech Republic

邮箱：info@ cz. icbc. com. cn

电话：+420－237762888

传真：+420－237762899

SWIFT：ICBKCZPP

中国工商银行（欧洲）有限公司

Industrial and Commercial Bank of China (Europe) S. A.

地址：32, Boulevard Royal, L－2449 Luxembourg, B. P. 278 L－2012 Luxembourg

邮箱：office@ eu. icbc. com. cn

电话：+352－2686661

传真：+352－26866666

SWIFT：ICBKLULU

中国工商银行（欧洲）有限公司巴黎分行

Industrial and Commercial Bank of China (Europe)

S. A. Paris Branch

地址：73 boulevard haussmann, 75008, Paris

邮箱：administration@ fr. icbc. com. cn

电话：+33 - 140065858

传真：+33 - 140065899

SWIFT：ICBKFRPP

中国工商银行（欧洲）有限公司阿姆斯特丹分行

Industrial and Commercial Bank of China (Europe) S. A. Amsterdam Branch

地址：Johannes Vermeerstraat 7 - 9, 1071 DK, Amsterdam, the Netherlands

邮箱：icbcamsterdam@ nl. icbc. com. cn

电话：+31 - 205706666

传真：+31 - 206702774

SWIFT：ICBKNL2AXXX

中国工商银行（欧洲）有限公司布鲁塞尔分行

Industrial and Commercial Bank of China (Europe) S. A. Brussels Branch

地址：81, Avenue Louise, 1050 Brussels, Belgium

邮箱：info@ be. icbc. com. cn

电话：+32 - 2 - 5398888

传真：+32 - 2 - 5398870

SWIFT：ICBKBEBB

中国工商银行（欧洲）有限公司米兰分行

Industrial and Commercial Bank of China (Europe) S. A. Milan Branch

地址：Via Tommaso Grossi 2, Milano, Italy

邮箱：hradmin@ it. icbc. com. cn

电话：+39 - 0200668899

传真：+39 - 0200668888

SWIFT：ICBKITMMXXX

中国工商银行（欧洲）有限公司马德里分行

Industrial and Commercial Bank of China (Europe) S. A. Sucursal en España

地址：Paseo de recoletos, 12, 28001, Madrid, España

邮箱：icbcspain@ es. icbc. com. cn

电话：+34 - 902195588

传真：+34 - 912168866

SWIFT：ICBKESMMXXX

中国工商银行（欧洲）有限公司华沙分行

Industrial and Commercial Bank of China (Europe) S. A. Poland Branch

地址：Plac Trzech Krzyży 18, 00 - 499, Warszawa, Poland

邮箱：info@ pl. icbc. com. cn

电话：+48 - 222788066

传真：+48 - 222788090

SWIFT：ICBKPLPW

中国工商银行（莫斯科）股份公司

Bank ICBC (Joint Stock Company)

地址：Building 29, Serebryanicheskaya Embankment, Moscow, Russia Federation 109028

邮箱：info@ ms. icbc. com. cn

电话：+7 - 4952873099

传真：+7 - 4952873098

SWIFT：ICBKRUMM

中国工商银行（土耳其）股份有限公司

ICBC Turkey Bank Anonim Şirketi

地址：Maslak Mah. Dereboyu, 2 Caddesi No：13

34398 Sariyer, İSTANBUL

邮箱：gongwen@ tr. icbc. com. cn

电话：+90 - 2123355162

SWIFT：ICBKTRISXXX

中国工商银行（伦敦）有限公司

ICBC (London) PLC

地址：81 King William Street, London EC4N 7BG, UK

邮箱：admin@ icbclondon. com

电话：+44 - 2073978888

传真：+44 - 2073978899

SWIFT：ICBKGB2L

工银标准银行公众有限公司

ICBC Standard Bank PLC

地址：20 Gresham Street, London, United Kingdom, EC2V 7JE

邮箱：londonmarketing@ icbcstandard. com

电话：+44 - 2031455000

传真：+44 - 2031895000

SWIFT：SBLLGB2L

纽约分行

Industrial and Commercial Bank of China Limited, New York Branch

地址：725 Fifth Avenue, 20th Floor, New York, NY 10022, USA

邮箱：info－nyb@ us. icbc. com. cn
电话：＋1－2128387799
传真：＋1－2128386688
SWIFT：ICBKUS33

中国工商银行（加拿大）有限公司

Industrial and Commercial Bank of China (Canada)
地址：Unit 3710, Bay Adelaide Centre, 333 Bay Street, Toronto, Ontario, M5H 2R2, Canada
邮箱：info@ icbk. ca
电话：＋1－4163665588
传真：＋1－4166072000
SWIFT：ICBKCAT2

中国工商银行（美国）

Industrial and Commercial Bank of China (USA) NA
地址：1633 Broadway, 28th Floor, New York, NY 10019
邮箱：info@ us. icbc. com. cn
电话：＋1－2122388208
传真：＋1－2122193211
SWIFT：ICBKUS3N

工银金融服务有限责任公司

Industrial and Commercial Bank of China Financial Services LLC
地址：1633 Broadway, 28th Floor, New York, NY, 10019, USA
邮箱：info@ icbkus. com
电话：＋1－2129937300
传真：＋1－2129937349
SWIFT：ICBKUS33FIN, ICBKUS3F

中国工商银行（墨西哥）有限公司

Industrial and Commercial Bank of China Mexico S. A.
地址：Paseo de la Reforma 250, Piso 18, Col. Juarez, C. P. 06600, Del. Cuauhtemoc, Ciudad de Mexico
邮箱：info@ icbc. com. mx
电话：＋52－5541253388
SWIFT：ICBKMXMM

中国工商银行（阿根廷）股份有限公司

Industrial and Commercial Bank of China (Argentina) S. A.
地址：Blvd. Cecilia Grierson 355, (C1107 CPG) Buenos Aires, Argentina
邮箱：gongwen@ ar. icbc. com. cn
电话：＋54－1148209022
传真：＋54－1148201901
SWIFT：ICBKARBA

中国工商银行（巴西）有限公司

Industrial and Commercial Bank of China (Brasil) S. A.
地址：Av. Brigadeiro Faria Lima, 3477－Block B－6 andar－SAO PAULO/SP－Brasil
邮箱：bxgw@ br. icbc. com. cn
电话：＋55－1123956600
SWIFT：ICBKBRSP

中国工商银行（秘鲁）有限公司

ICBC PERU BANK
地址：Av. Juan de Arona 151, Oficina 202, San Isidro, Lima27, Perú
邮箱：perugw@ pe. icbc. com. cn
电话：＋51－16316801
传真：＋51－16316803
SWIFT：ICBKPEPL

中国工商银行股份有限公司非洲代表处

Industrial and Commercial Bank of China Limited, African Representative Office
地址：47 Price Drive, Constantia, Cape Town , South Africa, 7806
邮箱：hantao. wang@ icbcafrica. com
电话：＋27－（11）7217227
传真：＋27－（21）2008012

中国工商银行员工情况表

2017 年 12 月 31 日

序号	机构名称	合同制人员合计	性别结构		年龄结构								学历结构				
			男	女	平均年龄	25 岁及以下	26 ~ 30 岁	31 ~ 35 岁	36 ~ 40 岁	41 ~ 45 岁	46 ~ 50 岁	50 岁以上	博士研究生	硕士研究生	大学本科	大专	专科以下
1	合计	432 022	211 295	220 727	42.45	21 868	61 854	49 506	36 293	53 316	83 538	125 647	533	23 170	224 431	133 915	49 973
2	总行本部	3 747	2 158	1 589	35.61	252	820	1 079	806	327	176	287	258	2 244	1 205	34	6
3	北京分行	18 750	7 655	11 095	38.9	1 631	2 854	4 395	2 055	1 523	2 690	3 602	28	2 192	11 408	4 055	1 067
4	天津分行	7 830	3 818	4 012	43.14	245	1 042	807	856	854	1 639	2 387	2	278	3 950	2 237	1 363
5	河北分行	20 685	11 194	9 491	45.7	743	1 553	1 279	1 363	2 993	4 568	8 186	2	421	8 833	7 393	4 036
6	山西分行	14 431	7 045	7 386	45.03	136	1 339	1 225	1 359	2 228	3 003	5 141	1	527	5 049	6 087	2 767
7	内蒙古分行	11 431	5 960	5 471	46.28	214	760	672	736	1 732	2 955	4 362	2	217	5 086	3 863	2 263
8	辽宁分行	17 545	8 814	8 731	45.5	597	1 236	1 061	1 828	2 182	3 866	6 775	0	534	8 698	7 076	1 237
9	吉林分行	12 511	6 072	6 439	44.63	408	1 186	817	1 679	1 850	2 103	4 468	1	364	6 351	3 644	2 151
10	黑龙江分行	15 109	7 940	7 169	46.69	496	763	602	1 018	2 330	3 515	6 385	3	242	6 032	5 851	2 981
11	上海分行	14 059	5 387	8 672	37.64	1 526	3 040	2 601	1 229	1 408	2 098	2 157	28	892	9 373	2 558	1 208
12	江苏分行	18 759	9 669	9 090	42.81	907	3 219	1 964	1 043	1 569	3 967	6 090	6	741	10 032	5 492	2 488
13	浙江分行	20 566	8 472	12 094	37.86	2 047	3 956	4 417	2 138	2 176	2 528	3 304	11	981	14 027	4 296	1 251
14	安徽分行	13 324	7 394	5 930	44.34	647	1 870	707	805	1 514	2 693	5 088	6	423	6 228	4 953	1 714
15	福建分行	11 804	5 528	6 276	43.07	473	1 405	1 320	1 186	1 554	2 200	3 666	6	257	6 849	3 240	1 452
16	江西分行	10 536	5 468	5 068	44.04	444	1 185	682	993	1 526	2 304	3 402	1	352	4 523	3 847	1 813
17	山东分行	20 530	10 817	9 713	43.91	589	2 503	2 066	1 772	2 775	3 636	7 189	11	845	10 636	7 144	1 894
18	河南分行	19 593	10 298	9 295	45.2	569	1 933	825	989	3 686	5 169	6 422	5	444	8 985	6 749	3 410
19	湖北分行	17 103	8 763	8 340	44.97	513	2 135	764	854	2 319	4 616	5 902	11	916	7 903	5 588	2 685
20	湖南分行	13 529	6 778	6 751	45.64	419	1 017	992	953	1 748	2 962	5 438	3	357	5 779	5 695	1 695
21	广东分行	20 036	10 534	9 502	39.35	1 227	3 671	3 427	2 136	3 064	3 644	2 867	17	634	10 923	6 555	1 907
22	广西分行	10 221	4 688	5 533	43.03	440	1 545	915	996	1 079	1 823	3 423	0	164	5 208	3 340	1 509
23	海南分行	2 672	1 517	1 155	43.14	156	317	126	364	347	637	725	1	87	1567	788	229

续表

序号	机构名称	合同制人员合计	性别结构		年龄结构								学历结构				
			男	女	平均年龄	25岁及以下	26～30岁	31～35岁	36～40岁	41～45岁	46～50岁	50岁以上	博士研究生	硕士研究生	大学本科	大专	专科以下
24	四川分行	16 287	7 903	8 384	41.41	360	3 225	2 233	1 224	2 110	3 389	3 746	14	1 052	8 594	5 616	1 011
25	贵州分行	6 944	3 598	3 346	41.63	689	1 438	465	299	504	1 159	2 390	3	205	3 640	2 259	837
26	云南分行	8 383	3 937	4 446	44.06	453	1 086	564	492	848	1841	3 099	1	203	4 335	3 052	792
27	陕西分行	12 066	6 331	5 735	45.94	318	992	633	671	1 710	3 083	4 659	8	593	4 868	5 231	1 366
28	甘肃分行	7 338	3 876	3 462	45.94	368	486	316	463	794	1 878	3 033	2	98	3 996	2 638	604
29	青海分行	2 199	1 026	1 173	38.99	316	519	82	143	213	490	436	0	55	1 434	643	67
30	宁夏分行	2 797	1 341	1 456	42.01	194	516	239	122	287	658	781	0	65	1 464	1 017	251
31	新疆分行	7 939	3 531	4 408	43.1	494	1 176	510	633	834	1 701	2 591	3	195	4 194	2 793	754
32	西藏分行	194	118	76	34.36	41	42	25	21	39	23	3	1	14	169	9	1
33	重庆分行	6 879	3 434	3 445	41.94	441	1 246	792	281	676	1 439	2 004	6	488	3 115	2 315	955
34	大连分行	3 994	1 518	2 476	41.75	105	687	556	277	679	739	951	3	277	2391	1 156	167
35	青岛分行	3 488	1 671	1 817	42.07	162	697	459	226	268	451	1 225	0	298	1 866	868	456
36	宁波分行	4 052	1 589	2 463	38.25	197	1 042	763	441	483	458	668	1	168	2 743	824	316
37	深圳分行	5 424	2 542	2 882	36.4	731	985	1 328	621	531	626	602	6	655	3653	836	274
38	厦门分行	2 341	1 007	1 334	40.2	149	442	346	140	373	404	487	3	164	1 616	324	234
39	广东分行营业部	10 150	3 980	6 170	36.63	734	2 146	2 508	1 501	1 217	1 401	643	10	437	6 806	2 405	492
40	苏州分行	4 288	1 828	2 460	37.35	280	1 320	757	347	368	546	670	1	221	3 038	777	251
41	总行票据营业部	318	133	185	37.92	17	70	65	41	41	49	35	2	95	205	16	0
42	总行私人银行部	158	108	50	34.34	16	46	40	25	13	11	7	7	98	50	3	0
43	总行贵金属业务部	97	67	30	35.62	2	24	31	17	11	7	5	2	49	46	0	0
44	内部审计局直属分局	43	24	19	43.7	0	0	7	7	13	8	8	3	17	23	0	0
45	内部审计局天津分局	42	26	16	45.5	0	5	4	2	4	11	16	0	9	33	0	0
46	内部审计局沈阳分局	42	25	17	45.07	0	1	7	4	5	13	12	0	10	32	0	0

续表

序号	机构名称	合同制人员合计	性别结构		年龄结构								学历结构				
			男	女	平均年龄	25岁及以下	26～30岁	31～35岁	36～40岁	41～45岁	46～50岁	50岁以上	博士研究生	硕士研究生	大学本科	大专	专科以下
47	内部审计局上海分局	38	20	18	44.45	0	0	5	10	7	6	10	0	8	30	0	0
48	内部审计局南京分局	38	27	11	45.08	0	3	3	7	4	11	10	0	8	29	1	0
49	内部审计局武汉分局	39	22	17	45.36	0	0	7	4	8	6	14	0	12	26	1	0
50	内部审计局广州分局	38	29	9	45.89	0	0	5	5	7	10	11	3	6	29	0	0
51	内部审计局成都分局	38	23	15	44.26	0	2	5	7	7	7	10	1	13	22	2	0
52	内部审计局昆明分局	42	22	20	42.67	0	6	5	4	8	8	11	1	6	35	0	0
53	内部审计局西安分局	37	23	14	44.76	0	5	5	2	6	4	15	1	2	33	1	0
54	长春金融研修学院	67	39	28	42.03	6	9	10	10	1	3	28	2	29	33	3	0
55	杭州金融研修学院	72	36	36	40.42	3	16	14	4	2	12	21	1	28	43	0	0
56	总行银行卡业务部（牡丹卡中心）	1 926	545	1 381	32.46	222	551	772	132	119	88	42	12	253	1 350	305	6
57	数据中心（北京）	920	463	457	32.28	80	360	285	87	52	32	24	6	400	506	5	3
58	数据中心（上海）	886	591	295	33.11	63	312	276	113	58	23	41	5	295	565	17	4
59	软件开发中心	4511	2 819	1 692	32.02	364	1 474	1 804	589	150	91	39	19	1 871	2 601	18	2
60	总行远程银行中心	1 098	365	733	31.36	115	455	397	64	18	25	24	0	57	890	148	3
61	远程银行中心（石家庄）	401	113	288	30.6	28	244	91	13	13	10	2	0	17	336	48	0
62	远程银行中心（合肥）	499	177	322	27.95	108	331	46	2	7	2	3	1	59	381	58	0
63	远程银行中心（广州）	185	55	130	32.25	21	50	76	16	14	6	2	0	9	136	40	0
64	国际结算单证中心	635	156	479	30.35	67	335	157	41	24	8	3	0	272	362	1	0
65	产品研发中心	262	152	110	29.85	33	135	64	23	3	4	0	1	219	42	0	0
66	网络融资中心	49	30	19	29.22	12	26	6	1	1	3	0	1	25	22	0	1
67	网络金融部用户发展中心	2	2	0	39	0	0	0	2	0	0	0	0	1	1	0	0
68	网络金融部运营支持中心	4	3	1	42.5	0	0	0	1	2	1	0	0	2	2	0	0
69	网络金融部创新研发中心	1	1	0	47	0	0	0	0	0	1	0	0	0	1	0	0

中国工商银行系统机构设置情况表

2017 年 12 月 31 日

序号	机构名称	合计	总行	一级分行	直属分行	一级分行营业部	二级分行	一级支行			基层营业网点				总行利润中心、直属机构及其分支
								合计	县支行	城区支行	合计	二级支行	分理处	储蓄所	
1	合计	16 353	1	31	5	26	415	3 052	1 304	1 748	12 794	1 2068	585	141	29
2	总行本部	1	1												
3	总行部门类利润中心	6													6
4	北京分行	562		1			36				525	502	11	12	
5	天津分行	336		1			23	11	3	8	301	301			
6	河北分行	793		1		1	10	214	91	123	567	565	2		
7	山西分行	466		1		1	10	145	67	78	309	309			
8	内蒙古分行	374		1		1	12	106	50	56	254	254			
9	辽宁分行	585		1		1	12	139	28	111	432	413	5	14	
10	吉林分行	370		1		1	8	85	29	56	275	259	5	11	
11	黑龙江分行	540		1		1	12	158	56	102	368	363	2	3	
12	上海分行	486		1		2	34				449	449			
13	江苏分行	891		1		1	11	118	43	75	760	737	19	4	
14	浙江分行	795		1		1	11	104	48	56	678	591	87		
15	安徽分行	552		1		1	15	159	42	117	376	376			
16	福建分行	461		1		1	10	83	50	33	366	366			
17	江西分行	424		1		1	10	121	75	46	291	268	23		
18	山东分行	918		1		1	15	159	78	81	742	422	247	73	
19	河南分行	734		1		1	17	185	83	102	530	510	20		
20	湖北分行	716		1		1	12	110	43	67	592	592			
21	湖南分行	541		1		1	13	142	62	80	384	364	20		
22	广东分行	1 026		1			19	201	54	147	805	805			
23	广西分行	455		1		1	13	107	55	52	333	333			
24	海南分行	124		1		1	2	15	10	5	105	105			
25	四川分行	751		1		1	18	110	78	32	621	546	75		
26	贵州分行	295		1		1	8	82	49	33	203	192	11		
27	云南分行	358		1		1	15	66	34	32	275	275			

续表

序号	机构名称	合计	总行	一级分行	直属分行	一级分行营业部	二级分行	一级支行			基层营业网点				总行利润中心、直属机构及其分支
								合计	县支行	城区支行	合计	二级支行	分理处	储蓄所	
28	陕西分行	473		1		1	9	114	48	66	348	335	9	4	
29	甘肃分行	308		1		1	15	54	38	16	237	237			
30	青海分行	84		1			1	12	6	6	70	69	1		
31	宁夏分行	98		1				18	6	12	79	66	12	1	
32	新疆分行	251		1		1	15	60	39	21	174	173	1		
33	西藏分行	5		1				3		3	1	1			
34	重庆分行	324		1			20	27	22	5	276	272	4		
35	大连分行	159			1			21	4	17	137	137			
36	青岛分行	124			1			19	4	15	104	76	18	10	
37	宁波分行	167			1		2	18	4	14	146	143	2	1	
38	深圳分行	139			1		1	26		26	111	111			
39	厦门分行	70			1		1	17		17	51	51			
40	广东分行营业部	368				1	1	35	3	32	331	330		1	
41	苏州分行	200					4	8	2	6	188	170	11	7	
42	长春金融研修学院	1													1
43	杭州金融研修学院	1													1
44	总行银行卡业务部（牡丹卡中心）	4													4
45	软件开发中心	1													1
46	数据中心（北京）	1													1
47	数据中心（上海）	1													1
48	远程银行中心	1													1
49	国际结算单证中心	1													1
50	产品研发中心	1													1
51	总行票据营业部	9													9
52	总行私人银行部	1													1
53	总行贵金属业务部	1													1

注：本表不包括境内控股公司和境外机构。

2017 年总行级重点城市行综合竞争能力评价结果

综合竞争能力评价结果（直属行、营业部）

排名	一级分行	城市行	得分	分档
1	宁波	宁波	912.70	A+
2	湖北	武汉	867.01	B+
3	浙江	杭州	854.86	B+
4	黑龙江	哈尔滨	846.30	B+
5	广东	广州	825.63	B-
6	广西	南宁	804.16	B-
7	新疆	乌鲁木齐	800.04	B-
8	四川	成都	798.63	B-
9	吉林	长春	793.86	B-
10	河南	郑州	785.49	B-
11	贵州	贵阳	775.20	C+
12	深圳	深圳	739.77	C+
13	湖南	长沙	727.99	C+
14	山东	济南	727.02	C+
15	江西	南昌	719.41	C-
16	陕西	西安	716.91	C-
17	江苏	南京	697.40	C-
18	福建	福州	684.62	C-
19	山西	太原	676.14	C-
20	云南	昆明	674.76	C-
21	安徽	合肥	668.53	C-
22	河北	石家庄	642.21	D+
23	辽宁	沈阳	640.96	D+
24	甘肃	兰州	607.46	D-
25	厦门	厦门	593.42	D-
26	苏州	苏州	592.64	D-
27	青岛	青岛	574.81	D-
28	内蒙古	呼和浩特	531.43	E-
29	大连	大连	503.51	E-

评价结果划档标准：

A+：900 分（含）以上 A-：[870，900） B+：[830，870） B-：[780，830）

C+：[720，780） C-：[660，720） D+：[610，660） D-：[570，610）

E+：[540，570） E-：540 分以下

综合竞争能力评价结果（重点二级分行）

排名	一级分行	城市行	得分	分档
1	广东	惠州	945. 30	A +
2	广东	中山	890. 09	A +
3	广东	珠海	855. 31	A +
4	四川	绵阳	849. 96	A +
5	河南	平顶山	814. 02	A –
6	浙江	台州	805. 93	A –
7	山东	东营	776. 71	B +
8	四川	德阳	748. 72	B +
9	江西	赣州	704. 80	B –
10	江西	九江	694. 70	B –
11	广东	江门	676. 73	B –
12	河北	保定	674. 58	B –
13	浙江	嘉兴	671. 61	B –
14	四川	南充	663. 16	C +
15	山东	潍坊	654. 19	C +
16	河北	唐山	634. 52	C +
17	广西	桂林	631. 25	C +
18	江苏	南通	620. 99	C +
19	广西	柳州	619. 78	C +
20	河北	廊坊	609. 77	C +
21	河南	洛阳	608. 92	C +
22	广东	湛江	604. 67	C +
23	广东	佛山	603. 71	C +
24	广东	东莞	599. 60	C –
25	陕西	咸阳	588. 29	C –
26	浙江	温州	584. 62	C –
27	安徽	芜湖	584. 09	C –
28	河北	张家口	581. 18	C –
29	福建	漳州	578. 99	C –
30	浙江	绍兴	578. 37	C –
31	江苏	镇江	552. 72	C –
32	河南	南阳	547. 63	C –
33	辽宁	鞍山	537. 32	C –
34	吉林	吉林市	533. 96	C –
35	江苏	无锡	524. 81	D +
36	湖北	荆州	518. 37	D +
37	浙江	金华	517. 48	D +
38	陕西	宝鸡	515. 44	D +
39	山东	临沂	511. 12	D +
40	江苏	徐州	509. 54	D +
41	福建	泉州	504. 72	D +
42	山东	济宁	496. 24	D +
43	山东	淄博	494. 11	D +
44	山东	烟台	480. 79	D +
45	贵州	遵义	477. 15	D +
46	湖北	襄阳	451. 27	D –
47	江苏	常州	417. 42	E +
48	湖北	三峡	407. 11	E +
49	湖南	岳阳	404. 77	E +
50	湖南	株洲	371. 78	E –
51	江苏	扬州	305. 74	E –

评价结果划档标准：
A +：820 分（含）以上 A –：[780，820) B +：[730，780) B –：[670，730)
C +：[600，670) C –：[530，600) D +：[470，530) D –：[420，470)
E +：[380，420) E –：380 分以下

2017 年度二级分行经营效益 30 强

地区	分行	按绩效得分排名	按净利润排名	按人均 EVA 排名	三项因素综合排名
广东	惠州	1	6	5	1
广东	中山	2	3	8	2
广东	东莞	4	1	14	3
河北	廊坊	30	2	4	4
苏州	昆山	20	14	3	5
浙江	嘉兴	11	8	21	6
江苏	南通	26	4	13	7
浙江	台州	12	7	25	8
江苏	宿迁	9	28	12	9
河北	保定	8	11	31	10
广东	佛山	10	5	40	11
江苏	常州	29	9	24	12
广东	江门	15	15	33	13
海南	三亚	5	60	6	14
贵州	遵义	38	18	17	15
广东	河源	13	50	10	16
广东	横琴	3	71	1	17
贵州	都匀	16	46	16	18
四川	绵阳	22	21	39	19
广东	汕头	25	19	38	20
贵州	兴义	24	45	15	21
贵州	毕节	18	49	18	22
广东	汕尾	7	69	11	23
浙江	湖州	31	17	41	24
四川	宜宾	23	36	35	25
广东	揭阳	33	43	19	26
浙江	萧山	45	29	28	27
四川	眉山	17	66	20	28
江西	抚州	14	57	34	29
河南	平顶山	35	31	46	30

2017 年度城区支行经营效益 40 强

地区	支行	按绩效得分排名	按净利润排名	按人均 EVA 排名	三项因素综合排名
深圳	高新园	1	5	1	1
北京	翠微路	6	1	3	2
北京	新街口	4	2	7	3
北京	营业部	5	7	2	4
浙江	西湖	3	11	4	5
上海	第二营业部	7	17	10	6
北京	宣武	28	4	5	7
北京	海淀西区	10	10	35	8
浙江	艮山	2	58	15	9
北京	长安	56	6	14	10
北京	海淀	17	14	47	11
北京	南礼士路	52	8	23	12
上海	黄浦	18	9	58	13
辽宁	于洪	11	59	17	14
广东	同福	9	41	40	15
广东	高新	12	45	33	16
上海	长宁	13	12	66	17
广东	第一	60	23	12	18
深圳	宝安	14	61	27	19
贵州	中华路	40	49	13	20
四川	春熙	34	21	52	21
广东	北京	70	22	22	22
四川	滨江	55	18	50	23
湖北	水果湖	43	44	42	24
北京	东城	58	15	56	25
北京	西客站	62	16	57	26
重庆	沙坪坝	16	50	70	27
北京	地安门	65	35	37	28
深圳	上步	38	75	25	29
北京	朝阳	26	13	102	30
上海	虹桥开发区	71	36	38	31
上海	营业部	140	3	6	32
四川	东大	33	55	65	33
北京	丰台	25	20	111	34
深圳	红围	107	34	20	35
江苏	直营处	21	131	11	36
深圳	华强	32	74	61	37
北京	石景山	42	33	93	38
天津	营业部	125	26	21	39
江苏	军管	19	145	8	40

2017 年国际评级及获得的主要奖项

国际评级情况

信用评级	2017 年	2016 年	2015 年
标准普尔（S&P）	A	A	A
穆迪（Moody's）	A1	A1	A1

境外奖项

奖项名称	颁奖机构
全球新兴市场最佳银行	《环球金融》
亚太区最佳银行	
中国最佳银行	
中国最佳公司银行	
中国最佳资产管理银行	
中国最佳千禧私人银行	
中国最佳可再生能源银行	
中国最佳对公电子银行	
中国最佳个人电子银行	
中国最佳银行	《欧洲货币》
中国最佳贵金属交易银行	
“一带一路”中资机构最佳顾问银行	《亚洲货币》
“一带一路”东南亚地区最佳中资银行	
“一带一路”中东欧地区最佳中资银行	
中国最佳银行	《金融亚洲》
中国最佳债券承销商	
中国最佳托管银行	《亚洲银行家》
中国最佳大型私人银行奖项	
中国最佳市场风险管理奖	
中国最佳大型交易银行	
中国最佳大型现金管理银行	
人民币国际化现金管理/结算钻石奖	《机构投资者》
中国最佳银行	《财资》
中国最佳私人银行	
中国最佳财富管理机构	
中国最佳商品衍生品交易银行	
中国最佳债券顾问	
全优公司白金奖	

续表

奖项名称	颁奖机构
中东、北非地区年度电力项目	《国际项目融资》
中国最佳银行	《亚洲风险》
木兰债牵头账簿管理行大奖	世界银行
年度最佳交易奖	伯尔尼协会
亚太地区最佳风险监测控制奖	万事达卡国际组织

境内奖项

奖项名称	颁奖机构
银行科技发展奖	中国人民银行
最具社会责任机构	中国银行业协会
最佳社会贡献奖	
商业银行稳健发展能力“陀螺”评价体系综合排名第一名	
商业银行稳健发展能力“陀螺”评价体系评价工作优秀组织奖	
最佳专业委员会主任单位	
最佳私人银行机构	
最佳互联网贸易金融银行	
最佳综合理财能力奖	
最佳项目奖	
最佳收益奖	
最佳风控奖	
最佳合规奖	
最佳转型奖	
优秀承销机构奖	中央国债登记结算公司
优秀自营机构奖	
优秀资产托管机构奖	
优秀绿色债券承销机构	
优秀金融债发行人	
优秀 ABS 发起机构	
优秀交易代理机构	
优秀综合做市机构	中国银行间市场交易商协会
优秀利率债做市商	
优秀信用债做市商	
最佳后台支持做市机构奖	中国外汇交易中心
最佳技术做市机构奖	
综合最佳做市机构	
最佳即期做市奖	
最佳远掉做市奖	
最佳即期交易奖	
最佳非美货币交易奖	
最佳外币对交易奖	
最受欢迎远掉做市机构奖	

续表

奖项名称	颁奖机构
银行间本币市场对外开放突出贡献奖	全国银行间同业拆借中心
优秀债券交易商	
优秀清算会员	
优秀结算成员	
优秀承销商	
优秀托管银行	
外汇自营清算优秀奖	
优秀金融类会员一等奖	上海黄金交易所
竞价市场杰出贡献奖	
询价市场优秀贡献奖	
租借业务贡献奖	
中国最佳客户联络中心	中国信息化推进联盟客户关系管理专业委员会
中国互联网驱动新活动示范案例（工银融e行）	中国互联网协会
中国广告长城奖——广告主奖	中国广告协会
中国最佳呼叫中心奖	中国电子商会
中国金融科技产品创新奖——开放式网银	中国金融科技创新大会
年度跨境并购投行奖	全球资产配置百人会
中国金融品牌“金栗子”奖——社会化营销先锋TOP10（放飞梦想，智·惠女神）	中国金融认证中心
最佳手机银行奖	
最佳个人网上银行奖	
运营管理标杆团队奖	中国金融业客服中心发展联盟
运营管理精英班组奖	
综合业务支持精英团队奖	
技术支持精英团队奖	
中国普惠金融大会普惠金融优秀品牌大奖（工银融e行）	金融科技创新联盟互联网金融工作委员会
“金耳唛杯”中国最佳客户中心	客户世界机构
“金耳唛杯”年度最佳团队文化客户中心	
卓越竞争力中小企业服务银行	《中国经营报》
国有上市企业社会责任榜最佳责任企业	《南方周末》
中国企业社会责任年会——最佳责任报告	
中国私人银行品牌君鼎奖	《证券时报》
全能银行投行君鼎奖	
财务顾问银行君鼎奖	
跨境融资银行君鼎奖	
中国银行业创新先锋榜（工银融e行）	
最具传播力商业银行	《21世纪经济报道》
最佳公司治理奖	
最受尊敬董事长奖	

续表

奖项名称	颁奖机构
年度卓越手机大奖	《华夏时报》
债券承销先锋银行	《国际金融报》
超短融票据承销先锋银行	
中期票据承销先锋银行	
ABS 先锋银行	
先锋私人银行	
国际先锋投资银行奖	
跨境融资先锋银行	
全国性商业银行核心竞争力评价第一名	《银行家》（中国）
十佳互联网金融创新奖	
年度最佳金融科技银行	
“金貔貅奖”年度金牌资产管理银行	《金融理财》
年度金牌资产托管银行卓越贡献奖	
年度金融行业科技创新突出贡献奖	《金融电子化》
“金圆桌奖”最佳董事会	《董事会》
“金圆桌奖”最具创新力董秘	
最佳财资创新产品	《财资中国》
最佳现金管理银行	
最佳全球现金管理银行	
最佳国有商业银行	《财经》
最佳债券承销银行	
“金臻奖”最佳中国私人银行奖	《财富管理》
年度十佳上市公司	央视财经
中国百强品牌	新华网
“金创奖”最佳活跃度手机银行	
年度最佳网络融资银行	凤凰网
用户最喜爱的品牌票选年度最佳互联网金融银行	财经网
最佳国有商业银行	新浪财经
最受欢迎手机银行	
年度最佳 APP（工银融 e 行）	易观智库
电子银行创新奖——最佳营销服务创新奖（放飞梦想，智·惠女神）	网银联盟
中国好雇主行业综合奖	太和顾问
中国大学生最佳雇主——金融行业最佳雇主	中华英才网
中国年度最佳雇主	智联招聘

2017 年重要评比或评奖活动结果

全国五一劳动奖状

北京朝阳支行

全国工人先锋号

四川分行成都盐市口支行营业室

全国五一劳动奖章

罗海云　海南三亚分行三沙支行行长

马　前（女）　北京新街口支行网点负责人（技能比赛第一名选手即时授予）

全国巾帼文明岗

上海分行延安西路支行
江苏分行营业部直属营业处
重庆分行国际业务部
广东分行东莞东城支行

全国巾帼建功先进集体

北京通州新华分理处

全国巾帼建功标兵

陈　芳　湖北咸宁分行个人金融业务部总经理

王　馨　贵州毕节分行营业室主任

全国金融五一劳动奖状

北京朝阳支行
江苏南通分行
浙江分行杭州西湖支行
广东惠州分行
吉林省分行营业部
江苏宿迁分行
河南平顶山分行
青海分行西宁城中支行
大连分行甘井子支行

全国金融先锋号

杭州金融研修学院培训部

全国金融五一劳动奖章

郭　俊　北京翠微路支行行长

孙伟岳　北京分行科技部员工（技能比赛第一名选手即时授予）

秦一宁（女）　天津分行营业部营业室经理

刘姝哲（女）　河北保定分行徐水支行客户经理

钱京华　山西临汾分行侯马支行行长

张东浩（女）　内蒙古分行营业部满都拉支行行长

张学宏　辽宁朝阳分行凌源支行行长

王忠诚　吉林松原分行前郭支行营业部网点负责人

关君华　黑龙江分行哈尔滨尚志支行行长

杨佳奇　上海市漕河泾开发区支行营业厅主任

孙晓平　江苏分行南京江宁支行行长

徐晶贞（女）　浙江金华分行永康支行个人业务部副经理兼财富中心主管

金建梅（女）　安徽分行合肥肥东支行行长助理

王凤娟（女）　福建泉州分行指挥巷支行副行长

徐牡丹（女）　江西鹰潭分行四海支行大堂经理

李　强　山东菏泽分行东明支行行长
李　夂　河南分行郑州陇海路支行行长
洪家山（土家族）　湖北三峡分行纪委副书记、监察室主任
徐晓飞（女）　广东惠州分行行长
唐　群（女）　广西分行营业部机构金融业务部营销组组长
罗海云　海南三亚分行三沙支行行长
苏海涛　重庆分行沙坪坝支行行长
张　锋　四川广元分行苍溪支行行长
李　娟（女）　贵州遵义分行客户经理
刘健雄　云南省分行营业部总经理
薛海妮（女）　陕西榆林分行个人金融业务部财富顾问
杨　荣　甘肃金昌分行工会办公室主任
李万芳（女）　青海分行西宁城东支行营业室副主任
董　涵　宁夏分行银川西城支行行长
戴亚萍（女）　新疆阿克苏分行沙雅县支行行长
孔繁强　西藏分行林芝支行行长
王晓霞（女）　大连市分行人力资源部总经理
赵晓滨（女）　青岛市分行副行长
王建琴（女）　宁波市分行现金运营中心现金清点员
赖国飞　深圳分行国际业务部高级经理
邱锋霖　厦门分行七星路支行行长
李华慧（女）　苏州工业园区支行营业部负责人
刘　聪　广州南方支行行长助理
宋翰乙　总行人力资源部副总经理
李　勇　总行金融市场部固定收益处处长
张立伟　数据中心（北京）测试三部总经理
杨群安（女）　数据中心（上海）办公室高级经理
胡小梅（女）　杭州金融研修学院网络大学运营中心副总经理
张力引　软件开发中心资深经理
郑叙湘（女）　电子银行（广州）办公室副主任、工会副主任
曹　蓥（女）　北京分行长安支行营业室主任
刘　朋　天津分行信息科技部开发部经理
高金生　河北沧州分行渤海新区支行一级支行负责人
韩基广　辽宁省分行营业部总经理
韩筱箐（女）　浙江分行私人银行中心财富顾问
段柳平（女）　江西分行乐平登高山支行副行长
程桂秋　湖南省分行营业部公司业务部经理
汪　蕾（女）　广东分行国际业务部总经理
归秀芝（女）　广西分行大客户服务中心高级经理
周　展　四川省分行营业部新都支行行长
邵　健　宁波分行公司大客户服务中心团队科长
葛彩笑（女）　青岛分行莱西支行客户经理

全国金融系统五一巾帼标兵岗

湖北分行武汉经济技术开发区支行营业室
重庆分行沙坪坝支行运行管理部
青岛分行台东支行营业部
广东分行营业部广州云山支行营业室

全国金融五一巾帼标兵

李　春　贵州分行毕节城区支行行长
高　蓉　陕西分行延安东关支行行长
叶琼琼　浙江分行温州永嘉上塘支行副行长
赵英姿　数据中心（北京）测试二部高级经理
杨　挥　总行私人银行部营销专家

中国工商银行“大行工匠”

傅文博　北京分行信息科技部经理三级
彭雪梅（女）　北京分行新街口支行营业室大堂经理
赵　卿　北京分行运行管理部参数管理科高级业务经理、科长
于　丽（女）　北京分行海淀西区支行小企业金融中心部门经理
秦一宁（女）　天津分行营业部北宁湾支行网点负责人
井亚娜（女）　天津开发分行零售金融业务部副经理
陆　燕（女）　河北保定分行徐水支行办公室科员
葛永红（女）　河北衡水分行大庆支行行长
王丽琰（女）　河北邢台分行冶金支行副行长
王建华（女）　山西晋中分行党委宣传部部长、办公室副主任
申　亮　山西分行营业部结算与电子银行部科员
王水云（女）　山西运城分行私人银行分中心财富顾问
冯　强　内蒙古包头分行技术支持中心经理三级
段晓萍（女）　内蒙古分行网络金融部高级营销经理

杨亚军　内蒙古呼伦贝尔分行实物类管理中心副主任

刘　岩（女）　辽宁铁岭分行开原支行柜员

孙　宇（女）　辽宁抚顺分行望花雷锋支行网点负责人

赵韦韦（女）　辽宁分行沈阳和平支行柜员

金　燕（女，朝鲜族）吉林延边分行敦化支行大堂值班经理

刘铁峰　吉林分行长春人民广场支行科员

王慕娟（女）　吉林分行长春同志街支行行长

赵　欣（女）　黑龙江分行哈尔滨田地支行营业室主任

孙艳萍（女）　黑龙江齐齐哈尔分行湖滨支行网点负责人

周轶伦　上海分行法律事务部主管

朱　捷　上海分行普陀梅川路支行网点副职负责人

石　羚（女）　上海分行长宁支行个人金融业务部私人银行财富顾问

章　昱（女）　上海分行金融同业部、资产托管部总经理

李若愚　江苏徐州分行技术支持中心副总经理

谭　静（女）　江苏扬州分行江都支行综合柜员

姚亚花（女）　江苏无锡分行江阴支行大堂值班经理

姜　巍　江苏常州分行运行管理部副总经理兼业务处理中心副总经理

戴　骏　浙江嘉兴分行安全保卫部经理三级

雍泰宾　浙江分行杭州西湖支行市场一部副经理

冯灵芝（女）　浙江台州分行营业部营业中心经理助理

郭　雷　安徽淮北分行南黎路支行大堂值班经理

张　灿（女）　安徽分行合肥四牌楼支行对公客户经理

丁伯丽（女）　安徽马鞍山分行马钢支行网点负责人

庄玲玲（女）　福建泉州分行晋江支行高级柜员

王凤娟（女）　福建泉州分行指挥巷支行副行长

林　鹦（女）　福建龙岩分行个人金融业务部副经理

段柳平（女）　江西景德镇分行乐平东湖支行行长

王　艳（女）　山东聊城分行冠县支行营业室主任

史　斌　山东分行技术支持中心经理二级

雷　丽（女）　山东泰安分行肥城支行行长助理

高彩霞（女）　山东威海分行荣成石岛支行大堂经理

白　羽（女，回族）河南周口分行太康支行柜员

常松阳　河南鹤壁分行公司业务部产品经理

丁晓伟　河南许昌分行银行卡中心对公客户经理

荣国生　河南省南阳分行信息科技部经理二级

陈应华　湖北分行管理信息部经理三级

胡　斌　湖北分行运行管理部经理三级

黄祥文　湖北分行营业部运行管理部经理三级

杨小安（女）　湖南分行营业部中山路支行客户经理二级

文　璐（女，白族）湖南张家界分行永定支行行长助理

谢日红（女）　湖南株洲分行醴陵支行高级柜员

聂建睿　广东佛山分行祖庙支行主任柜员

吴　穗（女）　广东揭阳分行普宁支行客户服务部副经理

徐传然　广东湛江分行综合管理部业务主管

范小钢　广东分行信息科技部经理三级

伍　敏　广西分行技术支持中心经理三级

黄　静（壮族）　广西分行运行管理部经理三级

李佳怡（女）　海南分行海口国度支行行长

罗海云　海南三亚分行三沙支行行长

李　萍（女）　重庆分行南坪支行营业室国库经办员

刘中平　重庆分行信息科技部高级技术经理

余　琴（女）　四川乐山分行柏杨路支行客户经理、余琴劳模工作室负责人

张　进（女）　贵州分行营业部现金运营中心经理

王　馨（女）　贵州毕节分行杜鹃支行行长

杨云宇　云南曲靖分行运行管理部经理

郭水清（女）　陕西分行西安东大街支行大堂经理

马　征（回族）　甘肃分行兰州城关支行党委委员、副行长

王印国　青海分行信息科技部高级技术经理、系统分析师、高级工程师

穆合塔拜·沙迪克（女，乌兹别克族）新疆分行乌鲁木齐明德路支行副行长

李　鹏（女）　新疆分行乌鲁木齐长春路支行理财经理

热衣拉·吉力力（女，维吾尔族）新疆和田分行营业部主任

王云峰　西藏分行业务保障部高级经理

王伟尧　宁波分行信息科技部高级工程师

乔　宇　深圳分行信息科技部系统运维工程师

邱艳红（女）　深圳分行龙华东环支行行长

肖雅如（女）　厦门分行运行管理部业务经理三级

朱劲松　苏州分行吴中支行营业部副主任

尹　莉（女）　牡丹卡中心拒付管理科经理
钱晓阳（女）　私人银行部营销专家
莫　斌　票据营业部重庆分部总经理
王　涛　杭州金融研修学院信息科技部资深经理
齐　蓉　软件开发中心珠海开发三部资深经理
敦宏程　数据中心（北京）信息科技专家
张新晖　数据中心（上海）高级信息科技专家
夏　霖（女）　国际结算单证中心副总经理
王新红（女）　产品研发中心副总经理
刘　彻　总行董事会办公室高级经理
李　征（女）　原总行风险管理部专家
蔡　琦（女）　总行国际业务部高级专家
李　勇　总行金融市场部副总经理
游启智　工银亚洲金融市场部人民币交易团队主管
周金龙（新加坡籍）　新加坡分行副总经理
程　实　工银国际研究部主管、首席经济学家
郎伟杰（女，满族）工银莫斯科副总经理
申彦伟　法兰克福分行信息科技部主管
毛乌列（女，哈萨克斯坦籍）工银阿拉木图总会计师、管理委员会成员

中国工商银行五一劳动奖章

王　岩（满族）　长春金融研修学院党委组织部部长、办公室主任、人力资源部总经理
原擒龙　国际结算单证中心总经理
张晓娟（女）　产品研发中心高级产品经理
莫　斌　票据营业部直营业务部副总经理
彭金根　贵金属业务部产业金融处处长
何声虎　卡拉奇分行总经理
鄢　耀　工银瑞信基金管理有限公司高级研究员、基金经理
谭　琳（女）　工银金融租赁有限公司人力资源部负责人
姜　楠（女）　工银安盛人寿保险有限公司山东分公司总经理
李　征（女）　原总行风险管理部专家